2017 年 1 月 18 日，国家主席习近平访问世界卫生组织总部，会见总干事陈冯富珍。

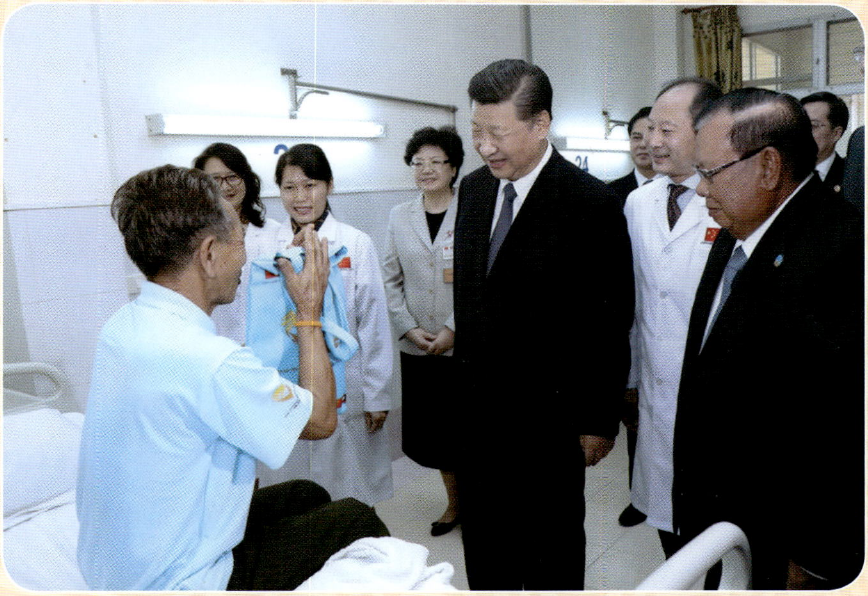

2017 年 11 月 14 日，国家主席习近平访问老挝期间，看望“光明行”术后患者及医务人员。

2017 年 8 月 18 日，国务院总理李克强在北京会见世界卫生组织新任总干事谭德塞。

2017 年 4 月 20 日，国务院总理李克强考察山东威海孙家疃医院，强调以医联体之“通”，破解群众看病之“痛”。

2017 年 8 月 17 日，全国卫生计生系统表彰大会在京召开，国务院副总理刘延东接见受表彰代表。（人事司 供稿）

2017 年 7 月 5 日，世界卫生组织向中国政府颁发“社会健康治理杰出典范奖”。

（疾控局 供稿）

会议和活动 HUIYIHEHUODONG

2017 年 6 月 29 日，由人力资源和社会保障部、国家卫生计生委和国家中医药管理局主办的国医大师全国名中医表彰大会在北京召开。（国家中医药管理局 供稿）

2017 年 8 月 18 日，“一带一路”暨“健康丝绸之路”高级别研讨会在北京举行。（国际交流中心 供稿）

2017 年 6 月 16 日，纪念中国人口福利基金会成立 30 周年座谈会在北京召开。（福利基金会 供稿）

2017 年 11 月 10 日，国务院副总理刘延东在京看望援外医疗队员代表。
（国际司 供稿）

2017 年 3 月 23 日，中国结核病防治形象大使彭丽媛等在天津参加结核病日主题宣传活动。（疾控局 供稿）

2017 年 7 月 10 日，全国医学教育改革发展工作会议在北京召开，国务院副总理刘延东出席会议并讲话。
（科教司 供稿）

2017 年 8 月 19 日，国务院副总理刘延东调研西藏自治区人民医院与“组团式”援藏工作。
（西藏自治区卫生计生委 供稿）

2017年1月6日，全国基层卫生工作会议在京召开，对2015—2016年度“群众满意的乡镇卫生院”代表进行授牌。

（基层卫生司 供稿）

2017年2月21日，进一步加强H7N9疫情联防联控工作视频会议召开。（应急办 供稿）

2017年6月8日，全国健康扶贫工作现场推进会在成都召开。（财务司 供稿）

2017 年 9 月 22 日，世界银行贷款中国医疗卫生改革促进项目启动会在京召开。 （体改司 供稿）

2017 年 11 月 7 日，全国卫生计生人才工作会议在河南郑州召开（人事司 供稿）

2017 年 3 月 31 日，全民健康信息化和健康医疗大数据暨网络安全工作会议在上海召开 （规划司 供稿）

2017 年 4 月 24 日，全面推开城市公立医院综合改革现场会在福建三明召开。

（体改司 供稿）

2017 年 6 月 26 日，全国道德模范与身边好人（中国好医生、中国好护士）现场交流活动在上海举办。（宣传司 供稿）

2017 年 7 月 11 日，国家卫生计生委、中国计生协在江苏南京举行第 28 个“世界人口日”主题活动。（流动人口司 供稿）

2017 年 9 月 12—13 日，国家卫生计生委、共青团中央在广州联合召开卫生计生系统全国青年文明号表彰推进会。（机关党委 供稿）

2017 年 11 月 16 日，全国卫生应急技能竞赛决赛在北京举行。（应急办 供稿）

领导调研

2017 年 1 月 24 日，国家卫生计生委主任李斌在北京广安门中医研究院走访慰问。

2017 年 4 月 25 日，国家卫生计生委副主任王国强在广州看望国医大师邓铁涛并听取对中医药工作的意见建议。

2017 年 11 月 16 日，国家卫生计生委副主任马晓伟在河南郑州调研阜外华中心血管病医院。

（本版图片供稿：办公厅）

2017 年 12 月 7 日，国家卫生计生委副主任王培安出席 2016—2017 年全国新市民健康城市行活动总结仪式。

2017 年 9 月 28–29 日，国家卫生计生委副主任崔丽在湖南调研医改工作。

2017 年 12 月 11 日，国家卫生计生委副主任金小桃在广西调研社区卫生服务站信息化建设工作。

（本版图片供稿：办公厅）

2017 年 9 月，国家卫生计生委副主任王贺胜在辽宁省人民医院调研并看望患者。

2017 年，国家卫生计生委副主任曾益新调研检查医疗保障、公共卫生与食品安全工作。

2017 年 5 月 10 日，中央纪委驻国家卫生计生委纪检组组长、国家卫生计生委党组成员马奔赴中日友好医院调研。

（本版图片供稿：办公厅）

业务工作 YEWUGONGZUO

2017 年 9 月 22 日，北京协和医学院建校一百周年纪念大会在北京举行。
（王卓然 供稿）

2017 年 11 月 1 日，中国疾控中心与巴西国家级公共卫生机构奥斯瓦尔多·克鲁兹基金会签署合作谅解备忘录。
（疾控中心 供稿）

2017 年 6 月 23 日，监督中心负责人赴重庆卫生计生监督执法局调研。
（监督中心 供稿）

2017 年，机关服务局努力做好会议服务，全年承接会议 5378 次。
（机关服务局 供稿）

2017 年 4 月，北京市医药分开综合改革在北京协和医院平稳落地。
（北京协和医院 供稿）

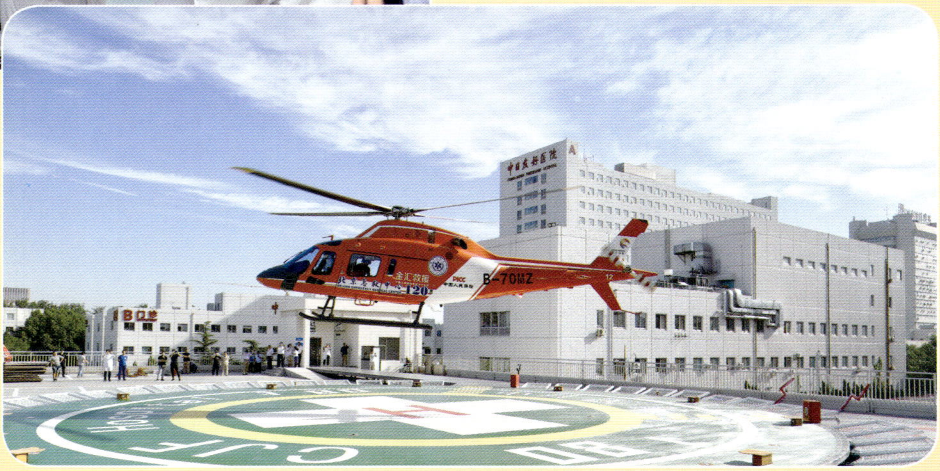

2017 年 8 月 29 日，中日友好医院立体停车设施暨停机坪正式启用，增强对危重症患者的收治能力。
（中日医院 供稿）

2017 年 11 月 21—22 日，第十届中国健康教育与健康促进大会暨 2017 年健康中国行总结会在杭州召开。
（健康教育中心 供稿）

2017 年 7 月 14 日，由中国人口宣传教育中心发起的“自我保健联盟”在北京成立。
（宣教中心 供稿）

2017 年 5 月，国家卫生计生委青年干部培训班开班式在京举行。
（干部培训中心 供稿）

2017 年 5 月，项目监管中心开展 2016 年度国家基本公共卫生服务项目现场考核工作。
（项目监管中心 供稿）

2017 年 9 月，医管中心在扬州组织召开 2017 年中国患者安全大会并发布患者安全志愿学习报告系统。（医管中心 供稿）

2017 年 11 月，科技部组织专家进行专业机构改建现场评估。（科技发展中心 供稿）

2017 年 5 月 15 日，人口与发展南南合作卓越中心在中国人口与发展研究中心揭牌，国家卫生计生委副主任王培安、联合国人口基金执行主任巴巴图德·奥索提迈辛共同出席揭牌仪式。

2017 年 11 月 12—13 日，中国人口与发展研究中心主办的“第 7 届中日韩健康老龄化政策对话会”在山东济南召开。

2017 年 7 月 29 日，中国人口与发展研究中心在京举办人口综合决策系统（PADIS ）成果发布会暨新型智库建设研讨会，国家卫生计生委副主任曾益新，第九、十届全国人大常委会副委员长蒋正华出席。

2017 年 4 月 18—19 日，中国人口与发展研究中心主办的首届中非人口与发展论坛在肯尼亚首都内罗毕举行。

（本版图片供稿：人发中心）

2017 年 5 月 20 日，第 2 届中国家庭乐跑大赛在京举办。（人口文化中心 供稿）

2017 年 7 月，2017 年市级卫生计生委主任培训班（第 3 期）在南京举办。（南京培训中心 供稿）

2017 年 8 月，中华医学会县级医院人才培养千人计划青海公益活动开幕式举办。（医学会 供稿）

2017 年 11 月 18—19 日，中华预防医学会成立 30 周年庆祝活动暨健康中国国际工程科技发展战略高端论坛在京举办。（预防医学会 供稿）

2017 年 10 月 30 日，中国人口学会在北京召开加强人口发展战略研究——学习十九大精神座谈会。
（人口学会 供稿）

2017 年 10 月，健康报公益基金揭牌。
（健康报社 供稿）

2017 年 4 月 24 日，国家健康医疗开放大学暨厦门开放大学成立与授牌仪式举办。
（人卫社 供稿）

2017 年，中国人口出版社向河南卢氏县留守儿童捐赠爱心图书。（人口出版社 供稿）

2017 年，天津市医护人员在楼群里巷为患者服务。 （天津市卫生计生委 供稿）

2017 年 7 月 14 日，京津冀卫生应急联合演练活动在京举办。

（河北省卫生计生委 供稿）

2017 年 4 月 1 日，山西省阳曲县医疗集团揭牌。

（山西省卫生计生委 供稿）

2017 年 1 月 20 日，内蒙古自治区人民政府召开 2017 年全区卫生和计划生育暨蒙中医药工作会议。（内蒙古自治区卫生计生委 供稿）

2017 年 10 月 12—13 日，吉林省首届住院医师规范化培训临床技能竞赛在长春市举办。（吉林省卫生计生委 供稿）

2017 年 5 月 7 日，黑龙江省卫生计生委举办纪念国际护士节庆祝大会，会议现场举行了新护士的授帽仪式。（黑龙江省卫生计生委 供稿）

2017 年 7 月 1 日，上海市举办中医名家义诊活动，“国医大师”朱南孙为群众义诊。
（上海市卫生计生委 供稿）

2017 年，江苏省代表队荣获全国卫生应急技能竞赛团体一等奖。
（江苏省卫生计生委 供稿）

2017 年 4 月，浙江省启动城乡妇女免费“两癌”检查项目。
（浙江省卫生计生委 供稿）

2017 年 12 月 2—4 日，第 3 届海峡两岸（合肥）健康养老产业合作论坛在安徽巢湖市举办。（安徽省卫生计生委 供稿）

2017 年 12 月 15 日，福建省地震海啸灾害卫生应急综合演练在福建省平潭综合实验区举行。

（福建省卫生计生委 供稿）

2017 年，江西省卫生计生委指挥协调相关单位参与突发事件紧急医学救援工作。

（江西省卫生计生委 供稿）

2017 年 1 月 10 日，由农工党中央与河南省人民政府主办的健康中原高峰论坛在郑州举行。

（河南省卫生计生委 供稿）

2017年6月13日，湖北省“新市民健康城市行”活动在襄阳启动。（湖北省卫生计生委 供稿）

2017年7月，湖南省卫生计生委领导赴长沙市望城区督查指导防汛救灾卫生应急工作。

（湖南省卫生计生委 供稿）

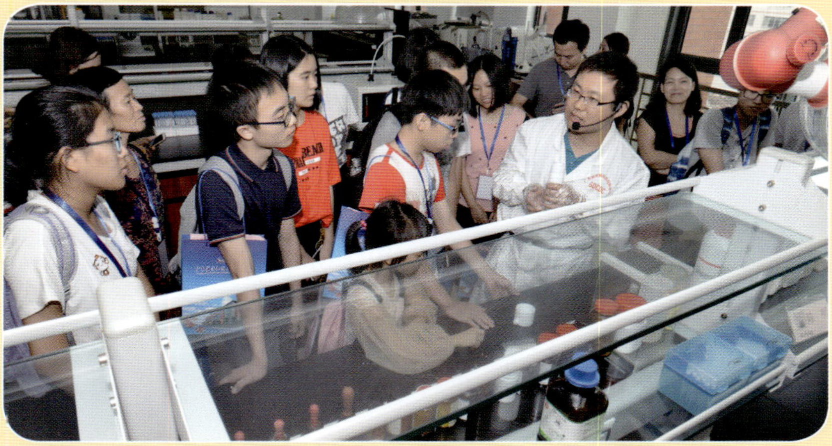

2017年7月10日，广东省卫生计生委举办2017年食品安全宣传周卫生部门主题日活动，开放广东省疾病预防控制中心食品安全重点实验室，邀请社会公众和媒体记者参观。

（广东省卫生计生委 供稿）

2017年4月28日，广西壮族自治区卫生与健康大会召开。

（广西壮族自治区卫生计生委 供稿）

2017 年 5 月 12 日，海南省卫生与健康大会召开。
（海南省卫生计生委 供稿）

2017 年 3 月 14 日，中国科学院大学与重庆市卫生计生委签订《共建重庆转化医学研究院框架协议》。
（重庆市卫生计生委 供稿）

2017 年 3 月 20—21 日，四川省卫生与健康大会召开。（吴　婕 摄）

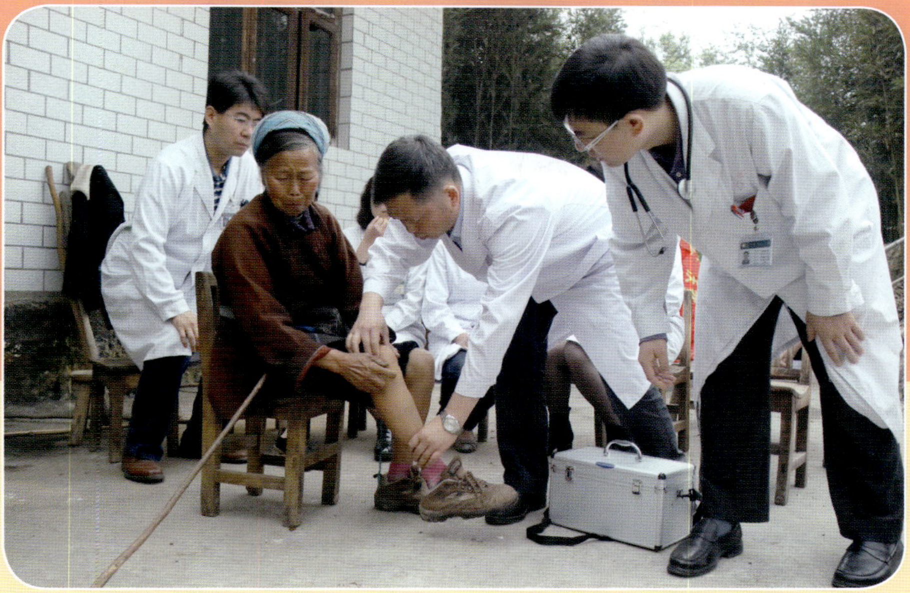

2017年4月13日，贵州省医疗卫生健康扶贫万名医生大型巡诊活动正式启动，图为专家为67岁的孤寡老人诊治。

（吴婷婷 摄）

2017年10月17日，云南省召开健康扶贫政策培训电视电话会议，对《云南省健康扶贫30条措施》等相关健康扶贫政策进行培训宣讲和现场答疑。

（云南省卫生计生委 供稿）

2017年，青海省第17届“健康教育万里行”活动举办。

（青海省卫生计生委 供稿）

2017 年 11 月 12 日，救援直升机进驻宁波市第一医院江北分院（宁波市第九医院）。
（段晶珍 摄）

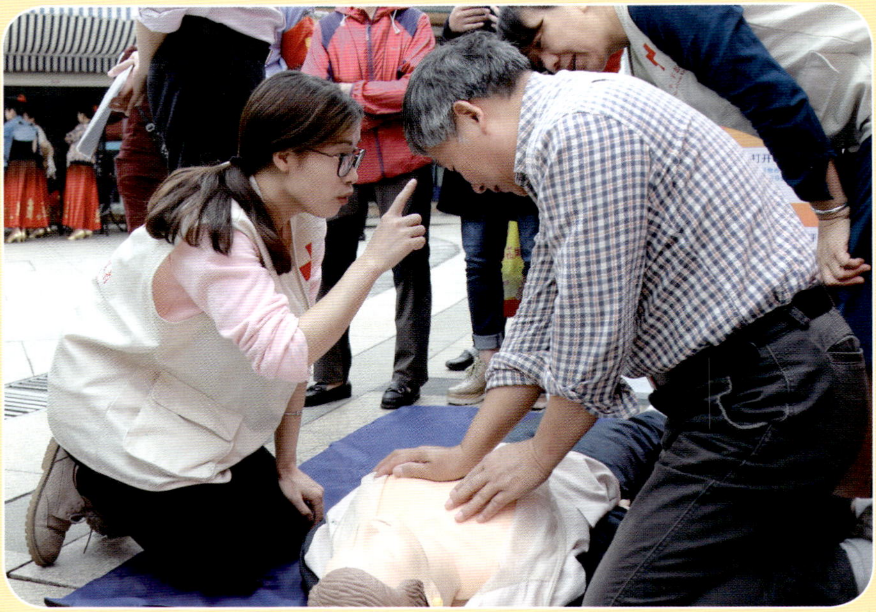

2017 年 4 月 25 日，在“新市民健康城市行 福建暨厦门在行动”宣传活动中，工作人员进行急救教学。
（厦门市卫生计生委 供稿）

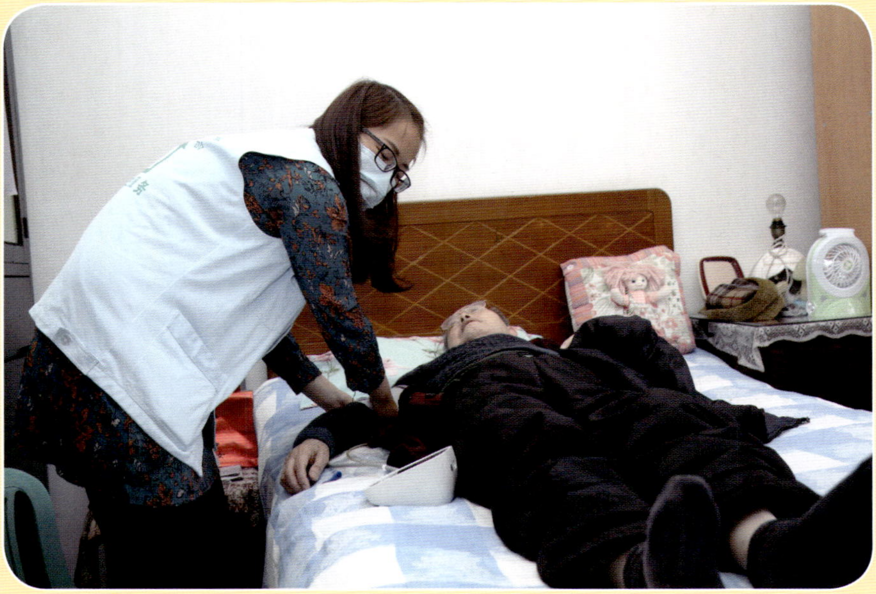

2017 年 2 月，深圳市罗湖区社区健康服务中心家庭医生团队上门开展家庭病床服务。
（广东省计划生育宣传教育中心 供稿）

中国卫生和计划生育年鉴

China Health and Family Planning Yearbook

2018

国 家 卫 生 健 康 委 员 会　主管
中国卫生和计划生育年鉴社　出版
二○一八年十二月

《中国卫生和计划生育年鉴》指导委员会

《中国卫生和计划生育年鉴》编辑委员会

编 辑 说 明

《中国卫生和计划生育年鉴》（以下简称《年鉴》）是国家卫生健康委员会主管，全国卫生计生系统和相关研究机构共同编纂，全面、系统、准确地总结、记载、宣传中国卫生和计划生育事业进展、成就和经验的大型资料性工具书。《年鉴》前身为《中国卫生年鉴》《中国人口和计划生育年鉴》，二者均有30多年的编纂历史，通过经年累月艰苦努力的工作，为卫生、计划生育事业留下了丰富的宝贵文献，让历史有据可查。

2014年4月，国家卫生和计划生育委员会决定将《中国卫生年鉴》《中国人口和计划生育年鉴》两本年鉴合编，更名为《中国卫生和计划生育年鉴》，本卷为2014年合编后的第5卷，收编内容截至2017年年底。

本卷分为13篇（部类、栏目群），包括：综述篇、大事记篇、文献篇、深化医药卫生体制改革篇、卫生和计划生育业务工作篇、中医药事业篇、直属联系单位篇、部队篇、地区篇、数据篇、人物篇、附录篇及彩页等，总计110多个栏目。正文前后的目录、英文目录、索引，正文每页上角的“书眉”，正文中的“参见”等构成了全书的信息检索系统。

《年鉴》由全国卫生计生系统和有关机构的领导、专家共同撰写、编辑、审定，资料和数据力求全面、真实、准确、客观，但编校工作中的疏漏和差错在所难免，诚望广大读者批评指正。我们深信，经过全系统的努力，《年鉴》将继续在保存史实资料、总结传播经验、宣传先进典型、提供历史借鉴、辅助领导决策等方面发挥重要作用，更好地服务于新形势下的卫生和计划生育事业。

中国卫生和计划生育年鉴社

二〇一八年十二月

目　录

综 述 篇

大 事 记 篇

文 献 篇

〔重要文献〕

〔部门规章〕

〔国家卫生计生委领导讲话〕

深化医药卫生体制改革篇

卫生和计划生育业务工作篇

〔政务和机关事务综合协调工作〕

〔疾病预防控制工作〕

〔医疗管理工作〕

〔基层卫生工作〕

〔妇幼健康服务工作〕

〔食品安全标准与监测评估工作〕

〔综合监督工作〕

〔药物政策与基本药物制度〕

〔计划生育基层指导工作〕

〔家庭发展工作〕

〔**国际交流与合作**〕

〔**党建暨精神文明建设**〕

〔**离退休干部服务工作**〕

中医药事业篇

直属联系单位篇

部 队 篇

地 区 篇

数据篇

〔卫生统计资料〕

2017年全国卫生和计划生育事业发展综述

国家卫生和计划生育委员会办公厅

一、健康中国建设迈出新步伐

扎实推进健康中国建设，配合全国人民代表大会推进《基本医疗卫生与健康促进法（草案）》立法工作，协调50多个部门推出一批配套政策、工程项目。指导地方落实全国卫生与健康大会精神，各省（区、市）均制定卫生与健康中长期规划，全社会关注健康的氛围更加浓厚，健康中国建设一步步具体化。纪念爱国卫生运动65周年，启动健康城市、健康村镇建设，整治农村卫生环境，深入实施“厕所革命”。世界卫生组织向我国政府颁发“社会健康治理杰出典范奖”。

二、深化医药卫生体制改革取得重大阶段性成效

分级诊疗政策体系逐步健全。深入开展分级诊疗试点，所有三级公立医院参加医疗联合体建设。家庭医生签约服务稳步推进，对重点人群服务质量不断提升。继续加强基层医疗卫生机构建设和服务能力建设，优化医疗卫生资源配置。实施500家县级医院能力提升工程，支援帮助县级医院新建临床专科3600个。推动基层首诊，畅通上下转诊，县域内就诊率进一步提升。

现代医院管理制度建设稳步推进。公立医院综合改革全面推开，公立医院全部取消实行60多年的药品加成政策，推动破除以药补医机制，增强公益性。推动医疗服务价格调整，落实财政投入责任，新旧机制正平稳转换。在68个城市启动公立医院薪酬制度改革试点。

全民医保体系加快健全。基本医保参保率稳定在95%以上。推动城乡居民医保制度整合，城乡居民医保人均财政补助标准提高到450元，支付方式改革加快推进，保障水平稳步提高。国家异地就医结算系统覆盖全部基本医保参保人群。城乡居民大病保险受益人数和实际报销水平同比均有所提高，加强基本医保、大病保险、医疗救助、疾病应急救助和商业健康保险等紧密衔接。累计制定临床路径1200多个，已在8400多家二级以上医院应用。超过200个城市实行按病种付费的病种数达到100个以上。

药品供应保障改革全流程发力。推动药品生产、流通、使用全链条改革，药品流通秩序日趋规范。建立短缺药品供应保障会商联动机制和预警制度，综合运用市场撮合、定点生产、完善储备、打击垄断等措施，推动解决130余种药品的短缺问题。完善药品购销“两票制”实施办法，所有省（区、市）均制定实施方案。不断健全药品集中采购机制。加强儿童用药供应保障。

综合监管力度不断加大。研究制定加强行业综合监管的指导性文件。监管方式不断完善，强化事中事后监管。实施“双随机、一公开”

监督抽查，实现卫生计生综合监督检查事项全覆盖。组织开展传染病防治法等法律法规落实情况监督检查。

三、医疗服务质量和水平明显提高

3 年改善医疗服务行动圆满收官，推出 31 项惠民便民措施，改善群众就医感受。三级医院均已开展预约诊疗和优质护理服务。信息化便民服务水平进一步提高，4100 余家医院为患者提供信息查询和推送服务，2777 家医院提供移动支付结算。22 个省（区、市）建立省级远程医疗平台，全年开展远程医疗服务超过 6000 万人次。继续组织全国大型义诊活动周，诊治患者 2030 万人次。实施单病种医疗质量控制，有效提升医疗质量。加强血液管理，血液安全供应水平进入世界前列。多措并举，加强儿科和孕产妇、婴幼儿疑难重症救治能力建设。深入实施健康扶贫工程，按照“大病集中救治一批，重病兜底保障一批，慢病签约服务管理一批”的思路，精确到人、精准到病。实现国家级贫困县远程医疗全覆盖，提高集中救治的贫困患者住院实际报销比例，累计分类救治患者 423 万人。广泛开展三级医院对口帮扶贫困县医院，开展医疗人才“组团式”援藏援疆工作。严厉打击涉医违法犯罪，医疗秩序明显好转。

四、公共卫生和卫生应急能力大幅提升

国家基本公共卫生服务项目增加到 14 类，人均经费补助标准提高到 50 元。加强疫苗流通和预防接种管理，主要传染病处于低流行水平。制定实施艾滋病、结核病、精神卫生等一批重大疾病防治规划。在西藏、青海等地推广四川石渠县包虫病综合防治试点经验。实施《国民营养计划（2017—2030 年）》，开展“三减三健”（减盐、减油、减糖、健康口腔、健康体重、健康骨骼）专项行动，慢性病防控力度进一步加大。及时应对 H7N9 等疫情，成功开展 200 多起突发事件紧急医学救援，全力护佑群众生命健康。

五、全面两孩政策稳妥实施

推行生育服务证网上一站式办理，优化整合妇幼资源，增加产科、儿科服务供给，推动母婴托幼设施建设，构建鼓励按政策生育的环境。推行生育全程基本医疗保健服务，综合防治出生缺陷，全面推进免费孕前优生健康检查，加强危重孕产妇和新生儿救治中心建设，进一步保障母婴安全。实行计划生育特殊家庭联系人制度，将农村计划生育特殊家庭扶助标准提高到与城镇一致。开展流动人口均等化服务示范区县建设，促进社会融合。2017 年出生人口二孩占比超过 50%，政策效应逐步显现。

六、中医药振兴发展扎实推进

抓好中医药法宣传贯彻，公布施行中医诊所备案管理暂行办法和中医医术确有专长人员医师资格考核注册管理暂行办法。实施中医药传承创新工程和基层中医药服务能力提升工程，加强中医药师承教育，开展国医大师和全国名中医评选。大力发展中医药健康服务及相关产业，不断激发和释放中医药“五种资源”的活力和潜力。新建一批海外中医中心，加快中医药“走出去”步伐。

七、深化“放管服”改革，健康产业不断发展

推出 10 项激发医疗领域社会资本投资的措施。医疗机构、医师、护士电子化注册改革全面启动。全民健康信息国家平台与各省级平台互联互通，推进健康医疗大数据中心与产业园建设国家试点工作。出台《关于促进健康旅游发展的指导意见》，遴选首批13个健康旅游示范基地。实施健康老龄化工程，启动安宁疗护试点工作。深化医工协同，促进医药产业发展。社会办医院数量占医院总数的比例达到约60%。

八、卫生计生重点工作取得明显进展

国家主席习近平历史性访问世界卫生组织总部。成功举办金砖国家卫生部长会暨传统医药高级别会议等多个国际会议。在援外机制下成立卫生分委会，加强和改善援外医疗队工作。注重科技创新，编制科技创新2030健康保障工程和攻克癌症科技重大专项实施方案，32个国家临床医学研究中心纳入国家科技创新基地序列。深化医教协同，联合教育部召开会议，部署推进医学教育改革发展工作。改革完善全科医生培养与使用机制，招收住院医师7万多人，乡村全科执业助理医师资格考试试点扩大到24个省份。国务院批复设立“中国医师节”，召开全系统表彰大会表彰全系统“白求恩奖章”获得者、先进集体、先进工作者和劳动模范，开展“中国好医生、中国好护士”评选活动。

九、全面从严治党主体责任不断强化

印发国家卫生计生委党组“两学一做”常态化制度化实施方案以及任务清单，实现国家卫生计生委业务主管的社会组织党建全覆盖。开展“以案释纪明纪，严守纪律规矩”主题警示教育。国家卫生计生委直属机关纪委被评为“全国纪检监察系统先进集体”。坚持管行业必须管行风，深入开展纠正医药购销和医疗服务中不正之风专项治理工作，推动“九不准”规定落地，树立清风正气。

党的十八大以来，在以习近平同志为核心的党中央坚强领导下，人民健康和医疗卫生水平快速提升。居民个人卫生支出占卫生总费用比重降至30%以下，医疗卫生机构数量增加到约99万个，网络更加健全，服务更加公平可及。医疗卫生机构人员增加到1100万以上，结构优化、素质提高。孕产妇死亡率降至19.6/10万，婴儿死亡率降至6.8‰，人均预期寿命提高到76.7岁，取得较高的健康成效。

（执笔：张　波）

〔责任编辑：彭　琰〕

2017 年 中国卫生计生工作 大事记

1月

3 日

国务院副总理刘延东到北京市西城区月坛社区卫生服务中心考察基层医疗卫生工作、家庭医生签约服务、医疗联合体建设、康复治疗等情况，并与 13 家医院及社区卫生服务中心负责人座谈。

4 日

全国冬春季传染病防控工作视频会议在京召开，国家卫生计生委副主任、国家中医药管理局局长王国强出席会议并讲话。

5—6 日

2017 年全国卫生计生工作会议在北京召开。李克强总理、刘延东副总理做出重要批示。国家卫生计生委主任李斌做工作报告。国家卫生计生委副主任、国家中医药局局长王国强主持会议、副主任马晓伟做会议总结，副主任王培安、刘谦、崔丽、王贺胜，中央纪委驻国家卫生计生委纪检组组长李五四出席会议。(见 92 页)

6 日

2017 年全国基层卫生工作会议在京召开，国家卫生计生委主任李斌出席会议并讲话，她要求按照“两纵三横”的路线图推进基层卫生工作，抓好“两个加强、三个提升”工作。会议对 2015—2016 年度群众满意的乡镇卫生院代表进行授牌，发布和演示中国家庭医生签约服务信息网络平台，交流基层卫生改革发展经验。

（ 见 94 页 ）

10 日

国家卫生计生委 2017 年扶贫开发与对口支援工作领导小组第 1 次会议在京召开，李斌出席会议并讲话。会议传达学习中央领导指示批示精神，要求加强统筹协调，加强考核评估，加强基层基础，落实贫困县主体责任。

11—12 日

2017 年全国卫生计生宣传工作会议在京召开，国家卫生计生委副主任王贺胜出席并讲话。

12 日

国务院副总理刘延东主持召开国务院医改领导小组第 27 次会议，听取基本医保异地就医结算情况汇报，肯定工作取得阶段性成果，指出要加强异地就医直接结算与分级诊疗制度建设的统筹协调。

12—13 日

国务院医改办、国家卫生计生委在北京举办全国医改研讨班，国务院医改办主任、国家卫生计生委副主任王贺胜出席研讨班并讲话。会议总结“十二五”以来深化医改取得的进展成效，要求从加强党的领导，强化工作落实和正面宣传、加强医改队伍建设等方面抓好落实。

13 日

国家卫生计生委党组召开 2016 年度民主生活会，国家卫生计生委党组书记、主任李斌主持会议。李斌强调，委党组和党组成员要深入学习贯彻党的十八届六中全会精神，进一步贯彻落实《准则》《条例》，把全面从严治党不断推向深入。

15 日

国务院办公厅印发《关于进一步加强疫苗流通和预防接种管理工作的意见》 （ 见 44 页 ）

17 日

2016 年度“进一步改善医疗服务行动计划”典型经验宣传推广会在京举行，国家卫生计生委副主任、国务院医改办主任王贺胜出席会议，会议肯定改善医疗服务工作取得的阶段性成效，强调以建设分级诊疗制度为重点优化就医秩序，以建立现代医院管理制度为抓手丰富服务内涵，以改革创新为动力不断优化服务流程，以现代科技手段为支撑不断提高服务效率，以患者和医务人员为中心营造良好人文环境。

18 日

国家主席习近平在日内瓦访问世界卫生组织，国家卫生计生委主任李斌陪同会见世界卫生组织总干事陈冯富珍、向世界卫生组织赠送针灸铜人等系列活动。在习近平主席见证下，李斌与陈冯富珍共同签署《中华人民共和国政府和世界卫生组织关于“一带一路”卫生领域合作的谅解备忘录》。

19 日

2017 年全国健康扶贫工作会议在京召开，部署 2017 年健康扶贫工作，国家卫生计生委副主任王培安出席会议并讲话。会议强调，2017 年以兜底保障为重点，以分类救治为主要抓手，将健康扶贫落实到人、精准到病。

19—20 日

○国家卫生计生委主任李斌率团访问马耳他。访问期间，李斌与马耳他卫生部部长举行双边会谈并签署《关于中医药领域合作的议定书》，看望慰问第 12 批援马耳他医疗队。

○全国卫生计生财务工作会议在京召开，国家卫生计生委副主任王培安出席会议并讲话，指出 2016 年深入推进公立医院改革、医疗服务价格改革、收付费方式改革和财税体制改革，加大财政投入，加强资金监管，加快人才队伍和信息化建设，实现“十三五”开门红。

20 日

○国务院副总理刘延东主持召开国务院专题会议，研究 H7N9 疫情防控工作。要求发挥联防联控工作机制作用，密切关注、周密部署、抓好源头管控、疫情监测、风险评估、病例救治、宣传教育和舆情引导等防控措施的落实，保障公众生命健康安全，维护社会稳定。

○ 2017 年全国妇幼健康工作会议在京召开，国家卫生计生委副主任马晓伟出席会议并讲话，指出 2017 年要加强妇幼健康服务体系建设，提升服务能力，强化孕产妇和新生儿危急重症救治，保障母婴安全。要推动实施健康儿童计划，创新计划生育技术服务，加强出生缺陷综合防治，强化妇幼健康服务监管。

22 日

国务院办公厅印发《中国防治慢性病中长期规划（2017—2025）》 （见 51 页）

23 日

○国家卫生计生委召开 2016 年度工作总结会议，李斌出席会议并讲话。强调委党组把 2017 年确定为“工作落实年”，落实全国卫生与健康大会精神，持续深化医改，加快推进 5 项基本医疗卫生制度建设。会议对 2016 年度委机关获得外单位省部级及以上表彰奖励和表扬的集体和个人、委直属机关获得记功和嘉奖人员、委直属联系单位年度考核优秀领导班子等进行表彰。

○ 2017 年度“科卫协同”机制领导小组会议在京召开，李斌出席会议并讲话，强调“科卫协同”机制实现宏观管理力量的整合，开创领域科技宏观管理新格局。李斌和王志刚等一行还调研了中国医学科学院阜外医院心血管疾病国家临床医学研究中心建设情况，向医务和科研工作者致以新春慰问。

○国家卫生计生委主任李斌前往中国医学科学院阜外医院西山科研基地，看望并慰问国家重点实验室科研人员。

27 日

国家卫生计生委主任李斌代表国家卫生计生委党组和全国卫生计生工作者致援外医疗队队员 2017 年春节慰问信，向坚守在一线的 1178 名援外医疗队队员及家属，致以崇高的敬意和节日的问候。

2月

1 日

国务院办公厅印发《“十三五”全国结核病防治规划》（见 58 页）

7 日

“我国全民健康与医药卫生事业发展战略研究”战略咨询座谈会在京召开，国家卫生计生委副主任、国务院医改办主任王贺胜出席会议并讲话。

10 日

2017 年国家卫生计生委直属机关党的工作会议召开，委党组成员、副主任、直属机关党委书记崔丽出席会议并讲话。

14 日

○国家卫生计生委副主任王培安听取四川省健康扶贫工作汇报，对四川省健康扶贫工作给予肯定并指出，四川省要重点加强贫困地区县乡村医疗机构及人才综合培养等能力建设，采取切实可行的措施大力开展健康促进，降低包虫病、艾滋病等重点传染病的发病率。

○国务院印发《“十三五”国家食品安全规划》《“十三五”国家药品安全规划》（见 31 页）

15 日

2017 年全国卫生计生办公室工作暨信访工作会议在京召开，国家卫生计生委副主任崔丽出席会议并讲话，强调 2017 年要继续深化卫生计生信访制度改革，加强信访法治化建设，着力加强源头预防、解决突出问题、化解信访积案，切实维护群众合法权益，有效促进社会和谐稳定。

16 日

全国卫生计生外事工作会议暨援外医疗队创新工作会议在京召开，国家卫生计生委副主任崔丽出席会议并讲话。崔丽要求，各地要准确把握全球卫生发展新趋势和我国面临的机遇挑战，以推进健康中国建设为重点，深化与世卫组织等重要国际组织和重点国家的合作，积极参与全球健康治理和全球卫生安全行动，推进与“一带一路”沿线国家卫生与健康合作，加强与港澳台地区交流合作，服务国家外交大局和卫生计生事业发展，开创积极参与全球健康治理，全面推进卫生计生国际交流与合作工作新局面。

16–17日

2017年全国计划生育工作会议在海南召开，国家卫生计生委副主任王培安出席会议并讲话，指出2016年我国计划生育工作取得重要进展，全面两孩政策成效显著。

17日

○国家卫生计生委邀请部分全国人大代表、政协委员和民主党派中央负责人座谈，听取对卫生计生事业改革发展的意见和建议。

○国务院深化医药卫生体制改革领导小组专家咨询委员会第2次全体会议在京召开，国务院医改办主任、国家卫生计生委副主任王贺胜出席会议。王贺胜希望专家咨询委员会发挥好医改智囊团和宣讲团的作用，国务院医改办和相关部门将通过多种形式支持专家咨询委员会履行职能，共同推动医改向纵深发展。

○中日笹川医学合作项目协议书签署仪式在京举行，国家卫生计生委副主任崔丽出席并致辞，与日本财团理事长尾形武寿、日中医学协会理事长小川秀兴共同签署项目协议书。

20日

○中国人口福利基金会在京召开理事会换届会议，国家卫生计生委主任李斌出席会议。

○国务院医改办主任、国家卫生计生委副主任王贺胜主持召开医改办全体会议，研究《关于深化医药卫生体制改革2017年重点工作任务》和《关于进一步改革完善药品生产流通使用政策的若干意见》部门分工方案等有关工作。

21日

○进一步加强H7N9疫情联防联控工作视频会议召开，对全国疫情防控工作再部署、再安排。国家卫生计生委主任李斌出席会议并讲话。

○国家卫生计生委主任李斌签署委员会令（第12号），公布关于修改《医疗机构管理条例实施细则》的决定。（见81页）

22日

○在习近平主席和来华访问的意大利总统马塔雷拉共同见证下，国家卫生计生委主任李斌与意大利外交与国际合作部部长阿尔法诺在京签署《中华人民共和国国家卫生和计划生育委员会与意大利共和国卫生部卫生和医学科学领域执行计划实施方案》。

○国务院副总理刘延东在北京协和医院调研座谈时强调，要发挥典型示范带动作用，加快建立现代医院管理制度。全面取消公立医院药品加成，全面推开城市公立医院综合改革。坚持三医联动，理顺医疗服务价格，降低虚高药价，破除公立医院逐利机制，控制费用不合理增长，向群众提供公平可及的医疗服务。政府履行好举办监管职责，落实医院运营管理自主权，构建政府、医院、社会新型关系，提升医院治理水平。

23日

○2017年全国疾病预防控制工作会议在深圳召开，国家卫生计生委副主任、国家中医药管理局局长王国强出席会议并讲话。王国强强调，2017年要着力推进疾控体系改革，狠抓疫苗流通和预防接种政策落实，强化突发急性传染病防控，提升重大疾病防治效果，稳步推进慢性病防治工作，拓展精神卫生心理健康服务工作，全面加强疾控体系核心能力建设。

○国家卫生计生委在京举办跨省就医结报签约仪式，副主任马晓伟出席并见证签约仪式。

24日

○2017年大型医院巡查工作启动视频会在京召开，国务院医改办主任、国家卫生计生委副主任王贺胜出席会议并讲话。

○国务院副总理刘延东主持召开国务院医改领导小组第28次会议，贯彻习近平总书记、李克强总理重要指示批示精神，听取两起医源性感染暴发事件处置等工作进展情况汇报，研究部署下一步有关工作。强调要深刻认识医疗质量安全的重要意义，稳妥处置好两起医疗安全事件，开展专项整顿，研究全面加强医疗行业监管，加强宣传引导。

27—28日

2017年全国卫生统计信息中心主任工作会议在京召开，国家卫生计生委副主任马晓伟出席会议并讲话。马晓伟要求，2017年要加快构建统一权威、互联互通的国家省市县4级人口健康信息平台，促进和规范健康医疗大数据应用，提升数据分析能力、发挥决策支持作用，推进基层卫生信息化和居民健康卡工作，完善卫生标准体系建设，强化卫生信息安全。

28日

○国家卫生计生委廉政工作

领导小组会暨党风廉政建设和反腐败工作会议在京召开，国家卫生计生委党组书记、主任，委廉政工作领导小组组长李斌主持会议并讲话。

○国家卫生计生委主任李斌签署委员会令（第13号），公布《医师执业注册管理办法》，自2017年4月1日起施行。（见81页）

3月

1日

○国务院副总理刘延东主持召开国务院医改领导小组第29次会议，总结2016年医改工作，审议《深化医药卫生体制改革2017年重点工作任务》《<关于进一步改革完善药品生产流通使用政策的若干意见>任务分工方案》起草稿等，部署相关工作。

○国家卫生计生委召开委党组会议，专题传达学习习近平总书记在省部级主要领导干部学习贯彻党的十八届六中全会精神专题研讨班上的讲话精神，研究部署进一步推进党的十八届六中全会精神贯彻落实的措施。国家卫生计生委党组书记、主任李斌主持会议并讲话。

2日

四川藏区、西藏自治区和青海玉树州包虫病综合防治工作领导小组会议在京召开，国家卫生计生委主任李斌出席会议并讲话，要求四川、西藏、青海3省区要制定完善包虫病综合防治工作方案，强化联防联控，统筹整合资源，突出工作重点。

7日

国家卫生计生委举办纪念“三八”国际妇女节暨“家风建设在行动·家庭助廉”活动启动仪式。国家卫生计生委党组成员、副主任，全国妇联兼职副主席崔丽出席活动并讲话。

16日

国家卫生计生委召开党组扩大会暨2017年第1次委党组中心组集体学习，委党组书记、主任李斌主持会议并讲话。

18日

国务院防治艾滋病工作委员会办公室在贵州贵阳召开重点地区艾滋病防控工作推进会，国家卫生计生委副主任王国强出席会议并讲话，要求各地尽快制定符合本地实际的防治规划或行动计划，发挥中医药在防治艾滋病工作中的作用。

21日

○国家卫生计生委主任李斌在京会见以色列卫生部部长雅科夫·利兹曼。李斌提出，双方应深化医疗大数据、健康老龄化、卫生应急、医疗科技等领域合作。

○国家卫生计生委副主任崔丽出席在京举行的中以创新合作联委会第3次会议，在刘延东副总理和内塔尼亚胡总理的见证下，与以色列卫生部部长雅科夫·利兹曼签署《中华人民共和国国家卫生和计划生育委员会与以色列卫生部卫生应急合作执行计划（2017—2020）》。

23日

“世界防治结核病日”主题宣传活动在天津举行。世界卫生组织结核病/艾滋病防治亲善大使彭丽媛、国家卫生计生委副主任王国强出席活动。

26—27日

国务院副总理刘延东赴安徽省调研县、乡、村三级医疗机构并主持召开医联体建设座谈会，强调要按照党中央、国务院决策部署，围绕人民群众最现实最紧迫的需求，加快医改进程。要探索医保总额打包付费等多种形式的支付方式改革，建立权责一致的引导机制，推动医联体成为服务、责任、利益、管理共同体。引导各级各类医疗机构积极参与。发挥好三级公立医院牵头引领作用，帮助基层提升服务能力。大力推广便民惠民服务，提升群众获得感。

27日

全国卫生计生系统反腐倡廉工作视频会议召开，国家卫生计生委党组书记、主任李斌总结2016年卫生计生系统反腐倡廉工作成效，安排部署2017年党风廉政建设和反腐败重点工作。

（见95页）

28日

全国医改工作电视电话会议在京召开，国务院总理李克强做出重要批示，国务院副总理刘延东出席会议并讲话。会议通报全国2016年医改工作进展情况，对2017年医改重点工作进行安排部署。

31日

2017年对口援疆结核病防治工作会议在新疆喀什召开，国家卫生计生委副主任、国家中医药管理局局长王国强出席会议并讲话，要求落实对口援疆结核病防治工作各项任务。

4月

1日

卫生计生宣传工作现场交流推进会在京召开，国家卫生计生委副主任王贺胜出席会议并讲话，要求在推动完善大联合大宣传工作格局中，要坚守政治导向，加强机制建设，整合各方资源，增强发展潜力。

5 日

○国家卫生计生委主任李斌在京会见来访的美国医学科学院院长曹文凯一行，双方就中美医学科技合作及两国医学科学院院士制度建设等议题交换意见。

○ 2017 年新闻宣传联席会议在京召开，国家卫生计生委副主任王贺胜出席会议并讲话，要求准确把握宣传工作重点，做好正面信息发布，打造好发布平台，全面提升官方网站信息内容权威性、可读性和实效性；策划开展好各项重点宣传活动，强化节日纪念日宣传；强化健康科普管理，打造全民健康素养促进行动品牌，增强控烟履约成效。

6 日

“世界卫生日”宣传活动在京举办，国家卫生计生委副主任、国家中医药管理局局长王国强出席活动并致辞。

7 日

○国务院副总理刘延东主持召开国务院医改领导小组第 30 次会议，审议《加强医疗联合体建设和发展的指导意见》《关于改革完善短缺药品供应保障机制的实施意见》《关于建立现代医院管理制度的指导意见》《关于进一步深化基本医疗保险支付方式改革的指导意见》。

○在李克强总理和挪威首相索尔贝格见证下，国家卫生计生委主任李斌与挪威卫生与护理部国务秘书利兹贝斯·诺曼在京签署《中华人民共和国国家卫生和计划生育委员会与挪威王国卫生与护理部 2017—2020 年卫生合作执行计划》。

○中挪医疗合作与展望论坛在京举办，国家卫生计生委副主任崔丽出席论坛开幕式并致辞。

11 日

2017 年扶贫开发与对口支援工作领导小组第 2 次会议召开，国家卫生计生委副主任王培安主持会议。会议要求，要推进建立健康扶贫补充保险制度，进一步提高农村贫困人口医疗保障水平，近期全面启动实施“三个一批”行动计划，实施分类救治。开展金融支持实施健康扶贫工程，切实推动贫困地区政府加大投入，加快贫困地区医疗卫生事业发展，综合施策，提高贫困地区医疗卫生服务能力。同时，强化健康教育与健康促进，针对贫困地区和农村贫困人口，持续开展针对性强的宣传教育，提升农村贫困人口健康素养。加强源头预防和治理，努力让贫困人口“少生病”。

13 日

○全国家庭医生签约服务现场推进会在上海市召开，国务院医改领导小组副组长、国家卫生计生委主任李斌出席并讲话，要求各地从 6 个方面做实做好家庭医生签约服务工作。（见 99 页）

○全国健康促进工作会议暨 2017 年健康中国行宣传活动启动会在山东济宁召开，国家卫生计生委副主任王贺胜出席会议并讲话。

14 日

吕梁山片区脱贫攻坚工作现场推进会在山西临汾召开，国家卫生计生委副主任王培安出席会议并讲话，要求实施健康扶贫工程，努力防止因病致贫因病返贫。认真落实片区联系工作要求，强化工作职责，加大统筹协调力度。各部委要继续发挥部门职能优势，在政策制定、资金投入、项目安排上加大对吕梁山片区扶贫开发的支持力度。

18 日

全国农村贫困人口大病专项救治工作启动电视电话会议在京召开，国家卫生计生委主任、党组书记李斌出席会议并讲话，要求各地加强组织领导，加大健康扶贫投入，加强考核督促，加大宣传培训力度，开展农村贫困人口大病专项救治工作，助力打赢健康扶贫攻坚战。（见 101 页）

19 日

○第 1、2 期全国流动人口卫生计生动态监测调查师资培训班在京举办，全面启动 2017 年流动人口动态监测调查工作。国家卫生计生委副主任王培安出席开班式并讲话。

○国家卫生计生委举办 2017 年“面对面大讲堂”第 1 讲学习活动，委党组成员、副主任王培安出席学习活动。邀请专家介绍人工智能在国内外发展的进展和趋势，特别是在医疗卫生领域开展语音电子病历、医学影像辅助诊断、导医导诊等方面所取得的成果。

23 日

○中国—中东欧国家医院合作联盟外方来华交流活动开幕式在京举办，国家卫生计生委副主任崔丽出席并讲话。

○国务院办公厅印发《关于推进医疗联合体建设和发展的指导意见》。（见 62 页）

24—25 日

国家卫生计生委、国务院医改办在福建三明召开全面推开城市公立医院综合改革现场会，国家卫生计生委副主任、国务院医改办主任王贺胜出席会议并讲话，要求全面推开公立医院综合改革，全部取消药品加成，确保全国公立医院彻底告别“以药补医”时代。

25 日

国务院办公厅印发《深化医疗卫生体制改革 2017 年重点工作任务》。 （见 65 页）

26 日

国家卫生计生委、民政部在四川成都召开全国医养结合工作会议，国家卫生计生委副主任王培安出席会议并讲话。

28 日

“三减三健　迈向健康”全民健康生活方式行动第 2 阶段启动仪式暨国家卫生计生委“健康中国　携手行动”团队健步走竞赛活动在京举办，国家卫生计生委主任李斌出席。

5 月

2 日

○国家卫生计生委主任李斌在京会见来访的丹麦卫生部部长埃勒曼一行，双方就进一步推动卫生领域务实合作交换意见。在李斌和埃勒曼见证下，委卫生发展研究中心与丹麦卫生数据管理局签署合作谅解备忘录。

○国际关注突发公共卫生事件应对桌面演练在京举办，国家卫生计生委主任李斌出席演练活动并讲话。通过演练，进一步提高对国际关注突发公共卫生事件应对框架的认识，提升对全球卫生应急的重视程度。

4 日

○ 2017 年“读讲一本书”活动暨“健康中国”五·四青年演讲比赛决赛在京举行，国家卫生计生委委党组成员、副主任崔丽出席活动。

○国务院印发《关于修改〈医疗器械监督管理条例〉的决定》。 （见 22 页）

9 日

推进“两学一做”学习教育常态化制度化工作部署会在京召开，委党组书记、主任李斌讲话。

（见 103 页）

11 日

○全国护理工作会议在北京召开，中共中央政治局委员、国务院副总理刘延东对会议的召开做出批示，国家卫生计生委主任李斌出席会议并讲话。（见 104 页）

○国家卫生计生委第 2 期卫生计生行业经济管理后备领军人才培训班在京举行开班仪式，国家卫生计生委副主任王培安出席并讲话。

12 日

在国家主席习近平和捷克总统米洛什·泽曼见证下，国家卫生计生委副主任崔丽与捷克卫生部副部长拉德克·波利察尔在京签署《中华人民共和国国家卫生计生委与捷克共和国卫生部关于卫生领域合作 2017—2020 年度执行计划》。

13 日

国务院副总理刘延东在北京会见世界卫生组织总干事陈冯富珍。刘延东欢迎陈冯富珍来华出席“一带一路”国际合作高峰论坛，对陈冯富珍担任总干事以来领导世卫组织应对全球健康挑战、改善人类健康福祉，以及推动中国与世卫组织开展务实有效合作表示赞赏，表示中国政府愿继续深化与世卫组织在“一带一路”卫生领域的合作。

14 日

“国际家庭日”主题宣传活动在上海举办，主题为“健康家庭·健康中国”，国家卫生计生委副主任王培安出席活动并致辞。

15 日

○首届中国家庭发展论坛在上海举办，国家卫生计生委副主任王培安发表主旨演讲，强调中国家庭正经历着深刻变化，迫切需要政府各部门及社会各界共同努力，切实支持家庭发展。

○国家卫生计生委副主任王培安在京会见来访的联合国人口基金执行主任巴巴图德·奥索提迈辛，并共同出席“人口与发展南南合作卓越中心”揭牌仪式。王培安高度评价人口基金长期与中国开展的合作，双方一致同意中国人口与发展研究中心作为“人口与发展南南合作卓越中心”正式挂牌是人口与发展领域的里程碑事件。

17 日

2017 年发展中国家人口与发展战略部级官员研讨班在京开幕，国家卫生计生委副主任王培安出席开幕式并致辞，他指出，作为世界上人口最多的发展中国家，中国将继续以将人口动态纳入国家发展规划、普及生殖健康和计划生育服务、提高妇幼健康水平、推进流动人口社会融合和基本公共服务均等化、促进健康老龄化，以及实施健康扶贫等 6 个方面为重点，深化人口与发展领域的南南合作，以推进联合国 2030 年可持续发展目标的实现。

22—23 日

○中国代表团团长、国家卫

生计生委主任李斌在瑞士日内瓦出席第70届世界卫生大会期间，分别会见刚果（布）、马尔代夫、赞比亚等国卫生部部长及瑞士联邦委员兼内政部长。期间，中国与巴西、俄罗斯、印度和南非卫生部部长举行午餐会议。

25日

“沪苏浙皖闽”4省1市综合医改联席会议在上海召开，国家卫生计生委副主任、国务院医改办主任王贺胜出席会议并讲话。

27日

国务院副总理刘延东主持召开国务院医改领导小组第31次会议，研究《关于深化医教协同进一步推进医学教育改革与发展的意见（稿）》并部署相关工作。

6月

1日

2017年全国生育状况抽样调查启动会在北京召开，国家卫生计生委副主任王培安出席会议并讲话。

2日

按疾病诊断相关分组（DRG）收付费改革试点启动会在深圳召开，国家卫生计生委副主任王培安出席会议并讲话，要求试点地区所在省份要积极推动有条件的地区和医疗机构，根据国家要求开展试点工作。

6日

政务公开工作领导小组全体会议召开，国家卫生计生委副主任、委政务公开工作领导小组副组长崔丽出席会议并讲话。

8日

全国健康扶贫工作现场推进会在成都召开，国家卫生计生委主任李斌出席会议并讲话。会议要求，落实中央统筹、省（区、市）负总责、市（地）县抓落实的工作体制，提高健康扶贫精准度，做好政策解读，加强宣传交流，在全社会营造良好舆论氛围。

（见107页）

9日

国家卫生计生委主任李斌带队到石渠县调研包虫病综合防治工作，她肯定石渠县取得的阶段性重要成效，强调要认识藏区包虫病防治工作的艰巨性、长期性、复杂性。

13日

1997—2017“健康快车”20周年座谈会在京举行，国家卫生计生委副主任崔丽出席座谈会。

16日

○纪念中国人口福利基金会成立30周年座谈会在京召开，国家卫生计生委主任李斌在讲话中表示，各级卫生计生行政部门要牢固树立“四个意识”，创新优势品牌项目，保障和促进公益慈善事业更好更快发展。

○国家卫生计生委党组中心组开展2017年第2次集体学习，学习贯彻习近平总书记在全国卫生与健康大会上的讲话精神，研究推进健康中国建设的具体措施。委党组书记、主任李斌主持会议并讲话。

18–19日

国务院副总理刘延东在匈牙利布达佩斯考察塞梅尔维斯医科大学并出席中匈中医药教育合作系列活动。

19日

以“促进全民健康”为主题的第3届中国—中东欧国家卫生部长论坛在匈牙利布达佩斯举行，国家卫生计生委主任李斌出席论坛并与匈牙利人力资源部签署关于两国加强卫生和医学科学机构间直接合作的宣言；与罗马尼亚卫生部签订关于两国卫生与医学合作2017—2020年度执行计划；与拉脱维亚共和国卫生部签订关于两国卫生合作2017—2020年度执行计划。

22日

○部分省市母婴安全保障工作座谈会在济南召开，国家卫生计生委副主任马晓伟出席会议并讲话，指出各省市要深刻认识全面两孩政策实施后的母婴安全新形势，制定清晰的规划和方案，以高龄高危孕产妇为重点，部署加强孕产妇系统管理服务和危急重症临床救治，保障母婴安全。

○国家卫生计生委与中国常驻日内瓦代表团共同举办“庆祝香港回归20周年暨陈冯富珍总干事离任招待会”，国家卫生计生委副主任崔丽出席活动并致辞。

26日

全国卫生计生先进典型宣传工作部署会在上海召开，国家卫生计生委副主任王贺胜出席会议并讲话，指出要在全社会大力弘扬“敬佑生命、救死扶伤、甘于奉献、大爱无疆”的卫生计生职业精神，完善培育选树先进典型的长效工作机制，做大做强做活先进典型宣传。

27日

国家卫生计生委庆祝建党96周年暨“两优一先”表彰大会在京召开，国家卫生计生委党组书记、主任李斌出席会议并讲话。

29日

○在《中华人民共和国中医

药法》即将实施之际，国务院副总理刘延东在北京接见第3届国医大师和首届全国名中医代表并座谈。

○国家卫生计生委健康促进与教育专家指导委员会首次会议在京召开，国家卫生计生委副主任王贺胜出席会议并讲话。

30日

○卫生计生部门主汛期卫生应急工作视频会召开，国家卫生计生委副主任崔丽出席会议并讲话。

○国务院办公厅印发《国民营养计划（2017—2030年）》。

（见73页）

7月

6日

金砖国家卫生部长会暨传统医药高级别会议在天津召开，国务院副总理刘延东出席开幕式，宣读习近平的贺信并发表主旨演讲。会议通过《天津公报》及《金砖国家加强传统医药合作联合宣言》。国家卫生计生委主任李斌主持会议，金砖国家卫生部长、传统医药部长及高级别代表，部分其他国家卫生部长，世界卫生组织等有关国际组织代表，天津友好城市和侨界友人代表，来自国内相关部委、各省（区、市）卫生计生委和中医药行政部门代表，港澳代表，名老中医、院士，中医药高校、科研机构和企业代表约300人参会。

6—7日

国家卫生计生委、法国社会团结与卫生部、法国国家家庭补助局在山西太原联合召开第5届中法家庭发展政策研讨会，国家卫生计生委副主任王培安出席开幕式并致辞。

7日

加快推进全国新农合跨省就医联网结报电视电话会议召开，国家卫生计生委副主任马晓伟出席会议并讲话，他强调新农合异地就医联网结报工作是党中央、国务院对全体城乡居民的庄严承诺，是实现广大人民群众共享改革红利、增强医改获得感的重要途径，各地各有关单位务必确保8月底前基本完成异地结报工作任务。

13日

全国卫生计生系统对口援疆工作会议在新疆乌鲁木齐召开。国家卫生计生委副主任王培安出席会议并讲话。会议要求卫生计生援疆工作要认真落实全国第6次对口支援新疆工作会议精神，实施健康扶贫工程，做好疾病预防控制工作，改善基础设施条件，提升新疆服务本地区和周边国家的能力。

14日

国务院办公厅印发《关于建立现代医院管理制度的指导意见》。 （见77页）

20日

2017年全国药政工作会议在京召开，国家卫生计生委主任李斌出席会议并讲话，强调要切实抓紧抓好药品供应保障制度建设的6项重点任务。 （见110页）

20—21日

全面两孩政策配套政策措施研讨会在云南召开，国家卫生计生委副主任王培安出席会议并讲话。

24日

中日医疗交流会在京举行，国家卫生计生委副主任崔丽出席开幕式并致辞。

25日

国务院医改办全体会议在京召开，国家卫生计生委副主任、国务院医改办主任王贺胜主持会议。会议传达习近平总书记狠抓改革落实的重要论述和中央全面深化改革领导小组会议精神，要求各部门下半年要抓住顶层设计和任务落实两个关键，抓紧抓好有关改革工作。

27日

全国爱卫办在山东威海召开全国卫生城镇和健康城市工作经验交流会，国家卫生计生委副主任王国强出席会议并讲话。他指出，各地要推进卫生城镇创建，提升卫生城镇数量和质量，健全完善长效机制和动态管理，发挥健康城市健康村镇在健康中国建设中的抓手作用。

28日

○国家卫生计生委党组书记李斌主持召开党组会议，学习传达习近平总书记在省部级主要领导干部“学习习近平总书记重要讲话精神，迎接党的十九大”专题研讨班上的重要讲话精神，研究贯彻落实意见。

○健康城市研讨会在山东威海召开，国家卫生计生委副主任王国强和世界卫生组织驻华代表施贺德出席会议并讲话。

31日

○国务院副总理刘延东主持召开国务院医改领导小组第32次会议，研究《关于进一步加强全科医生培养与使用的意见》《关于改革完善仿制药供应保障及使用政策的若干意见》和《关于改革完善医疗卫生行业综合监管制度的指导意见》，并部署相关工作。

○国家卫生计生委和中国发展研究基金会在京联合举办促进母乳喂养高峰论坛，启动2017年“世界母乳喂养周”主题宣传活动。国家卫生计生委副主任马晓伟出席论坛并致辞。他指出，国家卫生计生委将进一步推动《国民营养计划（2017–2030）》实施，会同有关部门推进母婴设施建设，创新爱婴医院管理。

8月

1日

2017年委扶贫开发与对口支援工作领导小组第3次会议在京召开，国家卫生计生委副主任王培安主持会议，会议强调，要加快建立农村贫困人口兜底保障机制，全面实施“三个一批”行动计划，年底前9种大病集中救治覆盖所有贫困地区，并结合地方实际扩大集中救治病种，家庭医生签约服务覆盖所有农村贫困人口。

9日

○四川阿坝州九寨沟县发生7.0级地震后，国家卫生计生委贯彻落实党中央、国务院领导批示指示精神和国务院工作部署，李斌等委领导明确要求，尽最大努力减少人员死亡和因伤致残，同时做好后续卫生防疫和心理救援等工作，确保大灾之后无大疫。委应急办随同国家减灾委工作组于9日赴灾区指导开展医学救援工作。8日调派国家紧急医学救援队（四川）抵达灾区，9日再次组成专业组赴灾区。

○新疆博尔塔拉州精河县发生6.6级地震后，国家卫生计生委主任李斌等委领导高度重视，要求迅速了解灾情和人员伤亡情况，指导地方做好灾后各项医疗卫生救援工作。

17日

○国家卫生计生委主任李斌在京会见来华访问的世界卫生组织总干事谭德塞，双方就继续深化未来合作交换意见，共同签署国家卫生计生委与世卫组织关于自愿捐款安排的协议。

○全国卫生计生系统表彰大会在京召开，习近平总书记做出重要指示，李克强总理做出批示，刘延东副总理出席大会并讲话。

21日

2017年全国结核病防治工作会议在江苏镇江召开，国家卫生计生委副主任、国家中医药管理局局长王国强出席会议并讲话。会议要求各地落实《“十三五”全国结核病防治规划》，加强基层服务能力建设，推广应用新诊断技术，加强中西医结合，实施重点攻关，积极破解当前耐多药结核病防治等难题。

25日

国务院副总理刘延东赴福建调研并主持召开综合医改试点省负责人和各省医改办主任等参加的医改推进会。刘延东指出，要积极推进分级诊疗，加强医联体建设，推动优质医疗资源下沉，完善家庭医生签约，保障老年人、残疾人、妇女儿童等重点人群得到更多优质服务。理顺医保管理体制机制，保障好群众看病就医这个最基本的民生。

28日

委属委管医院综合绩效考核领导小组第1次会议在京召开，国家卫生计生委副主任、国务院医改办主任、委属委管医院综合绩效考核领导小组组长王贺胜主持会议并讲话。

31日

中央文明办、国家卫生计生委在浙江杭州联合举办全国道德模范与身边好人“中国好医生、中国好护士”现场交流活动，活动现场首批发布20名“中国好医生、中国好护士”优秀个人和2个优秀团队，国家卫生计生委副主任王贺胜出席活动并为上榜人物颁奖。

9月

1日

在习近平主席和巴西总统特梅尔见证下，国家卫生计生委主任李斌与巴西驻华大使马尚在京共同签署《中华人民共和国国家卫生和计划生育委员会与巴西联邦共和国卫生部2018—2020年度卫生合作执行计划》。

7日

国家卫生计生委直属机关组织召开警示教育大会，国家卫生计生委党组书记、主任李斌出席会议并讲话。李斌指出，无论是医疗卫生系统还是委直属机关都面临着艰巨的管党治党和反腐倡廉任务。每一名党员干部特别是领导干部都要从中吸取教训，深刻反思，引以为戒，切实把思想行动统一到以习近平同志为核心的党中央的决策部署上来，始终严守党的纪律和规矩，自觉接受规章制度的约束，进一步增强拒腐防变的自觉性和坚定性。

9日

国家卫生计生委、国家中医药管理局、中央军委后勤保障部卫生局在山西忻州市岢岚县联合启动

2017年“服务百姓健康行动”全国大型义诊活动周，国家卫生计生委主任李斌出席启动仪式并讲话，国务院扶贫办副主任陈志刚、国家中医药管理局副局长闫树江、中央军委后勤保障部卫生局局长陈景元等参加启动仪式。

12日

“预防出生缺陷日”主题宣传活动在京举行，以“军民同心，让爱无缺”为主题，由国家卫生计生委、中央军委后勤保障部卫生局、中国出生缺陷干预救助基金会共同举办。第九、十届全国人大常委会副委员长蒋正华，第九、十届全国人大法律委员会副主任委员王茂林，国家卫生计生委副主任马晓伟，中央军委后勤保障部卫生局副局长席立锁，中国出生缺陷干预救助基金会常务副理事长兼秘书长翟立功、理事兼副秘书长郭渝成等出席。马晓伟指出，军民融合、同向发力是加强妇幼健康服务、保障母婴安全的有效举措。要推进军民融合发展，创新工作格局，军政军民协力推进出生缺陷综合防治，提高出生人口素质和儿童健康水平。

12—13日

国家卫生计生委、共青团中央在广州联合召开卫生计生系统全国青年文明号表彰推进会，国家卫生计生委党组成员、副主任崔丽，共青团中央书记处书记汪鸿雁出席会议并讲话。

13日

国家卫生计生委、国家发展改革委、财政部、国家旅游局、国家中医药局在京联合召开推进健康旅游示范基地建设工作座谈会，国家卫生计生委副主任王培安出席会议并讲话。

14日

全国卫生计生系统支援西藏工作视频会议召开，部署推进卫生与健康援藏工作，国家卫生计生委副主任王培安出席会议并讲话。

18日

○国家卫生计生委主任李斌到广西调研医改工作，召开医改座谈会并实地调研，与相关机构负责人、医务人员和部分群众进行交流。李斌强调，深化医改是功在当代、利在千秋的重大民生工程、民心工程，希望广西认真贯彻落实习近平总书记重要指示精神，采取更加有力的措施推广医改先进经验，扩大改革成效，使更多的群众得到实惠。

○全国秋冬季重点传染病防控工作视频会议在京召开，国家卫生计生委副主任、国家中医药管理局局长王国强出席会议并讲话。

21日

凉山州艾滋病防治与健康扶贫攻坚行动启动会议在四川西昌召开，国家卫生计生委主任李斌出席会议并讲话。会议要求，全面开展健康教育、落实预防干预措施、筛查救治感染者、关爱受影响人群，深入实施健康扶贫工程。会前，李斌赴凉山州有关医疗机构，调研艾滋病抗病毒治疗和预防母婴传播工作。

22日

○根据中国政府与世界银行协议，世界银行提供6亿美元的贷款，用于支持安徽、福建全面推广三明综合医改经验。本日，项目启动会在京召开，国务院医改领导小组副组长、国家卫生计生委主任李斌出席会议并讲话。李斌强调，启动会标志着中国与世行合作的一个新起点，要从4个方面抓好项目实施工作。

○四省藏区健康扶贫工作会议在甘肃甘南藏族自治州召开，国家卫生计生委副主任王培安出席会议并讲话。会议要求，要落实“三个一批”行动计划，统筹中央支持、对口省市支援和四省藏区主体作用，推进四省藏区深入实施健康扶贫工程。

○国家卫生计生委主任李斌签署委员会令（第14号），公布《中医诊所备案管理暂行办法》，自2017年12月1日起施行。

（见84页）

22—23日

全国慢性病防治工作会议在厦门召开，国家卫生计生委副主任、国家中医药管理局局长王国强出席会议并讲话，强调要贯彻落实“一纲要两规划”和《中国防治慢性病中长期规划（2017—2025年）》，推动形成多部门防治合力，引导群众形成健康生活方式，发挥中医药优势和作用，切实降低重大慢性病导致的过早死亡。

25日

国家卫生计生委2017年“面对面大讲堂”第4讲举行，委党组成员、副主任王贺胜主持会议。

26日

○国家卫生计生委党组中心组开展第3次集中学习活动，学习贯彻习近平总书记重要指示精神，认真研读毛泽东《实践论》《矛盾论》，开展学哲学用哲学专题学习。

○2017年艾滋病学术大会在广州召开，国务院防治艾滋病工作委员会办公室主任、国家卫生计生委副主任、国家中医药管理局局长王国强出席会议并致辞。

27—29日

为纪念第27个“世界精神卫

生日”，国家卫生计生委组织开展“心理健康，社会和谐”主题演讲比赛。来自全国的32名参赛选手在北京进行复赛和决赛。国家卫生计生委副主任、国家中医药管理局局长王国强出席演讲比赛决赛，为获得一等奖的选手颁奖并讲话。

30日

○国家卫生计生委党组书记、主任李斌主持召开党组（扩大）会议，专题传达学习中央关于孙政才严重违纪案审查情况和处理决定通报的精神。

○改善医疗服务3年总结会在辽宁本溪举行，国家卫生计生委副主任王贺胜出席会议并讲话。王贺胜强调要继续加大宣传力度，将行之有效、广泛适用的措施固化成为现代医院管理制度，并研究启动第2个3年改善医疗服务行动计划。

10月

16日

国家卫生计生委党组书记、主任李斌主持召开党组会议，传达学习党的十八届七中全会精神，研究部署贯彻落实工作。

20日

○国家卫生计生委在京召开电视电话会议，专题部署推进平台互联互通、异地基层就医结报和大数据试点等重点工作。国家卫生计生委副主任马晓伟主持会议并讲话，要求各地按照国务院常务会议部署要求，增加农民工流入重点省份定点医疗机构数量，扩大基层定点医疗机构联通范围，完善农民工跨省就医转诊备案制度，进一步解决外出农民工异地就医直接结算需求问题。

○国家卫生计生委召开学习党的十九大报告精神座谈会，国家卫生计生委党组成员、副主任、直属机关党委书记崔丽主持座谈会并讲话。

26日

国家卫生计生委党组书记、主任李斌主持召开党组会议、党组扩大会议暨党组中心组学习会和直属机关党员干部大会，要求全国卫生计生系统各级党组织要坚定不移推进全面从严治党，落实主体责任和监督责任，确保与中央保持步调一致；持之以恒正风肃纪、反腐惩恶，保持党的先进性和纯洁性。要坚定理想信念，强化政治责任，增强“四个意识”，把维护以习近平同志为核心的党中央权威和集中统一领导作为第一位的政治要求，提高干事创业本领，打造政治过硬、本领高强的党员干部队伍。

28日

全国高等医药教材建设研究暨人民卫生出版社专家咨询2017年年会在京召开，国家卫生计生委副主任王贺胜出席会议并讲话。

30日

应对H7N9疫情联防联控工作机制会议召开，国家卫生计生委副主任崔丽主持会议，研究部署H7N9疫情防控工作。

11月

2日

全国基层卫生信息化建设暨乡村医生队伍建设经验交流会在贵州遵义召开，国家卫生计生委副主任马晓伟出席会议并讲话，强调各地要主动顺应信息技术应用发展新形势，创造性做好基层卫生信息化工作，助推建立优质高效的基层医疗卫生服务新体系，积极构建方便体验的基层信息惠民应用新生态，推动形成科学高效的基层卫生发展治理新模式。

3日

国家卫生计生委主任李斌在京会见由校长布洛克率领的美国加州大学洛杉矶分校代表团一行。李斌向代表团介绍中国医药卫生事业发展成就及“一带一路”卫生合作相关情况，希望与加州大学洛杉矶分校进一步加强在卫生人才培养领域的合作，服务人民健康福祉。

7日

全国卫生计生人才工作会议在河南郑州召开，国家卫生计生委主任李斌出席会议并讲话，她指出，当前卫生计生人才队伍的能力和水平还不能适应人民群众日益增长的健康服务需求，必须下更大的决心、花更大的气力，着力解决突出问题。（见117页）

9日

农村留守儿童健康关爱工作推进会在安徽合肥召开，国家卫生计生委副主任王培安出席会议并讲话。

12日

第10届中日韩卫生部长会议在山东济南举行，国家卫生计生委主任李斌出席并讲话，提出3点倡议得到日韩两国的积极响应。

13日

○艾滋病防治国际研讨会在京召开，国务院副总理刘延东批示指出，中国将落实习近平主席对预防控制重大疾病工作做出的进一步部署，切实加强包括艾滋病在内的重大疾病防控，巩固当前防治成果，充分利用新技术新方法，进一步提高防治成效。国家卫生计生委副主任王国强出席会议并讲话。

○第4期卫生计生行业经济管理领军人才培训班开班仪式在京举行，国家卫生计生委副主任王培安出席开班仪式并讲话。

16日

全国卫生应急技能竞赛活动决赛在北京举行，国家卫生计生委副主任崔丽出席并为获奖选手颁奖。

17日

国家卫生计生委—盖茨基金会凉山州艾滋病防治和健康扶贫项目暨公益行动启动会在四川西昌召开，国家卫生计生委副主任崔丽出席会议并讲话。

17—18日

全国免疫规划工作暨预防接种异常反应补偿保险工作推进会在云南昆明召开，国家卫生计生委副主任王国强出席会议并讲话。王国强要求做好完善预防接种服务、加强免疫规划管理、构建全方位保障体系、优化监测评估体系、推进信息化建设、培养专业人才、宣传免疫规划文化和参与国际卫生合作等8项重点任务，并对重点工作和推进预防接种异常反应保险补偿工作提出具体要求。

18—19日

中华预防医学会成立30周年系列活动暨健康中国国际工程科技发展战略高端论坛在北京举行，国家卫生计生委副主任、国家中医药管理局局长王国强等出席开幕式并讲话。

20日

国家卫生计生委主任李斌签署委员会令（第16号），公布《卫生计生系统内部审计工作规定》，自2018年1月1日起施行。

（见89页）

21日

国家卫生计生委党组中心组开展贯彻党的十九大精神专题学习，会前在委党组书记、主任李斌领誓下，举行宣誓仪式，集体重温入党誓词。

21—22日

第10届中国健康教育与健康促进大会暨2017年健康中国行总结会在浙江杭州召开，国家卫生计生委副主任王贺胜出席并讲话。王贺胜指出，健康促进与教育是落实新时期卫生与健康工作方针的重要内容，是深化医药卫生体制改革应有之义，是解决卫生健康领域发展不平衡不充分问题的重要措施，对实施健康中国战略具有重要意义。

22—23日

国家卫生计生委深入学习贯彻党的十九大精神开创计划生育工作新局面会议在江苏召开，国家卫生计生委副主任王培安出席会议并做专题报告，强调要深刻领会十九大关于人口和计划生育工作的重要安排部署，加强人口发展战略研究，完善并落实全面两孩配套政策措施，深化流动人口卫生计生服务管理改革，做好深度贫困地区计划生育工作，推进计划生育协会改革发展。

26日

第28届地区性（非欧洲）国际输血大会在广州召开，国家卫生计生委副主任、国务院医改办主任王贺胜出席会议并致辞。

12月

4日

可持续发展视野下的人口问题——生育转变与社会政策应对国际研讨会在京召开，国家卫生计生委副主任王培安出席会议并致辞。

6日

2017年发展中国家老年照护规范建设国际研讨会在福建厦门举办，国家卫生计生委副主任王培安出席开幕式并讲话。

7日

国家卫生计生委、中国计生协在四川成都联合举行2016—2017年全国新市民健康城市行活动总结仪式，国家卫生计生委副主任、中国计生协党组书记、常务副会长王培安出席活动并讲话。

9日

中国医药卫生文化协会年会暨人文医院建设高峰论坛在浙江宁波召开，国家卫生计生委副主任、国务院医改办主任王贺胜出席并讲话。

11日

2017年“圆梦女孩志愿行动”报告会在京举办，国家卫生计生委副主任王培安出席报告会并讲话。

15日

国家卫生计生委会同国务院扶贫办在陕西汉中召开健康扶贫冬季暖心服务活动启动会，国家卫生计生委副主任王培安出席会议并讲话。会议强调，要全面加强健康扶贫基层基础工作，建成一支由乡镇卫生院医生、村医、计生专干等人员组成的、熟悉政策、精通业务、具备良好沟通能力、善于做群众工作的健康扶贫工作队伍。在为贫困人口开展健康体检、开展义诊活动、完善健康档案、核准贫困人口患病情况、落实大病和慢性病分类救治措施、宣传健康扶贫政策、开展健康教育等工作中发挥积极作用，为农村贫困人口脱贫提供健康保障。

23—24 日

国家卫生计生委党组书记、主任李斌带队赴山西省大宁县、永和县调研定点扶贫工作。李斌强调，2018 年是中央确定的扶贫领域作风建设年，各地要认真贯彻落实中央关于作风建设特别是扶贫领域作风问题专项治理工作的部署要求，推动各项政策措施落到实处，提高贫困群众获得感和满意度。

24 日

国家卫生计生委首期卫生计生行业经济管理领军人才毕业典礼在京举办，国家卫生计生委副主任王培安出席并讲话。

25 日

国务院副总理刘延东主持召开国务院医改领导小组第 33 次会议，研究公立医院医保控费有关工作，研究进一步贯彻落实习近平总书记、李克强总理的重要批示精神，做好相关工作。强调积极稳妥应对回应好社会关切，坚持以人民为中心，切实满足群众基本医疗需求。加强统筹安排，保障医保可持续，坚守安全底线，确保医疗服务质量。加强支付方式改革，更好发挥医保作用。保持改革定力，营造良好氛围。

27 日

国家卫生计生委党组成员、副主任、直属机关党委书记崔丽以“深入学习贯彻党的十九大精神，坚定不移推动全面从严治党向纵深发展，为全面实施健康中国战略提供坚强政治保证”为题讲党课。

28 日

由工业和信息化部、民政部、国家卫生计生委联合主办的智慧健康养老产业发展大会在京召开，国家卫生计生委副主任王培安出席会议并讲话。

29 日

贯彻落实“两办通知”精神暨中国烟草控制大众传播活动 2018 年启动会在北京召开，国家卫生计生委副主任王贺胜出席会议并讲话。王贺胜强调，要推动控烟工作大联合，将控烟工作主动融入卫生与健康工作全过程。要加大考核监督执法力度，进一步推进无烟场所创建。要增强公众主动参与控烟的意识，持续深入开展控烟宣传教育，营造全社会支持控烟的良好氛围。

（郭　珞　王　卓）

〔责任编辑：彭　琰〕

2017 年 1 月 24 日，中共中央政治局常委、国务院总理李克强考察云南白药时，察看该公司编纂的云南上千种天然药图鉴，并指出，要更好地发展民族医药，博采众长，结合现代理念技术，做大做强保健医药等大健康产业，扎根中国走向世界。

2017 年 4 月 20 日，中共中央政治局常委、国务院总理李克强考察山东威海孙家疃医院，看到许多老人在此享受医养结合服务，要求发展好医养结合产业，切实保障老有所养老有所医，才能让老人安心、子女放心。

重要文献

中共中央总书记、国家主席、中央军委主席习近平致金砖国家卫生部长会暨传统医药高级别会议的信

（2017 年 7 月 6 日）

值此金砖国家卫生部长会暨传统医药高级别会议召开之际，我谨代表中国政府和中国人民，并以我个人的名义，向会议的召开表示热烈的祝贺！向出席会议的各国卫生部长及政府代表、国际组织代表、专家学者等各方嘉宾，表示诚挚的欢迎！

疾病无国界。为应对共有的公共卫生挑战，金砖国家已经建立高级别对话机制，推进金砖国家卫生合作。我相信，本届会议将促进金砖国家和各有关国家交流经验、凝聚共识，携手应对全球卫生挑战。传统医药是优秀传统文化的重要载体，在促进文明互鉴、维护人民健康等方面发挥着重要作用。中医药是其中的杰出代表，以其在疾病预防、治疗、康复等方面的独特优势受到许多国家民众广泛认可。

实现人人享有健康是我们共同的美好愿景。我希望各方充分利用金砖国家卫生部长暨传统医药高级别会议机制，深化卫生健康领域交流合作，推进各方传统医药互学互鉴，携手应对公共卫生挑战，为保障人民健康做出贡献。预祝会议圆满成功！

（国家中医药管理局 提供）

中共中央政治局常委、国务院总理李克强在第十二届全国人民代表大会第五次会议上的《政府工作报告》（摘录）

（2017 年 3 月 5 日）

一、2016 年工作回顾

放开养老服务市场。扩大公立医院综合改革试点，深化药品医疗器械审评审批制度改革。

注重保障和改善民生，人民群众获得感增强。全面推进脱贫攻坚，全国财政专项扶贫资金投入超过 1000 亿元。提高低保、优抚、退休人员基本养老金等标准，为 1700 多万困难和重度残疾人发放生活或护理补贴。整合城乡居民基本医保制度，提高财政补助标准。增加基本公共卫生服务经费。实现大病保险全覆盖，符合规定的省内异地就医住院费用可直接结算。

……

三、2017 年重点工作任务

贫困地区和贫困人口是全面建成小康社会最大的短板。要深入实施精准扶贫精准脱贫，今年再减少农村贫困人口 1000 万以上，完成易地扶贫搬迁 340 万人。中央财政专项扶贫资金增长 30% 以上。加强集中连片特困地区、革命老区、边疆和民族地区开发，改善基础设施和公共服务，推动特色产业发展、劳务输出、教育和健康扶贫，做好因病等致贫返贫群众帮扶，实施贫困村整体提升工程，增强贫困地区和贫困群众自我发展能力。

大力推进社会体制改革。深化收入分配制度配套

改革。稳步推动养老保险制度改革，划转部分国有资本充实社保基金。深化医疗、医保、医药联动改革。全面推开公立医院综合改革，全部取消药品加成，协调推进医疗价格、人事薪酬、药品流通、医保支付方式等改革。

促进消费稳定增长。适应消费需求变化，完善政策措施，改善消费环境。开展新一轮服务业综合改革试点，支持社会力量提供教育、文化、养老、医疗等服务。推动服务业模式创新和跨界融合，发展医养结合、文化创意等新兴消费。

扎实推进新型城镇化。深化户籍制度改革，今年实现进城落户1300万人以上，加快居住证制度全覆盖。支持中小城市和特色小城镇发展，推动一批具备条件的县和特大镇有序设市，发挥城市群辐射带动作用。

推进健康中国建设。城乡居民医保财政补助由每人每年420元提高到450元，同步提高个人缴费标准，扩大用药保障范围。在全国推进医保信息联网，实现异地就医住院费用直接结算。完善大病保险制度，提高保障水平。全面启动多种形式的医疗联合体建设试点，三级公立医院要全部参与并发挥引领作用，建立促进优质医疗资源上下贯通的考核和激励机制，增强基层服务能力，方便群众就近就医。分级诊疗试点和家庭签约服务扩大到85%以上地市。做好健康促进，继续提高基本公共卫生服务经费补助标准，加强疾病预防体系和慢性病防控体系建设。及时公开透明有效应对公共卫生事件。保护和调动医务人员积极性。构建和谐医患关系。适应实施全面两孩政策，加强生育医疗保健服务。依法支持中医药事业发展。食品药品安全事关人民健康，必须管得严而又严。要完善监管体制机制，充实基层监管力量，夯实各方责任，坚持源头控制、产管并重、重典治乱，坚决把好人民群众饮食用药安全的每一道关口。（中国政府网）

中共中央政治局委员、国务院副总理刘延东与国医大师和全国名中医代表座谈时的讲话（摘录）

（2017年6月29日　北　京）

一、党的十八大以来中医药事业发展成就显著

党的十八大以来，以习近平同志为核心的党中央从党和国家事业全局出发，从维护和保障人民健康出发，把中医药工作放在更加突出的位置，做出重大决策部署。2015年，习近平总书记为中国中医科学院成立60周年专门致贺信。在去年召开的全国卫生与健康大会上，习近平总书记对推动中医药振兴发展做出部署。总书记强调，坚持中西医并重，推动中医药和西医药相互补充、协调发展，是我国卫生与健康事业的显著优势，要把老祖宗留给我们的中医药宝库保护好、传承好、发展好，服务于人民健康。习近平总书记的重要讲话，深刻回答了中医药发展的全局性、根本性问题，为新的历史时期做好中医药工作指明了方向、提供了遵循。李克强总理高度重视中医药发展，主持国务院常务会议审议中医药法草案和中医药重要政策，对中医药工作多次做出重要指示批示，提出明确要求。全国中医药系统和各有关方面认真贯彻党中央、国务院决策部署，齐心协力，扎实工作，推动中医药振兴发展迈出了坚实步伐。

中医药战略地位显著提升。党中央、国务院印发《“健康中国2030”规划纲要》，提出一系列振兴发展中医药的重大举措。国务院印发《中医药发展战略规划纲要（2016–2030年）》，把中医药发展上升为国家战略。去年颁布的中医药法，是我国中医药领域的一部综合性、基础性法律，是推进全面依法治国战略在中医药领域的重要成果，具有里程碑意义。为加强对中医药工作的组织领导，经国务院同意，建立了国务院中医药工作部际联席会议制度，由我担任召集人，中医药工作各相关单位参加，统筹做好中医药工作。中医药传承创新实现突破。屠呦呦研究员获得2015年诺贝尔生理学或医学奖、2016年度国家最高科学技术奖。我国已建立23个国家中医临床研究基地，临床科研网络不断完善。党的十八大以来，中医药领域荣获国家科技奖励36项、其中国家科技进步一等奖6项，一批科研成果转化为诊疗规范或中药新药。中医医疗服务体系不断健全。2016年，每万人口卫生机构中医执业（助理）医师数达到3.48人，97.5%的社区卫生服务中心、94.3%的乡镇卫生院、83.3%的社区卫生服务站和62.8%的村卫生室能够提供中医药服务，中医类诊疗总量达到9.6亿。中医药健康服务及相关产业发展迅速。国务院办公厅印发《中医药健康服务发展规划（2015–2020年）》，转发《中药材保护和发展规划（2015–2020年）》。中医药养生、保健、康复等方面潜力持续释放，与养老、旅游等融

合发展趋势明显。200多种常用大宗中药材实现规模化种植养殖，带动了绿色经济的发展，也成为精准扶贫的重要抓手。五是中医药海外影响日趋扩大。2017年1月，习近平总书记访问世界卫生组织并赠送针灸铜人，指出要继承好、发展好、利用好传统医学，用开放包容的心态促进传统医学和现代医学更好融合。目前，中医药已传播到183个国家和地区，我国已与相关国家和国际组织签订86个中医药合作协议，支持建立17个海外中医药中心，推动发布一批中医药国际标准。首次发表《中国的中医药》白皮书，向世界系统介绍中医药。近三年，我国与中东欧国家连续举办卫生部长论坛，中医药都是重要内容。越来越多的国家通过中医药认识了中国，中医药已成为增进民心相通的亮丽名片。

二、准确把握中医药振兴发展面临的新形势新要求

1. 建设健康中国，迫切需要充分发挥中医药独特优势。中医药凝聚着中华民族几千年的养生理念及实践经验，集防病治病和养生调摄于一体，具有临床疗效确切、预防保健作用独特、治疗方式灵活、费用比较低廉的特点，对维护中华民族健康始终发挥着重要作用。比如，中医突出治未病。《黄帝内经》提出，“不治已病治未病”，“精神内守，病安从来”。金元四大家之一的朱丹溪讲到，“与其救疗于有疾之后，不若摄养于无疾之先”。中医治未病核心体现在“预防为主”，重在“未病先防、既病防变、瘥后防复”，强调生活方式与健康有密切关系，主张以养生为要务，这与全国卫生与健康大会提出的“大健康”理念高度契合。在我们这样一个有13亿多人口的发展中国家，发挥好中医治未病的作用，对提升人民健康水平、减轻疾病负担具有重要意义。要顺应发展方式由以治病为中心向以健康为中心转变、由注重“治已病”向注重治未病转变的时代要求，坚持中西医并重，充分发挥中医药独特优势，为深化医改、推进健康中国建设贡献力量。

2. 坚定文化自信，迫切需要充分彰显中医药的文化价值。习近平总书记指出，“文化自信，是更基础、更广泛、更深厚的自信”，中医药是“打开中华文明宝库的钥匙”。中医药强调“阴阳平衡，调和致中”“三因制宜，辨证论治”的哲学思维，强调“以人为本，悬壶济世”“大医精诚，仁心仁术”的价值追求，强调“炮制虽繁必不敢省人工，品味虽贵必不敢减物力”的工匠精神，等等，这些都是中华优秀传统文化的精神基因和独特标识。深入挖掘、研究、阐释中医药健康养生文化，努力实现创造性转化、创新性发展，对于培育和弘扬社会主义核心价值观、增强中华优秀传统文化的生命力和影响力，具有重要意义。

3. 推进供给侧结构性改革，迫切需要充分释放中医药产业潜力和活力。当前，我国经济发展正处于新旧动能接续转换、结构转型升级的关键时期。中医药产业涉及中医医疗、养生保健、健康养老、健康旅游、中药种植、中药研发、健康食品、器械产品等诸多领域，产业链长、融合度高、新业态多、拉动作用强。2016年，我国中药工业规模以上企业主营业务收入超过8600亿元，占全国医药工业的近1/3。要坚持政府引导与市场驱动相结合，全链条、多环节开发运用中医药资源，提升中医药对经济发展的贡献度、对脱贫攻坚的精准度、对绿色发展的带动度，为经济社会发展增添新动力。

4. 实施创新驱动发展和“走出去”战略，迫切需要加快推进中医药现代化。当前，新一轮科技革命和产业变革孕育兴起，生物、电子、大数据、人工智能等技术快速发展，学科交叉融合趋势日益明显，为中医药理论和技术突破提供了有力支撑。“一带一路”和“走出去”战略的实施，也为中医药走向世界提供了广阔空间。比如，青蒿素是我国原创并为国际公认的创新药物，挽救了全球特别是发展中国家数百万人的生命，除治疗疟疾外，在治疗红斑狼疮、糖尿病、肿瘤等方面也显示出良好的开发前景。我国有5种中药已获美国食品药品监督管理局批准开展Ⅲ期临床研究，一批中药材品种已纳入美国药典和欧盟药典。把握世界科技革命产业变革新趋势，抢抓机遇、赢得主动，迫切要求把科技创新摆在中医药发展的核心位置，利用中医药原创优势，加强创新突破，加快中医药现代化进程。

当前，中医药事业迎来前所未有的发展机遇，但也面临诸多问题和挑战。综合各方反映和刚才五位专家的意见，集中体现在3个方面：从供需结构看，优质中医医疗资源总量不足，特别是基层中医药服务能力仍较薄弱、中医药人才培养和使用激励机制有待完善，中医临床西化、中医药优势弱化等问题依然存在。从传承创新看，中医药传承创新能力总体有待提高，中药质量控制、中药材资源保护亟需加强，中医药产业发展仍面临集中度低、核心竞争力不强等突出问题。同时，中医药国际竞争日趋激烈。中医药“走出去”，还需针对不同人种的体质和需求，运用现代技术和产业模式深入发掘中医机理，科学阐明作用机制，开发适宜的产品和服务。从治理能力看，有专家反映，一些领域还存在“以西律中”的情况，依照西医西药的模式管理中医中药，难以适应中医药的特点和发展需要。中医药监管也亟待加强。社会上不时冒出一些所谓的“神医”，假借普及健康知识的名义兜售药品、

保健品和医疗服务等，唯利是图，损害群众利益，危害群众健康。这些问题必须引起高度重视，下大力气加以解决。

三、突出重点、精准发力，加快推动中医药振兴发展

“十三五”时期是全面建成小康社会的决胜阶段，是推进健康中国建设的关键时期，做好中医药工作意义重大。要以习近平总书记系列重要讲话精神和治国理政新理念新思想新战略为指导，深入贯彻党中央、国务院决策部署，全面振兴发展中医药事业，为全方位全周期保障人民健康做出更大贡献。要重点做好以下7个方面的工作：

1. *以贯彻实施中医药法为契机，建立健全中医药事业发展体制机制。*中医药法将于7月1日起施行。这部法律充分体现了中医药特点，就一些重大问题做出了规定，为中医药发展提供了法制保障。实施好这部法律，重点要加快推进“四个建立健全”。建立健全法规规章。中医药法落地，涉及传统知识保护、中医诊所备案、确有专长人员考核注册、经典名方目录、医疗机构中药制剂备案、养生保健服务规范、师承教育制度等诸多工作，要抓紧制定相关行政法规、部门规章和规范性文件。同时，要处理好与执业医师法、药品管理法、医疗机构管理条例等法律法规的关系，做好配套衔接。建立健全政策举措。国家卫生计生委、国家中医药局要会同各相关方面深入梳理中医药事业发展面临的突出问题，找准症结，抓紧拿出切实管用的对策。建立健全管理体系。要充分发挥国务院中医药工作部际联席会议统筹协调作用，强化部门协调配合，形成工作合力。要按照中医药治理体系和治理能力现代化要求，创新管理模式，完善符合中医药特点的管理体制。建立健全评价和标准体系。要遵循中医药规律，决不能简单套用西医西药和其他学科的标准来评价中医中药，不能拿“小提琴”的标准来做“二胡”。要重点围绕专业技术人员、科研成果、健康医疗服务、中药质量等，推进评价标准体系建设，并加快国内标准向国际标准转化，打造中国标准和中国品牌。

2. *以人民健康为中心，充分发挥中医药在防病治病中的独特优势。*要发挥中医药在治未病、重大疾病治疗、疾病康复中的重要作用，完善预防、治疗、康复有机结合，覆盖全生命周期的健康服务体系。在治未病方面要发挥主导作用。深入实施中医治未病健康工程，加快中医医院治未病科室建设，提升综合医院和基层医疗卫生机构治未病能力，以慢性病管理为重点，构建中医治未病技术体系与产业体系，促进发展方式转变，努力让群众少生病、不生病。在重大疾病治疗方面要发挥协同作用。建立完善重大疑难疾病中西医协作工作机制，充分发挥中西医各自优势，加强联合攻关，形成独具特色的诊疗方案，提升重大疾病的临床疗效。在疾病康复方面要发挥核心作用。促进中医技术与康复医学融合，发展中医特色康复医院和疗养院，完善康复服务标准及规范，研发具有中医特色的康复器具，提升中医康复能力和水平。

3. *以满足需求为导向，着力提升中医药健康服务供给水平。*首先，要保障好基本医疗卫生服务。完善中医药服务体系，合理配置资源，每个地市级区域原则上至少设置1个市办中医类医院，县级区域原则上设置1个县办中医类医院，民族地区、民族自治地方的县级区域优先设立民族医医院。要深入实施基层中医药服务能力提升工程，力争到2020年所有社区卫生服务机构、乡镇卫生院和70%的村卫生室具备与其功能相适应的中医药服务能力，补齐基层短板，筑牢服务网底，促进中医药服务覆盖城乡，进一步提高服务的公平性和可及性。实施中医药传承创新工程建设项目和中医临床优势培育工程，建优扶强一批重点中医机构，打造一批区域中医诊疗中心。请国家发展改革委、财政部继续加大支持力度。要推动中医药深度参与分级诊疗、现代医院管理、全民医保、药品供应保障、综合监管等五项制度建设，落实中医药政府投入政策，合理确定中医医疗服务项目和价格，在国家基本药物目录中进一步增加中成药品种数量，完善医保支付政策，放大医改惠民效果，减轻群众医疗负担。其次，要满足群众多样化、差异化、个性化的健康需求。深化中医药领域“放管服”改革，放宽市场准入，强化政策扶持，鼓励社会力量提供中医药健康服务，推动中医药与养老、旅游、互联网、体育、食品等产业深度融合，加快推进供给侧结构性改革，促进品牌化、连锁化、规模化发展。要探索包容而有效的审慎监管方式，引导和支持新业态新模式健康发展。这里需要强调，少数民族医药是中医药的重要组成部分，要把少数民族医药工作谋划好、实施好，采取措施加大扶持力度，促进少数民族医药事业发展，提高民族地区防病治病能力，增进各族群众健康福祉。

4. *以支撑发展为目标，全面推进中医药传承创新。*中医药是我国具有原创优势的科技资源，是提升我国原始创新能力的“宝库”。一方面，要把中医药这个国粹传承好。编撰出版《中华医藏》，建立中医古籍数据库和知识库，加强对中医古籍、传统知识和诊疗技术的保护、抢救和整理，守护好中医药科技创新的“源头活水”。另一方面，要让“瑰宝”焕发新的光彩。各相关部门要密切协作，实施国家重点研发计划“中医药现代化研究”重点专项，加强中医药科技创新基

地和平台建设，完善科技成果转移转化机制，加快健全多学科、多部门共同参与的中医药协同创新体系，用创新为中医药发展插上腾飞的“翅膀”，促进中医药产业提质增效。要围绕人类健康需求，凝练一批中医药重大项目，形成一批重大产品和技术，力争产生类似青蒿素等代表国家水平、有国际影响力的创新成果。这里要强调提升中药质量的问题。要实施优质中药材生产工程，推进规范化种植养殖，决不能让道地药材“不地道”。要实施中药标准化项目，构建中成药大品种和常用中药饮片全链条质量保障体系。要尽快启动第四次全国中药资源普查，在摸清资源家底的基础上，建立健全中药种质资源保护体系和中药资源动态监测网络。要注重发挥中药材种植在精准扶贫、精准脱贫中的作用，让山里、田间的“土疙瘩”变成脱贫致富的“金疙瘩”，既绿了家园，也鼓了老乡的腰包。

5. 以创造性转化、创新性发展为指导，大力弘扬中医药文化。习近平总书记指出，要认真汲取中华优秀传统文化的思想精华和道德精髓，重点做好“创造性转化、创新性发展”。中共中央办公厅、国务院办公厅《关于实施中华优秀传统文化传承发展工程的意见》把坚持创造性转化、创新性发展写入指导思想，明确要求加强对传统医药等的研究阐释、活态利用，使其有益的文化价值深度嵌入百姓生活。要大力弘扬中医药蕴含的优秀传统文化。中医药包含着我国古老朴素的唯物辩证法，是辩证法在认识生命、治疗疾病、维护健康上的具体运用，在数千年的发展进程中，不断吸收和融合各个时期先进的科学技术和人文思想，成为我国优秀传统文化的重要组成部分。要坚持古为今用、守正开新、扬弃继承，把那些具有代表性、富有当代价值的文化精华挖掘出来，注重实践与养成、需求与供给、形式与内容相结合，使之更好地融入国民教育、道德建设、文化创造和生产生活，滋养当代中国人的精气神，增强文化自信。同时，要把中医药作为中华文化“走出去”的重要载体，讲好中医故事、讲好中国故事，增强我国文化软实力。要大力提升国民中医药健康素养。实施中医药健康文化素养提升工程，使藏在古籍、散在民间、融在生活、用在临床上的中医药健康养生智慧鲜活起来、推广开来，倡导“每个人是自己健康第一责任人”的理念，引导群众自觉培养健康生活习惯，树立正确健康观。这里要强调健康教育的问题。要把中医药健康养生知识作为健康教育的重要内容，组织学术水平高、有影响力的专家，充分利用广播、电视、报刊、网络等媒体，努力打造一批医疗养生品牌栏目，占领宣传主阵地，发出权威声音，传播科学知识。各有关方面要严格对医疗养生类节目和医药广告的管理，加大监督执法力度，加强部门沟通协作，对违法犯罪的要依法予以惩处，决不允许任何机构、任何人打着健康幌子搞非法敛财活动。

6. 以服务对外开放大局为重要使命，积极推动中医药海外发展。要积极参与“一带一路”建设。深入实施中医药“一带一路”发展规划，强化法律协调、政策对接和工作协同，积极推动与沿线国家合作建设海外中医药中心，大力发展中医药服务贸易，打造“健康丝绸之路”。要打造高水平国际合作机制与平台。深化与各国政府和世界卫生组织、国际标准化组织等的交流与合作，积极参与国际规则、标准的研究与制订，为完善全球卫生治理、促进人类健康发挥积极作用。

7. 以人才为根本，培育打造一支高水平中医药队伍。国以才立、业以才兴。中医药事业的发展，最根本靠的是人才。要加快完善人才培养政策。医教协同进一步推进中医药教育改革与发展，注重课堂教学与临床实践紧密结合，建立健全院校教育、毕业后教育、继续教育有机衔接以及师承教育贯穿始终的中医药人才培养体系。要完善中医药师承教育制度，充分发挥国医大师、全国名中医等名老中医药专家的重要作用。精心实施中医药传承与创新“百千万”人才工程（岐黄工程），加快推进中医药高层次人才培养。要加快完善人才使用激励机制。从提升薪酬待遇、发展空间、执业环境、社会地位等方面入手，调动医务人员的积极性，特别要结合公立医院薪酬制度改革，建立完善符合行业特点的薪酬制度，体现技术劳务价值。同时，要建立吸引、稳定基层中医药人才的保障和长效激励机制，通过多种形式增强中医药人员职业荣誉感，让广大中医药人员工作更有尊严、生活更加体面。中医药历来强调救死扶伤、道济天下的医德。广大中医药工作者要大力弘扬大医精诚的优良传统，修医德、重品行、行仁术，让民族瑰宝更好造福人民群众、造福人类健康。在大家心目中，老中医是健康长寿的形象代表，是活学活用中医药健康养生文化的典范。希望各位专家保重身体，继续启古纳今、钻研学术，继续奖掖后学、传承技艺，使中医药事业薪火相传、兴旺发达。各有关方面要继续关心、支持国医大师和全国名中医的工作，为他们提供便利的工作和生活条件。

（国家中医药管理局 提供）

中华人民共和国国务院令（第680号）

现公布《国务院关于修改〈医疗器械监督管理条例〉的决定》，自公布之日起施行。

总理　李克强
2017年5月4日

国务院关于修改《医疗器械监督管理条例》的决定

国务院决定对《医疗器械监督管理条例》作如下修改：

一、将第十八条修改为："开展医疗器械临床试验，应当按照医疗器械临床试验质量管理规范的要求，在具备相应条件的临床试验机构进行，并向临床试验提出者所在地省、自治区、直辖市人民政府食品药品监督管理部门备案。接受临床试验备案的食品药品监督管理部门应当将备案情况通报临床试验机构所在地的同级食品药品监督管理部门和卫生计生主管部门。

"医疗器械临床试验机构实行备案管理。医疗器械临床试验机构应当具备的条件及备案管理办法和临床试验质量管理规范，由国务院食品药品监督管理部门会同国务院卫生计生主管部门制定并公布。"

二、将第三十四条第一款、第二款合并，作为第一款："医疗器械使用单位应当有与在用医疗器械品种、数量相适应的贮存场所和条件。医疗器械使用单位应当加强对工作人员的技术培训，按照产品说明书、技术操作规范等要求使用医疗器械。"

增加一款，作为第二款："医疗器械使用单位配置大型医用设备，应当符合国务院卫生计生主管部门制定的大型医用设备配置规划，与其功能定位、临床服务需求相适应，具有相应的技术条件、配套设施和具备相应资质、能力的专业技术人员，并经省级以上人民政府卫生计生主管部门批准，取得大型医用设备配置许可证。"

增加一款，作为第三款："大型医用设备配置管理办法由国务院卫生计生主管部门会同国务院有关部门制定。大型医用设备目录由国务院卫生计生主管部门商国务院有关部门提出，报国务院批准后执行。"

三、将第五十六条第一款、第二款合并，作为第一款："食品药品监督管理部门应当加强对医疗器械生产经营企业和使用单位生产、经营、使用的医疗器械的抽查检验。抽查检验不得收取检验费和其他任何费用，所需费用纳入本级政府预算。省级以上人民政府食品药品监督管理部门应当根据抽查检验结论及时发布医疗器械质量公告。"

增加一款，作为第二款："卫生计生主管部门应当对大型医用设备的使用状况进行监督和评估；发现违规使用以及与大型医用设备相关的过度检查、过度治疗等情形的，应当立即纠正，依法予以处理。"

四、第六十三条增加一款，作为第三款："未经许可擅自配置使用大型医用设备的，由县级以上人民政府卫生计生主管部门责令停止使用，给予警告，没收违法所得；违法所得不足1万元的，并处1万元以上5万元以下罚款；违法所得1万元以上的，并处违法所得5倍以上10倍以下罚款；情节严重的，5年内不受理相关责任人及单位提出的大型医用设备配置许可申请。"

五、将第六十四条第一款修改为："提供虚假资料或者采取其他欺骗手段取得医疗器械注册证、医疗器械生产许可证、医疗器械经营许可证、大型医用设备配置许可证、广告批准文件等许可证件的，由原发证部门撤销已经取得的许可证件，并处5万元以上10万元以下罚款，5年内不受理相关责任人及单位提出的医疗器械许可申请。"

六、第六十六条增加一款，作为第二款："医疗器械经营企业、使用单位履行了本条例规定的进货查验等义务，有充分证据证明其不知道所经营、使用的医疗器械为前款第一项、第三项规定情形的医疗器械，并能如实说明其进货来源的，可以免予处罚，但应当依法没收其经营、使用的不符合法定要求的医疗器械。"

七、第六十八条增加一项，作为第九项："（九）医疗器械使用单位违规使用大型医用设备，不能保障医疗质量安全的"，并将原第九项改为第十项。

八、将第六十九条修改为："违反本条例规定开展医疗器械临床试验的，由县级以上人民政府食品药品监督管理部门责令改正或者立即停止临床试验，可以处5万元以下罚款；造成严重后果的，依法对直接负责的主管人员和其他直接责任人员给予降级、撤职或者开除的处分；该机构5年内不得开展相关专业医疗器械临床试验。

"医疗器械临床试验机构出具虚假报告的，由县级以上人民政府食品药品监督管理部门处5万元以上10万元以下罚款；有违法所得的，没收违法所得；对直接负责的主管人员和其他直接责任人员，依法给予撤职或者开除的处分；该机构10年内不得开展相关专业医疗器械临床试验。"

九、将第七十三条修改为："食品药品监督管理部门、卫生计生主管部门及其工作人员应当严格依照本条例规定的处罚种类和幅度，根据违法行为的性质和具体情节行使行政处罚权，具体办法由国务院食品药品监督管理部门、卫生计生主管部门依据各自职责制定。"

十、第七十六条增加规定："大型医用设备，是指使用技术复杂、资金投入量大、运行成本高、对医疗费用影响大且纳入目录管理的大型医疗器械。"

本决定自公布之日起施行。

《医疗器械监督管理条例》根据本决定作相应修改，重新公布。

医疗器械监督管理条例

（2000年1月4日中华人民共和国国务院令第276号公布　2014年2月12日国务院第39次常务会议修订通过　根据2017年5月4日《国务院关于修改〈医疗器械监督管理条例〉的决定》修订）

第一章　总　　则

第一条　为了保证医疗器械的安全、有效，保障人体健康和生命安全，制定本条例。

第二条　在中华人民共和国境内从事医疗器械的研制、生产、经营、使用活动及其监督管理，应当遵守本条例。

第三条　国务院食品药品监督管理部门负责全国医疗器械监督管理工作。国务院有关部门在各自的职责范围内负责与医疗器械有关的监督管理工作。

县级以上地方人民政府食品药品监督管理部门负责本行政区域的医疗器械监督管理工作。县级以上地方人民政府有关部门在各自的职责范围内负责与医疗器械有关的监督管理工作。

国务院食品药品监督管理部门应当配合国务院有关部门，贯彻实施国家医疗器械产业规划和政策。

第四条　国家对医疗器械按照风险程度实行分类管理。

第一类是风险程度低，实行常规管理可以保证其安全、有效的医疗器械。

第二类是具有中度风险，需要严格控制管理以保证其安全、有效的医疗器械。

第三类是具有较高风险，需要采取特别措施严格控制管理以保证其安全、有效的医疗器械。

评价医疗器械风险程度，应当考虑医疗器械的预期目的、结构特征、使用方法等因素。

国务院食品药品监督管理部门负责制定医疗器械的分类规则和分类目录，并根据医疗器械生产、经营、使用情况，及时对医疗器械的风险变化进行分析、评价，对分类目录进行调整。制定、调整分类目录，应当充分听取医疗器械生产经营企业以及使用单位、行业组织的意见，并参考国际医疗器械分类实践。医疗器械分类目录应当向社会公布。

第五条　医疗器械的研制应当遵循安全、有效和节约的原则。国家鼓励医疗器械的研究与创新，发挥市场机制的作用，促进医疗器械新技术的推广和应用，推动医疗器械产业的发展。

第六条　医疗器械产品应当符合医疗器械强制性国家标准；尚无强制性国家标准的，应当符合医疗器械强制性行业标准。

一次性使用的医疗器械目录由国务院食品药品监督管理部门会同国务院卫生计生主管部门制定、调整并公布。重复使用可以保证安全、有效的医疗器械，不列入一次性使用的医疗器械目录。对因设计、生产工艺、消毒灭菌技术等改进后重复使用可以保证安全、有效的医疗器械，应当调整出一次性使用的医疗器械目录。

第七条　医疗器械行业组织应当加强行业自律，

推进诚信体系建设，督促企业依法开展生产经营活动，引导企业诚实守信。

第二章　医疗器械产品注册与备案

第八条　第一类医疗器械实行产品备案管理，第二类、第三类医疗器械实行产品注册管理。

第九条　第一类医疗器械产品备案和申请第二类、第三类医疗器械产品注册，应当提交下列资料：

（一）产品风险分析资料；

（二）产品技术要求；

（三）产品检验报告；

（四）临床评价资料；

（五）产品说明书及标签样稿；

（六）与产品研制、生产有关的质量管理体系文件；

（七）证明产品安全、有效所需的其他资料。

医疗器械注册申请人、备案人应当对所提交资料的真实性负责。

第十条　第一类医疗器械产品备案，由备案人向所在地设区的市级人民政府食品药品监督管理部门提交备案资料。其中，产品检验报告可以是备案人的自检报告；临床评价资料不包括临床试验报告，可以是通过文献、同类产品临床使用获得的数据证明该医疗器械安全、有效的资料。

向我国境内出口第一类医疗器械的境外生产企业，由其在我国境内设立的代表机构或者指定我国境内的企业法人作为代理人，向国务院食品药品监督管理部门提交备案资料和备案人所在国（地区）主管部门准许该医疗器械上市销售的证明文件。

备案资料载明的事项发生变化的，应当向原备案部门变更备案。

第十一条　申请第二类医疗器械产品注册，注册申请人应当向所在地省、自治区、直辖市人民政府食品药品监督管理部门提交注册申请资料。申请第三类医疗器械产品注册，注册申请人应当向国务院食品药品监督管理部门提交注册申请资料。

向我国境内出口第二类、第三类医疗器械的境外生产企业，应当由其在我国境内设立的代表机构或者指定我国境内的企业法人作为代理人，向国务院食品药品监督管理部门提交注册申请资料和注册申请人所在国（地区）主管部门准许该医疗器械上市销售的证明文件。

第二类、第三类医疗器械产品注册申请资料中的产品检验报告应当是医疗器械检验机构出具的检验报告；临床评价资料应当包括临床试验报告，但依照本条例第十七条的规定免于进行临床试验的医疗器械除外。

第十二条　受理注册申请的食品药品监督管理部门应当自受理之日起3个工作日内将注册申请资料转交技术审评机构。技术审评机构应当在完成技术审评后向食品药品监督管理部门提交审评意见。

第十三条　受理注册申请的食品药品监督管理部门应当自收到审评意见之日起20个工作日内作出决定。对符合安全、有效要求的，准予注册并发给医疗器械注册证；对不符合要求的，不予注册并书面说明理由。

国务院食品药品监督管理部门在组织对进口医疗器械的技术审评时认为有必要对质量管理体系进行核查的，应当组织质量管理体系检查技术机构开展质量管理体系核查。

第十四条　已注册的第二类、第三类医疗器械产品，其设计、原材料、生产工艺、适用范围、使用方法等发生实质性变化，有可能影响该医疗器械安全、有效的，注册人应当向原注册部门申请办理变更注册手续；发生非实质性变化，不影响该医疗器械安全、有效的，应当将变化情况向原注册部门备案。

第十五条　医疗器械注册证有效期为5年。有效期届满需要延续注册的，应当在有效期届满6个月前向原注册部门提出延续注册的申请。

除有本条第三款规定情形外，接到延续注册申请的食品药品监督管理部门应当在医疗器械注册证有效期届满前作出准予延续的决定。逾期未作决定的，视为准予延续。

有下列情形之一的，不予延续注册：

（一）注册人未在规定期限内提出延续注册申请的；

（二）医疗器械强制性标准已经修订，申请延续注册的医疗器械不能达到新要求的；

（三）对用于治疗罕见疾病以及应对突发公共卫生事件急需的医疗器械，未在规定期限内完成医疗器械注册证载明事项的。

第十六条　对新研制的尚未列入分类目录的医疗器械，申请人可以依照本条例有关第三类医疗器械产品注册的规定直接申请产品注册，也可以依据分类规则判断产品类别并向国务院食品药品监督管理部门申请类别确认后依照本条例的规定申请注册或者进行产品备案。

直接申请第三类医疗器械产品注册的，国务院食品药品监督管理部门应当按照风险程度确定类别，对准予注册的医疗器械及时纳入分类目录。申请类别确认的，国务院食品药品监督管理部门应当自受理申请之日起20个工作日内对该医疗器械的类别进行判定并告知申请人。

第十七条　第一类医疗器械产品备案，不需要进行临床试验。申请第二类、第三类医疗器械产品注册，应当进行临床试验；但是，有下列情形之一的，可以免于进行临床试验：

（一）工作机理明确、设计定型，生产工艺成熟，已上市的同品种医疗器械临床应用多年且无严重不良事件记录，不改变常规用途的；

（二）通过非临床评价能够证明该医疗器械安全、有效的；

（三）通过对同品种医疗器械临床试验或者临床使用获得的数据进行分析评价，能够证明该医疗器械安全、有效的。

免于进行临床试验的医疗器械目录由国务院食品药品监督管理部门制定、调整并公布。

第十八条　开展医疗器械临床试验，应当按照医疗器械临床试验质量管理规范的要求，在具备相应条件的临床试验机构进行，并向临床试验提出者所在地省、自治区、直辖市人民政府食品药品监督管理部门备案。接受临床试验备案的食品药品监督管理部门应当将备案情况通报临床试验机构所在地的同级食品药品监督管理部门和卫生计生主管部门。

医疗器械临床试验机构实行备案管理。医疗器械临床试验机构应当具备的条件及备案管理办法和临床试验质量管理规范，由国务院食品药品监督管理部门会同国务院卫生计生主管部门制定并公布。

第十九条　第三类医疗器械进行临床试验对人体具有较高风险的，应当经国务院食品药品监督管理部门批准。临床试验对人体具有较高风险的第三类医疗器械目录由国务院食品药品监督管理部门制定、调整并公布。

国务院食品药品监督管理部门审批临床试验，应当对拟承担医疗器械临床试验的机构的设备、专业人员等条件，该医疗器械的风险程度，临床试验实施方案，临床受益与风险对比分析报告等进行综合分析。准予开展临床试验的，应当通报临床试验提出者以及临床试验机构所在地省、自治区、直辖市人民政府食品药品监督管理部门和卫生计生主管部门。

第三章　医疗器械生产

第二十条　从事医疗器械生产活动，应当具备下列条件：

（一）有与生产的医疗器械相适应的生产场地、环境条件、生产设备以及专业技术人员；

（二）有对生产的医疗器械进行质量检验的机构或者专职检验人员以及检验设备；

（三）有保证医疗器械质量的管理制度；

（四）有与生产的医疗器械相适应的售后服务能力；

（五）产品研制、生产工艺文件规定的要求。

第二十一条　从事第一类医疗器械生产的，由生产企业向所在地设区的市级人民政府食品药品监督管理部门备案并提交其符合本条例第二十条规定条件的证明资料。

第二十二条　从事第二类、第三类医疗器械生产的，生产企业应当向所在地省、自治区、直辖市人民政府食品药品监督管理部门申请生产许可并提交其符合本条例第二十条规定条件的证明资料以及所生产医疗器械的注册证。

受理生产许可申请的食品药品监督管理部门应当自受理之日起30个工作日内对申请资料进行审核，按照国务院食品药品监督管理部门制定的医疗器械生产质量管理规范的要求进行核查。对符合规定条件的，准予许可并发给医疗器械生产许可证；对不符合规定条件的，不予许可并书面说明理由。

医疗器械生产许可证有效期为5年。有效期届满需要延续的，依照有关行政许可的法律规定办理延续手续。

第二十三条　医疗器械生产质量管理规范应当对医疗器械的设计开发、生产设备条件、原材料采购、生产过程控制、企业的机构设置和人员配备等影响医疗器械安全、有效的事项作出明确规定。

第二十四条　医疗器械生产企业应当按照医疗器械生产质量管理规范的要求，建立健全与所生产医疗器械相适应的质量管理体系并保证其有效运行；严格按照经注册或者备案的产品技术要求组织生产，保证出厂的医疗器械符合强制性标准以及经注册或者备案的产品技术要求。

医疗器械生产企业应当定期对质量管理体系的运行情况进行自查，并向所在地省、自治区、直辖市人民政府食品药品监督管理部门提交自查报告。

第二十五条　医疗器械生产企业的生产条件发生变化，不再符合医疗器械质量管理体系要求的，医疗器械生产企业应当立即采取整改措施；可能影响医疗器械安全、有效的，应当立即停止生产活动，并向所在地县级人民政府食品药品监督管理部门报告。

第二十六条　医疗器械应当使用通用名称。通用名称应当符合国务院食品药品监督管理部门制定的医疗器械命名规则。

第二十七条　医疗器械应当有说明书、标签。说明书、标签的内容应当与经注册或者备案的相关内容一致。

医疗器械的说明书、标签应当标明下列事项：

（一）通用名称、型号、规格；

（二）生产企业的名称和住所、生产地址及联系方式；

（三）产品技术要求的编号；

（四）生产日期和使用期限或者失效日期；

（五）产品性能、主要结构、适用范围；

（六）禁忌症、注意事项以及其他需要警示或者提示的内容；

（七）安装和使用说明或者图示；

（八）维护和保养方法，特殊储存条件、方法；

（九）产品技术要求规定应当标明的其他内容。

第二类、第三类医疗器械还应当标明医疗器械注册证编号和医疗器械注册人的名称、地址及联系方式。

由消费者个人自行使用的医疗器械还应当具有安全使用的特别说明。

第二十八条 委托生产医疗器械，由委托方对所委托生产的医疗器械质量负责。受托方应当是符合本条例规定、具备相应生产条件的医疗器械生产企业。委托方应当加强对受托方生产行为的管理，保证其按照法定要求进行生产。

具有高风险的植入性医疗器械不得委托生产，具体目录由国务院食品药品监督管理部门制定、调整并公布。

第四章 医疗器械经营与使用

第二十九条 从事医疗器械经营活动，应当有与经营规模和经营范围相适应的经营场所和贮存条件，以及与经营的医疗器械相适应的质量管理制度和质量管理机构或者人员。

第三十条 从事第二类医疗器械经营的，由经营企业向所在地设区的市级人民政府食品药品监督管理部门备案并提交其符合本条例第二十九条规定条件的证明资料。

第三十一条 从事第三类医疗器械经营的，经营企业应当向所在地设区的市级人民政府食品药品监督管理部门申请经营许可并提交其符合本条例第二十九条规定条件的证明资料。

受理经营许可申请的食品药品监督管理部门应当自受理之日起30个工作日内进行审查，必要时组织核查。对符合规定条件的，准予许可并发给医疗器械经营许可证；对不符合规定条件的，不予许可并书面说明理由。

医疗器械经营许可证有效期为5年。有效期届满需要延续的，依照有关行政许可的法律规定办理延续手续。

第三十二条 医疗器械经营企业、使用单位购进医疗器械，应当查验供货者的资质和医疗器械的合格证明文件，建立进货查验记录制度。从事第二类、第三类医疗器械批发业务以及第三类医疗器械零售业务的经营企业，还应当建立销售记录制度。

记录事项包括：

（一）医疗器械的名称、型号、规格、数量；

（二）医疗器械的生产批号、有效期、销售日期；

（三）生产企业的名称；

（四）供货者或者购货者的名称、地址及联系方式；

（五）相关许可证明文件编号等。

进货查验记录和销售记录应当真实，并按照国务院食品药品监督管理部门规定的期限予以保存。国家鼓励采用先进技术手段进行记录。

第三十三条 运输、贮存医疗器械，应当符合医疗器械说明书和标签标示的要求；对温度、湿度等环境条件有特殊要求的，应当采取相应措施，保证医疗器械的安全、有效。

第三十四条 医疗器械使用单位应当有与在用医疗器械品种、数量相适应的贮存场所和条件。医疗器械使用单位应当加强对工作人员的技术培训，按照产品说明书、技术操作规范等要求使用医疗器械。

医疗器械使用单位配置大型医用设备，应当符合国务院卫生计生主管部门制定的大型医用设备配置规划，与其功能定位、临床服务需求相适应，具有相应的技术条件、配套设施和具备相应资质、能力的专业技术人员，并经省级以上人民政府卫生计生主管部门批准，取得大型医用设备配置许可证。

大型医用设备配置管理办法由国务院卫生计生主管部门会同国务院有关部门制定。大型医用设备目录由国务院卫生计生主管部门商国务院有关部门提出，报国务院批准后执行。

第三十五条 医疗器械使用单位对重复使用的医疗器械，应当按照国务院卫生计生主管部门制定的消毒和管理的规定进行处理。

一次性使用的医疗器械不得重复使用，对使用过的应当按照国家有关规定销毁并记录。

第三十六条 医疗器械使用单位对需要定期检查、检验、校准、保养、维护的医疗器械，应当按照产品说明书的要求进行检查、检验、校准、保养、维护并予以记录，及时进行分析、评估，确保医疗器械处于良好状态，保障使用质量；对使用期限长的大型医疗器械，应当逐台建立使用档案，记录其使用、维护、转让、实际使用时间等事项。记录保存期限不得少于医疗器械规定使用期限终止后5年。

第三十七条　医疗器械使用单位应当妥善保存购入第三类医疗器械的原始资料，并确保信息具有可追溯性。

使用大型医疗器械以及植入和介入类医疗器械的，应当将医疗器械的名称、关键性技术参数等信息以及与使用质量安全密切相关的必要信息记载到病历等相关记录中。

第三十八条　发现使用的医疗器械存在安全隐患的，医疗器械使用单位应当立即停止使用，并通知生产企业或者其他负责产品质量的机构进行检修；经检修仍不能达到使用安全标准的医疗器械，不得继续使用。

第三十九条　食品药品监督管理部门和卫生计生主管部门依据各自职责，分别对使用环节的医疗器械质量和医疗器械使用行为进行监督管理。

第四十条　医疗器械经营企业、使用单位不得经营、使用未依法注册、无合格证明文件以及过期、失效、淘汰的医疗器械。

第四十一条　医疗器械使用单位之间转让在用医疗器械，转让方应当确保所转让的医疗器械安全、有效，不得转让过期、失效、淘汰以及检验不合格的医疗器械。

第四十二条　进口的医疗器械应当是依照本条例第二章的规定已注册或者已备案的医疗器械。

进口的医疗器械应当有中文说明书、中文标签。说明书、标签应当符合本条例规定以及相关强制性标准的要求，并在说明书中载明医疗器械的原产地以及代理人的名称、地址、联系方式。没有中文说明书、中文标签或者说明书、标签不符合本条规定的，不得进口。

第四十三条　出入境检验检疫机构依法对进口的医疗器械实施检验；检验不合格的，不得进口。

国务院食品药品监督管理部门应当及时向国家出入境检验检疫部门通报进口医疗器械的注册和备案情况。进口口岸所在地出入境检验检疫机构应当及时向所在地设区的市级人民政府食品药品监督管理部门通报进口医疗器械的通关情况。

第四十四条　出口医疗器械的企业应当保证其出口的医疗器械符合进口国（地区）的要求。

第四十五条　医疗器械广告应当真实合法，不得含有虚假、夸大、误导性的内容。

医疗器械广告应当经医疗器械生产企业或者进口医疗器械代理人所在地省、自治区、直辖市人民政府食品药品监督管理部门审查批准，并取得医疗器械广告批准文件。广告发布者发布医疗器械广告，应当事先核查广告的批准文件及其真实性；不得发布未取得批准文件、批准文件的真实性未经核实或者广告内容与批准文件不一致的医疗器械广告。省、自治区、直辖市人民政府食品药品监督管理部门应当公布并及时更新已经批准的医疗器械广告目录以及批准的广告内容。

省级以上人民政府食品药品监督管理部门责令暂停生产、销售、进口和使用的医疗器械，在暂停期间不得发布涉及该医疗器械的广告。

医疗器械广告的审查办法由国务院食品药品监督管理部门会同国务院工商行政管理部门制定。

第五章　不良事件的处理与医疗器械的召回

第四十六条　国家建立医疗器械不良事件监测制度，对医疗器械不良事件及时进行收集、分析、评价、控制。

第四十七条　医疗器械生产经营企业、使用单位应当对所生产经营或者使用的医疗器械开展不良事件监测；发现医疗器械不良事件或者可疑不良事件，应当按照国务院食品药品监督管理部门的规定，向医疗器械不良事件监测技术机构报告。

任何单位和个人发现医疗器械不良事件或者可疑不良事件，有权向食品药品监督管理部门或者医疗器械不良事件监测技术机构报告。

第四十八条　国务院食品药品监督管理部门应当加强医疗器械不良事件监测信息网络建设。

医疗器械不良事件监测技术机构应当加强医疗器械不良事件信息监测，主动收集不良事件信息；发现不良事件或者接到不良事件报告的，应当及时进行核实、调查、分析，对不良事件进行评估，并向食品药品监督管理部门和卫生计生主管部门提出处理建议。

医疗器械不良事件监测技术机构应当公布联系方式，方便医疗器械生产经营企业、使用单位等报告医疗器械不良事件。

第四十九条　食品药品监督管理部门应当根据医疗器械不良事件评估结果及时采取发布警示信息以及责令暂停生产、销售、进口和使用等控制措施。

省级以上人民政府食品药品监督管理部门应当会同同级卫生计生主管部门和相关部门组织对引起突发、群发的严重伤害或者死亡的医疗器械不良事件及时进行调查和处理，并组织对同类医疗器械加强监测。

第五十条　医疗器械生产经营企业、使用单位应当对医疗器械不良事件监测技术机构、食品药品监督管理部门开展的医疗器械不良事件调查予以配合。

第五十一条　有下列情形之一的，省级以上人民政府食品药品监督管理部门应当对已注册的医疗器械组织开展再评价：

（一）根据科学研究的发展，对医疗器械的安全、有效有认识上的改变的；

（二）医疗器械不良事件监测、评估结果表明医疗器械可能存在缺陷的；

（三）国务院食品药品监督管理部门规定的其他需要进行再评价的情形。

再评价结果表明已注册的医疗器械不能保证安全、有效的，由原发证部门注销医疗器械注册证，并向社会公布。被注销医疗器械注册证的医疗器械不得生产、进口、经营、使用。

第五十二条 医疗器械生产企业发现其生产的医疗器械不符合强制性标准、经注册或者备案的产品技术要求或者存在其他缺陷的，应当立即停止生产，通知相关生产经营企业、使用单位和消费者停止经营和使用，召回已经上市销售的医疗器械，采取补救、销毁等措施，记录相关情况，发布相关信息，并将医疗器械召回和处理情况向食品药品监督管理部门和卫生计生主管部门报告。

医疗器械经营企业发现其经营的医疗器械存在前款规定情形的，应当立即停止经营，通知相关生产经营企业、使用单位、消费者，并记录停止经营和通知情况。医疗器械生产企业认为属于依照前款规定需要召回的医疗器械，应当立即召回。

医疗器械生产经营企业未依照本条规定实施召回或者停止经营的，食品药品监督管理部门可以责令其召回或者停止经营。

第六章 监督检查

第五十三条 食品药品监督管理部门应当对医疗器械的注册、备案、生产、经营、使用活动加强监督检查，并对下列事项进行重点监督检查：

（一）医疗器械生产企业是否按照经注册或者备案的产品技术要求组织生产；

（二）医疗器械生产企业的质量管理体系是否保持有效运行；

（三）医疗器械生产经营企业的生产经营条件是否持续符合法定要求。

第五十四条 食品药品监督管理部门在监督检查中有下列职权：

（一）进入现场实施检查、抽取样品；

（二）查阅、复制、查封、扣押有关合同、票据、账簿以及其他有关资料；

（三）查封、扣押不符合法定要求的医疗器械，违法使用的零配件、原材料以及用于违法生产医疗器械的工具、设备；

（四）查封违反本条例规定从事医疗器械生产经营活动的场所。

食品药品监督管理部门进行监督检查，应当出示执法证件，保守被检查单位的商业秘密。

有关单位和个人应当对食品药品监督管理部门的监督检查予以配合，不得隐瞒有关情况。

第五十五条 对人体造成伤害或者有证据证明可能危害人体健康的医疗器械，食品药品监督管理部门可以采取暂停生产、进口、经营、使用的紧急控制措施。

第五十六条 食品药品监督管理部门应当加强对医疗器械生产经营企业和使用单位生产、经营、使用的医疗器械的抽查检验。抽查检验不得收取检验费和其他任何费用，所需费用纳入本级政府预算。省级以上人民政府食品药品监督管理部门应当根据抽查检验结论及时发布医疗器械质量公告。

卫生计生主管部门应当对大型医用设备的使用状况进行监督和评估；发现违规使用以及与大型医用设备相关的过度检查、过度治疗等情形的，应当立即纠正，依法予以处理。

第五十七条 医疗器械检验机构资质认定工作按照国家有关规定实行统一管理。经国务院认证认可监督管理部门会同国务院食品药品监督管理部门认定的检验机构，方可对医疗器械实施检验。

食品药品监督管理部门在执法工作中需要对医疗器械进行检验的，应当委托有资质的医疗器械检验机构进行，并支付相关费用。

当事人对检验结论有异议的，可以自收到检验结论之日起 7 个工作日内选择有资质的医疗器械检验机构进行复检。承担复检工作的医疗器械检验机构应当在国务院食品药品监督管理部门规定的时间内作出复检结论。复检结论为最终检验结论。

第五十八条 对可能存在有害物质或者擅自改变医疗器械设计、原材料和生产工艺并存在安全隐患的医疗器械，按照医疗器械国家标准、行业标准规定的检验项目和检验方法无法检验的，医疗器械检验机构可以补充检验项目和检验方法进行检验；使用补充检验项目、检验方法得出的检验结论，经国务院食品药品监督管理部门批准，可以作为食品药品监督管理部门认定医疗器械质量的依据。

第五十九条 设区的市级和县级人民政府食品药品监督管理部门应当加强对医疗器械广告的监督检查；发现未经批准、篡改经批准的广告内容的医疗器械广告，应当向所在地省、自治区、直辖市人民政府食品药品监督管理部门报告，由其向社会公告。

工商行政管理部门应当依照有关广告管理的法律、行政法规的规定，对医疗器械广告进行监督检查，查处违法行为。食品药品监督管理部门发现医疗器械广告违法发布行为，应当提出处理建议并按照有关程序移交所在地同级工商行政管理部门。

第六十条 国务院食品药品监督管理部门建立统一的医疗器械监督管理信息平台。食品药品监督管理部门应当通过信息平台依法及时公布医疗器械许可、备案、抽查检验、违法行为查处情况等日常监督管理信息。但是，不得泄露当事人的商业秘密。

食品药品监督管理部门对医疗器械注册人和备案人、生产经营企业、使用单位建立信用档案，对有不良信用记录的增加监督检查频次。

第六十一条 食品药品监督管理等部门应当公布本单位的联系方式，接受咨询、投诉、举报。食品药品监督管理等部门接到与医疗器械监督管理有关的咨询，应当及时答复；接到投诉、举报，应当及时核实、处理、答复。对咨询、投诉、举报情况及其答复、核实、处理情况，应当予以记录、保存。

有关医疗器械研制、生产、经营、使用行为的举报经调查属实的，食品药品监督管理等部门对举报人应当给予奖励。

第六十二条 国务院食品药品监督管理部门制定、调整、修改本条例规定的目录以及与医疗器械监督管理有关的规范，应当公开征求意见；采取听证会、论证会等形式，听取专家、医疗器械生产经营企业和使用单位、消费者以及相关组织等方面的意见。

第七章 法律责任

第六十三条 有下列情形之一的，由县级以上人民政府食品药品监督管理部门没收违法所得、违法生产经营的医疗器械和用于违法生产经营的工具、设备、原材料等物品；违法生产经营的医疗器械货值金额不足1万元的，并处5万元以上10万元以下罚款；货值金额1万元以上的，并处货值金额10倍以上20倍以下罚款；情节严重的，5年内不受理相关责任人及企业提出的医疗器械许可申请：

（一）生产、经营未取得医疗器械注册证的第二类、第三类医疗器械的；

（二）未经许可从事第二类、第三类医疗器械生产活动的；

（三）未经许可从事第三类医疗器械经营活动的。

有前款第一项情形、情节严重的，由原发证部门吊销医疗器械生产许可证或者医疗器械经营许可证。

未经许可擅自配置使用大型医用设备的，由县级以上人民政府卫生计生主管部门责令停止使用，给予警告，没收违法所得；违法所得不足1万元的，并处1万元以上5万元以下罚款；违法所得1万元以上的，并处违法所得5倍以上10倍以下罚款；情节严重的，5年内不受理相关责任人及单位提出的大型医用设备配置许可申请。

第六十四条 提供虚假资料或者采取其他欺骗手段取得医疗器械注册证、医疗器械生产许可证、医疗器械经营许可证、大型医用设备配置许可证、广告批准文件等许可证件的，由原发证部门撤销已经取得的许可证件，并处5万元以上10万元以下罚款，5年内不受理相关责任人及单位提出的医疗器械许可申请。

伪造、变造、买卖、出租、出借相关医疗器械许可证件的，由原发证部门予以收缴或者吊销，没收违法所得；违法所得不足1万元的，处1万元以上3万元以下罚款；违法所得1万元以上的，处违法所得3倍以上5倍以下罚款；构成违反治安管理行为的，由公安机关依法予以治安管理处罚。

第六十五条 未依照本条例规定备案的，由县级以上人民政府食品药品监督管理部门责令限期改正；逾期不改正的，向社会公告未备案单位和产品名称，可以处1万元以下罚款。

备案时提供虚假资料的，由县级以上人民政府食品药品监督管理部门向社会公告备案单位和产品名称；情节严重的，直接责任人员5年内不得从事医疗器械生产经营活动。

第六十六条 有下列情形之一的，由县级以上人民政府食品药品监督管理部门责令改正，没收违法生产、经营或者使用的医疗器械；违法生产、经营或者使用的医疗器械货值金额不足1万元的，并处2万元以上5万元以下罚款；货值金额1万元以上的，并处货值金额5倍以上10倍以下罚款；情节严重的，责令停产停业，直至由原发证部门吊销医疗器械注册证、医疗器械生产许可证、医疗器械经营许可证：

（一）生产、经营、使用不符合强制性标准或者不符合经注册或者备案的产品技术要求的医疗器械的；

（二）医疗器械生产企业未按照经注册或者备案的产品技术要求组织生产，或者未依照本条例规定建立质量管理体系并保持有效运行的；

（三）经营、使用无合格证明文件、过期、失效、淘汰的医疗器械，或者使用未依法注册的医疗器械的；

（四）食品药品监督管理部门责令其依照本条例规定实施召回或者停止经营后，仍拒不召回或者停止经营医疗器械的；

（五）委托不具备本条例规定条件的企业生产医疗器械，或者未对受托方的生产行为进行管理的。

医疗器械经营企业、使用单位履行了本条例规定的进货查验等义务，有充分证据证明其不知道所经营、使用的医疗器械为前款第一项、第三项规定情形的医疗器械，并能如实说明其进货来源的，可以免予处罚，但应当依法没收其经营、使用的不符合法定要求的医疗器械。

第六十七条　有下列情形之一的，由县级以上人民政府食品药品监督管理部门责令改正，处 1 万元以上 3 万元以下罚款；情节严重的，责令停产停业，直至由原发证部门吊销医疗器械生产许可证、医疗器械经营许可证：

（一）医疗器械生产企业的生产条件发生变化、不再符合医疗器械质量管理体系要求，未依照本条例规定整改、停止生产、报告的；

（二）生产、经营说明书、标签不符合本条例规定的医疗器械的；

（三）未按照医疗器械说明书和标签标示要求运输、贮存医疗器械的；

（四）转让过期、失效、淘汰或者检验不合格的在用医疗器械的。

第六十八条　有下列情形之一的，由县级以上人民政府食品药品监督管理部门和卫生计生主管部门依据各自职责责令改正，给予警告；拒不改正的，处 5000 元以上 2 万元以下罚款；情节严重的，责令停产停业，直至由原发证部门吊销医疗器械生产许可证、医疗器械经营许可证：

（一）医疗器械生产企业未按照要求提交质量管理体系自查报告的；

（二）医疗器械经营企业、使用单位未依照本条例规定建立并执行医疗器械进货查验记录制度的；

（三）从事第二类、第三类医疗器械批发业务以及第三类医疗器械零售业务的经营企业未依照本条例规定建立并执行销售记录制度的；

（四）对重复使用的医疗器械，医疗器械使用单位未按照消毒和管理的规定进行处理的；

（五）医疗器械使用单位重复使用一次性使用的医疗器械，或者未按照规定销毁使用过的一次性使用的医疗器械的；

（六）对需要定期检查、检验、校准、保养、维护的医疗器械，医疗器械使用单位未按照产品说明书要求检查、检验、校准、保养、维护并予以记录，及时进行分析、评估，确保医疗器械处于良好状态的；

（七）医疗器械使用单位未妥善保存购入第三类医疗器械的原始资料，或者未按照规定将大型医疗器械以及植入和介入类医疗器械的信息记载到病历等相关记录中的；

（八）医疗器械使用单位发现使用的医疗器械存在安全隐患未立即停止使用、通知检修，或者继续使用经检修仍不能达到使用安全标准的医疗器械的；

（九）医疗器械使用单位违规使用大型医用设备，不能保障医疗质量安全的；

（十）医疗器械生产经营企业、使用单位未依照本条例规定开展医疗器械不良事件监测，未按照要求报告不良事件，或者对医疗器械不良事件监测技术机构、食品药品监督管理部门开展的不良事件调查不予配合的。

第六十九条　违反本条例规定开展医疗器械临床试验的，由县级以上人民政府食品药品监督管理部门责令改正或者立即停止临床试验，可以处 5 万元以下罚款；造成严重后果的，依法对直接负责的主管人员和其他直接责任人员给予降级、撤职或者开除的处分；该机构 5 年内不得开展相关专业医疗器械临床试验。

医疗器械临床试验机构出具虚假报告的，由县级以上人民政府食品药品监督管理部门处 5 万元以上 10 万元以下罚款；有违法所得的，没收违法所得；对直接负责的主管人员和其他直接责任人员，依法给予撤职或者开除的处分；该机构 10 年内不得开展相关专业医疗器械临床试验。

第七十条　医疗器械检验机构出具虚假检验报告的，由授予其资质的主管部门撤销检验资质，10 年内不受理其资质认定申请；处 5 万元以上 10 万元以下罚款；有违法所得的，没收违法所得；对直接负责的主管人员和其他直接责任人员，依法给予撤职或者开除的处分；受到开除处分的，自处分决定作出之日起 10 年内不得从事医疗器械检验工作。

第七十一条　违反本条例规定，发布未取得批准文件的医疗器械广告，未事先核实批准文件的真实性即发布医疗器械广告，或者发布广告内容与批准文件不一致的医疗器械广告的，由工商行政管理部门依照有关广告管理的法律、行政法规的规定给予处罚。

篡改经批准的医疗器械广告内容的，由原发证部门撤销该医疗器械的广告批准文件，2 年内不受理其广告审批申请。

发布虚假医疗器械广告的，由省级以上人民政府食品药品监督管理部门决定暂停销售该医疗器械，并向社会公布；仍然销售该医疗器械的，由县级以上人民政府食品药品监督管理部门没收违法销售的医疗器械，并处 2 万元以上 5 万元以下罚款。

第七十二条　医疗器械技术审评机构、医疗器械不良事件监测技术机构未依照本条例规定履行职责，致使审评、监测工作出现重大失误的，由县级以上人民政府食品药品监督管理部门责令改正，通报批评，给予警告；造成严重后果的，对直接负责的主管人员和其他直接责任人员，依法给予降级、撤职或者开除的处分。

第七十三条 食品药品监督管理部门、卫生计生主管部门及其工作人员应当严格依照本条例规定的处罚种类和幅度，根据违法行为的性质和具体情节行使行政处罚权，具体办法由国务院食品药品监督管理部门、卫生计生主管部门依据各自职责制定。

第七十四条 违反本条例规定，县级以上人民政府食品药品监督管理部门或者其他有关部门不履行医疗器械监督管理职责或者滥用职权、玩忽职守、徇私舞弊的，由监察机关或者任免机关对直接负责的主管人员和其他直接责任人员依法给予警告、记过或者记大过的处分；造成严重后果的，给予降级、撤职或者开除的处分。

第七十五条 违反本条例规定，构成犯罪的，依法追究刑事责任；造成人身、财产或者其他损害的，依法承担赔偿责任。

第八章 附 则

第七十六条 本条例下列用语的含义：

医疗器械，是指直接或者间接用于人体的仪器、设备、器具、体外诊断试剂及校准物、材料以及其他类似或者相关的物品，包括所需要的计算机软件；其效用主要通过物理等方式获得，不是通过药理学、免疫学或者代谢的方式获得，或者虽然有这些方式参与但是只起辅助作用；其目的是：

（一）疾病的诊断、预防、监护、治疗或者缓解；

（二）损伤的诊断、监护、治疗、缓解或者功能补偿；

（三）生理结构或者生理过程的检验、替代、调节或者支持；

（四）生命的支持或者维持；

（五）妊娠控制；

（六）通过对来自人体的样本进行检查，为医疗或者诊断目的提供信息。

医疗器械使用单位，是指使用医疗器械为他人提供医疗等技术服务的机构，包括取得医疗机构执业许可证的医疗机构，取得计划生育技术服务机构执业许可证的计划生育技术服务机构，以及依法不需要取得医疗机构执业许可证的血站、单采血浆站、康复辅助器具适配机构等。

大型医用设备，是指使用技术复杂、资金投入量大、运行成本高、对医疗费用影响大且纳入目录管理的大型医疗器械。

第七十七条 医疗器械产品注册可以收取费用。具体收费项目、标准分别由国务院财政、价格主管部门按照国家有关规定制定。

第七十八条 非营利的避孕医疗器械管理办法以及医疗卫生机构为应对突发公共卫生事件而研制的医疗器械的管理办法，由国务院食品药品监督管理部门会同国务院卫生计生主管部门制定。

中医医疗器械的管理办法，由国务院食品药品监督管理部门会同国务院中医药管理部门依据本条例的规定制定；康复辅助器具类医疗器械的范围及其管理办法，由国务院食品药品监督管理部门会同国务院民政部门依据本条例的规定制定。

第七十九条 军队医疗器械使用的监督管理，由军队卫生主管部门依据本条例和军队有关规定组织实施。

第八十条 本条例自2014年6月1日起施行。

国务院关于印发“十三五”国家食品安全规划和“十三五”国家药品安全规划的通知

（国发〔2017〕12号）

各省、自治区、直辖市人民政府，国务院各部委、各直属机构：

现将《“十三五”国家食品安全规划》和《“十三五”国家药品安全规划》印发给你们，请认真贯彻执行。

国 务 院

2017年2月14日

“十三五”国家食品安全规划

保障食品安全是建设健康中国、增进人民福祉的重要内容，是以人民为中心发展思想的具体体现。为实施好食品安全战略，加强食品安全治理，根据《中华人民共和国国民经济和社会发展第十三个五年规划纲要》，制定本规划。

一、现状和形势

“十二五”期间，各地区、各部门进一步加大工作力度，食品安全形势总体稳定向好，人民群众饮食安全得到切实保障。

（一）食品产业快速发展。到“十二五”末，全国获得许可证的食品生产企业13.5万家、流通企业819万家、餐饮服务企业348万家；规模以上食品工业企业主营业务收入11.35万亿元，年均递增12.5%。进出口食品贸易额增长23.9%。

（二）监管力度持续加大。无公害农产品种植面积增加2000万亩。查处食品安全违法案件95.8万起，侦破食品安全犯罪案件8万余起。2015年国家食品安全监督抽检17.2万批次，合格率为96.8%。进出口食品安全水平持续稳定。实行“明厨亮灶”的餐饮服务企业41.8万家，实行量化分级管理的餐饮服务企业275万家。在100个城市开展餐厨废弃物资源化利用和无害化处理试点。

（三）支撑保障能力稳步加强。实施食品安全检（监）测能力建设项目，安排中央基建投资184.5亿元。食品安全科技创新体系逐步完善。食品监测覆盖范围不断扩大，食源性疾病监测网络哨点医院达3883家，食品污染物和有害因素监测点达2656个。成立了国家食品安全风险评估中心，建立了100家农产品质量安全风险评估实验室。

（四）监管体制不断完善。国务院成立食品安全委员会，组建食品药品监管总局，各级政府普遍建立了食品安全综合协调机制并明确办事机构，统一权威监管体制建设取得显著进展。

（五）法律法规标准体系进一步健全。修订食品安全法、兽药管理条例等10部法律法规，制修订20余部食品安全部门规章，6个省（区、市）出台了食品生产加工小作坊和食品摊贩管理地方性法规。最高人民法院、最高人民检察院出台关于办理危害食品安全刑事案件适用法律若干问题的解释，最高人民法院出台审理食品药品纠纷案件适用法律若干问题的规定。国家卫生计生委清理食品标准5000项，整合400项，发布新的食品安全国家标准926项、合计指标1.4万余项。农业部新发布农药残留限量指标2800项，清理413项农药残留检验方法。

（六）社会共治格局初步形成。连续5年举办“全国食品安全宣传周”活动，累计覆盖7亿多人次。食品生产经营者诚信守法意识、公众食品安全意识和社会参与度进一步提高。开通“12331”全国食品药品投诉举报电话，推行有奖举报制度。开展食品安全信用体系建设试点，获得诚信管理体系评价证书的食品企业600余家，婴幼儿配方乳粉企业全部建立诚信管理体系。

在肯定成绩的同时，必须清醒认识到，我国仍处于食品安全风险隐患凸显和食品安全事件集中爆发期，食品安全形势依然严峻。一是源头污染问题突出。一些地方工业“三废”违规排放导致农业生产环境污染，农业投入品使用不当、非法添加和制假售假等问题依然存在，农药兽药残留和添加剂滥用仍是食品安全的最大风险。二是食品产业基础薄弱。食品生产经营企业多、小、散，全国1180万家获得许可证的食品生产经营企业中，绝大部分为10人以下小企业。企业诚信观念和质量安全意识普遍不强，主体责任尚未完全落实。互联网食品销售迅猛增长带来了新的风险和挑战。三是食品安全标准与发达国家和国际食品法典标准尚有差距。食品安全标准基础研究滞后，科学性和实用性有待提高，部分农药兽药残留等相关标准缺失、检验方法不配套。四是监管能力尚难适应需要。监管体制机制仍需完善，法规制度仍需进一步健全，监管队伍特别是专业技术人员短缺，打击食品安全犯罪的专业力量严重不足，监管手段、技术支撑等仍需加强，风险监测和评估技术水平亟待提升。

“十三五”时期是全面建成小康社会的决胜阶段，也是全面建立严密高效、社会共治的食品安全治理体系的关键时期。尊重食品安全客观规律，坚持源头治理、标本兼治，确保人民群众“舌尖上的安全”，是全面建成小康社会的客观需要，是公共安全体系建设的重要内容，必须下大力气抓紧抓好。

二、总体要求

（一）指导思想。全面贯彻党的十八大和十八届三中、四中、五中、六中全会精神，以马克思列宁主义、毛泽东思想、邓小平理论、“三个代表”重要思想、科学发展观为指导，深入贯彻习近平总书记系列重要讲话精神，认真落实党中央、国务院决策部署，紧紧围绕统筹推进“五位一体”总体布局和协调推进“四个全面”战略布局，牢固树立和贯彻落实创新、协调、绿色、开放、共享的发展理念，坚持最严谨的标准、最严格的监管、最严厉的处罚、最严肃的问责，全面实施食品安全战略，着力推进监管体制机制改革创新和依法治理，着力解决人民群众反映强烈的突出问题，推动食品安全现代化治理体系建设，促进食品产业发展，推进健康中国建设。

（二）基本原则。

1. 预防为主。坚持关口前移，全面排查、及时发现处置苗头性、倾向性问题，严把食品安全的源头关、生产关、流通关、入口关，坚决守住不发生系统性区域性食品安全风险的底线。

2. 风险管理。树立风险防范意识，强化风险评估、监测、预警和风险交流，建立健全以风险分析为基础的科学监管制度，严防严管严控风险隐患，确保监管跑在风险前面。

3. 全程控制。严格实施从农田到餐桌全链条监管，建立健全覆盖全程的监管制度、覆盖所有食品类型的安全标准、覆盖各类生产经营行为的良好操作规范，全面推进食品安全监管法治化、标准化、专业化、信息化建设。

4. 社会共治。全面落实企业食品安全主体责任，严格落实地方政府属地管理责任和有关部门监管责任。充分发挥市场机制作用，鼓励和调动社会力量广泛参与，加快形成企业自律、政府监管、社会协同、公众参与的食品安全社会共治格局。

（三）发展目标。到2020年，食品安全治理能力、食品安全水平、食品产业发展水平和人民群众满意度明显提升。主要实现以下目标：

1. 食品安全抽检覆盖全部食品类别、品种。国家统一安排计划、各地区各有关部门分别组织实施的食品检验量达到每年4份/千人。其中，各省（区、市）组织的主要针对农药兽药残留的食品检验量不低于每年2份/千人。

2. 农业源头污染得到有效治理。主要农作物病虫害绿色防控覆盖率达到30%以上，农药利用率达到40%以上，主要农产品质量安全监测总体合格率达到97%以上。

3. 食品安全现场检查全面加强。职业化检查员队伍基本建成，实现执法程序和执法文书标准化、规范化。对食品生产经营者每年至少检查1次。实施网格化管理，县、乡级全部完成食品安全网格划定。

4. 食品安全标准更加完善。制修订不少于300项食品安全国家标准，制修订、评估转化农药残留限量指标6600余项、兽药残留限量指标270余项。产品标准覆盖包括农产品和特殊人群膳食食品在内的所有日常消费食品，限量标准覆盖所有批准使用的农药兽药和相关农产品，检测方法逐步覆盖所有限量标准。

5. 食品安全监管和技术支撑能力得到明显提升。实现各级监管队伍装备配备标准化。各级食品安全检验检测能力达到国家建设标准，进出口食品检验检测能力保持国际水平。

三、主要任务

（一）全面落实企业主体责任。食品生产经营者应当严格落实法定责任和义务。遵守相关法律法规和标准，采取多种措施，确保生产过程整洁卫生并符合有关标准规范，确保生产经营各环节数据信息采集留存真实、可靠、可溯源。建立健全食品安全管理制度，配备食品安全管理人员。主动监测已上市产品质量安全状况，及时报告风险隐患，依法召回、处置不符合标准或存在安全隐患的食品。

开展食品安全师制度试点。鼓励食品生产经营企业建设规模化原辅材料和食品加工、配送基地，加强供应链管理，发展连锁经营、集中采购、标准化生产、统一配送等现代经营方式。加强冷链物流基础设施建设，提升冷链物流管理标准和管理水平。鼓励企业按照良好生产经营规范组织生产，实施危害分析和关键控制点体系、良好生产规范、食品安全管理体系、食品防护计划等自愿性质量管理规范，通过相关认证的可以在其产品包装上予以标识。鼓励和支持食品生产经营小作坊、小摊贩、小餐饮改善生产经营条件。加强食品品牌建设。

（二）加快食品安全标准与国际接轨。建立最严谨的食品安全标准体系。加快制修订产业发展和监管急需的食品基础标准、产品标准、配套检验方法标准、生产经营卫生规范等。加快制修订重金属、农药残留、兽药残留等食品安全标准。密切跟踪国际标准发展更新情况，整合现有资源建立覆盖国际食品法典及有关发达国家食品安全标准、技术法规的数据库，开展国际食品安全标准比较研究。加强标准跟踪评价和宣传贯彻培训。鼓励食品生产企业制定严于食品安全国家标准、地方标准的企业标准，鼓励行业协会制定严于食品安全国家标准的团体标准。依托现有资源，建立食品安全标准网上公开和查询平台，公布所有食品安全国家标准及其他相关标准。整合建设监测抽检数据库和食品毒理学数据库，提升标准基础研究水平。将形成技术标准作为组织实施相关科研项目的重要目标之一，并列入食品科研重要考核指标，相关成果可以作为专业技术资格评审依据。

专栏 1　食品安全国家标准提高行动计划

（一）制修订食品安全国家标准。制修订不少于 300 项食品安全国家标准，加快生产经营卫生规范、检验方法等标准制定。制修订农药残留限量指标 3987 项，评估转化农药残留限量指标 2702 项，清理、修订农药残留检验方法 413 项，研究制定农药残留国家标准技术规范 7 项，建立农业残留基础数据库 1 个。制定食品中兽药最大残留限量标准，完成 31 种兽药 272 项限量指标以及 63 项兽药残留检测方法标准制定。

（二）加强食品安全国家标准专业技术机构能力建设。依托国家和重点省份食品安全技术机构，设立若干标准研制核心实验室。

（三）完善法律法规制度。加快构建以食品安全法为核心的食品安全法律法规体系。修订农产品质量安全法、食品安全法实施条例、农药管理条例、乳品质量安全监督管理条例。推进土壤污染防治法、粮食法、肥料管理条例等立法进程。推动各地加快食品生产加工小作坊和食品摊贩管理等地方性法规规章制修订。制修订食品标识管理、食品安全事件调查处理、食品安全信息公布、食品安全全程追溯、学校食堂食品安全监督管理等配套规章制度。完善国境口岸食品安全规章制度。

（四）严格源头治理。深入开展农药兽药残留、重金属污染综合治理。开展化肥农药使用量零增长行动，全面推广测土配方施肥、农药精准高效施用。加快高效、低毒、低残留农药新品种研发和推广，实施高毒、高残留农药替代行动。实施兽用抗菌药治理行动，逐步淘汰无残留限量标准和残留检测方法标准的兽药及其制剂。严格落实农药兽药登记和安全使用制度，推行高毒农药定点经营和实名购买制度。推进重金属污染源头治理，摸清土壤污染分布情况，开展污染耕地分级分类治理。

提高农业标准化水平。实施农业标准化推广工程，推广良好农业规范。继续推进农业标准化示范区、园艺作物标准园、标准化规模养殖场（小区）、水产健康养殖场建设。支持良好农业规范认证品牌农产品发展，提高安全优质品牌农产品比重。建立健全畜禽屠宰管理制度，加快推进病死畜禽无害化处理与养殖业保险联动机制建设，加强病死畜禽、屠宰废弃物无害化处理和资源化利用。加强粮食质量安全监测与监管，推动建立重金属等超标粮食处置长效机制。推动农产品生产者积极参与国家农产品质量安全追溯管理信息平台运行。开展肉类、蔬菜等产品追溯体系建设的地区要加快建立高效运行长效机制。

专栏 2　食用农产品源头治理工程

（一）农药残留治理工程。主要农作物病虫害绿色防控覆盖率达到 30% 以上，专业化统防统治覆盖率达到 40% 以上，农药利用率达到 40% 以上。

（二）兽药残留治理工程。新研发和推广低毒、低残留新兽药产品 100 种，淘汰高风险兽药产品 100 种。动物产品兽药残留合格率保持在 97% 以上。

（三）测土配方施肥推广工程。测土配方施肥技术覆盖率达到 90% 以上，畜禽粪便养分还田率达到 60% 以上，水肥一体化技术推广面积达到 1.5 亿亩，机械施肥面积占主要农作物种植面积的 40% 以上，主要农作物化肥利用率达到 40% 以上。

（四）农业标准化推广工程。标准化生产示范园（场）全部通过“三品一标”（无公害农产品、绿色食品、有机农产品和农产品地理标志）认证登记，有机农产品种植基地面积达到 300 万公顷，绿色食品种植基地面积达到 1200 万公顷。

（五）农产品质量安全保障工程。完善国家农产品质量安全追溯管理信息平台，健全农产品质量安全监管体系，提高基层监管能力。

（五）严格过程监管。严把食品生产经营许可关。对食品（含食品添加剂）生产、直接接触食品的包装材料等具有较高风险的相关产品、食品经营（不含销售食用农产品）依法严格实施许可管理。深化“放管服”改革，优化许可流程，提高审批效率。整合现有资源，建立全国统一的食品生产经营许可信息公示系统。落实地方政府尤其是县级政府责任，实施餐饮业质量安全提升工程。获得许可证的餐饮服务单位全面推行“明厨亮灶”。推进餐厨废弃物资源化利用和无害化处理试点城市建设。

严格生产经营环节现场检查。食品生产经营企业应当认真履行法定义务，严格遵守许可条件和相关行为规范。科学划分食品生产经营风险等级，加强对高风险食品生产经营企业的监督检查。科学制定国家、省、市、县级食品检查计划，确定检查项目和频次。国务院食品安全监管有关部门负责建立和完善食品生产经营监督检查制度和技术规范，依据职责监督抽查大型食品生产经营企业；省级食品安全监管部门负责制定本省（区、市）年度监督管理计划，抽查本行政区域内大型食品生产经营企业，督导核查市、县级监督管理工作；市、县级食品安全监管部门负责日常监督检查，在全覆盖基础上按照“双随机、一公开”原则开展日常检查。现场检查应按照年度监督检查计划进行，覆盖所有生产经营者，重点检查农村、学校、幼儿园等重点区域，小作坊、小摊贩、小餐饮等重点对象，冷链贮运等重点环节，以及中高风险食品生产经营者。大力推进学校食堂、幼儿园食堂实时监控工作。

严格特殊食品监管。推进保健食品注册与备案制改革，完善保健食品保健功能目录，科学调整功能表述。制定保健食品原料目录、可用和禁用于保健食品物品名单。严厉打击保健食品虚假宣传、商业欺诈、诱骗消费者购买等违法行为。严格特殊医学用途配方食品、婴幼儿配方乳粉产品配方注册管理。

严格网格化监管。科学划定县、乡级行政区域内食品安全网格，合理配备监管协管力量，做到“定格、定岗、定员、定责”。建立健全责任包干、信息管理、上下联动、社会协作、协调处理、宣传引导、考核评价等制度，有效消除各类风险隐患。到“十三五”末，县、乡级100%完成食品安全网格划定。

严格互联网食品经营、网络订餐等新业态监管。加强互联网食品经营网上监测能力建设。落实网络平台食品经营资质审核责任，完善网上交易在线投诉和售后维权机制。

严格食品相关产品监管。通过安全评估确定风险等级，对高风险的食品相关产品实施生产许可，逐步形成以监督检查为手段，以风险监测和抽样检验为验证的事中事后监管体系。

严格进出口食品安全监管。实施进口食品安全放心工程，强化口岸检验检疫。实施进出口食品安全风险预警和进出口企业信誉记录制度，建立风险预警平台，大力加强境外体系检查。完善进出口食品质量安全检验检测，制定进口食品安全监督抽检计划和风险监测计划。严格实施进口食品境外生产企业注册。加强跨境电子商务进口食品检验检疫监管。

推动特色食品加工示范基地建设。在原料资源丰富地区，选择一批地方特色突出的食品产业园区，以知名品牌和龙头企业为引领，开展集食品研发创新、检测认证、包装印刷、冷链物流、人才培训、工业旅游、集中供热、污水集中处理等于一体的现代食品工业基地建设示范，提高基础设施和公共服务水平，开展集中监管，发挥示范引领作用，带动食品产业转型升级和食品质量安全管理水平整体提升。

（六）强化抽样检验。食品安全抽样检验覆盖所有食品类别、品种，突出对食品中农药兽药残留的抽检。科学制定国家、省、市、县级抽检计划。国务院食品安全监管有关部门主要承担规模以上或产品占市场份额较大食品生产企业的产品抽检任务，省级食品安全监管部门主要承担本行政区域内所有获得许可证的食品生产企业的产品抽检任务，市、县级食品安全监管部门主要承担本行政区域内具有一定规模的市场销售的蔬菜、水果、畜禽肉、鲜蛋、水产品农药兽药残留抽检任务以及小企业、小作坊和餐饮单位抽检任务。市、县级食品安全监管部门要全面掌握本地农药兽药使用品种、数量，特别是各类食用农产品种植、养殖过程中农药兽药使用情况，制定的年度抽检计划和按月实施的抽检样本数量要能够覆盖全部当地生产销售的蔬菜、水果、畜禽肉、鲜蛋和水产品，每个品种抽样不少于20个，抽样检验结果及时向社会公开。将食品安全抽检情况列为食品安全工作考核的重点内容。

专栏3　食品安全监管行动计划

（一）*食品安全监督抽检工程*。到2020年，国家统一安排计划、各地区各有关部门分别组织实施的食品检验量达到每年4份/千人。其中，各省（区、市）组织的主要针对农药兽药残留的食品检验量不低于每年2份/千人。探索开展国家食品安全评价性抽检工作。

（二）*特殊食品审评能力建设*。加强特殊食品审评工作，加强专职审评员队伍建设，依法按时完成保健食品、特殊医学用途配方食品和婴幼儿配方乳粉产品配方技术审评任务。

（三）*进出口食品安全监管提升计划*。对50个主要对我国出口食品的国家（地区）开展食品安全体系评估和回顾性检查。严格实施进口食品监督抽检，监督抽检产品种类实现全覆盖。建设20个进口食品进境检验检疫指定口岸。新建100个国家级出口食品安全示范区。

（四）*餐饮业质量安全提升工程*。推进餐饮业实施餐饮服务食品安全操作规范，加强餐饮食品安全员考核，完善餐饮服务食品安全标准。落实地方政府尤其是县级政府责任，实现餐饮食品安全监管全覆盖。

（七）严厉处罚违法违规行为。整治食品安全突出隐患及行业共性问题。重点治理超范围超限量使用食品添加剂、使用工业明胶生产食品、使用工业酒精生产酒类食品、使用工业硫磺熏蒸食物、违法使用瘦肉精、食品制作过程违法添加罂粟壳等物质、水产品违法添加孔雀石绿等禁用物质、生产经营企业虚假标注生产日期和保质期、用回收食品作为原料生产食品、保健食品标签宣传欺诈等危害食品安全的“潜规则”和相关违法行为。完善食品中可能违法添加的非食用物质名单、国家禁用和限用农药名录、食用动物禁用的兽药及其他化合物清单，研究破解“潜规则”的检验方法。

整合食品安全监管、稽查、检查队伍，建立以检查为统领，集风险防范、案件调查、行政处罚、案件移送于一体的工作体系。各级公安机关进一步加强打击食品安全犯罪的专业力量建设，强化办案保障。加强行政执法与刑事司法的衔接，建立证据互认、证据转换、法律适用、涉案食品检验认定与处置等协作配合机制。推动出台食品安全违法行为处罚到人的法律措施。完善政法委牵头、政法部门和监管部门共同参与的协调机制。

（八）提升技术支撑能力。提升风险监测和风险评估等能力。全面加强食源性疾病、食品污染物、食品中有毒物质监测，强化监测数据质量控制，建立监测数据共享机制。完善食品安全风险评估体系，通过综合分析监测数据及时评估并发现风险。建立食品安全和农产品质量安全风险评估协调机制，将“米袋子”、“菜篮子”主要产品纳入监测评估范围。食品污染物和有害因素监测网络覆盖所有县级行政区域并延伸到乡镇和农村，食源性疾病监测报告系统覆盖各级各类医疗机构。

健全风险交流制度。按照科学、客观、及时、公开的原则，定期组织食品生产经营者、食品检验机构、认证机构、食品行业协会、消费者协会以及新闻媒体等，就食品安全风险评估信息和食品安全监督管理信息进行交流沟通。规范食品安全信息发布机制和制度。建立国家、省、市、县四级食品安全社会公众风险认知调查体系和国家、省、市三级风险交流专家支持体系。鼓励大型食品生产经营企业参与风险交流。

专栏4 风险监测预警、评估能力提升项目

（一）食品安全风险监测能力。依托现有资源建设风险监测区域重点实验室和省级参比实验室。进一步完善国家食源性疾病监测系统，建立覆盖全部医疗机构并延伸到农村的食源性疾病监测报告网络。依托现有资源构建地方各级食源性疾病监测溯源平台。建立覆盖全国的食品安全风险预警系统和重点食品品种风险预警模型。建立健全覆盖主要贸易国家（地区）的进出口食品安全信息监测网络和进出口食品安全数据库。

（二）食品安全风险评估能力。建立国家农产品质量安全风险评估实验室。加快国家食品安全风险评估中心分中心建设，建设风险评估区域重点实验室。实施食物消费量调查、总膳食和毒理学研究计划。建立完善国家食品安全风险评估基础数据库。构建进出口食品安全风险评估分级模型。

加快建设食品安全检验检测体系。构建国家、省、市、县四级食品安全检验检测体系。国家级检验机构具备较强的技术性研究、技术创新、仲裁检验、复检能力和国际合作能力；省级检验机构能够完成相应的法定检验、监督检验、执法检验、应急检验等任务，具备一定的科研能力，能够开展有机污染物和生物毒素等危害物识别及安全性评价、食源性致病微生物鉴定、食品真实性甄别等基础性、关键性检验检测技术，能够开展快速和补充检验检测方法研究；市级检验机构具备对食品安全各项目参数较全面的常规性检验检测能力；食品产业大县和人口大县要具备对常见微生物、重金属、农药兽药残留等指标的实验室检验能力及定性快速检测能力。加强检验检测信息化建设。鼓励大专院校、企业检验机构承担政府检验任务。组织开展食品快速检测方法评价，规范快速检测方法应用。

专栏5 监管能力建设项目

（一）检验检测能力建设项目。实施食品安全检验检测能力达标工程。根据国家建设标准建设食品安全检验检测机构。依托现有资源建设一批食品安全监管重点实验室，在相应特色领域具备国内一流检验水平和技术攻关能力。全面推进县级食品安全检验检测资源整合。鼓励通过建设省、市级检验机构区域分中心的方式开展跨层级整合。做好与药品、医疗器械检验检测项目的统筹衔接。

实施食用农产品和进出口食品检验机构改造项目。升级改造农产品质量安全风险评估实验室、粮食质量安全检验监测机构。建设进出口食品质量检（监）测基准实验室。升级改造部分省级进出口食品质量安全检（监）测重点实验室。

（二）“互联网+”食品安全监管项目。继续推进实施国家食品安全监管信息化工程建设项目。依托现有机构，整合现有资源，重点建设全国食品生产经营许可信息公示系统，以及食品生产经营监管、检验监测、信用管理、应急管理、风险评估和移动执法系统；完善婴幼儿配方乳粉、生鲜农产品和酒类食品追溯信息管理平台；建设进出口食品安全监管信息化工程和粮食质量安全监管信息化平台；构建食品安全监管数据中心和监管信息资源数据库。

（三）基层监管能力标准化建设项目。合理保障食品安全监管机构执法基本装备、执法取证装备、快检装备配备和基础设施建设需要，到“十三五”末，实现各级监管队伍装备配备标准化。

（四）提升突发事件应对能力。加强应急能力培训，提升调查分析能力、风险防控能力、信息公开能力和舆论引导能力。建立以中国食品药品检定研究院为龙头，以7～10个区域性应急检验检测重点实验室为支撑的应急检验检测体系。加强食品安全突发事件流行病学调查和卫生学处置能力建设，整合建立重大食品安全突发事件病因学实验室应急检测技术平台。

提高食品安全智慧监管能力。重点围绕行政审批、监管检查、稽查执法、应急管理、检验监测、风险评估、信用管理、公共服务等业务领域，实施“互联网+”食品安全监管项目，推进食品安全监管大数据资源共享和应用，提高监管效能。

加强基层监管能力建设。各级食品安全监管机构业务用房、执法车辆、执法装备配备实现标准化，满足监督执法需要。

专栏6　食品安全重点科技工作

（一）建立科学、高效的过程控制技术体系。开展农药兽药、持久性有机污染物、重金属、微生物、生物毒素等食品原料中危害物迁移转化机制与安全控制机理等技术研究。提出相应控制规范，研发控制新工艺和新设备。研发质量安全控制新技术30～50项。

（二）建立全覆盖、组合式、非靶向检验检测技术体系。研发食品中化学性、生物性、放射性危害物高效识别与确证关键技术及产品，研发生化传感器、多模式阵列光谱、小型质谱、离子迁移谱等具有自主知识产权的智能化快速检测试剂、小型化智能离线及在线快速检测装备30～50台（套），制定检验规程120～150项，研制食品安全基体标准物质60～80种。开展食品安全第三方检验检测体系建设科技示范。

（三）建立科学合理的食品安全监测和评价评估技术体系。开展体外替代毒性测试、混合污染物毒性评价及风险评估等食品安全危害识别与毒性机制等研究。研发新一代毒性测试方法技术20～30项。

（四）研发急需优先发展的冷链装备关键技术。研究和开发高效、环保、精准冷链装备，研究氨制冷系统安全技术，研究基于信息技术的绿色冷链物流系统优化技术。

（五）整合现有资源加强食品安全监督执法智慧工作平台研发。研究食品安全风险分级评价与智能化现场监管、网络食品安全监控等技术。研发致病微生物全基因溯源、食品安全突发事件应急演练模拟仿真模型等应急处置新技术30～40项，研发风险预警模型和可视化决策支持的云服务平台，形成监督管理新技术20～30项。

（六）强化食品安全国家标准制修订。研究农药和兽药的关键限量标准不少于20种，新发毒素、污染物标准不少于5种。

（七）综合示范应用。通过研究成果转化、应用和集成研究，提出食品安全解决方案。开展区域和产业链综合示范，发挥科技成果在服务产业发展和支撑食品安全监管方面的重要作用。

加强应急处置能力建设。完善国家、省、市、县四级应急预案体系，健全突发事件跟踪、督查、处理、报告、回访和重大事故责任追究机制。强化食品安全舆情监测研判。开展应急演练。

强化科技创新支撑。利用国家科技计划（专项、基金等）、企业投入、社会资本等统筹支持食品安全创新工作。重点支持研发冷链装备关键技术、过程控制技术、检验检测技术等。

（九）加快建立职业化检查员队伍。依托现有资源建立职业化检查员制度，明确检查员的资格标准、检查职责、培训管理、绩效考核等要求。加强检查员专业培训和教材建设，依托现有资源设立检查员实训基地。采取多种合理有效措施，鼓励人才向监管一线流动。

专栏7　专业素质提升项目

（一）建立职业化检查员队伍。加强培训考核，使职业化检查员符合相应的工作要求。

（二）加强人才培养。推进网络教育培训平台建设。依托现有省级教育培训机构建立专业教学基地。加强跨学科高端人才培养。

监管人员专业化培训时间人均不低于40学时/年，新入职人员规范化培训时间人均不低于90学时。对地方各级政府分管负责人进行分级培训。对各级监管机构相关负责人进行国家级调训。本科以上学历专业技术人员达到食品安全监管队伍总人数的70%以上，高层次专业人才占技术队伍的15%以上。食品安全一线监管人员中，食品相关专业背景的人员占比每年提高2%。

（十）加快形成社会共治格局。完善食品安全信息公开制度。各级监管部门及时发布行政许可、抽样检验、监管执法、行政处罚等信息，做到标准公开、程序公开、结果公开。将相关信息及时纳入食品生产经营企业信用档案、全国信用信息共享平台及国家企业信用信息公示系统，开展联合激励和惩戒。

畅通投诉举报渠道，严格投诉举报受理处置反馈时限。鼓励食品生产经营企业员工举报违法行为，建立举报人保护制度，落实举报奖励政策。加强舆论引导，回应社会关切，鼓励新闻媒体开展食品安全舆论监督。食品安全新闻报道要客观公正，重大食品安全新闻报道和信息发布要严格遵守有关规定。

支持行业协会制订行规行约、自律规范和职业道德准则，建立健全行业规范和奖惩机制。提高食品行业从业人员素质，对食品生产经营企业的负责人和主要从业人员，开展食品安全法律法规、职业道德、安全管控等方面的培训。

加强消费者权益保护，增强消费者食品安全意识和自我保护能力，鼓励通过公益诉讼、依法适用民事诉讼简易程序等方式支持消费者维权。继续办好“全国食品安全宣传周”，将食品安全教育纳入国民教育体系，作为公民法制和科学常识普及、职业技能培训等的重要内容。加强科普宣传，推动食品安全进农村、进企业、进社区、进商场等，鼓励研究机构、高校、协会等参与公益宣传科普工作，提升全民食品安全科学素养。

专栏 8　社会共治推进计划

（一）建设投诉举报业务系统。建成覆盖国家、省、市、县四级的投诉举报业务系统，实现网络 24 小时接通，电话在受理时间内接通率不低于 90%。

（二）扩大食品安全责任保险试点。完善食品安全责任保险政策，充分发挥保险的风险控制和社会管理功能，探索建立行业组织、保险机构、企业、消费者多方参与、互动共赢的激励约束机制和风险防控机制。

（三）开展食品行业从业人员培训提高项目。食品生产经营企业每年安排食品安全管理人员、主要从业人员接受不少于 40 小时的食品安全法律法规、科学知识和行业道德伦理的集中培训。有关部门要加强指导，培养师资力量，制定培训大纲和教材，利用大专院校、第三方机构等社会资源开展培训。鼓励行业协会对从业人员开展培训。

（四）开展食品安全状况综合评价。研究建立食品安全状况综合评价体系，开展食品安全指数评价和发布试点工作。

（五）实施立体化科普宣传计划。整合现有资源，加强科普示范基地建设，建立完善统一的食品安全科普知识库。充实宣传力量。推广“两微一端”新媒体平台。深入开展“全国食品安全宣传周”等科普宣传活动。将食品安全教育内容融入有关教育教学活动。

专栏 9　食品安全和农产品质量安全示范引领工程

（一）食品安全示范城市创建。在 4 个直辖市、27 个省（区）的省会（首府）城市、计划单列市和其他部分条件成熟的地级市（共约 100 个），开展国家食品安全示范城市创建行动。

（二）农产品质量安全县创建。在具备条件的“菜篮子”产品主产县（共约 1000 个）开展国家农产品质量安全县创建行动。

（十一）深入开展“双安双创”行动。继续开展国家食品安全示范城市创建和农产品质量安全县创建（即“双安双创”）行动，实施食品安全和农产品质量安全示范引领工程，鼓励各地分层次、分步骤开展本区域食品安全和农产品质量安全示范创建行动，提升食品安全监管能力和水平。

四、保障措施

（一）加强组织领导。地方各级政府要根据本规划确定的发展目标和主要任务，将食品安全工作纳入重要议事日程和本地区经济社会发展规划，切实落实监管有责、有岗、有人、有手段，履行日常监管、监督抽检责任。实行综合执法的地方要充实基层监管力量，将食品药品安全监管作为首要职责。

（二）合理保障经费。按照《国务院关于推进中央与地方财政事权和支出责任划分改革的指导意见》（国发〔2016〕49 号）要求，落实财政投入政策。继续安排中央基建投资对食品安全监管基础设施和装备给予支持。完善执法能力建设投入机制，讲求效益，注重资源共享。制定完善各类项目支付标准，探索通过政府购买服务等方式提高食品安全监管投入效益。资金投入向基层、集中连片特困地区、国家扶贫开发工作重点县以及对口支援地区等适当倾斜。

（三）强化综合协调。加强各级食品安全委员会及食品安全办建设，健全食品安全委员会各成员单位工作协同配合机制以及信息通报、形势会商、风险交流、协调联动等制度，统筹协调、监督指导各成员单位落实食品安全职责，加大督查考评力度，形成监管合力。乡镇（街道）要完善食品安全监管体制，加强力量建设，确保事有人做、责有人负。

（四）深化国际合作。加强与发达国家食品安全监管机构及重要国际组织合作，积极参与国际规则和标准制定，应对国际食品安全突发事件，提高全球食品安全治理能力和水平。加强食品安全国际化人才培养，鼓励支持我国专家在食品相关国际机构任职。做好我国作为国际食品法典添加剂委员会和农药残留委员会主席国的相关工作。

（五）严格考核评估。各有关部门要按照职责分工，细化目标，分解任务，制订实施方案，落实各项规划任务。要健全完善考核评估和监督机制，并将本规划任务落实情况纳入对各相关部门和下一级政府的考核评价内容。国务院食品安全办牵头对本规划执行情况及时进行中期评估和终期考核，确保各项任务落实到位。

“十三五”国家药品安全规划

保障药品安全是建设健康中国、增进人民福祉的重要内容，是以人民为中心发展思想的具体体现。为提高药品质量安全水平，根据《中华人民共和国国民经济和社会发展第十三个五年规划纲要》，制定本规划。

一、现状和形势

“十二五”时期，在各方面共同努力下，我国药品安全形势稳定向好，人民群众用药得到保障，药品安全工作取得积极进展。

（一）公众需求得到进一步满足。及时出台政策，优先审评审批部分临床急需的仿制药，加快审评审批对重大疾病、罕见病、老年人和儿童疾病有更好疗效的创新药及医疗器械。一批在治疗肿瘤、艾滋病、罕见病、儿童手足口病、脊髓灰质炎等领域具有自主知识产权的创新药，以及国产生物材料、高端影像类产品、心脏血管支架等医疗器械加快上市，满足群众需求。

（二）审评审批制度改革扎实推进。按照《国务院关于改革药品医疗器械审评审批制度的意见》（国发〔2015〕44号）要求，推进仿制药质量和疗效一致性评价，在10省（市）开展上市许可持有人制度试点，改进临床试验审批，提高审评审批质量．公开审评审批信息，推动建立科学高效的审评审批体系。

（三）法规标准体系不断完善。修订公布《医疗器械监督管理条例》及药品生产质量管理规范、药品经营质量管理规范等。提升药品医疗器械标准，制修订药品标准4368项、药包材标准130项、医疗器械标准566项。制定公布《中华人民共和国药典（2015年版）》。

（四）全过程监管制度基本形成。药物非临床研究质量管理规范、药物医疗器械临床试验质量管理规范、药品医疗器械生产质量管理规范、药品医疗器械经营质量管理规范稳步实施，从实验室到医院的全过程监管制度基本形成，覆盖全品种、全链条的药品追溯体系正在建立。

（五）违法违规行为受到严厉打击。出台食品药品行政执法与刑事司法衔接工作办法。对群众反映强烈的虚假注册申报、违规生产、非法经营、夸大宣传、使用无证产品及制售假劣药品等违法违规行为，持续开展专项打击。查处药品医疗器械行政案件75万起，公安机关侦破危害药品安全案件4.6万余起。对申报生产或进口的药品注册申请，全面开展临床试验数据自查核查。

（六）支撑保障能力稳步加强。各级财政支持力度持续加大，监管能力得到提升。完善药品医疗器械审评、检查和检验检测体系，建成国家药品不良反应监测系统。执业药师数量不断增长。

在肯定成绩的同时，必须清醒认识到，影响我国药品质量安全的一些深层次问题依然存在，药品质量安全形势依然严峻。药品质量总体水平有待提高，部分产品质量疗效与国际先进水平存在差距，一些临床急需产品难以满足公众治病的实际需求，近3/4的药品批准文号闲置。执业药师用药服务作用发挥不到位，不合理用药问题突出。药品监管基础仍较薄弱，统一权威监管体制尚未建立，监管专业人员不足，基层装备配备缺乏，监管能力与医药产业健康发展要求不完全适应。

“十三五”时期是全面建成小康社会的决胜阶段，也是全面建立严密高效、社会共治的药品安全治理体系的关键时期。要尊重药品安全规律，继续加大工作力度，坚持把药品安全作为关系民生的政治任务来落实，确保广大人民群众用药安全。

二、总体要求

（一）指导思想。全面贯彻党的十八大和十八届三中、四中、五中、六中全会精神，以马克思列宁主义、毛泽东思想、邓小平理论、“三个代表”重要思想、科学发展观为指导，深入贯彻习近平总书记系列重要讲话精神，认真落实党中央、国务院决策部署，紧紧围绕统筹推进“五位一体”总体布局和协调推进“四个全面”战略布局，牢固树立和贯彻落实创新、协调、绿色、开放、共享的发展理念，坚持最严谨的标准、最严格的监管、最严厉的处罚、最严肃的问责，加快建成药品安全现代化治理体系，提高科学监管水平，鼓励研制创新，全面提升质量，增加有效供给，保障人民群众用药安全，推动我国由制药大国向制药强国迈进，推进健康中国建设。

（二）基本原则。

1. 维护公众健康，保障公众需求。坚持以人民健康为中心，把人民健康放在优先发展战略地位，保障公众用药安全、有效、可及，防止药品安全事件发生，切实维护人民群众身体健康和生命安全。

2. 深化审评审批改革，提升监管水平。持续深化“放管服”改革，寓监管于服务之中，优化程序、精简流程、公开透明，完善科学监管机制，提升监管效率和水平。

3. 鼓励研发创新，提高产品质量。以解决临床问题为导向，落实创新驱动发展战略，瞄准国际先进水平，破除制约创新发展的思想观念和制度藩篱，促进提升研发创新水平，推动企业强化质量安全控制，切实提升药品质量和疗效。

4. 加强全程监管，确保用药安全有效。完善统一权威的监管体制，推进药品监管法治化、标准化、专业化、信息化建设，提高技术支撑能力，强化全过程、全生命周期监管，保证药品安全性、有效性和质量可控性达到或接近国际先进水平。

（三）发展目标。到 2020 年，药品质量安全水平、药品安全治理能力、医药产业发展水平和人民群众满意度明显提升。

1. 药品质量进一步提高。批准上市的新药以解决临床问题为导向，具有明显的疗效；批准上市的仿制药与原研药质量和疗效一致。分期分批对已上市的药品进行质量和疗效一致性评价。2018 年底前，完成国家基本药物目录（2012 年版）中 2007 年 10 月 1 日前批准上市的 289 个化学药品仿制药口服固体制剂的一致性评价；鼓励企业对其他已上市品种开展一致性评价。

2. 药品医疗器械标准不断提升。制修订完成国家药品标准 3050 个和医疗器械标准 500 项。

3. 审评审批体系逐步完善。药品医疗器械审评审批制度更加健全，权责更加明晰，流程更加顺畅，能力明显增强，实现按规定时限审评审批。

4. 检查能力进一步提升。依托现有资源，使职业化检查员的数量、素质满足检查需要，加大检查频次。

5. 监测评价水平进一步提高。药品不良反应和医疗器械不良事件报告体系以及以企业为主体的评价制度不断完善，监测评价能力达到国际先进水平，药品定期安全性更新报告评价率达到 100%。

6. 检验检测和监管执法能力得到增强。药品医疗器械检验检测机构达到国家相应建设标准。实现各级监管队伍装备配备标准化。

7. 执业药师服务水平显著提高。每万人口执业药师数超过 4 人，所有零售药店主要管理者具备执业药师资格、营业时有执业药师指导合理用药。

三、主要任务

（一）加快推进仿制药质量和疗效一致性评价。药品生产企业是一致性评价工作的主体，应按相关指导原则主动选购参比制剂，合理选用评价方法，开展研究和评价。食品药品监管部门加强对药品生产企业一致性评价工作的指导，制定完善相关指导原则，及时公布参比制剂信息，逐步建立我国仿制药参比制剂目录集。

细化落实医保支付、临床应用、药品集中采购、企业技术改造等方面的支持政策，有效解决临床试验资源短缺问题，鼓励企业开展一致性评价工作。自首家品种通过一致性评价后，其他药品生产企业的相同品种原则上应在 3 年内完成一致性评价。完善一致性评价工作机制，充实专业技术力量，严格标准、规范程序，按时审评企业提交的一致性评价资料和药品注册补充申请。

（二）深化药品医疗器械审评审批制度改革。

1. 鼓励研发创新。完成药品上市许可持有人制度试点，及时总结经验、完善制度，力争尽快全面推开。鼓励具有临床价值的新药和临床急需仿制药研发上市，对具有明显临床价值的创新药及防治艾滋病、恶性肿瘤、重大传染病、罕见病等疾病的临床急需药品，实行优先审评审批。对创新药临床试验申请，重点审查临床价值和受试者保护等内容，加快临床试验审批。鼓励临床机构和医生参与创新药和医疗器械研发。对拥有产品核心技术发明专利、具有重大临床价值的创新医疗器械，以及列入国家重点研发计划、科技重大专项的临床急需药品医疗器械，实行优先审评审批。制定并定期公布限制类和鼓励类药品审批目录，及时公开注册申请信息，引导企业减少不合理申报。

2. 完善审评审批机制。健全审评质量控制体系。建立以临床为核心的药品医疗器械审评机制，完善适应症团队审评、项目管理人、技术争议解决、沟通交流、优先审评、审评信息公开等制度，逐步形成以技术审评为核心、现场检查和产品检验为支撑的药品医疗器械疗效和安全保障制度。建立健全药品数据保护制度，鼓励研发创新。

专栏 1　审评审批制度改革

（一）仿制药质量和疗效一致性评价。制定或转化一致性评价所需的相关技术指南和指导原则，推进一致性评价能力建设，按照工作需要，依托现有资源，配备一定数量的专业人员。

（二）解决药品注册申请积压。按国务院要求，尽快实现注册申请和审评数量年度进出平衡，按规定时限审批。

（三）加快医疗器械分类管理改革。组建 16 个分类技术专业组，优化调整分类目录框架及结构，发布新版《医疗器械分类目录》，按专业领域设置研究制定 22 个命名术语指南，建立医疗器械分类、命名及编码数据库。

3. 严格审评审批要求。全面提高药品审批标准，创新药突出临床价值，改良型新药体现改良优势，仿制药要与原研药质量和疗效一致。

4. 推进医疗器械分类管理改革。健全医疗器械分类技术委员会及专业组，建立医疗器械产品风险评估机制和分类目录动态更新机制。制定医疗器械命名术语指南，逐步实施按医疗器械通用名称命名。制定医疗器械编码规则，构建医疗器械编码体系。

（三）健全法规标准体系。

1. 完善法规制度。推动修订药品管理法。修订化妆品卫生监督条例。基本完成药品、医疗器械、化妆品配套规章制修订。根据药品安全形势发展和法律法规制修订情况，清理规章和规范性文件，基本建成科学完备的药品安全法规制度体系。

专栏 2　标准提高行动计划

（一）药品标准提高行动计划。制修订国家药品标准 3050 个，包括中药民族药标准 1100 个、化学药品标准 1500 个、生物制品标准 150 个、药用辅料标准 200 个、药包材标准 100 个。

制修订药品注册技术指导原则 350 项。制修订药典收载的检测方法、通则（总论）以及技术指导原则 100 项。根据需要及时制定发布一批药品补充检验方法。

研制中药民族药和天然药物标准物质，包括化学对照品 200 种、对照药材 150 种、对照提取物 100 种。研制药用辅料和药包材标准物质，包括药用辅料对照品 150 种、药包材对照物质 10 种。

（二）医疗器械标准提高行动计划。制修订医疗器械标准 500 项，包括诊断试剂类标准 80 项、有源医疗器械标准 200 项、无源医疗器械和其他标准 220 项。

制修订医疗器械技术审查和临床试验指导原则 200 项。研制体外诊断试剂标准物质 150 种。

建立健全医疗器械标准化管理体系，依托现有资源，加强国家医疗器械标准管理中心建设，配备满足需要的标准管理人员。

（三）化妆品标准提高行动计划。制修订化妆品禁用、限用物质检验检测方法 30 ~ 50 项。

2. 完善技术标准。对照国际先进水平编制《中华人民共和国药典（2020 年版）》，化学药品标准达到国际先进水平，生物制品标准接近国际先进水平，中药（材）标准处于国际主导地位。提高药用辅料、药包材标准整体水平，扩大品种覆盖面，稳步提高民族药（材）标准。建立药品标准淘汰机制，全面清理历版药典未收载品种标准和各类局（部）颁标准，提升一批，淘汰一批。加快医疗器械国际标准研究转化，优先提高医疗器械基础通用标准和高风险类产品标准。制修订化妆品相关标准。

3. 完善技术指导原则。修订药物非临床研究、药物临床试验、处方药与非处方药分类、药用辅料安全性评价、药品注册管理、医疗器械注册技术审查等指导原则，修订药品生产、经营质量管理规范附录和技术指南。制定医疗器械生产经营使用以及不良事件监测技术指南。

（四）加强全过程监管。

1. 严格规范研制生产经营使用行为。

加强研制环节监管。全面实施药物非临床研究质量管理规范、药物临床试验质量管理规范、医疗器械临床试验质量管理规范。依托现有资源，建立临床试验数据管理平台，加强临床试验监督检查，严厉打击临床数据造假行为，确保临床试验数据真实可靠。

加强生产环节监管。全面实施药品生产质量管理规范、中药材生产质量管理规范和中药饮片炮制规范、医疗器械生产质量管理规范。对药用原辅料和药包材生产企业开展延伸监管。对疫苗、血液制品等生物制品以及血源筛查诊断试剂全面实施批签发管理。加强无菌和植入性医疗器械生产监管。完善企业生产工艺变更报告制度，对生产工艺重大变更依法实行审评审批。严肃查处药品生产偷工减料、掺杂使假、擅自改变工艺生产劣药等违法违规行为。

加强流通环节监管。全面实施药品经营质量管理规范、医疗器械经营质量管理规范，加强冷链运输贮存质量监管。实行生产经营企业购销业务人员网上备案与核查制度。按照“十三五”深化医改要求，推行药品采购“两票制”，鼓励药品生产企业与医疗机构直接结算货款。

加强使用环节监管。严格落实医疗机构药品监督管理办法、医疗器械使用质量监督管理办法，严把购进、验收、贮存、养护、调配及使用各环节质量关，及时报告药品不良反应和医疗器械不良事件。严格落实凭处方销售处方药的规定，加强麻醉药品、精神药品处方管理。加强植入性等高风险医疗器械使用管理。

建立实施全生命周期管理制度。建立药品档案。全面落实药物医疗器械警戒和上市后研究的企业主体责任，生产企业对上市产品开展风险因素分析和风险效益评价，及时形成产品质量分析报告并于每年 1 月底前报送食品药品监管总局。加强上市后再评价，根据评价结果，对需要提示患者和医生安全性信息的，及时组织修改标签说明书。淘汰长期不生产、临床价值小、有更好替代品种的产品，以及疗效不确切、安全风险大、获益不再大于风险的品种。

2. 全面强化现场检查和监督抽验。按照“双随机、一公开”原则，加强事中事后监管。重点围绕行为规范、工艺合规、数据可靠等方面，对企业开展质量管理全项目检查，严厉打击弄虚作假等各类违法行为，督促企业严格执行相关质量管理规范。加大注册检查、飞行检查和境外检查频次，提高检查能力。加大对无菌、植入性医疗器械和体外诊断试剂的检查力度。加强化妆品原料使用合规性检查。合理划分国家和地方抽验品种和项目，加大对高风险品种的抽验力度，扩大抽验覆盖面。

专栏 3　安全监管行动计划

（一）加强药品检查。国家级每年检查 300 ~ 400 个境内药品生产企业，每年全覆盖检查血液制品和疫苗生产企业。每年对 40 ~ 60 个进口药品品种开展境外生产现场检查。

（二）加强医疗器械检查。国家级每年对所有第三类医疗器械生产企业和第二类无菌医疗器械生产企业进行一次全项目检查。2018 年起，每两年对其余第二类医疗器械生产企业和所有第一类医疗器械生产企业进行一次全项目检查。每年对 30 ~ 40 家境外医疗器械生产企业质量管理体系情况开展检查，“十三五”期间实现对进口高风险医疗器械产品全覆盖检查。每年全覆盖检查对储运有特殊要求的经营企业，“十三五”期间实现对经营无菌、植入性医疗器械及体外诊断试剂的企业全覆盖检查。每年全覆盖检查三级甲等医疗机构医疗器械使用情况，“十三五”期间实现对其他使用单位全覆盖检查。

（三）加强化妆品检查。国家级每年检查 20 个化妆品生产企业，省级每年检查 30 个化妆品生产经营企业。

（四）加强监督抽验。国家级每年对 120 ~ 140 个高风险药品开展监督抽验，省级对本行政区域内生产企业生产的基本药物实行全覆盖抽验。

国家级每年对 40 ~ 60 种医疗器械产品开展监督抽验。

每年开展 15000 批次化妆品监督抽验和 1000 批次化妆品风险监测。

3. 加大执法办案和信息公开力度。加强国家级稽查执法队伍能力建设，组织协调大案要案查处，强化办案指导和监督，探索检查稽查合一工作机制，初步建成全国统一、权威高效的稽查执法体系。加强各级公安机关打击药品犯罪的专业力量建设，强化办案保障。深化行政执法与刑事司法衔接，推动出台药品违法行为处罚到人的法律措施，加大对违法犯罪行为的打击力度。加快投诉举报体系建设，畅通投诉举报渠道，鼓励社会监督。按规定全面公开行政许可、日常监管、抽样检验、检查稽查、执法处罚信息。

4. 加强应急处置和科普宣传。建立健全应急管理体系，加强应急预案管理，开展应急演练和技能培训，推动企业完善突发事件应对处置预案方案。强化舆情监测研判，妥善处置突发事件。加强舆论引导，按规定发布药品安全信息，及时回应社会关切。支持新闻媒体开展舆论监督，客观公正报道药品安全问题。建立国家、省、市、县四级科普宣传工作体系，构建立体化新闻宣传平台，加大科普宣传力度，提升全民安全用药科学素养。

专栏 4　应急处置和科普宣传能力提升项目

（一）应急处置能力建设。合理保障应急队伍履职需要，加强应急信息平台、突发事件信息直报网络、应急检验检测能力建设。

（二）立体化科普宣传计划。实施药品安全科普宣传项目，依托现有资源加强科普示范基地、宣传站和科普知识库建设，充实宣传力量，推广“两微一端”新媒体平台，深入开展“全国安全用药月”活动。

（五）全面加强能力建设。

1. 强化技术审评能力建设。加强审评科学基础建设，完善审评质量管理制度，建立药品电子化申报和审评过程管理制度。探索政府购买服务机制，改革绩效工资分配管理。

2. 强化检查体系建设。提升检查能力，规范开展药品、医疗器械、化妆品检查。

3. 强化检验检测体系建设。

加强国家、省、市三级药品检验检测体系能力建设，加强国家、省两级医疗器械检验检测机构和市级分中心能力建设。国家级检验机构具备较强的科学研究、技术创新、仲裁检验、复检等能力；省级检验机构能够完成相应的法定检验、监督检验、执法检验、应急检验等任务，具备一定的科研能力，能够开展基础性、关键性检验检测技术以及快速和补充检验检测方法研究；市级检验机构能够完成常规性监督执法检验任务；县级检验机构具备快速检验能力。加强检验检测信息化建设。鼓励大专院校、企业检验机构承担政府检验任务。

加强重点实验室和口岸检验机构建设。重点实验室在相关领域具备国内一流检验水平和技术攻关能力，口岸药品检验机构具备依据法定标准进行全项检验的能力和监测进口药品质量风险的能力。

加强疫苗等生物制品批签发体系和检验检测能力建设。国家级具备生物制品标准制定和标准物质制备能力，能够依据法定标准进行生物制品全项检测；省级能够依据法定标准对本行政区域内企业生产的生物制品进行全项检测。加强国家微生物标准物质库建设和疫苗检验检测技术研发。

4. 强化监测评价体系建设。完善药品不良反应和医疗器械不良事件监测机制、药物滥用监测机制，建立监测哨点并开展重点产品监测预警。创新监测评价手段，扩大监测覆盖面。督促企业落实监测主体责任。

专栏 5　技术支撑能力建设项目

（一）国家级审评中心建设。探索创新药品医疗器械审评机构体制机制和法人治理模式。改革事业单位用人机制，建立合理的激励约束机制，与科研院所、医院联合培养审评人员。健全完善药品医疗器械审评审批数据库。

（二）检查能力建设。合理保障检查工作需要，确保具备完成药品医疗器械日常检查、注册检查、飞行检查、境外检查任务的能力。

保障各级审评、检查、监测评价等技术支撑业务用房。

（三）检验检测能力建设。

1. 检验检测能力达标工程。编制药品医疗器械检验检测能力建设标准，根据标准建设各级药品医疗器械检验检测机构。依托中国食品药品检定研究院建设国家级药品医疗器械检验检测机构。改造升级省级和口岸药品检验机构、省级医疗器械检验机构。依托现有资源，建设一批药品、医疗器械和化妆品监管重点实验室。

2. 疫苗批签发体系建设工程。完善以中国食品药品检定研究院为核心、省级疫苗批签发机构参与的国家疫苗批签发体系。依托现有资源，建立符合国际标准的细胞资源库、干细胞资源库、菌（毒）种库，建立完善生物制品标准物质研究和供应平台、质量评价标准和技术平台。

（四）不良反应和不良事件监测能力建设。依托现有资源，建设国家药品不良反应监测系统（二期）和国家化妆品不良反应监测系统。利用医疗机构电子数据，建立药品医疗器械安全性主动监测与评价系统。在综合医院设立 300 个药品不良反应和医疗器械不良事件监测哨点。在精神疾病专科医院及综合医院设立 100 个药物滥用监测哨点。药品不良反应县（市、区）报告比例达到 90% 以上。对 100 个医疗器械产品开展重点监测。医疗器械不良事件县（市、区）报告比例达到 80% 以上。化妆品不良反应报告数达到 50 份 / 百万人。

5. 形成智慧监管能力。加强顶层设计和统筹规划，围绕药品医疗器械化妆品行政审批、监管检查、稽查执法、应急管理、检验监测、风险分析、信用管理、公共服务等重点业务，实施安全监管信息化工程，推进安全监管大数据资源共享和应用，提高监管效能。

专栏 6　安全监管信息化工程

继续推进监管信息化建设，依托国家统一电子政务网络和现有资源，建设国家、省两级药品安全监管大数据中心，以及药品安全监管信息平台，完善药品监管信息化标准体系、药品监管信息资源管理体系、政务服务信息化体系、网络安全体系、信息化绩效评价体系，建设互联协同、满足监管需求的行政审批、监管检查、稽查执法、应急管理、检验监测、风险分析、信用管理、公共服务等应用系统。

6. 提升基层监管保障能力。推进各级监管业务用房、执法车辆、执法装备配备标准化建设，满足现场检查、监督执法、现场取样、快速检测、应急处置需要。

专栏 7　基层监管能力标准化建设项目

加强市、县级监管机构及乡镇（街道）派出机构执法基本装备、取证装备、快速检验装备配备和基础设施建设。

专栏 8　药品医疗器械安全科技支撑任务

（一）药品检验检测关键技术研究。开展药品快速检验新技术及装备、应急检验方法、补充检验方法等研究。加强药品研发生产及质量控制关键技术研究。

（二）药品安全性、有效性评价技术研究。开展化学药品、新型生物制品、毒性中药材、疫苗、新型药物和特殊药物剂型等的安全性、有效性评价技术研究，加强药包材和药用辅料安全性评价研究。

（三）检验检测研究平台、数据库等建设。建立中药注射剂、中药材检验检测数据库以及多糖类药物和多组分生化药质量控制技术平台，开展药品安全大数据分析研究。

（四）医疗器械检验检测关键技术研究。开展各类数字诊疗装备、个体化诊疗产品、生物医用材料的质量评价、检测技术及检测规范研究，加强常用医疗器械快速检验系统、高风险医疗器械检验检测平台研究。开展在用医疗器械现场检验方法、检测平台及装备研究。

（五）医疗器械安全性评价体系研究。加强医疗器械安全性评价技术及标准体系研究，系统开展植入性等高风险医疗器械安全性研究，开展医用机器人、医用增材制造等创新医疗器械标准体系研究。

7. 加强科技支撑。研究攻关适宜技术，为监管和产业发展服务。开展药品安全基础、质量控制、安全评价与预警、检验检测新技术、标准和质量提高研究，强化提升药品纯度等方面的技术支撑。依托现有资源设立一批药品安全研究基地，培养药品安全科技人才。

8. 加快建立职业化检查员队伍。依托现有资源建立职业化检查员制度，明确检查员的岗位职责、条件要求、培训管理、绩效考核等要求。加强检查员专业培训和教材建设。在人事管理、绩效工资分配等方面采取多种激励措施，鼓励人才向监管一线流动。

专栏 9　专业素质提升项目

（一）职业化检查员队伍建设。加强培训考核，使职业化检查员符合相应的工作要求。

（二）人才培养。推进网络教育培训平台建设。在省级教育培训机构建立专业教学基地。

监管人员专业化培训时间人均不低于 40 学时 / 年。新入职人员规范化培训时间不低于 90 学时。对地方各级政府分管负责人进行分级培训。对各级监管机构相关负责人进行国家级调训。

本科以上学历人员达到药品安全监管队伍总人数的 70%，高层次专业人才占技术队伍的比例超过 15%。药品安全一线监管人员中，药品相关专业背景的人员占比每年提高 2%。

（三）执业药师队伍建设。健全执业药师制度体系。建立执业药师管理信息系统。实施执业药师能力与学历提升工程，强化继续教育和实训培养。

四、保障措施

（一）加强政策保障。坚持部门协同，全链条发动，将保障药品安全与进一步改革完善药品生产流通使用政策更好统筹起来，通过深化改革，破除影响药品质量安全的体制机制问题。结合深入推进药品医疗器械审评审批制度改革，制定细化药品价格、招标采购、医保支付、科技支撑等方面的配套政策，建立健全激励机制，督促企业主动提高产品质量。完善短缺药品供应保障和预警机制，保证临床必需、用量不确定的低价药、抢救用药和罕见病用药的市场供应。建立药品价格信息可追溯机制，建立统一的跨部门价格信息平台，做好与药品集中采购平台（公共资源交易平台）、医保支付审核平台的互联互通。鼓励药品生产流通企业兼并重组、做大做强。将企业和从业人员信用记录纳入全国信用信息共享平台，对失信行为开展联合惩戒。探索建立药品医疗器械产品责任保险及损害赔偿补偿机制。

（二）合理保障经费。按照《国务院关于推进中央与地方财政事权和支出责任划分改革的指导意见》（国发〔2016〕49 号）要求，合理确定中央和地方各级政府在药品监管经费上的保障责任。继续安排中央基建投资对药品安全监管基础设施和装备给予积极支持，资金投入向基层、集中连片特困地区、国家扶贫开发工作重点县以及对口支援地区等适当倾斜。推进药品医疗器械注册审评项目政府购买服务改革试点。有关计划（项目、工作）中涉及技术研发相关内容，确需中央财政支持的，通过国家科技计划（专项、基金等）统筹考虑予以支持。

（三）深化国际合作。推进政府间监管交流，加强多边合作，积极加入相关国际组织。开展国际项目合作，搭建民间国际交流平台。加大培训和国外智力引进力度。积极参与国际标准和规则制定，推动我国监管理念、方法、标准与国际先进水平相协调。

（四）加强组织领导。地方各级政府要根据本规划确定的发展目标和主要任务，将药品安全工作纳入重要议事日程和本地区经济社会发展规划。实行综合执法的地方要充实基层监管力量，将食品药品安全监管作为首要职责。各有关部门要按照职责分工，细化目标，分解任务，制订具体实施方案。食品药品监管总局牵头对本规划执行情况进行中期评估和终期考核，确保各项任务落实到位。

国务院办公厅关于进一步加强疫苗流通和预防接种管理工作的意见

（国办发〔2017〕5 号　2017 年 1 月 15 日）

各省、自治区、直辖市人民政府，国务院各部委、各直属机构：

预防接种是预防控制传染病最经济、最有效的措施，对于保障人民群众生命安全和身体健康具有十分重要的意义。为进一步加强疫苗流通和预防接种管理，确保疫苗质量和接种安全，经国务院同意，现提出以下意见：

一、完善疫苗管理工作机制

（一）健全国家免疫规划疫苗调整机制。国家卫生计生委要建立国家免疫规划专家咨询委员会；根据防病工作需要组织疾病预防控制机构开展疫苗针对疾病监测，综合评估相关疾病负担和疫苗安全性、有效性、卫生经济学评价、生产供应能力等因素，经专家咨询委员会论证通过后，会同财政部提出将有关疫苗纳入或退出国家免疫规划的建议，报国务院批准后公布实施。逐步推动将安全、有效、财政可负担的第二类疫苗纳入国家免疫规划，使群众享受到更加优质的接种服务。

（二）完善预防接种异常反应补偿机制。各地区要加强疑似预防接种异常反应监测和报告工作，提高预防接种异常反应调查诊断及鉴定水平。鼓励建立通过商业保险等形式对预防接种异常反应受种者予以补偿的机制，逐步建立包括基础保险、补充保险在内的多层次保险补偿体系，提高预防接种异常反应补偿效率。在预防接种异常反应补偿保险机制建立前，应当按现有规定开展补偿工作。国家卫生计生委要会同相关部门在总结预防接种异常反应补偿保险试点工作经验的基础上，制定完善预防接种异常反应补偿机制的指导意见。

（三）建立疫苗流通和预防接种管理部际联席会议制度。国家卫生计生委、食品药品监管总局会同相关部门建立疫苗流通和预防接种管理部际联席会议制度，加强政策协调与衔接，及时通报工作进展与信息，共同研究解决存在的突出问题，协同应对重大突发事件，形成工作合力。各省（区、市）要根据本地区实际健全疫苗流通和预防接种管理协调机制。

二、促进疫苗自主研发和质量提升

支持新型疫苗特别是多联多价疫苗的研发和产业化，加强产业技术创新战略联盟等机制建设，通过国家科技计划（专项、基金等）、科技重大专项等科研项目支持符合条件的疫苗研发工作。坚持国家免疫规划疫苗、常规疫苗和应急疫苗等重点疫苗立足国内生产的原则，鼓励和支持国内疫苗生产企业规模化生产，确保重点疫苗的产能储备能够满足重大公共卫生事件应对需要。促进疫苗生产企业提高质量管理水平和规范生产能力，持续提升疫苗产品质量。

三、加强疫苗流通全过程管理

（一）规范疫苗集中采购工作。各地区要尽快将疫苗纳入省级公共资源交易平台，按照公开透明、竞争择优、公平交易的原则实行网上集中采购。省级疾病预防控制机构要汇总本地区第二类疫苗需求，在省级公共资源交易平台通过直接挂网、招标或谈判议价等方式形成合理采购价格，由县级疾病预防控制机构向疫苗生产企业采购后供应给本地区的接种单位。质检总局要加强对出入境预防接种工作的管理，做好出入境人员接种所需疫苗的采购、储存、使用等各项工作。

（二）加强疫苗冷链配送管理。国家卫生计生委、食品药品监管总局要按照《疫苗流通和预防接种管理条例》相关规定，及时修改完善疫苗储存和运输管理规范，指导建立健全疫苗冷链配送管理体系，加强冷链储运过程的规范化管理。省级卫生计生、食品药品监管部门要指导疫苗生产企业选择确有较好冷链储运条件的配送企业，发挥集中配送的效率优势。疫苗生产企业可采取“干线运输＋区域仓储＋区域配送”的分段接力方式配送疫苗，干线运输可委托专业冷链运输企业，区域仓储和区域配送可委托具备冷链储运条件的配送企业。各省（区、市）人民政府要结合本地区实际研究采取有效措施，确保偏远地区疫苗及时配送。

（三）加强疫苗全程追溯管理。食品药品监管总局要会同国家卫生计生委加快推进疫苗追溯信息系统建设，采取信息化手段，加强疫苗生产、流通和使用全过程追溯管理。国家卫生计生委要依托全民健康保障信息化工程，加快推进全国预防接种信息管理系统建设，逐步实现不同地区预防接种信息的交换与共享。

（四）加强疫苗监管能力建设。各地区要加强食品药品监管部门检查、检验工作力量，推进建立职业化、专业化药品检查员队伍，加强规范化培训，提高检查专业化水平。逐步提高省级药品检验机构的疫苗检验能力。

四、规范预防接种管理

（一）加强第二类疫苗接种统筹管理。省级疾病预防控制机构要根据本地区疾病监测信息和疾病预防控制需要，组织开展第二类疫苗的评价、遴选，提出第二类疫苗使用品目等。县级卫生计生行政部门根据服务人口和服务范围等因素，确定辖区内接种单位，并向社会公布。原则上农村地区实行以乡镇为单位的集中接种模式。要加强社区、乡镇预防接种门诊规范化、信息化建设，严格规范村级接种单位服务行为，不得违规开展预防接种。对于偏远、交通不便地区，要通过加强乡镇卫生院流动服务，提高预防接种的可及性，保证预防接种质量。

（二）加强接种单位规范化建设。各地区要结合本地区实际，依法推进接种单位规范化建设，规范接种单位设置、人员资质、预防接种设施条件、冷链管理、疑似预防接种异常反应监测处理以及预防接种告知、记录、报告和宣传工作等。接种单位应当在接种场所显著位置公示使用的疫苗品种、禁忌、接种方法、一般反应和异常反应，以及第二类疫苗的价格和接种服务收费标准。

（三）**强化预防接种能力建设**。加强公共卫生医师培训，提高专业技术水平。加强公立医院、乡镇卫生院和社区卫生服务中心预防保健科室（公共卫生科室）建设，充实技术力量，落实预防接种等公共卫生职责。医疗卫生机构承担预防接种职责与任务的医务人员要通过县级卫生计生行政部门组织的预防接种专业培训并考核合格。

（四）**加强技术指导和考核评估**。卫生计生行政部门要加强预防接种工作考核，并将考核结果作为划拨基本公共卫生服务项目补助资金的重要依据。疾病预防控制机构要加强对基层医疗卫生机构预防接种工作的技术指导，组织开展本地区预防接种工作人员培训。

五、落实保障措施

（一）**保障疾病预防控制机构人员编制**。各地区、各有关部门要认真落实关于疾病预防控制中心机构编制标准的有关规定，在编制总量范围内，落实各级疾病预防控制机构人员编制。采取公开招聘、培训等措施提高疾病预防控制队伍的整体素质。

（二）**建立稳定的疾病预防控制机构投入机制**。地方各级人民政府要落实支出责任，根据疾病预防控制事业发展需要和发展建设规划，足额安排疾病预防控制机构基本建设、设备购置特别是冷链系统和信息化建设等发展建设支出。统筹考虑第二类疫苗管理模式变化等因素，科学合理核定疾病预防控制机构的人员经费、公用经费和业务经费，足额列入预算，由同级财政予以保障，服务性收入按收支两条线纳入预算管理。

（三）**完善疾病预防控制机构绩效工资制度**。根据疾病预防控制机构职业风险高等特点，科学核定疾病预防控制机构绩效工资总量。建立科学合理的绩效考核制度，形成与岗位职责、工作业绩、实际贡献相联系的考核分配机制。按照国家有关规定，落实疾病预防控制人员各项津贴补贴政策。

（四）**完善预防接种相关价格政策**。各省（区、市）价格主管部门要科学合理核定接种单位第二类疫苗接种服务费标准。各地区要尽快落实本省（区、市）有关规定，做好县级疾病预防控制机构向接种单位收取第二类疫苗储存运输费的相关工作。

（五）**加强宣传引导**。要充分发挥传统媒体和新媒体的平台作用，强化疫苗流通和预防接种知识的普及宣传，重点宣传预防接种的重要性、安全性、有效性，引导群众参与预防接种工作，提高疫苗接种率。健全预防接种信息发布机制，强化舆情监测，积极回应社会和公众关切，营造良好社会氛围。

六、强化监督检查

各省（区、市）人民政府要结合工作实际制定具体贯彻办法，落实属地管理责任，加强组织领导，将预防接种等疾病预防控制工作情况、对疾病预防控制机构财政政策落实情况等纳入政府考核内容，加大监督检查力度，依法有序做好疫苗流通和预防接种各项工作。国家卫生计生委、食品药品监管总局要会同有关部门加强监督检查，适时开展专项督查，重要情况及时报告国务院。

国务院办公厅关于印发中国遏制与防治艾滋病“十三五”行动计划的通知

（国办发〔2017〕8号）

各省、自治区、直辖市人民政府，国务院各部委、各直属机构：

《中国遏制与防治艾滋病“十三五”行动计划》已经国务院同意，现印发给你们，请认真贯彻执行。

国务院办公厅

2017年1月19日

中国遏制与防治艾滋病“十三五”行动计划

为落实《“健康中国2030”规划纲要》和深化医药卫生体制改革部署，进一步推进艾滋病防治工作，切实维护广大人民群众身体健康，制定本行动计划。

一、防治现状

“十二五”期间，各地区、各部门认真贯彻党中央、国务院决策部署，落实艾滋病防治各项措施，取得了显著进展。艾滋病检测力度持续加大，经注射吸毒传播、输血传播和母婴传播得到有效控制，艾滋病病毒感染者和病人（以下简称感染者和病人）发现率提高68.1%，病死率降低57.0%，重点地区疫情快速上升势头得到基本遏制，全国整体疫情控制在低流行水平，受艾滋病影响人群生活质量不断提高，社会歧视进一步减轻，基本实现了《中国遏制与防治艾滋病“十二五”行动计划》总体目标。

目前，我国艾滋病流行形势依然严峻，防治工作中新老问题和难点问题并存，防治任务更加艰巨。尚有一定数量的感染者和病人未被检测发现，性传播成为最主要传播途径，男性同性性行为人群感染率持续升高，青年学生感染人数增加较快，卖淫嫖娼等违法犯罪活动、合成毒品滥用及不安全性行为在一定范围存在等诸多因素加大了艾滋病传播风险，社交新媒体的普遍使用增强了易感染艾滋病行为的隐蔽性，人口频繁流动增加了预防干预难度。部分地区和部门对防治工作重视不足，政策落实不到位，防治技术手段有限，防治能力尚不能满足工作需要，社会组织等社会力量参与防治的作用发挥还不够充分，仍需要长期不懈做好艾滋病防治各项工作。

二、总体要求

（一）指导思想。全面贯彻党的十八大和十八届三中、四中、五中、六中全会精神，深入学习贯彻习近平总书记系列重要讲话精神，紧紧围绕统筹推进“五位一体”总体布局和协调推进“四个全面”战略布局，认真落实党中央、国务院决策部署，牢固树立和贯彻落实创新、协调、绿色、开放、共享的发展理念，坚持正确的卫生与健康工作方针，全面落实法定防治职责，巩固当前防治成果，充分利用新技术、新方法，进一步提高防治成效，不断降低艾滋病疫情流行水平，保障人民群众身体健康，奋力推进健康中国建设。

（二）工作原则。坚持政府组织领导、部门各负其责、全社会共同参与；坚持预防为主、防治结合、依法防治、科学防治；坚持综合治理、突出重点、分类指导。

（三）工作目标。最大限度发现感染者和病人，有效控制性传播，持续减少注射吸毒传播、输血传播和母婴传播，进一步降低病死率，逐步提高感染者和病人生存质量，不断减少社会歧视，将我国艾滋病疫情继续控制在低流行水平。

1. 居民艾滋病防治知识知晓率达85%以上。流动人口、青年学生、监管场所被监管人员等重点人群以及易感染艾滋病危险行为人群防治知识知晓率均达90%以上。

2. 男性同性性行为人群艾滋病相关危险行为减少10%以上，其他性传播危险行为人群感染率控制在0.5%以下。参加戒毒药物维持治疗人员年新发感染率控制在0.3%以下。

3. 夫妻一方感染艾滋病家庭的配偶传播率下降到1%以下。艾滋病母婴传播率下降到4%以下。

4. 经诊断发现并知晓自身感染状况的感染者和病人比例达90%以上。符合治疗条件的感染者和病人接受抗病毒治疗比例达90%以上，接受抗病毒治疗的感染者和病人治疗成功率达90%以上，累计接受中医药治疗的人数比2015年增加一倍。

三、防治措施

（一）提高宣传教育针对性，增强公众艾滋病防治意识。加强艾滋病防治宣传教育，根据不同人群特点，开发适宜的宣传材料，提高信息针对性和可接受性。充分发挥社会公众人物影响和互联网、微博、微信等新媒体作用，开展艾滋病疫情信息交流与警示、感染风险评估、在线咨询等活动，增强宣传效果。

1. 深入开展大众人群宣传教育。强化社会主义核心价值观宣传，弘扬中华民族传统美德，引导大众自觉抵制卖淫嫖娼等社会丑恶现象，营造不歧视感染者和病人的社会氛围。宣传、网信、新闻出版广电、卫生计生等部门要充分发挥新闻媒体作用，指导将艾滋病防治宣传列入日常工作计划，每月至少开展1次艾滋病防治公益宣传。各级党校、行政学院、团校等要让学员在校期间接受艾滋病防治知识和政策专题培训。民族事务管理、文化、农业、科技等部门要结合少数民族风俗习惯和社会主义新农村建设以及支农、惠农等活动，开展艾滋病防治宣传教育工作。居（村）民委员会要利用城乡社区综合服务设施，采取大众喜闻乐见的方式开展艾滋病防治宣传，引导健全村规民约，倡导公序良俗。工会、共青团、妇联、红十字会、工商联等单位要深入开展“职工红丝带健康行动”、“青春红丝带”、“妇女‘面对面’宣传教育”和“红丝带健康包”等专项行动。

2. 持续加强重点人群宣传教育。对于流动人口、青年学生、老年人、出国劳务人员、监管场所被监管人员等重点人群，应当强化艾滋病感染风险及道德法治教育，提高自我防护能力，避免和减少易感染艾滋病行为。教育、卫生计生和共青团等部门和单位要将性道德、性责任、预防和拒绝不安全性行为作为教育重点，督促学校落实预防艾滋病专题教育任务，积极发挥学生社团、青年志愿者和学生家长的作用，加强学校预防艾滋病和性健康的宣传教育。建立健全学校艾滋病疫情通报制度和定期会商机制，开展高校预防艾滋病教育试点工作并逐步推广。卫生计生、民政、工商和工商联等部门和单位要重点加强流动人口集中的用工单位和居住社区的艾滋病防治宣传工作。人力资源社会保障部门要将艾滋病防治宣传纳入农村劳动力转移培训等职业培训内容。交通运输、质检等部门要利用机场、车站、码头、口岸等场所进行多种形式的艾滋病防治宣传。公安、司法行政等部门要将艾滋病防治宣传纳入监管场所教育内容。公安、司法行政、卫生计生、食品药品监管等部门要将预防艾滋病与禁毒工作相结合，加强合成毒品和滥用物质危害的宣传教育。民政、文化、卫生计生等部门要进一步丰富老年人业余文化生活。

（二）提高综合干预实效性，有效控制性传播和注射吸毒传播。

1. 强化社会综合治理。要依法严厉打击卖淫嫖娼、聚众淫乱、吸毒贩毒等违法犯罪活动，加大城乡结合部、农村等薄弱地区打击力度，依法从重处罚容留与艾滋病传播危险行为相关活动的场所和人员。公安部门要落实与艾滋病有关案件的举报和立案处理程序，严厉打击利用感染者身份的违法犯罪活动。公安、卫生计生、食品药品监管等部门要密切监测药物滥用情况，及时将易促进艾滋病传播的滥用物质纳入合成毒品管控范围，依法打击滥用物质的生产、流通和使用行为。宣传、文化、公安、新闻出版广电、网信及通信主管部门要加强网络管理，结合打击网络传播淫秽色情信息等专项行动，及时清理传播色情信息、从事色情和毒品交易的网络平台和社交媒体。

2. 着力控制性传播。加强易感染艾滋病危险行为人群的警示教育和法制宣传，突出疫情和危害严重性、有效防治措施等，促使其避免和减少易感染艾滋病危险行为。工商、质检、旅游、文化、卫生计生等部门要全面落实宾馆等公共场所摆放安全套有关规定，采取措施提高安全套可及性和使用率。男性同性性传播疫情上升较快的大中城市应加强疫情和危险因素监测，开展信息互通、协同干预等联防联控工作，采取医学、心理、社会、文化等手段，探索适合国情的综合干预策略。卫生计生部门要对夫妻一方感染艾滋病家庭全面实施综合干预措施，降低家庭内传播。要加强性病防治，及时对性病病人进行规范化诊断治疗，为性病就诊者提供艾滋病检测咨询服务，对感染者和病人开展性病筛查。

3. 持续减少注射吸毒传播。保持禁毒工作的高压态势，进一步减缓新吸毒人员的增加速度，将艾滋病防治与禁毒工作紧密结合，减少注射吸毒传播艾滋病。公安、卫生计生、司法行政、民政、人力资源社会保障等部门要创新吸毒人员服务管理，最大限度地有效管控吸毒人员，开展针对性的戒毒治疗、康复指导和救助服务，帮助他们戒断毒瘾回归社会。对于适合戒毒药物维持治疗的吸毒人员，应当及时转介到戒毒药物维持治疗机构。卫生计生、公安、食品药品监管等部门要进一步做好戒毒药物维持治疗工作的组织协调、信息交流和监督管理，维护治疗机构秩序，提高服务质量和防治效果。注射吸毒人员相对集中地区应当根据实际情况，增设戒毒药物维持治疗门诊或延伸服药点。戒毒药物维持治疗难以覆盖的地区应当继续开展清洁针具交换工作。

（三）提高检测咨询可及性和随访服务规范性，最大限度发现感染者和减少传播。

1. 扩大检测服务范围。卫生计生、质检、公安、司法行政、发展改革、财政等部门要支持进一步健全实验室网络，构建布局合理、方便快捷的艾滋病自愿咨询检测网络，根据需要设置艾滋病确证检测实验室，提高检测能力。县级以上医疗机构、妇幼保健机构、疾病预防控制机构应当具备实验室艾滋病检测能力，疫情严重地区的社区卫生服务机构和乡镇卫生院应当具备快速检测能力。各地级市和疫情严重的县（市、区）应当具备确证检测能力。有条件的监管场所和检验检疫机构应当设立艾滋病检测实验室或快速检测点。检测机构要主动为有感染艾滋病风险人员提供检测咨询服务。疫情严重地区要将艾滋病、性病检测咨询纳入婚前自愿医学检查和重点公共场所服务人员健康体检。公安、司法行政、卫生计生部门要加强合作，为打击卖淫嫖娼、聚众淫乱、吸毒贩毒活动中抓获人员以及监管场所被监管人员提供艾滋病检测服务。检测机构要创新服务方式，强化主动服务意识，通过网络、电话预约等多种手段，方便有意愿人群接受检测服务。探索通过药店、网络销售检测试剂等方式开展艾滋病自我检测，建立健全与随访服务等工作衔接的机制。

2. 提高随访服务质量。卫生计生部门要按照常住地管理原则，组织疾病预防控制机构、医疗机构、基层医疗卫生机构和社会组织开展随访服务。要切实提高首次随访工作质量，强化对感染者和病人的心理支持、行为干预及检测、医学咨询和转介等工作，告知其合法权益、责任义务和相关政策法规，督促他们及时将感染情况告知与其有性关系者，并动员开展检测。结合定期随访工作，对感染者和病人的行为及健康状况进行科学评估，提供针对性的随访干预服务。做好流动感染者和病人随访服务，建立健全流出地、流入地疾病预防控制机构转介机制。公安、司法行政、卫生计生等部门要做好监管场所感染者和病人告知及医学咨询、心理支持、出入监管场所转介等随访服务。卫生计生、外交、教育、公安、质检、外专等部门要完善对在华外籍感染者的宣传教育、检测咨询、随访干预、治疗管理等相关防治政策。

3. 加强疫情监测研判。医疗卫生机构要严格依法及时报告艾滋病疫情。卫生计生部门要根据艾滋病疫情和危险因素情况，及时调整、优化监测点设置，加强数据收集，提高监测数据质量。质检部门要对出入境人员开展艾滋病监测，及时向卫生计生部门通报疫情。卫生计生部门要强化艾滋病疫情和耐药监测、信息分析和利用，及时向有关部门提供相关信息，为科学决策提供依据，做好疫情和政务信息公开，回应社会关切。

（四）全面落实核酸检测和预防母婴传播工作，持续减少输血传播和母婴传播。

1. 落实血液筛查核酸检测工作。卫生计生、发展改革、财政等部门要完善血站服务体系，合理规划设置血站核酸检测实验室，供应临床的血液全部按规定经过艾滋病病毒、乙肝病毒、丙肝病毒核酸检测。做好核酸检测实验室质量控制，加强信息化建设，有效降低血液残余风险度。建立健全无偿献血长效工作机制，提高固定无偿献血者比例，采取有效措施减少易感染艾滋病危险行为人群献血。公安、卫生计生等部门要依法严厉打击非法采供血液（血浆）和组织他人出卖血液（血浆）活动。出入境检验检疫机构要加强对入出境人体组织、血液、血液制品和生物制品检疫。卫生计生部门要加强对各类医疗卫生机构院内感染控制的培训和管理，做好艾滋病职业暴露处置和调查工作，加强工作人员安全防护。

2. 落实预防母婴传播工作。卫生计生部门要以妇幼健康服务网络为平台，将预防艾滋病、梅毒和乙肝母婴传播工作与妇幼健康服务工作有机结合，重点提高经济发展落后、偏远、少数民族地区开展预防母婴传播服务的能力，促进孕产妇及时接受孕期检查和住院分娩，在预防母婴传播工作全面覆盖的基础上提高服务质量。医疗卫生机构应当结合婚前保健、孕前保健、孕产期保健、儿童和青少年保健、性病防治等常规医疗保健服务开展预防艾滋病、梅毒和乙肝母婴传播的健康教育和咨询指导，引导新婚人群、孕产妇尽早接受相关检测，对感染艾滋病、梅毒和乙肝的孕产妇及所生儿童提供治疗、预防性用药、监测、随访、转介等系列干预服务。

（五）全面落实救治救助政策，挽救感染者和病人生命并提高生活质量。

1. 全力推进抗病毒治疗工作。卫生计生部门要对有意愿且无治疗禁忌症的感染者和病人实施抗病毒治疗。按照就近治疗原则，科学合理设置抗病毒治疗定点医疗机构，优化艾滋病检测、咨询、诊断、治疗等工作流程，提高感染者和病人治疗可及性和及时性。疫情严重地区要推广从诊断到治疗“一站式”服务。抗病毒治疗定点医疗机构要严格执行有关诊疗指南，进一步规范治疗管理，加强耐药检测和病情监测，及时更换药物和处理药物不良反应，提高治疗质量和效果。要加强感染者和病人中结核病等机会性感染疾病的筛查、诊断和治疗工作。传染病防治机构、公共卫生机构、承担感染者和病人综合医疗服务的定点医疗机构等要建立健全与抗病毒治疗定点医疗机构的转诊制度，保障感染者和病人得到及时、规范的抗病毒治疗。加强流动人口中感染者和病人治疗工作，探索建立异地治疗工作机制和保障机制。公安、司法行政、卫生计生等部门要密切配合，为监管场所内符合条件的感染者和病人提供规范化治疗。

2. 逐步扩大中医药治疗规模。中医药、卫生计生等部门要充分发挥中医药在防治艾滋病工作中的作用，健全中医药参与艾滋病防治诊疗工作机制，研究形成中西医综合治疗方案，扩大中医药治疗覆盖面。疫情严重地区和有较好工作基础地区要开展中西医综合治疗试点，逐步扩大试点规模。

3. 加强合法权益保障。要依法保障感染者和病人就医、就业、入学等合法权益。卫生计生部门要根据艾滋病疫情变化，适时调整承担综合医疗服务工作的定点医疗机构。疫情严重地区要适当增加定点医疗机构数量，优化布局，保障感染者和病人就医需要。医疗卫生机构要强化首诊（问）负责制，对诊疗服务中发现的感染者和病人，做好接诊、转诊和相关处置工作，不得以任何理由推诿或者拒绝诊治。民政、人力资源社会保障、卫生计生、财政等部门要认真落实社会保障政策，加强相关社会福利、社会保险、社会救助等政策衔接，确保感染者和病人基本医疗、基本养老、基本生活保障等权益。教育、卫生计生等部门要密切配合，保障受艾滋病影响儿童接受教育的合法权益。

4. 强化救助政策落实。要建立孤儿基本生活最低养育标准自然增长机制，为艾滋病致孤儿童和感染儿童及时、足额发放基本生活费，并加强规范管理和信息化建设，鼓励有条件地区为受艾滋病影响儿童提供必要保障。民政、卫生计生、红十字会、工商联等部门和单位要加强对生活困难感染者和病人生活救助，将政府救助与社会关爱相结合，加强对感染者和病人爱心帮扶、情感支持、临终关怀等工作。扶贫、卫生计生等部门要将艾滋病防治与扶贫开发相结合，按照精准扶贫要求，对艾滋病疫情严重的贫困地区加大扶贫开发力度，支持符合扶贫条件、有劳动能力的感染者和病人开展力所能及的生产活动，共享经济和社会发展成果。公安、司法行政、卫生计生、民政等部门要做好违法犯罪感染者和病人回归社会后的治疗、救助等衔接工作。

（六）全面落实培育引导措施，激发社会组织参与活力。

1. 发挥社会组织独特优势。要按照创新社会治理体制总体要求，发挥社会组织易于接触特殊人群、工作方式灵活等优势，将社会力量参与艾滋病防治工作纳入整体防治工作计划。卫生计生、财政、民政等部门要鼓励、支持社会组织在易感染艾滋病危险行为人群干预、感染者和病人随访服务、关怀救助等领域开展工作。医疗卫生机构要与社会组织密切合作，加强技术指导，建立信息沟通、业务考核等工作制度，实现防治工作有效衔接。社会组织应当在医疗卫生机构指导下，在易感染艾滋病危险行为人群中开展健康教育、安全套推广、艾滋病咨询和动员检测、艾滋病性病诊疗和戒毒药物维持治疗转介等服务，在感染者和病人中开展心理支持、安全性行为教育和治疗依从性教育等服务，动员感染者和病人的配偶或与其有性关系者主动检测。

2. 发挥社会组织参与艾滋病防治基金引导作用。卫生计生、财政、民政等部门要通过多渠道筹资，扩大社会组织参与艾滋病防治基金规模并完善管理。依据公平、公开、公正原则，通过择优竞争方式，支持具备条件、信誉良好的社会组织开展工作，发挥社会组织孵化基地的作用，培育并支持社区社会组织参与艾滋病防治工作。加强基金项目管理，建立监督评价机制，确保资金安全，提高项目成效。要组织、动员和支持社会组织申请基金项目，合理设置社会组织孵化基地，加强培训和扶持，促进符合条件的社会组织登记，强化对社会组织的监督与管理，逐步提高社会组织参与艾滋病防治的工作能力。要引导社会组织不断加强自身能力建设，积极申请地方政府的购买艾滋病防治服务项目，并做好项目实施。

3. 动员社会力量广泛参与。发挥工会、共青团、妇联、红十字会、工商联等单位在艾滋病防治工作中的作用。制定并实施优惠政策，动员和支持企业、基金会、有关组织和志愿者开展与艾滋病防治相关的社会宣传、捐款捐物、扶贫救助等公益活动。

四、保障措施

（一）强化组织领导，落实防治责任。各地区要对本行政区域内的艾滋病综合防治工作负总责，进一步加强组织领导，将防治工作纳入政府工作重要议事日程和考核内容，制定符合本地区疫情特点和工作实际的防治规划，定期分析和研判艾滋病流行形势，落实管理责任制，明确部门职责、工作目标和工作任务。要充分发挥地方各级防治艾滋病工作委员会等协调机制作用，加强对防治工作的统筹协调，形成防治合力。疫情严重地区要实行政府一把手负责制，进一步完善艾滋病防治工作机制，有效控制疫情。要认真开展艾滋病综合防治示范区建设工作，探索适合我国不同流行水平、不同传播特点的工作模式，着力解决重点难点问题，增强防治效果。各有关部门要落实防治职责，将艾滋病防治纳入本部门日常工作，制定年度工作计划，建立考核制度。

（二）加强队伍建设，提高防治能力。各地区要根据本地艾滋病防治需要，进一步优化医院、基层医疗卫生、疾病预防控制、妇幼保健、采供血等机构的职责分工和衔接机制，提高整体防治水平。加强艾滋病防治专业队伍建设，提高疾病预防控制机构的疫情分析研判和防治效果评价能力，配齐配强专业人员，加强培训，提高防治能力。要完善承担艾滋病防治任务定点医院补偿机制，按照国家有关规定，落实艾滋病防治人员卫生防疫津贴、医疗卫生津贴等特殊岗位津贴补贴，在绩效工资分配上适当进行倾斜，为防治队伍正常履职尽责提供保障。

（三）加大投入力度，保障防治经费和药品供应。各级政府要根据卫生投入政策，合理安排艾滋病防治经费，逐步加大投入力度，提高资金使用效益。要探索通过政府购买服务等方式支持开展艾滋病防治工作。卫生计生、财政、发展改革等部门要对疫情严重地区、中西部贫困地区的艾滋病防治工作给予重点支持，对中医药治疗艾滋病工作给予扶持。卫生计生、工业和信息化、科技、商务、食品药品监管、知识产权、发展改革、中医药等部门要建立会商机制，加强艾滋病防治药物研发，促进专利实施与运用，加快注册审批，保障药品生产供应。卫生计生、财政、税务、海关等部门要依据相关政策规定适时调整免费抗病毒治疗药品目录，落实相关税收优惠政策。逐步将艾滋病药品采购纳入公共资源交易平台，通过招标采购或国家药品价格谈判机制完善采购供应模式，创新支付、配送服务方式，确保价格合理、配送及时、保障供应、质量安全。

（四）加强科研与国际合作，提升防治水平。科技、卫生计生等部门要按照科技计划管理改革要求，统筹研究部署艾滋病相关重点科研工作。结合“艾滋病和病毒性肝炎等重大传染病防治”、“重大新药创制”科技重大专项和自然科学基金项目等实施，组织科研攻关，重点开展艾滋病疫苗、新型诊断试剂及耐药检测技术、预防母婴传播技术及易感染艾滋病危险行为人群感染预防控制策略、创新药物及二线药物仿制、临床及中西医综合治疗方案优化等研究，力争在防控关键环节取得突破。加大以问题为导向的应用性研究力度，加快成果转化及推广应用，为防治工作提供技术支撑。卫生计生等部门要加强国际合作，借鉴和吸收国际先进理念和防治经验。建立健全与周边国家的合作机制，及时交流疫情及防控信息，共同做好边境地区艾滋病防治工作。开展与国际组织、其他发展中国家的合作交流，通过提供技术支持等方式，推广中国艾滋病防治经验，扩大国际影响。

五、督导与评估

国务院防治艾滋病工作委员会办公室要制订本行动计划督导与评估方案，组织相关部门开展督导检查，在“十三五”末组织或委托第三方开展评估工作。各地区、各有关部门要对本行动计划实施进展、质量和成效进行督导与评估，将重点任务落实情况作为督查督办的重要事项，确保本行动计划各项任务得到贯彻落实。

国务院办公厅关于印发中国防治慢性病中长期规划（2017—2025年）的通知

（国办发〔2017〕12号）

各省、自治区、直辖市人民政府，国务院各部委、各直属机构：

《中国防治慢性病中长期规划（2017—2025年）》已经国务院同意，现印发给你们，请认真贯彻执行。

国务院办公厅

2017年1月22日

中国防治慢性病中长期规划（2017—2025年）

为加强慢性病防治工作，降低疾病负担，提高居民健康期望寿命，努力全方位、全周期保障人民健康，依据《“健康中国2030”规划纲要》，制定本规划。

一、规划背景

本规划所称慢性病主要包括心脑血管疾病、癌症、慢性呼吸系统疾病、糖尿病和口腔疾病，以及内分泌、肾脏、骨骼、神经等疾病。慢性病是严重威胁我国居民健康的一类疾病，已成为影响国家经济社会发展的重大公共卫生问题。慢性病的发生和流行与经济、社会、人口、行为、环境等因素密切相关。随着我国工业化、城镇化、人口老龄化进程不断加快，居民生活方式、生态环境、食品安全状况等对健康的影响逐步显现，慢性病发病、患病和死亡人数不断增多，群众慢性病疾病负担日益沉重。慢性病影响因素的综合性、复杂性决定了防治任务的长期性和艰巨性。

近年来，各地区、各有关部门认真贯彻落实党中央、国务院决策部署，深化医药卫生体制改革，着力推进环境整治、烟草控制、体育健身、营养改善等工作，初步形成了慢性病综合防治工作机制和防治服务网络。慢性病防治工作已引起社会各界高度关注，健康支持性环境持续改善，群众健康素养逐步提升，为制定实施慢性病防治中长期规划奠定了重要基础。

二、总体要求

（一）**指导思想**。全面贯彻党的十八大和十八届三中、四中、五中、六中全会精神，深入贯彻习近平总书记系列重要讲话精神和治国理政新理念新思想新战略，认真落实党中央、国务院决策部署，统筹推进“五位一体”总体布局和协调推进“四个全面”战略布局，牢固树立和贯彻落实创新、协调、绿色、开放、共享的发展理念，坚持正确的卫生与健康工作方针，以提高人民健康水平为核心，以深化医药卫生体制改革为动力，以控制慢性病危险因素、建设健康支持性环境为重点，以健康促进和健康管理为手段，提升全民健康素质，降低高危人群发病风险，提高患者生存质量，减少可预防的慢性病发病、死亡和残疾，实现由以治病为中心向以健康为中心转变，促进全生命周期健康，提高居民健康期望寿命，为推进健康中国建设奠定坚实基础。

（二）**基本原则**。坚持统筹协调。统筹各方资源，健全政府主导、部门协作、动员社会、全民参与的慢性病综合防治机制，将健康融入所有政策，调动社会和个人参与防治的积极性，营造有利于慢性病防治的社会环境。

坚持共建共享。倡导“每个人是自己健康第一责任人”的理念，促进群众形成健康的行为和生活方式。构建自我为主、人际互助、社会支持、政府指导的健康管理模式，将健康教育与健康促进贯穿于全生命周期，推动人人参与、人人尽力、人人享有。

坚持预防为主。加强行为和环境危险因素控制，强化慢性病早期筛查和早期发现，推动由疾病治疗向健康管理转变。加强医防协同，坚持中西医并重，为居民提供公平可及、系统连续的预防、治疗、康复、健康促进等一体化的慢性病防治服务。

中国慢性病防治中长期规划（2017—2025年）主要指标

主要指标	基线	2020年	2025年	属性
心脑血管疾病死亡率（1/10万）	241.3/10万	下降10%	下降15%	预期性
总体癌症5年生存率（%）	30.9%	提高5%	提高10%	预期性
高发地区重点癌种早诊率（%）	48%	55%	60%	预期性
70岁以下人群慢性呼吸系统疾病死亡率（1/10万）	11.96/10万	下降10%	下降15%	预期性
40岁以上居民肺功能检测率（%）	7.1%	15%	25%	预期性
高血压患者管理人数（万人）	8835	10000	11000	预期性
糖尿病患者管理人数（万人）	2614	3500	4000	预期性
高血压、糖尿病患者规范管理率（%）	50%	60%	70%	预期性
35岁以上居民年度血脂检测率（%）	19.4%	25%	30%	预期性
65岁以上老年人中医药健康管理率（%）	45%	65%	80%	预期性
居民健康素养水平（%）	10%	大于20%	25%	预期性
全民健康生活方式行动县（区）覆盖率（%）	80.9%	90%	95%	预期性
经常参加体育锻炼的人数（亿人）	3.6	4.35	5	预期性
15岁以上人群吸烟率（%）	27.7%	控制在25%以内	控制在20%以内	预期性
人均每日食盐摄入量（克）	10.5	下降10%	下降15%	预期性
国家慢性病综合防控示范区覆盖率（%）	9.3%	15%	20%	预期性

坚持分类指导。根据不同地区、不同人群慢性病流行特征和防治需求，确定针对性的防治目标和策略，实施有效防控措施。充分发挥国家慢性病综合防控示范区的典型引领作用，提升各地区慢性病防治水平。

（三）规划目标。到2020年，慢性病防控环境显著改善，降低因慢性病导致的过早死亡率，力争30～70岁人群因心脑血管疾病、癌症、慢性呼吸系统疾病和糖尿病导致的过早死亡率较2015年降低10%。到2025年，慢性病危险因素得到有效控制，实现全人群全生命周期健康管理，力争30～70岁人群因心脑血管疾病、癌症、慢性呼吸系统疾病和糖尿病导致的过早死亡率较2015年降低20%。逐步提高居民健康期望寿命，有效控制慢性病疾病负担。

三、策略与措施

（一）加强健康教育，提升全民健康素质。

1. 开展慢性病防治全民教育。建立健全健康教育体系，普及健康科学知识，教育引导群众树立正确健康观。卫生计生部门组织专家编制科学实用的慢性病防治知识和信息指南，由专业机构向社会发布，广泛宣传合理膳食、适量运动、戒烟限酒、心理平衡等健康科普知识，规范慢性病防治健康科普管理。充分利用主流媒体和新媒体开展形式多样的慢性病防治宣传教育，根据不同人群特点开展有针对性的健康宣传教育。深入推进全民健康素养促进行动、健康中国行等活动，提升健康教育效果。到2020年和2025年，居民重点慢性病核心知识知晓率分别达到60%和70%。

2. 倡导健康文明的生活方式。创新和丰富预防方式，贯彻零级预防理念，全面加强幼儿园、中小学营养均衡、口腔保健、视力保护等健康知识和行为方式教育，实现预防工作的关口前移。鼓励机关、企事业单位开展工间健身和职工运动会、健步走、健康知识竞赛等活动，依托村（居）委会组织志愿者、社会体育指导员、健康生活方式指导员等，科学指导大众开展自我健康管理。发挥中医治未病优势，大力推广传统养生健身法。推进全民健康生活方式行动，开展“三减三健”（减盐、减油、减糖、健康口腔、健康体重、健康骨骼）等专项行动，开发推广健康适宜技术和支持工具，增强群众维护和促进自身健康的能力。

专栏1　健康教育与健康促进项目

全民健康生活方式行动：“三减三健”（减盐、减油、减糖、健康口腔、健康体重、健康骨骼）等专项行动。

健康教育：全民健康素养促进行动、健康中国行活动、健康家庭行动。

（二）实施早诊早治，降低高危人群发病风险。

1. 促进慢性病早期发现。全面实施35岁以上人群首诊测血压，发现高血压患者和高危人群，及时提供干预指导。社区卫生服务中心和乡镇卫生院逐步提供血糖血脂检测、口腔预防保健、简易肺功能测定和大便隐血检测等服务。逐步将临床可诊断、治疗有手段、群众可接受、国家能负担的疾病筛检技术列为公共卫生措施。在高发地区和高危人群中逐步开展上消化道癌、宫颈癌等有成熟筛查技术的癌症早诊早治工作。加强健康体检规范化管理，健全学生健康体检制度，推广老年人健康体检，推动癌症、脑卒中、冠心病等慢性病的机会性筛查。将口腔健康检查纳入常规体检内容，将肺功能检查和骨密度检测项目纳入40岁以上人群常规体检内容。

2. 开展个性化健康干预。依托专业公共卫生机构和医疗机构，开设戒烟咨询热线，提供戒烟门诊等服务，提高戒烟干预能力。促进体医融合，在有条件的机构开设运动指导门诊，提供运动健康服务。社区卫生服务中心和乡镇卫生院逐步开展超重肥胖、血压血糖升高、血脂异常等慢性病高危人群的患病风险评估和干预指导，提供平衡膳食、身体活动、养生保健、体质辨识等咨询服务。鼓励慢性病患者和高危人群接种成本效益较好的肺炎、流感等疫苗。加大牙周病、龋病等口腔常见病干预力度，实施儿童局部用氟、窝沟封闭等口腔保健措施，12岁儿童患龋率控制在30%以内。重视老年人常见慢性病、口腔疾病、心理健康的指导与干预。探索开展集慢性病预防、风险评估、跟踪随访、干预指导于一体的职工健康管理服务。

专栏2　慢性病筛查干预与健康管理项目

早期发现和干预：癌症早诊早治，脑卒中、心血管病、慢性呼吸系统疾病筛查干预，高血压、糖尿病高危人群健康干预，重点人群口腔疾病综合干预。
健康管理：居民健康档案、健康教育、慢性病（高血压、糖尿病等）患者健康管理、老年人健康管理、中医药健康管理。

（三）强化规范诊疗，提高治疗效果。

1. 落实分级诊疗制度。优先将慢性病患者纳入家庭医生签约服务范围，积极推进高血压、糖尿病、心脑血管疾病、肿瘤、慢性呼吸系统疾病等患者的分级诊疗，形成基层首诊、双向转诊、上下联动、急慢分治的合理就医秩序，健全治疗—康复—长期护理服务链。鼓励并逐步规范常见病、多发病患者首先到基层医疗卫生机构就诊，对超出基层医疗卫生机构功能定位和服务能力的慢性病，由基层医疗卫生机构为患者提供转诊服务。完善双向转诊程序，重点畅通慢性期、恢复期患者向下转诊渠道，逐步实现不同级别、不同类别医疗机构之间的有序转诊。

2. 提高诊疗服务质量。建设医疗质量管理与控制信息化平台，加强慢性病诊疗服务实时管理与控制，持续改进医疗质量和医疗安全。全面实施临床路径管理，规范诊疗行为，优化诊疗流程，努力缩短急性心脑血管疾病发病到就诊有效处理的时间，推广应用癌症个体化规范治疗方案，降低患者死亡率。基本实现医疗机构检查、检验结果互认。

（四）促进医防协同，实现全流程健康管理。

1. 加强慢性病防治机构和队伍能力建设。发挥中国疾病预防控制中心、国家心血管病中心、国家癌症中心在政策咨询、标准规范制定、监测评价、人才培养、技术指导等方面作用，在条件成熟地区依托现有资源建设心血管病、癌症等慢性病区域中心，建立由国家、区域和基层中医专科专病诊疗中心构成的中医专科专病防治体系。各地区要明确具体的医疗机构承担对辖区内心脑血管疾病、癌症、慢性呼吸系统疾病、糖尿病等慢性病防治的技术指导。二级以上医院要配备专业人员，履行公共卫生职责，做好慢性病防控工作。基层医疗卫生机构要根据工作实际，提高公共卫生服务能力，满足慢性病防治需求。

2. 构建慢性病防治结合工作机制。疾病预防控制机构、医院和基层医疗卫生机构要建立健全分工协作、优势互补的合作机制。疾病预防控制机构负责开展慢性病及其危险因素监测和流行病学调查、综合防控干预策略与措施实施指导和防控效果考核评价；医院承担慢性病病例登记报告、危重急症病人诊疗工作并为基层医疗卫生机构提供技术支持；基层医疗卫生机构具体实施人群健康促进、高危人群发现和指导、患者干预和随访管理等基本医疗卫生服务。加强医防合作，推进慢性病防、治、管整体融合发展。

3. 建立健康管理长效工作机制。明确政府、医疗卫生机构和家庭、个人等各方在健康管理方面的责任，完善健康管理服务内容和服务流程。逐步将符合条件的癌症、脑卒中等重大慢性病早诊早治适宜技术按规定纳入诊疗常规。探索通过政府购买服务等方式，鼓励企业、公益慈善组织、商业保险机构等参与慢性病高危人群风险评估、健康咨询和健康管理，培育以个性化服务、会员制经营、整体式推进为特色的健康管理服务产业。

（五）完善保障政策，切实减轻群众就医负担。

1. 完善医保和救助政策。完善城乡居民医保门诊统筹等相关政策，探索基层医疗卫生机构对慢性病患者按人头打包付费。完善不同级别医疗机构的医保差异化支付政策，推动慢性病防治工作重心下移、资源下沉。发展多样化健康保险服务，鼓励有资质的商业保险机构开发与基本医疗保险相衔接的商业健康保险产品，开展各类慢性病相关保险经办服务。按规定对符合条件的患慢性病的城乡低保对象、特困人员实施医疗救助。鼓励基金会等公益慈善组织将优质资源向贫困地区和农村延伸，开展对特殊人群的医疗扶助。

2. 保障药品生产供应。做好专利到期药物的仿制和生产，提升仿制药质量，优先选用通过一致性评价的慢性病防治仿制药，对于国内尚不能仿制的，积极通过药品价格谈判等方法，合理降低采购价格。进一步完善基本药物目录，加强二级以上医院与基层医疗卫生机构用药衔接。发挥社会药店在基层的药品供应保障作用，提高药物的可及性。老年慢性病患者可以由家庭签约医生开具慢性病长期药品处方，探索以多种方式满足患者用药需求。发挥中医药在慢性病防治中的优势和作用。

（六）控制危险因素，营造健康支持性环境。

1. 建设健康的生产生活环境。推动绿色清洁生产，改善作业环境，严格控制尘毒危害，强化职业病防治，整洁城乡卫生，优化人居环境，加强文化、科教、休闲、健身等公共服务设施建设。建设健康步道、健康主题公园等运动健身环境，提高各类公共体育设施开放程度和利用率，推动有条件的学校体育场馆设施在课后和节假日对本校师生和公众有序开放，形成覆盖城乡、比较健全的全民健身服务体系，推动全民健身和全民健康深度融合。坚持绿色发展理念，强化环境保护和监管，落实大气、水、土壤污染防治行动计划，实施污染物综合控制，持续改善环境空气质量、饮用水水源水质和土壤环境质量。建立健全环境与健康监测、调查、风险评估制度，降低环境污染对健康的影响。

2. 完善政策环境。履行《烟草控制框架公约》，推动国家层面公共场所控制吸烟条例出台，加快各地区控烟立法进程，加大控烟执法力度。研究完善烟草与酒类税收政策，严格执行不得向未成年人出售烟酒的有关法律规定，减少居民有害饮酒。加强食品安全和饮用水安全保障工作，推动营养立法，调整和优化食物结构，倡导膳食多样化，推行营养标签，引导企业生产销售、消费者科学选择营养健康食品。

3. 推动慢性病综合防控示范区创新发展。以国家慢性病综合防控示范区建设为抓手，培育适合不同地区特点的慢性病综合防控模式。示范区建设要紧密结合卫生城镇创建和健康城镇建设要求，与分级诊疗、家庭医生签约服务相融合，全面提升示范区建设质量，在强化政府主体责任、落实各部门工作职责、提供全人群全生命周期慢性病防治管理服务等方面发挥示范引领作用，带动区域慢性病防治管理水平整体提升。

专栏3　健康支持性环境建设项目

健康环境建设：大气污染防治、污水处理、重点流域水污染防治等环保项目，卫生城镇创建、健康城镇建设，慢性病综合防控示范区建设。

危险因素控制：减少烟草危害行动、贫困地区儿童营养改善项目、农村义务教育学生营养改善计划。

（七）统筹社会资源，创新驱动健康服务业发展。

1. 动员社会力量开展防治服务。鼓励、引导、支持社会力量举办的医疗、体检、养老和养生保健机构以及基金会等公益慈善组织、商业保险机构、行业协会学会、互联网企业等通过竞争择优的方式，参与所在区域医疗服务、健康管理与促进、健康保险以及相关慢性病防治服务，创新服务模式，促进覆盖全生命周期、内涵丰富、结构合理的健康服务业体系发展。建立多元化资金筹措机制，拓宽慢性病防治公益事业投融资渠道，鼓励社会资本投向慢性病防治服务和社区康复等领域。

2. 促进医养融合发展。促进慢性病全程防治管理服务与居家、社区、机构养老紧密结合。深入养老机构、社区和居民家庭开展老年保健、老年慢性病防治和康复护理，维护和促进老年人功能健康。支持有条件的养老机构设置医疗机构，有条件的二级以上综合医院和中医医院设置老年病科，增加老年病床数量，为老年人就医提供优先便利服务。加快推进面向养老机构的远程医疗服务试点。鼓励基层医疗卫生机构与老年人家庭建立签约服务关系，开展上门诊视、健康查体、健康管理、养生保健等服务。

3. 推动互联网创新成果应用。促进互联网与健康产业融合，发展智慧健康产业，探索慢性病健康管理服务新模式。完善移动医疗、健康管理法规和标准规范，推动移动互联网、云计算、大数据、物联网与健康相关产业的深度融合，充分利用信息技术丰富慢性病防治手段和工作内容，推进预约诊疗、在线随访、疾病管理、健康管理等网络服务应用，提供优质、便捷的医疗卫生服务。

（八）增强科技支撑，促进监测评价和研发创新。

1. 完善监测评估体系。整合单病种、单因素慢性病及其危险因素监测信息，实现相关系统互联互通。健全死因监测和肿瘤登记报告制度，建立国家、省级和区域慢性病与营养监测信息网络报告机制，逐步实现重点慢性病发病、患病、死亡和危险因素信息实时更新，定期发布慢性病相关监测信息。以地市为单位，基本摸清辖区内主要慢性病状况、影响因素和疾病负担。开展营养和慢性病危险因素健康干预与疾病管理队列研究。运用大数据等技术，加强信息分析与利用，掌握慢性病流行规律及特点，确定主要健康问题，为制定慢性病防治政策与策略提供循证依据。加强水、土壤、空气等环境介质和工作场所等环境质量、农产品质量安全监测，逐步实现跨行业跨部门跨层级的纵向报告和横向交换，动态实施环境、食物等因素与健康的风险评估与预警。

2. *推动科技成果转化和适宜技术应用*。系统加强慢性病防治科研布局，推进相关科研项目。进一步加强国家临床医学研究中心和协同创新网络建设，完善重大慢性病研究体系。以信息、生物和医学科技融合发展为引领，加强慢性病防治基础研究、应用研究和转化医学研究。统筹优势力量，推进慢性病致病因素、发病机制、预防干预、诊疗康复、医疗器械、新型疫苗和创新药物等研究，重点突破精准医疗、“互联网+”健康医疗、大数据等应用的关键技术，支持基因检测等新技术、新产品在慢性病防治领域推广应用。针对中医药具有优势的慢性病病种，总结形成慢性病中医健康干预方案并推广应用。结合慢性病防治需求，遴选成熟有效的慢性病预防、诊疗、康复保健适宜技术，加快成果转化和应用推广。开展慢性病社会决定因素与疾病负担研究，探索有效的慢性病防控路径。在专业人才培养培训、信息沟通及共享、防治技术交流与合作、能力建设等方面积极参与国际慢性病防治交流与合作。

专栏 4　慢性病科技支撑项目

慢性病监测：疾病监测（慢性病与营养监测、死因监测、肿瘤随访登记）；环境健康危害因素监测（城乡饮用水卫生监测、农村环境卫生监测、公共场所健康危害因素监测、空气污染等对人群健康影响监测、人体生物监测）；重点人群健康监测（学生健康危害因素和常见病监测）。

慢性病科技重大项目和工程：健康保障重大工程，国家科技重大专项“重大新药创制”专项，国家重点研发计划“精准医学研究”、“重大慢性非传染性疾病防控研究”等重点专项有关内容。

科技成果转化和适宜技术应用：健康科技成果转移转化行动、基层医疗卫生服务适宜技术推广。

四、保障措施

（一）强化组织领导。各地区要将慢性病防治作为健康中国建设和深化医药卫生体制改革的重点内容，纳入地方重要民生工程，确定工作目标和考核指标，制定本地区慢性病防治规划及实施方案，强化组织实施，建立健全慢性病防治工作协调机制，定期研究解决慢性病防治工作中的重大问题。

（二）落实部门责任。卫生计生部门要会同有关部门共同组织实施本规划并开展监督评估。发展改革部门要将慢性病防治列入经济社会发展规划，加强慢性病防治能力建设。财政部门要按照政府卫生投入政策要求落实相关经费。人力资源社会保障部门和卫生计生部门要进一步完善门诊相关保障政策和支付机制，发挥医保控费作用。国务院防治重大疾病工作部际联席会议办公室要发挥统筹协调作用，推动教育、科技、工业和信息化、民政、环境保护、住房城乡建设、农业、商务、新闻出版广电、体育、安全监管、食品药品监管、中医药等部门履行职责，形成慢性病防治工作合力。

（三）加强人才培养。完善有利于人才培养使用的政策措施，加强健康教育、健康管理、医疗、公共卫生、护理、康复及中医药等领域人才培养。加强医教协同，深化院校教育改革，加强对医学生慢性病防治相关知识和能力的教育培养，支持高校设立健康促进、健康管理等相关专业，加强有针对性的继续医学教育，着力培养慢性病防治复合型、实用型人才。完善专业技术职称评定制度，促进人才成长发展和合理流动。

（四）营造良好氛围。各地区、各部门要广泛宣传党和国家关于维护促进人民健康的重大战略思想和方针政策，宣传实施慢性病综合防控战略的重大意义、目标任务和策略措施。要加强正面宣传、舆论监督、科学引导和典型报道，增强社会对慢性病防治的普遍认知，形成全社会关心支持慢性病防治的良好氛围。

五、督导与评估

国家卫生计生委要会同有关部门制定本规划实施分工方案，各相关部门要各负其责，及时掌握工作进展，定期交流信息，联合开展督查和效果评价，2020 年对规划实施情况进行中期评估，2025 年组织规划实施的终期评估。各地区要建立监督评价机制，组织开展规划实施进度和效果评价，将规划实施情况作为政府督查督办的重要事项，推动各项规划目标任务落实。

国务院办公厅关于进一步改革完善药品生产流通使用政策的若干意见

（国办发〔2017〕13号　2017年1月24日）

各省、自治区、直辖市人民政府，国务院各部委、各直属机构：

为深化医药卫生体制改革，提高药品质量疗效，规范药品流通和使用行为，更好地满足人民群众看病就医需求，推进健康中国建设，经国务院同意，现就进一步改革完善药品生产流通使用有关政策提出如下意见：

一、提高药品质量疗效，促进医药产业结构调整

（一）严格药品上市审评审批。新药审评突出临床价值。仿制药审评严格按照与原研药质量和疗效一致的原则进行。充实审评力量，加强对企业研发的指导，建立有效的与申请者事前沟通交流机制，加快解决药品注册申请积压问题。优化药品审评审批程序，对临床急需的新药和短缺药品加快审评审批。借鉴国际先进经验，探索按罕见病、儿童、老年人、急（抢）救用药及中医药（经典方）等分类审评审批，保障儿童、老年人等人群和重大疾病防治用药需求。对防治重大疾病所需专利药品，必要时可依法实施强制许可。加强临床试验数据核查，严惩数据造假行为。全面公开药品审评审批信息，强化社会监督。

（二）加快推进已上市仿制药质量和疗效一致性评价。鼓励药品生产企业按相关指导原则主动选购参比制剂，合理选用评价方法，开展研究和评价。对需进口的参比制剂，加快进口审批，提高通关效率。对生物等效性试验实行备案制管理，允许具备条件的医疗机构、高等院校、科研机构和其他社会办检验检测机构等依法开展一致性评价生物等效性试验，实施办法另行制定。食品药品监管等部门要加强对企业的指导，推动一致性评价工作任务按期完成。对通过一致性评价的药品，及时向社会公布相关信息，并将其纳入与原研药可相互替代药品目录。同品种药品通过一致性评价的生产企业达到3家以上的，在药品集中采购等方面不再选用未通过一致性评价的品种；未超过3家的，优先采购和使用已通过一致性评价的品种。加快按通用名制订医保药品支付标准，尽快形成有利于通过一致性评价仿制药使用的激励机制。

（三）有序推进药品上市许可持有人制度试点。优先对批准上市的新药和通过一致性评价的药品试行上市许可持有人制度，鼓励新药研发，促进新产品、新技术和已有产能对接。及时总结试点经验，完善相关政策措施，力争早日在全国推开。

（四）加强药品生产质量安全监管。督促企业严格执行药品生产质量管理规范（GMP），如实记录生产过程各项信息，确保数据真实、完整、准确、可追溯。加强对企业药品生产质量管理规范执行情况的监督检查，检查结果向社会公布，并及时采取措施控制风险。企业对药品原辅料变更、生产工艺调整等，应进行充分验证。严厉打击制售假劣药品的违法犯罪行为。

（五）加大医药产业结构调整力度。加强技术创新，实施重大新药创制科技重大专项等国家科技计划（专项、基金等），支持符合条件的企业和科研院所研发新药及关键技术，提升药物创新能力和质量疗效。推动落后企业退出，着力化解药品生产企业数量多、规模小、水平低等问题。支持药品生产企业兼并重组，简化集团内跨地区转移产品上市许可的审批手续，培育一批具有国际竞争力的大型企业集团，提高医药产业集中度。引导具有品牌、技术、特色资源和管理优势的中小型企业以产业联盟等多种方式做优做强。提高集约化生产水平，促进形成一批临床价值和质量水平高的品牌药。

（六）保障药品有效供应。卫生计生、工业和信息化、商务、食品药品监管等部门要密切协作，健全短缺药品、低价药品监测预警和分级应对机制，建立完善短缺药品信息采集、报送、分析、会商制度，动态掌握重点企业生产情况，统筹采取定点生产、药品储备、应急生产、协商调剂等措施确保药品市场供应。采取注册承诺、药价谈判、集中采购、医保支付等综合措施，推动实现专利药品和已过专利期药品在我国上市销售价格不高于原产国或我国周边可比价格，并实施动态管理。加强对麻醉药品和精神药品的管理。支持质量可靠、疗效确切的医疗机构中药制剂规范使用。

二、整顿药品流通秩序，推进药品流通体制改革

（七）推动药品流通企业转型升级。打破医药产品市场分割、地方保护，推动药品流通企业跨地区、跨所有制兼并重组，培育大型现代药品流通骨干企业。整合药品仓储和运输资源，实现多仓协同，支持药品

流通企业跨区域配送，加快形成以大型骨干企业为主体、中小型企业为补充的城乡药品流通网络。鼓励中小型药品流通企业专业化经营，推动部分企业向分销配送模式转型。鼓励药品流通企业批发零售一体化经营。推进零售药店分级分类管理，提高零售连锁率。鼓励药品流通企业参与国际药品采购和营销网络建设。

（八）推行药品购销“两票制”。综合医改试点省（区、市）和公立医院改革试点城市要率先推行“两票制”，鼓励其他地区实行“两票制”，争取到2018年在全国推开。药品流通企业、医疗机构购销药品要建立信息完备的购销记录，做到票据、账目、货物、货款相一致，随货同行单与药品同行。企业销售药品应按规定开具发票和销售凭证。积极推行药品购销票据管理规范化、电子化。

（九）完善药品采购机制。落实药品分类采购政策，按照公开透明、公平竞争的原则，科学设置评审因素，进一步提高医疗机构在药品集中采购中的参与度。鼓励跨区域和专科医院联合采购。在全面推行医保支付方式改革或已制定医保药品支付标准的地区，允许公立医院在省级药品集中采购平台（省级公共资源交易平台）上联合带量、带预算采购。完善国家药品价格谈判机制，逐步扩大谈判品种范围，做好与医保等政策衔接。加强国家药品供应保障综合管理信息平台和省级药品集中采购平台规范化建设，完善药品采购数据共享机制。

（十）加强药品购销合同管理。卫生计生、商务等部门要制定购销合同范本，督促购销双方依法签订合同并严格履行。药品生产、流通企业要履行社会责任，保证药品及时生产、配送，医疗机构等采购方要及时结算货款。对违反合同约定，配送不及时影响临床用药或拒绝提供偏远地区配送服务的企业，省级药品采购机构应督促其限期整改；逾期不改正的，取消中标资格，记入药品采购不良记录并向社会公布，公立医院2年内不得采购其药品。对违反合同约定，无正当理由不按期回款或变相延长货款支付周期的医疗机构，卫生计生部门要及时纠正并予以通报批评，记入企事业单位信用记录。将药品按期回款情况作为公立医院年度考核和院长年终考评的重要内容。

（十一）整治药品流通领域突出问题。食品药品监管、卫生计生、人力资源社会保障、价格、税务、工商管理、公安等部门要定期联合开展专项检查，严厉打击租借证照、虚假交易、伪造记录、非法渠道购销药品、商业贿赂、价格欺诈、价格垄断以及伪造、虚开发票等违法违规行为，依法严肃惩处违法违规企业和医疗机构，严肃追究相关负责人的责任；涉嫌犯罪的，及时移送司法机关处理。健全有关法律法规，对查实的违法违规行为，记入药品采购不良记录、企事业单位信用记录和个人信用记录并按规定公开，公立医院2年内不得购入相关企业药品；对累犯或情节较重的，依法进一步加大处罚力度，提高违法违规成本。实施办法另行制定。食品药品监管部门要加强对医药代表的管理，建立医药代表登记备案制度，备案信息及时公开。医药代表只能从事学术推广、技术咨询等活动，不得承担药品销售任务，其失信行为记入个人信用记录。

（十二）强化价格信息监测。健全药品价格监测体系，促进药品市场价格信息透明。食品药品监管部门牵头启动建立药品出厂价格信息可追溯机制，建立统一的跨部门价格信息平台，做好与药品集中采购平台（公共资源交易平台）、医保支付审核平台的互联互通，加强与有关税务数据的共享。对虚报原材料价格和药品出厂价格的药品生产企业，价格、食品药品监管、税务等部门要依法严肃查处，清缴应收税款，追究相关责任人的责任。强化竞争不充分药品的出厂（口岸）价格、实际购销价格监测，对价格变动异常或与同品种价格差异过大的药品，要及时研究分析，必要时开展成本价格专项调查。

（十三）推进“互联网+药品流通”。以满足群众安全便捷用药需求为中心，积极发挥“互联网+药品流通”在减少交易成本、提高流通效率、促进信息公开、打破垄断等方面的优势和作用。引导“互联网+药品流通”规范发展，支持药品流通企业与互联网企业加强合作，推进线上线下融合发展，培育新兴业态。规范零售药店互联网零售服务，推广“网订店取”、“网订店送”等新型配送方式。鼓励有条件的地区依托现有信息系统，开展药师网上处方审核、合理用药指导等药事服务。食品药品监管、商务等部门要建立完善互联网药品交易管理制度，加强日常监管。

三、规范医疗和用药行为，改革调整利益驱动机制

（十四）促进合理用药。优化调整基本药物目录。公立医院要全面配备、优先使用基本药物。国家卫生计生委要组织开展临床用药综合评价工作，探索将评价结果作为药品集中采购、制定临床用药指南的重要参考。扩大临床路径覆盖面，2020年底前实现二级以上医院全面开展临床路径管理。医疗机构要将药品采购使用情况作为院务公开的重要内容，每季度公开药品价格、用量、药占比等信息；落实处方点评、中医药辨证施治等规定，重点监控抗生素、辅助性药品、营养性药品的使用，对不合理用药的处方医生进行公示，并建立约谈制度。严格对临时采购药品行为的管理。卫生计生部门要对医疗机构药物合理使用情况进

行考核排名，考核结果与院长评聘、绩效工资核定等挂钩，具体细则另行制定。

（十五）进一步破除以药补医机制。坚持医疗、医保、医药联动，统筹推进取消药品加成、调整医疗服务价格、鼓励到零售药店购药等改革，落实政府投入责任，加快建立公立医院补偿新机制。推进医药分开。医疗机构应按药品通用名开具处方，并主动向患者提供处方。门诊患者可以自主选择在医疗机构或零售药店购药，医疗机构不得限制门诊患者凭处方到零售药店购药。具备条件的可探索将门诊药房从医疗机构剥离。探索医疗机构处方信息、医保结算信息与药品零售消费信息互联互通、实时共享。各级卫生计生等部门要结合实际，合理确定和量化区域医药费用增长幅度，并落实到医疗机构，严格控制医药费用不合理增长。定期对各地医药费用控制情况进行排名，并向社会公布，主动接受监督。将医药费用控制情况与公立医院财政补助、评先评优、绩效工资核定、院长评聘等挂钩，对达不到控费目标的医院，暂停其等级评审准入、新增床位审批和大型设备配备等资格，视情况核减或取消资金补助、项目安排，并追究医院院长相应的管理责任。

（十六）强化医保规范行为和控制费用的作用。充分发挥各类医疗保险对医疗服务行为、医药费用的控制和监督制约作用，逐步将医保对医疗机构的监管延伸到对医务人员医疗服务行为的监管。探索建立医保定点医疗机构信用等级管理和黑名单管理制度。及时修订医保药品目录。加强医保基金预算管理，大力推进医保支付方式改革，全面推行以按病种付费为主，按人头付费、按床日付费等多种付费方式相结合的复合型付费方式，合理确定医保支付标准，将药品耗材、检查化验等由医疗机构收入变为成本，促使医疗机构主动规范医疗行为、降低运行成本。

（十七）积极发挥药师作用。落实药师权利和责任，充分发挥药师在合理用药方面的作用。各地在推进医疗服务价格改革时，对药师开展的处方审核与调剂、临床用药指导、规范用药等工作，要结合实际统筹考虑，探索合理补偿途径，并做好与医保等政策的衔接。加强零售药店药师培训，提升药事服务能力和水平。加快药师法立法进程。探索药师多点执业。合理规划配置药学人才资源，强化数字身份管理，加强药师队伍建设。

药品生产流通使用改革涉及利益主体多，事关人民群众用药安全，事关医药产业健康发展，事关社会和谐稳定。各地、各部门要充分认识改革的重要性、紧迫性和艰巨性，投入更多精力抓好改革落实。要加强组织领导，结合实际细化工作方案和配套细则，完善抓落实的机制和办法，把责任压实、要求提实、考核抓实，增强改革定力，积极稳妥推进，确保改革措施落地生效。要及时评估总结工作进展，研究解决新情况、新问题，不断健全药品供应保障制度体系。要加强政策解读和舆论引导，及时回应社会关切，积极营造良好的舆论氛围。

国务院办公厅关于印发“十三五”全国结核病防治规划的通知

（国办发〔2017〕16号）

各省、自治区、直辖市人民政府，国务院各部委、各直属机构：

《“十三五”全国结核病防治规划》已经国务院同意，现印发给你们，请认真贯彻执行。

国务院办公厅

2017年2月1日

“十三五”全国结核病防治规划

为进一步减少结核病危害，加快推进健康中国建设，根据《中华人民共和国传染病防治法》，结合深化医改要求，制定本规划。

一、防治现状

结核病以肺结核为主，是严重危害人民群众身体健康的重大传染病之一。“十二五”期间，各地区、各有关部门认真贯彻党中央、国务院决策部署，依法履行结核病防治职责，落实各项防治措施，进一步健全结核病防治服务体系，取得了明显成效。全国结核病疫情呈逐年下降趋势，共发现并治疗管理活动性肺结核患者427万例，成功治疗率保持在85%以上，肺结核报告发病率、死亡率明显下降，基本实现了

"十二五"规划目标。

同时，我国结核病防治工作还面临着诸多问题与挑战。目前我国仍是全球30个结核病高负担国家之一，每年新发结核病患者约90万例，位居全球第3位。结核病发病人数仍然较多，中西部地区、农村地区结核病防治形势严峻。但我国现行结核病防治服务体系和防治能力还不能满足新形势下防治工作需要，部分结核病定点医疗机构诊治条件较差，防治所需设施设备不足，基层防治力量薄弱，流动人口结核病发现和治疗管理难度大，公众对结核病防治知识认知度不高，防范意识普遍不强。"十三五"时期是我国结核病防治的关键时期，需要各地区、各有关部门采取有效可行措施，坚决防控疫情，保障人民群众身体健康。

二、总体要求

（一）指导思想。全面贯彻党的十八大和十八届三中、四中、五中、六中全会精神，深入贯彻习近平总书记系列重要讲话精神和治国理政新理念新思想新战略，认真落实党中央、国务院决策部署，按照"五位一体"总体布局和"四个全面"战略布局，牢固树立和贯彻落实创新、协调、绿色、开放、共享的发展理念，坚持正确的卫生与健康工作方针，以深化医药卫生体制改革为动力，强化结核病患者发现报告、诊断治疗和随访服务等全环节管理，全面推进结核病防治工作，提升全民健康素质，为推进健康中国建设、全面建成小康社会奠定坚实基础。

（二）工作原则。坚持以人民健康为中心，坚持预防为主、防治结合、依法防治、科学防治，坚持政府组织领导、部门各负其责、全社会协同，坚持突出重点、因地制宜、分类指导，稳步推进结核病防控策略。

（三）规划目标。到2020年，政府领导、部门合作、全社会协同、大众参与的结核病防治机制进一步完善。疾病预防控制机构、结核病定点医疗机构、基层医疗卫生机构分工明确、协调配合的服务体系进一步健全，结核病防治服务能力不断提高，实现及早发现并全程规范治疗，人民群众享有公平可及、系统连续的预防、治疗、康复等防治服务。医疗保障政策逐步完善，患者疾病负担进一步减轻。肺结核发病和死亡人数进一步减少，全国肺结核发病率下降到58/10万以下，疫情偏高地区肺结核发病率较2015年下降20%。

1. 报告肺结核患者和疑似肺结核患者的总体到位率达到95%以上。病原学检查阳性肺结核患者的密切接触者筛查率达到95%。肺结核患者病原学阳性率达到50%以上。耐多药肺结核高危人群耐药筛查率达到95%以上。

2. 肺结核患者成功治疗率达到90%以上。基层医疗卫生机构肺结核患者规范管理率达到90%以上。

3. 学生体检结核病筛查比例明显提高。艾滋病病毒感染者的结核病检查率达到90%以上。公众结核病防治核心知识知晓率达到85%以上。

4. 所有地市级定点医疗机构具备开展药敏试验、菌种鉴定和结核病分子生物学诊断的能力。所有县级定点医疗机构具备痰涂片和痰培养检测能力。东中部地区和西部地区分别有80%和70%的县（市、区）具备开展结核病分子生物学诊断的能力。

5. 实现基本医疗保险、大病保险、医疗救助等制度与公共卫生项目的有效衔接。增加抗结核药品供给，提高患者门诊和住院医疗费用保障水平，减少患者因经济原因终止治疗，减轻患者负担，避免因病致贫、因病返贫。

三、防治措施

（一）完善防治服务体系。

1. 健全服务网络。各地区要明确省、市、县三级结核病定点医疗机构，并予以公布。各县（市、区）要根据当地疫情、地理、交通、人口等因素确定1家或多家定点医疗机构，改善诊疗条件，方便患者就医，基本实现普通肺结核患者诊治不出县。每个地市至少确定1家定点医疗机构负责诊治耐多药和疑难重症肺结核患者。鼓励三级医院承担定点医疗机构防治任务，重点收治基层转诊特殊病例。所有定点医疗机构要达到呼吸道传染病诊疗和防护条件。

2. 加强队伍建设。各级疾病预防控制机构、定点医疗机构和基层医疗卫生机构要配备专人负责结核病防治工作。加强人员培训，提高承担结核病诊疗和防治管理工作人员的服务能力。各地区要落实传染病防治人员卫生防疫津贴政策，对工作期间患结核病的防治人员按规定给予治疗和相应的工伤或抚恤待遇。建立健全结核病防治工作考核激励机制，调动防治人员的积极性，稳定防治队伍。做好疾病预防控制机构、定点医疗机构和基层医疗卫生机构结核病防治人员和相关实验室检测人员的防护工作，降低防治人员结核病感染率。

3. 推进防治结合。各地区要完善结核病分级诊疗和综合防治服务模式，健全疾病预防控制机构、结核病定点医疗机构、基层医疗卫生机构分工明确、协调配合的服务体系。进一步强化结核病报告和登记管理制度。各级各类医疗卫生机构发现肺结核患者和疑似患者要按照传染病报告要求进行网络直报，并将其转诊至当地定点医疗机构。定点医疗机构负责对肺结核患者进行诊断、治疗、登记、定期复诊检查和健康教育等，要具备结核病痰涂片检测、痰培养检测及结核病分子生物学诊断能力，地市级定点医疗机构还要具备药敏试验、菌种鉴定能力。基层医疗卫生机构负责转诊、追踪肺结核患者或疑似患者及有可疑症状的密切接触者，并根据定点医疗机构制定的治疗方案，对患者居家治疗期间进行督导管理，对患者及其家属进行健康教育等。疾病预防控制机构负责结核病疫情监测与处置，组织开展肺结核患者密切接触者流行病学调查和筛查，开展信息收集与分析，组织落实转诊追踪和患者治疗期间的规范管理，组织开展结核病高发和重点行业人群的防治工作，开展结核病防治宣传教育、技术指导及实验室质量控制等工作。

（二）多途径发现患者。

1. 加大就诊人群中患者发现力度。各级各类医疗卫生机构应当在诊疗和健康体检工作中，加强对有咳嗽、咳痰两周以上或痰中带血等肺结核可疑症状者的排查，发现肺结核疑似患者应转诊到当地定点医疗机构进行规范诊治，并及时报告。

2. 开展重点人群主动筛查。疾病预防控制机构、定点医疗机构和基层医疗卫生机构要相互配合，做好对病原学检查阳性肺结核患者的密切接触者、艾滋病病毒感染者和病人、65 岁以上老年人、糖尿病患者等结核病重点人群的主动筛查工作。加强出入境人员结核病主动筛查工作，做好相应的医疗和防控措施。将结核病筛查纳入学校入学、监管场所（监狱、看守所、拘留所、收容教育所、强制隔离戒毒所、强制医疗所等场所）入监（所）和流动人口等人群的健康体检项目，早期发现传染源。疫情高发的县、乡、村要开展肺结核普查。

3. 及时发现耐多药肺结核患者。县级定点医疗机构负责对所有肺结核患者进行痰涂片和痰培养检测，对病原学检查阳性肺结核患者和耐多药肺结核高危人群进行耐药筛查，并将耐多药肺结核疑似患者转至地市级定点医疗机构进行耐药检测和诊断。积极推广耐多药快速检测技术，缩短诊断时间。开展耐药监测工作，掌握结核病流行传播规律和菌株变异情况，优化防治政策。

（三）规范诊疗行为。

1. 实施结核病诊疗规范。各级定点医疗机构要根据肺结核门诊诊疗规范、临床路径和结核病防治工作规范等有关技术指南要求，对肺结核患者进行诊疗，推广使用固定剂量复合制剂。注重发挥中医药在结核病治疗、康复中的作用。定点医疗机构要为基层医疗卫生机构和非定点医疗机构转诊患者建立绿色通道，及时安排就诊。病情稳定的患者要转回基层，由基层医疗卫生机构提供健康管理服务，确保患者接受全程规范治疗。规范医务人员诊疗行为，落实定点医疗机构处方点评、抗结核药品使用、辅助用药等跟踪监控制度。

2. 探索实施传染性肺结核患者住院治疗。有条件的地区要开展传染性肺结核患者住院治疗试点，逐步实现传染期内患者住院治疗。落实结核病感染控制措施，防止医院内交叉感染。

3. 规范耐多药肺结核患者诊疗和管理。定点医疗机构要规范耐多药患者住院治疗，患者出院后纳入门诊登记管理。各地区可因地制宜设立耐多药患者住院治疗点，对病情平稳但仍具有传染性的患者进行规范的住院治疗。疾病预防控制机构要加强对耐多药患者登记管理、诊疗随访和全疗程督导服药等工作的监管和指导。

4. 完善儿童结核病防治措施。提高卡介苗接种覆盖率和接种质量。各省（区、市）应当专门指定儿童结核病定点医疗机构，对儿科医生开展结核病防治技术培训，规范儿童结核病诊断和治疗服务。对传染性肺结核患者的儿童密切接触者中发现的潜伏期感染者进行重点观察。

5. 加强结核病医疗质量控制。各地区要完善结核病医疗质量管理工作机制，根据本地实际制定结核病医疗质量管理相关制度、规范和具体实施方案，将结核病诊疗纳入医疗质量控制工作体系。各省（区、市）要指定 1 家省级定点医疗机构负责组织有关专家对本省（区、市）结核病诊疗质量进行评估，并将评估结果作为对医院评价的重要依据。

（四）做好患者健康管理服务。要按照国家基本公共卫生服务项目要求做好肺结核患者健康管理服务，并将服务质量纳入对基层医疗卫生机构的考核内容。疾病预防控制机构、定点医疗机构和基层医疗卫生机构要做到患者转诊追踪、治疗管理等工作全程无缝衔接。疾病预防控制机构和定点医疗机构要加强对基层医疗卫生机构的培训、技术指导和督导。推行结核病患者家庭医生签约服务制度。创新方法和手段，充分利用移动互联网等新技术为患者开展随访服务，提高患者治疗依从性。

（五）做好医疗保险和关怀救助工作。要将临床必需、安全有效、价格合理、使用方便的抗结核药品按规定纳入基本医保支付范围。各地区要因地制宜逐步将肺结核（包括耐多药肺结核）纳入基本医疗保险门诊特殊病种支付范围。推进医疗保险支付方式改革，发挥医疗保险对医疗行为和费用的引导制约作用。按照健康扶贫工作要求，对符合条件的贫困结核病患者及时给予相应治疗和救助，患者治疗费用按规定经基本医疗保险、大病保险支付后，发挥医疗救助和其他补助的制度合力，切实降低患者自付比例，避免患者家庭发生灾难性支出而因病致贫返贫。充分发挥社会组织特别是慈善组织等社会力量的作用，开展对贫困结核病患者的关怀和生活救助。

（六）加强重点人群结核病防治。

1. *加强结核菌/艾滋病病毒双重感染防控。*对艾滋病病毒感染者和病人进行结核病筛查，在艾滋病流行重点县（市、区），为结核病患者提供艾滋病病毒检测服务。负责结核病和艾滋病诊疗的定点医疗机构要建立健全合作机制，共同做好结核菌/艾滋病病毒双重感染者的筛查、诊治和管理工作。

2. *强化学校结核病防控。*加强部门合作，建立卫生计生、教育等部门定期例会和信息通报制度。全面落实新生入学体检、因病缺课登记、病因追踪、健康教育等综合防控措施，对学校中的肺结核患者密切接触者开展筛查，及早发现肺结核患者，加强治疗管理，防止学校出现聚集性疫情。进一步加强学校结核病疫情监测和处置，为学校开展结核病防控工作提供专业培训、技术指导等。

3. *加强流动人口结核病防控。*按照属地管理原则，做好流动人口结核病患者诊断、报告、转诊追踪、信息登记和治疗、随访服务等工作。对跨区域治疗的患者，做好信息衔接。做好基本医保异地就医直接结算工作。加强流动人口聚集场所宣传教育，提高流动人口结核病防控意识和能力。

4. *加强监管场所被监管人员结核病防控。*开展入监（所）体检结核病筛查和日常监测，落实肺结核患者治疗管理，对即将出监（所）的尚未治愈的肺结核患者，监管场所应当及时做好转介工作，将有关信息报送监管场所所在地和被监管人员户籍地（或居住地）疾病预防控制机构，由地方定点医疗机构继续完成治疗。

（七）保障抗结核药品供应。完善药品采购机制，根据药品特性和市场竞争情况，实行分类采购，确保采购药品质量安全、价格合理、供应充足。鼓励各省（区、市）药品采购机构探索开展抗结核药品联合采购。对临床必需、市场价格低、临床用量小的抗结核药品实行集中挂网，由医院与企业议价采购，保障治疗用药需求。加强抗结核药品质量抽检，重点加强固定剂量复合制剂和二线抗结核药品注射制剂质量控制，确保药品质量。规范抗结核药品临床使用，加强不良反应报告监测和管理。

（八）提高信息化管理水平。进一步加强结核病防治工作信息化建设。依托全民健康保障信息化工程，提高结核病管理信息的及时性、完整性和准确性，规范结核病信息报告。将定点医疗机构纳入国家结核病防治信息管理系统，及时掌握肺结核患者登记、诊断治疗和随访复查等情况。结合区域人口健康信息平台建设，充分利用定点医疗机构和基层医疗卫生机构现有信息系统收集数据，加强信息整合。逐步实现结核病患者筛查、转诊追踪、诊断治疗、随访复查、治疗管理等全流程信息化管理，实现疾病预防控制机构、医疗卫生机构、基本医保经办机构之间纵向、横向的信息共享。利用远程医疗和远程教育网络，开展结核病防治技术指导和培训。

四、组织实施

（一）加强组织领导。地方各级人民政府要进一步加强组织领导，将结核病防治工作作为重要民生建设内容，纳入当地经济社会发展规划和政府目标管理考核内容，结合工作实际制定本辖区结核病防治规划及实施方案，落实各项防治责任，完成规划任务。要支持驻地部队开展结核病防治工作。

（二）落实部门职责。国家卫生计生委要充分发挥国务院防治重大疾病工作部际联席会议办公室的统筹协调作用，会同有关部门共同组织实施本规划并开展监督评估；加大贫困地区结核病防治力度，对农村贫困结核病患者进行分类救治；将结核病防治作为传染病防治监督执法的重要内容；协调完善全国结核病防治服务网络和专业队伍；建立健全结核病防治信息管理和共享机制。中央宣传部、新闻出版广电总局等部门要配合国家卫生计生委开展结核病防治工作公益宣传，大力普及结核病防治知识。国家发展改革委负责加强结核病防治机构等专业公共卫生基础设施建设，改善结核病防治设施条件。教育部负责加强学校结核病防治知识宣传教育，组织落实新生入学体检等学校结核病防控措施，创建良好学校卫生环境，督导学校在疾病预防控制机构指导下做好疫情报告，严防结核病疫情在校园内蔓延。科技部负责加强结核病疫苗、诊断试剂、治疗药物和方案等新技术研究的科技布局，推进科技重大专项等科研项目对结核病防治研究工作的支持；将结核病防治知识宣传纳入科普宣传工作计划。工业和信息化部负责组织协调抗结核药品、试剂的生产供应，完善相关产业政策，支持企业加快技术改造，增强抗结核药品创新和生产能力。公安部、司法部负责会同国家卫生计生委对监狱、看守所、拘留所、收容教育所、强制隔离戒毒所、强制医疗所等场所的被监管人员开展结核病检查和治疗管理；将结核病防治知识纳入监管场所干警和医务人员的岗位培训和教育内容，纳入被监管人员的入监（所）和日常教育内容。民政部负责拟订社会救助政策，对符合条件的贫困结核病患者按规定给予基本生活救助和医疗救助。财政部要根据结核病防治需要、经济发展水平和财力状况，合理安排补助资金并加强资金监管，保障防治工作开展，切实减轻肺结核患者就医负担。人力资源社会保障部和国家卫生计生委负责完善医保政策，推行医保支付方式改革，提高结核病患者医疗保障水平；将结核病防治知识纳入农村劳动力转移培训内容。质检总局负责加强口岸结核病防治知识宣传教育，组织各直属出入境检验检疫机构落实口岸结核病疫情监测和管理工作。食品药品监管总局负责加强对抗结核药品的审批和质量监管，完善药品质量抽验机制。国家中医药局负责指导各地区运用中医药技术方法在结核病诊疗中发挥作用，组织开展中医药防治结核病研究，发挥中医药在防治耐多药肺结核等方面的优势。国务院扶贫办负责加大对建档立卡贫困人口中已治愈、有劳动能力的结核病患者的扶贫开发支持力度，做到精准帮扶、无一遗漏。中国红十字会总会等社会团体负责为贫困结核病患者提供人道主义救助，开展健康教育和关爱活动。

（三）加强宣传教育。关注结核病预防、治疗全过程，不断创新方式方法，充分发挥“12320”公共卫生热线、微博微信、移动客户端等宣传平台作用，全方位、多维度开展宣传工作，推动形成广大群众积极支持、关注和参与结核病防治的良好社会氛围。以世界防治结核病日为契机，集中开展宣传活动。深入开展百千万志愿者结核病防治知识传播行动，把结核病防治知识纳入中小学健康教育内容，将结核病防治宣传教育工作常态化、持续化。对结核病患者及其家属、密切接触者和结核菌 / 艾滋病病毒双重感染者、学生、流动人口、老年人、糖尿病患者等重点人群，有针对性地开展宣传教育，增强宣传教育实效。

（四）加强科研与国际合作。开展多层次多形式的学术交流和医学教育，培养结核病防治人才，提升防治人员工作能力和研究水平。支持结核病防治研究，在结核病新型诊断试剂、疫苗和药物研发，中医药防治方案以及耐多药肺结核优化治疗方案等方面给予重点支持。加强结核病防治工作国际交流与合作，及时总结推广科研成果和国际合作经验，为我国结核病防治工作提供技术支撑。

五、监督与评估

地方各级人民政府要定期组织对本地区结核病防治工作的监督检查，发现问题及时解决，并通报检查结果和工作改进情况，可引入第三方机构参与考核评价，探索将考核结果作为财政投入、医保支付、职称评聘等重要依据。国家卫生计生委要会同有关部门不定期开展对各地区执行本规划情况的监督检查，于2020年组织开展规划执行情况总结评估，结果报国务院。

国务院办公厅关于推进医疗联合体建设和发展的指导意见

（国办发〔2017〕32号　2017年4月23日）

各省、自治区、直辖市人民政府，国务院各部委、各直属机构：

新一轮医药卫生体制改革实施以来，我国全民医保体系加快建立健全，基层医疗卫生机构服务条件显著改善，以全科医生为重点的基层人才队伍建设不断加强，基层服务长期薄弱的状况逐步改变，基本医疗卫生服务公平性和可及性明显提升。但要看到，强基层是一项长期艰巨的任务，我国优质医疗资源总量不足、结构不合理、分布不均衡，特别是仍面临基层人才缺乏的短板，已成为保障人民健康和深化医改的重要制约。开展医疗联合体（以下简称医联体）建设，是深化医改的重要步骤和制度创新，有利于调整优化医疗资源结构布局，促进医疗卫生工作重心下移和资源下沉，提升基层服务能力，有利于医疗资源上下贯通，提升医疗服务体系整体效能，更好实施分级诊疗和满足群众健康需求。为指导各地推进医联体建设和发展，经国务院同意，现提出以下意见。

一、总体要求

（一）指导思想。全面贯彻党的十八大和十八届三中、四中、五中、六中全会以及全国卫生与健康大会精神，认真落实党中央、国务院决策部署，统筹推进“五位一体”总体布局和协调推进“四个全面”战略布局，牢固树立和贯彻落实创新、协调、绿色、开放、共享的发展理念，坚持以人民为中心的发展思想，立足我国经济社会和医药卫生事业发展实际，以落实医疗机构功能定位、提升基层服务能力、理顺双向转诊流程为重点，不断完善医联体组织管理模式、运行机制和激励机制，逐步建立完善不同级别、不同类别医疗机构间目标明确、权责清晰、公平有效的分工协作机制，推动构建分级诊疗制度，实现发展方式由以治病为中心向以健康为中心转变。

（二）基本原则。政府主导，统筹规划。落实政府规划、指导、协调、监管、宣传等职能，以城市和县域为重点，根据区域医疗资源结构布局和群众健康需求，按照业务相关、优势互补、双向选择、持续发展等要求，兼顾既往形成的合作关系，统筹安排医疗机构组建医联体。

坚持公益，创新机制。坚持政府办医主体责任不变，切实维护和保障基本医疗卫生事业的公益性。坚持医疗、医保、医药联动改革，创新机制，逐步破除行政区划、财政投入、医保支付、人事管理等方面的壁垒和障碍，优化资源结构布局，结合医保支付方式等改革的推进，逐步建立完善医疗机构间分工协作机制。

*资源下沉，提升能力。*利用三级公立医院优质资源集中的优势，通过技术帮扶、人才培养等手段，发挥对基层的技术辐射和带动作用。鼓励医联体内统一管理模式，发挥集约优势，推进区域医疗资源共享，发挥科技引领与支撑作用，提高医疗服务体系整体能力与绩效。

*便民惠民，群众受益。*坚持以人民健康为中心，逐步实现医疗质量同质化管理，强化基层医疗卫生机构的居民健康“守门人”能力，推进慢性病预防、治疗、管理相结合，促进医联体建设与预防、保健相衔接，方便群众就近就医，减轻疾病负担，防止因病致贫返贫，促进健康产业发展和经济转型升级，增强群众获得感。

（三）工作目标。2017 年，基本搭建医联体制度框架，全面启动多种形式的医联体建设试点，三级公立医院要全部参与并发挥引领作用，综合医改试点省份每个地市以及分级诊疗试点城市至少建成一个有明显成效的医联体。探索对纵向合作的医联体等分工协作模式实行医保总额付费等多种方式，引导医联体内部初步形成较为科学的分工协作机制和较为顺畅的转诊机制。

到 2020 年，在总结试点经验的基础上，全面推进医联体建设，形成较为完善的医联体政策体系。所有二级公立医院和政府办基层医疗卫生机构全部参与医联体。不同级别、不同类别医疗机构间建立目标明确、权责清晰、公平有效的分工协作机制，建立责权一致的引导机制，使医联体成为服务、责任、利益、管理共同体，区域内医疗资源有效共享，基层服务能力进一步提升，有力推动形成基层首诊、双向转诊、急慢分治、上下联动的分级诊疗模式。

二、逐步形成多种形式的医联体组织模式

各地要根据本地区分级诊疗制度建设实际情况，因地制宜、分类指导，充分考虑医疗机构地域分布、功能定位、服务能力、业务关系、合作意愿等因素，充分发挥中央、地方、军队、社会各类医疗资源作用，尊重基层首创精神，探索分区域、分层次组建多种形式的医联体，推动优质医疗资源向基层和边远贫困地区流动。根据社会办医疗机构意愿，可将其纳入医联体。

（一）在城市主要组建医疗集团。在设区的市级以上城市，由三级公立医院或者业务能力较强的医院牵头，联合社区卫生服务机构、护理院、专业康复机构等，形成资源共享、分工协作的管理模式。在医联体内以人才共享、技术支持、检查互认、处方流动、服务衔接等为纽带进行合作。

（二）在县域主要组建医疗共同体。重点探索以县级医院为龙头、乡镇卫生院为枢纽、村卫生室为基础的县乡一体化管理，与乡村一体化管理有效衔接。充分发挥县级医院的城乡纽带作用和县域龙头作用，形成县乡村三级医疗卫生机构分工协作机制，构建三级联动的县域医疗服务体系。

（三）跨区域组建专科联盟。根据不同区域医疗机构优势专科资源，以若干所医疗机构特色专科技术力量为支撑，充分发挥国家医学中心、国家临床医学研究中心及其协同网络的作用，以专科协作为纽带，组建区域间若干特色专科联盟，形成补位发展模式，重点提升重大疾病救治能力。

（四）在边远贫困地区发展远程医疗协作网。大力发展面向基层、边远和欠发达地区的远程医疗协作网，鼓励公立医院向基层医疗卫生机构提供远程医疗、远程教学、远程培训等服务，利用信息化手段促进资源纵向流动，提高优质医疗资源可及性和医疗服务整体效率。

城市与农村之间可以城市三级公立医院为主体单位，在已建立的长期稳定对口支援关系基础上，通过托管区域内县级医院等多种形式组建医联体，三级公立医院可向县级医院派驻管理团队和专家团队，重点帮扶提升县级医院医疗服务能力与水平。国家级和省级公立医院除参加属地医联体外，可跨区域与若干医联体建立合作关系，组建高层次、优势互补的医联体，开展创新型协同研究、技术普及推广和人才培养，辐射带动区域医疗服务能力提升。

三、完善医联体内部分工协作机制

（一）完善组织管理和协作制度。制定医联体章程，规定主体单位与其他成员单位的责任、权利和义务，完善医疗质量管理等制度，提高管理效率。医联体可探索在医院层面成立理事会。

（二）落实医疗机构功能定位。医联体建立责任共担和利益分配机制，调动医联体内各医疗机构积极性，落实功能定位。三级医院逐步减少常见病、多发病、病情稳定的慢性病患者比例。基层医疗卫生机构和专业康复机构、护理院等为诊断明确、病情稳定的慢性病患者、康复期患者、老年病患者、晚期肿瘤患者等提供治疗、康复、护理服务。鼓励村卫生室根据当地群众就医需求，加强公共卫生和健康管理服务，做好疾病预防控制工作。

（三）扎实推进家庭医生签约服务。加强全科医生培养。以高血压、糖尿病等慢性病为重点，在医联体内加快推进家庭医生签约服务，优先覆盖老年人、孕产妇、儿童、残疾人等重点人群，以需求为导向做

实家庭医生签约服务，2017年要把所有贫困人口纳入签约服务范围。通过签约服务，鼓励和引导居民在医联体内到基层首诊，上级医院对签约患者提供优先接诊、优先检查、优先住院等服务。探索对部分慢性病签约患者提供不超过2个月用药量的长处方服务，有条件的地方可以根据双向转诊患者就医需求，通过延伸处方、集中配送等形式加强基层和上级医院用药衔接，方便患者就近就医取药。

（四）为患者提供连续性诊疗服务。鼓励护理院、专业康复机构等加入医联体。建立医联体内转诊机制，重点畅通向下转诊通道，将急性病恢复期患者、术后恢复期患者及危重症稳定期患者及时转诊至下级医疗机构继续治疗和康复，加强医疗卫生与养老服务相结合，为患者提供一体化、便利化的疾病诊疗—康复—长期护理连续性服务。

四、促进医联体内部优质医疗资源上下贯通

鼓励医联体内医疗机构在保持行政隶属关系和财政投入渠道不变的前提下，统筹人员调配、薪酬分配、资源共享等，形成优质医疗资源上下贯通的渠道和机制。

（一）促进人力资源有序流动。统一调配医技等资源，发挥现有资源的最大使用效率。医联体内统筹薪酬分配，充分调动医务人员积极性。鼓励医联体内二级以上医疗机构向基层医疗卫生机构派出专业技术和管理人才。在医联体（包括跨区域医联体）内，医务人员在签订帮扶或者托管协议的医疗机构内执业，不需办理执业地点变更和执业机构备案手续。

（二）提升基层医疗服务能力。充分发挥三级公立医院牵头引领作用，针对区域内疾病谱和重点疾病诊疗需求，派出医务人员通过专科共建、临床带教、业务指导、教学查房、科研和项目协作等多种方式，促进优质医疗资源共享和下沉基层。

（三）统一信息平台。加强规划设计，充分发挥信息系统对医联体的支撑作用，结合建立省、市、县三级人口健康信息平台，统筹推进医联体相关医院管理、医疗服务等信息平台建设，实现电子健康档案和电子病历的连续记录和信息共享，实现医联体内诊疗信息互联互通。医联体可以共享区域内居民健康信息数据，便捷开展预约诊疗、双向转诊、健康管理、远程医疗等服务，方便患者看病就医，提高医学科研技术水平。发挥远程医疗作用，促进医疗资源贴近城乡基层，探索实行远程医疗收费和支付政策，促进远程医疗服务可持续发展。

（四）实现区域资源共享。医联体内可建立医学影像中心、检查检验中心、消毒供应中心、后勤服务中心等，为医联体内各医疗机构提供一体化服务。在加强医疗质量控制的基础上，医联体内医疗机构间互认检查检验结果。探索建立医联体内统一的药品招标采购、管理平台，形成医联体内处方流动、药品共享与配送机制。

五、保障政策

（一）进一步落实政府办医主体责任。加大中央基建投资支持力度，加快补齐医联体发展短板，提高区域内疑难重病诊疗能力、县级医院综合能力以及远程医疗协作水平，推动医联体更好在基层发挥作用。地方各级人民政府要落实办医主体责任，落实公立医院投入政策，建立财政补助资金与绩效评价结果挂钩机制。医联体内各医疗机构的产权归属保持不变，继续按照原渠道拨付财政补助经费。鼓励医联体通过技术支援、人才培养等方式，吸引社会办医疗机构加入并发挥作用。

（二）进一步发挥医保经济杠杆作用。发挥医保对医疗服务供需双方的引导作用。合理拉开基层医疗卫生机构、县级医院和城市大医院间报销水平差距，增强在基层看病就医的吸引力，引导参保患者有序就诊。探索对纵向合作的医联体等分工协作模式实行医保总额付费等多种付费方式，并制定相应的考核办法，引导医联体内部形成顺畅的转诊机制，促使优质医疗资源下沉。

（三）完善人员保障和激励机制。按照“允许医疗卫生机构突破现行事业单位工资调控水平，允许医疗服务收入扣除成本并按规定提取各项基金后主要用于人员奖励”的要求，完善与医联体相适应的绩效工资政策，健全与岗位职责、工作业绩、实际贡献紧密联系的分配激励机制。落实医院用人自主权，实行按需设岗、按岗聘用，建立能上能下、能进能出的灵活用人机制。创新人事管理制度，完善与医联体相适应的职称晋升办法，实行科学评价，拓展医务人员职业发展空间。

（四）建立与医联体相适应的绩效考核机制。强化考核和制度约束，建立医联体考核指标体系，重点考核医联体技术辐射带动情况、医疗资源下沉情况等，不单纯考核业务量，要将三级医院医疗资源下沉情况、与基层医疗卫生机构协作情况以及基层诊疗量占比、双向转诊比例、居民健康改善等指标纳入考核体系，引导三级医院履行责任、完善措施，主动帮扶基层，切实发挥引领作用，引导各级各类医疗机构积极参与。将考核评价结果作为人事任免、评优评先等的重要依据，并与医务人员绩效工资、进修、晋升等挂钩。

六、组织实施

（一）加强组织领导。各地各有关部门要进一步提高思想认识，把医联体建设作为深化医改的重要内容和增进人民健康福祉的有力举措，切实加强组织领

导，建立部门协调推进机制，完善配套措施，确保工作顺利开展。地方各级人民政府要抓紧制定适合本地区医联体建设的实施意见或方案，明确医联体建设目标及时间进度，按时、保质完成工作任务，2017 年 6 月底前各省（区、市）都要明确推进医联体建设的工作方案，10 月底前所有三级公立医院都要启动医联体建设工作。

（二）**明确部门职责**。各有关部门要加强统筹协调和联动互动，及时出台配套文件，发挥政策的叠加效应，保证改革措施有效落实，以医联体建设为抓手促进公立医院改革、医保支付方式改革、分级诊疗制度建设等体制机制创新。卫生计生行政部门和中医药管理部门要加强对医联体建设的监管，明确医联体组织管理和分工协作制度，牵头制定相关技术文件。发展改革（价格）部门要完善医药价格政策。科技部门要会同卫生计生行政部门支持国家临床医学研究中心建设，促进医联体发展。财政部门要按规定落实财政补助政策。人力资源社会保障部门要加强医保医疗服务监管，推进医保支付方式改革，完善绩效工资分配机制。国家开发银行要发挥开发性金融"投贷债租证"综合金融服务优势，支持医联体及相关基础性建设。

（三）**加强督查评估**。国家卫生计生委要会同各有关部门通过调研、专项督查、定期评估等方式，及时掌握工作进展，指导各地有序推进医联体建设，保障医疗质量安全。要给各地改革探索留出空间，及时总结推广有益经验，发挥典型带动作用，调动地方积极性。各省级卫生计生行政部门要会同有关部门建立医联体效果评估机制和绩效考核方法，综合评估质量、安全、效率、经济与社会效益等因素，以强基层为重点，严格落实责任制和问责制，增强大医院帮扶基层和控制不合理医疗费用的动力。要坚持问题导向，防止和破解大医院垄断资源、"跑马圈地"、"虹吸"基层资源、挤压社会办医空间等问题。

（四）**强化宣传培训**。地方各级人民政府要开展医疗机构管理人员和医务人员的政策培训，进一步统一思想、形成共识。要充分发挥公共媒体作用，加强对分级诊疗和医联体建设的宣传，提高社会认可度和支持度，引导群众改变就医观念和习惯，逐步形成有序就医格局。

国务院办公厅关于印发深化医药卫生体制改革 2017 年重点工作任务的通知

（国办发〔2017〕37 号）

各省、自治区、直辖市人民政府，国务院有关部门：

《深化医药卫生体制改革 2017 年重点工作任务》已经国务院同意，现印发给你们，请结合实际，认真组织实施。

国务院办公厅

2017 年 4 月 25 日

深化医药卫生体制改革 2017 年重点工作任务

2017 年是贯彻落实全国卫生与健康大会精神和实施"十三五"深化医药卫生体制改革规划的重要一年，是形成较为系统的基本医疗卫生制度框架、完成医改阶段性目标任务的关键一年。深化医改工作要全面贯彻党的十八大和十八届三中、四中、五中、六中全会精神，深入贯彻习近平总书记系列重要讲话精神和治国理政新理念新思想新战略，认真落实党中央、国务院决策部署，统筹推进"五位一体"总体布局和协调推进"四个全面"战略布局，坚持稳中求进工作总基调，牢固树立和贯彻落实创新、协调、绿色、开放、共享的发展理念，坚持以人民为中心的发展思想，坚持以推进健康中国建设为引领，坚持把基本医疗卫生制度作为公共产品向全民提供，坚持保基本、强基层、建机制，深化医疗、医保、医药联动改革，着力推进分级诊疗、现代医院管理、全民医保、药品供应保障、综合监管 5 项制度建设，统筹推进相关领域改革，进一步加强组织领导、制度创新和重点突破，抓好已出台改革举措的落地实施，为建立中国特色基本医疗卫生制度奠定坚实基础，切实把改革成果转化为人民群众的健康福祉和获得感，以优异成绩迎接党的十九大胜利召开。

2017年深化医药卫生体制改革，要重点推进和落实以下工作任务。

一、研究制定的文件

1. 制定推进医疗联合体建设和发展的指导意见。（国家卫生计生委负责，2017年4月底前完成）

2. 制定改革完善短缺药品供应保障机制的实施意见。（国家卫生计生委负责，2017年6月底前完成）

3. 制定建立现代医院管理制度的指导意见。（国家卫生计生委负责，2017年6月底前完成）

4. 制定完善公立医院党建工作的意见。（国家卫生计生委负责，2017年6月底前完成）

5. 制定国有企业办医疗机构深化改革的指导意见。（国务院国资委负责，2017年6月底前完成）

6. 制定支持社会力量提供多层次多样化医疗服务的意见。（国家发展改革委负责，2017年6月底前完成）

7. 制定医教协同推进医学人才培养改革与发展的指导意见。（国家卫生计生委、教育部共同牵头负责，2017年6月底前完成）

8. 制定加强医疗卫生行业综合监管的指导意见。（国家卫生计生委负责，2017年9月底前完成）

9. 制定建立卫生人员荣誉制度的政策性文件。（国家卫生计生委、人力资源社会保障部共同牵头负责，2017年9月底前完成）

10. 制定开展高值医用耗材集中采购试点的指导性文件。（国家卫生计生委负责，2017年10月底前完成）

11. 制定在部分城市三级甲等公立医院开展编制管理改革实行人员总量管理试点的意见。（中央编办负责，2017年10月底前完成）

12. 制定改革完善仿制药管理政策的指导性文件。（国务院医改办负责，2017年10月底前完成）

13. 制定医药代表登记备案管理办法。（食品药品监管总局负责，2017年12月底前完成）

14. 制定药品购销信用管理制度。（食品药品监管总局负责，2017年12月底前完成）

以上任务只列牵头部门，不列参与部门。

二、推动落实的重点工作

15. 总结推广地方成功经验，进一步扩大试点范围，分级诊疗试点和家庭医生签约服务扩大到85%以上的地市。（国家卫生计生委负责）

16. 落实国务院医改办等单位《关于推进家庭医生签约服务的指导意见》，大力推进家庭医生签约服务，健全收付费、考核、激励机制以及医保等政策。从老年人、孕产妇、儿童、残疾人等人群以及慢性疾病和严重精神障碍患者等入手，以需求为导向做实家庭医生签约服务。2017年，重点人群签约服务覆盖率达到60%以上，把所有贫困人口纳入家庭医生签约服务范围。（国家卫生计生委负责）

17. 全面启动多种形式的医疗联合体建设试点，三级公立医院要全部参与并发挥引领作用，建立促进优质医疗资源上下贯通的考核和激励机制，增强基层服务能力，方便群众就近就医。探索对纵向合作的医疗联合体等分工协作模式实行医保总额付费等多种方式，推动医疗联合体成为服务共同体、责任共同体、利益共同体、管理共同体。开展诊疗—康复—长期护理连续服务模式试点。2017年6月底前各省（区、市）要明确推进医疗联合体建设的工作方案。综合医改试点省份每个地市以及分级诊疗试点城市至少建成1个有明显成效的医疗联合体。（国家卫生计生委、人力资源社会保障部、国家中医药局、财政部负责，排在第一位的部门为牵头部门，下同）

18. 组织开展三级医院日间手术试点，进一步完善和落实医保支付和医疗服务价格政策。落实引导推动公立医院参与分级诊疗的各项政策。（国家卫生计生委、人力资源社会保障部、国家发展改革委、国家中医药局负责）

19. 加强县级公立医院综合能力建设和学科建设，加强县域内常见病、多发病相关专业科室以及紧缺专业临床专科建设。推动贫困县县医院远程医疗全覆盖。（国家卫生计生委、国家发展改革委负责）

20. 全面实施基层中医药服务能力提升工程“十三五”行动计划。（国家中医药局负责）

21. 督促所有省、市、县分别完善并落实医疗卫生服务体系有关规划，明确各级各类医疗卫生机构功能定位。合理控制公立综合性医院的数量和规模。（国家卫生计生委、国家发展改革委、国家中医药局负责）

22. 扩大县级公立医院综合改革示范范围，每个省份至少有1个国家级示范县。启动城市公立医院综合改革示范工作。（国家卫生计生委、财政部负责）

23. 明确国家卫生计生委和国家中医药局属（管）医院参加属地公立医院综合改革的政策措施，并开展综合绩效考核工作。综合医改试点省份至少选择1个地市开展绩效考核试点，加大探索力度。（国家卫生计生委、国家中医药局、中央编办、财政部、国家发展改革委、人力资源社会保障部负责）

24. 推进军队医院、武警医院参与驻地城市公立医院综合改革，并纳入区域卫生规划和分级诊疗体系。（中央军委后勤保障部卫生局负责）

25. 2017年9月底前全面推开公立医院综合改革，所有公立医院全部取消药品加成（中药饮片除外）。协调推进管理体制、医疗价格、人事薪酬、药品流通、医保支付方式等改革。逐步提高医疗服务收入在医院总收入中的比例。2017 年，前四批 200 个试点城市公立医院药占比（不含中药饮片）总体降到 30% 左右，百元医疗收入（不含药品收入）中消耗的卫生材料降到 20 元以下。（国家卫生计生委、国家中医药局、国家发展改革委、财政部、人力资源社会保障部、商务部、国务院国资委、中央军委后勤保障部卫生局负责）

26. 落实医疗服务价格改革政策，全面推开城市公立医院医药价格改革，建立医疗服务价格区域协调制度。（国家发展改革委、国家卫生计生委、人力资源社会保障部、国家中医药局负责）

27. 全面落实政府对符合区域卫生规划的公立医院的投入政策，推动建立公立医院由服务收费和政府补助两个渠道补偿的新机制。逐步偿还和化解符合条件的公立医院长期债务。（财政部、国家卫生计生委、国家中医药局、国家发展改革委负责）

28. 推进现代医院管理制度建设，综合医改试点省份要选择部分地级及以上城市开展试点，初步建立决策、执行、监督相互协调、相互制衡、相互促进的管理体制和治理机制。开展制定公立医院章程试点。（国家卫生计生委、财政部、人力资源社会保障部、中央编办负责）

29. 开展公立医院薪酬制度改革试点工作，及时总结试点经验，着手制订适应医疗行业特点的人事薪酬制度相关指导性文件。（人力资源社会保障部、财政部、国家卫生计生委、国家中医药局负责）

30. 各省（区、市）设定年度医疗费用增长控制目标，2017 年，全国公立医院医疗费用平均增长幅度控制在 10% 以下。定期公布各省（区、市）主要监测指标排序情况。（国家卫生计生委、财政部、国家中医药局负责）

31. 完成城乡居民基本医保制度整合，实行覆盖范围、筹资政策、保障待遇、医保目录、定点管理、基金管理“六统一”政策。理顺管理体制，可开展设立医保基金管理中心试点，承担基金支付和管理，药品采购和费用结算，医保支付标准谈判，定点机构的协议管理和结算等职能。完善大病保险制度，采取降低起付线、提高报销比例、合理确定合规医疗费用范围等措施，提高大病保险对困难群众支付的精准性。（人力资源社会保障部、国家卫生计生委、保监会分别负责，财政部参与）

32. 城乡居民医保财政补助由每人每年 420 元提高到 450 元，同步提高个人缴费标准，扩大用药保障范围。（财政部、人力资源社会保障部、国家卫生计生委分别负责）

33. 全面推进建立以按病种付费为主的多元复合型医保支付方式。国家选择部分地区开展按疾病诊断相关分组（DRGs）付费试点，鼓励其他地方积极探索。指导各地完善按病种、按人头、按床日等多种付费方式。综合医改试点省份要选择 1 ~ 2 个地市全面实施医保支付方式改革，覆盖区域内所有医疗机构和所有医疗服务，大幅减少按项目付费的比例。（人力资源社会保障部、国家卫生计生委、财政部共同负责）

34. 推进按病种收费工作，2017 年年底前所有城市实行按病种收费的病种不少于 100 个。（国家发展改革委、国家卫生计生委、人力资源社会保障部、国家中医药局、财政部负责）

35. 开展医保药品支付标准试点，探索制订医疗服务医保支付标准。在全国推进医保信息联网，实现符合转诊规定的异地就医住院费用直接结算。（人力资源社会保障部、国家卫生计生委分别负责）

36. 制订 200 个左右临床路径，总数达 1200 个左右，制订 100 个左右中医临床路径。（国家卫生计生委、国家中医药局分别负责）

37. 推动落实民政部等部门《关于进一步加强医疗救助与城乡居民大病保险有效衔接的通知》，增强保障合力。（民政部、人力资源社会保障部、国家卫生计生委、保监会、国务院扶贫办、财政部负责）

38. 将商业健康保险个人所得税试点政策推广至全国实施。（财政部、税务总局、保监会负责）

39. 总结经验，按照政府购买服务有关规定，支持商业保险机构等社会力量参与医保经办。（人力资源社会保障部、国家卫生计生委、保监会负责）

40. 深入实施健康扶贫工程，努力解决农村贫困人口因病致贫、因病返贫问题。（国家卫生计生委、国务院扶贫办、国家发展改革委、民政部、财政部、人力资源社会保障部、保监会、国家中医药局、中央军委后勤保障部卫生局负责）

41. 推进精准康复服务行动，为困难残疾人提供基本康复服务。（中国残联、国家卫生计生委、财政部负责）

42. 推动开展长期护理保险试点。（人力资源社会保障部、国家卫生计生委、民政部、财政部、保监会负责）

43. 贯彻落实《国务院办公厅关于进一步改革完善药品生产流通使用政策的若干意见》（国办发〔2017〕13 号），各省（区、市）2017 年 6 月底前出台本地区具体实施方案，及时制订细化相关政策措施。（国家卫生计生委、食品药品监管总局、工业和信息化部、商务部、国家发展改革委、人力资源社会保障部分别负责）

44. 加快推进仿制药质量和疗效一致性评价。开展药品上市许可持有人制度试点工作。（食品药品监管总局负责）

45. 进一步扩大短缺药品定点生产范围，支持建设小品种药品集中生产基地。建立健全短缺药品监测预警和分级应对体系。（工业和信息化部、国家卫生计生委分别负责）

46. 利用好国家药品供应保障综合管理信息平台，坚持集中带量采购原则，推进实施公立医院药品分类采购，培育集中采购主体，鼓励跨区域联合采购和专科医院开展药品、高值医用耗材等联合采购。研究编制高值医用耗材采购统一编码，综合医改试点省份要选择若干地市开展高值医用耗材集中采购试点，鼓励其他省份开展试点。（国家卫生计生委负责）

47. 落实国务院医改办等单位《关于在公立医疗机构药品采购中推行“两票制”的实施意见（试行）》。2017 年年底前，综合医改试点省份和前四批 200 个公立医院综合改革试点城市所有公立医疗机构全面执行“两票制”，鼓励其他地区实行“两票制”。（国家卫生计生委、食品药品监管总局、国家发展改革委、工业和信息化部、商务部、税务总局、国家中医药局、财政部负责）

48. 推动建立药品出厂价格信息可追溯机制。（食品药品监管总局、国家发展改革委、工业和信息化部、税务总局、国家卫生计生委负责）

49. 增加国家药品价格谈判品种的数量，做好价格谈判与医保等政策的衔接。（国家卫生计生委、人力资源社会保障部负责）

50. 试行零售药店分类分级管理，鼓励连锁药店发展，探索医疗机构处方信息、医保结算信息与药品零售消费信息互联互通、实时共享。（商务部、人力资源社会保障部、国家卫生计生委、食品药品监管总局负责）

51. 开展基本药物目录评估，制定优先使用国家基本药物的激励政策。（国家卫生计生委负责）

52. 选择部分地区开展建立医院总药师制度试点。（国家卫生计生委负责）

53. 推进医保智能监控系统应用，2017 年年底前覆盖大多数统筹地区，将医保对医疗机构的监管向医务人员延伸。（人力资源社会保障部、国家卫生计生委分别负责）

54. 加强对非营利性社会办医疗机构产权归属、财务运营、资金结余使用等方面的监督管理，加强对营利性医疗机构盈利率的管控。（国家卫生计生委、财政部负责）

55. 启动社会办中医试点，完善中医诊所备案管理办法。（国家中医药局负责）

56. 督促各地细化措施，按照“允许医疗卫生机构突破现行事业单位工资调控水平，允许医疗服务收入扣除成本并按规定提取各项基金后主要用于人员奖励”的要求，对医疗卫生机构单独制定绩效工资总量核定办法，逐步提高诊疗费、护理费、手术费等医疗服务收入在医院总收入中的比例。保护和调动医务人员积极性。（人力资源社会保障部、财政部、国家卫生计生委分别负责）

57. 培养全科医生 2.5 万名以上。继续实施农村订单定向医学生免费培养工作，为中西部地区招收培养 5000 名左右本科免费医学生。继续组织实施全科医生特岗计划。新增 7 万名左右医师参加住院医师规范化培训。推进专科医师规范化培训制度试点。加快健康产业发展相关人才培养。（国家卫生计生委、人力资源社会保障部、财政部、教育部、国家中医药局负责）

58. 人均基本公共卫生服务经费财政补助标准提高到 50 元。加强疾病预防体系和慢性病防控体系建设。做好健康促进。（财政部、国家发展改革委、国家卫生计生委分别负责）

59. 优化基层医疗卫生机构中高级岗位比例。进一步改革完善基层卫生职称评审工作。（人力资源社会保障部、国家卫生计生委负责）

60. 落实处方点评等制度。指导地方对辅助性、营养性等高价药品列出具体清单，实施重点监控。（国家卫生计生委、国家中医药局负责）

61. 逐步完善省、市、县人口健康信息平台，2017 年实现国家和省级人口健康信息平台互联互通。抓好健康医疗大数据中心与产业园建设国家试点工作。加快推进病案书写规范、疾病分类编码、手术操作编码、医学名词术语等相关规范和标准的统一。（国家卫生计生委、工业和信息化部、国家发展改革委、财政部、国家中医药局负责）

62. 以国家临床医学研究中心为依托，提升基层医疗机构的诊疗技术水平和服务能力，推进“精准对接”健康医疗科技帮扶机制建设。开展深化医改支撑性重大课题研究。（科技部、国家卫生计生委、中央军委后勤保障部卫生局负责）

63. 指导京津冀地区协同开展医疗机构、医师和护士电子证照试点工作，2017 年在全国所有省份开展试点。（国家卫生计生委负责）

64. 继续推动国家级医养结合试点工作，推进社区居家层面医养结合。启动中医药健康养老工作。推动健康和相关行业融合发展，推进健康医疗旅游示范基地建设。（国家卫生计生委、民政部、国家发展改革委、国家中医药局、财政部负责）

65. 继续开展改善医疗服务行动计划。构建和谐医患关系。（国家卫生计生委、国家中医药局负责）

66. 推动各地由党委和政府主要负责同志或一位主要负责同志担任医改领导小组组长，充分发挥医改领导小组的统筹协调作用。（国务院医改办负责）

67. 建立将医改纳入对地方政府的考核要求等约束机制。明确地方各级政府、各有关部门责任，把责任压实、要求提实、考核抓实，建立医改任务台账，加强改革监测和定期通报。（地方各级人民政府负责）

68. 积极总结推广各地医改成功经验。综合医改试点省份要发挥示范带动作用，为全局改革积累经验。适时增加综合医改试点省份数量。（国务院医改办负责）

69. 加强医改宣传引导。坚持正确的舆论导向，加强医改正面宣传，做好重要政策文件解读。加大医改培训力度，对政府相关部门、医改办及公立医院管理人员等进行全员培训。（国务院医改办、中央宣传部、中央网信办负责）

70. 加强医改督查评估。对中共中央办公厅、国务院办公厅转发《国务院深化医药卫生体制改革领导小组关于进一步推广深化医药卫生体制改革经验的若干意见》、国务院医改办等单位《关于在公立医疗机构药品采购中推行“两票制”的实施意见（试行）》落实情况进行专项督查。对综合医改试点省份改革情况进行评估，组织开展分级诊疗中期评估、城市和县级公立医院综合改革效果评价考核工作。（国务院医改办负责）

国务院办公厅关于支持社会力量提供多层次多样化医疗服务的意见

（国办发〔2017〕44号 2017年05月16日）

各省、自治区、直辖市人民政府，国务院各部委、各直属机构：

鼓励社会力量提供医疗服务，是深化医改、改善民生、提升全民健康素质的必然要求，是繁荣壮大健康产业、释放内需潜力、推动经济转型升级的重要举措，对推进健康中国建设、全面建成小康社会具有重要意义。新一轮医改以来特别是党的十八大以来，深化医改取得重大进展和明显成效，基本医疗卫生服务公平性、可及性显著提升，健康服务业政策环境明显改善，社会办医加快发展。随着我国经济社会发展和人民生活水平提高，多样化、差异化、个性化健康需求持续增长，社会办医服务内容和模式有待拓展升级，同时仍存在放宽准入不彻底、扶持政策不完善、监管机制不健全等问题。在切实落实政府责任、保障人民群众基本医疗卫生需求的基础上，为进一步激发医疗领域社会投资活力，调动社会办医积极性，支持社会力量提供多层次多样化医疗服务，经国务院同意，现提出以下意见：

一、总体要求

（一）指导思想。全面贯彻党的十八大和十八届三中、四中、五中、六中全会精神，深入贯彻习近平总书记系列重要讲话精神和治国理政新理念新思想新战略，认真落实党中央、国务院决策部署，统筹推进“五位一体”总体布局和协调推进“四个全面”战略布局，牢固树立和贯彻落实创新、协调、绿色、开放、共享的发展理念，坚持以人民为中心的发展思想，紧紧围绕推进健康中国建设，坚定不移深化医改，以提高人民健康水平为核心，坚持基本医疗卫生事业的公益性，把基本医疗卫生制度作为公共产品向全民提供，确保实现人人享有基本医疗卫生服务，正确处理政府和市场关系，在基本医疗卫生服务领域坚持政府主导并适当引入竞争机制，在非基本医疗卫生服务领域市场要有活力，持续深化简政放权、放管结合、优化服务改革，落实政府责任，加强规范管理和服务监管，加快推进医疗服务领域供给侧结构性改革，培育经济发展新动能，满足群众多样化、差异化、个性化健康需求。

（二）基本原则。

以人为本、统筹推进。把提升全民健康素质作为根本出发点和落脚点，利用全社会资源加快补齐医疗事业发展短板，坚持把社会效益放在首位，努力实现社会效益与经济效益相统一，切实维护人民群众健康权益。

需求引领、供给升级。瞄准供需矛盾突出领域，以先进技术、特色服务、品牌质量为重点，充分释放社会办医潜力和活力，促进人才、资金、技术等要素合理流动、充分发展，推动社会办医服务创新、业态升级，与政府办医共同发展、有序竞争。

放宽准入、优化服务。加大力度消除社会办医的体制机制障碍，降低准入门槛，简化审批流程，提高审批效率。对社会办医疗机构在准入、执业、监管等方面与公立医疗机构一视同仁，营造公平竞争环境，促进社会力量踊跃提供多层次多样化医疗服务。

*严格监管、有序发展。*加快转变政府职能，把工作重心从事前审批转到加强事中事后监管，强化政府在制度建设、标准制定、市场监管等方面职责，加强指导监督，严厉打击扰乱市场秩序的行为，促进社会办医守法诚信经营、规范健康发展。

（三）目标任务。到2020年，社会力量办医能力明显增强，医疗技术、服务品质、品牌美誉度显著提高，专业人才、健康保险、医药技术等支撑进一步夯实，行业发展环境全面优化。打造一大批有较强服务竞争力的社会办医疗机构，形成若干具有影响力的特色健康服务产业集聚区，服务供给基本满足国内需求，逐步形成多层次多样化医疗服务新格局。

二、拓展多层次多样化服务

（四）鼓励发展全科医疗服务。发展社会力量举办、运营的高水平全科诊所，建立包括全科医生、护士等护理人员以及诊所管理人员在内的专业协作团队，为居民提供医疗、公共卫生、健康管理等签约服务。符合条件的社会办医疗机构提供的签约服务，在转诊、收付费、考核激励等方面与政府办医疗机构提供的签约服务享有同等待遇。鼓励社会办全科诊所提供个性化签约服务，构建诊所、医院、商业保险机构深度合作关系，打造医疗联合体。

（五）加快发展专业化服务。积极支持社会力量深入专科医疗等细分服务领域，扩大服务有效供给，培育专业化优势。在眼科、骨科、口腔、妇产、儿科、肿瘤、精神、医疗美容等专科以及康复、护理、体检等领域，加快打造一批具有竞争力的品牌服务机构。鼓励投资者建立品牌化专科医疗集团、举办有专科优势的大型综合医院。支持社会力量举办独立设置的医学检验、病理诊断、医学影像、消毒供应、血液净化、安宁疗护等专业机构，面向区域提供相关服务。

（六）全面发展中医药服务。充分发挥中医药独特优势，鼓励社会力量以名医、名药、名科、名术为服务核心，提供流程优化、质量上乘的中医医疗、养生保健、康复、养老、健康旅游等服务。促进有实力的社会办中医诊所和门诊部（中医馆、国医堂）等机构做大做强，实现跨省市连锁经营、规模发展。有条件的地方可相对集中设置只提供传统中医药服务的中医门诊部和中医诊所，打造中医药文化氛围浓郁的中医药服务区域，并推动从注重疾病治疗转向同时注重健康维护，发展治未病、康复等多元化服务。推进国家中医药健康旅游示范区、示范基地和示范项目建设。

（七）有序发展前沿医疗服务。鼓励有实力的社会办医疗机构瞄准医学前沿，组建优势学科团队，提供以先进医疗技术为特色的医疗服务。适应生命科学纵深发展、生物新技术广泛应用和融合创新的新趋势，稳妥有序推动精准医疗、个性化医疗等服务发展。推动经依法依规批准的新型个体化生物治疗产品标准化规范化应用。推广应用高性能医疗器械。持续推动成熟可靠的前沿医疗技术进入临床应用的转化机制建设。

（八）积极发展个性化就医服务。鼓励社会办医疗机构建立方便快捷的就医流程，营造舒适温馨的就医环境，为有需要的患者提供远程会诊、专人导医陪护、家庭病房等多种个性化的增值、辅助服务，全面提高服务品质。积极探索诊疗、护理、康复、心理关怀等连续整合的服务，进一步提升就医体验，多方位满足患者身心健康需要。

（九）推动发展多业态融合服务。促进医疗与养老融合，支持社会办医疗机构为老年人家庭提供签约医疗服务，建立健全与养老机构合作机制，兴办医养结合机构。促进医疗与旅游融合，发展健康旅游产业，以高端医疗、中医药服务、康复疗养、休闲养生为核心，丰富健康旅游产品，培育健康旅游消费市场。促进互联网与健康融合，发展智慧健康产业，促进云计算、大数据、移动互联网、物联网等信息技术与健康服务深度融合，大力发展远程医疗服务体系。促进体育与医疗融合，支持社会力量兴办以科学健身为核心的体医结合健康管理机构。

（十）探索发展特色健康服务产业集聚区。医疗资源和区位等基础条件较好的地方，可以探索以社会力量为主，打造特色鲜明、具有竞争力和影响力的健康服务产业集聚区，更好满足国内外较高层次健康消费需求。坚持合理定位、科学规划，在土地规划、市政配套、机构准入、人才引进、执业环境等方面给予政策扶持和倾斜，积极探索体制机制创新，着力打造健康服务产业集群。有条件的地方可探索医疗与养老、旅游、健身休闲等业态融合发展，健康服务与医药研发制造、医学教育相协同的集聚模式。坚持以市场需求为导向，发挥企业在产业集聚中的主体作用，地方各级政府要统筹好本行政区域内的集聚区差异化发展，并提供必要的公共服务和配套支持。坚决避免脱离实际、一哄而上、盲目重复建设，杜绝简单园区建设或变相搞房地产开发。有关部门要加强跟踪指导，及时总结经验，发挥示范作用。

三、进一步扩大市场开放

（十一）放宽市场准入。各地要统筹考虑多层次医疗需求，制定完善医疗卫生服务体系规划、医疗机构设置规划、大型医用设备配置规划，完善规划调控方式，优化配置医疗资源，促进社会办医加快发展，凡符合规划条件和准入资质的，不得以任何理由限制。对社会办医疗机构配置大型医用设备可合理放宽规划预留空间。个体诊所设置不受规划布局限制。在审批专科医院等医疗机构设置时，将审核重点放在人员资质与技术服务能力上，在保障医疗质量安全的前提下，动态调整相关标准规范。根据群众健康需求和社会办医发展需要，完善眼科医院等部分医疗机构基本标准。及时制定新型机构标准，引导和支持医疗服务新业态新模式健康发展。

（十二）简化优化审批服务。国家制定社会办医疗机构执业登记前跨部门全流程综合审批指引，各地要出台实施细则，优化规范各项审批的条件、程序和时限，精简整合审批环节，向社会公布后实施。积极推进一站受理、窗口服务、并联审批，推广网上审批，进一步优化政府服务。取消无法定依据的前置条件或证明材料，严禁违反法定程序增减审批条件，相关规划和政策要向社会及时公开。落实连锁经营的服务企业可由企业总部统一办理工商注册登记手续的政策，鼓励健康服务企业品牌化连锁化经营。加快规范统一营利性医疗机构名称。

（十三）促进投资与合作。支持社会办医疗机构引入战略投资者与合作方，加强资本与品牌、管理的协同，探索委托知名品牌医疗实体、医院管理公司、医生集团开展经营管理等模式。发展医疗服务领域专业投资机构、并购基金等，加强各类资源整合，支持社会办医疗机构强强联合、优势互补，培育上水平、规模化的医疗集团。允许公立医院根据规划和需求，与社会力量合作举办新的非营利性医疗机构。鼓励公立医院与社会办医疗机构在人才、管理、服务、技术、品牌等方面建立协议合作关系，支持社会力量办好多层次多样化医疗服务。严格落实公立医院举办特需医疗有关规定，除保留合理部分外，逐步交由市场提供。

（十四）提升对外开放水平。吸引境外投资者通过合资合作方式来华举办高水平医疗机构，积极引进专业医学人才、先进医疗技术、成熟管理经验和优秀经营模式。外资投资办医实行准入前国民待遇加负面清单管理，进一步简化优化审批核准事项。大力发展医疗和健康服务贸易，贯彻落实“一带一路”战略，加强健康产业国际合作与宣传推介，支持包括社会办医疗机构在内的各类经营主体开展面向国际市场和高收入人群的医疗和健康服务贸易，打造具有国际竞争力的医疗和健康服务贸易机构及健康旅游目的地。鼓励举办面向境外消费者的社会办中医医疗机构，提升中医药服务贸易规模和质量，培育国际知名的中医药品牌、服务机构和企业。积极发挥龙头中医医疗机构和行业组织作用，主动开展中医药服务贸易规则和标准制定，构筑面向全球的中医药服务贸易促进体系。

四、强化政策支持

（十五）加强人力资源保障。适应健康服务产业发展，调整优化医学教育专业结构，加强急需紧缺医学专业人才培养，加大健康服务人才培养培训力度，强化高层次人才队伍建设。支持医药专业技术人员出国（境）培训，提升国内医学人才培养水平。改革医师执业注册办法，全面实行医师执业区域注册，医师个人以合同（协议）为依据，可在多个机构执业，促进医师有序流动和多点执业。建立医师电子注册制度，简化审批流程，缩短办理时限，方便医师注册。推动建立适应医师多点执业的人员聘用退出、教育培训、评价激励、职务晋升、选拔任用机制。鼓励公立医院建立完善医务人员全职、兼职制度，加强岗位管理，探索更加灵活的用人机制。医师可以按规定申请设置医疗机构，鼓励医师到基层开办诊所。鼓励医师利用业余时间、退休医师到基层医疗卫生机构执业或开设工作室。在社会办医疗机构稳定执业的兼职医务人员，合同（协议）期内可代表该机构参加各类学术活动，本人可按规定参加职称评审。各地要制定具体办法，切实落实社会办医疗机构在科研、技术职称考评、人才培养等方面与公立医疗机构享受同等待遇相关政策。

（十六）落实完善保险支持政策。落实将符合条件的社会办医疗机构纳入基本医疗保险定点范围的有关规定，医保管理机构与社会办医疗机构签订服务协议，在程序、时限、标准等方面与公立医疗机构同等对待。协议管理的医疗机构条件及签约流程、规则、结果等要及时向社会公开。丰富健康保险产品，大力发展与基本医疗保险有序衔接的商业健康保险。加强多方位鼓励引导，积极发展消费型健康保险。建立经营商业健康保险的保险公司与社会办医疗机构信息对接机制，方便患者通过参加商业健康保险解决基本医疗保险覆盖范围之外的需求。鼓励商业保险机构和健康管理机构联合开发健康管理保险产品，加强健康风险评估和干预。支持商业保险机构和医疗机构共同开发针对特需医疗、创新疗法、先进检查检验服务、利用高值医疗器械等的保险产品。加快发展医疗责任保险、医疗意外保险等多种形式的医疗执业保险。推动商业保险机构遵循依法、稳健、安全原则，以战略合作、收购、新建医疗机构等方式整合医疗服务产业链，探索健康管理组织等新型健康服务提供形式。落实推广商业健康保险个人所得税税前扣除政策。

（十七）推进医药新技术新产品应用。推动企业提高创新、研发能力，实现药品医疗器械质量达到或接近国际先进水平，更好支持多层次多样化医疗服务发展。支持自主知识产权药品、医疗器械和其他相关健康产品的研制应用。推进药品医疗器械审评审批制度改革，加快临床急需的创新药物、医疗器械产品审评。对经确定为创新医疗器械的，按照创新医疗器械审批程序优先审查。将社会办医疗机构纳入创新医疗器械产品应用示范工程和大型医疗设备配置试点范围，鼓励社会办医疗机构与医药企业合作建设创新药品、医疗器械示范应用基地和培训中心，形成示范应用—临床评价—技术创新—辐射推广的良性循环。促进医研企结合，支持社会办医疗机构与国内外科研机构、医学院校、医药企业开展医学科技创新合作，搭建医学科研成果转化平台，为医疗新技术新产品临床应用提供支持，打造一批医学研究和健康产业创新中心。

（十八）加强财税和投融资支持。各地要严格按照有关规定全面落实社会办医疗机构各项税收优惠政策，对社会办医疗机构提供的医疗服务按规定免征增值税，进一步落实和完善对社会办非营利性医疗机构企业所得税支持政策。由政府负责保障的健康服务类公共产品可通过政府购买服务的方式提供，逐步增加政府采购的类别和数量。鼓励各类资本以股票、债券、信托投资、保险资管产品等形式支持社会办医疗机构融资。积极发挥企业债券对健康产业的支持作用。加快探索社会办医疗机构以其收益权、知识产权等无形资产作为质押开展融资活动的政策，条件成熟时推广。在充分保障患者权益、不影响医疗机构持续健康运行的前提下，探索扩大营利性医疗机构有偿取得的财产抵押范围。

（十九）合理加强用地保障。鼓励各类投资主体按照统一的规则依法取得土地，提供医疗服务。根据多层次多样化医疗服务社会实际需求，有序适度扩大医疗卫生用地供给。包括私人诊所在内的各类医疗机构用地，均可按照医疗卫生用地办理供地手续。新供土地符合划拨用地目录的，依法可按划拨方式供应；不符合划拨用地目录且只有一个意向用地者的，依法可按协议方式供应。土地出让价款可在规定期限内按合同约定分期缴纳。支持实行长期租赁、先租后让、租让结合的土地供应方式。

五、严格行业监管和行业自律

（二十）完善管理制度和标准。探索包容而有效的审慎监管方式，推动制修订相关法律法规、规章、规范和标准，规范提高服务质量。健全医疗机构评审评价体系，对社会办医疗机构和公立医疗机构的评审评价实行同等标准。鼓励行业协会等制定推广服务团体标准和企业标准，推行服务承诺和服务公约制度。鼓励社会办医疗机构取得医疗服务质量认证。拓宽公众参与监管的渠道，研究建立医疗服务社会监督员制度。加大知识产权保护力度，支持社会办医疗机构开展创业创新。

（二十一）加强全行业监管。建立监管主体的统筹协调机制，转变监管理念，提升监管效能，强化医疗卫生全行业监管。加强监管体系和能力建设，强化卫生计生监督机构特别是基层机构的监管能力。推行随机抽取检查对象、随机选派执法检查人员的“双随机”抽查。逐步将所有医疗机构接入全民健康信息化平台，实现信息共享、统一监管。严厉打击非法行医、医疗欺诈，严肃查处租借执业证照开设医疗机构、出租承包科室等行为，加强医疗养生类节目监管，依法严惩虚假违法医疗广告宣传等行为。加强对社会办非营利性医疗机构产权归属、财务运营、资金结余使用等方面的监督管理，非营利性医疗机构不得将收支结余用于分红或变相分红。加强对营利性医疗机构盈利率的管控。对医疗机构损害患者权益、谋取不当利益的，依法依规惩处。加强健康医疗数据安全保障和患者隐私保护。

（二十二）提高诚信经营水平。落实主体责任，引导社会办医疗机构加强各环节自律，公开诊疗科目、服务内容、价格收费等医疗服务信息，开展诚信承诺活动。建立健全医疗机构及从业人员信用记录，纳入全国信用信息共享平台，其中涉及企业的相关记录纳入国家企业信用信息公示系统，并依法推进信息公开。对严重违规失信者依法采取惩戒措施，提高失信成本。鼓励行业协会等第三方开展医疗服务信用评价。各级卫生计生行政部门要定期公开医疗机构服务质量、违法违规行为查处情况，并通过国家企业信用信息公示系统向社会公示相关行政许可、行政处罚、“黑名单”、抽查检查结果等信息，形成监管信息常态化披露制度。对进入“黑名单”的机构和人员依法依规严肃处理，情节严重的坚决曝光。

六、强化组织实施

（二十三）加强组织领导。各地各有关部门要充分认识支持社会力量提供多层次多样化医疗服务对扩内需、稳增长、促就业、惠民生、保健康的重要意义，作为深化医改、发展健康服务业、推进健康中国建设的重要内容，精心实施，密切协作，形成合力。各省级人民政府要按照本意见以及国务院已出台的促进社会办医发展相关政策精神，结合实际制定具体实施方案，明确任务分工和时限要求。要加大“放管服”改革力度，及时清理修订相关政策规定，完善配套细则。

（二十四）加强督查调研。各地各有关部门要认真对照国家促进社会办医发展的部署要求，逐项检查审批事项是否放到位、事中事后监管措施是否及时跟上、扶持政策是否有力有效等，对发现的问题要逐项整改，切实打通政策落实“最后一公里”。各级发展改革、卫生计生等部门要对政策落实情况加强监督检查、跟踪分析和通报，对出现的新情况新问题要深入调查研究，广泛听取基层意见和群众诉求，及时提出解决办法。

（二十五）加强探索创新。各地要发扬基层首创精神，针对社会办医“痛点”、难点问题，主动作为、勇于攻坚，创造积累经验，不断丰富完善促进社会办医发展的政策措施。各有关部门要营造有利环境，支持地方因地制宜大胆探索。国家发展改革委要会同有关部门及时总结推广有益经验。要建立促进社会办医发展常态化考核评价机制，畅通举报投诉渠道，对促进社会办医发展工作扎实、成效显著的地方予以表扬激励，对工作开展不力、进度滞后的及时督促整改。

国务院办公厅关于印发国民营养计划（2017—2030年）的通知

（国办发〔2017〕60号）

各省、自治区、直辖市人民政府，国务院各部委、各直属机构：

《国民营养计划（2017—2030年）》已经国务院同意，现印发给你们，请认真贯彻执行。

国务院办公厅

2017年6月30日

国民营养计划（2017—2030年）

营养是人类维持生命、生长发育和健康的重要物质基础，国民营养事关国民素质提高和经济社会发展。近年来，我国人民生活水平不断提高，营养供给能力显著增强，国民营养健康状况明显改善。但仍面临居民营养不足与过剩并存、营养相关疾病多发、营养健康生活方式尚未普及等问题，成为影响国民健康的重要因素。为贯彻落实《“健康中国2030”规划纲要》，提高国民营养健康水平，制定本计划。

一、总体要求

（一）指导思想。全面贯彻党的十八大和十八届三中、四中、五中、六中全会精神，深入贯彻习近平总书记系列重要讲话精神和治国理政新理念新思想新战略，紧紧围绕统筹推进“五位一体”总体布局和协调推进“四个全面”战略布局，认真落实党中央、国务院决策部署，牢固树立和贯彻落实新发展理念，坚持以人民健康为中心，以普及营养健康知识、优化营养健康服务、完善营养健康制度、建设营养健康环境、发展营养健康产业为重点，立足现状，着眼长远，关注国民生命全周期、健康全过程的营养健康，将营养融入所有健康政策，不断满足人民群众营养健康需求，提高全民健康水平，为建设健康中国奠定坚实基础。

（二）基本原则。

坚持政府引导。注重统筹规划、整合资源、完善制度、健全体系，充分发挥市场在配置营养资源和提供服务中的作用，营造全社会共同参与国民营养健康工作的政策环境。

坚持科学发展。探索把握营养健康发展规律，充分发挥科技引领作用，加强适宜技术的研发和应用，提高国民营养健康素养，提升营养工作科学化水平。

坚持创新融合。以改革创新驱动营养型农业、食品加工业和餐饮业转型升级，丰富营养健康产品供给，促进营养健康与产业发展融合。

坚持共建共享。充分发挥营养相关专业学术团体、行业协会等社会组织，以及企业、个人在实施国民营养计划中的重要作用，推动社会各方良性互动、有序参与、各尽其责，使人人享有健康福祉。

（三）主要目标。

到2020年，营养法规标准体系基本完善；营养工作制度基本健全，省、市、县营养工作体系逐步完善，基层营养工作得到加强；食物营养健康产业快速发展，传统食养服务日益丰富；营养健康信息化水平逐步提升；重点人群营养不良状况明显改善，吃动平衡的健康生活方式进一步普及，居民营养健康素养得到明显提高。实现以下目标：

——降低人群贫血率。5岁以下儿童贫血率控制在12%以下；孕妇贫血率下降至15%以下；老年人群贫血率下降至10%以下；贫困地区人群贫血率控制在10%以下。

——孕妇叶酸缺乏率控制在5%以下；0～6个月婴儿纯母乳喂养率达到50%以上；5岁以下儿童生长迟缓率控制在7%以下。

——农村中小学生的生长迟缓率保持在5%以下，缩小城乡学生身高差别；学生肥胖率上升趋势减缓。

——提高住院病人营养筛查率和营养不良住院病人的营养治疗比例。

——居民营养健康知识知晓率在现有基础上提高10%。

到2030年，营养法规标准体系更加健全，营养工作体系更加完善，食物营养健康产业持续健康发展，传统食养服务更加丰富，"互联网+营养健康"的智能化应用普遍推广，居民营养健康素养进一步提高，营养健康状况显著改善。实现以下目标：

——进一步降低重点人群贫血率。5岁以下儿童贫血率和孕妇贫血率控制在10%以下。

——5岁以下儿童生长迟缓率下降至5%以下；0～6个月婴儿纯母乳喂养率在2020年的基础上提高10%。

——进一步缩小城乡学生身高差别；学生肥胖率上升趋势得到有效控制。

——进一步提高住院病人营养筛查率和营养不良住院病人的营养治疗比例。

——居民营养健康知识知晓率在2020年的基础上继续提高10%。

——全国人均每日食盐摄入量降低20%，居民超重、肥胖的增长速度明显放缓。

二、完善实施策略

（一）完善营养法规政策标准体系。

推动营养立法和政策研究。开展营养相关立法的研究工作，进一步健全营养法规体系。研究制定临床营养管理、营养监测管理等规章制度。制定完善营养健康相关政策。研究建立各级营养健康指导委员会，加强营养健康法规、政策、标准等的技术咨询和指导。

完善标准体系。加强标准制定的基础研究和措施保障，提高标准制修订能力。科学、及时制定以食品安全为基础的营养健康标准。制修订中国居民膳食营养素参考摄入量、膳食调查方法、人群营养不良风险筛查、糖尿病人膳食指导、人群营养调查工作规范等行业标准。研究制定老年人群营养食品通则、餐饮食品营养标识等标准，加快修订预包装食品营养标签通则、食品营养强化剂使用标准、婴儿配方食品等重要食品安全国家标准。

（二）加强营养能力建设。

加强营养科研能力建设。加快研究制定基于我国人群资料的膳食营养素参考摄入量，改变依赖国外人群研究结果的现状，优先研究铁、碘等重要营养素需要量。研究完善食物、人群营养监测与评估的技术与方法。研究制定营养相关疾病的防控技术及策略。开展营养与健康、营养与社会发展的经济学研究。加强国家级营养与健康科研机构建设，以国家级和省级营养专业机构为基础，建立3～5个区域性营养创新平台和20～30个省部级营养专项重点实验室。

加强营养人才培养。强化营养人才的专业教育和高层次人才培养，推进对医院、妇幼保健机构、基层医疗卫生机构的临床医生、集中供餐单位配餐人员等的营养培训。开展营养师、营养配餐员等人才培养工作，推动有条件的学校、幼儿园、养老机构等场所配备或聘请营养师。充分利用社会资源，开展营养教育培训。

（三）强化营养和食品安全监测与评估。

定期开展人群营养状况监测。定期开展具有全国代表性的人群营养健康状况、食物消费状况监测，收集人群食物消费量、营养素摄入量、体格测量、实验室检测等信息。针对区域特点，根据需要逐步扩大监测地区和监测人群。

加强食物成分监测工作。拓展食物成分监测内容，定期开展监测，收集营养成分、功能成分、与特殊疾病相关成分、有害成分等数据。持续更新、完善国家食物成分数据库。建立实验室参比体系，强化质量控制。

开展综合评价与评估工作。抢救历史调查资料，及时收集、系统整理各类监测数据，建立数据库。开展人群营养健康状况评价、食物营养价值评价。开展膳食营养素摄入、污染物等有害物质暴露的风险—受益评估，为制定科学膳食指导提供依据。

强化碘营养监测与碘缺乏病防治。持续开展人群尿碘、水碘、盐碘监测以及重点食物中的碘调查，逐步扩大覆盖地区和人群，建立中国居民碘营养状况数据库。研究制定人群碘营养状况科学评价技术与指标。制定差异化碘干预措施，实施精准补碘。

（四）发展食物营养健康产业。

加大力度推进营养型优质食用农产品生产。编制食用农产品营养品质提升指导意见，提升优质农产品的营养水平，将"三品一标"（无公害农产品、绿色食品、有机农产品和农产品地理标志）在同类农产品中总体占比提高至80%以上。创立营养型农产品推广体系，促进优质食用农产品的营养升级扩版，推动广大贫困地区安全、营养的农产品走出去。研究与建设持续滚动的全国农产品营养品质数据库及食物营养供需平衡决策支持系统。

规范指导满足不同需求的食物营养健康产业发展。开发利用我国丰富的特色农产品资源，针对不同人群的健康需求，着力发展保健食品、营养强化食品、双蛋白食物等新型营养健康食品。加强产业指导，规范市场秩序，科学引导消费，促进生产、消费、营养、健康协调发展。

开展健康烹饪模式与营养均衡配餐的示范推广。加强对传统烹饪方式的营养化改造，研发健康烹饪模式。结合人群营养需求与区域食物资源特点，开展系统的营养均衡配餐研究。创建国家食物营养教育示范基地，开展示范健康食堂和健康餐厅建设，推广健康烹饪模式与营养均衡配餐。

强化营养主食、双蛋白工程等重大项目实施力度。继续推进马铃薯主食产品研发与消费引导，以传统大众型、地域特色型、休闲及功能型产品为重点，开展营养主食的示范引导。以优质动物、植物蛋白为主要营养基料，加大力度创新基础研究与加工技术工艺，开展双蛋白工程重点产品的转化推广。

加快食品加工营养化转型。优先研究加工食品中油、盐、糖用量及其与健康的相关性，适时出台加工食品中油、盐、糖的控制措施。提出食品加工工艺营养化改造路径，集成降低营养损耗和避免有毒有害物质产生的技术体系。研究不同贮运条件对食物营养物质等的影响，控制食物贮运过程中的营养损失。

（五）大力发展传统食养服务。

加强传统食养指导。发挥中医药特色优势，制定符合我国现状的居民食养指南，引导养成符合我国不同地区饮食特点的食养习惯。通过多种形式促进传统食养知识传播，推动传统食养与现代营养学、体育健身等有效融合。开展针对老年人、儿童、孕产妇及慢性病人群的食养指导，提升居民食养素养。实施中医药治未病健康工程，进一步完善适合国民健康需求的食养制度体系。

开展传统养生食材监测评价。建立传统养生食材监测和评价制度，开展食材中功效成分、污染物的监测及安全性评价，进一步完善我国既是食品又是中药材的物品名单。深入调研，筛选一批具有一定使用历史和实证依据的传统食材和配伍，对其养生作用进行实证研究。建设养生食材数据库和信息化共享平台。

推进传统食养产品的研发以及产业升级换代。将现代食品加工工业与传统食养产品、配方等相结合，推动产品、配方标准化，推进产业规模化，形成一批社会价值和经济价值较大的食养产品。建立覆盖全国养生食材主要产区的资源监测网络，掌握资源动态变化，为研发、生产、消费提供及时的信息服务。

（六）加强营养健康基础数据共享利用。

大力推动营养健康数据互通共享。依托现有信息平台，加强营养与健康信息化建设，完善食物成分与人群健康监测信息系统。构建信息共享与交换机制，推动互联互通与数据共享。协同共享环境、农业、食品药品、医疗、教育、体育等信息数据资源，建设跨行业集成、跨地域共享、跨业务应用的基础数据平台。建立营养健康数据标准体系和电子认证服务体系，切实提高信息安全能力。积极推动“互联网＋营养健康”服务和促进大数据应用试点示范，带动以营养健康为导向的信息技术产业发展。

全面深化数据分析和智能应用。建立营养健康数据资源目录体系，制定分级授权、分类应用、安全审查的管理规范，促进数据资源的开放共享，强化数据资源在多领域的创新应用。推动多领域数据综合分析与挖掘，开展数据分析应用场景研究，构建关联分析、趋势预测、科学预警、决策支持模型，推动整合型大数据驱动的服务体系，支持业务集成、跨部门协同、社会服务和科学决策，实现政府精准管理和高效服务。

大力开展信息惠民服务。发展汇聚营养、运动和健康信息的可穿戴设备、移动终端（APP），推动“互联网＋”、大数据前沿技术与营养健康融合发展，开发个性化、差异化的营养健康电子化产品，如营养计算器，膳食营养、运动健康指导移动应用等，提供方便可及的健康信息技术产品和服务。

（七）普及营养健康知识。

提升营养健康科普信息供给和传播能力。围绕国民营养、食品安全科普宣教需求，结合地方食物资源和饮食习惯，结合传统食养理念，编写适合于不同地区、不同人群的居民膳食指南等营养、食品安全科普宣传资料，使科普工作更好落地。创新科普信息的表达形式，拓展传播渠道，建立免费共享的国家营养、食品安全科普平台。采用多种传播方式和渠道，定向、精准地将科普信息传播到目标人群。加强营养、食品安全科普队伍建设。发挥媒体的积极作用，坚决反对伪科学，依法打击和处置各种形式的谣言，及时发现和纠正错误营养宣传，避免营养信息误导。

推动营养健康科普宣教活动常态化。以全民营养周、全国食品安全宣传周、“5·20”全国学生营养日、“5·15”全国碘缺乏病防治日等为契机，大力开展科普宣教活动，带动宣教活动常态化。推动将国民营养、食品安全知识知晓率纳入健康城市和健康村镇考核指标。建立营养、食品安全科普示范工作场所，如营养、食品安全科普小屋等。定期开展科普宣传的效果评价，及时指导调整宣传内容和方式，增强宣传工作的针对性和有效性。开展舆情监测，回应社会关注，合理引导舆论，为公众解疑释惑。

三、开展重大行动

（一）生命早期1000天营养健康行动。

开展孕前和孕产期营养评价与膳食指导。推进县级以上妇幼保健机构对孕妇进行营养指导，将营养评价和膳食指导纳入我国孕前和孕期检查。开展孕产妇的营养筛查和干预，降低低出生体重儿和巨大儿出生率。建立生命早期1000天营养咨询平台。

实施妇幼人群营养干预计划。继续推进农村妇女补充叶酸预防神经管畸形项目，积极引导围孕期妇女加强含叶酸、铁在内的多种微量营养素补充，降低孕妇贫血率，预防儿童营养缺乏。在合理膳食基础上，推动开展孕妇营养包干预项目。

提高母乳喂养率，培养科学喂养行为。进一步完善母乳喂养保障制度，改善母乳喂养环境，在公共场所和机关、企事业单位建立母婴室。研究制定婴幼儿科学喂养策略，宣传引导合理辅食喂养。加强对婴幼儿腹泻、营养不良病例的监测预警，研究制定并实施婴幼儿食源性疾病（腹泻等）的防控策略。

提高婴幼儿食品质量与安全水平，推动产业健康发展。加强婴幼儿配方食品及辅助食品营养成分和重点污染物监测，及时修订完善婴幼儿配方食品及辅助食品标准。提高研发能力，持续提升婴幼儿配方食品和辅助食品质量。

（二）学生营养改善行动。

指导学生营养就餐。鼓励地方因地制宜制定满足不同年龄段在校学生营养需求的食谱指南，引导学生科学营养就餐。制定并实施集体供餐单位营养操作规范。

学生超重、肥胖干预。开展针对学生的“运动＋营养”的体重管理和干预策略，对学生开展均衡膳食和营养宣教，增强学生体育锻炼。加强对校园及周边食物售卖的管理。加强对学生超重、肥胖情况的监测与评价，分析家庭、学校和社会等影响因素，提出有针对性的综合干预措施。

开展学生营养健康教育。推动中小学加强营养健康教育。结合不同年龄段学生的特点，开展形式多样的课内外营养健康教育活动。

（三）老年人群营养改善行动。

开展老年人群营养状况监测和评价。依托国家老年医学研究机构和基层医疗卫生机构，建立健全中国老年人群营养筛查与评价制度，编制营养健康状况评价指南，研制适宜的营养筛查工具。试点开展老年人群的营养状况监测、筛查与评价工作并形成区域示范，逐步覆盖全国80%以上老年人群，基本掌握我国老年人群营养健康状况。

建立满足不同老年人群需求的营养改善措施，促进“健康老龄化”。依托基层医疗卫生机构，为居家养老人群提供膳食指导和咨询。出台老年人群的营养膳食供餐规范，指导医院、社区食堂、医养结合机构、养老机构营养配餐。开发适合老年人群营养健康需求的食品产品。对低体重高龄老人进行专项营养干预，逐步提高老年人群的整体健康水平。

建立老年人群营养健康管理与照护制度。逐步将老年人群营养健康状况纳入居民健康档案，实现无缝对接与有效管理。依托现有工作基础，在家庭保健服务中纳入营养工作内容。推进多部门协作机制，实现营养工作与医养结合服务内容的有效衔接。

（四）临床营养行动。

建立、完善临床营养工作制度。通过试点示范，进一步全面推进临床营养工作，加强临床营养科室建设，使临床营养师和床位比例达到1 ： 150，增加多学科诊疗模式，组建营养支持团队，开展营养治疗，并逐步扩大试点范围。

开展住院患者营养筛查、评价、诊断和治疗。逐步开展住院患者营养筛查工作，了解患者营养状况。建立以营养筛查—评价—诊断—治疗为基础的规范化临床营养治疗路径，依据营养阶梯治疗原则对营养不良的住院患者进行营养治疗，并定期对其效果开展评价。

推动营养相关慢性病的营养防治。制定完善高血压、糖尿病、脑卒中及癌症等慢性病的临床营养干预指南。对营养相关慢性病的住院患者开展营养评价工作，实施分类指导治疗。建立从医院、社区到家庭的营养相关慢性病患者长期营养管理模式，开展营养分级治疗。

推动特殊医学用途配方食品和治疗膳食的规范化应用。进一步研究完善特殊医学用途配方食品标准，细化产品分类，促进特殊医学用途配方食品的研发和生产。建立统一的临床治疗膳食营养标准，逐步完善治疗膳食的配方。加强医护人员相关知识培训。

（五）贫困地区营养干预行动。

将营养干预纳入健康扶贫工作，因地制宜开展营养和膳食指导。试点开展各类人群营养健康状况、食物消费模式、食物中主要营养成分和污染物监测。因地制宜制定膳食营养指导方案，开展区域性的精准分类指导和宣传教育。针对改善居民营养状况和减少特定污染物摄入风险，研究农业种植养殖和居民膳食结构调整的可行性，提出解决办法和具体措施，并在有条件的地区试点先行。

实施贫困地区重点人群营养干预。继续推进实施农村义务教育学生营养改善计划和贫困地区儿童营养改善项目，逐步覆盖所有国家扶贫开发工作重点县和集中连片特困地区县。鼓励贫困地区学校结合本地资源、因地制宜开展合理配餐，并改善学生在校就餐条件。持续开展贫困地区学生营养健康状况和食品安全风险监测与评估。针对贫困地区人群营养需要，制定完善营养健康政策、标准。对营养干预产品开展监测，定期评估改善效果。

加强贫困地区食源性疾病监测与防控，减少因食源性疾病导致的营养缺乏。加强贫困地区食源性疾病监测网络和报告系统建设，了解贫困地区主要食源性疾病病种、流行趋势、对当地居民营养和健康状况的影响，重点加强腹泻监测及溯源调查，掌握食品污染来源、传播途径。针对食源性疾病发生的关键点，制定防控策略。开展营养与健康融合知识宣传教育。

（六）吃动平衡行动。

推广健康生活方式。积极推进全民健康生活方式行动，广泛开展以“三减三健”（减盐、减油、减糖，健康口腔、健康体重、健康骨骼）为重点的专项行动。推广应用《中国居民膳食指南》指导日常饮食，控制食盐摄入量，逐步量化用盐用油，同时减少隐性盐摄入。倡导平衡膳食的基本原则，坚持食物多样、谷类为主的膳食模式，推动国民健康饮食习惯的形成和巩固。宣传科学运动理念，培养运动健身习惯，加强个人体重管理，对成人超重、肥胖者进行饮食和运动干预。定期修订和发布居民膳食指南、成年人身体活动指南等。

提高运动人群营养支持能力和效果。建立运动人群营养网络信息服务平台，构建运动营养处方库，推进运动人群精准营养指导，降低运动损伤风险。及时修订运动营养食品相关国家标准和行业标准，提升运动营养食品技术研发能力，推动产业发展。

推进体医融合发展。调查糖尿病、肥胖、骨骼疾病等营养相关慢性病人群的营养状况和运动行为，构建以预防为主、防治结合的营养运动健康管理模式。研究建立营养相关慢性病运动干预路径。构建体医融合模式，发挥运动干预在营养相关慢性病预防和康复等方面的积极作用。

四、加强组织实施

（一）强化组织领导。地方各级政府要结合本地实际，强化组织保障，统筹协调，制定实施方案，细化工作措施，将国民营养计划实施情况纳入政府绩效考评，确保取得实效。各级卫生计生部门要会同有关部门明确职责分工，加强督查评估，将各项工作任务落到实处。

（二）保障经费投入。要加大对国民营养计划工作的投入力度，充分依托各方资金渠道，引导社会力量广泛参与、多元化投入，并加强资金监管。

（三）广泛宣传动员。要组织专业机构、行业学会、协会以及新闻媒体等开展多渠道、多形式的主题宣传活动，增强全社会对国民营养计划的普遍认知，争取各方支持，促进全民参与。

（四）加强国际合作。加强与国际组织和相关国家营养专业机构的交流，通过项目合作、教育培训、学术研讨等方式，提升我国在营养健康领域的国际影响力。

国务院办公厅关于建立现代医院管理制度的指导意见

（国办发〔2017〕67号　2017年7月14日）

各省、自治区、直辖市人民政府，国务院各部委、各直属机构：

现代医院管理制度是中国特色基本医疗卫生制度的重要组成部分。为建立现代医院管理制度，经国务院同意，现提出如下意见。

一、总体要求

（一）指导思想。全面贯彻党的十八大和十八届三中、四中、五中、六中全会以及全国卫生与健康大会精神，深入贯彻习近平总书记系列重要讲话精神和治国理政新理念新思想新战略，认真落实党中央、国务院决策部署，统筹推进“五位一体”总体布局和协调推进“四个全面”战略布局，牢固树立和贯彻落实创新、协调、绿色、开放、共享的发展理念，坚持党的领导，坚持正确的卫生与健康工作方针，坚持中国特色卫生与健康发展道路，不断提高医疗服务质量，努力实现社会效益与运行效率的有机统一，充分调动医务人员积极性，实行民主管理和科学决策，强化公立医院引领带动作用，完善多元办医格局，加快医疗服务供给侧结构性改革，实现医院治理体系和管理能力现代化，为推进健康中国建设奠定坚实基础。

（二）基本原则。坚持以人民健康为中心。把人民健康放在优先发展的战略地位，将公平可及、群众受益作为出发点和立足点，全方位、全周期保障人民健康，增进人民健康福祉，增强群众改革获得感。

坚持公立医院的公益性。落实党委和政府对公立医院的领导责任、保障责任、管理责任、监督责任，把社会效益放在首位，注重健康公平，增强普惠性。坚持政府主导与发挥市场机制作用相结合，满足多样化、差异化、个性化健康需求。

坚持政事分开、管办分开。加快转变政府职能，深化“放管服”改革，合理界定政府作为公立医院出资人的举办监督职责和公立医院作为事业单位的自主运营管理权限，实行所有权与经营权分离。各级行政主管部门要创新管理方式，从直接管理公立医院转为行业管理，强化政策法规、行业规划、标准规范的制定和对医院的监督指导职责。

坚持分类指导，鼓励探索创新。尊重地方首创精神，鼓励各地在中央确定的改革方向和原则下，根据医院性质、功能定位、等级规模等不同情况，因地制宜，突破创新，建立符合实际的现代医院管理制度。

（三）主要目标。到2020年，基本形成维护公益性、调动积极性、保障可持续的公立医院运行新机制和决策、执行、监督相互协调、相互制衡、相互促进的治理机制，促进社会办医健康发展，推动各级各类医院管理规范化、精细化、科学化，基本建立权责清晰、管理科学、治理完善、运行高效、监督有力的现代医院管理制度。

二、完善医院管理制度

（一）制定医院章程。各级各类医院应制定章程。医院章程应包括医院性质、办医宗旨、功能定位、办医方向、管理体制、经费来源、组织结构、决策机制、管理制度、监督机制、文化建设、党的建设、群团建设，以及举办主体、医院、职工的权利义务等内容。医院要以章程为统领，建立健全内部管理机构、管理制度、议事规则、办事程序等，规范内部治理结构和权力运行规则，提高医院运行效率。制定公立医院章程时，要明确党组织在医院内部治理结构中的地位和作用。

（二）健全医院决策机制。院长全面负责医疗、教学、科研、行政管理工作。院长办公会议是公立医院行政、业务议事决策机构，对讨论研究事项作出决定。在决策程序上，公立医院发展规划、“三重一大”等重大事项，以及涉及医务人员切身利益的重要问题，要经医院党组织会议研究讨论同意，保证党组织意图在决策中得到充分体现。充分发挥专家作用，组建医疗质量安全管理、药事管理等专业委员会，对专业性、技术性强的决策事项提供技术咨询和可行性论证。资产多元化、实行托管的医院以及医疗联合体等，可在医院层面成立理事会。把党的领导融入公立医院治理结构，医院党组织领导班子成员应当按章程进入医院管理层或通过法定程序进入理事会，医院管理层或理事会内部理事中的党员成员一般应当进入医院党组织领导班子。

（三）健全民主管理制度。健全以职工代表大会为基本形式的民主管理制度。工会依法组织职工参与医院的民主决策、民主管理和民主监督。医院研究经营管理和发展的重大问题应当充分听取职工意见，召开讨论涉及职工切身利益的会议，必须有工会代表参加。推进院务公开，落实职工群众知情权、参与权、表达权、监督权。

（四）健全医疗质量安全管理制度。院长是医院依法执业和医疗质量安全的第一责任人，落实医疗质量安全院、科两级责任制。建立全员参与、覆盖临床诊疗服务全过程的医疗质量管理与控制工作制度，严格落实首诊负责、三级查房、分级护理、手术分级管理、抗菌药物分级管理、临床用血安全等医疗质量安全核心制度。严格执行医院感染管理制度、医疗质量内部公示制度等。加强重点科室、重点区域、重点环节、重点技术的质量安全管理，推进合理检查、用药和治疗。

（五）健全人力资源管理制度。建立健全人员聘用管理、岗位管理、职称管理、执业医师管理、护理人员管理、收入分配管理等制度。在岗位设置、收入分配、职称评定、管理使用等方面，对编制内外人员统筹考虑。公立医院在核定的薪酬总量内进行自主分配，体现岗位差异，兼顾学科平衡，做到多劳多得、优绩优酬。按照有关规定，医院可以探索实行目标年薪制和协议薪酬。医务人员薪酬不得与药品、卫生材料、检查、化验等业务收入挂钩。

（六）健全财务资产管理制度。财务收支、预算决算、会计核算、成本管理、价格管理、资产管理等必须纳入医院财务部门统一管理。建立健全全面预算管理、成本管理、财务报告、第三方审计和信息公开机制，确保经济活动合法合规，提高资金资产使用效益。公立医院作为预算单位，所有收支纳入部门预算统一管理，要强化成本核算与控制，逐步实行医院全成本核算。三级公立医院应设置总会计师岗位，统筹管理医院经济工作，其他有条件的医院结合实际推进总会计师制度建设。加强公立医院内部审计监督，推动注册会计师审计工作。

（七）健全绩效考核制度。将政府、举办主体对医院的绩效考核落实到科室和医务人员，对不同岗位、不同职级医务人员实行分类考核。建立健全绩效考核指标体系，围绕办院方向、社会效益、医疗服务、经济管理、人才培养培训、可持续发展等方面，突出岗位职责履行、工作量、服务质量、行为规范、医疗质量安全、医疗费用控制、医德医风和患者满意度等指标。严禁给医务人员设定创收指标。将考核结果与医务人员岗位聘用、职称晋升、个人薪酬挂钩。

（八）健全人才培养培训管理制度。落实住院医师规范化培训、专科医师规范化培训和继续医学教育制度，做好医学生培养工作。加强临床重点专科、学科建设，提升医院核心竞争力。城市医生在晋升主治医师或副主任医师职称前到基层或对口帮扶的医疗机构累计服务不少于1年。城市大医院要积极为基层和边远贫困地区培养人才。

（九）健全科研管理制度。加强临床医学研究，加快诊疗技术创新突破和应用，大力开展适宜技术推广普及，加强和规范药物临床试验研究，提高医疗技术水平。加强基础学科与临床学科、辅助诊疗学科的交叉融合。建立健全科研项目管理、质量管理、科研奖励、知识产权保护、成果转化推广等制度。

（十）健全后勤管理制度。强化医院发展建设规划编制和项目前期论证，落实基本建设项目法人责任制、招标投标制、合同管理制、工程监理制、质量责任终身制等。合理配置适宜医学装备，建立采购、使用、维护、保养、处置全生命周期管理制度。探索医院“后勤一站式”服务模式，推进医院后勤服务社会化。

（十一）健全信息管理制度。强化医院信息系统标准化和规范化建设，与医保、预算管理、药品电子监管等系统有效对接。完善医疗服务管理、医疗质量安全、药品耗材管理、绩效考核、财务运行、成本核算、内部审计、廉洁风险防控等功能。加强医院网络和信息安全建设管理，完善患者个人信息保护制度和技术措施。

（十二）加强医院文化建设。树立正确的办院理念，弘扬“敬佑生命、救死扶伤、甘于奉献、大爱无疆”的职业精神。恪守服务宗旨，增强服务意识，提高服务质量，全心全意为人民健康服务。推进医院精神文明建设，开展社会主义核心价值观教育，促进形成良好医德医风。关心爱护医务人员身心健康，尊重医务人员劳动成果和辛勤付出，增强医务人员职业荣誉感。建设医术精湛、医德高尚、医风严谨的医务人员队伍，塑造行业清风正气。

（十三）全面开展便民惠民服务。三级公立医院要全部参与医疗联合体建设并发挥引领作用。进一步改善医疗服务，优化就医流程，合理布局诊区设施，科学实施预约诊疗，推行日间手术、远程医疗、多学科联合诊疗模式。加强急诊急救力量，畅通院前院内绿色通道。开展就医引导、诊间结算、检查检验结果推送、异地就医结算等信息化便民服务。开展优质护理服务，加强社工、志愿者服务。推进院内调解、人民调解、司法调解、医疗风险分担机制有机结合的“三调解一保险”机制建设，妥善化解医疗纠纷，构建和谐医患关系。

三、建立健全医院治理体系

（一）明确政府对公立医院的举办职能。积极探索公立医院管办分开的多种有效实现形式，统筹履行政府办医职责。政府行使公立医院举办权、发展权、重大事项决策权、资产收益权等，审议公立医院章程、发展规划、重大项目实施、收支预算等。制定区域卫生规划和医疗机构设置规划，合理控制公立综合性医院数量和规模。全面落实对符合区域卫生规划的公立医院投入政策，细化落实对中医医院（含民族医院）的投入倾斜政策，逐步偿还和化解符合条件的公立医院长期债务。逐步建立以成本和收入结构变化为基础的医疗服务价格动态调整机制。在地方现有编制总量内，确定公立医院编制总量，逐步实行备案制。按照中央组织部公立医院领导人员管理有关规定，选拔任用公立医院领导人员。逐步取消公立医院的行政级别，各级卫生计生行政部门（含中医药管理部门，下同）负责人一律不得兼任公立医院领导职务。建立适应医疗行业特点的薪酬制度，着力体现医务人员技术劳务价值。建立以公益性为导向的考核评价机制，定期组织公立医院绩效考核以及院长年度和任期目标责任考核，考核结果与财政补助、医保支付、绩效工资总量以及院长薪酬、任免、奖惩等挂钩。

（二）明确政府对医院的监管职能。建立综合监管制度，重点加强对各级各类医院医疗质量安全、医疗费用以及大处方、欺诈骗保、药品回扣等行为的监管，建立“黑名单”制度，形成全行业、多元化的长效监管机制。对造成重大社会影响的乱收费、不良执业等行为，造成重大医疗事故、重大安全事故的行为，严重违法违纪案件，严重违反行风建设的行为，要建立问责机制。强化卫生计生行政部门医疗服务监管职能，完善机构、人员、技术、装备准入和退出机制。深化医保支付方式改革，充分发挥医保对医疗服务行为和费用的调控引导与监督制约作用，逐步将医保对医疗机构服务监管延伸到对医务人员医疗服务行为的监管。从严控制公立医院床位规模、建设标准和大型医用设备配备，严禁举债建设和豪华装修，对超出规模标准的要逐步压缩床位。控制公立医院特需服务规模，提供特需服务的比例不超过10%。强化对公立医院经济运行和财务活动的会计和审计监督。健全非营利性和营利性社会办医院分类管理制度，加强对非营利性社会办医院产权归属、财务运营、资金结余使用等的监管，加强对营利性社会办医院盈利率的管控。

（三）落实公立医院经营管理自主权。公立医院要依法依规进行经营管理和提供医疗服务，行使内部人事管理、机构设置、中层干部聘任、人员招聘和人才引进、内部绩效考核与薪酬分配、年度预算执行等经营管理自主权。落实公立医院用人自主权，在编制总量内根据业务需要面向社会自主公开招聘医务人员，对紧缺、高层次人才可按规定采取考察的方式予以招聘。进一步改进艰苦边远地区公立医院人员招聘工作，合理设置招聘条件，改进招聘方式方法，完善激励保障措施。

（四）加强社会监督和行业自律。加强医院信息公开，重点公开质量安全、价格、医疗费用、财务状况、绩效考核等信息。加强行业协会、学会等社会组织在行业自律和职业道德建设中的作用，引导医院依法经营、公平有序竞争。改革完善医疗质量、技术、安全和服务评估认证制度。探索建立第三方评价机制。

四、加强医院党的建设

（一）充分发挥公立医院党委的领导核心作用。公立医院党委要抓好对医院工作的政治、思想和组织领导，把方向、管大局、保落实。把方向，主要是自觉在思想上政治上行动上同以习近平同志为核心的党中央保持高度一致，全面贯彻执行党的理论路线方针政策，引导监督医院遵守国家法律法规，维护各方合法权益，确保医院改革发展正确方向。管大局，主要是坚持在大局下行动，谋全局、议大事、抓重点，统筹推进医院改革发展、医疗服务、医德医风等各项工作，努力建设患者放心、人民满意的现代医院。保落实，主要是管干部聚人才、建班子带队伍、抓基层打基础，讨论决定医院内部组织机构的设置及其负责人的选拔任用，领导精神文明建设和思想政治工作，领导群团组织和职工代表大会，做好知识分子工作和统一战线工作，加强党风廉政建设，确保党的卫生与健康工作方针和政策部署在医院不折不扣落到实处。

（二）全面加强公立医院基层党建工作。坚持把公立医院党的建设与现代医院管理制度建设紧密结合，同步规划，同步推进。加强和完善党建工作领导体制和工作机制，合理设置医院党建工作机构，配齐配强党建工作力量，建立科学有效的党建工作考核评价体系，进一步落实管党治党主体责任，推进党组织和党的工作全覆盖，建立健全医院内设机构党支部，选优配强党支部书记，充分发挥党支部的政治核心作用，把党支部建设成为坚强战斗堡垒。坚持把党组织活动与业务工作有机融合，积极推进活动创新、思想政治工作内容和载体创新，防止“两张皮”。认真贯彻落实《关于新形势下党内政治生活的若干准则》、《中国共产党党内监督条例》，推进“两学一做”学习教育常态化制度化，严格“三会一课”、民主生活会和组织生活会、主题党日等制度。严格发展党员和党员教育管理工作，引导党员充分发挥先锋模范作用。

（三）加强社会办医院党组织建设。加大社会办医院党组织组建力度，批准设立社会办医院时，要坚持党的建设同步谋划、党的组织同步设置、党的工作同步开展。实行属地管理与主管部门管理相结合，建立健全社会办医院党建工作管理体制，规范党组织隶属关系。社会办医院党组织要紧紧围绕党章赋予基层党组织的基本任务，结合实际开展工作，按照党的要求办医立院。

五、组织实施

（一）加强组织落实。各地要将建立现代医院管理制度作为深化医改的重要内容，制定实施方案，明确目标任务和责任分工，完善落实督办制度。各级卫生计生等相关部门要适应建立现代医院管理制度的新要求、新情况，按照职能分工及时下放相关权限，调整相关政策，加强事中事后监管，优化政务服务流程，形成工作推进合力。

（二）总结推广经验。各级卫生计生行政部门要会同有关部门密切跟踪工作进展，加强调研指导，及时研究解决改革中出现的新情况、新问题。挖掘、总结、提炼、推广各地建立现代医院管理制度的典型经验，及时将成熟经验上升为政策，推动现代医院管理制度不断完善。

（三）做好宣传工作。坚持正确的舆论导向，及时回应社会关切，合理引导社会预期，为建立现代医院管理制度营造良好舆论环境。加强宣传引导，引导公众树立科学、理性、有序的就医理念，营造全社会尊医重卫的良好风气。

〔责任编辑：付丽萍〕

中华人民共和国国家卫生和计划生育委员会令（第12号）

《国家卫生计生委关于修改〈医疗机构管理条例实施细则〉的决定》已于2017年2月3日经国家卫生计生委委主任会议讨论通过，现予公布，自2017年4月1日起施行。

主任　李　斌

2017年2月21日

国家卫生计生委关于修改《医疗机构管理条例实施细则》的决定

根据国务院推进简政放权、放管结合、优化服务的改革部署和促进健康服务业发展的工作要求，国家卫生计生委决定对《医疗机构管理条例实施细则》（原卫生部令第35号）作如下修改：

一、将该实施细则中的"卫生部"统一修改为："国家卫生计生委"，将"卫生行政部门"统一修改为："卫生计生行政部门"。

二、将第三条第二项修改为："妇幼保健院、妇幼保健计划生育服务中心"。

增加一项，作为第十三项："（十三）医学检验实验室、病理诊断中心、医学影像诊断中心、血液透析中心、安宁疗护中心"。

第十三项改为第十四项。

三、第十一条增加一款，作为第二款："医学检验实验室、病理诊断中心、医学影像诊断中心、血液透析中心、安宁疗护中心的设置审批权限另行规定"。

四、删除第十二条第一款第三项，并将第二款修改为："有前款第（二）、（三）、（四）、（五）项所列情形之一者，不得充任医疗机构的法定代表人或者主要负责人"。

五、将第十八条修改为："医疗机构建筑设计必须按照法律、法规和规章要求经相关审批机关审查同意后，方可施工"。

六、将第三十八条修改为："各级卫生计生行政部门应当采用电子证照等信息化手段对医疗机构实行全程管理和动态监管。有关管理办法另行制定"。

本决定自2017年4月1日起施行。

中华人民共和国国家卫生和计划生育委员会令（第13号）

中华人民共和国国家卫生和计划生育委员会令第13号《医师执业注册管理办法》已于2017年2月3日经国家卫生计生委委主任会议讨论通过，现予公布，自2017年4月1日起施行。

主任　李　斌

2017年2月28日

医师执业注册管理办法

第一章　总则

第一条　为了规范医师执业活动，加强医师队伍管理，根据《中华人民共和国执业医师法》，制定本办法。

第二条　医师执业应当经注册取得《医师执业证书》。

未经注册取得《医师执业证书》者，不得从事医疗、预防、保健活动。

第三条　国家卫生计生委负责全国医师执业注册监督管理工作。

县级以上地方卫生计生行政部门是医师执业注册的主管部门，负责本行政区域内的医师执业注册监督管理工作。

第四条　国家建立医师管理信息系统，实行医师电子注册管理。

第二章　注册条件和内容

第五条　凡取得医师资格的，均可申请医师执业注册。

第六条　有下列情形之一的，不予注册：

（一）不具有完全民事行为能力的；

（二）因受刑事处罚，自刑罚执行完毕之日起至申请注册之日止不满二年的；

（三）受吊销《医师执业证书》行政处罚，自处罚决定之日起至申请注册之日止不满二年的；

（四）甲类、乙类传染病传染期、精神疾病发病期以及身体残疾等健康状况不适宜或者不能胜任医疗、预防、保健业务工作的；

（五）重新申请注册，经考核不合格的；

（六）在医师资格考试中参与有组织作弊的；

（七）被查实曾使用伪造医师资格或者冒名使用他人医师资格进行注册的；

（八）国家卫生计生委规定不宜从事医疗、预防、保健业务的其他情形的。

第七条　医师执业注册内容包括：执业地点、执业类别、执业范围。

执业地点是指执业医师执业的医疗、预防、保健机构所在地的省级行政区划和执业助理医师执业的医疗、预防、保健机构所在地的县级行政区划。

执业类别是指临床、中医（包括中医、民族医和中西医结合）、口腔、公共卫生。

执业范围是指医师在医疗、预防、保健活动中从事的与其执业能力相适应的专业。

第八条　医师取得《医师执业证书》后，应当按照注册的执业地点、执业类别、执业范围，从事相应的医疗、预防、保健活动。

第三章　注册程序

第九条　拟在医疗、保健机构中执业的人员，应当向批准该机构执业的卫生计生行政部门申请注册；拟在预防机构中执业的人员，应当向该机构的同级卫生计生行政部门申请注册。

第十条　在同一执业地点多个机构执业的医师，应当确定一个机构作为其主要执业机构，并向批准该机构执业的卫生计生行政部门申请注册；对于拟执业的其他机构，应当向批准该机构执业的卫生计生行政部门分别申请备案，注明所在执业机构的名称。

医师只有一个执业机构的，视为其主要执业机构。

第十一条　医师的主要执业机构以及批准该机构执业的卫生计生行政部门应当在医师管理信息系统及时更新医师定期考核结果。

第十二条　申请医师执业注册，应当提交下列材料：

（一）医师执业注册申请审核表；

（二）近6个月2寸白底免冠正面半身照片；

（三）医疗、预防、保健机构的聘用证明；

（四）省级以上卫生计生行政部门规定的其他材料。

获得医师资格后二年内未注册者、中止医师执业活动二年以上或者本办法第六条规定不予注册的情形消失的医师申请注册时，还应当提交在省级以上卫生计生行政部门指定的机构接受连续6个月以上的培训，并经考核合格的证明。

第十三条　注册主管部门应当自收到注册申请之日起20个工作日内，对申请人提交的申请材料进行审核。审核合格的，予以注册并发放《医师执业证书》。

第十四条　对不符合注册条件不予注册的，注册主管部门应当自收到注册申请之日起20个工作日内书面通知聘用单位和申请人，并说明理由。申请人如有异议的，可以依法申请行政复议或者向人民法院提起行政诉讼。

第十五条　执业助理医师取得执业医师资格后，继续在医疗、预防、保健机构中执业的，应当按本办法规定，申请执业医师注册。

第十六条　《医师执业证书》应当由本人妥善保管，不得出借、出租、抵押、转让、涂改和毁损。如发生损坏或者遗失的，当事人应当及时向原发证部门申请补发。

第十七条　医师跨执业地点增加执业机构，应当向批准该机构执业的卫生计生行政部门申请增加注册。

执业助理医师只能注册一个执业地点。

第四章　注册变更

第十八条　医师注册后有下列情形之一的，医师个人或者其所在的医疗、预防、保健机构，应当自知道或者应当知道之日起30日内报告注册主管部门，办理注销注册：

（一）死亡或者被宣告失踪的；

（二）受刑事处罚的；

（三）受吊销《医师执业证书》行政处罚的；

（四）医师定期考核不合格，并经培训后再次考核仍不合格的；

（五）连续两个考核周期未参加医师定期考核的；

（六）中止医师执业活动满二年的；

（七）身体健康状况不适宜继续执业的；

（八）出借、出租、抵押、转让、涂改《医师执业证书》的；

（九）在医师资格考试中参与有组织作弊的；

（十）本人主动申请的；

（十一）国家卫生计生委规定不宜从事医疗、预防、保健业务的其他情形的。

第十九条　医师注册后有下列情况之一的，其所在的医疗、预防、保健机构应当自办理相关手续之日起30日内报注册主管部门，办理备案：

（一）调离、退休、退职；

（二）被辞退、开除；

（三）省级以上卫生计生行政部门规定的其他情形。

上述备案满2年且未继续执业的予以注销。

第二十条　医师变更执业地点、执业类别、执业范围等注册事项的，应当通过国家医师管理信息系统提交医师变更执业注册申请及省级以上卫生计生行政部门规定的其他材料。

医师因参加培训需要注册或者变更注册的，应当按照本办法规定办理相关手续。

医师变更主要执业机构的，应当按本办法第十二条的规定重新办理注册。

医师承担经主要执业机构批准的卫生支援、会诊、进修、学术交流、政府交办事项等任务和参加卫生计生行政部门批准的义诊，以及在签订帮扶或者托管协议医疗机构内执业等，不需办理执业地点变更和执业机构备案手续。

第二十一条　注册主管部门应当自收到变更注册申请之日起20个工作日内办理变更注册手续。对因不符合变更注册条件不予变更的，应当自收到变更注册申请之日起20个工作日内书面通知申请人，并说明理由。

第二十二条　国家实行医师注册内容公开制度和查询制度。

地方各级卫生计生行政部门应当按照规定提供医师注册信息查询服务，并对注销注册的人员名单予以公告。

第二十三条　医疗、预防、保健机构未按照本办法第十八条规定履行报告职责，导致严重后果的，由县级以上卫生计生行政部门依据《执业医师法》第四十一条规定进行处理。

医疗、预防、保健机构未按照本办法第十九条规定履行报告职责，导致严重后果的，由县级以上地方卫生计生行政部门对该机构给予警告，并对其主要负责人、相关责任人依法给予处分。

第五章　附　则

第二十四条　中医（包括中医、民族医、中西医结合）医师执业注册管理由中医（药）主管部门负责。

第二十五条　港澳台人员申请在内地（大陆）注册执业的，按照国家有关规定办理。

外籍人员申请在中国境内注册执业的，按照国家有关规定办理。

第二十六条　本办法自2017年4月1日起施行。1999年7月16日原卫生部公布的《医师执业注册暂行办法》同时废止。

中华人民共和国国家卫生和计划生育委员会令（第14号）

《中医诊所备案管理暂行办法》已于2017年7月31日经国家卫生计生委委主任会议讨论通过，现予公布，自2017年12月1日起施行。

主任　李　斌

2017年9月22日

中医诊所备案管理暂行办法

第一章　总　则

第一条　为做好中医诊所的备案管理工作，根据《中华人民共和国中医药法》以及《医疗机构管理条例》等法律法规的有关规定，制定本办法。

第二条　本办法所指的中医诊所，是在中医药理论指导下，运用中药和针灸、拔罐、推拿等非药物疗法开展诊疗服务，以及中药调剂、汤剂煎煮等中药药事服务的诊所。不符合上述规定的服务范围或者存在不可控的医疗安全隐患和风险的，不适用本办法。

第三条　国家中医药管理局负责全国中医诊所的管理工作。

县级以上地方中医药主管部门负责本行政区域内中医诊所的监督管理工作。

县级中医药主管部门具体负责本行政区域内中医诊所的备案工作。

第二章　备　案

第四条　举办中医诊所的，报拟举办诊所所在地县级中医药主管部门备案后即可开展执业活动。

第五条　举办中医诊所应当同时具备下列条件：

（一）个人举办中医诊所的，应当具有中医类别《医师资格证书》并经注册后在医疗、预防、保健机构中执业满三年，或者具有《中医（专长）医师资格证书》；法人或者其他组织举办中医诊所的，诊所主要负责人应当符合上述要求；

（二）符合《中医诊所基本标准》；

（三）中医诊所名称符合《医疗机构管理条例实施细则》的相关规定；

（四）符合环保、消防的相关规定；

（五）能够独立承担民事责任。

《医疗机构管理条例实施细则》规定不得申请设置医疗机构的单位和个人，不得举办中医诊所。

第六条　中医诊所备案，应当提交下列材料：

（一）《中医诊所备案信息表》；

（二）中医诊所主要负责人有效身份证明、医师资格证书、医师执业证书；

（三）其他卫生技术人员名录、有效身份证明、执业资格证件；

（四）中医诊所管理规章制度；

（五）医疗废物处理方案、诊所周边环境情况说明；

（六）消防应急预案。

法人或者其他组织举办中医诊所的，还应当提供法人或者其他组织的资质证明、法定代表人身份证明或者其他组织的代表人身份证明。

第七条　备案人应当如实提供有关材料和反映真实情况，并对其备案材料实质内容的真实性负责。

第八条　县级中医药主管部门收到备案材料后，对材料齐全且符合备案要求的予以备案，并当场发放《中医诊所备案证》；材料不全或者不符合备案要求的，应当当场或者在收到备案材料之日起五日内一次告知备案人需要补正的全部内容。

国家逐步推进中医诊所管理信息化，有条件的地方可实行网上申请备案。

第九条　中医诊所应当将《中医诊所备案证》、卫生技术人员信息在诊所的明显位置公示。

第十条　中医诊所的人员、名称、地址等实际设置应当与《中医诊所备案证》记载事项相一致。

中医诊所名称、场所、主要负责人、诊疗科目、技术等备案事项发生变动的，应当及时到原备案机关对变动事项进行备案。

第十一条　禁止伪造、出卖、转让、出借《中医诊所备案证》。

第十二条　中医诊所应当按照备案的诊疗科目、技术开展诊疗活动，加强对诊疗行为、医疗质量、医疗安全的管理，并符合中医医疗技术相关性感染预防与控制等有关规定。

中医诊所发布医疗广告应当遵守法律法规规定，禁止虚假、夸大宣传。

第十三条　县级中医药主管部门应当在发放《中医诊所备案证》之日起二十日内将辖区内备案的中医诊所信息在其政府网站公开，便于社会查询、监督，并及时向上一级中医药主管部门报送本辖区内中医诊所备案信息。上一级中医药主管部门应当进行核查，发现不符合本办法规定的备案事项，应当在三十日内予以纠正。

第三章　监督管理

第十四条　县级以上地方中医药主管部门应当加强对中医诊所依法执业、医疗质量和医疗安全、诊所管理等情况的监督管理。

第十五条　县级中医药主管部门应当自中医诊所备案之日起三十日内，对备案的中医诊所进行现场核查，对相关材料进行核实，并定期开展现场监督检查。

第十六条　有下列情形之一的，中医诊所应当向所在地县级中医药主管部门报告，县级中医药主管部门应当注销备案并及时向社会公告：

（一）中医诊所停止执业活动超过一年的；

（二）中医诊所主要负责人被吊销执业证书或者被追究刑事责任的；

（三）举办中医诊所的法人或者其他组织依法终止的；

（四）中医诊所自愿终止执业活动的。

第十七条　县级中医药主管部门应当定期组织中医诊所负责人学习卫生法律法规和医疗机构感染防控、传染病防治等知识，促进中医诊所依法执业；定期组织执业人员参加继续教育，提高其专业技术水平。

第十八条　县级中医药主管部门应当建立中医诊所不良执业行为记录制度，对违规操作、不合理收费、虚假宣传等进行记录，并作为对中医诊所进行监督管理的重要依据。

第四章　法律责任

第十九条　县级以上地方中医药主管部门未履行本办法规定的职责，对符合备案条件但未及时发放备案证或者逾期未告知需要补正材料、未在规定时限内公开辖区内备案的中医诊所信息、未依法开展监督管理的，按照《中医药法》第五十三条的规定予以处理。

第二十条　违反本办法规定，未经县级中医药主管部门备案擅自执业的，由县级中医药主管部门责令改正，没收违法所得，并处三万元以下罚款，向社会公告相关信息；拒不改正的，责令其停止执业活动，其直接责任人员自处罚决定作出之日起五年内不得从事中医药相关活动。

第二十一条　提交虚假备案材料取得《中医诊所备案证》的，由县级中医药主管部门责令改正，没收违法所得，并处三万元以下罚款，向社会公告相关信息；拒不改正的，责令其停止执业活动并注销《中医诊所备案证》，其直接责任人员自处罚决定作出之日起五年内不得从事中医药相关活动。

第二十二条　违反本办法第十条规定，中医诊所擅自更改设置未经备案或者实际设置与取得的《中医诊所备案证》记载事项不一致的，不得开展诊疗活动。擅自开展诊疗活动的，由县级中医药主管部门责令改正，给予警告，并处一万元以上三万元以下罚款；情节严重的，应当责令其停止执业活动，注销《中医诊所备案证》。

第二十三条　违反本办法第十一条规定，出卖、转让、出借《中医诊所备案证》的，由县级中医药主管部门责令改正，给予警告，可以并处一万元以上三万元以下罚款；情节严重的，应当责令其停止执业活动，注销《中医诊所备案证》。

第二十四条　中医诊所超出备案范围开展医疗活动的，由所在地县级中医药主管部门责令改正，没收违法所得，并处一万元以上三万元以下罚款。有下列情形之一的，应当责令其停止执业活动，注销《中医诊所备案证》，其直接负责的主管人员自处罚决定作出之日起五年内不得在医疗机构内从事管理工作：

（一）因超出备案范围开展医疗活动曾受过行政处罚的；

（二）超出备案范围从事医疗活动给患者造成伤害的；

（三）违反本办法规定造成其他严重后果的。

第五章　附　则

第二十五条　本办法未规定的中医诊所管理要求，按照有关法律法规和国家医疗机构管理的相关规定执行。

第二十六条　《中医诊所备案信息表》和《中医诊所备案证》格式由国家中医药管理局统一规定。

第二十七条　本办法施行前已经设置的中医诊所，符合本办法规定备案条件的，在《医疗机构执业许可证》有效期到期之前，可以按照《医疗机构管理条例》的要求管理，也可以按照备案要求管理；不符合备案条件的其他诊所仍然按照《医疗机构管理条例》的要求实行审批管理。

第二十八条　本办法规定的期限以工作日计算。

中华人民共和国国家卫生和计划生育委员会令（第15号）

《中医医术确有专长人员医师资格考核注册管理暂行办法》已于2017年7月31日经国家卫生计生委委主任会议讨论通过，现予公布，自2017年12月20日起施行。

主任　李　斌

2017年11月10日

中医医术确有专长人员医师资格考核注册管理暂行办法

第一章　总　则

第一条　为做好中医医术确有专长人员医师资格考核注册管理工作，根据《中华人民共和国中医药法》有关规定，制定本办法。

第二条　以师承方式学习中医或者经多年实践，医术确有专长的人员参加医师资格考核和执业注册，适用本办法。

第三条　国家中医药管理局负责全国中医医术确有专长人员医师资格考核及执业工作的管理。

省级中医药主管部门组织本省、自治区、直辖市中医医术确有专长人员医师资格考核；负责本行政区域内取得医师资格的中医医术确有专长人员执业管理。

省级中医药主管部门应当根据本办法制定本省、自治区、直辖市中医医术确有专长人员医师资格考核注册管理实施细则。

设区的市和县级中医药主管部门负责本行政区域内中医医术确有专长人员医师资格考核组织申报、初审及复审工作，负责本行政区域内取得医师资格的中医医术确有专长人员执业日常管理。

第二章　考核申请

第四条　以师承方式学习中医或者经多年实践，医术确有专长的人员，可以申请参加中医医术确有专长人员医师资格考核。

第五条　以师承方式学习中医的，申请参加医师资格考核应当同时具备下列条件：

（一）连续跟师学习中医满五年，对某些病证的诊疗，方法独特、技术安全、疗效明显，经指导老师评议合格；

（二）由至少两名中医类别执业医师推荐，推荐医师不包括其指导老师。

第六条　经多年中医医术实践的，申请参加医师资格考核应当同时具备下列条件：

（一）具有医术渊源，在中医医师指导下从事中医医术实践活动满五年或者《中华人民共和国中医药法》施行前已经从事中医医术实践活动满五年的；

（二）对某些病证的诊疗，方法独特、技术安全、疗效明显，并得到患者的认可；

（三）由至少两名中医类别执业医师推荐。

第七条　推荐医师应当为被推荐者长期临床实践所在省、自治区、直辖市相关专业中医类别执业医师。

第八条　以师承方式学习中医的，其指导老师应当具有中医类别执业医师资格，从事中医临床工作十五年以上或者具有中医类副主任医师以上专业技术职务任职资格。指导老师同时带徒不超过四名。

第九条　符合本办法第五条或者第六条规定的人员，可以向其长期临床实践所在地县级中医药主管部门提出考核申请。

第十条　申请参加中医医术确有专长人员医师资格考核的，应当提交以下材料：

（一）国家中医药管理局统一式样的《中医医术确有专长人员医师资格考核申请表》；

（二）本人有效身份证明；

（三）中医医术专长综述，包括医术的基本内容及特点描述、适应症或者适用范围、安全性及有效性的说明等，以及能够证明医术专长确有疗效的相关资料；

（四）至少两名中医类别执业医师的推荐材料；

（五）以师承方式学习中医的，还应当提供跟师学习合同，学习笔记、临床实践记录等连续跟师学习中医满五年的证明材料，以及指导老师出具的跟师学习情况书面评价意见、出师结论；经多年中医医术实践的，还应当提供医术渊源的相关证明材料，以及长期临床实践所在地县级以上中医药主管部门或者所在居委会、村委会出具的从事中医医术实践活动满五年证明，或者至少十名患者的推荐证明。

第十一条　县级中医药主管部门和设区的市级中医药主管部门分别对申请者提交的材料进行初审和复审，复审合格后报省级中医药主管部门。省级中医药主管部门对报送材料进行审核确认，对符合考核条件的人员、指导老师和推荐医师信息应当予以公示。申请者在临床实践中存在医疗纠纷且造成严重后果的，取消其报名资格。

第三章　考核发证

第十二条　中医医术确有专长人员医师资格考核实行专家评议方式，通过现场陈述问答、回顾性中医医术实践资料评议、中医药技术方法操作等形式对实践技能和效果进行科学量化考核。专家人数应当为不少于五人的奇数。

第十三条　考核专家应当对参加考核者使用中医药技术方法的安全性进行风险评估，并针对风险点考核其安全风险意识、相关知识及防范措施。根据参加考核者使用的中医药技术方法分为内服方药和外治技术两类进行考核。

第十四条　内服方药类考核内容包括：医术渊源或者传承脉络、医术内容及特点；与擅长治疗的病证范围相关的中医基础知识、中医诊断技能、中医治疗方法、中药基本知识和用药安全等。

考核程序分为医术专长陈述、现场问答、诊法技能操作和现场辨识相关中药等。

考核专家应当围绕参加考核者使用的中药种类、药性、药量、配伍等进行安全性评估，根据风险点考核相关用药禁忌、中药毒性知识等。

第十五条　外治技术类考核内容包括：医术渊源或者传承脉络、外治技术内容及特点；与其使用的外治技术相关的中医基础知识、擅长治疗的病证诊断要点、外治技术操作要点、技术应用规范及安全风险防控方法或者措施等。

考核程序分为医术专长陈述、现场问答、外治技术操作等。

考核专家应当围绕参加考核者使用外治技术的操作部位、操作难度、创伤程度、感染风险等进行安全性评估，根据风险点考核其操作安全风险认知和有效防范方法等；外敷药物中含毒性中药的，还应当考核相关的中药毒性知识。

第十六条　治疗方法以内服方药为主、配合使用外治技术，或者以外治技术为主、配合使用中药的，应当增加相关考核内容。

第十七条　考核专家根据参加考核者的现场陈述，结合回顾性中医医术实践资料等，围绕相关病证的疗效评价关键要素进行分析评估并提问，对其医术专长的效果进行现场评定。必要时可采用实地调查核验等方式评定效果。

第十八条　经综合评议后，考核专家对参加考核者作出考核结论，并对其在执业活动中能够使用的中医药技术方法和具体治疗病证的范围进行认定。

第十九条　考核合格者，由省级中医药主管部门颁发《中医（专长）医师资格证书》。

第二十条　县级以上地方中医药主管部门应当加强对考核合格人员有关卫生和中医药法律法规基本知识、基本急救技能、临床转诊能力、中医医疗技术相关性感染防控指南、传染病防治基本知识及报告制度、中医病历书写等知识的培训，提高其执业技能，保障医疗安全。

第四章　考核组织

第二十一条　省级中医药主管部门应当加强考核工作的组织领导，完善考核制度，强化考核工作人员和专家培训，严格考核管理，确保考核公平、公正、安全、有序进行。

第二十二条　省级中医药主管部门每年定期组织中医医术确有专长人员医师资格考核，考核时间应当提前三个月向社会公告。

第二十三条　省级中医药主管部门应当建立中医医术确有专长人员医师资格考核专家库。考核专家应当同时符合下列条件：

（一）中医类别执业医师；

（二）具有丰富的临床经验和技术专长，具备副主任医师以上专业技术职务任职资格或者从事中医临床工作十五年以上具有师承或者医术确有专长渊源背景人员；

（三）遵纪守法，恪守职业道德，公平公正，原则性强，工作认真负责。

第二十四条　根据参加考核人员申报的医术专长，由省级中医药主管部门在中医医术确有专长人员医师资格考核专家库内抽取考核专家。考核专家是参加考核人员的近亲属或者与其有利害关系的，应当予以回避。

第五章　执业注册

第二十五条　中医（专长）医师实行医师区域注

册管理。取得《中医（专长）医师资格证书》者，应当向其拟执业机构所在地县级以上地方中医药主管部门提出注册申请，经注册后取得《中医（专长）医师执业证书》。

第二十六条 中医（专长）医师按照考核内容进行执业注册，执业范围包括其能够使用的中医药技术方法和具体治疗病证的范围。

第二十七条 中医（专长）医师在其考核所在省级行政区域内执业。中医（专长）医师跨省执业的，须经拟执业所在地省级中医药主管部门同意并注册。

第二十八条 取得《中医（专长）医师执业证书》者，即可在注册的执业范围内，以个人开业的方式或者在医疗机构内从事中医医疗活动。

第六章 监督管理

第二十九条 县级中医药主管部门负责对本行政区域内中医（专长）医师执业行为的监督检查，重点对其执业范围、诊疗行为以及广告宣传等进行监督检查。

第三十条 中医（专长）医师应当参加定期考核，每两年为一个周期。定期考核有关要求由省级中医药主管部门确定。

第三十一条 县级以上地方中医药主管部门应当加强对中医（专长）医师的培训，为中医（专长）医师接受继续教育提供条件。

第三十二条 中医（专长）医师通过学历教育取得省级以上教育行政部门认可的中医专业学历的，或者执业时间满五年、期间无不良执业记录的，可以申请参加中医类别执业医师资格考试。

第三十三条 国家建立中医（专长）医师管理信息系统，及时更新中医（专长）医师注册信息，实行注册内容公开制度，并提供中医（专长）医师注册信息查询服务。

第七章 法律责任

第三十四条 参加中医医术确有专长人员资格考核的人员和考核工作人员，违反本办法有关规定，在考核过程中发生违纪违规行为的，按照国家医师资格考试违纪违规处理有关规定处罚；通过违纪违规行为取得《中医（专长）医师资格证书》、《中医（专长）医师执业证书》的人员，由发证部门撤销并收回《中医（专长）医师资格证书》、《中医（专长）医师执业证书》，并进行通报。

第三十五条 中医医术确有专长人员医师资格考核专家违反本办法有关规定，在考核工作中未依法履行工作职责的，省级中医药主管部门应当停止其参与考核工作；情节严重的，应当进行通报批评，并建议其所在单位依法给予相应的处分；存在其他违纪违规行为的，按照国家医师资格考试违纪违规处理有关规定处罚；构成犯罪的，依法追究刑事责任。

第三十六条 推荐中医医术确有专长人员的中医医师、以师承方式学习中医的医术确有专长人员的指导老师，违反本办法有关规定，在推荐中弄虚作假、徇私舞弊的，由县级以上中医药主管部门依法责令暂停六个月以上一年以下执业活动；情节严重的，吊销其医师执业证书；构成犯罪的，依法追究刑事责任。

第三十七条 中医（专长）医师在执业中超出注册的执业范围从事医疗活动的，由县级以上中医药主管部门责令暂停六个月以上一年以下执业活动，并处一万元以上三万元以下罚款；情节严重的，吊销其执业证书。造成患者人身、财产损害的，依法承担民事责任；构成犯罪的，依法追究刑事责任。

第八章 附 则

第三十八条 本办法实施前已经取得《乡村医生执业证书》的中医药一技之长人员可以申请参加中医医术确有专长人员医师资格考核，也可继续以乡村医生身份执业，纳入乡村医生管理。自本办法施行之日起，不再开展中医药一技之长人员纳入乡村医生管理工作。

本办法实施前已经按照《传统医学师承和确有专长人员医师资格考核考试办法》规定取得《传统医学师承出师证》的，可以按照本办法规定，在继续跟师学习满两年后申请参加中医医术确有专长人员医师资格考核。

本办法实施前已经按照《传统医学师承和确有专长人员医师资格考核考试办法》规定取得《传统医学医术确有专长证书》的，可以按照本办法规定申请参加中医医术确有专长人员医师资格考核。

第三十九条 港澳台人员在内地以师承方式学习中医的，可在指导老师所在省、自治区、直辖市申请参加中医医术确有专长医师资格考核。

第四十条 《中医（专长）医师资格证书》和《中医（专长）医师执业证书》由国家中医药管理局统一印制。

第四十一条 本办法自2017年12月20日起施行。

中华人民共和国国家卫生和计划生育委员会令（第16号）

《卫生计生系统内部审计工作规定》已于2017年10月16日经国家卫生计生委委主任会议讨论通过，现予公布，自2018年1月1日起施行。

主任　李　斌

2017年11月20日

卫生计生系统内部审计工作规定

第一章　总　则

第一条　为进一步加强卫生计生系统内部审计工作，建立健全内部审计工作制度，完善内部监督制约机制，提高卫生计生服务效率，促进事业健康发展，根据《中华人民共和国审计法》、《中华人民共和国审计法实施条例》、《党政主要领导干部和国有企业领导人员经济责任审计规定》、《中国内部审计准则》及有关法律法规，结合实际，制定本规定。

第二条　卫生计生系统内部审计是指卫生计生系统内部审计机构和审计人员对本系统、本单位实施的一种独立客观的监督、评价和咨询活动，通过运用系统、规范的方法，审查和评价业务活动、内部控制和风险管理的适当性和有效性，以促进单位完善治理，提升管理水平和服务能力。

第三条　本规定适用于各级卫生计生行政部门（以下简称各部门）及所属（管）卫生计生单位（以下简称各单位）。

第四条　内部审计工作在国家卫生计生委统一指导下，按照行政隶属关系和预算管理关系实行分级负责管理。各部门、各单位内部审计机构负责本单位及所属（管）单位的内部审计，并指导和监督本系统、本地区及所属（管）单位内部审计工作。

第五条　各部门、各单位主要负责人对本部门、本单位内部审计工作的有效实施负责。

第六条　内部审计工作坚持全面覆盖、应审尽审；实事求是、客观公正；凡审必严、防微杜渐；促进管理、推动改革的工作原则。

第七条　内部审计机构应当依法依规接受国家审计机关的业务指导和监督，并积极支持和配合国家审计机关工作。

第二章　职责与权限

第八条　各部门内部审计机构对本系统内部审计业务指导和监督的主要职责：

（一）制定规章制度；

（二）编制工作发展规划；

（三）建立健全机构设置，加强人员配备；

（四）落实工作职责；

（五）组织质量评估；

（六）开展培训交流；

（七）法律、法规规定的其他职责。

第九条　各部门、各单位内部审计机构主要职责：

（一）制定工作办法和流程；

（二）编制年度工作计划；

（三）重大政策执行、事业发展目标完成情况审计；

（四）预算执行和财务收支、工程建设、采购、国有资产管理及其他所有经济活动事项审计；

（五）领导干部经济责任审计；

（六）内部控制评价及风险管理审计；

（七）其他审计。

第十条　内部审计机构和审计人员主要权限：

（一）查阅经济活动相关资料及电子数据；

（二）参加或者列席与重要经济活动有关的会议；

（三）对有关业务活动进行现场观察、调查和记录；

（四）向有关单位和个人开展调查和询问；

（五）对可能转移、隐匿、篡改、毁弃的货币资金、会计凭证、会计账簿、财务会计报告及与经济活动有关的资料，经本单位主要负责人批准，予以暂时封存；

（六）对违法违规的行为及时予以揭示；

（七）提出问题整改要求和管理改进建议。

第十一条　各部门、各单位内部审计机构应当有计划地开展内部审计工作，实现审计全覆盖。

各部门、各单位对本级和所属重点单位要每年审计，其他审计对象 1 个周期内至少审计 1 次。审计周期由各部门、各单位结合工作规划、管理需要和审计力量合理确定。没有能力自行开展审计的单位应当委托具有相应资质的社会中介机构开展。

当年已经接受相同项目外部审计并且审计结果可以充分运用的单位，当年可以不再安排审计。

第十二条　内部审计机构和审计人员发现本单位未及时处理严重违法违规问题、本单位负责人存在严重违法违规问题的，应当及时向上级主管部门反映。

第三章　机构与人员

第十三条　各部门应当根据国家编制管理相关规定和部门管理需要，设置内部审计机构，配备专职内部审计人员。

第十四条　各单位符合下列条件之一的，应当根据国家编制管理相关规定，设置独立的内部审计机构，专职审计人员不少于 2 人：

（一）二级以上医院；

（二）年收入及资产总额均达到 3000 万元以上；

（三）所属及分支机构较多；

（四）经济活动复杂；

（五）管理工作需要。

第十五条　不设立独立内部审计机构的部门和单位，应当指定内设机构安排专职人员履行内部审计职责。

第十六条　鼓励探索实行总审计师和审计委派等制度，强化内部审计的独立性和权威性，提高监管质量和水平。

第十七条　内部审计机构负责人应当具备中级以上相关专业技术职称或者 5 年以上审计、会计工作经历，其任免应当征求上级主管部门意见。

第十八条　内部审计人员应当具备必需的专业胜任能力，并定期接受后续教育培训。

第四章　审计实施

第十九条　内部审计机构按照单位领导办公会或者党组（党委）会审批后的年度审计工作计划实施。临时增加的专项审计工作按照规定程序审批后实施。

第二十条　内部审计机构实施审计应当遵循内部审计准则及相关规定明确的程序，主要包括：制订工作方案、组建审计项目工作组、下达审计通知书、组织现场审计、制作工作底稿、沟通审计结果、出具审计报告、督促问题整改等。

第二十一条　内部审计机构开展领导干部经济责任审计及其他特定审计事项时，应当遵守国家规定的审计程序和要求。

第二十二条　内部审计机构根据审计业务的需要，除涉密项目外，可以向社会购买审计服务。应当按照法律法规履行程序，委托具有相应资质的社会中介机构开展内部审计工作，并监督检查审计业务质量。

第二十三条　内部审计机构应当采取督导检查、分级复核、质量评估等方式强化审计工作质量控制。

第二十四条　内部审计机构应当加强内部审计信息化建设，提高审计能力、质量和效率。

第二十五条　内部审计机构应当建立健全审计档案管理制度，并按照有关规定保管档案资料。

第二十六条　内部审计人员与被审计单位、被审计单位主要负责人或者审计事项存在利害关系的，应当回避。

第二十七条　内部审计人员办理审计事项，应当严格遵守审计职业道德和审计工作纪律，严格执行廉政纪律，做到独立、客观、公正、保密。不得歪曲事实、隐瞒问题，不得利用职权谋取私利。

第五章　审计整改

第二十八条　被审计单位是审计整改的主体。单位主要负责人作为第一责任人，应当组织单位领导班子集体研究部署审计整改工作，建立职责明确、分工合作的审计整改联席工作机制，明确整改任务与职责。业务直接主管领导负责主管范围内审计整改工作。

第二十九条　对内部审计提出的问题和建议，被审计单位应当立行立改、全面整改，落实自查自纠，完善内部管理。

第三十条　被审计单位应当在规定时间内逐项完成审计报告反映问题的整改落实，并按时报送审计整改报告。

第三十一条　内部审计机构应当对审计整改工作进展、长效机制建设等情况实施指导监督和跟踪检查。

第六章　审计结果运用

第三十二条　各部门、各单位要建立健全审计通报制度。审计结果及审计整改情况应当经主要负责人批准后在适当范围内通报。

第三十三条　各部门、各单位应当将审计结果及其整改落实情况作为开展以下工作的重要参考依据：

（一）党风廉政建设；

（二）被审计单位、领导班子和领导干部年度考核；

（三）被审计单位主要负责人的考核、任免、奖惩；

（四）审计事项相关责任人的个人年度考核；

（五）有关政策规章和制度机制的完善。

第三十四条　领导干部经济责任审计结果报告应当归入被审计领导干部本人档案。

第三十五条　各部门、各单位要建立健全责任追究制度，依法依规对相关责任人严肃问责，给予相应党纪、政纪处分。

第七章　奖励与处理

第三十六条　对审计工作成效显著的内部审计机构和履行职责、忠于职守、坚持原则、作出突出成绩的内部审计人员，所在单位和上级主管部门应当按照规定给予表彰或者奖励。

第三十七条　内部审计人员因履行职责遭受打击、报复、陷害的，有关部门应当及时给予保护，并依法依规对相关责任人员予以处理。

第三十八条　内部审计机构有下列情形之一，由上级部门或者单位责令改正，并依法依规对相关负责人和其他直接责任人员予以处理：

（一）隐瞒审计查出的问题或者提供虚假审计报告的；

（二）泄露国家秘密或者被审计对象商业秘密的；

（三）滥用职权、徇私舞弊、玩忽职守的；

（四）违反国家规定或者单位内部规定的其他情形。

第三十九条　被审计单位和相关人员有下列情形之一的，由上级部门或者单位责令改正，并依法依规对直接负责的主管人员和其他直接责任人员予以处理：

（一）拒绝接受或者不配合内部审计工作的；

（二）拒绝、拖延提供与内部审计事项有关资料的；

（三）提供资料不真实、不完整的；

（四）拒绝执行审计处理意见的。

第八章　附　则

第四十条　各部门、各单位可以根据本规定，结合本地区和本单位实际情况，制订具体规定或者实施办法，并报上级主管部门或者单位备案。

除本规定外的其他卫生计生单位可以根据实际情况参照本规定执行。

第四十一条　本规定自2018年1月1日起施行。2006年8月16日原卫生部公布的《卫生系统内部审计工作规定》同时废止。

中华人民共和国国家卫生和计划生育委员会令（第17号）

为深入推进政府职能转变和行政审批制度改革，切实维护法制统一，推进依法行政，经2017年12月5日国家卫生计生委委主任会议讨论通过，决定废止《母乳代用品销售管理办法》等4件部门规章。

本决定自公布之日起施行。

附件：国家卫生计生委决定废止的部门规章目录（4件）

主任　李　斌

2017年12月13日

国家卫生计生委决定废止的部门规章目录
（4件）

序号	规章名称	制定机关	公布日期
1	母乳代用品销售管理办法	卫生部 广电部 新闻出版署 国家工商局 国内贸易部 轻工总会	1995.6.13
2	母婴保健监督员管理办法	卫生部	1995.8.7
3	母婴保健医学技术鉴定管理办法	卫生部	1995.8.7
4	卫生部健康相关产品检验机构认定与管理办法	卫生部	1999.3.15

〔责任编辑：付丽萍〕

文献篇　国家卫生计生委领导讲话

明确思路　做好2017年各项工作

（李斌　2017年1月5日　北京）

一、圆满完成2016年各项工作，实现“十三五”良好开局（略）

二、把握机遇，稳中求进，全力完成好2017年各项任务

（一）落实深化医改任务，加快形成基本医疗卫生制度框架

2017年要以5项基本医疗卫生制度建设为重点，基本完成立柱架梁的重大阶段性任务。

1. 以家庭医生签约服务和医联体为抓手，推进分级诊疗制度建设。2017年的目标是在85%的地市开展分级诊疗试点。以老年人、慢病患者、妇幼等重点人群为切入点，做细做实签约服务包，2017年家庭医生（团队）签约服务覆盖率要达到30%以上，重点人群覆盖率达到60%。在城市，主要推广紧密型医联体；在县域，主要推广以支付方式改革为纽带的医疗共同体；跨省域，组建以高水平专科医院为龙头的专科联盟；在边远贫困地区，大力发展远程医疗协作网。要明确各级医疗机构在体系中的责权利，加强与医保政策衔接，健全管理、运行和考核机制，实现资源共享、人才下沉、服务便民。

2. 全面推开城市公立医院改革，加快建立现代医院管理制度。2017年公立医院改革在所有城市推开，全部取消药品加成，推动新旧运行机制平稳转换。要落实政府办医的领导责任、保障责任、管理责任和监督责任，特别是落实对各级公立医院的投入政策，以及取消药品加成后的政府分担部分等，协调制定逐步化解公立医院长期债务的措施。把挤压药价空间、调整医疗服务价格、改革医保支付方式和政府落实补偿政策联动起来。完善公立医院法人治理结构，探索管办分开的有效实现形式。制定建立现代公立医院管理制度的指导意见。开展制定公立医院章程试点。实施公立医院薪酬制度改革试点方案，落实“两个允许”，进一步调动积极性创造性。同时，建立以公益性为导向的考评机制，完善绩效考核办法。

3. 健全全民医保制度。进一步提高城乡居民基本医保人均财政补助标准。加快推进以按病种付费为主、多种付费方式相结合的复合型支付方式改革，在有条件的地区开展按疾病诊断相关组付费（DRGs）试点。开展医保药品支付标准试点。继续优化收入结构，医疗费用增幅要继续控制在10%以下。加快推进新农合跨省就医结算与监管信息系统建设，年内实现符合转诊规定的异地就医住院费用直接结算。落实中办、国办转发《关于进一步推广深化医药卫生体制改革经验的若干意见》的要求，鼓励开展设立医保基金管理中心试点工作，承担基金收付、药品招采结算、医保支付标准调整等职能，充分发挥医保对药品生产流通企业、医院和医生的监督制约作用。

4. 深化药品供应保障制度改革。建立健全低价药等短缺药品监测预警和分级应对机制，增加定点生产药物品种，做好生产供应。推进公立医院药品采购“两票制”，坚持集中带量采购，推进公立医院药品分类采购，鼓励省际跨区域和专科医院联合采购。开展第2批国家药品价格谈判试点，做好同医保等政策衔接。开展基本药物目录评估，制定优先使用基本药物的激励机制政策。推动高值耗材、试剂阳光采购。加强合理用药和不良反应监测，建立重点监控目录，开展跟踪监控、超常预警，规范诊疗和用药行为。

5. 建立健全综合监管制度。要制定建立医药卫生综合监管制度的指导意见，推进全行业监管。修订卫生计生监督体系建设的若干规定，科学谋划各级监督机构规范化建设，实施国家重点监督抽检，创新监管方式，推行“双随机、一公开”，强化事中事后监管。推进执法全过程记录制度，推动监督信息公开。开展《传染病防治法》等法律法规落实检查，以及医疗机构依法执业情况专项监督检查，打击“非法行医”、“两非”等重大案件。要特别加强医疗服务日常监管，开展诊疗行为和费用全程监控和智能审核。

要认真落实《关于进一步推广深化医药卫生体制改革经验的若干意见》要求，坚持试点先行、典型带动，坚定不移地推动试点经验的复制推广工作。

（二）落实预防为主，加强公共卫生服务和卫生应急工作

1. 大力推进健康促进。试点开展公共政策和重大工程项目等健康影响评价评估。推进以“三减三健”为主的健康生活方式促进行动。加强健康科普工作，强化每个人都是自己健康第一责任人意识，规范养生保健类节目栏目。重点职业病、放射卫生、饮用水水质和空气污染对健康影响监测分别扩展至全国 85% 的地市、80% 的地市、85% 的乡镇和 74 个城市，加强农民工尘肺病防治。

2. 加强重大疾病防控。制定重大疾病防治专项规划实施方案。推动艾滋病自我检测。加强耐药结核病患者管理。在西藏及四川藏区先行推广石渠县包虫病防治经验。扩大预防接种异常反应保险补偿试点，确保疫苗供应、质量和接种安全。加强托幼机构和学校卫生工作，支持学校卫生室建设。印发《关于加强心理健康服务的指导意见》，规范提供心理健康服务，做好严重精神障碍患者登记报告和随访管理。创新国家慢性病综合防控示范区建设，与分级诊疗制度主动融合，推进癌症、高血压、糖尿病等规范治疗和管理。

3. 提高卫生应急核心能力。出台《突发事件卫生应急预案管理办法》，开展全国卫生应急技能竞赛及演练，推动国家卫生应急队伍省份全覆盖，做好国际应急医疗队和快速反应队申报、认证工作。

4. 深入开展爱国卫生工作。举办爱国卫生运动 65 周年系列活动，制定综合指标评价体系，推进健康城市、健康村镇建设。开展城乡环境卫生整洁行动督导，加强农村改厕工作，建设健康环境。

（三）落实计划生育服务管理改革目标，改善妇幼健康服务

1. 实施全面两孩政策，加强全国生育状况监测。制定新时期计划生育目标管理指标体系，开展全面两孩配套政策落实省级督查。全面推行网上生育登记，稳定和加强县乡村级工作网络和队伍。

2. 加强生育全程基本医疗保健服务。统筹资源调配，增加产儿科等服务供给。加强出生缺陷综合防治，提升危重孕产妇和新生儿救治能力。全面推广使用全国统一的母子健康手册，6 月底前实现所有省（区、市）与国家级出生医学证明管理信息系统联通。

3. 促进家庭发展和流动人口基本公共卫生计生服务均等化。建立完善生育支持和家庭发展政策，实施“健康家庭行动”。有效开展计生特殊家庭扶助关怀工作，落实联系人签约服务制度。加强出生人口性别比综合治理，有效整治“两非”行为。加强人口流动迁移趋势和流动人口健康问题研究，创建 100 个社会融合示范社区。

（四）继续实施改善医疗服务行动，增强人民群众健康获得感

1. 提升医疗服务质量和水平。三级医院全面实施预约诊疗，扩大日间手术实施范围，千方百计改善患者就医体验。加强临床重点专科建设，强化临床药事管理，遏制细菌耐药，完善血液安全保障机制。加大临床路径推广应用力度，上半年再印发 200 个临床路径。

2. 进一步优化调整医疗资源布局。国家层面明确标准和功能要求，设立国家（专科）医学中心，发挥全国领军和指导作用。每个省份都应当有较高水平的综合性区域医疗中心，发挥高水平诊疗和辐射基层的作用。要进一步深化基层综合改革，切实提升基层卫生服务能力。使不同层级的医疗机构找准在服务链条上的位置，发挥各自优势，提供与功能定位相适应的服务。

3. 深入实施健康扶贫工程。推动 9 种大病集中救治覆盖所有贫困地区，对帮扶对象在门诊统筹、住院补偿、大病费用报销和医疗救助等方面实行倾斜政策。力争农村贫困人口门诊和住院费用政策范围内报销比例在 2016 年基础上各提高 5 个百分点，进一步提高大病保险报销比例。推进三级医院对口帮扶贫困县县医院和医疗人才“组团式”支援工作。

（五）落实中医药法规政策，进一步彰显特色优势

1. 完善中医药政策体系。贯彻落实中医药发展战略规划纲要，出台实施一批重大政策。推动各地建立健全中医药管理体系。

2. 提升中医药服务能力。实施中医药传承创新工程，加强中医专科专病防治体系建设。做好第 3 届国医大师、“全国名中医”评选表彰。促进中医药与养老、旅游等融合发展。深化中医药教育改革，继续实施卓越医生（中医）教育培养计划。

3. 推进中医药海外发展。推进中医药国际标准建设，研究制定针灸、推拿等基本规范，布局建设海外中医药中心，发展中医药服务贸易。

（六）落实健康产业发展政策，满足群众多层次多样化健康需求

推动医疗服务与养老、旅游、互联网、体育、食品深度融合，培育和发展健康产业。

1. 优化社会办医政策环境。加快电子证照制度建设，启动京津冀医疗机构、医师和护士电子证照试点。鼓励社会力量举办医学检验、病理诊断、医学影像检查、消毒供应和血液净化机构。

2. 培育健康服务新业态。会同国家统计局研究建立健康产业行业统计核算体系。深入实施国产医疗设备应用示范项目，支持国产医疗设备产业走向高端、走出国门。印发健康医疗旅游发展的指导意见，实施健康老龄化行动，出台促进医养结合等支持性政策，支持长期护理、康复、安宁疗护等接续性医疗机构建设。加强食品安全标准管理，促进食品产业健康发展。加强食品安全标准、风险监测和评估信息系统建设，促进食品安全信息惠民。

3. 加快卫生计生信息化建设，推动建立国家省市县 4 级人口健康信息平台。加快推进国家健康医疗大数据中心和产业园建设试点工程，推动“互联网 + 健康医疗”服务。

（七）落实各项保障措施，统筹推进重要任务

1. 完善法律和标准体系。加快推动基本医疗卫生法律立法进程，力争年内将草案提交全国人大常委会审议。推动《公共场所控制吸烟条例》《医疗纠纷预防与处理条例》等修订。

2. 推进人才培养和科技创新。会同教育部召开医学教育改革发展会议。多渠道加大全科、精神科、护理等紧缺人才培养，推进专科医师、公共卫生医师规范化培训试点，扩大护士执业资格考试机考试点。启动实施面向 2030 年的健康保障工程等，加快重点实验室和临床医学研究中心建设，促进创新成果转化应用。

3. 加强宣传倡导。围绕“健康中国”开展政策解读、高层倡导和社会动员，加大医改政策、典型经验、改革成效宣传力度。完善医务人员荣誉制度，做好先进称号评选及宣传工作。

4. 深化国际交流合作。举办好金砖国家传统医学高级别会议和第 7 届金砖国家卫生部长会议。举办“健康丝绸之路”国际研讨会暨健康产业博览会。进一步完善援外医疗工作，会同商务部等继续推进中非公共卫生合作计划及 100 个医院和诊所、100 个“妇幼健康工程”等援助项目。

（选自在 2017 年全国卫生计生工作会议上的讲话）

全力推进基层卫生事业改革发展

（李斌　2017 年 1 月 6 日　北京）

一、充分认识“以基层为重点”的重大意义和深刻内涵，切实增强责任感使命感（略）

二、把握机遇、攻坚克难，全面开创基层卫生工作新局面

做好下一阶段基层卫生工作的总体要求是：认真学习贯彻全国卫生与健康大会精神，全面落实新形势下党的卫生与健康工作方针，坚持稳中求进工作总基调，以提供公平可及的优质服务为目标，进一步完善基层运行新机制，稳定和优化人才队伍，扎实推进家庭医生签约服务，不断提高群众获得感和满意度，为建设健康中国打下更加坚实的基础。按照“两纵三横”的路线图——“两纵”就是加强农村和城市基层卫生服务网络建设，“三横”就是着力解决好城乡基层基本公共卫生服务、人才短板和医保引导支撑问题，围绕“纵向要贯通、横向要衔接”，重点抓好“两个加强、三个提升”工作：

（一）以完善机制为重点，加强农村基层卫生服务能力建设

1. 发挥县级医院的引领和带动作用，做到“县级强”。巩固县级医院综合改革成果，做好县医院综合能力提升试点工作。2017 年底，500 所县级医院要达到县医院医疗服务能力推荐标准；到 2020 年，力争 2000 所县级医院达到基本标准。

2. 调动和激发乡镇卫生院运行活力，实现“乡级活”。允许乡镇卫生院突破现行事业单位工资调控水平，允许医疗服务收入扣除成本并按规定提取各项基金后主要用于人员奖励，提高奖励性绩效工资比例，缩小乡镇卫生院与县级医院同等年资和水平医务人员的薪酬差距。落实各项财政补偿政策，与县级医院改革同步提高乡镇卫生院的医疗服务项目价格，合理确定乡镇卫生院配备使用药品品种和数量。

3. 稳定和优化村医队伍，确保“村级稳”。认真贯彻落实国办《关于进一步加强乡村医生队伍建设的实施意见》，乡村全科执业助理医师资格考试工作全面覆盖，解决好收入和养老问题。

4. 推动区域医疗服务一体化，实现“上下联”。以“县乡联动、乡村一体”为抓手，探索在县级医院和乡村医疗卫生机构之间建立县域“医疗服务共同体”，加快推进乡村一体化管理。全面落实城市三级医院对口支援县医院制度，2017 年安排近 4800 名医师支援 955

个县级医院，889 所三级医院对口帮扶所有贫困县的 1149 所县级医院。

5. 加强基层信息化建设，力争“信息通”。加快建设全民健康保障信息化工程，完善基层卫生应用信息系统建设，开展基层卫生信息化能力提升工程。推广基层远程会诊、影像、心电、医学教育等中心建设，开展“互联网＋家庭医生”服务。

（二）以家庭医生签约服务为抓手，加强城市社区卫生服务能力建设

增强居民签约意愿。加大宣传引导力度，在就医、转诊、用药、医保支付等方面制定吸引居民主动签约的优惠政策。调动家庭医生的积极性主动性。家庭医生按规定收取服务费用，对“签约服务包”之外的“增值服务”，合理确定服务收费价格。鼓励探索将签约服务费收入不纳入工资总额。加强城市医院对社区卫生服务机构的支持帮助。加快推进医联体建设，城市医院的指定科室要对接家庭医生转诊服务，为群众提供连续、协同、高效的健康服务。

（三）提升基本公共卫生服务绩效

加大宣传力度。认真策划年度系列宣传活动，集中开展一次基本公共卫生服务项目宣传月的活动。突出工作重点。基层基本公共卫生服务的重点是健康教育和健康管理。健康教育的主要任务是提高居民健康素养，开展“三减三健”活动。健康管理的主要对象是重点人群，主要任务是慢性病防治。要针对“一小一老和两病”重点人群优先开展签约服务。加大高血压、糖尿病等筛查力度，扩大服务覆盖面。规范开展服务。规范服务行为，用活健康档案，加强疫苗管理，做好传染病和突发公共卫生事件的报告和处理，加强卫生计生监督协管。严格开展绩效考核，加强资金管理。强化与专业公共卫生机构协同合作。专业公共卫生机构要加强对基层公共卫生工作的业务指导、人员培训、考核监测和绩效评价，基层医疗卫生机构要自觉接受指导监督，卫生计生行政部门要加强统筹。

（四）提升基层卫生人才队伍素质

加强全科医生队伍建设。开展助理全科医生培训和全科医生转岗培训，推进全科医生特岗计划，做好住院医师规范化培训和农村订单定向医学生免费培养。统筹推进在岗基层人员培训，开展网络教学和远程教育，鼓励符合条件的人员接受学历教育。拓宽基层人员发展空间。畅通面向基层卫生专业技术人员职称评价的“单独通道”，取得高级职称的人员原则上在基层机构即评即聘。对于长期扎根基层、做出突出贡献的基层人员，给予表彰奖励。创新人才管理机制。积极推进“县管乡用、乡管村用”的人才管理机制，对高层次人才、紧缺人才和取得相应执业资格到基层工作的医务人员，要制订出台简化考试程序或考核聘用的政策。

（五）提升基本医保的调控和支撑作用

完善医保差异化支付政策，助力分级诊疗制度建设。医保基金使用要向基层倾斜，针对家庭医生团队提供的不同档次签约服务包实行差异化的支付政策。以支付方式改革为抓手，推动基层综合改革。在基层机构推行住院按病种、按床日付费为主，普通门诊按人头付费为主的支付方式改革，逐步将预付制覆盖所有服务和全体患者。支持区域医疗服务一体化改革。协同推进“医联体”、“医共体”建设，促进有序分工、规范服务、上下联动、主动控费。

（选自在 2017 年全国基层卫生工作会议上的讲话）

坚定理想信念　努力营造卫生计生系统良好政治生态

（李斌　2017 年 3 月 27 日　北京）

一、认清形势，进一步增强做好反腐倡廉工作的责任感紧迫感

2016 年，全国卫生计生系统认真贯彻落实党中央、国务院和中央纪委的部署要求，坚持抓机关与抓行业相结合，抓治标与抓治本相结合，党风廉政建设和反腐败斗争步步深入，取得新进展、新成效。

（一）严明政治纪律政治规矩，落实中央决策部署的自觉性主动性明显增强

系统上下广泛开展“两学一做”学习教育，自觉在思想上政治上行动上同以习近平同志为核心的党中央保持高度一致。切实严肃和规范党内政治生活，各级党员领导干部“四个意识”得到强化。建立完善党风廉政建设和反腐败工作领导小组，压实党组织主要负责同志及成员的责任，落实党风廉政建设责任制，开展落实主体责任约谈等，各级党组织主体责任意识进一步增强。制定落实问责条例的实施办法，严肃追究失职失责行为，加强纪检监察组织建设，支持和推动纪检监察机构实现“三转”，自觉接受派驻纪检组监督，党内监督进一步强化。广泛宣讲《关于新形势下党内政治生活的若干准则》和《党内监督条例》等，

广大干部职工的纪律规矩意识明显增强，全面从严治党的氛围初步形成。

（二）狠抓中央八项规定精神落实，政风作风建设成果凸显

各级卫生计生部门紧跟中央部署，持之以恒整治“四风”。及时修订落实中央八项规定精神的实施意见，健全完善相关制度规定。进一步精简会议文件，改进文风会风，切实把精力放到解决实际问题、抓好工作落实上。紧盯重要时间节点，坚持查处一个通报一个，不断释放越往后执纪越严的信号。2016年，国家卫生计生委和一些省份卫生计生部门查处通报一批违反中央八项规定精神的问题，并对相关人员进行处理和问责，广大干部职工切身感受到新变化新气象，落实中央八项规定精神的自觉性大幅提升。

（三）始终保持反腐败高压态势，存量腐败进一步减少

坚持有腐必反、有贪必肃，落实监督执纪“四种形态”，让腐败分子没有藏身之处。2016年，国家卫生计生委医政医管局原局长王羽涉嫌受贿罪被检察机关提起公诉，医院管理研究所原所长梁铭会、医管中心原主任赵明钢因涉嫌职务犯罪被检察机关采取司法强制措施。不少地方卫生计生部门也查处一批违法案例，有效减少系统内的存量腐败，遏制增量腐败，起到了有力震慑作用。

（四）贯彻“九不准”持续发力，行业作风持续有所好转

开展大型医院巡查工作，对15所委属委管医院进行巡查，对2015年巡查的12所委属委管医院进行“回头看”。依法依规严肃查处“山东济南非法经营疫苗系列案件”“魏则西事件”“浙江省中医院医源性艾滋病病毒感染事件”等涉事医疗机构和责任人。在“两学一做”学习教育中进一步加强“九不准”的落实，深入治理收受“回扣”“红包”等问题，及时通报违反“九不准”典型案例。同时，继续在全国深入实施改善医疗服务行动，不断优化服务流程，实施预约诊疗、优质护理、日间手术等便民惠民措施，明显改善就医秩序，提升服务质量，增强群众就医“获得感”。全国大型义诊周活动义诊群众1960余万人次。国家卫生计生委与中央电视台合作开展“寻找最美医生”大型公益活动，传播正能量，塑造行业的清风正气。

（五）全面落实巡视要求，整改工作卓有成效

2016年，国家卫生计生委接受了中央巡视组的巡视，多数省级卫生计生部门也接受了省委巡视组的巡视。国家和省级卫生计生部门都诚恳接受每一条意见，严肃对待每一个问题，真认账，不推诿；真反思，不敷衍；真整改，不贰过，以巡视整改为契机，全面推动落实中央重大决策部署，着力整治突出问题。国家卫生计生委制定了7方面33项122条具体措施，实行销号式管理，这些整改措施已基本完成；制定25项《卫生计生工作增强群众获得感具体措施清单》，对照台账，加强督办。连续3年开展委直属机关内部巡视，实现全覆盖，多数省级卫生计生部门对所属单位也开展巡察工作，对存在问题进行大起底，推动了这些单位的管理和发展。

（六）持续推进深化医改，源头防腐取得积极进展

统筹推进“三医”联动改革，从体制机制上铲除腐败和不正之风赖以生存的土壤。5600多家城市公立医院取消药品加成，推进公立医院药品集中带量采购，在综合医改试点省推行药品购销“两票制”，减少流通环节，挤压药价虚高水分。将营利性医疗机构设置审批改为后置审批，民营医院占医院总数比重超过55%，新增民营医院2038家。进一步深化行政审批制度改革，推进取消三级医院评审复核与评价行政审批等许可事项，积极开展“放管服”全面督查，加强取消下放审批事项事中事后监管。四川、辽宁等省卫生计生委专门组建行政审批处，行政审批事项均进入省政府办事大厅，增加透明度，方便群众办事。

严格执行《党政领导干部选拔任用工作条例》，选任干部及时征求纪检部门意见，防止干部“带病提拔”、“带病上岗”；加大干部轮岗交流力度，严格落实“一报告两评议”等制度，及时与新任领导干部进行任前廉政谈话，把好选人用人的政治生态风向标。

二、保持推进党风廉政建设和反腐败斗争的韧劲和恒心，切实做好2017年全系统反腐倡廉工作

（一）坚定理想信念，筑牢党风廉政建设和反腐败工作的思想基础

那些出问题的党员干部，尽管出问题的具体形式多种多样，但深入剖析出问题的原因，内因无疑是主要因素。我们要引导广大党员领导干部筑牢信仰之基，补足精神之钙，把稳思想之舵，“正气存内，外邪不侵”，经受得住各种考验。

要加强理想信念教育，不断提高党性修养。这是每个共产党员的必修课，需要一辈子学习进步，一辈子改造提高。各级党组织要结合“两学一做”学习教育常态化制度化，引导广大党员干部持续“补钙”“加油”，牢固树立以人民为中心的发展思想，坚定共产党人价值观和社会主义核心价值观，正确面对公和私、义和利、是和非、正和邪、苦和乐。

要增强文化自信，加强医德医风建设。文化自信是坚定理想信念更基本、更深沉、更持久的力量。我国自古就有“医者仁心”“大医精诚”等传统医生职

业理念，成为中华优秀传统文化的重要组成部分，是所有医务工作者的共同文化基因，也与我们“为人民服务”的宗旨息息相通。全系统都要加强文化建设，大力弘扬“敬佑生命、救死扶伤、甘于奉献、大爱无疆”的职业精神，不断提升人文素养和精神境界。

要加强法治教育和警示教育，不断提高广大党员领导干部在是非面前的辨别能力、在诱惑面前的自控能力、在警示面前的醒悟能力，自觉做执行纪律的模范。

（二）牢固树立“四个意识”，严肃党内政治生活

要始终把维护党的政治纪律和政治规矩放在首位，牢固树立政治意识、大局意识、核心意识、看齐意识，坚决服从以习近平同志为核心的党中央的集中统一领导，坚决维护党中央权威，有令必行、有禁必止。要把确保党和国家方针政策的贯彻落实作为重要政治纪律，对党中央、国务院重大决策部署、必须不折不扣地坚决贯彻执行，决不允许阳奉阴违、做选择、搞变通。当前，深化医改已经进入攻坚期、深水区，全系统上下要团结一致，攥紧拳头，心往一处想，劲往一处使，步调一致，坚决落实好中央关于深化医改的各项决策部署。

要坚持以党章为根本遵循，严格落实《关于新形势下党内政治生活的若干准则》，落实民主集中制、“三会一课”等双重组织生活制度，运用好批评和自我批评的武器，以健康的党内政治生活促进作风转变和廉政建设。要认真落实《中国共产党党内监督条例》，推动各级党组织开好民主生活会、开展经常性谈心谈话、主动参加党员民主评议，健全实施好常态化的巡视、严格组织生活、党内谈话、干部考察考核、年度述责述廉和接受评议、个人事项报告、插手干预重大事项记录等7项制度，做到有权必有责、有责要担当，用权受监督，失责必追究。要将深化“两学一做”学习教育作为加强和规范党内政治生活、加强党内监督的重要载体，融入日常、抓在经常，确保取得实实在在的效果。

（三）强化政治责任担当，推进全面从严治党两个责任落地生根

全面从严治党责任是政治责任，是各级党组织职责所在、使命所系，各级党组织要坚决把这个责任扛起来、硬起来。立足“三个关键”，切实担当起全面从严治党主体责任和监督责任。

1. 抓“关键少数”。推动党员干部领导干部特别是党组织主要负责人、关键岗位负责同志，以上带下，发挥示范和导向作用，要求党员干部做到的自己必须首先做到，要求党员干部不做的自己必须首先不做。党政一把手要切实负起第一责任人的职责，班子其他成员要坚持“一岗双责”，着力解决业务工作和党风廉政建设“两张皮”问题。引导领导干部严格自律，要自觉同特权思想和特权现象作斗争，注重家庭、家教、家风，从自己做起，从身边人管起，从最近身的地方构筑起预防和抵制特权的防护网。注重防范被利益集团“围猎”，坚持公正用权、谨慎用权、依法用权，坚持交往有原则、有界限、有规矩，把好用权的“方向盘”，系好廉政的“安全带”。

2. 抓“关键制度”。信任不能代替监督，自觉不能代替制度。要加强党委（党组）监督制度，及时发现和督促解决问题，推动中央、中央纪委重大决策部署得到有效落实。加强纪委全面监督制度，以强有力的问责督促责任落实。要运用好《问责条例》的利器，对落实主体责任不力的；对党的领导弱化、抓党风廉政建设不敢担当造成严重后果的，对违反中央八项规定精神、“四风”禁而不绝的，对“九不准”落实不到位、行风问题严重的，对选人用人问题突出、不落实巡视巡察整改要求的，都要严肃追究责任。

3. 是抓“关键任务”。要结合本单位工作实际，认真梳理工作重点，逐级研究制定党风廉政建设和反腐败分工意见，按照“谁主管、谁负责”的原则，层层分解责任，层层传导压力，把各项任务具体到岗位和个人，形成工作合力。这里，还需要强调的是，要认真处理信访举报，及时发现并下大气力解决群众反映突出的难点问题。

（四）坚持标本兼治，着力构建卫生计生系统反腐倡廉长效机制

标本兼治是管党治党的一贯要求。要坚持治标不松劲，不断以治标促进治本，推动形成“不敢腐”的惩戒机制、“不能腐”的防范机制、“不想腐”的自律机制。

要铲除腐败滋生的土壤。全系统要进一步推进卫生计生“放管服”改革，实施权力、责任清单管理制度，制定台账明细，用清单管理推动规范用权。勇于自我革命，全面清理自行设置、不合时宜等审批项目，做到最大限度压减。这个问题关系社会活力的充分发挥，大家要坚决端正思想，在认识上过关，一定程度上，大家既是政策的制定者，也是改革政策落实的推动者、执行者。要勇于自我革命，进一步优化政务服务，推进与各部门政务信息平台互通互联，提高政务信息化水平。创新监管方式，重点加强事中事后监管，推进跨部门综合检查，全面推行“双随机、一公开”，推动运用大数据等技术手段推进监管全过程的“留痕”，可溯源。今年我们还将组织开展卫生计生系统放管服改革督查。切实管好用好资金，资金要全部纳入预算管理，坚决杜绝小金库，杜绝将财政资金放在商业银行吃利息、截留挪用等违法违规行为。紧紧看住和管好用好健康扶贫、新农合等群众的“救命钱”，使惠民资金和项目真正发挥效用。严格医疗卫生公共资源分配，充分利用公共资源平台，严格招投标流程管理，全面推进医药、设备购销等阳光采购，综合施策堵塞“两票制”执行中的漏洞。

要继续保持惩治腐败的高压态势。要保持惩治腐败的力度不减、节奏不变，坚决减少腐败存量，重点遏制增量。特别要紧盯药品、医疗器械和耗材购销等腐败问题易发多发的重点环节，突出“三类重点人”，即十八大后不收敛不收手，问题线索反映集中、群众反映强烈，现在重要岗位且可能还要提拔使用，要综合运用监督执纪“四种形态”，对苗头性、倾向性问题及时处理，坚决防止积小错成大祸，坚决遏制住腐败蔓延势头。

要强化巡视巡察利剑作用。巡视巡察是党内监督和管党治党的利器，要推进巡视巡察工作的制度化和常态化。国家卫生计生委今年将对部分直属联系单位开展巡视“回头看”，构建震慑常在的长效机制。被巡视过的单位决不能有“过关”“松口气”的思想，要以驰而不息的精神，确保巡视整改各项任务全面落实。要加强对巡视整改工作的督查督办，建立常态化机制，确保标准不降、力度不减、落实不打折扣。

要强化基层党组织的堡垒作用。以推广支部工作法为抓手，整顿软弱涣散基层党组织，激活基层、激发动力。尤其是强化公立医院和社会组织党建工作的指导，拿出实招，重点推进全系统党建工作全覆盖，健全年初确定目标、年中督导检查、年底考核评价的基层党组织党风廉政建设和反腐败工作推进机制。2017 年，我们还要会同中组部，专门印发加强公立医院党建工作的文件。委业务联系的社会组织在党的十九大召开前要实现党的组织和党的工作全覆盖。

（五）抓党风带政风促行风，全面推进卫生计生行业作风建设

1. 继续严抓中央八项规定精神的落实。落实中央八项规定精神是一场攻坚战、持久战。各级卫生计生部门紧盯违反中央八项规定精神的新形式新动向，坚持经常抓、抓经常，持续改进机关作风，削减“文山会海”，切实加大治理力度，不断消除公车私用、公务接待、公款旅游、公款送礼、滥发津补贴等积弊顽疾。锲而不舍抓好年节假期、出国出差、干部岗位变换等重要节点廉政提醒教育，推动作风建设常态化、长效化，坚决防止反弹、“回潮”。

2. 使“九不准”真正成为带电的高压线。建立健全卫生计生系统行风建设工作机构，建立行风问题线索通报和联防联控机制。委属委管医院要带头把行业作风建设与医疗业务工作同部署、同落实、同检查、同考核，层层分解任务，层层传递压力。要加大对“九不准”落实情况的监督检查，把落实情况和实施效果作为医院等级评审的重要衡量标准。加大对违反“九不准”规定行为的惩处力度，对于我行我素、顶风违纪的，发现一起、查处一起、通报一起，同时严肃追究相关领导人员的责任。通过清除医务队伍中的害群之马，维护白衣天使的良好形象。

3. 全面做好大型医院巡查工作。认真落实 2015—2017 年度巡查工作方案，完成 3 年巡查任务，做到对大型医院巡查全覆盖。要履行卫生计生行政部门监管职责，全面评估医院反腐倡廉建设、廉政风险防控和规范权力运行以及医德医风、行业行风建设等情况，有针对性地提出整改意见。要提高巡查的政治站位，全面聚焦从严治党、党风廉政建设和反腐败斗争，坚持以下看上，透过现象看本质。要强化医院巡查成果运用，善于发现带有规律性、普遍性的问题，及时建章立制，持续推进源头治理工作，推动深化改革和行风建设取得实效。

（六）践行忠诚干净担当，切实加强纪检监察干部队伍建设

要切实贯彻落实《中国共产党纪律检查机关监督执纪工作规则（试行）》，研究制定具体实施意见，严格工作规程、加强管理监督。各省级卫生计生部门要尽快适应综合派驻后的变化，把加强机关纪委建设作为一项重点任务，采取有效措施充实机关纪委力量，保障纪律审查和日常监督工作的正常开展。打铁还须自身硬。纪检干部要“严”字当头，强化自我监督，保持队伍纯洁，作遵守纪律的标杆。要抓住能力建设这个关键，加大对纪检干部的培训，提升卫生计生系统纪检干部监督执纪问责能力。

（选自在 2017 年全国卫生计生系统反腐倡廉工作会议上的讲话）

总结推广典型经验　做实做好家庭医生签约服务工作

（李斌　2017年4月13日　上海）

一、充分肯定家庭医生签约服务工作取得的重要成效

各地、各有关部门认真贯彻落实中央部署，共同推动家庭医生签约服务工作。目前已有26个省（区、市）印发推进家庭医生签约服务的指导性文件或实施方案，截至2016年底，200个公立医院综合改革试点城市家庭医生签约服务覆盖率达22.2%，重点人群签约率达38.8%，圆满完成2016年度工作任务目标。

（一）初步建立具有中国特色的家庭医生签约服务政策体系

制定《关于建立分级诊疗制度的指导意见》《关于推进家庭医生签约服务的指导意见》等重要政策文件，系统谋划具有中国特色的家庭医生签约服务制度设计。有关部门和地方也积极探索、出台一系列签约服务激励与支撑政策，进一步充实和完善家庭医生签约服务政策体系。

（二）不断完善家庭医生签约服务体系

坚持保基本、强基层、建机制的基本原则，大力加强城乡基层医疗卫生服务体系建设。目前已基本实现村村有卫生室、乡乡有卫生院、每个街道都有1所社区卫生服务中心，县医院服务能力明显增强，80%以上的居民15分钟内能够到达最近的医疗点。

（三）加强家庭医生服务能力建设

从国情实际出发，将家庭医生的范围进行拓展，将全科医生、具备能力的乡镇卫生院医师和乡村医生、符合条件的公立医院和退休临床医师等也纳入其中。不断加大家庭医生尤其是全科医生队伍的培养和培训力度，有效扩充家庭医生队伍。

（四）在实践中形成一批典型经验

各地因地制宜开展大量探索，积累宝贵经验。上海市开展“1+1+1”签约服务；浙江省杭州市落实签约费用保障机制；四川省成都市设立专项资金用于签约服务激励；江苏省盐城市大丰区制定“梯度结构、种类合理、特色明显、内容丰富”的服务包；北京市西城区月坛社区卫生服务中心健全吸引人才、培养人才、留住人才、使用人才的长效机制。这些经验有很多可圈可点之处，希望大家互学互鉴。

（五）切实提升群众获得感

各地在开展签约服务以后，城乡居民就诊下沉效果逐步显现，健康管理效益逐步提升。签约服务包、家庭病床等服务满足群众个性化的医疗卫生服务需求，家庭医生“朋友”的概念和“贴心人”服务模式深入人心，得到群众认可。

中央深改组对这项工作始终高度关注，充分肯定签约服务取得的积极进展和成效。国家统计局近期开展了专题调研，结果显示，各地签约服务工作稳步推进，模式多样，符合群众预期和要求。

在充分肯定成绩的同时，我们也要清醒地认识到，签约服务在我国还处于起步阶段。当前面临的主要问题，工作发展不平衡，宣传不到位，基层服务能力不强，保障政策不完善。这些问题必须引起各地高度重视，有针对性地采取措施，努力加以解决。

二、深刻认识推进家庭医生签约服务的重大意义

（一）推进家庭医生签约服务是转变服务模式，实现从“以治病为中心”到“以健康为中心”的重要抓手

通过开展签约服务，将坐堂诊断变为主动问诊，将间断性服务变为连续性服务，将单一的疾病治疗变为综合的健康管理，有利于满足群众更加重视生命质量和健康安全的需求。

（二）推进家庭医生签约服务是分级诊疗制度建设的重要基础

要实现“小病在基层、大病到医院、康复回基层”的合理就医秩序，就必须建立健全家庭医生签约服务制度，让群众患病后第一时间问诊自己的家庭医生，形成基层首诊、双向转诊、急慢分治、上下联动的有序就医格局。

（三）推进家庭医生签约服务是构建和谐医患关系的重要途径

家庭医生服务在我国具有悠久的传统和深厚的文化积淀，签约服务在长期、全程、熟悉的相处过程中，使互信互助、互相扶持的亲密关系进一步强化，有利于在全社会重塑和谐医患关系。

（四）推进家庭医生签约服务是应对健康新挑战的重要举措

我国正处在老龄化加速发展、疾病谱迅速变化的经济社会转型期，通过开展签约服务，家庭医生可掌握居民的健康水平和变化趋势，提出有针对性的、系统规范的治疗和健康管理方案，提升居民的健康意识，

在群众家门口构筑起守护健康的坚固防线。

（五）推进家庭医生签约服务是密切党和人民群众血肉联系的重要纽带

通过签约服务这个“小切口”，折射出党和政府关注民生、重视民生、保障民生的“大格局”。特别是通过为重点人群和贫困家庭等提供签约服务，将党和政府的温暖和关怀送到群众身边、送到群众心里，能够及早消除化解基层矛盾，完善社会治理，维护社会和谐稳定大局。

三、做实做好家庭医生签约服务工作

深化医改任务明确要求，2017 年家庭医生签约服务要扩大到 85% 以上地市，签约服务覆盖率要达到 30% 以上，重点人群达到 60% 以上。

（一）强化签约服务内涵

适宜的签约服务内容是推进家庭医生签约服务的基础。各地要根据服务能力和需求，合理设定基础性签约服务包，还要结合本地实际情况，设计针对不同人群的个性化签约服务包。同时，在家庭医生签约服务内容设计中要充分发挥中医药的重要作用。

（二）强化基层服务能力和水平

家庭医生数量不足、水平不高是制约签约服务工作的重要瓶颈。着力提升基层医疗卫生服务能力，大力开展基层医疗卫生服务能力提升年活动。强化全科医生培养培训，将加强全科医生培养培训和推广家庭医生签约服务同部署、同落实。切实推动优质医疗资源下沉，帮助基层提升医疗技术水平。

（三）充分调动家庭医生签约服务的积极性

要强化对基层医务人员的激励机制。完善基层医疗卫生机构绩效工资政策。允许突破现行事业单位工资调控水平，允许医疗服务收入扣除成本并按规定提取各项基金后主要用于人员奖励。完善基层医疗卫生机构内部激励机制。推广标化工作量做法，将考核结果与收入挂钩，鼓励多劳多得、优劳优得。拓宽家庭医生的职业发展路径。在编制、人员聘用、在职培训、评奖推优等方面重点向承担签约服务工作的人员倾斜。

（四）强化签约服务对群众的吸引力

通过提供贴心、方便、优质的服务，提高居民对签约服务的认同感，吸引群众主动签约。在就医方面，支持基层医疗卫生机构改善条件，同时家庭医生要主动拓展服务内容、优化服务流程、完善服务模式。在转诊方面，赋予家庭医生一定比例的医院专家号、预留床位等资源，方便签约居民优先就诊和住院。在用药方面，适当放宽基层用药目录，对于签约的慢性病患者，要赋予家庭医生开具长处方权利，酌情延长单次配药量。在技术支持方面，大力发展区域影像、检验、消毒供应等共享中心，满足签约居民需求。

（五）强化签约服务政策支持

家庭医生签约服务要落到实处，就必须完善相关政策保障措施。合理确定签约服务费。根据签约服务人数按年收取签约服务费，由医保基金、基本公共卫生服务经费和签约居民付费等分担。充分发挥医保的支撑作用。对签约居民可给予提高报销比例、连续计算起付线等优惠措施，探索实行医保总额付费，医保结余资金可部分用于家庭医生签约服务奖励。拓宽签约服务筹资渠道。加大财政资金支持力度，合理调整相关的医疗服务项目和价格。同时引导居民投资健康，探索商业健康保险支持签约服务，发挥养老、救助、公益资金等社会资金的补充作用。

（六）强化签约服务信息化支撑

加快实现区域信息平台和基层医疗卫生机构信息系统互联互通。建立家庭医生与签约居民的服务互动平台，实现预约、咨询、健康管理等功能。建立家庭医生与上级医院的支持互动平台，实现家庭医生及时获得上级专家的技术支持。建立家庭医生服务管理平台，精准管控质量，实现精细化管理。

（七）正确处理好 4 个方面的关系

1. 数量和质量的关系。推进家庭医生签约服务既要把握进度，更要注重质量，数量要服从质量。要做到“三个不得”，不得盲目地追求签约率，不得采取搞运动的方法，不得搞强迫命令。

2. 重点和普遍的关系。现阶段要集中资源优先向重点人群提供签约服务。要从重点疾病入手，优先覆盖重点人群，要确保建档立卡的贫困人口应签尽签、应治尽治。之后再逐步创造条件，将签约服务扩大到全人群。

3. 基本医疗服务与基本公卫服务的关系。签约服务既要按照规范要求，免费提供国家基本公共卫生服务项目，又要对接需求，让群众就近获得常见病、多发病的诊疗服务。要坚决防止重医轻防或重防轻医的倾向。

4. 基本服务包与个性服务包的关系。基本服务包是签约服务的最基本要求，签了就必须做到。各地可根据需求，设计个性服务内容，按照自愿的原则，依据相关标准进行收费。既不要脱离客观实际，盲目扩大基本服务包，也不能以片面强调个性服务，忽视提供基本服务。

（选自在全国家庭医生签约服务现场推进会上的讲话）

做好农村贫困人口大病专项救治工作 全面建成小康社会

（李斌　2017年4月18日　北京）

一、深刻认识，不断提高做好农村贫困人口大病专项救治工作的责任感使命感

（一）做好大病专项救治工作，是患病贫困群众同步迈进小康社会的重要保障

“没有全民健康，就没有全面小康”。农村贫困人口脱困是全面建成小康社会的刚性目标、底线目标，也是最艰巨的任务，而重大疾病是导致贫困的主要原因之一，是阻挡群众迈进小康社会的“拦路虎”。2016年，国家卫生计生委会同国务院扶贫办组织80多万基层卫生工作者，逐户、逐人、逐病调查，重点核查发病率高、费用高、影响生产生活能力的93个病种，确认全国建档立卡的贫困人口中，还有因病致贫返贫家庭553万户，共涉及734万人；其中，患大病、重病的约240万人，15～59岁劳动力年龄段患者占全部患者的40%。罹患重大疾病不仅带来身体痛苦，威胁生命健康，还给家庭造成很大的医疗费用支出。我们一定要深刻认识做好大病专项救治工作的重要意义，作为打赢脱贫攻坚战的一场关键战斗，摆到更加突出的位置，精心组织，务求全胜，决不让贫困的群众因为健康问题在全面建成小康社会的道路上掉队。

（二）做好农村贫困人口大病专项救治，是落实国家扶贫攻坚战略的制度创新

健康扶贫是一项复杂的系统工程，越到后面难度越大，剩下的都是条件较差、病情较重、贫困程度较深的群众，解除他们的痛苦是党和政府义不容辞的责任。2016年，我们贯彻中央关于健康精准扶贫的总要求，充分发挥政治优势、制度优势和组织优势，确定“三个一批”的工作思路，即“大病集中救治一批，重病兜底保障一批，慢病签约服务管理一批”，将730多万患病贫困群众大体分为3类进行“靶向治疗”。实施农村贫困人口大病集中救治是首当其冲的关键举措。“三个一批”，大病集中救治是第一个一批，今天我们启动会就是要把第一个一批这个硬仗打好。我们组织专家进行充分论证，按照群众反映集中、费用负担重、诊疗路径清晰、诊疗效果明确的原则，遴选儿童先天性心脏病、儿童等白血病、食管癌、胃癌、结肠癌、直肠癌、终末期肾病等9种大病作为首批大病专项救治病种，先行在8个省份开展集中分类救治试点，采取“四定两加强”措施（定诊疗方案、定救治医院、定单病种费用、定报销救助比例，加强救治管理、加强责任落实），目前已经集中救治9.2万人，收效良好。

（三）做好大病专项救治工作，是实施健康中国战略，提升人民健康获得感的重要举措

健康扶贫是健康中国战略的重要组成部分，按照中央统一部署，国家卫生计生委会同有关部门加大中央投资倾斜力度，进一步完善贫困地区卫生计生服务体系，加强人才培养，推进城乡医院对口支援，派出国家医疗队赴贫困地区巡回医疗，让农村贫困人口得到更多健康实惠。特别是各试点省份积极探索开展大病专项救治，救治病种范围不断扩大。陕西将病种从国家确定的9个增加到11个；山西将集中救治的病种增加到24个，并加强临床路径管理；安徽规定贫困人口在县市省三级医疗机构就诊，个人年度自付费用“三五一”，就是不超过3千元、5千元和1万元，超出部分，合规费用由政府兜底；四川建立扶贫救助基金，保证个人自付比例不超过10%；河南取消了43种疾病的大病保险起付线；贵州推行健康扶贫补充保险，确定医保、医疗救助的联动报销比例，各病种实际报销比例由原来的50%～60%提高到80%以上；江西还实现儿童白血病、先心病、白内障、唇腭裂等病种免费救治；宁夏大力提升基层服务能力，减少患者异地甚至跨省就医带来的交通、食宿等额外开支。这些都为打赢脱贫攻坚战奠定了坚实基础。

总结起来，8省（区）先期试点探索了这样几条有效的经验：（1）强化责任担当。各级党委、政府践行为人民服务根本宗旨，集中优质资源，公共财政适度兜底，动员各方力量，采取超常规举措，形成了党委领导、政府主导、社会协同、公众参与的工作格局。（2）突出精准要求。科学选择首选病种，完善医疗诊疗技术规范，加强医疗质量控制，做到扶贫对象精准、病种安排精准、资金使用精准、措施到户到人精准。（3）加强政策衔接。基本医保、大病保险、医疗救助之间衔接紧密，提高了实际的报销比例，降低了起付线。（4）注重因地制宜。采用经济有效的健康策略，使用基本药物、适宜技术和规范化治疗手段用于专项救治，不作不切实际的高承诺。各地要结合实际，认真学习体会这些经验，确保今年大病专项救治工作取得预期成效。

二、突出重点，全力完成大病专项救治目标任务

（一）做好救治对象的动态跟踪管理

精准扶贫、精准脱贫、靶向治疗是健康扶贫的要义精髓。做好救治对象的动态追踪管理是做到“精准”的前提，要把握好建账、更新、研判三个环节。2016年，我们建立“健康扶贫管理数据库”，摸清了基本底数，这些都是基层同志们走村入户获得的，来之不易，要用好用活这些重要信息。建账，就是各省要在国家提供的信息基础上，建立本地的动态信息管理系统，实现建档立卡农村贫困人口、计生特困家庭和民政部门提供的低保及特困供养人员全部纳入，建立统一台账，实施动态管理。更新，就是各地要发挥好乡村医生、计生专干等基层卫生计生人员的作用，分片包干，加强与贫困患者的联系。充分利用居民健康档案、家庭医生签约服务等，及时掌握贫困患者大病救治的需求，组织他们到定点医院进行疾病的诊疗，新发一例管理一例，治愈一例销号一例。减少存量，随时更新系统数据，实时掌握工作进展。特别是“三个一批”情况，要按照“三个一批”对数据进行分类，同时，特别对我们这次要集中进行大病救治的，要建立详细的台账。研判，就是各地要把贫困人口大病专项救治信息定期上报，由我委健康扶贫信息系统统一管理，确保信息及时、准确。各地都要做好信息数据统计分析，结合实际，适当扩大救治病种和人群覆盖范围。

（二）提高医疗救治规范化水平

医疗质量是大病专项救治工作的生命线，怎么强调都不为过。要科学选择定点医院。各地要按照保证质量、方便患者、管理规范的原则，确定各个病种的医疗救治定点医院。有条件的地方，要尽量把定点医院设置在县一级，让群众在县域内能得到有效救治。县域内不具备诊疗能力的，可以设置在地市级以上医院。要细化诊疗方案。目前9种大病，涉及到30个左右临床路径。各地要在国家卫生计生委制定的相关诊疗指南、规范基础上，结合实际制定更加详细可操作的诊疗流程，使诊治工作标准化、同质化。要加强质量控制。定点医院要强化医疗质量安全意识，完善管理制度，规范诊疗行为。各级卫生计生行政部门要组建重大疾病临床诊疗专家组，建立健全转诊、会诊、巡诊制度，完善质控指标，开展质量管理、业务培训和考核评价，确保医疗质量安全，把好事办好。

（三）降低患者医疗费用负担

这9种疾病总体上治疗费用都比较高，要通过基本医保、大病保险、医疗救助、政府兜底和个人适当负担的办法，分担压力，切实减轻患者负担，保障救治工作可持续。重点做好提标、控费和衔接3方面工作。提标，就是加大对基本医保（新农合）、大病保险和医疗救助的支持力度。2017年城乡居民医保财政补助已由每人每年420元提高到450元，所以在政策内住院费用的报销比例，尤其是在农村这块，新农合也要适当地提高。适当降低大病保险起付线，提高实际报销比例。对于报销后自付费用仍有困难的患者，要充分利用医疗救助、扶贫经费、社会慈善力量等给予帮助。控费，就是要深化支付方式改革，科学合理确定单病种费用标准，这9种大病都要实施单病种付费，这个标准大体上全国要适当地平衡。我们在试点省已经进行了试点，各地根据实际情况科学确定标准，明确相关保障、救助联动报销比例，对定点医院可以实行“超支自付，结余归己”政策，提高定点医院合理控费的内生动力，减轻患者负担。衔接，就是完善“一站式”结算制度。各地要健全衔接机制，推行基本医保（新农合）、大病保险、医疗救助、应急救助、商业补充保险“一站式”联动报销机制。贫困大病患者在县域内定点医院“先诊疗，后付费”，让群众免于提交多种申请报销和救助的材料，要通过信息化身份标识等简洁手段明确救助对象身份，确定为救助对象的，就不要再要求提供各种各样的申请和证明材料，免除繁琐的申请程序，让群众报销更加便利，切实增强“获得感”。

（四）大力提升贫困地区医疗卫生服务能力

提高医疗卫生服务能力，是做好大病专项救治工作的有力支撑。要针对大病救治工作的需要加强硬件建设，配备必要的设备，改善必要的医疗条件，各地承担集中救治的定点医院要承担起对基层医疗机构的人才培训，使基层能够承担起接续性的康复任务。继续实施三级医院对口支援贫困县县级医院，可以采取“组团式”支援方式，向贫困地区县级医院派驻1名院长或副院长和至少5名医务人员组成团队，驻点帮扶。承担对大病集中救治中的疑难重症，对口帮扶任务的三级医院要派出专家进行现场指导，也可以直接转诊到本院治疗。

农村贫困人口大病专项救治工作是落实国家扶贫攻坚战略，实施健康扶贫工程的重要举措，我们计划用2年的时间解决存量问题，2017年和2018年对9种大病现有贫困人口患者进行集中救治。以后，出现一例随时救治一例。这项工作任务繁重，责任重大。让我们以对党和国家高度负责的政治责任感，带着对农村贫困群众的深厚感情，切实做好农村贫困人口大病专项救治工作！

（选自在全国农村贫困人口大病专项救治工作启动会议上的讲话）

推进“两学一做”学习教育常态化制度化

（李斌　2017年5月9日　北京）

一、深刻认识推进“两学一做”学习教育常态化制度化的重大意义（略）

二、深入把握常态化制度化的目标任务和基本要求，在真学实做上下功夫、求实效

（一）抓住“关键少数”，在真学实做上以上率下

1. 要在“真学”上发挥带头作用。要充分发挥委党组理论学习中心组学习的示范带动作用，把学党章党规、学系列讲话作为中心组学习的主要内容，制定年度学习计划，坚持定期学习制度，明确学习主题，加强研讨式、互动式、调研式学习，增强学习效果，发挥示范带动作用。要认真参加所在党组织的集中学习，带头讲党课，为基层党组织和广大党员作榜样。直属机关各级党组织都要有经常学、长期学的安排部署，明确具体的学习内容、学习任务和学习方式，做到年度有安排、月月有计划，推动党员真正学有所获。

2. 在“实做”上发挥带头作用。直属机关各级领导干部，特别是职务中有“书记”这个称谓的干部，无论职级高低，什么岗位，都要学做互进、知行合一，干在前头、当好表率，带头践行“四个合格”标准，做到政治合格、执行纪律合格、品德合格、发挥作用合格。要以此为参照系，在思想和行动上对标对表，列出“不在组织、不像党员、不起作用、不守规矩”等不合格表现的负面清单，不等不拖、即知即改，进一步把党员的先锋形象树起来，在信仰信念、纪律规矩、修身律己、责任担当上强起来。

（二）抓实基层支部，把党的一切工作落到支部

1. 要落实支部建设基本制度。坚持“三会一课”要突出政治教育，突出党性锻炼，做到有主题、有讨论、有收获，而不能表面化、形式化、娱乐化、庸俗化，使之成为党员政治学习的阵地、思想交流的平台、党性锻炼的熔炉。

2. 要发挥好支部主题党日活动这个有效载体。要强化政治性、体现庄重感，每月至少一次组织党员集中学习、听党课，开展民主议事和志愿服务等活动，关键要有“党味”，使之成为党员学习日、党员议事日、党员奉献日。通过定期开展活动，让党员养成经常参加组织生活的习惯，增强对党组织的归属感，使党组织更有凝聚力、影响力。

3. 要让支部在基层工作中唱主角。要在基层单位中合理设置党支部，把书记选好、把班子配强。要深入研究支部建设规律，继续宣传推广办公厅党总支“六弦共鸣”等务实管用的工作法，探索总结基层支部工作的好做法、好经验，不断创新组织生活途径和载体，让党支部成为教育党员的学校、团结群众的核心、攻坚克难的堡垒。

（三）坚持问题导向，建立查找解决问题的长效机制

1. 查找问题是解决问题的前提。要建立经常性的党员“党性体检”机制，落实组织生活会和民主评议党员制度，用好批评和自我批评的武器。特别是要引导年轻党员加强政治历练、政治能力训练。重点要持续解决党员党的意识不强、组织观念不强、发挥作用不够等问题，持续解决党的领导弱化、党的建设缺失、管党治党宽松软等问题，持续解决党支部政治功能弱化、组织软弱涣散、从严治党缺位等问题，联系实际深下去，把问题找准、找实、找具体。

2. 解决问题要建立长效机制。要按照查找出来的问题清单，采取专项整治等办法，集中力量加以解决。我们可以借鉴在中央专项巡视整改中的做法，对存在的问题，谁来解决、怎么解决、什么时间解决到位，都要明确，解决了就销号，没解决的要跟进、加强督办。要着力解决“灯下黑”和“两张皮”问题，加强中组部要求的基层党建7项重点任务长效机制建设，继续推进社会组织党建工作“两个覆盖”。要着力解决群众反响强烈的突出问题，加大对“微腐败”和“蝇贪”的查处力度，对腐败问题“零容忍”，增强群众的获得感和对党组织的信任度。

（四）加强深度融合，推动学习教育与中心工作有机衔接

要坚持围绕中心、服务大局，把学习教育与实现中华民族伟大复兴的中国梦结合起来，与落实国家卫生计生委“1、5、3”重点任务结合起来，与党员干部履职尽责结合起来，与创建“五型”党支部结合起来，与健康中国建设、深化医改、健康扶贫等中心工作深度融合，与正在做的年度工作有机衔接，不能“空对空”“两张皮”。通过学习教育，引导党员干部牢固树立和自觉践行5大发展理念，贯彻好稳中求进工作总基调，落实好卫生与健康改革发展各项任务。通过学习教育，促进做好保障和改善人民健康的工作，深入做好化解矛盾、理顺情绪的工作。通过学习教育，推动党员干部提振“精气神”，用实际行动贯彻落实党中央国务院关于卫生计生工作的决策部署，在本职岗位上建功立业，在为民服务中树立先锋形象。

三、确保推进“两学一做”学习教育常态化制度化取得实效

（一）层层推动主体责任落实

按照中央要求，国家卫生计生委推进“两学一做”学习教育常态化制度化的组织机构不撤、力量不减，我作为党组书记总的牵头，担任领导小组组长，委党组全体成员结合分管工作抓落实。各单位要把推进“两学一做”学习教育常态化制度化纳入管党治党的责任清单，做到任务明确、措施具体、目标清晰、考核严格。各单位主要负责同志要担负起第一责任人的职责，亲自抓谋划、抓推动、抓落实。班子成员要落实一岗双责，结合分管工作加强指导。各级党组织书记要把抓党员队伍建设的意识树起来、责任扛起来。

（二）强化分层分类指导

委“两学一做”指导组要继续加强对直属支部开展学习教育进行指导，督促直属党委（总支）履行主体责任。要加强分层分类指导，对委机关司局、直属和联系单位中的医疗服务窗口单位、承担部分机关行政职能的单位以及其他单位要提出具体化、精准化、差异化的要求，对领导干部、普通党员、流动党员、离退休职工党员等不同群体也要提出差别化的要求。委直属机关各单位、各级党组织和广大党员要坚持从实际出发开展教育和自我教育，鼓励探索、鼓励创造，发挥主动性和创造性。机关党委和指导组要通过多种方式深入了解学习教育开展情况和实际效果，及时总结推广基层创造的好经验好做法，及时发现和纠正苗头性倾向性的问题。

（三）加强典型示范引领

要在“两优一先”等评选中，表彰“两学一做”学习教育中涌现的先进典型。宣传司和委属新闻媒体要结合迎接宣传贯彻党的十九大，加大对“两学一做”先进典型的宣传力度，既要有“学”的典型，又要有“做”的楷模；既要树立优秀领导干部的榜样，也要宣传好基层优秀党员，引导广大党员见贤思齐，自觉学先进、赶先进、当先进。

（四）加大督促检查力度

要发挥“两学一做”学习教育指导组的作用，完善经常性督查指导机制，对委直属机关各级党组织推进学习教育常态化制度化情况实时跟进，动态督查，随机抽查基层党支部学习教育情况，及时总结推广先进经验，指出存在问题，督促整改。委直属党委单位也要组织力量，通过随机抽查、专项督查、情况通报、重点约谈等方式，推动学习教育和问题整改。把推进学习教育常态化制度化情况纳入年度党建工作综合督查，纳入党建工作考核，每年结合总结述职进行检查评估，作为评判党组织和党组织书记履行管党治党责任情况的重要依据。对工作落实不力、搞形式走过场的，要严肃批评、追责问责。

（选自在国家卫生计生委推进“两学一做”学习教育常态化制度化工作部署会上的讲话）

重视护理工作　不断提高护理服务水平

（李斌　2017年5月11日　北京）

一、充分肯定党的十八大以来护理事业取得的显著成绩

1.护理政策不断完善。深入贯彻落实《护士条例》，严格规范护理执业行为，维护护士合法权益。印发实施“十二五”、“十三五”护理事业发展规划纲要。制定《关于实施医院护士岗位管理的指导意见》，改革护理服务模式，建立起护理岗位管理制度和新入职护士培训制度，明显提高护士队伍整体素质和临床护理服务能力。出台指导意见，全面启动护士电子化注册管理改革。浙江省卫生计生委会同有关厅局印发《关于加强全省护理队伍建设的若干意见》，对改善护理人员编制配备、调整护理技术劳务价格、提高护士待遇、完善评价激励等方面明确政策措施。江苏省出台《实施医院护士岗位管理的指导意见》《医院护理岗位设置名录（2013版）》和基数配置参考标准等，护理工作管理法治化规范化水平不断提高。

2.护理服务不断优化。持续推进优质护理服务，促进服务理念从“以疾病为中心”向“以病人为中心”转变，更加注重人文关怀，更加关注患者诉求，不断为群众提供更加专业、规范、人性化的护理服务。截至2016年底，优质护理服务已实现全国三级医院全覆盖，88%的二级医院开展优质护理服务，惠及越来越多的患者。

3.护理管理水平不断提升。各地紧密结合深化医药卫生体制改革，不断创新护理管理体制机制，通过科学设置护理管理岗位，合理配置护理人力，开展科学绩效考核，利用信息化手段提升护理管理效能、薪酬分配向临床一线倾斜等措施，降低临床护士工作负荷，调动护士在临床一线岗位工作的积极性，创造良好的护理职业发展环境。北京协和医院发挥委属管医院示范引领作用，主动帮扶带动基层医院提高护理服务能力。甘肃省印发指导意见，提高护理人员待遇，保障编外护理人员的合法权益等。

4. 护理内涵不断丰富。各级医疗卫生机构更加注重贴近群众日益多样化和多层次的健康需求，主动整合资源，调整布局，将护理服务逐渐拓展到社区和家庭，积极探索开展医养结合等新服务，不断创新服务形式，为群众提供主动、全面、耐心、细致的护理服务。福建省厦门市以慢性病为切入口，创造性地实施“三师共管”签约服务模式，有效发挥了基层护士作用，助力推进分级诊疗和家庭医生签约服务。安徽省在合肥、马鞍山、宣城等6市开展长期护理试点，探索“医养结合”和“全程托护”新型老年患者住院管理模式。山东省青岛市建立长期护理保险制度，以城镇基本医疗保险为依托，通过专护、院护、家护、巡护四种形式，护理和照料失能、半失能老人，受到群众欢迎。

5. 护理队伍不断壮大。近年来我国护士数量大幅增长，截至2016年底，注册护士总数超过350万人，较2010年增长71%，增幅和年均增速均创历史新高。每千人口护士数从2010年的1.52提高到2016年的2.54，在基层医疗卫生机构从事护理工作的护士接近70万，医院医护比由2010年的1:0.85提高到2016年的1:1.17，长期以来医护比例倒置的问题得到了根本性扭转。护士队伍数量增长的同时，整体素质大幅度提高，具有大专以上学历的护士已占总数的65%，三级医院大专以上学历护士占80%，二级医院大专以上学历护士占63%。护士专业技术水平逐步提升，专科护理服务能力不断提高。

二、准确把握新形势新要求，进一步增强做好护理工作的责任感和紧迫感

从发展理念看，党中央、国务院将健康中国建设上升为国家战略，强调要把人民健康摆在优先发展的战略位置，把“以治病为中心”转变为“以人民健康为中心”，努力全方位、全周期维护人民健康。这是卫生与健康发展理论的新飞跃、发展理念的大提升，也将引导护理事业发生革命性变化，推动护理服务模式从配合医生完成治疗任务向“围绕患者身心需求”的责任制整体护理模式转变。这就要求广大护理工作者主动更新理念，进一步提升服务意识，将患者视为一个整体，深入掌握其身体、心理、精神、文化等方面的状况，做好生理、病理和心理护理，将护理服务体现在对患者无微不至的照顾中，贯穿于生命全周期、健康全过程，在疾病预防、协助治疗、康复促进、心理呵护、长期照护等方面为患者提供温馨的服务和娴熟的专业护理。要努力构建系统连续的护理体系，为护理工作在疾病急性期诊疗、慢性期康复以及临终期关怀等各个阶段发挥应有作用创造条件。

从需求侧看，“十三五”时期是全面建成小康社会的决胜阶段，随着人民生活水平的提高以及基本医保制度的完善、医疗服务条件的改善，人民群众健康需求快速释放，2016年全国总诊疗人次达到79.4亿，较2010年增长40%。2016年我国人均国内生产总值已经超过8000美元，国际经验表明，当收入超过1万美元时，必然带来层次更高、覆盖范围更广的健康需求。护理服务需求是健康需求的重要组成部分，人们常说“三分治疗，七分护理”，由此带来大量的护理需求，必须提前有所安排。老龄化进程加快，现在我国60岁以上老年人口有2.22亿，其中失能老人近4000万，老年人的医疗、护理、康复、生活照料等方面存在巨大需求，带动“新型养老产业链”发展，护理是养老服务非常重要的一环，社会需求非常旺盛。慢性病成为居民主要死亡原因和主要疾病负担，慢性病患者的护理康复需求十分迫切。全面二孩政策实施后，高龄孕产妇和新生儿增多，带来生育护理和医疗护理服务需求大幅度增加。随着健康普及和健康理念更新，人们更加注重少得病、晚得病、不得大病，专业化的医疗护理指导和服务已由潜在需求转化为现实需求，这些都迫切要求我们主动对接人民群众健康服务新需求，加快发展护理事业。

从供给侧看，医疗护理既是知识密集型行业，又是劳动力密集型行业，发展护理事业对于稳增长、促改革、调结构、惠民生具有重要作用。近年来医学诊疗理论和技术正在发生着日新月益的变化，这就要求护理服务也要随之变化，才能适应医疗卫生事业发展要求，特别是信息化技术的创新发展向护理事业创新发展提出新要求，“互联网＋智慧医疗”需要大量能够熟练运用信息化手段的护理人员。“十二五”期间，我国护理队伍长足发展，每千人口护士数达到2.54，但仍远低于经合组织（OECD）国家8.8的平均值，也低于南非、巴西等金砖国家水平，这与我国社会经济发展、卫生事业快速发展和人民群众的健康需求很不适应。同时，护士分布不均，质量参差不齐的问题依然存在，中西部地区和基层、农村地区较为严重；专业结构上，护理服务领域仍然以医院内临床护理为主，为老年人等提供护理服务的资源还比较稀缺；学历结构上，护士学历层次依然偏低，中专学历的护士占比近40%。我们不主张脱离国情，片面地全部培养高学历护理人才，一定要从护理专业发展的基本特征

和规律出发，从护理服务工作实际需要出发，构建中专、大专和本科等多层次教育网，不断优化结构，提高素质。

从体制机制看，随着医药卫生体制改革的不断深化，“基层首诊、双向转诊、急慢分治、上下联动”的分级诊疗制度正在逐步建立，引导医疗卫生工作和优质医疗资源逐步实现“双下沉”。我们要切实发挥护士队伍密切联系患者和群众的优势，建立更加灵活的机制，让护士队伍在分级诊疗制度建设、医联体建设和家庭医生签约服务等改革工作中，发挥重要作用。当前护士人事管理和薪酬分配机制尚未完善，护理管理改革和激励措施尚处于起步阶段，护理人才的培养与临床实践的需求衔接不够紧密，护士的人力配置、收入待遇、职称晋升等尚未与其工作数量、质量、技术含量、责任风险和患者满意度等挂钩，护理的服务价格还不能充分体现护士的劳务技术价值，这些不足和问题一定程度上影响了护士工作的积极性。我们要抓住深化医改的有利契机，将护理事业发展自觉融入医改大局之中，着力推进解决影响护理事业健康发展的体制和机制性问题。这次北京市推进公立医院综合改革，取消药品加成的同时，上调了护理、手术等体现医务人员劳务技术价值的项目价格，将三级、二级、一级、特级护理费用由原来的 5 元、7 元、9 元、21 元分别调整到 20 元、26 元、50 元、75 元，社会各方面反映很好。

我们要进一步开阔视野，转变思路，提高认识，把握机遇，进一步增强责任感和使命感，围绕建设健康中国、深化医药卫生体制改革的整体部署，以增进国民健康福祉为宗旨，不断丰富护理专业内涵，拓展外延，让护理工作在防病治病、抢救生命、促进健康和提高生活质量等方面发挥更加主动更加重要的作用。

三、把握机遇，全力推进“十三五”时期护理事业改革发展各项任务落到实处

（一）全面落实《全国护理事业发展规划（2016-2020 年）》

护理事业发展规划明确“十三五”时期护理事业发展目标和重点任务，是落实全国卫生与健康大会精神的重要成果，是“一纲要两规划”在护理领域的有序展开，为做好今后一个时期的护理工作提供了基本遵循。各地要认真落实这个《发展规划》，结合实际，尽快制定出台本地区“十三五”护理事业发展规划。要明确重点任务和责任分工，制定时间表、路线图，细化“施工图”，做好监测评估和督促检查。要将贯彻落实护理事业发展规划情况纳入卫生计生重点任务清单，抓好督办落实，以更大的力度、更有效的措施，保障《发展规划》各项任务按时完成。

（二）持续提高护理服务质量

各地要以深入实施进一步改善医疗服务行动计划为契机，进一步扩大医疗机构开展优质护理服务的覆盖面，今年年底前，所有的二级、三级医院要实现全院覆盖。逐步提高开展优质护理的县级医院和基层医疗机构比例。各级各类医疗机构要持续深化“以病人为中心”的服务理念，全面推行责任制整体护理服务，着力提高基础护理服务质量，为患者提供专业照顾、病情观察、协助治疗、预防保健、健康指导、慢病管理、康复促进等一体化服务。要强化专科护理特色，注重体现人文关怀。要通过组建医联体、专科联盟、医共体、远程医疗协作网、城乡对口支援等，以护理管理、技术帮扶、人才培养等为纽带，促进优质护理资源下沉，发挥优质医疗资源的辐射和带动作用。二级以上医疗机构都要建立帮扶机制，带动基层医疗机构提高护理服务能力，这是公立医院公益性的重要体现。

（三）着力加强护理科学管理

各级医疗机构要将加强护理科学管理作为推进现代医院管理制度的重要内容，切实重视和加强。逐步完善并推进护理岗位管理制度，建立起人事、财务、医务、护理、后勤等多部门联动机制，科学设置护理岗位，建立护士岗位责任制，明确岗位职责、工作标准和不同护理岗位要求，建立科学合理的护士薪酬分配机制，提高护士薪酬待遇。结合护士的工作数量、服务质量、技术能力、医德医风及患者满意度等，实施科学绩效考核，考核结果与护士薪酬挂钩，薪酬重点向高风险、高强度、任务重的临床一线护士岗位倾斜，多劳多得，优绩优酬。推动护士同岗同薪同待遇，调动广大护士工作积极性。要探索逐步建立符合护士分层级管理制度，以护士临床护理服务能力和专业技术水平为主要指标，结合工作年限、职称和学历等，对护士进行合理分层管理。

（四）积极拓展护理服务领域

各地要适应深化医改和人口老龄化的工作要求，对接患者和群众健康需求，加强政策引导，注重从供给侧发力，大力发展康复护理、老年护理等服务。要鼓励和推动社会力量举办或者部分一级、二级公立医院转型等方式，激发市场活力，增加康复医院、护理院、安宁疗护机构、医养结合机构的数量，扩大康复、护理和长期照护等服务供给，为老年人提供治疗期住院、康复期护理、稳定期生活照料、安宁疗护一体化的健康和养老服务。要积极推进医养结合和健康服务业发展，通过建设医疗养老联合体等多种方式，整合医疗、康复、护理和养老服务，探索建立多层次长期护理保障制度，为老年人提供日常护理、慢性病管理、康复、

健康教育和咨询、中医保健等服务。

（五）大力加强护理队伍建设

各地还要进一步采取措施，吸引优秀人才，壮大和发展护理队伍。贯彻落实《护士条例》和深化医改工作要求，督促各级各类医疗机构根据功能定位、服务半径、床位规模、临床工作量等增加一线护士数量，科学合理配置护士人力，满足临床工作需求，保证护理质量和患者安全。要建立完善护士培训制度，提升护理专业水平。各地要按照国家卫生计生委印发的培训大纲和要求，结合实际，以需求为导向，以岗位胜任力为核心，加强护理、助产等急需紧缺专业人才培养培训。充分利用高等医学院校、医疗卫生机构教学资源，发挥相关学（协）会组织的优势和作用，创新培训模式和管理方法，提高临床护士培训的针对性、有效性和便捷性。还要对接国际通行模式，进一步优化和完善护理、助产等方面人员评价标准，帮助护士做好职业规划。

（六）切实加强组织领导

制定出台本地区“十三五”护理事业发展规划，还没有出台的省份要抓紧行动，尽快制定出台。护理事业改革发展涉及人员编制、教育培养、薪酬待遇、护理价格、职称晋升、执业环境等多个方面，各地卫生计生部门要主动与相关部门衔接，争取政策支持。国家卫生计生委会同人力资源社会保障、教育等部门起草《促进护理事业改革与发展的意见》草案，进一步征求意见、修改完善后将尽快下发。各地要结合实际抓好贯彻落实。加强调查研究，深入了解中央关于护理工作的决策部署和政策措施在基层和临床一线的落实情况，使制度设计和政策措施更加符合实际、符合一线护士和群众的意愿。是研究建立制度化、常态化的督查考核机制。把护理事业纳入到卫生与健康事业改革发展的全局，纳入重要议事日程，与落实“一纲要两规划”同研究、同部署，明确路线图和时间表，及时通报进展情况，做到有部署、有督促、有检查、有奖惩，务求实效。

（七）加大宣传倡导力度

各地要强化宣传意识，积极采用多形式、多渠道，全方位地培育宣传护理领域的先进人物，广泛宣传各地和医疗机构护理工作的成效实践和典型经验，激励广大护理工作者弘扬社会主义核心价值观和“敬佑生命、救死扶伤、甘于奉献、大爱无疆”的职业精神，用身边人、身边事教育和引导护理队伍，汇聚强大的正能量，在全社会营造尊重护士、爱护护士、关注健康、重视护理事业的良好氛围。

（选自在全国护理工作会议上的讲话）

落实健康扶贫各项决策部署　着力解决因病致贫问题　坚决打赢脱贫攻坚战

（李斌　2017年6月8日　成都）

一、精准施策，健康扶贫工作取得积极进展

党的十八大以来，国家卫生计生委坚决贯彻党中央、国务院决策部署，自觉把健康扶贫作为重中之重，摆在突出位置，在国务院扶贫办的统筹协调下，经国务院同意，会同15个部门联合印发《关于实施健康扶贫工程的指导意见》，全面打响了健康扶贫攻坚战。围绕让贫困人口“看得起病、看得好病、方便看病、少生病”，统筹谋划布局，创新体制机制，完善政策体系，采取超常规举措，苦干实干，健康扶贫工程顺利推进，收到明显实效。

1. 摸清因病致贫返贫底数。组织动员80多万基层卫生计生和扶贫工作人员，对全国农村因病致贫返贫家庭，开展逐户、逐人、逐病调查核实，重点核查发病率高、费用高、影响生产生活能力的93个病种，全面摸清农村贫困人口患病情况。为全国553万户因病致贫返贫家庭、734万患病群众，建立健康扶贫工作台帐和数据库，保证了健康扶贫措施建立在扎实的调研和精确的数据基础上。

2. 理清健康扶贫工作思路。深刻把握因病致贫因病返贫特点，提出了“大病集中救治一批、慢病签约服务管理一批、重病兜底保障一批”的工作思路，因地因人因病施策。启动实施《健康扶贫工程“三个一批”行动计划》，措施到人、精准到病。截至2017年5月底，已经分类救治贫困患者260多万人。

3. 制定倾斜性医疗保障政策。加大工作力度，2016年实现城乡居民医保、大病保险对农村贫困人口全覆盖，政策范围内住院费用报销比例提高5个百分点以上。大病保险在起付线、报销比例、封顶线等方面给予重点倾斜。推行县域内住院先诊疗、后付费和“一站式”即时结算，患者只需在出院时支付自负医

疗费用。2016年农村贫困人口医疗费用实际补偿比达到67.6%，个人负担进一步减轻。

4. 开展大病集中救治试点。按照群众反映集中、费用负担重、诊疗路径清晰、诊疗效果明确的原则，遴选儿童白血病、儿童先天性心脏病、食管癌等9种大病作为首批农村贫困人口大病专项救治病种，在8个省（区）开展试点，通过采取“四定两加强”措施，即“定临床路径、定救治医院、定单病种费用、定报销救助比例，加强医疗质量、加强责任落实”，进行集中救治，收效良好。目前已经集中救治9万多人，在总结试点经验基础上，这项工作已先行部署在全国全面推开。

5. 提升医疗服务能力。会同国家发展改革委实施《全民健康保障工程建设规划》，取消贫困地区县级和西部连片特困地区地市级配套资金，支持并指导贫困地区推进县乡村三级医疗卫生服务网络标准化建设。组织全国889家三级医院开展对口帮扶，实现对所有贫困县1149家县级医院帮扶全覆盖。开展人才综合培养，在贫困地区倾斜实施全科医生特岗计划、农村订单定向医学生免费培养、住院医师规范化培训、助理全科医生培训等项目，不断强化贫困地区人才队伍建设，变“输血”为“造血”。

6. 强化公共卫生服务。巩固国家免疫规划实施效果，加大艾滋病、结核病等传染病防控力度。在四川甘孜州石渠县启动实施包虫病综合防治试点，取得可喜成效，典型经验推广到四川藏区、西藏自治区和青海玉树及果洛州。开展贫困地区儿童营养改善和新生儿疾病筛查等重大公共卫生项目，受益儿童超过400万名。

各地在健康扶贫工程推进过程中，立足实际、积极探索、创新实践，形成了一些可复制可推广的好经验好做法。

兜底保障方面，四川在城乡居民医保基金中设立专项经费，对贫困患者县域内住院治疗政策范围内医疗费用全额报销。安徽设立健康脱贫医疗专项补助资金，实施“351”兜底保障政策，即农村贫困人口在县域内、市级、省级医疗机构住院治疗，个人年度累计自付费用分别不超过3千、5千和1万元，剩余合规费用政府兜底。河北安排财政资金20亿元，提高补偿水平，加大医疗救助力度，农村贫困人口住院费用实际报销比例提高到90%以上。江西按每人每年90元标准为农村贫困人口购买补充医疗保险，对合规住院医疗费用经城乡居民医保和大病保险补偿后的剩余部分，再补偿90%。河南按照人均60元的标准为困难群众购买大病补充医疗保险，对个人负担的合规住院医疗费用再次给予报销。湖北省红安县整合财政涉农资金和医疗救助资金，为农村贫困人口购买补充保险，保证合规住院费用报销比例不低于90%。

分类救治方面，吉林将大病救治病种由9种扩大到28种，为每名患者提供精准化治疗方案。山东选择37种大病进行重点救治，已救治贫困患者41.7万人，占全省患病贫困人口75%以上。重庆确定42家区县级定点医院和12家三级定点后备医院，派出临床诊疗专家组巡回指导，对能够一次性治愈的7千多人集中治疗，对需要维持治疗的4万多人长期治疗。陕西加强慢性病管理，由基层医生队伍与贫困人口家庭实行签约服务，定期随访，签约率近82%。

提升能力方面，甘肃加强贫困县医院重症医学科、新生儿重症监护室等重点专科建设，建成近3千个标准化贫困村卫生室，每年选派近9千名医师到贫困地区多点执业，方便群众就医。贵州实施基层医疗卫生服务能力三年提升计划，2016年完成329所乡镇卫生院标准化建设，多方努力实现了每个乡镇卫生院和社区卫生服务中心配置2名以上执业医师的目标。湖南安排三级综合医院、中医院对口帮扶贫困县人民医院、中医院，建设临床重点专科200个。广西全面开展县乡医疗服务一体化工作，提高农村贫困人口县域内就诊率。云南实施“拴心留人”计划，稳定贫困地区基层医疗卫生人才队伍。

二、提高认识，进一步增强实施好健康扶贫工程的紧迫感责任感（略）

三、真抓实干，加快推进健康扶贫重点任务落地见效

（一）全面实施“三个一批”行动计划

结合我国国情和行业特点，我们提出“三个一批”行动计划，将全国700多万患病贫困群众大体分为3类，开出整体谋划、分类解决的药方。

1. 开展大病集中救治。全面部署落实《农村贫困人口大病专项救治工作方案》，做到“三个确保”：确保2017年底前，将儿童白血病、儿童先天性心脏病、食管癌等9种大病集中救治覆盖所有贫困地区；确保到2018年底，大病集中救治覆盖建档立卡农村贫困人口和农村特困人员、低保对象，以及农村计划生育特困家庭。同时，各地要结合地方实际，逐步扩大集中救治病种，做到大病集中救治工作与脱贫攻坚任务进度相适应，确保到2020年农村贫困人口大病应治尽治，不落一人。

2. 全面推开慢病签约服务管理。不久前，国家卫生计生委在上海召开现场会，部署推进家庭医生签约服务工作，明确要求签约服务要优先覆盖所有农村贫困人口。各地要加快推进，建立完善签约服务工作机制，优先为农村贫困人口提供基本医疗、公共卫生和

约定的健康管理服务。要对患有慢性病的农村贫困人口设计个性化的签约服务包，按照高危人群和普通慢病患者实行分类管理，提供公共卫生、慢病管理、健康咨询和中医干预等综合服务。签约医生和团队要在县级医院指导下，根据农村贫困家庭慢性病患者病情安排个性化健康管理，每年按管理规范安排面对面随访，询问病情，检查基础健康指标，做好健康指导。

3. 全面建立重病兜底保障机制。健康保障是增进贫困群众获得感的重要举措。据统计，2016 年农村贫困人口平均住院实际补偿比约为 67%，门诊实际补偿比约为 57%。国务院扶贫办第三方考核评估发现，大约 73% 的重症贫困户由于起付线等问题未享受到大病医疗保险补助（目前各统筹地区大病保险的起付线从 3000 元至 6 万元不等，全国平均 1 万元左右），农村贫困人口医疗费用负担依然较重。这个问题应予以高度重视，着力做好提标、兜底、衔接和控费四方面工作。

提标，就是加大城乡基本医保（新农合）、大病保险和医疗救助对贫困人口的支持力度，个人缴费部分由各级财政通过城乡医疗救助给予补助，持续保持城乡居民基本医保（新农合）对农村贫困人口全覆盖；在起付线、报销比例、封顶线等方面进一步给予倾斜，提高政策范围内医药费用报销比例。实施高血压、糖尿病等慢性疾病门诊补偿政策。加大医疗救助力度，将符合条件的农村贫困人口全部纳入救助范围，进一步提高救助水平。

兜底，就是规范开展健康扶贫补充保险工作。加大政策供给和资金投入力度，安排专项资金，因地制宜，依托现有大病保险和医疗救助制度，或以专项补充保险形式，精准地为农村贫困人口再设立一道保障线。各地要结合实际，合理确定农村贫困人口个人支付住院费用年度限额，超出部分由健康扶贫补充保险或其他渠道予以兜底保障。这项工作已经在多个省份实行，取得了较好效果。

衔接，就是做到各项保障措施有效接续。建立城乡居民基本医保（新农合）、大病保险、健康扶贫补充保险、医疗救助等保障措施间的无缝衔接机制，实现制度衔接、服务对接、信息联接。依托定点医疗机构建立联动报销机制，实行县域内定点医院先诊疗后付费和“一站式”即时结算，减轻患病贫困群众“跑腿”和“垫资”，提高报销便利性，增强“获得感”。

控费，就是深化支付方式改革，按照保基本、兜底线的原则，科学合理确定单病种费用标准，明确相关保障、救助联动报销比例，对大病集中救治定点医院实行“超支自付，结余归己”政策，提高定点医院合理控费的内生动力，减轻患者负担，节约医保和救助资金，实现多赢。

（二）全面提升贫困地区医疗卫生服务能力

以深化医改为动力，推进卫生与健康领域供给侧结构性改革，卫生计生各个专项规划都要突出健康扶贫目标或指标；分级诊疗、现代医院管理、全民医保、药品供应保障、综合监管等基本医疗卫生制度建设都要对贫困地区采取倾斜性政策；健康扶贫项目和资金应当优先安排，推动医疗资源下沉、重心下沉；农村贫困人口健康需求应当优先满足，让最基层群众切身感受到党的关怀和温暖。

1. 加快改善县乡村医疗卫生机构基础设施条件。中央安排的全民健康保障工程建设项目要优先支持贫困地区，推动国家开发银行加大对医疗卫生机构建设发展的金融支持力度，着力改善和提升贫困地区医疗卫生机构基础设施条件。地方政府要履行政府办医责任，全面推进县乡村医疗卫生机构标准化建设，贫困地区要全面实施基层服务能力提升计划。

2. 加快贫困地区医联体建设发展。深入推进三级医院对口帮扶贫困县县级医院，通过托管等多种形式组建医联体，向县级医院派驻管理团队和专家团队，以专科共建、临床带教、业务指导、教学查房、科研和项目协作等多种方式，促进优质医疗资源共享和下沉，对口帮扶县级医院确保按期达到“二级甲等”水平。要探索以县级医院为龙头、乡镇卫生院为枢纽、村卫生室为基础的县乡村一体化管理，形成县乡村三级医疗卫生机构分工协作机制，构建三级联动的县域医疗服务体系。

3. 全面建立远程医疗协作网。2017 年 6 月底前，承担对口帮扶任务的三级医院与被帮扶贫困县县医院全面建立远程医疗网络。三级医院和县级公立医院向基层医疗卫生机构提供远程医疗、教学和培训等服务，利用信息化手段促进资源纵向流动，提高优质医疗资源服务利用可及性，提升服务体系整体效率。

4. 创新人才培养机制。进一步下放医技人员招聘权限，简化招聘、引进程序，提高基层医疗卫生机构的用人自主权，直接面向医疗卫生人才市场、直接面对优秀医疗卫生人才，选拔、录用合适的优秀人才。制定高学历、高职称和紧缺岗位人才引进政策，在编制、人事聘用等方面优先办理，让高素质人才、学科带头人能“引得进、留得住、用得上”。加大农村订单定向医学生免费培养、全科医生特设岗位计划等项目实施力度。根据贫困地区实际，选拔符合条件的本地乡土人才采用多种方式进行培养，夯实基层医疗卫生服务网底。

（三）全面推进贫困地区预防保健工作

1. 加强疾病预防控制。将疾病防控与扶贫开发相结合，全面实施结核病、艾滋病等传染病，布病、大骨节病等地方病，包虫病等重点寄生虫病防治规划，深入开展藏区包虫病防治综合试点。加大对地方病、传染病高发地区综合防治工作的指导和支持力度，采取针对性强的措施，减少地方病、传染病危害。

2. 加强公共卫生和健康促进。在贫困地区全面开展“三减三健”专项行动，坚持不懈抓好健康促进，循序渐进，提高贫困地区群众健康素养。要在饮食、运动、心理等方面提供健康指导，引导群众形成健康的生活方式，养成良好生活卫生习惯，从源头预防疾病。基本公共卫生服务项目要覆盖所有农村贫困人口，做到贫困人口人手一张健康卡，每年开展1次健康体检。全面实施贫困地区儿童营养改善和新生儿疾病筛查等重大公共卫生项目。要关注贫困群众的心理健康问题，特别是留守儿童，做好心理健康辅导、咨询和服务，使其形成正向情绪，防止贫困代际传播。

3. 深入开展爱国卫生运动。以爱国卫生运动65周年为契机，进一步综合整治城乡环境卫生，开展卫生城市卫生村镇创建，将农村改厕作为危房改造项目的重要内容加以推进，保障贫困农户住房安全和基本卫生条件，持续改善贫困地区农村环境质量，有条件地区可以开展健康村镇建设试点工作。

（选自在全国健康扶贫工作现场推进会上的讲话）

以药品供应保障制度建设为目标　提高药政治理能力

（李斌　2017年7月20日　北京）

一、充分肯定药品供应保障改革发展的显著成效

（一）国家药物政策框架基本建立

“一纲要两规划”对完善药品供应保障体系做出重大部署，完善符合国情实际的医药改革顶层设计框架。国务院先后出台《关于进一步改革完善药品生产流通使用政策的若干意见》以及药品审评审批、价格改革、集中采购、短缺药和低价药供应保障、基本药物、疫苗流通与预防接种等重点领域和关键环节的系列配套政策文件，明确了药品供应保障制度建设的基本路径和具体方法。针对药品流通环节过多、儿童用药缺乏等突出问题，出台《关于在公立医疗机构药品采购中推行“两票制”的实施意见（试行）》《关于保障儿童用药的若干意见》，着力破解药品供应保障的焦点难点问题。

（二）国家基本药物制度持续巩固完善

在所有政府办基层医疗机构和88%以上的村卫生室实施基本药物制度。调整完善基本药物目录，将品种从307种增加到520种，初步实现剂型、规格标准化，并全部纳入2017年版医保药品目录，适应各级医疗机构基本用药需求。在保持基本药物使用主导地位的同时，合理扩大基层配备药品范围。有些地区针对部分慢性病和重点人群需求，制定将部分基本药物作为公共产品向居民免费提供的用药政策。

（三）药品供应保障能力逐步提高

鼓励药物研发创新。扎实推进“重大新药创制”科技重大专项，突破一批关键技术，产出一批重要成果。加强短缺药品、低价药品供应保障。制定低价药品清单，医疗机构直接网上采购。完成2批7个短缺药品的定点生产试点，生产企业供货持续稳定。确定500多个短缺药品监测哨点，及时汇总研判、作出预警。对鱼精蛋白、青霉胺等常年短缺药品，探索实施市场撮合新机制，实现以稳定价格供应。加强儿童用药供应保障。发布两批鼓励研发申报儿童药品清单，畅通儿童临床急需药品的审评审批专门通道。2017年版医保药品目录中，适用于儿童的品种剂型新增91个，总数达到540个。组建国家儿童用药专家委员会，加强儿童用药使用指导。放宽对医疗机构儿童药品“一品两规”配备使用限制。进一步加强疫苗流通和预防接种管理，调整完善采购机制。

（四）药品集中采购机制不断健全

改革药品定价机制。推进药品价格改革，除麻醉药品和第一类精神药品外，取消药品政府定价。公立医院药品采购工作不断规范。构建公立医院药品集中分类采购新机制，指导地方制定切实可行的实施方案。全国已对妇儿专科非专利药品、急（抢）救药品、常用低价药品等启动直接挂网采购。21个省份开展双信封公开招标采购，药品价格平均降幅超过15%。鼓励跨区域联合采购和专科医院联合采购。加强药品采购供应业务平台建设。统一省级药品集中采购平台规范化建设标准，国家药品供应保障综合管理信息平台与各省级平台实现互联互通。积极推行“两票制”改革。制定实施方案并进行专题培训，进一步明确要求，推动建立规范有序的药品流通政策环境。国家药品价格谈判试点结果全面落地。建立药品价格谈判部际联席会议制度，首批国家谈判的3个专利药价格大幅下降，平均降价幅度达50%以上。谈判试点药品已纳入国家医保药品目录。

（五）临床合理用药工作得到加强

建立健全医疗机构临床用药管理制度，开展临床用药监测，对重点药品的管理、应用提出明确要求。以超常用药和不合理用药等问题为重点，加大处方点评力度，点评结果纳入医疗机构绩效考核。全面加强抗菌药物管理，牵头成立应对细菌耐药联防联控部级工作机制，实施遏制细菌耐药国家行动计划（2016-2020年），加强综合治理。加强药师培养培训，稳定壮大药师队伍。以基层药学人员为重点强化药物合理使用培训，实现政府办基层医疗机构培训全覆盖。

回顾党的十八大以来的药政工作，最重要的体会和经验是，必须坚持以人民健康为中心，突出药品治病救人的本质特征和临床价值，坚持药品公益性与商品性的统一，提升药品供应保障管理能力，努力保障药品公平可及、安全有效与合理使用；必须坚持改革创新，以解决人民群众最关心最直接最现实的健康问题为重点，以药品供应保障制度建设为目标，强化“三医联动”，持续完善药物政策体系，建立健全药政管理体制机制，不断提高药政治理能力。

二、认清形势，进一步增强加快药品供应保障制度建设的责任感紧迫感（略）

三、强化落实，切实抓紧抓好药品供应保障制度建设各项重点任务

（一）加强短缺药品供应保障制度建设，健全联动会商和分级应对机制

经中央深化改革领导小组第34次会议审议，9部门印发《关于改革完善短缺药品供应保障机制的实施意见》，各地要抓好文件的贯彻落实。建立一个会商联动机制，即国家和省两级9部门会商联动工作机制，评估短缺药品供应保障能力，统筹解决短缺问题。建立一张清单，即国家和省两级短缺药品清单，对清单内药品要全部纳入预警监测，开展临床综合评价、动态管理。建立完善一个平台，即全国短缺药品多源信息采集和供应业务协同应用平台，逐步实现短缺药品信息监测全覆盖，启动国家或省级跨部门应对机制，实现动态监测、及时应对。实行6类精准措施，区分不同情况，靶向施策，通过实施定点生产、协调应急生产和进口、加强供需对接和协商调剂、完善短缺药品储备、打击违法违规行为、健全罕见病用药政策等6项措施，有效应对药品短缺问题。

（二）巩固完善国家基本药物制度，促进基本药物优质优惠、公平可及

要围绕“优质优惠、公平可及”，在巩固完善基本药物制度上下功夫。优质优惠，就是要提高基本药物供给质量、提高基本药物配备使用比例、实施鼓励使用基本药物的优惠政策，让更多高质量基本药物惠及患者。保持基本药物目录药品数量稳定，医疗机构优先采购、优先选用。切实加强监管，提升工艺水平，确保基本药物质量安全。通过一致性评价的基本药物，在采购等方面要给予鼓励倾斜政策。进一步提高使用比例，特别是不断提高二级以上医疗卫生机构配备使用水平。探索在基层使用基本药物的优惠政策，适当提高报销比例。公平可及，就是要重点推进重大疾病和特殊人群基本用药保障工作。完善儿童用药供应保障机制政策。完善免费治疗药品政策，增加艾滋病防治等特殊药物免费供给，推进老年人等基本用药保障。鼓励地方为患结核病、重症精神病、糖尿病、高血压等贫困人口免费提供部分基本药物。促进基本药物制度与分级诊疗、慢病健康管理、家庭医生签约等重点任务有效衔接，根据医疗机构实际用药需求，逐步规范基本药物剂型、规格和包装，重点选取通过一致性评价的品种，试行规范适宜的大包装和统一标识。

（三）完善药品耗材集中采购政策和制度，进一步规范药品流通秩序

进一步完善药品集中采购政策。坚持集中带量采购原则，鼓励跨区域和专科医院联合采购，探索集中招标、价格谈判、市场撮合等多种方式，推动理顺市场交易价格形成机制。加强购销合同管理，注重提高基层和边远地区药品供应保障能力。完善高值医用耗材采购机制。加快推进高值医用耗材集中采购，2017年各地要全部实现阳光采购，并试点完善挂网采购、联合采购、谈判采购、集中招标采购等工作制度，积极推广宁波等地耗材采购经验。协调推动多部门联动的高值医用耗材价格谈判制度。推进高值医用耗材全国统一采购编码建设。做好疫苗采购供应。完善一类疫苗采购方式，试点由国家进行集中谈判或市场撮合，各地直接挂网采购。落实新的《疫苗储存和运输管理规范》，确保预防接种相关工作顺利实施。加大药品购销“两票制”推行力度。各地要加强统筹调度，压缩中间环节，规范流通秩序。2017年各综合医改试点省份和200个公立医院改革试点城市所有公立医疗机构要全面执行“两票制”。

（四）加快药品临床综合评价体系建设，更好发挥药品临床价值功能

我国医疗卫生服务体系规模大、患者数量多、用药数据资源丰富，药品临床综合评价工作有着独特优势。要加快评价体系总体规划和框架设计，引导药品研发创新、注册监管、流通采购、支付报销、合理使用等环节更好地为临床需求服务。以基本药物为重点，加快构建指标体系。加快评价结果在药物遴选、国家药物政策拟定、药品分类采购、短缺药品动态管理和儿科、心脑血管、肿瘤等方面的应用。

（五）强化药学人才队伍建设，完善药师管理制度

药师在药事管理和合理用药方面发挥着不可替代的作用，医疗机构药学和药事服务管理只能加强，不能削弱。要转变药学服务模式，推进药学服务从“以药品为中心”转变为“以病人为中心”，从“以保障药品供应为中心”转变为“在保障药品供应的基础上，以重点加强药学专业技术服务、参与临床用药为中心”。要加强服务能力建设，重视和加强医疗机构药学部门的管理建设，完善和健全药师继续教育制度，科学核算、分类设置医疗机构药事服务相关收费项目及标准，并纳入基本医疗保险支付范围。要加强药师管理，加快药师工作立法进程，研究完善执业药师制度和医疗机构药师管理制度。积极创新大型医院药师管理制度，不断提高基层药学人员服务能力。建立激励机制，充分体现药师劳务技术价值。

（六）严格科学安全用药管理，提高合理用药水平

规范医疗卫生机构合理用药，重点研究制订基层医疗卫生机构药事管理规定。鼓励二级以上医疗机构药学部门通过人才帮扶、业务指导、项目协作等多种方式，加强对基层用药指导。强化基本药物、儿童用药合理使用培训。强化药品特别是抗菌药物临床使用管理，推行门诊和住院用药动态监测、超常预警和处方点评制度。

（选自在2017年全国药政工作会议上的讲话）

推进公立医院综合改革　狠抓落地见效

（李斌　2017年7月24日　北京）

一、稳中求进，上半年卫生计生工作进展顺利（略）

二、真抓实干，全力推进下半年工作

（一）全面推进重点改革任务落实落地

按照年度医改重点工作安排和全国医改工作会议要求，下半年，要从顶层设计和任务落实两方面入手，着力推进各项改革任务。顶层设计方面，要完成制定医疗卫生行业综合监管、改革完善仿制药供应保障等重要指导性文件，以及分级诊疗工作考核评价实施方案等配套政策措施，这标志着深化医改四梁八柱的制度性文件基本出齐，实施路径更加清晰。任务落实方面，要进一步突出重点改革，取得突破性进展。

1. 全面推开公立医院综合改革。公立医院全部取消实行了半个多世纪之久的药品加成，破除以药补医是深化医改最为深刻和广泛的改革举措。目前，还有59个城市尚未出台实施方案，89个城市尚未取消药品加成。所有城市务必要在深入调研、精心测算、充分协商、科学论证的基础上尽快出台方案，9月底前全部启动改革。目前，医疗机构隶属关系最复杂的北京、体量最大的广东都已推开改革，总体平顺有效。各地必须高度重视，充分借鉴先行省市经验做法，抓住“关键六步”：精心组织、全方位培训、全面宣传解读、政策同步到位、分类指导、加强监测，坚决打赢这场硬仗。已经推开改革的地方，要适时开展评估，及时研究解决过程中的问题，如教学科研任务重的大型公立医院，肿瘤、精神疾病等专科医院补偿问题等。总之，宁可把困难想得再多一些，方案做得再细一些，措施抓得再实一些，做到群众负担不增逐减、医生收入不减逐增、医院收入合理增长、政府投入有效增加。

2. 认真落实建立现代医院管理制度的指导意见。深入开展公立医院薪酬制度改革试点，落实“两个允许”要求。开展公立医院绩效考核试点，探索实行年薪制、协议工资制，合理确定薪酬水平。年内每个综合医改试点省要确定3个地市、其他省份确定1个地市开展薪酬制度改革试点。建立以公益性为导向的考核评价机制，每个综合医改试点省至少选择1个地市医疗机构试点。确保全国公立医院医疗费用增幅控制在10%以下。

3. 加快推进医联体建设。以利益为纽带，在医院、医务人员和病人之间建立起长期、连续、责任制的“伙伴关系”，构建以人为本、以健康为中心的整合型医疗服务体系，使医联体成为服务、责任、利益和管理共同体。年内所有三级公立医院全部参加医联体建设并发挥引领作用，综合医改试点省每个地市至少建成1个有明显成效的医联体。

4. 深入推进家庭医生（团队）签约服务。年底前，家庭医生（团队）签约服务覆盖率要达到30%以上，重点人群覆盖率达到60%以上，力争年底前农村贫困人口和城乡计划生育特殊家庭基本纳入签约服务范围，这项工作数量要服从质量。要合理设定家庭医生签约服务基础包和个性包，落实好筹资、差异化医保支付等配套政策。完善基层医疗卫生机构内部激励机制，通过提供贴心、方便、优质的服务，提高居民对签约服务的认同感。

5. 实现异地就医住院费用直接结算任务目标。要加强对新农合统筹地区的指导，规范转诊、资金拨付等程序。珠三角、长三角、北京等患者流入较集中的地区，要引导其主动筛查患者，提供结报服务，确保8月底前新农合符合转诊规定的异地就医住院费用直接结算。这是今年《政府工作报告》提出的明确要求，要千方百计兑现政府承诺。

6. 加快推进支付方式改革。重点推进以按病种付费为主的复合型医保支付方式改革。年底前所有城市实行按病种收费的病种不少于100个。综合医改试点省份要选择1—2个地市全面实施医保支付方式改革，覆盖区域内所有医疗机构和所有医疗服务，减少按项目付费的比例。有条件的地方可以探索按疾病诊断相关分组（DRGs）付费试点，实施精准支付。

7. 推进药品供应保障制度改革。近日已召开药政工作会议，大家要抓好会议精神落实，重点要做好4件事。

8. 加强医疗卫生行业综合监管。完善“双随机、一公开”机制，建立黑名单制度，重点加强医疗美容等监督，加强各级各类医院医疗质量安全、医疗费用等监管，形成全行业、多元化的长效监管机制。探索利用信息化手段对医疗机构门诊、住院诊疗行为和费用全程监控和智能审核；加强非营利性社会办医财务监管，以及营利性医疗机构盈利率管控，依法规范社会办医的从业行为。

（三）持续深化计划生育服务管理改革

完善目标责任制考核。组织开展全国生育状况抽样调查。开展省级督查，推进完善全面两孩政策配套措施，制定《关于促进3岁以下婴幼儿托育服务发展的意见》及配套文件。稳定和加强基层力量，转变队伍职能。深入开展幸福家庭全国创建活动，落实计划生育特殊家庭联系人签约服务等关爱制度。深化流动人口社会融合示范试点，创建100个示范社区。筹办好首届新型城镇化、健康与流动人口社会融合国际论坛。

加强生育全程基本医疗保健服务，继续推动实施妇幼健康服务保障工程，启动实施母婴安全行动计划，制定危重孕产妇和新生儿救治中心建设指南，加强爱婴医院管理。以贫困地区为重点，开展新周期妇幼健康中国行活动。加强出生人口性别比综合治理，推动建立覆盖孕前、孕期、新生儿各阶段的出生缺陷防治免费服务制度。

（四）进一步增强人民群众健康获得感

进一步实施改善医疗服务行动计划。9月底前三级医院要全面实施预约诊疗，创新急诊急救服务，打通“堵点”。印发《关于促进护理事业改革与发展的指导意见》，全面推行责任制整体护理服务，年底前所有二级、三级医院实现优质护理全院覆盖。做好医疗安全专项整顿集中督导，强化药品特别是抗菌药物临床使用管理，大力推行门诊和住院用药动态监测、超常预警和处方点评。加强平安医院建设，会同公安等部门依法从重从快打击涉医违法犯罪行为。全力推进健康扶贫工程。采取超常规举措和倾斜性政策，深入落实“三个一批”行动计划，9月底前远程医疗要覆盖所有贫困地区县医院；全面启动农村贫困人口白内障患者免费治疗，9种大病集中救治覆盖所有贫困地区，农村贫困人口门诊和住院费用政策范围内报销比例在2016年基础上提高5个百分点；完善兜底保障机制，推动建立健康扶贫商业保险补充制度，力争使大病实际报销比例达到85%以上。2017年将以健康扶贫为重点，继续组织大型义诊周活动，开展国家巡回医疗，各地要组织好。提升基层医疗服务能力。做好以人才、技术、重点专科为核心的县医院综合能力提升试点工作，年底前500所县级医院要达到推荐标准。继续开展“建设群众满意的乡镇卫生院活动”和“建设优质服务示范社区卫生服务中心活动”，积极推进基层职称评审改革，全面启动基层信息化惠民应用试点。稳定和优化村医队伍，细化教育培训、收入待遇、养老和退出等政策措施，落实一般诊疗费、基药补助和公共卫生服务补助，年底前乡村全科执业助理医师资格考试要实现全覆盖。

（五）切实加强公共卫生、食品安全与卫生应急工作

制定加强学校健康教育工作的指导性文件，继续开展“三减三健”专项行动，联合工商、广电等部门，开展养生保健类节目督查。加强重大疾病防控，调整艾滋病免费抗病毒治疗药品目录，修订《结核病预防控制工作规范》，开展布鲁氏菌病防控试点，确保包虫病防治目标“务期必成”。积极协调脊灰灭活疫苗生产、供应，力争第四季度基本解决脊灰灭活疫苗紧缺问题。完善慢性病防控体系建设政策，做好《中国癌症防治3年行动计划（2015—2017年）》实施情况终期评估，启动心理健康服务试点，开展尘肺病防治工作督办。创新开展爱国卫生运动，交流健康城镇建设经验，印发健康社区、企业、学校、机关等“健康细胞”工程建设规范。修订《国家卫生县城（乡镇）标准》，联合开展城乡环境卫生整洁行动督导。9月底前，重点职业病、放射卫生、饮用水水质和空气污染对健康影响监测分别扩展至全国85%的地市、80%的地市、85%的乡镇和74个城市。加快修订食品安全标准，做好食品安全风险监测和评估。加强疾控体系建设，落实疾控中心机构编制指导意见，研究完善公共卫生事业单位绩效工资制度，以及有效调动疾控工作人员积极性的具体措施。开展全国卫生应急技能竞赛及演练，推动国家卫生应急队伍省份全覆盖，加强国家突发事件紧急医学救援基地建设。加强传染病和突发公共卫生事件监测评估预警，尤其要做好夏秋季传染病防控和卫生应急工作。

（六）加快推进中医药事业发展

配合7月1日《中医药法》实施，组织好学习宣传普及，遵循法律精神，制定配套规章制度。印发《关于加强民族医药事业发展的若干意见》，深入开展中医药传承创新、中医药标准化、中医临床优势培育等工程，遴选建设区域中医（专科）诊疗中心。全面实施基层中医药服务能力提升工程，全面推开公立中医医院综合改革。印发《关于医教协同深化中医药教育改革与发展的指导意见》，启动百名中医药领军人才选拔工作，开展“中医中药中国行——中医药健康文化推进行动”。

（七）统筹推进各项重点工作任务

完善法律法规，加快推动卫生与健康基础性法律立法进程。修订《职业健康检查管理办法》等部门规章。加快人才培养步伐，落实全国医学教育改革工作会议精神，印发进一步加强全科医生培养与使用、住院医师规范化培训、继续医学教育等政策文件，遴选认定全科医学师资培训基地，多渠道加大全科、儿科、精神科、妇产科、护理、临床药师等紧缺人才培养，抓好培训质量和学员待遇落实，完善优先使用培训合格住院医师的政策措施。促进科技成果转化应用，会同科技部编制“2030”健康保障工程实施方案，启动新增临床医学研究中心建设。印发《重点实验室管理办法》及评估规则，组织遴选第2批干细胞临床研究备案机构。加快新药专项成果转移转化试点工作，在综合防治示范区推广验证传染病专项成果。积极推进信息化大数据工作，按照“横到边、纵到底、互联互通，全方位、高质量、集成管用，重服务、强管理、提升治理”的总要求，加快建立国家、省、市、县四级平台，力争年底前实现省级平台与市级、县级平台的联通全覆盖。借鉴上海、福建、四川、贵州信息化建设的经验，要在省内联动和提高省级平台应用上下功夫。启动第2批健康医疗大数据中心及产业园建设国家试点，促进健康信息化和大数据工作再上一个新台阶。鼓励健康产业发展，研究支持健康旅游相关政策，开展第四批优秀国产医疗设备遴选，推进骨科手术机器人应用示范项目。加强宣传倡导，围绕年度重点任务和社会关注点，加大医改政策、典型经验、改革成效宣传力度，做好信息发布和政策解读。加强舆情监测研判，及时处置苗头性倾向性问题。深化国际交流合作。贯彻落实习近平总书记贺信精神，深入推进金砖国家卫生合作计划和活动，发布《深入推进“一带一路”卫生合作暨打造“健康丝绸之路”实施方案（2018—2020）》，组织筹划好中美、中英、中法、中俄、中日韩高级别人文交流机制卫生领域相关活动。优化援外医疗队工作派遣机制、模式和布局，支持非洲疾控中心和西非热带病研究中心建设。

（选自在2017年全面推开公立医院综合改革专题研讨班上的讲话）

总结经验　进一步推动医联体建设工作

（李斌　2017年9月1日　广东深圳）

一、充分肯定医联体建设工作取得的重要阶段性成效

在党中央、国务院的坚强领导下，各部门、各地区认真贯彻落实中央部署，戮力同心、攻坚克难，共同推动医联体建设工作。《指导意见》印发以来，国家卫生计生委、国务院医改办会同发展改革委、财政部、人力资源社会保障部、中医药局等部门，加强统筹协调和联动，及时研究制定配套文件，并对医联体建设工作进行全面动员、部署和推进。2017年5月10日，组织召开推进医联体建设暨注册制度改革电视电话会议，进一步明确重点任务和工作要求。6月上旬，组织对四川、福建等20余个省份进行分级诊疗和医联体建设督导检查，加强对地方的指导。将医联体建设有关指标纳入医改监测范围和分级诊疗试点工作评估方案，及时研判和把握工作进展。同时将医联体建设作为推广深化医改经验的重要内容，通过召开新闻发布会等多种形式，加大对典型地区的宣传推广力度。各地也迅速行动，截至2017年6月底，全国已经有1764家三级医院开展多种形式的医联体建设工作，占全国三级医院的80%；江苏、重庆、四川、陕西等8个省（市）超过90%的三级医院参与组建了医联体。

这项工作取得积极进展和明显成效，也涌现出一批典型经验。深圳市和罗湖区党委政府以敢于担当、善于创新的改革魄力与智慧，坚持为民导向，创新体制机制，创造了医联体建设的新鲜经验。（1）系统优化，将罗湖区人民医院等5家医院和23家社康中心，

组建为统一法人的罗湖医院集团，按照“人员编制一体化、运行管理一体化、医疗服务一体化”的原则，成立医学检验等6个资源共享中心和人力资源等六个管理中心。（2）服务协同，将医联体建设与家庭医生签约服务有机融合，构建整合型医疗卫生服务体系，为居民提供包括院前预防、院中诊疗、院后康复在内的全程医疗健康服务。（3）机制创新，以医院集团打包整体支付为纽带，建立“总额管理、结余留用、合理超支分担”的激励机制，推动集团主动控制医疗服务成本、提高医疗服务质量、降低医药费用。四是激励引导，将居民健康状况等内容作为主要量化指标进行考核，并将结果与财政补助、集团领导班子年薪挂钩；实施基层全科医生享受公立医院在编人员同等待遇措施，将基层工作经历作为集团医务人员职称、职务晋升的条件等，调动各方面积极性，激励优质医疗资源下沉，促进了分级诊疗。各地在医联体建设实践中，都有新突破、新进展。

（一）城市医疗集团进展迅速，着力探索资源共享、分工协作的管理模式

江苏省镇江市组建康复医疗集团，以业务、技术、管理、资产为纽带，建立9大医疗资源中心，着力构建紧密型医联体。陕西省延安市加强城市和县域医疗卫生机构的一体化管理，整合和优化配置医疗资源，大力开展人才培养培训，建立医技人员合理流动机制，提高了城乡基本医疗服务均等化水平。

（二）县域医共体实行县乡村一体化管理，构建了三级联动的县域医疗服务体系

山西省在18个县启动以县乡一体化为核心的医共体建设，实现医共体内行政、人员、资金、业务、绩效、药械“六统一”。安徽省天长市、福建省尤溪县由医共体牵头医院统一人财物资源管理和业务管理，实行按人头总额预付，结余由县医院、镇卫生院和村卫生室按比例分配。

（三）专科联盟发挥积极作用，有效补齐薄弱学科短板

天津市胸科医院与126家二、三级医院和基层医疗卫生机构签订医联体合作协议，组建胸痛专科联盟，建成覆盖全市50%区域的心脏疾病救治网络。由北京儿童医院、复旦大学附属儿科医院、上海儿童医学中心牵头的儿科专科联盟已经覆盖了全国80%以上的儿科医疗资源，发挥联盟的辐射带动作用。

（四）远程医疗协作网覆盖范围进一步扩大，促进基层能力提升

浙江省舟山市整合市、县（区）、乡镇、社区（村）四级医疗资源，打造覆盖舟山群岛的远程医疗协作网，使居民就近享受大医院的优质医疗服务。北京协和医院通过远程医疗网络，帮扶西藏县级医疗机构。中日友好医院先后与国内外2000余家医疗机构建立远程系统对接，并将远程医疗与培训相结合，促进基层学科建设与发展。

经过不懈努力，医联体的作用成效逐步显现。基层服务能力进一步提升，2017年上半年，全国县域内就诊率达82.5%，较2016年末增长2.1个百分点；高血压、糖尿病患者规范化诊疗和管理率持续上升。双向转诊格局进一步形成，下转患者明显增加。2017年上半年，全国医疗机构下转患者239.6万例次，已高于2016年全年水平；三级、二级公立医院转往基层医疗卫生机构住院病人占比由2016年的0.6%、0.5%增长至0.9%、0.7%。优质资源进一步联动，医联体内牵头医院持续向基层派出专业技术和管理人才，基层医务人员赴上级医院进修学习的人数也明显增加。居民获得感进一步增强，80%以上的居民15分钟内能够到达最近的医疗点，部分地区居民2周患病首选基层医疗卫生机构的比例超过60%，实现了群众就近就医。

在充分肯定成绩的同时，我们也要清醒地认识到，医联体建设还处于起步阶段，与中央的要求和群众期盼相比，还有不小的差距。工作推进力度还不够，个别地区工作进展缓慢。工作认识和理解还不到位，抓医联体建设重形式轻实质，重数量轻质量，一些地方医联体处于“联而不通”的状态。个别大医院参与医联体建设不是为了促进分级诊疗，而是“跑马占荒”“嫌贫爱富”，偏离了方向。工作内部机制还不健全，部分地区医联体主要依靠行政推动、合作协议约定以及医疗机构自觉性来维系，未建立部门协同推进、机构分工协作、医疗资源共享、利益风险共担等机制，缺少保障长效运行的制度设计。工作配套支持政策还不完善，部分地区在医保支付方式、人事薪酬激励、药品配备使用、服务价格调整等方面的改革力度还不强。这些问题有的是医联体建设发展中出现的问题，有的是认识不到位导致的问题，必须引起各地高度重视，有针对性地采取措施，努力加以解决。

二、扎实推进医联体建设工作

《指导意见》明确要求，10月底前所有三级公立医院都要启动医联体建设，综合医改试点省份每个地市以及分级诊疗试点城市至少建成一个有明显成效的医联体。各地一定要全面落实党中央、国务院决策部署，以此次全国医联体建设现场推进会为契机，学习借鉴深圳及罗湖等地的先进经验，扎实推进医联体建设，重点从以下4个方面做好工作。

（一）形成“服务共同体”，完善畅通的双向转诊机制

要以群众的健康需求为中心，实现就诊转诊的无缝衔接，形成医院与基层结合、医疗与医保结合、医疗与预防结合的医疗卫生服务新模式。明确各级各类医疗机构功能定位和诊疗范围。通过制定诊治病种目录、实施临床路径管理等方式，逐步减少三级医院常见病患者比例，引导患者到基层就诊。同时要根据居民需求，及时拓展服务内涵，有条件的可以将医联体资源与养老需求相结合，提升机构养老、社区养老、居家养老的医疗服务能力，满足老年人多层次的健康需求。开通双向转诊患者绿色通道。上级医院对转诊患者提供优先接诊、优先检查、优先住院等服务，重点畅通向下转诊通道，将急性病恢复期、术后恢复期患者等及时转诊至下级医疗机构继续治疗和康复。实现医联体内的同质化服务。通过集中建立医学影像中心、检查检验中心等，共享资源、提升效率。在加强质量控制的基础上，鼓励医联体内医疗机构互认检查检验结果，并实施“基层检查、医院诊断”的服务模式。

（二）形成“责任共同体”，完善权责一致的引导机制

建立医联体内的责任分担机制，明确政府、医院、基层医疗卫生机构等各个方面在医联体建设中的职责定位，形成权责清晰、公平有效的分工协作机制。落实政府办医主体责任，保障对公立医院的投入，建立财政补助资金与绩效评价结果的挂钩机制。强化医疗卫生机构的服务供给责任，鼓励将医联体建设和家庭医生签约服务有机结合，引导公共卫生人员参与，推进疾病预防、治疗、健康管理相结合。强调居民个人健康责任，明确个人是自身健康的第一责任人，要通过医联体各个环节的健康宣教，培养居民形成良好的生活方式。建立科学的考核评价机制。不是单纯考核医联体的业务量，而是要重点将三级医院医疗资源下沉情况、与基层医疗卫生机构协作情况、基层诊疗量占比、双向转诊比例、居民健康改善以及服务满意度等指标纳入考核体系，引导上级医院履行责任、主动帮扶基层，切实发挥引领作用。

（三）形成“利益共同体”，完善利益分配机制

通过医保支付、财政投入、人事、薪酬等机制创新，在医联体内建立利益共享与分配机制，激发医疗机构相互协作的内生动力。发挥好医保的经济杠杆作用。从地方的实践经验来看，以医联体为单位实行按人头医保总额打包付费，并建立“结余留用、合理超支分担”的预付机制和结余资金在机构间合理分配的机制，是推动医联体内各个医疗机构密切合作、落实功能定位、控制医疗费用的有效措施，各地要结合实际积极推广。完善价格引导机制。实施合理的分级定价，适当拉开基层医疗卫生机构、县级医院和城市大医院间报销水平差距，增强居民在基层看病就医的吸引力。完善财政补偿机制。各地可根据情况，完善“以编定补”的方式，鼓励按照“以事定费、购买服务、专项补助”的原则，统筹使用公共卫生服务等经费，建立以服务绩效为导向的补偿机制，提高财政资金投入绩效。健全人员保障和薪酬分配机制。按照“允许医疗卫生机构突破现行事业单位工资调控水平，允许医疗服务收入扣除成本并按规定提取各项基金后主要用于人员奖励”的要求，完善与医联体相适应的绩效工资政策。要同步考虑基层机构和公立医院的绩效工资改革，逐步实现基层医务人员特别是家庭医生的收入不低于上级医院同年资医务人员的收入水平。

（四）形成“管理共同体”，完善区域医疗资源整合与共享机制

要通过制定医联体章程、建立理事会等方式，完善组织管理架构和协作机制，促进紧密型协作关系的建立，使医院从过去只关注自身发展，变成统筹考虑医联体整体发展，由过去强调单个医疗机构的效率，转向强调医联体的整体效率。促进人、财、物等资源的统一管理和有序流动。落实医院用人自主权，建立人员在医联体内统一管理、上下流动的机制。充分发挥三级公立医院牵头引领作用，通过专科共建、临床带教等多种方式，提升基层医疗服务能力。医联体内成立人力资源、财务、质控、信息、科教、后勤等多个方面的综合管理中心，对相关工作进行集中管理，降低运营成本，提升管理效能。加强医疗服务质量和安全监管。将牵头医院的先进科学管理理念和经验向医联体内的基层机构进行推广，引导和督促各级机构健全内部质量和安全管理体系。同时加强对不合理医疗行为的内管、内审和内控。促进统一信息平台的建立。充分发挥信息系统对医联体的支撑作用，健全人口健康信息平台，统筹推进医院管理、医疗服务等信息平台建设，实现电子健康档案和电子病历的连续记录和信息共享。利用远程医疗快捷、方便、综合成本相对较低的优势，引导优质医疗服务贴近城乡基层，完善远程医疗收费和支付政策，促进可持续发展。

（选自在全国医联体建设现场推进会上的讲话）

加快推进卫生计生人才改革发展

（李斌　2017年11月7日　河南郑州）

一、全面落实中央人才工作战略部署，卫生计生人才工作取得积极进展

党的十八大以来，卫生计生系统坚决贯彻习近平总书记关于人才工作的重要思想，以推进实施全民健康卫生人才保障工程为载体，抓改革、建机制，不断夯实事业发展的人才基础。5年来，人才资源总量稳步增长，卫生人员总数从900多万增长到1100万以上，每千人口医师数由1.94人提高到2.31人，每千人口护士数由1.85人提高到2.54人。我们长期医护比倒置，现在这个问题解决了。人才素质持续提高，大学专科及以上学历人员比例提高6个百分点，高层次专业人才逐年增加，医疗卫生行业“两院”院士达206人，行业里也是为数不多的，说明我们这个行业高层次人才还是比较聚集的。这次国家直属机关党的十九大代表，卫生战线也是比较多的，我们的人才都是响当当的。人才结构得到优化，卫生专业技术人员占卫生人员总量的比例提高到75.7%，基层卫生技术人员增长15%。医护比达到1：1.17，医护比长期倒置问题得到扭转。人才使用效能不断提升，全国总诊疗人次由68.9亿增加到79.4亿，有效满足人民群众的看病就医需求。2017年5月，《柳叶刀》医疗质量和可及性的全球排名显示，中国跃进50位，是进步幅度最大的5个国家之一。

（一）落实党管人才原则，各地党委政府对卫生计生人才工作高度重视

习近平总书记在全国卫生与健康大会上，从建设健康中国的高度，强调了人才工作的重要性和紧迫性。为全国卫生计生系统表彰大会做出重要批示，指示广大卫生计生工作者要大力弘扬“敬佑生命、救死扶伤、甘于奉献、大爱无疆”的崇高精神。这一点是我们这个行业值得骄傲的，也是必须落实的。很多行业的领导同志讲，总书记为你们这个行业专门提炼、概括的职业的崇高精神，你们这个行业真是偏得的。所以我们一定要落实好总书记对我们全行业的要求。各省也把卫生计生人才工作作为本地区实施“人才强卫”战略的重点内容，进行专门规划部署。河南省委、省政府把“全民健康卫生人才保障工程”作为推进河南振兴的重大人才工程，制定了卫生人才发展中长期规划、实施基层卫生人才工程，完善卫生计生人才政策措施。山东省委组织部牵头履行卫生人才协调服务职责。吉林由6部门出台加强卫生人才队伍建设的实施意见和卫生人才发展规划。安徽、四川、重庆、贵州等地也都强化对卫生计生人才工作的组织领导和综合协调，明确人才发展的目标任务。

（二）以全科医生为重点，基层人才队伍建设成效明显

5年来，基层医疗卫生机构人员增长24万，人才队伍规模不断壮大。中央财政每年投入约10亿元为基层培养人才，已完成全科医师规范化培训2.4万人、助理全科医生培训4400余人，农村订单定向免费医学生4.3万人、全科医生转岗培训11万人，基层卫生人员学历结构和执业资质明显改善。基层执业（助理）医师增加13.5%，这个增长幅度还是比较快的。24个省开展乡村全科执业助理医师考试，2018年这项工作要在全国普遍开展。我们有很多乡村医生，在当地已经给群众服务了十几年、二十几年，有的头发都白了，但是还没有执业资格。我们还是要加强这些乡村医生的培训，使他们能够取得执业资格。我们对他们采取点特殊政策，单独开展一个乡村全科执业助理医师的考试。2017年有24个省开展了这项考试工作，效果还是很好，2018年要全面推开。湖南、广东、陕西等地积极实施基层医疗卫生人才工程，千方百计提高基层服务能力。会同人力资源社会保障部进一步改革完善基层卫生专业技术人员职称评审工作，建立起以医疗服务水平、质量和业绩为导向，以社会和业内认可为核心的人才评价机制。各地普遍推行分层分类评审，淡化职称外语、论文、科研等申报条件，突出实践能力和工作业绩考核。推进“万名医师支援农村卫生工程”，三级医院对口支援县级医院3066家，县级以上医院对口支援乡镇卫生院3644所，带动了基层卫生人才队伍的发展。加强全国100多万乡村医生岗位培训，弥补人才短板。完善乡村医生养老政策，提高待遇和养老保障。黑龙江出台文件提高乡村医生保障水平。加强计划生育基层网络队伍建设，提高基层人员依法行政和优质服务能力，计划生育人才队伍得到巩固发展，为落实全面两孩政策、加强妇幼健康服务提供了有力支持。

（三）发挥引领带动作用，高层次卫生计生人才工作不断提升

近5年设立重大科研专项75项，投入专项经费

16.8亿。开展了8届突出贡献中青年专家评选，累计评选突贡专家704人，支持培养了13名医学领军人才和7个医学创新团队，带动了地方高层次人才队伍建设。各地推出了一系列符合实际的高层次人才培养计划，如内蒙古“鸿雁行动”、云南“云岭名医”、宁夏“塞上名医”等，山西、浙江、湖北、广西、海南等地也实施了医学领军人才培养工程。北京、江苏等地充分利用海外人才聚集工程等平台，引导海外高层次人才向医疗卫生领域集聚。所以，引进或培养的计划、工程很重要，人才发展快，还是得有一个支撑和抓手。国家有千人计划、万人计划，实施以后，确实对人才引进和培养发挥了积极作用。现在有些省，在医疗卫生人才方面，也实施一些重要的工程、计划、项目，作为抓手。小到一个单位、一个医院，也有自己的项目。这么一来，人才工作就容易做实。人才工作虚不得，人才背后就是人头，人才工作一定要落实到人头上，一点容不得虚的那一套。这几年，突出贡献中青年专家工作做得不错，现在看还是少了点，我们1000万的人才队伍，才700个，还不到1000人。2020年，怎么也得突破1000人，1000万，1000人。

（四）完善制度提升素质，公共卫生人才队伍建设取得新进展

出台了疾病预防控制中心机构编制标准、疾病预防控制中心岗位设置管理和妇幼健康服务机构规范化管理的相关规定。积极推动公共卫生医师规范化培训。开展疾病防控相关政策法规、业务知识和实操技术的培训，累计培训卫生应急处置和医疗救援相关人员28.7万人、卫生监督人员27.5万人，公共卫生人才的整体素质和业务水平得到提高。江西、青海等地加大力度培养了一大批公共卫生实用人才和业务骨干。

（五）以补短板为突破口，急需紧缺专业人才队伍建设进一步加强

出台儿童医疗卫生服务改革与发展的意见，设置国家儿童医学中心，3年招收儿科住院医师1.2万人、转岗培训儿科医生3700人，支持27所高校开展儿科学本科招生，儿科医疗服务紧张状况有所缓解。辽宁高校开设儿科、精神医学等专业，逐步扩大招生规模，甘肃加强县级医院儿科、妇产科等薄弱学科建设。实施万名护理人才培训项目，落实护士配备标准。支持各地实施执业药师继续教育高级研修计划、执业药师继续教育提升学历计划。河北组织开展紧缺专业专项培训。大力推进医疗卫生与养老服务相结合，明确养老机构人员配备，在职称评定、专业技术培训、继续医学教育和薪酬待遇等方面制定倾斜政策，吸引医务人员到养老机构服务。天津、福建建立社会办医人才激励机制，鼓励人员合理流动。

（六）创新支援模式，“组团式”援藏援疆工作取得丰硕成果

党中央国务院高度重视援藏援疆工作。习近平总书记多次做出重要指示，中央领导同志对这项工作提出了具体要求。国家卫生计生委认真落实党中央国务院关于援藏援疆工作部署，委党组多次专题研究，相关委领导赴两地进行调研，精准对接当地需求。2015年以来，已派出两批援藏医疗队，共322名专家分赴8所受援医院；派出171名专家分赴南疆四地州、塔城、吐鲁番开展支援工作。医疗人才“组团式”援藏援疆工作开展各类手术5700余台，治疗患者近3万人。新疆、西藏利用援助资源，加大本地卫生人才培养力度。援藏援疆工作的开展，有力提升了当地医疗服务水平，培养了一支技术过硬、“留得住、用得上”的医疗卫生专业人才队伍，得到当地百姓的衷心拥护。

（七）坚持中西医并重，中医药人才队伍的规模素质提升较快

推动中西医教育协调发展，积极推进中医药师承教育制度建设和具有中医药特点的毕业后教育、继续教育体系建设。选拔造就一批国医大师、全国名中医等中医药领军人才，启动中医药传承创新“百千万”人才工程（岐黄工程），加快培养中医药高层次、实用型、复合型人才。上海开展海上名医高级研修班项目。中医类别医师从2012年的35.7万增加到2016年的48.2万，中医药人才规模和素质得到较快提升。

二、加快建设高素质、专业化的卫生计生人才队伍，为推进实施健康中国战略提供有力人才保证

（一）聚焦实施健康中国战略，着力落实人才发展规划

1. 以需求为导向，扩大人才规模。要实现健康服务相关人才数量稳步增长，建立起与经济社会发展和人民群众健康需求相匹配的人才队伍。力争到2020年卫生计生人才队伍总量达到1255万人，每千人口执业（助理）医师达到2.5人，注册护士达到3.14人，专业公共卫生机构人员达到0.83人。各省要以问题和需求为导向，结合本省卫生计生事业发展需要和人才发展的现状，落实好人才发展目标任务和政策措施。

2. 以质量为核心，提高能力素质。全面完善医学人才培养制度，提高人才培养质量。大力推进住院医师规范化培训，为城乡基层和县级医疗卫生机构培养大批同质化的合格临床医师，实现到2020年基本建立住院医师规范化培训制度的目标。积极探索开展公共卫生医师规范化培训，培养防治结合复合型人才。注重一流创新人才培养，提高医学科技创新能力，强化各类卫生计生人才在岗培训，提高技术水平和服务

能力，满足快速增长的服务需求。

3. 以急需紧缺为靶向，优化人才结构。要下大力气解决急需紧缺人才问题。健全完善公共卫生医师制度，大力开展公共卫生医师培训。加强儿科、精神科、病理、麻醉、护理、康复、老年医学等各类急需紧缺人才培养。现在儿科问题解决的比较好，麻醉科出现了新的情况、新的矛盾，特别是近几年手术量增加了，增加的速度还比较快，包括开展的日间手术，也需要麻醉科人才。后期癌症患者镇痛的治疗，包括无痛分娩，很多孕妇要求开展这方面的服务，使得麻醉师供给很紧张。人民的需求增加了，而现有人员工作负荷压力很大，我们要采取综合措施，来解决这些紧缺人才培养使用问题。完善中医药人才培养体系和师承教育制度，加强中医药人才培养能力建设。完善生育政策服务人才保障工程，广泛开展产科、儿科医务人员培训。加大养老护理员、康复治疗师、生殖健康咨询师以及健康管理、营养和社会工作等健康人才培养培训力度。建设社会急需、面向基层、业务拔尖、一岗多能的健康服务技能人才队伍。现在健康产业发展需要大量经过培训的人才。

4. 以强基层为重点，改善人才分布。坚持重心下移、资源下沉，大力培养全科医生，进一步壮大基层人才队伍，促进城乡结构和区域分布更加合理，为群众提供综合、连续、协同的基本医疗和公共卫生服务。到2020年，全科医生达到30万人以上，基本实现城乡每万名居民有2—3名合格的全科医生。刚才介绍经验，乡镇现在至少能有1名全科医生，这是很大进步，下一步还要加大力度，还要出台文件。当年国务院出台全科医生方面的1个文件，经过这些年的发展，有些政策还要进一步优化，进一步增加含金量。2017年还要研究，还要专门出台1个加强全科医生建设的意见。党的十九大报告，也提出加强全科医生建设的要求，各地还要加强落实，关键在落实。

（二）植根行业实际，着力推进人才体制机制改革创新

1. 健全人才培养开发机制，提升人才能力。继续深化医教协同。落实国务院办公厅《关于深化医教协同进一步推进医学教育改革与发展的意见》要求，积极探索医教相长机制，着力构建院校教育、毕业后教育、继续教育有机衔接的医学人才培养制度。优化继续教育实施方式。探索新型互联网教学模式和方法，依托医疗卫生行业专业资源和人才优势，支持国家健康医疗开放大学建设，建立和发展中国健康医疗教育慕课联盟等远程医学教育培训平台，推进网络医学教育资源开放共享。提升创新能力和医疗卫生技术水平。吸引和培养一批具有国际影响力的高层次、创新型、复合型专门人才、学科带头人和行业领军人才，在国家优先发展学科和国际科技前沿领域，重点支持100个优秀创新团队。加强公立医院领导人员职业化培训。落实《公立医院领导人员管理暂行办法》，采取任职培训、岗位培训、专题培训等方式，着力提高公立医院领导人员的政治素质、管理能力和专业水平。

2. 完善人才使用评价机制，激发人才活力。积极推进卫生职称改革。2018年我们会同人力资源社会保障部研究制定卫生职称改革的行业指导意见，更加突出品德能力业绩导向，引导卫生专业技术人员更加注重医德医风建设；完善评价标准，增加对临床工作、带教工作数量和质量的要求；创新评价方式，推进卫生职称全行业管理；拓宽卫生人才职业发展空间。稳妥开展公立医院编制管理改革。要贯彻落实国务院要求，与公立医院其他改革措施统筹考虑；创新编制管理方式，动态调整公立医院人员编制，逐步实行备案制；积极推动公立医院实行全员聘用，执行一体化的事业单位人事管理政策，实现同岗同酬同待遇；积极协调当地编制部门，借鉴安徽编制“周转池”经验，将地方空余编制集中，并用于卫生行业。落实公立医院用人自主权。减少对医院人事编制、科室设定、岗位聘任、收入分配等的直接管理，推动公立医院依法依规进行经营管理和提供医疗服务，优化专业技术人员结构，行使内部人事管理、机构设置、中层干部聘任、人员招聘和人才引进、内部绩效考核与薪酬分配、年度预算执行等管理自主权。

3. 创新人才流动配置机制，增强人才动力。加强医疗联合体建设和发展。构建不同级别、不同类别医疗机构的分工协作机制，有效促进优质医疗资源上下贯通，统筹人员调配、薪酬分配、资源共享等，实现诊疗信息互联互通，促进人才资源有序流动。进一步完善医师多点执业。改革医师执业注册制度，促进人才在行业内顺畅流动，鼓励医师到基层、边远地区、医疗资源稀缺地区多点执业。促进医疗卫生人才向基层、边远贫困地区流动。增强基层岗位吸引力，提高艰苦边远地区和基层一线人才保障水平；完善基层人才招聘办法，放宽条件，降低进入门槛；推动基层单位招聘高层次和全科等急需紧缺专业技术人才，可直接考察聘用，解决基层和艰苦边远地区“招人难”问题。基层聘高层次人才、续聘的人才，直接考察聘用。不用公开考试、一年一回，这些都可以打破。要持之以恒地做好“组团式”援藏援疆工作。强化柔性引才理念。中西部地区条件相对艰苦，刚性引才有一定难度，可以完善柔性引才、用才政策，坚持以用为本，不求所有、但求所用；通过全科医生特设岗位计划、县管乡用、城乡联动等方式，创新卫生事业单位岗位管理制度，采取顾问指导、短期兼职、退休返聘、人才租赁等形式，完善人才配置。

4. 改革完善激励保障机制，凝聚人才向心力。积极推动公立医院薪酬制度改革试点。现有以及行在68个城市开展公立医院薪酬制度改革试点的基础上，在这个基础上，进一步扩面提速，落地见效。李克强总理在国务院常务会上讲，还有哪个地方愿意试，就可以试，不用等到一批一批开展。试点中要落实“两个允许”的要求，以增加知识价值为导向进行分配，着力体现医务人员技术劳务价值。两个允许，第一个允许突破工资总额，现在关键是医疗卫生单位有钱还是没钱，有钱了工资总额可以突破。在国外人员支出要占到40% ~ 60%，我们现在比重还是比较低，可以突破。第二个允许，扣除成本主要用于人员奖励，为什么开人才会，我们这个行业，比别的行业更需要人才，更依靠人才，一个医院，有一个好的科，可以把医院撑起来，一个医院，有一个好的团队，有一个名医，在社会上，在行业内，在人民的心目中，就很有位置。我们这个行业，人才确确实实是第一位的，是战略资源，领导一定要把尊重人才、培养人才，使用好人才放在极其重要的位置上。人才也不是不食人间烟火，也有家庭，也要生活，也要体现社会地位。一钱不值，有什么社会地位？没地位。所以一定要知识价值导向进行分配，提高技术劳务价值，要进一步深化医药卫生体制改革，进一步完善医疗服务价格体系，有的地方做得好，已经进行多轮价格体系调整，把手术等体现劳动的价格相对提高了，这也是符合基本规律的。当然，薪酬水平高的地方，吸引人才，人才去得多，低的地方也要创造条件，提高待遇。像福建三明，并不富裕，但通过改革，把机制搞活了，医生平均薪酬比较高，大家积极性也比较高，而且财政也没多拿钱。提高基层医务人员待遇，落实艰苦边远地区津贴正常增长机制和乡镇工作补贴，对条件艰苦的偏远乡镇和长期在乡镇工作的人员进一步倾斜；我们将积极协调人力资源社会保障部和财政部，研究出台关于完善基层医疗卫生机构绩效工资政策、保障家庭医生签约服务的文件。争取基层医疗卫生机构医务人员绩效工资水平，与当地县区级公立医院同资质医务人员绩效工资水平相衔接，绩效工资分配进一步向一线人员尤其是全科医生倾斜。建立健全专业公共卫生人员的激励机制。研究完善疾控机构绩效工资的有关政策，人员和运行经费根据人员编制、经费标准、任务完成及考核情况由政府预算安排，鼓励防治结合类专业公共卫生机构通过提供预防保健和基本医疗服务获得合理收入；进一步落实对传染病防治人员的卫生防护和医疗保健措施及适当的津贴。

（三）坚持多措并举，着力营造更好发挥人才作用的良好氛围

1. 加大人才投入保障。要树立人才投入是效益最大的投入理念，优先保证对人才发展的投入。完善促进人才可持续发展的投入保障机制，实施医疗卫生重大工程和项目时，统筹安排人才使用、开发、培养等经费。医疗卫生机构要强化管理，降低物耗成本，提高人员经费比例，确保内部支出结构以人力资源为重点。目前，医疗卫生机构人员支出占总支出比重为34.8%，我们要争取达到40%以上。推动政府、社会、用人单位和个人共同投资卫生计生人才资源开发，努力形成多元化的人才投入机制。

2. 构建尊医重卫的社会环境。大力弘扬16字崇高精神，建立卫生人才荣誉制度，让广大医疗卫生工作者体会到实现价值的自豪感、贡献社会的成就感、受到尊重的职业荣誉感，提高他们的社会地位。继续做好“中国好医生”“中国好护士”的推荐评议，广泛运用传统媒体和新媒体，大力宣传卫生计生领域涌现出的感人事迹、动人风采，激励广大卫生计生人坚守职业信仰，弘扬人文精神，展现有情怀、有温度的行业形象。我们已经在3个省开展“中国好医生”“中国好护士”推荐评议，接下来还要继续搞。这些被评上好医生好护士的，一样走红毯，他们是保护人民健康的明星，一定要有社会荣誉感，有社会地位。这个做法是中宣部、中央文明办和国家卫生计生委一起搞的，延伸到行业我们是第一个，做的很好。推动人才优先发展理念深入人心，努力形成尊重劳动、尊重知识、尊重人才、尊重创造的社会风尚，形成有利于各类人才干事创业、发挥作用的良好局面。

3. 搭建国际人才交流合作平台。树立全球视野和战略眼光，支持我国卫生计生人才在国际舞台上发挥重要作用，加大向世界卫生组织、联合国艾滋病规划署等国际组织推送人才力度。建设全球卫生人才后备库，通过选拔考试发现和储备一批后备人才。积极参与全球卫生治理，在向日内瓦使团派驻卫生外交官基础上，在重点国家和地区设置卫生外交官，提升我国在国际卫生与健康领域的话语权和影响力。改革完善医疗队派遣机制和工作模式，切实提高援外医疗队待遇。

（选自在2017年全国卫生计生人才工作会上的讲话）

〔责任编辑：彭　琰〕

深化医药卫生体制改革篇

2017年深化医药卫生体制改革工作概述 2017年，是实施“十三五”医改规划、建立健全基本医疗卫生制度的关键之年。习近平总书记5次主持中央全面深化改革领导小组会议，听取福建省推进医药卫生体制改革落实情况汇报，研究部署建立现代医院管理制度、改革完善短缺药品供应保障机制、深化审评审批制度改革鼓励药品医疗器械创新、改革完善全科医生培养与使用激励机制等工作，审议深化医药卫生体制改革进展情况汇报和推进家庭医生签约服务等民生领域改革落实情况督察报告。李克强总理在《政府工作报告》中提出，深化医疗、医保、医药联动改革；多次主持国务院常务会议研究部署医改举措。刘延东副总理多次主持召开国务院医改领导小组会议，协调解决医改问题。

在党中央、国务院领导下，各地、各部门坚决贯彻落实党的十九大精神和全国卫生与健康大会精神，攻坚克难、探索创新，推动深化医改进入集中精力打好攻坚战的新阶段。（1）攻坚力度明显加大。31个省（区、市）均由党委和（或）政府主要负责同志担任医改领导小组组长。（2）推进机制明显完善。各地将医改任务完成情况纳入全面深化改革绩效考核和政府目标管理绩效考核。（3）进展步伐明显加快。各地、各部门及时贯彻党中央、国务院决策部署，倒排时间进度，制定具体落实办法。（4）政府投入明显加大。全国财政安排医疗卫生支出预算1.4万亿元，多数省份继续加大对医疗卫生投入力度。（5）典型经验明显增多。各地学习借鉴成功经验，结合实际积极探索，新做法、新经验不断涌现。（6）改革效应明显显现。全面取消以药养医，医疗费用不合理增长势头得到初步遏制。整合城乡居民基本医保制度，巩固大病保险实现覆盖成果。改革药品生产流通使用各环节，开展国家药品价格谈判。人均预期寿命提高到76.7岁，80%以上的居民15分钟内能达到最近的医疗点，居民个人卫生支出占卫生总费用比重下降到30%以下。

一、分级诊疗制度基本建立

1. 覆盖范围持续扩大。在全国开展分级诊疗和家庭医生签约服务试点，如期完成年度工作目标。各地差别化设置不同等级医疗机构就诊报销比例，引导患者合理有序就医。

2. 医联体建设全面启动。所有省份均出台医联体建设工作方案，全国2134家三级公立医院均参与医联体建设，实现“全覆盖”。

3. 家庭医生签约服务稳步推进。做实家庭医生签约服务，重点为老年人、孕产妇、儿童、残疾人等人群提供服务，将建档立卡贫困人口纳入签约范围。

4. 医疗服务能力持续提升。80%以上的医院实现同级检查检验结果互认，三级医院全部开展预约诊疗和优质护理服务，超过一半开展日间手术。1.3万多家医疗机构开展远程医疗服务，覆盖所有国家级贫困县。

二、现代医院管理制度逐步完善

1. 公立医院综合改革持续深化。全面推开公立医院综合改革，公立医院全部取消药品加成。按照“腾空间、调结构、保衔接”的路径调整医疗服务价格，加快新旧机制转换。

2. 公立医院管理体制和治理机制日益完善。制定出台建立现代医院管理制度指导意见，加快实现医院治理体系和治理能力现代化。进一步加强公立医院党的建设。完善医疗机构综合绩效考核。

3. 公立医院薪酬制度改革试点启动。在30个省份的68个城市全面启动试点工作，保护和调动医务人员积极性。

4. 综合医改试点稳步推进。继续实施国家卫生计生委负责同志重点联系省份工作，选派联络员常驻综合医改试点省份。推进“沪苏浙皖闽”四省一市综合医改联席会议。推进实施世界银行贷款中国医疗卫生改革促进项目。

三、全民医保制度不断完善

1. 保障能力不断增强。城乡居民基本医保人均财政补助提高到450元。降低贫困人口大病保险起付线，让更多困难群众从大病保险中受益。加强医疗救助与城乡居民大病保险的有效衔接。

2. 城乡居民基本医保制度基本整合。除西藏外，全国30个省（区、市）和新疆生产建设兵团均已做出规划部署，部分地方开展设立医保基金管理中心的试点。所有省份全部接入全国异地就医费用直接结算系统，实现全国联网。

3. 支付方式改革加快推进。超过200个城市实行按病种付费的病种数达到100个以上，按项目付费占比明显降低。开展按疾病诊断相关分组（DRG）付费改革试点。组织制定临床路径总数超过1200个。

4. 商业健康保险加快发展。16家保险公司在全国31个省（区、市）承办大病保险业务。100多家保险公司开发了涵盖疾病险、医疗险、护理险、失能收入损失险等4大类3500多个保险产品。

四、药品生产流通使用全流程改革加快推进

1. 短缺药品供应得到保障。制定出台改革完善短缺药品供应保障机制的政策文件，梳理了139种临床易短缺药品清单，绝大部分已恢复生产供应。

2. 药品购销“两票制”基本落地。所有省份均已出台实施方案，各地以“两票制”为切口，加快推进药品生产流通使用领域改革。

3. 药品使用逐步规范。开展基本药物目录评估。加强药事管理，落实处方点评等制度，重点监控辅助性、营养性等高价药品，规范用药行为。

4. 药品价格进一步降低。推进实施公立医院药品分类采购，新一轮集中采购价格平均降幅超过15%。新增339个药品纳入医保药品目录。

5. 高值医用耗材相关工作积极推进。启动高值医用耗材国家价格谈判工作，开展医用耗材专项整治活动。推动实施高值医用耗材集中采购。

五、综合监管制度加快建立

1. 顶层设计逐步健全。研究制订医疗卫生行业综合监管的指导性文件，及时补齐关键缺项。部分地方先行先试，利用信息化手段提升监管效能。

2. 监管模式不断完善。强化事中事后监管，推行“双随机、一公开”制度，逐步建立黑名单制度。全国超过90%的统筹地区已实施医保智能监控。

3. 监管力度持续提升。开展为期1年的医疗机构依法执业专项监督检查，已查处案件25880件。进一步规范社会办医，严厉打击非法行为。

总的看，深化医改持续强劲向纵深推进，关联性、标志性改革全面启动，普惠型、兜底型民生建设相继推开，体制机制更加完善，人民群众普遍受益。国际权威医学期刊《柳叶刀》公布全球195个国家和地区医疗服务可及性和质量指数排名，中国进步幅度位居全球第三，充分彰显了制度优势。

（梁万年　姚建红　杨志光　叶　靓）

《深化医药卫生体制改革2017年重点工作任务》印发　2017年4月25日，国务院办公厅印发《深化医药卫生体制改革2017年重点工作任务》，提出14个需要研究制定的文件和56项推动落实的重点工作。明确任务牵头部门和时间进度安排，做到可追踪、可考核、可问责。3月28日，国务院医改领导小组召开2017年全国医改工作电视电话会议。国务院总理李克强对会议做出批示，要求贯彻落实党中央、国务院决策部署，以推进健康中国建设为引领，按照政府工作报告的要求，针对群众反映的痛点、难点问题，进一步深化医疗、医保、医药联动改革。国务院副总理、国务院医改领导小组组长刘延东在总结党的十八大以来深化医改取得成绩的基础上，深刻分析面临的新形势新要求，对2017年深化医改工作做出全面部署，提出着力抓好10件事（全面启动多种形式的医联体建设试点、以需求为导向做实家庭医生签约服务、加快推行按病种为主的复合型支付方式、全面完成城乡居民医保“六统一”、全面取消公立医院药品加成、开展公立医院薪酬制度改革试点、大力推行药品购销“两票制”、全面启动高值医用耗材集中采购试点、加强医疗机构绩效考核、推进医药卫生信息化建设），强调要突出重点、狠抓落实，确保改革成果落地见效。　（杨志光　叶　靓）

全面实施城乡居民大病保险　切实减轻群众大病负担　大病保险从2012年开始试点，2015年全面推开，2017年提升保障精准性，有效发挥了减轻群众看病负担、保障群众健康的重要作用。（1）实现全面覆盖。目前已覆盖10.5亿城乡居民，基本实现应保尽保。16家保险公司在全国31个省（区、市）承办大病保险业务。（2）筹资标准不断提高。2017年大病保险全国人均筹资标准平均为36元左右。全国有12个省份实现省级统筹，有233个地市实现市级统筹。（3）保障水平稳步提升。大病患者合规医疗费用报销比例在基本医保基础上平均提高12个百分点左右，有效缓解了因病致贫、返贫问题。（4）承办政策不断完善。出台大病保险投标管理、财务核算管理、风险调节机制、承办服务规范、市场准入退出等相关措施，夯实大病保险运行与监管的制度基础。（5）群众服务体验明显改善。绝大多数地方大病保险实现“一站式结算”，一些地方的大病患者还享受到远程诊疗、家庭医生签约等增值服务。（6）济困扶贫效果显现。各地结合健康扶贫工作，针对建档立卡等困难群众，给予大病保险政策倾斜，对困难群众采取先诊疗后付费。（7）费用管控初见成效。2017年，商业保险机构审核发现问题案件近

30万件，拒付不当医疗费用25亿元左右，有效控制虚假或不当医疗费用。《柳叶刀》杂志2017年10月14日刊文称赞《中国“大病保险制度”创新值得借鉴》。大病保险制度已成为中国特色基本医疗卫生制度的一大创新，为其他国家解决类似问题贡献了中国智慧和中国方案。（郭 欣 叶 靓）

《国务院医改办关于进一步加强医改宣传工作的通知》印发 2017年2月21日，国务院医改办印发《关于进一步加强医改宣传工作的通知》，提出进一步加强医改宣传工作的指导思想、基本原则、主要任务、保障措施。（1）加强医改政策解读。通过组织开展媒体吹风会、新闻发布会、专家访谈等形式落实医改政策解读工作，及时推送重要稿件，做好动态信息发布。（2）总结推广典型经验。积极开展调查研究，深入挖掘地方鲜活案例和典型经验，充分发挥典型经验的示范、带动和引领作用。（3）把握正确舆论导向。通过国际组织、科研机构、高等院校等对中国医改的客观评价，展示中国医改的基本理念、基本原则、基本路径的正确性。（4）建立舆情监测体系。加快建立落实医改舆情监测工作机制，建立高灵敏、全覆盖的舆情信息监测工作网络，定期评估医改舆论环境和梳理医改热点事件。（5）丰富完善宣传载体。积极与主流媒体、行业媒体和新媒体等开展广泛合作，深化医改理论研究，组织专家、学者和医改工作者撰写、刊发系列评论和理论文章。各地联动完善医改宣传工作机制，加强宣传力度，创新宣传形式，医改正面报道数量明显增多。据统计，2017中央媒体刊播医改相关报道（不含转载，下同）1447篇（次），省级媒体刊发报道4044篇（次），新媒体报道2802篇（次）。（王 冀）

2017年全国医改宣传培训班 2017年7月26—27日在贵州省贵阳市举办。来自各省（区、市）医改办有关负责同志和医改宣传联络员，各计划单列市、副省级省会城市医改办有关负责同志和医改宣传工作人员共110余人参加培训。培训班由中国传媒大学媒介与公共事务研究院及培训学院提供教学支持，结合医改宣传的工作特点，采用专题讲座+模拟演练+专家点评“三结合”的授课方式进行。在课程设计上，突出强调案例教学、活学活用的特点，模拟演练环节，采用情景模拟对抗赛形式进行，将医药分开、医疗服务价格调整、公立医院改制等真实事件作为教学案例，分组分角色模拟演练并由专家点评，注重创新性、突发性、对抗性和操作性。在师资配备上，医改主管部门、宣传部门、网信部门领导，传媒界专家学者，媒体人士和新媒体运营专家相结合，全面剖析了如何在全媒体时代做好符合医改工作需要的宣传，提高各地医改办在政策出台后解读、应对公众质疑或突发事件舆论引导的能力。

（王 冀）

全国深化医改经验推广会暨2017中国卫生发展高峰论坛 2017年6月4日在河南省郑州市召开。国家卫生计生委副主任、国务院医改办主任王贺胜出席并讲话。会议以“推进健康中国打好医改攻坚战”为主题，设主论坛和6个分论坛。主论坛围绕5项基本医疗卫生制度建设，发布了35项深化医改典型经验，内容涵盖家庭医生签约服务、医联体建设、政府办医体制建设、编制人事薪酬制度改革、医保管理体制建设、医保支付方式改革、药品流通“两票制”改革、药品器械耗材集中采购工作等多项医改工作。在此次论坛上，正式启动深化医改典型经验推广平台，该平台由中国卫生杂志社、《健康报》社承担具体工作，发挥行业媒体优势，并联合其他媒体，通过线上线下活动，打造医改政策权威解读平台和医改经验交流共享渠道。（以上撰稿：王 冀）

全国医联体建设现场推进会暨培训班 2017年9月1—13日由国家卫生计生委、国务院医改办在深圳市举办。培训班总结全国医联体建设工作取得的进展和成效，推广深圳罗湖等地的有效做法和典型经验。各省（区、市）共321个分级诊疗试点城市政府分管领导、医改办主要负责同志、卫生计生委体改处和医政医管处处长共1500余人参加培训。（1）深化对推进医疗联合体建设重要意义的认识。推进医联体建设是形成分级诊疗制度的重要抓手，是优化医疗卫生服务体系的重要举措，是提升群众获得感的重要基础。（2）提振各地对医联体建设的信心和决心。基层服务能力进一步提升，双向转诊格局进一步形成，优质资源进一步联动。（3）明确扎实推进医联体建设的重点任务。要形成“服务共同体”，完善畅通的双向转诊机制；形成“责任共同体”，完善权责一致的引导机制；形成“利益共同体”，完善利益分配机制；形成“管理共同体”，完善区域医疗资源整合与共享机制。（4）加强医联体建设的组织领导保障。各地将医联体建设工作摆在卫生与健康事业改革发展的突出位置，整体谋划制度设计，相关部门协作联动，营造全社会信任、支持医联体建设的良好氛围，确保通过推进医联体建设工作增强群众健康获得感、增进人民健康福祉，促进全面建成小康社会，推动健康中国建设。

（庄 宁 秦 坤 刘 锐）

第 70 届世界卫生大会金砖国家边会 2017 年 5 月 24 日由中国发起并组织，边会主题是“提升整合型卫生服务体系——为实现卫生相关可持续发展目标而努力”。中国、巴西、俄罗斯、印度、南非的参会代表和有关专家，围绕构建整合型医疗卫生服务体系分享经验。国务院医改办专职副主任、国家卫生计生委体改司司长梁万年从 4 个方面分享了我国构建整合型医疗卫生服务体系的经验。（1）提升基层医疗卫生服务能力。中央投资超过 1000 亿元，重点支持基层医疗卫生机构和中西部地区县级医院建设、补齐短板；同时加强以全科医生为重点的基层卫生人才队伍培养。（2）逐步转变基层服务模式。大力推进家庭医生签约服务，在团队组建、筹资、激励、考核等新机制方面进行积极探索。（3）不断完善分工协作机制。在明确各级各类医疗卫生机构功能定位和服务能力标准的基础上，通过医疗联合体、对口支援等多种方式推进各级各类机构协作联动、资源整合。（4）完善配套体制机制。明确双向转诊标准及临床路径；推进医保支付制度改革，逐步建立以按病种付费为主的复合型付费方式；推进医疗卫生信息化建设，建立区域性医疗卫生信息平台，实现电子健康档案和电子病历的连续记录以及不同医疗机构之间的信息共享。中国医改经验得到与会各方的关注和共鸣，世界卫生组织希望能与中国就构建整合型医疗卫生服务体系深化合作，通过多种途径分享中国医改经验。（朱　葛）

综合医改试点省份医改工作进展 2017 年，11 个综合医改试点省份敢于实践、勇于创新，创造了一批改革亮点和典型经验，在“五项制度”建设上取得突破性进展。在分级诊疗制度建设方面。各试点省份所有三级公立医院参与医联体建设并发挥引领作用。大部分试点省份在每个地市至少都建成了一个有明显成效的医联体。均制定了家庭医生签约服务实施方案并完成了家庭医生签约服务的目标要求。在公立医院综合改革方面。所有试点省份均全面推开公立医院综合改革，全部取消公立医院药品加成，逐步建立医疗服务价格动态调整机制。均选择了 3 个以上的地市开展薪酬制度改革试点，积极落实“两个允许”。在全民医保制度建设方面。各试点省份均完成了基本医保全国联网，实现异地就医住院费用直接结算。均已实施按病种付费为主的多种支付方式改革试点。大部分省份试点城市按病种付费的病种达 100 个以上。在药品供应保障制度改革方面。各试点省份积极实施药品生产、流通、使用全流程改革，均印发并推行了公立医疗机构“两票制”实施方案。在加强综合监管方面。各试点省份按照“放管服”的要求，建立“双随机、一公开”机制，强化事中事后监管，注重运用信息化手段加强监管，积极推广医保智能监控，开展医疗机构、医师和护士电子证照试点。（薛海宁　周小园）

委领导医改重点联系省份工作成效显著 2015 年起，国家卫生计生委领导同志分别负责重点联系 3 ~ 4 个省份，通过现场调研、督导、召开交流会议等多种形式指导推进地方医改工作。2017 年委领导医改重点联系工作覆盖所有省份，各位委领导共召开医改座谈会 23 场，实地调研医疗卫生机构 47 个，其中基层卫生机构 25 个，指导督促各省份落实医改重点工作任务，协调解决有关困难问题。（1）宣讲政策。在调研期间，委领导主动担任宣讲员，宣传国家对卫生事业改革发展的新要求，促使地方学懂、弄通、做实。（2）推动落实。委领导通过对口联系工作，有力推动各项医改重点任务的落实，促使各地改革均衡推进。（3）开展督导。委领导围绕医改“五项制度、十项重点任务”开展医改调研，督促各省份建立督导、考核、问责机制。（4）发掘了一批亮点经验。总结提炼一批改革经验在全国面上推广。（5）解决了重点难点问题。委领导对调研中发现的主要困难和问题，加大统筹协调力度，动员有关部门达成共识，破解制约改革的瓶颈问题。（周小园）

世界银行贷款中国医疗卫生改革促进项目稳步推进 2015 年 7 月，国务院总理李克强会见世界银行行长金墉，世界银行提出在安徽、福建两省推广三明综合医改经验，并计划贷款 6 亿美元予以支持。国务院医改办牵头，会同国家发展改革委、财政部、国家卫生计生委等部门共同开展项目筹备工作，委托国家卫生计生委项目监管中心作为中央级项目办公室，并组建中央级专家组。9 月 11 日项目正式生效。9 月 22 日世界银行、国务院医改办等有关部门联合在北京召开项目启动会，标志着项目进入实质性运行阶段。项目重点支持 3 个领域：推广三明综合医改经验、全面深化公立医院综合改革；推进分级诊疗、构建以人为本一体化的医疗卫生服务体系；加强人才队伍和信息化建设、强化项目实施的技术支撑。项目活动周期 4 年，主体活动在 2020 年底前完成，2021 年开展总结评估和收尾工作。9 月 26—28 日，国务院医改办牵头，对两个项目省所有地市的有关项目负责同志进行了培训。11 月 28—30 日，“世行项目第一次联合督导暨项目实施支持活动”在北京举办，两省和中央项目办汇报了项目进展情况，世行及有关专家对项目实施情况予以高度肯定。项目各项活动有序推进。（周小园）

“沪苏浙皖闽”四省一市综合医改联席工作会议 2017年5月25日在上海召开。国家卫生计生委副主任、国务院医改办主任王贺胜出席会议并讲话，充分肯定了四省一市在综合医改中发挥的示范引领作用，希望四省一市抓住综合医改试点的有利时机，以联席会议为纽带，深入开展合作，推进改革从“一池一地”转向区域联动，打造区域性医改高地，进一步扩大改革连片示范效应和带动作用。会议讨论了2017年度工作安排，明确了药品联合采购、高值医用耗材联合采购、中医药供给改革试点等重点任务的牵头省份，并成立专家指导组。会上，上海仁济医院与宁波市第二人民医院、杭州湾医院签署合作办院协议；中山医院、瑞金医院与淮安市第一人民医院签署医疗技术协作协议。

（以上撰稿：周小园）

《关于进一步改革完善药品生产流通使用政策的若干意见》印发 2017年2月，国务院办公厅印发《关于进一步改革完善药品生产流通使用政策的若干意见》，围绕解决医药领域突出问题，建设规范有序的药品供应保障制度，坚持标本兼治、协同联动，从药品生产、流通、使用全链条、全流程发力，提出了系统改革措施。在生产环节，重点提高药品质量疗效，促进医药产业结构调整，突出抓好药品上市审评审批、仿制药质量和疗效一致性评价等6方面改革；在流通环节，重点整顿药品流通秩序，推进药品流通体制改革，着力推动药品流通企业转型升级、推行药品购销“两票制”等7方面改革；在使用环节，重点规范医疗和用药行为，改革调整利益驱动机制，从促进合理用药、强化医保规范行为和控制费用的作用等4个方面入手深化改革。

该《意见》印发后，各地、各部门高度重视，狠抓贯彻落实。（1）通过新闻发布会、培训班等宣传改革的重要意义和任务。（2）制定分工方案，明确各项任务牵头单位和完成时限，把责任压实、要求提实。（3）督促各地制定实施方案，并就改革涉及的关键环节和问题，由部门制定配套文件。（4）将改革任务纳入医改台账管理，每月督办，并对各地贯彻落实情况进行督查，推进政策落地。截至2017年11月底，31个省份均已出台实施方案。总的看，药品生产流通使用各环节改革成效逐步显现。

（赖诗卿　朱永峰　章志红　冯佳园）

公立医院综合改革全面推开，全部取消药品加成 2017年，《关于全面推开公立医院综合改革工作的通知》印发，明确全面推开公立医院综合改革的目标任务、时间表、路线图，建立工作台账，按月督办通报改革进展情况。在福建省三明市召开全面推开公立医院综合改革现场会，对138个新增改革城市的分管市领导、卫生计生委、医改办负责同志和部分公立医院院长进行动员部署和政策培训。组织开展公立医院综合改革全员培训，逐级培训各地卫生计生、财政部门和医改办管理人员及全体公立医院医务人员，赴9个城市对50家委局属管医院领导班子和中层干部进行培训，累计培训600余万人。加大对各地公立医院综合改革的跟踪指导，通过召开专题会议、调研督导等方式，重点指导北京、湖北、广东、陕西、重庆等多地平稳启动改革。统筹推进国家卫生计生委、国家中医药局属管医院参加属地改革，印发《关于做好国家卫生计生委和国家中医药局属管医院参加属地公立医院综合改革有关工作的通知》，对委局属管医院、地方、中央3个层面齐心协力推动改革提出具体要求。2017年9月9日，全国公立医院全面推开公立医院综合改革，全部取消药品加成，终结了实行60多年的药品加成政策。10月9日，国务院总理李克强主持召开国务院常务会议，听取全面推开公立医院综合改革的汇报，充分肯定了公立医院综合改革取得的重大阶段性成效。（朱洪彪　甘　戈　张廷浩）

《关于建立现代医院管理制度的指导意见》印发 2017年4月18日，习近平总书记主持召开中央全面深化改革领导小组第34次会议，审议通过《关于建立现代医院管理制度的指导意见》，7月14日国务院办公厅印发该文件，明确完善医院管理制度、建立健全医院治理体系、加强医院党的建设等3个方面20项重点任务。该文件的颁布标志着公立医院综合改革进入由打好基础向提升质量转变、由单项突破向综合推进转变、由试点探索向制度建设转变的新阶段。把加强党的建设作为现代医院管理制度建设的重要内容，充分发挥公立医院党委把方向、管大局、保落实的领导作用，确保党的卫生与健康工作方针政策在医院不折不扣落到实处。实行政事分开、管办分开，建立健全公立医院管理委员会，落实政府的举办、监督权责清单。落实公立医院经营管理自主权，以章程为统领，规范医院内部治理结构和权力运行规则，提高医院运行效率。到2020年，基本形成维护公益性、调动积极性、保障可持续的公立医院运行新机制和决策、执行、监督相互协调、相互制衡、相互促进的治理机制，促进社会办医健康发展，推动各级各类医院管理规范化、精细化、科学化，基本建立权责清晰、管理科学、治理完善、运行高效、监督有力的现代医院管理制度。

（甘　戈　张廷浩）

2016年度公立医院综合改革效果评价考核　2017年，国务院医改办会同国家卫生计生委、财政部开展2016年度公立医院综合改革效果评价考核工作，覆盖全国31个省份和新疆生产建设兵团的1990个县（市、师）和200个试点城市。以省级评价考核为主，在各省份自评的基础上，国家有关部门采取省间交叉的办法组织复评。评价考核结果与中央财政专项补助资金挂钩，财政部采取关键因素法分配各省份公立医院综合改革专项补助资金93.83亿元，达到了奖励先进、鞭策后进的激励效果。通过考核，各地党委、政府把公立医院综合改革放到了更加重要的位置，改革力度进一步加大，评价考核成为推进公立医院综合改革的有力抓手。

（汝宇龙　陈　岩）

扩大公立医院综合改革示范范围　在总结2016年县级公立医院综合改革示范工作的基础上，天津市北辰区等26个县（区、市、旗）被确定为第2批国家级示范县（区、市、旗），将北京市等15个城市确定为公立医院综合改革首批国家级示范城市，扩大公立医院综合改革示范范围，充分发挥典型引路作用，推动公立医院综合改革向纵深发展。在安徽省天长市、北京市分别召开县级和城市公立医院综合改革示范工作现场会暨培训班，交流各地示范工作经验，并对各示范地区所属省、市、县三级行政管理人员和县级、城市部分公立医院院长进行培训。

（张廷浩）

科学控制公立医院医疗费用不合理增长　按照“十三五”医改规划等有关要求，国家卫生计生委将科学控制公立医院医疗费用不合理增长作为2017年深化医改重点任务，协同有关部门综合施策，通过推行“两票制”等药品流通领域改革、按病种付费等支付方式改革、抗菌药物使用专项治理、加强督导考核、落实政府投入责任等举措，指导各地科学控制医疗费用不合理增长，重点控制不合理用药、检查和治疗行为，不搞“一刀切”。2017年，全国公立医院医疗费用增幅降至9.7%，完成将公立医院医疗费用增幅降到10%以下的改革目标，医疗费用过快增长的趋势得到遏制，人民群众就医负担持续减轻。

（甘　戈　张廷浩）

〔责任编辑：萧爱华〕

2017年浙江省杭州市建成全国第一个爱国卫生运动（小营巷）纪念馆。　（国家卫生健康委疾控局　提供）

2017年9月25日，广东省县级医院管理培训项目启动会在南方医科大学举行。（广东省计生宣传教育中心　提供）

2017年9月8日，2017年“健康中国行 合理膳食走进黑龙江”宣传周暨首届“健康龙江嘉年华”启动仪式上，国家卫生计生委宣传司副司长李浓向省卫生计生委主任魏新刚授旗。

2017年12月5日，广东省消除艾滋病梅毒和乙肝母婴传播项目试点启动会暨2017年产科管理师资培训班在广州举办。　（广东省计生宣传教育中心　提供）

卫生和计划生育业务工作篇

政务和机关事务综合协调工作

2017年政务和机关事务综合协调工作概述

一、当好参谋助手，谋划好全局性大事要事

1.服务科学决策。学习领会党的十九大报告精神，深度理解“实施健康中国战略”决策部署的意义、内涵和目标要求，撰写权威解读文章，向委党组提出将更多卫生计生重点任务纳入党和国家工作全局的建议。贯彻委党组意图，撰写或修改重要文稿近400篇。

2.推进健康中国建设相关工作。协调50多个部门，制定《全国卫生与健康大会暨〈“健康中国2030”规划纲要〉若干重点任务分工方案》，提出建立协调推进机制的建议，向中央报告相关部门和地方健康中国建设落实情况。

3.推动委机关大兴调研之风。加强委机关调查研究管理，围绕卫生计生重大理论和实践问题，组织开展保障和改善民生重点课题调研，形成高质量的调研报告，评选优秀成果，为领导决策提供参考。做好委领导赴医改联系省的协调联络，全年调研120余次，有效推动医改工作。

二、加强统筹协调，落实好重点工作任务

1.做好迎接党的十九大召开各项工作。制定国家卫生计生委迎接党的十九大分工方案，列出任务清单，层层部署安排，做好各项工作。结合办公厅职能，重点做好安全保密、信访维稳、应急值守等工作，有效防控化解各类风险，营造安全稳定的环境。

2.保障重大会议活动顺利进行。会同有关司局（单位），精心组织安排，保障全国卫生计生系统表彰大会、福建三明医改经验推进会、全国爱国卫生工作65周年座谈会等重大会议活动圆满举办。安排委领导出席委外会议活动485次，组织召开委党组会、委主任会等重要会议120余次。

3.成功申请设立“医师节”。根据委领导要求，赴国务院扶贫办、中国科协等部门调研；多次召开研讨会，论证申请的内容和程序；与国办、法制办紧密沟通，及时答复意见。2017年11月3日国务院批复正式设立“中国医师节”，推动形成尊医重卫的社会氛围。

三、加强督查督办，发挥好牵总调度作用

1.做好中央领导批示件督办。严格管理、实时督办、定期通报，认真办理中央领导批示1202件，重点督办236件。向中央报送重点工作完成情况专报202件，报送决策参考信息211篇。

2.落实国务院大督查工作。完成国务院第三次大督查核查问责工作。根据国务院第四次大督查部署，组织委内自查和系统综合督查，由委领导和司局长带队，深入15个重点省真督实查，推动卫生计生政策落实。

3.推动“工作落实年”各项工作。组建专门的督查机构，加强队伍建设，完善工作机制。制定《“工作落实年”实施方案》，明确92项督查重点任务和指标，以进度表形式，督促各地将重点任务落到实处。制定《委党组重点工作任务分工》，抓好责任分解和统筹调度，以调度表、督办单等形式，督促各司局（单位）按时完成重点任务。

四、推陈出新，提升政务服务能力

1.应急值守工作。指定专人负责关注舆情信息，完善重要网络舆情应对处置机制，协调有关司局应对“浙江省中医药医源性艾滋病感染”“药物滥用”等舆情以及“H7N9疫情防控”“四川茂县山体滑坡”等突发事件，及时向中办、国办报送值班信息361期，其中国务院领导做出批示132期。

2.电子政务工作。推行无纸化办公，OA项目二期建设顺利推进，完善提升一批现有模块功能，上线一批新系统新功能，开展一拨新需求调研。编制完成机关内外网安全规划，做好网络建设和联通，保障网络运行畅通。完善文电、信报智能交换系统，高效有序运转各类公文10万余件，收发各种信报58万余件。建成智能化档案库房，实现文档一体化，大幅提高档案信息化管理水平。

3. 建议提案办理。创新工作方法，注重办理实效，圆满完成1411件建议提案办理工作。经过全委共同努力，2017年国家卫生计生委承办件数首次出现下降趋势，办理工作成效明显，荣获全国政协授予的“提案先进承办单位”称号。

4. 信访维稳工作。坚持关口前移、源头治理，制定责任清单，压实各级各部门责任，着力化解信访突出问题，下大力气预防大规模进京集体访。2017年以来办理群众来信6301件次，接待群众来访2944件次，信访形势平稳有序，荣获人社部、国家信访局授予的“全国信访系统先进集体”称号。

5. 安全保密管理。加强保密密码工作规划，出台制度规范，加大涉密人员审批管理，部署网络保密实时检测防护系统，开展6轮现场检查抽查，全面提升委直属机关失泄密防控能力。把握重要时间节点，对71家在京的委直属机关、委属委管医院和32个省（区、市）的卫生计生安全生产工作进行专项督查，确保一方平安。

6. 推动委机关落实中央八项规定精神。修订《委机关政务工作评估办法》，对政务工作进行全面评估，提出改进工作的建议。强化公文审核把关，严格控制发文数量和篇幅，规范性文件同比下降13.5%。强化会议活动审核把关，严格实行年度计划管理，加强统筹协调，避免“扎堆”开会，精简一般性、事务性活动。 （夏莺歌）

2017年全国卫生计生工作会议 2017年1月5—6日在京召开，国务院总理李克强、副总理刘延东做出重要批示。李克强指出，2016年全国卫生计生系统开拓进取，攻坚克难，在深化医改、推动基本公共卫生服务均等化、全面实施两孩政策、振兴发展中医药等方面取得了新成绩。广大卫生计生工作者要认真贯彻党中央、国务院决策部署，深入实施健康中国建设基本方略，抓住公立医院综合改革、医保支付、药品供应与价格、分级诊疗等重点，把医改向纵深推进，使群众享受更加便利、优质的医疗服务，大力发展健康产业，为更好满足群众多层次、多样化的需求，提升人民健康水平做出新的贡献。刘延东肯定2016年卫生计生工作取得的新成效，希望医疗卫生战线深入落实全国卫生与健康大会和《“健康中国2030”规划纲要》提出的各项任务要求，加快建设五项基本医疗卫生制度，促进“三医”联动，统筹推进公共卫生、疾病防控、生育服务管理、中医药振兴、健康产业发展等各项事业，全面落实从严治党各项任务，优化健康服务供给，努力全方位、全周期保障人民健康。会议认真学习李克强、刘延东批示精神，全面总结2016年卫生计生工作，研究部署2017年工作。

国家卫生计生委主任、党组书记李斌做工作报告，强调2017年是推进健康中国建设打基础、利长远的关键一年。卫生计生系统要围绕“五位一体”总体布局和“四个全面”战略布局，坚持稳中求进工作总基调，以新形势下党的卫生与健康工作方针为指引，以推进健康中国建设为主线，以抓落实为主旋律，采取针对性更强、覆盖面更大、作用更直接、效果更明显的举措，努力全方位、全周期维护人民健康。持续深化医改，推进分级诊疗制度建设，推动医疗联合体、医疗共同体、专科联盟建设，发展远程医疗协作网，提高家庭医生签约服务覆盖面；全面推开城市公立医院改革，全部取消药品加成，推进新旧运行机制平稳转换，年内实现符合转诊规定的异地就医住院费用直接结算，推进公立医疗机构药品采购“两票制”，加强全行业监管，加快形成基本医疗卫生制度框架。落实预防为主，抓好健康促进，加强重大疾病防控，提高卫生应急核心能力。落实好全面两孩政策，加强生育全程基本医疗保健服务。进一步主动优化调控医疗资源布局，深入实施健康扶贫工程，继续实施改善医疗服务行动，增强人民群众健康获得感。贯彻落实《中医药法》，支持和规范中医药发展。完善健康产业发展政策，培育健康服务新业态，满足群众多层次、多样化健康需求。

国家卫生计生委副主任、国家中医药局局长王国强主持会议，副主任马晓伟做会议总结，王培安、刘谦、崔丽、李五四、王贺胜等出席会议。中央有关部门代表，各省（区、市）卫生计生委，新疆生产建设兵团卫生局、人口计生委主要负责人；中央军委后勤保障部、武警部队后勤保障部卫生局负责人，中直机关、中央国家机关人口计生委负责人，国家卫生计生委、国家中医药局机关各司局及直属联系单位负责人，委属（管）医院主要负责人参加会议。

2017年全面推开公立医院综合改革专题研讨班 2017年7月24日在京举行，国家卫生计生委主任、党组书记李斌出席并讲话，指出公立医院综合改革在20个省、242个城市和全国所有县（市）推开，分级诊疗试点城市扩大到321个，家庭医生签约服务超过3.2亿人，城乡居民基本医保财政补助标准提高到每人每年450元，有效解决短缺药品供应保障问题，综合监管能力不断提高。落实全面两孩政策，妇幼健康服务不断改善。公共卫生和卫生应急能力持续提升。

李斌强调，下半年全面推开公立医院综合改革，全部取消药品加成；开展公立医院薪酬制度改革试点，所有三级公立医院全部参加医联体建设并发挥引领作用，深入推进家庭医生签约服务，合理设定家庭医生签约服务基础包和个性包；加快推进医保支付方式改革，实现异地就医住院费用直接结算；加大推行药品购销“两票制”改革，落实公立医院药品分类采购政策，实现高值医用耗材阳光采购；加强医疗卫生机构准入和运行、医疗质量安全监管。推动三级医院全面实施预约诊疗，提升基层医疗服务能力，加强生育全程基本医疗保健服务，进一步增强人民群众健康获得感。采取超常规举措和倾斜性政策，全力推进健康扶贫工程深入实施。切实加强公共卫生、食品安全与卫生应急工作，重点做好夏秋季传染病防控。以实施《中医药法》为契机，加快推进中医药事业发展。统筹做好卫生计生人才培养、科技创新、信息化大数据、国际交流等工作。弘扬职业精神，选树先进典型，持续加强卫生计生行风建设。全系统要牢固树立“四个意识”，进一步增强抓落实的主动性自觉性，从讲政治的高度抓落实，以锲而不舍的精神抓落实，以求真务实的作风抓落实，破解矛盾，解决问题，不断增进群众的健康福祉。

国家卫生计生委副主任、国家中医药管理局局长王国强做总结讲话，崔丽、李五四、金小桃、王贺胜、曾益新、马奔等出席研讨班。12个地方和单位代表做典型经验介绍。各省（区、市）卫生计生委及新疆生产建设兵团卫生局、人口计生委主要负责人，委机关各司局、各直属联系单位及国家中医药管理局相关司局主要负责人参加研讨班。（以上撰稿：李　旭）

2017年安全生产工作　（1）加强工作部署。及时传达中央精神，将各项工作任务和领导要求传达部署。2017年1月在全国卫生计生工作会议上，2月在全系统办公室主任会议上，7月在暑期专题研讨班上，8月在全系统安全稳定专题工作会议上，9月在全系统办公室主任会议，均部署安全稳定工作。组织制定《国家卫生计生委迎接党的十九大全力维护安全稳定工作方案》，建立各司局、直属和联系单位维护安全稳定责任制，将责任落实到具体单位。（2）强化工作指导。2017年9月23日印发《中共国家卫生和计划生育委员会党组关于贯彻落实〈中共中央国务院关于推进安全生产领域改革发展的意见〉的实施意见》，4月7日转发《国务院安委办关于近期接连发生安全问题的紧急通报》，5月15日印发《关于开展卫生计生系统电气火灾综合治理工作的通知》，6月15日转发《国有企业办消防机构分类处理指导意见的通知》。针对重要时间节点，面向全系统印发文件，2月14日印发《国家卫生计生委办公厅关于做好2017年全国两会期间安全稳定工作的通知》，6月30日印发《关于切实做好汛期各项安全生产工作的通知》，9月29日印发《国家卫生计生委办公厅关于切实做好2017年国庆节期间安全稳定工作的通知》。（3）开展督导检查。“两会”期间，组织6个检查组抽查6家直属单位的安全生产工作情况。“一带一路”峰会前，印发《关于做好“一带一路”峰会期间消防安全工作的通知》，组织3个检查组对委机关各司局、部分直属联系单位进行安全生产大检查。党的十九大前，按照国务院安委会统一部署，结合卫生计生系统特点，制定10大项134项检查内容，指导各地分4个阶段落实安全生产检查工作，即7月开展卫生计生机构全面自查和整改、8月开展省级多部门联合督查、9月开展组织各省份卫生计生委互查、10月进行统筹推动和巩固提高。在此基础上，分别安排7个督导组，对委机关、在京委直属联系单位、委属委管医院全部71家单位进行督查;安排15个国家督导组专家参加的督察组，对全国32个省（区、市）的省级、省会城市和重点地市、县3级卫生计生安全生产进行督查。岁末年初组织大检查，12月印发《国家卫生计生委办公厅关于切实做好岁末年初安全生产工作的通知》，2017年12月至2018年1月对委机关各司局、在京委直属联系单位、在京委属委管医院以分组互查、督查等方式开展安全生产大检查。（4）开展宣传培训。2017年4月15日“国家安全日”前后，张贴海报，播放录像，开展国家安全宣传教育。起草成立国家安全工作领导小组的通知，印发有关工作要求，发放有关材料，开展专题培训。会同人口报社开展“安全生产大家谈”征文活动，刊发23篇文章。5月在江西南昌举办2017年全国卫生计生系统安全生产暨保密工作培训班，邀请公安部、安全监管总局、国家保密局等有关负责人授课，各地各单位300人参加。参与国家标准委组织的安全生产标准起草制订工作，持续推动全委标准制定。10月初，邀请北京市消防局专家来委开展消防安全讲座，举行现场灭火演练。（郭　珞）

调查研究工作　2017年，研究室围绕委中心工作和重点任务，积极发挥参谋助手作用，完成各项工作。（1）当好参谋，为制定实施健康中国战略出谋划策，精心谋划好党的十九大、《政府工作报告》涉及国家卫生计生委工作，努力推动把实施健康中国战略、深化医改和卫生计生各项重点工作，纳入全局工作重要位置。（2）做好助手，努力提高以文辅政水平。潜心钻研文稿写作规律，及时掌握工作动态，准确理解贯彻落实领导意图，精心起草修改好每一篇文稿。全年起草、修改重要文稿近400篇，其中万字左右的文稿40多篇。（3）搞好协调，推动委机关调查研究工作。根据委党组部署，组织开展保障和改善民生重点课题调研，组建4个调研工作组赴8个省开展实地调研，为中央决策提供参考。加强委机关调查研究管理，举办2016年度优秀调研成果评选会，做好2017年委重点课题选题、实施和结题工作。委托开展建立健康影响评价评估制度、卫生计生领域改革助推经济发展两个课题研究，形成阶段性研究成果，部分建议已转化为现实政策措施。落实委领导医改联系省制度，做好贵州、吉林两省联络员工作。　（刘其龙）

督查工作　（1）2017年执行党组“工作落实年”要求。研究谋划推动“工作落实年”任务落实，组织制定《卫生计生委“工作落实年”实施方案》《重点督查任务实施方案》，制定印发《委党组贯彻落实中共中央关于加强新形势下党的督促检查工作意见的措施暂行办法》，建立健全督查制度，完善机制，规范督查工作程序。按照国家卫生计生委重点工作任务目标，制定“工作落实年”系统督查重点任务进度表，明确46类92项督查重点任务指标，建立台账，从8月份起逐月跟踪各省任务进展情况，及时研究分析系统重点任务落实情况，开展系统工作通报和月调度，书面督办任务滞后省份，推动任务落实整改。（2）落实国务院第4次大督查任务，组织系统自查及实地督查。根据国务院要求和委党组关于系统督查工作部署要求，制定督查方案，细化督查重点内容指标，制作督查手册，开展督查培训，组织委内各司局自查和系统自查工作，对15个省进行实地督查。组织综合分析各司局、各省、各督查组报告，向国办报送自查报告，向15个省反馈督查意见，并建立实地督查问题台帐30项，紧盯各地整改落实。完成国务院第4次大督查卫生系统系统督查结果整改落实。（3）完成国务院第3次大督查部署的核查问责工作。根据国务院要求，组织开展卫生系统核查问责工作，督查办提出核查方案、组建调查组、深入实地核查、提出问责建议、加强协调沟通、撰写报告、推动问题整改，完成了委有关司局工作的核查和甘肃等省部分医疗机构套取“新农合”基金问题的核查问责工作，严肃处理违规行为，保护调动相关司局的积极性。（4）组织开展计划生育特殊困难家庭扶助关怀政策评估和督查工作。近年来，计划生育特殊困难家庭问题突出，根据委领导要求，为深入了解各地计划生育特殊困难家庭扶助关怀政策措施的落实情况，组织对6省计划生育特殊家庭扶助政策落实情况开展专题督查，委托对6省计划生育特殊困难家庭扶助政策落实情况开展电话调查，根据督查和电话调查情况，起草情况报告，委领导批示，推动工作落实。　（张晓红）

文档工作　（1）削减“文山”。文档处审核上报文、委文件、委函、厅文件、厅函、公告、通告、委令、行政复议、内部情况通报共计2155件；同时协助其他处室审核建议提案答复件近1000件，审核会议纪要、厅便函以及各类信息、材料、纪要等1000余件。委令、委文件和厅文件等规范性文件数量年降幅为11.5%。印发《国家卫生计生委办公厅关于进一步落实上行文起草和审核责任的通知》，加强上行文审核把关。在医政医管局、离退局、机关服务局等司局和单位举办多场公文讲座。（2）档案管理。2017年度委机关各司局共完成文书档案归档1.82万件，补归历年文书档案120余件。全年共借阅利用原卫生部档案220余件，借阅利用原人口计生委档案101件。国家卫生计生委会同国家档案局联合印发《卫生计生行政许可档案管理规定（试行）的通知》。完成档案库房搬迁，共转移2013—2015年档案6万余件。2017年建成智能化档案库房并投入使用。完成2015年以前国家卫生计生委、原卫生部、原人口计生委文件全部扫描和数据移植工作。完成原卫生部档案综合管理系统数据全部移植到国家卫生计生委档案综合管理系统系统。2017年底，委机关档案系统归档条目26.43万条，可查询电子文件8.74万件，档案库共有检索信息35.2万余条。（3）文件清理。启动第3批文件清理工作，为2003—2013年以原卫生部、原人口计生委名义及2部门办公厅名义印发的文件7000余件。各司局报送242件待宣布废止文件，协调相关单位进行合法性审查。（4）印章管理。截至2017年12月7日，用印约5.2万余次。印发《国家卫生计生委办公厅关于进一步规范委机关印模使用管理的通知》，严格印章、印模使用管理，确保印模使用安全。为进一步推进委省对接文件传输工作安全有序开展，组织统计信息中心和机关服务局专题研究电子印章开通问题。（5）文件运转。截至2017年12月7日，共流转文件2.16万余件（包括留存文件1.85万余件），为文件归档、信息上报和政务信息公开查阅、文件上传及查阅工作奠定基础。共完成2155件文件编号。（6）文电中心工作。截至2017年11月13日，机要交换外部委发文1.43万件，收文1.54万件。文件交换中心处理外收文共5758余件（其中建议提案扫描716件），内网交换箱运转各司局文件6.49万件。收发室全年收发文件合计58.07万件。整合各收发室工作职能，安装内收文智能交换箱和外收文信报交换箱，建设完成1号楼收发室信报智能交换系统。　（刘俊丽）

建议提案办理工作　2017年，国家卫生计生委共承办建议建议提案1385件，代表委员满意率达99.5%，主办件数量在100多家中央国家机关承办单位中居前3位。全委认真贯彻党中央、国务院以及全国人大、全国政协对建议提案办理工作要求，加强组织领导，完善办理制度，创新办理流程，加大督促检查力度，提高答复质量和效率，推动卫生健康事业改革发展。（1）高度重视，切实提供工作保障。成立以国家卫生计生委主要负责人为组长、分管负责人为副组长的建议提案办理工作领导小组，统一领导办理工作。在“两会”前，委领导逐一走访各民主党派中央，连续召开3场代表委员座谈会，详细介绍委重点工作进展，认真听取意见建议。召开委主任会议专题研究建议提案办理工作，总结上年办理工作情况并对2017年办理工作提出要求。坚持委负责人带队走访调研制度，主动走访、当面听取、积极调研。委负责人认真审读复文，严格把关，在全委形成高度重视建议建议提案办理工作的良好氛围。（2）多措并举，提升工作实效。完善办理工作制度，主动适应工作新形势新需要，持续推进办理工作规范化、制度化。办公厅统筹协调，明确工作时限和要求，开展培训，建立台账，推进办理进程。运用信息化手段，缩短建议提案批分、流转、审核、印制等环节运转周期，实现全流程监控。定期发布进度统计和分析列表，定期通报督促。对办理工作深入研究，梳理分析代表委员重点关注的热点问题，为领导决策提供参考。汇编全国“两会”热点难点，遴选优秀建议提案复文编印成册。走访最高检察院和国家发展改革委，开展座谈交流，进一步提高工作水平。（3）深入沟通，努力实现效果满意。“两会”前，专门为代表委员编写卫生健康工作《参阅材料》，有针对性地对代表委员提出的意见建议，通过走访、调研、座谈、电话、网络等多种方式，主动和代表委员沟通。对民主党派中央提出的建议提案，负责人都认真听取起草人的意见建议。努力实现“不光要答复满意，更要效果满意”。高度重视重点督办建议提案，专门制定办理方案，由委负责同志牵头，会同有关部门共同组织调研、座谈，使重点督办建议提案办理过程转化成为解决重点难点问题、推动卫生健康工作的过程。（4）注重转化，推动事业发展。向全国人大、全国政协报送建议提案选题参考等多份材料。系统总结宣传前5年建议提案办理成绩和经验。完成《2017年卫生健康工作建议提案分析报告》，编发《建议提案办理工作简报》，向代表委员寄送材料。针对代表委员提出的真知灼见，认真考察调研，分析论证，沟通协调，提出整改措施，及时出台相关政策，准确研判和规划下一步工作，最大程度使代表委员的意见建议转化为政策措施，落实实际成效。（巢宝华）

信访工作　2017年，信访一处办理群众来信7385件次，接待群众来访3594批次、4557人次，荣获人社部、国家信访局授予的“全国信访系统先进集体”称号。（1）做好党的十九大等重大活动的信访工作。2017年，强化与相关部门和北京市公安机关的沟通与联动，及时发现苗头、稳妥处理动向性线索，完成一系列重大活动期间的信访工作。（2）严格落实信访工作责任。3月和5月印发《卫生计生系统预防大规模进京集体访责任清单》《卫生计生信访工作责任制实施细则》。9月初，会同委疾控局、医政医管局、基层司、家庭司等司局组成4个督查组对重点省份开展专项督查。（3）推进依法分类处理信访诉求工作。开展依法分类处理信访诉求工作进展情况的专题调研，通过调研总结经验、发现问题，形成了专题调研报告。9月，国家信访局召开的全国依法分类处理信访诉求工作现场会上，国家卫生计生委做经验交流。（4）开展信访基础业务规范化检查。6月起组织开展信访基础业务规范化检查，在各地自查的基础上，6—8月，组成6个检查指导组，对8个省（市）进行检查指导，促进各级卫生计生部门信访基础业务规范化建设。（5）组织召开委信访工作联席会议，专题研究信访突出问题。4月，组织召开委信访工作联席会议，按照“一群体一对策”的原则，对“自诉疫苗受害者”家长、“失独”家庭、儿童白血病等儿童重大疾病患儿家长集体访等突出问题进行专题研究，明确工作措施。（6）继续信访积案化解。对2013年以来挂牌督办、“委省对接”未化解和新排查的积案进行交办，其中涉及卫生工作7件。通过召开会议、实地督导等多种形式推动积案化解，已化解3件，取得阶段性进展4件。（7）举办卫生计生信访干部培训班。7月，举办2017年全国卫生计生信访干部培训班，邀请中央维稳办、国家信访局等单位授课，进行业务培训。（梁春琦）

干部人事工作

2017年卫生计生干部人事工作概述

一、召开全国卫生计生系统表彰大会

经国务院同意，2017年8月17日国家卫生计生委在北京召开全国卫生计生系统表彰大会。习近平总书记做出重要指示，李克强总理做出批示，刘延东副总理出席会议并讲话。大会表彰19名“白求恩奖章”

获得者、251 个先进集体和 756 名先进个人。

二、坚持党管干部，做好干部选拔任用

坚持“好干部”标准，坚持正确的选人用人导向，把政治建设作为根本性建设，统筹推进委直属机关领导班子和干部队伍建设。进一步配齐配强领导班子，加大干部交流力度，认真落实“凡提四必”制度，做好干部调整、遴选招录、军转安置等工作，组织新任职干部参加宪法宣誓，选派优秀干部到新疆、西藏以及定点扶贫地区等地挂职，着力建设高素质专业化干部队伍。

三、坚持从严治党，加强干部监督

设立干部监督处专门从事干部监督工作。配合中组部开展国家卫生计生委 2016 年度干部选拔任用工作“一报告两评议”工作。完成全委领导干部个人有关事项集中报告和抽查核实工作，做到应报尽报。加强干部日常管理监督，加大提醒函询诫勉工作力度。

四、坚持服务大局，创新教育培训

牵头制定年度干部教育培训计划，举办 13 期各类培训班，统筹安排省部级、司局级干部参加组织调训和专题研修，组织开展境外培训和继续教育项目，研究推进公立医院院长职业化培训工作，开发干部教育培训管理信息系统，推动开展干部教育培训工作。

五、推动实施人才优先发展战略

召开全国卫生计生人才工作会议，为新时代卫生计生人才工作开篇布局。指导各地推进基层卫生职称改革落实落地，实施卫生专业技术资格考试和护士执业资格考试，护士考试全面实行机考，科学化水平不断提高。扩大特岗计划实施范围，优先为 12 个省的贫困地区招聘 2000 名特岗医生。做好高端人才引领，2017 年共有 12 人新当选两院院士。拓展选人用人视野，做好国际组织人才推送。

六、推动直属联系单位、社会组织健康发展

统筹推进直属事业单位“三定”工作，加强机构编制管理，规范中层干部备案工作，做好京外调干、毕业生接收、养老保险、绩效工资等工作。印发《国家卫生计生委业务主管社会组织管理办法（试行）》，明确综合司局对归口事项监督指导、相关业务司局对业务活动监督指导的工作职责，构建起各司其职、齐抓共管的工作机制。稳妥开展社会组织脱钩、年检、备案和兼职审批等日常管理工作。

七、推进公立医院薪酬制度改革等工作

印发《关于开展公立医院薪酬制度改革试点工作的指导意见》，制定工作方案，及时部署开展公立医院薪酬制度改革试点工作。30 个省（区、市）68 个城市试点工作进展顺利，试点地区总体薪酬均有提高，考核体系不断完善，激励机制更加灵活，与“三医联动”产生协同效应，有效调动医务人员积极性。落实刘延东副总理批示精神，通过座谈会统一思想，凝聚共识，在全国推广安徽编制“周转池”经验，稳妥有序推进公立医院编制改革工作。

全国卫生计生系统表彰大会　2017 年 8 月 17 日在北京召开。党中央、国务院高度重视，习近平总书记做出重要指示，勉励全国卫生计生工作者钻研医术，弘扬医德，为人民群众提供更高水平、更加满意的医疗卫生服务；要求相关部门、各地采取切实措施，保障医务人员的发展空间、执业环境、社会地位和合理薪酬待遇，在全社会倡导形成尊医重卫的良好风尚。李克强总理做出重要批示，要求持续打好医改攻坚战，加快建设基本医疗卫生制度，围绕人民群众的所需所急，提供更好的医疗健康服务，为把我国早日建成健康强国做出新贡献。刘延东副总理出席会议并讲话，肯定全国卫生计生工作者以习近平总书记推进健康中国建设的战略思想为指引，推动改革发展取得的新成效，勉励广大干部职工以受表彰的集体和受表彰同志为榜样，弘扬“敬佑生命，救死扶伤，甘于奉献，大爱无疆”的崇高精神，见贤思齐，勇担使命，当好守护人民健康的忠诚卫士。

大会表彰 19 名“白求恩奖章”获得者、251 个全国卫生计生系统先进集体和 698 名全国卫生计生系统先进工作者、58 名全国卫生计生系统劳动模范。姚玉峰等 4 位先进个人和集体代表发言。国家卫生计生委主任李斌主持会议，中央宣传部、中央组织部、人力资源社会保障部、国家卫生计生委和国家中医药管理局有关负责人出席会议。国家卫生计生委有关司局和直属联系单位、各省（区、市）卫生计生委负责人及医护人员代表共 700 余人参加会议。

会后，国家卫生计生委邀请部分获奖集体和个人代表、卫生计生行政部门有关人员进行座谈，交流学习贯彻习近平总书记重要指示、李克强总理重要批示、刘延东副总理重要讲话和大会精神的心得体会。

（以上撰稿：王　忱）

全国卫生计生人才工作会议　2017 年 11 月 7 日在河南郑州召开。会议主题是加快推进卫生计生人才改革发展，为实施健康中国战略提供强有力的人才支撑。国家卫生计生委主任李斌出席会议并讲话，副主任金小桃主持会议并讲话。李斌要求，加快建设高素质、专业化的卫生计生人才队伍，为推进实施健康中国战略提供有力人才保证，着力落实人才发展规划，着力推进人才制度机制改革创新，着力营造更好发挥人才作用的良好氛围。要进一步提高做好卫生计生人才工作的责任感、紧迫感，努力开创人才工作的新局面。河南等7个地区和单位做交流发言，各省（区、市）卫生计生委，新疆生产建设兵团卫生局、人口计生委，委机关相关司局，委相关直属和联系单位负责人和有关代表等参加会议。

第8届"国家卫生计生突出贡献中青年专家"确定　2017年11月1日，根据《国家卫生计生突出贡献中青年专家选拔管理办法》，经过单位推荐、各省级卫生计生行政部门初选、国家卫生计生委评审，并经国家卫生计生委党组研究，确定选拔丁克等118人为第八届"国家卫生计生突出贡献中青年专家"。

（以上撰稿：张宁宁）

公立医院薪酬制度改革试点工作　2017年1月，人社部、财政部、国家卫生计生委、国家中医药局联合下发《关于开展公立医院薪酬制度改革试点工作的指导意见》。12月，4部门联合印发《关于扩大公立医院薪酬制度改革试点的通知》，推动公立医院薪酬制度改革试点扩面提速。国家卫生计生委会同有关部门认真贯彻落实党中央、国务院决策部署，落实"两个允许"，推动公立医院薪酬制度改革试点工作。试点工作在30个省（区、市）的68个城市实施，体现以知识价值为导向的薪酬制度改革试点工作取得阶段性成效。

（刘阿娜）

发展规划与信息统计工作

2017年卫生计生规划信息工作概述

一、推进健康中国建设有关工作

研究提出推进健康中国建设的领导体制和协调机制。督促各地和相关部门报送推进健康中国建设进展情况，特别是中长期规划编制出台情况，总结各地在建立健全领导体制、监测与考核机制等方面的好经验好做法。起草《健康中国建设监测与考核办法（试行）》和《"十三五"卫生与健康规划》监测评估方案，推动落实健康中国建设的重点任务。

二、推进全民健康信息化建设

启动全民健康保障信息化工程1期项目和省统筹区域平台建设。实现国家平台与32个省级平台联通，基本实现省市县平台联通。进一步规范健康医疗大数据应用发展，启动第2批国家试点。作为国务院办公厅确定的16个试点样板单位之一，推进政务信息系统整合共享。印发"十三五"全国人口健康信息化发展规划、网络与信息安全规划，出台全行业网络与信息安全事件应急预案，完成党的十九大网络安全保障工作任务。

三、推进全国卫生计生服务体系建设

督促指导各地制定和实施省市县三级医疗卫生服务体系规划。落实2017年中央投资，支持全国1138个卫生计生项目及55个委属（管）单位项目建设。印发《疑难病症诊治能力提升工程项目遴选工作方案》，支持省部级医院建设。

四、加强医学装备管理

落实"放管服"改革要求，制修订大型医用设备配置使用管理配套文件。推进国产医疗设备发展应用，完成第3批、启动第4批优秀产品遴选。

五、推动健康产业发展

会同发展改革委共同起草《健康产业发展行动纲要》，联合有关部门出台《关于促进健康旅游发展的指导意见》，遴选确定首批健康旅游示范基地。会同统计局推进健康产业分类，并开展健康服务业核算研究。

六、统筹推进京津冀医疗卫生协同发展

印发分工方案和联席会议制度，推进首都医疗卫生资源疏解。加大对雄安新区卫生健康事业发展的指导力度，签署委省合作协议，开展新区服务体系建设规划和国家医疗中心建设方案编制工作。

全国卫生计生规划信息工作会议　2017年2月24日在京召开。国家卫生计生委副主任马晓伟出席会议并讲话。马晓伟要求全国卫生计生规划信息系统，要站在新的历史起点上着眼于"五个转变"（发展方式由以治病为中心向以健康为中心转变；由立足卫生计生部门工作向人民共建共享转变；由单体工程项目向整合型服务体系转变；由单一推动事业发展向事业、产业全面发展转变；由重定性分析向运用大数据综合分析转变），推动卫生计生规划信息工作从理念到方式方法实现新突破。马晓伟强调，2017年要全力抓好"一纲要两规划"的落实；抓好医疗卫生服务体系规划的落实；要加强人口健康信息化和服务体系建设，推动京津冀医疗卫生协同发展；要抓好健康产业协调发展工作，培育经济发展新动能；要抓好管理服务方式转变工作，落实"放管服"改革；要抓好卫生计生规划信息队伍建设；抓好安全稳定工作。河北等6个省（市）卫生计生委、青岛市卫生计生委、茶陵县人民政府在大会发言。

全国卫生计生规划信息工作培训班　2017年7月31日—8月1日在辽宁沈阳举办。培训班总结2017

年上半年规划信息工作情况，部署下半年推进"一纲一规"贯彻实施、全民健康信息化建设和大数据应用发展、卫生计生服务体系建设、大型医用设备配置管理等重点工作以及近期加强全民健康信息安全和建设工程安全生产等工作，并着重就省、市、县三级平台联通全覆盖、贫困人口健康卡发放等年底前务必完成的任务进行安排部署，进一步强调工作要求、时间节点，落实责任，推动全面实现全年各项目标。

国家卫生计生委规划与信息司有关负责人讲解省统筹区域全民健康信息平台和疑难病症诊治能力提升工程两个建设方案、健康中国建设的监测与考核以及大型医用设备配置管理等工作。浙江、山东分别介绍推进健康产业发展、分地市核算人均预期寿命的具体做法。树兰医疗做信息化专题讲座。

各省（区、市）及计划单列市卫生计生委、新疆生产建设兵团卫生局负责发展规划、基建装备管理、信息化建设的处室负责人和具体工作人员参加培训。

（以上撰稿：金玉军　邢金龙）

推动贯彻实施《"健康中国2030"规划纲要》（1）推动建立健康中国建设推进协调机制。研究提出建立推进健康中国建设协调机制的建议方案，经国家卫生计生委主任会审议通过后，上报国务院。之后，按照国务院要求，认真梳理办公室设在国家卫生计生委或由国家卫生计生委牵头的议事协调机制，研究与拟建立的推进健康中国建设协调机制的衔接问题，经征求其他成员单位意见及组成人员建议，上报国务院。2017年11月，再次研究提出健康中国建设推进协调机制调整建议。（2）研究建立健康中国建设考核机制和监测评价机制。研究起草《健康中国建设监测与考核办法》，并征求有关部门和部分省份意见。（3）督查指导各地推进健康中国建设。布置各地报送省级卫生与健康大会召开和健康领域中长期规划编制出台情况，以及各地在建立健全领导体制、监测与考核机制等方面的有益探索，在吸取地方经验的同时对部分进展缓慢的地区进行督导。

推动《"十三五"卫生与健康规划》落地实施（1）制定印发规划委内分工方案和主要指标与重大工程项目任务分工表。（2）协调相关部门形成规划主要任务细化分解方案。（3）研究起草规划监测评估方案，为开展监测评估奠定基础。同时，与国家统计局商谈推进人均预期寿命年度测算发布工作，指导国家卫生计生委统计信息中心做好分省预期寿命年度测算，形成初步结果，为规划实施的监测考核提供支撑。此外，按照分工推进国家"十三五"规划《纲要》重点工作和重大工程的落实，开展年度监测。（4）做好中央宣传部马克思主义理论研究和建设工程重大项目"人口变迁和健康中国研究"工作，形成首批阶段成果的报告。

推动《全国医疗卫生服务体系规划纲要（2015—2020年）》落实　继续督促所有省、市、县分别完善并落实医疗卫生服务体系有关规划。截至2017年12月10日，全国31个省（区、市）以及新疆生产建设兵团已全部编制完成省级医疗卫生服务体系规划，并正式印发实施；地市级区域卫生规划也已全部编制完成，其中96.6%的地市已正式印发实施；91.44%的县级已正式印发实施县域医疗卫生服务体系规划；北京、天津、山西、辽宁、吉林、黑龙江等23个省（市、区）三级规划已全部印发实施。

印发实施《关于促进健康旅游发展的指导意见》　2017年5月12日，经国务院同意，国家卫生计生委会同国家发展改革委、财政部、国家旅游局、国家中医药局等有关部门联合印发《关于促进健康旅游发展的指导意见》。总体思路是把健康旅游作为发展健康服务业的重要任务，以需求为导向，顺应和把握消费升级大趋势，用好国际国内两种资源，发挥市场在资源配置中的决定性作用，把握资源优势和区位优势，加强供给侧结构性改革，突出服务特色，以医疗促旅游，寓旅游于医疗，打造新的经济增长点。到2020年，建设一批各具特色的健康旅游基地，形成一批健康旅游特色品牌，推广一批适应不同区域特点的健康旅游发展模式和典型经验，打造一批国际健康旅游目的地。到2030年，基本建立比较完善的健康旅游服务体系，健康旅游服务能力大力提升，发展环境逐步优化，吸引更多的境内外游客将我国作为健康旅游目的地，提升产业发展层级。同时，建立健康旅游发展部门协作机制，发挥地方政府的引导和推动作用，推动健康旅游业健康发展。

健康旅游示范基地建设　2017年7月，国家卫生计生委会同国家发展改革委、财政部、国家旅游局、国家中医药局等相关部门联合印发《关于开展健康旅游示范基地建设的通知》，在地方自愿申报的基础上，经专家评审和综合考量，同意天津健康产业园、河北秦皇岛北戴河区、上海虹桥国际医学中心、江苏泰州市姜堰区等13个健康旅游基地开展创建工作，明确先行先试的政策措施，支持基地积极探索总结多类型、可复制、可推广的试点经验，为我国健康旅游发展发挥引领和示范作用。2017年9月13日，国家卫生计生委组织召开推进健康旅游示范基地建设工作座谈会，会同相关部门研究部署推进健康旅游示范基地建设，推动健康旅游规范有序发展。

（以上撰稿：桂　熠）

推进医疗设备发展应用领导小组工作会议　2017年12月27日，国家卫生计生委、工业和信息化部在北京联合召开会议，会议总结2017年两部委合作工作，部署2018年工作。国家卫生计生委主任李斌、工业和信息化部部长苗圩出席会议并讲话，国家卫生计生委副主任马晓伟主持会议，工业和信息化部副部长辛国斌出席会议。

李斌指出，要准确把握新时代医疗设备发展应用的新要求，推进医疗设备发展应用必须坚持以人民健康为中心、质量第一、契合卫生事业发展和深化医改方向。李斌强调，要坚持创新驱动突破关键核心技术、完善有利于调动积极性的成果转化机制、创造更加有利于产业发展的政策环境，全力以赴推动工作再上新台阶，坚持不懈把两部委合作推向纵深。

苗圩指出，在各方努力下推进医疗设备发展应用工作取得新成效，产业发展迈入新阶段，规模扩大，技术水平提升，全球化布局稳步推进。苗圩强调，要加强政策协同，加大改革开放力度，激发市场主体创新活力，加快创建和完善制度环境，推动我国医疗设备在实现高质量发展应用上不断取得新进展。

与会代表实地调研解放军总医院高端医疗设备示范应用情况，参观两部委共同推进医疗设备创新产品成果展。两部委有关司局，部分省市卫生计生、工业和信息化主管部门，以及相关医院、研究院所、企业负责人参加会议。

医疗卫生服务体系建设　2017年，国家卫生计生委协调国家发展改革委安排中央专项资金242亿元支持全国医疗卫生服务体系1138个项目建设。其中，县级医院500个，中央投资180.8亿元；妇幼健康保健机构267个，中央投资33.8亿元；疾病预防控制机构300个，中央投资17.2亿元；采供血机构57个，中央投资7.7亿元；省级专病防治机构10个，中央投资2亿元；卫生应急移动处置中心4个，中央投资5533万元。随着这些项目的竣工并投入使用，医疗卫生服务体系进一步健全，服务条件改善，服务能力和水平显著提升。

建立疑难病症诊治能力提升工程项目储备库　根据《全民健康保障工程建设规划》相关要求，“十三五”期间启动实施疑难病症诊治能力提升工程，围绕人民群众健康需求，主要针对严重危害人民群众健康的肿瘤、心脑血管病、呼吸系统疾病等重点病种，支持100所左右专科优势突出、医疗技术水平较高、辐射带动能力较强的省（部）属医院建设，着力增加优质医疗资源供给，提高省域内疑难病症诊治服务的公平性和可及性。2017年9月，国家卫生计生委、国家发展改革委联合印发《疑难病症诊治能力提升工程项目遴选工作方案》。按照工作方案，经各地遴选、公示，两委复审、公示，建立由113个项目组成的疑难病症诊治能力提升工程项目储备库，标志着该工程正式启动实施。

委属（管）单位建设　2017年，国家发展改革委共安排中央预算内基本建设投资18.1亿元支持委属（管）单位改善基础设施条件。在建项目包括原国家卫生计生委科学技术研究所国家人类遗传资源中心和复旦大学附属华山医院临床医学中心等43个，总建筑面积308万平方米，总投资257亿元。项目总体建设进展顺利，工程质量良好。其中，复旦大学附属眼耳鼻喉科医院异地扩建工程等7个项目于2017年竣工投入使用，改善了医院基础设施条件，缓解科研教学用房紧张状况，促进了医院医教研协同发展。

（以上撰稿：曲怡然）

国家卫生计生委网络安全信息化和健康医疗大数据工作领导小组会议　2017年3月17日在京召开，国家卫生计生委主任李斌出席会议并讲话。李斌强调，要推动全民健康保障信息化工程一期项目和新农合跨省就医结算与监管信息系统建设，加快推进国家全民健康信息平台与省级全民健康信息平台互联互通。要在促进分级诊疗上取得新突破，推动“互联网＋健康医疗”服务。要在创新应用发展上取得新突破，加快推进国家健康医疗大数据中心及产业园建设试点，培育新兴发展业态。要在信息便民惠民服务上取得新突破，完善基层信息管理系统，促进基层卫生计生事业融合发展。要在强化网络与信息安全上取得新突破，确保网络和信息安全。国家卫生计生委全民健康信息化和健康医疗大数据工作领导小组成员及办公室成员参加会议。

全民健康信息化和健康医疗大数据暨网络安全工作会议　2017年3月31日在上海召开，国家卫生计生委副主任金小桃出席会议并讲话。金小桃强调，全民健康信息化建设和健康医疗大数据应用是提升群众获得感、激发医改新动力、打造经济新动能的重要引擎。卫生计生系统要加强统筹协调，完善工作机制，加大保障力度，强化组织机构和人才队伍建设，加强督导考核，全面完成全民健康信息化和健康医疗大数据工作的各项任务。各省（区、市）卫生计生委、计划单列市和副省级城市卫生计生委信息化工作分管领导、规划信息处和统计信息中心相关负责人，国家卫生计生委机关及直属单位、委属（管）医院相关负责人参加会议。（以上撰稿：肖大华）

全民健康信息平台互联互通暨健康医疗大数据试点工作推进会　2017年12月12日在山东济南召开，国家卫生计生委副主任马晓伟、金小桃出席会议并讲话，山东省省长龚正、副省长王随莲，济南市市长王忠林出席试点启动仪式。会议传达学习习近平总书记“12·8”讲话精神，强调全国卫生计生系统要抓联通打基础、抓服务助医改、抓应用惠民生、抓创新促实效、抓安全守底线，加快推进全民健康信息化和健康医疗大数据应用发展建设，发挥“双引擎”作用。会议要求，加快全民健康信息平台联通速度，确保年底实现互联互通全覆盖，完善平台功能，持续提高联通质量和数据质量，全面推动健康医疗大数据中心和产业园国家试点工作。

全民健康信息平台建设和互联互通　2017年2月，国家卫生计生委印发《“十三五”全国人口健康信息化发展规划》，指导全民健康信息平台建设和推动健康医疗大数据应用发展。2017年10月，国家发展改革委办公厅、国家卫生计生委办公厅联合下发《关于印发省统筹区域全民健康信息平台建设总体方案并开展项目申报工作的通知》，启动省统筹区域全民健康信息平台建设工作，推进省以下平台互联互通。各地高度重视，大力推动联通工作，2017年底基本实现省、市、县平台互联互通全覆盖。全国32个省级平台除联通医院1.5万余家（占医院总数的54%）外，还联通社区卫生服务中心、乡镇卫生院、社区卫生服务站、村卫生室等18万余家，占基层医疗卫生机构总数的20%。按照国家卫生计生委制定的省统筹区域平台和医院信息平台应用功能指引要求，各省边联通边完善应用，在分级诊疗、综合监管、全员人口信息等应用方面不断提升三级平台的应用功能和效果。

（以上撰稿：曾红涛　田东岳）

健康医疗大数据应用发展　2017年，研究编制涉及健康医疗大数据的规范性文件，明确健康医疗大数据的概念、内涵和外延，以及利益相关方的边界权责等问题。编制完善国家全民健康数据资源目录体系，推动健康医疗大数据在平台集聚，逐步实现数据分级分类分域管理。总结健康医疗大数据中心第一批国家试点经验，明确第2批国家试点省份，指导各试点省以全民健康信息平台建设为基础，有序推动健康医疗大数据区域中心建设。

政务信息系统整合共享　此为2017年国务院督办的一项重点工作，主要为实现国务院部门和地方政府之间“网络通、数据通、业务通”，是便民惠民和提升政府公信力的重要举措。按照要求，国家卫生计生委按时完成自查、清理、编目、整合、接入、共享和协同等7项规定工作。作为国务院整合共享应用的试点部门，国家卫生计生委通过试点示范打造样板，推动一批跨地域、跨部门、跨层级的信息共享和业务协同典型应用。2017年底，顺利实现国家级全民健康信息平台与国家数据共享交换平台的对接，信用信息、全员人口库、出生医学证明信息、死亡医学证明信息、全员人口统筹信息等5个信息系统，按期实现与国家统一平台共享交换数据。（以上撰稿：田东岳）

委属（管）医院信息化建设　2017年初，委属（管）医院信息化建设项目启动，完善医院基础信息系统和远程医疗信息系统，提升医院便民惠民服务能力，为每家医院建立医院信息平台，强化医院数据标准化和数据上报能力。7月，完成委属（管）医院信息化建设项目设计公司公开招标，8月，完成初步设计和投资概算编制并进行评审，推进后期设计和建设工作。

医院信息化建设的标准研制和应用　针对全国医院信息化建设与应用现状，国家卫生计生委组织研究制定一系列医院信息化建设相关指引及规范。2017年8月，对照《医院信息平台应用功能指引》，调研31个省（区、市）及新疆生产建设兵团的1465所二级以上医院信息化建设和应用情况。2017年12月，印发《医院信息化建设应用技术指引（2017年版）》，支撑《医院信息平台应用功能指引》应用，规范二级以上医院信息化建设。研究起草《全国医院信息化建设标准与规范（试行）》，明确医院信息化建设的基本内容和建设要求。功能指引、技术指引、建设标准与规范相互补充，对医院信息化建设的功能、技术和建设要求等方面进行指导，缓解目前医院信息化需求不断增长与医院信息化建设水平、技术应用能力不平衡不充分发展之间的矛盾。（以上撰稿：沈剑峰）

深化信息惠民便民　（1）运用“互联网+”建立线上线下一体化医疗服务模式。全国三级医院全面实现基于电子病历的信息化，医院不同程度开展互联网健康咨询、预约就诊、诊间结算、医保异地结算等，有效缓解“三长一短”问题。（2）全面推进远程医疗服务。已有1.3万余家医疗机构开展远程医疗服务，2017年开展远程会诊、远程病理、影像、心电诊断等服务超过6000万例次。（3）发挥居民健康卡保障群众健康的“金钥匙”作用。全国已有28个省（区、市）、100余个地市累计发放居民健康卡1亿余张，辽宁、河南等省发卡超过千万张，四川为全省380万贫困人口制发卡，湖南开展全省贫困人口健康卡发行工作培训，支撑居民全生命周期健康医疗服务和跨机构、跨区域、跨业务协同，推进传统就诊卡向居民健康卡的迁移融合。（肖大华）

修订卫生计生统计调查制度　2017年7月，国家卫生计生委启动修订《全国卫生资源与医疗服务统计调查制度》《全国卫生健康监督统计调查制度》《全国疾病预防控制统计调查制度》《全国妇幼卫生统计调查制度》《全国新型农村合作医疗统计调查制度》等5项制度，明确有关司局和直属单位的任务分工和时间安排。7月，征求各司局意见。9月初，召开修订工作会，细化工作任务。9月底，完成调查制度修订稿（初稿）。10月下旬，再次征求有关司局及直属单位意见。

健康服务业核算工作　2017年3月，国家卫生计生委征求多方面意见，了解国家统计局健康产业和健康服务业核算工作需求及开展情况，明确核算的必要步骤，先期开展健康服务业核算，同时进行健康产业分类研究，推动健康产业分类标准制定。2017年5月，委托第三方研究机构开展健康服务业核算工作，并确定核算内容包括健康服务业总产出和增加值两个方面。在《健康服务业分类（试行）》基础上，开展健康服务业核算工作。（以上撰稿：沈剑峰）

卫生计生经济管理工作

2017年卫生计生经济管理工作概述

一、落实财政投入，有力保障各项重点工作开展

2017年中央财政安排转移支付地方卫生计生项目资金2691.3亿元。落实2017年部门预算财政资金153.1亿元，新增委预算医院公立医院改革经费8.4亿元，支持预算医院公立医院综合改革。配合财政部，组织开展2018—2020年中央财政转移支付地方卫生计生项目预算编制申报，提出资金需求，做好预算方案储备。

二、深化改革，完善卫生计生经济政策

启动财政事权和支出责任划分改革，起草《医疗卫生领域财政事权和支出责任划分改革方案》。研究制定《中央财权支持巩固破除以药补医改革成果方案》。印发《关于进一步做好卫生总费用的通知》，明确2017年全面开展“功能法”卫生费用核算工作。开展今后一个时期我国卫生总费用发展趋势与目标分析研究，对“十三五”及2030年卫生总费用的发展趋势性、规律、目标等进行科学预测和深入分析。推动地方落实《推进医疗服务价格改革的意见》和《全国医疗服务价格项目规范（2012年版）》。积极开展收付费方式改革，印发《关于开展按疾病诊断相关分组收付费改革试点工作的通知》并召开试点工作启动会。会同发展改革委和人力资源社会保障部印发《关于推进按病种收费工作的通知》。修订印发《国家卫生计生委预算单位政府采购进口设备管理办法（暂行）》。研究制定《国家卫生计生委政府采购管理办法（暂行）》。

三、破解发展难题，深化医药卫生体制改革

国家卫生计生委与财政部等6部委联合印发《关于做好国家卫生计生委和国家中医药局属管医院参加属地公立医院综合改革有关工作的通知》，44家预算医院启动改革。以第16号委令印发《卫生计生系统内部审计工作规定》，自2018年1月1日起施行。明确卫生计生系统内部审计的管理体系、管理责任和工作原则，规定机构设置、审计实施、审计质量、审计整改和审计结果运用等具体要求。为各级卫生计生行政部门和预算单位建立健全内部审计工作制度发挥指导性作用。

四、加强预决算管理，建立科学经济管理体系

加强项目库建设，建立“三级滚动项目库”，加强项目评审，将财政部要求的50%评审覆盖面提高到100%。建立预算执行“四项工作机制”和“三个一”措施。会同财政部、中医药管理局联合印发《关于加快推进三级公立医院建立总会计师制度的意见》。组织开展行政事业单位资产清查结果审核和行业协会商会脱钩试点单位资产清查工作。

五、强化审计监督，落实项目资金监管职责

连续3年组织完成预算单位年度全覆盖审计监督工作。完成44家医院和31家事业单位2016年度预算执行和其他财务收支审计工作。完成44家预算医院财务报告审计调查，推动预算医院落实医改政策。完成10家单位审计委派工作，落实单位日常审计监督。围绕转移支付地方项目资金使用和管理，指导督促地方行政部门落实监管主体责任，持续开展项目资金集中督导检查，督促完成2016年度转移支付地方卫生计生项目资金督查巡查结果整改工作。

六、完善绩效评价，不断提升经济管理水平

全面推进预算管理“三个100%”（申报预算100%设置绩效目标、预算执行100%进行监控、项目完成后100%进行评价）。建立完善评价结果与预算安排挂钩的激励约束机制。研究制定《国家卫生计生委预算管理单位国有资产配置管理暂行办法（征求意见稿）》，指导落实《国家卫生计生委关于进一步加强委预算单位所办企业国有资产管理的通知》，组织委预算单位开展所办企业国有资产管理情况自查工作。

七、做好扶贫开发与对口支援工作

会同民政部、财政部、人力资源社会保障部、保监会、国务院扶贫办印发《健康扶贫工程“三个一批”行动计划》，全面启动农村贫困人口分类救治工作。会同国务院扶贫办、中央军委后勤保障部召开全国推进健康扶贫工作现场会。研究起草健康扶贫兜底保障政策文件。根据2016年健康扶贫重点任务，对22个省（区、市）开展考核工作。启动健康扶贫示范县建设，发挥典型引领作用。按照一地一策、因地制宜的思路和要求，指导地方制定“三区三州”健康扶贫攻坚行动方案。研究制定《国家卫生计生委定点扶贫工作方案》，安排2400万元用于支持4个定点县发展卫生计生事业、扶持产业发展和贫困群众救助等。安排中央专项1.45亿元支持4个县推进深化医改，实施重大公共卫生项目。大力扶持优秀扶贫项目建设，助推“吕梁山货”和“吕梁护工”品牌的宣传推广，帮助定点扶贫地区产业和就业脱贫。

八、抓好队伍建设，提供经济管理人才智力支持

围绕社会改革发展、专业知识、综合素质和实地研讨四大模块进一步完善总会计师卓越人才培训项目实施方案，努力培养一批具有国际视野和战略思维，精于医疗卫生行业经济管理的高素质、复合型、国际化的高端人才。开展第4期卫生计生行业经济管理领军人才申报及选拔培养工作，组织开展第2期、第3期和第4期领军人才和第1期、第2期行业后备领军人才，预算单位第1期、第2期经济管理后备领军人才培养工作，启动第3期后备领军人才选拔工作。全年举办45期“卫生计生经济大讲堂”“我讲一刻钟”以及党建学习活动，财务队伍建设“335”工程扎实推进，为事业发展提供强有力的人才和智力支撑。

（任西岳　常宝松）

全国卫生计生财务工作会议　2017年1月19—20日在京召开，国家卫生计生委副主任王培安出席会议并讲话。王培安指出，2016年，全国各级卫生计生财务管理干部紧紧围绕“保障、改革、监管、服务、扶贫”重点任务，坚持问题导向，深入推进公立医院改革、医疗服务价格改革、收付费方式改革和财税体制改革，不断加大财政投入，加强资金监管，加快人才队伍和信息化建设，实现“投入保障创新高、价格改革新进展、健康扶贫新突破、资金监管见成效、财务管理上水平”的“十三五”良好开局。会议强调，围绕2017年工作要点，加大财政资金保障力度。加快公立医院改革步伐。推进医疗服务价格改革和支付方式改革。加强财务和预算管理，逐步建立完善现代医院管理制度，体现医务人员技术劳务价值。强化资金监管，充分发挥审计监督作用。加快总会计师设立和会计领军人才的培养。会议要求，2017年，各级卫生计生财务干部要不断增强工作的责任感和紧迫感，以抓落实为主线，认真谋划，务实担当，攻坚克难，真抓实干。

（常宝松）

扶贫开发与对口支援

一、健康扶贫工程

1. 提高农村贫困人口医疗保障水平。新型农村合作医疗和大病保险制度对贫困人口实行政策倾斜，门诊统筹率先覆盖所有贫困地区，降低贫困人口大病费用支出。2017年，城乡居民基本医保补助标准提高到450元。会同财政部印发《关于做好新型农村合作医疗工作的通知》，将贫困人口大病保险起付线降低50%。推动探索建立健康扶贫补充保障机制，将农村贫困人口医疗费用实际报销比例平均提高到80%以上。印发《关于印发农村贫困住院患者县域内先诊疗后付费工作方案的通知》，要求各地落实贫困人口县域内住院实行先诊疗后付费和“一站式”结算。

2. 对贫困人口大病和慢性病实行分类救治。实施健康扶贫工程“三个一批”行动计划，对经核实核准的贫困大病和慢性病患者实施分类救治，截至2017年底，分类救治和服务管理420万大病和慢性病患者。其中，遴选儿童白血病、儿童先天性心脏病、食管癌等9种大病进行集中救治，截至2017年底，救治15.8万人。家庭医生签约服务优先覆盖农村贫困人口，截至2017年底，乡村医生签约服务覆盖90%的贫困人口。

3. 全面提升贫困地区医疗服务条件和能力。会同中央有关部门组织全国963家三级医院对所有贫困县全部1180家县级医院进行对口帮扶，选派医生团队进行蹲点帮扶，重点加强近3年县外转出率前5～10个病种的专科建设，推广适宜县级医院开展的医疗技术。初步建成从三级医院到县医院到乡镇卫生院互联互通的远程医疗网络。开展人才综合培养，截至2017年底，为中西部地区农村医疗卫生机构招收培养5000名助理全科医生。实施人才强基层扶贫工程，2017年为乡镇卫生院、村卫生室培训专业技术人员约9000人。

4. 强化贫困地区疾病防控和公共卫生工作。制定

《凉山州艾滋病防治和健康扶贫攻坚行动方案》，以艾滋病防治为主攻方向，深入开展凉山州健康扶贫工作。在四川甘孜州石渠县启动实施包虫病综合防治试点，将典型经验推广到四川藏区、西藏自治区和青海玉树州及果洛州，共筛查270多万人，免费治疗包虫病患者1.3万人。全面实施妇女“两癌”免费筛查、孕前优生健康免费检查、贫困地区儿童营养改善和新生儿疾病筛查等重大公共卫生项目，受益儿童超过400万名。

二、卫生计生援疆工作

召开2017年全国卫生计生系统对口援疆工作会议，全面部署援疆工作。

1. *加强医疗服务体系建设*。2017年，中央共安排专项投资9.7亿元支持新疆94个卫生计生建设项目（含新疆兵团），支持项目包括19所县级医院、22所市县两级妇幼健康服务机构、41所省市县三级疾病预防控制机构、10个采供血机构、1个省级专科疾病防治机构和1个卫生应急移动处置中心。加强医疗卫生服务能力建设。组织44家三级医院对口帮扶新疆32个贫困县37家县级医院。中央财政对新疆投入972万元，开展二级以上医疗卫生机构对口支援乡镇卫生院项目。投入5200万元，对实施国家基本药物制度的村卫生室给予专项补助。

2. *加强疾病防控力度*。2017年中央财政为新疆维吾尔自治区安排资金8167万元，支持开展国家免疫规划常规免疫、补充免疫和监测工作。投入2.1亿元，加强艾滋病防治工作。支持乌鲁木齐、克拉玛依2个第3轮艾滋病综合防治城市示范区和吐鲁番、墨玉等9个县级示范区开展防治模式探索工作。投入资金2607万元，开展包虫病防治相关工作。继续支持新疆开展重点癌症早诊早治、心脑血管疾病高危人群早期筛查和干预、儿童口腔疾病综合干预等重大慢性病早诊早治和全民健康生活方式行动等工作。分别支持新疆和新疆建设兵团1115万元、567万元，用于严重精神障碍管理治疗工作。分别支持乌鲁木齐市和石河子市150万元经费，用于精神卫生综合管理试点工作。

3. *加大人才培养力度*。继续开展全科医生转岗培训、农村订单定向医学生免费培养、全科医学师资培训，2017年为新疆（含兵团）下达计划100人、400人、320人。派出复旦大学附属中山医院、西安交通大学医学院第一附属医院2支“国家医疗队”分别到新疆和新疆生产建设兵团开展巡回医疗。2017年，共派出310余名专家开展医疗人才“组团式”援疆工作。

4. *支持新疆实施国家基本公共卫生服务项目*。人均基本公共卫生服务经费补助标准从45元提高至50元，中央继续按照80%的最高比例对新疆给予补助。加强妇幼健康服务工作。继续将妇幼健康服务体系建设纳入中央投资建设支持范围，继续深入实施农村妇女“两癌”检查、增补叶酸预防神经管缺陷、预防艾滋病、梅毒和乙肝母婴传播等妇幼重大公共卫生服务项目。举办培训班，培训计划生育技术服务人员和相关管理人员100余人。推动实施农村计划生育家庭特殊奖励政策。2017年，享受南疆地区农村计划生育家庭特殊奖励政策的目标人群达30.2万人，各级财政投入资金预算合计5.8亿元，其中中央财政投入资金4.7亿元。

三、卫生计生援藏工作

1. *加强医疗服务体系建设*。2017年，中央财政投资56.2亿元支持西藏、四川、云南、甘肃、青海卫生计生基础设施项目建设。其中，县级医院120个、中央投资42.6亿元，妇幼健康保健机构66个、中央投资6.9亿元，疾病预防控制机构115个、中央投资5亿元，省级专病防治机构1个、中央投资0.1亿元，血站项目9个、中央投资1.4亿元，卫生应急处置中心项目1个、中央投资0.2亿元。投入6564万元，支持四川、云南、甘肃、青海的贫困地区开展二级以上医疗卫生机构对口支援乡镇卫生院项目，共计支援1094所乡镇卫生院，派驻支援队员3282人。支持西藏、四川、云南、甘肃、青海的村卫生室实施国家基本药物制度，中央财政投入4.14亿元。

2. *提升疾控工作水平*。支持开展免疫规划工作。2017年，在西藏自治区开展村级预防接种信息手机报告研究项目。中央投资0.92亿元支持西藏和四省藏区开展艾滋病防治工作。不断加大对西藏和四省藏区结核病防治经费投入力度，加强患者发现和管理、疫情监测和报告、实验室检测和诊疗服务质量控制、能力建设和耐多药肺结核防治等工作。依托中央财政转移支付地方重大公共卫生项目，支持西藏和四省藏区开展重点癌症早诊早治、心脑血管疾病高危人群早期筛查和干预、儿童口腔疾病综合干预等重大慢性病早诊早治工作，以及慢病与营养监测、肿瘤登记、慢性病综合防控示范区建设、全民健康生活方式行动等慢性病综合防控工作。支持开展精神卫生工作。2017年组织9人参加精神科医师转岗培训。

3. *开展医疗人才“组团式”援藏工作*。截至2017年底，先后从94所三级甲等医院选派300余名医疗专家组成8支“组团式”援助医疗队，对口援助西藏自治区人民医院和7个地区市人民医院。西藏“1+7”受援医院的各项指标显著提升。“1+7”医院诊疗疾病种类由2014年的187种，增加到260种。累计为受援医院健全规章制度3649项，梳理规范医院管理建议1500余条，出台管理文件766份。两批组团援藏专家结对帮带当地医务人员497人，开展各类各层次培训近1300场次，派员赴援助单位学习培训183人次，接受学位教育8人次。“1+7”医院申报省部级以上项目157项（立项34项），取得重大技术突破291项，近20项成果获得省部级课题奖，在国际、国内核心刊物发表高水平学术文章150余篇，日喀则市人民医院设立1个博士后工作站。建立组团援藏培训工作机制，为县乡培养合格医生。

4. 加大人才培养力度。推进实施住院医师规范化培训制度。遴选认定559家住院医师规范化培训基地（含中医，下同），其中西藏自治区4家，中央财政按照500万元/个的标准，支持基地医院加强能力建设。支持西藏招收住院医师365人。制定下发《关于加强住院医师规范化培训援疆援藏工作的通知》，2017年协调北京、江苏、浙江、四川、广东五省市为西藏地区定向委托培养265名住院医师。加大全科、儿科等紧缺人才培养力度。2017年下达全科、儿科、精神科、妇产科等紧缺专业招收计划82人。继续开展助理全科医生培训、全科医生转岗培训、农村订单定向医学生免费培养、全科医学师资培训，分别培养培训200人、50人、220人、277人。

四、定点扶贫工作

1. 加强组织领导。2017年，研究制定《国家卫生计生委定点扶贫工作方案》，明确定点扶贫工作的目标、原则以及具体措施等。2017年12月，国家卫生计生委主任李斌赴山西大宁县、永和县调研，并在太原召开定点扶贫工作座谈会，部署推进工作。国家卫生计生委副主任王培安于2017年1月赴大宁县、永和县调研；2月主持召开专题会议，研究部署2017年定点扶贫工作，随后印发年度工作计划，要求相关单位据此组织实施；9月赴陕西清涧县、子洲县，督促推进工作。各司局和直属联系单位按照委党组要求，积极推进定点扶贫工作。2017年赴4个县开展调研275人次，其中委领导3人次，司局级及以下272人次。2017年6月，国家卫生计生委扶贫办专门设立“片区和定点扶贫组”，抽调专人负责，并安排中国人口宣传教育中心承担定点扶贫工作任务。建立对口联系人制度，指定4名司局级领导分别对口联系一个县，了解帮扶需求，协调争取有关部门重大资金项目支持，督促定点工作计划落实。为每个县选派至少1名正处级以上优秀干部挂职县领导，均分管或协助分管扶贫工作。

2. 实施健康扶贫。（1）推动建立医疗兜底保障机制。2017年，清涧县、大宁县、永和县均将新农合门诊、住院报销比例提高5%以上。子洲县将贫困人口在乡镇卫生院和县级医院政策范围内住院报销比例分别提高到95%和85%。（2）开展大病和慢性病患者分类救治。截至2017年底，分类救治1.22万人，其中2187人已经治愈、4371人病情好转、1236人病情稳定转入长期康复治疗。（3）提升基层医疗卫生服务能力。安排11家三级医院对口帮扶4个县县医院。协调山西大学第一医院全面托管大宁县医院，筹建吕梁山麓南部区域医疗中心，服务周边7个县、惠及80万农村贫困人口。协调山东大学第二医院与子洲县人民医院建立为期5年的对口帮扶关系，帮助榆林市、子洲县分别开展新医疗项目13项、22项。帮扶专家举办专题讲座18次，培训3200人次，免费诊疗患者3000余人，免费体检2850人次。（4）加大疾病防控和公共卫生工作。在大宁县、永和县实施儿童营养改善项目、妇女“两癌”（宫颈癌、子宫癌）筛查项目。累计发放营养包22 983个，使2505名儿童受益。基线调查数据显示，大宁县儿童贫血率下降5%。累计为3168人进行“两癌”筛查。

3. 开展精准帮扶。（1）为贫困人口增加一道精准医疗保障线。2017年，通过“健康暖心”基金支持永和县100万元为1.33万名农村贫困人口购买人身综合保险，实际兑付606例，补偿资金145.99万元；支持111.6万元为357名贫困人口发放大病救助和医疗补助。支持大宁县50余万元对全县患24种重大疾病的贫困家庭给予救助，按尿毒症患者7000元/人、癌症肿瘤患者6000元/人、其余患者5000元/人的标准，共救助89人。（2）支持中药材种植发展产业扶贫。支持各县因地制宜发展黄芪、党参、连翘、黄芩、柴胡等道地中药材种植及深加工。推动将黄芪列入“食药同源”目录，支持子洲县发展黄芪产业，带动贫困户增收。投资120万元支持大宁县发展中药材种植，2017年支持贫困户栽植连翘5250亩、板蓝根840亩、黄芩200亩。

4. 激发内生动力。（1）打造“吕梁山货”区域公共品牌，扶植特色产业。截至2017年底，“吕梁山货”已经联合山西、陕西两省20多个贫困县、139家企业，汇集200余种特色产品，累计带动农产品销售8800余万元。（2）开展电商扶贫，促进创新创业。在永和县，国家卫生计生委挂职干部带领当地引入电商模式。组建1个县级电子商务营运中心和54个乡村电商服务站，成立电子商务企业联盟，引入“公益中国”、吕梁山货等20余个电商平台，孵化小微电商企业21个、网店微店215个，吸引从业人员785人。推出“喜和合”“乾坤湾”等区域品牌，研发“永和饼”等特色产品13个。策划组织永和槐花文化旅游节。槐花节期间，销售槐花系列产品1.8万件，创造季节性岗位300余个，促进1380名贫困人口人均增收1500元。

2017 年 11 月底，全县网上交易额达到 2739 万元，帮扶贫困户 7613 人，人均增收 1045 元。（3）发挥行业优势，推广护工项目。截至 2017 年底，“吕梁山护工”累计培训包括国家卫生计生委定点扶贫县的贫困人口 1.03 万人，实现就业 4136 人。（4）探索“互联网 + 医疗扶贫”新模式。针对乡村医务人员知识结构老化，缺少继续教育机会的现状，协调华医网免费为大宁县基层医疗卫生人员开展网络培训。协调微医集团向 4 个县捐赠价值 400 余万元的县、乡、村远程医疗系统。

5. 动员社会力量。（1）继续开展“健康暖心”工作。2017 年，“健康暖心”基金捐助 4 个县 1360 万元，为 348 人提供大病救助，为 3.35 万人购买医疗保险，发放小药箱 5000 个，捐赠价值 120 万元的医疗装备。资助大宁县人民医院 30 万元采购透析室设备。建立中国大病社会救助平台，并率先在 4 县启动试点工作，通过网络募集社会资金，对贫困大病患者提供精准、及时的救助。（2）动员各方社会资源参与定点扶贫。中国卫生装备协会等行业协会、医院和有关企业累计捐赠价值 1600 余万元的药品和医疗设备。子洲县洪灾期间，中日友好医院、协和医院、北京医院捐助 110 万元救灾款。中国医疗保健国际交流促进会等单位筹集帮扶资金 440 余万元，举办国家基本公共卫生服务规范培训班、家庭医生签约百城巡讲活动，直接受益 1200 余人次。组织医疗专家志愿开展义诊 2900 余人次，培训基层医务人员 1000 余人次。辽宁盘锦士林置业公司与永和县、大宁县签订助学帮扶协议，资助 100 个建档立卡贫困户小学生每人每年 500 元，每年免费组织 2 个县 50 名基层优秀教师外出交流、学习。协调香港嘉道理基金提供 50 余万元支持子洲健康积极老龄化项目。

五、吕梁山片区区域发展与扶贫攻坚工作

1. 召开吕梁山片区部际联系会议，协调推进片区重大项目落实。选派 3 名司局级干部挂职任副市长、4 名处级干部挂职任副县长、1 名科级干部驻村任第一书记，在一线推动扶贫工作。2017 年共安排山西、陕西两省中央转移支付地方卫生计生项目资金 195.2 亿元，其中新农合补助资金 139.3 亿元，基本公共卫生服务项目资金 24.5 亿元，重大公共卫生服务项目补助资金 9.5 亿元，为片区卫生计生事业发展提供资金保障。优先开展贫困地区卫生人才综合培养试点工作，为吕梁山片区基层医疗卫生机构共培养 100 余名各专业医生、引进 130 余名卫生人才。实施“健康暖心”项目，安排 2400 万元资金，捐赠价值 3000 万元医疗设备，支持吕梁山片区开展综合人才培养、大病救助和医疗卫生机构设施条件改善等。同时依托行业优势，支持片区打造扶贫品牌，带动贫困人口精准脱贫。支持开展“吕梁山护工”项目，召开“陕西吕梁贫困护工来京就业工作”启动会、“吕梁山护工”北京就业推荐会等活动，对接 60 余家北京家政、医院等用工单位，安排 300 名护工在北京就业，实现“就业一人，脱贫一户”。针对吕梁山片区苹果、核桃、红枣、黄芪等重点产业项目，协调发展改革委、农业部、林业局、食品药品监管总局等部门，在产业规划、项目安排、技术支持、市场推广等方面加大帮扶力度。2015 年以来，在国家卫生计生委和多家单位共同支持下，“吕梁山货”网上展销、年货节等活动累计销售农产品价值 8800 余万元。

2. 实施健康扶贫工程，解决因病致贫返贫问题。（1）推动建立医疗兜底保障机制，实现新农合、大病保险、重特大疾病医疗救助等三项制度对建档立卡农村贫困人口全覆盖，提高新农合门诊和住院报销比例，降低大病保险起付线，实行先诊疗后付费和“一站式”即时结算。（2）实施大病和慢性病患者分类救治。截至 2017 年底，吕梁山片区已累计分类救治 18.9 万名贫困患者，其中 1.1 万人已治愈、15 万人病情好转、2.8 万人病情稳定转入康复治疗。（3）组织三级医院对口帮扶对片区贫困县医院实现全覆盖，努力提升医疗卫生服务能力。2017 年吕梁山片区县域内就诊率达到 90.93%。

（高艳坤）

卫生计生财务管理

一、中央财政继续加大卫生计生投入力度

加大资金投入是保障卫生计生事业发展的必要基础。2017 年，中央财政进一步加大对卫生计生事业发展投入力度，通过国家卫生计生委安排中央财政转移支付地方资金 2691.3 亿元，是历史上投入最多的一年。2017 年，新农合筹资力度进一步加大，中央财政投入补助资金 1809.7 亿元，财政补助标准由 2016 年的 420 元提高到 2017 年的 450 元，政策范围内门诊和住院费用报销比例分别提高到 50% 和 75% 左右等。加强疾病应急救助工作，中央财政投入补助资金 5 亿元，支持市（地）级以上政府做好疾病应急救助工作。基本公共卫生服务保障水平进一步提高，中央财政投入补助资金 375.9 亿元，财政补助标准由 2016 年的 45 元提高到 2017 年的 50 元，用于巩固现有项目，扩大服务覆盖面，同时扩展服务内容，支持计划生育避孕药具和健康素养促进等工作。为推进基本药物制度实施，中央财政安排 91.1 亿元，对实施基本药物制度的基层医疗卫生机构和村卫生室给予补助。重大公共卫生项目继续实施，中央财政安排补助资金 169.5 亿元，主要用于支持重大疾病预防控制、妇幼卫生、食品安

全风险监测、健康素养促进、卫生监督检查、卫生应急队伍建设、医养结合等工作。为保障医改任务落实，中央财政安排补助资金165.2亿元，用于推进县级公立医院综合改革、城市公立医院综合改革、住院医师规范化培训、全科医生特设岗位试点、助理全科医师培训、卫生计生人才能力建设和组团式援藏等工作。同时，中央财政安排计划生育补助资金74.8亿元，用于计划生育家庭奖励扶助、特别扶助、西部地区少生快富等工作。中央财政转移支付投入力度持续增加，有力地保障了卫生计生事业全面发展。全民医保体系加快健全，公立医院改革持续拓展深化，基本公共卫生服务均等化水平稳步提高，国家基本药物制度得到巩固，人才队伍建设不断加强，医疗服务能力和安全质量得到提升，重大疾病防控、卫生应急、妇幼卫生、计划生育工作成效显著，国民健康水平不断提高，城乡居民得到更多实惠。（任　璐）

二、优化项目管理，做好中央转移支付项目清理整合工作

为规范目前中央财政专项转移支付项目，国家卫生计生委财务司积极协调委内相关司局和财政部，梳理现有项目，整合现有资源，确保在做好政策衔接的前提下，有计划、有步骤、有重点地做好项目梳理规范工作。对资金投入方向类同的项目调整到同一大类项目，对于可以通过基本医保和基本公共卫生服务来保障的项目调整至基本医保或基本公共卫生服务项目。2017年，将农村孕产妇住院分娩调整至基本医保；将计划生育避孕药具和健康素养促进调整至基本公共卫生项目；将免费孕前优生健康检查项目和计划生育事业费调整至重大公共卫生"因素法"；将卫生计生人员能力建设调整至医改项目中，医改项目更名为医疗服务能力提升项目。同时，积极协调有关部门做好政策衔接，在2017年中央转移支付卫生计生项目有关资金下达通知中明确项目调整的进出及有关资金来源，保持工作的延续性。（朱佩慧　任　璐）

三、配合推动医疗卫生领域财政事权和支出责任改革

贯彻落实党的十八届三中全会提出"建立事权与支出责任相适应的制度"要求，配合财政部开展医疗卫生领域财政事权和支出责任研究，并研究起草《医疗卫生领域中央与地方财政事权和支出责任划分改革方案》，改革方案注重客观实际、把握改革创新、确保群众受益的精神，聚焦当前划分体系存在的主要矛盾和问题，立足当前，着眼长远，在保持现有财政事权和支出责任框架总体稳定的基础上，分类施策，抓实推进，首次对医疗卫生领域中央与地方财政事权和支出责任予以明确，以改变以往各级政府在公共卫生服务方面的事权和支出责任不明确，筹资责任难以落实的问题。（蒋长兴　王金玲　朱佩慧　任　璐）

四、做好取消行政事业性收费后疾控机构工作衔接

2017年3月15日，财政部、国家发展改革委印发《关于清理规范一批行政事业性收费有关政策的通知》，明确取消或停征"预防性体检费""卫生检测费""委托性卫生防疫服务费"等3项中央设立的卫生计生部门行政事业性收费。为落实国务院领导批示，做好取消3项行政事业性收费后疾控机构的预防性体检等工作的衔接，通过下发调查表等形式对各地3项行政事业性收费收入情况进行摸底调查，赴广西、吉林等地开展实地调研，组织召开10个省份专家座谈会，与财政部进行沟通协商，结合疾控机构经济运行情况撰写《关于媒体反映健康证收费取消后多地疾控中心限号办理有关情况的报告》报送国务院。在研究和调研基础上，与财政部联合印发《关于进一步做好预防性体检等3项工作的通知》，就做好有关工作提出要切实提高认识，严格贯彻执行；严格把握政策界限，做好管理服务；优化服务流程，强化利民惠民；全面履行财政保障责任，保证疾控机构健康发展等要求。（朱佩慧　马文杰）

五、提高中央转移支付地方卫生计生项目资金管理能力

2017年11月，在广东省广州市召开中央转移支付地方卫生计生项目资金管理工作会议，各省（区、市）、计划单列市和新疆生产建设兵团卫生计生委财务处负责人100余人参加会议。会议研究讨论中央转移支付地方项目管理、绩效考核以及卫生与健康领域开展政府和社会资本合作（PPP）等内容，进一步提高各地对中央转移支付项目资金管理工作的认识，确定绩效评价相关指标体系，为地方开展绩效评价工作明确方向。（朱佩慧　马子华）

六、2017年全国卫生计生财务年报工作

组织专家对全国6.95万家医疗卫生计生单位的2016年度卫生计生财务年报数据进行汇审，并编制2016年度全国卫生计生财务年报报表。会同卫生发展中心基于年报数据，从公立医院经济运行、基层医疗卫生机构经济运行、专业公共卫生机构经济运行、医改试点省和100个试点城市公立医院经济运行情况改革前后对比、综合改革试点县县级医院经济运行、医疗卫生计生机构财政补助情况、公立医院医药费用增长情况、卫生医疗机构人员支出、医疗机构收支亏损等方面开展深入分析，形成10份分析报告，包括1个总报告、6个分报告、3个专题报告。根据《全国卫生计生财务年报工作考核暂行办法》，组织专家对各地及委预算单位财务年报报送及时性、分析报告

质量等项目进行考核，评选出先进工作单位并进行表彰。（王金玲　凌凤霞）

七、卫生总费用核算研究工作

1. 完成2016年卫生总费用初步推算、初步核算和最终核算工作。2017年年初，根据已有的相关统计数据，研究形成2016年卫生总费用初步推算结果；2017年6月，完成2016年卫生总费用初步核算；2017年12月，根据有关部门最终决算数据和公布数据，形成2016年卫生总费用最终核算结果，并基于财政、社保2017年预算数据和有关部门月度、季度数据，开展2017年卫生总费用初步推算，编制《中国卫生总费用摘要（2017）》和《中国卫生总费用简明资料（2017）》。

2. 开展卫生总费用趋势研究。开展今后一个时期我国卫生总费用发展趋势与目标分析的研究，对“十三五”及2030年卫生总费用的发展趋势性、规律、目标等进行科学预测和深入分析，以专报形式报国务院领导，并获领导批示。

3. 会同卫生发展研究中心召开2017年全国卫生费用核算工作会议。部署各省开展2016年卫生总费用来源法和机构法核算工作，全面推开地区功能法卫生费用核算工作。

4. 制定印发《国家卫生计生委办公厅关于进一步做好卫生总费用的通知》。明确2017年全面开展“功能法”卫生费用核算工作，对每年核算时间进度要求、完善卫生费用监测机制、推进卫生费用核算结果的政策应用等方面提出具体要求。卫生费用核算工作制度化进一步加强，各地卫生费用核算的科学性、准确性和时效性进一步提高，核算维度和方法稳步拓展，核算结果服务于卫生计生事业改革发展的决策、监测、评估能力显著增强。

八、政府卫生投入监测工作

1. 印发文件督促各地提高政府卫生投入监测水平。通过政府卫生投入监测在线直报平台填报2016年监测数据，并会同卫生发展研究中心在广东广州召开2017年政府卫生投入监测工作会议，总结2016年政府卫生投入监测工作情况，通报阶段性工作进展；介绍2016年政府卫生投入监测分析结果以及政府卫生投入监测系统2期情况，部署2017年工作计划。

2. 撰写《十八大以来我国政府卫生投入情况报告》。根据监测数据分析不同阶段我国政府卫生投入发展变化，总结政府卫生投入规模，分析政府卫生投入变化趋势。

3. 对应中央财政转移支付地方重大公共卫生项目资金分配方式改革，修改完善政府卫生投入直报系统。探索将政府卫生投入监测与项目绩效目标管理工作相结合，选取部分省份在政府卫生投入监测系统中增加项目绩效考核功能模块，提高项目绩效管理信息化水平。（王金玲　李　岩）

九、开展“两个允许”经济学意义及对应的财务会计处理课题研究

贯彻落实2016年习近平总书记在全国卫生与健康大会上提出“允许医疗卫生机构突破现行事业单位工资调控水平；允许医疗服务收入扣除成本并按规定提取各项基金后主要用于人员奖励”（以下简称“两个允许”）有关精神，组织专家研究“两个允许”理论基础和经济学内涵，总结国内外医务人员薪酬制度与水平现状，开展公立医院薪酬制度改革案例分析，提出落实“两个允许”的政策建议，形成对应的财务会计处理方法，起草《关于“两个允许”经济学意义及对应的财务会计处理研究情况的报告》。（王金玲）

十、开展安宁疗护对医疗费用影响研究

委托专家团队开展安宁疗护有关政策研究，查找国内外相关文献，通过国际对比分析，基于国内研究现状，系统梳理安宁疗护发展现状和问题，实地前往成都等地区开展调查研究，基于老年人临终医疗行为及费用主要特征，分析安宁疗护对医疗费用的影响，结合当前我国安宁疗护发展存在的问题，提出政策建议，取得初步研究结果，起草《关于安宁疗护有关情况的报告》。

十一、开展公立医院收不抵支问题研究

根据刘延东副总理和国家卫生计生委领导批示，组织专家开展关于公立医院收不抵支问题研究，通过开展专题座谈会和数据分析，对目前公立医院经济运行过程中遇到的收支压力、补偿机制和运行机制等问题和困难进行摸清梳理，分析财政补助收入、长期债务、现行医保政策、养老政策和税收等政策对公立医院收支状况的影响，提出从落实政府责任、完善补偿新机制、统筹推进各项政策举措和强化内部经济管理等方面，改善公立医院经济运行现状，形成研究报告，并起草《关于公立医院收不抵支问题的分析报告》。（王金玲　李　岩）

十二、防范和处置非法集资相关工作

按照处置非法集资部际联席会议有关要求，结合卫生计生行业特点，2017年5月制定印发《国家卫生计生委关于防范和处置非法集资工作的通知》，对卫生计生机构及从业人员禁止参与非法集资、对非法集资进行监测预警、加强防范和处置非法集资宣传等提出明确要求。同时，认真指导各地开展非法集资风险排查和宣传活动，督促各地报送工作开展情况报告并汇总分析，起草《国家卫生计生委2016年防范和处置非法集资工作总结及2017年工作计划》，提交处

置非法集资部际联席会议。（王金玲　凌凤霞）

十三、卫生计生行业经济管理领军人才培养工作

1. 组织开展第4期领军人才班学员选拔和集中培训。组织专家针对各地及相关单位报送的推荐人选的相关资料进行审核和量化评分，确定笔试人员名单。委托北京国家会计学院组织命题专家形成考核内容和确定试题。通过笔试考核，结合名额比例组织开展面试工作，最终确定60名学员，在北京国家会计学院组织开展集中培训。

2. 开展第2批后备领军人才班学员选拔和集中培训。根据各地实际报名情况，结合后备领军人才培养标准进行筛选审核，最终确定100名学员，并开展集中培训。

3. 组织第3期领军人才班开展课题研究。针对《政府会计制度改革及公立医院综合改革实践背景下的医院财务会计制度修改完善及政策衔接研究》《“两个允许”经济学意义及对应的财务会计处理研究》两个课题开展研究分析，形成研究报告为政策制定提供参考。

4. 首期领军人才班学员毕业。经过为期3年的培训，2017年12月24日，首期卫生计生行业经济管理领军人才毕业典礼在北京国家会计学院举行，国家卫生计生委副主任王培安出席并讲话。毕业典礼上，为58名领军人才及24位优秀学员、20位优秀论文获奖者颁发证书。通过3年的培训，培养出一批坚持依法理财、精通财会业务、善于经营管理、把握事业发展规律、具有国际视野和战略思维的高素质、复合型、国际化经济管理人才，提升卫生计生行业经济管理人员整体素质，为推动卫生健康事业改革发展提供充足人才储备和智力支持。此外，还有在培领军人才班学员180名、后备领军人才班学员200名。

（蒋长兴　王金玲　朱佩慧　任　璐）

卫生计生预算管理

一、做好部门预算经费保障

在中央财政持续收紧情况下，经反复沟通协商，财政部考虑卫生健康实际，继续加大支持力度，2017年部门预算继续保持增长，落实部门预算156.27亿元。主要用于深化医药卫生体制改革和调整完善计划生育政策等重点中心工作，进一步完善预算单位人员经费保障机制，加大医用设备购置、就医环境改善、信息化建设能力建设等方面经费支持，有力保障预算单位事业改革和发展。（刘嘉航）

二、建立预算医院公立医院综合改革保障机制

与6部委联合印发《关于做好国家卫生计生委和国家中医药局属管医院参加属地公立医院综合改革有关工作的通知》，强化政策指导。安排专项经费支持预算医院参加所在地公立医院综合改革，补助经费安排实行“一院一策”，2017年落实专项补助经费8.4亿元，中央财政补偿率已经占到44家预算医院取消药品加成收入总体的19%，中央政府应当承担的补偿责任已经落实。赴预算医院实地调研和座谈，了解预算医院改革进展和医院实际运行情况。建立预算医院公立医院综合改革经济运行监测月报制度，掌握经济运行情况，发现困难和问题，研究提出政策建议。（刘　婧）

三、推进部门预决算管理改革

强化部门预算管理，完善“严格规范、科学精细、公开透明、讲求绩效”的部门预算管理制度。抓顶层设计，促进部门预算改革和深化医改有机结合。紧紧围绕党中央、国务院提出的改革要求，紧紧围绕委党组重点工作任务，将各项改革要求具体落实和体现在预算单位事业发展规划中，具体落实和体现在部门预算支出规划中。抓全面预算、滚动预算管理，提高约束性和统筹性。所有收支纳入部门预算统一管理，强化预算约束。抓预算编制，提高严谨性和可行性，严格“两上两下”程序，建立“三级滚动项目库”，项目评审全覆盖，强化专家管理。抓预算执行，提高均衡性和规范性。签署承诺书，明确工作责任和要求；建立预算执行“四项工作机制”，任务台账制、销号制、巡查制、督导制；推行部门预算执行和存量资金消化“3个一措施”，每周一报告、每周一通报、每周一约谈；创新监管思路，完善监管方式，抓好重点单位、重点项目、重点环节的管理。（李雅俐）

四、加强内部控制建设

以“控风险、保安全”为中心，建立健全管理制度，推进内部控制管理改革。组织预算单位做好内部控制建立与实施工作，逐步建立各部门全员参与、分工协作、涵盖全部经济活动的内部控制工作协调机制。选择有代表性单位开展实地调研和座谈，加强对预算单位内部控制管理工作的督导考核。遴选优秀预算单位作为内部控制示范点，组织单位提炼经验做法，形成案例汇编，带动行业深入有效实施内部控制规范。2017年度内部控制编报工作得到财政部点名表扬，并被财政部评选为内部控制规范联系点单位。（方　子）

五、推进和规范预算单位总会计师设立

联合财政部、国家中医药局印发《关于加快推进三级公立医院建立总会计师制度的意见》，要求截至2018年底，全国所有三级公立医院全面落实总会计师制度。截至2017年12月31日，39家预算医院设立总会计师，占44家预算医院的89%。推进预算单位总会计师队伍建设，发挥总会计师经济领头人作用。与厦门国家会计学院研究制定总会计师卓越人才培养计划工作方案，着力培养一批精于医疗卫生行业经济

管理的高素质、专业化、复合型卓越人才，为推动卫生健康事业改革发展提供人才保障。（刘　蕊）

六、落实部门预决算公开制度

按照国务院关于推进政府信息公开有关要求，深化公开内容、扩展公开范围、完善公开机制，采取多种形式，深入推进部门预决算信息公开。制定部门预决算公开舆情应对预案，公开期间，社会舆情平稳。积极稳妥推进部门预决算公开工作，提高部门预决算管理透明度，保障人民群众知情权。主动向社会公开国家卫生计生委2016年部门决算和“三公”经费决算，2017年部门预算情况。国家卫生计生委“公共卫生专项任务经费”项目被财政部选为首批10个试点项目之一，报送全国人大并向社会公开，并作为2018年绩效试点项目案例范本，向中央部门推广。（田梦苏）

七、推进部门预算绩效管理

根据财政部预算绩效管理要求，牢固树立部门预算绩效管理理念，提高资金使用效益，将预算绩效与业务工作相结合，逐步建立“预算编制有目标、预算执行有监控、预算完成有评价、评价结果有反馈、反馈结果有应用”的全过程预算绩效管理机制。2017年对本部门及所属100家预算单位实行全面预算绩效管理，对全部52个一级项目、806个二级项目开展预算绩效目标编报与结果评价。项目涉及资金144.8亿元，其中财政资金77.3亿元。（刘堇疃）

八、加快预算执行进度，加强统筹结余资金管理

继续实施预算执行“十项措施”，强化责任，加强考核，明确要求，召开预算执行管理工作会议，提出实现“进度目标、安全目标、绩效目标”等3个管理目标，落实“抓责任、抓计划、抓重点、抓督导、抓安全”等5项工作要求。定期分析，定期预警，签订预算执行责任书。加大预算执行管理力度，严格责任追究，通过定期通报、定期约谈、开展督导调研等形式加快预算执行进度。2017年，国家卫生计生委部门预算执行进度超过90%。建立任务台账制、销号制、巡查制、督导制4项工作机制。针对关键单位、关键项目、关键时限、关键环节、关键人员，制定针对性措施，加大统筹结余结转资金管理，调整用于基本运行保障和急需项目。加快存量资金消化进度，存量资金大幅减少。（董嘉正）

九、加强国库集中支付管理

实施国库集中支付改革，严格执行财政部和国家卫生计生委国库集中支付管理制度，提高国库集中支付工作效率，2017年累计审核办理国库集中支付413笔，支付资金31.3亿元。制定印发《国家卫生计生委预算单位国库集中支付管理手册》，完善资金支付方式管理，明确用款计划编报工作要求，强化国库集中支付联络员制度，建立国库集中支付自查制，强化国库集中支付监督检查制度，加强资金支付管理，严格资金安全要求。开展全国性专题培训，详细解读政策规定、重点内容、关键环节，并对培训内容进行考核，培训人员涵盖国库集中支付联络员160人次，提升预算单位国库集中支付联络员专业能力水平。（林天璐）

价格管理与支付制度改革

一、推动医疗服务价格和收付费方式改革

继续推动地方落实《关于推进医疗服务价格改革的意见》。截至2017年底，全国31个省（区、市）根据文件要求，印发82份涉及医疗服务价格改革文件。18个省（区、市）公布放开医疗服务价格项目，24个省（区、市）将医疗服务价格调整权限下放至市和有条件的县，27个省（区、市）根据医疗机构等级、医师级别等因素实行分级定价。印发《关于开展按疾病诊断相关分组收付费改革试点工作的通知》。在福建三明、深圳、新疆克拉玛依以及福建省3家医疗机构开展按疾病诊断相关分组收付费改革试点工作。截至2017年12月，试点工作进展顺利，深圳市和克拉玛依市的试点医院在进行模拟测试，三明市已经实施按DRG收付费。与国家发展改革委和人力资源社会保障部联合印发《关于推进按病种收费工作的通知》，在前期101个病种的基础上，可选择病种范围扩大到320个，委托中国卫生经济学会和中国价格协会发布《按病种收费技术规范（试行）》，为地方开展按病种收费提供可参考的路径。

二、加强卫生计生行政事业性收费管理

推动行业协会学会收费公开。2017年9月，指导行业协会在信用中国网完成收费信息集中公示。2017年11月，在国家卫生计生委官网对业务主管的行业协会的涉企收费信息进行公示。完成清理规范涉企经营服务性收费清查工作，对所属单位的行政事业性收费和涉企收费情况进行自查自纠，并形成专项检查报告，报送有关部门。进一步推进行政事业性收费改革。自2017年4月1日起，取消卫生计生行业行政事业类收费项目3项，即预防性体检费、卫生检测费、委托性卫生防疫服务费。

卫生计生政府采购管理

2017年，国家卫生计生委政府采购金额为655.59亿元，比上年增加77.39亿元，增长13.38%。政府采购规模持续增长，并在推进集中采购、落实支持中小企业发展政策等方面效果逐步显现。政府采购合同授予中小企业的总采购额为400.76亿元，占政府采购规模的61.13%，与上年相比上升3.34个百分点。

采购节能节水、环保产品金额分别为 4786.13 万元和 4949.50 万元，占同类产品的 69.55% 和 50.38%。

2017 年 3 月，国家卫生计生委财务司修订印发《国家卫生计生委预算单位政府采购进口设备管理办法（暂行）》，将进口设备“集中论证，统一批复”制度化、规范化、程序化，进一步明确实施范围、工作职责、组织方式、申报程序、管理要求、监督管理等内容。

2017 年，国家卫生计生委财务司组织 2 次进口设备集中论证，共完成 39 家预算单位申报 495 种（7520 台 / 套，约 10.57 亿元）进口产品，论证通过可以采购进口产品 103 种（4833 台 / 套，约 2.93 亿元），占全部申请数量的 64.27%，并形成国家卫生计生委 2017 年进口产品目录，共 730 种。各预算单位凡采购目录内的进口设备采取备案形式，简化审批程序，缩短审批时间，提高审批效率，为各单位预算执行奠定基础。　（以上撰稿：齐剑锋）

卫生计生国有资产管理

一、国有资产总体情况

截至 2017 年底，全委 100 户预算管理单位资产总计（净值）1772 亿元，比 2017 年初增长 9.86%；所属 191 户国有全资及控股企业资产总额 148 亿元，比 2017 年初增长 4.45%。国家卫生计生委行政事业单位国有资产主要分布于 44 家预算管理医院，资产金额占全委资产总额的 88.37%，占有使用相对集中。从整体上看，行政单位国有资产维持稳定，事业单位国有资产进一步增大，企业资产持续增长，实现国有资产保值增值的目标。

二、加强制度顶层设计，推进国有资产管理制度体系建设

结合卫生计生行业特点和预算管理单位实际情况，研究制定《国家卫生计生委预算管理单位国有资产配置管理暂行办法（征求意见稿）》，明确国有资产配置的定义、原则、范围和条件，并从管理机构和职责、配置标准、配置程序、管理与监督等方面规范细化加强资产配置管理的各项要求。组织开展卫生计生行业固定资产分类与代码编制（2 期课题）研究工作。委托北京大学第三医院组织课题研究工作，确定固定资产分类与代码的管理范围、分类原则、编码方法，组织研究编制《卫生计生固定资产分类与代码行业标准》及《卫生计生行业固定资产目录》。

三、加强预算决算管理，充分发挥统计分析服务决策的作用

做好新增资产配置预算编报和审核。细化汇审工作底稿，严格审核程序，加强工作指导，有效提高配置预算的编报质量。创新工作方法，组织完成多项行政事业单位资产统计决算工作。在审核 2016 年资产报表时，创新性的将资产报表与部门决算报表进行交叉复核，研究制定的资产报表汇审工作底稿、资产报表与部门决算差异表等内容被财政部借鉴采用并在中央部门资产报表汇审中推广使用。组织完成企业财务信息编报等工作。企业决算、企业月报工作得到财政部的通报表扬。强化财务与资产信息管理，提高分析应用水平。通过对财务与资产信息的深入分析，为国家卫生计生委及时找准行政事业单位和企业资产存在的问题，研究出台下一步加强管理的意见和措施提供重要参考。

四、加快推进信息化，推动资产管理信息系统建设

推进资产管理事项线上审核审批，促进数据的动态更新。改进系统登录方式。组织实施资产管理信息系统单点登录，增强系统登录的安全性。健全系统内部审核审批操作功能。进行系统个性化开发，建立从受理、经办、审核、审批、办结等各环节的操作流程。组织实施资产管理信息系统 3 期升级试点工作。根据财政部部署要求，国家卫生计生委作为 5 家纳入试点范围的中央部门之一，选取 18 家预算单位进行系统功能试运行，将试运行结果及时报送财政部，为下一步完善系统并在全国推广应用奠定基础。

五、加强资产清查审核，做好行业协会商会脱钩工作

配合财政部审核委预算单位资产清查结果，补充提供部分数据及相关资料，协助做好行业资产清查数据挖掘分析工作。国家卫生计生委行政事业单位资产清查工作获得财政部通报表扬。根据行业协会与行政机关脱钩联合工作组办公室的要求，配合人事司，组织国家卫生计生委第 2、第 3 批共 6 家行业协会商会脱钩试点单位开展资产清查工作，指导其做好脱钩过程的资产管理工作。

六、强化资本监管，加强企业管理

继续扩大国有资本经营预算覆盖范围。2017 年，国家卫生计生委新增 2 家骨干企业纳入国有资本经营预算实施范围，2017 年国家卫生计生委纳入国有资本经营预算实施范围的企业已扩大至 11 家。积极争取财政资金支持，推进文化企业、非时政类报刊出版单位转制改革。2017 年，国家卫生计生委 3 家文化企业共获得财政部下达的 2400 万元国有资本经营预算资金和 500 万元文化产业发展专项资金用于支持企业发展。指导落实《国家卫生计生委关于进一步加强委预算单位所办企业国有资产管理的通知》，组织委预算单位开展所办企业国有资产管理情况自查工作。

（孙　婧）

卫生计生内部审计管理

一、印发《卫生计生系统内部审计工作规定》

2017年11月印发国家卫生计生委16号令《卫生计生系统内部审计工作规定》，自2018年1月1日起正式施行。《卫生计生系统内部审计工作规定》规范卫生计生系统内部审计的管理体系、管理责任和工作原则，明确机构设置、审计实施、审计质量、审计整改和审计结果运用等内容，为各级卫生计生行政部门和预算单位建立健全内部审计工作制度发挥指导性作用。

二、委直属和联系单位主要领导干部经济责任审计工作

按照委人事司安排和委职责分工，2017年组织完成北京协和医学院、北京医院、国家卫生计生委药具管理中心、国家食品安全风险评估中心、国家卫生计生委卫生发展研究中心、中国人口与发展研究中心、国家医学考试中心、国家卫生计生委人才交流服务中心、中国人口报社、中国人口出版社10家单位主要领导干部的离任经济责任审计工作，并将审计结果报人事司、机关党委和驻委纪检组。组织召开1次经济责任审计联席会议。

三、预算单位预算执行与其他财务收支情况审计

2017年，组织完成44家医院和31家事业单位2016年度预算执行和其他财务收支情况的审计工作。审计重点主要包括预算编制与执行、财务收支与会计核算、资产管理、政府采购、财务内部控制和以前年度审计发现问题的整改情况等6个方面。通过专家组现场巡查、集中研判、重点约谈、报告复核、专家座谈等形式，加强审计质量控制。出具审计报告75份，并将审计结果报委主任会审议，督促各预算单位落实整改。

四、组织完成预算医院财务报告审计调查

按照财政部要求，对44家预算医院2015—2016年财务报告开展审计调查工作。重点内容包括报表的完整性和准确性、药品加成收入情况、支出管理情况、净资产管理情况、固定资产及在建工程情况、长期负债管理情况、人员及费用情况和补偿机制改革情况等8个方面和资产负债表、收入支出总表、医疗收入及医疗成本明细表、净资产变动情况表、基本数字及财务分析表、大型医用设备统计表、基本建设情况表等7张报表。审计结果报财政部参考。

五、中央财政转移支付地方卫生计生项目资金监管工作

2017年9月，国家卫生计生委组成8个专家组对天津、河北、辽宁、吉林、上海、安徽、山东、河南、湖北、广东、四川、贵州、甘肃、宁夏、新疆等15个省（区、市）和新疆生产建设兵团开展“两年一轮全覆盖”的中央财政转移支付卫生计生项目资金集中督导检查。

督查内容包括：各地省级卫生计生行政部门资金监管工作机制建设情况、资金监管责任落实情况和自查自纠开展情况；各级2015—2016年中央财政转移支付地方卫生计生项目的执行情况和资金的拨付进度；结核病防治、扩大免疫规划、城市和县级公立医院综合改革、住院医师规范化培训以及助理全科医生培训等项目的实施情况；中央财政转移支付地方卫生计生项目结余（结转）资金存量情况；2015年以来国家卫生计生委督查工作中发现问题的整改落实情况。

督察组对14个地市、18个县（市、区）进行检查，走访卫生计生行政部门和项目实施机构187个，访谈项目相关人员599人。通过督查指导形成督查报告，督促全国卫生计生部门整改落实。　（王双艳）

卫生计生法治建设工作

2017年卫生计生法治建设工作概述

一、推进法治建设

基本医疗卫生与健康促进法取得重大进展，该法草案于2017年12月26日经第十二届全国人大常委会第31次会议进行初次审议。研究论证提出第十三届全国人大常委会立法工作规划、全国人大常委会2018年立法工作计划和国务院2018年立法工作计划中卫生计生立法项目建议。完成大型医用设备配置新设行政许可事项的立法工作，2017年5月国务院公布实施《关于修改〈医疗器械监督管理条例〉的决定》。做好《医疗器械监督管理条例》修改和《医疗纠纷预防和处理条例》制定有关工作。贯彻落实《法治政府建设实施纲要（2015—2020年）》，建立定期督查机制。发布《医师执业注册管理办法》等5件部门规章，废止《母乳代用品销售管理办法》等4件规章，不再作为规章的有《医疗机构设置规划指导原则》等6件。做好国家卫生计生委规范性文件合法性审核工作。建立委公平竞争审查制度，对16件文件进行公平竞争审查复核。起草国家卫生计生委法律顾问工作规则和公职律师管理办法和实施方案，做好“七五”普法工作。

二、深化“放管服”改革

取消3项国家卫生计生委本级和3项中央制定地方实施行政许可事项，取消1项委本级中介服务事项，分2批取消8项地方实施审批事项涉及的中介服务事项和证明材料。出台《关于深化“放管服”改革激发医疗领域投资活力的通知》，提出10项改革举措，包括养老机构内设诊所取消审批改为备案制、二级及以下医疗机构设置审批和执业登记实行“两证合一”，放宽中外合资、合作诊所外国资本比例的限制等。推进同步制定审批事项取消后加强事中事后监管的配套文件，共清理涉及“放管服”改革相关部门规章和文件34件、建议其他部门修改1件。全面推进国家卫生计生委本级行政许可标准化建设。截至2017年底，国家卫生计生委本级所有行政许可事项实现清单管理、社会公开、动态更新。支持上海等自贸区开展“证照分离”改革试点和推广工作，协调形成上海自贸区进一步深化“证照分离”改革试点方案中的医疗卫生领域的4方面改革举措。推进“放管服”改革经验交流。向国务院职能转变协调小组办公室报送每月改革重点任务进展，报送7期改革动态和1件专题信息。召开全国卫生计生系统行政审批制度改革座谈会，交流各地改革经验。编印3期卫生计生工作交流。及时研究推动解决群众关心的问题。结合国务院“放管服”改革专项督查、系统专项督查和自查，就事中事后监管、预防性体检费等3项行政事业性收费取消等问题进行核查和整改。

三、加强综合性、基础性、前瞻性政策研究

组织召开2017年度京津冀滇医改汇报座谈会，赴河北、云南进行调研，赴云南、福建开展2017年上半年医改督查。组织年度课题研究。以落实全国卫生与健康大会精神为出发点，围绕立法工作，研究确定2017年政策研究、评估课题9项，支持地方研究项目选题7项。起草完成国家卫生计生委领导重点调研课题“治理视角下的健康中国战略责任与协同机制研究”报告。

四、完善标准归口管理体系

落实国务院标准化改革文件要求，在信息等5个专业十余家单位开展标准实施评估试点，掌握重点标准的实施情况，为进一步标准制修订提供依据，为建立实施评估制度提供实践经验。针对社会需求强烈的“互联网＋医疗服务”新领域，开展宁波市互联网医院及社区“互联网＋健康管理服务”试点培育项目。通过7个综合标准化试点和2个标准基地的申报，将标准化应用于社会治理的理念推广到卫生管理的各个环节。试行专家库管理模式，作为标准专业委员会的补充。发挥社会团体作用，指导有影响力的全国性卫生领域社会团体建立团体标准工作机制并启动团体标准工作。发布卫生标准212项，完成《老年人膳食指导》、居民健康卡等重要标准，落实国务院对营养标准的要求，为老人和学生等特殊人群的健康服务以及健康新业态领域的规范发展提供技术指导。组织对卫生标准网搬迁和初步改造，提高标准管理工作效率和安全等级。

五、开展行政复议诉讼工作

健全行政复议案件审理机制，坚决纠正违法或不当行政行为，行政复议案件综合纠错率约为25%。对在复议应诉过程中发现的问题，及时反馈相关部门予以整改。积极支持人民法院、人民检察院办理行政诉讼和抗诉案件，认真做好答辩应诉工作，尊重并执行生效裁判和决定。完善行政复议应诉案件的定期通报和反馈机制，通过“以案释法”提高依法行政意识和能力。广东、重庆、北京等地推行行政首长出庭应诉制，对矛盾纠纷解决起到积极推动作用。努力让人民群众在每个复议诉讼案件中感受到公平正义。（刘　臻）

《基本医疗卫生与健康促进法》　该法是第十二届全国人大常委会的立法规划项目，由全国人大教科文卫委牵头起草。2017年12月26日，第十二届全国人大常委会第31次会议对法律草案进行首次审议。

《基本医疗卫生与健康促进法》立法的指导思想是：全面贯彻落实党的十九大和十八届三中、四中、五中全会精神，特别是党的十九大关于“实施健康中国战略”的各项新要求，以习近平新时代中国特色社会主义思想为统领，坚持以人民为中心理念，用法治引领和推动医药卫生体制改革发展，为实现全方位全周期维护人民健康提供法治基础，为健康中国战略的实施提供法治保障。在起草过程中主要坚持4个方面的基本立法思路：（1）通过立法反映医疗卫生事业基本规律，明确中国特色的基本医疗卫生制度和医疗卫生事业的发展方向。（2）明确公民的基本健康权益，并保障其公平可及。（3）明确各级政府在保障公民基本健康权益和推动健康工作方面的责任。（4）将医改中一些有效的、好的举措上升为法律规定。

（白　雪）

行政复议和应诉工作　（1）加大复议审查力度，强化复议监督作用，妥善做好应诉工作，化解矛盾维护稳定，2017年共新收行政复议申请116件，行政应诉案件78件，检察院抗诉案件7件，案件主要涉及政府信息公开、投诉举报、行政复议、行政处罚、行政赔偿等。赴广东、上海、重庆、四川等地参加应诉开庭。（2）完善行政复议诉讼案件信息反馈机制。针对政府信息公开、投诉举报处理、行政执法处罚工作中的问题，通过专案约谈、行政复议建议书、行政复议情况通报等多种形式向委领导、主管业务司局和地方卫生计生行政部门反馈相关情况，建议其规范工作流程，严格程序履行。加强对地方具体业务工作的指导，有效防范行政复议、诉讼风险，进一步发挥行政复议对依法行政的督促和推动作用。（3）召开地方行政复议案例研讨会，加强地方卫生计生部门行政复议能力建设。对复议和诉讼案件中常见的问题，加强解释、沟通交流，以案释法。督促地方卫生计生行政部门完善相关制度建设。

法治宣传教育工作 印发《国家卫生计生委办公厅关于贯彻落实国家机关“谁执法谁普法”普法责任的通知》，进一步做好卫生计生系统普法工作。制定国家卫生计生委普法责任清单，明确委内各司局普法责任，向全国普法办报送国家卫生计生委2017年贯彻落实“谁执法谁普法”责任制情况报告，推荐福建省南平市卫生计生委作为“谁执法谁普法”示范点。

（以上撰稿：牛宏俐）

制定修订相关法规规章 围绕国家卫生计生委重点工作，共制定、修订包括《医疗机构管理条例实施细则》《医师执业注册管理办法》《卫生计生系统内部审计工作规定》以及《中医药法》配套的《中医诊所备案管理暂行办法》《中医医术确有专长人员医师资格考核注册管理暂行办法》等2部配套规章在内的12件规章。配合相关部门“一揽子”修订《职业病防治法》《母婴保健法》等5部法律、行政法规，使立法与改革相协调，统筹推进。

部门规章清理修订工作 根据党中央、国务院要求，加紧对国家卫生计生委现行有效规章及规范性文件进行一揽子清理。其中，一揽子修订《新食品原料安全性审查管理办法》等7件规章；废止《母乳代用品销售管理办法》等4件规章；决定《医疗机构设置规划指导原则》《医疗事故分级标准（试行）》等文件不再作为规章。

卫生计生系统法治政府建设 2017年国家卫生计生委统筹做好贯彻落实《法治政府建设实施纲要（2015—2020年）》各项工作。（1）协调国家卫生计生委各司局贯彻落实《纲要》，建立定期督查机制，严格落实《纲要》确定的各项任务，向党中央、国务院报告国家卫生计生委年度法治政府建设情况，并向社会公开发布有关情况。（2）开展国家卫生计生委党组文件和规范性文件合法性审查工作。（3）建立委本级公平竞争审查制度，严格审查标准，开展公平竞争审查工作。部署开展委本级2017年度现行排除限制竞争政策措施清理工作。（4）加强卫生计生系统法制队伍建设，推动系统依法行政工作。2017年举办全国医院法治建设理论培训班、卫生计生系统合法性审查和公平竞争审查培训班和国家卫生计生委机关合法性审查培训班，并邀请全国人大常委会法工委、国务院法制办、国家发展改革委、北京市第一中级人民法院专家授课，对国家卫生计生委各司局有关人员、地方卫生计生行政部门法制工作人员和部分医院管理者开展培训，累计培训240余人次。

（以上撰稿：王　玲）

卫生应急工作

2017年卫生应急工作概述

一、有效应对各类突发事件

1.H7N9等突发急性传染病疫情防治主动高效。2016—2017流行季，我国内地H7N9疫情来势凶，病例数上升快，疫情范围广，持续时间长，且出现病毒变异的新情况。国家卫生计生委发挥联防联控机制牵头单位作用，会同农业、工商、食品药品监管等部门，开展疫情形势研判和重点防控措施的落实工作，联合印发《关于进一步做好H7N9防控工作的通知》和《关于进一步加强活禽经营市场管理的通知》，共同开展4轮包括由部级领导带队的对24省份督导检查，督促落实属地责任，加强疫情监测报告和病例早诊早治，突出以活禽经营市场管理为重点的源头治理措施，农业部门在全国对家禽进行免疫接种。各地卫生计生部门会同联防联控机制成员单位全面、有效落实各项防控措施。2016—2017流行季的H7N9疫情防控取得阶段性成效，得到习近平总书记、李克强总理、刘延东副总理等党和国家领导人的充分肯定，信息及时透明公开等做法也受到社会各界与世界卫生组织的认可。

2.突发事件紧急医学救援及时有效。2017年，我国洪涝、地震、山体滑坡等自然灾害多发，重特大安全生产事故时有发生，相继发生四川茂县“6·24”特大山体垮塌等重大自然灾害；江苏丰县“6·15”爆炸事件等重特大突发事件，造成重大人员伤亡。国家卫生计生委第一时间启动应急响应，派出工作组、专家组和卫生应急队伍赶赴灾区，指导协助当地落实队伍调遣、现场救治、检伤分类、伤员转运、院内强化治疗、卫生防疫等紧急医学救援任务。

二、举办全国卫生应急技能竞赛

国家卫生计生委将组织开展全国卫生应急技能竞赛作为2017年委党组重点任务之一，与中华全国总工会联合启动全国卫生应急技能竞赛，并积极推进各项工作。地方竞赛着眼提升基层能力水平，推动基层卫生应急工作，体现出重视程度高、参与范围广、奖项规格高、创新形式多和宣传效果好五大特点。国家卫生计生委与中华全国总工会方案要求的覆盖率，各地均超比例完成，其中，陕西、内蒙古等省（区）县（区）内卫生应急相关医疗卫生机构参与率达到100%。全国复决赛紧紧围绕卫生应急重点任务，以情景创建的创新模式，重点突出突发事件快速反应、有效处置的特点，将技能竞赛与队伍建设、应急实践紧密结合，体现出较高的国家级专业水平。这次竞赛活动集中展示近5年来卫生应急工作成效，切实推动各地尤其是基层卫生应急工作，影响积极深远。

三、推进卫生应急体系和能力建设

1. 推进卫生应急规范化建设。开展医疗和疾控机构卫生应急工作规范化建设评估研究工作，会同相关部门开展卫生应急核心能力评估，为参加国际卫生组织的联合外部评估在做研判准备。印发《突发事件卫生应急预案管理办法》《卫生应急移动处置中心标识指南》等规范性文件。

2. 推进卫生应急队伍建设。推动在尚无国家卫生应急队伍的8个省份新建队伍，实现国家队建设工作各省份全覆盖。开展国家卫生应急队伍基本情况调查，了解队伍建设和管理现状，为提出系统性、整体化队伍管理办法提供重要依据。继续推动国家队走出去工作，中国国际应急医疗队（广东）通过世界卫生组织评估认证，成为我国第二支国际应急医疗队。

3. 推进紧急医学救援基地建设。国家紧急医学救援基地布局规划项目纳入发展改革部门后备项目库，已初步考虑在四川省、浙江省和北京市，分别开展国家紧急医学救援综合基地、海上基地、航空基地的首批建设工作。经商发展改革委，在辽宁、吉林等地布局建设核辐射紧急医学救援基地。地方积极布局建设省级及以下紧急医学救援中心。江苏、湖南等省大力推进省级及地市级紧急医学救援中心建设。

4. 推进卫生应急信息化平台建设。国家卫生计生委应急指挥中心于2017年初完成升级改造并投入运行。与清华大学签订全国卫生应急平台体系升级建设合作协议，初步编制全国卫生应急平台体系顶层设计方案，并纳入全民健康保障信息工程，已争取到国家卫生应急信息指挥系统一期项目。

5. 开展国家卫生应急处置指导专家库建设。在全国范围选择国家级烧伤科、神经外科、骨科等专业权威指导专家及赴现场指导专家入选专家库。

全国卫生应急工作会议　2017年2月13日在湖北武汉召开，国家卫生计生委副主任崔丽出席会议并讲话。湖北省常务副省长黄楚平出席会议并致辞。

崔丽要求，2017年要狠抓落实，开展全国卫生应急技能竞赛，全面推进队伍、应急平台体系和基地建设，强化“一带一路”地区卫生应急能力，加强国际交流与合作，多方协同推进，形成整体发展合力。崔丽强调，要继续扎实做好突发事件紧急医学救援和突发公共卫生事件防控工作，特别是要落实属地责任，多措并举，做好H7N9疫情防控工作，切实维护人民群众生命安全。

国家卫生计生委应急办公室主任许树强主持会议并做总结讲话。北京等5个省市和中国疾控中心做大会言。各省（区、市）卫生计生委和新疆生产建设兵团卫生局分管负责人和应急办主任，国家卫生计生委有关司局、直属联系单位及委属委管医院的负责人，国务院应急办、国家有关部门、相关协会以及港澳卫生部门代表参加会议。

全国卫生应急办公室主任会议　2017年8月31日—9月1日在贵州遵义召开，国家卫生计生委卫生应急办公室主任许树强出席会议并讲话。会议指出，2017年1—8月全国卫生应急工作取得显著成绩，特别是H7N9疫情防控、突发事件紧急医学救援和卫生应急技能竞赛等工作得到各方的充分肯定。会议强调，各地要充分认识卫生应急工作所处的新的发展阶段，要转变观念、拓展思路，顺应时代要求，要牢牢把握卫生应急队伍、基地、资源库、指挥技术平台等重要工作抓手，要继续充分发挥联防联控机制、信息报告系统的作用，做好综合监测、风险评估，快速反应，有效处置。各地要进一步加强责任心和使命感，提振精气神，增强业务能力和管理水平，在卫生应急体系和核心能力建设上再下功夫。及早谋划好2018年卫生应急工作。中国疾病预防控制中心、部分省（区、市）卫生计生委分管负责人和各省（区、市）卫生计生委和新疆生产建设兵团卫生局卫生应急办公室主任参加会议。

《国际卫生条例（2005）》实施10周年座谈会　2017年6月15日在福建福州召开，会议回顾总结《条例》实施工作进展，交流工作经验和做法，并研讨下一步《条例》实施工作重点。会议指出，自《条例》2007年6月15日生效以来，我国全面履行国际承诺，积极推进《条例》实施，取得显著成效。会议强调，要进一步加强部门协同，持续发展公共卫生应急核心能力，公开透明应对突发公共卫生事件。要结合我国卫生应急工作实际，积极参与国际卫生标准、规范制定，加强研判研究，主动作为，努力在国际公共卫生危机应对中发挥引领作用。国家卫生计生委卫生应急办公室主任许树强讲话，环境保护部、农业部、质检总局、林业局、食品药品监管总局以及国家卫生计生委相关司局，中国疾控中心、河北等6省区市卫生计生委应急办负责人，北京大学等高校专家参加会议。

《突发公共卫生事件应急条例》修订工作研讨会 2017年10月12日在京召开，会议梳理论证《条例》修订主要问题，听取专家意见建议，研究推进修订工作。会议认为，《条例》自2003年颁布以来，为防范和应对突发公共卫生事件，保障人民身体健康与生命安全发挥重要作用。近年来，随着《突发事件应对法》等上位法发布或修订，以及我国卫生应急工作不断深入，需要尽快开展《条例》修订工作，以贯彻落实上位法精神，完善制度设计安排。会议要求，要立足国际视野和对卫生应急发展规律认识，围绕“立得住、管用、好用”，进一步加强对修订主要问题的研究论证，汲取成熟经验，集中各方共识，共同推动《条例》修订工作。国家卫生计生委法制司负责人，清华大学、北京大学、首都医科大学、中国疾控中心、部分省市卫生计生委和疾控中心专家参加会议。

卫生应急文化研讨会 2017年11月8日在福建厦门召开。会议对卫生应急文化内涵、表现形式进行研讨，对卫生应急文化宣传策略提出建议意见。会议认为，卫生应急工作经过十几年的发展，核心能力显著提升，已经形成具有中国特色的卫生应急文化。与会专家建议，要对卫生应急文化进行系统梳理、总结、归纳和凝练，对内凝聚精神、形成激励，对外展示形象、形成引导，营造更加良好的卫生应急工作氛围和社会环境。江苏、福建、江西、湖北、广东等省卫生计生委及应急办负责人，湖南、浙江、云南3省国家紧急医学救援队队长，北京大学、中国疾控中心、中国人口文化发展中心等从事卫生应急领域及文化研究领域的专家近30人参加会议。

全国卫生应急核心能力培训班 2017年11月22—24日在广西举办，培训班以卫生应急核心能力和体系建设为主题进行课程设计。来自国家卫生计生委卫生应急办公室、北京大学、中国安全生产科学研究院、中国疾控中心、天津大学、北京大学人民医院、中国健教中心的领导及专家学者，分别就应急体系规划与建设、卫生应急法律法规预案与规范化管理、指挥协调机制、信息平台顶层设计、处置队伍建设和管理、突发公共卫生事件管理信息系统等作专题讲座。各省（区、市）卫生计生委和新疆生产建设兵团卫生局2016年以来新分管卫生应急工作的副主任、卫生应急办公室负责人、疾病预防控制中心分管副主任以及国家卫生应急队伍、国家卫生应急移动处置中心（含在建）队长，共100余人参加培训。

（以上撰稿：马　斌）

全国卫生应急技能竞赛 2017年4月25日，国家卫生计生委和中华全国总工会联合印发《关于开展全国卫生应急技能竞赛活动的通知》，正式启动全国卫生应急技能竞赛。竞赛活动历时近1年，分为筹备部署、地方技能竞赛、全国复决赛3个阶段；竞赛科目包括突发急性传染病防控、突发事件紧急医学救援和突发中毒事件处置3个类别。

全国31个省（区、市）和新疆生产建设兵团均组织开展省、市、县各级地方竞赛。地方竞赛体现出重视程度高、参与范围广、奖项规格高、创新形式多和宣传效果好等5个特点。各地结合本地区实际层层选拔，竞赛方案要求的覆盖率，各地均超比例完成，其中，陕西、内蒙古、江苏、湖南等省份县（区）内卫生应急相关医疗卫生机构参与率达到100%。同时，各地创新探索竞赛模式，发挥竞赛的持续性影响效应，达到预期的目的和效果。

全国复决赛精心策划、组织有序、贴近实战。复决赛设计围绕卫生应急重点任务，以情景构建的创新模式，突出突发事件快速反应、有效处置的特点，将技能竞赛与队伍建设、应急实践紧密结合，展示近5年来卫生应急工作成效，传递卫生应急“一体两翼”发展理念和思路，体现出较高的国家级专业水平。

印发《突发事件卫生应急预案管理办法》 2017年初，国家卫生计生委卫生应急办公室组织起草《突发事件卫生应急预案管理办法》，并经征求意见和经委主任会审议后，于6月9日正式印发。《突发事件卫生应急预案管理办法》是国务院各部门中首个出台的部门预案管理办法。该办法包括总则，分类和内容，预案编制，审查、备案和公布，培训、演练和宣传，评估和修订，附则等7章42条。该办法进一步明确预案分类分级管理、科学循证编制、动态评估修订等要求，规范全国卫生应急预案管理工作，推动卫生应急工作更加依法、科学、规范开展。

国家卫生应急队伍建设工作省份全覆盖 2017年，卫生应急队伍建设继续纳入重大公共卫生服务补助资金按因素管理。国家卫生计生委卫生应急办公室通过专家对口指导、定期报告进展、重点省份督导等方式，对有关省份国家队建设给予指导和支持。协调推进在河北、福建、贵州、安徽、江西、海南、青海、宁夏等8个尚无国家队的省（区）新建队伍；同时，根据突发事件应对需要，在江苏、浙江、新疆生产建设兵团等3个省补充建设队伍。截至2017年12月，上述省（区）国家队建设工作均已启动并有序推进，基本实现国家队建设工作各省份全覆盖。

（以上撰稿：徐　敏）

国家卫生应急移动处置中心建设　2017年，国家卫生计生委卫生应急办公室认真落实《突发事件紧急医学救援“十三五”规划（2016—2020年）》，推进国家卫生应急移动处置中心项目申报和建设工作。（1）通过召开视频会、交流会，组织专家现场指导，举办培训班等形式指导首批启动移动处置中心建设的云南、湖南、河北、辽宁、甘肃、贵州6个省（区）开展建设方案编制、队员遴选、人机结合演练等工作。截至2017年底，云南和湖南已完成建设任务，并通过省级卫生计生委和国家卫生计生委组织的专家评估。（2）指导第2批启动移动处置中心建设的安徽、广东、四川、新疆4个省（区）编制项目可行性研究报告、组建项目建设领导小组和执行小组，并于2017年4月成功获得国家发改委项目立项。（3）印发《国家卫生应急移动处置中心标识（试行）》，规范和统一国家卫生应急移动处置中心标识的使用，便于国内外公众和社会机构等的识别。

九寨沟地震紧急医学救援　2017年8月8日21时19分，四川省九寨沟县发生7.0级地震。国家卫生计生委第一时间调派国家紧急医学救援队（四川）赶赴灾区。四川省、阿坝州、九寨沟县卫生计生部门迅速启动卫生应急响应，成立四川九寨沟7.0级地震灾害医疗卫生应急救援指挥部。8月9日，国家卫生计生委卫生应急办公室负责人参加国务院抗震减灾指挥部和国家减灾委联合工作组赴灾区指导紧急医学救援工作。同时，陆续派出医疗、防疫、心理干预等9名国家级专家组成的国家级医疗专家组赶赴灾区，尽最大努力减少人员死亡和因伤致残，同时做好后续卫生防疫和心理救援等工作，确保大灾之后无大疫。截至9月4日，医疗机构共计收治地震伤员525人，其中住院伤员159人（重伤42人），累计已出院120人。环境消杀面积34.94万平方米，饮用水检测344份，发放灾区卫生防病宣传资料3.72万份，张贴宣传海报、横幅等871份，开展心理危机干预3127人次、心理评估3475人次、心理培训686人次。

（以上撰稿：仲崇利）

有效应对H7N9疫情　2016—2017流行季，H7N9疫情来势凶猛，病例数上升快，疫情范围广，社会关注度高。2016年9月开始，我国内地陆续有H7N9散发病例报告，2016年12月病例数快速上升，2017年1月疫情达到高峰（月报告病例190例），且高峰期出现较往年提前近1个月，2月底疫情上升势头得到有效遏制，3月开始疫情逐月下降，7月开始仅有零星散发病例报告。国家卫生计生委会同农业、工商、食品药品监管等部门，充分发挥联防联控机制作用，开展疫情形势研判，联合印发《关于进一步做好H7N9防控工作的通知》和《关于进一步加强活禽经营市场管理的通知》，共同开展4轮包括由部级领导带队的对24个省（区、市）督导检查，督促落实属地责任，加强疫情监测报告和病例早诊早治，突出以活禽经营市场管理为重点的源头治理措施，指导各地全面、有效落实各项防控措施。2016—2017流行季的H7N9疫情防控贵州得到习近平总书记、李克强总理、刘延东副总理等党和国家领导的肯定，信息及时透明公开等做法也受到世界卫生组织与社会各界的认可。

（李正懋　谢怡然）

境内外鼠疫疫情防范和处置工作　在鼠疫专题风险评估基础上，2017年初国家卫生计生委组织召开全国鼠疫防控专家研讨会议和全国鼠疫防疫工作会议，分析形势，研究部署2017年鼠疫防控工作，组织对重点省份进行督导调研，确保鼠疫防控工作得到落实。有序推进“一带一路”倡议实施相关的重点地区和其他鼠疫疫源不明地区的鼠疫疫源性调查研究项目。

2017年全国24个省（区、市）和新疆生产建设兵团的近500个县（市、旗）1000余个监测点开展监测工作，及时发现并有效处置云南、甘肃、西藏、青海、内蒙古、四川、新疆、河北8省（区）及新疆生产建设兵团的近100起动物鼠疫疫情。疫情得到有效控制，避免向人群扩散。

2017年12月，甘肃省肃北县发生1起人间肺鼠疫疫情，发病1人，死亡1人。疫情发生后，国家卫生计生委迅速组织专家组赶赴现场，依据《国家鼠疫控制应急预案》指导和协助当地快速处置疫情，切实减轻疫情对人民群众健康的危害，有效降低疫情对当地经济及正常生产、生活秩序的影响。

2017年8月，马达加斯加暴发急性肺鼠疫疫情，国家卫生计生委高度重视，会同相关部门加强信息沟通和联防联控，切实落实口岸卫生检疫措施，加强对赴马达加斯加旅行人员的健康指导，做好我国在马达加斯加公民防控工作，落实可能发生输入疫情的应对准备。同时，选派两轮共计15名医疗防疫专家，组成卫生应急专家组赴马达加斯加指导防控工作。经多方努力，在马达加斯加暴发疫情期间，我国内地无鼠疫病例输入。　（薛　波　关　心）

境外输入性突发急性传染病防控工作　2017年，全球寨卡病毒病、黄热病、中东呼吸综合征、鼠疫等疫情频发。国家卫生计生委强化输入性突发急性传染病的应对准备、监测预警、风险评估等工作。（1）针对寨卡病毒病等输入性传染病防控工作提前部署，强化应对寨卡病毒疫情联防联控工作机制，指导各地卫生计生部门做好防控准备，加强部门间信息沟通，及时发现输入性病例，积极开展流行病学调查、病例隔离治疗、健康宣教和风险评估等工作，并及时开展重点省份的防控督导等工作，严格落实各项防控措施，严防输入性病例导致的本地传播。2017年，我国共报告2例境外输入寨卡病例，均已治愈出院。（2）进一步完善中东呼吸综合征联防联控机制，全面加强部门间、区域间联防联控，加强与出入境、宗教、民航等部门的协作，强化各朝觐重点省份的信息通报和应急联动机制。加强监测预警和风险评估，认真落实各项防控措施。强化防护设备、药品、设施等物资准备，加强医疗和疾控专业人员培训，开展重点省份口岸的防控督导，充分利用各种大众传媒开展健康宣教等工作，全面做好疫情应对准备工作。2017年，我国未发生境外中东呼吸综合征病例输入。（陈　雷　隋竑弢）

2017年突发公共卫生事件分析年报　2017年，我国内地共报告突发公共卫生事件1964起，报告病例8.07万例，死亡384人。与2016年相比，报告事件数上升60.3%，病例数上升79.5%，死亡数上升22.3%。主要原因是水痘、流行性感冒、流行性腮腺炎、人感染H7N9禽流感及其他感染性腹泻病等传染病事件报告增多所致。2017年，全国无特别重大和重大事件突发公共卫生事件报告，主要特点表现为重大和较大级别事件减少，而一般级别事件增多。2017年报告事件仍以传染病事件为主。11—12月是突发公共卫生事件高发期。学校仍是突发公共卫生事件的高发场所。

（薛　波　谢怡然）

疾病预防控制工作

2017年全国疾病预防控制和爱国卫生工作概述

一、疾控体系建设

对照党的十九大关于实施健康中国战略提出的新要求、新任务，组织全国疾控系统开展调查研究，梳理短板弱项，审视和思考新时代疾控体系的职责定位和发展方向，更好地为人民群众提供全方位全周期健康服务。各地在深化医改过程中勇于实践、大胆探索，发挥基层首创精神，在疾控体系建设方面积累有益经验，带动全国疾控工作的创新发展。绝大多数省（区、市）已出台重大疾病专项防治规划，政府主导、部门协作、全社会共同参与重大疾病防治工作的机制不断健全，预防为主、防治结合的防治格局正在形成。

二、传染病、地方病防控进展

*1. 按照“年部署、季调度、月评估、周分析、日监测”要求，落实传染病监测预警和各项防控措施，*全国传染病疫情总体保持稳中有降。加强传染病依法监测和管理，有效处置霍乱、登革热、手足口病等疫情。启动国家致病菌识别网建设，江苏、山东等8省70家网络实验室运行良好。流感省级参比中心覆盖率达90%以上，传染病监测敏感性不断增强。

*2. 在免疫规划工作方面，印发《疫苗储存和运输管理规范》。*成功实施脊髓灰质炎疫苗免疫策略转换，国家免疫规划疫苗接种率持续保持在90%以上，绝大部分疫苗针对传染病发病率降至历史最低水平。推动各地加快落实《疫苗流通和预防接种管理条例》以及国务院办公厅有关文件要求，将疫苗采购纳入省级公共资源交易平台或药品集中招标采购平台，保障疫苗供应。25个省制定接种服务费收费标准，14个省出台第二类疫苗储存运输费相关规定。

*3. 重大传染病防控扎实推进。*印发《学校结核病防控工作规范（2017版）》。试点开展“互联网+检测”“互联网+综合干预”，探索控制艾滋病经性传播新措施。将艾滋病、结核病、包虫病等重大传染病纳入“三区三州”深度贫困地区健康扶贫内容，助推脱贫攻坚目标的实现。全国所有流行县达到血吸虫病传播控制标准，在现有的12个血吸虫病流行区中，上海等5省（区、市）彻底摘掉血吸虫病流行区的帽子。全国95%以上疟疾流行县通过消除疟疾考评。全国94.2%的县保持消除碘缺乏病状态，地方病危害大幅降低。

三、慢性病防治和精神卫生工作

在慢性病防治方面，加快推进慢性病综合防控战略，全国建成366个国家慢性病综合防控示范区，总结推广成功经验。召开全国慢性病防治工作会议，明确慢性病防、治、康、管整体融合发展机制。完善癌症、心脑血管疾病等重大慢性病防治政策体系和机构建设，30个省（区、市）设立肿瘤防治机构。启动以减盐、减油、减糖，健康口腔、健康体重、健康骨骼等“三减三健”为主题的全民健康生活方式第二阶段行动，组织专家向公众推荐13套较权威的慢病防控优秀科普读物。大力倡导健康生活方式，全民健康生活方式行动覆盖2610个县区，居民健康素养和健康行为能力显著提高。在精神卫生方面，各地认真贯彻落实《关于加强心理健康服务的指导意见》，探索建立社会心理服务体系。推进精神卫生综合管理试点，40个试点地区在多部门综合管理、患者救治救助等方面取得显著成效。严重精神障碍患者管理服务取得积极进展，截至2017年12月底，全国在册严重精神障碍患者有581万人，在册患者管理率为91.4%。

四、健康危险因素监测与干预

开展重点职业病、放射卫生和环境健康影响等监测工作，重点职业病监测、放射卫生监测地市覆盖率分别达到85%、80%，水质监测实现所有地市、县区全覆盖和85%的乡镇覆盖，为政府科学决策、服务百姓健康发挥重大支撑作用。开展尘肺病防治现场督办，切实维护尘肺病患者健康权益。推动落实9个省饮水型氟中毒防治的改水措施。

五、爱国卫生工作

各地围绕大卫生、大健康发展理念，开展爱国卫生运动65周年纪念活动，宣传爱国卫生运动取得的成就，弘扬爱国卫生运动优良传统，营造建设健康中国的良好社会氛围。在首批38个健康城市试点市积极推进试点工作，形成健康城市建设“6+X”工作模式，完成健康城市评价指标体系，制定了健康社区、健康学校、健康企业等健康“细胞”工作规范，健康城市健康村镇建设取得突破性进展。世界卫生组织高度评价中国的爱国卫生运动，2017年7月向中国政府授予“社会健康治理杰出典范奖”。

六、为全球卫生治理做出中国贡献

参与全球卫生治理，服务国家“一带一路”倡议，做好与非盟、东盟、上海合作组织、金砖国家等的疾病防控合作机制。多次派出国家和地方公共卫生专家支援非洲疾控中心建设，赴尼泊尔、菲律宾、马达加斯加、缅甸等国家，参与指导重大突发疫情处置和灾后卫生防疫，维护国家公共卫生安全，彰显负责任大国形象。（王维夫）

2017年全国疾病预防控制工作会议　2017年2月23—24日在深圳召开，国家卫生计生委主任李斌对会议做出批示，国家卫生计生委副主任、国家中医药管理局局长王国强出席会议并讲话。

李斌批示要求落实国务院的各项任务要求，树立预防为主理念，实施健康中国建设“一纲要两规划”和疾病防控专项规划，把抓落实贯彻到工作全过程、各环节，改革完善疾控体系，预防控制各类重大疾病，提升公共卫生服务质量和水平，努力让群众不得病、少得病。

王国强在讲话中指出，2016年全国疾控工作者落实国务院防治重大疾病工作部际联席会议制度，印发多个重大疾病防治专项规划，国家免疫规划基础进一步夯实，重大疾病防治和“四大卫生”工作扎实推进。2017年重点抓好“十三五”规划宣贯，推进疾控体系改革，狠抓疫苗流通和预防接种政策落实，强化突发急性传染病防控，提升重大疾病防治效果，推进慢性病防治工作，拓展精神卫生心理健康服务工作，全面加强疾控体系核心能力建设。

疾控体系和慢性病防控体系建设研究　（1）开展政策研究。王国强主持召开会议，邀请各级卫生计生行政部门、疾控和专病防治机构有关负责人及专家，就加强体系建设问题开展研讨，梳理存在的问题，交流经验。疾控局多次召开会议，讨论和研究加强体系建设相关工作。班子成员多次与体改司、中国疾控中心等专题座谈，交流研究加强体系建设的思路和措施。同时委托相关单位开展加强疾控体系建设课题研究，修订完善《各级疾病预防控制中心基本职责》。（2）开展专题调研。在全国开展书面调研基础上，赴15省进行实地调研，倾听基层各方意见，摸清各级疾控机构、医院和基层医疗卫生机构在疾控工作中的功能定位、职责落实以及相互协调配合情况，了解存在的困难和问题，认真梳理总结形成调研报告。组织召开全国地市级疾控工作培训班，围绕疾控体系建设开展讨论，部署加强体系建设相关重点工作，并组织代表参观学习镇江市疾控机构建设情况。

（以上撰稿：徐克明　苗晓翔）

落实卫生行政事业性收费政策调整　贯彻落实国务院领导批示精神，指导各地疾控机构按照《财政部国家发改委关于清理规范一批行政事业性收费有关政策的通知》要求，停征或取消卫生检测费、委托性卫生防疫费、预防性体检费等3项行政事业性收费。加强与基层卫生行政部门的沟通，会同财政部社保司有关人员赴吉林、广西开展调研，组织召开四川、重庆、湖北等10省（市）专家座谈会，了解地方落实政策情况。会同财务司与财政部税政司、预算司、社保司相关负责人会商，分析疾控机构财政保障现状。国家卫生计生委和财政部联合印发《关于进一步做好预防性体检等三项工作的通知》，从落实政策、优化服务、强化保障等方面提出具体要求，确保相关工作有序开展。

（徐克明）

疾控信息化建设研讨会暨2017年全国疾控信息化工作年会　2017年9月19日在沈阳召开，各省（区、市）卫生计生委和新疆生产建设兵团卫生局疾控处和疾控中心相关负责人参会。会上，委规划司解读《“十三五”人口健康信息化发展规划》，委统计信息中心和中国疾控中心信息中心分别介绍全民健康保障信息化工程建设的最新进展和疾控信息系统建设指导方案。

会议指出，近年来，全民健康信息化建设和健康医疗大数据应用成效明显，顶层设计进一步完善、建设基础逐步夯实和业务应用创新发展，为加强资源统筹和疾控业务应用创造良好条件，但也存在业务系统建设统筹不够、标准整合与遵从度不高、系统建设相关保障不足、网络信息安全隐患突出等问题。下一步加强组织领导，加快推动落实疾控信息化建设任务。加强顶层设计，健全完善相关标准和技术规范。增强安全意识，抓好网络信息安全建设管理。注重能力建设，切实加强疾控信息化人才队伍建设。

疾控信息化建设　2017 年 11 月 24 日，国家卫生计生委办公厅印发《关于加强疾病预防控制信息化建设工作的通知》（以下简称《通知》）。《通知》梳理疾控信息化建设的现状，分析疾控信息化的意义，要求各地提高对疾控信息化建设工作重要性的认识。《通知》明确疾控信息化建设的总体要求，明确国家级、省级疾控业务信息系统的建设任务，要求分类推进疾控业务信息系统建设。对于以人为核心的疾控业务信息系统建设，要强化业务协同，逐步构建“医院数据推送、疾控业务管理、社区随访干预”三位一体业务协同的信息化应用模式，促进临床诊疗和公共卫生数据的整合衔接，提高工作效率和工作质量。对于健康危害因素监测、疾控综合管理与爱国卫生应用信息系统建设，要统一信息采集，建立完善职业卫生、放射卫生、饮用水水质、空气污染对人群健康影响、学校卫生、地方病相关因素、病媒生物等健康危害因素监测业务应用功能，通过数据抽取交换方式实现疾病预防控制与爱国卫生资源管理服务数据在逻辑上的集成和动态管理。《通知》还提出要加强数据融合应用，强化安全体系建设。《通知》要求各地加强组织领导，加大投入力度，强化人才培养，切实加强疾控信息化建设保障力度。　（以上撰稿：王维夫）

2017 年全国法定传染病疫情概要　2017 年，全国共报告法定传染病发病 703.09 万例，死亡 1.98 万人，报告发病率为 509.54/10 万，报告死亡率为 1.43/10 万。

2017 年，甲类传染病中鼠疫报告发病 1 例，死亡 1 人，霍乱报告发病 14 例，无死亡，报告发病率为 0.0010/10 万，较 2016 年下降 50.00%。乙类传染病除传染性非典型肺炎、脊髓灰质炎、人感染高致病性禽流感和白喉无发病、死亡报告外，其他共报告发病 306.41 万例，死亡 1.96 万人，报告发病率为 222.06/10 万，报告死亡率为 1.42/10 万，较 2016 年报告发病率上升 3.64%，报告死亡率上升 8.59%。报告发病数居前 5 位的病种依次为病毒性肝炎、肺结核、梅毒、淋病、细菌性和阿米巴性痢疾，占乙类传染病报告发病总数的 92.78%；报告死亡数居前 5 位的病种依次为艾滋病、肺结核、病毒性肝炎、狂犬病和人感染 H7N9 禽流感，占乙类传染病报告死亡总数的 98.81%。

同期，丙类传染病除丝虫病无发病、死亡报告外，其他共报告发病 396.68 万例，死亡 154 人，报告发病率为 287.48/10 万，报告死亡率为 0.011/10 万，分别较上年下降 1.18% 和 42.86%。报告发病数居前 5 位的病种依次为手足口病、其他感染性腹泻病、流行性感冒、流行性腮腺炎和急性出血性结膜炎，占丙类传染病报告发病总数的 99.79%；报告死亡数的病种依次为手足口病、流行性感冒和其他感染性腹泻病，占丙类传染病报告死亡总数的 100.00%。

2017 年全国甲、乙类传染病发病数、死亡数居前 10 位的病种

位次	病名	报告发病数（例）	病名	报告死亡数（人）
1	病毒性肝炎	1283523	艾滋病	15251
2	肺结核	835193	肺结核	2823
3	梅毒	475860	病毒性肝炎	573
4	淋病	138855	狂犬病	502
5	细菌性和阿米巴性痢疾	109368	人感染 H7N9 禽流感	259
6	猩红热	74369	流行性乙型脑炎	79
7	艾滋病	57194	流行性出血热	64
8	布鲁氏菌病	38554	梅毒	45
9	流行性出血热	11262	流行性脑脊髓膜炎	19
10	伤寒和副伤寒	10791	疟疾	6

注：疫情数据统计包括实验室确诊和临床诊断病例，但不含外籍和台、港、澳病例。

与 2016 年相比，2017 年甲乙类传染病中的肠道传染病、呼吸道传染病、自然疫源及虫媒传染病报告发病率分别下降 9.73%、0.62% 和 8.08%，血源及性传播传染病报告发病率上升 6.76%。肠道传染病中除脊髓灰质炎无发病、死亡报告外，报告发病率上升的病种为戊型肝炎，下降的病种为霍乱、未分型肝炎、细菌性和阿米巴性痢疾、伤寒和副伤寒、甲型肝炎。呼吸道传染病中除传染性非典型肺炎和白喉无发病、死亡报告外，报告发病率上升的病种为人感染 H7N9 禽流感、猩红热、流行性脑脊髓膜炎和百日咳，下降的病种为麻疹和肺结核。自然疫源及虫媒传染病中除人感染高致病性禽流感无发病、死亡报告外，报告发病率上升的病种为登革热和流行性出血热，下降的病种为流行性乙型脑炎、炭疽、疟疾、血吸虫病、狂犬病、布鲁氏菌病和钩端螺旋体病。血源及性传播传染病中报告发病率上升的病种为淋病、艾滋病、梅毒、丙型肝炎和乙型肝炎，下降的病种为丁型肝炎。

丙类传染病中除丝虫病无发病、死亡报告外，报告发病率上升的病种为流行性感冒、包虫病、流行性腮腺炎、麻风病、急性出血性结膜炎和其他感染性腹泻病，下降的病种为风疹、手足口病、黑热病和斑疹伤寒。（刘海涛　王丽萍）

印发《全国流感监测方案（2017 版）》 根据流感防控新形势，为进一步加强全国流感监测工作，国家卫生计生委组织中国疾控中心对《全国流感监测方案（2010 年版）》进行修订，形成《全国流感监测方案（2017 年版）》，主要在省级流感参比中心能力建设、网络实验室监测时效要求及哨点医院具体工作能力等方面提出进一步明确要求。

印发《国家致病菌识别网工作实施方案》 近年来，我国细菌性传染病防控取得明显成效。但监测显示，炭疽、布病等细菌性传染病防控形势不容乐观，新发再发细菌性传染病时有发生，而我国监测预警技术更新缓慢，同快速发展的防控需求不相适应。为切实提高我国细菌性传染病的病原监测和防控能力，国家卫生计生委组织中国疾控中心编制《国家致病菌识别网工作实施方案》。方案旨在建成以网络化信息平台为依托，采用病原识别、分子分型、基因组溯原等新型调查分析技术，开展细菌性传染病监测与防控的实验室网络。从国家致病菌识别网工作实施的目标、原则、工作内容、工作职责、建设规划、保障措施以及有关标识与标牌等等 7 个方面对各地网络建设提出具体工作要求。该网络的规范运行，将为有效处置细菌性传染病疫情、应对新发突发传染病和保障国家生物安全提供有力的技术支撑。（以上撰稿：李振红）

印发《全国法定传染病报告质量和管理现状调查方案（2017 年版）》 为推进各地落实《传染病信息报告管理规范（2015 年版）》要求，进一步提高传染病报告质量，国家卫生计生委疾控局印发《全国法定传染病报告质量和管理现状调查方案（2017 年版）》。通过调查，了解各级各类医疗卫生机构法定传染病报告质量和管理现状，对全国法定传染病报告质量进行评估；评价各级卫生计生行政部门、各级各类医疗卫生机构的法定传染病诊断与报告管理履职、制度落实等情况，推进传染病报告质量和管理现状调查工作常态化、制度化。（刘　清）

传染病防控工作 2017 年，国家卫生计生委通过召开冬春、春夏、夏秋和秋冬季传染病防控工作视频会及重点传染病防控工作年会，提前部署传染病防控工作。副主任王国强、崔丽出席防控工作视频会议，动员和部署重点工作。印发关于加强冬春、春夏、夏秋、秋冬季重点传染病防控工作的通知，并对南方洪涝灾害及重大活动保障提出针对性要求。印发关于进一步加强 2017 年传染病防控工作的通知，统筹安排流感、登革热、出血热、布病等传染病监测工作，加强对中央转移支付地方传染病防控项目的管理。组织开展多轮登革热、流感等重点传染病及洪涝灾后卫生防疫的督导检查，督促各地落实传染病防控措施。特别对北京、福建等省份进行重大活动卫生保障工作的指导检查。结合传染病疫情形势，通过新闻发布、专家在线访谈等形式，及时宣传流感、手足口病等重点传染病防治知识，提高群众自我防护意识。

2017 年，全国共报告法定传染病 703 万例，与 2016 年基本持平，未发生传染病较大规模流行。社会比较关注的手足口病、布病、麻疹等传染病防控成效明显，分别较上年下降 21%、18%、76%。有效处置登革热、乙脑、炭疽等聚集性疫情，最大限度减少疾病传播及重症、死亡病例发生。及时发现 1 例寨卡病毒病和 10 例基孔肯雅热输入病例，输入疫情得到有效控制，未发生扩散蔓延。（刘海涛　李振红）

提升传染病信息系统安全防范能力 2017 年，为落实三级信息安全等级保护规定的相关要求，加强传染病信息管理，国家卫生计生委办公厅印发《关于进一步加强传染病信息安全管理的通知》。各地按照通知要求，建立健全传染病信息安全管理制度，细化安全管理要求。加大安全管理知识培训力度，相关人员的信息安全意识和能力明显提升。组织开展信息安全监督检查，及时纠正不规范行为。加强传染病信息系统建设，各地在实现通过升级虚拟专用网络（VPN）访问传染病信息系统的基础上，2017 年底传染病信息系统的医疗卫生机构用户实现数字证书认证，传染病信息系统安全防范能力进一步提高。（刘　清）

流感等呼吸道传染病防控工作　2017年，国家卫生计生委密切关注流感疫情形势，做好年度分析和预测，组织专家专题分析并指导地方疫情防控。印发《全国流感监测方案（2017版）》，组织培训流感监测网络所有成员单位的一线工作人员约1500人。结合香港特别行政区流感疫情形势，加强对广东、深圳等地流感监测、防控和信息发布工作的指导与支持，要求其切实落实各项防控措施，做好流感等呼吸道道传染病防治。对海南、西藏等4省（区）现场督导，推动其加快省级流感参比中心建设。开展2016—2017监测年度全国流感监测质量评估，结果显示：截至2017年底，全国已建成省级参比中心28个，实现建设预期；除西藏的4家网络实验室外，我国所有省（区、市）疾控机构所辖的网络实验室均能够开展核酸检测工作；90%以上的网络实验室能够开展病毒分离工作。

手足口病等肠道传染病防控工作　2017年，国家卫生计生委密切关注全球霍乱及国内手足口病等肠道传染病疫情，及时组织专家分析研判，并根据研判结果指导疫情防控。会同铁路部门并协调安徽、河南等省，指导相关沿线铁路单位和地方政府开展联防联控，成功处置一起跨省份霍乱疫情。加强与食品药品监管总局沟通，共同研究EV71灭活疫苗注册审批申请政策，提升疫苗市场供应。及时指导湖南祁阳甲肝、重庆过境游轮及吉林扶余诺如病毒感染等疫情处置，防止疫情蔓延扩散。组织开展手足口病、诺如病毒暴发疫情等肠道传染病防控培训班，对全国各省份110余名技术骨干进行培训。

国家致病菌识别网建设工作　2017年，国家卫生计生委印发《国家致病菌识别网工作实施方案》，正式启动国家致病菌识别网工作，江苏、山东等8个省级中心实验室及57家地市级中心实验室首批入围。通过召开年度工作会，举办培训班等多种形式，部署工作任务和能力建设指标，推动各地网络建设有序开展。组织中国疾控中心专家赴工作基础薄弱地区现场帮扶，提高基层能力。截至2017年底，致病菌识别网已扩展到70家地市级中心实验室，网络布局更加合理。　（以上撰稿：李振红）

防汛抗洪卫生防疫工作　2017年，结合我国部分地区夏秋季降水量多、容易产生洪涝灾害的特点，国家卫生计生委根据传染病防控工作实际，提前组织中国疾控中心有关专家，编制印发洪涝灾害灾区传染病暴发疫情调查与控制、传染病和突发公共卫生事件监测、灾民安置点卫生状况与需求快速评估、饮水卫生和环境卫生、预防性消毒、病媒生物监测与控制、营养与食品卫生、预防接种、灾民安置点卫生要求、血吸虫病防控应急、灾后疾病防控知识及健康宣教核心信息等12个卫生防疫指南要点，为指导各地做好洪涝灾害后传染病防控、饮水卫生、食品卫生、消毒、病媒生物控制等疾病防控和应对准备工作，保障灾区群众身体健康。　（刘海涛　李振红）

首届国家免疫规划专家咨询委员会成立　为落实《国务院办公厅关于进一步加强疫苗流通和预防接种管理工作的意见》有关要求，国家卫生计生委于2017年10月26日成立国家免疫规划专家咨询委员会。由中日友好医院院长王辰担任主任委员，中国疾控中心主任高福和中国食品药品检定研究院王军志任副主任委员，其他来自流行病与卫生统计学、病原微生物学、疫苗学、临床医学、免疫学、卫生政策与卫生经济学等相关领域的24位专家担任委员，任期3年。主要职责是综合评估疫苗可预防疾病负担和疫苗安全性、有效性、卫生经济学评价、生产供应能力等资料，对动态调整国家免疫规划疫苗种类、修订国家免疫规划疫苗免疫程序等进行审议并形成决议，对国家免疫规划重大政策提出论证意见。

全国免疫规划工作暨预防接种异常反应补偿保险工作推进会　2017年11月17日在云南昆明召开，会议旨在推动各地《疫苗流通和预防接种管理条例》贯彻落实，加快预防接种异常反应补偿保险进展，做好下一阶段免疫规划工作。国家卫生计生委副主任王国强出席会议并讲话。上海、江苏、河南、湖北、贵州、云南6省（区、市）交流工作经验和预防接种异常反应补偿保险工作进展。王国强在讲话中肯定近年来我国免疫规划工作取得的成绩，分析新时代免疫规划工作面临的新形势新挑战，全面部署新时代的免疫规划工作，要求做好完善预防接种服务、加强免疫规划管理、构建全方位保障体系、优化监测评估体系、推进信息化建设、培养专业人才、宣传免疫规划文化和参与国际卫生合作等8项重点任务，并对当前的几项重点工作和推进预防接种异常反应保险补偿工作提出具体要求。强调从“坚持以人民为中心”和“坚持总体国家安全观”的角度，不断完善预防接种异常反应补偿制度。　（以上撰稿：熊　妍　叶家楷）

保障全国各地脊灰灭活疫苗供应　2016年5月1日起，我国停用三价脊灰减毒活疫苗，接种1剂次脊灰灭活疫苗（IPV）和3剂次二价脊灰减毒活疫苗（bOPV）。针对脊灰疫苗免疫策略转换带来的全球

IPV 普遍短缺情况，国家卫生计生委进行一系列的协调和应对工作，保障我国的脊灰灭活疫苗供应。（1）商请国家食品药品监管总局启动药品特别审批程序，加快中国生物技术股份有限公司北生研公司研发的 IPV 上市审批工作。（2）2017 年 4 月，国家卫生计生委副主任王国强到中生股份进行调研，要求中生股份北生研公司加快 Sabin-IPV 研发生产进程。（3）组织相关部门和疫苗生产企业共同研究 IPV 供应和需求问题。要求相关企业切实履行社会责任，在确保质量的前提下，加快生产供应，同时严格按照相关计划均衡供应相关省份。（4）组织召开脊灰灭活疫苗供需调度会，脊灰灭活疫苗供应进行调度部署，同时，要求各地加强社会宣传和沟通，指导本地区接种单位及接种医生做好适龄儿童家长沟通解释工作。经过有关部门和生产企业的努力，2017 年 9 月，北生研公司的 Sabin-IPV 已经获批上市，IPV 供应基本得到保障。

（熊　妍）

印发疫苗储存和运输管理规范（2017 版）　为加强疫苗冷链储存运输全过程的规范化管理，根据修订后的《疫苗流通和预防接种管理条例》和《关于进一步加强疫苗流通和预防接种管理工作的意见》《预防接种工作规范（2016 年版）》《药品经营质量管理规范》等，国家卫生计生委和国家食品药品监管总局对 2006 年下发《疫苗储存和运输管理规范》进行修订。该《规范》主要包括：（1）提出疫苗冷链储存运输实施分类管理。明确疾控机构和接种单位在接收或购进疫苗时，核实本次疫苗运输温度记录与供应的疫苗产品有关资料。（2）要求逐步提高冷链设备装备水平。提出疫苗储存、运输设施设备的管理和维护要求。（3）要求提高冷链温度监测管理水平。对疫苗的储运和运输过程中的温度监测提出相关要求。（4）规范疫苗储存、运输中的管理工作。对冷链温度追溯管理程序和资料管理提出具体要求，强调对于需报废疫苗的管理要求。（5）加强疫苗储存运输中温度异常的管理。提出对疫苗储存运输过程中的温度异常问题的处理措施。（熊　妍　叶家楷）

2017 年艾滋病防治进展　截至 2017 年底，全国报告存活艾滋病病毒感染者和病人 75.86 万例，累计报告死亡 23.93 万例。2017 年新报告艾滋病病毒感染者和病人 13.45 万例，经性途径传播比例为 95.1%，其中，异性性传播占 69.6%，同性性传播占 25.5%。

*党和政府高度重视艾滋病防治工作。*2017 年“世界艾滋病日”期间，李克强总理就加强艾滋病防治工作做出重要批示，刘延东副总理考察艾滋病防治工作并召开座谈会。中央财政进一步加大经费支持力度，中央转移支付地方重大公共卫生服务项目艾滋病防治经费投入 48 亿元，较 2016 年增长 4.3%。

艾滋病综合防治措施进一步落实。（1）监测检测工作。全年开展艾滋病病毒抗体检测 2.01 亿人次，较 2016 年增加 18.8%。（2）综合干预工作。全国戒毒药物维持治疗在治人数达 14.67 万人，治疗人员艾滋病新发感染率下降到 0.03%，全国暗娼和男性同性性行为人群月均干预覆盖率分别为 82.8% 和 76.4%，经输血感染艾滋病病例接近零报告水平，母婴传播率下降到 2016 年的 5.7%。（3）抗病毒治疗覆盖面。截至 2017 年底，正在接受抗病毒治疗人数为 60.98 万人（其中儿童 5669 人），2017 年新增治疗病人 13.16 万人，艾滋病感染者和病人接受治疗比例达 80.4%。（4）随访管理工作。2017 年全国艾滋病病毒感染者和病人随访及 CD4 检测比例和艾滋病病毒感染者和病人配偶 / 固定性伴艾滋病病毒检测比例分别为 91.1% 和 92.3%。

李克强就加强艾滋病防治工作做出重要批示　中共中央政治局常委、国务院总理李克强在 2017 年“世界艾滋病日”前，就加强艾滋病防治工作做出重要批示。批示指出：艾滋病是严重危害人民健康和生命安全的重大疾病，加强防治工作是实施健康中国战略的重要任务。党的十八大以来，各地区、各相关部门认真贯彻党中央、国务院决策部署，切实落实各项防治措施，将艾滋病持续控制在低流行水平，成绩应予充分肯定。望全面深入贯彻党的十九大精神，坚持以人民为中心的发展思想，按照新时期卫生与健康工作方针，针对艾滋病传播流行的新形势和新变化，进一步落实防治责任，加大投入力度，扎实推进实施“十三五”艾滋病防治行动计划。加强科研攻关，努力突破防治瓶颈。结合深化医改着力完善防治服务体系，提供更有针对性的预防治疗服务，特别要加大对受艾滋病影响的贫困人群帮扶力度。建立防治和科研人员激励保障机制，充分调动社会组织等各方力量，促进全社会广泛参与，倡导健康文明生活方式，推动形成共担防艾责任、共享健康权利、共建健康中国的良好局面。

刘延东考察艾滋病防治工作并召开座谈会　2017 年 11 月 30 日，国务院副总理、国务院防治艾滋病工作委员会主任刘延东考察艾滋病防治工作并召开座谈会。刘延东来到国家卫生应急指挥中心，通过远程视频观摩艾滋病疫情预警和异地转介服务功能演示，慰问一线防治工作人员，并与医学专家、基层防治人员、志愿者、社会组织和联合国艾滋病规划署驻华代表等座谈。

刘延东强调，要按照党的十九大部署，立足国情，完善防治工作机制，强化投入保障，全面实施“十三五”艾滋病防治行动计划。要结合深化医改，加强医疗机构和防控网络建设，做好首诊检测、随访关怀、综合干预、药物供应等工作。加强科研创新和互联网技术应用推广，丰富青年群体等重点人群的综合干预手段，为群众提供更加高效优质方便的预防治疗服务。深入实施健康扶贫工程，落实医疗保险、大病保险、医疗救助等帮扶政策，解决受艾滋病影响贫困群众的生产生活困难。创新宣传教育方法，倡导健康文明的生活方式，发挥社会组织作用，进一步激发社会参与活力。深化国际合作交流，主动参与全球卫生治理，为世界艾滋病防治贡献中国力量。刘延东鼓励基层防治人员发扬奉献精神，切实做好综合防治工作，并要求各地进一步完善激励保障机制，加强职业防护和人员培训，打造一支技术过硬、作风优良的防治队伍，筑牢保障人民健康的屏障。（以上撰稿：时　颖）

启动凉山州艾滋病防治与健康扶贫攻坚行动刘延东做出重要批示　2017年9月，国家卫生计生委组织国务院扶贫办、国家禁毒委等11部门，联合四川省人民政府共同启动实施凉山州艾滋病防治与健康扶贫攻坚行动，将艾滋病防治作为健康扶贫主攻方向，提出到2020年，遏制疫情增长势头、4个重点县艾滋病新发感染率下降50%以上，艾滋病母婴传播率下降到4%以下，实现感染者家庭全面脱贫的阶段性目标和全方位开展健康教育、全面预防母婴传播、全面筛查救治感染者、全力强化禁毒戒毒工作、全面实施重点人群干预、全心关爱受艾滋病影响人群、全力推进健康扶贫工作、全面激发社会力量参与活力等8项重点工作任务和各项保障措施。

刘延东副总理做出重要批示，要求贯彻落实党中央、国务院决策部署，坚持以人民为中心的发展思想，抓住机遇，攻坚克难，以问题为导向，强化科学防治、靶向救治、精准施策，落细落实各项政策措施，全面提升医疗服务能力，激发社会力量参与的活力，切实降低艾滋病新发感染，织牢农村贫困人口医疗兜底保障网络，坚决打赢艾滋病防治与健康扶贫攻坚战，确保凉山州如期实现全面脱贫、全面建成小康社会目标，以优异成绩迎接党的十九大胜利召开。（朱言蹊）

国务院办公厅印发《中国遏制与防治艾滋病“十三五”行动计划》　2017年1月19日，国务院办公厅印发《中国遏制与防治艾滋病“十三五”行动计划》（以下简称《行动计划》）。《行动计划》确定最大限度发现感染者和病人，有效控制性传播，持续减少注射吸毒传播、输血传播和母婴传播，进一步降低病死率，逐步提高感染者和病人生存质量，减少社会歧视，将我国艾滋病疫情继续控制在低流行水平的防治总体目标，提出宣传教育、综合干预、检测治疗等11个具体工作指标和提高宣传教育针对性，提高综合干预实效性，提高检测咨询可及性和随访服务规范性，全面落实核酸检测和预防母婴传播工作，全面落实救治救助政策，全面落实培育引导措施等，明确强化组织领导、落实防治责任，加强队伍建设、提高防治能力，加大投入力度、保障防治经费和药品供应，加强科研与国际合作、提升防治水平等保障措施，强调各级政府主导辖区艾滋病防治工作，进一步强化部门职责。（焦振泉）

11部门联合印发《中国病毒性肝炎防治规划（2017—2020年）》　2017年10月17日，国家卫生计生委、国家发改委等11部门联合印发《中国病毒性肝炎防治规划（2017—2020年）》。该《规划》提出坚持政府主导、部门协作、社会参与；坚持预防为主、防治结合、依法防治、科学防治；坚持因地制宜、因病施策、突出重点、稳步推进的工作原则，确定全面实施病毒性肝炎各项防治措施，遏制病毒性肝炎传播，控制病毒性肝炎及其相关肝癌、肝硬化死亡上升趋势，逐步提升患者生存质量，减少社会歧视，减轻因病毒性肝炎导致的疾病负担”的工作目标和7项具体工作指标。针对当前我国病毒性肝炎防治实际，提出加强疫苗接种，综合经血液和母婴传播防控危险因素，强化监测报告，及时处置聚集性疫情，优化检测策略，加强传染源发现工作，规范治疗管理，做好药品供应，加强宣传教育等7项防控措施和加强组织领导、队伍建设、科研和国际合作等保障措施及督导与评估要求。（时　颖）

故意传播艾滋病行为惩处法律依据进一步明确　2017年7月21日，最高人民法院、最高人民检察院公布《关于办理组织、强迫、引诱、容留、介绍卖淫刑事案件适用法律若干问题的解释》，对传播性病罪“明知”的认定以及对明知自己感染艾滋病病毒而卖淫、嫖娼行为的处理等问题做出规定，并于2017年7月25日起实施。该司法解释的出台，为通过卖淫、嫖娼故意传播艾滋病，以及其他明知自身感染情况，仍主观或客观故意与他人发生高危性行为传播艾滋病等行为的惩处提供更充足的法律依据。（时　颖）

“艾滋病防治宣传校园行”活动　2017年9月5日，国家主席习近平夫人彭丽媛邀请出席金砖国家领导人第 9 次会晤和新兴市场国家与发展中国家对话会外方代表团团长夫人共同出席“‘美好青春我做主’艾滋病防治宣传校园行——走进厦门大学”活动。彭丽媛教授与南非总统夫人恩盖马、几内亚总统夫人杰内、墨西哥总统夫人里韦拉、泰国总理夫人娜拉蓬参观中国高校艾滋病防治工作主题展，听取中国政府和高校开展青年学生防艾抗艾工作情况介绍，观看厦门大学师生以“防艾抗艾”为主题创作的雕塑、绘画、手工艺等艺术和文创作品，欣赏并学习吹奏印有红丝带标志的瓷埙，了解厦门大学艾滋病毒检测诊断技术研究成果及在校园实际应用，并同大学生志愿者代表交流。

彭丽媛指出，参加这场活动是要提升全社会特别是青年人防艾抗艾意识，消除对艾滋病患者的歧视，打好“精神疫苗”，同时促进金砖国家、发展中国家深化卫生合作。她邀请各国来宾在红丝带心愿牌上签名，并将心愿牌挂在象征希望的“生命之树”上，寄托对青年一代健康成长的美好祝愿。　（费　佳）

艾滋病防治国际研讨会　2017 年 11 月 13—14 日在京召开，刘延东副总理对会议做出批示。国务院防艾委办公室主任、国家卫生计生委副主任王国强总结中国在艾滋病防治和科研工作中取得的进展，分析存在的主要问题，强调要学习、借鉴国际防治艾滋病的先进理念、技术和经验，落实《中国遏制与防治艾滋病“十三五”行动计划》。联合国艾滋病规划署副执行主任、联合国助理秘书长路易斯·罗瑞思赞赏中国防治艾滋病的政治承诺和卓越领导力，祝贺中国艾滋病防治工作取得突出成绩，建议持续加大领导和投入力度，进一步加强预防措施和反歧视。世界卫生组织艾滋病与肝炎司司长戈特弗里德建议进一步动员包括社会组织在内的力量，聚焦经性传播，扩大干预措施，控制新发感染。研讨会由国家卫生计生委、科技部主办，来自国际组织代表、中外专家、各省（区、市）防治技术骨干、社会组织代表参加会议，交流国际、国内预防经性传播、扩大检测、社会组织参与、生殖健康与艾滋病、创新与科学发展等领域的最新进展和成功经验，探讨今后的防治策略与措施。

（时　颖　马英鹏）

青年学生艾滋病防治工作　2017 年，各地卫生计生、教育部门落实高校艾滋病疫情通报制度，落实初中及以上各学段艾滋病专题教育课时及高校和中等职业学校开展相关入学教育的要求。国家卫生计生委、教育部联合推进高校艾滋病防控试点（已扩大到 94 所高校），继续强化预防艾滋病普及性宣传教育工作，深入开展针对易感染艾滋病行为学生的专项强化干预工作，并就高校艾滋病防控试点工作进行调研和经验交流。利用网络远程教育平台，开发《艾滋病、性与健康》跨校学分共享课程，217 所高校近 10 万大学生选修。国家卫生计生委在全国范围内部署开展学校艾滋病防控工作专项检查，支持共青团中央、中国性病艾滋病防治协会开展“美好青春我做主”红丝带健康大使青春校园行活动，覆盖 59 所高校 70 多万学生。教育部将艾滋病教育纳入教学计划和年底考核，将性与生殖健康纳入高校健康教育内容。中央网信办会同相关部门，加大对青少年为主要用户群体的社交类、音视频类移动应用程序的巡查监看力度，发现并查处 120 款传播淫秽色情违法有害信息的移动应用程序。

（朱言蹊）

社会组织参与艾滋病防治基金　2017 年，国家进一步完善社会组织防艾基金培育引导政策，激发社会组织参与活力。制定基金培育基地建设管理、项目督导与评估、项目实施单位工作考核、接受捐赠管理等规范，加强基金从接受捐赠到评估的全过程管理。编印《社会组织防艾基金项目解读手册》《社会组织参与艾滋病防治工作技能手册》《社会组织机构管理手册》等多种能力建设教材，举办社会组织防艾项目经验交流会和 3 期省级师资培训班，加强社会组织能力建设。对 2015 年已完成的 742 个项目进行验收，对正在实施的项目加强督促指导和抽查审计，加强基金项目质量管理。探索社会组织防艾基金多元化筹资机制，争取社会捐赠资金 1500 万元，社会公募资金近 1000 万元。2017 年，社会组织参与艾滋病防治基金共资助 31 个省 884 个项目，资助金额达 4300 余万元。基金项目共为失足妇女、男男同性性行为者及吸毒者等高危人群提供了 143 万多人次干预服务，为近 32 万名高危人群提供艾滋病病毒抗体检测，发现并确证阳性 9000 余人，为艾滋病感染者和病人提供 21 万多人次关怀随访服务。　（朱言蹊　马英鹏）

“世界防治麻风病日”活动　2017 年 1 月 29 日是第 64 届“世界防治麻风病日”暨第 30 届“中国麻风节”，活动主题是“创造一个没有麻风的世界”。为宣传我国麻风防控成绩，警示各地重视麻风防控工作，向社会大众普及麻风病在我国目前的流行情况，国家卫生计生委副主任王国强在《光明日报》上发表题为《创造没有麻风的世界》的访谈文章。他在文章中介绍，新中国成立以后，国家采取确定防治方针政策、设立专业防治机构、建立专业防治队伍等系列举措，累计发现并集中免费治疗约 50 万例麻风病人，有效遏制麻风病的进一步传播。王国强指出，尽管麻风病流行在我国已得到有效控制，但由于目前针对麻风病尚无有效的一级预防措施，现在还没有研制出有效疫苗，而且在实验室检测方面也没有成熟的快速诊断技术，要实现无麻风病目标还任重道远。我国西南地区仍然有麻风病局部流行，麻风病高流行县多处于经济文化相对落后、交通不便的地区，早期发现工作难度较大。王国强强调，我国目前已进入消除麻风病危害最后的攻坚阶段，要做到“发现一个、治疗一个、关爱一个，让每一名麻风病患者都能早日康复、避免残疾、共享健康”。这需要各级卫生计生、民政、残联、红十字会等部门各司其职，做好防控工作，深入基层，开展多种形式的慰问活动，切实解决麻风病人的实际困难。

（王 巍）

国务院办公厅印发《“十三五”全国结核病防治规划》 2017年2月1日印发《规划》，提出到2020年全国结核病发病率下降到58/10万的总体目标。《规划》从患者发现、规范诊疗管理、关怀救助、重点人群防治及服务体系建设等5个方面提出可量化的工作指标。明确地方政府在结核病防治工作中的责任，突出政府领导、部门合作、全社会协同、大众参与，突出预防为主，防治结合，突出以患者为中心，加强结核病防治全流程管理。明确“十三五”期间结核病防治工作的主要任务和防治措施，并从加强组织领导、落实部门职责、加强宣传教育、加强科研与国际合作等4个方面，提出保障措施，确保《规划》目标如期实现。

（袁 准）

“世界防治结核病日”主题宣传活动 2017年3月24日是第22个世界防治结核病日，宣传主题是“社会共同努力，消除结核危害”。3月23日，由国家卫生计生委、教育部、天津市人民政府共同主办的主题宣传活动在天津举行。世界卫生组织结核病/艾滋病防治亲善大使彭丽媛、国家卫生计生委副主任王国强、天津市副市长曹小红出席活动。彭丽媛大使等参加学生防痨主题班会、参观由学生创作的防痨主题创意作品展，慰问正在开展“百千万志愿者结核病防治知识传播活动”校园招募、健康咨询体检的工作人员和志愿者，出席科普宣传活动并向学生志愿者发放宣传工具包。王国强在科普宣传活动上讲话指出，近年来，各地大力推动结核病综合防治模式，完善防治服务体系，我国结核病防治工作取得明显成效。学校是结核病防控的重要环节，做好学生群体的结核病防控，在学生中开展结核病的防治宣传，对于普及全民结核病防治知识和技能，提升公众健康素养水平有着重要意义。结核病防治工作有关部门代表、有关国际组织代表、结核病防治机构和健康教育机构专家代表、全国结核病防治宣传大使以及天津市宝坻区第一中学学生800余人参加活动。

（王 巍）

2017年对口援疆结核病防治工作会议 2017年3月31日，在新疆喀什地区召开，国家卫生计生委副主任、国家中医药管理局局长王国强出席会议并讲话。王国强肯定近些年卫生计生援疆和新疆结核病防治工作所取得的成绩，要求2017年要全面落实对口援疆结核病防治工作各项任务。新疆维吾尔自治区党委常委、副主席艾尔肯·吐尼亚孜、中央新疆工作办、国家民委及卫生计生委有关司局参加会议。山东、上海地方代表做对口援疆结核病防治工作经验介绍。

（袁 准）

全国麻风病高流行地区防治工作推进会 2017年5月26日在云南昆明召开，全国麻风高流行的13个省45个地市卫计委和业务代表共计128人参加会议。会议面总结“十二五”期间全国麻风病防治工作进展和成绩，通报全国麻风高流行地区的疫情情况，分析当前疫情高流行地区防治存在的主要问题，浙江、云南及贵州黔西南州就麻风低流行持续控制、“十二五”麻风病防控经验等进行大会交流，13个高疫情省份及2个高疫情地市代表做大会发言，分享各地推进《全国消除麻风病危害规划（2011–2020年）》的实施，落实本地区的防治工作的经验。

联合印发《学校结核病防控工作规范（2017版）》 2017年6月，国家卫生计生委会同教育部修订并印发《学校结核病防控工作规范（2017版）》。内容包括前言和常规防控措施、散发病例防控措施、突发公共卫生事件防控措施。该《规范》体现学校结核病防治的工作流程，将各相关部门的工作职责融入具体的防控措施中，同时突出农村寄宿制学校等防控重点人群的入学筛查，严格休复学标准。（以上撰稿：王 巍）

2017年全国结核病防治工作会议 2017年8月21日在江苏镇江召开，国家卫生计生委副主任、国家中医药管理局局长王国强出席会议并讲话，要求各地切实抓好《“十三五”全国结核病防治规划》的落实，在结核病的“防、治、管、保”等各个环节形成合力。要坚持问题导向，加强基层服务能力建设，推广应用新诊断技术，加强中西医结合，提高医疗服务水平。要实施重点攻关，破解当前耐多药结核病防治等难题。会上，相关专家对近年疫情情况进行分析，报告结核病防治领域试点和研究成果，江苏、湖北、深圳、镇江分别介绍工作经验。各省（区、市）卫生计生委和新疆生产建设兵团卫生局分管负责人以及疾控处、疾控中心和省级结核病定点医疗机构负责人，委内相关司局负责人、中国疾控中心和省级结防机构相关专家参加会议。

首届遏制结核病行动全球部长级会议 2017 年 11 月 16—17 日，由世界卫生组织和俄罗斯政府共同举办的首届遏制结核病行动全球部长级会议在莫斯科召开。来自 128 个成员国代表团以及 16 个国际组织的共 1000 余名代表出席会议。俄罗斯联邦总统普京出席会议开幕式并致辞。世界卫生组织总干事谭德赛在大会做报告。国家卫生计生委主任李斌代表中国政府在大会发言。李斌指出，中国突出问题导向，加强政府主导，把结核病防治纳入社会发展总体规划。坚持依法防治，科学防治，防治结合，以治促防。不断提高保障水平，对贫困普通结核病患者免费提供结核病药物和随访管理。进一步加强对重点地区和重点人群的防治工作。开展多渠道宣传，提高公众结核病防治知识知晓率，彭丽媛教授自 2011 年担任世界卫生组织结核病和艾滋病防治亲善大使以来，亲力亲为，引导志愿者进学校、进社区，群众对结核病危害和防控的意识逐步增强。中国愿意继续加强与世卫组织等相关国际机构和各成员国在该领域的交流与合作，为推动实现 2035 年终结结核病目标，构建人类命运共同体做出新的贡献。会议通过了《终结结核病莫斯科宣言》。

（以上撰稿：袁　准）

联合印发《“十三五”全国血吸虫病防治规划》 为持续落实血吸虫病综合防治措施，加快全国血吸虫病消除工作进程，维护人民群众身体健康，促进经济社会发展，2017 年 3 月，国家卫生计生委联合财政部、国土资源部、水利部、农业部与国家林业局印发该《规划》）。《规划》提出防治目标和 11 个工作指标，明确到 2020 年要实现的指标值。提出“坚持以传染源控制为主的综合防治策略”，加强监测预警，及早发现、处置疫情，加强区域性防治，建立健全联防联控机制。因地制宜、分类指导，对未达到传播阻断地区、达到传播阻断及消除地区、监测地区实施不同的防治策略。此外，《规划》还针对不同部门提出具体的防治措施，强调卫生计生部门要加强疫情监测、预警与疫点处置，人群血吸虫病查治与钉螺调查与控制，无害化卫生厕所建设及健康教育。国家卫生计生委将会同有关部门，开展规划实施情况终期评估。

印发《全国预防控制血吸虫病中长期规划纲要（2004—2015）》终期评估报告 按照《中长期规划》要求，国家卫生计生委联合国家卫生计生委会同财政部、国土资源部、水利部、农业部与国家林业局组织开展《中长期规划》终期评估，并于 2017 年 6 月联合印发评估报告。评估结果显示：《中长期规划》得到了较好的贯彻落实，各地人畜感染率明显下降，连续两年未发现感染性钉螺，流行范围进一步压缩，2015 年全国所有流行县达到血吸虫病传播控制或以上标准，《中长期规划》目标如期实现。

针对传染源种类多、管理难度大，钉螺孳生环境复杂、难以控制，防治成果脆弱、疫情反弹风险仍然存在，防治能力薄弱、难以满足防治需求等问题，围绕消除血吸虫病的目标，该报告提出要坚持科学规划做好顶层设计，加强组织领导加大投入力度，加强部门配合实施综合治理，加强能力建设完善监测响应体系等一系列防控措施。

2017 年血防春查工作 按照血防工作“春查秋会”制度要求，2017 年 3 月下旬至 5 月上旬，由国家卫生计生委副主任王国强、水利部总规划师张志彤、农业部副部长于康震、国家林业局副局长李春良分别带队，部分血防工作部际联席会议成员单位有关负责人和专家参加的检查组，对江苏、安徽、江西、湖北、湖南、四川、云南 7 省（以下简称血防 7 省）血防工作进行督导检查。血防 7 省按照国务院防治重大疾病工作部级联席会议第 1 次全体会议部署，围绕“人、畜、螺”3 个关键环节，推进以传染源控制为主的综合防治策略。7 省以省为单位均达到血吸虫病传播控制标准，以行政村为单位人、畜血吸虫感染率均低于 1%。血吸虫病现有病人数由 2015 年的 7.62 万人下降至 2016 年的 5.34 万人，粪检阳性耕牛由 2015 年的 315 头减少至 2016 年的 8 头，钉螺面积维持在 35.6 亿平方米左右。当前，我国血吸虫病流行因素尚未根本改变，传播风险依然存在，部分地区防治工作还存在薄弱环节。此外，受 2016 年汛情影响，湖区部分地区钉螺分布呈扩散趋势。为此，检查组建议，要按照《“十三五”全国血吸虫病防治规划》和《“健康中国 2030”规划纲要》要求，制定各省血吸虫病防治规划；继续推进以传染源控制为主的综合防治策略；加强机构队伍建设，提升基层防治能力；完善监测体系和监测方法。

四川达到血吸虫病传播阻断标准 根据四川省重大传染病防治工作委员会申请，2017 年 8 月底，国家卫生计生委组织国土资源部、水利部、农业部和国家林业局等部门的有关专家，对四川省达到血吸虫病传播阻断标准情况进行评估。评估组采取听取汇报、现场调查、查阅和审核资料以及现场考察相结合的方法，对四川省达到血吸虫病传播阻断标准工作进行综合评估。对照国家标准《血吸虫病控制和消除》（GB15976—2015）和《血吸虫病防治地区达标考核评估方案》，评估组一致认为，四川省在全国重点防治7省中率先实现血吸虫病传播阻断目标。

（以上撰稿：齐宏亮　陈　喆）

印发《关于进一步加强消除疟疾工作的通知》 2017年4月19日国家卫生计生委印发该《通知》。《通知》要求各地要加强领导明确责任，夯实消除疟疾工作基础。加强工作督导和技术指导，严格把好消除疟疾技术关。加强宣传教育和医疗救治，强化消除疟疾薄弱环节。完善经费投入、诊疗报销政策，落实消除疟疾各项措施。要求各地保障消除疟疾工作所需经费的投入，持续落实消除疟疾各项措施，做好疟疾疑似感染者和患者的诊疗工作，避免因诊断和治疗资金不到位出现的疫情反弹。同时，强调各地卫生计生行政部门要将消除疟疾工作开展情况、存在的问题及时向国家卫生计生委报告。（胡　桃　严　俊　涂　宏）

制定消除疟疾省级考核评估实施方案　2017年，国家卫生计生委、质检总局联合印发该《方案》。消除疟疾省级评估由技术评估和终审评估2个部分组成，省级评估结果由国家卫生计生委批复。通过省级评估的省，要每年向国家卫生计生委上报上一年度全省消除疟疾工作报告。经评估，上海市达到省级考核评估要求，2017年12月国家卫生计生委正式发文回复上海市通过省级消除疟疾评估。

成立国家消除疟疾技术专家组和国家重症疟疾救治专家组　2017年，国家卫生计生委成立国家消除疟疾技术专家组和国家重症疟疾救治专家组，由来自疾病预防控制、高校寄生虫病研究等领域的18位专家组成，承担输入性病例甄别审核、指导本地病例调查处置、参加消除疟疾考核评估等工作。国家重症疟疾救治专家组由来自临床医学（传染科、ICU）、抗疟药研究、寄生虫病防治等领域的20位专家组成，承担重症病例规范治疗指导和规范用药检查等工作。

我国首次实现全年无疟疾本地病例报告　2017年全国首次实现全年无本地病例报告。全国共报告疟疾病例2861例（其中，中国籍病例2675例、外籍病例186例），在2675例中国籍病例中，输入性病例2672例、经输血传播病例3例，输入性病例数较上年下降14.65%，死亡病例减少。2017年全国疟疾病例诊断后24小时报告率达100%，实验室检测率100%，实验室确诊率达99.66%，3日内流行病学个案调查率达83.55%以上，7日内所有疫点均得到调查处置。

（以上撰稿：严　俊　涂　宏）

西藏自治区、四川藏区和青海玉树及果洛州包虫病综合防治工作　（1）2017年，经与有关部门会商和3省区同意，国家卫生计生委牵头成立西藏自治区、四川藏区和青海玉树及果洛州包虫病综合防治工作领导小组（以下简称领导小组）。领导小组组长由国家卫生计生委主任、四川省省长、青海省省长和西藏自治区人民政府主席担任，领导小组副组长和成员由有关部门和3省区推荐相应级别的领导组成。2017年3月2日，国家卫生计生委在北京召开领导小组会议，国家卫生计生委主任李斌、四川省长尹力、西藏自治区主席齐扎拉、青海省长王建军出席会议并讲话，参会代表共计70余人。（2）2017年5月26日，国家卫生计生委成立专家组，分别来自中国疾控中心寄生虫病所、传防处，青海省地方病预防控制所，新疆生产建设兵团疾控中心，安徽省血吸虫病防治研究所，云南省寄生虫病防治研究所，四川省疾控中心和西藏自治区疾控中心。专家组为青藏高原乃至全国的包虫病防治工作，提供技术指导和支持。

（胡　桃　严　俊　刘　辉）

四川省石渠县包虫病综合防治试点中期评估 2017年10—11月，国家卫生计生委联合中央统战部、教育部、水利部、农业部、国务院扶贫办等石渠县试点领导小组成员单位对石渠试点进行中期评估验收。四川省组织自评结果显示，6～12岁儿童新病例检出率为0.28%、犬只感染率为3.91%、家畜包虫病平均感染率为32.58%，3个效果指标均已实现2017年目标要求。家犬登记管理率、犬驱虫覆盖率、屠宰场病变脏器处理率、定居点及外周1公里半径内灭鼠开展率、定居点安全饮水覆盖率、防治知识知晓率、患者规范治疗管理率、专业人员技能合格率等8个工作指标也已达到2017年目标值。综合评估认为，石渠县建立了有效的包虫病防控工作机制，防治措施全面落实，3个效果指标如期实现，8个工作指标均已达到或超额完成，试点成效显著，包虫病疫情得到有效遏制，形成适宜推广的高原牧区包虫病防治工作模式。

支持西藏包虫病人群筛查　西藏自治区在2017年开展全区2岁以上人群包虫病筛查，国家卫生计生委、军委后勤保障部卫生局和17个对口援藏省（市）以及部分慈善机构和自愿者团体对其给予支持，组派461名专家进藏，与区内医务人员组成800多个筛查组，保障西藏自治区实现人群筛查全覆盖。截至2017年底，西藏自治区累计筛查293万人，检出病例2.68万例（检出率为0.92%）。国家卫生计生委对筛查工作进行督导，保证人群筛查工作的有序开展。

（以上撰稿：胡　桃　严　俊　刘　辉）

2017年全国寄生虫病防治技术竞赛　2017年9月26—29日，在贵州贵阳举办，共有124名选手参加。

竞赛分为理论知识考核和检测技能操作考核两部分。湖北、江西、江苏和浙江代表队荣获团体前4名。竞赛共决出个人奖37名，团体奖10名，优秀组织奖5名。有54.8%的参赛选手总成绩达到及格水平，其中理论知识和镜检技能考核及格率分别为68.5%与46.0%。值得注意的是，有近一半选手个人综合成绩未及格，与前两年相比有所下降，反映出寄生虫检测技能操作欠规范、镜检识别能力不高，基础理论知识和技能需进一步加强等问题。

2015年全国人体重点寄生虫病现状调查　为评估《2006—2015年全国重点寄生虫病防治规划》实施效果，2014年10月至2017年12月，国家卫生计生委在全国31个省（区、市）开展第3次全国人体重点寄生虫病现状调查。本次调查在农村地区分别调查因卫生习惯而感染的土源性线虫病、因饮食习惯而感染的食源性寄生虫病和肠道原虫病等，调查人数48.42万人；城镇地区调查因生食或半生食鱼虾而感染的华支睾吸病，调查人数13.32万人。调查结果显示，我国重点寄生虫病人群感染率和感染度均大幅降低，但另一方面寄生虫感染总量仍然巨大。本次调查揭示我国当前重点寄生虫病的流行特征，对制定我国今后一段时期内重点寄生虫病科学精准的防治策略与措施提供依据。　（以上撰稿：胡　桃　严　俊　陈　喆）

联合印发《“十三五”全国地方病防治规划》　2017年3月，国家卫生计生委、国家发展改革委、财政部联合印发，该《规划》对地方病各病种的目标要求是持续消除碘缺乏危害、保持基本消除燃煤污染型地方性氟（砷）中毒危害、保持基本消除大骨节病状态、保持基本消除克山病状态、有效控制饮水型地方性氟（砷）中毒危害、有效控制水源性高碘危害和有效控制饮茶型地氟病危害，同时对每个病种的目标提出具体指标要求。为保障落实，《规划》在组织、经费、技术、机构和人员等方面做出要求，并提出国家卫生计生委将会同有关部门，开展《规划》实施情况的中期和终期评估。　（齐宏亮　刘　辉）

印发全国地方病防治“十二五”规划终期评估报告　为了解《全国地方病防治“十二五”规划》（以下简称《规划》）的实施情况，国家卫生计生委对《规划》执行情况开展终期评估。评估结果显示，全国94.2%的县达到持续消除碘缺乏病目标，未发现新发儿童克汀病病人，人群碘营养水平总体保持适宜状态；燃煤污染型氟中毒病区总体改炉改灶率为98.4%，已改炉灶正确使用率为97.3%；燃煤污染型砷中毒的2个省已落实改炉改灶措施，贵州的炉灶正确使用率为100%，陕西省为82.1%；饮水型氟中毒病区村改水率为93.6%，改水工程正常使用率为94.1%；饮水型砷中毒病区村改水率为95.4%，改水工程正常使用率为93.6%；在115个水源性高碘县中，无碘盐食用率在90%以上的县占90.8%，有6个县完成改水；饮茶型氟中毒低氟砖茶防治措施尚未得到有效落实，病情仍未得到有效控制；大骨节病达到消除水平的病区村占95.4%；有70.1%的克山病病区县达到消除水平。

全国生活饮用水水碘含量调查　为落实国务院印发的《盐业体制改革方案》有关要求，查明全国饮用水水碘分布情况，2017年国家卫生计生委部署在全国30个省（区、市）开展以乡镇、街道办事处（以下简称乡）为单位的水碘调查工作，其中水碘中位数大于10μg/L的乡进行以行政村、居委会（以下简称村）为单位的水碘含量调查工作。第1阶段在2849个县的3.95万个乡开展乡级调查；第2阶段在水碘中位数大于10μg/L的5877个乡的12.52万个村开展水碘调查。总体上，我国大部分地区属于外环境缺碘地区，同时存在部分高碘地区，对于缺碘地区应继续坚持食盐加碘防治措施，高碘地区停供碘盐、寻找低碘水源，各类地区应结合当地人群碘营养状况采取科学防治措施。

督导重点省份饮水型氟中毒防治工作　为贯彻落实《“十三五”全国地方病防治规划》，了解全国饮水型氟中毒防治现状及防治措施的落实情况，推进地方性氟中毒防治和消除评价工作，2017年9—10月，国家卫生计生委委托中国疾病预防控制中心地方病控制中心，联合水利部门对天津、河北、山西、内蒙古、吉林、安徽、山东、河南和陕西9个省（区、市）的饮水型氟中毒防治工作情况进行督导，通过督导发现防治工作存在问题：有的县改水率很低；已经改水的病区由于各种原因不能正常供水；水氟含量合格率低；由于饮用改水工程水需要缴纳入户费和水费，群众不愿意接受，导致一些饮水工程管线铺设到村口而迟迟不能入户。　（以上撰稿：齐宏亮　刘　辉）

全国慢性病防治工作会议　2017年9月22—23日在福建厦门召开，国家卫生计生委副主任、国家中医药管理局局长王国强出席会议并讲话。会议要求，各地要以贯彻“一纲要两规划”和《中国防治慢性病中长期规划（2017—2025年）》为主线，完善防治体系建设，明确疾控机构职能定位，加快队伍建设，做好监测评价，加强科普宣传，推广适宜技术，发挥中医药优势，推进慢性病防、治、康、管、保整体融合发展。

上海、山东、厦门、镇江和汶川代表介绍典型经验，各省（区、市）卫生计生委和新疆生产建设兵团卫生局分管负责人以及疾控处、疾控中心和省级专病防办负责人，相关部门负责人，中国疾控中心、国家心血管病中心、国家癌症中心相关负责人参加会议。

（段　琳）

国家慢性病综合防控示范区建设工作　2017 年，国家卫生计生委开展第 4 批国家慢性病综合防控示范区（以下简称“示范区”）建设工作，并对首批示范区进行复审。2017 年 12 月，国家卫生计生委办公厅公布结果，确定北京市顺义区等 103 个县（市、区）为第 4 批国家慢性病综合防控示范区，重新确认北京市朝阳区等 36 个县（市、区）为国家级慢性病综合防控示范区。目前全国已累计建成国家级示范区 366 个，区（县）覆盖率达到 12.8%。

（吴良有　马莉莉）

癌症防治三年行动计划实施进展　2015 年 9 月，国家卫生计生委联合发展改革委等 15 部门印发《中国癌症防治三年行动计划（2015—2017 年）》，各地按照要求，落实综合防治措施：（1）癌症防治体系逐步完善，30 个省（区、市）设置省级癌症防治机构，全国共有肿瘤专科医院 149 所，肿瘤科床位总数超过 20 万张。（2）肿瘤登记制度初步建立，印发《肿瘤登记管理办法》，肿瘤登记覆盖全国 30.2% 的人口，基本掌握我国癌症发病和死亡状况。（3）癌症早诊早治效果显现，部分工作开展较早的地区出现相关癌症发病和死亡下降的趋势，上消化道癌、宫颈癌等癌种早期筛查干预技术逐渐成熟。（4）癌症诊疗管理工作推进，26 个省（区、市）成立肿瘤质量控制中心，规范化诊疗水平提高。诊疗新技术不断推广应用，癌症诊疗能力提高。（5）医保救助政策不断完善，大病保险、药品价格谈判等工作稳步推进。（6）癌症防治科技创新投入不断增长，启动精准医学、重大慢性病防控等重点研发专项和新药创制科技重大专项。（7）动员社会力量开展专业咨询、健康讲堂、防癌体检、公益募集等科普宣传活动。　（段　琳）

重大慢性病早期筛查与早诊早治工作　2017 年度国家卫生计生委继续推进重大慢性病早期筛查和早诊早治工作。农村癌症早诊早治项目在全国 31 个省（区、市）和新疆生产建设兵团的 252 个项目点共筛查高危个体 29.9 万人，检出患者 6142 例，早诊率为 81.99%，治疗率为 89.89%。城市癌症早诊早治项目在 18 个省对 18.48 万高危个体开展癌症诊断性筛查，发现阳性病例或可疑阳性病变 1.15 万余例。脑卒中高危人群筛查和干预项目在全国 31 个省（区、市）和新疆生产建设兵团的 200 余个地市对 120.8 万名 40 岁以上居民开展脑卒中高危因素筛查，筛查出 21.5 万脑卒中高危人群和患者，筛查发现率为 17.8%，开展随访干预 18.8 万人次。心血管病高危人群早期筛查与综合干预项目在全国 31 个省（区、市）和新疆生产建设兵团 187 个项目点对 63 万人开展心血管病高危筛查，随访管理高危对象 35 万人次。儿童口腔疾病综合干预项目在全国 31 个省（区、市）和新疆生产建设兵团累计为 366.1 万儿童开展免费口腔健康检查，窝沟封闭 397.1 万颗牙，为 82.7 万学龄前儿童实施局部用氟。通过项目的实施，癌症、心脑血管疾病、口腔疾病等重大慢性病早期筛查与早诊早治适宜技术和管理模式不断成熟，基层慢性病防治能力提升，为进一步推广奠定基础。

（吴良有　李纪宾　陈万青　曹　雷　杨　阳　刘雪楠）

第 2 阶段全民健康生活方式行动启动　2017 年 4 月，国家卫生计生委联合国家体育总局、全国总工会、共青团中央和全国妇联共同印发全民健康生活方式第 2 阶段行动方案，并联合举办“三减三健　迈向健康”全民健康生活方式行动第 2 阶段启动仪式。第 2 阶段行动开展“三减三健”（减盐、减油、减糖、健康口腔、健康体重、健康骨骼）、适量运动、控烟限酒、心理健康 4 项专项行动，向公众普及科学健身知识，传播健康生活方式理念。2017 年，全国已建成省市县三级工作网络，83.9% 的县（区）启动行动。共建成 4 万多个健康社区、健康单位、健康公园、健康步道等健康支持性环境，招募 36.7 万名志愿居民成为健康生活方式指导员。各地拓展新媒体宣教途径，已建立 151 个微信公众号和 69 个微博，编印、分发健康生活方式核心信息、吃动两平衡指导手册等折页、海报等宣传资料，开展群众健康与健身知识讲座。（王莉莉）

发布第 4 次全国口腔健康流行病学调查结果　2017 年 9 月 19 日，国家卫生计生委召开新闻发布会，对外发布调查主要结果。调查结果表明，我国居民口腔健康素养水平逐渐提高，但每天两次刷牙、使用含氟牙膏等口腔健康行为形成比例仍有较大提升空间。受饮食结构改变及口腔健康行为等因素影响，我国儿童患龋情况呈上升趋势，但仍处于世界很低水平，儿童家长对口腔卫生服务的利用水平有所提升。老年人口腔健康状况向好，中年人牙石和牙龈出血检出水平较高，牙周健康状况有待提高。（王莉莉　马莉莉）

农村义务教育学生营养改善计划监测评估和膳食指导工作　在农村义务教育学生营养改善计划实施

过程中，国家卫生计生委承担学生营养状况的监测评估、膳食指导及营养宣传教育工作。2017 年度，收集 22 个试点省及所辖 660 个国家试点县 8575 所学校 134 万名学生的身高和体重数据，完成 50 个重点监测县 4.48 万名学生的全血血红蛋白测试和 3.38 万名学生的问卷调查，形成“学生营养健康状况监测报告”。同时，对 5 个深入监测县的学生开展膳食摄入调查和体成分检测，分析“学生营养改善计划”对试点地区学生膳食营养与生长发育的影响。针对监测中发现的基层工作人员缺乏营养配餐能力等问题，发布《学生餐营养指南》（WS/T 554—2017），并升级《学生电子营养师》营养配餐软件，并开展 10 余期基层疾控中心 / 教育人员培训，讲解营养配餐标准、相关工具以及营养健康知识。（王莉莉　张　倩）

“健康中国 · 科普中国”全国慢性病防治优秀科普作品推介工程　在国家卫生计生委、中国科协的指导下，中华预防医学会于2017年启动该“推介工程”，旨在打造一个科普资源共享平台，提升优质科普内容创造、传播和服务能力，为群众推荐优秀的慢性病防治科普作品，提高居民健康素养。推介工程拟每 2 年举办一届活动，每届遴选、推介 10 ~ 20 部慢性病防治优秀科普作品。2017 年经过公开征集和专家评审，最终推选出《相约健康社区行巡讲精粹》《影响孩子一生的健康书》《漫画医学》等 13 部优秀慢性病防治科普图书（丛书）。

中国慢性病防治最佳实践核心案例和特色案例集出版　2017 年，国家卫生计生委、中华预防医学会联合中国疾病预防控制中心、中国健康教育中心、国家癌症中心、国家心血管病中心、国家卫生计生委卫生发展研究中心、全国脑血管病防治研究办公室、新探健康发展研究中心、中国控制吸烟协会等单位，在面向全国慢性病防治机构广泛征集案例的基础上，组织慢性病防治、健康传播等领域的权威专家进行筛选和论证评审，最终推选出核心案例 15 篇、特色案例约 30 篇，分别编辑成册供各地在慢性病防治实践中借鉴和参考。（以上撰稿：段　琳）

《精神卫生法》实施情况调研　2017 年，为落实中央改革办关于开展《精神卫生法》实施情况调研的改革任务，国家卫生计生委研究制定工作方案并组织实施。在赴各地调研、召开多方研讨会、委托开展专项课题研究的基础上，形成调研报告。调研结果表明，法律实施后精神卫生工作取得明显成效：（1）精神卫生服务逐渐落实法制化管理。国家出台严重精神障碍发病报告管理办法、心理治疗技术规范等文件，各级政府及有关部门依法开展心理健康促进、精神障碍治疗康复等工作。（2）初步形成部门合作的工作格局。截至 2017 年底，全国所有省（区、市）和新疆生产建设兵团、96.4% 地市、87.2% 区县已建立精神卫生工作领导小组或部门协调机制。（3）精神卫生服务资源增加。截至 2016 年底，全国共有精神卫生专科医院 1026 家，精神科床位 33.9 万张，精神科执业（助理）医师 2.97 万人、精神科护士 6.3 万人。（4）严重精神障碍患者管理服务常态化。通过国家重大公共卫生服务项目和基本公共卫生服务项目支持，各地扩大服务范围，提高患者管理服务质量。截至 2016 年底，严重精神障碍管理治疗项目已覆盖 31 个省（区、市）和新疆生产建设兵团的 2801 个区县，占全国区县总数的 98.1%。（5）精神障碍患者救治救助水平提高。各地整合基本医保、大病保险、医疗救助、专项补助等资源，减轻患者医疗负担。同时，调研发现，存在对精神卫生工作重视宣传不够、服务体系仍不健全、缺乏法律相关配套保障政策等问题，需要加强社会动员和科普宣传，健全精神卫生服务体系，研究制定心理健康服务机构和人员管理规范等配套政策措施，并对精神障碍患者社区非自愿医疗等问题进行专题研究，为完善法律法规做好基础工作。

（张树彬　顾韵斐）

全国精神卫生工作　（1）加强部门协调和经费投入。各地建立健全精神卫生工作领导小组或部门协调机制并召开协调会议；全国省、市、县三级分别达到 100%、96.4%、87.2%。29 个省（区、市）和新疆生产建设兵团共投入省级专项经费 1.3 亿元，81.8% 地市、66.2% 区县安排精神卫生专项经费。（2）做好严重精神障碍患者筛查诊断、登记管理和随访服务等工作。截至 2017 年 12 月底，全国在册严重精神障碍患者 581 万，报告患病率为 4.24‰，24 个省（区、市）和新疆生产建设兵团超过 4‰，在册患者管理率为 91.4%。与 2016 年底相比，在册人数增加 41 万，管理率增加 2.7%。（3）加强严重精神障碍患者救治救助服务。30 个省（区、市）和新疆生产建设兵团在省级层面出台文件，将患者治疗纳入门诊统筹。各省（区、市）和新疆生产建设兵团均已出台落实患者监护责任的政策文件，84.3% 的区县已与奖补对象签订监护协议。（4）加强精神卫生服务能力建设。截至 2017 年底，全国已有 22 家高校经教育部批准开展精神卫生专业本科生培养。2016 年在中西部省份安排 1690 名精神科医师转岗培训任务，继续推动各地综合医院尤其是县医院设立精神（心理）科；举办 5 期精神卫生援助西藏、新疆、内蒙古、贵州、青海培训班，提高精神卫生服务可及性。（5）利用"世界卫生日""世界精神卫生日"等主题宣传日，加强精神卫生、心理健康科普知识宣传。如编制抑郁症防治核心信息，在新闻发布会上通报近年来精神卫生工作进展等。通过多种形式宣传活动，引导公众科学认识精神疾病、关注心理健康，营造理解、宽容、接纳的社会氛围。

全国精神卫生综合管理试点工作　2017年，国家卫生计生委、中央综治办、公安部、民政部、人力资源社会保障部、中国残联等部门密切合作，推进试点工作。2017年1月，国家卫生计生委等6部门联合召开试点专家研讨会，总结2016年试点工作，研讨2017年试点工作安排。2月，6部门联合召开视频试点工作部署会。5月，国家卫生计生委会同有关部门举办试点工作经验交流现场培训。2017年5—11月，国家卫生计生委、公安部、民政部等有关部门业务司局负责人及专家赴各试点地区开展督导和对口帮扶。自2015年6月试点工作启动以来，各试点地区按照国家有关部门要求，在多部门综合管理、患者救治救助、社区康复服务、心理健康服务、社会组织培育和引进等方面取得显著成效，部分省份已将试点经验在全省推广并设立省级试点。12月，国家卫生计生委印发关于开展全国精神卫生综合管理试点工作考评的通知，要求各地进一步梳理总结试点工作特色和成效，及时推广试点经验。截至2017年12月31日，40个试点地区严重精神障碍患者管理率、服药率分别为92.5%、78.4%，均高于全国平均水平（91.4%、70.8%）。

心理健康服务　（1）国家卫生计生委会同有关部门开展调研，研究规范发展心理健康服务的工作思路，起草加强社会心理服务体系建设试点工作方案，包括建立健全领导协调机制、搭建社会心理服务网络、开展各类服务、组建服务队伍、加强科普宣传、提供心理援助和心理危机干预服务等。（2）国家卫生计生委组织多领域专家赴社会心理机构开展现场调研，研讨加强社会心理服务机构和人员管理的思路，推进心理行业规范发展。（3）通过媒体通气会、委领导署名文章等形式，加强文件政策解读和心理健康科普宣传，提升公众意识。（4）推动各地探索心理健康服务，已有21个省份出台心理健康服务指导意见或实施方案。　（以上撰稿：王立英　王　勋）

"世界精神卫生日"现场活动　2017年主题是"心理健康　社会和谐"，各地按照《国家卫生计生委办公厅关于组织开展2017年世界精神卫生日主题演讲比赛的通知》要求，在全国组织开展以"心理健康　社会和谐"为主题的演讲比赛初赛。经过选拔，入围选手于9月27—29日在北京参加复赛和决赛，并通过国家卫生计生委网站、微博微信及健康界等媒体进行视频、图文直播。国家卫生计生委副主任、国家中医药管理局局长王国强出席演讲决赛，为获得一等奖的选手颁奖，并在讲话中通报近期精神卫生工作进展，呼吁大家同心协力、共同推动心理健康服务工作的创新与发展。国家卫生计生委、民政部、中国残联相关司局负责人及部分省（区、市）卫生计生委疾控处负责人、在京精神卫生专业机构、基层医疗机构代表等近300人参加决赛。　（张树彬　张　俊）

爱国卫生运动65周年暨全国爱国卫生工作座谈会　2017年5月12日在浙江杭州召开，刘延东副总理出席会议并讲话。会议肯定65年来爱国卫生运动取得的成就，提出新时期爱国卫生运动的方针，对当前及今后一个时期爱国卫生重点工作进行部署。刘延东要求要准确把握爱国卫生工作新形势新要求，各地区各部门要进一步增强责任感、使命感，以新时期爱国卫生运动方针"以人民健康为中心，政府主导，跨部门协作，全社会动员，预防为主，群防群控，依法科学治理，全民共建共享"为指引，发扬优良传统，加强改革创新，推进爱国卫生工作再上新台阶，切实增进人民群众的健康福祉。

国家卫生计生委、发展改革委、环境保护部等7个爱卫会成员单位负责人，北京、辽宁、上海、浙江等10个爱卫会主要负责人，各省（区、市）、新疆生产建设兵团卫生计生委（卫生局）和爱卫办主要负责人等共150余人参加会议。浙江、广东、贵州、宁夏、杭州、威海、安徽金寨县做爱国卫生工作典型经验交流。会前，刘延东副总理一行考察下城区长庆潮鸣街道社区卫生服务中心、小营巷社区（毛主席视察小营巷纪念馆、红巷生活馆和全国爱国卫生运动纪念馆等）和浙江大学医学院附属第二医院。

调整全国爱国卫生运动委员会组成人员　2017年5月，为了进一步加强新时期爱国卫生工作，根据工作需要，全国爱卫办决定增加质检总局和中国铁路总公司为全国爱国卫生运动委员会组成单位。同时，根据全国爱国卫生运动委员会成员人员变动情况，经商有关单位对全国爱国卫生运动委员会的组成人员做了调整，调整后的全国爱卫会成员单位共34个。全国爱国卫生运动委员会办公室设在卫生计生委，承担全国爱国卫生运动委员会日常工作，办公室主任由国家卫生计生委副主任、国家中医药管理局局长王国强兼任。

命名国家卫生城市（区）　经天津等27个省（区、市）爱卫会推荐，按照《国家卫生城市评审与管理办法》，全国爱卫办组织专家对2015—2017周期申报创建国家卫生城市（区）的城市（区）进行资料初审、暗访、技术评估和综合评审，并进行社会公示。根据评审结果，全国爱卫会决定，命名天津市西青区等78个城市（区）为国家卫生城市（区）。

（以上撰稿：王　璐　罗春竹）

复审确认国家卫生城镇　根据《国家卫生城市评审与管理办法》和《全国爱卫会关于做好下放国家卫生乡镇（县城）评审工作的指导意见（试行）》的有关规定，全国爱卫办组织专家对2017年进入复审程序的国家卫生城市（区）进行评审，对各地上报的国家卫生县城（乡镇）复审结果进行抽查。根据暗访和综合评审结果，全国爱卫会重新确认北京顺义区等100个城市（区）为国家卫生城市（区），重新确认北京延庆区八达岭镇等114个县城（乡镇）为国家卫生县城（乡镇）。对巩固国家卫生城市工作方面成效显著，在复审中成绩突出的上海青浦区、宝山区、嘉定区、徐汇区，江苏宿迁市、福建泉州市、山东诸城市、湖南株洲市、重庆大渡口区等9个城市（区），予以通报表扬。

（罗春竹）

世界卫生组织表彰我国爱国卫生运动65年成就　2017年7月5日，世界卫生组织向中国政府颁发"社会健康治理杰出典范奖"，以纪念中国爱国卫生运动开展65周年，表彰爱国卫生运动取得的辉煌成就。世界卫生组织西太区主任申英秀代表世界卫生组织颁奖，国家卫生计生委主任、全国爱卫会副主任李斌代表中国政府领奖并讲话，国家卫生计生委副主任、全国爱卫办主任王国强，住房城乡建设部副部长倪虹出席活动。

李斌指出，爱国卫生运动是人类卫生发展史上的一项伟大创举和成功实践，65年来通过开展爱国卫生运动，中国改善了城乡环境卫生面貌，提升了群众文明卫生素质，提高了全民健康水平，创造了卫生与健康的"中国经验"。申英秀在颁奖致辞中表示，爱国卫生运动在其65年的历程中，为提高中国人民的健康水平做出巨大贡献，为全球跨部门的健康行动提供了范例。远在"健康融入所有政策"成为全球口号之前，中国就已经通过爱国卫生运动践行着这一原则；远在"健康城市"理念诞生之前，爱国卫生运动就已经通过更好的环境和个人卫生创造了它们；远在世界其他国家开始讨论健康的社会决定因素之前，中国就已经制定出了一套解决这些问题的框架；远在世界其他国家认识到以人为本的初级卫生保健的重要性之前，中国的赤脚医生就已经在为社区提供这种保健服务。在步入可持续发展时代之际，中国的爱国卫生运动能为全球提供许多重要的借鉴。

全国爱卫会各成员单位、国家卫生计生委各司局、中国疾控中心、中国健康教育中心相关负责人，部分驻华国际组织代表出席颁奖仪式。

爱国卫生运动65周年系列纪念活动　2017年是爱国卫生运动65周年，全国爱卫会印发《关于做好爱国卫生运动65周年纪念活动相关工作的通知》。按照活动方案，全国爱卫会办公室组织制作并在中央电视台"国家记忆"栏目播出爱国卫生运动65周年专题纪录片；组织制作播出以"全民共建共享，打造健康中国"为主题的公益广告；在浙江省杭州市建成全国首个爱国卫生运动（小营巷）纪念馆；组织编撰首部爱国卫生运动史册《为了人民的健康——爱国卫生运动65周年实录》；与共青团中央和北京林业大学合作，在全国大学生中组织开展爱国卫生运动标识设计大赛。　　（以上撰稿：王　璐　罗春竹）

在健康城市健康村镇建设中发挥青少年事务社会工作专业人才和青年志愿者作用　2017年5月17日，全国爱卫会办公室、国家卫生计生委、共青团中央、中央文明办、民政部等5部门联合发出通知，通知指出，青少年事务社会工作专业人才和青年志愿者是构建社会主义和谐社会、加强和创新社会治理的重要力量，也是创新发展新时期群众动员方式方法、推进健康城市健康村镇建设的重要力量。要求各地加强组织领导，健全工作机制，在健康城市健康村镇建设中发挥好青少年事务社会工作专业人才和青年志愿者的作用。特别是全国健康城市试点市要将培育和引导青少年事务社会工作专业人才和青年志愿者作为试点工作的重要内容，纳入健康城市健康村镇总体规划和建设布局，开展实践探索。

"爱国卫生月"活动　2017年4月是第29个"爱国卫生月"，全国爱卫办、国家卫生计生委、教育部、体育总局、全国总工会、共青团中央和全国妇联联合开展"为了人民的健康——65年的历史与展望"主题活动。各地以爱国卫生月活动为契机，以"四个一"为重点，即集中统一组织开展一次环境卫生专项整治、制作一期爱国卫生宣传专栏、举办一场以爱国卫生运动为重点的卫生科普讲座或活动、每个人参与一项有益身心健康的健身活动，通过强化舆论引导，扩大爱国卫生运动的社会影响力和公众参与度。

全国卫生城镇和健康城市工作经验交流会　2017年7月27日在山东威海召开，国家卫生计生委副主任王国强、共青团中央书记处书记徐晓出席会议并讲话。山东省副省长王随莲，威海市代市长张海波出席会议。会议指出，各地要推进卫生城镇创建，提升卫生城镇数量和质量，健全完善长效机制和动态管理。发挥健康城市健康村镇在健康中国建设中的抓手作用，按照6项规定动作与推进特色建设相结合的"6+X"工作要求，探索有效建设模式，推进试点探索和示范带动工作。着力改进工作方式方法，加强组织和能力建设。会议对在健康城市健康村镇建设中充分发挥青少年事务社工和青年志愿者作用进行部署；对新命名的国家卫生城镇进行命名表彰；对2016年通过复审的国家卫生城镇进行重新确认；为威海青少年事务社工健康服务队和青年志愿者健康服务队进行授旗。威海、延安、无锡、石河子及共青团天津和平区委做经验交流。　（以上撰稿：王　璐）

健康城市研讨会　2017年7月28日在山东威海召开，会议由全国爱卫办与世界卫生组织联合举办。部门、城市、专家、企业等方面代表交流分享健康城市建设的经验与做法。国家卫生计生委副主任王国强和世界卫生组织驻华代表施贺德出席会议并讲话。会议指出，建设健康城市是对城市发展理念的重塑，是防治"城市病"的针对性举措，既是新型城镇化的重要内容，也是推动城市可持续发展的必然要求。在健康中国建设中，要抓住健康城市这个关键点，将健康融入所有政策，通过推进健康环境、健康社会、健康服务、健康文化和健康人群等领域的工作，使健康中国的目标任务落地见效。王国强表示，中国将进一步加强与国际社会的交流与共享，积极参与全球健康治理，贡献中国在健康城市规划、建设、管理等方面的经验。会上，清华大学、复旦大学、中央电视台的专家和智利驻华大使发言，成都、宜昌、珠海做经验交流，有关企业负责人就共享经济与健康城市议题发言。

国家卫生城镇暗访工作培训班　2017年6月8—9日在重庆合川区举办，参加培训的有各省（区、市）和新疆生产建设兵团爱卫办负责人，各地推荐的国家卫生城镇暗访专家约200人参加培训。本次培训重点介绍暗访工作流程、暗访软件使用和财务报销等内容，并就评价市容环卫工作、食品安全与重点场所卫生、报告撰写等做经验交流。期间，学员还对重庆合川区的水域环境、城乡结合部、社区卫生服务中心、老旧居民区等单位进行暗访现场实践，并通过暗访视频模拟评分的方式进行了考核测评。

首届爱国卫生学术论坛　2017年12月4日，在全国爱卫会办公室指导下，中华预防医学会和中华医学会在海口联合举办学术论坛，这是我国爱国卫生领域举办的首次学术论坛。论坛主题是"新思想新发展——爱国卫生运动助力健康中国建设"，来自国家卫生计生委疾控局（全国爱卫办）、中国疾病预防控制中心、世界卫生组织驻华代表处、联合国儿童基金会以及相关专业技术人员近千人参加会议。论坛上，多名专家学者围绕大会主题，从营养、疾病控制、环境建设、大众沟通等角度，阐释爱国卫生运动助力健康中国建设的理念、路径。　（以上撰稿：王　璐　罗春竹）

完善职业病防治法律法规　为适应国家简政放权的要求，切实保障劳动者健康权益，国家卫生计生委推动修订《职业病防治法》，做出取消职业健康检查机构许可审批、取消职业病集体诊断等2项制度性调整。依照修法精神，着手修订《职业病诊断与鉴定管理办法》《职业健康检查管理办法》等2个部门规章。推进职业卫生和放射卫生2大类标准的制修订工作，率先开启国家卫生计生委待发布标准的先试先行工作，完成2项强制性标准的试点。

（李光琳　刘　拓　佟　鹏）

全国尘肺病防治工作督办　2017年，国家卫生计生委以保障劳动者职业健康权益为根本出发点和落脚点，以农民工等弱势群体为切入点，以尘肺病防治为突破口，会同职业病防治工作部际联席会议其他成员单位，在全国范围组织开展尘肺病防治工作督办，并联合国家安监总局等5部门向国务院上报相关报告。

（田　芳　曹建彪）

职业病报告、监测与风险评估工作　国家卫生计生委收集、统计和分析2016年度全国职业病报告情况，联合国家安监总局形成《2016年全国职业病发病情况的报告》，在委官网向社会发布。继续推进中央转移支付职业病防治项目，开展重点职业病、职业性放射性疾病、医疗卫生机构医用辐射防护等3项监测工作。完善监测项目方案，组织开展全国督导考核，重点职业病监测、放射卫生监测地市覆盖率达到85%、80%的年度目标。同时，组织中国疾控中心职业卫生所和辐射安全所支持西藏自治区开展职业卫生和放射卫生监测工作，实现西藏放射防护监测地市全覆盖。

（李光琳　佟　鹏　刘　拓）

2017年《职业病防治法》宣传周活动　2017年4月14日，国家卫生计生委联合国家安监总局、人力资源社会保障部和全国总工会印发《关于开展2017年〈职业病防治法〉宣传周活动的通知》，以"健康中国，职业健康先行"为主题，部署开展2017年《职业病防治法》宣传周活动，并制作宣传海报。各地围绕宣传主题，结合本地实际情况，利用传统媒体及新平台新载体等宣传方式，结合日常工作，推动宣传周活动开展，提高《职业病防治法》的社会知晓度和影响力。（田　芳　曹建彪）

城乡饮用水水质监测网络建设　按照《水污染防治行动计划》《“十三五”农村饮水安全巩固提升规划》要求，做好水质保障和提质增效工作，加强水质监测。2017年全国城乡水质监测覆盖所有地市、县和85%的乡镇，东部省份覆盖90%的乡镇，中西部省份覆盖80%的乡镇。各地统筹考虑，合理布局监测点，将任务细化落实到市、县（区）、乡镇。江苏、浙江、吉林等省结合当地实际水质状况和监测能力，加大监测频次，开展水质基线调查和风险评估。

空气污染（雾霾）对人群健康影响监测与健康防护研究　2017年继续巩固强化126个国家监测点工作，重点监测不同地区雾霾天气对居民产生的急性影响和相关疾病变化情况。同时，推进“京津冀及周边地区大气污染对人群健康影响研究”攻关立项，组织中国疾控中心环境所、中日友好医院、心血管病中心、癌症中心等单位专家成立健康攻关专家组，确定攻关目标和5个研究任务，明确预期成果、主要考核指标和技术路线图等。此外，各地开展宣传教育，科学普及防护知识，正确引导群众做好健康防护。

（以上撰稿：李筱翠）

农村地区环境卫生监测与卫生学评价　根据《全国城乡环境卫生整洁行动方案（2015—2020年）》总体部署和推进目标，在全国700个县连续开展农村环境卫生监测，建立农村环境健康危害因素监测网络。各地针对本地区存在的突出环境卫生问题，重点开展农村户厕、粪便无害化处理、垃圾污水、土壤卫生等环境卫生监测，动态掌握农村环境卫生状况，客观评价整洁行动实施进展和效果，为进一步制定政策和采取干预措施提供依据。（冀永才）

公共场所健康危害因素监测试点　2017年在全国每个省（区、市）选择1个地级城市（区）开展公共场所健康危害因素监测试点工作，重点对宾馆（酒店）、游泳场馆等人群密集、流动性大的场所进行监测，掌握公共场所主要健康危害因素，为加强本地区公共场所卫生管理提供依据。各地综合分析室内外环境污染物来源的共性和差异，结合实际适当增加监测点和场所的种类数量，做好试点工作经验总结，加强对公共场所卫生管理分类指导。（杨书剑）

强化国家人体生物监测　2016—2017年国家卫生计生委在全国152个县（市、区）选择有代表性的人群样本，开展环境暴露人群流行病学调查，并组织人体生物样本检测分析，以获得全国代表性的环境化学物质人体暴露负荷水平和特征。2016年北京、天津等16个省（区、市）启动监测工作，2017年河北、内蒙古等17个省（区、市）启动监测工作。各地依托现有的环境健康危险因素监测网络和工作基础，落实国家人体生物监测任务，逐步探索环境与健康综合监测与风险评估体系建设。（李筱翠）

学生常见病及健康危险因素监测工作　2017年在全国组织开展学生常见病及健康危险因素监测工作，监测覆盖91个城市212个区县1057所学校，对小学、初中、高中和大学9～23岁共25.34万名学生开展重点常见病和健康危险因素监测，对572所学校的3432间教室进行教室环境健康影响因素监测。此次监测了解我国基层学校卫生工作开展现状，掌握不同年龄段学生视力不良、肥胖、龋齿等主要常见病情况和影响健康的主要因素，为进一步采取针对性健康干预措施提供科学依据。（杨书剑）

医疗管理工作

2017年医疗管理工作概述

一、深化供给侧结构性改革，优化医疗资源空间布局

分级诊疗制度建设步伐加快，医联体建设工作破题落地。分级诊疗试点城市数量达到321个，覆盖全国94.7%的地市。推广实施冠心病等慢性病分级诊疗，指导做好常见病双向转诊，三级医院试点开展日间手术，急慢分治、分级诊疗路径更加清晰。全国2134家三级公立医院全部参加医疗联合体建设，实现三级医院“全覆盖”，推广城市医疗集团、县域医共体、专科联盟和远程医疗协作网4种模式，形成服务、责任、利益、管理共同体。全国上级医疗机构向基层派出专业技术和管理人员11.6万人次，基层医务人员赴上级医院进修学习7万人次，分别较2016年同期增长10.2%和14.8%。全国县域内就诊率达82.5%，比2016年提高2.1个百分点。全国医疗机构双向转诊患者1797.3万例次，比2016年增长96.1%。通过医联

体建设“老百姓家门口的医院”，80% 以上的居民 15 分钟内能够到达最近的医疗点。医联体建设与建立分级诊疗制度同频共振、合拍共鸣，初步呈现点上出彩、线上结果、面上开花、亮点纷呈的局面。

深化“放管服”改革，释放行业发展活力。贯彻落实国务院“放管服”改革电视电话会议精神，谋划医疗领域改革举措，激发社会办医潜力。改革完善行政审批制度，简化办医程序，全面启动医疗机构、医师、护士电子化注册管理改革，全国每天的业务办理量超过 1 万次，真正实现“群众少跑腿，信息多跑路”。建立医师区域注册制度，鼓励医师到社会办医多点执业。精心培育新业态发展，新增医学检验中心等 7 类独立设置的医疗机构，进一步拓宽社会办医渠道。2017 年新增上述机构 1000 余家，社会力量举办的超过 90%。全国社会办医疗机构有 44.9 万家，占医疗机构总数的 45%；社会办医院有 1.8 万家，占医院总数的 60%。

优化医疗服务体系规划布局，重点提升县医院医疗服务能力。补齐“一老一小”医疗服务短板，设置国家儿童医学中心和国家老年医学中心，带动全国儿童医疗服务能力提升和老年医学发展，新增儿科医师 2.07 万人。城市三级医院帮助县医院新建临床专科 1616 个，开展新技术、新项目近 1.5 万项，50% 的县医院能够开展颅脑肿瘤手术、颈椎手术、肺叶及全肺切除术和内镜治疗技术等复杂手术。1.3 万多家医疗机构开展远程医疗服务，覆盖 1800 多个县。963 家三级医院对口帮扶全部贫困县的 1180 家县级医院，832 个国家级贫困县实现远程医疗全覆盖。会同中组部做好医疗人才“组团式”援藏援疆工作，累计派出 493 名医疗专家，努力实现“两降一升三不出”目标。

二、改善医疗服务，增强群众获得感

落实改善医疗服务行动计划，患者满意度显著提升。明确 2017 年改善医疗服务行动计划重点工作，加大典型经验交流和先进典型宣传力度。应对医院护理服务需要和老龄社会护理需求，部署推进“十三五”护理规划纲要，推动安宁疗护发展，促进护理服务延伸至社区、家庭。组织开展全国大型义诊活动周，义诊服务群众 2030 万人次，派出 16 支国家医疗队赴贫困地区开展巡回医疗。连续 3 年实施改善医疗服务行动计划，所有三级医院开展预约诊疗和优质护理服务，86% 的医院实现同级检查检验结果互认，52% 的三级医院开展日间手术。医院满意度第三方调查显示，门诊患者总体满意度超过 88 分，住院患者总体满意度超过 93 分。

促进医疗服务公平可及，切实保障病有所医。会同国务院扶贫办、民政部等按照“四定两加强”组织实施农村贫困人口大病救治。开展儿童白血病等 9 种大病救治，救治患者 19 万人，平均报销比例 78.69%，较专项救治工作启动之初提高 34.87 个百分点。组织开展 4 省藏区包虫病医疗救治，针对贫困白内障患者实施“光明扶贫工程”。完善应急救助保障制度，累计救助无支付能力或无身份信息的急危重伤病患者 69.3 万例。

三、规范医疗服务行为，保障医疗质量安全

全面推进医疗质量管理。成立国家级质控中心 36 个，各省（区、市）成立质控中心 1200 余个，质控体系基本涵盖临床各专业。逐步建设完善质量安全管理信息报告、监测、共享工作机制，编写出版《2016 年国家医疗服务与质量安全报告》。据国际权威医学期刊《柳叶刀》报道，中国医疗质量和可及性指数（全球平均 53.7，美国为 81.3）由 1990 年的 49.5（全球第 110 位）提升到 2015 年的 74.2（全球第 60 位），进步幅度位居全球第 3 位。

加强重点技术、重大疾病和药事服务管理。将造血干细胞移植等 15 个医疗技术纳入“限制临床应用”管理，完善心血管疾病介入诊疗等 26 个医疗技术管理。微创手术在国内广泛开展，围手术期死亡率等质量安全指标优于美国等发达国家。制修订 202 个临床路径，临床路径总数达到 1212 个，8155 家医疗机构实施临床路径管理，医疗服务行为更加透明、规范。完善人体器官移植、心脑血管疾病、肿瘤、艾滋病、医疗美容、尘肺病、罕见病等重大疾病管理，组织实施规范化诊疗。推进卒中中心、胸痛中心建设，“单病种、多学科”整合医疗模式的优势逐步显现，急诊绿色通道运行顺畅，诊疗决策水平和医疗服务效率提升。加强医院药事管理，研究推进药师立法，落实处方点评制度，转变药学服务模式。实施遏制细菌耐药国家行动计划，全国住院患者抗菌药物使用率降至 37.5%，门诊处方使用抗菌药物比例降至 8.7%。

持续强化医疗安全管理。无偿献血增长 7%，核酸检测全覆盖。原料血浆供应增长 18%，血液制品供应得到保障。世界卫生组织发布的报告表明，我国的血液安全是世界上最好的国家之一。会同环保部等 5 部门规范医疗废物管理，联合中宣部等 8 部门推进医疗机构生活垃圾分类管理，防止医疗废物导致的医源性感染和环境污染。健全纠纷多元化解机制，医疗纠纷调解组织基本实现除西藏地区外县级区域全覆盖。全国共有 7 万余家医疗机构参加医疗责任保险，医疗责任保险的隔离带作用逐步显现。会同公安部、国家中医药管理局严密防控涉医违法犯罪，全国医疗纠纷和涉医刑事案件、治安案件较上年同期减少约 10%，医疗执业环境和患者就诊秩序得到有效改善。

四、抓行业作风建设，树立行业清风正气

会同各部门查处医药流通领域案件3184起，严肃查处“上海、湖南药品回扣”案件，与公安部联合打击“深圳医保套现”及其他医保诈骗系列案件。查办违反“九不准”案件49起。开展高值耗材专项整治，公布10项医用耗材监管指标。2017年巡查14所委属委管医院，完成15所医院“回头看”，提出整改意见700多条，加强监督整改。实施医师在线考核和执业信用管理，推行医护人员入职宣誓制度，开展医德医风教育，弘扬新时代职业精神。（张宗久）

建设分级诊疗制度与构建有序的就医秩序　国家卫生计生委持续推进分级诊疗制度建设，构建优质高效的医疗卫生服务体系。截至2017年底，分级诊疗试点城市达到321个，占地市级城市总数的94.7%。北京、江苏等25个省（区、市）实现分级诊疗试点“全覆盖”。各地试点取得良好成效。（1）基层医疗服务能力提升。2017年全国县域内就诊率达到82.5%，较2016年末提升2.1个百分点。（2）基层医疗机构（含二级及以下医院、乡镇卫生院、社区卫生服务机构和村卫生室）诊疗量持续增长。初步统计数据显示，2017年基层医疗卫生机构诊疗人次数、入院人数分别为64.7亿人次、1.6亿，同比分别增长2.7%、6.7%，基层医疗卫生机构诊疗人次占总诊疗人次比例达到78.9%。三级医院诊疗人次数为17.3亿人次，同比增长6.1%，占比为21.1%，较2016年增长0.5个百分点，涨幅下降；入院人数为0.8亿，与2016年基本持平，占比为33.3%，较2016年下降1.5个百分点。（3）家庭医生签约服务工作取得积极进展。全国95%以上地市和县（市、区）开展家庭医生签约服务工作，完成人群覆盖率达到30%、重点人群覆盖率达到60%的目标。2017年底，全国共有全科医生20.9万人，同比增长10.8%，共组建家庭医生团队35.6万个，平均每个团队签约居民1000～2000人。（4）双向转诊成效显现。2017年，全国下转患者483万例次，同比增长91.2%。（5）信息化建设进一步加强。6800余家医疗机构开展了不同形式的远程医疗服务，重点覆盖国家级贫困县和边远地区。

医疗联合体建设　截至2017年底，全国所有三级公立医院参与医联体建设，实现三级公立医院医联体建设“全覆盖”。1021家社会办医疗机构加入医联体，同比增长43%。全国形成城市医疗集团、县域医共体、跨区域专科联盟、远程医疗协作网4种医联体模式，医疗资源上下贯通，双向转诊成效显现。（1）大型公立医院技术辐射和带动作用显现。2017年，各医联体牵头单位帮助基层医疗机构建设临床专科1062个，同比增长39.0%。基层医疗机构参与上级医院科研课题822项，同比增长134%。（2）医联体内人才双向流动活跃。上级医疗机构向基层派出专业技术和管理人才13.5万人次，基层医务人员赴上级医疗机构进修学习11万人次，同比分别增长12.4%和20.8%。全国共有9.2万名医师多点执业，同比增长50.8%，到社会办医疗机构的超过60%。（3）区域医疗资源有效共享。医学影像诊断中心、医学检验实验室、病理诊断中心和血液透析中心等新型办医业态快速发展，同比分别增长50%、135%、276%和57%。73.4%的医疗机构实现医联体内检查结果互认，“基层检查、医院诊断”的模式有效落地。

改善医疗服务行动计划　国家卫生计生委重视人民群众获得感，2015年联合国家中医药局启动“进一步改善医疗服务行动计划”，全国各级卫生计生行政部门、各级医院和广大医务人员落实各项行动计划，针对人民群众看病就医“瓶颈”问题，创新医疗服务举措，改善人民群众感受。（1）医疗服务更加智慧。所有三级医院均已开展预约诊疗服务，平均预约诊疗率达到55.66%，是2015年前的2倍；为患者提供信息查询和推送服务达到4100余家医院，是2015年前的4倍；可提供移动支付结算的医疗机构达到2777家，是2015年前的3倍。（2）医疗质量快速提升。日间医疗服务从“点上开花”到“面上结果”，一半以上的三级医院开展日间手术，手术量占择期手术比例提高至12.8%，1340家医疗机构设置日间病房。8400余家二级以上医院开展临床路径管理，增长近40%。全部三级医院和80%以上的二级医院均已开展优质护理服务。（3）医疗服务更加可及。国家、省、市、县四级远程医疗服务体系初步建立，22个省建立省级远程医疗平台，覆盖1.3万家医疗机构、1800多个县，2017年远程医疗服务总例次超过6000万。

儿童医疗卫生服务改革与发展　（1）儿童医疗服务体系进一步完善。截至2017年底，全国共有儿童医院228家，较2016年末增加19家，增长9.1%。开设儿科医疗服务的医院达到2万家，较2016年末增加1117家，增长5.9%。全国医院儿科总床位数33万张，较2016年末增加近2万张。（2）儿科医务人员队伍得到有效补充。2017年新增注册执业医师1.55万名，新招收儿科专业规范化培训住院医师4597名，转岗培训儿科医师5137名。截至2017年底，儿科执业（助理）医师数达到15.4万名，每千名儿童儿科执业（助理）医师数已由2015年的0.54名提升至0.63

名。（3）国家儿童医学中心建设加快推进。已依托首都医科大学附属北京儿童医院为主体设置国家儿童医学中心（北京），依托复旦大学附属儿科医院、上海交通大学附属上海儿童医学中心为联合主体设置国家儿童医学中心（上海），3家单位共同构成国家儿童医学中心。（4）贫困家庭儿童医疗救助工作稳步推进。对于经核准建档立卡农村贫困人口，以及经民政部核准的农村特困人员和低保对象，罹患先天性心脏病和白血病患儿进行专项救治。截至2017年底，已救治先天性心脏病患儿3689人，实际报销比例达到73.3%；救治白血病患儿2266名，实际报销比例达到65.1%。

城乡医院对口支援　国家卫生计生委重视县医院的建设与发展，将加强县医院能力建设，作为解决不平衡不充分的县域医疗发展问题的关键，在提升县医院医疗服务和管理能力方面不断发力。（1）深化城乡对口支援。继续统筹推进“万名医师支援农村卫生工程”“东西部地区医院省际对口支援”“县级医院骨干医师培训”等城乡医院对口支援工作。截至2017年底，1443家三级医院对口支援3449家县级医院。年均超过3万人次的城市三级医院医务人员派驻到县级医院，门诊诊疗人次超过3000万。（2）启动县级医院综合能力提升工作。在印发新医院医疗服务基础标准和推荐标准的基础上，出台全面提升县级医院综合能力工作方案，经各省推荐，结合县级公立医院改革试点工作，确定500家县医院作为试点医院，开展全面提升县级医院综合能力工作。（3）推动远程医疗建设与发展。出台了推进医疗机构远程医疗服务的意见，利用信息技术等现代化科技手段，开展远程会诊、培训等，实现基层检查、上级诊断，增强城市三级医院服务的可及性。（4）开展国家医疗队巡回医疗服务。截至2017年底，已累计组织委属委管医院组建的46支、近500人的国家医疗队，赴包括新疆、西藏和4省藏区在内“老少边穷”地区开展巡回医疗、技术指导和人员培训。

医疗救治指导工作与推进院前医疗急救法制和体系建设　为进一步做好人感染H7N9禽流感和流行性感冒防治工作，2017年国家卫生计生委印发《国家卫生计生委办公厅关于做好人感染H7N9禽流感医疗急救工作的通知》《人感染H7N9禽流感诊疗方案（2017年第1版）》《人感染H7N9禽流感病例早期诊断和早期治疗专家共识》《关于做好2018年流感防治工作的通知》《流行性感冒诊疗方案（2018年版）》，对相关省份医疗救治情况进行督导，组织全国相关病例病历收集、梳理、总结、分析工作，提出进一步加强医疗救治工作要求；在应对四川九寨沟地震中，国家卫生计生委统一部署，派出国家医疗救治专家组，做好伤病员医疗救治有关工作。

为进一步规范院前医疗急救工作，推进院前医疗急救法制和体系建设，国家卫生计生委开展全国县级急救中心（站）建设情况基线调查工作，研究起草《院前医疗急救管理条例》《航空医疗救援管理办法》，修订《灾害事故医疗救援工作管理办法》，完善院前医疗急救法律法规体系。同时研究起草《关于加强院前医疗急救体系建设的指导意见》，探索开展航空、水上医疗急救服务，进一步完善院前医疗急救服务体系建设，提高院前医疗急救服务能力。

（以上撰稿：王　毅　胡瑞荣　王　斐）

医疗领域“放管服”　2017年，有针对性的修订《医疗机构管理条例实施细则》，增加医学检验实验室等5类独立设置的医疗机构类别，删除“医疗机构在职、因病退职或者停薪留职的医务人员”规定，为创业办医新业态、新模式发展营造良好的政策环境。出台《医师执业注册管理办法》，实行医师区域注册制度，步巩固公立医院与社会办医的人才共享渠道，促进优质医疗资源有序流动和科学配置。印发康复医疗中心、护理中心、的基本标准和管理规范。养老机构内部设置诊所等医疗机构的，取消行政审批，实行备案管理，促进医养融合发展。

电子化注册管理改革　运用“互联网+”和大数据思维，以医疗机构、医师、护士的电子化注册管理改革为突破口，探索建立全行业信息化的管理模式。2017年4月，印发《关于加快医疗机构、医师、护士电子化注册管理改革的指导意见》及配套管理规范、数据集和操作流程，全面启动改革。截至2017年底，电子化注册管理系统覆盖全国各省（区、市）卫生计生行政部门和中医药管理部门，医疗机构、医师、护士电子化注册管理账户激活率达到81.78%、76.57%、73.21%，基本实现登记注册业务的信息化管理。

医师资格考试改革　围绕新时期医师队伍建设的总要求，以提高基层服务能力、补齐紧缺专业短板为重点，以推广信息化应用为支撑，推动医师资格考试制度改革。2017年，全国医师资格考试平稳顺利，乡村全科执业助理医师资格考试覆盖24个省（区、市），短线医学专业加试、固定合格分数线、“一年两试”试点，实践技能考试基地建设、计算机化考试等改革举措取得良好成效。　（以上撰稿：姚德明）

“十二五”国家临床重点专科建设项目总结评估　按照国家临床重点专科建设安排，自2010年起，中央财政每年投入12亿元，连续5年共投入60亿元，支持西医79个专业，1231个临床重点专科建设项目，覆盖全国31个省（区、市）和新疆生产建设兵团314家三级医院。2017年全部完成建设周期，国家卫生计生委对所有建设项目进行总结评估。以系统了解建设成效，摸清存在的问题，为下一步谋划我国专科能力建设奠定基础。总结评估从项目管理、绩效评估和行业评价3个维度展开，并构建客观数据与专家评审相结合的评估指标体系，首次全面引入基于客观指标和客观数据的疾病诊断相关分组（DRGs）开展住院医疗服务能力评估。2017年，国家卫生计生委与财政部沟通研究“十三五”国家临床专科能力建设项目，同时委托起草国家临床重点专科群建设标准和要求。

医疗技术临床应用监管新机制　按照国务院行政审批制度改革要求，国家卫生计生委取消第2类和第3类医疗技术临床应用准入审批事项。为保障医疗技术临床应用管理政策平稳衔接、有序过渡，自2016年10月起，在全国8个省开展为期1年的政策试点工作，进一步完善适合我国国情的医疗技术临床应用管理制度、工作模式、运行机制以及质量评估和持续改进体系，为在全国范围内推广医疗技术临床应用事中事后监管政策积累经验并提供实践依据。同时，研究建立医疗技术临床应用事中事后监管制度和工作机制。启动《医疗技术临床应用管理办法》修订工作，印发《关于造血干细胞移植技术管理规范（2017版）等15个“限制临床应用”医疗技术管理规范和质量控制指标的通知》，加强重点医疗技术临床应用质量监管。建设医疗技术临床应用信息平台，建立医疗技术临床应用信息备案管理制度，完成手机管理端和医院端软件开发上线，加强“限制类医疗技术”临床应用信息收集和质量评估，强化医疗技术临床应用动态监管。落实医疗机构医疗技术临床应用管理主体责任，建立医疗技术临床应用目录管理、手术分级、医师授权、档案管理、动态评估、质量管理和控制等相关工作制度，完善管理工作机制，保障医疗技术临床应用质量和安全。

2017年国家医疗服务与质量安全报告　为向社会及公众呈现医院服务质量与安全的真实情况，为政府监管医院、制定或修改相关政策提供依据，为医院开展服务质量与安全管理的持续改进活动提供数据支持，国家卫生计生委组织编写《2017年国家医疗服务与质量安全报告》。报告收集全国31个省（区、市）及含新疆生产建设兵团的6912家医疗机构，1.08亿人次的住院诊疗信息，在此基础上，通过数据清洗和二次抽样，分析4156家医疗机构，8207.98万人次的住院诊疗信息。从医疗质量安全管理、医疗服务资源和服务量总体情况、医疗质量管理与控制数据分析、医疗质量安全（不良）事件分析、疾病诊断相关分组（DRGs）绩效评价分析、医疗事故鉴定情况分析、国家医师资格考试情况分析等方面呈现我国医疗服务质量与安全的整体状况。

（以上撰稿：樊　静　马旭东）

人体器官捐献工作　（1）2017年，中国完成公民逝世后器官捐献5146例，完成器官移植手术超过1.6万例，捐献数与移植数均位居世界第2位，并保持增长态势，器官移植术后生存率也已达到国际先进水平。创新捐献动员举措，借助互联网+的理念拓宽器官捐献动员手段，与支付宝、微信等平台合作，建立便捷的捐献志愿报名通道，使器官捐献的理念得到社会认同。（2）国家卫生计生委与公安部、交通运输部等6部门共同开通的人体捐献器官转运绿色通道在拯救生命、提高器官利用率方面发挥重大作用，得到患者、医务人员及社会各界的赞誉。器官分配公平性进一步提升。器官全国共享率提升显著。移植等待时间明显缩短。我国平均移植等待时间明显少于美国等西方国家。患者负担相对较低。我国器官移植费用为美国的1/22～1/5。人民群众以相对小的经济负担得到高质量的器官移植医疗服务，提高器官移植医疗服务的可及性。（3）器官获取与分配逐步完善。各地均已建立人体器官获取组织（OPO），与中国红十字会总会共同培训专业化器官捐献协调员2000余名，扩充协调员队伍，保障器官捐献与移植工作顺利开展。2017年，我国器官获取保存等技术在总结既往经验的基础上不断提高，脑死亡判定逐步规范。单位捐献者器官产出率和捐献器官利用率也明显提高，每一例移植器官均可溯源。（4）我国器官移植国际形象明显提升。国际社会对我国在短时期内建立较为完善的器官捐献和获取分配体系并实现器官来源的转型表示赞赏和钦佩。我国器官捐献与移植数已经纳入WHO全球器官移植监测网的数据统计并得到国际社会认可和支持，从器官移植大国迈向器官移植强国，为我国人体器官捐献与移植事业的健康发展营造良好外部环境。

预防和控制医院感染　国家卫生计生委针对卫生计生行政机构和医疗机构从事医院感染管理的人员每年组织医院感染管理专项培训班。“清洁的手，呵护健康（2015—2018年）”和“阻断院感注射传播，让注射更安全（2015—2018年）”两项国家医院感染管理专项工作在各级卫生计生行政部门的支持下推进顺利，效果明显。根据《2017年国家医疗服务与质量安全报告》显示，三级公立医院的医院感染（例次）现患率1.30%，较2015年的1.61%下降0.31%；三级公立综合医院的多重耐药菌医院感染发生率为0.22%，二级公立综合医院为0.13%，三级民营综合医院为0.17%，二级民营综合医院为0.14%，总体与2016年持平。

医疗废物管理 2017年国家卫生计生委会同环保部、发改委、公安部、国家中医药管理局联合印发《关于进一步规范医疗废物管理工作的通知》，对进一步规范医疗废物管理提出明确工作要求；会同中共中央宣传部、国家发展改革委、工业和信息化部、环境保护部、住房和城乡建设部、商务部和中医药管理局办公厅联合印发《关于在医疗机构推进生活垃圾分类管理的通知》在医疗机构内率先实施生活垃圾分类管理。

（以上撰稿：樊 静 杜 冰）

贫困人口大病专项救治工作 国家卫生计生委按照党中央、国务院脱贫攻坚决策部署，在试点工作基础上，会同民政部、国务院扶贫办，于2017年2月全面启动农村贫困人口大病专项救治工作，印发《农村贫困住院患者县域内先诊疗后付费工作方案》《农村贫困人口大病专项救治工作方案》。对罹患儿童先天性心脏病、儿童白血病、食管癌、胃癌、结肠癌、直肠癌、终末期肾病等大病的建档立卡农村贫困患者和农村低保、特困人群，按照“定临床路径，定定点医院，定单病种费用，定报销比例；加强责任落实，加强质量管理”的“四定两加强”工作模式，推进“一站式”结算和“先诊疗、后付费”的原则，整合医疗、医保和救助力量，保障医疗质量，控制医疗费用，提高报销比例，减轻垫资压力，切实降低贫困患者负担。

各地落实有关工作部署，取得成效：（1）救治范围扩大。截至2017年底，所有有扶贫任务的省份均印发省级工作方案，并通过信息系统报送大病专项救治信息。已确诊病例22.2万人，已救治19万人，累计救治次数47.6万人次，救治率达到85.6%。（2）保障水平提高。2017年，专项救治综合报销比例达到78.69%，较专项救治工作启动之初提高34.87个百分点。（3）医疗费用控制良好。通过实施临床路径管理和按病种付费等一系列措施，大病专项救治有关病种费用控制良好。专项救治的次均诊疗费用为1.49万/人次，各病种平均费用均较2016年有所下降。如胃癌、食道癌次均费用分别为1.29万元、1.28万元，均较2016年全国平均水平（2.01万元、1.76万元）下降明显。 （李大川 孟 莉 张 萌）

临床路径管理 2017年，国家卫生计生委持续推进临床路径管理工作。委托中华医学会组织专家制（修）订23个专业202个病种的临床路径，临床路径累计印发数量达到1212个，涵盖30余个临床专业，基本实现临床常见、多发疾病全覆盖，基本满足临床诊疗需要。同时，国家卫生计生委会同国家中医药管理局组织对《临床路径管理指导原则（试行）》进行修订，印发《医疗机构临床路径管理指导原则》(以下简称《指导原则》）。《指导原则》规定医疗机构临床路径管理的组织机构和职责，明确临床路径病种选择与文本制定的基本原则，细化临床路径实施流程和管理制度，强调临床路径信息化建设和监督评价的有关要求。同时，《指导原则》突出临床路径管理与医疗质量控制和绩效考核相结合、与医疗服务费用调整相结合、与支付方式改革相结合、与医疗机构信息化建设相结合。指导地方卫生计生行政部门和医疗机构提高临床路径管理水平和实施效果，发挥临床路径规范医疗服务行为，保障医疗质量安全，提高医疗服务效率，控制医疗费用等作用，为推进支付方式改革等工作奠定基础。

（李大川 张文宝 张 萌）

规范电子病历应用管理 2017年2月，国家卫生计生委会同国家中医药管理局组织专家对《电子病历基本规范（试行）》进行修订，印发《电子病历应用管理规范（试行）》。主要修订内容包括：明确电子病历系统和电子病历的概念，对电子病历信息系统技术管理和电子病历质量管理提出具体要求；明确电子病历使用的术语、编码、模板和数据应符合相关行业标准和规范的要求，以利用促进电子病历信息有效共享；关于电子病历的有关要求与电子签名法相衔接；明确封存电子病历复制件的具体技术条件及要求。

（张 萌）

医疗美容主诊医师管理 按照中央审批制度改革有关工作精神和《国家卫生计生委关于修改〈外国医师来华短期行医暂行管理办法〉等8件部门规章的决定》，取消2002年发布的《医疗美容服务管理办法》中关于医疗美容主诊医师的资格认定事项。为加强取消资格认定后的事中事后监管，保证医疗美容服务质量和安全，2017年3月，国家卫生计生委印发《关于加强医疗美容主诊医师管理有关问题的通知》。通知明确对医疗美容主诊医师的专业实行备案管理，县级以上卫生计生行政部门要将备案信息录入全国医师管理信息系统并向社会公开，开展医疗美容主诊医师定期考核等，要求各地加大医疗美容监督管理力度，保障医疗安全。

成立国家卫生计生委尘肺病诊疗专家委员会 为提

高尘肺病规范化诊疗水平，维护尘肺病患者健康权益，保障劳动者身体健康，2017年，国家卫生计生委组建由多专科、多领域有关专家参加的尘肺病诊疗专家委员会。该专家委员会由中国工程院院士王辰担任主任委员，中国疾病预防控制中心李涛担任副主任委员，由40位相关专科领域专家担任委员，专业领域涵盖内科、职业病、医学影像、病理、临床药学等。专家委员会主要职责是：为国家卫生计生委提供有关政策建议和技术支持；协助加强尘肺病临床诊疗队伍建设；指导重症尘肺病患者的临床诊疗工作；承担国家卫生计生委交办的其他工作。

（以上撰稿：张文宝　王曼莉）

成立国家卫生计生委艾滋病医疗专家组　为进一步加强我国艾滋病诊疗工作，发挥相关专家在医疗救治工作中的技术支持作用，国家卫生计生委在前期艾滋病临床专家工作组的基础上，调整成立国家卫生计生委艾滋病医疗专家组。专家组由临床医学、临床药学、护理、检验、中医、公共卫生等领域专家组成，主要职责是：受国家卫生计生委委托，对全国艾滋病诊疗工作提供政策建议和技术支持，并进行督导、考核、评估；研究制定相关诊疗指南和技术规范等；组织开展学术交流、会议研讨等；承担国家卫生计生委委托的其他工作。（张文宝　张　萌）

医疗机构传染病管理　2017年3月，国家卫生计生委印发《关于加强医疗机构传染病管理工作的通知》，要求各级卫生计生行政部门和医疗机构提高认识，完善传染病管理体系建设，加强医疗机构传染病管理工作；要求各地加大医疗机构传染病管理工作保障力度，完善并落实医疗机构传染病管理支持政策，加强医疗机构人员管理培训并开展科普宣教；各级卫生计生行政部门要加强对医疗机构传染病管理工作的监督，确保各项工作要求落实。要针对薄弱环节，排查隐患，督促整改，提高医疗机构传染病管理相关工作规范化水平。（李大川　张　萌）

药事管理与转变药学服务模式　2017年7月，国家卫生计生委、国家中医药管理局联合印发《关于加强药事管理转变药学服务模式的通知》，对各级卫生计生行政部门及医疗机构提出4个要求：（1）提高对药事工作重要性的认识，要求各级卫生计生行政部门和医疗机构高度重视药事管理工作，推进药学服务模式的转变；（2）加强服务能力建设，要求各地加强医疗机构药学部门建设，建立药师激励机制，发展临床药师队伍；（3）规范临床用药行为，包括落实相关制度规范，加强处方审核调剂，加大处方点评力度，做好用药监测和报告；（4）提升科学管理水平，要求各地创新药事管理方式，推行信息化管理，鼓励开展静脉用药集中调配，鼓励开展特色中药服务。

（李大川　张文宝　王曼莉）

抗菌药物临床应用管理　2017年，国家卫生计生委继续将抗菌药物临床应用管理作为重点工作：（1）加强多部门协作。继续贯彻落实《遏制细菌耐药国家行动计划（2016—2020年）》，发挥应对细菌耐药联防联控工作机制优势，召开工作例会，交流通报遏制细菌耐药有关工作情况，针对问题研究应对策略，部署下一步重点工作安排。（2）加强重点环节管理。印发《进一步加强抗菌药物临床应用管理遏制细菌耐药的通知》，将近年来使用量持续上升，且易导致细菌耐药的碳青霉烯类药物和替加环素等特殊使用级抗菌药物作为重点，制定了专项管理措施。此外，委托委医管中心组织对抗菌药物管理相关文件落实情况进行督导检查，并将督导结果通报全国。（3）健全技术支撑体系。组建国家卫生计生委抗菌药物临床应用与细菌耐药评价专家委员会，利用专业优势，加强抗菌药物临床应用与细菌耐药综合评价。同时，会同合理用药专家委员会对2012年编写的《国家抗微生物治疗指南》进行修订，形成第2版并公开发行，为临床合理选择和使用抗菌药物提供技术支持和指导。（4）加强宣传。在2016年编写的《中国抗菌药物临床应用管理和细菌耐药现状》的基础上，增加农业、科技、工信、环保、新闻出版广电、中医药等多领域内容，出版发行《中国抗菌药物管理和细菌耐药现状报告（2017年版）》。连续两年与世界卫生组织举办抗菌药物宣传周活动，并印发《关于组织开展“2017年抗菌药物合理使用宣传周”活动的通知》。印发《2016年全国抗菌药物临床应用及细菌耐药主要监测结果》，供行业内参考借鉴。（张文宝　王曼莉）

“2017年服务百姓健康行动”全国大型义诊活动周　2017年9月9日，国家卫生计生委、国家中医药管理局、中央军委后勤保障部卫生局（以下简称“3部门”）在山西忻州岢岚县联合启动2017年“服务百姓健康行动”全国大型义诊活动周，活动周主题为“义诊服务深度贫困地区，助力健康扶贫”，并组织十余支国家医疗队赴深度贫困地区义诊。3部门负责人、山西省委省政府、有关部门和地方领导出席启动仪式并看望慰问当地因病致贫户。

山西省忻州市岢岚县义诊启动同时，国家卫生计生委领导带领国家医疗队分赴河北涞源县、内蒙古克什克腾旗、青海共和县、甘肃永靖县、贵州剑河县、四川汶川县、云南泸水市、新疆疏勒县、西藏察雅县等地区开展义诊。

义诊周期间，全国每个地级市（含省会城市）、每个县（县级市）均在公共场所开展1天的义诊活动。各地还开展对口支援医院义诊、健康大讲堂、院内义诊等活动。特别是针对深度贫困地区加大帮扶力度，为深度贫困地区群众提供医疗保健服务，以实际行动助力健康扶贫。

自2013年起，3部门每年于9月第3周联合举办大型义诊周活动。5年来，全国共组织约370万医务人员，深入到革命老区、贫困地区、少数民族地区，义诊群众近8000万人次。（张　萌）

全国护理工作会议　2017年5月12日是“国际护士节”，国家卫生计生委在京召开全国护理工作会议，中共中央政治局委员、国务院副总理刘延东对会议的召开做出批示强调，护理工作是卫生与健康事业的重要组成部分，在呵护生命、治疗疾病、维护人民群众健康等方面发挥着不可替代的作用，岗位平凡，使命高尚。“十三五”时期，各级政府、各有关方面要深入贯彻全国卫生与健康大会精神，加快推进护理事业改革发展，关心广大护士，维护合法权益，加强护士队伍建设，切实提升护理质量和科学管理水平。希望广大护理工作者继续弘扬“敬佑生命、救死扶伤、甘于奉献、大爱无疆”的精神，锤炼职业能力，投身医改实践，服务人民群众，为推进健康中国建设、增进人民健康福祉做出新的更大贡献。

国家卫生计生委主任李斌在讲话中总结党的十八大以来护理事业取得的显著成绩；同时指出，建设健康中国进程持续深入，医药卫生体制改革不断深化，人民群众健康需求快速释放，医学理论和诊疗技术迅速发展，给新时期护理事业发展带来严峻挑战和难得机遇。李斌要求，各地要切实加强组织领导，加大宣传倡导力度，从全面落实护理事业发展规划纲要、持续提高护理服务质量、着力加强护理科学管理、积极拓展护理服务领域、大力加强护理队伍建设等重点方面持续发力，推动护理事业开创新局面。

（李大川　孟　莉）

通报表扬优质护理服务工作中表现突出的集体和个人　为树立典型，发挥示范引领作用，国家卫生计生委印发《关于对优质护理服务工作中表现突出的集体和个人进行通报表扬的通知》，通报表扬在优质护理服务中表现突出的109所医院、225个病房和560名护士，并邀请部分地区相关负责人做经验介绍。

安宁疗护工作　2017年，国家卫生计生委印发《安宁疗护中心基本标准及管理规范（试行）》《安宁疗护实践指南（试行）》，要求安宁疗护中心要加强机构管理、质量管理、感染防控与安全管理及人员培训；各级卫生计生行政部门要加强对辖区内安宁疗护中心的监督管理，保障医疗质量和患者安全。同时，进一步规范安宁疗护实践行为，指导各地加快发展安宁疗护工作。（以上撰稿：孟　莉）

医疗机构麻醉科门诊和护理单元设置管理　2017年，国家卫生计生委印发《关于医疗机构麻醉科门诊和护理单元设置管理工作的通知》（以下简称《通知》），提出麻醉科门诊及护理单元建设管理有关要求：（1）提高麻醉科门诊服务保障服务能力。为患者提供住院前风险评估、麻醉前准备指导、麻醉预约、门诊麻醉镇痛、术后随访指导等服务。（2）加强麻醉科护理服务。《通知》明确提出麻醉科护理工作职责及人员要求，规范麻醉科护理服务，保障质量安全。（3）保障麻醉科门诊及护理服务质量。要求有关医疗机构建立健全相关管理制度，提供必备的工作条件，加强培训和质量管理，保障麻醉科门诊及护理服务质量安全。（李大川　张　萌）

流浪乞讨人员医疗卫生服务和医养结合机构医疗卫生管理　做好流浪乞讨人员医疗卫生服务工作是保障全民健康权益，体现社会主义制度优越性的重要举措。为进一步提升流浪乞讨人员医疗卫生服务水平，2017年3月30日，国家卫生计生委召开流浪乞讨人员医疗卫生服务和医养结合机构医疗卫生管理工作电视电话会议，对全国流浪乞讨人员医疗卫生服务和医养结合机构医疗卫生管理工作进行部署，强调工作要求，并组织对流浪乞讨人员定点医院有关工作落实情况进行了督导检查。同时，对医养结合机构医疗卫生管理工作进行排查，努力消除安全隐患。

（张文宝　张　萌）

医疗器械使用安全　为保证医疗质量安全，维护患者健康权益，根据食品药品监管部门通报的有关情况，国家卫生计生委立即印发文件，对美敦力（上海）管理有限公司胰岛素泵用一次性输注管路和针头、北京捷通康诺医药科技有限公司半自动体外除颤仪等医疗器械存在的问题进行全国通报，并要求有关医疗机构做好相关产品的处置工作，保证医疗安全。

疾病应急救助工作　（1）加强各地疾病应急救助工作的规范管理。印发《疾病应急救助工作指导规范（试行）》，对救助对象、基金申请资料、基金申请流程、申请核销流程等做出详细规定，保证救助对象得到及时有效医疗救治。（2）实施疾病应急救助工作信息化管理。印发《关于加强疾病应急救助工作信息化管理的通知》，在全国启用疾病应急救助信息登记平台，实现对基金申请、核销、公示等的信息化管理，确保基金管理可追溯。（3）根据调研中发现的问题，国家卫生计生委印发《关于进一步做好疾病应急救助工作的通知》，要求各地准确把握救助基金使用范围、做好救助患者信息公示和档案管理、加大救助制度的宣传培训力度和做好救助数据管理。2017年全国申请救助基金6.1亿元，救助急危重伤病患者9.1万人。　（以上撰稿：张文宝　王曼莉）

维护医疗秩序构建和谐医患关系　2017年，国家卫生计生委会同中央综治办等部门，依托创建“平安医院”活动，重点突出体制机制建设，坚持两手抓，健全“三调解一保险”，在全国诊疗服务量持续增长的情况下，全国医疗纠纷总量、涉医违法案件总量连续第5年下降。（1）完善工作机制，部门联动形成工作合力。联合中央综治办等12个部门，健全多部门联动的协调工作机制。各省份均成立党政领导、有关部门参与的“平安医院”建设工作组织，解决维护医疗秩序重点难点问题。（2）加强法制建设，运用法治方式化解医患矛盾。会同国务院法制办制订《医疗纠纷预防与处理条例》，配合最高法出台医疗损害责任案件的司法解释。指导各地依法严惩涉医违法犯罪。天津等10省（市）公布地方性法规或政府规章，安徽等10余省已纳入立法计划。（3）提升防范能力，依法严惩涉医违法犯罪。印发《严密防控涉医违法犯罪维护正常医疗秩序的意见》。全国医院安全防范系统建设达标率超过90%。开展为期1年的专项行动并进行督导总结。完善督办约谈机制，会同公安部对70余起案件进行重点督办，会同最高法向媒体通报涉医违法犯罪的典型案例，有效震慑涉医违法犯罪。（4）健全化解机制，“三调解一保险”取得成效。规范医疗纠纷院内投诉处理管理，85%以上的二级以上医院设立医疗投诉专门管理部门。推进人民调解组织建设，医疗纠纷人民调解组织达到6400余个，化解医疗纠纷比例超过60%。

（高新强　张　睿　冷婷婷）

保障血液供应和血液安全　（1）巩固政府领导的无偿献血长效工作机制。会同中国红十字总会、教育部等建立多部门联动机制，推动解决无偿献血工作面临的重点、难点问题，研究推动《献血法》的修订。组织编写《国家血液安全报告（2016）》，推进我国血液安全供应工作。各地也依法推动无偿献血工作，河北、江苏等对献血者实施免公交费、公园门票费、医院挂号费的激励政策；江西开展全省高校无偿献血表彰奖励工作；云南设立“无偿献血爱心助学基金”，资助贫困大学生完成学业；天津、湖北、湖南以及广西南宁市将无偿献血纳入党政考核指标。（2）血液供应能力持续提升。开展“世界献血者日”主题宣传活动和全国主会场活动，利用各种有效方式开展无偿献血宣传招募。据统计，2017年全年无偿献血人次数达到1459万人次，采血量达到2478万单位，较上年分别增长4.2%和5%。建立重大活动和重点地区的血液供应保障机制，2017年全国调配血液超过154万单位，缓解季节性、偏型性血液供需矛盾。（3）血液安全水平提升。完善血液质量控制和持续改进体系，巩固核酸检测全覆盖的成果。印发《血液安全技术核查指南》，统一核查方法、内容和标准，按照“双随机一公开”要求，重点开展血液安全技术核查工作。“京津冀”地区推进区域间血液管理信息联网和血液质量同质化工作。（4）临床合理用血工作推进。医疗机构输血科软硬件改善，医务人员临床合理用血意识和输血不良反应预防与处置能力提升，患者血液管理稳步推进，围手术期血液保护技术广泛应用，三级医院自体血回输率普遍达到20%以上，临床用血呈现“一升两降”（出院患者自体血回输率上升，人均用血量、手术台均用血量“双下降”）良好局面。（5）单采血浆站管理规范。与食品药品监督管理部门配合，血液安全技术核查情况显示，血液制品企业对单采血浆站的投入和管理不断加强，单采血浆站在依法执业、原料血浆质量管理和供血浆者健康维护等方面进步显著。2017年，全国采集原料血浆超过8000吨。　（高新强　陈　斌）

印发《严密防控涉医违法犯罪维护正常医疗秩序意见》　2017年6月26日，国家卫生计生委会同公安部、中医药管理局印发该《意见》，要求提高服务水平，从源头上防范纠纷；加强医疗机构安全防范能力；加强伤医案件处置力度；做好伤医案件后续处置和媒体应对工作。通知要求各地要增强责任担当意识，将维护医疗秩序作为完善立体化社会治安防控体系、维护社会治安大局稳定的重要举措来抓，确保各项措施落实到位、取得实效。各地应当制定细化工作方案，健全工作责任制，将落实任务细化分解到有关部门和具体人员，同时广泛宣传《意见》，在全社会形成共同关注、共同支持的良好氛围。各地要紧密结合本地实际，创造性地开展工作，上级机关要加强督促检查，深入调研指导，及时解决突出问题，总结推广先进经验，适时进行表扬或者通报批评，对于因工作不利导致重大涉医案件的，应当追究相关人员责任。

（高新强　张　睿）

2017年大型医院巡查工作启动视频会　2017年2月24日在京召开，会议贯彻落实党中央、国务院有关党风廉政与行风建设工作的有关部署，总结2016年大型医院巡查工作情况，部署2017年巡查工作。驻国家卫生计生委纪检组组长李五四，国务院医改办主任、国家卫生计生委副主任王贺胜出席会议并讲话。王贺胜指出，大型医院巡查工作在于促进医药卫生体制改革其他重点工作的落实，引导和促使公立医院依法执业、规范执业，加强医疗质量的安全管理，提高医疗服务水平，遏制医药费用不合理增长；推动改善医疗服务计划得到贯彻落实。　（陈　虎）

印发《关于加强卫生计生系统行风建设的意见》根据卫生计生系统行风建设工作特点，为加快推进卫生计生系统行风建设工作，2017年2月15日，国家卫生计生委印发该《意见》。《意见》指出到2020年，卫生计生系统行风建设组织机构健全，专职人员配置数量符合工作需求，行风建设内涵全面深化，医德医风建设快速发展，初步建成群众满意、社会认可的行风建设体系。《意见》要求要深入贯彻落实“九不准”，建立健全行风建设组织体系和工作机制，塑造卫生计生行业新风尚，开展重点领域专项整治，建立行风建设长效机制。发挥党的领导核心作用，创新和完善组织实施机制，加强政策协调引导，健全意见落实机制，加强监督考评，营造良好舆论氛围，充分发挥本意见对行风建设的指导作用，切实履行政府职责，动员和引导全系统力量共同推进落实。　（董　乾）

住院病案首页质量控制培训班　2017年6月20—22日在湖北武汉举办，来自北京协和医院、北京大学人民医院、北京西苑医院、北京儿童医院、医院质量监测系统的专家向来自全国各省（区、市）医政医管部分负责人和病案质控组织负责人就疾病编码临床版的使用说明、手术及操作编码临床版使用、信息化对病历数据的支撑、住院病案首页填写规范及疾病与手术操作编码维护方案等内容进行介绍。　（王乐陈）

医疗人才“组团式”援藏工作会议　2017年6月26日由中组部、国家卫生计生委联合在拉萨召开。会议要求，各地要夯实结对关系，牵头单位和包科医院要高度重视，受援医院要主动沟通，自治区要完善联席会议制度，加强沟通交流，及时解决问题。明确近期目标，切忌工作上的贪多求大和要求上的脱离实际，避免盲目提高速度和扩大规模。精心选派人员。坚持好中选优、优中选强的原则，持续从三甲医院选派，选派人员至少要有一半以上具备高级职称，不得随意增减。牵头单位和包科医院要起到支撑作用，为前方团队提供综合保障。强化基础工作，要结合“以院包科”“首席专家制”的工作要求，努力为西藏培养一支带不走的高水平当地医疗人才队伍；要建立规范管理制度，传承内地医院先进文化理念；要加快医疗卫生事业体制改革，抓好医改文件落实，深化用人制度、激励保障制度、医药流通环节等方面的改革。会议明确，要做好第2批和第3批援派医疗人才轮换工作。

印发《医用耗材专项整治活动方案》　按照中央深化医改工作的总体部署，为进一步加强医用耗材监管，整治医用耗材生产、流通和使用环节存在的突出问题，有效遏制和打击医用耗材领域的不正之风，切实起到规范医疗秩序，净化行业风气的作用，依托国家卫生计生委、国家发展改革委、工业和信息化部、财政部、人力资源社会保障部、商务部、税务总局、工商总局、食品药品监管总局等9部委关于纠正医药购销和医疗服务不正之风联席会议机制，国家卫生计生委会同有关部门在调研、听取各方面意见的基础上，形成《方案》送审稿，经部际联席会议机制审议通过后，2017年7月11日正式印发。《方案》围绕加强医用耗材监管，以人民健康为中心，以整治医用耗材领域存在的不正之风为主线，突出问题导向，按照“摸清家底、理顺关系、公开透明、标本兼治”的原则，从深化医药卫生体制改革和建立完整的医用耗材产供销用政策体系的角度，借鉴改革完善药品生产流通使用工作的有益做法和经验，注重完善医用耗材监管的体制机制建设，对医用耗材在价格、生产、采购、使用等方面的突出问题采取行之有效的整治手段，探索制定一揽子有效监管医用耗材产供销用的改革政策和管理措施。

9部委联合印发《2017年纠正医药购销和医疗服务中不正之风专项治理工作要点》　2017年7月11日，国家卫生计生委、国家发展改革委、工业和信息化部、财政部、人力资源社会保障部、商务部、税务总局、工商总局和食品药品监管总局等9部委联合印发《关于印发〈2017年纠正医药购销和医疗服务中不正之风专项治理工作要点〉的通知》。《通知》要求，推行药品购销“两票制”，加大对突出问题的整治力度。规范医用耗材产供销，加大对合理使用的监管力度。加强行业整体作风建设，联合提升医保监管水平。加强部门联动机制建设，加大整治工作的广度和深度。协调搭建纠风信息共享平台，建立重大案件、重大倾向性问题的联防联控机制，形成纠风工作合力。

纠正医药购销领域和医疗服务中不正之风部际联席会议第 19 次会议暨医用耗材专项整治工作视频会　2017 年 8 月 28 日在京召开，国家卫生计生委主任李斌出席会议并讲话，国家卫生计生委副主任王贺胜主持会议。国家税务总局副局长孙瑞标、国家工商总局副局长王江平出席会议。李斌要求，要围绕 9 部委联合印发的年度专项治理工作要点和医用耗材专项整治活动方案，抓好贯彻落实。王贺胜强调，各地方、各部门既要集中力量进行短期整治打击，又要下大力气进行长期制度建设。要重视宣传工作，集中力量妥善回应社会关注的热点问题，对专项整治和纠风工作中涌现出的先进典型和有效经验要注意推广传播，确保纠风工作取得实效、长效。

税务总局、工商总局有关负责人分别就打击医药购销领域涉票涉税、医药购销领域反不正当竞争等工作发言。北京协和医院，福建三明市、上海及浙江宁波市卫生计生委等做经验介绍。（以上撰稿：董　乾）

2017 年医疗人才“组团式”援疆工作推进会　2017 年 11 月 19 日在喀什召开。中组部、国家卫生计生委、新疆维吾尔自治区有关负责人出席会议。会议肯定党的十八大以来卫生计生援疆工作取得的成果，总结医疗人才“组团式”援疆工作的进展情况。新疆维吾尔自治区卫生计生委做汇报，广东、浙江、上海、江苏，喀什地区、新疆建设兵团第一师、塔城地区、中国医科大学和湖南省卫生计生委交流发言。中央有关部门、各对口支援省市、单位和受援地区卫生计生部门负责人、对口支援新疆工作前方指挥部负责人参加会议。（杨晶玢）

印发《关于取消三级医院评审结果复核与评价行政许可事项有关工作的通知》　2017 年 9 月 29 日，国务院印发《关于取消一批行政许可事项的决定》，取消三级医院评审结果复核与评价行政许可事项，并从评审办法及标准、评审委员会管理及监督等 3 方面提出事中事后监管要求。医院评审工作已逐步回归本质，政策已达到预期效果。为贯彻落实国务院行政审批制度改革要求，根据《国务院关于取消一批行政许可事项的决定》，按照政府职能转变和行业监管从“事前”向“事中事后”转变的要求，2017 年 11 月 1 日，国家卫生计生委印发《关于取消三级医院评审结果复核与评价行政许可事项有关工作的通知》。（王乐陈）

推进眼健康工作　围绕“十三五”全国眼健康规划，重点开展解决贫困人口白内障致盲问题、防治糖尿病视网膜病变和防控儿童青少年屈光不正等工作。会同国务院扶贫办实施“光明扶贫工程”。研究制定糖尿病视网膜病变分级诊疗服务技术方案，推动实现早期发现、早期干预。以“‘目’浴阳光，预防近视”为主题，会同教育部和体育总局在 2017 年“全国爱眼日”开展宣传教育活动，提高儿童青少年近视防控意识。研究规范角膜移植及眼库管理。

“光明扶贫工程”　会同国务院扶贫办实施“光明扶贫工程”，对建档立卡贫困白内障患者进行免费救治，在全国范围内，对农村贫困白内障患者开展免费医疗救治。建立长效机制，力争到 2020 年对每年新发建档立卡白内障患者进行免费救治。

防聋治聋工作　2017 年，首次全国防聋治聋工作会议召开，交流先进经验和典型做法，组织执行《全国防聋治聋技术指导组章程》，加强防聋技术队伍建设。组织中国残联、人力资源社会保障部、食品药品监管总局、教育部等相关部门和专家研究老年听力障碍有情况并上报国务院。目前我国老年听力障碍仍存在老年人听力健康意识薄弱、防聋治聋服务体系不健全、听力学发展滞后、助听器验配师不足、国产助听器市场竞争力不强等问题。拟制定《全国听力障碍防治与康复规划（2018—2025 年）》，采取措施实现老年听力障碍的早诊早治，加强科学用耳、预防听力损失健康教育和科普宣传开展有针对性的科学研究及适宜技术研究与推广。（以上撰稿：胡　翔　李　亚）

戒毒医疗服务管理　2017 年，在调研了解各地戒毒医疗服务开展情况的基础上，根据近年来阿片类药物和苯丙胺类药物依赖诊断治疗技术进展、国际药物滥用防治经验，组织专家对两个指导原则进行修订。2017 年 11 月印发《阿片类物质使用相关障碍诊断治疗指导原则》《苯丙胺类药物依赖诊断治疗指导原则》的修订工作有序推进。（胡　翔　杜青阳）

基层卫生工作

2017 年基层卫生工作概述

一、“保基本”，满足百姓健康新需求

1. 推进家庭医生签约服务。召开启动会进行动员部署，推广 5 种典型服务模式。完善政策体系和实施方案，各地出台优惠政策、制定多层次签约服务包，

激发居民签约积极性，完善收入分配机制、落实签约服务费，激发签约团队工作积极性。开展“我与家庭医生有个约定”为主题的系列宣传活动，推进机关签约服务试点。以岗位练兵、培训交流等提升家庭医生服务能力，壮大签约队伍。截至2017年底，全国95%以上的地市和县（市、区）开展了家庭医生签约服务工作，全国共建立家庭医生团队33.5万个，完成85%的地级市、30%人群签约率、60%重点人群签约率3个工作目标。

2. 推行新农合异地就医联网结算，新农合人均筹资标准从570元提高到630元左右。各地出台政策，推进支付方式改革和城乡居民基本医保制度整合。调整完善大病保险统筹补偿方案，提高筹资标准，助力健康扶贫。通过加强顶层设计、完善政策框架，健全管理经办体系，开发信息系统，于8月底提前完成异地就医联网结报工作。截至2017年底，全国2028家定点医疗机构全部与国家平台联通，新农合跨省就医资金周转周期继续控制在1个月内，减轻患者异地就医的经济负担。

3. 巩固提升基本公共卫生服务，人均基本公共卫生服务经费补助标准由45元增加到50元。将健康素养促进和免费提供避孕药具纳入项目管理，服务内容达到14类。印发新版《国家基本公共卫生服务规范（第3版）》，基本公共卫生服务受益人群增加，分别管理高血压、糖尿病患者1亿人和3073万人，老年人健康管理人数8852万人，群众满意度持续提高。委托相关机构编制基层高血压、糖尿病防治管理指南，发挥专业机构技术支撑作用，将疾病防治和管理工作下沉，指导基层医疗卫生机构提供规范化、同质化的防治管理服务。

二、“强基层”，提升基层医疗机构服务能力

1. 加强基层卫生服务体系建设。继续实施群众满意的乡镇卫生院评选活动，启动优质服务示范社区卫生服务中心建设，遴选群众满意的乡镇卫生院4291所，优质服务示范社区卫生服务中心751所。加强基层机构门诊、住院、特色科室、中医药等服务能力建设，开展基层卫生服务能力提升年活动。加强乡村医生队伍建设，乡村全科执业助理医师资格考试试点扩大到24个省。

2. 通过提升卫生信息化水平为基层提档升级提供支撑。围绕“上下联、信息通”的要求，促进优质资源下沉，推动基层各系统间业务协同，研究制定在用信息系统互联互通指导方案。打造中国家庭医生签约服务信息平台，实现签约服务线上线下服务衔接。推进国家基层卫生综合管理信息系统建设，研究确定核心指标体系。培育典型样板，推动信息技术在基层的惠民便民应用。

三、“建机制”，推动基层综合改革

会同财政部在浙江绍兴召开基层卫生综合改革重点联系点总结暨经验交流会，总结经验，巩固完善新机制运行，激发基层活力。提升基层服务能力，深化基层卫生综合改革，做到“四个坚持”：坚持新时期党的卫生与健康工作方针，将以基层为重点贯穿始终。坚持解放思想、实事求是。及时梳理现有政策，对于制约基层发展的要予以完善。坚持政府主导、统筹谋划。统筹使用好中央对地方的经常性补助资金，注重发挥医保对基层医疗卫生机构的补偿作用。坚持提升能力，激发活力。提升基层服务能力，满足广大城乡居民多层次的医疗卫生服务需求。

（李　滔　聂春雷　高光明　刘利群　黄　磊　张修芳）

全国基层卫生工作会议　2017年1月6日在北京召开，会议总结近年基层卫生工作，部署当前和今后一段时期基层卫生改革发展任务。国家卫生计生委主任李斌出席会议并讲话，副主任马晓伟主持会议并做总结讲话。李斌要求，要按照“两纵三横”的路线图推进基层卫生工作，抓好“两个加强、三个提升”工作，实现“县级强、乡级活、村级稳、上下联、信息通”，助力分级诊疗制度建设，确保基层卫生各项政策措施落实落地。马晓伟在总结讲话中要求，要围绕“纵向贯通、横向衔接”，开展“医联体”“医共体”建设，推进家庭医生签约服务，启动基层医疗卫生服务能力提升年活动，推动建设分级诊疗制度。会议对2015—2016年度群众满意的乡镇卫生院代表进行授牌，发布和演示中国家庭医生签约服务信息网络平台，有关省（区、市）交流了基层卫生改革发展经验。（高光明　黄　磊　张修芳）

全国基层卫生信息化建设暨乡村医生队伍建设经验交流会议　2017年11月2日在贵州遵义召开，国家卫生计生委副主任马晓伟出席会议并讲话。马晓伟强调，各地要主动顺应信息技术应用发展新形势，创造性做好基层卫生信息化工作，助推建立优质高效的基层医疗卫生服务新体系，构建方便体验的基层信息惠民应用新生态，推动形成科学高效的基层卫生发展治理新模式。马晓伟同时指出，要以全面保障收入待遇、提升服务能力、推进乡村一体化管理、开展乡村全科执业助理医师资格考试和依法加强执业管理等为统领，认真贯彻落实国办《关于进一步加强乡村医生队伍建设的实施意见》，着力补短板、强弱项，确保“村级稳”。会上，贵州省卫生计生委等单位做交流发言，党的十九大代表、贵州贞丰县龙场镇龙河村卫生室乡村医生钟晶结合十九大谈了自己的工作体会。

（高光明　刘利群　黄　磊　陈　凯　张修芳）

农村卫生服务体系建设　2017年，各地加大硬件投入力度，推进乡镇卫生院标准化建设，提高产权公有村卫生室的覆盖率，农村三级医疗卫生服务网络进一步健全。如广东投入500亿元加强粤东西北地区县及以下医疗卫生机构建设，加强人才队伍建设，转变基层服务模式等。贵州集中资源优先实现乡镇卫生院标准化建设、实现远程会诊室、影像室、心电室、检验室和预防接种门诊等“五室”标准化规范化数字化建设。广西、贵州等省（区）为辖区内所有乡镇卫生院配备DR、全自动生化分析仪、彩超等设备。截至2017年底，全国有乡镇卫生院3.7万个，标准化建设达标率达到80.2%，村卫生室63.2万个，基本实现乡乡有卫生院、村村有卫生室；乡镇卫生院、村卫生室卫生人员分别达到135.8万人和114.7万人，卫生院和村卫生室人员数量同比增加1.5万人；乡镇卫生院床位数达到129万张，同比增加6.6万张。

（刘利群　胡同宇）

提升基层医疗卫生服务能力　2017年，国家卫生计生委、国家中医药管理局印发《基层医疗卫生服务能力提升年活动实施方案》，在全国启动基层医疗卫生服务能力提升年活动，在基本医疗服务、中医药服务和信息化建设等10个方面下功夫。同时，鼓励各地加强乡镇卫生院特色科室建设，以科室建设带动基层医疗卫生服务能力整体提升，如江苏打造一批妇科、儿科、中医等特色科室。江苏淮阴区乡村卫生机构门急诊人次在县域内占比达到80%；广东江门市针对计划生育政策调整，群众对产儿科医疗服务需求增多的情况，由市、县级医院帮扶21所乡镇卫生院加强产儿科建设。启动2016—2017年度建设群众满意的乡镇卫生院和优质服务示范社区卫生服务中心活动，加强基层医疗卫生机构内涵建设。遴选出群众满意的乡镇卫生院4291所。继续财政支持，2017年中央财政投入2.2亿元，派驻支援队员1万余名，对口支援中西部21个省的3644所乡镇卫生院。2017年，全国乡镇卫生院诊疗量为11.1亿人次、出院人数4024万人，同比增长2.3%和6.4%；村卫生室诊疗量18.0亿人次。

（刘利群　陈　凯）

乡村医生队伍建设　（1）各地落实加强乡村医生队伍建设有关政策，国家卫生计生委在贵州遵义召开全国乡村医生队伍建设经验交流会，推广乡村一体化、提高村医收入待遇、开展培养培训等方面的经验做法。2017年，中央财政投入21亿元，对村卫生室实施国家基本药物制度进行专项补助，稳定乡村医生队伍。在政策落实较好的地区，乡村医生队伍建设明显加强，如2016年江苏淮阴村卫生室招收50名村医，360多人报名。（2）乡村医生社会地位不断提高。2017年，贺星龙（山西）、谢爱娥（湖北）、钟晶（贵州）等村医被选为党的十九大代表。贺星龙（山西）、王焕云（湖北）获得白求恩奖章。在2017年全国卫生计生系统劳动模范表彰中，村医占比接近80%。在国家卫生计生委与中央文明办共同举办的中国好医生好护士推荐评议活动中，4名乡村医生获得殊荣。（3）乡村全科执业助理医师考试工作顺利进行，试点省份从2016年的9个扩大到2017年的24个，有2.32万人通过考试，笔试通过率接近60%，壮大了农村地区的医师队伍。

（陈　凯　胡同宇）

家庭医生签约服务工作　（1）2017年4月，在上海召开全国家庭医生签约服务现场推进会，加强督导、形成合力，督促各地落实各项工作任务。制订可操作方案，解决政策落地“最后一公里”问题。5月，国家卫生计生委会同国务院医改办印发《关于做实做好2017年家庭医生签约服务工作的通知》，将建档立卡的农村贫困人口和计划生育特殊家庭纳入家庭医生签约服务。同时，要求各地实事求是、科学合理地确定本地区签约服务年度任务目标，要确保签约服务的质量和效果，注重居民的获得感。（2）全国所有省（区、市）印发家庭医生签约服务的政策文件，细化实施方案，明确目标措施。各地因地制宜开展探索，形成上海市“1+1+1”，江苏盐城大丰区“基础包＋个性包”，浙江杭州“医养护一体化”，福建厦门“三师共管”，安徽定远等县“按人头总额预付”5种典型家庭医生签约服务形式。（3）各地结合实际设定“基础包”和“个性包”，明确签约服务内容，既确保签约人群获得基本医疗卫生服务，又满足居民多层次、多样化的卫生需求。（4）重点关注贫困人口、慢性病患者、老年人、儿童、残疾人和独生子女特殊家庭，国家卫生计生委与国务院扶贫办联合印发《关于做好贫困人口慢病家庭医生签约服务工作的通知》，与中国残联联合印发《关于做好残疾人家庭医生签约服务工作的通知》。针对高血压、糖尿病、结核病等慢病患者，通过提供连续、稳定的健康管理服务，控制疾病发生发展，切实减轻慢病患者负担，做到疾病的早发现、早诊断、早治疗。（5）加大宣传推广。国家卫生计生委支持有关单位面向基层卫生管理者和医务人员组织专题培训，开展巡讲等活动，宣传签约政策，传播签约理念，累计培训5000多人次。开展“我与家庭医生有个约定”为主题的“世界家庭医生日”宣传活动，支持社会组织开展“家庭乐跑”活动、“中国基层医生好声音——家庭医生签约季”评比等活动。

（刘利群　鄂啟顺）

新农合工作　2017年4月13日，国家卫生计生委、财政部联合印发《关于做好2017年新型农村合作医疗工作的通知》，部署2017年新农合重点工作。提出提高筹资标准，2017年各级财政对新农合的人均补助标准提高到450元，农民个人缴费标准在2016年的基础上提高30元。提升新农合保障绩效，将政策范围内门诊和住院费用报销比例分别稳定在50%和75%左右。完善大病保险政策，加大投入力度，调整完善大病保险统筹补偿方案，将贫困人口大病保险起付线降低50%。深化支付方式改革，推进按病种付费、按人头付费、按床日付费等复合型支付方式改革。开展按疾病诊断相关分组（DRGs）收付费试点，扩大支付方式改革对定点医疗机构和参合患者的覆盖面。推进制度整合，贯彻落实国务院要求，完成城乡居民基本医疗保险制度整合，实行“六统一”政策，确保待遇公平和基金安全。

全国新农合异地就医联网结报　2017年以来，国家卫生计生委和各地卫生计生部门通过印发文件、加强顶层设计，完善新农合异地就医直接结算政策框架。健全管理经办体系，落实相关职责。2017年4月，经中央编办批复同意，明确中国医学科学院医学信息研究所为“国家卫生计生委新型农村合作医疗异地就医结算管理中心”，健全委本级异地就医结算管理队伍。新农合由卫生计生部门管理的辽宁、吉林、安徽、海南、四川、贵州、西藏、陕西、甘肃等省（区）加强省级经办管理力量，明确分工并责任落实到人。各定点医疗机构按要求成立领导小组，统筹协调，履职尽责。打通各级信息平台和各定点医疗机构的联通通道，以国家平台为枢纽，联通各省级、县级平台和定点医疗机构，互联共享、功能完备、运行平稳、信息安全的新农合异地就医结算网络系统已初步建成。引入社会力量，破解结算瓶颈。推进“一站式”结算，减轻患者负担，贵州毕节、遵义等地已经首批实现全国范围内新农合与大病保险“一站式”结算，覆盖1600余万参合人口。截至2017年8月底，新农合异地就医直接结算工作实现国务院确定的年度任务目标。2017年9月7日，在北京召开新闻发布会介绍全国新农合异地就医联网结算进展情况。

截至2017年底，全国新农合省内异地就医直接结算共计324.14万人次，总费用323.04亿元，补偿费用172.02亿，次均垫付5307元。确定新农合跨省就医联网结算定点医疗机构2692家，累计跨省就医直接结算5.4万人次，结报金额4亿元，平均为每人次患者减少垫付7407.4元，跨省结报平均报销比例达40%，减轻参合患者异地就医的经济负担。

（以上撰稿：聂春雷　丁一磊　张西凡　温思瑶　姬小荣）

推进支付方式改革　2017年，国家卫生计生委将新农合支付方式改革工作联系点扩展至9省23县，通过开展培训班、经验交流会等方式加强指导联系，发挥典型地区示范引领和辐射带动作用，提升新农合支付方式改革质量和水平。截至2017年底，住院方面已有10个联系点正式实施DRGs支付方式改革工作，部分地区实行住院点数法付费、病种付费、床日付费等改革模式；门诊方面总额预付是主要模式，部分地区探索门诊慢病单病种付费模式；安徽阜南县、定远县探索医共体下住院门诊区域人头付费工作。在规范医疗服务行为、控制医疗费用不合理上涨等方面取得初步成效。（聂春雷　丁一磊　温思瑶）

联合部署打击骗取医保基金专案行动　2017年，针对在部分地区出现的套取骗取医保基金等违规现象，国家卫生计生委、人社部、公安部组织开展打击骗取城乡（镇）居民医保和新农合基金行动，联合印发《关于报送城乡（镇）居民医保和新农合参保人员在京就医重点信息的通知》，要求涉案的15个省（区、市）报送在京就医的重点信息，相互配合做好核查工作。（聂春雷　张西凡　姬小荣）

人均基本公共卫生服务经费补助标准提高　2017年，补助标准从45元提高至50元，其中中央补助资金增加38.1亿元，全年达到374.5亿元。资金拨付进度加快，2017年9月向各地提前下达2018年补助资金。服务数量增加，质量提高，截至2017年底，电子健康档案建档率保持在75%以上，全国老年人健康管理率达到67%以上，适龄儿童预防接种率始终保持在90%以上，疫苗可控传染病流行处于低水平状态。儿童健康管理率保持在85%以上，孕产妇早孕建册率和产后访视率均达到85%以上。高血压患者管理人数超过9000万，糖尿病患者管理人数超过3000万，老年人、儿童中医药健康管理率达到45%以上。全国严重精神障碍患者规范管理率达到75%以上，肇事肇祸明显减少。健康教育、传染病及突发公共卫生事件上报、卫生计生监督协管工作加强，越来越多的群众获得免费优质的基本公共卫生服务。

基层高血压同质化管理　2017年起，以高血压单病种为突破口，推动为高血压患者提供标准化同质化的防治管理服务。委托权威专业机构，组织编写《国家基层高血压防治管理指南（2017）》，通过线上、线下向基层培训推广。选取贵州、云南两省开展基层高血压防治管理试点，在提高服务能力、建立激励机制等方面进行探索，对两省完成首批 200 人基层医务人员骨干培训。　　（以上撰稿：高光明　张并立）

基本公共卫生项目进展监测与项目效果评估　研究制定国家基本公共卫生服务项目统计调查有关要求，对项目工作进展数据实行季度和年度监测。开发国家基本公共卫生服务项目管理信息系统，供省、市、县三级卫生计生部门使用，及时掌握各地工作进展状况，解决原有项目工作进展监测渠道存在的滞后问题。委托专业机构，重点围绕资金效益、组织管理、实施成效等方面，开展国家基本公共卫生服务项目实施效果评估，目前已形成初步评估报告。指导各地开展本地项目实施效果评估，31 个省（区、市）和新疆生产建设兵团均初步完成本地项目评估工作。

（郝凤莲　王旭丹）

修订基本公共卫生服务规范与项目绩效考核　印发新版《国家基本公共卫生服务规范（第 3 版）》，采纳各地的意见和建议，细化有关服务内容，优化精简工作指标，更符合基层实际。加大项目考核力度，中央对地方基本公共卫生服务项目年度考核首次实现全国覆盖。坚持考核结果与资金拨付挂钩，落实奖惩资金 3008 万元，奖励省份 15 个，罚减省份 7 个。各地绩效考核工作加强，普遍制定考核制度，组建考核队伍，实行考核结果与资金拨付挂钩，探索开展第三方考核。　　（张并立　王旭丹）

基层卫生信息化工作　（1）召开基层卫生信息化建设为主题的委主任专题会、基层信息化工作会，国家卫生计生委副主任马晓伟出席，研究部署基层卫生信息化建设工作，动员相关部门、各地加强基层信息化建设，促进地方互学互鉴。（2）推动基层卫生机构各系统间业务协同，减轻基层负担。总结地方经验的基础上，研究互联互通方案，指导地方开展基层卫生信息系统互联互通。（3）开展国家基层卫生管理信息系统建设。依托全民健康保障信息化工程，建设国家级基层卫生综合管理信息系统，研究制定信息系统建设方案，确定信息系统收集核心指标体系。（4）指导国家卫生计生委家庭医生签约服务平台建设。推动基层卫生服务模式转变，完善服务功能，方便群众和医务人员服务对接，支持家庭医生签约服务工作开展。（5）开展信息技术惠民便民应用试点，推动新技术在基层卫生服务机构落地，推动电子健康档案向居民开放共享，方便居民查询健康信息。

（高光明　黄　磊　傅　济）

妇幼健康服务工作

2017 年妇幼健康服务工作概述

一、加强体系建设，提高妇幼健康服务能力

推进供给侧结构性改革，优化整合妇幼保健和计划生育技术服务资源、构建优质高效、群众满意的妇幼健康服务体系。（1）按照“预防为主、防治结合”的理念，推动服务资源整合。截至 2017 年底，全国市、县、乡三级整合率达 89.8%。（2）加大财政支持，推动妇幼保健机构建设工作。2016—2017 年，中央下达预算内投资 62.5 亿元，支持 512 个妇幼保健机构建设，投资规模较“十二五”时期增加。（3）拓展服务内涵，探索建立妇幼健康服务医疗联合体，提升妇幼健康服务能力。各级妇幼保健机构在实现基本功能的基础上，拓展服务内涵，满足群众多层次、多样化健康需求。

二、坚守安全底线，保障母婴平安

针对母婴安全新形势，印发《关于加强母婴安全保障工作的通知》，推动孕产妇安全管理制度落实。（1）印发《孕产妇妊娠风险评估与管理工作规范》，建立妊娠风险筛查评估及高危专案管理制度。（2）建立危急重症救治制度，指导各地加强救治中心建设。截至 2017 年底，31 个省（区、市）及新疆生产建设兵团、29 个省（区、市）的地（市、州）均已建立危重孕产妇和新生儿救治中心，88% 的县（市、区）已建立危重孕产妇救治中心，74% 的县（市、区）已建立危重新生儿救治中心。（3）印发《关于建立孕产妇死亡个案月报制度的通知》，建立孕产妇死亡个案报告制度。31 个省（区、市）及新疆生产建设兵团均已开始数据报送，并对孕产妇死亡个案进行专家评审，分析影响因素，改进工作措施。（4）建立约谈通报制度。对孕产妇死亡率呈现升高态势的重点省份进行约谈，提出改进措施。

三、促进儿童健康发展

坚持儿童优先发展战略，推动各项工作开展。（1）以示范基地建设为抓手，推动全国儿童早期发展工作科学、规范开展。实施农村地区儿童早期发展试点项目，探索适合农村贫困地区的儿童早期发展模式。（2）在全国范围内推广使用统一的母子健康手册，整合孕前保健、孕期保健、住院分娩、儿童保健、预防接种和计划生育服务，实现“一册在手，全程服务”。（3）组织世界母乳喂养周主题宣传活动，举办母乳喂

养高峰论坛，宣传、保护和支持母乳喂养。（4）加强儿童残疾防治，将儿童心理行为发育问题早期筛查纳入国家基本公共卫生服务，实现视力、听力、肢体、智力以及自闭症等5类残疾儿童的早期筛查。（5）强化儿童健康服务科技引领，联合中国宋庆龄基金会、中华医学会等单位，开展第10届宋庆龄儿科医学奖评选工作，对广大儿科医学工作者所做努力和贡献给予肯定。

四、综合施策，推进出生缺陷防治

健全体系机制，强化综合施策，出生缺陷防治工作取得进展。（1）加强高层倡导和社会宣传，推动形成政府主导、部门协作、社会参与的工作机制。开展“预防出生缺陷日”主题宣传和“爱心传递防治出生缺陷”公益行等活动，营造良好社会氛围。（2）加大财政投入，逐步完善服务网络。近年来，中央财政加大投入，支持建设规范化地中海贫血筛查实验室81个，产前诊断实验室42个。目前，全国共有孕前优生健康检查机构3236家，产前筛查机构1161家，产前诊断机构315家，新筛中心240家。（3）推动落实三级预防，通过组织实施一系列妇幼重大公共卫生服务项目，带动23个省份推行免费婚检；24个省份实现孕优检查项目城乡全覆盖；18个省份将免费产前筛查和产前诊断纳入为民办实事。（4）将先心病、苯丙酮尿症等5种出生缺陷疾病纳入大病保障范围，开展先天性结构畸形和遗传代谢病救助项目，提高患儿保障水平。

五、做好计划生育技术服务

适应生育政策调整新形势，提升计划生育技术服务与管理水平。（1）研究完善法规政策，开展《计划生育技术服务管理条例》《母婴保健法实施办法》统筹修订研究，完善《病残儿医学鉴定管理办法》有关条款，研究回复《关于计划生育手术并发症相关问题的批复》，从法制层面推动现有问题解决。（2）改进服务管理。制定和完善计划生育技术服务有关工作规范和指南，指导各地规范提供避孕节育和再生育服务。针对不同人群、不同时期的不同需求，开展生育力保护、流产后及分娩后避孕服务模式专题研究，提高服务精细化水平。（3）强化避孕药具管理。将“免费提供避孕药具”纳入国家基本公共卫生服务项目，加强沟通协调和指导，做好采购和发放工作。2017年，全国实施计划生育手术1904万例，为育龄夫妇免费提供避孕药具2.3亿人次，保障全面两孩政策顺利实施，促进人口长期均衡发展。

六、推进妇幼健康信息化建设

围绕保障生育政策调整和深化医改，做好妇幼健康信息工作。（1）推进出生医学证明管理信息系统全国联通。通过召开专题推进会、定期通报进展情况、重点省份现场指导等措施全力推进信息系统联通。目前，已实现所有省份与国家级平台联通。（2）推动妇幼健康信息平台建设。以联合国儿童基金会妇幼健康信息化建设项目为契机，推进国家级和省级妇幼健康信息平台建设，纳入全民健康保障工程建设规划。（3）推进“互联网＋妇幼健康”，鼓励各地积极应用互联网技术，创新服务理念，优化服务流程，改进服务模式，提高群众满意度和获得感。（4）做实妇幼健康信息日常工作。组织修订《全国妇幼卫生统计调查制度》，不断强化信息安全意识，及时获得妇幼健康核心指标，为科学决策提供依据。

（秦　耕　王巧梅　宋　莉　沈海屏　曹　彬）

全国妇幼健康工作会议　2017年1月20日在北京召开，国家卫生计生委副主任马晓伟出席会议并讲话，他指出，2016年全国妇幼健康战线围绕卫生计生中心任务，保障全面两孩政策实施，提升妇女儿童健康水平，成效显著。2016年全国孕产妇死亡率下降到19.9/10万，婴儿死亡率、5岁以下儿童死亡率分别下降到7.5‰和10.2‰，防止孕产妇死亡率反弹，保障了母婴安全。马晓伟要求，2017年要加强妇幼健康服务体系建设，提升服务能力，强化孕产妇和新生儿危急重症救治，保障母婴安全。要建立健全工作机制，完善生育全程基本医疗保健服务链条，推进妇幼健康信息化建设，推广使用母子健康手册。要推动实施健康儿童计划，创新计划生育技术服务，加强出生缺陷综合防治，强化妇幼健康服务监管。

会议期间，专题解读“一纲要两规划”，8个单位做大会发言。各省（区、市）、计划单列市卫生计生委，新疆生产建设兵团卫生局、人口计生委分管妇幼健康负责人，委机关各司局、相关业务联系单位负责人，有关部门和基层代表参加会议。

（沈海屏　燕东海）

“预防出生缺陷日”主题宣传活动　2017年9月12日，国家卫生计生委、中央军委后勤保障部卫生局、中国出生缺陷干预救助基金会以“军民同心，让爱无缺”为主题，在北京共同举办。第九、十届全国人大常委会副委员长、中国出生缺陷干预救助基金会理事长蒋正华，国家卫生计生委副主任马晓伟出席活动并讲话。马晓伟对出生缺陷综合防治工作取得的进展给予肯定，对军地两条战线发挥军爱民、民拥军优良传统，为妇幼健康事业做出的贡献给予高度评价。活动期间，三方明确“军民融合防治出生缺陷”合作内容。现场播放军民融合宣传片，展示军民携手防治出生缺陷成果，军地医院代表分享军民融合典型事例。活动开始前，国家卫生计生委、中国出生缺陷干预救助基金会共同举办出生缺陷救助项目培训会。

国家卫生计生委、军委后勤保障部卫生局、中国出生缺陷干预救助基金会有关部门负责同志，中央军民融合办公室协调局、国务院有关部门代表，军委机关有关部门、各军兵种、有关军事院校和中部战区、北京军区善后办及所属驻京医疗机构代表，有关省（区、市）卫生计生委妇幼处负责人，出生缺陷救助项目管理和定点医疗机构、出生缺陷干预救助基地及专项基金代表，有关专家以及新闻媒体共计500余人参加活动。（许宗余　燕东海）

全国妇幼健康信息工作会议　2017年8月31日在江苏苏州召开，会议通报出生医学证明管理信息系统建设等妇幼健康信息工作进展，分析问题，交流经验，部署下一步工作：推进国家级妇幼健康管理信息平台建设；做好全国妇幼卫生年报和监测信息工作；推进出生医学证明管理信息互联共享；推进母子健康手册信息化建设；抓好孕产妇死亡个案信息和产妇分娩登记信息报送工作；加强区域妇幼健康信息平台和机构信息化建设；抓好信息安全保障工作。同时要求各地通过加强组织协调、开展督促指导和约谈通报等措施抓好工作落实。

会上，有关专家就全民健康保障信息化建设、信息安全形势和空间大数据应做专题讲座，相关单位通报信息工作进展。各省（区、市）卫生计生妇幼处处长和妇幼保健机构负责人，中国疾控中心妇幼中心、统计信息中心、全国妇幼卫生监测办公室、全国妇幼卫生年报办公室等单位负责人和工作人员参加会议。

妇幼健康信息化建设项目　该项目是国家卫生计生委会同联合国儿童基金会组织实施的国际合作项目，重点建设国家级和省级妇幼健康信息平台，旨在通过项目的示范带动作用，探索机制和模式，以点带面推进全国妇幼健康信息化建设。2017年10月11日，该项目启动会在北京召开。国家卫生计生委有关领导出席会议开幕式并致辞，会议要求各项目试点单位按照“统一高效、资源整合、互联互通、信息共享”的原则，推进各区域平台建设。重视信息安全，保障项目平稳有序开展。会议邀请国家卫生计生委统计信息中心专家和国际有关专家做专题讲座，对项目工作进行部署。联合国儿童基金会驻华办事处、相关业务单位、各试点项目省份代表参加会议。

（以上撰稿：徐晓超　马　力）

妇幼保健机构标准化建设　国家卫生计生委协调有关部门，推进妇幼健康服务保障工程，2017年中央投资33.78亿元，支持267家妇幼保健机构业务用房建设，力争到2020年实现省市县三级都有1所政府举办、标准化的妇幼保健机构。开展妇幼保健机构建筑设计与流程布局培训，重点培训新建、改扩建妇幼保健机构管理人员，规范建筑设施，确保建设质量。

2017年12月，推动出台《妇幼健康服务机构建设标准》，标志着妇幼保健机构防治结合的理念和模式得到相关部门认同，并以标准形式予以确认。标准包括总则、建设规模与项目构成、选址与规划布局、建筑面积指标、建筑与建筑设备、相关指标等6部分内容。

母婴安全保障工作　2017年7月21日国家卫生计生委印发《关于加强母婴安全保障工作的通知》，部署建立妊娠风险评估管理、高危孕产妇专案管理、危急重症救治、孕产妇死亡个案报告和约谈通报制度。全国31个省（区、市）及新疆生产建设兵团均转发文件或制定实施方案，召开专题会议进行部署，开展省级专项培训68次，省级实战演练90次。（1）建立妊娠风险筛查评估及高危专案管理制度。印发《孕产妇妊娠风险评估与管理工作规范》，对妊娠风险筛查评估及高危专案管理制度予以细化。截至2017年12月，全国31个省（区、市）及新疆生产建设兵团均已开始实施孕产妇妊娠风险筛查评估及高危孕产妇专案管理制度。（2）建立危急重症救治制度。印发《危重孕产妇和新生儿救治中心建设与管理指南》，对危重孕产妇和新生儿救治中心的区域组织管理、机构内部管理、业务管理以及服务能力、设施设备配备、人员配置和工作制度提出明确要求。至2017年12月，全国共建立危重孕产妇救治中心3378个，危重新生儿救治中心2808个。（3）建立死亡个案报告制度。印发《关于建立孕产妇死亡个案月报制度的通知》，要求自2017年10月1日起，医疗机构发生孕产妇死亡后均应及时通过全国妇幼卫生年报信息系统上报孕产妇死亡个案。截至2017年12月，全国31个省（区、市）及新疆生产建设兵团均已落实死亡个案报告制度，开始数据报送，并对孕产妇死亡个案进行专家评审，分析影响因素，改进工作措施。（4）建立约谈通报制度。至2017年12月，各省（区、市）共开展省级专项督导79次，重点地区约谈47次。

建立妊娠风险筛查评估与高危专案管理制度　2017年，国家卫生计生委印发《关于加强母婴安全保障工作的通知》《孕产妇妊娠风险评估与管理工作规范》，要求首诊医疗机构对首次就诊建档的孕产妇进行妊娠风险筛查，筛查结果记录在《母子健康手册》及相应信息系统中。开展助产技术服务的二级以上医疗机构要对妊娠风险筛查为阳性的孕产妇进行妊娠风险评估分级，按照风险严重程度分别以“绿（低风险）、黄（一般风险）、橙（较高风险）、红（高风险）、紫（传染病）”5种颜色进行分级标识，加强分类管理。

建立全国危重孕产妇和新生儿转诊救治网络　2017年，国家卫生计生委印发《关于加强母婴安全保障工作的通知》《危重孕产妇和新生儿救治中心建设与管理指南》，要求各地依托产科儿科实力和综合救治能力较强的医疗机构，加快辖区危重孕产妇和新生儿救治中心建设。县级以上卫生计生行政部门要建立由分管领导牵头负责的保障母婴安全协调工作机制，建立助产机构、急救中心和血站联动机制，强化转运、救治、用血等重点环节保障。要组建由妇产科、儿科、重症医学科等相关学科专家组成的区域急救专家组，指导参与辖区危重孕产妇和新生儿抢救工作。各级卫生计生行政部门划定危重孕产妇和新生儿救治责任片区，指定各级危重救治中心对口负责若干市（地、州）、县（市、区）的危重救治工作。要求各级危重救治中心切实承担起会诊、接诊和救治任务，建立急救绿色通道，专人负责接诊工作，确保有效衔接和绿色通道畅通。

截至2017年底，全国共建立危重孕产妇救治中心3378个，危重新生儿救治中心2808个。其中，31个省（区、市）和新疆生产建设兵团均已建立危重孕产妇和新生儿救治中心，88%的县（市、区）建立危重孕产妇救治中心，74%的县（市、区）建立危重新生儿救治中心。全国危重孕产妇和新生儿转诊救治网络基本建立。

建立母婴安全约谈通报制度　2017年7月21日，国家卫生计生委印发《关于加强母婴安全保障工作的通知》，要求省级卫生计生行政部门全面掌握辖区母婴安全保障工作情况，对成效突出的地区要及时进行通报表扬，总结推广有效经验。对孕产妇死亡率呈现升高态势的地区，派出专家组给予针对性指导；对任务措施不落实、工作严重滑坡的地区进行约谈和通报。对连续发生孕产妇死亡，发生产科、儿科重大医疗质量安全事件或存在严重医疗质量安全隐患的医疗机构负责人进行约谈，对造成严重后果的予以通报并严肃处理，同时报国家卫生计生委备案。要求各地紧盯重点地区和重点医疗机构，重点指导、重点督查、重点考核，督促建立问题清单，制定整改方案，逐条整改落实，确保整改到位。

2017年9月，国家卫生计生委召开重点地区母婴安全保障工作座谈会，与上半年孕产妇死亡人数较上年同期有所上升的6个重点省（区）共同分析形势、梳理问题，提出改进措施。同时，选派国家级专家组赴孕产妇死亡人数增加明显的广西、贵州开展孕产妇死亡现场评审，结合具体案例分析当地在孕产妇管理和临床救治中存在的突出问题，并给予针对性的专题培训。10—11月对10个重点省份母婴安全保障工作进行督导检查。　（以上撰稿：袁　洁　王　亮）

妇幼健康优质服务示范工程　（1）各级政府把妇幼健康工作纳入经济社会发展总体规划，将孕产妇死亡率、婴儿死亡率等妇幼健康核心指标纳入政府目标责任考核。建立协调工作机制，落实工作经费，为做好妇幼健康工作创造良好的支持环境。（2）建设管理规范。各级地方政府将妇幼保健机构建设纳入重点建设工程，划拨建设用地，加大资金投入，完善妇幼健康服务体系。（3）服务质量提升。各地创新妇幼健康服务模式，丰富服务内涵，提升服务水平。（4）指标落实良好。各地推进妇幼重大公共卫生服务项目，落实妇幼基本公共卫生服务项目。（5）群众满意度高。各地加大投入，应对新增妇幼健康服务需求，开展便民惠民服务，群众满意度逐步提高。（6）保障母婴安全重点任务落实到位。各地将保障母婴安全作为2017年度优质服务示范工程建设重点，强化部署、整合资源、上下联动。

2017年，国家卫生计生委在审核各地推荐材料的基础上，集中对内蒙古、吉林、黑龙江、广西、海南、贵州、云南、青海、宁夏、新疆等10个省（区）妇幼健康优质服务示范县（市、区）工作情况进行督导复核，对2017年度示范工程开展情况和取得成效进行总结，对工作成绩突出并能发挥示范作用的100个县（市、区）进行表扬。

消除艾滋病、梅毒和乙肝母婴传播试点工作　2017年起，国家卫生计生委和联合国儿童基金会合作，选择浙江、广东和云南3个省，试点开展消除艾滋病、梅毒和乙肝母婴传播试点项目，在全面推进预防艾滋病、梅毒和乙肝母婴传播工作的基础上，以试点项目为平台，统筹国内国际专家和技术资源，以世界卫生组织消除标准为导向，推动我国早日实现消除母婴传播目标。2017年9月13日，国家卫生计生委组织召开试点项目启动会，标志着我国探索消除母婴传播迈出实质性的一步。　（以上撰稿：袁　洁　戴　月）

贫困地区妇女“两癌”检查工作　2017年，国家卫生计生委明确提出“两癌”检查工作的时间表和路线图，到2018年，“两癌”检查工作实现贫困地区所有县都覆盖到；2019年，实现贫困地区“两癌”检查适龄妇女人群覆盖率达到80%以上；2020年，实现《中国妇女发展纲要》中明确提出的妇女常见病定期筛查率达到80%以上，提高宫颈癌和乳腺癌的早诊早治率的目标。

2009—2016年，农村妇女“两癌”检查项目共为6340万名农村妇女进行宫颈癌检查；为1022万名农村妇女进行乳腺癌检查。其中，项目地区共检出宫颈癌及癌前病变9.71万例，检出乳腺癌及癌前病变8036例。2016年宫颈癌早诊率上升到91.3%，治疗率达到95.3%；乳腺癌早期诊断比例达到69.1%，治疗率达到74%，有效保障妇女健康。山西、吉林、安徽、江西、湖南、广西、海南、重庆、青海、宁夏等10个省（区、市）在实施国家项目的基础上，地方政府加大经费投入，已实现省域内贫困地区“两癌”检查全覆盖，北京、天津、浙江、湖南、海南、重庆、宁夏等7个省（区、市）率先实现全省城乡地区全覆盖。

第2周期“妇幼健康中国行”活动　2017—2020年，国家卫生计生委以“保障妇幼健康助力脱贫攻坚”为主题，在全国14个集中连片特殊困难地区和国家扶贫开发工作重点县所在的22个省（区、市）分步启动实施第2周期“妇幼健康中国行”活动，着力推进贫困地区妇幼健康工作。第2周期“妇幼健康中国行”活动通过社会宣传、健康教育、能力提升、爱心捐赠等内容，支持各省（区）加强妇幼健康扶贫工作，完善妇幼健康服务体系，改善妇幼健康服务条件，增强妇幼健康服务能力，提高妇女儿童健康水平，为打赢脱贫攻坚战奠定健康基础。2017年11月，第2周期“妇幼健康中国行”活动在云南启动，首批支持对象包括滇西边境山区、滇贵黔石漠化区、乌蒙山区和四省藏区等4个集中连片特殊困难地区和国家扶贫开发工作重点县，共计258个贫困县，覆盖广西、海南、四川、贵州、云南等5个省（区）。

（以上撰稿：裘　洁　刘　颖）

公布经批准开展人类辅助生殖技术和设置人类精子库的医疗机构名单　2017年4月11日，国家卫生计生委汇总公布全国经批准开展人类辅助生殖技术和设置人类精子库的医疗机构名单，并接受社会各界监督。截至2016年12月31日，我国经批准开展人类辅助生殖技术的医疗机构共有451家，经批准设置人类精子库的医疗机构共有23家。全国各省（区、市）均有经批准开展人类辅助生殖技术的医疗机构，辅助生殖技术服务情况整体保持平稳。

（裘　洁　戴　月）

保障新生儿安全　（1）加强早产儿保健工作。制定《早产儿保健工作规范》，实施“早产（儿）干预研究项目”，开展袋鼠式护理等系列培训，提高早产儿医疗保健水平。（2）加强危重新生儿救治工作。组织制定《危重新生儿救治中心建设与管理指南》，加强各地危重新生儿救治中心建设与管理，建立完善转会诊和救治网络，提高救治能力和服务质量。到2017年底各省（区、市）均建立省级危重新生儿救治中心，29个省（区、市）的地（市、州）建立危重新生儿救治中心，74%的县（市、区）建立危重新生儿救治中心。（3）实施第3周期新生儿复苏项目，在全国范围开展新生儿复苏技术逐级培训工作，推广新生儿复苏技术。（4）开展新生儿安全项目、新生儿早期基础保健工作试点项目，推广新生儿早期基本保健适宜技术，进一步降低我国新生儿死亡率。

（王克让　李　红）

促进儿童早期发展　（1）2017年继续开展儿童早期发展示范基地创建工作。在各地自评、逐级考核和省级推荐的基础上，组织专家对各省（区、市）推荐的医疗机构进行初评、复评和现场核查，确定北京市顺义区妇幼保健院等20个医疗机构为第3批国家级儿童早期发展示范基地。截至2017年底，全国共创建国家级儿童早期发展示范基地50家。在国家级示范基地创建的带动下，各地推进省级、市级示范基地建设。（2）实施贫困地区儿童早期发展项目。在中西部5省14个县启动实施国家卫生计生委—联合国儿童基金会母子健康发展综合项目，探索适合贫困地区儿童早期发展综合模式，促进中、西部贫困地区服务的可及性、可获得性和可持续性，为制定妇幼健康相关政策提供实践依据。（3）开展儿童早期发展系列培训。2017年5—10月，共举办8期省级师资培训班，培训班涉及高危儿管理、早产儿管理、儿童生长发育监测、心理保健、口腔保健、眼保健、听力保健和母乳喂养等方面，共培训省级师资900人次。

（王克让　刘　伟）

推行母乳喂养　（1）做好世界母乳喂养周系列宣传活动。印发《关于开展2017年世界母乳喂养周宣传活动的通知》，制作母乳喂养宣传片与宣传海报，在相关媒体与公共场所播放，同时召开母乳喂养高峰论坛，保护、促进和支持母乳喂养。（2）组织召开2期爱婴医院母乳喂养培训班，步提高爱婴医院母乳喂养服务水平。（3）继续开展爱婴医院复核工作，规范产科、儿科服务，提高母乳喂养率，降低剖宫产率，促进母婴健康。

贯彻落实“两纲”工作　2017年，孕产妇死亡率为19.6/10万，较2010年降低34.7%；婴儿死亡率、5岁以下儿童死亡率为6.8‰、9.1‰，较2010年分别降低48.1%、44.5%，妇幼健康核心指标总体上优于中高收入国家平均水平。（1）建立妊娠风险筛查评估及高危专案管理制度、危急重症救治制度、孕产妇死亡个案报告制度、约谈通报制度，保障母婴安全。（2）加强妇幼健康服务体系建设、推广生育全程优质服务，推进“互联网+妇幼健康”便民、利民措施，提升妇幼健康服务能力。（3）落实基本公共卫生及妇幼重大公共卫生服务项目，促进妇幼健康服务均等化。（4）组织“预防出生缺陷日”主题宣传活动，推进免费孕前优生健康检查项目、增补叶酸预防神经管缺陷、贫困地区新生儿疾病筛查、地中海贫血防控试点项目，减少出生缺陷发生。（5）加强妇女儿童常见病防治，扩大国家免疫规划，加强艾滋病、梅毒、乙肝母婴阻断工作，完善儿童结核病防治措施，开展精神卫生、心理健康宣传，提高妇女、儿童心理健康知识和精神疾病预防知识知晓率。（6）推进妇幼保健和计划生育技术服务资源整合，指导各地规范开展避孕节育和再生育服务，加大“两非”案件查处力度，推进计划生育服务和管理。　（以上撰稿：王克让　李　红）

托幼机构管理　（1）制定规范，强化管理。组织专家制定《已建立托幼机构卫生保健评估细则》，协助法制司制定《新设立托幼机构卫生评价行业标准》，规范托幼机构卫生保健评估工作，增强新设立托幼机构卫生评价的可操作性和规范性。（2）组织督导调研，加强业务指导。妇幼司组织专家赴部分地区开展督导和调研工作，指导各级妇幼保健机构做好膳食营养、体格锻炼、健康检查等卫生保健业务指导。2017年，各级妇幼保健机构共为约19万所托幼机构的儿童开展健康体检。（3）开展培训，提高能力。2017年，举办全国托幼机构卫生保健工作省级师资培训班2期，培训200余人次。　（王克让　刘　伟）

0～6岁儿童残疾筛查工作　2013—2014年，国家卫生计生委联合中国残联印发《0～6岁儿童残疾筛查工作规范（试行）的通知》，并在北京、黑龙江、广西、四川、陕西开展试点工作，重点对视力、听力、肢体、智力以及自闭症5类残疾儿童进行筛查、诊断和康复。在试点的基础上，2017年3月，国家卫生计生委将0～6岁儿童心理行为发育问题等残疾筛查内容纳入《国家基本公共卫生服务规范（第3版）》，初步实现视力、听力、肢体（含脑瘫）、智力以及自闭症5类残疾儿童的早期筛查。

出生医学证明管理专项督查　2017年，国家卫生计生委印发《2017年出生医学证明管理专项督查工作方案》。各地按照方案开展自查，建立健全各项管理制度，做好证件发放、签发和库存管理工作。同时，国家卫生计生委组织专家抽取5个省份开展国家级抽查，通过督查，及时了解各地出生医学证明管理使用情况，总结工作经验，发现存在的问题。此外，国家卫生计生委组织举办出生医学证明管理工作省级师资培训班2期，组织召开全国出生医学证明管理工作会议，不断加强出生医学证明管理各项工作。

（以上撰稿：王克让　李　红）

新生儿疾病筛查及遗传代谢病救助工作　2017年，中央财政安排中央转移支付地方重大公共卫生服务经费实施“贫困地区新生儿疾病筛查项目”，项目覆盖21个省（区、市）14个国家集中连片特殊困难地区354个县（市、区）。截至2016年底，全国共建成新筛中心240家，实现新筛中心的省级全覆盖。新筛网络覆盖全国2791个行政区县的2.54万个血片采集机构，26个省份实现新筛工作县级全覆盖。2016年全国苯丙酮尿症和先天性甲状腺功能减低症筛查率为96.1%，比2015年的93.5%提高2.6个百分点；其中，东、中、西部地区筛查率分别为99.5%、94.2%、94.3%。东部地区筛查率较2015年略有增加。中部和西部地区筛查率较2015年分别增加3.3个百分点和3.5个百分点。

为提高筛查阳性患儿的救助水平，在中央彩票公益金的支持下，继续在中西部20个省（区）实施遗传代谢病救助项目，对项目地区遗传代谢病确诊患儿进行救助，截至2017年底，共拨付救助金972.4万元，救助1169个患儿。

贫困地区儿童营养改善项目　2017年中央财政继续安排中央转移支付地方重大公共卫生服务经费实施“贫困地区儿童营养改善项目”。截至2017年底，项目覆盖21省（区、市）14个国家集中连片特殊困难地区341个县（市、区），累计约580万儿童受益。2015—2016年项目常规监测结果显示，营养包项目地区覆盖率达到92.7%，有效服用率74.9%，监测地区6～24个月龄婴幼儿平均贫血率和生长迟缓率分别从2012年的32.9%和10.1%下降到19.7%和6.8%。数据提示项目有效改善贫困地区儿童贫血状况，对降低儿童营养不良、促进儿童生长发育发挥了重要作用。

国家卫生计生委采取多举措推进项目实施：（1）设立国家级项目管理办公室，负责项目的组织实施和日常管理。（2）印发《关于做好贫困地区儿童营养改善项目采购工作的通知》，对项目招标采购和营养包质量监管提出具体要求。(3)开展常规监测和效果评估，将项目纳入国家食品安全风险监测计划，对项目地区营养包开展质量监测和实施效果评价。(4)开展人员培训，2014—2016年，举办县级直通车式培训班21期，培训项目人员1622人次。(5)加强国际交流，将中国营养包成功经验推广到部分发展中国家，“YYB”已成为专有名词，得到国际社会的高度评价。

（以上撰稿：王克让　刘　伟）

爱婴医院复核督导工作　2017年4—10月，国家卫生计生委组织对天津、山西、辽宁等11个省（区、市）的22所爱婴医院进行复核督导工作，其中优秀爱婴医院8家。专家组通过明察方式开展复核，包括现场检查爱婴医院环境创建，门诊和病房访谈孕产妇，拨打母乳喂养咨询热线以及现场考核医护人员知识技能掌握情况。通过复核督导，发现在爱婴医院工作常态化后，各地巩固上一轮复核后所取得的成绩，如母乳喂养氛围较浓厚，产科、儿科合作越来越密切。但也发现一些问题，如日常管理不够严格，服务能力有待提高等。国家卫生计生委将发现的问题进行反馈，要求各地组织做好本省的爱婴医院创建和复核工作，建立健全爱婴医院管理长效机制，持续营造爱婴爱母社会氛围，提升产科、儿科服务质量。

（王克让　李　红）

使用母子健康手册工作　2017年，在前期试点基础上，国家卫生计生委在全国范围内推广使用母子健康手册。（1）各省（区、市）均制定本地实施方案，对手册推广工作进行部署。云南将手册推广使用工作列为省政府10件惠民实事重要内容；北京将各区母子健康手册推广使用情况纳入区妇幼健康工作绩效考核。（2）各省（区、市）均开展形式多样的宣传活动。重庆发放专题宣传海报1.2万册，在《重庆晨报》进行专版宣传报道；安徽淮北拍摄“小册大爱健康无限”母子健康手册短视频，编制《淮北市母子健康手册工作指导手册》。(3)各地开展逐级培训，促进能力提升。江西累计培训60余次，培训基层医务人员2000余名；贵州培训县级人员510人，县级开展乡、村两级培训。（4）为保证手册实用性，部分省份对手册进行本地化改编。黑龙江在手册中增加孕产妇妊娠风险评估、0～6岁儿童残疾筛查等内容；新疆委托出版社对手册进行维汉、汉哈文翻译。　（王克让　刘　伟）

资源整合及计划生育技术服务工作座谈会　2017年11月10日在浙江义乌召开。会议强调，做好计划生育技术服务工作有利于保持人口规模适度，有利于降低孕产妇死亡率和婴儿死亡率，有利于减少人工流产，现实意义重大。会议要求，继续围绕生育、节育、不育，为群众提供科学备孕、避孕节育和不孕不育诊治等服务，提升新时期计划生育技术服务水平。会议期间，浙江、湖北、湖南、重庆等地区的7个单位做交流发言，有关专家就常见避孕方法和药具分类进行讲解，现场播放两部科普宣传片。国家卫生计生委相关人员，各省（区、市）、计划单列市、新疆生产建设兵团卫生计生委妇幼处处长，省级计划生育科研所、妇幼保健院负责人及有关业务联系单位负责人和专家约120人参加会议。

“世界避孕日”主题宣传活动　2017年9月25日，国家卫生计生委、中国计生协在北京举办宣传活动，活动主题是“为爱坚持，科学避孕”。国家卫生计生委、中国计生协、联合国人口基金代表出席活动。活动现场播放《爱，不要伤害》等视频短片，妇幼健康服务人员表演避孕方法科普小品，通过多种形式宣传普及安全避孕科学知识。来自北京市医疗机构的医务人员代表发出倡议，呼吁所有医务工作者做安全避孕的倡导者、生殖健康的守护者和爱心公益的推动者。

国家卫生计生委有关司局、中国计生协相关人员，有关国际组织和社会团体，北京市和各区卫生计生委及相关机构代表，有关专家和青年代表共300多人参加活动。

完善计划生育技术服务管理　（1）完善政策。印发《关于做好计划生育技术服务机构依法执业相关工作的函》，明确今后不再向整合后的妇幼保健计划生育服务中心机构和人员发放《计划生育技术服务机构执业许可证》和《计划生育技术服务人员合格证》。印发《国家卫生计生委关于计划生育手术并发症相关问题的批复》，明确医疗机构发生三级以上计划生育手术并发症适用于《计划生育手术并发症鉴定管理办法（试行）》，并发症人员纳入计划生育家庭特别扶助制度。（2）强化管理。组织修订《计划生育临床诊疗指南与技术操作规范》，编制印发《再生育技术服务指南》《再生育咨询指南》等，指导各地规范开展避孕节育和再生育服务。针对绝经期宫内节育器取出难题，制定技术指南，开展专题培训，指导各地做好服务。针对不同人群、不同时期的不同需求，开展生育力保护、流产后及分娩后避孕服务模式专题研究，推动提高服务精细化水平。（3）强化避孕药具管理。针对2017年免费提供避孕药具项目纳入国家基本公共卫生服务的新形势，及时印发通知，指导各地落实经费，做好避孕药具采购和发放工作，满足群众基本避孕节育需求。2017年，全国实施计划生育手术1904万例，为育龄夫妇免费提供避孕药具2.3亿人次，覆盖城乡居民和流动人口。

妇幼保健和计划生育技术服务资源优化整合工作 2013 年 12 月，国家卫生计生委和中央编办联合制定印发《关于优化整合妇幼保健和计划生育技术服务资源的指导意见》，明确按照“省选设、市县合、乡增强、村共享”的思路，启动妇幼保健和计划生育技术服务资源整合工作。2015 年和 2016 年，国家卫生计生委连续两年将此项工作纳入委党组督办事项大力推进。2017 年，该项工作仍是国家卫生计生委重点任务，要求各省（区、市）每季度上报一次工作进展。各地各级卫生计生部门稳步推进服务机构、队伍体系、工作内容整合融合，成效明显。截至 2017 年底，全国市、县、乡三级整合率达到 89.8%，基本实现工作平稳衔接、人员逐步融合、服务不断提升，新的妇幼健康服务体系逐步建立。

避孕药具管理 20 世纪 70 年代我国开始实行免费避孕药具供应制度，中央财政在转移支付地方的“计划生育服务项目经费”中设立“计划生育避孕药具补助经费”，专项保障全国免费避孕药具采购、存储和调拨等工作所需资金，满足群众避孕节育需求。2017 年“免费提供避孕药具”纳入国家基本公共卫生服务项目，所需经费在 2017 年国家基本公共卫生服务人均补助标准新增 5 元资金中安排。为保障各地药具采购和发放工作不受影响，国家卫生计生委、财政部、中医药局印发《关于做好 2017 年国家基本公共卫生服务项目工作的通知》，明确项目原有管理责任主体、项目内容、实施主体、资金用途、拨付对象和渠道保持不变。印发《国家卫生计生委办公厅关于做好 2017 年避孕药具采购及发放工作的通知》，要求各地高度重视，确保经费落实，切实做好药具采购、存储、调拨、发放工作，不断提高药具发放服务的可及性。

计划生育避孕药具不良反应监测工作 2017 年国家卫生计生委继续在全国 31 个省（区、市）97 个地级市的 116 个监测点开展国家级计划生育药具不良反应监测工作，不断提高监测水平。（1）优化信息系统。全面启用新的“十三五”避孕药具不良反应监测报告系统，完成信息系统等级保护要求。（2）推进首诊排查登记制度。建立避孕药具不良反应主动监测与被动监测相结合的监测模式。（3）强化队伍建设。开展避孕药具不良反应监测培训 10 余次，共 1400 余人。（4）加强工作督导。对全国 10 个省 12 个监测点的 57 家机构开展现场督导评估和质量抽查，效果良好。

（以上撰稿：张宜平　张明华）

出生缺陷防治工作 （1）部分重大出生缺陷疾病围产期发生率呈下降趋势。2016 年与 2006 年相比，神经管缺陷、总唇裂、唐氏综合征、脑积水等高发出生缺陷疾病围产期发生率降幅明显，分别为 75.4%、56%、43.8% 和 37.9%。（2）地中海贫血在部分高发省份得到有效控制。广东、广西胎儿水肿综合征（重型 α 地贫）发生率由 2006 年的 21.7/ 万、44.7/ 万分别下降至 2017 年的 1.93/ 万和 3.15/ 万，降幅分别达 91.1% 和 92.9%。（3）遗传代谢病和结构畸形患儿的治疗率及救助比例不断提高。近 5 年通过新筛确诊的遗传代谢病患儿总数超过 3 万名，2016 年苯丙酮尿症和先天性甲状腺功能减低症患儿 1 岁以内治疗率分别达到 97% 和 99.6%。（4）出生人口素质和妇幼健康状况持续改善。2016 年与 2000 年相比，出生缺陷导致的婴儿死亡率、5 岁以下儿童死亡率分别从 4‰、4.7‰降至 1.5‰和 1.7‰。出生缺陷防治工作对减少我国 5 岁以下儿童死亡的贡献率超过 15%。

国家免费孕前优生健康检查项目 2017 年国家免费孕前优生健康检查项目继续在全国所有县（市、区）普遍实施，为农村计划怀孕夫妇免费提供健康教育、健康检查、风险评估、咨询指导等 19 项孕前优生服务。2017 年 1—12 月，全国累计为 1173 万名计划怀孕夫妇提供免费孕前优生服务，筛查出的风险人群全部获得针对性的咨询指导和治疗转诊等服务，有效降低出生缺陷发生风险，受到群众普遍欢迎。各级党委政府高度重视孕前优生健康检查工作，将其作为保民生促发展的重大项目强力推进。23 个省（区、市）将目标人群从农业人口扩大到城镇居民，提前实现免费孕前优生健康检查城乡居民全覆盖。14 个省（区、市）将检查经费结算标准从国家规定的每对夫妇 240 元提高至 280 ~ 696 元，保障项目持续健康发展。一些省份在国家规定的基本服务内容基础上，拓展项目内容，广东、广西、海南、贵州 4 省（区）增设地中海贫血筛查项目，统筹推进孕前检查和地贫筛查，辽宁、山东、厦门等地新增艾滋病检测、再生育咨询等服务，针对性地开展孕前预防。

地中海贫血防控试点项目 2017 年，地中海贫血防控试点项目继续在我国全部 10 个地贫高发省份的 126 个试点县（市、区）实施，为新婚夫妇和计划怀孕夫妇免费提供地贫筛查、基因检测和产前诊断服务。2017 年 1—12 月，试点地区共为 25.6 万对夫妇提供免费地贫筛查，2169 名孕妇接受产前诊断，终止妊娠 380 人，有效减少重型地贫儿的出生。在国家项目带动下，地中海贫血高发省份加强统筹协调、完善政策举措，加大地贫防控工作力度。广东设立综合防控专项资金，广西将《地中海贫血防治计划》纳入地方医改重要内容，海南、云南将地中海贫血防控分别纳入健康扶贫工程和“关爱妇女儿童健康行动”重点任务，广东、广西、海南、福建4省（区）实现生育人群免费服务全覆盖。多数省份创新服务模式、优化服务流程，通过项目整合捆绑、增加服务内容、提供“一站式”服务等形式，统筹推进婚前检查、孕前检查和地中海贫血筛查诊断。同时，推进地中海贫血诊治纳入基本医保、大病保障、大病救助、专项集中救治范围，不断提高患病儿童医疗保障和救助水平。得益于国家和地方综合防控措施的落实，地中海贫血在我国部分高发省份得到有效控制。广东、广西等地中海贫血高发省份胎儿水肿综合征（重型 α 地贫）发生率由2006年的21.7/万、44.7/万分别下降至2017年的1.93/万和3.15/万，降幅分别达91.1%和92.9%。

先天性结构畸形救助项目　从2017年开始，国家卫生计生委联合中国出生缺陷干预救助基金会，利用中央专项彩票公益金支持，在北京等15个省（市）开展先天性结构畸形救助项目试点工作，强化出生缺陷综合防治。项目针对神经系统、消化系统、呼吸系统、泌尿系统及生殖器官、肌肉骨骼系统、五官等6大类72种先天性结构畸形疾病，为0 ~ 18周岁城乡贫困患病儿童提供3000元 ~ 3万元医疗费用补助金，减轻患儿家庭就医负担，减少儿童残疾发生。项目实施以来，进展顺利、反响良好。截至2017年底，项目地区申请救助4000余人，通过专家评审、公示等程序，落实救助政策2000余人，拨付救助金2879.1万元。接受救助后，患儿医疗费用个人自付比例为17.3%，低于2017年全国农村建档立卡贫困人口19%的医疗费用个人自付比例，患病家庭就医负担减轻，提升了患儿及其家庭获得感，取得了良好的社会效益和群众口碑。

“爱心传递防治出生缺陷”公益行活动　（1）公益活动是国家卫生计生委联合中国出生缺陷干预救助基金会打造的主题宣传教育活动，活动巡回基层，采取政策宣传、知识普及、专家义诊、疾病筛查、医疗救助和走访慰问等多种形式，普及优生科学知识，传递社会温暖关爱，在全社会营造重视和支持出生缺陷防治工作的良好氛围，推进三级防治措施落实。公益行活动于2016年8月启动以来，已走进宁夏、河南、河北、湖南、甘肃、山西、海南、深圳等8个省（区）和计划单列市，组织开展专家义诊8场，为2400余名当地群众提供义诊咨询、疾病筛查等服务，累计捐赠9855万元彩票公益金和价值2577余万元的母婴营养物资，受到群众欢迎和称赞。活动已成为两家单位联系群众、服务百姓、呵护健康的民生工程，取得良好社会效益。（2）2017年6月28日，国家卫生计生委、中国出生缺陷干预救助基金会在河北共同举办“爱心传递防治出生缺陷”公益行走进河北活动。第九、十届全国人大常委会副委员长、中国出生缺陷干预救助基金会理事长蒋正华，国家卫生计生委副主任马晓伟出席并讲话。活动期间，启动“爱心传递防治出生缺陷”公益行走进河北活动并交接旗帜，捐赠出生缺陷防治资金和物资。医务工作者代表发出倡议，呼吁做防治出生缺陷的倡导者、实践者和守护者，做出生缺陷患儿的爱心天使。活动结束后，全国知名专家举办专题讲座，开展义诊咨询活动。国家卫生计生委、中国出生缺陷干预救助基金会有关人员及专家，河北省人大常委会、人民政府有关领导，河北省和有关市县卫生计生部门负责人，以及委直属和石家庄市医疗卫生机构、妇幼保健和计划生育服务机构、综合医院等相关负责人和专业技术人员共300余人参加活动。

全国出生缺陷防治工作经验交流会　2017年11月2日在湖南长沙召开，会议要求，各地要贯彻“一纲要两规划”要求，落实孕前优生健康检查，推动免费产前筛查、产前诊断和新生儿疾病筛查，优化生育全程出生缺陷防治服务链条，健全三级防治协调推进工作机制。要强化能力保障和效能提升，加强机构和队伍建设，促进区域均衡发展。要完善出生缺陷患儿医疗保障和救助制度，进一步加大保障救助力度。会议通报出生缺陷防治项目质量，湖南、山东、河南等省（区、市）做经验交流。国家卫生计生委相关处室，各省（区、市）、新疆生产建设兵团及计划单列市卫生计生委妇幼处处长，省级计划生育科研院所、妇幼保健院等单位负责人及有关业务联系单位负责人100余人参加会议。会议由湖南省卫生计生委、湖南省妇幼保健院承办。　　（以上撰稿：许宗余　燕东海）

食品安全标准与监测评估工作

2017年食品安全标准与监测评估工作概述

一、标准管理与食品安全标准体系建设

拟定《食品安全标准管理办法》，组建跨部门、多领域标准工作协作组，利用信息技术开展国家标准在线跟踪评价，立项确定近80项重点标准。清理整

合5000余项种类标准后颁布新的标准目录。加快制定大米镉、二噁英等97项年度国家标准（2016年和2017年完成“十三五”规划目标的2/3）。推动地方食品安全标准建设，指导加强地方食品安全标准管理，优化企业标准备案工作，促进地方特色食品产业发展，助力扶贫攻坚。举办第49届国际食品添加剂法典委员会会议，为国际标准制定贡献中国智慧，将中国标准推向世界，服务国际贸易和外交大局。

二、发挥监测评估作用

组织实施年度监测计划，在国务院食品安全委员会全体会议上报告风险监测7年来的工作，15次向有关部门通报年度监测结果，为加强风险处置和防控提供依据。制定2018年监测计划。组织开展全国监测数据比对测试，强化监测质量控制。向相关部门通报并稳妥处置小龙虾、牛奶致婴幼儿食源性疾病、鸡蛋涉氟虫腈等应急事件。研究制定“十三五”风险评估计划，立足于标准制定修订和监管实际需要，做好碘、婴幼儿配方食品甲醛等风险评估。开展食物消费量调查。

三、推进“三新食品”管理改革

修订完善配套制度措施，按照“放管服”要求和改革目的，修订《新食品原料安全性审查管理办法》《食品添加剂新品种管理办法》等规章。做好地方标准管理。印发《关于进一步规范食品安全地方标准管理工作的通知》，完善地方标准管理要求，指导各地按照食品安全地方标准管理地方特色食品。修订《食品安全标准管理办法》，完善地方标准备案程序等相关规定。全年共登记备案24项食品安全地方标准，对13个省提出的72项食品安全地方标准立项建议提出咨询意见。加快修订食药物质目录，并同步推进食药物质目录管理办法修订等工作。建立部门合作机制。就食药物质目录，保健食品原料名单等问题与国家食药总局、中药医管理局达成共识，建立3部门相关司局间的统筹协调工作机制，配合做好相关工作。

四、组织编制并实施《国民营养计划（2017—2030年）》

2017年7月，《国民营养计划（2017—2030年》（以下简称《计划》）由国务院办公厅印发实。国家卫生计生委会同相关部门举办专题新闻发布会，并进行部门和委内分工。2017年12月，联合农业部、体育总局组织召开《计划》工作会暨培训班，部署《计划》的推进实。《计划》的发布被评为2017年度卫生与健康十大新闻。《计划》作为《“健康中国2030”规划纲要》的重要配套文件，分阶段设置了2020年和2030年工作目标，针对不同人群的营养健康突出问题，部署生命早期1000天、学生营养改善、老年人群营养改善、临床营养、贫困地区营养干预、吃动平衡等6项重大行动。

五、构建“县乡村一体化”工作体系

2017年初国家卫生计生委印发《卫生计生基层机构食品安全工作指南》，对县及县以下如何做好食品安全标准与科普宣传、食源性疾病监测与信息报告等工作提出要求，旨在夯实依法履职的基础，畅通食品安全，服务百姓“最后一公里”。为抓好组织实施，要求每个省选取至少1个县（区）作为示范点。目前，32个省（区）共选择85个示范点推动落实基层食品安全工作开展。

六、加强体系和制度建设

积极参与食品安全法实条例修订，力争将保障“十三五”规划实施、加强强体系建设、深化改革措施等纳入操作性条款。研究修订食品安全标准、监测与评估管理制度，拟定敏感、重大食品安全信息报告制度。强化安全性审查与标准融合，通过动态目录管理和制定修订国家、地方标准，分级分类承担审批职责，逐步破解风险防范等棘手问题。　　（付　婷）

2017年全国卫生计生系统食品安全标准与监测评估工作会议　2016年2月17日在北京召开，会议总结2016年食品安全标准与监测评估工作，分析形势，明确思路，部署做好2017年工作。国家卫生计生委副主任金小桃出席并讲话。

各省（区、市）及新疆生产建设兵团和计划单列市卫生计生行政部门分管领导和食品相关处处长，省级疾控中心、卫生监督机构，以及中国疾控中心，卫生监督中心、食品风险评估中心有关负责人共约180人出席会议，公安部、农业部、食品药品监管总局等部门及委内相关司局应邀列席开幕式。会上委食品评估中心介绍2017年风险监测计划，上海、山东等7个省（市）分别从规范管理、抓好落实、体系建设开拓创新、食品安全及营养扶贫、风险监测、地方特色食品管理等方面进行经验交流。代表们围绕理顺履职体制机制职责定位、保障职责落实的激励、评估政策措、提高队伍素质、增强创新工作能力等重点问题分组进行讨论。

组织编制实施《国民营养计划（2017—2030年）》　2017年，研究起草《国民营养计划（2017–2030年）》（以下简称《计划》），7月由国务院印发实施。国家卫生计生委会同相关部门举办专题新闻发布会，并牵头制定分工实施方案。

《计划》按照“政府引导、科学发展、创新融合、共建共享”的原则，分阶段设置2020年和2030年工作目标，提出完善营养法规标准体系、加强基层营养工作、促进食物营养健康产业、提升营养健康信息化水平、改善重点人群营养状况、普及营养健康应知应会、提高国民营养健康素养等7方面的政策措施部署。

贯彻落实国民营养计划（2017—2030年）工作会议暨培训班　为贯彻落实国务院办公厅《国民营养计划（2017—2030年）》（以下简称《计划》），2017年12月，国家卫生计生委联合农业部、体育总局组织召开《计划》工作会议暨培训班。会议部署《计划》实施推进工作，国家卫生计生委副主任金小桃出席会议并讲话。农业部、体育总局就农产品生产、食品加工营养化转型，以及体医融合等方面介绍落实《计划》的相关要求。《计划》实施相关部委，相关专家、国家级行业学会、协会代表，各省（区、市）及新疆生产建设兵团卫生计生委（卫生局）、教育厅、农业厅、体育局分管负责人和食品安全、营养相关处室疾病预防控制机构主要负责人参加会议，委内有关司局、直属单位负责人列席会议。

构建“县乡村一体化”工作体系　为依法履行好《食品安全法》赋予的各项职责，发挥卫生计生基层机构在开展食品安全工作方面的“网底"作用，构建以县级技术机构为核心，乡（镇）、村（社区）医疗卫生机构为支持的“县乡村一体化”卫生计生基层食品安全工作体系，维护和保障公众身体健康，2017年1月，国家卫生计生委组织编写并印发《卫生计生基层机构食品安全工作指南》（以下简称《指南》）。按照委党组关于“工作落实年”的要求，各地按照《指南》，结合地方实际，抓好组织实施，探索创新基层食品安全工作形式。要求每个省（区、市）选取不少于1个县（区）作为本省卫生计生基层机构食品安全工作示范点，32个省（区）共选择85个示范点推动落实基层食品安全工作开展。

“推进食品产业与健康融合发展”调研　为贯彻落实《“健康中国2030”规划纲要》，推动食品产业与健康融合，组织开展该调研课题。通过对全国546名相关管理人员和专家，52家大中型食品企业和341名普通消费者开展问卷调查，深入吉林、重庆、内蒙古、贵州等地开展现场调研，系统了解并梳理目前我国食品产业发展现状、存在的困难和问题，提出食品产业与健康融合的思路和发展策略。通过调研，了解我国健康食品产业发展情况，分析居民对健康食品的认识误区，健康食品产业难以满足居民饮食健康需求，支持食品产业与健康融合的政策措施亟待完善，亟须进一步发挥营养标准的作用等方面的问题。提出推动食品产业与健康发展的策略和建议：（1）以促进营养健康为目标，引导居民合理健康消费。针对婴幼儿、中小学生、老年人群等重点人群，开展营养监测、指导和干预，倡导营养均衡的餐饮消费模式，弘扬传统食疗养生文化。（2）以健康教育为先导，提高全民营养与健康素养。开展营养健康宣贯，提升学校、社区、医疗机构、养老机构等营养服务能力，推动将有关食品营养与安全知识知晓率纳入健康城市和健康村镇考核指标。（3）以食品安全标准为抓手，服务食品产业发展需要。建立以营养健康为导向的标准体系，实现从安全标准向以安全为基础的营养健康标准的提升。提升食品安全标准服务水平，引导企业开发适应营养健康要求的新产品。（4）以信息化大数据为手段，做好营养安全监测和数据利用。加强数据采集、共享和分析挖掘，为开展现代精准科学便捷的营养健康管理提供助力。（5）以产业创新融合为动力，完善产业相关扶持政策。加快完善食药物质目录，对目录实施动态管理，推进食物营养产业建设与发展。

（田建新　董静宇）

食品安全标准与监测评估宣传工作　2017年，围绕食品安全标准、实施《国民营养计划》、强化基层食品安全示范等重点工作，做好舆论引领、典型示范，服务公众饮食健康。按照国务院食品安全办等19部门《关于开展2017年全国食品安全宣传周活动的通知》要求，结合卫生计生部门食品安全工作职责和宣传重点，国家卫生计生委围绕“尚德守法、共治共享食品安全”主题，组织卫生计生系统参与全国食品安全宣传周活动。国家层面，组织“国家食品安全风险评估中心开放日”“中国疾控中心营养与食品所开放日”等主题活动，宣传食品安全标准与监测评估工作进展，解读重点食品安全国家标准，开展《国民营养计划》多种形式宣传，倡导健康膳食理念。

食品安全与营养大数据应用　（1）加强数据管理和应用。建成覆盖全国的食品化学污染物和有害微生物监测信息系统、食源性疾病监测系统、食源性疾病暴发监测系统和国家食源性疾病分子溯源网络等信息系统，实现监测点数据的网络直报和分子分型图谱的实时上报、在线分析和数据共享，初步实现监测数据的自动统计和报告。（2）提升数据服务和交流。建立食品安全标准管理信息系统和标准检索系统，适应监管部门、食品企业和消费者查询和检索标准需要；搭建食品安全微信公众平台，定期发布食品安全信息，宣传和普及食品安全知识；营养监测和营养调查系统初步建立。（3）依托大数据和信息化工程。推动国家全民健康保障信息化工程和国家食品安全监管信息化工程中食品与营养健康信息化建设工作；根据食品安全风险影响因素和趋势预测分析等需要，探索建立与环保、农业、人口和健康等相关数据共享机制；食品安全信息化建设由点到面稳步开展。（4）探索大数据分析，加强数据收集、分析和利用。黑龙江、湖南、广东、浙江等4省开展大数据研究试点，进行食品安全大数据平台建设、环境与食品数据融合和食品大数据分析等具有代表性的创新研究。云南等省建立省级风险监测信息平台，并通过标准接口与国家级信息系统对接，实现互联互通和信息共享；浙江、江苏等省哨点医院实现HIS系统与食源性疾病监测系统的联通，减轻医生填报压力。广东、福建等省建立省级食品安全监管、区域医疗卫生管理平台，为省级食品安全风险管理相关数据收集，综合大数据分析、挖掘奠定工作基础。（以上撰稿：董静宇）

重点标准制修订及完善食品安全标准体系　为贯彻落实国务院食品安全委第4次全体会议精神以及《国务院办公厅关于印发2017年食品安全重点工作安全的通知》有关要求，国家卫生计生委推动重点标准制定修订有关工作。公布实施包括致病菌限量标准、污染物限量标准和检验方法标准等11项食品安全国家标准，完善食品安全标准体系。组织委食品评估中心完成稻米中镉限量国内外标准比对，开展数据分析及风险评估，并按照工作计划继续推动相关标准的研制；配合农业部研究制定鸡蛋中氟虫腈限量标准及配套检验方法标准，落实相关实验方法推荐和实验室验证工作；会同相关部门公开征集食品安全国家标准立项建议，重点制定修订食品产业行业发展、食品安全监督管理亟须的标准，将涉及重金属污染、婴幼儿配方食品、特殊医学用途配方食品、保健食品的97项食品安全国家标准制修订项目纳入2017年度项目计划。

规范进口尚无食品安全国家标准食品审查工作　按照落实国务院“放管服”有关要求，围绕进一步方便申请人提交材料、简化程序、明确工作流程，经商相关部门，2017年4月国家卫生计生委以办公厅文件形式印发《关于规范进口尚无食品安全国家标准审查工作的通知》（以下简称《通知》）。《通知》重点明确进口无国标食品的范围，明确委托国家食品安全风险评估中心参照食品安全国家标准的管理机制和流程，开展进口无国标食品标准技术审查工作的职责。从申请材料的提交，初审及征求意见、技术审查要求、报批与发布、复审等方面规范进口无国标食品的相关标准审查程序。为配合《通知》的贯彻落实，食品评估中心也制定出台《关于进口尚无食品安全国家标准食品相关标准技术审查工作的通知》，细化要求、规范工作程序，对技术审查有关工作的审查程序与工作流程和进口无国标食品申请材料、审查程序提出明确的管理要求和规范。（以上撰稿：宫国强）

跟踪评价工作　食品安全标准跟踪评价是食品安全标准工作的重要环节，2017年5月，国家卫生计生委印发通知，专题部署食品安全标准跟踪评价工作：（1）国家食品安全风险评估中心建立食品安全国家标准跟踪评价及意见反馈平台，收集食品安全标准实施中的问题和建议。（2）以问题和需求为导向，有针对性地开展专项跟踪评价。确定2017年度重点标准专项跟踪评价目录，各地卫生计生行政部门应当会同同级相关部门采取培训会、座谈会、实地调查、网上调查、专家咨询。专题研究等方式，听取各方对标准的意见建议。（3）组织专家研究，科学评价各方意见与建议。国家食品安全风险评估中心负责及时汇总分析食品安全国家标准跟踪评价情况，适时组织食品安全国家标准审评委员会相关专业委员会、有关行业协会和技术机构等相关领域的专家，对收集的问题、意见予以研究，按照标准制修工作程序提出具体建议。（4）加大标准宣传与交流力度，指导正确理解和使用标准。通过食品安全宣传活动，采取形式多样的宣传培训手段，开展食品安全标准宣传教育和培训交流，推进食品安全标准实施工作。（高术宝）

通报食品安全国家标准目录及清理整合结论　根据《2017年食品安全重点工作安排》，为进一步强化标准制定、执行和监管的衔接，经征求相关部门意见，2017年7月11日，国家卫生计生委就食品安全国家标准目录和食品相关标准清理整合结论向相关部门和单位进行通报并主动公开。关于食品安全国家标准目录：截至通告日，国家卫生计生委会同农业部、食品药品监管总局制定发布食品安全国家标准1224项（现行），包括：通用标准11项、食品产品标准64项、特殊膳食食品标准9项、食品添加剂质量规格及相关标准586项、食品营养强化剂质量规格标准29项、食品相关产品标准15项、生产经营规范标准25项、理化检验方法标准227项、微生物检验方法标准30项、毒理学检验方法与规程标准26项、兽药残留检测方法标准29项、农药残留检测方法标准106项、被替代和已废止（待废止）标准67项。关于食品相关标准清理整合结论：按照《食品安全法》和国家食品安全工作规划、计划，近年来，根据食品相关标准清理和整合工作安排，国家卫生计生委组织专家和各相关单位对我国食用农产品质量安全标准、食品卫生标准、食品质量以及行业标准进行清理，重点解决标准重复、交叉和矛盾的问题。经清理，1082 项农药兽药残留相关标准转交农业部进行进一步清理整合。对另外 3310 项食品标准做出以下清理整合结论：（1）通过继续有效、转化、修订、整合等方式形成现行食品安全国家标准（412 项）；（2）建议适时废止的标准（57 项）；（3）不纳入食品安全国家标准体系的标准（1913 项）。（史根生）

食品安全政务公开工作　近年来，从国家和省级层面统计情况看，卫生系统食品安全领域的政府依申请公开件数持续增多，已占年度依申请公开总量的 70% 以上，一方面反映出食品安全标准与监测评估工作事关百姓健康和饮食安全，社会高度关注，需要加大对社会公众的宣传和交流，不断提高工作的透明度；另一方面也反映出社会各方对政府的期待和要求更高，食品安全标准与监测评估工作尚有亟须改进的地方，履职过程中还需要提高风险意识，要加大对相关法律法规和政策规定的学习掌握，加强与法制部门的沟通交流，增强法治意识、程序意识、风险意识、服务意识、提高依法履职的能力。2017 年 7 月 24—25 日，国家卫生计生委在北京召开食品安全相关政务公开工作研讨会，食品司、各省（区、市）卫生计生委食品处、国家食品安全风险评估中心及食品司相关人员参加会议。会议邀请国务院法制办工交司、委办公厅和法制司、中国法学会以及中国人民大学相关领导和专家出席，并就《政府信息公开条例》修订情况，食品安全领域的政务公开、行政复议和行政诉讼应诉工作，以及有关课题研究隋况进行解读。浙江、广东、云南卫生计生委做交流发言。与会人员就如何做好食品安全领域的政府信息公开工作进行讨论。

全国省级食品安全标准师资政策法规标准能力提升培训班　为进一步提升食品安全标准管理水平，加强食品安全标准师资队伍建设，提高基层食品安全标准指导、解答能力，2017 年 11 月 21—22 日，国家卫生计生委在厦门举办该培训班。培训班邀请委法制司和国家食品安全风险评估中心有关专家，结合食品安全相关行政复议和诉讼案例分析及风险防范、《食品安全标准管理办法》修订情况解读、食品安全标准知识与重点标准解读、新食品原料及食品安全地方标准备案管理工作等进行授课，并邀请广东、江苏、浙江等省介绍食品安全标准师资培训教材编写项目工作情况。（以上撰稿：高术宝）

首届食品安全国家标准审评委员会第 13 次主任会议　2017 年 12 月 8 日，在京召开，受审评委员会副主任委员、国家卫生计生委副主任金小桃委托，国家卫生计生委食品司领导出席会议并讲话，审评委员会副主任委员、技术总师陈君石院士主持会议。各专业分委员会主任委员、副主任委员及农业部、食品药品监管总局等部门代表参加会议。农业部农产品质量安全监管局通报农兽药残留标准工作开展情况。会议审议通过《食品安全国家标准　食品添加剂　聚氧丙烯甘油醚》等 40 项食品安全国家标准。（逄炯倩）

第 49 届国际食品添加剂法典委员会会议　2017 年 3 月 17—24 日在澳门举行，来自 50 个成员国和 1 个成员组织（欧盟）及 32 个国际组织的 260 余名代表参加本届会议。此次会议是中国担任 CCFA 主持国以来主办的第 11 次会议，会议由国家卫生计生委主办，国家食品安全风险评估中心承办，澳门民政总署协办。国家卫生计生委副主任金小桃及澳门特别行政区行政法务司司长陈海帆出席会议并致开幕词。澳门民政总署管理委员会主席戴祖义出席会议并介绍澳门民政总署的情况。联合国粮农组织、世界卫生组织两个国际组织分别致辞。国家食品安全风险评估中心总顾问、CCFA 主席陈君石院士及副主席樊永祥研究员主持会议。本次会议重点研究食品添加剂法典通用标准（GSFA）、食品添加剂编码系统（INS）、联合国粮农组织 / 世界卫生组织食品添加剂联合专家委员会（JECFA）优先评估的食品添加剂名单、食品添加剂质量规格标准等相关内容。来自国家卫生计生委、农业部、质检总局及香港食物环境卫生署和澳门民政总署的 14 名代表组成的中国代表团参加会议。（史根生）

加强食品安全标准实施解读工作　2017 年，针对监管、行业、地方提出制糖过程中使用二氧化碳和氧化钙、亚麻籽适用标准等问题，国家卫生计生委在调研、听取意见、科学论证的基础上对相关标准做出解释，妥善解决相关问题，受到相关各方和公众的好评。针对行业、地方提出的制糖行业用二氧化碳和氧化钙，不适用于现行相关标准问题，国家卫生计生委食品司组织食品安全标准审评委员会有关专家、国家糖业协会等赴内蒙古，与地方行业协会、监管部门进行沟通，并深入赤峰企业调研，厘清行业发展事实，结合标准制定过程和国际相关标准情况，依法依规对相关标准做出解释，解决困扰行业发展问题。针对相关国家、企业提出的亚麻籽适用标准问题，国家卫生计生委食品司组织专家赴山西、内蒙古、甘肃等地开展专题调研，同时，委托食品评估中心开展亚麻籽安全性评价和相关指标检测验证工作，并完成食用亚麻籽研究情况报告。国家卫生计生委在前期研究的基础上，提出亚麻籽适用标准并及时将研究情况向各部门和社会通报，切实回应社会关注，消除人民群众疑虑，促进相关产业健康发展。此外，国家卫生计生委还依法对食用燕窝、泡菜适用标准等食品安全国家标准问题做出解释，适应监管需要，解答企业困惑。

（逄炯倩）

联合组织实施2017年国家食品安全风险监测计划　国家卫生计生委会同工业和信息化部、商务部、质检总局、食品药品监管总局、粮食局等部门制定并组织实施2017年国家食品安全风险监测计划，印发2017年食品安全风险监测工作手册和2017年食品安全风险监测工作任务分配方案。全国建立食品安全和农产品质量安全风险监测协调机制，将“米袋子”“菜篮子”主要产品和部分高危食品生产过程纳入风险监测范围，加强食源性疾病、食品污染物和食品中有毒物质监测，在全国2808个县（区）设置食品污染物监测点，将9780家二级以上医院作为食源性疾病监测哨点医院，覆盖所有省、地市和98%的县级行政区域。

国家食品安全风险监测结果为管理决策提供依据　坚持问题导向、需求导向和目标导向，2017年，国家卫生计生委组织实施系统性、分层次和连续性监测，监测品种涉及粮油、果蔬、婴幼儿食品等29大类，包括259项指标，涵盖种植养殖、粮食收贮、生产和加工、销售和餐饮服务、进出口等各环节。截至2017年底，累积获得1300万个监测数据和130万份食源性疾病病例信息，建立国家风险监测数据库、毒物数据库，掌握全国污染物和食源性疾病分布状况，为制定污染物限量、致病菌限量和卫生操作规范等食品安全标准指明方向。国家层面累计向国务院报告8期年度风险监测结果，向各部门通报130余期风险监测结果，提出30余项风险预警建议。各省（区、市）和多个地市卫生计生委均建立风险监测结果会商通报机制，依法开展风险监测结果通报，通过确定风险监测结果分级和强化过程管理理念，为有关部门实施食品安全风险分级管理提供重要依据。相关监管部门高度重视，采取措施，及时排查处置监测过程中发现的食品安全隐患。

促进食品安全风险监测工作质量提升　为提升食品安全风险监测工作能力和水平，督促各地保质保量完成各项风险监测任务，国家卫生计生委采取多种措施，推动风险监测工作的实施：（1）有序开展全国31省（市、区）年度食品安全风险监测方案的备案工作，指导各地结合人、财、物配套，协调推进辖区各项风险监测任务落地。（2）印发《第二批食品安全风险监测参比实验室和食源性疾病病因学鉴定实验室名单》，建设27个国家风险监测参比实验室。推进食源性疾病溯源体系建设，覆盖所有省级疾控中心和126家市级疾控机构。持续组织开展全国风险监测数据比对测试，强化全国风险监测质量控制。（3）举办全国食品安全风险监测评估行政管理培训班，会同中国疾控中心、食品评估中心组织开展2017年全国风险监测技术培训，加强监测、报告工作的规范化，提升全国监测队伍能力。（4）抓年度重点任务落实。建立台账，明确分工，研究制订对地方工作的考核细则，加强督促指导，赴陕西、宁夏等地完成2016年、2017年度全国食品安全工作考核任务，赴贵州完成2017年度全国质量工作考核任务。

（以上撰稿：徐　娇）

食品中放射性污染监测工作　按照（（2017年国家食品安全风险监测计划》要求，重点对核电站、核设施周围以及矿山周边等地食品中放射性开展监测，涉及生鲜乳、蔬菜、茶叶、粮食（水稻、小麦、玉米等）、家畜家禽肉类、奶粉、水产品等食品品种。针对2017年“3·15”期间，日本辐射区食品流入我国舆情，及时调整食品中放射性物质监测工作计划，增加进口日本食品放射性监测专项。同时为及时了解掌握近一时期朝鲜核试验对我东北边境及周边地区食品安全的影响，组织中国疾控中心辐射安全所对黑龙江、吉林、辽宁等3省部分边境城市开展食品中放射性核素的监测工作。重点监测露天生长的大叶类蔬菜，以及畜禽产品、奶粉、水产品、粮食（大米、玉米）、干果、饮用水等，共计119份样品进行放射性核素监测，均来发现异常情况。

贫困地区儿童营养包监测　根据《2017年国家食品安全风险监测计划》安排，国家卫生计生委组织中国疾控中心营养与健康所对贫困地区儿童营养包开展质量监测。共对7家营养包生产企业爹涉及82个批次的101份样品进行感官性状、污染物、真菌毒素、微生物、微量营养素等指标进行检测，有1家企业生产的1个批次，存在不易冲调、脂肪含量明显偏低等情况，其余6家生产企业的样品均符合国家食品安全标准的要求。

（以上撰稿：张　凤）

印发《关于进一步做好2017年食品安全保障中央财政转移支付地方资金管理的通知》　为配合中央财政转移支付地方重大公共卫生项目资金分配方

式改革，指导各地卫生计生系统做好食品安全工作经费预算编制、项目实施和考核、防止出现资金挤占，保障工作顺利开展，2017年1月19日，国家卫生计生委印发该《通知》，要求各地加大投入力度，提高工作能力加强资金管理，强化督导考核，推进风险监测任务落实，确保工作实效。

加强横纹肌溶解综合监测　组织做好相关技术储备　继2016年妥善应对横纹肌溶解综合征增多事件后，2017年，国家卫生计生委高度重视横纹肌溶解综合征监测工作，提前制定工作方案，密切关注重点季节重点地区发病情况，要求食品评估中心汇总收集高发期全国横纹肌溶解综合征监测数据，组织专家综合研判，并及时向国务院食品安全办、农业部等相关部门通报情况，做好工作会商。为了进一步做好应对，国家卫生计生委还牵头组织中国疾控中心、食品评估中心、协和医院等专业技术机构开展科研攻关，研究横纹肌溶解综合征病因物质和诊疗方案等，加强相关技术储备。　（以上撰稿：蔡　楠）

组织实施国务院食品安全办等5部门畜禽水产品抗生素、禁用化合物及兽药残留超标专项整治行动　按照《国务院食品安全办等五部门关于印发〈畜禽水产品抗生素、禁用化合物及兽药残留超标专项整治行动方案〉的通知》要求，国家卫生计生委会同有关部门制定、调整和组织实施2016年、2017年度国家食品安全风险监测计划，将畜禽水产品抗生素、禁用化合物及兽药残留和致病菌耐药纳入风险监测重点；组织对全国省级监测技术机构开展禁限用物质监测专项技术培训，确保监测工作质量；定期会同相关部门系统分析研判和通报年度、季度风险监测结果。2016年以来，全国共监测样品8.02万份，其中畜类产品2.09万份，禽类产品4.49万份，水产品1.44万份，重点监测项目β－受体激动剂、氯霉素、五氯酚钠、抗病毒药物、硝基呋喃代谢物、孔雀石绿及隐性孔雀石绿、喹诺酮等禁用化合物、抗生素及兽药等，同时还对6种食源性致病菌，共计5145株进行耐药性分析。各级卫生计生部门结合本地实际，建立和完善风险监测结果报告与通报机制，及时向相关部门和同级人民政府通报食品安全风险监测中发现的隐患，为监管部门掌握食品安全风险监测现状、有效打击问题食品提供及时准确信息。　（张　凤）

赴陕西、宁夏开展食品安全督查　根据国务院食品安全委员会的部署，2017年9月，国家卫生计生委副主任金小桃担任组长的第8督查组对陕西省、宁夏回族自治区政府食品安全工作进行督查。按照督查工作要求，督查组听取汇报、核查资料和现场询问，并随机抽取食品生产经营企业、基层食品药品监管所开展现场检查，了解省、市、县各级政府和有关部门履行食品安全工作职责的情况。督查组坚持问题导向、真督实查，切实了解省（自治区）、市、县各级政府和有关部门履行食品安全工作职责的情况，发现工作中存在的问题和薄弱环节，提出相应的工作建议。督查结束后，向国务院食品安全委员会办公室提交督查报告。　（蔡　楠）

调研浙江、广东食品安全风险监测质量控制体系建设工作情况　（2017年4月19—21日，国家卫生计生委赴浙江省对食品安全风险监测质量控制体系进行调研，通过实地考察、召开座谈会等形式，听取浙江省卫生计生委、省疾病预防控制中心和德清县、长兴县疾控中心的报告，重点了解浙江省食品安全风险监测质量控制体系、风险监测工作现状及国家食品安全风险监测参比和病因学鉴定实验室建设工作的相关经验，以及存在的困难和问题。国家卫生讨生委对浙江省的工作予以表扬，要求下一步在全过程实施风险监测质量控制的同时，要强化内部质控考核和外部能力验证；要利用互联网和大数据平台，“上下一盘棋”全面建设质量控制体系，加强信息化建设，努力构建食品安全风险监测工作新格局。

国家卫生计生委于2017年5月10—12日，赴广东省对食品安全风险监测质量控制体系工作进行调研，通过专家座谈、实地考察等形式，重点了解广东省食品安全风险监测质量控制体系，食品安全风险监测工作现状及国家食品安全风险监测参比和病因学鉴定实验室建设工作的相关经验，以及存在的困难和问题。

国家卫生计生委对广东省食品安全风险监测工作予以肯定，要求下一步要统筹全省疾控机构和科研院所资源，以“共商、共建、共享”的思路，建设3个国家参比实验室和病因学鉴定实验室，搭建质量控制网络，为构建国家风险监测质量控制体系注入强劲动力。　（徐　娇）

针对重点人群开展特殊医学用途婴儿配方食品监测　特殊医学用途婴儿配方食品是指针对患有特殊紊乱、疾病或医疗状况等特殊医学状况婴儿的营养需求而设计制成的粉状或液态配方食品。适用的特殊医学状况包括乳糖不耐受婴儿、乳蛋白过敏高风险婴儿、食物蛋白过敏婴儿、早产 / 低出生体重儿和氨基酸代谢障碍婴儿。由于适用人群均为有特殊医学状况的婴儿，其食用安全性不容忽视。按照 2017 年国家食品安全风险监测计划要求，组织国家食品安全风险评估中心对浙江、广东、河南、湖北、湖南、甘肃等 6 省报送的 151 份特殊医学用途婴儿配方食品风险监测信息数据进行汇总分析。国家卫生计生委及时将监测结果通报食品安全监管部门，建议严格特殊医学用途婴儿配方食品的管理，加强对母婴专卖店相关婴儿食品的监督抽检。

稳妥处置有关舆情　2017 年 8 月，针对媒体报道荷兰出口德国等欧洲国家的鸡蛋检出杀虫剂氟虫腈有关舆惰，国家卫生计生委高度关注，在国务院食品安全办的统一领导下，加强舆情监测，要求国家食品安全风险评估中心进一步梳理分析国内外法规标准，做好相关技术储备等工作。并将国家食品安全风险评估中心开展的相关工作情况，及时通报国务院食品安全办等部门，以便于国务院食品安全办组织有关部门积极应对，稳妥处置。

组织制定《食品安全风险监测管理规定》　为落实《食品安全法》及其实施条例，精准掌握法律要义，完善食品安全风险监测相关法规制度，国家卫生计生委组织相关单位对《食品安全风险监测管理规定（试行）》进行修订。修订工作结合食品安全“十三五”规划、“健康中国 2030”“国民营养计划”等，将新精神、新内容融入其中；重点加强完善与各部门会商和食源性疾病监测报告制度，形成工作合力；强化风险监测结果的运用，坚持监测工作及其监测结果的属地管理，引导各级食品安全风险监测有关部门真正利用好、掌握好。《食品安全风险监测管理规定》主要分为总则、职责、计划制定、组织实施、数据管理、质量控制、会商通报、保障措施和附则等 9 章。已形成征求意见稿并征求相关部门和省级卫生计生行政部门，在《食品安全法实施条例》颁布后能快速出台。

（以上撰稿：张　凤）

国家食品安全风险评估专家委员会第 12 次全体会议　2017 年 2 月 28 在京召开，会议由主任委员陈君石院士和副主任委员庞国芳院士主持，国家卫生计生委食品司、国家食品安全风险评估中心的有关领导和专家出席会议。会议总结委员会 2016 年工作，审议通过中国居民膳食焦糖色暴露、膳食总汞暴露和食品添加剂吗啉脂肪酸盐果蜡等 3 项优先评估项目技术报告，讨论我国“十三五”期间食品安全风险评估总体思路和工作方向。与会委员还研究了微生物风险评估策略、耐药性评估工作思路、食品接触材料评估工作重点以及需要评估的重点物质等，对如何推动我国食品安全风险评估工作发展建言献策。

组建地方特色食品管理技术协作组　2017 年，为建设科学、协调、高效的食品安全地方标准工作体系，加快补齐因地域差异导致的工作短板，成立卫生计生省际地方特色食品管理技术协作组（简称协作组）。协作组是地方特色食品管理协调议事平台，发挥“横、纵”双向作用。“横”向作用：（1）协作组成员单位间在地方特色食品实验研究、风险评估、标准制定中相互协调沟通、分工协作，共享技术资源，实现共商、共建、共享，避免双盲和资源浪费；（2）协作组对其他兄弟省份采取结对子、一帮一等方式，帮扶中西部地区特色食品管理技术能力提高。“纵”向作用：（1）承接国家相关政策研究和技术支持任务，提供相关咨询意见、建议；（2）协助宣传和推动政策、法规、标准实施，推动地方标准与国家标准衔接等事项。协作组采取组长轮值制，任期 1 年，秘书处设在组长单位，负责日常工作，广东省疾控中心被推举为首任组长单位。

推进按照传统既是食品又是中药材物质目录管理工作　（1）扩增食药物质目录。根据我国传统饮食习惯和国际管理经验，综合考虑各地需求，在组织食品安全、中医药、营养等方面的专家评估论证的基础上，提出拟将党参、肉苁蓉、铁皮石斛、西洋参、黄芪、灵芝、天麻、山茱萸、杜仲叶等 9 种物质纳入食药物质目录。扩增食药物质目录各项工作将按程序有序推进。（2）修订《食药物质目录管理办法》。根据管理需要，拟废止《禁止食品加药卫生管理办法》修改为《食药物质目录管理办法》（以下简称《办法》）。组织食品评估中心、中国中医科学院、卫生计生监督中心、中国疾控中心等单位开展《办法》起草工作，多次召开座谈会专题研究，会同有关部门和省级卫生行政部门代表赴吉林、山西、广东、甘肃、陕西等地调研，各项工作按程序有序推进。

（以上撰稿：陈　波）

改革和加强食品“三新产品”管理　按照国务院“放管服”精神，国家卫生计生委聚焦当前新食品原料、食品添加剂和食品相关产品新品种（简称“三新食品”）许可管理突出问题，经研究论证，提出改革和加强“三新食品”审批制度，并全力推动改革工作。（1）完善三新食品安全性审查工作程序和要求。研究修订“三新食品”规章制度，包括新食品原料、食品添加剂和食品相关产品新品种管理规定、申报与受理、审查规程等。（2）强化新食品原料、进口无国标食品、地方特色食品、按照传统既是食品又是中药材物质（简称食药物质）衔接，改进管理方式、拓宽管理模式，体现食品原料的科学、系统性管理，促进我国食品安全治理水平提升，推动食品相关产业健康发展。

中国居民食物消费量调查工作　食物消费量调查是食品安全风险评估的基础性工作。国家卫生计生委印发的《食品安全标准与监测评估“十三五”规划》要求系统开展食物消费量调查，积累风险评估基础数据。国家卫生计生委组织开展人群食物消费量调查，逐年扩大食物消费量调查覆盖地域和食品类别，利用食物消费记录、食物称重等手段获得各类食物消费量数据。2017年印发年度食物消费量调查工作计划，召开会议部署工作并做好培训等，推动各地做好调查工作。此项调查已覆盖18个省（区、市），入户调查135个城市区/县12万余人，累计获得饮料、酒类、乳类、肉类、婴幼儿配方食品等食物消费量数据，为食品安全风险评估提供重要数据，为制定、修订食品安全国家标准提供科学支撑。（以上撰稿：齐小宁）

“三新产品”许可工作　2017年，贯彻落实国务院“放管服”精神，按照国务院行政审批相关要求，取消“三新食品”安全性评估材料中有关中文译文公证、验证试验等，申请人已无需提交上述材料。严格依法履职，审慎从严做好审批，全年累计审查批准公告7批次57种“三新食品”，其中新食品原料10种、食品相关产品20种、食品添加剂27种；终止审查4批次8种新食品原料，为保护公众健康、开发和利用“三新产品”发挥积极作用。

“三新产品”政府信息公开和信访等工作　（1）通过多种形式公开相关法规、标准、规划和计划等，便于各方查询掌握相关规定，实现信息的公开、透明。（2）主动公开“三新食品”审批公告和相关解读材料，方便公众查询和理解，及时回应社会关切。（3）依法做好政府信息公开和信访工作。全年答复新食品原料、食品添加剂新品种、食品相关产品新品种（简称“三新食品”）政府信息公开约800余件、信访150件。此外，召开专题研究，研究食品安全领域政务信息和信访工作问题，不断改进食品安全标准、监测和评估相关政务信息公开和信访工作。（以上撰稿：袁伯华）

综合监督工作

2017年综合监督工作概述

一、完成2014—2017年卫生计生重要法律法规监督检查工作规划，规范和促进卫生计生系统依法行政、依法执业

2017年，在全国范围内组织开展《传染病防治法》等“一法四规”落实情况监督检查，共检查疾控机构、传染病专科医院、二级以上综合医疗机构、采供血机构和一、二、三级实验室近42万家。自2014年起，每年分上、下半年两次部署法律法规监督检查工作，检查涵盖法律法规涉及的相关责任单位和重要法律制度落实情况。4年间，共完成7部法律、17部行政法规落实情况的监督检查，梳理出300余个问题。及时向地方通报检查结果并督促整改；涉及相关部门的问题，及时通报并提出意见建议。提出立法建议，重要情况报告国务院。

二、实施国家“双随机一公开”监督抽检，实现卫生计生综合监督检查事项全覆盖

2017年在全国范围内以双随机形式开展医疗卫生、传染病防治、公共卫生和计划生育国家监督抽检工作，建立执法检查对象名录库和执法检查人员名录库，制定随机抽查工作规则，明确随机抽取方式，规范随机操作流程。2017年采用“双随机”抽查方式抽取20.6万家检查单位，从执法检查人员名录库中随机匹配3.4万名人员。各地按照要求及时将抽查结果录入随机抽查信息平台。2017年国家监督抽检任务全部完成，对发现问题的1.8万家单位依法查处，抽检结果按照有关规定向社会公开，接受社会监督。

三、针对社会关注度高、群众反映强烈的突出问题，开展专项监督检查和专项整治，保障群众身体健康和就医安全

联合中央网信办等7部门召开全国电视电话会议，部署在全国范围内开展打击非法医疗美容专项行动。联合中央综治办等11部门开展查处违法违规应用人类辅助生殖技术专项行动，打击非法采供精、非法采供卵、非法性别鉴定以及“代孕”等违法违规行为。突出重点开展医疗机构依法执业专项监督检查，共检查22万家医疗机构、110万名医务人员资质情况，查处案件2.6万件，罚没款9126万元。重点督查督办北京国康医院等3家涉嫌网络医托案、20家网站和微信账号涉嫌非法开展人类辅助生殖技术案等39起大要案，有力打击违法行为，维护群众健康权益。

四、改革创新工作方式，提升能力水平

落实国务院“放管服”要求，清理规范3项行政审批中介服务事项。完成国务院执法全过程记录制度试点任务，探索推进卫生计生监督执法全过程记录工作。开展专项稽查、执法案例评查，加强监督人员培训，规范执法行为。构建以风险管理为基础的监督工作新模式，在12个省3.4万家医疗卫生机构开展传染病防治分类监督综合评价工作，增强监督工作的有效性和针对性。加快社会信用体系建设，印发《医疗卫生信用信息管理暂行办法》，起草暴力伤医和整治“号贩子”违法违规行为联合惩戒合作备忘录，提高综合监管效率。推进省、地市级卫生计生监督机构业务用房建设项目，编制建设标准。（贾　波　李红军）

“双随机一公开”工作　2017年，在国家监督抽检工作中全面推开“双随机一公开”工作，实现抽查范围和抽查事项的全覆盖，监督执法水平得到提升。（1）制定印发2017年国家监督抽检计划，确定随机抽查事项及细则，部署在全国范围内以双随机方式开展国家监督抽检工作。随机抽查的事项涉及医疗卫生、传染病防治、公共卫生和计划生育监督等4个领域的医疗卫生、放射卫生、职业卫生、血液安全、传染病防治、公共场所、生活饮用水、学校卫生、餐饮具集中消毒、消毒产品、计划生育等11个专业方面的事项。（2）结合专业特点和任务目标动态更新两库、优化工作规则。根据国家监督抽检计划，分专业、分层级、分地域更新执法检查对象名录库和执法检查人员名录库。优化随机抽查工作规则和抽取方式，规范操作流程，防止随意执法和选择性监督检查。通过卫生计生监督双随机抽查信息平台，从执法检查对象名录库中随机抽取20.6万家被监督单位，从执法检查人员名录库中按照2人一组，随机抽取3.4万名执法检查人员，并按照专业和属地自动与待检查的被监督单位匹配，形成国家监督抽检任务清单。（3）依托信息平台，明确抽查信息反馈机制及公开要求。在全国范围内正式运行双随机抽查信息平台，按照“谁抽查、谁录入”的原则将抽查结果录入该平台。随机抽查中发现的问题按照“谁管辖、谁负责”的原则实施后续监管。各地按照国家有关规定在做出行政处罚后7个工作日内向社会公开处罚信息。（4）采取“三边”工作法，边抽查边发现问题边督促整改。各地按照国家监督抽检工作要求，层层抓好落实，依法开展工作，并将抽查结果在规定时间内录入双随机抽查信息平台。通过开展双随机抽查，及时发现问题，对在抽查中发现的1.9万余家不合格单位均进行处理。（李红军　谢　杨）

“双随机一公开“工作培训班、研讨会　2017年3月，国家卫生计生委在南京举办培训班，培训内容涉及2017年国家抽查计划宣讲、双随机信息平台介绍、相关部委及先进省份工作交流。全国各省（区、市）卫生计生行政部门和卫生计生监督机构相关负责人共计80人参加培训班。2017年11月，国家卫生计生委在北京举办研讨会，对卫生计生监督领域随机抽查工作进行研讨，修改完善随机抽查工作规则。国家卫生计生委监督局领导及相关工作人员，卫生计生监督领域专家参加研讨会。（李红军）

卫生计生社会信用体系建设工作　2017年，国家卫生计生委重视医疗卫生信用信息管理与应用工作，推进医疗卫生领域信用体系建设，制定医疗卫生信用信息管理相关政策，建立“全国非法行医黑名单”“被吊销医疗机构执业许可证的法人或负责人黑名单”“被吊销医师执业证书黑名单”“全国号贩子黑名单”，起草制定对严重危害正常医疗秩序的失信行为责任人实施联合惩戒合作备忘录，加强信用监管。在福建举办全国卫生计生行业社会信用体系建设工作培训班。（贾　波）

指导江苏完成执法全过程记录制度试点工作　2017年初，国家卫生计生委发函要求各地在《关于建立卫生计生监督执法全过程记录制度的通知》原有工作基础上扩充试点单位数量、总结试点经验，推进辖区执法全过程记录制度落实，支持江苏省卫生监督所开展国务院试点工作。江苏省卫生监督所经国家卫生计生委推荐被国务院办公厅确立为执法全过程记录制度的试点单位，是全国32个试点地方和部门中唯一由国家卫生计生委牵头组织实施的试点单位。9月，国务院法制办在石家庄市召开全国行政执法3项制度试点工作中期推介会，江苏省卫生监督所作为试点单位在大会交流试点经验，获与会代表肯定。12月，试点工作总结会在南京召开，国务院法制办、国家中医药管理局和国家卫生计生委代表与会，认为江苏经验突出执法办案、利用信息化手段全面提升执法能力和水平，具有借鉴意义，值得推广。（冯　光）

全国卫生计生行政执法培训班　2017年11月在广西桂林举办，开幕式上，对第2届全国卫生计生监督技能竞赛获得第一名的个人选手进行表彰，北京、辽宁、四川等省（市）代表领取“全国五一劳动奖章”。国家卫生计生委综合监督局负责人做开班讲话和总结讲话，要求各地完成年度工作任务，并对2018年部分重点工作进行部署。培训班邀请最高人民法院行政庭负责人结合卫生计生行政处罚案件，讲授行政诉讼应诉特点；邀请国家行政学院教授结合具体案例，讲授领导干部问责相关内容。安排综合监督局公共卫生监督处、传染病防治监督处及医疗监督处负责人介绍当前重点工作进展情况。桂林市卫生计生委介绍桂林市卫生计生监督体系建设情况，并组织学员现场调研基层卫生计生监督执法机构。培训班代表就当前工作重点和下一步工作方向进行沟通探讨。

（苏艺丹　冯　光）

卫生计生监督执法专项稽查　2017年4月，国家卫生计生委印发《关于开展2017年卫生计生监督执法专项稽查工作的通知》，要求各地专项稽查查处无证行医责任落实情况和制着装管理情况。10月，委监督中心根据工作安排在全国范围内进行交叉抽查，选取湖北、甘肃等10省（区、市）的30余家监督机构进行实地核查。

（范　鹤）

卫生计生执法案例评查　2017年5月印发《关于2016年度卫生计生执法案例评查情况的通报》，对经过省级初评、交叉互评和专家会评遴选出的76件优秀典型案例予以通报表扬，并反馈对执法案卷的千余条评查意见建议。通报指出，各省（区、市）报送2016年办结的行政处罚案例191件。从报送的案例来看：案卷质量持续提升，多数问题在省级初评中已得到修正。“重卷轻评”的状况有所改善，多数省（区、市）专门召开评查会议，组织撰写评查意见和思考建议，能够起到类案指导作用。专业技术性进一步体现，应用标准或规范的案例达43件（占22.50%）。

（冯　光　李　霞）

修订《公共场所卫生管理条例实施细则》　2017年12月，为进一步落实国务院“放管服”改革要求，国家卫生计生委对《公共场所卫生管理条例实施细则》部分条款进行修改，取消公共场所卫生许可证每2年复核1次的规定，取消公共场所技术服务机构的专业技术能力由省、自治区、直辖市人民政府卫生行政部门组织考核的规定；强化公共场所经营者卫生管理主体责任，明确公共场所经营者应当在醒目位置如实公示检测结果，并对其卫生检测的真实性负责，依法依规承担相应后果。

清理规范中介服务，强化涉及饮用水卫生安全产品事中事后监管　2017年5月，国家卫生计生委修改《新消毒产品和新涉水产品卫生行政许可管理规定》和《省级涉水产品卫生行政许可规定》，取消新涉水产品验证试验报告、涉水产品许可申请材料中文译文公证及涉水产品卫生许可批件补发登载遗失声明等3项中介服务，取消涉水产品检验机构资质规定，指导地方做好涉水产品等的卫生行政许可审批和监管工作，针对社会反映的检测服务、市场经营等方面存在的问题，及时了解情况，完善监管措施，指导整治违法行为。　（以上撰稿：关姗姗　杨　可）

生活饮用水卫生国家重点监督检查　2017年国家卫生计生委部署开展生活饮用水卫生国家重点监督检查，重点检查集中式供水、居民住宅区二次供水的卫生管理和水质情况。采用“双随机”抽查机制，31个省（区、市）及新疆生产建设兵团共检查城市水厂4735个、农村千吨以上水厂4104个、小型集中式供水1.96万个、居民住宅区二次供水设施1.82万个。城市水厂及农村千吨以上水厂水源卫生防护、使用涉水产品、供管水人员健康体检和培训符合要求的分别占95.8%、92.7%、94.2%，出水色度、浑浊度、臭和味、肉眼可见物、pH、消毒剂余量等6项指标检测均符合要求的占93.8%。二次供水卫生防护、清洗消毒、供管水人员健康体检和培训符合要求的分别占96.2%、92.1%、93.7%，出水色度、浑浊度、臭和味、肉眼可见物、pH、消毒剂余量等6项指标检测均符合要求的占92.4%。农村千吨以上水厂及小型集中式供水纳入饮用水卫生安全巡查的比例为93.0%。全国共检查使用小型集中式供水设施的乡镇1.39万个，已开展饮用水卫生安全巡查的占97.8%；在用小型集中式供水设施中，已建立基本情况档案或卫生安全巡查档案的占88.3%。各地对监督检查中发现的违法行为，依法进行查处。

（关姗姗　赵月朝）

涉及饮用水卫生安全产品国家重点监督检查　2017年国家卫生计生委部署开展涉及饮用水卫生安全产品国家重点监督检查，重点监督抽检输配水设备、水处理材料、化学处理剂和水质处理器的生产经营单位及现制现售饮用水自动售水机应用现场，抽检产品卫生质量。采用“双随机”抽查机制，31个省（区、市）及新疆生产建设兵团共检查生产企业727家，检测涉水产品3093个，产品检测合格的占97.1%。检查经营单位5984家，索取产品卫生许可批准文件的占97.4%。

公共场所卫生国家重点监督检查　2017年国家卫生计生委部署开展公共场所卫生国家重点监督检查，监督抽检游泳、住宿、沐浴、美容美发等公共场所以及集中空调通风系统的卫生管理制度落实情况，抽检室内空气、顾客用品用具、水质以及集中空调通风系统卫生质量。采用“双随机”抽查机制，31个省（区、市）及新疆生产建设兵团共检查住宿场所2.1万家、沐浴场所 7639 家、美容美发场所 2.88 万家、其他公共场所（含商场超市、体育场馆、影剧院、游艺厅、歌舞厅、音乐厅、候车室等）2704 家。在卫生管理制度方面，设置卫生管理部门或管理人员、建立卫生管理档案、公示卫生许可证和卫生信誉度等级情况的分别占 93.8%、85.8%、88.6%，对空气、水质、顾客用品用具等进行卫生检测的占 83.2%，对顾客用品用具进行清洗、消毒的占 85.9%，从业人员取得健康合格证明的占 93.2%。在卫生质量方面，抽检 29 765 家公共场所空气，检测合格的占 97.9%；抽检 54 234 家住宿场所、沐浴场所、美容美发场所顾客用品用具，检测合格的占 92.0%；抽检 1143 套集中空调通风系统，检测合格的占 88.0%。

游泳场所卫生国家重点监督检查　2017 年国家卫生计生委部署开展游泳场所卫生国家重点监督检查，要求各地监督检查辖区内全部人工游泳场所（包括学校内游泳场所），并及时向社会公布检查结果。31 个（区、市）及新疆生产建设兵团共报告检查游泳场所 1.32 万家，其中使用集中空调通风系统的游泳场所 2496 家，对 1.22 万家游泳场所水质进行抽检。监督检查结果显示，设立卫生管理部门或管理人员的占 95.8%，建立卫生管理档案的占 88.8%，从业人员取得有效健康合格证明的占 94.3%，对空气、水质、顾客用品用具等进行卫生检测的占 86.8%，公示卫生许可证、卫生信誉度等级和卫生检测报告的占 89.6%，建立集中空调通风系统卫生档案的占 81.3%，对集中空调通风系统进行卫生检测或卫生学评价的占 76.9%，对集中空调通风系统进行清洗消毒的占 81.8%，游泳池水质细菌总数、大肠菌群、尿素、混浊度、游离性余氯、pH 值达标的分别占 95.2%、98.3%、92.3%、99.7%、90.6%、91.9%。　（以上撰稿：关姗姗　杨　可）

学校卫生综合监督评价工作　2017 年国家卫生计生委部署开展学校卫生综合监督评价，要求在 2016 年基础上，对辖区内每个县（县级市、区）的 10 所以上中小学校开展卫生综合监督评价工作，检查《学校卫生综合评价》（GB/T18205）所列学校传染病防控、常见病与多发病防治、生活饮用水、教室和生活环境、公共场所及突发公共卫生事件卫生管理等方面情况。2017 年全国共对 5.78 万所学校开展学校卫生综合监督评价，评为卫生优秀和合格的占 91.3%。

学校卫生国家重点监督检查　2017 年国家卫生计生委部署开展学校卫生重点监督检查，要求各地重点抽查学校教学环境、传染病防控、饮用水以及学校内游泳池的卫生管理情况，抽检教室采光照明和水质。采用“双随机”抽查机制，31 个省（区、市）及新疆生产建设兵团共检查中小学 4.43 万家、高校 724 家。监督检查结果显示，课桌椅配备、黑板照度、课桌面照度符合要求的分别占 76.7%、87.0%、91.6%；有晨检记录、有因病缺勤病因追查登记、有新生入学接种证查验登记记录的分别占 91.4%、89.9%、94.6%；自建设施集中式供水水源防护符合要求的占 79.5%，二次供水蓄水池周边环境卫生符合要求的占 85.3%。

（以上撰稿：关姗姗　赵月朝）

餐具、饮具集中消毒服务单位国家重点监督检查　2017 年国家卫生计生委部署开展餐饮具集中消毒服务单位国家重点监督检查，要求各地依据《食品安全法》有关规定，重点检查餐饮具集中消毒服务单位用水，使用洗涤剂、消毒剂，出厂的餐饮具按照规定检验、随附消毒合格证明及在独立包装上标注相关内容情况，同时检测出厂的餐具、饮具卫生质量。31 个省（区、市）及新疆生产建设兵团共检查餐饮具集中消毒服务单位 488 家，检测出厂的餐具、饮具 7373 套，检测合格率为 97.2%。　（关姗姗　杨　可）

公共场所卫生管理、农村饮用水卫生安全巡查实施情况评估　2017 年国家卫生计生委组织委卫生和计划生育监督中心开展“公共场所卫生管理实施情况评估项目”，综合分析我国公共场所卫生管理中存在的薄弱环节亟须解决的问题，为修订完善公共场所卫生管理制度措施提供建议；组织中国疾病预防控制中心农村改水技术指导中心和安徽省卫生监督所开展“农村集中式供水卫生安全巡查实施评估项目”，对全国乡镇在用的集中式供水设施数量、规模、服务人口、管理情况及卫生安全巡查服务覆盖情况进行现状调查和评估，提出推进落实饮用水卫生安全巡查服务的措施建议，指导地方落实“十三五”规划提出的农村集中式供水卫生安全巡查目标任务。

公共卫生监督工作培训　国家卫生计生委分别于 2017 年 4 月和 11 月在南京举办全国公共卫生监督抽检培训班和公共卫生监督骨干培训班，培训涵盖法律法规、依法行政、有关卫生标准、工作难点释疑解惑等内容。各地共 320 人参加培训。

（以上撰稿：关姗姗）

消毒产品和传染病防治监管工作　2017 年，针对地方监管中遇到的困难和问题，组织修订《消毒管理办法》关于生产企业检验工作的有关内容，制定《国家卫生计生委关于奶瓶消毒机有关问题的批复》《国家卫生计生委关于检验检测机构认定有关问题的批复》。

修订《消毒产品企业卫生规范》《新消毒产品和新涉水产品卫生行政许可管理规定》　2017年，按照国务院“放管服”要求，国家卫生计生委清理规范消毒产品行政审批中介服务事项，组织修订以上两部法规部分条款，取消在岗职工健康证明、遗失卫生许可证的登报声明、新消毒产品申报受理材料中中文译文应经中国公证机关公证等事项。

（以上撰稿：安　佳　李　晋）

《传染病防治法》等法规监督检查工作　2017年2—7月，国家卫生计生委在全国范围内组织开展《传染病防治法》《传染病防治法实施办法》《艾滋病防治条例》《病原微生物实验室生物安全管理条例》和《突发公共卫生事件应急条例》（以下简称“一法四规”）落实情况的监督检查工作。全国共监督检查医疗卫生机构41.62万家，其中疾病预防控制机构2841家，传染病专科医院396家，二级以上综合医疗机构8074，采供血机构672家。检查三级实验室31家，二级实验室1.08万家，一级实验室8611家。6—7月，国家卫生计生委组织4个督查组对河南、湖北等8个省进行督导检查，实地了解工作落实情况和存在的问题。8月，在黑龙江齐齐哈尔召开《传染病防治法》等法律法规落实情况报告研讨会，结合各地报告和督查情况，起草“一法四规”落实情况报告，按程序多次征求意见后形成审议稿。10月，第116次委主任会议审议通过《传染病防治法》等法律法规贯彻落实情况的报告。11月，将《国家卫生计生委关于〈传染病防治法〉和〈传染病防治法实施办法〉贯彻落实情况的报告》《国家卫生计生委关于〈艾滋病防治条例〉贯彻落实情况的报告》报送国务院。

医疗卫生机构传染病防治分类监督综合评价试点工作　2017年，国家卫生计生委印发《关于做好2017年医疗卫生机构传染病防治分类监督综合评价试点工作的通知》，指导北京、山西、辽宁等12省（市）开展医疗卫生机构传染病防治分类监督综合评价试点工作，提出工作任务和信息报送要求。2017年，12省（市）共3.37万家医疗卫生机构参与试点工作，其中医疗机构3.25万家，疾控机构929家，采供血机构224家。评价结果为：优秀单位1.07万家（占31.90%），合格单位2.17万家（占64.44%），重点监督单位1233家（占3.66%）。

（以上撰稿：安　佳　张伟力　赵　增）

传染病防治和消毒产品国家监督抽检工作　（1）对医疗机构、疾控机构和采供血机构开展预防接种管理、传染病疫情报告、消毒隔离措施落实、医疗废物管理、病原微生物实验室生物安全管理5项重点环节的传染病防治监督检查工作。全国共抽取医疗机构、疾控机构和采供血机构2.26万家，查处案件580件。（2）加强消毒产品事中事后监管，在全国部署开展消毒产品生产企业和消毒产品的抽检工作，按照消毒产品风险程度分别抽取50%的第一类消毒产品生产企业、30%第二类消毒产品生产企业、25%的第三类消毒产品生产企业和相应的消毒产品，重点检查生产企业的生产条件、生产过程、原材料卫生质量以及消毒产品卫生安全评价报告、标签和说明书等内容。全国共抽取生产企业2059家，抽检产品4399件，查处案件23件。此项工作纳入2017年度地方政府打击侵犯知识产权和制售假冒伪劣商品违法犯罪行为绩效考核的内容。

传染病防治和消毒产品卫生培训　举办2017年传染病防治和消毒产品卫生监督骨干培训班，培训监督员280人，通过解读《病原微生物实验室生物安全管理条例》《突发公共卫生事件应急条例》，讲解医院感染管理要点、消毒产品卫生安全评价要求以及2017年消毒产品监督抽检工作重点等，进一步提升传染病防治和消毒产品监管工作执法能力和水平。

（以上撰稿：张伟力　李　晋）

医疗机构依法执业专项监督检查　2016年8月，国家卫生计生委与国家中医药局联合在全国部署开展为期1年的医疗机构依法执业专项监督检查。2017年7月，国家卫生计生委与中医药局联合组成5个督查组，对10个省（区、市）工作开展情况进行专项督查。各地卫生计生行政部门及监督机构加强对医疗机构的指导，督促医疗机构切实落实依法执业主体责任，开展自查整改，同时利用“双随机一公开”等方式，对部分医疗机构进行抽查，严肃查处违法违规行为。全国共监督检查各级各类医疗机构近22万家，占全国医疗机构总数的22.34%。检查医务人员近110万名，占全国卫生技术人员总数的13.01%。全国各级卫生计生行政部门共查处案件2.59万件，吊销《医疗机构执业许可证》99家，吊销医疗机构诊疗科目36家，吊销医务人员执业证书12人，责令273家医疗机构暂停执业活动。通报移送工商部门涉嫌违法发布医疗广告案件线索294条；通报移送物价部门涉嫌违规收费案件线索33条；通报移送药监部门涉嫌违法制售使用假冒伪劣药品案件线索10条；移送司法部门涉嫌犯罪案件20件。

严厉打击非法医疗美容专项行动　2017年5月，国家卫生计生委、中央网信办、公安部、人力资源社会保障部、海关总署、工商总局、食品药品监管总局联合印发《关于开展严厉打击非法医疗美容专项行动的通知》，6月联合召开电视电话会议，部署在全国范围内开展为期一年的专项行动。专项行动共4项工作任务，严厉打击无证行医、规范医疗美容服务行为，严厉打击非法制售药品医疗器械，严肃整治违规医疗美容培训，严肃查处违法广告和互联网信息。专项行动分集中行动、阶段性总结、长效机制建设和巩固3个阶段进行，截至2017年底，前两个阶段工作完成。国家卫生计生委2017年8月组织对6省份专项行动开展情况进行明察暗访，10月组织专家赴北京等3省市开展医疗美容行业发展调研；7部门联合组成4个督查组，11—12月对黑龙江等8个省进行督查。中国整形美容协会联合有关行业协会发表自律声明。各地区各部门按照国家7部门部署，开展专项行动，取得明显成效。截至2017年底，共责令4202家机构改正、531家机构停业整顿，查处案件3152件，吊销24家机构相关许可资质，移送司法机关涉嫌犯罪案件137件。全国共接到投诉举报2542件，办结2432件，对其中861件投诉举报涉事单位给予行政处罚，反馈实名举报2338件，投诉人对办理情况满意率为98.9%。

（以上撰稿：伍竞成）

医疗监督工作援青培训班、医疗监督员和职业卫生监督员培训班　2017年5月6—21日，国家卫生计生委在苏州大学举办援青培训班，青海省、地（州）、县级监督员共60人参加培训。培训内容包括医疗卫生监督、放射卫生监督理论及实践。2017年5月23日—6月10日、2017年9月2—12日，分别在苏州大学、山东大学举办医疗监督员和职业卫生监督员进修班，共培训监督员120余人。通过解读有关法律法规和标准以及政策要求、讲解专业知识、现场带教等方式，提升医疗监督和职业卫生监督工作执法能力和水平。

（姜胜萍　伍竞成）

医疗卫生国家重点监督检查　2017年国家卫生计生委部署开展医疗卫生国家重点监督检查，全国共抽查医疗机构1.69万家，其中抽查医院1645家，卫生院2023家，门诊部1292家，诊所1.19万家。抽查内容主要包括医疗机构资质管理、人员管理、依法开展诊疗活动以及出具医学证明文件等4个方面5个项目。查处医疗机构违法违规执业案件251件。（伍竞成）

血液安全国家重点监督检查　2017年国家卫生计生委部署开展血液安全国家重点监督检查，全国共抽查采供血机构140家，其中血站（含特殊血站）100家，单采血浆站40家。抽查内容包括资质管理、血源管理、血液检测和包装储存运输及其他方面。全国共抽查开展临床用血的医疗机构151家，抽查内容包括从业人员资格管理、临床输血规章制度建立、使用血液管理、互助献血与应急用血采血、储血设备等方面。查处血液安全违法违规案件2件。

职业卫生国家重点监督检查　2017年国家卫生计生委部署开展职业卫生国家重点监督检查，全国共抽查职业病防治机构837家，其中职业健康检查机构706家，职业病诊断机构131家。抽查内容包括资质管理、人员资格、仪器设备管理、技术服务报告管理和依法履职情况等5个方面7个项目。查处职业病防治机构违法违规案件14件。

放射卫生国家重点监督检查　2017年国家卫生计生委部署开展放射卫生国家重点监督检查，全国共抽查放射诊疗机构5827家，抽查内容包括放射诊疗许可管理、建设项目管理、职业健康管理、个人防护用品管理以及放射防护检测情况等5个方面8个项目。查处放射诊疗机构违法违规案件120件。

（以上撰稿：姜胜萍）

《人口与计划生育法》落实情况监督检查　2017年1月，国家卫生计生委主任会议审议通过关于开展《人口与计划生育法》监督检查工作的报告。2月，按照委主任会要求，印发《国家卫生计生委办公厅关于开展〈人口与计划生育法〉监督检查工作情况的通报》（以下简称《通报》）。自2016年1月1日以来，新修订的《人口与计划生育法》主要内容基本落实，计划生育服务管理制度改革有序推进，计划生育家庭奖励和扶助政策继续完善，基层卫生计生工作整合加强。通过监督检查，发现《人口与计划生育法》在落实过程中还存在计划生育重视程度和工作力度有所弱化、计划生育服务管理能力有待进一步提升、全面两孩政策相关配套制度协调性问题突出、计划生育基层基础还需进一步加强的问题。针对上述问题，《通报》对下一步工作提出要求：进一步强化国策意识；进一步推进计划生育服务管理改革；进一步完善全面两孩政策相关配套制度；进一步加强基层基础工作。

（冯园园）

推进计划生育监督队伍建设　2017年，国家卫生计生委召开计划生育监督工作推进会，对2015—2016年度计划生育监督队伍建设情况进行通报，要求各地注重整合卫生计生监督执法资源，促进卫生计生综合监督体系建设和能力整体提升。规范计划生育监督协管服务工作，进一步推动卫生计生监督队伍建设。卫生计生监督网络逐渐向基层延伸，基层监督服务保障水平得到提升，部分地区探索将乡镇计生办改为卫生计生办，增加卫生管理、卫生计生监督等职能；村计生专干承担公共卫生、卫生计生监督信息报送及监督协管等工作，基层计生队伍总体稳定，基层监督服务保障水平得到提升。

查处违法违规应用人类辅助生殖技术专项行动　2017年，国家卫生计生委印发《开展查处违法违规应用人类辅助生殖技术专项行动工作方案的通知》，联合中央综治办等11部门开展查处违法违规应用人类辅助生殖技术专项行动，打击非法采供精、非法采供卵、非法性别鉴定以及“代孕”等违法违规行为。同时成立全国查处违法违规应用人类辅助生殖技术专项行动协调办公室，印发《关于建立查处违法违规应用人类辅助生殖技术长效工作机制的通知》，建立健全长效工作机制。

计划生育监督人员选拔及业务培训工作　2017年，开展计划生育首席监督员候选选拔工作并完成候选人推荐。举办计划生育监督工作培训班2期，各省（区、市）及部分基层卫生计生机构130余人参加培训。

（以上撰稿：李　晋　冯园园）

药物政策与基本药物制度

2017年药物政策与基本药物制度工作概述

一、完善药品分类采购政策

贯彻落实国务院医改办等八部门《印发关于在公立医疗机构药品采购中推行“两票制”的实施意见（试行）的通知》、国家卫生计生委关于《公立医疗机构药品采购环节推行“两票制”工作实施方案的通知》，组织召开全国公立医疗机构推行“两票制”工作座谈会，组织开展公立医疗机构推行“两票制”专题培训，推动建立规范有序的药品流通政策环境。截至2017年底，所有省（区、市）均出台公立医疗机构推行药品购销“两票制”的实施方案。

二、改革完善短缺药品供应保障机制

经国务院批准，国家卫生计生委会同发改委等9部门联合印发《关于改革完善短缺药品供应保障机制的实施意见》，从国家药物政策体系和药品供应保障制度的全局角度，统筹制定短缺药品研发注册、生产流通、采购使用等一揽子改革政策。启动国家会商联动机制建设，开展短缺药品基础信息核查，综合运用市场撮合和定点生产、加强供需对接和协商调剂等6类靶向精准措施，较好地解决139个清单内的131个品种短缺问题。协调推进小品种（短缺药）集中生产基地建设，支持引导企业有序稳定生产小品种药品。委托药学会开展短缺药品监测预警，编制医院短缺药品管理指南。

三、推动做好保障儿童用药工作

国家卫生计生委会同工业和信息化部、食品药品监管总局等部门组织专家梳理儿童用药临床需求，制定印发《第2批鼓励研发申报儿童药品清单》，引导儿童药品研发生产。充分发挥国家卫生计生委儿童用药专家委员会作用，积极推进儿童用药立法研究、儿童用药临床综合评价试点研究、儿童用药指南和专家共识编写研究、儿童药品管理条例研究等相关工作，开展儿童医院药学人员、部分连片特困地区和民族地区基层药学人员儿童用药保障政策和药品合理使用知识培训。

四、推动高值医用耗材阳光采购

印发《关于沪港合作采购高值医用耗材试点（上海）的批复》《关于2017年推进高值医用耗材集中采购工作方案通知》，指导各地高值医用耗材集中采购工作，截至2017年底，全国开展以省（区、市）为单位的阳光采购，陕西等10省、京津冀等地区开展了跨区域联合采购试点。开展国家高值医用耗材价格谈判试点工作，研究编制全国高值医用耗材采购统一编码，配合国务院医改办研究制定高值医用耗材生产流通使用全流程改革文件。

五、推动药学管理及立法研究

细化药事服务收费项目并进行适用性测算，打好规范药事服务管理基础。截至2017年底，全国有超过18个省份已逐步将药事服务相关项目等纳入医疗服务收费。督促各地组织医疗机构药学技术人员培训，累计培训医疗机构药学技术人员23.8万余人次。指导各地按照《“十三五”全国卫生计生人才发展规划》提出的“建立以患者为中心药学管理模式，保障安全合理用药”相关工作要求，开展总药师试点探索工作。会同委医政医管局继续完善《药师法（草案）》。

六、推进优先使用国家基本药物激励政策

组织药物政策培训班，对省级及部分市、区、县级卫生计生部门的药政工作人员开展培训，总结各地做法，推广部分慢病基本药物在免费使用、补助资金管理、配备比例、疾病诊疗路径等方面优先合理使用的经验，指导各地结合当地实际，探索基本药物全额保障，扩大试点范围，增强群众获得感。

（汪建荣　苏巍巍）

“两票制”改革　2017年4月18日，为贯彻落实国务院医改办等8部门《印发关于在公立医疗机构药品采购中推行“两票制”的实施意见（试行）的通知》精神，国家卫生计生委印发《公立医疗机构药品采购环节推行“两票制”工作实施方案的通知》，组织召开全国公立医疗机构推行“两票制”工作座谈会，国家卫生计生委副主任曾益新出席会议并讲话，会议统一思想认识，明确工作任务和目标，合理确定公立医疗机构、集中采购机构和行政管理部门的工作责任，组织开展公立医疗机构推行“两票制”专题培训，推动建立规范有序的药品流通政策环境。截至2017年底，全国均以省（区、市）为单位出台公立医疗机构推行药品购销“两票制”的实施方案，完成2017年深化医改有关工作任务。　（戚　畅　蔡丽萍）

推进药品谈判结果落地　2017年8月29日，会同人力资源社会保障部印发《关于做好36种谈判药品集中采购的通知》，结合《关于将36种药品纳入国家基本医疗保险、工伤保险和生育保险药品目录乙类范围的通知》，要求各地及时将谈判药品在省级药品集中采购平台上公开挂网，并做好与本省（区、市）医保药品目录执行的衔接。截至2017年底，已全面执行药品谈判结果。　（戚　畅　房晓良）

构建短缺药品供应保障制度　中央深化改革领导小组审议通过后，经国务院同意，国家卫生计生委等9部门联合印发《关于改革完善短缺药品供应保障机制的实施意见》，围绕保障短缺药品供应、更好满足人民健康和临床合理用药需求，按照“分级应对、分类管理、会商联动、保障供应”原则，注重市场在资源配置中起决定性作用和更好发挥政府作用，从国家药物政策体系和药品供应保障制度的全局角度，统筹制定短缺药品研发注册、生产流通、采购使用等一揽子改革政策。成立国家短缺药品供应保障会商联动机制，综合运用市场撮合和定点生产、协调应急生产和进口等6类精准措施，分类较好地解决了130多个临床急需药品短缺问题。初步构建短缺药品供应保障制度是深化医药卫生体制改革的一项重要举措，对于完善国家药物政策，健全药品供应保障体系，保障群众基本用药、安全用药，维护人民健康权益具有重要意义。

（张　锋　刘嘉楠　刘战强）

保障儿童用药工作　国家卫生计生委会同工业和信息化部、食品药品监管总局等部门组织专家对国外已经上市但国内缺乏的儿童适宜剂型规格和临床长期缺乏药品进行研究梳理，在首批鼓励研发申报儿童药品清单的基础上，于2017年5月26日制定印发《第2批鼓励研发申报儿童药品清单》，涵盖治疗心血管、感染、肿瘤等多个系统共40个品规，引导儿童药品研发生产。国家卫生计生委药政司发挥国家卫生计生委儿童用药专家委员会作用，推进儿童用药立法研究、儿童用药临床综合评价试点研究、儿童用药指南和专家共识编写研究、儿童药品管理条例研究等相关工作，组织对全国儿童医院药学人员开展用药政策培训。

（张　锋　刘嘉楠　李孟涛　涂继莹）

高值医用耗材采购工作　2017年2月15日，国家卫生计生委印发《关于沪港合作采购高值医用耗材试点（上海）的批复》，指导上海与香港合作开展高值医用耗材采购试点。4月14日，国家卫生计生委印发《关于2017年推进高值医用耗材集中采购工作方案通知》，指导各地高值医用耗材集中采购工作。截至2017年底，全国开展了以省（区、市）为单位阳光采购，陕西等10省、京津冀等地区开展跨区域联合采购试点。9月7日，国家卫生计生委会同财政部、人力资源社会保障部、海关总署、工商总局、食品药品监管总局、军委后勤保障部等部门召开国家高值医用耗材价格谈判协调工作领导小组会议，探索开展国家高值医用耗材价格谈判试点工作。委托委卫生发展研究中心和中国医疗装备协会开展高值医用耗材采购统一编码研究。配合国务院医改办研究制定高值医用耗材生产流通使用全流程改革文件。　（戚　畅　郝敏哲）

部分地区推动药事服务收费项目设置　2017年，随着公立医院改革全面推开，公立医院补偿由服务收费、药品加成收入和政府补助3个渠道改为服务收费和政府补助两个渠道。为有效补偿药学服务成本，各地开展药品调剂、处方审核等得到普遍认可、反映药师劳动价值的药事服务项目调研和成本测算工作，推动将其纳入国家医疗服务收费项目中。截至2017年底，全国有超过18个省（区、市）已将药事服务相关项目等纳入医疗服务收费，如北京设立门诊、住院医事服务费（含药事），湖南设立住院诊查费（含药事），江西设立诊查费（含药事）等；还有部分省（区、市）实施单项药事服务项目收费，如天津、贵州、宁夏等地专门设置了静脉输液配置、肿瘤药物和肠外营养液配置等收费项目。

探索创新医院药师管理制度　按照《“十三五”全国卫生计生人才发展规划》提出的“建立以患者为中心药学管理模式，保障安全合理用药”相关工作要求，北京、上海等省（市）开展总药师试点探索相关工作，加强药学服务能力。北京医管局组建总药师团队，陕西宝鸡市正式发文在全市范围二级以上医疗机构开展医院总药师试点，广东下发通知在12家医疗机构开展首批总药师试点工作，新疆在4家三甲医院开展医院总药师试点，青岛在3家医疗机构试点医院总药师制度等。此外，天津、武汉等地也将探索建立医院总药师制度纳入工作规划。

药学人才队伍培训　2017年，新疆、青海等8省（区）利用项目支持，开展连片特困地区和民族地区基层基本药物临床应用指南和处方集培训和基层药学人员能力提升工作。同时，各地也在前期工作基础上，继续通过现场培训、远程教育、在线交流等多种形式，组织医疗机构药学技术人员培训，累计培训医疗机构药学技术人员23.8万余人次。

（以上撰稿：李　波　肖　恺）

国家药物政策培训班　2017年，国家卫生计生委在赣州、济南、广州组织国家药物政策培训班，对省级及部分市、区、县级卫生计生部门的药政工作人员开展培训。培训班传达2017年全国药政工作会议精神，介绍新常态下的医药卫生改革、公立医院改革形势下的医院药事管理体系变革及总药师制度、中国药学服务收费标准与收费专家共识、国外药师法律制度及其对中国药师立法的启示等；专题介绍山东、广东、浙江等省的部分市、区针对高血压、糖尿病、严重精神障碍等患者，由医保全额报销或财政专项补助，在基层免费提供部分基本药物的实践和推动慢病健康管理、分级诊疗制度、家庭医生签约等工作的综合成效；邀请部分高等院校、疾控系统、医疗机构专家介绍国际上药品使用基本状况和免费提供药品的主要做法、我国通过中央财政转移支付方式在公共卫生领域的免费用药政策等内容。培训班要求各地深刻理解健康中国战略，发挥好药师作用，提升药事服务，促进合理用药，保障基本药物公平可及。同时，借鉴山东等地有效做法，结合当地实际情况，探索基本药物全额保障，扩大试点范围，切实增强群众获得感。

（韩会学　马黎黎）

计划生育基层指导工作

2017年计划生育基层指导工作概述

一、实施好全面两孩政策

1. 生育政策调整完善成效显著。各地各级党委政府切实加强对实施好全面两孩政策、改革完善计划生育服务管理的重视和支持，强化社会宣传动员，全面两孩政策实施进展良好。国家统计局根据2017年1‰人口变动抽样调查，推算全年出生人口为1723万人；卫生计生统计的住院分娩活产数为1758万人。受育龄妇女规模下降、婚育年龄推迟等综合因素影响，2017年出生人口比上年有所减少，但仍保持较高规模，高于“十二五”时期年均出生1644万人的水平。从孩次结构看，二孩出生占比进一步提高，达到51%，比上年提高5个百分点；一孩出生占比42%，下降5个百分点。二孩出生人数的明显增加，在很大程度上缓解了一孩出生数量减少的影响，人口结构继续改善，全面两孩政策的积极效应正在持续释放。

2. 促进生育政策和相关经济社会政策配套衔接。贯彻中央《关于实施全面两孩政策改革完善计划生育服务管理的决定》，协调相关部门落实分工方案。修订完善相关法律法规。指导新疆修订实施人口与计划生育条例，实行各民族平等的生育政策；指导西藏印发关于调整干部职工两孩生育待遇的通知。召开全国计划生育工作会议、全面两孩政策配套措施研讨会，举办“构建鼓励按政策生育的制度环境”论坛，委托举办“生育转变与社会政策应对”国际研讨会，取得良好效果。加快推进母婴设施建设，联合国家发展改革委等9部门赴上海等6省（市）开展工作督导，推动公共场所和用人单位建设母婴设施，完成工作进度目标；住房城乡建设部、交通运输部、国家旅游局等部门修改相应标准或规范。

二、改革完善计划生育服务管理

1. 全面落实生育登记服务制度。把全面生育登记制度作为深化服务管理改革的重要举措，加强调研，加强指导各地优化办事流程，构建多种形式的登记平台，推进生育登记服务工作。截至2017年12月，全国31个省（区、市）及新疆生产建设兵团均已实行生育登记服务制度，并搭建了生育登记服务平台。综合运用入户采集、预约服务、网上办理、服务采集等多种方式进行登记，一次登记、全程服务，推行“多证合一”，便民利民。20多个省份研发建立网上办事系统，研发手机App软件，开展“互联网+”生育登记，实现“最多跑一次”，甚至“零次跑”。稳妥处理社会抚养费征收衔接、因政策外生育被处理公职人员上访信访等问题，维护社会和谐稳定。

2. 推进基层计划生育工作网络和队伍建设。委托开展课题研究，组织编写计划生育基层岗位练兵指南。推广石家庄、宿州等地经验，强化职责设计和工作机制，统筹计生管理服务与提供公共卫生服务。推动乡镇（街道）卫生计生办履行公共卫生、健康教育、疾病防控、计划生育、流动人口计生服务等方面工作职责。推动村计生专干向村健康计生专干转变，发挥基层队伍善于宣传发动群众工作优势，协助做好公共卫生、健康教育、信息统计、调查摸底等相关事务，经培训后参与家庭医生签约服务，发挥他们在推动基层健康扶贫、公共卫生等工作中的重要作用。

3. 开展计划生育服务管理改革调研宣传。2017年8—12月，邀请中央、行业媒体赴各地开展宣传调研活动，推广先进经验、引导正面宣传。《人民日报》《光明日报》《中国日报》、中央人民广播电台、《南方都市报》、央视网、中国网、《健康报》《中国人口报》《精神文明报》、腾讯、搜狐网等40余家主流媒体、新媒体和当地媒体多次参加宣传调研活动，并召开媒体沟通会，中国网进行图文直播。赴湖北采访报道宜昌市构建鼓励按政策生育的制度体系、鄂州市打造“五个一”服务管理新模式、红安县探索“互联网+计划生育”等经验，赴浙江采访报道宁波市生育登记和再生育审批“最多跑一次”、永康市卫生计生深度融合的“五心合一”等经验，赴江西采访报道南昌市计划生育信息化建设、上饶市“两证三中心”等经验。

三、加强计划生育信息化建设

深化计划生育信息互联互通工作，实现各省份与国家的全面联通，形成国家出生人口和生育登记信息库。印发《关于开展计划生育监测点出生人口信息统计上报工作的通知》，加强出生人口监测预警。积极参与全民健康保障信息化建设，做好计划生育业务信息系统开发。完成省级人口与计划生育信息化建设的评估工作。

四、开展人口发展重大课题研究

加强人口监测和人口发展战略研究。加强出生人口监测预测，实现与所有省份计划生育信息互联互通，推动建立跨部门人口基础信息共享机制。组织开展2017年全国生育状况抽样调查，深入研究生育意愿和生育行为变化趋势。加强与国家发改委、公安部、人力资源社会保障部、统计局等部门的沟通协调，完善出生人口信息管理。配合发展改革委编制《国家人口发展规划（2016—2030年）》。承接马克思主义理论研究和建设工程重大课题“人口变迁和健康中国建设研究”，推进完善人口发展战略研究。

五、组织做好全国生育状况抽样调查工作

2017年，经国家统计局批准，国家卫生计生委组织开展全国生育状况抽样调查，这是自20世纪80年代以来的第七次全国性调查（原国家计生委、国家人口计生委于1982年、1988年、1992年、1997年、2001年、2006年开展过6次调查）。调查时点为2017年7月1日，调查覆盖31个省（区、市）、349个市（地、州）、2737个县（市、区）、6078个乡（镇、街道）、1.25万个村（居）样本点的25万名15～60岁女性。在全系统共同努力下，调查质量良好，获得生育意愿、生育行为以及相关公共服务落实情况的大量基础信息，为科学研判人口形势、评估全面两孩政策实施效果、加强人口发展战略研究提供了重要的数据支撑。（邢　洁　樊小永　陈　晨　张君华）

全国计划生育工作会议　2017年2月16—17日在海南召开，国家卫生计生委副主任王培安出席会议并讲话。

王培安强调，2017年计划生育工作要以实施好全面两孩政策、鼓励按政策生育、完善配套政策措施为主线，深化计划生育服务管理改革，促进家庭发展和流动人口基本公共卫生计生服务均等化，构建生育友好的社会环境。要完善配套政策措施，积极构建鼓励按政策生育的制度体系和社会环境。要加强基层基础工作，提高服务水平。要加大扶助力度，提高计划生育家庭发展能力。要做好出生人口性别比综合治理和健康老龄化工作。要着眼于新型城镇化推进，做好流动人口各项工作，服务流动人口健康。

海南等9个单位代表做大会发言。各省（区、市）及计划单列市卫生计生委、新疆生产建设兵团人口计生委分管负责人、相关处长；委相关司局和直属单位负责人参加会议。

（邢　洁　樊小永　姜伟林　张君华）

母婴设施建设工作推进会　2017年3月14日在北京召开，会议主要任务是贯彻落实国家卫生计生委等10部门《关于加快推进母婴设施建设的指导意见》精神，交流工作进展，分析存在问题，研究部署工作，推动任务落实。

会上，国家卫生计生委介绍全国开展支持母乳喂养、建设爱婴医院等方面工作的情况。联合国儿基会从母乳喂养对儿童早期发展、经济社会发展的积极影响出发，介绍完善母婴设施的重要意义及国际国内有关项目开展情况。各相关部门和部分省（市）介绍工作进展情况。与会代表还讨论了统一母婴设施标识、开展调研督导等工作。会议认为，推进母婴设施建设是完善全面两孩政策配套政策一项重要内容，各地要高度重视，尽快明确牵头处室，开展摸底调查，加强部门协作，出台实施意见，抓好贯彻落实。

国家发展改革委、住房城乡建设部、交通运输部、国家旅游局、国家铁路局、中国民航局、全国总工会、全国妇联、中国铁路总公司等9个部门；北京、上海、江苏、浙江、湖北、广东、重庆、陕西等8个省（市）及部分地市代表；有关直属联系单位共约40人参加会议。

（樊小永）

实施全面两孩政策培训班　2017年5月24—25日、9月13—14日，国家卫生计生委在江苏南京举办两期实施全面两孩政策培训班。指导司负责人就实施全面两孩政策做专题报告。联合国儿童基金会、人民大学、南开大学和中国人口与发展研究中心的专家，分别讲授母婴室建设、构建生育友好的政策环境、支持生育的国际经验、中国人口形势分析等内容。江苏苏州、浙江温州、山东烟台、湖北宜昌等地市卫生计生委分享实施全面两孩政策工作中的经验。培训学员围绕进一步实施好全面两孩政策进行讨论交流。全国30个省（区、市）和新疆生产建设兵团地市级卫生计生委分管负责人约350人参加培训。　（王　俊）

母婴设施建设工作调研　2017年6—8月，国家卫生计生委、国家发展改革委、住房城乡建设部、交通运输部、国家旅游局、国家铁路局、中国民航局、全国总工会、全国妇联、中国铁路总公司等10部门组成3个调研组，赴上海、江苏、山东、湖北、广东、陕西等6省（市）开展母婴设施建设调研。总体来看，经过各地各相关部门的共同努力，母婴设施建设工作扎实推进，取得明显成果，解决从无到有的问题，积累了好经验好做法，为下一步工作打下基础。

全面两孩政策配套政策措施研讨会　2017年7月20—21日在云南召开，国家卫生计生委副主任王培安出席会议并讲话。王培安强调，要认真领会《中共中央国务院关于实施全面两孩政策改革完善计划生育服务管理的决定》精神，认识构建鼓励按政策生育的制度体系和社会环境的重要性紧迫性，补齐妇幼健康和托育服务短板，完善家庭发展及相关经济社会政策，实施好全面两孩政策。

吉林等8个省份做交流发言，部分省份卫生计生委分管负责人，各省（区、市）卫生计生委、新疆生产建设兵团人口计生委指导处（考核处）、家庭处负责人，国家卫生计生委相关司局和直属单位负责人及相关专家参加会议。会议期间，与会代表还参加中国人口学会的“构建鼓励按政策生育的制度环境”分论坛。

可持续发展视野下的人口问题——生育转变与社会政策应对国际研讨会　2017年12月4日在北京召开。国家卫生计生委副主任王培安出席会议并致辞，来自国内外的150多名专家学者参加会议，29名专家学者代表做专题发言。王培安强调，加强人口发展战略研究，就要加强对人口自身发展规律的研究和人口与经济社会资源环境互动关系的研究。人口发展战略研究应当坚持长期基础性研究和短期集成研究相结合，重大专题研究和综合性对策研究相结合，建立稳定的人员队伍和研究机制。当前亟须加强人口数据资源整合汇集，创新人口分析技术方法，推进新型人口发展智库建设，推动国际学术交流和政策对话。

（以上撰稿：樊小永）

深度贫困地区人口和计划生育工作研讨会　2017年12月14日在甘肃兰州召开，会议介绍各地人口和计划生育工作进展，分析当前的人口形势和工作中的问题与挑战，并对下一步工作提出针对性的意见和建议。会议认为，深度贫困地区计划生育工作起步晚、底子薄，经济社会发展普遍滞后、生存环境恶劣，影响因素复杂，做好新时代计划生育工作、促进当地人口均衡发展任重道远。会议强调，各地要加强人口发展战略研究，促进生育政策与相关经济社会政策配套衔接，深入研究人口与民族、地区发展的关系，科学制定人口发展规划。要加强基层基础，学习甘肃等地的经验做法，健全基层工作机构，提高人员待遇，转变工作观念，增强工作本领。要形成长效工作机制，坚持分类指导，实施精准服务，加强地区协作，助力脱贫攻坚。　（王　俊）

深入学习贯彻党的十九大精神开创新时代计划生育工作新局面会议　2017年11月22—23日在江苏南京召开，国家卫生计生委副主任王培安出席会议并做专题报告。会议强调要深入学习贯彻党的十九大精神，以习近平新时代中国特色社会主义思想为指导，准确理解和把握新时代人口和计划生育工作的新任务新要求，实施好全面两孩政策，完善配套政策措施，促进人口长期均衡发展。各省（区、市）及计划单列市卫生计生委、新疆生产建设兵团人口计生委分管负责人和相关处室处长，解放军计划生育领导小组办公室和中直机关、中央国家机关人口计生委负责人，委有关司局和直属联系单位相关负责人参加会议。

新一轮全国计划生育优质服务先进单位创建活动　2017年，在《中国人口报》开设“新国优单位巡礼”栏目，系列报道2014—2016年度全国计划生育优质服务先进单位的经验和做法，深化创建成果，发挥计划生育优质服务先进单位的示范引领作用。2017年12月28日，国家卫生计生委在重庆市召开计划生育基层优质服务经验交流会，贯彻《国家卫生计生委关于开展新一轮全国计划生育优质服务先进单位创建活动的通知》精神，交流各地创建经验，研讨下一阶段工作。

（以上撰稿：陈　晨）

2017 年全国生育状况抽样调查启动会　2017 年 6 月 1 日在北京召开，国家卫生计生委副主任王培安出席并讲话。各省（区、市）卫生计生委、新疆生产建设兵团人口计生委分管负责人、责任处室处长，有关专家，国家卫生计生委相关司局和直属单位负责人参加会议。会议指出，做好调查是把握生育水平变动态势、摸清人口国情的重要基础，是跟踪评估生育政策调整完善、完善全面两孩政策配套政策措施的必然要求，是研究新形势下人口发展规律、科学制定人口发展战略及政策的重要支撑。会议强调，组织开展这次全国生育状况抽样调查，时间紧、任务重、要求高。要把握关键环节，从做好问卷的论证设计、抽样框的编制上报、调查人员的选拔培训，以及入户调查、数据比对和成果开发等方面着手，精心组织，稳步实施。会议要求，各级卫生计生部门要按照国家统一部署，切实把调查工作摆上重要议事日程，加强领导，统筹安排，层层明确任务，压实责任。要加强质量监控、经费保障、评估考核，确保完成调查任务。

全国计划生育信息化专题培训班　2017 年 5 月 17—18 日、6 月 1—2 日分别在四川成都、云南昆明举办。各省（区、市）卫生计生委及新疆兵团人口计生委指导处（相关处室）负责计划生育信息化工作的同志，监测点卫生计生委分管领导、具体负责人 320 余人参加培训。指导司就当前人口与计划生育信息化相关重点工作做开班报告。华中科技大学、中国人民大学专家围绕人口统计常用指标和形势分析方法做专题报告。中国人口与发展研究中心介绍全员人口统筹信息系统建设、数据分析、统计上报等情况。来自江西、安徽、湖北、福建漳州、安徽芜湖、安徽淮南、宁波江北区、武汉新洲区、湖北鄂州等地的代表分享近年来各地在计划生育信息化方面的工作经验和体会。

（张君华）

学习贯彻党的十九大精神做好新时代计划生育工作培训班　2017 年 11 月 9—10 日、11 月 28—29 日，在贵州遵义、广西桂林举办两期培训班。各省（区、市）和新疆生产建设兵团地市级卫生计生部门分管负责人约 450 人参加培训。培训班集中学习国家卫生计生委副主任王培安的开班报告，指导司做专题报告，相关处室就当前重点工作进行介绍，邀请中国人民大学、南开大学专家围绕当前我国人口形势授课。来自山西太原、江苏苏州、浙江宁波、安徽合肥、江西九江、山东东营、湖北武汉、湖南湘潭、贵州遵义、广西桂林灵川等地的代表分享工作经验和体会。

（以上撰稿：张君华）

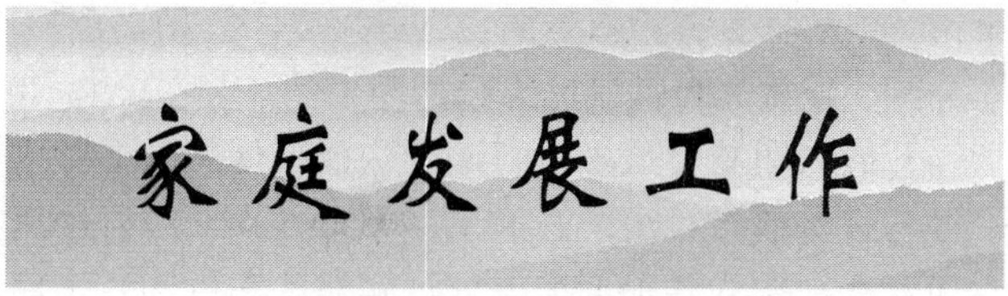

2017 年全国计划生育家庭发展工作概述

一、计划生育家庭扶助保障工作

继续组织实施计划生育家庭奖励和扶助“三项制度”。对年底前实现计划生育特殊家庭联系人制度、就医“绿色通道”及家庭医生签约服务 3 个全覆盖进行部署并开展督查。印发《关于进一步做好计划生育特殊家庭优先便利医疗服务工作的通知》。开展计划生育特殊家庭联系人制度落实情况电话调查。举办 6 期共 700 余人的计划生育特殊家庭心理健康服务培训班，推动建立心理健康服务体系。召开“失独”家庭代表座谈会，协同做好信访维稳工作。

二、家庭发展工作

举办首届中国家庭发展论坛、国际家庭日主题宣传活动和第 5 届中法家庭发展政策研讨会。组织完成 3 万多户家庭的中国家庭发展追踪调查第 2 轮现场调查及数据分析，印发《中国家庭发展报告 2017》。推进“新家庭计划—家庭发展能力建设”项目。建立第 2 批 30 个创建幸福家庭活动示范市。组织开展科学育儿、青少年健康发展、养老照护试点中期评估。在全国范围内组织开展唇腭裂患者摸底调查。

研究起草《关于促进 3 岁以下婴幼儿托育服务发展的指导意见》，已报国务院办公厅。研究起草《托育服务机构管理办法（试行）》和《托育服务机构保育教育指导纲要（试行）》，组织研究托育服务管理信息系统建设方案。

三、健康老龄化和医养结合工作

制定印发《“十三五”健康老龄化规划》和 14 个部门的任务分工。会同相关部门启动智慧健康养老应用示范企业、社区、基地创建活动，在 6 个城市开展智慧健康养老试点项目。

建立全国医养结合监测系统，组织全国 31 个省（区、市）和 90 个试点市及医养结合机构开展数据报送工作。指导推动 90 个试点市的医养结合工作，开展医养结合机构医疗卫生管理专项检查。完成国务院第 4 次大督查“医养结合”督查任务。研究制定医养结合服务规范和管理制度。完成与世界卫生组织双年度合作项目《中国医养结合现状及推进策略研究》。组织开展老年医学人才队伍提升、医养结合能力建设、中国老年健康促进工程等项目。

启动安宁疗护试点工作，选取北京市海淀区等 5

个市（区）作为首批试点单位，开展安宁疗护试点。

四、出生人口性别比综合治理工作

开展“圆梦女孩志愿行动”，加强促进社会性别平等的宣传倡导。组织开展出生人口性别比综合治理专项督查，推动各地加大查处“两非”案件和打击防控采血鉴定胎儿性别行为的力度。（王海东）

全国计划生育特殊家庭扶助关怀工作会议　2017年6月21日在陕西西安召开，会议总结交流2016年以来各地开展计划生育特殊家庭扶助关怀工作的经验做法，分析研判形势，部署计划生育特殊家庭扶助关怀工作任务。国家卫生计生委副主任、中国计划生育协会常务副会长王培安出席会议并讲话。会议要求，抓好计划生育特殊家庭扶助关怀各项政策措施的落实；解决计划生育特殊家庭的养老、医疗和心理健康问题；在解决重点难点问题上创新工作思路和方法；充分发挥社会组织和志愿者等社会力量的重要作用。

民政部、人力资源和社会保障部、住房和城乡建设部相关司局负责人，各省（区、市）及新疆生产建设兵团卫生计生委的分管领导、家庭处处长及计划生育协会负责人，国家卫生计生委相关司局负责人，中国计划生育协会、中国人口福利基金会的代表参加会议。

印发《关于进一步做好计划生育特殊家庭优先便利医疗服务工作的通知》　2017年11月8日印发，《通知》对纳入计划生育家庭特别扶助制度的独生子女伤残或死亡家庭的夫妻看病就医提供优先便利。《通知》要求，将计划生育特殊家庭成员作为重点对象，优先纳入家庭医生签约服务。基层医疗卫生机构要为签约对象提供约定的基本医疗、基本公共卫生和个性化健康管理服务，实现签约服务全覆盖。省、地市、县三级卫生计生行政部门分别指定本级至少一家综合性公立医院作为定点医疗机构。计划生育特殊家庭成员持相关凭证在普通门诊就诊时，定点医疗机构应为其开通挂号、就诊、转诊、取药、收费、综合诊疗等优先便利就医“绿色通道”，需要紧急救治的人员还可享受急诊“绿色通道”服务。《通知》要求，医疗机构在对计划生育特殊家庭成员施行手术、特殊检查或者特殊治疗时，如无法取得患者本人、家属或者关系人意见时，经治医师应当提出医疗处置方案，在取得医疗机构负责人或者被授权负责人签字同意后实施。（以上撰稿：李雪婷）

“十三五”健康老龄化规划　2017年3月，国家卫生计生委联合国家发展改革委等12部门印发《“十三五”健康老龄化规划》，该规划首次就老年健康问题制定的国家级专项规划，提出“十三五”时期促进健康老龄化的指导思想、基本原则、发展目标，明确几项重点任务：推进老年健康促进与教育、加强老年健康公共卫生服务工作、健全老年医疗卫生服务体系、积极推动医养结合、加强医疗保障体系建设以及发挥中医药（民族医药）特色，提供老年健康多元化服务、推动老年健康产业发展、推进适老健康支持环境建设等，努力做到及早应对、科学应对、综合应对，促进实现健康老龄化的目标。（刘　明）

全国医养结合工作会议　2017年4月26日，国家卫生计生委联合民政部在四川成都召开会议，会议围绕贯彻落实《国务院办公厅转发卫生计生委等部门关于推进医疗卫生与养老服务相结合指导意见的通知》精神，对医养结合下一步工作进行全面部署。国家卫生计生委副主任王培安、民政部副部长高晓兵出席会议并讲话，四川省杨兴平副省长出席会议并致辞。

王培安要求，各地要建机制，为医养结合事业发展提供制度支撑；保基本，满足大多数居家老人健康养老服务需求；求创新，探索多种形式医养结合；重培养，强化医养结合队伍建设。高晓兵指出，下一步工作要进一步明确医养结合定位，更加重视提高养老服务质量；发挥政府兜底保障和市场基础配置作用，保障困难老年人的养老服务需求，推进养老服务多层次发展；注重统筹协调，在提高养老院服务质量专项行动中同步推进医养结合。

医养结合机构医疗卫生服务管理专项检查　2017年3—7月，国家卫生计生委按照“全覆盖、零容忍、严执法、重实效”的总体要求，开展医养结合机构医疗卫生管理专项检查，全面排查医养结合机构医疗卫生管理工作存在的问题和隐患，及时整改、防范风险，依法严肃查处违法违纪行为，为入住医养结合机构的老年人提供安全、可靠、便捷的医疗卫生服务。

4月，国家卫生计生委办公厅印发开展专项检查的通知，明确专项检查的要求、范围和内容，包括2大类15小类37项具体内容。专项检查分为地方自查和抽查督导。4—5月，各地按照通知要求，开展自查，对发现的问题进行整改，并向国家卫生计生委提交自查报告和整改方案。5月底至7月初，由国家卫生计生委王副主任培安、王贺胜分别带队，委家庭司、医政医管局及医管中心组成6组，分赴天津、辽宁、江苏、浙江、福建、山东、湖北、广西、重庆、甘肃等10个省（区、市）开展专项检查。检查发现，10省（区、市）卫生计生部门认真贯彻落实党中央、国务院的批示精神和国家卫生计生委的专项检查工作部署，开展自查排查和整改，取得明显效果。探索安全、可靠、便捷、有效的服务管理模式，细化工作职责，落实制度、层层监管，构建起有效的工作机制，并建立各项管理规章制度，医疗卫生服务管理制度化、常态化。

2017 年医养结合数据监测工作　为掌握各地医养结合工作进展情况，2017 年，国家卫生计生委联合民政部开展医养结合监测工作，重点监测医疗卫生、养老资源供应及利用情况、机构建设情况、服务提供及利用情况，各地每半年报送相关数据，为科学评估医养结合工作的实施效果、完善医养结合政策措施、提高服务质量效率等提供数据支持。截至 2017 年底，全国 30 个省（区、市）出台省级医养结合实施意见并设立省级试点单位，90 个国家级医养结合试点市中 78 个出台贯彻实施意见。全国共有近 4000 家医养结合机构，共 100 多万张床位，其中：养老机构设立医疗机构有 2800 多家，医疗机构设立养老机构有 1000 多家。医疗机构与养老机构建立合作关系或签约合作协议的有 1.15 万多对。

医养结合培训工作　2017 年国家卫生计生委在山东青岛举办 3 期医养结合工作培训班。培训内容涵盖医养结合相关政策解读、智慧健康养老相关内容、医养结合数据监测报送相关事项及要求、国家基本公共卫生服务项目等。31 个省（区、市）卫生计生委家庭处或医养结合工作处室负责人、国家级医养结合试点所在市（区）卫生计生委分管副主任和家庭处（医养结合工作处室）负责人，约 240 人参加培训。

开展“老年医学人员队伍能力提升项目”，提高医养结合机构为老年人提供健康养老服务的能力。组织中华医学会老年医学分会、国家老年医学中心、北京医院的专家团队，在桂林、杭州、武汉、延安、长沙举办 5 场培训班，培训老年综合评估、老年综合征、老年人共病、老年痴呆、老年抑郁与谵妄、老年人常见疾病的防治、老年人合理用药、老年营养、老年护理模式等多方面内容。采取 “以问题为基础”和“以案例为基础”的教学模式，以老年人综合评估和诊疗技术作为老年医学队伍建设的重点内容，共 2000 多名老年医学从业人员参加培训。

中国—世界卫生组织 2016—2017 双年度项目　以“中国医养结合现状及推进策略研究”为题，与世界卫生组织开展双年度合作项目。项目梳理中国医养结合工作现状，选择上海、重庆、安徽、青岛等典型地区开展现场调研，总结各地工作经验、亮点及面临的问题和挑战等，提出推进医养结合工作的政策建议，为中国其他地区和其他国家或地区开展健康老龄化和医养结合工作提供借鉴和参考。

项目历时 15 个月，最终形成《中国医养结合现状及推进策略研究总报告》《中国医养结合政策述评及文件汇编》《上海市医养结合推进情况调研报告》《安徽省医养结合推进情况调研报告》《重庆市医养结合推进情况调研报告》《青岛市医养结合推进情况调研报告》《青岛市长期医疗护理服务体系调研报告》《医疗护理员职业技能标准》（项目研究版）《医养结合专家数据库用户手册》（管理员、专家用户）等成果。

2017 年 12 月 5 日，项目总结会在北京召开。会上，世卫组织项目官员及专家对该项目的运行管理和取得的成果给予肯定。

安宁疗护试点工作　2017 年，国家卫生计生委启动安宁疗护试点工作，为疾病终末期或老年患者在临终前控制痛苦和不适症状，在充分尊重本人和家属意愿基础上，不过度治疗，不采用过度的生命支持手段，帮助患者舒适、安详、有尊严地离世，回归以人为本的医学本质，维护人的基本尊严。

北京市海淀区、吉林省长春市、上海市普陀区、河南省洛阳市和四川省德阳市被选定为首批安宁疗护工作试点市（区）。印发《关于开展安宁疗护试点工作的通知》，明确试点任务包括：开展基线调查；建设服务体系，包括机构、社区和居家服务体系建设；明确服务内容，包括为临终患者减少痛苦的诊疗、护理服务以及人文关怀等；建立工作机制，即机构和居家服务有序衔接；探索制度保障，包括构建价格体系、保障药物配备、加大资金支持、支持社会力量参与等；加强队伍建设，建立专家库、加强培训等；研究制定标准规范（安宁疗护服务的进出标准、服务规范等）；加强宣传教育。通过政府引导，鼓励试点地区积极稳妥地推进安宁疗护工作，探索研究安宁疗护相关政策和工作机制，形成有价值、可借鉴的经验做法，并向更大范围推广。9 月，在上海召开试点工作启动会。12 月，在协和医院举办首期培训班，邀请台湾专家授课，试点市（区）70 多名管理和医护人员参加培训。组织基线调查，全面了解试点地区安宁疗护相关政策措施、工作机制、队伍建设、标准规范、服务模式、服务资源、社会宣传教育等情况。

（以上撰稿：徐 冲）

智慧健康养老产业发展　2017 年初，国家卫生计生委与工信部、民政部联合印发《智慧健康养老产业行动计划（2017—2020）》，提出要培育 100 个智慧健康养老示范企业，建设 500 个智慧健康养老示范社区，创建 100 个具有区域特色、产业联动的智慧健康养老示范基地。同年7月，联合印发《关于开展智慧健康养老应用试点示范的通知》，启动智慧健康养老应用示范企业、示范社区、示范基地创建活动。到2017年底，共遴选示范企业53家、示范街道82个、示范基地19个。2017年11月，联合印发《关于组织申报〈智慧健康养老产品及服务推广目录〉的通知》，促进优秀智慧健康养老产品和服务的推广和应用。

2017年12月28日，国家卫生计生委、工信部、民政部在北京联合召开智慧健康养老产业发展大会。国家卫生计生委副主任王培安、工信部副部长罗文、民政部副部长高晓兵出席会议并讲话。大会发布2017年智慧健康养老示范企业、示范街道（乡镇）、示范基地名单并授牌，交流智慧健康养老的试点示范建设成果和经验，促进信息产业与健康服务、养老服务协同合作、融合发展。

“国际家庭日”的宣传纪念活动 2017年5月14日，在上海举办“健康家庭·健康中国”为主题的宣传活动。国家卫生计生委副主任王培安、上海市副市长翁铁慧出席活动并致辞。现场表演以家庭医生签约服务、家庭健康自我管理、健康家庭倡议等为主题的精彩节目。

首届中国家庭发展论坛 2017年5月15日在上海举办，十一届全国政协副主席、中国人口福利基金会会长李金华出席论坛，国家卫生计生委副主任王培安做主旨演讲，民政部、国家开发银行、中国社科院、中国人口学会、中国老年保健医学研究会等部门机构的领导和专家做专题演讲。相关专家学者围绕中国家庭变迁与发展、中国家庭发展政策与服务体系、科学育儿与青少年健康发展、健康老龄化与医养结合、优秀家庭文化传承与发展、社区互助与家庭健康6大主题进行深入研讨。

中国家庭发展追踪调查第2轮现场调查 调查自2016年7月启动，2017年6月结束。对首轮调查涉及的3.25万个家庭进行追踪调查，包括衍生家庭在内，共调查3.2万个家庭，登记人口10.51万人，获得其家庭成员两年来在人口、经济、社会、健康、计划生育等方面的相关信息，并了解流动家庭、农村留守家庭和计划生育家庭等家庭形态的发展变化。

“新家庭计划——家庭发展能力建设”项目 2017年，该项目继续推进，面向全国试点单位，围绕家庭保健、科学育儿、养老照护、家庭文化等内容，举办援疆培训班、扶贫专项培训班和东中西部分片培训班，提高试点单位的项目组织管理水平。

（以上撰稿：刘　明）

2017年中法家庭发展政策研讨会 2017年7月6—7日在山西太原召开，研讨会围绕中法老龄政策、医养结合与安宁疗护、健康养老产业、家庭发展战略与政策体系建设、家庭发展和家庭关系相关研究、婴幼儿托育服务实践和培训、青少年家庭教育与健康发展等7个主题以及未来的合作等进行深入研讨。国家卫生计生委副主任王培安、山西省常务副省长高建民出席开幕式并致辞。法国欧洲与国际事务委员会副部长娜塔莉·尼基丹科率法国代表团参加会议。

（徐　冲）

创建幸福家庭活动专题研修班暨家庭发展经验交流会 2017年12月27—28日在北京召开，第十一届全国政协副主席、中国人口福利基金会会长李金华、国家卫生计生委副主任王培安出席活动并讲话。会上通报第2批全国创建幸福家庭活动示范市，为30个示范市的代表授牌。

李金华指出，创建幸福家庭活动是坚持以人民为中心基本方略的具体体现，是保障和改善民生的重要抓手，是贯彻落实健康中国战略的切实举措，在健康中国建设及家庭发展工作中功不可没。7年多来，创建活动从无到有，试点城市由少到多、直至全国铺开，围绕“文明、健康、优生、致富、奉献”五大主题，扎实开展“宣传倡导、健康促进、致富发展”三大活动，努力为城乡家庭特别是计生家庭做好事、办实事、解难事，赢得了社会各界及广大群众的一致好评。

王培安指出，各地要在总结创建活动经验的基础上，全面提高家庭发展能力。做好家庭发展各项重点工作，实现弱有所扶、幼有所育、老有所养。注重家庭文化建设，着力营造良好社会氛围。（王茂松）

2017年“圆梦女孩志愿行动”报告会 2017年12月11日在京举行，国家卫生计生委副主任王培安出席并讲话。王培安指出，20世纪80年代以来，我国出生人口性别比持续偏高，不利于人口长期均衡发展，影响社会和谐稳定。多年来，国家卫生计生委加大出生人口性别比综合治理工作力度，开展关爱女孩行动，依法整治“两非”行为，建立完善有利于女孩及女孩家庭的利益导向政策。王培安指出，自2013年启动“圆梦女孩志愿行动”以来，志愿者的足迹遍及5个省的17个县（区、市）。实践表明，“圆梦女孩志愿行动”是促进农村贫困女孩发展、引导全社会关注女孩生存环境、倡导促进社会性别平等的有效途径。报告会上，以性别平等为主题的儿童音乐话剧《雏菊花》成功演出。来自国家卫生计生委相关司局负责人，各省（区、

市）卫生计生委家庭处负责人、志愿者和女孩代表共计 300 余人参加报告会。　（曹　群）

流动人口卫生计生服务管理工作

2017 年流动人口卫生计生工作概述

一、全面开展流动人口卫生健康服务

国家卫生计生委流动人口司依托连续 8 年开展的流动人口全员统计和动态监测调查，分析、研究近年来流动人口的主要变动特征。

开展流动人口健康教育和促进。流动人口司组织 17 个城市接力开展“新市民健康城市行”活动，各省（区、市）均开展相关活动，使流动人口健康服务进企业、进学校、进家庭。在全国征集、评选、推介 21 个流动人口健康促进典型案例。联合中国计生协开展“流动人口健康服务年”、世界人口日等宣传活动。

流动人口司建立流动人口基本公共卫生计生服务均等化工作评估指标体系，联合民政部等部门开展督查评估。部署开展流动人口基本公共卫生计生服务均等化示范区县建设工作，促进工作机制健全完善。

流动人口司牵头做好农民工、农村留守儿童卫生与健康服务。落实国务院领导批示，联合国务院农民工办和委内相关司局，围绕返乡农民工医保、职业病救治、归乡社会融合等问题进行专题调研。国家卫生计生委与民政部等 7 部门联合开展“合力监护 相伴成长”农村留守儿童关爱保护专项行动。编制印发留守儿童健康教育核心信息、留守儿童监护人健康教育核心信息，在 27 个县实施贫困地区农村留守儿童健康教育项目，推进农村留守儿童健康关爱工作。

二、继续推进流动人口卫生计生服务管理改革

流动人口司持续推进流动人口卫生计生服务管理改革。完成《流动人口计划生育工作条例（修订草案）》。指导京津冀三地启动流动人口卫生计生服务管理一体化工作。继续推进流动人口卫生计生信息共享试点，试点省份由 5 个增加至 9 个。指导各省（区、市）按照“放管服”改革要求，取消纸质《流动人口婚育证明》，开展流动人口婚育信息网上核查，全国查询量累计达 1486 万人次。不断完善流动人口全员统计评估和数据分析工作。按照全面两孩政策要求，指导基层完善流动人口异地生育登记和获得相关服务的政策措施。

三、加大社会倡导力度，扩大流动人口卫生计生工作影响

流动人口司连续第 8 年发布《中国流动人口发展报告》，联合国务院农民工办、团中央、中国计生协等开展第 12 届“你在他乡还好吗”、元旦春节期间流动人口卫生计生关怀关爱专项行动等宣传倡导活动，在全国 22 个市组织评选 87 个流动人口社会融合示范社区，积极支持相关机构研究流动人口社会融合评估指标体系，组织摄制大型纪录片《世纪大迁徙》。国家卫生计生委与国际移民组织、世界卫生组织联合举办首届新型城镇化、健康与流动人口社会融合国际论坛。

发布《中国流动人口发展报告（2017）》2017 年 11 月，国家卫生计生委流动人口司发布《中国流动人口发展报告（2017）》（以下简称《报告》），这是自 2010 年以来的第 8 本年度报告。《报告》基于近年来全国流动人口动态监测调查数据，对流动人口的变动特点、变动状况及原因、人口迁移流动对人口变动的主导影响等进行分析，围绕近年来人口跨省流动情况、流动人口返乡、流动人口家庭化及其消费、留守人口等形成相关研究成果。《报告》包括人口流动新趋势、人口流动迁移与城镇化、基本公共卫生计生服务均等化、边境地区人口流动和留守人口等 5 个专题 22 篇报告和流动人口服务管理大事记、2016 年流动人口卫生计生动态监测调查说明和 2016 年国际移民展望（摘要）等 3 篇附录。

农村留守儿童健康关爱工作　2017 年，国家卫生计生委印发通知要求进一步强化组织领导、宣传倡导和督促落实、加强调查研究和人员培训、开展多种形式的健康关爱活动、做好贫困地区农村留守儿童健康教育工作，召开工作推进会，王培安副主任出席会议并讲话。流动人口司编制留守儿童健康教育核心信息、留守儿童监护人健康教育核心信息和相关释义，开发留守儿童健康传播工具包、家访服务包、心理支持服务包等，积极推进贫困地区农村留守儿童健康教育项目，与联合国儿童基金会合作开展的贫困地区农村留守儿童健康与发展促进项目，结合新市民健康城市行、婚育新风进万家等活动，借助社区儿童之家、儿童“爱心健康驿站”等平台，开展多种形式的宣传倡导活动，营造全社会关心关爱留守儿童健康的良好氛围。

（以上撰稿：梁效革）

取消纸质婚育证明　2017 年 8 月，国家卫生计生委印发《关于深化“放管服”改革激发医疗领域投资活力的通知》。为落实《通知》要求，流动人口司部署在全国范围内取消纸质《流动人口婚育证明》，实现流动人口婚育信息的实时查询和共享。这项措施改变了流动人口外出需办理证明的工作模式，为流动人口在外获得计划生育服务提供了便利。截至 2017 年 12 月底，全国流动人口婚育信息有效查询量累计达 1486 万人次。

京津冀流动人口服务管理一体化工作启动　为贯彻落实《京津冀协同发展规划纲要》，2017 年 6 月，流动人口司印发京津冀协同做好流动人口服务管理工作方案，在京津冀地区以信息共享为基础，以健康教育和促进为抓手，推动落实卫生计生基本公共服务均等化，探索建立流动人口接续管理及时有效、市民化服务落实到位的服务管理工作机制。

深化流动人口卫生计生信息共享试点　2017 年 7 月，国家卫生计生委印发通知，在首批试点（上海、福建、湖北、湖南、四川）基础上，新增山西、安徽、重庆和青海为试点省份，试点省份增至 9 个。各试点省份积极推进系统升级和数据交换接口改造，以国家、省级全员流动人口信息为基础，整合出生人口、生育登记、计划免疫等数据，建立动态更新的流动人口卫生计生服务管理共享数据库。到 2017 年底，上海、湖北、湖南和四川已完成系统升级和数据交换接口改造，实现与国家平台联通并报送数据。其中，上海市和湖南省已报送全员流动人口信息、生育登记、出生人口和计划免疫信息等数据，上海市在市级平台共享儿童预防接种信息，实现全市范围内均可查询，方便流动儿童接受预防接种服务，湖南省将健康档案数据纳入共享范围，实现全员人口数据和健康档案数据的共享比对。截至 2017 年 11 月底，试点省份共计上报跨省流动人口出生数据 154 万条，跨省流动人口生育登记服务数据 68 万条，全员流动人口数据 3350 多万条，流动儿童计划免疫数据 250 万条。信息共享试点为流入流出地之间流动人口卫生计生服务管理数据互通探索了新途径。（以上撰稿：徐　玮）

2016—2017 年全国新市民健康城市行活动总结仪式　2017 年 12 月，国家卫生计生委在四川省成都市举行 2016—2017 年全国新市民健康城市行活动总结仪式，副主任王培安出席活动并讲话。新市民健康城市行活动自 2016 年 10 月启动以来，各地卫生计生行政部门协调相关部门，动员基层广泛开展公众宣传活动，利用报刊、广播电视、网络及微信微博等媒体传播流动人口健康教育核心信息，深入企业、学校、市场、工地、村居等流动人口较多的场所举办健康知识讲座、发放卫生计生服务指南和健康知识手册、组织开展群众性体育活动，引导流动人口重视自身健康、主动利用基本公共卫生计生服务，营造关注流动人口健康的良好社会氛围。2017 年，流动人口司组织上海、贵阳、重庆、深圳、青岛、厦门、长沙、兰州、西宁、石家庄、包头、天津、杭州、长春、南昌、三亚、成都等 17 个城市参加接力活动。

以流动人口为主题的“婚育新风进万家活动”　2017 年 2 月，国家卫生计生委印发通知，确定 2017 年度“婚育新风进万家活动”的主题为“人口流动 健康同行”。各地卫生计生行政部门按照要求，在世界防治结核病日、世界卫生日、全国儿童预防接种宣传日、全国《职业病防治法》宣传周、世界人口日等 9 个卫生计生节日纪念日，以流动人口为重点人群，组织开展集中宣传服务活动，向流动人口宣传相关卫生计生政策法规、传播健康知识和技能，维护流动人口健康权益。

流动人口健康促进示范场所和健康家庭建设活动　2017 年，按照《流动人口健康教育和促进行动计划（2016—2020 年）》和有关要求，流动人口司对各地 2016—2017 年流动人口健康促进场所和健康家庭建设活动开展情况进行评估验收和通报，共筛选出首批流动人口健康促进示范企业 152 个、学校 156 个，各地共评选出流动人口健康家庭 834 个。一年来，各地卫生计生部门加强了对企业、学校建设活动的指导和联系，因地制宜，探索形成适合本地特点的流动人口场所健康促进工作模式和健康家庭培育模式，示范和引导效应初显。（以上撰稿：刘晶晶）

首届新型城镇化、健康与流动人口社会融合国际论坛　为进一步推动流动人口服务管理和健康促进工作，加强国际经验交流与合作，2017 年 8 月 24 日，国家卫生计生委与国际移民组织、世界卫生组织在北京联合举办首届国际论坛暨世界卫生组织“为流动人口提供更加公平的健康保障”圆桌会议。此届论坛主要关注中国“十三五”时期新型城镇化推进背景下人口流动迁移与健康促进对经济社会发展的影响。国家卫生计生委主任李斌出席会议并做主旨演讲，国际移民总干事威廉·斯温（William Swing）、联合国驻华系统协调员、联合国开发计划署驻华代表罗世礼（Nicholas Rosellini）、中国社会科学院副院长蔡昉等就人口流动与可持续发展等内容发言，世界卫生组织总干事谭德塞（Tedros Adhanom Ghebreyesus）发表视频致辞。

李斌指出，大规模流动迁移是近年来全球重要的人口现象，维护流动人口健康已经成为国际社会重要共识，促进流动人口社会融合是提高社会治理水平的客观要求。有序推进农业转移人口市民化与基本公共卫生计生服务均等化，保障流动人口的合法权益与健康福祉，对实现可持续发展目标具有重要意义。李斌倡议，与会各方应围绕流动人口的健康促进、社会融合等问题广泛开展对话，进一步凝聚共识，优化政策环境；建立健全多部门参与的协同机制，加强传染病、职业病防治，精神卫生干预等领域跨境合作，深化流动人口健康与发展领域的信息、技术和资源合作。

论坛包括1个主论坛和城镇化与人口流动迁移、流动人口健康保障与健康促进、国际移民与社会融合、国内流动人口社会融合实践等4个分论坛，共计200余人参加。论坛开幕式上，国家卫生计生委和国际移民组织签署关于流动人口健康与发展领域合作的谅解备忘录。

2017年流动人口卫生计生动态监测调查工作　2017年5月，国家卫生计生委继续在全国范围内开展流动人口卫生计生动态监测调查，该调查为自2009年以来开展的第十次连续断面调查，共8500个样本点，分布在31个省（区、市）和新疆生产建设兵团的1345个县级单位，涉及7806个居委会/村委会。实际调查流动人口16.99万人，涉及流动人口家庭成员信息54.92万条，其中在流入地家庭成员信息45.91万条。调查内容包括流动人口基本信息、收支情况、就业情况、基本公共卫生计生服务、社区流动人口基本状况、公共卫生服务管理情况等。调查结果对全国及各省（区、市）以及主要城市群和省会城市均具有较好代表性。

为了解流动人口传染病防控等情况，为相关政策研究和服务管理工作提供数据支撑，国家卫生计生委在江苏苏州、山东青岛、河南郑州、湖南长沙、广东广州、重庆九龙坡区、云南西双版纳、新疆乌鲁木齐等8个城市（区）同步开展流动人口重点疾病流行影响因素专题调查。

每年的动态监测调查是及时掌握流动人口的新情况和新需求、对流动人口卫生计生服务进展情况进行衡量和评价的重要渠道。流动人口司注重做好调查数据的分析挖掘，利用调查结果编报快报和简报，加强人口流动迁移趋势预判；举办流动人口动态监测数据开发培训班，指导各地深化动态监测数据分析和政策研究；积极推动数据的开放共享，自2014年以来共计向230余家机构及相关专家学者发放数据，2016年起数据使用实现在线免费申请。

流动人口社会融合示范社区评选　自2014年国家卫生计生委开展流动人口社会融合示范试点工作以来，各试点城市积极创建示范社区，打造流动人口社会融合平台。为及时总结示范试点工作成效，发挥示范引领作用，2017年3月，国家卫生计生委开展流动人口社会融合示范社区评选活动，组织专家从各地推荐的170个流动人口社会融合示范社区中评选出87个，分布在辽宁大连，江苏苏州、无锡，浙江杭州，安徽合肥，福建泉州、厦门，山东青岛，湖北武汉，湖南长沙，广东中山，四川成都，贵州贵阳，西藏拉萨，陕西西安，甘肃兰州，青海格尔木，新疆区乌鲁木齐、喀什、伊宁等20个示范试点城市。

（以上撰稿：郎　易）

卫生计生宣传工作

2017年卫生计生宣传工作概述

一、围绕习近平新时代中国特色社会主义思想和党的十九大开展的系列宣传活动

李斌主任带头示范，各位委领导出席发布会，接受媒体专访，发表署名文章，全面介绍卫生健康事业发展成就。完成“砥砺奋进的五年”大型成就展布展任务和马克思主义工程课题“深化医改实践经验与理论研究”，发布《中国健康事业的发展与人权进步》白皮书。各地各单位将宣传与业务工作同部署同推动，全方位展示各项工作进展，为十九大的召开营造良好的氛围。

二、“中国好医生、中国好护士”评议活动推动社会宣传

“中国好医生、中国好护士”评议活动自2017年6月启动，截至2017年底共有65位个人和5支团队入选月度人物，举办4场现场交流活动，已成为行业典型宣传的“金字招牌”，李克强总理等领导同志专门作出批示，给予充分肯定。以全国卫生计生系统表彰大会为契机，深入宣传先进典型，大力弘扬崇高精神。各地典型选树品牌活动成效显著，涌现出一大批先进人物。文化建设硕果累累，各地各单位策划创作一系列精品力作。

三、新闻策划能力和舆论引导

2017年国家卫生计生委新闻发布提速提质，全委举办发布会70场，开进基层、开到网上，主动回应群众期盼和关切。委官方网站在2017年中国政府网站绩效评估中位列国务院组成部门第7名。各地各单位开展形式多样的新闻宣传工作，舆情监测处置能力不断加强，有效引导了一系列突发舆情事件。配合卫生外交，积极做好对外宣传，展示我国卫生计生工作成就和政府形象。

四、健康促进工作

国家卫生计生委会同有关部门制定加强健康学校建设指导性文件。成立健康促进与教育专家指导委员会。开展以“合理膳食”为主题的健康中国行活动，普及健康生活方式。以健康促进县区工作为抓手推动实践创新。健康影响评价的方法和路径研究取得阶段性成果。印发加强健康教育信息服务管理的规范性文件。加强控烟宣传教育，创建无烟环境，控烟履约工作稳步推进。居民健康素养水平稳步提升。

全国卫生计生宣传工作会议　2017 年 1 月 10 日在京召开，各省（区、市）计划单列市卫生计生委，新疆生产建设兵团卫生局、人口计生委分管负责同志、相关处室负责同志，委机关各司局、相关直属和联系单位、协会学会及在京委属委管医院相关负责同志参加会议，国家卫生计生委副主任王贺胜出席并讲话。会议部署全国卫生计生宣传工作，河北等 8 个省（市）和 2 个单位做交流发言，相关专家就医改宣传工作、健康中国与健康促进、舆论分析与舆论引导等做专题报告，与会代表围绕贯彻落实大会精神进行了讨论。

（以上撰稿：徐明霞）

委管报刊有关情况专题检查工作　为进一步加强对国家卫生计生委主管报刊的监管力度，摸清底数，找准问题，从源头上防范报刊出版工作中存在的政治、经济和廉政风险，2017 年 3—6 月，开展委管报刊有关情况专题检查工作。检查内容包括委管报刊主办单位、出版单位基本信息，主办报刊的政治导向和意识形态工作，出版经营情况，主办单位、出版单位履职情况以及廉政风险防控情况。专该检查增强了各主办单位对报刊管理工作的责任感和使命感，发现了报刊出版工作中存在的问题，取得预期效果。

2017 年度委管出版物主题宣传激励项目　该项目围绕 2017 年卫生计生宣传主题，牢牢把握推进健康中国建设和促进人口均衡发展两条主线，通过制定年度卫生计生主题宣传工作方案，开展主管期刊主题宣传工作开展情况调研，组织主题宣传推荐作品报送评选工作等方式，动员主管出版单位开展卫生计生主题宣传。项目的开展巩固了主管报刊图书出版单位统一发声、集中报道的大联合宣传格局。

委管报刊审读工作　2017 年，通过咨询专家、查阅文献、组织专家召开审读会议等方式，对委管京外 40 种期刊进行了专项审读。通过审读工作，进一步了解委管报刊质量现状，及时发现问题和解决问题，为开展有针对性的指导和培训提供依据，从而促进委管期刊质量的全面提升。

国家卫生计生委主管报刊 2016 年度核验工作　按照国家新闻出版广电总局及北京市新闻出版广电局《关于开展 2016 年度报刊核验工作的通知》要求，对北京地区委主管报纸、期刊送检资料进行了收集整理和初筛工作，并于 2017 年 7 月 18 日会同北京市新闻出版广电局有关工作人员，对委管北京地区 137 种报纸、期刊进行现场集中核验工作。国家卫生计生委报刊现场核验组织工作得到北京市新闻出版广电局的认可和肯定。

图书重大选题备案审读工作　为加强委管出版社图书管理和指导工作，2017 年度开展委管出版社图书重大选题备案审读工作，主要包括：组织专家对重大选题备案图书进行审读，出具审读意见；不断充实审读专家队伍，完善审读工作流程；注重日常出版信息监控，及时发现舆情动向并采取相应措施。

新刊及期刊变更事项评审工作　组织召开专家评审会，对主管报刊变更刊名，变更主管、主办单位，变更刊期、文种等相关事项进行评审。2017 年度共完成新刊创立及期刊相关变更事项 27 项，其中变更主办单位 7 项，变更刊名 3 项，变更文种 1 项，变更刊期 5 项，新刊 11 项。

2017 年度委主管报刊编辑业务培训班　为加强主管报刊图书出版单位规范管理，强化主管报刊图书出版单位导向引导与重大选题报审制度，提升编辑人员职业素养与专业能力的提升。2017 年 11 月 1—3 日，2017 年度委主管报刊编辑业务培训班在京召开。委主管报刊图书出版负责人及编辑部主任 80 余人参加培训。

医学编辑出版伦理规范教材编写与出版　为加强主管学术期刊质量，提升主管学术期刊编辑人员医学伦理素养，强化医学期刊科研诚信和出版伦理意识，在 2016 年医学编辑出版伦理素养提升项目基础上，经专家修订、审核的《医学期刊编辑伦理规范》将由人民卫生出版社出版。

《委管报刊出版业务人员能力建设培训工作规划纲要》制定　制定《委管报刊从业人员培训规划纲

要》是2017年度委管报刊质量管理项目工作内容之一。2017年，通过召开委管报刊出版从业人员培训规划纲要框架编写专家研讨会等方式，对该纲要进行了修改完善，并建立了师资库师资遴选标准。该项工作对委管报刊出版从业人员能力建设培训工作奠定基础。

（以上撰稿：徐明霞）

2017年全国“两会”宣传　全国“两会”前后，在委领导的直接参与、靠前指挥下，各司局提前策划，密切配合，精心设计，通过多种形式，充分发挥中央主流媒体、行业媒体及新媒体平台传播优势，组织开展了一系列宣传活动。李斌主任接受央视“两会观察”专访，就落实习近平总书记关于健康扶贫“靶向治疗”进行解读；做客新华网“部长之声”，就全面两孩政策、改善医疗服务等内容回应社会关切；在“部长通道”接受中外记者的集体采访，解读《政府工作报告》相关内容，介绍解决生育二孩“甜蜜的烦恼”的具体措施。李斌主任、王培安、王贺胜副主任共同出席全国人大记者会，就“十三五”开局之年卫生计生改革发展的相关问题回答记者提问，发出权威声音。各大媒体广泛转载，在社会上产生良好的舆论导向。“两会”期间，媒体报道客观全面，网民评论积极恳切。

（刘哲峰　成　义）

加强党的十九大精神宣传　党的十九大召开前后，李斌主任出席十九大新闻中心记者招待会，介绍“健康和医疗卫生工作满足人民新期待”情况，新闻媒体大量转载，网民积极点赞，掀起宣传高潮，相关报道1.4万余条。组织各地卫生计生部门全面开展学习传达，在系统内掀起宣传热潮。同时，充分调动各省（区、市）近2000名网络宣传员积极性，引导组织中国医疗自媒体联盟成员和“大V”主动发声。

（刘哲峰　成　义　杨　凯）

新闻发布工作　2017年以来，国家卫生计生委领导先后出席国新办发布会7场向全社会介绍健康扶贫工程实施进展和健康扶贫“三个一批”行动计划、人大代表建议和政协委员提案办理、国民营养计划、改革完善短缺药品供应保障机制实施意见、进一步改革完善药品生产流通使用政策的若干意见、加强医疗联合体建设和发展的指导意见、建立现代医院管理制度的指导意见等有关情况。

建立双周例行新闻发布会制度，召开各类新闻发布会72场。各司局和单位以及各地卫生计生委负责同志，多次走进国家卫生计生委新闻发布厅，发布主题涉及深化医改重点工作任务、健康扶贫典型经验、家庭医生签约服务、健康科普等。在天津召开全国卫生计生系统新闻发言人制度建设推进会，指导各省市卫生计生委加强正面新闻发布，调动全系统宣传力量，共同树立行业形象、凝聚社会共识、营造有利氛围。

全年受理媒体采访函100余份，制作各类新闻口径200余条，协调媒体报道各类会议及宣传活动120余场，接听媒体咨询采访热线上千人次。联合体改司、指导司等司局组织中央媒体赴地方开展医改、计划生育服务管理改革等调研采访活动23次，在湖北宜昌、贵州遵义、浙江杭州、甘肃兰州、云南玉溪、河南郑州等地举办现场新闻发布会。及时、有效地宣传卫生计生工作进展成效，传播国家权威声音，正面引导舆论。　（成　义　陈　彩　杨　凯）

中国医疗自媒体联盟作用发挥　2017年以来，该联盟积极发挥作用，提高舆论引导能力。联盟针对深化医改政策解读、儿科医疗资源短缺、住院医师规范化培训、药品价格谈判、全国卫生与健康大会等重点工作和热点问题，抓矛盾，抓重点，主动引导舆论热点。结合国家卫生计生委例行发布会主题，在中央网信办的指导下开展网络舆论引导，解读重大政策，扩大正面宣传，确保舆论导向正确。联盟跟进突发性事件，应对网络负面舆情。各成员统一发声，运用微博、微信公众号、直播等平台，发布文章，报道事实。在北医三医院孕妇死亡事件、“抵制疫苗”谣言、“丢肾门”事件、衡阳医闹事件、“纱布门”事件等涉医舆情事件中，及时回应社会关切，正面引导舆论，为化解涉及医疗舆论危机起到良好的推动作用。同时，联盟积极运用新媒体平台，直播解读重大政策；主动发现问题，与主流媒体互动，及时辟谣；加强联盟内部交流，增强共识凝聚力量；不断发展各地分盟，明确方向特色。在江苏南通召开中国医疗自媒体联盟大会暨第4届中国医院形象传播论坛，特设“医警同心维护生命尊严”“医媒联合倡导健康科普”“医患携手共筑健康长城”“医生院长共谋健康发展”等4个平行论坛，依托联盟年度大会，主动设置新闻议题，实现行业对话，和谐网络语境。　（施琳玲　邓利强）

健康中国政务新媒体平台建设　积极打造健康中国“两网”（委中英文官网）、“两微”（健康中国官方微博、官方微信）、“多号”（中国今日头条号、网易政务号、腾讯企鹅号、一点资讯号、分答机构号、知乎机构号、搜狐健康号、人民日报号、澎湃政务号、悟空问答号、百度熊掌号、阿里大鱼号、B站、网易云、抖音等新媒体客户端账号）、“一端”（健康中国App客户端）的新媒体平台，加强新媒体发布力度。健康中国在知乎平台发起“不再谈癌色变”科普圆桌论坛，一周内共有近亿人次浏览量。在世界肝炎日主题活动期间，健康中国企鹅号推送两条问答，共收获

169条回答，浏览量达到267万余次，该活动与腾讯新闻合作关注度高，传播范围广，健康科普效果显著。在四川九寨沟地震、新疆精河地震应急救灾期间，健康中国新浪微博设置话题词“地震无情　白衣有爱”，组织系统内近百家新媒体号进行联动宣传，与四川华西医院、四川人民医院、九寨沟人民医院等前线医院微信微博形成矩阵集中宣传报道，第一时间把卫生救援信息传递给媒体和社会，排列社会话题榜第5名，达到较好的宣传效果，广大网友在互动评论中为救援工作和及时公开救援信息点赞。政务新媒体平台已成为国家卫生计生委发布重大政策及解读、回应社会关切、传播健康科普的重要渠道，社会关注度不断提高，影响力日益增强。（刘哲峰　王海英　罗　刚）

委官网打造信息发布第一平台　委官方网站充分发挥第一发布平台作用，进一步优化网站版面和栏目设计，增设“热点栏目”，加强官网政策权威解读、回应公众关切的功能，及时主动发布信息，成为卫生计生信息权威发布平台、与媒体交流合作的平台、与公众交流互动的平台，被国办列入中国政府网聚焦“互联网＋政务服务”专题“经验做法”栏目，向各地各部门推广。委官方网站全年共发布稿件5000余篇，重点完成“2017全国两会”“砥砺奋进的五年”“地震无情　白衣有爱”“全国卫生应急技能竞赛”等专题。举办在线访谈10余场，针对重大政策、突发事件进行回应和解读，形成矩阵式联动传播。2017年度中国政府网站绩效评估总报告中，委官网位列国务院组成部门网站第7名；在中国信息协会主办的第7届中国政府门户网站发展论坛上，委官网在71家国家部委网站排名中位列网站新媒体传播力第9名，“智能搜索”栏目获评“2017政府网站新技术应用优秀案例”；在“2017互联网＋智慧中国”年会上荣获第3届“互联网＋政务”50强。（刘哲峰　解瑞谦　马　震）

舆情监测与舆论引导　（1）委托《健康报》、中青华云等专业机构对卫生计生舆情信息进行24小时不间断采集，通过智能分析系统进行信息甄别、筛选，辅以人工监测，设置三级预警，6大通知方式保证信息100%到达。新增微信推送，舆情团队开启24小时危机监测，并形成系列报告，全年共完成卫生计生舆情日报219期，舆情专报109期，舆情快报37期。（2）做好相关舆情处置工作，出台《重大政策法规舆情风险评估暂行办法》，与中央网信办建立舆情处置“快速通道”机制。6月召开卫生计生系统舆情监测和舆论引导工作研讨会。（3）网评工作方面，与中央网信办建立密切联系机制，制定网络工作管理制度，围绕全委重点工作和热点问题，开发编写网络舆论引导跟帖模板，对主要商网跟帖、微博微信评论进行网络舆论引导工作。举办5期媒体素养与网络宣传培训班。（刘哲峰　曹　政　章璐芸）

深入开展健康中国主题宣传　以贯彻落实全国卫生与健康大会和“一纲要两规划”精神为主线，主动策划开展地方医改经验、改善医疗服务行动计划等系列宣传活动，多形式、多角度展示卫生计生工作进展和成效。组织精干力量，认真开展“深化医改实践经验与理论研究”等重大课题研究。“两会”期间，联合环球杂志，开展“健康中国2030”课题报告《2030国家的远见》专刊报道。按照委党组年度重点任务安排，制订重大主题宣传方案，积极推进家庭医生签约服务、医联体、爱国卫生运动65周年、包虫病防治等主题宣传工作，取得良好成效。（沈闰州）

大力弘扬崇高精神　2017年，国家卫生计生委推荐梁益建为“感动中国”年度人物。与中央电视台联合举办“2016寻找最美医生”大型公益活动，召开先进典型宣传工作部署会，举办先进典型宣传专题培训，总结全系统先进典型宣传工作经验，分析形势，部署加强先进典型宣传、弘扬职业精神工作任务。积极向中宣部推荐浙江大学医学院附属邵逸夫医院姚玉峰作为全国重大典型，采取印发全系统学习决定、通过系统媒体采访报道等形式进一步总结宣传姚玉峰的先进事迹。加强文艺影视剧作品的创作开发，强化精品生产，支持推出《急诊科医生》《你若安好》等优秀影视作品，提炼阐发卫生计生职业精神内涵和时代价值，让广大卫生计生工作者和社会大众在潜移默化中浸润，用优秀文化滋养人。（曹　丹）

“中国好医生、中国好护士”推荐评议　从2017年6月开始，国家卫生计生委联合中央文明办持续开展“中国好医生、中国好护士”推荐评议活动。这是中央文明办“我推荐我评议身边好人”活动首次单独设立行业推荐评议类别，借助中国文明网、人民网、新华网、光明网和中国网络电视台等“五网联盟”，以及新浪、今日头条等商业网站，微博、微信、客户端矩阵和多家地方都市报资源，共同对中国好医生、中国好护士的先进事迹实施立体化传播，充分展示广大医务工作者的感人事迹与精神风貌，为各地典型宣传搭建了更高更好的展示舞台，扩大了典型宣传的覆盖面和影响力。截至2017年底，共有65位优秀医护人员和5支优秀团队入选月度人物。先后走进上海、浙江、江苏、黑龙江举办现场交流活动，“行走的舞台”

引起行业广泛关注和社会强烈反响。

（以上撰稿：曹　丹）

“砥砺奋进的五年”系列宣传活动　2017年，国家卫生计生委配合中宣部、发改委，牵头组织做好“砥砺奋进的五年”大型成就展第5展区“以人民为中心增进群众获得感”第6单元“健康中国建设深入推进”的筹展和展出工作，充分展示党的十八大以来推进健康中国建设取得的显著成就。中外各界人士现场参观人数累计266万，网上展馆参观量2283万。国家卫生计生委网站开设了“砥砺奋进的五年展览”专题，集纳了展览内容、媒体报道等多方面内容，“健康中国”微博微信也进行了多次推送。组织《健康报》《中国人口报》《中国卫生杂志》《人口与计划生育》杂志组织系列采访报道，开设“砥砺奋进的五年”专栏专刊；配合国家统计局做好《砥砺奋进的五年——从十八大到十九大》系列报告的编纂工作。

《中国健康事业的发展与人权进步》白皮书发布　2017年9月29日，国务院新闻办发表《中国健康事业的发展与人权进步》白皮书，这是中国第一部反映健康人权进展状况的白皮书。白皮书由中宣部和国家卫生计生委牵头撰写，全文约1.7万字，除前言、结束语外，共包括7个部分：符合国情的健康权保障模式、健康环境与条件持续改善、公共卫生服务能力稳步提升、医疗卫生服务质量大幅提高、全民医疗保障体系逐步健全、特定群体的健康水平显著进步、积极参与全球健康治理和国际医疗援助。配合白皮书发布，中央电视台新闻联播和焦点访谈播出专题节目，国家卫生计生委组织专家撰写的两篇解读文章在《人民日报》和《光明日报》发表。（以上撰稿：沈闰州）

“深化医改实践经验与理论研究”课题研究　2017年，国家卫生计生委宣传司会同体改司指导卫生发展研究中心做好马克思主义理论研究和建设工程“深化医改实践经验与理论研究”课题研究，系统梳理党的十八大以来，在以习近平同志为核心的党中央治国理政新理念新思想新战略的指导下，围绕“以人民为中心”的理念，深化医药卫生体制改革工作开展的顶层设计、进行的新实践、取得的新成就，总结提炼了具有中国特色的医改理论体系和方法论。

（曹　丹）

促进文艺作品蓬勃发展　组织发动卫生计生系统积极参与第14届精神文明建设“五个一工程”推荐评选工作，展示卫生计生文化成果，塑造行业良好形象。积极拓展社会宣传平台，继续支持办好央视12套《平安365》、北京卫视《我要当医生》等专题栏目。组织开发“世纪大迁徙”“健康中国建设”等纪录片，利用卫生计生文化推广平台，积极鼓励卫生计生文艺作品创作，组织开展微视频大赛、优秀文艺作品推广、公益广告展播等活动。

（沈闰州）

加大对外宣传工作力度　全力配合国家主场外交，开展卫生计生对外宣传，以中非部长级医药卫生合作会议、中国—中东欧国家卫生部长论坛、金砖国家卫生部长会暨传统医药高级别会议、“一带一路”暨“健康丝绸之路”高级别研讨会等重大国际会议为契机，做好提前谋划、精心设计，开展系列宣传和展览展示，讲好中国故事，展示我国卫生事业发展取得的重要成就和积极参与全球健康治理的负责任大国形象。

（曹　丹）

2017年“世界卫生日”主题宣传活动　世界卫生组织将2017年主题确定为“一起来聊抑郁症”，国家卫生计生委将中国区主题确定为“共同面对抑郁，共促心理健康”。2017年4月6日，由国家卫生计生委主办的2017年世界卫生日宣传活动在新华网举行，活动发布抑郁症核心信息，举办专家讲座，回答网友提问，并通过新华网进行图文直播。

2017年“世界人口日”主题宣传活动　2017年7月11日是第28个“世界人口日”，联合国人口基金确定2017年的主题是：“计划生育：增强人民能力，促进国家发展”。国家卫生计生委将中国2017年的主题定为“人口流动健康同行，计划生育倡导文明”，并于7月11日在江苏省南京市举办主题宣传活动。国家卫生计生委、中国计生协联合呼吁：通过政府统筹、群团协同、社会参与、群众自治，在流动人口中倡导婚育新风和健康生活方式，努力提升流动人口卫生计生服务水平，增进流动人口健康福祉。在活动现场，医务人员代表宣读了健康服务公约，计生协会志愿者发出了健康服务倡议书，流动人口表演了自编自创的歌舞，医疗卫生服务机构开展了义诊咨询。各地卫生计生行政部门按照部署，会同计生协，组织动员基层政府、社会组织、用人单位等社会力量，以广场宣传、文艺演出、义诊咨询、健康讲座、健身活动、传统文化活动等多种形式为载体，宣传基本公共卫生计生服务均等化、流动人口健康促进、留守儿童健康关爱等内容，并利用各类媒体广泛宣传报道，营造了关注流动人口健康、弘扬婚育新风、倡导健康生活方式的良好社会氛围。截至2017年7月12日，在世界人口日宣传时段内，省、市、县、乡各级开展活动约1.3万场；张贴主题宣传海报26.8万张；发放宣传品802.3万份。（以上撰稿：沈闰州）

全国健康促进大会暨健康中国行启动会　2017年4月13—14日，全国健康促进工作会议暨2017年健康中国行宣传活动启动会在山东省济宁市召开，王贺胜副主任出席会议并讲话，向2017年健康中国行活动首站山东授旗。本次会议有全体会议和“学校健康促进”“健康科普”“全民健身”“健康传播”“媒体交流”等5个平行会议。教育部、工商总局、体育总局、国家中医药局、中国科协等部门、相关司局，各省、自治区、直辖市卫生计生委，新疆生产建设兵团卫生局，委机关各司局和相关直属联系单位，有关专家和媒体代表参加会议，并在济宁市任城区部分健康促进医院、学校、机关进行现场调研。

（姜　雯　王承蕊）

2017年健康中国行活动　为贯彻落实全国卫生与健康大会和第9届全球健康促进大会精神，推进实施《关于加强健康促进与教育的指导意见》和《“十三五”全国健康促进与教育工作规划》，继续加强健康促进工作，国家卫生计生委于2017年4—11月在全国范围内开展2017年健康中国行——合理膳食宣传教育活动。本次活动围绕健康中国行、全民健康生活方式行动、婚育新风进万家等活动品牌，集中开展健康传播活动。此次活动中，国家卫生计生委组织相关专家制订合理膳食健康教育核心信息及传播材料，供各地开展现场宣教活动使用；利用自有媒体展示各地健康中国行活动开展情况，联合相关网站进行科普宣传，全网阅读量500余万；举办全国营养科普演讲大赛和首届全国青年营养师膳食营养知识与技能大赛，进一步提升了健康中国行活动品牌影响力。在提升人民群众健康素养水平方面，也取得积极进展，我国居民健康素养水平已经从2008年的6.48%提升到2016年的11.58%。健康知识的广泛传播，引导群众树立了健康观念，养成了健康行为，提高了群众健康素养水平。

（姜　雯　李　婷）

2016年中国居民健康素养监测结果发布　2017年11月21日，国家卫生计生委发布2016年健康素养监测结果。2016年，国家卫生计生委宣传司委托中国健康教育中心组织31个省级健康教育专业机构，开展了第6次全国城乡居民健康素养调查工作。调查覆盖全国31个省（自治区、直辖市）336个区县监测点。调查结果显示，2016年中国居民健康素养水平为11.58%，较2008年增长5.1个百分点，较2015年提高1.33个百分点，继续保持稳定上升态势。从知识、行为和技能来看，2016年中国居民基本知识和理念素养水平为24.00%，健康生活方式与行为素养水平为9.79%，基本技能素养水平为15.57%。从主要公共卫生问题来看，2016年中国居民安全与急救素养为46.00%、科学健康观素养为36.18%、健康信息素养为19.13%、传染病防治素养为16.38%、基本医疗素养为12.76%和慢性病防治素养为11.48%，均较2015年有不同程度提升。

继续推进健康促进县区建设　根据《“健康中国2030”规划纲要》等一系列文件要求，国家卫生计生委从2014年起在全国组织开展健康促进县区试点建设，到2017年底，已开展了3批试点工作，全国已有399个健康促进县区，其中国家级试点196个。为适应新时期全面推进健康促进县区建设工作的需要，研究起草《国家健康促进县区建设管理办法（试行）》，完成首批健康促进县区评估工作。召开全国健康促进县区建设交流会，举办西南片区健康促进县区论坛，参与海南、河南等省份及山东章丘、辽宁沈阳等地健康促进县区启动、培训和调研等工作，重点支持四川省凉山州会东县和新疆生产建设兵团健康促进县区（团场）建设。　（以上撰稿：姜　雯　王承蕊）

《生命之歌》——“健康中国”大型主题晚会在央视播出　2017年8月19日，在全国卫生与健康大会召开1周年之际暨“健康中国”作为国家战略实施的开局之年，国家卫生计生委联合教育部、国家体育总局、国家食品药品监督管理总局、国家中医药管理局等部门，与中央电视台共同举办《生命之歌》——“健康中国”大型主题宣传活动，并在中央电视台社会与法频道播出。晚会围绕“全民健康，共建共享”的主题，全面展示党的十八大以来“健康中国”建设取得的丰硕成果及人民群众的获得感和幸福感。在现场，国家卫生计生委、教育部、国家体育总局、国家食品药品监督管理总局、国家中医药管理局等就百姓关心的健康问题作出庄严承诺。晚会在系统和社会上反响热烈，为健康中国建设营造良好的氛围。（姜　雯　李　婷）

健康影响评价调研　为推动建立适合我国国情的健康影响评价制度，国家卫生计生委于2017年设立重点调研课题“健康影响评价的方法和路径研究”。该项研究由王贺胜副主任牵头，宣传司具体负责，委托中国健康教育中心实施和提供技术支撑。课题组通过文献检索，了解我国公共政策决策运行机制和把健康融入所有政策工作现状，初步提出健康影响评价路径框架，开展现场调研、专家研讨、预试验。11月王贺胜副主任带队赴湖北省宜昌市开展调研，就建立健康影响评价制度听取基层党委、政府及相关部门的意见和建议。课题提出适合我国国情的健康影响评价的策略、路径和方法，撰写了《健康影响评价的方法

和路径研究报告》。（姜　雯　王承蕊）

2017年"世界防治结核病日"主题宣传活动 2017年3月24日是第22个"世界防治结核病日"，宣传主题是"社会共同努力，消除结核危害"。3月23日由国家卫生计生委、教育部、天津市人民政府共同主办的世界防治结核病日主题宣传活动在天津市宝坻区第一中学举行。彭丽媛等参加学生防痨主题班会、参观由学生创作的防痨主题创意作品展，慰问正在开展"百千万志愿者结核病防治知识传播活动"校园招募、健康咨询体检的工作人员和志愿者，出席科普宣传活动并向学生志愿者发放宣传工具包。

（姜　雯　安　冉　陈国永）

"三减三健，迈向健康"全民健康生活方式行动第二阶段启动仪式 2017年4月28日，由国家卫生计生委、国家体育总局、中华全国总工会、共青团中央、全国妇联、北京市人民政府联合主办的"三减三健 迈向健康"全民健康生活方式行动第2阶段启动仪式在京举行。现场活动上，李斌等与会领导为全民健康生活方式指导员代表、全民健康生活方式核心专家代表、健康促进与教育专家指导委员会专家及全民健康生活方式宣传员代表颁发证书，并一同启动第二阶段全民健康生活方式行动。启动仪式后，与会领导和参加活动的国家卫生计生委机关各司局、各直属和联系单位负责同志和干部职工代表，北京市卫生计生委、体育局、总工会、共青团委员会、妇联、北京市朝阳区人民政府等代表、志愿者及新闻媒体约1000人参加健走活动。（崔玉琳　安　冉　陈国永）

"爱在阳光下"——2017北京夏令营开营式
2017年，7月23日，"爱在阳光下"——2017受艾滋病影响儿童北京夏令营开营式在北京奥林匹克公园举行。世界卫生组织结核病/艾滋病防治亲善大使彭丽媛、比尔及梅琳达·盖茨基金会联席主席梅琳达出席开营式。

开营式上，小营员们和红丝带健康大使等嘉宾一起表演了精彩节目，并开展互动游戏和科学实验。山西临汾红丝带学校的应届高中毕业生们回顾了成长经历，表达了追求美好生活的愿望和对社会各界关爱的感谢。北京儿童志愿者向受艾滋病影响儿童赠送了自制礼物，并与他们结成对子共同参加夏令营。国家卫生计生委与比尔及梅琳达·盖茨基金会在开营式上签署了《健康扶贫和艾滋病防控合作框架协议》。

"爱在阳光下"夏令营活动自2010年起已经连续举办8届，旨在帮助受艾滋病影响儿童开阔视野，感受社会温暖，促进身心全面健康发展。

2017"世界艾滋病日"公益音乐会 2017年12月1日是第30个"世界艾滋病日"。11月27日，2017"世界艾滋病日"公益音乐会在北京国家大剧院举行。音乐会主题是"一切为了孩子"，倡导"零艾滋"从孩子开始，早日消除艾滋病母婴传播。音乐会所得捐赠款将全部用于四川省凉山州消除艾滋病母婴传播和受艾滋病影响儿童关爱帮扶工作。音乐会期间，举办"消除艾滋病母婴传播，中国在行动"启动仪式，红丝带健康大使春妮、康辉和凉山州一线医务人员，讲述凉山州在党和政府领导下积极开展艾滋病防控工作的情况。世界卫生组织结核病/艾滋病防治亲善大使彭丽媛，国家卫生计生委副主任崔丽同受艾滋病影响儿童一起为启动仪式揭幕。

（以上撰稿：姜　雯　安　冉　陈国永）

第30个"世界无烟日"主题宣传活动在沪举行 2017年5月31日是第30个世界无烟日，由国家卫生计生委主办，上海市卫生计生委、中国健康教育中心、中国疾控中心承办的2017年世界无烟日主题宣传活动暨上海市医务人员戒烟大赛启动仪式于当日在上海举行。世卫组织驻华代表处积极评价中国控烟履约工作取得的成绩，高度赞扬北京、上海、深圳在室内公共场所全面禁烟所做出的贡献。活动现场，中国疾控中心发布了国际烟草控制政策评估项目（ITC项目）中国调查报告，中国健康教育中心成立健康教育专家委员会控烟科普分委会，上海市卫生计生委发布了《上海市公共场所控烟白皮书》核心信息。活动还发布了控烟公益广告，倡导无烟健康家庭，并启动上海市医务人员戒烟大赛。（崔玉琳　邹兰花　陈国永）

中国烟草控制大众传播活动 2017年12月29日，贯彻落实"两办通知"精神暨中国烟草控制大众传播活动2018年启动会在京召开。该活动由国家卫生计生委主办，中国健康教育中心承办。国家卫生计生委副主任王贺胜出席会议并讲话。王贺胜强调，要推动控烟工作大联合，将控烟工作主动融入卫生与健康工作全过程。要加大考核监督执法力度，进一步推进无烟场所创建。要增强公众主动参与控烟的意识，持续深入开展控烟宣传教育，营造全社会支持控烟的良好氛围。会议通报了2017年中国烟草控制大众传播活动开展情况，表彰了获奖单位和个人。

全国控烟领导力培训 2017年12月11—15日在广州举办。培训由国家卫生计生委宣传司联合世界卫生组织驻华代表处共同主办，约翰霍普金斯大学彭博公卫学院协办。课程围绕世界卫生组织减少烟草使用MPOWER策略措施，从政策开发、执行、人际交往、传播、研究、宣传和监测等角度讲解控烟相关话题的领导力原则。该培训对于提升卫生计生系统及相关单位的控烟领导力水平，带动各地各部门控烟团队能力建设，打造一支专业水平高、能力素质强的控烟队伍，进而推动我国控烟履约工作有着重要意义。

（以上撰稿：姜　雯　邹兰花　陈国永）

支持凉山州健康促进工作　2017 年国家卫生计生委宣传司制定《支持凉山州以艾滋病防控健康教育为主的健康促进工作计划（2017—2020 年）》（以下简称《计划》），坚持“凉山需要，凉山适用”的原则，协同四川省和凉山州卫生计生部门，统筹系统资源，动员社会力量，以支持艾滋病防控健康教育为主开展健康促进工作。加强健康教育与新闻宣传工作能力建设，组织凉山州 17 县市卫生计生相关部门和机构新闻发言人、通讯员开展培训，开展了艾滋病健康教育需求调研，推动健康促进示范县区创建工作，组织健康教育相关专家赴凉山州会东县调研指导健康促进县试点工作，并组织健康促进县区经验交流活动。

（姜　雯　王景茹　陈国永）

科技教育工作

2017 年卫生计生科技教育工作概述

一、召开全国医学教育改革发展工作会议

为贯彻落实全国卫生与健康大会精神，国家卫生计生委与教育部、国家中医药局于 2017 年 7 月 10 日在京联合召开全国医学教育改革发展工作会议。中央政治局常委、国务院总理李克强做出重要批示，指出：“人才是卫生与健康事业的第一资源，医教协同推进医学教育改革发展，对于加强医学人才队伍建设、更好保障人民群众健康具有重要意义。希望教育部、卫生计生委、中医药局会同相关方面，按照党中央、国务院部署，围绕办好人民满意的医学教育和发展卫生健康事业，加大改革创新力度，进一步健全医教协同机制，立足我国国情，借鉴国际经验，坚持中西医并重，以需求为导向，以基层为重点，以质量为核心，完善医学人才培养体系和人才使用激励机制，加快培养大批合格的医学人才特别是紧缺人才，为人民群众提供更优质的医疗服务，奋力推动建设健康中国”。国务院副总理刘延东出席会议并讲话，强调医学教育工作要遵循规律，服务需求，优化结构，提升质量，为健康中国建设提供人才保障。会后国务院办公厅印发《关于深化医教协同进一步推进医学教育改革与发展的意见》。

二、科技重大专项实施

落实国务院要求，以专项成果转移转化为核心，制定“十三五”工作思路，协同科技部组织召开重大专项实施推进会，国务院副总理刘延东出席并讲话，国家卫生计生委主任李斌、副主任曾益新出席会议。修订两专项总体组管理办法、实施管理细则、科研资金管理办法等文件。组织完成两专项 2017 年立项和 2018 年评审工作，并通过科技部等 3 部门联合验收。会同科技部在四川省开展新药专项成果转移转化示范试点，形成可复制可推广的经验。

三、深化科卫协同机制

委级重点科研基地实现动态管理，聚焦行业科技需求导向，行业科技创新体系基本形成。与科技部等部门联合发布《“十三五”卫生与健康科技创新专项规划》，深化科卫协同新型管理机制，完成行业科技发展顶层设计。编制提出科技创新 2030——健康保障工程和攻克癌症科技重大专项实施方案，第 4 批国家临床医学研究中心建设工作稳步推进。

四、技术管理及科研伦理工作

开展第 2 批干细胞临床研究机构备案，建立干细胞临床研究机构评估指标体系，制定《关于推动卫生技术评估工作的指导意见》。配合科技部对《肿瘤生物学》集中撤稿事件开展彻查处理，并完成相关处理报告，起草《医学科研诚信行为规范和学术不端处理办法》。

五、高等级实验建设与实验室生物安全监管

开展实验室生物安全专项检查、监督，确保生物安全实验室安全运行。修订《人间传染的高致病性病原微生物实验室和实验活动生物安全审批管理办法》，完成我国首家 P4 实验室的审批和首家国家级病原微生物菌（毒）种保藏中心的评审。

六、医学教育和人才培养改革推进

1. 住院医师规范化培训制度建设稳步推进。继续开展培训基地第三方评估，增补培训基地 301 家（西医 201 家、中医 100 家）。2017 年招收学员 7.1 万人，其中全科、儿科、妇产科、麻醉科等紧缺专业招收 2.3 万人，占招收总数的 32.5%。在培学员 21.7 万人，上半年通过结业考核（西医）3.4 万人，结业考核通过率达到 80% 以上。协同相关部门研究起草《关于进一步推进住院医师规范化培训工作的意见》。

2.2018 年 1 月，国务院办公厅印发《关于改革完善全科医生培养与使用激励机制的意见》，完善制度设计。2017 年通过多种途径招收培养全科医生 3.6 万

人，超额完成医改任务确定的2.5万人。全科专业住院医师规范化培训1.07万人、助理全科医生培训0.59万人、转岗培训1.39万人、定向医学生0.58万人。

3. 推进专科医师规范化培训制度试点，遴选202家培训基地。招收首批培训对象855人，同步组织师资培训。

4. 会同财政部等印发《“十三五”卫生计生专业技术人员培训规划》，对“十三五”期间专业技术人员的教育培训做出总体部署。研究制定《继续医学教育管理办法》，组织编写《继续医学教育培训指南》大纲及分专业指南细则。新设“紧缺人才培养”和“基层骨干人才培养”两个项目，推动西藏、新疆、三区三洲及深度贫困地区和紧缺专业人才培养，帮助新疆、西藏等地代培住院医师277人。　（杨　青）

全国卫生计生科教工作会议　2017年1月20日在京召开，国家卫生计生委副主任刘谦出席会议并讲话。会议指出，2016年“科卫协同”机制正式建立，改革发展谋篇布局基本完成，科技创新能力不断加强，管理服务水平提高，科技创新成果亮点纷呈。以全科医生为重点的基层和紧缺人才培养成效显著，住院医师规范化培训得到巩固落实，制度实施效果开始显现，专科医师规范化培训试点正式启动，医教协同不断推动医学教育改革，继续医学教育稳步推进。会议要求，全面推进“十三五”重点任务，要落实科技体制改革任务，深化科卫协同，推进重大项目工程，加快重要科技创新基地布局和建设，促进成果转移转化和适宜技术推广；要加强医学人才培养，深化医教协同，加快全科医生培养，夯实住院医师规范化培养制度，推进专科医师规范化培训试点和继续医学教育工作；要强化监管，做好实验室生物安全和卫生技术规范管理等工作。

会上，北京市卫生计生委、河南省卫生计生委、中国医学科学院药物研究所、温州医科大学第二附属医院、复旦大学附属中山医院等5个单位做交流发言。有关部门代表，国家卫生计生委相关司局负责人，在京部分委直属联系单位、协会、高校分管负责人和科教处长，各省（区、市）卫生计生委、新疆生产建设兵团卫生局和辖区主要科研院所、医学院校、委属（管）医院、住培基地及国家临床医学研究中心的分管负责人和科教处室人共2000余人分别在国家卫生计生委设立的主会场和各地设立的分会场同步参加会议。

（施　韵　敬蜀青）

两专项2017和2018年度立项工作　按照科技部、财政部和发改委等3部门（以下简称3部门）关于两专项工作安排，委科教司（两专项实施管理办公室）会同委医药卫生科技发展研究中心（以下简称科技发展中心），组织两专项总体组专家和领域专家编制2017和2018年申报指南，经科技部审核后分别于2017年2月、7月发布。为确保指南的任务部署落到实处，两专项实施管理办公室加强指导和监督，科技发展中心严格按照国家科技计划改革后重大专项管理规定，坚持“凝练聚焦、依靠专家、科学严谨、严格程序”的原则，完成2017和2018两个年度的课题立项评审工作。为确保评审质量，两专项还邀请院士、“千人计划”“万人计划”和其他专家，对立项关键节点进行评估，提高评审的精准度，确保遴选的课题项目与指南任务目标高度统一。两专项2017年度立项课题已经批复，其中新药专项立项课题137项，中央财政经费13.57亿元，传染病专项立项课题38项，中央财政经费11.65亿元。（顾金辉　韩娟娟　柴慧婷）

两专项管理职能转移和专业机构改建任务　2017年，两专项强化牵头组织部门宏观管理、战略规划和政策保障职能，实施管理办公室加强与相关部门的协调，指导科技发展中心加快项目管理专业机构改建工作，不断优化管理流程、完善各项制度，强化过程监管和权力运行制约，加快推动信息管理系统建设，通过了科技部等3部门联合组织的评估。两专项不断强化制度建设，按照国务院和3部门等修订印发的《国家科技重大专项组织实施工作规则》和《国家科技重大专项（民口）管理规定》等文件，结合两专项实际情况，修订两专项实施管理细则、资金管理细则、总体组工作规则等管理制度，确保专项组织实施符合改革要求、依规有序进行。

两专项组织实施推进会　2017年6月，国家卫生计生委主任李斌、副主任曾益新出席国家科技重大专项组织实施推进会，曾益新汇报两专项标志性成果、存在问题和“十三五”工作思路。7月21日，国家卫生计生委会同军委后勤保障部召开两专项组织实施推进会，贯彻落实国家科技重大专项组织实施推进会精神，加快部署两专项“十三五”重点任务，确保圆满完成2020年战略目标。国家卫生计生委副主任曾益新出席会议并讲话。会议指出，两专项实施10年来，不断增强自主创新能力，在保障和改善民生、支撑服务医改、应对突发疫情、促进产业发展等方面发挥重要作用。会议要求加快任务部署，提升原始创新能力，围绕临床用药需求，培育重大品种，开展成果转移转化试点示范，营造鼓励创新的良好政策环境，继续深化专项管理体制改革，形成符合重大专项特点和可复制的改革经验，并要确保如期完成2020年专项战略目标。

两专项年度监督评估 2017年，协助监督评估组赴广东、浙江等6个省，走访几十家课题承担单位，通过召开座谈会、实地检查、查阅资料等方式系统地对两专项实施情况进行监督评估。监督评估结果认为，两专项总体上进展顺利，聚焦重大标志性成果开展任务部署，接近2020年战略目标，也存在部分问题。两专项重视监督评估意见，制定工作方案，赴四川、广东、贵州等省召开现场会或调研，听取意见建议。按照监督评估意见和调研结果，制定详细的整改方案并积极落实。

（以上撰稿：顾金辉 解东方 韩娟娟 柴慧婷）

新药专项成果转移转化试点示范 探索建立民口科技重大专项科技成果转移转化新机制，促进新药研发链、产业链、资本链、政策链深度融合，新药专项在10个民口专项中率先启动试点示范。2017年6月20日，国家卫生计生委、科技部、四川省人民政府正式签署共同推进新药专项成果转移转化试点示范的框架协议，通过提升整合新药研发相关技术能力，建设完善成果转移转化服务平台，优化从鼓励新药研发、加快审评审批到上市后使用的政策，探索形成可复制、可推广的成果转移转化新机制，促进医药产业发展。

（顾金辉 柴慧婷）

两专项的成果宣传工作 采取多种方式加强两专项宣传，做好重点任务的宣传保障。发挥“健康科教”公众号作用，每月按时向3部门和公众发送两专项科技动态，注意与卫生计生和科技等领域主流媒体保持沟通，与委宣教中心达成长期合作协议，搜集科技新闻素材，注意归纳整理，促进行业科技成果宣传。2017年，完成国务院重大专项组织实施推进会、砥砺奋进的5年成就展、李克强总理来国家卫生计生委调研布展等宣传任务，召开两次新闻发布会，支持CCTV中文国际频道《走遍中国》栏目制作播出传染病专项成果系列片，专题报道中国在传染病的监测、检测、预防、治疗等方面取得的成就。

（顾金辉 解东方 韩娟娟 柴慧婷）

重大新药创制科技重大专项组织实施进展 2017年，一批创新药物拿到新药证书和临床批件，治疗恶性肿瘤、艾滋病、糖尿病的自主知识产权新药研发进展顺利。全球首个2014基因突变型重组埃博拉病毒病疫苗获得食药监局有条件批准上市，且为冻干粉剂型更易于储备运输和临床应用。治疗非小细胞肺癌一线靶向药物吉非替尼（伊瑞可）正式上市。用于治疗糖尿病的贝那鲁肽注射液、盛格列汀获得新药证书和临床批件。西格列他钠、普那布林分别获得2型糖尿病、中性粒细胞减少症的临床试验申请。CAR-T产品（嵌合抗原受体T细胞免疫疗法）用于多发性骨髓瘤治疗的临床申请获得受理并被食品药品监管总局纳入优先审评程序。治疗自身免疫性疾病的AC0058，抗肿瘤药物希明哌瑞和盐酸美呋哌瑞获得临床研究许可。中药血脂康胶囊正式获准在香港注册上市，梓醇片用于治疗糖尿病获得新药证书和临床批件。基础研究方面，组建世界一流的G蛋白偶联受体（GPCR）结构与功能研究团队和技术平台，开发GPCR作为药物靶点的巨大潜力。

（顾金辉 柴慧婷）

重大传染病防治科技重大专项组织实施进展 15个HIV快速、便携和耐药等检测产品完成前期研究，成功开展全球首例CAR-T清除HIV-1病毒储藏库的临床试验，完成“十二五”初治队列、HIV/HCV合并感染研究队列和耐药患者队列及示范区队列随访及数据对接等工作。发现预警乙肝病人癌症转化标志物—组合microRNAs等肝癌新型预警生物标志物，诊断早期肝癌发生的敏感性为80.8%，特异性为72.7%，优于传统的筛查方法如甲胎蛋白检测或超声检查。建立了结核分枝杆菌95%以上蛋白的全蛋白表达文库，获得了31个全新具有自主知识产权的结核病免疫原，一批相关结核诊断试剂盒产品获批上市。针对新发突发传染病应急疫苗快速研发的关键技术环节，开展应急疫苗快速研发技术研究，研制埃博拉热、马尔堡出血热、MERS、登革热、莱姆病、布鲁氏菌病等新发突发传染病疫苗，并开展传染病应急疫苗设计、评价、中试生产的系统集成。

（顾金辉 韩娟娟）

深化“科卫协同”机制 2017年1月，国家卫生计生委、科技部召开“科卫协同”机制领导小组首次会议，审议通过《2016年工作总结和2017年工作计划》，确定2017年度重点工作。2017年5月、6月在成都和深圳召开卫生计生科技创新工作督导推进会，组织西南、华南地区各省市卫生计生委及相关委管医院负责人参加会议，就贯彻党中央国务院关于创新驱动发展和健康中国建设战略决策，推进省级“科卫协同”机制建设进行任务部署。在“科卫协同”机制框架下，“完善科技成果转化市场服务体系”“分类推进人才评价机制改革”“深入推进全面创新改革试验”等工作深入推进，并取得阶段性成果。（邢若齐 李晔）

制定发布“十三五”科技创新专项规划 2017年5月会同科技部等部门联合印发《“十三五”卫生与健康科技创新专项规划》，围绕健康中国建设需求，结合国家科技计划改革总体部署，以“科技创新2030——重大项目”、国家科技重大专项、国家重点研发计划、基地与人才专项等国家科技计划（专项、基金）为途径，重点加强基础研究和医学前沿技术研究，重大疾病防治、重点人群健康保障和健康风险控制技术，新型药物和医疗器械等的研发，并促进科技成果转化，开展卫生与健康科技保障示范。截至2017年，基本实现时间过半、任务部署过半。

（邢若齐　籍晨昕）

推进行业科技创新　会同科技部落实国务院要求，推进"科技创新2030——健康保障工程"实施方案编制工作。国家卫生计生委副主任曾益新担任编制领导小组成员，刘德培院士等7位专家担任实施方案编制专家组成员。2017年6月和9月，曾益新与科技部副部长徐南平，就推进实施方案编制工作两次会商。10月，落实李克强总理在国务院常务会议上关于加强癌症防治攻关的要求，组织国家癌症中心等单位专家编写《国家攻克癌症科技重大专项实施方案（2018—2035年）》，并送科技部征求意见。继续指导中国医学科学院组织实施"医学与健康科技创新工程"，促进医学科技创新核心基地更好服务行业科技需求。（邢若齐　刘桂生）

国家重点研发计划等项目的组织实施　协同科技部继续深入推进"数字诊疗装备""干细胞及转化研究""蛋白质机器与生命过程调控""精准医学研究""生物安全关键技术研发""生物医用材料研发与组织器官修复替代""生殖健康及重大出生缺陷防控研究"以及"重大慢性非传染性疾病防控研究"8项重点研发计划组织实施，启动"主动健康和老龄化科技应对"重点研发计划组织实施。发挥行业管理责任，指导委科技发展中心组织实施好"精准医学研究"与"生殖健康及重大出生缺陷防控研究"等重点研发计划。做好科技体制改革前启动科技计划项目过程管理和课题研究，召开4次课题验收会，完成24项公益性行业科研专项、6个"十二五"国家科技支撑计划项目21个课题的结题验收工作。（李　晔　黄　轶）

国家临床医学研究中心建设工作　2017年7月22日，国家卫生计生委会同科技部、食品药品监督管理总局和军委后勤保障部召开国家临床医学研究中心建设工作推进会，成立首届临床中心专家咨询委员会，制定并印发《国家临床医学研究中心五年（2017—2021）发展规划》《国家临床医学研究中心管理办法（2017年修订）》和《国家临床医学研究中心运行绩效评估方案（试行）》等。依据发展规划启动第5批国家临床医学研究中心建设工作，拟在9个疾病领域布局建设大约25家国家临床医学研究中心。

（邢若齐　李　晔　刘桂生）

委级重点科研基地等科技创新平台体系建设　2017年11月发布2016年对委级重点科研基地"十二五"建设评估结果。92个参评实验室中，艾滋病免疫学重点实验室等19个实验室评估结果为优秀，癌变原理重点实验室等65个实验室评估结果为良好，耳鼻喉科学重点实验室等5个实验室评估结果为待整改，3家实验室未通过定期评估。将"十二五"评估优秀的12家委级重点科研基地纳入医科院重点实验室序列，探索给予资金投入；未通过评估的实验室不再列入委级重点科研基地序列，实现动态调整。根据评估情况，推进委级重点实验室管理办法、评估规则和发展规划的修订工作。（邢若齐　刘桂生）

加强干细胞临床研究备案与监管　2017年4月6日，国家卫生计生委、食品药品监管总局联合发布《关于加强干细胞临床研究备案与监管工作的通知》，要求各省（区、市）卫生计生行政部门会同药品监管部门认真组织开展第2批干细胞临床研究机构备案审核工作，督促已备案机构尽快进行干细胞临床研究项目备案，积极做好干细胞临床研究专项监督检查相关准备工作。8月，综合监督与科技管理有关专家对违规开展干细胞临床研究和应用情况进行专项监督检查。11月，经对备案材料的审核，国家卫生计生委和食品药品监管总局发布《关于第2批干细胞临床研究备案的公告》，有72家医疗机构备案。

建立干细胞临床研究机构评估指标　2017年10月，国家卫生计生委科教司委托中国医药生物技术协会开展干细胞临床研究备案管理体系的专题研究，组织国家干细胞临床研究专家委员起草干细胞临床研究机构评估指标。干细胞临床研究机构评估指标的建立，一方面为管理部门开展事中事后监管，评价备案机构干细胞临床研究项目日常管理状况提供标准；另一方面，通过评估指标的设立，引导机构完善内部管理机制，加强项目管理，促进干细胞临床研究的健康发展。

细胞治疗、3D打印等新技术管理模式研究　2017年6月，国家卫生计生委科教司组织中国医学科学院医学信息研究所及有关专家开展有关细胞治疗、基因编辑、3D打印等新技术国际监管模式比较研究，形成"细胞治疗国际监管比较""基因编辑国际监管比较""3D打印医疗器械国际监管比较"研究报告。研究结果建议：（1）技术的产品属性明确，监管责任落在食品药品监管部门。（2）根据技术产品的特殊性，进行分类管理。（以上撰稿：王锦倩）

为新发突发传染病防控提供实验室生物安全保障　组织专家对人感染禽流感病毒株出入境的实验室生物安全进行风险评估论证，同意中国疾控中心出口H5N6、H10N8和H7N9等流感病毒毒株和引入H7N7流感病毒毒株，用于流感监测和疫苗研发等研究，为流感疫情防控提供实验室生物安全保障。组织召开国家病原微生物实验室生物安全专家委员会卫生专业委员会主任扩大会议，对新发现Ekpoma病毒的实验室生物安全进行风险评估，印发《Ekpoma病毒实验室生物安全管理要求》，为科学研究提供安全保障。

实验室生物安全相关行政审批工作　（1）依法完成高致病性病原微生物实验室资格行政审批7项、实验活动行政审批1项、高致病性病原微生物菌（毒）种或样本运输6项。（2）取消高致病性病原微生物实验室活动资格的行政审批事项，推动完成《病原微生物实验室生物安全管理条例》（国务院令第424号）第20、21、22、23、26条等关于实验室活动资格审批要求相关内容的修订。（3）印发《国家卫生计生委办公厅做好"高致病性病原微生物实验室活动资格审批"取消后的生物安全监管工作的通知》，切实加强事中和事后的监管。（4）组织对《人间传染的高致病性病原微生物实验室和实验活动生物安全审批管理办法》（原卫生部令第50号）进行修订，进一步简化申请材料，优化审批程序，加强实验活动的监管。

武汉国家生物安全四级实验室评审通过并正式运行　组织专家对武汉国家生物安全四级实验室的实验活动资格和开展实验活动的申请进行现场评估论证，印发实验室开展相应实验活动的批复。武汉生物安全四级实验室的投入使用，标志着我国成为全球第10个拥有P4实验室的国家，我国正式拥有研究和利用一类烈性病原体的条件。

国家级菌毒种保藏中心建设　根据《人间传染的病原微生物菌（毒）种保藏机构管理办法》规定，经专家评估论证，正式指定中国疾控中心菌毒种保藏中心和青海省地方病预防控制所鼠疫菌保藏中心为国家级保藏中心，承担相关菌毒种保藏任务。两个国家级菌毒种保藏中心的建立标志着我国菌毒种保藏工作取得突破性进展。

全国实验室生物安全监督核查　印发《国卫生计生委办公厅关于开展2017年人间传染的病原微生物实验室生物安全专项检查工作的通知》，在全国部署开展人间传染的病原微生物实验室生物安全专项检查。完成北京、安徽、辽宁、新疆、重庆和天津等部分省（区、市）实地督查，落实《病原微生物实验室生物安全管理条例》要求，推进实验室生物安全监督管理工作。

（以上撰稿：邢若齐　梁　冰）

实验室生物安全队伍建设　强化技术咨询，组建第3届国家病原微生物实验室生物安全专家委员会，承担从事高致病性病原微生物相关实验活动实验室设立与运行的生物安全评估和技术咨询、论证工作，并对全国病原微生物实验室生物安全管理工作提供咨询意见。强化专业队伍建设，针对实验室生物安全意识和安全操作技术能力，组织开展实验室生物安全管理人员、高级别生物安全实验室专业技术人员专项培训、国家菌（毒）种保藏机构专项培训等共5次，培训人员350人次。

改革完善全科医生培养与使用激励机制　经十九届中央深化改革领导小组会议审议通过，2018年1月，国务院办公厅印发《关于改革完善全科医生培养与使用激励机制的意见》。《意见》围绕建立健全适应行业特点的全科医生培养制度、全面提高全科医生职业吸引力、加强贫困地区全科医生队伍建设、完善保障措施等提出若干重点改革举措。《意见》提出，到2020年，适应行业特点的全科医生培养制度基本建立，适应全科医学人才发展的激励机制基本健全，全科医生职业吸引力显著提高，城乡每万名居民拥有2～3名合格的全科医生；到2030年，城乡每万名居民拥有5名合格的全科医生，全科医生队伍基本满足健康中国建设需求。

全科医生队伍建设　通过全科专业住院医师规范化培训、助理全科医生培训、转岗培训、定向免费培养等多种途径，加大全科医生培养力度，2017年全科专业招收培养3.6万人，较2016年增加1.1万人。其中，全科专业住院医师规范化培训1.07万人、助理全科医生0.59万人、转岗培训1.39万人、定向医学生0.58万人。据统计，截至2017年底，培训合格的全科医生达到25.2万人，较2016年增长4万余人，每万人口拥有全科医生1.8人。

住院医师规范化培训制度　（1）以紧缺专业为重点，不断扩大招收规模。2017年全国共招收住院医师7.1万人，其中全科、儿科、妇产科、麻醉科等紧缺专业招收2.3万人，占招收总数的32.5%。（2）加强培训基地建设。新增补第2批国家住院医师规范化培训基地301家（西医201家、中医100家）。（3）继续开展第三方评估。以提高培训质量和落实培训期间待遇保障为重点，组织对31个省（区、市）和新疆兵团的191家培训基地、596个专业基地开展抽查评估，对制度落实不到位的山西运城市中心医院等9个培训基地予以通报批评。（4）严格培训结业考核。2017年上半年通过结业考核（西医）3.4万人，结业考核通过率达到80%以上。2017年全国临床应届本科生执业医师资格考试结果显示，参加住院医师规范化培训的人员考试通过率达到85%，明显高于未接受培训者。（5）促进区域均衡发展。2017年北京、上海、浙江、四川等13个东部和内地省（市），帮助新疆、西藏等地代培住院医师277人，2014年以来累计代培720余人。东部地区派出专家深入西部边疆地区传帮带，全面提升当地师资带教水平，提高人才培训质量。（6）进一步完善政策体系。会同相关部门研究起草《关于进一步推进住院医师规范化培训工作的意见》。

（以上撰稿：程明羕　余秋蓉）

全国医学教育改革发展工作会议　2017年7月10日，国家卫生计生委与教育部、国家中医药局联合在京召开，李克强总理做出重要批示，刘延东副总理出席会议并讲话。本次会议是全面深化改革，强化医教协同，促进医改、教改良性互动的重要举措，为做好新时期医学教育工作指明方向，对于加快建立一支人民满意的医学人才队伍，推进健康中国建设，具有重要意义。会后，国务院办公厅印发《关于医教协同进一步推进医学教育改革与发展的意见》，这是国务院层面首次就医学教育改革发展制定专门文件，在医学教育发展史上具有里程碑意义。（王　波　余秋蓉）

专科医师规范化培训制度试点工作　为进一步贯彻落实8部门《关于开展专科医师规范化培训制度试点的指导意见》，力争到2020年在全国范围初步建立专科医师规范化培训制度，形成完整的毕业后医学教育制度，2017年中国医师协会受国家卫生计生委委托遴选认定首批专科医师规范化培训试点基地202家，并启动神经外科、呼吸与危重症医学、心血管病学3个先导专科试点工作，招收首批专科医师855人，同步组织师资培训，试点工作稳步开展。（余秋蓉）

继续医学教育改革创新　（1）加强顶层设计。制订印发《“十三五”卫生计生专业技术人员培训规划》，对“十三五”期间专业技术人员的教育培训做出总体部署。（2）完善政策体系。研究制定《继续医学教育管理办法》，组织编写《继续医学教育培训指南》大纲及分专业指南细则，提高继续教育针对性。全科、超声等专业指南已经试点使用。（3）推动薄弱地区和紧缺专业人才培养。继续与贵州省人民政府共同实施“黔医人才计划”，首批70名学员已结业，第2批100名学员已进入基地培训。（4）启动实施乡村医生师资队伍建设工程，2016—2017年免费为中西部地区培训乡村医生师资1600余名，提升西部地区基层卫生人才队伍造血能力。（5）新设“紧缺人才培养”和“基层骨干人才培养”两个项目，推动西藏、新疆、三区三洲及深度贫困地区和紧缺专业人才培养。

（王　波　余秋蓉）

国际交流与合作

2017年国际交流与合作工作概述

一、确保完成重大外事活动任务

2017年1月18日，习近平主席历史性访问世卫组织总部，见证中国政府与世卫组织签署“一带一路”合作备忘录。11月14日，习近平访问老挝期间，看望“光明行”医务人员及白内障术后患者，称赞中方医护人员作为光明和友好使者，为夯实中老友好的民意基础做出积极贡献，体现着新时代的国际主义精神。李克强总理和刘延东副总理多次会见世卫组织等相关国际机构负责人。刘延东副总理出席国家卫生计生委主办的人文交流机制卫生领域多场配套和重要外事活动。

2017年国家卫生计生委配合国家主场外交，主办了金砖国家卫生部长会暨传统医药高级别会议和“一带一路”暨“健康丝绸之路”高级别研讨会，习近平为金砖部长会议发来贺信，刘延东出席两场会议开幕式并发表主旨演讲。金砖峰会期间，成功举办世卫组织亲善大使“艾滋病防治宣传校园行”活动。

二、积极参与全球卫生治理，提升中国影响力

李斌率团出席第70届世界卫生大会、20国集团首届卫生部长会议和全球结核病部长级会议。委领导率团出席卫生、人口领域重要全球性会议，切实增强了中国在全球卫生治理中的话语权和影响力。

三、构建全球卫生伙伴关系，服务健康中国建设

与匈牙利、南非分别联合举办中国—中东欧国家卫生部长论坛和中非部长级医药卫生合作会议。国家卫生计生委主办第10届中日韩卫生部长会议；围绕医改等重点工作，与英、法等国共同举办5个相关国际论坛，分享中国医改经验。进一步巩固中国与大国

的卫生合作关系，夯实同老挝、柬埔寨等发展中国家的交流。配合外交大局，在第一时间向2个新建交国派出医疗队；派出2批共15名专家赴马达加斯加，指导该国开展鼠疫防控工作。

高层次、宽领域的全球卫生合作伙伴关系基本形成。2017年，国家卫生计生委新签署61个多双边合作协议，接待部长级以上官员访华或来华参加国际会议118人次。与盖茨基金会签署艾滋病防治和健康扶贫项目等多个新合作项目，支持健康扶贫和卫生事业发展。

四、改革创新卫生援外机制，精心打造精品援外项目

认真落实俞正声和刘延东加强卫生援外工作系列指示精神，推动在对外援助部际协调机制下建立卫生援外分委会，牵头起草《关于改进和加强援外医疗队意见》，完成卫生援外管理建章立制和提高医疗队待遇等重要基础性工作。

积极落实习近平主席庄严承诺，与14国签署对口医院合作协议。组织赴7国开展“光明行”眼科义诊活动，免费实施2575例白内障手术。派出42名公共卫生专家赴非洲疾控中心和中塞友好生物安全实验室工作。

五、加强与港澳台地区卫生交流与合作

召开三地卫生行政高层联席会议。进一步促进港、澳、台地区发展融入国家卫生与健康发展大局。

六、加强外事管理和党建工作

出台教学科研人员因公临时出国管理和因公出国（境）培训管理文件，被选为典型发言单位在国务院部门外事管理工作会议上做交流。（韦　扬）

2017年国家卫生计生委重要出访

习近平访问世界卫生组织。2017年1月18日，中国国家主席习近平在日内瓦访问世界卫生组织，并会见世界卫生组织总干事陈冯富珍。习近平指出，卫生问题是全球性挑战。推进全球卫生事业，是落实2030年可持续发展议程的重要组成部分。当前，中国正在全面推进健康中国建设，全民健康是中国实现“两个一百年”奋斗目标的基础。没有全民健康，就没有全民小康。中国始终把卫生事业摆在优先发展的战略位置。陈冯富珍热烈欢迎习近平主席在世界卫生组织诞生70周年之年访问世界卫生组织。世界卫生组织将始终坚定奉行一个中国政策，高度评价中国的全民健康计划，将继续支持中国深化医疗卫生改革。世界卫生组织赞赏中国在全球卫生安全和卫生治理领域的领导能力，愿加强同中方在“一带一路”框架下合作，以提高“一带一路”沿线国家健康卫生水平。习近平和陈冯富珍还共同出席中国向世界卫生组织赠送针灸铜人雕塑仪式，为针灸铜人揭幕。当日，彭丽媛教授出席世界卫生组织结核病和艾滋病防治亲善大使任期续延和颁奖仪式。李斌主任、崔丽副主任陪同参加上述活动。

崔丽访问挪威并赴美国出席联合国人口与发展委员会会议。2017年3月29日—4月5日，国家卫生计生委副主任崔丽率团访问挪威，并出席联合国人发委员会第50次会议。访挪期间，崔丽与挪卫生与护理大臣本特·霍耶举行会谈。会间，崔丽会见了联合国人口基金执行主任巴巴图德、人口与发展南南合作伙伴组织执行主任托马斯和孟加拉国卫生与家庭福利部国务部长，就开展人口领域合作进行交流。在美期间，崔丽与美国中华医学基金会举行会谈，出席由哈佛大学公共卫生学院、麻省总医院共同组织的全球卫生圆桌会议，就合作开展全球卫生人才培养交换意见。

4月3—4日，崔丽出席在纽约联合国总部召开的联合国人发委员会第50届会议并在一般性辩论中发言。她指出，中国政府一贯坚持人口与发展综合决策，适时调整完善生育政策，实现了人口再生产类型的历史性转变。中国政府制定《国家人口发展规划（2016—2030）》，未来15年将进一步优化人口结构、改善人口素质，促进人口与经济社会、资源环境协调和可持续发展。会间，崔丽会见了联合国人口基金执行主任巴巴图德、人口与发展南南合作伙伴组织执行主任托马斯和孟加拉国卫生与家庭福利部国务部长，就开展人口领域合作进行交流。（汝丽霞）

王国强访问马拉维和肯尼亚。2017年4月17—25日，国家卫生计生委副主任、国家中医药管理局局长王国强率团访问马拉维、肯尼亚两国。18日，王国强会见马拉维总统穆塔里卡、卫生部长昆帕卢梅。20日，与肯尼亚卫生部长克莱迈鲁会谈。（顾志强）

崔丽在瑞士日内瓦出席陈冯富珍总干事离任招待会。2017年6月22日，国家卫生计生委与中国常驻日内瓦代表团共同举办庆祝“香港回归”20周年暨陈冯富珍总干事离任招待会。国家卫生计生委副主任崔丽、常驻日内瓦代表团大使马朝旭、世界卫生组织总干事陈冯富珍、侯任总干事特沃德罗斯出席活动并致辞。崔丽展示中方赠送给世卫组织的陈冯富珍肖像油画，并向陈冯富珍赠送纪念相册。（杨晓晨）

王培安访问瑞士和日本。2017年6月28日—7月5日，国家卫生计生委副主任王培安率团访问瑞士和日本，重点推进与两国在健康老龄化、医疗旅游、托育等领域务实合作。访瑞期间，王培安礼节性拜会瑞士联邦委员、内政部长阿兰·贝尔塞，与瑞士联邦内政部公共卫生局局长帕斯卡·斯图普勒和公共卫生局副局长、全球卫生大使杜塞·卡瓦西尼分别举行会谈，出席中瑞健康老龄化研讨会，双方就卫生政策、健康老龄化和医养结合、慢病防治等领域合作深入交流。在日期间，王培安会见日本厚生劳动省副大臣古屋范子，代表团还与日中医学协会副理事长安达勇进行工作交流，参观厚生劳动省托育所和日医学馆老年护理之家，并赴长野县相泽医院参观考察。（尤和娟）

马晓伟访问拉脱维亚和立陶宛。2017 年 7 月 23—30 日，国家卫生计生委副主任马晓伟率团访问拉脱维亚和立陶宛。访拉期间，马晓伟会见拉卫生部国务秘书肯特纳，出席中拉卫生政策圆桌会。访立期间，马晓伟分别会见立陶宛卫生部部长韦里加和副部长萨卡莱特，并出席中立卫生政策对话会。代表团还访问维尔纽斯大学附属医院和维尔纽斯社区卫生服务中心。

王贺胜访问文莱和马尔代夫。2017 年 9 月 6—13 日，国家卫生计生委副主任王贺胜率团访问文莱和马尔代夫。在文莱，王贺胜一行出席第 6 届中国—东盟卫生部长会议和第 7 届中日韩—东盟卫生部长会议。在第 6 届中国—东盟卫生部长会议上，王贺胜表示，中方愿继续与东盟加强“一带一路”卫生合作对接，提高人民健康福祉。在第 7 届中日韩—东盟卫生部长会议上，王贺胜表示，中方将在该平台下，就远程医疗和灾害卫生应急等 11 个重点领域与东盟、日本和韩国开展合作。两个会议均通过了相关联合声明。会后，王贺胜与文莱卫生部长祖尔卡奈举行双边会谈，并参观文莱相关医疗机构。

在马尔代夫，王贺胜会见马尔代夫卫生部部长阿卜杜拉·易卜拉欣，出席中马“光明行”活动启动仪式和医疗器械捐赠仪式，并与马方签署中马“光明行”活动的谅解备忘录和医疗设备的捐赠证书。期间，王贺胜慰问了“光明行”当地受益患者和由广东和辽宁组成的“光明行”医疗队医务人员。（佘志文）

王国强赴巴西出席世界肝炎峰会并访问阿根廷。2017 年 10 月 29 日—11 月 6 日，国家卫生计生委副主任王国强率团访问巴西、阿根廷，出席世界肝炎峰会、中巴高层协调与合作委员会卫生分委会第一次会议、中阿卫生分委会第三次会议并参观医疗机构。

在世界肝炎峰会上，王国强作了大会发言，介绍了中国肝炎防控成绩、经验及未来规划。11 月 1 日，王国强与巴西卫生部部长巴罗斯共同主持中巴高层协调与合作委员会卫生分委会第一次会议。双方围绕传染病防控、传统医学等共同关心的卫生问题进行深入讨论。会上，王国强和巴罗斯部长签署《中巴高层协调与合作委员会卫生分委会工作规则》，并见证中国疾控中心与巴西奥斯瓦尔多·克鲁兹基金会签署合作备忘录。访巴期间，王国强还会见了巴西圣保罗州州长，与巴西针灸学会进行座谈。11 月 3 日，王国强与阿根廷卫生部长莱穆斯共同主持召开中阿卫生分委会第三次会议。双方围绕传统医学、艾滋病、蚊媒传染病、慢性非传染病等领域进行深入交流。访阿期间，王国强考察了 Garrahan 儿童医院。（肖　飒）

李斌参加老挝“光明行”相关活动并赴俄罗斯出席首届遏制结核病行动全球部长级会议。作为习近平主席出访老挝重要配套活动之一，国家卫生计生委派遣中国医疗队赴老挝开展白内障复明“光明行”活动。2017 年 11 月 14 日，习近平主席与老挝国家主席本扬慰问中国政府医疗队和老方白内障手术术后患者。国家卫生计生委李斌陪同参加上述活动。在慰问活动过程中，习近平主席发表重要讲话，并做重要指示。他称赞中方医护人员作为光明和友好使者，不仅为老挝患者带来了光明，也为夯实中老友好的民意基础做出积极贡献，体现着新时代的国际主义精神。中老合作要多向民生领域倾斜，使更多当地民众获益。硬件有了，还要加强软件建设。两国卫生主管部门要加大政策交流和务实合作，共同提高医疗水平，更好造福两国人民。

为落实此次活动，国家卫生计生委组派专家团队，于 11 月 6—16 日赴老挝万象玛霍索医院开展“光明行”首批白内障复明手术。检查患者近千人，累计筛查适合手术患者并完成手术共计 304 人，手术成功率为 100%。

为落实 2030 年可持续发展议程和《终结结核病战略》，2017 年 11 月 16—17 日，世界卫生组织和俄罗斯卫生部共同举办首届遏制结核病行动全球部长级会议，李斌率中国代表团出席会议，并在第一次全体会议中发言介绍我国结核病防治工作情况。她指出，中国政府充分认识到结核病对全面建成小康社会和健康中国建设的重要影响，通过深化医药卫生体制改革等一系列措施，切实加强结核病防治工作，并取得明显成效。（丛　泽　佘志文）

崔丽赴英国参加中英高级别人文交流机制第 5 次会议并主持第 3 次中英卫生政策对话。2017 年 12 月 5—7 日，国家卫生计生委副主任崔丽赴英出席中英高级别人文交流机制第 5 次会议，主持第 3 次中英卫生政策对话并出席相关活动。

7 日，崔丽出席中英高级别人文交流机制第五次会议，并代表卫生领域进行汇报。在刘延东副总理的见证下，崔丽与英国卫生大臣亨特签署关于第 3 次卫生政策对话的联合声明。会议前夕，崔丽陪同刘延东副总理参加中国医学科学院牛津研究所成立仪式。

第 3 次中英卫生政策对话作为机制会议卫生领域重要活动，于 7 日在伦敦举行，崔丽和亨特共同主持，国家卫生计生委有关司局、直属单位相关负责人，英国政府和机构代表共50余人出席。对话期间，双方代表围绕患者安全、医学科研、卫生技术评估和全球卫生等议题进行交流。会前，崔丽与亨特简短会见，就患者安全、全球卫生治理等议题交换意见。

访英期间，崔丽会见了英国国际发展大臣莫当特，还应邀访问惠康基金会等机构。（李　颖）

王贺胜赴乌克兰参加中乌政府间合作委员会第3次会议。2017年12月5日上午，国家卫生计生委副主任王贺胜出席在乌克兰首都基辅举行的中乌政府间合作委员会第3次会议。会上，王贺胜代表卫生分委会发言，并在两国政府间委员会主席中国国务院副总理马凯和乌克兰副总理库比夫的共同见证下，与乌克兰卫生部代理部长苏普伦签署了《中华人民共和国国家卫生和计划生育委员会与乌克兰卫生部卫生与医学科学合作谅解备忘录》，双方将在老龄化和妇幼健康问题、医学人才培养和医学科研、传统中医药、传染病防控和“一带一路”框架下其他卫生领域开展合作。两国卫生主管部门将积极落实双方领导人共识，全面提升中乌两国卫生领域合作水平。

2017年国家卫生计生委接待的重要来访

崔丽会见捷克卫生部副部长。2017年3月20日，国家卫生计生委副主任崔丽在京会见捷克卫生部副部长拉德克·波利采尔一行。双方回顾了两国卫生合作成果，并就进一步推动卫生领域务实合作等交换意见。崔丽高度评价中捷两国关系，表示卫生合作已成为双方最为重要的合作领域之一，走在中东欧国家前列。两国在医院合作、传统中医药、人员培训和儿童疗养等领域开展了务实合作，并带动双方多个地方和机构形成多层次、宽领域合作格局。波利采尔高度赞赏中方在与捷克和其他中东欧国家医药卫生领域合作中的引领作用，并愿与中方继续开拓急救医学和疫苗研发等领域的合作。双方还就签署新一轮中捷卫生合作执行计划、第3届中国—中东欧国家卫生部长论坛相关事宜交换了意见。（林　昀）

李斌会见以色列卫生部部长雅科夫·利兹曼。2017年3月21日，国家卫生计生委主任李斌在京会见了以色列卫生部部长雅科夫·利兹曼。李斌表示，中以两国卫生交往由来已久，中以创新机制建立以来，两国人员、机构间交流密切，双方在医药卫生体制改革、医疗科技和卫生应急以及远程医疗等领域开展务实合作。她提出，中以卫生领域优势互补，合作潜力大，前景广阔，双方应进一步深化医疗大数据、健康老龄化、卫生应急、医疗科技等领域合作，造福两国人民健康福祉。利兹曼赞同李斌主任的建议，并提出建立中以卫生合作工作组，更好推动双方卫生合作。雅科夫·利兹曼之前陪同以色列总理本雅明·内塔尼亚胡访华，在京出席了中以创新合作联委会第3次会议，会议由刘延东副总理和内塔尼亚胡总理共同主持。

李斌会见美国医学科学院院长曹文凯。2017年4月5日，国家卫生计生委主任李斌在京会见美国医学科学院院长曹文凯一行，双方就中美医学科技合作及两国医学科学院院士制度建设等议题深入交换意见。李斌高度评价中美两国关系及卫生合作成果，指出美国医学科学院有一套比较完善的院士选拔制度，中方可借鉴美方先进经验，加强有关医学科学院院士制度建设。曹文凯院长表示，美国医学科学院愿为中国医学科学院的院士制度建设提供相应支持和帮助。双方表示，愿在中美人文交流机制下加强和扩大在健康领域的沟通、交流和务实合作。（尤和娟　张晓博）

李斌会见丹麦卫生部部长埃勒曼。2017年5月2日，国家卫生计生委主任李斌在京会见了来访的丹麦卫生部部长埃勒曼一行。双方就进一步推动卫生领域务实合作交换了意见。李斌高度评价了中丹两国关系，表示卫生合作已成为双方最为重要的合作领域之一。两国在医疗费用支付制度、电子医疗、老年健康、慢病治疗、医学科研、食品安全等领域开展了多层次、全方位合作，取得丰硕成果，希望通过高层互访、专题研讨、人员培训、机构间合作等方式进一步加强交流。埃勒曼赞赏中国医疗卫生事业发展取得的成绩，并表示中丹两国在卫生领域面临相似挑战，有相近的工作重点领域，合作前景广阔。双方还就卫生体制改革、精神卫生和慢性病防治、药品政策等议题交换了看法。会谈结束后，在李斌主任和埃勒曼部长的见证下，国家卫生计生委卫生发展研究中心与丹麦卫生数据管理局签署了合作谅解备忘录。（林　昀）

王培安会见人口基金执行主任并共同出席“人口发展南南合作卓越中心”揭牌仪式。2017年5月15日，国家卫生计生委副主任王培安在京会见来访的联合国人口基金执行主任巴巴图德，并共同出席“人口与发展南南合作卓越中心”揭牌仪式。双方一致同意今后将强化合作交流，共同支持卓越中心建设，推动人口与发展领域南南合作。（汝丽霞）

陈冯富珍访华。2017年5月13—14日，世界卫生组织总干事陈冯富珍应邀来华出席“一带一路”国际合作高峰论坛。5月13日，国务院副总理刘延东在京会见陈冯富珍。刘延东欢迎陈冯富珍来华出席“一带一路”国际合作高峰论坛，对陈冯富珍担任总干事以来领导世卫组织应对全球健康挑战、改善人类健康福祉，以及推动中国与世卫组织开展务实有效合作表示赞赏，表示中国政府愿继续深化与世卫组织在“一带一路”卫生领域的合作，将“一带一路”打造成“健康之路”，共同提高中国乃至全球人民健康水平，希望陈冯富珍继续做出积极贡献。陈冯富珍感谢中国政府对其履行世卫组织总干事职责提供的大力支持，表示中国政府基于“共商、共建、共享”理念提出的“一带一路”战略与联合国2030年可持续发展目标高度契合，为全球化赋予了新的涵义，世卫组织愿继续与中方加强合作，她本人将继续致力于为全球卫生健康事业发展做出贡献。（丛　泽）

崔丽会见斯里兰卡总理夫人麦特丽·维克拉玛辛哈。2017年5月16日，国家卫生计生委副主任崔丽在京会见斯里兰卡总理夫人麦特丽·维克拉玛辛哈一行。双方就卫生合作、人口和性别平等问题交换意见。崔丽回顾了中斯两国在人口和卫生方面的合作，表示保障妇女儿童权益，促进性别平等，是我国基本国策的重要内容，并介绍了我国在促进性别平等方面所做工作，包括加大宣传力度，营造男女平等的舆论氛围和社会环境；在医疗和教育方面对女性给予政策倾斜，如为农村妇女提供免费两癌筛查、为贫困儿童提供免费营养包、为女童提供平等的受教育机会等，在改善性别平等方面取得了积极成绩。她还介绍了中医药发展相关情况。麦特丽赞赏中国在推动性别平等工作中所取得的成绩，感谢中国政府对斯里兰卡的卫生援助。麦特丽之前陪同斯里兰卡总理拉尼尔·维克拉玛辛哈，来华出席“一带一路”国际合作高峰论坛。

崔丽会见蒙古国驻华大使丹巴·冈呼雅格。2017年6月26日，国家卫生计生委副主任崔丽在京会见蒙古国驻华大使丹巴·冈呼雅格一行，双方就中蒙两国的卫生合作交换意见。崔丽指出，中国“一带一路”倡议与蒙古“草原之路”倡议有序对接，两国在传染病防控、传统医药、国际医疗服务等领域开展了务实合作，取得丰硕成果，希望下一步双方在中蒙人文交流机制等平台下，推动高层交往和人员交流，进一步开展传染病防控、传统医药、健康产业、人员交流等领域合作，促进医疗卫生机构间合作，落实两国领导人在“一带一路”国际合作高峰论坛会见时成果。冈呼雅格赞赏中国医疗卫生事业发展所取得的成绩，赞同崔丽就中蒙卫生合作所提建议，愿积极推动双方合作、造福两国百姓。（黄　玮）

世界卫生组织西太区主任申英秀访华。2017年7月5—11日，世界卫生组织西太平洋区域主任申英秀访华，并向中国政府颁发“社会健康治理杰出典范奖”，以纪念中国爱国卫生运动开展65周年，表彰爱国卫生运动取得的辉煌成就。申英秀博士此次来华访问，还赴贵州省考察医药卫生体制改革工作，出席世界卫生组织传统医药合作中心启动仪式，并参加在天津举办的金砖国家卫生部长会议暨传统医药高级别会议。

王培安会见法国社会团结与卫生部欧洲与国际事务委员会副部长娜塔莉·尼基丹科。2017年7月6日，国家卫生计生委副主任王培安会见了来华出席第5届中法家庭发展政策研讨会的法国社会团结与卫生部欧洲与国际事务委员会副部长娜塔莉·尼基丹科。王培安积极评价中法两国关系和家庭发展领域的合作成果。他指出，中法家庭发展政策研讨会已成为促进两国交流家庭发展先进理念和成功经验的平台，不仅有利于两国社会经济繁荣发展，更关乎两国人民的福祉，对推动中法关系持续健康发展具有重要意义。中方愿同法方在家庭发展领域加强交流，推动实现资源共享、优势互补、合作共赢。娜塔莉·尼基丹科表示，法国愿意在家庭发展这一领域与中国展开深入的交流与合作。（李　颖）

崔丽会见美国盖茨基金会联席主席梅琳达·盖茨女士。2017年7月23日，国家卫生计生委副主任崔丽在京会见美国比尔及梅琳达·盖茨基金会联席主席梅琳达·盖茨女士一行，双方就未来的健康领域合作方向交换意见。崔丽高度评价双方合作，感谢盖茨基金会长期以来为积极支持中国卫生计生事业发展所作的努力，希望下一步双方围绕健康扶贫工作，进一步开展基层卫生保健、母婴健康等领域的合作，同时，拓展在全球卫生领域合作，共同推动全球卫生发展与安全目标实现。会见后，崔丽副主任与梅琳达女士共同签署了《健康扶贫和艾滋病防控合作框架协议》。

李克强会见世界卫生组织前任总干事陈冯富珍。2017年7月27日，国务院总理李克强在中南海紫光阁会见世界卫生组织前任总干事陈冯富珍。李克强指出，中国下大力气破解医改这个世界性难题，提出把基本医疗卫生制度作为公共产品向全民提供，经过不懈努力，建立起世界上规模最大、覆盖率达到98%、惠及13亿多人的基本医疗保障网，同时不断总结和推广成功的经验和模式。我们将继续推进“健康中国”建设，愿同包括世卫组织在内的国际伙伴加强交流，分享经验，更好落实联合国2030年可持续发展议程。陈冯富珍感谢中国政府长期以来对世卫组织工作的支持。她表示，中国医疗卫生体制改革成就有目共睹，为世界很多国家医疗卫生体系建设提供了有益借鉴，并表示愿运用专业所长，继续为中国深化医改、加强国际交流合作贡献力量。（丛　泽）

崔丽会见智利卫生部副部长吉塞拉·阿拉贡。2017年7月28日，国家卫生计生委副主任崔丽在京会见智利卫生部副部长吉塞拉·阿拉贡一行。崔丽高度评价中智两国关系和卫生合作良好基础，介绍了中国医药卫生体制改革的最新进展，表示愿积极拓宽两国在卫生政策、全民健康覆盖、疾病防控、人员交流等领域的合作，共同造福两国人民。吉塞拉赞赏中国卫生事业取得的成就，表示愿与中方加强在卫生领域的交流合作与相互借鉴。（肖　飒）

马晓伟会见国际器官移植协会主席南希·埃舍尔以及世界卫生组织和有关国家器官捐献与移植领域国际专家。2017年8月2日，国家卫生计生委副主任马晓伟在京会见国际器官移植协会主席南希·埃舍尔，以及世界卫生组织和有关国家器官捐献与移植领域国际专家，就加强人体器官捐献与移植领域的国际交流与合作深入交换意见。马晓伟指出，中国政府高度重视人体器官捐献与移植工作，分布实施了一系列法律法规，成立中国人体器官捐献与移植委员会，建立了政府主导、多方协作、社会参与的人体器官捐献与移植工作体系。希望世界卫生组织和国际器官移植协会等机构能够一如既往地支持中国器官捐献与移植事业发展。中国愿与世界各国分享经验、互学互鉴、拓展合作，共同推动世界器官移植事业的发展，为全人类的健康事业做出应有贡献。与会国际专家对中国近年来在器官捐献与移植领域所取得的成就给予了高度评价，对中国长期致力于推动国际器官捐献与移植事业的发展表示高度赞赏。各位专家均表示，愿在“一带一路”倡议卫生合作框架下，进一步加强与中方有关单位的务实合作。中国人体器官捐献与移植委员会主任委员、中国器官移植发展基金会理事长黄洁夫教授，国家卫生计生委医政医管局、国际司有关负责同志参加会见。（张晓博）

李斌会见世界卫生组织总干事谭德塞。2017年8月17日，国家卫生计生委主任李斌在京会见来华访问的世界卫生组织总干事谭德塞，双方就继续深化未来合作交换了意见。李斌表示，中国政府高度重视与世卫组织合作，习近平主席2017年1月访问世卫组织，为双方深化合作奠定坚实基础。中方将积极支持总干事工作，推动世卫组织提高全球卫生领导力，并愿分享中方发展经验，深化双方在全民健康覆盖、卫生应急等领域合作，为推动实现2030年可持续发展目标、提高全球健康水平做出贡献。

李克强会见世界卫生组织总干事谭德塞。2017年8月18日下午，国务院总理李克强在中南海紫光阁会见世界卫生组织新任总干事谭德塞。李克强祝贺谭德塞履新，并表示他当选对提高发展中国家卫生事业水平具有重要积极意义。全球卫生安全挑战跨越国界，健康事业关乎全人类的福祉。中国政府重视世卫组织在协调全球卫生事务、促进全球健康事业中发挥的重要作用，将继续积极支持世卫组织工作，愿在“一带一路”等方面同世卫组织加强合作。（丛　泽）

李斌会见文莱卫生部部长祖尔卡奈·宾·哈纳菲。2017年8月18日，国家卫生计生委主任李斌会见了来华参加“一带一路”暨“健康丝绸之路”高级别研讨会的文莱卫生部部长祖尔卡奈·宾·哈纳菲，就加强双边卫生领域的合作和交流交换了意见。李斌表示，中文两国合作水平不断提升，祖尔卡奈部长此次来华参会，与中方及参会各国共同发布《北京公报》，为下一步双方在“一带一路”框架下进一步深化合作奠定坚实基础。李斌建议，下一步双方可通过多双边渠道，续签中文卫生合作执行计划，并推动双方卫生人文交流、人员培养、远程医疗、医学教研等方面的合作。祖尔卡奈部长对李斌的建议表示赞同，希望中文两国卫生合作持续深化，造福两国人民健康。

崔丽分别会见来华参加“一带一路”暨“健康丝绸之路”高级别研讨会的新加坡、老挝、保加利亚、罗马尼亚等国卫生部代表团。2017年8月18日，国家卫生计生委副主任崔丽在京分别会见来华参加“一带一路”暨“健康丝绸之路”高级别研讨会的新加坡、老挝、保加利亚、罗马尼亚等国卫生部代表团。（1）在会见新加坡卫生部和交通部高级政务部长蓝彬明时，崔丽积极评价中新两国以往在卫生政策、传染病防控、人力资源培训等方面的合作。她表示，中方愿在“一带一路”和中国—东盟的合作框架下，与新加坡深化社区卫生、传统医药等方面合作。蓝彬明赞赏中国医疗卫生事业发展所取得的成绩，愿积极参与“一带一路”倡议，推动双方卫生合作不断发展。（2）在与老挝卫生部本贡部长的会谈时，崔丽指出，中老两国合作历史悠久，是兄弟加同志的关系。中方将在中国—东盟、澜沧江—湄公河合作机制框架下，继续与老方开展传统医药医疗、医院管理高层管理、传染病防控技术等方面的人员培训和交流，加强在疟疾、登革热、寨卡等疾病疫情的信息交流，鼓励两国地方之间开展直接合作，希望老卫生部为地方间开展卫生合作提供便利。本贡部长感谢中国对老挝卫生事业发展给予的大力帮助和支持，并希望中方在人力资源培训领域继续对老给予支持。（3）在会见保加利亚卫生部部长尼可拉伊·佩特罗夫时，崔丽表示，中国与保加利亚在卫生领域长期保持良好合作关系，希望双方今后加强在政策交流、人员能力建设等方面的合作，欢迎保加利亚的有关医院积极加入我国倡导“一带一路”医院联盟，加快中保机构间合作步伐。佩特罗夫赞同有关合作建议，并表示愿在既往良好合作的基础上，进一步推动中保卫生合作，提高两国人民福祉。（4）在会见罗马尼亚卫生部部长弗洛里安·多雷尔·博多格时，崔丽表示，双方可在卫生政策、传统医药、疫苗生产等领域开展务实合作，希望罗方进一步推动中医药在罗有关立法，加强两国医疗机构间的交流与合作。博多格表示，罗方将在“一带一路”卫生合作框架下继续深化与中方有关合作，不断提高两国人民健康水平。（姜进勇）

蒙古卫生部部长阿·朝格其其格来访。2017年8月18日，国家卫生计生委主任李斌会见蒙古卫生部部长阿·朝格其其格，就加强与蒙双边卫生领域的合作和交流交换意见。李斌指出，中蒙两国互为重要邻国，边境线长，经贸和人员往来频繁，应不断加强传染病、传统医药、基层卫生、人员培训、医疗保障等领域合作，中方愿与蒙方一道，切实深化合作。阿·朝格其其格部长同意李斌提出的关于中蒙卫生合作的建议。会后，双方签署《中蒙2017—2021年度卫生合作执行计划》。访华期间，阿·朝格其其格还出席了“一带一路”暨“健康丝绸之路”高级别研讨会，并访问中国疾控中心和北京大学国际学院。（黄　玮）

王培安会见乌克兰卫生部副部长伊雷克。2017年8月20日，国家卫生计生委副主任王培安在京会见乌克兰卫生部副部长伊雷克，就加强中乌卫生交流与合作深入交换了意见。国家中医药管理局副局长于文明在座。王培安指出，近年来中乌卫生合作发展势头良好，两国卫生管理部门在中乌政府间合作委员会卫生合作分委会机制下，在中医药、卫生政策、传染病防治、老龄化和妇幼健康等领域开展了广泛合作。王培安向伊雷克一行全面介绍了我国医药卫生体制改革的最新进展和有关经验，并表示希望双方今后在相关领域加强人员互访和交流，在“一带一路”卫生合作框架下，互学互鉴，取长补短，共抓共享机遇，共谋共促发展。伊雷克高度赞赏中国医药卫生体制改革取得的成绩，并表示愿在“一带一路”卫生合作框架下，重点推动中医药在乌的合作活动，深化各领域务实合作，造福两国人民。（林　昀）

李斌会见美国卫生与公众服务部部长汤姆·普莱斯。2017年8月21日，国家卫生计生委主任李斌在京会见美国卫生与公共服务部部长汤姆·普莱斯一行。崔丽副主任、美国驻华大使特里·布兰斯塔德在座。李斌高度评价中美两国关系及卫生合作成果，介绍了中国卫生事业发展最新进展以及在“一带一路”倡议下开展卫生合作有关设想，建议双方进一步推进卫生人文交流，共护全球卫生安全和发展，共建人类命运共同体。普莱斯赞赏中美卫生合作取得的成绩，表示愿与中方加强传染病防治、癌症等慢性病防控等领域的务实合作，进一步推动两国卫生合作对话机制性安排。（张晓博）

崔丽会见英国惠康基金会主席杰里米·法勒。2017年9月25日，国家卫生计生委副主任崔丽在京与来华出席中英生命科学与医学高峰论坛的英国惠康基金会主席杰里米·法勒举行会见，就深化包括科研合作在内的中英卫生交流与合作交换意见。（李　颖）

崔丽会见瑞典前首相、北欧创新与发展集团董事赖因费尔特。2017年9月25日，国家卫生计生委副主任崔丽在京会见瑞典前首相、北欧创新与发展集团董事赖因费尔特一行。双方就中瑞卫生合作事宜交换意见。崔丽积极评价中瑞两国关系并回顾了两国在卫生体制、传染病防控、医学科研等方面的合作。她简要介绍了中国近年来医药卫生体制改革取得的进展，表示中瑞两国虽国情不同，但均面临人口老龄化及慢性病防治的挑战，中方期待与瑞方在应对老龄化策略和生命科学技术等方面的交流，进一步深化两国卫生领域合作，为全球卫生做出贡献。赖因费尔特赞赏中国卫生事业所取得的成绩，表示今后愿继续加强与中国在科技创新、癌症防治和医院管理等方面的交流与合作。

崔丽会见捷克卫生部部长。2017年9月26日，国家卫生计生委副主任崔丽在京会见到访的捷克卫生部部长米洛斯拉夫·卢德维克一行。崔丽表示，近年来，中捷双边卫生合作和在中国—中东欧卫生合作框架下合作成果丰富，两国医疗卫生界友谊不断加深。中方愿继续深入推进两国在中医药、医院管理等领域的务实合作不断向前发展。双方就疫苗、医药卫生体制改革等领域的交流合作交换了意见。卢德维克赞赏中捷卫生合作取得的成绩，表示愿与中方进一步加强在传染病防控、传统医药、医务人员培训等领域的交流合作。

崔丽会见美国比尔及梅琳达·盖茨基金会首席执行官苏珊·德斯蒙德–赫尔曼女士。2017年9月27日，国家卫生计生委副主任崔丽在京会见美国比尔及梅琳达·盖茨基金会首席执行官苏珊·德斯蒙德·赫尔曼女士一行，双方就未来的健康领域合作方向交换了意见。崔丽感谢盖茨基金会为中国卫生计生事业发展所做努力，并祝贺盖茨基金会北京代表处成立10周年，希望下一步双方围绕健康扶贫工作继续开展务实合作，同时，中方愿与盖茨基金会在非洲疾控中心建设、中非公共卫生合作项目等方面开展合作，推广中国提升国民健康水平的成功经验，共同推动全球卫生发展与安全目标的实现。赫尔曼女士赞赏中国在消除贫困上的巨大决心和坚实行动，愿积极推动双方合作。

王国强会见捷克卫生部副部长罗曼·普里姆拉一行。2017年11月13日，国家卫生计生委副主任王国强在京会见了到访的捷克卫生部副部长罗曼·普里姆拉一行。王国强表示，随着“一带一路”倡议深入推进，两国在医疗卫生领域合作成果日益丰富，政府和民间交流稳步推进，两国在临床医学、公共卫生、传统医药等多领域开展务实合作，捷克多个州与中国多省市建立友好关系，开展了医疗卫生机构对口合作。中方愿继续推进中捷宽领域、多层级交流，互学互鉴，造福两国人民。普里姆拉赞赏中捷卫生合作取得的成绩，表示愿与中方进一步加强在计划免疫、急救医学、传统医药、人员培训等领域合作。（林　昀）

崔丽会见全球抗击艾滋病、结核病和疟疾基金外联部。2017 年 11 月 22 日，国家卫生计生委副主任崔丽在京会见全球抗击艾滋病、结核病和疟疾基金外联部克里斯托夫·本一行，双方就未来在健康领域开展合作交换了意见。中国在与全球基金合作过程中积累了丰富的疾病防治国际合作经验，期待通过与全球基金在东南亚和非洲开展区域合作分享我国疾病防治优秀经验，愿与全球基金继续合作促进中国医药产品国际化进程。（汝丽霞）

李斌会见赞比亚卫生部长奇塔卢·奇卢菲亚。2017 年 11 月 30 日，国家卫生计生委主任李斌在京会见赞比亚卫生部部长奇塔卢·奇卢菲亚一行，赞比亚驻华大使齐贝萨孔达女士在座。李斌表示，中赞两国近年来在卫生领域合作成果显著。中国重视同赞方开展医疗卫生合作，积极落实中非合作论坛举措。李斌说，中国国家主席习近平在党的十九大报告中指出，人民健康是民族昌盛和国家富强的重要标志。中国国家卫生计生委将全面推进“健康中国”建设，积极推进“一带一路”国际合作，打造国际合作新平台，增添共同发展新动力。李斌表示，中国国家卫生计生委将贯彻落实十九大报告提出的“坚持和平发展道路，推进构建人类命运共同体”的精神，愿在公共卫生体系建设、人才培养、能力建设、疟疾防控、对口医院等领域与赞方加强合作、分享经验。奇卢菲亚对中方多年来在卫生领域给予赞比亚的大力支持表示衷心感谢，希望中方未来在赞比亚国家公共卫生机构和生物安全实验室建设、卫生人才培养、疫苗研发和生产等领域给予支持。

李斌会见韩国保健福祉部部长朴凌厚。2017 年 12 月 13 日，国家卫生计生委主任李斌在京会见韩国保健福祉部部长朴凌厚一行。李斌表示，中韩两国近年来在卫生领域合作日益活跃，中国重视同韩方开展医疗卫生合作。此次，中韩两国签署的谅解备忘录，符合新时代下中韩两国的基本国情，具有战略意义。中国政府高度重视在癌症防控、传染病联防联控和老年痴呆症治疗药物研发等方面的工作，愿在上述领域与韩方加强合作、分享经验，推动务实合作，造福两国乃至地区民众健康福祉。朴凌厚对中方多年来在卫生领域给予韩国的大力支持表示衷心感谢。他指出，在韩国总统访华之际举行中韩卫生合作双边会谈，具有重要意义，对双方签署的谅解备忘录予以高度评价，希望中韩双方在癌症防控、传染病联防联控和老年痴呆症治疗药物研发等方面开展积极合作。

伊朗卫生部长赛义德·戈兹扎德·哈什米访华。2017 年 12 月 16—19 日，伊朗卫生部部长赛义德·戈兹扎德·哈什米率团访华，进一步推进中伊在卫生领域合作交流。12 月 19 日，国家卫生计生委主任李斌在京会见哈什米一行。崔丽主任、伊朗驻华大使阿里·阿斯加尔·哈吉在座。李斌表示，中伊两国是共建“一带一路”的天然伙伴，又同属发展中国家，在医疗卫生领域有着广泛的合作潜力。中国重视同伊方开展医疗卫生合作，将以此次签署的卫生合作谅解备忘录为指引，继续与伊方在公共卫生、传统医学、卫生应急、人力资源等重点领域开展务实合作，加强“一带一路”卫生合作对接，共同打造“健康丝绸之路”，共同构建人类命运共同体，造福两国乃至地区民众健康福祉。李斌还向伊方介绍了党的十九大关于卫生工作的整体部署和我国医改取得的成就和相关经验。戈兹扎德·哈什米对中方在卫生领域取得的成就表示祝贺，希望在基础医学、传统医学等领域与中方进一步加强交流，丰富并全面提升双方卫生领域合作和交流。在此访期间，双方签署《中伊卫生合作谅解备忘录》《中伊传统医药合作谅解备忘录》。代表团参观访问北京协和医院和中国中医科学院广安门医院。（佘志文）

崔丽会见匈牙利人力资源部公共卫生事务副国务秘书。2017 年 12 月 28 日，国家卫生计生委副主任崔丽在京会见了匈牙利人力资源部公共卫生事务副国务秘书塔马斯·森泰斯一行。崔丽表示，中匈双边卫生合作历史悠久，硕果累累，并就 2017 年 6 月在匈牙利成功举办的第 3 届中国—中东欧国家卫生部长论坛向匈方表示感谢。中方重视同匈开展医疗卫生领域合作，愿继续与匈方在卫生政策合作网络、公共卫生合作网络、医院合作联盟及可持续健康产业合作联盟等机制下进一步加强交流，共同打造“健康丝绸之路”。她还介绍了我国在环境监测、食品安全等领域的相关政策及做法。塔马斯·森泰斯对中方在卫生领域取得的成就表示祝贺。他指出，中匈卫生合作对两国而言意义重大、影响深远，希望双方进一步加强交流，全面提升卫生领域合作水平。（林　昀）

重要国际会议

世界卫生组织执委会第 140 届会议。2017 年 1 月 23 日—2 月 1 日在瑞士日内瓦举行，国家卫生计生委派员参加。世卫组织总干事陈冯富珍向执委会做工作报告，指出持续增加的收入不均将对未来 10 年的全球发展产生影响，重申烟草对全球人民健康造成严重威胁，呼吁各国政府加强烟草控制。她表示，在全球发展面临不确定性的形势下，各成员国齐心协力，在2030年可持续发展议程的指导下，推动全球卫生发展取得了公平结果。会议审议了总干事报告、规划预算、世卫组织改革等50余项议题，审议通过了总干事提名、2018—2019年摊款比额表等9项决议，以及脊髓灰质炎、打击假药等16项决定。（丛　泽）

中以创新合作联委会第3次会议。2017年3月21日在京举行，刘延东副总理和以色列总理本雅明·内塔尼亚胡出席，国家卫生计生委副主任崔丽出席会议。崔丽在会议发言中指出，中以创新机制建立以来，中方高度重视与以色列在卫生领域的合作，双方协商确立了医药卫生体制改革、医疗科技、远程医疗和卫生应急等四大优先领域。自联委会第2次会议以来，双方围绕上述领域开展了一系列项目活动，合作内涵不断丰富，合作水平稳步提高。她强调，双方将通过卫生政策联合研究，探索卫生创新政策，不断通过双方在卫生体制机制等方面务实合作，将中以卫生合作推上新台阶。（尤和娟）

中挪医疗合作与展望论坛。2017年4月7日在京举办，国家卫生计生委副主任崔丽应邀与挪威卫生与护理部国务秘书利兹贝斯·诺曼女士共同出席论坛开幕式并致辞。崔丽在致辞中指出，中国政府历来高度重视人民健康，希望中挪双方站在新的历史起点上，深挖两国卫生优势资源，丰富两国卫生合作内涵，不断打造两国卫生合作新亮点，携手共谱中挪卫生合作新篇章。诺曼表示，中挪双方卫生合作前景广阔，下一步挪方将与中方加强政策对话，共同分享彼此推动卫生事业改革发展的经验举措。此次"中挪医疗合作与展望论坛"作为挪威首相索尔贝格对华进行国事访问的系列配套活动之一，由挪威驻华使馆与国家卫生计生委卫生发展研究中心联合举办。（林　昀）

中非部长级医药卫生合作会议。2017年4月24日在南非比勒陀利亚召开，会议主题为"中非卫生合作，从承诺到行动"。此次会议是中非合作论坛约翰内斯堡峰会以及落实中非公共卫生合作计划的重要后续活动。中国国务院副总理刘延东在会上致辞，表示中非从来都是命运共同体，卫生合作是中非命运共同体的一个缩影，是中非友好关系中的重要组成部分。54年来，中国累计向50个非洲国家派遣援外医疗队员2万名，诊治非洲患者近2.1亿人次。2014年，西非爆发埃博拉出血热疫情后，中国政府立即行动，开展了新中国成立60多年来最大规模的一次卫生援外行动，累计派出1200多名医疗卫生人员，与国际社会特别是非洲兄弟们一道抗击疫情。此外，医药贸易也是中非卫生合作的亮点，目前双方的贸易额超过24亿美元，青蒿素已成为治疗疟疾的首选产品，挽救了非洲数以千万人的生命。

2015年12月，中国国家主席习近平在中非合作论坛约翰内斯堡峰会上宣布开展中非公共卫生合作计划。李斌介绍了一年多来中非双方协力推动落实峰会成果（1）积极启动非洲疾控中心的建设；（2）不断创新对非卫生合作形式，继续向非洲派遣医疗队，与非洲9国建立"对口医院"合作关系，完成11所非洲医院的升级改造项目；（3）着力推动医药产品在非洲的可及性；（4）为1000多名非洲各类医疗卫生人员提供培训。

南非卫生部长莫措阿莱迪表示，非洲很重视中非之间的互利友好关系，本次会议将为促进中非公共卫生合作、中非卫生创新合作、中非医药产业合作、中非三方合作提供良好契机。

会议期间，中国与马拉维签署妇幼健康项目合作协议，与刚果（布）、加纳、毛里塔尼亚、赞比亚、尼日尔、乍得签署对口医院合作协议，以及与塞拉利昂签署了开展"光明行"免费白内障手术合作协议。会议还通过了《中非卫生合作，从承诺到行动》的联合声明。（顾志强）

首届"一带一路"国际合作高峰论坛开幕式。2017年5月14—15日在北京举行，国家卫生计生委主任李斌出席高峰论坛开幕式、高级别会议全体会议，并于5月13日与世界卫生组织总干事陈冯富珍签署《中华人民共和国政府和世界卫生组织关于"一带一路"卫生领域合作的执行计划》。此次高峰论坛是"一带一路"倡议提出4年来，最高规格的论坛活动，主题是"加强国际合作，共建'一带一路'，实现共赢发展"。29位外国元首、政府首脑及联合国秘书长安东尼奥·古特雷斯、世界卫生组织总干事陈冯富珍、联合国艾滋病规划署执行米歇尔·西迪贝等国际组织负责人，以及其他来自130多个国家的约1500名各界贵宾出席论坛。国家卫生计生委作为高峰论坛筹委会成员，参与了高峰论坛相关会议成果、议程设计等工作。

首届"一带一路"国际合作高峰论坛民心相通平行论坛。2017年5月14日，国家卫生计生委副主任崔丽出席该平行主题会议，进行会议成果展示，重点从维护全球卫生安全、支持全球卫生发展、推动合作创新3个方面，阐述了推进"一带一路"卫生合作，打造"健康丝绸之路"的重要意义和相关举措，并分别与世界卫生组织和捷克卫生部交换了《中华人民共和国政府和世界卫生组织关于"一带一路"卫生领域合作的执行计划》《中华人民共和国国家卫生和计划生育委员会和捷克卫生部关于卫生合作2017—2020

年度执行计划》，倡议建设“一带一路”公共卫生联盟、“一带一路”医院临床专科联盟和“一带一路”卫生政策研究网络等合作机制。首届“一带一路”国际合作高峰论坛由开幕式、圆桌峰会和高级别会议组成。其中，“增进民心相通”平行主题会议作为高级别会议的六个平行主题会议之一。（佘志文）

20国集团首届卫生部长会议。2017年5月19—20日在德国柏林举行，李斌率团出席。继2016年《G20杭州峰会公报》中首次纳入卫生议题后，此次卫生部长会议围绕“今日携手为健康明天——塑造全球卫生的共同承诺”主题，举行了部长级卫生应急桌面演练，全面探讨如何提升跨国卫生危机应对能力，并就遏制抗菌药物耐药性议题进行了讨论，并通过了《G20卫生部长柏林宣言》。（汝丽娟）

第70届世界卫生大会。2017年5月22日在日内瓦开幕，大会主题是“在可持续发展时代建设有益健康的良好系统”。国家卫生计生委主任李斌率领中国代表团出席大会，并在一般性辩论发言中表示，中国政府坚持把基本医疗卫生制度作为公共产品向全民提供的基本理念，努力在分级诊疗、现代医院管理、全民医保、药品供应保障、综合监管等基本医疗卫生制度建设上取得新突破。大力加强卫生系统基层能力建设，并通过医联体建设和家庭医生签约服务，为民众提供全生命周期、全流程健康服务。中国政府还积极支持世界卫生组织在全球、区域和国家层面推动落实2030年可持续发展议程卫生相关目标，并愿意积极贡献中国力量。（丛　泽）

第3届中国—中东欧国家卫生部长论坛。2017年6月18—20日，为落实《中国—中东欧国家里加纲要》，国家卫生计生委和匈牙利人力资源部、国家经济部在匈牙利首都布达佩斯联合举办该论坛，刘延东副总理出席论坛有关活动，李斌陪同。论坛取得各类成果共18项，包括与会各国共同发表的《第3届中国—中东欧国家卫生部长论坛布达佩斯宣言》和《关于加强“16+1”健康产业合作的联合声明》；论坛还同期举办了中国—中东欧国家健康产业论坛和健康产业展览。国家卫生计生委与匈牙利、罗马尼亚、拉脱维亚三国卫生部门签署政府间合作文本，并启动了卫生政策合作、公共卫生合作和卫生人才合作等3个中国—中东欧国家合作网络。（林　昀）

金砖国家卫生部长会议暨传统医药高级别会议。2017年7月6日在天津开幕，国家主席习近平发来贺信，对会议召开表示祝贺。国务院副总理刘延东在开幕式上宣读了习近平的贺信并发表主旨演讲。作为2017年金砖国家轮值主席国以及大会东道主，中国政府期待同致力于金砖国家卫生合作和传统医药发展的伙伴们一道，凝聚合作共识，规划合作蓝图，推动人类健康事业发展。在刘延东副总理的见证下，金砖国家卫生部长会议《天津公报》正式发布。（汝丽霞）

第5届中法家庭发展政策研讨会。2017年7月6—7日在山西太原召开，国家卫生计生委副主任王培安、山西省常务副省长高建民出席开幕式并致辞。法国欧洲与国际事务委员会副部长娜塔莉·尼基丹科率法国代表团参会。研讨会围绕中法老龄政策等7个主题以及未来的合作等进行深入研讨。会议期间，与会代表参观考察了太原市漪汾苑社区养老服务中心等机构。国家卫生计生委部分司局、直属和联系单位，各省（区、市）卫生计生委家庭处，法国社会团结与卫生部、法国国家家庭补助局以及中法相关学术研究机构专家、学者、企业代表等100余名代表出席会议。

第4次中英全球卫生对话会。2017年7月12日在北京举办，国家卫生计生委有关司局，中国疾控中心、中英全球卫生支持项目管理办公室（委项目监管中心），以及英国国际发展部、英国卫生部、英格兰公共卫生署、英国驻华使馆等机构代表近40人参加会议。国家卫生计生委国际司、英国国际发展部人士出席会议并致辞。期间，中英双方回顾了自上届对话以来的工作进展，并就全球卫生治理、卫生政策、在非卫生合作、传染病防治和抗生素耐药等全球卫生议题进行了深入讨论。会议充分肯定了以中英全球卫生支持项目（GHSP）为代表中英全球卫生第一阶段的合作成效，并就第二阶段进一步深化双方合作达成初步共识。对话会的举办，加深了中英两国政府在卫生领域的理解互信，为双方今后更好地开展全球卫生合作奠定了坚实基础。中英全球卫生对话是GHSP项目的重要活动之一，对话轮流在中英两国举行，自2013年3月起已举办4届。（李　颖）

中日医疗交流会。2017年7月24日在京举行，国家卫生计生委副主任崔丽出席开幕式并致辞。崔丽表示，2017年是中日邦交正常化45周年。45年来，在双方共同努力下，卫生领域合作成果丰硕。中日两国在人口老龄化的发展进程上既有共同课题，又各有经验，双方在该领域开展合作具有重要现实意义，双方应充分利用中日医疗交流会这一平台，加强沟通，促进合作，推动两国健康老龄化事业发展。交流会由国家卫生计生委国际交流中心和日本产业协会共同举办，日本厚生劳动省副大臣古屋范子出席会议。会前，崔丽会见了古屋范子。（尤和娟）

“一带一路”暨“健康丝绸之路”高级别研讨会。2017年8月18—20日在北京举办，此次会议是落实习近平总书记打造“健康丝绸之路”重要指示和“一带一路”国际合作高峰论坛相关成果、持续放大“一带一路”国际合作高峰论坛积极影响和后续效应、推进与相关国家“一带一路”卫生合作对接、打造“健康丝绸之路”的重要里程碑。研讨会是“一带一路”国际合作高峰论坛后各相关领域召开的第一场专业论坛活动，也是首次就“一带一路”卫生合作和打造“健康丝绸之路”召开的部长级会议。刘延东副总理出席会议开幕式，并发表主旨演讲，全面展示了“一带一路”卫生合作，打造“健康丝绸之路”建设成就，明确了与相关各方未来合作蓝图和路径，凸显了中国在参与全球卫生事务中的引领作用。她表示，近年来，各方协力推动打造“健康丝绸之路”，各区域多边合作机制和双边人文交流机制、创新机制下的健康治理合作平台逐步搭建。中国积极履行应尽的国际责任和义务，与相关国家携手维护卫生安全，推动健康发展，加强创新合作。中方希望和“一带一路”相关国家继续深化卫生领域务实合作，并提出有关倡议：（1）深化传染病联防联控，维护全球卫生安全；（2）加强政策对话沟通，对接卫生发展战略；（3）推动医药创新合作，共享健康公共产品；（4）倡导互学互鉴，深化卫生人文交流，为构建人类健康命运共同体，助力实现2030年可持续发展议程做出贡献。会前，刘延东副总理会见世界卫生组织总干事谭德塞和联合国副秘书长、艾滋病规划署执行主任西迪贝，就与两个国际组织的卫生合作交换意见。国际社会及各方对此次会议反应积极，来自50多个国家以及世界卫生组织、联合国艾滋病规划署等国际组织，共24名部长级嘉宾与会，其中正部长级10名。盖茨基金会等非政府组织相关负责人和代表，来自国内相关部委、各省级卫生计生委相关代表出席。（佘志文）

中俄人文合作委员会卫生合作分委会第17次会议。2017年9月11日在广州举行，中俄卫生合作分委会中方主席、国家卫生计生委崔丽与俄方主席、俄联邦卫生部第一副部长卡格拉曼扬共同主持会议。双方回顾了一年来中俄卫生领域开展双、多边合作的成果和进展，并就传染病防控、边境地区卫生防疫合作、灾害卫生应急、中俄医科大学联盟、中国传统医药合作、药品流通监督管理、多边合作等议题深入讨论。双方一致同意，将在互信互利的基础上，进一步扩大和深化上述领域的交流。双方商定，中俄卫生合作分委会第18次会议将于2018年在俄罗斯举行。

9月12日，崔丽和卡格拉曼扬副部长参加在广州举行的中俄人文合作委员会第18次会议及有关活动，并在刘延东副总理和戈洛杰茨副总理的见证下签署了中俄卫生合作分委会第17次会议纪要。

中俄卫生合作分委会是中俄人文合作委员会下设的分委会之一，每年召开一次会议，在两国轮流举行。来自国家卫生计生委、国家食品药品监管总局、国家中医药管理局、中华医学会和哈尔滨医科大学的代表，以及俄罗斯联邦卫生部代表团和俄罗斯驻华使馆的代表参加会议。（林　昀）

中英生命科学与医学高峰论坛。2017年9月26日在京召开，国家卫生计生委副主任崔丽出席并致辞，她积极评价中英两国关系并回顾了两国长期以来在卫生政策、疾病防控、医学科研等方面的良好合作。她指出，此次论坛为中英两国生命科学领域的青年科学家搭建了交流与合作平台，呼吁中英两国青年科学家携手应对影响人类健康的气候变化、人口老龄化、抗生素耐药等全球性问题，为全人类的健康福祉做出贡献。此次论坛由中国医学科学院与英国皇家学会、英国惠康基金会共同举办。论坛邀请中英两国各100位杰出青年科学家参会，展现生命科学、医学、药学、植物学、农学、环境等领域的创新性研究成果。

第68届世界卫生组织西太平洋区域委员会会议。2017年10月9—13日在澳大利亚布里斯班召开，世卫组织总干事谭德塞出赞赏西太区在妇幼健康、疟疾防控和沙眼消除等方面取得的成绩，指出西太区在结核病、控烟等领域仍面临挑战。谭德塞在致辞中赞赏我国在推动实现全民健康覆盖方面取得的成绩，对于他8月访华时双方签署的“一带一路”卫生领域合作执行计划以及中国增加向世卫组织的自愿捐款给予高度评价。会议决定提名中国和澳大利亚担任世卫组织执委会成员，提名中国担任2018年第71届世界卫生大会会务委员会成员。（丛　泽）

第10届中日韩卫生部长会议。2017年11月12日在山东济南举行，国家卫生计生委主任李斌、日本厚生劳动大臣加藤胜信、韩国保健福祉部部长朴凌厚、世界卫生组织西太区主任申英秀和中日韩三国合作秘书处副秘书长韩梅率团出席会议。来自中日韩三国卫生部门的政府官员和专家参加会议。会议回顾过去10年中日韩合作机制下，卫生领域合作取得的成果，交流三国在新发再发传染病、信息通信技术在卫生领域应用和传统医药领域的做法和经验，探讨了三国在上述领域的合作。会议通过《第10届中日韩卫生部长会议联合声明》。李斌指出，过去10年，在三国卫生合作框架下，三方共同探索，开拓创新，成果丰硕。展望未来，她提出三点倡议：第一，凝聚战略共识，构建合作框架，建立面向未来的卫生合作伙伴关系；第二，在“一带一路”倡议框架下，夯实合作机制，鼓励三国医疗机构间建立网络和交流平台；第三，不断深化在新发再发传染病防控等传统领域合作，共同防范公共卫生安全威胁，为增进人民健康福祉作出贡献。上述倡议得到日韩两国的积极响应。（尤和娟）

中法高级别人文交流机制第4次会议及第3届中法医院合作大会。2017年11月24日在京举行，国家卫生计生委副主任崔丽出席。会议期间，在国务院副总理刘延东和法国外长勒德里昂的共同见证下，崔丽与法国社会团结与卫生部医疗总局局长塞西尔·库雷热共同签署了两国卫生部《关于促进健康老龄化合作的意向声明》。作为中法高级别人文交流机制的配套活动，第3届中法医院合作大会当日下午在北京召开。崔丽、塞西尔·库雷热局长、中国医院协会会长刘谦和法国医院联合会会长扎纳布·里特女士等分别致辞。大会以“创新发展·质量提升”为主题，来自中法两国卫生部门、知名公立医院、相关学术机构及产业的共200余名代表出席会议，围绕两国卫生政策创新、技术创新、医院管理、合作交流等内容展开研讨。中国医院协会与法国大学附属医院院长委员会签署合作备忘录，共同发起成立“中法医院合作联盟”的倡议，标志着两国医院间合作步入新的发展阶段。（李　颖）

第14届人口与发展部长级国际会议。2017年11月28—30日在印度尼西亚日惹市举行，本届会议主题为“可持续城市、人口流动和国际移民：南南视角与举措”，旨在实现国际人口与发展大会行动纲领目标和促进人口领域的南南合作。中国国务院副总理刘延东出席大会并作主旨发言，国家卫生计生委李斌主持大会开幕式。会议通过关于加强人口与发展南南合作的成果文件《日惹行动计划》。来自人口与发展南南合作伙伴组织的26个成员国的部长、高官及特约国家代表、有关国际组织负责人等250多人出席会议。（汝丽霞）

第2届中国—以色列卫生健康论坛。2017年11月29日在江苏扬州举办，此次论坛由国家卫生计生委、国家外国专家局支持，中国医院协会和以色列卫生部共同主办。中以两国政府部门、医疗机构和健康产业界共500多位嘉宾参会。本次会议是中以创新合作机制下，落实两国领导人合作共识以及中以两国卫生部《卫生和医学合作计划》的重要举措，是两国卫生合作的重要内容组成部分。本届论坛以“卫生政策，卫生应急，数字化医疗，创新技术”为主题，中以双方嘉宾在医药卫生体制改革、医疗科技、卫生应急以及远程医疗等领域进行深入交流，共享发展成果与经验。论坛期间，还举办了数字化技术、药品、器械等新产品展览及洽谈会。近年来中以双方在医院管理，医疗大数据、健康老龄化、卫生应急、医疗科技等领域开展系列务实合作。论坛的举办对进一步加强中以“一带一路”卫生合作对接，打造“健康丝绸之路”，推动中以卫生健康合作不断向更深层次、更宽领域拓展，共同构建人类命运共同体有积极意义。（佘志文）

2017年发展中国家老年照护规范建设国际研讨会。2017年12月6日在福建厦门举办，国家卫生计生委副主任王培安出席开幕式并讲话。来自发展中国家负责老年健康事务的政府官员、专家学者相关国际组织代表共约50人参加会议。王培安指出，实现健康老龄化是世界各国特别是发展中国家共同追求的目标，而建设老年照护规范是应对疾病谱和养老模式转变、实现健康老龄化的关键一环。他建议发展中国家应以老年人照护服务需求为导向，完善健康服务体系，扩大服务可及性和覆盖率，建立老年照护规范和照护服务保障体系，提高服务效率和质量。他表示，中国政府愿在“一带一路”倡议框架下，推进与南南国家在卫生和人口领域的交流合作，为促进健康老龄化事业、增进人民健康福祉做出贡献。本次会议由国家卫生计生委、人口与发展南南合作伙伴组织和联合国人口基金联合举办，国家卫生计生委南京培训中心承办。研讨会围绕老年医养结合、老年照护规范及保障措施建设、老年友好型社区和居家建设等专题开展研讨交流，与会者实地考察了厦门社区居家老年照护服务。

其他重要外事活动

我国政府和世界卫生组织《关于“一带一路”卫生领域合作的谅解备忘录》在瑞士日内瓦签署。2017年1月18日，在习近平主席见证下，国家卫生计生委主任李斌与世界卫生组织总干事陈冯富珍在瑞士日内瓦共同签署《中华人民共和国政府和世界卫生组织关于“一带一路”卫生领域合作的谅解备忘录》，致力于在卫生应急、传染病防治、传统医学等有关领域加强合作，共建“健康丝绸之路”。（丛　泽）

首批援圣多美和普林西比医疗队启程。2017年2月1日，由8名医疗队员组成的中国首批援圣多美和普林西比医疗队启程前往受援国。援圣多美和普林西比医疗队由四川省卫生计生委、四川大学华西医院、华西口腔医院承派，由心脏内科、普外科、口腔科等领域的临床和护理专家组成，拥有丰富的临床工作经验。

2016年12月26日，我国与圣多美和普林西比恢复大使级外交关系。为拓展深化两国医疗卫生领域的交流合作，国家卫生计生委在短时间内组织人员赴受援国考察，组派首批援圣普医疗队（顾志强）

2017年全国卫生计生外事工作会议暨援外医疗队创新工作会议。2017年2月16日在京召开，国家卫生计生委副主任崔丽出席会议并讲话。崔丽指出，2016年全国卫生计生国际交流与合作战线坚持服务外交大局，圆满完成多项卫生与健康领域重要外事活动，成功举办第9届全球健康促进大会，深化多双边以及与港澳台合作交流，不断加强卫生援外管理和创新，工作卓有成效、亮点纷呈。2017年，各地各单位要认真贯彻落实党中央、国务院决策部署，落实全国卫生与健康大会和全国卫生计生工作会议精神，准确把握全球卫生发展新趋势和我国面临的机遇挑战。以推进健康中国建设为重点，深化与世卫组织等重要国际组织和重点国家的合作，积极参与全球健康治理和全球卫生安全行动，推进与"一带一路"沿线国家卫生与健康合作，加强与港澳台地区交流合作，服务国家外交大局和卫生计生事业发展，开创积极参与全球健康治理，全面推进卫生计生国际交流与合作工作新局面。会议邀请外交学院高飞教授就当前国际形势与中国外交作专题报告，北京、上海、江苏、河南、四川、湖南、广东、广西、青海卫生计生委和中国疾控中心作交流发言。各省（区、市）卫生计生委分管外事负责同志、外事处长，委机关各司局、国家中医药管理局国际司、直属联系单位负责同志、相关社会团体和专家参加会议。（韦　扬）

与意大利卫生部在京签署《卫生和医学科学领域执行计划实施方案》。2017年2月22日，在习近平主席和来华访问的意大利总统马塔雷拉共同见证下，李斌主任与意大利外交与国际合作部部长阿尔法诺在京共同签署了《中华人民共和国国家卫生和计划生育委员会与意大利共和国卫生部卫生和医学科学领域执行计划实施方案》。

本次签署的方案将以中意两国2016—2018年度卫生合作执行计划为框架，进一步指导双方有关机构在癌症及心血管疾病防治、初级卫生保健和全科医学等领域开展务实合作，共同提高两国人民的健康水平。

与以色列卫生部在京签署《卫生应急合作执行计划2017-2020）》。2017年3月21日，在刘延东副总理和内塔尼亚胡总理的共同见证下，国家卫生计生委副主任崔丽与以色列卫生部部长雅科夫·利兹曼在北京共同签署了《中华人民共和国国家卫生和计划生育委员会与以色列卫生部卫生应急合作执行计划（2017—2020）》。根据合作执行计划，中以双方将在卫生应急队伍能力建设、卫生应急平台体系建设、政府多部门应急协作机制、卫生应急能力评估体系以及卫生应急社会参与和学科建设等领域加强合作和交流。该合作执行计划是中以创新合作联委会第3次会议成果之一，会议于3月21日在北京召开，由刘延东副总理和内塔尼亚胡总理共同主持。（尤和娟）

与挪威卫生与护理部在京签署《2017—2020年卫生合作执行计划》。2017年4月7日，在李克强总理和挪威首相索尔贝格共同见证下，国家卫生计生委主任李斌与挪威卫生与护理部国务秘书利兹贝斯·诺曼在京共同签署《中华人民共和国国家卫生和计划生育委员会与挪威王国卫生与护理部2017—2020年卫生合作执行计划》。该计划是中挪两国关系正常化后，双方领导人首次会晤的重要成果之一。中挪两国卫生部门将以本次签署的合作执行计划为基础，加强双方在传染性和非传染性疾病防控、抗菌药物耐药、全球卫生治理、卫生系统治理、电子医疗、卫生研究与创新等领域的务实合作，构建优势互补、强强联合的国家间新型卫生合作关系。

中国—中东欧国家医院合作联盟外方来华交流活动开幕式。2017年4月23日在北京举办，国家卫生计生委副主任崔丽出席并讲话。中国医院协会会长黄洁夫，联盟中方主席、北京协和医院院长赵玉沛，联盟中东欧方主席贝劳·梅尔海依及主要成员医院代表、部分中东欧国家驻华使节等约200人出席会议。崔丽在致辞中指出，中东欧地区作为一带一路卫生合作重要支点，近年来，与我国在卫生领域合作日益提速，并已日趋机制化，成为中国—中东欧国家人文交流的重要组成部分。联盟成立近一年来，发展迅速并取得早期收获，打造了中国—中东欧国家医务工作者相识、相知、相亲的大平台，下一步，希望联盟注重顶层设计，提升务实产出，创新合作模式，国家卫生计生委将一如既往地支持联盟发展。（林　昀）

2017年全国卫生计生系统对台工作会议。2017年4月25日在江苏南京召开，国家卫生计生委副主任崔丽做大会主报告，国务院台湾事务办公室副主任龙明彪就近年来台海形势、国际组织涉台及社会组织对台工作要求做了发言。江苏省、内蒙古自治区、上海市、广东省、健康报社代表作大会经验交流。

与捷克卫生部在京签署《关于卫生领域合作2017—2020年度执行计划》。2017年5月12日，在习近平主席和捷克总统米洛什·泽曼共同见证下，崔丽副主任与捷克卫生部副部长拉德克·波利察尔在京共同签署了《中华人民共和国国家卫生计生委与捷克共和国卫生部关于卫生领域合作2017-2020年度执行计划》。本次签署的行动计划将以中捷两国1995年签署的卫生和医学科学合作协定为框架，进一步指导双方在卫生政策、临床医学、医疗科研、疾病预防与控制、医疗旅游等方面开展合作，造福两国人民，推进"一带一路"建设，共建人类健康命运共同体。

中国政府与世界卫生组织签署"一带一路"卫生合作执行计划。2017年5月13日，国家卫生计生委主任李斌与世界卫生组织总干事陈冯富珍在京联合签署《中华人民共和国政府与世界卫生组织关于"一带一路"卫生领域合作的执行计划》，进一步落实双方于2017年1月在瑞士日内瓦签署的《中华人民共和国政府与世界卫生组织关于"一带一路"卫生领域合作的谅解备忘录》。双方将加强合作，以全面提升中国同"一带一路"沿线国家人民健康水平为主线，以多双边合作机制为基础，创新合作模式，促进与"一带一路"沿线国家等重点合作伙伴在国家、区域及全球层面开展务实合作，促进我国及沿线国家卫生事业发展，携手打造"健康丝绸之路"。（丛　泽）

与缅甸卫生和体育部在京签署关于卫生合作备忘录。2017年5月16日，在李克强总理和缅甸联邦共和国国务资政昂山素季共同见证下，李斌主任与缅甸驻华大使吴帝林翁在京共同签署《中华人民共和国国家卫生和计划生育委员会和缅甸联邦共和国卫生和体育部关于卫生合作备忘录》。根据谅解备忘录，中缅两国将在传染病控制，特别是联合暴发调查和控制、传统医学发展、流动人口及过境人群的卫生服务和健康促进、针对卫生应急特别是重大公共卫生应急的联合应急应对等领域加强交流和合作。（尤和娟）

2017年发展中国家人口与发展部级官员研讨班。2017年5月17日在京开幕，国家卫生计生委副主任王培安出席开幕式并致辞。他指出，人口与可持续发展是一个世界性议题，对于国家经济和社会民生的发展至关重要。作为世界上人口最多的发展中国家，中国将继续以将人口动态纳入国家发展规划、普及生殖健康和计划生育服务、提高妇幼健康水平、推进流动人口社会融合和基本公共服务均等化、促进健康老龄化，以及实施健康扶贫等6个方面为重点，进一步深化人口与发展领域的南南合作，以推进联合国2030年可持续发展目标的实现。此次研讨班由商务部和国家卫生计生委共同主办，国家卫生计生委生殖健康家庭保健中心承办。来自巴拿马、巴基斯坦、黎巴嫩、马拉维和乌干达等5个发展中国家的25名负责人口与发展事务的高级政府官员参加研讨班，其中包括11名部级官员。研讨班为期一周，将围绕人口与可持续发展这一主题进行经验交流和战略研讨。期间，与会代表还访问了中国人口与发展研究中心等学术机构，并赴北京、上海和江苏太仓等地参观考察社区卫生保健、老年照料和生殖健康服务工作。（韦　扬）

金砖国家致力构建整合型卫生服务体系边会。2017年5月24日，金砖国家关于"建设面向未来的整合型卫生服务体系"边会在第70届世界卫生大会期间举办。会议由中国发起并主办，其他金砖国家共提，世界卫生组织支持。陈冯富珍总干事出席会议并致辞，巴西卫生部部长里卡多·巴罗斯、俄罗斯联邦卫生部部长、第70届世界卫生大会主席维罗妮卡·斯科沃尔佐娃、印度卫生和家庭福利部联合常秘萨吉·库马尔和南非卫生部部长阿伦·莫措阿莱迪分别介绍本国在建设整合型卫生服务体系上的经验。中国国务院医改办专职副主任、国家卫生计生委体制改革司司长梁万年出席了会议。（汝丽霞）

发展中国家人口、可持续发展与减贫官员研修班。2017年6月7日在京开幕，来自马达加斯加、马拉维、蒙古国、巴拿马、斯里兰卡、苏里南、赞比亚和津巴布韦等8个发展中国家的42名从事人口与减贫事务的政府官员参加本次研修班。此次研修班由国家卫生计生委和商务部共同主办，委生殖健康家庭保健中心承办。人口领域南南合作的主要活动之一。围绕人口与可持续发展、人口与经济、人口方案管理、人口与减贫、家庭发展与健康老龄化等专题进行研讨和经验交流。研修班将邀请相关部委的政府官员，以及国内相关学术机构的知名专家学者授课。研修班期间，与会代表还在北京、上海和江苏太仓等地参观考察社区发展、社区卫生保健与老年照料、以及妇幼保健和计划生育服务等工作。（韦　扬）

与联合国艾滋病规划署换文签署战略合作谅解备忘录。2017年8月，国家卫生计生委主任李斌与联合国艾滋病规划署执行主任米歇尔·西迪贝换文签署《中华人民共和国国家卫生计生委与联合国艾滋病规划署战略合作谅解备忘录》，旨在通过全面的战略合作，加强双方在落实"一带一路"倡议和2030年可持续发展议程领域的合作，以共同有效地遏制全球艾滋病的流行。（杨晓晨）

与巴西卫生部在京签署《2018—2020年度卫生合作执行计划》。2017年9月1日，在习近平主席和巴西总统特梅尔共同见证下，李斌主任与巴西驻华大使马尚在京共同签署《中华人民共和国国家卫生和计划生育委员会与巴西联邦共和国卫生部2018—2020年度卫生合作执行计划》。该行动计划将以中巴两国2004年签署的卫生和医学科学合作的协议为框架，进一步指导双方在卫生政策、中医药、技术创新和健康产业、传染性疾病和非传染性疾病防控、卫生应急、卫生信息系统等方面开展合作，造福两国人民，推动在金砖国家机制框架下的对话与交流，共建人类健康命运共同体。（肖　飒）

2017年发展中国家应对老龄化研修班。2017年9月7日在京开幕，来自波黑、埃塞俄比亚、洪都拉斯、印度尼西亚、肯尼亚、赞比亚等12个发展中国家的30名从事人口和卫生事务的政府官员来华参加本次研修班。研修班由国家卫生计生委和商务部共同主办，国家卫生计生委生殖健康家庭保健中心承办。国家卫生计生委、商务部有关负责人出席开幕式并致辞。研修班为期21天，是我国2017年人口领域南南合作的主要活动之一，也是国家卫生计生委生殖健康家庭保健中心承办的第31期援外培训班。研修班将围绕人口老龄化特征、趋势和应对方案，健康老龄化全球规划、可持续发展老龄化社会模式、社区老年人照护体系建设、智能养老以及南南合作等专题进行研讨和经验交流。研修班将邀请国家卫生计生委等相关部委的政府官员，以及国内相关学术机构的知名专家学者授课。研修班期间，参训官员在江苏太仓参观考察医养结合项目点、家庭保健服务中心和养老辅具企业等。

慰问援塞拉利昂医务人员。2017年9月15日，国家卫生计生委副主任崔丽与中央军委后勤保障部卫生局刘殿荣少将等在京通过视频连线方式，向援塞拉利昂医疗队、P3实验室检测队和军事医学专家组和我驻塞使馆工作人员表示慰问，并向坚守在全球50个国家的全体援外医疗工作者和家属致以节日的问候。崔丽表示，国家卫生计生委坚决贯彻党中央要求，紧密围绕健康中国建设，深化拓展国际交流合作，在全球卫生治理和卫生发展援助领域发挥着越来越重要的作用。8月14日塞拉利昂首都遭受泥石流自然灾害后，军地援塞医疗卫生人员在使馆领导下，第一时间组织人员和物资驰援灾区，为灾区群众提供及时的医疗援助，深入灾民安置点开展卫生防疫工作，获得了塞总统、卫生部门和民众的赞誉，向世界充分展现了中国政府积极促进人类健康发展的坚定信念和力量。崔丽勉励大家再接再厉，以实际行动践行“不畏艰苦、甘于奉献、救死扶伤、大爱无疆”的援外医疗队精神，以优异的成绩共同庆祝建国68周年，喜迎党的十九大召开。慰问活动设国内外两个会场。国家卫生计生委国际司、办公厅、应急办、宣传司、机关党委、中国疾控中心、国际交流中心和湖南省卫生计生委、中南大学相关负责同志共约40人在京参会。驻塞拉利昂大使吴鹏和使馆工作人员以及3支援塞医疗卫生队伍在塞首都参会。（李　颖　顾志强）

对外援助部际协调机制卫生分委会成立。2017年11月6—8日，商务部部长钟山和国家卫生计生委主任李斌分别签署了两部委《关于建立对外援助部际协调机制卫生分委会的框架协议》，标志着卫生援外分委会正式成立，这是援外机制下目前唯一的分委会。外交部、财政部、教育部、食品药品监管总局、质检总局、中医药局、军委后勤保障部、红十字会等8部门作为成员单位参加卫生分委会工作。卫生分委会这一创新机制，将统筹协调卫生援外资源，提升卫生援外服务国家对外战略的能力和水平。

刘延东接见2017“最美援外医生”和“最美援外医疗队”。2017年11月10日，国务院副总理刘延东在京看望了援外医疗队员代表，强调要深入学习贯彻党的十九大精神，以习近平新时代中国特色社会主义思想为指导，加大对发展中国家特别是最不发达国家卫生援助力度，为推动实现联合国2030年可持续发展目标、构建人类命运共同体贡献力量。刘延东指出，半个多世纪以来，我国积极承担国际责任，向69个国家和地区派遣医疗队，广大医疗队员在异国他乡无私奉献，以精湛医术和高尚医德救死扶伤、护佑生命，彰显了人道主义精神，推动了受援国卫生事业发展和民众健康水平提升，增进了我国与发展中国家的团结友谊，深受国际社会赞誉。刘延东强调，卫生援外工作要落实党的十九大部署要求，高举和平、发展、合作、共赢的旗帜，服务外交大局，落实庄严承诺，在人类健康领域发挥负责任大国作用，贡献中国力量。要整合援外资源，打造精品项目，以中非友好医院为纽带，提供更加系统精准持久的帮助，带动中国健康服务走出去，增进人类健康福祉。有关方面要完善医疗队派遣和待遇保障机制，关心医疗队员工作生活。她勉励广大援外医疗队员弘扬职业精神，用医者仁心撒播大爱火种，做人民健康守护者、世界和平建设者、全球发展贡献者。（顾志强）

与印尼卫生部签署关于卫生合作的谅解备忘录。2017年11月29日，在刘延东副总理和印度尼西亚共和国人类文化和发展统筹部长印尼方机制主席布安·马哈拉尼共同见证下，国家卫生计生委主任李斌与印度尼西亚共和国卫生部部长妮拉·法里德·莫洛克在印尼共同签署《中华人民共和国国家卫生和计划生育委员会与印度尼西亚共和国卫生部关于卫生合作的谅解备忘录》。根据谅解备忘录，中印尼两国将在疾病预防和控制、初级卫生保健和全民健康覆盖、卫生人力发展、健康促进及健康生活方式、妇幼健康等领域加强合作和交流。该谅解备忘录是中印尼人才交流机制第3次会议成果之一，会议于11月29日在梭罗召开，由刘延东副总理和人力发展和文化统筹部长普安共同主持。（尤和娟）

中国连任人口与发展南南合作伙伴组织主席。2017年11月29—30日，人口与发展南南合作伙伴组织第30届执委会和第22届理事会会议在印尼日惹举行，中国连任伙伴组织主席。国家卫生计生委副主任王培安出席并主持上述会议。伙伴组织成员国赞赏中国担任主席期间带领伙伴组织取得的积极进展和成绩，普遍支持中国连任主席。伙伴组织第22届理事会会议经协商一致，同意现任伙伴组织执委会连任一届（2018—2020年），即中国任主席，印度任副主席，南非任秘书长，突尼斯任司库，孟加拉国、墨西哥、贝宁和津巴布韦任执委会成员。（汝丽霞）

刘延东出席中国医学科学院牛津研究所成立仪式。2017年12月6日，在中英高级别人文交流机制第5次会议期间，刘延东副总理出席在牛津大学举办的中国医学科学院牛津研究所成立仪式，并见证签署了中国医学科学院与中国留学基金委、牛津大学关于联合开展人才培养项目的合作协议，以及中国医学科学院与牛津大学关于成立中国医学科学院牛津研究所的合作协议。（李　颖）

与马尔代夫卫生部在京签署关于卫生合作的谅解备忘录。2017 年 12 月 7 日，在习近平主席和马尔代夫总统亚明共同见证下，李斌主任与马尔代夫外交部部长阿西姆在京共同签署《中华人民共和国国家卫生和计划生育委员会与马尔代夫共和国卫生部关于卫生合作的谅解备忘录》，根据该谅解备忘录，中马两国将在眼科合作中心，妇幼健康、卫生人力资源领域的相关培训与交流、传统医药等领域加强合作和交流。该谅解备忘录是马尔代夫总统亚明访华期间成果之一，亚明总统于 12 月 7 日访华。（尤和娟）

与韩国保健福祉部在京签署关于卫生合作的谅解备忘录。2017 年 12 月 14 日，在习近平主席和韩国总统文在寅共同见证下，李斌主任与韩国保健福祉部部长朴淩厚在京共同签署《中华人民共和国国家卫生和计划生育委员会与大韩民国保健福祉部关于卫生合作的谅解备忘录》。两国将在卫生政策与管理、全民健康覆盖、传染病防控、慢性病防控、癌症防控、信息通讯技术和大数据在健康领域应用、传统医学、患者安全、健康老龄化促进，包括医养结合、老年护理、安宁疗护和老年痴呆的预防和控制等领域加强合作和交流。该谅解备忘录是韩国总统文在寅访华期间成果之一，文在寅总统于 12 月 13 日访华。（王雪菲）

国际合作项目

世界卫生组织双年度项目。中国—世界卫生组织 2017 年度合作领域为加强卫生体系建设、降低重大疾病、提高监管能力、推进健康城市运动、环境健康以及中国对全球卫生贡献，根据重点卫生工作任务和深化医改需要，确定了国家卫生政策、战略和计划，慢性非传染性疾病等共 11 个重点领域。国家卫生计生委 14 个司局及国家中医药管理局，共 18 个机构参与实施了 25 个具体合作项目，经费总计 134 万美元。所有项目均按期完成，执行率达到 100%，其中 6 个项目被纳入典型案例最佳实践研究。（丛　泽）

联合国儿基会卫生领域项目。2017 年国家卫生计生委与联合国儿童基金会继续完成 2016—2017 双年年度工作。国家卫生计生委 10 个司局、统计信息中心、中国疾控中心共实施 25 个项目，总经费约 1383 万美元。8 月，项目管理办公室在中国疾控中心妇幼保健中心正式设立，旨在进一步理顺项目管理机制，促进项目实施、督导和评估。（汝丽霞）

中英全球卫生支持项目。中英全球卫生支持项目于 4 月和 11 月分别召开战略指导委员会会议，本年度主要开展的工作包括：继续实施境外试点工作，对“如何在发展中国家开展人群的公共卫生干预项目”以及“如何建立三方合作模式提高卫生发展援助有效性方面”进行尝试和探索；推动中国全球卫生网络相关活动的开展，指导网络成员单位实施短期小型政策研究工作，为相关政策制定提供建议；成功举办第 4 届中英全球卫生对话，就进一步深化合作达成初步共识；启动项目总结工作，针对已开展的项目活动产出文件进行质量验收，开始逐步梳理项目成果为项目完工奠定基础。（李　颖）

中美新发再发传染病合作项目。2015 年国家卫生计生委与美国卫生与公众服务部启动中美新发和再发传染病项目（简称 EID 项目）第 3 轮，2017—2018 年度预算约为 135 万美元。项目办公室设在中国疾病预防控制中心。2017 年项目活动进展顺利，EID 项目成功申请到 2017—2018 年度预算，制定了工作计划并启动执行，已于 12 月召开项目合作委员会会议及项目年会。

中美全球艾滋病合作项目。2017 年，项目各执行单位遵照本年计划实施项目活动，进展顺利，并着手总结第 3 周期项目实施以来所取得的成绩。项目指导委员会于 2017 年 3 月召开年度会议。（张晓博）

与美国比尔及梅琳达·盖茨基金会合作情况。2017 年 7 月，国家卫生计生委与盖茨基金会签署《关于健康扶贫和艾滋病防控合作框架协议》，主要以国际合作项目形式，支持我国健康扶贫和艾滋病防治工作。（1）中国农村基本卫生保健项目，拟投入 1200 万美元，为期 5 年（2017—2022 年），覆盖四川、湖北、山西和河南 4 省的贫困地区，旨在探索建设农村地区基本卫生保健体系，预防因病致贫和返贫，创新健康扶贫模式。（2）儿童营养与健康项目，拟投入 300 万美元，为期 3 年（2017—2020 年），覆盖四川、湖南、云南、新疆等省区的贫困地区，旨在从加强爱婴医院管理、改善儿童营养等方面入手，通过科学创新和探索，应对目前儿童健康领域中的挑战。就上述两个项目，国家卫生计生委分别在 10 月和 11 月与盖茨基金会签署了赠款协议，年内首笔资金已拨付到位。

国家卫生计生委—梅里埃基金会结核病防治合作项目（二期）。2017 年项目（二期）根据实施方案，为新疆喀什 12 个地市县和广西柳州 10 个地市县配备实验室试剂耗材，项目办于 3 月召开工作会议，讨论落实年度项目实施工作安排；4 月对新疆喀什地市级和县级疾控中心和定点医院参与耐多药肺结核防治工作人员进行了能力培训；于 7 月和 8 月对广西柳州和新疆喀什分别开展了督导和评估，项目配备的新诊断设备已开始有效为当地结核防控发挥作用，提升了当地防控人员的技术水平；11月组织赴荷兰开展国际结核病防治学习交流，考察了荷兰结核病防治策略、工作技能、防治经验等方面的工作。积极参与“世界防治结核病日”系列宣传活动。（肖飒 李颖）

中国—澳大利亚—巴布亚新几内亚三方疟疾防控合作项目。2017年，该项目先后召开2次项目联合工作指导组会议、2次项目技术主管会和1次项目监督组会议，进一步推进项目相关活动开展。根据项目工作计划，2017年，中方派出2名中国技术顾问赴巴新开展近3个月的工作，协助巴新疟疾国家参比实验室建设，改进疟疾诊断技术；巴布亚新几内亚派员来华考察学习中国疟疾参比实验室的建设流程和职能分工、疟原虫镜检、快速诊断等技术的应用、国家参比实验室质控工作的开展，以及全国寄生虫病竞赛工作的组织实施等内容。该项目由澳方提供资金支持、中方提供人员和技术支持，在巴新实施疟疾防控试点。项目主要目标是帮助巴新提高疟疾实验室检测能力并开展相关应用研究。项目指导委员会是该项目的最高管理机构，负责确定项目方向、审议项目年度计划、工作进展及重要事项，委员会成员包括来自中国国家卫生计生委和商务部、澳大利亚外交和贸易部以及巴新卫生部的代表。（佘志文）

澜沧江—湄公河跨境传染病联防联控项目。2017年，中央财政为该项目投入资金551万元。根据项目年度计划，2017年项目继续完善与湄公河国家相关部门或机构间的沟通协作机制，协调相关项目活动；各项目执行机构认真组织召开各方参与的项目研讨会和协调会，协商和签署2017年度工作内容；各项目累计开展1000余名越南、老挝、缅甸等国的疟疾、登革热、艾滋病和鼠疫等疾病防控人员参与的各项防控技术培训；此外派出多批次专家赴澜湄流域国家开展技术帮扶，并开展当地人员的防控技术培训。4月13日，澜沧江—湄公河跨境传染病联防联控项目联合指导委员会会议暨2016年度项目总结会在广西南宁召开。会议听取项目国家级专家委员2016年度项目督导报告，并就下一步推进项目实施进行研讨。该项目自2005年开始实施，在中央财政的支持下，主要委托广西、云南省（区）开展具体项目活动，旨在进一步建立与澜湄国家传染病联防联控机制，为澜沧江—湄公河流域经济发展提供卫生安全保障。（王雪菲）

中国—澳大利亚人权合作项目。2017年进入项目实施第2周期（2017—2021年），进展顺利。项目开展生殖健康师资培训，并持续对生殖健康权益保护项目网站维护。培训活动主要是为每个项目省、市、县相关项目主管人员和技术服务人员提供生殖健康领域相关培训。生殖健康权益保护项目网站维护主要是网站各栏目正常运转和不断更新，以为加强宣传、师资培训交流、投诉提供了有效的渠道。2004年底，原国家人口计生委同澳大利亚人权委员会共同开展了该合作，作为中澳两国政府外交部人权技术合作框架的一部分，旨在提高各级计生干部和人民群众关于生殖权利和相关人权的理解和意识，提高干部依法行政能力，畅通信息和健康服务的渠道，保护人民群众实行计划生育的合法权益。（佘志文）

中国—老挝北部五省医疗服务联合体建设项目。2017年度，中央财政为该项目投入资金160万元。根据项目年度计划，继续加强合作机制建设，签署双边年度合作协议；派遣医疗队到老挝5省开展交流和技术指导工作；帮助老挝南塔省医院建立老挝首支紧急医疗救援队；完成47名老方医护人员为期1—3个月的适宜技术培训；举办多期涉外继续医学教育培训班，累计培训老挝学员200余人次；在云南景洪举办第3届中老医院管理论坛和中老医院文化、体育交流活动；“朋友圈”不断壮大，老挝卫生部康复医疗中心、川圹康复医疗中心加入中老医疗合作体建设；项目成效得到老挝卫生部和当地政府高度肯定，南塔省人民政府向西双版纳州人民医院和先进个人进行嘉奖。该项目自2014年开始实施，在中央财政的支持下，主要委托云南开展具体项目活动，旨在建立加强中老边境地区医疗卫生合作交流机制，提高当地医疗技术和服务能力，更好服务当地医疗民生需求，为澜沧江—湄公河流域经济发展提供卫生安全保障。

中日笹川医学合作项目。2017年2月17日，《第5期中日笹川医学合作项目协议书》签署协议在北京举行。新一期项目顺应中国医疗卫生事业的不断发展要求，从培养基层医学人才转型为培养高端医学人才。2017年是项目升级转型的第一年，第40期中日笹川医学奖学金项目共派出10名学员赴日本攻读为期2年的博士论文课程及20名赴日参加共同研究的研究人员。项目在沈阳、北京、成都、长沙、西安等地举办7个骨干人才培训班，共培训114人；在陕西开展义诊活动，共有5名义诊人员参加诊治；在杭州、天津、哈尔滨、沈阳、青岛、西安、重庆等地举办7次学术会议，共有272人参加会议。

中日JICA农村基层公共卫生能力和传染病对策能力项目。2017年3月，中日双方共同拟定了项目实施初步计划，并就项目计划进一步协商，相关工作有序开展。该项目于2016年12月23日启动，旨在进一步加强我国卫生部门地方妇幼保健、传染病防控对策、农村基层公共卫生能力以及传染病防治的政策制定和实施能力。（尤和娟）

大陆与港澳台地区交流合作

金小桃赴澳门出席第49届国际食品添加剂法典委员会会议。2017年3月20—22日，金小桃赴澳门出席会议并致辞，会见国际食品法典委员会秘书处代表等外宾。访问期间，对澳门仁伯爵医院信息化管理作专题考察，并就食品安全、医院信息化建设等问题与澳门民政总署和澳门卫生局进行了交流。

王贺胜赴香港出席香港医院管理局大会。2017年5月15—19日，王贺胜应邀出席大会并考察香港医疗体制、医院管理、医院联网及药事管理等情况。在港期间，王贺胜会见了香港食物及卫生局局长高永文、香港医院管理局董事局主席梁智仁，并参观联合医务集团、律敦治及邓肇坚医院社区日间医疗中心、伊利沙伯医院等机构。

王贺胜会见香港大学李嘉诚医学院院长梁卓伟一行。2017年5月22日，王贺胜在京会见香港大学李嘉诚医学院院长梁卓伟一行。双方回顾了内地与港大医学院在医学科研、人才交流等方面的合作成果并就今后进一步加强合作交换了意见。

崔丽出席1997—2017健康快车20周年座谈会。2017年6月13日在北京举行，第十届全国人大常委会副委员长顾秀莲、国家卫生计生委副主任崔丽、国务院港澳办副主任黄柳权、健康快车基金会创会主席方黄吉雯等出席座谈会。参与健康快车项目的各团体、捐款企业、上车医院、医生、患者和受益人代表约200人与会。（潘碧玥）

第9届海峡论坛—卫生与健康分论坛。2017年6月17—18日在厦门召开，本次论坛由国家卫生计生委、国家中医药管理局和厦门市政府主办。来自海峡两岸医药卫生界的社会团体、医院院长、专家和企业代表共计800余人出席会议。（马继龙）

澳门护理专业学生团访问上海。2017年6月24—27日，国家卫生计生委港澳台办与中央人民政府驻澳门特区联络办公室共同组织澳门理工学院及镜湖护理学院约30名大学生赴上海参访交流及接受爱国主义教育。期间参访了复旦大学护理学院、中共一大会址、上海宋庆龄旧居纪念馆、上海东方医院、浦东新区周家渡小区卫生服务中心等机构。

庆祝香港回归祖国20周年两地卫生合作成果展览。2017年6月26日—7月14日，图片展在国家卫生计生委机关展出。（潘碧玥）

第2届中华两岸医事交流与健康促进发展协会宁夏交流团活动。2017年7月11—16日，交流团赴宁夏交流访问，参观了银川市第一人民医院、中卫市中医医院、吴忠市胜利镇社区卫生服务中心，并举办第2届海峡两岸医院管理研讨会、社区卫生管理座谈会等相关活动。

2017台湾专家医师义诊团活动。2017年7月23—28日在黑龙江省举行，来自台湾高雄荣民总医院、台北市立联合医院、台中荣民总医院等多所台湾著名医疗机构的22名专家应邀参加为期6天的义诊、参访及交流活动。

2017年台湾医学院校学生夏令营团山东行活动。2017年7月30日—8月4日港澳台办组织的“2017台湾医学院校学生夏令营—山东在山东济南、青岛开营，来自高雄医学大学、中山医学大学、台北医学大学等6所台湾知名医学院校在校生与老师，参加了为期6天的夏令营活动，并在山东大学齐鲁医学部举行两岸医学生联谊交流活动，分享两岸医学教育和校园生活。

2017年首届台湾医事菁英暑期北京、陕西交流团活动。2017年8月21—27日在陕西西安和北京举行。来自台湾辅仁大学、高雄医学大学、阳明大学的25名在校生，参加为期7天的夏令营活动。（马继龙）

社区医疗新世界—社区卫生及基层医疗管理培训计划。2017年8月28日—9月22日、11月19—25日组织了内地社区基层卫生建设高层管理班、全科/家庭医学进修班赴香港学习，60多名全科医生和社区管理人员参加。

李斌会见香港食物及卫生局局长陈肇始一行。2017年8月31日，国家卫生计生委主任李斌在京会见到访的香港特区政府食物及卫生局局长陈肇始一行。崔丽陪同会见。李斌介绍内地卫生事业发展和医疗卫生体系建设情况，对近期香港的流感活跃期及遭受台风“天鸽”过境表示慰问。陈肇始感谢中央政府对香港卫生与健康事业发展的关心和支持，愿与国家卫生计生委加强传染病和非传染病防治、健康教育、人口老龄化等领域的务实合作，发挥所长，参与粤港澳大湾区及健康中国建设，并进一步推进两地卫生和健康事业发展。

澳门全科医生学会考察内地社区卫生发展。2017年9月17—23日，应国家卫生计生委港澳台办邀请，澳门全科医生学会代表团到北京、河南参访，进一步加深对内地社区卫生工作的了解，加强两地在社区卫生方面的交流与合作。代表团拜会了中华医学会、首都医科大学、北京市德胜社区卫生服务中心、洛阳市中心医院、郑州市城东路社区卫生中心、开封市中心医院等机构。

王国强赴香港、澳门出席相关活动。2017年9月23—28日，国家卫生计生委副主任、国家中医药管理局局长王国强率团赴香港、澳门出席相关活动。访问香港期间，以专题报告形式介绍中医药法实施带来的发展机遇，并会见香港食物及卫生局、卫生署和医院

管理局，参加了中医药界庆国庆活动。　　（潘碧玥）

崔丽会见香港医学专科学院主席刘泽星一行。2017 年 11 月 1 日，崔丽在京会见了香港医学专科学院主席刘泽星一行，并见证签署《国家卫生计生委港澳台办与香港医学专科学院 / 香港赛马会灾难防护应变教研中心关于卫生应急培训的合作备忘录》。

2017 年两岸企业家紫金山峰会。2017 年 11 月 6—7 日，由两岸企业家峰会主办的该峰会在江苏省南京市举办。会议主题是“两岸产业融合发展：新形势、新商机、新思路”。生物科技与健康照护产业合作推进小组是峰会 7 个小组之一，组织召开了医养结合、生物医药发展 2 个专题论坛。　　（马继龙）

内地、澳门社区卫生服务管理人员互访交流。2017 年，为落实《国家卫生和计划生育委员会港澳台办与澳门特别行政区政府卫生局关于社区卫生服务人员考察培训的合作备忘录》协议，国家卫生计生委、澳门卫生局于 11 月 7—10 日、11 月 14—17 日相互派遣人员，共 42 人参加专题座谈与交流，并现场考察内地与澳门的社区卫生服务机构。　　（潘碧玥）

2017 年台湾青年医师专访团活动。2017 年 11 月 16—19 日，专访团来京交流访问，参访海峡两岸医药卫生交流协会、中国医师协会、北京市海淀区卫生计生委和北京清华长庚医院等，并参加 2017 朝阳国际医学大会。　　（马继龙）

香港医学会访问贵州省。2017 年 11 月 27 日—12 月 1 日，香港医学会副会长陈以诚率团到贵阳市参访，实地考察医药卫生体制改革、医疗机构运营、社区卫生管理及发展等情况。访问贵阳市第二人民医院、安顺市人民医院、安顺市社区服务中心和晴隆县人民医院。

第 16 届内地、香港、澳门卫生行政高层联席会议。2017 年 12 月 4 日在海南海口召开，国家卫生计生委主任李斌、香港特区政府食物及卫生局局长陈肇始、澳门特区政府卫生局局长李展润率团出席会议，海南省省长沈晓明应邀出席会议。来自内地、香港、澳门卫生行政代表 60 多人与会。会议主题是粤港澳大湾区内健康合作、人口老龄化、科研合作、康复服务策略及发展的经验分享。内地、香港、澳门共同签署《国家卫生和计划生育委员会、香港特别行政区政府食物及卫生局、澳门特别行政区政府社会文化司关于健康老龄化培训交流的合作安排》。

第 11 期内地—港澳卫生应急管理干部研讨班。为落实国家卫生计生委《医药卫生中长期人才发展规划（2011—2020 年）》《2011—2015 年全国卫生应急工作培训规划》有关卫生应急紧缺人才培养和指挥决策人员开展境外交流活动的任务，国家卫生计生委应急办和港澳台办于 2017 年 12 月 7—14 日在深圳市、香港和澳门三地举办第 11 期内地—港澳卫生应急管理干部学习班。本次活动共有 34 名内地各省市卫生应急管理干部参加。　　（潘碧玥）

2017 年台湾护理师护士公会来访团陕西行活动。应国家卫生计生委港澳台办邀请，台湾护理师护士公会全联会理事长高靖秋率台湾护士团于 2017 年 12 月 18—25 日赴陕西省开展学术交流，与陕西省人民医院召开“海峡两岸护理管理研讨会”，就护理发展、护理资讯和长期照护等进行了交流。参观了西安交通大学第一附属医院、西安市中医医院及西安市未央区长庆社区卫生服务中心，了解大陆社区卫生中心运作与管理。

健康快车项目。2017 年，健康快车在山西、甘肃、广东、青海、新疆、四川、广西、吉林 8 省 10 地区开展免费白内障复明手术，为 1.09 万名贫困白内障患者实施复明手术。在全国 6 省 1 市捐建 7 个健康快车眼科中心，开展 1 期培训班，培训 24 名医生（包括糖网）。响应“一带一路”号召，健康快车再次走出国门，为 468 名缅甸贫困白内障患者实施免费手术。健康快车糖网重点人群筛查工作在全国 8 省 9 地区开展。

华夏基金会项目。2017 年 6 月，在香港举办 1 期“华夏基金会内地护理院校长、管理人员香港医疗护理交流研习班”，30 人参加。与国务院港澳事务办公室联合执行由华夏基金会资助的河北省赞皇县西龙门村卫生室改造项目，合计 31.5 万元港币，建筑面积 208 平方米。遴选出安徽省淮南卫生学校、甘肃省合水县职业中等专业学校、延安职业技术学院、成都铁路卫生学校 4 所中等卫生职业学校作为项目单位。

嘉道理“社区参与—促进农村老年健康项目”2017 年情况。2017 年该项目涉及青海、山西、新疆 3 省（区）8 县 16 乡，投入 700 万资金，主要针对农村老人开展疾病治疗、康复报销的优惠政策，探索建立老年病人双休转诊及家庭为基础的卫生服务机制。

（徐　静）

党建暨精神文明建设

2017 年国家卫生计生委直属机关党建工作概述

一、认真做好迎接和学习贯彻党的十九大精神各项工作

按照中央和中央国家机关工委要求，以高度的政

治责任感和使命感，做好党的十九大代表候选人预备人选推荐提名和中央国家机关党代表会议代表工作。十九大召开后，根据中央要求和委党组统一部署，迅速组织学习贯彻十九大精神。（1）组织党员干部集中收听收看十九大开幕会现场直播。（2）制定《委党组关于认真学习宣传贯彻党的十九大精神的实施意见》。（3）召开直属机关党员干部、群团干部学习十九大精神座谈会，交流学习心得体会。（4）协助委党组开展2次委党组中心组学习贯彻十九大精神专题学习，委党组集体重温了入党誓词。（5）举办委直属机关学习十九大精神培训班，分14期、每期2天分别对直属机关党员领导干部、党务干部、纪检干部、群团干部、党外人士等近1300人进行集中轮训，从严加强管理，并汇编司局级领导干部学习体会。

二、坚持落实落细，推进“两学一做”学习教育常态化制度化工作

深入学习贯彻习近平总书记重要指示精神和中央座谈会精神，召开委“两学一做”常态化制度化工作部署会，印发委党组“两学一做”常态化制度化实施方案以及任务清单。定期召开委“两学一做”常态化制度化领导小组办公室会议，总结交流典型经验，研究部署工作。成立6个督导组，组织开展党建工作综合督查，加大任务推进和监督指导力度。坚持问题导向，从严从实解决“灯下黑”问题。认真总结国家卫生计生委开展“两学一做”学习教育经验做法，崔丽在中组部、中央国家机关工委联合举办的“两学一做”专题培训研讨班上作交流发言。人民网等中央网站专题报道了国家卫生计生委以“两学一做”推进全面从严治党向基层延伸的做法和成效，中央主流媒体报道了委属几家大医院的典型做法。工委《信息交流》刊登国家卫生计生委建立党建工作综合考评机制的做法。中央国家机关工委来我委实地督查“两学一做”常态化制度化工作，给予充分肯定。

三、以思想建设为基础，加强理论武装

认真贯彻落实《中国共产党党委（党组）理论学习中心组学习规则》，制定印发我委贯彻落实实施办法。协助制定委党组中心组2017年度学习计划，全年开展5次集体学习活动。做好学习服务工作，向委党组中心组成员、党员领导干部推荐发放党的十九大报告等学习书籍22种3000余册。继续加强国家卫生计生委学习品牌建设，举办“面对面大讲堂”4期，举行“读讲一本书”五四青年演讲比赛，并组织到基层一线单位开展巡讲。加强思想政治工作。进一步贯彻落实委党组关于加强和改进卫生计生系统思想政治工作的指导意见。指导中国医学科学院北京协和医学院做好高校思想政治工作。

四、加强基层组织建设，推动全面从严治党要求向纵深发展

牢固树立党的一切工作到支部的鲜明导向，开展“五型党支部”建设，总结推广支部工作法，把党员的教育管理抓在日常、严在经常。深化党建述职评议考核，召开直属机关党建述职评议会议，崔丽逐一对述职党组织书记进行点评。崔丽向工委现场述职。工委来国家卫生计生委专题调研党建述职评议考核工作，给予充分肯定。严肃党内政治生活，严格落实“三会一课”等基本组织制度，做好委党组民主生活会服务工作，指导直属机关各级党组织开好领导班子民主生活会、组织生活会，做好民主评议党员。推动机关党委、人事司、驻委纪检组联合成立督导组，重点督导21家单位。健全基层党组织设置，指导直属机关各单位党组织按期开展换届选举工作，建立健全基层党组织按期换届提醒督促机制。稳妥有序推进行业协会与行政机关脱钩过程中的党建工作，指导社会组织党委扎实开展工作，如期实现“全覆盖”工作目标。积极推进工委开展的社会组织与委机关司局联学联建试点工作。做好党员管理服务。积极争取发展党员指标，制定年度发展计划。举办党员发展对象培训班，开展发展党员工作情况自查。完善党组织关系管理制度，认真做好失联党员的规范管理。通报党费工作情况，抓好管好用好党费。加强党员激励关怀帮扶。组织开展“两优一先”评选表彰，表彰335名直属机关优秀共产党员，123名优秀党务工作者，109个先进基层党组织。组织开展走访慰问活动，元旦春节期间、“七一”前后，组织走访慰问和使用清理补缴党费专项扶贫帮困活动，及时把党的关怀和温暖送给生活困难党员群众。

五、认真落实中央专项巡视整改任务

按照委党组要求，做好加强公立医院党的建设工作指导文件起草工作。与中组部组织二局文件起草人员共同召开3个片区征求意见座谈会，听取全国28个省79家医院党委书记的意见建议。协调医管中心对全国17个省份291家医院开展问卷调查，撰写公立医院党建情况调研报告。加强典型引领。推出北京协和医院重大典型，刘延东副总理作出重要批示。在健康报、中国人口报开辟“公立医院党建巡礼”专栏，刊发公立医院党建经验。切实履行委专项巡视整改办公室职责，加强统筹协调，积极开展督办，召开专题会议，督促各责任单位按照委党组专项巡视整改工作方案要求，推动完成巡视整改工作任务。

六、狠抓纪律建设，严格履行监督执纪问责，深入推进反腐败斗争

压实“两个责任”。协助委党组召开委廉政工作领导小组会，贯彻落实党中央决策部署。印发2017年党风廉政建设和反腐败工作分工意见表，将工作任务细化为6项63条，把责任落实到每位委党组成员、每个牵头单位和协办单位。年底开展党风廉政建设责任制考核，由委党组成员带队，对相关司局、单位进行党风廉政建设责任制检查。

加强廉政宣传教育。按照中央国家机关工委部署，开展“以案释纪明纪，严守纪律规矩”主题警示教育月活动。运用典型案例开展警示教育，引导党员干部汲取教训，强化纪律和规矩意识。举办“家风建设在行动·家庭助廉”活动，为委直属机关近2000名党员干部发放家庭助廉倡议书，引导广大党员干部参与家庭助廉行动。

驰而不息抓作风建设。严格贯彻落实中央八项规定和实施细则精神，充分发挥廉政之窗微信公众号作用，把握重要时间节点，加强日常监督，抓早抓小，防微杜渐。

践行“四种形态”，严格监督执纪问责。制定办理信访举报工作办法和问题线索集中管理和集体排查办法，建立管理台账，建立交办、督办机制。对委直属机关各单位A级权力廉政风险点进行汇总，强化廉政风险防控。制定印发《委机关工作人员外出讲课暂行规定》，加大监督力度。

七、加强精神文明建设，做好统战群团工作

加强对行业精神文明建设的指导，推荐卫生计生系统34家单位被评为第5届全国文明单位称号，对卫生计生系统前4届全国文明单位进行复核。召开全国青年文明号表彰会，崔丽、团中央书记处书记汪鸿雁出席会议并颁奖。开展青年文明号“开放周”、巡讲和微电影征集、互查互评等工作。

加强统战工作，制定印发委党组关于加强新形势下卫生计生系统统一战线工作的意见以及贯彻落实意见的分工方案，得到中央书记处书记尤权同志批示肯定。组织召开委党组民主党派座谈会，通报卫生计生工作情况，听取意见建议。

加强对群团组织的领导，积极推进群团组织改革。扎实做好困难职工帮扶解困、“八一”复员转业军人和军烈属慰问工作。发挥文体协会作用，开展健步走、嘉年华等群众性文体活动。开展工会、团委岗位建功和评优表彰工作。推动《中长期青年发展规划》重点任务落实。开展团建工作述职考评，推进从严治团。开展根在基层、青年读书等活动。成立委妇工委，加强母婴港湾建设，开展“恒爱行动”援疆公益活动。

（徐　宏）

国家卫生计生委党组2016年度民主生活会　2017年1月13日召开，会议以认真学习贯彻党的十八届六中全会精神为主题，围绕“两学一做”学习教育要求，重点对照《关于新形势下党内政治生活的若干准则》和《中国共产党党内监督条例》，结合委党组和党组成员思想和工作实际，进行党性分析，开展批评和自我批评，牢固树立“四个意识”，更加自觉地在思想上政治上行动上同以习近平同志为核心的党中央保持高度一致，不断增强委党组和党组成员发现和解决自身问题的能力，在推动全面深化医改、推进健康中国建设上见实效。国家卫生计生委党组书记、主任李斌主持会议。中央第22督导组、中央组织部有关同志到会指导。

李斌通报了国家卫生计生委党组民主生活会准备情况。并代表国家卫生计生委党组作了对照检查。委党组成员聚焦政治合格、执行纪律合格、品德合格、发挥作用合格等方面的要求，结合思想和工作实际，进行了党性分析，深入查找存在的问题，深刻剖析问题根源，进一步明确了今后的努力方向和改进措施。批评和自我批评实事求是，开门见山，坦诚相见，严肃认真，达到了找准问题、统一思想、明确方向、凝聚力量的目的。

会议认为，一年来，委党组深入学习贯彻党的十八届六中全会精神，认真组织开展“两学一做”学习教育，结合巡视整改，落实全面从严治党主体责任，切实增强“四个意识”，进一步强化党对卫生计生事业改革发展的领导，坚决贯彻落实中央决策部署，着力抓好召开全国卫生与健康大会、编制《“健康中国2030”规划纲要》、举办第9届全球健康促进大会、颁布《中医药法》4项重点任务，着力推动全面深化医改、推进健康中国建设，实现了“十三五”卫生计生事业发展的良好开局。

中央第22督导组组长于中城讲话指出，国家卫生计生委党组对召开民主生活会高度重视，准备工作充分，准确把握主题，聚焦重点要求，认真查找问题，坦诚开展批评和自我批评，努力方向明确，整改措施具体、方法可行，会议质量高、效果好。

李斌在主持会议时强调，委党组和党组成员要把全面从严治党不断推向深入。牢固树立政治意识、大局意识、核心意识、看齐意识，坚持以党的旗帜为旗帜、以党的方向为方向、以党的意志为意志，坚定理想信念，对党绝对忠诚，始终在思想上政治上行动上同以习近平同志为核心的党中央保持高度一致。进一步深入开展“两学一做”学习教育，持续不断地抓好作风建设和党风廉洁建设，严格遵守党的政治纪律和政治规矩，强化宗旨意识，主动接受监督，始终保持同人民群众的血肉联系。委党组把2017年确定为“落实年”，要带头崇尚实干，狠抓已出台政策措施的落实，敢于

担当，勇于斗争，扎实推进全面深化医改、推进健康中国建设的各项工作，以优异的成绩迎接党的十九大召开。（杨　蕊）

2017年国家卫生计生委直属机关党的工作会议 2017年2月10日召开，会议传达中央国家机关第31次党的工作会议暨第29次纪检工作会议精神，总结委直属机关2016年的党建工作，部署2017年的工作。委党组成员、副主任、直属机关党委书记崔丽出席会议并讲话。她肯定了2016年委直属机关党建工作取得的成绩，强调2017年直属机关各级党组织要在以习近平同志为核心的党中央坚强领导下，以新时期卫生与健康工作方针为指引，以落实全面从严治党要求为主线，以建设学习型、服务型、创新型、廉洁型、聚力型“五型”党组织为目标，在健全机制、提升能力、强化保障上抓落实，以党建工作的新成效，迎接党的十九大召开。

会议进行2016年度党建述职评议考核。3个司局、7个直属和联系单位党组织负责同志作了党建述职。崔丽进行了现场点评，与会人员进行了测评。

委直属机关党委常务副书记杨建立主持会议。中央“两学一做”督导二组、中央国家机关工委组织部负责同志出席会议。委机关各司局、直属和联系单位党委负责同志，中医药局直属机关党委有关负责同志，委业务主管社会组织党委书记、委“两学一做”指导组组长参加会议。（徐　宏）

国家卫生计生委廉政工作领导小组会暨党风廉政建设和反腐败工作会议 2017年2月28日在京召开，会议传达学习党的十八届中央纪委七次全会精神，部署委直属机关2017年党风廉政建设和反腐败工作。国家卫生计生委党组书记、主任，委廉政工作领导小组组长李斌主持会议并讲话。委党组成员出席会议。委党组成员、中央纪委驻国家卫生计生委纪检组组长李五四传达了习近平总书记在十八届中央纪委七次全会上的重要讲话精神和会议精神。国家卫生计生委党组成员、副主任崔丽通报了2016年委直属机关党风廉政建设责任制暨惩防体系建设检查考核情况。中央纪委驻国家卫生计生委纪检组通报了委纪检监察机构2016年纪律审查情况。

李斌指出，必须聚焦突出问题和关键环节，坚定不移推进党风廉政建设和反腐败工作。要加强党风廉政思想教育，筑牢全面从严治党的思想基础和政治根基。要坚持标本兼治，坚定不移把党风廉政建设和反腐败斗争引向深入。要强化党内监督，确保公权力在正确的轨道上运行。要加强纪检组织建设，打造一支忠诚干净担当的纪检队伍。直属机关各级领导干部，必须把党风廉政建设的责任记在心上、扛在肩上、抓在手上，切实强化责任担当、强化工作落实、强化责任追究、强化表率作用，扎实完成好2017年党风廉政建设和反腐败工作各项任务。

委机关正处级及以上干部，直属和联系单位党政负责人及纪检工作负责人，国家中医药管理局直属机关党委常务副书记、纪委书记，委党风廉政建设和反腐败工作领导小组专项小组联络员参加会议。

（常敬涛）

推进“两学一做”学习教育常态化制度化工作部署会 2017年5月9日召开，学习传达习近平总书记重要指示和中央座谈会精神，对推进学习教育常态化制度化作出部署。委党组书记、主任李斌讲话，委党组成员出席会议。

李斌指出，一年来，国家卫生计生委把“两学一做”学习教育作为重大政治任务，强化领导责任，坚持问题导向，突出基础在学，狠抓关键在做，与中央专项巡视整改相结合，与深化医改、推进健康中国建设等中心工作紧密结合，推动全面从严治党向基层延伸，取得阶段性成效。她强调，推进“两学一做”学习教育常态化制度化，是巩固同以习近平同志为核心的党中央保持高度一致的思想根基、增强“四个意识”的必然要求，是推动全面从严治党向纵深发展、向基层延伸的重要举措，是推动卫生计生事业改革发展、加快健康中国建设的内在需要。委直属机关各级党组织和广大党员要深刻认识推进常态化制度化的重大意义，深入把握目标任务和基本要求，在抓长抓细抓常上下功夫、求实效。要抓住关键少数，在真学实做上以上率下；抓实基层支部，把党的一切工作落实到支部；坚持问题导向，建立查找解决问题的长效机制；加强深度融合，推动学习教育与中心工作有机衔接。委直属机关各级党组织要把推进“两学一做”学习教育常态化制度化作为加强党的建设的一项长期任务，加强组织领导，层层落实主体责任，强化分层分类指导，加强典型示范引领，加大督促检查力度，确保真学实做，促进卫生与健康事业改革发展。

办公厅、规划司、体改司、医科院、疾控中心、机关服务局（中心）、北京协和医院、人才中心等8家单位党组织书记介绍了开展“两学一做”学习教育的经验和做法。委机关各司局、直属和联系单位党组织书记，直属党委办公室主任、直属党总支（支部）组织委员，直属党委（总支）二级党组织书记，委推进“两学一做”学习教育常态化制度化领导小组办公室成员参加会议。（杨　蕊）

委党组中心组 2017 年第 2 次学习活动　2017 年 6 月 16 日召开，学习贯彻习近平总书记在全国卫生与健康大会上的讲话精神，研究推进健康中国建设的具体措施。委党组书记、主任李斌主持会议并讲话。

会议指出，党的十八大以来，以习近平同志为核心的党中央，从党和国家事业全局和中华民族的长远发展出发，顺应人民群众的健康新期盼，提出了一系列卫生与健康事业改革发展的新理念、新思想、新要求，集中体现在习近平总书记 2016 年 8 月在全国卫生与健康大会上的重要讲话中。习近平总书记对推进健康中国建设做出了系统论述和全面部署，形成了从思想到战略、从纲领到行动的完整理论体系，是中国特色社会主义理论和实践的一项重大创新，体现了卫生与健康指导思想理论的新飞跃。要从基本方向、基本性质、工作方针、发展理念、发展目标、工作重点、发展动力、组织保障等方面，深刻把握习近平总书记推进健康中国建设重要思想的核心要义，统筹做好卫生与健康的各项工作。

会议强调，推进健康中国建设，取得初步成效，必须以锲而不舍、久久为功的韧劲推进，合理设置阶段性目标，做到年年有任务、年年有进展，确保按时全面完成“一纲要两规划”确定的目标任务。要对照年初任务清单，把握好实践节奏和节点，重点抓好加快推动卫生领域健康基础性法律立法进程、建立健康中国协调推进机制、持续深化医改等重点任务的完成。要狠抓督察问效，在识大局、明大势上下功夫，在抓住“关键少数”、强化主体责任上下工夫，在强化问责、推广经验上下工夫，确保各项工作落到实处，让人民群众在健康中国建设中获得更多的健康的实惠，以优异的成绩迎接党的十九大胜利召开。

委党组成员出席会议并作专题发言，委机关各司局、在京直属联系单位主要负责同志、卫生计生监察专员参加会议。相关司局主要负责同志围绕落实深化医改任务、改善医疗服务、推进健康扶贫等工作发言。

庆祝建党 96 周年暨“两优一先”表彰大会　2017 年 6 月 27 日召开。委党组书记、主任李斌出席会议并讲话。委党组成员、副主任王培安、金小桃、曾益新，委党组成员、驻委纪检组组长马奔出席会议，委党组成员、副主任、直属机关党委书记崔丽主持会议。

李斌讲话指出，委直属机关广大共产党员要以受表彰的优秀集体和个人为榜样，按照中央推进“两学一做”学习教育常态化制度化的统一部署，见贤思齐、对标赶超，做讲政治、有信念，讲规矩、有纪律，讲道德、有品行，讲奉献、有作为的“四讲四有”合格共产党员。各级基层党组织要围绕中心、服务大局，坚决贯彻落实全面从严治党要求，坚持思想教育从严、党内政治生活从严、执行纪律从严、作风建设从严、反腐倡廉从严，以“五个从严”坚定不移推动全面从严治党向纵深发展，把健康中国建设的美好愿景一步步变为现实。在新的历史条件下，要始终在思想上政治上行动上同以习近平同志为核心的党中央保持高度一致，坚决履行全面从严治党主体责任，坚定不移推进卫生计生系统党建工作，确保中央各项决策部署落地生根，为促进事业改革发展、推进健康中国建设、不断提高人民健康水平提供坚强保证，以优异的成绩迎接党的十九大召开。

会议对委直属机关优秀共产党员、优秀党务工作者和先进基层党组织，直属机关先进基层工会组织、先进工会小组、优秀工会干部、优秀工会积极分子和模范职工之家、职工小家，直属机关优秀共青团员、优秀共青团干部和五四红旗团委（支部）进行了表彰。委机关各司局、委直属和联系单位领导班子成员及党组织成员，群团组织负责人，委直属机关“两优一先”获奖代表和工会、共青团受表彰的先进集体和个人代表近 400 人参加会议。（以上撰稿：徐　宏）

国家卫生计生委直属机关警示教育大会　2017 年 9 月 7 日召开，国家卫生计生委党组书记、主任李斌出席会议并讲话。委党组成员、中央纪委驻国家卫生计生委纪检组组长马奔通报了委医政医管局原局长王羽违纪违法案件情况，委党组成员、副主任，直属机关党委书记崔丽主持会议。

李斌强调，要认真学习贯彻习近平总书记系列重要讲话精神和治国理政新理念新思想新战略，要坚守初心，牢固树立坚定的理想信念，强化“四个意识”，自觉在思想上政治上行动上同以习近平同志为核心的党中央保持高度一致，以党的旗帜为旗帜，以党的方向为方向，以党的意志为意志，提高政治站位，坚定正确的政治方向。要严以用权，牢固树立正确的权力观，做到依法用权、为民用权、廉洁用权，加强权力制约。要心存敬畏，牢固树立纪律和规矩意识，真正使守规矩、讲规矩内化于心、外化于行，成为一种行为自觉。要加强监管，牢固树立党内监督的权威，必须进一步扎紧制度笼子，堵塞漏洞，强化内部和外部监督，从根本上杜绝腐败问题。要常抓不懈，坚定不移推动全面从严治党向纵深发展，狠抓责任落实、组织建设、警示教育和作风建设，切实压紧压实全面从严治党责任。

委机关正处级以上干部，委直属和联系单位、中国计划生育协会领导班子成员参加会议。（常敬涛）

卫生计生系统全国青年文明号表彰推进会　2017年9月12—13日由国家卫生计生委、共青团中央在广东广州市联合召开。国家卫生计生委党组成员、副主任崔丽，共青团中央书记处书记汪鸿雁出席会议并讲话。

崔丽指出，青年文明号活动是卫生计生系统广大青年服务人民健康、传播文明新风、促进成长成才的有效载体，是弘扬践行崇高职业精神的一面旗帜，是助力健康中国建设的重要平台。卫生计生系统青年文明号活动必须坚持以新时期卫生与健康工作方针为指引，提高政治站位，在党的领导下深入开展、结合健康中国建设重点任务扎实推进、围绕群团改革要求不断加强。要将崇高职业精神贯穿青年文明号活动始终，在创建工作中发挥“青年”主体作用、夯实“文明”引领作用、发挥“号、手”榜样作用，推动活动不断开拓向前。卫生计生系统各级党组织要加强组织领导，持续推进青年文明号创建工作不断创新发展，引领广大青年在健康中国建设的伟大征途中奋发有为，开拓进取，以优异的成绩迎接党的十九大胜利召开。

汪鸿雁在讲话中充分肯定卫生计生系统青年文明号工作取得的成绩，勉励其成为忠实践行“四个意识”的行动表率、建功健康中国的先行者、职业文明风尚的引领者、帮助青年成长成才的助推器。

学习党的十九大报告精神座谈会　2017年10月20日召开，交流学习党的十九大报告的心得体会，引导委直属机关广大党员干部职工深入学习领会报告精神，用习近平新时代中国特色社会主义思想武装头脑、指导实践、推动工作，把十九大报告绘就的宏伟蓝图落实到卫生计生各项具体工作中。国家卫生计生委党组成员、副主任、直属机关党委书记崔丽主持座谈会并讲话。7位基层党组织书记和2位基层一线党员代表发言。大家一致认为，习近平总书记代表十八届中央委员会所作的报告明确宣示我们党举什么旗、走什么路、以什么样的精神状态、担负什么样的历史使命、实现什么样的奋斗目标等重大政治问题，提出了一系列新思想、新观点、新论断。报告高屋建瓴、思想深邃、内涵丰富、气势恢宏，听后深受鼓舞，催人奋进。

崔丽在讲话中指出，学习党的十九大报告要充分认识过去5年取得的历史性成就和历史性变革，深刻领会中国特色社会主义进入新时代的重大判断，坚持用习近平新时代中国特色社会主义思想武装头脑、指导实践、推动工作。要准确把握十九大报告对实施健康中国战略提出的新任务、新要求，切实增强历史使命感和政治责任感，更加奋发有为，努力工作，扎扎实实地把十九大报告绘就的宏伟蓝图落实到具体工作中。委直属机关各级党组织要迅速行动起来，精心组织，周密安排，掀起学习宣传贯彻十九大精神的热潮，推动习近平新时代中国特色社会主义思想在全委上下落地生根、开花结果，形成生动实践，为实施健康中国战略、决胜全面建成小康社会而奋斗。

传达学习党的十九大精神，研究部署学习宣传贯彻落实工作　2017年10月26日，国家卫生计生委党组书记、主任李斌主持召开党组会议、党组扩大会议暨党组中心组学习会和直属机关党员干部大会，传达学习党的十九大精神，研究部署学习宣传贯彻落实党的十九大精神工作。

李斌指出，党的十九大是在全面建成小康社会决胜阶段、中国特色社会主义进入新时代的关键时期召开的一次十分重要的大会，对于党领导人民夺取新时代中国特色社会主义新胜利具有划时代意义。习近平总书记所作的十九大报告，高举中国特色社会主义伟大旗帜，描绘了决胜全面建成小康社会、夺取新时代中国特色社会主义伟大胜利的宏伟蓝图，是党团结带领全国各族人民在新时代坚持和发展中国特色社会主义的政治宣言和行动纲领。中央纪委的工作报告宣示了党深入推进党风廉政建设和反腐败斗争的坚强决心和坚定意志，是新时代深化全面从严治党的纲领性文件。《中国共产党章程（修正案）》把习近平新时代中国特色社会主义思想写入党的指导思想，充分体现了十八大以来党的理论创新、实践创新、制度创新取得的成果，是全党共同意志、人民共同意愿。卫生计生系统党员干部要牢固树立“四个意识”，坚定“四个自信”，坚决维护以习近平同志为核心的党中央权威和集中统一领导，始终在思想上政治上行动上与以习近平同志为核心的党中央保持高度一致，以十九大精神指导卫生计生事业改革发展，维护人民健康，建设健康中国的生动实践。

李斌强调，要深入学习贯彻党的十九大精神，切实把思想和行动统一到党的十九大精神上来。把学习好、宣传好、贯彻好党的十九大精神作为首要的政治任务，在全系统迅速掀起学习宣传贯彻十九大精神的热潮。要精心组织学习宣传党的十九大精神，深刻认识党的十九大的鲜明主题，深刻认识党的十八大以来取得的历史性成就和实现的历史性变革，深刻认识中国特色社会主义进入新时代，深刻认识新时代我国社会主要矛盾，深刻认识习近平新时代中国特色社会主义思想和基本方略，深刻认识全面建设社会主义现代化国家的战略安排，深刻认识新时代中国特色社会主义对各领域各方面提出的新要求，深刻认识新时代党的建设总要求和重点任务，深刻认识党章修改的重大意义和深刻内涵。要紧密联系卫生计生工作新实际，把学习党的十九大精神与学习贯彻习近平总书记在全国卫生与健康大会上的重要讲话结合起来，与学习贯彻党章结合起来，与“两学一做”学习教育常态化制度化结合起来，做到学与思、学与用、知与行相统一，确保学习宣传贯彻工作取得实效。

李斌要求，要全面贯彻落实党的十九大提出的“实施健康中国战略”各项新要求。持续深化医药卫生体制改革，全面建立中国特色基本医疗卫生制度，完善国民健康政策，加强基层医疗卫生服务体系建设和疾病防控工作，深入开展爱国卫生运动，传承发展中医药事业，大力发展健康产业，加强人口发展战略研究。要全面落实以人民为中心的发展思想，精准对接人民群众健康需求，补短板、强弱项，深入实施健康扶贫工程，持续改善医疗服务水平，促进卫生计生事业更加平衡更加充分发展，不断增强人民群众的获得感幸福感。

李斌要求，全国卫生计生系统各级党组织要坚定不移推进全面从严治党，落实主体责任和监督责任，确保与中央保持步调一致；持之以恒正风肃纪、反腐惩恶，保持党的先进性和纯洁性。要坚定理想信念，强化政治责任，增强“四个意识”，把维护以习近平同志为核心的党中央权威和集中统一领导作为第一位的政治要求，提高干事创业本领，打造政治过硬、本领高强的党员干部队伍。　（以上撰稿：徐　宏）

委党组集体重温入党誓词　2017年11月21日，国家卫生计生委党组在开展党组中心组学习贯彻党的十九大精神专题学习前，举行宣誓仪式，集体重温入党誓词。在委党组书记、主任李斌领誓下，全体委党组成员、委机关各司局、在京直属和联系单位主要负责同志、卫生计生监察专员等近100人面向党旗，整齐列队，举起右拳，高声宣读入党誓词，表达了全体同志坚定的政治信念和时刻不忘初心、矢志永远奋斗的坚定决心。

李斌指出，党的十九大闭幕后习近平总书记带领新一届中共中央政治局常委专程到上海和浙江嘉兴，追寻我们党的根脉，重温入党誓词。习近平总书记用深刻话语和实际行动，为广大党员干部作出表率，指引大家从党的光辉历史中汲取奋进的力量。委直属机关各司局、各单位要深刻学习领会习近平总书记在瞻仰中共一大会址时的重要讲话精神，大力弘扬“红船精神”，时刻不忘初心，牢记光荣使命，矢志永远奋斗，坚定不移、终生不渝。各单位党组织要结合学习宣传贯彻党的十九大精神，广泛开展“三会一课”、主题党日、联学联做等活动，组织党员干部重温入党誓词，提醒党员干部经常加以对照，始终坚守信仰、坚定信念，切实把思想和行动统一到党的十九大精神上来，坚决贯彻落实十九大的各项部署，谋划实施好“健康中国”的发展战略。

随后，委党组中心组开展2017年第五次学习，专题学习贯彻党的十九大精神。李斌强调，要在学懂上下功夫，全面准确领会十九大报告的思想精髓、核心要义；在弄通上下功夫，联系地、系统地、全部地贯通起来理解党的十九大精神；在做实上下功夫，确保健康中国战略落到实处。要用习近平新时代中国特色社会主义思想武装头脑、指导实践、推动工作。要发扬钉钉子的精神，圆满完成今年各项任务。要紧扣健康中国战略各项部署要求，坚持以人民为中心的发展思想，精心谋划，提出明年的工作思路、主要任务和具体举措，确保今年收好尾、明年开好头、起好步。要推动全面从严治党向纵深发展，以政治建设为统领，全面加强直属机关的建设，切实落实党要管党、全面从严治党主体责任，加强党风廉政建设，以新面貌、新气象、新作为展现学习宣传贯彻落实十九大精神的新成效。

委机关有关司局主要负责人围绕落实十九大精神，实施健康中国战略，谋划做好2018年和今后卫生计生工作，作交流发言。

学习贯彻党的十九大精神，部署推动党风廉政建设和反腐败工作　2017年11月21日，国家卫生计生委召开廉政工作领导小组第二次会议，学习贯彻党的十九大精神，部署推动党风廉政建设和反腐败工作。国家卫生计生委党组书记、主任、廉政工作领导小组组长李斌主持会议并讲话。委党组成员、副主任崔丽传达《中共中央政治局关于加强和维护党中央集中统一领导的若干规定》《中共中央政治局贯彻落实中央八项规定实施细则》，中央纪委驻国家卫生计生委纪检组组长、国家卫生计生委党组成员马奔传达了赵乐际同志在中央纪委监察部传达学习党的十九大精神大会上的讲话。委党组成员出席会议。

李斌指出，认真学习贯彻党的十九大精神，是当前和今后一个时期的首要政治任务，要深入学习领会党的十九大精神，准确把握思想精髓、核心要义，深刻领会新时代要求我们党有新气象新作为的深刻内涵，切实增强学习贯彻的思想自觉和行动自觉。必须清醒地看到，当前反腐败斗争形势依然严峻复杂，管党治党和反腐倡廉任务艰巨。必须深入学习贯彻党的十九大精神，以习近平新时代中国特色社会主义思想为指导，准确把握党中央、中央纪委对党风廉政建设和反腐败斗争的新部署新要求，牢固树立“四个意识”，扎实做好党风廉政建设和反腐败各项工作。要坚决贯彻落实党的十九大作出的部署和要求，聚焦突出问题和关键环节，扎实推进全面从严治党、党风廉政建设和反腐败工作。要把党的政治建设摆在首位，着力强化全面从严治党责任担当。要深入贯彻落实中央八项规定精神，持续深化作风建设和行风建设。要贯彻党要管党、全面从严治党要求，切实抓好巡视“回头看”整改工作。要着力加强纪律建设，有效运用监督执纪“四种形态”。要着力加强纪检组织自身建设，提高监督执纪能力，强化自我监督。

会上，廉政工作领导小组办公室和10个专项小组办公室负责同志汇报了工作进展情况。委机关各司局和在京委直属和联系单位党政主要负责同志、国家卫生计生监察专员参加了会议。（以上撰稿：常敬涛）

纪念“三八”国际妇女节暨“家风建设在行动·家庭助廉”活动启动仪式　2017年3月7日举办。国家卫生计生委党组成员、副主任，全国妇联兼职副主席崔丽出席活动并讲话。崔丽肯定了一年来直属机关妇女工作取得的成绩，强调指出，2017年委直属机关各级妇女组织要进一步加强自身建设，提高能力水平，团结带领直属机关广大女干部职工，坚决维护以习近平同志为核心的党中央权威，落实全国卫生与健康大会精神，凝心聚力、创新发展，以良好精神状态和优异成绩迎接党的十九大胜利召开。

崔丽、杨建立、李林康、杨志媛共同启动由国家卫生计生委直属机关纪委、直属机关工会和中央纪委驻国家卫生计生委纪检组共同主办的“家风建设在行动·家庭助廉”活动。直属机关工会常务副主席、女职工委员会主任杨志媛发布了《“家风建设在行动·家庭助廉”活动计划》。委直属机关党委常务副书记杨建立主持会议。委机关各司局、委直属和联系单位，国家中医药管理局党组织和妇女组织负责同志；委直属机关司局级女干部、直属机关工会女职工委员会委员等100余人参加会议。

“健康中国　携手行动”团队健走竞赛活动　2017年4月28日，国家卫生计生委“健康中国携手行动”团队健走竞赛活动在奥林匹克森林公园南园举行。在“三减三健　迈向健康”全民健康生活方式行动第二阶段启动仪式”后，国家卫生计生委党组书记、主任李斌宣布国家卫生计生委第三届“健康中国　携手行动”团队健走竞赛活动开始。委党组成员、副主任、国家中医药管理局局长王国强，中央保健委员会副主任、北京协和医院院长赵玉沛出席活动。

国家卫生计生委领导高度重视群众性健身活动，积极倡导全民健身运动的开展，大力宣传“每天锻炼、健康工作、幸福生活”的健康理念，带头践行健康的生活方式。健走步道旁、补给站里，倡导健康生活方式的宣传旗帜随风飘扬，每一位干部职工佩戴着印有“健康中国　携手行动”的胸贴，激情洋溢地完成了5公里健走。“健康中国　携手行动”团队健走竞赛活动是委直属机关工会为学习贯彻全国卫生与健康大会精神，深入普及全民健康生活方式组织开展的一项品牌活动，为推进健康中国建设营造了浓厚的宣传氛围，也引起社会群众的广泛关注。

国家卫生计生委机关各司局、各直属和联系单位负责同志和干部职工代表，北京市卫生计生委、体育局、总工会、共青团委员会、妇联、北京市朝阳区人民政府等代表、志愿者及新闻媒体约1000人参加活动。（以上撰稿：郑田静）

“读讲一本书”暨“健康中国”五四青年演讲比赛　2017年5月4日比赛决赛在委机关举行。活动为委“面对面大讲堂”2017年第2讲。委党组成员、副主任崔丽、王贺胜和委机关各司局、委直属和联系单位主要负责同志，委机关公务员、各单位中心组学习负责同志、团青组织负责人、青年干部和学生代表近400人参加活动。委直属机关党委负责同志、委“两学一做”指导组组长、中国音乐学院专家等担任评委。13位演讲人把读书学习与“凝聚青春力量，建设健康中国”这一主题紧密结合，从《苦难辉煌》《暖医》《平凡的世界》《大数据时代》《无影灯下的故事》《大流感》《当呼吸化作空气》《因为有你·中国护士在非洲》《出梁庄记》等书目中，找寻与职业特点、职业精神相契合的丰富内涵，分别在学习习近平总书记系列重要讲话、贯彻落实《“健康中国2030”规划纲要》、坚定理想信念、践行职业精神、构建和谐医患关系、疾病防控和中非卫生合作、医院党建工作等方面分享了感悟和体会，引起了广大党员干部的强烈共鸣。

“读讲一本书”活动是在委党组书记、主任李斌倡导下开展起来的品牌活动，曾荣获中央国家机关工委“学习型党组织建设十大品牌”称号。2017年的“健康中国”青年演讲比赛有44个单位57名青年参加，经过初赛、培训、复赛、决赛，共评出特等奖5名、一等奖10名、二等奖19名、三等奖22名，营造读书学习的浓厚氛围，推动了直属机关学习型党组织建设。（徐　宏）

委党组组织收听收看党的十九大报告　2017年10月16日上午，委党组书记、主任李斌同志主持召开党组会议，传达学习党的十八届七中全会精神，研究部署贯彻落实工作，就组织全委党员干部职工收听收看党的十九大开幕盛况，在全系统掀起学习宣传贯彻党的十九大精神的热潮提出明确要求。10月17日，委直属机关党委印发通知，对委直属机关各司局、各单位组织收听收看习近平总书记在中国共产党第十九次全国代表大会上的报告做出具体安排。10月18日上午，委党组成员与委机关各司局负责同志、全体工作人员等近600人，在委机关报告厅集中收看十九大开幕现场直播，集体聆听习近平总书记的报告。委各直属和联系单位均组织党员干部职工或集中观看或通过电视、网络、手机等媒体收听收看了习近平总书记的报告。

离退休干部服务工作

2017年国家卫生计生委机关离退休干部服务管理工作概述

一、做好中办、国办《关于进一步加强和改进离退休干部工作的意见》学习宣传贯彻落实工作

印发《国家卫生计生委关于进一步加强和改进离退休干部工作的意见》，规范走访慰问、探视看望、学习管理等制度。采取召开直属联系单位座谈会、向老同志发放调查问卷等方式，了解文件实施后取得的实效和遇到的问题，加强离退休干部思想政治工作，完善和创新离退休干部服务管理。

二、开展“畅谈”“建言”活动，加强老同志思想政治建设和组织建设

结合实际，推进“两学一做”学习教育常态化制度化，开展联学联做和主题党日活动。加强离退休党建工作，完成党建课题调研。按照中组部要求，在委直属机关离退休干部中开展“畅谈十八大以来变化、展望十九大胜利召开”和“建言十九大”活动。及时向老同志传达中央文件和会议精神，发放学习材料，举办党的十九大精神专题辅导班，组织老同志参加中组部和中央国家机关工委专题辅导报告会，切实将思想和行动统一到党中央的决策部署上来。

三、开展“展示阳光心态、体验美好生活、畅谈发展变化”活动

定期安排老同志考察学习，为青年干部做专场讲座，支持和鼓励老同志参与相关司局组织的巡视、调研、督查或专家咨询等工作。组织合唱团、舞蹈队和朗诵班演练。发挥《老干部工作园地》作用，刊登老同志感想体会，传递正能量。组织开展“京医百名老专家智力支持海南活动”，发挥退休专家的积极作用。

四、开展精准服务活动，重点帮扶有特殊困难的老同志

建立各处室与离退休党支部联络制度。对参加革命时间早、实际收入低、身患重病生活不能自理的老同志，给予特别关爱和照顾。安排人员探望异地养老、长期不能参加活动、身患重病的老同志。为75岁以上老人安装“一键通”居家养老设备，推进为老同志集中居住老旧小区住宅楼加装电梯工作。

五、严守党的政治纪律和政治规矩

严格司局级离退休干部因私出国（境）审批和证件管理，开展退休干部在社会组织兼职自查，及时更新数据库。

六、完善工作制度，加强离退休干部工作自身建设

完成委直属机关离退休干部统计，做好离退局党委党员信息统计工作和委机关离退休干部健康状况和基本信息统计。修订工作制度，形成按制度办事、靠制度管人的有效机制，进一步提升规范化服务水平。举办离退休干部工作人员培训班，沟通交流提高服务能力。（于庆华）

印发《关于进一步加强和改进离退休干部工作的意见的通知》　为贯彻落实党中央关于全面做好离退休干部工作的要求，2017年3月17日，国家卫生计生委党组印发《关于进一步加强和改进离退休干部工作的意见》，对做好新形势下离退休干部工作提出要求，做出部署。

制定走访慰问和探视看望离退休干部制度　该制度对重要纪念日、重大庆典和“元旦”“春节”走访慰问离退休老部长、老主任、老红军、离休干部以及行动不便、生活不能自理、卧床不起、生活困难和其他需要探望的离退休干部等给予明确规定。并对“老人节”慰问、生日祝寿、住院探视、发生家庭重大变故慰问等均做出明确要求，体现党组对离退休干部关心。（以上撰稿：吴　英　衣　梅）

委直属机关离退休干部工作会议　2017年3月22日在京召开，会议总结2016年工作，部署2017年重点任务。国家卫生计生委党组成员、副主任金小桃出席会议并讲话。委老干部工作领导小组成员单位、机关各司局、各直属和联系单位、在京委属委管医院负责同志和老干部工作机构负责人110余人参加会议。（于庆华　刘晓霜）

离退休干部“畅谈十八大以来发展变化、展望十九大胜利召开”活动和“建言十九大”活动　根据习近平总书记重要指示要求，中央组织部在全国老干部系统组织开展活动。2017 年，委离退局将活动作为重点工作纳入年度工作计划，制定活动方案。各单位、各支部均按要求给老同志搭建平台。通过委派专人督导，确保活动顺利开展，共收到百余条建言，取得实效。（李　芳　凌　波）

开展第 2 轮京医百名老专家智力支持海南活动　2017 年，加强督导和培训，继续开展“京医百名老专家智力支持海南”项目，协调北京医院、北京协和医院等委属委管医院及中医科学院和北京市的 16 家医院 76 名退休专家赴海南 12 个市（县）18 家医院开展智力支持活动，继续帮扶受援医院开展门诊、查房、带教等活动，以提升海南基层医疗机构的诊疗水平，提高群众的获得感。（郑克非）

离退休工作人员培训班　2017 年 4 月 11—13 日在南京举办，各省（区、市）卫生计生委，新疆生产建设兵团卫生局、计生委，国家卫生计生委直属机关、委属委管医院老干部工作机构负责人 100 余人参加培训。国家卫生计生委副主任金小桃出席并与学员进行座谈交流。培训班对新形势下离退休干部服务管理工作的主要任务和要求、新型养老服务模式、老年心理特点和家庭健康发展等内容进行专题辅导。

（于庆华　朱小博）

［责任编辑：彭　琰　萧爱华］

2017 年 8 月 19 日，中共中央政治局委员、国务院副总理刘延东调研西藏自治区人民医院与“组团式”援藏工作。（西藏自治区卫生计生委　提供）

2017 年 3 月 14 日，中国科学院大学与重庆市卫生计生委签订《共建中国科学院大学重庆转化医学研究院框架协议》。（重庆市卫生计生委　提供）

2017 年 3 月 25 日，广东省“世界防治结核病日”主题宣传活动在广州大学商业中心广场举行。图为在活动现场举行的广东省结核病防治精准技术帮扶启动仪式。（广东省计划生育宣传教育中心　提供）

2017 年 9 月 8 日，以“干干净净迎国庆，健健康康过中秋”为主题的 2017 年广东省秋季爱国卫生运动启动仪式在广州、佛山交界的广州市荔湾区芳兴路西湾荟广场举行。（广东省计划生育宣传教育中心　提供）

中医药事业篇

2017年中医药工作综述

一、以实施"一法一纲要"为重点，深入贯彻中央重大决策部署

国家中医药管理局配合全国人大常委会召开宣传贯彻中医药法座谈会，组织开展形式多样的学习宣传活动，省级层面开展的培训达80多次、培训1.8万余人，中医药法核心要义入心入脑。推进中医药法配套制度建设，《中医诊所备案管理暂行办法》《中医医术确有专长人员医师资格考核注册管理暂行办法》经国家卫生计生委审议后颁布实施，已有21个省备案129个中医诊所。各地加强中医药地方性法规建设，河北率先修订中医药条例并正式实施。中医药发展战略规划纲要实施的部门联动、上下协同机制基本建立，编制中医药科技创新专项规划等重要规划，实施中医药传承创新工程等重大项目，推进《中华医藏》编撰等重点工程，开展中医中药中国行——中医药健康文化推进行动等重大活动，28个省出台实施意见。在推进健康扶贫打赢脱贫攻坚战中主动作为，国家中医药管理局会同有关部门启动中药材产业扶贫行动计划，组织234所三级中医医院对口帮扶407个贫困县的医疗机构，东部64所中医医院对贵州所有中医医院进行帮扶实现全覆盖。

二、以推进深化医改中医药工作为关键，稳步提升中医药服务能力

国家中医药管理局参与26份医改文件的制定，助力医改完成立柱架梁的基本任务。举办医改中医药工作培训班，开展督导推动政策落地，涌现一批鲜活经验。深化公立中医医院综合改革，推进中医医院医联体建设，全面取消药品加成，总结推广广东省中医院开展现代医院管理制度建设的经验，公立中医医院的运行新机制逐步建立、公益性明显强化、特色优势不断彰显。实施改善医疗服务行动计划，推动中医药积极参与家庭医生签约服务制度建设。修订三级中医类医院评审标准，开展大型中医医院巡查和中药饮片管理督查。召开第4届全国少数民族医药工作会议，对新时代少数民族医药工作做出部署。全面实施基层中医药服务能力提升工程"十三五"行动计划，67.0%的乡镇卫生院和社区卫生服务中心建设中医馆，总数超过3万个。2017年1—9月，中医类医院诊疗量为4.4亿人次，占全国医院总诊疗量的17.5%；中医类医院出院人数为2037.7万人次，占全国医院总出院人数的15.0%。

三、以促进融合发展为突破，积极发展中医药健康服务

经国务院同意，国家中医药管理局会同国家发展改革委、国家卫生计生委批复甘肃省建设国家中医药产业发展综合试验区；会同12部门印发《关于促进中医药健康养老服务发展的实施意见》，制定支持社会力量提供中医医疗和健康服务、推进中医药健康服务与互联网融合发展等指导意见。支持社会办中医，制定《中医诊所基本标准》《中医（综合）诊所基本标准》，截至2017年9月底，中医类诊所已达4.58万个。国家中医药管理局会同国家旅游局遴选首批15个国家中医药健康旅游示范区。中医药健康养老、健康旅游、"互联网+"等新业态快速发展，持续释放新需求、优化新供给、激发新动能。

四、以提升能力为支撑，推进中医药科技创新

屠呦呦研究员荣获国家最高科学技术奖。国家中医药管理局召开2017年全国中医药科技创新工作会议，部署"十三五"时期重点任务。强化以23个国家中医临床研究基地为主体的临床科研体系建设，优化重点研究室布局，推进中医药康复科研体系建设，实施重点研发计划"中医药现代化"专项。全面启动第4次全国中药资源普查，新增410个普查县。实施中药标准化项目，着力构建临床大宗常用中药饮片和中成药大品种的全过程质量监控体系。

五、以人才队伍建设为基础，推进人才培养与评价改革

评选表彰30名国医大师和100名全国名中医。启动中医药传承与创新"百千万"人才工程，推进第6批师承以及中医、中药、中医护理等人才项目，中央财政资助培训4700余人，队伍结构进一步优化。国家中医药管理局联合教育部、国家卫生计生委召开全国医学教育改革发展工作会议，会同教育部印发《关于医教协同深化中医药教育改革与发展的指导意见》，6所中医药院校入选国家一流学科建设高校，推进中医住院医师规范化培训工作，中医药教育改革成效显现。

六、以服务“一带一路”建设为导向，推进中医药“走出去”

国家中医药管理局会同国家卫生计生委举办金砖国家卫生部长会暨传统医药高级别会议，习近平主席向会议发来贺信，发布《金砖国家加强传统医药合作联合宣言》，开创金砖国家传统医药合作新模式。中医药列入“一带一路”合作成果清单，中医药交流合作纳入《中国—中东欧国家合作布达佩斯纲要》《中匈关于建立全面战略伙伴关系的联合声明》。实施国际合作专项，支持建立15个中医药海外中心、21个中医药国际合作基地。

七、以迎接学习贯彻党的十九大精神为主线，扎实推进全面从严治党

国家中医药管理局积极参与“砥砺奋进的五年”成就展布展，中央主流媒体宣传报道中医药的数量和质量全面提升，在中医药系统营造迎接十九大召开的良好氛围。全方位传达学习贯彻党的十九大精神，按照学懂弄通做实的要求，层层动员部署，抓好学习培训，集中组织宣讲，将学习成效转化为推动传承发展中医药事业的实际行动。扎实推进“两学一做”学习教育常态化制度化，全系统广大党员干部在学上下功夫、在做上见成效，思想信念之魂得到锤炼，尊崇党章之心更加坚定。发挥巡视利剑作用，突出政治巡视，积极推进整改，全面从严治党的螺丝越拧越紧、责任越压越实。（李希贤　陈　锐）

2017年全国中医药工作会议　2017年1月9—10日在北京召开。会议总结2016年中医药工作，部署2017年各项任务。会议传达了中共中央政治局常委、国务院总理李克强，中共中央政治局委员、国务院副总理刘延东对全国卫生计生工作会议做出的重要批示。国家卫生计生委主任李斌出席会议并讲话。国家卫生计生委副主任、国家中医药管理局局长王国强作题为《推动中医药振兴发展　服务健康中国建设》的工作报告。各省、自治区、直辖市、计划单列市卫生计生委、新疆生产建设兵团卫生局分管中医药工作的负责同志和中医药管理局负责同志，国家中医药管理局老领导、局机关各部门负责同志以及局直属单位负责同志参加会议。（乘　征）

中医中药中国行　2017年7月1日，国家中医药管理局与全国人大教科文卫委员会、全国政协教科文卫体委员会等24部门共同启动主题为“传播中医药健康文化，提升民众健康素养”的中医中药中国行第3阶段活动——中医药健康文化推进行动。全国政协副主席、农工党中央常务副主席刘晓峰宣布推进行动启动。国家卫生计生委副主任、国家中医药管理局局长王国强出席启动仪式并讲话。国家中医药管理局副局长马建中主持启动仪式，全国政协教科文卫体委员会驻会副主任丛兵，环境保护部副部长黄润秋，中央军委后勤保障部卫生局副局长季建华少将，国家中医药管理局副局长于文明、王志勇、闫树江，中医中药中国行组委成员单位有关领导，各省中医药管理局相关负责人等出席启动仪式。通过专家义诊咨询、现场体验、图文宣传、发放资料等，让民众了解中医药历史文化、当地中医药及常用养生保健知识等宣传内容，提高百姓用中医药自我养生、防病、治病的意识。同时在全国范围内组织开展中医药健康文化作品征集活动、第4届悦读中医活动。30个省（区、市）陆续在当地启动中医药健康文化推进行动。（吴潇湘　赵瑶琴）

金砖国家卫生部长会暨传统医药高级别会议　2017年7月6—7日在天津召开。金砖国家卫生部长会的主题为“加强卫生体系建设，促进实现健康相关的可持续发展目标”，传统医药高级别会议主题则为“开放包容、互学互鉴，让传统医学造福人类”。作为年度金砖国家轮值主席国，中国政府主办了此次盛会。国家主席习近平致贺信。国务院副总理刘延东在开幕式上宣读习近平的贺信并发表主旨演讲。会议通过《天津公报》《金砖国家加强传统医药合作联合宣言》。

《天津公报》强调金砖国家将积极分享改善卫生体系、提高卫生服务质量的有益经验；支持金砖国家监管机构开展合作，共同促进创新医疗产品的研究与开发；同意建立结核病研究网络；认识到实现儿童生存权的重要性；认识到国际社会始终警惕疾病暴发的威胁并准备做出反应的重要性；认识到抗菌药物耐药问题严重威胁公共健康和经济增长；承诺在全球艾滋病防治方面采取集体行动和保持领导力；认识到需要在卫生服务中更多利用信息和通信技术，以提高医疗服务可及性。

《金砖国家加强传统医药合作联合宣言》提出5项基本合作原则：（1）共同加强传统医学作为重要资源融入本国卫生保健体系的必要性，积极推动鼓励传统医学教育实践、治疗手段及执业人员培训，系统地提高健康服务的质量和范围。（2）尊重、保护、促进并且适当地传播传统医学知识，深化对传统医药作为有利资源应用的安全性、有效性与服务质量的理解，发挥传统医药在疾病预防、治疗和预后方面的优势。（3）共同规范传统医药产品生产，推进2016年12月新德里传统医学高级别会议的成果。（4）科学探索传统医学知识经验，创新传统医药研发和保健。（5）金砖各国应采取公平和谐的措施，促进各国现代医学和传统医学从业人员间知识、经验和技术的有效交流。在5项基本合作原则的基础上，金砖国家传统医药高级别会议与会者提出3点倡议：请世界卫生组织继续为金砖国家落实《世界卫生组织传统医学战略（2014—2023）》及其与世界卫生组织各成员国开展合作提供帮助；共同深化金砖国家政府部门及民间机构在传统医药领域的合作，促进在知识技术、科研经验、能力建设和研发项目等方面的进一步交流与合作；欢迎并积极邀请其他感兴趣的国家政府部门或专业机构加入上述传统医药领域的合作对话。

金砖国家卫生部长、传统医药部长及高级别代表，部分其他国家卫生部长，世界卫生组织等有关国际组织代表，天津友好城市和侨界友人代表，以及来自国内相关部委、各省（自治区、直辖市）卫生计生委和中医药行政部门代表，港澳代表，名老中医、院士，中医药高校、科研机构和企业代表参会。（赵维婷）

全国医学教育改革发展工作会议 2017年7月10日由国家卫生计生委、教育部、国家中医药管理局共同在北京召开。国务院总理李克强作批示。国务院副总理刘延东出席会议并讲话。国家卫生计生委副主任、国家中医药管理局局长王国强主持会议。国家卫生计生委主任李斌、教育部部长陈宝贵作主旨发言。上海市卫生计生委、贵州省卫生计生委、安徽省教育厅、北京协和医院、上海交通大学医学院、广州中医药大学、温州医科大学就医学教育改革经验作交流发言。中共中央组织部副部长周祖翼、中央编办副主任牛占华、国家发展改革委副主任王晓涛、财政部副部长余蔚平、中央军委后勤保障部卫生局副局长季建华、国家中医药管理局副局长王志勇等出席会议。各省（区、市）、新疆生产建设兵团卫生计生、教育、中医药行政部门的负责同志；部分高校、医疗卫生机构主要负责同志以及有关医学教育专家、学会协会等有关单位的代表参加会议。（林晓斐）

第7届中国中医药发展大会 2017年9月28—29日在河南南阳召开，会议由国家中医药管理局、河南省政府指导，中国中医药报社、河南省中医药管理局、南阳市人民政府主办。会议主题是贯彻实施中医药法，依法发展中医药，就中医药法实施的策略与路径选择展开深入研讨。大会设第5届仲景论坛、公立医院改革与社会办医中医管理论坛、中药资源保护与产业创新论坛、医教协同与人才培养论坛、推进“一带一路”发展论坛、中医药舆情大数据论坛、中医药健康旅游论坛等7个分论坛。中医中药中国行——河南省中医药健康文化推进行动和南阳第13届张仲景医药文化节同期启动开幕式上，国家中医药管理局办公室主任查德忠宣读国家卫生计生委副主任、国家中医药管理局局长王国强的书面致辞。河南省政协副主席、农工党河南省委主委高体健，中共南阳市委书记张文，中国中药协会会长房书亭，中国中医科学院院长张伯礼院士，南阳市人民政府市长霍好胜，河南省卫生计生委副主任、省中医管理局局长张重刚，湖南省卫生计生委副主任、省中医药管理局局长黄惠勇，四川省中医药管理局副局长罗建，山东省中医药管理局副局长贾青顺等出席开幕式。（黄蓓）

第4届中医科学大会 2017年12月6日在福建平潭召开，由农工党中央主办。农工党十六届中央专职副主席兼秘书长曲凤宏主持会议，农工党十六届中央专职副主席龚建明致开幕词，全国政协常委、福建省政协副主席陈绍军受中共福建省委常委、省委统战部部长雷春美委托，代表中共福建省委统战部致辞。农工党十六届中央专职副主席、国家中医药局副局长于文明受国家卫生计生委副主任、国家中医药管理局局长王国强委托代表国家中医药管理局致辞。诺贝尔奖获得者布鲁斯·博伊特勒（Bruce Beutler）、世界卫生组织前总干事陈冯富珍、张伯礼院士、国医大师周岱翰、北京中医药大学教授徐安龙、中国中医科学院广安门医院教授姜泉等做主题发言。1位诺贝尔奖获得者、6位院士、4位国医大师以及部分长江学者、杰出青年和中医药领域的知名专家出席会议。农工党中央有关部门、国家卫生计生委，农工党30个省级组织、福建省中医药管理局领导，各中医药知名院校、科研院所、企业的专家学者和负责人，福建省直有关部门，平潭综合实验区有关领导，社会各界嘉宾等700人出席会议。闭幕式上，全国人大常委会副委员长、农工党中央主席陈竺，全国政协常委、农工党十六届中央专职副主席于文明将分别为“海峡两岸国医馆”和“中国农工民主党医疗卫生专家平潭工作站”授牌。会议期间还举办了“杏林春雨行动”公益分论坛。

（马晓慧）

第6届国家中医药改革发展上海论坛 2017年12月9日在上海举行，论坛主题“贯彻党的十九大精神，传承发展中医药事业”。国家卫生计生委副主任、国家中医药管理局局长王国强出席会议并讲话。6位专家围绕“新思想”“新时代”“新征程”3个专题发言。国家中医药管理局中医药改革发展专家咨询委员会委员、国家卫生计生委有关部门负责人、国家中医药管理局机关各部门负责人、各省（区、市）中医药管理部门负责人、国家中医药综合改革试验区所在地有关负责人出席会议。（李希贤　陈　锐）

全国中医药文化宣传教育基地建设　2017 年 11 月 1—2 日，国家中医药管理局在云南昆明开展全国中医药文化宣传教育基地建设督导工作，对全国已建成的 69 家国家级中医药文化宣传教育基地建设情况进行督导，推动各项基地任务的落实。组织专家对浙江、山省、山西推荐的基地申报单位进行评估验收。截至 2017 年底，基地建设已覆盖除新疆、海南外的 30 个省（区、市）。2017 年，举办中医药健康知识讲座等各类活动 7000 余次，接待海内外参观者 400 余万人次，在弘扬、宣传、保护中医药文化方面发挥了重要的作用。

“砥砺奋进的五年”成就展中医药事业展区　2017 年 9 月 25 日，中宣部、国家发展改革委、中央军委政工部、北京市委联合主办“砥砺奋进的 5 年”大型成就展在北京展览馆开幕。国家中医药管理局承担第 5 展区第 5 部分“中医药事业蓬勃发展”筹备工作，通过图文介绍、实物展示、现场体验等形式，展现党的十八大以来中医药系统围绕促进中医药发展、提升中医药服务能力取得的系列成就。同时，在国家中医药管理局一楼大厅宣传展示“砥砺奋进的五年——党的十八大以来中医药发展巡礼”展板，营造良好的事业发展氛围。

2017 年中医药十大新闻

1. 党的十九大报告提出“坚持中西医并重，传承发展中医药事业”。2017 年 10 月 18 日，党的十九大召开，习近平总书记在大会报告中提出，“坚持中西医并重，传承发展中医药事业。”习近平总书记多次对中医药做出重要指示。1 月，访问世界卫生组织，出席赠送中医针灸铜人雕塑仪式，强调要继承好、发展好、利用好传统医学，用开放包容的心态促进传统医学和现代医学更好融合。7 月，致信祝贺金砖国家卫生部长会暨传统医药高级别会议开幕时指出，传统医药是优秀传统文化的重要载体，在促进文明互鉴、维护人民健康等方面发挥着重要作用。中医药是其中的杰出代表，以其在疾病预防、治疗、康复等方面的独特优势受到许多国家民众广泛认可。7 月，致信祝贺第 19 届国际植物学大会召开时指出，中医药学为人类健康做出重要贡献。

2.《中华人民共和国中医药法》7 月 1 日实施，国粹有了国法保障。2017 年 7 月 1 日，《中华人民共和国中医药法》正式实施。全国人大教科文卫委员会在人民大会堂组织召开中医药法宣传贯彻座谈会，全国人大常委会副委员长兼秘书长王晨强调，全面准确把握中医药法的精神实质和基本内容，切实抓好中医药法的宣传贯彻实施，抓紧完善相关法律法规制度。2 个配套文件《中医诊所备案管理暂行办法》和《中医医术确有专长人员医师资格考核注册管理暂行办法》发布并实施。《河北省中医药条例》发布，成为中医药法实施后首个完成修订的中医药地方性法规。

3. 屠呦呦获国家最高科学技术奖，中医药科技创新取得新突破。2017 年 1 月，2016 年度国家科学技术奖励大会召开。中国中医科学院首席研究员屠呦呦获国家最高科学技术奖，成为获此殊荣的首位女性科学家。中国工程院院士陈香美等完成的“IgA 肾病中西医结合证治规律与诊疗关键技术的创研及应用”获国家科学技术进步一等奖。6 月，国际权威医学期刊《美国医学会杂志》（JAMA）全文在线发表由中国中医科学院首席研究员刘保延等完成的《电针对女性压力性尿失禁漏尿量疗效的随机临床试验》研究报告。科技部和国家中医药管理局共同印发《“十三五”中医药科技创新专项规划》，提出到 2020 年建立更加协同、高效、开放的中医药科技创新体系，解决一批制约中医药发展的关键科学问题，突破一批制约中医药发展的关键核心技术。

4. 第 3 届国医大师和首届全国名中医评选表彰，中医药高层次人才发展格局初步构建。2017 年 6 月，人社部、国家卫生计生委和国家中医药管理局表彰 30 位第三届国医大师和 100 位首届全国名中医，国医大师、全国名中医、省级名中医等有序衔接的中医药人才评价褒奖机制进一步完善。国家中医药管理局启动中医药传承与创新“百千万”人才工程（岐黄工程），计划选拔造就 10 名左右“中医药首席科学家”、100 名“岐黄学者”，遴选培养近 1000 名中医药优秀人才、近 1 万名中青年中医药骨干人才。6 所中医药院校和 2 所非中医药院校的 11 个中医药相关学科入选“双一流”建设学科名单。中医药一流学科、领军人才、骨干人才、优秀团队统筹推进的中医药人才培养体系建立，中医药高层次人才发展格局初步构建。

5. 第 4 届全国少数民族医药工作会议召开，少数民族医药工作成就显著。2017 年 11 月，第 4 届全国少数民族医药工作会议召开，总结了党的十八大以来少数民族医药工作取得的重大进展。2017 年版国家医保药品目录增加 43 个少数民族药品种，增幅达 95%，远超整体目录 17.1% 的增幅。2016 年全国共有少数民族医医院 266 所。已有 2 万多人取得少数民族医专业医师资格，比 2012 年增长 53%。系统整理 160

多部少数民族医药重要文献，编纂1864部古籍目录，筛选推广140项少数民族医药特色诊疗技术，30多种常用大宗少数民族药材实现规模化种植养殖。会议全面部署未来一段时期包括少数民族医药在内的中医药工作。

6. 中药材产业扶贫行动计划启动，助力打赢精准脱贫攻坚战。中医药在精准扶贫中的作用更为凸显。国家中医药管理局与国务院扶贫办、工信部、农业部、中国农业发展银行联合发布《关于印发中药材产业扶贫行动计划（2017—2020年）的通知》，以建立切实有效的利益联结机制为重点，将中药材产业发展与建档立卡贫困人口的精准脱贫衔接起来，基本实现户户有增收项目、人人有脱贫门路，首批中药材产业扶贫基地和定制药园建设已开启。甘肃启动建设国家中医药产业发展综合实验区，重点建设11个道地药材标准化示范基地、4个中医药产业园区、7个中医药健康旅游示范基地，实施中药材产业扶贫行动。这也是国家批准建设的首个中医药产业实验区。

7. 12部门发布《关于促进中医药健康养老服务发展的实施意见》，中医药健康服务形成新亮点。中医药健康服务领域亮点频现。为推动中医药健康养老，国家中医药管理局、全国老龄办、国家发展改革委等12部门共同发布《关于促进中医药健康养老服务发展的实施意见》，提出到2020年，中医药健康养老服务政策体系、标准规范、管理制度基本建立，老年人中医药健康养老服务需求基本得到满足。为推动中医药健康旅游，国家旅游局和国家中医药管理局确定并公布首批15个国家中医药健康旅游示范区。《关于支持社会力量提供中医医疗和健康服务的意见》和《关于推进中医药健康服务与互联网融合发展的指导意见》相继出台，促进形成多层次多样化中医药健康服务新格局，发展个性化、便捷化、共享化、精准化、智能化的中医药健康服务。

8. 中医中药中国行第三阶段活动启动，全面提升公民中医药健康文化素养。2017年7月，国家中医药管理局等24个部门共同启动中医中药中国行第3阶段活动——中医药健康文化推进行动，以“传播中医药健康文化，提升民众健康素养”为主题，推广中医药理念、知识、方法和产品。在基层，开展中医药健康教育，普及具有中国特色的健康生活方式；在学校，实施中医药文化进校园行动，帮助中小学生了解中医药并养成良好的健康意识和习惯。北京、上海、浙江、广东、江西出台举措加快中医药文化进校园，浙江中医药管理局组织编写的全国首套中医药小学教材《中医药与健康》被列入该省2017年教学用书目录，秋季学期在全省使用。2016年中国公民中医药健康文化素养调查结果反映近年来中医药健康文化传播的成果，全国中医药健康文化知识普及率达91.86%，中国公民中医药健康文化素养水平为12.85%。

9. 中医药“一带一路”发展规划发布，中医药走出去再上新台阶。国家中医药管理局、国家发展改革委联合印发《中医药“一带一路”发展规划（2016—2020年）》，提出到2020年，与沿线国家合作建设30个中医药海外中心，颁布20项中医药国际标准，注册100种中药产品，建设50家中医药对外交流合作示范基地。中医药国际化步伐加快，国务院副总理刘延东为中国—中东欧中医药中心（匈牙利）奠基。《中国—中东欧国家合作布达佩斯纲要》明确支持在中东欧国家进一步开展中医药研究与合作，设立更多新中医药机构。为落实G20峰会中美两国在军事医学交流等方面达成的协议，举行中美军医针灸交流活动。第5次世界中西医结合大会汇聚十几个国家和地区的两千余名专家，探讨如何弘扬中西医结合医学发展成果，服务人类健康。

10. 山东威海推广中医优势病种收付费方式改革，中医药参与深化医改取得新进展。山东省威海市以中医优势病种收付费方式改革为突破口，调整中医医疗服务价格，扩大中医药医保支付范围，既降低治疗费用、节省医保基金，又让病人收获实惠。广东省中医院通过制度建设和创新发挥中医药特色优势，调动医务人员积极性，推动医院管理科学化、规范化、精细化，被确定为全国现代医院管理制度建设典型示范。截至2017年底，公立医院综合改革全面推开，全部取消药品加成（不含中药饮片）平稳过渡。其中，北京市在医药分开综合改革中提升中医医疗服务质量、规范中医医疗服务、调整中医医疗服务项目医保报销目录及报销比例等举措成效初显，公立中医医院的中医药特色更加突出。 （以上撰稿：吴潇湘　赵瑶琴）

国家中医药管理局第2届中医药改革发展专家咨询委员会首次全体会议　2017年12月9日在上海召开。会上举行了第2届中医药改革发展专家咨询委员会委员聘任仪式，回顾了第一届专家咨询委员会的工作，通报了党的十八大以来中医药取得的历史性成就，对做好第2届专家咨询委员会工作作出部署。会议还就“建立健全中医药管理体系，推进中医药治理体系和治理能力现代化”开展专题咨询。国家卫生计生委副主任、国家中医药管理局局长、第2届中医药改革发展专家咨询委员会主任委员王国强出席会议并讲话。国家中医药管理局副局长、第2届中医药改革发展专家咨询委员会副主任委员马建中，上海中医药大学校长、第2届中医药改革发展专家咨询委员会副主任委员徐建光，吉林省原省长、第2届中医药改革发展专家咨询委员会顾问洪虎，中共中央党校原校委委员、第2届中医药改革发展专家咨询委员会顾问王瑞璞，光明日报社原总编辑、第2届中医药改革发展专家咨询委员会顾问苟天林出席会议，中医药改革发展专家咨询委员会委员、各省（区、市）中医药管理部门负责同志、国家中医药管理局机关各部门负责同志参加会议。（李希贤 陈 锐）

推进《中医药健康服务发展规划（2015—2020年）》实施工作 2017年，国家中医药管理局继续推进《中医药健康服务发展规划（2015—2020年）》全面实施，结合中医药部门公共卫生服务补助资金项目及部门预算“中医药健康服务发展规划实施专项”，一方面强化业务部署实施，协调推进中医药养生保健、医疗、特色康复、健康养老、健康旅游、服务贸易等发展，另一方面加强研究支撑，组织开展健康服务信用信息平台建设、规范及标准研究、健康服务统计调查制度研究和试点、健康服务新业态经济政策研究，总结区域中医药健康服务发展典型案例与模式创新经验，统筹推进中医药健康服务发展。（李天伟）

国家中医药综合改革试验区（市、县）建设 2017年，各试验区聚焦试验主题，敢于改、勇于试，在一些领域取得积极进展和突破，有力地带动了地区中医药事业的发展。

深化建设有新举措。江苏省泰州市、广东省深圳市召开试验区建设推进会，许昌市委常委会、南阳市政府常务会专题研究试验区建设方案，北京市东城区、河北省石家庄市在党代会报告或政府工作报告中部署试验区建设任务，上海市浦东新区制订试验区建设5年行动方案，这些为推进试验区建设提供重要支撑。同时，试验区建设工作也得到各级领导的重视和关怀，时任江苏省委书记李强对江苏省泰州市做出批示，强调要关注试验区建设。

锐意改革有新探索。北京市东城区总结改革经验，“中医药文化进校园”机制已向北京市各托幼园所及中小学推广。北京市丰台区开展中医药健康养老“身边工程”，制订试点方案，探索中医药健康养老机制和模式；河北省石家庄市印发《深化中医药事业改革发展的若干政策》，打出深化中医药改革的“组合拳”；上海市浦东新区成立中医药创新促进中心，完善理事会结构和决策机制，为中医药科技成果转化提供平台支撑；江苏省泰州市成立中医药健康服务协会，引导和规范中医药健康服务业健康发展；福建三明完善康复体系建设，扩大中医康复医保支付范围，为发挥中医药在康复中的核心作用做出实践探索；江西推进中国（南昌）中医药科创新城建设，搭建智慧健康创客平台，探索中医药产业绿色发展；山东青岛建立协调联动机制，实施“中医药+”，拓宽中医药服务领域，培育新的业态；山东威海“三医”联动，推进中医优势病种支付方式改革，实现“四方共赢”；河南许昌统筹推进中药材加工贸易基地、养老基地、产学研一体化基地建设，推动中医药产业集群化发展；河南南阳大胆改革，实现管理体制、健康旅游、养生保健机构连锁化发展、艾草发展上的“四突破”；广东深圳坚持放管并举，推出一系列创新举措，促进社会办中医的规范管理水平和服务能力的双提升；重庆垫江在深化“县管乡用”轮换派驻机制的基础上，积极探索“乡聘村用”机制，促进人才逐级下沉；四川成都新都在推进中医治未病项目被纳入基本医保的同时，与商业保险公司合作开发新的保险产品；甘肃大力推进中医药产业发展，获批国家中医药产业发展综合试验区。

推广典型有新成果。国务院医改领导小组编发简报推广山东威海中医优势病种支付方式改革的经验。国家中医药管理局改革办发文推广试验区前期探索的10个典型经验做法并汇编改革案例。组织第三方评估组到5个试验区开展评估，凝练一批可推广、可复制的改革经验。

国家中医药综合改革试验区建设工作座谈会 2017年12月10日在上海召开。会议总结国家中医药综合改革试验区建设工作进展，交流一批建设经验，部署下一阶段工作。国家中医药管理局副局长、局深化改革领导小组副组长马建中在会上讲话指出，2017年各试验区聚焦试验主题，敢于改、勇于试，深化建设有新举措、锐意改革有新探索、推广典型有新成果。他强调，要深入学习贯彻党的十九大精神，深入学习习近平新时代中国特色社会主义思想，特别是全面深化改革的重要思想，牢牢把握中央对深化改革的根本要求、深化中医药改革对试验区建设提出的重点任务和试验区建设的自身要求，坚持以改革为动力，在中医药发展的重点领域和关键环节开展探索试验和制度创新。马建中要求，加强领导统筹，定期召开会议研究试验区工作，协调解决试验区工作中的困难和问题，落实保障措施。加强改革协同，进一步聚焦试验主题，注意把各部门力量聚集起来。加强总结推广，讲清楚改革的初衷、改革的路径、改革的创新点、改革的成效，把试验区探索的好经验推广复制。国家中医药管理局改革办和局机关联系部门要加强对试验区建设的指导，通过调研、第三方评估等方式，培育经验、总结做法，进而在更大范围推广复制。

江苏省泰州市、江西省、山东省青岛市、河南省许昌市4个试验区的负责人分别就加强中医药健康服务社会组织、促进中医药产业绿色发展、建立促进中医药健康服务业发展协调机制、中医药产业聚集发展探索等作经验介绍。国家中医药管理局联系部门的负责人员进行“一对一”点评。贵州省卫生计生委副主任、中医药管理局局长杨洪介绍服务精准脱贫的做法。国家行政学院、华中科技大学同济医学院介绍了对北京市东城区、河北省石家庄市、上海市浦东新区、重庆垫江、甘肃等5个国家中医药综合改革试验区开展的第三方评估的情况。国家中医药综合改革试验区相关负责人、第二届中医药改革发展专家咨询委员会部分委员、国家中医药管理局各部门相关负责人、各省（区、市）中医药主管部门负责人出席会议。

（以上撰稿：李希贤　陈　锐）

第3届“国医大师”和首届“全国名中医”评审工作　2016年12月，人力资源社会保障部、国家卫生计生委、国家中医药管理局联合成立“国医大师”“全国名中医”评选表彰工作领导小组及办公室，制订评选表彰办法和评审工作方案，经自下而上、逐级推荐、材料初审，共确定“国医大师”有效候选人68人，“全国名中医”有效候选人110人。经组织专家评审会无记名投票，确定30名“国医大师”和100名“全国名中医”拟表彰人选，在所在单位、省级推荐单位及3部门网站进行公示。2017年5月，3部门共同印发表彰决定，授予王世民等30人“国医大师”荣誉称号，享受省部级先进工作者和劳动模范待遇；授予丁书文等99人“全国名中医”荣誉称号，追授高上林“全国名中医”荣誉称号。

（宋丽娟　陶　赟）

中医药传承与创新“百千万”人才工程　2017年3月，国家中医药管理局印发《中医药传承与创新“百千万”人才工程（岐黄工程）实施方案》，启动中医药传承与创新“百千万”人才工程（岐黄工程）。该工程定位于培养造就中医药高层次人才，搭建高层次人才成长平台，形成高层次人才发展梯队。按照分层分类培养人才的原则，分为领军人才第一层次、优秀人才第二层次、骨干人才第三层次，以中医、中药高层次人才为重点，兼顾少数民族医药、西学中高层次人才培养。计划到2020年，选拔造就百名中医药领军人才，遴选培养近千名中医药优秀人才，培养培训近万名中青年中医药骨干人才，建设一批中医药传承与创新人才培养平台。

该工程的主要任务是：（1）选拔造就百名中医药领军人才。选拔100名“岐黄学者”，造就一批在中医、中药、民族医药、中西医结合等领域具有突出学术经验传承或科技创新能力，并做出重要业绩，对推动中医药发展发挥引领和带动作用的中医药领军人才；选拔10名左右具有国际视野、世界学术影响力和卓越贡献的“中医药首席科学家”。（2）遴选培养千名中医药优秀人才。培养近1000名在中医、中药、民族医药、中西医结合等领域具有较强的学术经验传承或科技创新能力，并取得突出成绩、在全国有较大学术影响力的中医药优秀人才。（3）遴选培养万名中青年中医药骨干人才。培养培训近1万名左右在中医、中药、民族医药、中西医结合等领域具有较好的学术经验传承或科技创新能力，并做出一定成绩的中医药骨干人才。（4）建设一批中医药传承与创新人才培养平台。以中医医疗机构、高等院校、科研院所为依托，建设国家中医药人才培训中心、名老中医药专家及学术流派传承工作室、国家中医药高层次人才培养基地，形成一批支撑岐黄工程建设的中医药传承与创新人才培养平台。

（张欣霞　曾兴水）

中医药扶贫工作　2017年，国家中医药管理局与国家卫生计生委、国务院扶贫办联合印发通知，对实施中的对口帮扶关系信息进行调整补充。全国共计235家三级中医医院对口帮扶407个贫困县的医疗机构，其中，223家三级中医医院对口帮扶390个县级中医医院，9家三级中医医院对口帮扶10个县级综合医院，3家三级中医医院对口帮扶7个村卫生室、乡镇卫生院、社区卫生服务中心。协调东部地区三级医院对口帮扶贵州64家县级中医医院，实现该省县级中医医院帮扶全覆盖，并紧盯贵州帮扶工作模式，持续推动工作落实。

国家中医药管理局与国家卫生计生委、中央军委总后勤部卫生局联合组织“服务百姓健康”全国大型义诊活动周，并组建国家中医医疗队赴山西、河北、云南等省的深度贫困地区开展义诊活动。义诊周期间，全国中医系统共义诊服务群众131万人次，编印发放科普宣传材料345万余册（份），为农村贫困人口建档立卡27万余人。实施基层中医药服务能力提升工程“十三五”行动计划，基层中医馆数量超过3万个，全国覆盖率达到67%，基本覆盖832个连片特困地区及国家扶贫开发工作重点县。安排中央投资67.54亿元，支持194家县级中医医院建设，推进贫困地区医疗卫生服务体系建设。

（薛静怡　骆征洋）

《关于推进中医药健康服务与互联网融合发展的指导意见》印发　2017年12月4日，国家中医药管理局印发《关于推进中医药健康服务与互联网融合发展的指导意见》（以下简称《意见》），明确推进中医药健康服务与互联网融合发展指导思想、基本原则、发展目标、重点任务和保障措施。《意见》指出，中医药健康服务与互联网融合发展是将中医药养生、保健、医疗、康复、健康养老、中医药文化、健康旅游等中医药健康服务与互联网的创新成果深度融合，实现个性化、便捷化、共享化、精准化、智能化的中医药健康服务，对推进中医药供给侧结构性改革，激发创业创新活力，推动中医药传承发展，建设健康中国具有重要意义。到2020年，中医药健康服务与互联网融合发展迈上新台阶，融合发展新模式广泛应用，服务内容不断丰富，领域不断拓展，水平加快提升，线上线下结合更加紧密，产业链逐步形成，治理能力现代化水平明显提升，健康服务能力明显增强，实现人人基本享有中医药服务。到2030年，以中医药理论为指导、互联网为依托、融入现代健康管理理念的中医药健康服务模式形成并加快发展，中医药在治未病中的主导作用、在重大疾病治疗中的协同作用、在疾病康复中的核心作用得到充分发挥，中国特色健康服务蓬勃发展，人民群众得到更多实惠。

《意见》明确6项主要任务：（1）深化中医医疗与互联网融合，优化中医医疗服务流程，创新中医医疗服务模式，推进中医远程医疗服务；（2）发展中医养生保健互联网服务，鼓励发展中医养生保健信息服务，推进中医特色健康管理智能化，加强中医特色康复信息服务；（3）推动中医药健康养老信息化，加快推进健康养老信息服务，促进智慧健康养老产业发展；（4）发掘中医药文化与健康旅游资源，发掘中医药文化资源，打造智慧中医健康旅游；（5）促进中医药服务贸易信息交流；（6）规范中医药健康大数据应用，推动中医药健康大数据资源共享开放，推进中医临床和科研大数据应用，推进中医药健康服务评估大数据应用。《意见》提出5项保障措施：加强中医药数据中心建设；加强网络安全防护；加强中医药健康服务标准体系建设；加强复合型人才队伍建设；营造开放包容环境。（李天伟）

《中华人民共和国中医药法》配套法律法规制定工作 2017年，国家中医药管理局成立《中华人民共和国中医药法》配套制度起草制定工作领导小组，提出配套制度起草制定计划，制定印发《国家中医药管理局办公室关于印发中医药法配套制度起草制定工作组织机构名单及工作计划的通知》，并协调国家卫生计生委、食品药品监管总局等部门落实。组织起草并提交国家卫生计生委审议发布《中医诊所备案管理暂行办法》《中医医术确有专长人员医师资格考核注册管理暂行办法》2部规章。国家中医药管理局协调食品药品监管总局推动医疗机构中药饮片炮制管理、医疗机构中药制剂品种备案管理、中药经典名方审批管理等配套制度起草工作。积极推进中医药传统知识保护条例、中药经典名方目录、中医养生保健服务规范等配套制度起草工作。（任 艳）

《中华人民共和国中医药法》实施宣传及相关活动 深入学习贯彻落实《中华人民共和国中医药法》（以下简称《中医药法》）专家座谈会。2017年1月14日在北京召开。国家卫生计生委副主任、国家中医药管理局局长、中华中医药学会会长王国强要求充分认识学习宣传贯彻《中医药法》的重要意义，全面准确把握中医药法的精神实质和基本内容，充分发挥学术团体作用，推动中医药法实施。国家中医药管理局政策法规与监督司副司长麻颖介绍《中华人民共和国中医药法》出台背景。全国人大常委会委员、全国人大内务司法委员会副主任委员李慎明，国医大师王琦、孙光荣，中国中医科学院常务副院长黄璐琦院士，中华中医药学会副会长吴以岭、屠志涛、王阶、闫希军，世界针灸学会联合会主席、中国针灸学会会长刘保延等分别就如何更好地贯彻落实中医药法，振兴中医药事业，造福人民群众，进行主题发言。国家中医药管理局人事教育司司长卢国慧、政策法规与监督司司长李昱，中华中医药学会秘书长王国辰等出席。

《中华人民共和国中医药法释义》出版。2017年2月，全国人大常委法工委、国务院法制办和国家中医药管理局联合编纂出版《中华人民共和国中医药法释义》，引导各地正确学习和理解掌握《中医药法》。

国家中医药管理局党组理论学习中心组（扩大）2017年第三次集体学习会议。2017年4月27日召开。国家卫生计生委副主任，国家中医药管理局党组书记、局长王国强主持会议并强调，精准把握中医药法的制度创新，抓紧抓好配套制度建设，确保中医诊所备案管理等重大创新制度如期出台。国家中医药管理局党组成员、副局长马建中、王志勇出席会议。全国人大常委会法工委行政法室副主任黄薇专题授课，讲解《中医药法》的立法背景、过程、总体思路、主要内容和执法注意事项。国家中医药管理局人事教育司、政策法规与监督司、医政司、科技司及中国中医药报社主要负责人员交流发言。

宣传贯彻《中医药法》座谈会。2017年6月21日由国家中医药管理局配合全国人大教科文卫委员会召开，全国人大常委会副委员长兼秘书长王晨出席会议并讲话。全国人大常委会法工委、国家中医药管理局、教育部、科技部、工信部、国务院法制办、国家食品药品监管总局等部门负责人员和有关专家学者出席会议并就贯彻落实《中医药法》提出思路和举措。

《中医药法》专题宣传。2017年7月，国家中医药管理局协调央视对话栏目及央视新闻对《中医药法》进行专题宣传。国家卫生计生委副主任、国家中医药管理局局长王国强，国家中医药管理局副局长于文明分别参与节目录制，对《中医药法》进行宣传。

中医药法实施专题培训班。2017年8月25—26日在宁夏银川召开，由国家中医药管理局主办。国家卫生计生委副主任、国家中医药管理局局长王国强出席并强调，切实把思想和行动统一到习近平总书记“7·26”重要讲话精神上来，全面推进《中医药法》贯彻实施，以良好的精神状态和优异的工作业绩迎接党的十九大胜利召开。宁夏回族自治区副主席王和山出席开班式并致辞，国家中医药管理局副局长于文明、王志勇、闫树江参加培训。全国人大常委会法工委行政法室副主任黄薇全面解读《中医药法》，国家中医药管理局医政司司长蒋健介绍《中医诊所备案管理暂行办法》《中医医术确有专长人员医师资格考核注册管理暂行办法》重点内容，国家中医药管理局科技司司长李昱介绍中医经典名方目录制定工作进展，河北省人大常委会教科文卫工委副主任郑爱军介绍河北省落实《中医药法》、推动该省《中医药条例》制修订情况。各地方卫生计生委分管中医药工作负责人员、中医药主管部门负责人等参加培训。

《中医药法》知识竞赛。2017年12月25日，为纪念中医药法颁布1周年，由国家中医药管理局面向全国开展该竞赛。竞赛以《中医药法》及中医诊所备案、中医医术确有专长人员医师资格考核等配套规章为主要内容设计答题，通过国家中医药管理局和中国中医药报社官网、微信答题，中国中医药报报纸答题等方式开展，各省中医药主管部门积极组织各方参加，全国共有18.26万人参与竞赛答题。

2017年，国家中医药管理局广泛组织开展《中医药法》实施培训，指导省级层面开展培训80余次，培训1.8万余人。

（任　艳）

中医药监督执法能力提升推进工作　2017年，国家中医药管理局编制完成《中医药监督工作指南（测试版）》，印发《中医药监督执法典型案例汇编》；2017年9月，中医药监督知识与能力师资培训在吉林省吉林市举办，各省（区、市）中医药主管部门、卫生计生委监督处以及卫生计生综合监督执法机构负责人员100余人参加培训。12月，中医药监督执法典型案例交流与培训在云南省昆明市举办，邀请司法专家、执法专家和资深学者教授现场对中医药监督执法典型案例进行点评。

中医医疗机构依法执业促进工作　2017年7月，国家卫生计生委与国家中医药管理局联合组成5个督查组，对10个省份医疗机构依法执业专项监督检查工作情况进行专项督查。12月11日，国家卫生计生委办公厅、国家中医药管理局办公室联合印发《关于全国医疗机构依法执业专项监督检查情况的通报》，对各地专项监督检查工作部署实施情况、专项监督检查情况和存在的主要问题予以通报。2017年9月，国家中医药管理局办公室发布《关于印发〈中医医疗机构传染病防治和感染防控监督执法专项检查方案〉的通知》，决定2017年10月—2018年4月在全国开展中医医疗机构传染病防治和感染防控监督执法专项检查。

（以上撰稿：黄　莹）

2017年全国中医医政工作会议　2017年3月27日在京召开，由国家中医药管理局主办。国家卫生计生委副主任、国家中医药管理局局长王国强出席会议并讲话。国家中医药管理局副局长马建中主持会议。国家中医药管理局医政司从贯彻落实中医药法、加强中医医院管理、深化医改中医药工作和推进基层中医药工作等方面，部署2017年中医医政工作的重点任务。国家卫生计生委相关司局负责人，中央军委后勤保障部卫生局和武警后勤部卫生局负责人应邀出席，各省级中医药管理局主管局长、医政处处长，部分国家中医药综合改革试验区卫生计生委负责人及国家中医药管理局机关各司办负责人、部分直属单位负责人参加会议。

（黄　蓓）

第4届全国少数民族医药工作会议　2017年11月21日在京召开，由国家民委和国家中医药管理局主办。国务院副总理刘延东与会议代表进行座谈。会议对在少数民族医药事业发展中表现突出的60个集体和199名个人予以通报表扬。会议由国家民委主任巴特尔主持，国家卫生计生委副主任、国家中医药管理局局长王国强部署下一步工作，国家民委副主任李昌平作总结讲话。国家发展改革委、教育部、科技部、财政部、人力资源社会保障部、商务部、国家食品药品监管总局、国家知识产权局、国家旅游局等相关部门负责同志，国家民委、国家中医药管理局有关部门负责同志，全国19个省（区、市）民族工作部门、卫生计生和中医药工作部门同志，以及相关医疗、科研、教育机构和协会、企业的同志参加会议。

（李　素）

基层中医药服务能力提升工程　国家中医药管理局与国家卫生计生委、人力资源社会保障部、国家食品药品监管总局、中央军委后勤保障部联合印发《基层中医药服务能力提升工程“十三五”行动计划》后，到2017年末，30个省（区、市）陆续制定行动计划实施方案和实施细则，24个省（区、市）召开启动会，进行动员部署，提升工程“十三五”行动计划在各地深入推进。（1）积极开展全国基层中医药工作先进单位创建活动，树立基层中医药服务能力提升典型，发挥示范引领作用。国家中医药管理局组织对2016—2018创建周期申报全国基层中医药工作先进单位的地区开展评审，并委托各省对138个期满先进单位进行复审，超过300个县（市、区）将基层中医药工作纳入政府年度工作目标，举全县之力推进先进单位建设工作，涌现出一批基层中医药工作可复制、可推广的好经验和新模式。（2）充分发挥中医药在维护城乡居民健康中的作用。国家中医药管理局与财政部、国家卫生计生委联合印发《关于做好2017年国家基本公共卫生服务项目工作的通知》，将中医药健康管理率从40%提高到45%，在中央财政支持下每年将增加240万0～3岁儿童、650万65岁以上老年人免费享受中医药健康管理服务。（3）继续加强基层中医馆建设，彰显中医药的特色优势，就近就便服务城乡居民。国家中医药管理局指导督促各地持续开展乡镇卫生院、社区卫生服务中心中医馆标准化建设，19个省出台统一的省级标准，用于指导、考核本地建设工作。吉林、安徽、重庆等省（市）在中医馆达标建设基础上开展“精品中医馆”建设，推动提档升级，发挥示范引领作用。2017年各地利用中央转移支付资金建设4170个基层中医馆，全国建设完成3万余个，占乡镇卫生院和社区卫生服务中心总数的67%，比2016年提高9个百分点。（程　强）

中医治未病健康工程实施工作　2017年，国家中医药管理局推动中医医院完善治未病科建设，完成“十二五”治未病重点专科建设验收，全国84.37%的县级以上公立中医类医院建立治未病科室，每年为群众提供1475.70万人次服务，引导中医医院逐步由“重治疗”向“防治并重”转变，中医药在养生保健方面的优势不断挖掘，治未病学术水平不断提升，服务方式和内容不断拓展丰富。落实全国卫生与健康大会精神，开展“发挥中医药在治未病中的主导作用”重点专题研究，围绕治未病的主要范畴、主导作用的主要内涵与具体体现、发挥中医药在治未病中主导作用的主要策略与措施等重点内容，完成研究报告初稿起草工作。国家中医药管理局组织专家研讨现阶段中医治未病健康工程的目标和重点任务，编制中医治未病健康工程实施方案。在前期工作基础上，为进一步发挥示范引领作用，促进中医养生保健服务规范化、专业化、规模化发展，对各地中医养生保健服务创新模式及成熟经验进行摸底调查，围绕中医养生保健示范区和示范基地申报条件、建设要求等开展深入研究。（李　素）

全国中医医院综合改革工作　2017年，国家中医药管理局推动所有中医医院全部参与公立医院综合改革，建立有利于中医药特色优势发挥的运行新机制。与国务院医改办等部门联合制定《关于全面推开公立医院综合改革的通知》，同步推进各级各类中医医院全面推开综合改革，同步取消药品加成（中药饮片除外）。与国务院医改办等部门联合印发《关于做好国家卫生计生委和国家中医药管理局属管医院参加属地公立医院综合改革有关工作的通知》，推进局属管医院参加北京市医药分开综合改革，实现政策预期，在改革中发挥“国家队”的示范带头作用。截至年底，334个地市中有312个设置中医医院（占93.4%），1897个县（市）中有1699个设置中医医院（占89.6%），并全部参与公立医院综合改革。

中医医院医疗联合体建设　2017年，国家中医药管理局同步推进所有三级公立中医医院积极参与医联体建设，推动优质中医药资源下沉基层。研究提出公立中医医院参与医联体建设的基本原则，要求坚持公立中医医院的功能定位，坚持按照中医医院基本标准和评审标准设置公立中医医院，坚持公立中医医院独立发展的法人地位，行使自主办医权。与国家卫生计生委联合印发通知，对全国按照《中医药法》和医改相关政策设置建设公立中医医院提出明确要求，坚决制止借建设医联体之名取消、合并公立中医医院的错误行为。总结推广北京中医药大学东直门医院、柳州市中医医院等医院多种模式的中医医联体建设经验。

中医药参与医保支付方式改革推进工作　2017年，国家中医药管理局积极参与制定国务院办公厅《关于进一步深化基本医疗保险支付方式改革的指导意见》，明确中医药参与医保支付方式改革的基本政策要求，将中医医院提供中医药服务比例纳入医保考核指标，通过医保支付政策引导中医医院坚持中医为主的办院方向。与国务院医改办等部门共同推进按病种付费改革工作，推动各地开展中医优势病种收付费方式改革。截至年底，河北、江西、湖南、广东、广西、重庆、贵州等多地启动或筹备开展中医优势病种支付方式改革试点，山东、安徽正在将点上经验在面上推开，同时逐步扩大病种范围。中医药参与医保支付方式改革联系点建设继续推进，山东和安徽改革经验得

到深入总结并大力推广。（以上撰稿：严华国）

中医药应急和传染病防控工作 2017年，国家中医药管理局按照联防联控机制部署，组织中医系统做好H7N9、手足口病等传染病防控以及九寨沟地震伤病员救治等突发公共事件中医药应急工作。推进中医药治疗艾滋病工作，截至年底，19个试点项目省（区、市）累计治疗艾滋病人达3.38万人。国家中医药管理局、国家卫生计生委联合修订《流行性感冒诊疗方案》，指导各地做好流感防控工作。（薛静怡）

全国医疗机构中药饮片管理专项检查工作 2017年，国家中医药管理局召开全国医疗机构中药饮片管理专项检查视频会，全面总结2016年全国医疗机构中药饮片管理专项检查工作，通报存在的问题，制定印发《国家中医药管理局关于进一步加强医疗机构中药饮片管理的通知》，就进一步加强医疗机构中药饮片管理工作提出明确要求。分别对广东、河北等10个省份50家医疗机构进行中药饮片使用管理专项检查，针对检查中存在的问题，印发中药饮片管理专项抽查工作反馈报告，要求各有关省级中医药主管部门督查指导被抽查医疗机构制订并落实整改方案，全面加强医疗机构中药饮片管理，确保人民群众用药安全，保证医疗质量。（肖振良）

中西医结合工作 2017年，国家中医药管理局继续加强综合医院、专科医院和妇幼保健院中医药基础条件和业务建设，落实各项中医药政策措施，联合国家卫生计生委、中央军委后勤保障部卫生局共同确定新增一批全国综合医院、妇幼保健机构中医药工作示范单位，截至年底，全国已有692所医疗机构成为示范单位。围绕中医诊疗具有优势的重大疑难疾病及传染性疾病，国家中医药管理局会同国家卫生计生委、中央军委后勤保障部卫生局完成重大疑难疾病中西医临床协作试点的遴选，共确定60个项目为重大疑难疾病中西医临床协作试点项目。为做好试点实施后的项目管理，提高项目实施效率和效果，研究制定《重大疑难疾病中西医临床协作试点项目实施办法》，针对项目开展的主要职责、组织实施、评价管理等提出具体要求。组织完成2017年大型中西医结合医院巡查，深入了解大型中西医结合医院建设管理情况，指导和督促被巡查医院依法执业、科学管理。修订发布三级中西医结合医院评审标准，修订《中西医结合医院工作指南（2011年版）》，进一步完善中西医结合医院评审评价指标体系，提高医院内涵建设和管理水平。截至2017年底，全国有中西医结合医院共587所，床位达9.97万张，比上年增长11.9%，门诊服务年总诊疗人次为6363万，比上年增长7.4%，出院人次260万人，比上年增长14.0%。

少数民族医药工作 2017年，国家中医药管理局联合国家民委共同召开第4届全国少数民族医药工作会议，国务院副总理刘延东与出席会议代表座谈并发表重要讲话，会议充分肯定党的十八大以来少数民族医药工作取得的成果，科学阐述新时代少数民族医药工作的新任务和新要求，全面部署未来一段时期包括少数民族医药工作在内的中医药工作，为新时代做好少数民族医药工作注入强大动力，提供重要遵循。在广泛听取相关部委、各级中医药主管部门和少数民族医药专家意见基础上，研究制定《关于加强新时代少数民族医药工作的若干意见》，提出新时代加强民族医药工作的任务和要求。指导少数民族医医疗机构和少数民族医特色专科提升服务能力，组织开展2017年大型民族医医院巡查，深入了解大型民族医医院建设管理情况，指导和督促被巡查医院依法执业、科学管理。修订发布三级民族医医院评审标准，进一步完善民族医医院评审评价指标体系。在中医药传承创新工程、区域诊疗中心等项目遴选中，对少数民族医药予以政策倾斜，共有9所少数民族医医院被纳入中医药传承创新工程项目储备库，21所少数民族医医院被纳入区域中医诊疗中心项目库。2017年版国家医保药品目录增加43个少数民族药品种，增幅达95%，远超整体药品目录17.1%的增幅。截至2017年底，全国有民族医医院284所，其中，蒙医医院89所，藏医医院98所，维医医院45所，其他民族医医院52所；民族医院床位达3.35万张，比2016年度增长26.34%；门诊服务年总诊疗人次为1167.5万，出院人次74.3万人（数据来源：2018年第一季度中医药季度统计资料）。

中医医师管理制度改革推进工作 中医类别医师资格考试完成。在国家卫生计生委医考委的统一领导下，在“联合组织、单独管理”的运行机制下，2017年中医类别医师资格考试平稳实施。全国共有15.8万人通过中医类别医师资格考试审核，涉及23个专业。哈萨克医医师资格考试试点继续开展。中医类别医师资格考试雷同率稳步下降。截至2017年4月末，全国通过考试和取得认定中医类别医师资格的有108万人，其中，中医专业83.3万余人，中西医结合专业22.5万余人，少数民族医专业2.2万余人，共有72.8万人经注册取得执业资格。

稳步推进中医类别医师资格准入及管理制度改革。国家中医药管理局按照国家卫生计生委医考委医师资格考试改革的整体部署，推动中医执业医师资格考试制度改革。24个考区试点实施乡村全科执业助理医师资格考试试点，共5万余人参加考试，通过人数达到2万余人，充实基层医疗服务人员队伍；中医类别中医、中西医结合专业的医师资格考试固定合格分数线继续平稳实施；在天津、海南、云南考区和广东、广西考区部分考点试点“一年两试”，具有规定学历的中医执业医师和具有规定学历的中医执业助理医师，通过当年实践技能考试，但未通过第一次医学综合笔试且无违纪违规行为的考生可参加第二试。《国家医师资格考试实践技能考试基地管理办法》出台，明确中医类别国家实践技能考试基地建设标准，进一步规范实践技能考试基地的管理；在4个考区20余考点在中医执业助理综合笔试中进行计算机化考试试点，降低考试雷同率，《计算机化考试异常情况处理办法》出台，进一步完善开展机考的制度体系；分阶段考试第一阶段考试实证研究在全国22所中医药大学开展，实证研究结果表明考试设计科学合理、组织实施方案可行、改革风险基本可控，促进教育和考试的协同发展。对中医类别少数民族医专业医医师资格考试设置改革进行专题研究，明确完善少数民族医师资格准入制度的思路和措施。（以上撰稿：李　素）

全国中医药科技创新工作会议　2017年1月10日在北京召开。国家卫生计生委副主任、国家中医药管理局局长王国强出席会议并讲话。国家中医药管理局副局长于文明宣读《关于通报表彰“十二五”以来中医药领域获得国家科学技术奖励项目团队的决定》，对获得国家最高科学技术奖的屠呦呦研究员和获得国家科技进步奖、自然科学奖、技术发明奖的53个项目团队进行通报表扬。屠呦呦研究团队代表、科技部社会发展科技司司长吴远彬、工信部消费品工业司副司长吴海东作大会报告。国家中医药管理局副局长王志勇主持会议。中央军委后勤保障部卫生局副局长季建华，国家中医药管理局副局长马建中、闫树江出席会议。（栗　征）

《“十三五”中医药科技创新专项规划》印发　2017年5月12日，科技部、国家中医药管理局组织制订并联合印发《“十三五”中医药科技创新专项规划》（以下简称《规划》），对“十三五”中医药科技创新工作进行科学规划与部署。《规划》提出到2020年，建立更加协同、高效、开放的中医药科技创新体系，解决一批制约中医药发展的关键科学问题，突破一批制约中医药发展的关键核心技术，加速推进中医药现代化和国际化发展，构建更加符合中医药传承与创新特点的研究模式和技术体系，显著增强中医药科技创新能力，进一步提升中医药防治重大疑难疾病的能力和中医治未病的优势，为提高全民健康水平、加快健康产业发展、助推健康中国建设提供坚实的科技支撑。《规划》在总结中医药现代化发展成绩与成果的基础上，分析“十三五”时期中医药科技发展面临的国际国内形势与发展需求，明确中医药科技创新的基本思路、发展目标与指标体系，提出坚持“继承创新”“需求导向”“开放协同”“主导发展”等4项基本原则，部署发展前沿关键技术与创新方法、深化中医药理论传承与创新、提升中医药防治重大疾病水平、发展中医药健康服务技术、促进中药资源保障与价值提升、加强中药研发技术和产品开发、推进中医药标准化与国际化、加强民族医药传承与创新以及构建中医药创新网络与支撑体系9项重点任务，从“统筹协调、多元投入”“完善政策、构建体系”和“人才培养、学科融合”等3方面提出政策保障措施。（贺晓路）

国家中医临床研究基地建设　2008年12月，国家发展改革委和国家中医药管理局共同启动实施基地建设项目，遴选16家三级甲等中医医院作为基地建设单位（国家中医药管理局直属直管医院和上海中医药大学附属曙光医院共7家单位参与建设）。总体目的是通过加大投入，改善条件，深化改革，创新机制，创建一批分布合理、具有较强辐射带动作用的临床科研创新体制，在中医药理论研究、重大疾病防治和健康维护方面取得突破性进展的科研创新平台。2014年1月，刘延东副总理就国家中医临床研究基地建设情况作出批示：“中医临床研究基地建设投小钱、办大事，是中药科研体制创新的有益尝试，成果与经验令人欣慰，请科技部、国家发展改革委、国家卫生计生委、人力资源与社会保障部加大支持力度，推动中医药事业取得更大发展”。基地建设作为中医药领域国家财政投入最大、重视程度最高的一项基础性建设项目，是振兴和发展中医药的重大战略举措，在中医药事业发展史上具有“里程碑”意义。2017年，23家基地建设单位完成2个阶段的建设任务，并于2016年下半年全面开展验收工作，2017年5月被确认为国家中医临床研究基地。

根据2017年全国中医药科技创新工作会议精神和《2017年中医药工作要点》，结合23家国家中医临床研究基地（其中基地建设单位16家，参与建设单位7家）建设进展，国家中医药管理局科技司认真贯彻落实基地建设各项任务，扎实推进基地建设各项工作。（1）系统性总结基地启动建设以来取得成果。按照国家中医临床研究基地建设的总体部署和要求，依据《国家中医临床研究基地建设验收工作方案》，国家中医药管理局科技司组织对23家基地建设单位建设进行验收。验收分4个阶段进行，分别是中医药研究伦理审查体系（CAP）认证、中医医疗与临床科研信息共享系统验收、重点病种集中验收和综合验收。各基地完成2个阶段的建设任务，全部通过验收，实现预期目标，取得突出的成果。（2）完成2012年度基地业务建设科研专项验收工作。2017年4月，根据国家中医临床研究基地业务建设的统一部署，按照《国家中医临床研究基地业务建设科研专项管理办法》的要求，国家中医药管理局科技司组织各相关省级中医药部门对2012年度国家中医临床研究基地业务建设科研专项课题进行验收。各基地均按照基地科研专项管理办法拨付所有专项经费，参与验收的182项课题基本按照任务书的研究目标和内容完成相关研究工作，其中174项课题通过验收，7项课题择期复评，1项课题予以撤销。（3）部署进一步深化推进基地建设。为贯彻落实《中医药发展战略规划纲要（2016—2030年）》，按照国家中医临床研究基地（以下简称《基地》）建设的总体部署，国家中医药管理局办公室于2017年5月22日正式印发《国家中医药管理局办公室关于深化推进国家中医临床研究基地建设的通知》，正式确定第一批国家中医临床研究基地，并于2017年6月在广州市举行关于深化重点病种研究会议，就进一步深化推进基地建设的有关事项提出明确要求。要求各基地进一步深化基地重点病种和拓展病种研究，加强基地科研平台和团队建设，推进基地常态化运行管理，为下一阶段基地建设打下坚实基础。（4）启动第2批基地建设项目遴选工作。为落实为贯彻落实党的十九大会议精神和《中医药发展战略规划纲要（2016—2030年）》任务，国家中医药管理局科技司参照第一批基地建设的成熟经验和模式，启动第2批基地建设单位遴选工作。通过扩大基地布局范围，优化中医药防治优势病种研究整体布局，进一步提升我国中医药临床科研基本条件，加强疑难重大疾病和临床诊疗有明显中医药特色和优势的重点病种研究，促进中医药学术思想、诊疗技术的传承与创新，加强相关科研平台和人才队伍建设，推动医院科研管理机制创新，提高中医药防病治病能力和自主创新能力，增强基地单位对地区中医药事业发展起到引领、示范和带动作用，为中医药传承创新提供有力支撑。（邱　岳　孔勇杰）

第4次全国中药资源普查　2017年，中药资源普查工作的主要内容为积极推进第4次全国中药资源普查，加快成果整理和转化。为实现2020年完成全国中药资源普查的工作目标，2017年国家中医药管理局制定和印发《第四次全国中药资源普查资金管理暂行办法》，拓展全国中药资源普查经费途径。2017年共安排2.5亿元继续支持普查相关工作，全国已开展中药资源普查工作达到1332个县，覆盖50%的国土面积。为保障普查工作的进行、加快成果整理和转化，2017年国家中医药管理局研发中药资源普查数据质量核查系统，核查全国31省922县100万多条调查数据、对各省上交的近200万张照片的质量进行核查；研发基于手机端的中药资源调查采集系统，辅助普查队员在一般调查中快速收集数据信息。整理2万份标本实物，收集和入库的种子种苗超过1万份。完成对2011年启动实施10省206个县、2012年启动实施15省45个县的验收工作。基于全国中药资源普查相关数据信息，整理编制《中国药用植物特有种》等相关专著，在宏观层面反映我国药用资源特点；在普查相关工作的基础上积极参与和支持，国务院扶贫办、农业部和国家统计局等部门，开展中药材产业扶贫、道地药材生产基地建设和统计制度建设等工作。

中医药科技创新平台建设　2017年，国家中医药管理局科技司、规划财务司共同开展中医药传承与创新工程项目遴选和方案制订工作，首次将省级科研院所科研能力建设纳入到项目中，在全国产生积极影响。国家中医药管理局与科技部、卫生计生委开展国家中医临床研究中心建设，进入项目遴选阶段。完成首批23家国家中医临床研究基地综合验收评估工作及第2批基地遴选方案。开展重点研究室建设阶段评估，完善重点研究室布局。推进中医药科研伦理平台建设，组织研制中医药伦理审查国家标准与国际指南。中医康复服务能力规范化建设项目进展顺利，推动中医药康复科研体系建设和服务能力的提升。

（以上撰稿：王　庆）

国家科学技术奖励项目推荐工作　2017年，国家中医药管理局认真做好国家科学技术奖励推荐工作，按照《国家科学技术奖励工作办公室关于2017年度国家科学技术奖推荐工作的通知》要求，组织开展全国中医药系统内项目遴选推荐。2017年“神经根型颈椎病中医综合方案与手法评价系统”“中药大品种三七综合开发的关键技术创建与产业化应用”“寰枢椎脱位中西医结合治疗技术体系的创建与临床应用”“中药和天然药物的三萜及其皂苷成分研究与应用”等4个中医药类项目获得国家科学技术进步二等奖。

（张晓萌　杨　振　王　庆）

古代经典名方目录编制工作 2017年，国家中医药管理局按照《中华人民共和国中医药法》规定的“至今仍广泛应用、疗效确切、具有明显特色与优势、古代中医典籍记载”四项原则，稳步推进古代经典名方目录编制工作，在前期工作基础上，重新成立项目工作组和专家审定组。3月8日，国家中医药管理局发布《关于对“古代经典名方目录制定的遴选范围和遴选原则”征求意见的通知》，广泛征求意见。在此基础上，多次向业内专家广泛征求意见，经审定委员会审定，并经食品药品监管总局、药品审评中心等部门多次沟通和反复修订，最终形成第一批《古代经典名方目录》，将向社会发布。古代经典名方目录的编制与发布，充分体现中医药法的立法原意，强调遵循中医药发展规律，聚焦人民群众健康服务需求，调动行业内外科技创新活力，深化中医药传承创新发展，提升中医药健康服务能力保障，提高中医药国际竞争力，将进一步推动中医药事业的更好更快发展。

（梁旭明 陈榕虎）

中药标准化项目推进工作 2017年，国家中医药管理局科技司组织专家对全国26个省市、105家中药企业承担的59个中成药大品种和101种中药饮片的项目组织管理、执行进展和存在问题进行实地督导，并召开中药标准化项目督导组专家意见反馈交流会，对项目前期进展和存在的问题进行全面梳理，研讨项目后续管理工作部署。通过实地督导，发现各项目总体进展顺利，大部分项目承担单位建立生产工艺全过程质控体系及质量追溯体系；为构建中药优质产品标准的长效机制，示范性引领中药产业整体提质增效奠定基础。

中药炮制传承基地建设 2017年，国家中医药管理局积极推进国家级中药炮制传承基地“四个一”建设，其中药炮制网上博物馆已建设完成并投入使用，炮制纪录片摄制、文献数据库制作与中国炮制通史汇编工作正在按照项目计划有序进行。通过举办全国中医临床炮制技术与理论培训班以及各传承基地培训班，在炮制人才培训方面已建立从顶层到基层的联动模式，培训成效显著。通过支持省、市级中药炮制传承中心建设，主要完成临方炮制工艺信息汇总、炮制机理研究、炮制人才培养与技术培训和炮制产业化搭建等建设任务。举办全国炮制传承基地专题研讨会，重点推进“临方炮制”以及“民族药炮制”建设工作，及时有效地开展炮制传承基地核查督导工作。

（以上撰稿：黄国彪 陈榕虎）

“十二五”国家科技支撑计划项目通过科技部验收 2017年11月14—15日，“十二五”国家科技支撑计划“针灸疗效国际多中心临床评价研究”“名老中医临床经验、学术思想传承研究（一）”“功能障碍的中医康复临床规范和评价研究”等项目通过科技部组织的项目验收。“针灸疗效国际多中心临床评价研究”项目开展针灸治疗功能性便秘、围绝经期综合征、女性压力性尿失禁的随机对照研究，明确其有效性和安全性能形成具有循证证据的治疗方案。项目研究成果在《Ann Intern Med》《JAMA》等期刊发表，受到国内外广泛关注，对中国保持在针灸领域的国际引领作用具有重要意义。“名老中医临床经验、学术思想传承研究（一）”项目围绕2条主线开展研究：以解决传承问题为主线，从辨证方法、治则治法、诊疗技术、有效方药4个环节入手，总结名老中医的独特经验，形成可供临床推广应用的有效方案和技术；以解决成果应用为主线，建立名老中医临床经验转化为可推广的实用产品的共性技术及评价体系，构建面向社会开放的名老中医国家服务平台。“功能障碍的中医康复临床规范和评价研究”项目研究形成5种常见功能障碍中医康复治疗方案（草案），1项被纳入国家中医药管理局临床路径和诊疗方案；研发13种中医康复设备，其中3种设备已获得医疗器械产品注册证或备案证；形成脑卒中后认知功能障碍康复评价标准（草案）；项目还建立了康复医疗技术国家地方联合工程中心等产学研联盟。（邱 岳）

民族医药文献整理及适宜技术筛选推广项目 2017年4月13—14日，国家中医药管理局科技司、规划财务司共同组织对2010年公共卫生专项“民族医药文献整理及适宜技术筛选推广”项目（以下简称“项目”）进行验收。项目覆盖内蒙古、吉林、湖北、湖南、广西、四川、云南、西藏、宁夏、青海、新疆等11个省（区），涉及藏、蒙古、维吾尔、傣、朝、哈萨克、壮、苗、回、土家、鄂温克、满、侗、瑶、彝、羌、哈尼、白、傈僳、怒、布朗、德昂、阿昌、纳西、塔吉克、塔塔尔、柯尔克孜、独龙等28个民族，中央财政共安排7480万元，是新中国成立以来参与人数最多、规模最大、经费最多的少数民族医药文献整理及适宜技术筛选推广类项目，旨在加强少数民族医药文献的保护和利用，保持和发挥少数民族医药的特色优势，丰富少数民族医诊疗技术、扩大临床应用，促进少数民族医药事业健康可持续发展，充分发挥少数民族医药在保护人民健康中的作用。

项目组织管理有力，实施顺利。国家中医药管理局整理150部少数民族医药文献，其中西藏、云南、宁夏和湖北四省超额出版11部文献，首次系统抢救与整理柯尔克孜、塔塔尔、塔吉克、阿昌、布朗、德昂、傈僳、怒族、鄂温克9个少数民族医药口传与文献资料并形成专著，首次对土家医、满医等一些以前尚未深入发掘整理的少数民族医药文献进行系统整理与理论升华，首次校勘注释和整理出版一批学术价值较高或濒临失传的少数民族医药文献，填补相关空白；各地区共收集少数民族医药适宜技术700余项，完成140项少数民族医药适宜技术筛选和基层推广工作，项目实施期间共培训1.69万人次，服务患者23.77万人次，7个省（区）共计89项适宜技术通过项目规范整理后被纳入本地医保目录，体现少数民族医药人员技术劳务价值；建立《全国民族医药古籍总目》，编纂藏医、蒙医、维吾尔医和傣医1864部古籍的目录，完成全国少数民族医药书目数据库建设与已提供古籍扫描页的入库工作。项目实施成效显著，有力促进少数民族医药血脉传承与保护利用，提高少数民族医药防治疾病的服务能力，尤其是基层中医药临床服务能力，在团结少数民族同胞、增强民族文化自信和争取我国传统知识产权等方面产生良好的社会效益，显著增强医改的惠民效果，培养和凝聚一批少数民族医药医疗和科研人才，促进少数民族医药全面、健康和创新发展。（贺晓路）

中医药国际交流与合作 2017年，中医药国际交流与合作工作以参与国家“一带一路”战略为主线，以实施中医药国际合作专项为抓手，完善扩大海外中医药中心和国内合作基地布局，加强多边、双边政府合作，稳步推进中医药国际标准化、健康旅游、服务贸易工作，深化对港澳台地区合作，中医药在国家战略中的重要性和国际影响力进一步体现和提升。

服务新使命，助力中国特色大国外交。（1）落实金砖国家领导人会晤精神，国家中医药管理局与国家卫生计生委共同主办金砖国家卫生部长会暨传统医药高级别会议，形成《金砖国家加强传统医药合作联合宣言》，习近平主席专门发来贺电。（2）落实习近平与匈牙利总理欧尔班会晤精神，中医药内容被纳入《中匈关于建立全面战略伙伴关系的联合声明》；国务院总理李克强出席第6次中国—中东欧国家领导人会晤，中医药内容被纳入《中国—中东欧国家合作布达佩斯纲要》；（3）举办2017年中国—中东欧卫生部长论坛中医药分论坛，国务院副总理刘延东为中国—中东欧中医中心（匈牙利）奠基，传统医药领域合作被纳入《第3届中国—中东欧国家卫生部长论坛布达佩斯宣言》。

统筹新布局，推进中医药“一带一路”建设。（1）参与“一带一路”国际合作高峰论坛，国家卫生计生委副主任、国家中医药管理局局长王国强出席会议并在“促进民心相通”平行论坛介绍中医药“一带一路”建设成果，中医药内容被纳入国家“一带一路”合作成果清单。（2）以国际专项为抓手，2017年支持优秀中医药机构与沿线国家合作建设15家海外中医药中心、21家“一带一路”中医药国际合作基地，并开展“中药产品海外注册公共服务平台”建设项目，支持成熟的中医药产品在沿线国家注册。（3）召开2017年中医药国际合作专项暨“一带一路”发展规划工作座谈会，国家中医药管理局副局长于文明出席会议，部署中医药“一带一路”发展规划落实等工作。

拓展新合作，扩大中医药对外“朋友圈”。（1）突出与大国合作。支持举办国际中医药肿瘤联盟研讨会，落实刘延东副总理就中美中医药防治肿瘤领域合作做出的重要批示，推进中美战略与经济对话在中医药领域结出硕果；落实我国与法国政府《中医药领域合作备忘录》，赴法支持举办“巴黎中医药文化周”活动；支持中国驻俄罗斯使馆举办中医药从业者专场招待会，中国驻俄大使李辉、俄联邦委员会、外交部、卫生部、俄中嘉宾代表约600人出席活动；传统医学被纳入首届中巴（西）卫生合作分委会和第3次中阿（根廷）卫生分委会会议内容；召开中乌（克兰）卫生分委会中医药协调委员会；进一步拓展与智利、意大利、阿联酋、匈牙利等高层双边合作。（2）加强与周边国家互动。与印度传统医学部进行会谈，落实与印度合作协议及《金砖国家加强传统医药合作联合宣言》；协调外交部将2018年有关中医药活动列入中国与柬埔寨建交60周年庆祝活动设想；赴越南出席越南全国针灸协会50周年纪念大会及系列活动；赴缅甸出席第8届大湄公河次区域传统医药会议；与新加坡召开第12次中新中医药合作委员会会议，签署新一轮合作计划书，组织代表团赴新加坡参加第13批新加坡卫生管理培训。（3）巩固与发展中国家合作基础。王国强与马拉维卫生部长昆帕卢梅共同签署《关于传统医学领域合作谅解备忘录》，马拉维总统穆塔里卡专门会见王国强率领的中医药代表团，高度评价中医药合作为夯实中马友谊发挥重要作用；首次在肯尼亚召开“中非合作青蒿素快速控疟研讨会”，科摩罗前副总统、肯尼亚、多哥等多国部门负责人员出席会议，持续推动中国自主创新抗疟技术方案与药品在非洲应用；“中国—黑山中医药中心”在黑山首都波德戈里察揭牌成立，黑山总统武亚诺维奇会见中医药代表团，期待中医药造福更多的当地民众；执行第9阶段中坦中医药合作任务，赴坦桑尼亚开展中医药技术人员培训。（4）在多边平台发挥作用。积极参与世界卫生组织全球性、地区性会议，在传统医药议题设置、促进成员方合作方面发挥作用。参加第10届中日韩卫生部长会议，传统医药被纳入《第十届中日韩卫生部长会议联合声明》。支持举办2017博鳌健康论坛、世界中医药大会及夏季峰会、世界针联30周年系列纪念活动、第5届世界中西医结合大会、2017世界针灸学术大会、第16届中药全球化联盟学术年会等活动。

丰富新内涵，稳步推进中医药国际标准工作。（1）推进世界卫生组织传统医学国际疾病分类项目，开展ICD–11传统医学标准首轮实地临床测试。（2）与世卫组织合作研究制定国际针灸、推拿等基本规范，举办WHO推拿标准工作组会议。（3）主导召开ISO/TC249第8次全体会议，有8项中方提案得到国际专家共识，会议表彰已发布的14项中医药国际标准，其中11项由我国主导制定。

凝聚新资源，大力发展中医药健康旅游。全面推进国家中医药健康旅游示范区（基地、项目）创建工作。（1）国家中医药管理局与国家旅游局共同组建国家中医药健康旅游专家委员会、成立国家中医药健康旅游示范创建工作办公室，工作机制不断完善。（2）国家中医药管理局于9月12日与国家旅游局联合公布首批15家国家中医药健康旅游示范区创建单位名单。（3）完成国家中医药健康旅游示范基地创建单位评审工作，示范项目的遴选工作也在稳步推进。

实现新提升，拓展中医药服务贸易。（1）继续完善顶层设计，国家中医药管理局会同商务部出台《服务贸易发展“十三五”规划》和《关于促进老字号改革创新发展的指导意见》。（2）参与自由贸易试验区建设，推动将中医药内容纳入国务院深化上海、福建、天津、广东自由贸易试验区改革方案。（3）参加自贸区谈判，参与中国瑞士自贸区（升级）谈判，建立中医药协调机制；完成中国—格鲁吉亚、中国—马尔代夫谈判并取得突破。参与中国—秘鲁自贸协定升级联合研究、中国—以色列自贸区经济技术合作、欧亚经济伙伴关系协定工作，将中医药内容纳入其中。推动将中医药内容纳入金砖国家服务贸易合作、中国—巴西服务贸易合作2年行动计划及中国—印度服务贸易合作工作组机制。（4）支持举办2017北京国际服务贸易交易会中医药服务板块活动，包括纪念李时珍诞辰500周年暨“一带一路”中医药服务贸易国际研讨会和“中医药服务主题日启动仪式暨2017海外华侨华人中医药论坛”等重要会议。（5）参与跨境服务负面清单制定有关工作。

把握新趋势，密切海峡两岸暨香港、澳门联系。以中医药为载体，紧密配合中央对港澳台地区大政方针。（1）王国强访问港澳，支持香港建设中医医院和中药检测中心，推动中医科学院与香港卫生署签署合作协议，就中药检测及标准研究提供技术支持；支持香港医院管理局2017年度研讨大会、中医药国际产品展览会、2017年海峡两岸暨港澳中医针灸临床实用技术研讨会等活动，接待东华三院、博爱医院等机构来访，密切内地与香港中医药交流。（2）国家中医药管理局落实中央政府《关于支持澳门经济发展的工作方案》，授予粤澳合作中医药科技产业园“中药产品海外注册公共服务平台”建设项目，支持粤澳合作中医药产业园在泰国、葡萄牙举办的传统医药国际论坛，为澳门建设中医药“植博馆”提供技术支持。（3）支持将中医药内容纳入内地与港澳地区CEPA《投资协议》和《经济技术合作协议》。（4）妥善推进对台中医药交流合作，主办第9届海峡论坛——2017海峡两岸中医药发展与合作研讨会；支持“中医中药台湾行”等4项活动被纳入国台办2017年对台交流重点项目。

落实新要求，进一步加强因公外事管理。国家中医药管理局执行国家关于因公出国管理规章制度。完善因公出国管理联席会议机制和行前教育制度，不断加强因公出国外事管理。面向各直属单位外事专办员开展培训，组织编纂国家中医药管理局《出国（境）管理工作文件汇编》《因公出国（境）护照签证办理工作指南》。（马宁慧）

〔责任编辑：萧爱华〕

直属联系单位篇

中国医学科学院/北京协和医学院2017年工作概述

实施“中国医学科学院 北京协和医学院高端科技人才专项支持计划”和“中国医学科学院北京协和医学院高端科技人才引进专项支持计划”。自2017年1月起，院校实施两项计划，计划贯彻中共中央《关于深化人才发展体制机制改革的意见》和《国家中长期人才发展规划纲要（2010—2020）》，加强人才引进，深入实施人才驱动战略，加快院校国家医学科技创新体系核心基地和“双一流”建设。

启动中国医学科学院重点实验室建设。2017年7月29日，中国医学科学院成体干细胞转化研究重点实验室揭牌仪式在贵州医科大学举行。该实验室是首个批准建设的中国医学科学院重点实验室，是落实《中国医学科学院北京协和医学院对口帮扶贵州医科大学加快发展框架协议书》及《中国医学科学院北京协和医学院对口帮扶贵州医科大学加快发展工作备忘录》，促进贵州省卫生事业发展，提高其医疗、科技和人才培养水平的一项重要举措。12月9日，中国医学科学院地中海贫血防治研究重点实验室揭牌仪式在广西医科大学举行。该实验室旨在集中优势资源，加强与“一带一路”沿线地中海贫血高发国家和地区的交流与合作，建成服务于我国南方及东南亚国家等地中海贫血高发地区的高水平科研及临床基地。

北京协和医学院4个学科进入世界一流学科建设行列。2017年9月21日，教育部、财政部、国家发展改革委联合发布《关于公布世界一流大学和一流学科建设高校及建设学科名单的通知》，北京协和医学院被确认为一流学科建设高校，生物学、生物医学工程、临床医学和药学学科进入第一批世界一流学科建设行列。随后北京协和医学院公布医学基础学科群（包括基础医学和生物学）、临床医学学科群（包括临床医学和护理学）、药学学科群（包括药学和中药学）和生物医学工程学一流学科建设方案。12月28日，由教育部学位与研究生教育发展中心组织的第4轮学科评估结果在教育部网站正式发布。北京协和医学院基础医学、药学和生物学3个学科获评A+结果，A+学科数量居全国医学领域高校之首。

北京协和医学院建校一百周年纪念大会。2017年9月22日在北京召开，中共中央政治局常委、国务院总理李克强，中共中央政治局委员、国务院副总理刘延东做出重要批示，全国人大常委会副委员长陈竺出席纪念大会并致辞，国家卫生计生委马晓伟副主任出席纪念大会并宣读国家领导人的批示。会上为20名“一级教授”“医学教育终身成就奖”和“突出贡献奖”获得者颁发荣誉证书。

中国医学科学院医学与健康科技创新工程启动实施1周年媒体沟通会。2017年10月30日在北京举行，国家卫生计生委科教司负责人、院校负责人、京津地区各所院主要负责人、创新工程项目首席/共同首席专家代表、近20家媒体新闻记者共150余人参加会议。该创新工程自2016年启动实施以来，对提升院校科技创新能力切实发挥“助推器”的作用，基础研究获得重大进展，重大疾病防治取得重要成果，药物研发取得多项突破，人才培养聚集作用初步显现，对顶尖人才的吸引力明显提升，促进学科布局和体制机制的优化完善。

发布《中华医学百科全书》首批35卷。2017年11月24日，中国医学科学院作为牵头单位，集合医药卫生领域各学科逾6000名专家、学者共同编写的《中华医学百科全书》在京发布首批35卷，该书共138卷，分为基础医学、临床医学、药学、中医药学、公共卫生学、军事与特种医学6大类，全面覆盖中国医学领域。

成立“中国医学科学院牛津研究所”。2017年12月6日，中国医学科学院牛津研究所（CAMS Oxford Institute）合作协议签字和揭牌仪式在英国牛津大学举行，国务院副总理刘延东参加仪式。中国医学科学院牛津研究所是中国在海外成立的首个医学研究所，也是牛津建校800多年来首次与外部机构在其校园建设的研究单元。中国医学科学院牛津研究所将聚焦医学科技创新前沿交叉领域，致力解决中英两国乃至全球面临的重大医学与健康问题。

2017年度中国医院科技影响力排行榜发布仪式暨第五届中国医学科学发展论坛。2017年12月19日，由中国医学科学院主办，中国医学科学院医学信息研究所承办的“2017年度中国医院科技影响力排行榜发

布仪式暨第五届中国医学科学发展论坛”在北京举行。国家卫生计生委科技教育司负责人，中国医师协会负责人及来自全国医院、科研机构的300余名专家学者参加发布仪式。 （王卓然）

中国疾病预防控制中心2017年工作概述

一、主要业务工作

卫生应急。继续强化卫生应急准备与能力建设，开展突发公共卫生事件监测与风险评估；做好人感染H7N9禽流感防控、四川九寨沟和新疆精河地震救灾防病；参与党的十九大和金砖国家领导人会晤卫生保障；组织2017年全国卫生应急技能竞赛；与广东、广西建立合作中心，加强与地方合作。

重点传染病防控。起草凉山州艾滋病防治与健康扶贫攻坚行动方案；提出调整艾滋病抗病毒免费药品目录意见；做好世界艾滋病日宣传。完善结核病防控政策与规范，开展分级诊疗及综合防治服务模式试点。有效处置登革热、皮肤炭疽、肺结核等聚集性疫情。参与制定《中国病毒性肝炎防治规划（2017—2020年）》。在8省22个实验室部署国家致病菌识别网，增强未知病原检测“一锤定音”能力。国家免疫规划疫苗接种率保持在95%以上，疫苗可预防疾病继续维持较低水平，麻疹报告发病率降至历史最低水平。结合健康扶贫，派专家长期驻南疆、甘孜、西藏等地，在内蒙古和新疆设立布病防控试点，着力解决发展不平衡问题。

慢性非传染病防控。继续开展死因监测，完成2015年慢性病与营养监测报告，推进慢阻肺和心脑血管病监测。发布第4次全国口腔健康核心数据，全民健康生活方式行动覆盖率超过82%，完成第四批慢性病示范区验收和首批复审。癌症综合防控及山东省部联合减盐防控高血压项目进展顺利。推进控烟立法取得新进展。探索大数据信息技术在慢性病防控中应用。

健康危害因素监测与干预。生活饮用水监测覆盖31个省（区、市）333个地级市2810个县（区、市）、新疆生产建设兵团12个师107个团。空气污染（雾霾）监测点126个，覆盖全国31个省（区、市）64个城市。国家人体生物监测已在13个省调查9000余人。完成2016年饮用水水质监测报告、饮用水和环境卫生监测督导报告。

科研、教育和健康传播。健全科研管理制度；获国家最高科学技术奖等奖项；组织疾控系统科研伦理培训。参与公卫医师规培试点及预防医学科住院医师规培试点工作。招收研究生164人，授予学位180人。招收现场流行病学培训项目学员74人，毕业25人。全方位宣传疾控工作成就，多平台传播健康知识。

服务国家外交战略。参与非洲疾控中心建设；实施塞拉利昂固定生物安全实验室技术合作二期项目；指导圭亚那寨卡防控；紧急援助马达加斯加鼠疫防控；牵头建立亚太地区热带病药物与诊断创新联盟。

信息化建设。完成全民健康保障信息化工程疾控信息系统建设需求论证。编写省级人口健康信息平台疾控信息系统建设指导方案。强化信息安全，实施传染病报告信息系统数字认证，年底前实现全覆盖。启动一体化集装箱机房疾控云数据中心建设，为大数据智慧疾控中心建设打牢基础。

二、重要事件和活动

与匈牙利、巴西、美国相关机构、科研院所签署合作谅解备忘录。中国疾控中心分别与匈牙利国家公共卫生研究所、巴西奥斯瓦尔多·克鲁兹基金会，以及美国弗雷德·哈钦森癌症研究中心、华盛顿大学签署合作备忘录，拓展中心在中美、中国—中东欧和与金砖国家不同合作机制下的伙伴关系。

推荐钱秉中获2017年中国政府“友谊奖”。经中国疾控中心推荐，美国盖茨基金会钱秉中博士荣获2017年中国政府“友谊奖”，表彰他在华工作16年为中国公共卫生事业，特别是在结核病防控策略实施和发展以及推动中国疾控领域国际合作中做出的贡献。 （王晓琪　胡　虹　王晓宁　丁旭虹　胡静然　邹运铎　刁　菲）

国家级人间传染的病原微生物菌（毒）种保藏中心。2017年8月7日，国家卫生计生委正式指定中国疾病预防控制中心病原微生物菌（毒）种保藏中心为国家级人间传染的病原微生物菌（毒）种保藏中心，并颁发证书。保藏中心按照构建“一体两翼”、逐步形成新的工作思路和总体设计，以中国疾控中心保藏中心自身建设与发展为基础，通过申报保藏相关科研项目和建立相关学术团体为支撑，确立在病原微生物保藏领域的领导和学术地位。

“国家安全日”教育活动。2017年，中心举办“生物安全　共同的责任”为主题一系列活动。中国疾控中心、中国医学科学院、中国科学院大学、北京大学的研究生及中小学生共计200余人参加开放日活动。活动分为“院士讲堂”“科普长廊”“走进生物安全实验室”“青少年课堂”、倡议“生物安全，从我做起”5个环节，以讲座、参观、实际操作等多种形式对传染病防控、生物安全实验室、个人防护等知识进行讲解和宣传。 （赵赤鸿　魏　强　卢选成　李思思）

编纂出版《国家卫生城市卫生相关标准》。以国家卫生城市创建为抓手，在国家卫生计生委的支持下，联合环境卫生、学校卫生、病媒生物控制等工作秘书处，组织专家编撰，于2017年5月出版《国家卫生

城市卫生相关标准》。（孙乃玲）

援助塞拉利昂固定生物安全实验室技术合作项目。2017年6月，援塞固定实验室技术合作项目结束，为期2年项目期内累计派出40名专家，基于固定实验室开展实验室技术和生物安全骨干培训工作，继续开展埃博拉出血热疫情监测，完成埃博拉病毒、寨卡病毒和黄热病病毒检测及埃博拉幸存者体液排毒监测研究。

选派专家赴马达加斯加开展鼠疫防控。国家卫生计生委组建由中国疾控中心牵头，北京地坛医院、甘肃疾控中心、内蒙古疾控中心、上海公卫临床中心等单位共15名专家组成的鼠疫防治卫生应急专家组，分2批赴马达加斯加执行鼠疫防治工作任务。专家组系统了解该国鼠疫疫情总体情况、发展态势及防控措施，同时积极传播中国成功控制人间鼠疫的经验。专家组此次援马工作受到华人华侨、中方机构、马国政府及国际伙伴的广泛赞誉，不仅对马国鼠疫防控工作具有积极意义，还保障了华人华侨、中方机构人员的生命安全、生活生产，传递祖国的关怀和温暖。（张洪龙　王晓春）

2017中国健康科普大赛。与中国健康教育中心、中华预防医学会、清华大学国际传播研究中心联合主办2017中国健康科普大赛。共征集作品1047个，其中视频290个，图文661个，演讲96个。完成作品的征集、整理、评审及总结工作。（王　园　夏宏伟　周　莹）

区域信息平台和医疗机构与传染病报告信息管理系统的直接交换纳入常规动态监测。截至2017年12月31日，北京、江苏、浙江、湖南、广东等省（市）共425家医疗卫生机构通过省统筹区域全民健康信息平台或电子病历系统直接交换传染病个案信息。数据交换服务平台共收到10.47万条交换请求，交换成功率98.22%，累计报告病例10.39万例，及时报告率99.99%。（马家奇　苏雪梅　戚晓鹏）

监测预警与风险评估。按时、保质完成重点传染病疫情及突发公共卫生事件系统及媒体的常规监测分析。全年共完成突发公共卫生事件监测日报365期、周报52期、月报12期、季报4期，完成媒体监测日报365期，完成2017年“春节”“五一”及国庆假期旅行卫生提示，开展风险评估日会商260次、月度风险评估12次。及时组织开展禽流感、MERS、九寨沟和精河地震、寨卡病毒、“一带一路”峰会、全国两会、金砖国家领导人第9次会晤、马达加斯加鼠疫等专题风险评估近20次，编写应急快报24期。

中国与亚太地区新发传染病研讨会。2017年9月13—14日在北京召开，来自日本、蒙古、泰国等亚太地区国家和世界卫生组织、国际粮农组织、美国疾控中心等国际组织和机构，以及国内相关科研院所和高校的专家共计120余人参加会议。会议介绍新发传染病的应对策略和准备、人感染H7N9禽流感和寨卡病毒病等相关领域的最新研究进展。

（李　群　倪大新　张彦平　王　琦）

成立国家免疫规划技术工作组。根据《国家卫生计生委关于成立免疫规划专家咨询委员会的通知》要求，中国疾控中心于2017年12月8日成立国家免疫规划技术工作组，首次组建的技术工作组包括3个常设工作组：国家免疫规划疫苗程序协调工作组、通用技术规范工作组、循证决策方法工作组，以及13个针对不同疫苗（疾病）的专题工作组，由来自48个单位的168名专家组成。主要任务是收集、整理、分析和评估疫苗可预防疾病的疾病负担和疫苗安全性、有效性，以及预防接种服务等方面的科学证据，为制定和修订预防接种技术规范、疫苗免疫程序和疫苗使用指南等提供技术支持，为国家免疫规划专家咨询委员会审议议题进行技术准备。（肖奇友　尹遵栋）

中央补助地方全国戒烟门诊项目。作为中央补助地方健康素养促进项目的一部分，全国戒烟门诊项目于2014年开始实施，中国疾控中心是该项目的主要组织实施部门。2017年共支持全国110家项目医院开设戒门诊，为各省戒烟门诊项目管理人员、各项目医院戒烟门诊负责人和医务人员共举办4次戒烟干预技能培训，规范戒烟门诊诊疗程序，提高各医院戒烟服务能力。组织两次戒烟门诊数据回收，项目医院首诊共干预8669人，随访干预7130人。此外，为了解各项目医院戒烟门诊建设情况，组织医院自评和省级评估，对戒烟门诊的机构设置、环境设置、业务开展过程、业务开展结果、发展指标5方面具体指标进行评估。

（杨　杰　肖　琳　冯国泽　杨　焱
谢　莉　南　奕　王继江）

国家致病菌识别网建设工作。根据《国家卫生计生委2017年工作要点》，国家致病菌识别网建设工作于2017年3月在疾控中心正式启动。完成8个省及22个市级疾控中心实验室的入网部署工作。传染病所专门成立国家致病菌识别网中心实验室，并新扩展16个地市级网络实验室；对6个观察省开展技术培训和地市级网络实验室技术认可工作；如期完成工作实施方案和2017年监测方案的编写，发布识别网分子分型技术操作手册、耐药监测技术操作手册和信息系统应用手册；应急处置局部暴发疫情22起，提供辅助决策10起。（卢金星　罗成旺　姜靖伟）

侯云德院士荣获国家最高科学技术奖。侯云德院士是我国分子病毒学的开拓者，现代医药生物技术产业和现代传染病综合防控技术体系的主要奠基人。他坚持病毒学研究60余年，是我国分子病毒学奠基人，开创引领我国基因工程药物研制，推动我国现代医药生物技术产业发展，构筑我国现代传染病防控技术体系。鉴于上述成就，2017年12月侯云德院士荣获国家最高科学技术奖。

*病毒病所荣获国家科学技术进步奖特等奖。*病毒病所首次发现一种新型三源重配H7N9禽流感病毒可导致人的感染和死亡；明确H7N9禽流感病毒突破种属屏障感染人的分子机制；揭示低致病性H7N9禽流感病毒导致人严重临床感染的机制，系统评价H7N9禽流感病毒的传播力；首个成功研发检测试剂，为及时采取有效的临床治疗和疫情防控提供技术保障。相关研究取得国际领先的重大创新。病毒病所作为上述研究成果第二完成单位荣获2017年国家科学技术进步奖特等奖。（武桂珍　苏晓婷）

*死因监测。*编制《全国疾病监测系统数据集》，出版《人口死因监测工作指导手册》，并开发分级培训教材和网络培训视频。2017年5月分别在成都和苏州召开全国疾病监测点的培训会议，8—11月，完成对西藏、河南、湖南、内蒙古、陕西等省（区）的督导工作。

*慢病和行为危险因素监测。*对2015年中国成人慢性病与营养监测的数据库进行导出，共计导出不同人群各类数据库38个，对近200个核心变量进行清理核对，将数据库合并成个人膳食调查和非膳食调查库5个、孕妇调查库3个，并完成核心变量的变量字典编写。邀请国内相关领域专家从数据分析方法、监测质量控制数据的应用、监测数据如何促进政策制定、信息传播、监测数据展示等方面进行培训，共培训100余人，加强省级疾控中心监测数据分析和利用能力，促进监测数据的有效利用。

*慢病综合防控示范区建设工作。*受国家卫生计生委委托，2017年共完成全国30个省（区、市）105个第4批示范区建设和39个首批示范区复审申报材料的收集、上报和专家评审工作，确定现场调研和技术评估区县名单和现场评估的重点内容。从52个单位抽调104名专家共216人次赴30个省（区、市）的94个区县开展示范区现场调研和技术评估工作，完成2016—2017年度示范区年度评估既定工作计划。

召开示范区案例撰写培训班，全国31个省（区、市）合计80人参加培训。组织征集示范区精选案例，完成首集43个优秀案例的修改和定稿工作。

开发示范区动态管理信息系统，收集各示范区自建立以来每年的工作动态，并作为示范区复审的重要依据，开展过程评估。同时，开发示范区网站，加强示范区工作人员信息交流、经验分享和优秀案例推广。（蒋　炜　赵一凡）

*营养与健康监测工作。*2017年5月在北京召开31个省（区、市）125个监测点共158名负责人参加的0～17岁儿童与乳母营养健康监测工作启动会。举办4期0～17岁儿童与乳母营养健康监测技能培训班，来自31个省（区、市）125个监测点的474名代表参加培训。截至2017年底，28个省（区、市）46个监测点已完成现场调查和实验室生化指标的检测工作。完成2017年中国0～17岁儿童青少年与乳母营养健康监测生物样本收集。完成2015年中国成人慢性病与营养状况监测中成人和孕妇的营养健康相关指标的清理并建立数据库。分析成年居民膳食营养素、体质状况与超重肥胖、食物频率、贫血、维生素A、维生素D、甲状腺功能、锌等相关指标分析和数据反馈。撰写2015年中国成年居民营养与健康状况报告。该项工作将反映我国居民的膳食营养状况存在的问题，为政府制定相关干预策略提供了基础数据。

*"农村义务教育学生营养改善计划"工作。*完成2016年度数据清理和分析，形成2016年度《学生营养健康状况监测报告》。编制2017年度监测评估工作手册。为50个重点监测县制备和发放血红蛋白质控样品，统一检测血清维生素A和维生素D，在5个深入监测县开始膳食调查和体成分检测，并测定2000余名学生的血清维生素B1、B2、维生素C以及血脂。结合监测评估发现的问题，提交并由国家卫生计生委发布《学生餐营养指南》，升级《学生电子营养师》。

*国家营养标准体系建设。*作为国家财政新增支持的项目，2017年确定5项标准修订项目和7项标准研制与应用类项目。召开国家营养标准宣贯师资培训班，在广东、黑龙江等省进行调研工作。完成《血糖生成指数测定方法及规范》起草；完成《5岁以下儿童生长状况判定》《人群健康监测人体测量方法》《成人体重判定标准》《成人糖尿病患者膳食指导》和《高血压患者膳食指导》的修订；《高温作业人群膳食指导》等12项标准的发布。（王志宏　孙　静　武洁雯　丁钢强）

*城市生活饮用水卫生监测。*2017年对全国各省份上报的6万余条2016年水样监测结果，共计220多万个监测指标数据进行汇总、整理、清洗，对水样总体达标情况、单项指标达标情况、供水单位基本情况等进行分析，撰写上报《全国城市饮用水卫生监测工作2016年度总结报告》；对2016年全国疾病预防控制机构生活饮用水水质检测能力调查数据约33万条进行梳理分析，撰写上报《全国疾病预防控制机构生活饮用水水质检测能力调查报告（2016年）》。参与编写《全国城乡饮用水水质监测工作方案（2017年版）》，并继续在全国31个省（区、市）和新疆生

产建设兵团开展对丰水期和枯水期，出厂水、末梢水和二次供水，市政供水、自建供水的水质监测，监测覆盖全国所有省份 99.7% 的地级和 99.4% 的区县。根据国家卫生计生委工作要求和任务安排，对监测工作开展质量控制与技术培训，在培训中强化水样采集、样品运输及保存、样品前处理到检测分析及数据处理等全过程的质量控制，并在省、市、县三级疾控机构开展水质监测实验室间比对工作；通过数据审核会议、数据复核、工作群交流等方式，加强对监测数据质量的管控。

我国大气污染的急性健康风险研究。由中国疾控中心牵头“我国大气污染的急性健康风险研究”是国家重点研发计划，2017 年，组织各项目单位结合我国污染地区分布现状，依据人口普查数据、死亡率数据、数年空气污染数据，在全国范围内开展十余次调查点位匹配及甄选工作。最终选择符合选点要求、死亡数据质量高并且能体现我国不同污染水平、污染类型的点位进行研究；完成全国 8 省 3000 余人次症状调查工作以及 2000 余人次数据质控工作；形成空气污染症状调查 2000 余人阶段性标准数据库。

京津冀及周边地区大气污染对人群的健康影响研究。该项目为大气重污染成因与治理攻关项目（总理基金），执行时间为 2017 年 3 月—2019 年 9 月，项目目标是：评估京津冀及周边地区大气污染尤其是重污染天气对普通人群、儿童和老年敏感人群的急性健康影响，揭示京津冀及周边地区大气污染对人群健康影响状况和健康风险；评估京津冀及周边地区大气污染尤其是重污染天气对心肺疾病患者与高危人群的急性健康影响，分析大气污染与肺癌等主要癌症发病和死亡的相关性以及归因风险与疾病负担；掌握京津冀及周边地区居民重污染天气下健康防护现状，评估口罩、空气净化器、新风系统和中药代茶饮等防护效果，提出大气污染健康防护和干预手段，科学指导公众健康防护。

首届中国环境与健康大会。2017 年 8 月 24—26 日在北京召开，由中国疾控中心和中华预防医学会共同承办。会议以“减少环境危害，促进公众健康”为主题，设立环境化学物质的健康效应，饮水安全与健康，空气污染、气候变化与健康，环境与妇儿健康，新技术与新方法 5 个分会场与青年学者论坛。

（耿　莉　张　伟　朱文玲）

职业病防治工作。2017 年，上报年度全国重点职业病监测与职业健康风险评估报告；修订《重点职业病监测与职业健康风险评估项目工作方案》《重点职业病监测考核评分表》；编制《职业病监测与报告信息化建设实施方案》；开发全国重点职业病监测信息系统（1 期）和全国职业病防治机构能力摸底调查网报系统；对 18 个省重点职业病监测和职业病报告开展技术指导和督导。　（张文翠　聂　武　倪　方）

农村饮用水水质卫生监测。2017 年组织完成全国 31 个省（区、市）和新疆生产建设兵团枯水期和丰水期的农村饮用水水质卫生监测，监测覆盖全国 2594 个县的 3.18 万个乡，乡镇覆盖率达 95.8%。共采集农村饮用水水样 18.98 万份，完成计划工作量的 112.9%。

全国农村环境卫生监测。完成 2016 年全国农村环境卫生监测项目数据分析和技术报告撰写。2017 年开展监测工作 723 个县，完成监测计划工作量 104.18%。在开展监测的地区中，监测县占监测地区涉农县的 31.68%，监测乡镇占监测县乡镇（不含城关镇）的 13.96%，监测行政村占监测县行政村总数的 4.10%。12 月完成监测数据的收集、录入、审核工作，开展数据分析和技术报告撰写。　（陶　勇　郭　超）

消除艾滋病、梅毒和乙肝母婴传播试点项目。中国疾控中心于 2017 年 9 月 13—14 日在北京召开消除艾滋病、梅毒和乙肝母婴传播试点项目启动会，围绕国际消除艾滋病、梅毒和乙肝母婴传播进展及部分国家消除母婴传播认证经验、项目实施方案和管理要求进行梳理和讨论。会议召开标志着我国正式在部分地区启动消除艾滋病、梅毒和乙肝母婴传播工作，在未来几年将以试点项目为平台探索我国消除母婴传播工作机制和服务模式，并逐步向全国推广。

全国出生医学证明管理信息系统建设。2017 年对重点难点省份给予培训、现场指导等技术支持，于 6 月底实现全国 32 个省（区）省级信息系统与国家级出生医学证明管理信息系统的联通，开展 9 个省的数据质控及自建系统的标准符合性评估，国家级收录个案信息 2220 多万条。　（聂　妍　马　媛）

国家卫生计生委卫生和计划生育监督中心 2017 年工作概述

卫生计生执法监督工作。开展专项整治抽查指导工作。按照委党组的统一部署，认真落实委领导批示精神，针对领导关注、群众反映强烈的社会热点问题开展执法监督抽查工作。组织落实 7 部门严厉打击非法医疗美容专项工作实施方案，对 6 个省开展推进指导，发现违法线索 133 个，移交属地立案 25 件，处罚款项 6.75 万元。组织开展医疗废物处置执法监督专项工作并抽查 6 个省、8 家卫生计生执法监督机构和 30 家医疗机构，移交属地立案 8 件，处罚款项 7.11 万元。组织落实 12 部委对违法违规应用人类辅助生殖技术执法监督检查，配合委综合监督局组织开展对 10 省（市）的 12 家人类辅助生殖技术服务机构和 9

家人类精子库的抽查工作。针对舆情主动开展对6省（市）水质处理器执法监督抽查工作，加大对水质处理器的执法监督力度。针对媒体曝光湖南在校学生结核病感染事件，及时组织召开会议研究，梳理风险重点，部署防控工作。参与查办焦点访谈报道的微整形乱象、“3·15”节目曝光的角膜塑形镜、武汉“三假”医院事件等重大违法案件。

*推进执法监督体系建设。*参与医疗卫生行业综合监管制度指导意见的调研、起草，了解基层执法监督机构建设情况。落实《“十三五”全国卫生计生监督工作规划》，加强队伍建设。抓住关键少数，举办全国省级执法监督机构主要负责人和分管领导培训班。举办线下培训班19个，培训各级监督员1980人次。实现执法监督队伍全员网络培训，建设执法技能实训基地，开展案例教学，征集微课优秀作品557个，切实提高基层执法监督人员的执法能力和水平。组织开展专项稽查及交叉抽查、优秀执法案例评查，提升办案质量。

*卫生计生执法监督信息化建设。*初步建成医疗卫生机构传染病防治分类监督综合评价信息系统，实现精准监督、智慧监督，探索“互联网＋执法监督”新模式。完善信息调查制度，采集分析3223家监督机构800余万条监督检查和案件查处信息，提高数据运用水平。强化责任意识，确保重要时期信息安全。制定技术规范，开展在线监测技术应用试点。

*深化“放管服”改革。*初步建立“双随机一公开”工作机制。在全国31个省（区、市）和所有专业领域，采用“双随机”方式开展卫生计生综合监督国家抽检，实现“两个全覆盖”。编印《双随机信息系统指导手册》，完善检查对象名录库和执法检查人员名录库。建设开发双随机信息系统抽取模块和数据填报统计模块，合计抽取11个专业，20.66万家被监督单位（抽取占比6.23%），匹配抽取3.39万名监督员（抽取占比90.35%）。执法监督机构监督抽检双随机完结率98.78%。编制《2017年国家监督抽检“双随机一公开”抽查工作信息统计报告》并通报各地执法监督机构。

*政务大厅服务管理工作。*推行网上预审查、预受理，压缩受理时限。修订工作制度和流程，完善委政务大厅便民服务设施。加强行政许可标准化建设，行政许可规范化研究项目的成果《卫生计生行政许可档案管理规定（试行）》2017年由国家卫生计生委、国家档案局联合印发，是国家卫生计生委首部专业档案管理规定。配合完成国务院审改办督察。

*委社会信用体系建设。*继续完善社会信用信息管理平台建设，实现委信用信息管理平台与国家信用信息共享交换平台对接。建立被监管对象信用档案，强化信用信息应用，建立“号贩子黑名单”“被吊销医疗机构许可证的法人和负责人黑名单”“被吊销医师执照黑名单”“非法行医黑名单”。建立80万医护人员信用基础档案。推进省级信用信息管理平台试点工作，开展“信用＋综合监管”试点工作。

*卫生计生执法监督援疆援藏对口支援工作。*加强智力援助，开展组团式集中援疆援藏和对口支援。组织部分省级监督机构主要负责人赴新疆调研，积极开展对口支援山西临汾、主动落实国家卫生计生委与海南省共建任务分工中开展执法监督信息化、医疗卫生监督及协管员培训等工作。采取“请进来、走出去”的形式，2017年在新疆、西藏、山西临汾、深圳举办6期培训班，培训监督员350多人，管理干部48名，促进了受援单位执法监督工作开展、队伍建设和执法能力提升。（包子妏）

国家卫生计生委药具管理中心2017年工作概述

*提高政府采购质量。*严格按照财政部第87号令等有关文件要求，完善避孕药具政府采购规则，规范政府采购行为。全年完成中央本级11个品规、0.3亿元避孕药具的政府采购任务；接受19个省级药具管理机构委托，完成27个品规、1.48亿元避孕药具的政府采购任务。在整个采购过程中，强化公平、公正的招标原则，加强诚信体系建设，落实采购人主体责任，提升避孕药具政府采购质量。

*调整国储保障机制。*积极适应避孕药具经费体制改革要求，调整完善国家储备避孕药具供应保障机制。对以前年度的厂存药具进行集中清理，收回厂存药具货款199.91万元。取消国储药具厂存的做法，调整采购付款方式为货到付款，降低财政资金风险。

*推进发放服务。*确定山东省青岛市、陕西省西安市、河南省洛阳市为“互联网＋药具发放服务”试点城市，通过试点的引导和示范作用，加快新型避孕药具发放的服务网络建设，提高发放服务覆盖率。组织开展全国避孕药具发放服务专项检查，了解当前基层药具发放工作中存在的难点问题。召开部分省级药具管理机构负责人座谈会，听取意见，促进了发放服务在基层最后一公里的有效落实。参与起草免费提供避孕药具项目考核指标设计方案，为纳入基本公共卫生服务后的避孕药具发放考核提供了依据。

*加强质量监管。*为进一步提高全国避孕药具质量管理和业务指导水平，建立药具质量管理新机制，做好产品质量抽检和生产质量核查的双把关，做到上下联动保安全。2017年共组织15个省级药具管理机构完成597批避孕药具抽检，其中药具管理中心统一组织采购的药具验货抽检589批，河北省、陕西省、上

海市、深圳市4省市自行组织采购避孕套监督抽检8批，抽检合格率分别为99.4%和62.5%。对抽检不合格的避孕药具按拒收或召回处理，并将监督抽检结果在全国避孕药具购调存业务系统内进行通告，做到质量信息及时共享，有效防止不合格药具流入其他省份。全年对11家药具生产企业，包括6家避孕套生产企业或厂家，5家宫内节育器生产企业进行现场核查，强化质量意识，规范质量管理，及时发现质量问题，提升产品质量的保证能力。加强全国避孕药具质量管理工作指导，以各省自查为主，开展避孕药具入库验收的质量检查，分别对江苏、河南、湖北和重庆4省（市）进行抽查，促进了基层药具质量管理水平的提高。

课题研究。2017年，开展“免费避孕药具经费分配方式改革”“避孕药具需求总量及其变化趋势”两项课题研究，分别就供需双方对免费避孕药具供需不匹配的问题进行研究、探索，提出以需求为导向的避孕药具服务保障体系。

做好供应保障。完成应急性短缺药品市场撮合。组织12个省份药品采购机构与3个药品生产企业开展鱼精蛋白注射液、青霉胺片等临床必需、用量小、市场供应短缺药品的市场撮合，实现鱼精蛋白注射液、青霉胺片直接在省级药品采购平台挂网采购，确保药品供应稳定、配送及时，保障临床用药需求。开展高值医用耗材价格谈判。面对高值医用耗材“产品信息复杂、市场规范程度低、谈判难度高”的局面，配合国家卫生计生委药政司，开展谈判规则设计、基础数据整理、谈判文件接收、专家审核等一系列工作，基本形成规范公平竞争的谈判格局。探索短缺药品信息监测体系建设。配合委药政司开展短缺药品监测预警和分级应对体系建设研究，初步形成建设框架，为系统性解决药品短缺问题提供支撑。规划设计短缺药品多源信息采集和供应业务协同应用平台，形成项目可行性研究报告和项目建议书，并申报立项。平台建成后，将实现全国所有二级以上医疗机构、所有省市药品采招平台、重点药品生产流通企业等重点药品信息全链条监测，搭建四级监测和两级应对体系，形成多部门网上会商机制，为解决国家短缺药品供应保障问题，提供全面的信息库和分析工具技术支持。此外，还协助完成儿童用药相关工作，为儿童用药研究提供服务与支持。 （李　瑞）

国家卫生计生委机关服务局2017年工作概述

办公楼回迁工作。2017年，机关服务局把办公楼回迁工作作为重要任务，成立专项工作组，提前进驻试运行和安装调试设施。历时8天，为国家卫生计生委各司局发放各类搬迁物资万余件，拆卸安装旧家具300余套，配备安装新办公家具9000余件，安排搬迁车辆400余台次。投入相关人员100余人次，确保搬迁工作无缝衔接，顺利完成回迁任务。在回迁后，不断完善办公楼各项功能，统筹各办公区后勤管理，针对特殊需求增加安全保密设施，更换、调试重要场所音响系统，规划美化院区环境，为委机关打造温馨的工作氛围。

确保党的十九大等重大活动期间安全稳定。2017年，机关服务局从安全生产、信访维稳、舆情监控、机要保密、加强值守等方面，全力做好维稳工作。组织人员对3个办公区、21个自管院和集中连片小区、205处人防工程和地下空间进行多次地毯式排查，制定详细工作预案，完成党的十九大期间安全稳定，以及中央领导来委调研视察、全国卫生计生工作会议、全国系统表彰大会等后勤服务和安保工作。

推进公务用车改革。为顺利完成直属和联系单位的公车改革工作，国家卫生计生委成立公车改革工作组，办公室设在机关服务局，负责具体车改工作。车改办公室充分履行职责，经过扎实细致的工作，批复38家参改单位的公务用车制度改革实施方案，并向中央公车改革工作组报送专题报告。截至2017年12月31日，已有30家单位完成车改。

老旧小区改造。2017年，经过协调和施工，净土寺小区综合整治项目已完成，锅炉改造项目启动招投标，国家机关事务管理局在各部委中，首家批复委净土寺小区新建立体车库项目立项和概算。认真落实中央在京单位锅炉清煤降氮的有关要求，对国家卫生计生委5处自管院锅炉设施进行立项改造。改造期间，采取相应措施，保障居民正常供暖。

提高服务质量，保障优质高效服务。2017年，机关服务局在工作中倡导精品理念，弘扬工匠精神，全年提供就餐服务33万人次，承接大小型会议5378次，服务参会人员10万余人；共排版16万版，印制文件8千余件；推行家庭医生签约，组织健康体检，为职工提供医疗服务1.4万人次；交换文电10万余件，收发材料信件58万件；认真做好在京直属单位人防“五委”各项工作。 （张丽蓉）

国家食品安全风险评估中心2017年工作概述

一、主要业务工作

风险监测。截至2017年11月，国家食品安全风险评估中心（以下简称“食品评估中心”）风险监测网共监测24大类食品，检测11.3万份样品，获得监测数据87.3万条。食源性疾病监测哨点医院由2016年的8572家增至9755家，累计报告病例72.2万例，报告暴发事件4672起。报送风险隐患报告10份、食源性疾病监测报告11份、食源性疾病暴发等应急报告5份。报告并妥善处置“鸡蛋氟虫腈污染”等10余项食品安全事件，并为金砖厦门会晤食品安全卫生应急保障提供技术支持。

风险评估。食品评估中心制定2018—2020年评估计划，系统开展10余项风险评估项目，其中谷氨酸盐危害评估将为味精在中国的使用管理提供科学依据。并对风险监测到的100余种生物性和化学性物质开展评估。修订《按照传统既是食品又是中药材物质目录管理办法》，提出8种拟列入目录重点物质的评估意见。完成第5次中国居民总膳食的研究，开发我国风险评估数据可靠性评价平台。承办食品安全宣传周卫生计生委主题日活动。

食品安全标准。落实食安委和卫生计生委领导指示，研究食品中二噁英、稻米镉、松茸重金属等标准问题。协助修订《食品安全标准管理办法》，编制《2017年度食品安全国家标准立项计划》，制定进口无国标食品技术审查工作程序。组织启动187项国家标准制定、修订工作，备案278项地方标准，开展4项进口无国标技术审查。加强标准跟踪评价和宣传，及时妥善处理120余件信访、咨询。审评202项“三新食品”新品种，发布56项。承办第49届国际食品添加剂法典委员会会议，讨论通过500余条食品添加剂规定，牵头并参加6个国际法典标准的起草及35个电子工作组工作。

实施《国民营养计划》。成立国民营养行动中心。配合国民营养计划发布，协助起草国民营养计划分工实施方案。开展食品营养强化剂、婴幼儿配方食品、预包装食品营养标签等标准修订工作，编写运动营养食品通则实施指南，制作营养相关宣传册和科普动画。在18个省份开展食物消费状况调查，收集50万余条数据。起草“三区三州”实施重点人群营养扶贫项目建议。

食品安全信息化。做好全民和监管两大信息工程中心建设部分的前期工作，编制完成初步设计、投资概算和建设方案。发挥信息惠民作用，开发营养计算器App。强化信息系统安全防护，全面开展食品安全信息系统安全测评、整改，完成等级保护备案。

科研和实验室工作。食品评估中心专家获得国家科技创新争先奖，承担的国家科技支撑计划项目、863计划、行业专项通过验收。牵头申报3项国家重点研发计划重点专项、1项政府间重点专项。研制的1项国家一级标准物质通过终审，申报10余项国家发明专利。参加WHO等国际组织比对考核，取得优良结果。完成2016年度北区食品安全卫生保障工作。

合作和人才队伍建设。与欧盟食品安全局签署合作谅解备忘录，接待16个各国来访团组。“523”人才项目再上新台阶，完成领军人才和高端人才引进任务。评估中心3名专家入选WHO/FAO食品添加剂联合专家委员会。实施“一带一路”沿线省份食品安全应急处置能力提升项目。中国食品安全技术支撑人才培训项目有16名学员毕业。（马　宁）

二、重要事件和活动

联合举办美国—亚洲国际食品法典研讨会。2017年2月22—24日，由美国农业部食品法典办公室、中国国家食品评估中心联合主办的美国—亚洲国际食品法典研讨会在福建厦门举行。会议主要目的是美国与亚洲国家沟通近期即将召开的国际食品法典委员会会议信息，协调亚洲国家的立场，增进美国与亚洲国家之间的沟通和了解。来自美国、日本、韩国、印度、泰国、印度尼西亚、菲律宾、越南、孟加拉国、缅甸、巴基斯坦、斯里兰卡等国家的50余名代表参加会议。（樊永祥）

2017年国家食品安全风险监测工作培训班。2017年2月23—24日在福建省厦门市举办。会议主要目的是总结分析2016年风险监测结果，明确实施2017年风险监测计划技术要求。国家卫生计生委、福建省卫生计生委、厦门市、食品评估中心有关负责人出席会议并讲话。各省（区、市）及新疆生产建设兵团疾控中心相关负责人和专家约230人参加培训。（杨大进）

2017年国家食品安全风险监测参比实验室技术培训班。2017年4月19—20日在上海举办，国家卫生计生委、食品评估中心有关负责人参加培训班并讲话，来自食品评估中心和已经挂牌的首批8个参比实验室的有关人员参加培训。培训主要包括：国家食品安全风险监测参比实验室的工作要求、风险监测参比实验室化学领域的技术支撑方向等内容，并对参比实验室质控品制备技术规范、质控考核组织规范、质控考核评价方法、参比实验室技术培训指南、质控品库管理办法、“十三五”期间参比实验室建设方案等文件进行学习和讨论，还就参比实验室工作经费的申请渠道进行探讨。（李业鹏）

2017年全国食品安全宣传周国家卫生计生委主题日活动。2017年7月10日在食品评估中心举办，国家卫生计生委、中国疾控中心、食品评估中心有关负责人出席，新华社、人民网、光明日报、北京电视台等数十家新闻媒体参加活动。会议介绍食品安全标准体系建设和特殊膳食用食品标准体系的情况，现场媒体记者与与会专家围绕食品安全标准、特殊膳食等话题展开互动交流。（韩宏伟）

一带一路”沿线省份食品安全事故应急处置能力

建设暨金砖五国峰会卫生应急保障工作研讨会。2017年8月19—20日在福建厦门召开，国家卫生计生委，河北、福建、青海、贵州以及厦门等省（市）卫生计生委和疾控中心的代表参加会议。会议针对厦门市卫生计生委在“金砖五国峰会”期间的食品安全卫生应急保障工作展开讨论，围绕组织管理、联防联控、应急预案的针对性和可操作性、食品安全突发事件的监测和预警、现场应急处置能力、队伍建设和物质技术储备、应急演练和公众宣传等卫生应急相关工作，提出系统的工作建议和方案。（张卫民）

第3届中美食源性疾病监测技术交流活动。2017年9月19—20日，根据食品评估中心高层次人才发展“523计划”，为提升我国食源性疾病监测能力，加强食源性疾病监测技术经验交流和人才队伍建设，食品评估中心与美国国家疾病控制中心（CDC）驻中国项目办公室联合举办该研讨会。来自美国CDC及其驻中国办公室、美国田纳西州卫生局、中国食品评估中心、部分省市卫生计生委、各省市疾控中心共计90余人参加会议。（郭云昌）

中国卫生信息学会健康医疗大数据食品安全与卫生营养专业委员会2017年年会暨全国食品安全与卫生营养信息化培训班。2017年11月20日在京举办，培训班由中国卫生信息学会健康医疗大数据食品安全与卫生营养专业委员会（以下简称“专委会”）主办，食品评估中心承办。国家卫生计生委副主任、中国卫生信息学会会长金小桃出席会议并致辞。国家卫生计生委、疾控中心、监督中心、食品评估中心、医院研究所、中华预防医学会、食药总局信息中心、首都医科大学、哈尔滨医科大学等领导出席会议。专委会委员和各省（区、市）疾控机构有关负责人共计170余人参加会议。会议审议专委会2017年工作总结和2018年工作安排，邀请公安部、北京大学、复旦大学、食品评估中心、美国三泰医药科技公司的有关专家进行专题讲座。选举、增补专委会副主任委员和委员。（马　宁）

2017年食品安全国家标准项目启动会。2017年11月，受国家卫生计生委食品司委托，食品评估中心在北京召开该启动会。承担2017年食品安全国家标准项目的各单位代表、标准起草人参加会议。会议对标准制定修订工作提出要求，介绍食品安全国家标准起草工作要点，并就承担各类标准制定修订、起草工作展开讨论。（樊永祥）

北京医院2017年工作概述

改革与管理。（1）继续加强医疗安全和质量管理工作。在修订《北京医院医疗质量与安全管理委员会章程》的基础上，组建医疗质量季度交叉检查专家委员会保障医疗安全。全院覆盖DRG组数627组，CMI难度系数达到1.0，时间效率指数1.08，费用效率指数1.07。（2）落实北京市医改的各项工作要求，推进改善医疗服务行动计划，通过优化诊区布局，建立门诊服务中心，成立科室助理团队，延伸护理服务内涵等措施，提升患者就医体验。参加DRGs收费试点工作，加大推进临床路径管理工作，临床路径完成例数占出院人数比例达53.4%。（3）成立日间手术管理中心，筹建日间手术病房、日间手术患者随访室、一站式服务中心。推进器官移植工作，完善器官获取、供体转运和器官维护等相关工作的标准化流程。成功完成11例器官获取工作，接受器官移植资质现场审核工作并成功获得肝、肾器官移植资质。（4）集中优势学科共同发展，成立继发性高血压多学科诊疗中心、胃肠道肿瘤多学科诊疗中心、心律失常多学科诊疗中心、中医老年病多学科诊疗中心、冠心病多学科诊疗中心、胃食管反流病和便秘诊疗中心，在医联体内推广学科建设与发展的经验和成果。（5）医院医联体新增东城区第一人民医院为成员单位，使医联体内的医疗机构扩充至7家。医院心血管内科、呼吸与危重症医学科、神经内科获批第一批北京市专科医联体核心医院。

医疗工作。（1）2017年，出院4.44万人次，床位周转39.71次，床位使用率96.59%，平均住院日8.84天，住院手术2.38万例。产科床位由32张增至48张，剖宫产率31.5%。无孕产妇、围产儿、新生儿死亡。170个病种实施临床路径管理，入径2.03万例，完成1.96万例，入径率89.7%，完成率96.5%，完成例数占出院人数的44.2%。全年临床用血1.88万单位，自体输血692人次2044单位。（2）日间手术作为年度重点工作之一，成立了日间手术中心，组建了日间手术管理团队，并以门诊手术室为中心进行空间布局的扩展，通过压缩行政办公用房，组建日间手术病房、日间手术患者随访室、日间手术办理一站式服务中心，并最终实现“集中管理、集中收治”的日间手术管理发展方向。制定《北京医院日间手术管理办法》，并制定日间手术目录，明确日间手术开展范围，并不断优化日间手术入出院流程。在住院处设立日间手术办理一站式窗口，并制定白内障、疝气、甲状腺结节手术等单病种医疗费用的免审流程，在信息系统中实现日间手术患者门诊检查费用直接结转至住院费用的功能。开展日间手术的科室有妇产科、眼科、骨科、泌尿外科、普外科、耳鼻喉科等，手术病种由4个增加至167个，共完成日间手术2228例。（3）预约挂号管理。实行分时段预约就诊，拓展预约方式，患者可通过“114”电话、手机预约、自助挂号机等方式预约挂号。预约挂号人次及占门诊总人次的38.91%。（4）新技术、新疗法。全年开展新技术、新疗法55项，如：静脉曲张射频治疗、阴茎癌腹腔镜下腹股沟淋巴结清扫术、胃排空功能测定诊断糖尿病消化系统自主神经病变、视觉模拟MRI–超声融合经会阴模板引导下前列腺靶向穿刺活检术等。（5）药物管理。医院药占比41.11%，其中门诊62.16%、住院25.11%。抗菌药物使用强度34.3，住院患者抗菌药物使用率44.7%，微生物检验标本送检率37.8%，全部达到上级卫生行政部门要求。（6）医保工作。2017年医保住院2.27万人次，总费用5.09亿元。医保门诊110.46万人次，总费用6.27亿元。（7）医疗支援。在已承担十余家医疗机构长期对口支援任务的情况下，2017年与黑龙江省鹤岗市鹤矿医院等7家医疗机构新签订对口支援协议。9月，副院长奚桓带领11个科室专家组成的医疗队赴内蒙古自治区赤峰市克什克腾旗参加“服务百姓健康活动”大型义诊周活动。年内共派出医务人员174人次参加对口支援帮扶，诊疗患者3172人次，接收受援单位进修人员55人次。

护理工作。落实专科优质护理，改善患者就诊体验。推进老年护理专科建设；完善护理移动信息系统功能，提高护理信息化程度。承担中华护理学会、北京护理学会共282人次的专科护士培训；承担来自北京大学医学部、香港理工大学、北京中医药大学等高等院校的148名护理实习生，以及来自对口支援医院和其他医院的46名进修护士的带教工作。选送14名护理骨干参加中华护理学会、北京护理学会举办的静脉治疗、危重症、血透、老年等8个专科的专科护士培训，并选派100余名优秀护士参加学术会议。

科研和教学工作。（1）修订《北京医院科技奖励规定》《北京医院间接经费管理办法》，细化奖励层级及标准，提高全院职工科研积极性。（2）连续开展3届“京医论坛”的遴选工作。打造“京医论坛”品牌，为促进国内外学术合作与交流并推动医院学科建设发挥重要作用。“121临床试验研究工程”为提升医院临床研究水平奠定基础。经过前期建设，生物治疗中心、临床生物样本管理中心已初具规模，相关管理制度正在完善，并积累了一定的运行经验。（3）提升医院期刊的学术影响力和办刊实力。筹备出刊《中华老年医学》杂志英文版。（4）获2016年科技部国家重点研发专项课题13项，经费1.39亿元；获2016年国家自然科学基金项目7项、经费313万元。（5）2017年，医院招录规培住院医师96人，其中本院住院医师39人，外院住院医师57人（含1名新疆定向委培学员）。成为北京协和医学院老年医学博士学位授权点，同时开展与清华大学医学院联合培养的医学领军人才博士后项目选拔工作。通过了国住院医师规范化培训基地的复审工作。根据北京市卫生计生委要求，召开动态评估布置会，以评促建，13个专业基地顺利完成动态评估。（6）继续扩大研究生招生规模。在北京协和医学院招生23人（含博士11人）；在北京大学医学部招生24人（含博士5人）。（7）举办首全科医学培训班。（8）全年脱产进修学习32人次，国内院外进修10人次、国外进修22人次。

学术交流。2017年接待外国团组18个172人次专家来访。派出156人次出国学习、交流，其中长期出国学习22人次。

信息化建设。成立信息化工作管理委员会，重新评估医院信息化的现状和差距。完成国家卫生计生委电子病历五级测评工作和信息系统互联互通标准化四级甲等评测工作。成立互联互通项目建设小组，消除信息孤岛，推进诊间预约，提升患者就诊体验。开展医学影像检查的一站式预约，提升医技检查效率，减少患者排队等候。尝试将人工智能技术与医院传统医疗业务有机结合，拓展新技术在医学领域的深度应用。探索“互联网+”建设，制定“北京医院互联网医院”项目建设方案。

（孙　可）

中国医学科学院北京协和医院2017年工作概述

医疗工作。（1）2017年，北京协和医院门急诊389万余人次，手术5万余人次。开放床位2005张，入院9.91万人次，出院9.92万人次，床位使用率92.3%，床位周转次数49.3次，平均住院日6.7天。剖宫产率48.02%，孕产妇死亡率3.66/万，新生儿死亡率4‰，围产儿死亡率4.25‰。（2）方便患者就医。新增手机App复诊预约、候诊查询、自助缴费等功能，打造门诊线上综合服务平台。开发新型一体化自助机180余台，缓解“三长一短”现象；新增帕金森和运动障碍等4个疑难病会诊中心，建立门诊会诊、联合门诊与疑难病会诊中心“三位一体”的门诊团队服务模式，提高诊疗效率及病人满意度；完成2335人异地医保住院费用实时结算和243人新农合住院费用实时结算，探索医联体内合作病房建设。（3）提升医疗质量。开展全院安全警示教育，修订60余项质量管理体系文件，编写科处室工作手册70余册，完成新一轮ISO的监督审核。开展病历内涵质量、病案首页、危急值、合理用血等质控专项检查和公示。审批292项准入新技术新项目，强化新技术管理的主体责任，建立器械不良事件网络监测系统。在绩效考核上，坚持质量安全管理，提高疑难病诊治能力的建设导向。

履行社会责任。完成党的十九大医疗保障任务，完成第2批“组团式”医疗援藏任务，派出第3批医护人员10人。开展对平山县医院和聂荣县医院的精准扶贫工作，捐赠13台医疗设备。做好“十三五”京蒙对口支援，继续对口支援木樨地社区和平谷区人民医院，派出赴山西忻州、安徽阜阳国家医疗队等工作，先后派出907人支援，在“强基层”中，发挥辐射、带动的作用。

医学教育工作。（1）2017年在职博士生导师181人、硕士生导师274人，博士点32个、硕士点26个。国家级继续医学教育基地6个、二级学科住院医师培养基地18个、三级学科专科医师培养基地15个。在院学习八年制医学生395人，研究生399人。全年招收硕士生117人、博士生80人，同等学力研究生32人，招收规培住院医师124人（含临床博士后48人，援疆项目6人）。接收北京市区县级医院骨干师资培训项目2人，人社部特培生6人，赣州住培师资1人，援藏项目1人，“黔医人才计划”5人。（2）制定临床医学博士后18个专科管理体系、管理办法与培养计划。举办第4届协和医学生暑期夏令营。组建临床博士后招生宣讲队伍，组织全国重点院校宣讲活动。承接北京市住院医师规范化培训结业的内、外、妇产、急诊、皮、放射科6个基地的考核工作，共计484人次。组织中国住院医师培训精英教学医院联盟课程培训。完成全国继续教育委员会继续医学教育基地督导评估工作。

科研管理工作。（1）2017年，科研申报纵向课题832项，中标128项，资助经费共1.8亿元。其中中标国家级课题57项，资助经费1.56亿元，省部级课题33项，资助经费1070万元。中文核心期刊发表论文1264篇，SCI文章709篇，最高影响因子72.406。（2）组织申报国家临床医学研究中心。作为基地单位申报获得科技部中法人才交流项目3项、北京市科委奖励性后补助项目1项。完成分子生物学、分子医学、细胞生物学、质谱和医学统计分析等五大公共科研平台建设。实验动物中心接受66项实验课题，培养实验资质人员99人。临床生物资源标本中心收集病种5.42万套样本。组织CTSI（临床转化与科学研究所）临床研究设计第九、十期课程。首批干细胞临床研究学术审查项目4项。牵头申报并公示获批33项人类遗传资源审批项目。制定《北京协和医院科研平台建设与运行管理办法（试行）》《北京协和医院大型科研仪器开放共享管理办法（试行）》《北京协和医院科研经费管理规定》等7项科研管理制度。

改革与管理。（1）探索建立现代医院管理制度，率先制定《北京协和医院章程》，梳理60项核心制度和27个专科诊疗规范，探索建立内部科学运行的新机制。2017年2月22日，国务院副总理刘延东、国家卫生计生委主任李斌莅临北京协和医院指导、调研，明确提出将协和的成熟经验提炼总结，作为现代医院管理制度建设的典型向全国推广。协和把建设现代医院管理制度作为年度工作的重中之重，在病人服务等12个方面持续改进，争取建立更多的“协和标准”。认真开展全员培训，狠抓责任落实，做好信息系统升级改造等改革动员准备工作，平稳落实北京市医药分开的综合改革。（2）启动管理骨干培养项目。选派第4批34人“百人计划”学员出国学习。实现住院医师与临床博士后项目并轨。坚持“内培外引联合”，充实专职科研队伍。与清华大学、北京航空航天大学建立双聘、客座教授等人才交流机制，推进“医工结合”；与美国梅奥医学中心、芝加哥大学医学中心建立高层对话机制，开启务实双赢合作。协和在复旦大学医院管理研究所公布的“中国医院排行榜”中八度蝉联榜首。（3）开展“健康中国协和行动”第2届健康科普能力大赛，近500人现场观看，60余万人在线收看。筹备老专家口述历史项目，举办张孝骞教授诞辰120周年纪念活动，传承“大爱成就大医”的医者仁心。实施官网升级改造，上线科普公众号“协和医生说”，向社会传递权威科普知识。

（李　莉　王子姝）

中日友好医院2017年工作概述

改革与管理。（1）加强医联体建设。呼吸专科医联体覆盖31个省（区、市）455家医院，其中，协作单位52家，成员单位403家。在江西、河南、内蒙古、贵州、甘肃、陕西、福建、四川、辽宁、黑龙江、青海、吉林、河北、北京、上海等15个省（区、市）建设本区域呼吸专科医联体并纳入国家呼吸临床研究中心·中日医院呼吸专科医联体，共同推动呼吸学科建设和发展。（2）建立疑难危重症双向转诊绿色通道。接诊来自全国各地疑难危重症患者400余例，航空转运3例，开展呼吸疑难、复杂疾病的多学科远程会诊近1000例。（3）建立专科专病同质化教学培训体系。线上、线下培训相结合，开展系列专业培训班33期7344人次参与；开展远程培训13期4.18万人次参与；通过呼吸界、中国移动等平台进行同步直播，医联体内各级单位组织呼吸科医师集体学习，收看人数最低3000人次，最高可达1万余人次；通过腾讯新闻客户端直播“幸福始于呼吸”世界慢阻肺日直播活动，观看人次88万。接收进修人员600余人次。（4）建立肺栓塞与肺血管病防治协作组、慢阻肺协作组、ECMO中心、肺癌专病医联体，医联体内开展科研项目合作，开展围绕提升临床能力的临床研究。（5）启动“幸福呼吸”全国慢阻肺分级诊疗服务推广项目，以呼吸专科医联体为依托，在北京朝阳区、河北沧州市、内蒙古赤峰市、山东潍坊市、甘肃白银市、陕西安康市、河南周口市、贵州遵义市8个地市建立国家慢阻肺分级诊疗示范区，探索慢阻肺分级诊疗实施路径，实现试点地区医疗机构、远程医疗、疑难危重症转诊、慢阻肺诊疗技术、人才培养体系全覆盖。（6）疼痛专科医联体覆盖全国29个省（区、市），在北京、河南、山东、黑龙江、江苏、山西、新疆、广东、深圳、浙江、吉林、湖北等12个省（区、市）区域中心，包含各级成员单位共768家，构建县、市、省的分级诊疗体系。在医联体内推行千县工程，按照医联体疼痛学科建设规范，建立一系列县域医院疼痛科帮扶措施。同时，联合医联体内20家大型医院共同完成科技部国家重点研发计划项目《脊髓刺激治疗疼痛临床试验设计与组织》。（7）中西医结合肿瘤专科医联体覆盖全国20个省（区、市），主要以基层医院为主。开展对口单位帮扶工作，传授协议处方，定期到地市县基层医院进行专业技术指导与推广，接收对口单位进修人员。同时，医联体单位内开展中药外用制剂治疗化疗性口腔黏膜炎临床观察、中药外用制剂治疗放射性皮肤损伤临床观察等科研合作。（8）成立肺癌专病医联体、7月专科医联体护理联盟、10月肛肠专科医联体、毛发专病医联体、上颈椎专病医联体。

医疗工作。（1）出院人次8.26万人次，床位周转次数46.15次，床位使用率96.29%，平均住院日7.59天。住院手术例数5.07万。剖宫产率39.6%，孕产妇死亡率0/10万，新生儿死亡率0.9‰，围产儿死亡率1.8‰。实施临床路径的科室有34个136个病种。全年用血情况：红细胞14992单位，血浆15806单位，血小板4222治疗量；自体输血774人次695单位。（2）预约挂号管理。开通多种预约挂号形式，自助挂号机、中日友好医院App、中日友好医院公众号、医师工作站、114电话及网络等多渠道预约挂号，普通门诊预约挂号人次及占门诊总人次的56.51%。（3）开展新技术、新疗法情况。1月制定《中日医院医疗技术临床应用管理制度》，院内开展16项新技术。（4）药物管理。抗菌药物使用及管理情况：门诊患者抗菌药物处方比例9.34%，急诊患者抗菌药物处方比例35.51%，出院病人抗菌药物使用率52.17%，抗菌药物使用强度46.56。（5）医保工作。出院人次3.8万、总费用7.91亿元。（6）开展援藏、援疆、援青工作，并对口支援陕西神木市、府谷县及吕梁山片区，以及北京市顺义区的协作帮扶单位；同时，参加国家医疗队巡回医疗、中组部博士服务团、中组部西部之光人才培养、京蒙省际帮扶等项目。承担政府指令性对口支援任务10个专项，对口帮扶18家受援单位。共派出专业技术及管理人员93人次，其中含2016年度派遣的援疆干部3人、博士服务团成员2人、顺义城乡对口支援人员3人；年内新派遣85人次。承担政府指令性高级人才培养专项任务4项，接收来院进修人员133人。新增对口支援单位进修培训人员133人，其中政府指令性进修培训人员63人，友好协作进修人员70人。政府重点人才培养专项任务4项，为期6个月至1年，共32人：中组部“西部之光”人才培养项目结业4人，新增3人；国家卫生计生委与新疆卫生计生委联合培养的新疆创新性中青年人才项目结业3人，新增4人；国家卫生计生委与贵州省政府共同实施的黔医学人才培养项目结业4人，新增10人；北京市政府对口支援干部人才项目培养2人，新增2人。

护理工作。（1）护理管理实行科、护士长目标管理；编制并发放大科、护理单元质量管理手册，每月在全体护士长管理例会上，对上月护理质量情况进行分析，将质量管理结果与护理绩效挂钩，激励护士提高护理质量。建立了基于护理风险与护理核心操作项目的护理绩效评价体系。制定并出台对各临床护理单元不可收费耗材的管理办法，制定各临床科室的成本管理目标责任制，促进科室成本管理效率的提高。（2）开展专科医联体护理联盟建设。2017年7月14日成立由全国28个省（区、市）近320家医院加盟的中日医院专科医联体护理联盟，联盟下设呼吸、肿瘤、疼痛3个专科护理组。制定护理联盟工作计划与方案，建立专科护理标准与共识、建立专科护理质量评价体系，建立专科护理人才培养机制，建立共同参与的专科护理研究，通过远程平台实行疑难危重患者护理会诊与查房，促进专科护理水平的提高。（3）接收护理实习生363名，比上年同期增加15%。接收护理进修生141名，专科护士271名。组织国家级继续教育项目8项，参加培训人数超过1200人次。（4）在核心期刊发表护理文章107篇，发表SCI文章1篇。获批国家专利7项，发表论文数量增加10%。（5）医院7名护理专家获聘成为北京中医药大学临床护理专业硕士生临床导师，接收并指导7名临床护理专硕学生的临床实践及课题研究。获评北京中医药大学临床护理学系主任单位。（6）邀请日本、加拿大等10位专家来医院指导讲学。派出5名护理骨干赴日本顺天堂大学附属医院进行交流研修。组织2批护理骨干赴仁济医院、湘雅医院调研学习。

科研工作。（1）2017年，“针刀应用解剖与临床”“肺癌个体化微创根治相关技术的系统研究及临床应用推广”“肺癌个体化微创根治相关技术的系统研究及临床应用推广”获社会力量科学技术一等奖。“寰枢椎脱位中西医结合治疗技术体系的创建与临床应用”获国家科学技术二等奖，该成果显著提高临床疗效，降低死亡率。获得专利6项。（2）国家及市级重点实验室6个：免疫炎性疾病北京市重点实验室、中医药防治过敏性疾病北京市重点实验室、中医药防治传染病重点研究室、肺病慢性咳喘、慢性肾病疗效评价、中药药理（肾脏）实验室。

医学教育。（1）首次承担北京大学医学部临床医学五年制本科生全程整班教学任务。与清华大学医学院签约成为其教学医院，接收4名本科生临床见习，接收临床博士后项目学员参加住院医师规范化培训。与首都医科大学建立教学合作关系，成为首都医科大学临床医学院。（2）2017年，招收硕士生114人、博士生42人。同时承担北京协和医学院专科医院专业研究生培养任务，内科、外科在培总数93人。研究生参加住院医师规培结业考试，西医类学生通过率为81.8%，中医类学生通过率为88.57%。（3）完成继续医学教育项目359项次，其中国家级项目56项次。卫生技术人员全部通过2017年度继续医学教育学分审核，连续7年继教达标率达到100%。同时组织2018年度各级继续医学教育项目申报工作，新申报国家级78项目；市级继教项目30项已报。（4）专科医师培养。作为PCCM专培的牵头主委所在单位，参与中国医师协会的专科医师规范化培训管理信息平台设计、专培试点实施方案、基地责任书等政策制定和PCCM专培师资培训工作。10月组织全国27家基地的项目负责人及医院管理人员培训及规模教学实施方法，并到4家培训基地指导督查培训情况。（5）获2017年北京大学医学部教育教学成果三等奖2项。

学术交流。（1）开展项目19个；主办或协助临床科室共举办各类学术会议共67个；共派遣临床医技、管理人员出国访问、学习进修、参加国际会议等共计74个团组104人次；聘请名誉、客座教授4人次。（2）完成翻译、校对并上传医院新闻动态250余篇至医院英文、日文网站。协助世界卫生组织控烟与呼吸疾病预防协作中心，完成WHO控烟官方教材英文版（4册、25万字）的翻译和校对工作与国际医疗品质大会（ISQua）建立定期合作，推广国际医院质量与评价；推进日本龟田医疗中心国际合作项目。

信息化建设。投入1333.25万元，实现门诊挂号增加刷卡支付；完成日间手术全流程开发；完成急诊记账功能改造；进行预约挂号改造；开展草药外配信息改造；实现检验系统报告与业务数据库分离；完善微生物系统的业务功能及报告查询；实现科室护士工作量统计功能；完成科室洗消系统接口开发；输血系统改造；完成病理系统使用电子签名改造。

（尹　琳　仇玉青）

国家卫生计生委科学技术研究所2017年工作概述

国家人类遗传资源中心项目工程。2017年，国家人类遗传资源中心建设工程项目按照预定计划进展顺利，完成二次结构施工，开展室内装修、市政工程的施工及设备安装工作。同时，引领资源整合初见成效。业务建设超前部署，推进科技资源平台建设。承担国家科技资源共享服务平台专项，搭建国家人类遗传资源共享服务平台。支撑生命科学与生物医药领域科学研究、技术开发与民生安全领域应用。牵头国家科技资源平台专项，组织全国55所高等院校、科研院所、大型医院和生物医药企业，已完成31个人类遗传资源专题、75个生物样本库的整合，构建复杂数据库系统，建立全国统一的共享数据中心；分布式集群资源发现、计算机辅助表型分子模拟等关键技术取得积极进展，整合国家超算广州和济南两大计算资源，支撑人类遗传资源大数据存储计算；上海和广东两大区域创新中心探索运行，“四方模式”初步显现，网络化、社会化人类遗传资源共享服务初见成效。

创新与服务管理。（1）落实《科研所创新驱动发展实施办法》，实行更具激励性的收入分配政策，科研、经营、管理三方联动的收入分配体制初步形成。加大改革力度，突破机构定制、改造旧学科、探索大部门建设，完成部分科研部门撤并转，企业资助研发经费占总研发经费比例从改革前的3%攀升至2017年的47%。国家创新人才培养基地发挥积极作用，海外人才深度融合，双向交流深入发展，以人为本的改革发展新动能不断蓄积。（2）布局新兴交叉领域，开展前沿技术探索，推动单细胞与单分子、人工细胞与人造生物膜、多模态融合与脑机接口、基因编辑与生物大分子模拟等新兴领域取得积极进展，大数据智能计算实验室上线测试，医学音频和电磁波深度学习申请发明专利；牵头组织国家颠覆性技术专项论证，承担国家BK科技专项，积极参与国家脑科学和空间科学计划，跨学科与跨领域团队逐步成熟。（3）制定“十三五”规划，做好顶层设计布局。建立“科卫协同”和“医研企”机制，探索多种渠道的社会化科研合作与科技服务。完成2017年度基本科研业务费重点及面上项目的评审。获得北京市自然基金资助1项、中国博士后基金项目1项。加强科技创新基地建设，促进成果转化。

推动计划生育转型升级。（1）围绕生殖健康与出生缺陷防控新需求，加强与高等院校、科研院所跨学科融合，深化11个协同创新中心内涵外延，推动与哈佛大学等美国4所大学交流合作，营养队列、母子队列、儿童脑发育队列以及阴道菌群微生态等特色研究在国际上崭露头角；避孕药新晶型、医用新材料、唇腭裂脊柱裂3D微组织再生修复、出生缺陷人工智能早期识别、儿童难治疾病诱导多能干细胞、儿童遗传病先导药物与基因编辑治疗，以及肿瘤患者生育力保护等一批新型课题获得国家科技计划资助。（2）加强计划生育生殖健康实证科学研究，拓展妇幼健康质量研究与服务新领域。开展生殖健康适宜技术综合评估与推广模式研究，参与计划生育技术相关指南编制和修订以及开展产后和青少年避孕服务试点工作。开展空间科学先导专项预研“太空微重力环境对精原干细胞自我更新和分化的影响及作用机制研究”，开创生殖健康研究新领域。主持国家科技基础性工作专项，与国家妇幼中心合作开展我国首次新生儿眼病及出生缺陷大规模、多中心调查，摸清我国新生儿眼发育异常基本情况。（3）国家生殖健康工程技术研究中心、遗传优生中心及男性生殖健康重点实验室等创新平台建设进展顺利，通过专家评估。承担国家“十三五”生殖健康与出生缺陷防治重点研发项目，搭建协同创新平台，支撑生殖健康与出生缺陷防治领域的科学研究、技术开发与临床实践；开展我国男女性生殖生理常数及基础数据调查，填补国内空白；建立生殖健康新技术研发平台，子宫出血机制的研究、铜离子低爆释表现新型铜材料IUD的研发为解决女性避孕最常见的临床问题和提供更安全、副作用小的避孕方法提供保障。（4）促进临床医疗服务持续发展，加强社会化科技服务平台建设。组建妇幼健康质量发展研究中心，创建“中国技术创业协会质量基础发展联盟”，探索建立以质量为基础的妇幼健康发展体系。稳定生殖中心与人类精子库的运行管理，推进医疗服务与临床科研融合发展，探索引入社会资本联合开办医疗机构的新模式。建立国家生殖健康检测服务平台，开展产品/技术质控体系研究，做好药具质检技术服务和第三方亲子鉴定技术服务。

对外交流与国际项目合作。深化在生殖健康、妇幼保健、出生缺陷干预、老年病预防和医学质量与安全等领域的国际合作，加强与盖茨基金的深度合作，完成合作项目的研究与转化应用。欧盟—中国“流产后计划生育服务”（INPAC）项目结题，在盖茨基金的支持下，开发无创性新生儿营养健康评价新技术方法。

（范彩军）

中国健康教育中心2017年工作概述

一、主要业务工作

理论政策研究。推进“把健康融入所有政策”落地，研究起草《国家健康促进县区建设管理办法》《关于推进健康学校建设工作的意见》等10余个政策性文件。组织编写《全国健康促进学校优秀案例汇编》《健康促进学校工作指南及适宜技术》等10余本专业书籍。

指导与培训。针对地震、高温防暑及洪涝灾害，向相关省份提供传播材料模版80余种，开展应急健康教育。组织开发健康教育在线培训课件15个，面向基层健康教育与计生宣传人员提供在线视频学习资料。组织11个以健康教育、新闻宣传、健康素养监测为主题的省级骨干培训班，培训2000余人。

健康科普工作。在《健康科普信息生成与传播技术指南》的基础上，配合委宣传司研究制定《关于加强健康教育信息服务管理的通知》。启动实施健康促进与教育资源库建设工程，主要包括健康科普专家库建设、健康科普资源库建设、权威健康科普平台建设等内容。积极完善中心健康教育专家库建设，前期已经成立烟草控制和营养膳食健康教育分委会，筹建高血压防治健康教育和健康教育技术专家分委会。

健康传播工作。开展重污染天气公众健康教育研究，研究开发核心信息，开展公众舆情监测，通过中央电视台、北京电视台播出雾霾防护节目3期。指导央视制作50余期职场健康课节目，与社会媒体合作开展相关知识宣传。动员、指导相关学会、协会和机构，开展全国肿瘤防治宣传周、全国高血压日主题宣传活动等百余场。

健康教育应用性研究。开展“三减三健”相关工作，开展中英合作减盐项目研究，借鉴英国减盐有关经验，借助健康素养促进行动、健康中国行、健康媒体联盟等平台，开展我国减盐公众宣传。

国际合作与交流。申报世界卫生组织健康教育与健康促进合作中心。与联合国儿基会共同举办青少年公益活动。组织召开健康促进国际经验交流研讨会。与世界卫生组织、美国CDC、儿基会、格里菲斯大学等近10个国际组织和院校开展合作。

二、重要事件和活动

宣传全国卫生与健康大会和第九届全球健康促进大会精神。健教中心起草两个大会宣讲材料、制作宣贯PPT，编撰《第九届全球健康促进大会重要文献及国际案例汇编》《第九届全球健康促进大会重要文献汇编（英文版）》以及大会发言实录和发言PPT集共6本宣传材料，并派遣专家赴25个省（区、市）宣传大会精神。推动把健康融入所有政策，协助组织召开10部委参加的全国健康促进工作会。探索建立健康影响评价制度的方法和路径，承担2017年委机关重点调研课题，在8省10个县区开展调研和预试验，初步提出县区政府开展健康影响评价的路径和方法。

全国健康素养促进行动工作。健康素养促进行动项目从重大公共卫生项目调整到基本公共卫生服务项目，健教中心配合委宣传司做好政策文件起草、省级协调、工作会议举办、考核评估方案制定等工作。全国启动196个全国健康促进县区建设，首批试点全部通过技术评估，评选出12个优秀县区。指导各地制作公益广告47部。健康巡讲覆盖受众达1216万人次，印发材料近3000万份。完成2017年素养监测工作，分析2012—2015年健康素养监测数据，撰写《中国居民健康素养报告》，制定健康素养快速评估方案和标准化问卷。

区域和场所健康促进。牵头研究起草《2017版全国健康城市评价指标体系》，开展国家标准委“健康城市标准前期研究”课题，为近20个省份和城市建设工作提供技术指导。加强健康（促进）学校建设顶层设计，参与制订健康学校建设标准，编写全国健康促进学校优秀案例汇编。开展健康促进医院最佳实践推广工作，编写《全国健康促进医院优秀实践案例汇编》。

重要卫生计生纪念日活动。重点开展艾滋病日、结核病日、肿瘤防治宣传周等10余个主题宣传活动。2017年“美好青春我做主”红丝带校园行活动共走进30所高校，其中厦门大学校园行是金砖国家峰会配套活动。举办“爱在阳光下——2017年夏令营”和2017年世界防治结核病日主题宣传活动，世界卫生组织结核病/艾滋病防治亲善大使彭丽媛出席上述活动。

“健康中国行”主题宣传活动。2017年宣传主题是合理膳食，组织专家制订6条合理膳食健康教育核心信息及释义、5条中国学龄儿童合理膳食健康教育核心信息及释义，制作8个以合理膳食、健康素养为主要内容的标准课件，供各地健康巡讲参考。制作并发放合理膳食主题海报2种2000张、名人海报1种1000张、膳食宝塔冰箱贴1种3000个。

“世界无烟日”主题宣传活动和控烟健康教育工作。制作“被吸烟我不干”公益广告，通过中央电视台、电影频道和北京卫视等广泛播出，累计播出1200余次，并在全国卫生与健康大会一周年之际，通过北京地铁1号线长安街沿线发布。开展“中国烟草控制大众传播活动”2016—2017年度媒体优秀控烟作品评选，参赛作品达1.2万部。参与承办国家卫生计生委在上海举办的世界无烟日主题宣传活动，协调策划北京电视台养生堂栏目制作播出一期“世界无烟日”特别节目。

委网站和新媒体运维。完善实施细则，网站发稿量同比增长14%，官网日平均点击数超过300万。在2017年中国政府网站绩效评估中位列国务院组成部门第7名，同比上升1名。“健康中国”新媒体共发布微博4100余条，同比增长7%，推送微信1600余篇，同比增长41%，形成今日头条、网易号等多平台协同发布和系统内微博账号矩阵式联动传播的良好局面。

委管报刊管理。组织专家完成《死亡征战——中国援非抗击埃博拉纪实》《中国器官捐献指南》等出版物重大选题备案审核工作。制作《出版物相关文件汇编》并下发至主办出版单位。完成“百强报刊”评审和在京报刊年检，开展编辑人员业务培训。开展委管出版物主题宣传激励工作，完成年度优秀作品评选。完成健康教育专业人才评价标准定稿，开展委管报刊从业人员培训。

四川省凉山州健康教育工作。健教中心成立支持凉山健康教育工作领导小组和专家小组，组建工作团队，落实各项任务分工。组织专家6次赴凉山调研和培训，了解当地健康教育现状和需求。制定2018—2020年支持凉山州健康教育工作方案，举办凉山州艾滋病防治健康促进培训班，与凉山州会东县签署健康促进县建设技术支持战略合作框架协议，为当地健康促进工作提供技术支持。

贫困地区农村留守儿童健康教育。组织专家研究制定54条留守儿童及监护人健康教育核心信息和释义。制定项目基线调查方案，设计开发基层健康教育人员留守儿童家访服务包，协助开展对项目省的技术指导工作，对基层健康教育骨干进行培训。协助开展新市民健康城市行活动。

第10届全国健康教育与健康促进大会暨2017年健康中国行总结会。2017年11月21—22日在杭州召开，国家卫生计生委副主任王贺胜出席。会议启动中国健康教育中心健康促进与教育资源库建设工程，发布2016年中国居民健康素养水平，举行2017年健康科普材料征集大赛和健康中国行优秀作品颁奖仪式，并总结健康中国行、健康促进县区建设、健康素养促进行动等工作进展，组织了现场调研。（黄相刚）

中国人口宣传教育中心2017年工作概述

服务大局。（1）2017年，中国人口宣传教育中心（以下简称“中心”）利用中心承办的央视《人口》、央广《生命对话》栏目、中组部远程教育节目及《家庭健康新空间》网络平台，制作专题节目，宣传党的十八大以来健康中国战略、国家卫生计生惠民政策、健康扶贫、医改成效、人民群众获得感。《人口》栏目中《妥妥的幸福生活》获得第2届全国家庭与健康宣传教育创新创优大赛专题类一等奖；《为了孩子的健康》获得第2届全国家庭与健康宣传教育创新创优大赛专题类三等奖。制作中组部全国党员干部现代远程教育课件并送播，其中《我们来了》和《山海间的健康保卫战》分获2016年度全国党员干部现代远程教育优秀课

件节目文化卫生类二等奖和三等奖；《大山里的守护者》和《口罩天使》在全国党员干部现代远程教育优秀课件节目评选中，被全国党员干部现代远程教育工作办公室分别评为一等奖、二等奖。（2）讲好中国故事，展示大国形象。2017年4月，配合中非部长级医药卫生合作会议，设计制作展览、中英双语宣传片《风雨同舟　守护生命》，刘延东副总理及与会20多个非洲国家卫生部部长给予高度评价。6月，为第3届中国—中东欧国家卫生部长论坛制作《中国—中东欧国家卫生合作》《中国卫生经验与成就》《健康中国2030规划纲要》3部分展览和中英文双语宣传片《合作共赢　共促健康》。7月，配合金砖国家卫生部部长会暨传统医药高级别会议，制作了多媒体视频和中英双语宣传片《携手同行　共享健康》；配合健康城市研讨会制作中英双语宣传片《为了人民的健康》。8月，配合"一带一路"暨"健康丝绸之路"高级别研讨会，设计制作对外宣传画册《中国卫生概况》、中英文双语宣传片《携手共筑健康丝绸之路》；制作《"健康中国2030"规划纲要》中英文字幕的动漫宣传片于会议期间循环播放。9月，参与"砥砺奋进的五年"大型成就展图片整理及设计。（3）制作反映建设健康中国、深化医改的展览《深化医改取得重大成效》，并于2017年12月31日在国家卫生计生委展出，国务院领导参观后给予高度评价。（4）在"国际家庭医生日"，设计制作官方海报、背景板及宣传展板，海报在委官网与支部工作App上线。（5）承担全国卫生应急技能竞赛活动宣传工作，负责竞赛期间新闻宣传、图文视频制作及决赛现场设计执行，录制竞赛视频题和总决赛。（6）承担2017年世界精神卫生日主题演讲比赛的复赛和决赛的赛事执行和现场宣传品的设计制作。（7）为委机关办公楼大厅设计展墙17期，内容包括卫生与健康科技创新成就、第九届全球健康进大会掠影、习近平访问世界卫生组织系列报道、"健康中国　健康之路——卫生计生摄影美术作品征集活动"、全国健康促进大会纪实、爱国卫生运动会65周年、中国代表团参加第70届世界卫生大会2期纪实、妇幼工作、艾滋病防控等工作成就。（8）为委相关司局制作10种宣传画册，包括《外事活动掠影（4种）》《卫生合作协定汇编2013—2016》《2016全国基层卫生岗位练兵和技能决赛活动巡礼》《可持续发展中的健康促进——第九届全球健康促进大会纪实》《2016—2017年新市民健康城市行——全国流动人口健康促进宣传活动巡礼》等。

*制作大型题材影视图文精品。*中心摄制4集政论片，回顾中国人口迁徙的历史脉络和规律，展现改革开放近40年来人口流动状况及对中国经济和社会发展的推动力。摄制首部反映中国医改成效的5集纪录片，并在第2届全国家庭与健康宣传教育创新创优大赛中被评为专题节目类特等奖。参与"中国好医生中国好护士"宣传。加强健康科普教育，制作《一图读懂〈国民营养计划〉》《一图了解"食品安全标准与监测评估'十三五'规划"》《一图读懂"三减三健"》《合理营养一生健康》等宣传图片和海报，并在新华网等几十家网站及移动客户端登载。科普片《防治艾滋病flash动漫》在第2届全国家庭与健康宣传教育创新创优大赛中被评为科普节目类一等奖；专题片《携手共筑健康丝绸之路》在第2届全国家庭与健康宣传教育创新创优大赛中被评为专题节目类二等奖。制作《懂科学·"慧"生活》系列健康科普视频，在央视和多家卫视播放。制作陈冯富珍在世卫组织的经典回顾画册、视频。配合全国卫生应急办主任会议，制作专题片《德国G20卫生应急桌面演练国内模拟演练纪实》。制作《云南德宏州艾滋病防治系列宣传片》。为全国卫生计生人才工作会议制作专题片《聚天下英才实施健康中国战略》。为"全国卫生计生楼宇电视健康传播系统"及"卫计观察App"提供下载、编辑、更新、滚动播出的新闻视频200余期，合计35小时。完成委重大事件、大型活动会议新闻摄影、摄像任务130余次。

品牌公益活动。（1）承办第12届"你在他乡还好吗"公益活动。（2）2017年12月，中心举办圆梦女孩志愿行报告会，组织创作的儿童剧《雏菊花》首演。圆梦女孩志愿行动主题歌《雏菊花》MV，被评为全国"十大"少儿励志歌曲，荣获第5届亚洲微电影节"金海棠"奖、第15届中国人口文化奖歌曲类二等奖、湖南省"五个一"工程奖。（3）承担国家卫生计生委健康扶贫领导小组片区和定点扶贫组工作，组织"吕梁山货"扶贫活动暨中央单位大宗采购对接会。（4）组织医疗卫生与文艺志愿者赴贵州省思南县、陕西省清涧县实施精准帮扶。（5）发起成立国内专注于自我保健的公益组织——"自我保健联盟"，并在25个城市开展健康教育讲座近40场。（6）2017年11月，举办"食品安全，健康快乐——2017年食品安全宣传主题活动"，20余家主流媒体参加活动。（7）2017年4月，启动家庭健康传播志愿者公益项目，成立全国首支国家级慢性病防治和安全用药志愿者团队，注册志愿者达1500人，在全国24个地区、220个市县开展各类培训2206场，累计培训11万人次。（8）2017年5月，以"国际家庭日"为契机，联合上海罗氏制药有限公司举办"聚焦家庭用药安全，促进药物分类使用"媒体座谈会。同日，上线发布药物科学分类科普视频——《"药"弄明白的那些事儿》，提升公众安全用药的

意识。（9）加强军民融合，5月召开“全军第30期人口计生干部培训班交流会”；12月举行新时代卫生与健康文化传播座谈会。

能力建设。（1）开展新时期人口宣传教育战略发展研讨。（2）深化中国家庭幸福感热点问题研究。（3）关注生育政策调整后，群众意愿和实际生育，并形成专题分析报告，为政府决策提供参考。（4）借鉴国际经验，承担联合国儿童基金会青少年健康与发展项目和母子健康发展综合项目。2017年6月14日，召开青少年健康与发展媒体培训会。8月14日，召开青少年健康与发展项目专家研讨会。10月31日—11月2日，召开青少年健康促进培训班。8月11日，召开母子健康发展综合项目研讨会，组织妇幼专家协助项目地区完成该项目健康促进部分方案的制定。（5）举办第3届中国电视与新媒体健康传播论坛、全国人口与健康宣传教育创新创优大赛及业务论文征集活动。（6）举办全国青少年健康与发展领导力、全国家庭与健康图文摄影专业人员能力建设培训班，为基层人员搭建业务能力提升平台。（牛瑞平）

国家卫生计生委统计信息中心2017年工作概述

做好统计与调查，为实施健康中国战略提供决策依据。（1）统计信息中心修订统计调查制度和卫生机构类别代码标准，更新统计年、季、月度及生命登记数据库，发布统计公报及医疗服务信息。（2）推进健康医疗大数据应用发展。牵头组织编制《〈国务院办公厅关于促进和规范健康医疗大数据应用发展的指导意见〉解读》。开展健康医疗大数据资源目录与标准体系研究。编制医用耗材基本数据库80万条并下发使用。完善药品基本数据库，新增药品信息6万余条。收集药品交易数据，完成《全国药品集中采购监测分析报告》。会同国家统计局研究建立健康服务业统计核算体系，测算2016年全国健康服务业总产出及增加值。（3）强化实施医改监测工作。完成2016年医改监测数据收集、审核及汇总工作，撰写年度监测报告。组织修订、印发2017年医改监测工作方案，实施季度监测。（4）筹备第6次国家卫生服务调查。围绕中共中央、国务院发布《“健康中国2030”规划纲要》，与SDG目标，研究制定第6次国家卫生服务调查方案，并开展预调查。开发使用手持移动设备（PDA）数据采集。开展居民卫生服务利用行为的监测。

推进信息化建设，为卫生与健康事业发展提供支撑保障。（1）推进全民健康信息化工作。全面启动全民健康保障信息化工程一期项目建设。编制印发项目管理办法。协调各实施单位完成项目预算投资计划申报、项目监理、总集成、财务跟踪审计及开发测试软硬件招标采购工作。编制完成信息中心承担的16个应用子系统和应用支撑平台招标文件。实现国家级与32个省级平台联通，推进全员人口库、健康档案、综合管理数据采集。配合国家发改委编制省统筹区域全民健康信息平台项目建设方案。（2）推进委重要信息系统建设。中心完成国家级应用系统整合，实时联通远程医疗机构，成功为委领导在线演示全民健康信息化建设国家级主要业务系统。完善国家药管平台、国家药品和医疗服务价格监测信息系统、住院医师规范化培训管理平台、委属管医院信息服务与监管系统等重要信息系统的建设。（3）推进卫生信息标准研发及应用。做好卫生信息标准专业委员会和信息标准协调审查工作。组织完成《国家卫生信息数据字典》等49项卫生信息标准的研制工作，已正式发布209项标准。发布标准符合性测评方案，指导省级测评分级管理试点单位工作。做好委标准网和信息标准网运行维护。指导开展团体标准工作。推动SNOMED CT、DICOM等相关标准同国际接轨。（4）推进基层信息化建设和居民健康卡应用。中心编制《“十三五”基层信息化规划》《居民健康卡普及应用指导意见》，开展电子健康卡创新应用试点工作。编写《居民健康档案管理办法》《医共体信息支撑体系建设指导方案》等。完善居民健康卡国家级卡管平台及用卡监测系统，并推进与省级的联通。

做好委机关电子政务保障，确保网络信息安全。（1）保障委机关电子政务工作。信息中心完成委1号楼办公区网络设施建设，确保1号楼办公区回迁工作。实施委机关新OA系统二期升级建设项目。编制委机关电子政务内网建设及分级保护设计方案，并启动项目建设。完成委官方网站正常运维。做好委机关“两区三楼”日常网络、电话、终端、多媒体发布系统、视频会议等技术保障。（2）保障委机关信息安全与党的十九大网络安全。开展多种形式网络安全法宣传教育，迅速对抗“勒索”病毒蔓延。采取技术防御、制度落实、应急处置与人员看护等综合技术与管理措施，完成党的十九大期间网络安全保障任务。

（张志慧）

国家卫生计生委干部培训中心（党校）2017年工作概述

推进委重点工作落实。（1）发挥委党校干部教育培训主阵地、主渠道作用，落实委人事司委托培训。承办2期年度县级卫生计生委主任培训班、青年干部培训班1期、司处级干部任职培训班1期、西藏和新疆卫生计生管理干部培训班各1期，共6个专题的重要培训班次，培训学员500余人。（2）贯彻落实国家卫生计生委主任李斌、副主任王培安、金小桃就党校易地建设的指示，推动党校易地建设。（3）推进流动人口社会融合示范试点工作。配合委流动人口司完成首批15个城市流动人口社会融合47个实践案例的编写、专家点评撰写、出版和分发；完成第1阶段试点工作经验总结和政策分析报告；举办“流动人口社会融合增设示范试点城市工作研讨会”，完成第2批试点城市方案研讨和调研；启动示范社区材料评审与现场评估，完成全国87个示范社区表彰和经验总结材料和与亚洲开发银行合作项目建议书的编写工作。

开展各项培训，加强党性教育。（1）从2017年11月9日起，按照委党组学习贯彻落实党的十九大精神工作统一部署，在委直属机关党委指导下，党校举全校之力，承办14期委直属机关学习贯彻党的十九大精神培训班，培训学员1223人次。培训班观看国家卫生计生委主任李斌宣讲党的十九大精神录像，邀请中央党校、中央党史研究室知名专家、教授对十九大精神进行深入解读，邀请十九大代表分享心得体会，组织学员开展重温入党誓词活动，将委直属机关学习贯彻党的十九大精神活动推向深入。（2）以理论学习和党性教育为重点，举办国家卫生计生委第8、9期司处级干部进修班，61名调训委机关及直属联系单位司处级党员领导干部参加，增加面授课课时。坚持把党的理论教育和党性教育作为党校班教学首要任务，坚持司局级领导干部到党校讲课制度，紧密结合卫生计生工作，推动开展联学联做，创新培训内容和方式。探索理论学习与实践教学相结合的模式，将北大医疗产业集团确定为党校司处级干部进修班实践教学基地。（3）组织实施管理干部培训。完成人事司、机关党委及有关直属和联系单位委托培训。除6个专题的委重点工作培训外，还完成委人事司人事工作培训班1期、机关党委直属机关党员发展对象培训班1期、医科院药物所中层干部培训班1期、医科院生物工程所学习贯彻党的十九大精神培训班1期，共培训学员800余人。完成党校自主培训，精心设置课程，认真组织实施。按时完成新疆卫生计生管理干部、卫生计生系统干部教育培训工作和新疆医改工作专题3个培训班，自主培训培训学员200人，顺利完成2016年部分未实施的培训。开展地方合作培训，利用党校品牌、资源优势，结合地方卫生计生管理干部的培训需求，开展公立医院改革、能力提升、健康扶贫、新闻宣传暨健康教育等专题合作培训，共10期，培训学员1000余人。（4）基层干部培训工作。党校围绕委党组中心工作和重点任务，面向基层行业机构开展干部教育培训，全年共开展各类短期培训56期，培训学员近5000人；接受基层医疗机构委托，组织内训33期，培训学员2800余人；执行中心预算项目，为革命老区赣州举办第8期城市基层卫生计生管理干部培训班，培训学员186人。（5）推进婴幼儿早期发展等项目。开展婴幼儿发展引导员职业标准的开发，发放《科学育儿家庭读本》；继续推进“养育未来”项目，在国际学术刊物《科学》(Science)上，发表“养育未来”项目的专题报道；举办第4届中国儿童早期发展高峰论坛、婴幼儿早期发展中的营养干预专题研讨会；启动开展针对少数民族儿童的亲子阅读项目，遴选推荐书目等，开展11期相关培训班，培训学员2000余人；与国际救助儿童会等机构合作在云南省曲靖市沾益区、河北省保定市涞水县开展“农村地区0～3岁婴幼儿早期发展项目”，开展每月2次的家访活动，经过严格的随机对照检验，发现干预组在认知、行动、语言能力方面较对照组有明显提高，被国际专家认为具有全球意义的研究成果。（6）开展科研工作。开展中国援外医疗队党建工作研究和控烟工作研究、社会组织管理政策研究；开展教育培训质量评估和青年干部能力素质课题研究、青少年健康成长政策研究项目，并取得阶段性成果。

社会组织党建工作。按照中央和委党组决策部署，制定社会组织“两个覆盖”工作实施方案，并向国家卫生计生委副主任崔丽做专题汇报。为全面落实社会组织“两个覆盖”工作提供政治思想保障，举办社会组织党委党建工作培训班，组织社会组织党员赴西柏坡，参加理想信念教育和党风廉政教育主题党日活动，还与白求恩国际和平医院开展“两学一做”联学联做活动。通过党校摸底调查、核实，确认64家委业务主管社会组织，成立55个党支部，党组织覆盖率达100%。理顺党员组织关系，做好党员转接服务，认真履行社会组织党组织的六大基本职责，努力推进委业务主管社会组织“两个覆盖”各项工作。（曾言言）

国家卫生计生委卫生发展研究中心2017年工作概述

科研与服务。（1）科研数量质量稳步提高。2017年，中心在研项目290个，同比增长27%，科研课题数量稳中有升。其中，承担委项目142个，涉及委司局18个，协助相关司局开展5项委重点工作任务；国自然项目3个，科技部项目2个，以及其他部委、地方各级政府、大学和研究机构、国际组织等项目。产出130篇调研和研究报告，编印送阅件18期，其中，获得中央领导批示4项、委领导批示4项，获奖4项，部分成果被《卫生计生工作交流》采用；发表文章134篇，出版著作12部，《健康中国战略下的绿色卫生服务体系论》被选入“十二五”国家重点图书，

《2014—2016年基层卫生综合改革重点联系点居民健康询问调查报告》和《远程医疗实践国际规范与指南》被选入“十三五”国家重点图书。（2）拓展深化研究范围和内容。结合“健康中国”建设，深化医改重点，加强政策研究，注重纵横交织，力争纵向形成政策研究全周期，横向达到重点领域全覆盖。中心分别承担委中宣部“马工程”关于健康中国和深化医改两个重点课题分课题和总课题的研究，运用马克思主义基本立场、观点和方法，开展实践经验与理论相结合的研究。围绕健康中国，开展健康人权、健康服务业、全面健康覆盖、健康人力资源建设、食品营养安全与健康融合、健康医疗大数据等战略性研究。围绕医改重点，开展卫生经济决策支持系统、家庭医生签约机制、健康扶贫兜底保障机制、家庭医生、药品耗材、西部卫生人才培养等展开研究；围绕委重点任务，协助司局开展医联体建设、卫生总费用核算、公立医院综合改革、基层综合改革、人事薪酬改革、疾病应急救助、分级诊疗、信息化战略、一带一路卫生合作战略等研究；参与健康产业、健康扶贫、医疗救助、中国健康事业发展与人权进步白皮书等文件的起草工作。（3）对外影响力提升。2017年中心共组织和参与31批次、68人次因公出国（境）团组，分别赴欧亚非20个国家和地区的政府和学术机构开展学术交流活动。其中，外专局因公出国（境）培训项目2个，均已组团完成培训任务。中心已被世界卫生组织正式确定为卫生服务体系加强、分类术语和标准两个合作中心。分别与世界卫生组织、英国卫生服务可持续发展部、国际无害医疗组织、加拿大健康管理中心、丹麦卫生部卫生数据局、伦敦帝国理工学院全球卫生创新研究院等国际机构或组织，签署合作谅解备忘录。组织首届中国DRG收付费大会，与挪威卫生部联合召开中挪医疗卫生合作论坛，举办“构建绿色卫生服务体系推进健康中国建设”国际研讨会，承办在亚洲召开的第12届国际日间手术大会、中国中东欧卫生合作论坛——中东欧国家卫生政策分论坛、首届新型城镇化、健康与流动人口社会融合国际论坛暨“为流动人口提供更加公平的健康保障”圆桌会议、首届南南人权论坛健康权的实现分论坛等具有国际影响的学术会议。（4）成果转化与推广效果。印发《2016年卫生政策研究报告汇编》《中国卫生发展绿皮书2016——公立医院改革专题研究》。起草《健康服务业市场开放研究与建议》《健康管理与促进：理论与实践》《卫生技术评估与卫生政策评价——实证篇》《中国药物政策研究进展》《基层卫生发展报告》《基层卫生综合改革典型案例》等。卫生总费用核算主要结果在《卫生统计提要》《卫生统计年鉴》《中国统计年鉴》中发布。中心专家多次接受焦点访谈、央视晚间新闻、央视新闻直播间、东方时空等媒体的视频或文字的采访报道。

创新与构建健康高端智库。（1）开展理论和方法研究，为决策提供支撑和依据。中心开展绿色卫生服务体系、健康管理等基础理论的研究；开展健康服务业和健康产业分类核算体系、基层卫生工作核心指标体系、医疗技术评估与准入体系、卫生总费用功能法、卫生政策和技术评估评价方法等体系方法的研究。以及开展中国卫生技术评估机制建设、药品费用增长机制、医用耗材编码规范、互联网诊疗管理办法、综合医院和疾控中心建设标准、基层基本服务能力标准等研究工作。（2）推进监测评估，助力全面实施和效果评价。中心研究“十三五”卫生与健康规划实施年度监测、健康影响、医联体绩效、眼健康规划监测、公立医院医疗质量持续改进等评估体系，设置公立医院模型，嵌入性视域下医养结合的健康养老模式，制定“健康中国2030”建设监测与考核方案、公立医院薪酬制度改革试点监测方案。建设疾病应急救助信息平台，医养结合数据监测平台。分析政府卫生投入监测数据、医疗机构成本价格监测数据、医疗卫生机构财务年报。组织公立医院综合改革效果评估工作，对全国31个省（区、市）2000多家公立医院展开自评及复评工作。开展国家“十二五”临床重点专科、健康扶贫、卫生计生人才、分级诊疗试点、基层卫生改革试点等监测评估工作。（3）指导政策实施，促进政策和成果落地。协助指导国家DRG收付费试点，卫生总费用功能法卫生费用核算的全国应用扩展工作。参与国务院大督查及委内司局重点调研。开展卫生费用核算、医疗服务价格和支付改革、全科医生签约等培训工作。按照委里安排，派驻医改综合试点联络员，选派2名科研专家赴公立医院改革国家联系试点城市，开展沟通联络工作。参与地方医改和规划制定，接受北京、辽宁、西藏、海南、湖南、四川成都以及黔西南、榆林、天长、罗湖等近30个省（区、市）、市、县委托的政策研究咨询工作。（4）建立合作研究网络，加强政策研讨与推广传播。中心牵头建立卫生政策与技术评估研究网络、中东欧核心国家卫生政策研究合作网络、“一带一路”卫生政策研究合作网络，以及中国卫生信息学会健康医疗大数据应用评估和保障专委会，中国卫生经济学会卫生费用与政策专委会、卫生政策与技术评估专委会和基层卫生专委会等网络和协作组织。

中国人口与发展研究中心2017年工作概述

加强人口发展战略研究，推进新型智库建设。（1）中心正式加入“一带一路”国家智库联盟，成为“一带一路”女性论坛主办方之一。《2016年人口

与发展高级资讯会论点综述》得到国务院领导重视，智库建设成绩受到中央领导关注。（2）人口发展战略、家庭发展与计划生育、老龄化与健康预期寿命、流动迁移与城镇化、国际经验等五大中长期研究课题正式启动，完成2017年度出生人口形势分析报告，撰写中国人口发展预测报告。（3）围绕马克思主义理论研究和建设工程“人口变迁与健康中国”课题，开展人口变迁与经济社会发展关系的理论和经验研究，取得阶段性研究成果，完成《构建生育友好型社会研究》《马克思恩格斯论人口资料汇编》《人口与中等收入陷阱文献综述》等研究报告。（4）完成25万样本全国生育状况抽样调查的组织实施、数据清理、比对核查、指标计算、论证分析等工作。这是自2006年以来时隔11年进行的第7次生育、节育、养育及生殖健康状况调查，为研判生育水平变动趋势、评估政策效果、把握人口国情、制定重大政策提供决策支撑。（5）推进“十二五”国家科技支撑计划项目成果人口综合决策系统（PADIS+）的应用开发。举办“人口综合决策支持系统（PADIS+）应用示范研究项目协调会暨培训班”，国家卫生计生委副主任王培安出席并讲话，强调人口综合决策的重要性，对中心坚定人口与发展新型智库的目标、争取早出多出应用成果提出要求；举办“人口综合决策系统（PADIS+）成果发布会暨新型智库建设研讨会”，第九、十届全国人大常委会副委员长、PADIS+首席科学家蒋正华，国家卫生计生委副主任、中科院院士曾益新出席，对中心在新型智库建设中所取得的成绩给予肯定。（6）梳理各省（区、市）《人口与计划生育条例》，总结新条例在保护群众权益、维护法律公平正义方面的重大突破及《条例》本身和落实过程中存在的问题，为各省（区、市）进一步完善和落实《条例》提供科学依据和有效支撑。从计划生育政策衔接、弱势群体帮扶政策等方面，开展针对计划生育特殊家庭的研究和分析，为改善特殊家庭生存状况、提供有效服务提出有针对性的建议。

提升调查研究能力，服务中心工作。（1）围绕健康中国战略，开展妇幼保健/计划生育技术服务资源整合、乡村计生队伍转型发展、生育登记服务状况研究、婴幼儿托育服务等研究及基层卫生专家库建设和综合管理工作。承担联合国人口基金、联合国儿童基金、国家社科基金、国家统计局、国务院研究室等单位及国家卫生计生委各司局、各地卫生计生委项目50个。撰写论文66篇、报告100余份。《关于3岁以下婴幼儿托育服务情况的报告》得到国务院领导批示，8篇报告被收入《中国流动人口发展报告2017》。（2）在美国人口学会年会、“一带一路”沿线国家人口与发展高端圆桌会议、中国人口学会年会等国内外学术会议上发言或展示海报39人次，参与撰写或编辑出版物10个。组织召开各类研讨会近30次，聘请10余名国际知名专家深入指导，推动五项中长期课题组的研究进展。（3）连续9年承担“全国流动人口卫生计生动态监测调查”。目前整个调查制度基本成熟，形成一套有效机制，将调查质量、调查流程都提升到一个新的水平。高追踪率完成“中国家庭发展追踪调查”的首轮追踪调查，家庭层面和个人层面的整体完访率分别达到94.0%、93.3%，在国内外大型追踪调查中处于较高水平。另外，还完成4项电话调查和1项网络调查。（4）计算机辅助调查软件CAPI（Computer Assisted Personal Interviewing）在各项调查中发挥重要作用，提高了调查效率，保证数据的真实性、时效性、完整性和一致性。中心已具备连续承担国家级大型调查和快速追踪调查的专业化能力。（5）首次在农村贫困地区开展留守儿童健康服务需求评估，深入了解留守儿童营养膳食、早期发展、安全防护、身心健康等问题，为国家卫生计生委健康扶贫、留守儿童关爱干预活动提供有效支撑。调查结果被新华网、农民日报等多家媒体转载，促进政府和社会各界对留守儿童关爱工作的关注与贯彻落实。

健康扶贫动态管理系统正式上线，完成健康扶贫年度考核评估工作。（1）初步建成包括“三个一批”、挂图作战、统计分析、督导考核、数据共享、分析研判等功能的健康扶贫动态管理系统。动态更新国务院扶贫办新增建档立卡贫困人口900多万个案信息，实现省级数据共享；收集基层2016年、2017年400多万人的救治、诊疗和费用信息；完成三区三州和832个贫困县医疗机构情况调查。（2）抽调60名骨干力量完成中西部22省（区、市）健康扶贫试考核，实现现场评估全覆盖。同时，通过动态管理系统以及电话调查方式开展非现场评估核实。参与起草2017年度健康扶贫考核方案和细化的考核指标。完成深度贫困地区扶贫与计划生育相结合的政策建议研究报告3个，有力支持健康扶贫工作。

提高数据整合开发能力，加强人口发展决策数据实验平台建设。（1）PADIS系统安全、正常运转，完成流动人口信息、奖扶信息等数据入库及数据分析工作。完善计划生育信息互联互通系统功能，提高了出生人口、生育登记信息联通的速度和质量。开展17省计划生育信息化和全员人口数据库质量评估，指导各地信息平台建设。完成全民健康保障信息化工程人口统筹管理业务应用平台设计方案及项目软件开发、标准建设招标工作。援助西藏完成出生医学证明信息系统部署，与西藏全员人口数据库互联互通。

（2）推进人口数据共享工作。完成国家统计局年度调查数据出生信息比对，双方初步形成共建共享出生人口信息、调查信息和普查信息的合作意向。实现2016年全员人口信息、住院分娩直报信息共享，启动出生医学证明信息和人口死亡信息共享工作。加强国家社会科学基金重大项目“中国人口数据综合集成应用平台建设（1949—2015）”研究，梳理中心人口数据资源，开展数据的收集、整理、扫描、录入、匹配、校核等工作。

创新信息传播载体和方式，引导和应对舆情。（1）发挥新媒体作用，做好舆情监测和应对。在《世界人口展望2017》发布、“世界人口日”、党的十九大前后、全面两孩政策两周年等重要节点，提前组织系列宣传文章。通过微信公众号、网站、杂志推送各类文章110多篇，阅读量总计达到200多万次。（2）整合内部刊物，提高编辑质量，编发《人口决策参考》25期、《计划生育互联网摘要》248期。“积极构建家庭友好型社会”的观点被《人民日报》社《人民论坛》杂志评为2017年最具价值的100个观点之一。（3）推进“一鉴三刊”出版工作。《中国卫生和计划生育年鉴》获得中国地方志指导小组组织的第4届全国地方志优秀成果（年鉴类）质量评审二等奖、中国出版协会年鉴编校质量评比一等奖，并借助中国知网实现网络出版。《人口与计划生育》杂志改版扩容，增设新的热点栏目和专栏，邀请相关领导、知名学者等针对国家重大人口政策和健康中国战略部署作权威解读；设置“主编漫谈”栏目，着眼人口相关的理论、社会问题发表主编见解；内容进一步向基层倾斜，贴近工作实际，贴近读者需求。启动《人口文摘》更名和转型工作。开通“人口计生杂志”“健康中国观察”公众号。英文学术期刊《中国人口与发展研究》（China Population and Development Studies）正式出版，并与国际出版集团Springer Nature合作，赢得国内外关注。

深化国际交流与合作，提升中心国际影响力。（1）在肯尼亚主办首届中非人口与发展论坛，这是中国首次与非洲国家在人口与发展领域召开的会议，也是中心首次在国外大规模主办会议。会议形成成果文件《推动实现非洲人口红利》，推动中非人口与发展领域的学术交流，提升中心国际影响。（2）人口与发展南南合作卓越中心正式挂牌，国家卫生计生委副主任王培安和联合国人口基金执行主任巴巴通德·奥索蒂梅欣出席挂牌仪式。卓越中心将成为发展中国家研究机构和智库间开展人口与发展领域的相关研究、培训、经验交流的核心机构，将成为在“一带一路”倡议下促进人口与发展领域南南及三边合作的重要平台，并进一步推动“全球2030可持续发展目标”以及《国际人口与发展会议行动纲领（1994）》的实现。（3）与复旦大学、亚洲人口学会联合举办“一带一路沿线国家人口与发展”高端圆桌会议，承办中法家庭发展论坛、中日韩老龄政策论坛，参加联合国人口与发展委员会第50届会议、第14届人口与发展部长级国际会议、第28届国际人口科学大会，并举办专题边会，相关成果得到国际社会的关注和认可。（4）接待联合国人口司、荷兰跨学科人口研究所、德国马普人口研究所、华盛顿大学等18批88人次的来访。与德国卢森堡基金、澳大利亚人权委员会开展持续合作。完成联合国人口基金援华第8周期项目执行工作。（张　刚）

国家卫生计生委项目资金监管服务中心2017年工作概述

一、主要业务工作

内资项目监管工作。（1）绩效考核。受国家卫生计生委基层司委托，项目资金监管服务中心（以下简称“中心”）开展2016年度国家基本公共卫生服务项目绩效考核工作，组织完成31个省（区、市）以及新疆生产建设兵团的现场考核。实现年度所有省份考核全覆盖，全面采用项目绩效考核信息系统，通过信息化数据采集工具和网络，实现现场考核信息化，提高考核效率。（2）督查和巡查。组织完成16省（区、市）和新疆生产建设兵团中央转移支付卫生计生项目现场督查工作，在内蒙古、福建、云南和陕西开展中央转移支付卫生计生项目巡查工作。（3）提升西藏自治区监管能力和绩效评价。为全面提升西藏卫生计生项目监管能力，服务基层、服务群众，根据西藏卫生计生项目执行实际情况，中心专门组织人力，设计并实施西藏监管能力提升计划。抽调30名全国各地财务管理、公共卫生和基础设施建设领域的专家，对西藏的7个地市（含地区）卫生计生项目进行专项检查，并对项目管理人员进行现场培训。中心以项目目标为基础，以项目结果为导向，设计绩效评价方案和评价指标，对“十二五”期间西藏结核病防治、高血压健康管理项目开展绩效评价，组织现场调研组对拉萨市、日喀则市及阿里地区的4个县进行现场评价。（4）中央转移支付项目绩效评价研究工作。结合西藏项目绩效评价和“卫11”项目绩效评价工作，完成卫生计生项目绩效评价模型和技术路径，并初步拟定《绩效目标管理办法》。（5）监管规范化。为指导全国各地开展监管工作，编撰出版《公共卫生项目监管指南》《卫生计生建设项目管理》等规范性手册。（6）审计委派工作。中心认真落实委党组赋予的审计委派工作职责，不断严格工作程序，强化履职考核。按程序定期组织完成对审计委派人员业绩考核工作。加强重大经济事项研究和工作部署，开展审计委派人员职责研究，创新联合审计工作机制。加强重大经济事项上报工作。

外资项目管理。（1）世行贷款中国医疗卫生改革促进项目（简称“卫12”项目）。“卫12”项目聚焦中国医改重点领域和关键环节，是我国医疗卫生领域实施以结果为导向管理方式的项目，也是中国深化医改全面向纵深推进的关键时期实施的一个重要项目。中央级成立项目指导委员会及中央级项目协调办公室（国家卫生计生委项目资金监管服务中心）。中心认真履行中央级项目办公室职责，在国务院医改办的领导下，积极执行项目指导委员会决议，负责项目实施日常管理，协调组织各方开展项目相关活动。（2）中英全球卫生支持项目。中心（中英全球卫生项目管理办公室）负责中英全球卫生支持项目（GHSP）的管理、监测和评估等工作。秉承合规、高质、科学的管理原则，积极沟通协调、推动项目高效运行。（3）盖茨基金会中国农村基本卫生保健项目。该项目以预防因病致贫为切入点，探索建设农村地区系统的基本卫生保健体系（PHC），创新健康扶贫模式，最终助力解决农村人口“因病致贫、因病返贫”的难题。（宋春芳　黄文缨）

二、重要事件和活动

2017年全国卫生计生项目监管工作研讨会。2017年11月15日在京召开，会议全面总结党的十八大以来卫生计生项目资金监管工作，对监管工作取得的成效和面临的挑战进行分析。会议强调，卫生计生项目资金监管工作意义重大，要通过开展督导检查，了解地方重点项目资金到位和使用情况，指导地方在资金分配方式改革的情况下，切实加强项目资金监管，落实资金监管主体责任，促进各地规范、高效执行中央财政资金项目。会议介绍了中央转移支付地方卫生计生项目改革现状，对2017年监管工作开展情况及发现的问题及2012—2017年项目监管工作取得的成效进行总结分析，以《卫生项目复核评价模型应用研究》为题进行了技术交流，部分省份参会代表进行监管工作经验介绍。全国31个省（区、市）卫生计生委监管工作负责处、室和项目监管专门机构有关人员110人参加会议。（宋春芳）

2016年度国家基本公共卫生服务项目绩效考核工作。2017年5月10—22日，为全面了解国家基本公共卫生服务项目的实施情况，推动各地规范开展项目，中心组织11个考核组，在全国31个省（区、市）和新疆生产建设兵团开展2016年度国家基本公共卫生服务项目现场考核工作，实现年度针对全国所有省份考核的全覆盖。考核组运用信息系统软件，在考核地区随机抽取1市辖区和1个县，每个区（县）抽查1所基层医疗卫生机构（社区卫生服务中心或乡镇卫生院）以及村卫生室。通过听取汇报、查阅资料、现场核查、访谈和问卷调查等方式对组织管理、资金管理、项目执行和项目效果4个方面进行考核。本次考核继续将部分重点指标作为抽查考核重点，复核部分指标地方自查结果，调查知晓率和满意度，更加关注居民对项目的获得感。这是国家卫生计生委和财政部连续第7年委托中心对国家基本公共卫生服务项目进行绩效考核，推动项目开展，促进项目任务落实。（崔　钧）

2017年度中央转移支付卫生计生项目督导检查工作。2017年4月10—15日；9月13—23日，根据国家卫生计生委2017年度工作计划安排，受委财务司委托，中心组织开展对内蒙古、福建、云南和陕西的巡查工作。巡查工作主要内容包括：2016年度国家卫生计生委中央转移支付项目督导检查发现问题的整改情况；2011—2015年度补助资金的结余结转资金清理情况；2016年度按因素法补助资金的分配和下达情况。9月13—23日，中心按照现场督查“两年一轮全覆盖”的原则，组织8个督查组，举办项目启动会和监管人员培训会，完成对天津等16省（区、市）的14个地级市、18个县（市、区）的现场督导检查。督查组共走访187个卫生计生行政部门和项目实施机构，访谈项目相关人员599人。现场督查内容包括：（1）各地省级卫生计生行政部门资金监管工作机制建设、资金监管责任落实和自查自纠开展情况；（2）2015—2016年度项目资金下达和执行情况；（3）结核病防治项目、扩大免疫规划项目、城市和县级公立医院综合改革试点项目、住院医师规范化培训项目以及助理全科医生培训项目等6个重点督查项目的实施情况；（4）项目资金结余（结转）资金存量情况；（5）2015年以来，委督查工作中发现问题的整改情况。督查工作在总结以往经验的基础上，根据医改投入监测系统提供的数据，按照资金量、项目数及既往督查覆盖情况，选定督查的市、县。实现国务院办公厅关于“双随机一公开”规范事中、事后监管工作的要求。结合预算绩效评价工作的需要，从投入、活动、产出和成效4个逻辑维度，设计13个适用于卫生计生项目的督查指标体系，使得专项督查内容更加具体，常见问题描述和分析更加深入、准确。从督查结果来看，各地卫生行政部门更加重视项目资金监管工作，监管主体责任得到落实，监管工作力度进一步加大，项目的财务管理日渐规范。（杨　珺　史园园　段明月）

世行贷款中国医疗卫生改革促进项目。2017年项目由筹备阶段进入启动实施阶段。（1）世行批准项目。世行完成项目评估、项目技术磋商会（暨项目谈判）等关键活动。5月9日，获得世行执董会批准。（2）完成国内审批。4月12日，项目方案获得国家发改委批复后，6月19日，国务院医改办发文明确了中央级项目指导委员会、项目办、专家组构成以及相关工作机制。（3）项目生效并启动实施。9月11日，项目正式生效。（4）搭建项目信息交流平台。8月22日，项目微信公众号上线运行。11月3日，建立按病种付费、临床路径管理、慢病一体化管理3个项目技术交流微信群。（5）签署中央级项目执行协议。12月21日，财政部与国家卫生计生委签署中央级项目执行协议。

"世行贷款／英国赠款中国农村卫生发展项目"绩效评价研究工作。2017年5月，按照财政部《关于开展2017年国际金融组织和外国政府贷款赠款项目绩效评价工作的通知》要求，中心组织开展该项目绩效评价研究工作。经过研究方案设计与论证、现场调研、研究结果论证，该项目的绩效评价研究工作如期完成。（潘　伟）

国家卫生计生委医疗管理服务指导中心2017年工作概述

委属委管医院综合绩效考核。2017年召开8次会议，组织300余名专家参与考核指标修订和评审工作。2017年8月28日，国家卫生计生委副主任、国务院医改办主任、委属委管医院综合绩效考核领导小组组长王贺胜主持召开委属委管医院综合绩效考核领导小组首次次会议。他强调，委属委管医院综合绩效考核是一项综合性的工作，领导小组及办公室的全体成员单位要通力合作，坚决完成好绩效考核工作。此项工作启动后，44家医院通过信息平台报送2万余条数据和8000余份佐证材料，采用线上"背对背"和线下"面对面"的两轮评审制，基本完成对"国家队"考核工作。

满意度调查方法创新。采用移动互联网和大数据技术，开发医院满意度管理平台。患者和医务人员扫码进入，填写标准满意度调查制式问卷。该平台于2017年7月份正式上线，截至12月底，有1974家医院参与，累计收到753万份问卷，最多一天收到26万份。与传统方式相比，具有成本低、效率高、更可靠和可比较的特点，实现一把尺子量全国。

患者安全报告学习系统。2017年9月，中心组织召开主题为"患者安全、以人为本"的2017中国患者安全大会。大会上，依托移动互联网、以学习为目的患者安全报告和学习系统正式发布上线，截至12月底，累计访问量超过69万人次，线上学习10万人次，报告不良事件1792例。

公立医院党建基线调查。根据委领导指示，受委直属机关党委委托，中心承担开展全国公立医院党建基线调查工作任务。按照多阶段整群抽样方式选取20个省328家医院开展问卷调查，起草撰写《公立医院党建工作抽样调查数据汇总情况报告》和《公立医院党建工作情况分析报告》，首次摸清全国公立医院党建工作基本情况，为制定《加强公立医院党建指导意见》提供可靠的依据。

健康扶贫工作。2017年3月启动"互联网＋健康扶贫"应用示范项目建设筹备工作，探索借助现代化信息技术手段助推精准健康扶贫。2017年5月，组织农村贫困人口大病专项救治政策研究和健康扶贫"三个一批"专项督导工作。2017年11月，配合人口发展研究中心制订《健康扶贫第三方评估方案》并参与评估工作。同时，为进一步提高医务人员基本药物合理使用、中成药和中药验方临床使用能力，组织开展了连片特困地区和民族地区基层药学人员培训、连片特困地区和民族地区基层基本药物临床应用指南和处方集培训工作。

医疗管理理论研究及决策参考。在各类医疗卫生管理核心期刊发表文章15篇。协助委规划司起草《全国甲类大型医用设备配置审批专家论证工作制度》，开展公立医院规模扩张原因分析及控制决策研究。协助委医政医管局开展改善医疗服务行动计划督导、儿童医疗服务体系建设督导、抗菌药物临床合理应用督导、全国健康体检与管理质量控制与改进等相关工作。协助起草《母婴护理保健中心基本标准》等11个文件及标准。协助委法制司协调管理6个医疗相关标准委员会，组织开展医疗标准宣传贯彻。协助委家庭司起草《全国医养结合服务示范单位遴选工作方案》。

（孟宏伟）

国家医学考试中心2017年工作概述

医师资格考试工作。在国家卫生计生委医师资格考试委员会的领导下，全年组织75万人参加医师资格考试，有28万人获得医师资格。（1）提升命题质量。修订试题开发工作规程和专家委员会管理办法，加强命题研究，严格入闱管理，稳定试卷难度，有效测试考生理论水平与实践能力。（2）部署考务工作。召开全国考试考务会议和片区座谈会，加强工作部署和培训指导。修订考务工作规则，巩固和完善多部门联防工作机制。实行考场雷同监测提醒和"一卷三式"。妥善解决报考资格历史遗留问题。（3）高效组织阅卷评分。修订笔试阅卷及固定合格线工作规程，制定数据管理办法。高效完成阅卷评分。（4）分析考试数据。全面梳理考生构成，研究分析变化趋势，为院校教育、住院医师规范化培训、定向培养等重大政策

实施提供数据支撑。（5）编制并印发《医师资格考试发展规划（2018—2020 年）》。

推进医师资格考试改革。（1）乡村全科执业助理医师资格考试扩大到 24 个省份，报名人数达到 5.7 万人，可为乡村补充全科医生 2.3 万人。（2）补充儿科和院前急救专业人员。2017 年报考短线医学专业加试 6389 人，额外通过 588 人。（3）基本实现固定合格分数线目标。执业医师 360 分，执业助理医师 180 分。（4）医学综合笔试“一年两试”在天津、云南和海南考区试点。（5）加快推进实践技能考试基地的建设。制定《国家实践技能考试基地管理办法》和《国家实践技能考试基地建设标准》，印发《基地评估认定办法》。（6）继续推行计算机化考试。口腔、公共卫生类别的全部考生参加计算机化考试。（7）开展分阶段考试实证研究，效果很好。

其他考试相关工作。受委应急办委托，协助开展全国卫生应急技能竞赛有关工作；受委妇幼司委托，开展助产士规范化培训考核；受中国抗癫痫协会委托，开展脑电图学专业水平测试；受安徽省卫生计生委委托，开展“智医助理”机器人测试。开展模拟虚拟技术在专科医师实践技能考试中的应用研究。创新考试题型，开发医师思维能力的测评系统。（赵　源）

国家卫生计生委医院管理研究所 2017 年工作概述

年度重点工作任务。2017 年依托所内医疗质量监测系统平台，加强对医疗质量指标体系和管理体系的研究，加强对医疗质量指标体系和管理体系的研究，抽取 6912 家医疗机构的 1.07 亿住院病人数据进行汇总分析，协助国家卫生计生委完成《2017 年国家医疗服务与质量安全报告》编写和抗菌药物合理使用监测工作；实施“极光计划”“走进西部”等 13 个基层卫生专业人才培训和援藏援疆项目，推动医疗卫生工作重心下移、资源下沉，有效助力提升基层医疗卫生服务能力。

医疗质量管理与控制工作。开展医疗技术临床应用事中事后管理与政策研究、医疗质量指标体系和管理体系进行研究，连续 7 年收集、分析 330 万份特定（单）病种上报数据和 8 万份医疗安全（不良）事件上报数据，形成特定（单）病种上报数据和医疗安全（不良）事件上报年度报告。针对全国卫生行业负面事件的信息监测分析工作，梳理查找卫生行业监管中存在的主要问题和漏洞，为医疗监管政策制定有效提供决策依据。有效统计“全国白内障复明手术信息报送系统”数据的上报工作。发布 2016 年度全国医疗机构白内障手术报送数据情况，受到社会各界广泛关注。同时，研究所承担的院感、护理和药事 3 个国家级质控中心在上述工作基础之上，在 2017 年 32 个国家质控中心的考核中，排名分列第二、三和第十二位。（1）开展医疗废弃物、医院感染管理等专项工作，对无锡市人民医院等 1500 家试点推广医疗机构的医疗废物及其相关物品管理发挥技术支撑作用。加强医院感染监测，实时动态监测掌握医院感染暴发情况，完成医院感染专业质控指标筛选和系统上线工作，帮助地方院感质控中心加强管理，推动建立以医师为主导的团队建设，提升专业管理水平。（2）帮助各省护理质控中心提高护理质量管理水平，完善国家护理质量数据平台建设，对 1000 余家医疗机构的 13 个护理指标体系进行分析；开展护理成本与收费价格、护士执业环境等领域研究，回收问卷 40 万份；总结“十二五”国家临床重点专科建设护理工作。（3）开展临床用药的医疗质量数据调查和医疗机构静脉用药调配质量管理研究，监测 2000 余家医疗机构的妇产、儿童、肿瘤等患者抗菌药物合理使用情况，对抽查的 1 万余例处方、病历中涵盖的 60 万项信息进行分析，用于用药合理性评价研究，分析我国合理用药评价研究的现状，提出该领域需要进一步研究的问题，在重点分析评价方式和用药的特点及流程的基础上，探寻建立适合于医疗机构用药合理性评价的标准指标体系，形成专题研究报告。

医院评审评价研究工作。牵头组织修订《医院评审标准》，对 273 家医疗机构开展绩效评价、急诊评价工作，以及现场辅导等工作，完善医院评价体系，推动改进医疗质量管理。对我国开展医院运行绩效、医疗质量与医疗安全国际比较，为建立现代医院管理制度等工作提供决策依据。

医疗标准研究工作。承担的 4 个卫生标准委员会秘书处工作，2017 年度共组织修改（审查）标准 118 项，制定标准 19 项，其中 11 项已通过审查，2 项已颁布，制作 12 项标准视频培训材料，时长 300 分钟，开展标准宣贯培训 6 期。

医疗信息化研究工作。协助国家卫生计生委开展电子证照和示范应用研究，对医疗机构、执业医师和执业护士电子证照系统进行管理，截至 2017 年 12 月上旬，全国在册医疗机构激活率为 79%、在册医师激活率为 69%、在册护士激活率为 70%。多部门协同组建健康医疗大数据医疗质量管理与监督专业委员会，承担多项国家医疗健康大数据和医疗质量领域的大数据应用研究课题；组织制（修）订国家层面的电子病历相关业务规范与管理性标准，完成《电子病历应用管理规范》并已公布，对 5981 家医院电子病历系统应用水平分级评价和数据上报的累计 1.3 万院次的 930 万项评价项数据进行分析研究，助力公立医院改革中的医疗信息化建设重点工作；同时对400余家民营医院建设现状开展调查研究，分析其信息化建设及管理、人员梯队结构、成本控制等问题，探索推动非公立医疗机构建立现代医院管理制度，为医改工作扩大服务供给，为推动公立医疗机构和非公立医疗机构相互促进、共同发展的格局提供数据支持和建议。

科研合作及学术交流。开展国家科研基金项目2项，国际合作项目3项，完成研究报告、发表论文120余篇。举办医院管理改进示范现场观摩会、国家疾病诊断相关分组（DRGs）论坛、医院质量与评价国际讲坛、护理质量管理、药师论坛、全国眼健康大会、第21届中华医院信息网络大会等大型学术交流活动，在全国三甲医院与基层医疗机构搭建学术交流平台，促进基层医疗卫生机构找准问题、明确措施，加快提升医疗质量管理与服务水平。

期刊出版工作。《中国数字医学》杂志连续9年被评定为“中国科技论文统计源期刊”和“中国科技核心期刊”，杂志继续入选“中国科技核心期刊”，核心影响因子上升到0.635，在所属类别排名上升2位。全文继续被中国知网收录，并评为《中国学术期刊影响因子年报》统计源期刊。《中国护理管理》杂志投稿量和刊发率双增长。杂志首次进入中国科学引文数据库（CSCD），成为我国进入CSCD仅有的两本护理期刊之一。影响因子为1.210，居护理类第2位，综合评价指标居护理类第3位，总被引从2016年第7位升至第6位。《中国医院建筑与装备》杂志改版，被中国新闻出版研究院评为“期刊融合发展示范案例单位”。（刘　昊）

国家卫生计生委国际交流与合作中心2017年工作概述

指导援外医疗队队伍建设。2017年，完成51支队1038人次的医疗队日常管理和突发应急处置工作，轮换人次729人，复派医疗队2支，新派医疗队3支。举办第45期、46期援外医疗队队（点）长、翻译及财会人员等培训班，完成近300人次的医疗队骨干培训。完成20个对外援助创新项目的设计、论证、督导、总结评估工作；召开援外创新经验分享会，加强援外创新经验推广；组织国家级专家赴承派省及带队赴外技术把关、全程指导。完成47个国家的驻地调查，为医疗队信息资料数据建设打下基础。坚持“一项任务、多项产出”，检查与指导并重的工作原则，完成南苏丹、突尼斯等10个国家的审计调研。配合国别调研，参与多哥、坦桑尼亚等5国专题调研。完成27个省（区市）政策督导的组织及报告汇总工作。

“光明行”项目及活动。配合国家领导人国事访问，开展老挝“光明行”活动、柬埔寨“爱心行”活动；配合委领导外事活动，开展马尔代夫“光明行”活动。配合对外友协，协助国家卫生计生委完成“最美援外医生”大型表彰活动及座谈会的会务工作。（张晓燕）

陈竺等13名优秀医药卫生工作者获第18届吴杨奖。2017年12月17日，第18届吴杨奖颁奖典礼暨报告会在中国红十字会举行。第十二届全国人大常委会副委员长陈竺，吴杨奖名誉主席、第十一届全国人大常委会副委员长桑国卫，吴杨奖共同主席张礼和，吴杨奖专家委员会委员和第18届吴杨奖获奖人、国家卫生计生委、国家食药监总局有关司局负责人、中华医学会等学（协）会、基金会负责人及北京大学医学部中青年医师和学生代表约110人出席。2017年，陈竺等13位杰出的医药卫生工作者获得吴杨奖。（曹颖洁）

基于医改的社区卫生和全科医学高级研修班。2017年7月24日至8月13日在英国举办，研修班目标是提高基层卫生服务能力，支持医改和卫生计生工作重点，加强以全科医生为重点的基层卫生人才培养和推进分级诊疗制度，培养具有国际视野的全科管理骨干。（周韶波）

2017东盟国家流行病学专业人才培训项目。2017年5月24日至6月6日在北京举办，来自马来西亚、老挝、菲律宾、泰国和越南等5个国家的10名学员参加培训。本次培训班是落实李克强总理于2013年参加中国—东盟领导人峰会提出的实施“中国—东盟公共卫生人才培养百人计划”（2014—2017年）倡议的重要举措。

2017年援外培训项目。为落实“一带一路”国家倡议，服务卫生领域外交大局，2017年中心共承办包括2017年“一带一路”国家卫生部级官员研讨班、2017年格鲁吉亚医疗卫生管理研修班、2017年伊拉克预防结核病研修班、2017年发展中国家妇幼保健专业培训班、2017年发展中国家眼科诊疗技术培训班、2017年非洲英语国家医院管理研修班等6个援外培训项目。共有26个国家和地区的130名学员参加培训。（南　易）

第2届中日医疗交流会。2017年7月24日，中心与日本制药协会、日本医疗器械产业联合会、日本商会驻华生命科学医药团体在京举办该会。此活动被列入中日邦交正常化45周年纪念活动，中日双方共150人参会。国家卫生计生委国际司、家庭司、国家交流与合作中心、卫生发展研究中心，中国医学科学院、北京市医院管理局及所属北京市级老年相关医院、北京医院老年病研究所（国家老年研究中心）等机构的50余名专业人士参会。国家卫生计生委副主任崔丽和日本厚生劳动省古屋范子副大臣出席并

致辞。（戴　维）

第 22 届中国国际口腔设备材料展览会暨技术交流会（Sino-Dental® 2017）。2017 年 6 月 9—12 日在京举办，展出面积 4.28 万平方米，来自 30 个国家和地区的 741 家企业参展，其中德国、日本、韩国、美国、以色列以国家展团形式参展，吸引来自 90 个国家和地区的 10 万多人次观众到场参观。展会同期举办各类学术、技术交流活动 120 场，涉及专题 313 个，惠及专业观众 3 万人次。以"创新驱动未来"为主题，开展创新大赛、创新成果展示、创新调研等系列活动。（康　乐）

第 26 届中国国际医用仪器设备展览会暨技术交流会（China-Hospeq 2017）。2017 年 8 月 18—20 日在京举办，展示面积 2.2 万平方米，949 个展位，241 家企业参展。展会特别设置创新技术、健康生活方式和适宜技术 3 个主题展区。展会期间举办学术技术交流活动 52 场，448 个专题，涵盖放射、放疗、超声、重症、眼科、骨科等多个专业领域，惠及 6000 多名专业人员。展会观众上万人次，其中国外观众来自 25 个国家。（马　冉）

第 2 届北京健康大会。2017 年 8 月 18—19 日在北京举办。主题是"创新、绿色、共享"，包括主旨演讲、全体会议、研讨会和圆桌会议。举办 5 个分论坛，涵盖疫苗安全、妇幼健康与营养、科技创新、医院合作、疟疾创新解决方案等主题；举办 3 个圆桌会议，讨论国际认证与监管、国际投资与贸易、全球健康青年领袖等全球健康产业合作中的重要问题；同时举办"运动是良医"边会。大会共邀请 100 多位国内外嘉宾参与演讲，吸引近千名参会代表。（康　乐）

第 9 届北京医学影像发展论坛暨第 11 届亚洲大洋洲神经放射学年会。2017 年 8 月 18—20 日在京举办，年会为期 2 天半，共邀请来自 11 个国家和地区的 22 位优秀专家学者担任主持和 / 或演讲者，主持和发言共计 70 人次，来自 8 个国家和地区近 300 名专业人士参会交流。（于　娟）

中国—中东欧健康产业展览和会议。2017 年 6 月 19—20 日在布达佩斯千禧会展中心举办，中心与匈牙利国民经济部共同筹办此次展览和会议。健康产业会议以"健康之路（gateway to health）"为主题，国家卫生计生委主任李斌和匈牙利国民经济部部长沃尔高发言。会议围绕中国与中东欧国家健康产业发展合作的新发展、新机遇，设置多个专题讨论，邀请中国、匈牙利和中东欧国家发言人、主持人、讨论嘉宾近 30 人参与讨论，吸引 300 余名代表参会。会议发布中国与中东欧国家促进健康产业发展的联合声明并见证多项谅解备忘录、合作协议等重要文件的签署。约 45 家来自中国、匈牙利以及其他中东欧国家的医疗设备、药品、医疗旅游、院校等机构参展。国际交流与合作中心组织 8 家中国企业，以"创新中国"为主题参与此次展览，展示来自中国优质企业的药品、医疗器械和基因等产品技术。国家卫生计生委主任李斌、匈牙利国民经济部米哈伊·沃尔高部长以及其他国家代表参观展会。此外，6 月 19 日中心和匈牙利外交与贸易部下属的投资贸易署共同组织产业对接活动（B2B）。7 家中国医药企业参加，与 8 家匈牙利医药企业进行对接并达成初步合作意向。（康　乐）

委属（管）医院信息化建设项目设计公司公开招标。受委规划司委托，中心首次承担信息化项目集中采购，为 44 家委属（管）医院信息化建设平台公开招标入围设计单位，梳理工作要求，细化工作方案，妥善处理质疑问题，最终 4 家设计公司入围，无投诉，圆满完成任务。

委预算单位进口设备集中论证工作。完成对国家卫生计生委预算单位申请的 7520 台 / 套（约 10.57 亿元人民币）进口设备的集中论证和 2018 年度批复表论证。"集中论证，统一批复"的方式受到财政部的表彰，要求相关部门组织实施。为进一步提高论证工作效率，对批复表论证方案进行修改，通过分层、细化论证条件，强调专家论证的隔离和保密要求，统一论证标准，规范论证行为，提高批复表论证工作的科学性。

大型医用设备全寿命管理研究。完成螺旋断层放射治疗系统和伽马射线头部立体定向放射治疗系统现状研究、达芬奇内窥镜手术器械控制系统卫生技术评估和国产 PET/CT 现状调研 4 个子课题结题，各项课题研究均达到设定目标，研究结果为政府决策提供科学依据。2017 年 8 月，召开大型医用设备全生命周期管理高端论坛，获得工信部、国家卫生计生委的好评。

签订"一带一路全球医疗和安全救助综合保障方案"战略合作协议。和中国太平保险（香港）有限公司共同打造的、服务于国家"一带一路"中国企业与员工的"'一带一路'全球医疗和安全救助综合保障方案"的战略合作协议于 2017 年 8 月 17 日在北京签订。（张恩奎）

组织 4 项卫生对外援助课题研究。2017 年根据对外卫生援助的研究需要，组织武汉大学、复旦大学、山东大学及郑州大学第一附属医院研究"中国与'一带一路'沿线国家卫生合作策略研究""援外医疗队评估框架研究""援外医疗队与其他中国驻外力量整合模式研究""中国援外医疗队远程医疗网络建设设计"等 4 项课题，课题成果将直接服务于卫生援外整体布局和有关改革创新。（毕重军）

国家卫生计生委人才交流服务中心 2017 年工作概述

国家卫生计生委重点委托工作。（1）完成 2017 年全国卫生专业技术资格考试和护士执业资格考试（以下简称“两考”）工作。在国家卫生计生委的领导下，中心完成“两考”工作，考生人数共计 238.01 万。护士执业资格考试全面推行人机对话考试（以下简称“机考”）。2017 年的“两考”工作呈现出 3 个特点：考生总人数，尤其是参加人机对话考试人数和增幅均为历年之最，组织难度增加；考试天数多、间隔长，给安全保密、考务组织、人员调配等方面带来更大的挑战；护士执业资格考试全面推行机考，对技术支持、应急保障等方面提出更高要求。中心围绕“安全考试、科学考试、公平考试”的目标，主要做以下工作：加大考试安全保障力度。召开全国考试工作会议，国家卫生计生委副主任金小桃出席会议并讲话。中心派出 19 人入闱保密印厂近两个月，完成组审卷、制卷等工作。完善应急预案，成立应急工作领导小组。围绕护考机考，升级系统，培训系统管理员，开展模拟演练等工作。督促各地严格落实安全保密责任，做好供电、防范高科技作弊等工作。依据岗位特点修订大纲，更新、维护题库，提高试卷难度预估的准确性。营造公平考试环境。加强防范作弊工作，对 63 万考生护理学初级（师）专业，全部使用条形码异构卷。使用舆情监测平台，实时动态监测考试舆情。配合全国考试办公室，安排定点巡考。协调公安部，协助查处多个助考团伙。完成 460 万张答题卡的读卡和成绩发布等工作。启动 2018 年考试筹备工作，组织调研、座谈，完善机考系统。（2）组织住院医师规范化培训结业理论考核工作。在委科教司的领导下，中心主要开展结业考核设计、专业理论考核大纲和临床实践能力考核指导标准设计、专业理论题库建设等工作。与各省（区、市）住培结业考核管理机构通力合作，组织 2 批次住培结业理论考核，报考总人数达 7.04 万人。（3）推进行业职业技能鉴定工作。中心根据国家政策的变化，加强与委人事司、人社部相关司局和单位的沟通，最终保留健康管理师、助听器验配师和口腔修复体制作工 3 个职业进入国家职业资格目录。对医疗护理员、中药药剂员、西药药剂员、卫生检验员 4 个职业工种的标准进行修订，分别完成 11 家试题开发基地认定及指导等工作和 4 万余道试题的审核工作，完成健康管理师等 8 个职业，2 次共 3.1 万人的全国统一鉴定工作。

其他工作。（1）开展各类人才评价服务。中心把握国家职称改革重点方向，做好卫生职称政策研究课题及临床专业标准条件的修订工作，并已初步形成标准条件指标体系。以医疗服务水平、质量和业绩为导向，完善高层次人才评审选拔标准，完成第 8 届国家卫生计生突出贡献中青年专家选拔、委直属联系单位专业技术资格评审、全球卫生后备人才选拔、全国医用设备使用人员业务能力考评、涉外医护人员执业资格认定等工作。稳步开展综合评价题库建设，为各省（区、市）卫生行政主管部门及各医疗机构，提供多样化的人才测评服务，提供高级卫生专业技术资格考试、招聘考试、培训后考核及多种测评等服务，服务人次超过 35 万人。（2）围绕医改推动人才培训工作。中心继续开展面向医院高层管理人员、专业技术人员等队伍的培训，累计培训 3500 余人次。受委有关司局委托，承担院长职业化培训工作方案、护理管理人员培训大纲制订等工作。完成 7 期医院院长培训班和 4 期护理管理人才培训班培训任务。开展医养照护专项技能培训、临床护士心理关怀、基层卫生人才培养等项目活动。组织近 400 名医院院长、科室主任和骨干医师前往欧美发达国家培训与进修。（3）服务卫生外交，深化国际交流。中心参与国务院副总理刘延东、国家卫生计生委主任李斌等领导人出席的首轮中美社会与人文对话的筹备工作，实施中美百名医院院长互访计划，组织 2 期高级卫生管理人员赴美培训。响应国家“一带一路”倡议，发起建立中国—中东欧卫生人力合作网络，举办中国—东盟高级卫生行政管理人员培训班。履行世界卫生组织人力资源合作中心职能，完成新一轮续任工作，开展世界卫生组织双年度“中国医养结合现状与发展策略研究”项目并取得 9 项成果。配合国家全球卫生战略，开展全球卫生后备人才选拔、管理与培训。（4）着力开拓全方位人才社会化服务。中心已形成人事代理、人才招聘、人才测评、人才派遣、社会保障等人才社会化服务链。不断为行业机构提供专业化、定制化的网络招聘、咨询、测评等服务。推进流动人员人事档案电子化进程，代理档案近 4 万份，代理单位 280 家，派遣单位 100 家，派遣员工 1.6 万人，为 141 家单位、近 2.3 万人提供社会保障服务。举办第 20 届行业人才招聘会。（5）加强人才政策研究和宣传建设。中心承担国家卫生计生委人事司、家庭司等司局委托的“深化卫生职称改革”“中国医养结合现状及推进策略研究”等 10 余项课题，为国家制定政策提供依据。办好《中国卫生人才》杂志，发挥委管报刊正确的舆论引导作用，刊发的多件作品获得国家卫生计生委评选的“健康中国”传播优秀作品奖。（张俊华　胡荣波　方建宁　徐　玲　商　燕　高　斐）

国家心血管病中心 2017 年工作概述

医改工作。2017 年，作为北京市医药分开综合改革的首批试点单位，医院领导班子多次组织工作会部署落实，成立专门工作组、制定医院医药卫生综合改革工作方案及应急预案，为医改的顺利开展做好全员层面的动员、宣传和培训，由分管副院长带队深入各病区宣传讲解、分解任务清单、落实到日常工作，创新性地利用三级学习体系，开展医改宣传工作和政策解释工作，形成横到边、纵到底、全覆盖的医改政策宣传系统，并以发放宣传手册、张贴海报多种形式，强化医改信息公开。实施医改以来，医院门急诊总量较上年同期下降、专家门诊增加、住院人数与内外科手术量稳中有增，2017 年完成各类心脏外科手术 1.5 万余例、心脏介入治疗 4.5 万余例，平均住院天数、治愈好转率、死亡率、床位使用率等质量指标保持稳定、患者均次费用与医保自付比例持续下降，符合预期目标，改革成效初显，从数量和质量上看，仍是全球最大的心脏诊疗中心，并实现在 44 家委属委管医院经济管理绩效考评连续 3 年位列第一。

履行国家队使命，贯彻资源下沉、预防为主的工作方针。（1）持续开展心血管病高危人群早期筛查与干预项目。2014 年委疾控局组织开展心血管病高危人群早期筛查与综合项目，截至 2017 年底，中心作为技术支撑单位，指导全国 4000 家基层卫生机构共筛查 200 万人，实现对检出的 52 万心血管病高危病人的长期、规范管理；同时，该项目为各级实施人员提供包括项目管理、心血管病高危人群干预策略及方法、临床医生慢性病干预技能等培训，总学时超过 2000 小时，覆盖超过 800 个市、县疾控部门和基层医疗机构，培训总人数接近 3 万人。通过项目推进、现场培训和与一线人员深度交流，在各地摸索出适宜的、有效且经济的心血管病防控模式。（2）成立国家基本公共卫生服务项目基层高血压管理办公室。2017 年 3 月，受委基层司委托，成立国家基本公共卫生服务项目基层高血压管理办公室，4 月召开“国家基本公共卫生服务项目基层高血压管理委员会首次会议”上，选举产生首届专家委员会，覆盖政府决策、行政管理、业界专家以及基层医务工作者，办公室以逐步实现各级医疗机构高血压管理水平同质化、提高高血压首诊率和控制率为目标，制定统一指南、统一培训和认证、统一质控、统一绩效管理和统一宣教的工作方案。截至 2017 年年底，直接培训基层骨干 200 余人，线上培训平台覆盖 31 个省及自治区，注册医生 4.6 万人，超过 1000 人通考核、获得培训证书；宣教平台服务患者近 10 万人。办公室在云南、贵州两省开展试点工作顺利，为在全国推行奠定基础。（3）心血管病专业医疗质量管理工作。受委医政医管局委托，组建专业质控工作团队和专家委员会，开展心血管病防治医疗质量管理工作。2017 年 4 月完成全国心血管病专业质控摸底调查，6 月召开心血管病医疗质控启动会。截至 2017 年年底，完成设立的高血压、冠心病、房颤、心力衰竭、心外科、血管外科共 6 个专家工作组已经正式开展工作。

探索跨省专科医疗联盟建设新范式。（1）云南阜外医院投入运营。历时四年、云南省最大的民生工程之一云南阜外心血管病医院于 2017 年 9 月 15 日正式试运营。李斌主任将云南阜外誉为跨省专科医疗联盟建设的典范——阜外模式。该医院为提升国家外交软实力发挥重要作用；利用“北阜—云阜”一院两制优势，与印尼、菲律宾、缅甸、老挝、柬埔寨、泰国、尼泊尔、巴基斯坦、哈萨克斯坦等 9 个“一带一路”沿线国家的医学中心签署合作协议。（2）国家心血管病中心华中分中心、阜外华中心血管病医院正式开诊运营。2017 年 12 月 16 日，国家心血管病中心华中分中心、阜外华中心血管病医院、国家临床医学研究中心华中分中心在河南郑州揭牌成立，分中心打造立足河南、服务中原、辐射华中的心血管病区域医学中心，探索建立临床药物评价研究中心、委省共建心血管再生医学实验室，同时将开展以数字诊疗为技术职称的心血管疾病诊治的规范化培训。

制定行业规范，打造心血管疾病防治资讯和推广平台。（1）出台行业规范，推广适宜有效的诊治技术。受国家卫生计生委委托制订心血管专业临床路径标准 33 个和《国家临床重点专科群建设要求和考核标准》；心内科获批成为北京市首批专科医联体，高血压、冠心病、儿科心外、心电图监测与诊断等 4 个学科加入北京市卫计委远程会诊平台。（2）编辑出版《中国心血管病报告》。连续 11 年组织编写并出版发行《中国心血管病报告》中、英文版；建立起国家心血管病防治资讯库，形成以血脂异常防治为重点的国家心血管病防治研究进展资讯数据库，建成我国心血管病领域的权威信息咨询平台。

*与国内外专家探讨基层医疗卫生体系构建，向世界贡献中国经验与智慧。*2017 年年底出版的《柳叶刀》杂志上刊发中心 3 篇文章，系统回顾我国基层医疗卫生体系的发展历程和成就，分析我国基层卫生体系的挑战和机遇，揭示我国高血压防控现状，阐明亟待改善的关键环节，为推进基层医疗卫生体系提质增效提供科学支撑。《柳叶刀》全球主编理查德·霍顿赞扬为“一期刊发同一机构的 3 篇论文十分罕见，这 3 篇高水平的论文充分体现大国风范，讲述中国故事，解决全球问题”。

*专家委员会工作。*经全国专家委员会审议通过、国家心血管病中心主任办公会批准，“国家心血管病

专家委员会先天性心脏病专业委员会”和“国家心血管病专家委员会微创心血管外科专业委员会”分别于2017年3月和9月成立，分专业委员会将更加有针对性的发挥心血管病专业“国家智库”作用。

中国心脏大会。2017年8月，由中华医学会与国家心血管病中心共同主办的中国心脏大会（CHC）2017暨第2届中国血管大会（CVC）在北京召开，来自全球近万名的专家参会，共1000余个学术报告。为响应“一带一路”倡议，加强与沿线国家合作，大会期间，组织召开心血管病“一带一路”创新与合作研讨会，邀请来自12个国家的21位医疗专家共同分享医疗创新机制，探讨未来合作方向。

（蒋立新　杨　阳）

国家卫生计生委医药卫生科技发展研究中心2017年工作概述

专业机构改建工作情况。在国家卫生计生委领导下，中心在确保完成项目（课题）管理任务同时，基本完成专业机构建设相关任务，接受科技部牵头的全面评估。（1）规范机构设置和管理流程。按照工作内容设置8个业务组和纪检监督岗位，建立职能健全的项目管理、行政、监督、财务等部门，完善领导班子工作分工，形成既有相互协同，又有有效制约的决策、执行、监督运行机制。2018年3月，中心将原有内设机构调整为6个处室。（2）加强管理队伍建设。加强人才队伍建设，打造高水平的项目管理团队。创新渠道，拓展人力资源。通过抽调原有机构管理人员、系统内选调、公开招聘（签订劳动合同）、选聘项目管理专员等方式，组建一支68人左右的相对稳定、结构较为合理、专业素养较好、组织协调能力较强、熟悉有关规章制度的专业化管理队伍。加大培训力度，提升团队专业素养和管理水平。分别聘请事务所和会计师事务所为常年法律顾问团队和内部审计支撑团队。（3）加强制度建设，做好质量管理体系认证。在国家相关法律法规及规章制度的基础上，进一步完善制度建设，做到有法可依，有章可循，形成有机衔接、高效运行的规则体系。按照国家相关规定，以及质量管理体系ISO9001建设的要求，中心全面推进制度建设，共制订74项制度，建立涵盖章程、内部管理、项目管理、质量控制、风险防控等完善的制度体系。并在中心领导的直接带领下，推动质量管理体系建设，获得质量管理体系认证。（4）项目管理信息系统建设。在对科技部信息中心、国家自然科学基金委员会、北京市自然科学基金委员会等相关单位调研基础上，明确系统建设功能需求，制定方案，通过公开招标确定开发单位，完成机房托管、域名保护等工作。经过1年努力，信息系统各功能模块开发顺利，协调推进与国家科技管理信息系统的对接工作。

项目（课题）管理。（1）项目（课题）总体管理情况。中心承担“重大新药创制”和“艾滋病和病毒性肝炎等重大传染病防治”国家科技重大专项，国家重点研发计划“精准医学研究”和“生殖健康及重大出生缺陷防控研究”重点专项项目（课题）的具体管理工作。2017年度项目（课题）评审立项，共受理课题申报1723项，立项223项，涉及中央财政经费32.78亿元。2017年下半年完成2018年度重大专项受理及评审工作，共受理课题申报1704项，组织专家评审，提出259项立项建议，建议中央财政经费63.22亿元。同时，还完成两个重大专项“十二五”立项课题任务，验收969项，财务验收878项。任务调整审评472项，经费预算调整审评325项。（2）做好项目（课题）的精细化、规范化管理。发挥高层次专家决策咨询作用，确保评审/论证质量。在核心专家库建设的基础上，进一步建立发挥高层次专家决策咨询作用的机制。各专项分别组建总体专家组，参与项目（课题）监督检查、评估和验收等工作，开展相关技术发展战略与预测研究，为管理提供技术咨询。在有关评审环节，邀请院士、“千人计划”、“万人计划”等高层次专家进一步开展项目（课题）评审结果的评估，提出意见和建议，为科学决策提供有力支撑。多措并举，确保管理实效。在立项组织阶段，根据定向委托、定向择优、公开择优等不同的立项方式，采取相适应的工作流程。在重大专项立项评审中，对于定向委托课题，采用一轮申报、多轮论证的方式组织立项工作。对于定向择优课题，采取公开申报，经专家评审确定牵头单位和参与单位后，提出整合建议。公开择优课题自主申报，经评审专家两轮评审（含评审结果审核）后，择优遴选立项。在验收阶段，多举措并重，避免“重立项，轻验收”情况的发生。注意前置考核指标书面审核，专家复核，加强对课题承担单位政策培训，提高财务验收效率，将课题验收情况与新立项适度挂钩。构建多方参与监督机制，加强事中、事后监管。在落实痕迹化管理和信息公开、公示的基础上，进一步完善项目（课题）管理监督体系。建立面向评审专家、项目（课题）管理人员和有关人员的双向监督机制，切实加强事中监管。中心在专家使用情况记录表中记录评审专家在评审活动中的客观表现，及在风纪反馈表中记录项目（课题）有关人员在评审期间的风纪情况。建立满意度调查机制，确实加强事后监督。组织评审专家和项目（课题）承担单位对中心项目（课题）组织管理和作为专业机构履职尽责的有关情况进行满意度调查。完善相关制度，固化申诉举报处置流程，确保全程留痕。

（王　敏）

国家卫生计生委能力建设和继续教育中心2017年工作概述

服务深化医改，配合国家卫生计生委工作。配合委体改司，举办公立医院综合改革培训共计7期，学员2000余人；围绕落实《建立现代医院管理制度的指导意见》，配合委人事司，组织开展《公立医院院长职业化培训指南大纲》编写，2017年开展相关调研和举办相关专家论证会数十次，草拟推进公立医院院长职业化培训工作配套文件10多稿，承办或举办6期分区域、分专题的公立医院院长职业化培训班，培训700余人；围绕分级诊疗制度建设的各项要求，配合委科教司和基层卫生司，初步完成《中国继续医学教育指南》编写，并启动12个分科指南编写工作，开展基层卫生管理人员职业化培训指南研究，举办4期基层卫生综合政策培训班。

基层急需紧缺专科和公需科目人才培养工作。协调委科教司、基层卫生司，开展以基层急需紧缺专科和公需科目专业人才培养为重点的系列能力建设专项活动，探索能力建设专项活动的针对性、实用性、可及性。在委科教司指导下，2017年重点开展“卫生计生人才强基层工程——乡村医生师资培训项目”，在6省举办乡村医生师资培训班共6期，免费培训乡村医生师资1000余名，央视网《健康扶贫　送教下乡》专栏对此项目进行专题宣传报道；针对急需紧缺专科，启动专项能力培训项目试点，完成涉及骨科、生殖道感染诊疗技术专项能力培训共计50余场，培训学员万余名；举办基层超声专科实操技能培训班33期，培训学员1000余人，并首次与友谊医院等单位合作，联合举办读片大赛等活动，丰富技能培养、能力提升的手段与方法。

两大信息化平台建设。贯彻落实《关于深化医教协同进一步推进医学教育改革与发展的意见》的有关要求，开展“中国卫生计生继续教育网”和“中国现代医院管理网”两大远程继续教育信息平台建设，推进继续医学教育标准化、精准化、个性化；同时，将两大信息平台建设融入国家卫生计生委健康医疗大数据应用与发展中，将其打造成国家健康医疗开放大学的继续教育学院和院长职业化学院，并获得开放大学的正式批复。2017年12月23日，中国继续医学教育网暨国家健康医疗开放大学继续教育学院正式发布上线。坚持开放融合、共建共享，通过整合系统内外资源，启动两大平台教学资源库建设，丰富和完善平台线上教学资源和内容，促进国家层面优质继续医学教育资源全覆盖及基层受教育机会均等化；建设平台专家智囊支持系统，全年新建8个专科专家委员会，专家委员会已达14个。

生殖健康咨询师职业发展工作。落实中央“放管服”要求及全国卫生计生人才工作会议精神，推进生殖健康咨询师职业发展体系建设，完成修订再版《生殖健康咨询师国家职业资格教程（4、5级）》，举办全国生殖健康咨询师国家职业技能鉴定考试，考生共计3万人；为推进生殖健康咨询师职业发展与应用，在山西等6省（市）72个县，开展百姓生殖健康促进工程试点，2017年11月在山西介休市组织召开经验交流会；结合健康扶贫专题，举办6期生殖健康咨询技能暨国家级继续医学教育学分项目培训班，累计培训基层生殖健康、妇幼保健服务专业技术人员600余人。

社会宣传和社会倡导。2017年，举办第2届中国医院能力建设与发展大会，就深化医改的相关政策、现代医院管理策略和手段、公立医院院长职业化建设实践路径等进行解读和研讨；举办公立医院绩效改革与发展论坛，为深化医院绩效改革、加强医院绩效改革能力建设提供经验借鉴；举办医养结合服务能力建设研讨会。

（李　琦）

国家癌症中心2017工作概述

落实国家卫生计生委交办工作。及时落实委疾控局、医政医管局等司局的领导批示、信访答复、政策咨询等工作。协助完成《中国癌症防治三年行动计划（2015—2017）》及其评估方案的编写工作；组织撰写《中国防治慢性病中长期规划（2017—2025年）》《“十三五”肿瘤防控领域科技发展规划建议》；负责编制《国家重点研发计划》“重大慢性非传染性疾病防控研究”肿瘤部分，参与重点专项“精准医疗”实施方案编制。

癌症防治协作网络建设。召开2017年全国慢病大会，推进19个省级癌症中心的建设。继续开展“省级肿瘤医院临床大数据平台”信息收集工作，完成14家省级肿瘤医院的VPN网络硬件部署，实现临床数据的实时推送和抓取；确定20个大项、400余个小项的数据采集规范，编制统一的数据字典；建立我国8大常见肿瘤单病种数据库，已采集电子病历数据930万条。

肿瘤登记。2017年全国肿瘤登记项目点拓展至479个，覆盖人口3.46亿；编写《2017年中国肿瘤登记年报》《中国恶性肿瘤发病与死亡（2008—2012）》《中国癌症地图集》；向国际癌症研究中心（IARC）/国际癌症登记协会（IACR）提交《五大洲癌症发病率（CI5）》第11卷数据；举办2017年全国肿瘤登记培训班、全国肿瘤随访登记数据审核技术培训班。

癌症早诊早治。2017年城市癌症早诊早治项目新增广东和内蒙古，项目城市达到29个，共51.77万人完成患癌风险评估，发现癌症高危人群24.73万例；开展各省技术培训54场次，培训基层肿瘤防控人员4300余名。淮河流域早诊早治项目稳步开展，召开“淮河流域癌症早诊早治效果评价技术方案”专家研讨会。

国家肿瘤质控中心建设。继续完善国家肿瘤质控中心和北京市肿瘤质控中心建设，成立肿瘤药事质控专家委员会，召开第2届抗肿瘤药物合理使用与质量控制高峰论坛。举办第3届肿瘤患者临床输血管理和质控培训班；承担《国家肿瘤区域医疗中心设置标准》《“十三五”国家肿瘤重点专科群建设要求和考核标准》《2017国家医疗质量报告（肿瘤专科）》《肿瘤专科药师临床工作手册》的编写工作。

科研教育。加强科研项目管理，加快科研成果转化。编制医院“123”创新行动规划，制订《中国医学科学院肿瘤医院科技成果转化实施细则（暂行）》，完善科技成果转化制度。2017年获批国家级项目4项、国家级课题33项。在研项目共375项，实到项目经费1.46亿元。发表科技论文595篇，其中SCI论文236篇，影响因子总数939.959。专利授权7项。

招收研究生154人，其中硕士81人，博士73人；录取进修生315人，联合培养36人，新入住院医师规范化培训基地44人。举办国家级继续教育项目50项，培训学员1.91万人次，较上年增加18.28%。

医疗服务。2017年完成门诊量84.49万人次，较上年上涨0.32%；平均日门诊量3393人次，较上年上涨1.13%；出院量6.26万人次，较上年上涨16.64%；手术量2.27万台次，较上年上涨12.61%；病床周转52.77次，较上年增加6.84次；病床使用率为96.21%，较上年下降1.16%；平均住院日7.34天，较上年下降0.96天。

加强医疗质量与安全管理；医院成立工作组并制定《医药分开改革应急预案》，落实北京市医药分开综合改革；根据大型医院巡查提出的整改意见，落实改善医疗服务行动计划；应对医疗投诉，化解医疗纠纷；规范药事管理、医疗保险管理及护理质量管理。本年度有47项新技术获得准入。

公益事业。积极开展公益惠民活动和科普宣传，举办第19届“肿瘤防治宣传周活动”，开展百名专家咨询、健康大讲堂、防癌健康查体及中国癌症防控高峰对话等活动；举行第19届“北京希望马拉松——为癌症患者及癌症防治研究募捐义跑活动”，首次在上海、重庆、河北、湖南、辽宁、云南六地同步举行。坚持医务社工与志愿者联动模式，开展就医帮手、心灵关爱、假发捐助等各类服务，总计服务2742人次，1.61万小时；组织“爱的坚守与希望”人文快闪、第4届“我心中的好医生好护士”等活动。落实国家卫生计生委“服务百姓健康行动”，完成支边帮扶任务。组织专家到内蒙古自治区乌兰察布市化德县人民医院开展帮扶义诊活动。荣获第4届中国青年志愿服务大赛全国示范项目提名奖。47个科室的220名医护人员参与科普宣传报道，包括电视节目及新闻报道107期、广播节目36期、网络节目131集、文字报道1200余篇；举办肿瘤防治健康大讲堂62场，官方微信粉丝增至11.8万人，累积发布消息700余条，阅读量达300万次以上，荣获北京市医院前三名、专科医院第一名。

学术交流。接待美国卫生和公共服务部部长、美国驻华大使、10余所国际知名癌症机构的数十位领导和专家来访，并组织11名专家赴美访问。组织国际胸外科学术大会暨第5届国家癌症中心学术年会、国际肿瘤防控学术大会暨国家癌症中心肿瘤防控研讨会、国家癌症中心第2届消化道肿瘤内科治疗高峰论坛、国家癌症中心2017国际头颈肿瘤论坛、国家癌症中心第3届中国肿瘤诊断病理高峰论坛、国家癌症中心结直肠癌国际高峰论坛等近百场学术会议。

（魏文强）

国家卫生计生委人口文化发展中心2017年工作概述

卫生计生宣传工作。（1）参与“健康中国”大型主题晚会《生命之歌》的策划、制作及推广工作。为深入贯彻全国卫生与健康大会精神，在大会召开1周年之际，在委宣传司的领导下，中心卫生计生文化推广平台联合中央电视台共同策划、制作《生命之歌》健康中国大型特别节目，晚会于2017年8月19日播出。（2）倡导健康生活理念，联合制作3集大型科普动画纪录片《生命》。纪录片采用三维动画模拟人体微观世界，让观众清晰认识疾病发生的根本原因，通过改变生活方式来预防和控制疾病。（3）在委流动人口司的指导下，中心承办了“新市民健康故事”征集评选工作。

实施有关财政拨款项目。（1）推动卫生计生文化推广平台多元化发展。中心公众号每天推送健康科普图文，联合举办“每个人都是健康的导演”——第2届健康中国微视频大赛，征集到来自全国31个省（区、市），超过400家机关、单位、机构、企业及个人作品共750余部。承办2017年卫生计生系统公益广告作品征集报送参评工作，联合新华社《环球》杂志，策划全国两会特刊《2030国家的远见》和党的十九大“健康中国”特刊《国家的远见——新时代健康战略与实践》。（2）完成智能孕婴关怀服务平台项目有关工作，寻找合作机构，开展、维护与运营。（3）组织实施家庭健康服务网第2期项目工作。（4）完成制作动漫系列片《漂浮岛的秘密》20集（93—112集）。

国家卫生计生委及相关单位委托项目。（1）完成委办公厅“保密法宣传”委托项目，完成委基层指导司在国家孕婴网开办全面两孩专栏和“全面两孩感动你我”故事征集活动委托项目，完成委应急办公室“卫生应急文化宣传策略与措施”委托项目。（2）完成中国医学科学院肿瘤医院和中国医学科学院血液病医院委托的院庆宣传片与纪录片的策划和拍摄制作工作。

报刊及影视工作。中国家庭报社举办2期中国家庭乐跑大赛以及“我与家庭医生有个约定”家庭健康活动。有800余个家庭，近2300余人参赛。中国家庭报全媒体直播平台全程直播赛事，在线观看人数近20万人。该活动得到委基层卫生司及贵州省卫生计生委的高度评价。承办国家卫生计生委第2届健康中国书法美术摄影展。《青春期健康》杂志完成委流动人口司《留守（流动）儿童健康关爱》增刊的委托制作，举办2期健康教育及人口文化宣传培训班，启动“给青春期的一份爱”公益项目，并设立专项基金，出版健康科普图书《生活与健康》。与中国爱华影视中心联合出品电影《爸爸的红丝带》，于2017年12月1日在央视电影频道播出。启动《大国中医》系列微电影拍摄工作。

多媒体平台建设。国民心理健康网正式上线发布。2017年4月12日，举办首届国民心理健康高峰论坛，国家卫生计生委有关领导、各省卫计委及精神卫生中心、专家及媒体代表等共计200余人参加论坛。国民健康养老网正式上线发布。2017年11月21日，召开首届国民健康养老研讨会暨国民健康养老网发布会。

（刘　意）

国家卫生计生委南京人口国际培训中心2017年工作概述

落实委党组战略部署，提质增效。“围绕中心、服务大局”，做好委机关各司局重点培训班的教学保障工作，为培训发展打造新的增长点。围绕健康中国建设、规划和纲要、全面二孩政策实施工作，做好各级卫生计生委的委托培训，进一步扩大在系统内培训品牌影响力。创新办学模式，与相关教育培训机构合作办学，为培训发展注入新的动力。以“按需施教、送教上门”形式，扩大培训覆盖面。2017年共举办培训班160期，培训学员1.8万余人次，发挥培训主渠道作用。

以面向基层工作需求为导向，提升项目研究水平。（1）组织编写《家庭医生签约服务规范指导手册》，为基层提供有益指导。（2）继续做好老龄健康服务能力建设项目，开展项目培训、中期评估及编写《老年人健康生活指导手册》等项工作，提高基层人员的专业知识与技能。（3）加快卫生计生干部网络培训平台建设，完成课程资源建设共计147学时，提高网络教育、服务事业发展的能力。（4）参与留守儿童健康关爱项目，以编写工作指导手册、制作健康传播工具包、进行督导和评估为抓手，为项目提供智力支持。（5）开展产后康复研究并启动产后功能性障碍防治培训项目，为相关领域人才培养、学科研究及临床技术创新发挥积极作用。

讲好中国故事，拓展国际交流。组织编写《社区/家庭老年人照护规范》，被收录于南南伙伴组织《发展中国家应对人口老龄化最佳实践范例集》，为讲好中国故事做出贡献。举办发展中国家老年照护规范国际研讨会，实现常态化国际交流合作。继续与伯克利大学、全球卫生行动组织进行双边学术交流，提升合作水平。

自身建设。加强领导班子和队伍建设，为事业发展提供组织保障。强化执行落实。开展作风效能和执行力的督查，从补短板、抓落实、见实效上下功夫。加强基地建设和管理。加大对内控制度和重点安全工作的督查力度，自筹资金更新老旧设施，提升保障服务能力。

（代丽莎）

中国计划生育协会2017年工作概述

重要会议。（1）2017年9月15日，在湖北省武汉市召开中国计生协会改革工作座谈会，会议听取意见建议，分析研判形势，谋划改革发展思路，明确改革重点任务，推动计生协改革。（2）2017年11月6日，召开全国计生协系统学习贯彻党的十九大精神座谈会和省级计生协领导干部培训班，会议部署全国计生协系统学习宣传贯彻党的十九大精神，深入推进计生协改革。（3）2017年11月20日，在四川成都举办“第5届海峡两岸暨港澳地区青少年性与生殖健康论坛”。来自海峡两岸、香港、澳门青少年性与生殖健康领域的300多人参加论坛，70多位嘉宾、计生协代表、高校教师、民间组织的代表、青少年工作者和青年代表通过专题演讲、分组发言、海报展示等方式，分享在不同地区、人群、文化背景下开展青少年性与生殖健康研究和实践的经验。（3）召开协会八届三次全国理事会，会议回顾总结2017年主要工作，部署2018年工作。

计生特殊家庭项目。2017年，协会共投入3000万元，在全国建立74个市级项目点，以点带面，推动各地帮扶工作不断深化和拓展。围绕“失独”人群心理健康服务召开专家研讨会，举办5期培训班，培训近600名计生协干部和帮扶工作志愿者。

青春健康项目。青春健康工作现已覆盖全国所有省（区、市）和近50%的县（市），初步形成家庭、学校、社区“三位一体”的工作模式，多部门合作不断拓展加强。2017年12月11日，中国计生协会联合共青团中央、中国红十字会总会、联合国人口基金，在北京举办大学生青春健康演讲大赛全国复赛和总决赛，300多所高校、2万多名大学生参加此项活动，66名选手最后进入复赛。参赛选手围绕恋爱交友、性别平等、性行为与决定、预防意外怀孕、预防艾滋病与反歧视、拒绝毒品等与青少年健康成长密切相关的话题，讲述身边故事，阐述理解和反思，倡导社会各界关爱青少年性与生殖健康。

计生家庭保险工作。协会召开全国计生家庭意外伤害保险工作促进会，开展课题研究，推动意外伤害保险向财政出资和家庭自付费结合的方向转型发展。在提高意外保险保障额度和赔付率下功夫，经协商谈判，将意外险保额由原来的3万提高到6万，赔付率标准提高到70%。

计生基层群众自治示范县项目。探索并组织第三方实施首批示范县评估，分10组对首批32个项目点进行评估，推动计生基层群众自治项目的实施和示范县的创建工作。同时，启动第4批基层群众自治示范县创建工作，2017年新增37个项目点，共有137个县（区、市）参与此项目，项目惠及人群达1000多万。

流动人口项目。在人口流入地，与国家卫生计生委联合开展“流动人口健康服务年”活动，满足流动人口的公共服务需求，促进流动人口的社会融合。在人口流出地，针对留守儿童、妇女和老人深入开展关怀关爱活动。以“国家、省、市、县”四级流动人口示范点创建为载体，通过完善组织体系、创新服务模式、拓展服务范围，推动流动人口工作向规范化、品牌化方向发展。目前，建立国家级示范点38个、省级63个，市级238个，县级1032个，直接服务会员141万人，覆盖流动人口455万人。

计生群众扶贫帮困项目。响应国家扶贫攻坚战略部署，围绕国家卫生计生工作部署，在6个贫困地区建立扶贫生产基地；提出四川凉山州等深度贫困地区扶贫方案；在全国范围开展唇腭裂患儿情况摸底调查，为下一步联合开展治疗救助工作奠定了基础。

计生家庭维权项目。2017年4月，在全国建立10个维权项目试点，探索开展计生家庭维权工作。同年7月，在福建省福州市召开计生家庭维权工作研讨会，会议交流福建三明、陕西西安的工作模式和经验，鼓励各地结合本地实际，针对计生家庭开展维权工作。

宣传教育工作。2017年2月，召开中国计生协会与中央新闻媒体记者通气会，人民日报、新华社、中央电视台等18家媒体23位记者参加会议。会上，对2017年协会新闻报道重点、选题进行全面筹划，重点鼓励和引导广大群众按照政策生育，营造家庭友好的社会环境。策划在北京地铁一、二号线投放广告牌，滚动播出实施全面两孩政策、科学避孕、关爱空巢老人宣传海报。完成“二孩来了，你准备好了吗”文艺作品征集评选活动。打造“5·29”会员活动日宣传品牌，在网站开辟“5·29”会员活动日活动信息专栏，在微信开展“晒晒我们的节日”——“5·29”随手拍活动。中国计生协会微信公众号粉丝达8万多，2017年被网易传媒评为“最具时代精神中央政务机构”十家单位之一。《人生》杂志坚持办刊定位，加强内容改版，突出卫生计生工作，以“全面两孩”和“健康中国”为主线，策划系列主题宣传，发挥其舆论主阵地作用。

基层组织建设。强化基层规范化建设。协会委托浙江省计生协开展基层计生协组织规范化建设和能力提升课题研究，研究开发《基层计生协工作指南》，旨在指导各地基层计生协工作，规范基层基础工作，强化服务内容，改进服务流程。持续督导各地组织建设情况。了解各地组织建设新动态，常整理，勤汇报，通过协会网站、工作通讯、中国人口报等形式，对组织建设取得突破的市县，加强宣传督导，推广经验做法。重新设计年度计生协组织情况统计表，对各级协会机构建设、编制情况、会长及工作人员情况、理事、会员、志愿者、活动阵地、资金保障等进行摸底统计。

国际交流合作。协会参加联合国妇女地位委员会大会、联合国人口与发展委员会第50届会议以及中欧健康论坛等国际会议，多角度介绍我国在促进人口发展、生殖健康、计划生育政策调整以及保护人权等方面的经验和做法。中国计生协会推荐的2名代表，分别当选国际计生联亚大区域执行理事和国际计生联全球青年代表；中国计生协青年理事通过竞选当选为《柳叶刀》杂志的青年编委委员，成为亚大区域老龄化专家组成员，中国计生协会在国际上的影响力和话语权明显增强。

参与“一带一路”建设。与蒙古家庭福祉协会深化“边境地区流动人口性病艾滋病预防项目”合作，为蒙方培训医务工作人员和青年志愿者，提升中蒙青少年生殖健康意识和同伴教育技能。与其他周边国家和非洲国家探讨合作方案。（唐义阁）

中华医学会2017年工作概述

一、主要业务工作

注重学术质量，打造精品学术会议品牌。2017年，中华医学会（以下简称“学会”）以搭建高品质学术交流平台为目标，改速度发展为提质量发展，减少会议数量，精心策划学术内容。全年共组织一、二类学术会议158个，收到投稿18.3万余篇，20万医务工作者参加学术交流。建立学术会议质量评估指标体系，开展质量评估，质量满意度达到90%以上。为提高会议学术内容的利用率，开展免费的全国直播和回放，超过60万人次的医护人员进行观看学习。

提高编辑出版质量，推进精品期刊战略。2017年学会系列杂志共有19种入选国家百种杰出学术期刊，有38种杂志入选第4届中国精品科技期刊，其中20种期刊继续保持本专业领域综合排名第一，有40种位列本学科综合排名前3位。完成《中国医学发展系列研究报告丛书》20个专业的选题策划和大纲撰写工作，为拓宽出版领域、实施精品出版工程打下基础。目前，学会主办的各种杂志总数已达180种，其中纸质期刊增加到141种，电子出版物20种，电子系列杂志43种，出版图书39种，数量规模不断扩大，国际化程度逐步提高。

完善评审机制，巩固“科技奖”品牌效应。学会完成《中华医学科技奖管理办法》《中华医学科技奖青年科技奖奖励办法》的制定、修订工作。全年共评出86项中华医学科技奖获奖项目，并经常务理事会第11次会议审议通过。学会从获奖项目中择优推荐国家科技进步奖共8项，有5项通过评审，获得2017年度国家科技奖，其中有1项获得国家科学技术进步奖特等奖。

开展民间外交，搭建医学国际交流平台。（1）建设与“一带一路”国家及中国港澳特别行政区工作的常规交流机制。学会分别与俄罗斯国家医学委员会、印度医学会、哈萨克斯坦医学会，香港医学会和香港医学专科学院签署合作备忘录。与俄罗斯国家医学委员会、俄罗斯医生协会、全俄《防止》灾难医疗中心、哈萨克斯坦社会团体国家医疗协会、吉尔吉斯斯坦医学会和乌兹别克斯坦医生联盟共同签署上合国家医学联盟合作备忘录。组织国际医学会联谊交流会、中斯慢病研讨会、中巴眼科学术论坛等。组织参与健康快车“光明行”，走进巴基斯坦。（2）服务国家外交政策。参加中俄友好、和平与发展委员会第11次全体会议、中美卫生合作研讨会，与俄罗斯、美国医学会进行交流。（3）举荐专家参与国际事务管理。多名学会专家当选世界医学会理事和相关专业委员会顾问，提升我国卫生医疗领域国际软实力。

完善工作机制，推进全国继续教育工作。组织开展《关于进一步加强继教工作的指导意见》等3项规范性文件和3个工作实施方案的修订和全国继教督导检查与评估工作。全年完成138个批次共计95.8万册国家级继教项目学分证书核发工作。

医疗事故和预防接种异常反应鉴定工作。参与《医疗纠纷预防和处理条例》的制定与修改讨论会，为医疗事故技术鉴定制度建立出谋划策。开发“全国医疗鉴定管理信息系统”，使用率超过90%。2017年全年组织医疗事故技术鉴定各项会议109次。

政府委托工作。组织开展疾病临床路径的制修订工作，完成《国家临床路径管理丛书》稿件的审阅修订工作。组织25个专科分会的专家对355个临床路径初稿进行修订及重订。针对我国各级医院诊疗水平发展不均衡的情况，专门制定131个县级医院版临床路径，供各级卫生行政部门及医疗机构参考使用。

承担国家财政立项，落实国家县级千人培养项目。开展“中华医学会县级医院人才培养千人计划”项目，选择贵州等10个试点省37家三甲医院，围绕产科、重症医学、儿科等12个基层人才紧缺的专业，组织207名县级医院骨干医生，开展为期5个月的专业进修，学员考核优秀率以及项目满意度调查均达到90%以上。

适宜技术培训和健康扶贫工作。全年举办30期重症医学、肿瘤消融规范化治疗、感染疾病、临床微生物学、急需紧缺专业培训班，培训1.5万师资和医务人员，为“大病不出县”提供技术支撑和人才保障。学会举办8次精准扶贫活动，受众医务人员及患者超过1万人次。

信息网络平台建设。2017年，完成学会信息网络平台升级改造工作。包括继续教育管理系统、OA办公系统等形成集约化、智能化、一站式的信息网络服务平台，提升综合服务水平和内部办公效率，继续争取财政支持，用3年的时间完成学会信息化建设。发挥学会网站优势和宣传作用。改造后的学会内外网站焕然一新，门户网站年访问量300余万人次。

二、重要事件和活动

中俄友好、和平与发展委员会第11次全体会议。2017年7月3—6日在俄罗斯莫斯科市召开。委员会中方主席戴秉国、俄方主席季托夫，以及双方各领域理事会主席及代表100余人参加会议。受国家卫生计生委委派，学会副会长苏志率团作为中方医学理事会主席代表出席本次会议。期间，苏志一行受邀访问莫斯科儿童急救与创伤医院与研究所和俄罗斯国家医学委员会总部。按照会前中华医学会与俄罗斯医学委员会双方沟通达成的意向，苏志与俄罗斯国家医学委员会主席罗沙尔共同签署《中华医学会与俄罗斯国家医学委员会关于建立全面战略协作伙伴关系的备忘录》，为增进中俄医疗卫生与医学学术交流与合作奠定基础。

中美卫生合作。2017年9月25—30日，中美卫生合作研讨会在美国华盛顿召开，中央政治局委员、国务院副总理刘延东，国家卫生和计划生育委员会主任李斌，美国卫生与公众服务部部长普莱斯等出席会议。学会代表团出席研讨会，并就促进中美民间医学学术交流与往来发言。李斌在总结讲话中提出，要提高中美两国卫生交流与合作的热度、深度与广度，要通过签署年度对话机制促进双方紧密合作，要加强在能力建设、疾病控制、卫生政策、科研等领域的合作，要把会议成果转化为行动，贡献给社会和世界人民。为此，学会代表团于同年9月29日访问美国医学会华盛顿办公室与乔治城大学中心医院，就共同促进中美两国学会管理与发展、继续医学教育、学术交流、期刊合作等内容进行探讨。

中华医学会2017年学术年会。2017年1月14日在江苏南京召开，会议围绕“深入学习党的十八届六中全会精神，贯彻落实全国卫生与健康大会和全国科技创新大会精神，促进医学科学技术进步”的主题，涵盖国家“十三五”医学科技发展规划、医药卫生体制改革以及基础和临床领域前沿学术进展、医生职业素养等内容，邀请国内外知名专家做大会报告，并进行探讨。来自国家卫生计生委、江苏省卫生计生委的领导，中华医学会理事会成员、党政领导、各办事机构负责人、所属各专科分会主任委员和秘书长，2016年中华医学科技奖获奖代表，以及知名专家和全国医学科技工作者代表共计1千余人出席会议。大会由中华医学会副会长兼秘书长饶克勤主持。大会还邀请到世界医学会会长科坦·德赫拉贾拉·德赛和多个国家医学会及医学组织的嘉宾，以及我国香港和澳门地区医学组织的嘉宾参加会议。（陈　旸）

中华预防医学会2017年工作概述

一、主要业务工作

学术建设、科技创新与传播。（1）提升品牌学术会议影响力。2017年是中华预防医学会（以下简称“学会”）成立30周年，学会围绕国家卫生计生工作重点，全年共举办中华预防医学会第5届学术年会暨健康中国国际工程科技发展战略高端论坛、全国爱国卫生运动学术论坛、中国狂犬病年会、病毒性肝炎防控研讨会、疫苗免疫与疾病防控论坛、医院感染控制分会学术年会等大型学术会议及继续教育培训活动100余场，参会5万余人。（2）培育打造精品期刊。学会系列报刊共计71种，其中学术类期刊69种，健康科普类报纸和期刊各1种。有44种期刊入选中国科技核心期刊，5种期刊入选“第4届中国精品科技期刊”，2篇系列杂志论文入选“第2届中国科协优秀科技论文”。学会组织系列期刊参与中国科协、国家卫生计生委报刊相关主题宣传活动，获得国家卫生计生委委管报刊主题宣传活动“优秀组织单位”奖。开展系列期刊奖评活动，共评选出优秀期刊14种，期刊编校质量奖14种，期刊影响力提升奖7种，优秀期刊管理者11名，优秀编辑15名，增强学会的凝聚力和向心力。（3）创新推动科普工作。围绕国家卫生计生委、中国科协科普工作重点，依托于全国科技周、科普日等平台开展科普工作，学会全年科普工作20余次，覆盖10余省份，受众3亿余人次。打造“听听专家说”微信公众号，用户达4万余人、创作内容7000余项，阅读140万次，形成培训结合科普、科普结合项目的健康科普信息化工作模式。中国宫颈癌预防控制科普项目创作内容110余项，通过180余家新媒体传播，累计浏览3亿余人次，形成一次创作、多次开发、多形式展现的全媒体传播的工作机制。聘任健康传播专家，建设健康科普基地，建立资源筹措机制，开展健康访谈、全国慢性病防治优秀科普作品推介工程、健康科普夏令营等活动，形成构建多层次、多渠道、多领域健康科普工作体系的策略。（4）表彰举荐优秀科技工作者。组织评选2017年中华预防医学会科技奖，表彰肠道病毒71型灭活疫苗系列关键技术等28项优秀科技成果，鼓舞科技工作者的创新热情。（5）完善分支机构服务与管理。推动分支机构组织建设，完成15个分会（专业委员会）换届，新组建成立7个分会（专业委员会），成立2个工作委员会。完成20余个分会（专业委员会）的学组、青委会的成立和换届工作。继续加强分支机构管理力度。

人才优势与服务政府科学决策。（1）履行专业委员会秘书处工作职责。国家卫生计生委突发事件卫生应急专家咨询委员会秘书处为全国卫生应急竞赛提供技术支撑。组织制订2017年中国科协联合国咨商生命科学与人类健康专业委员会工作计划，确定“民间团体参与全球健康治理的作用和对策”为咨商课题。以秘书处为平台，充分发挥作用向国家有关部门建言献策，提供政策依据。（2）开展调查研究，服务公众健康。2017年，学会编写《公共卫生与预防医学学科史》《2016年中国人口健康报告》《2049年的中国：科技与社会愿景展望——预防医学与生命质量》。完成全国省级疾控机构规范化建设综合评价、法定传染病疫情监测系统评价、石渠县犬驱虫控制包虫病干预试点等多个政府委托项目。有序开展能力提升与改革工程——世界一流学会建设工程、创新驱动助力工程、科技与民生年度报告、基层互联网慢病管理领航等项目。启动第2期预防与免疫青年人才托举、全国预防接种服务与管理培训、基层互联网慢病管理、慢性病与免疫预防政策试点、中国百日咳行动防治等项目。组织开展中国妇女盆底功能障碍防治项目课题。完成《全国省级疾控机构规范化建设综合评价报告》《公共卫生领域科技社团开展第三方评估机制研究报告》和《推动中国控烟立法报告》编写任务，组织编写《家庭健康指导员手册——健康老人读本》等成果。

国际合作与民间卫生外交。（1）强化沟通，拓展联络渠道。学会派员参加第15届世界公共卫生大会并代表中国做特邀报告，参加世界公共卫生联盟第50届执委会、全体大会并主持亚太区域工作会，提升学会在国际公共卫生领域的影响力。派员赴澳大利亚参加第29届国际环境流行病学会学术年会主持国际环境流行病学学术年会中国专场报告会。（2）发挥优势，配合国家“一带一路”倡议实施。组织专家系统研究覆盖“一带一路”沿线国家89.2%的地理面积和53.4%的人口，完成34个沿线国家重点传染病流行现状及防控能力分析，系统分析传染病防控可能存在的问题和主要风险，提出我国在传染病重点防控领域开展双边及多边合作建议及应对重点传染病综合防控的具体建议，为推动“一带一路”传染病合作，促进健康丝路建设奠定基础。

*承接政府委托职能，做好社会组织参与艾滋病防治基金管理工作。*2017年，学会基金共资助31个省（区、市）884个项目，资助金额4300余万元。共为高危人群提供143万多人次干预服务，为32.6万名高危人群提供艾滋病病毒抗体检测，发现并确证阳性9431人；为艾滋病感染者和病人提供21万多人次关怀随访服务。落实刘延东的指示，学会与多方联系，探索基金多元化筹资机制。接受企业捐赠1500万，按照“公开自主申请，两审三公示”原则，首批捐赠资金支持社会组织已开展工作。成立并启动“防艾精准专项基金”，为已建立的基金提供补充，扩大工作领域，重点支持贫困且疫情较重的地区开展母婴艾滋病防治工作。

二、重要事件和活动

*中华预防医学会成立30周年庆祝活动暨健康中国国际工程科技发展战略高端论坛。*2017年11月18—19日在北京举行，中华预防医学会第5届学术年会暨2017年中国慢性病大会同期召开。大会以“公共卫生助力健康中国”为主题，来自中国工程院、中国科协、国家卫生计生委、各级医疗卫生机构、科研院所、高等院校、相关学（协）会的专家学者、专业技术人员及健康相关企业等共计2000余名代表参加会议。

第十二届全国人大常委会教科文卫委员会副主任、中华预防医学会会长、中国工程院院士王陇德，中国科协党组成员、学会学术部部长兼企业工作办公室主任宋军，国家卫生计生委副主任、国家中医药管理局局长王国强，中国工程院副院长刘旭，世界公共卫生联盟主席、世界卫生组织驻华代表处官员等出席开幕式并讲话。

健康中国国际工程科技发展战略高端论坛邀请6位国内院士、4位国际专家做大会报告，院士们围绕“把健康融入所有政策”，从培育健康人群、优化健康服务、完善健康政策等角度，阐释健康中国建设的理念、路径，分享中国智慧、中国案例。国外专家介绍全球健康促进工作进展和成功经验，解读2030可持续发展目标中卫生与健康领域工作指标。

中华预防医学会第5届学术年会暨2017年中国慢性病大会邀请200余位专家在27个分会场上做专题报告，共组织论文交流500余篇，评选优秀论文近50篇。交流内容覆盖慢性病防治、卫生应急、健康评估与健康管理、健康促进与健康教育、疫苗与免疫、流行病学、生命早期发育与疾病控制、儿童成人病防治等健康领域热点难点问题。（牛霏霏）

中国人口福利基金会2017年度工作概述

2017年中国人口福利基金会（以下简称“基金会”）全会收入总额2.7亿元，其中货币收入1.2亿元；项目支出1.8亿元。被人社部、国家卫生计生委、国家中医药局授予“全国卫生计生系统先进集体”称号。“黄手环”行动、中国大病社会救助平台、“幸福工程——救助贫困母亲行动”等公益项目获评业内年度最佳奖。

*理事会换届工作。*在国家卫生计生委党组的支持下，2017年2月20日召开六届一次理事会。顾秀莲、李金华受邀出任荣誉会长、会长，来自实业、金融、科研、公益等领域的19人及2位主要捐赠方代表担任理事、监事参加会议。新一届理事会认真研究5年发展规划，审定30余项规章制度，筹建3个咨询委员会。与此同时，各位理事还为人口福利事业发展建言献策，提供人财物等多方面的支持，推动社会宣传和宣传筹资水平的提升。

*成立30周年系列纪念活动。*2017年6月16日，在北京举行“中华人口奖”获奖者见面活动和纪念基金会成立30周年座谈会。会前，十二届全国政协主席俞正声做出批示，国务院副总理刘延东看望“中华人口奖”获奖者代表并发表讲话，彭珮云、何鲁丽、蒋正华、顾秀莲、王忠禹、李金华等老领导，国家卫生计生委主任李斌、副主任王培安，中央宣传部、民政部领导等参加见面活动和座谈会。“中华人口奖”获奖者代表，中直机关、中央国家机关有关部委，国家卫生计生委相关司局、直属联系单位、委管社会组

织，驻华国际机构，各省（区、市）计生协会、重要合作伙伴、捐赠人代表，以及受助人代表，人口基金会理事、监事，新闻媒体等共计400余人参加会议。新华社、中央电视台、《人民日报》《中国人口报》《健康报》等数十家媒体分别报道、发布新闻。

创建“幸福家庭”活动等财政项目进展。基金会配合委家庭司开展“国际家庭日”主题宣传、第2批创建幸福家庭示范市评估验收以及经验交流活动；举办16期家庭发展相关培训班，参训人数共计2300余名。在委财务司的支持下，建立中国大病社会救助平台，汇总大病救助领域有效政策6347条，上线大病救助项目374个，累计募款近1100万元 .

“幸福”系列公益项目。2017年，中直机关、中央国家机关共募集“幸福工程”善款733万元。此外，在李金华的重视和支持下，募款近千万元，组织完成3次“幸福微笑”唇腭裂儿童免费手术，共计225例。“幸福书屋”项目为贵州、陕西、新疆等20余个省（区、市）的175所学校捐赠图书、桌椅总价值近200万元。启动“宝贝箱——幸福母婴计划”，在甘肃通渭和湖北蕲春两个试点县发放“宝贝箱”806套。关爱阿尔茨海默病老人，免费发放黄手环（定位贴）63万只（份），举办62期社区医生培训和511场社区科普知识宣教活动，在北京、上海、内蒙古等9个地区同步开展“黄手环，把爱带在身边”主题宣传活动，黄手环行动作为实践案例被纳入2017年国际阿尔茨海默病协会（ADI）报告。继续开展“凉山营养早餐”项目，为桃坪乡中心校537名学生提供早餐和两个幼教班101名幼儿提供免费课间加餐。

创新宣传形式。基金会参与腾讯99公益日活动，上线5个项目，共获得公众捐款63万元，腾讯和企业配捐80万元，较上一年度有明显进展。“黄手环”项目与腾讯合作，推出“忘不了的家味”宣传页面，登上腾讯公益头条和微信朋友圈广告，获得广泛传播，3天筹款近50万元。在去哪儿网积分兑换商城上线黄手环积分兑换内容。连续4年参加北京马拉松公益跑活动，6000名参赛者为“宝贝箱”项目筹款14万元。此外，2017年12月14日开展“不忘初心·共建幸福之家”主题宣传活动，响应李金华会长号召，做好“三服务”工作；另一方面，配合基金会成立30周年系列纪念活动，扩大社会影响力。举办2场媒体交流会，主动向主流媒体推介自有项目。参加由《公益时报》社等机构主办的基金会论坛等活动。

健康扶贫工作。2017年，做大做强健康暖心工程，动员社会资源捐赠3.43亿元，投入2.79亿元，免费发放幸福小药箱1.05万个，捐赠医疗装备416套（台），培训管理人员及临床医生近600名。以上项目向“三区三洲”深度贫困地区和集中连片特困地区倾斜，对吕梁山片区累计投入1650万元。向陕西省榆林市子洲县和绥德县捐赠300多万元的现金和医疗设备，用于水灾重建工作。响应国家号召，捐赠200万元支持凉山地区艾滋病防治项目。

专项基金管理与服务。2017年，重新修订《专项基金管理办法》和《专项基金工作指南》，巩固巡视整改成果，2次对下设专项基金组织进行专题培训，提出分类管理方案并实施。全年新设专项基金1支，注销2支，约谈2支，并敦促3支专项基金补齐创始资金。“霁霁爱心基金”筹款36.64万元，在新疆、青海资助5所贫困小学4582名学生，捐赠3500套课桌椅、3500个书包和1500套文具。“善基金”年初举办8周年感恩盛典并筹募善款及物资111万余元，2017年8月中旬赴青海玉树开展“三孤救助”，在清华大学、江南大学举办“善道行动”，弘扬中华慈善文化。同年6月24日，茂县泥石流灾害发生，“慈爱基金”组织救援队，将100顶帐篷及救灾物资送至灾区；8月8日，九寨沟地震后，“慈爱基金”第一时间向灾区捐赠200顶帐篷，并参与现场救援工作。

项目调研和督导。2017年，对“营养早餐”项目试点进行终期评估。9月上旬，基金会理事长郝林娜带队赴项目点进行调研，了解项目实施1年来的效果，撰写评估报告，并报国家卫生计生委领导。研究探索“幸福工程”项目转型发展新模式。结合中直机关、中央国家机关组织的项目点专访，全年共计92人次，分赴上海、福建、云南、内蒙古、新疆等11个省（区、市）的19个项目点进行调研、考察和督导。

（林　琳）

中国人口文化促进会2017年工作概述

第15届中国人口文化奖评选工作。自2014年起至2017年结束，4年间完成广播节目、电影、电视节目、民间艺术品、宣传品、文学、美术、摄影、戏剧、曲艺、歌舞11个艺术类别全部评选工作。共评出奖项198个。其中：一等奖22个、二等奖66个、三等奖110个；组委会特别奖2个（纪录片《舌尖上的中国》和北京曲剧《十不闲传奇》）；组织工作奖75个。优秀奖168个（鼓励性质）。

2017年度，第15届中国人口文化奖舞台艺术类评选经组委会审议通过，戏剧、曲艺、歌舞三大艺术门类，共评出奖项54个。其中一等奖6个、二等奖18个、三等奖30个。评委会推荐“组委会特别奖”1个、组织工作奖18个。评选结果11月6日同时在《中国文化报》《中国艺术报》《健康报》和《中国人口报》向社会公告。颁奖活动于12月18日在北京举行。为增强卫生计生文艺作品创作能力，拓宽中国人口文化奖的创作渠道，文促会召开“坚定文化自信促进健康中国文艺作品创作和繁荣座谈会”，共谋创作之计。

4年间，第15届中国人口文化奖评选工作陆续开展，有142位著名专家、学者、艺术家和卫生计生系统有关领导，参与11个艺术类别评选工作。评委专家来自社会各界，文促会秘书长作为组委会秘书长，负责协调评选工作。

第4届全国卫生计生系统优秀广播影视作品评选活动。共评选出优秀广播影视类作品99个。其中：广播类16个；电影类23个；电视节目类60个。

第5届《我的长辈》国际微视频大赛评选工作。文促会与中国广播电视艺术委员会、中国老龄基金会联合举办此次大赛，评选出有关人口文化、健康文化、社会及家庭类作品45件。

电视栏目《我要当医生》制作并播出。由文促会监制、国家卫生计生委宣传司与科教司指导的电视栏目《我要当医生》，于2017年3月26日在北京卫视和北京新闻频道首播，截至2017年底播出38期，得到委领导的认可和社会各界的广泛关注。

协助审查涉卫生计生题材影视作品10件。受国家卫生计生委宣传司委托，为卫生计生题材的影视剧创作把关，对作品涉及的医疗政策、医学人文和技术严格审查，保证影视剧的专业质量。

宣传“健康中国”战略规划。组织中国音协、中国曲协、中国舞协和中国剧协的有关艺术家赴浙江基层，对卫生计生工作进行采风。回京后结合采风感受，为中央文明办和国家卫生计生委联合举办的全国道德模范与身边好人“中国好医生、中国好护士”活动，创作活动主题歌《我把健康托付你》。

为宣传2016年全国卫生健康大会精神，弘扬“敬佑生命、救死扶伤、甘于奉献、大爱无疆”崇高精神，文促会邀请中国音协专家，创作歌曲《健康中国》和《健康是福》，在中央电视台有关频道多次播出。

对四川凉山州精准扶贫宣传任务。根据国家卫生计生委部署，文促会负责对四川凉山州进行文化艺术宣传工作。在委宣传司指导下，文促会于12月7日举办“健康中国健康成长”主题活动凉山行——2017健康知识宣传文艺下基层、进校园活动，受到当地彝族群众和昭觉县民族中学师生的欢迎。

纪实片《生命时速·紧急救护120》制作完成。2017年，文促会策划并监制首部全方位记录和展示院前急救工作的电视纪实片《生命时速·紧急救护120》（12集），宣传院前急救有关知识和引导公众重视院前急救，8月份完成拍摄进行后期制作，拟于2018年在上海卫视播出。

纪录片《本草中国》（第1季）被列为“海外推广纪录片”。文促会监制，宣传中华传统医药的大型纪录片《本草中国》第1季于2016年播出，获得纪录片专业领域多个奖项。2017年被国务院新闻办对外推广局列为“海外推广纪录片”，并正式签约译成8国文字向海外发行。2017年3月，应外交部礼宾司要求，制作了《本草中国》（第1季）国礼片（美国国家地理译制）。11月3日，美国总统特朗普访华期间，外交部作为国礼送出。

《本草中国》第2季（10集）于年底完成全部拍摄工作，进行后期制作，将于2018年上半年在中央电视台播出。

电视剧《急诊科医生》播出。文促会监制、国家卫生计生委宣传司、医政医管局、北京市卫生计生委支持指导的电视剧《急诊科医生》（郑小龙导演），于2017年10月30日，在北京卫视和上海东方卫视黄金时段播出，网上点击率达到近60亿，收视率居两台第一，社会反响热烈。

“健康中国社会宣传协作网”成立。在委宣传司的支持下，2017年9月，文促会联合全国800余家媒体共同成立的“健康中国社会宣传协作网”在北京举行启动仪式，旨在使公益广告的广告主、广告商、制作者和播出平台能够信息共享，共同协作，实现医疗行业制作的视频面向社会宣传。同时举办2017年全国卫生计生文化宣传培训班，发布协作网的建立和平台使用方案。来自各省（区、市）卫生计生系统、委属委管医院近200名学员参加培训。

医疗养生类电视节目监测项目。受委宣传司委托，配合开展医疗养生类节目监测和管理，启动医疗养生电视栏目监测评估工作，与专业数据公司合作，利用智能大数据技术通过7000万台智能电视终端对医疗养生类节目进行监测。2017年年底，已完成第1阶段技术开发实验。撰写地面频道3期、卫视频道2期的监测报告，上报国家卫生计生委。（宋建平）

中国人口学会2017年工作概述

学术活动。（1）召开2017年年会。在当前和未来的一段时间里，我国人口发展处于深度转型期，在实施全面两孩政策的背景下，人口学会于2017年7月20—23日在云南省昆明市召开了“鼓励按政策生育推动人口均衡发展”主题年会。国家卫生计生委副主任王培安出席并讲话。参会人数达650人，提交论文600余篇，是近年来人口学会举办的规模最大的年会。会议除主题论坛外，还设立80个分论坛，分论坛针对全面两孩政策带来的人口数量、素质、结构、分布的动态变化将对经济发展和社会形态产生深刻影响，对未来人口总量调控的影响，如何积极应对老龄化、劳动力问题，以及人口结构变化对消费的影响等问题，展开研讨。（2）16个专业委员会学术活动活跃。人口学会举办人口普查与人口学方法、人口与发展研究生论坛、青年学者人口研究论坛、人口迁移与可持续发展等6个专题学术研讨会。从理论和方法两个方面对人口学的重点和热点研究领域进行研讨，各专委会研讨会均取得成果。其中，青年人口学者论坛发挥为广大中青年学者提供高质量学术交流平台的作用。此外，中国人口学会青年学者专业委员会建立微信公众号，已有700余人关注，成为人口学者线上学术交流园地。（3）加强多领域横向合作和国际间课题研究。2017年12月4—5日，中国人口学会、联合国人口基金和中国人民大学人口与发展研究中心在北京联合举办“可持续发展视野下的人口问题——生育转变与社会政策应对国际学术研讨会”。会议共收到论文30余篇，来自美国、英国、荷兰、捷克、澳大利亚、日本、韩国、泰国等国家的18名国际知名专家和来自全国各高校、中国社会科学院、全国妇联等研究机构的150余名著名学者，来自国家卫生计生委的官员和来自联合国人口基金、世界卫生组织、联合国儿童基金会等国际组织的专家参加本次会议。与会者就“生育率转变”“生育率下降的原因及后果”“低生育率的社会政策应对”“全面二孩政策的影响”“人口老龄化”等5个主题进行发言和讨论，国家卫生计生委副主任王培安出席并讲话。

参与委中心工作。（1）人口学会积极参与2017年全国生育状况、家庭和流动人口调查，并从项目立项、调查设计、比对核查、分析研究等方面提供技术支持。（2）赴广西、海南、云南、贵州开展健康扶贫评估和人口信息化评估工作。（范　静）

健康报社2017年工作概述

发挥主流媒体作用。（1）围绕卫生计生工作的重大部署、重点任务，健康报社和《中国卫生》杂志及子报子刊坚持高站位、深解读、接地气，用犀利的观点、深入的调查、有分量的文章、符合传播规律的新闻表达，全面、深刻解读卫生计生重点工作，传播医学健康科普知识。（2）全国“两会”期间，报社以“两会精英汇”的形式组织多期座谈会，邀请30多名全国人大代表和政协委员及委司局领导参与讨论，在纸媒和新媒体上，以系列图文报道方式共同推出，受到关注。在党的十九大报道中，按会前预热、会中报道、会后采访3个阶段，分别点击关键词，完成《砥砺奋进的五年》《学习报告谈体会》《学习十九大系列评论》等系列专题报道共计百余篇。（3）围绕行业关注话题深耕细作，组织策划采写20余组系列报道。如关注重大改革和管理动向的医联体系列、家庭医生签约系列、药品新政观察系列；关注科研和临床建设系列内容的专科医师规范化培训系列；关注重大举措和典型的大型公立医院党建系列、对话白求恩奖章获奖者系列等，得到广泛传播。（4）在理论研究和典型经验推广方面，《健康报》和《中国卫生》杂志共刊登50余位地方政府分管领导及卫生计生负责人，200余位院长的署名文章，为医改研究助力。

科普宣教工作。践行“健康中国”的战略，在保持传播权威、科学、健康知识的基础上，利用《健康报》《大众健康》《健康文摘报》和《中国学生健康报》，办好健康类栏目。由此，将传播形式从纸媒、微信平台、网站进一步扩展到微视频、微电影。用人民群众听得到、听得懂、听得进的途径和方法普及健康知识和技能，提升健康科普产品的生产能力。以2017年全新创办的版面《周末讲坛》为例，每周六纸媒和健康报官方微信同时推出，把权威专家为读者倾情录制的视频穿插在微信里，赋予医学科普更多的传播形式，将受众从文字阅读人群扩展到更广泛的新媒体使用人群，营造立体的阅读氛围和感受。

主动融合，打造行业智库。在做好健康传播的基础上，加大对健康服务的探索。报社重点打造融媒体编辑中心、全媒体发展中心，借助专属的移动指挥平台，探索“中央厨房”模式，使纸媒、新媒体、内参、舆情、运营活动得以充分展现和互相促进。

探索行业垂直服务。2017年年初，报社推出中国家庭医生签约平台，提出利用“互联网＋家庭医生”签约服务的解决方案，现注册人数已超过200万，收效良好。9月上线的“健康中国”App，已成为国家卫生计生委官方发布平台，囊括权威发布、咨询、数据、互动、服务几大功能。承担卫生计生舆情报告，及时让各级领导了解舆情变化动态。内参方面，刊登《福建药品新政步子是否迈太大》《医保异地结算医院不积极》《卫生信息化增进群众获得感》等多篇文章，国务院副总理刘延东等领导人予以批示。

主题活动。发挥《健康报》行业媒体龙头作用，举办中国卫生与健康科技创新发展高峰论坛、“进一步改善医疗服务行动计划”宣传推广会、第2届全国卫生计生微电影节、梅奥中国医院管理高峰论坛、中国卫生发展高峰论坛、大型公立医院发展高峰论坛、互联网＋健康中国大会、全国医改传播论坛等百余场线上线下的活动，提升媒体的专业性、服务性和社会影响力。筹建健康报公益基金，支持和开展健康传播及健康扶贫相关活动，探索媒体推动的特色公益模式。

整体布局与发展规划。2016年底健康报社转企后，报社通过组合成立下属公司，承接《中国学生健康报》

的任务等，初步形成以健康报社、中国卫生杂志社两个独立法人单位为主体，下属4家二级公司，“三报两刊一网”多终端的发展构架，并在财务监管体系、制度建设等方面，按照企业化管理的要求逐步转型。报社在充分论证现有资源和发展前景的基础上，首次制定五年发展规划，提出依托80多年办报积累的品牌优势和行业资源，坚持筑牢新闻宣传主业，实现向优质平台服务提供方的转型，并与健康中国事业发展相契合，将健康报社打造成为最具权威性和影响力的国家级现代健康传播和服务平台。（杨杰松）

中国人口报社2017年工作概述

新闻策划与主题报道。（1）围绕全国卫生计生工作会议、“一纲要两规划”、全国卫生计生系统表彰大会、全国卫生与健康大会召开1周年等大事要事，及时做好主题报道和政策解读，报道各地贯彻落实情况和典型经验、做法。运用图文、评论等报道形式，及时做好系统劳模、中国好医生、中国好护士月度人物等典型宣传，展现卫生计生工作者职业精神。2017年，报社对中非部长级医药卫生合作会议、“一带一路”高峰论坛等一系列重大外事活动，采取会前预热报道与会中集中报道结合的形式，取得较好的宣传效果。（2）通过开设“砥砺奋进的五年”“健康中国——深化医改”等专栏，全面展示党的十八大以来卫生计生系统在深化医药卫生体制改革、实施全面两孩政策、推进健康中国建设等方面取得的成就，反映广大人民群众的获得感、幸福感。报道党的十九大开幕闭幕等消息，采访卫生计生系统代表、各级领导干部、基层工作人员等，围绕学习党的十九大报告畅谈感想、体会等。及时报道国家卫生计生委和全系统上下的学习贯彻情况并刊发评论员文章，展示各地工作的新进展、新成效。在理论版和交流版开设“学习贯彻党的十九大精神笔谈”专栏，刊发系列理论文章，宣传党的十九大精神。

创新宣传形式，拓展报道范围。（1）积极运用新媒体平台。报社主办的《中国妇幼健康》微信公众号被定为委妇幼司官方微信公众号，制定公众号建设实施方案，将立足行业、面向基层、服务群众作为主要方向，围绕妇幼健康重点工作，准确传播重要资讯，解读重大政策，宣传普及妇幼健康知识，传递妇幼健康行业正能量，努力将其打造成权威信息发布平台、科学知识传播载体、妇幼健康工作展示窗口。正式推出《中国人口报》手机报，方便读者第一时间阅读到当日报纸内容，并在线免费提供多种期刊阅读和听书服务。同时，在今日头条、一点资讯等网络平台开通账号，同步推送微信公众号内容，关注度和阅读量增速明显。（2）拓展宣传报道范围。适应卫生计生融合发展的新形势新要求，报道内容由过去相对单一的“人口计生”向“大健康”“大卫生”拓展，将视角延伸到健康中国建设、深化医改、公共卫生、健康促进和教育、健康扶贫等。围绕母亲节、重阳节、“全国爱耳日”“世界卫生日”等重要时点和卫生计生相关纪念日，邀请权威专家和一线医疗工作者等撰写科普文章，刊发健康促进系列报道。加大妇幼健康报道力度，在主报开设“妇幼健康服务巡礼”等栏目，报道全面两孩政策实施后，各地推动妇幼健康事业发展的典型经验、做法。

*扩大报社影响力。*承接委相关司局项目，在主报开设“全面两孩利国利民——婚育新风进万家活动巡礼”“健康家庭建设”“安全生产大家谈”等10余个栏目。国家卫生计生委宣传司委托报社举办2016年“健康中国”传播优秀作品征集评选活动，召开2016“健康中国”传播优秀作品总结会，对获奖单位和个人进行表彰。与委基层指导司等联合举办全面两孩政策与生育友好型社会建设专题研讨会，人民网、新华网、央视网、央广网等多家媒体进行报道，多家社会媒体转发，在社会上产生积极影响。与委流动人口司联合举办流动人口健康服务专题研讨会，围绕流动人口健康问题以及影响流动人口健康的相关社会政策研究等进行交流探讨。与重庆市人口计生科研院、人口学会联合举办实施健康中国战略理论与实践研讨会，扩大报社的社会影响力。报社联合委扶贫办开展“健康扶贫故事”有奖征文活动，围绕“精准扶贫”主题，面向全国卫生计生系统干部职工征集感人故事，营造打赢脱贫攻坚战的舆论氛围。（韩　超）

人民卫生出版社有限公司2017年工作概述

一、主要业务工作

*“双效”提升。*2017年，人卫社主要经济指标保持快速增长，新书重印书4300多种，其中出版新书1787种，重印书2524种；出版码洋18.6亿元，营业总收入7.9亿元以上，利润2.5亿元以上。资产总额32.04亿元，净资产（所有者权益）29.08亿元，实现国有资产保值增值。2017年荣获第5届全国文明单位；近60种产品分别获中国出版政府奖、中华优秀出版物奖、向全国老年人推荐优秀出版物、全国优秀科普作品等国家级、省部级奖项。11个项目正式立项为中央文化企业国有资本经营预算支出项目、中央文化产业发展专项资金项目、国家出版基金项目等国家级项目，获得资助2000余万元。

*体制机制创新。*继完成公司制改制、组建集团之后，2017年人卫社加强现代企业制度建设，新建和修

订规章制度30余项。加强集团化顶层设计，开展集团化和股份制改造研究调研工作。成立人卫树人股份公司，探索混合所有制试点。加强对集团所属单位管理指导，创新开展对外交流合作，与委医管中心、健康报社、健教中心等直属单位，与中国移动、科大讯飞、奥鹏教育等公司建立战略合作。

提升出版质量，服务医改和健康中国建设。坚持把社会效益放在首位，创新出版理念和管理，质量效益优化，出版供给侧改革取得实效。（1）以医药教材为抓手，服务卫生计生人才培养。围绕医药院校教育、毕业后教育、继续教育3个阶段，以规划教材为主体，建设高质量、立体化的医药院校教材体系。贯彻落实医教协同大会精神及医学教育综合改革方针，启动临床医学第9轮五年制本科等规划教材的编写和修订，服务医改、教改及高素质医药学人才培养。（2）实施原创精品工程，夯实学术强社之基。实施中国医药学术原创精品图书工程，打造精品力作。建立全国县级医院发展联盟，出版系列县级医院实用手册，建设临床决策辅助系统（人卫临床助手App），服务医学学术创新和临床诊疗水平提升。《全球健康杂志》（英文）正式创刊。（3）书刊网络多媒互动，推动健康科普传播。围绕健康教育和健康促进主题，开展大众健康科普出版和健康促进宣教活动，提升科普原创精品的出版能力。出版《〈“健康中国2030”规划纲要〉辅导读本》等图书30余项，策划中国现代医院史话、中医药文化进校园等出版项目，打造“约健康”新媒体平台和“人卫健康”微信公众号，“人卫健康”总用户近19万，文章累计阅读和转载达6800多万次。（4）推进融合发展，引领医学出版转型升级。开展数字产品、项目平台建设，构建医学人才培养智能智慧终身服务体系；开发和运营人卫临床助手、人卫用药助手、人卫慕课等产品和平台，提升人卫数字产品、平台的影响力、社会效益和经济效益。配合委基层卫生司、医管中心等，发挥内容资源和平台技术优势，启动“国家基层卫生人员能力提升服务平台”“国家患者安全报告和学习系统”建设。人卫社数字化转型升级成果，得到了委领导和各方面的肯定。（5）加强国际交流合作，服务全球卫生信息知识传播。响应国家“一带一路”倡议，围绕“健康丝绸之路”活动，制定主题出版计划，出版《中国公共卫生系列英文版图书》等“走出去”图书10余种，其中《结核病》和《艾滋病》两分册作为彭丽媛出访瑞士的国际赠礼。

拓展发展空间，推进多元化。抓住“京津冀一体化”发展契机，在河北文安县成立人卫（文安）数字科技公司，启动现代化仓储物流中心和综合服务基地建设，弥补人卫社发展短板。在北京通州永乐店，论证规划医康养护教示范园区建设。人卫上海公司开展医学模型和仿真医学项目，人卫酒店经营业绩再创新高，所属多家子公司发展向好。（郝　阳　宋秀全　刘晓然）

二、重要事件和活动

国家卫生计生委副主任王贺胜到人卫集团、人卫社调研。2017年2月10日，王贺胜到人卫集团、人卫社调研，人卫社董事长、党委书记郝阳汇报人卫集团、人卫社的基本情况，2016年主要工作情况和2017年主要工作设想。总经理王雪凝、总编辑杜贤在座谈会上发言。王贺胜肯定人卫集团、人卫社的工作成绩和贡献，要求人卫社做好卫生计生出版工作，加强人才队伍建设，创新企业体制机制，加强现代企业制度建设，深化出版供给侧改革。（宋秀全　张小珊）

3项目获得2017年度国家出版基金资助。2017年3月1日，国家出版基金规划管理办公室公布2017年度国家出版基金资助项目评审结果，人卫社《古德曼·吉尔曼治疗学的药理学基础》《路志正医学丛书》《中国名院名科名医经典手术》3个项目入选。截至2017年，人卫社已有12个项目获得国家出版基金资助。（惠天灵　张小珊）

4个产品获“第6届中华优秀出版物奖”。2017年4月23日，第6届中华优秀出版物奖颁奖庆典在北京举行。人卫社共有4个产品获奖，其中《数字化中药材标准》获得音像电子游戏出版物奖；《医学人文讲堂》《全国高等学校五年制本科临床医学专业数字教材》获得音像电子游戏出版物提名奖；《坚持专业化拓展多元化—人民卫生出版社有限公司数字出版转型的实践探索》获得出版科研论文奖。（石　雄　张小珊）

中国卫生信息学会国家健康医疗开放大学暨厦门开放大学成立大会。2017年4月24日在京召开，国家卫生计生委、教育部等相关单位领导，10余位医药卫生界院士，全国医药院校、医院领导，人卫社管理人员，新闻媒体等300余人出席会议。国家卫生计生委副主任金小桃，教育部高等教育司司长张大良讲话，人卫社总编辑杜贤汇报国家健康医疗开放大学建设筹备情况。会议选举中国卫生信息学会国家健康医疗开放大学理事会工作机构及人员。（皮雪花　张小珊）

2项目入选2017年度新闻出版改革发展项目库。2017年5月4日，国家新闻出版广电总局公布《关于发布总局改革发展项目库2017年入库项目名单的通知》，人卫社“人卫智慧出版大数据综合应用平台”及“人卫3D解剖学系列软件”2个项目入选，截至2017年，人卫社已有11个项目入选新闻出版改革发展项目库。

10个项目获2016年度“图书版权输出奖励计划”奖励。2017年5月9日，国家新闻出版广电总局图书版权输出奖励计划办公室公布“图书版权输出奖励计划”奖励名单，人卫社《新发传染病临床影像诊断》《健康中国2020战略研究报告》等10个项目获得2016年度“图书版权输出奖励计划”奖励，《新发传染病临床影像诊断》获得重点奖励。（惠天灵　张小珊）

参加第7届中国数字出版博览会。2017年7月11—13日，数博会在北京举行。会上，人卫社展示了人卫3D系统解剖学、人卫融合教材、人卫慕课、人卫临床助手、约健康等系列医学教育、医学学术、医学科普数字出版产品。在数博会推介评选活动中，人卫社“人卫智网”获得“优秀品牌奖”；“人卫临床助手”获“创新作品奖”；人卫社展会组织获“优秀展示单位奖”。展会期间，人卫社举办数字版权保护技术应用产业联盟成立大会暨签约仪式，董事会秘书宋秀全做会议报告。（石　雄　张小珊）

全国高等学校五年制本科临床医学专业第9轮规划教材主编人会议。2017年7月30日在北京召开，教育部副部长林蕙青，国家卫生计生委副主任曾益新出席并讲话，有关专家、教材主编等400余人参加会议。会议宣布第7届全国高等学校五年制本科临床医学专业教材评审委员会名单、主审、主编、副主编名单，并向相关人员颁发聘书。（窦天舒　张小珊）

人卫社首届创新发展大会。2017年8月29日在北京召开，会议围绕“创新驱动、重点跨越、融合发展、引领未来”主题，以报告及展示交流等形式展开。人卫社领导、员工和大会主题报告人、17家参展科技公司人员等500余人出席会议。开幕式上，上海市第一妇婴保健院教授段涛、等9位嘉宾做报告。会后，与会人员与17家科技公司就大数据、人工智能、AR/VR等技术与医学出版、医学教育的融合创新等方面进行交流。

全国高等医药教材建设研究暨人民卫生出版社专家咨询2017年年会。2017年10月28日在北京举行，全国政协、国家卫生计生委、中宣部、教育部、国家新闻出版广电总局、国家食品药品监督管理总局、国家中医药管理局等委部局领导，10位医药卫生界院士，各行业学会协会领导，全国医药院校、科研院所领导专家，人卫社战略合作伙伴，人卫社领导、员工，以及新闻媒体记者等500余人参加会议。开幕式上举行人卫社与中国移动、奥鹏教育和科大讯飞四方合作启动仪式。大会进行了学术交流，刘德培代表全国高等医药教材建设研究学组做工作报告，中国中医科学院院长、天津中医药大学校长张伯礼，中山大学新华学院校长王庭槐，西安交通大学教授张明，科大讯飞股份有限公司副总裁赵志伟分别做报告。（宋秀全　张小珊）

中国人口出版社2017工作概述

出版工作。（1）迎接党的十九大，策划出版《医者仁心——19位“白求恩奖章”获得者风采录》等3种图书，《死亡征战——中国援非抗击埃博拉纪实》一书为“砥砺奋进的五年”成就展提供素材。（2）做好主题图书策划出版工作。《银龄时代——中国老龄社会研究系列丛书》《老年价值论——积极应对人口老龄化的理论与实践》《和谐社会视域下中国家庭发展》3种图书被列入国家出版基金重点项目。围绕推进健康中国建设和完善生育政策两项中心工作，开发推动“健康中国2030”系列图书；与委宣传司策划出版《中国公民健康素养66条》漫画版和音像版等10余种出版物；与委妇幼司、流动人口司、家庭司策划出版《再生育指南》《再生育知识问答》《中国流动人口发展报告2017》《新家庭计划系列培训教材》等出版物。（3）服务国家卫生计生委重点工作。为配合提升全国基层卫生计生系统健康促进服务能力，策划出版卫生计生专干转岗培训教材。参与第5周期“婚育新风进万家”活动，策划出版《母婴健康手册》等近50余种图书。（4）《死亡征战——中国援非抗击埃博拉纪实》作为“经典中国走出项目”输出海外。

拓展业务新渠道。（1）以“新家庭文化屋”为依托，升级构建“健康中国·幸福家庭书屋”品牌工程。2017年4月13日，在山东举办的全国健康促进工作会议暨2017年健康中国行宣传活动启动会上，“健康中国·幸福家庭书屋”进行现场展示。各地持续推进新家庭文化屋（健康中国·幸福家庭书屋）品牌工程的建设，受到基层群众，尤其是偏远农村、社区、山区、少数民族地区的欢迎。（2）细化读者群体，精准服务对象，相继推出“流动人口书屋”“留守儿童书屋”。（3）结合“健康中国行”出版活动用书，并现场开展图书展示和捐赠活动。（4）在部分省（区、市）试点，建立“蓝盾书屋”，促进卫生计生监督执法机构的文化建设和能力建设。截至2017年末，人口出版社在全国范围内，建设各类文化书屋8万个，覆盖人群近1.5亿。建立“留守儿童图书屋”，在机关建立“母婴知识港湾”。（5）与中国生殖健康产业协会合作创办《中国生殖健康杂志》。

注重社会效益，打造精品图书。（1）2017年，突出“健康中国”主题，打造精品，多种出版物获奖。《城镇化中的经济与人口》获得第6届中华优秀读物奖提名奖；《中医指导健康孕育》等2种图书被列入国家新闻出版广电总局2017农家书屋重点出版物；《健

康生活　幸福相伴——“三减三健”核心信息》获得第2届中国健康科普创新大赛图书优秀奖。少儿图书荣获各类奖项近10种。（2）注重社会效益，开展向老区、西部地区、军营、医院、流动人口等捐赠活动，一年来捐赠图书总价值百万余元。参加国际书展、全国书博会等活动，提高人口出版社图书的知名度和影响力。

深化改革。健全现代企业管理制度，启动薪酬体制改革，完善企业管理激励机制。配合北京市关于京津冀协同发展的统一部署，改革储运发行工作，将过去的自管改为托管，促进发行和储运工作的市场化水平。建立实体书店和线上书店，提升媒体融合营销能力。

（马　尧）

〔责任编辑：付丽萍　彭　琰〕

2017年1月18日，全国人大常委会副委员长陈竺在广西调研卫生计生工作。图为座谈会现场。

（广西壮族自治区卫生计生委　提供）

2017年12月4日，第16届内地、香港、澳门卫生行政高层联席会议在海口召开。国家卫生计生委主任李斌、香港特区政府食物及卫生局陈肇始局长、澳门特区政府卫生局李展润局长分别率团出席会议。（海南省卫生计生委　提供）

2017年9月21—24日，江苏省第12届人大常委会第32次会议专题询问深化医药卫生体制改革进展情况。（江苏省卫生计生委　提供）

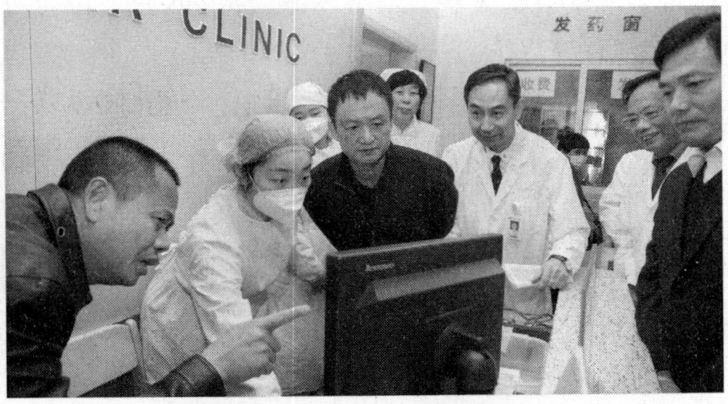

2017年1月18日，广东省卫生计生委主任段宇飞率领省督导组到佛山检查H7N9流感防控工作。图为在佛山市第一人民医院发热病区了解H7N9流感病例筛查及救治情况。（广东省计划生育宣传教育中心　提供）

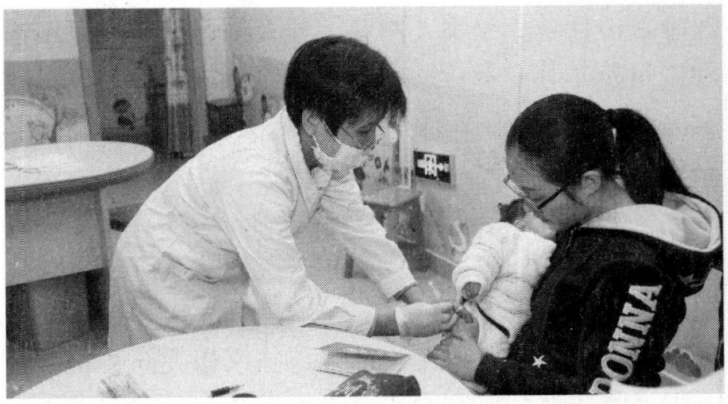

2017年2月16日，深圳市罗湖区社区健康服务中心医务人员为儿童接种疫苗。

（广东省计划生育宣传教育中心　提供）

2017年10月17日，云南省召开健康扶贫政策培训电视电话会议，对《云南省健康扶贫30条措施》等进行培训宣讲和现场答疑。（云南省卫生计生委　提供）

部队篇 中国人民解放军卫生计生工作

中国人民解放军

全军卫生工作概述 2017年，全军卫生工作聚焦保障打赢强能力挖潜力，坚持稳中求进推改革促转型，强化优质服务稳军心暖兵心，依法从严治军肃行风正秩序，完成年度各项任务。

聚焦实战，卫勤保障能力有效提升。（1）卫勤保障制度加快重塑。论证军队卫生政策制度体系，持续推进部队卫生人员“集中管理、派出保障”模式改革，全面实行军队干部全军医院门诊就医“一卡通”，拓宽特勤、康复和保健疗养保障范围，优化团级以上干部带随员疗养政策，明确调整改革期间老干部医疗保障关系接续和改进医疗服务措施办法，出台《关于改革期间现役干部转改文职人员医疗保障实施办法》，广大官兵和老干部医疗保障水平进一步提高。（2）卫勤实战化训练不断拓展。突出战创伤救治和部队急需实用技术培训，组织全军战伤救治与自救互救普训普考、战斗救生员培训等，协调组织1000余名卫生人员进修学习、开展100项继续医学教育一类项目，组织50余支机动卫勤分队参加联演联训和基地化训练。周密组织赴老挝开展“和平列车—2017”医疗服务活动，赴美参加中美人道主义救援减灾联合实兵演练和第13次研讨交流，赴泰国参加“金色眼镜蛇—2017”人道主义救援演练和卫勤高层论坛。（3）军事医学科技创新持续深化。组织国家“新药创制”和“重大传染病防治”重大专项课题立项，完成“十二五”军特药专项结题验收。扩试推广部队适宜技术15项、卫勤创新成果27项。自主研发我国首个“重组埃博拉病毒病疫苗”，获批新药注册证书和生产注册许可。军队卫生系统荣获2016年度国家科学技术进步一等奖3项、二等奖6项，国家技术发明二等奖1项。（4）卫生应急救援任务遂行有力。紧急抽调2批次55人医疗队赶赴九寨沟地震灾区，累计巡诊454人、接诊253人、开展手术14台。完成党的十九大、“一带一路”国际合作高峰论坛、建军90周年阅兵和第9次金砖国家领导人会晤等重大活动卫勤保障任务。周密组织赴老挝开展“和平列车—2017”医疗服务活动，赴美参加中美人道主义救援减灾联合实兵演练和第13次研讨交流，赴泰国参加“金色眼镜蛇—2017”人道主义救援演练和卫勤高层论坛。

围绕需求，卫生服务保障不断优化。（1）官兵健康得到全维防护。调整完善传染病病原监测预警体系，推进结核病、肝炎、血吸虫和艾滋病等重点传染病防治，推进肠道、虫媒传染病监测试点，组织旅团部队热射病、训练伤防治试点，开展防控指南培训、防控技术帮带和新兵训练伤防控“三巡”活动，开展心理卫生工作专项调研和心理健康经常性服务，完善高原部队征兵体检标准，官兵健康全维防护体系更加完善。（2）医疗服务质量稳步提升。开通医院为部队服务热线，强化落实“五个零、六优先”服务举措，开展驻边远艰苦地区团职干部带随员疗养试点，推行执行重大任务、驻边远艰苦地区和优秀基层部队官兵专项疗养制度，创新网络医疗、家庭病房服务模式，积极开展远程门诊、远程会诊、远程教学，常态推进不孕不育免费诊治和军队出生缺陷干预救助工程，官兵和老干部医疗卫生服务获得感明显增强。（3）卫生行业监管不断强化。深入开展安全合理用药专项整治活动，组织医疗卫生机构和药材保障机构药品制剂检验，开展医院为部队服务、医院感染专项抽查整顿，实施打击代孕、整治“两非”和查处违法违规应用辅助生殖技术等专项行动，及时叫停销售非法添加保健食品药品等行为。2名军队护理人员荣获第46届南丁格尔奖章。

发挥优势，深化军民融合发展。（1）深度融合推力不断加大。论证制定军队医院参与城市公立医院综合改革试点指导意见，组织15所驻京军队医院参加北京市医药分开综合改革，与国家相关部委联合召开国家临床医学研究中心建设推进会，与北京市科委续签战略合作协议，推进军队住院医师规范化培训融入国家体系，在北京建立3个军队规范化培训试点基地，医药卫生领域全要素、多层次、高效益的军民融合深度发展格局加速形成。（2）融合发展项目深入推进。参与编制2018年度国家重点研发专项申报指南，与地方院校建立军特药研发技术创新联盟。论证建立西南沙三级有害生物监控体系，在西沙、永兴岛、南沙以及岸基建立7个有害生物监测站。联合国家相关部委开展"服务百姓 健康行动"全国大型义诊周和"中医中药中国行"活动。（3）健康扶贫工作协力推进。成立军队健康扶贫工作领导小组，召开军队健康扶贫工作推进会议，全面部署军队健康扶贫"三大工程"，组织开展军队医院对口帮扶贫困县县级医院阶段考核评估工作，研究制定健康扶贫攻坚措施计划，启动藏区部队包虫病救治行动，深入开展新疆先心病患儿救治和支持新疆全民健康体检工作。（综合处）

全军部队卫生和爱国卫生工作　2017年，全军紧紧围绕建设"打仗型"部队卫勤这条主线，全面加强部队卫生、疾病防控、监督监测、健康维护和疾病防控国际合作能力建设，整体提高基础建设、业务技术、依法监管和服务保障水平。

加强部队卫生能力建设。（1）围绕深化部队卫勤保障模式改革。结合部队规模结构和力量编成改革，研究部队卫勤保障力量重塑方案，论证形成部队卫生机构、疾控机构、心理服务机构等编成方案，"集中管理、派出保障"模式机制相关意见已经落实到陆军、空降兵、海军陆战队等新的编成中。继续推进桂林联保中心181医院"区域一体化"、火箭军某基地"四集一派"、北部战区边海防部队"三式一化"模式改革，指导军兵种研究细化保障模式改革实施方案计划，组织试点单位领导和专家集中研究，继续完善新体制下"三种模式"实施方案、运行机制和政策制度。（2）精心组织心理卫生服务。围绕提高心理卫生服务水平，贯彻落实习主席"要注重部队心理工作"的重要批示精神，开展军队心理卫生体系重塑论证，成立3个工作组分赴东部、西部和中部战区，深入陆、海、空、火箭军和联勤保障部队的11个单位，开展部队心理卫生工作问题专项调研，梳理出军队心理卫生工作"五个不相适应"问题，论证提出心理卫生"六个体系"建设措施，向中央军委呈报《贯彻落实习主席重要批示精神，重塑全军心理卫生体系的建议》。依托第102医院试点开展严重心理危机干预"看门人"制度。开展部队心理健康经常性服务，组织指导全军15个心理卫生专业技术中心、各医院医学心理科派出心理医师1600余人次，深入部队开展心理健康授课、测评访谈和疏导干预，完成入伍新兵全员心理复查。依托第303医院深化完善入伍新兵心理复查和精神障碍退兵鉴定规范研究，依托陆军军医大学心理系研究建立军人严重心理危机干预知识普及教育标准要求，不断改进部队心理健康服务技术。以吉布提基地、西南沙岛礁、潜艇部队为重点，加强部队卫生机构心理健康服务能力建设，提高建制心理卫生保障能力。开展部队心理工作系统研究，会同军委有关部门，对我军部队心理工作体系、心理健康服务措施、心理应战能力建设、心理工作条件建设和组织领导等进行系统研究。（3）扎实做好新兵卫生工作。围绕做好新兵新学员卫生工作，完善高原部队在高原地区征兵体检标准进行专题调研，印发《扎实做好高原部队定向征集新兵体格复查与医学终级鉴定工作的通知》。修订《入伍新兵卫生工作规定》，组织编写新兵精神障碍退兵鉴定工作规范和技术规范，组织研发新兵精神障碍筛查工具，指导南部战区陆军开展相关试点。印发2017年度军队院校招收学员体格检查、新生复审复查、入伍新兵新学员卫生工作的通知，完成军队院校招生、新兵入伍体检工作，跟踪做好医学终极鉴定有关工作。

提高军事训练伤防治能力。（1）加强军事训练健康保护。成立部队军事训练伤防治专家指导组，召开军事训练伤防治专题会议，研究改进训练伤防治工作模式和预防措施办法，组织专家分别前出5个试点单位指导试点工作。研究制定《军事训练伤分级康复能力建设标准和设备配备标准》，组织5个试点单位试行论证《共同课目军事训练伤防控技术指南》。（2）组织开展全军新兵军事训练伤流行病学调查。指导解放军总医院开展训练伤致伤因素和防控策略评估。根据不同军种和特殊岗位军事训练伤的特点规律，研究拟制特殊岗位军事训练伤防治办法。组织旅团部队训练伤综合防治试点中期检查与总结验收，开展训练伤防治经验交流与成果试用。编印《部队中暑防治手册》《部队热习服训练指南》，指导武汉联勤保障基地分区划片开展热射病防治业务骨干培训1193人；组织专家深入热射病高发部队巡回培训指导，受训人员7280余人；指导确山训练基地开展热射病防治试点，探索完善卫生人员现场跟训保障工作模式。

加强疾病防控能力建设。（1）强化重点传染病防控。组织全军结核病、肝炎、血吸虫和艾滋病技术指导组，专题研究部署重点传染病防治工作。研究拟制《军队结核病防治工作计划》和《军队结核病防治工作规范和技术指南》，研讨部队结核病患者管理、密接人群预防用药等措施，研制结核病个案信息管理系统，拟定军队医疗、疾控机构结核病防治人员培训方案，制定分战区结核筛查设备配备计划。完成全军艾滋病样本确认检测，举办艾滋病检测技术培训。建立血吸虫病防治药品应急储备3万人份，完成《军队血吸虫病防治》宣传片动画与编辑制作，拟制《军队血吸虫病防治技术规范》。（2）强化疾病监测预警。督导推进传染病病原监测工作，调整形成由中心实验室、参比实验室、网络实验室和监测哨点构成的全军监测体系；研究细化2017年度传染病病原监测工作计划，确定实验试剂、设备采购参数和网络实验室负责哨点试剂耗材保障的管理模式。开展冬春季疾病监测预警工作，督导急性呼吸道传染病监测体系技术培训。指导肠道、虫媒传染病病原监测工作，开展监测技术培训，完成年度监测任务。（3）强化疫情应急指导。印发做好夏季卫生防病工作的通知，强化食品卫生安全、疫情监测和临床救治为重点的防控工作。研究制定突发公共卫生事件应急处置骨干培训计划，参与南部战区突发公共卫生事件、重大动物疫情及军地联合处置机制研讨。部署全军H7N9疫情防范应对工作，妥善处置多起聚集性腺病毒疫情、支原体肺炎疫情、H7N9疫情和食物中毒，指导驻福建部队做好污染贝类海产品中毒防范工作。（4）强化战备防疫保障。结合西藏专项任务现场考察结果，完成亚东地区流行病学侦查报告及防病建议，制定《卫生防疫防护保障方案》和《预防接种指导方案》；指导做好新入部队肺水肿脑水肿防控，完成2起水痘疫情核查指导，提交任务部队过冬卫生防病保障建议。（5）强化预防免疫接种。组织完成新兵新学员流感疫苗免疫论证报告，调整增加流感疫苗接种。呈报年度30万新兵新学员复检试剂和疫苗采购需求，制定新兵新学员疫苗、试剂、药械采购和分发计划，完成集训点预防接种指导工作。协调国家质检总局落实2000人份黄热疫苗调拨，做好海军赴吉布提人员出境免疫接种工作。

加强卫生监督监测能力建设。（1）着力加强部队水源水质监督监测。构建完善饮水卫生综合数据库、水源信息采集子系统和监管信息系统门户网站，推进部队饮水安全监管信息系统试运行，并在原沈阳军区疾控中心、空军和火箭军疾控中心组织试用。测试完善信息系统程序化运行机制，组织将全军水源普查数据导入系统，开展系统统计分析试用，修补系统漏洞和软件设计缺陷。论证配发数字化检水设备，开展饮水监管信息系统二期建设。开展饮用水持续消毒和卫生监督监测技术培训，培训边海防部队和海军舰艇部队卫生防疫人员350余人，并在云南边防部队和海军舰艇部队推广饮水持续消毒技术。选派专家参加陆军、战略支援部队党代会卫生防疫保障，高质量完成战略集训、阅兵演习卫生防疫防护保障任务。（2）持续推进军队食品安全风险监测体系建设。构建北戴河食品安全风险监测局域网，建立1个监测中心和13个监测站，通过军用3G网实现网络联通和数据传输，为有效预防食源疾病发挥了重要作用。协调推进陆军食品安全风险监测体系建设，论证建立大型训练基地、新成立联勤保障机构监测站点，海军、空军、火箭军监测设备完成采购，监测工作于年底前后陆续展开。抓好驻京单位食品安全风险监测常态运行，开展农药残留、违禁添加、兽药残留、食品品质等8类检测项目，检测食品样品1.2万余份、不合格率持续下降，有效保证了食品卫生安全。

加强健康维护能力建设。（1）抓好爱国卫生工作。根据军办通知要求，重新调整设立军队爱卫会组织领导机构。筹备军队爱卫会全体会议，研究起草加强新时代军队爱国卫生工作的意见、军队爱国卫生工作“十二五”报告和军队爱卫会工作规则。围绕“弘扬光荣传统、共创健康环境”主题，组织开展第29个爱国卫生月活动。组织审定部队和院校健康教育2套教材，推动军队健康教育网在全军政工网上线运行。（2）抓好有害生物防治。组织开展南海岛礁有害生物防治专题调研，论证建立西南沙三级有害生物监控体系，在西沙永兴岛、南沙三大岛礁以及岸基建立7个监测站点，及时预警、有效防控有害生物传播性疾病；指导海军购置配发易降解、无残留的安全环保药械，落实上岛人员物资检验检疫制度，扎实做好西南沙有害生物防治工作。（3）抓好北戴河卫生防病工作。组织召开暑期卫生防病工作协调会，建立实行传染病疫情“日报告”“零报告”制度，组织开展前期准备检查、中期督导检查、收尾总结检查，为完成北戴河暑期休疗养任务提供健康安全保障。（4）搞好军事作业健康卫生防护。针对“五高”（高原、高寒、高热、高污染、高技术武器）军事作业环境，系统梳理各项卫生防护标准制度，研究制定危害因素和损伤现状调研方案，赴中部战区陆军4个部队和海军舰艇部队开展卫生防护专项调研。组织专家编写印发高原、寒区军事作业卫生防护手册，军医版印发7000册，单兵版印发4000册。组织军地专家研究雾霾防护措施，编印《雾霾防护技术指南》1.5万册，发往京津冀雾霾严重地区部队。

（卫生防疫处）

军队医院医疗管理工作 扎实抓好医疗战备。（1）做好重点方向医疗保障准备。针对中印洞朗地区任务需求，制定相关保障方案预案，协调组织相关单位加强工作对接。按照应急准备要求，制定下发《核辐射伤病员医学救治指南和相关建设参考标准》，指导任务医院按照标准规范紧前做好救治准备。（2）加强重点领域医疗技术研究。研究拟制战创伤救治技术和护理救治技术两个规范修订框架思路和编写方案。

围绕航空卫生、潜水航海、涉核涉推、高原高寒、雷达辐射等特种作业环境医疗救治，组织专题研讨，拟制协同加快特勤医疗保障政策制度更新完善的措施意见。

着力规范医疗保障。（1）精准发力推进全面停偿工作。召开深入推进医疗行业全面停止有偿服务工作会议。全面调查摸底医疗卫生有偿服务项目。呈批印发《关于医疗行业全面停止有偿服务试点政策指导意见》《关于加快推进医疗行业全面停止有偿服务工作的通知》《关于军队和武警部队全面停止有偿服务医疗合作设备收购办法的通知》。全军医疗合作项目全部按照时间节点彻底关停。（2）深化研究医疗改革配套政策。参加军官制度改革领导小组专项工作、文职人员医疗保障政策论证小组。赴西北艰苦边远地区部队、东南海防部队进行专项调研，深入分析外军医疗保障模式、军官医疗待遇和国内各省基本医疗保险实施政策，提出扩大军队医院保障范围、军队人员及军人家属医疗优待优惠的改革设想、意见建议。研究完善医院床位核定办法。论证提交推行机关院校门诊部医疗派驻保障模式初步方案。（3）转变职能放管结合优化服务。突出抓总、简政放权，研究制定医疗管理权利清单和运行流程图，优化简化为部队服务、医疗体系划分、采供血、评残鉴定和执业管理等12项重点工作流程。遴选首批军队医院干细胞临床研究备案机构，组织开展项目备案。深入联勤保障部队调研督导，现场协调解决评残鉴定和执业管理信息系统应用问题，调整医学鉴定隶属关系。组织各大单位有序完成医师、护士执业注册、变更，伤病残军人医学鉴定工作。梳理建立全军医疗保障体系数据库，明确新组建新转隶新部署单位临时医疗保障关系，实现调整改革期间医疗保障不断供、不漏供目标。

深化拓展医疗服务。（1）深化推进医院为部队服务工作。全面实行军队干部全军医院门诊就医“一卡通”。建立开通336部为部队服务热线电话。召开军队医院为部队服务工作推进会，对深化国防和军队改革期间全面跟进做好为部队服务保障、确保医院安全稳定工作进行再动员、再部署、再推进。组织对东部、西部和北部战区医院进行现地督导和明查暗访。呈批印发《通报表扬医院为部队服务两个先进典型》通报，对督导检查发现的问题在全军点名批评。（2）从实从细狠抓医疗服务安全保障。制定下发《关于接续做好医疗服务保障工作的通知》《关于加强改革期间门诊部医疗服务保障工作的通知》，强调明确调整改革期间医疗服务保障的原则，确保转隶移交部队医疗保障平稳过渡、无缝衔接。召开“两会”期间驻京医院安全工作部署会，下发《关于进一步加强医院安全工作的紧急通知》等文件，组织“两会”、国庆和党的十九大等重要时期医疗安全检查，协调办理各类卫生信访件。（3）主动靠前全力协调危重伤员救治。下发《关于加强军队医院应急医疗救治报告工作的通知》。协调组织多起事故灾难应急医学救援。统筹协调各方、现地组织指导完成远程转运重症伤员任务。

持续加强医疗监管。（1）搭建医疗质量监督和安全预警管理平台。组织全军医疗质量管理委员会，论证筛选军队医院医疗质量监督和安全预警管理核心要素指标，研究完善军队医院医疗质量安全体系标准。紧前推进军队医疗质量监管软件模拟主站点建设，完善相关配套硬件建设和软件系统。论证新版军队医院电子病案首页修订指标。结合实施门诊就医“一卡通”，推广应用全军电子病历共享平台和后勤虚拟专网，实现全军医院检查结果互认、诊疗方案互通、药品处方共享。（2）推进医院感染管理质量监控和考核平台建设。推广军队医院感染质量监测平台应用试点，覆盖联通全军任务医院。组织开展全军医院感染专项整顿抽查，全军通报查处问题。针对地方连续发生多起医疗机构严重医院感染暴发事件和集中高发人感染H7N9禽流感病例，举办医院感染管理技术规范远程系列讲座考核和H7N9禽流感防控与诊疗技术培训。（3）强化护理工作建设发展改革转型牵引。印发《军队护理工作建设发展“十三五”计划》。专题调研制定加强护理士官队伍建设管理的措施意见。研究设立军事护理科研课题。召开纪念“5·12”国际护士节军队护理工作先进事迹报告会，面向全军官兵公布《军队护理人员为部队服务承诺书》，首次举办优秀护理骨干集体疗养。组织开展军队优质护理服务工作、全国“杰出护理工作者”、第46届“南丁格尔奖章”获得者、“首都十大健康卫士”等系列宣传交流活动。

积极做好医疗融合。（1）牵头推动军队医院参与城市公立医院改革工作。研究拟制《军队医院参与城市公立医院综合改革指导意见》，协调国家发改委等8个国家部委办局反复研商。组织驻京军队医院全部参加北京市医药分开综合改革。组织驻京医院申报首批专科医联体核心医院和远程会诊中心成员单位。（2）部署实施军队健康扶贫“三大工程”。成立军队健康扶贫工作领导小组，召开军队健康扶贫工作推进会议，全面部署开展创建军队健康扶贫“三大工程”，国务院扶贫开发领导小组向全国转发。系统梳理军队医院对口帮扶贫困地区、革命老区、民族地区和边疆地区县医院工作，会同新疆维吾尔自治区政府在京召开座谈会，研究制定攻坚措施计划。组织开展军队医

院对口帮扶贫困县县级医院阶段考核评估工作。坚决迅速贯彻中央军委后勤保障部党委决策部署，赴陕西省渭南市华州区高塘镇柿村现场调研，全面实施对口医疗扶贫。（3）持续推进专病医疗救治行动。会同国家卫生计生委、西藏自治区和青海省等，协调建立军民融合救治藏区包虫病患者工作体系。启动军队藏区包虫病救治行动，陆军、联勤保障部队完成藏区包虫病筛查5.3万余人次、手术170例。组织军队医疗力量积极参与支持新疆全民健康体检工作，持续做好新疆先心病患儿救治工作，累计救治先心病患儿950余例。军地联合开展“服务百姓 健康行动”全国大型义诊周和中医中药中国行活动，直接服务军地患者16.5万余名。（医疗管理处）

全军医学科技工作 2017年，军队医学科技工作坚决贯彻党的十九大精神和习主席系列重要讲话，按照年度卫生工作安排，按照“适应改革、转型重塑，科学统筹、体系建设，着眼现实、面向前沿，聚焦战场、服务部队”的原则，全面铺开、加快推进科研项目、平台设施、扩试应用、科研组织和军民融合等各项建设，取得系列阶段性成果。

*着力加强军事医学科研项目管理。*加快推进军事医学10项课题研究攻关，完成主体研究项目成体系部署任务。充分发挥全军医学科学委员会各专业委员会的学术指导和专业咨询作用，分批组织军事医学创新工程“十二五”项目结题验收和“十三五”第1批项目开题评审，进一步强化专业论证、加强管理督导，确保各项研究标准不降、进度不减。依据“十三五”军事医学科学研究总体框架，组织2017年度军事医学创新工程、全军医学科技青年培育项目立项论证和专家评审。

*积极参与国家科研项目论证攻关。*协调完成“生物安全关键技术”国家重点研发专项2017年项目申报、立项，组织专家对项目研究内容、整体架构、参与单位和经费分配等进行论证，据此编报项目任务书。联合国家有关部委做好“新药创制”“重大传染病防治”2个国家科技重大专项2017年、2018年课题立项评审、开题等工作。参加2016年度国家科技奖励大会，军队卫生系统共荣获国家高等级科学技术奖励11项，较2015年度增加3项。

*充分发挥全军医学科委会职能作用。*组织对全军医学科委会名称架构、职能任务、运行规则等进行研究，指导各专业委员会召开有关学术活动，积极发挥全军医学科委会职能作用。在组织各专业委员会上报技术项目基础上，遴选出15项部队有需求、有推广价值的项目，起草下发《2017年度军事医学部队适宜推广技术项目计划》，组织各专业委员会深入基层、深入部队，发挥专家咨询、技术指导等作用。

*稳步推动平台设施建设。*与国家科技部、卫计委、食品药品监管总局联合召开国家临床医学研究中心建设推进会，发布《国家临床医学研究中心5年（2017—2021）发展规划》和管理办法、运行绩效评估方案3个指导性文件，为推动国家临床医学研究中心建设发展、规范管理和科学评价提供指导依据。根据《国家重大科技基础设施建设中长期规划（2012—2030年）》，组织解放军总医院联合清华大学研究形成转化医学国家重大科技基础设施项目建设需求方案，细化拟制项目建议书并提报国家发改委。组织解放军总医院论证并向国家发改委申报《医疗大数据应用技术国家工程实验室项目资金申请报告》。

*扎实推进医药卫生科技成果扩试应用。*梳理分析“十二五”医药卫生成果，遴选一批部队有需求、有推广应用价值的实物性成果和技术方法类成果，在分析总结以往扩试情况基础上，坚持问题导向，强化研以致用，经过征求部队扩试项目、机关审核归并、专家评审等环节，制订下发2017年度军队医药卫生科技成果扩试计划，共遴选出27项部队有需求、有推广应用价值的实物性成果，指导项目组按时完成产品研制生产、发放部队和技术培训等，协调扩试任务部队和项目负责单位任务接收。

*深入推进军地医学科技融合发展。*与国家有关部委等共同研究起草印发《“十三五”卫生与健康科技创新专项规划》和《“十三五”生物安全科技创新专项规划》等规划方案。联合北京市科委对2016年北京市“首都特色”项目和北京市科技新星进行中期评估并调研“首都临床特色应用研究”项目进展、新星人才培养、军民融合举措、深化协作办法等情况，选拔培养2018年度30名北京市“科技新星”，组织2018年度“首都临床特色应用研究”项目申报评审，组织第8届重大疾病防治科技创新高峰论坛。

（生物安全处）

军队卫生药品器材工作 2017年，全军药材工作以党在新形势下的强军目标为引领，深入贯彻新形势下军事战略方针，牢牢把握“五个更加注重”“四个着力”战略指导和“四抓”战略要求，更加聚焦保障打赢、更加聚焦优质服务，强化优质高效的药材服务保障，坚持以法规制度为遵循、强化安全合理的药材监督管理，统筹协调、扎实推进、稳步实施，完成各项工作任务。

深入开展安全合理用药专项整治活动。（1）组织开展为期3年的全军安全合理用药专项整治活动。印发《关于做好2017年度全军安全合理用药专项整

治活动的通知》，明确专项整治活动的重点工作、时间安排和有关要求，组织开展人员培训。结合国家局部署开展的药物临床试验机构认证复核检查工作，对全军药物临床试验机构进行现场监督检查，对2016年被暂停的单位进行整改验收；依托军队抗菌药物临床应用监测网，统计分析全军抗菌药物临床应用情况。（2）持续跟踪和评估整改效果。综合运用远程信息化监管和专家飞行抽查等方式，将2016年检查存在严重问题的单位列为重点监控单位，重点对问题整改不到位、整治效果不理想、风险隐患不排除的单位进行“回头看”，确保力量编成和规模结构调整改革期间有效管控药品安全风险、消除安全隐患。结合驻京部队军事危险源隐患排查工作，督导各军种完成驻京部队麻醉、精神药品自查、检查工作。（3）加强药品制剂质量监督抽验。下发《关于做好2017年全军药品制剂抽验工作的通知》，结合《军队基本药物目录》的颁发和历年质量抽验情况，明确全军普查和各单位监督抽验品种的主要对象，明确各级卫生部门负责组织抽验的任务分工，组织实施的方法和步骤，明确各药检所负责抽样保障的区域、任务量和时限要求。加强制剂监管工作，继续组织制剂换证换号工作，为11所医疗机构换发新的制剂许可证，为21所医院换发104个制剂文号，审核批准了4所医院申请的5种制剂调剂使用，启动制剂标准提高计划课题结题工作。

开展一体化药材保障模式试点建设。（1）一体化药材保障模式试点建设积极开展。按照“军委管总、战区主战、军种主建”的要求，通过组织全军药材战备骨干集训，教会战区如何测算需求、制定保障方案，从而能够组织战略、战役保障预案对接；结合沈阳药材库的“三化”建设以及军民融合战备应急保障工作的拓展，组织开展建立动员基地的调研，组织仓库和代储企业开展联合保障工作的演练；积极做好战备应急保障工作，组织开展区域制剂中心试点。组织药检所通过审批数据筛查各主要方向和主要城市制剂室相对战备品种的剂型覆盖度和制剂品种覆盖度，调研论证区域制剂中心试点建设工作。（2）加强军队临床药师培训基地建设。印发《军队临床药师培训招生与考核工作通知》，委托全军临床药师培训专家指导委员会，对2016年度招收的学员进行考核，同步对培训基地进行年检。依托第四军医大学第一附属医院组织全军临床药师师资集中培训。委托全军药品不良反应监测中心承担合理用药信息化监管工作，完成对全军医院开展监测能力摸底，并与信息中心进行多轮业务论证，着手拟定哨点医院建设标准，拟定20所哨点医院，提高不良反应检测能力，持续开展全军医院抗菌药物临床应用监测。

制定部队卫生器材建设计划。（1）拟制部队卫生器材配备标准。结合新的编制体制改革要求和战伤救治规则修订要求，在摸清数质量底数的基础上，根据新的配备标准制定建设计划。组织实力统计和现场核查，并会同各军种研究论证与卫生装备相互补、与保障任务相一致的卫生器材编制标准。结合部队调整改革工作，指导部队做好撤并单位卫生器材调整、接收工作，下发组织开展维修和退役报废鉴定工作的通知，组织开展现状调研，梳理矛盾和需求，同时在编制标准基础上，科学组织拟制配备标准，为制定建设计划打好基础。（2）建立完善军民融合卫生装备器材维修体系。根据军委后勤保障部《调整明确后勤器材建设管理有关事项》要求，组织各大单位有关部门研究论证2017年度部队卫生器材维修和退役报废技术鉴定工作，重新划分各大单位卫生管理部门、部队、维修机构的职责任务；下发《关于组织开展2017年度卫生器材维修和退役报废技术鉴定工作的通知》。明确维修计划的申报、审核、下达、执行程序以及经费使用有关要求，提高卫生器材维修保障能力水平。

积极做好药材服务保障工作。（1）有针对性地组织特需药品轮换工作。强化标准保障，开展特殊作训岗位及环境部队特需药品需求标准制定调研工作，摸清部队实际情况，并对已列入供应标准的保障情况进行调研，制定年度高原特需药材保障计划，为常驻部队和临时进驻高原部队配发单兵套装和哨所药箱，有力地保障高原官兵的生活、医疗和训练需要。对“三防”药品质量提升计划研究进展情况进行了中期检查。（2）积极做好高原部队制供氧管理工作。下发《关于加强高原部队制供氧管理工作的通知》，明确相关部门负责所属部队制供氧建设与管理工作，贯彻落实有关规章制度与保障标准。组织赴高原现地督查制供氧建设与管理工作，组织开展制氧员操作使用培训和维修人员驻厂培训；搞好制供氧设备二级、三级维修机构建设与管理，抓紧实施达标建设与验收；督导企业售后服务，在高原地区建立健全售后服务网点和零配件库，搞好终身维修服务。（3）组织国际医疗仪器设备展览会。第29届国际医疗仪器设备展览会于3月24—26日在北京举行，融设备展示、技术论证、国际交流、学术研讨为一体，构建以展会为窗口、以学术会议为纽带、以专家为主体的平台，搭建专家、企业、医院沟通的桥梁。20个国家和地区的537家医疗设备和医用耗材生产经营企业参展，设置战现场救治展区按勤务链条展现火线紧急救治、前沿外科手术队、伤病员立体后送、战伤救治模拟训练等环节新理念新手段，军事特色鲜明；中华医学会、中国医院协会、中国生物医学工程学会、全军医学科技委员会等学术组织同期举办30场高水平学术技术交流活动，包括9名院士在内的279名专家登台演讲，约1.5万人到会学习，学术引领作用明显。（药品器材处）

军队干部保健工作　2017年，军队保健工作以迎接党的十九大召开、学习贯彻党的十九大精神为主线，坚决落实习主席和中央军委决策指示，积极适应新的领导指挥体制和新型联勤保障体系，更加聚焦保障打赢，更加聚焦优质服务，更加聚焦改革创新，完成各项任务，取得了显著成效。

*保健调整改革稳步推进。*紧跟国防和军队深化改革步伐，平稳有序推动军队保健系统调整改革论证与实施。论证提出设立新一届军委保健委员会的意见，对委员会职责任务和工作机制进行调整细化。系统提出军队疗养机构、医院干部病房和门诊部等不同类型医疗保健机构在组织结构、力量规模和运行管理等方面的调整建议。研究论证军队老干部保健工作体系及机构、人员编制，提出军队老干部系统卫生机构调整改革总体方案建议。

*重大保健任务安全圆满。*始终把重大保健工作作为首要政治任务，用极端负责的态度抓实抓细各项服务保障，实现了“确保安全、万无一失”的工作目标。周密安排重点保健对象重要会诊、重大抢救。完成十九大、全国“两会”、庆祝建军90周年以及军队首长北戴河夏休、海南冬休等重要活动医疗保健任务，共派出医务人员60余批、1500余人次。完成军级以上干部健康状况评估工作，完善健康状况评估有关规范与实施细则。

*保健政策制度优化完善。*陆续研究出台暖兵心稳军心的保健优惠政策。在保健待遇上，调整驻京单位享受正战区职医疗待遇干部到解放军总医院南楼临床部就医政策，下发规范做好战区职干部配偶医疗保障工作的意见。在疗养政策上，将特勤疗养范围在空海勤和涉核涉推进剂人员基础上向高原官兵拓展；将保健疗养范围在团以上干部基础上扩大至部分高山、海岛部队营以下干部和中级以上士官。在老干部医疗保障上，会同军委政治工作部老干部局向军委呈报《关于做好军队调整改革期间老干部医疗保障工作有关意见的请示》，从做好医疗保障关系接转接续、医务人员保留配备以及改进医疗服务和卫生经费使用管理等方面，研究提出了具体对策建议。

*规范化管理取得实效。*加快军委机关职能转变，推动保健建设管理快速步入法制化规范化轨道。推进《军队干部保健工作规定》《军队疗养工作规定》修订工作，研究制订军委保健委员会工作规则。严格实报实销医疗费用使用管理，组织审核2016年度实报实销医疗经费；协调扩大老干部卫生事业费保障范围，改进重点保健对象和享受医疗费用实报实销待遇人员医疗费用保障方式。组织持军人保障卡疗养试点，建立军人保障卡“一卡畅通”疗养信息审核、身份识别和服务保障全环节的管理机制。

*服务质量效益全面提升。*本着一切为官兵和老干部健康服务的目的，健全完善预防、医疗、疗养保健方式和信息化服务手段。周密组织师级以上干部健康体检，深入开展“脑卒中综合防治”健康服务和“健康睡眠调理”主题教育活动，通过军用手机推送发布“自我保健随身行”宣教内容共71期，为全军16所总医院、20所中心医院分批配发脑卒中预警筛查设备。组织执行重大任务、驻边远艰苦地区和优秀基层部队官兵专项疗养，开展驻边远艰苦地区团职干部带随员疗养试点。加速推进网络医疗服务，完成试点的17所医院网络医疗设备和218个干休所网络专线租用招标签约，全面启动网络医疗服务中心与系统对接建设。（保健办公室）

军队计划生育工作　2017年，军队计划生育工作认真贯彻党中央、中央军委和习主席决策部署，紧紧围绕新形势下强军目标，以增进军队人员家庭和谐幸福、提高部队凝聚力战斗力为主线，改革计划生育服务管理，坚持注重宣传教育、注重综合服务、注重依法管理、注重奖励扶助工作方针，构建全程全维计生服务体系，推动军队计划生育工作创新转型发展，完成各项工作任务。

*改革服务管理，有力有序实施全面两孩政策。*协调国家卫生计生委简化军队育龄家庭生育二孩登记流程，升级全军人口和计划生育信息管理系统，完善新组建单位婚育管理信息库，确保改革期间服务管理不间断。督导部队落实《军队贯彻落实全面两孩政策有关问题的规定》，取消二孩审批，简化三孩审批程序，延长生育假期，增加护理假。2017年全军分娩新生儿61820人，二孩占比为42%，全面两孩效应持续释放。

*创新宣传教育，切实打牢官兵践行国策思想根基。*以“鼓励按政策生育、促进官兵家庭幸福”为主题，组织官兵学习主题教育《官兵读本》《系列授课光盘》《军队全面两孩政策“一点通”》宣传折页，利用全军人口和计划生育信息网加强新政策解读和舆论引导。下达专项经费920万元，新建、升级军级以上部队信息网站，宣传阵地建设进一步加强。部署开展中国预防出生缺陷日和不孕不育症诊治专项宣传活动，

增强了官兵参与出生缺陷防治和不孕不育症诊治的自觉性。

*探索方法模式，不断满足官兵计划生育服务需求。*印发《军队育龄夫妇不孕不育症常态化诊治实施方案》，新增诊治对象，下放审批权限，增加诊疗机构，简化诊治步骤，规范诊疗程序，调整经费保障渠道，《方案》实施仅4个月，23所医院即收治不孕不育症官兵夫妇800多对。安排18个大单位、394名出生缺陷患儿到军队10所医院接受集中矫治，对病情特别紧急需要立即手术的，出台开通绿色通道救治办法，安排12名先心病患儿接受手术治疗。发放新生儿遗传代谢病筛查及耳聋基因检测采血卡5万张，有效预防和降低了出生缺陷患儿致残率。深入调研论证扩大病种常态化矫治的办法措施。重点建设227个计划生育技术服务站（室），补助专项经费2270万元。督导第202医院军人精子库试运行和"采精车"研制工作进展。下发价值300万元避孕药具，满足官兵避孕节育知情选择需要。组织6支全军知名专家生殖健康服务队，分赴陆、海、空、火箭军、战支和联勤保障部队，医疗保障和工作生活条件艰苦的边远基层单位，开展生殖健康巡回服务。总结推广"新家庭计划"和"住家养老"试点单位经验，深入开展"创建军营幸福家庭"活动，提高军人家庭幸福指数。

*加强学科建设，进一步强化计划生育技术支撑。*采取单位自评、远程答辩和实地检查的形式，对全军26个优生优育技术中心和36家人类辅助生殖医学中心进行评审校验，达到了以评促改、以评促建和以评促用目的。聚焦军队不孕不育症诊治、出生缺陷干预救助体系、军人精子库建设、男性生殖健康技术、女性生殖健康技术和优生优育遗传学理论研究，在全军遴选出15项计划生育科研课题，资助经费500万元。举办"出生缺陷防控关键技术与策略""临床遗传学诊疗技术""产前超声筛查与相关诊断技术""产前筛查与产前诊断技术与规范"等4期新技术培训班，培训技术骨干400多名。依托国防大学联合勤务学院，举办第30期全军计划生育专职干部培训班，来自全军和武警部队41名计划生育专职干部参加培训，提升了业务能力。配合国家开展打击代孕、整治"两非"和出生人口性别比治理专项行动。

*搞好顶层设计，为计划生育工作开展提供坚强保障。*协调军委批准设立军队计划生育领导小组。研究论证《关于健全完善军队计划生育组织管理体系的意见》，提出了各级计划生育管理部门设置和编制员额意见。研究制订《加强新时代军队计划生育工作的意见》，提出新时代军队计划生育工作转型发展路径。结合回复《关于实施全面两孩政策后，加强对青年军人家庭支援建议》的人大代表提案，加强军人家庭发展有关政策和问题研究，申请立项国家卫计委"军队实施全面两孩政策支持体系研究"课题，组织军委机关部门和军地专家研究构建鼓励按政策生育的政策体系。

（计划生育办公室）

军队卫生对外交往工作 *积极推动卫勤力量"走出去"。*（1）组织实施中国—老挝"和平列车—2017"医疗义诊服务活动。该项工作取得巨大的政治效益和社会效益，得到老方高层和广大民众、中国驻老使馆及军委相关部门高度肯定，习主席在2017年11月对老挝进行国事访问期间发表署名文章中（老挝《人民报》《巴特寮报》《万象时报》）称赞"中国'和平列车'医疗服务活动赢得老挝人民广泛赞誉"。（2）积极参与组织对外联演联训。派员参加美泰"金色眼睛蛇"联合实兵演练研讨交流活动和任务磋商，指导派遣卫勤力量参加中美人道主义救援减灾年度军演及研讨交流活动。充分利用联合国维和平台，加快卫勤"走出去"步伐，指导做好我国派驻联合国维和任务区医疗分队轮换派遣工作，加强维和医疗分队派遣前训练指导和轮换机制建设。

深化推动双边军事医学交流。（1）继续深化推动中美、中德、中以、中巴等双边务实交流合作。组派军事医学代表团赴美国访问；贯彻落实中美两国元首G20杭州峰会会谈成果，启动中美在华联合主办2018年亚太军事医学年会筹备工作，组织合办会议首轮磋商和中期磋商；在华举办中美军医针灸交流活动暨国际针灸技术培训班。组派军事医学代表团赴越南访问；随军队外事代表团出访阿根廷、秘鲁、哥斯达黎加；接待尼泊尔军医代表团来访。（2）总结中德卫勤实兵联演成果。保持卫勤高层互访和专家机制交流，着力推动两军医学院校和科研机构开展对口交流；组织召开中德第10届双边军事医学研讨会；重点推进卫勤教育训练、卫生士官培训、重大传染病防控、战现场急救和国际救援等领域的交流合作；启动2019年中德双边卫勤实兵联演启动磋商。

积极参与多边军事医学交流。（1）军事医学交流活跃。广泛参与国际军事医学委员会、泛亚太地区军事医学工作组、东盟"10+8"防长扩大会议框架下专业组及联合国维和行动等多边平台活动。组派军医代表团赴印度出席第42届世界军事医学大会，推选专家成功竞聘国际军事医学委员会卫勤专业技术分委会主席；军医代表团赴巴基斯坦参加国际军队卫生部长会议、赴新加坡参加2017年亚太军事医学年会。（2）深入参与东盟军事医学中心相关工作。派遣专家参加东盟防务高官扩大会、第46届太平洋地区高级军官

后勤论坛、东盟防长扩大会军事医学专家组第 8 次会议及第 2 届中拉军事后勤论坛、联合国维和行动自携装备补偿标准修订会议等专业会议。（3）积极参与多边专业交流。首次派员赴匈牙利参加北约军事医学卓越中心专业培训。积极参与国际禁止化学武器公约和禁止生物武器公约组织相关活动，派员参加中美军控磋商；与禁止化学武器公约组织共同主办化学危害医学防护与救援国际培训班。

广泛开展务实专业交流。推动军医院校与外军相关机构建立对口合作关系。组织举办 2017 年国际医疗设备展暨长城战伤救治国际研讨会。选派高年级医学生赴泰国见学实习及参加演练。组派卫勤骨干和专家赴以色列参加国际卫勤培训班和心理干预培训班、赴印尼参加全球公共卫生风险防控交流研讨会、赴泰国参加国际人畜共患传染病研讨会及军事医学院校国际研讨会，赴德国参加院前生命支持培训班、杜塞尔多夫医疗设备展暨灾害与军事医学研讨会，赴瑞士参加武装冲突法培训班，赴香港参加医院管理研讨会议。

务实推动卫生援外工作。（1）积极配合国家整体外交工作。重点做好援助埃塞俄比亚、尼泊尔等国家医疗装备和物资工作；继续做好阿富汗军官来华疗养保健项目；指导做好援赞比亚、坦桑尼亚、埃塞俄比亚、老挝、柬埔寨等国军医专家组轮换派遣工作及周边国家等相关涉外医疗和外训任务。（2）务实推动"后埃"时期中非卫生合作。派遣专家赴非盟疾控中心任职，全面参与建设咨询；积极推动中塞军事医学合作交流，指导完成第 2 批援塞专家组轮换派遣，推动以塞军 34 医院为平台的两军传染病防控合作；协调推动埃塞俄比亚军事医疗援建项目。组织军队优秀集体和个人参加国家"大爱无疆——寻找最美援外医生"公益活动评选活动。（履约事务局）

〔特约编辑：曹保文〕

〔主　编：黄　健　副主编：李　健　曹保文〕

2017 年 7 月 6 日，金砖五国卫生部长会议暨传统医药高级别会议在天津召开。（天津市卫生计生委　提供）

2017 年 2 月 14 日，医疗卫生援黔工作座谈会在京召开。（祝茜茜　钟成君　摄）

2017 年，国家卫生计生委举办全国卫生应急技能竞赛活动。图为江苏省获团体一等奖。（江苏省卫生计生委　提供）

2017 年 7 月 14 日，京津冀卫生应急联合演练活动在北京市通州区举办 。（河北省卫生计生委　提供）

地区篇 各地卫生计生工作

北京市

全市卫生和计划生育事业发展概述 2017年，北京市卫生计生系统紧紧围绕首都城市功能战略定位，以推进健康北京建设为主线，以深化医药卫生体制改革和疏解非首都功能为重点，优化医疗服务供给，改善医疗服务质量，加强公共卫生保障，强化医疗服务监管，全方位、全周期维护居民健康，切实增强了群众的获得感。

到2017年末，全市有医疗卫生机构10986家，其中医疗机构10843家（含三级医疗机构118家、二级医疗机构163家、一级医疗机构649家），其他卫生机构143家。全市有卫生人员34.6万人，其中卫生技术人员27.7万人、其他技术人员17391人、管理人员20160人、工勤技能人员28345人、乡村医生和卫生员3247人。卫生技术人员中，执业（助理）医师10.6万人，注册护士12.3万人。医疗机构编制床位127845张，其中医院117867张、社区卫生服务中心6528张；实有床位120557张。平均每千常住人口有卫生人员16.0人、卫生技术人员12.8人、执业（助理）医师4.9人、注册护士5.7人、实有床位5.6张。社区卫生服务中心（站）2066家，其中服务中心334家、服务站1732家；卫生技术人员26495人。村卫生室2832家，乡村医生和卫生员3247人。户籍人口平均期望寿命为82.15岁，其中男性79.98岁、女性84.41岁。常住人口孕产妇死亡率为5.68/10万，户籍人口孕产妇死亡率为8.17/10万；常住人口婴儿死亡率为2.09‰，户籍人口婴儿死亡率为2.29‰。户籍人口出生率为12.59‰，人口自然增长率为5.75‰。2017年医疗机构共诊疗23884.4万人次，出院383.0万人次。全市甲乙类传染病报告病例30336例，报告发病率为139.6/10万；丙类传染病报告病例102252例，报告发病率为470.6/10万。全年未发生重大突发公共卫生事件。

深化医改取得阶段性成果 2017年，北京市贯彻落实李克强总理关于深化医改工作的批示和刘延东副总理在2017年全国医改工作电视电话会议上的讲话精神，着力做好医联体建设、家庭医生签约服务、取消公立医院药品加成、公立医院薪酬制度改革、药品购销“两票制”、高值医用耗材集中采购、医疗机构绩效考核、医药卫生信息化建设等各项重点工作。4月8日，全面推开医药分开综合改革，3700余所医疗机构参加。至年底，分级诊疗制度建设成效显现，医药费用总体平稳，医疗机构补偿机制改善，医保患者负担保持平稳，困难群众得到有效救助，城乡医疗保险患者个人负担总体下降，社会救助对象门诊、住院和重大疾病救助人均负担均减少30%左右。通过规范医疗服务项目和收费，解决了一部分医疗服务项目收费显著低于成本的问题，中医、儿科、妇产、护理、传染等部分短板专业得到发展支撑。居民就医体验得到提升。医疗机构的基层诊疗量、技术劳动收入、可分配收入、医疗保障和医疗救助力度出现“五上升”局面；药费和药占比、二三级医院诊疗量、大型设备检查费、医保患者负担则出现“五下降”趋势。全市16个区180所政府办社区卫生服务机构实行“先诊疗、后结算”的服务新方式；对60岁以上老年人减免医事服务费个人负担部分；打通高血压、糖尿病等四类慢性病患者在一、二、三级医院和社区就诊的用药目录，300万高血压等4类慢性病患者可在社区获得105种常用药品，开出2个月药品长处方，减少了患者往返医疗机构的次数。三级、二级医院门急诊量分别减少12%和2%，一级医院及基层医疗卫生机构增加17%；医药费用增幅不足3%，为2000年以来费用增幅的最低期，全年共节约医药费用67亿元。李克强总理、刘延东副总理先后6次做出批示，肯定北京医改工作和成效，希望北京医改为全国提供可复制可推广的经验。

北京医药分开综合改革的主要特点是：政府重视，部门协调，形成“三医联动”合力，属地化全行业管理达到新高度；保护和调动各方参与改革的积极性，将改革的方向和原则要求与各方面的利益诉求有机结合；坚持公益性，破除逐利性，追求公共利益最大化；改革与改善服务相结合，增强群众获得感；加强监管，保证改革各项政策落地实施；加强信息反馈和监测评价，及时全面掌握改革进展和态势，辅助科学决策。

非首都功能疏解和京津冀协同发展　实施《北京市推进市属医疗卫生资源率先疏解促进协同发展工作方案》，加快推进首都医疗卫生资源疏解。北京天坛医院新院建设竣工验收，北京友谊医院顺义院区基本完成基坑土方施工，北京同仁医院亦庄院区主体封顶，北京大学第一医院大兴院区、北京大学人民医院通州院区等项目取得进展。建立京津冀三地协同发展合作机制，与河北省张家口市、承德市、唐山市、廊坊市、保定市等市签署协同发展协议，实现三地132家医院的27项临床检验结果和102家医院的17项影像检查资料互认。按照“五统一、一集中”（统一采购平台、统一评审专家库、统一采购目录、统一审核标准、统一价格体系，集中组织评审）要求，实施医用耗材京津冀三地联合采购。启动京津冀健康医疗大数据应用示范区试点工作。推进京廊中医药协同发展内容与项目落地。制定支持雄安新区医疗卫生服务专项工作方案，积极推进项目对接。

健康北京建设深入推进　2017年北京市认真贯彻落实全国卫生与健康大会精神，市委、市政府召开全市卫生与健康大会，市委办公厅、政府办公厅印发《关于促进北京市卫生与健康事业改革发展的意见》《“健康北京2030”规划纲要》，组织实施《北京市“十三五”时期卫生计生事业发展规划》《北京市医疗卫生服务体系规划（2016—2020年）》，推进卫生与健康事业高质量发展。制定印发《北京市促进卫生与健康事业改革发展2017年度行动计划》，明确各区、各部门在普及健康生活、优化健康服务、完善健康保障、建设健康环境和发展健康产业等5个方面的96项主要行动措施。全面开展国家卫生城镇和健康单位创建活动，截至年底，全市累计创建12个国家卫生区、20个国家卫生乡镇、2488个健康社区（村）、276个健康示范单位、1547个健康促进学校、175个健康促进医院。加强控烟宣传、执法和督导，成人吸烟率降至22.3%，吸烟者减少20万人以上，公共场所发现吸烟者几率由11.3%下降到3.8%。在饮用水、游泳场馆和公共场所实施电子监管。培训20多万名家庭保健员。自2009年以来，每年以市政府名义向社会发布全市卫生与人群健康状况报告；自2015年以来，每年发布各区卫生发展综合绩效评价结果，促进均衡发展。

强化卫生应急和公共卫生工作　2017年北京市加快卫生应急体系建设，做好突发公共卫生事件防控和紧急医学救援工作。启动并持续推进卫生应急工作规范化建设提升工程。按照突发公共卫生事件防控属地化管理的原则，加强与出入境检验检疫、农业、食品药品监督管理等部门的信息沟通和协调联动，发挥部门间、区域间联防联控工作机制，强化对人感染H7N9禽流感等突发、新发、输入性急性传染病等突发公共卫生事件的综合监测、风险评估和防范应对准备，切实做好突发公共卫生事件防控工作。进一步优化市、区两级应对突发公共事件紧急医学救援的指挥协调机制，及时有效开展4大类突发公共事件的紧急医学救援工作。完善急救体系，实施《北京市院前医疗急救服务条例》，深化院前医疗急救服务体系改革。制定院前医疗急救发展规划，优化全市院前医疗急救网络站点布局，推进院前医疗急救机构统一市级垂直管理。依托院前医疗急救服务网络及相关医疗机构，逐步建设创伤、胸痛、卒中3大类急危重病种的急救绿色通道。制定院前医疗急救业务范围参考标准，完善分类救护服务模式，实行院前医疗急救服务统一标准、统一监管，建立健全院前医疗急救质量控制与评价体系，对院前医疗急救工作实施绩效管理。建立院前医疗急救从业人员分类管理制度，研究建立符合院前医疗急救工作特点的医疗救护员使用机制，调整完善公立二、三级医院医师到院前医疗急救岗位轮转制度。完善突发公共事件紧急医学救援人员和物资储备。加强对公众基本急救知识和技能的培训普及。

健全疾病防控体系。推进重点传染病监测网络和防控能力建设，密切关注全球新发和输入型传染病发病动态，实现“关口”前移。实行全市结核病防治服务体系“三位一体”改革，开展结核病分级诊疗和综合防治服务试点工作。梳理制定北京市慢性病防控中长期规划，完善慢性病防控体系，分解任务指标，发挥疾控中心、7个慢性病防办、医疗机构和社区卫生服务机构作用。

爱国卫生和健康促进工作　2017年北京市组织做好西城区全国健康城市建设试点，将健康城区建设作为推进健康北京工作的重要抓手，推进朝阳、海淀、丰台、大兴创建国家卫生区工作。制定健康村镇评估标准，推进健康社区、健康单位和健康家庭建设。以健康示范单位和在职人群为重点，开展健康细胞工程建设。以流动人口和中小学生为重点，持续开展《北京市控制吸烟条例》宣传教育。以中小餐馆、写字楼等场所为重点开展控烟监督执法，完成年度重点人群、重点场所的控烟效果评估。

加强重点人群健康管理。在做好60岁以上老人及在校学生免费流感疫苗接种工作的同时，根据疾病特点扩大免疫接种种类。实施心脑血管疾病和肿瘤等高危人群的筛查和综合干预。开展全市成人慢性病及危险因素的监测。继续开展“三减三健”（减盐、减油、减糖，健康血压、健康体重和健康骨骼）工作，进一步推进“营在校园”平衡膳食倡导行动。实施心理健康促进行动舒心工程，制定心理健康服务单元建设标准，加强基层卫生服务机构心理咨询或辅导室建设。强化精神卫生综合管理机制平台作用，完善严重精神障碍患者门诊免费服药制度和患者监护人看护补助制度。

强化健康教育。以普及基本健康知识与技能为重点，发挥市级健康科普专家作用，利用健康大课堂、广播电视、报刊杂志、微博微信等开展健康宣传教育活动；开展中医自我保健社区公共学堂建设。普及科学的健康知识和健康技能，提高市民健康素养。

改善医疗卫生服务 落实《北京市分级诊疗制度建设2016—2017年度的重点任务》，以4类慢性病患者、老年人、0～6岁儿童、残疾人、孕产妇、严重精神障碍患者、肺结核等人群，以及农村低收入户、计划生育特殊困难家庭为重点，拓展深化家庭医生签约服务并提升签约率。根据居民实际需求制定个性化服务包，鼓励社区卫生机构为签约居民提供主动服务。完善基层卫生绩效考核，调动基层医疗卫生人员积极性。加强紧密型医联体建设，通过统一组织架构，实现管理一体化、基本医疗一体化、公共卫生一体化，切实提升基层服务能力。推进全市1个多学科临床会诊中心和4个医技会诊中心（心电、病理、检验、影像）的建设和应用。

制定实施改善医疗服务行动的具体措施。全面实施分时段预约，利用“互联网+”技术为患者提供信息查询与推送、信息化结算支付、院内电子地图导航等健康医疗服务，在9家三级综合医院开展日间手术试点，所有三级医院和90%的二级医院实行临床路径管理，知名专家团队数量扩大到50个，提供4种慢病105种药品社区长处方服务。拓展护理服务领域，鼓励医疗机构将护理服务延伸至社区、家庭。加强和规范公立医院特需医疗服务管理，严控公立医院提供特需服务的比例不超过全部医疗服务的10%。继续通过诊断相关分组（DRGs）等方式开展医院住院服务评价并发布评价结果。

推进医养结合。试点为失能和部分失能老年人提供居家医疗卫生服务；启动临终关怀试点单位建设；开展老年友善医院创建；启动第2批共6家公立医疗机构向康复医院转型。

计划生育和优生优育服务管理 稳妥推进“全面两孩”生育政策。修订完善法规规章及配套政策，改进计划生育服务管理，实行两孩以内生育登记及再生育行政确认，取消计划生育作为户口前置条件，将128天法定生育假全部纳入生育津贴发放范围。为计划生育特殊家庭办理“暖心计划”综合保险，提高了特别扶助金标准。积极应对“全面两孩”政策调整后出现的生育高峰，设立孕妇建档服务中心，协调解决孕妇建档问题，调增产床1400余张，增加助产人员800余名，建立市、区和医疗机构三级孕产妇危重症评审制度，完善市、区危重新生儿救治转会诊网络，有效提升妇幼健康服务能力。全年全市活产分娩26.4万人，全市孕产妇建档分娩平稳有序，孕产妇死亡率和婴幼儿死亡率稳中有降。

持续优化妇幼健康服务。推进妇幼保健机构标准化建设及规范化管理，开展妇幼保健重点专科建设。强化基层卫生服务机构妇女保健和儿童保健门诊规范化建设。优化整合婚前保健与孕前保健服务流程，推进婚前保健、婚姻登记、优生咨询指导一站式便民服务。提供生育咨询服务。孕期营养门诊覆盖面达到50%以上。实施妇幼健康服务监测，完善危重孕产妇抢救和危重新生儿转会诊网络，建立危重新生儿转会诊绩效考核制度及孕产妇危重症报告评审制度，保障母婴安全。

强化儿童保健服务。加强爱婴医院和爱婴社区建设，开展爱婴医院复核，爱婴社区覆盖面达到90%以上。规范早产儿服务，强化新生儿窒息复苏管理。提升儿童早期综合发展服务中心儿童口腔、视力及心理保健等服务能力。落实北京市0～6岁儿童听力与耳聋基因筛查。

发展中医药事业 2017年北京市政府出台《关于支持中医药振兴发展的意见》，完善振兴中医药发展的政策举措。建立45个全国名老中医工作室、127个北京名老中医工作室（站）、64个基层老中医传承工作室，建立以16名国医大师、60名首都国医名师、40名中青年名中医为核心的国家、市、区、医院4级师承制度，创建83个基层中医服务示范单位和35个北京中医药文化旅游示范基地，完成基层100个中医药专病适宜技术推广，已培养2万余名中医家庭保健员。与西班牙加泰罗尼亚自治区政府合作建设欧洲中医药发展和促进中心，积极推进中医药对外交流传播。

全面推进依法行政 完善法规标准体系。完成2018—2022年立法项目申报工作，申报《北京市公立医院管理条例》《北京市基本医疗卫生条例》《北京市献血条例》《北京市发展中医条例》等4项立法制修订任务。启动北京市卫生计生委标准化专业技术委员会筹建工作。《核医学从业人员的辐射防护规范》等4项标准获批立项，完成《公共卫生信息系统指标代码体系与数据结构》等6项标准的制定工作。贯彻落实《关于在全市开展法治宣传教育的第七个五年规划（2016—2020年）》。

贯彻落实“放管服”改革实施意见。全面梳理全市卫生计生系统公共服务事项，共梳理填报市级公共服务事项54项（具体办事事项121项）、区级公共服务事项30项。基本实现了同一事项在市区之间、区区之间事项名称、设定依据、办理时间、申报材料、受理标准、审批条件、办理流程、结果文书“八个一致”。推进卫生计生职业资格改革，全面清理规范权力清单，经事项整合、划出，梳理出市级卫生计生部门行政许可28项、行政强制2项、行政检查1项、行政确认2项、行政奖励2项、其他职权31项。清理规范行政审批中介服务事项，取消了消毒产品生产企业生产人员健康证明等6项中介服务事项。清理各类证明，取消调整涉及企业和群众办事创业证明1项，并按要求做好公布取消调整证明的后续对接工作。拟进一步取消“医师申请补办《医师资格证书》时需提交执业医疗机构开具的遗失证明”等3项证明，拟保留“夫妻双方或一方为本市户籍、申请再生育子女时需提交的婚育情况证明”等5项证明。开展公平竞争审查，印发《北京市卫生和计划生育委员会关于落实公平竞争审查制度工作程序的通知》。

推进依法行政。制定行政应诉及行政复议管理办法，完善行政出庭应诉制度。研究出台北京市卫生计生依法行政考核评价办法、在北京市卫生计生行业建立法律顾问制度的意见。坚持信访诉求依法分类办理，发挥好“12320”热线作用，着力化解医患矛盾。举办“生命与医学”主题活动，营造尊医重卫、医患和谐的社会风气。开展规范性文件审查清理，按照“保留、废止、简易修订、全面修订”的分类逐项提出初步清理意见，对2016年12月31日前制发的有效规范性文件开展清理，共清理文件269件，其中保留219件、废止50件。全年审查规范性文件21件次，报市政府法制办备案6件。开展重大行政决策合法性审查和送审工作，审查拟以市政府办公厅名义颁布的重大行政决策7件。稳妥做好行政复议、诉讼工作，共收到复议诉讼案件57件，审结40件。

加强政策研究。完成“北京市卫生法规体系与10年立法规划研究”“公立医院法律制度研究”“北京市卫生计生依法行政考核评价体系研究”“建立北京市卫生计生行业法律顾问制度研究”等4项课题结题，开展“北京市落实健康优先发展的战略研究”“北京市落实健康融入所有政策的机制研究”“法治医院建设研究”“北京市医疗机构地方标准体系研究”等4项课题研究。

加强综合监督　推动卫生计生监督“八大体系”（即监督执法组织指挥体系、政策法规体系、技术装备体系、专业执法体系、社会协同体系、人才建设体系、勤务保障体系、理论研究体系）和“四位一体”（即行政管理、行政监督、行政执法、行政问责为一体）监管机制建设。落实卫生计生监督抽查事项全部纳入“双随机一公开”（即在监管过程中随机抽取检查对象、随机选派执法检查人员，抽查情况及查处结果及时向社会公开）监管，加强随机抽查结果的应用。推进“互联网+执法”，加强医疗机构资质、技术、依法执业的监管，严厉打击无证行医，配合公安等相关部门打击“号贩子”。继续开展“平安医院”创建工作。发挥好饮用水、公共场所电子监管系统的作用，提高监管工作时效性。

食品安全标准工作　加快推进食品安全标准与监测评估信息平台建设，印发全面加强食品安全工作的指导意见。组织宣传贯彻新发食品安全国家标准20项以上，实施新的食品安全企业标准备案办法。建立食源性寄生虫病监测中心、食源性非常见化学性中毒监测中心。建立卫生计生系统食品安全考核评价指标体系。

科技创新和人才培养　*大力推进科技创新*。建立北京市卫生与健康科技战略专家咨询委员会、干细胞临床研究专家委员会和医学伦理委员会，加强卫生与健康科技创新智库建设。会同市科委深入开展首都十大疾病科技攻关，实施首都卫生发展科研专项，促进疾病防治关键技术进步。建设北京转化医学中心和基层卫生与健康适宜技术推广基地，加快推进科技成果转化和惠民适宜技术基层普及应用。促进市属医学科研院所科研仪器设备对外开放共享。

加强人才队伍建设。建立医教协同协调机制。加强卫生与健康“三类”科研人员队伍建设。加快住院医师规范化培训社会化进程，研究制定北京市专科医师规范化培训试点方案，进行“3+X”试点。开展公共卫生医师、医院药师规范化培训，启动康复治疗师规范化培训。加强以全科医生为主的基层卫生人员培训，建设百名“双师型”全科优师队伍，培养高层次社区全科人才。加大儿科、精神、助产、全科、康复等急缺专业人才培养力度。加强老年专科护士、社区护理、中医护理人才的培养。

国际合作　深化与“一带一路”沿线国家、周边国家、港澳台地区和世界卫生组织（WHO）的务实合作，以项目带动援外医疗工作。创新援外医疗，通过多种方式为几内亚、特立尼达和多巴哥等国提供卫生援助。加强世界卫生组织 CWHO 合作中心建设管理和指导。

扶贫协作和支援合作　2017 年北京市新增与江西省、河南省、辽宁省沈阳市对口合作。发挥“一对一”优势，加大对西部 46 个贫困市县健康精准帮扶工作。做好来京人才培训，开展交流交往交融活动。

信息化建设　建设全市统一、互联互通、业务协同的全民健康信息平台，同步推进医疗卫生机构信息系统标准化，促进患者诊疗信息跨机构互认。以健康卡标准推进医院就诊卡标准化和医院互联互通。推进医院信息集成平台建设，保证患者诊疗、医院运行安全。启动智慧医院建设，开展“互联网 + 健康医疗”线上线下应用，支撑临床会诊中心和医技会诊中心等智慧医疗服务。

安全生产工作　按照党政同责、一岗双责、齐抓共管、失职追责的要求，坚持预防为主的工作方针，组织医疗卫生机构开展安全生产等级评定、消防安全标准化管理；指导医疗机构开展危险化学品安全综合治理，做到科学、安全使用危险化学品；协调推进视频监控系统建设与应用联网工作。

党风廉政建设　市卫生计生委组织党员和领导干部认真学习习近平总书记系列重要讲话精神和治国理政新理念新思想新战略，全面落实北京市第十二次党代会精神和重大部署，引导广大党员干部牢固树立“四个意识”。从“抓关键少数”入手，促“两学一做”常态化。坚持做好党风廉政建设和反腐败工作，邀请知名专家作廉洁自律专题辅导，提高党员干部的自我约束、自我净化、自我校正、自我警醒意识。严格执行中央八项规定，坚决防止反弹回潮，强化“两个责任”落实。组织开展第 6 届“首都十大健康卫士”推选活动，弘扬社会主义核心价值观。建立党风廉政建设主体责任全程记实制度，在全系统开展基层党组织书记党建工作责任述职评议考核。加强对“四风”问题的日常监督检查，严肃查处医务人员违反“九不准”等问题，集中整治“微权力”腐败，形成反腐败斗争压倒性态势。　（黄高平）

公立医院医药分开综合改革　2017 年 3 月 22 日，北京市政府印发《医药分开综合改革实施方案》，4 月 8 日零时，北京医药分开综合改革正式实施。所有参与改革的医疗机构全部取消 15% 的药品加成，实施零差率销售，取消了挂号费、诊疗费，设立医事服务费。本次改革坚持医疗、医药、医保“三医联动”，坚持同城同步推进，坚持改革与改善同步，坚持推动基本医疗卫生制度建设。全市共有 3700 余家医疗机构参加本次医药分开综合改革。12 月 8 日，市政府办公厅印发《医药分开综合改革后续重点任务及分工方案》。至年底，改革总体平稳有序，变化积极，反响良好，改革效果显现。分级诊疗制度建设成效显现，一些普通病、常见病逐步分流到基层机构，扭转了 10 多年来基层诊疗量下降或徘徊的局面，大医院人满为患的状况得到有效缓解，找专家看病难的问题有了缓解，医患沟通交流时间得以延长，有限的专家资源能更好地服务于危重急难患者；医药费用总体平稳，医药费用增长负担为 2000 年以来费用增幅的最低期；医疗机构新的补偿机制基本建立，医事服务费可置换原来的挂号费、诊疗费、药品加成收入，医疗机构收入在总量基本稳定的情况下，结构得以优化；医保患者负担平稳，困难群众得到有效救助，城乡基层低收入群体等社会救助对象的利益得到有效保护，基本医疗保障制度发挥重要的支撑作用；居民就医体验得到有效提升。中医、儿科、妇产科、护理、精神心理、传染等部分短板专业得到良好发展支撑。（王　莹）

市属医院大力改善医疗服务　2017 年 3 月 20 日，北京市医院管理局出台《关于实施 2017 年市属医院改善医疗服务行动计划》，在市属医院推出 18 项措施，包括 35 个项目。具体措施是：完善京医通预约挂号平台；实行门诊化验全时段抽血和大型检查分时段预约；提供中草药、代煎汤药配送到家服务，月均服务患者 7100 余例次；利用用药咨询中心与京城药师微信平台为患者提供合理用药指导、用药政策宣传与解读，为 2 万余名患者提供相关咨询服务；改善卫生间环境，完善人性化服务设施，对门急诊区域、公共区域以及办公区域的 2000 余个卫生间进行改造；改善住院患者膳食服务和饮食质量；完善院内综合导医服务；为群众提供全方位立体化的权威健康资讯服务，“京城健康守护者”刊载健康咨询相关文章 963 篇、阅读量超过 138 万，“京医通”健康专栏发布科普文章 142 篇（其中 73 篇阅读量超 10 万），京城药师官方微信发布科普文章 174 篇、阅读量超过 50 万，制作播出“健康加油站”260 期；推行专病及症状门诊，共推出 300 余个专病专症门诊，通过京医通服务平台挂专病专症门诊号的患者 75.7 万人次；开设疼痛门诊和镇痛治疗，覆盖 40 余个治疗项目，服务患者 12.9

万人次；在门诊提供专科护理服务，开设专科护理或咨询门诊 76 个，覆盖 30 余个专业，服务患者 40 万人次；增加知名专家团队数量，15 家市属医院共推出知名专家团队 70 个，通过“京医通”服务平台挂知名专家团队门诊号的患者 17 万人次；临床药师参与临床药物治疗，为特殊患者提供出院带药床旁指导，日均服务 325 例；扩展日间手术服务能力，16 家医院日间手术服务患者 7.3 万人次，非手术类日间病房服务患者 3.3 万人次，6 家医院被国家卫生计生委、人社部确定为日间手术试点医院；提供康复患者双向转诊，年内康复医联体内转诊患者 624 人；组建高血压、糖尿病、冠心病、脑卒中等医联体慢病专家团队，5 家市属医院与社区医院组建 29 个医联体慢病专家团队。全年专家到社区出诊 7131 人次，带教查房 406 次，专业培训 107 次，社区医生到核心医院学习 1518 人次；拓展远程医疗服务，21 家市属医院与 20 个省、51 个市的 126 家医院开展远程医疗合作，远程会诊 3.8 万人次，通过远程会诊转诊至市属医院 596 人次，下转至合作医院 64 人次；推进郊区区属医疗机构“区办市管”合作模式，6 家市属医院与 10 家区属医疗机构进行合作。

北京市通过改善环境、优化流程、提升质量、保障安全、促进沟通、建立机制、科技支撑等措施，为民众提供有序、方便、安全、有效的基本医疗服务，患者看病就医获得感得到明显提升。

（刘立飞　程　卓　冀　杨　董思鑫）

市属医院推进非急诊全面预约挂号　2017 年 3 月，北京市属 22 家医院 29 个院区全部实现非急诊全面预约挂号以及自助机端缴费功能上线。天坛医院等 9 家医院实现手机端自助缴费功能上线。2017 年，“京医通”预约挂号平台新建“北京通 · 京医通”卡 540.4 万张，通过统一平台完成挂号 1629 万人次（其中微信占 41%，自助机占 59%），挂号量占总预约挂号的 60.8%，平台日最高挂号量为 7.5 万人次，实现“114”挂号平台和诊间预约的自助机取号，完成自助机缴费 425 万笔。市属医院全年总体预约挂号率为 86.2%，比上年增加 7 个百分点。患者满意度调查显示，95.86% 的患者对挂号服务的改变感到满意，77.61% 的患者认为门诊大厅拥挤现象明显好转。（程　卓）

社区服务的医药分开综合改革　2017 年 4 月 8 日，北京市社区卫生服务机构参与医药分开综合改革，坚持改革与改善同步进行。（1）取消药品加成及挂号费、诊疗费，设立医事服务费。基层医疗卫生机构医事服务费标准为：普通门诊 20 元，副主任医师 40 元，主任医师 60 元，知名专家 80 元，急诊 40 元，住院 50 元 / 床日。其中普通门诊和急诊医事服务费医保分别报销 19 元和 39 元，个人自付 1 元；副主任医师、主任医师、知名专家医事服务费医保均报销 20 元，个人自付分别为 20 元、40 元、60 元；住院医事服务费按比例报销。（2）实施药品阳光采购，加大社区用药供应。打破基层和大医院的用药壁垒，实现采购平台和目录双统一，为推进分组诊疗和大医院下社区的医嘱用药提供政策支持。结合居民不同用药需求，建立“有序采购、保障供应、短缺登记、预约取药”机制。鼓励有条件的区开展基层药品配送模式改革，灵活配送方式和配送渠道，方便社区居民用药。（3）规范医疗服务价格。降低大型医用设备检查项目价格，提高中医、护理等体现医务人员技术劳务价值和技术难度高、执业风险大的医疗服务项目价格。（4）加强成本和费用控制，遏制医药费用不合理增长。（5）加大基层中医药适宜技术推广应用，满足群众中医药服务需求。（荣志清）

继续实施药品“阳光采购”　按照北京市医药分开综合改革的整体部署，2017 年 4 月 8 日，药品“阳光采购”工作与调整医疗服务价格、取消药品加成同步实施。本次药品“阳光采购”是在以往药品集中采购工作基础上的制度创新，探索市场竞争机制与政府规制的有效结合点，坚持质量、需求、价格相统一的原则，在整体上降低药品采购价格，减轻患者药费负担，也有利于规范药品生产流通秩序。采购平台建立涵盖 7200 余个品种 4 万余个产品的药品数据库和价格数据库，为 2600 余家生产经营企业和近 4000 家医疗机构提供药品采购服务。同时，搭建政府监管平台，实现“9+2+16”（9 个委办局 + 监察和审计 +16 个区卫生计生委）监管功能，提供平台接口，各部门可实时登录平台实现远程监管。

“阳光采购”充分发挥市场在资源配置中的决定作用，尊重和发挥医疗机构采购主体作用，引入“多方谈判、公开透明、结果共享”的价格机制，鼓励医院、医院集团、医保经办机构等多方参与谈判，关注以往药品价格虚高与虚低同时存在的乱象，对产品科学分类，引导价格进一步趋于合理。针对市场供应充足的常用药品，采购平台及时联动全国各省药品采购同厂家同品规的中标价格作为医疗机构竞价议价的参考价格，及时将市医管局和朝阳区、延庆区集团带量采购价格、国家谈判、医保谈判、企业主动降价、医疗机构议价等各方谈判结果纳入采购平台，“动态调整、随行波动、就低趋同”，引导本市同类药品价格始终处于全国较低水平。针对价格低廉、临床救治必须且不可替代的低价短缺药品，遵循市场规律，保障临床救治和百姓需求，医疗机构可通过价格杠杆调节作用，参考周边省市采购价格和本市其他医疗机构采购价格，随时与生产经营企业协商议价，提高企业生产供应低价短缺药品的积极性，缓解供应紧张的问题，让百姓“用得起、用得上”。

“阳光采购”坚持以基层为重点，将原基层与二、三级医院药品采购平台合并，通过“一个平台，上下联动”的方式，实现基层机构与二、三级大医院采购目录一致，为分级诊疗制度奠定基础。同时，制定基层4类105种慢病目录，签约患者在基层可以开具2个月的长处方。105种药物改革前二、三级医院与基层机构采购金额比为2∶1，改革后二、三级医院与基层机构采购金额比为1∶1。4类慢病就诊和用药下沉基层趋势明显，成效显著。截至12月31日，药品采购金额累计460亿元，从采购费用中节省药品费用约38.8亿元，药价整体下降8.4%，费用节省超预期，为综合医改有效地腾挪了空间。（房　薇）

推进京津冀卫生计生协同发展　2017年5月4日，北京市和河北省卫生计生委及廊坊市政府签订《京冀廊医疗卫生协同发展框架协议》。根据该协议，京、廊两地将坚持“资源共享、优势互补、互惠共赢”合作原则，建立长期、稳定、全面的医疗卫生合作，深入推进京冀两地医疗机构合作。8月，北京市政府与河北省政府签订关于共同推进河北雄安新区规划建设战略合作协议。按照“雄安新区需要支持什么，北京就坚决支持什么”的要求，本市在医疗卫生领域将支持雄安新区以“交钥匙”方式建设1所高水平综合医院，由宣武医院提供办医支持；宣武医院、北京妇产医院、市疾病预防控制中心、市卫生计生监督所等4家卫生机构对口支持雄安新区相关机构，加强新区医疗卫生服务体系建设，提升医疗卫生服务能力。8月30日，市卫生计生委主任雷海潮等与河北雄安新区临时党委副书记党晓龙就支持雄安新区建设相关事项进行专题对接，进一步研究支持合作任务的具体事宜。10月27日，市卫生计生委组织宣武医院、北京妇产医院、市疾控中心和市卫生计生监督所等4家支援单位赴雄安新区开展工作对接，进一步了解新区医疗卫生资源现状，研究帮扶重点和任务安排。北京市卫生计生委、河北省卫生计生委、雄安新区有关部门在工作层面建立沟通对接机制，及时通报进展，协调推进支持合作工作。（柳　伟）

开展全民健康生活方式行动　2017年6月20日，北京市卫生计生委召开全民健康生活方式行动第二阶段启动会，市卫生计生委副巡视员郑晋普、市疾控中心及各区卫生计生委、疾控中心主管领导及相关负责人参会。会上，总结第一阶段工作成果，围绕“三减三健”、适量运动、控烟限酒、心理健康等4个专项行动部署第二阶段工作。9月1日，市卫生计生委与海淀区卫生计生委联合举办健康生活方式日宣传活动，200余人参加。活动涵盖了健康骨骼讲座与互动、健步走实践、“三减三健”健康知识与技能宣传、血压血糖体脂检测与讲解等。11月27—30日，在各区初验合格的基础上，市卫生计生委联合市教委、市食品药品监管局组织专家对各区申报的中小学校健康食堂进行验收。经现场审核和综合评定，北京市第二中学等45所学校食堂验收合格，被评定为中小学校健康食堂。全市验收合格各类全民健康生活方式行动示范机构150家，开展“三减三健”专项行动60项，其中减盐行动14项、减油行动10项、减糖行动7项、健康口腔行动9项、健康体重行动11项、健康骨骼行动9项。（刘　峰）

启动中医治未病健康促进工程　2017年6月28日，市中医局承担市政府为民办实事项目——北京中医治未病健康促进工程，在东城、西城、朝阳、海淀、丰台、石景山、通州等7个区试点，形成治未病服务“北京模式”。遴选10万名慢性病患者（高血压、糖尿病）重点人群，推广使用中医药治未病服务，推广中医养生保健方法，提高群众健康水平。坚持项目管理智能化，围绕管理精细化机制建设，变“粗放型”管理为“精细化”治理。创新“互联网+”、“大数据+中医药”治未病服务模式，集健康养生文化创造性转化、健康观转变、服务模式改革、治未病科技创新、治未病智慧监管于一体，形成治未病“五化”（数据化、可视化、清单化、痕迹化、责任化），使北京中医治未病成为健康北京建设的重要实践。至年底，中医治未病管理13.47万人，惠及31.66万人。（赵玉海）

中国援几内亚医疗队获该国政府表彰　2017年7月18日，几内亚政府在首都科纳克里举行仪式，为完成任务、即将离任回国的中国援几内亚第25批医疗队全体队员授予奖状，以表彰他们为发展几内亚医疗事业、增进两国友谊作出的贡献。几内亚总统阿尔法·孔戴向医疗队队长王宇授予总统大骑士勋章。第25批医疗队由北京同仁医院主派，有19名队员，自2016年1月起在位于科纳克里的中几友好医院开始执行为期18个月的医疗援助工作。2017年，北京市捐建的重症医学诊疗中心投入使用，医疗队协助中几友好医院编制《重症医学科建设发展规划》和医院未来发展规划。同仁医院还组织短期专家组赴几内亚，开展手术示教、临床带教和学术交流，填补了几内亚医疗技术领域的多项空白。（刘　畅）

完善常住人口两孩以内生育登记服务　2017年10月，北京市卫生计生委升级北京生育服务系统，开通生育登记服务手机APP。全年该市办理生育登记234204例，其中一孩136842例、二孩97362例，户籍150808例、流动83396例，互联网及手机端62677例、现场办理171527例。（车昱晓）

提高计划生育特别扶助金标准　2017年12月29日，《北京市卫生和计划生育委员会、北京市财政局关于提高本市计划生育特别扶助金标准的通知》印发。从2018年1月1日起，计划生育家庭伤残、死亡特别扶助金标准分别由每人每月400元、500元提高到每人每月590元、720元。计划生育特别扶助金标准调整后所需资金由区财政保障。（葛纪军）

加快推进分级诊疗　2017年，北京市卫生计生委与市发展改革委、科委、财政局、人力社保局、中医局等部门共同制定《北京市进一步加强和完善医联体建设工作方案》，明确专科医联体建设、远程会诊中心建设等。以实施药品阳光采购为契机，通过“一个平台、上下联动”，使该市原有基层基本药物采购平台与二级及以上医疗机构的药品采购平台合二为一，实现平台、目录双统一。提升基层卫生服务能力，大力推进家庭医生签约服务，优先覆盖老年人、孕产妇、儿童、残疾人、慢性疾病、结核病和严重精神障碍患者等人群，力争实现农村低收入家庭、计划生育特殊家庭的家庭医生签约服务全覆盖。（王　莹）

推出多种新的第二类疫苗　2017年，北京市根据疾病特点，扩大免疫接种种类，及时推出多种新的第二类疫苗，包括13价肺炎球菌多糖结合疫苗、双价人乳头瘤病毒吸附疫苗、肠道病毒71型灭活疫苗（Vero细胞）、AC群脑膜炎球菌（结合）b型流感嗜血杆菌（结合）联合疫苗。（王艳春）

加强村级医疗卫生机构和乡村医生队伍建设　2017年，北京市卫生计生委加大基层医疗卫生机构和人员队伍建设力度。（1）规划建设村级卫生机构。10个远郊区梳理并规划建设村医疗卫生机构，全市699个无卫生机构的行政村中需新建村级卫生机构469个（村卫生室455个、社区卫生服务站14个），其余230个无卫生机构的行政村通过相邻村卫生机构覆盖或采取巡诊的方式提供服务。截至年底，10个远郊区已启动村卫生室建设项目247个，完成103个。（2）补充乡村医生。首次开展乡村医生岗位人员订单定向免费培养，通过首都医科大学高职自主招生考试（笔试和面试），101名符合条件的考生被首都医科大学临床医学专业（乡村医生方向）录取，开启为期3年的全日制学习，毕业后将回到本区从事乡村医生岗位工作。（荣志清）

加强卫生计生监督协管队伍建设　按照国家和北京市“放管服”改革、加强征信体系建设要求，北京市卫生计生委加强卫生计生监督协管队伍建设。（1）规范服务内容，将协管服务内容从5项增加为7项，新增计划生育相关信息报告和禁止吸烟场所控烟巡查任务，拓展协管服务宽度。（2）理顺体制机制，明确区卫生计生委、区卫生计生监督所、街道（乡镇）卫生计生办、社区卫生服务中心的职责分工。（3）加强教育培训，组织专家分别就食源性疾病及相关信息报告、公共场所卫生巡查、饮用水卫生安全巡查等，对各区协管员骨干进行专题培训。（4）开展考核评比，制定《卫生计生监督协管服务标准及评估指标》，选取20%即67个社区卫生服务中心作为卫生计生监督协管服务标准化试行机构，开展标准化创建及评估。同时，建立全市医疗机构监督协管员队伍，明确医疗机构监督协管员任职资格、工作职责及管理要求。医疗机构监督协管员主要负责协助医院党政领导、配合卫生计生行政机关和监督执法机构，督促单位按照公共卫生、医疗卫生、计划生育相关法规依法执业，加强自我管理，防范违法违纪风险。（朱建华　苏承馥）

推进康复医疗服务体系建设　2017年，北京市确定西城区广外医院、海淀区羊坊店医院、丰台区铁营医院、通州区第二医院、怀柔区第二医院、房山区韩村河社区卫生服务中心等6家机构作为第2批康复转型机构向康复转型。北京市财政为每家转型机构补助1500万元，专项用于人才培养、设备设施采购或房屋维修改造。同时，北京市卫生计生委遴选北京大学第一医院、北京大学第三医院、北京康复医院、北京小汤山医院、北京友谊医院、中国中医科学院望京医院、西城区展览路医院等专家组成北京市康复医院转型工作专家组，协助转型医疗机构制定转型计划和方案，从专业角度给予转型医疗机构业务指导，指导转型医疗机构在发挥原有职能基础上逐渐承担区域内康复医疗体系的枢纽作用。组织转型工作专家组定期指导转型机构，加强督查考核，从人才队伍建设、康复学科建设、医院管理、硬件设施配备等方面对每家转型机构工作进展情况进行评估。（杨　凯）

〔总撰稿：张　华　余　胜〕

〔特约编辑：张　华〕

〔主　编：雷海潮　副主编：钟东波〕

天 津 市

全市卫生和计划生育工作概述 2017年，天津市卫生计生系统深入学习宣传贯彻党的十九大精神和习近平新时代中国特色社会主义思想，全面贯彻落实市委、市政府和国家卫生计生委部署要求，以推进“健康天津”为主线，深化改革、优化服务，在改革发展中不断实现新突破，取得新成效。

在改革关键环节上实现新突破。（1）深化医改成效明显。先后出台多个深化医改政策文件，顶层设计更加完善，实施路径更加清晰。全市二级以上公立医院全部取消药品加成，破除“以药补医”机制。印发关于推进天津市医疗联合体建设和发展实施方案，全市所有三级医疗机构和基层医疗卫生机构全部参与医联体建设。家庭医生签约服务有序推进。2017年天津市家庭医生签约服务工作被《中国卫生》杂志评为全国推进医改服务百姓健康“十大新举措”之一。率先在全国出台医疗机构使用异常品种定期评价、合理用药量化分级管理、药品使用异常约谈退出等3项制度，促进医疗机构合理用药。出台完善短缺药品供应保障机制实施意见的工作方案。持续推进“进一步改善医疗服务行动”，以患者就诊流程为主线，提供院前自救互救服务、完善门诊自助服务系统、优化医疗机构就医环境等10项举措，医疗服务流程持续改善。建成2个国家级高级卒中中心和14个市级卒中中心。（2）人才队伍和学科建设加快推进。制定《天津市“十三五”卫生计生人才发展规划》，启动实施“三三五人才工程”。制定《天津市卫生计生行业高层次人才选拔培养工程实施意见》，建立健全卫生计生高层次人才梯队选拔培养体系，首次将卫生计生人才选拔培养工程纳入市级重点人才支持项目。研究制定《天津名医遴选计划实施意见》，以名医建设带动临床技术传承发展。实施第6批全国老中医药专家学术经验继承工作和第4批全国优秀中医临床人才研修项目。卫生计生行业新增“百千万人才工程”国家级人选2人、国家卫生计生突出贡献中青年专家5人、享受政府特殊津贴人员13人。4人当选为首届全国名中医。制定《天津市“十三五”医学重点学科建设规划》，启动新一轮天津市临床重点学科工作。（3）信息化建设步伐加快。开展以电子病历为核心的医院信息化建设、医院信息数据报送、信息安全等级保护和智慧门诊建设，承办智慧医疗论坛暨第4届中国国际远程医疗峰会等活动。（4）综合监督水平不断提升。制定有关抽查规定，完善事中事后监管机制。对1400余家单位开展医疗卫生、公共场所等多专业双随机抽查，对3800余家单位就开展《传染病防治法》等5部法律法规的落实情况进行监督检查。（5）制定《天津市支持社会力量提供多层次多样化医疗服务实施方案》，从规划与准入管理、执业运营与环境营造、执业行为监督与管理等3个方面加大支持社会力量办医力度。

在夯实基础基层工作中有新发展。（1）启动“医疗质量安全年”活动，对医疗质量和用药安全进行大排查大检查大整治。推进门诊预约和转诊服务中心、住院服务中心、用药咨询中心建设。市区两级医疗质控体系进一步完善，制定护理、康复、职业病、院前医疗急救规划和医疗卫生服务体系建设规划等实施方案。全市已建成25个国家级胸痛中心，居民急性心肌梗死死亡率连续3年下降，推广静脉溶栓等适宜技术，连续5年居全国第一位。坚持医疗纠纷人民调解机制，调解成功率达94.7%，调解协议执行率达100%。连续3次荣获全国无偿献血先进省市奖。11家社区卫生服务中心被评为全国优质服务示范社区卫生服务中心，21家卫生院被评为全国“群众满意的乡镇卫生院”，6家社区卫生服务中心被评为2017年度“全国百强社区卫生服务中心”，1家卫生院被评为2017年度“全国百佳乡镇卫生院”，2支家医团队被评为全国“优秀家庭医生团队”。（2）持续推进基本公共卫生服务均等化。2017年天津市在国家基本公共卫生服务项目绩效考核排名位居全国第一位。全市甲乙类传染病报告发病率居全国最低行列；全面实施国家艾滋病综合防治示范市工作。深入推进结核病分级诊疗和综合防治服务。病毒性肝炎发病率居全国末位。实施天津市心血管病防治项目。开展大肠癌筛查、儿童口腔疾病综合干预、恶性肿瘤早诊早治等重大惠民项目。精神卫生防治体系逐步健全。全面实施天津市妇女儿童健康促进计划，水痘疫苗纳入全市免疫规划，成为全国首个纳入免疫规划的省级单位。强化孕产妇系统管理。出生缺陷有效控制，2017年全市孕产妇、婴儿死亡率分别为5.95/10万和3.57‰，连续12年控制在10/10万和6‰以下，持续保持在全国前列，达到发达国家水平。健全食品安全风险监测体系，全面落实风险监测计划。开展“健康教育巡讲”活动，完成市级精品“健康大讲堂”进社区、进校园讲座。“关爱市民健康”主题服务活动覆盖人数超过81万人次。（3）卫生应急有序有力。制定《天津市卫生应急体系建设“十三五”规划（2016—2020年）》。积极应对318起突发事件的紧急医学救援工作。有效处置H7N9等突发公共卫生事件85起。

在人民群众获得感上有成效。公共卫生工作持续加强。人民群众在慢性病防控、传染病防控和妇女儿童保健服务方面有新的“获得感”。

在尽责担当中实现新作为。（1）完成第13届全运会医疗卫生保障任务。得到国家体育总局和市委、市政府的高度赞扬。（2）国际交流与合作卓有成效。举办2017年金砖国家卫生部长会暨传统医药高级别会议。派出援刚果（布）、援加蓬两支援非医疗队，协助我国和平方舟医院船执行“和谐使命—2017”任务。完成天津市承担的中国援非“光明行”项目验收工作和刚果（布）眼科医生来津培训任务。（3）行风整肃进一步强化。在全市所有43家三级医院开展创建“无红包医院”活动，制定从严查处收受“红包”“回扣”等违纪问题措施。将提升患者就医感受纳入“不作为不担当”专项整治，先后6次对二级以上公立医院整肃行风工作进行双随机式突击检查、重点抽查和交叉互查，形成行风问题整改“三清单”。集中治理医用耗材不合理应用突出问题。（4）京津冀医疗卫生一体化进展顺利。（5）全面开展行业消防治安隐患大排查大整治专项行动，深入开展医院门前院内“三乱”整治行动。制定全市卫生计生行业安全生产领域改革实施意见。全行业全年未发生安全生产事故。

在加强党的领导上再上新台阶。（1）落实《关于进一步加强和改进卫生计生系统党的建设工作的意见》，促进公立医院党的领导和改革发展同部署同推动。建立完善委领导党建联系点制度、基层党建工作巡查制度。（2）制定市卫生计生委党委工作规则。继续做好中央巡视“回头看”反馈意见和市委巡视市卫生计生委党委“回头看”反馈意见、市纪委巡察驻委纪检组反馈意见整改落实，严厉整治“不作为不担当”问题。完成两轮11家单位巡察工作。公仆接待日受理群众信访事项办结率达100%。　（办公室）

卫生资源调整　（1）卫生资源调整。2017年天津市安排卫生资源调整市级项目9个，建筑面积118.6万平方米，建设规模6689张床位（其中新增床位5423张），概算总投资93.2亿元，竣工项目2个，在建项目5个，前期项目2个。竣工项目为天津中医药大学第二附属医院迁址新建一期工程和天津医科大学总医院扩建教学综合楼项目。在建项目为市人民医院三期建设项目、市儿童医院改扩建一期项目、市第一中心医院新址扩建项目、天津医科大学代谢病医院迁址新建项目、天津医科大学肿瘤医院扩建二期工程。前期项目为中心妇产科医院原址改扩建项目和第三中心医院扩建二期项目。（2）基层医疗卫生机构建设。2017年共安排19个项目，其中竣工项目1个，在建项目13个，前期项目5个。（3）完成综合医院项目11个。武清区第二人民医院迁址新建项目竣工。天津医科大学总医院滨海医院一期（原汉沽医院二期项目）、医大总医院滨海医院配套公寓、津南区咸水沽医院迁址新建、武清人民医院扩建等7个项目正在建设。滨海新区大港医院二期等3个项目正在落实前期工作。（4）完成中医医院项目5个。宁河区中医医院迁址新建、滨海新区新建中医医院、和平区中医医院迁址提升改造3个项目正在建设。北辰区中医医院迁址新建、宁河区中医医院扩建2个项目正在落实前期工作。（5）完成专科医院项目3个。和平区妇产科医院迁址提升改造、滨海新区新建肿瘤医院、宝坻区新建妇产科医院（建设在妇幼公共卫生中心内）3个项目正在建设。（6）调整中央投资项目存量资金。2015年，中央下达宝坻区人民医院扩建项目和全科医生临床培养基地建设项目中央投资3400万元。由于宝坻区人民医院扩建项目调整建设规划，市发展改革委报经国家发展改革委同意，将2个项目存量资金3400万元调整至武清区人民医院扩建二期工程。　（基建处）

第13届全国运动会医疗卫生保障　2016年5月天津市成立全运会医疗卫生部，统筹推进医疗救治、院前急救、传染病防控、卫生监督、病媒生物防治与控烟、卫生应急、干部保健工作。副市长曹小红出席全运会医疗卫生保障动员大会动员部署。医疗卫生部部长、市卫生计生委党委书记、主任王建国多次强调全运会医疗卫生保障工作的重要意义，要求全力以赴做好第13届全运会保障，不得出现任何差错。全运会期间，为各赛场（含正式赛、测试赛、群众比赛）、全运村及各指定接待宾馆提供医疗保障服务6841人次，转运伤病员165人次，累计派出医护人员5614人次，调派救护车1263辆次。（1）51个项目竞委会均成立医务处。47个比赛场馆、1个新闻中心和23个接待酒店均建立医务室。全运村设立1个医疗服务中心、2个医疗服务站。确定了36家全运会定点医疗机构。选派1049名医护人员、260名公共卫生人员承担现场保障任务。建立完善全运会医疗救治和卫生保障20余项工作制度。累计培训医务人员1925人次，确保参加医疗卫生保障工作的人员上岗前都经过培训和考核。（2）正式赛、群众比赛开赛前，对医疗点设置、救护车调派、医疗仪器药品配备进行确认，对场馆空气质量、生活饮用水、集中空调、病媒生物防制等进行督查验收。针对开幕式雨天特殊天气做好突发事件应急预案，进行5次集中演练，制定9个工作预案。（3）开幕式选派16名专家组成医疗保障专家组巡诊，专门安排儿科医生做好参演儿童的医疗保障服务。（4）

市第三中心医院承担全运村医疗服务中心运行，自8月15日全运村开村运营，提供24小时全方位医疗服务，开设外科、内科、妇科、耳鼻喉科、眼科、口腔科，配备医疗室、抢救室、药房，提供B超、心电图、三大常规检查，遇急诊、危重情况通过绿色通道转运医院无缝衔接诊疗救治。市卫生计生委党委书记、主任王建国、副主任申长虹、王栩冬多次深入到全运村，现场协调解决问题，鼓励医务人员。全运会期间，医院抽掉135名医护技药管理以及后勤人员，共完成医疗服务2100例，转运本部救治41例，手术救治5例，全力以赴为驻村运动员、技术官员、媒体记者约1.8万人提供专业优质医疗服务。（5）全运会期间，全运村医疗服务中心的医护人员以其专业的诊疗、暖心的服务赢得了驻村人员的高度评价。医科大学总医院采用志愿者招募的形式组建医疗保障团队，经多重把关确定86名业务骨干组成全运会医疗保障团队。第一中心医院克服困难，根据赛程和赛事特点合理安排班次，科学配比，做到人力资源高效使用。中医一附院组建以石学敏院士、张伯礼院士领衔，各临床、医技科室主任全部参加的医疗保障专家组，负责全运会医疗救治及相关会诊任务，发挥中医传统治疗技术优势。天津医院建立全运会收治伤者应急预案，加强急诊、运动康复、放射、护理、营养等多科室之间协作，突出骨科专科优势，为一名江苏足球队运动员提供优质住院治疗。（全运会医疗卫生保障部）

12家医院挂牌为南开大学、天津大学非直属附属医院　2017年天津市卫生计生委认真落实市委部署，全力支持南开大学、天津大学“双一流”建设。（1）2017年10月16日，南开大学医学联盟战略发展论坛暨战略合作签约仪式在南开大学津南校区举行。南开大学分别与市卫生计生委直属11家医院签署合作协议，11家医院为：第一中心医院、第三中心医院、第四中心医院、眼科医院、口腔医院、人民医院、胸科医院、环湖医院、南开医院、第二人民医院、中心妇产科医院。南开大学将与这11家医院确立战略合作关系，在医疗技术服务、科研平台建设、教学研究改革、医学人才培养等方面紧密对接，深度融合，这11家医院挂牌成为南开大学非直属附属医院。根据协议，南开大学与各医院在医、教、研、管等方面全方位合作，各大医院将承担南开大学医学院的临床教学任务，包括临床授课、临床见习、临床实习和住院医师规范化培训等；南开大学对各医院开放图书资源、大型仪器平台和医学科研基地，并提供医学继续教育平台；各医院可依托南开大学申请国家自然科学基金等项目，双方联合组建高水平科研团队和平台，共同向国家卫计委、教育部和科技部等部委申报国家级人才项目、重大科研项目和高水平科研平台；实行人事双聘制度，南开大学聘任医院符合条件的医务人员为学校教编人员，南开大学研究生院将直接为医院符合条件的硕士生导师和博士生导师分配招生名额，可按照南开大学研究生招生相关规定招收研究生；南开大学在各合作医院拟成立博士后流动站。（2）2017年7月2日，天津医院与天津大学签署全面合作协议，天津医院正式挂牌“天津大学天津医院”，原隶属关系不变。挂牌后，原天津医院附设的天津市骨科研究所、天津市中西医结合骨科研究所、天津市运动医学研究所和天津市创伤交通研究所，正式纳入“天津大学医工院”分支机构体系建设发展，促进综合科研实力和学科水平的提升。根据协议，双方将共同推动科研平台和临床基地共享，合力建设相关领域的国家级重点实验室；在科研上开展全面合作，鼓励教师、医生联合申报各类科研项目，开展技术攻关和成果转化的科研合作；合作建立“天津大学转化医学中心”，优先启动生物医学工程、生物信息与医学信息工程、新型医疗仪器、材料及药物开发、临床基地建设等领域的合作；在人才培养方面，共同致力于医学拔尖创新人才、“新工科”医工复合人才的培养，重点培养高层次临床医学、医学工程及转化医学人才；在学术交流方面，联办国际期刊、国际会议、国际学术组织等，积极探索医学领域的产、学、研、用的长效融合机制；此外，将互派学术带头人、项目负责人、青年教师/医生、科研人员到对方单位学术挂职，以客座教授、兼职导师等形式联合招收、培养研究生。（办公室）

2017年10月16日，南开大学与天津市卫计委签署医疗战略合作协议。

京津冀协同发展卫生技术培训标准化建设与认证示范区建设　2017年天津市卫生计生委先后多次召开党委会，专题研究医疗卫生服务能力提升工作，并与北京市卫生计生委、河北省卫生计生委、人民卫生出版社多次研究，达成共识，创建该证示范区推动京津冀医教协同，创新体制机制，以需求为导向，以基层为重点，以质量为核心，提升技术能力培训水平，以评估和认证为抓手，健全人才使用激励机制，推动卫生人员技术能力持续提高，满足人民群众日益增长的优质医疗服务需求，推进健康中国建设。12月22日，人民卫生出版社、北京市卫生计生委、天津市卫生计生委、河北省卫生计生委联合在天津召开示范区建设工作会议，深入探讨示范区建设的相关事宜，并召开新闻发布会暨签约仪式，人民卫生出版社董事长郝阳、河北省卫计委党组副书记、副主任徐春芳、北京市卫生计生委副巡视员郑晋普、天津市卫生计生委副巡视员王增田及人民卫生出版社、京津冀卫生计生委相关职能部门负责同志参加会议和发布会。（科教处）

社会资本办医 2017年，为天津市卫生计生委组织专门班子，在系统梳理国家及天津市近年来出台的有关鼓励和支持社会力量办医的相关政策、广泛吸纳社会办医机构、拟申办社会办医主体、公立医疗机构等方面意见基础上，完成支持社会力量提供多层次多样化医疗服务的实施方案征求意见稿，并征求各区政府和市发改革委等36个部门的意见，形成方案代拟稿，2017年10月25日上报市政府。11月21日经市政府审定后，市政府办公厅印发《天津市支持社会力量提供多层次多样化医疗服务实施方案》。市卫生计生委按照《关于进一步加强和改进卫生计生系统党的建设工作的意见》《中共天津市非公有制经济组织和社会组织工委2017年工作要点》《关于巩固提升"两新"组织党组织覆盖质量的通知》，推动社会办医院党建工作开展。组织起草《关于加强和改进社会办医院党的建设工作的实施意见》，先后召开社会办医院和区卫生计生委党建工作座谈会，了解各区社会办医院党组织建设情况，使《实施意见》符合社会办医院实际，切实具有操作性、可行性，确保落到实处。11月，市委组织部市"两新"工委和市卫生计生委党委联合印发《关于加强和改进社会办医医院党的建设工作的意见（试行）》的通知。发出《关于全市社会办医医院认真学习宣传贯彻党的十九大精神的通知》，推动党的十九大精神在社会办医医院党建工作中落实落地。

（法规处 基层卫生处）

十九大系列宣传 天津市卫计委围绕习近平新时代中国特色社会主义思想和党的十九大开展系列宣传活动。领导带头示范，委领导班子深入基层一线宣讲11场次，与基层一线的干部职工进行座谈，交流学习体会，调研工作中存在的问题。在十九大召开期间，委主要领导接受人民网"十九大，天津怎么学、怎么干"系列专访、天津卫视就卫计委党的十九大宣传贯彻集中报道、"健康中国"官方微信、天津广播、《今晚报》等均报道了卫生计生系统收听收看党的十九大盛况，掀起行业学习热潮、展示事业发展成就。各单位在门诊、候诊、病房、走廊等区域，利用显示屏、悬挂横幅、制作宣传展牌等多种载体开展党的十九大宣传标语，组织开展了"走进新时代 开启新征程"——卫生计生系统学习宣传贯彻党的十九大精神知识竞赛，市第三中心医院代表全系统参加全市决赛并取得不俗成绩。利用委官方微信开辟"党课微视窗"，每周一期宣传党的理论和政策，在广大卫生计生职工中营造了浓厚的学习氛围。（委宣传处）

取消药品和耗材加成 2016年7月、12月，天津市分两步在全国4个直辖市中率先取消全市公立医院药品加成，降低大型设备检查费用，破除60多年的"以药补医"旧机制。为补偿公立医院的收入，调整近200类（项）体现医务人员技术劳动价值的服务价格，总体予以85%左右的补偿。加大政府投入，出台市级公立医院取消药品加成财政补助和债务化解补助的办法（政策），市财政2016年支出1亿元、2017年预算安排1.2亿元对取消加成补偿不足95%和补偿率偏低的医院进行过渡性补助，同时安排预算资金1.5亿元启动化债补助，保障了公立医院的稳定运行，新的补偿机制和运行机制逐步建立。2017年9月1日继综合医改试点省安徽、福建之后取消一次性医用耗材加成，进一步理顺了手术费等医疗服务价格，试行医用耗材基准价管理。（医改办）

公立医院综合改革 天津市认真贯彻习近平总书记重要讲话精神和全国卫生与健康大会部署要求，将医改作为打造健康天津、增进人民福祉的重大民生工程，坚持问题导向，突出先行先试，天津市医改工作由试点探索、单项突破逐步转向系统配套、全面推进，在关键环节和重点领域取得阶段性成效，很多工作在全国处于领先地位，得到国家的高度肯定。启动"三区两院"医药卫生体制综合改革试点。在全国4个直辖市中率先取消了药品加成和耗材加成，建立价格动态调整机制。全市全部三级医院和基层医疗卫生机构参与医联体建设，家庭医生签约提前2个月完成国家任务；在全市推行药品采购"两票制"。出台医疗机构使用异常品种定期评价、合理用药量化分级管理、使用异常品种约谈退出等3项制度。市政府印发《关于加强医疗机构药品供应保障实施意见》。探索建立现代医院管理制度，由市政府印发实施方案，北辰区公立医院薪酬制度改革试点稳步推进。通过“三医联动”、综合改革，全市医改成效显著，呈现出“四降两升”的可喜变化。“四降”为：医疗费用同比增速由2016年的8.6%下降到4.7%，下降3.9个百分点，受到国务院医改办领导的表扬；全市二级及以上公立医院平均药占比从2016年的42.8%降至2017年的31.7%；百元医疗收入中卫生材料费用由2016年的25.1元降至23.1元，同比下降8%；次均医疗费用增幅与前5年（2011—2016年）平均增幅相比下降，门诊均次费用同比增长3.4%，增幅下降0.6个百分点，人均住院费用同比增长1.3%，增幅下降3.6个百分点。“两升”为：医疗服务性收入占总收入比重由28.4%上升至34.2%，上升5.8个百分点；基层医疗机构门诊量同比增长23%，扭转了连续7年基层就诊量持续下降的态势。（医改办）

京津冀区域医师注册试点 2017年，天津市卫生计生委会同北京市卫生计生委、河北省卫生计生委共同下发《北京市卫生计生委、天津市卫生计生委、河北省卫生计生委关于在京津冀地区探索医师区域注册试点工作的通知》。通过京津冀医师区域注册试点工作，探索京津冀医师合理流动模式，促进京津冀医疗协同发展，为深化医改、纾解北京非首都功能、医疗供给侧结构性改革提供人员基础，为医师在京津冀三地执业创造良好的政策环境，推动和助力经济技术医疗卫生协同发展。（医政处）

短缺药品监测 2017年天津市加强药品供应保障监测，建立全市19家国家短缺药品监测点和覆盖全市的370个市级监测点，按月报送相关数据，及时分析处理。2017年度已上报国家平台短缺药品信息317个品次。联合市发展改革委、市工业和信息化委、市财政局、市人力资源社会保障局、市商务委、市国资委、市市场监管委等7个部门，出台《关于印发天津市落实国家卫生计生委等9部门改革完善短缺药品供应保障机制实施意见工作方案的通知》，明确总体要求、重点任务措施、责任分工等内容，进一步完善短缺药品供应保障机制，更好地满足人民健康和临床合理用药需求，增强人民群众获得感。（药械处）

药品使用监管 市卫生计生委制定印发《关于印发〈医疗机构使用异常品种定期评价制度（试行）〉〈医疗机构合理用药量化分级管理制度（试行）〉〈使用异常品种约谈退出制度（试行）〉等3项制度的通知》。通过每季度对全市医疗机构使用情况进行分析，通过专家评价确定使用异常品种；在此基础上对医疗机构使用情况进行评级，分出ABCD 4级，对分级较差的机构负责人、以致主管区领导进行约谈，限期整改；对涉及到的异常品种生产企业负责人进行约谈，宣讲政策，加强管理，规范行为。自2017年7月实施以来，每季度对全市用量排名前100的品种进行排名，已确定15个使用异常品种，对全市370多家医疗机构进行合理用药量化等级的评定，初步计算可节约药品费用2.49亿元。（药械处）

京津冀医用耗材联合采购 为深入贯彻落实《京津冀药品医用耗材集中采购工作协同发展协议》《京津冀公立医院医用耗材联合采购框架协议》，全面推进京津冀药品、医用耗材集中采购工作，2017年初，由天津市承建的医用耗材联合采购平台平稳上线投入使用；完成京津冀公立医院医用耗材联合采购专家库的组建；完成三地止血、防粘连类医用耗材历史数据网上收集工作；2017年8月发布采购工作方案，12月底天津市承办的京津冀公立医院止血类（III类）、防粘连类（III类）医用耗材的集中评审工作完成。最终将实现三地执行统一价格，实现一个平台、协同联动、公开透明、分类采购，通过招生产企业、招采合一、量价挂钩、全程监控等措施，加强耗材采购全过程综合监管，努力推动京津冀三地合作向更高水平、更深层次、更宽领域发展。（药械处）

公共卫生监督“双随机一公开” 2017年天津市卫生计生委创新监管模式，加强事中事后监管，在全市开展2017年天津市“双随机”监督抽检工作。各区卫生计生委组织辖区卫生计生监督机构、疾控中心完成公共场所、生活饮用水、学校卫生、餐饮具集中消毒、消毒产品、传染病防治、医疗卫生、计划生育等专业的监督抽检任务。对全市1400余家单位开展随机抽查，将抽检结果在市卫生计生委、各区官方网站上予以公开。针对监督抽检中发现的检测不合格和不符合卫生要求的问题，卫生计生监督机构依法下达卫生监督意见书，督促整改落实；对发现的18起违法行为，卫生计生行政部门依法给予行政处罚，保障了公众的身体健康。（监督处）

制定“十三五”康复医疗事业发展规划 2017年，天津市卫生计生委启动《天津市“十三五”康复医疗事业发展规划》工作。组织有关专家开展全市康复医疗事业现状调查。召开4次专题座谈会和征求意见会，调整和修改7次，国内多位知名专家和学者对规划提出了修改和指导意见，力争规划具备前瞻性、科学性、现实性、操作性。规划起草完毕后，征求市发展改革委、市教委、市科委、市民政局、市财政局、市人力社保局、市残联意见，经委党委会审议原则通过后并再次征求有关委办局意见后，下发《市卫生计生委关于印发天津市“十三五”康复医疗事业发展规划的通知》。主要包括以下内容：（1）全面总结“十二五”期间天津市康复医学的发展现状。（2）分析全市康复医学发展存在的瓶颈和问题。（3）对康复医学发展面临的形势进行研判。（4）明确康复医学发展的4个基本原则。（5）提出康复医学发展的总体目标。（6）提出康复医学发展的6个建设目标。（7）强化康复医学发展的保障措施。　（医政处）

分级诊疗体系建设　到2017年末，天津市通过中国胸痛中心认证的医疗机构达25家，密度居全国第一位，城市居民5公里内便可到达一家胸痛中心，每个涉农区均有胸痛中心，全市居民急性心肌梗死死亡率在全国率先出现了连续3年下降的拐点。已建成2个国家级高级卒中中心和14个市级卒中中心，卒中患者死亡率、复发率、致残率均明显下降。市胸科医院、市儿童医院、市中心妇产科医院、医科大学代谢病医院、泰达国际心血管病医院以及市环湖医院分别与基层医疗卫生机构建立胸痛、儿科、妇产科、肿瘤、新生儿先心病、神经系统疾病等6个专科联盟，通过专科医院的技术支持，建立预约转诊绿色通道，逐渐形成社区首诊、急慢分治、双向转诊服务模式。全市推动上级医疗机构现有的医学检验、医学影像、病理诊断及消毒供应中心等资源，向基层医疗卫生机构和慢性病医疗机构开放。充分发挥信息化建设的作用，建立和完善远程医疗平台，为基层医疗卫生机构提供远程会诊、病理诊断、影像诊断、心电图诊断和培训指导等服务，提高大医院的资源利用率，减少基层设备投入和运行支出并初步建立起利益分配机制。实施检查检验一体化，通过第三方物流和信息化网络传送，实现“基层检查、上级诊断”，提高医疗效率，节省医疗成本。　（以上撰稿：医政处）

健康医疗大数据融合共享　为规范和推动全市健康医疗大数据融合共享、开放应用，按照国家要求，天津市卫生计生委印发《关于促进和规范健康医疗大数据应用发展的实施方案》。按照市委、市政府《关于大力发展智能科技产业推动智能经济发展建设智能社会的实施意见》要求，市卫生计生委草拟《天津市智能医疗与健康专项行动计划》，为下一步健康医疗大数据与智能医疗健康应用发展提供政策基础。

（信息处）

医疗废物集中处置全覆盖　为切实加强和规范全市医疗废物管理，形成组织健全、制度完善、处置规范的长效管理机制，有效预防和控制医疗废物对人体健康和环境产生的危害，2017年天津市卫生计生委、市环保局联合印发《关于印发〈天津市医疗废物规范处置实施方案〉的通知》，通过建立“中转站”，采取“就近集中、转运收集”的医疗废物收集转运模式，将全市范围内各级各类医疗卫生机构全部纳入医疗废物集中范围。在全市各区卫生计生委、区环保局以及医疗废物集中处置单位的努力下，截至2017年底，全市医疗卫生机构登记建档工作完成，全市16个区属医疗卫生机构共计5825家，其中1035家医疗卫生机构将产生的医疗废物直接交由医疗废物集中处置单位，剩余4790家医疗废物产生单位，通过建立289个中转站，采取“就近集中、转运收集”的方式将医疗废物转交中转站，由医疗废物集中处置单位前往中转站收集后集中无害化处置。　（基建处）

卫生应急处置　2017年，天津市妥善开展“6·29”市第三中心医院暴力伤医事件、“8·1”武清区重大交通事故、“12·1”河西区城市大厦火灾事故等318起突发事件的紧急医学救援工作。年内，通过联防联控、群防群控，有效处置H7N9等突发公共卫生事件85起。在疫情控制方面，市卫生计生委积极开展工作，相关处室及部门采取有效措施，第一时间启动应急预案，组织做好医疗救治工作，开展流行病学调查及处置，启动联防联控工作机制，在各成员单位的大力配合下，全市疫情防控形势稳定。　（应急办）

疾病预防控制体系建设　推动落实《天津市区级疾病预防控制中心岗位设置管理指导意见》要求，将岗位设置管理纳入年度绩效考核，实现区疾控中心全员岗位设置管理。实施第2轮区疾控中心实验室能力建设，强化区疾控中心实验室能力建设中期督导和重点指标性任务的绩效考核。加强新时期疾控管理能力建设，举办各区卫生计生委分管主任和疾控中心主任综合管理能力提升研讨培训班。召开2017年天津市疾病预防控制暨二级以上医疗机构公共卫生工作会议，119家医疗机构法人代表分别与市、区卫生计生委签署承诺书，按照2017年二级以上医疗机构14项公共卫生任务，组建绩效考核专家组和现场考核工作组，举办专题培训会。加强全市疾控信息安全体系建设，提前2个月率先完成天津市中国疾病预防控制信息系统数字证书认证工作，实现全市疾控机构安全专网全覆盖和全市487家国家疾控信息报告系统直报用户信息安全全覆盖，获国家卫生计生委疾控局表扬，并在全国推广介绍天津工作经验。

重点传染病防控　2017年，天津市甲乙类传染病报告发病率为147.24/10万，居全国第29位。规范开展流感、SARI、不明原因肺炎等传染病监测，组织各区流感网络实验开展人感染H7N9禽流感检测工作，及时有效处置4起人感染H7N9禽流感疫情。开展全市病毒性肝炎血清学调查。加大对各级各类医疗卫生机构传染病报告工作管理力度，召开专题培训和专项督导，开展非公立医疗机构传染病报告管理水平现状调查。2017年，全市共报告法定传染病报告卡94821张，及时报告率为99.84%，及时审核率为99.96%，重卡率为0，身份证填写完整率为94.43%，机构正常运行率为100%。根据及时报告率、及时审核率、重卡率、身份证填写完整率和机构正常运行率等5个指标进行综合评价，全市综合率为98.85%。推动开展疫源地消毒效果评价工作，全市消毒管理率达98.78%，达到消毒管理率在90%～110%之间的国家要求。全市共回访病例589例，回访率为4.66%，达到回访率≥3%的国家要求。完成第13届全运会等重大活动传染病防控保障任务。

结核病分级诊疗和综合防治服务模式　2017年天津市制定并组织实施《天津市“十三五”结核病防治规划》。制定印发《天津市结核病分级诊疗和综合防治服务模式实施细则》，全面开展结核病分级诊疗和综合防治服务模式试点工作基线调查及结核病漏报调查。建立天津市结核病三级诊疗模式，各级机构间建立绿色通道，明确双向转诊标准和转接机构，优化转接诊路径，提高诊疗效率。截至2017年底，全市分级诊疗模式已取得阶段性成效，普通肺结核患者在区级定点医疗机构接受治疗的比例为53.29%，重点人群中学生肺结核密接者筛查率为90.35%，艾滋病病毒感染者及病人肺结核筛查率为97.85%，肺结核病人规范管理率为98.63%，肺结核患者治疗成功率为90.24%，耐多药肺结核患者纳入治疗率为61.75%，耐多药结核病治疗成功率为50%。大力推广新诊断技术科学应用，区级均开展Xpert新诊断技术，市级开展Hain耐药分子诊断技术。依托区域人口健康信息平台，在现有社区基本公共卫生服务系统基础上建设天津市肺结核病患者健康管理子系统，开展患者智能随访服务和管理，2个试点区已上线运行。

艾滋病综合防治示范城市建设　2017年天津市制定并组织实施《天津市遏制与防治艾滋病“十三五”行动计划》，指导艾滋病综合防治措施落实。制定印发《天津市全国艾滋病综合防治示范市控制艾滋病经性传播综合防控试点工作方案》，开展艾滋病防治“一地一策”分析工作。持续推动定点医疗机构一站式服务模式，2017年底，定点医院通过艾滋病确证实验室市级验收及国家复审。规范治疗和随访管理服务，抗病毒治疗覆盖率达90.47%，治疗成功率达95.39%。组织开展医疗机构重点科室主动提供HIV检测咨询服务（PITC）调查，覆盖全市2016年新发病例超过5例的20家医疗机构。强化综合干预，加强重点人群防治，持续推动性病门诊等公共场所安全套推广，住宿类场所设置率达95%，且纳入卫生计生监督检查。会同市教委制定印发《关于印发进一步加强我市高校艾滋病防控工作措施的通知》。完善实验室体系建设，提高艾滋病检测质量。2017年全市新增2家艾滋病筛查实验室，补充完善示范市实验室体系，形成现有艾滋病确证中心实验室1家、确证实验室7家、筛查实验室116家的体系。

免疫规划服务　2017年，天津市国家免疫规划疫苗共接种296万剂次，接种率达98.64%。并组织实施《天津市人民政府办公厅关于进一步加强我市疫苗流通和预防接种管理工作的实施方案的通知》。完成《疫苗流通和预防接种管理条例》督导自查。制定印发《天津市预防接种单位冷链系统管理指南（2017年版）》。梳理规范天津市疑似预防接种异常反应报告诊疗及处置流程。完成全运会及十九大期间异常反应安全处置任务。联合市教委开展2017年天津市查验预防接种证和学校传染病防控工作督导检查。制定《天津市麻疹风疹监测方案》和《天津市百日咳监测方案》，麻疹报告发病率较上年下降92.70%。开展脊髓灰质炎相关病毒封存销毁工作，摸底登记生物医学实验室741家。开展天津市第二类疫苗管理新政实施效果评估工作。印发《天津市第二类疫苗采购方案（2017年版）》，完成2018—2020年天津市第一、二类疫苗集中采购工作。联合市财政局制定印发《天津市水痘疫苗纳入免疫规划工作实施方案》，调整天津市免疫规划疫苗免疫程序，天津成为全国首个将水痘纳入免疫规划的地区，适龄儿童水痘疫苗接种率提升至95%以上。

慢性病综合防治　制定并组织实施《天津市人民政府办公厅关于印发〈天津市防治慢性病中长期规划（2017—2025年）〉的通知》。会同市教委等部门印发《天津市全民健康生活方式行动方案（2017—2025年）》，启动天津市全民健康生活方式行动第二阶段工作。会同市体育局印发《天津市体医融合普及全民健康生活方式暨“减脂增肌、健康体重”专项行动实施方案》。印发《关于做好2017年度天津市慢性病综合防控示范区建设工作的通知》，滨海新区、和平区、北辰区成为国家级慢性病综合防控示范区，西青区通过国家级慢性病综合防控示范区复审。发布《天津市居民健康状况报告（2016年度）》。建立市内心血管病防治网络，各区均确定心血管病防治基地医院。完成重点地区心血管病高危人群早期筛查与综合干预项目，初筛检查3.6万人，高危患者检查0.9万人。开展大肠癌筛查、儿童口腔疾病综合干预、恶性肿瘤早诊早治等重大惠民项目，完成大肠癌初筛62.8万人，肠镜检查0.85万例，儿童口腔健康检查31万人，窝沟封闭8.6万人，恶性肿瘤早期筛查4.5万人。

精神卫生服务 制定并组织实施《天津市人民政府办公厅关于转发市卫生计生委等16部门拟定的天津市精神卫生工作规划（2016—2020年）的通知》。会同市综治办等21部门联合印发《关于加强天津市心理健康服务的指导意见（2017—2030年）》。印发《2017年严重精神障碍患者管理治疗工作实施方案》《关于进一步做好天津市严重精神障碍患者登记报告和随访管理工作的通知》等文件，完善多部门协调机制，提升患者管理率和规范管理率。截至2017年底，检出患者5.48万人，检出率为4.4‰，为5万例严重精神障碍患者提供随访管理，管理率达91%，规范管理率为88%。完成天津市严重精神障碍信息系统建设。印发《关于做好2017年东丽区全国精神卫生综合管理试点工作的通知》，举办天津市精神卫生综合管理试点工作经验交流会。在东丽区开展“心理守门人”项目工作，通过信息化技术搭建了三级“守门人”工作平台，建立班主任、心理老师、心理指导中心专家三级“守门人”制度。

重点地方病防控 2017年天津市卫生计生委会同市水务局等14个部门联合印发《“十三五”期间天津市地方病防治规划》，对全市地方病防治总体目标、防治措施、保障措施、监督考核等提出明确要求。市政府召开地方病防治工作会议，对全市地方病防治工作进行全面部署。制定印发《关于进一步做好2017年天津市重点地方病防治工作的通知》。组织开展2017年天津市涉农区饮水型氟中毒改水进度和防治效果调查、水源性高碘（病）区地方病监测、饮水型地方性氟中毒哨点监测、水碘普查、居民食用盐碘含量监测、不加碘食盐暴露儿童碘营养水平监测、碘缺乏病监测等7项监测工作。联合市水务局核实全市涉农地区饮水型地方性氟中毒基础数据，初步建立改水数据共享机制，为推进市内涉农区改水除氟工作搭建了基础数据平台。联合市发展改革委等9部门共同开展2017年天津市防治碘缺乏病宣传月活动，召开天津市第2届食盐加碘与甲状腺疾病研讨会，录制补碘专家微视频，累计播放40余万次。组织召开碘盐与甲状腺疾病关系高层专家研讨会。建立市民碘营养摄入水平评估平台，参与市民达15万人次。

（以上各条撰稿：疾控处）

医疗联合体建设 2017年天津市政府办公厅印发《关于推进我市医疗联合体建设和发展的实施方案》，市内全部三级公立医院和基层医疗卫生机构均参与4种模式的医联体建设，提前完成国务院文件要求的“10月底前实现所有三级公立医院都要启动医联体建设工作”的目标。在城市中心区域，发挥区级政府的主导作用，联合辖区区级医院和社区卫生服务机构，组建区域医联体。由市属三级专科医院牵头与二、三级医院和基层医疗机构联合，组建跨区域专科联盟，完成胸痛、儿科、妇产科、代谢病、新生儿先心病、神经系统疾病等6个专科医联体建设。以市胸科医院为典型，在全市建成的23家胸痛中心，数量和密度位居全国第一，城市地区居民在5公里之内可以抵达胸痛中心。以促进区域医疗资源有效共享为目的，在区域医联体内，大医院建立检验检查、医学影像、消毒供应等中心，居民在社区完成相关检查，通过第三方物流和信息化网络传送到大医院，上级机构完成化验和诊断后，将结果信息化回传给社区，实现“基层检查、上级诊断”。

（基层卫生处）

家庭医生签约服务 2017年天津市政府办公厅印发《推进家庭医生签约服务实施方案》，在和平、河北、北辰等3区试点经验的基础上，自6月1日起在全市范围全面推开家庭医生签约服务。先后制定签约服务费、签约绩效考核、医保支持措施和双向转诊标准等4个支持性政策和家庭医生签约服务工作标准、家床服务规范等10个制度规范。在省市级层面率先落实120元家庭医生签约服务费并实现绩效外分配。建成家庭医生签约服务信息化系统，签约患者医保付费、社区诊疗和基本公共卫生服务系统信息联动，保障签约服务的真实性。制定全市家庭医生签约服务宣传方案，围绕“世界家庭医生日”启动家庭医生签约服务宣传月。统一制作家庭医生签约服务手册、制作家医视频等宣传材料，通过多种方式进行宣传，全方位营造社会氛围，提升居民知晓度和主动参与度。为签约居民提供基本医疗、基本公共卫生和个性化健康管理3大类服务和5个重点人群服务包，优先覆盖老年人等10类重点人群，重点突出预约、转诊、用药、医保报销比例等4方面差异化服务。全市共组建家庭医生团队2420个，截至年底完成签约人数396.6万，签约覆盖率为32.07%，重点人群覆盖率为80%，被《中国卫生杂志》列为2017年度推进医改、服务百姓健康"十大新举措"之一，为全国唯一以家庭医生签约服务工作受到表彰的省市。2支家庭医生团队获全国优秀家庭医生团队荣誉称号。

天津市开展家庭医生签约服务义诊宣传活动。

基层医生儿科技能培训　2016年11月至2017年12月，天津市卫生计生委实施基层医生儿科专业技能培训项目，共培训210名基层学员。由市全科医学教育培训中心组织实施，市儿科质控中心提供专家资源支持。项目分理论培训和临床实践两部分，其中理论培训72学时，儿科临床全脱产实践6个月。临床实践基地覆盖市区及涉农区20家三级医院，97名儿科专业副主任以上医师作为实践导师。理论培训采取集中授课、现场答疑、病例讨论等方式，重点对儿科常见病及多发病的病因、发病机制、临床表现、诊断及鉴别诊断、治疗与预防等基础知识进行了系统培训。临床实践技能培训突出基层诊疗的针对性和实践性，设立"四大版块"内容，将呼吸系统、循环系统、神经系统、消化系统的常见病和多发病纳入实习重点内容。

基本公共卫生服务均等化　2017年，天津市卫生计生委、市财政局制定《天津市2017年度基本公共卫生服务项目实施方案》，全市人均基本公共卫生服务经费标准达60元。在国家项目14类55项的基础上，增加天津地家庭医生签约服务方项目6类30项，共执行20类85项。在国家卫生计生委、财政部年度基本公共卫生服务项目绩效考核中天津总成绩为95.28分，排名全国第一。开展基本公共卫生服务宣传月活动和天津市基本公共卫生服务自评，进行《基本公共卫生服务项目（第3版）》规范培训与督导，制定基本公共卫生服务项目绩效考核方案。截至年底，全市居民健康档案累计建立1046万份，为143.5万老年人提供免费健康体检，社区管理高血压患者116万人，糖尿病患者42万人。

2017年度天津市基本公共卫生服务项目包括：建立居民健康档案、健康教育、预防接种、儿童健康管理、孕产妇健康管理、老年人健康管理、慢性病患者健康管理（包括高血压患者健康管理、2型糖尿病患者健康管理）、严重精神障碍患者管理、结核病患者健康管理、中医药健康管理、传染病疫情和突发公共卫生事件报告和处理、卫生计生监督协管、免费提供避孕药具、健康素养促进行动、家庭医生签约服务、残疾人精准康复服务、地方病防治、妇女儿童健康促进计划、适龄儿童窝沟封闭和大肠癌筛查。

新农合异地就医结算　天津市按照国家卫生计生委要求，积极树立为其他省份参合患者服务的意识，积极协调全市各大医院提供跨省就医联网结报服务。2017年2月，全市组织三级医疗机构赴北京签署城乡居民基本医疗保险（新农合）跨省就医联网结报服务框架协议，并按时完成与国家新农合信息平台互联互通。市卫生计生委成立领导小组和工作小组，负责异地就医结报工作的组织领导，统筹规划、综合协调、宏观管理等工作，并做好新农合跨省就医宣传推广工作。市卫生计生委基层卫生处负责全市新农合跨省就医组织管理工作，协调并督促辖区内定点医疗机构为其他省份患者提供跨省就医联网结报服务工作，协助其他省份开展医疗质量监管和医疗费用核查等工作。全市新农合异地结报定点机构共有38家。截至年底，全市已开展256例新农合异地就医结报服务，结报总金额为675.54万元，市卫生计生委通过"健康天津"官方微信，及时为各医疗机构首例新农合异地就医结报案例进行宣传，取得良好舆论效果。

（以上各条撰稿：基层卫生处）

妇女儿童免费惠民服务　2017年天津市卫生计生委深入落实市妇女儿童健康促进计划，持续实施20项政府惠民项目，全年高标准完成妇女儿童健康服务423万人次，超额完成300万人次/年的任务指标。其中免费发放《孕产妇保健手册》12.4万余册，《天津市儿童保健手册》14.9万余册；孕产妇孕前乙肝、梅毒筛查、叶酸检测、产前筛查、妊娠期甲状腺、糖尿病筛查等孕产期保健175万人次，新生儿甲状腺功能减低症、苯丙酮尿症、听力筛查，儿童先天性白内障、髋关节发育不良筛查、先天性心脏病筛查等儿童保健服务220.7万人次。各项疾病检出36.6万人次，救助严重致死致残性疾病儿童108人。通过实施"母婴安全""控制缺陷""妇儿健康"公共服务项目，强化孕前、孕中和产时、产后的保健服务，2017年孕产妇和婴儿死亡率分别为5.95/10万和3.57‰，实现连续12年分别控制在10/10万和6‰以下，指标位居全国前列，达到发达国家水平，出生缺陷发生率为11.28‰，实现低婴儿死亡率下的低出生缺陷发生。母婴安全得到保障，出生缺陷实现理想控制，妇女儿童得到精准的保健服务。（妇幼处）

医德医风建设　2017年天津市出台《关于进一步加强卫生计生行业作风建设，切实纠正行业不正之风的若干意见》等7个文件，明确严控药品耗材不合理使用等10项行风建设重点任务，把纠正行业不正之风纳入《党建责任书》和《行风建设责任书》，压实各级党委主体责任，强化行风整肃力度。下发《关于建立“创建无红包、回扣医院”承诺制度的通知》，在全市各级各类医院开展“创建无红包、回扣医院”活动，建立个人、科室、单位三级承诺制度，在官网公布“红包”投诉电话和网上举报邮箱，制定从严查处收受“红包”“回扣”等违纪问题4项措施，违者给予上限处罚。市卫生计生委领导班子全体成员分成9个督导组，对全行业67家单位的整肃行风工作进行督导。先后6次对二级以上公立医院整肃行风工作情况进行双随机式突击检查、重点抽查和交叉互查。开展全市医用耗材专项整治活动，集中治理当前医用耗材不合理应用的突出问题和重点环节，有效遏制和打击医用耗材领域的不正之风。组织市卫生计生委工作人员50余人，分两批对全市68家单位的407个科室进行暗访，现场询问618名医务人员。加大对群众举报投诉问题线索的督办力度。对《今晚报》等媒体报道的黑“120”等问题进行调查处理。（医政处）

天津市“中医中药中国行”活动　2017年《天津市“中医中药中国行——中医药健康文化推进行动”实施方案（2016—2020年）》印发。9月24日，在天津中医药大学第二附属医院新院召开天津市“中医中药中国行——中医药健康文化推进行动”启动仪式，以“贯彻落实中医药法、传播中医药健康文化、提升中医药健康素养”为主题，开展为期1个月的展览、科普宣传、义诊讲座等文化宣传和科普活动。当日该院实行全院义诊，所有门诊免挂号费；同时在医院举办了宣传中医药法及中医药历史文化展览。武清区中医医院开展非药物疗法和中药饮片展示活动，让群众更直观、更近距离了解中医药文化知识。市中医药研究院附属医院“津门医粹”博物馆展出明、清代时期的200余种中医药珍贵文物文献，深受群众欢迎。10月29日，天津中医药大学第一附属医院院史馆全面开放，同时向全社会征集志愿者；医院组织“天津市名中医”和“天津市人民满意的好医生、好护士”在内的200余名医、护、药人员参与义诊咨询，吸引了大批群众参与。活动期间全市共计举办义诊咨询39场次，参与义诊专家424人，举办中医药科普讲座30场、中医药普法讲座5场、发放科普宣传材料2万余份。活动期间全市共计举办义诊咨询39场次，参与义诊专家424人，举办中医药科普讲座30场、中医药普法讲座5场、发放科普宣传材料1.3万余份。同时以“传播中医药健康文化、提升民众健康素养”为主题，开展系列中医药健康文化和科普知识普及项目。组织开展中医药科普宣传人才培训，共163人参加培训会。开展中医药进校园活动，联合市教委下发活动实施方案，选定首批16家试点学校开展活动。

基层中医药服务能力提升工程“十三五”行动计划　为深入贯彻国家中医药管理局、国家卫生计生委、人力资源社会保障部、国家食品药品监管总局、中央军委后勤保障部联合制定的《基层中医药服务能力提升工程“十三五”行动计划》，天津市于2017年5月启动天津市“十三五”基层中医药服务能力提升行动计划，市卫生计生委、市人力社保局、市市场监管委印发《关于天津市基层中医药服务能力提升工程“十三五”行动计划实施意见》的通知，联合市人力社保局、市市场监管委召开天津市基层中医药服务能力提升工程“十三五”行动计划启动会议。会后，各区积极组织实施，进一步提升基层中医药服务能力，切实增强城乡居民对中医药的获得感和满意度。

（以上撰稿：中医处）

医学重点学科建设　《天津市“十三五”临床重点学科建设规划》印发，明确以居民健康需求的应用研究和应用基础研究为战略方向；以保障全民健康提供科技支撑作为战略定位；以提升科技能力、增强科技环境、完善科技管理为战略目标，启动新一周期天津市临床重点学科遴选工作。（科教处）

出台《天津市“十三五”卫生计生人才发展规划》　2017年天津市卫生计生委制定并印发《天津市“十三五”卫生计生人才发展规划》。《规划》提出指导思想是：（1）明确规定人才发展的基本原则并提出发展目标：到2020年卫生计生队伍基本满足需求。执业（助理）医师每千人口达到2.5人；注册护士每千人口达到3.14人；公共卫生人员每千人口达到0.83人；基层卫生人员每千人口达到3.5人，城乡每万常住人口有2~3名全科医生。卫生计生队伍结构合理。高层次人才梯队逐步建立。学术技术突出、引领作用明显的高层次人才梯队得到进一步发展壮大。基层人才队伍素质优化。临床技术人才能力提升。人才发展环境进一步改善。卫生计生人才发展的政策机制逐步得到完善，基本形成鼓励支持卫生计生人才干事创业的良好社会氛围。（2）提出的主要任务：①启动3项高端人才选拔工程："海河学者"支持工程；"津门英才"人才工程；"青年新锐"人才工程。②实施3项基层人才促进工程：全科医生培育工程骨干人才扶持工程；家庭医生服务团队建设工程。③开展5项专门人才提升工程：中医药人才传承发展工程；临床技术名医建设工程；紧缺人才开发补充工程；公共卫生人才培养工程；管理人才素质提升工程。（3）《规划》还提出完善人才平台支撑体系、完善人才引进支持措施、完善人才考核评价机制、完善人才激励保障制度等4项人才管理机制完善措施。（4）《规划》提出4项保障措施：坚持党管人才工作原则；建立人才工作目标责任考核机制；健全人才工作督导制度；建立人才监测评估制度。

卫生计生行业高层次人才选拔培养工程　2017年11月8日，天津市人才工作领导小组印发《天津市卫生计生行业高层次人才选拔培养工程实施意见》。该意见内容包括：（1）深入学习贯彻习近平新时代中国特色社会主义思想特别是关于人才工作的重要指示精神，认真落实中央和市委关于深化人才发展体制机制改革的总体要求，坚持党管人才原则，树立"全市卫生计生人才发展一盘棋"战略思想。基本原则是：坚持高端引领；坚持统筹兼顾；坚持创新机制。健全人才发展体制机制；坚持科学公正。（2）以2年为一个选拔周期、3年为一个培养周期，到2030年，基本形成一支数量规模适宜、结构分布合理、素质能力优良的卫生计生高层次人才队伍的工作目标。（3）对3类高端人才提出具体条件和选拔程序，特别明确专家评审和公示程序。（4）成立市卫生计生行业高层次人才选拔培养工程领导小组，负责对选拔培养工作进行统筹规划、宏观指导、综合协调、督促检查。领导小组由市委组织部、市教委、市财政局、市人力社保局、市卫生计生委等有关单位组成。领导小组办公室设在市卫生计生委，负责人才选拔、专家评审、人才培养、人员考核、经费划拨等具体组织实施工作。（5）市人才发展基金对人选培养工作给予专项资助，在为期3年的培养周期内给予"海河医学学者"人选120万元、"津门医学英才"人选60万元、"青年医学新锐"人选30万元的经费资助。（6）市人才领导小组11月8日就天津市卫生计生行业高层次人才选拔培养工程项目资金使用下发《管理办法》。

（以上撰稿：人事处）

健康城区村镇建设　（1）2017年天津市西青区和宝坻区周良街、静海区团泊镇获国家卫生区镇命名，实现天津市卫生创建8年"零的突破"；滨海新区高质量通过国家卫生区复审更名，取得天津市历年最好成绩，群众满意率达95%以上，支持率达99%以上。（2）市爱卫会按照全国爱卫会、全国爱卫办和市委市政府工作部署，加强政策研究，与高校智库合作，结合天津实际，印发《天津市开展健康城区建设实施方案》和健康城区健康村镇建设评价办法及指标体系，完成天津市全面开展国家卫生区创建的实施方案和市级评审办法。逐步完善高层引领、政府主导、爱卫会协调、部门分工负责、全民动员参与的工作机制，强化组织推动；将卫生创建、健康城市建设纳入绩效考核，加强工作督导。（3）健康城市试点建设稳步推进。在和平区开展国家级健康城市试点建设，在1区2镇15个村开展市级健康城市试点建设。滨海新区中新生态城健康城市模式得到国家督导组肯定；和平区国家级健康城市试点全面启动，制定完整的评估体系，正在打造亮点，形成区域特色。积极与北京市、河北省探讨京津冀健康城市建设一体化试点建设，构建一体化指标体系，联合举办京津冀健康城市建设高层论坛。借助三地政府参事室之力，加强交流与合作，推动京津冀健康城市试点建设协同发展。

农村户厕改造　2017年天津市农村户厕改造纳入市政府20项民心工程后，经征求市财政局及各区爱卫办、财政部门意见，下发《市爱卫会关于印发〈天津市农村户厕改造实施方案（2016—2020年）〉的通知》和《市爱卫办关于做好我市2017年20项民心工程农村户厕改造项目启动的通知》。3月中旬在宝坻区召开农村户厕改造民心工程现场部署推动会，推动各涉农区做好户厕改造项目启动工作，对每月工作进度情况进行督报，指导协调各区实际工作中存在的问题。5月下旬组织各区开展户厕改造技术培训。6月23日召开农村户厕改造暨2017年20项"民心工程"中期推动会。8月底至9月中旬，会同市政府督查室分别对武清区、宝坻区、宁河区、蓟州区和静海区改厕情况进行了督导推动。截至年底共完成24594座农村无害化户厕改造，超额完成714座，全市无害化卫生厕所普及率达96.38%。卫生户厕改造使广大农户受益，农民的生活条件和卫生习惯发生了巨大变化，肠道传染病和寄生虫病的发病率大大降低，得到农村群众好评。

（以上撰稿：爱卫处）

人口和计划生育数据及态势分析　（1）人口老龄化及人口负担问题引起关注。自2000年以来，天津市65岁以上老龄人口占总人口的比重呈上升趋势。到"十二五"中后期，老龄人口比重相对较高，2014年达到11.16%的高峰，此后，虽回落至10%以下，但总体仍表现为上升态势。通过人口总负担系数所表现出的人口负担问题也同样应引起关注。其中，2016年末,人口总负担系数较2015年末提高0.77个百分点，这预示着，在“十二五”末期的增速有所回落后，又出现新的抬头。（2）生育登记数量显著减少。全市改革生育服务管理，不断完善生育登记服务制度，进一步优化生育登记系统与生育保险系统对接程序，保障信息同步共享，努力做到让“信息多跑路、群众少跑腿”,大大提升服务管理效率。为研判计划生育形势，定期开展生育登记数据分析。据业务系统统计，2017年全市共生育登记9.7万余人，较上年减少2.68万人，减幅达21.59%，登记数量比上年显著减少。孩次登记情况也出现变化，与上年相比，一孩登记所占比重上升1.24个百分点，二孩比重下降1.74个百分点。

（基层指导处）

计划生育特殊家庭帮扶　2017年，天津市进一步完善计划生育家庭奖励扶助政策，建立双岗联系人制度、拓宽就医绿色通道、推动家庭医生签约服务全覆盖。建立沟通座谈机制，开展心理疏导，取得了一定的成效。细化失独家庭帮扶举措。实现对全市失独家庭的“中秋”“春节”慰问全覆盖、落实免费查体、家政服务、优先养老等扶助举措。全面建立计划生育特殊家庭联系人制度,实现特殊家庭“双岗”联系人全覆盖;拓宽就医绿色通道。下发《市卫生计生委关于拓宽计划生育特殊家庭就医绿色通道的通知》，60周岁以上失独老人在市6家三级医院享受优先挂号、优先就医、优先交费、优先检查、优先住院等政策，属于门诊特殊病范畴的不受年龄限制。同时，各区也对应建立区级就医绿色通道。推动计划生育特殊家庭在自愿前提下全部签约家庭责任医生；推广心理疏导成功经验。在全市11个区建立22个社区“暖心之家”，开展充满正能量的精神慰籍活动，累计200余场。实施“暖心保险”项目，为失独家庭发放住院护理补贴。建立失独家庭定期沟通座谈机制；市卫生计生委主要负责同志亲自接待失独群众代表，分管领导带队深入有关区与失独家庭代表座谈。

出生人口性别比综合治理　2017年天津市继续加大治理力度，着重从组织领导、考核评估、宣传教育、打击“两非”等方面入手，大力开展综合治理取得一定成效，2017年出生人口性别比为106.87，多年来首次降至正常范围内。市卫生计生委负责同志在党委会议上强调：“各级卫生计生部门要加大对有关医疗机构的管控力度，对违规进行性别鉴定的单位和个人从严从重进行处理。”举办出生人口性别比综合治理培训班，对各区及部分重点街镇进行培训。全市16个区卫生计生委，结合部门职能，明确责任，将治理工作责任逐项分解到部门及所属的基层单位；加大宣传力度。将“关爱女孩、性别平等”作为人口文化建设的重要内容，深入开展“圆梦女孩志愿行动”，印发《市卫生计生委关于开展2017年“圆梦女孩志愿行动”的通知》，全市共组织1847名志愿者，与2134名女孩建立帮扶关系。在全市组织开展市集中治理行动，全年共集中检查1387所医疗机构，进一步提高各医疗单位对打击“两非”工作的重视程度，对违法违规行为起到震慑作用。　（以上撰稿：家庭发展处）

创建流动人口健康促进示范企业和示范学校　为落实国家卫生计生委《流动人口健康教育和促进行动计划（2016—2020年）》，天津市卫生计生委印发《关于做好流动人口健康促进示范企业、学校和健康家庭建设活动的通知》，并将创建工作纳入各年度重点工作持续推动，取得成效。2017年9月，国家卫生计生委印发《关于2016—2017年流动人口健康促进场所和健康家庭建设活动开展情况的通报》，天津港航桩业有限公司、天津港集团有限公司，水上小学、大港新苑中学、塘沽第九中学被国家卫生计生委确定为全国第一批流动人口健康促进示范企业和示范学校，其中天津港航桩业有限公司、塘沽第九中学被评为全国优秀案例。2017年末市卫计委再次向国家卫生计生委遴选申报了4家示范企业和3所示范学校。

（流动人口管理处）

〔总撰稿：艾克林〕

〔特约编辑：杨洪利〕

〔主　编：王建国　副主编：王　浩〕

河　北　省

全省卫生和计划生育工作概述　2017年，河北省卫生计生系统紧紧抓住战略性机遇期，以推进健康河北建设为主线，以加快发展为第一要务，以改革创新为第一动力，以为民服务为第一责任，以抓落实为主旋律，勠力同心，攻坚克难，全省卫生计生事业取得新进展、新成效。

健康河北建设扎实推进。在全国率先成立健康河北领导小组，制定出台贯彻“健康中国2030”规划纲要的重点任务分工方案。省市县编制“十三五”卫生与健康专项规划192个，“1+4+X”“十三五”卫生与健康规划体系基本搭建。出台《河北省国民营养计划（2017—2030年）实施方案》，全省所有县（市、区）全部启动“三减三健”全民健康生活方式行动。健康城市、健康村镇建设试点扎实推进，辛集市、双滦区通过国家健康促进县（区）验收，黄骅市被命名为国家卫生城市，南和等4县被命名为国家级卫生县城。全年改造无害化卫生厕所近17万座。基本医保＋大病保险＋医疗救助“三重保障”实现农村贫困人口全覆盖，62个贫困县实现远程医疗服务。争取中央资金10.8亿元、医疗卫生服务体系项目41个。5个疑难病症诊治项目纳入国家储备项目库，中央预算内投资总额达7.5亿元。北戴河区入选首批国家健康旅游示范基地。

深化医改取得重大阶段性成效。全面推开公立医院综合改革，全面取消药品加成，同步实施配套改革，新旧运行机制实现平稳转换，医疗服务价格实现结构性调整。全省县级公立医院综合改革示范创建工作成效明显。馆陶县在国家考核中名列第一位。河北作为非试点省全国综合排名第6，获得国家1024万元奖励。唐山市、巨鹿县分别被纳入公立医院综合改革首批国家示范城市和第2批国家级示范县。11个设区市全部启动国家级分级诊疗试点。探索建立城市医疗集团、县域医共体、专科联盟、远程医疗协作网等医联体。出台《家庭医生签约服务包指导意见》，建档立卡贫困人口签约服务基本覆盖。县级以上及城市社区公立医疗机构在药品采购中全部实行“两票制”。出台《加强卫生计生综合监督行政执法工作实施意见》，五级综合监督网络初步形成。加强事中事后监管，双随机监督抽查管理相对人9330家，实现行政执法监管事项全覆盖。

京津冀协同发展深入推进。举办2017年京津冀医疗卫生协同发展论坛，中国医学科学院阜外医院等10所国家卫生计生委委属（管）医院分别同河北医科大学第二医院等12所河北省对口医院集中签署合作框架协议。环首都5市全部与北京签订合作协议，合作领域由整个京津冀向京冀保、通武廊、京东等局部地区延伸，合作范围从全面合作向口腔、老年健康服务等专业领域拓展。全省320家医院与京津医院开展合作，26家医疗机构与京津实现检验结果互认，45家实现医学影像检查资料共享。吸引北京专家1000余人到河北开展诊疗活动，服务群众7万多人次。三地联合启动医用耗材联合采购试点，卫生应急、疾病防控、妇幼保健、食品安全、综合监督、人才建设、中医药等领域合作日益广泛深入。推动委省对接，引导优质医疗卫生服务资源助力雄安新区规划建设。北戴河新区入选全国首批健康旅游示范基地。

医疗卫生服务持续改善。基本公共卫生服务项目扩展到14类55项。重大疾病防控力度进一步加大，艾滋病疫情保持低流行态势。全面实施预防接种异常反应保险补偿。推出进一步改善医疗服务10项措施。实施心脑血管疾病救治绿色工程和医疗惠民工程，2837名贫困患者享受费用减免209万元。加强临床重点专科建设，推进优质护理服务。“河北健康云”工程实施，省、市、县三级全民健康信息平台实现互联互通。组织无偿献血70.32万人次。有效应对人感染H7N9疫情，全力做好鼠疫等突发急性传染病防控工作。第一时间组织医疗专家，紧急驰援沧州氯气泄漏、张石高速公路车辆燃爆等多起突发事件处置，有效减少人员伤亡。食品安全风险监测工作深入推进，企业标准备案实现全程网上办理。基层卫生计生服务能力持续提升，10家基层医疗机构被授予“全国百强”。2022年冬奥会医疗卫生保障工作有序推进。

计生服务管理改革不断深化。积极稳妥实施全面两孩政策，全年出生人口98.9万，与上年同比增加6.9%，二孩出生占比为57%，人口发展保持平稳态势。推进计划生育“多证合一”改革，得到国家卫生计生委推广。在全国首创计生特殊家庭三级联系人帮扶制度，启动流动人口健康促进与教育动车组。保持打击“两非”高压态势，出生人口性别比稳步下降。积极探索“四结合一突出”医养结合工作模式，受到国家卫生计生委通报表扬。深度整合妇幼保健与计生技术服务机构资源，建立三级危重孕产妇、新生儿救治中心和覆盖全省的产前筛查、产前诊断网络。加强出生缺陷综合防治，启动实施唐氏综合征免费筛查项目，生育全程医疗保健服务得到优化。计生协工作取得新进展，2次在国家会议上作典型发言。

中医药强省建设步伐加快。在全国率先修订出台《河北省中医药条例》。启动中医药强县创建工作，实施基层中医药服务能力提升工程，新建国医堂150个。争取中央资金3.5亿元支持12所县级中医院改扩建。中医药健康信息平台与446家国医堂实现联网，进度居全国前列。与省旅游发展委签订中医药健康旅游战略合作协议。安国成功申报国家中医药健康旅游示范区。

各项工作统筹推进成效明显。深化“放管服”改革，行政许可事项由39项精简到25项，并全部实现网上办理；开展减证便民专项行动，清理相关证明事项20项；出台9项改革措施，医疗领域投资活力得到激发。医疗机构、医师护士电子化注册改革管理工作居全国领先水平。支持社会办医，中外合资合作医疗机构实现零突破。行政执法“三项制度”试点工作得到省政府法制办的充分肯定。加强宣传引导，打造“最美医生”品牌。推动卫生科技创新，获得省级科学技术进步奖数量保持行业之首。加强医教协同，住院医师规培、助理全科医生培养纳入医改考核。援外医疗工作受到受援国表彰。安全稳定百日攻坚行动持续加力，全系统形势稳定向好。认真履行管党治党主体责任，深入推进“两学一做”学习教育常态化制度化。深入学习宣传党的十九大精神，切实加强廉政教育，强力部署纠正“四风”作风纪律专项整治，保持反腐败高压态势。加强行风治理，深入开展大型医院巡查，强化项目监管、绩效评价和审计监督，畅通“阳光热线”、群众来信来电来访等监督渠道，全年受理群众咨询投诉599件，及时回应办理。与此同时，人事管理、财务管理、干部保健、提案建议承办、离退休干部等工作有力有序有效推进。

尽管全省卫生计生事业呈现科学发展、平稳推进的良好态势，但发展不平衡不充分的问题尚未有效解决，工作中还存在短板和不足。从健康形势看，由于疾病谱、生态环境、生活方式变化，面临着多重疾病威胁并存、多种健康影响因素交织的复杂局面；从发展模式看，重治疗、轻预防的工作格局仍未得到根本扭转，居民健康素养指标与全国先进水平差距明显，促进“以疾病为中心”向“以健康为中心”转变依然任重道远；从深化医改看，改革的系统性协同性联动性有待加强，一些体制机制性问题尚未有效破解；从资源供给看，医疗资源总量不足与结构性矛盾并存，优质医疗资源、高端医疗人才匮乏，城乡资源布局结构不尽合理；从工作现状看，人才短缺、基层能力薄弱等工作短板亟待补齐，疾病防控和综合监督体系建设有待提高，社会办医疗机构数量、质量、能力普遍不强，分级诊疗、医联体建设、现代医院管理制度等重点难点任务尚未取得突破性进展，等等。

全省卫生计生工作会议 2017年1月20日在石家庄召开。河北省长张庆伟作出批示，省卫生计生委党组书记、主任张绍廉作工作报告，委党组副书记、副主任徐春芳主持会议，委党组副书记、副主任梁占凯宣读省长批示。会议充分肯定2016年全省卫生计生工作取得的成绩，明确2017年总体思路和重点工作安排。张庆伟的批示指出：过去的一年，全省卫生计生系统广大干部职工认真贯彻落实党中央、国务院和省委、省政府的决策部署，攻坚破难推进医改工作，稳健实施全面两孩政策，大力推进中医药强省建设，扎实开展“健康河北”建设，有力服务和保障了经济社会发展。在此，向大家表示衷心的感谢和诚挚的慰问！向全省卫生计生工作会议的胜利召开表示热烈的祝贺！卫生与健康事关经济发展、社会和谐和国家前途，事关实现“两个百年”奋斗目标。希望大家牢记使命、不负重托，深入贯彻落实党的十八届六中全会精神和省第九次党代会精神，以新时期卫生与健康工作方针为指引，全面深入推进医改工作，不断提升卫生服务保障能力，广泛开展健康促进和健康教育，提质提速中医药发展，加快建设“健康河北”，努力为建设经济强省、美丽河北作出新贡献。

深化机关作风整顿大会 2017年2月16日召开。省卫生计生委党组书记、主任张绍廉出席会议并讲话，委党组副书记、副主任徐春芳主持会议。会议要求：（1）委机关和各级领导班子要在学好用好系列重要讲话、牢固树立新发展理念、敢于和善于担当作为、进一步提高行政效能、支持和服务基层、争创一流业绩上带好头。（2）聚焦重点任务、增比进位、末端落实，将深化机关作风整顿与国家卫生计生委“工作落实年”要求紧密结合起来，破解瓶颈难题、推动改革发展、增进人民福祉。（3）加强领导，强化措施，把作风整顿作为“一把手工程”，坚持领导带头，周密组织推动，搞好统筹结合，营造舆论氛围，确保深化机关作风整顿工作有序推进。

落实党风廉政建设“两个责任”暨行风建设视频会议 2017年3月24日召开。会上并举行《党风廉政建设责任书》签字仪式。省卫生计生委党组书记、主任张绍廉出席会议并讲话，委党组副书记、副主任徐春芳主持会议，委党组副书记、副主任齐贵新传达省纪委九届二次全会精神，委党组成员、驻委纪检组长郭亚敏作工作报告。会议要求，严格为民服务标准，全面推动卫生计生行风建设任务落实。进一步盯紧群众需求，行使行业监管职能，整肃行业纪律，整改群众反映强烈的突出问题，切实维护好群众正当权益，以健全工作机构、规范服务行为、规范医疗收费、查纠不正之风等工作新成效，推动卫生计生事业新发展。

签订《京津冀精神卫生和口腔公共卫生服务合作协议》 2017年4月22日，河北省卫生计生委与北京市、天津市两市卫生计生委在北京签订该协议。国家卫生计生委疾控局副局长王斌，省卫生计生委党组成员、省中医药管理局局长姜建明，北京、天津市卫生计生委主管领导出席。王斌希望三地通过协同发展更好地促进区域整体服务深入开展，不断提高合作水平；同时就《关于加强心理健康服务的指导意见》重点内容作专题报告，对做好心理健康服务工作提出要求。

签订《京冀廊医疗卫生协同发展框架协议》 2017年5月4日协议签订仪式在河北廊坊举行，北京市卫生计生委党委书记、主任、北京市医管局党委书记方来英，河北省卫生计生委党组书记、主任张绍廉，廊坊市委副书记、市长陈平，副市长张春燕，北京市医管局副局长刘建民，河北省卫生计生委副主任江建明出席活动。根据协议，京廊两地将建立长期、稳定、全面的医疗卫生合作，实现两地医疗卫生事业共同发展。合作内容包括：（1）启动2个医疗服务项目：支持廊坊市中心医院建设；由廊坊市政府规划医疗用地，建设一所高水平的、有特色的、创新型的医院。抓好3个公共卫生项目：首都儿研所与廊坊市合作共建“儿童发展中心”项目；北京佑安医院与廊坊市合作共建“廊坊市重大传染病防治中心（研究中心）”项目；北京回龙观医院与廊坊合作共建“廊坊市精神卫生中心”项目。

签订《关于推进中医药健康旅游发展的合作框架协议》　2017年5月18日，省卫生计生委、省旅游发展委、省中医药管理局在廊坊国际经济贸易洽谈会上共同签署该协议。省卫生计生委巡视员王宝山出席签约仪式。协议内容是：（1）河北将鼓励具有相应资质的中医医疗机构在景区、度假区等具备条件的场所提供中医药健康服务项目。（2）依托中医药文化传播机构、中药材种植园等资源，发展中医药人文旅游、产业旅游、体验旅游、生态旅游、科普旅游。（3）打造一批中医药健康旅游示范基地，以点带面，开发中医药健康旅游路线。（4）探索“互联网＋健康＋旅游”模式，拓展媒体传播途径，大力宣传中医药健康旅游品牌。

河北省健康城镇建设试点暨京津冀健康城镇建设工作座谈会　2017年5月19日，由省卫生计生委、省爱卫办在迁安市召开。委党组成员、省中医药管理局局长姜建明出席会议并讲话。京津冀三地卫生计生委、爱卫办共同签署《京津冀健康城市联盟—迁安共识》；北京市西城区、天津市和平区、河北省迁安市爱卫办签署《京津冀三地共建基于京津冀一体化的健康城市范区战略合作框架协议》。

全省计划生育工作电视电话会议　2017年5月23日在石家庄召开。省委常委、副书记李干杰出席会议并讲话，副省长徐建培主持会议，省政协副主席卢晓光宣读2016年度计划生育责任目标奖通报，省卫生计生委党组书记、主任张绍廉作工作报告。石家庄、邢台、承德等3市作典型发言。会议要求要深入实施全面两孩政策；提升计生家庭发展能力；夯实计生工作基层基础；优化流动人口计生服务；大力推进健康河北建设。

国务院医改办专项督查河北医改工作　2017年5月24—25日，国家人力资源社会保障部副部长游均带领国务院医改办第4督查组到河北专项督查医改工作。副省长徐建培出席省级汇报会并讲话。省卫生计生委党组书记、主任张绍廉，省人力资源社会保障厅厅长王亮，省卫生计生委副主任、省医改办主任段云波，省人力资源社会保障厅副厅长、省医保局局长苑鸿志陪同督查。督查组先后到石家庄市中医院、市医保中心和新乐市中医院，馆陶县医院、邯郸市罗城头社区马晓云健康小屋、邯郸市第一医院，重点督查调研组织实施、区域卫生规划、公立医院综合改革、分级诊疗、人事薪酬、药品供应保障、医保保障制度建设等医改重点难点问题。督查组充分肯定河北医改工作措施扎实、成效显著，人民群众在医改中得到真正实惠，医疗卫生事业得到健康发展。

河北省精神卫生专科联盟成立　该联盟于2017年6月6日成立，省内75家、省外2家医疗机构加盟。国家卫生计生委疾控局副局长王斌，省卫生计生委党组书记、主任张绍廉，省卫生计生委党组成员、省中医药管理局局长姜建明出席成立大会。联盟将建立责任分担和利益共享机制，在医院管理、业务开展、公共卫生等领域开展全面合作；探索在各成员单位之间建立分工合作机制，实现危急重症精神障碍患者二、三级医院首诊，慢性精神障碍患者基层维持治疗；促进联盟建设与预防、保健相衔接，方便群众就近就医，减轻疾病负担，防止因病致贫返贫，增强群众获得感。

启动全省免费唐氏筛查项目　2017年6月15日，河北省卫生计生委、省财政厅、省妇儿工委办公室联合召开全省免费唐氏筛查项目启动电视电话会议。省卫生计生委副主任尹爱东详细解读全省免费唐氏筛查项目工作方案，安排部署具体免费唐氏筛查工作；省卫生计生委副主任段云波主持会议，省财政厅、省妇儿工委办公室有关领导出席会议并讲话。

河北省首届无偿献血奖励大会　2017年6月19日在石家庄召开。副省长、省无偿献血工作领导小组组长徐建培出席会议并讲话，省政府副秘书长李璞主持会议，省卫生计生委党组书记、主任张绍廉，省卫生计生委副主任江建明出席会议并颁奖。会议对2014—2015年在全省无偿献血工作中做出突出贡献的39个县（市、区）、42个单位以及104178名个人予以奖励，并对下一步无偿献血工作作出安排部署。

党组书记讲党课暨“两学一做”先进典型展演活动 2017年6月22日举办。省卫生计生委党组书记、主任张绍廉以《不忘初心，忠于职守，努力做人民群众健康的忠诚卫士》为题讲党课，委党组副书记、副主任徐春芳主持，省委省直机关工委副书记张丽平受邀出席。委直机关800名党员听课并观看以河北省“最美医生”、迁安市中医医院医生韩文宝为原型创作的现代评剧《百姓医生》。

河北省“三减三健”全民健康生活方式行动第二阶段启动仪式 2017年6月23日，由省卫生计生委、省体育局、省总工会、团省委、省妇联主办，省疾控中心、石家庄市卫生计生委承办的该行动启动仪式在石家庄举行，活动主题为“三减三健迈向健康”。省卫生计生委党组书记、主任张绍廉宣布行动启动，省卫生计生委党组成员、省中医药管理局局长姜建明讲话。5部门发出8条倡议：（1）树立健康意识，“我的健康我做主”；（2）学习和传播科学的健康理念与知识；（3）从我做起，减盐、减油、减糖，力争实现健康口腔、健康体重、健康骨骼；（4）推荐膳食指南，少盐少油少糖，控烟限酒，健康体重；（5）注意口腔卫生，定期检查，健康口腔；（6）吃动平衡，贵在坚持，适宜运动，健康骨骼；（7）自我调节，良好心态，静心处事，诚心待人；（8）积极参与9月1日“全民健康生活方式日”活动。

国家第一督查组在河北实地督查 2017年6月25—28日，以国家卫生计生副主任马晓伟为组长的国家第一督查组在河北开展实地督查。先后在邯郸、石家庄市深入城市公立医院、民营医院、乡镇卫生院和村卫生室等医疗卫生机构，通过核查资料、随机走访干部群众等方式，全面了解工作开展情况，并召开座谈会，听取基层意见建议。6月28日在石家庄召开省级实地督查座谈会。马晓伟讲话，副省长徐建培出席会议并致辞，省卫生计生委党组书记、主任张绍廉主持会议并作工作汇报。马晓伟指出，河北正处于重大发展机遇期，要认真梳理研究，认清自身短板和发展目标，列出详细清单，采取有力措施，吸引优质资源从京津向河北释放。在分级诊疗方面，要以学科建设为抓手，推动区域分开；以县医院建设为抓手，推动城乡分开；以病种为抓手，推动上下分开；以支付方式改革为抓手，推动急慢分开，从而促使医疗资源更好地加以分配，各级医疗机构充分发挥作用。

“爱心传递·防治出生缺陷”公益行项目走进河北 2017年6月28日在石家庄市启动。原全国人大常委会副委员长、中国出生缺陷干预救助基金会理事长蒋正华，国家卫生计生委副主任马晓伟，河北省副省长徐建培出席启动仪式并讲话。国家卫生计生委妇幼司司长秦耕向省卫生计生委主任张绍廉递交公益行旗帜，王茂林顾问代表基金会向河北省捐赠1843万遗传代谢病及先天性结构畸形筛查救助项目资金，徐建培副省长回赠新生儿脚印卷轴。省卫生计生委领导张绍廉、齐贵新、尹爱东、王宝山代表省卫生计生委分别接受基金会向河北省捐赠1000万元出生缺陷防治专项经费和公益物资。

2017年度京津冀滇医改汇报座谈会 2017年7月6日在石家庄召开，国家卫生计生委副主任曾益新出席会议。省长许勤会见曾益新一行并介绍河北相关工作情况；副省长徐建培出席座谈会并致辞。会议要求2017年医改工作要着力抓好医联体建设、家庭医生签约服务、支付方式改革、两保合一、全面取消药品加成、药品购销“两票制”、高值医用耗材采购、医疗机构绩效考核、医药卫生信息化建设等“十件大事”。

京津冀精神卫生防治联盟暨防治协作中心成立 2017年7月12日，由首都医科大学附属北京安定医院、天津市安定医院和河北省精神卫生中心共同牵头成立的京津冀精神卫生防治联盟暨防治协作中心在保定挂牌成立。中心将重点开展以下工作：（1）加强京津冀精神卫生发展智库建设；（2）加强精神卫生优势学科和高层次人才合作与交流；（3）加强精神卫生防治技术的基础与临床研究，推动精神卫生防治科技成果转化和适宜技术推广应用；（4）加强区域严重精神障碍筛查与报告联动，探索常住人口防治新举措；（5）逐步推进常见精神障碍防治工作，研究筛查、干预与康复管理服务新途径，探索精神健康管理新模式；（6）积极开展心理健康促进工作，探索研究心理卫生服务管理机制，促进行业规范化管理；（7）健全区域精神卫生监测网络，共享防治工作信息。

京津冀健康城市建设暨纪念爱国卫生运动65周年峰会 2017年8月3—4日在北京召开，由京津冀三地爱卫会、卫生计生委共同主办。国家卫生计生委副主任、国家中医药管理局局长、全国爱卫办主任王国强出席会议并致辞，省卫生计生委党组副书记、副主任徐春芳在会上发言。

全省深化医药卫生体制改革领导小组会议 2017年8月7日在石家庄召开。省长、省深化医药卫生体制改革领导小组组长许勤主持会议并讲话，副省长徐建培、省政府秘书长朱浩文出席会议。会议提出要求：（1）着眼解决突出问题，抓重点、抓关键，形成医药卫生领域正确的政策导向，充分调动医院、医务工作者、医药企业各方面积极性。（2）破除“以药养医”，实行药品零差率销售，合理调整医疗服务价格，体现医务工作者服务价值。（3）坚持防治结合、联防联控、群防群控，把以治病为中心转变为以人民健康为中心。（4）构建分级诊疗新秩序，推动医疗卫生重心下移、资源下沉，形成基层首诊、双向转诊、急慢分治、上下联动的分级诊疗模式。（5）加快医联体建设，建立权责一致的引导机制，使医联体成为服务、责任、利益、管理共同体。（6）用好京津冀协同发展优势，深化医药卫生领域合作，推进三地药品、医用耗材集中采购，提升河北省优质医疗资源供给能力。（7）扎实推进城市公立医院综合改革，做好配套政策制定和信息系统保障，确保改革按照时间节点在全省全面启动。

健康中国行——健康河北全民健康生活方式大型主题宣传活动 2017年8月8日启动仪式在邯郸举办，活动由国家卫生计生委主办，河北省卫生计生委、邯郸市政府承办。国家卫生计生委宣传司副司长李浓，省卫生计生委党组书记、主任张绍廉，邯郸市副市长徐付军出席启动仪式并讲话，省卫生计生委党组副书记、副主任徐春芳，省体育局、省中医药管理局及邯郸市委、市政府相关领导出席活动。河北在全省范围内集中开展“合理膳食好营养、三减三健享健康”为主题的系列宣传活动，大力倡导合理膳食、营养均衡等健康生活方式。

省深化医药卫生体制改革工作电视电话会议 2017年8月16日召开。省长、省深化医药卫生体制改革领导小组组长许勤出席会议并讲话，副省长徐建培主持会议，省政府秘书长朱浩文出席会议，省卫生计生委主任、省医改办主任张绍廉通报2016年度医改工作考核结果。会议要求：（1）突出抓好医疗卫生制度建设，努力在分级诊疗、现代医院管理、全民医疗保障、药品供应保障、综合监管等5项制度建设上取得突破，补齐关键短板，把“立柱架梁”工作做扎实。（2）全面推开公立医院综合改革，精心做好前期筹备，统筹推进后续配套，确保全省城市公立医院如期同时启动药品零差率销售，全部取消药品加成。（3）推动医改关键领域取得新进展。全面推进医联体建设，扎实推进家庭医生签约服务，加强医药卫生信息化建设，大力开展健康扶贫，加快推进医保支付方式改革，年底前各设区市实施按病种收费的病种数不少于100个。（4）以“钉钉子”精神狠抓任务落实，各地党委、政府主要负责同志要亲力亲为抓医改，严格督导考核，确保各项政策措施落地。

京冀保医疗卫生协同发展推进会暨合作框架协议签约仪式 2017年8月25日在保定举行。北京市卫生计生委党委书记方来英，河北省卫生计生委党组书记、主任张绍廉，保定市市长郭建英签署协议。三方将建立长期、稳定、全面的医疗卫生战略合作关系，充分发挥北京市医疗卫生资源优势，快速提升保定市医疗卫生服务总体水平，实现医疗卫生事业协同发展。北京世纪坛医院与保定市第一中心医院、清华长庚医院与保定市第二中心医院、北京市儿童医院与保定市儿童医院、北京市口腔医院与保定市口腔医院、北京市佑安医院与保定市传染病医院签订技术合作协议书。

全面推开公立医院综合改革 2017年8月26日零时，河北省石家庄、承德、秦皇岛、廊坊、保定等5个设区市所有公立医院同时启动药品零差率销售，全部取消药品加成（中药饮片除外），同步实施配套改革措施，河北省全面推开公立医院综合改革实现全覆盖。监测数据显示，改革总体运行平稳有序，呈现“两稳、一降、一升”良好态势：与上年同期相比，门急诊人次和住院人数稳定，普通门诊就诊比例上升12个百分点，主任医师就诊比例下降7个百分点，群众就医秩序更加合理；城市公立医院药占比降至36.49%，同比下降7.63个百分点；体现医务人员技术劳务价值的医疗服务性收入（手术、治疗、诊察、手术）显著提升，增幅达55%。医务人员工资总体略有提升，各项监测指标基本符合预期，社会各界反响良好。

2017年8月，河北省举办全面推开公立医院综合改革启动仪式。

“服务百姓 健康行动”全国大型义诊活动 2017年9月9日，该活动及中医中药中国行——中医药健康文化推进行动河北启动仪式在保定市涞源县滨湖广场举行。国家卫生计生委副主任、国家中医药管理局局长王国强，河北省副省长徐建培出席活动并讲话；国家卫生计生委疾控局监察专员常继乐，国家中医药管理局规划财务司司长苏钢强，省政府副秘书长李璞，省卫生计生委副主任齐贵新、江建明，省中医药管理局局长姜建明，“国医大师”李佃贵及保定市、涞源县有关领导出席启动仪式。北京大学第一医院和中国中医科学院西苑医院12位专家组成的国家医疗队与河北省、市、县级医院的70余名中、西医临床专家、教授共同为当地群众义诊、查体和健康宣教，共义诊群众6000余人次，发放宣传材料5000余份。

第4届冀港澳台中华传统医药文化发展大会　2017年9月22日在石家庄开幕，由中国农工民主党河北省委员会、省卫生计生委、省中医药管理局、省台湾同胞联谊会、河北海外联谊会、省黄埔军校同学会、省政协港澳台侨和外事委员会联合主办。农工民主党中央专职副主席何维，河北省政协副主席许宁，国家中医药管理局国际合作司司长王笑频出席开幕式并致辞。省卫生计生委党组成员、省中医药管理局局长姜建明主持开幕式。“国医大师”李佃贵，港澳台代表台湾络病学会理事长黄淑珍出席会议并发言。

2017京津冀医疗卫生协同发展论坛　2017年9月28日在石家庄举行。河北省政协副主席、党组成员许宁致辞，河北省卫生计生委党组书记、主任张绍廉主持开幕式；国家卫生计生委规划与信息司司长侯岩、国家卫生计生委医政医管局局长张宗久、国家发展改革委地区经济司副巡视员李胜群、北京市卫生计生委主任雷海潮、天津市卫生计生委副主任韩晓芬、山东省卫生计生委主任袭燕、辽宁省卫生计生委副主任董德刚、河北省卫生计生委副主任梁占凯分别作主旨演讲。中国医学科学院阜外医院等10所国家卫生计生委委属（管）医院分别同河北医科大学第二医院等12所河北省对口医院集中签署合作框架协议。

十九大精神宣讲报告会　2017年11月14日，省卫生计生委召开党的十九大精神宣讲报告会，委党组书记、主任张绍廉为委机关、省中医药管理局、省计生协全体党员干部和委直属单位领导班子成员上党课。张绍廉要求，全委各级党组织要把学习好、宣传好、贯彻好、落实好党的十九大精神作为当前和今后一个时期最重要的政治任务，迅速兴起学习宣传贯彻热潮，切实用习近平新时代中国特色社会主义思想统一广大党员干部职工的思想和行动，把力量凝聚到实现党的十九大确定的各项任务上来。

与腾讯公司签署战略合作协议　2017年11月23日，雄安新区管委会和省卫生计生委、省中医药管理局、河北医科大学在石家庄分别与腾讯公司签署战略合作协议，全面深入开展金融科技和医疗领域合作。根据协议，河北将与腾讯公司在中医药领域共享资源，创新发展“互联网＋医疗服务”模式。

全面从严治党警示教育大会　2017年12月7日，省卫生计生委召开全面从严治党警示教育大会。委党组副书记、副主任梁占凯主持会议，通报《十八大以来中央和河北省纪律检查机关执纪情况及国家卫生计生委王羽受贿案的警示》，并受委党组书记、主任张绍廉委托讲话，委党组成员、驻委纪检组组长郭亚敏出席会议并讲话。会议要求，省直系统各级党组织要坚决落实新时代全面从严治党新要求，树立主体责任意识，强化“一把手”担当，加强“微腐败”治理，实施追责问责，抓早抓小，防微杜渐，全面落实从严治党“两个责任”。

省、市、县三级全民健康信息平台互联互通　2017年12月12日，国家卫生计生委召开全民健康信息平台互联互通暨健康医疗大数据试点工作推进会，通报包括河北省在内的全国19个省实现省、市、县三级全民健康信息平台互联互通。河北省11个设区市和两个省直管县平台全部建成并与省平台实现互联，168个县（区）级平台建设完成，省市县三级平台联通覆盖率达到100%，已建立覆盖全省7000多万人口的基础电子健康档案数据库，完成国家要求的目标任务。

健康扶贫冬季暖心服务活动　2017年12月22日，河北省卫生计生委召开视频会议启动该活动并安排部署健康扶贫重点工作。委党组副书记、副主任梁占凯出席会议并讲话。会议要求：（1）充分利用农闲和外出务工人员春节集中返乡有利时机，组织动员县、乡、村三级医疗卫生服务人员走村入户，以因病致贫返贫贫困户和患有大病、慢性病贫困人口为重点，逐户、逐人宣传贯彻健康扶贫政策，集中开展分类救治和家庭医生签约服务。（2）全力落实大病集中救治任务、家庭医生签约服务政策、兜底保障措施、贫困人口县域内住院“先诊疗后付费”政策和对口帮扶工作要求，尽快规范健康扶贫数据信息管理，大力开展健康教育、宣传健康扶贫政策，扎实推进医联体、医共体、专科联盟建设，切实加强作风建设。

《河北省残疾人家庭医生签约服务实施方案》印发　2017年12月25日，河北省卫生计生委、省残联印发该实施方案，提出到2018年年底，实现有康复需求的残疾人家庭医生签约服务覆盖率达到80%以上，残疾儿童、有康复需求的重度残疾人、精神残疾人、一户多残家庭的残疾人及建档立卡贫困残疾家庭等5类残疾人“应签尽签”。

“四个意识”专题教育　制发《河北省卫生计生委“四个意识”专题教育实施方案》，组织学习《习近平总书记关于河北工作重要指示摘编》、“7・26”讲话等重要讲话精神，强化理论武装。组织委直属机关各级党组织开展增强“四个意识”专题组织生活会。《省直工委综合简报》分别以《省卫生计生委突出“五个结合”抓专题教育》和《省卫计委依托网络平台打造党员教育“指尖上的课堂”》为题，刊发经验做法。

推进“十三五”专项规划　截至2017年底，河北省省、市、县三级卫生计生行政部门围绕贯彻落实“健康中国2030”、推进卫生与健康事业、建立完善医疗卫生服务体系、推进京津冀医疗卫生协同发展、发展“大健康新医疗”产业等，共计编制“十三五”卫生与健康专项规划192个，形成具有河北特点的“1+4+X”规划体系。

服务体系建设　2017年河北省申报国家疑难病症诊治能力提升工程项目，遴选省人民医院、河北医科大学第二、三、四院和河北省胸科医院等5个单位，每个项目中央投资约1.5亿元。争取2017、2018年度中央预算内投资23亿元，支持全省81个医疗卫生服务体系项目建设。河北省人民医院心脑血管病房综合楼项目、河北医科大学第四医院医疗综合楼（河北省癌症中心主楼）项目、河北省疾病预防控制中心新建实验楼等重大项目稳步推进。全省818个“7・19”特大洪灾受损重建项目比计划提前10天完成。

人口健康信息化建设　“河北健康云”项目进展顺利，实现全省基层医疗卫生机构公共卫生管理与医疗管理的协同共享和动态管理，形成全省乡村一体化、统一全覆盖、实时动态更新、互联互通共享的基层卫生工作格局。省级双活数据中心建成并投入使用，基层医疗卫生机构管理信息系统在省级云平台部署完成。省、市、县三级全民健康信息平台实现互联互通。居民健康卡推广应用工作持续推进。全力保障省级双活数据中心和省市县三级公共卫生专网运行，被河北省网信办评为“十九大期间网络安全工作先进单位”。

卫生计生资金投入增加　2017年河北省省级以上共计投入卫生计生专项资金67.32亿元，较2012年增加28.89亿元，年均增幅为18.43%。其中，争取中央财政专项资金47.67亿元，较2016年增长7.28%，位居全国第6位，高于全国增幅1.4个百分点。全年总费用达到2019.45亿元，较2012年增加770亿元，年均增幅达10.1%。政府卫生支出占比28.60%，较2012年的29.51%虽略有下降，但政府卫生支出占全省财政支出的比重从2012年的9.03%上升到9.5%。

药品生产流通使用全流程改革　2017年河北省医改办、卫生计生委、食药监局等10部门联合印发《河北省公立医疗机构药品采购推行“两票制”实施方案（试行）》。11月1日起，全省县级以上（含县级）及城市社区公立医疗机构在药品采购中全部实行“两票制”。制发《关于进一步改革完善药品生产流通使用政策的实施意见》，推进药品生产流通使用全流程改革，在加强药品准入管理和一致性评价、推进药品上市许可、强化药品购销管理、严厉打击药品流通领域违法违规行为等4个方面实现突破。

价格改革全面实施　出台《河北省城市公立医院医疗服务价格改革方案》及相关文件，合理确定医疗服务价格调整补偿90%、同级财政补偿5%、医院自身消化5%，理顺医疗服务比价关系，完善补偿机制。扎实推进按病种收费，全省11个市的按病种收费病种数均达到100个以上，驻石家庄省管医疗机构按病种收费病种101个。选择唐山、邯郸两市探索开展DRGs付费改革，并纳入国家第2批试点。

分级诊疗模式初步建立　2017年河北省新增3个国家分级诊疗试点城市，实现国家级试点城市全覆盖。重点推广乳腺癌、甲状腺癌、慢性阻塞性肺疾病、冠状动脉粥样硬化性心脏病、脑血管疾病等分级诊疗技术方案，儿科、妇科、产科等部分专科常见病种入出院参考标准和转诊指导原则，双向转诊机制初步建立。2017年，全省基层医疗机构共上转患者12.1万人次，二级以上医疗机构下转患者4.59万人次，与上年相比分别增长7.1%和11.87%。

医联体建设　2017年河北省政府办公厅印发《关于推进医疗联合体建设和发展的实施意见》，省卫生计生委、省中医药管理局印发《关于进一步加强医联体建设工作的通知》，初步构建医联体建设的政策制度框架。遴选唐山、邯郸和邢台等3个市以及石家庄赞皇、承德隆化等11个县，开展省级医疗集团和县域医共体建设试点。各设区市选取1个城区和1个县（市、区）

开展市级试点工作。全省共建立各种模式医联体168个，其中医疗集团62个，县域医共体55个，专科联盟35个，远程医疗协作网16个。全省所有的三级医院、77%的二级医院、49%的一级机构和16%的社会办医疗机构参与医联体建设。62个贫困县和雄安新区县级医院全部纳入医联体建设。

实施健康扶贫工程 2017年河北省全面实施农村建档立卡贫困人口县域内住院先诊疗后付费和“一站式”结算服务，全省有20余万贫困患者在1926家定点医疗机构受益；分批集中救治核准罹患7种大病的12827名农村贫困患者，救治率达95.9%；着力推进贫困人口家庭医生签约服务，全省共签约1836195人，签约率为99%，基本实现贫困人口签约服务全覆盖、慢病贫困人口“应签尽签”目标；加大37所三级医院对口帮扶62个贫困县82家县级医院力度，重点调整10个深度贫困县帮扶力量，提升贫困县县级医院诊疗水平；开展基层医疗卫生人才培训和适宜技术推广，加强公共卫生服务保障、改水改厕工程和健康教育，基层医疗卫生服务能力和贫困人口健康防病素养进一步提升。

疾病防控体系和卫生应急能力建设 2017年河北省卫生计生委、省编办、省财政厅制发疾病预防控制中心机构编制标准，省级疾病预防控制机构的人员编制按照不高于0.1/万的比例核定，设区市级和县级疾病预防控制中心的人员编制分别按照0.3/万、1.35/万的比例核定。国家卫生应急移动医疗处置中心项目和突发急性传染病防控队伍建设项目进入实质建设阶段。调整充实13支省级医疗卫生救援队，培训人员近2700人次。卫生应急技能竞赛取得成功，河北在全国大赛上荣获团体三等奖及优秀组织奖，5人分获个人二、三等奖。

预防接种管理 国家免疫规划疫苗接种率保持在90%以上。积极协调应对脊灰灭活疫苗短缺问题，做好不合格百白破疫苗处置工作，出台接种服务费收费标准。印发《河北省预防接种异常反应保险补偿实施细则》，全面实施预防接种异常反应保险补偿，初步建立“基础保险”加“补充保险”多层次保险补偿机制。

传染病防控 2017年河北省报告法定传染病29.02万例，报告发病率为388.48/10万，全省传染病疫情总体平稳。疫苗针对性传染病报告发病率继续维持在较低水平。省政府印发艾滋病、结核病“十三五”专项防治规划；全省累计报告现存活艾滋病感染者/病例9397例，估计全人群感染率为0.014%；报告肺结核病例30328例，管理率为98.1%。手足口病报告病例数较2016年下降25.73%，出血热疫情控制在低流行水平，保持疟疾无本地感染状态。

慢性病防治和精神卫生工作 2017年石家庄市长安区通过国家慢性病综合防控示范区复审，石家庄市新华区、邢台市内丘县被命名为国家慢性病综合防控示范区。全省所有县（市、区）全部启动“三减三健”全民健康生活方式行动。省卫生计生委、省综治办等22个部门联合印发《关于加强心理健康服务的实施意见》，推进社会心理服务体系建设，倡导心理健康理念。在全省开展严重精神障碍患者集中筛查行动，截至2017年底，全省在册管理严重精神障碍患者31.02万人，报告患病率为4.18‰，管理率达90.3%。

健康危险因素监测与干预 2017年河北省在全省开展农村饮水安全隐患排查专项整治行动，建立农村饮水卫生安全监测长效机制。生活饮用水水质卫生监测范围覆盖所有地市和县并扩展至85%的乡镇，空气污染对健康影响监测范围扩增到11个监测点。全省碘缺乏病监测范围覆盖全省三分之二的县（市、区），继续保持消除碘缺乏病状态。

突发事件应急处置 2017年河北省积极应对人感染H7N9、鼠疫等突发急性传染病疫情，防止疫情扩散蔓延；科学防范埃博拉出血热、中东呼吸综合征和寨卡病毒病等疫情输入。及时有效开展张石高速车辆燃爆事故等医疗卫生救援工作；完成全国“两会”等重大活动及节假日医疗卫生保障任务。受国家委派走出国门，完成援非抗疫、尼泊尔地震医疗救援等卫生应急任务。

爱国卫生工作 2017年河北省大力开展卫生创建工作，黄骅市被命名为国家卫生城市，南和、宽城、平泉、滦南等4县被命名为国家卫生县城，迁安市通过国家卫生城市复审。鸡泽、海兴、高邑、献县、威县等5县被命名为河北省卫生县城。张家口市被命名为河北省卫生城市。实施美丽乡村建设无害化卫生厕所改造专项行动，全年改厕23.3万座。

妇幼机构建设 2017年河北省争取中央投资2.36亿元，对22所妇幼保健院实施改扩建项目。创建国家级妇幼健康优质服务示范县5个，省级优质服务示范县10个，省级儿童早期发展示范基地5所，唐山市妇幼保健院获评国家级儿童早期发展示范基地。

出生缺陷综合防治 2017年河北省在全省启动实施免费唐氏筛查项目，共筛查24万名孕妇，筛查率为69.29%。孕前优生健康检查78万人，目标人群覆盖率达89.08%。启动遗传代谢病筛查和先天性结构畸形救助项目，为近1000名遗传代谢病和先天性结构畸形患儿申请医疗救助，总金额达1000余万元。全省共确定14家产前诊断机构，105家产前筛查和14家新生儿疾病筛查机构。建立胎儿先天性心脏病超声筛查、儿童保健、听力筛查技术培训基地，开展理论培训和临床进修。

2017年6月28日，中国出生缺陷干预救助基金会向河北省捐赠出生缺陷防治公益物资，省卫生计生委副主任尹爱东、齐贵新、王宝山接受捐赠。

妇幼公共卫生项目 2017年河北省实施11项妇女儿童健康普惠性项目和妇幼重大公共卫生服务项目。为99万孕前和孕早期妇女发放叶酸，农村妇女“两癌”筛查惠及49.8万人，预防艾滋病梅毒乙肝母婴传播检测95万人，为贫困地区6.88万名婴幼儿免费发放营养包52万盒，全省免费发放避孕药具791.7万人次。孕产妇健康管理率达到90.79%，3岁以下儿童健康管理率达到89.16%，孕产妇住院分娩率达到99.8%。妇女儿童健康水平稳步提高，全省孕产妇死亡率下降到13.11/10万，较2012年下降39.08%；婴儿和5岁以下儿童死亡率分别下降到5.22‰和7.06‰，较2012年下降47.0%和41.22%，妇幼健康核心指标均优于国家平均水平。

基本公共卫生服务 2017年河北省各级政府投入补助资金超过34亿元，省级财政专项安排奖励资金4270万元奖励绩效考核成绩优秀者，安排督导培训资金1000万，安排基本公共卫生服务支付方式改革资金3460万元。在全省遴选25个试点县，统筹推进规范化服务。

乡村医生队伍建设 2017年河北省全面落实乡村医生养老保障，将“赤脚医生”养老补助所需资金纳入各级财政预算，省财政通过以奖代补方式对贫困县给予适当补助。两年来，全省各级财政合计补助人次超过9万人，补助资金达到3.7亿元。对全省10个深度贫困县村卫生室进行扶持和建设，初步拟定基建项目78个。建立基本药物零差率销售补助、基本公共卫生服务项目补助、一般诊疗费3条主要补偿渠道，以稳定乡村医生队伍。

改善医疗服务行动 2017年河北省推出“优化医疗服务流程、改善群众就医感受工作10项措施”，着力改善患者就医体验。构建全省统一的网络预约和电话预约诊疗服务平台，广泛开展分时段精准预约和实名制预约，70%以上的三级医院通过手机APP、微信、支付宝等多种方式开展预约挂号。成立省级远程医疗中心，全省共搭建远程医疗平台91个，覆盖168个行政区县的345家二级以上医院。首批确定5家三级医院开展日间手术试点。启动实施河北省心脑血管疾病救治绿色工程，强化卒中、胸痛中心建设，布局卒中、胸痛患者1小时救治圈。深化优质护理服务，落实责任制整体护理，开展优质护理服务评价工作。国家卫生计生委组织的医院满意度第三方调查显示，河北省全部患者、门诊患者、住院患者满意度分别为92.24分、91分和93.48分，均高于全国平均水平。

医疗管理进一步加强 2017年河北省稳步推进医院评审和大型医院巡查工作，完成2所三级专科医院的评审和5所省直医院、20所市属三级医院的巡查。开展第一阶段县级医院能力提升评估以及全省二级以上医院院长、医务管理人员培训和儿科医师转岗、县级医院骨干医师培训项目。制发《河北省医疗质量管理与控制中心管理办法（试行）》《河北省三级综合医院护理质量敏感性指标（试行）》，建立健全质控中心动态管理机制和护理质控体系。组织对45家三级综合医院妇科、儿科、心内介入等8个专业病历进行病历质量和诊疗合理性评价，丙级病历率下降11.13%，心血管介入诊疗合理率达到91.22%。

医疗安全和血液管理 2017年河北省深入开展“院感防控落实年”活动，制发《河北省医疗卫生机构医疗废物管理规范（试行）》和医院感染监控方案，建立院感控制网络。启用河北省限制类医疗技术临床应用备案管理系统，527家医疗机构完成备案。稳步推进器官捐献移植工作，完成自愿捐献91例，222名患者受益。规范全省临床用血和采供血机构管理，加强无偿献血宣传和各类公益活动，2017年全省累计完成采血 73.36 万人次，采集全血 131.57 万单位，机采血小板 100019 治疗量，与上年同比增长 4.1%、3.56%、11.62%，千人口无偿献血率达 10.48，河北连续 4 次荣获“全国无偿献血先进省”荣誉称号。平安医院建设有序推进，“三调解一保险”医疗纠纷预防处理机制不断完善，全省二级以上医院共建警务室 470 个，覆盖率达 80%。

药品供应保障及使用管理　2017 年河北省卫生计生委会同相关部门出台《河北省关于改革完善短缺药品供应保障机制的实施方案》。进一步完善短缺药品监测平台，监测点扩大到 80 个，监测范围覆盖全省各级各类医疗机构。强化抗菌药物临床使用管理和重点药品监控，全省门诊处方抗菌药物使用率为 7.4%，住院患者抗菌药物使用率为 40.9%，两项指标均优于全国平均水平；各市及二级以上医院均建立重点监控药品目录，监控品种涉及 176 种。出台《河北省医疗机构麻醉药品和第一类精神药品使用管理标准操作规程》，强化专业人员培训。

食品安全工作　食品污染和有害因素监测完成样品 7792 份，组织实施 6 个食品安全风险专项监测。发布 2 个食品安全地方标准，完成 3 个食品安全地方标准立项工作。修订《河北省食品安全企业标准备案管理办法》，实施备案前公示、备案后公开制度，备案材料由过去 7 项减少到 4 项，备案时间由 10 个工作日缩减到 7 个工作日。省政府办公厅印发《河北省国民营养计划（2017—2030 年）实施方案》，确定到 2020 年、2030 年河北省营养健康工作目标和 7 项实施策略、6 项重大行动。

“三项制度”试点　制定《河北省卫生计生委推行行政执法三项制度实施方案》和行政执法公示、行政执法全过程记录、重大行政执法决定法制审核 3 个实施办法，编制行政许可服务指南 27 个，行政执法流程图 30 个，行政执法文书样式 82 种，法制审核流程图 1 个。梳理执法事项清单 249 项、“双随机”抽查事项清单 14 项、音像记录事项清单 18 项、法制审核事项清单 7 项。出台《河北省卫生计生行政处罚案件办理工作规范》，编制卫生计生 6 类行政执法指引图。建立 1 个省级、7 个市级、8 个县级“1+7+8”示范模式，带动全系统形成横向到边、纵向到底的整体推进格局。

“双随机一公开”监管全覆盖　2017 年河北省建立全省统一的检查对象名录库和执法人员名录库，全面梳理卫生计生行政检查职责，将行政执法事项全部纳入“双随机”抽查范围，实现行政执法事项全覆盖。全省“双随机”抽取各类检查对象 9330 家，占全部监管对象的 6%；抽取省、市、县卫生计生执法人员 1831 人，占全部执法人员的 59.88%。实施全面覆盖检查内容、全程记录检查过程、全员信息化采集数据、全部公开检查结果，完成“双随机”抽查任务。

计划生育“多证合一”改革　2017 年河北省遴选邯郸、邢台、衡水等 3 市开展“多证合一”试点工作。主要是围绕群众婚育服务全过程，运用“互联网 +”整合相关业务流程，优化办事程序，提高行政效率，实现相关政策、业务、服务的有机融合，形成“高效、便捷、精准”的计划生育服务管理新模式。在全省开通网上办事大厅手机版，群众可利用手机实时开展生育登记、再生育审批和独生子女证办理。

服务计划生育特殊家庭　河北省创新开展医疗救助授权工作，医疗服务机构可根据与失独家庭签订的《医疗救助授权书》实施紧急救治。2 家省级、22 家市级大型综合性公立医院和全部县级公立医院，均为计生特殊家庭开通医疗服务绿色通道。探索灵活多样养老模式，指导 1561 名计划生育特殊家庭与其直系或旁系亲属签订《赡养协议》；与民政部门协作，优先安排 60 周岁及以上的失独家庭老人特别是失能或半失能老人，入住政府投资兴办的养老机构。

流动人口卫生计生服务管理　（1）创新打造流动人口健康促进与教育“动车组”活动品牌，启动多组健康教育与促进动车开进企业、学校、市场、农村、社区、家庭、工地等，精准实施健康促进和教育工作。（2）全省新建流动人口健康促进示范企业 8 家、示范学校 7 所、示范家庭 39 个，国家级流动人口计生协示范点 1 个、省级示范点 1 个、市级示范点 15 个、县级示范点 118 个。（3）组织完成 11 个设区市 66 个县（市、区）250 个样本点的抽样框、花名册编制、500 名调查指导员和调查员的培训以及 5000 份问卷的现场入户调查及录入工作。与河北师范大学、西安工程大学合作，组织完成“河北省流动人口居住状况”“京津冀地区流动人口就业分析”“河北省老年人健康与医疗服务”等 9 个专题研究。

医养结合工作　到 2017 年，河北省初步探索出“四结合一突出”（即政府保障与引入社会资本相结合、居家养老与机构养老相结合、县乡村相结合、中西医相结合，突出失能、失智和计生特殊家庭老人等重点人群）医养结合工作模式。截至年底，全省 1478 家养老机构中有1332家能够以不同形式为入住老年人提供医疗卫生服务，比例达到90.12%，全省72612家医疗机构中有66265家为老年人提供就医便利服务，开设绿色通道比例达91.26%，65岁及以上老年人健康管理率为73.81%，全省医养结合机构床位总数达到43820张，推进医养结合以来累计拉动社会资本投入130.83亿元。

提升中医药服务能力　2017年，河北省政府启动中医药强县创建，支撑中医药强省建设。新增县级中医院改扩建项目12个，4所中医院纳入国家中医药传承创新工程项目库。基层中医药服务能力提升工程“十三五”行动计划启动实施，20个县（市、区）通过全国基层中医药工作先进单位评审，新建“国医堂”200个。省中医药健康信息平台与446个国医堂实现联网，建设速度居全国前列。大型中医院巡查工作全部完成。综合医院中医药工作不断加强。2017年，全省中医院门急诊人次2071万、出院人次140万，分别占全省医院总服务量的18%、15%。

中医药人才队伍建设　2017年河北省李佃贵教授获第3届国医大师殊荣，姚希贤、刘亚娴、刘启泉等3位教授获全国名中医称号，评选产生20名省级中医药教学名师。河北中医学院中医学、中药学、中西医结合临床专业实现一本招生，获得“5+3”一体化招生资格。新增5家中医住院医师规范化培训基地，首批127名学员通过结业考核。启动新一批国家和省级“师带徒”“优才”项目，实施基层中医临床骨干培养和“师带徒”等项目，新建20个基层名老中医工作室，人才支撑作用日趋凸显。在全国“优才”项目选拔中，河北录取率达75%，名列第一位。

整治营商环境　河北省卫生计生委制发《营商环境集中整治行动工作方案》。召开民营医疗机构座谈会，全面了解民营医疗机构在市场准入、运行监管等方面存在的问题，共梳理出17个问题，并建立问题清单，明确责任主体和解决时限，一项一项整治、一个一个突破、一件一件销号。

“放管服”改革　河北省卫生计生委制定《深入推进“放管服”改革工作方案》《河北省卫生计生委“放管服”改革不到位问题专项清理工作方案》。在全系统深入开展减证便民专项行动，全面清理省卫生计生委和国家相关部委设定的以及要求其他部门开具的证明事项，共清理出相关证明事项20项，逐项提出保留、取消等意见。积极支持雄安新区建设，研究提出向雄安新区下放省级行政许可目录清单，直接下放4项，委托下放16项。制发《河北省卫生计生委办公室关于深化放管服改革激发医疗领域投资活力的通知》，出台改革措施9项。

卫生与健康科技创新　（1）2017年登记国家科技成果301项，全省医学科研成果获得省级科学技术进步一等奖6项，二等奖10项，三等奖21项，数量和质量均居全省各行业之首。（2）加强干细胞临床研究备案与监管，支持河北医科大学第一医院作为全省首家备案机构开展“自体骨髓‘间充质干细胞心梗注射液’移植治疗急性心梗的随机、双盲、安慰剂对照、多中心临床试验”项目，将河北省人民医院、河北医科大学第二医院、秦皇岛市第一医院备案为国家第二批干细胞临床研究备案机构。

医学教育改革　河北省政府办公厅印发《关于深化医教协同进一步推进医学教育改革与发展的实施意见》。加强培训基地动态管理，新增华北理工大学附属医院、邯郸市第一医院、唐山工人医院、保定市第一中心医院、邢台市人民医院等5家国家级培训基地。争取1000万元省级财政资金，对社会人员和全科专业学员进行补助，2017年省级财政补助资金追加到2000万元。出台《住院医师规范化培训学员人事管理若干意见（试行）》，截至2017年底，共招录住院医师11448名，住培录取率始终保持在95%以上。加强全科医生培养，全年共培训骨干师资2300名，全科师资750名，招录助理全科医师452人。实施农村订单定向医学生免费培养，落实每人每年2500元的财政配套经费支持。启动京津冀三地卫生技术培训标准化建设和认证示范区合作，推动卫生人员技术能力持续提高。

卫生事业发展数据　医疗卫生机构数量。2017年底，河北省有医疗卫生机构80903个，其中，医院1847个、基层医疗卫生机构78207个、专业公共卫生机构791个、其他卫生机构58个。与上年相比，医疗卫生机构总量增加2180个。全省三级医疗机构共75个，其中，三级医院70个、三级妇幼保健院5个。（1）医院：三级医院70个，二级医院521个，一级医院957个；按经济类型分，公立医院720个，民营医院1127个。与上年相比，医院增加229个，其中，民营医院增加235个、公立医院减少6个。（2）基层医疗卫生机构：卫生院1980个，其中，乡镇卫生院1972个，街道卫生院8个。较上年增加19个。社区卫生服务机构1274个，门诊部（所）14728个，村卫生室60225个。

与上年相比，基层医疗机构增加 2223 个。（3）专业公共卫生机构中，妇幼保健机构 192 个，专科疾病防治机构 11 个，疾病预防控制机构 189 个，卫生监督机构 185 个。2017 年底，全省共有 258 家中医类医院，其中，三级 14 家，二级 136 家，一级及未评 76 家。公立 156 家，民营 102 家。中医医院 218 家，中西医结合医院 40 家。全省共有中医类门诊部 71 家，中医类诊所 2766 家。中医类别医疗机构占全省的 3.8%。

医疗机构床位。2017 年底，全省医疗机构有床位 395299 张，其中，医院 299849 张（其中民营医院 70087 张）、卫生院 70955 张、妇幼保健机构 12599 张。与上年相比，全省医疗机构床位增加 34307 张，增长 9.5%；全省医院床位增加 28347 张，增长 10.4%；全省民营医院床位增加 17429 张，增长 33.1%。全省卫生院床位增加 4508 张，增长 6.78%；全省妇幼保健院床位增加 1754 张，增长 18.5%。2017 年末，全省每千常住人口医疗机构床位数为 5.26 张，比上年（4.83 张）增长 8.9%。全省中医类医院实有床位共 46769 张，占全省医院实有床位的 18.6%，比上年增长 12.9%。

医疗卫生机构在岗职工。2017 年底，全省医疗卫生机构有在岗职工 590524 人，其中：卫生技术人员 425050 人、乡村医生和卫生员 79738 人、管理人员 21016 人、工勤技能人员 37357 人、其他技术人员 27355 人。卫生技术人员中，执业（助理）医师 191900 人，注册护士 158414 人。与上年相比，全省在岗职工增加 34307 人，其中：执业（助理）医师增加 14470 人，注册护士增加 14642 人。按机构类别分，全省医院在岗职工 340699 人（其中民营医院 67476 人），基层医疗机构 209419 人，专业公共卫生机构 39121 人，分别比上年增长 7.6%、4.4%、3.5%。

设备及房屋建筑面积。2017 年底，全省医疗卫生机构拥有万元以上设备台数达 290540 台，比上年增加 29727 台，增长 11.4%，其中：10 ~ 49 万设备 275247 台、50 ~ 99 万设备 7667 台、100 万及以上设备 7626 台。全省医疗卫生机构房屋建筑面积 3395.2 万平方米，平均每家医院、卫生院、社区卫生服务中心房屋建筑面积分别为 11501、2094、1459 平方米。

医疗服务量。（1）诊疗量：2017 年，全省医疗机构总诊疗人次达 4.31 亿人次，其中，医院 1.4 亿人次、基层医疗卫生机构 2.76 亿人次（社区卫生服务机构 0.17 亿人次、卫生院 0.4 亿人次、村卫生室 1.81 人次、门诊部 / 所 0.39 亿人次）、专业公共卫生机构 0.14 亿人次。与上年相比，总诊疗人次减少 0.05 亿人次，医院增加 0.9 亿人次（增长 6.8%），基层医疗机构减少 0.15 亿人次（减少 5.1%）。医院中，三级医院增长 5.35%，低于医院增长水平；二级医院增长 7.89%，一级医院增长 8.76%，均高于医院增长水平。（2）住院量：2017 年全省医疗机构出院人次达 1160 万人次，其中，医院 937 万人次、卫生院 163 万人次、妇幼保健院 49.7 万人次。与 2016 年相比，全省医疗机构出院人次增加 50 万人次，增长 4.5%。其中，医院增加 51 万人次、妇幼保健院增加 6.3 万人次、基层医疗卫生机构减少 4.4 万人次。（3）手术量：2017 年全省医疗机构住院病人手术人次数达 204.6 万人，其中：医院 193.2 万人次，妇幼保健院 11.3 万人次。与 2016 年相比，全省医疗机构的手术人次减少 3.1 万人次，降低 1.5%，其中医院减少 5.1 万人次，同比下降 2.5%，妇幼保健院增加 2.2 万人次，同比上升 24.6%。（4）民营医院：2017 年全省民营医院诊疗人次为 2318.4 万人次，占医院诊疗人次的 16.4%；出院人次为 162.2 万人次，占医院出院人次的 17.1%；手术人次为 25.3 万人次，占医院手术人次的 13.1%。与 2016 年相比，民营医院诊疗人次数增长 20.8%，低于上年 20.9% 的增长幅度；出院人次数增长 21.6%，低于上年 29% 的增长幅度；手术人次增长 16.5%，低于上年 22.8% 的增长幅度。在全省医院住院手术下降的情况下，仍然保持增长。（5）基层医疗机构：2017 年，全省基层医疗机构诊疗 2.76 亿人次，出院 173.9 万人次，分别比上年下降 5.5%、2.4%；诊疗人次、出院人次分别占全省医疗机构的 64%、15%，分别低于上年的 67%、16.1%。

医疗服务分布。按隶属关系分，2017 年省属、市属、县（区）属及以下医疗机构（含民营医院、基层医疗等机构）总诊疗人次分别为 0.13 亿、0.38 亿、3.8 亿人次，分别占总量的 3.3%、8.7%、87.9%（2016 年分别占 0.6%、8.1%、91.3%）；出院人次分别为 90.38 万、195.3 万、875.9 万人次，分别占 7.8%、16.8%、75.4%（2016 年分别占 1.5%、16.8%、81.8%）。

医疗服务效率。2017 年，全省医疗机构病床使用率为 77.17%，其中：医院 83.76%（三级医院 106.16%、二级医院 81.99%），乡镇卫生院 53.54%，社区卫生服务中心 45.23%。与上年相比，医疗机构病床使用率减少 2.8 个百分点，其中：医院减少 2.5 个百分点（三级医院减少 0.3 个百分点、二级医院减少 2.1 个百分点），乡镇卫生院减少 5.2 个百分点，社区卫生服务中心增加 1.1 个百分点。全省医疗机构出院者平均住院日为 8.4 日，其中医院 8.8 日、乡镇卫生院 6.9 日、社区卫生服务中心 7.5 日。医疗机构出院者平均住院日总体与上年持平，乡镇卫生院减少 0.3 日。

医师工作负荷。2017 年，全省医院医师日均担负诊疗 5.9 人次，日均担负住院 1.7 个床日；乡镇卫生院医师日均担负诊疗 6.1 人次，担负住院 1.3 床日；

社区卫生服务中心医师日均担负诊疗 8.5 人次，担负住院 0.6 床日。

医疗收入支出。2017 年，全省医疗卫生机构总收入为 1416.4 亿元，比上年增长 12.7%。其中医疗收入、财政补助收入、科教项目收入、其他收入分别占 87.73%、9.26%、0.06%、0.59%。与上年相比，医疗收入占比下降 0.8 个百分点，财政收入比重下降 0.02 个百分点。医院医疗收入中，药品占 38.27%、耗材占 12.81%、检查化验占 24.08%、技术劳务（护理、手术、治疗等）占 17.77%。与 2016 年相比，药品占比降低 2.77 个百分点，耗材占比提高 1.51 个百分点，检查化验占比提高 0.4 个百分点，技术性劳务占比提高 1.1 个百分点。全省医疗卫生机构总支出为 1359.89 亿元，其中人员经费支出占比 29.5%，比上年提高 1.4 个百分点；全省医院总支出 1139.37 万元，其中人员经费支出占比 27.5%，比上年提高 1.3 个百分点。

医疗费用。（1）医院门诊和住院费用。2017 年，全省医院次均门诊费用、次均住院费用分别为 223.1 元、8426 元，分别比上年上涨 3.9%、8.2%。其中，公立医院为 230.8 元、9067.4 元，分别比上年上涨 4.1%、8.8%。与上年相比，医院次均门诊、住院费用涨幅分别高于上年的 2.3%、3.6%。（2）基层医疗机构门诊和住院费用。2017 年，社区卫生服务中心次均门诊、次均住院费用分别为 67.2 元、2455.6 元，次均门诊费用较上年增长 11.4%，次均住院费用较上年减低 4.8%。乡镇卫生院次均门诊、次均住院费用分别为 44.5 元、45.6 元、1448.5 元，次均门诊费用较上年降低 22.4%，次均住院费用较上年增长 3.7%。

人口数据及态势分析 根据河北省统计局初步测算数据，2017 年河北省出生人口为 98.9 万，较上年增加 6.4 万人，出生率为 13.2‰，同比增加 0.78 个千分点，自然增长率为 6.6‰，同比增加 0.54 个千分点。

2012—2014 年，受单独两孩政策实施推动，全省出生人口数量逐年增加，从 2012 年的 93.56 万人增长至 2014 年的 96.68 万人。2014 年为建国以来河北省第 4 次出生人口的高峰点。2015 年受农历羊年和育龄妇女规模下降的双重影响，出生人口 84.04 万人。2016—2017 年受全面两孩政策实施影响，在育龄妇女总量持续下降的情况下，出生人口仍然持续呈温和增长。2017 年，测算总和生育率为 1.71 左右，略高于 2016 年水平，出生人口总量较 2016 年增加 6.9%，全面两孩政策效果进一步显现。

从分孩次出生情况看，根据全员人口数据库统计，2012 年以来，全省一孩出生占比持续下降，二孩出生占比持续升高。2015 年，一孩、二孩出生占比大体相当，2016 年以后，二孩出生占比超过一孩，并且持续走高。2017 年，全省二孩出生占比为 57%，同比增加 4 个百分点。一孩出生占比持续减少，二孩占比特别是在 2016 年超过一孩占比后，2017 年仍然持续走高，表明全面二孩政策实施效果显现。

自 2016 年全面两孩政策实施以来，生育环境宽松，2016 年、2017 年符合政策生育率较前几年大幅提高。河北省采取出生医学证明与全员人口信息库定期比对等措施，统计求实工作取得一定成效。2017 年年报显示，全省符合政策生育率为 95.52%，与上年相比提高 1.18 个百分点。

全员人口数据库汇总显示，2017 统计年度，河北省出生人口性别比为 106.31。从孩次性别比看，一孩性别比为 104.58，二孩性别比为 103.59，多孩性别比为 144.8。一孩、二孩性别比处于正常范围，多孩性别比明显偏高。

石家庄市着力提升中医药服务能力 该市 79 家“国医堂”联通省中医馆信息平台。在试点社区“国医堂”设置二级会诊中心，与省、市级医院远程会诊系统对接。推进中医医联体建设，成员单位达 70 个。组建石家庄市中西医结合肝病防治联盟；10 个县级中医院牵头组建中医医共体，特别是赞皇、元氏、行唐县中医院开展紧密型医共体建设试点，探索人员、行政、财务、资产、药品、信息化“六统一”管理模式。在全市开展中医药人员岗位技能竞赛，累计 2850 人参加学习培训；开展基层医疗卫生机构中医药适宜技术培训，累计培训 300 余人次。遴选 91 名高级职称中医师为“首席中医师”，到基层医疗卫生机构帮扶带教，累计培训基层人员 280 名。

承德市加强全面两孩配套资源建设 该市引导全市二级以上综合医院开设妇儿专科，配足床位数量，设立孕前咨询门诊、孕妇学校、产后康复中心，增置设备。依托承德中医专科优势，各级中医院均设立妇幼治未病门诊。承德医学院附属医院南院区建成投入使用，产科、儿科、新生儿科医护人员和床位均比过去增加一倍以上；投资 5 亿元、建筑面积 5.3 万平方米、床位 360 张的承德市儿童医院、承德市妇幼保健院完成主体建设，预计 2019 年初投入使用；投资 1.5 亿元的承德市中心医院妇产儿院区已开工建设；一半以上县级妇幼保健机构进行了改建、新建。以承德市产前诊断分中心为龙头，组建由 36 个市县级医疗保健机构参与的产前筛查与优生优育、不孕不育专科联盟；以承德医学院附属医院为依托，联合县、乡所有助产机构成立全市危重孕产妇、新生儿救治中心的区域救治联盟。

张家口市抢抓举办冬奥会机遇提升卫生综合保障能力 该市投资4.9亿元用于市第二医院创伤诊疗中心、1.44亿元用于市中心血站采供血业务楼、1.43亿元用于市急救中心新建项目，崇礼区医院提升等规划项目全部开工，5个雪场医疗急救站建成使用，规划的2018年5个保障项目提前启动。举办张家口第一届急危重症救援年会暨雪地救援学习班，培训400余人。联合北京举办张延牵手冬奥卫生监督保障研讨会、减灾防病野外联合应急演练、立体式雪场急救演练，锻炼保障队伍，积累大赛经验。

秦皇岛市建立计生特殊家庭帮扶救助工作网络 该市每年3、4月份集中开展计生特殊家庭需求调查，并根据需求制定有针对性帮扶措施，建立帮扶档案，确定县、乡、村三级联系人，负责组织志愿者为计生特殊家庭开展保洁、洗理、维修等3项服务。2017年底全市有计生特殊家庭联系人1.2万人，志愿者团队164个，加上社会各界志愿者，初步形成对计生特殊家庭的全方位帮扶网络。市计生协与光彩集团合作，为有意愿的计生特殊家庭安装“一键通”呼叫器。

唐山市“三医联动”取得创新突破 该市实施医用耗材统一集中采购，通过组建药采联盟、搭建第三方平台，建立新型药品、耗材供应链金融服务模式。完成全部8大类医用耗材集中招标采购，中标结果较现行最低采购价平均下降17.6%~36.7%。完善临床路径管理和按病种收费工作，全市开展临床路径管理的二级以上医院达29家，实施临床路径管理病种数达217个，病例入组率达50.6%；按病种收付费的病种数新增102种。积极推进C-DRG收付费改革试点工作，切实深化收付费方式改革。

廊坊市进一步优化村级计生协队伍结构 市卫生计生委联合市委组织部、市民政局等部门印发《关于在基层组织建设中进一步加强村（居）计划生育协会建设的意见》，明确村支部书记或村主任兼任会长，同时，注重在会员中发展党员，在会员中发展村干部。开展“计生协基层组织提高年”活动，把责任心强、业务水平高、服务能力强的人员调整充实到村级计生队伍，把“五老人员”选配到计生协队伍，把群众基础好、能宣传、会服务、懂技术、经济基础好并支持参与计生工作的人员以及村医、家庭签约医生吸纳为计生协会员，进一步优化会员结构。2017年，共充实调整会员9600余人。制发《廊坊市计生协工作规范》，建立用制度管事、按制度办事、靠制度行事的有效机制。

保定市着力提升京津冀协同发展水平 该市有60家二级以上医疗机构与京津冀80家医疗机构开展不同形式的对接合作。京津冀协同发展（中医版块）涿州合作项目正式签约，北京东直门医院与涿州市中医院合作建立涿州分院，选派40余名国内知名专家在涿州市中医院长期轮流坐诊，开展师承教育。与北京大学第一医院合作成立以该院名誉院长郭应禄院士命名的全市医疗卫生系统第一家院士工作站，在泌尿外科、肾移植领域开展合作。

沧州市加快提升基层中医药服务能力 该市连续两年实施中医药“百镇千村千人”项目，共完成91个国医堂建设项目，市县两级财政每个项目补助20万元；完成846个中医药特色村卫生室建设项目，市县两级财政每个项目补助1000元。截至2017年底，连同执行中央转移支付项目，全市170个乡镇卫生院和22个社区卫生服务中心中，有161个建立国医堂，覆盖率达83.9%；5429个村级卫生机构中，有4305个能提供中医药服务，覆盖率达79%。与国家中医药管理局人才交流中心合作实施中医预防保健调理师培训项目，由市财政安排专项资金76万元，为190名乡级卫生人员集中传授中医预防保健适宜技术。委托沧州中西医结合医院实施乡村医生中医药知识与技能培训项目，由市级财政安排专项资金84.6万元，遴选846名中医药服务人员开展集中培训。实施基层中医药人员拓展培训项目，组织专家编写《乡村医生中医药知识与技能培训教材》，得到广大基层中医药人员好评。

衡水市全力推进县域医共体建设试点工作 该市以群众“少花钱、看好病”为落脚点，以武强县、故城县为试点，其他有条件的县市结合实际探索建设路径，实行医保基金“县级统筹、总额管理、结余奖励、超支分担”模式，全市共建立7个不同模式医共体。武强、故城两个试点县通过医保基金撬动，打破医疗机构逐利机制，倒逼医共体主动控费；采取不同激励措施，促进优质医疗资源下沉。县域医共体建设试点以来，乡镇卫生院呈现“两增一降”：就医人数明显增长，医务人员收入显著增加，域外转诊率大幅下降。武强县基层就医人数增长10%，医务人员收入增加8%，域外转诊率下降10%；故城县基层门急诊人次增长14.4%，域外转诊率降低2%。

邢台市全面实施“多证合一”服务新模式 该市

依托“多证合一”信息平台，将计划生育网上办事大厅、妇幼保健和计划生育服务管理系统无缝对接，群众在任何一个服务窗口接受服务时，通过“多证合一”信息平台自动将基本信息和证件资料推送到其他服务窗口，实现信息互通、数据共享。全市通过“多证合一”信息平台，计划生育网上办事大厅、妇幼保健和计划生育服务管理系统相互推送共享信息 5.3 万条。免费发放服务卡，实现一卡在手、全程服务。截至 2017 年底，全市共发放服务卡 4.3 万张，免费开展孕期检查 8.5 万人次。以开通手机客户端为延伸，实现手机办证、精准服务。全市已注册 6999 人，通过手机申请共办理一胎、二胎生育登记及再生育审批 3316 人，推送服务时间提醒 1.6 万人次。全面完善回访机制，推动“多证合一”服务更加高效规范。全年全市共回访各类群众 8.4 万人，满意度达 99.7%。

邯郸市以“健康小屋”建设为纽带推进分级诊疗　该市将优质医疗资源下沉到基层，2012 年以来，共举办健康防病知识讲座 20 余万次，健康管理群众 100 万余人次，发放健康宣传材料 4000 多万份。群众慢性病防控意识提高，50.23% 的糖尿病患者、62.91% 的高血压患者在饮食上做到了“热量控制、结构调整”和“低钠、低脂”，临床症状有了不同程度改善。“健康小屋”专家“师带徒”，对基层医疗人员免费开展业务培训，提高了基层医务人员技术水平，90% 的辖区居民对基层医疗机构技术服务水平信赖感增强，全市基层医疗机构门诊量和床位使用率均提高了 30% 以上。“健康小屋”专家定期深入基层，开展健康教育、健康干预、慢病防控等，增进了医患双方情感，有效避免了医患矛盾的发生。

定州市全面深化“五项改革”　该市深化管理体制改革，成立市公立医院管理委员会，对公立医院重大事项实行决策和监督。深化药品使用改革，实行药品零差率销售，公立医院药品采购全部实行“两票制”，建立重点药品监控制度和重点药品采购备案制度，药占比降至 31.45%；实行临床路径管理病种达 55 个，百元医疗收入卫材消耗降至 24.55 元。深化服务价格改革，及时调整 613 项医疗服务价格，护理费、院内会诊费提高 100%，一般专项护理费提高 67%，手术费提高 10%，中医类诊疗项目提高 50%，医保补偿同步跟进；对照京津冀价格联盟开展药品价格测算，药品价格平均降幅为 15%，腾出价格空间 1995 万元；对 104 个病种实施按病种付费。深化分配制度改革，建立公立医院以公益性为导向的评价机制，医院结合单位实际制定绩效考核方案，实行全员绩效考核，以考核定收入。深化人事制度改革，实行编制控制数管理，按照床位核定公立医院编制控制数；落实医院用人自主权，对医疗技术人才，由医院根据需求，自主向社会公开招聘，实行聘用制管理，做到同工同酬。

辛集市建设健康场所改善健康环境　该市建设健康促进示范社区（村）7 个、医院 4 所、学校 8 所、机关 6 个、企业 3 家，打造各种类型样板单位。在各类健康场所建设健康小屋 50 余个，倡导职工自量自测健康指标，养成良好健康生活方式。开展“百优十佳”健康示范家庭创建活动，强力推进大拆违、大绿化，实施“万树进城”“一村一园”工程，加快市区周边防护林建设。着力打造洁净城市，生活垃圾无害化处理率达到 95%。开展乡村容貌综合整治，被评为国家级绿色养殖示范市、国家首批畜禽养殖废弃物资源化利用试点市。举办“携手灭烟、拥抱晴天”“送烟等于送危害”等主题宣传活动，组织开展义诊、戒烟咨询，发放各种宣传资料 3000 余套。在学校幼儿园开展“健康在行动，营养膳食我做主”巡讲、“从我做起，做不吸烟的新一代”签名、“小手拉大手，洗手保健康”等活动。全市居民健康素养总体水平达 17.56%，经常参加体育锻炼的人口比例达 42.86%，成人吸烟率为 9.8%，学生体质达标率为 95.42%。

（蔡　涛　李　玲　连双强）

〔总撰稿：李　玲〕

〔特约编辑：尹文晶〕

〔主　编：徐春芳　副主编：尹文晶〕

山西省

全省卫生和计划生育工作概述　2017 年，山西省卫生计生系统坚持以党的十九大精神和习近平新时代中国特色社会主义思想为统领，深入贯彻落实习近平总书记视察山西重要讲话精神，坚决贯彻党中央、国务院和省委、省政府决策部署，坚持“依法治理、深化改革、大兴人才、强化基层、正风肃纪、服务民生”工作理念，谋划和推进全省卫生计生事业改革发展和健康山西建设。全省卫生计生事业改革发展按照年初确定的“12356”（围绕建设健康山西“一个目标”，深化医药卫生体制、计生服务管理“两项改革”，推进人才优先、科教兴医、健康扶贫“三大战略”，抓住普及健康生活、完善健康保障、优化健康服务、建设健康环境、发展健康产业“五个关键”，为全省人民办好“六件实事”）工作思路，14项任务、59个指标全部完成，各项工作取得新突破，服务水平实现新提高，为全省经济社会发展提供了有力健康支撑。

医药卫生体制改革　强力构建医改组织保障机制。山西省委、省政府高度重视医改工作，紧紧围绕建设“健康山西”这个目标，对标一流，提出“加快迈入全国医改先进行列”的总要求。省委书记、省长负总责、亲自抓，听取医改工作汇报，调研和督办医改重要事项。省长担任省医改领导小组组长，全面负责推进医改工作；分管省长担当施工总队长，统筹各方，深耕细作；卫生计生和发改、财政、人社、编办等相关成员部门密切配合，同向发力；持续将医改重点工作任务纳入省委、省政府对各市年度目标责任考核，与政府“13710”督办系统对接，自上而下建立一把手抓医改、合力推医改的领导机制。先后制定出台《健康山西2030”规划纲要》《进一步深化医改的意见》《“十三五”医改规划》等指导文件，“五项制度”配套文件密集出台，重大民生改革举措相继推出，初步完成了山西医改立柱架梁。市县一把手和相关部门、机构主要负责人深入一线抓落实，成为医改的行家里手，全省上下营造了关注民生、重视医改，大卫生、大健康优先发展的良好氛围。

全面推开公立医院综合改革。全省所有公立医院自2017年7月1日起全面取消药品加成（中药饮片除外），实行零差率销售，比国家要求提前3个月。以取消药品加成为突破口，以医疗服务价格调整为重点，印发《山西省推进医疗服务价格改革的实施方案》，各市及时确定补偿政策，综合推进取消加成与价格调整、医保衔接、医疗控费、财政补偿“五同步”改革；落实政府办医责任，进一步强化各级政府对公立医院发展建设方面的财政保障，政府卫生支出占卫生总费用比重始终保持在30%以上；启动阳泉市省级薪酬制度改革试点，加强公立医院绩效考核评价，初步建立了公立医院发展新机制，实现“一优两降”，即全省公立医院收入构成进一步优化，药占比从改革前的40%以上降至29.66%，居民个人卫生支出占卫生总费用比重从改革前的35.6%降至31.05%，患者就医获得感明显增强。

“三医联动”协调发展。医保撬动医改的作用进一步发挥，制定下发了《山西省关于进一步深化医疗保险支付方式改革的实施意见》，城市公立医院实行按病种付费的病种数达到100种以上，在省眼科医院、山大二院等医院大力开展日间手术试点；在县域实行医保总额预算管理、打包付费，助力一体化改革。全面执行新一轮基本药物和非基本药物集中采购，基本药物和非基本药物招标类药品比上一轮价格整体降幅分别达18.35%和17.36%，其中有90%的产品中标价已达到或低于全国省级最低执行价格；对8类高值医用耗材和体外诊断试剂实行阳光采购、限价采购，降价幅度为10%~28%；2017年8月1日起，在全省所有公立医疗机构全面实行“两票制”，推动药品全流程改革。在省级公立医院探索推进以投入换机制改革，印发《省级公立医院基本医疗服务财政补助资金管理暂行办法》，改革财政补助方式，按照总额控制和分项预算的办法安排财政投入，实行“（年度门急诊人次×门急诊补助标准+年度住院床日数×住院补助标准）×绩效考核系数×倾斜系数×社会平均工资增长率”的补助标准，通过分项预算落实6项投入责任。

县乡医疗卫生机构一体化改革　山西省按照“保基本、强基层、建机制”的医改要求，于2014年、2015年连续出台促进优质医疗资源下沉的“两个30条措施”，基层服务能力逐步提高。2015年提出县乡医疗卫生机构一体化改革（以下简称“一体化改革”）思路。2016年在县级市高平先行先试。2017年2月在18个县首批试点，5月推出第2批21个试点县，7月在6个地级市所有县域全面推开，9月在全省全面推开。截至2017年10月底，全省119个县医疗集团全部挂牌运行。

一体化改革目标。即：整体设计实施“两步走”工作思路，即：第一步是2017年底前实现一体化改革11个市119个县（市、区）全覆盖，这一目标已经实现；第二步是到2020年实现县域医疗卫生资源配置更加科学，医疗、医保、医药“三医联动”改革更加顺畅，全省基层医疗卫生服务能力、效率和活力进一步提升，医保总额打包付费改革不断完善，医疗服务价格动态调整机制基本形成，县域居民个人医疗费用降至30%左右，65%的患者在基层医疗卫生机构就诊，90%的患者在县域内医疗卫生机构就诊。家庭医生签约团队服务机制和转诊机制高效运行，基层首诊、双向转诊、急慢分治、上下联动的分级诊疗新模式和新型基层医疗卫生服务体系运转有序。

一体化改革原则。即：坚持政府主导、统筹规划，坚持改革创新、三医联动，坚持保基本、强基层、建机制，坚持预防为主、中西医并重。树立大卫生、大健康理念，为群众提供全方位、全生命周期健康服务，全面提高人民健康水平。

改革方法。在体制上“破旧立新”，实现“五个突破”。（1）在健全医院管委会上突破。成立县（市、区）医院管委会，由县长担任主任，医管委办公室设在县卫生计生局，落实政府办医的“四个责任”，即领导责任、保障责任、管理责任、监督责任。（2）在组建医疗集团上突破。县（市、区）将辖区县级医院、乡镇卫生院、社区卫生服务中心整合，组建为一个独立法人医疗集团，实行行政、人员、资金、业务、绩效、药械“六统一”管理。医疗集团院长为唯一法定代表人，所属医疗卫生机构法人资格、单位性质、人员编制、政府投入、职责任务、优惠政策、原有名称“七不变”，确保服务体系不散。（3）在医疗服务价格调整上突破。授权县（市、区）对医疗服务价格进行动态调整。合理提升体现医务人员技术劳务价值的医疗服务价格，逐步提高医疗收入中技术劳务性收入的比重。（4）在实行医保总额打包付费上突破。按照“总额管理、结余留用，超支合理分担”的原则，采取“总额预算、按月预拨、年终结算”的方式，将核定的县乡村三级医保基金统一打包拨付给医疗集团。结余的医疗收入40%用于发展业务，60%用于提高医务人员待遇。（5）在药械供应保障机制上突破。在优先采购使用基本药物的前提下，实行县乡村三级五统一管理，即：统一目录、统一议价、统一采购、统一配送、统一结算。

在机制上“精准绣花”，实施“五项改革”。（1）改革医院自主管理权。医疗集团实行院长负责制，拥有人事管理、内部机构设置、收入分配、运营管理自主权。完善医疗集团内部决策和制约机制，对重大决策、重要干部任免、重大项目实施、大额资金使用“三重一大”，实行集体讨论并按规定程序执行，同时建立内部及外部监督机制。（2）改革人事编制管理制度。逐步取消县域所有医疗卫生机构行政级别。现有县级医院和基层医疗卫生机构编制由医疗集团统一管理、统一使用、统一调配。乡镇卫生院现有编制总量不变，在编在岗人员保持在80%以上，医疗卫生专业人员保持在85%以上。医疗集团对所需适宜人才自主招聘，按程序核准备案。基本原则是人员下沉，而不能“虹吸”。（3）改革薪酬制度。按照“两个允许”的要求，合理确定医疗集团绩效工资总量和薪酬水平。医疗集团在核定的绩效工资总量内进行自主分配。（4）改革医疗集团运行机制。组建医疗集团人力资源、财务管理、医保管理等管理中心，对所属单位实行统一管理，所属医疗卫生单位不再设置相关科室。整合建立医疗集团医学检验、放射影像、消毒供应、药品供应保障、公共卫生管理等业务中心，统一调配医技资源，实现区域资源共享，提高现有资源的使用效率。（5）改革医疗集团管理方式。充分发挥信息系统对医疗集团管理的支撑作用，实现医疗、公共卫生、健康管理、计划生育、医疗保险等信息互联互通，建立信息一体化，提高信息化管理水平。建立网络就医平台和远程会诊中心，方便患者看病就医。制定医疗集团的绩效考核标准，以公益性为导向。考核结果与医疗集团管理团队的任免和奖惩挂钩，与财政补助、医保偿付、薪酬总量挂钩。

在质量上“压茬提升”，推行“五种模式”。发挥三级医院的龙头引领作用，按照定单位、定责任、定目标、定任务、定考核、定待遇的“六定”原则，促进县域医疗集团能力大提升、大发展。（1）推行纵向帮扶医联体建设。每个县域医疗集团均有1所三级综合医院牵头、若干专科医院（和/或临床重点专科）配合开展联合建设。（2）推行跨区域专科联盟建设。以提升县域大病救治能力为重点，补齐基层薄弱学科短板，协作县级医院超过500所次。（3）推行远程医疗协作网建设。已在省、市、县三级推开，58个贫困县全覆盖；同步建设“健康山西”平台，在所有县区实施双向预约转诊。（4）推行特色医联体建设。由省级医院牵头，探索建立纵向紧密型医联体，形成省、市、县、乡、村集团化管理模式；以省人民医院为代表，对县医疗集团实行托管，全面提升基层医疗服务能力；以吕梁山片区和深度贫困县为重点，在20个贫困县实施“组团式”医疗精准扶贫。在三级医院的帮扶下，全省92%的县综合医院达到二级甲等水平，技术能力稳步提升。（5）鼓励支持社会办医机构加入医疗集团。县域医疗集团对自愿加入的社会办医机构实施紧密型一体化管理，以人才共享、技术支持为纽带，推行检查互认、处方流动、信息互通等，逐步实现业务、管理同质化，帮助社会办医机构提高服务和管理水平。

在成果上“问效于民”，增强群众获得感。牢固树立大卫生、大健康理念，工作重心下沉，关口前移，做强基层。家庭医生团队发挥群众健康守门人的优势，在预防疾病上做好一级预防，倡导健康文明生活方式，做实公共卫生服务，让群众少得病、不得病。对60岁以上的老年人和高血压、糖尿病等重点人群通过健康体检，定期访视，在二级预防上筑起“隔离墙”，做到疾病的早发现、早诊断、早治疗。对疑难杂症，急危重症患者及时发现，及时转诊到大医院，及时抢救、治疗、康复，守护好保障健康的“最后一道岗”。变过去浪费型的过度医疗，为节约型的健康管理，增强了群众医改的获得感。

改革成效。从前两批39个试点县情况来看，山西省实现了“五转变、三融合、三促进、三升三降”。（1）实现“五转变”。县委书记、县长向争当医改“施工队长”的转变，健康保障由浪费型医疗服务向节约型健康管理转变，健康服务由医卫分离型服务向全方位、全生命周期转变，人才技术由向上“虹吸”向优

质资源下沉转变，群众看病习惯由往上跑找专家向家庭医生基层首诊转变。（2）实现医卫、卫计、医养“三融合”。医疗集团设立公共卫生管理中心，把过去分离的公共卫生和基本医疗服务有机融合。基层医疗卫生机构积极开展医养结合试点，让群众老有所养，病有所医。（3）实现家庭医生签约服务、预防为主、健康扶贫“三促进”。促进县乡村“1+1+1+X”家庭医生签约团队服务模式落了地，作为“一家人”，利益同向、目标同向。前两批试点县普通人群签约率达49%，重点人群达70%。乡村医生技术有了上级支撑、待遇有了集团保障，服务更有积极性，形成县域分级诊疗新格局，县级医院下转患者增加1060人次，同比增长57.4%。促进预防为主落了地，居民健康档案建档率达86.5%，高血压和2型糖尿病患者规范管理率分别达77.7%、77.0%。促进健康扶贫政策落了地，“组团式”医疗精准帮扶在贫困县实现全覆盖，并全部建立远程诊疗系统。“双签约”“双服务”“双督导”“三保障”“三救助”“一站式服务”机制惠及50余万贫困群众。（4）基层服务量、服务能力、群众满意度“三提升”，群众负担“三下降”。基层医疗服务量提升，县域就诊率达到89.2%，门急诊总人次同比增长10.8%，住院总人次同比增长4.7%；乡镇卫生院门急诊人次和住院人次分别增长14.98%和8%。基层服务能力提升，医疗集团共下派医疗专家12826人次，服务群众164923人次，派驻医务人员5803人次，培训基层医务人员27954人次，为乡镇卫生院引进新技术、新项目134项，投入设备639台件。新招聘1132人充实基层医疗卫生队伍。群众满意度提升到85%以上。县级医院门急诊患者次均费用同比下降3.4%，自费比例同比下降6.4%。家门口就医，群众看病的间接成本明显下降。

医疗卫生服务能力建设　*提升医疗质量水平*。建立健全医疗质量管理与控制体系，省、市专业质控部门分别达到34个、230个，各级医院都设立医疗质量管理部门，三级质控网络体系基本形成。出台《山西省医疗质量控制组织管理办法》，配套考核细则，强化对各专业质控部的动态管理、考核评价。组织开展医疗质量安全专项整顿活动，全省范围内共督查医疗机构582所，累计排查重点部门（科室）近4000个，其他临床科室约7400个，梳理排查各类问题近万条。

加大人才培养力度。在国内和海外广泛开展招才引智系列活动，柔性引进院士和海外高层次专家58名，与省外知名医疗机构和专家签订合作协议近百项。建立4个院士工作站，获批3个诺奖工作站。举办具有国际影响力的肿瘤高峰论坛、世界骨科大会、世界健康大会。大力推进高端领军和骨干精英人才海外研修项目，全面开展基层适宜人才紧缺专业培训项目。加大全科医生培养力度，共计培养培训农村订单定向医学生和全科医生551名，拨付专项培养经费1379万元。将科普文章纳入高级职称评审条件，调动了医务人员从事健康科普工作的积极性。

持续改善医疗服务。印发《2017年深入落实进一步改善医疗服务行动计划重点工作方案》，以三级医院为重点，实施11项改善医疗服务行动，改善群众就医体验。充分发挥“互联网+”的作用，推进区域卫生信息平台建设，“山西挂号”更名为“健康山西”，全省112所县综合医院全部接入平台，并接入55所三级公立医院、74个社区卫生服务中心（乡镇卫生院）、1435个社区卫生服务站（村卫生室）；累计服务患者282万人次，在线支付43.5万笔、金额1453万元，双向转诊1100余人次，在线签约家庭医生服务26892户。完成247所群众满意的乡镇卫生院、50所社区卫生服务示范单位创建。5所乡镇卫生院和3所社区卫生服务中心分获国家“百佳”“百强”称号。巩固“三调解一保险”长效机制，《山西省医疗纠纷预防与处理办法》正式实施。配套印发《山西省急性卒中“黄金救治3小时”及“提升县域医院服务能力”实施方案》，太原市在全国省会城市中率先发布“卒中地图”。开展心肺复苏普及进万家精准健康工程，共确定中国心肺复苏培训中心35个，传播基地45家，培训国家级心肺复苏培训导师372人。

打造多样化医疗服务格局。省政府办公厅出台《山西省推进医疗联合体建设和发展工作方案》，省医改办会同省卫生计生委印发《山西省三级医院推进医疗联合体建设实施方案》，搭建医联体制度框架；安排400余名三级医院医务人员在166所县级医院开展为期3个月的驻点帮扶；面向基层、边远地区发展远程医疗协作网，覆盖全省71%的县区，58个贫困县全覆盖。大力发展社会办医，开展全省卫生计生干部入民营医院服务工作，促进规范管理，提高经营水平；打造多层次多样化医疗服务新格局，本年度仅省本级已设置1500张床位的山西仁济医院、1007张床位的山西爱心护理院、350张床位的长治慷宁中西医结合医院。推进仿制药质量和疗效一致性评价行动，开展药物临床试验机构建设工作，山西省开展一致性评价的医疗机构数达到全国第五位、中部省份首位，为山西医药产业发展提供了强大的技术支撑。

加强医疗服务监管。拓展医疗运行评价，遴选代表专科水平、费用较高、涉及高值耗材使用的30种疾病，在全国省级范围内率先公开次均费用、平均住院日、药占比、耗材占比等医疗信息，主动接受社会

监督。加强重点领域监管，组织开展单采血浆站督导检查，重点针对原料血浆质量管理和供血浆者健康权益的关键环节和薄弱环节，对发现的问题追踪整改确保落实到位；以抗菌药物、辅助用药为重点，实施临床合理用药专项整治，规范医疗服务行为；开展医疗废物管理专项检查、院感管理督导检查、委直医院社会治安综合治理考评等，为年度医疗管理工作的推进夯实了基础。

健康扶贫工程　2017 年山西健康扶贫工作紧盯因病而贫的“支出型”贫困，发挥县乡医疗卫生机构“一体化”全覆盖的改革优势，探索形成了“双组长”领导，“双签约”服务，“双督导”推进，“三个一批”救治，“三保险、三救助”兜底，“一体化”改革助力的健康扶贫“山西模式”，健康扶贫政策“红利”持续释放，贫困群众获得感和满意度有效提升。

*攻坚深度贫困，增强健康扶贫力度。*实施乡村振兴战略，提升深度贫困地区医疗服务能力。县乡医疗卫生机构“一体化”改革优先在深度贫困地区取得突破，省级三级医院与 10 个深度贫困地区医疗集团开展“组团式”精准帮扶。以紧密型医联体为依托，落实医疗服务同质化，实现大病救治及时、慢病综合防控、中医服务延伸。运用信息化手段和大数据平台，实现医联体区域内医疗卫生信息资源的共建共享。推进健康乡村建设，落实公共卫生服务均等化。

*开展分类救治，提升政策帮扶精度。*组织动员省市县乡村五级 2.9 万余名卫生计生工作人员，集中进行逐户、逐人、逐病调查核实，新认定因病致贫返贫人口全部完成核实核准工作，核准率达到 100%。大病集中救治方面，在国家规定的 9 种大病基础上，将病种扩展到 24 种。发挥各级医疗集团在分级诊疗和双向转诊方面的“桥梁”作用，在常态化救治基础上，开展大病专项救治服务月活动进行集中救治。大病救治进展率达到 99.65%。慢病签约服务管理方面，持续关注妇幼、老年人、残疾人和重病患者等重点人群个性化健康需求，全面启动健康扶贫“双签约”服务，打通政策落实“最后 1 公里”。家庭医生签约服务团队为贫困群众解决看病就诊问题。乡村干部签约服务团队为贫困群众解决政策宣传和就医报销问题。密集开展健康扶贫“冬季攻势、暖心服务”及家庭医生“进万家、送服务、保健康”等一系列主题服务。

*创新体制机制，拓展政策保障维度。*重病兜底保障方面，创新出台《山西省农村建档立卡贫困人口医疗保障帮扶方案》，新增帮扶资金投入 11.7 亿元，建立“三保险、三救助”（基本医保、大病保险、补充医疗保险、个人缴费救助、免费适配辅助器具救助、特殊困难帮扶救助）兜底保障长效机制，农村贫困人口参加城乡居民基本医保个人缴费部分由财政部门全额救助；35 种特殊慢性病门诊目录内费用 100% 报销；住院医保目录内费用“136 封顶”；住院医保目录外费用补充医疗保险报销 85%；罹患 24 种大病的晚期贫困患者每人给予 5000 元大病关怀救助；免费为残疾人适配基本辅助器具；特殊困难人群自付费用通过医疗救助兜底。患大病的贫困群众个人自付比例稳定控制在 10% 以内。

*增加政策供给，提高群众满意度。*县域内定点医疗机构全部实行先诊疗后付费和“一站式”结算，免除贫困群众看病就医后顾之忧。开展贫困地区农村妇女宫颈癌及乳腺癌免费筛查、新生儿疾病筛查、儿童营养改善等惠民实事，提高基层早诊早治能力。发挥中医药服务防病、治病作用，提升贫困地区中医药服务能力。在贫困地区全面开展“三减三健”（减盐、减油、减糖，健康口腔、健康体重、健康骨骼）专项行动，提高群众健康水平。注重扶贫“造血”功能，以转移就业扶贫为重点，打造“山西护工”品牌。评审确定 83 个定点培训机构和临床实践基地，74 家社会资本参与，10226 名贫困人口实现有效就业。

2017 年 12 月 24 日，国家卫生计生委主任李斌在晋调研定点扶贫和健康扶贫工作。

计划生育管理服务　2017 年山西省平稳有序实施全面两孩政策。独生子女伤残、死亡家庭特别扶助金标准分别提高到每人每月 400 元、500 元。将为全省城乡怀孕妇女提供免费产前筛查和诊断服务、对 36 个贫困县建档立卡的农村妇女免费进行“两癌”筛查纳入省政府 6 件民生实事，全年共完成产前筛查 24.6 万人，占项目实施期间孕产妇的 91%。确诊出生缺陷 232 人，并及时进行了干预。两癌检查分别为 27.58 万例、27.69 万例，超额完成年度目标任务。在重点公共场所新建母婴室 384 家。开展妇幼健康服务年活动，创建国家级示范县 3 个，省级儿童发展实验基地 11 个，基层妇幼保健门诊 100 个，孕产妇救治中心 142 个，危重新生儿救治中心 137 个。全省孕产妇死亡率、婴儿死亡率、5 岁以下儿童死亡率分别为 13.78/10 万、6.53‰、8.14‰，均低于全国平均水平。

公共卫生和应急管理 2017 年山西省稳步推进公共卫生服务均等化，基本公共卫生服务经费由上年的每人年均 45 元提高到 50 元，服务项目由 12 大类扩展到 14 大类。建立防治重大疾病厅际联席会议制度，艾滋病、结核病等重点传染病、慢性病、地方病、职业病等综合防治水平持续提高，为 35.59 万名适龄儿童、老年人、心脑血管疾病患者、糖尿病患者、肿瘤患者等重点人群提供预防接种、疾病筛查、随访、干预等健康服务。精神科（门诊）实现县域全覆盖。生活饮用水、传染病防治等 10 项监督量化指标连续多年处于全国第一方阵。加强卫生应急工作，高效协调、处置突发公共卫生事件 55 起，有效处置 4 起 H7N9 疫情。出台《山西省食品安全地方标准管理办法》，食品污染物和有害因素监测范围覆盖全省所有县（市、区）。城乡爱国卫生运动稳步开展，新创建国家卫生城镇 11 个、省卫生县城 5 个、省卫生乡镇 28 个、省卫生村 176 个。健康促进与教育工作全面加强，全民健康生活方式行动覆盖所有县。

中医药事业 *加大《中医药法》培训宣传力度，建立山西省中医药工作厅际联席会议制度。*11 个市全部建立局际中医药联席会议制度。运城市、静乐县、平遥县、万荣县等 4 个省级中医药综合改革试验区完成试点改革，基本达到预期目标。在太原、大同、运城开展社会办医试点工作。

*提升中医医院服务能力。*4 所省级中医科研机构和三级甲等中医医院入选国家中医药传承创新工程项目库。创建 2 个国家级、1 个省级基层中医药工作先进单位。创建 200 个中医药特色基层医疗卫生机构，建设 120 个基层中医馆。6 所综合医院通过国家中医药管理局综合医院中医药工作示范单位复审。加强中医药适宜技术推广工作，建设 7 个中医药适宜技术推广基地，100% 的县（市、区）完成一轮中医药适宜技术推广培训。国家基本公共卫生服务中医药健康管理工作指标数超过国家要求。

*加大中医药人才培养力度，中医药传承取得新进展。*2017 年 2 月 27 日，山西省人民政府学位委员会、山西省教育厅批准山西中医学院为新增博士学位授予单位（点）立项建设高校，建设期为 3 年。山西中医学院更名为山西中医药大学，6 月 30 日挂牌。挂牌成立山西省针灸医院圣彼得堡中医院。评选认定首批“山西名药”20 个，召开山西名药表彰大会，5 人分别当选为第 2 届、第 3 届“国医大师”和首批“全国名中医”。

医养结合工作 2017 年山西省积极探索医养结合多种模式，其中医院开办养老院模式，实现体制重大突破。尤其全省推进农村卫生室与老年日间照料中心发展融合，为全国农村社区医养结合提供典范。1 月，省卫生计生委与省民政厅联合举办全省医养结合工作培训班，对推进省医养工作开展作部署安排，提出了工作要求。11 月，在长治市举办全省医养结合工作现场会，各市卫生计生委主要负责人、37 个省级医养结合试点单位及相关专家代表参会，现场观摩学习。与省民政厅联合下发《关于开展村卫生室与乡村老年人日间照料中心融合发展试点工作的通知》，全省共确定试点单位 33 个。重点推进二、二级综合医院开设老年病科，各级医疗机构开通为老年人提供便利服务的绿色通道。承办国家卫生计生委、法国社会团结与卫生部、法国国家家庭补助局举办的第 5 届中法家庭发展政策研讨会，更新思想理念，学习借鉴国内外经验，推进山西医养结合工作。

爱国卫生运动 2017 年山西省乡村清洁工程累计投入 50.6 亿元，配备保洁员 9.4 万名，农村垃圾处理率达到 50.3%，50 个县启动农村垃圾治理 PPP 项目；清理农村“四堆”135.1 万处、垃圾 2593.4 万吨；启动农村垃圾分类工作，3 个县列入首批全国示范，17 个县启动省级试点。全省行政村全部通达等级公路；农村集中式供水人口比例为 95%；建制镇、行政村生活垃圾无害化处理率和生活污水处理率大幅度提高。全省开展了以农村环境集中整治为主要内容的城乡环境卫生整洁行动。各地根据季节及区域特点，以政府购买服务为主、自主消杀为辅的方式对病媒生物进行防治。全年共完成 17.03 万座农村无害化卫生厕所的建设改造任务。

健康产业发展 支持和鼓励社会办医，开展民营医院信用等级管理评价试点工作和卫生计生干部入民营医院服务工作。确定 37 个省级医养结合试点单位，全省能提供医疗服务的养老机构达 50% 以上。启动社区（村）卫生室与老年日间照料中心融合发展试点。综改示范区健康产业园区建设取得积极进展。推进仿制药质量、疗效一致性评价和药物临床试验机构建设工作，一致性评价的医疗机构数位居全国前列。召开山西省民营医院第一次党代会，选举产生党委、纪委，强化了民营医院基层党组织建设。

党建工作 2017年山西省将学习宣传贯彻党的十九大精神作为首要政治任务，通过学原文、读原著、悟原理，深刻领会十九大精神的主旨要义和丰富内涵。省卫生计生委党组召开2次党组中心组扩大会议，专题学习党的十九大报告。组织修订、完善《山西省卫生和计划生育委员会党组议事规则》等制度文件，对“三重一大”问题，充分发扬民主，集体研究决定。细化分解“三基建设”17个方面31项重点任务。通过实施“百千万卫生人才培养工程”，开展基层全科医生转岗培训、农村订单定向免费医学生培养工作，开展“医卫双优下基层”“机关干部基本能力竞赛”“三甲医院青年护士岗位技能比武”等系列活动，做实全民健康基础性工作。开展党的群众路线教育实践活动、三严三实、两学一做、“维护核心、见诸行动”和“强能力、提素质、抓落实”主题教育活动。落实各级党委主体责任和各级纪委监督责任，加强对党员队伍的教育管理。运用监督执纪“四种形态”，对20余名存在个人事项瞒报、漏报问题的党员干部进行诫勉约谈，全年未发生违反中央八项规定精神的问题。抓好巡视整改工作，4次召开专题党组会，对巡视整改工作进行安排部署。归纳、梳理出3方面24个具体问题的清单，明确86项整改措施，确保巡视整改工作顺利推进。围绕党建7项重点工作，落实民主评议党员、支部书记讲党课，领导干部参加双重组织生活等各项制度。全面推进卫生计生法治建设，优化政务服务，取消、下放行政审批事项23项，推进“互联网+政务服务”工作，推行网上审批。建立起覆盖委机关、联通委直属各单位和各市卫生计生委的办公内网系统。本着“求真务实”的原则，狠抓委内13710制度建设、日清单月报告制度，执行未落实重要事项双（多）项通报等制度，形成了“干实事、抓落实”的良好氛围。推动全系统行风建设，将行风建设纳入年度目标任务，构建长效机制，连续3年组织开展覆盖全省三级综合和专科医院的大型医院巡查专项行动，深入推进“九不准”专项整治，维护了广大人民群众健康权益，全年未发生重大违纪案件。

卫生计生事业发展数据 2017年底，山西省有医疗卫生机构42491个，其中，医院1388所，基层医疗卫生机构40581所，专业公共卫生机构456所，其他机构66所。拥有三级医疗机构66所（三级甲等47所、乙等13所、未评6所）；二级医疗机构391所，其中县区级综合医院137所，92%达到二级甲等及以上水平；乡镇卫生院1605所，每个乡镇都至少有1所卫生院；城市社区卫生服务机构达937所（中心227所，站710所，其中政府办的235所）；村卫生室28942个，基本实现服务全覆盖。全省医疗卫生机构共有床位19.75万张，每千人口床位5.33张；在岗人员31.87万人，其中卫生技术人员23.29万人，执业（助理）医师94277人，每千人口执业（助理）医师2.55人，每千人口注册护士2.62人，较“十二五”末增加0.35人。

据2017年人口抽样调查，年末全省常住人口为3702.35万人，比上年末增加20.71万人。全年全省出生人口40.83万人，人口出生率为11.06‰；死亡人口20.12万人，死亡率为5.45‰；自然增长率为5.61‰。（季　巍）

〔特约编辑：陈利民〕

〔主　编：李凤歧　副主编：刘中雨〕

内蒙古自治区

全区卫生和计划生育工作概述 2017年，内蒙古自治区卫生计生系统深入学习贯彻习近平新时代中国特色社会主义思想和党的十九大精神，学习贯彻习近平总书记考察内蒙古重要讲话精神，坚持党的卫生与健康工作方针，坚持需求和问题导向，以推进健康内蒙古建设为主线，以抓落实见实效为主旋律，持续深化医改，努力提高公共卫生和医疗服务质量和水平，改革完善计划生育服务管理，大力发展蒙医药中医药事业，促进健康产业发展，全面加强党的建设，各项工作进展顺利。全区孕产妇死亡率由上年的15.6/10万下降到13.07/10万，婴儿死亡率由上年的5.02‰下降到4.36‰，人民群众健康水平持续提高。

健康内蒙古建设 2017年6月，内蒙古自治区党委、政府印发《“健康内蒙古2030”实施方案》，明确健康领域20项重大工程，推进39个行动，实施22个项目。自治区卫生计生委编制完成《“健康内蒙古2030”实施方案》重点任务分工方案，将普及健康生活、优化健康服务、完善健康保障、建设健康环境、发展健康产业的任务落实到部门。

自治区成立70周年庆祝活动医疗卫生保障 制定《内蒙古自治区成立70周年庆祝活动医疗卫生和食品药品安全保障工作方案》，成立内蒙古自治区成立70周年庆祝活动医疗卫生和食品药品安全保障工作领导小组，设立办公室和医疗保障组、食品药品安全组、疾病防控组、卫生监督组、医疗保健组等5个工作组，制定公共卫生安全保障、精神卫生应急保障、卫生监督保障、医患关系矛盾预防化解、医疗保健、医疗保障、食品药品安全保障等7个专项工作方案和突发公共卫生事件应急、突发事件紧急医学救援等2个应急预案。自治区直属及呼和浩特市的15家医疗机构参与医疗保障任务，共抽调医疗保障人员301名、保障车辆24台，累计接诊病人2070人，转诊病人37人，为庆祝活动提供了有力保障。

深化医药卫生体制改革　公立医院综合改革。继续在11个旗县开展公立医院改革示范旗县创建活动，准格尔旗成为国家级公立医院改革示范旗，乌海市被确定为自治区公立医院改革示范城市。2017年4月，城市公立医院综合改革全面推开，全区所有公立医院全部取消药品加成，公立医院运行新机制逐步建立，药占比下降到31.61%，个人卫生支出占比下降到33.46%。所有盟市和旗县均组建由政府主要领导牵头的公立医院管理委员会。10个盟市和43个旗县制定自主招聘相关政策。建立自治区级临床路径管理监测平台和质控中心。87%的公立医院实行全成本核算，80%以上的三级医院实行总会计师制度。自治区人力资源社会保障厅、财政厅、卫生计生委印发《关于开展自治区公立医院薪酬制度改革试点工作的实施意见》，自治区卫生计生委印发《2017年区直公立医院绩效考核工作方案》，2017年年底前后对自治区直属公立医院开展绩效考核工作。在鄂尔多斯市开展人事薪酬制度改革试点、兴安盟开展医保管理中心试点。自2017年4月起，全区所有公立医院均执行《内蒙古自治区医疗服务价格（试行）》（2012版），提高诊察、护理、手术等技术劳务类项目价格，降低大型设备检查检验类项目价格。

分级诊疗制度。在全区全面启动实施分级诊疗工作，自治区政府办公厅印发《自治区推进医疗联合体建设和发展实施方案》，组建不同形式的医联体70个，所有三级医院全部参与医联体建设。131所医院纳入远程医疗协作网，覆盖89个旗县区。全区12个盟市103个旗县组建了由医疗、护理、公卫人员组成的家庭医生服务团队9208个，常住人口签约人数为1035.28万人，签约率为41%，重点人群签约率为68%，建档立卡贫困人口签约率为97%，计划生育特殊家庭签约率达100%。北京市和自治区的78所三级医院，与66所贫困和边境旗县医院建立稳定的对口支援关系。

全民医保制度。完成全区城乡居民医保整合工作，2017年1月1日起实施统一的城乡居民医保政策，城乡居民基本医保覆盖率达95%以上，人均补助标准由2016年的420元提高到2017年的450元，政策范围内住院费用报销比例达75%左右。自治区政府办公厅印发《内蒙古自治区进一步深化基本医疗保险支付方式改革实施方案》，自治区人力资源社会保障厅、卫生计生委印发《内蒙古自治区基本医疗保险按病种付费改革试行办法》，确定117个病种实行按病种付费方式改革，呼和浩特市、包头市、兴安盟、通辽市、锡林郭勒盟、乌兰察布市、鄂尔多斯市、乌海市等8个试点城市全面推开按病种支付方式改革。在乌海市开展DRGs付费改革试点。2017年8月底全区全面实现跨省异地就医住院费用直接结算，开展定点医院新农合跨省异地就医直接结算工作，原有的5家定点医院自治区人民医院、宁城县医院、呼伦贝尔市人民医院和鄂尔多斯市中心医院开通网上结报系统并实施新农合异地就医住院费用直接结算，新增的15家医院中，12家可以提供结报服务，2家正在对接，1家正在进行硬件改造。

药品供应保障制度。自治区政府办公厅印发《关于进一步改革完善药品生产流通使用政策的实施意见》，全面执行新一轮药品分类采购，招标药品价格平均降低27.2%。将新医保目录和国家谈判的36种药品挂网采购。10类高值医用耗材全部实施网上阳光采购，其中血管介入等5类耗材价格平均降幅达20%左右。开展“西部10省区”“三明招采联盟”等跨区域联合采购。自治区卫生计生委印发《关于开展医疗联合体药品耗材采购试点工作的通知》，医联体带量带预算采购试点启动实施，包头市中心医院组建的医疗集团启动并完成首批药品医用耗材带量采购试点工作。自治区卫生计生委等7部门印发《内蒙古自治区公立医疗机构药品采购“两票制”实施方案（试行）》，从2017年11月1日起，1901家公立医疗机构全面实施药品采购“两票制”，“两票制”信息系统同时上线运行。建立短缺药品监测预警和分级应对机制。将医保甲类药品纳入基本药物制度统一管理，鼓励公立医院优先使用基本药物，全区二、三级医疗机构基本药物使用金额占比不断提升。完善自治区药品耗材集中采购信息平台建设，基本实现全类别、全品种药品的网上监管。

综合监管制度。实行卫生计生全行业管理，自治区卫生计生委印发《贯彻落实人体器官移植医师培训与认定管理办法实施方案》，组织落实人体器官移植医师认定审批事项下放的承接工作。开展“双随机、一公开”抽检计划。规范医疗机构辅助用药管理，促进合理用药，引导和规范公立医疗卫生机构内审工作，全区公立医院医药费用增幅为8.42%，控制在10%以内。开展医疗服务日常监管，实施改善医疗服务行动，对非法行医、非法医疗美容、传染病防治、职业病防治以及饮用水卫生等开展专项监督检查，医疗卫生、公共卫生、计划生育、蒙医药中医药综合监督执法工作不断强化，医疗卫生信用体系建设任务不断加强。

全民健康信息化工作。启动健康医疗大数据应用工程，实施互联网医疗项目、公立医院综合管理项目、全员人口及计划生育服务管理项目、公共卫生及综合管理项目、居民健康卡普及应用项目等5个项目。自治区卫生计生委召开全区健康医疗大数据应用工程启动会，到2017年12月底，实现自治区与所有盟市、旗县互联互通全覆盖。

医疗卫生工作　卫生计生服务体系建设。2017年，中央累计安排专项投资9.03亿元支持内蒙古自治区42个卫生计生基础设施建设项目，其中，县级医院建设项目16个，中央投资4.84亿元；妇幼健康保障工程建设项目13个，中央投资1.47亿元，建设省级妇幼健康服务机构1个、中央投资5000万元，县级妇幼健康服务机构12个、中央投资9680万元；公共卫生服务能力提升工程建设项目13个，中央投资2.71亿元，建设省级疾病预防控制机构1个、中央投资1.73亿元，地市级疾病预防控制机构2个、中央投资2940万元，县级疾病预防控制机构8个、中央投资3250万元，省级结核病防治机构1个、中央投资2500万元，血站建设项目1个、中央投资1152万元。开展自治区本级8个重点卫生项目，总建筑面积56万平方米，投资概算58亿元，截至2017年12月底，自治区康复疗养中心竣工验收，内蒙古医科大学第二附属医院、自治区中医医院住院及医技综合楼、自治区儿童医院妇产医院妇幼保健院“三位一体”外迁新建、自治区综合疾病预防控制中心、自治区肿瘤医院门诊楼等5个项目内外部装修，自治区精神卫生中心迁建项目主体封顶，自治区国际蒙医医院二期工程办理开工前手续。

医疗服务和质量管理。开展医师、护士、医疗机构电子化注册管理工作，全区电子化注册率超过99%。开展省院合作远程医疗政策试点工作，自治区远程医疗服务系统覆盖131所医院，实现与北京、上海、广州等大城市的连接，开展远程会诊3万余例。加强医疗技术临床应用管理，提升人体器官移植规范化、法制化管理水平。实施进一步改善医疗服务行动计划，全区三级公立医院启动多种形式的预约诊疗服务，二级、三级医院优质护理全院覆盖。印发《内蒙古自治区日间手术试点工作方案》，在自治区人民医院、内蒙古医科大学附属医院、包头医学院第一附属医院、包头市中心医院、乌海市人民医院、呼和浩特市人民医院试点开展日间手术工作。组织全区二级以上医院开展国家按病种收费320个病种和自治区基本医疗保险按病种付费改革117个病种的临床路径管理。开展“三好一满意”、抗菌药物专项整治等活动，组建了医院感染管理等60个自治区级医疗质量控制中心，定期通报各地抗菌药物临床应用情况。完成全区三级医院评审和二级甲等综合医院复审工作，全区新增三级甲等综合医院6所，三级乙等综合医院1所，二级甲等综合医院21所，14所医院经评审确定为三级甲等专科医院。推进“平安医院”创建活动，二级以上医院安全防范系统建设达标率为85%，全区共有216所医院设立了应急报警装置，165所医院实现与公安机关的联网互通，全区医疗机构设警务室280家，12个盟市和80个旗县实施医疗责任保障，575所医院参加医疗责任保险，82所医院实施医疗风险互助金制度，340所医院参加医疗意外险，3次对全区40家三级医院进行巡查，开展纠正医药购销领域不正之风专项整顿工作。

提高基层服务能力和水平。深入推进社区卫生服务机构建设和农村牧区卫生服务体系建设，建成社区“名医工作室”132家；重新规划305所中心卫生院，对所有卫生院按照服务能力实行分类管理；为762个不宜建卫生室的行政村配备了流动医疗车，建立“固定与流动相结合”的新型农村牧区医疗卫生服务模式，覆盖乡村的基层医疗卫生服务网络基本形成。“农牧民满意的嘎查村卫生室”示范达标活动有序开展，2017年有79个卫生院获得全国“群众满意的乡镇卫生院”称号。基层医药卫生体制改革不断深化，建立完善了基层医疗卫生机构运行机制和管理体制，健全和完善基层医疗卫生机构多渠道补偿机制，建立起“定编定岗不定人”的人事制度，所有政府办基层医疗卫生机构公益性管理体制基本确立。

人才队伍建设和科技创新。到2017年底，自治区领先、重点学科达到66个和98个。组织科研立项444项，全区卫生科研技术获自治区自然科学奖15项、科技进步奖58项，推广适宜技术81项。积极落实“草原英才”工程，先后入选和评为享受国务院特殊津贴者12名、卫生部有突出贡献中青年专家3名，获自治区杰出人才奖12名、自治区突出贡献专家24名、自治区草原英才个人79名、“511人才培养工程”34名。住院医师规范化培训在培人数达到3340人，助理全科医生培训共招录学员192人，启动专科医师规范化培训试点工作，招收农村订单定向免费医学生1121人，全科医生转岗培训1990人，在岗乡村医生中等学历教育毕业学员1.2万人，开展面向嘎查村卫生室中等专业免费医学生教育培养工作，加强后备人才培养和继续医学教育，为卫生计生改革发展提供了人才支撑。

健康扶贫工程。自治区政府成立全区健康扶贫工作专项推进小组，12个盟市、103个旗县政府均成立健康扶贫专项工作小组。自治区卫生计生委设立专职健康扶贫办公室，各盟市、旗县卫生计生行政部门均成立一把手任组长的健康扶贫工作领导小组。自治区政府先后印发《内蒙古自治区健康扶贫工作推进方案》《内蒙古自治区健康扶贫工程实施意见》《内蒙古自治区健康扶贫工程"三个一批"行动计划实施方案》《内蒙古自治区实施健康扶贫工程完善基本医保和相关救助政策的意见》等指导性文件，自治区卫生计生委细化配套《内蒙古自治区健康扶贫工作考核办法》《内蒙古自治区农村贫困住院患者旗县域内先诊疗后付费实施方案》《内蒙古自治区农村牧区贫困人口大病专项救治工作实施方案》等17个文件。有扶贫任务的旗县全部建立大病保障基金，实行住院先诊疗后付费和"一站式"即时结算。70%的旗县为贫困人口购买商业健康补充保险。为61万建档立卡贫困人口开展免费健康体检。实施大病集中救治一批、慢病签约服务管理一批、重病兜底保障一批等"三个一批"行动计划，9种大病集中救治覆盖所有贫困地区，全年救治建档立卡贫困大病患者1882名，医疗费用实际报销比例达91.2%。全面启动农村牧区贫困人口白内障患者免费治疗，为23万贫困慢病患者提供签约服务。

公共卫生工作 *基本公共卫生服务*。基本公共卫生服务人均经费从2016年的45元提高到50元，服务项目扩大到14类，在基层医疗卫生机构实施的有12类。城乡居民规范化电子健康档案建档率为83.82%、适龄儿童国家免疫规划疫苗预防接种率达90%以上，建证（卡）率达100%；传染病报告及时率、准确率达96%以上；产后访视率为85.23%；新生儿访视率为85.44%。老年人健康管理率为67.42%，累计管理高血压患者182万人，规范管理率为67.53%；累计管理糖尿病患者45.8万人，规范管理率为65.5%，严重精神障碍患者在册管理率为84%；蒙中医药健康管理服务目标人群覆盖率达40%以上；全区97%的基层医疗机构开展卫生监督协管服务。

重大疾病防控。2017年，全区报告法定传染病9.41万例，较上年上升10.30%。全区无甲类传染病疫情报告；乙类传染病报告6.74万例，较上年上升7.16%，死亡82例，与上年持平；丙类传染病报告26759例，较上年上升19.10%，死亡2例，较上年增加1例。报告发病居前5位的病种是乙肝、手足口、肺结核、梅毒、丙肝，报告死亡数居前3位的病种是艾滋病、肺结核和乙肝。鼠疫疫情报告及时率和疫区处理率为100%，连续13年未发生人间鼠疫。推进艾滋病综合管理示范区工作，全区报告检测HIV抗体筛查273.52万人份，筛查率较2016年同期增长19.45%。发现报告艾滋病感染者和病人882人，其中感染者691例，病人191例，分布在全区12个盟市的76个旗县区。对3032例艾滋病病人实施规范的关怀救治，完成2017年目标任务的105.3%。全区13个美沙酮维持治疗门诊累计共治疗吸毒人员5920人，在治2092人，较2016年降低2.80%。全面推进结核病综合防治服务模式，全区发现、管理、规范治疗1189例活动性肺结核病人，比上年增加715例，其中初治涂阳患者2144例、复治涂阳患者349例、涂阴患者7233例；筛查密切接触者6938例，患者总体到位率为92.78%，初治涂阳患者治愈率为90.30%。全区共报告布鲁氏菌病病人7744例，比上年（6567例）增加1177例，上升17.92%，疫情涉及到12个盟市的101个旗县（市、区）。实施新的脊髓灰质炎疫苗免疫策略，加强二类疫苗采购和使用管理，全区基础免疫接种371.21万人剂次、接种率为99.52%，加强免疫接种150.4万剂次、接种率为98.98%。将脊灰灭活疫苗和二价减毒活疫苗纳入国家免疫规划，全区白喉已连续24年没有报告病例，乙脑连续7年没有报告病例，继续保持无脊髓灰质炎状态。启动30个新申报自治区级慢性病示范区建设。全区所有旗县（市区）保持消除碘缺乏病状态，氟、砷等地方病、包虫病发病得到有效控制。在4个盟市和7个旗县（区）开展精神卫生综合管理示范市（旗县、区）建设，严重精神障碍报告患病率为4.29‰，在册患者管理率为87.02%。

卫生应急。自治区卫生计生委、发改委联合印发《内蒙古自治区突发急性传染病防治实施意见》《内蒙古自治区突发事件紧急医学救援实施意见》，明确"十三五"时期卫生应急工作的目标和任务。开展卫生应急规范化建设，86%的旗县（市、区）通过卫生应急规范旗县考核验收，所有盟市疾控中心和三级以上综合医院全部达到卫生应急规范化考核标准。修订《内蒙古自治区人感染H7N9禽流感卫生应急预案》。有效处置人感染H7N9禽流感疫情等11起公共卫生事件和8起突发重大事件卫生应急救援工作。完成自治区成立70周年庆祝活动、《联合国防治荒漠化公约》第13次缔约方大会等重大活动、重要会议医疗卫生保障任务。组织参加全国卫生应急技能竞赛，内蒙古获优秀组织奖、团体优秀奖和个人中毒处置三等奖。

健康教育与促进。印发《关于"十三五"健康促进与教育工作的实施意见》《关于进一步加强全区健康促进与教育工作实施意见》《全区健康促进场所健康社区健康家庭创建工作方案》，创建61个自治区健康促进旗县（市、区），创建率达60%以上。在8

个旗县区开展居民健康素养监测和中医药健康文化素养调查。制作拍摄4部健康教育公益广告，在全区各级电视台播放近2万次，其中《狂犬病一旦发病、致死率100%》获得国家优秀公益广告三等奖。从2017年起，将每年的11月确定为全区健康促进月，逐级开展为期2个月的健康巡讲，全年巡讲超过1万场。开展以“三减三健”（减盐、减油、减糖，健康口腔、健康体重、健康骨骼）为主题的全面健康生活方式行动，全区居民健康素养水平提高到12%。

爱国卫生运动。大力开展爱国卫生运动。组织开展纪念爱国卫生运动65周年活动，开展庆祝内蒙古自治区成立70周年爱国卫生活动周，自治区卫生计生委与人社厅联合表彰全区爱国卫生运动65周年先进集体和个人。启动建设28个健康城市和1100个健康村镇。通辽市、乌兰察布市、锡林浩特市获得国家卫生城市荣誉。建成13个国家卫生县城乡镇，8个自治区卫生旗县，184个卫生苏木乡镇，2391个卫生嘎查（村）。2017年底，全区农村牧区卫生厕所普及率为77.88%，旗县以上生活垃圾无害化处理率为98.08%、污水处理率为94.08%。

卫生监督和食品安全。在兴安盟和巴彦淖尔市开展全程执法记录试点工作。在全区12个盟市和103个旗县开展“双随机”监督检查工作，完成“双随机”任务5123单，任务完结率为94%。检查医疗机构14775家，采供血机构18家，疾控机构106家，二级实验室609家，一级实验室666家，幼儿园2536家，小学1454家，高校76所、中职学校53所、普通中学606所，检查消毒产品生产企业38家，集中式供水单位873家。在全区范围内对住宿、游泳、沐浴、美容美发等4类重点场所开展拉网式监督检查，共监督检查各类公共场所28413家，不合格场所2169家，处罚393家，处罚金额为439440元。开展严厉打击非法医疗美容专项行动，共收到投诉举报46件，办结38件，实施行政处罚27件，反馈43件，举报人满意43件。重点职业病监测扩展至100%的盟市，放射卫生监测扩展至100%的盟市，饮用水水质监测扩展至90%的乡镇，集中式供水单位卫生监督覆盖率达100%。《驼乳》《酸马奶》地方特色食品安全地方标准制定立项。食品污染和有害因素监测点数量覆盖12个盟市和103个旗县（市区），风险监测覆盖率达100%。

卫生计生法治建设。自治区卫生计生委修订党组议事决策事项清单和卫生计生行政处罚自由裁量权基准，完善并公开本级权责清单，建立法律顾问制度，形成46项工作制度和规范。在兴安盟、巴彦淖尔市执法全过程记录试点。清理确定现行有效的规范性文件57件，拟修改后重新发布的17件。制定落实法律法规的规划、方案，年内印发传染病防治、蒙医药中医药事业发展等领域中长期规划、方案31件。推进“双随机一公开”，实现监管领域、人员、对象全覆盖。在呼伦贝尔开展“依法执业普法万里行活动”，全区累计查处无证行医案件3500多件，移送司法机关435件。

计划生育工作　计划生育服务管理改革。自治区卫生计生委印发《内蒙古自治区“十三五”计划生育事业发展规划》。全面推行生育登记等工作网上办理，实现12个盟市全覆盖，简化规范再生育办理，取消二孩生育审批，实行“一次登记、全程服务”，截至2017年12月底，完成生育登记20.04万人，出生人口二孩占比为47.76%，政策效应持续释放。自治区政府办公厅印发《坚持和完善计划生育目标管理责任制的实施意见》，2017年年初，自治区党委、政府与各盟市党委、政府及自治区直属厅局签订计划生育工作目标管理责任书，自治区卫生计生委与各盟市卫生计生部门签订计划生育工作目标管理责任书。年末，由自治区党委、人大、政府、政协厅级领导带队进行年末考核验收，全区12个盟市和8个签状厅局完成2017年度目标任务。健全整治“两非”长效工作机制，出生人口性别比稳定在106左右。

妇幼健康服务。加强妇幼健康服务机构标准化建设与规范化管理，产科、儿科服务供给有效增加，孕产妇和新生儿危急重症救治能力进一步增强。在全区推广使用全国统一的《母子健康手册》，印发实施方案，建立健全考评机制，全区共发放《母子健康手册》9.6万多册，发放率为87.6%，使用率为93.7%。孕前优生健康检查目标人群覆盖率达90%以上，全区64个旗县开展宫颈癌检查，宫颈癌细胞学检查累计完成31.23万人，宫颈癌HPV检查累计完成4.17万人，共完成35.39万人，完成率为101.1%。9个旗县承担乳腺癌检查项目，乳腺癌检查累计完成4.03万人，完成率为106.1%。产前筛选、新生儿疾病筛查等出生缺陷综合防治能力有效提升。综合反映国民健康的两大核心指标婴儿死亡率和孕产妇死亡率持续优于全国平均水平。

家庭发展。计划生育奖励扶助“三项制度”全面落实，截至2017年底，全区奖励扶助制度确认人群100807人，特别扶助制度确认人群17613人（独生子女伤残家庭7012人、独生子女死亡家庭10601人），计划生育手术并发症人员670人，少生快富工程确认2111户，预算下达中央补助资金13851万元，自治区配套资金5339万元。计划生育特殊家庭家庭医生签约服务率、就医绿色通道、联系人制度实现全覆盖。实施“新家庭计划”项目，形成“培训＋服务”

的内蒙古模式。开展“创建幸福家庭”示范活动，命名12个自治区级幸福家庭示范县、24个自治区级示范乡镇苏木、36个自治区级示范嘎查村社区、107个自治区级示范家庭。在各地区确保每个村都有一个示范户，每个乡都有一个示范村，每个县都有一个示范乡。推进医养结合工作，2017年，呼和浩特市、鄂尔多斯市、乌海市成为国家医养结合试点城市，呼伦贝尔市、乌兰察布市、巴彦淖尔市成为自治区级医养结合试点盟市，包头市昆都仑区、兴安盟扎赉特旗、通辽市科左后旗、赤峰市红山区、锡林郭勒盟太仆寺旗和阿拉善盟额济纳旗成为自治区级试点旗县。确定23家机构为第一批医养结合示范试点。截至2017年底，80%以上的二级综合医院开设老年就医绿色通道，50%以上的养老机构与医疗机构建立合作机制，全区老年健康管理率为67%，老年人口家庭医生签约率超过60%。

流动人口基本公共卫生计生服务均等化。健全《流动人口基本公共卫生计生服务均等化工作评估指标体系》，完善以常住人口为基数的基本公共卫生计生均等化服务投入保障机制，2017年，自治区本级安排流动人口均等化项目经费700万元，全区流动人口人均基本公共卫生计生服务经费达60元。在流动人口占一定比例的旗县（市、区）培育和建设流动人口基本公共卫生计生服务均等化示范旗县（市、区）和示范社区。组织开展“把健康带回家”“人口流动、健康同行”“新市民健康城市行”等系列主题活动。继续开展流动人口健康促进示范企业、示范学校和健康家庭评选表彰活动，包头市2家企业、2所学校及40个家庭被国家卫生计生委授予流动人口健康促进示范企业、示范学校和示范家庭。

蒙医药中医药工作　*政策体系*。自治区党委将蒙医药中医药列入“七业同兴”发展规划，自治区政府出台《振兴蒙医药行动计划（2017—2025年）》。推进《中医药法》配套政策的贯彻落实，推开蒙医中医诊所备案管理，推进蒙医中医健康养生养老服务工作，组织制定《蒙医中医确有专长人员医师资格考核注册管理实施细则》。6个单位和20名同志成为全国少数民族医药工作突出的集体和个人。

医疗服务体系建设。开展55所旗县蒙医中医医院项目建设，总投资21.7亿元，已完成投资12.1亿元，20所已投入使用，28所完成主体工程，7所正在建设中。新增3所三甲蒙医中医医院，完成77所蒙医中医医院急诊急救能力、10个制剂能力、9个重点专科和30个基层医疗卫生机构“蒙医馆、中医馆”建设。内蒙古自治区国际蒙医院治未病养老旅游基地被列入国家示范项目。96.36%的社区卫生服务中心和91.31%的苏木乡镇卫生院设蒙医科或中医科，82.24%的社区卫生服务站和61.68%的嘎查村卫生室能够提供蒙医药或中医药服务。6个旗县通过基层蒙医药中医药工作先进单位评审验收。

特色优势发挥。公立蒙医中医医院综合改革稳步推进，医联体和专科联盟建设全面推开，蒙医药中医药远程医疗中心和数据中心投入使用。新建第6批全国学术经验继承项目20个、基层专家传承工作室19个。开展国家级中药技术人才、蒙医中医护理骨干培训。7名专业人员计入第4批全国中医优秀人才研修项目。包金山获“国医大师”荣誉称号，米子良、阿古拉获“全国名中医”称号，金广辉作为“全国名中医”提名人获自治区表彰。名老蒙医药中医药专家学术经验继承持续开展，人才培养和队伍建设不断加强。

科技创新。制定《加快推进蒙医药中医药科技创新体系的实施意见》《“十三五”蒙医药科技创新专项规划》。72个学科通过自治区领先、重点学科、重点实验室评审。完成蒙医针刺穴位、灸疗穴位及放血穴位体表定位等3项标准和心刺痛等9个病种蒙医诊疗指南的制定工作，完成266个病种蒙医药诊疗方案和58个病种蒙医临床路径。自治区中医医院中医药研究所牵头的第4次中药资源普查中，整理标本8000余份，药材1000余份，种子400余份。成立黄芪药用植物资源保护与开发利用院士工作站、道地药材种植标准化与质量评价工程实验室、中药鉴定学重点实验室、国家中药材产业技术体系—阿拉善综合试验站，启动内蒙古地区特色道地药材炮制技术传承基地及中药药用植物重点物种保存圃建设，建药材科研、繁育、种植基地1万余亩。

文化建设。繁荣蒙医药中医药学术园地，举办全区蒙医医院医务科长、中医临床路径管理培训班、治未病能力建设经验交流会、医疗质量培训班，承办中国民族医药学会首届国际蒙医心身医学高峰论坛暨神志病分会学术年会，中医药学会、蒙医药学会以及巴彦淖尔市、锡林郭勒盟等地分别举办经典背诵、学术交流、技术比武等学术活动。自治区中医药学会与自治区总工会、人力资源社会保障厅联合举办中医诊疗、针灸、推拿职工职业技能比赛，自治区中医医院武慧强、内蒙古医科大学中医学院张锁、内蒙古医科大学中医学院奥晓静等3人获自治区“五一劳动奖章”。

对外交流。在第2届中蒙博览会期间，举办蒙医药国际学术论坛和蒙医药成果展。派出医疗队赴蒙古国开展义诊，全区各级蒙医中医医院接待俄蒙患者及体检人员2万多人。内蒙古自治区国际蒙医医院受蒙古国达尔罕省和布尔干省省长邀请，赴蒙古国开展“中

国蒙医药专家健康行”活动，获省政府荣誉奖状。11名蒙医医师在蒙古国卫生部注册备案。内蒙古自治区国际蒙医医院与蒙古国高等传统医药学院、科学研究院等合作研究4个蒙医药项目。

李纪恒调研卫生与健康工作　2017年11月17日，内蒙古自治区党委书记、人大常委会主任李纪恒在呼和浩特调研卫生与健康工作。要求全区卫生计生系统深入学习贯彻党的十九大精神，自觉以习近平新时代中国特色社会主义思想指导卫生计生事业改革发展，要深刻领会、准确把握实施健康中国战略的各项新要求，针对内蒙古医疗卫生事业发展中的突出问题，着力抓重点、补短板、强弱项，推动全区卫生与健康工作更加平衡、更加充分发展。他要求各级党委、政府切实加强领导、落实责任，确保党中央关于卫生与健康工作的大政方针不折不扣落到实处，推动形成发展医疗卫生事业的强大合力，为全区各族人民提供更多、更好、更公平的健康福祉。

内蒙古自治区党委书记李纪恒调研卫生与健康工作。

卫生计生事业发展数据　卫生资源。2017年末，全区有卫生计生机构24217个，比上年增加219个，其中医院775个，比上年增加55个；基层医疗卫生机构22868个，比上年增加263个；专业公共卫生机构507个，减少92个。全区医疗卫生机构共有床位150335张，其中医院118697张，基层医疗卫生机构26763张。医院中，公立医院床位占82%，非公立医院床位占18%。每千人口医疗卫生机构床位数由2016年的5.52张增加到2017年的5.95张。全区卫生计生人员总数达233075人，比2016年增加11737人，其中卫生技术人员180401人，乡村医生和卫生员18128人，其他技术人员9937人，管理人员11066人，工勤技能人员13542人。卫生技术人员中，执业（助理）医师70322人，注册护士71871人。每千人口执业（助理）医师2.78人，每千人口注册护士2.84人，每万人口全科医生1.57人，每万人口公共卫生机构人员7.64人。

医疗服务。2017年，全区医疗卫生机构总诊疗人次10444.07万人次，比上年增加104.58万人次。2017年居民人均到医疗卫生机构就诊4次。总诊疗人次中，医院4994.66万人次（占47.82%），基层医疗卫生机构5049.36万人次（占48.35%），专业公共卫生机构393.34万人次（占3.77%），其他医疗机构6.71万人次（占0.06%）。与上年比较，医院诊疗人次增加233.04万人次，基层医疗卫生机构诊疗人次减少117.55万人次。全区医疗卫生机构中，医师日均担负5.3诊疗人次和1.5住院床日。医院医师日均担负5.1诊疗人次和2.2住院床日，基层医疗卫生机构医师日均担负5.8诊疗人次和0.4住院床日。全区医院病床使用率为74.71%，其中公立医院为81.07%。医院出院者平均住院日为9.8日（其中公立医院9.8日），比2016年降低0.06日。基层医疗卫生机构病床使用率为41.43%，出院者平均住院日为6.2日。

农村卫生。2017年底，全区80个旗县（市）共设有旗县（区、县级市）级医院168所、旗县（区、县级市）级妇幼保健机构80所、县级疾病预防控制中心80所、县级卫生监督所81所，四类旗县（区、县级市）级卫生机构共有卫生人员50086人。共设1312个苏木乡镇卫生院，床位21807张，卫生人员21648人（其中卫生技术人员18610人）。与上年比较，苏木乡镇卫生院减少9个，床位增加1824张，人员增加605人。全区11073个行政村共设13625个嘎查村卫生室，嘎查村卫生室人员达20677人，平均每个嘎查村卫生室人员1.52人。

社区卫生。2017年底，全区已设立社区卫生服务中心（站）1195个，其中社区卫生服务中心319个，社区卫生服务站876个。社区卫生服务中心拥有卫生人员8475人，社区卫生服务站拥有卫生人员4955人。全区社区卫生服务中心诊疗人次445.72万人次，出院人数6.17万人，门诊量比2016年增加30.22万人次。全区社区卫生服务站诊疗人次339.74万人次。

医药费用。2017年全区医疗卫生机构次均诊疗费用为158.9元，按当年价格比2016年上涨5.02%，按可比价格上涨3.27%；人均住院费用为7329.8元，按当年价格比2016年下降1.28%，按可比价格下降2.93%。出院者日均住院费用为794.2元，按当年价格比2016年下降0.33%，按可比价格下降1.99%。

计划生育。据《内蒙古自治区2017年国民经济和社会发展统计公报》，2017年全区常住人口为2528.6万人，比上年增加8.5万人。其中，男性人口为1305.2万人，女性人口为1223.4.6万人。全年出生人口为23.9万人，出生率为9.47‰；死亡人口为14.5万人，死亡率为5.74‰；人口自然增长率为3.73‰。

呼和浩特市重大传染病防控　2017年该市法定传染病报告发病率为361.48/10万，低于全国和全区发病率水平（全国为526.60/10万，全区为389.96/10万），实现人间疫情“零感染”，无人间和动物间鼠疫疫情发生，人间布病报告病例441例，发病率较上年下降29.21%。全市适龄儿童扩大国家免疫规划疫苗接种率达99%以上，新增规范化预防接种门诊24家。9个旗县区全部更新配备疫苗冷藏车，安装疫苗储运温度自动监控系统。全面启动预防接种信息管理系统。0～1岁儿童预防接种异常反应商业补充保险参保率为90%。全市新增自治区级慢性病示范旗县2个。建立精神科医师对口帮扶工作机制和“精防日”制度，9个旗县区县级综合医院全部开设精神科门诊。市财政为2700名贫困严重精神障碍患者提供门诊免费服药补助，人社部门将严重精神障碍纳入门诊统筹，取消门诊起付线，多部门联合开展严重精神障碍患者专项排查行动。2017年，全市累计登记报告严重精神障碍患者12393例，报告患病率为4.05‰，患者管理率为80.5%，服药率为72.91%。

包头市医联体药品耗材采购　全市10家医联体推开医疗联合体药品和医用耗材采购工作，选择5～21种药品、8～24种医用耗材，落实量价挂钩，招采合一，实现药品医用耗材采购数据共享，药品医用耗材价格大幅下降，包医一附院医联体药品平均降价13.68%，包头市中心医院医联体医用耗材平均降价21.49%。包头市第四医院医联体药品平均降价10.50%，医用耗材平均降价17.72%。

呼伦贝尔市保障母婴安全　该市投入近1亿元对各级妇幼保健计生服务机构进行了改扩建。在妇幼保健机构设置孕产保健部、儿童保健部、妇女保健部和计划生育服务部等4个业务部门，建立“保健—治疗—康复—保健”一体化健康服务模式。组建以呼伦贝尔市人民医院为核心、其他助产机构和妇幼保健机构为成员的产儿科技术联盟，建立妇产科、呼吸科、血液科、神经外科、蜱传疾病等5个院士工作站。市、旗（市区）两级均设立危急重症孕产妇抢救中心，配备291名专业孕产妇急救人员和各类急救设备、药品，在全市建立了分级管理、上下通畅的孕产妇分娩和急救转诊绿色通道。

兴安盟“三医联动”改革　盟委行署成立由盟行署盟长担任组长、分管副盟长担任副组长的全盟深化医药卫生体制改革领导小组和全盟公立医院管理委员会，将深化公立医院综合改革纳入旗县市和相关部门的年度考核，先后出台46个深化医药卫生体制改革政策性文件，建立工作台账，实行销账式管理。初步建立现代医院管理制度，重新核定公立医院编制总量，在兴安盟直属公立医院实行人员编制备案制管理。完成城乡医保机构整合，组建兴安盟医疗保险资金管理局，实行覆盖范围、筹资政策、保障待遇、医保目录、定点管理和基金管理“六统一”。完善家庭医生签约服务内涵和签约服务费补助机制，针对慢性病患者，制定10个签约服务包及收费标准。建立药品集中采购新机制，把药品集中采购职能划入兴安盟医疗保险资金管理局进行统一管理，建立药品集中采购平台，制定兴安盟公立医疗机构药品集中采购目录，公开进行采购，严格执行“两票制”。全盟公立医疗机构使用的临床药品（不含蒙药院内制剂、蒙药中药饮片）均在兴安盟药品采购平台集中采购，实行零差率销售。

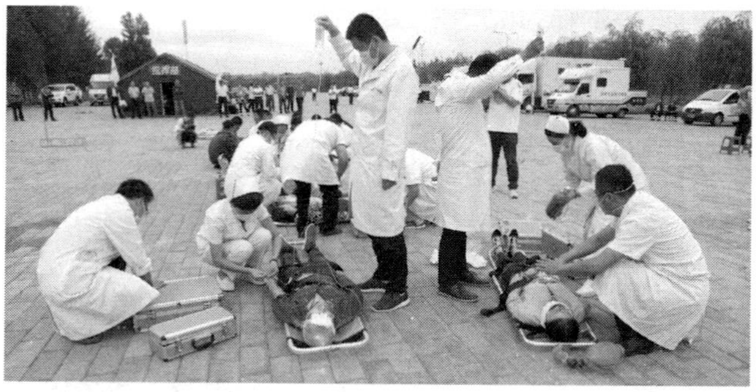

内蒙古自治区开展卫生应急演练。

锡林郭勒盟蒙医药事业发展　该盟坚持蒙西医并重，突出蒙医药“简、便、验、廉”的特点，2017年，锡林郭勒盟立项自治区蒙医药科研课题8项，“治未病”“五疗药浴”被评为自治区领先学科，1项蒙医疗法被列入第6批自治区非物质文化遗产名录，“扫日劳-4口服液”等6项蒙药制备工艺获得国家发明专利，紫花高乌头等特色蒙药制剂剂型取得新突破。在锡林郭勒盟蒙医医院成立策格疗法中心，研发策格生产线，被国家中医药管理局确定为适宜技术推广项目。建成基层蒙医中医馆19个、全国基层名老蒙医专家传承工作室1个，2个旗县创建全国民族医药工作先进旗县，接受国家专家组验收。启动蒙医药与地理资源优势相结合的保健服务项目，开展蒙中医医养结合试点工作。改建锡昌疗养院，推进蒙医进京战略。2017年，各级蒙医医疗机构年门诊人次达116.5万人次，平均每4名患者中就有1人选择蒙医治疗。

锡林郭勒盟阿巴嘎旗打造牧区“1小时救援圈”　该旗创建“旗级医疗急救中心+苏木镇基层医疗急救站”中途对接的牧区医疗急救服务模式。统筹考虑旗级医疗急救中心服务半径和牧区路况，选择3个苏木镇卫生院建立基层医疗急救站，配备医疗急救车和相应医疗急救设备，遇有紧急医疗急救任务时，基层医疗急救站第一时间从牧民家中接诊急救患者，并向旗级医疗急救中心运送。同时，由旗级急救中心派出“120”急救车前往苏木镇，双方在途中进行患者交接，整个急救过程至少减少一半的时间，实现牧区“1小时救援”。2017年，阿巴嘎旗运用此模式共成功抢救脑梗、一氧化碳中毒、急性心衰、脑出血等牧区重症疾病患者16例，救援时间均在1小时以内，切实提高了牧区患者急救水平。

乌兰察布市卓资县健康扶贫工作　该县是国家级贫困县，属深度贫困地区。全县辖5镇3乡、10个社区、109个村，总人口20.4万人，其中农业人口15.1万人，确认建档立卡贫困人口7067户、14810人，其中因病致贫、因病返贫家庭4124户、8471人，占57.2%，高于自治区平均水平。该县建立贫困人口慢病送医送药工作长效机制，由家庭签约医生按月入户上门诊疗、送药随访、用药指导、代办报销，所需药品由乡村医生按月报送至县卫生计生局，统一在基本药物目录中采购，在医保报销的基础上，再由政府建立的医疗保障基金补助到95%，2017年，为贫困慢性病患者送药总费用733.86万元，其中基本医保实际报销345.86万元，政府医疗保障基金支出医药费354.80万元，48464人次受益。建立“基本医疗＋商业健康补充医疗保险”工作模式，建立了政府医疗保障基金，对重病患者医疗费用实行兜底救助，为14810人购买人均300元的商业健康补充医疗保险，贫困人口大病住院费用报销比例达95%，年住院费用累计自付5000元以上的全部给予报销。建立“三个到位干预”，以事前介入和干预为重点，将全县“建档立卡”贫困人口纳入免费健康体检范围，全县贫困人口健康档案电子建档率达95%以上，组织171名县乡村三级医疗卫生人员组成医供体，为贫困人口提供基本公共卫生服务、健康管理、基本医疗等服务。为各乡镇卫生院配备全自动生化分析仪、DR、多普勒彩超等设备，80%的村卫生室完成标准化建设，配置了健康一体机。设立“三项保障机制”，县政府整合部门资金，建立医疗保障基金，截至2017年年底，全县贫困人口累计住院治疗3472人次，医疗总费用3303.36万元，基本医疗补偿2100.08万元，医疗保障基金注入646.12万元，贫困人口的医疗负担平均减轻31%左右。

乌兰察布市计生协工作　2017年，市计划生育协会纳入群众团体序列。市政府召开市计划生育协会第2次会员代表大会，选举产生新一届领导班子。中国人口福利基金会和自治区计生协分别在该市集宁区、商都县和察右中旗设立3个“幸福工程——救助贫困母亲行动”项目点，投入资金230万元，共帮扶贫困母亲115人，惠及人口383人。全市各级计生协筹集生育关怀公益金317万元，主要用于计划生育特殊家庭和困难家庭帮扶、关爱流动人口和留守老人妇女儿童以及开展助学圆梦和青春健康教育等，市、县两级按照1∶1的比例为全市2～14周岁的12377名独生子女缴纳爱心保险费37.1万元，理赔51人，赔付金额74370元，赔付率为20%。生育关怀公益活动覆盖11个旗县市区。对全市2017年发生的32户独生子女亡故家庭、1户独生子女伤残家庭分别给予每户1万元和6000元精神抚慰金。市本级对全市因疾病、意外造成特殊困难的21户计划生育特殊家庭分别给予3000、6000和7000元扶助关怀资金。市、县两级计生协为全市纳入国家特别扶助制度的942位计划生育特殊家庭成员缴纳办理意外保险和住院护理补贴保险，并提供生活照料、精神慰藉、养老服务、健康护理等关怀服务。

鄂尔多斯市公立医院管理体制改革　该市成立由市长任主任的市公立医院管理委员会，下设公立医院管理中心，对公立医院人、财、物实施统一管理，实现了管办分开。截至2017年底，市政府累计投入40多亿元用于医疗基础设施建设，公立医院财政补助占医疗收入的比例平均达到26.3%，医院人员经费全部纳入财政预算，每年安排1000万元用于医疗人才引进和蒙中医事业发展。将机构设置、用人招人、收入分配等权力全部下放到医院。所有公立医院全部取消行政级别，院长全部公开聘任，实行年薪制和年度目标责任制，具有完全经营管理自主权；人员实行全员聘用制，新进人员全部由医院自主招聘，并推行编制备案制管理，按照自治区编制标准为市直公立医院增加编制1728个。成立市医用耗材设备药品采购中心，设立全市药品耗材结算监管平台，与福建三明市联合招采，所有公立医院全部实行药品零差率销售，让利患者1.2亿元左右。医院在药品上减少的收入，通过医疗服务价格调整、政府补助、医院节支3个渠道，按照综合医院6∶3∶1、专科医院3∶6∶1的比例予以补偿。

鄂尔多斯市中心医院医改工作　该院实行院长公开聘任制，取消行政级别，副院长由院长推荐产生。对院长进行绩效考核，考核结果与医院财政拨款、院长个人薪酬挂钩。总会计师实行聘任制，开展全面预算管理、全成本核算，实施RBRVS绩效考核。对全院员工实行聘用制管理，备案编制2595人。签订“1+1+1”

模式医联体服务协议，成员单位由6个发展到15个，301医院、协和医院多个专业专家团队定期带教、会诊。落实分级诊疗制度，取消简易门诊、取消成人门诊输液。开展先诊疗后付费，开通空中急救绿色通道。开展21个专业、308个病种临床路径管理。开展临床路径例数占出院患者比例为55.09%，临床路径入组率为63.38%，完成率为90.59%。平均住院日缩短至8.92天。建成京蒙合作消化疾病医疗中心、胸痛中心、卒中中心、头痛中心、孕产妇和新生儿救治中心。

鄂尔多斯市准格尔旗医改工作　2017年该旗被确定为国家级公立医院综合改革示范旗。全面实施了旗内医共体建设，以旗级4所综合医院为龙头，联合全旗13个苏木乡镇（中心）卫生院、6个社区卫生服务中心及所辖嘎查村卫生室（社区卫生服务站）分别组建了4个旗内医共体，医共体内部建立纵向合作机制，医共体之间形成横向竞争机制，促进优质医疗资源下沉。牵头旗级公立医院对基层成员单位实行统一发展规划、统一人事管理、统一财务管理、统一资源调配、统一绩效考核（简称“五统一”管理），医共体内医疗资源共享，检验检查结果互认。2017年，各基层医疗机构总诊疗人次达47.9万人次，医疗业务收入3015.5万元。

巴彦淖尔市行政执法全过程记录　2017年，该市被确定为全区卫生计生行政执法全过程记录的试点地区。为市级所有25名一线卫生监督人员全部配备执法记录仪，并集中配置一套全自动数据采集站，实现监督执法过程可追溯。完成执法全过程记录信息化云平台建设，可对6152部法律、法规及标准进行实时调阅和查询，并随时对地方性法规进行更新。在全市建成集中洗消机构、游泳场所、医疗废物处理和放射与医学诊疗防护等实时在线监控系统，逐步完善卫生计生监督执法信息化建设，并开展大数据智能化应用，将综合监督执法纳入医疗服务行业。

二连浩特市开展“一带一路”光明行动　2017年12月22日，中蒙边境城市二连浩特市免费为9名蒙古国贫困白内障患者10只眼睛实施复明手术，手术由内蒙古医科大学附属医院和内蒙古二连浩特市医院的眼科专家实施。患者中最年轻的30岁，年龄最大的86岁，检查费、手术费、麻醉费等全部由二连浩特市政府承担。

（陈　钢）

〔特约编辑：乌盛渊〕

〔主　编：张小勤〕

辽　宁　省

全省卫生和计划生育工作概述　2017年，辽宁省卫生计生系统深入学习贯彻党的十九大精神和习近平总书记关于卫生健康工作的重要指示精神，坚决贯彻落实省委省政府卫生与健康大会的决策部署，以健康辽宁建设为主线，以抓落实为主旋律，在创新体制机制、补齐发展短板、夯实基层基础、改善服务管理、全面从严治党上集中发力，医疗卫生服务供给逐步扩大，公立医院综合改革全面推开，分级诊疗制度建设日益完善，公共卫生服务能力持续加强，全面两孩政策平稳实施，健康产业稳步推进，信息化建设、科技教育、法治建设、综合管理等取得积极成果，群众获得感进一步增强，党的建设水平进一步提升，完成年度各项目标任务，健康辽宁建设迈出坚实步伐。

卫生计生事业发展数据　2017年末，辽宁省有各级各类卫生计生机构3.6万个，民营医疗机构达到2.3万个，占全省医疗卫生计生机构的63.8%。医疗机构中医院1268家，其中三级医院128家（三甲医院65家），床位总数29.8万张，千人口床位6.82张（居全国第2位）。卫生计生人员总数达到38万人，其中卫生计生技术人员29万人、每千人口卫生计生技术人员6.64人。执业医师和执业助理医师11.5万人、医师2.63人（居全国第9位），注册护士12.7万人、每千人口注册护士数2.9人（居全国第8位）。全年诊疗人次达2亿人次，其中基层医疗卫生机构诊疗人次占48.59%。住院人数732.9万人，其中基层医疗机构住院人数占9.2%。民营医疗机构诊疗人次6479.3万人次，住院人数123.7万人，民营医疗机构住院比重为16.9%，民营床位比重为22.9%。2009—2017年医疗卫生机构总诊疗人次年均增长7.9%，住院人数年均增长8.7%。每诊疗人次次均费用为199元，与2016年按照可比价格计算基本持平。每出院者平均费用为8296.4元，比2016年按照可比价格计算下降1.7个百分点。全省2017年医疗卫生机构总收入为1036.27亿元，其中医疗事业收入934.77亿元，总支出1015.64亿元，其中人员支出321.49亿元。

据统计部门人口变动抽样调查结果，2017年末全省常住总人口为4368.9万人，60周岁及以上人口为998.4万人，占22.85%，其中65周岁及以上人口626.8万人，占14.35%。与2016年相比，老年人口增加50.8万人，增长率为5.4%。与全国60岁以上老年人口2.4亿人、占总人口17.3%相比，辽宁省老年人口比全国高出5.55个百分点，老龄化程度持续升高。

2017年全省出生人口28.4万人，出生率为6.49‰，死亡人口30.3万人，死亡率为6.93‰，自然增长人口-1.9万人，人口自然增长率为-0.44‰。

2017年共监测医院90所，监测围产儿165208例，占全省医院分娩围产儿总数的50.4%，监测出生缺陷总发生率为99.7/万，是2010年以来发生率最高的一年。其中，城镇出生缺陷发生率为96.2/万，农村出生缺陷发生率为105.8/万。

辽宁省监测医院分娩的围产儿性别男性占51.5%、女性占48.5%，性别比为106。

2017年辽宁省主要出生缺陷的前5位为先天性心脏病、多指（趾）、并指（趾）、总唇裂、尿道下裂，占全部出生缺陷的57.7%。

省委书记陈求发对2017年全省卫生计生工作作出批示 该批示充分肯定了全省卫生计生系统取得的成绩，向广大卫生计生工作者致以诚挚的问候，希望全省卫生计生系统深入学习贯彻党的十九大精神，以习近平新时代中国特色社会主义思想为指导，践行“敬佑生命、救死扶伤、甘于奉献、大爱无疆”的职业精神，持续深化医药卫生体制改革，努力提高医疗卫生服务质量和效率，为人民群众提供全方位全周期健康服务，谱写好新时代健康辽宁建设新篇章。

全省卫生与健康大会 2017年3月23日在沈阳召开。会议深入学习贯彻全国卫生与健康大会特别是习近平总书记重要讲话精神，准确把握关于人民健康优先发展的重要思想、关于新形势下卫生与健康工作的方针、关于大卫生大健康的全新观念、关于全面提高人民健康水平的战略举措。会议总结全省卫生与健康事业发展成就和经验，部署了新形势下全省卫生与健康工作：（1）坚持预防为主，注重健康促进，全面提高人民群众健康水平。（2）夯实健康基础，坚守环境底线，着力营造绿色安全的健康环境。（3）优化健康服务，加强健康供给，满足人民日益增长的卫生与健康需求。（4）坚持深化改革，坚持医疗、医保、医药联动，充分激发健康辽宁建设的动力和活力。省委书记、省人大常委会主任李希出席会议并讲话，省委副书记、省长陈求发主持会议。

王大南看望慰问“国医大师”周学文 2017年8月8日，辽宁省卫生计生委主任王大南到辽宁中医药大学附属医院，看望慰问获得“国医大师”称号的周学文教授。省卫生计生委副主任陈金玉、辽宁中医药大学校长杨关林一同看望慰问。王大南代表省卫生计生委、省中医药管理局向国医大师周学文教授表示祝贺，感谢他长期以来为中医药的传承和发展所做出的突出贡献。周学文从医52年来，先后师承于名老中医徐荫棠、孙宜林和国医大师李玉奇，连续3届任全国老中医药专家学术经验继承工作指导老师，获得中华中医药学会“中医药学术发展成就奖”“辽宁省中医大师”等荣誉。在全国第3届“国医大师”及首届“全国名中医”评选中获评为“国医大师”。张静生、白长川、白凤鸣等3名教授获评为“全国名中医”。

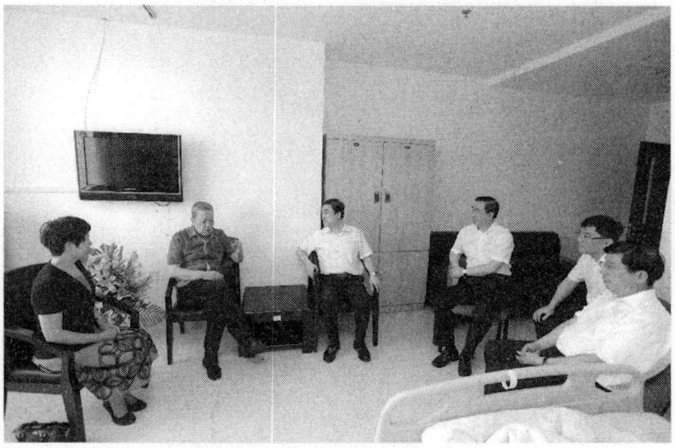

2017年8月8日，辽宁省卫生计生委主任王大南看望慰问“国医大师”周学文教授。

公立医院综合改革 2017年8月26日0时，辽宁省全面启动公立医院综合改革，全省298家城市公立医院全面取消药品加成，破除“以药补医”，并降低相关检查费用，理顺医疗服务价格。此次改革是在鞍山、本溪、锦州和盘锦4个城市开展试点、取得初步经验的基础上启动的，改革范围覆盖了沈阳、大连、抚顺、丹东、营口、阜新、辽阳、铁岭、朝阳、葫芦岛等10个城市市、区两级政府办医院、省属公立医院、医学院校附属医院、部队武警医院、企业和高校办公立医院等各类公立医院，实现统筹改革全覆盖，做到“同城同改”。所有公立医院实现按进价“零差率”销售，彻底摆脱“以药补医”，通过价格杠杆促进医院从“卖药品”转向“卖服务”，破除逐利机制，以助力建立起维护公益性、调动积极性、保障可持续的公立医院运行新机制和现代医院管理制度。取消药品加成后，合理调整体现医务人员技术劳务价值的医疗服务价格，同步提高诊疗、手术、护理、床位、康复、中医等部分医疗服务价格。根据医院等级、手术技术难度差异和市场需求等因素，实行分级定价，拉开价格差距，引导患者合理就医，促进分级诊疗。调整后的医疗服务价格，将及时按规定纳入医保支付政策范围，确保群众负担总体不增加。

公立医疗卫生机构绩效评价 辽宁省在制定出台《关于加强公立医疗卫生机构绩效考评管理的实施意见》的基础上，2017年4月在全国率先制定出台《省属公立医院综合绩效考核方案（试行）》，坚持分级分类，突出公益导向，突出维护健康原则，选取公众满意、社会效益、服务提供、综合管理、可持续发展等5个维度71项150个指标，将政府的各项政策目标有机转化为对公立医院的微观考核指标，将深化医改任务、机构发展方向和医务人员行为规范等有效对接，建立科学的评价体系，率先在全国组织完成对省属19家医院和全省41家市属三甲医院综合绩效评价。在全省初步建立起全行业体现科学性、导向性、权威性和公正性的绩效评价机制，为政府决策提供客观依据。省政府常务会议听取汇报并给予充分肯定，省委“改革动态”刊发绩效评价工作做法。

医疗服务 辽宁省通过2015—2017年改善医疗服务行动，全省群众就医满意度从2015年的85%上升到2017年的93%。在2017年全国医院满意度调查中，辽宁省门诊患者满意度居全国第一，住院患者满意度居全国第二，工作成效被《健康报》头版、省政府官网刊登，并获评为全国改善医疗服务宣传报道优秀组织单位。（1）优化服务流程。全省124家三级医院全部开展预约诊疗，235家医院开展分时段预约。全省预约诊疗率达到46%，172家医院提供移动支付方式，门诊互联网结算金额占15%。（2）改进服务模式。3年来全省开展日间手术4.2万例，中国医科大学附属一院等5家医院获批国家级日间手术试点。大连医科大学附属一院等77家医院开展胸痛中心、卒中中心建设，推行多学科诊疗模式，提高危急重症救治水平。全省二级以上医院全部开展优质护理服务。（3）丰富改善服务内涵。以“优质服务杯”创建和青年医护人员岗位大练兵为抓手，全省同步开展岗位技能训练与竞赛，近15万名医护人员参与。

医联体建设 2017年起，辽宁省按照“一体两翼”的思路，将医联体建设和家庭医生签约，作为推进分级诊疗的两个重要抓手。7月，省政府印发《关于推进医疗联合体建设的实施意见》，围绕政府主导、强化基层两条主线，通过基层首诊发挥健康“守门人”作用，通过优质医疗资源上下贯通实现双向转诊、急慢分治。在医联体建设中积极发挥沈阳、大连、锦州等3市省级医院国家和省级区域医疗中心作用，加强市属三级医院省（市）级临床重点专科建设，提升县医院危急重症诊疗水平，强化基层医疗机构常见病、慢性病治疗能力，有效建立急慢分治、分工协作机制。省下发慢阻肺、冠心病、脑血管病、高血压、糖尿病、乳腺癌、甲状腺癌、糖尿病视网膜病变等8个病种分级诊疗技术方案，各地、各医联体结合实际，在医联体内部制定不同级别医疗机构诊治病种目录，加强预防—治疗—康复全程服务，推进医养结合，健全网络化城乡基层医疗卫生服务运行机制，引领医疗卫生服务体系健康发展、更有效率。2017年，城市三级医院，特别是省属三级医院诊疗人次增幅明显放缓，甚至开始下降。截至年末，全省124家三级医院全部参与医联体并切实发挥牵头和骨干作用，医联体总数达到226个，覆盖3198家医疗机构，实现城市二级公立医院和政府办基层医疗卫生机构全覆盖。全年全省二级以上医院下转患者7.7万人次，与上年同比增长61%，“小病在基层、大病到医院、康防回基层”的就医理念正逐步形成。

乡镇卫生院标准化建设 2017年，辽宁省连续出台政策，加大对乡镇卫生院标准化建设投入力度，确保到2020年全省实现每个乡镇办好一个标准化建设卫生院的目标。8月2日，省卫生计生委、省财政厅、省发改委印发《辽宁省乡镇卫生院标准化建设以奖代补方案》，省政府设立4.78亿元以奖代补资金，连续滚动3年，按照填平补齐的原则，对2009年以来未得到中央补助的以及非县（市）政府所在地并在国家行政区划内尚未达到标准化的政府办乡镇卫生院房屋与设备进行标准化建设，经省政府有关部门考评达标的，在建设完成后下一年度采取事后奖补方式予以资金补助，其中房屋标准化建设206个单位，设备标准化建设320个单位。每个单位房屋建设补助标准最高为200万元，设备补助标准最高为60万元。针对乡镇卫生院民营化严重的实际，经省政府同意，对达到标准化建设的回购乡镇卫生院也按上述政策给予补助。此外，省政府还投入8000万元，为重点贫困县100个公立中心卫生院或偏远乡镇卫生院配齐DR、彩超、全自动生化分析仪等“六大件”医疗设备。设备招标采购工作已顺利完成，并陆续开展安装调试培训工作，2018年可全部投入使用。

健康扶贫工程 2017年，辽宁省卫生计生委针对健康扶贫目标任务，设计、制定打赢健康扶贫攻坚战的具体方案措施，会同省扶贫办等8部门印发《关于大力实施医疗保险和医疗救助深入推进健康扶贫工程的通知》，制定倾斜性医疗保障政策。全省承担扶贫任务的12个市均制定出台健康扶贫3年规划。建成县（市、区）、市和省级的自下而上的健康扶贫动态管理信息系统和健康扶贫管理数据库。落实5项重点工作：（1）对患病贫困人口实施包含一张健康卡、一个健康档案、一所定点医疗机构、一个家庭医生团队、一份服务协议、一次健康体检的“六个一工程”。（2）积极落实“大病集中救治一批、慢病签约服务管理一批、重病兜底保障一批”的“三个一批”工作思路，根据疾病性质和轻重缓急，分类开展救治工作。（3）促进贫困人口基本公共卫生服务和基本药物制度实施，推动家庭医生签约服务目标人群全覆盖。（4）完善精准扶贫对象新农合制度和医疗救助措施，对患病贫困人口继续实行“两免一降三提”政策，免收挂号费、诊察费，对CT等40项临床检验项目减免20%费用及实施住院先诊疗后付费制度。新农合农村贫困人口门诊、住院费用政策范围内报销比例各提高5个百分点，分别达到55%、80%；大病保险最高支付比例保持在60%；重大疾病报销比例由70%提高到80%。（5）开展对口帮扶。截至年底，全省累计派驻医务人员2100余人次，诊疗患者7.5万余人次，开展手术3000余台次，同时大力提升中医药扶贫能力等。同时，夯实5项保障措施：基层医疗体系建设，基层卫生资金投入和管理使用机制，基层卫生人员队伍建设，分级诊疗制度和医联体建设，基层卫生信息化建设。实施系列健康扶贫工程，健康扶贫工作成效显现。2017年，农村贫困人口大病救治33973人，其中食道癌等9种大病集中救治1604人；贫困人群慢性病人签约服务97842人，覆盖面达100%；精准扶贫对象新农合补偿2.8亿元，全省累计脱贫8.5万人。

2017年6月29日至7月1日，首届东北内蒙四省区住院医师住培论坛在大连举办。

药品集中采购 辽宁省药政工作积极推进“放管服”改革，实行省级准入、医疗机构直接与药品生产企业联合议价，建立起以政府为主导、充分发挥市场机制决定作用；以医疗机构和药品生产企业为主体，以满足临床需求为核心的药品集中采购工作模式。按照药品采购使用情况，实行限价挂网和参考价挂网分类采购。全省14个市和20家省属医疗机构自愿组成联合议价组，采取人机对话方式，与药品生产企业开展远程议价。与原采购价格相比，限价挂网采购药品平均降幅为24.74%；参考价挂网采购药品价格有升有降，总体下降，平均降幅为18.45%，最高涨幅为25.85倍，实现保供应与降药价的有机结合，社会反映积极。省政府出台《关于进一步改革完善药品生产流通使用政策的实施意见》《关于改革完善短缺药品供应保障机制的实施意见》。从药品生产企业、药品经营企业和医疗卫生机构“三个维度”开展全方位的短缺药品信息采集、监测预警。健全“三个机制”：纵向上实行省、市、县三级响应、分级应对、联动保障；横向上建立由省卫生计生委、省工业和信息化委、省商务厅等10个厅委组成的短缺药品供应保障会商联动机制；建立针对药品生产经营企业的调查和约谈工作机制，每个月进行一次药品短缺信息汇总、调查和约谈。每季度向医疗卫生机构和社会发布一次《辽宁省药品短缺预警预报》。通过协商调剂、市场撮合、邀请招标、临时采购、常态储备等更加灵活的措施保障药品供应。

全民健康干预服务项目 2017年辽宁省结合本省实际，组织开展包括儿童口腔健康、合理膳食促进、癌症早诊早治等10项内容的全民健康干预服务项目工作。4月23日，省卫生计生委联合省体育局举办全民健康干预服务项目暨“万步有约”活动启动仪式。在全省各级医疗卫生机构的共同努力下，完成预期工作任务。心血管项目完成初筛6163人；儿童口腔窝沟封闭项目完成4774人、15256颗牙的窝沟封闭；农村癌症早诊早治项目发现癌症164例；合理膳食促进项目开展个体膳食评估与指导服务8028人。通过实施这些健康服务项目，促进了群众自我管理意识的提升，增加了百姓的健康获得感。

预防接种管理 2017年辽宁省国家免疫规划疫苗报告接种率均在90%以上。全年采购6000万元国家免疫规划疫苗，为全省200万儿童提供免费预防接种服务，为全省提供3670万元用于配备更新冷链设备。继续推进数字化预防接种门诊和乡镇集中接种工作，进一步保证了接种质量。截至2017年末，全省已建成214家数字化预防接种门诊，预防接种单位数由原来的13980个大幅减少至2937个。沈阳、大连数字化预防接种门诊走在全省前列，已建成的数字化门诊数量占全省70%以上。沈阳、抚顺、本溪、营口、盘锦等市取消了村级接种点，全部实现乡镇集中接种。

卫生应急自救互救能力建设 2017年9月9日，辽宁省卫生计生委联合省委宣传部、省政府应急办等6

部门，在沈阳农业大学举行辽宁省全民卫生应急自救互救能力建设工程“进学校”暨全国首创卫生应急救护平台投放大型公益活动。省直相关单位、各市卫生计生委、部分省级医院、相关学校代表和沈阳农业大学学生等2000余人参加。省卫生计生委主任王大南讲话并向省公众急救协会授旗，向沈阳农业大学赠送卫生应急宣传救护站；小学生代表宣读《学习卫生应急自救互救知识从我们做起》倡议书；医护人员心肺复苏教学演示；大学生、小学生心肺复苏演示；学生心肺复苏友谊赛等10项内容。此次活动是2016年全省卫生应急自救互救能力建设工程启动以来以来场面最大、参与部门与人数最多的一次活动。此次投放的全国首创卫生应急救护平台由“互联网+卫生应急宣传救护站”组成，主要解决公众“不敢救、不会救、不能救”问题。2017年5月，省卫生计生委、省教科文卫体工会全面启动以“技能竞赛历练精兵，卫生应急护航健康”为主题的卫生应急技能竞赛活动，竞赛涵盖突发急性传染病防控、突发事件紧急医学救援和突发中毒事件处置3个项目，包括政策规范、基础专业知识、技能操作和育样检测等内容。全省共举办区县、市级预赛200余场次，1100余家医疗卫生机构、6000余人参赛，在全省范围内形成“以赛促学、以赛促练”的良好氛围。9月5—6日，全省卫生应急技能竞赛复（决）赛在本溪举行，全省14个市和省本级共16支队伍、144名队员参加竞赛，沈阳、辽阳、葫芦岛、鞍山、抚顺和朝阳等6个市获团体一、二、三等奖，王艳、张宁等30人获个人一、二、三等奖，分别被授予“全省卫生应急技能标兵”“全省卫生应急技术标兵”“全省卫生应急技术能手”称号。在全国卫生应急技能竞赛复决赛中，辽宁省获得优秀组织奖、团体优秀奖和1个个人三等奖。

全科医生队伍建设 截至2017年12月底，全省注册全科医生7800余名，达到每万人1.86名，较3年前0.4名水平增长了3倍。其中，盘锦市达到万人口3名以上水平，大连、沈阳等7市达到万人口2名以上水平。创新培养方式，优化存量同时提升增量。对各地基层卫生机构临床医生组织全科转岗培训，并对考核合格者在执业范围上加注全科医学。提升人才培养层次，不断完善住院医师规范化培训制度，通过制度的优越性吸引医学人才选择全科专业，从而培养高水平的全科医生。借助一流资源用于全科住院医师培训，先后在中国医大一院、沈阳军区总医院以及各市中心医院建立全科医学专业基地，将省财政资金侧重补助全科等紧缺专业。深入推进医教协同工作，启动全科医学人才培养就业一体化工作，从本科院校阶段培养侧重全科医学方向的医学生，毕业后可直接进入到住院医师培训基地。同时，在基层卫生服务体系建设中，明确提出对社区卫生服务中心、乡镇卫生院的全科医生配置标准，经过测算岗位需求，进行精确匹配，将培训合格的全科医生输送到基层，力争实现100%专业就业率的精准培养和就业。

农村改厕 2017年，全省改厕共涉及79个县（市、区），339个乡（镇、街道）、1398个村，共完成农村改厕17.96万座，农村卫生厕所普及率达79.22%，无害化卫生厕所普及率达45.21%。采用的农村卫生厕所改造技术均符合国家标准，属无害化卫生厕所类型。截至年底，全省共建成三格化粪池式41.41万座，双瓮漏斗式53.94万座，三联沼气池式42.97万座，粪尿分集式0.37万座，完整下水道水冲式165.15万座，双坑交替式3.78万座，其他类型231.93万座。

生育全程基本医疗保健服务 2017年，辽宁省卫生计生委联合省发改委、教育厅、财政厅、人力资源社会保障厅下发《辽宁省关于加强生育全程基本医疗保健服务的实施意见》，包括优化妇幼健康服务资源配置、加强生育全程优质服务、完善妇幼健康服务模式、落实政策保障措施等4方面内容。涵盖婚前、孕前、孕产、产后、儿童等5个时期，主要包括婚前保健、孕前保健、早孕建册、产前检查、产前筛查与诊断、住院分娩、产后访视、预防疾病母婴传播、新生儿疾病筛查、儿童健康管理、儿童营养改善、预防接种、计划生育技术服务等13项服务，旨在以保障母婴生命安全为核心，防治结合、惠民便民，完善妇幼健康服务模式，为妇女儿童提供系统、规范的优生优育全程服务，打造“一条龙”服务链。

计划生育特殊家庭扶助 2017年4月，辽宁省卫生计生委、省财政厅印发《关于建立计划生育特殊家庭住院护理保险的通知》，按每人每年150元的标准为全省60周岁以上的省内独生子女伤残死亡家庭父母统一购买“计划生育特殊家庭住院护理保险”。险种赔付覆盖范围包括：被保险人住院护理补贴，被保险人因意外导致残疾、烧伤或死亡，被保险人遭受意外伤害住院部分医疗费。其中，被保险人住院护理补贴标准为：每人每天100元的定额标准按实际住院天数给付护理保险金，保险期间内每年累计给付日数不超过60天。调整计划生育特殊家庭扶助金标准，2017年1月1日起，将全省独生子女伤残家庭扶助金标准由每人每月270元提高到400元，将全省独生子女死亡家庭扶助金标准由每人每月340元提高到500元。

为此，2017 年一年增加财政支出 1.6 亿元，其中省级增加 1.14 亿元。

《辽宁省生活饮用水卫生监督管理条例》颁布施行 辽宁省卫生计生委配合省人大、省政府法制办开展该《条例》立法工作。2015 年，该《条例》被列为省人大常委会立法计划立法论证项目，2017 年被列为省人大立法计划。2017 年，省政府法制办、省卫生计生委以及省卫生计生监督局组成调研组赴丹东、大连、朝阳、鞍山、锦州、铁岭等地进行调研。11 月 29 日，《条例（草案）》经辽宁省第 12 届人民代表大会常务委员会第 38 次会议审议通过，于 2018 年 2 月 1 日起施行。该《条例》的颁布施行为全省生活饮用水卫生安全，提高人民健康水平提供了法治保障。

老干部健康服务 2017 年，辽宁省卫生计生委、省财政厅、省委老干部局、省委保健委员会办公室联合出台《关于印发辽宁省省直在沈厅局级保健对象健康体检管理实施细则的通知》，实现保健对象自主确定年度健康体检时间、自主选择定点医院、为保健对象制定个体化健康体检方案、建立动态健康档案。印发《关于建立辽宁省省直在沈重点保健对象联系医生巡诊制度的实施意见》，为保健对象确定联系医生和巡诊小组，通过定期开展高效、优质的巡诊服务，主动、全面了解保健对象健康状况及病情变化，有针对性地进行疾病预防和健康教育，制定个体化保健方案，持续推动保健对象全流程健康管理，全面提升保健对象的健康水平。

基层中医药服务能力提升工程“十三五”行动计划 2017 年 3 月，辽宁省卫生计生委联合省财政厅、省人社厅、省食药监局等 4 部门印发《辽宁省基层中医药服务能力提升工程“十三五”行动计划实施方案》，并与各市签订目标责任书，召开全省电视电话启动会。建立基层中医药服务能力调查制度，包含基层医疗机构数量、人员构成、业务开展情况等 14 项数据。制定中医药适宜技术推广计划，梳理遴选计划推广的 50 项适宜技术，并印制《辽宁省中医药适宜技术推广培训教材》1 万册。培训师资 180 人，推广适宜技术 14 项。省基地选派师资，深入基层医疗机构，现场开展 6 项适宜技术培训，培训 2383 人。在县级中医院和基层医疗卫生机构招收 200 名西医临床执业医师，开展“西学中”培训。10 月，每市抽取 1 个县中医院，1 个乡镇卫生院及 1 个村卫生室，围绕“提升工程”启动情况、指标完成情况，对本年度的工作进行省级督导。截至年末，全省有 93% 的社区卫生服务中心、88% 的乡镇卫生院、86% 的社区卫生服务站、65% 的村卫生室能够提供中医药服务。

中医药人才 2017 年，在国家中医药管理局开展的第 6 批全国老中医药专家学术经验继承工作指导老师评选和全国第 4 批中医优秀人才选拔工作中，辽宁省有 150 人入选。41 人经综合评议成为全国“师承”指导老师，82 人成为继承人，入选人数列全国第五位；27 人通过国家考试成为“优才”培养对象，录取人数连续 12 年占据全国前三位，辽宁中医药大学附属医院被录取人数在全国中医医疗机构中列第一位。全省 2017 年末有在职“师承”出徒继承人和“优才”182 人，通过对“师承”和“优才”等高层次中医药人才培养项目的精细管理，培养了一批中医药理论功底深厚、医术精湛、科研教学能力较强的优秀人才。

行政审批“放管服”改革 （1）有效运行权责清单动态调整机制。根据《辽宁省人民政府关于调整一批行政职权事项的决定》，2017 年共调整 24 项行政职权。其中取消 1 项、增加 22 项、从市级审批事项中调整至省卫生计生委实施 1 项。在网站公布省卫生计生委最新权责清单、中介服务事项目录、公共服务事项目录。（2）开展落实“放管服”改革措施专项督查。对沈阳、鞍山等 8 个市进行抽查，抽查内容为近年来省卫生计生委下放的行政审批事项的承接情况、取消的行政审批事项的事中事后监管情况、以及中介服务事项取消或取消后的落实情况，对督查情况进行了通报。

新型农村合作医疗 2017 年辽宁省建成省、市及所辖的县（市、区）三级新农合信息平台并实现互联互通，全省 141 家机构具备跨省异地就医联网即时结报功能，实现新农合、大病保险以及医疗救助省内异地就医同步即时结报以及跨省就医联网结报，全年新农合异地就医联网即时结报患者住院超 19261 人次，结算达 16841 人次，覆盖全省 14 个地市、98 个统筹区，新农合累计补偿达 12535 万元，增强了群众看病就医结算“获得感”。

医疗援外工作 2017 年初，由中国医科大学附属第一医院、盛京医院、第四医院，辽宁省人民医院，锦州医科大学附属第一医院及沈阳市儿童医院选派的 11 名临床专家（含 3 名半年轮换医生）及 1 名英语翻译正式组建中国（辽宁）首批援冈比亚医疗队。经过为期 3 个月的出国前综合脱产培训，医疗队于 6 月 2 日正式派出。首批队员在完成驻地建设的基础上开展了临床诊疗、科室带教、培训讲座、巡诊义诊等多项医疗工作。截至年底，共诊治患者602人次，其中手术51例、麻醉30例、门诊103人次、放射阅片82份、疑难重症诊治和抢救148例，参与病例讨论近500次，开展讲座7次。12月13日，在我国驻冈比亚大使馆张吉明大使的亲自主持下，医疗队代表我国政府向冈方捐赠价值3.5万元的药品。在当地简陋的医疗条件下，医疗队首次开展妇科恶性肿瘤手术、气管插管术、臂丛神经阻滞麻醉等多项新技术，切实为该国医疗卫生工作提供了大力支持和援助，得到当地政府和民众的广泛认可。

职称制度改革　辽宁省贯彻中央和省深化职称制度改革精神，2017年卫生系列高级职称评审全面实行分级分类管理，下放评审管理权限，将副高级职称评审权限下放给各市，由31家省、市属三甲医院开展自主评审。进一步完善职称评审标准，对职称外语和计算机应用能力考试不作统一要求。着力向基层专业技术人才倾斜，按照省市三甲医院、省市其他医疗卫生机构、县区级医疗卫生机构、基层医疗卫生机构（乡镇卫生院、社区卫生服务中心等）不同层级对参评人员的业务能力、科研能力、综合能力和工作实绩等进行考核评价，取消对乡镇卫生院等基层人员科研论文要求，将工作实绩作为评价重点内容，充分发挥“人才评价”在人才队伍建设中的引领作用。

“辽宁好医生”评选活动　为贯彻习近平总书记关于做好“人民好医生”评选宣传工作的要求，2017年辽宁省卫生计生委开展了“辽宁好医生”推荐评选活动，评选出40个“辽宁好医生”和12个“辽宁好医生”团队。12月13日，省卫生计生委、辽宁广播电视台联合主办“托起人民的健康——‘辽宁好医生’故事讲述会”，通过讲述工作在第一线的医务工作者的故事，综合运用访谈、微视频、情景表演等方式，记录、拍摄医务工作者的工作、生活，呈现广大医务工作者的敬业精神、友善精神、奉献精神和坚守精神，弘扬社会主义核心价值观，彰显行业正能量。省委书记陈求发就表彰“辽宁好医生”做出批示。省委常委、宣传部长范卫平，省委常委、省总工会主席关志鸥，省人大常委会副主任赵国红，副省长贺旻，省政协副主席滕卫平等省领导出席活动。2017年，全省卫生计生系统涌现出邹笑春、袁亮、张菊香、韩英等多位医疗工作先进典型，分别荣获“中国好医生”“寻找中国最美医生”“辽宁好人·时代楷模”“辽宁好人·最美人物”等国家和省级道德模范荣誉称号。

沈阳市医改工作　按照省市联动、同城同改原则，2017年8月26日该市全面启动市行政区域内115家城市公立医院综合改革，实现药品零差价销售，彻底告别“以药补医”时代。改革4个月监测数据显示，体现医务人员技术价值的服务收入同比增长5.28%，群众药品费用同比下降8.69%，取得实效。分级诊疗工作稳步推进，组建了覆盖沈阳全域的46个医联体，年内全市双向转诊患者5000人次，上级医师到基层诊疗2.7万人次。在全省率先实现家庭医生签约年人均70元的服务标准，组建1600个家庭医生团队在全市进行“1+1+N”模式签约服务，常住人口签约覆盖率达35%，重点人群覆盖率达63%，居全省各市首位。

鞍山市推进智慧医疗建设　市卫生计生委牢牢把握“为民、利民、便民、惠民”的智慧城市建设主线，大力推进智慧医疗建设，全面完成基层医疗卫生机构管理信息系统数据中心建设，实现基层医疗机构管理信息系统与市级卫生信息平台的互联互通、数据共享。建立全市药品目录库、诊疗项目目录库、电子病历医生签名电子认证平台。“健康鞍山、智慧医疗”信息化建设方案，申报入库市首批智慧城市项目。预约挂号平台开通运行，提升了人民群众看得见摸得着的智慧城市、智慧医疗建设获得感，实现对全市门诊号源的有效整合，群众通过智能手机关注“健康鞍山”微信服务号后，即可在线预约全市各大综合公立医院的专家号和普通号，按预约时间赴医院直接就诊，有效缓解医院门诊窗口人满为患的状况。

抚顺市高层推动卫生健康工作　市委、市政府高度重视卫生健康工作，多次召开专题会议，研究卫生与健康工作。策划“1+3”工作方案，以市委市政府名义召开全市卫生与健康大会，出台“健康抚顺2030”行动计划、城市公立医院改革、国家卫生城市创建3个实施方案，由市委书记、市长任领导小组双组长。市卫生计生委牵头、多部门参与，完成《抚顺市大健康产业规划（草案）》、北方苏杭健康产业集聚区及健康小镇规划等系列规划。清原县、天女山森林公园和萨尔浒风景区被评为辽宁省中医药健康旅游示范单位，清原县获批创建辽宁省中医药健康产业先导区。

本溪市直属公立医院薪酬制度改革　2017年12月1日，该市直属公立医院在全省率先启动薪酬制度改革，将绩效考核相关指标和考核标准分解到机关各职能科室、临床和医技科室及非卫技和后勤人员，使日常的绩效考核与绩效工资发放紧密结合，绩效考核工作逐步科学化。岗位结构调整逐步完善，逐步调整各岗位人员配置和结构比例，明确了专业技术岗位的分布和分类。按照医生、护理、行政后勤3类岗位进行绩效分配。薪酬结构比例得到逐步优化。公立医院第三方绩效评价工作完成，依据考核指标体系成立了考核领导小组，委托第三方（省医院发展中心）牵头汇集省内13名专家，完成除三甲及企业医院外的14家医院的综合绩效考核评价工作。截至2017年底，薪酬结构和水平得到统一规范，进一步规范了医疗行为，实现以绩定薪、岗变薪变。改革前后绩效工资总额以医生组绩效工资增加为主，增幅为4.7%，护理组增幅为0.9%，行政后勤组人员绩效工资总额下降5.8%，医院收支结构得到优化。市直医院医疗收入比上年增长1.2%，药品收入比上年下降6.5%。市直医院在职员工年人均工资增幅为9.92%，合同制人员年人均工资增幅为2.94%。

丹东市创建国家卫生城市　2017年，该市“创卫”工作进入决胜阶段。3月，市委、市政府召开全市创卫暗访问题整改和技术评估迎检动员会，市委、市政府主要领导参加会议，提出必保“一次性通过技术评估，顺利获得国家卫生城市”的工作目标，市委、市政府领导18次调研、调度“创卫”工作，督促解决重点难点问题100多件。全市以问题为导向，以《国家卫生城市标准》为标尺，用3个多月时间，完成暗访问题整改和技术评估准备工作。7月，全国爱卫办专家组对丹东进行技术评估，9位专家分成8个检查组，对爱国卫生、健康教育、市容环境等工作进行了全面细致的检查，检查各类点位100多个。丹东作为拟命名国家卫生城市在丹东政府网、《丹东日报》、丹东电视台进行了为期两周的社会公示。全国爱卫会决定命名丹东为2015—2017年周期国家卫生城市。丹东成为辽宁省第5个国家卫生城市。

锦州市医改工作　该市将2017年确定为“医改攻坚年”。坚持把人民健康放在优先发展的战略地位，以“医改攻坚年”为主线，以“三医联动”为突破口，医改攻坚初显成效。国家卫生计生委副主任、国务院医改办主任王贺胜在调研期间对该市医改工作给予高度评价。9月28日，锦州市率先成立医疗保障管理局，建立“一局一中心”医保管理体制。基本医疗保障制度建设不断完善，全市范围内开展新农合重大疾病补偿制度，从8种增加到24种重大疾病，推进按病种付费为主、按床日付费、总额预付等复合型医保支付方式改革。国家基本药物制度扎实推进，全市实施基本药物的乡镇卫生院和社区卫生服务中心达到86家，村卫生室1474家，全部实行网上采购、零差价销售。基层卫生服务体系建设逐步加强，完成全市77家乡镇卫生院回收工作，实现每个乡镇有1所政府办乡镇卫生院，每个行政村有1个甲级村卫生室。出台相关政策，强化基层专业队伍建设。基本公共卫生服务项目全面落实，人均基本公共卫生服务经费补助标准50元，基本公共卫生项目由9大类22项增加到12大类45项。稳步推进公立医院综合改革，全面实施县级公立医院综合改革。实施城市公立医院综合改革试点。优化组建7个医疗联合体。区域内包括省属3家附属医院、解放军医院和国企医院在内的16家城市公立医院，全部取消药品加成。

营口市医疗联合体建设　该市医联体建设始终着眼于市、县（区）、乡（街道）三级医疗卫生机构协调联动和落实医疗机构功能定位、提升基层医疗卫生服务能力、推进构建分级诊疗制度。在政府主导、统筹规划、部门协调、坚持公益基础上，促进医疗资源下沉，改善患者就医体验，提升了医疗服务可及性。全市政府办4所三级医院、2所二级综合医院全部牵头组建医疗联合体。医保打包付费制度实施半年多来，有1120多名患者上转，500多名患者下转。通过医联体建设及电子化注册，推进了医师多点执业和下基层制度。除肾病科外，在市县两级中心医院组建了医学影像中心、临床检验中心、病理诊断中心，正在组建卒中中心、胸痛中心和即将组建的孕产妇救治中心、新生儿救治中心、起搏与电生理中心、肿瘤中心和创伤中心、结核病防治中心、口腔病防治中心。承担的终末期肾病腹膜透析分级管理研究项目2017年两次在全国交流并被推广。市区内中小学生口腔病综合防治分级诊疗项目，已对4600多名中小学生口腔疾病实施区域性签约免费防治。市中心医院慢性病患者微信平台的建立，为医联体内推进信息化建设奠定了基础。医联体建设也探索了对口支援新模式、推进了健康扶贫等工作的落实。2017年年末，辽宁电视台对营口市的医联体和分级诊疗工作进行了专访。

阜新市发展中蒙医药事业　全面启动实施中医药基层服务能力提升工程。截至2017年末，全市能够提供中蒙医药服务的社区卫生服务中心有19个，占比100%；提供中蒙医药服务的乡镇卫生院57个，占比90.48%。已建成中医馆62家、国医堂6家，实现乡镇卫生院全覆盖。基层医疗卫生机构中蒙医诊疗人次数占基层总诊疗人次数的11.21%。以市中医医院、省蒙医医院（原阜蒙县蒙医院）为龙头，彰武县中医医院、阜蒙县中医医院为两翼，市属5区社区卫生服务中心及县属乡镇卫生院为枢纽、村卫生室为基础覆盖全市的三级中蒙医药服务网络基本建成。加强扶持中蒙医特色专科、专病建设。截至年末，市中医医院外科、省蒙医院血液病科、康复科被确定为国家中医临床重点专科、民族医重点专科，全市省级中医重点专科4个、省级中医特色专科2个，蒙药炮制研究基地1个，省蒙医院再障、颈椎病、银屑病被确定为省级重点专病。启动名老中医师承工作，国家级名医白凤鸣传承工作室、国家基层名老中医韩福印工作室、省级名老中医赵金福安淑平工作室、“石学敏院士工作站”、“广安门医院贺用和教授工作室”分别落户省蒙医院、市中医医院。蒙医专家白凤鸣被国家中医药管理局授予“全国名中医”荣誉称号。2017年9月，中国·阜新国际蒙医药合作交流大会在该市举办。

辽阳市新型农村合作医疗制度建设 2017年，该市大力加强新型农村合作医疗制度建设，提高保障水平。筹资标准提高到人均600元，其中各级财政补助人均450元；年补偿封顶线提高到20万元；实行30种门诊大病和40种住院特大疾病特殊政策：（1）尿毒症门诊透析、血友病、系统性红斑狼疮和苯丙酮尿症的补偿比例达到95%；（2）白血病、乳腺癌、器官移植等20余种重大疾病的住院补偿比例达到80%；（3）将支架、瓣膜、人工关节、人工晶体和心脏起博器等高质耗材纳入补偿范围；（4）提高乡级门诊补偿比例达50%、住院分段补偿比例达90%，县级门诊补偿比例为30%、住院分段补偿比例最高75%，较上年提高5个百分点。开展新农合大病保险和补充医疗保险，住院费用补偿比例平均提高15个百分点。参合农民花小钱、治大病，不再因大病而放弃治疗。2017年，市政府利用新农合历年结余资金设立新农合精准医疗扶贫专项基金，精准医疗扶贫患者住院治疗实行零自负；又安排专项基金100万元用于慢病患者免费投药。全年专项基金支出2086万元。2月21日，辽宁省新型农村合作医疗领导小组授予该市新型农村合作医疗管理中心“辽宁省新型农村合作医疗突出贡献单位”称号。

铁岭市医疗纠纷人民调解工作 2017年，该市积极探索医疗纠纷人民调解新举措，按照保、调、赔、防的铁岭“江泰模式”，切实发挥人民调解在化解医疗纠纷、和谐医患关系、促进平安医院建设、构建社会主义和谐社会中的重要作用。（1）规范管理，专业操作，开拓医疗纠纷化解新途径。医调委坚持中立性、公正性与专业性原则，调解工作既依法、依规、依政策，又依情、依理、依道德。对预计赔偿金额5000元以上的医疗纠纷案件均实行专家评鉴，定性、定责、定损，然后依法调解、依责论赔、双向维权，对所调医疗纠纷案例，建立事前分析、事中评估、事后总结的研判分析制度。（2）强化协作，务求实效，实现医疗纠纷处置新突破。建立医调委与综治办协作机制，保障调解工作顺利进行；建立医调委与卫生计生行政部门协作机制，实现调解医疗纠纷与预防医疗纠纷良性互动；建立医调委与法院协作机制，巩固调解成果。（3）保险保障，良性循环，探索医疗纠纷赔偿新方式。推行医疗责任保险统保工作，由5家具备实力的保险公司组成共保体，承保全市的医疗责任保险。全年到账保费金额916.9万元，参保机构690家。（4）加强培训，防范风险，夯实医疗质量安全新基础。以“加强医疗风险防范、建设和谐平安医院”为主题，举办讲座9场，培训医护人员1400余人，医院医疗纠纷发生数量和赔付金额明显下降。

朝阳市健康扶贫工作 该市深入开展健康扶贫工作，出台多项扶贫政策。（1）将贫困人口新农合住院报销比例提高15个百分点，贫困人口患重大疾病发生的门诊费用视同住院费用。（2）贫困人口大病保险实行降档提标、梯级递增报销，将起付线从原1万元下调到4000元，起付线以上个人住院政策内自负费用分段报销，每5万元为一段，报销比例从原50%提高到起点段为75%、最高段达到85%。（3）将贫困人口全部纳入城乡医疗救助范围。民政部门将城乡医疗救助与贫困人口精准医疗救助合并实施，将全部贫困人口纳入救助范围。大病保险理赔后贫困人口个人住院政策内自负费用余额按《朝阳市医疗救助管理办法》救助；启动贫困人口自费费用救助，对住院发生的个人自费费用按30%救助。（4）通过新农合二次补偿报销个人自负、自费结余资金。利用新农合基金对城乡医疗救助报销后个人住院发生的政策内自负费用和自费费用余额按50%报销。（5）医疗机构减免费用，实现贫困人口医疗费用兜底。全市范围内贫困人口就医定点医院对贫困人口住院发生的个人政策内自负费用、自费费用经各种医疗保障政策报销后的余额，予以全额减免。对于定点医院费用兜底出现的困难，县（市）区政府根据具体情况予以补贴。

盘锦市创建国家卫生城市 2017年6月，全国爱国卫生运动委员会命名盘锦市为国家卫生城市，成为全省时隔13年后再次获此殊荣的地级市。该市构建“政府主导、部门联动、全民参与、共建共享”创建格局，实现在一个年度周期从创建申报、条件审核、专家暗访，到技术评估、部际联审和媒体公示，最终被命名为国家卫生城市。创卫期间，盘锦市委市政府、市卫生计生委及相关责任部门先后召开 170 余次工作推进会，制定《盘锦市创建国家卫生城市实施方案》等一系列规范性文件，签订《创卫工作目标责任书》，积极通过新闻媒体、盘锦市政府网站创卫专栏、微信公众号、简报、展示标语、条幅等大力宣传，进行 16 次创卫工作相关知识培训，印发创卫《指导手册》1500 册。组织开展“百日攻坚行动”“爱国卫生月”“环境卫生整治周”“卫生清洁日”等系列活动。市卫生计生委曾 9 次邀请国家级卫生城市评审专家，督察指导盘锦市创卫工作。该市的 11 项硬性指标和 187 项辅助性指标基本达到和超出《国家卫生城市标准》。该市出台《关于建立盘锦市国家卫生城市长效管理机制的实施意见》和《盘锦市健康城市健康村镇建设实施方案》，打造卫生城市升级版，启动省级健康城市创建试点工作。同时大洼区新兴镇通过国家卫生镇审核评估。大洼区唐家镇白家村和北窑村成为首批省级健康村试点单位。

葫芦岛市医疗卫生服务体系建设　该市立足本市实际，充分利用后发优势，高起点定位，跨越式发展，不断加强基础设施建设，努力补齐发展“短板”，全市医疗卫生服务体系日臻完善。（1）建设市中心医院龙湾院区二期工程，补齐市中心医院儿科病房不足“短板”。市中心医院龙湾院区二期工程 2014 年开工建设，建筑面积 4.05 万平方米，2017 年 10 月交付使用，重点解决了市中心医院儿科病房不足问题。（2）建设市妇幼保健计划生育服务中心，补齐妇幼保健服务“短板”。2015 年 8 月，葫芦岛市妇幼保健计划生育服务中心开工建设，建设面积 2.24 万平方米，投资 1.18 亿元，2018 年 6 月投入使用。葫芦岛市卫生计生委按照“技术一流、管理一流、人才一流、服务一流”的总体思路，努力打造辽西地区产科、妇科、儿科、儿童保健和妇女保健特色服务中心。（3）建设市结核病防治所综合楼，补齐结核病预防治疗“短板”。葫芦岛市结核病防治所综合楼于 2015 年 9 月开工建设，规划建设面积 3600 平方米，市政府投资 1300 万元，2017 年 6 月交付使用。综合楼的建成彻底解决了市结核病防治所多年来无固定办公场所及重症结核病人无法住院治疗问题。（4）独立组建葫芦岛市急救中心，补齐院前急救体系建设“短板”。2016 年 1 月，葫芦岛市急救中心开始独立运行。市急救中心引进世界领先的医疗优先分级指挥调派系统（MPDS），使葫芦岛市成为全国第 11 家、东北首家应用该系统的急救机构，解决了从急救电话接收至急救人员到达之间“空窗期”救援问题，大大提升了院前急救水平。（5）成立市医疗纠纷调解委员会，补齐全市医疗纠纷调处“短板”。葫芦岛市以“江泰模式”成立市人民医疗纠纷调解委员会，作为第三方机构从事医疗纠纷调解工作。市医调委在处理医疗纠纷、解决医疗矛盾、协调医患关系方面发挥积极作用，3 年来已调解医疗纠纷 118 起。（6）建设综合性市康复医院，补齐大型医疗康复项目“短板”。葫芦岛市康复医院 2016 年 9 月开工建设，将于 2018 年 6 月交付使用。市康复医院建成后将成为葫芦岛市规模最大、功能最全、具有中医特色的康复医疗机构。　（邵若冰　张盼盼）

〔特约编辑：王大庆〕

〔主　编：宋良伟〕

吉林省

全省卫生和计划生育工作概述　2017 年，吉林省卫生计生委认真贯彻落实党的十八大和十九大精神及全国卫生计生工作会议部署，坚持稳中求进工作总基调，以新形势下党的卫生与健康工作方针为引领，以推进健康吉林建设为主线，以抓落实为主旋律，突出抓好医改攻坚、建立基本医疗卫生制度、优化生育全程服务管理、加强公共卫生和重大疾病防控、提高医疗服务质量和水平、推动中医药振兴、促进健康产业发展、加强党风行风建设等重点工作，努力维护人民健康，为吉林振兴发展奠定了坚实的健康基础。

医疗卫生数据　据 2017 年吉林省统计局公报，2017 年末吉林省有卫生技术人员 16.82 万人，其中，执业医师和执业助理医师 7.06 万人，注册护士 6.72 万人。医院和卫生院拥有医疗床位 14.52 万张。全省有乡镇卫生院 779 个，床位 1.82 万张，卫生技术人员 2.1 万人。全省所有县（市、区、开发区）均实行了新型农村合作医疗，覆盖率达 100%。1240.85 万农民参加新型农村合作医疗，参合率达 98.63%，全年共筹集资金 80.83 亿元，新农合可支配资金 75.87 亿元，已有 889.88 万人次从中受益，支付补偿资金 70.33 亿元，占年度新农合筹资总额的 96.06%。全年报告法定传染病发病人数 47843 例，报告死亡 178 例；法定传染病报告发病率为 175.06/10 万，报告死亡率为 0.65/10 万。孕产妇死亡率为 12.32/10 万；婴儿死亡率为 3.68‰。

人口数据　据 2017 年吉林省统计局公报，2017 年末吉林省总人口为 2717.43 万人，比上年末净减少 15.60

万人，其中城镇常住人口1539.42万人，占总人口比重(常住人口城镇化率)为56.65%，比上年末提高0.68个百分点。全年出生人口18.48万人，出生率为6.76‰；死亡人口17.76万人，死亡率为6.50‰；自然增长率为0.26‰。人口性别比为102.72(以女性为100)。全年城镇新增就业53.15万人。年末城镇登记失业率为3.52%。

深化公立医院改革 2017年全省公立医院综合改革与上年相比取得“五升四降三回归”成效：（1）“五升”：县级公立医院医疗服务收入占比达到32%，提升3.4个百分点，基层医疗卫生机构门急诊人次占比达31.4%，提升1.4个百分点，出院患者综合满意度95.58%，提升1.79个百分点，县域内就诊率平均达89.86%，提升4.6个百分点，医务人员工作积极性明显提升。（2）“四降”：全省医疗费用增幅5.88%，较上年同期下降近5个百分点；城市公立医院药占比34.5%，下降了5.9个百分点；百元医疗收入消耗的卫生材料费19.6元，下降了4元；大型设备检查检验收入下降12.5%。（3）“三回归”：医院回归公益性、医务人员回归职业本位，药品回归治病本色。长春市被确定为国家城市公立医院综合改革示范市，农安县被确定为国家级示范县。在国家公立医院综合改革效果评价中，吉林省排名第12位，除国家10个综合医改试点省外，在非试点省份中排第2位，获得440万元奖励。公立医院综合改革经验做法被《国办综合》采用，国务院领导作了肯定性批示。实施政府主导的多层次医疗联合体，基本实现全覆盖，省级5个大型医联体向下级医院派驻医疗队1032次，诊疗患者75021人次，专科联盟向下级医院派驻医疗队804次，诊疗患者28178人次，实现卫生工作重心和优质医疗资源“双下沉”。家庭医生签约服务扎实推进，组建服务团队6520个，常住人口签约率为37.56%，重点人群签约率为72.99%，超额完成国家要求指标。吉林省在基本医保、大病保险、医疗救助、大病救治基金、社会慈善救助和疾病应急救助“5+1”多层次医疗保障体系基础上，保障能力和水平不断提升。城乡医保整合加快推进，完善并落实城乡居民基本医保“六统一”政策，2018年城乡居民基本医保个人筹资标准统一到240元，在通化市、四平市开展城乡医保管理体制改革试点。

健全药品供应保障机制 （1）建立全国首家省级集中采购“五统一”服务平台，构建药品分类采购、短缺药品监测预警和部门会商等工作机制，保障了群众用药需求和用药安全，实现基药30天回款常态化。开展基药和非基药同步集中招标，每年可节约药品费用31亿元。深入推进高值医用耗材阳光采购，仅冠脉介入和血液净化两类耗材每年可为群众节省至少1亿元。（2）推进药品供应保障机制改革，出台药品流通实施意见和“两票制”方案，在全国率先实行“两票制”网上传输验票工作，联合东北三省一区建立两票制联盟机制得到国家肯定。完成抗肿瘤药品议价谈判工作，全省医疗机构统一执行新一轮抗肿瘤药品中标结果。整体降幅平均为20.34%，其中竞价降幅为37.92%、议价降幅为15.9%，降幅高于50%的有8个产品，其中竞价6个，议价2个。平均每年为全省肿瘤患者节约药品费用约2亿元。

2017年“6·14”世界献血者日期间，吉林省政府副秘书长杨凯在长春市中心血站采血车现场调研。

卫生服务保障 2017年吉林省免费为群众提供14类55项基本公共卫生服务。城乡医保整合加快推进，完善并落实城乡居民基本医保“六统一”政策。城市和县级公立医院按病种付费数量分别达到100个和50个，吉林省新农合跨省异地就医结报试点医疗机构共146家，已与9个省份的结算中心、31个省份2115家定点医疗机构签订跨省异地就医结算协议，累计结算2322人，结报金额1442万元，以省为单位实际结算人次和单个医院结算人次均位居全国首位。

提升医疗卫生服务质量和水平 2017年吉林省印发实施《吉林省医疗卫生服务体系规划》《吉林省医疗机构设置规划》，优化医疗卫生资源配置。严格控制公立医院规模和床位。为社会办医疗机构预留床位2万张，并落实市场准入、医保定点等方面扶持政策，为全省乡镇卫生院和社区服务中心预留床位6596张，主要满足基层护理和康复病床需求。深化放管服改革，除法律规定的27项审批外，全部下放。解决人才短缺问题。全面加强全科、儿科、精神科等专业人才培养，医疗卫生人员总数增加到16.65万，其中执业(助理)医师增加14.35%，结构不断优化。累计培训骨干医师

5817人，招收农村订单定向免费医学生779名，特岗医生229名，遴选29项卫生适宜技术向基层单位推广。全省共投入8.09亿元，为790家乡镇卫生院配备救护车和车载急救设备，建设标准化村卫生室8133所，实现"一乡一卫生院、一社区一服务中心、一行政村一卫生室"目标。集中3年时间，建设规范化预防接种门诊968个、乡镇卫生院便民中医馆710个、社区健康小屋220个。落实临床路径管理指导原则，实施遏制细菌耐药计划。血站血液核酸检测率先在全国实现全覆盖。组织大型义诊周活动，累计为贫困地区、边境地区等基层群众义诊81377人次。

卫生执法与监督 2017年，吉林省卫生计生委共受理各类办件7561：即办件7446个，占总办件的98.48%；限时办件115个，提前办结率为100%，提前办结效率为84.64%。2017年全省各级卫生计生行政部门和卫生监督机构开展专项或联合执法检查行动，共立案处罚违法案件7513件，罚款902.21万元，吊销人员执业证书1人。查处无证行医行为429户，没收物品2849件，移送司法机关7件。监督抽检工作首次采用"双随机"工作模式，即随机抽取检查对象，随机抽取检查人员，内容覆盖卫生计生监督执法工作所有领域。2017年全省卫生监督抽检工作共抽取检查对象4104户次，抽取检测对象2721户次，占监管对象数量的5%；抽取卫生监督员1300多人，占全省一线卫生监督员的70%。

基层医疗机构服务能力提升 2017年吉林省以创建群众满意的乡镇卫生院活动为抓手，结合进一步改善医疗服务行动计划，将"提升年活动"作为全年推进基层卫生工作的主要任务来抓，双辽、伊通、镇赉等县市加大医疗卫生基础设施投入，更新医疗设备和设施，为基层医疗机构建设业务用房，着力提升服务能力。全省87家单位被国家评选为群众满意乡镇卫生院，5家单位被评为全国百佳卫生院。

落实贫困地区卫生人才发展支持政策 2017年吉林省实施贫困县全科医生特设岗位计划，15个贫困县乡镇卫生院录用特岗医生230名。实施农村订单定向医学生免费培养项目，为村卫生室订单定向培养乡村医生239人。开展在岗乡村医生学历教育项目，招生90人。实施吉林省县级医院骨干医师培训项目，安排160名县级骨干医师到支援医院进行专科方向的培训。实施贫困县（市）乡镇卫生院技术骨干脱产进修项目，安排213名技术骨干到县市级医疗机构脱产3个月进修。对贫困县乡镇卫生院和村卫生室开展基本技能和适宜技术培训，共培训2721人次。15个贫困县乡镇卫生院在编在岗人员3570人按每人每月300元发放补助。安排25家二级以上医疗机构对口支援国家级贫困县的48家乡镇卫生院。通过落实一系列卫生人才发展支持政策，稳定了全省尤其是贫困县基层卫生人才队伍，为吸引卫生人才回流到基层奠定了基础。

扎实开展社区卫生服务提升工程 吉林省结合国家"基层能力提升年活动"，进一步改善城市社区卫生服务中心医疗服务。2017年，共18家单位被评为"优质示范社区卫生服务中心"，2家单位被评为"全国百强社区卫生服务中心"。

稳步实施基本公共卫生服务项目 2017年吉林省基本公共卫生服务项目经费补助标准，人均由45元提高到50元。服务项目种类由12类46项提高到14类55项。认真组织各级专业机构和业务人员进行培训，开展基本公共卫生服务项目宣传月活动，推进项目实施。

全面推进实施家庭医生签约服务 出台《吉林省家庭医生签约服务内容与签约服务费等有关意见》，从省级层面统一基础性服务包内容、个性化服务包类型和层次，明确签约服务包收费标准及支付政策。2017年，全省组建家庭医生签约服务团队6520个，常住人口签约率为37.6%，重点人群签约率为73%。建档立卡农村贫困人口和计划生育特殊家庭签约覆盖率均为100%，提前超额完成国家各项任务指标值。

疾病预防控制 制定并实施艾滋病、结核病、精神卫生等一批重大疾病防治规划，人均基本公共卫生服务补助由25元提高到50元；加强疫苗流通和预防接种管理，全省无甲类传染病报告，共报告乙丙类传染病46578例，位居全国第31位；启动"三减三健"行动和健康城市、健康村镇建设，全省建成慢性病综合防控示范区25个，国家卫生城市（县城、镇）19个，规范管理高血压患者136.4万人、糖尿病患者39.1万人。

妇幼健康服务 2017年吉林省政府印发实施《关于全面加强妇幼健康服务工作的指导意见》，启动妇幼健康服务能力提升计划。省级财政累计投入资金3.2亿元，全面推开妇幼保健机构标准化建设，在全国率先启动妇幼健康服务联合联动试点。全年参加免费孕前优生健康检查人数12万人，累计为农村妇女免费宫颈癌筛查122万人，为7岁以下儿童免费视力筛查127万人，全省妇女儿童健康状况得到明显改善。全省孕产妇死亡率、婴儿死亡率、5岁以下儿童死亡率分别为12.32/10万、3.68‰、4.50‰，妇幼健康核心指标达到历史最好水平，连续多年优于全国平均水平。

应对重大突发事件卫生应急工作　有效处置并完成松原“7·04”燃气管道爆炸等14起突发事件的紧急医学救援工作。成立卫生应急处置队伍529支，组建国家紧急医学救援队（吉林队），有力有序应对H7N9等突发疫情，累计完成88起突发公共事件紧急医学救援工作，最大限度地保障了人民群众生命安全，多次得到国家和省委、省政府的充分肯定。在国家卫生计生委的指导下，在长春市举行“核卫—2017”警地联合卫生应急演练，演练受到参加观摩活动的国家卫生计生委、吉林省人民政府及相关部门领导的一致好评。

爱国卫生运动　2017年，吉林省新申报和复审的国家卫生城市共10个，全部通过国家复审和命名，通过率达100%。其中，敦化市在巩固国家卫生城市工作方面成效显著，受到全国爱卫会通报表彰。全国爱卫会命名梅河口市、集安市为国家卫生城市，汪清县、东丰县为国家卫生县城。

卫生科技与教育　吉林省深入推进住院医师规范化培训，举办住培临床技能竞赛和住培高峰论坛。新培训师资1873人次，4名教师、3名住院医师、3名专业基地主任分别获得中国医师协会授予的“百名住院医师心中好老师”“百名优秀专业基地主任”“百名优秀住院医师”称号。毕业的122名农村订单定向医学生履约并参加全科专业住培，住培全科专业超额完成招收任务。全年科研立项278项，吉林大学第一医院、吉林省肿瘤医院的研究项目分获国家自然科学奖二等奖、国家科技进步二等奖。遴选适宜技术12项进行推广。

提高卫生计生法治能力　加强卫生计生法治建设，全面贯彻依法治国，完成《吉林省保健用品管理办法》制定工作。加快推进《吉林省艾滋病防治条例》《吉林省献血条例》进程，加强地方卫生计生标准制修订工作。深入推进法治医院建设，促进医院及医疗行为法治化。

食品安全工作取得新进展　食品安全风险监测制度全面落实，获得食品安全风险监测数据5万条，风险识别能力大幅提升。全省设置75个监测采样点，覆盖率达到市（州）100%、县（市）100%。设置风险监测技术机构13家，监测实验室24个。设置食源性疾病特定病原体监测哨点医院18家，食源性疾病病例监测哨点医院270家。开展6年生人参、刺五加叶进入食品的安全性研究，收集基础技术资料。备案食品企业标准1460余份，保障企业产品符合食品安全法律法规和食品安全国家标准的规定。

2018年1月8日，吉林大学第一医院于晓方教授团队完成的研究项目“艾滋病病毒与宿主天然防御因子相互作用新机制的研究”获2017年度国家自然科学奖二等奖。

健康扶贫工作成效显著　新农合整体提高报销比例，研究出台“限制目录外费用比例”等5项控费措施，进一步减轻贫困患者就医负担。县域内总医疗费用报销比例提高到75%左右，全年累计补偿37.07万人次，提高报销金额7164.04万元，大病保险累计补偿2.76万人次，提高报销金额5714.06万元。落实“三个一批”行动计划，2017年建档立卡9种大病专项救治3291人，救治率达91.67%。开展“一人一策”签约服务和分类救治，省、市、县、乡、村巡回医疗队共派出医生141万人次，诊疗患者20.9万人次，一次性治愈患者2.48万人，为32.8万名农村因病致贫、因病返贫人口实施“一人一策”管理。吉林省贫困人口“一人一策”分类救治经验做法被《国办综合》采用，国务院领导作了肯定性批示。实施贫困地区儿童营养改善项目，36154名儿童受益，基本实现全省贫困县目标儿童全覆盖。持续实施“脱贫攻坚医疗慈善救助项目”，人民医院、吉林心脏病医院共免费救治贫困患者1356人次，减免费用894万元。全省因病致贫返贫人口健康档案建档率、家庭医生团队服务签约率、“一人一策”分类救治措施覆盖率均实现100%全覆盖。在全省脱贫攻坚视频推进会议上，省卫生计生委作为省直部门唯一代表作典型发言。在国务院扶贫办与国家卫生计生委组织的中西部22省（区、市）健康扶贫考核中，吉林省综合排名第四，获国家170万元奖励。

完善全面两孩配套政策措施　2017年印发《吉林

省计划生育事业发展“十三五”规划》，联合印发《关于加强公共场所和用人单位母婴设施建设的实施意见》。联合省人大对全省《人口与计划生育法》《吉林省人口与计划生育条例》执行情况进行检查。起草《吉林省人民政府对省人大常委会执法检查组检查“一法一例”贯彻实施情况交办意见的研究处理情况报告》，并经省人大常务委员会讨论通过。

计划生育目标责任制考核 下发《关于2016年度卫生和计划生育目标责任制“业务线”考核情况的通报》《2016年度全省计划生育目标管理责任制考核情况的通报》。年初，省政府与各市（州）政府及省直相关部门、省卫生计生委与各市（州）卫生计生委签订2017年计划生育目标管理责任书，明确工作职责。印发《关于2017年度卫生和计划生育目标责任制“业务线”考核实施方案的通知》，对全省74个县（市、区）的48个村、26个社区进行入户考核，现场考核71家医疗助产机构和70家县级妇幼保健院。印发《关于开展2017年度全省计划生育目标管理责任制考核工作的通知》，完成考核工作。

计划生育基层基础工作 2017年吉林省对县、乡、村级计划生育机构和队伍建设情况进行全面调查，掌握机构、人员及技术服务状况，为调整基层计生技术服务机构职能、优化基层服务机构和队伍配置、提升基层计生服务能力提供依据。2017年共办理一孩生育登记84835件，二孩生育登记53030件，办理再生育服务证4054件。

计划生育扶助关怀 2017年吉林省提高特殊家庭扶助金标准。自2017年1月1日起，独生子女伤残、死亡家庭分别由原来国家标准的每人每月270元、340元提高到350元、450元。完善计划生育特殊家庭信息档案、开通计划生育特殊家庭就医绿色通道、开展特殊家庭家庭医生签约活动。完成35.5万人的两项制度目标人群资格确认、网上录入，全年发放资金5.5亿元。全年为采取辅助生殖技术成功的计划生育特殊家庭补助资金16万余元。

医养结合 2017年6月吉林省医养结合工作领导小组成立，共同研究解决医养结合工作落实过程中遇到的重大问题。同步成立吉林省医养结合工作专家组，规范机构依法执业自觉性，保障医疗安全。长春市被国家卫生计生委确定为全国第一批安宁疗护工作试点地区之一。医疗机构与养老机构建立合作关系，其中签订合作协议开展医疗服务的（以医疗机构签约对数为准）742家。全省有52%以上的养老机构能够以不同形式为入住的老年人提供医疗卫生服务，90%以上的医疗机构为老年人就医提供绿色通道。

提高流动人口基本公共卫生服务能力 （1）召开提高全员流动人口信息管理系统数据质量座谈会，开展数据质量核查，报送省级系统用户应用及省内流动人口信息交换情况，完成全员流动人口统计工作，报送《吉林省卫生计生委关于流动人口统计信息化工作的报告》，推进流动人口电子婚育证明应用进程。（2）完成全国流动人口动态监测问卷调查和数据上报，撰写《吉林省流动人口服务管理政策研究报告》《吉林省2017年流动人口动态监测数据分析报告》《吉林省卫生计生委2017年动态监测财政支出绩效报告》。（3）调整流动人口基本公共卫生计生服务均等化工作协调小组成员，开展流动人口健康需求调研，省级均等化示范地区新增到26个，实现市州级全覆盖。下发均等化评估方案并组织各地区进行自评。推荐长春市绿园区为国家级均等化示范区。

流动人口健康教育和促进行动 制定“新市民健康城市行”活动方案，在长春市、吉林市、四平市、延边州举办启动仪式，全面启动“新市民健康城市行”接力传递活动。调整流动人口健康教育和促进行动示范场所评价标准，组织各地开展培育建设工作，长春市长运集团有限责任公司、二道区吉林小学分别被国家评为第1批流动人口健康促进示范企业、健康促进示范学校，2个流动人口家庭被评为第一批流动人口健康促进示范家庭。编撰流动人口计划生育“十三五”规划，开展“7·11”世界人口日、婚育新风进万家、流动人口关怀关爱专项行动和农村留守儿童健康关爱活动。做好农民工相关工作。

长春市公立医院改革取得成效 2017年该市51家城市公立医院全部取消药品加成，调整医疗服务项目2880项，差别定价96项。国家医改办总结推广长春市差别化定价的做法。公立医院薪酬制度改革有序推进。在不同层级的6家医院开展试点，研究制定了公立医院薪酬改革试点方案，从编制备案、岗位设置等7个方面，明确公立医院激励导向和公益性。绩效工资总量水平原则上不高于同级医疗卫生事业单位平均绩效工资总量的3倍。实行院长年薪制，由同级财政或举办主体承担，年薪水平控制在单位绩效工资年人均水平的3倍以内。严格控制医疗费用不合理增长。科学设定控费目标，降低药品、耗材费用比。规范医疗行为，实施临床路径，落实处方点评、抗生素使用、辅助用药、耗材使用管理等制度，完成了总控费在10% 以下的目标。

吉林市推进家庭医生签约服务　(1) 建章立制夯实基础。下发《吉林市推进家庭医生签约服务实施方案》，制定家庭医生签约服务包，建立绩效考核体系和签约服务管理规范，督导各县（市、区）制定方案和管理办法、组建团队、完成人口基数调查、制定服务包和服务协议。(2) 多措并举宣传引导。召开全市家庭医生骨干培训，开展家庭医生宣传周活动，通过多种形式的宣传活动，不断提高群众知晓率和签约积极性。家庭医生签约服务工作宣传视频分别在市电视台“直播江城”栏目和省电视台“省长热线”栏目播出推广。(3) 差异服务吸引签约。结合实际制定家庭医生签约服务的相关措施，对签约居民实行差异化政策，在二级以上医院预留一定的挂号数量，设立对接科室，开通转诊绿色通道，吸引百姓主动签约。船营区针对不同人群，采取“2+1+3”等5种签约模式，推行医联体内三级诊疗和健康管理“一站式”特色家庭医生签约服务。

四平市强化妇幼健康服务能力　该市深入实施《四平市妇女儿童发展规划》，将“孕期妇女开展5次免费产前检查项目”列为2017年《市政府工作报告》35件民生实事之一。依托城市、县级公立医院为全市12323名孕妇开展多次高标准的免费产前检查，高效完成23671名7岁以下儿童免费视力筛查项目，形成以市级危重急救中心为龙头的遍布市、县、乡、村的危重孕产妇和新生儿急救网络。2017年全市孕产妇死亡率、婴儿死亡率、剖宫产率得到有效控制。

松原市打造智慧医疗数据平台　该市采取招商引资、招商引技形式，引进杭州联众医疗科技有限公司先进技术和资金支持，建设“健康松原医疗影像云惠民服务平台”项目并于2018年1月4日签订战略合作协议，主要是通过建设医疗影像云服务集成平台，打破时间和空间的限制，实现影像共享调阅、健康管理指导、远程移动医疗及科教等应用，缓解基层医疗卫生资源分布不均衡，提高基层医疗服务可及性和服务水平，促进分级诊疗制度落实，促进优质资源下沉，从而达到创新服务模式，降低诊查费用，减轻人民群众医疗（医保）负担的惠民目标。

辽源市深入开展健康促进行动　2017年该市健康主题公园和新建主题广场全部投入使用，对全市教育、公交等行业600余人进行18期健康技能培训，建立3支50人的志愿者团队，起到“1+1 > 2”的效果；在主流传媒循环播放公益广告10万余次，受众面达100万人次以上。突出做好流行性出血热、艾滋病、结核病等重点传染病防控，全市无甲类传染病报告发生，乙丙类报告发病率同比降低9.7%。在“12・08”聚集性发热事件处理中，市疾控中心及时开展流调、病菌培养和实验室诊断，市中心医院等单位昼夜奋战救治病患，国家和吉林省给予该市“有力、有序、有效”的评价。

白城市深入实施健康扶贫工作　该市脱贫任务艰巨，因病致贫人口达15.2万人。抓好政策创新，出台并实施“三下沉、两提高、一兜底”的地方性政策。“三下沉”即县、乡医护人员定期下沉到村卫生室，开展巡诊，乡镇卫生院医疗服务权限、慢病用药下沉到村卫生室，实现在村卫生室即可诊疗42种特殊疾病、32种慢性病。“两提高”即提高新农合门诊报销比例和封顶线，乡村两级门诊报销比例分别提高20%和30%，报销比例达到80%；乡村两级门诊报销封顶线分别提高100元和30元，乡镇卫生院每年普通门诊报销额度达到400元，村卫生室达到80元，提高部分资金由当地政府解决。“一兜底”即实施农村贫困人口大病兜底政策，对于患有28种重大疾病的重度贫困户，经其他政策性报销后，剩余部分在大病兜底救助基金中全额解决，轻中度贫困户患上大病，立即纳入重度贫困户管理，享受免费就医政策。2017年，大病兜底政策共救助重度贫困患者7772人次，支付兜底救助资金1513.8万元；“两提高”政策共补偿贫困人口25493人次，支出补偿资金39.2万元。

白山市引入“健康快车”项目　“健康快车”项目作为白山市政府37件民生实事之一，市委市政府高度重视，市中心医院作为基地医院，组建3支眼科筛查医疗队，利用3个月的时间，对全市6个县（市、区）60所乡镇、550个村共5266名贫困白内障患者进行逐一免费筛查，建册立档患者1550人。7月19日，第4列“健康快车”中国石化光明号进驻白山。7月28日，市委、市政府在白山市铁路货运中心新货场举行“健康快车”光明行白山站启动仪式。“健康快车”光明行活动进驻白山以来，共免费为全市1050例贫困白内障患者进行了复明手术。

延边州推进“先诊疗、后付费”　该州对住院患者采取一站式服务，患者凭医生开具的入出院通知单，即可完成办理入出院的所有手续，缩短患者办理入出院时间。住院患者签署《住院医疗费用结算保证书》后，在办理出院时，根据患者报销后的情况，再缴纳自己承担的自费部分，由此避免了患者住院时因押金不足或急、危重病人需要紧急救治而得不到及时治疗的情况发生。住院期间实行一日清单制度，让患者明白消费。对恶意逃费患者及家属，计入医疗保险“黑名单”，在恶意逃费未结清前暂停其医疗待遇资格。对于农村低保户和特殊困难患者出院结算时，提供县（市）民政部门确认盖章的村（居）委会出具的低保或特困证明，即可给予办理延期还款手续。对属“三无”人员的患者，延边州每年设立应急救治专项经费，用于支付救治费用。

梅河口市提升综合服务能力　该市继续深化实施改善医疗服务行动。引入发展融资新理念，公立医疗机构差异化发展效果初显。市妇幼保健院与北京华奕时代医疗投资有限公司合作，聘请吉林省208名专家作为学科带头人，开展宫腔镜诊疗技术，大大提高妇科疑难重症的诊疗效果，合作仅半年时间，医疗收入就增长108%。在此基础上，又着眼于儿童康复、儿童眼科等短缺的服务项目，积极与珠海市“蓝海之略”医疗股份有限公司合作，填补了梅河口市技术服务空白，服务项目得到扩展延伸，走出一条“差异化”发展的探索之路。市二院引进北京“泰康行”医疗股份公司疼痛专科治疗技术设备及帮困扶贫优惠政策，填补了医院技术空白，短期内“两个效益”明显提升。梅河口市中医院也分别与江西天莱康贸易有限公司等设备供应商采取合作方式，组建了康复、血透等4个中心，发展能力和空间得到拓展。

公主岭市医养结合有序推进　成立以市长为组长、12个相关部门一把手为成员的领导小组，办公室设在市卫生计生局，将医养结合重点任务层层分解，各部门逐一落实。召开医养结合工作会议，在会上组织28家医疗机构和28家养老机构签署了《医养结合服务协议》。各医疗机构向养老机构提供全天候的医疗服务，对老年人给予预防、保健、医疗、康复、健康教育及指导“六位一体”的优质服务。全市各大医院为60岁及以上老年人开通绿色通道。各医疗机构根据自身特点和医养结合工作需要，建立了符合本单位实际的绿色通道规章制度。设立了清晰明显的“老年人优先”的标识，同时，还开展了导诊、老花镜、推车、轮椅等延伸服务，为老年人提供更加人性化的便利服务。

（邱　洋）

〔特约编辑：尹　玲〕

〔主　编：张　义　副主编：刘中正〕

黑龙江省

全省卫生和计划生育工作概述　2017年黑龙江省卫生计生系统在省委、省政府的领导下，深入学习贯彻党的十九大精神，坚持以习近平新时代中国特色社会主义思想为指导，以人民健康为中心，把人民健康放在优先发展的战略地位，不忘初心，砥砺前行，开拓进取，努力提高全省卫生与健康事业发展水平。“健康龙江行动”被评为2017年医改“十大举措”之一，医院管理“三项制度”的实施、“蓝盾行动”的推进显著改善了患者就医环境，机关干部作风整顿、审批工作“流程再造”、窗口单位服务“四零承诺”极大优化了党风政风行风，以国医大师张琪为代表的“中国好医生”先进典型事迹引发社会强烈共鸣，全省卫生计生事业改革发展呈现积极向上、蓬勃发展的良好态势。

扎实推进健康龙江建设　2017年，黑龙江省全面贯彻党的十九大“实施健康中国战略”部署，落实全省卫生与健康大会精神，公布实施《“健康龙江2030”规划》，推动健康融入龙江全面振兴发展全局。省卫生计生委发挥牵头主责部门作用，协调推动省健康龙江行动联席会议20个委办厅局，推进实施《健康龙江行动2017年重点工作安排》中“五大专项行动”、100项具体工作任务，在省级层面强化了顶层设计，推动了深化发展。组织500场“走基层、惠百姓”健康大巡讲，制作90分钟生命全周期科普动画宣传片、刻录10万个光碟发放给基层群众，坚持每天在黑龙江广播电视台播出《健康龙江直播室》《健康来了》等健康节目，举办首届“健康龙江嘉年华”等30多个专项的大型系列活动，举办“全民健康生活方式日”等20多个健康主题日活动，制作播放31部公益广告、投放电视频道46个、播出23604次，发放健康读本、实物100多万个。在国家卫生计生委新闻发布会上介绍经验做法，引起全国进一步的关注和共鸣。各级地方政府将这项工作纳入民生战略任务来抓，全社会关注健康的氛围更加浓厚，健康龙江建设一步步推进。

深化医改取得突破性进展　2017年黑龙江省始终坚定改革正确方向，推动深化医改纳入全省深化改革总体部署，凝心聚力，攻坚克难，扎实推进。（1）公立医院综合改革全面推开。2017年8月1日起全省所有面向社会开放的公立医院全部取消药品加成，实行60多年的药品加成旧制度彻底取消，以药养医的顽疾得到根治，同步建立以调整医疗服务价格和落实政府财政补偿政策为核心的公立医院运行新机制，实现新旧运行机制平稳转换。公立医院公益性方向得到制度性确立，公立医院盲目性扩张和医疗费用上涨迅猛势头得到有效遏制。全省公立医院医疗费用增长幅度下降到5.71%，城市公立医院药占比下降到30.61%，百元医疗收入消耗卫生材料下降到19.37元，县级公立医院医务性收入占比提高到27.12%。试点公立医院绩效考核、薪酬制度改革和建立现代医院管理制度。萝北县公立医院综合改革受到国务院办公厅通报表扬，医改监测工作在全国会议上作经验介绍。（2）分级诊疗体系初步形成。举办分级诊疗院士高峰论坛，探索建立“明确功能定位，评估服务能力，确定诊疗病种，医保差异支付”的基本路径。积极推进城市医联体、县域医共体、城乡医联体、专科联盟、互联网医联体等5种模式建设，全省所有三级公立医院全部参与医联体。加快开展家庭医生签约服务，全省组建家庭医生团队8045个，签约服务人群覆盖率达32.89%，重点人群签约率达70.23%。加大基层人才培养力度，规范化培训住院医师6552人，免费培养农村订单定向医学生526人。（3）药品供应保障制度健全完善。国家基本药物制度持续巩固，基本药物采购金额占比较上轮提高13.6%。完成新一轮药品集中采购，招标药品价格较上轮下降20.94%，节省患者用药费用16.04亿元。全年公立医疗卫生机构网上采购药品175.9亿元，网上采购率较上年提高25.6%。10大类高值医用耗材阳光挂网，加入10省区医用耗材省际采购联盟。建立短缺药品3级监测预警和11部门会商联动机制，全面实施药品采购“两票制”。（4）综合监管能力不断提升。制定《省卫生计生委加强事中事后监督管理实施意见》，成立审批处，再造工作流程，加大“放管服”改革，取消下放9个权力事项。12个市和78个县区组建卫生监督局，开展《传染病防治法》等“一法四规”检查和重点领域专项整治行动，完成3748个“双随机”抽查，监督检查各类机构14万户次，查处案件1648件。实施监督执法“蓝盾行动”，严肃查处“三违规”和“三过度”问题，规范医疗机构依法执业。

健康扶贫成效显著　2017年黑龙江省卫生计生委按照国家和省委、省政府部署，把解决因病致贫责任担起，把脱贫任务抓实，设置多重保障措施，落细落靠具体工作举措。到2017年底完成因病致贫入户调查，对全省建档立卡的62.34万人精准识别，摸清实际患病底数为24.06万人，因病致贫返贫有12.35万户。加大医疗保障政策倾斜，实行县域内“先诊疗后付费”和“一站式”即时结算，救治患有重病的贫困患者1.7万人。强化分类救治，“三个一批”进展顺利，对贫困人口每年开展1次免费健康体检，救治患有9种大病的贫困患者2823人，对因病致贫人口慢病管理全部实现了签约服务。提升服务能力，省级投资3555万元支持392个贫困村卫生室标准化建设。建立帮扶机制，开展省市县乡医疗机构“组团式”帮扶，2批次、570名三级医院医生驻点，诊疗患者20万人次，实现29家三级医院与56家县级医院远程医疗。解决基层人才短缺，为28个贫困县乡镇卫生院公开招聘本专科医学毕业生1047人、农村订单定向生131人、特设岗位1303人、培训各类人员3万多人次。

黑龙江省卫生计生委主任魏新刚出席世界卫生日宣传活动并看望参加活动的医务工作者。

提升医疗卫生服务质量和水平　2017年，黑龙江省紧紧围绕人民更好健康需要，努力提供全方位、全周期健康服务，不断提高人民群众获得感、满意度。（1）基层卫生服务能力稳步提升。全面实施基本公共卫生服务项目，项目指标全部达到国家要求。20家社区卫生服务中心被授予国家级“优质服务示范社区卫生服务中心”，100家乡镇卫生院被授予国家级“群众满意的乡镇卫生院”。全面启动乡村医生医疗责任保险，参保率为42.8%。积极探索医养结合模式和运行机制，推广医养结合青冈模式，全省医养结合康养床位达到1.5万张，平均每千名户籍老人增配床位2张。（2）公共卫生服务明显增强。打牢疾病防控基础，艾滋病性病疫情快速上升势头得到有效遏制，结核病发病率不断下降，急性传染病疫情平稳，法定传染病报告发病率与上年同比下降11.35%，常规免疫疫苗报告接种率达95%以上，创建16个省级慢性病示范区，启动全省一户2例以上严重精神障碍患者免费药物发放，口腔卫生、职业卫生平稳有序。完善卫生应急体系，升级改造省级卫生应急指挥平台，组织参加全国卫生应急技能竞赛，指导宝清禽间 H7N9 疫情卫生防疫，完成中俄博览会等大型活动卫生保障任务。开展爱国卫生运动，推进健康城市、健康村镇建设和城乡环境卫生整洁行动，加强空气污染对人群健康影响、农村环境卫生监测和饮用水水质监测，创建国家卫生城市 1 个、国家健康促进县区 2 个、省级卫生乡镇 9 个、卫生村 119 个、卫生标兵单位 112 个、卫生先进单位 342 个。以最严格的标准强化食品安全风险和食源性疾病监测，累计监测 30 类近 3 万份样品。完成 6 项、566 家企业食品安全标准跟踪评价任务，立项《桦树汁》等 4 项地方标准，备案并公开企业标准 2879 个。（3）医疗服务质量显著提高。深入实施进一步改善医疗服务行动计划，在全省二级以上医疗机构实施探视陪护、门禁使用、加床管理“三项制度”，全面改善就医环境，规范管理医疗秩序。三级医院全部实行分时段预约，年预约诊疗达到 1185.1 万人次。超过 80% 的二级以上医院实施了部分病种的临床路径管理，44 家医院开展日间手术试点，开展日间手术 10095 例。修订《黑龙江省护理工作制度及质量标准》，二级以上医院全部开展优质护理服务。注重加强科研管理，推荐 48 个医学研究项目评为省部级以上科学技术奖励。联合微医集团建设省级全民健康信息平台，实现与国家平台互联互通。根据第三方调查，全省门诊患者满意度为 86.03 分，住院患者满意度为 92.81 分，均高于全国平均水平。发挥疾病应急救助基金作用，为 4991 人次身份不明和无力支付的患者核销医疗费用 2265 万元。深入开展“平安医院”创建，规范医疗纠纷预防与处理，打击涉医违法犯罪。着力强化医疗质量安全监管，深入 415 家二级以上医疗机构开展专项整顿。加强抗菌药物临床应用、质量控制、院前急救、院内感染管理，保障血液供应。组织医疗机构巡查，督导二级以上医院建立了常态化的巡查、点评、约谈制度。（4）多元办医格局正在加快形成。制定《关于支持社会力量提供多层次多样化医疗服务、发展健康产业的实施方案》，取消对社会办医疗机构的具体数量、地点、床位和大型设备等资源配置的限制。进一步放开医师多机构执业，从 2017 年 4 月 1 日开始实施医师区域注册制度，医师多机构执业实行备案制度，新批民营医院 66 家，新批社会办医疗机构 881 个。全省民营医院 618 家，占全省医院总数的 45.27%；社会办医疗机构总数为 8318 个、占全省医疗机构总数的 36.32%，全省社会办医疗机构床位数为 53374 张，占全省医疗机构床位总数的 21.51%。（5）重大保健和医疗援外援疆任务完成。完成 50 多次重大活动政务保健任务，为全省 2000 余名干部保健对象和高端人才提供保健服务。组织派遣第 32 批援毛里塔尼亚和第 10 批援利比里亚医疗队，诊治门诊量分别达到 18759 人次、4478 人次。建设援疆医疗卫生项目 15 个，增加床位 340 张，黑龙江省在全国医疗卫生援疆工作现场推进会议上做典型发言。

完善计划生育和妇幼保健服务　2017 年，按照中央关于调整生育政策决策部署，两次修订《黑龙江省人口和计划生育条例》，加大实施全面两孩政策，改革和完善计生服务管理，27 个县市区被命名为全国计划生育优质服务县。落实计生利益导向政策，提高奖扶特扶资金补助标准，开展创建“幸福家庭”和“新家庭计划”试点。推进流动人口基本公共卫生计生服务均等化，开展流动人口健康促进行动和示范场所创建，完成 217 万流动人口信息采集入库。推行网上生育登记与国家系统联通，使用国家统一母子健康手册。落实增补叶酸预防神经管缺陷、农村妇女“两癌”筛查等项目，免费孕前优生健康检查目标人群覆盖率达到 90%。加快全省母婴设施建设，建成省、市、县三级 163 个危重孕产妇和新生儿救治中心。

中医药振兴发展迈出坚实步伐　发挥中医药特色和优势，加快医疗、保健、科研、教育、产业、文化全面发展。推进中医重点专科体系建设，完成 46 个国家中医重点专科验收、19 个区域中医诊疗中心申报和 84 个省级中医重点专科报批。提升中医药康复能力，建设了 50 个康复重点专科和 5 个康复中心。开展中医药健康服务，推出“南病北治、北药南用”健康旅居养老示范基地项目。加大人才培养推荐，1 人被评为第 3 批“国医大师”，2 人入选首批“全国名中医”，10 人成为“全国第 4 批中医优秀人才”。争取国家中医药传承创新工程重大项目 2 个，“龙江医派”和“韩氏妇科”两个学术流派工作室建设项目通过国家验收，黑龙江中医药大学附属第一医院获批“国家中医药临床研究基地”。

坚持全面从严治党　2017 年黑龙江省卫生计生系统把学习、宣传、贯彻党的十九大精神作为首要的政治任务，结合贯彻落实黑龙江省委十二届二次全会精神，印发《省卫生计生委党组关于认真学习宣传贯彻党的十九大精神的实施意见》。全系统牢固树立“四个意识”，自觉在思想、政治上、行动上同以习近平同志为核心的党中央保持高度一致，坚决维护党中央集中统一领导。全面加强党风廉政建设，坚决贯彻落实中央八项规定和黑龙江省委九项规定精神，纠正“四风”。坚持“管行业必须管行风”，推动国家“九不准”和黑龙江省“十不准”落实落地。选树宣传先进典型，举办“中国好医生、中国好护士”黑龙江现场交流活动，向国家卫生计生委推荐表彰先进个人20名、集体5个、白求恩奖章1人、第8届国家卫生计生突出贡献中青年专家2人，全系统精神面貌发生深刻变化，敬业干事的氛围愈加浓厚。

哈尔滨市医疗卫生服务质量稳步提高 （1）严格落实18项医疗质量安全核心制度。推进落实医院陪护、门禁和加床管理3项制度。开展虚假违法医疗广告、医疗美容、医用耗材等重点领域专项整治。开展全市医疗和护理人员岗位基本技能竞赛活动，推进平安医院创建工作。在全部三级医院和80%以上二级医院推行临床路径管理。（2）加强院前急救建设。哈尔滨市急救中心与省市8家三甲医院合作，建立11个急性胸痛、脑卒中和中毒患者救治绿色通道。市急救中心急危重症抢救成功率提高到73.8%，2分钟出车率保持在96%以上。（3）加强基础设施建设。全市153个基建项目，竣工121个、开工29个、招标3个。市妇儿医院松北院区联建项目完成主体建设，市第一医院全科医生规培基地项目主体封顶，市血液中心扩建项目完成可研批复，市眼科医院新址改造开工。完成延寿、巴彦和木兰县远程会诊系统建设。推进市直单位45个信息化项目建设。

齐齐哈尔市提升基本公共卫生服务能力 该市以开展基层医疗机构服务能力提升年为契机，强化基层医疗机构体系建设，基层医疗机构服务能力和服务水平明显提升。铁锋区南浦社区卫生服务中心获得“国家优质服务示范社区卫生服务中心”“全国百强社区卫生服务中心”称号，甘南县中兴乡卫生院等13家乡镇卫生院被评为“2016—2017年度国家级群众满意乡镇卫生院”。强化了督导检查，先后3次抽调专家对16个县（市）区开展督导检查，按时完成2017年度基本公共卫生服务项目绩效考核工作。持续推进基本公共卫生服务项目工作，组织开展国家基本公共卫生服务项目的宣传和培训工作，积极推行“三个同步”，努力夯实项目基础。组建市级专家团队，建立“国家基本公共卫生服务项目管理信息系统”。

牡丹江市扎实推进“科教兴医”战略 （1）“中西名医技术引进计划”效应显著。与广东东莞市建立对口合作关系，与哈尔滨市各大医院建立34个战略合作伙伴关系，举办了牡丹江心血管病论坛、雪城医院管理院长高峰论坛等各类学术活动59次，邀请516名国内外知名专家来牡开展医疗活动，诊治患者4020人次，手术1444例，会诊疑难病例1359例，培训医务人员1.57万人次。（2）科研工作取得新突破。荣获省新技术应用奖19项，申报市科技进步奖15项，东宁市卫生计生局在省卫生计生委科研立项并获得新技术应用二等奖，填补了县级在省级科研和新技术应用上的空白。全年征集基层适宜技术项目280项，评定需求88项，推广51项。（3）加强卫生人才培养。完成200名优秀中青年技术骨干选拔，公开招聘187名高层次紧缺人才。市第一医院通过国家级规培基地验收，发挥卫校教育基地作用，开展国家级和省级继续医学教育项目15项，继续医学教育1.3万人，与上年同比增长8.2%。组织3511名医护人员参加了高级职称、执业医师和执业护士考试，全市中级职称以上人员达到1.04万人，占医技人员总数的42%。

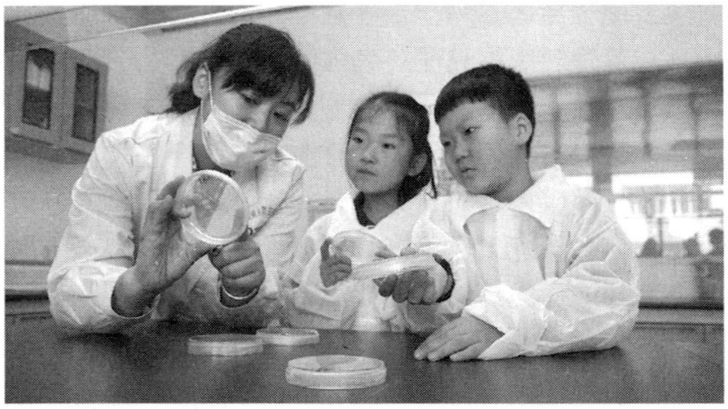

2017年9月25日，黑龙江省卫生计生委、省疾控中心邀请哈尔滨市宣庆小学校的部分学生和家长，开展以“尚德守法，共治共享食品安全与营养”为主题的食品安全与营养检验室开放日活动，使孩子们近距离了解食品安全与营养知识和检测实验室的奥秘。

佳木斯市健康扶贫工作取得成效 2017年该市为贫困人口全额缴纳新农合个人参合费用，贫困人口参合率达100%。实行“一免五减”，全市共减免医疗费用107万元。实行先诊疗后付费。市、县、乡三级定点医院新农合、大病保险、医疗救助实现“一站式”信息交换和即时结算。开展乡镇全科医生转岗培训145人次，市县医院免费接收547名乡村医疗卫生人员进修，组织1404名村医到乡镇卫生院轮岗学习1周，提高了基层医疗卫生服务水平。汤原县被遴选为国家级健康扶贫示范县。制定《佳木斯市农村贫困人口大病专项救治工作实施方案》，为患9种大病贫困人口建立救治台账，分批分类开展集中救治，救治率为94.42%。桦川县为45名符合条件的白内障患者免费进行了集中手术救治。富锦市组织专家为贫困慢病患者开具药方，患者到定点医院免费领取药物，减轻了贫困患者用药负担。制定《佳木斯市贫困人口重病兜底保障实施方案》，由各县（市）为贫困人口办理商业补充保险。市本级设立医疗救助基金，建立城区特困患者兜底保障机制。落实干部包县结户制度，开展“一对一”“一对多”结对帮扶，全方位实施健康扶贫。桦川县选派县乡医生组成驻村医疗队，常年驻村开展医疗服务。

鸡西市创新工作方法方式　（1）推进农村公共卫生“四位一体”管理模式。建立农村基本公共卫生服务“四位一体”伞形管理机制，即乡镇卫生院院长同时兼任乡镇公共卫生管理办公室主任、乡镇卫生监督协管站站长和所辖村卫生室法人代表，将农村基本公共卫生服务由院内业务人员分散管理转变为实行“一把手工程”。（2）加强推进村卫生室标准化提档升级建设。开展村卫生室提档升级建设工程，业务用房面积由原来60平方米提高到80~100平方米，内部格局由原来4室1房增加到5室1房，新增了公共卫生服务资料室，2017年新建、改建达标村卫生室30个，全市累计完成371个村卫生室达标建设，提档升级建设率为59.9%，较上年提高5个百分点。（3）创新建立重点人群信息共享机制，提升重点人群服务数量。为使社区卫生中心和乡卫生院能及时准确掌握相应的重点人群信息，建立重点项目信息共享机制，由各级助产单位对孕妇、新生儿的信息和医疗机构对高血压、糖尿病、结核病、居民死亡等信息，定期传送到市、县（市）妇幼保健院信息平台和市、县（市）疾病控制中心信息平台，通过这两个信息平台再传送到社区卫生服务中心和乡镇卫生院，再由乡镇卫生院传送到村卫生所，促进基层医疗卫生机构和村级卫生机构由“被动等待”服务转为“主动联系服务”。

鹤岗市提升健康保障能力　（1）推进健康产业拓展工程。建筑面积2.14万平方米、床位500张的市医养康综合体项目主体完工，与俄罗斯比罗比詹市达成中医药交流合作意向性协议。（2）开展医疗质量提升工程。组织公立医院巡查、护理技能大赛和医院职业化管理培训等活动11次，该市医疗质量管理做法在国家会议上进行经验交流。（3）开展卫生人才素质强化工程。引进研究生6名、编外本科生10名，高级卫生技术职称评审通过142人，受到省人社厅好评，市人民医院医生杨刚志获得“全国白求恩式好医生”提名。（4）开展计划生育服务温馨工程深得人心。免费为300名计生困难和特殊家庭购买意外伤害保险，当年独生子女父母奖特扶资金100%兑现。（5）推进科教兴卫促进工程。建成省级住院医师规范化培训基地，接收医师65名，科研立项35项，引进新技术42项，建成医学专科委员会28个，创建市级医学重点学科3个，与北京常春藤医学高端人才联盟签订医疗技术战略合作协议。

双鸭山市不断完善计划生育和妇幼保健服务
2017年该市加大落实全面两孩政策，做好政策宣传、生育登记服务、出生人口监测等工作。制定下发全面两孩落实情况考核方案，坚持和完善计划生育目标管理责任制。妇幼健康工作全面加强，妇女儿童各项健康指标明显改善，其中孕产妇死亡率、婴儿死亡率、5岁以下儿童死亡率均在省控指标内，住院分娩率、新生儿疾病筛查等妇幼卫生服务指标均达到“两纲”要求。为1171名农村孕产妇发放住院分娩补助，开展“两癌”筛查工作，提高了“两癌”的早期诊断和早期治疗率，设立市县两级危重孕产妇救治中心、危重新生儿救治中心。全面提高流动人口服务管理水平。流动人口信息实现动态管理，推进流动人口卫生计生基本公共服务均等化工作，建立服务管理制度，开展流动人口健康家庭创建活动，流动人口动态监测工作成绩显著，友谊县友谊镇流动人口动态监测工作在全国排名第一。

七台河市卫生计生委党建工作取得实效　2017年该市扎实推进“两学一做”专题教育常态化制度化，深入推进作风整顿工作，及时查处一批反面典型。召开全系统基层党建工作述职评议专题会议，对各单位党组织书记抓党建工作进行述职评议。加强民营医疗机构组建党组织工作，为7家无党员民营医疗机构选派了党建指导员，指导民营医疗机构建立党支部15个，覆盖社会组织14家，覆盖率为92.8%。实施干部“三五”轮岗交流，推行拟提拔干部挂职制度，机关12名科级干部实行轮岗交流，选派基层12名拟提拔干部到市医调办、市“120”急救中心、委机关和扶贫工作队挂职锻炼。组织全系统100多名科级干部和各医院的科主任到市监狱参观，接受警示教育。对市直各医疗机构开展内部巡查，发现问题及时整改。文明创建成果突出，市卫计委机关晋升为省级文明单位，市人民医院晋升为全国文明单位，市妇幼保健院晋升为省级文明单位标兵。

大庆市推进公立医院改革　（1）公立医院综合改革全面推开。成立公立医院综合改革领导小组和公立医院管理委员会，出台《大庆市全面推开公立医院综合改革实施方案》及10个配套文件，32所公立医院全部取消药品加成，破除以药补医机制，同步建立以调整医疗服务价格和落实政府财政补偿政策为核心的公立医院运行新机制。全市公立医院医疗费用同比增长幅度下降4.01%，城市公立医院药占比下降3.2%、百元医疗收入中消耗卫生材料费下降3.86元，县级公立医院医疗服务性收入占业务收入比重提高1.29%。

（2）分级诊疗体系初步形成。着力提升基层卫生服务能力，投资 940 万元为部分乡镇卫生院、妇幼保健机构配置医疗设备，全科医生临床培养基地主体工程完工。委托哈尔滨医科大学大庆校区和大庆医专对乡村卫生人员进行学历教育 275 人，规范化培训住院医师 585 人，培训各类人员 1.98 万人次，全市已有全科医生 258 人。4 所乡镇卫生院被授予全国群众满意乡镇卫生院，1 所社区卫生服务中心获得全国优质服务示范中心称号。《大庆市医联体联出高效能，解决百姓看病难》信息被国务院办公厅采用。市医院联盟理事会以服务、交流、融合为抓手，发展成员单位 12 家，在推进对外协作、分级诊疗、医联体建设等方面发挥积极的作用。（3）卫生信息平台基本建成。借医改、智慧城市建设契机，建设医院 HIS、LIS、EMR、PACS 等信息系统，覆盖 730 所医疗机构，基本实现信息共享、互联互通，以满足与国家全民健康网络平台联网对接条件。

伊春市严格规范医疗服务行为　（1）推进医疗质量管理。分别成立临床抗菌药物质量控制中心、医院感染管理质量控制中心（市级、县级）、护理质量控制中心（市级、县级）和血液净化质量控制中心，对各级各类医疗机构进行指导和监督，落实医疗质量管理与控制的有关工作要求，进一步规范医疗质量管理工作。市中心医院建立院、科两级医疗质量管理组织的质量保障体系，科主任负责本科医疗质量管理工作，医务科组织实施全面医疗质量管理，指导、监督、检查、考核和评价医疗质量管理工作，定期进行医疗质量和安全教育，提出医疗质量管理与持续改进方案，并建立质量管理目标、指标、计划、措施、效果评价及信息反馈等。（2）加强对医务人员的培训和考核。嘉荫县人民医院在每年对每名医务人员进行 1 次心肺复苏培训及考核基础上，增加专业培训项目，科主任针对科室专业特点，至少选择 1 项技术，由医务科和科主任对科室人员进行培训、考核。铁力市人民医院预计在 3 年内完成适合条件医生的培训计划，培训完成率达 100%。铁力市中医院开展中医药专业技术人员的“三基”培训，建立中医药专业技术人员技术档案，有完整的考评记录，并选送业务骨干人员去浙江杭州邵逸夫医院、上海红房子医院、哈尔滨医科大学附属医院、黑龙江省中医院进行轮训。

绥化市走出家庭医生签约服务新路　该市各县（市、区）均建立由医生、护士、公共卫生等人员组成的家庭医生团队，团队从慢性病患者、贫困人口等重点人群健康管理入手，以基本公共卫生服务项目为主要内容制订多种签约服务包，为签约居民提供约定的医疗卫生服务，在全省率先开展家庭医生签约服务信息化管理试点工作。经过积极探索实践，绥化市家庭医生签约服务初步形成线上签约与线下签约相结合、全科医生与专科医生相结合、基层医疗卫生机构与二级医院相结合的“三个结合”模式，签约服务信息化管理程度不断提高，全体临床医生在签约服务中的作用得到充分发挥，各级医疗机构卫生资源得到更为充分的利用。截至 2017 年 12 月末，全市共组建家庭医生团队 737 个，全市常住人口签约率达 32.5%，慢性病患者等重点人群签约率达 63%，贫困人口和计生特殊家庭实现了应签尽签。

黑河市立体持续推进健康龙江行动　在黑河电视台开办名医走进直播间节目，制作知识讲座 20 余期，累计播放《健康龙江行动》系列科普动画片及宣传片 1240 余次，受益人数 173 万余人；在《黑河日报》开办中医治未病等健康知识宣传专栏，累计发稿 20 余期。利用卫生计生委微信公众号，推送健康知识 400 余条，全市健康宣传覆盖面达 100%。组织开展 2017 年“健康中国行——合理膳食宣传周”“服务百姓健康行动义诊宣传周”等系列宣传活动 436 次，172 家医疗机构、2635 人参加，发放宣传手册和宣传单 35 万余份，发放宣传品 16.4 万余份，义诊 6 万余人，减免医疗费用 7.05 万元。积极开展控烟活动，认真落实学校健康教育课程，健康教育开课率达 100%，全市每年经常参加体育锻炼的人数达 64 万人，占总人口的 38%，达到国家 A 类标准。

大兴安岭行署全面提升中医服务能力　制定《大兴安岭地区基层中医药服务能力提升工程“十三五”行动计划实施方案》，依托大兴安岭地区中医院和塔河县中医院与 13 家基层医疗卫生机构建立对口支援关系，两家医院派驻医师为受援单位累计培训医师 155 人次，诊疗患者 1366 人次。招录中医类别大学生 12 名。组织开展“中医中药兴安行——进乡村进社区进家庭”活动。组建中医药文化科普巡讲队伍，深入城市社区和农村乡镇、村屯，开展中医药养生保健知识巡讲和义诊活动，共发放宣传手册及宣传图谱 5200 份，接受义诊、咨询 3800 余人次，中医中药认知度明显提高。将符合条件的中药和中医治疗项目按规定纳入到基本医疗保险基金支付范围，中药治疗患者的补偿比例提高 5%。

（魏　炜）

〔特约编辑：姚国锋〕

〔主　编：魏新刚　副主编：刘福生〕

上海市

全市卫生和计划生育工作概述　至2017年底，上海市有各级各类医疗卫生机构5144所（含村卫生室）。其中，医院363所（公立医院179所，民营医院184所；三级医院47所，二级医院105所，一级医院及未评级医院211所），基层医疗卫生机构4574家，专业公共卫生机构112家，其他卫生机构95家。全市医疗机构实有床位13.46万张，每千人口（户籍人口，下同）9.25张。卫生技术人员22.78万人。其中，执业（助理）医师6.83万人，每千人口4.69人；注册护士8.40万人，每千人口5.77人。全年全市医疗机构开展门急诊25728.22万人次、出院419.73万人、开展手术230.00万人次。上海户籍人口期望寿命83.37岁，其中男性80.98岁、女性85.85岁。全市孕产妇死亡率为1.01/10万，新生儿死亡率为1.45‰，为历史最好水平。甲、乙类传染病报告发病率为161.31/10万。全年无重大突发公共卫生事件报告。

深化医药卫生体制改革。上海市被国务院医改办确定为公立医院综合改革首批国家级示范城市，各区成立由区政府领导牵头的公立医院管理委员会，强化对公立医院改革发展的统筹管理。市政府与国家卫生计生委签署实施新一轮委市合作协议，支持在沪委属委管医院共建共管等工作。印发《关于控制本市公立医院医疗费用不合理增长的实施意见（试行）》。破除以药补医机制，全面取消公立医院药品加成率，同步调整部分医疗服务项目价格，调价项目纳入医保支付。全面落实"两票制"，探索药品集团采购和沪港合作采购高值医用耗材试点相关工作，全市50%的医用耗材通过市医药购销"阳光平台"采购。推进公立医院薪酬制度改革，印发《上海市公立医院薪酬制度改革试点工作实施办法》，制订绩效考核评价办法，将薪酬改革与医疗卫生事业发展整合推进。探索按病种支付方式改革，印发《关于深化本市医保支付方式改革的实施意见》。举办"沪苏浙皖闽"四省一市综合医改第一次联席会议，四省一市联动医改得到实质性推动。加强医疗联合体建设，制定《关于本市推进医疗联合体建设和发展的实施意见》，优化医疗资源结构布局，促进分级诊疗制度建设。重点推进"新华—崇明"紧密型区域医联体试点工作，印发《新华—崇明区域医疗联合体改革试点方案》，启动与分级诊疗制度相衔接的医联体内部医保支付制度改革。探索开展专科医疗联合体建设，利用三级医院优势专科组建儿科、妇产科、眼科、肿瘤等专科医联体和中医专科专病联盟。着重推进"东南西北中——五大区域儿科联合团队"建设。启动家庭医生签约服务费工作，印发《本市家庭医生签约服务费实施方案》，推动家庭医生成为居民健康、卫生服务与医疗费用"守门人"。制定《关于推动本市社区卫生服务中心平台资源整合的指导意见》，探索拓展社区卫生服务中心平台功能。完善核定社区卫生服务中心预期标化工作量指导模型，调整基本服务项目目录和基本项目标化工作量指导标准。上海常住居民家庭医生签约率达30%以上，重点人群签约率达60%以上。全市所有社区卫生服务中心已启动家庭医生"1+1+1"签约服务，签约居民超过340万，其中60岁以上老人256.2万，签约医疗机构组合内就诊率为74%，签约社区就诊率为53%，开具延伸处方累计94万张，初步建立"基层首诊、双向转诊、急慢分治、上下联动"的分级诊疗模式。

加强公共卫生体系建设。推进实施第4轮公共卫生体系建设3年行动计划，启动项目总结评估工作。启动与"健康上海2030"目标匹配的疾控体系和血液管理体系建设。全面组织实施国家和上海市基本和重大公共卫生服务项目，组织修订社区基本公共卫生服务规范。巩固传染病联防联控工作机制，完善监测和报告体系，启动实施国家致病菌识别网工作，及时、规范、有效处置本地首例感染登革热病例及各类传染病疫情或事件苗子，甲乙类传染病报告发病率继续控制在历史低水平。完善预防接种工作规范，调整预防接种程序。持续推进第3轮国家艾滋病综合防治示范区建设和结核病分级诊疗与综合防治服务模式试点工作。国家正式确认上海成为全国首批实现省级消除疟疾目标的省市。完成第1批国家慢性病综合防控示范区的复核评审。研究建立严重精神障碍患者分级分类服务风险评估指标体系，试点依托家庭医生团队签约提供精神卫生服务管理的工作模式。研究完善严重精神障碍患者门诊治疗费用减免政策。全面完成国家精神卫生综合管理试点任务。承办国家卫生计生委2017年"世界无烟日"主题宣传活动。加强行业控烟监管，上海市政府获得世界卫生组织颁发的"2017年世界无烟日奖"。制定《上海市全民健康生活方式行动方案（2017—2025年）》。14个区通过全国爱卫办组织的国家卫生区复审，各项指标位居全国前列。健全食品安全标准信息服务平台，实现食品安全企业标准备案全流程网上办理。食品安全风险监测覆盖本市所有行政区域和主要消费食品类别。制定食品安全事故流行病学调查和卫生处理工作规范。闵行区和黄浦区入选全国卫生计生基层机构食品安全工作示范点创建。

调整完善计划生育政策。印发《关于贯彻〈中共中央、国务院关于实施全面两孩政策改革完善计划生育服务管理的决定〉的实施意见》，修订《上海市社会抚养费征收管理若干规定》。完成本市出生人口监测分析、全国生育状况抽样调查本市工作任务。积极推进计生行政事务全市通办，办理各项计划生育行政事务 21.3 万件。强化流动人口计划生育管理服务。落实《本市流动人口健康教育和促进行动计划实施方案（2017—2020 年）》。探索政府购买社会组织服务模式，为流动人口提供健康教育和健康促进服务。组织开展流动人口卫生计生关怀关爱活动，上海被国家卫生计生委定为首批举行“新市民健康城市行”活动城市，同时被国家卫生计生委确定为流动人口卫生计生信息共享试点城市。修订和组织实施《上海市计划生育家庭特别扶助制度实施办法》《上海市农村部分计划生育家庭奖励扶助制度实施办法》，向 6.89 万计划生育特殊对象发放特别扶助金 5.28 亿元，24.86 万人领取了农村计生家庭奖励扶助金 3.84 亿元。实现计生特扶对象双岗联系人制度、家庭医生签约制度、畅通就医绿色通道“三个全覆盖”，为5800多户失独家庭提供“安康通”服务项目。承办国家卫生计生委“健康家庭·健康中国”主题宣传活动和“首届中国家庭发展论坛”。推进实施国家“新家庭计划——家庭发展能力建设”试点项目，新增加 56 个乡镇、街道作为市级项目试点。推进“科学育儿”“青少年健康发展”国家级项目试点工作。推进公共场所和用人单位母婴设施建设。

推进妇幼卫生工作。全面推进落实妇女儿童健康服务能力建设两个专项规划。持续深化母婴安全和孕产妇保健管理，成立上海市母婴安全和生殖健康伦理 2 个专家委员会，成立产科保健与临床和新生儿 2 个临床质控中心。在区域医疗中心按标准设立或恢复设立儿科床位，新增儿科床位 406 张，启动建设 28 家综合医院标准化示范儿科门急诊项目。开展出生医学证明、爱婴医院复评估专项督导，开展查处违法违规应用人类辅助生殖技术专项行动，上海常住人口出生性别比趋向正常范围。强化出生缺陷三级预防，持续推进孕前检查、产前诊断（筛查）、新生儿疾病筛查，成立上海市“健康孩”协同创新中心。黄浦、静安、金山、青浦创建为国家级“妇幼健康优质服务示范区”，市妇幼保健中心获国家级“儿童早期发展示范基地”称号。

加强基层卫生工作。继续做好社区卫生服务综合评价工作，加强对评价结果的利用，31 家被评为全国“优质服务示范社区卫生服务中心”，18 家被评为“全国百强社区卫生服务中心”。规范有序做好乡村医生岗位培训工作，远郊订单定向医学生免费培养扩大至上海全部 9 个郊区。制定《上海市农村贫困人口大病专项救治工作方案》，有效减轻农村贫困大病患者看病负担。不断加强社区卫生服务中心医养结合平台建设，实现社区卫生服务中心与养老服务机构签约全覆盖。推进护理站参与居家护理工作，全市执业护理站有 108 家。完善老年照护体系建设，制订老年照护统一需求评估指南，修订完善评估标准，制订评估机构和评估员管理细则，累计培训老年照护统一需求评估员 10641 名，试点开展评估 7 万余例。普陀区被列为国家安宁疗护试点区。

加强医疗监督管理。推进国家儿童医学中心（上海）建设。修订《上海市疾病应急救助制度实施细则》。继续推进“新建医疗急救分站”市政府实事项目。加强医疗服务要素管理，推进医师区域注册等工作。组织开展上海市医疗机构依法执业专项监督检查和白玉兰系列专项执法行动。构建卫生计生监督与医疗质控共享公采平台，推进医疗服务监管中心建设。完善卫生医保联合投诉电话工作机制，建立医师联合约谈机制。推进改善医疗服务行动计划，在全市倡导和推广 4 批共 100 余个具有创新性、引领性、可推广的“医疗服务品牌”。推进公立医疗机构预约诊疗服务管理信息系统对接工作，促进预约诊疗服务规范化管理。在仁济等 12 家三级医院积极试点探索开展日间手术工作。制定《上海市护理事业发展实施方案（2017—2020 年）》，推进护理管理工作有序开展。推进“临床用血管理一体化平台”建设。推进人体器官获取组织的建设与发展，启动人体器官移植医师执业资格认定工作。完成第 2 轮大型医院巡查工作。深入开展“平安医院”创建工作，制定《上海市严密防控涉医违法犯罪、维护正常医疗秩序工作方案》，组织开展相关专项行动督导。加强临床用药监管，组织开展抗菌药物临床合理应用专项督查，召开现场会推广长征医院处方前置审核的经验做法。推进临床药学重点专科建设，确定儿科医院、儿童医院、肿瘤医院、龙华医院、妇产科医院等 5 家医院为第 2 批上海市临床药学重点专科建设项目单位。加强临床药师培训工作，实施西医、中医及社区临床药师能力提升项目。实施上海市优秀青年临床药师培养计划。开展合理用药系列宣传教育活动，举办“2017 上海合理用药高峰论坛”，举行 29 场“合理用药进社区”大型健康讲座。推进上海市航空医疗救援体系建设，建立指挥协调机制，强化对上海空中医疗救援统一的规范化管理。与多部门建立上海市纠正医药购销和医疗服务中不正之风联席会议制度。印发《关于本市进一步改革完善药品生产流通使用政策的实施意见》，结合净化药品流通环境，出台 7 个系列办法，并实施为期 6 个月的纠正行业不正之风专项行动，大力开展行风整治。完成行风监督员换届选聘工作，聘请54名社会各界人士担任监督员。

推进中医药事业发展。深入贯彻落实《中医药法》《中医诊所备案管理暂行办法》。出台《上海市中医药事业发展“十三五”规划》，制定实施《基层中医药服务能力提升工程“十三五”行动计划实施方案》。研究编制《上海市中医药发展战略规划纲要（2018—2035年）》和《上海市进一步加快中医药事业发展三年行动计划（2018—2020年）》。开展中医医术确有专长医师资格考核管理工作相关调研。组织开展国家区域中医诊疗中心遴选。大力推广应用中医特色诊疗技术，开展中医妇幼专科、妇保儿保专项和中医优势病种建设。设立“上海市中医优势病种建设管理办公室”，强化中医临床项目监管。推进中西医临床协同，开展综合医院中西医结合专项建设。强化“治未病”服务，启动妇幼保健治未病专项建设。加强中医药服务监管，强化中医质控体系建设，持续开展中医医院中医药服务综合评价。

强化全行业管理。推进规划、法治和政策研究工作。出台《上海市卫生计生委规划管理办法（暂行）》，加强规划管理。制定《上海市遏制与防治艾滋病“十三五”行动计划》《“十三五”上海市结核病防治规划》《上海市职业病防治规划（2016—2020年）》等多个专项规划。市政府审议通过《上海市传染病防治管理办法》。出台《上海市医疗废物行政处罚裁量基准》等7个行政处罚裁量基准。不断优化行政审批工作，新增2项、取消2项、调整7项行政审批事项，取消5项行政审批评估评审事项。继续深化浦东新区“证照分离”改革试点，改革经验复制推广至长宁、闵行和青浦3区。加强行政审批和行政权力标准化建设，不断提升行政效能。积极推进“互联网+政务服务”，实现卫生计生部门行政审批事项与网上政务大厅的业务对接。加快卫生标准化建设，出台《上海卫生标准化建设三年行动计划（2017—2019年）》。开展标准化示范试点工作，推进曙光医院、古美社区卫生服务中心等国家级标准化示范试点项目，市精神卫生中心心理咨询服务管理标准化试点获第4批国家级社会管理和公共服务综合标准化试点项目立项。继续做好住院/专科医师规范化培训工作。推进高层次卫生计生人才建设工作。完成上海市百人计划、优青计划、高端儿科海外研修团队计划人员选拔。继续做实公立医疗机构临床主治医师到基层定期工作。推进医学科技创新体系建设。积极推荐申报国家临床医学研究中心，确定重中之重临床医学中心和临床重点学科各22个。成立上海市胰腺肿瘤研究所、上海市“健康孩”协同创新中心和上海市皮肤疾病研究所。推动上海市公共卫生临床中心成为世界卫生组织新发与再现传染病临床研究与培训合作中心。市卫生计生系统获2017年度国家科学技术奖4项，占全国卫生系统获奖总数的17%；获2017年度中华医学科技奖24项，占总数的27%。大力推进综合监督执法。建立卫生计生监督执法全过程记录制度，推进执法记录仪使用试点工作。委信访办获得2012—2017年度“全国信访系统先进集体”荣誉称号。

深化国际交流与合作。与“一带一路”沿线国家在传染病防控、卫生应急、妇幼卫生、卫生援外、传统中医等领域开展交流合作，相关项目被纳入《上海服务国家“一带一路”建设发挥桥头堡作用行动方案》。推进与捷克、匈牙利等中东欧国家的卫生交流。推动友城卫生合作，合作内容被纳入上海市与乌兹别克斯坦塔什干市、罗马尼亚康斯坦察省、荷兰鹿特丹市、爱尔兰科克市、奥地利施泰尔马克州、法国马赛市、法国奥夫涅—罗纳—阿尔卑斯大区的友城协议。完成援摩洛哥医疗队总队部和6支医疗队新队、共计61名队员的轮换工作，选派优秀的援外医疗队员赴法进修。

做好国内对口支援。助力西藏日喀则市人民医院完成三甲医院现场评审，基本实现上海医院—日喀则市人民医院—当地部分县、乡、村医疗卫生机构的信息互联互通和医疗卫生资源的整合“下沉”。推进南疆新型医疗联合体建设，“三降一提高”工作经验得到国家卫生计生委等4部委肯定，向各援疆省市推广。推动上海28家三级医院积极对口帮扶云南28家县级医院。组织实施医疗卫生东西部扶贫协作和对口支援项目48个，配合受援地和上海市有关部门完成医疗卫生项目14个，派出380余名医疗卫生干部、人才在受援地工作，接受各受援地2900余名医疗卫生人才来沪培训和进修，组织专家赴受援地开展巡回医疗、义诊300余次，培训当地医疗卫生人才7.5万余人次。

2017年，中山医院葛均波院士荣获全国卫生计生系统“白求恩奖章”，儿科医院等6个机构荣获全国卫生计生系统先进集体称号，普陀区石泉街道社区卫生服务中心全科医生仇宝华等18人荣获全国卫生计生系统先进工作者称号。2017年上海获评的全国文明单位中，卫生计生系统有13家，占1/5。（丛　晶）

全面实施结核病分级诊疗和综合防治服务模式试点工作　2017年上海市卫生计生委制定印发《上海市开展结核病分级诊疗和综合防治服务模式试点工作方案》，在全市全面开展结核病分级诊疗和综合防治服务模式试点工作。试点工作通过进一步完善上海结核病分级诊疗和综合管理制度、大力推广新诊断技术的应用、探索结核病防治新措施、强化结核病信息管理、强化定点医院职责任务、探索完善结核病患者保障政策等措施，针对结核病防治工作重点和难点问题，巩固优化结核病分级诊疗制度和综合服务模式，发挥示范引领作用，强化部门协调配合，推进社区重点人群结核病筛查，提高结核病分子检测技术的运用，优化分级诊疗服务流程，加快推进结核病防治信息化建设，整合优化结核病政府减免治疗政策，进一步降低患者疾病负担，提高患者治疗和管理依从性，减少结核病的发病和传播。（季雯洁）

上海首例本地登革热感染病例处置　2017 年 9 月 25 日，上海市疾病预防控制中心接到宝山区疾病预防控制中心报告该区上海交通大学医学院附属第九人民医院北部感染科 9 月 24 日 12 时收治 1 名发热病例怀疑为病毒感染（登革热可能）。市疾病预防控制中心随即会同宝山区疾病预防控制中心开展应急调查处置。经流行病学调查和实验室检测，确认该病例为上海市首例本地感染登革热病例。疫情发生后，市卫生计生委、市爱卫办立即组织制定《上海市登革热疫情监测报告与调查处置工作要求》，印发《关于进一步做好本市登革热传播媒介控制相关工作的通知》，并组织市疾病预防控制中心、宝山区卫生计生委等规范开展病例救治，做好院内防蚊隔离措施，每日及时报告病例治疗情况和病情动态；对病例的共同暴露者开展为期 15 天的医学观察，做好防蚊灭蚊等健康宣教；对病例居住地小区和工作场所开展环境灭蚊，定期监测灭蚊效果；对病例居住处和工作单位为中心的 200 米核心区范围内开展逐户、逐单位可疑病例排摸，并发放防病宣传资料，共入户主动搜索 8112 户、25994 人，未发现可疑病例；开展登革热病例主动搜索和应急监测，及时发现登革热既往病例和疑似病例，研判疫情发生、发展趋势。此外，召开工作会议在全市范围部署灭蚊、健康宣教防控工作要求，开展爱国卫生全市集中行动 5 次，累计药物喷洒面积 6000 余万平方米，对 200 余万个雨水井、污水井、地下集水井进行蚊幼控制药物投放，各共发放各类宣传资料 90 多万份。经过规范处置，该起疫情于 10 月 30 日结案。病例治愈出院，病例居住地和工作场所警戒区范围内在病例治愈出院后 25 天应急监测无新发病例；核心区和警戒区布雷图（或诱蚊诱卵器）指数连续两周少于 5，同时双层叠帐法成蚊密度不高于 2（只 / 人・时）。全市范围内也无新增登革热病例报告。

完成“上海市 3~5 岁儿童免费涂氟防龋”“上海市儿童乳牙早失干预”项目　（1）组织完成“上海市 3~5 岁儿童免费涂氟防龋”项目，对上海 3~5 岁约 30 万公立幼儿园在园儿童免费系统规范地应用氟化钠保护剂，实施整群覆盖、多轮循环的干预措施，推进全市儿童乳牙龋病防治工作。全市完成 3~5 岁儿童免费涂氟 2 次，累计涂氟 357002 人，完成率为 120.20%，口腔健康教育 316717 人，口腔健康状况检查 350455 人。（2）组织完成“上海市儿童乳牙早失干预”项目，对全市 350 所学校 18 万在校学生实施初筛，并对其中 6000 余人开展二级精细筛选。全市累计完成乳牙早失干预治疗，制作间隙保持器 2076 副，完成全部任务的 104%，间隙保持患儿的复查随访和项目满意度调查显示家长满意率达 90 % 以上。同时，推广与培训儿童乳牙早期错颌畸形预防与控制技术，编写并下发《儿童乳牙早失干预治疗规范与诊疗手册》，完成 2 次全市层面专业技术人员培训，累计培训次数超过 50 余次，培训人员 2600 余人次。（季雯洁）

2017 年 4 月 13 日，国家卫生计生委主任李斌、上海市副市长翁铁慧参观闵行区莘庄社区卫生服务中心。

发放“道路交通安全”健康礼包　2017 年上海市卫生计生委会同市公安局交警总队组织有关专家及专业团队编写设计《上海市民道路交通安全知识读本》和交通安全反光腕带、交通安全标志卡通贴，以市政府名义向 880 万户居民家庭免费发放。建立由相关行业协会、专业机构、高等院校共同参与的工作网络，聚焦道路交通安全核心知识点，合力开展宣传，包括：在覆盖全市地铁等场所的东方明珠移动电视 7 万多个终端每天早晚高峰时间持续 20 天投播公益视频，与主流媒体策划推出由专家多角度解读与创意海报相结合的整版内容，与权威政务公众号策划推送图文视频相结合的信息。效果评估显示：受访家庭中 96.4% 已收到礼包，86.5% 已经阅读过《读本》，72.7% 已开始使用交通安全反光带，82.3% 的受访市民认为《读本》可读性强，79.2% 的人表示对自己或家人产生帮助。71.3% 的市民认为交通安全反光带具有较强实用性，65.5% 表示喜爱。市民道路交通安全知识知晓率从 70.47% 提高至 79.65%。（雷　庆）

持续提升妇女儿童健康服务能力　2017年上海市卫生计生委会同相关部门制定《上海市妇女健康服务能力建设专项规划（2016—2020年）》，并经市政府常务会议审议通过。全面推进落实妇女、儿童健康服务能力建设2个专项规划，制定落实2个规划的实施意见，成立规划推进办公室，开展专项调研督导，确保规划和重点项目任务落细落实。下发《关于进一步加强本市儿童健康服务能力建设的通知》，协调市财政局落实儿童健康专项资金。深入推进国家儿童医学中心（上海）建设；在区域医疗中心按标准设立或恢复设立儿科床位，新增儿科床位406张；启动建设28个标准化示范儿科门急诊项目。推进“东南西北中”5个区域儿科联合团队建设，儿科联合团队签约医疗机构222家，推广儿科适宜技术20余项，促进儿科优质资源纵向延伸，提高儿科医疗服务同质化水平，儿科就诊下沉和专科优势集聚效应初步显现。在十九大召开前夕新华社发表《以习近平总书记为核心的党中央加快推进健康中国》的长篇通讯中，充分肯定了上海儿科医疗联合体取得的成效。

持续强化母婴安全保障　2017年上海市卫生计生委印发《关于加强母婴安全保障工作的通知》，优化妊娠风险预警、危重孕产妇和新生儿报告、转会诊和救治机制。全年累计抢救危重孕产妇673例、危重新生儿5021例，抢救成功率分别达98.7%和91%。优化孕产妇、围产儿及5岁以下儿童死亡报告、现场调查和评审管理流程，进一步完善孕产妇死亡个案管理相关制度；落实相关责任单位和各区告诫谈话、评审结果反馈、要求整改及通报等，连续5年召开国家级孕产妇死亡评审质控会。强化母婴安全质控督导和评估管理，成立市级生殖健康伦理和母婴安全2个专家委员会，建立产科保健和新生儿2个临床质控中心；召开全市产科质量管理工作会议，多次开展产科质量飞行检查，切实保障母婴安全。开展爱婴医院复评估督导，受到国家督查组的高度肯定。　（李　倩）

全面深化社区卫生服务综合改革　2017年上海市启动家庭医生签约服务费工作，印发《本市家庭医生签约服务费实施方案》，结合“有效签约、有效服务和有效控费”绩效考核，推动家庭医生成为居民健康、卫生服务与医疗费用“守门人”。制定《关于推动本市社区卫生服务中心平台资源整合的指导意见》，探索拓展社区卫生服务中心平台功能。完善核定社区卫生服务中心预期标化工作量指导模型，调整基本服务项目目录和基本项目标化工作量指导标准。继续推进便捷用药、预约优先转诊和针对性健康管理服务。全市常住居民家庭医生签约率达到30%以上，重点人群签约率达60%以上。所有社区卫生服务中心已启动家庭医生“1+1+1”签约服务，签约居民超过340万人，其中60岁以上老人256.2万，签约医疗机构组合内就诊率为74%，签约社区就诊率为53%，开具延伸处方累计94万张。

制定老年医疗护理体系发展规划　2017年2月，上海市卫生计生委会同市发展改革委、民政局、人社局（医保办）制定下发《上海市老年医疗护理服务体系发展“十三五”规划》，明确增加上海市老年护理服务资源供给，到2020年，根据上海老年人口数和护理服务需求，全市老年护理床位数按照60岁以上户籍人口数的1.5%进行整体布局，其中医疗机构老年护理床位数和养老机构护理床位数各占0.75%。

推进社区安宁疗护工作　2017年9月，上海市配合国家卫生计生委家庭司召开全国安宁疗护试点工作推进会议。开展中医药参与安宁疗护试点项目，形成一批中医药参与安宁疗护（临终关怀）服务特色技术，探索中医药安宁疗护（临终关怀）服务模式。开展督导和评价分析，完成2016年上海市安宁疗护质量指数报告。开展全国安宁疗护岗位培训，共有来自全国各地的380名医护人员获得岗位培训合格证书。

推进新农合跨省结算工作　按照《国家卫生计生委办公厅关于加快推进城乡居民基本医疗保险（新型农村合作医疗）跨省就医联网结报工作的通知》要求，上海市协调6家国家卫生计生委预算管理医院（复旦大学附属中山医院、华山医院、儿科医院、妇产科医院、肿瘤医院、眼耳鼻喉科医院）建立工作领导小组，制定相关规章制度，联通国家新农合信息平台，为外省新农合病人提供了100人次异地结算服务，涉及医疗费用103万元。同时，根据《国家卫生计生委办公厅关于进一步做好新农合异地就医结算工作的通知》要求，经与市人社局（医保办）协调沟通，遴选11家医疗机构作为国家新农合跨省结算新增定点医院。

（以上撰稿：陶　雷）

推进中医药法规配套实施　2017年上海市制定出台中医诊所备案《办事指南（试行）》和《业务手册（试行）》，围绕中医诊所备案关键环节和要求，指导布置全市积极稳妥做好面上各区中医诊所备案的受理工作。组织启动中医医术确有专长人员医师资格考核注册标准制定。

加强中医临床基地项目和专科专病建设　2017年

上海市推进中医优势病种建设，筹建上海中医优势病种建设管理办公室（筹），确定上海中医药大学附属龙华医院为优势病种建设管理办公室（筹）挂靠单位；遴选确定78项中医优势病种培育和104项中医特色诊疗技术提升建设项目。组织开展国家中医药管理局“十二五”重点专科建设项目、培育项目和国家临床重点专科（中医专业）建设项目验收，完成27项国家临床重点专科（中医专业）的现场核查和专科数据和资料审核上报。组织开展国家区域中医诊疗中心上海申报单位遴选。面向中医妇幼健康、儿科等中医发展薄弱的领域开展专科建设，确定30家医疗机构开展妇幼健康中医专项、中医和中西医结合儿科专项建设。（王　翀）

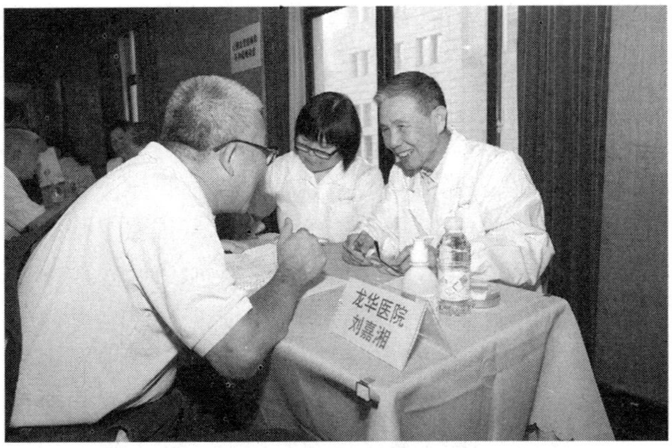

2017年7月1日，上海市举办中医名家义诊活动。图为“国医大师”朱南孙为劳模义诊。

推进医联体建设　2017年12月29日，上海市政府办公厅印发《关于本市推进医疗联合体建设和发展的实施意见》，就上海推进医联体建设和发展提出具体要求。全市组建以区域医联体和专科医联体为主要形式的医联体40余个，其中依托上海市三级医院儿科力量在全市构建“东南西北中”5个“儿科医联体”，覆盖全市区级医疗机构和社区卫生服务中心。截至年底，共签约222家医疗机构，推广20余项儿科适宜技术。

完善疾病应急救助基金管理机制　2017年9月，上海市卫生计生委会同市财政局、民政局、公安局、人力资源社会保障局及市红十字会联合印发《上海市疾病应急救助制度实施细则》，进一步完善疾病应急救助工作机制。开展2017年上半年的疾病应急救助申请材料的汇总工作，共630人次申请，合计金额为588.8万元。（钱文卉）

调整医疗服务项目价格　2017年2月9日，上海市物价局、卫生计生委、医保办联合下发《关于调整本市部分医疗服务价格的通知》，调整诊查费、院前急救费、护理费、核素和放射治疗费、心理治疗、临床诊疗与手术治疗、康复治疗、中医骨伤治疗等医疗服务项目和价格737项，自2月15日起执行。

公立医疗机构实行药品销售零差率　2017年1月23日，上海市物价局、卫生计生委、医保办联合下发《关于本市公立医疗机构药品加价率有关问题的通知》，上海各级各类公立医疗机构销售除中药饮片外的所有药品（含疫苗）实行零差率，应按照医疗机构的购进价出售，不得加价出售；中药饮片应按照不超过购进价顺加25%的加价率销售，自2月1日起执行。

公立医疗机构统一医疗器械销售加价率　2017年8月15日，上海市物价局、卫生计生委、医保办联合下发《关于进一步加强本市公立医疗机构等医疗器械价格行为管理的通知》，对于可另行收费的医疗器械，应以医疗器械实际购进价（指扣除各种折扣后的价格）为基础，顺加不超过5%的加价率销售（实际购进价4000元以上的顺加不超过200元的加价额）；对于不可另行收费的医疗器械，不得向患者收费，自9月1日起执行。（贺渊峰）

完善基于大数据的公立医院医疗服务评价办法　该办法基于病案首页信息，运用大数据方法，测算公立医院病种组合指数，开展公立医院服务效率、工作负荷、技术水平、费用控制、资源配置、患者结构的合理性评价，形成客观、明确、量化的管理标准。评价结果逐步与政府投入、医保支付、费用控制、绩效工资总量等挂钩，对公立医院实行差别化定位、差别化管理。在全市范围内定期公示、通报办医主体和公立医院费用控制等主要指标，发挥病种组合指数对医院功能定位的监控作用，促进各级医疗机构控制单体规模，合理控制医疗费用，追求内涵发展。2017年6月27日，上海市卫生计生委会同市发改委、财政局、人社局（医保办）印发《关于控制本市公立医院医疗费用不合理增长的实施意见（试行）》。（汤仲夷）

加强临床药事制度建设和医药行风建设　制定发布《上海市医疗机构药事管理与药物治疗学委员会管理规定》《上海市医疗机构处方点评工作管理规定》，为上海治理医药产品回扣“1+7”系列文件，是构建医药产品回扣治理制度体系的一部分。对医疗机构药事管理制度进行全面、细化规定，健全医疗机构药事管理与药物治疗学委员会组织架构和工作制度，完善药品遴选流程，加强药物临床应用管理要求。加强处方点评结果应用，定期公布处方点评结果，登记和通报不合理处方，对不合理用药及时予以干预，建立不合理用药约谈制度，对约谈核实违规的医师，按照医保、卫生相关规定予以处理。（戴秋霞）

推进公立医院薪酬制度改革试点　根据人力资源社会保障部、财政部、国家卫生计生委、国家中医药管理局印发的《关于开展公立医院薪酬制度改革试点工作的指导意见》，结合上海公立医院现状和特点，制订完善上海公立医院薪酬制度改革试点工作实施办法并布置落实。开展公立医院薪酬制度改革试点工作，通过合理确定薪酬水平，充分体现医务人员的技术劳务价值；通过完善绩效考核评价办法，科学评价公立医院和医务人员的公益医疗服务质量和效率；通过健全绩效工资分配机制，实现多劳多得和优绩优酬。（陈　璐）

《上海市职业病防治规划（2016—2020年）》印发　为落实《“健康中国2030”规划纲要》《“十三五”卫生与健康规划》《国家职业病防治规划（2016—2020年）》要求，2017年12月20日，上海市人民政府办公厅印发《上海市职业病防治规划（2016—2020年）》，提出“到2020年，建立健全用人单位负责、行政机关监管、行业自律、职工参与和社会监督的职业病防治工作格局；建立健全与上海经济社会发展水平相适应的职业病防治体系”的总目标，强调上海职业病防治工作要坚持“预防为主、防治结合”“依法防治、综合施策”“保障基本、注重公平”的基本原则。《规划》围绕工作总目标和基本原则，详细规定了落实用人单位主体责任、加强职业病危害的源头治理、加强职业病防治能力建设、开展科研及成果应用、加强宣传教育和健康促进、落实救助保障措施的具体工作任务和职责分工。（刘英涛）

2017年7月31日，上海市卫生计生委与爱尔兰科克－凯里卫生服务署签署合作备忘录，科克市长见证。

全面推进《上海市防范和打击无证行医3年行动计划（2015—2017年）》　2017年7月13日，上海市卫生计生委、市综治办、市公安局、市人力资源社会保障局、市住房城乡建设管理委、市工商局、市食品药品监管局、市城管执法局印发《2017年上海防范和打击无证行医工作方案》。全年全市共出动人员23291人次（其中卫生计生部门16579人次），取缔无证行医点753户次，行政处罚案件519件，罚款851.6万元，没收违法所得143.5万元，没收药品1798箱、医疗器械23867件，移送公安部门处理98件。（张震巍）

现制现售饮用水联合执法检查　2017年6—9月，上海各区卫生计生委、城管执法局对辖区内的现制现售饮用水设备放置情况开展联合执法检查（连续第3年开展）。全市各级卫生计生监督机构对3528台现制现售饮用水设备进行了监督检查，并联合城管执法部门对其中1407台可能涉及放置不符合要求的现制现售饮用水设备开展了执法检查，经营单位自行搬离设备265台，卫生行政处罚14户次，城管执法部门暂扣设备157台。（沈　敏）

贯彻落实中央《决定》，加强计划生育事业顶层设计　2017年2月13日，《中共上海市委、上海市人民政府关于贯彻〈中共中央、国务院关于实施全面两孩政策改革完善计划生育服务管理的决定〉的实施意见》印发。3月9日，市委、市政府向中共中央、国务院上报《关于2016年上海市计划生育工作情况的报告》。督促各区落实市政府和各区政府签订的《计划生育工作目标管理责任书（2016—2017）》。5月10日，市卫生计生委印发《上海市计划生育事业发展“十三五”规划》。5月5日，市卫生计生委印发《上海市2017年度计划生育工作目标管理责任制考核办法》。（杨　雪）

启动实施失独家庭援助服务项目　2017年2月8日，市卫生计生委印发《关于实施“安康通”援助服务项目的通知》，通过政府购买服务方式，委托第三方专业机构为失独家庭提供紧急呼叫、信息咨询、生活服务等援助服务，至2017年底，全市已有5800多户失独家庭安装“安康通”，占全市失独家庭的40%左右，取得较好效果。

实现计划生育特别扶助对象双岗联系人制度、家庭医生签约制度、畅通就医绿色通道“三个全覆盖”　2017年，上海市各区双岗联系人落实率达到100%。失独特扶对象家庭医生签约实现全覆盖，签约率达66%。各级医疗机构在普通门诊挂号窗口、就诊室、化验窗口、检查室、取药窗口等环节设置“计生特扶对象优先”的提示标志，计划生育特扶对象凭“计划生育特别扶助证”享受优先挂号、就诊、化验、检查、取药“五优先”便利措施，实现就医绿色通道服务全覆盖。（丁 燕）

黄浦区建设妇幼健康优质服务示范工程 2017年，该区户籍人口孕产妇系统管理率为93.36%，非户籍人口孕产妇系统管理率为79.30%，常住人口孕产妇系统管理率为90.28%，未发生孕产妇死亡。依托辖区优质医疗资源，在上海交通大学附属瑞金医院建设“黄浦区重点孕产妇多学科诊治中心”，通过调整并完善区级危重孕产妇会诊抢救专家库，充实重症医学科专家力量。开展双盲演练，强化岗位练兵，进一步加强产科安全和危重孕产妇救治能力。全年共抢救危重孕产妇39例，均获得妥善救治。严格落实5岁以下儿童死亡评审工作，持续做好危重新生儿转运工作，加强唐氏综合症血清学检测等产前诊断（筛查）管理，唐氏综合征筛查率为86.07%。推广和拓展新生儿疾病筛查技术，新生儿遗传代谢性疾病筛查率为99.40%、新生儿听力筛查率为99.38%、新生儿先天性心脏病筛查率为98.26%。推进父母学校规范化建设，完成《五官保健》《婴儿喂养》等4个基础课件设计，组织社区卫生服务中心开展专题讨论及示范性授课。编写《黄浦区孕产妇实用手册》，举办“关爱母亲、崇尚自然”大型主题活动，促进自然分娩、倡导母乳喂养。黄浦区卫生计生委、区妇儿工委、区机关党工委、区机关工会等4部门携手主办“健康无忧、悄然更年”大型更年期女性保健宣教活动，推动健康教育进社区进楼宇进机关。完善妇幼二期信息化建设。（侯 琪）

静安区建设北部区域医疗服务共同体 2017年9月20日，该区北部区域医疗服务共同体签约仪式举行。区市北医院、市第三康复医院、宝华老年护理院、临汾社区卫生服务中心、彭浦新村社区卫生服务中心、彭浦镇社区卫生服务中心签订静安区北部地区“医疗服务共同体”（以下简称“医共体”）合作协议书，标志着静安区北部地区“医共体”建设正式启动。“医共体”建设协调小组及工作小组相关领导参加签约仪式。“医共体”是医疗服务一体化管理的新型组织与服务实现形式，整体提高区域医疗资源的配置和使用效率，促进区属两级医疗机构联动发展，同步提高医疗技术水平和服务能力，向居民提供分级、连续、节约、高效的医疗服务，加快实现“社区首诊、分级诊疗、双向转诊、共享医疗资源”的目标。（王海敏）

杨浦区深化区域“全专联合”精准转诊试点工作 该区继2016年形成家庭医生与新华医院、长海医院、肺科医院、妇产科医院、东方肝胆外科医院、岳阳中西医结合医院7家市级医疗机构22个专家团队的“全专联合”APP精准转诊试点并走向成熟后，2017年区内又组建了由21个专家（专科）团队与52个家庭医生团队单元紧密合作的“全专联合”家庭医生工作室，配备专项资金用于“全专团队”APP精准转诊平台升级，推进“全专团队”APP的开发及试点应用，进一步完善“全专团队”APP精准转诊功能。同时，组织各社区推广“全专联合”家庭医生工作室建设试点，形成更加有效的“双向转诊”通道机制，进一步增强家庭医生资源调配能力。（赵 敏）

（总撰稿：黄昭莉）

〔特约编辑：徐 伟〕

〔主 编：赵丹丹〕

江苏省

全省卫生和计划生育工作概述 2017年，江苏省卫生计生系统认真贯彻落实中央和省委、省政府决策部署，谋全局、抓改革、促发展，各项工作取得新成效。2017年末全省医疗卫生机构总数达32037个；全省卫生人员总数达692794人，其中执业（助理）医师217225人，注册护士237156人；每千人口执业（助理）医师2.71人，每千人口注册护士2.95人，每千人口床位数5.85张，分别比上年增加0.15人、0.18人和0.31张；2017年全省医疗卫生机构总诊疗人次达58437.24万人次，基层医疗卫生机构（含一级及以下医院）提供34877.30万次诊疗服务，占全省总诊疗人次的59.68%。全省人均期望寿命提高到77.51岁，婴儿死亡率、孕产妇死亡率分别为3.05‰、4.47/10万，群众主要健康指标位居全国前列。

健康江苏建设开启新征程。2017年2月，省委、省政府召开全省卫生与健康大会，认真学习贯彻落实习近平总书记在全国卫生与健康大会上的重要讲话精神。出台《“健康江苏2030”规划纲要》，明确了今后一个时期健康江苏建设的目标任务和重点实施的“十大行动”。省委、省政府成立健康江苏建设领导小组，省有关部门建立联络员工作制度，各地也成立相应领导组织和工作网络。省政府办公厅印发《“健康江苏2030”规划纲要重点任务分工方案》，明确了各相关部门在“十大行动”中的责任。

省级综合医改试点持续深化。公立医院综合改革

步伐加快，省、13个设区市和59个县（市、区）成立公立医院管理委员会，130家二、三级公立医院探索建立法人治理结构，全省有140家二、三级公立医院实行总会计师制度，289家二、三级公立医院实行成本核算控制，166家公立医院对8万多名医务人员实行备案管理。出台《江苏省新增医疗服务项目价格管理办法》等文件，常州、泰州和徐州3市纳入国家深化薪酬制度改革试点。2017年全省公立医院门诊和住院患者次均费用同比分别增长3.24%和1.67%，低于5%的控制目标。分级诊疗制度建设有力推进，全省所有三级公立医院均参与医联体建设，建成医联体314个。推进胸痛、卒中等“五大救治中心”建设，开展高血压、糖尿病分级诊疗试点。全面推行家庭医生签约服务，一般人群和重点人群覆盖率分别达36.7%和67.7%。全省城乡基层医疗卫生机构诊疗量占总诊疗人次的比例接近60%，县域内就诊率接近90%。药品供应保障机制不断完善，建立短缺药品信息零报告和分级储备制度，保障基层用药和短缺药品供应。开展以市为单位医用耗材和检验检测试剂集中采购，出台《公立医疗机构药品采购“两票制”实施方案》。新一轮药品集中采购竞价、议价产品省级入围价格比现采购价格平均下降18.04%。全年累计网上采购药品631.47亿元，药品配送率达96.85%。

医疗卫生服务能力进一步提升。坚持以基层为重点，以科技和人才为支撑，不断改善医疗服务。宏观调控医疗卫生资源，印发《江苏省三级医疗机构设置规划（2017—2020年）》，落实院前急救、护理、儿童、康复医疗、传染等发展规划，扶持22个薄弱专科建设，继续加强临床重点专科建设，建成国家级建设项目55个、省级临床重点专科420个、专科（病）诊疗中心32个、市级临床重点专科1210个。60%的县级医院达到《县医院医疗服务能力基本标准》，其中27家县级医院达到三级综合医院基本标准。基层服务水平不断提高，省扶持756个基层机构基础设施建设和设备更新。开展基层卫生“十强”县（市、区）建设，建成69个省示范乡镇卫生院和682个省示范村卫生室，启动基层卫生人员实训基地建设，新增59个省级基层特色科室。医疗服务能力明显增强，每个县（市）都拥有一所高于全国平均水平的二甲医院，其中32所县级综合医院转设为三级，三级医院总数增加到160个。持续开展改善医疗服务行动，200家二级以上医院开展日间手术，165家二级以上医院开展多学科联合诊疗，三级医院实现“优质护理服务”全覆盖。第三方出院病人调查满意度为94.68%，比上年上升0.95%。二级以上医院门诊和住院抗菌药物使用率分别下降2.8个和3.2个百分点，三级医院实现“优质护理服务”全覆盖，医疗质量安全和改善医疗服务行动取得实效。社会办医加快发展，2017年末全省共有非公医疗机构10206家，占全省医疗机构总数的32.82%，其中医院1254个；民营医院有床位125122张，占总床位数的30.19%；全年诊疗人次5895.22万人次，占医院总诊疗人次的22.92%。

公共卫生服务成效显著。坚持预防为主，加强重大疾病防控，全力保障公共卫生安全。公共卫生服务项目全面实施。基本公共卫生服务项目增至14类55项，7大类重大项目实施进一步规范。加强高血压、糖尿病等重点慢性病综合防控，累计建成国家级慢性病综合防控示范区25个，传染病防控和应急处置能力不断提升，免疫规划疫苗接种率保持在95%以上，建成国家级慢病综合防控示范区31个，新增30个县（市、区）达到血吸虫病消除标准。妇幼健康服务得到加强，全省共建成23个省级、52个市级和159个县级孕产妇和新生儿危急重症救治中心，危重孕产妇、新生儿救治成功率分别为99.8%、98.2%。率先制定高危孕产妇管理规范，全面规范高危孕产妇管理，打造涵盖5个时期、13项服务的生育全程服务链。加强出生缺陷综合防治，婚检率、孕前优生健康检查目标人群覆盖率、产前筛查率、新生儿疾病筛查率分别达90.2%、92.1%、85%、98.8%。科学统筹产、儿科资源，产、儿科床位分别较上年增长4%和10%，基本满足群众生育需求。建成23个省级、52个市级和159个县级孕产妇和新生儿危急重症救治中心。加强出生缺陷综合防治，优生优育各项指标持续好转。突发公共卫生事件应急处置能力显著增强，获全国卫生应急技能竞赛团体一等奖，完成国家公祭日等重大活动医疗卫生保障和重大事故灾害伤员救治任务。食品安全体系更加完善，开展食品安全风险监测重点实验室和安全标准咨询服务平台建设，发布2项食品安全地方标准，备案企业标准3456份。爱国卫生运动全面开展，建成国家卫生城市34个，率先实现国家卫生城市全覆盖；苏州、无锡、镇江等3市成为全国首批健康城市试点单位。农村无害化卫生户厕普及率达到92.64%，位列全国第6位。

全面两孩政策平稳实施。着力改进计划生育服务管理，保障全面两孩政策顺利实施。生育服务管理不断加强，深入开展“新国优”创建和省人口协调发展先进县（市、区）创建，推进公共场所和用人单位母婴设施建设，办理生育登记66.9万件、再生育审批14046件，全省出生人口数总体平稳，二孩占比达50%，出生人口性别比平稳下降。家庭发展水平持续提升，落实计划生育奖励扶助政策，将60周岁以上独生子女死亡、伤残家庭特别扶助金分别提高到每人每月不低于700元、600元，2017年发放扶助金24.2亿元、183.9万群众受益。率先开展计生特殊家庭心理健康服务，深入推进幸福家庭创建。大力推进医养融合，全省有157家二级以上医院开设老年病专科、床位6712张，有医养结合专业机构474家、床位15.1万张，有1728家养老机构与医疗机构建立合作关系，65岁以上老年人健康管理率达68.25%。流动人口工作深入开展，大力推进流动人口基本公共卫生计生服务均等化、农村留守儿童健康关爱工作，完成流动人口动态监测任务。

中医药特色优势进一步发挥。强化传承创新，中医药服务可及性不断增强。综合服务能力显著提升，新增三级中医医疗机构5家，新建基层中医馆247个，4个单位获得全国综合医院中医药工作示范单位称号。2017年底全省拥有中医类医疗机构1454所，其中三级中医医院总数达40所，位居全国前列；县级中医医院综合实力包揽全国前三强；669个基层医疗卫生机构中医馆建设项目达到国家标准。人才培养和传承创新取得新成效，5位中医名家荣获“国医大师”和“全国名中医”称号，数量居全国第一。33人入选第4批全国优秀中医人才研修项目，53人成为第6批全国老中医药专家学术经验继承指导老师，新增全国基层名中医传承工作室19个。国家中医临床研究基地建设通过验收。积极创新中医医疗服务新模式，是国家中医服务模式改革唯一试点省份，2017年底全省80家县及县以上中医院建有中医综合治疗区。大力推进中医治未病健康工程，100%的二级以上中医院建有治未病科，强化中医健康管理。中医药文化建设扎实推进，新增省级中医药文化宣传教育基地3家，组织开展中医药健康巡讲2000多场次、受益人群23万多人次。

科技创新和人才队伍建设取得新进展。加强高层次人才队伍建设，组织实施“科教强卫工程”，选拔培养12名医学杰出人才和一批重点人才，遴选建设16个临床医学中心和50个重点学科。深入推进卫生高层次人才“六个一”工程，累计引进71名特聘医学专家和15个卫生创新团队，县级公立医院博士83人。2017年获国家自然科学基金重大项目28项，总数位列全国第3位。全系统共有两院院士6人、国家杰出青年科学基金获得者5人。在中科院医院科技影响力排名中，有6家医院进入前百名、13个专科进入前十名。加强基层人才队伍建设，2017年组织900名乡镇卫生院骨干医师到上级医院进修，培训乡村医生近万人。2017年底，全省社区卫生服务机构共有卫技人员3.77万人、占职工总数的86.6%，其中高级职称占6%、中级职称占33%。政府办乡镇卫生院共有卫技人员6.68万人，占职工总数的76.1%，其中执业（助理）医师占41.1%。共有在岗乡村医生4.84万人，其中执业（助理）医师占40%以上。同时，不断加大医学人才培养力度，2017年新招录住院医师规范化培训学员4817名、全科医生956名、农村订单定向医学生1058名。

智慧健康工程加快推进。以信息化建设为依托，不断改善和提升医疗服务质量。完善智慧健康框架体系，建成智慧健康信息传输主干网，省、13个设区市和所有县（市）完成信息平台基本架构搭建，所有基层医疗卫生机构基本建成综合业务系统，实现省、市、县、乡村5级信息联通。积极开展信息惠民服务，省预约诊疗平台联通所有二级以上公立医院，2017年总预约量达447万多人次，好评率为92.54%。全省二级以上公立医院普遍建成结构化电子病历系统，超过50%的三级公立医院电子病历应用水平达到3级以上。各大医院普遍通过自助终端、手机APP、微信公众号等，提供自助挂号、检验检查结果打印、费用查询、移动支付等服务，方便群众看病就医。加快发展远程医疗，省急救医疗远程会诊中心与13个市、48个县（市）联网运行，80%以上的县（市、区）建立区域影像、心电、检验、病理等中心，群众在家门口就能享受到大医院同质化服务。探索开展医疗健康大数据应用，抓住国家健康医疗大数据中心及产业园建设试点契机，强化整体设计，夯实基层基础，组织南京和常州2市积极开展试点，加快资源和要素集聚，引导健康产业发展。

党的建设全面加强。认真贯彻全面从严治党要求，扎实抓好十九大精神和习近平新时代中国特色社会主义思想学习贯彻。深入推进“两学一做”学习教育常态化制度化，全方位落实巡视反馈意见整改，开展“找补改提”“六个一”抓落实行动。深入推进以党建引领的文化建设，有效提振行业队伍精气神。夯实基层党组织建设基础，党支部组织力进一步提升，政治功能进一步强化。开展“远离回扣、廉洁从医”主题专项活动，组织医用耗材专项整治，加强对药品耗材集中采购管理，实行基本建设代建制。积极开展文明创建活动，新增全国文明单位5家。1人获白求恩奖章；8家单位荣获全国卫生计生系统先进集体，44人获先进工作者称号。

自身建设取得新成效。重大项目建设取得新进展，20个项目纳入中央投资，投资规模达27.23亿元。推荐6家单位作为国家疑难病症诊治能力提升工程建设单位。加强综合监管，深化“放管服”改革，取消、下放第二、三类医疗技术临床应用等事项，编制194项省级行政权力事项办事指南，加强事中事后监管。

实现省级行政许可政务服务事项全流程网上运行。2017年完成国务院行政执法全过程记录制度试点，对8650家机构进行依法执业专项检查，查处26家机构，查办案件809件。加强对医疗卫生机构公共资金、国有资产审计监督，每年向社会公布医院财务状况、质量安全、医疗费用等信息。行业形象进一步提升，组织各类新闻发布、媒体集中采访活动20场次，在省级以上媒体刊发新闻稿件631篇次，微信微博推文1300余条，1人获评第6届全国道德模范提名奖，3人入选“中国好医生、中国好护士”月度人物。国际合作、健康扶贫、安全稳定、政务公开、干部保健、离退休干部、对口援助等工作均得到较好落实。

（何新羊　吴慢慢）

全省卫生与健康大会　2017年2月22日由江苏省委、省政府在南京召开。省委书记、省人大常委会主任李强强调，要认真学习贯彻落实习近平总书记在全国卫生与健康大会上的重要讲话精神，强化目标引领，突出问题导向，创新工作格局，大力推进健康江苏建设，实现与高水平全面小康社会相匹配的全民健康，让健康江苏成为江苏小康建设的响亮品牌。到2020年，要在重点领域和关键环节啃“硬骨头”、打“攻坚战”，使全省卫生与健康事业发展水平显著提高，健康江苏建设取得重大进展。在此基础上再用10年左右时间，构建起完善的健康优先制度体系和政策体系，在全社会形成高质量的健康生活、健康服务、健康保障、健康环境、健康产业，走出一条高水平的健康江苏发展之路。省委副书记、省长石泰峰主持会议并讲话，苏州市、无锡市、南京市高淳区以及苏北人民医院、淮安市淮阴区王营社区卫生服务中心负责同志在会上作交流发言。省人大常委会、省政府、省政协有关领导同志，省有关部门和单位主要负责同志，各设区市党委或政府分管负责同志以及在宁部分高等医学院校、高等体育院校、医疗单位、体育单位、行业协会主要负责同志和有关专家参加会议。（何新羊　谢文兴）

2017年2月22日，江苏省委、省政府召开全省卫生与健康大会。

省委、省政府出台《“健康江苏2030”规划纲要》　为贯彻落实全国卫生与健康大会精神和《“健康中国2030”规划纲要》，扎实推进健康江苏建设，不断提高人民群众健康水平，2017年江苏省委、省政府出台《“健康江苏2030”规划纲要》，明确在普及健康生活、优化健康服务、完善健康保障、建设健康环境、发展健康产业“五大领域”，实施全民健康素养提升行动、全民健身行动、医疗卫生服务优化行动、重点人群健康保护行动、中医药传承创新行动、健康保障提升行动、食品药品及公共安全保障行动、健康环境绿色发展行动、健康产业创新升级行动、“智慧健康”建设行动等“十项行动”，并规定了人均预期寿命、婴儿死亡率、5岁以下儿童死亡率、孕产妇死亡率、居民健康素养水平、重大慢性病过早死亡率、每千常住人口执业（助理）医师数、个人卫生支出占卫生总费用的比重、地级以上城市空气质量达到优良天数的比例等15项健康江苏建设指标到2020年、2030年的目标值。

召开务虚会深入学习党的十九大精神　2017年12月28日，全省卫生计生工作务虚会议召开，会议要求设区市卫生计生委、委直属各单位、各处室带着对十九大精神的理解、带着卫生健康领域主要矛盾变化的分析、带着老百姓对健康的需求参会。会上，13个市和11个处室进行大会交流发言，大家围绕贯彻落实习近平新时代中国特色社会主义思想，特别是习近平总书记对江苏工作的一系列重要指示精神以及有关健康中国战略的部署要求，从人民日益增长的健康需要与卫生健康事业发展不平衡不充分的矛盾破题，围绕提高公共卫生服务水平、加快构建优质高效的整合型医疗卫生服务体系、加强卫生计生科技人才建设等6个主题，形成了促进全省卫生计生工作高质量发展的思路、对策。　（何新羊　谢文兴）

全省综合医改试点工作推进会　2017年5月31日由省政府在南京召开。省委书记李强作出批示指出：医药卫生体制改革一头连着群众健康福祉，一头连着经济社会发展。全省各地、各有关部门勇于探索、协力攻坚，两年多来做了大量卓有成效的工作，推动江苏医改取得重大进展。当前医改工作已经进入攻坚决胜阶段，只能前进不能后退，要以更大的勇气、决心和智慧往纵深推进。全省上下要坚决贯彻落实中央和省委、省政府的决策部署，以推进健康江苏建设为引领，坚持问题导向，强化“三医”联动，扎实开展省级综合医改试点，着力破解一批深层次的矛盾和问题，确保江苏综合医改继续走在全国前列，让改革红利惠及全省人民，以优异的成绩迎接党的十九大召开。副省长蓝绍敏出席会议并讲话，省政府副秘书长陈少军主持会议，省医改办主任、省卫生计生委主任王咏红通报了全省综合医改试点工作进展情况。

（赵淮跃　季　勇）

国务院医改办在江苏督查医改工作　2017年5月23—24日，国务院医改办主任、国家卫生计生委副主任王贺胜率国务院医改办督查组在江苏开展2017年上半年深化医改工作督查。副省长蓝绍敏，省政府副秘书长陈少军，省医改办主任、省卫生计生委主任王咏红参加医改工作座谈会；镇江市委书记惠建林、南京市副市长储永宏参加相关活动。

（张寄宁　汤　斌　董天啸）

省人大常委会专题询问深化医药卫生体制改革　2017年9月21—24日，江苏省第12届人大常委会第32次会议专题询问深化医药卫生体制改革进展情况。省人大常委会委员吴建坤、章剑华、孔繁芝、王卓君、周来水、王德明、李萍，全国人大代表蒋婉求，省人大代表肖婷婷、张祥荣、郑广成、唐进等先后就加快公立医院综合改革、实现异地就医结算、推动分级诊疗、保障医务人员待遇、提高基层医疗服务能力、降低药品虚高价格、开展大病医疗保险救助、加强医疗服务价格监管、促进民营医院发展、推进医养融合等社会普遍关注的16个热点难点问题分别提问，到会应询的省医改办、卫生计生、人力资源社会保障、编办、发展改革、教育、民政、财政、食药监管、物价等10个部门负责同志对相关问题作了解答。

（纪　平　汤　斌）

江苏3项改革经验入选全国深化医改重大典型案例　2017年6月4日，国务院医改办、国家卫生计生委发布35项深化医改重大典型经验。江苏3项医改典型案例入选，它们是：江苏薪酬制度改革实现突破；苏州建设现代综合监管体系；盐城大丰个性服务包种类丰富。

（纪　平　孙嘉尉）

省人大常委会审议通过《江苏省医疗纠纷预防与处理条例》　2017年3月30日，江苏省第12届人大常委会第29次会议审议通过《江苏省医疗纠纷预防与处理条例》，自2017年7月1日起施行。《条例》共6章65条，结合江苏实际，注重实践创新，体现了原则性、先进性、完备性、科学性的立法特点，是具有江苏特色的立法成果。《条例》明确了医疗纠纷的概念，将立法目的突出为保护患者和医务人员权益，规定医疗纠纷处理应当遵循合法、公正、及时、便民的原则。《条例》对医疗纠纷预防工作专设一章，从增加医疗资源供给、强化医疗质量监管、落实医疗质量管理和控制、规范医疗机构及其医务人员行为、明确患者及其近亲属权利义务等方面，针对容易引发医疗纠纷的主要环节应当采取的预防措施作了相应规定。为切实保障医疗损害鉴定意见的公正和权威，《条例》对省、市医学会和具有相应业务范围的司法鉴定机构进行医疗损害鉴定进行了必要的规范，单独设立"医疗鉴定"一节，对医疗事故技术鉴定作出指引性规定，构建医疗损害鉴定制度框架，授权省有关部门制定具体管理办法，在全国医疗纠纷预防和处理立法领域内率先做出了尝试。作为医改试点省份，江苏省多年来一直在探索开展强制责任保险试点，积极推进医疗责任保险和医患纠纷人民调解工作的有机结合，推动患者参加医疗意外保险，加强调保结合，改进保险保障服务，发挥医疗责任险分担医疗风险的作用。《条例》规定设区的市、县（市）人民政府应当在征求公立医疗机构意见后，选择推行医疗责任保险制度或者医疗风险互助金制度，建立适应本地区实际需要的统一的公立医疗机构医疗责任风险分担制度，鼓励非公立医疗机构参加，为深化医疗责任保险制度改革留下空间。

（翁历文）

健康扶贫全面推进　2017年《江苏省健康扶贫工作考核办法》出台，全面推进健康扶贫工作。下发《关于建立建档立卡低收入人口患病情况定期报告制度的通知》，及时发现、动态掌握建档立卡低收入人口患病情况。有序开展低收入人口家庭医生签约服务工作，全省农村低收入人口家庭医生签约率已达95.13%，远高于普通人群签约率。农村低收入人口20种大病专项救治已确定定点医院172家，其中三级医院76家、二级医院96家，累计救治病人5.5万余人，减免医药费用超过1.7亿元。全省因病致贫人口从2016年初的135万降到2017年底的69.75万，绝对数明显下降，但占低收入人口总数的比重却从48.7%上升到55.8%。

（戴　德）

免疫接种工作受到世界卫生组织肯定　2017年6月21—28日，世界卫生组织、美国疾病预防控制中心和中国疾病预防控制中心等10位专家在江苏开展常规免疫接种率监测系统现场联合评估工作。此次评估活动是世界卫生组织首次对中国常规免疫接种率监测与预防接种服务工作实施评估。评估结果显示，江苏省常规免疫接种率监测系统运转良好、数据质量可信。免疫接种设有专门的组织机构、专门的场所和专职的接种人员，开展专门的预防接种服务，具备高水平的预防接种服务能力。苏州市流动儿童综合管理机制通过新市民管理中心和妇幼信息系统互联互通，及时掌握常住和流动人口中心免疫规划适龄儿童以及入托入学接种证查验信息化工作，让联合评估组留下了深刻印象。评估认为，江苏省与苏州市免疫规划信息化建设工作成绩显著、效果良好，是将现代信息技术应用到免疫规划管理与服务领域的典范。

（葛　沟　汤奋扬）

分级诊疗制度建设成效明显　到 2017 年底，江苏省基层首诊制度和双向转诊机制初步构建，全省城乡基层医疗卫生机构诊疗占总诊疗人次比例近 60%；居民 2 周患病首选基层医疗机构就诊比例超过 50%；由二、三级医院向基层医疗卫生机构、接续性医疗机构转诊的人数（例）约 18.5 万余人次，与上年同比增长 13.3%；由基层医疗卫生机构向二、三级医院转诊的人数（例）达 143.3 万人，同比增长 4.1%，增长幅度明显下降。县域内就诊率接近 90%。在做深做细做实医联体建设上做出探索，2017 年，全省医联体建设全覆盖。全省各市、县均已推开医联体建设，有各种模式和性质的医联体约 314 个。全省三级公立医院均参与医联体建设。在国务院第 4 次大督查中，江苏省工作情况得到督查组的肯定和好评。编织危急重症医疗救治网，推进胸痛、卒中、创伤救治中心建设，推动建立以救治中心为龙头的纵向医联体，为中心建设提供经费支持，建立胸痛中心运行、工作流程，规范建设“三大中心”，构建融合预防、筛查、救治、康复、健康管理为一体的分级防治网络体系。江苏省 8 家高级卒中中心（建设单位）进入全国高级卒中中心综合 100 强（苏州大学第一附属医院排第 10 位、南京鼓楼医院排第 13 位、南京市第一医院排第 17 位、南京脑科医院排第 41 位、徐州医科大学附属医院排第 52 位、南通大学附属医院排第 66 位、扬州大学附属医院排第 77 位、苏北人民医院排第 87 位）。　（丁远峰）

2017 年 12 月 18 日，江苏省卫生计生委主任谭颖调研南通市卫生计生工作。

进一步改善医疗服务　2017 年，江苏省各级医疗机构秉承“以病人为中心”服务理念，创新服务模式，优化服务流程，充分利用“互联网 +”开展医疗工作。全省开展预约诊疗医院达 2449 家，三级医院平均预约诊疗率为 43.50%，预约就诊人数达 335 万人次；实现分时段预约的医疗机构数量为 181 家；全省医疗机构实施临床路径 9600 个，病例总数为 180 余万，实现“医、护、患”一体化临床路径的医疗机构有 204 家；全省独立设置日间手术中心的医疗机构总数有 19 家，制定日间手术临床路径的医疗机构有 163 家，二级以上医院开展日间手术 95639 例；开展 MDT 的二级以上医院 165 家（二级医院 45 家，三级医院 12 家）；实现检查检验集中预约医疗机构数量 126 家，通过互认减少医学检验检查重复人次 635 万，为患者节省的医疗费用 5.8 亿元；所有三级医院和 95% 以上的二级医院开展“优质护理服务”；全省注册志愿者达 20 万人，为患者提供志愿服务。全省三级医院综合满意度为 94.68%。

（江　虹）

启动基层特色科室省级孵化中心建设　2017 年 5 月，江苏省卫生计生委下发《关于开展基层特色科室孵化中心建设的通知》，在全省三级医院范围遴选基层特色科室的孵化中心，精准扶持基层特色科室发展。7 月，经医院申报、专家论证、综合评估，确定 10 个单位为 2017 年基层特色科室省级孵化中心重点建设单位：江苏省人民医院康复医学科、呼吸内科、心血管内科；江苏省妇幼保健院产科；江苏省中医药骨伤科、针灸康复科；省级机关医院内分泌科；南通大学附属医院心血管内科；东南大学附属中大医院内分泌科；南京市儿童医院儿内科。

（曹　扬）

家庭医生签约服务创新举措评选活动　2017 年江苏省开展家庭医生签约服务创新举措评选活动，最终评选出 10 个 2017 年度江苏省家庭医生签约服务“十大创新举措”、10 个 2017 年度江苏省家庭医生签约服务创新举措优秀奖。2017 年度江苏省家庭医生签约服务“十大创新举措”是：（1）镇江市润州区黎明社区卫生服务中心《基于健康管理平台的首诊式签约》；盐城市大丰区卫生计生委《个性化签约，全方位保障，引领家庭医生制度健康发展》；无锡市卫生计生委《完善绩效工资政策，促进签约服务可持续》；淮安市淮阴区卫生计生委《创新家医签约内涵，贴近民心服务百姓》；高邮市卫生计生委《家庭医生签约服务推动精准健康扶贫》；常州市卫生计生委《政策创新，精准发力，全力推进签约服务“零距离”》；昆山市卫生计生委《聚焦改革创新，聚力综合施策，全面推动家庭医生服务迈上新台阶》；徐州市卫生计生委《统筹城乡，上下联动，探索家庭医生签约服务新模式》；常州市金坛区卫生计生局《提升签约居民获得感，做好百姓健康守门人》；沛县卫生计生委《革故鼎新，提质增效，推动签约服务稳行致远》。（2）2017 年度江苏省家庭医生签约服务创新举措优秀奖是：连云港市连云区墟沟社区卫生服务中心《依托医联体，打造闭环式签约服务》；丰县卫生计生委《优化签约模式，提升履约质量，以信息化支撑家庭医生签约服务全面推进》；泰州市卫生计生委《优化服务项目，细化服务价格，科学设计家庭医生签约服务包》；仪征市卫生计生委《家庭医生签约服务网格化管理，让关爱更靠近》；苏州市姑苏区留园街道社区卫生服务中心《基于全专联合诊疗模式下的家庭医生健康管理》；镇江市新区大路镇社区卫生服务中心《家庭医生签约暨两病患者居家动态监测与规范管理》；常州市天宁区红梅街道社区卫生服务中心《构建“四位一体”服务链，大力推进家庭医生精准化签约服务》；盐城市亭湖区永丰卫生院《铁军精神建团队，转守为攻强吸附》；海安县城东镇中心卫生院《创新举措，弘扬国粹，探索建立家庭医生中医签约服务新模式》；无锡市梁溪区江海街道社区卫生服务中心《上下联动创新家庭医生服务》。

落实药品购销“两票制”　江苏省在全省各级公立医疗机构内，结合全省新一轮药品集中采购工作进展，分两步实施“两票制”。第 1 批急（抢）救类、妇儿专科非专利药品，于 2017 年 12 月 31 日前全面执行“两票制”。第 2 批竞价采购、议价采购、限价挂网采购药品自采购结果执行之日起同步执行“两票制”。在江苏省医疗机构药品（耗材）网上集中采购与监管平台上开发电子验票系统，由药品流通企业上传药品发票、随货同行单等相关票据，医疗卫生机构通过平台审核相关票据并验收入库。利用信息化管理手段减少查验步骤，提高验票效率。（张宜启）

食品安全风险监测点县（市、区）全覆盖　2017 年江苏省设定的监测点覆盖所有县（市、区），380 家哨点医院覆盖所有二级及以上医院。全省共监测 25 类食品及相关产品的 179 个项目，监测样品 7957 份，获得监测数据 50139 个；上报食源性疾病 33152 例，采集病例标本 10267 份；报告食源性疾病暴发事件 137 起；报告小龙虾相关横纹肌溶解综合征病例 27 例；另外，食品中放射性物质监测包括生鲜牛乳共 10 类食品，监测样品 665 份。（袁家牛）

深化全民自救互救素养提升工程　2017 年江苏省推进卫生应急进社区、进企业、进机关、进学校、进农村、进家庭“六进”活动，省市联动组织 4 场大型活动；开展全省普及性培训约 114 万人次，培训医疗卫生机构人员 18 万余人次，年度培训覆盖率为 38.5%；大力推进自救互救体验设施建设，全省建成各类型体验设施 18 个，累计免费接待体验 9.4 万多人次；在公共场所设置自救互救设备累计近 500 台，培训设置场所 AED 使用人员 1.3 万人次；动员各种社会力量参与实施全民自救互救素养提升工程，已建立卫生应急救援相关类型的志愿服务队 465 支；通过多种形式及载体开展宣传，普及自救互救援理念、知识和技能，全省累计开展宣传教育活动 6900 多次，发放各类宣传材料 100 多万份。（顾帮朝　陈　英）

深入推进医养结合　2017 年江苏省政府印发《关于深入推进医疗卫生与养老服务相结合的实施意见》，建立医养结合工作协调推进机制，建立省级医养结合工作联席会议制度，明确相关部门任务分工。确定无锡市滨湖区等 10 家省级医养结合试点单位，联合省民政厅召开全省医养结合工作会议。以家庭医生签约为抓手，包括老年人在内的重点人群家庭医生签约率达到 67.7%，65 岁以上老年人健康管理率达到 71.71%。通过公建民营、民办公助或 PPP 合作模式，大力发展护理院等医养结合机构。全省医养结合机构达到 220 家，床位 6.1 万张，其中护理院 144 家，120 家二级以上医院开设老年病专科。不断丰富医疗机构与养老机构合作模式，全省共有 1728 家养老机构与周边的医疗卫生机构签订合作协议，占养老机构总数的 75%。（李　郁　姜晓健）

5 位中医名家成为第 3 届国医大师、首批全国名中医　在第 3 届国医大师、首批全国名中医评选表彰大会上，中共中央政治局委员、国务院副总理刘延东在京接见第 3 届国医大师和首届全国名中医代表并座谈。来自江苏省中医院的邹燕勤教授入选国医大师，徐福松、刘沈林、单兆伟、南京中医药大学汪受传等 4 位专家入选首批全国名中医。截至 2017 年底，江苏省已有 6 位国医大师，是入选人数最多的省份。（陈　燕）

行政执法全过程记录等“三项制度”试点　国务院确定江苏省卫生监督所为全国卫生计生系统唯一的行政执法全过程记录制度试点单位后，省卫生计生委专门成立试点工作协调领导小组，结合江苏实际下发试点工作实施方案，推动全省执法全过程记录、行政执法公示、重大执法决定法制审核等 3 项制度的同步试点、同步推进，涵盖卫生计生行政执法全过程（行政许可、行政检查、行政处罚、行政强制、行政征收）。2017 年完成国务院试点方案的各项任务，共制定各类制度共8类36项，其中《行政执法“回头看”工作规定》等7项制度填补国内空白，《执法全过程记录关键点指南》等16项制度填补省内空白，推动了全省卫生计生行政执法工作的规范化、标准化、便捷化和透明化，形成一整套可复制、可推广的“江苏蓝本”，为全国卫生计生系统行政执法工作提供了“江苏经验”。

（唐月明　承明华）

卫生和计划生育事业发展数据　*卫生资源*。2017年末，江苏省每千人口执业（助理）医师2.71人，每千人口注册护士2.95人，每千人口床位数5.85张，分别比上年增加0.15人、0.18人和0.31张。

医疗服务。2017年，全省医疗卫生机构总诊疗人次达58437.24万人次，比上年增加3321.23万人次（增长5.83%）；全省医疗卫生机构入院人数1418.04万人，比上年增加109.04万人（增长8.33%）；医疗机构出院者平均住院日为9.1日，比上年少0.2日。

基层卫生。2017年，基层医疗卫生机构（含一级及以下医院）提供34877.30万次诊疗服务，占全省总诊疗人次的59.68%。乡镇卫生院和社区卫生服务中心（站）诊疗人次达18271.74万人次，比上年增加2189.06万人次。乡镇卫生院和社区卫生服务中心（站）诊疗人次占诊疗总量的31.27%。

中医医疗服务。2017年，全省中医类医院提供5016.09万诊疗人次（其中民营369.31万诊疗人次），较上年增长7.47%，占全省医院诊疗人次的19.51%；全省中医类医院入院人数174.07万人（其中民营中医院20.09万人），较上年增长6.37%，占全省医院总入院人数的15.38%。

疾病控制与公共卫生。2017年，全省甲乙类传染病共报告发病89217例，发病率为111.54/10万，报告发病数居前5位的病种依次为：肺结核、梅毒、病毒性肝炎、淋病、痢疾。全省共报告突发公共卫生事件270起。全省共报告接种疫苗2333万剂次。全省严重精神障碍患者登记在册患者为329744人，患者管理率为94.75%。全省居民前10位的死因是：恶性肿瘤、脑血管病、心脏病、呼吸系统疾病、损伤和中毒、内分泌、营养和代谢疾病、神经系统疾病、消化系统疾病、泌尿生殖系统疾病、传染病和寄生虫病。国家基本公共卫生服务项目人均补助标准全省平均达到67元，服务内容扩大到14类55项。

爱国卫生。2017年，城乡生活饮用水总合格率为92.2%，比上年提高3.8%；全省已建成国家卫生城市34个、国家卫生乡镇（县城）167个、江苏省卫生县城11个、江苏省卫生乡镇296个、江苏省卫生村7329个；全省居民健康素养水平为22.69%。其中健康知识知晓率为74.16%，行为形成率为67.10%。

妇幼卫生。2017年，江苏省孕产妇产前检查率和产后访视率分别为98.8%和97.66%；住院分娩率为100%（城市100%、农村100%）；5岁以下儿童死亡率为3.67‰；新生儿死亡率为1.68‰；孕产妇死亡率为10.42/10万。

食品安全与卫生监督。2017年，全省食品安全风险监测已覆盖100%的县级行政区域。全省设置食源性疾病监测哨点医院380家，采集并检测病例标本13126份。全省对医疗机构或医务人员依法查处案件849件，结案849件。依法查处无证行医案件1825件。开展传染病防治监管，依法查处案件676件，结案652件。

无偿献血及采供血。2017年，江苏继续保持无偿献血占临床用血的100%，自愿无偿献血100%，无偿捐献采血小板100%。

医疗卫生机构支出与资产。2017年，全省医疗卫生机构总支出达2680.52亿元，比上年增长10.51%；全省各类医疗卫生机构总资产为3038.31亿元，比上年增长9.73%。

病人医药费用。2017年，门诊病人人均医疗费用275.8元，比上年增加12.5元，增长4.75%；住院病人人均医疗费用为12473.7元，比上年增加270.7元，增长2.21%。

计划生育工作。2017年全省共办理生育登记66.9万件，办理再生育审批14046件；全省共为173.49万名群众发放农村部分计划生育家庭奖励扶助金16.66亿元；为10.45万名群众发放计划生育特别扶助金7.2亿元；全省为流动人口办理生育服务登记49519人次，为流入已婚育龄妇女提供免费计划生育基本公共服务（技术）18123人次。

人口形势分析　据2017年《江苏省国民经济和社会发展统计公报》，年末全省常住人口为8029.3万人，比上年增加30.7万人，增长0.38%。在常住人口中，男性人口4041.1万人，女性人口3988.3万人；0~14岁人口1099.4万人，15~64岁人口5856.7万人，65岁及以上人口1073.2万人。全年人口出生率为9.71‰，比上年下降0.05个千分点；人口死亡率为7.03‰，与上年持平；人口自然增长率为2.68‰，比上年下降0.05个千分点。据计划生育报表统计，2017年全省二孩出生数占总出生数的比例为50%，比上年上升7.06个百分点，说明两孩政策对出生孩次结构的变化产生了显著影响。

（何新羊）

〔特约编辑：戚兴锋〕

〔主　编：何小鹏〕

浙 江 省

全省卫生和计划生育工作概述 2017年，浙江省卫生计生系统紧紧围绕国家卫生计生委和省委、省政府中心任务，紧扣全国卫生计生工作要点，以健康浙江建设为引领，以深化医改和优化生育全程服务管理为主线，全面推进卫生计生改革发展，狠抓重大政策措施落地，取得明显成效。

“最多跑一次”改革。出台“最多跑一次”改革实施意见，梳理全省卫生计生系统权力清单、责任清单，下放行政审批事项13项，下放比例达92.8%；明确群众和企业到政府办事事项88项，87项已实现“最多跑一次”，实现率达99%。强化“互联网+政务服务”的信息支撑，居民电子健康档案建档率达88%，电子病历在二级及以上医疗机构应用率超过85%，全员人口信息入库率达95%。智慧医疗等各类便民服务信息化应用不断创新，“生育登记网上办公”列入全省六大重点民生应用服务项目，金华市率先停止向个人出具计划生育证明的做法得到总结推广，全省群众生育登记服务“零次跑”目标年内基本实现，全省预约诊疗服务平台预约总量累计达3573万人次。

健康浙江建设。积极推动成立省委、省政府健康浙江建设领导小组，起草《健康浙江2030行动纲要》分工方案、健康浙江考核实施方案（试行）和试评价方案，组织各市完成了试评价自评工作，会同省委组织部举办了全省健康浙江建设专题研讨班。组织修订省基本公共卫生服务规范，项目考核位列全国第二位。坚持预防为主，深入开展爱国卫生运动，在全国率先实现国家卫生县城全覆盖。积极推进健康促进与教育工作，杭州市余杭区和玉环县列入全国第3批健康促进试点县（区）。继续保持免疫规划类疫苗高接种率，疫苗针对性疾病发病率保持在历史较低水平，出台“浙江省预防接种服务收费标准”，保障第二类疫苗接种工作规范开展。落实人感染H7N9禽流感、艾滋病、结核病、血吸虫病等重大疾病防控策略，有效稳控登革热等聚集性疫情，甲乙类传染病发病率持续稳定在历史较低水平，建设6个国家级慢性病综合防控示范区，省级慢性病综合防控示范区实现全省覆盖，人均期望寿命达78.6岁。以平安浙江考核为抓手大力推进精神卫生工作，全省严重精神障碍报告患病率达4.28‰，管理率达96%，各项核心指标均在全国前列，杭州市、宁波市全国精神卫生综合管理试点工作成效明显。狠抓食品安全，出台企业标准备案工作规范性文件，在全国首个推行表格式备案，率先制定省市县三级风险监测能力提升工程建设方案，监测食品样本6.29万件、食源性疾病病例信息4.52万件。修订卫生应急预案，组织完成全省卫生应急技能竞赛，有效应对各类突发公共卫生事件，在浙国家突发急性传染病防控队伍、省级卫生应急基地及队伍、五大区域卫生应急综合保障基地等建设稳步推进，国家海上紧急医学救援基地建设项目完成立项，在全国卫生应急技能竞赛中获团体二等奖、2人获一等奖及多个个人奖项。

综合医改工作。“三医”联动推进综合医改试点被纳入省委重点突破改革项目，省医改办成立医改专家咨询委员会。加大对宁波市、温州市和34个综合医改先行先试县（市、区）督导力度，各先行先试地区均制定综合医改试点工作方案。纵深推进公立医院综合改革，严控公立医院医疗费用不合理增长，建立控费指标完成情况与等级评审、床位审批等挂钩政策。完善省级公立医院运行目标责任制考核办法，制定省级公立医疗机构监管服务平台建设方案。逐步提高公立医院医疗技术服务收入占比，会同省物价部门实施县级以上公立医院儿童医疗服务项目价格调整，宁波市、温州市及长兴县、义乌市率先制定“腾空间”后的医疗服务价格调整方案。全面推行公立医院编制备案制，推进宁波、温州、湖州等市和11个综合医改先行先试县（市、区）公立医院薪酬制度改革试点，宁波市、长兴县被国务院办公厅确定为公立医院综合改革成效较为明显的试点城市和县（市、区）。

医联体建设。制定完善省“双下沉、两提升”工作考核标准和工作指南，建立健全医疗资源下沉长效机制。以省政府办公厅名义出台《关于推进高水平医疗联合体建设的实施意见》，全省建立紧密型医联体、县域医共体、城市“1+X”医联体、专科联盟、远程医疗协作网等多种形式医联体526个，开展了浙江大学衢州高水平医联体改革示范区等试点，舟山市打造远程医疗协作网典型经验被评为国务院第4次大督查发现的典型经验做法。全省每家三甲综合医院均与2家以上县级医院建立紧密合作关系，三甲医院落实副高以上职称医师派驻任务持续推进。省医改办制定出台《关于开展县域医疗服务共同体建设试点工作的指导意见》，启动了11个试点县（市、区）建设。

基层医疗服务。推进分级诊疗制度建设，落实双向转诊机制，全省预约转诊服务平台已接入二级以上医院300家，实现预约转诊15397例。加强基层卫生服务体系标准建设，制定出台基层医疗卫生机构建设标准和管理规范，推动“百千万”医学人才下基层，共招聘基层卫生人员4000余名，年度计划招录专业基层卫生定向培养人员1359人。深入推进卫生重点县建设，积极开展中心镇卫生院医疗服务能力提升项目，促进县域和基层机构的医疗服务能力提升。开展省级百强社区卫生服务中心、全国优质服务示范社区卫生服务中心和群众满意的乡镇卫生院建设的活动。与省财政厅联合发文，全面推进基层医疗卫生机构补偿机制改革。扎实开展国家基本公共卫生服务项目，在全国考核中取得第二名。建立和培育家庭医生签约服务省级培训基地20个和示范点126个，至2017年底，全省完成规范签约1729万人（常住人口签约率达33.6%），10类重点人群签约1330万人（覆盖率达72.4%）。8个市出台慢性病连续处方制度，签约医生对慢性病患者的一次处方医保用药量可根据病情需要放宽至12周。9个市出台调整社区卫生服务价格的文件，促进居家护理、家庭病床、上门巡诊等个性化签约服务的开展。全省基层就诊率达50.1%，县域就诊率达85.8%。

*医疗质量安全。*实施为期3年的医疗质量安全提升专项行动，在全省范围内开展医疗机构医疗质量安全核心制度落实、医疗技术管理、医院感染管理等医疗安全隐患大排查工作，对检查发现的问题建立专门台账，落实专人负责，限期销号整改。推动质控工作实现医疗机构全覆盖，加强信息化手段应用，运用DRGs开展医院质量与绩效评价，有力提升了学科能力。制定出台《浙江省医疗技术临床应用事中、事后监管实施方案（试行）》，进一步加强医疗技术临床应用事中事后监管，明确医疗机构医疗技术管理与质控要求。在国家15项限制临床应用技术的基础上，结合浙江实际，增加心血管疾病介入诊疗技术等6项技术为省级限制临床应用医疗技术，将血液透析等3项技术列为重点监控医疗技术，不断强化质量管理。

*药品供应保障机制。*全面推行公立医院药品采购“两票制”，稳步推进价格谈判、价格联动、备案采购等药品集中采购机制改革，健全完善药品生产流通使用政策，明确39项重点任务。完成“三流合一”药品采购新平台切换，推动医保预付制度落地，全省2000多家公立医疗卫生机构已全部接入新平台。医用耗材采购新平台启动试运行，完成普外科、新4大类医用耗材集中采购工作，价格平均降幅分别达13.2%、28.2%，预计1年可节约医疗费用支出分别达6亿元、4亿元。

*生育服务管理。*完善计划生育目标管理责任制，全面两孩政策稳步实施，生育友好的配套政策和服务保障措施逐步完善，基层卫生计生融合创新和生育服务管理改革力度加大，计划生育转型发展走在全国前列。各地妇幼保健机构新建、改扩建项目陆续启动，有效应对全面两孩生育压力。生育登记与母子健康手册发放服务融合促进，生育健康全程服务机制逐步建立。城乡妇女免费“两癌”检查列入2017年省政府“十大民生实事”之一，完成“两癌”检查各105万人，超额完成年度任务。继续深化出生人口性别比综合治理，保持打击“两非”高压态势。落实计划生育扶助保障政策，发放奖励扶助金6.1亿元、特别扶助金3.5亿元。“三优”促进工作取得明显成效，各级“三优”指导中心培训目标人群近百万人次，目标人群“三优”知识普及率达80%以上。制定启动全省流动人口计划生育工作规范性文件，流动人口基本公共卫生计生服务均等化全国重点联系城市、国家流动人口社会融合示范试点工作进展明显。

*健康产业发展。*优化完善健康产业发展政策，第3届浙江国际健康产业博览会共推出各类健康产业项目167项，项目投资总额达到3114.98亿元，项目投资金额同比增长126.52%，现场集中签约14个重点项目，总金额为217.4亿元。舟山市被确定为国家健康医疗旅游示范基地。

*医养结合。*召开全省医养结合试点工作交流会，省卫生计生委会同15个省级部门联合印发医养结合工作重点任务分工方案，建立省级医养结合工作联席会议制度。在全国率先开展覆盖全省的医养结合监测工作，建立医养结合省级专家库，启动医养结合机构基本服务规范制定，扎实推进国家和省级医养结合试点建设。截至2017底，全省共建医养结合机构174家，全省65岁以上老年人健康管理率达68.46%。

*中医药工作。*推动中医药法律、法规和政策落地。深入宣传贯彻《中医药法》，实施浙江省基层中医药服务能力提升工程“十三五”行动计划，2017年有15个县（市、区）通过全国基层中医药工作先进单位评审。开展“看中医减少跑”活动。贯彻省政府加快推进“最多跑一次”改革工作要求，在全省中医医院开展“看中医减少跑”活动，通过信息化智能改造，实现看中医“四不一少”，即挂号、缴费、取单、取药“四个不用跑”和检查检验减少跑，变“群众跑腿”为“信息跑路”，试点医院患者就诊等候时间平均节约30分钟左右，有效提高了就诊效率和百姓满意度。编制全国首套《中医药与健康》小学教材。该套教材分为上、下两册共36课时，采用每课时一个故事，通过36个有趣的小故事和相关知识拓展、实践活动，传递丰富的中医药知识，展示浓厚的中医药文化内涵，使孩子们了解中医药常识、增强对中医药的认知和兴趣、培养良好的健康意识、养成正确的生活习惯和方式、乐于接受中医非药物调理和治疗的手段，2017年9月教材进入全省所有小学课堂。

党建工作。组织委系统深入学习贯彻党的十九大和省十四次党代会精神，深刻领会习近平新时代中国特色社会主义思想精神内涵。以高度的政治责任感，扎实做好省委巡视整改工作。落实全面从严治党主体责任，制定委党组2017年党风廉政建设和反腐纠风工作组织领导与责任清单，认真抓好省委检查组对委党组2016年度全面从严治党主体责任和意识形态主体责任落实情况提出的整改建议，完成17家委直属单位巡察工作。完成大型医院巡查和行风检查，严格落实“九不准”等制度。成立落实意识形态主体责任领导小组，制定委党组意识形态工作细则，召开委系统意识形态工作专题会议，牢牢把握意识形态工作主动权。

其他工作。浙江省卫生计生领域获2017年度省科技奖61项，获得省部级以上各类重大科技奖项目200余项。创新人才评价，推进卫生专业技术高级职称评聘制度改革，实行全面分级管理，全面分类评价，全面评聘结合，同时在6家省市级医院试点探索自主评聘，新选拔12名领军人才培养对象和154名医坛新秀培养对象，新建3个省级重大疾病技术研究中心，布局13个省卫生健康新技术和适宜技术培育推广中心。专项检查各类生物安全实验室699个，从严治理诚信不良和学术不端行为。加强住院医师规范化培训精细管理，开展高级师资培训480余人，输送合格住院医师6333人。培养基层实用人才801人，开展全科医师转岗培训190人。在全国率先完成年度卫生计生“双随机”执法工作，全省“双随机”抽查总任务数为10708件，监督完成9213件，完结数为1495件，任务总完成率达100%。完成国家援外医疗任务，选派123人赴国境外知名医疗机构进修。开展对新疆、西藏等9省市的对口支援，做好省内健康扶贫工作。完成第4届世界互联网大会、第4届世界浙商大会等重大任务活动医疗卫生保障129批次，派出医疗保障人员360人次，保障时间累计519天。加强卫生计生宣传，树立先进个人4人，推出“兰小草”（王珏）等重大先进典型。健康浙江建设表彰立项获批。加强卫生计生系统法治浙江、平安浙江、信用浙江创建工作，处置多起重大网络舆情事件，深入开展全省卫生计生系统“安全生产月”“安全生产万里行”等活动，健全落实领导包案等信访制度，着力防范和化解卫生计生领域社会矛盾和风险。

卫生和计划生育数据及态势分析 2017年末，浙江省共有医院1204家，卫生院1161家，社区卫生服务中心（站）5687家，村卫生室11535家。全省医疗机构有床位314016张，其中医院床位277598张，卫生院床位18093张。2017年全省医疗机构诊疗59480.47万人次，住院人数为946.76万；其中医院诊疗27642.50万人次，住院人数为853.19万。

据浙江省统计局人口变动抽样调查主要数据公报，2017年末全省常住人口为5657万人，当年出生人口67万人，出生率为11.92‰；自然增长人口35.7万人，自然增长率为6.36‰。

据省人口计生统计报表，2017年全省计划生育率为97.75%，比上年上升0.29个百分点；出生人口性别比为109.08，比上年上升0.18；女性初婚19.17万例，比上年减少5.51万例，下降22.32%；综合避孕率为79.10%，同比下降2.87个百分点。

人口和计划生育目标管理考核结果 根据省人口与计划生育领导小组办公室组织的年度考核，全省11个市较好地完成了2017年度人口和计划生育目标管理考核指标。（许 琼）

〔特约编辑：蒋 震〕

〔主 编：包保根〕

安 徽 省

全省卫生和计划生育工作概述 2017年，安徽省卫生计生系统深入学习贯彻习近平新时代中国特色社会主义思想和视察安徽重要讲话精神，特别是关于卫生与健康工作的一系列重要论述，坚决落实中央和省委、省政府决策部署，以新形势下党的卫生与健康工作方针为指引，以推进健康安徽建设为主线，以抓落实为主旋律，多措并举、攻坚克难、开拓奋进，完成年度各项目标任务。

深化医改取得突出成效。2017年是实施“十三五”医改规划关键之年，是首批综合医改试点省达标验收年。安徽省在全国率先开展县域医共体建设，被国家作为4种分级诊疗模式之一向全国推广。66个县域医共体试点县的县外住院人次同比下降4.88个百分点，分级诊疗和县乡之间双向转诊机制初见成效。探索医联体建设，到2017年底全省共建医联体279个，1476个医疗机构参与。探索社区卫生服务新模式，选派78名高年资护士下沉22个社区，打通医疗服务与老百姓就医的“最后一公里”。开展公立医院及乡镇卫生院编制周转池制度试点，破解传统编制政策约束与事业发展之间的矛盾，受到全国关注。推进临床路径管理，全省228家二级以上医院全面推开“临床路径＋病种付费”。探索符合中医药特点的支付方式。全省县以上中医院门诊和住院次均医疗费用分别比综合性医院低15%和20%。实施耗材、试剂等网上采购和“两票制”。持续推进医疗服务价格改革，动态调整3780个药品医保支付参考价，联动调整8大类1271项医疗服务价格。年内放开54项市场调节价服务项目，累计放开137项。扩大按病种收费改革试点，基本实现每个市县按病种收费不少于100个。实现新农合跨省就医异地即时结算。开展医保管理体制改革创新，在3市启动试点工作，统筹推进“三医联动”。这些改革成果有标志性意义，并为改革继续推向纵深创造了条件。

医疗卫生服务持续改善。陆续推出改善服务环境、推行日间手术、推广临床路径、门诊挂号预约服务、畅通急诊急救、推进优质护理、强化药事管理、加强人文关怀、突出中医药特色等举措，不断改善群众就医体验。组织31所三级医院对口支援67所县级医院，基本实现县级医院远程医疗全覆盖。开展基层医疗卫生服务能力提升年活动和社区卫生服务提升工程，开展评选群众满意的乡镇卫生院活动，181所中心卫生院通过一级甲等医院评审、83所通过二级医院评审，75家社区卫生服务中心成为省级示范中心，其中10家晋升为国家优质示范中心。建立健全省、市、县三级医疗质量控制体系，其中省级质控中心49家，对全省二级以上医疗机构全面实施医疗质量控制与指导。加大医疗服务监管力度，在全国率先开通省级医疗服务综合监管平台，及时回应患者诉求和举报。年内培训县级医院骨干医师1096名，儿科转岗医师160名。全面推进中医名院、名科、名医、名药“四名工程”，组建民间中医药特色治疗中心，着力打造民间中医药创新平台。实施《安徽省医疗纠纷预防与处置办法》，严厉打击涉医违法犯罪，深入推进“平安医院”创建。成立县级以上医调委141个，调解员960名，调解成功率达90%以上，3539所医疗机构参加医疗责任保险。

公共卫生服务能力不断加强。2017年，安徽省取得国家基本公共卫生服务考核第6名。加强重点传染病监测，前三季度全省共报告法定传染病28.5万例，较上年同期下降5.96%。全年未出现重大疫情。救治艾滋病患者7257人、结核病患者9901人。在全国率先开展预防接种网上预约服务，省内预防接种点达2000家。开展慢性病监测工作，完成近2.5万例农村和淮河流域消化道癌症筛查任务。组建精神卫生专科联盟，促进精神卫生资源共享。全省严重精神障碍患者报告患病率为4.53‰，较2014年底提高77.6%，位居全国中上等水平。依法规范处置H7N9等突发公共卫生事件和滁新高速特大交通事故紧急医学救援，建成国家突发急性传染病防控队，国家卫生应急移动医疗救治中心和省紧急医疗救护基地建设加快推进，探索空中医学救援。广泛开展卫生创建、积极开展健康城镇试点、有效开展城乡环境卫生整洁行动，组织纪念爱国卫生运动65周年系列活动。

计划生育与妇幼健康管理得到强化。完善配套政策措施，鼓励按政策生育，全省出生人口98.39万，符合政策预期。落实生育登记服务制度，大力推广芜湖、淮南“多证合一”改革经验，积极推进“一次登记、全程服务”。做好扶助关怀，建立完善生育支持等家庭发展政策，推动落实计划生育特殊家庭联系人制度。实施妇幼健康保障工程，加强妇幼健康服务机构建设，提升妇幼保健服务水平。加强儿科和孕产妇、婴幼儿疑难重症救治能力建设，农村孕产妇住院分娩率达99.33%，免疫规划儿童接种率保持在95%以上。

行风政风持续好转。按照“一岗双责”要求，把党风廉政、职业道德与行风建设融入各项业务工作，确保主体责任、监管责任双到位。主动接受社会各界和广大患者监督，及时查处和反馈群众诉求。联合省检察院开展“严肃行业纪律·预防职务犯罪”专项活动，全省27万工作人员签署廉洁承诺书，9975人次主动上交款物金额7343万元。全系统集中观看《警钟长鸣·护佑生命》廉政警示片，接受警示教育。开展医疗卫生单位领导人兼科室负责人专项清理行动，清理192人205个岗位。印发《安徽省医疗卫生机构及其工作人员收受商业贿赂处理办法（试行）》，健全预防医疗卫生行业商业贿赂长效机制。建立廉洁“黑名单”，定期约谈行风建设存在问题较多的医疗机构和不按规定采购医疗设备问题单位等，严肃执纪审查，发挥查办案件震慑作用。在2017年全省10个服务行业满意度评选中位居第4位，53所三级医院患者满意度始终保持在90%以上。

十八大以来全省卫生计生事业发展概述 2012年党的十八大召开以来，安徽省卫生计生事业发展速度快、质量优、成效最明显。覆盖全省的卫生计划生育服务网络与监督执法体系进一步健全。每千人口卫生技术人员数、床位数分别增加至2016年的4.54人、4.56张。基本公共卫生服务项目扩大到14类54项，人均补助经费标准达到50元。加强“12320”卫生服务热线和全省便民医疗服务平台建设，网上预约挂号等便民服务164.3万人次，远程影像诊断8.53万人次。深化“放管服”改革，推出多项改革便民措施。办理行政审批、其他权力公共服务事项5.8万件，无超时、无投诉，许可及时率达100%。全省家庭医生签约服务人数达2000万，其中，10类重点人群签约1732万。

全省卫生总费用2015年增加到1460.42亿元，个人卫生支出占比下降到29.82%，新农合筹资标准提高到600元。人均预期寿命达到76岁，高于全国平均水平，婴儿死亡率、5岁以下儿童死亡率、孕产妇死亡率分别下降至4.09‰、5.46‰、16.42/10万，均低于全国平均水平，人民健康水平提高，群众获得感显著增强。

开启健康安徽建设新征程。十八届五中全会作出“推进健康中国建设”重大决策。安徽省主动谋划、积极作为、勇于担当，努力提升卫生与健康在全省经济社会发展全局中的战略地位。省委、省政府召开新世纪第一次全省卫生与健康大会，公布实施《“健康安徽2030”规划纲要》《安徽省“十三五”卫生与健康规划》，出台《关于进一步加强和改进卫生与健康工作的意见》等，举办党政领导干部“健康安徽建设工程”专题培训班，印发重点任务分工方案，各市均召开了卫生与健康大会，出台卫生与健康改革发展的意见或决定，全社会关注卫生与健康的氛围更加浓厚。

打造安徽特色医改新样板。作为全国首批综合医改试点省，始终坚持正确的改革方向，将医改纳入全面深化改革总体部署，取得突破性进展。（1）破除以药养医机制。所有公立医疗机构取消实施60年的药品加成，实施药品和耗材集中采购，联动调整医保支付参考价和医疗服务价格；基层医疗卫生机构取消“收支两条线”，实行公益一类财政供给、公益二类管理政策，有力维护公益性的运行机制。（2）有效优化医疗资源配置。在全国率先开展县域医共体建设、推进城市医联体建设，推进高年资护士转岗社区，搭建分级诊疗制度框架。实施“编制周转池”制度试点，率先取消和减少医生晋升职称论文与英文要求，为稳定医疗队伍，特别是为基层增添了新动能，医疗资源配置不均衡的问题开始缓解，利用效率逐年提高。（3）有效缓解群众看病难看病贵问题。一方面，通过分级诊疗、临床路径、病种付费以及推进53种疾病门诊不输液和15种剖宫产手术“正面清单”，建立重点监控药品目录，开展健康脱贫攻坚等，方便群众就医、减轻不合理负担；另一方面，强化医保管理，全面实现基本医保、大病保险、医疗救助“三个全覆盖”，政策范围内住院费用报销比例达到80%，减轻了群众看病就医费用负担。全省新农合报销比例在中部地区位居第一，比城镇居民的报销比例高4～5个点，特别是县域医共体实施以后，县域内就诊比例提高，总体的报销比例也在持续地提升，缓解了群众看病就医的负担问题。（4）探索利用信息化手段补短板、强弱项。全省人口健康信息平台建设提速，影像、检验、心电、病理等远程医疗和第三方检验等持续推进，建立全国最大的医学影像云，在全国率先建设智慧医院，推进“互联网＋医疗服务”建设步伐。

实现计划生育转型发展新目标。始终坚持党政一把手负总责不变，计划生育工作标准不降、力度不减、氛围不淡，计划生育转型发展有序推进。安徽省是全国第三个正式实施单独两孩政策、率先完成省级计划生育条例修订的省份，平稳实现双独两孩、单独两孩、全面两孩“三步走”的生育政策调整目标。严厉打击“两非”行为，全省出生人口性别比由2010年的128.65下降到2017年的117.4，“圆梦女孩志愿行动”获得国家表彰。计划生育利益导向“三项制度”实现全覆盖。共有21个国家级、35个省级计划生育优质服务先进单位。全面推行“一次登记、全程服务”改革，实现生育登记和相关证件网上办证、异地办理，在全国处于领先水平。通过党组织、协会组织、工作站、民非单位“四位一体”加强流动人口区域合作，促进流动人口服务管理社会融合一直位居全国前列。

聚力健康脱贫呈现新亮点。围绕“保、治、防、提”推出一系列创新举措，全面实施健康脱贫工程，着力解决因病致贫、因病返贫问题。建立“三保障一兜底一补充”综合保障体系，贫困群众看病就医负担大幅减轻。全省贫困人口住院综合医保补偿54.69亿元，平均实际补偿比例高达92.5%，较普通参保患者提高近30个百分点。全省贫困人口住院救治112万人次，慢病门诊超过160万人次，完成15种大病专项救治3.8万多例，慢病门诊实际报销比例超过95%。实行分类健康干预，加强慢病管理、健康教育和健康促进，实现贫困人口家庭医生签约服务全覆盖。争取省财政2000万元，支持省属医院开展“组团式”对口帮扶国家和省级贫困县县级医院能力建设，加强贫困地区医疗卫生人才培养。健康脱贫工作经验多次在全国和国际会议上交流分享，在国家组织的2016年度专项考核中名列全国第一。健康脱贫已经成为安徽省脱贫攻坚工作的新亮点。

推动医疗卫生服务新提升。注重人才培养，全省17家住院医师基地招收5251人，转岗培训全科医生5067人，培训全科师资2123人，培养农村订单定向免费医学生1680人，获批国家级、省级继教项目1322项、3021项，共培训卫生专业技术人员48.66万人次。实施《安徽省医疗卫生服务体系规划（2016—2020年）》，制定28个病种的分级诊疗规范，督促各级医疗机构按功能定位收治病人。加强疾病预防控制工作，下发全民健康生活方式行动实施方案，推进部门联动的慢病防控工作机制。艾滋病、结核病、血吸虫病得到有效控制，连续3年实现疟疾无本地病例，所有市县达到消灭丝虫病标准。有效应对2016年特大洪涝灾害和H7N9等公共卫生事件。全力推进国家卫生城市、省级卫生城市、健康城市等创建活动。持续推进“审监分离”改革，依法整合归并审批权。加快推进“互联网＋政务服务”，统一规范公共服务实施清单。

*放大中医药传承新效应。*将发展中医药列入全省深化医改重点任务，出台《安徽省中医药健康服务发展规划（2015—2020年）》《安徽省中药产业发展“十三五”规划》等，明确提出打造中医药强省目标。中医药医疗、保健、科研、教育、产业、文化“六位一体”整体推进，发展环境进一步优化，特色优势更加突显。中医医疗服务体系日益完善，服务能力持续提升，实现了政府办中医医院全覆盖。至2017年底，县以上中医医院床位比2012年增加48.7%，门诊人次增长41.7%，出院人次增长49.3%，县级中医医院总诊疗人次占县级医院总诊疗人次的比例提高到37%。通过调整中医服务价格、提高报销比例等措施，鼓励中医药服务的提供和利用。

*促进健康产业新发展。*省政府出台加快健康产业、医养结合、促进健康医疗大数据应用等系列政策，明确健康产业发展方向、重点领域和支持措施等。全省医药健康产业规模加速扩张、产业集聚加快形成，新兴健康产业新技术产品不断涌现。池州市九华山健康文化园被列为国家首批健康旅游示范基地、亳州市为全国首批国家中医药健康旅游示范区。确定19个省级中医药健康旅游基地，推出并着力打造“十大皖药”及其12个产业示范基地，筛选医养结合示范项目200余个。积极搭建引导社会资本投资健康产业平台，举办第10届中博会健康产业发展论坛、世界中医药大会第3届夏季峰会暨大健康博览会、2017中国健康质量高峰论坛等。在实现惠民、惠医的同时，促进了相关产业发展。

*拓展对外合作与对口援助新空间。*5年来，组织出访培训1500余人次，赴25个国家、18批次人员赴港澳台学习交流。主动融入“一带一路”建设，推动中医药对外交流与合作。持续选派医疗队援助南苏丹。先后接待来访外宾74批461人次，将安徽医改样板推向世界。先后选派13批次共251名医疗人才开展“组团式”援藏、援疆工作，选派柔性援藏援疆人员40余批次、190余人次开展短期支援，接收140名西藏新疆医护人员来皖学习进修。安徽援藏援疆医疗队多次被受援地评为先进集体，2017年“组团式”援藏工作队获得“山南市民族团结进步模范集体”称号。

*弘扬大爱无疆职业精神新风尚。*围绕健康安徽、健康脱贫、深化医改、改善服务等主动策划主题宣传，深入宣传5年来全省卫生与健康事业改革进展和成效，积极推广先进典型宣传，开展了“医者仁心、德耀江淮”——“双百优、双十佳”优秀医生护士评选，“国医大师”李济仁、徐经世、援藏医生赵炬、中医名师丁锷和第4批援南苏丹医疗队被中央文明办、国家卫生计生委评为“中国好医生、中国好护士”月度人物及2017年度最美援外医疗队。切实加强新闻宣传和舆论引导工作，全面推进健康促进与教育工作。

*狠抓行风建设出现新气象。*全系统牢固树立“四个意识”，以政治建设为统领，全面加强党的建设，扎实开展党的群众路线教育实践、“三严三实”等集中教育活动，推进“两学一做”学习教育常态化制度化。召开全省卫生计生系统思想政治工作和党风廉政工作会议，强化干部队伍思想、组织、作风建设。坚决贯彻落实中央八项规定和省委三十条精神，纠正“四风”。坚持“管行业必须管行风”，建立商业贿赂共防共治机制，基本实现“人人都参与、人人有触动、人人受教育、行风得好转”的预定目标。开展大型医院巡查，推动行业“九不准”落实落地。

刘延东在安徽调研综合医改工作　2017年3月26日，中共中央政治局委员、国务院副总理刘延东深入滁州市天长县的县、乡、村三级医疗机构调研并主持召开医联体建设座谈会，了解群众对医改的感受和期盼，听取医务人员的意见与建议。她充分肯定安徽省在分级诊疗、基层医改等方面取得的成效，要求继续大胆创新，发挥好综合医改试点省带动作用。刘延东强调，要按照党中央、国务院决策部署，围绕人民群众最现实最紧迫的需求，加快医改进程，推动社会事业发展迈上新台阶。国家卫生计生委主任李斌，国务院副秘书长江小涓，国家卫生计生委副主任、国务院医改办主任王贺胜，省长李国英，省委常委、统战部部长、副省长刘莉等陪同考察或参加座谈。

陈晓光调研安徽医养结合工作　2017年4月10日，全国政协副主席陈晓光率全国政协社会和法制委员会调研组在安徽淮南市大通区专题调研医养结合工作。调研组先后来到淮南市如家老年公寓、淮南市东方家园老年公寓、大通居南社区日间照料中心等处，实地查看、深入了解机构养老服务发展情况，并分别召开座谈会，听取相关工作汇报，征询居家养老服务、医养结合工作、社会力量举办养老机构、培育养老服务人才队伍等方面的意见与建议。

领导调研卫生健康工作　*李锦斌调研滁州市医改工作。*2017年2月26日，安徽省委书记李锦斌赴滁州市专题调研医药卫生体制改革情况。在滁州市第一人民医院南区，他深入住院病房、远程医疗中心，听取城市公立医院改革及医联体建设情况介绍；在天长市新街镇李坡村卫生室与村医、病人交谈，询问县域医共体“三医联动”情况；在新街镇卫生院，参观康复理疗中心、远程会诊平台，与来院坐诊的市中医院专家面对面交流，仔细询问业务指导、远程会诊等情况。在汊涧镇中心卫生院考察时，李锦斌对基层首诊、双向转诊、急慢分治、上下联动的诊疗模式表示赞许，要求认真总结实践经验，深入推进分级诊疗制度建设，积极引导医疗卫生工作重心下移、资源下沉，真正形成“小病首诊在基层、大病在县内、康复治疗回基层”的良性就医格局。省委常委、秘书长唐承沛，省委常委、统战部长、副省长刘莉一同调研。（陈永兵）

李锦斌调研池州市社区卫生工作。7月6日，省委书记李锦斌深入池州市贵池区池阳街道社区卫生服务中心调研社区卫生和基层综合医改。他边看边仔细询问社区卫生服务工作开展情况，与医生患者深入交流。他叮嘱有关方面，要持续深化医改，统筹推进医疗、医保、医药“三医联动”，加快建立分级诊疗制度，真正实现小病不出社区、大病及时转诊。在中医馆他强调，中医在治未病等方面具有独特优势，要深入挖掘中医药资源，更加注重辨证论治、综合施治，保证群众享有安全、有效、方便的中医药服务。（何大丰）

李国英调研天长市综合医改工作。3月18—19日，省长李国英在天长市调研综合医改工作，并主持召开综合医改调研座谈会。他先后到天长市石梁镇卫生院、何庄村卫生室、仁和集镇卫生院、吴庄村卫生室、天长市人民医院，深入了解县域医共体运行、“三保合一”、基层医疗服务能力建设等情况。不时走进村民家中，询问了解医保报销、签约服务以及看病就医中遇到的困难，听取他们对提高医疗服务水平的意见与建议。在调研座谈会上听取了天长市综合医改工作情况汇报。李国英强调，要坚持以人民为中心的发展思想，坚持把增进群众健康福祉作为综合医改的根本目标，完善推广天长医改模式，推动综合医改向纵深发展。（鲍亮亮）

李国英调研合肥市医联体建设。5月8日，省长李国英在合肥市调研医联体建设工作。在安徽金色童年儿童医院，重点考察医联体内部转诊绿色通道、医疗资源协作、医务人员联合培养等情况；在合肥市五里墩社区卫生服务中心，详细了解医联体智能转诊平台运转流程；在省儿童医院，实地考察该院远程诊疗服务平台运行情况。调研中，李国英主持召开座谈会，听取省儿童医院医联体部分成员单位情况汇报，充分肯定各级医疗机构在探索医联体建设上取得的实际成效，强调要贯彻落实党中央、国务院决策部署，把加快推进医疗联合体建设作为深化综合医改的重要任务，建立健全促进优质医疗资源上下贯通的体制机制，持续增强基层医疗服务能力，优化医疗资源配置，切实增强人民群众的获得感。副省长谢广祥、省政府秘书长侯淅珉参加调研。（陈　思）

李国英调研省立医院智慧医院建设工作。2017年9月2日，省长李国英赴安徽省立医院调研智慧医院建设工作。由省立医院和科大讯飞合作建设的省立智慧医院，是全国第一家投入运营的智慧医院，通过利用大数据、云计算和人工智能等先进技术提供人工智能辅助诊断服务，已经为省内41家县级医院提供远程智慧诊疗服务。李国英现场考察该院导诊机器人、自助发卡充值挂号一体化智能终端设备和自动化药房，观看远程辅助诊断在线演示，详细了解运行流程和诊疗成果，要求加快智慧医疗系统普及推广步伐，尽快在省内实现全覆盖。（李　矗）

李国英调研现代医疗和医药产业发展。11月15日，省长李国英在合肥市就现代医疗和医药产业发展开展专题调研，详细了解有关企业大健康产业体系、基因变异检测和癌症靶向治疗服务、高标准干细胞和治疗糖尿病药品研发生产等情况。李国英指出，现代医疗和医药产业成长性、关联性和带动性强，市场需求旺盛，发展前景广阔。要大力发展中医药和现代生物制药，聚焦前沿和关键技术，加强新型生物技术药物研发，培育医药领域新的增长点。要加快发展医疗服务产业，推进精准医疗、再生医学等领域技术研发和应用，大力发展高端新型医疗设备行业，加强核心部件、关键技术攻关，提高设备国产化水平，为疾病预防诊疗提供高质量服务。（吴量亮）

刘莉检查指导冬季传染病防控工作。1月11日，省委常委、统战部长、副省长刘莉赴安医大二附院、合肥市滨湖医院检查指导冬春季传染病防控工作。她指出，当前是冬春季传染病高发季节。各地各有关部门要恪尽职守、落实措施、全力做好病人救治和各项防控工作。

姚玉舟调研医疗纠纷调解工作。2月16日，省委常委、省委政法委书记姚玉舟赴马鞍山市医调委调研医疗纠纷调解工作，听取该市医疗纠纷调解相关情况汇报，对在医疗纠纷调解工作中取得成绩给予肯定，并要求进一步健全完善医疗纠纷调解工作机制，努力在医疗纠纷调解工作中取得更大成绩。（陈永兵）

孙云飞调研六安市人民医院。3月6日，省委常委、六安市委书记孙云飞赴市人民医院，深入了解医院在改革发展中遇到的实际困难和问题。他先后到外科医技楼、门诊部等地，察看便民服务门诊、自助服务区、院长代表服务台、收费和发药窗口，与医务人员交谈，了解就诊流程、功能布局、信息化系统运行、医保报销结算等情况，听取医院基本情况和主要工作情况汇报以及当前在运行管理方面需要协调解决的问题。他强调，要抓住深化城市公立医院改革的重要机遇，不断改进硬件和软件，进一步强化服务意识，采取强有力措施，提升医疗服务水平。（秦富好）

孙云飞调研乡村卫生服务一体化工作。2017年10月以来，省委常委、六安市委书记孙云飞密集调研乡村卫生工作，先后深入金安区、金寨县、裕安区、叶集区、霍山县、舒城县，与多所乡镇卫生院和村级卫生室工作人员座谈，了解创新村医管理机制、探索推进乡村卫生服务一体化的经验。他指出，村医队伍目前存在着“三不轻、三不高”现状（责任不轻、任务不轻、年龄不轻，学历不高、待遇不高、积极性不高），必须迅速改变现状，强调今后村级计生技术服务要与村卫生室相结合，村卫生室标准化建设要全市统一样式，统一名称，制定3年行动计划，打造全省亮点。（秦富好）

梁卫国出席“5·29”会员活动日。6月2日，省人大常委会副主任、省计生协会长梁卫国赴滁州市出席安徽省暨滁州市计生协“5·29”会员活动日宣传服务活动启动仪式。他巡视宣传咨询台，观看卫生计生工作和协会成果展示，考察襄河镇城南社区家庭发展服务中心，与基层工作人员和志愿者交流，对他们的辛勤付出给予充分肯定。（朱　霞）

王翠凤调研天长市医改工作。8月24—25日，省人大常委会副主任王翠凤率11名在皖全国人大代表和6名省直机关负责人赴天长市调研医改工作。实地考察天长市人民医院、汊涧镇中心卫生院、双元村卫生室医改落实情况。调研组建议天长市进一步增加投入，做大做牢、深化医改工作，创造更多的经验。（戴　强）

谢广祥调研省卫生计生委。5月5日，副省长谢广祥到省卫生计生委机关调研，听取委党组书记、主任于德志关于全省卫生计生工作主要情况汇报。他指出，卫生计生工作涉及人民群众生命健康，已上升为省委、省政府重要工作和综合工作，还要逐步强化。他强调，要加快推进医保整合，从有利于事业发展、有利于资金安全、最终有利于人民健康的角度出发，积极谋划。要采取有力措施，加强医疗废物管理，加强饮用水监测能力建设。健康脱贫要精准，建档立卡贫困户的健康医疗状况要本底清楚、健康脱贫政策要一一落实到位。（陈永兵）

谢广祥调研健康脱贫工作。6月15日，副省长谢广祥赴寿县调研健康脱贫攻坚工作，深入县人民医院、堰口镇中心卫生院、堰口镇魏岗村卫生室实地调研，看望住院贫困患者。现场查看县、乡、村三级医疗机构“一站式”结算信息系统建设及使用情况，家庭医生签约服务情况，建档立卡贫困户资料填写及存档等情况。他强调，各级各相关部门要充分认识健康脱贫的重要作用和当前面临的严峻形势，用心、用情、用力实施好健康脱贫工程，借助信息化手段，用“绣花功夫”，为贫困人口提供高效便捷的医疗卫生服务，切实把健康脱贫“特惠”政策落到细处、落到实处，努力解决因病致贫、返贫问题。（尹宗昌）

谢广祥调研城市医联体建设。8月15日，副省长谢广祥赴蚌埠市调研城市医联体建设工作，先后深入经开区湖滨社区卫生服务中心、市人口健康信息中心、市第二人民医院、蚌埠区域医学检验中心开展调研，并召开座谈会听取有关情况汇报。他强调，要进一步探索城市医联体建设和运行模式，充分发挥医联体优势，全面提升基层医疗卫生服务能力，不断增强人民群众获得感。（王　雷）

谢广祥调研安医大一附院高新院区。11月4日，副省长谢广祥先后实地察看坐落于高新院区的安徽省首个医疗直升机基地、急诊中心、门诊智能导诊、自动化药房、自动化配送静脉配置中心、ICU及手术室等，并在病区会议室召开座谈会。在听取汇报后他指出，面对新的历史任务，坚持创新、协调、绿色、开放、共享发展，不断改革创新、统筹推进医教研一体化建设，推进更为广泛、开放的对外交流与合作，让优质教育、医疗资源服务更多的人民，确保看病不出省。（吴三兵）

谢广祥出席省暨合肥市无偿献血月启动仪式。11月29日，纪念《献血法》颁布20周年——安徽省暨合肥市无偿献血月启动仪式在合肥市举行。副省长谢广祥等出席会议。省直及各市公务员、部队、志愿服务代表共500人参加。现场开展无偿献血活动，66名献血者捐献血液19900毫升，省、市领导现场看望无偿献血者。（范文安）

方春明调研安徽医疗人才“组团式”援藏工作。8月8日，副省长方春明赴西藏山南市人民医院看望慰问安徽第3批“组团式”援藏医疗队，并调研指导医疗人才“组团式”援藏工作。2015年8月以来，安徽省启动医疗人才“组团式”对口支援山南市人民医院，通过2年2批次的医疗人才“组团式”援藏，山南市人民医院综合实力不断增强。（陈学刚）

赵韩赴岳西县开展“健康基层行”活动。8月16—17日，省政协副主席赵韩率队赴岳西县开展“健康基层行”活动。省政协科教文卫体委员会、省卫生计生委、全省皮肤性病专科医联体共同向来榜镇中心卫生院捐赠5万元人民币和价值20万元的各类药品。赵韩行还到乘风制药有限公司及温泉镇桃岭村卫生室

调研。来自安徽省立医院、安徽医科大学的近20名专家和特邀专家到岳西县人民医院开展了医学教学活动。（陈永兵）

童怀伟调研蒙城县健康脱贫工作。6月8日，省政协副主席童怀伟赴蒙城县调研健康扶贫工作，在许疃镇卫生院查看该院贫困病房，贫困户“一站式”结算窗口，并与贫困户病人家属交流，详细了解贫困户在住院治疗过程中享受的相关政策；在陶庙社区卫生室详细查看健康扶贫建档立卡、团队签约服务、患者管理、动态管理、村卫生室建设及医共体等工作，了解健康扶贫工作流程和随访服务工作开展情况，并与卫生室负责人交谈，了解村卫生室运营过程中存在的困难与问题。（王劲松）

卫生计生工作重要会议 省医改领导小组会议。2017年1月6日召开，代省长、省深化医药卫生体制改革领导小组组长李国英主持会议。他强调，要推广成功经验，强化问题导向，积极探索创新，推动全省综合医改向纵深发展，让广大人民群众享受到更多医改成果。省委常委、常务副省长吴存荣，省委常委、统战部长、副省长刘莉参加会议。

省医改领导小组会议。4月13日召开，省长、省深化医药卫生体制改革领导小组组长李国英主持会议，传达学习刘延东副总理视察安徽医改工作讲话和全国医改电视电话会议精神，研究部署下一步重点任务。他强调，要贯彻以人民为中心的发展思想，坚持目标导向和问题导向，聚焦重点任务，推进关键问题改革，推动综合医改向纵深发展，在解决群众切身利益方面取得实实在在进展；要强化责任担当，各级党政主要负责同志要亲自部署、亲自把关、亲自协调、亲自督察，各部门要服务改革大局，加强协作配合；要完善政策体系，更加注重政策系统性、整体性、协同性、配套性，强化政策集成效应；要加强督查考核，建立医改任务完成情况“双纳入”制度，强化监测评估，强力推动各项改革措施落地生根。副省长谢广祥、省政府秘书长侯淅珉参加会议。

全省医改工作电视电话会议。4月25日在合肥召开，省委书记李锦斌作批示，省长、省深化医药卫生体制改革领导小组组长李国英出席会议并讲话。李锦斌指出，2017年是安徽省综合医改试点省3年重点改革任务达标验收年。要进一步深化医疗、医保、医药联动改革，加快建立分级诊疗制度，持续推动公立医院改革，扎实开展医保制度改革，建立健全医药供应保障机制，不断完善综合监管制度，全力推进健康脱贫。李国英指出，要狠抓政策落地，更加注重政策系统性、整体性，强化政策集成。要严格督查考核，切实做到奖惩分明、问责严明。要加大宣传引导力度，提高人民群众政策知晓率，合理引导社会预期，为综合医改营造良好舆论环境。

全省计划生育工作电视电话会议。7月5日在合肥召开，省委书记李锦斌、省长李国英分别作批示。省委副书记、省人口和计划生育工作领导小组组长信长星出席会议并讲话。省人大常委会副主任梁卫国、省政协副主席赵韩出席会议。副省长谢广祥主持会议并传达李锦斌、李国英批示精神，通报2016年度全省计划生育工作考评结果。他指出，当前全省计划生育工作进入新阶段，各地各有关部门要坚持计划生育基本国策不动摇，着眼新的形势任务，狠抓政策落实、服务保障、改革创新，建立和完善适应全面两孩时代的政策制度和工作体系。要坚持稳中求进工作总基调，围绕实施好全面两孩政策、鼓励按政策生育、完善配套政策措施，进一步深化计划生育服务管理改革，强化优质服务，提升计生家庭发展能力，加强基层基础工作，加快推动计划生育事业转型发展。芜湖市、宿州市、肥西县作交流发言。

健康医疗数据科学与产业创新推进会。7月7日在合肥召开。国家卫生计生委副主任金小桃、副省长谢广祥出席会议并讲话。会议以“大健康、大数据、大联盟、大发展”为主题，邀请科研机构相关领域院士、国内外本领域知名专家学者、健康大数据相关企事业单位、机构代表等围绕国家战略、数据科学、产业创新、政策保障等层面进行指导和讨论，对相关政策进行解读，交流分享国内外最新动态。成立“安徽健康医疗数据科学与产业联盟”，首批42家健康大数据相关企事业单位、机构签署协议加入联盟。（陈永兵）

全省健康脱贫工作现场推进会。8月8—9日在宿州市召开。省委书记李锦斌、省长李国英分别就健康脱贫工作作批示。会议贯彻落实全国健康扶贫现场推进会和省委、省政府关于脱贫攻坚的决策部署，传达学习李锦斌、李国英关于健康脱贫工作的批示，总结交流安徽省实施健康脱贫工程的做法、经验与成效，部署安排加快推进健康脱贫工作。副省长谢广祥出席会议并讲话。宿州市、岳西县、阜南县、泗县党委政府和省立医院负责人作大会交流发言。期间，参会人员分批到埇桥区、泗县实地考察观摩。（陈学刚）

全省市级计生协会会长座谈会。10月17日在合肥召开。省人大常委会副主任、省计生协会长梁卫国出席会议并讲话。合肥市、滁州市、阜阳市颍州区、淮北市相山区等单位作交流发言。各市及部分县区计生协会会长、常务（或专职）副会长、秘书长，省卫生计生委相关处室负责人和省计生协、省人口基金会等有关人员近100人参加会议。（朱　霞）

全省医改工作推进电视电话会议。11月16日在合肥召开。会前，省委书记李锦斌、省长李国英作出批示。省委常委、常务副省长邓向阳出席会议并讲话。李锦斌强调，要认真落实国务院领导关于安徽省医保管理体制改革的批示精神，深入探索，破解难题，不断完善，提炼规律，努力走出安徽医改的新路子。李国英指出，要按照党的十九大报告深化医药卫生体制改革的要求，继续深化和推进安徽省的综合医改工作，让人民群众在综合医改中有更多的获得感。会议通报了2017年全省医改督查和各项重点工作进展情况，滁州、宣城市和合肥市庐阳区、阜南县在会上作经验交流。

全省卫生计生工作会议。1月12—13日在合肥召开。代省长李国英作出批示指出：2016年，全省卫生计生系统认真贯彻落实中央和省委省政府决策部署，积极推进医药卫生体制改革，在基本医疗保障、公共卫生服务、实施健康脱贫等方面，取得很大成绩，应予充分肯定。新的一年，要坚持以“五大发展理念”为引领，以深入推行健康安徽建设为主线，坚持改革创新，敢于先行先试，扎实推进综合医改试点，着力补齐医疗卫生短板，切实加强公共卫生管理和重大疾病防控，大力推进健康产业和中医药振兴发展，为提升人民健康水平作出新贡献。省卫生计生委党组书记、主任于德志出席会议并讲话，委领导杜昌智、李劲风、董明培、王宇铭、赵东出席会议。各市及省直管县卫生计生委党政主要负责人、委直各单位党政主要负责人、医学高等院校附属医院党政主要负责人及办公室主任，机关各处室主要负责人参加会议。会议传达学习全国卫生计生工作会议精神和李国英、刘莉批示精神，全面总结2016年卫生计生工作，通报卫生工作目标任务完成情况，研究部署2017年工作。蚌埠、阜阳、宿州、淮南、亳州、宣城等市卫生计生委作交流发言。

全省卫生计生行风建设暨思想政治工作促进会。1月13日在合肥召开。省卫生计生委党组书记、主任于德志出席会议并讲话。会议传达全国卫生计生系统思想政治工作会议精神，省立医院、安医一附院、宿州市卫生计生委等6家单位就行风建设作交流发言，省纪委驻委纪检组通报2014年以来全省卫生计生系统查处大案要案情况，会议通报23家大型医院巡查中行风检查情况及2015—2016年全省《医师执业证书》吊销情况。（陈永兵）

深化医药卫生体制改革　*启动开展按病种收费改革试点工作*。2017年4月30日前，宿州、淮北、蚌埠、芜湖、淮南、滁州、宣城、安庆、六安、池州等10市选择二级以上公立医院对急性阑尾炎、腹股沟疝等9类21种病种实行按病种收费试点工作。2017年底前，各市在二级以上公立医院实行按病种收费数量不少于50个，具体病种在国家公布的104个病种范围内选择，也可根据当地实际自行确定。

试点公立医院薪酬制度改革。着力优化薪酬结构，完善岗位绩效工资制，鼓励对公立医院主要负责人探索实行年薪制；允许医疗卫生机构突破现行事业单位工资调控水平，允许医疗服务收入扣除成本并按规定提取各项基金后主要用于人员奖励，稳步提高医务人员薪酬水平。落实公立医院薪酬的分配自主权，向关键和紧缺、高风险强度岗位以及业务骨干、成绩突出的医务人员倾斜。建立动态调整机制，推动公立医院编制内外人员同岗同薪同待遇。

出台公立医院债务化解考核奖补暂行办法。此举标志着安徽率先于全国启动的公立医院债务化解工作又迈出了实质性一步。考核奖补期限内，省级通过安排公立医院债务化解及管理工作专项资金和地方政府新增债券额度，运用综合绩效考核结果，按照标准定额、因素系数等分配办法，对各级债务化解及管理工作分类进行以奖代补，引导全省各级、各公立医院依法依规、分级分类落实偿债主体责任，解决公立医院债务问题，构建公立医院债务化解及管理工作新机制。

推进医共体建设全省覆盖。省政府办公厅出台《关于全面推进县域医疗共同体建设的意见》，在全省范围内推进县域医共体建设，到2018年，医共体建设将实现全省覆盖。根据意见，安徽县域医共体建设将坚持政府主导，根据县域内医疗资源结构布局和群众健康需求来统筹规划。各县（市、区）2017年年底前至少建成一个有明显成效的医共体，鼓励社会力量举办的医疗机构加入医共体。医共体成员单位在规章制度、技术规范、人员培训等方面执行统一标准。在医共体内部，统一核算医疗服务成本、统一成员单位绩效考核办法、统一管理和分配医疗收入及节约的医保资金，统筹薪酬分配，探索由牵头公立医院统筹人员调配、实行县乡医护人员定期轮岗，探索由医共体牵头公立医院领办或托管中心（乡镇）卫生院。

创新城市医联体试点工作。7月25日，全省创新城市医联体试点工作启动会在合肥市庐阳区召开。合肥市、芜湖市、蚌埠市被指定为全省创新城市“医联体”工作首批试点单位。创新城市医联体试点工作的开展，目的是以城市医联体为载体，以高年资护士为纽带，以老年人、孕产妇、婴幼儿（“三人”）以及高血压、糖尿病、精神病、脑卒中康复（“四病”）等为重点，深化家庭医生签约、社区首诊、预约转诊、双向转诊连续服务流程，建立城市医院与社区卫生服务中心责

任共担、利益共享机制基础上最大限度发挥医疗服务体系在保障全民健康管理方面的作用。

成立医疗保障管理委员会。10月11日，省政府办公厅发布通知，成立省医疗保障管理委员会及其办公室。成立省医保委，是为了理顺医保管理体制、统一基本医保行政管理职能，统筹指导、协调推进全省医疗保障工作，促进“三医”联动，深化综合医改。省医保办负责承担省医保委员会的日常工作。具体包括：贯彻执行国家有关医疗保险、生育保险、医疗救助（以下统称医疗保障）的法律法规和政策规定；组织制订全省医疗保障相关政策、规划、标准、办法、改革方案、工作任务并组织实施；协调推进全省医疗保障工作，开展督查和考核；组织开展医疗保障制度改革工作调查研究，并提出对策、措施和建议；指导医疗保障制度改革试点工作，总结推广试点地区改革经验；负责监督检查全省医保工作，依法调查处理相关违法违规行为等。

重点推行按病种付费。省政府办公厅发布《关于进一步深化基本医疗保险支付方式改革的实施意见》，明确提出全面推行以按病种付费为主的多元复合式医保支付方式。到2020年，医保支付方式改革覆盖所有医疗机构及医疗服务，全省二级以上公立医院实施按病种（床日）付费的出院病例数，要达到公立医院出院病例数的70%以上，全省范围内普遍实施适应不同疾病、不同服务特点的多元复合式医保支付方式，按项目付费占比明显下降。

试水资深护士“下沉”基层。安徽省在全国率先试点高年资护士“下沉”基层，盘活优质资源，提升社区服务能力，成为上下转诊的纽带。已在合肥、芜湖、蚌埠3市试点，拟于2018年在全省推广。首批78名护士于8月10日通过考核，在基层开展特色专科护理门诊。主要服务老年人、孕产妇、婴幼儿“三类人群”，以及高血压、糖尿病、脑卒中、精神病“四类疾病”的健康—诊疗—康复连续性个性化服务，已开设孕婴工作室、老年护理、康复护理（训练）、糖尿病及慢病护理等8个专科护理门诊。根据患者实际就医需求，安排省级三甲医院专家会诊计划，便利上下转诊，真正打通医联体到居民之间“最后一公里”。

成立公立医院联盟。全省160家公立医院联合参与，共同组建安徽省公立医院协同发展战略联盟。联盟以“合作、发展、共享”为原则，各成员单位及时研判形势，互通有无，联手培养卫生人才，提高整体医疗服务水平，力争实现安徽患者省内就医的目标，进一步降低广大老百姓的就医负担。

基层影像检查有省级把关人。县级医院的X线片传到安徽省医学影像云平台，最快2小时内即可收到省级专家出具的诊断报告。根据《安徽省区域医学影像检查中心诊断服务管理暂行办法》，全省首批34家试点公立医疗机构接入安徽省医学影像云平台，省级医院已接收县级医院上传的28万份影像资料，意味着患者在试点医院看病不用再做重复检查。

医疗服务综合监管平台上线。12月19日，安徽省医疗服务综合监管平台正式上线。重点围绕医疗服务监管各要素的监管责任，在医疗服务监管主体责任制、监管力量协同制、监管内容清单制、不良行为记分制、诉求回应平台制、结果应用联动制等制度的实现上进行多项创新型开发，打通公众参与监管的信息通道、数据平台和监管工作平台之间的信息通道、各类不同监管人之间的信息通道、监管人和相对人之间的信息通道，平台拥有诉求回应、公众参与、智能监管、不良行为记分管理、结果互用等16项功能。

降低药品医保支付参考价并调整部分医疗服务价格。下发《关于降低医保药品支付参考价和调整部分医疗服务价格的通知》，降低基本医疗保险药品医保支付参考价，并利用降低药品医保支付参考价腾出的空间，分步调整全省公立医疗机构部分医疗服务价格。其中省属医院从2017年12月1日起降低药品医保支付参考价，并同步调整护理、三四类手术、住院诊察、院内专家会诊、儿科、产科、辅助生殖彩超、中医等8类共1271项医疗服务价格。

54项医疗服务公立医院自定价。全省公立医院的腋臭激光治疗、假体置入隆额术、喉结整形术、脂肪抽吸、眉部分缺损修复术、刮痧治疗等54项医疗服务价格，放开价格限制，实行市场调节价格，由医院根据市场实际情况自行定价并实行备案管理。2017年，全省公立医院首批放开83项医疗服务项目价格，包括割双眼皮、丰胸、隆额等77项美容整形类项目以及中医煎药、中药膏剂临方加工等中医药6项。

县域医共体全省覆盖。作为省医改的配套政策，“县域医共体”在全省范围推广，2018年实现全覆盖。为保障药品有效供应，降低药品虚高价格，印发《关于建立县域医共体中心药房保障药品供应的通知》，要求建立县域医共体中心药房，实现县域医共体内医疗卫生机构统一用药范围、统一网上采购、统一集中配送和统一药款支付，确保人民群众用药安全、有效、经济、便捷。

健康扶贫工作 （1）因病致贫纳入低保。2017年4月，安徽省《做好因病支出型贫困居民最低生活保障工作的指导意见》出台，要求将符合条件的因病支出型贫困居民纳入低保范围，按各地低保标准补差发放低保金。指导意见明确，持有当地常住户口的居民，因家庭成员患重特大疾病导致自负住院医药费用支出较大，实际生活水平低于当地低保标准，且家庭财产状况符合当地政府有关规定条件的，通过审核审批程序，可获得低保。低保金按共同生活的家庭成员人均收入低于当地低保标准的差额发放。《指导意见》要求加强对因病支出型贫困低保居民的动态管理，由乡镇政府（街道办）每年复审1次。对不按时参加复审的低保对象，县级民政部门可直接取消其低保，并停发低保金。（2）贫困人口住院按病种付费。继2016年发布《关于实施健康脱贫工程的实施意见》后，2017年3月又出台《安徽省健康脱贫综合医疗保障实施细则》。此前，安徽省贫困人口享受"351"医疗保障政策，即划定贫困人口在县域内就诊，个人年度自付费用不超过0.3万元；在市级医疗机构就诊，个人年度自付费用不超过0.5万元；在省级医疗机构就诊，个人年度自付费用不超过1万元。《实施细则》提出实行贫困人口慢性病门诊补充医疗保障，贫困慢性病患者年度内门诊医药费用，经"三保障一兜底"补偿后，剩余合规医药费用（包括限额内、限额外自付费用等）由补充医保再报销80%。（3）"南南人权论坛"分享安徽健康脱贫经验。12月7日，由中国国务院新闻办公室和外交部共同主办的首届"南南人权论坛"在北京人民大会堂开幕。来自70多个国家和国际组织的代表官员、专家学者300余人参加，论坛以"构建人类命运共同体：南南人权发展的新机遇"为主题，并设"南南国家健康权的保障"等6个分论坛。安徽省介绍实施健康脱贫工程的做法、经验与取得的成效，受到关注与好评。（4）贫困人口签约家庭医生。2016年全省已有18.9万因病致贫户脱贫，占建档立卡因病致贫户的26.5%。2017年1—6月，全省贫困人口住院44.91万人次，共发生医药费用22.83亿元，综合医保补偿19.81亿元，平均补偿比为87%，较普通参保患者提高约25个百分点。2017年全省已完成9种大病救治1.4万例，占救治任务的58%，129万贫困户家庭医生签约服务基本实现全覆盖。

中医药发展纳入政府年度目标任务　2017年安徽省政府办公厅印发关于贯彻《中医药发展战略规划纲要（2016—2030年）》的实施意见，提出到2020年，建设1个国家中医临床研究中心（基地）、1个国家级中医药国际合作基地、1个省级民间医药特色诊疗基地、3个以上国家级和区域中医专科诊疗中心、10个中医名院和100个中医重点专科；培养和引进30名中医药行业领军人才、100名省名中医、100名省基层名中医、2000名中医临床技术骨干；建成10个中医药医养结合示范基地，30个国家级和省级中医药健康旅游基地（示范区），3～5个中医优势病种健康管理联盟。

连续3年实现无本地感染疟疾疫情　全省87个县和16个市碘盐实验室、16个市尿碘实验室、15个市水碘实验室通过考核，98个县和5个市完成消除疟疾考核。

50余名临床医师转岗培训　首届50余名临床医师经过1年培训，结业转岗为儿科医生，这些医师均来自于全省县、乡两级基层医院，个别为市级医院医生，其中一部分是儿科医生，还有一部分是内科、妇产科等科室医生。

结核病疫情明显下降　从2007年起，省政府每年投入495万元专项资金对全省贫困肺结核病人开展医疗救治补助，2010年起增至675万元，2012年又增至810万元。10年来，省财政共投入贫困结核病人救助资金6885万元。"十二五"期间，全省共发现并治疗活动性结核病患者172154例，完成规划目标的107.6%，结核病疫情开始呈逐年下降趋势。

3年内新增6万名护士　印发《安徽省护理事业发展规划（2016—2020年）》。到2020年，全省计划新增护士近6万名，在基层工作的护士将增加到3.36万人。针对社会关注的护士薪资待遇问题，《规划》明确指出，要完善并推进医院护理岗位管理制度，实现护士同岗同薪同待遇。在提高护士薪酬待遇的基础上，建立科学的护士绩效考核和薪酬分配制度，体现多劳多得、优劳优酬。

重点培养全科儿科等医生　《"十三五"安徽省卫生计生专业技术人才培训规划》印发，提出进一步整合全省培训资源，优化培训内容和方式，建立健全毕业后医学教育制度。以全科和儿科、精神科以及妇产科、病理、麻醉、康复等急需紧缺专业为培训专业重点，到2020年，力争规范化培训住院医师1.5万名，实现"基本建立住院医师规范化培训制度"的目标。

建立疫苗全程追溯制度　2017年安徽省政府发布《关于进一步加强疫苗流通和预防接种管理工作的实施意见》，从采购、流通、接种等方面提出要求。建立疫苗全程追溯制度，实现最小包装单位从生产到使用的全过程可追溯。对发现存在质量安全隐患的疫苗配送企业，工商、卫生计生行政部门要暂停其第二类疫苗配送业务，并书面通知委托的疫苗生产企业，以保证配送疫苗质量安全。

青年医务工作者赴基层开展志愿服务 2017年9月20日，安徽省150名技术水平过硬的青年医务工作者将分两期赴26个基层医疗单位开展为期半年的志愿服务。自1999年以来，青年卫生志愿者扶贫接力计划开展了19年，共招募24期1694名志愿者，在全省372个基层卫生单位开展志愿服务。前22期志愿者为基层患者做各类手术2.8万余例，门诊接待量超过56.1万人次，举办各类培训班和讲座743期，义诊、巡诊23.2万人次，接受各种医疗、保健服务的群众达451万人次。

医疗人才“组团式”援藏工作队获殊荣 2017年9月27日，西藏山南市举行2017年民族团结进步表彰大会，安徽省医疗人才“组团式”援藏工作队荣获2017年山南市民族团结进步模范集体，也是此次唯一受表彰的医疗团体。省医疗人才“组团式”援藏工作队赢得当地干部群众的肯定。

取消社会办医新农合定点审查 全面实行协议管理，由新农合管理经办机构与社会办医疗机构签订定点协议。各统筹地区新农合管理经办机构设立协议评估谈判小组，研究拟定管理协议文本，与社会办医疗机构开展协议谈判。协议内容包含双方的权利、义务，约定的服务内容、范围以及结算方式、违约责任等。

完成援藏包虫病筛查任务 2017年7月底，选派11名工作人员赴山南市开展包虫病全人群筛查工作。历经2个月时间，共为错那、措美、洛扎3个县筛查8777人；血样采集5982份，分离血清11964份；确诊60例。期间，除通过B超筛查包虫病外，还帮助当地藏族群众检查患脂肪肝、胆结石、肾结石、肝血管瘤等疾病，协助当地医务人员完成病人个案信息登记等工作。

鼓励社会力量办医 发布《健康安徽2030规划纲要》，鼓励社会力量办医，引导非公立医疗机构向老年护理、康复等薄弱领域发展，满足多元化服务需求。个体诊所设置不受规划限制，鼓励向专科专病诊所发展。加大政府购买服务的力度，支持高水平、规模化非公立医疗机构发展，鼓励发展专业性医院管理集团。

传统医学项目入选省级非物质文化遗产代表性项目名录 2017年11月5日，省政府公布第5批省级非物质文化遗产名录，新安王氏医学、祁门蛇伤疗法等10项传统医学项目入选。全省已有21项传统医学项目纳入该名录。

首次直升机空中医学救援演练 2017年12月18日，安徽省首次直升机空中医学救援演练活动在安医大一附院高新分院举行。演练包括信息报告、应急联动、现场处置、空中救援和院内急救，全方位模拟从事故发生到救援完成的全过程。演练结束后，安医大一附院与金汇通航签署合作协议，双方将共同建立安徽省首个航空医疗救援培训中心。

“十大皖药”产业示范基地建设 2017年12月18日，安徽省举行“十大皖药”产业示范基地建设单位授牌仪式，向社会发布“十大皖药”产业示范基地建设工作推进情况和取得的成效。2016年底，安徽启动“十大皖药”产业示范基地遴选工作，遴选出霍山石斛、灵芝、亳白芍、黄精、茯苓、断血流、宣木瓜、菊花(亳菊、滁菊、黄山贡菊)、丹皮和桔梗等10个安徽特色道地药材品种和28家产业示范基地建设单位。“十大皖药”商标品牌建设重点地区是：霍山县、金寨县的“霍山石斛”；金寨县、霍山县及旌德县、岳西县的“灵芝”；亳州市的“亳白芍”；池州市、旌德县的“黄精”；金寨县、霍山县及岳西县、太湖县、潜山县的“茯苓”；霍山县的“断血流”；宣城市的“宣木瓜”；滁州市的“滁菊”、黄山市的“黄山贡菊”、亳州市的“亳菊”；铜陵市、南陵县、亳州市、六安市的“丹皮”；太和县的“桔梗”。2017年，全省共有“十大皖药”示范种植面积78144.6亩，比上年新增24366.6亩，示范种植面积增加45.3%，辐射带动非示范基地“十大皖药”种植125461.5亩。

打造离子医学技术创新科技基地 合肥综合性国家科学中心“七大创新平台”之一的合肥离子医学中心计划于2019年6月建成，一期项目建成后，预计每年将治愈超2000名癌症患者。将形成技术研发、治疗、培训、数据化处理中心及高端医疗装备研发、关键部件制造、系统集成和产业化2个公共平台为一体的创新科技基地。

严打代孕等违法违规行为 2017年安徽省12部门联合印发《安徽省开展查处违法违规应用人类辅助生殖技术专项行动工作方案》，开展为期4个月的专项行动，严打非法采供精、采供卵、性别鉴定以及代孕等违法违规行为。查处违法违规开展人类辅助生殖技术的医疗机构和医务人员；查处非法开展人类辅助生殖技术、非法采供精、非法采供卵、非法性别鉴定以及代孕活动的机构和人员；清理和查处非法开展人类辅助生殖技术、非法采供精、非法采供卵以及代孕宣传的广告、信息等。

开展行业正风肃纪专项活动　2017年4月，安徽省卫生计生委、省检察院联合启动全省卫生系统“严肃行业纪律·预防职务犯罪”专项活动。按照实施方案要求，系统上下层层落实部署、做好传达贯彻、宣传教育以及自查自纠工作，压紧压实责任。自查自纠阶段，全省卫生计生系统共有7120人次（批次），主动上交款物金额6878.1万元，诫勉谈话27人、警示谈话132人、提醒谈话3500余人。驻委纪检组大力落实监督责任，对较为突出的苗头性问题提出建议，严格督促整改落实，促进医德医风得到根本好转，营造全省医疗卫生行业的清风正气。

合肥市首家智慧医院揭牌　2017年9月28日，全省第一家市级“智慧医院”——合肥市滨湖智慧医院揭牌。科大讯飞人工智能影像辅助诊断系统将帮助智慧医院实现影像远程会诊，辅助医生诊断。系统还能与安徽省医学影像云对接，对全省41家医院的送检病例和辅检意见等数据进行实时上传和监测。该系统还对疾病诊断范围进行拓展，未来将应用于乳腺癌、阿尔兹海默病系统等疾病类型以及用于B超、钼靶X线、磁共振等检查。

合肥市困难群众先诊疗后付费　该市对于困难群众、重点救助对象不仅大病保险的起付标准将降低、补偿比例将提升，且在“一站式”费用结算信息平台上可以享受更便利的医疗保险服务。对重点救助对象、低收入医疗救助对象，省内住院大病保险起付线降至0.5万元，各段补偿比例在原有基础上分别提高10个百分点，即：起付线至5万元（含）、5万～10万元（含）、10万～30万元（含）、30万元（不含）以上各段医保政策范围内费用补偿比例分别为60%、70%、80%、90%。

合肥市鼓励知名老中医开办中医诊所　该市鼓励有资质的中医专业技术人员，特别是知名老中医开办中医诊所或个体行医。在加快建设“合肥市中医院”的同时，鼓励县级中医院组建县域医共体，实施县乡村中医药服务一体化管理，加快推进中医馆（国医堂）建设。支持中医资源和自然资源丰富的县（市）区，建设一批各具特色的中医养生保健基地。支持养老机构开展融合中医特色的老年人养生保健、医疗、康复、护理服务，鼓励新建以中医药健康为特色的护理院、疗养院。

合肥市试点生育保险和职工基本医保合并　从2017年5月1日起该市启动生育保险和职工基本医疗保险合并实施试点，试点期限为1年。参加合肥市职工基本医疗保险的单位和职工同步参加生育保险，统一进行参保登记。合肥市将按照用人单位参加生育保险和职工基本医疗保险的缴费费率之和，确定两项保险合并后的职工基本医疗保险缴费费率，实行统一征缴。其中，机关、事业单位职工基本医疗保险缴费费率为7.4%，企业和其他用人单位为8%，职工个人仍为2%。灵活就业人员的缴费费率不变，建立个人账户的为9%，不建立个人账户的为5.5%。

淮北市开展健康城市健康村镇创建活动　该市在全市开展健康城市和健康村镇建设活动。对已命名的省级卫生镇、卫生村（社区）启动市级健康乡镇、健康村试点建设，县区积极开展建设试点，基本形成可推广的建设模式。到2019年建成1～2个市级健康乡镇、4～5个健康村（社区）；2020年力争建成1个省级健康乡镇、2～4个健康村（社区），以典型带动全市健康城市、健康乡镇、健康村（社区）建设广泛开展。

淮北市公共场所全面开展禁烟活动　该市从2017年起，在全市公共场所全面开展禁烟活动，控制和减少吸烟造成的危害。各公共场所设置醒目的禁烟标志，不摆放烟草制品、烟具和附有烟草广告的物品，没有烟蒂、烟灰痕迹。有禁烟监督人员，及时劝阻吸烟行为。根据需要可在本单位非禁止吸烟场所划定吸烟区，吸烟区应当远离人员密集区域和行人必经的主要通道，符合安全管理规定，并设置明显的指引标识以及吸烟有害健康的警示。积极开展对单位全体成员的禁烟宣传工作。

淮北市严打非法医疗美容　该市启动为期8个月的打击非法医疗美容专项行动，对全市医疗美容机构进行检查，确保群众远离风险。依托覆盖全市37家社区卫生服务中心和镇卫生院的卫生监督协管站，建立全方位监督网络，积极宣传防范非法医疗美容知识，广泛发动群众和协管人员监督投诉举报，及时查处利用宾馆酒店、会所、居民住宅等场所违法开展医疗美容的行为。

亳州市实行贫困人口慢性病患者长期服药费用“零支付”政策　该市以省健康脱贫攻坚大数据平

台中确定的建档立卡贫困人口慢性病患者作为救治对象，针对最常见的高血压、糖尿病、心脏病并发心功能不全、冠心病、腰椎间盘突出等31种普通慢性病病种，实行动态管理。从新农合历年结余基金中按照参保总人口人均不超过10元的标准设立贫困人口慢性病长期服药专项特补基金，定期由乡镇卫生院通过新农合信息系统按“351”和“180”等政策规定的比例报补后，余下的个人自付部分进行兜底保障。

亳州市让精神障碍患者在精准脱贫路上不掉队　该市下发《关于做好县级综合医院精神科门诊设置有关工作的紧急通知》，要求各县（区）明确1家县级综合医院设置精神科门诊。同时，该市还将建立综合医院精神科门诊与精神病专科医院双向转诊、分工协作的工作机制，形成市级精神专科医院、县级精神科、乡镇（街道）精防医生和村（社区）责任医生共同参与的精防工作网络，确保精神障碍患者本人及其家庭如期脱贫。

亳州市贫困人口享受健康脱贫政策“一站式”即时结算　2017年，该市共有68.9万人次贫困人口享受“两免两降五提高一兜底一补充”健康脱贫综合医保政策，“一站式”即时结算4.1亿元，总报补3.5亿元。其中住院补偿6.91万人次2.9亿元，补偿2.8亿元；门诊补偿61.99万人次1.2亿元，补偿0.7亿元。县区建档立卡的贫困户中一般慢性病患者参照“180”政策报补，并已开展门诊送药上门工作；特殊慢性病患者已纳入住院报销政策。全市除外出务工人员外，已全部进行了免费健康体检。通过简化鉴定程序，新发放贫困人口慢病证19465人，占建档立卡贫困人口应办理慢病证人数的39%。

宿州市公立医院104个病种“明码标价”　该市城市二级以上公立医院实行按病种收费。在病种费用外不得另行收费，不得将入院后的检查检验费用转为门诊收费。实行按病种收费的3家公立医院分别为市立医院、市中医院、市第二人民医院，急性单纯性阑尾炎、胆石症、腰椎间盘突出症、慢性扁桃体炎等104个病种实行按病种收费。

宿州市新增72家医保定点医药机构　该市德仁堂大药房等72家单位新增为全市基本医疗保险协议管理定点机构，包括42家药房，24家医院，6家慢性病、大病门诊单位。2017年8月出台《宿州市基本医疗保险医药机构协议管理暂行办法》，医药机构纳入医保定点范围，从以前的行政审批改为协议管理，不同级别和类别的医药机构均可申请成为医保定点，协议管理内容包括服务内容、服务质量、医保管理要求、费用结算、费用支付、违约处理、解除服务协议等。

蚌埠市优化医疗服务助推健康脱贫工作　该市加强基层医疗机构标准化建设，3县43家乡镇卫生院、745家村卫生室建设达标率达100%，乡镇卫生院设立中医馆26个，为贫困人口提供中医药服务。三级医院选派136人次组团帮扶贫困县医院，贫困地区住院医师规培、订单定向医学类本专科学生免费培养80人，特岗全科、专科医生招聘13人，轮训贫困地区乡村医生461人。市属医院和县级医院完成新农合扶贫信息系统接口建设，实现贫困人口“一站式”结算。贫困家庭乡村医生签约率达100%。已对28名罹患9种大病的贫困患者进行集中救治。设立救助基金100万元，已支出10万元用于50名贫困以及失独家庭单纯胆囊疾病患者住院治疗。

蚌埠市“互联网+”助力智慧医疗　2017年出台《蚌埠市人口健康信息平台建设实施方案》，整合人口信息、电子健康档案、公共卫生服务、疾病预防控制、电子病历等数据库资源，建设以居民健康档案为基础的区域卫生和人口健康信息平台，在此基础上完成惠民服务、医疗服务、综合监管3大类18个子系统建设。截至年底，该市已完成基础平台、人口健康服务、应急指挥调度、远程诊疗等8个系统的部署和上线，计划年底前完成6类业务应用系统信息资源互联互通。

阜阳市试点“智慧健康城市”　2017年该市依托国家人口与健康科学数据共享平台数据和专家资源，与阜阳市大数据专家团队建立“智慧健康城市”试点工作会商机制，按照长远目标明确、各阶段指标清晰、基线调查扎实、工作方案具体的原则，处理好健康促进、公共卫生和医疗服务的关系，探索“智慧健康城市”实现路径，形成可推广“智慧健康城市”的建设模式，为实施健康安徽作贡献。

淮南市大病保险实现即时结算　自2017年起，该市城镇职工和居民大病保险实现定点医疗机构联网即时结算。即参保人员在淮南市定点医疗机构发生的住院和门诊规定病种的医疗费用以及省内定点医疗机构异地联网结算的住院医疗费用，只要属于基本医疗保险和符合大病保险支付范围的，个人只需支付自付部分，剩余部分由医保中心与定点医疗机构结算。简化操作流程，减少病人或家属往返报送资料次数，解决参保患者垫资金的压力。

滁州市创新医养结合模式 该市构建基层医疗机构、养老院、日间照料中心医养一联体服务平台，到2017年底已建成4个日间照料中心，投入使用养老床位500个，入住老人365名，提供代餐服务135人。投入资金200万元，建成区老年人数据库和“帮您”信息呼叫中心虚拟医养院系统，已向全区1300户65岁以上老人提供智能服务，并逐步实现全覆盖。为869户贫困老年家庭建立起家庭医生签约服务。采取社工+计生（民政）专干+志愿者+养老服务人员的“1+3”工作模式定制“孤寡老人个案服务计划”“计生特扶陪伴慰问计划”，开展“一对一”服务，累计为独居老人和计生特殊人群建立心理健康档案167份，服务空巢老龄人289名。

滁州市建立计划生育特殊家庭购买护理保险制度 该市以琅琊区创建全国“老年健康服务能力建设示范区”为契机，在琅琊区进行老年护理保险试点，率先在全省建立计划生育特殊家庭购买护理保险制度，解决长期失能人员的护理和日常照料难题。覆盖范围是户籍为该辖区的计划生育特殊家庭人员，且年龄在49岁以上（含49周岁）均为享受护理保险对象。按符合对象人均筹资1000元标准资金筹集，并把该项经费纳入财政预算。

滁州市“夕阳安享工程”关怀计划生育特殊家庭老年生活 全额代缴养老保险。对独生子女死亡或伤残（三级以上）后未再生育夫妻（女方年满49岁）、节育手术并发症人员（三级以上）等缴费困难群体，由县级人民政府按照最高缴费标准3000元为其代缴全部养老保险费。政府支持居家养老。政府以购买服务的方式对60岁以上的计划生育特殊困难家庭老人给予一定金额的补助。探索建立护理保险。先行在琅琊区试点，为49岁以上的计划生育特殊困难家庭失能老人，以政府、企业、社会筹资的方式购买每人每年1000元护理保险。打造“智慧养老”品牌。发展“互联网+健康养老”服务，为计划生育特殊家庭老年人提供紧急救援、生活照料、医疗保健、家政服务、精神关怀等服务。

宣城市发布城市居民健康素养监测报告 该市2016年城市居民健康素养监测报告显示，城市居民健康素养水平为19.2%，即平均每100个15～69岁的人群中，有19.2人具备基本的健康素养，了解基本健康知识和理念、掌握健康生活方式和行为内容、具备基本的健康技能。此结果高于2014年安徽省全省平均水平值14%。本次监测在该市建成区5个街道开展，覆盖建成区所有街道，并采用问卷调查的方式，调查400名15～69岁的城市居民，并回收有效问卷390份。该市城市居民健康素养的特点是：男性高于女性；年轻人高于老年人；文化程度越高，健康素养水平越高。

铜陵市贫困残疾人白内障患者复明手术可享补贴 该市规定，具有本市户籍，并持有第二代残疾人证，年度内已接受白内障复明手术，享受城乡低保或属于建档立卡贫困残疾人，都可以申请享受复明手术资金补贴。接受复明手术的贫困残疾人在医疗保险报销后，各县区将对个人自付部分予以补贴，补贴标准为每人次1000元。对符合条件的实施对象应补尽补。符合条件的贫困残疾人向户籍所在乡镇（办）残联或直管社区提出申请，并按规定提交相关材料，经过逐级审核后，由县区残联将审核通过的手术补贴资金打卡发放至补贴对象在金融机构开设的银行账户。

黄山市计划生育特扶助民生工程“提标扩面” 2017年，市卫生计生委着力抓好计生特扶民生工程提标“扩面工作”，促进卫生计生民生工程再上新水平。（1）市本级对独生子女死亡对象提高扶助金标准。由每人每年4080元提高至每人每年4320元。（2）各区县对伤残对象提高扶助金标准。徽州区、休宁县由每人每年3240元提至4320元；屯溪区、黄山区、黟县提至4080元；祁门县提至3740元；歙县提至3600元。（3）对计划生育手术并发症人员提高扶助金标准。一级、二级、三级并发症人员，每人每年分别给予不低于4800元、3000元、1560元的扶助金。（4）屯溪区、徽州区将计生特别扶助对象享受奖励的年龄提前至女方年满45岁。其中屯溪区按每人每年1620元标准发放，徽州区按每人每年1000元标准发放。

合肥市瑶海区关爱计生特扶家庭 该区各街、镇、开发区及基层社居委通过建立特扶家庭联系帮扶制度，每户计划生育特殊困难家庭都有确定的联系帮扶人，通过登门走访慰问、聊天、电话沟通等形式，及时与特扶对象沟通日常生活情况，了解他们的个性需求，尽可能地帮助解决生活中的困难。同时通过组织开展志愿服务活动，有针对性地开展心理疏导和社会融合工作。

亳州市谯城区为计生家庭对象参合买单 经摸底核查，2017年全区符合新农合补贴计生家庭成员163069人，按照每人150元的标准划拨专项资金2446万元，全额代缴2017年度新型农村合作医疗个人自筹部分。这是该区第5年为计生家庭成员参加新农合买单。自 2013 年以来，全区共有 84.9 万人享受政府代缴政策，代缴资金共计 8472.8 万元。

蒙城县试行贫困人口慢性病患者长期服药免费派送　该县积极开展贫困人口慢性病患者长期服药免费派送试点工作，实现贫困人口慢性病患者长期服药免费派送和药品费用个人“零支付”，以省健康脱贫攻坚大数据平台中锁定的建档立卡贫困人口慢性病患者作为救治对象，利用家庭医生签约服务网络为每名贫困人口慢性病患者制定一套精准诊疗方案和常年服药计划，按月免费派送到贫困人口慢性病患者家中，指导合理服药并做好健康指导随访工作。

巢湖市开展渔民船民查治病和健康教育服务　从 2017 年 8 月开始，该市组织血防专业技术人员冒高温、顶酷暑，服务下湖，送医上船，对渔船民开展血吸虫病免费查治。并发放宣传品、宣传单、明白纸，面对面开展健康咨询等健康宣传教育活动。

阜阳市颍州区帮助计生家庭孤儿健康成长　该区对计生家庭遗留下来的孤儿开展全方位帮扶救助活动。凡父母双亡的农村计生家庭孤儿给予每月 200 元的最低生活保障补贴，直至 18 岁。通过对全区摸底上报的计生家庭孤儿核查资格确认后，及时通过“一卡通”方式发放救助资金。

颍上县为基层中心卫生院配置救护车辆　该县投入 180 万元为全县 8 个中心卫生院配置了救护车辆及呼吸机、监护仪等救护设备，实现了全县农村所有卫生医疗机构救护车辆全覆盖。救护车辆承担公共卫生服务、院前急救和患者运输的任务。

明光市启动农村贫困妇女“两癌”免费检查　2017 年该市出台《明光市农村贫困妇女“两癌”检查项目实施方案（试行）》，重点对全市建档立卡农村贫困户家庭中的 35 ~ 64 岁妇女免费开展宫颈癌和乳腺癌筛查，提高妇女“两癌”早诊早治率，降低“两癌”死亡率。由卫生计生部门牵头负责，成立领导小组，组建医疗团队，以 3 年为目标，完成 1631 名农村贫困妇女“两癌”筛查任务。同时，期间新增贫困家庭中符合条件的妇女同步纳入当年筛查计划。

中央及省级新闻媒体采访团走进天长　2017 年 2 月 8 日，中宣部、安徽省委宣传部组织中央及省级新闻媒体采访团在天长市举行医改专题采访见面会，对天长市县域医改综合试点工作进行全面深入采访。新闻媒体记者先后深入天长市人民医院、天长市中医院、汊涧镇中心卫生院、汊北村卫生室，实地采访三级医疗服务共同体建设情况。

凤阳县城乡远程医学诊疗全覆盖　县人民医院、中医院、14 家乡镇卫生院及小岗村卫生分院远程医学中心软、硬件设备全部安装完毕，并投入使用，实现该县城乡远程医学诊疗、教学全覆盖。该系统以县人民医院远程医学中心为纽带，依托互联网，形成上至全国各大城市三甲医院、下至基层中心卫生院的三级远程服务网络，不仅可以进行远程医学影像、心电图、病理等诊断，还可以进行远程会议、教学、培训等，实现优质医疗资源快速、准确、高效、经济地向基层延伸。

六安市金安区为 600 余名村医“充电”　2017 年 3 月 6 日，该区首批 57 名村卫生室、社区卫生服务中心医生接受免费理论课程与实践技能相结合的培训。该区把当前农村常见病、多发病的诊断和治疗、急诊病征的应急处理与抢救作为村医培训重点内容，组织具有相关丰富临床经验的区级医院科室主任传授基本的急诊急救知识、小儿腹泻诊治、抗生素的合理使用、H7N9 防控救治、中医适宜技术等技能。全区 600 余名村医分 10 期进行培训。

霍邱县开展“千人进万家”健康脱贫集中服务活动　2017 年 10 月起，该县组织 1052 名县乡村三级医疗单位医务人员及全县卫生计生干部，深入建档立卡的 12 万名贫困户家中宣传健康脱贫政策，讲解健康保健知识，开展健康体检，实施大病专项救治，办理新农合慢性病申办等健康脱贫集中服务活动。实现贫困人口健康脱贫政策知晓率达 100%、家庭医生服务签约履约率达 100%，电子健康档案建档率达 100%，2017 年“村出列、户脱贫”健康脱贫工作完成率达 100%。

南陵县健康关怀计生特别扶助家庭全覆盖　该县采取免费健康体检、家庭医生签约服务、补助慢性病医药费、大病住院费等措施，共投入 20.27 万元，实现对全县 460 名计生特扶人员的健康关怀全覆盖。与 39 名外出务工的计划生育特扶对象取得联系，告知健康关怀项目的具体内容，并约定时间，在他们返乡的时候及时主动提供健康关怀服务，做到健康关怀计划生育特别扶助家庭全覆盖。

绩溪县宣传健康脱贫攻坚政策受欢迎　该县把全

县健康脱贫工程基本情况、政策框架图、健康脱贫工程实施方案、综合医疗保障实施细则、健康脱贫兜底“351”工程实施办法，城乡医疗救助实施细则、健康脱贫行动计划、城乡医疗救助对象救助执行标准、健康脱贫重点工作任务清单、健康脱贫包保责任制实施方案等相关部门的帮扶和政策全部汇聚在一起，制作成健康脱贫攻坚“明白书”——《绩溪县健康工作手册》并分发给乡镇及包保责任人、家庭签约医生、驻村扶贫工作队，让他们更好地理解和把握好健康脱贫的相关政策，深受欢迎。

太湖县首推微信查询新农合个人信息　该县开通微信公众平台查询新农合实时信息，实现查询、监督、咨询“一条龙”服务。充分发挥新农合数据库信息量大、准确率高，微信传播快、方便快捷等特点，打破信息壁垒，将两者功能有机结合，在微信公众平台部署实时信息查询功能。参合人员关注“太湖新农合”微信公众号后，在相关页面输入查询参合人的姓名及身份证号码，即可实时查询该户人员的参合情况、参合属性、慢性病申办信息、近5年新农合门诊及住院补偿情况等。（陈永兵）

（陈永兵　倪泽刚）

〔特约编辑：孔维鹏　陈永兵〕

〔主　编：于德志　副主编：高俊文　王宇铭〕

福　建　省

全省卫生和计划生育工作概述　2017年，福建省卫生计生系统认真学习贯彻习近平新时代中国特色社会主义思想和党的十九大精神，以新时代卫生与健康工作方针为指引，以推进健康福建建设为主线，坚持问题和需求导向，抓改革、促发展、补短板、提水平，不断推进卫生计生事业改革发展取得新成效。

*健康福建建设全面实施。*省委、省政府印发《“健康福建2030”行动规划》，召开全省卫生与健康大会，对推进健康福建建设作出全面部署；坚持“大健康、大卫生”的基本理念，将健康融入所有政策，发动各级各部门共同参与健康福建建设，实施健康促进、健康服务、健康扶贫、健康环境、健康产业等“五大工程”，构建健康信息服务、科技创新、对外交流等“三大平台”，强化机制、筹资、人才、食品药品安全、法治等“五大保障”，形成共建共享的工作格局。

*医疗卫生补短板加快推进。*省委十届三次全会审议通过《中共福建省委关于加快社会事业发展补齐民生短板确保如期全面建成小康社会的决定》。省委、省政府印发《关于加快医疗卫生事业发展的实施意见》。2017年全省每千人口医疗机构床位达4.69张，比上年增加0.07张。省儿童医院建设项目、省疾控中心迁建项目开工，省妇产医院、精神卫生中心（脑科医院）前期工作有序推进。全面落实委省合作共建协议和医疗“创双高”建设方案，开展“对标国家队、管理上台阶”等活动，福建省立医院、福建医科大学附属协和医院、福建医科大学附属第一医院与北京协和医院、上海交通大学医学院附属瑞金医院、复旦大学附属华山医院“一对一”合作共建取得初步成效。实施中医“名医名药名科名院”战略，中医药服务能力进一步提升，基层医疗卫生机构中医药服务量占总服务量的比例达22%。杨春波荣获第3届“国医大师”称号，陈民藩、杜建、吴熙荣获首届“全国名中医”称号。落实社会办医的各项优惠政策，积极开展闽台医疗服务合作交流，社会办医床位占医院床位总数达18.72%。

*公共卫生保障持续加强。*落实省防治重大疾病工作厅际联席会议制度，制定实施艾滋病、慢性病、精神卫生等一批重大疾病防治规划，有效防控H7N9流感、黄热病、登革热、手足口病等疫情。爱国卫生运动深入开展，城乡环境整洁行动扎实推进，全省农村卫生户厕普及率达93.9%，居全国第5位；创建国家和省级卫生城市19个、卫生县城（乡镇）134个。全面推进食品安全风险监测，监测点覆盖所有县（市、区），哨点医院覆盖全省二级以上医院，省市两级疾控机构食品安全风险监测实验室设备达到国家配置标准。制订酿造用红曲等3个福建特色食品安全地方标准，填补福建省食品安全地方标准空白。建成首支国家级应急救援队伍，组织“健康使命—2017”系列卫生应急救援演练，提升全省卫生应急救援水平。组织全省卫生应急技能竞赛活动，在全国卫生应急技能竞赛中夺得团体二等奖和优秀组织奖。与省红十字会联合开展卫生急救知识与技能“六进”活动，提升社会自救互救素养。完成各类重大会议保障活动30余场，高质量完成厦门会晤医疗卫生保障各项工作。

*深化医改取得新突破。*医改顶层设计基本形成体系，医疗、医药、医保“三医联动”综合改革扎实推进，改革的系统性、整体性和协同性不断增强。公立医院综合改革全面推开，全省公立医院全部取消药品耗材加成，省属及部分市、县公立医院实行院长目标年薪制，人事薪酬等制度改革取得突破。基层综合改革进一步深化，所有三级医院参加医联体建设，家庭医生

签约工作平稳起步，村卫生所一体化管理扎实推进，为分级诊疗制度建设打下坚实基础。在国家组织的医改效果评价考核中，福建省连续两年蝉联全国第一。国务院医改领导小组在福建省召开全国综合医改推进现场会，刘延东副总理出席会议并讲话。全国人大常委会副委员长、农工党中央主席陈竺和世界卫生组织前总干事陈冯富珍女士来闽调研，对福建省医改工作给予充分肯定。

*群众获得更多健康实惠。*深入实施改善医疗服务“三年行动计划”，创新方便群众看病就医举措，千方百计改善群众就医体验，实现全省范围内就诊“一卡通”应用，全省三级医院自助服务设备覆盖率达100%、优质护理服务病房覆盖率达100%。全省二级以上公立医院第三方调查整体满意度达86.68分，比2016年（84.82分）提高1.86分，呈逐年提升态势。基本公共卫生服务项目政府补助标准提高到每人每年50元，基层医疗卫生机构向城乡居民免费提供14类55项基本公共卫生服务，2017年基本公共卫生服务项目考核排在全国前列。省政府在全国率先出台精准扶贫医疗叠加保险政策，将大病救治病种由国家规定的9种增加到13种，建档立卡贫困人口大病患者个人负担比例从16.5%下降到2%，有效解决人民群众因病致贫、因病返贫问题。

*计划生育服务管理水平不断提高。*创新计生服务管理，构建鼓励按政策生育的制度环境，全面两孩政策稳妥实施，2017年出生人口58.4万，比上年增加2.5万，出生率为15‰。落实妇幼公共卫生项目和免费计划生育技术服务，针对两孩累积生育需求集中释放、高龄孕产妇比例增高的新形势，扩大产科、儿科等服务供给，优化整合妇幼资源。创建3个全国妇幼健康优质服务示范县（区）和2个国家级儿童早期发展示范基地，强化妊娠风险评估管理，实行高危孕产妇全程追踪随访，保障母婴安全。落实各项帮扶举措，不断增强计划生育家庭的发展能力，让计划生育家庭分享改革发展成果。

刘延东在福建调研医改工作 2017年8月25日，中共中央政治局委员、国务院副总理刘延东在福建省委书记尤权、省长于伟国等陪同下，考察福建省医改工作。她先后深入尤溪县总医院和西城镇七尺村卫生所、三明市医保管理中心尤溪管理部、福建省医保办实地考察，并在福州主持召开综合医改试点省负责人和各省医改办主任等参加的医改推进会。她强调，要深入学习贯彻习近平总书记系列重要讲话和全面深化改革重要指示精神，贯彻党中央、国务院决策部署，大力推广医改试点成功经验，强化医保、医疗、医药“三医”联动，攻坚克难，持续发力，推动关联性标志性改革取得重要突破，搭建好中国特色医疗卫生制度框架，不断增进人民群众健康福祉。她指出，福建省抓住医保制度改革这个牛鼻子，坚持问题导向，理顺管理体制，同步推进药品招标和公立医院等相关改革，闯出“三医”联动改革的新路子，各地区要结合实际加以借鉴。党的十八大以来，医改取得重大成绩，筑牢了覆盖13亿多人口的基本医保网，实现建立分级诊疗制度、取消药品加成等重大改革突破，初步实现搭建医改“四梁八柱”的阶段性任务。各地区、各部门要加强领导，聚焦发力，扩大试点成功经验覆盖面，使医改向纵深推进。要积极推进分级诊疗，加强医联体建设，推动优质医疗资源下沉，完善家庭医生签约，保障老年人、残疾人、妇女儿童等重点人群得到更多优质服务。全面取消药品加成，推行药品流通“两票制”和高值医用耗材阳光采购，切实降低虚高价格，完善短缺药品供应保障，使群众用上质优价廉的药品。加快建立现代医院管理制度，大力推开便民惠民措施，优化诊疗流程和就医环境，促进医患和谐。要整合医保制度与职能，改革医保支付方式，加快实现跨省异地就医即时结算，为人民群众提供更高水平、更加满意的卫生健康服务。

全省卫生与健康大会 2017年8月4日在福州召开，福建省副省长杨贤金出席会议并讲话。会议充分肯定全省卫生与健康事业取得的成绩，分析当前形势和发展中存在的短板。会议要求认真学习贯彻习近平总书记系列重要讲话精神和治国理政新理念新思想新战略，贯彻落实全国卫生与健康大会和省委十届三次全会精神，坚持新形势下卫生与健康工作方针，把人民健康放在优先发展的战略地位；坚持预防为主，将卫生与健康工作重心从“以治病为中心”向“以健康为中心”转变，大力加强健康促进；坚持能力提升，着力补齐医疗卫生、体育健身、人才队伍、健康科技等短板；坚持改革创新，在新的层面上推进医改综合试点省建设，激发体制机制活力。

全省卫生计划生育工作视频会议 2017年2月16日在福州召开。福建省副省长黄琪玉、省计生协会会长黄贤模出席会议并讲话，省卫生计生委党组书记、主任朱淑芳作题为《再上改革发展新台阶，开启健康福建新征程》的工作报告。会议由省政府副秘书长赖碧涛主持。黄琪玉充分肯定过去一年全省卫生计划生育工作取得的成绩。他强调，要以健康福建为主线谋划发展新蓝图，推动卫生计划生育工作转向“以健康为中心”；以“补短板”为平台提升医疗服务能力，加快创建高水平医院，推动省儿童医院、妇幼保健院分院、基层医疗服务能力提升等重点项目建设；以“强保障”为抓手推进基本公共卫生服务均等化，加强慢性病防治和卫生应急处置，推动爱国卫生运动与健康促进活动；以“抓服务”为路径优化人口计划生育服务，改革完善计划生育服务管理，推进医养结合及老年护理建设工程；以“严要求”为准绳不断加强自身建设，为福建省卫生计划生育事业改革发展、加快建设健康福建作出更大贡献。省卫生计生委领导、厅级老同志，省直各有关部门领导，各设区市和平潭综合实验区有关负责同志参加会议。

《“健康福建2030”行动规划》制定实施 2016年全国卫生与健康大会召开之后，按照省委、省政府的工作部署，由省卫计委牵头，省发改委、体育局等25个省直部门共同参与编制《“健康福建2030”行动规划》，2017年5月28日省委、省政府印发实施。该规划充分体现以人民健康为中心，以健康领域问题和人民健康需求为导向，注重突出战略性、系统性、操作性和地方性，提出建设健康福建“五三五”计划，即：实施健康促进、健康服务、健康扶贫、健康环境和健康产业等“五大工程”，构建信息服务、科技创新、对外交流等“三大平台”，强化体制机制、健康筹资、健康人才、食品药品安全、健康法治等“五个方面保障”。

世界银行贷款中国（福建）医改促进项目 世界银行决定贷款3.1亿美元支持福建医改。该项目从2017年7月启动实施，2020年执行结束，实施周期为4年。该项目采用的是结果导向型规划贷款工具，通过设置评价指标，并根据项目执行期内支付关联指标值完成情况进行资金拨付，所有支付关联指标都有对应的资金支付额度，其目标值的实现程度直接影响项目贷款。项目范围覆盖不包括厦门的各设区市和平潭综合试验区的公立医院和基层医疗卫生机构。项目资金计划重点用于支持县域医疗服务能力提升、县域医疗服务信息系统建设和县域医疗卫生人才队伍建设等3个领域。

厦门会晤医疗卫生保障工作 2017年9月3—5日金砖国家领导人第9次会晤（简称厦门会晤）在福建厦门举办。按照省委统一部署，省卫生计生委牵头组建医疗保健部，由省政府分管副省长担任部长，省卫生计生委主要领导和厦门市政府分管领导担任副部长，下设综合协调组、贵宾保健组、医疗卫生保障组、运行保障组4个工作组，分别由省、市卫生计生委分管领导担任组长、副组长，成员由省、市卫生计生委相关处室和相关医疗卫生机构负责人组成，并抽调4名工作人员驻会负责医疗保健部的日常工作。确定厦门会晤重要贵宾定点医院、外方人员定点医院、医疗救治后备医院。组建由临床、疾控、卫生监督等专业专家组成的医疗卫生保障省级专家队伍。组织制定《厦门会晤医疗卫生保障总体方案》和21个子方案以及《厦门会晤医疗卫生保障应急处置手册》（“一点一册”）39册，开展业务培训43场次，组织应急演练35场次，开展2轮公共卫生风险评估和9轮爱国卫生运动，开展3轮集中式供水出厂水抽检、7轮重点接待场所饮用水卫生、室内空气卫生监督检查。厦门会晤服务保障工作期间，医疗保障点全覆盖，实现不发生重要保障对象医疗保健工作不到位、不发生伤病员延误救治事件、不发生相关重要活动场所重大突发公共卫生安全事件、不发生重大传染病疫情流行事件的“四个不发生”目标。厦门会晤医疗卫生保障各项工作，得到国家卫生计生委和中央保健委领导的充分肯定，全省卫生计生系统33个先进集体和213名先进个人受到省委、省政府表彰。

“健康使命—2017”福建省地震海啸灾害卫生应急综合演练 2017年12月3—5日在福建省平潭综合实验区举行。由福建省卫生计生委、福州市卫生计生委、莆田市卫生计生委、宁德市卫生计生委和平潭综合实验区卫生计生局联合主办，邀请交通部东海第二救助飞行队和上海金汇通航参与演练。全省11支地方和军队卫生应急队伍，2架救援直升机，40余辆卫生应急车，339名卫生应急队员参加演练。演练以某海岛发生6.2级近海底地震，引起的海啸袭击海岸地带造成沿海大量人员伤亡为背景，省、市、县三级联动，演练场景为野外生存、紧急医学救援、海上伤员救援转运，伤员航空后送，核泄漏卫生应急处置、灾后心理应急干预救援、灾后防疫及突发疫情处置等内容。此次演练在福建省卫生应急演练史上实现“三个首次”：首次展示海、陆、空立体医疗救援；首次将灾后心理应急干预救援纳入演练内容；首次三级卫生应急队伍（国家队、省级队到市/区级队）联合演练。

深化医药卫生体制改革 福建省以体制机制改革为重点，不断健全和完善医改领导体制和推进机制，以“药价保”职能整合为特点的医保体制改革顺利推进；继续巩固破除以药补医改革成果，进一步调整理顺医疗服务价格，公立医院新的补偿机制逐步建立，各试点城市和大部分县公立医院价格平移总体到位，医疗收入结构有所优化；积极落实政府投入责任，推进医保支付方式改革和C-DRG试点，科学控制医疗费用不合理增长，看病贵问题得到一定程度缓解；稳步推进院长目标年薪制、工资总额核定、财务管理制度等改革，激励与约束并重的公立医院内部运行机制初步建立。

破除以药补医，完善公立医院补偿机制。（1）持续进行医疗服务价格调整。印发《福建省定价目录》，将医疗服务价格调整权限下放给设区市。做好价格平移。以设区市为单位进行精细测算，并坚持全面调整（调整面不低于50%）、有升有降、先平移后理顺、“四个拉开”（拉开不同等级医院、不同等级地域，不同难度诊疗项目、不同诊疗水平医生诊费的价格差距）等4项价格调整原则。建立价格动态调整机制。利用药品招标、医院控费所腾出的空间，在统筹考虑医保基金支付能力的情况下，逐步调整理顺医疗服务价格。截至2017年底，按分类先后对省级医疗项目进行4次价格调整，金额达5亿多元。（2）同步做好医保政策衔接。考虑到患者负担问题，将调整后的医疗服务项目按规定纳入医保报销范围。同时，针对如尿毒症、放疗等特殊患者群体，为减轻经济负担，另外制定医疗费用减免政策。

整合医保体制，解决管理碎片化问题。2017年全省完成医保管理体制整合工作。（1）合并重组优化职能。将分散在6个部门的8项医保相关职能进行整合，尤其是药品招标和医疗价格管理职能的合并，实现主导医院经济运行“药、价、保”3个要素的统一；明确医保监管医院、医生、药品流通和医疗价格的“四大责任”，形成对医药行为监管的合力优势。（2）实行相对独立运作模式。成立省医疗保障管理委员会（简称医保会），主任由省政府分管领导担任；医保会下设办公室（简称医保办），挂靠在省财政厅，业务独立运作；医保办内设“四处”（医疗保障综合处、药械采购配送监管处、医疗服务价格处、医保基金管理处），下设“三中心”（省医疗保障电子结算中心、省药械联合采购中心、省医疗保障基金管理中心）。（3）理顺市县医保体系。各设区市参照省级模式，成立市医疗保障管理局，挂靠市财政局。同步推进“三保”基金市级统筹，并将县级医保机构并入市级医保中心，实现市县机构垂直管理，全省医保机构因此从167个整合为11个。

抓好合理控费，强化公立医院公益性质。（1）以医保支付为手段，加大挤压药价虚高力度。2017年3月，福建省启动新一轮药品采购，采用医保支付结算价方式，按药品分类进行限价和限量采购，同时建立医院参与药品采购谈判药价的激励机制，激发主动节约成本的内生动力。据医改监测快报数，2017年度全省公立医院药品费为160.97亿元，与上年同比减少8.53亿元，下降5.03%，“腾笼换鸟”的效果开始显现。（2）全面实施费用监控。按照《关于控制公立医院医药费用过快增长的实施意见》要求，从成本控制、患者负担、管理效率和社会效益等方面加强行政监管，督促公立医院完善内部控费机制。利用“福建省医改效果监测管理平台”，采取多种方式，从医疗服务、运行效率、分级诊疗、医疗保障、患者负担等方面，对全省公立医院综合改革情况进行分析评价并通报，在为领导提供决策参考的同时，对改革进展缓慢地区提前预警。同时公立医院药品耗材费用控制、医保支付方式改革等重要指标纳入省政府对各设区市政府及平潭综合实验区管委会的绩效考评内容。2017年，全省医药费用增幅总体控制在10%以内。（3）规范医疗服务行为。各设区市结合实际对辅助性、营养性等高价药品进行监管，通过处方点评、“双十”排名等方式，促进临床合理用药。同时，组织制定《支气管扩张症等100个病种临床路径（县级医院版）》，进一步规范县级医疗机构临床诊疗行为。（4）推动医保支付方式改革。出台《按病种收费工作暂行规定》，全省首批实施100个按病种收费（支付）项目，明确医保支付和医院向患者收费的标准；逐步建立“结余留用、超支自负”激励约束机制，强化医院成本管控意识，调动公立医院主动控费、规范管理的主动性。三明市及福建医大附属协和医院、福州市第一医院、厦门市第一医院成为国家C-DRG收付费改革试点。

改革运行机制，加大对医务人员的激励约束。（1）改革医院工资总额核定办法，明确医院收入结构。医院人员工资总额的测算仅与医疗服务收入挂钩，不与药品耗材收入挂钩，不直接与检查化验收入挂钩，最大限度避免医院的逐利行为。（2）实行院长目标年薪制。明确院长年薪由政府全额负担，体现院长代表政府管理医院；建立院长年度绩效考核体系，考核结果与院长薪酬、任免及医院工资总额、医保支付、医院评审评价等挂钩，调动全体员工参与改革的积极性。（3）改革内部绩效分配制度。在核定的工资总额内，医生（医技）、护士、行政后勤3个团队按比例进行自主分配，突出服务质量和以技术劳务价值为导向，破除以科室为单位、以经济指标为主的分配机制。三明市实现全员目标年薪制、年薪计算工分制。（4）改革用人制度。探索以实际开放床位为基数核定人员总量，合理增加工资核拨人员基数，促进同工同酬。将公立医院编制使用审批制改为备案制，促进身份管理向岗位管理转变。落实公立医院用人自主权，出台允许公立医院对紧缺、高层次人才实行自主招聘政策，推动建立能进能出、能上能下的灵活用人机制。

（5）推进医院精细化管理。出台《福建省公立医院总会计师管理暂行办法》，推动三级公立医院设置总会计师岗位；截至2017年底，设区市三级公立医院中约有一半设置总会计师岗位，其中三明等地的医院总会计师薪酬由财政承担。积极推行全面预算管理和全成本核算，健全财务报告和财务信息公开制度；全省所有三级公立医院均实现全面预算管理，各级政府或卫计部门通过门户网站公开公立医院医疗服务价格、医疗费用等财务信息。

加快构建分级诊疗制度。（1）“抓两头、补短板”。在省级层面实施医疗“创双高”，推进福建省立医院、福建医科大学附属协和医院、福建医科大学附属第一医院与北京协和医院、上海交通大学医学院附属瑞金医院、复旦大学附属华山医院建立“一对一”合作共建，加强全省21个临床医学中心、60个临床重点专科人才队伍、临床技术以及科研能力建设，着力提高疑难重症诊疗水平，发挥龙头作用。在县域以实施世行贷款医改促进项目为契机，重点推进县域医疗服务技术、协作和信息“三大平台”建设，支持69所县（市、区）综合医院建设县域消毒供应、临床检验、病理检查、医学影像、心电诊断和远程会诊等“六大中心”，以及重症监护室、手术室等关键科室，以提升县域综合医疗服务能力，保障基本医疗服务供给。同时，突出“补短板”，重点加强产科、儿科、精神科等卫生领域补短板项目，改善薄弱学科的基础设施和服务条件。（2）推进医疗联合体建设，促进医疗资源下沉。全省所有三级公立医院全部参与医联体建设，每个设区市开展1个以上县域紧密型医联体建设试点。其中，三明市以总医院形式推进县域紧密型医共体建设，打破县域内医疗机构横向纵向行政壁垒，对县、乡、村医疗机构的人、财、物实行统一管理，初步形成责任、服务、管理、利益共同体，并发挥医保打包支付作用，建立“总额预付、超支不补、结余留用”机制，推动医疗卫生服务向“以健康为中心”转变。（3）完善配套政策、激发基层活力。充分发挥“药价保”联动作用，放宽基层临床用药目录，适当拉开基层医疗卫生机构、县级医院和城市大医院间报销水平差距，增强居民在基层看病就医吸引力。强化分级诊疗信息化支撑，实施“互联网+医疗”创新服务，开发预约诊疗、双向转诊、家庭医生网上签约服务、远程协同诊疗等应用，促进优质医疗资源纵向流动。

公共卫生工作 *疾病预防控制*。省政府办公厅印发《“十三五”福建省结核病防治规划》《福建省遏制与防治艾滋病“十三五”行动计划》《福建省防治慢性病中长期规划（2017—2025年）》，省卫生计生委联合省直有关部门印发《“十三五”福建省血吸虫病防治规划》《福建省贯彻落实〈“十三五”全国地方病防治规划〉实施方案》。围绕做好厦门会晤等重大活动疾病防控保障工作，建立广东、浙江和江西省等环闽传染病防控联席机制，加强周边地区传染病监测预警，有效控制人感染H7N9流感、登革热等疫情。组织开展全省法定传染病报告质量和管理现状调查，共调查全省医疗机构法定报告传染病5354例，未发现漏报病例。开展城市饮用水用户水龙头水质监测工作并及时公布结果。在全省所有县（市、区）开展碘缺乏病监测工作，比国家卫生计生委提出的“2018年在所有县（市、区）开展碘缺乏病监测工作”的任务要求提早了1年，开展生活饮用水水碘、水氟含量调查工作，为地方病防治工作提供科学依据。省政府办公厅印发《关于进一步加强疫苗流通和预防接种管理工作的实施意见》。全年新建预防接种卡74.79万人、接种疫苗1387.15万剂次，以乡镇为单位，11种免疫规划疫苗报告接种率保持在95%以上。落实传染病和重大疾病防控工作。2017年新发现艾滋病病毒感染者和病人2516例；继续落实艾滋病免费抗病毒治疗政策，新增免费抗病毒治疗2517例，截至2017年底累计在治9199例；全年累计干预重点人群56.9万人次。全年共发现并治疗肺结核患者1.48万例，治疗成功率为86.9%。在全省推开新的结核病防治模式，建立以疾病预防控制机构、结核病定点医疗机构和基层医疗卫生机构“三位一体”的新型结核病防治服务体系，印发《福建省结核病综合防治服务工作规范》。龙岩市积极开展结核病分级诊疗及综合防治服务试点。鼓楼区、思明区、集美区3个区创建国家级慢性病综合防控示范区通过国家卫生计生委验收，新增龙海市、鲤城区、晋江市、石狮市等4个省级慢性病综合防控示范区创建单位。加强严重精神障碍患者救治管理工作。截至2017年12月31日，全省累计在册严重精神障碍患者16.5万人，检出率达4.28‰；患者管理率、规范管理率、服药率、规范服药率等关键指标分别达93.2%、82.42%、79.21%、39.08%，继续保持在全国前列。

爱国卫生工作。按照全国爱卫办的统一部署，开展以“历史与展望——为了人民健康的65年”为主题的爱国卫生运动65周年宣传活动，激发全社会广泛参与爱国卫生运动的热情，巩固爱国卫生运动的群众基础。组织开展“爱国卫生月”活动，在全省范围内集中开展以清除蚊虫孳生地为主的环境卫生整治。推进卫生创建工作，泉州市通过全国爱卫会复审重新确认为国家卫生城市，龙海市被命名为国家卫生城市，2017年全省创建71个省级卫生乡镇、694个省级卫

生村、125个省级卫生社区。在福州、厦门、三明、泉州、漳州等5个国家卫生城市开展省级健康城市试点，厦门市被全国爱卫办确定为国家健康城市试点；确定省级健康村镇试点21个。

妇幼健康工作。出台《关于加强生育全程基本医疗保健服务的实施意见》，推广使用《母子健康手册》。《出生医学证明》实现全程信息化管理，建立卫生计生与公安部门间双向共享的信息核查机制。启动妇幼保健机构眼和口腔保健专科门诊规范化建设试点。健全母婴安全保障制度，推进孕产妇妊娠风险评估与分级管理。组织全省危重症孕产妇救治培训，完善危重症孕产妇和新生儿救治网络运行机制。开展孕产妇死亡个案月报，完善孕产妇和新生儿死亡个案评审，加强全流程影响因素分析；定期对指标波动较大、薄弱环节突出的地区专项督导，通报约谈。2017年省级助产技术执法检查覆盖9个设区市和平潭综合实验区43所助产机构，现场组织产科快速反应团队实战演练。加强出生缺陷综合防治，组织实施遗传代谢病和先天性结构畸形救助试点项目。2017年全省产前筛查率为73.5%，新生儿遗传代谢病筛查率为99.7%、新生儿听力筛查率为95.3%。

卫生应急工作。制定《福建省防汛防台风卫生应急预案》《福建省突发化学中毒事件卫生应急预案》。省级参与制定泛珠三角九省（区）卫生应急合作框架协议。福州、莆田、宁德和平潭综合实验区共同签订《福莆宁岚卫生应急区域合作框架协议》，进一步完善省内跨区域的协调联动机制。修订《省级卫生应急队伍管理办法》，组织开展以“健康使命—2017”为主题的系列演练，全省25支省级卫生应急队伍在卫生应急处置、重大活动保障和实战演练中不断提高人装结合力。省立医院承建的省级紧急医学救援队跻身国家队行列，进一步提升福建省卫生应急综合实力。省级和厦门、三明、南平等设区市相继与民用通用航空有限公司签订战略合作协议，省立医院、福建医科大学附属第一医院等省属医院开展航空医学救援演练和培训，共同推动构建全省紧急医学救援一体化模式。与红十字会合作开展应急救护知识“六进”活动。全省卫生计生系统与各级工会组织联合开展卫生应急技能竞赛，福建省代表队在全国卫生应急技能竞赛中取得团体二等奖和优秀组织奖，并获4个个人二等奖和2个个人三等奖。

综合监督工作。以整合卫生计生综合监督行政执法资源为抓手，省卫生计生委会同省委编办、省财政厅等5部门联合下发《关于进一步加强卫生计生综合监督行政执法工作的实施意见》，明确各级卫生计生监督所为行政执法机构，着力构建省、市、县、乡、村五级卫生计生监督网络。确定宁德市和9个县（区）监督机构作为行政执法全过程记录试点单位，探索卫生计生监督执法全程记录和全方位监督。制定“双随机”抽查工作规则和“一单两库”，进一步规范随机抽查行为。以“双随机”方式对公共卫生、传染病防治、医疗卫生、计划生育等6方面11类开展监督抽检，监督抽检完结率达97.68%。开展《传染病防治法》等“一法四规”执法检查。部署医疗机构依法执业、打击非法行医、医疗服务新业态、餐饮具集中消毒服务单位等8个专项整治。完成《福建省职业病防治规划（2017—2020年）》，以省政府名义印发各地实施。组织4个督查组对各地职业卫生放射卫生监测和职业健康检查质控情况进行督导检查。2017年，全省查处违法违规案件1725件，比上年增长49.4%；罚没1047万元，比上年增长43%；吊销《医疗机构执业许可证》12份。

食品安全监测评估与标准管理工作。争取省财政逐年加大对风险监测的投入，经费由2011年的200多万元提高到2018年的2402万元。投入2581万元用于疾控机构风险监测设备补短板，省、市两级疾控机构实验室风险监测设备配置达到国家要求。牵头组织农业、海洋渔业、食品药品监管等7个部门联合下发全省食品安全风险监测以及食源性疾病监测等4个方案。监测食品样品1.1万份，监测样本量由2012年的0.2份/千人口提高到2017年的0.5份/千人口。风险监测覆盖全省所有县（市、区），24%的样品采自乡镇，本地产品比例高于80%。确定食源性疾病监测哨点医院248家，覆盖所有二级以上医院，并延伸到38家乡镇卫生院和社区卫生服务中心。省政府办公厅印发《福建省居民营养计划（2017—2030年）》。省食品安全地方标准主任会议审议通过《酿造用红曲》《连城地瓜干系列产品》《红曲黄酒》等3个地方标准。加强基层食品安全企业标准备案工作指导，2017年完成食品安全企业标准备案2424件。

医政管理工作　分级诊疗试点。全省9个设区市和所有县（市、区）全部出台试点工作实施方案，县域内就诊率、基层诊疗量占比、家庭医生签约率等分级诊疗考核指标纳入政府绩效考核。2017年全省县域就诊率（不含市辖区）达到82.34%，其中南平市、龙岩市县域内就诊率达到90%以上。

医联体建设。省政府制定出台《福建省推进医疗联合体建设和发展的实施方案》。截至2017年底，全省构建各级各类医联体302个，覆盖医疗机构总数719个，三级公立医院100%参与医联体建设。全省22个县（市、区）率先开展县域紧密型医联体建设试点，尤溪县、将乐县率先开展县域紧密型医联体医保总额打包支付试点。

医疗"创双高"建设。推动省立医院、福建医科大学附属协和医院、福建医科大学附属第一医院等3所省属医院创建高水平医院和全省20个临床医学中心创建高水平临床医学中心，在7所省属医院遴选14个省级临床重点专科建设项目，首次在19所设区市级医院推荐的142个专科中遴选51个省级临床重点专科建设项目。3所创建高水平医院认真落实委省合作共建协议，开展"对标国家队、管理上台阶"等一系列活动，学习国家3所高水平医院发展理念、管理方式、医疗技术"真经"，呈现学术交流增加、科研项目增多、科研投入增长、平台建设增速的"四增"态势。3所创建高水平医院开展新技术项目60余项，Ⅲ、Ⅳ级手术比例分别达61.29%、62.40%和63.37%，同比提高9.14%、2.33%和9.25%。20个临床医学中心开展新技术项目150余项，Ⅲ、Ⅳ级手术量及Ⅲ、Ⅳ级手术比例，同比增加12.7%和3.2%。根据对2014—2017年复旦大学"中国医院排行榜"和中国医学科学院"中国科技影响力排行榜"的分析，福建省上榜学科专科数、上榜医院数均呈现上升趋势。

医疗服务体系建设。省政府办公厅印发《福建省医疗卫生服务体系规划（2016—2020年）》，从优化资源布局、加强人才队伍建设、加强系统整合与分工协作、发展社会办医以及大力发展健康服务业等方面，提出"十三五"期间进一步完善医疗卫生服务体系建设的重点任务。加快推进儿童医疗服务体系建设。省卫生计生委联合省发改委、教育厅、财政厅、人社厅、医保办等部门出台《关于加强儿童医疗卫生服务改革与发展的实施意见》。省儿童医院项目动工建设，省妇产医院项目建设前期工作有序推进。各地儿科床位建设持续加强，2017年全省新增儿科床位1263张，超额完成省政府立项挂牌任务（1160张）。加快推进社会办医。省政府办公厅印发《福建省支持社会力量提供多层次多样化医疗服务的实施意见》，进一步细化落实社会办医各项优惠政策，促进社会办医向多层次、差异化发展。截至2017年底，全省社会办医床位2.51万张，占医院总床位数的18.04%。血液透析中心、医学检验实验室、病理诊断中心等第三方检验检查机构申请设置明显增加。

医疗质量监管。省、市两级医疗质量控制体系进一步完善，全省建立40个省级质控中心和139个市级质控中心。省、市两级分别开展三级医院和二级医院的评价检查，组织质控中心进行专项检查。省卫生计生委组织撰写《福建省2016年度医疗服务效率与质量安全报告》，首次对全省二级以上医院医疗服务效率与质量安全情况进行多维度分析。开展医疗质量安全专项督查，全省督查404个医疗机构。省卫生计生委制定出台259个病种临床路径，其中适用于县级医院的临床路径125个，实现按病种收付费与临床路径管理的全面结合。截至2017年底，全省实施临床路径管理的二级以上医院198家，占二级以上医院的86.3%，实施临床路径管理的出院病例数达62.29万例，占医院同期出院例数的34.7%。加强药物临床使用管理。开展临床短缺药品监测，指定15家公立医疗机构作为短缺药品监测点，逐步建立短缺药品监测预警机制。严格执行《抗菌药物临床应用管理办法》，全省门诊患者抗菌药物使用率为10.5%，住院患者抗菌药物使用率为39%，呈现持续下降趋势。三级综合医院门诊（儿科除外）全部停止静脉使用抗菌药物。

采供血管理。严格采供血机构准入管理，开展全省血液安全技术核查，推进无偿献血工作，提高血液供应保障能力。2017年，全省共采集血液34万余人次，同比增加6.5%；采血总量56.39万单位，同比增加9.7%。全省千人口献血率达13‰，有效保障临床用血基本需求。

医疗行风建设。开展大型医院巡查工作。2017年完成省立金山医院和三明、南平、宁德市属医院等6所三级甲等综合医院的巡查工作，第一轮（2015—2017年）33家大型医院巡查工作完成，共提出整改问题清单645条。福州、厦门、漳州、莆田、南平、龙岩、宁德等设区市对辖区内其他80所二级以上医院开展巡查工作，提出整改问题清单1348条，有效推动医院党建工作、纪检工作和行风建设，与医疗服务及医疗质量管理同步推进。深入开展医药购销和医疗服务中不正之风专项治理长效机制建设，健全行风建设工作体系，保持红包专项整治高压态势。2017年，省卫生计生委通报7起收受患者"红包"的典型案例，处理收受"红包"医务人员9人，追究科室负责人责任4人，处罚科室4个。第三方满意度调查显示，治理收受红包回扣措施满意度达到91.75分，比2016年提高1.89分，医疗行风呈现好转态势。

中医药工作　2017年福建省认真贯彻实施《中医药法》，加强中医医疗服务体系建设，推动永安市、石狮市、仙游县、长泰县新建中医类医院。推进基层医疗机构中医馆建设，加强中医"名医名药名科名院"建设，制定《福建省名优中医院建设方案》，结合国家中医药传承创新工程重点中医医院建设项目、医疗"创双高"建设项目，支持省人民医院、省第二人民医院、厦门市中医院开展名优中医院建设。2017年，福建省的杨春波荣获"国医大师"称号。陈民藩、杜建、吴熙荣获首届"全国名中医"称号。

加快中医药改革发展。省政府印发《福建省贯彻国家中医药发展战略规划纲要（2016—2030年）》，推动落实财政补偿、医保支付、价格形成、绩效评估、人事薪酬制度等中医药倾斜政策。推进“互联网＋中医药”、县乡中医药一体化管理和国家中医药综合试验区改革试点，探索可复制可推广的中医药改革经验，切实发挥中医药在医改中的作用。

加强中医药服务体系建设。联合省发改委、人社厅、食药局、医保办等部门，部署实施基层中医药服务能力提升工程“十三五”行动计划。调研督导4个中医院空白县（市），推动当地政府尽快设立县级中医院。同时关注三明、南平等地开展的区域医疗资源整合工作，开展省内外调研考察，推动基层中医药改革良性发展。继续加大基层中医馆的建设力度，2017年支持175家基层医疗机构开设中医馆。与江西省中医药管理局联合开展中医药适宜技术培训推广项目。加强中医药信息化建设，成立省级中医药数据中心，安排400万元项目资金支持5家县级中医院进一步探索开展“互联网＋中医药”试点工作。

推进中医药健康产业发展。开展中医药健康文化推进行动。举行“中医中药中国行——福建中医药健康文化”启动仪式，启动2017年中国公民中医药素养调查工作，开展福建省中医药文化教育基地遴选工作。创建一个中医药健康旅游示范区、若干个中医药健康旅游基地、一批中医药健康旅游项目，打造更多片仔癀、灵源万应茶饼、老范志万应神曲等中医药健康服务“百年老字号”。鼓励各地将传统医药项目申报，列入各级非物质文化遗产名录。继续推动泛珠区域福建、云南、贵州、四川、广西5省区合作，召开泛珠三角区域道地药材合作开发会议，促进区域间道地药材产业的经验交流和合作开发。继续开展中药资源普查工作，完善中药资源动态监测信息和技术服务体系。支持省属和九地市医疗机构建设中医药制剂平台，进一步研发使用院内中药制剂。

2017年6月17日，国家卫生计生委副主任、国家中医药管理局局长王国强在厦门出席第12届“海峡论坛—2017海峡两岸中医药发展与合作研讨会”并致辞。

计划生育服务管理 完善目标责任管理。坚持党政一把手亲自抓负总责，严格落实计划生育目标管理责任制。省委、省政府继续下达计划生育工作责任书，省政府印发实施《福建省人口发展规划（2016—2030年）》；省人口计生领导小组印发《实施全面两孩政策改革完善计划生育服务管理的意见任务分解方案》；组织对各地全面两孩政策实施情况进行中期督查并通报，对县级计划生育工作实行省、市联合考核；省效能办把深化计划生育服务管理改革列入省委常委会工作要点分解方案和省政府工作主要任务分解方案跟踪督查落实。

落实全面两孩政策。（1）加大政策宣传力度。省卫计委门户网站开设“八闽动态”“喜迎十九大”等专栏，积极利用“互联网＋”，广泛宣传计划生育成就、人口形势和全面两孩政策等。（2）加强妇幼健康服务体系建设，实施妇幼健康保障工程，扩增产科床位1300张，加强生育全程基本医疗保健服务，推广使用母子健康手册，强化出生缺陷综合防治管理，做好高龄和危重症孕产妇服务管理和临床救治工作，创建全国妇幼健康优质服务示范县（区）3个。（3）加快推进母婴设施建设。省卫生计生委、省总工会等9个部门联合出台加快推进母婴设施建设的实施意见，泉州市将母婴设施建设纳入政府为民办实事项目，2017年新增母婴设施100个。（4）全面两孩政策成效显现。2017年新增符合全面两孩政策生育20.2万人，比上年增加7.3万人，顺应群众对再生育的美好期待。

优化计生服务管理。（1）加强出生人口性别比治理。把出生人口性别比综合治理作为年度计生考核重要内容，将出生人口性别比偏高县（市、区）列为重点指导对象，加强考核与专项治理。2017年全省“两非”案件结案1163件，其中重大案件89件、判处有期徒刑（缓刑）30人、吊销医疗机构执业许可证9本。（2）加强流动人口服务管理。2017年创建国家级均等化示范县（市、区）3个、社会融合示范社区12个，在8个县（市、区）接力举办“新市民健康城市行”活动。（3）改革计划生育服务管理。推行网上生育登记服务，精简规范计生证明，方便群众办事。厦门市依托“i厦门”一站式便民服务平台开展网上生育登记，办理再生育审批和积分入学计生积分等。加强出生人口监测预警，省卫生计生委等5个部门联合加强出生人口信息管理，促进部门间信息共享。

促进计划生育家庭发展。加大计生特殊家庭帮扶力度，落实紧急救助制度，提高再生育服务补助，为计生特殊家庭中完全失能的老人发放护理补贴。计生特殊家庭（独生子女死亡或伤残、手术并发症人员）参加城乡居民基本养老保险、基本医疗保险的个人缴费由政府资助，并实施住院和特殊门诊救助。深入实施“生育文明幸福家庭”促进计划，推进健康家庭活动，推荐三明市参与全国创建幸福家庭活动示范市评选，7个集体被全国老龄委评为“敬老文明号”。建立完善生育支持、幼儿养育、青少年发展、老人赡养、病残照料等家庭发展政策。2017年，全省（除厦门市外）共发放各类计划生育奖励扶助金65615.51万元，其中省财政支付40863万元，奖励扶助对象超过91万人。

推进医养深度融合。强化医养政策引导，将老年人医疗健康养老服务纳入全省卫生计生事业总体规划，制定《福建省2018—2020年健康老龄化行动计划》，鼓励医疗机构与养老机构开展签约服务，完善健康养老“1+N”政策体系。积极开展医养结合试点，取消养老机构内设诊所的设置审批，实行备案制，开工建设一批医养结合项目。厦门市爱心护理医院、长庚护理院、福建医大附一康复医院建成使用。2017年，养老机构与医疗机构签订合作协议638家，较2016年增长379%，基本实现基层医疗卫生机构与当地养老服务机构“养”与“医”对接。全省医疗机构设立老年护理院2家、老年康复医院4家、医养结合机构71家、纳入医保定点单位38家。全省选择33个试点单位先行先试医养结合，厦门、三明、漳州被遴选为国家级医养结合试点单位。

卫生计生事业发展数据　2017年，福建省孕产妇死亡率、婴儿死亡率、5岁以下儿童死亡率分别为12.41/10万、3.63‰、4.74‰，人口出生率为15‰、自然增长率为8.8‰，反映居民健康的主要指标在全国处于中上水平。年末全省有卫生计划生育机构27217个，比上年减少441个。其中各级各类医院608个〔综合医院361个，中医医院（含中西医结合医院、民族医院）91个，专科医院154个〕，比上年增加18个；疾控预防控制机构96个，与上年持平；妇幼保健机构89个，比上年增加2个；卫生监督机构87个，比上年增加1个；采供血机构9个，与上年持平；社区卫生服务机构676个（社区卫生服务中心223个，社区卫生服务站453个），比上年增加121个；乡镇卫生院881个（中心卫生院224个，一般卫生院657个），比上年增加1所；村卫生所18609个，比上年减少336所。2017年全省医疗机构床位总数183418张，比上年增加4516张，同比增长2.52%；全省每千人口医疗机构床位4.69张，比2016年增加0.07张。全省各级各类卫生机构人员300972人，比上年增加11196人，增长3.86%；其中卫生技术人员231546人，比上年增加10657人，增长4.82%，占卫生人员总数的76.93%。卫生技术人员中，执业（助理）医师84045人（其中执业医师73377人），比上年增加3914人，增长4.88%，占卫技人员的36.30%；注册护士101285人，比上年增加5035人，增长5.23%，占卫技人员的43.74%；药剂、检验等其他卫技人员46216人，比上年增加1708人，占卫技人员的19.96%。全省每千常住人口卫技人员5.92人、执业（助理）医师2.15人、注册护士2.59人，分别比上年增加0.22人、0.08人和0.11人。乡村医生和卫生员25261人。

人口数据及态势分析　出生人口总量。（1）出生人口同期对比情况。据计划生育报表，2017年度（2016年10月1日—2017年9月30日，下同）全省出生人口60.5万人，同比增加4.9万人，增幅为8.8%。根据卫生医疗机构分娩登记信息，全年全省医疗机构共登记本省出生53.5万人，加上流动人口在外省出生4.4万人，共计57.9万人，同比增加1万人，略少于全员人口数据库（下称PIS）数据，但走势大致相符。（2）分月出生变动情况。从分月出生统计情况来看，2017年同比增加4.9万人，其中二孩出生人数增加6.7万人。从逐月对比情况来看，绝大多数月份二孩同比增长数量均超过出生人口同比增长总数，二孩出生人数增加均为出生人数增加的主要因素。2017年前3个月增量最明显，之后逐月回落，最后两个月由于出生未能及时掌握，出现假性回落。每月出生人口的二孩率基本均维持在46%~54%之间，说明全面两孩政策的效果已经凸显。（3）出生态势（总和生育率）。2005—2011年福建省总和生育率基本稳定在1.5 ~ 1.6之间，2012—2017年处于1.8 ~ 1.9之间，2012年是因育妇高峰形成的峰值，2015年、2017年是因政策调整产生的效应，近几年福建省生育水平基本符合政策预期，总和生育率达到近2的水平，形成人口可持续发展的良好态势。从出生人口总量来看，根据PIS统计，全省出生人口自2000—2014年以来基本呈逐年上升趋势，2014年与2015年均达到62万以上，2016年又出现回落，2017年达到60.5万，若综合考虑出生漏报因素，经过1~2年的还原，2017年出生人口数应该与2014年的峰值相当。“六普”数据显示，全省育龄妇女人数与生育旺盛期育龄妇女人数均在2011年左右达到峰值，此后逐年下降（2017年20 ~ 29周岁育龄妇女比上年减少22万人左右），但2011—2014年以来，全省出生人口总数不减反增，分析其出生构成，一孩呈持续下降，二孩、多孩呈持续增长趋势，二孩出生数量增加是总出生增加的主要因素，在生育旺盛期妇女人数快速下降的情况下，二孩与多孩出生增加，表明生育政策调整对人口出生的影响显著。

出生人口孩次构成。2017年报表与同期对比显示，全省出生孩次构成呈现“一降两升”态势：一孩21.2万人，下降2.9万人；二孩34.7万人，增加6.7万人；多孩4.6万人，增加1.3万人。一孩率35%，同比降低8.4个百分点；二孩率57.3%，同比升高6.7个百分点；多孩率7.6%，同比升高1.6个百分点。历年统计报表数据显示，自2001年以来，全省出生孩次结构一直保持这种变动趋势，2008—2017年，一孩率累计下降达31个百分点，比峰值下降9.1万人；二孩率累计上升超过27个百分点，比最低值上升24.7万人，其中2014年以来呈现加速发展态势。

二孩生育类型。2017年全省二孩出生34.7万人，同比增加6.8万人，从二孩生育政策类型来看，农村一女再生育二孩总量同比出现下降，单独（双独）、再婚这两种类型同比基本持平，增量最大的是全面两孩政策类型，同比增加7.3万人，可见2017年全省全面两孩政策效应已相当显著，此次政策调整也是顺应群众生育意愿的伟大举措。

二孩出生育妇分年龄构成。2017年全省二孩出生34.7万人，同比增加6.8万人。从年龄构成看，2017年生育二孩妇女30周岁以上的12万人，占二孩总出生数的42.4%，同比增加5.9万人，占比增加9个百分点；35周岁以上3.5万人，占二孩总出生数的12.4%，同比增加3.1万人，占比增加6.7个百分点；说明全面两孩政策实施以来，全省生育二孩的主力分布在“80后”，且高龄产妇数量有所增加。

从全面二孩政策生育情况来看，2017年生育全面二孩的妇女，且在30岁以上的11.9万人，占全面二孩总出生数的59%，同比增加5.7万人，占比增加10.6个百分点；35岁以上5万人，占二孩总出生数的24.8%，同比增加2.9万人，占比增加8.2个百分点；可见生育全面二孩的育妇其年龄结构较二孩生育更趋向于高龄化。

出生人口政策属性。PIS报表显示，2017年全省出生政策符合率为94.7%，同比升高3.1个百分点。政策外多孩率为5.2%，同比升高0.9个百分点。自2016年1月1日全面两孩政策实施以来，全省出生政策符合率大幅提升到90%以上，政策外生育的对象主要是多孩生育。2008—2015年，福建省政策外多孩率均在3～5之间，2016年以来略有升高，受全面两孩政策调整，部分人以为全面放开生育，不符合的人也抢生，导致多孩政策外生育的增加。

出生人口性别比。计划生育报表显示，2017年全省出生人口性别比为110.6，同比上升0.1个点。分孩次来看，一、二、多孩性别比分别为101.2、111.4、159.4。与上年同期相比，一孩性别比上升0.7个点，二孩与多孩性别比分别下降2.7和10.8个点。从出生分娩登记数据看，2017年全省出生人口性别比为115.5，同比下降2个点，总体趋势与计划生育报表相似。近年来，全省加大治理出生人口性别比失调问题，全面打击“两非”，深入宣传生育文化，再加上政策调整对性别比失调具有一定缓和作用，全省性别比呈逐年下降趋势。

全省人口和计划生育目标管理考核结果 根据2017年度计划生育目标管理责任制考核评估情况，经省人口和计划生育领导小组研究决定，授予晋安区、海沧区、思明区、荔城区、永安市、晋江市、长泰县、邵武市、上杭县、屏南县等10个县（市、区）为2017年度全省计划生育工作先进奖一等奖，鼓楼区、马尾区、同安区、湖里区、翔安区、仙游县、泰宁县、大田县、石狮市、泉港区、南靖县、芗城区、顺昌县、建阳区、新罗区、福鼎市等16个县（市、区）先进奖二等奖，闽侯县、仓山区、连江县、集美区、涵江区、城厢区、尤溪县、沙县、建宁县、鲤城区、丰泽区、德化县、平和县、东山县、龙海市、建瓯市、武夷山市、武平县、长汀县、蕉城区、柘荣县、霞浦县、平潭县等23个县（市、区）先进奖三等奖，授予漳州市、龙岩市2017年度设区市创新奖，授予丰泽区、湖里区、尤溪县、政和县、集美区、晋江市、芗城区2017年度县（市、区）创新奖。

三明市坚持“三医联动”深化公立医院综合改革（1）改革医保管理体系。2013年合并“三保”等职能，成立市医疗保障基金管理中心，并将城镇居民医保与新农合合并为城乡居民医保，初步建立基本医保、大病保险、医疗救助、扶贫叠加保险、第三次精准补助、应急救助以及商业健康保险和社会慈善等保障制度有序衔接、协同互补、一站结算的机制，实现城镇职工医保基金扭亏为盈并安全平稳运行。2016年在继续整合医保职能的基础上，在全省率先成立市医疗保障管理局。（2）改革医药管理体系。采取高压态势，在准入环节实行“一品两规”，在流通环节实行“两票制”，在采购环节不断壮大跨地区的药品耗材联合限价采购“三明联盟”，在销售环节实行零差率销售，在使用环节强化在线监控，多措并举挤压药价虚高水分，全市二级以上公立医院医药总收入增长率从2011年的17.92%下降到2017年的5.82%；医务性收入占比从2011年的18.37%提高到2017年的40.69%；药品耗材占比从2011年的60.08%下降到2017年的30.65%，为改革医疗服务价格腾出空间，2012—2017年先后6次动态调整医疗服务价格，累计有 29.9 亿元的药品耗材费用转化成为医院医务性收入，为医务人员薪酬合理增长提供资金来源。（3）改革医疗管理体系。创新工资总额核定办法，实行院长目标年薪制，医院全员目标年薪制、年薪计算工分制以及总会计师制等，在制度上规范医疗行为，激励医务人员积极通过提高医疗劳务技术增加收入。通过改革，医务人员收入大幅增加，在岗职工平均年薪从改革前 2011 年的 4.2 万元提高到 2016 年的 9.4 万元，最高达 53.2 万元；2016 年 22 家公立医院工资总额达 9.83 亿元，较 2011 年的 3.8 亿元增长 158.68%。

福建省首位国医大师杨春波（左二）、首届全国名中医吴熙（左一）、杜建（左三）在京参加第 3 届国医大师和首届全国名中医表彰大会期间合影。

厦门市改善医疗卫生服务提高群众健康获得感

（1）“三师共管”家庭医生签约服务，让市民“省钱、省时、省力、省心”。创设由大医院专科医生与基层的全科医生、健康管理师组成服务团队的“1+1+N”的“三师共管”家庭医生签约服务模式，签约居民可以享受慢性病长处方、提前预约大医院专家门诊、个性化的医疗健康管理、下调医保起付线等“多快好省”的优惠政策，可以享有长期、连续、协同的基本医疗卫生服务。全市家庭医生签约服务达 57 万人，户籍人口签约覆盖率为 27%；65 岁以上老年人签约覆盖率为 56.7%。2016 年签约居民在社区卫生服务机构的就诊率达到 60.8%。（2）着力补短板、上水平，让群众看得上病、看得好病。厦门市与复旦大学合作共建复旦中山厦门医院，确立建成“亚洲一流”的高水平医院目标。市儿童医院委托复旦大学附属儿科医院管理，医疗水平快速提升。与中国医科大学合作建设集美新城医院。支持建设厦门大学附属翔安医院。与 301 医院合作建立远程医学会诊平台，让患者不出厦门就可以享受到国内顶尖医院的专家诊疗服务。开展对标国际，厦门大学附属第一医院通过国际医院标准（JCI）认证。实施“领先学科建设计划”，全市拥有 11 个国家临床重点专科。加强高层次医学人才引进。创设“双主任制”，先后从上海交通大学、复旦大学和中山大学附属医院等柔性引进 19 位国内知名医学专家。建立“厦门医学院士指导平台”，柔性引进 10 位中外医学院士为特聘导师。厦门岛内的思明区、湖里区，以 3 家三甲综合医院直管 15 家社区卫生服务中心，建构“院办院管”紧密型医疗集团；岛外的 4 个市辖区，在基层医疗卫生机构“区办区管”基础上建立以区域中心医院为中心的医联体；由市心血管病医院等专科医院牵头组建各专病防治医联体，让群众在家门口享受优质医疗服务。推进优质医疗资源向岛外延伸。采用“1+1”模式，推进厦门大学附属中山医院到岛外环东海域建设新院区、厦门大学附属第一医院到岛外建设马銮湾新院区。加快发展社会办医。由市建发集团出资、与台湾知名医院合作建设弘爱医院，台资厦门长庚医院计划扩增 500 张床位。“十三五”期间全市社会办医预计新增床位 2030 张。（3）信息化提升群众健康获得感。建立全市门诊预约统一平台、厦门市卫生信息微信平台（美丽厦门 · 智慧健康），依托覆盖全市的“市民健康信息系统”“区域卫生信息平台”支持分级诊疗。引入可穿戴设备、手机 APP 等智能服务，方便患者，提高健康管理效率。建立全市分级诊疗协作信息化平台，实现 38 家基层医疗机构与上级医院的诊疗信息互联互通。建立“远程视频会诊系统”，通过患者不动、信息动的方式，让群众便捷就医，获得感明显提升。

龙岩市构建市县乡村卫生计生综合监督体系

（1）加强示范创建，提升卫生计生监督队伍形象。开展卫生计划生育综合监督示范乡镇和“三无”村（居）创建活动，县（市、区）成立创建活动指导小组，组长由政府分管卫生计生工作领导担任，县直相关职能部门主要负责人为成员，定期组织相关部门对各乡镇、村创建情况进行现场指导、督促检查，推动工作落实。（2）加强网络建设，提升卫生计生监督队伍覆盖。有效整合卫生计生队伍，建立乡镇卫生计生综合监督执法队，明确各乡镇至少配备 6~10 名专业人员，并确保实现“五个有”，即：有专门办公场所、有规章制度、有统一制服、有执法车辆、有执法设备。村（居）聘请卫生计生监督信息员，延伸卫生计生监督触角，不断加强卫生计生监督网底建设，逐步形成市、县、乡、村“四位一体”的卫生计生综合监督网络体系。（3）加强职位分级，提升卫生计生监督员积极性。着力探索建立卫生监督员科学合理的职级体系、指标量化的考核体系、奖优罚劣的奖惩体系，严格监督员绩效考评“300 分制”，按照五档九级标准评聘监督员。考评结果与职级津贴发放挂钩，根据不同的考核结果，给予每位监督员发放350~700元不等的职级津贴。

将乐县实行县乡村医疗卫生一体化管理　建立紧密型医联体管理模式，将县医院人才、技术、设备等优质资源下沉，初步形成“以县医院为龙头、乡镇卫生院为枢纽、村卫生所为基础”工作格局。（1）将人才技术资源下沉。按照“县管乡用”原则，实施县乡卫生人才轮岗交流、乡镇差别化奖扶等制度，推行专家坐诊、派驻医生、义诊服务队，形成乡到村周巡诊、县到乡月巡诊制度。总医院建立全县心电图诊断中心、影像诊断中心、远程会诊中心、视频教学中心，实现优质资源共享，解决基层能力不足问题，百姓在家门口就能享受到县级医疗专家服务。同时，对村医跟进开展基本公共卫生服务技能、中医适宜技术等20多批次专题培训。（2）将设施设备下沉。政府投入1000万元采购DR、彩超、全自动生化仪等医疗设备，投入1700多万元完成改扩建基层分院门诊综合楼7栋，新建职工周转房3幢156套。按照每个村卫生所辐射千人的标准，由乡镇卫生院延伸设立规范化村卫生所42所，辐射全县90%以上的乡村人口。（3）将管理资源下沉。总医院出台《加强医联体单位管理规定》《县总医院基层分院绩效考核方案》《总医院基层分院全员目标年薪制实施方案》《关于加强延伸举办村卫生所的管理规定》《将乐县乡村医生绩效考核办法》等10余项具体措施，进一步加强总医院对医联体内基层分院、村卫生所的管理。（4）将质量监督下沉。加大医联体医疗质量管控力度，落实医疗质量安全责任制；建立全员参与、覆盖临床诊疗服务全过程的医疗质量管理与控制工作制度；健全医疗费用控制监测和考核机制，严格控制医药费用不合理增长。

尤溪县组建县域紧密型医联体　2017年该县进一步整合县域医疗资源，组建1个紧密型医联体（总医院），直管全县乡镇卫生院人、财、物。（1）搭建总医院决策机构。按照“一套班子、两块牌子、一套财务、一体管理”的模式，整合县医院、县中医院资源，组建尤溪县总医院，联合乡镇卫生院、公办村卫生所和社区卫生服务中心，组成紧密型医联体。充分发挥龙头单位把方向、管大局、保落实“三大作用”，实现县、乡、村一体化管理。（2）整合优化总院职能科室。按照“大专科、小综合”的功能定位和岗位工作量、重要程度、饱满程度，优化整合2家医院行政后勤，设置人力资源部、财务部、后勤保障部、全民健康管理部等职能科室，同时遵循实施方案、工分标准、计算方法、年薪兑现“四个统一”，做到因事设岗、人事相宜，促进总医院精细化、规范化、一体化高效管理。（3）逐步整合医疗、医技科室。按照统一管理、精简效率、高端设备不重复原则，保留两家医院原有的常规基础检查化验项目基础上，优化整合总医院所有医技科室，医技人员由总医院统一调配。同时逐步整合两家县级公立医院“120”急救中心、重症医学科、中医康复科、内科、外科等科室。积极发展建设肿瘤治疗、介入治疗等新兴空白学科，努力提升县总医院医疗技术水平。（4）成立各乡镇卫生院分院。在保持乡镇卫生院的机构性质、承担职能、人员身份、资产关系、投入体制“五不变”的前提下，设置县总医院分院，并加挂县总医院分院牌子。总医院在完成基层医疗卫生机构的资产债务清查、人员配置摸底等工作后直管乡镇卫生院，实现县域医疗服务一体化管理。公办村卫生所由乡镇卫生院实行规划建设、人事管理、业务管理、药械管理、财务管理、绩效考核“六统一”管理，实现人、才、物统一管理，构建县域“大卫生”服务体系。（5）建立县域资源共享中心。成立10个中心，即：县域远程会诊中心、医学影像中心、心电诊断中心、中医药“互联网+”、消毒供应中心、临床检验中心、病理检验中心、“120”急救调动指挥中心、病案管理中心、物流及配送管理中心。县总医院已建立远程会诊中心、在线专家门诊会诊中心、医学影像中心和心电远程会诊中心等远程医疗服务系统，并实现与福建医科大学附属第一医院、福建医科大学孟超肝胆医院、三明市第一医院对接远程会诊；全县所有乡镇卫生院建立远程医疗会诊室、远程放射会诊室、远程心电会诊室，依托县级各会诊中心开展远程医疗会诊业务。

长汀县“一归口三下放”提升基层医疗服务能力　（1）落实归口管理。遵循“政事分开、管办分离”原则，将乡镇卫生院的人事、业务、经费以及干部任免等办医和管医职能，统一由县医管委归口管理，县卫计、编办、人社等部门对卫生院进行宏观指导，赋予乡镇卫生院相应权责。构建起权力归口管理的医管委（决策层）、自主经营的乡镇卫生院（执行层）和以第三方审计监管部门（监督层）为核心的基层医疗卫生机构法人治理基本框架。（2）实行“三权”下放。①下放人事管理权。实行院长负责制下的基层医疗机构自主管理人事权。基层卫生院可根据业务发展需求，灵活选择聘用方式，在编制外自主聘用符合任职资格条件的医务人员；同时，可以自主任免中层干部。推进非在编和在编人员同工同酬，落实村医乡用，将边远山区的乡村医生集中在乡镇卫生院统一管理。②下放分配权。实行“财政补助、独立核算、自主分配”的新体制，院长有比较宽松的资金支配权。同时，在机构内部实行严格绩效考核，做到多劳多得，优绩优酬，有效调动医务人员工作积极性和医院创新发展能动性。③下放经营权。鼓励乡镇卫生院在“保基本”前提下，根据当地条件和群众需求，在满足居民健康需求的前提下，形成以“特色专科”为支点的发展模式，自主发展特色医疗专科。打造了精神专科、康复专科、妇幼专科、流动卫生服务等特色医疗专科。2016 年开展特色医疗服务诊疗人次占基层机构诊疗人次的 40%，成为分级诊疗的重要补充。同时，以新桥卫生院为典型，示范带动全县发展以医养结合为重点的健康养老产业。

（陈 涌）

〔特约编辑：徐 祥〕

〔主 编：陈厚銮〕

江 西 省

全省卫生和计划生育工作概述 2017 年末，江西省有医疗卫生机构 37791 个，其中医院 669 所（包括综合医院 427 所、中医院 104 所、中西医结合医院 11 所、专科医院 125 所），基层医疗卫生机构 36311 个，公共卫生机构 744 个，其他卫生机构 67 个。总床位数 23.35 万张，每千人口床位数 5.05 张。全省卫生技术人员 23.57 万人，其中执业（助理）医师数 83649 人，每千人口 1.81 人；注册护士数 104127 人，每千人口 2.25 人。669 所医院中，三级医院 66 所（三级甲等 47 所、三级乙等 6 所、未评等次 13 所），二级医院 228 所（二级甲等 168 所、二级乙等 30 所、未评等次 30 所），一级医院 118 所（一级甲等 22 所、一级乙等 7 所、一级丙等 1 所、未评等次 88 所），其他 257 所。

推动健康江西建设。《“健康江西 2030”规划纲要》出台实施，先后组建全国首个省级创新创业类健康创客服务平台“江西省智慧健康研究院”和大健康产业发展基地“智慧健康创客园”。举办首届世界赣商大会绿色与健康论坛、省医学会成立 80 周年纪念大会、市县党政领导干部深化医改和实施全面两孩政策专题培训班等重大活动，整合资源，强势引导产生宣传效应。省级全民健康信息平台实现与 11 个设区市、100 个县（区、市）、13 家省直属医疗机构互联互通。推动医疗卫生与养老服务融合发展，全省有 739 家养老机构与医疗机构建立协作机制。

深化医改。9 月 9 日，以“取消药品加成”为标志的公立医院综合改革实现全覆盖，是全国 3 个推进综合性医疗服务价格改革的省份之一。全面推进分级诊疗试点，组建医联体 374 个，医共体试点 13 个，全省县域内就诊率由 2016 年的 83% 提高到 87%。与改革前相比，公立医院主要运行指标取得了“七降一升”的阶段性成效，其中医疗收入增幅、总诊疗人次、出院人数、门诊次均费用、人均住院费用、药占比（不含中药饮片）、百元医疗收入的卫生材料消耗同比下降 43.2%、4.17%、1.89%、2.46%、0.79%、19.36%、17.7%，医疗服务收入占比同比上升 31.8%。门诊次均费用、平均住院费用相当于全国平均水平的 92.6%、90.85%。2017 年全省居民个人卫生支出占总费用的比例下降到 27.5% 左右，低于全国平均水平，为历史最低水平。新余市、于都县分别入选国家公立医院综合改革示范市、县。

健康扶贫。省政府出台《关于推进健康扶贫再提升工程的实施意见》，提出 25 条具体措施。将 25 种重大疾病纳入重点救治范围，比国家要求增加的 18 个病种多，是全国覆盖范围最全、救治病种最广、救治人数最多的省份。2017 年全省救治大病患者 19.1 万例，累计救治 91.5 万例（含专项救治 4.5 万例）。全省为 289 万贫困人口提供家庭医生签约服务，免费健康体检 255.3 万人。25 个贫困县农村妇女“两癌”检查惠及 30 万人。组织近 500 名京、沪、粤赣籍名医回乡、赴疆开展公益活动，惠及全省及阿克陶县群众 2 万余人次，开启了扶贫、援疆新模式。2017 年，全省贫困人口住院费用自付比例为 6.79%，因病致贫家庭总户数由 2016 年的 18.2 万户减少到 12.55 万户，减少 5.65 万户，减幅为 31.04%。

中医强省建设。加快推进省局共建和国家中医药综合改革试验区建设，与抚州市签署《共同推进中医药发展合作框架协议》，支持宜春市开展中医药特色健康城市试点、上饶市开展中医药健康旅游模式创新、南昌市开展中医社会办医试点。上饶市成功入选首批 15 个国家中医药健康旅游示范区创建名单，省中医院等 3 家医院入选国家中医药传承创新工程项目库。成功组建江西省中医医疗集团和江西省中西医结合医院。1 人获国医大师称号、3 人获全国名中医称号。评选出首届 10 名江西省国医名师。全面启动实施基层中医药服务能力提升工程“十三五”行动计划，乡镇卫生院和社区卫生服务中心建有中医馆数量增加到 779 家。江西热敏灸医院新院正式启用，新增热敏灸康复联盟成员单位 14 家。深入开展中药资源普查、大宗品种标准化、中药配方颗粒临床研究，支持江中集团开展食疗产品临床研究。

改革计划生育管理。大力推行“互联网＋”计划生育服务改革、“三证合一”综合服务管理改革和“两检同做”优生优育全程服务改革。2017年网上办理生育登记47.28万例，群众满意度达99.3%。加强人口监测和政策实施效果评估，开展涵盖9000户家庭的生育状况调查。加快完善全面两孩政策配套措施，推进母婴设施建设。大力推进免费婚前医学检查，全省婚检率为63.3%，比上年提高16个百分点。加快计划生育利益导向政策落实，出台《江西省城镇居民独生子女父母奖励办法》，建立独生子女死亡的特殊家庭发放一次性5000元抚慰金制度，启动开展计划生育特殊家庭护理保险试点。失独家庭的稳定工作得到省领导充分肯定。流动人口基本公共卫生计生服务均等化全面推进。

提升服务能力。省属5所新区医院建设项目全部完成主体工程封顶，省直医院新增院士工作站2个。深入实施提升县级公立医院综合能力3年行动计划，支持603个县级医院临床重点专科建设，安排39所城市三级医院与148所县级医院开展对口支援，组织132所二级以上医院对口支援297个乡镇卫生院，25个贫困县实现远程医疗全覆盖。全省新建标准化村卫生计生服务室3286个，覆盖率由2016年的50%提高到75%。完成面向村卫生计生服务室的订单定向医学生培养招生2300人。加快发展社会办医，全省社会办医疗卫生机构2.21万所，床位总数达1.96万张。先后赴沪粤两地召开赣籍卫生人才与家乡发展恳谈会，创新柔性引进人才机制。深入推进改善医疗服务行动。在全国率先研发医疗纠纷调处管理系统，实现二级以上医疗机构医疗责任保险全覆盖。医疗纠纷处理“江西模式”入选中宣部等4部门联合主办的“砥砺奋进的5年”大型成就展。

强化公共卫生工作。2017年处置H7N9人禽流感、手足口病等16起突发传染病疫情，及时防控南昌市区赣江河滩的“螺情”事件。推进血吸虫病防治，全省完成查病44.4万人次，化疗4.8万人次，救治晚血病人2789例，贵溪市、上高县、上犹县、泰和县、万安县和武宁县等6个县市达到血吸虫病消除标准。召开全省爱国卫生运动65周年暨创建国家卫生城市现场推进会，9个县城（镇）荣获国家卫生县城、国家卫生镇称号。大力推行家庭医生签约服务，全人群签约服务率达36.44%，重点人群签约服务率达69.97%。全省建立城乡居民电子档案3813万份，电子建档率达83.5%。加强防汛抗洪卫生应急和救灾防病，全省共派出649支2275人的医疗防疫队，诊疗受灾群众和抢险救援人员3.6万余人次。组建江西省首支国家紧急医学救援队，调派省级医疗专家7批次28人，参与多起突发事件紧急医学救援。

推进各项工作。深入学习贯彻党的十九大精神，扎实推进“两学一做”学习教育常态化制度化。认真落实全面从严治党要求，开展廉政谈话100余人次，提醒和诫勉谈话90人次。切实加强卫生计生行风建设，开展以党风廉政、行风纠风、医院管理为主要内容的大型医院巡查工作，实现53家三级公立医院全覆盖，向医院书面反馈意见和建议1773条。省卫生计生委机关荣获第5届“全国文明单位”称号，各项年度考评均为优秀。援外医疗工作顺利推进，突尼斯中国“中医中心”项目全面启动，乍得援建眼科医院建设加快落实。驻村扶贫工作为全省先进。加强干部保健和离退休干部工作，保健质量和服务水平进一步提升。加强机关后勤保障工作，完成办公区改造搬迁，财务管理、节能综治、安全生产、信访维稳等工作有序推进。

（马晓平）

医疗改革 深化医改总体稳步推进。省政府办公厅印发《江西省全面推开公立医院综合改革工作实施方案》，2017年9月9日零时起全省所有公立医院全部取消药品加成，彻底终结持续60多年的“以药补医”历史，江西省公立医院综合改革实现全覆盖。建立医疗服务价格动态调整机制，出台《省直公立医院综合改革医疗服务价格调整实施方案》，调整1279项医疗服务项目价格，其中上调1168项，下调111项，调整的医疗服务项目按规定纳入医保报销。建立财政兜底保障机制，省财政对省直医疗机构取消药品加成部分按10%比例予以补助，对产生政策性亏损的单体医疗机构按取消药品加成金额的5%为上限安排补助，低于5%的据实补助；补助后仍有亏损的全额补助事业单位，由省财政予以足额补助。制定《江西省综合医改试点方案（2017—2020年）》，积极申报全国综合医改试点省。“五环联动补齐基层短板”入选2017年度全国“十大医改新举措”，江西是唯一连续9年上榜的省份。公立医院效果评价排名全国第8位，在省直A类单位被评为2017年度全省全面深化改革工作先进单位，排名进入第一方阵。新余、芦溪两地公立医院改革入选国务院“2016年全面深化改革真抓实干、成效明显”的表扬激励名单。新余市、于都县分别入选国家公立医院综合改革示范市、县。中央深改组《改革情况交流》专题刊发江西省改革经验。

分级诊疗框架逐步形成。以提高基层医疗服务能力为重点，加快构建“基层首诊、双向转诊、急慢分治、上下联动”的分级诊疗新格局。（1）大力推行家庭医生签约服务。家庭医生签约覆盖率达36.44%，其中重点人群、贫困人群签约服务覆盖率分别达69.97%、

91.15%，更多的城乡居民拥有了家庭医生，全省县域内就诊率提高到87%。（2）建成一批成效明显的医疗联合体。省政府办公厅印发《关于推进医疗联合体建设和发展实施意见》，省、市、县分别编制区域医联体建设规划，同步完善医保、价格、财政等配套政策，全省共组建多层次、多形式的医联体374个，所有的三级医院全部参与医联体建设，并发挥引领作用，促进优质医疗卫生资源的合理配置和有效利用。（3）加强基层服务能力建设。继续实施全面提升县级公立医院综合能力3年行动计划，选送400名县级医院骨干医师到全国知名医院进修，选派36名县级公立医院院长到国（境）外研修，支持建设603个县级临床重点专科，全面提升县级公立医院综合能力。全面加强基层卫生计划生育服务体系建设，基层医疗卫生机构建设达标率从33%提高到79.64%。全省居民个人卫生支出占总费用的比例下降到27.5%左右，低于全国平均水平，为历史最低水平。

全民医疗保障网更加巩固。建立健全城乡基本医保、大病保险、大病补充保险、疾病应急救治、城乡医疗救助制度，以基本医保为主体，多层次、宽领域、覆盖城乡、相互衔接的医疗保障网更加健全。2017年，全省职工医保参保558.7万人、城乡居民医保参保4203.69万人，筹资标准进一步提高到人均540元，其中各级财政补助人均450元，全民医保制度进一步巩固。有序推进基本医疗保险支付方式改革，省政府办公厅印发《关于进一步深化基本医疗保险支付方式改革的实施意见》，全面推行以按病种付费为主的多元复合式医保支付方式改革，在试点城市全面实施不少于100个病种的付费方式改革，在9家三级定点医院开展25种日间手术按病种付费试点，缓解群众在大医院住院难、看病贵等问题。全面实现医保经办机构与定点医疗机构、定点药店实时联网结算，省内各设区市之间异地就医实现直接结算，12个统筹区域均接入国家异地就医结算平台，所有在线备案人员跨省异地就医住院费用均实现直接结算。

药品供应保障体系更加规范。启动实施新一轮药品集中招标采购，全省“双信封”药品招标采购价格降幅达到23.6%。实行以政府为主导、以省为单位的高值医用耗材网上集中采购，先行对骨科、心血管介入诊疗类等高值医用耗材实行挂网限价采购，中标价格降幅达34.10%。全面推行药品采购“两票制”。省卫生计生委、省食药监局、省发改委、省工信委、省商务厅、省国税局、省工商局联合下发《关于印发江西省公立医疗机构药品采购“两票制”实施方案（试行）的通知》，2017年先行在城市公立医院综合改革试点城市推行“两票制”，减少药品流通领域中间环节，使中间环节加价透明化，打击“过票洗钱”，降低药品虚高价格。加强药品供应保障，启动全省第二轮药品再注册工作，首批推动13家药企的25个重点品种质量和疗效一致性评价。加大药品监管力度，对全省1.1万余家药品零售企业全部实施分级管理，严格落实药品购销不良记录和责任约谈制度。加强短缺药品、低价药品和儿童用药的供应保障，建立常态化短缺药品储备制度。

深化医改推进机制更加有力。省委、省政府高度重视医改工作，省委书记鹿心社主持召开省委深改组第16次全体会议，专门听取全省深化医改工作汇报，并强调要坚持问题导向，力求最佳效果。省长刘奇要求做好医疗、医保、医药改革“三篇大文章”，确保医改工作顺利实施、取得实效。省人大常委会专题听取和审议全省深化医改工作报告，推动解决重大问题。省、市、县成立由党委或政府主要负责同志担任组长的深化医改工作领导小组，将涉及医疗、医保、医药的相关职能由一位政府负责同志分管，全面建立有利于“三医联动”的组织领导体系。　　　（蓝希梅）

医政工作　重大疾病救治。印发《关于调整完善重大疾病免费救治政策的通知》，调整完善免费救治经费筹措、定额救治标准等政策措施，加快推进“光明·微笑”工程等8种重大疾病免费救治工作，全省共救治19.1万例患者。开展15种重大疾病专项救治工作，组建专家组，制定临床路径，培训1500余名骨干专家，共救治13.9万例患者。印发《江西省贫困患者县域内“先诊疗、后付费”服务工作方案》《关于加强扶贫病床设置管理工作的通知》等健康扶贫配套政策文件。

改善医疗服务行动。印发《江西省2017年深入落实进一步改善医疗服务行动计划重点工作方案》。召开“改善群众就医体验”3年行动新闻发布会。开展改善群众就医体验典型案例、微电影评选活动，征集了102家医疗机构的206件作品；参加国家卫生计生委组织的相关活动，省内多家医院入围获奖。省卫生计生委获全国改善医疗服务宣传报道优秀组织单位；在全国医院第三方满意度调查中，江西省医院门诊满意度排名位列全国第4位；入选“进一步改善医疗服务百佳案例”8个，为全国最多的省份。启动“寻找2017感动江西医护瞬间”评选活动。

疾病应急救助。出台《关于贯彻落实〈疾病应急救助工作指导规范（试行）〉的实施意见》。全年共受理1140人、837万余元的疾病应急救助基金申报工作。

医疗纠纷处理。在南昌地区上线运行全省医疗纠纷调处管理系统。12所医疗机构被评为第3届“江西省平安医院”。省卫生计生委等6个单位和罗礼生等

4人被评为全国“平安医院”先进集体和个人。医疗纠纷“江西模式”获得国家肯定，国务院法制办和国家卫生计生委两次赴赣调研，在2017年全国加强医疗机构安全保卫工作视频会议和全国医疗安全管理培训班上介绍经验做法。江西医疗纠纷处理工作入选“砥砺奋进的5年”大型成就展。

医疗质量控制。组织撰写《江西省2016年度医疗质量控制报告》，开展呼吸内科、神经内科、产科、口腔等4个专业省级质量控制中心的招标设置工作。印发《关于进一步规范全省医疗卫生机构医疗废物管理工作的通知》并开展专项督查。

医疗要素管理。贯彻落实“放管服”改革，将医学影像诊断中心、血液透析中心、医学检验实验室设置审批委托设区市、省直管县卫生计生委和赣江新区社会事务局负责。取消医疗机构设置审批环节资信证明和执业登记环节的验资证明等申请材料要求。将养老机构内设医疗机构由审批制改为备案制，取消数量限制。组织全省医师资格考试，19263人参加实践技能考试，14497人参加综合笔试。口腔和公卫类别综合笔试机考完成。印发《关于做好医师执业注册管理工作的通知》，全面实行医师区域注册，全省已办理医师多机构备案775人。制定并实施《江西省医疗机构、医师、护士电子化注册工作实施方案》。全年共办理全省护士首次注册1万余人，省直医疗卫生单位延续注册超过2000余人。

血液供应与血液安全。举行“传承红色基因、争做热血英雄——热烈庆祝第14个世界献血者日活动”。开展全省血液安全技术核查工作。全年全省采集血液37.08万人次，采血总量达64.01万单位。

药事管理。建立重点药品监控制度，完成药品集中采购的“双信封”招标工作。最终280个公开招标采购目录，共计944个产品中标和限价挂网，中标价格平均降幅达23.62%。全省12个联合体全部完成药品集中议价工作，并已执行议价结果。开展麻醉药品和精神药品专项整顿行动。

重大事件、活动医疗救治保障。做好全省H7N9禽流感患者日常医疗救治等工作。全省38例人感染H7N9禽流感病例中痊愈出院24例、死亡14例。积极做好南昌海航白金汇酒店火灾事故等4起突发事件医疗救治工作，做好500强企业高峰论坛等3次重大会议活动医疗保障工作。

精神卫生防治。出台《关于印发〈全省精神卫生工作规划（2016—2020年）〉重点任务分工方案的通知》《转发关于加强心理健康服务的指导意见的通知》文件，全省累计登记并录入国家严重精神障碍信息系统210235人，报告患病率为4.39‰；在册患者管理率为91.57%，规范管理率为64.24%，服药率为78.90%，规律服药率为27.52%。

护理服务管理。出台《江西省实施〈全国护理事业发展规划（2016—2020年）〉办法》，组织编写《护理质量管理实践评价》和《临床常见疾病护理常规》。举办全省第10届护理临床实践技能大比武。全省评选表彰唐月红等100名优秀护士，做好全省1904人的30年护龄双证人员确认颁证工作。

大型医院巡查。制定《江西省大型医院巡查工作方案》，省市按照分级负责的原则完成全省54家三级公立医院中52家医院的现场巡查，省本级分5个现场巡查工作组，对13家省直医院开展集中现场巡查。九江市、萍乡市组织县（市、区）卫生计生委负责完成辖区内其他二级公立医院的巡查。省、市巡查办向医院反馈问题共1773条，其中省直医院259条。组织开展省直医院巡查整改情况“回头看”工作。

行风建设。印发《关于进一步加强卫生计生行风建设，开展纠正医药购销和医疗服务中不正之风专项工作的通知》，对12家在昌省直属医院进行明察暗访，对检查情况和发现的问题全省通报。完成第5届卫生计生行风社会监督员换届工作，新聘任及续聘委卫生计生行风社会监督员51名。印发《江西省医用耗材专项整治活动实施方案》，全面开展医用耗材专项整治活动。（王　卓）

基层与妇幼卫生 *实施健康扶贫工程*。省政府出台《关于推进健康扶贫再提升工程的实施意见》，明确6个方面25项提升措施，多部门联合出台健康扶贫“三个一批”行动等配套文件，健康扶贫政策体系不断完善。2017年，全省因病致贫家庭总户数由2016年的18.2万户减少到12.55万户，减少5.65万户，减幅为31.04%，占全省15.08万脱贫户数的37.47%。2017年全省贫困患者住院费用报销比例为93.21%。贫困患者县域内住院“先诊疗后付费”和“一站式”结算服务实现全覆盖。全省累计免费救治大病患者91.5万例，2017年新增救治18万例。开展15种大病集中救治，个人负担2%~3%。全省303.8万贫困人口与家庭医生签订服务协议，贫困人口签约率为99.7%，为贫困人口建立电子健康档案302.7万份，建档率为99.4%。健康扶贫工作在全国考核中排名第5位。

家庭医生签约服务。省卫生计生委出台《江西省推进家庭医生签约服务实施意见》，制定《绩效考核方案》《重点联系点工作方案》等配套政策，明确签约服务团队建设、签约形式、服务内容、规范标准、保障激励、考核要求等规定，初步建立具有江西省特色的家庭医生签约服务政策体系。建立“人头＋项目”

的签约补偿机制，省级确定每人18元的一般服务包收费标准，是少数几个省级层面确定签约服务费标准的省份之一，指导各地以服务包的形式确定服务内容和补偿标准。召开全省家庭医生签约服务现场推进会、组织业务培训，加强重点联系点工作指导。2017年全省组建家庭医生团队16110个，全人群签约率为38.79%，重点人群签约率为74.5%。

基层卫生服务体系建设。2017年各级财政投入4.14亿元，全省新建公有产权村卫生计生服务室3498个，实现覆盖75%行政村的目标。开展乡镇卫生院职工周转房建设，在60个县（市、区）的88所乡镇卫生院建设周转房1000套，安排二级以上医院对口支援21个国贫县126所乡镇卫生院。推进乡村医生队伍建设，落实省级乡村医生各项补助，24057名乡村医生获养老生活补贴，1492名订单定向乡村医生入校培养。开展乡镇卫生院就医环境整治活动，建设全国群众满意的乡镇卫生院和优质服务示范社区卫生服务中心，2017年度全省219所乡镇卫生院获“全国群众满意的乡镇卫生院”称号，4所乡镇卫生院获“全国百佳乡镇卫生院”称号，17所社区卫生服务中心获“全国优质服务示范社区卫生服务中心”称号，5所社区卫生服务中心获“全国百强社区卫生服务中心”称号。

基本公共卫生服务项目。联合省财政厅制定2017年度基本公共卫生服务项目实施方案和绩效考核方案。大力开展新版《国家规范》培训，培训师资800余人，开展基本公共卫生知识网络学习、省级统考和竞赛活动。全省全年建立城乡居民电子档案3752.7万份，电子建档率为82.2%。为老年人、儿童、孕产妇、高血压、糖尿病、重性精神疾病和结核病患者等1050万人次提供了健康服务与管理。在国家项目考核的32个省份中排名第8位。

妇幼健康服务体系建设。夯实妇幼保健基础，落实生育全程健康服务，全省全年住院分娩活产数60.67万人，孕产妇死亡率为8.06/10万、婴儿死亡率为5.6‰。深入推进妇幼保健和计划生育资源整合，市、县、乡三级妇幼保健计划生育服务机构整合率分别为100.0%、97.0%和85.5%。创建妇幼健康优质服务示范县，再次申报推荐3个国家级示范县（市、区），创建4个省级示范县。

筑牢出生缺陷防治三级预防体系。加强一级预防，实施省政府民生工程，省政府办公厅印发《关于在全省开展免费婚前医学检查工作的指导意见》，在全省开展免费婚检，全省婚检率达到63.32%；累计为42万人进行了免费孕前优生优育健康检查，检查覆盖率达92%；为全省40.3万城乡计划怀孕和孕早期的妇女免费增补叶酸。完善二级预防，审批了2家产前诊断机构，产前筛查覆盖率和产前诊断质量不断提升，在地中海贫血高发的赣州5个县实施地中海贫血防控试点项目，为1.64万对夫妻提供免费地中海贫血筛查，为461对夫妻提供基因检测，为37对夫妻做产前诊断。巩固三级预防，加强新生儿疾病筛查，2017年全省遗传代谢性疾病筛查率接近90%，听力筛查率超过80%。

开展母婴安全年活动。逐级开展母婴安全专家巡讲工作，成功举办孕妇学校授课竞赛，全员参与母婴安全技能大比武，集中开展母婴安全宣传月和优生优育宣传月活动，实时进行床位公示，就南昌市区13家较大规模助产机构床位信息进行为期1个月的实时更新。

推进服务能力建设。规范产前诊断和人类辅助生殖技术二项行政许可。开展第2批省级儿童早期发展示范基地创建工作，遴选出7家省级儿童早期发展示范基地。确定9家医院为治疗性食品定点销售医疗机构，解决PKU特殊食品入院销售难题。在全省范围内开展母子健康手册免费使用，合计发放《母子健康手册》181011本，使用163764本，使用率达90.4%。推进计划生育技术服务管理，落实避孕节育措施，为符合政策生育的育龄妇女解除现有长效节育措施，发放各类避孕药具23.7万人次。加强失独家庭再生育服务工作，失独家庭接受再生育技术服务的人数为2170人，其中196对失独夫妇已成功实现再生育。

实施妇幼重大公共卫生服务项目。在25个贫困县实施贫困县农村妇女“两癌”检查，对30万贫困县农村妇女同步筛查乳腺癌、宫颈癌。实现全省农村妇女“两癌”免费检查全覆盖，全省共免费筛查出宫颈癌前病变患者1429例、宫颈癌患者171例，乳腺良性疾病患者18909例、不典型增生患者58例、乳腺癌患者123例。实施贫困地区儿童营养改善，发放营养包86418盒。预防艾滋病、梅毒和乙肝母婴传播项目筛查58.8万人，发现艾滋病感染孕产妇100人，梅毒感染孕产妇906人，乙肝感染孕产妇63229人，均免费进行预防母婴传播干预。（龚明亮　周　涛）

疾病预防控制　2017年，江西省法定传染病报告发病率为468.88/10万，无甲类传染病发病、死亡病例报告；乙类传染病报告发病率为232.42/10万，发病数居前5位的病种分别为病毒性肝炎、肺结核、梅毒、淋病、细菌性和阿米巴性痢疾，占97.39%；丙类传染病报告发病率为236.47/10万，发病数居前5位的病种依次为手足口病、其他感染性腹泻病、流行性感冒、流行性腮腺炎和急性出血性结膜炎，占99.92%。2017年继续实施全省疾控科研发展规划和人才培养规划，公共卫生课题立项56项，新建省级领先学科1个，完成艾滋病防制省、市领先学科共建验收。江西省食源性疾病诊断溯源重点实验室获得省科技厅立项通过。

重大疾病防控。截至2017年底，江西省存活的艾滋病病毒感染者和病人11428人，疫情维持低流行态势，居全国第16位。全省设立194个艾滋病监测哨点，新建25个艾滋病筛查实验室和111个艾滋病检测点，全年检测508.7万人次。继续开展美沙酮维持治疗、针具交换、宣传教育、心理支持、安全套发放、咨询检测、健康体检、转介治疗等服务，全年暗娼、吸毒者和男男性行为者月均干预覆盖率分别为90.6%、52.0%和70.6%。至2017年底，全省符合治疗标准的感染者和病人接受抗病毒治疗比例为88.3%。全省贫困艾滋病患者免费救治工作进展顺利，免费救治2196名贫困艾滋病患者，随访管理11349名艾滋病患者。全省各级结核病防治机构和定点医院相互合作、密切配合，加强肺结核患者发现、治疗和管理工作，取得明显成效，共发现活动性肺结核患者3.15万人，对涂阳肺结核患者密切接触者筛查率达99.79%，肺结核患者成功治疗率达96.96%，病人发现和治愈均达到国家要求。

免疫规划。全省保持常规免疫高水平接种率，全年共接种一类疫苗1370.4万剂次，适龄儿童接种率达90%以上，有效控制疫苗针对疾病的发生和流行。制订下发《江西省第一类疫苗调剂管理规定（试行）》，保障第一类疫苗供应、调剂。完成了持续3年的预防接种门诊星级门诊创建工作，已建成五星级门诊87家、四星级门诊207家、三星级门诊1484家，星级预防接种门诊比例达到90%以上，达到既定目标。加强疫苗针对疾病监测与控制工作，继续维持无脊灰状态，开展Ⅱ型脊髓灰质炎疫苗相关病毒登记清册工作，采取有效措施控制麻疹等疫苗可预防疾病，麻疹疫情降至历史最低点。开展AFP、麻疹、AEFI、乙肝监测以及麻疹等疫苗相关疾病健康人群抗体水平监测工作，监测系统运转评估指标达到国家监测方案要求。

急性重点传染病防控。科学规范做好重点传染病和新发传染病的调查处置和预防控制工作，充分利用重点传染病监测信息，为疾病预测、预警和疾病控制服务。成功处置诸如病毒、手足口病、出血热、布鲁氏菌病、流感等45起突发传染病疫情，尤其是快速锁定并处置江西省首起本地感染登革热疫情和罕见的成人A组轮状病毒暴发疫情，暴发疫情调查率为100%，事件原因查明率为100%，及时有效地遏制了疫情扩大和蔓延。出血热疫苗接种工作取得显著成效，与2016年相比全省出血热疫情报告发病率下降16.02%。传染病监测体系不断完善优化，全省226个传染病监测点监测完成率为100%。启动国家致病菌识别网建设，已有南昌市、宜春市、上饶市通过国家致病菌识别网建设验收。救灾防病工作及时深入，针对景德镇、上饶、九江、南昌等地灾情，及时派出省级救灾防病专家队伍6批次39人次，并调拨应急消杀物资和诊断试剂56万多元，首次派出省级大型机械化消杀设备前往婺源、修水支援外环境消杀，省、市、县、乡、村五级联动，确保大灾之后无大疫。

慢性非传染性疾病防控。在全省100个县区启动第2阶段全民健康生活方式行动，大力宣传“三减三健”核心知识，并开始基线调查。积极开展国家级和省级慢性病综合防控示范区创建工作，东湖区通过国家慢性病综合防控示范区复审；南昌市青云谱区、湾里区，新余市渝水区，上饶市横峰县和赣州市于都县成功创建国家慢性病综合防控示范区；赣州瑞金市成功创建省级慢性病综合防控示范区。开展2016—2017年度心血管病高危人群早期筛查与综合干预项目，6个项目点完成初筛对象筛查1.2万余人，完成率达100%；完成高危人群筛查3000余人，完成率达100%；短期随访人数完成2900余人，完成率达96.7%；长期随访人数完成1.6万余人，完成率为90%。开展脑卒中高危人群筛查与干预项目，完成4.8万目标人群筛查，并对发现的高危人群进行干预和随访。开展上消化道和大肠癌早诊早治项目，完成上消化道早诊早治项目诊断性筛查任务数2000人；完成大肠癌早诊早治项目诊断性筛查任务数1000人，实现目标人群早诊率达100%，治疗率达100%。提升20个国家级死因监测县（区）和12个国家级肿瘤登记县（区）死因监测和肿瘤登记工作质量。国家卫生计生委在江西省安义县、都昌县等4县继续开展中国儿童与乳母营养健康监测，为政府制定0~17岁儿童青少年和乳母营养与健康相关政策提供基础信息。

麻风病防治。印发《江西省消除麻风病危害行动计划（2017—2020年）》，落实消除麻风病危害规划目标。加强中央补助项目的实施，强化目标管理机制，对重点县区实施麻风病防治策略与措施的“精准帮扶”。在全省皮防机构中开展医防联合体建设，南昌市、赣州市、上饶市等牵头成立“江西省皮肤病专科联盟”。创新麻风病健康素养促进模式，利用微信公共平台、微视频等新媒体，开展麻风病防治知识宣传。截至2017年底，全省累计发现麻风病患者18516例，累计治愈14517例，累计治愈率为78.42%，治愈存活者3391人。2017年全省麻风病新增病例29例，全省有现症病人144例，6个县区患病率大于0.1/万。

环境卫生工作。城市水质监测覆盖全省所有市

政集中供水，设置了1053个监测点，其中出厂水监测点170个，末梢水监测点604个，二次供水监测点279个。2017年全年累计检测出厂水238份，末梢水和二次供水2106份，对全省所有城镇用水进行了监测。在南昌市青云谱区、青山湖区两个城市点和上饶市婺源县一个农村点开展空气污染（雾霾）对健康影响的监测，完成雾霾特征污染物监测和成分分析、环保和气象数据收集、小学生健康影响调查、人群出行模式调查等工作。在上饶市开展公共场所健康危害因素监测，对宾馆（酒店）、游泳场（馆）、沐浴场所、理发（美容）店、候车室等5类共计45家重点公共场所按季度开展健康危害因素监测。

职业病防控。全省重点职业病监测和职业健康风险评估项目工作全面铺开，项目工作地市级开展率达100%，区县覆盖率达100%。全年报告职业病468例，其中尘肺病395例，尘肺病累积现患病人1.98万例；报告农药中毒999例；报告进行职业健康检查企业数329家，体检人数约4.35万人。完成放射作业人员个人剂量测量每个周期5000余人份，完成建设项目职业病危害放射防护A类评价15家，B类评价100家；核医学单位放射防护检测20家，X线机、CT机、医用电子加速器、头部伽玛刀、SPECT等仪器设备性能及场所防护检测1220台。（徐　鹏）

卫生应急与监管　H7N9防控。全省全年发现H7N9流感确诊病例38例，其中死亡14例，治愈24例，波及9个设区市27个县（市、区）。省卫生计生委及时启动省应对H7N9联防联控工作机制，农业、林业、工商、商务、食药监等成员单位密切配合，积极落实源头控制，市场管理、疫情监测、风险评估、病例救治、宣传教育等防控措施。省人社厅、省财政厅联合出台文件，将已购买城乡居民医保的H7N9流感患者的治疗费用纳入医保报销、应急救助及大病保险范围，通过多种渠道基本解决患者救治费用问题。医疗卫生机构全力做好重症患者救治，全省H7N9流感患者治愈率高于全国平均水平。省卫生计生委应急办、南昌大学第一附属医院被评为全国防控禽流感工作先进单位。

汛期救灾防病。7月，长江九江段及鄱阳湖出现有记录以来第9次大洪水，省卫生计生委紧急调度设置100余个临时医疗点，派出近700支2000余人的医疗队，保障人民群众和抢险救援人员身体健康和生命安全，采取有效措施，科学、有序、规范、高效地做好防汛抗洪卫生应急和救灾防病工作。

突发公共事件紧急医学救援。省卫生计生委指挥协调相关单位和部门，调派11批次96人次省级医疗专家，参与“1·24”三美化工有限公司化学气体泄漏事故、“2·25”海航白金汇酒店火灾事故、“5·15”重特大交通事故、樟吉高速大客车侧翻事故、“9·5”幼儿园疑似食物中毒、“10·13”食物中毒等多起突发事件紧急医学救援工作，共救治伤员150余人，最大限度地保障群众生命健康，受到各方面肯定。

全省卫生应急技能竞赛。省卫生计生委联合省总工会举办以“技能竞赛历练精兵、卫生应急护航健康”为主题的全省卫生应急技能竞赛活动。来自11个设区市和13家省直医疗卫生单位的24支队伍、176人参加为期3天的决赛。省职业病防治研究院赖云、省疾病预防控制中心周珺，因成绩优异，获“江西省五一劳动奖章”，南昌市疾病预防控制中心获“江西省工人先锋号”荣誉。在全国卫生应急技能竞赛中，江西省代表队获团体优秀奖。2人在突发中毒事件处置、突发急性传染病防控项目中荣获个人三等奖，省卫生计生委获得优秀组织奖。

国家紧急医学救援队（江西）建设。成立国家（江西）紧急医学救援队建设工作领导小组，统一组织领导队伍建设各项工作，确保项目建设各项工作保质保量、按期顺利实施。同时，结合江西省省级应急队伍现状与国家紧急医学救援工作任务实际，进一步加强省级卫生应急队伍装备、标识、服装、后勤保障等专业化、标准化建设。采取队伍纪律教育、专业知识培训、野外生存能力训练和队伍集结拉练等方式，不断加强卫生应急队伍训练，切实提升队伍应急处置能力。

卫生应急体系建设。印发《江西省卫生应急体系建设与发展规划（2017—2020年）》。结合“防灾减灾日”、卫生应急知识宣传周活动，广泛开展卫生应急知识“进社区、进企业、进机关、进学校、进农村”活动，提升公众卫生应急素养，增强自我防范意识和自救互救能力。继续发挥江西省卫生应急咨询服务中心作用，进一步完善突发公共卫生事件卫生应急专家咨询委员会和卫生应急志愿者队伍，弘扬“坚守、使命、责任、担当”的卫生应急精神。

监督体制改革。推进《关于进一步加强卫生计生综合监督行政执法工作的实施意见》的贯彻落实，督促市、县两级按62号文件要求，推进市县监督执法资源整合工作。将执法改革工作进展情况纳入年底委综合督导项目。重点督导市、县监督执法机构的名称、内设机构、人员编制等改革到位情况，乡镇（街道）设立卫生和计划生育办公室、明确工作机制及配套工作经费等；将县乡两级监督执法改革纳入计划生育先进县评选“一票否决”。截至2017年底，省本级、11个设区市、100个县区监督机构全部改革到位，1413个乡镇卫生计生办挂牌成立。

卫生计生案件查处。在全省范围内组织各级监督执法机构开展“转职能、转方式、转作风、转形象”活动，开展跨区域、跨部门、多层级联合执法，加大查办案件力度，建立案件查处定期通报机制，强化日常监督，取得显著成绩。全省全年共查处各类卫生计生案件9376件，罚没款2075万元，查案数量和罚没款金额分别比2016年上升60%和66%。选送的5例案卷被国家卫生计生委评为年度优秀典型案例，年度优秀典型案例数量并列第一名。

“双随机一公开”抽查。各级监督机构探索建立抽查工作机制，制定了抽查工作制度及“一单两库”，省市县三级监督机构联动开展医疗机构“体检式”执法检查取得了良好效果。截至11月底，完成国家下达双随机检查单位5978户，任务完成率为88.74%，完结率为98.43%，基本完成国抽任务。

专项监督执法行动。深入开展春季校园卫生专项监督检查，全省共检查各类学校15389所。组织开展了全省打击非法医疗美容专项行动，全省集中整治阶段共对910家医疗机构和2641家非医疗机构进行了监督排查，查办案件81件，罚款48.44万元，没收违法所得近35.15万元，没收药品器械73台件，责令暂停执业活动4家，移送工商药监部门1件，移送公安司法部门2件，追究刑事责任1人。根据国家卫计委等12部委统一部署，从6月起联合省综治办等12部门，在全省开展查处违法违规应用人类辅助生殖技术专项行动。

卫生计生行政许可。紧紧围绕放射卫生监督等生态环境损害有关的重点监督内容，加强行政审批与监督检查工作衔接。组织培训省级放射卫生工作人员4期共1120余人，完成省职业病防治研究院等3家放射卫生技术服务机构评审。将全省消毒产品生产企业卫生许可审批权限下放至各设区市卫生计生行政部门，并专门制定下发了《消毒产品生产企业卫生许可审批下放承接实施方案》，提前对各设区市行政审批与现场审查人员进行了业务培训。印发《江西省生活饮用水集中式供水单位卫生许可规程》3个文件，进一步规范全省饮用水集中供水单位的卫生许可和监督执法行为。

卫生计生监督能力建设。推进卫生计生综合监督队伍建设，举办全省卫生计生执法案例评查培训班，培训一线监督执法人员200余人。全面推广卫生计生监督移动执法终端和协管信息系统，在南昌、赣州、上饶等地进行全过程监督执法记录试点。进一步规范卫生监督协管工作内容与信息报告制度，并利用协管信息系统协助完成2016年度全省卫生监督协管考评工作。积极推动省、市两级监督机构开展业务用房的项目编制及项目资金、项目用地筹备等前期工作。进一步推动县级监督机构执法装备标准化建设。

（王　玮　刘思海）

中医药工作　2017年江西省全年中医医院门、急诊人次为1288.3万人次，比上年增长6.3%；出院病人数达95.03万人，比上年增长2.2%；开放病床28922张，比上年减少1.5%；病床使用率为90.4%，比上年减少4.4%；业务收入为89.58亿元，比上年增长7.3%；人均业务收入27.4万元，比上年增长7.0%；中药收入为20.61亿元，比上年减少2.0%；中药收入占药品收入比为20.61%，比上年减少11.9%。中医药人员5780人，比上年增长17.7%。

推进中医药综合改革。（1）完善中医药管理体制机制。省编办批准省卫生计生委增设中医药服务处，增加人员编制5人；上饶市、抚州市相继成立中医药管理机构。8月，省卫生计生委与抚州市签订《共同推进中医药发展框架协议》，支持抚州市中医药改革发展。（2）打造中医药双创新平台。创建江西省智慧健康创客研究院，打造企业服务、产学研协同创新、人才培养等中医药全产业链的创新创业平台，是全国首家政府发起、企业主导的智慧健康创客平台。（3）加强中医医疗资源整合。省卫生计生委组建江西省中医医疗集团，以医疗、教学、科研为纽带，通过专科联盟、人才培养、科研协作、院内制剂共享等多途径提升中医医疗服务能力。组建成立江西省中西医结合医院，加快推进热敏灸康复联盟建设，确定了40家热敏灸康复联盟单位。（4）推进中医食疗法规试点。协调医疗机构支持江中集团等企业开展猴姑米稀、掌叶覆盆子、芡实等食疗产品临床研究，按照药品临床试验的模式，利用第三方评价食疗产品的效果，探索建立中医食疗产品评价体系，余干县药食两用（芡实）品种获批全国绿色食品原料标准化生产基地。（5）开展中医药管理与政策研究。举办4期中医药管理和健康政策高级研修班。由政府各部门、中医药企业、卫生行政部门、高校、科研院所及中医医疗机构选派骨干人才参加政策研修。研修班学员参与政府各部门的政策草拟、项目制定、调研论证等工作，将部门资源、专家资源、企业资源融入中医药发展政策。

提升中医药服务能力。（1）基层中医药服务能力提升。实施基层中医药服务能力提升工程“十三五”行动计划。完成基层医疗卫生机构中医馆建设项目754个，占全省基层医疗卫生机构的50%以上。加强县级中医医院建设，横峰县等县中医院完成了独立设置，并投入运营。推进基层中医药工作先进单位创建，完成对兴国县等5个基层中医药工作先进单位复审和奉新县等6个县（市、区）全国基层中医药工作先进单位创建的国家评审工作。（2）中医重点专科建设加强。完成33个国家中医重点专科评估验收。开展2017年省级中医重点专科申报遴选工作，确定江西中医药大学附属医院康复科等12个省级临床重点专科和南昌县中医院咳嗽科等51个基层特色专科建设单位；瑞昌市人民医院肝病科等7个省级临床重点专科培育单位。（3）中医药行业监管规范。完成14所三级中医院巡查工作。开展中医药监督体系摸底调查，做好中医药监督知识与能力培训，培训人数达300余人，开展中医药监督师资培训和中医执法监督典型案例交流。

强化中医药继承创新。（1）争取项目支持。江西中医药大学附属医院、九江市中医院和南昌市洪都中医院纳入国家中医药传承创新工程重点中医医院建设备选项目库；上饶市入选国家中医药健康旅游示范区创建单位；南昌市开展社会办中医全国试点工作。（2）推进中医药教学改革。江西中医药大学与教育部教育发展研究中心、江中集团共建国家中医药教育国际化协同创新平台，合作建立国家中医药教育国际化（南昌）试验区，推进“中医药文化+教育国际化”，构建中医药教育、中药产业、健康服务业国际化平台。江西中医药大学探索中医师承住院医师规范化培训改革。（3）推进中医药标准化建设。1月27日，国家中药标准化项目启动仪式在樟树市举行。全省16个中药饮片和大宗品种开展标准化工作，占全国项目总数的10%。

加强中医药人才培养。（1）完善中医药人才评价褒奖机制。伍炳彩教授获评为第3届“国医大师”，皮持衡、范崔生、张小萍教授获评为首届“全国名中医”。省卫生计生委会同省委人才办、省人社厅组织实施省国医名师评选，评选出10位首届江西省国医名师。（2）开展中医住院医师规范化培训。全省全年中医住院医师规范化培训新招收学员246人，其中中医全科医生50人，中医住院医师196人。完成全省中医住院医师规范化培训人员的信息采集，全省共有在培人员2000余人。新增国家中医住院医师规范化培训基地3家，完成首批江西省中医住院医师规范化培训学员考核工作。（3）加强中医药高层次人才培养。推进全省全国老中医药专家学术经验继承、全国名老中医药专家传承工作室项目建设，强化全省15名全国中医护理骨干人才培训项目的管理工作。全省经考试选拔共确定11名全国中医（临床、基础）优秀研修项目培养对象。

加快中医药文化传播。（1）启动江西省中医中药中国行。印发《江西省中医中药中国行——中医药健康文化推进行动实施方案（2016—2020年）的通知》。11月24日，“中医中药中国行——中医药健康文化推进行动”江西站启动仪式在南昌举行，举办学习贯彻《中医药法》培训班，对《中医药法》配套政策进行解读。（2）推进中医药健康扶贫工作。实施“健康扶贫进苏（贫困）区”大型公益活动和“情系百姓·大爱有‘疆’”赣籍名医赴新疆义诊志愿服务活动，组织200余名北上广赣籍专家和省内名中医开展健康扶贫与志愿援疆，两次活动免费诊疗1.2万人次，开展健康讲座16场，爱心企业捐助药品和相关物资260万余元，义诊行程超过5万余公里，受到百姓点赞。（3）推进中医药文化进校园。加强向青少年宣传普及中医药健康文化，开办了江西省首批中医药文化教育实验班。江西中医药大学为南昌市湾里一中、湾里三小编写《小学生学中医药》《初中生学中医药》。（4）推进中医药国际合作。完成2016年度国际合作专项“中国—葡萄牙中医药海外中心”项目的验收工作，江西中医药大学和省中医院积极申报国际合作专项，省卫生计生委向国家中医药管理局推荐“中加中药产品开发国际合作基地建设”等4个项目。（郑林华）

2017年6月30日，江西省副省长谢茹在南昌昌北机场迎接“国医大师”“全国名中医”并出席座谈会。

计划生育工作　全面两孩政策实施效果持续显现。全省二孩出生量首次超过一半，二孩及符合政策生育的多孩合计占比达54.24%，比2016年提升4.31个百分点，出生人口性别比连续10年下降。

落实党政主体责任。省委、省政府始终高度重视计划生育工作，坚持党政一把手亲自抓、负总责。（1）继续强化制度保障。各县（市、区）党委、政府先后出台了贯彻落实中央《决定》的实施意见，因地制宜提出了具体举措。（2）继续强化组织保障。调整完善省本级人口计划生育工作领导小组，明确由省政府主要领导任组长，分管领导任副组长；各市、县（市、区）也成立了由党委或政府主要领导任组长的人口计生领导小组，切实加强了对计划生育工作的领导。注重发挥领导小组作用，举办全面两孩政策专题培训班，对省人口计生领导小组成员和市、县两级政府分管领导进行业务培训，并以领导小组办公室名义对各设区市计划生育工作进行督查。（3）继续强化法制保障。进一步规范特殊情形再生育审批，新增3种特批情形，全年为353对夫妻办理再生育审批。（4）继续强化经费保障。省财政投入3亿多元保障计划生育工作开展。省财政还安排在2017—2019年连续3年，每年投入4000万元专项资金，为25个贫困县30万农村妇女免费检查宫颈癌、乳腺癌。

推进服务管理改革。大力推行“互联网＋计划生育服务管理”新模式，研发江西省计划生育服务系统，全面开展网上生育登记和再生育审批，并开通微信公众号和工作人员手机APP。2017年育龄群众在网上办理生育登记47.28万例，满意度达99.3%。积极探索优生优育全程服务模式，在免费孕前优生健康检查基础上，推广基层整合婚检、孕检和生育登记工作经验，实行“三中心合一”的服务模式，逐步在全省实现免费婚检和孕检“两检同做”、婚姻登记和生育登记“两证同登”，不断提高婚检率和孕检率。2017年全省婚检率达到63.3%，比2016年提高16个百分点。吉安县、兴国县、资溪县等地成立婚育便民服务中心，推行“一站式”婚育全程服务。九江市浔阳区将涉及群众的卫生计生相关证件和服务项目，优化整合为《婚育健康全程服务证》，实行“多证合一、网上全办”，深受群众好评。

巩固提升出生监测水平。省卫生计生委、省发改委等部门联合印发《关于加强出生人口信息管理工作的实施方案》，省卫生计生委研发了出生人口信息管理系统，加快与国家、省直各部门和卫生计生系统的信息共享、互联互通。全年向国家推送出生信息108.54万条，生育登记信息57.49万条。通过开展住院分娩信息比对核查，采取系统比对、定向发放和精准核查的方式，对66.42万条出生个案信息进行了审核修正。完成国家卫生计生委有关开展生育状况抽样调查任务，对全省105个县（市、区，含开发区）、220个乡镇（街道）和450个村委会（社区）进行了入户调查。

加强基层基础建设。（1）筑牢基层计划生育工作网底。各乡镇（街道）普遍设立卫生计生办，并按全员人口比例配齐专职工作人员，全省97%的县（市、区）、85.5%的乡镇街道妇幼保健计划生育服务机构完成整合。（2）重塑基层计划生育业务工作规范。印发《江西省基层计划生育业务工作手册》（2017版），明确乡村两级机构设置，理顺职责，细化任务，推动形成任务清晰、服务精准、管理精细、运行高效的基层工作模式。鹰潭市余江县等地积极组织开展新时代乡级卫生计生办转型发展示范创建活动，由县级机构编制委员会印发“三定”方案，明确乡级卫生计生办转型发展的职责任务。（3）实施基层计划生育服务能力提升工程，研发启用“江西省计划生育业务培训系统”，组织3.1万名计划生育工作人员进行网络培训和综合业务考试。

推进计划生育利益导向政策落实 将落实城镇居民独生子女父母奖励政策纳入年度重大民生工程，省政府印发《江西省城镇居民独生子女父母奖励办法》，自2016年1月1日起，对符合奖励条件的城镇独生子女父母，给予每人每月100元奖励金直至其亡故，从开始领取到亡故时不足5000元的补足5000元。同时，省卫生计生委、省民政厅等部门联合建立了江西省计划生育特殊家庭扶助关怀工作5部门联席会议制度；省卫生计生委、省财政厅联合印发《关于对全省独生子女死亡的计划生育特殊家庭发放一次性抚慰金的实施意见》，对独生子女死亡后未再生育且未收养子女的失独家庭父母，在女方年满49岁后，给予每人一次性5000元抚慰金。此外，省政府办公厅印发《关于做好江西省老年人权益保障和照顾服务工作的实施意见》明确在独生子女的60岁以上父母患病住院治疗期间，用人单位应批准给予每年累计不超过10天的护理照料时间，护理照料期间工资福利等基本待遇不变。

探索医养结合新模式。省卫生计生委、省工信委、省民政厅等部门联合印发《江西省智慧健康养老产业发展工作方案（2017—2020年）》，举办全省医养结合工作会和提升养老服务业质量暨医养结合高峰论坛，推动各地积极探索医疗机构与养老机构合作新模式，鼓励医疗机构开展养老服务、养老机构开展医疗服务，支持社会力量兴办医养结合机构，推动医疗卫生服务延伸到社区和家庭，为更多的居家老人提供健康管理服务。各地纷纷探索医养结合新模式，赣州市投资41.6亿元在建医养结合机构41家，景德镇市投入100万元建设20个城乡居家养老服务中心，宜春市整合中医服务资源，推进养老机构植入中医服务项目，萍乡市湘东区与市人民医院合作积极引进社会资本打造麓林湖养生公馆，计划提供3600张养老及康复护理床位。

提升流动人口服务管理水平。全省2017年流动人口规模达764万人，其中跨省流出669万人。（1）提高流动人口信息化应用水平。全省网络化协作信息反馈及时率达97.75%，电子婚育证明查验符合率达78.8%。（2）全面推进流动人口基本公共卫生计划生育服务均等化。均等化服务内容增至7项，在全省创建了50个服务示范单位，建立流动人口健康档案29万份。（3）组织流动人口健康促进和健康教育活动。（4）务实开展双向协作，赣粤两省流动人口信息实现互联

互通和数据共享，驻粤流动人口卫生计生联络站积极为258万赣籍在粤流动人口牵线搭桥，各地依托赣籍在外商会和企业建立流动人口计生协会等844个，有力促进了流动人口跨地区服务接续。

构建鼓励按政策生育制度环境。将鼓励按政策生育纳入《江西省人口发展规划（2016—2030年）》等系列政策文件，统筹推进完善其他配套政策。2017年省政府修订公布《江西省女职工劳动保护特别规定》，明确落实计划生育奖励假、生育津贴和生育保险等相关政策，提出女职工在98天产假期满后，经本人申请，用人单位批准，可以请假至婴儿满1岁等保障条款。省卫生计生委、省发改委等部门联合印发《关于加快推进母婴设施建设的实施意见》，明确到2020年底所有应配置母婴设施的公共场所和用人单位基本建成标准化的母婴设施。

完善计划生育目标管理考核。坚持计划生育一票否决制度。全省各级组织在单位评先和干部职工招考聘用、选拔任用、提拔重用、评模评先评优、授予荣誉称号、推荐人大代表或政协委员或青联委员等方面，都征询当地卫生计生部门的计划生育审核意见。在调度工作时坚持对计划生育工作落后的县（乡、村）进行约谈。2017年2月省政府通报了全省2016年计划生育目标管理责任制考核结果，向各设区市政府下发计划生育目标管理责任书；经省政府同意，省卫生计生委对2个县（市、区）进行了警示。不断改进考核手段，优化考评指标，通过互联网申报材料，组织考评，提高考评的科学性、规范性、公平性。　（廖建锋）

2017年9月，江西省举办母婴安全技能大比武，图为颁奖仪式。

爱国卫生工作　国家卫生城镇创建。全省9个县城（镇）荣获国家卫生县城、国家卫生镇命名，其中南昌县、崇义县、峡江县获得国家卫生县城称号，南昌市湾里区太平镇、龙南县关西镇、宁都县小布镇、宜春市明月山温汤镇、靖安县宝峰镇、贵溪市塘湾镇获得国家卫生镇称号。宜春市、井冈山市2个国家卫生城市，德安县、吉安县、玉山县3个国家卫生县城通过国家复审并重新获得命名。共青城市和余江县分别获得江西省卫生城市和江西省卫生县城称号。

全省卫生城镇创建。为加快推进全省创建国家卫生城镇工作，确保到2020年完成和超额完成创建任务目标，按照《国务院关于进一步加强新时期爱国卫生工作的意见》和省委、省政府领导指示精神，协助省政府办公厅印发《江西省创建国家卫生城镇工作实施方案（2018—2020年）》，明确创建工作目标、任务、完成时间节点和工作要求，实现了创建卫生城镇由政府自愿申报向政府必须申报转变，用体制机制保证创卫工作的顺利推进。召开全省爱国卫生运动65周年暨创建国家卫生城市现场推进会，全面总结江西省65年来爱国卫生运动取得的成绩，部署今后的爱国卫生工作。

建立卫生创建和城乡环境整洁双考核机制。大力推进全省卫生创建工作和城乡环境卫生整洁行动，切实加强城乡环境卫生长效管理，印发《关于开展卫生创建和城乡环境卫生整洁行动督查考核评比工作的通知》，组织专家对九江、景德镇、萍乡、新余、鹰潭、赣州、上饶、抚州8个设区市及所辖县（市、区）、乡（镇）进行考核，双考核结果排名呈报省政府并进行通报。

爱国卫生运动65周年纪念活动。8月21日在《江西日报》上刊登题为《跃上葱茏四百旋》的纪念爱国卫生运动65周年专版。通过《江西日报》主流媒体的影响力，强化舆论引导，讴歌全省爱国卫生运动的光辉历程，弘扬爱国卫生运动的优良传统，总结爱国卫生运动取得的巨大成就，在全省达到认识爱卫、理解爱卫、支持爱卫的宣传效果，营造全民参与、共建共享的社会氛围，扩大了爱国卫生工作的影响。

农村水质和环境卫生监测。实施中央补助地方农村饮用水水质卫生监测和农村环境卫生监测项目。农村水质监测项目覆盖11个设区市、75个项目县（市、区）、4050个监测点，分丰水期和枯水期进行水厂到农户的水质检测；农村环境卫生监测项目覆盖11个设区市、28个项目县（市、区）、560个监测点。下达省级农村改厕项目经费400万元，用于支持贫困地区农村、国家级和省级卫生县城（乡镇）及国家血防综合防治区农村建造三格式无害化户厕。　（邹平凡）

〔总执笔：马晓平〕
〔特约编辑：曾向华〕
〔主　编：朱烈滨〕

山东省

全省卫生和计划生育工作概述　2017年山东省卫

生和计划生育工作全面贯彻落实全国卫生与健康大会精神，坚持新形势下卫生与健康工作方针，以走在前列为目标，以保障居民健康为中心，以深化医药卫生体制改革和推进计划生育工作转型发展为重点，更加注重预防为主和健康促进，更加注重重心下移和资源下沉，更加注重提升质量和优化服务，更加注重发挥中医药特色，全方位全周期维护和保障人民健康。人均期望寿命达到78.5岁，孕产妇死亡率、婴儿死亡率和5岁以下儿童死亡率分别降至10.21/10万、4.12‰和5.16‰，比2016年分别下降19.1%、9.05%和7.53%，再创历史新低，总体上达到中高收入国家水平。

2017年5月11日，省委、省政府召开新世纪第一次全省卫生与健康大会，省委书记刘家义出席会议并讲话，对加快推进健康山东建设做出全面部署。各级各部门迅速行动，17个市全部以市委、市政府名义召开卫生与健康大会。省委、省政府印发《"健康山东2030"规划纲要》，明确到2030年卫生与健康事业发展的指导思想、目标任务和重大举措。编制出台《"十三五"卫生与健康规划》《"十三五"深化医改规划》《山东省医疗卫生服务体系规划（2016—2020）》及人才、信息化、妇幼健康、中医药等专项规划，形成"十三五"时期全省卫生与健康工作规划体系。2017年，省卫生计生委在国家和省级召开的会议上作典型发言34次，健康医疗大数据、健康城市建设、传染病防控、综合监督、药政工作、食品安全、中医药工作等13次国家现场会在山东召开。

推进医药卫生体制改革。（1）公立医院综合改革进一步深化。调整充实省医改领导小组及其办事机构，建立医改工作联络员制度。成立省属公立医院管理委员会，下设办公室，与省医改办合署办公，分设3个处，核定行政编制20名。推进公立医院法人治理结构建设，调整13家省属公立医院的领导班子，组建理事会、监事会，并按照新的体制机制运行。全省市、县两级纳入法人治理结构建设的467家公立医院已全部完成建设任务。认真做好公立医院综合改革的评价考核工作，开展公立医院综合改革"回头看"活动，推进重点任务落实。确定潍坊市为试点市，积极开展公立医院薪酬制度改革。（2）分级诊疗制度建设加快推进。省政府办公厅印发《山东省医疗联合体建设推进工作方案》，加快建设步伐，提升工作实效。组织召开现场会及工作论坛，加强经验交流和典型推广，全省逐步形成城市医疗集团、县域医共体、专科联盟及远程医疗协作网等多种医联体模式。到2017年底，全省累计组建各种模式的医联体800余个，三级公立医院全部启动医联体建设。李克强总理视察山东时，对山东医联体建设工作给予充分肯定，《健康报》等媒体也多次进行专题报道。推动家庭医生签约服务由1.0版本向2.0版本转变，全省建立家庭医生服务团队23444个，签约4494.62万人，全人群和重点人群覆盖率均超额完成国家确定的任务目标。（3）药品供应保障机制持续完善。9部门联合印发《山东省公立医疗机构药品采购推行"两票制"实施方案（试行）》，全省各级公立医疗机构全面启动实施"两票制"。10部门联合印发《关于改革完善短缺药品供应保障机制的实施方案》，建立部门会商联动机制，通过供需信息公告、定点商业调储、市场撮合等多种方式解决药品短缺问题。试点基本药物全额保障工作，济南、青岛、临沂、威海等地遴选部分药品向群众免费提供。调整基层用药政策，协调省人力资源社会保障厅将基本药物全部按医保甲类管理，将基层用药品种范围扩展到医保目录全部品种。推进济南等15个市建立公立医院药品采购联合体。创新开展疫苗省级阳光挂网采购工作，二类疫苗49个规格、136个产品实现网上交易。完成全系列10大类937种高值医用耗材省级集中采购工作，中标价格较医疗机构实际采购价下降21.51%，较外省平均采购价格下降20.65%，其中62%的产品价格为全国最低水平。

计划生育服务更加完善。（1）全面两孩政策稳妥有序实施。完善并落实出生人口动态监测制度，开展全面两孩政策实施效果评估，定期进行全省人口出生形势分析。2017年，全省出生二孩122万人，占出生人口的70%左右，全年人口出生率为17.54‰，自然增长率为10.14‰，年末常住人口为10006万人，户籍人口10008万人，均首次突破1亿人。持续改进生育管理服务，推行首接负责制、个人承诺制、网上办理、一站式服务和代办、异地办理等，全面实行婚育证明电子化，优化生育审批管理，简化办理手续，精简证明材料。推动母婴设施建设工作任务落实，全省已建成公共场所母婴室1071个。建立部门间人口信息共享制度，定期共享出生落户、生育登记、婚姻登记等信息，加强不同来源数据比对，提升精准服务能力。（2）妇幼健康服务工作持续加强。扎实推进出生缺陷三级预防，为121.28万人提供孕前优生健康检查服务，为71.98万农村妇女免费服用叶酸。联合省财政厅启动实施免费产前血清学筛查项目，新生儿疾病筛查率达99.2%。扩充妇幼健康服务资源供给，18所妇幼保健机构完成新扩建并启用，共扩增建筑面积50.6万平方米，新增床位2307张、人员1695人。完善救治网络，做好专案管理，全省共建立危急重症孕产妇和新生儿救治中心182家和177家。深入实施重大公共卫生妇幼项目，国家和省级项目县（市、区）共进行宫颈癌检查58.44万人，乳腺癌检查7.82万人。

推动艾滋病母婴“零传播”，全省孕产妇HIV检测率达99.04%，感染艾滋病的孕产妇所生婴儿抗病毒药物应用实现全覆盖，HIV阳性母亲所生婴儿全部实现人工喂养。（3）家庭发展支持体系进一步健全。农村部分计划生育家庭奖励扶助人数达172.93万人，比上年增加16.5%。计划生育特别扶助制度受益人群已达7.71万人，比上年增加16%。为5.33万户计划生育特殊家庭建立信息档案，配备落实计划生育特殊家庭联系人13.44万人，计划生育特殊家庭联系人制度实现全覆盖。为9.47万名企业退休职工中独生子女父母发放一次性养老补助15.29亿元，为2612名2002—2016年省属困难企业退休职工中独生子女父母发放养老补助3348万元。为10.37万名城镇其他居民中独生子女父母发放养老补助2.64亿元。（4）出生人口性别比综合治理取得新成效。全省“两非”案件结案668件，其中大要案78件，没收B超165台，罚没款700万元，有效震慑了“两非”行为。全省出生人口性别比降至111.12，出生人口性别比升高势头得到有效遏制。（5）流动人口服务进一步加强。深入实施流动人口健康教育和促进行动计划，广泛开展流动人口和农村留守儿童健康关怀关爱活动，全省流动人口基本公共卫生服务覆盖率达到80%以上，创建第一批国家级流动人口健康促进场所和社会融合示范社区24个，流动人口动态监测调查数据质量综合评估连续两年全国排名第一。

*新旧动能转换取得重大进展。*贯彻落实省委、省政府部署要求，大力推进卫生与健康领域新旧动能转换重点任务。协调将创建国家健康医疗大数据中心和医养结合示范省纳入新旧动能转换重大工程。（1）健康医疗大数据中心建设。研究制定《国家健康医疗大数据中心（北方）项目建设实施方案》，经省政府常务会、省委常委会研究审定后报国家卫生计生委。10月20日，国家卫生计生委正式批复山东为健康医疗大数据区域中心及互联互通工作试点省。在山东召开全民健康信息平台互联互通暨国家健康医疗大数据区域中心试点启动会。全面推进全民健康信息化建设，完成省级云平台一期、二期建设任务，三期项目整体完成进度达到80%以上。全省互联互通目标基本实现，省平台与国家平台，17个市、137个县（市、区）、124家三级医院、307家二级医院、1188家基层医疗卫生机构完成对接，与26家委属（管）医院实现增量数据上传。建设山东省健康网、山东省预约诊疗服务系统，“互联网＋健康服务”更加便民惠民。（2）医养结合示范省建设。研究制定《山东省建设国家医养结合示范省工作方案》，以省政府名义上报国务院。国家卫生计生委确定山东为创建国家医养结合示范省。确定济南、青岛、烟台、潍坊、济宁、威海6市为省级医养结合示范先行区，遴选确定了80个省级示范县（市、区）和15家省级示范单位。建设全省医养结合项目库，遴选确定55个特色鲜明、示范性强、发展潜力大的项目进行重点扶持。开展“寻访健康老人”活动，面向社会公开征集“山东医养结合”标识和主题宣传口号，展现山东健康养老文化特色，打造山东医养结合品牌。

大力提升公共卫生服务能力。（1）完善疾病防控政策措施。省政府向省第12届人大常委会第32次会议作《关于全省公共卫生工作情况的报告》。省政府办公厅印发精神卫生、职业病、结核病、艾滋病、慢性病等5个重大疾病防治规划；会同多部门印发地方病、重点寄生虫病防治规划以及心理健康行动实施方案（2017—2020年）、城乡饮用水水质改善3年行动计划，全省“十三五”重大疾病防治规划体系基本形成。（2）落实疾病控制保障政策。认真落实疾控中心机构编制标准要求，9个市和76个县（市、区）按照新标准核定编制，增加编制1761名。加快实施县级疾控中心实验室装备项目，省级财政投入5000万元，各县落实配套资金1.27亿元。（3）开展慢性病综合防控。会同多部门启动健康山东·全民健康生活方式——“一评二控三减四健”专项行动，制定健康评估标准，组织健康心理宣传月活动、全省职工健骨操大赛、首届网络减重大赛等系列特色活动，启动重点慢性病机会性筛查试点。新创建6个国家慢病示范区，首批国家慢病示范区顺利通过国家复审。全力做好严重精神障碍患者评估和收治工作，制定完善严重精神障碍患者救治救助与服务管理工作的政策措施，实现省委“应治尽治、应管尽管、应收尽收”的要求。加强严重精神障碍患者服务管理，全省患者发病登记率和管理率分别达4.29‰和88.88%。（4）传染病疫情总体保持平稳。开展法定传染病报告质量和管理现状调查，建立重点传染病管理制度，加强学校流感、肺结核等呼吸道传染病防控，及时有效处置新发H7N9、手足口病、流感等疫情，有效应对效价不合格百白破疫苗事件。省政府办公厅印发《关于加强疫苗流通和预防接种管理的实施意见》，会同相关部门出台预防接种单位建设标准以及二类疫苗储存运输和接种服务收费标准，全省免疫规划疫苗接种率继续保持在90%以上。全省法定传染病报告发病率为361.32/10万，处于全国较低水平，疫情总体保持平稳。（5）开展爱国卫生工作。持续推进卫生城镇创建工作，12个国家卫生城市、乡镇通过国家复审；新增国家卫生城市3个，新增国家卫生县城（乡镇）15个。开展健康城市健康村镇建设省级试点工作，确定健康城市

（县城）试点20个，健康乡镇试点62个，健康村试点138个。（6）推进健康促进与健康教育工作。深入开展健康促进县（市、区）创建工作，前两批国家级健康促进县顺利通过国家验收。建成健康教育基地79个，其中，3个基地被评为国家优秀实践基地。全省居民健康素养水平提升至13.48%。（7）提高卫生应急处置能力。调派省级专家力量17批次共计68人次，高效完成17起突发事件紧急医学救援等应急任务。组队参加全国卫生应急技能竞赛，荣获团体一等奖和优秀组织奖。组队参与“海阳—2017”核电站事故应急演练、地震应急演练、鲁苏两省突发急性传染病防控队伍联合演练等，全省各级卫生应急演练共1320次。完成第5届世界摄影大会等大型会议活动以及重大专项医疗卫生保障任务，积极做好青岛上合组织峰会医疗卫生保障筹备工作。新建4家省级紧急医学救援基地、6个空中救援基地，初步形成覆盖全省的空中紧急医学救援体系。（8）推进食品安全标准管理和风险监测研判工作。加强食品安全风险监测，编制完成2016年度全省食品安全风险监测与评估报告白皮书，完成2017年食品安全风险监测各项任务。食源性疾病监测县乡村一体化试点工作成效明显。食品安全标准管理创新发展，完成企业标准备案5700多件次，备案信息全部公开，地方特色食品管理有所突破。

增强医疗服务质量和能力。（1）持续推进医疗机构标准化建设。进一步完善医院评审制度体系，完成4家三级甲等医院复审和3家县级医院的现场审核工作。全面完成委属（管）18家大型医院巡查工作。开展省级临床精品特色专科建设工程，首批遴选21家省级临床精品特色专科。加强儿科等薄弱专科、专业建设，做好儿科医师转岗培训，全省儿科执业医师达到1.2万人，千名儿童儿科医师数达到0.73人，居全国前列。积极推动医疗机构、医师、护士电子化注册工作，全省医疗机构注册激活率达95%，居全国第一位，提前半年完成国家规定任务。（2）加强医疗服务和医疗质量监管工作。启动“医疗质量安全核心制度落实年”活动，推进建立医疗质量安全管理长效机制。全部三级综合医院和90%以上的二级综合医院实行临床路径管理。深入开展“进一步改善医疗服务行动计划”，全省三级医院全面开展预约诊疗服务，日间手术、专病门诊、多学科联合门诊等服务模式在各医疗机构逐步推开。医疗服务满意度全国领先，医院员工、门诊患者、住院患者满意度分别列全国第二、三、四位。（3）大力推进“平安医院”建设。市级医患调解工作实现全覆盖，医责险覆盖全省4257家医疗机构。协调公安、综治等14部门联合印发《做好新形势下医疗纠纷综合处置工作的意见》，严厉打击涉医违法犯罪，对暴力伤医事件妥善处置并严厉追责。2017年，严重扰乱医疗秩序事件同比下降43.41%。加强血液安全管理，全年采血101万人次，千人口献血率达到10.15，有效保障了临床用血需求。（4）强化基层医疗卫生服务体系建设。会同省编办等部门印发《山东省基层医疗卫生机构标准化建设工作推进方案》，17市均制定了本地3年行动方案，全面推开基层医疗卫生机构标准化建设。全省乡镇卫生院、村卫生室基本设备配备工作基本完成，消除社区卫生服务中心空白点82个。印发《山东省乡镇卫生院评价办法（试行）》，在淄博、泰安两市开展了评价试点。

推进健康扶贫工作。按照“三个一批”要求，继续做好分类救治工作，大病集中救治范围扩大至93个病种，实现所有病种全覆盖。累计救治47.2万患病贫困人口，占总数的95.6%，超额完成任务目标。对患慢病的7.5万贫困人口全部实施慢病签约服务管理。积极配合省扶贫办，争取扶贫专项资金近2.5亿元，为符合政策的贫困人口购买医疗商业补充保险。开展健康扶贫领域腐败和作风突出问题专项治理，组织各市对纳入健康扶贫信息系统的贫困人口信息进行全面核对，重点解决扶贫对象精准识别不够、脱贫政策落实不到位、工作开展不均衡等问题。以“健康助力奔小康”健康扶贫系列公益活动为载体，重点选择白内障、血友病、先天性心脏病、儿童白血病、重性精神病、唇腭裂、尘肺等疾病进行专项救治，不断提升患病贫困人口受益水平。在2017年全国健康扶贫工作会上，山东省卫生计生委获得“农村贫困人口核实核准优秀组织奖”；在2017年全省脱贫攻坚表彰会上，山东省卫生计生委获得“全省脱贫攻坚先进集体”。

中医药工作成效显著。山东省在全国率先建立省级中医药工作联席会议制度，以省政府名义印发《关于贯彻落实〈国家中医药发展战略规划纲要（2016—2030年）〉的实施方案》，组建了中医药发展政策咨询委员会，形成统筹做好全省中医药工作的整体合力。（1）加强中医药人才培养工作。召开全省名老中医命名表彰暨人才发展工作会议，实施“中医药名医工程”，1人被评为“国医大师”，3人被评为首届全国名中医。评选2017年山东名老中医10名、名中医药专家80名、基层名中医120名。举办全省第5批五级师承拜师大会，遴选中医经典首席巡讲专家102名、第5批五级师承指导老师144名、继承人288名。加强中医住院医师规范化培训管理，理论考试中平均成绩在全国列第一位。（2）持续强化中医药科研创新。山东中医药大学附属医院、山东中医药大学第二附属医院、济南市中医院、潍坊市中医院纳入国家传承创新项目库。全面启动第4次中药资源普查工作，建设

10个省级中药炮制技术传承示范基地。推进全省中医馆信息平台建设，在平邑县成功试点。争取科技部重点研发计划“中医药现代化研究”重点专项2项，金银花科研项目获得省科技进步一等奖。与省旅发委联合公布全省首批70家中医药健康旅游示范创建单位。实施中医药健康文化推进行动，建设省级中医药文化宣传教育基地8个、中医药文化建设示范单位44个，完成4家全国中医药文化宣传教育基地评审验收工作。（3）加强中医医疗机构内涵建设。启动新一轮中医医院等级评审，完成13家三级中医医院巡查任务，组织开展“回头看”，确保巡查整改落实到位。扎实推进中医临床优势培育工程，启动山东省中医专科专病诊疗中心项目。实施中医医疗质量控制中心建设计划，确定10个中医药质控中心。组织复审及新创建全国综合医院、专科医院及妇幼保健机构中医药工作示范单位11个。（4）提升基层中医药服务水平。会同省人力资源社会保障厅、食品药品监管局启动基层中医药服务能力提升“十三五”行动计划，建设中医药适宜技术推广基地17个，面向乡村医生免费开展中医药适宜技术培训85期，培训2.1万余人。开展民间中医资源普查。12个县（市、区）通过全国基层中医药工作先进单位省级复审，21个县（市、区）通过国家局现场评估。全省社区卫生服务中心及乡镇卫生院中医药综合服务区（国医堂、中医馆）设置率分别达到74.57%和86.51%。着力推进中医优势病种收费方式改革，第一批病种在全省稳步推开。

强化事业发展支撑保障。（1）积极推动依法行政。组织申报2018—2022年地方性法规项目计划8项，2018年地方性法规规章计划10项。组织修订《山东省卫生计生行政处罚裁量基准》，制定出台行政执法公示制度、行政执法全过程记录制度、重大执法决定法制审核制度，进一步规范行政执法行为。深化放管服改革，编制公布全省卫生计生系统政务服务事项中介服务项目清单、证照或制式证明等4个清单。编制公布4项第1批“零跑腿”事项、7项第1批“只跑一次”事项。（2）强化资金保障。2017年全省卫生计生事业费达359.95亿元，比上年增加14.68亿元，增长4.25%；人均财政补助卫生计生事业费362.8元，增加11.26元；部门预算资金达312.94亿元，其中财政拨款34.75亿元，同比分别提高13.85%和2.63%。中央及省级提前下达和预拨2017年转移支付卫生计生专项经费总计64.43亿元，与2016年同口径相比增加2.9亿元，增长4.71%。开展委属预算单位2016年度预算执行和财务收支情况审计，实现审计全覆盖。全年完成审计项目1501项，审计资金总额203.75亿元，实现增收节支1.1亿元，审计意见建议被采纳555条。（3）加强科技创新和人才培养。建立癫痫、脑胶质瘤、阿尔茨海默病、乳腺癌及白血病健康医疗大数据创新平台，组建多中心大数据队列，已立项实施国家科技重大专项1项、国家自然科学基金4项、省重大科技专项4项，申报国家重大专项2项、国家自然科学基金5项、省重大专项1项。山东省医学领域获得省科技进步奖一等奖5项、二等奖12项、三等奖4项，获得省自然科学奖1项。承办第10届中日韩卫生部长会议，完成第25批援坦桑尼亚医疗队组队及出国前培训。新招收4163人参加住院医师规范化培训，分专业建立住院医师规范化培训质量控制专家组，对基地进行督导评估。12所医院被国家卫生计生委公布为培训基地，专业基地重点向全科、儿科、精神科等紧缺专业倾斜。实施免费医学生培养，2017年招生600人。（4）守好舆论宣传主阵地。2017年，参加省政府新闻办新闻发布会8场，组织省卫生计生委新闻通气会7场，发布数量创近年来新高，在省直部门中位居前列。切实做好深化医改、改善医疗服务、健康扶贫等重点工作的宣传策划，2次组织驻济主要新闻媒体深入基层采访。组建全省卫生计生系统先进典型事迹报告团，在全省巡回报告7场，现场听众累计3000余人，社会反响强烈。2人被评为“中国好医生、中国好护士”月度人物。加大舆情监测力度，积极妥善处置舆情，全省卫生计划生育舆情态势继续保持平稳。

落实全面从严治党主体责任。认真学习宣传贯彻党的十九大精神。通过理论中心组集体学习、党组织书记带头讲党课、全员培训、专题辅导等方式，深入学习贯彻十九大精神和习近平新时代中国特色社会主义思想，切实做到学懂、弄通、做实。（1）持续完善管党治党制度体系。出台了全面从严治党主体责任、落实意识形态工作责任制、加强直属单位管理等制度规定，健全基层党建逐级述职评议、党组织按期换届提醒督促、廉政教育常态化等机制，管党治党制度体系更加完善。（2）深入推进“两学一做”学习教育常态化制度化。通过推进基层支部规范化建设、落实“三会一课”制度、丰富“主题党日”活动等形式，夯实工作基础，省直机关工委在《大众日报》介绍了山东省卫生计生委的做法。（3）全力做好省委巡视反馈意见整改工作。成立由主要负责同志任组长的巡视整改工作领导小组，党组成员分别牵头5个专项整改工作组，实行党组成员对重点问题整改包保制度。制定整改工作方案，建立工作台账，逐条逐项细化分解，明确4大类33个大项112个方面的具体措施，实行挂图作战、对账销号。巡视整改任务全部完成或取得阶段性明显成效。针对巡视反馈的共性、系统性、面上的突出问题，修订完善17项规章制度，建立起长效工作机制，确保了整改成效的持续巩固。

全省卫生和计划生育工作会议　2017年2月22—23日在济南召开。副省长王随莲出席会议并讲话。省政府副秘书长卢杰主持会议。省卫生计生委党组书记、主任袭燕作工作报告。济南市、青岛市、潍坊市、济宁市、威海市、临沂市作交流发言。国家卫生计生委体改司监察专员姚建红应邀就国务院《“十三五”深化医药卫生体制改革规划》作了辅导报告。各市政府分管市长，省委深改办、省人大教科文卫委、省政府研究室、省政协教科文卫体委、省人口与计划生育领导小组、省医改领导小组部分成员单位负责人，省军区后勤部卫生处、省武警总队卫生处有关负责人，省卫生计生委领导、监察专员、各处室主要负责人，各市卫生计生委、省计生协机关、委直属各单位、有关医疗机构、部分卫生学会协会、大企业卫生处有关负责人等参加会议。

全省中医药工作联席会议首次全体会议　2017年3月31日，全省中医药工作联席会议第一次全体会议在济南召开。会议总结近年来全省中医药工作，分析当前中医药改革发展形势，研究部署中医药工作任务。省中医药工作联席会议召集人、副省长王随莲在会上指出，要增强大局意识、责任意识和担当意识，调动各方面的力量共同推动中医药事业更好发展。省中医药工作联席会议副召集人、省政府副秘书长卢杰出席会议。会上，省中医药工作联席会议副召集人、省卫生计生委主任袭燕汇报全省中医药工作情况，省发展改革委、财政厅、人力资源社会保障厅、物价局4个部门作典型发言。

李克强考察威海孙家疃医院　2017年4月20日，中共中央政治局常委、国务院总理李克强到威海孙家疃医院考察。这是家中医特色社区医院，与威海市中医院组建医联体。李克强分别察看了市中医院专家在此出诊及视频远程诊疗。他说，中医讲“通则不痛”。我们就是要让优质医疗资源上下贯通，以医联体之“通”，破解群众看病之“痛”。在孙家疃医院，看到许多老人在此享受医养结合服务，既有人照料吃住又能治疗疾病，很有安全感。李克强说，我国老年人口已超2亿，发展好医养结合这一大产业，切实保障老有所养老有所医，才能让老人安心、子女放心。

全省卫生与健康大会　2017年5月11日在济南召开。山东省委书记刘家义出席会议并讲话，省委常委、组织部长杨东奇主持，省领导张江汀、吴翠云、陈辐宽、张新起、王随莲、许立全出席会议。刘家义指出，要坚持以人民为中心的发展思想，以人民群众期盼为导向，切实解决好卫生与健康领域关键性问题。（1）着眼“不得病、少得病”，积极抓好预防，划定健康“红线”，守住健康“底线”，从源头上消除影响健康的各种隐患。更加重视心理健康，培育健康情趣，保持阳光心态，提振精气神，形成正能量；建立完善以保护人的健康为中心的环境保护体系；倡导健康文明的生活方式，实施全民健身行动；抓好重大疾病防控，强化早期筛查和早期发现，保障适龄人群得到安全有效的预防接种。（2）着眼“看得上病、看得好病”，全面深化医药卫生体制改革，优化就医格局，规范就医秩序，提供更加优质高效的服务供给。建立分级诊疗制度，积极推进家庭医生签约服务，加快推进医联体建设；坚持政事分开、管办分开，建立现代医院管理制度，全面落实政府对公立医院的投入政策，为医院发展减轻负担；构建和谐医患关系，医务工作者是白衣天使，是健康的守护神，全社会都要关心重视爱护他们，形成尊医重医的良好氛围；深化药品流通体制改革，挤掉流通环节水分，依法打击非法挂靠、过票洗钱、商业贿赂等行为。（3）着眼“不让一个人掉队”，突出抓好重点人群健康服务。加强产科、儿科、托幼等健康服务供给，做好优生优育全程基本医疗保健服务；全面加强幼儿园、中小学的卫生与健康工作，实施健康儿童计划，持续开展健康校园、安全校园行动；提高医疗卫生服务的覆盖率和可及性，给予流动人口、老年人、残疾人口、贫困人口政策倾斜、资金倾斜、项目倾斜，确保他们病有所医。（4）着眼“健康事业、健康产业”两翼互动，把发展健康产业作为新动能培育的重点，加快打造成为支柱产业。实施一批重大科技计划专项，突破一批医药领域核心技术，布局一批医药产业园区，促进产业集约集聚发展；适时培育壮大“健康＋养老”“健康＋旅游”“健康＋互联网”“健康＋体育”“健康＋食品”等新业态，打造一批具有国内外影响力的知名企业、知名品牌。

启动实施健康山东·全民健康生活方式——“一评二控三减四健”专项行动　2017年5月11日，山东省卫生计生委、省教育厅、省体育局、省食品药品监督管理局、省总工会、团省委、省妇联、省爱卫办联合实施健康山东·全民健康生活方式——“一评二控三减四健”专项行动。副省长王随莲宣布行动启动并向17市授旗。专项行动旨在通过全民动员、健康服务、体医融合、健康饮食、健康支持等“五大措施”，实施10项专项行动，引导居民践行健康生活方式，增强维护和促进自身健康的能力。

鲁苏皖豫4省卫生应急合作机制会议暨鲁苏2省突发公共卫生事件联合应急演练 2017年5月25日在枣庄市举行。此次演练模拟某省某地湖区高强度降雨后出现洪涝灾害，鲁苏两省按照国家卫生计生委命令开赴现场开展应急处置工作。演练主要采用桌面推演的方式进行，不做事先训练、无预演、无规定动作，注重贴近实战，突出演练效果，全面展示了两省国家突发急性传染病防控队的应急处置实战技术能力。这次演练，是鲁苏皖豫4省自2016年签订卫生应急区域合作协议后开展的第2次联合演练。国家卫生计生委应急办、国家疾控中心、4省卫生计生委分管领导、应急办主任、疾控中心负责人，各市卫生计生委分管负责同志、江苏省各市疾控中心主任，部分委属（管）医疗卫生单位相关人员及国家防控队员共200余人参加现场演练和观摩。

全省卫生计生系统先进典型事迹报告会 2017年山东省卫生计生委组建全省卫生计生系统先进典型事迹报告团，自9月26日开始，分别在济南、淄博、潍坊等地举办7场巡回报告。巡回报告历时近2个月，现场听众累计3000余人，社会反响强烈。报告会上，省千佛山医院以《心尖上的医者》为题，介绍了省千佛山医院心内科主任侯应龙秉持“敬畏生命、用心看病”原则，把患者冷暖记心中、时刻牵挂患者利益的先进事迹。青岛市疾控中心艾滋病防治科主任以《为艾滋病患者服务是我最大的幸福》为题，介绍了设身处地地为艾滋病患者和病人服务中赢得信任，推动艾滋病防治工作开创新局面的先进事迹。省疾控中心以《只要祖国召唤，我们就是白衣战狼》为题，介绍了省疾控中心援塞拉利昂专家团队响应祖国号召，与塞拉利昂人员共同抗击埃博拉病毒的先进事迹。临沂市中医医院护理部以《母婴平安，我愿做你生命里的那个天使》为题，介绍了自觉践行“一切以母婴为中心”护理理念的先进事迹。沂水县院东头镇院东头村卫生室以《三代乡医路，坚守承诺重于天》为题，介绍了一家三代扎根山村，为父老乡亲们解除病痛的先进事迹。淄博市博山区源泉中心卫生院以《一诺千金，一心为民》为题，介绍了淄博市博山区源泉中心卫生院院长坚守上大学前对乡亲们的承诺，46年如一日扎根山区，誓做群众健康守门人的先进事迹。济宁医学院附属医院麻醉科以《三年援疆路，一世不了情》为题，介绍全身心投入援疆工作的先进事迹。青岛大学附属医院以《大医大爱，仁者仁心》为题，介绍了青岛大学附属医院终身医学专家张默道医术精湛、医德高超的先进事迹。诸城市广播电视台以《不倒的丰碑》为题，介绍了诸城市龙都卫生院原党支部书记、院长王金鉴在基层卫生院工作近34年，把年仅50岁的生命定格在农村卫生事业的先进事迹。委机关各处室、省医改办（省医管办）各处室负责同志，驻济委属管各单位、驻鲁委管医疗机构分管负责人和主管宣传工作科（处）室主要负责人参加报告会。

2017年10月13日，山东省卫生计生委、扶贫办、人力资源社会保障厅联合举办“健康助力奔小康”健康扶贫公益活动之重大疾病救治项目启动仪式。

启动“健康助力奔小康”健康扶贫公益活动之“重大疾病救治”项目 2017年10月13日，山东省卫生计生委、省扶贫办、省人社厅在千佛山医院联合举办山东省“健康助力奔小康”健康扶贫公益活动之重大疾病救治项目启动仪式。省委副秘书长兼扶贫办主任、省委农工办主任时培伟，省卫生计生委党组书记、主任袭燕，省人力资源社会保障厅有关负责同志出席并共同按启活动启动球。启动仪式后，时培伟、袭燕来到省千佛山医院病房楼看望接受唇腭裂手术的患者。省卫生计生委、省扶贫办、省人社厅有关负责同志，委机关、省计生协会有关处（部）室主要负责同志、委属（管）有关单位主要负责同志，济南、济宁、泰安、临沂、菏泽市卫生计生委负责同志，省扶贫开发基金会、中华社会救助基金会大爱清尘基金、美国“微笑列车”基金会和爱心企业代表及贫困患者代表、医务人员代表参加活动。该活动是省卫生计生委吸收社会各界参与健康扶贫事业的公益活动平台。2016年以来，先后依托山东省中医药大学附属眼科医院、省血液中心联合爱心企业开展“健康助力奔小康”之“齐鲁光明行”和“血相融爱相拥”活动免费救治贫困白内障和血友病患者，取得良好社会效果，赢得社会广泛赞誉。2017年，在全国扶贫日来临之际，联合省扶贫开发基金会，依托具备诊疗水平的大型公立医疗机构，积极救治贫困先天性心脏病儿童；联合中华社会救助基金会大爱清尘基金，依托省职业病防治院，积极救治贫困尘肺病患者；联合美国“微笑列车”基金会和爱心企业，依托省千佛山医院，积极救治贫困唇腭裂患者。通过努力，让每位贫困先天性心脏病儿童都拥有一颗健康的心脏，让每位贫困尘肺病患者呼吸更加顺畅，让每位贫困唇腭裂患者和正常人一样微笑。

第24批援坦桑尼亚医疗队完成援外任务　2017年11月19日，山东省第24批援坦桑尼亚医疗队完成任务回国，省卫生计生委及派员单位有关部门负责同志前往北京迎接。第24批医疗队由青岛、淄博、枣庄、烟台、东营、临沂等市卫生计生委和青岛大学、潍坊医学院等医学院校选派人员共同组建。在国家卫生计生委和中国驻坦桑尼亚大使馆的领导下，医疗队不忘初心，牢记使命，发扬不畏艰苦、甘于奉献、救死扶伤、大爱无疆的援外医疗精神，开展了大量的有影响的新手术，医治好大量的坦桑尼亚病人。2年共完成门诊量76002例次，开展手术6661例次，抢救急危病人2941例次，培训当地医务人员90余名。他们团结协作，技术精湛，认真负责和高度敬业的精神，树立了中国医生的良好形象，得到坦桑尼亚政府和社会各界的高度赞誉，为增进两国政府和人民的友谊发挥了重要作用。

卫生和计划生育数据　*医疗机构数。*截至2017年底，山东省有各级各类医疗卫生机构79101个，其中医院2452个、基层医疗卫生机构75106个、专业公共卫生机构1352个，总数均居全国前列。各级各类医院中，公立医院884个、民营医院1568个；三级医院163个、二级医院591个、一级医院947个、未定级医院753个；中医类医院300个。专业公共卫生机构中，疾病预防控制中心172个、卫生监督机构155个、妇幼保健机构161个、专科疾病防治机构132个、计划生育服务机构696个、其他机构191个。基层医疗卫生机构中，社区卫生服务中心（站）2379个、乡镇卫生院1651个、诊所、卫生所和医务室16821个、村卫生室53024个。

*卫生人员数。*全省卫生和计划生育人员总数为91.89万人，其中医院52.53万人（占57.16%，为公立医院42.05万人、民营医院10.48万人），基层医疗卫生机构32.55万人（占35.42%），专业公共卫生机构6.16万人（占6.70%）。人员总数中，卫生技术人员68.94万人，本科及以上占36.1%，大专占41.46%，中专占21.13%。卫生技术人员中，执业（助理）医师26.47万人（其中中医类别3.77万人），注册护士29.37万人；千人口执业（助理）医师2.65人，千人口注册护士2.94人，高于全国平均水平。

*床位数。*全省医疗卫生机构拥有床位59.19万张，其中医院44.26万张（占74.78%，公立医院33.65万张、民营医院10.61万张），基层医疗卫生机构12.22万张（占20.65%）。中医类医疗卫生机构床位6.50万张。千人口床位数由2010年的3.99张增加到2017年的5.92张，数量居全国前列。

*医疗服务量。*2017年全省医疗卫生机构总诊疗人次6.44亿，平均住院日8.2天，居民年平均就诊6.43次。总诊疗人次中，医院2.25亿人次（占34.89%），基层医疗卫生机构3.93亿人次（占61.06%）。其中，公立医院诊疗人次1.91亿人次（占医院总数的84.91%），民营医院诊疗人次3390万人次（占医院总数的15.09%），分别比上年增长9.01%和14.16%。

*病床使用率。*2017年全省医院病床使用率为83.48%，其中公立医院89.84%、民营医院59.35%。三级、二级、一级医院分别为96.71%、82.87%、51.64%。医院出院者平均住院日为8.6天，其中公立医院8.8天、民营医院8天，三级、二级、一级医院分别为9天、8.3天、7.9天。

*医药费用。*2017年医院次均门诊费用为244.8元，其中三级、二级、一级医院分别为289.6元、218.5元、132.8元，与2016年相比均呈现上升趋势。次均住院费用为9049.0元，其中三级、二级、一级医院分别为12202.2元、6663.4元、3685.2元，三级医院呈现逐年下降趋势。门诊、住院次均费用中的药占比分别为41.63%和29.90%，均呈现下降趋势，说明公立医院改革取消药品加成取得相应的效果。

*人口和计划生育数据。*2017年末山东省常住人口规模过亿。年末常住人口10005.83万人。其中，0~14岁人口占总人口的17.21%，15~64岁人口占68.80%，65岁及以上人口占13.99%。全年出生人口174.98万人，出生率为17.54‰；死亡人口73.82万人，死亡率为7.40‰；人口自然增长率为10.14‰。

人口和计划生育目标管理考核　根据省委、省政府与各市签订的《2016—2017年度人口和计划生育目标管理责任书》，省委办公厅、省政府办公厅《关于坚持和完善计划生育目标管理责任制的实施意见》和省委办公厅、省政府办公厅印发的《2016—2017年度人口和计划生育目标管理责任书执行情况考核方案》，省人口和计划生育领导小组组织完成2017年度全省人口和计划生育目标管理责任制考核工作。考核分值为1000分，指标包括人口均衡发展指标、服务性指标和保障措施落实指标3个大方面，18项内容。考核采用综合考核、日常监测、第三方调查等方式共同完成。（1）综合考核，从省计生领导小组部门、委机关处室、事业单位抽调业务骨干120余人，由17位厅级领导带队，对17个市、69个县乡卫生计生行政机构、妇幼保健机构、计划生育服务窗口及64个村级样本点进行了现场检查。（2）日常监测，先后两次召开委计划生育领导小组考核工作会，对13个相关处室日常监测考核结果提出具体要求，13个处室和协会分别提报了日常监测考核结果。（3）委托第三方调查机构对全省80个县级单位的1.1万名育龄妇女及800名村计生主任，通过随机电话问卷方式进行了考核，问题涉及生育证件办理、计划生育各项服务、奖励政策落实、村计生主任能力建设及待遇落实情况、群众满意度等。（4）设加分项目评审。依据《考核方案》，一是设计划生育创新项目。本次评选共收到各市县上报的33个项目，为保证评审工作公开透明、科学公正，采取分类排序、综合计分等方式完成，组织相关业务处室进行初审、筛选、排序和专门评审，评出11个项目，酌情为所在市加分。二是对考核年度内代表山东接受国家卫生计生委计划生育督查评估，工作突出受到充分肯定的市酌情加分。

济南市坚持“四个着力”，全面推进实施分级诊疗制度　（1）着力打造分级诊疗体系。在农村，以县级医院为枢纽，上联城市三级医院，下联乡镇卫生院，组建县域综合性医联体。在城市，二级医院上联三级医院、下联基层医疗机构，分别组建“三二一”医联体。市儿童医院上联北京儿童医院集团专科联盟，下联县级医院儿科；章丘区以其妇幼保健院、口腔医院为依托，分别组建全区妇产、口腔两个专科性医联体。市级公立医院分别对口2～3家民营医院。（2）着力提高基层诊疗能力。加强以全科医师为重点的人才队伍建设，提前完成国家制定的全科医生配备目标。继续开展城乡医院对口支援，落实山东省医师多点执业实施办法。（3）着力实施“三医联动”。及时调整完善基本医保政策，充分发挥其对医疗服务供需双方的引导作用和对医疗费用的控制作用。实行差异化价格政策，对不同级别医疗机构的医疗服务价格进行结构性调整，引导患者基层首诊。医联体内实行药品统一配备、统一使用，防止患者因基层药品缺乏而逆流向上级医院。（4）着力推行家庭医生签约。将开展家庭医生服务纳入公共卫生服务项目考核指标，考评结果与经费补助挂钩。实行全科医生上水平、专科医生下基层、健康管理全覆盖签约模式。

青岛市破除以药补医，构建公立医院运行新机制　（1）建立医疗服务价格动态调整机制。全市公立医院取消药品加成综合补偿率平均达到141%，劳务性收入占比提高到39%、增加8个百分点。（2）完善公立医院财政补偿政策。对公立医院取消药品加成减少的收入，财政按照不低于10%的比例给予补偿，并对医疗服务价格补偿未达到80%的部分公立医院再给予差异化补助；全面落实基本建设、设备购置等国家规定的6项财政补助政策，并对应由单位缴纳的在职人员5项社会保险费用给予补助。（3）同步改革医保支付政策。医保支付政策与医疗服务价格调整同步，及时调整报销比例和支付标准；将医保周转金提高1倍，并采取单病种、中医优势病种、日间病房、日间手术等方式，开展了100多个病种的付费方式改革试点。

淄博市着力实施中医药“三经传承”战略　该市坚持以中医药文化建设为主线，以提升中医药服务能力为导向，全面实施传承经典精髓、经方技术和经验心得“三经传承”战略，积极探索中医经典培训模式，推动全市中医药各项工作全面协调发展。市卫生计生委、市人力资源社会保障局、市中医药管理局联合开展名中医、青年名中医、基层名中医评选，评出市名中医30名、青年名中医20名、基层名中医30名。遴选全省中医药五级师承教育项目指导老师70位、继承人140位。借全市中医药传承拜师大会，开展中医药传承与发展创新研讨和论文评选，重点从中医药经典文献整理研究、中医基础理论现代研究、名老中医学术思想传承与创新研究、中医药文化传承研究等13个方面内容征集论文51篇汇编成《淄博市中医药传承与发展论文汇编》。

枣庄市把握6个重点环节，完善整治“两非”工作机制　（1）着力强化“三个保障”，传导工作责任压力。强化组织保障，充实调整领导小组，由市委副书记挂帅，政法（综治）牵头，法院、检察院、公安、卫生计生、药监、工商等11个市直部门负责人参加，各区（市）成立“两非”案件查办工作组，制发市政府《通告》2万份；强化责任保障，同各区（市）、11个市直部门签订了目标责任书，对职责任务进行分解，明确牵头部门和责任主体；强化制度保障。实施个案加分和奖补制度，对超额查结的大要案加分“上不封顶”，对影响大、效果好的大要案给予专项补助性奖励。（2）坚持“十条线索法”，广辟深挖“两非”案源。重点发挥镇（街）线索排查主体和村（居）“兜底”作用，重点排查违法生育责任倒查、孕情中断调查、日常和集中执法检查、信访案件举报、相关部门数据比对、查体服务人员漏查、户外野广告和网络信息、非婚生育和非法收养清理、计划内多年多次推迟怀孕、恶意或虚假流出等，形成了“镇村提供线索，区（市）

查办案件，市级统筹指导”的“两非”案件查办体系。对孕情无故终止、未经批准终止妊娠及新生儿女孩非正常死亡的，第一时间介入调查取证，有效搜集固定案件证据，增强基层对“两非”行为研判管控能力。（3）实行“案件四查法”，健全分责协调机制。根据涉案人数、案件规模、时间跨度长短、案件严重程度等，评估筛选案件线索，实行“涉刑案件公安查、涉公案件纪委查、普通案件归口查、重大案件联合查”的“四查”工作法，相关部门对线索归口认领，采取联合办案或单独办案形式，对符合立案条件的及时立案查处。（4）强化联席会商主导，合力突破大案要案。实践中运用“一会 + 多部门”联席会商分责办案机制，确保能够有效突破“两非”重大案件。在这一机制统筹下，联合查办组或查办部门在案件调查取证关键环节能够有效及时获得纪检监察、政法（综治）、检察院、公安等部门技术指导和法律支持，明确查办突破口和着力点，把控调查方向、时限、步骤和方法，确保查办主体、程序合法，形成事实清楚、证据确凿、定性准确的证据链，为最终查处大案要案奠定了坚实基础。（5）注重有效衔接，精准攻克涉刑案件。在前期深入调查取证基础上，如果确定涉案当事人，违法情节严重，案件事实清楚，证据确实充分，满足《中华人民共和国刑法》和最高人民检察院、公安部《关于公安机关管辖的刑事案件立案追诉标准的规定（一）》等构成要件，区（市）打击“两非”案件查办组将案件连同先期调查证据一并移交给公安机关立案侦查。（6）严格把控“五个关口”，源头预防“两非”行为。严格落实村级责任，完善个案调查、孕情随访、村居干部包保等制度，重点加强对符合生育两孩政策的待孕和在孕育龄妇女、双女户、流出人口等重点人群服务管理，将孕情跟踪服务与孕前优生检查、健康查体等工作有机结合，随时掌握孕情。全程落实服务管理措施，严格把控孕情跟踪、住院分娩实名登记、终止妊娠、B 超管理、终止妊娠药械“五个关口”。

烟台市探索创新“四种模式”，推动医养结合多元化发展　（1）“大养老 + 小医疗”模式。即养老为主、医疗为辅模式。采取政府购买服务、养老机构内设医疗机构等方式，提高养老机构医疗服务能力。在 200 张床位以下的养老机构，内设卫生室或护理站。在 200 张床位以上的养老机构，开办一级以上的老年病医院、康复医院等机构。到 2017 年底，全市已有 12 处养老机构内设医疗机构。（2）“大医疗 + 小养老”模式。即医疗为主、养老为辅模式。在二级以上综合医院、中医院开设老年病科、老年病门诊，每个医院设立 20 张以上医养结合床位；在有条件的二级医院开设康复医院、老年专科；在镇街卫生院开设国医堂（中医馆）、社区卫生服务中心设立老年人日间照料中心，形成有梯度的老年医疗护理体系。全市建成 4 处康复医院、1 处护理院，13 个二级以上综合医院和中医医院开设老年病科，37 处中心卫生院设立国医堂（中医馆）。（3）“医疗、养老并重”模式。即采取医疗机构与养老机构协议合作或医养联合体等方式。医养协作式，主要是医疗机构为养老机构开通预约服务、就诊绿色通道，提供医疗巡诊、健康管理、中医养生保健等服务。全市 116 处医疗卫生机构与养老机构签订合作协议。医养联合体式，主要是引导社会资本建立大型医养结合中心、康复医院，为老年人提供医养服务。以招远金都康复医院、圣莱恩康复医院等为代表的一批医养结合机构为入住老人提供较为完善的医养结合服务。（4）“居家养老 + 医疗网络”模式。即利用居家养老服务信息平台和城乡医疗卫生服务资源，推行家庭医生签约服务，为居家老年人提供健康医疗服务，老年人健康规范管理率达到 85%。鼓励社会资本建设小微型、嵌入式社区综合养老机构，以品牌化、连锁化方式运营社区日间照料中心和农村幸福院。全市社区居家养老服务设施达到 1071 处，邻里互助点有 713 处。

济宁市创新机制推进困难家庭精神病人免费救助　该市深入贯彻全国健康扶贫工程“三个一批”行动计划，依托市精神病防治院等专业机构，在全省率先把“困难家庭精神病人”作为“集中救治一批”的突破口，坚持“靶向治疗”，创新建立免费救助制度。（1）加强组织领导，建立完善免费救助服务体系。成立了以分管副市长任组长，综治办、扶贫办、民政、卫计等部门单位为成员的领导小组，加大工作统筹力度。市政府以规范性文件形式，印发《济宁市困难家庭精神病人医疗救助办法》，明确各部门单位职责、救助标准、救助程序、监管办法等。市、县两级财政按照 5:5 或 4:6 的比例筹集 3000 万元救助专项资金，实行专账管理、专款专用。确定济宁市精神病防治院、济宁市荣复军人医院 2 家医院，作为全市困难家庭精神病人医疗救助定点医疗机构，各县市区按照“就近选择、统筹安排”的原则，从中确定 1 家作为本地定点医疗机构，并在每 2 ～ 3 个乡镇确定一个巡诊点（药物发放点），总计确定 61 处，初步形成了覆盖市、县、乡的免费救助服务网络。（2）精准识别筛查，摸清困难家庭精神病人底数。在认真开展健康扶贫“建档立卡”、分类救治“回头看”基础上，2017 年 3 月，市卫生计生委会同扶贫、民政、残联等部门，集中力量，统一组织，“拉网式”摸排市域内低保对象、特困人员、孤儿以及精准扶贫对象中的困难家庭精神病人，并实行数字化编号标识，做到乡不漏村、村不漏户、户不漏人。（3）分类集中施救，确保实现“应管尽管、应治尽治”。参照病人病情及家庭实际情况，按照“家庭提出申请、乡镇街道汇总、县市区集中审批、定点医疗机构组织实施”程序，对困难家庭精神病人实行分类救助。对服用药物能够控制病情的病人，实施药物治疗救助。2家定点医院每季度到各巡诊点开展巡诊，给予救助对象经医保报销后、每人每月不超过100元的基本药物并指导服用。同时，对特殊困难家庭精神病人提供上门服务。（4）注重关口前移，着力遏制重点疾病代际传递。坚持防治结合，从2009年开始在全省先后率先推出免费婚检、免费产前筛查、耳聋基因检测、29种新生儿遗传代谢病筛查等系列妇幼健康检查项目，并连年纳入市政府为民办的10件实事，累计干预高危胎儿、高危新生儿2.2万例，从源头上阻断精神疾病、严重遗传病、指定传染病发生，遏制贫困代际传递。

莱芜市构建计划生育特殊家庭扶助关怀多元共治工作机制　该市为全部计划生育特殊家庭建立信息档案，落实联系人制度，定期进行走访慰问。开通了“就医绿色通道”，凭“方便就医卡”就医时享受挂号、就诊、检查、交费、住院、取药等方面优先服务，并实行挂号费、门诊输液费全免。特别是莱城区除免除挂号费、中药煎药费外，还在CT、核磁共振等6项大型检查方面给予减免50%的费用。联合中国人寿保险公司出台《关于认真做好计划生育特殊家庭住院护理综合保险工作的通知》，为计划生育特殊困难家庭办理意外重疾住院护理健康保险，每人每年保险费160元，由各级人口关爱基金支付，被保险人因意外伤害身故或残疾、因疾病身故或残疾、初患恶性肿瘤等30种大病保险金额最高为2万元。因意外伤害或因疾病住院补助护理费每人每天200元，最高赔付6000元。

滨州市无棣县医共体建设取得成效　（1）完善资源整合运行机制，建立责任共同体。以县人民医院、县中医院为牵头单位，吸收各基层医疗机构为成员单位组建2个县域“医共体”。成立医共体理事会，作为医共体的决策机构，理事会负责县域医共体内医疗机构的总体规划、运营方针、医生下沉、收入分配、人力资源管理等重大事项。在心电图、X线检查联通互认基础上，县级牵头医院和成员医院分别建立“远程会诊中心”和“远程会诊室”，大力推进医学检查、病例材料互联、视频会诊互通。到2017年底，远程会诊已覆盖医共体内所有成员单位，共传送心电、影像等医学检查1290余例，完成远程会诊185例。（2）推进优质医疗资源下沉，建立健康共同体。在牵头医院设置不低于医务人员总量5%的“流动送医”岗位，用于派到成员医院进行业务帮扶，同时接收成员单位人员“流动送培”。医共体制定激励政策鼓励县级医生下沉到基层，县人民医院、县中医院每周二、周四分别安排2～3名骨干医生到各基层成员医院进行医疗技术帮扶，开展日常执诊、带教和业务培训等工作，推动医共体整体服务能力提升。累计培训基层医生600余人次，村医100%参训。县级医院对下沉医生给予每天100元的“专项”补助，并针对其在基层医院的门诊诊疗、收治住院、手术治疗等工作量及相应收入建立专门台账，以劳计酬，确保下沉医生工资收入不低于甚至高于同等岗位其他人员。同时，将县级医生下沉基层的工作情况与本人的绩效工资分配相挂钩，逐步建立科学的内部利益分配机制。（3）实施家庭医生签约服务，建立服务共同体。分别成立“8+1+1”（县人民医院重点科室医生8名+成员医院医生1名+村医1名）和“3+1+1”（县中医院重点科室医生3名+成员医院医生1名+村医1名）模式的家庭医生签约服务团队共46个。服务团队为签约居民进行健康讲座、全面体检并建立健康管理档案，深入讲解签约协议，让群众自愿选择基础和初、中、高级4个等级服务包的服务项目，提供个性化服务，落实“一免三优先”政策。家庭医生签约达12.2万余人，上门服务7900余人次。（4）改革完善医保支付政策，建立利益共同体。主要是实行按参保人头总额预付包干、结余留用、超支不补的医保支付政策。把当年筹集资金总额提取5%风险基金后的全部资金作为总预算，扣除大病保险基金、门诊统筹基金个人账户后，将剩余资金换算成参保人头费用全部归县域医共体包干使用。辖区内居民所产生的门诊慢性病报销费用、医共体外报销费用及其他应由医保基金支付的费用均由包干费用中列支。结余资金由医共体成员单位合理使用，超支部分由医共体牵头单位承担，充分调动医院主动控费积极性。年度医保费用总额由医共体自负盈亏，倒逼医院做好预防保健工作，提高医疗服务能力水平，吸引患者选择县内就医。该县医共体模式的建设运行有效整合了全县医疗资源，推进了优质服务的下沉和服务能力全面提升，初步实现群众医改获得感。埕口镇东北村村民康树成在鲁北医院接受县人民医院下沉医生骨折内固定手术，预计总费用为4200元，个人只花费200元乡镇住院自付费和110元不报销钢钉材料费，比在县级医院就诊8000元的预计总费用，个人节约了3090元。水湾镇刘丰台村村民刘绍云在水湾镇接受县级医生做的阑尾炎手术总费用约1600

元，个人只花费了住院费200元，比在县级医院就诊约5800元的总费用，个人节约2155元，医保资金支出减少2045元。埕口镇李山子村村民李元民在鲁北医院做的肩关节切开复位手术，比到县医院治疗省了3600多元。县里的大夫到基层服务，让老百姓看病省钱放心，群众的满意成为无棣县医共体建设试点运行的最大收效。

菏泽市全面推行卫生计生综合监督网格化管理　该市将卫生计生综合监督执法机构人员经费、公务费、业务费和发展建设经费纳入财政预算，足额拨付。优化整合公共卫生服务项目经费，实行切块管理，保障基层监督工作正常开展。同时，积极争取将市级监督执法机构业务用房建设纳入国家储备项目，县区监督执法机构业务用房基本解决。全面推行卫生计生综合监督网格化管理，建立1个市级网格、11个县级网格、168个乡镇网格、5811个村级网格，建立了横到边、纵到底、无缝隙、全覆盖的监管网络。市县乡村卫生计生监督员和协管员（信息员）层层划片包干，责任到人，严格考核奖惩，确保责任落实到位。（谢　峰）

〔特约编辑：刘清明〕

〔主　编：于富军　副主编：王正武〕

河　南　省

全省卫生和计划生育工作概述　2017年，河南省紧紧围绕全省经济社会发展全局，抓大事、办实事、谋改革、促发展，人民健康和医疗卫生服务水平快速提升。2017年末全省每千人口床位数、执业（助理）医师数、注册护士数分别达到5.84张、2.30人、2.52人，医疗卫生服务供给能力不断增强。卫生总费用占地区生产总值比重达到6.28%，政府支出占卫生总费用比重达到31.48%，个人现金支出占卫生总费用比重下降到34.48%，群众看病就医负担逐步减轻。婴儿死亡率、5岁以下儿童死亡率、孕产妇死亡率分别下降到4‰、5.34‰、10.43/10万，优于全国平均水平，居民健康水平大幅提高。人口生育政策逐步调整完善，全省人口生育水平和变动态势基本平稳。总体上看，全省卫生计生事业发展态势良好、稳中有进、稳中提质，为今后发展奠定了坚实基础。

健康扶贫取得阶段性成效　截至2017年底，河南省因病致贫返贫人口为162.1万人，占建档立卡贫困人口总数的51.07%。实施贫困地区县级医疗卫生服务体系建设项目39个、特色中医专科44个、基层中医馆166个。45种重点疾病患者救治22.81万人次；9种大病患者救治12869人，救治率达93.18%；因病致贫返贫人口慢病签约服务覆盖率达98.81%。贫困地区儿童营养改善项目扩增到14个县。2600家医疗机构开展"先诊疗后付费"和"一站式"结算，惠及贫困患者138万人次。全省三级医院累计派出"组团式"帮扶团队4120人次，接诊51万人次，开展手术1.2万台、适宜技术572项。全省城乡居民大病保险支出27.27亿元，77.76万人次受益，全省大病保险实际报销比例达到60.48%。全省享受大病补充医疗保险待遇的困难群众达66.45万人次，支付资金达10.38亿元，困难群众住院医疗费用在基本医保、大病保险报销基础上再提高10.89个百分点，政策范围内医疗费用报销比例达到83%，实际报销比例达到72%，困难群众大病医疗费用负担逐步减轻。贫困地区医疗卫生服务能力和水平稳步提升，人民群众看病就医获得感明显增强。河南省健康扶贫工作已走在全国前列，2017年省卫生计生委健康扶贫工作获得国家卫生计生委突出贡献奖。南阳市实施"医保救助工程"，平顶山市建立医疗补充救助保险，商丘市推行防、服、减、保"四位一体"举措，睢县设立医疗救助基金池，平舆县建立"互联网+分级诊疗"模式，健康扶贫真正成为贫困群众的"暖心工程"。

深化医改取得新突破　（1）城市公立医院综合改革实现新突破。城市公立医院全部取消药品加成，彻底告别实行了60多年的"以药补医"。同步实施医疗服务价格改革，加大财政补偿力度，实现新旧机制平稳转换，医院收入结构明显优化，药品、耗材、检查化验收入比例下降，技术劳务性收入比例明显提高。漯河市成为首批15个国家级公立医院综合改革示范城市之一；濮阳市第二轮调整医疗服务价格，实行医用耗材"零加成"；焦作市域综合医改工作受到省政府肯定。（2）县域公立医院综合改革向纵深推进。县域综合医改试点扩大到20个，中牟、长垣、息县、郏县、睢县等5个县公立医院综合改革示范创建工作取得明显成效，县域内就诊率达90%左右，中牟县被确定为国家级示范县。长垣县医共体内实行医保打包支付。息县按病种付费扩大到420个病种，乡、县级住院费用报销比例分别达到90%、75%。（3）分级诊疗制度初见成效。18个省辖市全部开展国家分级诊疗试点，所有三级医院牵头建设医联体，全省组建医联体266个，覆盖4690所医疗机构。河南省县级医院实现远程医疗全覆盖，受到国家卫生计生委通报表扬。家庭医生签约服务全面铺开，对重点人群服务质量不断提升，涌现出一批群众满意的家庭医生（团队）。郑州市实施“一减免、一倾斜、一完善”的分级诊疗医保政策，满意率达到97.4%；许昌、周口等地开展智能化签约服务试点，居民获得感明显增强。（4）药品供应保障体系基本建立。县级医院、城市二、三级医院基本药物使用比例分别达到46%、42%、26%，实施药品挂网采购、议价谈判，谈判药品总体降幅为12.25%，让利群众8.08亿元。建立短缺药品部门会商联动机制，供应保障能力得到增强。6个医改试点城市落实药品购销“两票制”。（5）综合监督执法力度加大。在全国率先启动“示范卫生计生监督机构”创建工程，评审命名12家示范机构。全省监督覆盖率为96.88%，居全国第二位。专项整治非法开展医疗美容、人类辅助生殖技术取得显著成效。深入推进“双随机一公开”抽查，为全国提供了典型经验。

2017年9月14日，河南省委书记、人大常委会主任谢伏瞻在郑州市调研医药卫生体制改革工作。

医疗卫生资源配置不断优化 （1）区域医疗中心建设稳步推进。以省人民医院为主体的心血管区域医疗中心建设进展顺利，阜外华中心血管病医院建成投入运营；郑州儿童医院挂牌北京儿童医院郑州医院；河南中医药大学一附院与复旦大学附属儿童医院合作举办河南省中西医结合儿童医院。依托郑州大学一附院、省肿瘤医院、省洛阳正骨医院为主体建设的脑血管、器官移植、肿瘤、中医骨伤区域医疗中心建设，取得明显进展。（2）筹资水平不断提升。省卫生计生委联合省发展改革委出台《河南省全民健康保障工程建设规划》。争取中央预算内投资项目57个，安排总投资41.47亿元，重点支持35家贫困县县级医院改造；启动省属医院医疗服务能力提升工程，支持建设52个省级临床重点专科（学科）；持续支持70个县级医院临床重点专科建设。中央和省财政投入资金109.6亿元，较上年增长12%。2017年，全省各级财政医疗卫生经费达到848亿元（含补助供方、需方），比2013年增长53.57%。十八大以来，全省卫生计生经费投入持续发力。人均基本公共卫生服务经费从2012年的25元提高到2017年的50元，翻了一番，并计划在2018年还要再增加5元。基本医保（新农合）人均财政补助标准从2012年的240元提高到2017年的450元，增长了87.5%。全省卫生筹资结构不断优化。全省卫生总费用由2012年的1517亿元增长到2016年的2523亿元，增长66%，卫生总费用占GDP比重由5.13%增长到6.28%。其中，政府卫生支出由489亿元增长到794亿元，增长62%；社会卫生支出由381亿元增长到859亿元，增长125%；居民个人卫生支出由646亿元增长到870亿元，增长34%。个人卫生支出占卫生总费用的比重由42.59%降低到34.48%。全省卫生总筹资水平和总体保障能力逐年提高，为各项重点任务的实施提供了坚实的财力保障。

公共卫生保障能力不断增强 （1）疾病预防控制体系不断完善，公共卫生保障更加有力。持续加强免疫规划接种，多数疫苗可预防传染病的发病率降至历史最低水平，摘掉了乙肝高流行地区的帽子，全省连续25年维持无脊灰状态，连续20年无白喉病例报告。实行贫困患者和农村患者结核病多项免费救治政策，以县区为单位现代结核病控制策略（DOTS）覆盖率保持在100%，登记治疗满一年的结核病患者治愈率达93%。手足口病、发热伴血小板减少综合征等传染病得到有效控制，疟疾消除进程持续进行，碘缺乏病保持基本消除，饮水型地方性氟中毒危害得到有效控制。全省高血压、脑卒中、癌症防治中心先后建立，防控网络不断向基层延伸，慢性病综合防控示范区创建效果显著，严重精神障碍报告患病率和规范管理率稳步提升。（2）艾滋病防治工作扎实开展，疫情得到有效控制。“一个机制、三大体系”的防治工作模式日臻完善，艾滋病经血液传播得到根本遏制；母婴传播控制在较低水平，新报告低龄感染病例不断减少；单阳家庭阳转率降至0.13%，全省疫情维持在低流行水平，现存活感染者和病人数、年报告人数在全国位次不断下降。艾滋病感染者和病人得到积极有效救治，病人病死率降至2.84%。（3）卫生应急能力显著增强，突发事件处置有序高效。在全国率先制定监督、疾控机构应急工作规范，并开展卫生应急示范区和示范单位创建工作，创建7个国家级卫生应急综合示范县（市、区）；在全国卫生应急技能竞赛中荣获突发急性传染病防控一等奖等优异成绩；组建18支省级卫生应急队伍，其中郑大一附院被命名为国家紧急医学救援队，2017年又按照国家队标准建设一支急性传染病防控队伍。有效防范中东呼吸综合征、埃博拉出血热疫情输入，妥善处置人感染 H7N9 流感、输入性寨卡病毒病等疫情，及时有效做好 50 余起重大突发事件紧急医学救援医疗救治工作，多次受到国家卫生计生委的通报表扬。（4）妇幼健康水平持续提升。实施免费产前筛查和新生儿疾病筛查，产前筛查覆盖率为 46.67%，新生儿“两病”筛查率为 94.44%、听力筛查率为 90.96%，完成阶段性目标任务。建立省市县三级危重孕产妇救治中心 175 个、危重新生儿救治中心 171 个。新增 6 个国家级妇幼健康优质服务示范县，总数达 18 个，居全国前列。宫颈癌、乳腺癌筛查项目县分别增加 61 个、57 个。计划生育药具服务可及性增强，累计服务人群近千万人。（5）卫生计生监督工作再上新台阶。全省完成经常性卫生监督 40.3 万户次，居全国第一位；监督覆盖率为 99.36%，立案查处 10956 件，实施行政处罚 2436.3 万元，均位居全国前列。体系建设高效推进，全省 187 家监督机构累计调整增加编制 2102 名、增加监督员 1050 人。全省卫生计生监督机构的编制和执法人员数量均位居全国第一。在全国率先开展示范卫生监督机构创建工作，创新举措首开先河，成为河南省对外交流的靓丽名片，国家卫生计生委在全国推广这一做法。2017 年继续投入 1000 万元，与北京大学、中国政法大学深化合作，加强专业化、精准化培训。高质量完成“双随机一公开”检查任务，排名全国第二位。依法履行《食品安全法》赋予的职责，158 个县（市、区）基本实现风险监测全覆盖。（6）爱国卫生和健康教育促进工作扎实推进。新增国家卫生城市 6 个、县城 15 个、乡镇 46 个，总数居全国前列、中西部地区首位。新增国家健康促进县（区）试点 2 个，启动省级健康促进县（区）试点 20 个。开展首次全省性居民健康素养监测工作。县（市、区）食源性疾病监测覆盖率达 100%；备案企业标准 3100 份。安阳市将健康指标纳入政府考核督查内容，有力促进了健康安阳建设。

医疗服务水平不断提升　（1）基层服务能力持续提升。继续开展“群众满意的乡镇卫生院”创建活动，全省共有 302 家乡镇卫生院被国家卫生计生委命名为“2016—2017 年度群众满意的乡镇卫生院”，总数居全国第二位，有 6 家乡镇卫生院荣获“全国百强”荣誉称号，数量居全国第一位；着力打造了社区卫生服务中心样板，全省有 40 家社区卫生服务中心被国家卫生计生委命名为“优质服务示范社区卫生服务中心”，有 5 家社区卫生服务中心荣获“全国百强”荣誉称号，总数居全国前列。家庭医生签约服务取得积极成效，截至 2017 年底，全省 18 个省辖市、10 个直管县（市）全部启动签约服务工作，全省常住人口签约率和残疾人等重点人群签约率均超额完成了年度目标。基层卫生人才培养成效显著，以全科医生培养为重点，不断加强基层卫生计生人才队伍建设，通过“369 人才工程”，实施城市社区卫生人员岗位培训、乡镇卫生院全科医生转岗培训、农村订单定向免费医学生培养和在职人员学历提升等项目，为基层培养 3 万多名全科医生，资助、引导 3 万多名基层人员提高了学历层次，使基层卫生人才队伍结构进一步优化，诊疗能力得到快速提升。（2）医疗服务优质高效。开展第 3 轮大型医院巡查，实施“十大指标”目标责任管理和改善医疗服务行动计划，引导医院推进规范化、科学化、精细化管理。20 所医院通过新周期、新标准“三甲”医院评审。全省二级以上医院总诊疗量为 12840.49 万人次，同比增长 5.59%，平均住院日 9.35 天，病床使用率为 97.01%，总体指标向好。二、三级医院实施优质护理服务达到 100%。全省医疗临床用血 100% 来自公民自愿无偿献血，核酸检测 100% 全覆盖。在全省二级以上医院相继开展了以质量、安全、效率、费用、公益等为主要内涵的 KPI 关键指标法目标管理，开展以党的建设、医疗管理、行风建设、经济管理“四位一体”的大型医院巡查，开展以落实公益性、推进标准化为目标的新周期医院评审，开展以多部门合作构建和谐医患关系为目标的平安医院建设活动，有力地促进了医疗服务管理工作持续健康发展。急救管理、医联体建设、改善医疗服务等多项工作受到了国家卫生计生委表扬，持续保持了全国无偿献血先进省、先进市荣誉称号，平安建设受到了省委表彰。（3）城市公立医院综合改革实现新突破。城市公立医院全部取消药品加成，彻底告别“以药补医”。同步实施医疗服务价格改革，加大财政补偿力度，实现新旧机制平稳转换，医院收入结构明显优化，药品、耗材、检查化验收入比例下降，技术劳务性收入比例明显提高。与此同时，县域公立医院综合改革纵深推进、健康发展。（4）医疗服务体系进一步优化。全省每千人口医疗卫生机构床位数达到 5.84 张、执业（助理）医师数达到 2.30 人、注册护士数达到 2.52 人，接近或逐步达到全国平均水平，比“十一五”期间有较大幅度增长。推进建立省部共建设、省市共建、院校共建机制，积极创建国家区域医疗中心取得明显进展。阜外华中心血管病医院建成投运；省儿童医院借力北京儿童医院加速前行，中美合作荷美尔肿瘤研究院取得重要成果。1 月 11 日，国家卫生计生委医政局批准同意在省远程医学中心基础上建设国家远程医疗中心。（5）医疗技术水平有突破。生殖医学和介入两项新技术填补国际空白，肝移植、骨髓移植等新技术填补国内空白，3D 打印技术已在多个学科实施。达芬奇手术机器人等一批先进设备和具有国内国际领先水平的新技术得到应用。河南省在中华医学会任职的有前任主任委员 1 人，主任委员 2 人，侯任主任委员 1 人，副主任委员从 2008 年的 1 人增加到 4 人，常委从 10 人增加到 35 人，委员共 140 人（含常委以上）。（6）科技创新不断加强。获得国家级科研立项 129 项，其中国家自然科学基金 117 项。刘章锁教授获国家科技进步二等奖，实现西医科研领域零的突破。科卫协同形成合力，首批建设 9 个省级临床医学研究中心，新建省重点实验室 4 个、国际联合实验室 6 个。互联网医疗系统与应用国家工程实验室落户郑州大学一附院，国家心血管病中心华中分中心落户省人民医院。医疗卫生系统有中原学者 6 人，科技创新杰出人才 1 名，省创新型科技团队 4 个，享受国务院特殊津贴者 107 人，高级职称者 4.2 万人。（7）社会办医发展迅速。全省现有民营医院 1004 所，其中二级以上 150 余所，卫生技术人员 57431 人，床位 67298 张，比重逐步增加。开封市大力发展“健康乐谷”，助力自贸区建设。

计划生育政策有效落实　（1）贯彻落实中央《决定》精神，全面两孩政策平稳实施。2016 年、2017 年全省住院分娩活产数分别为 161 万人和 148.6 万人，二孩占比分别为 45% 和 49.6%。与省发改委等 5 部门完善了出生人口信息管理工作，推进了信息共享，加强了人口出生监测。与省发改委等 9 部门联合发文对母婴设施建设提出建设要求，应对全面二孩政策后公共场所婴儿哺乳问题；以开展全国计划生育优质服务先进单位创建活动为抓手，指导基层进一步加强计划生育管理和服务，32 个新“国优”单位受到国家表彰。（2）计划生育家庭奖扶政策全面落实。确认农村奖扶对象 48 万人、城镇奖扶对象 64.7 万人、特扶对象 2.9 万人，“三项扶助政策”落实率达 100%，按照城乡统一标准补助资金 7 亿元。（3）人口发展环境持续优化。严厉打击“两非”违法案件，出生人口性别比下降到 112.3。开展流动人口基本公共卫生计生服务均等化示范县建设，流动人口均等化服务覆盖率达 86%。（4）稳步推进计划生育技术服务。整合计划生育技术服务资源，全省 96 个县市区、662 个乡镇实现了妇幼和计生资源整合；扎实做好避孕节育知情选择，为育龄群众提供了优质便捷的药具和再生育咨询服务；加强了药具不良反应的监测工作；稳步推进孕前优生项目工作，2017 年目标人群检查率达 96.5%。（5）计划生育家庭扶助保障水平明显提高。督促各地落实独生子女奖励费以及有关计划生育奖励假制度。共确认 2017 年度农村奖扶对象 480652 人，特别扶助对象 28697 人，城镇奖扶对象 647480 人。建立计划生育特殊家庭信息档案制度和计划生育特殊家庭“五定两包”联系人责任制，为 16699 名计划生育特殊家庭人员建立信息档案，落实扶助关怀措施。全力推进医养结合，组织专家编制了《河南省健康老龄化规划（2018—2020 年）》，开展了医养结合试点工作，全省确定 103 个试点县、50 家试点机构。全省 2406 家医疗机构与养老机构签订医养协作协议，76.6% 的养老机构能够为入住老年人提供医疗卫生服务。

科技教育与合作交流成效明显　（1）医教协同力度加大。全面推进住院医师规范化培训，新招录住院医师和助理全科医生 5124 人，累计培训师资 1.5 万人次，在培住院医师 1.2 万人，首批通过结业考核者有 8638 人。推进医学教育改革发展，2017 届各层次医科类毕业生 75991 人，人才培养质量持续提升。郑州大学一附院临床医学成为国家“双一流”建设学科。指导卫生职业院校设置儿科等紧缺专业 16 个。县级以上医疗卫生单位继续医学教育覆盖率达 100%。（2）科技创新持续加强。新增中原学者 1 名、省科技创新杰出人才 1 名、省创新型科技团队 4 个。获得国家级科研立项 129 项，其中国家自然科学基金 117 项。1 人（刘章锁教授）获国家科技进步二等奖，实现西医科研领域“零”的突破。科卫协同形成合力，首批建设 9 个省级临床医学研究中心，新建省重点实验室 4 个、国际联合实验室 6 个。互联网医疗系统与应用国家工程实验室落户郑州大学一附院，国家心血管病中心华中分中心落户省人民医院。（3）医学学术影响力明显提升。实现全省卫生系统“两院”院士后备人才“零”的突破和国家级权威学术组织主委“零”的突破，在国家权威学科排行榜上，学科入围数量也是名列前茅，这些突破和进展不仅反映了近年来河南省医疗卫生科技水平的提升，在国内医学学术领域具有了一定话语权。经过多年的努力，河南省已逐步形成了以平台为基地、人才为根本、科研为支撑、技术转化与应用为主要内容的医学科技创新体系，有力地促进了河南省防病治病水平的提高，为保障全省人民身心健康做出了积极贡献。（4）对外合作交流水平持续提升。2017 年各级医疗卫生单位新签院际合作协议 58 个，正在执行的合作协议达到 91 个。省直医疗卫生单位持续发挥示范带动作用，与国际知名医疗机构签订院际合作协议 19 个，中美荷美尔肿瘤研究院、省人民医院梅奥国际中原中心、郑州大学马歇尔医学研究中心（马歇尔医院）、中—澳头颈肿瘤合作研究中心、省疾控中心中美结核病研究实验室等中外联合疾病诊疗和科研中心等重点合作项目成效明显，带动各单位人才交流培养、科研能力提升和服务群众水平持续提高。各地医疗卫生单位与国内外医疗机构合作广泛展开，签署合作协议 39 个。郑州儿童医院成立国际儿童医学中心；洛阳市中心医院与丹麦皇家医院签订了友好医院合作协议，互派医护人员研修交流。全省各医疗卫生单位建立外籍和中国院士工作站、专家工作室 30 个，举办第 8 届中美癌症前沿论坛等学术会议、高峰论坛 120 余次。积极参与“一带一路”建设，推进中医药等特色医疗合作交流，传播河南中医药品牌和文化。洛阳正骨医院引入 JCI 国际医院标准认证，推进中德友好医院合作示范病区建设，与法国骨科医师协会建立战略合作关系，把“河南中医骨科”的品牌推广到法国及周边国家。河南中医药大学一附院发挥中医特色优势，成立中泰感染性疾病临床研究中心，开展中医药对外合作交流。省中医院和中华（澳门）发展与合作促进会进行合作，打造中医养生旅游产品。（5）高层次人才培养和引进工作深入推进。建立制度化、常态化的人才境外培养机制。积极发挥加拿大皇家学院、德中科技交流基金会两个海外培训基地作用，重点组织开展了第 2 期医师临床带教技能、外科医师临床技能规范化培训，2017 年全省卫生计生系统输出培训培养各类人才 452 人次。积极探索柔性引进国际人才，针对基础较弱、急需加强的学科，引进知名专家、教授来豫短期坐诊、手术示范、带教团队，有针对性地开展科研课题合作，2017 年全省引进高层次人才 453 人。省人民医院建立了国际医疗中心，全职引进外籍知名专家和护士长来豫工作。郑大一附院先后引进来自美国、英国等国家的 33 名专家学者为兼职教授。中美荷美尔肿瘤研究院聘请中国工程院王红阳院士为特聘教授，开展硕士、博士研究生培养工作，培养高层次人才近 60 名，引进 8 名国外知名专家来豫开展临床指导。（6）援外医疗工作成效显著。完成由河南省承担的 3 支医疗队组建、培训和轮换工作，积极与受援国卫生部和我国驻受援国大使馆沟通协调，强化医疗队境外管理。洛阳正骨承建的中国中医中心运营良好，辐射带动作用不断增强。省人民医院承建的中国创伤治疗中心、中国妇幼健康中心、中埃远程病理会诊系统按期建成，2017 年 8 月投入使用。郑大一附院承建的中赞腔镜中心完成部分设备安装调试，中赞远程医疗会诊系统新增 4 所赞方医院联网，在 2017 年 8 月召开的“一带一路”暨健康丝路高级别研讨会上进行了现场演示，受到世界卫生组织总干事、联合国副秘书长等国际组织领导人的高度评价。同时，援外医疗队党的建设和宣传工作持续加强，做到“两个第一时间”：医疗队队员确定后第一时间成立临时党支部，到达受援国后第一时间召开党支部会议。中央电视台“一带一路”栏目《远方的家》以“非洲高原上的白衣天使”为题，讲述援埃塞俄比亚医疗队的传奇故事，引起国内外强烈反响。（7）引资办医工作有序推进。招商宣传和推介力度持续增强，引资成效显著。2017 年新签招商引资项目 39 个，签约引入资金 270 亿元。濮阳、开封、南阳、郑州、洛阳、商丘、安阳引资金额均超过 10 亿元。截至 2017 年末，全省民营医院达到 1004 所，其中二级以上医院达到 150 所，分别较上年增加 188 所和 10 所，卫生技术人员 5.7 万人，床位总数 6.7 万张，在全省医疗服务体系中比重逐步增加，多元化办医格局正在形成，对公立医院的有益补充作用日益增强。

中医药强省迈出新步伐　截至 2017 年底，全省共有中医医院 527 家，开放床位 7.5 万张，较 2012 年分别增长 58.3%、49.1%；门急诊总量近 4000 万人次，出院病人 240 万人次，较 2012 年分别增长 55.8%、83.2%。医院数量、床位数和服务总量稳居全国前列。中医医院药占比持续下降，收入结构向好。中药占药品收入的比重、饮片占中药收入的比重分别为 45.7% 和 54.6%，发展质量和效益稳步提升。（1）中医药发展目标和思路进一步清晰。省政府办公厅印发《河南省中医药发展战略规划（2016—2030 年）》，出台《河南省“十三五”中医药发展规划》，中医药强省建设目标更加明确，指标体系更加清晰。多渠道多形式宣传贯彻《中医药法》，《河南省实施〈中医药法〉办法》纳入省人大立法审议计划。（2）中医药服务能力持续增强。争取中央投资县级中医院建设项目 18 个，总投资 15.5 亿元，其中中央资金 8.08 亿元，规划建筑面积 38 万平方米。一批县级中医院新建扩建项目投入使用，诊疗条件得到改善。2018 年省财政中医专项经费预算 1.5 亿元，是 2012 年的 3.75 倍。省本级中医专项财政预算水平和管理水平明显提升，科目设置更加合理。5 家中医院入选国家中医药传承创新工程重点建设项目库，数量居全国前列。争取中央投资县级中医院标准化建设项目 18 个。2017 年全省县级以上中医机构门急诊总量 4000 万人次，出院病人 240 万人次，服务规模位居全国前列。（3）中医药传承创新能力不断增强。建立中医特色和基础管理“双核心指标”医院评价体系、质控体系和督导制度，全面开展专项督导和评估。19 个专科竞争国家区域中医专科诊疗中心，启动省级医院专科诊疗中心建设。9 家综合医院通过全国综合医院中医药工作示范单位验收，11 个县（市、区）荣获全国基层中医药工作先进单位称号。完成全省三级中医医院设置规划调整。中医医院医联体和专科联盟建设稳步推进。中医药治疗艾滋病临床研究第3次获国家科技重大专项立项，有4项课题获得国家科技专项支持。4500余名艾滋病患者接受中医药免费治疗。（4）中医药优秀人才不断涌现。启动省中医药传承与创新人才工程（仲景工程），张磊教授当选为第3届“国医大师”，丁樱、毛德西、崔公让当选为首届“全国名中医”，李建生教授荣获吴阶平医学创新奖和河南省科学技术杰出贡献奖。出台《河南省名老中医药专家传承工作室管理办法（试行）》，完成第4批全国中医优秀人才研修项目和第6批全国老中医药专家学术经验继承工作指导老师遴选。36位专家被命名为第6批全国老中医药专家学术经验继承指导老师。（5）中医药文化建设迈出新步伐。联合省文化厅出台《关于进一步加强中医药文化建设的指导意见》。举办第7届中国中医药发展大会暨第13届张仲景医药文化节。开展全省中医药健康文化科普人才和新闻宣传骨干培训，开通省中医管理局官方微信公众号。

服务保障功能有效发挥　（1）依法行政务实高效。深化行政审批制度改革和“放管服”工作，全面梳理和调整行政权力事项清单，补充完善卫生计生行政处罚裁量标准，清理规范行政审批中介服务事项和各类证明，简化办事流程，创新服务方式，现有许可项目全部接入省政务服务平台，医疗机构、医师和护士全部实现电子化注册，审批效率和满意度大幅提升。广泛开展服务型行政执法和普法教育，及时处理解决卫生计生执法矛盾纠纷，严格落实合法性审查制度，组织实施示范单位创建活动。新乡市卫生计生委被省政府命名为全省依法行政示范单位。省卫生计生委“放管服”改革和依法行政工作在全国会议上交流经验。（2）宣传和文化建设有序推进。强化主流意识形态的引领作用，多渠道、全方位开展正面宣传引导，评选表彰“河南最美护士”“基层好医生”，开展“健康中原行·大医献爱心”大型公益活动和“中原卫计先进事迹报告团”巡讲，电影《仁医胡佩兰》荣获省“五个一工程”奖。（3）安全稳定防线稳固。牢固树立安全生产红线意识和底线思维，健全预防预警和应急处置体系，认真落实重大风险评估机制，全面整治安全和消防隐患，行业安全生产形势总体平稳。扎实做好信访基础业务规范化建设，开展特定利益群体稳控化解专项治理，信访工作走在省直机关和全国卫生计生系统前列。持续开展“平安医院”建设，建立第三方调解机制，构建和谐医患关系。干部保健服务能力持续提升，老干部工作和机关服务管理得到加强，驻村援疆帮扶、党务政务公开、信用体系建设等工作有序推进，各项卫生计生事业统筹协调发展。

全面从严治党贯彻有力　（1）认真落实从严治党“两个责任”。创新党建工作考评机制，完善全面从严治党责任清单，进一步落实党建工作责任制。坚持党组织书记述责述廉述党建评议考核机制，出台《关于全面从严治党提高党建科学化水平考评办法》，开展“组织生活制度落实年”活动，严肃党内政治生活和党内监督，规范“主题党日”活动。省卫生计生委党建工作在全国会议作典型发言，委直属机关党委、机关纪委荣获省直机关“五好党组织”。（2）扎实推进“两学一做”学习教育常态化。机关和直属单位以支部为单位，通过集中学习、交流研讨、专题党课、网络答题、网络课堂等多种形式进行专题学习；组织开展“迎接十九大，做合格党员”主题活动，举办“发现身边精彩、讲党建微故事”和“精读好书、砥砺奋进”活动，省卫生计生委选手荣获全省微型党课比赛第一名。（3）不断加强党风廉政建设。组织党员干部深入开展理想信念、党纪党规、反腐倡廉和从政道德教育，树立党章党规党纪意识，筑牢拒腐防变思想防线。坚持标本兼治、推进以案促改，严格执纪问责，加强惩防体系建设。（4）持续加强行业作风建设。开展医用耗材专项整治，深入开展懒政怠政、为官不为问题专项监督，全省卫生计生系统问责处理263人。开展“亮出形象正党风、医德建设争先锋”活动，规范医疗机构和医疗从业人员服务行为。　（王　涛）

〔特约编辑：路修德〕

〔主　编：阚全程　副主编：周　勇〕

湖　北　省

全省卫生和计划生育工作概述　2017年湖北省卫生计生系统深入贯彻落实全国卫生与健康大会精神，坚持“一体两翼”总体思路，实施“两控四改”重点任务，加快建设“健康湖北”，全省卫生计生事业呈现出改革深度推进、发展亮点频现、群众广泛受益的良好态势。

一、医药卫生体制改革取得新突破

基本医保体系不断完善。城乡居民医保补助标准提高到人均480元，参保率达到96%以上，政策范围内住院费用报销比例达到76.5%。城乡居民医保“七统一”整合基本到位，大病保险实现全覆盖，疾病应急救助制度基本建立。医保支付方式改革深入推进，制定了远程医疗、日间手术、家庭医生签约服务的价格政策和医保支付标准，明确了医保资金结余留用、合理超支分担的重大政策。

公立医院综合改革进一步深化。在县级公立医院综合改革全覆盖的基础上，2017 年 7 月 31 日全面推开城市公立医院综合改革，在鄂国家部委医院、部队医院、国企医院、学校医院同步参与属地改革。在全面取消药品加成的同时，实施管理体制、运行机制、医保支付、药品采购、人事编制、薪酬分配等综合改革，实现新旧体制平稳转换。现代医院管理制度建设加快推进，“改善医疗服务行动计划”有序开展。

分级诊疗制度加快建立。全省共成立医疗联合体 495 个，覆盖 89 个三级医疗机构，185 个二级医疗机构，960 个一级医疗机构，促进各级各类医疗卫生机构建立稳定的分工协作机制。按照“全面推进、重点跟进，对接政策、因地施策，培育试点、打造亮点”的总体思路，推动家庭医生签约服务落地落实，全省常住人口全人群签约率、重点人群签约率分别完成 30%、60% 的年度目标。同时，通过医保支付“阶梯化”、患者付费“差异化”、评估考核“定量化”、过程运行“智能化”等手段，初步构建了制度化体系，引导患者科学合理就医。

药品供应保障机制巩固完善。省政府办公厅印发《关于进一步改革完善公立医院药品采购和供应保障机制的实施意见》，确定公立医院在药品集中采购过程中的主体作用，逐步改“招标准入”为“采购准入”。全省基层医疗机构全部在网上采购药品，全省 117 个县级会计核算中心中有 100 个在省级采购平台完成银行账户的建立和信息审核，占 86%。印发《关于建立高值医用耗材阳光采购省市联动管理机制的实施方案的通知》，推进省级高值医用耗材阳光挂网与市州集中招标采购目录、价格联动，强化医疗机构采购监管，对医用耗材开展专项整治工作。配合省医改办、省食品药品监管局出台《关于印发〈全省公立医疗机构药品采购“两票制”实施方案（试行）〉的通知》。

二、计划生育服务管理迈上新台阶

积极探索鼓励群众按政策生育的支撑体系。加强生育政策与相关经济社会政策衔接，完善全面两孩配套政策，湖北省 2017 年出生人口 77.78 万人，其中二孩出生 38.76 万人，比上年增加 8.71 万人，二孩增幅为 28.99%，人口总量增幅平稳，生育水平保持稳定，全面两孩政策成效开始显现。加快推进公共场所和用人单位母婴设施建设。联合 10 部门印发《加快推进母婴设施建设和规范管理的实施意见》，开发全省母婴室地理定位系统，通过微信二维码和手机客户端，为群众提供便捷服务。全省全面推开基本生育免费服务工作，围绕孕前、孕期、分娩、产后和儿童保健全生育过程，为孕产妇和儿童提供基本生育全程免费服务。省政府印发《关于城乡居民基本医疗保险制度的实施意见》，17 个市州全部出台贯彻意见或实施办法，将符合政策生育的费用纳入城乡居民医保报销范围。

积极推进计划生育服务管理改革。加快以“智慧计生”为抓手的“四个计生”建设。全省 50 多个县市搭建了“智慧计生”平台，整合各部门和卫生计生信息资源，将出生分娩、儿童免疫、生育登记、生殖健康服务和随访服务深度融入，完善服务体系，延伸服务内容，实行精准服务，推进计划生育服务“一卡通”“一证通”“一网通”，有效整合妇幼健康与计划生育两个信息系统，全省全面推广“村居在线”手机版平台应用，部分县市通过政府集中采购、为专干发放通讯补贴等形式，实现“村居在线”手机版与电脑版的优势互补。组织 10 家省市媒体，深入鄂州市、宜昌市、黄冈市红安县专题采访，宣传湖北省推进“四个计生”建设改革计划生育服务管理工作经验，并在宜昌召开新闻通气会，向全国推广湖北省转型发展成功经验。

计划生育家庭奖励和扶助政策得到落实。全省确认农村部分计划生育家庭奖励扶助对象、计划生育家庭特别扶助对象 58.11 万人，较 2016 年增加 8.37 万人。指导各地认真落实《省人民政府办公厅关于进一步做好计划生育特殊困难家庭扶助工作的通知》及省卫生计生委连续出台的开设就医“绿色通道”、发放一次性抚慰金、提供再生育服务、发放《湖北省计划生育家庭医疗优诊证》、建立和完善联系人制度等 5 个配套文件。对相关政策落实情况开展了“线下 + 线上”同步督查，即将计划生育特殊家庭扶助工作纳入省卫生计生委“十大重点问题”专项整治行动；组织开展计划生育家庭奖励和扶助工作专项督查；在卫生计生工作调研督查及计划生育年度考核中，将计划生育特殊家庭扶助关怀工作作为重要内容；通过“湖北省计划生育家庭精准扶助管理系统”向独生子女死亡的计划生育家庭特别扶助对象推送政策落实情况查询短信并通报短信回复情况等。

深入开展出生人口性别比综合治理。全省出生人口性别比保持稳步下降态势。省人口计生领导小组办公室印发《湖北省整治“两非”专项行动实施方案》，进一步加大整治“两非”工作力度，2017 年全省“两非”案件结案数为 2378 例，其中典型案件 698 例，刑事处罚 36 人。

三、卫生计生服务保障能力得到新提升

加强重大疾病综合防控。积极开展艾滋病、结核

病、血吸虫病等重大传染病的防治，在荆州和宜昌市开展结核病分诊诊疗试点，将结核病和耐药肺结核纳入全省100种单病种付费范围。13个县市达到血吸虫病传播阻断的指标要求，6个县市达到消除的指标要求，在武汉市开展精神卫生综合管理试点，在第9届全球健康促进大会暨国际健康城市市长论坛做精神卫生促进城市发展经验交流。实施慢性病综合防控战略，有5个市县区新通过国家慢病综防示范区现场评估。全省建立了以二级以上医疗机构为龙头、基层医疗卫生机构为基础、专业公共卫生机构为支撑的综合性健康管理联合体，湖北省健康管理被国家评为医改“十大新举措”之一。8个城市、6个县城、18个乡镇分别被命名为国家卫生城市、县城、乡镇，均超过了之前10余年创建总数。

*更加注重卫生应急核心能力建设。*全省共报告突发公共卫生事件90起，其中一般级别88起，较大级别2起，无重大和特别重大突发公共卫生事件报告，各类突发公共卫生事件均得到及时妥善处置。7月24—27日，省卫生计生委、省人社厅、省总工会主办2017年湖北工匠技能大赛——卫生应急技能竞赛。积极推进空中、水上救援体系建设，宜昌市中心医院2座停机坪及机库、十堰市中心医院停机坪及机库建设基本完成，与湖北省卫生计生委合作公司的3架医疗构造直升机长期驻守湖北执行卫勤任务。命名7个县（市、区）为湖北省卫生应急综合示范县。组织4个督导组对全省二级以上公立医院卫生应急体系建设情况进行督导检查。建成省卫生应急物资储备信息管理平台框架，实施动态监管，实现资源共享。

*着力提高妇女儿童健康水平。*全省孕产妇死亡率为9.87/10万，婴儿死亡率和5岁以下儿童死亡率分别为4.92‰和6.73‰，完成免费婚检48.45万人，免费孕前优生健康检查58.53万人，加强出生缺陷综合防治，为全省3万名新生儿免费进行多种遗传代谢病检测推动“筛查—救治—救助”一体化服务。印发《湖北省母子健康手册推广使用工作实施方案》，推进妇幼健康信息化建设。

*全力保障群众食品安全。*省卫生计生委会同6个厅局，制定印发食品安全风险监测方案。制定印发食源性疾病报告管理规范以及疾控机构、医疗机构食源性疾病监测工作规范。全省共报告82起食源性疾病暴发（食物中毒）事件，所报告事件均得到及时处置。发布食品安全地方标准《湖北泡藕带》，完成8项食品安全地方标准跟踪评价。

*切实加强医疗质量安全管理。*开展2017年度大型医院巡查工作，省级完成9家医院的现场巡查工作。开发省级医疗质量管理绩效评价平台，为全省医疗机构提供数据和诊断相关分组（DRG）分析。启动医疗服务智能监管平台建设应用，集中开展重点问题专项整治。印发《2017年湖北省平安医院创建工作要点》，调查处理5起医闹事件及涉医案件。

*稳步提高基层医疗卫生机构服务水平。*争取省级专项地方债券资金8亿元，对全省9000个村卫生室进行建设，安排专项经费1600万元，对80家“薄弱”乡镇卫生院进行建设，全省共创建155家“群众满意的乡镇卫生院”、30家“优质服务示范社区卫生服务中心”，4家机构获得“百佳乡镇卫生院”称号、9家机构获得“百强社区卫生服务中心”称号。省政府印发《进一步深化基层医疗卫生机构综合改革的意见》，从完善基层医疗卫生机构财政补偿政策、人事制度、薪酬制度、医保支付政策、县域医共体建设等10个方面提出23项举措。以枝江市作为改革试点。开展全省乡镇名医、社区名医推荐活动，评选300名左右乡镇名医和80名左右社区名医。省、县两级共投入3000万元，开展乡镇卫生院骨干人员特岗津贴和大学生招聘补助项目。

*大力弘扬中医药特色优势。*出台《省人民政府关于全面推进中医药发展的实施意见》《湖北省中医药健康服务“十三五”发展规划》《湖北省中医药事业发展“十三五”规划》等文件。会同省发展改革委建立湖北省“十三五”中医药建设项目储备库。9家县级中医医院获得国家基础设施建设项目，资金支持3.6亿元。完成61个国家级中医重点专科评审验收工作。筹备纪念李时珍诞辰500周年系列活动，形成初步筹备方案。国家中医药管理局和国家民族事务委员会确定恩施州民族医院、咸丰县中医医院为全国少数民族医药工作表现突出集体。湖北中医药大学梅国强教授被评为国医大师、湖北省中医院王伯祥主任医师、湖北中医药大学附属医院陈如泉主任医师被评为全国名中医。完成（中医馆）健康信息省级平台部署，并在武昌区16家社区卫生服务中心完成试点上线工作。

四、健康扶贫创建新模式得到有效推广

完善顶层设计，先后印发《湖北省健康扶贫工程实施意见》《湖北省健康扶贫“三个一批”行动方案》等制度文件。率先建立“四位一体”（基本医保＋大病保险＋医疗救助＋补充保险）健康扶贫模式。取消了贫困人口基本医疗保险住院起付线，政策范围内报销比例提高20%；大病保险起付线从1.2万元降至5000元以下，报销比例提高5～10个百分点；全省各县市区政府按照每人每年不低于200元的标准建立补充医疗保险制度。全省9种大病患者18837人，已救治16963人，救治率达到90%；对慢病患者实施签约服务，建档立卡农村贫困人口签约数为4287813人，

签约服务率达 75% 以上；建档立卡农村贫困人口住院及门诊慢性病医疗费用报销比例达 90% 以上，个人年度自负医疗费用控制在 5000 元以内；基本落实农村贫困人口县域内“先诊疗后付费”机制，实现“一站式”即时结算。红安县健康扶贫模式在全国进行推广。

全省卫生与健康大会　2017 年 3 月 23 日在武汉召开。省委常委、常务副省长黄楚平主持会议。省委常委、省委宣传部长梁伟年，副省长郭生练，省政协副主席刘善桥出席会议。省委书记蒋超良出席会议并讲话。他指出，预防是最经济最有效的健康策略，要坚持预防为主的方针，着力加强重大疾病防控，积极实施重大传染病防控战略，加强血吸虫病等地方病防治工作，大力开展慢性病综合防控；着力提升重点人群健康水平，重视加强妇女、儿童、老年人、残疾人、流动人口、低收入人群等弱势群体的健康服务；着力倡导健康生活方式，教育引导人民群众树立“每个人是自己健康第一责任人”的理念，广泛开展全民健身运动，做好心理健康和心理疾病防治工作；着力营造绿色安全的健康环境，坚决守住守牢生态环境底线，发扬优良传统，深入开展爱国卫生运动，切实维护公共安全，努力减少公共安全事件对人民生命健康的威胁。蒋超良强调，深化医药卫生体制改革是推进健康湖北建设的关键环节和核心内容。要按照党中央部署，以壮士断腕的决心攻坚克难，不断深化医疗卫生体制改革、全民医保制度改革和药品供应保障体系改革，实现“三医”改革联动，加快推进中医药深度融入医改，充分发挥广大医务人员的积极性，织密织牢人民群众看病就医安全网，坚决打好医改攻坚战，努力破解看病难、看病贵问题。人民健康既是民生问题，也是社会政治问题。各级党委、政府要切实加强对卫生与健康工作的领导，强化责任担当，完善政策措施，形成工作合力，确保党中央决策部署落到实处，确保健康湖北建设各项任务落到实处。

省属医院和各市州城市公立医院全面取消药品加成　2017 年 3 月 22 日，湖北省医改办联合省卫生计生委、省编办、省发改委、省财政厅等 7 部门印发《关于取消药品加成、全面启动城市公立医院综合改革工作的通知》，湖北省属医院和各市州城市公立医院分别于 3 月 31 日和 7 月 31 日取消药品加成，启动综合改革。2017 年，全省所有公立医院全面取消药品加成（中药饮片除外），破除以药补医机制，将公立医院补偿由服务收费、药品加成收入和政府补助 3 个渠道改为服务收费和政府补助 2 个渠道，通过调整医疗服务价格、加大政府投入、改革支付方式、降低医院运行成本等，建立科学合理的补偿机制。对医院减少的合理收入的补偿，原则上通过医疗技术服务价格调整补偿 80%，政府补助 20%。各市州对本地区城市公立医院取消药品加成政府补助部分采取绩效考核方式予以补助。各市（州）制定公立医院医疗服务价格改革方案，科学测算医院运行成本，在降低药品、耗材费用和取消药品加成的同时，降低大型医用设备检查治疗、检验价格，合理提升体现医务人员技术劳务价值的医疗服务价格。加快新增医疗服务价格项目受理审核。推进医疗服务定价方式改革，积极探索按病种、按服务单元收费。建立以成本和收入结构变化为基础的价格动态调整机制。价格调整政策与医保支付、分级诊疗等政策衔接。同时，统筹优化医疗资源布局、控制费用不合理增长、推进分级诊疗制度建设、推进药品生产使用流通领域改革、推动社会办医、加强人才培养等各项工作，不断增强改革的系统性、整体性和协同性。

全省首家互联网医院试点落户武汉市中心医院
2017 年 4 月 27 日，全省首家互联网医院试点单位在武汉市中心医院正式揭牌。省卫生计生委主任杨云彦出席揭牌仪式并致辞。武汉市中心医院挂牌作为互联网试点医院是湖北省实践互联网医疗的良好开端，对加速全省“互联网 + 医疗健康”战略实施进度，扩大武汉市在全国智慧城市建设中的示范效应具有重要意义。武汉市中心医院通过实施“互联网 + 医疗健康”战略，在互联网在线医疗服务、智慧医院建设、健康医疗大数据应用等方面不断探索新模式，不断提升老百姓的看病就医体验。医院已实现让患者能够足不出户在网上看病，为患者提供连续性、个性化的全程诊疗服务，并将优质医疗资源下到基层，缓解农村百姓看病难的问题。

湖北省每年投入 3000 万元留住基层卫生院专业技术人才　湖北省委组织部人才办与省卫生计生委联手，在全国率先推出乡镇卫生院骨干人员特岗津贴和乡镇卫生院大学生招聘补助项目。自 2017 年起，全省每年投入 3000 万元，实施乡镇卫生院骨干人员特岗津贴和乡镇卫生院大学生招聘补助项目，该项目将惠及大别山区和武陵山区 33 个县（市、区）乡镇卫生院的专业技术人员。项目地区乡镇卫生院业务骨干每月将获 900 ～ 1000 元特岗津贴。乡镇卫生院新招聘的医学院校大学毕业生，按本科毕业生每人 3 万元，专科毕业生每人 1.5 万元标准享受一次性补助。每年 3000 余万元项目经费由省、县（市、区）两级财政各承担 50%。乡镇卫生院特岗津贴实行动态管理，每年由乡镇卫生院负责申报，县级卫生计生行政部门审核确定名单，报省卫生计生委审定后按程序落实补助资金。

公立医院逐步推行“两票制” 2017年6月9日起，湖北省在全省所有公立医疗机构（含政府办乡镇卫生院、社区卫生服务中心，村卫生室药品可由乡镇卫生院代购）药品采购启动实施“两票制”，并鼓励其他医疗机构药品采购实行“两票制”。2018年1月1日起全省公立医疗机构正式全面实施“两票制”。顺应现代药品企业发展趋势，《方案》对生产企业和流通企业药品生产企业或科工贸一体化的集团型企业设立的仅销售本企业（集团）药品的全资或控股经营公司，可视同生产企业；境外药品的国内总代理，可视同生产企业；药品上市许可持有人合规委托负责药品销售的生产企业或经营企业，可视同生产企业。以上情形在全国范围内仅限一家经营企业或总代理。药品流通集团型企业内部向全资（控股）子公司或全资（控股）子公司之间、子公司与母公司之间调拨药品可不视为一票，但最多允许一次。《方案》明确，“两票制”将作为省级药品集中采购服务机构将药品生产经营企业及其合规产品挂网的必备条件。参与药品集中采购的药品生产经营企业要承诺执行“两票制”的相关规定，否则不得挂网。公立医疗机构采购药品，必须要求供货企业承诺执行“两票制”有关规定并在采购合同中明确相关条款。在确定药品配送关系时，必须与药品生产企业或药品流通企业签订配送协议，明确约定配送具体事宜和药品质量安全责任等相关要求，保证药品及时安全配送。药品生产、流通企业销售药品，应当按照发票管理有关规定开具增值税专用发票或者增值税普通发票。为保障基层药品的有效供应，《方案》特别规定，边远交通不便的乡镇卫生院（含为村卫生室代购）配送药品，经县级卫生计生部门批准并逐级报省卫计委备案公布，可在“两票制”的基础上增开一次购销发票。

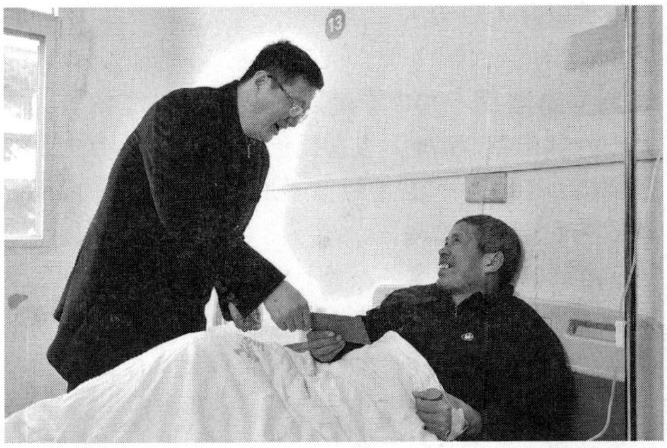

2017年1月25日，湖北省卫生计生委党组书记张晋赴汉川市看望慰问晚血病人和艾滋病患者。图为在汉川市血防专科医院，张晋为晚血病人送上新春祝福。

湖北省建立妇幼健康联盟 2017年6月9日，湖北省妇幼健康联盟成立大会暨2017年湖北省妇幼健康事业发展论坛在省妇幼保健院召开，全省105家妇幼保健机构组织成立妇幼健康联盟。会议通过《湖北省妇幼健康联盟章程》，成立了联盟理事会，举行揭牌仪式。联盟牵头单位省妇幼保健院院长程龙献与联盟成员单位分别签署合作协议书。全省各市、州卫生计生行政部门和省、市、县三级妇幼保健机构负责人参加会议。各联盟成员单位按章程将充分利用好妇幼保健机构专科特色和群体健康特色优这一优质资源，上下联动，取长补短；坚持互惠互利、合作共赢的原则，利用现代信息网络技术，开展远程诊断、远程会诊、远程教学，实现技术水平的高效复制，构建上下互通的双向转诊通道；探索上级医生到下级机构定期坐诊、查房、带教的工作机制，促进优质资源的下沉；积极推进联合申报和开展重大妇幼科研课题立项、研究，努力实现“共建、共享、共赢”的目标。

湖北省明确医疗联合体建设5种模式 2017年6月29日，湖北省政府办公厅印发《推进医疗联合体建设和发展的实施意见》，提出2017年全省三级公立医院要全部参与医联体建设并发挥引领作用，每个市（州）至少建成一个有明显成效的医联体；到2020年，医联体建设覆盖全省每个市、县（市、区），基层首诊、双向转诊、急慢分治、上下联动的分级诊疗模式基本形成。《意见》指出，各地结合区域内医疗资源结构与布局，人民群众医疗服务需求，充分考虑医疗机构地域分布、功能定位、服务能力、业务关系、合作意愿等因素，分区域、分层次就近组建医联体，同时，鼓励将军队、社会力量举办医疗机构纳入医联体。《意见》明确医联体5种组织模式：医疗集团模式，在设区的市级以上城市，以1家三级医院为牵头单位，联合若干城市二级医院、康复医院、护理院以及社区卫生服务中心，构建“1+X”医联体，纵向整合医疗资源；医疗共同体模式，重点探索以“县医院为龙头、乡镇卫生院为枢纽、村卫生室为基础”的县乡村一体化管理，实现人员调配、财务管理、设备管理、药品管理、业务管理“五统一”；健康联合体模式，医院与疾控机构、基层医疗卫生机构组建健康联合体，推进慢性病预防、治疗、管理相结合，促进医联体建设与预防、保健相衔接，减轻疾病负担；专科联盟模式，医疗机构之间以专科协作为纽带形成联合体，形成区域间若干特色专科联盟，提升解决专科重大疾病的救治能力，形成补位发展模式；远程医疗协作网模式，以互联网为抓手，大力推进面向基层、偏远和欠发达地区的远程医疗服务体系建设。

湖北省输血研究所成立　2017年12月6日，湖北省输血研究所在武汉挂牌成立。研究所依托武汉血液中心建立，是全国第一家将采供血机构、医院、高校、生产企业领域的专家、资源整合在同一平台，开展综合科研的输血医学研究机构，实现“产、学、研”一体化发展，将致力于破解湖北献血资源分散、区域性血液供求不平衡等难题。输血研究所作为省级科研平台，将有效整合全省输血学科资源，开展血液治疗、输血相关业务、血液检测安全、血液保护以及输血新技术的协作科研活动，大力培养输血医学人才，引领全省输血医学发展，服务于湖北省持续增长的卫生健康需求。

湖北省全面实施贫困妇女“两癌”免费检查民生项目　2017年12月26日，湖北卫生计生委、省妇联联合召开全省贫困妇女“两癌”免费检查工作部署会。湖北将从2017年起连续3年实施城乡贫困妇女“两癌”免费检查民生项目，省级财政每年专项投入5000万元，为全省农村和城镇37万贫困适龄妇女进行“两癌”免费检查。省卫生计生委、省妇联联合下发《湖北省贫困妇女“两癌”免费检查实施方案》。省卫生计生委与省妇联联合成立项目领导小组和技术指导组，制定实施流程，确定检查内容、检查流程、信息收集和管理、质量控制。针对各地发展不平衡，将每年开展技术培训，统一技术标准，培养一批技术人员，建立“两癌”检查技术团队。相关部门将建立“两癌”检查、确诊、治疗和医疗保险有效衔接的长效机制，推动基本医疗保险与女性商业健康保险结合，同时专项救助、公益慈善资助补充，做到查、治、救、防全方位服务。

卫生事业发展数据　截至2017年底，湖北省有医疗卫生机构36349家，其中医院976家（综合医院569家、中医院142家、专科医院260家），基层医疗卫生机构34766家（其中卫生院1162家、社区卫生服务机构1215家、村卫生室24643家，诊所、门诊部等其他基层医疗机构7746家），妇幼保健院等专业公共卫生机构539家。全省卫生计生人员总数为51.01万人，其中执业（助理）医师14.74万人，注册护士18.42万人。按照2017年年末全省常住人口数5902万人计算，湖北省每千人口卫生技术人员由2016年的6.58人增加到2017年的6.77人，每千人口执业（助理）医师由2016年的2.43人增加到2017年的2.5人，每千人口注册护士由2016年的2.84人增加到2017年的3.12人。2017年末，全省医疗卫生机构床位数为37.66万张，其中医院床位27.07万张，社区卫生服务机构床位1.53万张，卫生院床位7.42万张。全省各级各类民营医疗机构总数达到14915家，其中医院564家。民营医疗机构床位数达到5.23万张，其中民营医院床位5.02万张。

2017年全省医疗卫生机构门诊量达36097.84万人次，其中医院门诊量为13537.29万人次，卫生院门诊量为5838.58万人次，社区卫生服务机构门诊量为2357.04万人次，村卫生室门诊量为10012.95万人次。全省医疗卫生机构出院人数达到1281.84万人，其中医院出院人数为896.54万人，卫生院出院人数为290.79万人，社区卫生服务机构出院人数为33.4万人。全省医疗机构病床使用率达88.23%，与上年同比增幅为1.38%，其中医院病床使用率达92.7%，同比增幅为0.79%，基层医疗机构病床使用率为77.46%，同比增幅为2.93%，专业公共卫生机构病床使用率为73.15%，同比增幅为1.53%。全省医疗机构出院者平均住院日数为8.7天，同比下降0.2天，其中医院平均住院日数为9.5天，同比下降0.2天，基层医疗服务机构平均住院日数为7.1天，同比下降0.1天，专业公共卫生平均住院日数为6.3天，同比上升0.1天。全省医师日均诊疗负担工作量为7.6人次、住院负担工作量为2.3床日，与上年相比日均门诊负担工作量保持不变，住院工作量增加0.1床日。

2017年，湖北省公共卫生服务能力得到加强。湖北H7N9疫情形势严峻，确诊H7N9病例30例，疫情得到有效控制。全省孕产妇死亡率降至9.87/10万，婴儿死亡率和5岁以下儿童死亡率分别降至4.92‰和6.73‰，住院分娩率达99.97%，3岁以下儿童系统管理率达91.70%，孕产妇系统管理率达92.13%。管理高血压患者431.3万人，规范管理率为78.3%。管理糖尿病患者107.2万人，规范管理率为78.6%。为400.9万名65岁以上老年人进行健康体检，老年人健康管理率达67.8%。以乡镇为单位，一类疫苗接种率达到90%以上。共发现重性精神疾病患者26.2万人，肺结核患者3.32万人，全部纳入管理。

计划生育数据　2017年湖北省出生人口77.78万人，其中二孩出生38.76万人，比上年增加8.71万人，二孩增幅为28.99%，且增幅呈逐月增长趋势，全面两孩政策平稳实施。

狠抓“两非”案件查处。2017年全省“两非”案件结案数为2378例，其中典型案件698例，刑事处罚36人，全省出生人口性别比下降到111.26，保持逐年下降的良好态势。

计划生育工作转型升级。全面落实计划生育奖扶、特扶扶助政策，全年确认奖扶、特扶对象达58.11万人，较上年新增8.37万人，形成“1+5”政策体系。建立

“湖北省计划生育家庭精准扶助管理系统”，将城乡计划生育特殊家庭全部纳入家庭医生签约服务范围。继续稳固建立流动人口服务管理“一盘棋”工作机制，全省流动人口卫生计生服务覆盖率一直稳定在90%左右，健康档案、儿童预防接种、传染病防控、孕产妇和儿童保健、计划生育、健康教育等6类基本公共服务覆盖率达到95%以上。

智慧计生建设深入推进。全面推进以“智慧计生”为抓手的“四个计生”建设，基本完成“金人工程”一期项目建设，建立人口宏观决策和预警分析系统，推进村居在线等服务平台应用。在全省50多个县市搭建“智慧计生”平台，依托居民健康卡、居民身份证、智慧计生网络终端，推动计划生育服务“一卡通”、“一证通”和“一网通”，将出生分娩、儿童免疫、生育登记、生殖健康服务深度融入，群众足不出户，通过电脑、微信、手机APP等形式，自主选择服务项目，预约服务时间地点，真正实现了让“数据多跑路、群众少跑腿、服务送上门”。

潜江市实施智能监管整体联动，探索综合监管制度建设新路径　（1）完善平台建设，实现“三个全覆盖”。在投入1200万元建成的云数据中心的基础上，投入100万元改造升级全市医疗机构信息系统，投入200万元购置网络安全设备，达到国家网络安全三级要求。全市一级及以上公立医疗机构全部接入智能监管平台并试运行，5家民营机构均已全部接入专网。将基本公共卫生服务项目纳入医疗服务智能监管平台，利用大数据对项目落实情况进行适时监督考核，完善智能绩效考核系统。（2）突出问题导向，实现全过程监管。实时对处方单据进行分析处理，规范医生诊疗行为，提升医疗质量和水平，养成“数字化医生”，运行以来数据提醒51.8万次，规范处方文书4.4万份，事前整改20.4万次。遏制医疗机构和医务人员的违法违规行为，弥补监管队伍不足、能力不强等问题，建立“专业网管队伍”。从依法依规执业、不合理用药、不合理诊疗、不合理收费、数据质量监控5个方面对28家公立医疗机构智能监管结算数据进行交办，依法依规处理各类监管数据10万多条。（3）健全协作机制，实现联动全方位。建立涵盖执业资质、卫生技术人员、临床技术应用、医疗质量评价、医学检验管理、传染病防治与院感、药事管理、大型医用设备监管等9大项25小项的监管责任清单。明确细化11个监管机构职责，实行联席会议制度，每月15日通报医疗服务监管信息共享联动工作情况。制作《潜江市医疗服务综合监管流程图》，明确各监管部门操作细则，实施部门联动，对有关项目实施监管、追踪、督办。建立医疗机构综合检查制度，健全医疗机构信用管理机制，推行不良执业行为记分制度，落实医疗机构控费指标、行政许可和行政处罚信息公示制度，制定完善综合监管结果与医疗机构校验、等级评审、重点专科建设、职称评定等挂钩的多部门联动和联合惩戒措施，实行五级预警管理措施，形成“一旦违法、处处受限”的联合惩戒模式。

黄冈市实施健康扶贫，助力脱贫攻坚　（1）精准施策，打好组合拳。乡镇卫生院对本地建档立卡贫困户进行精准识别，锁定救助对象，发放医疗救助证，进行信息动态监测管理。在全市范围内进行“三提、两降、一兜”的统一制度设计，坚持党委领导、政府主抓，统筹协调扶贫等相关部门，多方联动，共研共商、同部署同考核，全力推进落实。（2）多措并举，下好关键棋。成立领导小组和工作专班，组建临床专家组，确定定点医院，对农村贫困人口分病种、分批次进行集中救治。全面推进家庭医生签约服务，开展“六个一”服务，全市共组建家庭医生团队1332个，贫困人口签约率达84.94%。明确医疗救助对象住院实际报销比例达到90%以上，为建档立卡贫困人口购买了健康扶贫补充商业保险或直接安排资金兜底，进一步解决患有大病和长期慢性病人群因病致贫、因病返贫问题。要求在乡镇、县、市、市外定点医疗机构住院的非合规费用必须分别控制在5%、10%、15%、20%以内，超出部分由医院自行承担，切实减轻了救助对象医药费用负担。督促医疗机构管控好费用，规范就诊程序和诊疗行为，落实分级诊疗。强化监督考核，定期发布进展情况通报，开展扶贫领域不正之风和腐败问题专项整治，并督促问题整改。（3）创新思路，织牢机制网。各定点医疗机构设立精准扶贫综合服务窗口，实行入院先诊疗后付费和出院“一站式”即时结算“两大便捷举措”，健康扶贫对象只需一次性结清医疗总费用的10%，累计不超过5000元即可出院。以市卫生计生委名义与武汉大学中南医院签订《黄冈市健康扶贫医疗救助定点医院医疗服务协议书》，约定非合规费用比例控制在20%以内，改善贫困人口就医体验。鼓励县市区大胆创新，红安县采取政府购买医疗救助补充保险的办法，率先在全省探索推行健康扶贫“4321”模式；麻城市拟定新发重大疾病纳入健康扶贫医疗救助标准，防止其因病致贫；英山县为所有建档立卡贫困对象购买20元的小额人身意外伤害保险。

武汉市深化服务管理改革，打造智慧计生促进生育友好型城市建设　（1）构建体系转理念，建设生育友好型城市。开展“2050”人口发展规划研究，启动100万大学生留汉、100万校友资智回汉“双百万”计划。完善配套政策，增加公共服务供给。2017年新增普惠性幼儿园学位4800个，中小学学位1.8万个。实行基本生育服务全程免费，符合生育政策的对象住院分娩补助1200元，全年享受住院分娩补贴的对象达1.4万人。落实城镇独生子女年老父母计生一次性奖励全覆盖，累计落实资金18亿元，完善计划生育特殊家庭帮扶体系。（2）深化服务转观念，让人民群众不断提升获得感。打造“健康我家”新家庭计划品牌。注重家庭在计划生育工作中的主体地位，实施健康文化、健康服务、健康关怀“三大品牌”，协同做好妇幼健康、学前教育、生育保险、扶助保障等方面的公共服务。强化妇幼健康服务体系和能力建设。新增儿科、产科床位近900张。开展“母亲安康”“宝贝健康”行动，将妇女“两癌”筛查纳入基本公共卫生服务项目，将唐氏综合征筛查纳入政府免费项目，开设高危孕产妇门诊43个，畅通危急重症孕产妇救治通道和转诊流程，免费开展新生儿先天性心脏病、耳聋基因和43种遗传代谢病筛查。生育证件办理“零距离”。主动开展生育服务登记，规范再生育审批程序，实行承诺制，实行“一次办、网上办、马上办”，送证上门、主动服务。（3）实施智慧计生，推动工作转型发展。搭建智慧计生服务平台，自动对服务对象进行精准分类，主动推送服务信息，变“被动服务”为“主动服务”，将生育全程服务从线下搬到线上，实现便民化、精细化、个性化服务、智慧化服务。优化服务流程。整合卫生计生服务资源，实行“一证通”“一网通”“一站通”，群众凭身份证即可自主打印服务预约单，服务机构凭借服务单提供服务和资金结算。提升服务管理效能，优化工作流程，工作全程网上完成，项目完成情况红黄牌电子预警，实现工作扁平化管理。

宜昌市精准施策、重点突破，全力筑牢重大疾病防控安全屏障　（1）政府主导，联防联控。市政府成立重大疾病防治工作部门联席会议制度，将疾病防控工作纳入各级政府目标责任制管理，相关部门各负其责，共同做好重大疾病防治工作。贫困结核病、严重精神障碍患者纳入健康扶贫“三个一批”救助对象，实行医保报销、民政救助后的政府兜底。免费为在册严重精神障碍患者100%购买了城乡居民医保，筹资1300多万元对其监护人实施奖励补贴；以结核病为突破口，实行患者门诊和住院定额支付。（2）医防合作，全程管理。持续推行结核病、艾滋病防治“三位一体”的“医防合作”的模式，完善患者“主动监测、分级诊疗、定点救治、全程管理”的工作流程。依托健康管理大数据平台，实现疑似患者转诊、诊疗服务和随访管理的全程追溯管理、无缝衔接。所有结核病、艾滋病、严重精神障碍患者均可在定点医院得到疾病诊疗、费用报销和民政救助“一站式”服务。成立结核病等重大疾病防治工作指导专家组，强化医疗服务质量监控，有效实施分级诊疗，控制医疗费用不合理增长。应用新技术，缩短耐药结核诊断时间为10天，提高患者治愈率和好转率。（3）社会参与，创新服务。组建健康教育医护团队，开展“一对一”咨询关怀服务；支持社会组织参与高危人群的宣传教育、预防干预、关怀救助等工作。通过健康管理大数据平台中“传染病智能报告管理系统”，在城区所有公立医疗机构同步开展法定传染病智能报卡提醒与分拣，对确诊患者实时分拣到其居住地所在基层医疗卫生机构，有效降低了聚集性疫情发生率。利用“市民e家”手机APP、微信等新媒体，推送健康教育相关知识，发动志愿者为患者提供全程的咨询与关怀服务，提升患者依从性。将艾滋病防治教育融入大学生新生必修课，学生覆盖率达100%。组建专家讲师团开展“健康知识五进”“百万家庭送健康”等活动。

襄阳市强化顶层设计，深化基层医疗卫生机构综合改革　（1）推行“三项改革”，激发基层医疗卫生机构内部活力。对基层医疗卫生机构实行“总额预付、结余留用、超支分担”的医保支付方式改革，向基层倾斜医保支付和报销政策，开展104种单病种收付费。推进编制管理改革，探索公立医院编制“备案制”，2017年全市引进基层卫生紧缺人才和特岗人才88名。推开薪酬制度改革，放宽绩效工资总量，医疗机构自主决定绩效工资分配。（2）加强“三项建设”，提高基层医疗卫生服务能力。组建29个县域医联体联通乡镇卫生院至村卫生室，市区由三甲医院牵头与社区卫生服务中心组建三大医疗集团。财政投入10亿多元，加强基层卫生机构建设，完成2215个村卫生室、24个社区卫生服务中心标准化建设，推进13个信息化建设项目。建立村医退出机制，为在职村医每年缴纳1500元养老保险，到龄离职村医参照村主职待遇。探索“县招乡管村用”模式，打通村医上升通道，增加基层医疗卫生机构中、高级职称岗位比例。（3）优化“三项服务”，提升广大基层群众获得感。做实家庭医生签约服务。建立多渠道筹资机制，按95元/人/年的标准确定签约服务费，全市统一“22免11减”签约服务包，财政承担建档立卡农村贫困人口、计划生育特殊家庭和二级以上重度残疾人个人负担部分。财政投入8000万元对32万人适龄妇女进行“两癌”免费筛查，所有乡镇卫生院和社区卫生服务中心纳入初筛机构、县级以上医疗机构纳入复筛机构。继续巩固完善基本药物制度，扩大目录外补充药品供应比例；明确53种医疗机构门诊不需要静脉输液治疗的病种，降低基层医疗机构不合理使用抗菌药物风险。

（李敬安　陈园园　毛　旭　田春雨）

〔特约编辑：熊国良〕

〔主　编：张　晋　刘英姿　副主编：涂明珍〕

湖南省

全省卫生和计划生育工作概述　2017年，湖南省委、省政府印发《湖南省贯彻落实〈“健康中国2030”规划纲要〉实施方案》，描绘了健康湖南建设的蓝图。省人大常委会组织开展健康湖南专题调研并审议省卫生计生委代表省政府所作的健康湖南建设工作报告，健康湖南建设开启新征程。

省级综合医改试点持续深化。公立医院综合改革范围进一步扩大，新增24家事业单位和国有企业办医疗机构取消药品加成。株洲市、宁乡县公立医院综合改革成效明显受到国务院办公厅通报的表彰。浏阳市新增为全国县级公立医院综合改革示范县市。株洲市、郴州市、张家界市试点公立医院薪酬制度改革。全省建立多种形式医联体577个；家庭医生签约率达38.75%，慢性病等重点人群签约率达67.74%。出台部省属公立医院按病种收付费文件，明确106个病种收费标准、医保支付标准，配套制定相应病种临床路径（2017版）。全面实行药品购销“两票制”，在全国率先实行电子化验证。建立药品采购价格联动机制，下调4530个药品挂网采购价，平均降幅为11.55%。积极推行医用耗材阳光采购，加入陕西等10省区的“省际医用耗材采购联盟”。湘西自治州加入“三明药品耗材联合限价采购联盟”，药品价格明显降低。各级卫生计生综合监督执法机构整合完成。

健康扶贫工作加快推进。省政府成立健康扶贫工作领导小组，强化合力攻坚工作格局。推进“三个一批”行动计划。国家规定集中救治的9种大病贫困患者救治率为95.64%，省内扩大集中救治的5种大病贫困患者救治率为96.8%。为贫困白内障患者开展免费白内障手术5.6万例。贫困人口“先诊疗后付费”“一站式”结算等措施全面推开。推行以“科对科”精准帮扶与同质化培训相结合的对口帮扶新模式，62所三级医院对口建设贫困县200个重点临床专科。建立覆盖所有贫困县的远程医疗协作网。花垣县、宜章县和茶陵县等3个国家健康扶贫工程示范县创建工作成效突出。

公共卫生和医疗服务水平稳步提升。（1）公共卫生方面。传染病防治形势总体平稳，人感染H7N9禽流感病死率控制在较低水平。选派的卫生应急队伍在全国卫生应急技能竞赛中夺得团体总分第一名。扎实做好洪涝灾后防病工作，确保大灾之后无大疫，获得省政府表彰。实施二类疫苗集中采购。疫苗针对性疾病发病保持在较低水平。筹集资金5000万元，用于尘肺病农民工医疗救治救助。出台中长期慢性病防治工作规划、传染病疫情防治人员临时性工作补助实施办法、精神卫生职业风险补助政策。严重精神障碍患者管理规范到位，相关指标居全国前列。巩固血吸虫病防治成果，实施家畜传染源控制、人群传染源控制、钉螺控制、血防机构能力建设“四大工程”。农村卫生厕所普及率达80%以上。邵阳市创建为国家卫生城市。（2）医疗服务方面。改善医疗服务行动效果明显，医院门诊满意度、住院满意度均位列全国第五位，医务人员满意度位列全国第三位。推介日间手术中心、“全时空”门诊、多途径预约信息平台等便民举措和多学科综合诊治等做法，三级医院预约诊疗率达71%。器官捐献数量与器官移植数量均位列全国第四位。深化医疗卫生行风重点问题专项整治。开展严厉打击涉医违法犯罪专项行动，医疗纠纷发生率、严重扰乱医疗秩序事件发生率持续降低。医疗机构、医师、护士电子化注册管理改革提前完成国家目标任务。创建“群众满意的乡镇卫生院”289家，创建“优质服务示范社区卫生服务中心”31家。乡村医生本土化培养招收新学员1510人，481名2014级毕业学员经过考试取得乡村医生执业注册资格。

计划生育服务管理和妇幼健康不断改善。全面两孩政策有效实施，2017年度全省出生107.1万人，比上年增加2.3万人，二孩占比为53.17%，出生缺陷发生率比上年下降1.14%；出生人口性别比为113.04，比上年下降0.55。积极适应新需求，调整扩增妇幼服务资源，提升孕产妇和新生儿危急重症抢救能力，推动妇幼服务优质资源下沉，开展出生缺陷综合防治，孕产妇死亡率和5岁以下儿童死亡率均创历史新低。实施农村适龄妇女“两癌”免费检查、孕妇产前免费筛查等2项省政府重点民生实事项目。调整计划生育审查口径，完成村支两委换届候选人的资格审查。构建计划生育信用体系，将违法多生育对象纳入法院失信惩戒名单。重拳出击打击“两非”。优化计划生育服务，实行“一次登记、全程服务”。计划生育爱心助孕特别行动惠及269对夫妇。加强对贫困地区留守儿童的健康关爱。推进流动人口基本公共卫生计生服务均等化，拓展流动人口区域协作。落实计划生育奖扶制度，各级财政共安排资金14.14亿元；建立双岗联系制度，为计生特殊家庭开设就医绿色通道。长沙市、湘潭市、岳阳市国家级医养结合试点成效明显。湘潭市获批第2批“全国创建幸福家庭活动示范市”。

中医药传承创新取得新进展。广泛学习宣传《中医药法》。出台中医药发展战略规划纲要实施方案、基层中医药服务能力提升工程“十三五”行动计划等文件。5家中医药单位进入国家重点建设项目计划。推进“湘中医”联盟、中医肿瘤专科联盟等医联体建设。建设13个国家临床重点中医专科，49个国家中医药管理局重点专科，遴选建设236个省级重点专科。支持140家社区卫生服务中心、乡镇卫生院建中医馆，覆盖率达71%，基层中医药服务能力明显提升。推进中医药继承创新和人才培养，1人获评第3届“国医大师”，2人获评首届“全国名中医”。中医药创新与对外交流不断加强，积极参与中医药“一带一路”建设。

计划生育协会工作彰显特色。认真贯彻落实中央提出的新时期计生协的6项重点任务，服务卫生计生工作大局，广泛开展健康教育和主题宣传。积极参与健康扶贫，出台计划生育特殊家庭精准帮扶实施办法，对因大病重病住院的特殊家庭人群给予住院护理补贴。深入开展生育关怀行动，各级计生协投入“三结合”、贴息贷款、计生系列保险项目资金2亿多元，惠及300多万个计生家庭。扎实推进计划生育基层群众自治“四级联创”和流动人口计生协示范点建设。桃江县被授予全国首批计划生育基层群众自治示范县，新增汨罗市、江永县为中国计生协基层群众自治示范项目点。省人口健康福利基金会成立。

事业发展的支撑保障进一步增强。争取中央和省级财政共计投入83.99亿元，较上年增长6.14%，其中省级财政投入35.3亿元，较上年增长13.98%。争取中央投资支持健康扶贫、妇幼健康和计划生育服务保障、公共卫生服务能力促进和中医药传承与创新工程等98个项目建设。整合全员人口数据和健康档案数据库，居民健康卡试点、健康医疗大数据中心及区域人口健康信息化建设试点稳步推进。遴选全省疑难病症诊治能力提升工程项目储备库。湖南健康产业园区建设初具成效。继续实施高层次卫生计生人才“225”工程。加强医学重点学科建设和临床教学基地建设。完成住院医师规范化培训、助理全科医生培养、农村订单定向免费医学生招录、全科医生转岗培训等任务。多载体多渠道开展继续医学教育。大力推进科卫协同机制建设，联合科技部门申报的2个项目纳入省重大科技项目范畴，获科研资金1600万元；批准17个科技创新平台建设项目，建设资金700万元。中南大学湘雅二医院陆前进教授专家团队领衔完成的科研项目获得2017年度国家科技进步二等奖。

卫生计生系统党的建设全面加强。狠抓思想政治建设，始终把学习党章党规、宣传贯彻党的十九大精神和习近平总书记系列重要讲话精神作为首要政治任务。落实全面从严治党主体责任和监督责任，坚决执行中央八项规定。开展典型案例的分析研究，提高依法行政能力。推进医院法治建设。廉政风险防控预警机制进一步健全。实行行风建设“九不准”，开展医药购销和医疗服务不正之风专项治理。积极推动医德医风建设，弘扬医德，涌现“白求恩奖章”获得者刘大飞，全国“十大最美医生”称号获得者杨文钦夫妇等一批先进模范人物。第18批援塞拉利昂医疗队被评为“全国最美援外医疗队”提名奖。

卫生事业发展数据 截至2017年底，湖南省医疗卫生机构总数为58648个，其中，医院1308个，基层医疗卫生机构56329个，专业公共卫生机构963个。医疗卫生机构床位452242张，其中，医院占70.62%，基层医疗卫生机构占25.20%，专业公共卫生机构占4.15%。卫生人员方面，全省有卫生人员总数536674人，每千常住人口执业（助理）医师2.52人，每千常住人口注册护士2.52人，每千常住人口专业公共卫生机构人员0.70人，每万常住人口全科医师数1.02人。

2017年，全省医疗卫生机构总诊疗人次达27067.90万人次，比上年增加624.65万人次（增长2.36%），其中，医院10258.87万人次（占37.90%），基层医疗卫生机构15444.04万人次（占57.06%），其他医疗机构1364.99万人次（占5.04%）。

2017年，全省无甲类传染病报告。乙类传染病报告发病率为252.23/10万，死亡率为1.72/10万。乙类传染病报告发病172068例，死亡1171例。报告发病数居前5位的病种依次为乙肝、肺结核、梅毒、丙肝、淋病，共占报告发病总数的92%。

人口和计划生育数据及动态分析 据省统计局《湖南省2017年国民经济和社会发展统计公报》，2017年末全省常住人口为6860.2万人。其中，城镇人口3747.0万人，城镇化率为54.62%，比上年末提高1.87个百分点。全年出生人口90.8万人，出生率为13.27‰；死亡人口48.4万人，死亡率为7.08‰；人口自然增长率为6.19‰。0～15岁（含不满16周岁）人口占常住人口的比重为19.74%，比上年末提高0.03个百分点；16～59岁（含不满60周岁）人口比重为

62.10%，下降 0.58 个百分点；60 岁及以上人口比重为 18.16%，提高 0.56 个百分点。

湖南省卫生计生委抽样调查测算与评估结果显示，2017 年度（2016 年 10 月至 2017 年 9 月），全省评估总人口为 7434.77 万人，比上年度增加 49.16 万人；已婚育龄妇女人数为 1396.07 万人，比上年度减少 18.07 万人；出生人数为 107.1 万人，比上年度增加 2.3 万人；出生率为 14.45‰，比上年度上升 0.19 个千分点；符合政策生育率为 93.55%。

计划生育考核评估结果 2017 年 12 月 27 日，湖南省委办公厅、省政府办公厅印发《关于 2017 年度全省人口和计划生育工作评估与奖惩情况的通报》。14 个市州中，优秀单位 5 个（长沙市、株洲市、湘潭市、常德市、怀化市），良好单位 9 个（衡阳市、邵阳市、岳阳市、张家界市、益阳市、郴州市、永州市、娄底市、湘西土家族苗族自治州）。122 个县市区和 6 个管理区中，优秀单位 38 个，良好单位 57 个，合格单位 33 个。16 个省直部门中，优秀单位 7 个（省委组织部、省委宣传部、省委统战部、省财政厅、省人力资源社会保障厅、省食品药品监督管理局、省水库移民开发局），良好单位 9 个（省教育厅、省科技厅、省公安厅、省民政厅、省住房城乡建设厅、省农委、省工商局、省工商联、湖南广播电视台）。

省委、省政府印发《湖南省贯彻落实〈“健康中国 2030”规划纲要〉实施方案》 2017 年 6 月 5 日，湖南省长许达哲主持召开省政府常务会议，研究部署贯彻落实《“健康中国 2030”规划纲要》等工作。会议研究讨论《湖南省贯彻落实〈“健康中国 2030”规划纲要〉实施方案》，决定修改完善后提请省委常委会议审定。会议指出，健康是人民幸福之本、社会发展之基。要树立“大健康”理念，加快推进健康湖南建设，全方位、全周期保障全民健康。要坚持目标导向和问题导向，抓紧补齐短板，突出解决妇女儿童、老年人、残疾人、流动人口、低收入人群等重点人群健康问题，切实解决影响人民群众健康的突出环境问题，努力减少公共安全事件对人民生命健康的威胁。要大力推进改革创新，不断深化体制机制改革，将主要健康指标纳入各级党委和政府的考核内容，加大政府投入，转变健康领域发展方式，加快健康人力资源建设，推动健康科技创新，建设健康信息化服务体系。要广泛动员全社会参与，让“健康优先”“大健康”理念深入人心。7 月 18 日，省委、省政府印发关于实施《湖南省贯彻落实〈“健康中国 2030”规划纲要〉实施方案》的通知。

湖南省代表队在全国卫生应急技能竞赛中荣获团体总分第一名 2017 年 11 月 13—16 日，由国家卫生计生委、中华全国总工会主办的“全国卫生应急技能竞赛”在北京举行。经过复赛、决赛，湖南省代表队取得团体总分第一的优异成绩。此外，来自中南大学湘雅医院的 3 名选手分别夺得“突发事件紧急医学救援”项目个人一、二、三等奖，来自长沙市疾病预防控制中心的选手获“突发急性传染病防控”个人三等奖，来自省职业病防治院的选手获“突发中毒事件处置”个人三等奖。

中南大学湘雅医院全力打造高水平的卫生应急力量 该医院将卫生应急作为彰显公立医院公益性的重要载体，加快建设具有国际救援能力、国内领先水平的卫生应急力量。（1）高起点谋划。积极对接国家卫生应急“一体两翼”发展总体布局，抓好顶层设计，建立一整套应急管理制度及预案体系，设立突发事件应急保障专项经费，组建了传染病防控、紧急医学救援专家组和专业应急队伍，建立卫生应急人员激励机制。卫生应急队伍能力在 2017 年全省卫生应急大比武活动中，荣获部省直医院紧急医学救援项目团体一等奖。（2）高标准推进。以获批承建国家首批“卫生应急移动医疗救治中心”项目为契机，大力提升参与国际紧急医学救援能力，完成按照国际Ⅲ级医疗队标准建设一所整建制的小型野外帐篷医院，在现场水、电、通讯基础设施破坏，无医疗和物资补给的情况下，实现日接诊伤病员 200 名，并可维持运转不少于 10 天的目标建设任务。项目通过国家卫生计生委终期评估验收。（3）高层次拓展。依托中南大学的科研、教学实力和人才技术优势，推动产、学、研、用紧密结合，进一步放大在紧急医学救援领域的示范引领作用。提出“四个一”的总体目标，即建立一个满足接收批量重症伤病员、保障质量安全和救治效果需要的大型伤亡事件救援中心；完善一个高水准、专业化、覆盖中南、辐射全国、通达国际的紧急医学救援网络；建立一个快速指挥、高效调度紧急医学救援信息平台和响应机制；建立一个与国际接轨、有中国特色的紧急医学救援教育和培训演练体系。在航空紧急医学救援体系建设领域开展积极探索，与武警湖南总队建立直升机应急救援联动机制；与金汇通航公司合作建立湖南省首个航空医疗救援基地，在全省医疗机构率先组建专业的航空医疗救援队伍和直升机临时起降点，并开展多例危重病例转运。

省人民医院加强医联体建设，促进优质资源下沉 该院与多个市县级医院以及基层医疗卫生机构建立多种形式的合作关系，进行分层次、多方位、规范化帮扶，建立密切的医疗联盟。其中，与益阳市桃江县人民医院合作，成立首个县域医共体——桃江县人民医院武潭分院。省人民医院派驻管理干部及业务专家团队全方位参与集团分院医院管理、学科建设、门诊、查房、手术、适宜技术推广、住院病人管理、讲座、义诊等各项工作。两院临床和医技科室技术人员结成固定的“师徒关系”，开展病历书写规范、护理规范、院感防控、慢病管理规范等督导，推动了武潭分院技术服务水平的提升，月门诊量明显上升，患者双向转诊畅通有序，逐步形成资源共享、共同发展的分级诊疗体系。2017年4月3日，新华社《湖南领导专供》以《湖南探路医联体，打造县域医疗中心》为题，对省人民医院和桃江县人民医院携手建立密切医疗联盟、助推分级诊疗的医联体进行了专题报道。

省妇幼保健院将妇幼健康联合体拓展到社区　全面两孩政策实施后，该院为适应上升的新需求，积极探索拓展服务范围，与14家社区卫生服务中心及长沙融城医院签约成立省妇幼保健院社区卫生服务中心妇幼健康服务联合体。签约的社区卫生服务中心将超出其诊治能力的疑难危重症患者转往该院；社区卫生服务中心接收从该院转入的恢复期的社区所属转诊患者。双向转诊患者享受“一增一减一免”的优惠政策。通过在医联体内以资源共享、技术支持、服务衔接等为纽带进行合作，实现专家、医疗保健、教学科研、服务对象等资源共享，搭建医院与社区之间、社区与服务对象之间无缝隙对接。

省儿童医院打造互联网平台，改善患者就医体验　该院高度重视利用互联网技术给患者带来更优质更便捷的就医体验，近年来推荐314位专家建立个人网站，打造医院官网科室主页41个，实名推荐百科专家名片162人，通过微信平台咨询回复100万余条。通过打造立体式的互联网沟通平台，让患者快速获取所需就医信息，提升患者的就医体验，得到患者的一致好评。健康报社移动健康研究院发布的2017年全国医院互联网影响力排行榜之患者最信赖的科室榜单中，省儿童医院小儿外科在该榜单中排名全国第3位，科室访问量达5665万次，服务患者人数为90086人次；小儿内科在全国排名第7位，科室访问量达1741万，服务患者人数为55239人次。

全面启动尘肺病临床诊断　2017年3月，湖南省正式启动尘肺病农民工基本医疗救治救助惠民项目，全面开展尘肺病临床诊断工作。省政府办公厅印发《湖南省加强农民工尘肺病防治工作的实施意见》，对有粉尘接触史且临床表现以及辅助检查结果符合尘肺病特征的劳动者，医疗机构及时作出尘肺病相关临床诊断。省卫生计生委等5部门密切配合，制定实施方案，没有责任主体的农民工可以到具有职业病诊断资质的省、市级职业病防治机构（疾控中心）申请尘肺病临床诊断。优化和规范诊断规程，实行集体临床诊断，诊断机构每月汇总并向同级尘肺办报告临床诊断情况。建立“下基层诊断”模式，主动定期深入基层进行批量诊断服务。该项目有效缓解了农民工患病后诊断难、治疗难。

湖南省政协主席李微微在省肿瘤医院调研，提出要增强老百姓的科学健康生活能力。

夯实健康医疗大数据基础　到2017年末，湖南省初步建成省级信息平台和4个市级、10个县级信息平台以及10个市州的数据交换平台。完成省级平台与国家平台、4个市级平台、10个县级平台的互联互通，未建平台的市州由省级建立虚拟平台，医院直接与省平台联通。与省广电网络合作，投入900万元资金，建立卫生计生专网。全面启动居民健康卡长株潭试点地区发行应用工作。采集制卡信息1258万人，累计发卡41.6万张，长株潭地区55家二级公立医院受理环境改造工作全部完成并正式上线试运行。启动全省贫困人口居民健康卡发放与应用工作。从省预算内资金争取1.15亿元，为51个贫困县的102所县级医院和789个乡镇卫生院建设基层远程诊室。建立省级建康扶贫数据库和信息系统，为健康扶贫工作精准识别、精准施策、精准服务提供信息支撑。优化省级平台应用，拓展综合监管功能，实现省、市、县三级协同应用。实施卫生计生综合监督移动执法和层级监管信息支撑体系建设，实施医师护士电子化注册系统应用，实现科教系统与健康卡的整合应用，实现血液系统全省联网应用，充分利用数据资源互联互通成果，支撑医改监测和重点工作绩效考核。

长沙市大力发展爱国卫生事业　该市实施健康优先

发展战略，把爱国卫生工作作为预防控制重大疾病、倡导文明生活方式的重要载体，建立完善爱国卫生工作机制，为长沙连续10年被评为“中国最具幸福感城市”作出了贡献。（1）丰富爱国卫生工作内涵。树立“大卫生”“大健康”理念，统筹推进各项工作，健康村镇建设、“除四害”进农村集镇、病媒生物防制标准化建设等工作走在全省前列。城乡环境卫生整洁行动入选2017年长沙“十大两型事件”。（2）形成爱卫工作合力。注重宣传教育引导，推进农村改厕，做到每村一堂健教课、一场动员会、每户一本宣传册；把“中国公民健康素养66条”纳入农户卫生评比和卫生村镇创建考评内容；开展病媒生物防制、垃圾分类知识进校园、进机关、进企业等活动；组织群众每月评选最清洁户，村民筹资建设幸福屋场。市政府将爱国卫生工作纳入区县（市）政府和市直相关部门的年度目标管理考核内容，作为全市“十强十快”乡镇（街道）和文明村镇评选的“一票否决”依据。（3）推动爱卫事业创新发展。推进农村“厕所革命”，全面开展农村改厕现状调查摸底，制定工作方案，明确各级各部门工作职责和任务，统筹推进旱厕改造。出台健康村镇建设标准和指标体系，将健康要素融入城乡环境卫生整洁行动，实现从“干净—整洁—美丽”向“健康”迈进。出台农村垃圾分类减量标准体系和工作规范，制定推进农村垃圾分类减量3年工作计划。

湖南省卫生计生委主任陈小春会见泰国卫生部精神卫生司访问团一行。

衡阳市祁东县精准推进健康扶贫攻坚战　（1）精准识别。该县全面完成24个乡镇（街道）、368个行政村（社区居委会）4737户、10976名因病致贫返贫人口的疾病筛查工作，设立贫困人口疾病筛查登记表。（2）精确施策。对农村贫困人口参加城乡居民医保的个人缴费部分，财政给予50%以上的补贴，特困人口、贫困残疾人实现全额补贴。县财政安排专项资金，为农村贫困人口购买“扶贫特惠保”。贫困人口政策范围内住院费用报销比例提高10%，大病保险起付线降低50%，报销比例提高5%。“先诊疗后付费”、大病救治等全面落地。农村贫困人口通过基本医保等综合补偿及定点医院减免后，个人自付仍有困难的，予以财政兜底保障。2017年，全县共为4197名贫困患者兜底保障222.48万元。全县9种大病住院实际报销比例达到93.17%。（3）真情服务。组织县级医院专家赴乡镇开展义诊活动，免费检查1.56万人次，免费发放药品价值33.96万元。统一印发医疗救助手册，送到建档立卡贫困户手中。在全县55个贫困村率先完成家庭医生签约服务。对所有慢病患者进行签约服务管理。整合部门数据资源，实现基本医保、大病保险、疾病应急救助、医疗救助“一站式”信息交换和即时结算。为11275名农村适龄妇女提供“两癌”免费筛查。（4）精织网底。推进村卫生室提质改造工程，按44万元/所的标准，投入2000余万元，为55个贫困村建成卫生室，按每所6.1万元的标准添置医疗设备，组织1076名乡村医生赴市中心医院及县中医医院进行集中培训，资金全部由县财政解决。

株洲市炎陵县完善健康扶贫政策体系　（1）基本医疗保障。全县建档立卡贫困户城乡基本医疗保险参保率达100%。2017年，个人缴费部分由政府给予全额补贴，补贴2.61万人次，发放补贴资金392万元。建档立卡贫困人口新农合报销4422人次，发放补偿资金1548万元。（2）大病保险保障。低保户、建档立卡贫困户大病保险补助起付线降低50%。截至年底，大病保险覆盖225人次，发放补偿资金64万元。（3）医疗救助保障。建档立卡贫困人口中的非低保对象合规住院费用救助起付线由1万元降至5000元，救助比例提高至20%，年救助最高限额6000元。城乡低保对象在县内住院自付费用按70%给予救助，在县级以上医院住院或异地就医按50%救助。年末，民政医疗救助建档立卡贫困患者1439人次，发放救助资金100余万元。（4）综合保险保障。为全县所有建档立卡贫困人口购买“扶贫特惠保”贫困家庭综合保障保险每人每年60元，并增加意外伤害、自然灾害保险保障、大病保险补充保障等内容。2017年为建档立卡贫困人口兑付理赔108人次，支付保费118万元，单个最高理赔金额达5万元。（5）特殊医疗保障。对本县具有农村户籍且其医疗费用在基本医疗保险、大病保险、民政医疗救助和其他补充医疗保险支付后仍有极大困难的贫困对象，进行特殊医疗救助，由县财政给予兜底保障。2017年特殊医疗救助共计270人次，发放救助资金210余万元。（6）便民服务保障。全县贫困人口全部纳入重特大疾病救助范围，实行“先诊疗后付费”和“一站式”即时结算服务，并设立救治绿色窗口和通道。全县享受健康扶贫政策性补助共计5.7万人次，发放补助资金1278余万元。大力发行应用居民健康卡，畅通便民医疗服务渠道，基本实现居民看病就医、经费结算、全程健康管理“一卡通”。

湘潭市开创妇幼健康与家庭和谐幸福新局面　该市着眼于“孕有所保、幼有所护，老有所养”，建立健全保障体系，2017 年被评为全省母婴安全保障先进市、全省计划生育工作优秀单位、全国幸福家庭创建活动示范市。（1）强化党政共抓。市委书记、市长多次调研妇幼健康和促进家庭发展工作，市人大常委会开展母婴保健和出生缺陷防治专题执法检查，市政府出台加强妇幼健康服务工作意见、创建全国幸福家庭活动示范市工作方案。投入 5.3 亿元建设市、县妇幼保健机构和儿童诊疗中心；投入 2500 万元用于孕产妇免费产前筛查、免费新生儿疾病筛查、危重孕产妇救治与救助、农村妇女和市区低收入女性“两癌”免费检查服务。（2）强化专业保障。市政府成立市妇幼保健院健康集团，推进妇幼健康优质资源下沉，着力提升基层妇幼健康服务能力，构建生育全程“一条龙”服务链。全面推行生育服务登记网上办理、送证上门、一站式服务，送证面达 70%。搭建“互联网 + 计生服务”模式，每年服务孕产妇新生儿 6 万余人。组建志愿者队伍对孕产妇实行“一对一”服务。孕产妇死亡率由 2010 年的 22.08/10 万下降至 6.47/10 万。（3）强化全程服务。市妇幼保健院产科门诊诊疗信息与基本公共卫生服务信息系统对接。“健康湘潭”APP 联通全市 4 个三级医院、2 个二级医院、2100 名计生专干和全部重点人群。计生特殊家庭实现联系人制度全覆盖、家庭医生签约服务全覆盖、就医绿色通道全覆盖。（4）强化创新机制。全市 6 家二级及以上医院开设独立的老年病科。湖南健康产业园核心园区落户昭山示范区。联合高校、职业院校打造老年护理人才培养基地，以订单模式培养专业人员，探索养老护理员“招得进、做得好、留得住”人才机制。对“医养结合”类病人推出按日包干、分类结算模式。设立“天年爱陪”爱心资助项目，对需要长期护理的全失能或临终关怀类对象，给予每月 300 ~ 500 元的生活护理补助。允许医养结合机构联合银行，采用“存单养老”“家庭成员合力养老”等方式完善养老支付模式。

邵阳市武冈市以“强基层”为着力点，为贫困人口提供健康保障　该市将标准化村卫生室、标准化乡镇（中心）卫生院建设列为脱贫攻坚重点工程项目，夯实三级卫生服务体系网底，提高服务水平。统一为村卫生室配置 91 件设施设备，统一配置健康一体机，为乡镇（中心）卫生院、社区卫生服务中心统一配置 DR、全自动生化仪、五分类血球分析仪、彩超等医疗设备，市乡村三级医疗卫生机构的硬件实力得到大幅度提升，确保“小病不出村”“大病不出县”。（1）实现基本医疗保障、大病保险、医疗救助“三覆盖”。对贫困人口参保政府财政给予补贴，其中特困供养人员政府全额资助参保，低保人员政府资助 30% 参保，其他贫困人员政府资助 20% 参保，所有建档立卡贫困户 100% 参保；政府出资为所有参保对象统一购买大病保险；开展重特大疾病医疗救助。（2）落实“两倾斜”。贫困人口住院补偿提高 10%；贫困人口大病保险起付线降低 50%，分段补偿提高 15% 的报销比例。（3）出院结算“一站式”办理。摸底核实全市 4 类 9 种大病，建立专项救治台账，确定定点救治医院，与省级医院建立转诊绿色通道。

岳阳市平江县以“三大抓手”提升疾控能力　该县近年来处理突发公共卫生事件 5 起，没有发生传染病的暴发流行。2017 年，创建为省级慢病示范区、县级甲等疾控中心。（1）以人才队伍为抓手。县编委先后两次增加县疾控中心全额事业编制，落实人事编制。规范公开招聘和人才引进，对急需的专业技术人员开辟“绿色通道”，先后引进预防医学毕业生 31 名，卫生检验毕业生 8 名。县疾控中心在编人员中专业技术人员占 85.7%，有中级技术职称者 37 人、副高职称者 4 人，基本形成一支学历层次较高、年龄结构较轻、职称水平较为合理的疾病预防控制队伍。（2）以硬件建设为抓手。争取中央预算类投资计划和县财政兜底支持，投入 4100 万元，完成疾控中心的异地新建项目，该中心占地 11 亩，建筑面积 6338 平方米，其中实验室用房 2000.66 平方米。（3）以等级评审为抓手。积极申报县级甲等疾控中心创建工作，2017 年 3 月创建成功，成为岳阳市首家县级甲等疾控中心。

常德市大力推进医联体建设　该市把医疗集团化改革作为推进医疗卫生事业健康快速发展的重要抓手，组建 3 个医疗集团和 1 个医生集团，使该市医联体建设步入良性、可持续发展的轨道。（1）纵向整合医疗资源。以三级医院为牵头单位，联合区县市二级医院构建“1+X”医联体，形成资源共享、分工协作的模式。各医疗联盟单位明确专科技术对口支持和专家参与急会诊、重大手术的协作关系，建立双向转诊网络和信息沟通机制及危急重症、疑难杂症、特殊病例患者转诊绿色通道。（2）横向盘活现有医疗资源。促成 3 家市属二级医院与武陵区 14 家基层公立医疗机构组成医疗联合体。采取兼并重组的方式，组建成立鼎城区医疗集团。以城市三级医院为牵头单位，向下级医院派驻管理团队和专家团队，形成委托管理、联合经营的模式。（3）鼓励支持组建医生集团。组建湖南圣心医生集团，主要承接省级专家利用空余时间到常德多点执业，承载市级专家到县级基层医疗机构执业。

益阳市桃江县域医共体释放民生红利　该县按“以县级医院为龙头，上联三甲，下联乡村，组建医共体，造福桃江人民”的医改工作思路，成立县域医共体——桃江县人民医院武潭分院。县人民医院为武潭分院举办管理、专业知识培训等各类讲座培训班20余次，累计800人次参加学习；帮助开展24小时动态心电图和B超引导下神经组织麻醉2项新技术；帮助组建胃、肠镜室并开展手术30余台。两院临床和医技科室技术人员结成固定的“师徒关系”，开展病历书写规范、护理规范、院感防控、慢病管理规范等督导20余次；武潭分院管理日趋规范，技术服务水平有效提升，月门诊量从医共体建立前的几千人次增至上万人次。同时，通过微信、QQ群进行医疗业务咨询及技术指导200余人次；免费接受武潭分院中层骨干跟班学习8人；接受分院转诊急、危、重症病患100余人次，下转康复期病人30人，逐步形成资源共享、共同发展的分级诊疗体系，成效显现。

郴州市计生协助力脱贫攻坚　2017年，该市各级计生协配合扶贫部门帮助10436户困难计生家庭成功脱贫，在脱贫攻坚中发挥助力作用。（1）建立精准关怀资金保障机制。11个县市区全部将生育关怀专项资金纳入财政预算，总额达到1519万元，加上从社会抚养费中提取和社会捐助部分，精准关怀资金长效保障机制基本建立。（2）健全精准关怀基础信息档案。依据扶贫部门的数据，将建档立卡扶贫户、特殊困难、实际生活困难的3类计生家庭全部纳入，做到村级有到户档案、乡级有汇总名册、县级有统计报表，实行全程纪实、动态更新、年度评估。全市纳入精准关怀档案的困难计生家庭25221户，其中特殊困难家庭2083户。（3）打造精准关怀服务特色品牌。着力打造“项目帮扶、计生保险、困难救助、志愿服务”等精准关怀系列服务特色品牌。投入资金749万元，建立项目基地133个，其中年产值在500万元以上的“精品示范项目”12个，帮助计生群众1.1万人创业就业。在计生保险方面，与中国人寿郴州公司达成协议，2017—2019年，每年由该公司出资15万元，向1.5万名精准关怀档案库中的育龄妇女赠送价值3亿元的妇女防癌保险。全面启动计生特殊困难家庭住院护理津贴保险，2248户计生特殊困难家庭每年可享受最高9000元的住院护理津贴以及6000元的丧葬津贴。推出公益性强、保障面广、性价比高的优生优育保险，群众投入100元，最高可获得11.2万元的风险保障。投入737万元，先后集中开展情暖万家、情暖计生家庭、中秋重阳送温暖和爱心助学等活动，资助困难计生群众16615人次。各级层层组建计生协志愿服务队，发展志愿者7836人，为计生群众提供家政服务、生活照料、医疗护理和精神慰藉等志愿服务12388人次。

永州市祁阳县积极构建分级诊疗新格局　该县以医疗联合体为载体，以提高基层医疗卫生服务能力为重点，着力构建整合型医疗服务体系，2017年，县域就诊率达89.6%，较上年提高5个百分点，其中，基层医疗卫生机构门急诊病人占比逐年提高，门急诊人次较上年增长12.7%，基层医疗卫生机构向上转诊1.5万余人次，县级医院向下转诊1800余人次，基层首诊、双向转诊的就医格局逐渐形成。（1）组建医联体，畅通分级诊疗的“通道”。县级医院与乡镇卫生院建立县级医院分院、联合科室等不同形式的医联体，推动优质医疗资源下沉，提升基层医疗服务能力。县人民医院依托羊角塘镇中心卫生院组建羊角塘分院，县中医院依托大忠桥镇中心卫生院建立大忠桥分院，县妇幼保健院与白水镇中心卫生院组建妇产科联合科室。（2）建立远程诊断中心，搭建分级诊疗信息的“枢纽”。依托县级医院建立多个远程医学诊疗中心，构建“乡镇检查、县级诊断”的模式。建立县心电远程诊断中心、县影像远程诊断中心，同时整合人民医院、中医医院、妇幼保健院病理科组建县病理诊断中心。（3）提高县域医疗能力，提供分级诊疗的“保障”。新建人民医院新医疗综合大楼、县中医院二期建设项目，启动县妇幼保健院整体搬迁项目。全面启动基层医疗卫生机构标准化建设。16个镇卫生院建设了高标准的中医馆，能为群众提供刮痧、针灸、熏蒸等中医药适宜技术服务。

娄底市持续加大医疗纠纷治理及平安医院创建工作力度　该市强化“平安医院”创建，开展严厉打击涉医违法犯罪专项活动，加强医疗质量和服务监管，建立完善医疗纠纷多元化解机制，该市医疗纠纷治理和平安医院创建工作连续3年在全省排名靠前。（1）加强医疗服务质量监管。建立完善以“巡查、点评、约谈”为核心的医疗质量与安全日常监管体系，全面排查内部管理漏洞，加大重点科室和重要环节的管控。推进医疗卫生行风建设，完善医疗服务监管体系，严格责任追究。强化医务人员人文培训，提高医患沟通技能。（2）加强平安医院建设。卫生计生、综治、公安、司法等有关部门协调联动，深入开展创建“平安医院”活动和维护医疗秩序打击涉医违法犯罪专项活动，把平安医院建设及打击涉医违法犯罪纳入政府综合治理工作考核指标，实施督查考核。（3）加强纠纷调解。市医疗纠纷调解中心正式运行，医疗纠纷调解机制全覆盖，形成医学、法学专家及人大代表、政协委员等多方人士组成的400余人调解团队。（4）加强“三防、四室”建设。对急诊、病房等重点科室落实人防、技防、物防，实行24小时安全监控，进一步完善接待室、调解室、监控室、警务室等建设和快速反应机制等制度。全市90%的二级以上医疗机构已完善四室建设和快速反应机制，90%的一级以上医疗机构完善了接待室、调解室及监控装置等建设。（5）加强宣传引导。利用1个月时间在娄底电视台滚动播放国家4部委及省公安厅等文件精神，宣传典型案例以及患者在医院就诊过程中可能遇到的安全隐患，公开投诉流程、解决途径，引导患者依法维护权利。（6）完善风险分担机制。全市参加医疗责任保险的一级以上医疗机构达108个，医疗机构参加医疗保险率达82%，有效减轻医疗机构解决医疗纠纷的负担。

怀化市创新诚信计生工作 该市以群众自治为基础、以综合治理为保障、以政府诚信为前提、以签约服务为重点、以利益驱动为导向、以信息共享为依托，构建诚信计生工作体系，实现计生工作与民主法制建设、诚信体系构建、群众实际利益和现代管理手段的有机结合，使计划生育逐渐成为广大育龄群众的自觉行动。（1）服务契约化。修订自治章程，制定自治公约，发动近70万对育龄夫妻与村（居）委会签订《诚信计生双向承诺协议书》，已婚育龄夫妻签约率达95%。（2）评议民主化。指导基层建立诚信计生民主评议制度和诚信计生等级评定标准，组建民主评议小组，按照特别诚信户、一般诚信户和非诚信户3个等级定期开展民主评议。根据评议结果实施激励或惩戒。（3）管理信息化。建立诚信计生信息数据库，将诚信计生信息系统与社会征信系统、“互联网+监督系统”、各级政务服务系统全面进行对接，建立诚信计生信息共享平台，推动基层群众自治，方便政府部门履职。对诚信计生家庭给予倾斜和扶持，将“两非”和违法生育后不足额缴纳社会抚养费的行为列为联合惩戒的重点对象，暂缓享受非普惠性政策待遇和相关公共服务。除及时兑现国家、省对计生家庭的奖励政策外，还将计生特别扶助家庭的扶助标准提高一倍，对参与产业发展的诚信计生家庭给予重点奖励扶持。加大对计生特殊家庭、贫困家庭、留守家庭、女孩家庭的关怀力度。

湘西自治州药品耗材采购信息管理平台上线 为破除以药补医机制、降低药品虚高价格、预防和遏制腐败行为、推动药品生产流通企业整合重组，2017年9月，该州与福建三明市签订药品耗材联合限价采购协议，并自建药品耗材信息管理平台。11月1日，湘西自治州药品（耗材）采购信息管理平台上线试运行。州人民医院、州民族中医院、吉首市人民医院、矮寨镇中心卫生院等公立医疗机构通过平台下单采购，药品价格平均下降78.62%，为该州群众带来健康福利。平台上线，是该州深化医疗卫生体制改革的重要举措，对进一步规范药品流通秩序、保障居民用药安全、缓解“因病致贫、因病返贫”问题起到了推动作用。

花垣县创建国家健康扶贫工程示范县 该县以创建国家健康扶贫工程示范县为契机，全面落实“三个一批”行动，与2014年相比，2017年全县因病致贫返贫户减少3897户，下降52.2%。（1）让贫困人口“看得起病”。持续加大投入力度，提高补助标准，确保贫困人口“人人参保”，确保乡镇卫生院“百元看病”，确保住院费用“降到最低”。2017年，全县办理贫困人口医疗救助对象住院费用报销13926人，补助2034.79万元，县域内住院实际报销达92.2%。（2）让大病患者“治得了病”。实现大病集中救治100%、签约服务管理100%、重病兜底保障100%。将农村儿童先心病、白血病、恶性肿瘤等30多种病种纳入新农合重大疾病救治保障范围，实行门诊定额补助，并将住院报销提高到90%以上。（3）让城乡群众“看得上病”。全县217个行政村（居委会）全部建起卫生室。投入2亿多元实施乡镇卫生院基础及配套设施建设，5所乡镇卫生院可开展下腹部手术，麻栗场中心卫生院等8所卫生院获全国“群众满意的乡镇卫生院”称号。投入3.9亿元加强县人民医院、县中医院等基础设施建设，县人民医院达到综合二甲标准，县中医院创建为中医二甲，县域内就诊率从3年前的70%左右提高到2017年的92.8%。（4）让全县人民“方便看病”。落实先诊疗后付费和“一站式”结算。县人民医院同21所乡镇卫生院组建西医联盟，县中医院同15所乡镇国医馆组建中医联盟，全面联系帮扶217个村（社区）卫生室。探路“互联网+健康扶贫”，县政府与湖南科创公司签约，建设县乡村一体化健康数据平台，科学引导群众看病就医，医生、居民可在手机APP中查阅健康档案。构建了“基层首诊、双向转诊、急慢分治、上下联动”的分级诊疗模式。

双牌县多举措推进中医药事业健康发展 该县以麻江镇白水岭湖南稀缺中药材种苗繁育基地建设项目为龙头，大力发展中医药产业。（1）加大对特色中草药基地的投入和扶持。采取“公司＋企业＋基地＋农户”经营模式，加强厚朴、银杏、金银花、金槐等特色中草药基地的产、供、销全程技术指导，从源头上确保中药材质量。（2）加强中医医疗服务能力建设。把县中医医院蛇伤科、骨伤科及治未病科打造成特色品牌。加快乡镇卫生院中医馆建设。实施中医药传承与创新人才工程，大力培植民间有一技之长的老中医。引进中医药大学本科毕业生和特色专科急需人才，每年选送培养20名本土化中医专业人才。（3）推进中医药传承创新。举办特色中医研讨班，挖掘民间专长绝技，放开特色中医市场准入，积极培育中医药健康旅游、保健养生基地，传播中医药文化，提升群众对中医药健康养生的获得感。（黄　晟）

〔特约编辑：刘红华〕

〔主　编：陈小春　副主编：刘后红〕

广东省

全省卫生和计划生育工作概述　2017年，广东省卫生计生系统完成年度各项目标任务，多项工作获国务院医改办、国家卫生计生委和省委、省政府的肯定，健康广东建设取得新进展。

深入扎实学习宣传贯彻中共十九大精神。中共十九大召开后，各级党组织迅速行动，采取专题学习、辅导讲课、务虚座谈等多种形式，组织全系统深入学习贯彻习近平新时代中国特色社会主义思想和中共十九大精神，广大党员干部“四个自信”明显强化，“四个意识”明显增强。认真贯彻省委十二届二次、三次全会精神，将建设健康广东、打造卫生强省作为贯彻落实中共十九大精神的关键性问题，全面部署、统筹推进，相继出台卫生与健康领域的重大改革文件11个。坚决贯彻落实全面从严治党要求，深入推进“两学一做”学习教育常态化、制度化，各级党组织建设明显加强；全面落实党风廉政建设“两个责任”，深入推进反腐倡廉工作，不断完善廉洁风险防控机制，进一步加强作风建设。广泛宣传中共十八大以来广东改革发展成就，总结推广重大典型经验，营造良好的改革发展氛围。大力弘扬“广东医生”精神，不断加强卫生计生系统精神文明建设，涌现出全国道德模范骆抗先教授等一批先进典型，全系统“树标兵、学典型、争先进、走前列”氛围更加浓厚。

全力推进基层医疗卫生服务能力建设。坚持“半月一小结、一月一汇报、半年一回顾、年终总盘点”，大力抓落实，如期完成18个大项目年度任务。47家卫生院升级建设全部开工，提前实现年度目标。54家县办公立医院升级建设顺利开工，4000个村卫生站规范化建设基本完成。491家乡镇卫生院标准化建设全部动工并接近全面完工。启动40家县级急救体系标准化建设。培训培养基层全科医生、订单定向本（专）科医生、产科儿科医生7584名。采取组织招聘会、市县医院分流、订单定向培养、“三甲”医院支援、开业抽调支持、区域医技机构共享等6项举措，同步抓好人才储备工作。乡镇卫生院和社区卫生服务中心事业费补助、边远乡镇卫生院医务人员岗位津贴、村卫生站补贴以及县级医院、乡镇卫生院特设岗位津贴等财政补助经费配套下发，完善基层管理体制和运行机制的政策试点推动，基层人员薪酬待遇明显提升。部分经济欠发达地区医务人员平均年薪达到13万元左右。

深化医改取得新进展。公立医院改革全面推开，全部取消药品加成，“同城同价、一院一策”等财政补偿和价格调整政策效应逐步显现，“腾空间、调结构、保衔接”的改革目标基本实现。国家卫生计生委通报2017年医疗服务价格改革总体情况时，广东省与北京、上海、浙江等6个省（市）通过调整医疗服务价格补偿率达80%以上（全国平均为68.9%）。现代医院管理制度开始破题，公立医院绩效评价体系进一步完善，医疗费用不合理增长势头得到明显控制。分级诊疗制度覆盖所有地市。全面推广深圳罗湖医院集团经验，推进医院集团、医疗共同体、专科联盟、远程医疗协作网等多种形式医联体，整合型医疗服务体系建设取得新进展。家庭医生签约服务覆盖所有地市，一般人群和重点人群覆盖率分别达41.45%、63.36%，超额完成国家目标。持续深化医保支付方式改革，加快推广“总额预付、节余留用、合理超支分担”的医保激励约束机制。不断完善药品生产流通使用和短缺药品供应保障政策，全面实施药品交易“两票制”。以信息化为支撑提升健康服务可及性，“一网、两平台、三数据库”建设取得突破性进展，基层医疗卫生机构管理信息系统全面上线，1967家机构实现互联互通；联接“三甲”医院和县级医院的远程医疗系统启动建设，全民健康信息化水平不断提高。

重大疾病防控取得明显成效。总结爱国卫生运动65周年经验，开展季节性爱国卫生专项行动，持续加大重点区域、薄弱地区防控力度，登革热疫情总体可控，H7N9疫情迅速控制，全省传染病疫情平稳。出台省级重大疾病防治规划6个，科学谋划艾滋病、结核病等重大传染病以及慢性病、职业病防控，全方位推进精神卫生工作。进一步加强卫生应急核心能力建设，在全国卫生应急技能竞赛中成绩名列前茅，省紧急医学救援队经世界卫生组织认证成为中国第 2 支国际应急医疗队。抓实健康促进工作，不断提升全民健康素养。启动实施广东省国民营养计划，食品安全风险监测体系更加完善，食品安全标准与监测评估工作全国领先。坚持不懈推动“厕所革命”，全省农村无害化卫生厕所普及率达 90.3%；建成国家卫生城市 17 个、国家卫生镇（县城）127 个，均居全国前列。

*不断深入进行计划生育服务管理改革。*有效落实计划生育目标管理责任制，进一步优化公共服务资源。全面推进妇幼保健体系建设，分别建成国家级、省级妇幼健康优质服务示范区 12 个、30 个。实施孕产妇妊娠风险评估与管理，组建危重孕产妇救治中心 180 个、新生儿重症救治中心 162 个，进一步提高母婴安全保障能力。持续扩大农村妇女“两癌”免费检查覆盖面，稳步实施出生缺陷综合防控。计划生育服务证、生育登记等事项实现网上办理。全员人口信息系统多个评估项目位居全国第一。落实计划生育家庭奖扶 4 项制度，医养结合试点取得积极成效，广东省在全国医养结合工作会议上介绍经验。流动人口卫生计生基本公共服务均等化示范区建设取得新进展。

不断加强医疗卫生服务管理。“改善医疗服务 3 年行动”完成，实现三级医院预约诊疗全覆盖、二级以上医院优质护理服务全覆盖、地级市同级医疗机构检查结果互认全覆盖。广州市妇女儿童医疗中心在全国改善医疗服务行动大会上介绍经验，省内 12 家医院、12 个科室和 10 名个人获国家通报表扬，省卫生计生委是全国 8 个优秀组织单位之一。科技教育长足发展，医疗卫生高地建设取得进展，启动高水平医院、高水平临床重点专科和医学领军人才、杰出青年医学人才的遴选工作，相继启动建设“六大创新平台”。在全国推广“组团式”援疆援藏工作模式，支援林芝市人民医院创“三甲”。进一步深化医疗卫生对外交流合作，举办首届粤港澳大湾区卫生与健康合作大会。稳步改进政务服务，在 2017 年省情调查研究中心开展的政务环境公众满意度调查中，卫生计生系统较快提升，位居第 6 位。

*中医药事业发展迈出更大步伐。*研究形成新时代传承发展中医药事业报告，谋划制定完善管理和服务体系、推进分级诊疗、加大财政投入、调整项目价格、实施医保鼓励等系列政策举措，进一步激发中医药事业发展活力。认真贯彻中医药法和“一条例两规划两方案”，进一步健全基层中医药服务体系，建成使用中医药适宜技术视频网络平台，基层中医综合服务区（中医馆）实现粤东西北地区全覆盖。中医药参与“一带一路”和粤港澳大湾区合作交流持续深化。

*推进法治建设和综合监督工作。*进一步加强依法行政工作。不断加大放管服改革力度，下发“抓大放小”管理的意见及配套方案，下放行政许可 8 项、行政确认 4 项、其他行政职权事项委托 3 项。深入开展法治建设“双十示范工程”创建活动。积极推动综合监督行政执法机构改革。在全国率先全面铺开行政执法全过程记录，全面推行“双随机一公开”，逐步建立行业信用监管体制机制。进一步规范政务公开和行政复议、应诉、信访工作。

新时代广东全省人民群众日益增长的健康服务需求与医疗卫生发展不平衡不充分的矛盾还比较突出，全省卫生计生资源总量大但结构不平衡、技术水平领先但基层能力薄弱、财政投入力度不断加大但粤东西北仍然偏低，重大疾病防控形势依然严峻，公立医院薪酬制度改革等尚需加快推进。在工作落实上，个别地方抓落实的韧劲和狠劲还不够，推动改革的主动性、积极性和创造性不够强，一些政策措施、项目建设难以落地。

广东生育服务网上办事系统业务量突破百万

2017 年 5 月 24 日 9 时 55 分 54 秒，广东生育服务网上办事系统完成第 100 万宗业务申请。该系统是广东省第一个面向全省居民提供全流程网上办事的信息平台，也是全省统一的计划生育行政办事平台。2016 年 10 月 24 日零时在全省全面正式上线，群众可利用网页浏览器在家申请办理各类计划生育证明和生育登记、审批手续；从受理到审批通过，整个流程中省卫生计生委短信平台均会发送短信告知群众办事进度。群众可根据手机短信提醒到离居住地最近的街道（乡镇）的计划生育办事窗口，领取审批结果纸质证明和计划生育证件。2017 年 5 月 24 日 12 时，系统平台办理计划生育服务业务 1001832 件，其中网上申领省计划生育服务证 126565 件、网上办理“一孩”“二孩”生育登记手续 836234 件、再生育审批手续 26647 件。4 月 20 日，系统新上线国家流动人口电子婚育证明网上申领功能，为广大在粤务工、居住的外省籍育龄群众提供异地计生办证服务，至 5 月 24 日 12 时，累计办理 12386 件，其中 22.53% 的流动人员自行通过互联网申办。

中国国际应急医疗队（广东）成为第 2 批通过世卫组织认证评估的国际应急医疗队 在第 70 届世界卫生大会上世界卫生组织宣布中国国际应急医疗队（广东）成为第 2 批通过世卫组织认证评估的国际应急医疗队。国际应急医疗队（广东）前身为广东省第二人民医院国家紧急医学救援队，2013 年 1 月通过国家卫生计生委验收并首批命名为国家卫生应急队伍。曾参与多次紧急医学救援任务以及省内各种大型活动、国际性会议的医疗保障工作，并于 2015 年受国家卫生计生委委派，赴马来西亚参加东盟地区第 4 次救灾演习，均已完成任务。

广东全员人口信息系统获“2017 年度安全可靠优秀实践奖”　2017 年 8 月 24 日，由广东省电子政务协会、工业和信息化部电子第五研究所共同主办的 2017 年中国（广东）安全可靠应用推进大会在广州召开，会上由省卫生计生委管理维护的广东全员人口信息系统获“2017 年度安全可靠优秀实践奖”。“十二五”时期以来，省卫生计生委贯彻落实习近平总书记系列重要讲话和网络信息安全有关指示精神，把建设安全可靠的广东全员人口信息系统作为人口健康信息化的头等大事来抓。该系统于 2012 年 1 月上线，由省卫生计生委严格按照“三级等保”标准管理，未发生被网络攻击和信息泄露等安全事件，维护了广东 1.2 亿实有人口公民个人信息安全。

首届粤港澳大湾区卫生与健康合作论坛第一次筹备工作会议　2017 年 9 月 22 日在惠州市召开，广东省卫生计生委、省中医药局、省港澳办等与来自大湾区 9 地市以及香港、澳门卫生部门的代表共 30 余人出席会议。惠州市有关领导介绍论坛办会背景并汇报筹备工作进展情况，会议审议并原则同意论坛方案、会务手册、论坛组织架构、《粤港澳大湾区卫生与健康合作框架协议（征求意见稿）》等，并对筹备工作进行任务分工，省卫生计生委副主任刘冠贤作工作部署。香港、澳门代表以及广东省有关部门代表发言。

2017 年 11 月 26—27 日，国家卫生计生委副主任、国务院医改办主任王贺胜在广州血液中心、中山大学附属第一医院、广东省人民医院、广州市妇女儿童医疗中心调研血液安全、深化医药卫生体制改革、改善医疗服务等工作。图为在省人民医院调研。　（广东省计生宣教中心　供稿）

全省综合医改暨医联体建设推进会　2017 年 10 月 12 日由省深化医药卫生体制改革（建设卫生强省）领导小组在深圳召开。会议贯彻国家和省委、省政府关于全省综合医改的决策部署，推广深圳罗湖医联体建设经验，发挥先进典型的示范引领作用，推动深化医改重点任务落实。副省长邓海光出席会议并讲话，省政府副秘书长顾幸伟主持会议，省卫生计生委主任段宇飞作医改工作报告。省卫生计生委相关领导参加会议。深圳、广州、东莞，深圳市罗湖医院集团、中山市小榄镇、南方医科大学、广东省中医院、中山大学中山眼科中心、广东省第二人民医院等地方和单位代表先后作典型发言。

广东省基层医疗卫生机构管理信息系统上线　2017 年 12 月 19 日，该系统全面上线暨卫生计生信息与统计工作会议在惠州召开。会议展示该系统项目建设成果，总结近年来全省卫生计生信息与统计工作进展，安排部署 2018 年信息统计工作任务。省卫生计生委主任段宇飞出席会议并讲话。省人力资源与社会保障厅、省社保局、各地级市卫生计生行政部门、省卫生计生委业务处室和省中医药局等单位相关领导和负责人共 110 余人出席会议。系统全面上线，实现了广东省 15 个地级市近 2000 家基层医疗卫生机构的互联互通、数据汇聚。该项目在全省 15 个地市均建成联结全部基层医疗卫生机构的业务专网；编制“广东省基层医疗卫生机构信息标准”；15 个地市的基层医疗卫生机构使用统一的药品目录、疾病编码、手术编码和收费编码；制定统一的业务流程，全省近 2000 家基层医疗卫生机构使用统一的业务管理信息系统；建成一个动态更新的居民电子健康档案数据库，实现全员人口数据库、居民电子健康档案数据库和电子病历数据库“三库融合”；形成一个新型惠民服务模式，基层医疗卫生机构管理信息系统与医保信息系统有效对接，促进分级诊疗制度落地、实现“大病在医院，小病在社区”。

全省城市三甲公立医院改革暨“千医下百县”工作推进会　2017 年 12 月 22 日在广州召开，省卫生计生委主任段宇飞出席会议并讲话，副主任刘冠贤主持会议。会议分析当前城市公立医院改革中存在的问题，部署落实公立医院改革和“千医下百县”工作任务。全省 21 个地市的 112 家城市“三甲”医院负责人以及省卫生计生委相关处室负责人参加会议。省人民医院、中山大学附属第一医院、南方医科大学南方医院、广州市第一人民医院、深圳市中医院、珠海市妇幼保健院等 6 家医院在会上发言。

广东省医改工作媒体沟通会　2017年12月22日在广州召开。会议系统地介绍广东综合医改进展情况和经验做法，专家学者对此进行点评。省卫生计生委领导现场接受媒体采访。省卫生计生委主任段宇飞，副主任黄飞、刘冠贤、徐庆锋，国务院医改领导小组专家咨询委员会委员、中山大学社会保障研究中心主任申曙光，中国社会科学院人口与劳动经济研究所社会保障研究室主任陈秋霖，国家卫生计生委卫生发展研究中心赵锐，《人民日报》、中央人民广播电台、广东广播电视台等30多家媒体的记者参加会议。与会专家充分肯定了广东医改工作取得的成绩。

全省卫生和计划生育事业发展数据

一、**卫生资源**。2017年，广东省卫生资源总量稳步增加，医疗服务能力不断增强。

1. 医疗卫生机构数。截至2017年底，全省有医疗卫生机构49926个，其中医院1464个、基层医疗卫生机构47071个、专业公共卫生机构1267个、其他机构124个。与上年相比，医疗卫生机构总量增加802个，增长1.6%。（1）医院：全省三级医院、妇幼保健院、专科疾病防治院189个，其中“三甲”机构118个（不含分支机构）。全省医院中，三级医院171个、二级医院452个、一级医院392个、尚未定级449个；按经济类型分，公立医院745个、民营医院719个。与上年相比，医院总量增加84个。（2）基层医疗卫生机构：基层医疗机构中，卫生院1202个、社区卫生服务机构2543个、门诊部（所）16867个、村卫生室26459个。与2016年相比，基层医疗机构增加1038个，其中门诊部（所）增加1487个、村卫生室减少427个、社区卫生服务机构减少23个。（3）公共卫生机构：公共卫生机构中，妇幼保健机构128个、专科疾病防治机构130个、疾病预防控制机构135个、卫生监督机构202个、计划生育技术服务机构576个。与2016年相比，公共卫生机构减少323个，其中计划生育技术服务机构减少322个、专科疾病防治机构减少5个、卫生监督机构增加7个、妇幼保健和疾病预防控制机构基本保持稳定。

2. 医疗机构床位数。截至2017年底，全省医疗机构拥有床位49.2万张，其中医院39.3万张（含民营医院7.9万张）、卫生院6.0万张、妇幼保健机构2.3万张、专科疾病防治机构0.6万张、社区卫生服务机构0.9万张。与上年相比，医疗机构床位总量增加2.7万张，增长5.8%，涨幅下降1.0个百分点。全省每千常住人口床位4.41张，高于2016年的4.23张。

3. 在岗职工数。截至2017年底，全省医疗卫生机构在岗职工86.7万人，其中卫生技术人员71.0万人、乡村医生和卫生员2.4万人、管理人员3.2万人、工勤技能人员7.4万人、其他技术人员2.7万人。卫生技术人员中，执业（助理）医师25.9万人、注册护士30.8万人，医护比为1 ： 1.19。与上年相比，在岗职工增加4.5万人，增长5.5%，其中医师增加1.5万人、增长6.0%，注册护士增加2.4万人、增长8.4%。（1）按机构类别分：全省医院在岗职工52.4万人（含民营医院8.0万人）、基层医疗机构25.7万人、专业公共卫生机构8.1万人，分别比上年增长5.6%、6.7%、3.5%。（2）按执业类别分：医师中，临床类、中医类、口腔类、公卫类分别占医师总量的71.6%、15.4%、6.9%、4.1%。全科医师2.4万人，较上年增长24.3%。（3）按千人口分：2017年，全省每千常住人口执业（助理）医师2.32人、注册护士2.76人，分别比上年增加0.10人、0.17人；每万人口全科医师2.12人，比上年增加0.39人。

4. 设备及房屋建筑面积。截至2017年底，全省医疗卫生机构拥有万元以上设备台数达61.5万台，比上年增加7.1万台、增长13.0%，其中10万～49万元设备11.7万台、50万～99万元设备2.0万台、100万及以上设备1.8万台。全省医疗卫生机构房屋建筑面积为5648.1万平方米，平均每家医院、卫生院、社区卫生服务中心房屋建筑面积分别为25710、4700、2120平方米。政府办乡镇卫生院、社区卫生服务中心基础设施建设达标率分别为98.7%、98.0%，分别比上年提高8.9个、2.0个百分点。

二、**医疗服务**。2017年，全省医疗机构服务量继续增加，基层医疗机构占比提高。

1. 医疗服务量。（1）诊疗量：2017年，全省医疗机构总诊疗人次达8.36亿人次，其中医院3.71亿人次、基层医疗机构4.16亿人次（含卫生院、社区卫生服务机构1.92亿人次，村卫生室1.26亿人次，门诊部/所0.98亿人次）、其他医疗机构0.48亿人次。与上年相比，医疗机构诊疗人次增加2393.6万人次、增长2.9%。（2）住院量：全省医疗机构出院人次达1632.5万人次，其中医院1296.6万人次、卫生院185.3万人次、妇幼保健院128.8万人次、其他医疗机构21.8万人次。与上年相比，全省医疗机构出院人次增加87.9万人次、增长5.7%。（3）手术量：全省医疗机构住院病人手术人次数达631.4万人次，其中医院565.7万人次、妇幼保健院65.3万人次、其他医疗机构0.5万人次。与上年相比，全省医疗机构的手术人次增加75.0万人次、增长13.5%。（4）民营医院：2017年全省民营医院门诊总诊疗人次3422.7万人次、出院157.0万人次、住院手术量53.5万人次，分别占医院总量的9.2%、12.1%、9.5%。与上年相比，民营医院诊疗人次数、出院人次数、手术人次数分别增长

3.8%、14.2%、14.6%。（5）基层医疗机构：2017年，全省基层医疗机构门诊总诊疗人次达4.2亿人次，比上年增长4.7%；基层医疗机构门诊量占比从2016年的48.9%提高到2017年的49.8%。基层医疗机构出院人次达201.3万人次，比上年减少6.1%，占比从上年的13.8%下降到12.3%。

2. 医疗服务分布。按隶属关系分，2017年省部属、市属、县（区）属及以下医疗机构（含民营医院、基层医疗等机构）总诊疗人次分别为0.5亿、1.2亿、6.7亿人次，分别占总量的5.8%、14.2%、80.0%（2016年分别占6.1%、14.3%、79.6%）；出院人次分别为166.9万、410.5万、1055.1万，分别占10.2%、25.1%、64.6%（上年分别占10.2%、24.5%、65.3%）。全省57个县医疗机构总诊疗人次2.0亿人次、出院人次456.9万人次，分别占全省的23.9%、28.0%，与上年相比，门诊、住院总量分别增长2.3%、3.4%，占比分别下降0.2个、0.6个百分点。

3. 医疗服务效率。2017年，全省医疗机构病床使用率为79.4%，其中医院84.0%（三级医院95.6%、二级医院81.1%）、乡镇卫生院54.2%、社区卫生服务中心51.8%。与上年相比，医疗机构病床使用率增加0.2个百分点，其中医院增加0.1个百分点（三级医院增加0.4个百分点、二级医院减少0.8个百分点）、社区卫生服务中心增加1.1个百分点、乡镇卫生院减少0.7个百分点。全省医疗机构出院者平均住院日为8.1日，其中医院8.7日、乡镇卫生院5.7日、社区卫生服务中心9.1日。医疗机构出院者平均住院日总体与上年持平。

4. 医师工作负荷。2017年，全省医院医师日均担负诊疗10.5人次，日均担负住院2.3个床日；乡镇卫生院医师日均担负诊疗8.8人次，担负住院1.0个床日；社区卫生服务中心医师日均担负诊疗22.6人次，担负住院0.3个床日。

三、医疗费用。

1. 医院门诊和住院费用。2017年，全省医院次均门诊、次均住院费用分别为252.1元、10922.4元，分别比2016年上涨8.7%、3.6%，其中公立医院次均门诊、次均住院费用分别为244.7元、11328.5元，分别比2016年上涨7.5%、3.7%。2017年，公立医院次均门诊涨幅比上年下降0.12个百分点，次均住院费用涨幅比上年下降2.35个百分点。

2. 基层医疗机构门诊和住院费用。2017年，社区卫生服务中心次均门诊、住院费用分别为83.2元、4038.1元，分别比上年上涨8.2%、8.8%。乡镇卫生院次均门诊、住院费用分别为59.4元、2598.9元，分别比上年上涨7.6%、13.8%。〔注：本条目数据指标统计口径为：（1）医疗卫生机构：包括医院、基层医疗卫生机构、专业公共卫生机构、其他机构。2013年起，计划生育服务机构纳入医疗卫生机构统计。（2）公立医院：指经济类型为国有和集体办的医院（含政府办医院）。（3）民营医院：指公立医院以外的其他医院，包括联营、股份合作、私营、台港澳投资和外国投资等医院。（4）基层医疗卫生机构：包括社区卫生服务中心（站）、街道卫生院、乡镇卫生院、村卫生室、门诊部、诊所（医务室）。（5）专业公共卫生机构：包括疾病预防控制中心、专科疾病防治机构、妇幼保健机构、健康教育机构、急救中心（站）、采供血机构、卫生监督机构、卫生部门主管的计划生育技术服务中心。（6）在岗职工：卫生技术人员、乡村医生和卫生员、其他技术人员、管理人员、工勤技能人员。按在岗职工数统计，包括在编、合同制、返聘和临聘半年以上人员。（7）卫生技术人员：包括执业（助理）医师、注册护士、药师（士）、技师（士）、卫生监督员（含公务员中取得卫生监督员证书的人数）、其他卫生技术人员。（8）每千人口卫生技术人员数、执业（助理）医师数、注册护士数、和每万人口全科医师数按常住人口计算。〕

广东人口发展状况 2017年，广东省常住人口总量继续位居全国之首，占全国总人口的8.03%，比上年提高0.08个百分点，人口密度为全国的4.29倍。全省出生人数明显增加，老年人口抚养系数持续上升；随着经济社会发展和城镇化的不断推进，人口流动保持活跃，珠三角地区中心城市人口聚集度加大。2017年广东人口发展变化特征是：

1. 常住人口总量快速增长。2017年末，全省常住人口为11169万人，比上年增加170万人，增长1.55%，增幅同比提高0.17个百分点。其中男性5862.61万人、女性5306.39万人，性别比为110.48，人口密度为622人/平方千米。全省户籍人口基数大、拥有数量庞大的跨省流动人口是常住人口较快增长的主要原因。2017年，全省出生人口151.63万人，出生率为13.68‰；死亡人口50.10万人，死亡率为4.52‰；自然增长人口101.53万人，自然增长率为9.16‰。与上年比较，全省出生、死亡以及自然增长人数分别增加22.18万人、1.93万人和20.25万人。2017年广东“全面两孩”生育政策实施效果逐步显现，出生人口总量明显增加，广东省人口变动情况抽样调查结果显示：在2017年出生人口中，“二孩”的占比超过50%。

2. 常住人口进一步向珠三角中心城市集聚。2017年末，常住人口区域分布总体格局没有发生改变。分区域人口数量排列依次为：珠三角 6150.54 万人、粤东 1732.26 万人、粤北山区 1681.00 万人、粤西 1605.20 万人；分别占全省人口总量的 55.07%、15.51%、15.05% 和 14.37%。同上年相比，珠三角、粤西及粤北山区的人口数量分别增长 2.53%、0.80%、0.51%，而粤东则略下降 0.19%。珠三角一直是广东常住人口数量增加最多、增长速度最快的地区。2017 年，珠三角人口数量比上年增加 152.05 万人，增幅同比提高 0.42 个百分点，比同期全省常住人口增幅高出 0.98 个百分点。广州、深圳两个超级大城市的人口分别比上年净增 45.49 万人和 61.99 万人，两市常住人口增幅占同期全省以及珠三角常住人口增量的 63.22% 和 89.44%。

3. 老年人口抚养比略有上升。2017 年，全省年末常住人口主要年龄段人数分别为：0 ~ 14 岁 1922.48 万人、15 ~ 64 岁 8283.89 万人、65 岁及以上 962.63 万人，分别占常住人口总量的 17.21%、74.17% 和 8.62%。人口年龄结构继续表现出“两头低、中间高”的总体特征，即少年儿童人口（0 ~ 14 岁）和老年人口（65 岁及以上）占比相对较低，而成年人口（15 ~ 64 岁）的比例则较高。若按国际通用标准衡量，常住人口年龄结构为“老年型”时期，从相关指标值的变化趋势看，人口老年化程度正逐步加大。从劳动适龄人口（15 ~ 64 岁）负担系数看，2017 年末，全省少年儿童抚养比为 23.21%、老年人口抚养比为 11.62%、总抚养比为 34.83%；与上年相比，除少年儿童抚养比持平外，老年人口抚养比和总抚养比均稍升 0.10 个百分点。从全省常住人口年龄结构变化情况看，广东老年人口抚养比的增速相对快于少年儿童抚养比，并将成为“十三五”期间常住人口总抚养比上升的主因。全省每 100 名劳动年龄人口大致需要负担 35 名非劳动年龄人口。受跨省流动人口数量多的影响，常住人口总抚养比要比同期全国平均水平低 4.42 个百分点，是全国人口总抚养比相对较低的省份之一。

4. 人口城镇化率稳步提高。2017 年末，全省居住在城镇的常住人口为 7801.55 万人、居住在乡村的有 3367.45 万人，分别占常住人口总量的 69.85% 和 30.15%，常住人口城镇化率比上年提高 0.65 个百分点。分区域人口城镇化水平均有不同程度的提高，珠三角、粤东、粤西、粤北地区人口城镇化率分别为 85.29%、60.07%、43.52% 和 48.58%，比上年提高 0.44 个、0.05 个、0.84 个和 0.73 个百分点。2017 年，常住人口城镇化率比全国平均水平（58.52%）高 11.33 个百分点，为全国人口城镇化率较高的省份之一。截至 2017 年底，全省居住在城镇的常住人口比上年增加 190.25 万人，增长 2.50%，比同期常住人口增幅高 0.95 个百分点。随着常住人口不断向城镇区域集聚，居住在城镇的家庭户比例上升，乡村家庭户平均人口规模逐步缩小。全省人口变动情况抽样调查数据显示：2017 年，全省居住在城镇的家庭户占比为 92.37%，比“十二五”期末增加 1.46 个百分点，乡村家庭户户均人数为 3.57 人，比“十二五”期末减少 0.40 人。

5. 人口婚姻状况保持稳定。在人口普查和人口变动调查中婚姻状况包括未婚、已婚（初婚有配偶、再婚有配偶、复婚有配偶）、丧偶、离婚 4 种。婚姻与家庭的稳定和谐是构建和谐社会的重要基础。人口变动情况抽样调查结果显示：2017 年末，全省 15 岁及以上常住人口婚姻状况占比为：未婚 24.16%、有配偶（包括“初婚有配偶”和“再婚有配偶”）69.99%、离婚 1.32%、丧偶 4.54%。若与 2016 年全国平均水平相比较，常住人口中未婚人口所占比重比全国平均水平高 5.26 个百分点，有配偶、离婚、丧偶占比分别低 3.61 个、0.58 个和 1.06 个百分点。常住人口中未婚人口占比明显高于全国平均水平，有配偶占比低于全国平均值的主要原因是受年龄结构影响。根据 2015 年全国 1% 人口抽样调查资料，常住人口中 15 ~ 22 岁人口占比为 12.30%，比全国平均值高 2.37 个百分点。2010 年人口普查资料显示，2010 年常住人口的平均初婚年龄为 25.55 岁，比全国平均高 0.7 岁。大量的跨省流动人口进入，全省平均初婚年龄以下年轻人占比相对较高是常住人口未婚比例高的主要原因。与“十二五”期末相比，2017 年全省有配偶、离婚、丧偶人口占比分别提高 1.50 个、0.25 个和 0.30 个百分点，未婚人口占比则下降 2.04 个百分点。有配偶人口占比上升，未婚人口占比下降以及离婚人口占比保持在较低水平，说明常住人口婚姻状况保持稳定。

人口和计划生育目标管理考核结果　据广东省政府《关于全省 2017 年度计划生育目标管理责任制考评情况的通报》，2017 年考核结果为：（1）优秀等次。广州市、深圳市、珠海市、佛山市、韶关市、梅州市、惠州市、东莞市、中山市、江门市、湛江市、肇庆市、清远市、云浮市等 14 个地级以上市，以及广州市越秀区、海珠区、荔湾区、天河区、黄埔区、花都区、番禺区、南沙区，深圳市福田区、罗湖区、盐田区、南山区、龙岗区，珠海市香洲区、斗门区，汕头市金平区、龙湖区、南澳县，佛山市禅城区、南海区、顺德区，韶关市武江区、南雄市、仁化县、始兴县，河源市和平县，梅州市梅江区、梅县区、大埔县，惠州市惠城区、惠阳区，江门市新会区、开平市、鹤山市，阳江市江城区，湛江市霞山区，肇庆市端州区、鼎湖区、四会市，清远市清城区、清新区，云浮市云城区、新兴县等43个县（市、区）2017年度计划生育目标管理责任制考核达标，成绩显著，被评为优秀等次。（2）良好等次。汕头市、河源市、汕尾市、阳江市、茂名市、潮州市、揭阳市等7个地级市，以及广州市白云区、增城区，深圳市宝安区、坪山区、龙华区，珠海市金湾区，汕头市澄海区，佛山市高明区、三水区，韶关市浈江区、曲江区、新丰县，河源市源城区、东源县、紫金县，梅州市平远县、蕉岭县，惠州市惠东县、博罗县、龙门县，汕尾市城区，江门市蓬江区、江海区、台山市、恩平市，阳江市阳春市、阳西县，湛江市赤坎区、坡头区、徐闻县、吴川市，茂名市茂南区、高州市、信宜市，肇庆市高要区、广宁县、德庆县，清远市英德市、连州市、连南瑶族自治县、阳山县，潮州市湘桥区，揭阳市榕城区、揭东区、揭西县，云浮市云安区、郁南县等47个县（市、区）2017年度计划生育目标管理责任制考核达标，成绩较好，被评为良好等次。（3）合格等次。除被评为优秀和良好等次的县（市、区）外，其余县（市、区）2017年度计划生育目标管理责任制考核达标，被评为合格等次。

广州地区公立医院综合改革　2017年7月15日零时，广州地区公立医院综合改革正式启动，广州市行政区域内的中央、省、市、区、事业单位和国有企业及解放军、武警部队举办的152家公立医院全部同时取消药品（中药饮片除外）加成、执行新的医疗服务价格政策，实现全市公立医院综合改革全覆盖。至2017年年底，各项改革工作稳步推进，公立医院门诊、住院费用药占比及次均门诊药费和次均住院药费均出现下降，三级、二级公立医院诊疗量下降，基层医疗卫生机构诊疗量上升，基本破除“以药养医”、促进分级诊疗等改革目标初步实现。

李斌调研深圳卫生与健康事业改革发展情况　2017年3月18—19日，国家卫生计生委主任、党组书记李斌带队到广东深圳调研卫生与健康事业改革发展情况，出席中国医学科学院肿瘤医院深圳医院协议签署及揭牌仪式，实地考察罗湖医院集团东门区域社康中心和中国医学科学院肿瘤医院深圳医院，并听取有关情况报告。省委常委、深圳市委书记、市长许勤会见李斌一行，国家卫生计生委副主任马晓伟、广东省副省长蓝佛安等参加会见。李斌指出，深圳是全国改革开放的排头兵，在改革创新方面始终走在全国的前列。深圳市委市政府高度重视民生工程，尤其在医疗卫生领域，投入力度巨大，在分级诊疗制度建设、医疗行业综合监管方面成效显著，为全国提供了典型改革样板。

汕头市“103060计划”启动实施　2017年1月4日，市政府召开城市医院支援基层卫生院3年行动计划工作会议，正式启动该计划，各区县政府分管领导及卫生计生局主要负责人、10家支援市级医院领导参会。1月10日，汕头市卫生计生局分批带领下派各基层卫生院的医师队伍分赴各区县，与各区县卫生计生局进行交接，1月13日完成全部支援医师交接工作，所有派出人员全部到位。该计划是在前期开展需求调查的基础上，结合支援医院的专业特长，选准学科，指定10所医疗服务水平领先的市级医院安排出60名骨干医务人员专业对口帮扶30所乡镇卫生院，支援医院与受援医院结成长期稳定的对口支援和协作关系并签订协议，明确支援任务和目标。对口支援关系首期3年。采取定期（派驻人员工作时间不少于半年）和不定期组织医务人员到受援单位开展工作，主要承担农村常见病、多发病、疑难病症的诊疗服务，通过对口支援，加强基层卫生院的服务能力，开展临床教学和技术培训，推广适宜技术；实施人才培养，提高医疗质量和安全管理水平，加强以人才、技术、重点专科为核心的能力建设，达到每年为受援医院“解决一项医疗急需、突破一个薄弱环节、带出一支技术团队、新增一个服务项目”的目的。

2017年霜降、立冬节气，广东各地兴起膏方养生热潮。图为群众品尝养生膏方。　（广东省中医药管理局　供稿）

全国首家人类胆石博物馆开馆　2017年8月15日，东莞市南城医院举行人类胆石博物馆落成开馆仪式。该博物馆是全国首家人类胆石博物馆，由东莞市胆囊疾病研究所筹建，设立在东莞市南城医院内，集教学、临床、科研、科普等多功能为一体，设有胆道VR漫游动画系统和人体虚拟电子显示模型，保存着来自全国32个省（区、市）及美国、马来西亚、法国、澳大利亚、中国香港、中国台湾等7个国家和地区的人类胆道结石标本共2300多份。

广东省第2批“组团式”援藏医疗队荣获2016—CCTV寻找最美医生“最美医生团队”称号　2017年2月28日，国家卫生计生委和中央电视台共同举办的2016年度“寻找最美医生”大型公益活动评选结果揭晓。全国人大常委会副委员长陈竺、国家卫生计生委主任李斌等出席现场颁奖仪式。由湛江、茂名地区7家大型医院优秀医务人员组成的广东省第2批“组团式”援藏医疗队获2016—CCTV寻找最美医生“最美医生团队”称号。该活动是在2届“寻找最美乡村医生”的基础上，将评选范围扩展至整个医疗行业，为第2次全行业范围的评选。在全国范围内评选10名最美医生个人和1个最美医生团队。

佛山市顺德区“政校合作”办医模式　2017年，该区探索“政校合作”办医的全新模式，借力深化公立医院体制改革，补齐医教研的短板弱项，推动医疗卫生水平快速提升。全区15家公立医院中，有12家先后与南方医科大学、广州中医药大学、广东医科大学、暨南大学、广州医科大学等国内著名医学高校牵手共建，占全区公立医院总量的80%，累计引入高端人才10人、高端团队12个，确认高层次卫生人才1740人，并建成区级以上医学（临床）重点专科67个，其中卫生强市高水平医学重点专科8个。全区组建以“高校—附属医院—社区卫生服务机构”为主要形式的紧密型纵向医联体8个，建成社区卫生服务机构101个，建成市级健康村（社区）60个，占佛山市的35.5%，位居佛山市5区前列，乐从镇成为全省创建省级“健康镇”试点，在全省乃至全国都处于先进行列。

（陈嘉伟）

〔特约编辑：赵祖宏〕

〔主　编：徐庆锋〕

广西壮族自治区

全区卫生和计划生育工作概述　2017年，广西壮族自治区认真贯彻落实中央和自治区的决策部署，以新时代卫生与健康工作方针为指导，以推进健康广西建设为主线，深化改革、优化资源、聚焦短板、突出服务，完成年度各项任务。

*健康广西建设开启新征程。*自治区党委、政府深入贯彻落实习近平总书记关于健康中国建设系列重要论述特别是视察广西时的重要讲话精神，坚持问题导向，着力补齐短板，大力推进健康广西建设，召开全区卫生与健康大会，出台《关于推进健康广西建设的决定》《“健康广西2030”规划》，形成“2+9”文件框架，围绕“五大重点领域”实施“五大行动计划”，把健康融入所有政策的“大卫生大健康”工作格局正在形成。

*医药卫生体制改革取得新突破。*公立医院综合改革实现全覆盖，各级公立医院全面取消药品加成，全区公立医院药占比由改革前的41%下降到29.05%，医疗费用不合理增长得到有效控制。加快推进分级诊疗制度建设，出台《加快推进医疗联合体建设和发展实施方案》，全区二、三级医疗机构全部参与医联体建设；制定推进家庭医生签约服务工作实施意见和家庭医生签约服务包及收付费的指导意见等政策，以县为单位实现家庭医生签约服务工作全覆盖。稳步推进现代医院管理制度建设，出台《广西建立现代医院管理制度实施方案》，柳州市和自治区人民医院等3家区直公立医院启动薪酬制度改革试点。城乡居民医保工作移交人力资源社会保障部门，医保支付方式改革加快推进。持续深化药品供应保障制度改革，着力推进药品、医用耗材集中分类采购，累计节约药品和耗材采购资金22.58亿元、5.5亿元；在5个国家联系点城市启动药品购销“两票制”改革，有效减少药品流通环节，实现药品质量、价格可追溯。开创综合监督工作新局面，各市、县（市、区）加快综合监督执法队伍资源整合，初步构建自治区、市、县、乡四级综合监督体系。医养结合稳步发展，在3个国家级医养结合试点的基础上，设立12个自治区试点示范县（市、区）。

*健康扶贫攻坚行动取得新战果。*启动健康扶贫攻坚行动计划，打好提高新农合报销比例、降低大病保险起付线、实行大病保险再报销和医疗救助兜底的组合拳，提高贫困人口住院报销比例10%，降低大病起付线50%，提高大病保险报销比例10%。推行“先诊疗、后付费”和“一站式”结报，大力开展“四个一批”行动（重病兜底保障、大病集中救治、慢病签约服务管理、源头健康扶贫），出台《广西农村贫困住院患者县域内先诊疗后付费工作实施方案》等配套文件，对9种大病和白内障的贫困患者开展集中救治。全区贫困人口家庭医生签约率达100%，贫困人口住院费用实际报销比例达85%以上，累计20.88万户建档立卡因病致贫返贫户实现脱贫摘帽，减贫率为41.45%。

*医疗卫生服务体系建设取得新进展。*启动实施基层医疗卫生机构能力建设行动计划，投资42.54亿元，实施351个基础设施项目，为956家乡镇卫生院配备数字化摄影（DR）、彩色B超和救护车。2017年末

全区每千人口医疗卫生机构床位数为4.80张、执业（助理）医师数2.06人，分别比2012年增长47.10%、40.25%。加快建设高水平医疗卫生机构，广西国际壮医医院、中国—东盟医疗保健合作中心等自治区级重大医疗卫生项目进展顺利。深入实施“本土化”人才战略，累计招录农村订单定向免费医学本科、专科生3620人，其中2017年新招1120名。健康产业持续壮大，2017年全区医疗卫生机构固定资产达1100亿元以上，比2012年增长91.37%。

筑牢公共卫生安全防线取得新成效。加大公共卫生服务补助力度，全区人均补助经费提高到50元。慢性病防治体系建设逐步完善，高血压病患者、2型糖尿病患者规范管理率达81.63%、81.44%。传染病疫情形势稳中有降，免疫规划疫苗接种率保持在95%以上，麻疹防控效果位居全国前列，新发现报告艾滋病病例、死亡数连续6年下降，对H7N9疫情、手足口病、登革热、肺结核等传染病及时有效应对处置。实施全民健康素养促进行动计划，开展“三减三健”行动、健康城市和健康村镇建设、城乡环境卫生整治行动，农村饮用水监测点乡镇覆盖率达96.71%。加强食品安全监测评估工作，完成制修订并发布8个食品安全地方标准，自治区出台《广西国民营养计划（2017—2030年）实施方案》。加强卫生应急工作，完成各类大型活动卫生应急保障任务，突发事件紧急医学救援高效开展，全年处置突发事件95起，派出自治区级专家84人次，抢救伤病员1368人次。

中医药、壮瑶医药事业实现新发展。深入实施基层中医药服务能力提升工程，98.98%的社区卫生服务中心、98.41%的乡镇卫生院、100%的社区卫生服务站、90.26%的村卫生室能够提供中医药服务。推进中医药传承与创新，开展42个国家中医重点专科和25个自治区中医重点专科评估验收，16个专科成为国家区域中医壮医诊疗中心候选单位，有5个单位入围国家中医药传承创新项目备选项目库。加强中医药、壮瑶医药高层次人才培养，荣获第3届国医大师1名、首批全国名中医2名，第6批全国老中医药专家学术经验继承工作指导老师18名、继承人36名，评定第3批广西名老中医、名中医60名。第4次中药资源普查已累计发现中草药物种6000余种。

人民群众健康获得感有新提升。全区卫生总费用占全区国内生产总值的比重为6.43%，个人卫生支出比重由2012年的33.26%降至2017年的26.43%，全区人均预期寿命由2010年的75.11岁提高到2016年的77.3岁。全面两孩政策积极稳妥实施，政策效应持续释放，出生人口变动符合预期，年度人口发展主要指标全面完成；计划生育家庭奖励和扶助政策全面落实，共拨付奖励扶助资金4.3亿元，受益27.52万人（户）；出生人口性别比为112.34，经济社会与人口协调发展环境得到优化。改善医疗服务行动计划深入实施，在导诊、等待检查时间、预约就诊、投诉通畅等12个方面高于全国平均水平。妇幼健康服务体系建设、出生缺陷防治工作成效显著，2017年孕产妇死亡率、婴儿死亡率、5岁以下儿童死亡率分别为12.49/10万、4.99‰、3.51‰，比2012年下降23.8%、35.7%、34.2%，出生缺陷发生率降至92.53/万，比2012年下降26.77%，5年共减少出生缺陷患儿3.3万例。

加强全面从严治党。深入学习贯彻习近平新时代中国特色社会主义思想和党的十九大精神，严肃党内政治生活，推动“两学一做”学习教育常态化制度化，卫生计生系统党的政治、思想、组织、作风、制度建设取得新成效。加强党风廉政和行风建设，强化监督执纪问责，全区卫生计生系统扶贫领域监督执纪问责工作立案62件，给予党纪政纪处分63人，开展4次廉政集体约谈和106人次个别提醒谈话。加强精神文明建设，全系统有3个单位获全国文明单位称号，17个集体分别被评为全国“三八红旗手”、全国青年文明号、广西五一劳动奖、广西工人先锋号集体，19人获全国五一劳动奖章、全国三八红旗手标兵、全国道德模范提名奖、广西“三八红旗手”、广西“五一劳动奖章”等荣誉。

卫生计划生育保障能力有新提高。财政投入继续保持较高增长，各类卫生计划生育项目工作进展顺利。依法行政取得新进展，颁布实施《广西壮族自治区乡村医生从业管理办法》，制定《卫生计生监督机构能力建设规范》和15项地方卫生标准。全民健康信息平台建设取得重大突破，自治区、市、县三级平台全面实现与国家平台对接。行政审批工作取得突破性进展，“互联网+政务便民服务”上线运行，实现行政审批网上办理。宣传教育先导性作用继续强化，“健康八桂”微博荣获全国年度“政务公开创新奖”。对外交流与援外医疗工作取得显著成绩。干部保健及重要会议、重大活动、来桂重要外宾的医疗卫生保障工作成绩出色。安全维稳工作态势良好，全区卫生计生行业全年无安全类事故发生，未发生因信访事项引起的不稳定事件。

陈竺在广西调研卫生计划生育工作 2017年1月18日，全国人大常委会副委员长、农工党中央主席、中国红十字会会长陈竺在广西开展春节送温暖活动期间，就农工党实施同心全科医生特岗人才计划、广西地中海贫血防治情况深入调研。在农工党实施同心全科医生特岗人才计划调研座谈会上，陈竺指出，广西高度重视同心全科医生特岗人才计划示范项目，及时研究制定实施办法和工作方案，明确部门职责，为项目实施提供了有力保障；他表示农工党将充分发挥民主党派的独特优势，努力助力自治区全民健康，为自治区全面建成小康社会提供力量支持。在防治地中海贫血工作座谈会上，陈竺指出，自 2010 年启动地中海贫血防治计划以来，广西从局部试点到全面覆盖，建立"政府主导、部门联动、卫生担当、群众参与"工作格局，取得了显著效果；他表示农工党将积极争取中央对广西更多的支持，进一步总结推广广西成功经验，让成果造福全国千家万户。全国政协常委、副秘书长、农工党中央专职副主席何维参加调研，自治区副主席黄日波、自治区政协副主席彭钊一同调研。

全区卫生与健康大会　2017 年 4 月 28 日在南宁召开。会议强调要深入贯彻习近平总书记系列重要讲话精神和治国理政新理念新思想新战略，全面贯彻全国卫生与健康大会精神和《"健康中国 2030"规划纲要》，扎实推进健康广西建设，努力为人民群众提供全生命周期的卫生与健康服务，持续提升城乡居民健康水平。自治区党委书记彭清华、自治区主席陈武在会上讲话，国家卫生计生委副主任崔丽出席并讲话。自治区党委副书记侯建国、自治区副主席黄日波分别主持会议，自治区党委常委、自治区常务副主席蓝天立作总结讲话。自治区发展改革委、卫生计生委、南宁市等 10 个单位在会上发言。自治区四家班子和两院领导，各市党政主要领导及相关部门负责人，区直、中直驻桂有关单位和自治区级卫生计生、体育单位主要负责人，广西民营医疗机构、医养结合机构、医药企业、体育企业代表，医药卫生、体育人才代表参加会议。

2017 年度卫生与健康专题协商座谈会　2017 年 3 月 29 日在南宁召开。自治区党委书记彭清华主持会议并讲话，自治区党委常委、自治区常务副主席蓝天立介绍卫生与健康工作情况，自治区党委常委、统战部部长赵德明出席会议。民革、民盟、民建、民进、农工党、致公党、九三学社广西区委、自治区工商联负责人和无党派人士代表结合各自界别工作实际和调研情况，从推进医疗供给侧结构性改革、深化医疗卫生服务体制机制改革、健全全科医生制度、推动广西民族医药发展、加强基层卫生队伍建设等方面，提出许多意见建议。

全区推进基层医疗卫生机构能力建设工作电视电话会　2017 年 1 月 5 日召开，在南宁设主会场，各市、县（市、区）设分会场。会议总结全区基层医疗卫生机构能力建设工作情况，研究部署全区基层医疗卫生机构能力建设行动计划。自治区党委常委、自治区常务副主席蓝天立出席会议并讲话，自治区副主席黄日波主持会议。自治区人民政府分管副秘书长，自治区发展改革委、财政厅、人力资源社会保障厅、国土资源厅、环境保护厅、住房城乡建设厅、教育厅、法制办、审计厅相关领导，自治区卫生计生委领导班子成员在主会场参加会议；各市、县政府分管领导、卫生计生委（局）和有关部门负责人在分会场参加会议。

2017 年全区卫生计划生育工作会议　2017 年 2 月 13 日在南宁召开。会议总结全区实施全面两孩政策和 2016 年卫生计划生育改革发展情况，研究部署 2017 年工作，签订计划生育目标管理责任状。自治区副主席黄日波出席会议，自治区人民政府副秘书长唐宁主持会议。自治区卫生计生委主任、党组书记李国坚作工作报告。柳州、桂林、梧州等市卫生计生委，南宁市青秀区、鹿寨县人民政府，百色市右江区卫生计生局分别作大会发言。各市党委政府分管领导、卫生计生委主要负责人，自治区深化医改领导小组、人口计生工作联席会议制度成员单位负责人，自治区卫生计生委领导班子成员、委机关各处（室、局）和区直医疗卫生计生单位负责人参加会议。

全区医改工作电视电话会议　2017 年 6 月 19 日召开，在南宁设主会场，各市、县（市、区）设分会场。会议总结 2016 全区医药卫生体制改革工作，分析当前医改工作形势，部署 2017 年重点医改任务。自治区党委常委、自治区常务副主席、自治区深化医改领导小组常务副组长蓝天立出席会议并讲话。自治区副主席、自治区深化医改领导小组副组长黄日波主持会议。自治区发展改革委（医改办）、卫生计生委、人力资源社会保障厅分别在会上发言，防城港市、灌阳县、大化县在会上作经验介绍。自治区深化医改领导小组成员单位负责人，驻邕区直医疗机构负责人等在主会场参加会议。

2017 年中国—东盟传统医药健康旅游国际论坛（巴马论坛）　2017 年 12 月 7—8 日在巴马瑶族自治县举行。本届论坛由国家中医药管理局、国家旅游局和广西壮族自治区人民政府共同主办，是中国—东盟博览会系列国际性论坛之一，以"大健康、大旅游"为主题，围绕医疗保健机构与旅游服务企业的合作、中医药健康旅游示范区建设、"一带一路"建设推动传统医药健康旅游产业发展合作等议题展开国际性交流探讨。自治区副主席张晓钦、国家旅游局副局长王晓峰出席开幕式并致辞。来自联合国开发计划署、世界旅游组织、世界中医药学会联合会、世界针灸学会联合会、中国、东盟国家、英国、日本等国际组织、国家以及香港、澳门、台湾等地区相关领域的官员、专家学者、企业家代表及媒体记者共350人出席论坛。

李斌在广西调研医改工作　2017年9月17—18日，国务院医改领导小组副组长、国家卫生计生委主任李斌带队，就医改工作深入广西调研。先后到南宁市经济开发区吴圩镇中心卫生院、江南区福建园社区卫生服务中心、南宁市第二人民医院、广西社会福利院了解医改进展情况，并召开座谈会，听取自治区政府医改工作情况汇报。李斌指出，广西壮族自治区党委、政府高度重视卫生与健康事业改革发展，把深化医改摆在经济社会发展全局的重要位置，研究制定卫生与健康重大决策部署，在解决一些重点难点问题上取得成功经验，推动医改取得明显成效。要以问题为导向，突出医改重点，在推进分级诊疗制度、现代医院管理制度、药品供应保障、全民健康信息化建设、健康扶贫等医改重点领域和关键环节取得更大进展。自治区党委常委、自治区常务副主席蓝天立主持座谈会，自治区副主席黄日波在会上介绍广西医改工作并陪同调研。自治区主席陈武在南宁会见了李斌一行。

2017年3月24日，广西壮族自治区政府主席陈武考察广西“12320”卫生计生服务热线。

陈武在自治区卫生计生委调研　2017年3月24日，自治区主席陈武到自治区卫生计生委调研。考察广西“12320”卫生计生服务热线，观看广西卫生与健康事业发展成就展以及卫生计生综合管理、健康扶贫动态管理、桂妇儿健康管理等信息平台系统演示，对近年来广西卫生与健康事业发展取得的成绩给予了充分肯定。他指出，全面落实中央决策部署，加快建设健康广西，是决战脱贫攻坚、决胜全面小康的重大任务，各级各部门要深刻认识做好卫生与健康工作的极端重要性和现实紧迫性，遵循新时期卫生与健康工作方针，深入学习贯彻全国卫生与健康大会精神特别是习近平总书记重要讲话精神，把人民健康放在优先发展战略地位，全力推进卫生与健康事业改革发展。自治区副主席黄日波，自治区政府秘书长莫恭明等陪同调研。

侯建国在中国南药园种苗生产中心调研　2017年5月19日，自治区党委副书记侯建国到中国南药园种苗生产中心调研，听取种苗生产及发展情况汇报，现场察看两面针、鸡血藤种苗的繁育情况。侯建国对中国南药园种苗生产中心的生产和发展给予充分肯定，要求种苗生产中心突出特色、实现长短结合、带动和辐射中药材产业发展，结合扶贫工作实践药材村整村扶贫，加强药用植物资源保护与可持续利用，推动广西药材产业快速发展。玉林市市委书记莫恭明、副书记李常官，自治区卫生计生委党组成员、广西药用植物园主任缪剑华陪同调研。

蓝天立在宾阳县调研卫生基础设施建设　2017年2月15日，自治区党委常委、自治区常务副主席蓝天立深入宾阳县宾州镇和镇芦圩，实地调研卫生基础建设，并召开座谈会。蓝天立充分肯定了宾阳县卫生基础设施建设工作取得的成绩，要求把人民健康放在优先发展的战略地位，从民生角度出发，从战略高度谋划，精准精细推进卫生与健康工作，做好健康事业，做强健康产业，加快推进健康宾阳建设。自治区卫生计生委副主任麦家志、南宁市副市长陈颖等陪同调研。

荣仕星在上林县调研医改工作　2017年6月30日，自治区人大常委会副主任荣仕星一行，到上林县实地调研深化医改工作，先后到三里镇中心卫生院和县人民医院调研，并召开座谈会。荣仕星充分肯定了上林县在医疗卫生服务县乡“一体化”改革中取得的成效，并就进一步做好有关工作提出要求。自治区人大常委会副秘书长莫小峰、自治区发改委副主任韩庆东、自治区卫生计生委副主任梁远等陪同调研。

黄日波督导检查H7N9疫情防控工作　2017年2月21日，自治区副主席黄日波带队到自治区疾控中心和南宁市第四人民医院督导检查H7N9疫情防控工作，先后察看自治区疾控中心实验室、国家突发急性传染病防控队伍人员装备及南宁市第四人民医院发热预诊分诊点、发热门诊、H7N9疑似病例备用病房、H7N9确诊病例负压病房等，并对疫情防控工作中的重点工作和主要困难进行了部署和协调。自治区人民政府副秘书长唐宁、自治区卫生计生委主任李国坚等陪同督导检查。

2017 年 5 月 19 日，广西壮族自治区政府副主席黄日波在容县人民医院远程医学中心调研。

黄日波在玉林市调研医联体工作　2017 年 5 月 19 日，自治区副主席黄日波率队到玉林市容县，调研医联体建设、医养结合、远程医疗服务等工作。先后深入容西镇卫生院、县健康养老院、县人民医院实地调研，并召开座谈会。黄日波对玉林市公立医院综合改革试点工作给予了充分肯定，要求玉林市大胆推进各项改革政策落实，加强“三医联动”机制建立，做实做细医疗费用控制，重视医院信息化建设，在工作中总结提炼试点工作经验，努力为全区提供可复制、可推广的经验。自治区人民政府副秘书长唐宁、自治区卫生计生委副主任梁远、玉林市市长苏海棠、副市长禤甲军、吕剑枫等陪同调研。

黄日波在广西中医药大学附属瑞康医院调研　2017 年 11 月 24 日，自治区副主席黄日波到广西中医药大学附属瑞康医院调研，听取医院发展情况汇报并会见医院新引进的上海交通大学李荣秀教授团队。黄日波指出，广西虽作为中国面向东盟开放合作的“桥头堡”，但科研水平与“珠三角”“长三角”等发达地区差距明显，必须下大力气引进各领域高层次人才。广西中医药大学及瑞康医院引进李荣秀教授团队符合广西实际需要，希望各单位通力配合，加快落实签约后的各项事宜，为落实广西《关于加强高层次创新型人才队伍建设的实施办法》探索有益经验。自治区政府副秘书长唐宁陪同调研。

《关于推进健康广西建设的决定》印发　2017 年 4 月 26 日由自治区党委、自治区人民政府印发的该《决定》明确了到 2020 年健康广西建设的主要目标：（1）卫生与健康服务能力明显提升。每千常住人口执业（助理）医师 2.3 人；个人卫生支出占卫生总费用比重控制在 28% 左右。（2）健康水平进一步提高。人均预期寿命达到 77.5 岁，婴儿死亡率、5 岁以下儿童死亡率、孕产妇死亡率分别控制在 7.5‰、9.5‰、18/10 万以下；重大慢性病过早死亡率比 2015 年降低 10%，免疫规划疫苗接种率维持在高水平、居民艾滋病防治知识得到普及。（3）健康生活方式逐步普及。全民健康意识普遍增强，居民健康素养水平达到 18%。全民健身活动广泛开展，城乡居民达到《国民体质测定标准》合格以上的人数比例为 90.6%。（4）健康环境优美宜居。设区城市空气质量优良天数比率≥ 91.5%，地表水质量达到或好于 III 类水体比例≥ 96.2%。（5）健康产业加快发展。健康服务业总规模达 4000 亿元。

《“健康广西 2030”规划》印发　2017 年 4 月 26 日由自治区党委、自治区人民政府印发的该规划从总体战略、普及健康生活、优化健康服务、完善健康保障、建设健康环境、发展健康产业、健全支撑与保障机制、强化组织实施等 8 个方面，对健康广西建设作出方向性、制度性安排。提出到 2020 年，建立覆盖城乡居民的中国特色基本医疗卫生制度，健康素养水平持续提高，健康服务体系完善高效，人人享有基本医疗卫生服务和基本体育健身服务，基本形成内涵丰富、结构合理的健康产业体系，主要健康指标优于全国平均水平；到 2030 年，促进全民健康的制度体系更加完善，健康领域发展更加协调，健康生活方式得到普及，健康服务质量和健康保障水平不断提高，健康产业繁荣发展，基本实现健康公平，主要健康指标继续优于全国平均水平。

《广西深化医药卫生体制改革“十三五”规划》印发　2017 年 3 月 16 日由自治区人民政府印发的该规划提出了“十三五”时期广西深化医改的目标：到 2020 年，覆盖城乡居民的基本医疗卫生制度基本建立；基本实现家庭医生签约服务制度全覆盖，每个居民拥有一份规范化电子健康档案和一张功能完备的智能健康卡；30 分钟基本医疗卫生服务圈基本建成；基本医保报销比例稳定在 75% 左右；群众负担明显减轻，个人卫生支出占卫生总费用的比重下降到 28% 左右。同时明确，广西“十三五”期间将在分级诊疗、现代医院管理、全民医保、药品供应保障、综合监管等 5 项制度建设和艾滋病防治、妇幼健康服务体系建设、中医药壮瑶医药服务能力建设等广西特色医改上取得新突破。

《广西全民健康素养促进行动计划（2017—2020 年）》印发　2017 年 4 月 26 日由自治区人民政府办公厅印发的该行动计划提出：到 2020 年，全区居民健康素养水平达到18%。明确开展加强学校健康素养促进工作、加强社区（村）健康素养促进工作、加强机关和企事业单位健康素养促进工作、加强大众健康知识传播、推进健康促进县（市、区）建设、营造绿色安全健康环境等6项主要行动。要求完善健康促进与教育体系、健全健康素养监测网络、完善健康信息发布和舆情引导机制，为健康素养促进行动提供支撑。

《广西健康扶贫攻坚行动计划（2017—2030）》印发　2017年4月26日由自治区卫生计生委、扶贫办等18部门联合印发该行动计划明确了5项政策措施：（1）实行城乡居民基本医疗保险参保缴费补助。农村建档立卡贫困人口个人缴费部分由财政按个人缴费标准60%以上给予补助。（2）提高基本医保和大病保险保障水平。参保贫困人口在统筹区域内及经转诊到统筹区域外定点医疗机构就医，政策范围内的住院医疗费用报销比例提高5个百分点；大病保险起付线降低50%，报销比例提高10个百分点。（3）建立健康扶贫商业补充医疗保险。鼓励和探索对农村建档立卡贫困人口购买健康扶贫商业补充医疗保险，给予保费补贴。（4）加大医疗救助力度。将符合条件的因病致贫返贫人口纳入农村最低生活保障和医疗救助范围给予兜底保障。（5）建立医疗兜底保障机制。通过基本医保、大病保险、医疗救助和商业健康保险等综合补偿后，个人自付费用仍超过10%的部分，鼓励有条件的地方予以适当补助。

进一步加强卫生人才队伍建设　2017年4月26日，自治区党委办公厅、自治区人民政府办公厅印发《关于加强广西卫生人才队伍建设的意见》，从3个方面提出明确要求：（1）大力推进卫生人才队伍协调发展。坚持“高、基、缺”人才建设导向，实施高层次卫生人才培养、卫生人才强基、急需紧缺专业（专科）卫生人才培养、中医药壮瑶医药继承创新人才选拔培养、住院医师规范化培训等5项重点人才工程，推动卫生人才队伍规模、结构、质量、效益协调发展。（2）完善卫生人才发展体制机制。以完善卫生人才培养、评价、使用、流动、激励等方面制度机制为重点，进一步优化卫生人才发展环境，充分释放人才活力。（3）强化卫生人才队伍建设保障措施。加强组织领导、加大经费投入、注重协调配合，确保卫生人才职代会持续发展壮大。

《广西遏制与防治艾滋病“十三五”行动计划》印发　2017年6月28日由自治区人民政府办公厅印发的该行动计划提出了最大限度发现感染者和病人，有效控制性传播，持续减少注射吸毒传播、输血传播和母婴传播，确保艾滋病疫情不反复、不反弹，进一步降低病死率，逐步提高感染者和病人生存质量，不断减少社会歧视的工作目标。明确了宣传教育、综合干预、检测咨询随访、预防血液和母婴传播、救治救助、动员社会力量参与等方面具体防治措施。强调从强化组织领导、加强队伍建设、加大投入力度、加强科研与合作等方面强化保障。

加快推进医疗联合体建设和发展　2017年9月1日，自治区人民政府办公厅印发《广西加快推进医疗联合体建设和发展实施方案》，并于9月27日在玉林市召开全区推进医疗联合体建设工作现场会。实施方案明确提出：2017年10月底前，全区全面推进医联体建设，所有三级公立医院和县级医院全面启动医联体建设工作；2018年，进一步扩大县域医共体建设范围，乡镇卫生院参与率达到50%以上，所有三级公立医院至少建成1个有明显成效的医联体；到2020年，全区所有二级公立医院和政府办基层医疗卫生机构参与医联体建设，县域医共体乡镇卫生院参与率达到90%以上，远程医疗协作网覆盖全部县级医院，并延伸到乡镇卫生院。实施方案还对推进县域医共体（县乡医疗服务一体化）、三二医联体、城市医疗集团、跨区域专科联盟、远程医疗等多种形式的医联体建设提出了明确要求。

深化医教协同推进医学教育改革与发展　2017年9月20日，自治区人民政府办公厅印发的《广西深化医教协同进一步推进医学教育改革与发展实施方案》提出：到2020年，医学教育管理体制改革取得突破，医学人才使用激励机制得到完善，基本建成医学院校教育、毕业后教育、继续教育3个阶段有机衔接的标准化、规范化临床医学人才培养体系，医学教育质量显著提升，医学人才结构进一步优化，各类卫生人才队伍统筹协调发展；到2030年，医学教育改革与发展的政策环境更加优化，具有中国特色、适应广西发展需求的标准化、规范化医学人才培养体系更加健全，医学人才队伍基本满足健康广西建设需要。《方案》明确了提高医学生生源质量、提升医学专业学历教育层次、深化院校医学教育改革等14项主要任务。

加快建立现代医院管理制度　2017年10月25日，自治区人民政府办公厅印发《广西建立现代医院管理制度实施方案》，明确到2020年基本建立权责清晰、管理科学、治理完善、运行高效、监督有力的现代医院管理制度。《实施方案》确定3个方面20项主要任务：（1）进一步完善医院管理制度。制定医院章程，健全医院决策机制、民主管理、医疗质量安全管理、人力资源管理、财务资产管理、绩效考核、人才培养培训、科研管理、后勤管理、信息管理制度，加强医院文化建设，全面开展便民惠民服务。（2）建立健全医院治理体系。明确政府对公立医院的举办职能、对医院的监管职能，落实公立医院经营管理自主权，加强社会监督和行业自律。（3）加强医院党的建设。充分发挥公立医院党委的领导核心作用，全面加强公立医院基层党建工作，加强社会办医院党组织建设。

加快推进远程医疗政策试点工作　2017年11月13日，自治区人民政府办公厅印发《广西远程医疗政策试点工作方案》，明确4项主要任务：（1）研究建立远程医疗政策体系。包括行业管理、服务价格、医保报销、激励机制、保障措施等政策。（2）建设完善远程医疗服务体系。继续实施远程医疗“县县通”惠民工程，2018年底远程医疗服务覆盖全区所有市县。（3）探索市场化远程医疗服务管理模式。构建政府主导、第三方运营、医疗机构诊疗、卫生行政部门监管的远程医疗服务市场化运营模式和管理机制。（4）开展远程医疗服务。建立三级公立医院与县级公立医院远程医疗协作机制；建立自治区与中山大学附属第一医院等国家级医院的远程医疗协作机制，开展远程医疗和双向转诊，提供远程临床教学和培训服务。

《广西防治慢性病中长期规划（2017—2025年）》印发　2017年11月17日由自治区人民政府办公厅印发。该《规划》以慢性病三级预防为主线，强调防治结合、全程管理，针对一般人群、高危人群、患者3类目标人群以及健康支持性环境提出了8条具体的策略措施：（1）加强体系建设，全面筑牢防控体系；（2）加强健康教育，提升全民健康素质；（3）实施早诊早治，降低高危人群发病风险；（4）强化规范诊疗，提高治疗效果；（5）完善保障政策，切实减轻群众就医负担；（6）控制危险因素，营造健康支持性环境；（7）统筹社会资源，创新驱动健康服务业发展；（8）增强科技支撑，促进监测评价和研发创新。

《广西结核病防治“十三五”规划》印发　2017年11月24日由自治区人民政府办公厅印发。该《规划》从患者及早发现、规范治疗管理、关怀救助、重点人群防治、服务体系建设等方面提出可量化的工作指标，并明确完善防治服务体系、多途径发现患者、规范诊疗行为、做好患者健康管理服务、做好医疗保险和关怀救助工作、加强重点人群结核病防治、保障抗结核药品供应、提高信息化管理水平等8项防治措施。

《广西国民营养计划（2017—2030年）实施方案》印发　2017年12月29日由自治区人民政府办公厅印发的该《实施方案》提出，坚持政府引导、科学发展、创新融合、共建共享的原则，到2030年，营养政策标准体系更加健全，营养工作体系更加完善，在降低重点人群贫血率、5岁以下儿童生长迟缓率、控制学生超重肥胖率、提高居民营养健康知识知晓率等具体指标方面，取得明显进步和改善。实施方案部署了完善营养政策标准体系、加强营养能力建设、强化营养和食品安全监测与评估、发展食物营养健康产业、大力发展传统食养服务、加强营养健康基础数据共享利用、普及营养健康知识等7项实施策略。

向马尔代夫马累市捐赠新生儿出生登记系统　2017年5月20—22日，应马尔代夫马累市长希哈伯邀请，自治区党委书记、自治区人大常委会主任彭清华率团访问马尔代夫。彭清华向马累市赠送了一套由自治区卫生计生委自行研发的英文版新生儿出生登记信息管理系统及相关设备，填补了该国的空白。

全区卫生与健康工作专题研讨班　2017年6月20—23日在南宁举办。自治区副主席黄日波出席开班仪式并讲话，自治区卫生计生委主任李国坚，自治区发改委副主任、医改办主任韩庆东等参加研究班并授课，自治区党校常务副校长胡建华出席开班仪式。全区各设区市、县卫生计生工作分管领导及各设区市卫生计生委主任、区直有关单位分管领导，自治区卫生计生委相关处室及部分直属单位负责人共180余人参加培训。

2017年11月19日，广西壮族自治区卫生计生委主任李国坚应邀出席“一带一路”柬埔寨磅湛省消除白内障致盲行动备忘录签署仪式并发言。

李国坚出席“一带一路”柬埔寨磅湛省消除白内障致盲行动备忘录签署仪式　2017年11月19日签

署仪式在香港举行。受全国政协副主席梁振英邀请，自治区卫生计生委主任李国坚一行4人前往香港出席签约仪式。签约仪式上，全国政协副主席、“一带一路”国际合作香港中心主任梁振英与柬埔寨卫生部部长曼·本亨、亚洲防盲基金会主席孙国华分别代表项目合作方签署备忘录，李国坚代表项目实施方之一发言。

卫生和计划生育数据 *卫生事业发展数据*。据《广西壮族自治区国民经济和社会发展统计公报》，2017年末全区共有医疗卫生机构34012个，其中，医院589个，乡镇卫生院1264个，社区卫生服务中心159个，诊所（卫生所、医务室）9487个，村卫生室20770个，疾病预防控制中心117个，卫生监督所（中心）114个，妇幼保健院（所、站）104个。卫生技术人员30.54万人，其中执业医师和执业助理医师10.12万人，注册护士13.17万人，乡村医生和卫生员3.42万人。医疗卫生机构床位24.13万张，其中医院16.15万张，乡镇卫生院6.32万张。据卫生统计信息数据，2017年全年医疗机构诊疗患者26050.35万人次，其中门诊、急诊25370.33万人次；住院病人900.99万人次；病床周转38.4次，病床使用率为79.88%；出院897.56万人次，出院患者平均住院7.4天；手术158.00万人次。医院门诊病人次均医药费用191.1元，社区卫生服务中心门诊均次医药费用71.2元，乡镇卫生院门诊次均医药费用65.3元，医院住院病人次均医药费用8027.8元，社区卫生服务中心住院次均医药费用2219.2元，乡镇卫生院住院次均医药费用1514.5元。

人口计生数据。据《广西壮族自治区国民经济和社会发展统计公报》，2017年末全区户籍总人口为5600万人，比上年增加21万人。年末常住人口为4885万人，比上年增加47万人，其中城镇人口2404万人，占总人口比重为49.21%，比上年提高1.13个百分点。全年出生人口81.7万人，出生率为15.14‰；死亡人口31.6万人，死亡率为6.22‰；自然增长率为8.92‰。全区常住人口65岁及以上者486.06万人，占总人口的比重为9.95%。

南宁市积极推进全国健康城市建设试点工作 （1）将健康融入所有政策。出台《南宁市建设健康城市决定》《南宁市建设健康城市五年行动计划》等文件，将健康城市建设纳入城市建设、社会保障等公共政策当中。（2）强化落实健康长效机制。出台《南宁市城乡容貌和环境卫生管理条例》等长效机制文件，将国家卫生城市创建指标列入“美丽南宁·整洁畅通有效大行动”专项考评和重点督查内容。（3）完善健康服务体系。辖区内32家城市公立医院全面启动综合改革，医改“上林模式”在全国推广。打造医养结合示范项目，全市医养结合机构总数达34家。（4）持续改善健康城市环境。全市有健康社区示范单位17个，健康促进学校13所，自治区卫生镇65个，卫生村1088个，卫生先进单位606个。（5）全面提升健康素养水平。通过设置“健康教育”展厅、健康教育专版专栏、建设全民健身网络等，广泛开展健康生活宣传教育。

柳州市多措并举推进药品流通领域改革 （1）实施药品零差率销售。从2015年10月起全部取消药品加成，破除以药养医，至2017年底共为患者减轻药品费负担约3.7亿元，市政府对政策性亏损部分财政补助近9000万元。（2）实施药品购销“两票制”。卫生计生、发展改革等9部门出台《柳州市公立医疗机构药品采购“两票制”实施细则》，各公立医疗机构2017年9月1日起正式实施“两票制”。在全区首创“两票制”电子追溯和监管系统，多次开展联合检查和专项督查。（3）探索以市为单位的药品集中带量采购。坚持量价挂钩、集中采购，通过完备的制度设计确保优质低价者成交，降低药品采购价格。（4）建立药品使用跟踪监控长效机制。对各医疗机构使用金额、数量排名靠前以及超常使用的药品开展跟踪监控，定期公布价格高、用量大、非治疗辅助性药品监控目录并进行通报。

桂林市创新推进中医药健康服务新业态 （1）打造中国中医药文化名街。由政府主导、企业投资，建设集中医特色诊疗、养生、康复、旅游、休闲于一体，具有桂林地域文化特色的“崇华中医街”，引进国医大师和全国名老中医。（2）探索建立以中医药服务为支撑的养生养老服务模式。重点培育具有示范作用的健康养老龙头企业，推出“中医康复型”“中医养生型”等养老模式，形成具有特色的“桂林夕阳红”发展模式。（3）建设高端中医药健康产业聚集区。打造“桂林·国际中药城”，形成集中药种植、饮片加工、药品研发、市场交易、对外贸易、旅游为一体的中医药健康产业聚集区。（4）创建恭城瑶医药健康旅游小镇。构建中医、瑶医为特色的诊疗、康复和养生健康服务体系，建设“一镇、一村、一城、一院、一道”项目模式，集聚发展少数民族医药。

梧州市创新“360”模式普惠妇幼健康 （1）丰富“360”管理内涵。将婚育指导、母婴保健、结对帮扶、社区卫生、关爱老人等服务纳入“360度健康管家”

内容。（2）创新“一站式”婚育服务。为新婚夫妇免费婚检和孕前优生检查，开展产筛产诊、新生儿疾病筛查优质服务。（3）优化“一条龙”孕育服务。推出孕妇瑜伽、围产营养指导、中医调理等系列健康服务项目，将孕期服务延伸到社区基本公共卫生服务项目，提供孕前准备、孕期、分娩、产后、婴儿“一条龙”保健服务。（4）开拓“一专项”爱心服务。将儿童保健与孕产保健紧密结合，新生儿科、儿科、儿童保健科、儿童康复科提供儿童周期连续服务，利用“桂妇儿系统”实行高危儿系统管理并早期干预。

北海市4项机制开创精神卫生综合管理新局面 （1）建立联席工作机制。由综治牵头建立精神卫生联席会议制度，每年召开2次以上会议解决问题。（2）建立对口联系机制。由精防机构对口联系县区，实施“精防日”管理运行模式，每个乡镇/社区每月固定一天由精神科执业医师上门为患者提供服务。（3）建立应急反应机制。公安部门牵头制定严重精神障碍患者肇事肇祸应急处置预案、指定定点收治医院，规范处置程序，定点医院成立应急处置组，开通紧急住院绿色转介通道。（4）建立严格考评机制。市政府制定试点工作考评细则，将试点工作纳入综治平安建设考评内容，实行一票否决制。

防城港市开通中国东兴—越南芒街危重病人国际医疗救助“1369生命直通车” （1）建设高效快捷的口岸大通关服务环境。依托“120”绿色生命通道，推出中越边民证条形码扫描输入验放和边贸人员持用证件定期验证盖章制度。强化跨境警务协作，建立报检、通关“一站式”通关模式。（2）实行专线连接。东兴市人民医院与东兴边检站协定，对境外中越危、急、重患者，一旦接到求救信号，在第一时间开通绿色通道，提供最快捷的通关服务。（3）完善外籍患者医疗救助机制。实行外籍危重患者在东兴市就医收费标准、诊疗流程、服务方式与中国患者相同。（4）提高跨境救助能力。在“120”救护车内增加救护设施，安装摄像设备全程记录接诊、救治过程。

钦州市全力推进医疗机构消防安全标准化建设 （1）落实安全生产主体责任。建立安全生产例会、例检、消防设施维护等制度，实行岗位安全生产责任制，确保责任、管理、投入、培训、应急救援“五到位”。（2）实行安全隐患闭环式管理。每年组织开展4次以上消防安全大检查，对发现的问题，建立目录清单，实行登记、通报、督促整改、销号等闭环管理。（3）与安全生产专项治理相结合。将医疗机构消防安全标准化建设与夏季消防检查、今冬明春火灾防控、高层建筑消防安全综合治理等专项治理相结合。（4）注重考核及结果运用。联合公安消防部门成立考核工作组进行分级考核，对考核不达标的下整改通知，整改后仍不达标的取消年度评优评先资格。

贵港市以党建联盟推动卫生计划生育事业健康发展 2017年9月，该市26家医疗机构组建党建联盟，通过构建“五大平台”，实现“单兵作战”向“联盟共建”转变。（1）组织联建。抓好党组织按期换届，选优配强领导班子，组建民营医疗机构党委，强化对企业党建工作的指导和管理。（2）业务联动。各医疗单位发挥自身优势，支持公立医院与民营医疗机构进行“1+1”对口帮扶。（3）信息联通。创建“市卫生计生党建联盟”和“健康荷城”微信公众号，各成员单位实现信息互通共享。（4）服务联评。每季度开展卫生应急技能竞赛、医德考评、医风竞赛、优秀服务窗口、流动红旗等评比。（5）星级联创。每季度对基层党组织开展“星级联创”互评互学活动。

玉林市多措并举推进区域医疗联合体系建设 （1）搭建医疗联合体架构。以市第一人民医院为核心，联合市第三人民医院、茂林镇中心卫生院组建玉林市医疗集团，实行人、财、物统一管理。（2）实行理事会领导下的院长负责制。集团设理事会，经市政府授权，行使国有资产的使用权、经营权、管理权以及对集团运营中的重大事项决策权。集团理事长、总经理由市委管理，集团理事、副总经理由市卫生计生委考核任命，经营层职能科室正副职由集团统一聘任，业务科室正副主任由院长聘任。（3）医疗集团主要任务围绕“一个集中、五个统一”部署：集中集团人才、技术、设备、信息等资源，建立公立医院与基层医疗机构分工协作机制；实行物资采购、投融资平台、人才调配、信息数据交换、医疗服务质量评价标准“五统一”。

百色市4项机制综合治理出生人口性别比问题 （1）高层推进机制。成立以市委、市政府分管领导为组长，相关部门负责人为成员的打击“两非”领导小组，组建专项行动办公室，每年制定下发实施方案，明确工作责任，加强督促检查。（2）工作保障机制。建立完善出生人口实名登记信息管理系统，实现部门信息共享。通过“书信式”“约谈式”“派案式”“问责式”进行综合治理。（3）部门联动查处机制。定期召开部门联席会议，及时互通信息、会商，建立责任对应、有分有合的重点查处机制。（4）区域协作联查机制。与云南、贵州省周边县（市）签订《桂滇黔 10 县（市）打击“两非”综合治理出生人口性别比偏高问题区域协作协议书》。

贺州市着力构建中医养生健康产业链 （1）联合医疗科研院所、投资集团等开发传统乡村旅游与瑶族民俗、瑶药药膳、瑶药特色养生等相结合的一体化健康养生产品。（2）高度重视养生保健产品自主研发，市中医医院研发了“四季养生茶”“中医保健枕”等系列保健养生产品，各县（区）中医医院和乡镇卫生院建设“治未病中心”和“中医馆”开展中医适宜技术。（3）依托“国际慢城”富川瑶族自治区打造中医养生服务示范区。开发龟石水库湿地公园、七彩虎头村等景区，建设具有瑶族特色的养生养老保健基地。依托神仙湖大型花海旅游基地，打造具有瑶族文化特色的休闲养生保健基地。

河池市完善部门协作机制狠抓卫生城创建工作 （1）联合相关部门开展道路交通秩序、户外广告违法行为、粉尘污染和露天料场、城中村违法建筑、市容环境卫生、市场经营等专项整治，规范市容市貌。（2）建立完善食品安全日常监管体系，严把食品经营主体准入关，坚决查处取缔无照经营行为。（3）强化传染病监测和防控工作，加大对国家免疫规划疫苗监督力度。（4）严厉打击非法采供血机构，实现临床用血 100% 来自无偿献血。（5）严抓生活饮用水卫生监测，确保全市城区自来水普及率、供管水人员持证率、水质监测率、出厂水质合格率达 100%。（6）狠抓健康教育，居民健康知识知晓率、健康生活方式与行为形成率、基本技能掌握率大幅提高。

来宾市积极采取措施保障母婴安全 （1）建立健全孕产妇死亡现场评审联席会议制度，定期和不定期召开联席会议，将死亡评审开到基层。（2）对妊娠风险分级为“橙红紫色”，将孕产妇重点人群纳入高危孕产妇专案管理。（3）建立健全县、乡、村孕情跟踪监控综合管理服务体系，对已怀孕对象进行孕情跟踪，完善台账管理，规范随访服务。（4）严格规范诊疗行为，市、县两级助产机构建立上下联动、运转高效的急救转诊机制，实现市、县、乡三级无缝衔接。（5）规范助产技术管理，创新岗位培训模式，组织实施妇幼卫生紧缺人才培训计划。（6）开展孕产妇危急重症急救转诊模拟演练，提升助产、抢救应急、急危重症识别等能力。

崇左市 3 项活动提升医疗服务能力 （1）“千医进千屯服务万家”活动。开展送医进农村、进托老机构、进产业集聚区活动，重点为失独家庭、贫困户、流动人口、孤寡老人等免费开展义诊、巡诊、帮扶慰问等活动。（2）“医疗服务管理提升年”活动。内容包括：全面整治院容院貌，重点解决“卫生院不卫生”问题；落实“以病人为中心”，重点提升医疗服务质量；抓好医务人员人文教育和培训，加强医德医风建设；落实医疗卫生行风建设“九不准”促进廉洁行医。（3）涉医领域专项治理活动。落实涉医领域“两个责任”，纠正卫生行业损害群众利益的突出问题，重点治理涉医贪腐、医务人员收受红包和吃回扣、医疗卫生机构和个人违规非法接受捐赠、药品配送中的违规腐败和过度用药、检查、治疗等 5 个问题。

灌阳县改革体制机制力推“三医联动” （1）建立健全公立医院治理体系。成立县公立医院集团管委会和监事会，赋予公立医院集团法人行使内部人事管理、机构设置、收入分配、年度预算执行等权利，实行院长负责制、目标责任制。（2）构建新型市县乡村一体化医疗服务体系。县公立医院集团与桂林医学院附属医院组建紧密型“三二”医联体，与多家三甲医院建立专科联盟，吸引专家下沉到县级医院长期执业。县级医院业务骨干分片包干下沉到乡镇卫生院。（3）实行“总额预付、结余留用、超支分担”的医保基金管理方式改革。年度医保结余留用资金纳入集团收入统筹开支，按县级医院 40%、乡镇卫生院 40%、村医 20% 的比例分配。（4）在全区率先实行“两票制”。所有药品全部实行“两票制”，13 种耗材实行“一票制”，尝试与 5 家药品生产企业实行预付制、“一票制”。

武宣县加强医院内部管理提升服务能力 （1）加强临床路径管理。进一步规范临床诊疗流程，提高医疗质量，为患者提供安全、有效、方便、价廉的医疗服务，临床路径管理疾病增加到 35 种。（2）规范合理用药。健全临床用药监管制度，下达临床科室抗菌药物使用指标，重点规范Ⅰ类切口手术抗菌药物的使用，抗菌药物使用直线下降。（3）以科研和新技术应用为导向加强学科建设。医院注重科研和新技术应用，抓好重点学科建设，2017 年 11 月县人民医院胸痛中心获得中国胸痛中心认证，是自治区首家县级医院获此荣誉。

蒙山县优化服务流程方便贫困患者看病就医 （1）在县、乡医疗机构设立贫困人口绿色通道。贫困家庭凭就诊卡即享受导诊、就诊、检查与交费等绿色通道服务，住院时无需缴纳住院押金，出院时仅需缴纳个人应承担的医疗费用或延期、分期付款。（2）全面开展家庭医生签约服务工作。由县、乡（镇）、村三级医疗机构按照“1+1+1”工作模式组建家庭医生团队开展工作。（3）实施分类救治、分级诊疗制度。除国家 9 种大病和白内障贫困患者外，增加严重精神障碍患者集中救治，通过分类救治、分级诊疗、双向转诊、签约服务、集中诊疗等措施，实行大病慢性病分类分级救治。（4）严格控制医疗费用。实行单病种控费，落实同级医疗机构医学检查检验结果互认制度，首选安全、高效、价廉的适宜技术进行检查治疗。

龙州县建立多重保障落实健康扶贫补偿机制（1）用好用足政策保障。城乡居民基本医保对贫困参保人员住院报销比例提高 5 个百分点，取消住院起付线。对农村建档立卡贫困患者降低大病起付线 50%，提高报销比例 10 个百分点。将农村贫困患者列为低保对象，住院治疗产生的医药费在享受基本医保和大病保险二次报销后，个人自付部分可申请民政医疗救助。（2）设立医疗保障专项基金。对住院实际报销比例达不到 90% 的贫困患者自付部分给予补偿，其中，对“9+1”病种和重大病患者给予财政兜底 100% 报销。（3）积极探索商业保险。与中国人寿保险公司合作，在农村贫困人口中推行疾病商业补充保险、小额人身保险、民政专项低收入人群保险、家庭关爱保险等相关商业保险。（4）实施医疗机构减免保障。农村贫困患者在享受基本医保、大病保险、商业保险等补偿赔偿后，如仍有个人自付费用的，医疗机构再予减免 10%。

南宁市青秀区建立 4 项机制构建和谐医患关系（1）完善纠纷调解机制。推进以人民调解为主体，院内调解、人民调解、司法调解、医疗保险分担机制有机结合的“三调解一保险”制度体系。（2）建立警医联动机制。公安部门建立打击处置医闹应急处置体系，制定工作规范，指导二、三级医疗机构完善人防、物防、技防设施，实现对医闹违法犯罪、医患纠纷的快速反应和联动处置。（3）探索医疗责任保险等医疗风险分担机制与医患纠纷调解衔接机制。辖区内各级干部、各类公立医疗机构全部参加医疗责任险，保险中介公司参与人民调解，将医患纠纷与保险理赔有机结合。（4）建立健全监督机制。加强对医疗机构的监管，规范各项操作规程，将医德医风纳入年度目标考核，健全医德医风反馈制度。

南宁市西乡塘区积极推进基层医疗机构中医药民族医药服务能力建设（1）构建“一江一湖一道”新网络。沿邕江、相思湖、324 国道，加强社区卫生服务中心、中心卫生院建设，以中央补助广西基层医疗卫生机构中医馆项目为契机，积极引进中医、壮瑶医合作技术力量，打造中医药特色服务网络。（2）以家庭医生签约服务拓展中医药服务新领域。在 14 所社区卫生服务站和 5 所社区卫生服务中心探索健康管理服务项目，开展针对不同人群多层次、多类型的个性化家庭医生服务签约试点工作，规划“健康小屋”，推广中医“治未病”预防保健服务理念。（3）加大中医药文化宣传力度。建设中医药文化宣传长廊，开展中医民族药服务进家庭活动，承办南宁市中医医院第 3 届膏方节活动，弘扬中医药文化。（覃素媛）

〔特约编辑：庞　军　覃素媛〕

〔主　编：廖品琥　副主编：彭跃钢〕

海　南　省

全省卫生和计划生育工作概述　2017 年，海南省深入推进医药卫生体制改革，积极贯彻国家生育政策，大力发展健康产业，不断完善基层卫生计生服务体系，卫生计生服务水平得到全面提升。

医药卫生体制改革取得新成效。（1）公立医院综合改革全面推进。政府对公立医院投入责任全面落实，2017 年共安排医疗能力提升服务补助资金 1.89 亿元。印发《关于进一步控制公立医院医疗费用不合理增长的通知》，建立医改月监测制度。不断强化公立医疗机构监管，进一步规范合理检查结果互认。2017 年 1—12 月全省医疗费用增长幅度为 9.63%，药占比（不含中药饮片）平均值为 34.67%，百元医疗收入消耗卫生材料 29.96 元，医疗服务收入占比为 24.99%。全面取消公立医院药品加成，县级公立医院综合改革和城市公立医院综合改革全面实施、稳步推进。以陵水县为试点的“三医”联动改革效果初现。实现“一升两降一涨”目标，城乡居民医保待遇得到提高，整体成效获国务院医改办通报表扬。印发《海南省推进医疗联合体建设和发展实施方案的通知》，全省所有省属三级医院均参与医联体建设。印发《海南省推进家庭医生签约服务实施方案》，在全省全面开展家庭医生签约服务，实现全部建档立卡农村贫困人口和计划生育特殊家庭签约服务全覆盖。（2）全省新农合管理体制改革加快推进。截至2017年底，省级新农合平台通过国家平台与全国31个省（市、区）1817家医疗机构联网，参合农民经规范转诊至省外联网医疗机构，可享受出院窗口联网结算服务。全省联网医疗机构为183例省外患者提供联网结报服务，省外联网医疗机构为576例海南省患者提供联网结报服务。省新农合跨省结算工作获得国家卫生计生委的肯定，在国家卫生计生委例行发布会上介绍经验。2017年9月，省机构编制委员会发文明确设立海南省医疗保障管理局，成为继福建省之后全国第二个成立省级医疗保障管理机构的省份。（3）药品供应保障体系不断完善。国家基本药物制度在政府办基层医疗卫生机构及村卫生室实现全覆盖。印发《海南省公立医疗机构药品采购“两票制”实施细则（试行）》，11月1日开始全面实施。全面推进公立医院药品集中采购，启动实施新一轮药品集中采购工作。探索推进高值医用耗材采购工作，2017年6月，11大类高值医用耗材通过省公共资源交易中心采购平台实行集中挂网采购。

医疗健康产业快速发展。2017年省社会办医疗健康产业重点项目29个，投资额约349亿元，计划投资75.88亿元，截至2017年12月底完成投资80.68亿元。医疗健康产业招商签约项目23个，签约额445亿元，签约额超过2016年全年的签约额31.3%。三亚市和博鳌乐城先行区纳入国家首批13个健康旅游基地，是全国唯一有两个基地的省份。2017年全省医疗健康产业增加值为121亿元，增速为7.2%。通过支持举办医疗健康展会、学术交流会及各类健康产业论坛，到北京、上海、天津、石家庄、温州等地开展点对点招商工作、出访考察等方式，接洽国内外优质医疗资源，大力开展医疗健康产业招商工作。2017年共举办、参加的学术活动及论坛等约100场，新加坡、马来西亚、泰国、英国、美国、俄罗斯等国均有较好反响。美国中华基金会负责人、美国防癌抗癌总裁圆桌会、俄罗斯国家医疗委员会已与省卫生计生委签署合作框架协议。乐城先行区罕见病诊治中心建设正在抓紧推进。认真做好医疗技术评估工作，确保入驻园区企业医疗技术先进性。截至2017年底，博鳌乐城先行区投资洽谈项目101个，正式受理申请项目71个，已通过医疗技术评估项目39个，已开工27个，已经获得土地项目16个，实际开工13个，总投资211亿元，累计完成投资57亿元，已建成项目7个。启动制定《海南省医疗旅游实施方案》，进一步推动省医疗健康、旅游等产业融合创新发展。

计划生育各项工作全面完成。（1）实施全面两孩政策。印发《关于加快推进母婴设施建设的实施意见》，对公共场所和用人单位母婴设施建设工作进行了调研督导，进一步构建支持按政策生育的服务保障体系。2017年全省常住人口出生13.27万人，比上年多0.16万人，同比增长1.2%，其中二孩率由43.93%上升到48.41%。按照国家卫生计生委的统一部署，在全省各县区开展了涵盖4000户家庭的2017年全国生育状况抽样调查。（2）大力推进计划生育服务转型发展，深化生育服务证制度改革。大力推广“互联网+计划生育服务管理”管理模式。2017年，在全省范围内全面推行一孩、二孩网上生育登记，引导城镇和农村地区群众应用互联网自主进行生育登记，拓宽生育登记的服务方式，简化再生育办理程序，为群众办证领证提供新的渠道，群众满意度达99%以上。2017年，全省共落实计划生育手术75258例。其中，落实长效节育措施66711（结扎2645例，上环64066例）；育龄妇女综合避孕率达82.26%。（3）进一步加强计划生育基层基础工作。2017年，在市县卫生计生改革中，明确保留乡镇计生办，并继续强调发挥乡镇计生办的服务管理职能，按照不低于2名公务员的标准配齐配强工作人员，各村（居）委会均按每3000人配备一名村级计生员的要求配齐村级计生员队伍。将村级计生员报酬纳入市县级财政预算予以保障，按每月不低于村（居）党支部书记报酬的80%落实待遇。深入开展计划生育基层基础规范化乡镇创建，截至2017年底，全省已有151个乡镇及街道达到规范标准，规范化比例为67.7%。强化计划生育基层群众自治，稳步推进计划生育基层群众自治工作。截至2017年12月，全省共创建计划生育基层群众自治示范市、县（区）4个、示范乡镇41个、示范村（居）2191个，占全省村（居）总数的70.1%。

医疗卫生体系建设和服务能力进一步提升。（1）医疗卫生体系更加健全。省委、省政府印发《“健康海南2030”规划纲要》。全省19个市县均按要求制定市（县）医疗卫生服务体系规划（2016—2020年）。省重点项目按计划推进，省医院门诊楼及内科楼、省儿童医院、结核病医院、东部精神卫生中心分别投入使用和试运行，海医一附院教学实验楼、省妇幼保健院、中医院、疾控中心、第五人民医院新院区以及国家眼科学重点实验室海口中心等项目前期工作顺利推进。（2）各级医疗机构服务能力不断增强。按照《海南省一市县建设一所省级水平医院工程方案》，已实现城乡医院对口支援所有市县全覆盖，即各市县均有一家省级水平医院（三级医院）进行帮扶。积极推进检查结果互认，第三方检验、远程会诊、病理诊断已覆盖所有市县，初步实现市县检验、病理诊断与省级医院同质化。每个市县均与国内优质医疗资源建立帮扶关系，帮扶的方式有托管、分院和技术支援等形式，共有48家国内优质医院和医学院校与海南省内各医院建立帮扶关系。省级临床重点专科建设不断加强。出台重点专科建设系列政策，启动神经内科、心血管内科等14个专业、88个专科的省级临床重点专科评审工作。认真落实“进一步改善医疗服务行动计划”，医疗质量管理水平和能力持续提升。2017年共组织180余名专家，开展5次大型的医疗质量督查。（3）妇幼健康保障水平稳步提高。“海南产科重症”和“海南新生儿重症”救治工作平台建立，“海南产科重症”救治平台已完成在线指导515次、转诊省级救治中心236次、现场指导救治45次，成功处置600多例危重孕产妇；“海南新生儿重症”救治平台成功处置近30名危重新生儿。省、市、县构建起高效运转的危重孕产妇救治转诊协调机制，全省母婴安全保障长效工作机制初步形成。努力提高出生人口素质，全省已建成产前筛查机构5家、产前诊断机构2家，有8个市县正在申报产前筛查机构。2017年，全省为8.59万人提供地贫初筛服务，基因检测2.77万人，产前诊断302人，阻断34例重型地贫胎儿出生。新生儿免费遗传代谢病和听力筛查项目作为省委、省政府为民办实事事项，全年完成新生儿遗传代谢性疾病筛查13.52万例（筛查率为98.08%），听力筛查13.28万例（筛查率为96.36%）。推进公共卫生服务项目实施，2017年妇女常见病筛查项目被列入省委、省政府为民办实事事项，全省妇女常见病筛查项目完成27.17万例，超额完成任务（完成率为108.68%）。（4）基层医疗卫生服务体系建设初见成效。乡乡有卫生院、村村有卫生室和基层信息化全覆盖的目标基本实现。2017年，121家乡镇卫生院通过省级标准化卫生院评审达标；全省203个乡镇2658个行政村应设置村卫生室2447个，标准化率达96.1%，信息化率达85.2%，健康一体机覆盖率达96%，在村卫生室执业的执业（助理）医师占13.5%，中专及以上学历占79.6%，有73%的村卫生室纳入新农合定点门诊报销范围。2017年，乡镇卫生院门诊量1176万人次，同比增长约2.4%，门诊就诊人次继续保持增长趋势。乡镇卫生院次均门诊费用平均每年增长低于3%，人均住院费用平均每年增长低于2%。编制完成基层医疗卫生机构标准化建设3年行动计划，争取财政投入样板卫生机构建设资金397万元。家庭医生签约服务稳步开展，截至2017年底，全省常住人口签约率为35.11%，重点人群签约率为57.68%。2017年，全省人均基本公共卫生服务经费补助50元，新农合人均筹资由540元提高到600元。全省参合人数为468.67万人，参合率为96.63%，共筹集资金28.36亿元。

公共卫生服务水平有较大提升。（1）疾病预防控制工作不断强化。大力推进全省各级疾病预防控制机构标准化建设和发展。全省18个市县疾病预防控制中心中有12个基础设施进行了原址或搬迁建设。“十三五”期间，省财政每年安排专项资金1000万元，用于支持全省各级疾病预防控制机构实验室能力建设。省政府累计投入2.4亿元，新建省级结核病医院和东部精神卫生中心，进一步提升全省结核病和精神卫生防治能力。全省已连续9年无甲类和重大传染病疫情发生。从2016起，无本地登革热疫情发生和本地疟疾病例报告。麻疹发病率多年保持在全国较低水平，连续23年无脊灰野病毒感染病例，连续18年没有白喉病例报告，5岁以下人群乙肝表面抗原（HBsAg）阳性率下降至1%以下。艾滋病防治措施得到全面落实和加强，疫情始终保持在低流行状态；全省结核病防治“三位一体”服务体系逐步建立，结核病诊疗能力得到极大提升。按时完成全省儿童免疫规划冷链更新为民办实事项目，由省财政投入1288万元，启动全省疫苗冷链监控和追溯系统建设。（2）爱国卫生运动扎实开展。全面开展健康城市、健康村镇建设。印发《关于推进健康城市健康村镇建设的实施意见（试行）》，琼海市健康城市建设取得较好成绩，被《中国城市报》、中国健康城市研究院评为“中国健康宜居小城”。2017年，海口、澄迈、乐东、白沙等4市县被全国爱卫会命名为国家卫生城市（县城），琼中县、屯昌被命名为海南省卫生县城。组织全省所有市县开展农村改厕工作调研，并组织省级调研组对海口等5市县进行实地调研，随机抽查（走访）554户。2017年，全省完成农村改厕37264座，超出全年任务2.4个百分点。举办全省纪念爱国卫生运动65周年知识竞赛暨文艺演出。深入推进城乡环境卫生整洁行动，城乡环境面貌明显改善。截至2017年8月底，全省城乡生活垃圾无害化处理率达85%，卫生厕所普及率为81.58%，建制镇生活污水处理率为37%，对生活污水进行集中处理的行政村比例为14.5%，农村集中式供水人口比例为99%。具备条件的县道基本实现“田路分家”“路宅分家”。（3）卫生应急工作成效明显。依法做好急性传染病防控工作，妥善处置各类突发事件。2017年，全省共发生突发事件110起，其中突发公共卫生事件28起，突发医疗救援事件82起，较大事件5起，共派出卫生应急人员580人，出动救护车220车次，受伤人数702人，发病或中毒人数708人，死亡121人，信息报告及时率达100%。全省院前急救出诊救护车次数为59241次，接回伤病人93663人。完成台风洪涝等自然灾害、各类重大活动卫生应急保障工作。（4）卫生计生监督依法有序开展。开展打击非法行医专项整治行动。截至2017年10月10日，全省各级卫生监督机构查处医疗机构违法案件总计99件，结案99件，罚款金额64.04万元，没收违法所得8.05万元；没收药品器械80家次，移送司法机关3家。开展打击非法医疗美容专项行动、查处违法违规应用人类辅助生殖技术专项行动、医疗机构依法执业专项监督检查。“双随机一公开”全省总体完成率为81.2%，完结率为98.1%，达到全国平均水平。手持执法终端全省覆盖率达83.33%。（5）食品安全相关工作不断加强。全面完成2017年国家下达的食品安全风险监测计划。开展地方特色食品省级专项监测，完成水产品及制品、水果、藻类及制品等3类食品560份样品的监测工作。食源性疾病监测报告工作取得较好成效。2017年全省省级哨点医院监测食源性疾病5795例，完成率为185.7%，采集病原标本1738份，完成率为144.8%。监测病例数、病原检验数量均较2016年同期有大幅增加。食品安全标准工作有序推进，食品安全地方标准——《鹧鸪茶》通过评审，弥补了海南省食品安全地方标准的空白。

中医药事业发展取得新进展。举办2017年海南省中医药知识竞赛。中医药管理体系进一步建立健全，大多数市县都在卫生计生委改革中设置专门的中医药管理部门。建立海南省中医药工作厅际联席会议制度。制定《中医药服务贸易服务规范》《中医药健康旅游与服务贸易示范基地建设规范》。加强中医医疗机构基础建设，海南省中医院、三亚市中医院入选全国中医药传承创新工程项目储备库。拨付财政资金400万元，加强对国家中医药管理局8个“十二五”中医药重点专科建设，支持建设23个海南省2016年中医重点专科建设项目。继续加强基层医疗卫生机构中医药综合服务区（国医馆）建设，组织各市县认真实施中医药适宜技术推广培训项目，广泛推广基层中医药适宜技术，澄迈县和昌江县积极创建全国基层中医药工作先进单位。强力推进中医药健康旅游和服务贸易工作：（1）确定海口市中医医院、三亚市中医院、琼海市中医院为海南省中医药健康旅游和服务贸易示范基地建设单位，进行中医药服务贸易工作的探索和试点创新。（2）积极落实中医药“一带一路”规划，申报两项国家中医药管理局国际合作项目，推动“海南中医药健康旅游示范区项目”纳入国家卫生计生委深入推进“一带一路”卫生合作暨打造“健康丝绸之路”实施方案（2018—2020年）项目滚动计划。（3）不断开发丰富中医药健康旅游产品，以兴隆热带药用植物园为代表的中医药观光旅游、以三亚市中医院为代表的中医药文化体验旅游、以海南一龄医院为代表的中医药疗养康复旅游等一系列健康旅游品牌不断开发和成长。（4）进一步推动中医药进入国家市场。据初步统计，三亚市中医院、社会办医的太极中医门诊部、珠江花园酒店医务室2017年共接待外宾约18068人次，同比增长35%，实现中医药服务贸易收入2504万余元，同比增长25%。

健康扶贫工作成效得到巩固。聚焦构筑贫困人口医疗保障防线、全面落实“大病集中救治一批、慢病签约服务管理一批、重病兜底保障一批”行动计划，全力阻止因病致贫、因病返贫。全省建档立卡贫困人口57414人，截至2017年11月底，各市县财政全额代缴建档立卡贫困人口新农合个人参合金共6822.5万元，受益439131人。全省建档立卡贫困患者报销2.61亿元，受益131万人次（其中门诊报销3967.98万元，受益118.04万人次；住院报销2.21亿元，受益12.96万人次）。构筑“四道防线”大幅减轻贫困人口医疗费用负担，建档立卡贫困人口基本医保全覆盖。大病集中救治取得阶段性成效。截至2017年11月底，全省筛查出9个病种贫困患者1605人，对1555名患者实施救治，救治率为97%。农村贫困人口家庭医生签约服务实现全覆盖，慢病规范管理率达65%以上。省内公立医疗机构全面实行农村贫困人口“先诊疗后付费”，贫困患者住院无需缴纳押金直接入院。全省所有市县县域内定点医院实行“一站式”即时结算，农村贫困患者只需付清个人自付部分即可出院。全面落实医疗帮扶人制度，建立贫困人口就诊绿色通道，在定点医院为贫困人口设立就诊服务台、导诊员、优先窗口和政策宣传栏。以5个国定贫困县为重点，推进县级医院、乡镇卫生院、村卫生室标准化建设，全省15家县级人民医院都达到二级医疗卫生机构标准。全省乡镇卫生院297家，实施标准化建设的乡镇卫生院243所，占比为81.82%。全省行政村卫生室2447所，实施标准化建设的行政村卫生室2336所，占比为95.46%。

各项保障工作有序开展。（1）卫生计生专业人才培养不断强化。积极推进深化医教协同改革。稳步推进住院医师规范化培训工作，加大全科医生培养力度。努力推进与上海健康医学院合作共建海南卫生健康职业学院。按照省政府引进“好院长好医生”工作方案要求，2017年组织引进“好院长”2名，“好医生”22名。深入实施浙琼、津琼人才帮扶合作项目，选派6批共100名卫生人才到浙江、天津进修学习。继续实施“京医老专家百人团”智力帮扶海南项目，进一步扩大项目受援市县和医院，增加支援的国家委属委管医院老专家的数量。开始实施“妇幼双百”人才引进项目，第1批招聘实际到岗25人，已完成第2批考察6人。（2）涉法涉诉工作积极应对。完成《海南省城镇饮用水卫生监督管理规定》的修订，废止《海南省流动人口管理规定》。初步建立省卫生计生委公平竞争审查机制。不断深化行政审批制度改革，下放3个大项和2个子项。处理行政诉讼5宗，其中4宗二审胜诉，1宗再审胜诉；处理行政复议案件4宗。（3）医疗保健任务扎实开展。完成博鳌亚洲论坛等大型医疗保障任务，各项保健任务扎实开展，受到好评。（4）安全生产形势总体平稳。全系统未发生较大以上安全事故。（5）卫生计划生育宣传工作和信访全面开展。“全面两孩”政策深入宣传，“健康中国行”“健康素养促进行动”“寻找百姓身边好医护”等活动扎实开展。信访业务建设进一步规范，受理群众来信来访信访事项125件，全部调处并按照规定时限答复信访人。

卫生事业发展数据　2017年末，海南省有医疗机构编制床位共42002张，比上年增长2.04%，每千人口床位数由4.42张增加到4.54张；执业（助理）医师20882人，增长3.64%；注册护士28491人，增长7.57%；千人口执业（助理）医师数由2.20人增加到2.26人，千人口护士数由2.89人增加到3.08人。2017年全省医疗机构总诊疗人次5077万人次，门急诊人次5492.4万人次，住院病人手术人次116.9万人次。

人口和计划生育数据及态势分析　根据计划生育报表统计，2017年末全省常住人口为923.35万人，年度（2016年10月1日至2017年9月30日）人口出生率为14.42‰，政策外多孩率为3.98%，出生人口性别比为111.52，完成年初确定的目标任务（人口出生率控制在15.4‰以下、政策外多孩率控制在6%以下、出生人口性别比控制在115.3以下）。

根据统计部门数据显示，2017年度海南省出生人口总数为13.57万人（在计生部门报表基础上考核评估数为13.50万人，与统计部门数据基本吻合），比2016年增加0.24万人；比实施全面两孩政策前的2015年增加0.3万人。随着全面两孩政策效果的逐步显现，人口出生率有所回升，但回升幅度不大。

全面两孩政策效益符合预判。2017年，全省入院分娩活产数为14万人，比2016年增加0.5万人，增幅为3.7%。其中全省常住人口出生13.27万人，比2016年多0.16万人，同比增长1.2%，其中二孩率由43.93%上升到48.41%。在20～29岁生育旺盛期育龄妇女大幅减少、一孩生育大幅缩减的情况下，出生人口规模继续增大，出生人口形势基本符合预期，全面两孩政策得到广大人民群众的积极响应并落实。

从人口结构变化趋势来看，2017年度海南省0～14岁人口占总人口比重为19.63%，15～64岁为70.84%，65岁及以上为9.54%。与2015年数据比较，0～14岁人口占比降低0.19个百分点，15～64岁占比降低0.9个百分点，65岁及以上人口占比升高1.1个百分点。

截至2017年9月30日，全省流动人口为120.74万人，其中总流入75.87万人（跨省流入人口46.68万人，省内跨市县流动人口29.19万人），流入人口占全省总人口的8.22%；总流出44.87万人（跨省流出人口15.68万人，省内跨市县流动人口为29.19万人），流出人口占全省总人口的4.86%。开展农村留守儿童健康关爱工作。2017年全省各地为农村留守儿童进行健康检查、健康和安全教育等8977人次，慰问8339名农村留守儿童合计金额92.3万元。其中：健康检查2789人次，心理辅导农村留守儿童1122人次，对农村留守儿童父母进行健康教育2591人次，联系未返乡留守儿童父母868人次，农村留守儿童健康需求调研1333人次。

计划生育考核评估结果　根据海南省《关于“十三五”期间坚持和完善计划生育工作目标管理责任制考核制度的实施意见》，经省人口和计划生育领导小组考核，省委、省政府授予琼海市、定安县、澄迈县、东方市、三亚市、海口市、昌江县、陵水县、儋州市、乐东县和临高县等11个市县2017年度计划生育工作先进单位称号，予以表彰奖励；屯昌县、文昌市、洋浦经济开发区、白沙县、万宁市、琼中县、五指山市和保亭县等为达标单位。

经省人口计生领导小组成员单位会议审议通过，省人口计生领导小组同意，省工商局、省财政厅、省食品药品监管局、省人力资源社会保障厅、省妇联、省公安厅等6个单位被评定为2017年度人口和计划生育综合治理工作先进单位，省民政厅、省交通厅、省住建厅为合格单位，并对先进单位予以通报表彰和奖励。

全省卫生与健康大会　2017年5月12日在海南省政协礼堂召开，340人参加。省委书记、省人大常委会党组书记刘赐贵出席会议并讲话。他强调，全省上下要深入贯彻落实全国卫生与健康大会精神和习近平总书记关于卫生与健康工作的系列重要讲话精神，结合学习贯彻省第七次党代会精神，动员全省上下推进健康海南建设，为加快建设经济繁荣、社会文明、生态宜居、人民幸福的美好新海南打牢健康基础。会上，海口市以《开展爱国卫生运动扎实推进健康城市建设》、琼海市以《扎实推动博鳌乐城国际医疗旅游先行区建设》、三亚市中医院以《发挥中医特色优势》、陵水以《“三医”联动为突破口、全面推进县级公立医院改革》为题，分别作交流发言。省委副书记、代省长沈晓明主持会议。省委副书记李军，省委常委毛超峰、王瑞连、张琦、胡光辉、蓝佛安、肖杰、严朝君、张韵声等出席会议。

第 3 届海南省“寻找百姓身边好医护”揭晓晚会 2017 年 1 月 7 日在海口举行。由省卫生计生委指导，海南日报报业集团主办，省委常委、宣传部长许俊，省人大常委会副主任陈海波，省副省长王路，国家卫生计生委、省卫生计生委、海南日报报业集团有关负责人出席。获奖者为：跋山涉水坚持义诊 7 年为贫困患者免费看病的海南省二院慈善惠民医院惠民医疗团队；光明使者、妙手仁心的海南西部中心医院（儋州市第一人民医院）欧波；将 109 位麻风病患者当成父母照顾的海南省皮肤病医院麻风病区护士夏槐柳；舍家 2 年从武汉同济医院来海南支援基层卫生事业的同济文昌医院副院长、泌尿外科指导专家詹鹰；追梦三沙、守候患者 10 余年的三沙市人民医院副院长林显伟；传授造口治疗技术、造福病患的省人民医院胃肠外二科护士长王清华；坚守山区、翻山越岭保障孩子疫苗接种的保亭黎族苗族自治县八村卫生院医生胡取章；贴心关爱、情暖万家的陵水黎族自治县计划生育服务站站长王玉梅；被患者视为“送子观音”的海南医学院第一附属医院生殖医学中心主任卢伟英；为精神疾病患者打开心扉，驱走阴霾的海南省安宁医院精神一科护士长龙栩慧。

2017 年海南国际旅游贸易博览会 2017 年 1 月 12—15 日在三亚市举办。大会促成医疗健康产业签约项目 8 个，协议投资额总计 174.85 亿元，包括琼海市海南养美媛艺苏国际医疗美容中心、琼海市 RYZUR 瑞德妇儿医院、琼海市梵美国际生物健康管理中心、三亚市半龄温泉碧桂园、三亚市华熙国际综合项目等。

柬埔寨磅湛省卫生局局长金速·皮伦先生率磅湛省卫生局、磅湛省人民医院有关负责人及磅湛市市长等一行 16 人来琼开展访问交流。

柬埔寨磅湛省卫生局代表团来琼访问 2017 年 1 月 3—7 日，柬埔寨磅湛省卫生局局长金速·皮伦先生（Kimsour phirun）率磅湛省卫生局、磅湛省人民医院有关负责人及磅湛市市长等一行 16 人来琼访问交流，与省卫生计生委签署医疗合作备忘录，并实地参观省眼科医院、省人民医院、省妇幼保健院、博鳌乐城国际医疗旅游先行区、三亚市中医院。1 月 14—21 日，“海南柬埔寨光明行”第 3 次义诊行动在柬埔寨暹粒省医院进行，实施手术 105 例。

博鳌健康论坛 2017 年 3 月 24 日在博鳌举办。论坛由国家卫生计生委、海南省政府、国家中医药管理局共同主办，围绕“健康中国——新理念、新经济、新趋势”主题，聚焦“健康中国 2030”规划、中医药发展与国际化、中国“十三五”医改规划、健康产业等重要议题进行深入探讨。国家卫生计生委副主任曾益新、副省长王路出席并讲话，中国工程院院士詹启敏、郝希山，诺贝尔奖获得者阿龙·切哈诺沃、理查·罗伯茨教授在论坛上分享了各自的研究，全国排名 20 强以上的医院以及健康领域的 100 名行业专家和企业领袖参加论坛。2017 博鳌亚洲健康产业论坛、健康中国精准医疗专题研讨会两个分论坛分别在琼海博鳌、万宁兴隆召开。

医养结合工作 2017 年末，海南省有 230 家养老机构，其中内设医疗机构有 29 家，养老机构与当地医疗机构签约合作开展医疗服务的 100 家；全省医疗机构 507 家，内设养老机构（养老病床）有 85 家；医疗机构内设老年病医院 5 家，康复院 4 家，临终关怀机构 1 家；全省医养结合机构总床位数为 34144 张。全省老年专业医疗机构 30 家，共 42607 张床位。实现全省 50% 以上的养老机构能够以不同形式为入住老年人提供医疗卫生服务；80% 以上医疗机构开设为老年人提供优先挂号、优先就医、康复护理等便利服务的绿色通道；提升了基层医疗机构为居家老年人提供上门服务能力，65 岁以上老年人健康管理率达 65% 以上；计划生育特殊家庭家实现庭医生签约服务全覆盖。

“互联网 + 医疗”服务体系建设 2017 年海南省完成全省统一智慧医院移动服务平台和海南智慧医院手机 APP。功能包括预约挂号（包括部分医院的分时段预约）、费用支付（支持银联、支付宝、微信等诊间缴费）、信息查询（包括检查 / 检验报告查询、住院费用查询、电子病历 / 电子健康档案查询、医疗机构查询等），以及个人服务中心的移动互联网服务。2017 年底前，已完成省第三人民医院、琼海县人民医院等5家医疗机构的试点接入。依托三亚市人口健康信息平台，开展检验检查结果互认的试点。

中俄医疗战略研讨会 2017年5月22日在海口市举行，海南省卫生计生委及北京中医药大学、俄国家医疗委员会签署《北京中医药大学、海南省卫生和计划生育委员会教育、医疗、科研及产业化战略合作框架协议》和《海南省卫生和计划生育委员会、北京中医药大学与俄罗斯国家医疗委员会关于医疗健康产业合作的框架协议》。

2017中俄医疗战略研讨会在海口举行。

海南医疗健康产业专题招商活动 2017年6月28日在海口市举行，以“美好新海南·健康支撑”为主题。参会企业约100家，参会嘉宾达170多名。参会嘉宾中既有国内企业，也有慕名而来的俄罗斯、日本、韩国等国家的企业；既有各省市医疗健康企业，也有台湾、香港的企业；既有医疗健康方面的企业代表，也有医学领域的专家学者。

美国防癌抗癌总裁圆桌会与省卫生计生委合作 2017年9月21日晚，在海口市签署《医疗健康事业合作框架协议》，以提升海南医疗健康产业国际化水平。省长沈晓明出席签约仪式。签约前，沈晓明会见美国防癌抗癌总裁圆桌会首席执行官马丁·墨菲夫妇一行。根据协议，双方秉持优势互补、资源共享原则，以非营利为宗旨，共同推动海南在防癌抗癌领域各项事业的发展。双方约定，将合作推进“健康中国·企业先行”项目，以医护人员健康促进为重点，以CEO抗癌黄金标准认证体系为指南，积极促进医患关系的良性互动和不断优化。促进中美优质医疗资源共享和交流，助力博鳌乐城国际医疗旅游先行区建设。通过防癌抗癌总裁圆桌会国际资源，召集组建国际肿瘤和干细胞专家委员会，推动项目落实。探索肿瘤大数据方面的合作，免费开放并鼓励海南肿瘤专家使用癌症临床试验大数据平台。探索人才交流和合作机制。

中国国际医疗健康产业高峰主论坛暨首届海南国际健康产业博览会 2017年11月10日在海口市开幕。由国家卫生计生委指导，海南省商务厅、省卫生计生委、省广播电视总台（集团）联合主办，邀请来自全国20多个省市以及美国、加拿大、德国、法国、俄罗斯、韩国、日本、泰国、巴基斯坦等近20个国家参展商，30多个国家的专家、学者、企业家共3000多人参加。原卫生部部长张文康作主题致辞，国家卫生计生委宣传司、科教司、医政医管局、规信司、体改司以及中国健康促进基金会、健康报社等有关领导作主题报告。启动会展中心的A、B、C展馆及外场，共3.5万多平方米，设置1605个展位。博览会分为3个大板块，分别为展览、论坛及配套活动。还特别举办2017年海南医疗健康产业重点项目招商推介会，邀请“一带一路”沿线国家投资商前来参会，促进交流合作。

与天津市胸科医院合作建设胸痛中心 2017年11月30日，海南省卫生计生委与天津市胸科医院在海口举行《胸痛中心建设合作框架协议》签约仪式。中国胸痛中心认证委员会委员、专家、省卫生计生委医政医管处、省医改办、省公共卫生紧急救援指挥中心、省医学学术管理中心、委医管中心、省健康宣教中心、省心血管内科、急诊专业委员会专家代表以及解放军总医院海南分院等14家已经在中国胸痛中心注册的医院参加了签约仪式。

健康丝绸之路暨健康与金融创新共享国际论坛 2017年12月8—10日在博鳌亚洲论坛永久会址开幕。来自国内外的医学管理专家及医学技术专家齐聚一堂，围绕世界医学领域前沿问题、健康产业与其他领域融合发展问题展开分享和讨论交流。论坛设有主论坛、分论坛、医疗科技成果展示3个版块，确立“健康与金融”的办会主题，秉承“专业、创新、共商、共享”的办会理念，突出“新概念、新理念、新知识、新语言”的办会特色。论坛由中国研究型医院学会、中国开发性金融促进会、中国社科院国家全球战略智库、中国社会科学院蓝迪国际智库项目联合主办；中国研究型医院学会实践创新分会、海南省卫生计生委、琼海市人民政府、清华大学临床医学院、河南省人民医院、美国国立卫生研究院肿瘤中心共同承办。

海南与上海医疗帮扶合作 2017年12月23日，2017年上海—海南医院管理与发展高峰论坛在海口举行。海南省副省长王路，上海市卫生计生委主任邬惊雷，上海交通大学党委副书记、医学院党委书记范先群，海南省卫生计生委主任韩英伟，海南医学院院长杨俊等出席论坛。来自上海、海南两地卫生计生行政部门、医学院校、医疗机构的相关负责人和专家近300人参加论坛。开幕式上有29个跨省医疗卫生合作项目签约。

海口市医疗健康产业快速发展 2017年，该市成立以市政府主要领导和省卫生计生委主要领导为组长，市政府和省卫生计生委分管领导为副组长，成员由市政府及相关部门主要领导组成的海口市医疗健康产业推进工作领导小组。实行双组长制，领导小组下设办公室在市卫生计生委，具体负责领导小组的日常工作和健康产业项目的组织、协调、沟通和上传下达等工作。组建海口市医疗健康产业投资发展有限公司，按照现代企业管理模式负责海口市医疗健康产业的融资、建设、运营管理等。海南省政府确定了医疗健康产业为12个支柱产业之一，并制定“一年打基础，三年成形、五年成势”的产业发展目标。海口市快速反应，及时组织编写了《海口市促进医疗健康产业发展若干规定》《“健康海口2030”行动计划》《海口市医疗健康产业发展“十三五”规划》。紧紧围绕海南国际旅游岛全域旅游建设的总要求，以大力发展医疗健康产业为抓手，通过敲门招商和点对点招商，促进优质医疗项目落户海口。（1）与上海市六院合作建设海口市骨科与糖尿病医院，填补了省骨科、糖尿病专科医院的空白，让海口百姓在家门口就能享受到国家级医疗技术服务。医院于2017年11月27日试运行并对外接诊。（2）与复旦大学附属华山医院签订合作协议，华山医院定期指派专家来海口市人民医院坐诊，并成为常态，与华山医院的合作被海口市政府确定为2017年为民办实事项目。（3）与中国中医科学院广安门医院签订医联体合作协议，广安门医院选派专家来海口市中医医院开展医疗项目、学科建设、人员进修培养及学术合作等。（4）与上海中医药大学附属岳阳中西医结合医院签订合作协议，整体托管海口市中医医院，全面引进岳阳医院中医优势学科及管理团队，规划建设海口国际中医中心。9月28日举行中医国际诊疗中心揭牌仪式和名医工作室授牌仪式。（5）与上海中医药大学签订合作协议筹建上海中医药大学海口国际学院（海口中医药学院）。（6）与上海市第一妇婴保健院签订医疗项目合作框架协议，引进上海市第一妇婴保健院优质妇幼保健医疗资源落户海口，弥补海口市妇幼保健等公共卫生短板，更好地服务国家“二孩”政策实施。（7）与上海申康医院发展中心、浙江微医集团、万达信息公司等签订战略合作框架协议等，特别是2017年12月2日在全省香港综合招商签约仪式上，海口市政府和华润健康集团共同签署合作框架协议，标示着华润医疗集团进驻海口市参与医疗健康产业合作，共同打造和开发海口医疗健康产业。（8）举办高峰学术论坛。2017年4月与上海市六院签署合作举办高峰学术论坛协议，并确定论坛永久落户海口，首次在海口举办中国海口·上海六院骨科（糖尿病）联盟高峰论坛，有2名院士和800多名全国骨科领域的知名专家和学者出席论坛。

三亚市积极推动分级诊疗和家庭医生签约服务 该市以人民群众健康需求为导向，以医保支付方式改革为抓手，以市级综合医院为龙头，建立纵向合作、横向竞争的医疗服务联合体。通过医保基金对医联体实行按区域参保人头总额预算包干支付等改革措施，变医院项目收费为成本，超支自负、结余留用，促使医院主动控费，并在医联体内调整和优化医疗卫生资源配置，落实各医疗机构功能定位，加强辖区内居民的健康教育和慢病管理，积极推进家庭医生签约服务，逐步实现以治病为中心向以健康为中心转变。（1）实行牵头医院“四统一”，盘活各级医疗卫生机构。三级综合医院与区人民政府签订合作协议，将区域内人口的医疗健康服务全部委托给三级牵头医院负责，区域内全部区管医疗卫生资源交由牵头医院统一管理，实行人员统一调配、业务统一管理、财务统一管理、绩效统一考核，使医联体内各级医疗机构具备开展分级诊疗工作的能力，充分发挥区人民政府的优势，推动区域内医疗卫生资源的优化整合。（2）实行按区域参保人头总额预算包干支付的医保基金支付方式改革。医保基金当年筹集资金总额在提取一定比例风险资金后，其余全部按区域打包交由各牵头医院包干，用于区域内居民当年门诊、住院、按规定支出的家庭医生签约服务、市外转诊住院及大病保险等符合规定的费用报销。区域内居民在市域内可自由就诊，对医联体之外的市内其他定点医疗机构收治的病人，由医联体牵头医院以购买服务的方式与之结算。预算包干超支部分原则上由牵头医院承担，结余资金则由市、区、村三级医疗机构按约定比例分配。通过医保资金将原本毫无关系的医联体内各级医疗机构联系起来，使统一管理成为可能。医院收费高则消耗医保资金多，结余就少，从而促使各级医院主动控费、主动实施分级诊疗、主动参与家庭医生签约服务。（3）自愿组合、动态管理。加盟医联体各方在充分考虑需求与现状以及已有合作关系的基础上，互遵意愿、双向选择、自愿组合，形成紧密型医联体。医联体内任何一方均可提出解除合作关系，但须提供充足理由，并经市公立医院管理委员会批准。凡连续两年考核不达标的医联体将予以解散，取消医联体牵头医院牵头资格，作为下级医院并入其他医联体。通过医联体间的良性竞争，促进医联体的发展。

昌江县全面提升基层中医药服务能力　该县先后出台《昌江黎族自治县中医药健康服务发展“十三五”规划》《昌江黎族自治县创建全国基层中医药工作先进单位实施方案》等有关中医药事业发展的规划意见、方案，将中医药工作纳入全县经济社会发展规划和卫生计生事业发展规划，建立政府及相关部门共同推动中医药工作的协调机制。同时在县卫生计生委设立中医药管理局，负责全县的中医药管理服务工作。在组织管理方面，建立县级医院及基层医疗卫生机构中医药服务工作考核机制，年度绩效考核中中医药内容分值逐年提高。在医疗保障方面，充分发挥中医药特色优势作用，把针灸、理疗、推拿、足疗等 20 多种中医疗法纳入报销范围，提高新农合中医药报销比例 10 个百分点。在基层服务方面，鼓励和支持社会举办中医机构，并将符合资质的中医诊所纳入新农合村级定点医疗机构试点，逐步形成了以县级医院为龙头，民营医疗机构参与，乡镇卫生院和村卫生室全面推进的中医药事业发展格局。（1）加强县中西医结合医院基础建设，发挥中医药龙头带动作用。县委、县政府有效整合医疗卫生资源，将原昌江县第二人民医院与原县中医院合并，成立了全省唯一的公立中西医结合医院，并给予政策倾斜和资金支持，加强基础设施建设以及设备配置，投入约 1.14 亿元建设医院门诊住院综合大楼，协调社会组织，利用帮扶项目资金购置 1.4 亿元的配套医疗设备。（2）加强县中西医结合医院内涵建设，带动全县中医药服务能力提升。县中西医结合医院在内科、外科、老年病科、妇产科等重要的临床科室都增设了中医综合治疗室，共设立中医综合治疗室 7 个，开展针灸理疗、推拿、灸法、中药熏蒸等 30 余项非药物中医治疗项目；并积极推广和开展中医优质护理服务模式。（3）加强基层中医药服务网络建设，满足群众中医药服务需求。利用上级中医药发展补助资金和自筹资金共 250 万元，在全县 11 家乡镇卫生院、2 家社区卫生服务中心设立了“国医馆”，全县 100% 的乡镇卫生院（社区卫生服务中心）和 75% 的村卫生室均配备了中药饮片和针灸、火罐等中医基本诊疗设备，普遍能开展中医适宜技术 7 类 12 项。通过扩大乡镇卫生院招录中医类别医学生的岗位比例，组织在岗中西医医务人员参加继续医学教育，开展乡镇卫生院中医药人员和乡村医生中医药知识与技能培训，加强中医药人才引进和培养。县中西医结合医院加强自身人才培养，近年引进中医专业大学毕业生近 30 多名，全院中医药知识的培训达到 100%；设立县中医适宜技术推广视频平台，每年开展 12 期中医适宜技术项目推广培训班，参与培训的人员达 800 多人次。采取中医医师多点执业及中医医疗协作的办法，让全县各卫生院、村卫生室与县中西结合医院签订中医帮扶协议及中药煎煮配送协议。县中西医结合医院设置中医基层指导科，安排专人负责，采取接受进修、巡回医疗、轮流下派、技术培训等多种形式对口支援工作，建立有效的双向转诊制度。2017 年，县政府组织昌江县“中医中药中国行”文化传播活动，开展《中医药法》普法宣传和中医药健康文化传播，让更多的百姓了解中医药、感受中医药，得益于中医药。县中西医结合医院建设了“国医堂”“全国基层名老中医工作室”，在医院的庭院、廊墙、橱窗、诊室等全面展示中医药文化。在乡村设立“治未病”等中医药文化知识宣传栏，让群众切实享受到中医药的特色服务，以提高城乡居民对中医药常识的知晓率。认真落实国家基本公共卫生服务项目，强化中医药健康管理，探索在传染病防治工作等其他公共卫生服务项目中运用中医药技术，充分发挥中医药的特色和优势，提高群众对中医药服务的满意率。

乐东县全面推进医疗卫生服务体系建设　近 5 年来，该县共投入 23859.25 万元用于医疗卫生服务体系建设，基本建立覆盖全县人口的医疗卫生服务体系和基本医疗卫生保障制度。全县有政府举办的医疗卫生单位 33 家，其中，县级医疗卫生单位 9 家，乡镇卫生院 14 家，社区卫生服务中心（站）8 家，乐东县计划生育服务中心 1 家；村卫生室 245 家，社会办医 74 家。现有床位 1444 张，卫生技术人员 2352 人，其中执业（助理）医师 688 人（全科 18 人），注册护士 1196 人。（1）注重“三个结合”，调整规划布局。①结合国家、省级相关卫生规划要求和乐东实际，重新调整乐东区域卫生计生规划，合理布局医疗卫生计生服务机构设置，优化卫生计生资源配置。②结合当前医改工作要求，充分考虑区域协调发展，推动医疗卫生资源下沉，加大投入，加强基层卫生计生服务机构标准化建设，构建整合型医疗卫生计生服务体系。③结合乐东区域经济社会发展战略，按照县委、县政府总体发展规划，坚持县城、九所和黄流“三大功能区域”定位，统筹协调卫生计生事业发展，并纳入全县经济社会发展规划。（2）突出各自优势，鼓励差异发展。①对九所区的新建医院项目，以中医院或中西医结合医院命名，按照相应标准进行设置建设，加快项目推进。②对县第二人民医院新建大楼项目，综合考虑到节能环保、安全便民、交叉感染、运营管理以及未来成本核算和后续投入问题等因素，调整原23层高层综合大楼的设计，按照扁平化建筑优化发展，在现址建设医院门诊部和社区卫生中心，在该院现借用位置（怀卷小学）或在原莺歌海盐场职工医院重新规划建设该院本部。建设规模充分考虑服务人口和医疗预期的发展，预留未来发展空间。③对县人民医院建设发展。在该院现址重新规划布局，把县卫校和疾控中心纳入县人民医院规划建设中，并综合考虑乐东县城及周边区域总人口等因素，床位数在500张左右，不建高层建筑。（3）重视公共卫生，强化基层发展。在加强医院建设的同时，强化政府责任，进一步加大对公共卫生和基层卫生发展投入力度。将县妇幼保健院、县疾控中心、县计划生育服务中心搬迁至县皮防所位置，在县皮防所区域形成整体的公共卫生服务区域，对县妇幼保健院合理规划，按照二级妇幼保健院标准建设；对县疾控中心，按照县级标准规范建设。将原乐中农场医院精神病科建成精神病防治中心，配置病床100张。搬迁后的县中医院旧址，改建成一家与县中医院一体化管理的社区卫生服务中心，加上现有的江南社区卫生服务中心，构建县城城区社区基本医疗卫生服务。同时，加大社会办医，发展健康产业。采取更加开放的政策，鼓励和引进社会资本参与到医疗卫生服务体系的建设中。积极引进社会资本参与原农场医院转型建设为精神卫生中心、疗养中心等机构。建设南药培育基地和南药高产栽培示范基地100亩，由政府免费提供南药种苗，引导发动农民大面积种植，作为农民增收的支柱产业，把扶贫开发工作抓好抓实。（4）加强人才建设，稳定技术队伍。①培养本土优秀人才。每年引导支持10名本县优秀高中毕业生到国内前10名的医学院就读，县政府资助学杂费、生活费、规培费等，与学生签订协议服务于本县。②培养本土中医健康养生人才。利用乐东职业中专学校，与有实力的企业合作，每年招收60名优秀高中、初中毕业生，开设中医健康养生专业，按设置的课程考试考核合格后，到企业的南药健康养生馆工作，与企业签订协议，工资、福利待遇不低于当地卫生事业人员的水平。③稳定和留住医疗队伍人才。在县域内医疗卫生计生机构服务满两年及以上的医学类（即临床、预防、中医、中西医）专业，国家承认的中专以上学历毕业的医务人员并获得执业医师及以上资格的医师可以直接纳入县财政事业编制。在县域内医疗卫生计生机构服务满两年及以上，国家承认的中专以上学历毕业的医务人员并获得中级职称资格及以上的检验、影像、药剂、护理专业的医务人员可以直接纳入县财政事业编制。同时，积极做好人力资源储备，积极引进“候鸟型”优质人才。（高 燕）

〔特约编辑：周地雄〕

〔主 编：韩英伟 副主编：周国明〕

重 庆 市

全市卫生和计划生育工作概述 2017年，重庆市卫生计生系统坚持以习近平新时代中国特色社会主义思想为指导，认真贯彻党的十八大、十九大精神，全面落实习近平总书记视察重庆重要讲话精神，坚持建机制、补短板、优结构，卫生计生事业呈现出良好发展态势。

医药卫生体制改革。（1）公立医院综合改革全面推开。市委、市政府主要领导、分管领导参与并指挥，20多个市级部门、40个区县、237家公立医院、10万医务人员协同联动，以“两取消、一调整、六配套、一建立”为改革内容，所有公立医院全部取消药品加成，全部取消药事服务费，调整医疗服务项目439项，价格调增的项目全部纳入医保报销，固化便民惠民措施24条，结束了60多年“以药补医”的历史，初步建立了公立医院科学运行新机制，取得“四升四降三满意”成效，即：服务性收入占比、服务量、业务收入、基层就诊量同比上升，药占比、门诊次均费用、人均出院费用、大型设备检查收入占比同比下降，基本实现了患者、医院、医务人员“三个满意”。（2）分级诊疗格局正在形成。出台医联体建设实施意见，打造医疗集团、县域医疗共同体、区域专科联盟、远程医疗协作网4种医联体模式，建成医联体134个，实现县域内覆盖100%。推进50个病种基层首诊，家庭医生签约服务覆盖22.5%的城镇人口、53.7%的农村常住人口，远程诊疗覆盖70%的区县，县域内就诊率为90%。（3）药品供应保障机制逐步健全。实施药品采购“两票制”改革，建立短缺药品供应保障体制机制，建设国内首家省级药械信息全程追溯体系暨医药智能物流公共信息平台，实施医保药品集中带量采购、非医保药品联合采购，药交所平台交易204.38亿元。（4）基本医疗保险提标扩面。城乡居民医保财政补贴提高到每人每年450元，参保率为96%；单病种收付费100个，重特大疾病救助范围扩大到26类病种，城乡居民医保二级及以下医疗机构政策范围内报销比例为75%。（5）综合监管成效初显。健全市县乡三级执法网络，创新监督执法模式，开展“异地交叉执法检查”“你点名、我监督”等行动，全面推进“双随机一公开”，抽检任务完成率为93%，位列全国第1位。

公共卫生服务。（1）健康促进有序推进。实施健康促进“十大行动”，开展“健康中国巴渝行”“三减三健”主题活动，发布2017年居民健康状况白皮书，健康巡讲2万余场，居民健康素养水平14.9%，“你健康、我服务”上升为国家项目宣传主题。（2）基本公共卫生服务得到加强。提高经费补助标准，扩展服务项目，编制结核病、慢性病防治等5个“十三五”专项规划。探索精神卫生全程服务管理，强化重症精神疾病患者出院信息共享，报告患病率、管理率分列全国第5位、第6位。全市无重特大传染病疫情流行。（3）卫生应急能力全面提高。开展航空医疗救援合作，建立水上紧急医学救援队伍，建成陆水空立体医学救援体系，首次成功举行国内内陆水域陆水空立体医学救援演练。成功处置百草枯中毒事件、人感染H7N9疫情事件、疫苗问题等突发公共事件，及时实施医疗卫生救援20起，救治伤病员209人，努力保障群众生命安全。（4）爱国卫生工作成效明显。扎实开展城乡环境综合整治行动，新增国家卫生区6个、卫生县6个，国家卫生区县总数达到27个，农村改厕13.04万户。

医疗卫生服务。（1）规划项目建设进一步提速。认真落实卫生计生发展“十三五”规划，编制实施市级“十大健康惠民工程”，有序推进市级重大项目32项、完成投资12.06亿；争取中央项目18个、到位中央资金5.63亿元，完成中央项目139个，项目总体进度居全国第3位。（2）医疗卫生服务进一步优化。三甲医院增至34所，新增市级临床重点专科41个，加强“三基三严”培训考核，加强合理用药监管，有序推进检验结果互认，开展院感防控等专项整治，医疗纠纷与上年同比下降9.6%。创建全国百佳、百强、群众满意等基层医疗卫生机构281个。（3）行业作风进一步好转。落实行风建设“九不准”“六大阳光机制”，深化检卫共建，开展委属单位巡察，实施纠正医药购销和医疗服务中不正之风、医药耗材专项治理行动，抓好处方集中点评，对医疗机构和医务人员的不良行为实行扣分管理。（4）健康扶贫进一步深化。加强渝鲁协作，抓实18个深度贫困乡镇健康扶贫，做好集团帮扶黔江区脱贫攻坚工作，大力实施“三个一批”行动计划，救治救助贫困患者16万人次，健康扶贫工作考核位列全国第3位。（5）健康服务业发展。优化社会办医发展环境，新增民营医院89家，总投资规模为169亿元。推进国家级医养结合试点，建立医养联合体479个，80%以上的养老机构与医疗机构合作，医养结合经验入选世界卫生组织经典案例。

计划生育服务管理改革。（1）实施全面两孩政策。全面落实延长产假、配偶护理假等保障制度，出台加快推进公共场所母婴设施建设政策，初步构建了按政策生育的制度环境，全年出生人口33.7万人，其中二孩占43.3%，符合政策生育率为97.99%，人口自然增长率为3.91‰，出生人口性别比为107.83。（2）加强妇幼健康服务能力建设。打造西部儿科联盟，组建妇幼健康联合体，新建1个市级、10个区县级危重孕产妇救治中心，创建国家级儿童早期发展示范基地1个、妇幼健康优质服务示范区2个，孕产妇死亡率为14.97/10万、婴儿死亡率为4.36‰，优于全国平均水平。强化惠民政策落地，注重免费避孕药具管理发放，免费产前出生缺陷筛查36.5万人、“两癌”筛查75.3万人。（3）全面落实计生奖扶特扶制度。特别扶助金标准提高40%，为66万名对象发放扶助金10.35亿元，实现计划生育特殊家庭联系人制度、就医“绿色通道”和家庭医生签约服务“三个全覆盖”，群众对扶助关怀工作满意率为81.4%，实现特扶对象到市进京集访“零目标”。

中医药事业。（1）推动中医药振兴发展。认真贯彻落实《中医药法》，举办系列宣传活动，做好《重庆市中医药条例》修订前期工作，出台《重庆市中医事业发展“十三五”规划》。（2）推进中医医院基础设施建设。实施国家中医药传承创新工程，改扩建长寿、綦江6个区县中医院，新增基层“中医馆”“国医堂”80个。（3）全面提升中医医疗服务能力。新增国医大师1名、全国名中医3名、重庆市名中医18名，创建三甲中医院2所、二甲中医院3所，通过阶段性评估国家中医重点专科28个，验收合格市级中医重点专科32个，获得省部级以上科研项目42项，基层医疗机构的中医服务占比为34.6%。

法治建设。初步形成“放管服”改革4张清单，下放审批事项6项、取消2项，完成卫生计生行政许可标准的编制及应用。开展《重庆市人口与计划生育条例》评估，推进《重庆市医疗机构安全生产地方性标准》立项，《重庆市献血条例》（修订草案）全票通过市人大常委会审议。

人才科技工作。市首席医学专家卞修武当选为中国科学院院士，市妇幼保健院黄国宁被授予“白求恩奖章”。柔性引进院士1名、海内外高层次人才233名，培养“万人计划”等国家级人才13名，住培学员结业1607名，轮训基层人员1.1万人。获国家科技进步二等奖3项，重大专项和重点研发计划8项，国家自然科学基金项目立项422项，获科技资助经费3.68亿元，项目数、经费数居西部第一。成立中国科学院大学重庆转化医学研究院，创建国家级住培基地7家，推广卫生适宜技术194个。

信息服务。实现市县两级全民健康信息平台互联互通全覆盖，市级平台汇集电子健康档案2200多万份，电子病历1100多万份，227家公立医院接入医改监测数据平台，DRG评价工作全面覆盖到二级以上公立医院。

全面从严治党。（1）深入学习党的十九大精神。开展“百场宣讲、千篇征文、万人轮训”活动，组织学习培训881场、宣讲72场，初步实现传达学习、“一把手”宣讲、委管领导干部集中轮训、深入基层宣传“四个全覆盖”。（2）全面抓好党建工作。加强党委领导班子建设，抓好民主集中制教育，健全完善决策制度，充分发挥党委领导核心作用和统揽全局作用。严肃规范党内政治生活，推进“两学一做”学习教育常态化制度化，推行主题党日、书记讲党课。加强制度建设，完善系统内党建考核办法、交叉督查细则。规范干部选拔任用，配齐配强委属（代管）单位班子。开展基层党支部“四化”建设，夯实基层基础。深入贯彻落实中央八项规定精神，开展反“四风”暗访和“违规吃喝”等4个专项整治；坚持预防在先、提醒在前，开展廉政风险大排查，加强廉政教育，党员干部的底线意识进一步增强。（3）全方位传递正能量。加强新闻宣传和政策宣传，全市首部9集大型医疗纪录片《医者》在重庆卫视首播，开展“最美医务工作者”“最美卫生计生志愿者”评选，主流媒体宣传报道1000余篇（次），“卫生下乡、计生赶场”入选第9届全球健康促进大会优秀实践案例。此外，扎实做好援外工作，切实加强财务管理，认真抓好安全稳定、专项审计及整改工作，有力推进保健工作，充分发挥老干部和工会、团委、妇联作用，形成推动事业发展的强大合力。

谭家玲到市卫生计生委调研并提出工作要求　2017年1月11日，重庆市副市长谭家玲到市卫生计生委调研工作，并提出要求：（1）学讲话。深入学习贯彻习近平总书记系列重要讲话精神，以之统一思想、指导行动、推动工作。（2）重健康。坚持以人民为中心，以夯实基层基础为重点，以人民群众获得感为检验，大力发展健康事业和产业。（3）推改革。抓好公立医院综合改革、分级诊疗制度改革、基层卫生综合改革、药品供应保障等重点任务。（4）强防控。坚持以防为主、以控为重、以治为要，抓好疫病防控工作。（5）抓从严。坚持从严、从紧、从实、从硬抓班子、带队伍、转作风。（6）促稳定。排查化解卫生计生领域矛盾纠纷，排查整治卫生计生机构、场所安全隐患，做好舆情监测处置、医疗保障、节假日送温暖等工作。

全市卫生与健康大会　2017年2月8日召开。中央委员、重庆市委副书记、市长张国清部署全市卫生与健康工作。中央候补委员、市人大常委会主任张轩，中央候补委员、市政协主席徐松南，市领导张鸣、王显刚、谭家玲、李建春出席会议。张国清提出要求：（1）深入贯彻落实全国卫生与健康大会精神，按照“以基层为重点，以改革创新为动力，预防为主，中西医并重，把健康融入所有政策，人民共建共享”的工作方针，坚持问题导向，全面推进健康重庆建设。（2）牢固树立“大健康”理念，坚持预防为主、关口前移，强化重大疾病防控，加强重点人群健康服务，为群众提供公平可及、系统连续的“大健康”服务。（3）坚决打好医药卫生体制改革攻坚战，加快推进公立医院改革，建立健全分级诊疗制度，深化全民基本医保制度改革，规范医疗流通秩序，调动医务人员积极性，加快推进社会办医，统筹协调、精心设计，打好组合拳。（4）努力发展壮大健康产业，大力发展生物医药产业、健康服务业、健康休闲运动产业及健康新业态等。（5）加强环境和安全问题治理，筑牢市民健康的基础。各区县、市级有关部门主要负责人，各区县分管卫生计生、体育工作负责人及有关部门主要负责人，部分医疗卫生系统、医学教学系统负责人和专家代表和体育系统代表参加会议。

全市卫生计生工作会　2017年3月7日召开。重庆市副市长谭家玲出席会议并讲话，市政府副秘书长李世奎主持会议，市卫生计生委党委书记盛娅农做工作报告。谭家玲强调，全市卫生计生系统要深刻领会习近平总书记视察重庆和在全国卫生与健康大会上的重要讲话精神。（1）坚持健康促进，切实提高群众的健康素质。注重预防为主、关口前移，强化重大疾病防控、重点人群卫生与健康工作，普及全民健康教育，深入开展爱国卫生运动，加快发展健康产业。（2）坚持稳中求进，切实打赢医改攻坚战。实施“三医”联动，找准重点突破点，推广典型经验，破解医改难题。（3）坚持基本国策，切实落实全面两孩政策。加强妇幼保健服务能力建设，营造按政策生育的环境，着力促进计生家庭发展。（4）坚持传承创新，切实推动中医药事业健康发展。加强中医药服务能力建设，推进中医药优惠政策落地，大力弘扬中医药文化。（5）坚持问题导向，切实推进供给侧结构性改革。抓实民生实事、信息化建设、医学科技成果转化转移和推广运用，稳步支持发展社会办医。

中国科学院大学重庆转化医学研究院框架协议签订　2017年3月14日，中国科学院大学与重庆市卫生计生委签订《共建中国科学院大学重庆转化医学研究院框架协议》。副市长谭家玲出席签字仪式并致辞，中国科学院副院长、中国科学院大学校长丁仲礼院士主持签约仪式，中国科学院大学常务副书记、副校长董军社与市卫生计生委党委书记盛娅农签署协议书。中国科学院大学、市卫生计生委及委属单位相关人员共同见证签约仪式。

德国巴伐利亚州政商代表团访问重庆　2017年3月24日，德国巴伐利亚州经济部国务秘书弗朗茨·约瑟夫·皮施尔（Franz Josef Pschierer）率政商代表团来重庆访问，以促进中德两国在医疗健康领域的交流与合作。市政府副市长谭家玲出席会见，就医疗健康等领域的交流合作进行座谈。皮施尔向市卫生计生委发出邀请，期待在医疗健康领域加强合作。访问期间，中德医疗健康研讨会在渝召开，市卫生计生委、重医附一院作为中方代表在大会分别作《重庆市健康服务业的发展现状》《医教养融合的运营和培训》主题发言，全市19家医疗机构分管负责人参会。

市医药卫生体制综合改革试点领导小组第4次会议　2017年4月21日召开，重庆市长张国清主持会议。副市长谭家玲出席会议。会议听取全市综合医改试点工作推进情况汇报，并审议了《重庆市“十三五”深化医药卫生体制改革规划（送审稿）》《重庆市2017年医改重点工作任务》《重庆市关于全面推开公立医院药品零差率改革实施方案（送审稿）》《重庆市开展公立医院薪酬制度改革试点工作实施方案（送审稿）》《完善和扩大按病种收费的实施方案（送审稿）》等文件。市政府秘书长、办公厅主任欧顺清，市政府副秘书长、研究室主任赵强，市委宣传部、市信访办和市医药卫生体制综合改革试点领导小组成员单位有关负责同志参加会议。

2017年9月8日，重庆市公立医院综合改革正式启动。

闫树江督导调研重庆中医药工作　2017年5月24—26日，国家中医药管理局副局长闫树江一行5人在渝督导调研中医药工作。重庆市人民政府副市长谭家玲会见督导调研组一行。调研组一行深入潼南区、渝北区，走访调研基层中医药工作，实地查看市中药研究院和市中医院传承创新工程，并召开中医药工作座谈会。会上，调研组对党的十八大以来重庆市中医药发展情况取得的成绩给予肯定。闫树江强调：（1）深入学习习近平总书记关于中医药的重要讲话和指示精神，深刻领会习近平总书记对中医药工作的新思想、新论述和新要求，将其纳入“两学一做”重要内容。（2）全力做好《中医药法》的实施工作，大力营造良好的宣传氛围，准确解读《中医药法》精神实质，并结合实际修订地方中医药法规。（3）全面深化医改，制定政策引导鼓励医务人员提供优质中医药服务，提高中医药人员积极性。（4）加大对事关中医药发展重大问题的研究力度，破解影响和制约中医药事业发展的难题。

张国清对加快推进公立医院综合改革提出要求　2017年8月8日，重庆市公立医院改革工作动员部署电视电话会召开，市委副书记、市长张国清出席会议并讲话，市委常委、常务副市长吴存荣作工作部署，副市长谭家玲主持会议，市领导夏祖相、刘光磊出席会议。张国清要求，要全面落实党中央、国务院关于医药卫生体制改革的决策部署，以高度的政治责任感和使命感，加快推进公立医院综合改革，切实维护好广大人民群众的健康权益。（1）充分认识到推进公立医院综合改革的重大意义，充分认识到改革是大势所趋，充分认识到这次改革的根本目的在于理顺公立医院运行机制、提升医疗服务质量、减轻群众就医负担。（2）精心做好各项准备工作，细化应急处置预案，确保改革平稳有序实施。要充分发挥医院和医务人员改革主体和主力军的作用，千方百计保证一定比例的普通门诊号源供应，加快推进药品采购“两票制”、集中带量采购，充分考虑特定患者群体的就医感受，统筹协调好民营医疗机构，确保改革有序有力推进。（3）以对党、对人民、对事业高度负责的态度，推动改革任务落地。要按时完成模拟推演、全员培训、政策宣传、系统调试、组织听证等一系列前期工作，层层压实责任形成工作合力，科学合理引导社会预期，广泛开展政策宣传解读，及时回应社会关切，努力营造良好的改革氛围。

王贺胜对重庆市卫生计生工作提出要求　2017年7月5日，国家卫生计生委副主任、国务院医改办主任王贺胜带队调研督查重庆市卫生计生工作。市委常委、常务副市长吴存荣，市政府副秘书长游贤勇，市卫生计生委副主任方明金、吴良和参加调研。王贺胜肯定了重庆卫生计生工作取得的阶段性成果，并提出要求：（1）进一步强化组织领导，将涉及医改的医疗、医保、医药工作，由一位市政府领导统一分管，建立有利于"三医联动"的组织领导体系。（2）动态调整医疗服务价格，推进建立公立医院科学补偿新机制，协同推进基本医疗卫生制度建设。（3）建立健全医养结合的政策措施、制度规划和具体方案，加强医养结合试点地区、医养结合机构建设，强化医养结合机构医疗卫生服务监管，配合民政部门做好流浪乞讨人员的医疗卫生服务，推进医养结合工作向纵深开展。（4）强化责任落实，努力推进健康中国建设，以优异成绩迎接党的十九大胜利召开。

2017年7月5日，国家卫生计生委副主任、国务院医改办主任王贺胜带队调研督查重庆市卫生计生工作。

全市公立医院综合改革启动　2017年9月8日，重庆市召开公立医院综合改革正式启动视频会议。市长张国清、常务副市长吴存荣、副市长谭家玲出席会议并坐镇指挥。会议要求：（1）加强统筹指挥，做到上下联动。市医改办要发挥好改革组织的"中枢"作用，强化统筹协调，明确工作重点，加强督导巡查、应急保障、信息报送、监测评估、宣传导控等工作，确保整个体系良性运转。各区县、市级各部门和各公立医院要逐项分解任务，层层压实责任，做到守土有责、守土有方、守土有效。（2）加强现场督导，做到不留死角。要关注医院信息系统运行、改革政策宣传、普通号源设置、便民惠民措施、风险隐患排查、药品供应保障、后勤保障等情况，实现医院、科室、人员和具体事项全覆盖，做到监管不留盲点，督导不留死角。（3）加强宣传引导，做到深入人心。采取人物采访、专题片、纪录片、系列报道等多种方式，用具体、生动的人物和实例去诠释改革内容，用通俗易懂的语言开展全方位、立体化的宣传，耐心细致地讲解政策。（4）加强信息报送，做到及时准确。严格执行信息报送制度，有固定渠道、有专人收集、有专门形式，做到"每日一报送、每周一小结、重要信息及时专报"，确保信息的时效性和准确性。（5）加强风险防控和处置，做到平稳有序。要坚持稳中求进工作总基调，强化底线思维，在稳的前提下推进改革。

卫生和计划生育数据　截至2017年底，重庆市有医疗卫生机构19682个。其中医院749个，基层医疗卫生计生机构18748个〔其中社区卫生服务中心（站）472个，乡镇（街道）卫生院895个，村卫生室10991个〕。三级医院42个，二级医院140个，一级医院156个。

2017年全市医疗卫生机构总诊疗1.54亿人次，出院683.75万人次；门诊患者次均医药费用为196.3元，住院患者人均医药费用为6014.2元。年末全市医疗机构实有床位206322张，有卫生人员254410人，卫生技术人员190451人，执业（助理）医师68520人，注册护士84831人。

2017年末全市常住人口为3075.16万人，其中，城镇人口1970.68万人，0～14岁人口、15～64岁人口、65岁及以上人口分别占16.87%、69.91%、13.22%。常住人口出生率为11.18‰，死亡率为7.27‰，人口自然增长率为3.91‰，符合政策生育率为97.99%。出生人口性别比为107.83。人口平均预期寿命为77.3岁，孕产妇死亡率、婴儿死亡率为14.97/10万、4.36‰。

组团赴市外引进百名高层次医学人才　2017年12月21日，重庆市卫生计生委组织重医附一院、重医附二院、市人民医院、市中医院、市肿瘤医院等20家市级医疗卫生计生机构赴南方医科大学引进高层次医学人才，引才效果超过预期目标。（1）引才平台效益彰显。现场考核招聘吸引了500余名高层次医学人才到场洽谈，特别是市肿瘤医院登记报名人数达138人。（2）引才数量突破百名。共引进人才236名，其中现场签订带编协议100人，达成意向非编人员136名，带编人才中博士研究生35人、硕士研究生63人（8年制10人）、高级职称7人，市公卫中心、市精卫中心、市职防院引才实现零的突破。（3）人才来源更加多元。共有国内外40余所医学高校的优秀人才参与，签订带编协议的100人中，分别来自德国柏林洪堡大学、北大、复旦、浙大等30所国际知名、国内"双一流"医学高校。（4）专业分布更加广泛。涵盖临床医学等38个专业，引进内科学、外科学、妇产科学、神经病学、麻醉学、影像医学、全科医学等共计40余名紧缺、急需高层次医学类人才，进一步优化了卫生人才队伍结构。

采取"四三二一"措施开展基层全科医生职称改革　（1）"四取消、四注重"：取消对基层全科医生的计算机、外语、论文、科研申报条件要求，注重考察医德医风、服务数量、服务质量、医药费用控制情况。（2）“三打破、三不受限”：打破学历、资历和岗位限制，引进具有高中级职称的全科医生不受岗位限制，长期扎根基层的全科医生评聘高级职称不受岗位限制，距法定退休年龄不足5年的可不受全科转岗培训限制。（3）“两单独、两定向”：单独设置全科医生高评委、评价标准，对基层医疗机构全科医生实行定向评价、定向使用。（4）“一个出口、一个轨道”：对取得基层全科医学高级职称，在基层医疗卫生机构服务满5年的，可交流到区县级及以上医疗卫生机构工作，可平级转评入轨到专科职称系列。两年来，117名基层全科医生获评高级职称，其中正高14人，实现“零突破”。该做法得到国家卫生计生委、人力资源和社会保障部的充分肯定，为国家出台《关于深化职称制度改革的意见》提供样本和借鉴，并在1月17日中央电视台《焦点访谈》节目中进行深度报道。

忠县突出“三大重点”推进县级公立医院综合改革 （1）高点站位。成立由县委书记、县政府县长担任双组长的县级公立医院综合改革领导小组，制定“定向+专项+兜底”财政补偿办法，将公立医院基本建设及大型设备购置等经费纳入政府财政预算，将改革形成的债务纳入政府性债务统一化解，3年累计投入改革资金17.2亿元。（2）强化联动。采取“1+1+X+N”医联体模式，组建以县人民医院、县中医医院为核心的2个县域医疗管理集团，全面覆盖全县农村卫生院、社区卫生服务中心。3年来，县级公立医院下转到基层医疗机构4477人次，基层医疗机构上转到县级医疗机构2056人次。（3）优化体系。按照“三甲”医院标准，新建县人民医院业务办公楼14.29万平方米，添置医疗设施1.35亿元。将搬迁后的县人民医院业务用房5.85万平方米转让划拨给县中医院，将搬迁后县人民医院红星分院业务用房7900平方米转让划拨给县妇幼计生中心。同时，投入3.5亿元，完成28个乡镇（中心）卫生院、社区卫生服务中心标准化建设。

永川区“三个着力”强化医联体建设构建分级诊疗新格局 （1）着力打造卫生服务健康圈。健全医疗卫生服务网络。“十二五”以来，以年均增长20%以上的速度，累计投入资金10.2亿元，用于医疗机构基础设施建设、设备购置更新和人才培养，初步形成“城区15分钟、农村30分钟健康圈”。（2）着力构建医疗机构联合体。坚持龙头引领，依托重庆医科大学附属永川医院建立医疗协作联合体，依托区中医院建立中医特色联合体，依托区人民医院建立城乡一体化医疗联合体，推动区域内医联体全覆盖，形成“大小一体化、上下一体化、城乡一体化”。（3）着力加强技术支撑。建立区域卫生信息平台，实现电子病历、电子健康档案等信息在各级医疗机构互通共享，方便医院转诊对接。开发分级诊疗电子软件，开通远程诊疗、手机APP等功能，提升服务效率。（4）着力建机制确保分级诊疗可持续。推行在医联体内部住院只收一次医保“门槛费”的政策，“门槛费”差额由区财政每年预算200万元全额兜底。开展基层医疗机构与上级医疗机构之间“住院直通车”、双向转诊、检验结果互认、专家社区坐诊等诊疗服务，方便患者首诊在基层、转诊到基层。

巴南区突出“三个核心”扎实推进公立医院薪酬制度改革 （1）突出领导核心。成立分管副区长任组长的领导小组和考核小组，人社、财政、卫生计生等多部门联动，出台《巴南区公立医院薪酬制度改革试点实施方案》《公立医院绩效考核办法》《公立医院党政主要领导绩效考核办法》。（2）突出效能核心。综合分析近3年医院事业基金提取比例、人均超额绩效水平、医疗收入水平、医院主要负责人绩效工资水平，确定医院事业基金提取比例、党政主要负责人绩效工资倍数。区人民医院和区中医院事业基金提取比例分别为30%和15%，主要负责人绩效倍数确定为2.6倍和2倍。（3）突出监管核心。建立完善三级绩效考核办法，每月定期统计、分析，并对改革中出现的问题苗头，及时纠正，给予预警。2017年两家医院提取事业基金累计3500余万元，区人民医院和区中医院人均超额绩效分别同比增长2.4万元和0.9万元。

奉节县聚焦精准靶向施策全面打好健康扶贫攻坚战 （1）在识别上精准到人。由县扶贫办、县卫生计生委统筹，各乡镇、驻村工作队紧密配合，县级医疗专家和镇、村医护人员组建医生团队具体实施，实现“六联动”逐村入户进行疾病筛查核实。（2）在施策上精准到人。该县自筹资金3000万元，贫困患者住院费用经合作医疗大病保险、民政医疗救助救济、商业保大病补充险报销后，再按照医保目录内90%、目录外80%的比例进行救助。2017年，全县贫困患者住院实际报销比例达93.99%。（3）在服务上精准到人。建立远程医疗服务平台，向上对接西南医院等市级医院，向下连接乡镇卫生院和具备条件的村卫生室，选派优秀全科医生远程会诊，累计为贫困患者节约就医路费、生活费等超过1200万元。2017年，全县6333户2.46万人脱贫，其中健康扶贫脱贫 8154 人。

重医附属儿童医院持续推进优质服务不断改善患者就医感受　（1）优化服务流程，就医更加快捷。利用信息化服务，在预约挂号、就诊、检查、缴费、取药和诊后随访等环节减少患者排队等候时间。通过网络、手机 APP、微信、支付宝等 7 种预约方式挂号，最短预约时段缩短至 5 分钟，预约时间可提前 30 天。（2）创新服务模式，就医更加舒适。推进日间服务，开设日间内科病房和日间外科病房。率先在全市建立儿童镇静中心，研发出国内儿童医院首创的“药物滴鼻镇静”法，获得国家专利并进行转化。（3）推进优质护理，就医更加满意。通过健康宣教册、视频及微信公众号等形式向家长和患儿进行健康宣教。对出院患者实施 100% 随访，有效随访率达 95% 以上。开展进社区、进福利院、进幼儿园、进家庭的护理延伸服务。2017 年 12 月发布的中国医院科技影响力护理学排行榜中，该院护理团队居全国儿童医院第 1 位。　　　　（杨　梅）

〔特约编辑：余　奇〕

〔主　编：黄明会　副主编：方明金〕

四 川 省

卫生事业发展数据　2017 年末，四川省有医疗卫生机构 80480 个。卫生人员 71.08 万人，其中卫生技术人员 53.10 万人。卫生技术人员中，执业（助理）医师 19.56 万人，注册护士 22.86 万人。每千人口执业（助理）医师 2.37 人，每千人口注册护士 2.77 人（以 2016 年末常住人口计）。医疗卫生机构床位数为 56.34 万张。每千人口医疗卫生机构床位 6.82 张（以 2016 年末常住人口计）。每万人口专业公共卫生机构人员 5.34 人。2017 年，全省医疗机构总诊疗 48535.61 万人次，入院 1823.97 万人。

深化医药卫生体制改革　分级诊疗制度。2017 年四川省在内江市、南充市、绵阳市开展分级诊疗实施与监管平台试点。全省构建医联体 2200 个，城市医疗集团 245 个，县域医共体 194 个，专科联盟 433 个，远程医疗协作网 1328 个。提升县级医院服务能力，实施第 5 批 25 个县级医院临床重点专科和 88 个贫困县、240 个县级医院主要临床专科建设项目。鼓励医师多机构执业备案。开展急慢分治试点，探索慢性病管理“四川模式”。县区医疗机构门（急）诊疗量与上年同比增长 5.28%。

公立医院综合改革。巩固公立医院取消药品加成改革成果，及时下达县级、省属城市公立医院和 4 家中央在川医院取消药品加成省级补助。在成都市开展公立医院综合绩效考核试点，绵阳市、泸州市、宜宾市、南充市公立医院薪酬制度改革试点和成都市等 8 市城市公立医院法人治理结构、人员编制备案、院长去行政化改革试点稳步实施。新津县被列为全国县级公立医院综合改革示范县。

医保保障体系。城乡居民基本医保财政补助由每人每年 420 元提高到 450 元。整合城乡居民基本医保制度，推进按病种付费为主的复合型医保支付方式改革，初步实现全国范围内异地住院联网即时结算。新增达州市、乐山市、巴中市等市 30 家医院为跨省定点医疗机构。受托为 7 个市（州）结算省内异地住院患者 24084 人次，补偿 1.41 亿元。

药械供应保障机制。在全国率先实现“五位一体”药械集中采购监管。完成新一轮药品集中分类采购，药品价格同比下降 10.59%。公立医院全面执行药品采购“两票制”。高值医用耗材挂网达 10 大类 45 亚类，平均价同比下降 9.35%。医用设备实现 37 大类全覆盖备案采购。完成第 2 类疫苗全部 30 个品种、127 个产品挂网采购并执行省级谈判价格。实现体外诊断试剂 6.83 万个产品挂网阳光采购。将省药械采购监管平台纳入省公共资源交易电子服务平台，全年有 68 家企业被列入一般不良记录，取消 220 种违规产品上网资格。

综合监管。建成医疗机构、医务人员、医疗行为信息监管平台，联通 32 家省级监管医院和 83 家市级医院 HIS 系统，动态监测、风险分析、分级预警 3 大类 26 个核心指标，基本形成数据采集、分析、整改、核查、裁定、处罚的综合监管体系。推动医师、医疗机构注册和卫生监督等系统整合，动态监测 8 万余家医疗卫生机构。首次采用“双随机”方式开展监督抽检工作。开展打击非法医疗美容和违法违规应用人类辅助生殖技术专项行动。全省监督 145492 家单位，行政处罚案件 7061 件，罚款 1470 万元。

健康扶贫　健康扶贫工程。2017 年四川省对贫困地区减免（补助）各类费用 11.49 亿元，集中救治重大疾病患者 49.07 万人次，贫困患者县域内就诊率为 98.21%，免疫规划疫苗接种率为 99.41%，完成贫困人口健康体检 300.52 万人。88 个贫困县远程诊疗服务实现全覆盖，县级综合医院、乡镇卫生院、贫困村卫生室达标率分别为98.86%、99.23%、91.28%，卫生计生人员同比增加5.81%。27个生育秩序整治重点县政策外多孩率同比下降3.39个百分点。正在创建国家健康扶贫示范县4个、省级示范县9个。

民族卫生工作。实施民族卫生10年行动计划，下达专项资金1.5亿元，涉及人才队伍、服务体系等项目31个。加强13个县乡镇卫生院能力建设，为阿坝藏族羌族自治州、甘孜藏族自治州配备卫生监督执法车，对藏区8个包虫病重点县防控实验室建设给予资金配套。抓好藏区"六项民生工程"医疗卫生提升计划、彝区"十项扶贫工程"健康改善工程，投入资金3.33亿元、实施项目18个。派出对口支援医务人员3291人次，诊疗惠及群众18.46万人次。持续开展民族地区基层卫生"三个行动"，基层医疗卫生机构技术大练兵96407人次，设备使用率为93.82%。

公共卫生工作　*疾病预防控制*。124家疾控机构通过等级评审，建成三级甲等7家、三级乙等10家、二级甲等48家、二级乙等58家、一级1家。全省甲乙丙类传染病报告发病率为335.27/10万，比全国同期低30.09%，居全国第27位。各类疫苗报告接种率在95%以上，免疫规划信息化覆盖93.1%的县（市、区）和92.9%的乡镇（街道）。国家基本公共卫生服务项目人均补助经费提高到50元，居民健康档案建档率为95.45%，在国家2016年度绩效考核中名列第9位，获奖励经费238万元。成都市双流区等4个县（区）新创为国家慢性病综合防控示范区，共建成国家级示范区21个、省级示范区48个。全省在册严重精神障碍患者为35.07万例，在册率为4.28‰、管理率为90.95%。重点职业病监测县覆盖率为100%，放射卫生技术服务质控中心正式投入运行。饮用水卫生监测连续3年保持乡镇全覆盖，创建10个饮用水卫生监测示范区。

重大疾病防控。加强艾滋病防治，强化疫情监测和感染者管理，治疗覆盖率、治疗成功率均有效提高。推进自贡市国家结核病分级诊疗和综合防治服务模式试点，全省85%的县（市、区）已将结核病诊治移交至定点医疗机构，全省新发现活动性肺结核患者5.2万例，肺结核患者成功治疗率为92.26%。石渠县包虫病综合防治试点取得阶段性成效，顺利接受国家试点中期评估验收。国家卫生计生委等5部委确认四川省以省为单位达到血吸虫病传播阻断标准。全省大骨节病、克山病、碘缺乏病等重点地方病持续保持消除状态。

爱国卫生工作。2017年全省新创国家卫生城市4个、卫生县城17个、卫生乡镇105个，省级卫生城市、县城、乡镇、村覆盖率分别为100%、81%、41%、33%。18个市实现省级以上卫生县城全覆盖。成都市、泸州市被纳入全国健康城市建设首批试点城市。确定52个省级健康城市健康村镇建设试点。

妇幼健康服务。实施妇幼健康保障工程，支持新（改扩）建20个市、县级妇幼保健机构，建成3个省级、258个市县级危重孕产妇救治中心，2个省级、233个市县级危重新生儿救治中心。为50.62万对拟婚当事人提供免费婚检服务、为61.89万名夫妇提供免费孕前优生健康检查服务。全省孕产妇死亡率为18.63/10万，婴儿死亡率降至5.58‰，5岁以下儿童死亡率为7.62‰，孕产妇死亡率首次低于全国平均水平（19.6/10万），婴儿死亡率连续10年低于全国平均水平。

食品安全保障。发布《苦荞茶》食品安全地方标准。备案食品安全企业标准2331件。完成食品样品监测7719份，获数据48522条，完成国家任务的125.33%、省级任务的103.32%。开展食源性疾病监测工作医院605家，上报食源性疾病病例68261例，检测标本4325份，检出阳性菌株262例，检出率为6.06%。开展地方特色食品专项监测工作，在21个市（州）开展卫生计生系统食品安全县乡村一体化试点。

卫生应急工作。推动建设全国首个国家紧急医学救援综合基地，推进四川大学华西医院承建的国家卫生应急队申请EMT国际认证。争取到香港赛马会—四川卫生应急培训项目资金1000万元。科学规范处置H7N9疫情38起。全年处置突发公共卫生事件42起，累计参与处置自然灾害、事故灾难、社会安全事件1234起。

医疗服务　*医疗服务提质增效*。实施进一步改善医疗服务行动计划，三级医院全面实施预约诊疗服务，1395家医疗机构开展预约挂号，1696家医疗机构开展日间手术，全省二级以上医疗机构优质服务覆盖率达99.35%。全面启动医疗机构、医师、护士电子化注册试点，激活率分别为88%、73%、80%。制定肿瘤性疾病等10个专业质控指标。推动三级甲等综合医院实现32项检验检查结果互认。在10个市（州）29家医疗机构开展医疗技术临床应用事中、事后监管专项督导。全年采集全血258.4吨、血浆1417.2吨，分别比上年上涨9.5%、14.3%。推进创建"平安医院"，开展打击涉医违法犯罪和"保一方平安"专项行动。

控费工作。细化21个市（州）、14个中央在川和四川省卫生计生委直属公立医院控费目标，形成目标管理体系。全省公立医院门诊次均费用、住院次均费用分别增长3.28%、4.6%。

"放管服"改革。创新实施医疗机构"综合审批、多证合一"，将医疗机构执业、放射诊疗等8类许可事项纳入"综合审批"范围，建立综合审批事项省、

市、县三级并联审批机制。实施医疗机构和医师“多证合一”，初步实现“一证一号、一号通用”。全面取消医疗投资前置审批条件，进一步简化审批程序。清理规范行政许可、公共服务事项，取消各类证明29项，将相关法定依据、办理程序等录入“四川省一体化政务服务平台”，为推进“网上办事”奠定基础。全年受理行政审批520件、办结507件、现场办结率达100%，承诺提速50%、实际办理提速89.29%，群众评议满意率达100%。

行风建设。在完成年度省属大型医院巡查的基础上，印发《四川省医疗机构巡查工作实施方案（2017—2020年度）》，巡查范围覆盖全省二级公立医院。扩大行风满意度测评范围，增加测评频次，全面评估各市（州）及32家重点监测医疗机构群众满意度情况。以重点领域、重点产品、重点单位、重点问题线索为突破口，开展医用耗材专项整治工作。

健康服务业发展。省级财政补助1.5亿元，重点支持46个养老健康服务重大项目。促进医药产业发展，推动4个引入项目落地实施。鼓励发展全科医疗、中医药及个性化医疗服务，推动多业态融合。全省民营医院1460家、床位22.86万张、总诊疗2879.1万人次，分别比上年增长9.94%、14.35%、17.05%。社会办医疗机构总诊疗量占全省总诊疗量的30.3%，入院人数、诊疗人次分别排全国第1位和第4位。

中医药事业　中医药服务能力建设。基层医疗卫生机构建成403个中医馆、2000个中医角。全省19个县（市、区）创建成全国基层中医药先进单位。新增1名“国医大师”、3名“全国名中医”。加强中医住院医师规范化培训基地建设，备案中医规培学员1238名。

中医药科研及产业发展。6个中医药传承创新工程项目进入国家项目储备，申报2018年度省级科研项目152项。确定33个县（区）实施全国第4次中药资源普查，推进实施16个川产道地药材综合开发与区域发展项目。支持成都市、乐山市、眉山市等14个市（州）建设一批中医药健康旅游精品示范点。都江堰市确定为首批国家中医药健康旅游示范区创建单位。

中医药对外合作。先后与白俄罗斯、吉尔吉斯共和国等国家和地区签署政府间合作协议，巩固完善中医药领域交流合作平台与机制。主持第3届中国—中东欧国家卫生部长论坛传统中医药分论坛并作主题演讲。推进与德国、阿曼、苏丹等国家合作共建中医药诊疗中心，赴黑山开展药用植物资源、生态环境等实地调查和种植试验。举办中医药海外交流储备人才培训班，培养140余名中医药服务“一带一路”战略优秀人才。

计划生育工作　全面两孩政策平稳实施。将生育秩序整治重点县由12个县扩大到27个深度贫困县。强化计划生育目标管理责任制，省、州、县三级卫生计生部门335名领导干部联系育龄群众721名，重点县政策外多孩率为10.58%，与上年同比下降6.42个百分点。联合相关部门开展首批省级流动人口基本公共卫生计生服务均等化示范县评估验收，查验流动人口婚育信息60万例。据2017年全国人口变动情况抽样调查资料测算，2017年四川省出生人口93万人，人口出生率为11.26‰；死亡人口58万人，死亡率为7.03‰；人口自然增长率为4.23‰；年末常住人口为8302万人（摘自四川省统计局《2017年四川省国民经济和社会发展统计公报》）。

计划生育家庭发展。实行计划生育特别扶助标准动态调整，独生子女伤残、死亡家庭扶助标准分别提高到520元、650元。全省确认奖励扶助对象194.79万人，发放惠民资金25.84亿元。落实特殊家庭就医“两免四优先”便民服务，全省4474家医疗机构开通就医绿色通道，服务特殊家庭67583人次，免费健康体检95275人次。自贡市被国家卫生计生委命名为第2批全国创建幸福家庭活动示范市，德阳市被确定为国家首批安宁疗护试点单位。

支撑保障　重点项目建设。2017年，国家下达四川省医疗卫生领域建设项目105个（含中医项目27个），中央预算内投资25.37亿元，连续9年保持全国第一。省级财政安排卫生计生专项预算36.73亿元，与上年同比增长33.7%。制定10个省级医疗卫生重点项目督查工作方案，年内开工建设重点项目6个。

行业法治建设。健全重大行政决策合法性审查工作机制，完善“三重一大”事项集体研究和专家咨询、论证和评估制度，完成合法性审查30件、备案5件。完成行政权力清理、审核及平台交替更新。受理行政复议案件3件，办理行政诉讼案件33件。

人才队伍建设。全省卫生计生人员总量达69.55万人。全面开展“五规范两合格”大培训，全年住院医师、专科医师、护士、药师等规范化培训招收11656人，组织5465名基层医生参加全科医生转岗培训，参加继续教育83.18万人次，举办全省卫生与健康等专题培训班12个，培训2698人次。设立民族地区基层优秀人才奖励基金，持续实施“三支一扶”、农村订单定向等项目。全系统获评国家卫生计生委突出贡献专家5人，省青年科技奖5个，首席专家、领军人才、基层拔尖、技能名师等253人，获国家表彰集体15个、个人45人（其中1人获“白求恩奖章”），获省委、省政府表彰的集体4个、个人14人。

信息化建设。全省 156 个县（区）、3984 个乡镇卫生院、316 个社区卫生服务中心（站）、19182 个村卫生室使用基层医疗卫生机构管理信息系统。全省历年累计发放居民健康卡 1300 余万张，绵阳市率先实现居民健康卡全覆盖。超过 90% 的二级以下医疗机构建立 HIS、LIS、PACS 等信息系统和相关便民应用系统，369 家医院通过数字化医院评审。初步形成以“健康四川”为龙头，各级医疗机构为主体的“互联网 + 医疗健康”服务格局。8 家依托三级医疗机构建设的互联网医院投入运行。建立“巴蜀快医”省级移动医疗健康服务云平台，并在成都市、德阳市、绵阳市试点。全省网上预约挂号 1892.9 万人次，检查检验结果查询 3005.5 万人。

国际交流合作。先后接待 23 批次 167 名外宾，举办国际会议 5 场，签署合作协议 6 个。派出 3 支援外医疗队和尼泊尔义诊小分队，培训 15 个国家 82 名卫生官员和技术人员。举办援外医疗队回国队员继续教育清华大学专题培训班。选派 103 名医务人员赴国（境）外研修。引进 6 名外籍专家，意大利籍专家 L.C. 奥兰蒂尼（Lucia Clara Orlandini）获天府友谊奖。获省级引智项目 27 个，资助资金 201 万元。

舆论宣传引导。出台《四川省卫生计生突发事件信息发布和舆论引导办法》。联合省委宣传部、省文明办开展“健康四川·大美医者”先进事迹巡回报告会。运用信息化手段开发新闻投稿平台。开创“健康科普专家说”和“市州稿件”两档原创品牌。乡村医生谭晓琴获白求恩奖章，孙同郊、谭晓琴、李爽乐和九寨沟县地震抗震救灾医疗救援队获评“中国好医生、中国好护士”。开发创作“李伯清话健康散打评书”和“绵竹年画——健康 66 条等”健康宣传品。联合省委宣传部、省发改委等 9 部门出台《四川省健康素养促进行动规划（2107—2020）》。

四川省卫生与健康大会　2017 年 3 月 20—21 日在成都市召开。大会学习贯彻全国卫生与健康大会特别是习近平总书记重要讲话精神，总结近年来全省卫生与健康事业工作，对加快推进“健康四川”建设有关工作作出安排部署。省委书记王东明出席大会并讲话，省委副书记、省长尹力作总结讲话。省领导吴靖平、甘霖、陈光志、高烽，省直部门、中央在川单位和科研单位负责人，各市（州）党委或政府有关负责人，部分医学院校和医疗卫生单位、体育院校和体育单位、医疗卫生行业学会协会负责人，部分专家学者等出席大会。会上，副省长杨兴平宣读省人力资源和社会保障厅、省卫生计生委、省中医药管理局《关于表彰四川省医疗卫生终身成就奖的决定》，省领导为获奖者代表颁奖。印发《“健康四川 2030”规划纲要》。

九寨沟县地震医学救援　2017 年 8 月 8 日晚 21 点 19 分，四川九寨沟县境内发生 7.0 级地震。在省委、省政府的统一调令下，震后 20 分钟，省卫生计生委迅速成立省级卫生应急指挥部，调派相邻卫生应急力量驰援地震灾区，紧急通知全省卫生应急队伍集结待命，科学有序组织救援。震后 2 小时，省卫生计生委领导率领 9 车 41 人省级队伍从陆路赶赴现场，成立前线指挥部；震后 6 小时，省卫生计生委主任沈骥率四川大学华西医院、省人民医院各 5 名医疗专家搭乘飞机前往灾区，靠前指挥医疗救援。全省卫生计生系统实行分级救治、快速转运、“四集中”强化治疗、精准防疫科学防病、康复治疗同步介入等策略，及时高效科学组织卫生应急救援；累计收治地震伤员 525 人（门诊治疗 366 人、住院伤员 159 人），其中重伤员 42 人，12 月 31 日地震伤员均康复出院，实现了地震伤员最低致残率，救治“零死亡”，灾后无大疫。

2017 年 11 月 3 日，四川省卫生计生委、省红十字会、省民政厅在成都锦华万达广场共同主办 2017 年“捐献器官共享生命”人体器官捐献主题宣传暨“健康四川　幸福同行”文艺巡演活动。　　（王平生　摄）

表彰和荣誉　2017 年 6 月 29 日，人力资源和社会保障部、国家卫生计生委、国家中医药管理局在北京市联合举办第 3 届“国医大师”“全国名中医”表彰大会。成都中医药大学廖品正教授（女）获“国医大师”称号，成都中医药大学张之文教授、张发荣教授和成都中医药大学附属医院陈绍宏主任医师获“全国名中医”称号。8 月 17 日，全国卫生计生系统表彰大会在北京市召开。四川省卫生计生系统 15 个集体、45 名个人获全国表彰，四川省甘孜藏族自治州炉霍县斯木乡中心卫生院谭晓琴获“白求恩奖章”。

（四川省卫生计生委办公室）

〔总撰稿：王景会〕

〔特约编辑：宋　平〕

〔主　编：徐　旭　副主编：古　熙〕

贵州省

全省卫生和计划生育工作概述 健康扶贫助力脱贫攻坚成效显著。（1）“四重医疗保障”政策覆盖全省所有贫困人口。全年共有257.45万人次享受到该政策，获补偿37.47亿元。（2）慢性病兜底保障机制全面推开。将36种疾病纳入农村贫困人口慢性病医疗救助范围，进行专项医疗扶助。（3）农村贫困人口大病专项救治全力推进。集中免费救治罹患13种大病（国家定的9种，贵州省新增4种）的农村贫困人口2658名。（4）万名医师医疗卫生健康扶贫大型义诊巡诊活动深入开展。2次组织1万多名医务人员开展义诊巡诊，救治农村贫困人口18.46万人次。（5）“幸福微笑——贵州千名唇腭裂儿童救助行动”扎实推进。与中国人口福利基金会、美国微笑联盟医疗队、杭州慈善医院组织2次集中免费修复整形活动。累计为3545名贫困家庭唇腭裂儿童免费施行修复整形手术。

基层医疗卫生服务能力3年提升计划全面实施。（1）人才队伍建设全面加强。村医中专学历教育招生3629人、中专升大专和大专升本科学历提升报考7120人，岗位轮训30128人次，骨干培训3801人次，全科医生培养2240名，千人支医下派1356名，委直属医疗卫生机构引进博士52名、硕士356名。（2）创新实现“五个全面建成”。在全国率先全面建成覆盖省市县乡四级的远程医疗服务体系、乡镇卫生院（社区卫生服务中心）规范化数字预防接种门诊，全面建成国内首个以省为单位的统一预约挂号平台，全面建成全省医药综合监管平台及省市县三级全民健康信息基础平台。远程医疗服务工作得到刘延东副总理、李斌主任的肯定，被《中国卫生》杂志社列入2017年度推进医改、服务百姓健康“十大新举措”之一。（3）大力提升基层的服务能力。积极争取中央和各级加大投入，推进“百院大战”建设，新建成23个、在建80个、各级累计投入150.18亿元。创建“群众满意的乡镇卫生院”192个、“优质服务示范社区卫生服务中心”16个。

深化医药卫生体制改革取得明显进展。（1）公立医院综合改革实现全覆盖。破除实行60多年的“以药补医”机制，持续提升公立医院社会效益和运行效率，贵州省在全国2016年度公立医院综合改革效果考核评估中跃居全国第四位，遵义市被列为公立医院薪酬制度改革国家试点，余庆县被列为第2批县级公立医院综合改革国家示范县。（2）分级诊疗制度正在形成。9个市州全部纳入国家分级诊疗试点；所有三级公立医院纳入医联体建设范围，各级公立医院组建专科联盟15个，全省推开医共体试点；家庭医生签约率达44.05%，重点人群签约率达74.83%；县域内就诊率提高到82.02%。（3）医疗保障制度改革持续深化。在全国率先实现新农合基本医保、大病保险跨省异地就医即时结算；儿童先天性心脏病等149种重大疾病实行新农合单病种付费；在六盘水市开展按疾病诊断相关分组（DRGs）付费方式试点；在毕节市等地开展城乡居民医保基金管理中心试点。（4）药品供应保障制度改革稳步推进。完成新一轮药品集中采购公开招标，竞价品规、议价品规中标价格较上一轮平均分别下降27.51%、11.03%。实施第1批3大类高值医用耗材网上“阳光采购”，在公立医疗机构推行“两票制”；出台《公立医疗卫生机构药品集中采购货款结算管理暂行办法》；继续实施国家基本药物制度绩效考核。（5）综合监管制度加快建立。继续开展卫生计生法律法规落实情况监督检查，不断完善“双随机一公开”等监管方式。

争取国家和东部地区帮助支持实现新突破。（1）援黔医疗对口帮扶持续深化。在国内三级医院对口帮扶贵州省66个贫困县人民医院全覆盖的基础上，实现了国内64家三级甲等中医院对口帮扶贵州省中医院全覆盖，全省所有县级医院建成急诊急救科115个、重症医学科101个、其他重点科室646个，其中，66个贫困县实现急诊急救科、重症医学科全覆盖。（2）“黔医人才计划”扎实推进。第1期参训70名学员结业，第2期培训学员增加到100名并如期开班。（3）“医疗卫生援黔专家团”工作深入开展。援黔专家团新增7名院士、412名专家，新建院士工作站3个，举办“2017医疗卫生援黔专家团走进贵阳”系列活动。（4）各项共建任务加快实施。贵州省获批5个国家健康医疗大数据区域中心建设及互联互通工作试点省份之一；遵义市桃花江作为全国首批13个健康旅游示范基地之一开展创建工作。

基本医疗和公共卫生服务能力大幅提升。（1）医疗服务质量稳步提高。落实国家进一步改善医疗服务3年行动计划，所有三级医院实施预约诊疗服务并实现优质护理服务全院覆盖，56家医疗机构开展日间手术，174家二级以上公立医院实施临床路径管理，建设省级临床重点专科16个。（2）疾病防治取得新的成效。甲乙丙类传染病发病率降至428.21/10万，基本实现消除疟疾、麻风、麻疹目标。符合条件的艾滋病感染者和病人免费抗病毒治疗比例达80.9%，新增5个“国家慢性病综合防控示范区”。（3）妇幼健康服务能力明显增强。生育健康全程服务稳步推进，妇女儿童健康指标持续向好，建成覆盖省市县三级的危重孕产妇和新生儿救治中心，3个县（区）被评为“国家级妇幼健康优质服务示范县”。（4）爱国卫生运动持续深化。新创建国家卫生城市4个、国家卫生县城24个、国家卫生乡镇193个。（5）卫生应急工作有力有效。省政府专门下发文件，加快推进山地紧急医学救援体系建设。基层卫生应急规范化建设达标率达80%，完成重大突发事件紧急医学救援和H7N9疫情防控。（6）健康教育与健康促进扎实开展。实现居民健康素养电子化监测市（州）级全覆盖，2个县通过“健康促进县（区）”国家评估验收。（7）食品安全工作力度加大。食品安全风险监测实现县级全覆盖，发布食品安全地方标准30个。

计划生育服务管理改革扎实推进。（1）年度目标全面完成。根据年度计划生育目标考核抽样调查结果，2017年度全省人口出生率为14.57‰，人口自然增长率为7.35‰，人口自然变动情况符合预期。全省二孩出生28.82万人，同比增加6.31万人。（2）服务管理转型升级步伐加快。全年网上生育登记27.33万例，占年度总数的58.5%。投入计划生育利益导向和“三结合”资金19.44亿元，奖励帮扶计生家庭226.33万户（次）。医养结合工作扎实推进，培育省级试点示范单位25个。在全国率先开展宣传引导流动人口返乡生育优质服务，率先实现“新市民健康城市行”市县全覆盖。18个单位获“2014—2016年全国计划生育优质服务先进单位”称号，安顺市获“全国创建幸福家庭示范市”称号。（3）计生协工作创新发展。全省计生协组织和能力建设进一步巩固加强，“五大幸福计生行动”、生育关怀系列公益项目深入实施，募集“人口福利·生育关怀基金”3.5亿元，倾情帮扶计生困难家庭。

中医药事业发展提质提速。贵州省政府建立以分管副省长为召集人的省中医药工作联席会议制度。贵阳中医学院一、二附院纳入国家中医药传承创新工程重点项目。中央投入3亿元支持6个县中医院建设。推进360个基层中医馆和20个全国基层名老中医药专家传承工作室建设。4名中医药专家获评首届全国名中医。黔东南州获评全国首批15个国家中医药健康旅游示范区之一。

医疗卫生事业发展数据　卫生机构。2017年末全省共有28053个医疗卫生计生机构，实有床位数23.29万张，30.19万卫生人员，医疗卫生机构房屋建筑面积为1657.78万平方米，医疗卫生机构有万元以上设备119696台件。

医疗卫生服务。2017年全省医疗卫生计生机构总诊疗人次为15263.22万人次，入院人次为732.56万人次，医院平均住院日为8.1日，医院医师人均每日担负诊疗5.7人次。

卫生收入与支出。2017年全省医疗卫生总收入为711.48亿元，总支出为810.89亿元。

提高建档立卡贫困人口慢病医疗救助水平　2017年7月23日印发的《贵州省提高建档立卡农村贫困人口慢性病医疗救助水平促进精准扶贫实施方案》明确“提高保障、分类管理”总体思路，通过“四重医疗保障”和家庭医生签约服务，在全省全面实施贫困人口慢病救助，对罹患风湿（类风湿）性关节炎等36种发病率高、医疗费用高、严重影响生产生活能力病种的患者进行系统性、精准化、全方位的救治和保障，以精准的措施、精准的管理、精准的救治，重点解决慢性病患者治疗周期长、费用高等难题，切实减少贫困患者就医支出，提高健康保障水平，有效遏制和减少因病返贫、因病致贫。

精准制定大病专项救治政策　（1）创新落实医疗费用兜底保障政策。通过与基本医保、大病保险和医疗救助制度紧密衔接，对符合13种大病临床路径的专项救治对象实行全免费救治。其中，对儿童先天性心脏病实行按病种定额付费，新农合报销80%，民政医疗救助20%；对终末期肾病实行年度按病种定额付费，新农合报销90%，民政医疗救助10%；对儿童白血病、食管癌、胃癌、结肠癌、直肠癌实行按病种定额付费和按病种限额付费，定额或限额费用内新农合报销80%、民政医疗救助10%，剩余费用直接进入大病保险保障范围报销，不设起付线、不受目录限制。（2）鼓励各地拓展救治范围和补助政策。在全面落实省级政策的基础上，黔东南州将建档立卡农村贫困人口慢性病医疗救助兜底资金纳入州县两级财政预算，解决了贫困患者的医药费用负担，得到了国务院副总理汪洋的高度肯定。铜仁市对建档立卡贫困人口取消住院起付线，对自付费用1000元以上的全部报销，对患者（含1名陪护人员）住院期间生活费按30元/天进行救助，对当次住院往返交通费用按50～300元进行定额补助。（3）实行先诊疗后结算制度。救治对象不缴纳住院预付款，定点医疗机构设立“一站式”综合服务窗口，实行新农合、大病保险及医疗救助“一站式”即时结算。

优化医疗报销优惠政策　实行“两提高、一降低、一取消”报销政策。（1）“两提高”：对农村建档立卡贫困人口提高普通门诊、普通住院报销比例和大病保险报销比例，其中，门诊报销比例在现有基础上提高5个百分点以上，确保村乡两级达到65% ~ 95%；住院报销比例在现有基础上提高5个百分点以上，确保乡、县、市、省级报销比例分别不低于85%、75%、65%、60%；大病保险报销赔付比例在其他人群基础上提高10个百分点以上，达到60% ~ 100%。(2)“一降低”：降低大病保险报销起付线，降幅不低于50%，且起付线不得高于3000元。（3）“一取消”：取消农村贫困人口转诊转院起付线。

实施新农合跨省就医即时结报 2017年1月5日，四川大学华西医院对贵州省铜仁市沿河县沙子镇甘溪沟村参合村民余金娥住院期间发生的医疗费用6271.04元进行现场结报，成为贵州省开通跨省就医联网即时结报的第一例患者。

完成全国首例“新农合 + 大病保险”跨省直补即时结报 2017年9月1日，贵州省实现国家平台、省平台、县平台以及中国人寿大病保险系统和定点医疗机构的互联互通，完成大病保险方案配置和测试，为跨省异地就医即时结报开通信息通道。“新农合 + 大病保险”跨省直补即时结报标志着贵州省参合群众可在全国24个省份360家新农合跨省直补定点医院可以同步实现“新农合 + 大病保险”两项保障政策一站式现场直补。

对医师医疗服务违规实行积分管理 2017年10月1日，贵州省对基本医疗保险定点协议医疗机构医师医疗服务违规行为实行积分制管理，每个自然年度初始分值为12分。在一个自然年度内，累计扣分满6分的，执业所在定点协议医疗机构对其进行约谈，在本单位内进行通报；累计扣分满10分的，由所在统筹地区社会（医疗）保险经办机构对其进行约谈告诫，在一定范围内予以通报；累计扣分满12分的，该医师在之后3个自然月内为参保人员服务发生的医疗费用，应由医疗保险基金支付的部分，社会（医疗）保险经办机构不予结算（急诊、抢救、公共卫生事件应急处置等情况除外），在统筹地区内予以通报；医师连续2年内每年累计扣分满12分或连续3年每年累计扣分达10分（含）以上的，该医师在之后12个自然月内为参保人员服务发生的医疗费用，应由医疗保险基金支付的部分，社会（医疗）保险经办机构不予结算（急诊、抢救、公共卫生事件应急处置等情况除外），并在全省范围内予以通报。扣分在自然年度内累加计算，不跨年累计。

对援黔医疗卫生专家及亲属实行旅游优惠 专家及随行亲属4位以内（含4位）的，凭《援黔医疗卫生专家多彩贵州旅游优惠证》免门票。专家及随行亲属4位以上（含4位）8位以内（含8位）的，凭援黔医疗卫生专家多彩贵州旅游优惠证，专家免门票，随行亲属门票半价。优惠时间为2017年9月1日至2020年12月31日。

刘延东考察贵州省艾滋病防治工作 2017年11月30日，在第30个世界艾滋病日前夕，国务院副总理、国务院防治艾滋病工作委员会主任刘延东考察贵州艾滋病防治工作，并与医学专家、基层防治人员、志愿者、社会组织和联合国防艾组织驻华代表等座谈。

“黔医人才计划”第1期结业暨第2期开班 2017年11月11日，开班仪式在北京举行。国家卫生计生委副主任崔丽、贵州省副省长何力出席并讲话。省卫生计生委主任王忠主持会议，委副主任张光奇介绍“黔医人才计划”实施情况。第2期培训学员由第1期的70名增加到100名，培训医疗机构增加到17家。

贵州省“新市民健康城市行”系列活动在全国率先实现市县全覆盖 2017年10月29日，启动铜仁市“新市民健康城市行——贵州·铜仁在行动”宣传周活动，标志着贵州省2017年“新市民健康城市行”系列活动实现市、县级全覆盖，全省全面开展“新市民健康城市行”系列活动。

2017年“服务百姓 健康行动”全国大型义诊活动周在贵州省启动 2017年9月3日，该活动在黔东南州剑河县举行，国家卫生计生委副主任王培安出席活动并宣布启动，来自吉林大学第二医院组建的国家医疗队，贵州省人民医院、贵州医科大学附属医院、遵义医学院附属医院、贵州医科大学附属白云医院、贵州电力职工医院组建的省级医疗队以及剑河县乡两级医疗机构的90余位医学专家参加义诊活动。

医疗卫生健康扶贫万名医生大型巡诊活动启动 2017年4月13日，启动仪式在黔南州长顺县举行，省卫生计生委主任王忠宣布活动启动。此次活动是贵州省有史以来规模最大、覆盖最广、巡诊内容最丰富的巡诊活动。省内52家三级医院组建76支医疗队，共选派760名副高职称以上医务人员分赴66个贫困县开展义诊巡诊。

医疗卫生健康扶贫万名医师再义诊 2017年9月

19 日，全省万名医师医疗卫生健康扶贫大型义诊巡诊活动在黔西南州晴隆县启动。省卫生计生委主任王忠、副主任杨洪，黔西南州副州长谭辉出席启动仪式。

2017 年“世界母乳喂养周”大型宣传义诊活动 2017 年 8 月 1 日，贵州省贵阳市 2017 年“世界母乳喂养周”大型宣传义诊活动暨贵阳市妇幼健康教育管理中心成立揭牌仪式在贵州省妇幼保健院举办。

全省“医疗惠万家 民生故事会”巡回讲述首场报告会暨护士技能竞赛颁奖典礼 2017 年 5 月 12 日，贵州省卫生计生委、贵州省总工会、贵州省计生协在贵阳联合举办该典礼。此前的竞赛活动中，12 人获得一等奖、18 人获得二等奖、30 人获得三等奖、120 人获得优秀奖、10 家单位获得优秀组织奖。

“健康中国在行动 家庭乐跑进贵州”活动 2017 年 5 月 6 日，由国家卫生计生委主办，贵州省卫生计生委、中国家庭报社承办的 2017 年“健康中国行，贵州家庭乐跑大赛”在贵阳观山湖公园举行，活动用家庭乐跑的形式诠释健康中国行活动主题。活动吸引了 200 余个家庭近千人参赛。

全省卫生计生工作会议 2017 年 1 月 24 日在贵阳召开，会议总结 2016 年工作，部署 2017 年任务。省委书记、省人大常委会主任陈敏尔，省委副书记、省长孙志刚分别作出批示，副省长何力出席并讲话。

全省创建国家卫生城镇现场推进会 2017 年 9 月 6 日在毕节市黔西县召开。2017 年贵州省国家卫生城市（县城）总数达到 34 个，国家卫生城市比例高于全国平均水平。新创建 193 个国家卫生乡镇，也从 2014 年的 0 个、全国最后一名，跃居到全国第一。

全省卫生计生“五个全面建成”推进会 2017 年 7 月 6 日在贵阳召开。“五个全面建成”是：全面建成全省乡镇卫生院（含政府办社区卫生服务中心）远程医疗网络体系，全面建成全省乡镇卫生院（含政府办社区卫生服务中心）规范化数字预防接种门诊，全面建成全省县级以上公立医院统一预约挂号平台，全面建成全省医药监管平台，全面建成省、市、县人口健康信息基础平台。副省长何力出席会议并讲话，省政府副秘书长潘小林主持会议，省卫生计生委主任王忠通报全省卫生计生“五个全面建成”工作进展情况。

贵州省卫生计生重点工作观摩推进会 2017 年 6 月 26 日在遵义市播州区召开。省卫生计生委党组书记、主任王忠出席会议并讲话。

医疗卫生援黔广州片区工作座谈会 2017 年 6 月 16 日在广州召开。副省长何力出席座谈会并讲话，省政府副秘书长潘小林主持会议，广州市卫生计生委副主任陈斌出席座谈会。2017 年有 5 位院士、289 位专家加入援黔团，援黔院士专家帮扶已实现对省级医院、市级医院全覆盖。

2017 年 6 月 13 日，第 2 期“幸福微笑”公益行动在贵州威宁启动。（祝茜茜 吴婷婷 摄）

2017 年援黔医疗卫生对口帮扶工作总结会 2017 年 12 月 22 日在贵阳召开。贵州省副省长何力、国家卫生计生委医政医管局副局长焦雅辉出席并讲话，省卫生计生委副主任张光奇作援黔医疗卫生对口帮扶工作总结汇报，副主任朱征明主持会议。

创建国家卫生城镇现场会 2017 年 5 月 18 日在铜仁市玉屏县召开，省爱卫会副主任、省卫生计生委主任王忠出席会议并讲话，省卫生计生委副主任朱征明传达省长孙志刚、省政协主席王富玉和副省长何力在《贵州省 2016 年创建国家卫生城镇工作情况的报告》上的批示，并通报全省创建和巩固国家卫生城镇情况。

2016 年度公立医院综合改革工作汇报会 2017 年 4 月 24 日召开。24—26 日，国家公立医院综合改革效果复核评价组对贵州省公立医院综合改革效果进行复核评价。

省计划生育协会四届八次理事（扩大）会议 2017 年 3 月 23 日在贵阳召开。会议由省政协原副主席、省计生协副会长王惠业主持，省卫生计生委党组成员、省计生协专职副会长周承洲作工作报告，省政协原主席、省计生协会长王思齐，省卫生计生委党组书记、主任、省计生协常务副会长王忠出席会议并讲话。

贵州省苗医医院挂牌 2017 年 12 月 29 日，贵州省苗医医院在贵阳中医一附院挂牌成立。

贵州省医疗卫生援黔专家团院士工作室成立 2017年3月18日，基于国家呼吸临床研究中心·中日医院贵州省呼吸专科医联体载体，以中日医院为牵头单位，贵州省人民医院、贵州医科大学附属医院为协作单位，贵州省医疗卫生援黔专家团院士工作室在贵州省人民医院成立，聘请王辰院士作为贵州省呼吸疾病研究所所长，聘期为5年。中国工程院、中日医院王辰院士，贵州省卫生计生委副主任张光奇、贵州省人民医院院长孙兆林出席揭牌仪式。

贵州建成国家移动突发中毒事件卫生应急处置中心和国家紧急医学救援队伍 2017年12月13日，国家卫生应急队伍培训演练暨装备设备交接仪式在贵阳举行，标志着由贵州省承建的国家移动突发中毒事件卫生应急处置中心、国家紧急医学救援队已基本建成。

6个社区被评为全国首批流动人口社会融合示范社区 贵州省贵阳市观山湖区碧海社区、南明区花果园社区、云岩区蔡关社区、花溪区明珠社区、白云区大山洞社区、清镇市红塔社区被评为全国首批流动人口社会融合示范社区。

4人荣获"全国名中医"称号 2017年6月29日，"国医大师""全国名中医"表彰大会暨座谈会在北京召开。贵阳中医学院第一附属医院教授廖润泉、贵阳中医学院第二附属医院教授何成瑶、贵阳中医学院第一附属医院教授戴永生、贵阳中医学院第一附属医院教授吴光炯荣获"全国名中医"称号。

"国医大师"石学敏院士工作站成立 2017年11月21日，"国医大师"、中国工程院石学敏院士工作站落户贵阳中医学院第一附属医院。

孙颖浩院士工作站成立 2017年11月17日，孙颖浩院士工作站落户贵州省人民医院，是贵州省首家泌尿外科领域院士工作站。

高福院士对口帮扶贵州省疾控中心 2017年11月18日，中国科学院院士、中国疾病预防控制中心主任高福对口帮扶贵州省疾病预防控制中心签约仪式在贵阳举行。

138家乡镇卫生院获评全国"群众满意的乡镇卫生院" 2017年1月6日，全国基层卫生工作会在北京召开，贵州省贵阳市观山湖区金华镇中心卫生院等138所乡镇卫生院获评全国"群众满意的乡镇卫生院"。

贵州省艾滋病诊疗质量控制中心启动会暨授牌仪式举行 2017年9月7日在贵阳举行。该中心是依托贵阳市公共卫生救治中心成立的，标志着贵州省艾滋病诊疗工作进入新的发展阶段。

贵州省高血压诊疗中心落户贵医附院 2017年7月8日该中心在贵州医科大学附属医院揭牌，标志着贵州省拥有首家集专科诊疗、专业医师培养、慢性病宣传教育为一体的高血压诊疗中心。

廖万清院士工作室建立 2017年9月1日，医疗卫生援黔团专家、中国工程院院士廖万清院士工作室在贵州医科大学建立，将主攻皮肤性病与医学真菌研究。

中日友好医院帮扶共建仁怀市人民医院 2017年8月12日，中日友好医院帮扶共建仁怀市人民医院启动仪式在仁怀举行，将通过建设医联体医院、专科联盟、院士专家工作站等手段，帮扶共建仁怀市人民医院。贵州省副省长何力，中国工程院院士、中日友好医院院长王辰，省卫生计生委主任王忠，遵义市委常委、仁怀市委书记张翊皓，中日友好医院副院长彭明强，省人民医院党委书记张湘燕，仁怀市政协主席杨英出席启动仪式。

2017年8月12日，中日友好医院帮扶仁怀市医院签署协议。（吴婷婷 摄）

六盘水市、安顺市、清镇市、赤水市被命名为国家卫生城市（区） 2017年7月14日，全国爱卫会下发《关于命名2015—2017周期国家卫生城市的决定》，贵州省六盘水市、安顺市、清镇市、赤水市被命名为国家卫生城市（区）。

世界卫生组织西太平洋区主任申英秀考察贵州省医改和健康产业发展情况 2017年7月8—11日，

世界卫生组织西太平洋区主任申英秀一行，在国家卫生计生委国际司监察专员李明柱陪同下，先后深入余庆县、镇宁县考察贵州省医药卫生体制改革和健康产业发展情况。

“医疗健康云”携手“多彩贵州‘广电云’”推动医疗健康信息化服务 2017年7月6日，贵州省卫生计生委“医疗健康云”和贵州省新闻出版广电局“多彩贵州‘广电云’”在贵阳签订战略合作协议，深入挖掘健康医疗大数据政用民用价值，让广大城乡群众享受到优质、便捷、高效、普惠的医疗健康信息化服务。

中国首个现代食疗研究基地落户六盘水 2017年3月20日，中国老年保健医学研究会在贵州省六盘水市举行“现代食疗研究基地”和“老年自然医学保健康复中心示范单位”授牌仪式，中国首个现代食疗研究基地正式落户该市。

省人口健康基金会再获全省5A级社会组织称号 2017年12月8日，贵州省民政厅在贵阳进行全省性社会组织评估授牌，贵州省人口健康基金会继2012年被评估为5A级社会组织后，再获5A级殊荣。

贵州省首家互联网心理医院成立 2017年5月15日，贵州省首家互联网心理医院在贵州省第二人民医院挂牌成立，为心理疾病人群提供“线上+线下”的心理咨询、心理评估、心理治疗等服务，为精神类疾病患者提供诊查、咨询、用药指导及康复回访服务。

省卫生计生委获第15届“中国人口文化奖（舞台艺术类）”组织工作奖 2017年12月18日，第15届“中国人口文化奖（舞台艺术类）”颁奖典礼在北京举行，中宣部、国家卫生计生委等有关部门领导出席颁奖典礼并为获奖单位代表颁奖。贵州省卫生计生委荣获组织工作奖。

贵阳市“六举措”助力全国文明城市巩固提升工作 （1）制定《贵阳市卫计系统2017年全国文明城市巩固提升督查工作方案》，召开动员大会，开展签订一份承诺书、做一份试卷等活动，让人人参与贵阳市全面文明城市巩固提升工作。（2）全覆盖、地毯式地查缺补漏，要求立即进行整改，做到精益求精，常抓不懈。（3）各区分组对辖区申报位点医院严格按照全国文明城市巩固提升工作中医院14条标准进行检查。（4）组织监督组对市属点位医院进行督查，对市属医院继续采取模拟测评方式进行检查评分，对检查中发现问题的落实整改情况进行督查。（5）完善全国文明城市巩固提升工作存在的不足，解决新检查中发现的清理周边环境等难点问题。（6）各区在重点检查位点医院的同时，加强对公共场所的监督检查，安排卫生监督人员加班加点检查辖区公共场所，做到有问题必查、有问题必究、有问题必改。

遵义市聚焦管理体制和运行机制推进公立医院综合改革 （1）推进体制机制改革。印发《遵义市创新事业单位管理推动公立医院和学校去行政化实施意见（试行）》，市、县两级均成立公立医院管理委员会、监事会，全面落实公立医院法人自主权，全面推行公立医院工资总额制度、院长年薪制、绩效考核制度。落实政府办医职责，清理化解市、县两级公立医院存量债务。（2）优化调整医疗服务价格。按照“总量控制、结构调整、有升有降、逐步到位”的原则，调低大型医疗设备检查费、检验费项目225项，调高门诊诊查费、一般检查治疗费、临床诊疗和中医等1391项。（3）推动分级诊疗制度建设。印发《遵义市全面实施结核病分级诊疗和综合防治服务试点工作方案》，在全市范围内建立结核病分级诊疗制度和综合防控服务模式；围绕重点人群，组建签约服务团队1336个，签约服务覆盖185.86万人，签约率为33%，重点人群签约率为68%。

六盘水市实施农村贫困住院患者“先诊疗后付费”政策 印发《六盘水市农村贫困住院患者市域内先诊疗后付费工作方案》，明确先诊疗后付费实施对象为农村贫困住院患者，实施时间从2017年8月11日起。患者无需缴纳住院押金，直接住院治疗，患者出院时由定点医疗机构实行即时结报，个人仅需结清自付费用。患者出院时无法一次性结清自付费用的，可凭村（居）委会、相关部门出具的“无力一次性结清医疗费”证明，可与院方签订延期、分期还款协议。

安顺市试行违法违规执业医疗机构“黑名单”管理 市卫生计生委制定《安顺市违法违规执业医疗机构“黑名单”管理办法》（试行），2017年8月1日实施。《办法》规定，安顺市违法违规执业医疗机构“黑名单”管理，是指市县卫生计生行政部门根据国家有关法律、法规、规章要求，结合日常监督管理，将存在严重违法违规行为符合“黑名单”情形的医疗机构，向社会公示，纳入诚信体系建设，并对其实施重点监督检查。

毕节市多举措推进“百院建设” （1）党政重视，

切实加强组织领导。建立由常务副市长担任总召集人，财政、发改、规划、国土、环保、水利、住建、供电、消防等部门主要负责同志为成员的医疗卫生基础设施建设协调联席会议制度，推进全市医疗卫生基础设施建设工作。出台《关于加快推进医疗卫生基础设施建设的实施方案》，将“百院建设”作为加强医疗卫生基础设施建设的重要内容。（2）规划引领，高标准严要求推进。按照三级综合医院标准新建市一医双山分院、市第二人民医院、市第三人民医院、各县（区）第二人民医院，力争建设第三人民医院。（3）突出投入创新，破解资金瓶颈问题。将医疗卫生项目建设作为优先投入的重点领域，认真落实本级投入责任，强化政府办医职责。（4）突出责任落实，构建统筹推进格局。围绕医疗卫生基础设施项目建设工作，认真落实审批责任，简化审批程序，缩短审批时间，健全完善项目审批跟踪落实制度和绿色通道制度。（5）突出目标管理，稳步推进项目建设。将医疗卫生基础设施重点建设项目纳入市政府对市直有关部门、各县（区）政府、项目单位年度目标责任考核内容，年初确定目标，年度组织实施，年底组织考核。（6）突出项目调度，确保项目按时完工。

铜仁市“六强化”全力推进分级诊疗工作

（1）强化政府推动，成立市分级诊疗试点工作领导小组，出台工作实施方案，遴选碧江区、思南县开展试点。（2）强化政策引领，对市、县两级公立医院服务价格进行调整，实行乡级报销比例为90%、县级为75%、市级为65%医保差别化报销政策。（3）强化能力建设，按照二级综合医院标准打造17个区域中心乡镇卫生院，并建立起三级与二级、二级与一级医疗机构之间固定、有序、紧密的对口支援或医疗联合体关系。（4）强化队伍建设，改革编制、人事制度，完善卫生人才招聘体制机制，将基层医疗卫生机构收支结余按5∶4∶1的比例分别用于绩效分配、事业发展和风险防范。（5）强化区域协同，建成6个省级重点专科、24个市级临床重点专科和26个市级临床重点专科，整合二级以上医院资源向基层医疗卫生机构开放，实现全市乡村医生签约服务乡镇卫生院和村卫生室全覆盖，签约35.99万份，覆盖136.38万人。（6）强化信息支撑，全市所有医疗机构HIS系统已全覆盖，20个县级以上公立医院远程医疗中心已投用，144家基层医疗卫生机构推广使用“贵医云”平台。

黔东南州“六举措”补短板强基础提升基层卫生服务能力　（1）全力抓好“百院大战”建设项目，推进中医院、人民医院、专业公共卫生机构建设项目，打造好中心乡镇卫生院和中心村卫生计生室建设。（2）加强医疗卫生队伍建设，实施“232”卫生人才培养计划，选派骨干医师培训学习，在岗卫生技术人员提升学历，引进高层次、领军型人才和急需紧缺人才，加大空编补员力度，建立完善人才激励、晋升、交流和绩效分配考核机制。（3）抓对口帮扶项目建设，推进儿科、妇产科、心血管内科、神经外科等5个重点学科和重症监护室、急诊急救体系建设，完善二级医院与乡镇卫生院（社区卫生服务中心）对口支援帮扶协作机制。（4）加快推进人口健康信息化建设，补齐信息化管理滞后短板。（5）全力推进健康扶贫工程，逐步完善基本医疗保险、大病保险、医疗救助和疾病应急救助等制度的衔接机制，建立医疗扶助制度。（6）大力发展社会办医，全面推行自主申办营利性或非营利性医疗机构，鼓励支持社会信誉度高、具有较强管理经验的社会资本举办高水平、规模化医疗机构，按照“宽进严管”原则建立不良执业积分管理制度，健全准入退出机制。

黔南州基层医疗卫生服务能力建设有“四力”

（1）加强基层医疗卫生服务能力建设有定力。全方位提高医疗卫生保障水平和服务能力，让群众能享受安全有效、方便廉价的公共卫生和基本医疗服务。（2）加强基层医疗卫生服务能力建设有毅力。以乡镇卫生院标准化建设全覆盖和“百院大战”为主抓手，实现县级公立医院、乡镇卫生院、村卫生室标准化建设覆盖率达100%；以县级医院为龙头、乡镇卫生院为枢纽、村卫生室（站）为基础，逐步形成基层医疗卫生服务网络；以县医院“5+2”重点科室建设、乡镇特色专科建设、乡镇卫生院远程医疗全覆盖和村卫生室信息化建设为突破口，加强基层医疗卫生机构重点设备配置。（3）加强基层医疗卫生服务能力建设有动力。加大医疗卫生人才培养、培训和引进力度，加强基层卫生人员学历培训、全科医生转岗培训，实施全科医生特岗计划，实行“县管乡用、县乡村一体”的基层医疗卫生人才管理机制。强化公共卫生服务功能定位，构建主动干预、有效管理的公共卫生服务模式。（4）加强基层医疗卫生服务能力建设有合力。改革发展党政“一把手”总负责、负总责，建立上下联动的工作机制。完善责任、考核、问责机制。

黔西南州3类贫困人群享受医疗卫生“十免六优先”优惠　（1）“十免”是：在全州二级以上公立医院门诊就医，减免挂号、诊查、注射、换药、常规护理，体温、血压、呼吸、脉搏常规监测费等10项费用。（2）“六优先”是：优先诊疗，优先住院，优先安排床位，优先就医，同等条件下建档立卡农村贫困家庭、计生“两户”及计生特殊家庭子女报考订单定向免费医学类院校优先安排，建档立卡农村贫困家庭留守儿童在基本医疗保险、大病保险、医疗救助等政策上优先倾斜。

威宁县卫生计生局“五举措”开展医疗扶贫　（1）加快推进项目建设，全力抓好“百院大战”建设项目，加快推进实施乡镇卫生院、专业公共卫生机构建设项目。（2）加强医疗卫生人才队伍建设，建立健全人才管理机制，充实医疗卫生人才队伍，不断提升医疗卫生人员服务能力。（3）全力抓好对口帮扶项目建设，以基础设施建设、技术技能培训、科学管理指导为重点，统筹推进石门乡计生民生项目的实施。（4）加快推进人口健康信息化建设，县级以上公立医院全面接入网上预约挂号省级统一平台，实现与省级电子病历共享平台对接。（5）全力推进健康扶贫工程，1月1日起全面启动实施慢性病救助政策，建立贫困人口县域内定点医疗机构住院“先诊疗后付费”结算机制，切实解决贫困人口住院费用负担。

贵安新区实现疫苗冷链温度实时监控保疫苗安全　投入专项经费，在直管区所有免疫规划预防接种点建立了疫苗冷链设备温度实时监测系统，实现免疫规划疫苗管理单位冷库、冷藏车、冰箱温度24小时适时监控全覆盖。

安龙县“五个精准”救治贫困患者　（1）精准到病，对建档立卡贫困户罹患儿童白血病、食管癌、胃癌等13种大病摸底排查，确定救治对象并建立工作台账。（2）精准到人，对患者姓名、性别、年龄、住址及病史准确记录，建立救治台账。（3）精准到扶，对罹患大病和慢性病患者动员到县人民医院集中救治，并实行医疗保障、大病保险、医疗救助、医疗扶助、重大疾病保险、二次报销100%的医疗保障政策，使其年度医药自付费用为零。（4）精准到治，医疗机构审核患者参合或救助身份并签订先诊疗后付费协议后，直接住院治疗。（5）精准到访，对出院病人开展随访，为患者提供“亲人般”诊疗后续服务。

三都县公立医院推行院长奖励性政策　该县财政投入199万元，按照“65432”奖励性绩效年薪标准（即：县医院院长6万元，副院长各5万元；县中医院和妇幼保健院院长各5万元，副院长各4万元；21个基层卫生院的院长和副院长分别按4万元、3万元、2万元不同等次）进行奖励。

息烽县远程医疗服务体系逐渐形成　该县通过对现有场地进行改造和规范，完成“五室”（远程会诊室、心电室、检验室、影像室、规范化数字预防接种门诊）场地标准化建设；建立满足开展远程医疗和互联互通需要的信息系统；按照填平补齐原则，补充购置必要医疗设备；强化县级公立医院和乡镇卫生院互联互通。以信息化手段促进优质医疗资源下沉。全县10个乡镇卫生院规范化数字预防接种门诊、县级区域影像中心、县级区域心电中心已建成并投入使用。

剑河县为建档立卡贫困人口购买慢性病长期护理险　该县建档立卡农村贫困人口享受慢性病长期护理保险后，凡因罹患符合规定的63种慢性疾病（精神病及重性精神病除外）导致生活不能自理达6个月以上，经残联部门认定为一、二级残疾，将由承保公司根据其护理形式给予一定补偿。护理费用标准为：日常生活能力评定分值在20分（含20分）以下的每人每月3000元，21～30分（含30分）的每人每月2500元，31～40分（含40分）的每人每月2000元。由护理机构护理的，承保公司按照支付标准补偿70%，个人承担30%；由家庭护理的，承保公司按照支付标准补偿30%，个人承担70%。

大方县“三举措”力推医联体建设便民利民　（1）构建“紧密型”医联体，由县级公立医院通过派驻团队进入建立医疗联合体的乡镇卫生院，直接参与管理，把县级医院的管理模式、服务理念、医疗技术带到乡级卫生院。（2）构建“松散型”医联体，整合政策资源，结合县级医务人员职级晋升和二级医疗机构对口帮扶乡镇卫生院的政策实施，把全县分为4个片，按照分片负责原则，激励县级医院医务人员到乡级卫生院服务，推动县级优质医疗资源下沉。（3）实行基层首诊考核，把基层首诊纳入对各级政府和基层医疗机构的考核，基层首诊率从2016年的48.42%提高到2017年的52.98%。（韩加友　王　静）

〔特约编辑：韩加友〕

〔主　编：李奇勇　副主编：黄　平〕

全省卫生和计划生育工作概述　2017年，云南省卫生计生系统认真学习贯彻党的十九大精神，以习近

平新时代中国特色社会主义思想为指导，以贯彻落实新时代卫生与健康工作方针为指引，认真贯彻省第十次党代会精神，以推进健康云南建设、促进人口均衡发展为主线，以抓落实为主旋律，把握机遇、迅速行动、开拓创新、攻坚克难，完成年度各项目标任务。

省委、省政府高位推动卫生健康工作。召开新世纪以来第一次卫生与健康大会，省委、省政府主要领导出席大会并讲话。出台《进一步加快卫生与健康事业改革发展的决定》《“健康云南 2030”规划纲要》《云南省“十三五”深化医药卫生体制改革规划》《云南省“十三五”卫生与健康规划》。全省上下理顺医改管理体制，医改办全部移交到卫生计生部门。省委、省政府把医改和卫生计生重点工作任务纳入重大事项督查范围，全力推动工作落实。省卫生计生委顺势而为，推动出台《关于进一步深化医药卫生体制改革的实施意见》《关于建立现代医院管理制度的实施意见》《云南省推进医疗服务价格改革实施意见》《云南省健康扶贫 30 条措施》《关于支持社会力量提供多层次多样化医疗服务的实施意见》《关于进一步改革完善药品生产流通使用政策的实施意见》等政策规定，逐步形成较为完善的卫生健康事业改革发展制度体系。

深化医药卫生体制改革向纵深推进。（1）公立医院综合改革全面推开。全省城市、县级公立医院以及非政府举办的公立医院全部取消药品加成同步调整医疗服务价格，医疗服务价格调整补偿率平均达 74.02%，药占比下降到 32.81%，医疗服务收入占比上升到 28.34%，调整成果初步显现。2016 年度公立医院综合改革效果评价云南全国排名第 10 位。禄丰支付方式改革被列为全国“十大医改经验”之一，并受到国务院办公厅、医改办、国家卫生计生委、财政部的通报表扬和奖励。玉溪市、云县分别被列为公立医院综合改革国家级示范城市和示范县。（2）现代医院管理制度试点步伐加快。10 个州市、116 个县市成立公立医院管理委员会，61 家公立医院实行院长聘任制，22 家实行总会计师制度。红河州所有公立医院取消行政级别，实行院领导年薪制，探索编制备案制管理模式，勐腊县等县市探索核定适量的政府购买服务岗位，解决医院人员编制不足的问题。玉溪市级、部分区级公立医院试点薪酬制度改革，取得良好效果。利用 DRGs 绩效管理网络平台，对全省二级以上医院主要指标实施监管和通报。（3）分级诊疗加速形成。在城市初步形成以三级公立医院为龙头的 58 家医疗联合体；在县域建成医共体 201 个、专科联盟 55 个，远程医疗协作网覆盖 182 家省市县乡医疗机构。建立家庭医生团队 13540 个，家庭医生签约服务全面推开，全省居民签约率达 43.34%，重点人群签约率达 71.32%。县域内就诊率达 83%。落实在岗乡村医生财政专项补助，组织 200 名优秀乡村医生疗休养，举办基层最美健康“守门人”评选。（4）基本医保功能更趋完善。全民医保体系加快健全，城乡居民医保制度实现统一，财政人均补贴增加至 450 元。参保（合）率稳定在 95% 以上，基本实现了“应保尽保”。17 个统筹区（包括省本级）推开支付方式改革，全面实施按病种、床日、人头付费、总额预付等方式的复合式支付制度改革，按病种付费达 144 个病种。医疗费用不合理上涨趋势初步得到有效遏制。个人卫生支出占卫生总费用比重从 2012 年的 34% 下降到 28.72%，居民就医负担有所减轻。（5）药品供应保障制度不断优化。6 个城市实施“两票制”，短缺药品供应保障机制进一步完善。玉溪市与三明市、宁波市等现行探索城市联合限价采购。省药品集中采购平台药品采购金额为 180.25 亿元，其中，基本药物采购金额 54.07 亿元。高值医用耗材阳光挂网采购金额 6.75 亿元。（6）信息化建设全面提升。启动省级全民健康信息平台建设互联互通试点工作，完成省级全民健康信息基础平台及“三大基础数据库”搭建，成功实现与国家全民健康信息平台对接。昭通市彝良县远程医疗乡乡通暨医改被评为 2017 年度全国推进医改、服务百姓健康“十大新举措”之一。（7）医养结合逐步推进。召开全省医养结合试点工作推进会。16 个州市出台实施方案，22 个试点地区探索多种模式。全省 86% 的医疗机构开通老年人就医服务绿色通道，64% 的养老机构为老年人提供医疗卫生服务。（8）综合监管制度不断完善。监管方式不断完善，强化事中事后监管。印发加强卫生计生综合监督行政执法工作的实施意见，加快推进卫生计生监督执法体系建设。卫生计生综合监督行政执法改革经验得到了国家肯定。开展医疗机构依法执业监督检查，维护群众健康权益。

健康扶贫工作成效明显。（1）健全完善组织领导。省级成立委健康扶贫领导小组和领导小组办公室，省卫生计生委成立健康扶贫领导小组，设立健康扶贫办；16 个州市、122 个县市区均建立由党委政府分管领导为组长的健康扶贫领导小组，形成了上下联动、左右协同齐抓共管的工作格局，在全国年度考核中名列第七位。（2）顶层设计取得突破。会同多部门联合制定《云南省健康扶贫 30 条措施》及 20 余个配套文件，细化国家政策措施，突出云南工作实际，强化顶层设计。将健康扶贫工作纳入对各州市人民政府年度责任目标和脱贫攻坚考核。召开全省健康扶贫工作部署会、推进会、誓师会，组织集中调研、现场指导、联合督查，各项工作强力推进。（3）因病致贫返贫数据更加精准。精准识别因病致贫、因病返贫建档立卡户29万户112万人，因病致贫返贫率为25.21%。启动2017年动态管理信息录入工作，新认定的因病致贫返贫户患病核准率为99.93%。（4）“三个一批”行动计划得到落实。实施贫困人口个人参保、家庭医生个人缴费、医疗救助、兜底保障“四重补助”，落实看病就医基本医保、大病保险、医疗救助、兜底救助“四重保障”，稳步推进大病集中救治、慢病签约服务管理、重病兜底保障。集中救治大病患者6.11万人，建档立卡贫困人口家庭医生签约服务实现全覆盖，慢病规范管理率均达到60%以上，住院实际报销比例达87.26%。建档立卡贫困人口实现100%参加城乡居民基本医保。（5）便民政策落细。实施农村贫困住院患者县域内“先诊疗、后付费”医疗服务模式。所有县级定点医疗机构落实“先诊疗、后付费”服务，16个州市基本实现费用“一站式和一单式结算”，贫困人口看病就医更加便利。（6）卫生补短板扎实推进。卫生补短板项目完成投资39亿元，实施市、县两级中心医院能力提升、“乡乡通”远程医疗服务体系建设、100个乡镇卫生院服务能力提升等工程。全省88个贫困县乡镇卫生院、村卫生室建设达标率分别达到98.14%和98.52%。上海市、云南省、部队医院73所三级医院对口帮扶88家贫困县人民医院，累计派驻医务人员1400余人次，接诊患者15万人次，带教指导手术2万余台次，接受进修培训640名骨干医师。（7）公共卫生和健康水平得到提升。全省88个贫困县免疫规划儿童预防接种上报接种率达99.51%、肺结核规范管理率为97.91%（均达标）。宫颈癌检查27.68万人，乳腺癌检查2.72万人，儿童营养改善项目实际领取营养包儿童10.4万人，新生儿遗传代谢病筛查率为93.44%，新生儿听力筛查率为92.29%。孕产妇死亡率为21.46/10万，婴儿死亡率为7.92‰，达到全省平均水平。

计划生育工作扎实开展。全省住院分娩新生儿首次突破70万人，全面两孩出生增加175%，计划生育管理服务改革成效明显。“关爱妇女儿童健康行动”成效明显，免费宫颈癌检查41.5万人，乳腺癌检查5.5万人，领取营养包10.38万人，增补叶酸34.99万人，孕前优生健康检查21万对夫妇。全省孕产妇死亡率、婴儿死亡率和5岁以下儿童死亡率分别下降至19.65/10万、6.70‰和8.79‰。226.16万人（户）享受国家计划生育“三项制度”和云南省“奖优免补”政策，计划生育特殊家庭实现联系人制度、就医绿色通道和家庭医生签约“三个全覆盖”。流动人口基本公共卫生计生服务均等化工作稳步推进，免费计划生育服务覆盖率达到93%。开展创建幸福家庭、“新家庭计划”、新市民健康城市行活动和流动人口基本公共卫生计生服务均等化试点，昆明市创建为全国幸福家庭示范市，14个单位创建为国家流动人口健康示范单位。高质量完成全国生育状况抽样调查和流动人口卫生计生动态监测调查。开展《母子健康手册》推广试点，启动全省妇幼保健院等级评审工作和母婴设施规范建设。全员人口信息系统上线运行，实现全员人口、流动人口信息系统与国家对接。

公共卫生和卫生应急能力稳步提升。基本公共卫生服务人均补助提高到50元，服务内容增加到14类。传染病发病率连续多年低于全国平均水平。H7N9疫情及突发事件卫生应急处置成效显著，有效防范中东呼吸综合征、寨卡病毒病等疾病境外输入，登革热疫情得到有效防控，及时处置麻疹、流感、结核病聚集性病例等疫情。农村卫生厕所普及率、饮用水合格率和全民健康素养大幅提升，新增国家卫生城市3个、卫生县城（乡镇）7个，国家级卫生城市数量居全国第10位，卫生县城数量居全国第14位，全面启动健康城镇建设。全面启动全省预防接种异常反应补偿保险工作，适龄儿童常规疫苗报告接种率以乡（镇）为单位均在95%以上。结核病“三位一体”服务模式持续推进，患者规范服药率、成功治疗率等指标均保持在90%以上。71个县（市、区）通过了省级消除麻风病危害达标考核并命名，119个县（市、区）通过消除疟疾考核评估，全省保持疟疾无本土病例发生，3个县（市）率先达到血吸虫病消除标准。未发生严重精神障碍患者肇事肇祸事件。新创建15个国家级、6个省级慢性病综合防控示范区。艾滋病疫情快速上升势头得到有效遏制，已从全国的重灾区转变为全国示范区。全省HIV检测发现率达80.2%、抗病毒治疗覆盖率和病毒抑制率分别达79.6%和94.0%，继续保持无经输血传播，母婴传播率下降至2.83%。重点职业病职业危害因素监测覆盖所有县（市、区），放射卫生监测覆盖16个州（市）。省级重大疾病防治联席会议制度不断完善，边境地区与周边国家疾病联防联控机制进一步强化。“国家突发急性传染病应急队”和“国家卫生应急移动防疫处置中心”两支国家应急队建成并投入使用。启动航空紧急医学救援体系建设，完成昆明、曲靖、普洱、迪庆等州市省级卫生应急分队建设，开展卫生应急技能竞赛。

医疗服务管理水平持续改善。深入推进改善医疗服务行动计划，千方百计解决群众感受最直接、反映最突出的医疗服务问题。实施县、乡、村医疗卫生机构建设项目6800多个，医疗卫生服务体系进一步完善。住院医师规范化培训制度基本建立。云南阜外心血管病医院建成并运行。新增9所三甲医院。扎实推进县级中心医院提质达标晋级行动计划，20所县级综合医院达到国家县级医院医疗服务基本标准。对23所三级综合（中医）医院开展等级医院评审和追踪评审。全省疾病诊断相关分组（DRGs）网络平台建设综合绩效分析排名居全国第2位。建立39个省级质量控制中心，抗菌药物和辅助用药临床应用整治取得明显成效。139所医疗机构开展临床检验结果互认项目20项。免费筛查救治229名先心病贫困患儿，完成白内障复明工程手术6.3万例，救助1.5万例贫困汞毒症患者，疾病应急救助1779人。无偿献血66万单位，创历史新高。严厉打击涉医违法犯罪行为，持续创建“平安医院”。

中医药振兴发展步伐加快。全方位、多层次组织《中医药法》宣传培训。开展《云南省发展中医药条例》修订调研。抓好37个国家及省级重点专（学）科建设；支持41家中医医院急诊急救能力建设、35个县中医药服务能力提升，评审10家三级中医医院。确定8个基层名老中医药专家传承工作室建设项目，培养62名学术传承人。对5000名乡村医生开展中医药适宜技术培训。中医药领域实现国医大师“零”的突破。中医药健康扶贫及综合预防保健体系建设的“绥江经验”在全国第4届少数民族医药工作大会上交流。保山市隆阳区、曲靖市马龙县等15个县创建为全国基层中医药工作先进单位。全省97.96%的社区卫生服务中心、96.30%的乡镇卫生院和89.05%的社区卫生服务站、78.50%的村卫生室能够提供中医药服务。抓好27个国家中医药重点专科建设，开展中西医协同协作基地建设，启动省级中医药重点学科建设。入选第6批全国老中医药专家学术经验继承工作指导老师24名、继承人48名，第4批全中医临床优秀人才研修项目培养对象4名。确定8个基层名老中医药专家传承工作室建设项目，培养62名学术传承人。对5000名乡村医生开展中医药适宜技术培训。在版纳、德宏、迪庆等重点民族地区基层医疗机构加快民族医药科室建设。25个项目县中药资源普查工作通过国家验收。举办中国医疗健康产业投资50人走进云南健康产业投资座谈会。加快省级中医药数据中心建设，开展基层中医馆健康信息平台试点。鼓励、支持社会和个人举办中医综合医院、专科医院及门诊、诊所等，全省社会办中医类医疗机构达1300多个。与泰国卫生部签订《传统医药研究和发展合作协议》，倡导并成功举办第8届大湄公河次区域传统医药交流会。积极参与生物医药和大健康产业发展，中医药与康复、养老、旅游等产业进一步融合发展。

人才和科教工作成效明显。新增省级重点实验室2个、省工程研究中心1个、省创新团队8个。完成科技成果登记73项，获省科技奖55项，国家重大专项2项、国家自然科学基金项目93项，内设研究机构科研课题立项335项，获批6个干细胞临床研究机构。招录农村订单定向免费医学生985人，参加住院医师规范化和助理全科医生培训6613人，组织各类滇沪合作培训1700人次，在岗乡村医生参加在职学历教育2669人。新遴选各类医学人才144名、招聘引进工作人员359名，居历年之最。制定卫生专业技术职称分级评审标准和办法，3299人通过全省卫生技术高级职称评审，355人通过基层卫生高职评审。表彰党的十八大以来全省卫生计生系统涌现的先进集体50个、先进个人100人。

法治建设、财务决算、食品安全、对外交流、综治维稳等重点工作扎实推进。深入推进法治创建活动，被省政府表彰为2013—2015年依法行政工作先进单位。深化“放管服”改革，调整24项行政职权，开展“减证便民”清理，实现政务服务网上办理，取消40余项证明材料。开展医疗机构依法执业监督检查、打击“黑心棉”及劣质床上用品、非法医疗美容、违规应用人类辅助生殖技术专项行动。稳步推进云南国际健康医疗城咨询工作。“辐射中心建设云南医疗卫生发展战略研究”省长课题通过验收。积极争取各级财政资金投入，全省医疗卫生与计划生育预计支出548.19亿元，比上年增长17.4%，纳入省财政考核资金支出进度达100%。财务年报、部门决算编制工作分别被国家卫生计生委和省财政厅通报表扬。食源性疾病监测哨点医院增至174家，生物样本采集和检验哨点医院增至25家，实现监测网络全覆盖、监测项目全覆盖，监测环节全覆盖。制定发布《三七花》《三七茎叶》地方标准，获授权将紫皮石斛纳入地方特色食品管理，地方标准制定数量位居全国前列，有力提升云南省食品产业竞争力。赴缅甸、老挝开展“光明行”活动，眼科医疗队受到习近平总书记亲切接见。举办中法医院院长论坛，第18批援乌干达医疗队抵乌执行任务。继续开展周边国家卫生专业人员培养合作。中越老缅跨境流行疾病联防联控试点区域扩展到3国22个边境县。围绕推进健康云南建设加大媒体宣传、举办多场新闻发布会。组织“砥砺奋进的5年”主题宣传活动，选树李桂科、何黎、夏爱克等先进典型，加强示范引领。加大信息公开和政务公开，及时回应社会关切，妥善处置舆情，拓展创新“12320”（“12356”）健康热线，为卫生健康事业改革发展营造良好氛围。完成南博会、商洽会、旅交会等重大活动医疗卫生保障任务。狠抓综治维稳、信访保密、消防安全等工作，保持全系统的安全稳定，被省政府评为安全生产、消防安全先进单位，在全省冬春火灾防控工作电视电话会议上作交流发言。

党建和党风廉政建设全面加强。认真组织全系统收听收看党的十九大开幕会实况，兴起学习宣传贯彻党的十九大精神热潮。扎实推进“两学一做”学习教育常态化制度化，认真开展“基层党建提升年”、创建书香单位书香支部、“跨越发展、争创一流；比学赶超、奋勇争先”等活动。有序推进委机关党委、纪委及直属单位党组织按期换届，稳步推进“两新组织”党组织建设，组织开展各级党组织主要负责人培训，党务干部队伍能力进一步提升。指导大理州医者仁心思想道德教育基地建设，组织开展“两优一先”、全省医德标兵等评选活动。召开党建和党风廉政建设工作会，着力加强思想政治建设和意识形态工作，党员干部“四个意识”得到强化。省寄生虫病防治所、玉溪市人民医院通过复审保留“全国文明单位”称号，昭通市第一人民医院新获“全国文明单位”称号。认真贯彻中央巡视“回头看”和省委巡视整改有关精神，坚持问题导向，着力解决“灯下黑”“两张皮”等问题，制定整改实施意见，召开专题民主生活会，做实巡视整改工作。工青妇等群团组织建设不断加强。开展“转作风、抓落实、促跨越”活动，专项整治小金库、吃空饷、超编制、超职数和借调人员，机关和行业作风持续转变。

全省卫生与健康大会　2017年3月23日在昆明召开。省委书记陈豪，省委副书记、省长阮成发出席会议并讲话，省委副书记李秀领主持，省政协主席罗正富出席。省委常委、省委秘书长李邑飞，省政府常务副省长、党组副书记、省政协副主席、党组书记李江，省人大常委会党组副书记、副主任、省总工会主席张百如，副省长高峰，省政府秘书长何金平出席会议。会议强调，要深入学习贯彻习近平总书记系列重要讲话精神和全国卫生与健康大会精神，把人民健康放在优先发展战略地位，推进卫生与健康事业改革发展，脚踏实地加快健康云南建设，努力增进人民健康福祉。

国家卫生计生委检查云南省血吸虫病防治工作　2017年3月24—26日，由王国强副主任带队在云南检查血吸虫病防治工作。省委书记陈豪、省委副书记、省长阮成发在昆明会见王国强一行，并就血吸虫病防治等工作交换意见。检查组深入大理市银桥镇阳波行政村、湾桥镇云锋、中庄行政村等现场，查看血吸虫病综合治理项目开展情况，与当地群众和基层血防人员进行交流，并听取云南省血防工作汇报。

阮成发调研医改工作和卫生计生事业发展情况　2017年5月19日，云南省委副书记、省长阮成发到省卫生计生委调研医改工作和卫生计生事业发展情况。阮成发要求，要坚持问题导向，深刻剖析找准云南省推进医改工作的“症结”、研究提出针对性解决措施。要认真贯彻落实党中央、国务院决策部署，着力推进分级诊疗、现代医院管理、全民医保、药品供应保障、综合监管5项制度建设，落实好2017年医改工作的10件实事，确保取得重大突破。

疾病诊断相关分组支付方式改革　2017年6月4日，在全国深化医改经验推广会暨中国卫生发展高峰论坛上，以禄丰县为代表的云南疾病诊断相关分组（DRGs）支付方式改革，获医改“十大新举措”表彰。

《关于进一步加快卫生与健康事业改革发展的决定》新闻发布会　2017年6月15日，云南省政府新闻办召开《关于进一步加快卫生与健康事业改革发展的决定》新闻发布会。省卫生计生委主任李玛琳围绕《决定》出台的重要意义、全省卫生与健康事业改革发展的总体思路和主要目标、全省卫生与健康事业改革发展的主要任务3个方面对《决定》进行解读。

全省医改工作电视电话会议　2017年6月22日由云南省政府召开。省委副书记、省长、省医改领导小组组长阮成发出席会议并讲话，省委常委、常务副省长、省医改领导小组常务副组长宗国英主持会议。会议强调要深入贯彻落实中央关于深化医改的决策部署和全国医改工作电视电话会议精神，坚持以人民为中心的发展思想，以人民群众需求为努力方向，突出目标和问题导向，锲而不舍、坚定不移地推进医改工作取得新突破。

云南省阜外心血管病医院启动试运营　2017年6月26日，由云南省政府与中国医学科学院阜外医院合作，按三级甲等标准建设的心血管病专科医院——云南省阜外心血管病医院试运营启动仪式在门诊大厅举行，省卫生计生委主任李玛琳出席仪式并讲话。云南省阜外心血管病医院经历4年筹建，是面向西南，辐射南亚、东南亚，覆盖基本、特需、高端医疗的三级甲等心血管病专科医院，计划设置床位1000张、20间手术室、3间杂交手术室、12间介入导管室，按照“强专科、大综合”的模式设立约30个心血管疾病相关科室。

云南出现首位“国医大师”　2017年3月，经全国“国医大师”“全国名中医”工作领导小组办公室组织专家评审，共评选出“国医大师”30名、“全国名中医”100名。云南省张震获“国医大师”荣誉称号，孟如、张沛霖获“全国名中医”荣誉称号，实现“国医大师”

评选“零”的突破。

《“健康云南2030”规划纲要》印发实施　2017年8月11日由云南省委、省政府印发。该纲要立足云南实际，坚持目标导向和问题导向，突出战略性、系统性、指导性、可行性，是云南省今后14年推进健康云南建设的宏伟蓝图和行动纲领。紧扣习近平总书记考察云南时提出的“三大定位”，提出到2020年和到2030年分两步走实现健康云南建设目标。

赴缅甸开展“光明行”活动　2017年8月18—24日，云南省卫生计生委主任李玛琳、省对外友好协会会长周红率医疗队赴缅甸仰光省开展“光明行”公益活动，在仰光省迪德谷瑞比罕医院开展了为期一周的“光明行”活动，为缅甸眼疾患者免费完成200例白内障手术，并开展义诊。

第18批援乌干达医疗队出征　2017年8月28日，云南省卫生计生委在昆明医科大学第一附属医院举行中国第18批援乌干达医疗队出征仪式。该批医疗队全部由昆明医科大学第一附属医院医务人员和专家组成。省卫生计生委党组书记王灿平向中国第18批援乌医疗队授旗，全体队员面对医疗队队旗庄严誓词。

实施“健康扶贫30条”　云南省卫生计生委等部门在充分学习调研四川、贵州、重庆等周边省市健康扶贫办法措施的基础上，在省政府办公厅的牵头组织和各有关部门的密切配合下，针对贫困地区群众最关心的看得起病、方便看病、看得好病和少生病问题，形成《云南省健康扶贫30条措施》，2017年9月18日经省政府第123次常务会议审议通过，9月27日印发各地组织实施。该文件的出台，明确了顶层设计，释放了政策红利，提高农村建档立卡贫困人口的医疗保障水平以及贫困地区的医疗卫生服务能力，从根本上有效解决了因病致贫、因病返贫的发生。

药品采购“两票制”　2017年，云南省卫生计生委与省发展改革委、人力资源社会保障厅、工业信息化委、食品药品监管局等13个部门联合印发《云南省公立医疗机构药品采购中推行“两票制”实施方案（试行）》。2017年10月1日起，在省级医院和昆明市、曲靖市、玉溪市、普洱市、红河州、大理州等6个公立医院试点城市推行“两票制”。

《云南省“十三五”卫生与健康规划》印发实施　2017年10月19日省政府印发该规划，这是贯彻落实习近平新时代中国特色社会主义思想和习近平总书记考察云南重要讲话精神，主动服务和融入国家战略，推进健康云南建设、保障人民健康的重大举措，对云南省全面建成小康社会，加快推进社会主义现代化，提升人民健康水平，促进健康产业发展，满足全省各族群众不断增长的健康服务需求均具有重大而深远的意义。

赴柬埔寨开展“爱心行”活动　2017年12月20—28日，云南省阜外心血管病医院派出10名经验丰富筛查队伍赴柬埔寨开展“爱心行”先心病手术义诊活动。共筛查21所学校，为13147名儿童进行先心病筛查服务，其中疑似儿童305名，确诊26名，并安排了7名患儿赴云南阜外心血管病医院进行了手术治疗。

“关爱妇女儿童健康行动”各项任务完成　2017年云南省政府继续将“关爱妇女儿童健康行动”列入省政府10件惠民实事。省卫生计生委制定下发《云南省2017年实施“关爱妇女儿童健康行动”计划方案》，围绕“加强农村孕产妇住院分娩、加大妇女儿童重大疾病防治、开展出生缺陷综合防治、降低孕产妇死亡率、婴幼儿死亡率”的目标任务，通过强化政府责任、完善保障措施、加强妇幼卫生服务体系和运行机制建设，完成“关爱妇女儿童健康行动”各项任务。

卫生计生事业发展数据　2017年末，云南省有医疗卫生机构24688个，其中，医院1252个，基层医疗卫生机构22868个，专业公共卫生机构528个；三级医院69所，其中，三级甲等医院42所；二级医院340所，其中，二级甲等医院209所。全省有卫生人员36.92万人，医疗卫生机构床位27.48万张，其中，非公立医疗卫生机构6.32万张，每千人口医疗卫生机构床位数为5.72张、每千人口医疗卫生机构执业（助理）医师为1.96人，每千人口注册护士数为2.68人，2017年12月，卫生技术人员按专业技术资格分，高级职称比例为6.54%。

2017年，全省医疗卫生机构总诊疗人数为2.55亿人次，出院886.13万人，其中，非公立医疗卫生机构总诊疗人次0.43亿人次，出院152.10万人。医院总诊疗人数为1.04亿人次，出院700.47万人，其中，民营医院总诊疗人次0.18亿人次，出院150.71万人。

人口数据及态势分析　2017年云南省出生人口64.8万人，比上年增加2.2万人；人口出生率为13.53‰，同比上升0.37个千分点；死亡人口32万人，同比增加0.8万人；死亡率为6.68‰，同比上升0.13个千分点；自然增长人口32.8万人，同比增加1.4万人；人口自然增长率为6.85‰，同比上升0.24个千分点；年末总人口为4800.5万人，同比增加30万人。结合全省计生报表及抽样调查数据综合分析，2017年全省出生人口中，一孩26.8万人，占比41.4%，比上年下降6.52个百分点；二孩32.8万人（其中“全面两孩”35043人，比上年增加19153人），占比50.6%，比上年上升6.51个百分点，首次超过50%。符合政策生育率为89.86%（同比增加1.22个百分点）。

卫生计生工作目标管理考核结果　经省政府同意，2017年度卫生计生工作目标管理考评结果为（满分为100分）：（1）2017年度卫生工作目标管理考评结果：玉溪市95.80分、红河州95.62分、昆明市95.51分、德宏州95.51分、保山市94.48分、大理州94.44分、文山州94.16分、曲靖市94.13分、丽江市92.40分、楚雄州92.25分、临沧市91.91分、普洱市90.82分、昭通市90.16分、西双版纳州88.55分、怒江州85.96分、迪庆州85.47分。（2）2017年度计划生育工作目标管理考评结果：昆明市96.46分、玉溪市96.38分、楚雄州96.23分、德宏州95.14分、红河州94.60分、丽江市94.18分、文山州94.10分、曲靖市93.89分、普洱市93.44分、昭通市92.88分、大理州91.69分、保山市90.32分、迪庆州88.76分、临沧市87.94分、西双版纳州82.92分、怒江州80.10分。

昆明市探索“互联网＋医疗”就医新模式　预约挂号系统集成市、县34所二级以上公立医院的号源池，昆明市内、云南省内居民可随时随地在平台内快速进行医院的预约操作，平台开通微信支付功能，真正实现“一对多”“一对全”的服务模式，满足市民的多样化需求。全市17所二级以上公立医院实现在线预约挂号。每天有接近2000人次使用网络预约挂号平台完成预约、并到各大医院就诊，累计预约人次近80万。

曲靖市实现全省首批临床检验结果互认　经云南省临床检验中心批准，云南省临床检验中心、云南省临床检验质量控制中心首批在曲靖市设立分中心，增强了曲靖市区域医疗卫生中心建设中临床检验学科的建设，提升了基层医疗机构服务能力，确保曲靖市卫生系统检验质量一致。

玉溪市建立完善应急保障体系　该市加强医疗卫生应急救援现场技能训练工作，以岗位技能训练和竞赛等活动为切入点，结合临床实际工作，积极组织实施，提高全员整体业务素质。规范医疗卫生服务，积极倡导规范、科学地为病人提供优质医疗技术服务，着力推进医疗工作贴近病人、贴近临床、贴近社会。树立“以病人为中心”的服务理念，强化医护基础理论、基本知识和基本技能，不断提升专业能力、业务素质、人文素养和沟通能力，将“以病人为中心”的服务理念和对病人的人文关怀融入到日常技能训练和实际工作中。增强医护队伍的凝聚力和职业自豪感，通过开展岗位职业技能竞赛等活动，形成互助互学、团结向上、积极进取的良好氛围，增强医护队伍的凝聚力，增强医护人员的职业自豪感。

保山市强化传染病疫情数据信息质量　该市完善疫情网络建设。网络覆盖率和正常运转率达100%。强化疫情报告管理队伍建设，市、县疾控中心疫情管理人员不少于2人，认真审核每日传染病数据信息，严格把控数据质量。建立市、县、乡、村一体化管理模式，完善内部考核制度，落实自查自纠、严格追责、及时整改。强化督促考核，除日常电话指导、答疑解惑外，每季度开展工作督导、每半年进行基本公共卫生绩效考核、每年一次卫生行政执法检查。落实安全保密措施，加强用户管理，所有直报计算机基本能做到专机专用、专人管理，所有医疗机构建立保密制度并签订安全承诺书。

楚雄州着力推进“医共体”建设　该州实施“州帮县、县帮乡镇、乡镇帮村卫生室”的“医共体”建设措施，18个县级公立医院、114个乡镇卫生院、1101个村卫生室结成“互助对子”，有效解决州域内患者基本病、常见病的医疗就诊问题。同时，以省内龙头医院为依托，与州内所有医院组成共同医疗体联盟，实现全州18个县骨干医生到省级医院陪训和学习，城市三级医院优质资源下沉基层，带动全州医疗、教学、科研和学科建设，使基层医务人员的首诊能力大幅提高，初步形成“健康进家庭、小病在基层、大病到医院、康复回基层”的格局。

红河州5项措施着力实施健康扶贫　（1）精准识别健康扶贫对象，逐户逐人开展面对面调查摸底，做到村不漏户、户不漏人、人不漏项。（2）完善贫困地区医疗救助保障，启动实施州级重特大疾病医疗救助，将救助封顶线提高到10万元。建档立卡贫困人口政策范围内住院费用报销比例提高5个百分点，将大病报销起付线由5000元降至3000元。（3）积极探索重点人群健康扶贫途径，对白血病、终末期肾病、糖尿病、高血压、高血脂症等5种大病进行干预，为农村适龄妇女4.6万人免费进行宫颈癌检查，对0.2万人进行乳腺癌检查，为13799名贫困白内障患者实施复明手术。（4）加强贫困地区医疗基础设施建设。安排州级资金700万元，用于脱贫出列乡镇卫生院、村卫生室标准化建设。（5）健全健康扶贫人才管理机制建设。明确规定南部6县乡镇卫生院可将业务收支结余部分60%用于改善职工福利，40%用于事业发展；北部县市乡镇卫生院可将业务收支结余部分40%用于改善职工福利，60%用于事业发展。

2017年12月10日，云南省红河县卫生计生局到洛恩乡开展以“共担防艾责任、共享健康权利、共建健康中国”为主题的禁毒防艾进村寨宣传教育活动。

文山州依托三七资源发展“大健康产业”　（1）抓发展规划。编制《文山州以三七为主的生物医药和大健康产业发展规划（2016—2020年）》，形成以三七为主，其他中药材齐头并进的多样化产业发展格局。（2）抓政策研究。印发实施《三七龙头企业培育计划》等一系列政策措施的出台，为产业跨越发展提供了政策保障。（3）抓品牌打造。积极促成在中央电视台、省市电视台等媒体上对文山三七品牌产品和三七功效进行宣传。（4）抓标准化建设。组织编制《文山州三七种植技术规程》《三七原产地初加工操作规程》，作为云南省地方规范备案，为产业标准化发展提供了保障。（5）抓食品申报。将文山三七茎、叶、花列入特色食品进行管理，开展了三七茎、叶、花食品安全地方标准申报工作。（6）抓市场开拓。开辟电商销售渠道，文山三七网上商城和文山三七公共信息服务平台正式运营，三七现代物流电子商务平台初步建成。

西双版纳州提前实现消除疟疾目标　疟疾在该州流行史长，是严重危害人民身体健康和影响当地经济社会发展的重大传染病之一。该州通过建立疟疾综合监测和防控体系，发病率由1953年的9133.11/10万下降至2016年的0.26/10万，2013年4月报告最后1例本地感染疟疾病例后，已连续4年无本地感染疟疾病例报告，并通过云南省卫生计生委考核评估，提前完成消除疟疾的目标。

大理州做好计划生育奖励扶助资金发放工作　（1）层层传导压力。在全州卫生计生委工作会上进行重点安排，分管领导具体指导和参与科室开展业务培训、资格认定、系统录入、资金拨付等重要环节。（2）明晰工作责任。把奖励扶助系列工作列为州对县市的重点考核工作内容。重点将享受对象资格确认程序是否符合规定、享受对象是否应享尽享、资金发放和管理是否规范等重要业务工作列入考核内容。（3）规范录入系统。州、县（市）、乡镇保持紧密联系，及时反映情况，协调解决具体问题，纠错补漏，查缺补全，确保全州享受对象及时录入、准确录入。（4）坚持“四权分离”。坚持资格确认、资金管理、资金发放和社会监督“四权分离”，做到政策透明、程序规范、结果公开、一卡发放、到户到人。

德宏州全面提升中医药服务能力　召开全州发展中医药大会，出台《德宏州人民政府关于“十三五”期间进一步扶持和推进中医药民族医药事业健康发展的意见》，“十三五”期间财政每年预算30万元用于发展民族医药，确定“十三五”期间每年以订单定向形式培养一定数量的傣医药人才充实基层医疗机构。深入落实《云南省加快中医药发展行动计划（2014—2020年）》，加强基层医疗机构中医药诊疗服务区建设，投入专项经费210万元为基层配备中医诊疗设备，组织123名乡村医生“能西会中”培训工程。积极推进傣医民族医药工作，成立6个傣医药门诊，积极组织开展“一技之长”“确有专长”考核考试工作及中医药技能大赛，医疗机构中医药整体服务能力与水平不断提升。

丽江市入选全国首批心脑血管疾病高危人群综合筛查与防控示范城市　2017年8月12日，在“心脑血管疾病高危人群综合筛查与防控及卫生经济学研究”项目启动会暨首届（2017）中国心脑血管病中国防控论坛上，该市入选心脑血管疾病高危人群综合筛查与防控10个示范城市之一。该市以创建示范城市为契机，扎实做好全市心脑血管病综合筛查与防控工作，加强医院专科建设与专业技术人才培养，提升全市心脑血管病的预防和诊治能力、水平，切实解决丽江市心脑血管病易发多发问题，打造丽江健康旅游城市，造福更多人民群众。

迪庆州着力推动藏医药事业发展　推动藏医药开

发和药品注册，新建配置州藏医院藏药制剂室，启动德钦县中藏医楼建设，申报《藏药加味甘露药浴散》《龙胆止咳胶囊》《五味黄连丸》等3个藏药制剂。积极争取成立“迪庆州藏医药研究所”，提升藏药制剂研发能力。加大藏医药人才储备与培养，精选4位中藏医医师为云南省第4批师带徒工作指导老师和继承人，开展藏医主任医师医技传承资料整理工作，确定藏医药学科带头人。高位统筹藏医药发展与传承，拟定《云南省迪庆藏族自治州发展藏医药条例》，积极推进“香格里拉市藏医药文化博物馆”项目建设，强化藏医医药文化传承与推广。

临沧市全面加强全科医生队伍建设　制定《临沧市关于加强卫生人才队伍建设的意见（试行）》，把加强全科医生队伍建设作为推动基层医疗卫生事业发展、满足人民群众医疗卫生需求的一项重要工作来抓，超前谋划，积极推进。实施全科医师转岗培训工作，采取集中培训和网络远程学习相结合的方式进行培训，同时建立完善挂钩帮扶机制，由市、县级医疗卫生单位派出医疗专家到乡（镇）卫生院开展临床带教和培训相关人员，不断提高乡镇卫生院全科医生的服务能力和水平。全面推行全员聘用制和中、高级职称竞争上岗制，推行和完善业绩与报酬紧密挂钩的分配制度改革，促进卫生人才队伍全面成长。（张京津）

〔特约编辑：许　伟〕

〔主　编：李善荣〕

西藏自治区

全区卫生和计划生育工作概述　2017年，西藏自治区以习近平新时代中国特色社会主义思想为引领，深入学习贯彻党的十九大精神和全区卫生与健康大会要求，推进健康西藏建设，卫生计生工作取得新进展、新成效。

一、有西藏特点的基本医疗卫生制度逐步完善。全区卫生计生工作者紧密联系西藏区情和工作实际，坚持问题导向，精准对接短板，加强顶层设计，优化制度保障，加快推进全区基本医疗卫生制度立柱架梁。

*全面部署健康西藏建设，明确卫生与健康大政方针。*2017年4月19日自治区党委、政府召开西藏自治区卫生与健康大会，吴英杰书记、齐扎拉主席等自治区领导出席会议并讲话，安排部署当前和今后一个时期的西藏自治区卫生与健康工作，动员全区上下共同推进健康西藏建设。印发实施的《关于推进健康西藏建设的意见》《“健康西藏2030”规划纲要》，明确当前和今后一个时期全区卫生与健康工作的指导思想、基本原则、总体目标和任务要求、保障措施，提出了普及健康生活、优化健康服务、完善健康保障、建设健康环境、发展健康产业等方面的政策意见，为健康西藏建设创造了坚实政策基础和保障条件。

*扎实推进医疗人才“组团式”援藏工作，建立卫生援藏新模式新机制。*医疗人才“组团式”援藏工作启动实施以来，中组部、国家卫生计生委高度重视、高位推动；各对口支援省市和单位鼎力支持、倾力援助；自治区党委、政府将其作为重大民心工程、德政工程，举全区之力推进。2017年医疗人才组团式援藏工作在巩固中提高、在提高中显效，辐射带动全区医疗卫生事业取得历史性发展、格局性变化。3年来，自治区统筹中央转移支付和自身财政资金，累计为8家受援医院安排基本建设、设备购置资金36.68亿元；协调8家牵头医院、65家包科医院，“一对一”签订帮扶协议，实现支援医院与受援科室同步发展；援藏医疗专家帮助健全规章制度3351项，优化和再造流程209个，打造重点专科76个，结对帮带医疗团队421个、本地医务人员930名，申请科研项目333项。技术难题攻关627个，“带土移植”576项先进经验和技术成果。协调确定每月安排2个支援省市向自治区血液中心调血1000单位。拉萨、日喀则、林芝市人民医院通过“三甲”评审，285种“大病”不出自治区、1824种“中病”不出地市就能治疗，各族群众可在家门口享受内地高水平的医疗服务，得到了更多实惠和更大便利。医疗人才“组团式”援藏得到了各方面的充分肯定，辽宁省第2批“组团式”援藏医疗队获得2017年度“健康卫士”“全国卫生系统先进集体”“西藏自治区民族团结进步先进集体”荣誉称号。

*开展全人群包虫病筛查救治，探索全区疾病综合防控新策略。*针对包虫病发病率高、危害大和对区域政治、经济、生活以及社会影响力大的实际，自治区提出“组织保障到位、工作方案到位、重点措施到位、资金投入到位、责任落实到位、督查追责到位、防治宣传到位”的工作要求。全区累计投入10多亿元用于包虫病筛查救治，协调内地近500名B超专业技术人员进藏，与区内3000余名（次）医务人员组成800多个筛查组直接参与筛查工作。提前于2017年11月30日完成293万人的全人群筛查，检出病例26846例，实现“乡不漏村村不漏户”。明确13家救治定点医院，开设绿色通道，预留专用床位，确保包虫病患者应治尽治，对符合药物治疗标准的病例全面药物治疗，对

1517例包虫病患者给予手术治疗，均已顺利出院。强化包虫病防治知识宣讲，形成包虫病防治知识处处可见、人人可见、时时可见的良好健康教育氛围，建立了党委领导、政府主导、部门联动、全社会共同参与的包虫病综合防治机制，包虫病防治取得重大阶段性胜利。

逐步提高政府补助水平，巩固完善农牧民医疗保障制度。坚持把农牧民医疗保障作为农牧区社会保障体系的重要内容。农牧区医疗政府补助标准达到年人均475元，农牧区医疗制度县乡覆盖率保持在100%，大病统筹最高支付限额6万元。推行差异化个人缴费政策，建档立卡贫困人口个人筹资部分（20元）由县级财政给予补贴。完善农牧民大病补充商业保险，年投入总额达4600多万元。年投入1000万元购买母婴住院补充医疗保险，在医疗保障制度报销后按90%的比例进行二次补偿，最高赔付2万元。将山南市扎囊县作为西藏跨省就医联网结报试点统筹地区，自治区人民医院作为即时结报医院，推动跨省异地就医结算并完成4例农牧民患者跨省就医转诊结报服务。探索医疗支付方式改革，在达孜县、扎囊县推进按病种付费试点。通过采取签订协议等方式，逐步推行农牧民群众在地（市）级以上医疗机构住院“先诊疗、后付费”住院费用即时结算，20种门诊特殊病种产生的医药费用从统筹基金中报销补偿70%，住院费用报销比例达到80%。

实施基层卫生人员特殊奖励补助，健全稳定基层卫生人才队伍机制。继续实施乡镇卫生人员生活补助和乡村医生补贴政策，对乡镇医护人员按照地区类别分别发放每月600～1400元的生活补助，所有村医按每人每月1000元发放补助待遇。研究出台《高海拔地区乡镇卫生院专业技术人员特殊岗位奖励补贴办法（试行）》，从2017年7月1日起，对海拔4500米以上乡镇卫生院专业技术人员，根据乡镇卫生院所在地海拔高度、职称层级每年分别发放2万元至6万元的专业技术人员特殊岗位奖励补贴，着力解决高海拔地区乡镇卫生院“缺医”短板，引导和鼓励医疗卫生人才向高海拔地区乡镇卫生院流动，促使乡镇卫生院专业技术人员更好地履职尽责，稳定乡镇卫生院人才队伍。

组织城市医院对口帮扶，形成优质医疗资源下沉的良好导向。认真落实三级医院对口支援西藏贫困县县级医院的部署安排，协调确定74个县（区）人民医院（卫生服务中心）、5个县藏医院以及山南市妇幼保健院等85个医疗机构作为受援单位，由85家三级医院对口支援。实施自治区城市医院对口帮扶高海拔边远贫困地区乡镇卫生院，组织自治区人民医院等7家城市医院选派15支医疗队48名医务人员，进驻阿里、那曲、日喀则9个县15个高海拔边远贫困地区乡镇卫生院开展对口帮扶，在技术帮扶、人才培养、巡回医疗、双向转诊等方面进行资源整合利用。建立健全定期轮换和工作交接制度，创新丰富帮扶措施，巩固发展帮扶成果，把帮扶工作进一步引向深入。

二、覆盖城乡的医疗卫生服务体系不断健全。充分考虑经济社会发展现状和全区医疗卫生资源情况，以优化配置、均等可及、增强能力为核心，努力实现医疗卫生服务体系完整、分工明确、功能互补、协作密切。

科学编制事业发展规划。为了强增全区医疗卫生服务体系建设的前瞻性、系统性，报请自治区政府批准印发《西藏自治区“十三五”时期卫生计生事业发展规划》《西藏自治区医疗卫生服务体系规划》《西藏自治区藏医药事业发展“十三五”规划》，出台《西藏自治区职业病防治规划（2017—2020年）》《“十三五”地方病防治规划》《西藏自治区防治慢性病中长期规划（2018—2025年）》《西藏自治区“十三五”艾滋病防治规划》《西藏自治区“十三五”突发急性传染病防治规划》《西藏自治区“十三五”紧急医学救援规划》《西藏自治区“十三五”卫生计生综合监督工作规划》等一系列发展规划和专业规划。认真贯彻落实《中医药法》，配合起草《西藏自治区藏医药条例（征求意见稿）》，为“十三五”期间工作明确目标要求。

改善基础设施设备条件。落实卫生项目建设资金6.4亿元，实施5个医疗卫生专项建设规划（方案），主要涉及6个地市级重点医院、12个县医院，3个地市、9个妇幼保健院，2个地市、42个县疾病预防控制中心，2个地市中心血站建设。自治区妇产儿童医院/妇幼保健院封顶，日喀则市人民医院异地新建完成并投入使用，自治区人民医院肿瘤楼、第二人民医院和疾病预防控制中心改扩建前期准备有序推进。争取财政投入1亿元，为各级医疗卫生机构配备了便携式彩色多普勒超声诊断仪、超吸刀、氩气刀等一系列大型医疗设备、实验室检验设备，为县、乡（镇）医疗机构配备救护车、流动卫生服务车等交通工具。

优化藏医药特色服务体系。印发实施《西藏自治区基层藏医药服务能力提升工程“十三五”行动计划》，持续实施基层藏医药服务能力提升工作。开展167个乡镇卫生院藏医馆和22家独立设置的县级藏医院建设项目，乡镇卫生院和村卫生室藏医药覆盖率分别达到89%和38%。组织区内外专家按照《三级民族医医院评审标准》对自治区藏医医院开展“三级甲等”民族医医院复审、对山南市藏医院和那曲地区藏医院进行“三甲”“三乙”民族医医院评审。3名藏医药专家获得“全国名中医”荣誉称号。持续推进科技创新与标准化建设，组织完成8首藏医药经典名方遴选。加强藏医药文化建设，开展新建藏医药博物馆项目前期工作，争取藏医药列入2018年世界非物质文化遗产评审计划。稳步推进藏医药产业公司组建工作，提升藏医药产业发展水平。

加快信息化支撑体系建设。全民健康信息平台、全员人口信息平台、出生医学证明信息管理系统“三大卫生信息平台”与国家平台联通，自治区人民医院实现与自治区全民健康信息平台互联互通。全区网络签发出生医学证明3.8万多张。完成全区667个乡镇卫生院基层医疗卫生机构管理信息系统部署，部署完成包虫病信息系统，采集包虫病筛查信息205万条。自治区突发公共卫生事件应急指挥系统和基本药物集中采购系统上线使用，加快推进远程医疗政策试点项目，启动实施国家级藏医馆健康信息化平台建设。组织成立自治区全民健康信息化专家咨询委员会和标准化专业技术委员会，进一步健全全民健康信息化标准体系。

三、科学有效运行新机制正在加快形成。贯彻落实全面深化改革的方向、路径和措施，促进西藏医疗卫生运行机制体制打好基础、提升质量、综合推进，推动医疗卫生治理体系和治理能力现代化。

推进分级诊疗制度建设。及时研究出台《关于推进分级诊疗制度建设工作的实施意见》《西藏自治区医疗联合体建设实施意见（试行）》《西藏自治区推进家庭医生签约服务实施意见》等政策意见。推动全区所有三级医院全部参与医联体建设，呼吸病专科联盟、结核病专科联盟、支援医院与区内受援医院远程医疗协作网、县域医共体（县乡一体化管理）等多种形式的医联体建设稳步推进。充分借助“组团式”援藏医疗人才优势，建立并定期调整补充“大病”“中病”病种目录，以此形成区、市分级诊疗疾病谱2109种。家庭医生签约服务试点拓展至拉萨、日喀则、山南、林芝，试点地区组建家庭医生团队2358个，签约107万人次，家庭医生签约服务覆盖率为34.51%，重点人群签约率为65%。

推进现代医院管理制度建设。认真贯彻《国务院办公厅关于建立现代医院管理制度的指导意见》，经自治区人民政府同意印发《关于建立现代医院管理制度的实施意见》。全面推进公立医院综合改革，从2017年8月31日24时起，全区所有地市级以上公立医院全面取消药品加成（中藏药饮片除外），实现全区所有公立医院药品零差率销售。从12月1日起调整205项医疗服务价格，重点提高诊疗、手术、康复、护理、藏医等体现医务人员技术劳动价值的项目价格，大幅降低大型设备、影像超声、检查检验等项目价格。在拉萨市开展国家第4批城市公立医院综合改革试点，确定堆龙德庆、江孜、扎囊、洛扎、工布江达县为县级公立医院综合改革示范县。及时下拨县级公立医院综合改革补助资金2.13亿元，用于信息化建设和设备维修、购置小型设备、改善就医环境等。

全力保障药品供应。启动实施全区各级公立医疗卫生机构网上药品集中采购工作，印发《西藏自治区药品集中采购“两票制”实施方案》《西藏自治区医疗卫生机构网上药品集中采购实施细则》《西藏自治区药品集中采购不良行为管理办法（试行）》《西藏自治区网上药品备案采购管理办法（试行）》《西藏自治区药品集中采购配送监督管理办法（试行）》等配套政策文件。通过采购平台及时对外发布2017年西藏自治区公立医疗卫生机构药品集中采购公告，公开采购实施细则、采购文件、采购目录。12月底已经对外公布自治区网上药品集中采购结果，全区各级公立医疗卫生机构均通过采购平台进行网上药品集中采购。

加强行业综合监管。与自治区相关部门联合出台《关于全面加强卫生计生综合监督行政执法工作的实施意见》，积极推行“双随机、一公开”监督抽检，深入开展医疗卫生、公共卫生、计划生育等领域监督执法，全年监督检查各类监督单位6328家，“双随机”监督抽检571家，监督覆盖率为74.99%，查处案件12起。制定印发《西藏自治区卫生计生委关于全区公立医院综合绩效考核的实施意见（试行）》，组织对7个地市医疗卫生机构进行交叉考核。研究制定《西藏自治区〈医院评价标准实施细则（2017年通用版）〉》（试行版），组织对拉萨、日喀则、林芝市人民医院“三级甲等”综合医院评审和全区14家县级医院二级综合医院评审。持续开展“改善医疗服务行动计划”“大型医院巡查”等活动，狠抓医院重点环节管理。印发《西藏自治区农牧区医疗定点非公立医疗机构管理办法（试行）》，规范社会办医机构医疗服务行为。

强化卫生人才队伍建设。推进医疗机构人事管理制度改革，借鉴推广“1+7”医院下放人事权的经验做法，向区直各医院下放专业技术人员聘用权。自治区人民医院和自治区藏医院均可自主聘任中层以下干部、自主引进人才、自主考核、自主调整和自主淘汰。协调推进“1+7”医院薪酬分配制度试点改革。组织完成区外卫生人才专项引进工作，2017年全区各级医疗机构引进人才271名。启动职称评审细则修订工作，组织完成2016年和2017年度卫生系列高级职称评审，全区卫生系列职称评审历史欠账全部还清，职称评审进入机制化、规范化轨道。制定印发《住院医师规范化培训管理办法》等4项制度，招收完成2017级住培学员240名，安排区内培训135名，区外委培105人。

把 80 名农村订单定向免费医学生补充到 48 个县（区）78 个乡镇卫生院岗位，完成 2017 年 220 名藏西医订单定向免费医学生招生计划。继续实施县级骨干医师、全科医生转岗、助理全科医生培训项目。

四、医疗卫生各项工作统筹推进。全区各级深刻认识到卫生与健康工作复杂性、艰巨性，树立系统性、整体性、协同性思维，坚持既要突出重点也要统筹兼顾，努力为群众提供全方位全周期的健康服务。

加大资金监管力度。开展财政项目资金专项督查，督促各地加快项目实施和资金使用进度，努力提高中央转移、自治区财政资金的使用效益和规范化水平。在系统内部开展实施经济责任审计工作，组织开展委属 8 家单位的离任经济责任审计和经济运行专项审计工作，实现系统内部审计全覆盖。

深入推进健康扶贫。按照“大病集中救治一批、慢病签约服务一批、重病兜底保障一批”的总体思路和具体路径，全面落实分类救治各项工作措施。2017 年全区需救治建档立卡贫困患者 12291 人，已救治 6056 人，救治率为 49.3%。落实首批救治病种 9 类 15 种疾病的集中救治，重点推进包虫病、白内障、儿童先心病、高原风湿病等救治工作。全区需大病集中救治 3572 人次，已救治 2144 人次，救治率为 60%。开展 1517 例包虫病患者手术救治，完成 4293 例白内障患者免费复明手术及 136 名儿童先心疾手术治疗。探索县、乡、村三级医务人员分片包干和“一对一”签约服务，为贫困人口提供公共卫生、慢病管理、健康咨询和藏西医干预等综合服务，建档立卡贫困户签约率达 58.51%。基本医疗报销比例平均提高 5% 以上，农牧区医疗制度政策范围内住院费用振销比例平均达 85% 左右。将贫困人口 20 种门诊特殊病种的治疗费用纳入大病统筹基金报销补偿，把包虫病手术治疗费用纳入基本医疗统筹基金和大病保险补偿范围，对病情复杂、诊治成本高的重病费用，采取综合措施兜底。

促进基本公共卫生服务均等化。全区基本公共卫生服务经费提高到年人均 65 元。艾滋病、结核病等重大疾病防控工作稳步开展，全区免疫规划接种率保持在 90% 以上。在拉萨、日喀则市组织开展新型结核病防治试点，在林芝市推行结核病分级治疗试点，拉萨市城关区通过国家级慢性病综合示范区验收。有效处置人感染 H7N9 禽流感、麻疹、手足口病、水痘等突发公共卫生事件。全区乙丙类传染病发病率为 394.32/10 万、死亡率为 0.82/10 万。贯彻落实孕产妇住院分娩工作政策，落实孕产妇住院分娩和护送奖励 4110 余万元，发放提前待产补助 545 万元。妇幼健康项目顺利实施，对计划怀孕夫妇免费孕前优生健康检查 1.2 万人，增补叶酸 4.59 万人，服用率达 88%，增补叶酸知晓率达 88%。农牧区妇女“宫颈癌、乳腺癌”筛查覆盖 1.4 万人，儿童营养改善项目为全区 0 ~ 24 个月龄儿童 52917 人免费发放辅食营养包。为 1 万对夫妇提供优生检查和科学指导。食品安全工作进一步规范，风险监测点实现全覆盖，全年完成风险监测 1195 份，完成率保持在 90% 以上。食源性疾病报告 703 例，生物样本检测实现“零”的突破。制定发布《糌粑》《风干牛肉》食品安全地方标准，企业标准备案 72 个。继续实施“一孩・双女”户困难家庭奖励扶助制度和“特殊子女”家庭特别扶助制度。全面两孩政策顺利实施，印发《关于调整西藏自治区干部职工生育待遇的通知》，明确延长产假等鼓励生育政策。简化办理程序，规范行政行为，全面推行计生服务登记制度。完善计生服务体系，在自治区、市（地）级医疗卫生单位同时挂牌设立优生优育技术服务中心，在乡（镇）卫生院设立优生优育技术服务站，加强基层优生优育技术服务队伍建设，促使切实承担起生殖保健、优生优育咨询、指导、药具发放和宣传统计等职能。推进避孕方法知情选择，指导安全避孕，落实免费计划生育基本技术服务。

边境地区小康村医疗卫生工作深入开展。贯彻落实国家、自治区关于加大边民支持力度、推动稳边固边的决策部署和加快推进边境地区发展的意见，制定印发《西藏自治区卫生计生委落实边境地区小康村建设规划医疗卫生工作实施方案》，抓实抓好加强基础设施建设、配齐医疗卫生设备、强化乡村医务人员培训、提高医疗卫生服务水平、完善医疗保障等 5 方面的措施任务，到 2020 年建成边境地区标准化村卫生室 466 所，小康村均实现“一村两医”，逐步健全县乡村一体化的医疗服务体系，确保边境地区农牧民享有安全、有效、便捷的基本医疗卫生服务。

广泛开展健康宣传教育和健康促进活动。以点带面推进健康素养促进行动，充分利用卫生下乡、艾滋病宣传日、无烟日宣传等活动载体，在全区广泛宣传健康知识，引导健康行为，开展各类社会面宣传，受益人数达 5 万余人次。收集、整理和编印《“讲文明爱生活”群众身边保健常识》（藏文版）小册子 2.8 万册。在全区范围内部署“健康中国行——合理膳食”主题活动西藏区系列活动，营造将健康融入所有政策的良好氛围。

做好干部保健等工作。完成中央领导和国家部委、各省（市、自治区）主要领导以及外国政要等重要人物、团体赴藏视察（考察）工作期间医疗保健工作，自治区“两会””和“611”等重大会议活动和保健对象的医疗保健任务。协助党委组织部为地厅级领导干部及部分高海拔地区县委书记、县长办理 1547 张北京

中日友好医院医疗就诊卡。在北京大学人民医院的大力支持下，2017年12月西藏自治区卫生计生委与北京大学人民医院就培养西藏自治区医护和管理人才、完善急救救治体系、建立远程信息平台等方面签订合作协议。

五、存在的问题和困难。西藏卫生与健康事业的发展不充分不平衡的问题还比较突出，主要表现为：（1）由于西藏地区海拔高、高寒缺氧、紫外线辐射强、气压低等恶劣自然生产生活条件的影响，人民群众对医疗卫生健康服务需求更加紧迫、更加直接，不但要求看得上病、看得好病，更希望不得病、少得病，看病更舒心、服务更体贴。（2）各类重大疾病防控任务艰巨，包虫病、高原风湿病、大骨节病、儿童先天性心脏病等大病持续危害人民群众的健康，高血压、糖尿病等慢性疾病健康管理不够，鼠疫、结核病、病毒性肝炎等传染病流行态势严峻。（3）公共卫生服务网络不健全，农牧区三级医疗卫生网络服务能力薄弱，急救体系还没有建立。（4）卫生人力和人才资源总量不足，结构不尽合理，整体素质不高。（5）人民群众健康意识不够强，居民健康素养水平不高。

2017年8月3日，中央组织部部长陈希在西藏自治区人民医院考察“组团式”援藏工作。

全区卫生和计划生育事业发展数据　（1）群众健康水平明显提高。2017年全区人均预期寿命为68.2岁；孕产妇死亡率为102/10万，婴儿死亡率为10.38‰，5岁以下儿童死亡率为13.7‰，住院分娩率为92.48%。（2）卫生资源总量大幅增长。2017年末全区有医疗卫生机构1507个，病床16138张，卫生人员20721人，每千人口有卫生技术人员4.89人、执业（助理）医师2.24人、注册护士1.32人，每千人口床位数为4.79张。全区有行政村卫生室5324个，村医12685人。（3）居民卫生服务利用率明显提升。诊疗人次由2012年的1167.29万人次增加到2017年的1601.89万人次，住院量由18.37万人次增加到33.37万人次。（4）政府投入持续增加。全区卫生计生系统共投入资金551007万元，比2016年477591万元增加73416万元，增长15.37%。

（王云亭　郭艳红）

〔特约编辑：叶小勇〕

〔主　编：王云亭　副主编：许培海〕

陕 西 省

全省卫生和计划生育工作概述　2017年陕西省卫生计生系统坚决贯彻以习近平总书记为核心的党中央重大决策，认真落实国家卫生计生委和省委、省政府工作部署，聚力打硬仗，锐意促改革，统筹抓发展，完成既定目标任务，人民群众得到更多更好的健康保障。健康陕西建设上升为全省战略，健康扶贫攻坚战取得重要进展，综合医改迈出坚实步伐，公共卫生和重大疾病防控成效显著，医疗服务能力和质量安全稳步提升，计划生育工作加快转型，中医药事业振兴发展取得新成果，各项工作统筹推进，全省卫生计生事业迈入了新时代。

健康扶贫工作　按照陕西省委、省政府打赢脱贫攻坚战的总体部署，全省卫生计生系统始终坚持“一手抓精准施治减存量、一手抓疾病预防控增量”的思路，充分发挥健康扶贫行业牵头作用，对外加强协调联动，对内在全系统实行健康扶贫“一把手”工程，动员一切有效力量打好健康扶贫攻坚战。（1）建立新农合、大病保险、医疗救助、补充医疗保障“四重保障”体系，并将贫困人口大病起付线降至3000元，住院报销比例提高10%、慢性病封顶线提高20%，免除门诊一般诊疗费、乡镇卫生院起付线、定点医院住院押金，将县级医院和省市级医院非合规费用控制在5%和8%以内。（2）积极实施大病救治一批、慢病签约一批、重病保障一批“三个一批”行动，对11种大病5680名贫困患者进行集中救治，组织医师团队、乡村医生、公共卫生计生专干对所有贫困家庭实行签约服务，一半以上县区建立健康扶助基金。（3）建立医院对口帮扶、大病救治帮扶、服务保障帮扶、精准结对帮扶“四大帮扶体系”，实施基层医疗服务能力3年提升计划，推行延安市延川流动医院服务模式，建成“一站式”即时结算服务窗口1751个。（4）实施疾病预防控制“八大行动”，开展健康教育与健康促进“六进”活动。省健康扶贫“两手抓”的思路得到中央政治局常委汪洋同志的充分肯定，医疗帮扶成为陕西脱贫攻坚的特色，国家卫生计生委、国务院扶贫办在汉中市召开现场会，推广陕西健康扶贫经验。

综合医改工作 2017年陕西省公立医院综合改革向更广范围、更深层次推进。（1）全面取消药品加成。2017年4月1日起，所有城市公立医院全部实行药品零差率销售，在所有城市公立医院实行药品耗材采购"两票制"，二级医疗机构药品耗材配送企业分别压缩到10家、15家，三级医疗机构药品和耗材配送企业均压缩到15家。在省内以市为单位组建11个采购联合体，药品耗材实行分类采购、分类限价。由陕西省发起，与四川、宁夏、内蒙古等10个省区组建西部跨区域采购联盟，实现信息共享。（2）健全投入补偿机制。落实6项政府投入责任和对中医医院、传染病防治院等专科医院的投入倾斜政策，将县级综合医院人员基本工资的70%和县中医医院、妇幼保健院基本工资的100%纳入财政预算。化解公立医院存量政府债务，县级公立医院形成的历史债务统一"打包剥离"，由县级政府足额偿还，城市公立医院采取消减地方债务或发行债券方式化解。县级公立医院药品零差率销售后，减少的合理收入由省市县财政按比例分担；城市公立医院则由同级财政按5%比例承担。2017年度省级财政对省属医院共补偿2.82亿元。（3）调整医疗服务价格。从2017年4月1日起，同步改革医疗服务价格，价格补偿比例为90%，共调整医疗服务价格3635项（下调804项、上调2831项）、取消35项、放开93项。明确将医疗服务价格管理权限下放，由试点市（区）及10个省级综合改革示范县率先探索。宝鸡市、延安市从2015年以来多次调整医疗服务价格，2017年西乡、澄城、宜君等部分综合改革示范县调整医疗服务价格。（4）完善分级诊疗制度体系。出台全省建立分级诊疗制度的指导意见、双向转诊暂行规定、分级诊疗病种范围指南等一系列政策，在二级以上医院预留一定比例的门诊号源和住院病床，推进医联体内部转诊，通过上转叠加起付线、下转取消起付线的方式差别化设置报销比例，畅通转诊特别是向下转诊通道。（5）促进优质资源下沉。在城市，采用"医联体＋全科医生"方式，把大医院门诊提前到社区，促进优质资源下沉。在农村，发挥县级医院的龙头作用，进一步深化县镇村一体化改革，提高基层基本医疗服务能力。以延安医疗集团、石泉县医共体、西安交通大学第一附属医院呼吸专科联盟、延川县"流动医院"为代表的4种医联体模式均在陕西省呈现出强大生命力。全省55家三级公立医院均组建医联体，总数达到126个，覆盖二级医院和基层医疗卫生机构超过1600家。日间手术、远程会诊等项目的开展，也有力地促进了分级诊疗工作。（6）以基层首诊为目标建立家庭医生签约服务制度。实行网格化管理、团队化服务，为居民提供健康管理和基本医疗服务。截至年底，普通人群签约率达42.1%，重点人群签约率达71.9%。（7）推进医保支付方式改革。在榆林市、宝鸡市和澄城县、汉滨区实施国家支付方式改革试点，在旬邑县、镇安县实施支付方式省级改革试点，10个设区市按病种付费的病种数都在102个以上，最多的咸阳市达到164个。推行城乡居民基本医保异地就医住院费用直接结算，省内直接结算107万人次，总费用132亿元，跨省异地直接结算服务2120例，补偿费用2148万元。全国首例新农合跨省就医即时结报在空军军医大学唐都医院实现。

疾病控制 （1）突出精准防控，狠抓传染病专病专防工作落实。将专病专防的传染病由6种扩大至10种，修改完善了10种传染病专病专防技术操作规范。2017年全省法定传染病疫情总体平稳，较上年同期下降3.89%，其中，专病专防的麻疹疫情下降84.28%，手足口病下降22.22%，布病下降21.92%，乙肝下降17.46%。（2）坚持夯实基础，狠抓疫苗规范接种工作。2017年全省免费为0 ~ 6岁儿童接种12种疫苗954.22万针次，接种率保持在95%以上。出台二类疫苗接种服务费标准（每针次不高于20元）。分陕南、关中、陕北3个片区举办免疫规划工作培训班，推进疫苗追溯和冷链监测系统的建设工作，建立健全疫苗的流通、储备、使用的长效管理机制。（3）结合实施疾病预防控制"八大行动"，开展地方病核查评估和重点疾病"围猎"行动。印发《陕西省慢性病综合防控示范区建设管理办法》，举办"三减三健、迈向健康"全民健康生活方式第2阶段行动的启动仪式，共创建4个全国慢病综合示范区、4个省级示范区。积极开展慢性病危险因素监测、死因监测、肿瘤登记、伤害监测、成人和学生营养监测等，全省管理高血压患者277万人，规范管理率为85.5%；规范管理2型糖尿病67.23万人，规范管理率为84.11%；累计在册管理重性精神疾病患者15.2万人，报告患病率为4.01‰，规范管理率为81.7%。（4）探索创新，改进疾控工作方式方法。在全国率先组织开展结核病、艾滋病专题宣传月活动，在西安、宝鸡、铜川市和咸阳武功县、渭南华阴市开展艾滋病综合防治规范区建设，在汉中、安康市启动了结核病综合防治服务模式和分级诊疗试点工作。利用"陕西疾控"微信、百度地图等"互联网＋"新兴媒体为平台，开展艾滋病服务机构、预防门诊和犬伤门诊等在线疾控便民服务。（5）立足长远发展，编制"十三五"专病规划，印发结核病、艾滋病、慢性病专项规划及地方病防治规划。（6）健全推动机制，促进疾病预防控制体系建设。为21个市县区疾控机构解决检验检测设备，为67个市县区配发结核病分子生物学快速检测设备，全面加强疾控体系建设，提升疾病预防控制服务能力。

医疗服务 陕西省坚持改革、改善两手抓，开展“改善医院环境、提升医疗服务”专项行动，通过加强医院环境卫生治理、推进医院“厕所革命”、开展“一站式”便民服务等10个方面措施，解决部分医院环境脏乱差，个别医务人员服务不热情、沟通不到位、语言生硬冷、行为散慢拖等问题，广大患者的满意度进一步提高。完成全民健康保障工程“十三五”项目库建设，争取中央、省预算内投资10.8亿元，支持卫生领域基本建设项目61个。遴选申报4个疑难病诊治能力提升项目，中央投资额度达6亿元。筹资2.49亿元，为300个中心乡镇卫生院、9820个村卫生室装备医用设备，扩大有效投资工作受到省委、省政府表彰。加强儿科体系建设，积极开展国家儿科区域医疗中心创建工作。新招录住院医师规范化培训学员1264人，为县及县以下医疗机构招聘医学本科生1959人，培养培训基层人员1300人。加快全民健康信息化建设，与中国电信合作推进全民健康信息平台、跨省异地就医结算、健康医疗大数据试点，实现“五级互联互通”。做实做细医疗机构对口帮扶，由86所省内外三级医院，组派119支医疗队，帮扶110家县级二级医院；218家市县二级医院帮扶1634个乡镇卫生院。开展医疗质量安全专项督查，加强抗菌药物临床应用管理，组建医院感染管理、血液净化、临床用药等31个省级医疗质量控制中心，完成12所医院等级评审（复审）。推进电子化注册，强化医疗从业人员管理。全省血站实现血液核酸检测全覆盖。在各级医疗机构集中开展改善医院环境、提升医疗服务质量“百日活动”，狠抓医疗质量安全核心制度落实，推进医院厕所革命、“一站式”结算、预约诊疗、优质护理等10项措施落地，有效改善群众就医体验，涌现出陕西省肿瘤医院、西安市儿童医院、咸阳市中心医院等一批先进典型。社会第三方评价显示，省卫生计生委直属医院和直管医院住院患者满意度为91.1%。

基层卫生工作 2017年陕西省为98个贫困县（区）的区域中心乡镇卫生院配发救护车、彩超、血球分析仪、生化分析仪、DR等设备1246台件，为村卫生室配发健康一体机9820台。创建全国百强社区卫生服务中心7所，向国家卫生计生委分别推荐优质服务示范社区卫生服务中心20所、“群众满意的乡镇卫生院”182所。对口支援乡镇卫生院项目全年投入资金1800万元，派出支援人员900人，支援乡镇卫生院300所。培训市县卫生计生局长130余人，基层卫生专业技术人员400余人。实现签约服务数据报送信息化，提前完成普通人群签约服务覆盖率达30%，重点人群签约服务覆盖率达60%的年度目标。下拨中央、省基本药物制度补助资金27529.5万元，乡村医生合理待遇得到落实，建立乡村医生常态化的退出和考试补充机制，退出注销乡村医生237名，补充乡村医生344名。下拨市县乡医培训经费825万元，累计培训乡医38019名，实现在岗乡村医生全员培训。基本公共卫生服务项目扩大到14类，经费提高到人均50元，中央、省17.4865亿元资金全部拨付完毕。国家基本公共卫生服务项目管理信息系统开通，全省老年人健康管理率达到68.49%。

妇幼卫生工作 陕西省加快危重孕产妇和新生儿救治中心建设，2016—2017年累计下拨省级资金6000万元，支持6个省级、10个市级、63个县级危重孕产妇和新生儿救治中心建设。印发陕西省《危重症孕产妇和新生儿救治与转诊工作方案》《危重孕产妇和新生儿救治中心建设与管理指南》《危重孕产妇和新生儿救治中心验收标准》等系列文件，开展全省产科质量大检查，推行高危孕产妇“五色分级”管理，加强孕产妇和新生儿管理服务和临床救治工作。组织落实全省危重孕产妇和新生儿救治和转诊工作，根据交通便捷情况和合作意愿，将6个省级中心与12个市、区中心进行无缝对接，并根据省级各危重孕产妇和新生儿救治中心专科特色，对其重点救治/收治的疾病种类进行了划分，建成以省级为核心、市级为枢纽、县级为基础的分级负责、上下联动、应对有序、运转高效的孕产妇和新生儿危重症三级急救转诊网络。为30个贫困县妇幼保健院配备B超，帮扶贫困地区妇幼保健机构能力建设。将全省18岁以下苯丙酮尿症患儿的检查和治疗费用纳入城乡居民基本医疗保险报销范围，报销比例达70%。在56个贫困县开展新生儿疾病筛查项目，在30个贫困县实施儿童营养改善项目，发放营养包3418.18万袋，受益儿童27.64万人次。将原计生系统的“母亲健康工程”“三查”服务与原卫生系统的农村妇女“两癌”检查项目从资金到服务进行全方位的整合，形成新的项目——妇女健康促进项目，并在铜川市耀州区、王益区试点运行。围绕全生命全周期开展服务，在50个项目县实施孕产妇系统保健免费基本服务项目，2017年全省孕产妇和0～6岁儿童健康管理率达95%以上、住院分娩率达99.98%、孕前优生健康检查599870人，覆盖率达

99.76%。有701124人接受母亲健康工程项目体检，471139人接受宫颈癌筛查，32089人接受了乳腺癌筛查。2017年全省医疗机构内出生人口数达50.8万人，较上年同期（46.6万）增长4.2万，增幅为9%。全省孕产妇死亡率控制在10.5/10万，较上年同期降低3/10万，5岁以下儿童死亡率为5.68‰，比上年同期下降2.76‰，连续12年保持持续保持下降态势。

药政管理 （1）开展公立医院药品集中采购工作。启动全省新一轮公立医院药品集中采购，做好国家谈判药品落地，将人社部谈判的36个药品及时限价挂网。完成高值医用耗材网上阳光采购工作。（2）完成13个大类高值耗材阳光采购工作，共挂网33244个品种，在陕西省历史采购价的基础上，平均降幅为18.37%，有91.6%的品种在全省最低价的基础上价格进一步降低，有12%的产品降幅达50%。（3）分类别、分批次开展医院实际采购价格的核查和产品的动态调整，仅骨科植入类耗材就有2947个品种限价进一步降低，平均降幅为29.9%。（4）推动落实药品耗材供应保障体系改革。全省99%以上的城市公立医院实行“两票制”，实施“两票制”的药品平均达到90%以上，耗材达70%以上。督促城市公立医院通过招标，遴选配送企业。全省有70%的二、三级城市公立医院完成了配送企业压缩。开展耗材“两票制”执行情况的课题研究，评估耗材执行“两票制”后的效果和对医疗机构的影响。（5）加强药品和耗材集中采购综合监管。组织开展药品耗材的专项督查和各市交叉检查，督促落实年初的工作任务。开展医疗机构网上采购核查和公立医院HIS系统与省平台对接，有2386家医疗机构网采，机构网采率为99.4%，98家公立医疗机构完成系统对接工作。（6）加强短缺药品保障工作，下发短缺药品供应保障机制实施方案，采取综合措施，解决短缺药品供应问题。（7）开展苯丙酮尿症24个治疗性食品网上阳光采购工作，实现与医保报销政策的衔接。对基药空标药品通过全省带量议价，缓解基药入围率低和不能正常供应问题。

计划生育工作 2017年陕西省健全县、乡、村三级出生监测网络，准确掌握出生人口动态，在20个县开展出生人口动态监测工作，把握生育水平变动态势，完成全国育龄妇女生育状况抽样调查工作。2017年全省共出生42.88万人，比上年增加3.66万人，同比增长9%，符合预期目标。其中二孩出生人数比上年增加5.29万人。人口出生率为10.95‰，自增率为6.2‰，完成目标任务。推动妇幼保健与计生技术服务资源整合优化，90%的县、镇完成机构合并，实现业务融合。加快妇幼保健机构能力建设，保障母婴健康安全，累计建成县级危重孕产妇和新生儿救治中心66个。实行生育服务证网上一站式办理，流动人口均等化服务水平不断提升，出生人口性别比逐步下降。落实各类计划生育扶助资金4.7亿元，30.52万户家庭受益。

健康促进与医学教育 2017年陕西省开展“健康中国行”陕西主题宣传周活动，累计发放健康科普资料176.9万份，举办各类健康讲座和义诊咨询活动631场次，受益群众达34.2万人次。推进健康素养促进项目建设，第2批4个县通过中省健康促进县（区）验收，第3批已启动。在全省3个市18个医院开展健康促进医院建设，52个医院通过省级评估，确立15个“健康细胞”创建示范点，在1市13县（区）安装健康传播卫星网络终端3000套。《陕西日报·百姓健康》刊发41期。《三秦百姓健康》杂志刊印11期，免费发行88万册。《百姓健康》电视栏目制作237期，播放668期。《百姓健康网》编发稿件2766篇。“陕西百姓健康”微信推送385次754篇，阅读量375.9万人次。全年“12320”卫生计生服务热线接到服务咨询31952件，办结率为93.3%。发送手机健康短信65条，受众42.9万人次。加大健康知识传播力度，制播2部电视公益广告，累计播出5332余次，其中省级投放820余次、市级投放1136次、区县级投放3376次。

2017年住院医师规范化培训新招学员1264人，其中全科、儿科、精神科、妇产科等紧缺专业354人，占28%。“3+2”助理全科医生培训招收学员100人，农村订单定向免费医学生培养项目招录250人，全部向贫困县倾斜。完成全科医生转岗培训433人、县级医疗机构医疗技术人员培训400人。全年累计培训全科专业师资700余人，陕西省《精准施教 全面培养》获2017年度全国住院医师规范化培训高峰论坛微电影评选一等奖。完成21家住院医师培训基地检查评估。全年累计开展“农村子宫颈癌筛查技术”等适宜技术培训项目42项，培训基层医疗卫生专业人员4254人。

健康宣教 2017年中央电视台《新闻联播》与《焦点访谈》、新华社《国内动态清样》、《健康报内参》分别对陕西省深化医改、健康扶贫、健康陕西建设等重点工作进行了报道。2017年累计组织中央、省主流媒体发稿1000余篇次，其中《人民日报》刊发宣传稿件2篇，中央电视台报道15次，新华社发稿约35条，《健康报》刊发191篇。先后4次组织中央、省媒体采访团，深入4市9县18个乡镇开展健康扶贫采访报道。完成第2届“三秦最美医务工作者”评选，联合媒体开展了“好先生”、院训故事、医路往事等系列专题宣传，对杨惠云（南丁格尔奖章）、李文强（全国“五一”劳动奖章）、尹贻明（白求恩奖章）、刘永生（“中国好医生”）、杨怡萍（全国巾帼建功标兵）、李长庆（全省优秀共产党员）等一批卫生计生系统先进典型进行了宣传报道。

卫生应急　2017年陕西省按照本省卫生应急资源分布，结合地理和文化特点，分片规划，在全省域范围内组建关中、陕北、陕南3个区域卫生应急联动片区，并于12月底在安康召开陕南片区联席会，向安康、西安、延安3个片区牵头市授卫生应急联动机制片区轮值旗。制定鼠疫、人禽流感SARS及不明原因肺炎等重点传染病监测方案，举办监测培训班。重点加强对寨卡病毒病、埃博拉出血热、中东呼吸综合征、鼠疫、传染性非典型肺炎、人感染高致病性禽流感、H7N9和不明原因疾病的监测，2017年共组织进行突发公共卫生事件风险评估15期，开展月度日常风险评估12期。安排550万元经费，开展市级紧急医学救援基地建设，重点用于基地紧急医学救援队伍物资装备采购。完成省人民医院突发事件空中医疗救助地面基础设施建设项目。

2017年，全省共报告7例H7N9确诊病例，除早期发病的合并基础疾病的两例死亡病例外，其余5例均康复出院，救治成功率高于全国平均水平。2017年，共收到全省12个市（区）通过网络直报系统报告的突发公共卫生事件49起、1233人，死亡17人。对“3·24”西临高速突发重大车祸、“6·14”西安市友谊西路自在广场小区着火事件、“6·20”西咸新区沣东新城一建筑工地坑洞塌陷事件、“6·22”杨凌乙腈中毒事件、城固县群体伤人事件、“8·10”西汉高速特大交通事故等突发事件及时开展医疗救援，并上报相关信息。

卫生监督　2017年陕西省完成国家下达的5506项、省政府下达的26项“双随机”抽查任务。在11个单位开展行政执法全过程记录工作试点，各试点单位均完成了设备招标。对全省46家三级医院、309家二级医院、3083家一级医院、3490家诊所进行依法执业监督检查，共查处违法案件604起，行政处罚469家，吊销13家机构的执业许可或诊疗科目，罚款120余万元。共查办卫生计生综合监督执法案件2052件，较上年增长63%，行政罚款489万余元，较上年增长53%。对全省8类共7585个医疗机构、采供血机构、疾控机构、高校、普通中学及消毒产品生产企业开展《传染病防治法》《传染病防治法实施办法》《艾滋病防治条例》《病原微生物实验室生物安全管理条例》《突发公共卫生事件应急条例》落实情况进行监督检查。全省放射诊疗许可率由2016年的81.6%，提高到2017年的99.57%；建设项目评价数由2016年的132个，提高到2017年的226个，增长71%；放射诊疗案件查办由2016年的36个，提高到2017年的88个，增长144%。2017年全省哨点医院共报告食源性疾病数30020例，较上年同期增加187%。

中医工作　编制《陕西省中医药发展战略规划（2017—2030）》及分工方案，举办了庆祝《中医药法》实施大型宣传活动，申报6个国家中医药传承创新工程项目，省中医药研究院和西安、安康等4所市级中医医院分别获批为中医药科研机构项目储备库、重点中医医院项目储备库，涉及建设资金近5亿元，9个县级中医医院入选重点建设项目，获中央投资2.95亿元。下达中央、省级中医药专项资金8337万元，委托第三方评价机构对154家2015年和2016年中央专项资金项目承担单位进行了实地绩效考核，涉及专项资金5757万元，占总资金量的60%。新建400个乡镇卫生院、社区卫生服务中心中医诊疗区（中医馆）。对16个区县的全国基层中医药工作先进单位进行复审验收，16个区县被命名为省级基层中医药工作先进单位，创建获批综合医院中医药工作示范单位8个。成立陕西省中医护理质量控制中心，建立医院感染管理、血液透析、重症医学、消毒供应、麻醉5个专业省级中医医院医疗质量控制小组。对15个国家中医重点专科建设项目进行评估验收，推荐22个国家中医重点专科申报国家区域中医诊疗中心。开展名中医学术经验传承，雷忠义入选第3届“国医大师”，高上林、杨震入选首届“全国名中医”，新增全国基层名老中医药专家传承工作室8个。为62位老中医药专家遴选确定121位继承人。71人入选国家级、省级中医药优秀人才研修项目。启动2017—2019年度中医药科研课题招标，新立项支助中医药科研289项，加强对中药材动态监测中心平台及中药标准化建设项目督导，指导36个中药资源普查试点县做好内业整理和成果梳理工作，投入819万元，遴选确定24个国家级贫困县为全国第4次中药资源普查县，实现国家级贫困县中药资源普查全覆盖。

信息化建设　2017年陕西省全民健康信息化服务体系初步形成，省、市、县级平台建设全部完成并通过验收，实现38项主要指标数据和全员人口等数据下沉。12月20日，全省10个市107个县区和1900多家医疗机构完成互联，上传下沉信息接近12亿条。全省在原55个跨省就医结算的基础上增加198家医疗机构，实现跨省就医结算。完成动态加载技术、卡钱包和聚合支付等开发建设，开展用卡环境测试工作，编写电子健康卡方案，推居民健康卡与社会保障卡应用集成和整合。开展百姓健康信息服务平台试点、门诊预约挂号与移动支付工作、一体机与区域平台对接、手机 APP 移动随访、“多证合一”试点、96 家医院同省药品采购监管平台的对接，区域和医联体内试点 PACS、心电、病理等集中诊断中心，探索先会诊后转诊机制。完成远程会诊项目建设和验收工作，在全省 11 个深度贫困县区开展远程会诊服务。全年全省各级远程会诊 1500 余例，远程 PACS 集中诊断 4000 余例，远程教育培训 40 多场 5000 余人次。完成政务数据资源目录编制试点工作和健康云在“秦云工程”数据交换平台第 1 批数据上线。开展陕西省人口生育监测、65 岁以上老人全口义齿修复评估和流动人口卫生计生动态监测课题研究。开展重要信息系统安全检查，完成新农合、全员人口等系统代码测试及漏洞风险的整改和信息系统安全等级保护定级备案工作。采购正版操作系统 140 套，办公软件 86 套，对全委的软件正版化全面进行整改。

外事工作　2017 年，陕西省派出的中国援苏丹和马拉维医疗队全体队员共诊治患者 78008 人，住院患者 15514 人，手术患者 6049 人，抢救危重病人 788 人，培训当地医务人员 613 人次。省援外医疗队员 2 人分获“2017 年最美援外医生”称号和提名奖，受到刘延东副总理的接见。《人民日报》、新华网、中央电视台《新闻直播间》和《华人世界》栏目数十次报道援外医疗队工作事迹。加强与国际应急管理学会医学委员会（TEMC）的合作，派出省内医疗卫生人才出国（境）297 人次，办理因公出访团组 45 批 206 人次，西安市卫生计生委及其 6 家医院与国际应急管理学会医学委员会（TEMC）签订战略合作协议，安排苏丹 4 名医务人员在西安市第一医院进行为期 3 个月的专业培训。接待瑞典生命科学和医疗保健代表团 16 人以及以色列驻华使馆商务参赞来陕访问，接待 2 批来自台湾地区的医护代表团。选派 6 人参加泰国精神卫生国际大会，2 名精神卫生人员参加社区精神卫生培训 1 个月。陕西省中医药代表团 6 人赴俄罗斯、匈牙利进行中医药交流活动，促进了中医药文化在“一带一路”沿线国家的传播与推广。

卫生和计划生育数据　2017 年末陕西省有卫生计生机构 35863 个（包括村卫生室 24978 个），与上年相比减少 735 个。其中，医院 1150 所，增加 65 所；基层医疗卫生机构 33811 个，减少 207 个；社区卫生服务中心 / 站 603 个，减少 20 个；由于撤乡并镇，卫生院减少 11 个，为 1559 个；由于撤村并组，村卫生室 24978 个，减少 434 个；门诊部 327 所，比上年增加 42 所；诊所、卫生所、医务室 6344 所，增加 217 所；专业公共卫生机构 799 个，减少 590 个；疾病预防控制中心 / 防疫站 119 个、专科疾病防治院 / 所 / 站 5 个、健康教育所 / 站 / 中心 6 个、急救中心 / 站 4 个、采供血机构 10 个、妇幼保健院 / 所 / 站 116 个，其他卫生机构 103 个，均与上年持平；卫生监督所 116 个，增加 1 所；计划生育机构 423 个，减少了 593 个。

2017 年末全省实有床位 241397 张，较上年增加 15997 张。其中：医院病床较上年 193150 张增加 12834 张，卫生院病床 35541 张，较上年增加 2739 张，社区卫生服务中心 / 站 3310 张，较上年增加 2 张，妇幼保健机构 7610 张，较上年增加了 556 张，其他机构床位变化不大。全省共有卫生计生人员 393931 人（编制人数 185787 人），较上年增加 421 人。卫生技术人员 310309 人，较上年增加 21478 人，其中，执业（助理）医师 93235 人，注册护士 127009 人。医院卫生技术人员 208107 人，医院执业（助理）医师 57481 人，医院注册护士 98355 人。从总人员的构成看，卫生技术人员占 78.77%，其他技术人员占 0.92%，管理人员占 6.40%，工勤人员占 5.82%，乡村医生和卫生员占 8.09%。全省平均每千人口床位数 6.29 张（较上年增加 0.38 张），11 个市中最高为 7.84 张，最低为 5.45 张；平均每千人口卫生技术人员数 8.09 人（较上年增长 0.51 人），11 个市中最高为 10.44，最低为 5.99 人；平均每千人口执业（助理）医师 2.43 人（较上年增长 0.18 人），最高为 3.2 人，最低为 1.78 人；平均每千人口注册护士 3.31 人（较上年增长 0.24 人），11 个市中最高为 4.52 人，最低为 2.14 人。

2017 年全省医疗卫生机构总诊疗 19162.78 万人次，较上年增长 662.96 万人次（包括村卫生室的 5003.96 万诊疗人次）。其中：医院的诊疗人次占总诊疗人次的 44.72%，基层医疗卫生机构占 52.46%（社区服务中心 / 站占 7.87%，卫生院占 23.38%，村卫生室占 49.78%），专业公共卫生机构占 2.81%（妇幼保健院 / 所 / 站占 95.11%）。全年总入院病人为 751.53 万人次，总出院病人为 745.60 万人次，分别较上年增加 70.88 万人次和 70.07 万人次，增长 10.41% 和 10.37%；住院病人的手术人次为 176.94 万，较上年增加 33.91 万人次；年平均病床使用率为 77.68%，其中医院 83.67%、卫生院 51.61%、社区服务中心（站）41.34%、妇幼保健院（所、站）64.61%、专科防治院（所、站）88.55%；年平均病床周转次数为 31.6 次，较上年增加 1.10 次；出院者平均住院日为 8.8 天，较

上年缩短 0.11 天。　　（李　杨　张鹏程　王睿民）

〔特约编辑：李　杨〕

〔主　编：刘宝琴　副主编：陈　昭〕

甘肃省

全省卫生和计划生育工作概述　2017 年，甘肃省卫生计生系统紧紧围绕习近平总书记在全国卫生与健康大会上的重要讲话、视察甘肃重要讲话和“八个着力”重要指示精神，将推进卫生计生事业快速健康发展作为保障和改善民生的重要举措，不断深化医药卫生体制改革，着力提升健康扶贫兜底保障水平，各项工作取得明显成效。（1）公立医院改革深入推进。全面破除实行 60 多年的“以药补医”旧机制，全省所有公立医院取消药品加成，同步调整医疗服务价格，彻底告别“以药补医”。（2）基本医保体系不断健全。城乡居民基本医保参保率达到 97%（新农合 98.88%）以上，重特大疾病报销病种扩大到 50 种，比全国多 28 种。新农合人均筹资标准由 2013 年的 340 元提高至 2017 年的 600 元，增长 76.47%；实际报销比提升至 68.43%，位居全国第 4 位。大病保险在全省全面推行，5 年来共为 82.18 万名患者报销费用 28.90 亿元。（3）分级诊疗制度初步建立。调整完善分级诊疗政策，全省住院患者实际补偿比、县外就诊率和县外基金支出占比分别比 2014 年上升 11.73 个百分点、下降 13.08 个百分点和 27.77 个百分点。这一做法得到刘延东副总理的 3 次批示肯定。（4）健康扶贫成效显著。通过提高基本医保报销比例、降低大病报销起付线、实施大病保险再报销、民政兜底保障、大病专项救治、签约服务管理等措施，有效缓解因病致贫、返贫问题，建档立卡贫困人口基本医保实际报销比例达 74.3%。（5）基层医疗服务能力明显提升。建成连接 1.8 万个医疗卫生机构的甘肃省卫生信息专网，“120”急救网络覆盖所有农村人口，远程医疗会诊网络覆盖 80% 的乡镇和社区卫生服务中心。近 3 年累计投入 2.575 亿元，建设 136 个县级重点专科和 72 个薄弱学科。（6）认真贯彻落实计划生育基本国策。稳妥有序实施全面两孩政策，改革计划生育服务管理，18 个县（市、区）被命名为全国计划生育优质服务单位。各级财政累计投入 50 亿元，基本建成国家人口和计划生育利益导向政策体系示范区，近千万人次受益。（7）公共卫生服务工作得到加强。人均基本公共卫生服务经费由 2013 年的 30 元提高到 2017 年的 50 元；全省孕产妇死亡率下降到 14.45/10 万，5 岁以下儿童死亡率、婴儿死亡率分别下降到 5.40‰、4.47‰。建成慢病综合防控国家示范区 3 个、省级示范区 4 个、各类卫生单位 715 个。（8）中医药事业得到快速发展。创建中医药先进示范县区 49 个，建成各级中医药重点专科 197 个，中医药在深化医改和健康促进方面的优势作用得到充分发挥。2017 年，甘肃省获批建设国家中医药产业发展综合试验区，举办 2017 甘肃省中医药产业博览会，签约项目 24 个，签约金额 35.73 亿元。出台《甘肃省贯彻中医药发展战略规划纲要（2016—2030 年）实施方案》。周信有教授被评为“国医大师”，王自立、刘宝厚、张士卿等 3 名教授被评为“全国名中医”。3 所中医医院入选国家中医药传承创新工程项目储备库，5 所中医医院入选健康扶贫工程项目库。（9）坚持正确的舆论导向。不断加强意识形态和宣传思想工作，及时回应社会关切，为卫生计生事业发展营造良好的舆论氛围。“全国最美医生”“中国好医生”“陇人骄子”“道德模范”等行业典型不断涌现，行业形象不断提升。

公立医院改革　2017 年，甘肃省所有公立医院取消药品加成，彻底告别“以药补医”，此举在全省医疗卫生事业发展史上具有里程碑意义。按照调整医疗服务价格补偿 75%、省财政补偿 15%、医院加强成本核算承担 10% 的比例，消化取消药品加成减少的合理收入，省级 10 家医疗机构 1756 万元财政补偿全部到位。建立以合理成本和收入结构变化为基础、有利于费用控制的医疗服务价格动态调整机制，在保证公立医院良性运行、医保基金可承受、群众总体负担不增加的前提下完成医疗服务价格调整，其中调增诊疗、护理、手术、治疗等 6113 项，调降检查、检验 1231 项，体现医务人员价值的技术性服务收入占比逐步提高，医疗费用结构渐趋合理。省直公立医院门诊和住院次均费用分别下降 5.29% 和 0.49%，住院患者药占比、耗材占比分别下降 3.69% 和 0.15%，诊疗项目占比提高 4.66%。改革前后住院费用整体有所下降，公立医院公益性明显增强。

分级诊疗制度　2017 年，甘肃省分级诊疗制度在原省市级医院负责 50+N 种疑难危重疾病、县级医院负责“250+N”种常见病多发病、乡镇卫生院负责“50+N”种普通疾病的基础上，新增市级医院“150+N”种常见大病病种，医疗机构功能定位更加精准，分级分工更趋合理。开展分级诊疗病种动态评估管理，县级以上医院每年新增病种数不少于 10 个，乡级不少于 5 个。

以发展医疗联合体和推进家庭医生签约服务为抓手，推动落实基层首诊，畅通上下转诊。全省家庭医生签约服务覆盖率、重点人群覆盖率分别达到42.69%、67.10%，均已完成国家要求。37家三级公立医院全部开展医联体建设工作，14个市州均以市州政府名义出台推进医联体建设的政策文件。

完善全民医保体系　2017年，甘肃省新农合参合率达到98.88%，人均筹资标准提高至600元，实际报销比提升至66.54%，大病保险筹资标准提高到55元，重特大疾病报销病种扩大到50种。城乡居民医保整合基本完成。制定支付方式改革、诊疗项目和药品目录、定点医疗机构协议管理等“六统一”文件，确保全省城乡居民医保整合后执行统一的政策。在2017年医保整合过渡期，新农合经办工作由卫生计生部门代办，城镇居民医保由人社部门经办，实行“双网并行”。确定2018年1月1日起结束“双网并行”，将新农合经办业务全部移交人社部门，原新农合平台升级为城乡居民医保监管平台。庆阳市组建城乡居民健康保障局，将分散在人社、卫生、发改、财政、民政等部门涉及“三项基本医保”的职能进行整合，实现了医保统一管理。实现符合转诊规定的异地就医直接结算，办理省内异地就医即时结报业务45.55万人次，补偿金额28.82亿元；办理跨省结报转出结算1483例，报销金额1840.67万元。

健康兜底保障　2017年，甘肃省全力推进以“大病集中救治一批、慢病签约服务管理一批、重病兜底保障一批”为核心的健康扶贫工程“三个一批”行动计划。筑牢贫困人口医疗保障网底，新农合报销比例提高10个百分点；实施大病保险再报销政策，大病保险起付线由5000元降至3000元，将33种门诊慢特疾纳入大病保险报销范围。加大医疗救助力度，建档立卡贫困人口年累计个人自负合规医疗费用3000元以上部分由民政医疗救助兜底解决。推行先诊疗后付费、一站式服务等惠民政策，全省建档立卡贫困人口就医负担明显减轻。2017年累计对5.3万名重大病患者开展集中救治，报销费用1.54亿元。为203.75万名贫困人口免费体检，建档立卡贫困人口签约服务覆盖率达到84.25%。大病保险降低起付线政策为6.31万名贫困患者报销17232.22万元，比降低起付线前多报销4259.33万元，提高报销比例4.32个百分点；大病保险再报销政策为3172名患者报销医疗费用2490.81万元；门诊慢特病大病保险政策为3095名患者报销689.67万元。健康扶贫兜底保障能力显著增强。

药品供应保障　2017年，甘肃省药品供应全面实施“两票制”，建立“五方联动”的药品采购工作新机制。（1）实行省市联动，省级负责制订规则和服务，市级及医疗机构联合体负责商务标，建立药品集中采购分级分类负责制。（2）将不同分类采购方式进行联动，公开招标与阳光采购，直接挂网采购（短缺药品清单）和备案采购等不同采购方式间的联动，进一步完善药品分类采购制度。（3）药品集中采购与动态调整相联动。通过集中采购与动态调整的政策联动，理顺招标、采购与使用间的关系，提升药品供应保障水平。（4）药品集中采购与执行“两票制”相联动。通过启动新一轮招标从源头上梳理品种，建立“两票制”配送关系，压缩中间环节，规范流通市场。（5）纪检监察联动，对发现违规行为的采购主体及其负责人进行约谈、警示教育等。提前2年完成高值医用耗材阳光挂网采购工作，采购品种4198种，平均降幅为24.92%。2017年全省药品网上采购金额100亿元，比2016年增长22%，平均配送率达99.05%。药品供应保障工作得到国家卫生计生委的肯定，并在全国卫生计生工作会议上作经验交流。

服务能力和服务质量建设　2017年，国家共安排甘肃省卫生计生基础设施建设资金10.52亿元，支持建设40个项目。省财政投入6000万元支持24个县的48个重症医学、新生儿重症医学等重点专科建设；投入5000万元支持14个深度贫困县的妇产科、儿科、急诊科、麻醉科等40个薄弱学科建设。对全省各级医疗机构实行“千分制”量化考核，考核得分与医疗机构财政补助、等级评审、学科建设、人员职称晋升等挂钩，并作为医疗机构负责人绩效评价的重要依据。多措并举提升基层服务能力，全年共协调落实省内外进修2519人次，对4500名村医开展6个月的脱产培训。新招收住院医师规范化培训学员705名，全科医生培训学员118名。将村医订单定向医学生培养纳入高考招生计划，新招收农村订单定向免费医学生510名。落实乡村医生准入、退出、培训、养老和提高待遇政策，截至年底已为64.07%的在岗乡村医生购买企业职工养老保险，为74.53%的离岗乡村医生发放养老补助。

公共卫生服务　2017年，甘肃省各类免疫规划疫苗接种率保持在95%以上，基本公共卫生服务项目人均补助经费达到50元，服务项目扩展到12类43项。不断提升妇幼健康服务水平，推广应用全国统一的母子健康手册，规范孕产期保健服务，建立健全危重孕产妇和新生儿急救网络，持续推进出生缺陷综合防控，保障母婴安全。全面开展流动人口卫生计生基本公共服务均等化工作，流动人口个案信息合格率达98.87%。参与马达加斯加鼠疫防控任务，第21批援马达加斯加医疗队荣获“全国工人先锋号”荣誉称号。完成以乡为单位的水碘含量调查工作，45个县（市、区）完成尿碘实验室建设任务。深入实施“厕所革命”，全省农村卫生厕所普及率达75.79%。创建国家卫生城市3个、国家卫生县城（乡镇）6个。组织开展陇南“8·7”暴洪泥石流灾害和四川九寨沟7.0级地震灾后救援，完成各类大型活动医疗卫生保障工作，依法、有效处置各类突发疫情。完成12个食品类别、38个食品品种、1232份食品样品的化学污染物监测采样工作，采集地区覆盖全省96%的县区，达到国家要求。

全省卫生和计划生育事业发展数据　2017年甘肃省卫生计生机构、床位、技术人员情况详见下表。

机构分类	机构数	床位数	在岗职工							
			合计	卫生技术人员				其他技术人员	管理人员	工勤技能人员
				小计	执业（助理）医师	执业医师	注册护士			
总　计	28877	147305	200405	147612	56398	45571	58682	8087	11320	11907
一、医院	521	111393	101537	85002	30750	28121	39306	4935	4274	7326
综合医院	302	77691	75314	63328	22250	20486	30630	3546	3185	5255
中医医院	91	22671	16320	14054	5714	5188	5489	640	478	1148
中西医结合医院	16	1893	1365	1141	409	357	392	72	70	82
民族医院	15	1090	913	770	427	348	157	46	41	56
专科医院	97	8048	7625	5709	1950	1742	2638	631	500	785
二、基层医疗卫生机构	26597	30718	73622	48364	20452	13136	15352	951	745	2084
社区卫生服务中心（站）	602	4265	8262	7428	2929	2435	3279	251	255	325
卫生院	1378	25787	27947	25532	9743	5227	8508	585	417	1411
村卫生室	17030	0	23589	2116	1809	672	307	0	0	0
门诊部	79	666	1281	1073	434	370	516	40	51	117
诊所、卫生所、医务室	7508	0	12543	12215	5537	4432	2742	75	22	231
三、专业公共卫生机构	1643	4626	23513	13856	5074	4207	3956	1888	5479	2289
疾病预防控制中心	103	0	4663	3400	1681	1413	545	104	555	604
专科疾病防治院（所、站）	7	50	75	54	36	28	9	0	9	12
健康教育所（站、中心）	15	0	120	60	36	34	10	18	29	13
妇幼保健院（所、站）	99	4564	6883	5697	2333	2044	2416	172	358	656
急救中心（站）	3	12	167	104	44	39	39	6	19	38
采供血机构	17	0	624	443	78	64	136	23	66	92
卫生监督所（中心）	93	0	1825	1399	0	0	0	5	212	209
计划生育技术服务机构	1306	0	9156	2699	866	585	801	1560	4231	665
四、其他卫生机构	116	568	1733	390	122	107	68	313	822	208

中医中药工作　2017年，甘肃省获批建设国家中医药产业发展综合试验区，举办2017年甘肃省中医药产业博览会，签约项目24个，签约金额35.73亿元。出台《甘肃省贯彻中医药发展战略规划纲要（2016—2030年）实施方案》。周信有被评为"国医大师"，王自立、刘宝厚、张士卿等3人被评为"全国名中医"。3所中医医院入选国家中医药传承创新工程项目储备库，5所中医医院入选健康扶贫工程项目库。积极创建并命名1个省级中医药工作先进市和10个先进县。确定7个国家中医药管理局"十三五"重点中医药专科培育项目、21个省级中医重点专科建设单位。在匈牙利、摩尔多瓦、白俄罗斯、吉尔吉斯斯坦等国成立中医中心，在乌克兰、法国、吉尔吉斯斯坦、马达加斯加等国成立岐黄中医学院。

全面两孩政策实施　截至2017年11月30日，甘肃省出生一孩11.04万人、二孩11.8万人、三孩及以上1.22万人，生育势能平稳释放。全面推行网上生育登记工作，共有7845对夫妻在网上办理生育登记服务。改革计划生育服务管理，18个县（市、区）被命名为全国计划生育优质服务单位。印发实施《甘肃省乡级计划生育服务管理工作规范》，明确乡级计划生育工作机构和人员、工作职责、管理制度、考核奖惩等要求，强化计划生育基层基础工作。完善计生特殊家庭扶助关怀政策，安排计生特殊家庭扶助资金3340万元，有效解决计生特殊家庭的实际困难。

重点工作建设　2017年，甘肃省卫生计生委全力落实全国卫生与健康大会精神，省委、省政府印发《"健康甘肃2030"规划》。建成省级全民健康信息平台，完成与全员人口数据库、健康档案数据库、电子病历数据库等10多个业务系统的对接，成为全国第3个实现与国家平台对接和第19个省市县三级平台100%互联互通的省份。全面加强公共卫生和医疗机构监督工作，严厉打击非法行医，全年共查处各类违法案件3440起。深入推进"放管服"改革，加快实现让企业和公众"最多跑一次"服务，取消下放行政审批事项2项，下放部分审批事项4项，承接国务院下放行政审批事项5项。推进卫生计生立法工作，出台全国第一部鼠疫防控地方法规《甘肃省鼠疫防控条例》。加大内部审计和工作督导力度，积极落实国务院第4次大督查和省政府大督查反馈问题整改。按照机构设置规范、职能职责明确的总体要求，经省编办同意批复，2017年对机关部分内设处室和部分直属事业单位进行机构、编制和职能整合。委机关对原基层卫生处、流动人口计划生育服务管理处、计划生育家庭发展处、计划生育基层指导处、妇幼健康服务处、体改处、宣传处、审计处等进行职能整合和调整，成立（更名）基层卫生与流动人口管理处、计划生育与家庭发展处、体改一处、体改二处、体改三处、宣传与健康促进处、审计与督导处。对原计划生育药具管理站、西北人口信息中心、省计划生育宣教中心、省健康教育所、省卫生计生委统计信息中心、省医疗和医保监管服务指导中心等6家单位进行了职能整合和调整，成立甘肃省卫生计生健康宣传教育中心、甘肃省医疗和医保监管服务指导中心（甘肃省计划生育药具站）、甘肃省卫生计生统计信息中心（西北人口信息中心）、甘肃省卫生与人口发展研究中心、甘肃省医院管理中心和甘肃省卫生计生人才交流服务中心。　　（郭汉彪）

〔特约编辑：陈志鹏〕

〔主　编：王晓明〕

青　海　省

全省卫生和计划生育工作概述　2017年，青海省卫生计生系统以习近平新时代中国特色社会主义思想为指导，坚决执行新时代党的卫生与健康工作方针，贯彻落实中央和青海省重大决策部署，紧紧围绕"健康中国战略"主线，聚焦"健康青海2030"行动计划、深化医改、重大疾病防控、健康扶贫等重点任务，坚持抓落实提能力，强弱项补短板，全省卫生计生事业改革发展取得新成效。

健康青海建设扎实推进。按照"三步走"战略目标，紧盯重点任务，强化政策措施，着力构建"大卫生、大健康"格局，全面实施"健康青海2030"行动计划，细化牵头任务96项，确定监测指标43项。全面普及健康生活，会同10部门出台《加强全省健康促进与教育实施意见》，创建国家级健康促进县（区）2个，全民健康素养水平提高到8.16%，具备科学健康观的人口比例达到31%。积极建设健康环境，深入开展城乡环境卫生整洁行动，农牧区卫生户厕普及率达69.17%，农村饮用水卫生监测覆盖8个市（州）的43个县（区），食品安全风险监测和食源性疾病监测实现县级全覆盖。卫生城市（镇）创建取得新成效，新创建国家卫生县城（乡镇）7个，西宁市再次通过国家卫生城市复审，玉树市、德令哈市成为国家卫生城市。

医药卫生体制改革持续深化。围绕国家5项制度建设、医改10件事和青海省30项重点任务集中发力，补齐、关键缺项，加快“立柱架梁”，推动综合医改持续向纵深发展。（1）加快建立分级诊疗制度，全面启动多种形式的医联体建设，全省共组建89个医联体，其中，省级区域医联体2个、中藏医民族医联体2个、妇儿等专科联盟7个、心电影像等诊疗中心5个、胸痛中心1个；市（州）级医联体16个；县域医共体56个。全面推行家庭医生签约服务，组建家庭医生团队2076个，常住人口、重点人群家庭医生签约率分别达54.85%、79.98%，超额完成年度目标任务；信息化建设提速升级，各级平台实现互联互通，居民健康卡建设试点全面启动。（2）努力构建现代医院管理制度，围绕薪酬制度改革、绩效考核、控制医疗费用不合理增长等重点难点制定出台一系列政策措施，公立医院综合改革取得明显成效，医疗费用增幅控制在7.28%，青海省在2016年度全国公立医院综合改革效果评价考核中位列第3名。（3）逐步健全药品供应保障制度，制定出台《进一步改革完善药品生产流通使用政策实施意见》《改革完善短缺药品供应保障机制实施方案》，“两票制”全面推行，新的药品供应保障机制不断完善，低价药、短缺药和妇儿急救药保障能力不断提升，新一轮药品分类采购中标价格大幅下降，低于西北4省中标平均价11.02%，患者用药负担进一步降低。（4）不断完善全民医保制度，全省城乡居民医保和大病医保人均筹资标准分别提高到680元和60元，保障水平稳步提升；省内120所二级以上定点医疗机构医保结算系统接入国家系统，在全国所有省（区）实现异地就医直接结算；加快推行复合型支付方式改革，实现按病种付费病种达到177个，按病种收费病种达到110个。（5）着力强化综合监管，制定出台《加强全省卫生计生社会信用体系建设实施意见》，综合监管能力不断提升，纠正医药购销和医疗服务不正之风专项治理、医用耗材专项整治效果明显，“放管服”改革持续深化，“健康青海蓝盾护航”行动深入开展，“双随机一公开”实现专业和地域全覆盖。

健康扶贫工作精准有效。紧扣“看得上病、看得起病、看得好病”总目标，认真实施健康扶贫“三个一批”行动计划，统筹推进健康扶贫工作。制定出台《青海省健康扶贫工程实施方案》《青海省健康扶贫工程“三个一批”行动实施方案》《青海省农村牧区贫困人口大病专项救治工作实施方案》等文件，召开全省卫生计生系统脱贫攻坚工作推进会、农牧区贫困人口大病专项救治工作启动会和全省健康扶贫工作现场推进会，积极推行挂图作战、健康档案四色图标管理和三级包干责任制等攻坚措施，实行贫困人口“双签约”，切实发挥家庭医生健康服务“守门人”和村级干部政策保障“引路人”的作用。开展两轮覆盖全省所有贫困县的专项督导，将祁连县、贵德县、平安区打造成健康扶贫全国示范县。大病救治病种从国家规定的9种扩展到14种，大病救治比例达62.96%，慢性病签约率达100%，重病兜底保障政策范围内住院费用报销比例达93.6%。依托省际和省内帮扶，按照“什么缺帮什么、什么弱扶什么”原则，采取驻点支援、团队帮扶等形式，建立健全多层次、多渠道、全覆盖的层级对口帮扶机制，实现83所州县医院、405所乡镇卫生院对口帮扶全覆盖。年内，省内医疗卫生机构共派出2850名帮扶人员，定点帮扶基层医疗机构。对口援青6省（市）累计派驻专家958名，投入援建资金1.4亿元，重点帮助州县医院加强重点专科建设、提升医疗技术水平和医院管理能力。落实“六减四优先十覆盖”政策，累计减免群众医疗费用2.5亿元，因病致贫返贫存量不断降低，增量得到有效遏制。

重大疾病防控有力有效。紧盯重点区域，合力攻坚包虫病防治，各级财政投入资金超过4亿元，完成人群筛查207万人，新确诊的2054名患者全部得到免费药物或手术治疗，玉树、果洛两州纳入国家3省（区）包虫病综合防治体系。免费药物治疗结核病患者4285例，麻疹和0 ~ 14岁儿童乙肝发病率分别比上年下降36.53%、50.02%。创建3个国家级、2个省级慢性病防治示范区，建立5个省级防治中心。卫生应急规范化建设有序推进，卫生应急能力显著增强，国家突发急性传染病防控队伍（青海）建设项目进展顺利，及时有效处置突发公共卫生事件21起，开展紧急医疗救援15起。17类基本公共卫生服务项目全面实施，人均补助标准提高到55元，继续保持在全国和西部前列，全省以县为单位政府购买基本公共服务实施率达100%，对全省41.7万名65岁及以上老年人开展健康体检，体检覆盖率达93.1%。

重点项目建设稳步推进。规划引领和项目支撑坚实有力，扎实推进《全民健康保障工程建设规划》实施，落实资金4.94亿元，实施全民健康保障工程规划项目3类29个建设项目，总建设规模12.22万平方米。全力推进青海卫生职业技术学院新院区建设，成立专职工作机构，建立联合推进机制，制定全面细致的工作方案，积极推进项目选址等前期工作，建设规划和学院长期发展规划编制工作有序推进。省第五人民医院、省妇幼保健院整体迁建等6个项目主体封顶。省血液中心整体迁建项目进入施工单位招投标阶段。省人民医院藏区急救诊疗中心完成“三通一平”，具备开工条件。

医疗服务质量显著提升。改善医疗服务行动计划

执行有力，临床重点专科、特色专科建设加快推进，血液安全供应水平稳步提升。基层医疗卫生服务能力明显增强，评选55所全国群众满意的乡镇卫生院、3个优质服务示范社区卫生服务中心，1所社区卫生服务中心跻身全国社区卫生服务“200强”，1所中心卫生院被评为全国百佳乡镇卫生院。上联国家、下通至县的全民健康信息平台建成运行，居民健康卡启动实施，居民电子健康档案、全员人口、电子病历“三大数据库”建成率分别达到90%、85%、95%。

中藏医药传承发展成果丰硕。积极宣传贯彻《中医药法》，出台青海省落实《中医药发展战略规划》实施意见。加强中藏医服务体系建设，省藏医院、省中医院入选国家中医药传承创新工程项目储备库。大力开展民族医院能力建设，年产量200吨以上的省藏医院藏药制剂车间投入使用，成为国内最大的藏药院内制剂生产中心。加强高层次人才培养，5名中医药人员入选第4批全国中医优秀人才研修项目，全国名老中医药专家传承工作室建设项目扎实推进。

计划生育和妇幼健康工作持续优化。积极适应计划生育服务转型发展新要求，全面完成各级妇幼保健和计划生育机构整合，加强孕产妇和新生儿危急重症救治能力建设，推进优生优育全程服务。鼓励按政策生育，全面两孩政策运行平稳，全省城镇汉族家庭两孩登记13360人，累计生育6815人，低于生育预期。农牧区孕产妇住院分娩补助、“两癌”筛查、叶酸补服、出生缺陷综合防治、婴幼儿营养改善、免费孕前优生健康检查等项目执行有力，补助农牧区住院分娩孕产妇5.4万名，开展“两癌”筛查19.4万人次，为12.89万名婴幼儿免费发放营养包。计生家庭奖励扶助政策全面兑现，共发放补助资金共计9297万元。持续推进流动人口基本公共卫生计生服务均等化，全省流动人口健康档案建档率达71%，健康教育接受率达92%。流动人口基本计生卫生服务均等化水平不断提升。

全面从严治党深入推进。深入学习宣传贯彻党的十九大精神和省委十三届二次全会精神，扎实推动“两学一做”学习教育常态化制度化，全年共组织委党组中心组学习25次，举办党建品牌“橘杏讲坛”12期，开展党建工作专题调研4次。委党组认真履行主体责任，把全面从严治党的要求层层传递、狠抓落实，全面加强纪律和作风建设，在直属医疗机构和卫生计生单位开展党风廉政建设专项督查、大型医院巡察、专项巡查、内部审计、医药购销和医疗服务不正之风专项整治等一系列工作。委党组书记先后4次对委属各单位、委机关处（室、局）主要负责人进行提醒约谈并背书签名，累计提醒谈话110余人（次），诫勉谈话5人（次）。深入推进民族团结进步先进区创建，积极争创省级文明行业，向国家卫生计生委文明办推荐4个全国青年文明号候选集体，委系统6家集体被共青团青海省委确定为省级青年文明号创建集体。

2012年以来青海省卫生计生事业发展概述　2012年党的十八大召开以来，在省委、省政府的坚强领导和国家卫生计生委的支持下，全省卫生计生系统深入8贯彻习近平新时代中国特色社会主义思想，自觉践行“四个扎扎实实”重大要求和“四个转变”新思路，努力推动卫生计生事业全面发展。这5年，是卫生计生事业投入力度最大、改革力度最强、群众获得感最多的时期。各级财政卫生事业投入445.94亿元，2016年全省卫生总费用239.75亿元，比2012年增长68.26%，卫生总费用占GDP的比重由2012年的7.52%提高到9.32%，其中政府卫生支出比例由43.30%提高到46.64%，社会卫生支出比例为25.84%，居民个人支出比例为27.52%，低于全国平均水平。2017年全省出生人口性别比为108，总和生育率为1.70，人口自然增长率稳定在9‰以内，出生政策符合率达98.64%，孕产妇、婴儿和5岁以下儿童死亡率下降到29.36/10万、9.86‰和11.7‰，比2012年分别下降6.79%、2.72%、3.54%。人均期望寿命从2010年的69.96岁增长到71.7岁，主要健康指标与全国平均水平的差距进一步缩小。

综合医改取得重大成效。坚持保基本、强基层、建机制，以建立基本医疗卫生制度为目标，强化医疗、医保、医药“三医”联动，奋力推动医改向纵深发展。公立医院综合改革实现全覆盖，以药补医机制全面破除，医疗服务价格改革成效明显，现代医院管理制度建设持续推进，薪酬制度改革试点有序开展，分级诊疗制度巩固完善，全民医保体系全面建立，药品供应保障新机制不断创新，综合监管长效机制日益完善，群众看病贵看病难看病远问题明显缓解，医改走出“青海节奏”，形成“青海经验”，被誉为“青海现象”。

重大疾病防控提质升级。坚持“重点疾病重点防控，重点区域重点预防，重点人群重点干预”策略，疾病监测系统不断完善，疫情报告制度逐步健全。包虫病、鼠疫、乙肝、结核病等重大地方病传染病综合防治措施全面落实，累计完成包虫病人群筛查466万人，1.4万名患者获得医疗救治，人群平均患病率由2012年的0.63%下降至0.30%，流行趋势得到基本遏制。基本消除碘缺乏病成果持续巩固，取得连续6年未发生人间鼠疫的历史最好成绩。艾滋病保持低流行水平，免疫规划疫苗报告接种率均达98%以上，“三位一体”结核病防治模式覆盖所有县（区），纵向到底、横向到边的卫生应急决策指挥平台基本建成，各类突发公共卫生事件处置及时科学有效。

医疗卫生项目建设全面提速。坚持将重大项目作为支撑和拉动卫生计生事业强劲发展的重要动力，5 年累计落实资金 56.73 亿元，实施基础设施建设项目 1977 个，总建筑面积 125.75 万平方米，全省医疗卫生服务体系不断健全，资源布局进一步优化，省人民医院住院综合楼、省第三人民医院门诊楼、省地病所综合实验楼、省藏医院制剂中心和全科医师培训基地竣工交付使用。省人民医院全科医师培训基地、青大附院门急诊综合楼、省妇女儿童医院城南分院、省第四人民医院结核病和职业病防治诊疗中心、省第五人民医院和省妇幼保健院整体迁建等续建项目进展顺利。青海卫生职业技术学院新院区、省血液中心整体迁建项目前期工作加快推进。

人才队伍建设成果丰硕。坚持“人才兴医”战略，人才引进和培养力度持续加大，医学科研水平明显提高。建立“5+3”为主、“3+2”为辅的医学人才培养体系，统筹推进订单定向医学生培养、村医订单定向免费培养、全科医生转岗培训、住院医师规范化培训等项目，累计培养培训各类专业人员 18.56 万人次，培养和引进“昆仑英才”4 名、高端创新人才 90 名、团队 4 个。全省有享受国务院特殊津贴专家 23 名，省级优秀专家 19 名、优秀专业技术人才 20 名、自然科学与工程技术学科带头人 60 名。建设 53 个省级临床重点专科、35 个县级临床特色专科，承担部级科研项目 34 项、国家自然基金项目 19 项，荣获国家科技进步二等奖 1 项、中华医学科技二等奖 1 项，青海省科技进步一等奖 4 项、二等奖 6 项、三等奖 15 项，发表 SCI 论文 158 篇。构筑卫生计生战线精神高地，先后涌现出吴阶平奖获得者吴天一，白求恩奖获得者赵生秀，“国医大师”尼玛、“全国名中医”陆长清、王常绮、桑杰等一批先进典型。

民族医药事业蓬勃发展。坚持中藏医药振兴发展战略，全面加强中藏医药服务能力和内涵建设，新建和改扩建中藏医医院 17 所，3 所中藏医医院达到三级标准、37 所达到二级标准。建设国家临床中医重点专科 4 个，国家中医药管理局重点专科 13 个、重点学科 8 个，省级中藏医重点专科 32 个，培养中藏医药博士、硕士 110 名，第 4 次中药资源普查试点工作通过国家验收。累计建设基层中藏医馆 400 个，全省 100% 的社区卫生服务中心、84.8% 的社区卫生服务站、92% 的乡镇卫生院和 75.2% 的村卫生室能够提供中藏医药服务，传承普及水平大幅提高，医疗、科研、教育、产业、文化、养生保健、对外交流“七位一体”发展模式不断完善。

从严治党要求全面落实。坚持“严”字当头，落实全面从严治党主体责任，扎实开展党的群众路线、“三严三实”主题教育活动，深入推进“两学一做”学习教育常态化、制度化，全面推行“一岗双责”、廉政约谈、提醒谈话、监督执纪、述责述纪述廉，切实严肃和规范党内政治生活，各级党员领导干部“四个意识”不断强化，“四个自信”更加坚定，“六大纪律”执行有力。坚决贯彻落实中央八项规定和省委、省政府 21 条措施，坚持以德治医和依法治医相结合，狠抓行业“九不准”“十六禁”，认真落实大型医院巡查制度，卫生计生系统党的建设、党风廉政建设、作风建设全面加强。深入挖掘选树行业典型，全面筑就职业精神高地，社会主义核心价值观在维护群众健康的实践中越发凸显，营造了全社会支持理解卫生计生事业发展的良好氛围。

全省卫生和计划生育事业发展数据

全省医疗卫生资源。（1）2017 年末青海省有医疗卫生机构 6375 个。其中：医院 212 个（公立医院 107 个，民营医院 105 个；三级医院 18 个，二级医院 94 个，一级及未定级医院 100 个）；基层医疗卫生机构 5980 个〔社区卫生服务中心（站）254 个，乡镇卫生院 405 个，村卫生室 4518 个，门诊部、诊所（医务室）等 803 个〕；专业公共卫生机构 179 个；其他机构 4 个。（2）医疗卫生人员总计 55887 人（医院 34181 人，基层医疗卫生机构 18013 人，专业公共卫生机构 3685 人，其他机构 9 人）。其中：卫生技术人员 41485 人，执业（助理）医师 15398 人，注册护士 16399 人。每千人口执业（助理）医师 2.63 人、注册护士 2.80 人，每万人口全科医生 2.10 人，专业公共卫生机构人员 6.30 人。学历构成：本科及以上 34.74%，大专 48.42%、中专 12.71%、高中及以下占 4.13%。职称构成：正高 1.38%、副高 5.92%、中级 18.55%、中级以下 74.15%。（3）医疗卫生机构床位：共 38348 张。其中：医院 32055 张（公立医院 26125 张，民营医院 5930 张），基层医疗卫生机构 5789 张，专业公共卫生机构 504 张。每千人口床位数 6.56 张，全省医院病床使用率为 70.43%。

医疗卫生服务量。（1）2017 年青海省门诊服务量及次均费用为：全省医疗卫生机构总诊疗量为 2495.20 万人次（不含村卫生室），其中，医院 1222.31 万人次，占 48.99%（公立医院占 86.97%，民营医院占 13.03%）。全省门诊病人次均费用 146.8 元，其中，医院 208.2 元（公立医院 212.4 元，民营医院 180.3 元；三级医院 271.23 元，二级医院 143.89 元），社区卫生服务中心 110.89 元，乡镇卫生院 51.35 元。（2）

住院服务量及次均费用：全省医疗卫生机构出院人数97.11万人。其中：医院82.92万人，占85.39%（公立医院占85.67%，民营医院占14.33%）；基层医疗卫生机构13.54万人，占13.94%；其他机构0.65万人次，占0.67%。人均住院费用7164.8元。其中：医院8193.5元，社区卫生服务中心3545.4元，乡镇卫生院925.4元。

省卫生计生委基本情况。核定处（室、局）22个，另代管省委地方病防治领导小组办公室，编制129名（实有人员117人）。委直属事业单位26个，其中，全额事业单位12个、差额事业单位11个、自收自支事业单位3个，共核定人员编制4937名，实有9471人（同工同酬和临聘人员4534人）。

人口和计划生育目标管理考核结果 经青海省人口和计划生育领导小组考核，西宁市、海东市、海西州、海南州、黄南州、海北州被评为执行2017年度计划生育目标管理责任制优秀地区，果洛州、玉树州为良好地区，省人民政府对各市州进行了表彰奖励。

西宁市公立医院综合改革成效显著 2017年，该市在全国率先和持续推进市、县、乡、村四级跨区域紧密型一体化医疗集团建设基础上，紧扣中央和省市重点医改任务，突出“三医联动”，公立医院综合改革继续深入，医疗集团建设成果不断扩大；湟中、湟源医共体持续深化；城东、城中、城西区域医联体稳步推进；分级诊疗制度巩固完善，“3+1+N”家庭医生团队服务和健康签约“承包”服务扎实开展；现代医院管理制度、公立医院薪酬制度改革及院长年薪制全面实施；全民医保保障水平持续提升，入选全国C-DRG支付费方式改革适用地区；药品医用耗材购销“两票制”执行率达97%；政府、公立医院、民营资本三方多元化、相互促进、相互融合的医养结合新模式初步建立。4月27日，国务院办公厅《关于对2016年落实有关重大政策措施真抓实干成效明显地方予以表扬激励的通报》中对西宁市公立医院综合医改工作予以表扬。7月17日，中央大型政论专题片《将改革进行到底》第10集《人民的获得感》中西宁市第一医疗集团进行了报道，为全国医联体建设提供了经验。

海东市医共体建设实现全覆盖 2017年，该市积极推进全覆盖的紧密型医共体建设和乡村一体化管理，强化人员、资源、资金、运行一体化管理，建立目标明确、权责清晰、公平有效的分工协作机制，使医联体成为服务、责任、利益、管理共同体，促进区域内医疗资源有效共享，有力推动形成基层首诊、双向转诊、急慢分治、上下联动的分级诊疗模式。各县（区）按照“三个不变”“五个统一”的原则，结合实际，以县级公立医院为牵头单位，与乡镇卫生院建立起服务、责任、利益、管理共同体，全市共组建11个医共体，覆盖全部乡镇卫生院。并重点在民和县推广互助县医共体建设模式，制定《民和县县域医疗服务共同体工作实施方案》等7份文件，以3所县级医院为核心，组建3个医疗同共体，医共体内实现了行政、业务、人员、资产、财务“五统一”管理和统一考核，给5所乡镇卫生院自筹资金配备了数字减影X拍片机（DR），主体医院下派专家及医疗负责人72名，通过医共体建设，服务能力得到明显提升，门急诊人次、住院人次分别增加13.1%、8.8%，中心卫生院收入均超过百万，突破400万的有2家，全县乡镇卫生院收入比2016年同期增长60%，实现基层医疗服务能力“三提升”。

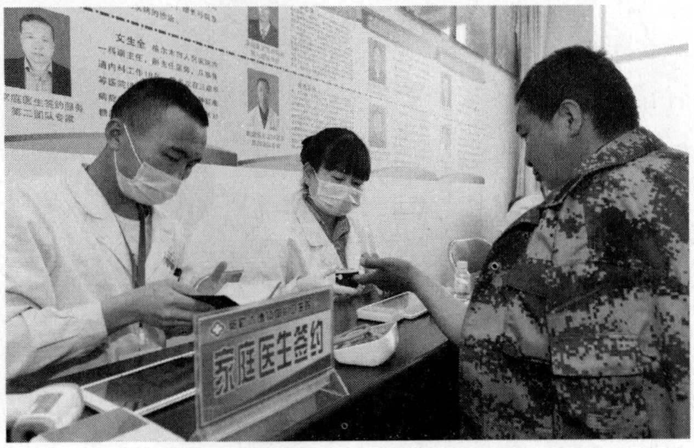

2017年，青海省稳步推进家庭医生签约服务工作。

海西州全面推进公立医院改革 2017年，该州围绕切实解决广大城乡群众“看病贵、看病难”问题，积极探索，统筹推进，公立医院改革全面推进。（1）巩固破除以药补医机制，实行州、县、乡、村4级医疗机构药品零加成销售，所需补助经费全部纳入地方政府财政预算，截至2017年底，全州仅药品零加成已累计减轻群众药品负担1.1亿元，基本扭转以药补医的局面。（2）提升村医保障水平，在省里对村医报酬提标的基础上，研究提出调整提高乡村医生补助标准意见，村医补助较全省平均水平高出4200元。（3）建立公立医院投入长效机制，2017年，全州财政共为公立医院投入资金3000余万元，用于公立医院基本建设、设备购置、重点学科建设、人才培养、信息化建设等，公立医院硬件建设和学科水平得到“双提升”。（4）稳步推进公立医院薪酬制度改革。组织各级公立医院按照“两个允许”开展总量核定，进一步完善公立医院内部考核分配机制，调动医务人员工作积极性。（5）提升公立医院服务能力。通过实施高层次人才引进培养项目等方式，为州人民医院引进高层次人才5人。通过与浙江、辽宁及省内三级医院的对口帮扶，州人民医院新开展31项新技术填补了海西地区技术空白，其中4项技术达到省内领先水平。（6）大力发展远程会诊服务。印发《政府购买远程会诊医疗服务项目实施方案》，政府投入资金300万元，对开展远程会诊患者给予一定比例的费用补助，方便群众就近就医。通过综合施策，全面完成医改各项目标任务，实现公立医院改革目标，有效维护公立医院的公益性和主体作用。

2017年“健康中国行——走进青海”启动仪式。

海南州扎实推进精准健康扶贫工程 2017年，该州按照因地因人施策、因病分类救治的原则，坚决落实精准扶贫、精准脱贫的基本方略，将健康扶贫纳入年度重要工作任务，建立完善政策制度设计，依托健康扶贫管理系统，实施动态跟踪管理，全面落实健康扶贫政策措施，精准推进健康扶贫深入实施。全面落实“六减免、四优先、十覆盖”措施，为农牧区贫困群众减免医疗费用21.86万元。加快推进贫困地区村卫生室标准化建设，标准化率达78%。实施健康扶贫“三个一批”行动，州政府每年为健康扶贫“三个一批”行动解决补助资金300万元，并纳入年度州、县两级财政预算，直至脱贫攻坚结束。开展大病集中救治患者151人，救治比例达63.2%，实现建档立卡贫困人口和重点人群慢病签约服务全覆盖，完善重病兜底保障政策，政府为建档立卡贫困人口年缴纳参保金680元，参保率保持在100%，实现贫困人口应保尽保、医疗保障全覆盖。海南州基本建立城乡居民基本医保、大病商业医疗保险、医疗救助、疾病应急救助、临时救助和重病兜底“六道保障线”。同时，实施贫困人口大病专项救治惠民政策，对白血病、先天性心脏病、慢性肾功能衰竭、恶性肿瘤等4种疾病实行医保最高支付额由10万元提高到20万元。海南州贫困人口住院医疗费自付比例下降至10%以下，其中重点优抚对象、城乡低保家庭、农村五保户住院医疗费自付比例下降至5%以下，切实减少因病致贫返贫现象的发生，为全面打赢脱贫攻坚战奠定坚实的保障。

海北州深入实施健康扶贫工程 2017年，该州全面实施“四全免、六减免、四优先、十覆盖”和医疗保障工作机制，为贫困群众构筑基本医保+大病医保+民政救助+商业保险+医疗救助基金“五重保障网”，实现贫困人口医疗保障政策全覆盖，贫困患者住院医疗费用实际支付比控制在10%以内。贫困人口门诊救助病种由原来的4种扩大到25种，报付比由80%提高到90%，大病保险起付线由5000元降至3000元。将贫困人口门诊特殊病慢病申报鉴定机构由省级三级医院或省级专科医院调整到州、县二级甲等医院。通过专家下沉州县级医院的措施，对患有食管癌、胃癌、结肠癌、直肠癌等14种大病患者进行集中救治，并全额减免贫困大病患者的检查费用，115名大病患者得到全面救治，救治率达100%。全州建档立卡贫困户家庭医生签约率达100%，使贫困户享受到了“家庭医生”式的医疗服务，打通健康扶贫政策落实“最后一公里”。累计减免贫困人口医疗费用81.4万元，年内1806户建档立卡因病致贫因病返贫户实现脱贫，因病致贫、因病返贫户减贫率达24.51%。

玉树州统筹推进卫生计生改革发展 2017年，该州以“抓落实、惠民生”为目标，落实各项政策措施，扎实有效地落实年度各项重点工作。医改工作扎实稳步推进，巩固完善基本药物制度，完善医疗卫生新机制。继续强化重大传染病和地方病防控工作，全州累计投入各项资金1000万元，包虫病救治力度不断加大，落实包虫病筛查全覆盖，规范包虫病诊疗管理，累计治疗手术患者455例，实施药物治疗1611人。全面实施乙肝疫苗免费接种，累计免费接种乙肝疫苗83088人。正常产孕产妇免费住院分娩，住院分娩新生儿6594人，采购健康体检车4辆。爱国卫生运动成果显著，玉树市创建为国家卫生城市，玉树市和9个村镇评为省级健康城市和健康村镇试点单位。积极推动健康扶贫工作，对全州“因病致贫、因病返贫”对象进行核查建档，建档立卡工作日益规范，全面实施“五免六减”“四优先”“十覆盖”等惠民政策，医养结合工作得到有效落实。稳步实施“康福家千村万户”工程，积极创建“康福家”示范村和示范户。全面推进家庭医生签约服务，提升基本公共卫生均等化水平。疾病预防控制工作能力得到进一步提升，卫生监督执法力度不断加大。医疗服务质量和管理水平不断改进，藏医药事业得到快速发展。

果洛州全面加强包虫病防治工作　2017年，该州全面打响以包虫病为主的重大地方病传染病防治4年攻坚战（2017—2020年），州委、州政府召开动员部署大会并建立强有力的组织领导机制，与各县、州直各相关单位层层签订目标责任书，有力保障果洛州“四大病种”防治工作有序推进。11月在甘德县召开全省包虫病综合防治现场推进会。全州各级医疗机构全力以赴，在省人民医院、青大附院、省疾控中心、省地防所和上海、北京、中央军委联勤保障部等军地各大医疗机构的协助下，先后筛查果洛州90%以上的人群，新发现包虫病患者1495名，手术救助治疗300名，其余患者均得到免费药物治疗。按照“预防诊疗为主、健康教育先行”的工作方针，邀请藏区著名学者索达吉堪布录制包虫病宣讲专题片，卫生计生和教育部门邀请省级专家编写《果洛州四大病种防治知识教材（中小学生版和成年人版）》，推进全州健康教育工作。

黄南州积极推进公立医院综合改革　2017年，该州将医疗收入结余的20%～40%纳入到薪酬制度改革绩效总量，以信息化绩效考核管理为抓手，将医务人员薪酬收入与医疗服务数量、质量、技术难度、成本控制、群众满意度等挂钩，进行医疗服务全过程预警、监控，动态管理，重点向高风险、关键岗位、优秀人才、临床一线人员给予倾斜，充分体现了医务人员的劳动价值，医务人员绩效收入由原来改革前的350元/月提高到1857元/月，极大地调动了医务人员工作的积极性。全州8家公立医院开通与11家省级医院远程医疗会诊系统，建立以电子病历为核心的医院数据系统、检验信息传送系统、图像传送系统、医保信息系统及远程医疗系统，与省级信息平台信息实现互联互通。加大对口支援工作力度，天津市援助总价值2989万元2套半移动式模块化磁共振系统和磁共振医疗车1辆。泽库县人民医院妇产科、泽库县藏医院药浴科、尖扎县藏医院药浴科分别被评为省县共建特色重点专科和中藏蒙医医院特色专科。各公立医院结合县域内常见病、多发病实情，加大重点专科建设力度，借助对口支援有力时机，进一步强化区域内包虫病、白内障、骨科、药浴、心血管、肝胆、中医科等专科建设和远程医疗会诊系统建设，着力提升县域内手术能力和常见病、多发病诊治水平。

（田生辉）

〔特约编辑：马国峰〕

〔主　编：王定邦　副主编：李晓东〕

宁夏回族自治区

全区卫生和计划生育工作概述　2017年，宁夏卫生计生工作紧紧围绕“五位一体”总体布局和“四个全面”战略布局，坚决落实“大卫生、大健康”工作理念，以健康宁夏建设为主线，深入推进医药卫生体制改革，完善基层卫生和公共卫生服务体系，提高医疗质量、改善医疗服务、优化医疗资源，全面落实“全面两孩”政策，中回医药事业发展加快，对外卫生交流合作取得重大成果，爱国卫生工作、党建暨党风行风建设扎实推进，人民健康水平持续提高，有力地促进了全区经济社会发展。全区人均预期寿命提高到74.99岁；孕产妇死亡率、婴儿死亡率、5岁以下儿童死亡率分别下降到19.14/10万、6.72‰、8.77‰，人口自然增长率控制在9‰以内，主要健康指标位列西部地区第6位。2016年卫生总费用占GDP的比例为7.8%，高于6.2%的全国平均水平，人民群众获得感进一步增强；个人卫生支出占比从2011年36.67%下降到32.88%，下降3.79个百分点，群众看病贵问题得到明显改善。

健康宁夏建设　（1）健康宁夏深入推进。全区各级政府认真贯彻落实“健康宁夏2030”发展规划，将健康宁夏建设与经济社会发展同规划、同部署、同安排、同考核。自治区成立健康宁夏专家委员会，对健康宁夏建设工作提供技术支持。制定考核评估细则，完成全区健康宁夏建设监测评估和年度考核。各级财政在健康服务基础设施建设、健康环境改善、健康教育等方面加大财政投入，保障了健康宁夏建设顺利推进。（2）健康生活广泛普及。各市、县（区）在电视台开办卫生健康栏目，利用报刊栏、广告牌、公共场所LED屏以及车载电视、手机短信、“大喇叭村村响”“百场万人”基层宣讲、“三下乡”服务、在宁夏科技馆建立健康教育展区等形式，开展健康生活方式宣传教育。以“合理膳食、食品安全、三减三建、迈向健康”为主题，组织健康宣传咨询活动共300多场次，发放宣传品180万份。投入6400万元加强全区体育公共服务基础设施建设，人均公共体育场地面积达2.2平方米。开展迎新春全民健身季、第3届全民健身节活动和科技体育嘉年华等群众体育赛事，共举办活动1000多项次，经常性锻炼人数达到202万人。（3）健康产业加快发展。将健康产业列入全区卫生与健康事业发展的重要内容，自治区卫计委会同相关部门出台《关于促进健康旅游发展的实施意见》，加强对健康服务机构的政策宣传、咨询和业务指导，营造良好的健康产业发展氛围。全区健康产业机构（企业）累计达到2335个，总产值达到97.1亿元。

医药卫生机制改革　（1）省级综合医改试点。2017年，全区医改工作“五项制度”建设全面推进，“10件实事”全面落实。公立医院医疗费用增幅为7.19%，药占比（不含中药饮片）为34.427%，百元医疗收入（不含药品收入）消耗卫生材料32.77元，医疗服务收入占23.2%。自治区、市、县（市、区）三级成立医改领导小组，医疗、医保、医药工作归口由一位政府领导分管。自治区政府与各市、县签订医改责任书，纳入绩效考核。自治区召开两次医改领导小组会议、全区综合医改工作会议、医联体建设推进会议、医改媒体沟通会、新闻发布会。自治区人大常委会对综合医改进行专题督查、询问。《自治区人民政府办公厅关于印发“十三五”深化医药卫生体制改革规划和贯彻落实进一步推广深化医药卫生体制改革经验实施意见的通知》《自治区人民政府办公厅转发自治区编办关于公立医院实行人员总量管理意见的通知》《自治区人民政府办公厅关于建立现代医院管理制度的实施意见》《自治区人民政府办公厅印发关于推进全区医疗联合体建设和发展实施方案的通知》《自治区人民政府办公厅关于支持社会力量提供多层次多样化医疗服务的实施意见》等配套文件印发实施。自治区医改办举办3期医改政策培训班，开展3次医改专项督查。自治区卫生计生委建立“委领导包市、处长包县”的包抓责任制。（2）公立医院改革。全区二级以上公立医院全部取消药品加成。建立公立医院人事编制管理新制度，公立医院人员编制管理实行总量控制、备案管理，编制总量为4.2万人。银川、吴忠、石嘴山3市共28家公立医院纳入国家薪酬改革试点。推进医疗服务价格改革“分类管理”，自治区6家三级甲等公立医疗机构5大类65个医疗服务项目实行市场调节价管理，自治区内三甲医院实行按病种收付费。自治区、市、县（区）成立了公立医院管理委员会及工作机构；自治区召开两次委员会会议，委托第三方对全区55家公立医院实施绩效考核。（3）分级诊疗制度建设。自治区组建医疗集团、医联体、远程诊疗、专科联盟等4种形式的医联体，全区100%的三级医院、90%的三级专科医院、63.54%的社区卫生服务机构、35%的乡镇卫生院被纳入医联体范围。三级药品目录全部下沉二级医疗机构，150种非基本药物下沉到乡村和社区医疗卫生机构。全区县域内就诊率为84%。（4）医保支付制度改革。自治区出台“三医联动”改革实施意见，血友病、结核病新增为自治区门诊大病。吴忠、中卫、固原3市推行总额包干预付制度，银川、石嘴山两市实行住院医疗费用总额控制下的按病种分值付费制度，盐池县列入公立医院综合改革第2批国家级示范县。吴忠市人民医院选择107个病种创新实施单病种付费改革。全区基本医疗保险参保率达96%以上，城镇职工、城乡居民基本医疗保险政策范围内住院报销比例分别为76%、72.7%，城乡居民基本医保财政人均补助标准提高至502元。宁夏与全国31个省份和新疆生产建设兵团近6000家跨省就医定点医疗机构实现异地就医联网结算。（5）药品供应保障。实行药品采购“两票制”，推行药品集中采购，完成招标、谈判和挂网采购类药品7382个品种、11794个品规的集中采购。与陕西、四川、内蒙古签署医用耗材数据共建共享合作协议，建立高值医用耗材跨省区采购机制，完成13个类别高值医用耗材阳光挂网采购，挂网产品共计24465个。（6）医疗卫生综合监管。继续推行“双随机、一公开”，实行“一抽查一通报”制度，加强对医疗服务质量、医疗保险和医疗费用的监管。启动全区综合医改信息管理平台设计和初步建设。

疾病防控工作　（1）传染病防控。处置传染病突发事件11起。流行性出血热、手足口病、流感、严重急性呼吸道感染病例监测任务完成率为100%。全区法定传染病报告率为527.53/10万。狂犬病疫情持续保持平稳。（2）预防接种。接种第一类疫苗12种239.11万剂次，第二类疫苗24种45.36万剂次，应急接种997余人，预防性接种14586余人；启动实施脊髓灰质炎二价疫苗替代三价疫苗接种工作；急性迟缓性麻痹病例报告发病率达到1.41/10万。（3）项目建设。与上海市精神卫生中心签订为期5年的精神卫生合作项目，高血压、2型糖尿病患者规范管理率均在80%以上。脑卒中高危人群筛查与防治新技术干预8791人。巩固全区癫痫治疗管理全覆盖成果，在治癫痫患者5243例。实施儿童口腔疾病综合干预项目，完成29986名儿童的窝沟封闭治疗，总牙数达到97606颗，完好率达90%以上。（4）实施“三位一体”。筛查布病高危人群2.16万人，确诊布病患者1742例。包虫病筛查11.1万人，新筛查出患者165人，免费药物治疗1132人，手术补助治疗99例，家犬驱虫40.9万只。制定《宁夏碘缺乏病监测方案》，监测覆盖率达100%，合格碘盐食用率达80.23%；完成覆盖9个县区、27个村的饮水型地方性氟中毒监测，覆盖3个县区、5个村的饮水型地方性砷中毒监测，5个村饮茶型氟中毒监测，监测任务完成率为100%。制定《关于加强全区农民工尘肺病防治工作的意见》，实施职业性放射性疾病监测和职业健康风险评估以及医疗卫生机构医用辐射防护监测项目。完成饮用水水质卫生监测工作，监测水样2189份。在6个县区20个监测点开展农村环境卫生监测项目，完成率达100%。在南部山区7个县区开展农村义务教育学生营养改善计划及营养健康状况监测项目。

妇幼健康工作　（1）落实自治区民生实事，为南部山区9县妇幼健康服务机构配备价值1800万元设备。指导各级妇幼健康机构规范设置“四大业务部门”。开展妇幼保健机构等级评审。联系、落实和北京大学第一医院合作签约工作。（2）继续实施妇幼健康优质服务示范工程，创建全国示范县1个、全区示范县3个。实施妇幼健康行动计划，开展儿童营养改善、母婴阻断、增补叶酸、“两癌”检查等项目，64万妇女儿童受益。（3）出台《关于加强危重孕产妇和新生儿救治工作方案》，印发危重孕产妇和新生儿救治中心建设标准，成立危重孕产妇和新生儿救治中心各23家。实施高危孕产妇专案管理、妊娠风险“五色管理”。实施新生儿安全项目，国家卫生计生委新生儿复苏第3周期项目，与香港儿科医学院基金会签订合作协议，开展新生儿窒息复苏培训工作。（4）完善妇女儿童保健服务内容，印发《关于加强生育全程基本医疗保健服务的实施意见》，在全区推广使用全国统一的母子健康手册，组织制定全区《早产儿保健工作实施方案》，提高早产儿生存质量。（5）推进出生缺陷综合防治，批准成立自治区出生缺陷综合干预中心，落实出生缺陷三级预防措施，实施新生儿先天性疾病筛查和救治，开展残疾预防综合试验区创建工作。

医政管理　（1）推进改革。结合本地疾病谱和医疗服务能力，制定县级医院200种和基层医疗机构65种分级诊疗病种目录，分级诊疗政策体系进一步完善。建成6个医疗集团、6个专科联盟、14个城市医共体、23个县域医共体。开展医疗机构、医师和护士注册“放管服”改革，全面实施电子化注册管理，电子化注册率已分别达90.22%、76.29%、82.76%。自治区政府下发《支持社会力量提供多层次多样化医疗服务的实施意见》，进一步激发医疗领域社会投资活力，促进社会办医发展，加快形成多元办医格局。（2）加强管理。完成了第2批5所二级综合医院评审工作。委托国家医院管理研究所对全区9所三级综合医院开展现场复审评价，以此为抓手，补短板、强弱项，持续加强医院管理，规范医疗行为，提高服务水平。完成医师资格考试考生资格审查、实践技能和全国统一笔试的考试工作，综合笔试通过率为55.14%。实行医师执业区域注册，促进医师有序流动和多机构执业。取消第二、三类医疗技术准入审批，对15个限制类医疗技术实行备案管理，明确医疗机构的主体责任。组织开展对7所医院巡查工作，实现对全区大型三级医院和委属医院巡查全覆盖。（3）提高质量。在全区114家医疗机构开展医疗质量督查，对23个自治区级质控中心进行考核，提升质控专业水平。优质整体护理全面发展，2家医院、5个病区、11名护士受到国家卫生计生委通报表扬。深化改善医疗服务行动，二级以上医院预约诊疗全面实施，三级医院移动支付逐步开展，县级医院全部实行“先住院后付费”诊疗服务，“三长一短”就诊现象有效改善。无偿献血公益活动广泛开展，涌现全国先进个人10名、先进集体5个。保持核酸检测全覆盖，确保血液质量安全。开展打击涉医违法犯罪专项行动和医疗安全专项整顿。医疗纠纷预防与处置“三调解一保险”形成长效工作机制，调解成功率达85%，结案率为90%。（4）提升能力。开展第2批县级综合医院重点专科申报遴选工作，确定重点专科10个。启动第1批15名儿科医生和第二批20名精神科医生转岗培训工作。充分发挥医联体优势，加强县级医院骨干医师培养。组织区外军地21所医院支援中南部8县（区）14所县级医院；区内7所三级医院支援中南部6县（区）9所县级医院；深化京宁帮扶合作，培训骨干医师60名。区、市、县三级拨付救助资金700万元。处置各类重大公共突发事件医疗救治116起。承办韩红基金会大型义诊公益活动，共捐建、捐赠设施、设备总金额1500万元，义诊患者1.1万多人次，开展手术160多例。

卫生应急和服务　（1）应急处置。落实24小时应急值守和信息报送制度，处置了青铜峡婴幼儿食源性疾病、西夏区润承画室学员腹泻、海原曹洼重型货车交通事故等116起突发事件。全区共报告突发公共卫生事件12起，报告病例256例，无死亡，均为一般事件。中东呼吸综合征防控工作扎实有序开展，保障了2984名赴沙特朝觐人员健康安全。（2）鼠疫防控。制定印发《2017年宁夏鼠疫防控项目管理方案》，组织自治区疾病预防控制中心对全区9个鼠疫监测点开展工作督导和蹲点指导，督促各地强化鼠疫防控知识宣传教育。开展鼠疫防控工作绩效考核，盐池县柳杨堡鼠疫监测点考核为优秀。（3）能力建设。修订《宁夏回族自治区突发公共卫生事件应急预案》和《宁夏回族自治区突发公共事件医疗卫生救援应急预案》，制定2017年度县乡卫生应急能力培训项目管理方案，培训鼠疫防控乡、村两级医生共计215人次。（4）国家救援。积极筹备国家紧急医学救援队伍（宁夏）项目建设，争取600万元建设资金，组建一支由50人组成的国家紧急医学救援队（宁夏），并制定《国家紧急医学救援队伍（宁夏）建设方案》和《国家紧急医学救援队伍（宁夏）建设管理方案》。（5）技能竞赛。联合自治区总工会举办全区卫生应急技能竞赛，80余家医疗卫生单位700余人参加县级初赛、220余人参加市级复赛、54人参加了自治区级决赛。选拔出9名队员组成宁夏代表队，赴京参加全国复决赛，获全国卫生应急技能竞赛团体优秀奖。（6）信息化建设。加强应急指挥决策系统运行和管理，对发现的问题及时督促中标企业协调解决，保障应急指挥决策系统平稳有序运行。加强全区"120"一体化急救网络平台运行和管理，印发《院前医疗急救救护车管理制度》等8个相关工作规范，推进了"120"一体化运行进程。银川"120"调度员利用已经建成的全区"120"一体化指挥调度平台医疗优先分级调度系统（MPDS），指导2例在家分娩产妇。（7）活动保障。组织协调各级医疗卫生机构抽调专业人员和车辆，开展中阿博览会、房车博览会、银川马拉松赛等17项重大活动医疗卫生保障工作，实现医疗卫生保障任务无缝对接。

基层卫生工作　（1）基层卫生综合改革。在农村地区建立以"县级医疗机构为龙头、乡镇卫生院为枢纽、村卫生室为基础"的县乡村医疗卫生一体化管理模式，全区所有村卫生室均纳入乡村一体化管理，76家乡镇卫生院纳入县乡一体化管理范围。在城市地区构建"综合医院—社区卫生服务中心—社区卫生服务站"管理一体化的医疗服务联合体，全区有116家社区卫生服务机构与综合医院建立了医联体，占社区卫生服务机构总数的63.54%。制定印发《自治区卫生计生委扎实推进家庭医生签约服务工作实施方案（试行）》《宁夏家庭医生签约服务工作指南》，以乡镇卫生院、村卫生室、城市社区卫生服务机构为主体组建家庭医生服务团队，主要对老年人、儿童、孕产妇、残疾人、贫困人群及高血压、糖尿病、结核病、严重精神障碍患者等重点人群，开展家庭医生签约服务。全区已组建家庭医生团队1634个，常住人口签约覆盖率为32.68%，重点人群签约覆盖率为61.45%。（2）基层卫生服务能力建设。开展"建设群众满意的基层医疗卫生机构"活动，在全区继续创建400家群众满意基层医疗卫生机构，其中乡镇卫生院70家、村卫生室300家、城市社区卫生机构30家，推动全区基层医疗卫生机构硬件和内涵建设，有33家乡镇卫生院申报国家级群众满意乡镇卫生院，2家社区卫生服务中心申报国家优质示范社区卫生服务中心。将基层医疗卫生机构基本药物制度补助项目与满意机构创建相结合，依托中央和自治区项目补助资金支持，进一步推进"满意机构创建"活动深入开展。实施"千名医师下基层"对口支援活动，从全区所有二级以上综合医院、专科医院和专业公共卫生机构中选派1000名中级以上专业人员对口支援11家县级公立综合医院、7家中医院、212家乡镇卫生院和185家城市社区卫生服务机构，确保每个基层医疗卫生机构能拥有2名以上对口支援人员。加快推进职业化乡村医生队伍建设，建立健全乡村医生准入退出财政保障机制，60岁以上村医全部退出岗位，乡村医生退养问题全面解决。加强基层卫生机构设备配置，安排资金5400万元，为132家一般卫生院配置95台DR、24台CR、15台500MAX光机，确保了全区乡镇卫生院实现心电、影像远程会诊系统全覆盖。积极争取宁夏燕宝慈善基金会350余万元善款，为中南部山区及银川市240家基层医疗卫生机构捐赠960台"和合治疗仪"。积极配合做好韩红爱心慈善基金会"百人援宁"活动，为中南部贫困地区乡镇卫生院配备30辆救护车、30辆医疗巡诊车，在10家偏远乡镇中心卫生院建立"韩红爱心·乡镇急救室"并配备急救设备。（3）基本公共卫生服务。将人均基本公共卫生服务项目经费提高到50元，项目扩大至14大类54项，建立基本公共卫生服务进展情况监测报表制度和督导考核工作制度，逐级落实责任。会同财政厅对2016年度全区基本公共卫生服务项目落实情况进行全面绩效考核，依据考核结果印发考核评估通报，对考核排名靠后的地区负责人进行约谈，同时根据考核问题，制定整改方案，明确整改时限和责任单位。组织举办全区《国家基本公共卫生服务规范（第3版）》暨项目统计调查制度培训班，不断提高基本公共卫生服务质量和服务水平。全区居民健康档案纸质建档人数累计达到602万人，电子建档人数累计达到594万人，电子建档率为89.8%；全区完成65岁以上老年人健康管理40.4万人，老年人健康管理率为81.1%；完成重性精神疾病管理人数2万人，管理率达95.5%；居民高血压管理人数38.7万人，高血压患者健康管理率达34.4%，规范管理率达83.2%，高血压患者血压控制率为75%；居民糖尿病管理人数10万人，糖尿病患者健康管理率达39.6%，规范管理率达82.9%，糖尿病患者血糖控制率为70.4%，随访管理结核病患者人数2036人。

爱国卫生工作　（1）"爱国卫生日"活动。建立了自治区“爱国卫生日”活动制度，每月最后一个周五组织发动全区干部职工、城乡居民、学校师生、部队官兵等，在全区同步开展了城乡环境卫生集中整治。由各地爱卫办组织，对公共区域一些薄弱地段和长期遗留的难点脏点进行集中整治。自治区党委、人大、政府、政协有关领导和各市、县（区）领导带头参加，率先垂范。全年共组织开展活动12次，参加人数138万人次。（2）城乡环境卫生综合治理。继续实施城乡环境卫生整洁行动，开工建设美丽小城镇29个、美丽村庄138个、农村危窑危房改造3.18万户。在全区30个村庄开展了农村生活污水处理及改厕试点工作。启动“蓝天碧水·绿色城乡”专项行动，重拳治理水、大气、土壤污染。（3）卫生城镇创建。银川市巩固国家卫生城市成果受到全国爱卫会表彰。吴忠市和石嘴山市通过了国家卫生城市暗访评估，吴忠市同时通过了国家级现场综合评审。贺兰县和彭阳县通过国家卫生县城复审。石嘴山市、大武口区、中宁县、永宁县、灵武市、隆德县、泾源县通过自治区卫生城市（县城/区）复审。全区已创建国家卫生城市4个、国家卫生县城3个，创建自治区卫生城市7个、自治区卫生县城（区）14个。（4）健康城市建设。召开全区健康城市健康村镇建设启动工作会议，印发《宁夏健康城市健康村镇建设实施方案（2016—2020年）》，提出全区“十三五”期间健康城市健康村镇建设工作目标，确定在银川、青铜峡、盐池等7个城市（县城）开展首批自治区级健康城市健康村镇建设试点工作。银川市被列入国家级健康城市首批试点城市，并在上海召开的第9届全球健康促进大会健康城市市长论坛上作交流发言。（5）农村改水改厕。完成中南部城乡饮水安全工程建设并已通水，完成26.4万人口饮水安全巩固提升工程建设，解决249个贫困村的8.29万贫困人口自来水入户问题，贫困村自来水入户率达到85%，全区农村自来水普及率达到82.5%。制定印发《自治区“厕所革命·决胜小康”专项行动计划》，明确“十三五”期间城乡公厕、旅游公厕和农村户厕建设目标。各地结合扶贫移民开发、美丽乡村建设、全域旅游等项目，统筹推进卫生厕所建设，全年共新建农村卫生户厕2.05万座、旅游公厕150个。（6）病媒生物防制。制定印发了新版《宁夏病媒生物监测方案》，开展了病媒生物密度监测和抗药性监测。下发灭蚊、防鼠防蝇、空间喷雾操作技术指南，组织举办了病媒生物防制骨干技术培训班。坚持环境卫生治理与药物消杀相结合，充分利用春季病媒生物繁衍之际和夏秋季高发季节，集中开展病媒生物集中消杀活动。（7）健康教育与健康促进。结合“全国爱国卫生月”“世界卫生日”“世界无烟日”及每月一次的自治区“爱国卫生日”活动，在人群密集的地方开展了集中宣传活动，同时充分利用电视、广播、报纸、网络、微信等传播媒介加强健康知识宣传。4月7日，结合“世界卫生日”，全区5市同步开展“清洁家园、灭蚊防病”春季爱国卫生运动专题现场活动。加强无烟场所建设和健康促进县（区）、健康医院、戒烟门诊、无烟草广告城市（县城）创建工作。银川市出台地方控烟法规，公共场所全面禁烟。完善全区公共健身基础设施建设，开展全国新年登山大会、百乡千村农民体育月等近700项丰富多彩、形式多样的全民健身活动。开展送知识、送指导、送服务，体质检测进机关、进社区、进企业、进学校“三送四进”活动，开展体育社会组织送技术和服务到基层、进校园活动，加强全民健身科学研究和科学指导。

中医药工作　（1）深入学习贯彻《中医药法》，全区举办《中医药法》培训班10场次，培训700余人次。举办全区《中医药法》知识竞赛，10家机构共86人参加比赛，10人获奖。组织开展了全区《中医药法》宣传月活动，全区累计义诊5000余人次，发放《中医药法》宣传等各类宣传彩页约10万份。在宁夏卫视开通了《养生有道》中医大讲堂栏目，每周播出一期，邀请区内外专家讲解中医政策法规，普及中医养生保健知识。（2）推进中医药内涵建设，实施了基层中医药服务能力提升工程“十三五”行动计划，实现了全区18家中医医院“治未病”中心的全覆盖，开展5个地市级中医医院国医堂和中医药文化宣传教育基地建设，成立了8个中医质控、监测中心，开展了18家中医医院感染专项督查，对宁夏医科大附属回医中医医院开展了巡查工作。举办了自治区回医示范病区建设项目，培养回医药人才100名。《回医特色诊疗技术》荣获中国民族医药学会2017年度学术著作一等奖。自治区中医药回医药管理局获首届民族医药“组织贡献奖”，4家单位及15名个人获全国少数民族医药工作表现突出的集体及个人。盐池县、西吉县等4个县区通过全国基层中医药工作先进单位创建和复审。2家综合医院通过了中医药工作示范单位的复审。完成全区4家二级中医医院等级评审工作。（3）规范中医药项目建设，举办了2017年度中医药项目推进培训班，开展2016年中央中医药专项绩效自评和第三方评价工作，使评价结果更加客观。基层中医馆健康信息平台建设项目推进顺利，宁夏中医药数据中心基本建设完成。全区19个国家级重点专科通过了考核验收。自治区中医医院、银川市中医医院被列入国家中医药传承创新备选项目库，银川市中医医院迁建项目已完成选址和用地审批手续。“三区一镇”中药资源普查工作正式启动。（4）注重中医药传承，邢世瑞等3人荣获全国名中医称号，石学敏院士宁夏针灸学工作站、武维屏名老中医宁夏传承工作站挂牌成立，造福全区民众。实施中医药传承与创新“百千万”人才工程，第6批全国师承、第4批全国中医优才、全国中医基层优才和基层名中医工作室项目顺利实施。第3批自治区师承、第5批、第6批自治区中医优才、自治区第2批基层中医优才项目和中医住院医师规范化培训师资培训项目正式启动。完成全区65名传统医学师承和确有专长人员考核考试。（5）加大中医药文化交流，启动中医药健康文化推进行动，培养自治区巡讲专家100余人，开展中医药文化巡讲20余次，发放养生保健手册5万余册。举办第5届北京中医药专家宁夏行活动，制作电视纪实片对京宁中医药合作5年成绩作了全面总结和回顾，国家卫生计生委副主任、国家中医药管理局局长王国强出席并讲话，北京中医管理局和宁夏卫计委签订《“三优三平台”工程协议书》和重点专科对口支援协议，京宁中医药合作向更高层次迈进。

卫生交流合作　（1）继续推进京宁医疗卫生精准帮扶与技术合作，协调安排39名技术骨干和管理干部赴京进修挂职。安排130名各专业专业技术人员赴北京、上海、天津、福建、甘肃等地学习培训。举办“京宁中医药合作三优三平台建设暨第5届北京中医药专家宁夏行”活动，促进京宁中医药合作。（2）第21批援贝宁医疗队完成援外任务，选派第22批医疗队赴贝宁开展工作。（3）参与“一带一路”建设，协办“新丝路 新思路——‘一带一路’医院合作论坛”，推进中阿医院合作，探索“互联网＋医疗”模式。开展中英医疗领域相关专家交流，沟通社区医疗、家庭签约医生、公立医院改革、分级诊疗等合作事宜。筛选10名医疗专家赴德国进修培训。（4）组织28名市级以上医疗机构主管院长、护理部主任赴香港学习，促进香港护理模式的推广应用。举办第2届海峡两岸医院管理研讨会等相关活动，交流两岸公共卫生及卫生改革进展和经验。

卫生计生宣传　制定下发《关于做好全区医改宣传工作的通知》《关于在全区卫生计生系统开展“十个一”系列宣传活动的通知》，组织媒体记者深入基层挖掘，报道医改成果、健康扶贫“政府兜底、一站式结算”等好的做法，全年主流媒体刊发稿件1187篇。按照中央文明办、国家卫生计生委评选上报“中国好医生、中国好护士”工作要求，每月上报2名自治区卫生计生先进人物，向全国各界隆重推介系统内模范人物。联合自治区党委宣传部、宁夏广播电视台在全区开展“最美医生”评选表彰活动，全区共表彰10名“最美医生”，进一步激发了广大卫生计生工作者的工作热情。

人才管理工作　（1）出台卫生计生人才和科技发展“十三五”规划。印发省级公立医院薪酬制度改革试点工作实施意见，在银川、石嘴山和吴忠市开展试点，推动建立符合公立医院特点的薪酬制度。协调出台公立医院实行人员总量管理意见，建立健全机构编制和人事薪酬管理联动机制。提出为备案人员参照机关事业单位职工建立职业年金制度，缴纳住房公积金，切实实现同工同酬同待遇。（2）出台《宁夏回族自治区基层卫生专业技术人员高级专业技术资格评审条件》，取消对论文、外语、计算机等的要求，下放评审权限。在银川市和石嘴山市试点下放副高级职称评审权限。继续推行高级职称考评结合，将业务能力考试合格成绩有效期调整为3年。（3）组织直属单位和各级卫生计生行政部门积极申报自治区人才项目，获得自治区人才专项资金支持420万元。（4）继续开展农村订单定向医学生招聘考试和就业安置，为乡镇卫生院专项招聘订单定向医学生82名。（5）新增国家卫生计生突出贡献中青年专家1名、自治区“塞上名医”3名、享受自治区政府特殊津贴专家9名、自治区青年拔尖人才培养工程人选35名，评选自治区第2批“塞上名医”20名。（6）完成年度职称考试评审和护士执业资格考试工作，3882人获得卫生系列中初级职称资格，2110人取得护士执业资格，817人取得卫生、计划生育系列高级职称，135人取得基层高级职称。

人口与计划生育工作　（1）人口发展态势。2017年末宁夏全区常住人口为681.79万人，与2016年末相比，人口总量净增加6.89万人，同比增长1.02%。全区人口自然增长率为8.69‰，比2016年回落0.28个千分点。全区出生政策符合率提升至94.13%以上，比2016年上升1.01个百分点。全区出生人口性别比为106.86，稳定在正常值范围。全区流动人口总量为41.52万人，与2016年相比，增加1.1%。总人口继续增长的特征没有发生改变，但增速放缓。“十五”期间年均增长1.47%，“十一五”期间年均增长1.2%，“十二五”期间年均增长1.08%，“十三五”的前两年年均增长1.04%。死亡率持续在低位运行。出生政策符合率再创历史新高。出生人口中，二孩比重超过四成，2017年首次超过一孩。全区常住人口中，银川市占32.64%；石嘴山市占11.78%；吴忠市占20.59%；固原市占18.01%；中卫市占16.98%，人口分布继续由南部山区向北部川区转移，增幅呈南低北高的态势。银川市、吴忠市、石嘴山市、固原市、中卫市人口分别比上年增长1.57%、1.09%、0.99%、0.64%和0.33%。县、市（区）人口增速最高的金凤区增长4.93%，最低的海原县下降1.02%。城镇化率稳步提高，全区城镇化率为57.98%，与2016相比，城镇化率提高1.69个百分点。老年人口增速加快，2017年65岁及以上人口比重提高0.78个百分点。老年人口增速快，老龄化程度加剧，人口扶养比重心向老年人口转移，带来了养老、医疗、社会保障等诸多“银发问题”。（2）全面两孩政策落实。不断提升计划生育服务管理水平，确保全面两孩政策有序实施。加强出生人口监测，开展生育状况抽样调查，分析预测人口变动趋势和对全区人口发展影响。实施全面两孩政策以来，全区全面两孩生育登记2.58万人，已生育2.16万人（其中2016年1.01万人，2017年1.15万人）。印发《关于加快推进母婴设施建设的指导意见》，推动公共场所和用人单位标准化母婴设施建设。（3）计生服务管理。全面实行一、二孩生育登记服务及再生育审批网上办理，截至年底，全区共办理网上生育登记服务12万条。印发《关于网上办理生育登记（审批）服务有关事项的通知》，确保生育津贴报销制度有效衔接。建立“在线咨询、网上办理、快递送达”运行机制，落实“最多跑一次”便民措施，生育登记服务满意度达96%，较上年增长3个百分点。建立动态调整、按需分配的计划生育投入保障机制，下拨生育登记服务专项补助资金139万元，解决乡、村两级经费不足的问题，基层基础工作得到加强。（4）妇幼健康服务。推进银川市、石嘴山市儿童医院和吴忠市、红寺堡、同心、隆德、西吉、海原等县妇幼健康服务中心建设。提高妇产科、儿科专科疑难病症诊治能力，为南部山区9县配备价值1800万元的四维彩超、母婴监护仪、胎心监护仪、听力筛查仪等设备。实施妇幼健康行动计划，全区共有5万多名农村孕产妇得到住院分娩补助，6万多名农村适龄妇女免费服用叶酸，6万多名适龄男女接受免费婚检补助，逐步形成生育全程基本医疗保健服务链条。（5）计划生育家庭帮扶。落实计划生育奖扶政策，兑现各类奖扶资金超过1亿元。开展创建幸福家庭活动，举办创建幸福家庭活动专题研修班，评选首批自治区幸福家庭，石嘴山市、吴忠市被国家评为创建幸福家庭活动示范市。新家庭计划、科学育儿、青少年健康发展等试点工作取得积极进展。印发《医养结合分工实施方案》《医养结合机构审批通知》等文件，推进医疗卫生和养老服务融合发展。（6）流动人口服务。开展流动人口健康教育和促进行动，提升流动人口健康素养水平，全区评选出健康促进示范企业5家，示范学校7所，健康家庭35户。开展流动人口健康服务年活动，推进“6+1”流动人口健康服务活动。以“支部+协会”“协会+支部+商会（商圈）”等形式，建立流动人口计生协24个，基本实现流动人口计生协全覆盖。（7）协会作用发挥。以宣传折页、特色宣传品、广场演出、入户走访为主要形式做好宣传倡导工作，发放慰问金13.7万元。加强青春健康俱乐部、青春健康高校联盟建设，建立了10个青春健康俱乐部。

监督执法工作　（1）编制《宁夏查办卫生计生违法案件3年行动方案（2017—2019年》，印发《2017年全区卫生计生综合监督工作要点》，制定《2017年全区卫生计生重点监督抽检工作实施方案》，采用“双随机”模式组织开展公共场所等10项重点监督检查，并自选动作组织开展放射诊疗等3个专项整治工作。全区共查处各类违法案件1383件，罚款金额178.74万元，没收违法所得11.03万元，比2016年分别增长32.47%、65.39%和2.89%。国家“双随机”重点监督抽检任务完成率为90.56%，完结率为99.83%。（2）在兴庆区、金凤区、中卫市开展二次供水储水设施清洗消毒业主（机构）监督试点工作。共立案处罚12家，罚款2.06万元。完成涉及饮用水卫生安全产品、公共场所、生活饮用水卫生、学校卫生等国家监督抽检工作，完成中阿博览会、第9届中国西部房车博览会等重大活动卫生安全保障任务。（3）完成87家医疗机构和1家临床用血医疗机构“双随机”国家重点监督抽检任务，对7家医疗机构罚款1.85万元。完成两轮医疗机构依法执业综合检查，共立案处罚252件，罚款金额55.66万元，吊销医疗机构许可证件1件，暂停执业1件。查处无证行医126件，罚款金额32.37万元，分别比2016年提高10.52%和16.81%。在国内及区内主流媒体上实名发布2016年度宁夏卫生计生“十大典型案例”，营造卫生计生监督执法良好舆论氛围。联合自治区网信办、公安厅等7部门开展严厉打击非法医疗美容专项行动。共检查医疗机构121家、生活美容场所1509家、生活美容培训机构1家，取缔7家，立案查处26家，罚款金额6.14万元，没收违法所得1.51万元。组织对宁夏医科大学总医院医师让患者到民营医院检查问题进行调查，责成宁医大总院终止与慈济医院的管理关系，将部分公职人员违规持股、违反行业作风等问题移交宁夏医科大学调查处理。组织开展传染病防治、餐饮具集中消毒单位、消毒产品国家监督抽检工作，对1929家医疗卫生机构的预防接种、疫情报告、消毒隔离制度、医疗废物处置及病原微生物实验室生物安全管理等进行专项监督检查，共立案 110 件，罚款 16.18 万元。对 5 家检查不合格的餐饮具集中消毒单位立案处罚共计罚款 1.4 万元。开展放射诊疗专项监督检查，立案处罚 25 家，共计罚款 7.85 万元。组织开展职业卫生和放射卫生国家监督抽检工作，开展农村基层远程会诊系统建设摸底调研及放射诊疗规范化管理工作，对连续 3 年未进行职业病网络报告的职业健康体检机构责令属地监督机构进行行政处罚。（4）对 8 家计划生育技术服务机构进行“双随机”监督抽检，监督检查计划生育技术服务机构 197 家，案例处罚 5 起，罚款 2.5 万元。联合自治区政法委等 11 部门开展查处违法违规应用人类辅助生殖技术专项行动。经检查，宁夏全区没有发现违法违规开展人类辅助生殖技术的行为。督促各市、县（区）卫生计生行政部门明确同级卫生计生监督机构计划生育监督职责工作，全区计划生育监督执法队伍基本建立。（5）组织开展《传染病防治法》《传染病防治法实施办法》等 5 部法律法规落实情况监督检查工作。将 43 家医疗机构移交属地卫生计生行政部门监管。组织自治区监督局对宁东地区卫生计生监督执法工作进行督导和现场培训，对已经查处的无证行医场所进行回访，对新发现的 2 家无证行医场所进行了取缔。（6）对 21 家卫生监督所已完成建设并入住，1 家卫生监督所正在建设，力争 2018 年上半年全面完成全区县级卫生监督机构能力建设项目。修订《宁夏卫生计生监督协管评估标准》，组织开展了全区卫生计生监督协管示范县创建工作。印发《2017 年全区卫生计生监督培训工作实施方案》，监督员网络培训人均学时达到 75.76 学时，超额完成国家规定的人均 30 学时任务，位居全国第 1 位。

信息化建设　（1）“卫生云”全民健康信息平台。“卫生云”全民健康信息平台已实现区、市、县互联互通，工作推进速度处于全国前列。对接完成区内 24 家二三级综合医院，汇聚医院电子病历数据 260 多万条，医院和基层卫生机构健康档案数据 1400 多万条，各类实时指标数据 2900 多万条，影像和生化检验（PACS&LIS）数据 20 多万条。通过自治区共享交换平台实现了与其他厅局信息的交换，共享公安厅人口库信息 270 多万条，人社厅医保报销数据 6000 多万条。中卫市实现了基层乡镇卫生院和市县医院间电子病历、健康档案等信息的共享调阅以及儿童免疫规划、居民健康档案等系统间的信息交换共享。（2）基层卫生服务信息化。居民健康档案和基层卫生信息管理系统已覆盖全区所有市县基层卫生机构，对全区 40 万例高血压患者，10 万例糖尿病患者等慢病患者进行了规范化管理与健康指导。（3）“卫生专网”建设。依托自治区电子政务外网搭建“卫生专网”，实现医疗卫生信息服务网络全覆盖。联合自治区信建办、人社厅和各电信公司推进全区网络建设工作，已连通各级公立医疗卫生机构近千家。（4）远程医疗信息化。建立“国家—自治区—市—县—乡”5 级远程医疗服务体系，实现乡镇及主要二三级医院全覆盖，已对接 13 家国家级医疗单位，覆盖自治区内 7 家自治区级医院、22 家市县综合医院、196 家乡镇卫生院，实现了远程会诊、远程门诊、远程影像、远程心电、远程超声、远程病理、远程查房、远程教育等多种远程医疗应用。印发《宁夏远程医疗服务管理办法（试行）》等 13 项政策，开展各类远程诊疗 1 万多例，参加远程教育人员达到 4000 多人次。（5）免疫规划“互联网 +”应用。儿童免疫规划系统已录入 126 万条儿童信息，将全区 400 多个预防接种单位、95 家产科医院连接为一个整体，实现了对流动儿童的动态管理、预防接种的主动监测和全区 40 个冷库、30 辆冷藏车疫苗流通安全的全过程实时监控，保障了疫苗安全。“金苗宝”手机 APP 已有 1 万多家长使用，提升了服务体验。（6）“120”急救网络体系建设。建成 1 个自治区中心，5 个地市中心、34 个急救分站、123 辆救护车组成的覆盖全区的急救网络指挥体系。率先在全国以云技术为手段，实现以省为单位的“120”网络管理一体化。可通过云端实时了解全区突发事件应急医疗救援动态和资源现状，指导全区开展应急救援工作。（7）健康卡发行工作。与人民银行银川分行、银川市卫计委、银川市智慧城市一卡通支付有限公司、相关商业银行合作在银川市发行宁夏居民健康卡，实现与市民卡功能的融合，可以提供医疗健康、公交出行、金融应用等多项公共服务。2017 年已累计发卡 1.1 万张。（8）健康扶贫信息化。会同自治区人社厅、扶贫办、民政厅建设宁夏健康扶贫医疗保障“一站式”结算平台，2017 年底平台已上线运行，实现了让“信息多跑路，群众少跑路”、用信息共享和跨部门业务协同改变了贫困患者过去多头跑路报销的弊病。　（武旭红）

〔特约编辑：马晓军〕

〔主　编：马秀珍　田丰年　副主编：阮越盛〕

新疆维吾尔自治区

全区卫生和计划生育工作概述　2017 年，新疆维吾尔自治区卫生计生工作在自治区党委、政府的高位推动下，坚持以党的卫生与健康工作方针为指引，以推进“健康新疆”建设为主线，以抓落实为主旋律，紧紧围绕社会稳定和长治久安总目标，坚持政府主导，坚持医疗惠民，坚持深化改革，坚持稳中求进，加快建立基本医疗卫生制度框架，持续提高基本医疗服务质量和公共卫生服务水平，大力发展中医民族医药，促进健康产业发展，加快对外交流合作；坚持计划生育基本国策，加强和改进南疆计划生育工作，优化生育全程服务管理；全面加强党的建设，持续改进行风作风，各项工作取得新的进展，完成年度目标任务。

聚焦总目标，维护社会和谐稳定　（1）坚定坚决贯彻落实党中央治疆方略和自治区党委聚焦总目标实施的一系列重大决策部署，一切工作坚持以总目标为统领、按照自治区党委部署要求来开展，坚定不移把党中央决策部署、自治区党委工作要求贯彻落实到卫生计生工作各方面和全过程。（2）以开展“去极端化”宣传教育工作为切入点，将“去极端化”工作与业务工作紧密结合，深入开展“去极端化”科普知识宣传和“抵御极端、崇尚科学”宣传教育活动，使卫生计生系统成为宣传科学、抵御宗教极端思想的重要窗口和坚固阵地。（3）狠抓全系统综治维稳和平安创建、安全生产工作，加强对卫生计生系统落实各项安全维稳措施的督查，实现敏感时间、敏感节点卫生计生系统“三不出”。（4）扎实开展“访惠聚”、支教、民族团结“一家亲”和民族团结联谊活动，积极引导和促进各民族交往交流交融，树牢“三个离不开”思想、强化“三个意识”、增强“五个认同”，筑牢民族团结、脱贫攻坚和社会稳定基础。

医药卫生体制改革　（1）完成医改办职能划转，医改领导体制得到加强，“三医”联动改革机制初步建立。（2）分级诊疗政策框架基本形成，完成在85%的地（州、市）实施分级诊疗制度的任务，实现远程医疗系统贫困县全覆盖的目标，多种形式的医疗联合体建设试点工作全面启动。（3）城市公立医院综合改革全面推开，所有公立医院全部取消药品加成，完成医疗服务价格、基本医疗保险诊疗项目和服务设施项目价格的同步调整实施，医院收入结构趋于合理，公立医院初步建立起决策、执行、监督相互协调、相互制衡、相互促进的管理体制和治理机制，医院及医务人员参与改革的主动性、积极性明显增强。（4）完成城乡居民基本医保制度整合，城乡各类参保人员异地就医实现与30个省市及兵团的互联互通、即时结算，高效运行的全民医疗保障制度基本建立。（5）建立自治区网上药品购销责任约谈制度，质量优先、价格合理的药品保障供应格局初步形成，短缺药品和辅助用药品种监测试点工作有序推进，药品供应保障机制不断健全完善。

医疗惠民　（1）完成年度全民免费健康体检和免费为南疆四地州农牧民家庭发放居民健康小药箱任务，全区累计投入资金15.85亿元，完成体检1884.48万人，为阿克苏地区、克州、喀什地区、和田地区农牧民家庭免费发放居民健康小药箱10万个，将党和政府的温暖传递给每一位基层群众。（2）持续推动基层医疗卫生机构标准化建设，全区乡镇卫生院、村卫生室标准化建设率分别提高到88.17%和84.21%；加强基层医疗卫生机构内涵建设，130家乡镇卫生院和14家社区卫生服务中心荣获全国群众满意的乡镇卫生院和优质服务示范社区卫生服务中心称号。（3）推动家庭医生签约服务工作，常住人口签约率提高到51.6%，重点人群签约率达61.5%，群众就医感受持续改善。（4）全面实施健康扶贫工程，制定《健康扶贫工作“三个一批”行动计划》，向贫困人口提供公共卫生、慢病管理、健康咨询和中医民族医药干预等综合服务。针对南疆4地州22个深度贫困县存在的突出问题，制定3年健康扶贫专项工作实施方案。（5）完成3年改善医疗服务行动计划任务。临床路径管理和单病种医疗质量控制工作全面实施。（6）医养结合试点工作稳步推进。

公共卫生工作　（1）全区传染病疫情总体平稳。2017年全区法定传染病报告发病率为725.53/10万，较上年下降4.47%（报告发病率为760/10万）。强化免疫规划体系，完成为期两年的免疫规划规范化管理专项整治及终期评估工作，目标儿童补证、补种率均达95%以上，全区目标儿童底数基本摸清，免疫规划工作规范化程度提高。不断加强脊灰疫情预警监测，全区继续保持无脊灰状态。针对结核病高发态势，将重点人群结核病早期筛查纳入自治区全民免费健康体检范围，在全国率先推行对结核病患者“主动发现+营养早餐+集中服药”防治模式。（2）艾滋病防治保障体系和专业防控体系进一步完善，宣传教育活动广泛开展，艾滋病扩大检测、高危人群干预等综合防治措施有效落实。（3）持续加强碘缺乏病监测和应急补碘工作，碘缺乏病防治工作成果得到巩固；强化防治布鲁氏菌病联防联控机制，启动人间布病防治监测工作，开展重点地区健康教育与健康促进行动，防治效果初步显现；加强黑热病防治，在疫情严重地区开展喷洒灭蛉工作，有效控制疾病传播。（4）慢病监测、死因监测、伤害监测、肿瘤登记报告工作持续开展，创建慢性病综合防治示范区和全民健康生活方式行动深入推进，居民健康意识有所提升。（5）妇幼健康服务体系进一步完善，全区危重症孕产妇救治网络初步建立，母婴安全得到保障。（6）卫生应急工作程序得到规范。（7）爱国卫生运动持续深入开展。

计划生育工作 （1）逐步调整完善生育政策，提请自治区第12届人大常委会第30次会议修订通过《自治区人口与计划生育条例》。（2）完善计划生育目标管理责任制考核评价体系和运行机制，考核评估的针对性、有效性和公信力进一步提升。（3）计划生育网络队伍建设得到加强，配齐8900余名村（居）计生专干，落实每人每月800元专项财政补助政策。（4）特殊家庭扶助关怀工作取得新突破，建立起计划生育特殊家庭一次性扶助金制度。（5）流动人口卫生计生服务管理和计划生育协会工作得到加强。（6）着力加强和改进南疆4地州计划生育工作，以自治区党委名义召开南疆4地州计划生育工作座谈会，印发《关于加强和改进南疆4地州计划生育工作的意见》，进一步明确南疆计划生育工作目标任务、政策措施和基本要求。（7）南疆4地州违法生育清理清查工作成效显著，违法生育明显减少，与2016年同期相比减少70%。部分地区人口增长过快形势得到初步遏制，2017年全区出生人口较上年减少10%，南疆4地州出生人口减少18%。

中医民族医药事业发展 （1）完善中医药发展政策措施，出台《自治区中医民族医药健康服务“十三五”发展规划》，建立自治区中医民族医药工作厅际联席会议制度，推动中医药法贯彻落实。（2）实施基层中医药服务能力提升工程“十三五”行动计划，支持119所乡镇卫生院和社区卫生服务中心中医诊疗区（中医馆）建设，组织开展自治区中医药重点专科专病、重点学科和国际医疗服务中心建设。（3）实施中医药传承创新工程，1项省级中医药科研机构建设项目和3项重点中医类医院建设项目纳入国家中医药传承创新工程项目库。本地产中药新药研发项目稳步推进，研究成果转化工作进展顺利。（4）完成20个县（市、区）中药资源普查验收工作，并同步开展新一轮中药资源普查。（5）推进中医药文化建设，启动中医中药中国行——新疆中医药健康文化推进行动。（6）中医药人才队伍建设持续加强，中医药专家学术经验继承及各项培训工作有序开展。

食品安全标准与监测 2017年新疆完成2017年食品安全风险监测任务，监测点覆盖全区14个地（州、市）96个县，设立食源性疾病监测哨点医院190家。发布实施《生驼乳》等10项自治区食品安全地方标准。

对外交流合作 加快推进“丝绸之路经济带”核心区医疗服务中心建设，依托乌鲁木齐地区搭建跨境远程医疗服务平台。举办2017丝路健康博鳌新疆论坛。首次派出医疗队圆满完成赴巴基斯坦援外任务。

十八大以来新疆卫生计生事业发展概述 深化医改取得重大阶段性成效。逐步由打牢基础转向提升质量，由形成框架转向制度建设，由单项突破转向综合推进。初步建立起分级诊疗体系，坚持以基层为重点，合理配置医疗资源。通过改革，取消实行60多年的公立医院以药补医旧机制，逐步建立起维护公益性、调动积极性、保障可持续的运行新机制。积极鼓励社会办医，民营医院发展得到政策扶持。着力解决低价药、儿童药等临床易短缺药品供应问题。基本建立起由基本医疗、大病保险、应急救助、医疗救助构成的基本医疗保障体系，实现异地就医住院直接结算，保障水平不断提高。

公共卫生整体服务能力再上新台阶。全区孕产妇死亡率从2012年的34.93/10万降至2017年的31.74/10万；婴儿死亡率从23.76‰降至14.82‰。法定传染病报告发病率从843/10万降至761/10万。基本公共卫生人均补助由25元提高到50元。卫生城市创建工作成效显著，创建国家卫生城市3个、国家卫生县城7个、国家卫生乡镇6个。

医疗服务能力明显改善。医疗卫生机构人员规模不断扩大，床位数、卫生技术人员数分别由2012年末的11.2万张和11.3万人增加到2016年末的14.5万张和14.4万人；每千人口医疗卫生机构床位数、执业（助理）医师数和注册护士数，分别由2012年末的5张、1.87人和1.92人增加到2016年末的6.03张、2.42人和2.67人。大力实施基层医疗卫生机构标准化建设和能力提升工程，基层服务能力持续提升，县域内就诊率提高到85.09%；临床重点专科建设力度加大，建成国家级和自治区级临床重点专科14个和281个，各重点专科在人才队伍建设、重大疾病防治和疑难疾病诊治方面的支撑作用得到发挥；医疗卫生信息化发展迅速，远程医疗会诊系统完善优化，构建起国家、自治区、地、县、乡五级远程医疗网络，基本实现“小病不出乡、大病不出县、疑难危重病不出疆”的预期目标。

各民族平等的生育政策得到落实。按照中央关于“降低并稳定适度生育水平，实行各民族平等的计划生育政策”要求，逐步调整完善生育政策，积极构建计划生育工作长效机制，持续推动卫生计生服务管理改革，有效发挥计划生育奖励扶助政策激励作用，34

万余户计生家庭从中受益，部分地区人口过快增长的势头得到遏制。

卫生计生投入力度不断加大。2012—2016 年，各级卫生计生财政投入经费达 670.35 亿元，年均增长 19.44%；争取卫生计生中央预算内建设项目 68 个，累计投入建设资金 10 亿元。

面临的矛盾和不足。（1）人民群众对健康的新需求和当前医疗服务供给不平衡、不充分的矛盾依然突出。（2）“大健康、大卫生”的理念还需强化，推动卫生工作由“以治病为中心”向“以健康为中心”、从注重“治已病”向注重“治未病”转变还不彻底，卫生与健康的公平可及性还不明显，推动健康新疆建设，将健康融入所有政策任重道远。（3）基层医疗卫生和公共卫生服务能力薄弱，传染病发病率、孕产妇死亡率、婴儿死亡率等重要指标仍高出全国平均水平近一倍。（4）深化医改和健康扶贫任务依然艰巨繁重，基层计划生育管理服务能力亟需加强等。

卫生和计划生育事业发展数据　2017 年末，全区有医疗卫生机构 15682 个（不含兵团，含村卫生室），其中：医院 707 个，基层医疗卫生机构 14402 个（卫生院 925 个、社区卫生服务中心 / 站 696 个、村卫生室 8602 个、门诊部 312 个、诊所 / 卫生所 / 医务室 3867 个）。专业公共卫生机构 564 个，其中疾病预防控制中心 121 个，专科疾病防治院（所、站）3 个，卫生监督所（中心）108 个，妇幼保健院（所、站）91 个，急救中心（站）4 个，采供血机构 15 个，计划生育技术服务机构 222 个。

全区卫生人员总数为 19.2 万人，其中卫生技术人员 14.71 万人（执业 / 助理医师 52569 人，注册护士 58908 人）、其他技术人员 9537 人、管理人员 6945 人，工勤技能人员 13501 人。医疗卫生机构有床位 14.68 万张，其中医院 10.93 万张，卫生院 2.87 万张。

2017 年，全区孕产妇死亡率为 31.74/10 万，婴儿死亡率为 14.96‰，5 岁之下儿童死亡率为 22.81‰。2017 年，全区法定传染病发病率为 725.53/10 万。

2017 年末全区常住人口为 2444.67 万人，比上年末增加 46.59 万人。全年出生率为 15.88‰；死亡率为 4.48‰；自然增长率为 11.40‰。

计划生育目标管理考核结果　根据新疆维吾尔自治区人民政府办公厅印发的《关于 2017 年度计划生育目标管理责任制考核情况的通报》，确定伊犁哈萨克自治州、昌吉回族自治州、克拉玛依市、阿克苏地区为“优秀”等次；塔城地区、博尔塔拉蒙古自治州、乌鲁木齐市、吐鲁番市、巴音郭楞蒙古自治州、和田地区为“良好”等次；阿勒泰地区、哈密市、克孜勒苏柯尔克孜自治州、喀什地区为“合格”等次。对认真履行职责、工作成效显著的自治区卫生和计划生育委员会兼职单位给予通报表扬。

全区卫生和计划生育工作电视电话会议　2017 年 1 月 17 日在乌鲁木齐召开。会议全面总结 2016 年各项工作，深入分析当前形势，对 2017 年自治区卫生计生重点工作进行了安排部署。自治区党委常委、副主席艾尔肯·吐尼亚孜出席会议并讲话。自治区卫生计生委党组副书记、主任巴哈尔古丽·赛买提作工作报告。和田地区、博尔塔拉蒙古自治州、昌吉回族自治州、库车县及自治区医疗纠纷人民调解委员会的负责同志分别做经验交流发言。自治区卫生计生委、委直属单位负责人，新疆医科大学各附属医院负责人，各地（州、市）、县（市、区）分管领导及卫生计生委（卫生局、人口计生委）领导分别在主会场和分会场参加会议。

自治区卫生与健康大会　2017 年 4 月 7—8 日在乌鲁木齐召开。会议深入学习贯彻落实全国卫生与健康大会精神，学习贯彻习近平总书记重要讲话精神，特别是习近平总书记在第二次中央新疆工作座谈会上的重要讲话、视察新疆时的重要讲话和参加十二届全国人大五次会议新疆代表团审议时的重要讲话精神，总结全区卫生与健康事业发展的成就和经验，分析研究卫生与健康工作面临的形势和任务，落实新形势下卫生与健康工作方针，安排部署当前及今后一个时期全区卫生与健康工作，动员全区上下共同推进健康新疆建设。自治区党委书记、新疆生产建设兵团第一书记、第一政委陈全国，自治区党委副书记、自治区主席雪克来提·扎克尔出席会议并讲话，自治区党委常委、副主席艾尔肯·吐尼亚孜作总结讲话。会议以电视电话会议形式召开，各地州、县市均设分会场。大会分组讨论了自治区主要领导讲话和《“健康新疆 2030”规划纲要》（征求意见稿）。自治区党委常委、人大、政府、政协领导同志，新疆军区、自治区高级人民法院、自治区检察院、武警新疆总队主要领导出席会议。各地（州、市）分管领导，自治区各部门、各单位和中央驻乌有关单位的主要负责同志及医疗卫生系统、医学教育系统、体育系统代表共计 500 余人参加了主会场会议。

全区深化医药卫生体制改革工作电视电话会议　2017 年 5 月 19 日在乌鲁木齐召开。会议贯彻落实以习近平同志为核心的党中央全面深化医药卫生体制改革的决策部署，结合2017年国务院医改工作电视电话会议和自治区卫生与健康大会精神，全面总结全区新一轮医改启动以来取得的成效，安排部署全区推进医药卫生体制改革各项工作。自治区党委副书记、自治区主席雪克来提·扎克尔出席会议并讲话。自治区党委副书记、教育工委书记李鹏新主持会议，自治区党委常委、副主席艾尔肯·吐尼亚孜出席会议。自治区卫生计生委党组书记殷宇霖向大会作全区医改工作情况报告。会议以电视电话会议的形式召开，乌鲁木齐市、克拉玛依市、克孜勒苏柯尔克孜自治州、库车县、呼图壁县、焉耆县等6个州市县分别就家庭医生签约、医疗卫生信息化、基本医疗保险整合、县级公立医院改革、医疗共同体建设等作经验交流发言。自治区人大、政府、政协、新疆军区、兵团及自治区医改领导小组成员单位负责同志、联络员、自治区卫生计生委直属各单位、新疆医科大学各附属医院及卫生医疗单位代表在自治区主会场参加会议，各地州市、县市相关人员在各地分会场参加会议。

全国卫生计生系统对口援疆工作会议　2017年7月13日在乌鲁木齐召开。国家卫生计生委党组成员、副主任王培安出席会议并讲话，自治区党委常委、副主席艾尔肯·吐尼亚孜主持会议并讲话，新疆建设兵团党委常委、副政委、组织部长刘见明出席会议。自治区卫生计生委、兵团卫生局的负责同志汇报对口援疆20年来特别是党的十八大以来卫生计生事业发展情况，江苏省、山东省、中国医学科学院、阿勒泰地区、兵团第一师和尼勒克县作交流发言。

《自治区人口与计划生育条例》（修订版）表决通过　2017年7月28日，自治区第12届人大常委会第30次会议表决通过修订后的《自治区人口与计划生育条例》，将违法生育纳入征信系统，女职工符合规定生育子女的，除国家规定产假外，增加60天成为此次修订的最大亮点。

医疗人才“组团式”援疆工作推进会　2017年11月19日，中央组织部、国家卫生计生委在新疆喀什召开医疗人才“组团式”援疆工作推进会。会议认真贯彻党的十九大精神，深入推进医疗人才“组团式”援疆工作的重点任务，强化受援医院精细化管理，推进重点科室、品牌学科建设，加大人才帮带培训力度，不断提升管理水平、诊疗水平和人才素质。深化改革创新，把受援医院纳入公立医院改革试点，落实独立法人地位和自主经营管理权，进一步支持育才引才留才，不断推动工作取得新成效。参会人员实地观摩广东省、上海市、江苏省对口支援的喀什第一人民医院、喀什地区第二人民医院、克州人民医院“组团式”援疆发展情况，听取3家医院开展“组团式”援疆工作情况的介绍，自治区卫生计生委党组书记殷宇霖向大会汇报有关情况，11名援受双方代表作大会交流发言。自治区党委常委、组织部长马学军出席会议并讲话。兵团党委常委、副政委、组织部长刘见明，中组部干部一局、国家卫生计生委医政医管局，全国7个援疆省市和新疆受援地州的党委组织部、卫生计生委、支（受）援医院负责人等共110余人参加会议。

伊犁州结核病分级诊疗和综合防治管理服务模式试点工作　（1）坚持科学谋划。印发《伊犁州直结核病分级诊疗和综合防治服务模式试点工作（2017—2018年）实施方案》《伊犁州贯彻落实自治区“十三五”结核病防控规划实施方案》《伊犁州直结核病患者家庭医生签约式服务模式实施方案》《伊犁州直结核病防治医联体建设实施方案》，明确州县两级结核病定点医院，签订医疗联合体合作框架协议。成立试点工作协调和质控小组，出台《伊犁州直结核病试点工作绩效考核指标》《伊犁州定点（非定点）医院结核病防治工作质量考评方案》，加强考核体系建设，保障试点工作质量。（2）突出政策创新。州党委将结核病防治工作纳入州直重点民生工程和县市政府绩效考核；联合州民政局和社保局制定出台结核病患者医疗保障救助办法和城乡居民基本医疗保险实施办法，将结核病纳入慢性病和大病救助管理。（3）完善保障政策。州人民政府将结核病防控人均0.5元的地方配套经费纳入县市财政预算。探索完善结核病患者保障政策。协调落实基本医疗保险、城乡居民大病保险、医疗救助和民政补助等政策衔接。（4）强化宣传引导。充分发挥新媒体等宣传平台作用，全方位、多维度开展试点工作宣传，提高大众结核病防治知识知晓率和结核病患者依从性。

昌吉回族自治州夯实基础，保障基层，着力提升基层卫生服务能力　党政重视，高位推动抓落实。出台《关于推进医疗卫生事业改革发展，加快健康昌吉建设的实施意见》及以备案制管理、县域紧密型医共体建设等18个配套文件，为推动基层卫生工作提供政策和人、财、物各方面保障。优化环境，加大投入抓改善。出台《昌吉州乡镇卫生院和村卫生室标准化建设3年行动方案》，累计投入2.38亿元改善基础设施建设、完善仪器设备配备。乡镇卫生院、村卫生室改扩建面积达3.3万平方米，更新彩色B超机等先进仪器设备2000余台（套），建成中医民族医综合诊疗区（中医民族医馆）47个。截至2017年底，全州67家乡镇卫生院和427个村卫生室全面完成标准化建设。

*以点带面，持之以恒抓改革。*以推进县域内紧密型医共体和签约服务为“突破口”，全面提升基层医疗机构服务能力。出台《深化人才发展机制体制改革的实施意见》，着力突破人才瓶颈，打破体制机制约束，创新实行公立医院编制备案制管理，将全州取得助理及以上资质的乡村医生全部纳入编制管理，未取得职称的在职乡村医生待遇提高至1500～3000元。同时落实政府办医责任，提高村卫生室运行经费5000～1.2万元。推行“结余留用、超支分担”的医保总额打包付费方式，在基层逐级转诊提高5%报销比例，仅阜康市两个月内就通过双向转诊上转病人876人、下转病人432人，乡镇卫生院门诊人次同比增长15.53%，业务收入同比增长20.16%。自结成紧密型医共体以来，全州先后投入2000余万元用于手术室改造、远程会诊设备和必需的医疗设备购置。县级人民医院累计选派临床医疗专家17批次267余人次深入中心坐诊查房、带教培训，开展健康宣传和学术讲座等帮扶活动，使老百姓在家门口就能享受优质医疗资源，真正打通医疗服务“最后一公里”。

多措并举，用心用力抓服务。（1）持续实施全民免费健康体检工程。突出重点抓投入、抓宣传、抓规范、抓质量，2017年基层医疗机构体检发现阳性结果的重大疾病1153例，切实发挥了“健康守门人”作用。（2）深入实施健康扶贫工程。在国家建档立卡贫困人口的基础上，自加压力，将年收入5000元以下的相对贫困人口全部纳入“三个一批”救助范围，做到建档立卡贫困人口达到3个100%。同时对建档立卡相对贫困人口门诊报销比例和政策范围内住院费用报销比例提高5个百分点，取消县、乡两级住院起付线，大病保险起付标准降低40%，统一按每人每年不低于90元的筹资标准为其购买重大疾病医疗补充保险。（3）扎实开展基本公共卫生服务项目。针对6类重点人群，创新推行基本公共卫生服务项目免费服务券，免费享受相应服务项目。2017年代表自治区通过2016年度国家基本公共卫生服务项目验收评估。（4）做实家庭医生签约服务。以阜康市为试点，确定100元为标准的签约服务费，立足需求制定4类个性化的签约服务包，签约居民在政策范围内报销比例提高5个百分点，实现8万多居民在线预约和咨询服务。

哈密市攻坚克难，狠抓落实，不断将城市公立医院综合改革引向深入　（1）“调结构”，加快推进医疗服务价格调整。市、区县公立医院于2016年11月全面取消药品加成（中药饮片除外），实施医疗服务价格调整；2017年9月按照自治区安排再次调整。定于2018年市级财政纳入预算1000万元，对城市公立医院取消药品加成后所减少的收入予以补偿，落实政府投入政策。同时调整公立医院收入结构，控制费用不合理增长。较2016年，药占比由34.08%降至26.54%；医疗服务收入占比由19.49%增长至25.45%；医疗费用增长幅度降至5.37%。（2）“保衔接”，积极开展医保支付方式改革。在总额控制基础上推行以按病种付费为主的多元复合式医保支付方式，落实100个按病种收付费的病种，并建立考核评估体系与医保基金支付挂钩机制，激发医疗机构规范行为、控制成本、合理收治和转诊患者的内生动力。（3）“提薪酬”，稳步实施人事薪酬制度改革试点。确定市中心医院为试点单位，建立与岗位职责、工作业绩、实际贡献紧密联系的分配激励机制，并以信息化系统为支撑，根据运行数据的测算结果完善方案，待正式实施后逐步向全市推广。（4）“挤水分”，完善药品、耗材供应保障机制。实施“两票制”采购，落实2000余种药品，占总量的81.19%；开展医保基金支付药品费用试点，减少药品采购、流通和支付环节，降低药品虚高价格，提高医保基金使用效率；对100余种辅助性、营养性等高价药品实施重点监控及超常预警，提升使用合理率。同时，对全市9700个品规的耗材和检验试剂集中招标采购，其中骨科等高值耗材及检验试剂中标价格分别下降13%、9.3%。（5）“求创新”，加快推进分级诊疗制度建设。通过挂牌成立新疆医科大学附属哈密市中心医院；建立各级医疗机构间的医联体、医共体试点和精神卫生、肿瘤、儿科等专科联盟，基本搭建医联体制度框架。通过调整、充实家庭医生签约服务内容，在就医、转诊、医保等方面的差异化政策，建立二级及以上医疗机构与基层医疗卫生机构组成家庭医生服务团队，促进优质资源有效下沉。核定家庭医生签约服务包收费标准，区分基本医疗服务包和个性化延伸服务包。同时，将绩效考核结果与签约服务费紧密挂钩，充分调动积极性，到2017年末已建立服务团队233支808人，签约城乡居民24.79万人，签约率为49.75%，重点人群签约率为89.33%。（6）“强管理”，持续改善医疗服务。通过上线“趣医院”APP项目，实现手机在线支付、报告单自助查询等；通过成立临床支持服务中心，为患者提供引导挂号、陪检等服务；通过推行“无假日”门诊、“一站式”退费等便民措施，丰富服务内涵；通过成立河南省远程医学会诊哈密分中心，发挥优质医疗资源的辐射作用。同时建立全民健康体检系统，依托家庭医生签约APP和智能签约设备，实现全民健康体检数字化和家庭医生签约智能化。

和田地区从严执纪，综合施策，切实维护国策严肃性　（1）明确目标，加强领导。和田地区违法生育实现两个“清零”，即实现违法生育历年存量清零，2017 年 7 月 7 日后违法生育清零。该地区成立以地委副书记、行署专员为组长的违法生育治理工作领导小组，印发《和田地区治理违法生育工作实施方案》，针对 10 个突出问题进行专项治理。（2）宽严相济，严格执纪。地区行署发布《关于有奖举报违法生育及敦促违法生育人员主动交代的通告》，发动群众检举违法生育行为，敦促违法生育人员主动交代违法事实。在有效期内受理有奖举报 372 例，主动交代 5.75 万户 7.41 万人，全年累计清查出历年以来的违法生育 14.7 万人，违法生育“存量”基本挖完。鼓励群众举报违法生育，全年累计兑现奖金 116.7 万元。（3）坚决落实“一票否决”。2017 以来全地区累计对 9 个乡镇、53 个村因政策符合率不达标执行了“一票否决”，2017 年有 9 个乡镇、16 名乡镇主要领导取消评先选优资格。（4）扎实做好长效节育措施。积极引导群众自愿采取长效节育措施，截至 2017 年末，采取长效节育措施 14.16 万例。

乌什县精准发力破难题，打赢扶贫攻坚战　（1）精准识别，构建分层分项格局。在扶贫对象核实和分类中，构建“乡村医生＋乡村干部”“乡镇卫生院＋乡镇政府”“卫计部门＋扶贫部门”，纵向分层、横向分类的“三个加”精准识别网格。明确“因病致贫、因病返贫”类甄别标准，加大对各层面的业务培训，摸清底数，由县乡村扶贫部门及医疗卫生机构分级建立因病致贫人口数量、病种类型和就医费用台账。（2）精准帮扶，完善“健康扶贫＋”机制。①“健康扶贫 +1”结对，签约服务全覆盖。以家庭医生签约服务为载体，为所有贫困人口以家庭为单位，购买“扶贫精准保”保险，贫困户看病在享受政策报销外，个人自付部分由保险公司全额报销。先后为贫困户累计资助 300 万元。②“健康扶贫 +1”联建，优质资源到基层。组建以县级医院为龙头，乡镇卫生院及所属村卫生室为一体的医疗“联合体”，下派 25 名县级执业医师和检验人员到乡镇卫生院就诊，同时积极开展远程会诊，先后完成远程会诊 1000 余例。③“健康扶贫 +1”宣传，提前预防作保障。加强健康扶贫政策和健康知识宣传，提高贫困人口对健康扶贫政策的知晓率和预防保健能力，引导贫困群众养成良好生活习惯，减少疾病发生率。（3）精准施策，卸下贫困户就医费用包袱。制定“9210”（即 9 免费、2 提高、1 降低、0 负担）健康扶贫措施。贫困户在县内公立医院住院免收挂号费、床位费、诊查费和注射费；农村特困供养人员和失去劳动能力贫困户免缴新农合基金；在乡镇卫生院为农牧民免除住院起付线；对终末期肾病患者实行定点医院免费透析；对高血压等 13 种门诊慢性病患者免费供药；对农村参合贫困人口门诊一般诊疗费由新农合全额报销。将贫困户住院费报销同比提高 10%；慢性病门诊报销封顶线从 3000 元提高到 4000 元。贫困户商业补充医疗保险报销起付线从 8300 元降到 7000 元。乡镇卫生院农村贫困群众住院合规费用全报销、住院无负担。先后为贫困人口减免就医费用近 2000 万元。（4）精准施治，“三个一”确保群众享受优质医疗服务。①大病救治一个都不漏。发挥“医联体”作用，对大病患者建立救治台账，实行销号管理集中救治，让农村贫困大病患者享受三甲医院的专家诊治。②慢性病患者一条龙服务。对患 13 种门诊慢性病的贫困患者，持“新农合一卡通”免费领药，并由各定点医疗机构按照“一病一方案、一人一处方”的原则组建慢性病服务医师团队，提供开方取药和慢性病跟踪管理服务。③费用报销一站式结算。对参加新农合、大病保险的贫困群众免收住院押金，先诊疗后付费，设立新农合、大病保险、医疗救助“一站式”报销服务窗口，实现新农合和大病保险系统互联互通，为贫困群众就医报销提供方便。（刘红升）

〔特约编辑：温志琪〕

〔主　编：殷宇霖　副主编：于密萍〕

大　连　市

全市卫生和计划生育工作概述　2017 年，大连市卫生计生系统高举习近平新时代中国特色社会主义思想伟大旗帜，坚持以人民健康为中心，牢记“关爱生命，守护健康，促进幸福”的工作宗旨，卫生计生事业改革发展取得显著成绩，有力地促进了经济社会持续健康发展和民生改善，人民获得感进一步增强。

医药卫生体制改革不断深化。城市公立医院综合改革全面推开，县级公立医院综合改革成果继续深化，11 所县级公立医院全部实行按疾病分组支付方式结算，9 个统筹县区全部实现新农合异地就医联网转诊即时结报。国家基本药物制度得到巩固完善，落实药品采购“两票制”，开展短缺药品监测预警工作，一级以上公立医院药品、高值医用耗材平台采购覆盖率达100%。推动"互联网+医疗"便民服务平台建设，积极推进医疗机构与省商业保险平台对接，16家医院完成接口开发，17家医院与省平台实现全面健康信息互联互通。

医疗服务质量持续改善。开展质量提升年活动，大力推行临床路径管理，充分发挥33个质控中心作用。深入落实进一步改善医疗服务行动计划，三级医院全部实施预约挂号，部分医院开展诊间结算，三级以上医院优质护理服务病房覆盖面达100%。开展"三名工程"评选活动，评出"名医""名护"110名、"名科"88个、"名院"39个。举办春秋两季义诊活动，诊疗患者99579人次。完成达沃斯会议等重大活动卫生保障。开展儿童先心病救助项目，实施手术治疗153例，救助金累计为226.53万元。

公共卫生服务能力显著提升。继续开展第3轮全国艾滋病综合防治示范区创建工作，启动国家结核病分级诊疗和综合防治服务模式试点工作，市结核病医院在全省结核病定点医疗机构考核中荣获第一名。瓦房店市被确定为第4批国家慢性病综合防控示范区。加强预防接种工作规范管理，全市已建和在建数字化接种门诊85家。在册严重精神障碍患者规范管理率为84.13%。加强食品安全监测工作，食源性疾病监测哨点医院达72家，覆盖全部二级以上医疗机构。积极推动第29个爱国卫生月活动，进一步开展城乡环境卫生整治行动和"最干净街道"创建工作并进行督导检查，巩固国家卫生城市成果。

中医药特色优势得到发展。继续加强国家级"治未病"中心建设。积极推进《中医药法》宣传，举办大型义诊宣传活动。巩固全国基层中医药工作先进市创建成果，实施基层中医药服务能力提升工程"十三五"行动计划，推进中医药"三进"工程，在82个基层医疗卫生机构开设中医馆。大连医科大学附属第一医院、大连医科大学附属第二医院、市皮肤病医院被评为全国综合（专科）医院中医药工作示范单位，市友谊医院创建全省综合（专科）医院中医药工作示范单位。2017年全市创建9个全省中医药旅游示范单位，产生首批百名"全国名中医"1名，国家级师承指导老师11名，省名中医5名，市名中医12名，国家级名老中医工作室3个，全国基层名老中医工作室1个，全国重要特色技术传承人才1人，国家中医药管理局"优秀中医临床人才"5人。评选出42个市中医药科研计划项目。

计划生育和妇幼健康服务水平持续提升。稳妥有序实施全面两孩政策，加强生育全程医疗保健服务，在全市全面推广使用母子健康手册，整合孕前保健、孕期保健、住院分娩、儿童保健、预防接种和计划生育服务，实现"一册在手、全程服务"。进一步强化首诊负责制及高危孕产妇和新生儿转、会诊流程，建立健全危重孕产妇和新生儿治疗、转会诊预案，开展产儿科人员专项培训和急救演练，危重孕产妇和儿童急救绿色通道平稳运行。妇幼重大公共卫生项目扎实推进，农村妇女"两癌"筛查实现全覆盖，完成宫颈癌检查21649例，完成乳腺癌检查6113例。出生缺陷防治工作取得积极进展，共为1.8万名计划怀孕妇女进行免费孕前优生健康检查，产前筛查、产前诊断水平不断提高，市妇幼保健院和妇女医疗中心被认定为省级产前诊断机构。推进流动人口基本公共卫生计生服务均等化，在流动人口聚集地创建流动人口健康促进示范企业、示范学校和健康家庭。流动人口重点信息及时反馈率和信息通报及时接收率均达100%。甘井子区营城子街道沙岗子村等6个社区被评为全国第1批流动人口社会融合示范社区。

基层卫生工作得到加强。推进基层医疗卫生机构标准化建设，86所乡镇卫生院达到国家标准化建设标准，806所村卫生室完成标准化建设。加大全科医生培养力度，每万居民拥有全科医生2.84人。加强基层卫生信息化建设，为基层医疗卫生机构配置硬件等相关设备6948件，建立居民电子健康档案509万份，居民健康卡完成制卡245余万张，基本公共卫生服务补助标准提高到每人每年50元，甘井子区辛寨子社区卫生服务中心荣获"全国百强社区卫生服务中心"称号。为60.1万名65岁及以上老年人免费体检。

爱国卫生工作深入开展。2017年末，大连市有国家级卫生乡镇7个，省级卫生乡镇17个，省级卫生村75个。全市农村卫生厕所普及率为87.13%，无害化卫生厕所普及率为46%。继续建设无害化卫生户厕2万座，无害化卫生公厕20座。积极做好国家卫生乡镇创建工作，召开国家卫生城镇创建工作现场培训交流会，深入安波街道对爱国卫生组织管理、健康教育、环境卫生、环境保护、生活饮用水及公共场所等9个方面进行现场调查和指导。积极做好省市健康教育示范基地创建工作，推荐大连大学附属新华医院等6家单位创建2017年省级健康教育示范基地。开展健康教育示范基地的专题培训和省级健康教育示范基地的现场督导。开展"健康中国行·走进辽宁大连"——合理膳食主体宣传活动，通过健康巡讲、健康义诊、大型广场宣传和媒体宣传等多种形式，普及中国公民基本健康素养常识，倡导"三减三健"为主要内容的健康生活方式，引导居民养成合理膳食的健康行为。印发《关于进一步做好我市创建全国文明城市公共场所禁控烟工作的通知》，组织召开全市创建全国文明城市公共场所禁控烟工作推进会，对大连创建全国文明城市公共场所禁控烟工作进行了7轮的暗访检查和现场督导，对每次检查情况进行了及时通报，指导各单位落实禁控烟工作职责。积极做好世界无烟日宣传活动，通过广场宣传、网络直播、拒吸第一支烟签名等多种形式开展烟草危害宣传。扎实开展环境卫生综合整治专项行动，重点突出楼院环境卫生的集中治理，积极推动第29个爱国卫生月活动。

卫生应急管理体系得到加强。市、县两级共制定、修订卫生应急预案34部。对6大类38支499余人的市级卫生应急队伍、83名大连突发事件卫生应急专家咨询委员会委员进行信息更新，对38名市级信息报告员和2460名县区级信息报告员进行信息补充、修改及备案。形成日常风险评估报告12期，累计报告3起突发公共卫生事件，报告及时率、完整率、准确率均达100%。切实做好急性传染病防控工作，加强监测预警，规范传染病报告、诊治、调查和控制等应急处置技术，重点加强人感染高致病性禽流感、新发急性传染病等严重威胁公众安全的重大突发公共卫生事件的防范和应对工作。结合本地区本单位实际，不断完善救灾防病预案，对应急储备物资定期自查，做好充分的应急物资实物储备以及信息搜集分析。举办卫生应急培训8次、演练14次。组织开展"宣传普及应急知识，提高自救互救技能"为主题的应急管理宣传周活动。

卫生计生监督能力进一步提高。2017年末，大连市有卫生计生监督机构14家，在岗监督执法人员400人。全年出动监督员5.5万人次，监督检查各类单位2.7万余户次，监督检查覆盖率为98.04%，平均监督检查频次1.23次。完成1060家单位"双随机"监督任务。全年实施行政处罚538起，受理各类投诉举报541起，投诉举报查处率、反馈率达100%。

卫生科技教育扎实开展。基本形成院校教育、毕业后教育、继续教育有机衔接的医学人才培养体系，完成343名学员住院医师规范化培训，1316项继续医学教育项目实施，329名优秀医学人才获得深造培养，1881名基层卫生人员接受岗位能力再提升培训。沪连合作人才培养项目正式启动。科技创新驱动发展战略得到贯彻落实，23个重点学科被认定为省级医学重点专科，省以上重点专科数量达到113个，4个重点学科被认定为省临床医学研究中心，北京亚太肝病诊疗技术联盟辽宁联盟牵头单位落户大连。8名重点学科带头人和5名中青年业务骨干当选为"辽宁（青年）名医"。卫生计生行业医学科技立项国家级82项，省级100项，市级558项，获科技奖项32项。

全市卫生与健康大会　2017年7月27日召开，辽宁省委常委、大连市委书记谭作钧就扎实推进健康大连建设提出6个方面要求。副市长温雪琼部署推进健康大连建设工作，启动健康大连首期行动计划，包括实施"十大行动"、构建"十大健康体系"、打造7项健康工程。甘井子区、市人社局、环保局、体育局、大连医科大学附属第一医院、市疾控中心等6个地区和单位的代表作交流发言。

编制未来发展规划　2017年大连市印发《健康大连建设行动计划（2017—2020年）》。开展未来规划研究工作，分别明确全市卫生与健康工作2020年、2035年和2049年的预期目标。成立大连卫生设施规划编制工作领导小组，撰写《关于大连市经济社会发展主要指标专题研究工作方案中预期寿命指标的研究报告》《关于大连市构建现代健康服务业体系研究报告的函》等相关材料。推进医疗卫生领域供给侧结构性改革，完成《供给侧结构性改革推进工作亮点》《2018年供给侧结构性改革计划》和"1+5+1"供给侧结构性改革督导总结和相关工作。

城市公立医院综合改革全面启动　2017年大连市出台全市城市公立医院综合改革"1+6+6"系列文件，58所城市公立医院全面取消药品加成，执行新的医疗服务价格。组织18个工作巡视组全程跟踪督导，15家委直单位全面推进公立医院岗位设置工作。通过召开新闻发布会、专题访谈、纸媒、新媒体、手机端等多种形式广泛进行政策宣讲和解读，制作《城市公立医院综合改革热点问题及政策问答30问》，围绕改革的重要意义、调整医疗服务价格具体情况、患者看病就医指南、群众关心的热点问题、改革政策实施等内容，主动回应社会和群众关切，合理引导百姓预期。

"学习讲话，对标上海，解放思想，真抓实干"大学习大讨论活动　2017年大连市委、市政府统一部署，市卫生计生委认真开展"学习讲话，对标上海，解放思想，真抓实干"大学习大讨论活动。围绕学习贯彻党的十九大精神和大学习大讨论活动"九个聚焦"，开展党的十九大精神学习讨论。邀请上海专家来连授课，为"对标上海、查找不足"提供启发和借鉴。全面精准对标，全委182个党支部查摆问题300余项，31个委直单位查摆问题200余项，初步筛查出本市卫生计生系统存在15个方面的具体问题，并明确了整改的方向和目标；扎实整改达标，针对查找出的差距和问题，制定整改措施，坚持立行立改；突出特色创标，开展未来规划研究工作，分别明确全市卫生与健康工作2020年、2035年和2049年的预期目标。积极组织全委党员干部、社会各界和专家学者建言献策，并在官网开设“我要建言”专栏，共征集党员干部意见建议3500余条，经各单位梳理后共上报质量较高、借鉴性较强的意见建议184条，归纳为8大类31个方面。充分利用媒体宣传活动开展情况和经验做法，在主流媒体刊发专题报道7篇，在“健康大连”和“大连卫生与健康”官方微信平台开设专栏刊发相关报道22篇，编发《工作简报》36期，并对各单位活动开展情况进行督导检查。

《大连市医疗卫生设施规划建设条例》　经2016年12月28日大连市第15届人民代表大会常务委员会第31次会议表决通过，2017年3月31日辽宁省第12届人民代表大会常务委员会第33次会议批准，《大连市医疗卫生设施规划建设条例》自2017年7月1日起施行。该条例共27条，从编制主体、原则、要求、内容、程序以及用地保障、资金投入、监督检查等方面对医疗卫生设施的规划和建设进行了规范，具有较强的地方特色和特点。

医养结合国家试点成效显著　到2017年末，大连市有37所医疗卫生及养老机构实现医养结合，82%的二级以上医疗机构开设为老年人服务绿色通道。推广“林海模式”等26个医养结合示范点经验，开展社区食堂、家庭医生签约、生活娱乐等精准化居家养老服务。积极引入“互联网＋医疗”服务体系，探索家庭医生签约、全天候医疗应答、分级诊疗双向转诊、远程诊疗、慢性病监测、居民和第三方评价监督等6项社区医疗服务功能，沙河口区等7家单位获评全国智慧健康养老应用试点示范。

健康扶贫工作精准实施　2017年大连市召开全市健康扶贫工作推进会，对全市39.24万低收入人口实施精准医疗服务，低收入人口签约服务实现全覆盖，7家医疗机构成为农村贫困人口大病专项救治定点医院，14家医疗机构使用疾病应急救助基金127.38万元，对青海省和贵州省六盘水市开展对口帮扶，对贫困村的贫困人口进行定点帮扶。

计划生育奖扶政策力度加大　2017年大连市进一步完善计划生育特殊家庭扶助制度，独生子女死亡、伤残家庭扶助金分别提高到每人每月600元和450元，为14.92万农村奖扶对象和1.75万名计划生育特殊家庭扶助对象发放扶助金2.75亿元。落实计划生育特殊困难家庭联系人制度，为1.75万名计划生育特殊家庭扶助对象安排联系人，通过登门走访、电话联系、网络沟通等多种方式，经常慰问联系对象，及时了解掌握联系对象的身体状况、精神状态和利益诉求，宣传相关政策，开展精神慰藉，疏导化解矛盾，帮助协调解决联系对象在日常生活中遇到的困难和问题。

医联体建设积极推进　印发《大连市人民政府办公厅关于推进医疗联合体建设的实施意见》，进一步规范全市医疗联合体建设和管理工作，促进优质医疗资源下沉。组建9个城市医疗集团、9个县域医共体和11个专科联盟，构建远程医疗协作网，覆盖三级医疗机构24个、二级医疗机构13个、基层医疗机构257个，有效推进了优质医疗资源下沉，形成以中山区大连市友谊医院医疗集团、中山区大连大学附属中山医院医疗集团和瓦房店市中心医院医共体等为代表的紧密型医疗联合体，在联合体内实施统一的人、财、物管理，逐步探索实行医保总额预付。

新农合保障体系不断健全　2017年，大连市新农合参合户籍农民189.56万人，参合率保持在99%以上。新农合筹资标准提高到700元，其中各级财政补助550元。全市新农合基金共筹资13.23亿元，基金支出13.19亿元，基金使用率达99.67%。继续巩固儿童白血病、先天性心脏病等22种重大疾病保障工作，调整提高部分重大疾病医疗费用限额标准，将尿毒症肾透析治疗、恶性肿瘤门诊放化疗、系统性红斑狼疮、器官移植术后抗排斥等4种门诊特慢病的治疗费用纳入新农合统筹支付范围，将0～7周岁儿童人工耳蜗植入手术治疗及康复医疗费纳入新农合统筹支付范围。全市23家市级定点医疗机构与市级新农合信息平台联通，各县域内定点医疗机构基本与所属县级新农合信息系统联通，以上下横纵的信息平台联通为基础，能够为参合患者在县域内、市级、省级和省外定点医疗机构提供网上转诊、出院即时结算等服务。

信息化建设加快推进　2017年大连市加快基层医疗卫生机构网络建设，市、县、乡、村四级互联互通的卫生计生信息网路架构基本形成。积极推动基层医疗卫生机构管理信息系统与新农合系统、市医保系统对接。全市公立医疗卫生机构和基层医疗卫生机构用卡环境建设基本完成，居民健康卡自主终端设备基本实现自助挂号、预约挂号、自助充值、自助现金缴费、自助医保缴费、自助缴费记录查询、检验单自助打印、门诊病历自助打印、自助缴纳住院预交金、自助查询住院费用清单等功能。广泛开展“互联网＋医疗”便民惠民服务，三级医院不同程度地开展24小时网上预约、电话预约、医生诊间预约、微信公众号预约、支付宝生活号预约及手机 APP 预约等服务。积极推进市属和委直医院与省商业保险平台对接，有 14 家医院基本完成接口开发，购买商业保险的患者持居民健康卡可享受“医疗 + 商保”线上支付。

基层人才队伍建设 2017 年大连市创新提出各级各类医疗卫生机构临床医师参加全科医生转岗培训合格可增加注册全科医学执业范围的政策，全市共有 658 名执业（助理）医师参加全科医生转岗培训并成绩合格。开展农村订单定向医学生免费培养项目、公开招聘特岗全科医生和涉农地区乡村医生在岗理论培训及考试。加大基层住院医师规范化培训力度，投入培训补助经费 474 万元。全市 14 个区市县均组织开展基层卫生人员继续医学教育工作，累计投入 45.25 万元，地区及机构覆盖率达 100%。印发《关于进一步加强乡村医生队伍建设的实施意见》，乡村医生通过提供基本医疗服务、基本公共卫生服务、获得一般诊疗费和基本药物补助等方式，年人均收入达到 4 万余元。

加强基层卫生服务体系和能力建设 2017 年 10 月 26 日，大连市人民政府办公厅印发《关于进一步加强基层卫生服务体系和能力建设的实施意见》，明确大连基层卫生服务体系和能力建设的指导思想、基本原则和工作目标，从体系构成和能力建设两方面进行阐述，并提出了相应的保障措施。

健全危重孕产妇和新生儿救治机制 2017 年大连市加强高危妊娠筛查与管理，探索高危妊娠管理新模式，下发《大连市危重孕产妇和新生儿治疗、转会诊预案》，进一步强化首诊负责制及高危孕产妇和新生儿转、会诊流程。充分发挥省市县三级危重孕产妇抢救中心和新生儿抢救中心作用，强化多学科合作，控制和减少危重症的发生。定期开展产科、儿科急救专项培训，开展孕产妇和儿童危重症技术评审会，以县区为单位开展危重孕产妇和新生儿窒息复苏急救演练并选取一家机构录制视频，组织专家对各县区上报视频资料进行集中点评，指出演练过程中存在的问题并给予反馈，通过演练及专家指导，使各医疗机构急救更加规范化、程序化，医护人员的急救技能不断提高，做到抢救面前临危不惧，从而提高全市危重症抢救成功率。开展爱婴医院复核工作，加强产科质量管理，促进自然分娩，采取多种措施控制剖宫产率。

中医药基层服务能力提升 2017 年大连市实施中医药基层服务能力提升工程，新创建中医馆 8 个，总数达到 82 个，开展适宜技术 12 项，提供中医药服务的社区服务中心覆盖率为 97.5%、社区服务站覆盖率为 92.3%，提供中医药服务的乡镇卫生院覆盖率为 91.3%、村卫生室覆盖率为 49.8%。推进中医药“三进”工程，开展中医健康讲座 20 余场，进行中医义诊 10 余场。巩固中医药工作先进单位创建成果，全市 5 所县级中医医院均达到二级甲等以上标准，中药房、中药煎药室均达到标准要求，县级以上中医医院均成立“治未病”科。

春秋两季大型义诊活动 2017 年 5 月和 9 月，大连市卫生计生委主办的春秋两季大型义诊活动在东港举行，各医疗机构均选派技术水平高、医德好的专家，为市民免费提供常见病、慢性病的咨询，初步筛查、诊断，普及医学常识和健康知识等服务。两次义诊共有 3148 人次医生参与，为 99579 人次提供诊疗服务，合理用药咨询 12799 人次，减免各项费用 164.8 万元，为百姓送温暖送健康，得到社会广泛好评。

慢性非传染性疾病预防控制 2017 年，市卫生计生委发布《大连市人口与健康状况报告》，对全市人群健康现状、问题和方向进行分析。对全民健康生活方式第 2 阶段行动进行部署，2017—2018 年在全民健康生活方式行动各示范点开展健康体重专项行动，以提高示范点人群健康相关知识知晓率、体重知晓率，提高居民自测体重率及体重控制率，养成良好的健康生活方式，使超重肥胖人群体重得到控制或降低。进一步扩大全民健康生活方式行动工作覆盖范围，全市新创建各类支持性环境 50 个（家），包括示范单位 36 家、健康步道 5 处、健康小屋 6 个、健康公园 2 个及健康一条街 1 个。

健康城市建设 2017 年大连市印发《大连市人民政府办公厅关于进一步加强健康城市健康村镇建设的实施意见》，明确健康城市健康村镇建设的总体要求、领域和任务、重点行动以及保障措施，提出了健康社区、健康村屯、健康学校、健康医院、健康机关、健康企业和健康家庭的评价指标体系，对健康细胞建设行动的培训指导、组织申报、评估命名和后期管理等工作予以明确，提出做好健康细胞工程建设的 4 条保障措施，努力夯实健康城市建设基础。

预防接种精细化管理 2017 年大连市在全市范围内开展疫苗冷链温湿度监控、数字化预防接种门诊建设、接种单位接种证打印机配备工作。全年在建数字化接种门诊 41 家，覆盖全部 14 个区市县。全市全部二级以上医疗机构、基层医疗卫生机构均已设置预防保健科室（公共卫生科室），充实技术力量，落实预防接种等公共卫生职责。组织开展全市预防接种人员培训及人机对话考试，提升预防接种人员综合业务素质和技术水平。

结核病防治 2017年大连市全面启动国家结核病分级诊疗和综合防治服务模式试点。继续落实全市结核病“三大惠民政策”（营养费交通费、学校结核病防控、耐药结核病防控），全市结核病患者治疗依从性有所提高，结核病疫情稳步下降，肺结核病人系统管理率和新涂阳治愈率持续提高，学校结核病疫情得到有效控制，耐药结核病防治能力和水平不断提升。全年共发放肺结核患者营养费、交通费补助341.2万元，贫困耐药结核患者救助21.4万元。组织对254所学校入学新生进行结核病专项体检筛查，有效降低了结核病在校园传播的风险。在256个基层医疗卫生机构设立耐多药结核患者药物注射点，提高基层耐多药结核系统管理水平，同时落实耐药结核病的筛查、标本运送、耐药注射点激励费、住院自费段补贴等耐药结核病项目内容，耐药结核病得到有效控制。

食品安全工作 2017年大连市在全市开展食品安全宣传系列活动，开展食品安全标准、居民健康素养、合理膳食和预防食源性疾病等知识的宣传。对2017年实施的食品安全标准进行解读，针对相关标准修订内容、标准实施的原则、与相关标准的衔接等对相关专业人员进行培训。开展食品安全标准跟踪评价工作。进一步加大食品安全风险监测力度，将食品安全风险监测工作纳入2017年市县政府卫生计生工作目标责任书、委直事业单位领导班子和领导干部的实绩考核中，确保工作有效落实。2017年末全市食源性疾病监测哨点医院达到72家，覆盖全部二级以上医疗机构，全市食品安全风险监测网络更加完善。

深化生育关怀行动 2017年大连市扎实推进计生特殊家庭帮扶项目。争取国家项目资金、市财政配套资金和社会捐助资金共计167万元，与各区市县签署项目协议，全市共建立失独家庭信息管理档案6129户。加强与大连社会治理联合会、大连市慈善总会等社会组织合作，为全市计生特殊家庭提供了经济帮助。为928户低保失独家庭提供47万资金救助，为116户患病住院的失独家庭提供47.6万元自费医疗补助，为1026户失能半失能家庭提供了300～500元不等的社会化家政服务，为2136户计生特殊家庭提供了亲情陪伴和精神慰藉服务。组织开展走访慰问计生特殊家庭活动，全市各级计生协共走访计生特殊困难家庭8844户，送去慰问金和慰问品总计394万元。推动计生特殊家庭免费保险工作的落实，完成对全市12396户特殊家庭和10523名特殊家庭母亲的资格确认，市县两级财政共投入生育关怀专项资金49.82万元，为符合条件的特殊家庭成员免费投保“计划生育家庭意外伤害及重大疾病保险”“女性生殖健康保险”。

流动人口基本公共卫生计生服务均等化 2017年大连市将流动人口纳入基本公共卫生计生服务及签约服务范畴，有接受服务意愿的群众在现居住地能够获得“12+1”项基本公共卫生服务。开展以提升健康素养和倡导健康生活方式为主要内容的流动人口健康教育工作。制作《人口流动 健康同行——流动人口基本公共卫生计生服务指南》宣传画册1万册，免费发放给流动人口。按照《大连市流动人口健康教育和促进行动计划（2016—2020年）实施方案》，组织各级卫生计生部门开展流动人口健康促进示范企业、示范学校和流动人口健康家庭创建工作，上报国家级示范企业、示范学校各2个、健康家庭9个，省级示范企业5个、示范学校6个、健康家庭14个。

卫生计生宣传工作 2017年大连市弘扬“大德之美”特色行业文化，开展“大德之美——身边的感动”专题宣传，广泛开展“春节故事”等系列专题宣传，66个好故事入选2017年度“大德之美”画册。组织开展各级各类优秀典型争创活动，宣传“暖医”典型45名，6人当选“大连好人”，6名个人和1个集体当选“辽宁人民好医生”。打造《关于大义诊的故事》《一个医生3部相机和60万张“脚照”》等优秀作品，《晚风》《舌尖上的健康》《三个愿望》分获中国人口文化奖和国家卫生计生委相关奖项。

电子化注册管理 2017年大连市启动医师、护士和医疗机构电子化注册工作，出台《大连市医师电子化注册管理改革工作方案》，明确卫生计生行政部门、医疗机构及医师的责任分工，建立权责清晰的医师电子化注册管理体系。到年末有23748名医师完成电子化注册，占医师总数的81%；25706名护士完成电子化注册，占89%；4038家医疗机构完成电子化注册，占90%。

深入开展“放管服”工作 2017年《大连市卫生计生委推进简政放权、放管结合、优化服务改革衔接工作暂行办法》印发，进一步明确简政放权、放管结合、优化服务改革遵循的原则、要求和衔接责任。对现有的55项行政许可和便民服务事项进行梳理，进一步修订完善了告知书、标准操作程序（SOP）等示范文本，修订《大连市人民政府行政审批服务指南》。提高行政审批工作效率，压缩办理时限，所有审批事项进一步压缩到法定时限的40%。进一步清理行政审批事项的证明材料，能够通过协查验证的信息，不再要求当事人提供相关证明材料。制定《大连市卫生计生委行政审批技术审查专家选聘管理办法》，组建大连市卫生计生委行政审批技术审查专家库，共计46个专业类别918名专家组成，涵盖各专业领域。印发《大连市卫生计生委关于深化“放管服”改革优化营商环境激发社会领域投资兴办医疗机构活力的通知》，率先在全省落实国家推出的“放管服”改革10项举措的基础上，推出规范预防性健康体检和缩短行政审批事项办结时限，以及不定期发布社会资本办医指南等12项深化“放管服”改革的具体措施，着力优化卫生计生领域营商环境，激发社会领域投资兴办医疗机构的活力。

卫生计生事业发展数据　2017年末，大连市有各类卫生机构（不含村卫生室）2944个，其中医院153个，卫生院85个，社区卫生服务中心（站）130个。实有床位45916张。卫生从业人员63597人，其中卫生技术人员51842人。每千户籍人口医疗机构床位数7.71张、执业（助理）医师3.37人、注册护士4人。全年全年全市总诊疗量为3664.61万人次；医疗机构平均病床使用率为79.6%。人均期望寿命为80.89岁；孕产妇死亡率为7.87/10万，婴儿死亡率为2.49‰，5岁以下儿童死亡率为3.23‰。

人口数据及态势分析　2017年末，大连市有户籍人口594.9万人，比上年末减少0.7万人，其中，男性295.2万人，女性299.7万人；18岁以下青少年78.3万人，占总户籍人口的13.2%，60岁以上老年人口148.7万人，占总户籍人口的25.0%。人口出生率为9.60‰，死亡率为11.82‰，人口自然增长率为-2.22‰，出生人口性别比108。2017年，大连市流动人口中男性占50.6%，女性占49.4%，性别比为102.4。0～14岁儿童占14.9%，60岁及以上老年人口占10.9%。2017年大连市新生儿出生缺陷发生率为121.86/万，其中城市人口出生缺陷发生率为133.42/万，农村人口出生缺陷发生率为99.07/万。

西岗区成为全国首批健康促进区　区委、区政府高度重视健康促进工作，采取宣传引导、健康教育和健康干预等多种措施，全力推进全国健康促进区创建工作。“将健康融入所有政策”的主线，贯穿该区各项工作。全区有130余个单位参加健康场所创建工作，根据工作标准已经评出15个健康社区、100个健康家庭、15所健康医院、15所健康学校、11个健康机关，各类健康场所创建比例全部达标。西岗区还通过民生工程有针对性地提升居民健康素养水平。通过开展“专家来到我身边”专属定制健康教育活动，实施中医服务能力提升工程和“中医123工程”，建立中药科普教育基地、中医治未病和保健示范点，深化“医养融合”工程，提高居民慢性病防治素养等。

沙河口区人均公共卫生经费提高到50元　该区落实免费新生儿疾病、听力筛查及免费婚检、孕前优生健康检查等出生缺陷防治措施，完成孕产妇、儿童健康管理等基本公共卫生服务及儿童口腔疾病综合干预项目。推进妇幼健康信息化建设，完成助产机构孕产期保健工作质量考核评估。加大基层医疗单位重大疾病防控、慢性病、严重精神障碍患者随访管理及分类干预指导力度。代表大连市迎接国家卫生计生委疾控局疾病防控体系与慢性病防控体系建设调研。推进全国艾滋病综合防治示范区工作，艾滋病等重点传染病控制在低流行水平。开展以社区、楼院环境卫生综合整治为重点爱国卫生运动。全面推进健康城市建设工作，指导申报创建省市级健康教育示范项目10个。

甘井子区全面推进“健康甘井子”建设　该区召开全区卫生与健康大会，深入学习贯彻落实习近平总书记在全国卫生与健康大会的重要讲话及省市卫生健康大会精神。出台《“健康甘井子2030”行动纲要》《甘井子区人民政府办公室关于印发健康甘井子区建设行动计划（2017—2020年）的通知》《甘井子区人民政府关于印发甘井子区“十三五”深化医药卫生体制改革规划的通知》《甘井子区人民政府办公室关于印发甘井子区公立医院综合改革实施方案的通知》《甘井子区人民政府办公室关于推进医疗联合体建设的实施意见》，全面部署区卫生与健康工作，认真分解各项工作任务，层层压实责任，全力推进健康甘井子建设。

旅顺口区加强基础设施建设　区政府改造建设建筑面积为25735.5平方米的新院区，彻底解决区中医院危房和医疗卫生资源布局不均的问题。在已完成的31所公益性卫生所改造基础上，2017年对3个社区卫生服务站和18个卫生室进行达标建设。启动区120急救中心建设，拟建设2070平方米的“120”急救中心。已完成项目选址、土地预审意见等手续。加强智慧医疗建设，实现全区各基层医疗卫生机构专线联通，公共卫生系统部署完毕，诊疗系统在铁山、三涧卫生院上线运行。全面推进医联体建设，以大连医科大学附属二院、大连市中心医院为核心，以区医院、区中医院为支撑，以社区卫生服务中心和街道卫生院为网底，组建东部和西部2个城市医疗集团，全面提升了基层医疗卫生服务能力和水平。

普兰店区医改工作取得积极效果　该区公立医院综合改革稳步推进，4所区级公立医院实施以破除以药补医为主要内容的综合改革。县乡村一体化管理和“两个平台、六个中心”建设步伐加快。同益乡卫生院医养结合模式在大连市推广。建立乡村医生养老和退出机制，为333名退出乡医办理发放补助资金557.4万元。重点项目建设积极推进，投资739万元的区级人口健康信息平台建设完工并投入运行。新农合制度进一步健全。人均筹资标准提高到700元，结合实际调整完善报销补助政策，实现大病保险即时结算。

庄河市医德医风建设取得新成效　该市深入开展社会主义核心价值观教育，强化理想信念教育。加强医疗卫生行业廉洁风险防控机制建设，严格落实《加强医疗卫生行风建设“九不准”的规定》，坚决纠正医疗服务过程中的不正之风。深入开展“服务百姓健康行动”，让百姓充分感受到卫生改革带来的实惠，进一步提升群众满意度。市中心医院连续多年被评为“辽宁省诚信服务杯”优胜单位。在全系统全面推广“先诊疗、后付费”服务模式，极大地方便了患者就医，赢得了广大群众的一致好评。

长海县加强妇幼健康服务　该县危重孕产妇、新生儿救治水平不断提高，连续数年孕产妇死亡率为0，住院分娩率达100%。为0～6岁儿童实施免费体检，健康管理率为91.1%，完成全县幼儿园工作人员体检工作。规范妇幼保健文书，启用母子保健手册。开展出生医学证明管理专项稽查行动，新签发出生医学证明211份。为153名适龄夫妇进行孕前优生健康检查工作。新生儿“两病”筛查和听力筛查率均达100%。启动“两癌”筛查项目，对大、小长山地区的500名适龄妇女进行宫颈癌和乳腺癌筛查。为全县育龄妇女实施免费计划生育技术服务200余人次，免费金额近3万元。

金普新区完成白内障复明工程　该区将白内障复明工程列入2017年“惠民实事”项目之一，全年共筛查1355人，让389名患者重见光明，为574只患眼实施白内障复明手术。此项惠民政策提高了金普新区人民群众防盲治盲意识，解决了因白内障致盲问题，减轻就医负担。

保税区持续开展全区卫生监督工作　2017年保税区全面落实国家、省、市卫生计生综合监督部署，加大行业监督检查力度，全面开展医疗机构的医疗、放射、母婴保健、计划生育、传染病卫生监督，开展公共场所、学校托幼机构、餐饮具集中消毒单位、生活饮用水单位等监督检查工作。开展放射诊疗机构、公共场所现场审核工作，开展计划免疫、健康教育等相关工作。全年出动卫生执法人员500余人次，监督检查各类单位共234户次。完成日常监督和就医安全、防控传染、场所卫生、母婴保健、蓝盾护航等12项专项检查。巩固提升饮用水安全民生工作成果，累计投资360万元，先后对辖区26个农村集中供水单位进行技术改造升级，出厂水水质监测合格率由27%提高到86%，切实保障辖区居民的生活饮用水卫生质量和用水安全。（丁芊文）

〔特约编辑：吴凌翊〕

〔主　编：黄　斌〕

青岛市

全市卫生和计划生育工作概述　2017年，青岛市卫生计生系统以保障和改善人民健康为中心，深入推进改革发展，努力提升服务质量，稳妥落实生育政策，市民主要健康指标和人口均衡发展指标处于全国领先水平，各项工作取得新进展，健康青岛建设迈出新步伐。

截至2017年底，全市有医疗卫生机构7927所。其中医院306所，包括：三级医院19所，二级医院114所，一级医院134所，未评等级医院38所；乡镇卫生院104所；社区卫生服务机构289所；村卫生室4433所；门诊部、诊所、卫生所、医务室2670所；妇幼保健机构12所；疾病预防控制机构25所；卫生监督机构11所。

2017年，全市医疗卫生机构提供诊疗服务5995.0万人次，与上年同比增长7.4%。全市医疗卫生机构提供住院服务159.63万人次，同比增长6.07%。卫生资源总量和卫生投入明显增加。全市人均期望寿命达到80.85岁，人民健康水平和人口素质明显提升，居民主要健康指标处于全国前列并达到中等发达国家的水平。

2017 年，青岛市出生 11.57 万人（户籍人口，下同），出生率为 14.49‰，人口自然增长率为 6.62‰，出生人口性别比为 106.43，合法生育率为 98.59%，完成山东省下达的各项责任指标。

健康青岛建设 2017 年，青岛市启动新一轮疾控体系建设，将疾控体系建设和能力提升纳入区域“十三五规划”。落实人员编制和岗位设置政策，市、区两级疾控中心一次性增编 685 名。投资 8.9 亿元，开工建设市公共卫生中心，6 个区市实施疾控机构新建、改扩建项目。实施联防联控，处置各类传染病 90.5 万例，安全接种各类疫苗 271.5 万剂次，无重大传染病暴发流行。实施全民健康促进计划，把工作重心由治病向防病转变，开展健康知识进社区、进校园、进家庭活动，儿童口腔疾病预防项目和低保老年人义齿修复项目分别惠及 7 万余名小学生和 500 余名低保老人。创建国家慢病综合防控示范区，推进基本公共卫生服务均等化，人均筹资标准提高到 54 元，服务慢性病患者等重点人群 162 万人次，人均预期寿命达到 80.9 岁，高于全国平均水平 4.6 岁。加快发展健康产业新旧动能转换，打造“一心、四城、一园、一带”健康产业布局，崂山湾国际健康城成为国家首批示范基地。

公立医院改革 2017 年青岛市 57 所公立医院深化综合改革，全面取消药品加成，降低检验检查价格，巩固联合控费机制，群众门诊和住院次均费用增幅下降明显。委属医院完成法人治理结构改革，建立适合青岛医院实际的法人治理结构管理体制、运行机制。积极推行医疗质量与安全 JCI 国际认证。促进全市医院管理向国际化、标准化和现代化迈进，青岛市市立医院、青岛市妇儿医院、黄岛区中心医院 3 家医院启动认证工作。在全市公立医疗机构建立药品集中采购、联合议价机制，全面推行药品采购“两票制”，改革流通体制，减少流通环节，为群众节省药费支出 21 亿元。19 家三级医院全部建成“医联体”，区市医院建成 11 个“医共体”，覆盖 382 家医疗机构，派出 2913 名市级专家下沉基层服务群众 5.86 万人次，基层首诊、双向转诊和小病在基层、康复回社区就医新秩序正在形成。

完善医疗质量控制体系 2017 年青岛新增烧伤等 4 个专业市级质控中心，全市市级质控中心达 47 个，区级质控中心达 129 个，全市质量控制体系更加完善。2017 年，全市 43 个质控中心组织各种形式的专科督导检查 70 余次，开展专科培训 136 场，培训人数达 2.7 万，促进青岛市医疗服务同质化水平不断提升。

提升基层服务能力 2017 年，青岛市积极开展基层医疗卫生机构标准化建设，建成 106 家中心村卫生室，21 家基层卫生机构成为国家级示范单位、群众满意单位。推行乡村医生合同制管理和定向培养，创新建立乡村医生“区市管镇聘村用”管理模式，多渠道培养引进乡村医生、全科医生，当好群众健康守门人。实施家庭医生签约服务，150 万市民拥有自己的家庭医生，签约市民免费享受 7 种慢性病基本药物和 8 个种类的签约服务包，满足群众多元化的健康需求。

优质医疗资源引进 （1）2017 年青岛市加强重点学科和优青人才项目管理，评审出新一轮青岛市医疗卫生重点学科和优秀人才，包括 A 类重点学科 6 个、B 类重点学科 68 个、学科带头人 64 人、优秀青年医学人才 103 人。（2）积极引进优质医疗资源。深化“三优工程”，与美国、德国、加拿大、澳大利亚等 6 个全球知名医学中心开展技术交流合作，引进世界华人医师协会，同哈佛医学院、中国中医科学院、华大基因等 34 家高端医疗机构开展项目合作，引进 2 名院士、133 名高层次医学人才、832 名医学博士硕士，43 个学科进入全国学科百强榜，推进医疗服务提质升级。

优化就医环境 2017 年青岛市重点卫生工程投资达到 73.54 亿元，新开工建设青岛市公共卫生中心、市第八人民医院东院区，加快推进青岛市市立医院东院二期、青岛大学附属医院东院区综合病房楼、青岛眼科医院红岛院区等市级在建医疗卫生重点项目，市第五人民医院扩建前期工作有序开展。优先支持社会办医，社会办医疗机构达到 2983 家。全市医疗机构提供门急诊服务 5800 万人次、住院服务 122 万人次，努力保障群众健康。

规范医疗服务 2017 年青岛市组织开展医疗质量安全核心制度落实年活动，隐患排查整改和制度建设落实“双管齐下”，保障医疗质量安全；坚持补短板，加强儿童医疗服务能力建设，增加儿科医务人员数量，提升全市儿童医疗救治水平。强化院前服务体系建设，开工建设 16 个院前急救站，开展航空医疗救援服务，出动急救车辆 7.05 万车次，抢救重急症患者 6.7 万人次，全力保障群众生命安全。完成金砖国家协调人会议、亚洲媒体峰会、国际教育信息化大会、国际标准化论坛、青岛马拉松等各种重大活动医疗保障任务 56 次，参加现场保障 1100 余人次，救治各类伤病员 428 人。健全大型医院巡查长效机制，年内完成 4 家委属医院巡查工作和 3 家医院巡查“回头看”活动，促进行业作风持续改进，树立风清气正行业形象。开展 13

场“最美天使”巡回演讲，弘扬“医者仁心、大爱无疆”的职业精神。

便民服务　2017年青岛市深化改善医疗服务行动，在全省率先实现优质护理服务全覆盖。37家医疗机构实行提前、延时和错峰门诊服务，方便群众就医。广泛开展健康义诊，3.5万人次群众享受减免费用服务。制定全民健康信息化发展规划和实施方案，确定14项建设任务和7项能力提升工程。推进“智慧健康·信息惠民”工程，全市大型医院均实现诊疗“一卡通”，为400多万市民提供医院间无障碍预约挂号、诊间缴费、检验结果互认等服务，群众看病就医更便捷。

振兴中医药事业　建设国家中医药综合改革试验区。实施“十百千万”工程，柔性引进8个国医大师团队，建立54个知名中医药专家工作室和全国知名中医药专家门诊，举办国医名师大讲堂暨首届青岛市国医大师论坛。启动中医药服务能力提升工程，市政府与中国中医科学院签订战略合作协议，筹建山东中医药大学青岛中医药科学院。组建市中医药发展集团，建成107个国医馆、152个中医专病（专技）特色门诊。加强中医药服务网络建设，全市所有社区卫生服务中心和镇卫生院、85%的社区卫生服务站、70%的村卫生室能够提供中医药服务，黄岛区、李沧区率先实现中医药服务“全覆盖”。

创新医养结合　积极完善医、养、康、护一体化医养结合“青岛模式”，建立700多个医养结合服务机构，服务老年人20万人次，成为医养结合国家试点市、山东省示范市。在胶州里岔卫生院开展农村医养结合试点，在西海岸新区开展智慧健康养老试点。探索建立“政府主导保基本、社会力量做补充”的智慧健康养老一体化服务平台，通过远程医疗、大数据管理、“互联网+”服务等手段，初步建立融全民健康教育、高危人群筛查、临床预防干预、院前急救、康复治疗为一体、服务全生命周期的医养结合服务体系，建立形成政府部门—公卫机构—社会组织—老年人群“四方互利、优势互补”的大循环工作流程，形成以健康管理为基础，以防医康护为重点，以智慧医疗为手段的智慧健康养老服务新格局。

妇幼健康工作　做好生育引导和政策衔接，对人口形势、出生预报进行分析和监测预警，引导育龄群众科学合理安排生育。健全完善生育登记服务制度，优化办事流程，办理生育登记116358例，合法生育率达99%。积极应对生育高峰压力，完善市和区市两级危重孕产妇和新生儿救治网络建设和规范化管理，孕产妇、婴儿死亡率比上年下降23.2%、37.8%。积极推进孕妇产前筛查、新生儿疾病筛查等出生缺陷综合防治项目和农村产妇“两癌”筛查等重大公共卫生项目，产筛高风险孕妇免费基因检测和诊断服务项目列入市政府市办实事之一，有140余万人次受益。全面落实计划生育家庭各项优先优惠政策，妥善解决独生子女父母退休一次性养老补助等遗留问题。加大出生人口性别比综合治理力度，查处6例“两非”案件，性别比控制在107.88。推进流动人口基本公共服务均等化，为外来人口提供基本公共服务19万人次。组织“新市民健康青岛行”系列宣传活动，开展健康教育讲座96次，发放宣传品13.4万份。推行留守儿童健康关爱行动，惠及农村留守儿童500多人次。

全民健康信息化建设　（1）加强信息化顶层设计。成立青岛市全民健康信息化和网络安全领导小组，建立信息化推进机制，从全市层面总体部署。启动新一轮信息化工程建设工作。编制《青岛市全民健康信息平台项目建议书》，面向全社会征集项目设计方案。深入开展“互联网+”健康医疗信息惠民工作。完成居民健康信息服务平台预约支付、移动端排队叫号、第三方支付、运维监控、诊间预约、数据对账等功能模块的升级改造工作，截至2017年底，全市有18家医院接入平台，注册用户达到400万。提升基层医疗卫生机构信息化水平。有序推进省、市两级平台数据采集与上传工作，截至年底，联通上传全市34家二级及以上医疗机构和3家区市平台数据。完成市北、李沧、崂山、黄岛、即墨和胶州、平度等5个区2个市基层公共卫生服务管理系统升级工作。（2）创新发展互联网医院试点建设工作。以青岛市市立医院、青岛大学附属医院、青岛眼科医院等3家区域医疗联合体为载体，统筹线上、线下资源，开展互联网医院试点工作。搭建互联网分级诊疗平台，将优质医疗资源辐射各个区市、基层社区和乡镇。实现网上预约挂号、在线远程会诊、电子处方共享、双向转诊分诊等服务，进一步提升青岛市健康医疗信息惠民便民服务能力。（3）加强网络与信息安全建设。加强专网及视频会议系统建设，全市公立医院专网接入率达83%，民营医院专网接入率达17.8%。创新健康医疗大数据应用发展，促进信息技术与健康产业深度融合，推进健康医疗大数据在临床科研和健康管理中的应用发展。

医疗机构许可　2017年，青岛市新设置审批社会资本举办的各级各类医疗机构342家，完成执业登记262家，与上年同比增长5.22%，实际新增床位数

1274 张，同比增长 6.16%。市卫生计生委（含中医药管理局）共设置 31 家机构，设置床位 3916 张，累计投资总额达 22 亿元，注册资金达 4.7 亿元，涉及老年病、口腔、中医、妇产（婴）、精神卫生、医学检验实验室等多个类别和专业。共完成执业登记 17 家，登记床位数 942 张，完成投资总额累计约 4.65 亿元，注册资金累计约 1.62 亿元。　（青岛市卫生计生委）

〔总撰稿：王振合〕

〔特约编辑：王　伟〕

〔主　编：孙敬友〕

宁 波 市

全市卫生和计划生育工作概述　2017 年，宁波市卫生计生系统紧紧围绕建设健康宁波的目标，以“工作落实年”活动为抓手，攻坚克难、开拓进取、深化改革、优化服务，扎实推进各项工作，较好地完成年度目标任务。

2017 年，全市卫计事业财政投入 68.2 亿元，比上年增加 7.6 亿元。积极推进药品（耗材）集中采购工作，完成消化系统用药集中采购，平均降幅为 15.56%。2017 年末，全市共有医疗卫生机构 4157 家，其中医院 154 家（含三级甲等医院 8 家、三级乙等医院 11 家）。全市实有病床 3.7 万张，拥有各类专业卫生人员 7.5 万人，卫生技术人员 6.2 万人，其中执业医师（含助理）2.4 万人，注册护士 2.5 万人。按常住人口统计，每千人床位数、卫技人员数、执业医师（含助理）数和注册护士数分别为 4.66 张、7.79 人、3.03 人和 3.15 人。2017 年，在高龄高危孕产妇大幅增加的情况下，全市户籍人口孕产妇实现了零死亡，婴儿死亡率降至 2.31‰，人群主要健康指标已达到高收入国家水平。

2017 年，全市卫生计生各个方面工作都取得成绩。宁波市被省政府评为浙江省无偿献血先进市，被国家卫生计生委授予 2013—2017 年度全国创建“平安医院”活动表现突出地区。市疾控中心被授予全国卫生计生系统先进集体，4 人被授予全国卫生计生系统先进工作者。“最多跑一次”改革积极推进，96% 的行政审批事项目录，100% 的行政许可事项和公共服务事项实现“最多跑一次”，超额完成 80% 的预期目标。

2017 年，全市各地结合实际，积极探索、锐意创新、大胆实践，创造了新鲜经验。如：海曙区、宁海县的家庭医生签约服务，江北区的计划生育服务管理改革，鄞州区、镇海区的区域医联体建设，北仑区的“双下沉两提升”工作，奉化区的公立医院医药费用管控，余姚市的县域医共体建设试点、慈溪市的爱国卫生和健康促进、象山县的基本公共卫生服务等工作，为宁波市全面推进卫生计生改革发展提供了成功经验。

医药卫生体制改革　（1）综合医改顶层设计不断完善。在全市《综合医改先行先试实施方案》确定的 9 个配套文件中，儿童医疗卫生服务改革、医疗服务价格改革、药品耗材集中采购、医保支付方式改革、分级诊疗制度建设等 8 个配套改革文件已印发，关于公立医院财政补偿机制建设的文件在会签中。（2）“双下沉两提升”、医联体建设深入推进。到 2017 年底，8 家市级三甲医院全面托管 9 家县级医院，专科托管了 13 家县级医院的 16 个专科。余姚、慈溪、宁海、象山已做到每个工作日有 10 名以上三甲医院派驻的副高以上职称的医生在县级医院工作。全市已组建城市“1+X”医联体 5 个，县域医联体 28 个，远程医疗协作网 1 个，儿科、新生儿科（浙东地区）、糖尿病（浙东地区）专科联盟各 1 个，实现优质医疗资源市级下沉区县（市）、县级下沉乡镇的全覆盖。另外，在余姚、宁海、镇海等地启动县域医共体建设的试点工作；鄞州区与上海第九人民医院集团签约合作，开展分级诊疗综合试点。（3）公立医院综合改革持续深化。按照省要求贯彻落实药品购销领域“两票制”。积极推进药品（耗材）集中采购工作。完成消化系统用药集中采购，平均降幅为 15.56%。在 2017 年 8 月召开的全国综合医改暨医保制度整合现场推进会、纠正医药购销领域和医疗服务中不正之风部际联席会议第 19 次会议暨医用耗材专项整治工作会议上，宁波市做了医用耗材集中采购的经验交流。稳步推进医疗服务价格改革，全面调整公立医疗机构普通病房床位费收费标准和全市部分儿童医疗服务项目价格。首轮医疗服务价格调整广泛征求各级医疗机构以及社会各界代表的意见建议后基本定稿。加快推进按病种付费改革。从 2017 年 12 月 31 日起将试点病种扩大到 131 种。大力推进控费工作。印发实施《关于严格控制医药费用不合理增长的通知》，从 2017 年 9 月开始，逐月通报各地、各单位控费情况，控费工作取得阶段性成效，基本实现年度控费目标。制定印发《宁波市探索建立现代医院管理制度工作方案》《宁波市医疗机构综合监管服务平台建设工作方案》。2017 年 4 月，宁波市被国务院评为全国 40 个公立医院综合改革真抓实干、成效明显的城市之一；8 月，被列为公立医院综合改革国家级首批示范城市。（4）家庭医生签约服务扎实推进。宁波市连续第 3 年将家庭医生签约服务工作纳入市政府民生实事项目。2017 年，重点人群家庭医生签约服务费医保统筹资金支付额度从每人 50 元提高到 80 元；基层医疗机构慢性病常用药品配备种类从 133 种增加到 153 种；20% 的三级医院专家门诊号源向签约家庭医生优先开放。社区卫生服务中心和乡镇卫生院岗位设置比例中级岗位提高到 50%、副高级岗位提高到 10%、正高级岗位提高到 5%。2017 年，签约老年人、慢性病人等重点人群 76 万人，重点人群签约率为 61.4%，超额完成市政府民生实事项目确定的年度目标任务。

计划生育工作　全面两孩政策平稳实施。市卫生计生委积极参谋、推动市委、市政府出台《关于实施全面两孩政策，改革完善计划生育服务管理的实施意见》。召开全面两孩政策实施情况新闻发布会，引导群众有计划负责任按政策生育。为有效应对全面两孩政策实施后出现的“婴儿潮”，市、县两级加强统筹，挖掘潜力，增加全市产科、儿科资源的有效供给。各区县（市）普遍开设再生育门诊，提供再生育相关技术和咨询服务。在推动配套政策措施上，市卫计委加强与市文明办、市总工会等部门的联系，出台《宁波市卫计委等关于加强母婴设施建设的指导意见》，建立母婴设施建设联席会议制度，构建起多元共建的管理机制。全市各级加强督查摸底、工作协调，共同推进母婴设施建设。全力抓好出生人口信息监测和统计分析工作，动态掌握全面两孩政策实施后出生人口变动情况。全力以赴完成全国生育状况抽样调查工作。继续推进人口计划生育信息化工作。制定《宁波市全员人口行动计划》，完成育龄妇女数据库到省全员数据库的导入，启动省全员平台推广应用培训。

计生服务管理改革进一步深化。印发《宁波市生育登记服务工作实施细则》《关于落实“最多跑一次”全面优化再生育审批的通知》，以“最多跑一次”改革为契机，将信息技术手段与计划生育服务管理深度融合，全面优化生育登记和再生育审批服务流程，精简材料，压缩办理时间，积极推行网上办理、委托代办、多点服务，让信息“多跑路”，群众“少跑腿”，提高了服务可及性和群众满意度。2017 年 9 月，国家、浙江省 20 余家媒体到江北区、海曙区和市人口家庭“12356”服务中心开展以计划生育服务管理改革为主题的宣传调研活动，承办浙江省计划生育服务管理媒体沟通会，宁波市计划生育服务管理改革经验得到国家卫生计生委和省卫生计生委领导的充分肯定和有关媒体的深度报道。江北区卫计局试点的生育服务全链条模式在国家、省有关会议上多次介绍经验。市计划生育服务中心全力打造人口家庭优质服务平台。“12356”服务平台新增生育登记、再生育审批、妇幼保健、计生特殊家庭帮扶等咨询内容，完善满意度调查反馈体系和第三方监督体系，不断提高服务质量。计划生育依法行政有序推进。把依法行政纳入目标责任制考核的重要内容，按照国家、省卫生计生委的要求，切实做到社会抚养费依法征收、平稳征收，全市未出现因违法行政而引发的计划生育重大案件。全面开展清理清退计划生育违规收费自查工作，从各地自查情况看，均不存在违规收费问题。加强出生人口性别比偏高问题治理，全市开展联合打击“两非”执法行动。鄞州区创新管理模式，将计划生育失信行为和“两非”案件信息纳入政府公共信用系统。

生育优质服务水平进一步提高。融合开展优生检查和生殖健康促进工程，全市婚检率、孕前优生检查率分别达到了 96% 和 93.1%，计划生育技术服务基本项目覆盖率达 100%，已婚妇女免费妇女病普查、“两癌”筛查、计划生育技术服务实现宣传发动、项目实施、质量控制的有序统一。加强高龄二孩孕产妇服务管理，开设再生育门诊，实行《母子保健手册》前置发放，同时以云医院为平台，将签约妇幼保健对象服务从线下延伸到线上。强化婚孕指导、“三优”教育等服务，整合计划生育婚育咨询师和家庭医生队伍，为新婚夫妇、孕产妇、儿童等提供婚孕育指导和健康保健服务，积极创建省级优生优育优教指导中心示范点。余姚市将实施“助你好孕”计划纳入政府民生实事项目。流动人口服务管理持续优化。强化组织领导，把卫生计生工作纳入流动人口的综合服务管理。开展流动人口健康促进工作，按照常住人口配置服务资源，将流动人口纳入城镇基本公共卫生计生服务范围，建立项目经费稳定增长机制。鄞州、江北、慈溪等地开展以“新市民健康城市行”为主题的流动人口健康教育宣讲活动；奉化区以健康公益联盟为依托、以健康小屋为抓手，努力为企业流动人口提供健康服务；象山县探索将流动人口计划生育工作主动融入“村民说事”的基层社会治理治理模式。加强区域协作和生孕信息通报，各地进一步完善流动人口信息互通、服务互补、管理互动的全国“一盘棋”工作机制，强化流动人口生育登记、多孩生孕信息的核查通报。

做好服务计划生育家庭发展工作。全市继续实施计生家庭奖励扶助制度和特殊家庭扶助政策。积极做好计划生育信访及维稳工作，针对失独家庭在失独抚慰金、领养补助、再生育补助及养老等方面的不同诉求以及行政区划调整带来的具体问题，加强调查研究和沟通协调，有效维护社会和谐稳定。继续发挥计生协会作用，全面组织开展失独家庭帮扶活动，实施生活照料项目，为 433 户 70 周岁以上及失能（半失能）

的失独老人提供每人每月300元补助；创新计生特殊家庭综合保险项目，在全国率先将失独第三代子女纳入保险，760名第三代子女受益；完成40～70岁失独父母心理健康访谈432户693人；开展“健康关爱”“圆梦光明”等行动，为失独老人提供优惠体检、免费白内障手术、有效落实联系人等关爱服务。

基层服务管理能力进一步提升。开展新一轮国家优质服务先进单位创建活动，统筹基层卫生与计划生育资源，加快卫生与妇幼保健服务的融合。江北、鄞州、余姚、海曙等区县（市）出台相关文件，明确乡镇（街道）社会事务科加挂卫生计生办牌子，统筹计划生育、公共卫生和健康教育等职能。镇海、宁海等区县（市）在推进基层卫生计生服务融合发展上也取得明显实效，如镇海区创新“3+生育全程服务”促进计生工作转型发展，宁海县“四新”打造基层网络队伍促服务升级。重视基层计划生育队伍建设，实施基层计划生育干部素质提升工程。市卫生计生委组织全市170余名基层计划生育工作者赴国家卫生计生委南京人口培训中心进行集中培训，各区县（市）组织乡镇（街道）分管领导赴省计生培训中心参加学习。全市层层组织开展基层计划生育服务管理技能竞赛，671名基层计划生育服务管理能手参加竞赛。落实村级计划生育管理员慰问关爱制度。对长期从事计划生育工作的村级计划生育管理员进行全面的信息排摸，建立基本档案，对其中无养老保障或生活困难的人员进行困难补助和慰问。

公共卫生保障能力不断加强 爱国卫生工作取得显著成果。2017年，宁波市用于改厕的经费为6716.54万元，其中财政投入1156.32万元，占总投入的17.21%；新增卫生户厕2.02万户，卫生厕所普及率为98.39%，粪便无害化处理率为97.85%。年内，宁波市被全国爱卫会重新确认为国家卫生城市，蝉联“四连冠”，余姚市、慈溪市被全国爱卫会命名为国家卫生城市，国家卫生城市（县城）达到100%。杭州湾新区庵东镇、余姚市梁弄镇、象山县石浦镇被全国爱卫会命名为国家卫生镇。22个街道被省爱卫会命名为省卫生街道。24个镇被省爱卫会命名为省卫生镇。5个街道被省爱卫会重新确认为省卫生街道，19个镇被省爱卫会重新确认为省卫生镇。全市共创建143个省卫生村、18家省卫生先进单位、115个市卫生村、27家市卫生先进单位。378个村被重新确认为省卫生村，171家单位被重新确认为省卫生先进单位。3家医院被省爱卫办、省卫生计生委命名为2017年省健康促进医院。4家学校被省爱卫办、省教育厅、省卫生计生委命名为省健康促进金牌学校。24家单位被省爱卫会通报表扬为省无烟单位，25人被省爱卫会通报表扬为省控烟积极分子。

卫生应急和重大疾病防控体系进一步完善。2017年，全市全面落实传染病监测预警和各项防控措施组织，法定甲乙类传染病报告发病率为202.43/10万，持续维持在较低水平。严密防控H7N9疫情扩散、发现并及时处置输入性登革热，无本地病例发生。全市国家级慢性病综合防控示范区创建继续居全省首位（8个国家级、2个省级），奉化区成为第4批国家级示范区，首批示范区鄞州区通过复检。继续开展重大公共卫生项目，适龄儿童窝沟封闭学校覆盖率达100%，城市癌症早诊早治累计筛查8万余人次。规范推进二类疫苗新采购、运输方式，启动HPV接种工作，全市适龄儿童免疫接种率达96.67%。推进艾滋病综合防治工作，全市艾滋病疫情继续维持在低流行水平，符合治疗条件的感染者和病人接受抗病毒治疗比率达90%以上。启动吸毒人群防艾干预工作，控制吸毒人群艾滋病相关高危行为。继续优化结核病防治措施，结核病患者总体到位率达97%以上。地方病防治成果继续巩固，实现消除碘缺乏病、消灭丝虫病、血吸虫病和疟疾目标。完成2015—2017国家精神卫生综合管理试点市工作，探索“管理机制综合化、资源配置科学化、救治救助一体化、精神康复多元化、心理健康品牌化、服务管理智能化”的“六化协同”工作机制，全市严重精神障碍患者管理率、治疗率、稳定率维持在较高水平，居民心理健康知识知晓率从2009年的42.6%提高到2017年的80%以上。

综合监督工作不断加强。2017年，全市各级卫生计生监督机构共出动执法人员58838人次，监督检查公共场所13424户次，医疗卫生机构3946户次，学校、供水单位、涉水产品、消毒产品企业等共计12049户次，对辖区集中式供水单位、二次供水、职业病诊断机构、餐饮具集中消毒、放射卫生技术服务单位等监督覆盖率达100%。全年共实施行政处罚1357件，警告898件，罚款1198件，罚没款总计444万元，吊销医疗机构执业许可证、诊疗科目等5起。全面推行卫生计生监督领域“双随机一公开”抽查监管工作。全市共认领双随机任务数2596件，执行率达100%。全市各级卫生监督机构全部配备移动执法终端、执法记录仪和便携式打印机，移动执法终端使用率达100%，实现执法环节全程可追溯。同时搭建完成宁波市卫生监督执法记录平台。严格落实执法责任机制，提高全市卫生计生行政处罚案卷质量。奉化区查获全省首例精神卫生法重大案件。10个卫生计生执法监督优秀微课作品获得国家奖项。结合“医疗安全监督检查年”活动，深入开展年度市级、区县级医疗卫生机构依法执业监督检查工作。依托飞行检查，以“专家组团”形式随机检查区县（市）级和民营医疗机构，共监督抽查医疗机构 1397 户，查处案件 69 件，罚没款金额 14 万元。依法打击无证行医不放松，全市共取缔无证行医 326 件，其中行政处罚 282 件，移送公安机关 24 件。贯彻落实国家、省关于严厉打击非法医疗美容“蓝盾”专项行动的通知精神，年内共检查医疗机构和美容机构 1643 家，立案 111 件。推进全市民宿卫生规范化管理工作，全市 686 家民宿中持证率超七成。卫生计生、教育两部门联合在全市开展以学校传染病防控、生活饮用水卫生、教学环境卫生等为重点的“校园卫生安全健康行动”。全市中小学校新配课桌椅（符合要求）套数占学生总数的 71%，学校饮用水自检率达 99.55%。开展生活饮用水监督监测工作，覆盖率达 100%，每季度开展水龙头水质监测信息公开工作。农村集中式供水安全巡查乡镇覆盖率为 97.72%，农村集中式供水单位（设计日供水百吨以上千吨以下）监督检查覆盖率为 67.4%。

基本公共卫生服务不断深化。宁波市在国家和省标准项目基础上，按需增设 4 类 7 项具有宁波特色项目，共形成 18 类 52 项全方位、全周期、全链条的基本公共卫生服务项目，覆盖全市 800 万城乡常住居民。2010—2016 年全省基本公共卫生服务项目综合发展指数排序中，宁波市除 2015 年位于第二名外其余 5 年均名列第一。2017 年 5 月，象山县和原江东区作为迎检地区，代表全省接受全国基本公共卫生服务项目考核，在全国 32 个省中综合排名第二、项目效果排名全国第一。2017 年，全市基本公共卫生绩效考核综合得分率为 94.4%，共建立规范化电子健康档案 679.9 万人份，建档率达 86.9%，高血压规范管理率和控制率分别达 65.1% 和 60.1%，糖尿病规范管理率和控制率分别达 65.5% 和 57.4%；严重精神障碍患者规范管理率达 67.7%。购买服务试点工作稳步推进。在江北、北仑两区试点过程中，健全以项目执行、效果评价和服务满意度为导向，开展探索政府购买基本公共卫生服务项目试点工作，全年承接购买机构共向两个区 82.8 万人出具居民健康报告 79.1 万份，推送健康教育指导信息 561 万条。居民健康报告完整率为 90.25%，接受率为 83.3%，群众满意率为 86.1%。

全面推进妇幼卫生保健工作。慈溪市和宁海县先后创建为“国家妇幼健康优质服务示范县、市”。15 家医疗保健机构创建为“母婴优质服务示范单位”。积极创建儿童早期发展示范基地创建，已创建省级 3 家，国家级 1 家。累计创建五星级孕产妇、儿童保健门诊 50 家，三星级以上孕产妇、儿童保健门诊已达 98% 以上。创建 27 家“妇幼健康宣教示范基地”。进一步强化产科急救与高危孕产妇的管理，调整充实市级妇幼保健质控中心（产科质控中心）专家组和危急重症抢救协调小组及专家组成员。对死亡的孕产妇、新生儿、围产儿进行每年两次的评审与点评，并实行通报与责任追究制度。修订完善《宁波市卫生计生委办公室关于印发宁波市高危妊娠管理办法（2017 年版）的通知》等 16 个相关服务规范。全面推进爱婴医院常态化监管，母婴安全得到进一步保障。整合“优生两免”项目，促进婚（孕）前保健服务规范与融合。近 5 年来，全市婚检率平均为 96%、孕前优生检查率为 85% 以上。继续完善预防艾滋病、梅毒和乙肝母婴传播工作模式，全市艾滋病病毒感染孕妇干预率达 100%。组织落实《宁波市城乡妇女免费“两癌”检查项目实施方案》，完成城乡妇女免费宫颈癌检查 186189 人，完成城乡妇女免费乳腺癌检查 193182 人，超额完成城乡妇女“两癌”免费检查省市民生实事项目任务。做好出生缺陷防治工作，推进产前筛查、产前诊断工作，提高筛查率和高风险孕妇的后续诊断及咨询随访率。扩大新生儿疾病筛查病种，推广串联质谱筛查技术。全市儿童进行孤独症筛查 52614 例，可疑 202 例，确诊 23 例。完成妇幼保健与计划生育技术服务的整合任务，妇幼健康服务体系进一步健全。市本级联合市总工会、市妇联等举行 2 次妇幼健康与计划生育技能竞赛。深化出生医学证明管理，纸质档案移交当地档案馆，电子化扫描 130 多万份。加强流动人口保健服务与管理，坚持做到“首诊建册、属地管理、高危追踪、责任包干”的基本工作方法，全市流动孕产妇保健管理率达 97% 以上。10 月 17 日召开《母子健康手册》与信息化应用推广现场会，全面推广“多证合一、一册在手、全程服务”新模式。

医院管理与科教工作　群众就医体验进一步改善。（1）改善医疗服务 3 年行动完成。全市各医疗机构借助“互联网 +”手段，优化服务流程，改善服务环境，加强人文关怀，推出了一系列便民惠民新举措，群众就医体验明显改善。市级医院均设置了入院准备中心和日间病房，各项服务功能不断完善中。积极推进临床路径管理，实行月报制度。全年监测数据显示，三级和二级公立医院按临床路径管理的病例数占全院出院病例数分别为 30.62% 和 25.78%。积极推进按病种付费试点，将按病种付费目录增加到 131 种，并将实施范围扩大到全市二级以上医院。市第一医院、宁波大学附属医院消化病诊治中心分别为被国家卫计委授予 2015—2017 年度全国优质服务示范医院、示范科室称号。市第二医院、慈溪市人民医院通过 JCI 评审，鄞州二院在市内率先通过 HIMSS 住院七级评审。

（2）深入推进优质护理服务。实现二级以上公立医院优质护理服务全覆盖，在全国优质护理服务表现突出单位和个人的通报表扬中，宁大附院消化内科获表现突出病房称号，顾君娣护士获得表现突出个人称号。建立护理对口帮扶机制，5家市级三甲综合医院各对口二个区县级护理质控分中心，各分中心结对一家民营医院实施对口帮扶，通过中心专家质控管理资源下沉等方式，指导基层和民营医疗机构规范护理质控运作。（3）完善医疗纠纷"宁波解法"。2008年3月1日至2017年12月31日，"宁波解法"实施9年，通过医疗纠纷人民调解和理赔处理中心共受理医疗纠纷7901起，其中调处终结7339起，终结率为92.89%。其中2017年结案的755起医疗纠纷中，通过人民调解和理赔协商结案的729起，占比为96.56%。

医疗质量监管进一步加强。（1）开展医疗质量提升行动。根据省相关文件印发《宁波市医疗质量提升行动工作方案（2017—2019年）》，开展动员部署和自查自纠。要求各医疗机构针对排查发现的每个医疗隐患点制定详细的预防和预警处置方案，卫生计生行政部门对于医疗机构排查出的隐患点实行"统一报备、销号管理"。新增产科等5个市级质控中心，制定市级质控中心的年度考核标准，进一步强化质控中心的标准化建设。召开2次半年度医疗安全会议，举办2期全市医疗安全专题培训班。（2）加强医疗技术临床应用监管。按照《浙江省医疗技术临床应用事中事后监管实施方案》，委托第三方专业组织开展限制类医疗技术临床应用备案前评估，并进行全市限制类和重点监控类医疗技术临床应用质控管理，开展全市医疗技术临床应用事中事后监管工作培训。截至年底，全市28家单位申请限制类临床应用技术备案，共涉及国家级限制类技术5项，省级限制类技术4项。（3）加强重点药品临床合理使用监管。印发《关于进一步完善县及县以上医院重点药品监控工作的通知》《关于进一步加强重点药品临床应用监控工作的通知》，要求各级医院开展重点药品临床使用监控工作，将其纳入2018年度市级医疗卫生单位综合目标管理考核。组织3次全市重点监控药品专项点评工作，并通报检查结果。（4）开展医用高值耗材专项治理活动。印发《关于在全市三级医院中开展重点耗材监控工作的通知》，根据全市三级医院使用情况，选择高值、高风险、使用量大的DSA介入类、骨科类、神经（内）外科类、手术麻醉类等18种医用耗材进行重点监控。（5）全面完成三级医院巡查工作。重点围绕党风廉政建设和"九不准"、医院管理、经济管理，迎接杭州市对市妇儿医院、市康宁医院进行巡查，组织完成全市三乙医院大型医院巡查工作。

基层卫生服务能力持续提升。2017年，研究制定全市医改先行先试实施方案配套政策，出台《关于实施"双下沉两提升"，进一步增强基层卫生服务能力的实施意见》，通过调整医保支付政策、财政补偿政策和人事管理政策，进一步明确基层医疗机构功能定位、门诊服务能力建设、住院床位配置、人力资源配置等配套措施，提升基层医疗机构服务能力，协同推进医药卫生体制综合改革。全市基层医疗机构提供的门急诊服务总量达5351万人次，同比增加15个百分点。（1）加强基层医疗机构门诊功能区块星级化建设。实施全科门诊、中医药门诊、健康管理中心等"六门诊、二中心"星级化改造，进一步优化门诊功能区块诊疗功能和服务流程。全市累计完成星级全科门诊、中医药门诊、健康管理中心建设共353个，创建率达70%以上。（2）加强基层医疗机构住院服务能力建设。重点加强基层医疗机构康复、护理和内科综合病房建设，2017年基层医疗机构核定床位5133张，实际开放床位3472张，其中内科床位1560张，外科床位992张，产科床位410张，全年床位使用率为50.4%。（3）加强基层医疗机构综合服务能力建设。2017年全市有3家社区卫生服务中心成功创建为全国百强社区卫生服务中心，7家社区卫生服务中心成功创建为全国优质服务示范社区卫生服务中心，1家乡镇卫生院成功创建为"全国百佳乡镇卫生院"，8家社区卫生服务中心成功创建为"省百强社区卫生服务中心"，28家卫生院纳入省中心镇卫生院医疗服务能力提升项目建设单位。

重点学科建设进一步加强。（1）启动首批医疗卫生品牌学科建设。开展首批市级医疗卫生品牌学科申报工作，首批共建设10个品牌学科，其中8个为临床医学品牌学科。以某一系统疾病诊疗为重点，将相关内外科室有机整合，重点打造市级三甲医院"一院一品"，提升核心竞争力新模式。（2）开展新一轮县级医学龙头学科建设。经过评审共遴选出第2轮22个县级龙头学科，进一步强化提升县级医院的医疗服务能力，为实现"90%大病不出县"的医改目标提供保障。（3）完善医学重点学科建设体系。起草制定《市级临床医学品牌学科建设方案》《市临床医学研究中心建设管理办法》，修订《市医学重点学科管理办法》，进一步理顺学科建设体系，完善制度保障。

推进医疗卫生科学研究和应用。（1）强化医学科研和学术诚信管理。建立健全医学研究伦理组织架构和管理体系，成立市医学伦理专家委员会、管理办公室和质控中心，进一步加强临床研究项目的备案管理，把科研诚信体系建设作为科技创新的重要保障。（2）鼓励科技项目申报和成果转化。组织科技成果奖励申报、国家专利申报等专题培训，举办医教研协同创新沙龙，引导和鼓励医务人员开展科技成果转化。2017年，共获得国家级科研项目18个、省部级29个、市厅级270个；获省科技进步奖6项、市厅级35项。（3）搭建适宜技术培育推广新平台。指导市第一医院、市第二医院牵头，联合其他市县级医院、基层医疗机构、医学院校、医药企业组成创新联合体，获批为省卫生健康实用新技术和适宜技术培育推广中心（首批共13个）。

进一步加强医学教育。（1）强化住院医师规范化培训。多次召开住培工作专题会议，并组织专家对14家省级以上住培基地开展综合评估，对全科医学建设、经费使用、师资激励等重点督导。组织开展首届住培临床师资教学技能竞赛。2017年新增国家级住培基地2家，总数达到5家。2017年底在培学员2015名，有704名学员参加结业考核，通过率为92%。（2）完善毕业后医学继续教育。引导和规范医疗机构开展各类继续教育工作。加强医院管理干部职业化教育，与本地高校合作开办医院管理硕士研修班。

*促进社会办医加快发展。*深化“最多跑一次”改革，进一步规范和简化医疗机构设置和执业登记、人员注册等审批程序。积极配合市级各部门开展招商引资，为民间资本投资办医提供政策咨询服务。鼓励公立与民营医疗机构开展多种形式的合作，支持符合条件的医师按规定开展多点执业。截至2017年底，全市在商谈上规模民资办医项目9个，床位规模2570张，总投资约16.76亿元；已签约项目29个，床位规模2812张，总投资约29.00亿元。全市民营医疗机构核定床位数占全市医疗机构床位总数的比例达23.80%（含李惠利东部医院1000张）。

*健康扶贫力度进一步加大。*14家医疗卫生机构全面启动对口帮扶工作，派出管理人员、医护专家151人次，开展门急诊、住院诊疗服务4070人次，开展手术539例，会诊及疑难病例讨论120余次，举办学术讲座81场次，4家医院开通远程会诊；扶持受援医院建设特色专科10个，接受人员进修117人次。第9批第1期援疆卫生专业技术干部6人（中医2人，消化内科、麻醉、心内科、眼科各1人）于2月21日出发。按照市人社局安排，组织来自市李惠利医院、李惠利东部医院、第一医院、第二医院、妇儿医院等5名专家赴贵州黔西南州开展医疗坐诊。选派市级和部分区县（市）医疗单位8名B超医师赴西藏那曲援助开展包虫病筛查工作。选拔推荐市第一医院等11名人员为第16批援中非医疗队预备队员。

中医药工作发展势头良好　2017年宁波市中医药工作牢牢把握振兴中医药发展新任务，重点推进“七大工程”建设：中医药临床优势培育工程，基层中医药服务能力提升工程，中医药质量管理提升工程，中医药创建工程，中医药治未病健康工程，中医药文化素养提升工程，中医药传承创新工程，打造振兴中医药发展的宁波品牌。出台《宁波市中医药发展“十三五”规划》，提出到2020年，全市人人基本享有中医药服务，中医药实力跻身全国第一方队。

*增加中医医疗资源供给。*2017年内宁海县中医医院完成迁建；6家中医医院进行新建或改扩建，3家中医类医院筹划新建或改建，共投资30亿元。社会办医发展迅速，截至12月31日，全市中医类医疗机构达261家，其中中医医院（含中医综合医院、中医专科医院）16家，中西医结合医院2家。中医类门诊部58家，中医类诊所185家。社会办中医医疗机构250家。年内新增31家。中医类医疗机构5年增长100%。

*壮大中医药人才队伍。*2017年，全市注册的中医类执业（助理）医师3802人，比上年增长244人，年增长率为6.86%。每千人口卫生机构中医类执业医师达0.48人。中医类执业（助理）医师占执业医师总数的12.58%。

*基层医疗卫生机构中医药服务量稳步上升。*全市100%的社区卫生服务中心和乡镇卫生院能提供中医药服务，97.82%的社区卫生服务站和76.82%的村卫生室能提供中医药服务。基层医疗卫生机构中医药服务量达1609万（人次），占总服务量的30.07%。2013—2016年间辖区基层医疗卫生机构中医药服务量占总服务量的比例分别为21.48%、23.40%、24.46%、25.19%，中医药服务可及性不断扩大。

*落实综合医院（妇幼保健院、专科医院）中医药工作专项推进行动。*开展全市二级以上综合医院（妇保医院、专科医院）中西医结合示范病区创建活动，推动中西医协调发展。年内市第二医院、市妇儿医院、鄞州区人民医院获批成为全国综合医院（妇幼保健院）中医药工作示范单位。

*推动星级中医药门诊（馆）建设。*新增30家基层中医馆项目建设单位。开展社区卫生服务中心（乡镇卫生院）星级中医药门诊（馆）创建活动，推进基层中医药服务能力提升。从2015年始，全市共拥有130家星级中医药门诊（馆），占社区卫生服务中心和乡镇卫生院总数的87.84%。其中五星级中医药门诊（中医馆）32家，四星级38家，三星级58家。2017年有4个区、县（市）成功创建全国基层中医药工作先进单位，全市创建的区县（市）达80%。

*实施中医医疗质量持续改进活动。*市中医院入选国家发改委和中医药管理局组织的“全国中医药传

承创新工程重点中医医院”项目储备库。新增5个省“十三五”中医药（中西医结合）重点学科，1个市县级医学龙头学科建设单位，打造中医专科品牌。健全中医药质控组织网络，成立中医临床、中药药事、适宜技术、中医护理等4个质量控制管理中心，制定《宁波市中医医疗质量管理办法（试行）》《宁波市中医医疗质量指数测评办法（试行）》。

推动中医药健康养生文化与旅游融合创新。2017年，宁波昱博仙草园被命名为浙江省中医药文化养生旅游示范基地。全市累计创建省中医药养生文化旅游示范基地达5个。并与市旅游局筹划“中医药＋旅游”实施意见。

推广宁波中医药文化。2017年，“健康中国与中医药发展论坛”在宁波举行，近500位来自全国各地代表出席。外交部原部长李肇星的主旨演讲激发起与会人员强烈的文化自信。年内在宁波举办的中医药相关文化活动还包括“葛洪国际文化节”“中医中药中国行”宁波站活动等12场。《中国中医药报》11次报道宁波市中医药工作经验。以政府购买服务方式，“宁波中医”微信公众服务平台项目上线。宁波电视台《养生有1套》录制52期。市中医药学会编撰的《宁波中医药文化志》获市级部门（行业）志三等奖。董氏儿科获第9届浙江·中国非物质文化遗产博览会“最佳展陈奖”。象山县挖掘整理出版《象山县民间单方验方集锦》。

2017年9月9日，第7届智博会智慧健康高层论坛在宁波召开。图为宁波市卫生计生委主任张南芬作主题演讲。（徐　亮　摄）

智慧健康保障体系进一步完善　完善智慧健康基础设施建设。（1）发放居民健康卡。推出实名认证的居民健康卡，具备挂号、诊疗、结算等“一卡通用”功能。截至2017年底，全市各级各类发卡医疗机构共计236家（含部分民营医疗机构），共发卡306万张。（2）升级改造市卫生专网，提升卫生专网的性能和安全性。（3）优化全民健康信息平台。做好智慧健康数据采集和下发工作，提升数据质量。截至2017年底，市级全民健康信息平台共采集患者基本信息1.3亿条，挂号2.5亿条、处方2.42亿条、收费4.89亿条、住院登记2353万条、检查信息4273万份、检验报告9887万份、健康档案920万份，形成智慧健康的基础数据资源库。

深化“医患、医医、医卫、医管”四大业务协同。（1）深化“医患业务协同”工作。升级改造市公众健康服务平台，推出了预约代挂号服务。2017年预约挂号服务总量达990万人次，比上年增长41%。推出家庭医生签约居民电子健康档案查阅服务。开展商业医疗保险快赔和信用就医服务。在市中医院和宁海妇保院开展信用就医试点工作，患者可以先就诊后付费。创新推进医院“去胶片化”工作，2017年12月20日起，市级9家医院全部实现影像检查收费项目和胶片打印收费项目分项选择。（2）深化“医医业务协同”工作。双向转诊平台2017年共接入162家医疗机构，累计完成转诊12338人次，比上年增长59.6%。深化应用医生工作站诊疗提醒服务，截至2017年年底，共计提醒4421万次。市区域心电平台累计实现心电检查34.76万人次，其中直接由上级医院诊断4.6万余人次，有效提高基层医疗机构的心电诊断服务能力和水平。（3）深化医卫协同工作。2017年3月市传染病智能平台直报上线，成为国内首家以地级市为单位实现传染病智能平台直报的地区。实现全市所有的院前急救机构均建成急救指挥调度系统并投入使用。加快推进精神卫生管理信息系统建设。通过区域医卫协作平台实现了婴儿分娩、计划免疫等信息的共享。（4）深化医管协同工作。提升综卫平台指标计算性能，开放成熟指标23个。启动市医疗机构综合监管服务平台建设，完成项目可研报告和建设方案并报送市智慧办评审。

创新发展“互联网＋健康医疗”服务。（1）依托云医院平台，全市共建远程医疗服务中心44个（二甲以上医院全覆盖）、基层云诊室273家、专病专科云诊室32个。其中上级医院提供会诊科目65个，基层医疗机构申请实施远程会诊5086例，同比增长279.6%。出台国内首个互联网医疗服务管理办法——《宁波云医院平台运行管理办法》，引导全市各级医疗机构加入平台开展服务，截至2017年年底，云医院平台上注册医疗机构共347家，注册医生3193人，注册患者13万人，开展在线诊疗和面向慢病人群与稳定期用药人群配送药品均超过14万人次，比上年增加10倍以上。（2）“互联网＋公共卫生”成绩突出。以物联网技术为支撑，通过智能血压仪、血糖仪监测患者生命体征数据，开展家庭远程监测，项目受益人群达21500人次。开展健康医疗大数据健康评估服务项目，在江北区和北仑区开展健康档案数据源头质量核查工作，采用大数据技术，推出健康评估模型，出具健康评估报告83万份，发送健康干预短信900余万条。（3）研制标准引领全国互联网健康医疗服务发展。2017年，市卫生计生委承担国家卫生计生委法制司委托的国内首个互联网健康服务标准培育试点项目标准研究项目，项目以云医院平台建设和互联网健康服务实践为基础，完成《互联网健康服务导则》《互联网门诊服务规范》《互联网协同门诊服务规范》《互联网上门护理服务规范》《互联网健康服务平台功能和技术规范》等标准草案的起草，并于11月27日由国家卫生计生委法制司组织全国专家验收通过，形成具有推广价值的互联网医疗健康服务与管理的地方标准，为国家互联网健康服务标准的制订提供了参考。

*积极探索智慧健康大数据应用。*成立市公共卫生大数据研究所和市医疗大数据研究所。基于现有市全民健康信息平台信息资源，构建大数据基础平台，积极探索大数据在公共卫生、公众健康、临床医疗等服务领域的应用。在公共卫生领域，以疾病档案为核心，构架疾病档案、免疫决策及科研平台3个功能模块，建立以糖尿病为基础的各类并发症主题库以及儿童肺炎、手足口、健康环境因素、症候群监测等专题库，为解决重大公共卫生问题决策提供数据保障，并为学术研究提供数据支撑。

2017年，“宁波云医院”荣获全球信息化领域最高级别奖项——信息社会世界峰会（WSIS）项目奖”，也是我国唯一获此殊荣的项目。“互联网＋健康医疗”获得省公共管理创新案例“十佳”创新奖。鄞州卫计局获2017年全国基层卫生信息化应用创新大赛三等奖。鄞州第二医院在市内率先通过HIMSS住院七级评审。

人才队伍建设持续强化 （1）起草制定高层次人才和团队引进政策。在吸收各地人才政策的基础上，结合卫生计生人才实际，起草《宁波市卫生高层次人才引进政策措施》《宁波市医学高端团队引进政策措施》，初稿形成并征求意见。（2）加强卫生人才储备。2017年组织实施市属单位公开招聘工作人员4批次，其中招聘高层次人才（副高及研究生以上）2批次，招聘本科、大专毕业生2批次；招录工作涉及直属单位12家，推出岗位673个，共有3283名考生报名，经考试、体检、考核，共招录高层次人才（紧缺人才）及大中专毕业生497人。做好2018年部分直属单位研究生及高层次人才面试、公示工作。上报部分直属医疗卫生单位2018年大中专毕业生公开招聘计划。（3）引进各类高级卫生人才。围绕市级医院重点学科发展需要，广泛引进优秀人才。2017年共引进各类高层次及紧缺人才269名，涉及重症监护、神经外科、中西医临床、心血管内科和肾内科等多个专业，其中博士15人，硕士229人，高级职称25人，对填补相关领域人才空白，提高全市医疗技术水平起到较好效果，引进人才数量和质量在市级部门名列前茅。（4）职称考试和评审。组织2017年度卫生专业技术初中级资格考试和护士执业资格考试。参加初中级资格考试人员10322名，护士执业资格考试人员1207名，参加人数创历史新高。2016年度中级卫生专业技术资格考试省定合格标准人员的审核、汇总、上报工作，上报相关人员127名。（5）2016年高级职称评审工作抽查复审。完成2017年度卫技高级职称报名、考试工作。共有3187名报名考试，其中正高800名，副高2387名。做好市级单位申报卫生与计划生育高级职称材料审核及高评委推荐工作。共推荐336名人员参加评审，其中正高72名，副高264名。开展县及以下单位申报卫技高级职称推荐材料互审工作。（6）各类人才考核和申报。全市1名省卫生创新人才和11名2015年度省医坛新秀参加年度考核工作。开展市领军与拔尖人才培养工程直属单位17名2012年入选人员培养期满考核工作。（7）第8届国家卫生计生委突出贡献中青年专家人选、省百千万人才工程国家级人选、省第5批专技二级岗位人员、省“151”第三层次人才及省卫生领军人才推荐申报工作、市有突出贡献专家、市优秀留学人才、市服务人才先进单位和个人及省“万人计划”青年拔尖人才等推荐申报工作。2017年市卫生计生委获全国卫生计生系统先进集体1家、先进工作者4名、省重才爱才先进单位1家、市服务人才先进单位1家、省专技二级岗位8名、省医坛新秀12名、市突出贡献专家1名、市优秀留学人才1名、市领军与拔尖人才培养工程23名。

2017年11月27日，由国家卫生计生委法制司组织的《宁波市互联网健康服务标准培育试点》项目验收会在宁波市举行，市卫生信息中心承担项目的《互联网健康医疗服务导则（草案）》等5份标准前期研究成果经专家组审核、质询和讨论，完成项目验收。（徐 亮 摄）

全面从严治党呈现新气象 2017年宁波市卫生计生以推进“两学一做”学习教育常态化制度化为抓手，

通过举办专题辅导、报告会、学习班、撰写心得体会等多种形式，认真学习党的十九大精神和习近平总书记治国理政新理念、新思想、新战略。召开建党96周年大会，表彰5个先进基层党组织、50名优秀党员、5名优秀党务干部、十大好支书和“十大优秀党员志愿者”团队。委党委多次专题研究党风廉政建设工作，委机关制（修）订34项规章制度，强化用制度管权管人管事。2017年，通过坚持抓早抓小抓苗头，全系统开展廉政谈话290人次，函询10人次，通报批评166人次，组织处理214人次，党政纪处分18人，开除党籍2人。持续加大纠风工作力度，牵头制定印发《宁波市纠正医药购销和医疗服务领域不正之风专项治理工作实施意见》，从加强从业人员教育，规范药械购销过程，提升医疗服务品质等入手，强化多部门综合治理，严肃查处行风案件，并将行风专项治理与深化医改全局工作同部署、同落实，做好部门责任分工和内部责任分解，扎实开展全市医疗机构行风建设综合检查和医用耗材专项整治工作。

宣传工作实现新突破 不断拓展宣传平台，与《健康报》《宁波日报》《甬派》和宁波电视台建立战略合作关系。市卫生计生委网站跻身全市政务网站“十五佳”，“健康宁波”微信粉丝数突破34万。联合《现代金报》《甬派》组织开展“医者仁心·好故事”征集评选活动，在全市乃至全国范围内产生影响。加强新闻宣传策划。组织《人民日报》、《光明日报》、人民网、新华社等国家级主流媒体对全市医改工作宣传报道，全年省级、国家级主流媒体原创报道全市卫生与计划生育工作80余篇。开展第2届市“南丁格尔式”护理工作者、“护理先进工作者”评选活动，举办庆祝“5·12”国际护士节暨优秀护理工作者颁奖典礼。

（鲍云洁）

〔特约编辑：邬骏跃〕

〔主　编：张南芬　副主编：郑　丰〕

厦门市

全市卫生和计划生育工作概述 2017年，厦门市卫生计生系统以党的十九大和全国卫生与健康大会精神为指引，落实“健康中国”战略，推进“健康厦门”建设，深化医药卫生体制改革，做实做好家庭医生签约服务和分级诊疗改革，加快提升医疗卫生资源总量和水平，着力推进“互联网＋健康医疗”服务，人民群众卫生与健康获得感进一步提升。

全市人口主要健康评价指标继续保持在较好水平。2017年户籍人口平均期望寿命达到80.45岁，比2012年增加1.49岁，其中男性77.89岁，女性83.27岁。孕产妇死亡率为9.53/10万。婴儿死亡率为1.93‰。5岁以下儿童死亡率为2.55‰。

2017年末，厦门全市卫生机构总数为1701个（不含部队医院），其中医院51个、基层医疗卫生机构1621个、专业公共卫生机构25个、其他卫生机构4个。与上年相比，卫生机构增加123个，增加的主要是门诊部、诊所等。全市实有床位总数15341张，与上年相比，卫生机构床位增加402张。每千人实有床位数为3.83张（按照常住人口401万计算），比上年增加0.2张。全市卫生人员38793人，每千人拥有卫生技术人员7.78人、执业（助理）医师3.17人、注册护士3.34人（按照常住人口401万计算），分别比上年增加0.77、0.33、0.29人。

全年医疗卫生机构总诊疗人次数为3528.87万人次，比上年增加134.98万人次，增长3.98%。全市医院病床使用率为88.69%，与上年同比上升2.38%。全年医院出院者平均住院日为8.3天，比上年缩短0.1天。

深化公立医院综合改革 （1）建立新型公立医院绩效考核与薪酬分配制度。2017年厦门市完成新制度首次公立医院绩效考核，考核结果与公立医院院长年薪与医院工资总额挂钩。推进市属公立医院绩效内部薪酬分配改革，推进建立与医务人员岗位职责、工作业绩、实际贡献相关的内部分配激励机制。（2）推进建立新型公立医院内部管理体制。制定《市属公立医院总会计师岗位设置及聘任实施方案》，加强市属公立医院财务管理和会计核算。（3）严控公立医院医疗费用上涨幅度。将重点控费指标与公立医院绩效考核挂钩。全市公立医院医疗费用年增长幅度为7.3%；公立医院药占比（不含中药饮片）24.7%，比上年同期下降2.6%；药品耗材占比为37.9%。开展二次带量谈判议价，药品采购价在省级挂网价基础上的降价品规有4585个，平均降幅为13.25%。建立医用设备、耗材阳光采购公示平台，推行公立医院医用耗材、检验试剂、大型医用设备采购网上公示制度。截至2017年12月31日，全市共公示低值医用耗材5.20亿元、高值医用耗材5.07亿元、检验试剂5.02亿元、大型医用设备1.96亿元，共在福建省高值医用耗材交易系统采购高值医用耗材5.89亿元（含补录）。（4）成立厦门市公立医疗机构联合采购委员会，开展医用耗材3期联合采购，涉及7大类医用耗材，平均降幅为

19.13%。

深化慢病分级诊疗　（1）2017年，厦门市13家公立医院和38家基层医疗卫生机构全部参与多种形式的医联体建设。启动区级紧密型医联体试点，在同安区建设以区级公立医院为中心的紧密型医联体，实行统一的行政领导和业务管理。积极推进专科医联体建设，厦门市儿童医院牵头成立厦漳泉儿科医联体，首批12家医院加入。（2）稳步推进分级诊疗。2017年6月4日，厦门分级诊疗经验入选国家8个深化医改重大典型分级诊疗经验。2017年全市公立基层医疗机构门诊量为892万人次，与上年同比上涨16.3%。以高血压、糖尿病为主的慢性病在基层就诊比例超过70%。居民在签约基层医疗机构的首诊意愿达85.7%。（3）在原有规范化管理病种基础上，新增脑卒中、冠心病、肺癌及慢性肾功能不全、慢性胃肠病等病种，慢病、多发病、常见病规范化管理病种达到15个。（4）继湖里区、海沧区之后，思明区、集美区被新授予“国家级慢性病综合防控示范区”，同安区、翔安区保持省级慢性病综合防控示范区，全市6个区保持省级以上慢性病综合防控示范区全覆盖。成为全球第9个、全国第3个“城市改变糖尿病”项目城市。

做实家庭医生签约服务　到2017年末，厦门市家庭医生签约服务78.19万人，户籍人口签约覆盖率为35.33%；重点人群中65岁以上老年人签约服务13.7万人，签约率为70.03%。签约居民对签约机构的综合满意度达94.28%。建立“家庭签约”系统和手机APP“厦门i健康”，实现社区卫生服务电子签约与管理。“厦门i健康”提供患者在线的实时健康咨询、健康教育、门诊预约、健康档案查询、在线支付等服务，实现签约病人的线上续方申请和审核、医保移动支付结算以及对接物流配送等服务。微信绑定“厦门i健康”的签约人群约23.8万人，绑定率达到30%。2017年5月10日，厦门“三师共管”家庭医生签约服务模式成为全国家庭医生签约探索中的5种经验和模式之一被推广。该模式在向党的十九大献礼的“辉煌中国”专题报道和电影纪录片《厉害了，我的国》中被作为国家医改典型成果介绍。

扩增医疗卫生资源　2017年8月20日，由厦门市人民政府全额投资，复旦大学附属中山医院全面运营管理的复旦大学附属中山医院厦门医院投入运营。厦门市马銮湾医院和厦门市环东海域医院开工建设。全市新增8家基层卫生服务站点。规范和引导社会资本举办高水平医疗机构。完成厦门王子妇产医院、厦门美莱医疗美容医院、厦门百特盛康血液透析中心、厦门登特口腔医院、厦门州信医学影像诊断中心等多家社会办医疗机构的设置审批。

2017年末，全市医疗卫生机构拥有房屋建筑面积225.31万平方米，比上年增加26.94万平方米。其中业务用房面积167.81平方米，比上年增加27.70万平方米。全市医院共有房屋建筑面积164.82万平方米，比上年增加23.82万平方米，其中业务用房面积137.47万平方米，比上年增加21.10万平方米。全市医疗卫生机构万元以上设备有26746台，总价值为596634万元，比上年分别增加1324台、47012万元。

提升医疗服务能力　（1）推行日间医疗服务。厦门大学附属第一医院、厦门大学附属中山医院成为国家卫计委医政医管局日间手术试点医院。厦门大学附属第一医院成为国家首批C-DRG（全国按疾病诊断相关分组收付费规范）收付费改革试点单位。（2）全市所有三级市属医院全面实施临床路径。建立临床路径信息平台对临床路径病种治疗、护理等环节实时开展监测，提高诊疗行为的透明度。（3）在全国医疗卫生系统开展的为期3年的“进一步改善医疗服务行动计划”中，厦门市共有3家医院成为2015—2017年改善医疗服务先进典型。厦门大学附属第一医院获评为“改善住院流程”示范医院、厦门大学附属中山医院获评“发挥信息优势”示范医院、厦门市妇幼保健院获评为“加强人文关怀”示范医院。调查显示，厦门市医疗服务患者总体满意度达87分，高于全国总体满意度。在评估的21家医院中，有20家医院的患者总体满意度得分高于80分。（4）厦门大学附属第一医院成为全国首家通过JCI国际学术医学中心和HIMSS EMERAM（美国医疗信息与管理系统学会电子病历应用分级模型）七级认证的综合性医院。新增12家三级医院分阶段启动申报JCI认证。厦门市妇幼保健院成为“国家级儿童早期发展示范基地”和“国家级儿童健康管理示范基地”。复旦大学附属儿科医院厦门医院启动国家儿童医学中心厦门分中心建设前期工作。厦门市海沧医院成为中国肺癌防治联盟肺结节诊治分中心。厦门市医疗急救中心获得“美国心脏协会（AHA）心血管急救培训中心”资质授权。厦门市第五医院获得“管理创新医院”称号。

疾病预防控制工作　（1）2017年全市传染病报告质量评价综合指数达99.85%。甲乙类传染病发病率与上年同期基本持平。全市6个区全面禁止活禽交易，有效控制H7N9流感流行。无本土传播登革热、疟疾病例。结核病疫情呈逐年下降的趋势。9月5日，在厦门大学举办“美好青春我做主”大型艾滋病宣传活动，彭丽媛教授以及参加金砖厦门会晤的外国元首夫人、代表团团长夫人共同出席。（2）完善免疫规划管理。一类疫苗覆盖7个年龄组儿童，接种161万剂次，接种率保持在98%以上，二类疫苗使用近33万剂次。3—4月，完成国家免疫规划疫苗查漏补种工作，国家扩大免疫规划各种疫苗补种率达92%以上。（3）厦门市全面完成国家精神卫生综合管理“八个落实”要求，多部门共同推进出院严重精神障碍患者“一历五单”工作，全流程解决严重精神患者发现、管理、衔接、救助“四难”问题。完成金砖厦门会晤期间严重精神障碍患者医疗救治保障与管理工作。

妇幼健康服务　（1）统筹管理全市产科资源，建立与妊娠风险紧密结合的床位预约体系。厦门大学附属第一医院、厦门市第二医院、厦门市第三医院、厦门市第五医院、厦门大学附属中山医院、厦门市中医院、厦门市妇幼保健院、厦门市海沧医院、厦门大学附属第一医院思明分院、厦门大学附属第一医院杏林分院、解放军第174医院、湖里区妇幼保健院、厦门长庚医院、厦门莲花医院莲河总院、厦门莲花医院金尚分院等15家机构纳入厦门市妇幼信息系统的床位预约体系。（2）创新优化孕产妇保健流程，倡导“有孕早建卡，免费做产检，床位有保障”，依托厦门市妇幼信息系统、市民健康信息系统，建立集健康宣教、便民服务、门诊/住院预约、妊娠风险管理为一体的“孕妈妈微服务”平台，柔性引导厦门市常住孕妇到基层社区早建卡，产检并帮助预约分娩床位，有效解决厦门市常住孕妇分娩难的问题，提升孕产妇系统保健水平，全市常住人口社区早建卡率达90%以上。（3）开发儿科智能导诊平台，实时发布全市各医院的儿科门诊号源信息、急诊信息和床位信息，引导群众合理就医，基本解决儿科就医难。（4）厦门大学附属第一医院、厦门大学附属中山医院、厦门莲花医院、厦门长庚医院成为全国“母婴友好示范医院”。（5）深入开展民政、卫生计生“一站式”婚育综合服务，促进婚检率有效提升，2017年厦门市婚检率为95.87%，免费孕前优生检查目标人群覆盖率为103.08%，临床检验室间质量评价优秀率为100%。

加强卫生计生综合监督　（1）公共场所监督抽检。2017年全市共抽检各类公共场所1054家次，合格率为92.2%；抽检各类用品用具、空气质量、集中空调通风系统卫生质量等4022份，合格率为95.8%；检测项次数16328，合格率为97.1%。（2）生活饮用水监督抽检。全市共抽检各类饮用水单位377家次，合格率为93.9%；检测项次数10309，合格率为99.73%。（3）开展放射诊疗设备状态检测和防护性能检测，检测率为97.5%；放射工作人员个人剂量监测率为98.9%；放射工作人员职业健康体检率为86.6%；放射工作人员培训率为83.9%。（4）加强集中餐饮具、消毒产品监督工作。全市抽检集中餐具、饮具消毒企业餐具、饮具578套，完成率为115.6%。（5）开展食品安全风险监测工作。食品污染物采样完成率为100.8%；食源性疾病病例监测报告完成率为125%；食源性疾病暴发事件报告率为100%。（6）加大医疗机构监督检查频次，严厉打击无证行医。共查处无证行医案件75件，查处医疗机构违法案件35件，吊销《医疗机构执业许可证》6家。（7）做好“两非”案件办理。累计出动执法车辆868车次，执法人员6650人次，监督检查医疗机构和其他场所2204家次。共结案81件，其中重点案件10件，一般案件71件。（8）推进“厦门市放射卫生信息监管平台”二期建设。优化完善水质在线监测系统、二维码识别系统、室内空气质量在线检测系统，进一步提高卫生监督信息化手段。

提升卫生应急能力　（1）完成厦门会晤医疗卫生保障工作。建立陆海空立体救援体系。设置医疗点46个、医疗卫生保障人员260名、救护车51辆。培训累计86场次，演练79次（其中全要素演练2次，卫生系统全流程综合演练1次，省市联合演练8次）。截至9月6日，各医疗点及定点和后备医院累计接诊病人7518人次；1例极危重症病人得到有效救治，实现会晤应急医疗救治零死亡、参会人员传染病零发生、涉会场馆室内空气及生活饮用水卫生零投诉，蚊媒导致的不良事件零报告。此外，还完成168次各项各类医疗应急保任务，各项活动均未出现重大突发事件和死亡事件。（2）举办全市卫生应急技能竞赛活动，参加国家突发传染病防控和突发中毒处置卫生应急技能竞赛，获得团体和个人三等奖。（3）继续推进厦门市两支省级卫生应急队伍建设（省级紧急医学救援厦门队、心理干预二队）。组织18家反恐怖防范重点目标进行反恐应急演练。推进急救立法的调研工作，完善医疗救治应急指挥平台和海陆空立体医疗救援网络，提高应急处置能力和水平。

中医药发展　（1）贯彻实施《中华人民共和国中医药法》。2017年6月24日，厦门市邀请国家中医药管理局政策法规与监督司原司长、世界中医药学会联合会秘书长桑滨生开展《中华人民共和国中医药法》专题讲座，400余名中医药从业及管理人员参加听讲。（2）继海沧区、同安区之后，集美区和翔安区通过全国基层中医药工作先进单位评审。仙岳医院通过全国综合医院中医药工作示范单位评审。（3）11月21日，市政府与北京中医药大学合作共建北京中医药大学第八临床医学院签约仪式举行。12月7日，市政府与北京中医药大学合作共建北京中医药大学第八临床医学院、北京中医药大学厦门医院的揭牌仪式在厦门市中医院举行。厦门市中医院成为“福建省名优中医院”建设单位之一，厦门市中医院5个临床专科（脾胃科、风湿病科、骨伤科、糖尿病科、针灸康复科）被列为福建省临床重点专科（中医类）建设项目。（4）启动第2批厦门市级中医专家基层师带徒项目，遴选6位知名中医药专家和7位社区中医师签订师带徒协议。建立中药代煎实时查看系统，方便居民线上跟踪中药代煎代配进度、监控煎药环节，线下快递送药上门。（5）建立120支中医药家庭签约服务团队，运用中医诊疗方法对家庭签约居民进行饮食调养、起居活动等指导，积极传授四季养生、穴位按摩等适合居民自行操作的中医技术。此举得到国家中医药管理局的认可，其中《“三师”共管家庭签约，中医服务优势突显》一文受到该局肯定。（6）6月17—18日，由国家中医药管理局和厦门市政府主办的2017年海峡两岸中医药发展与合作研讨会在厦门市召开。

科研教育工作　2017年，厦门市卫生计生系统获得2017年国家自然科学基金27项、福建省科技计划项目资助17项、福建省卫生计生委科研人才培养项目50项、厦门市重要重大疾病联合攻关项目11项。厦门市共获得7项2016年度福建省科学技术奖、11项厦门市科学技术奖，厦门大学附属心血管病医院凭借“急性冠脉综合征区域协同救治体系的创新及应用示范”项目成为厦门市医疗卫生系统首个获得福建省科技进步一等奖的独立单位。获批新建4个领先学科建设项目（厦门大学附属第一医院儿科重症和泌尿中心、厦门大学附属中山医院关节外科、厦门市中医院肝病中心）。新增8家国家住院医师规范化培训基地协同单位（厦门市中医院、厦门市第二医院、厦门市心血管病医院、厦门市妇幼保健院、厦门市口腔医院、中国人民解放军第一七四医院、厦门市第三医院、厦门市第五医院）。厦门医学院获得福建省乡村医生培训分中心先进集体表彰，成为闽西南全科转岗培训点。

厦门大学附属第一医院、莱必宜科技（厦门）有限责任公司、海沧生物科技发展有限公司联合台湾世宬生物科技共同建设福建省首家生物等效性（BE）I期临床试验研究平台。

推广信息化应用　（1）推进国家健康医疗大数据中心及产业园建设试点工程工作，筹建健康医疗大数据研究院。完善《国家健康医疗大数据厦门研究院建设实施方案》《国家健康医疗大数据厦门研究院厦门大学项目指南》。获批成立福建省健康医疗大数据应用研究所。（2）推进信息化便民惠民工作。开展计生网上便民服务，开通手机办证，群众通过微信公众号即可办理一孩生育登记、再生育服务证等业务。建立厦门市卫生信息微信平台“美丽厦门·智慧健康”，为市民提供微信预约、个人的健康档案、检查检验结果、儿童计划免疫接种、妇幼保健信息、床位使用信息、专家介绍查阅等。建立全市38家基层医疗机构与上级医院的分级诊疗协作信息化平台，实现信息互联互通，检查检验、心电共享，建立“远程视频会诊系统”，实现远程会诊。完善市民健康信息系统，已基于系统建立448万份居民电子健康档案，约覆盖全市常住人口的95%，实现患者就诊信息区域共享。建设完善医疗影像云，与厦门市健康档案应用结合，实现基于手机、平板的移动影像浏览。建设医疗统一支付平台，患者就诊过程中可通过手机、自助机等多种方式使用现金、微信、支付宝、银联等进行就诊费用自助结算，缩减结算等候时间。推进居民健康卡虚拟化应用建设。建设厦门市医院公共区域WiFi。

实施健康厦门战略　启动实施《“健康厦门2030”行动规划》。制定《2017年厦门市居民健康素养促进行动项目实施方案》，开展全市居民健康素养监测与健康促进干预活动。全市6个区完成现场调查问卷4700余份。2017年厦门居民健康知识知晓率为80.5%，厦门市居民健康行为形成率为75.9%。加强健康教育与健康促进场所建设。开展国家健康促进医院项目，创建健康促进医院6家，建设12个健康促进社区示范点。

推进医养结合试点工作　2017年厦门市基本形成机构养老“以医带养、以医进养、以医托养、以医联养”的4种医养结合模式。全市共有养老机构35家，养老床位共11436张，千名老人养老床位数34.86张（接近国家2020年千名老人35～40张的标准）。现有的35家养老机构中，23家养老机构内设有医疗机构（21家养老机构纳入医保定点），占养老机构的65.7%，共有护理型床位7602张，占养老服务机构总床位的81.7%。深入开展智慧健康养老试点工作。为试点单位65周岁以上老人建立健康档案、建设维护数据库及购买移动智能穿戴设备等。厦门市在国家智慧健康养老基地示范项目座谈会上介绍了经验。思明区莲前社区卫生服务中心家庭医生养老服务和湖里区禾欣社区的智慧健康养老工作被纳入2017年全国“新家庭计划——家庭发展能力建设”项目培训班观摩课程。

思明区积极发展大健康产业 该区成立全国首家区级非公立医疗美容机构协会，成功申办2018—2020年连续3年中国非公立医疗机构协会整形与美容专业年会，打造思明区医疗美容产业品牌。

湖里区建立健康管家热线 该区以政府购买服务的形式，通过第三方外包团队辅助基层医疗机构为居民提供7×24小时的全天候医疗健康管家热线服务，满足居民全天候健康管理咨询需求。2017年1月，健康管家热线开通，实行7×24小时轮班接听。

湖里区提升妇幼服务水平 该区依托区妇幼保健院，联合中国妇幼保健协会妇幼健康职业培训中心，成立福建省首个公益性母婴护理师培训中心。创办湖里区儿童早期发展中心，与厦门大学附属第一医院及社区卫生服务中心合作，建立跨学科、多中心协作的分级诊疗模式，促使辖区儿童在生长发育、认知、情感和社会适应能力等方面得到全面发展或及时矫正。

集美区加强中医药健康大数据应用 该区探索“互联网＋煎药”服务模式，创新开发“医疗＋药企＋物流＋患者”的中药饮片服务流程。2017年以来，通过“互联网＋”模式获取中药饮片共计22871人次，累计代煎配送金额共计228.34万元。

海沧区2个社区卫生服务中心入选全国“百强” 2017年11月，海沧街道石塘社区卫生服务中心、嵩屿街道社区卫生服务中心获评为“全国百强社区卫生服务中心”。该区积极探索社区卫生服务发展新机制、新举措，在数字化预防接种门诊系统、慢性病患者电子地图化管理网、家庭医生手机签约APP、可穿戴设备的应用、医院—社区医院协作平台等多个领域开展信息化建设。

同安区提高医疗服务能力 厦门市第三医院进入“2017中国医院竞争力——省会市属／计划单列市医院”前100强榜单、福建省域医院前30强；海沧区疾控中心获“2017年度全国肿瘤登记工作进步奖”称号；西柯中心卫生院和新民卫生院获评为全国2016—2017年度群众满意的乡镇卫生院。

翔安区创新研发公共卫生监督平台 （1）该区与厦门大学、厦门医学院等开展高层次科研合作，共建“医疗监管与健康大数据协同创新平台”和“公共服务产学研协作平台”。（2）由翔安区卫生计生监督所自主研发、自主创新设计的智慧健康“云卫监”综合监管大数据平台上线运行，分别荣膺全国发明展金奖、福建省百万职工“五小”创新大赛二等奖。

计划生育工作概述 2017年，厦门市户籍人口政策符合率为97.99%，出生性别比为111.41，信息统计准确率达99%以上。无计划生育行政侵权恶性案件发生，计生服务群众满意率为95%。

2017年，市级落实计划生育各项奖励经费共7680.07万元，与上年同比增长11.2%。其中计划生育家庭奖励扶助经费6874.52万元；奖励年满60周岁农村和城镇部分计划生育家庭父母76384人；农村二女夫妇奖励共25947人，下拨经费467万元；农村部分计划生育家庭贡献奖励3542人，下拨经费170万元；49周岁以上计划生育特殊困难扶助对象1650人；全年下拨计划生育困难女孩家庭帮扶资金100万元。计划生育奖励兑现率达100%。

稳妥实施全面两孩政策 2017年厦门市委、市政府出台《关于实施全面两孩政策改革完善计划生育服务管理的意见》，对全市全面两孩工作作出详细部署，两孩政策实施成效显著。2017年，厦门市户籍人口二孩出生率超过一孩出生率，出生人口中二孩占比达59.9%，比上一年提高21.2个百分点。总和生育率稳步提升达2.06。生育状况抽样调查工作成效显著，厦门市被评为国家级优秀设区市，湖里区、集美区荣获国家级优秀单位。

提升计生服务管理水平 （1）依托全员人口信息系统，实行电子婚育证明制度、婚育信息个人承诺制。实行“微信预约、快递送货”免费计生药具发放等便民措施。（2）加强部门信息和区域信息协作，实现公安、卫生、防疫、统计、民政等部门的相关数据共享，提高全市计生统计数据的可靠性和科学性。（3）推动母婴设施建设。多部门联合下发《厦门市加快推进母婴设施建设的实施办法》，推动全市相关公共场所和用人单位开展标准化母婴设施建设，优化母婴设施等全面两孩公共服务资源配置。

关怀扶助计划生育特殊家庭 2017年全市有38家医疗机构（含社区卫生服务中心）为计生特殊家庭对象开通就医“绿色通道”。将计生特殊家庭优先纳入家庭医生签约服务，签约费用由政府承担，签约率达

90% 以上。将计生特殊家庭成员列入第二类医疗救助对象，全额资助参加居民基本医疗保险，对患病住院治疗的费用按个人自付部分的 85% 给予救助。为全市 1131 户计生特殊家庭建立信息档案，并将健康档案纳入其中。

流动人口服务管理　（1）流动人口卫计服务均等化。厦门市新增 12 个流动人口基本公共卫生计生服务均等化示范点。流动育龄夫妻凭镇（街、场）计生办发放的“流动人口已婚育妇服务手册”，可到指定的计划生育服务站（所）或定点单位享受国家规定的基本项目的免费计生技术服务。为流动人口育龄人员提供“普惠可及”的避孕药具服务，流动人口免费药具获得率达到 100%。做好流动已婚育龄妇女生殖健康档案管理，落实住院分娩、B 超检查、计划生育手术实名登记制度，实行网络化管理。（2）促进流动人口社会融合。2017 年在全市创建华福社区等 13 个流动人口社会融合示范社区。2016 年厦门市推荐的 3 家企业、2 所学校、18 个健康家庭获得国家卫生计生委的表彰。免费开设社区“四点钟学校”、来厦探亲“留守流动儿童快乐成长营”、“儿童之家”、夏令营、冬令营活动，让流动人口子女享受教育公平。定期召开针对农民工技能提升培训班、组织专场用工招聘会。对自行参加指定技能提升培训并通过考试的外来农村劳动力及配合组织员工参加培训的企业，给予补贴。开通农民工诉讼“绿色通道”。开展农民工“讨薪维权”法律援助专项行动。

思明区推进计生优质服务工作　该区被中国计生协确定为第 3 批“全国基层群众自治示范区”。投入 198.6 万元，为 24824 户计生家庭办理意外伤害保险，该区总结的“四个坚持推进计生家庭意外伤害保险”经验在全国会上作了交流。

集美区开创社工服务计生特殊家庭新模式　该区通过引进专业社工机构服务计生特殊家庭，运用专业方法和专业技能，为计生特殊成员提供精神修复和家庭增能服务，协助家庭成员跨越悲伤心理，积极面对生活，实现个体、家庭、社会共同成长。建立“1+N”服务联动机制，构建互助关爱网络，积极实施“寻找家（亲）人”——社会六重关爱网络建设计划和“失独不孤独”暖心结对帮扶计划。

海沧区推进社会融合试点工作受肯定　2017 年 4 月，该区举办国家级“新市民健康城市行”活动；培植 4 个示范企业、4 所示范学校和 20 个流动人口健康家庭；海虹社区、兴旺社区入选全国第 1 批流动人口社会融合示范社区，厦门公交集团海沧公共交通有限公司、威迪亚科技有限公司入选全国第一批流动人口健康促进示范企业。

同安区改进计生服务管理　2017 年该区出台《关于优化孕情跟踪服务促进孕妇早建册的通知》，对符合条件孕 13 周内的孕妇建册给予一次性误工补贴 120 元；全面落实网上登记服务，2017 年全区有 5986 对夫妇通过“i 厦门”审批系统办理生育登记服务；抓好流动人口社会融合示范试点工作，新民镇梧侣社区获评为全国第一批流动人口社会融合示范社区。

翔安区家庭发展工作初见成效　该区公立养老机构新店敬老院与莲花医院内设厦门莲花长寿村老人公寓，为入住老人提供规范的医养融合养老服务。内厝镇莲塘村率先在农村建立“老人之家”，为老人免费提供三餐和娱乐活动。在厦门大学建立国家级青春教育基地，在厦门华天学院开展“防艾禁毒，做个精神健康的幸福人”教育活动。　（张逍宇）

〔特约编辑：吕惠栋〕

〔主　编：姚冠华　副主编：孙　卫〕

深　圳　市

卫　生　工　作

全市卫生工作概述　2017 年，深圳市卫生计生系统以推进健康深圳建设为主线，以提升健康服务质量为主题，坚持以健康为中心、以基层为重点，改革创新、加强管理、优化服务，完成年初既定的各项目标任务。2017 年末，全市有医疗卫生机构 3492 家，其中医院 133 家，社康中心 643 家，专业公共卫生机构 61 家，基本实现每个区有一家三级医院、每个街道有一家二级医院、每个社区有一家社区健康服务中心。全市有卫生工作人员 99926 名，其中执业医师 31469 名，常住人口千人医生数为 2.69 名。床位总数为 42817 张，常住人口千人床位数为 3.59 张。全年全市门诊量为 9784.11 万人次、住院量为 147.85 万人次。全市新增三级医院 5 家，总数达到 36 家；新增三甲医院 5 家，总数达到 16 家。共有国家级重点学科 14 个，省级重点学科 66 个。

医药卫生体制改革　2017年，深圳市围绕5项基本医疗卫生制度建设，突出“保基本、强基层、建机制”，纵深推进综合医改。全面总结推广罗湖经验，各区共组建12家基层医疗集团。国务院医改办、广东省医改办分别在深圳召开现场会，集中推广深圳市以基层医疗集团为主要形式的医联体建设经验。出台家庭医生服务“深圳标准”，建立了财政补助机制，家庭医生覆盖面持续扩大，服务质量稳步提高。以组建基层医疗集团为契机，区属公立医院管理体制改革步伐加快，法人治理结构逐步建立。研究制定公立医院人事、薪酬制度改革实施方案，完善公立医院公益性评价制度。异地就医医保报销实现直接结算，与分级诊疗制度相衔接的医保基金“总额管理、结余留用”机制全面推广，按疾病诊断相关分组（DRGs）收付费改革国家试点工作稳步推进。公立医院药品集团采购改革试点获得国家卫生计生委、广东省政府领导肯定和推广，药品综合降幅超过22.57%。分步调整1594项医疗服务项目价格，医院和医务人员的收入结构进一步优化。《深圳经济特区医疗条例》正式实施，出台医疗机构执业登记办法、诊所设置标准、电子病历管理办法等配套政策。卫生计生执法全过程记录、“双随机、一公开”监督抽查工作全面推开。

健康深圳建设　（1）着重加强健康深圳建设的顶层制度设计。①出台《健康深圳行动计划（2017—2020年）》，推动实施健康素养促进、全民健身普及、公共卫生强化等11项行动计划。②编制了职业病防治规划（2017—2020年）、“十三五”结核病防治规划以及防治慢性病中长期规划。③出台加强与改进学校卫生工作实施方案。起草推进公共卫生服务创新发展的实施意见以及市民健康素养提升工程、推行慢性病全流程系统化管理、完善精神卫生服务体系。④推动《深圳经济特区健康条例》立法。（2）着力提升公共卫生服务能力。①出台《深圳市公共卫生机构运营管理绩效评价指导意见》和市级专业公共卫生机构运营管理绩效评价指标体系。②制订公立医院公共卫生服务责任清单和工作指南，转变其“重治疗、轻预防”的传统服务模式。③编制印发《深圳市民健康手册》，提高市民对全方位、全周期卫生与健康服务项目的知晓度。④研究制订《深圳市基本公共卫生服务项目管理办法》。⑤实行居民电子健康档案实名制，并按正式、临时、休眠、迁出等4类进行档案管理。

医疗卫生“三名工程”　引进香港大学、北京大学、中山大学、南方医科大学、北京中医药大学、广州中医药大学、中国医学科学院肿瘤医院等一批名院名校来深办医办学，共引进171个高层次医学团队，建成6家高校直属附属医院，建成8家名医诊疗中心。省级以上医学重点学科达到80个，全市有20个学科进入全国医院科技影响力评估同学科排名前100名，其中9个学科进入前50名。北京大学临床研究所（深圳）挂牌成立，成立5个国家临床医学研究中心深圳分中心。市第三人民医院获得肝脏、肾脏移植执业资质。香港大学深圳医院获批“国家药物临床试验机构”资格。启动实施“临床研究3030计划”。全年共举办近200场国际、国内高水平医学学术会议。全市卫生计生系统共获得84项国家自然科学基金立项，同比增加30项；牵头承担国家科技重大专项3项、重点研发计划1项。全面推进国家中医药综合改革试验区创建工作，新增选广东省名中医8名，市中医院入选全国百家中医药传承创新工程重点中医医院。设立北京中医药大学中医体质与治未病研究院（深圳）、国家中医药管理局传统医药国际交流中心合作基地、海峡两岸暨港澳地区中医药国际交流中心，中医药服务辐射力、影响力进一步提升。

社会资本办医　2017年，深圳市进一步放开医疗市场。取消社会办医疗机构（包括社会力量举办社康中心）的机构数量、等级、床位规模、选址距离的限制。公民、法人或者其他组织均可在深圳市申请设立医疗机构。颁布实施《深圳经济特区医疗条例》，以立法的形式进一步简化行政审批，取消医疗机构的设置审批环节。制定了《深圳市医疗机构执业登记办法》和《深圳市医疗机构执业许可办事指南（试行）》，明确市区两级卫生计生行政部门的许可权限，规范行政许可程序。制定下发《深圳市诊所设置标准》，全国首次突破诊所只能由医生本人申办的规定，不是医生也可办诊所；全国首次突破诊所只能设置一个诊疗科目的规定，诊所诊疗科目可设置1～4个。

信息化建设　2017年，深圳市卫生计生委坚持顶层设计、统筹规划、集中建设的原则，完善“十三五”卫生与健康信息化建设总体框架，稳步推进卫生与健康信息化建设各项工作。（1）加快全民健康信息化工程项目（简称“12361”工程）的实施。按照“统筹规划、标准先行、分步建设、共享共建”的原则，构建统一权威、安全可信、共享协同的全民健康信息化体系，全面提升医疗健康智慧化服务水平。（2）加强互联互通，加快卫生计生光纤专网建设。开展全市卫生计生光纤专网现状与需求调研，摸清市属和各区卫生计生机构网站状况，联合深圳市电子资源中心推进卫生计生光纤专网项目建设，落实国家四级全民健康信息平台互联全覆盖工作要求。（3）应用互联网技术，建设智慧医疗健康云平台。“深圳健康网”和“健康深圳”APP上线应用，构建立体化的卫生与健康服务信息平台。完善远程医疗信息系统，实现远程视频问诊、远程专科诊断、手术示教、远程查房、远程医学教育等功能，支撑各级医疗机构开展远程医疗业务。（4）完善基层医疗卫生服务信息化体系和药品监管体系。以居民电子健康档案为核心，整合社区健康医疗、基层公共卫生、家庭医生、分级诊疗等服务系统，建立市民健康管理平台，逐步打通医疗机构、公共卫生机构信息资源互联互通渠道，2017年完成全市各医疗机构线上、线下就诊号源整合，实现医院专科号源优先向社康预约开放，推进各医疗机构门诊、住院和体检相关就医全流程服务全面接入“健康网”和“健康深圳”APP，为全市市民提供健康医疗“一站式服务”。药品监管系统委托第三方药品集团采购组织（GPO），实现全市公立医院临床常用药品的集中采购工作，降低药品采购供应成本。2017年，系统升级完成用药监管模块开发，实现对各医院和社康中心用药等关键性指标进行实时预警和适时监管。（5）推进信息标准化建设，开展医疗健康互联互通标准化成熟度测评工作。2017年，深圳市医学信息中心被国家卫生计生委统计信息中心认定为“国家医疗健康信息互联互通标准化成熟度测评分级管理试点单位”，承担全市卫生计生机构信息互联互通四级甲等及以下等级的测评工作，推进市内卫生计生机构以测促用，以测促改，以测促建，实现跨机构、跨地域信息互联互通和共享协作。

卫生项目建设 2017年，全市新增床位2046张。迁址重建的市孙逸仙心血管医院已于2017年7月1日试营业，萨米国际医疗中心、中山大学附属第七医院、深圳大学总医院已基本完工；市第二儿童医院、市新华医院等新建项目前期工作顺利推进，市第二儿童医院预计于年底前移交市建筑工务署开展后续建设工作；市属医院改扩建、区属医院新建及改扩建项目均在稳步推进中。开展医院基本建设和造价指标研究，从设备设施、信息化建设、医疗服务流程及功能区域、室内装修、环境绿化等方面探索国际化医院建设要求，为构建国际化医院的造价标准提出依据。

医疗管理 2017年，制定公布《深圳市医疗机构设置规划（2016—2020年）》和区域医疗中心建设规划，明确区域医疗中心和各级各类医疗机构的功能定位和规划布局，构建“区域医疗中心＋基层医疗集团”城市两级医疗服务体系。全市均衡规划布局27家区域医疗中心（综合型区域医疗中心17家、专科型区域医疗中心10家）。推进基层医疗集团均衡布局，每个区至少建立1家基层医疗集团或紧密型医联体，到年末全市已建立12个基层医疗集团，1个医疗联合体。大力发展专科医疗联盟，全市规划建设心血管、眼外科、康复、脑卒中、胸痛、精神卫生、儿科、妇幼保健、肿瘤、中医、口腔等专科医疗联盟，健全联盟内部运行机制，形成横向联合、上下联动、分工协作的专科医疗服务体系，到2017年底已经建成运行的有心血管、眼外科、康复、脑卒中、胸痛、精神卫生、儿科、耳鼻咽喉等8个专科医疗联盟。全市新增医疗机构370家，其中新增医院8家，门诊部、诊所（医务室）353家，医学检验实验室4家，社区健康服务中心5家。全市取得《医疗机构执业许可证》的医疗机构共4881家，其中医院（含妇幼保健院）165家，门诊部、诊所（医务室）4040家，医学检验实验室17家，社区健康服务中心651家，其他机构8家。

中医药工作 2017年，深圳市出台“1+N”《深圳市中医药综合改革试验区建设工作方案》（简称《建设方案》），全面启动试验区建设工作。印发《深圳市中医药服务能力提升工程“十三五”行动计划实施方案》，启动中医药基层服务能力提升工程。坪山区人民医院申报全国综合医院中医药示范单位创建单位，已完成省级实地评估。组织开展10期基层中医药适宜技术培训班。龙岗区中医院挂牌成立王琦国医大师工作室。成立北京中医药大学中医体质与治未病研究院（深圳），联合华大基因，开展中医9种体质与基因的关联性研究。印发《深圳市中医“治未病”服务体系建设实施方案》《深圳市推进中医“治未病”工作3年行动计划》，编制《深圳市中医治未病工作指南》，定期研究部署中医“治未病”重点工作任务和目标。启动《深圳特区中医药条例》和《深圳市中医诊所标准》修订工作。

卫生监督 （1）实施卫生计生执法全过程记录。制定《卫生计生行政执法全过程记录管理办法》及其配套文件，构筑“一个纲领、一个指南、三个规范、N个制度”的“1+1+3+N”执法全过程记录制度框架。（2）全面施行“双随机一公开”制度。出台全市卫生计生“双随机一公开”监督执法实施细则及工作制度，建立健全“两库一清单”，合理确定抽查频次和覆盖面并实行动态调整。2017年深圳市通过“双随机”形式产生的国家监督抽检任务数2127单，占全省的13.85%，已完成2127单，完成率为100%。开展市级“双随机”抽查，以跨区检查的形式，每月通过信息系统随机抽取55单市抽任务，有效破解检查任性、选择执法、人情监管等问题。（3）落实游泳场所抽检监督民生实事项目。加强对游泳场所的监督抽检和公示力度，已完成抽检3批共796家游泳场馆，抽检合格率为92.8%。举办首届游泳场所卫生监督开放日活动，邀请人大代表、政协委员、市民代表60余人现场体验游泳场所卫生监督执法。

职业卫生　2017年，全市开展职业健康检查，共检查59.5万人次，比上年同期增加17%。本年度发现职业禁忌证7944人次，发现疑似职业病352例，共报告职业病211例。持续开展全市重点职业病监测与职业健康风险评估工作。建设职业毒物标本多功能展示厅，收集毒物标本共10大类213种500余件，并向社会开放，普及职业中毒知识。牵头编制《深圳市职业病防治规划（2017—2020年）》，制定深圳市《重点职业病监测与职业健康风险评估工作实施方案（2017—2020年）》，印发《2017年放射卫生监测项目工作方案》，完成307家放射工作单位、707台射线装置工作场所防护检测、726台射线装置影像质量控制检测，为19115人次开展个人剂量监测。

疾病防控　2017年，深圳市继续做好重点传染病和慢性非传染性疾病防控工作。（1）加强传染病疫情监测和研判。2017年，全市无报告甲类传染病，10个区（新区）均已通过市级消除疟疾考核验收。艾滋病治疗扩点工作建设取得进展，首批两家区级治疗点（罗湖区、光明新区）通过验收。全面推广“互联网+DOT”管理模式，推行远程视频下的督导服药管理和结核防控联盟病人管理。“梅毒母婴传播综合防控策略及技术措施研究”项目获得2017年度华夏医学科技奖二等奖。全人群麻风病患者全程管理经验获得国家和省级专家好评。麻风病症状监测工作成效显著，获省级推广应用。（2）完善重大疾病联防联控机制。整合埃博拉出血热、登革热、人感染H7N9禽流感等疾病防控相关协作机制，成立市防治重大疾病工作联席会议，进一步加强组织领导。新增手足口病、高温热浪风险等健康风险指数。（3）做好慢性非传染性疾病防控。4个省级示范区和两个国家级示范区通过国家专家组评审和复评，实现全市10个区（新区）慢性病综合防控示范区全覆盖。启动肺结核和高血压、糖尿病患者“专科医生+社区全科医生”联盟式管理的试点工作。在全国率先试点开展“慢性病高风险人群健康管理项目”，干预对象缺血性心血管病10年发病风险绝对危险分别下降1.0%和0.7%。

2017年3月18—19日，国家卫生计生委主任、党组书记李斌在深圳调研卫生健康工作，出席中国医学科学院肿瘤医院深圳医院协议签署及揭牌仪式，实地考察罗湖医院集团东门区域社康中心和中国医学科学院肿瘤医院深圳医院，并听取有关情况报告。广东省委常委、深圳市委书记、市长许勤会见李斌一行。

卫生应急　2017年，全市紧急医疗救援队伍和专家组的建设得到加强，已建立应急医疗救援队、远程救援医疗队，并建立4组61人的医疗救治专家组。全市共有归市急救中心管理调度的在运行的急救网点83个，急救车辆102台，紧急医疗救援人员近2000人。完成深圳市毒物标本库建设并完成布展用于科普宣传，为更好地应对深圳市可能发生的突发急性传染病疫情奠定了物资基础。组织做好春运、第13届文博会、第19届国际植物学大会、中俄人文合作委员会第18次会议、第11届中国杯帆船赛以及第19届高交会等活动的医疗卫生保障工作，确保活动与赛事期间相关人员得到优质、高效的医疗卫生保障服务。

基层卫生工作　2017年，深圳市引导资源下沉，做强社区健康服务中心。全市新增社康中心23家、家庭医生367名、家庭医生服务团队225个，329家社康中心共设立389个专科医生工作室。将社康机构的门诊补助标准提高到40元/人次以上并实行动态调整。已研究制定深圳市家庭医生服务规范、深圳市家庭医生服务管理办法，明确家庭医生服务项目和服务流程。2017年对家庭医生团队为本市社会医疗保险参保人提供的家庭医生服务，按每一签约参保人每年120元的标准，经卫生和财政部门审核确认后，由社康机构同级财政给予补助。累计建立家庭病床8209张，其中2017年新增3743张。家庭医生签约人数为296.11万人，其中户籍人口签约人数为98.72万人；老年人、慢性病患者、严重精神障碍患者等3类重点人群签约人数为56.97万人，签约率为69.69%。

妇幼保健工作　2017年，深圳市持续提高妇幼健康服务水平。加强全市产科、儿科医疗资源优化配置，在医疗服务价格、薪酬待遇等方面向儿科专业倾斜，增强服务供给能力。新增实施 21、13、18“三体综合征”基因筛查，新生儿遗传代谢病、听力筛查，适龄妇女宫颈癌 HPV 基因检测筛查等惠民项目。二年级小学生免费窝沟封闭服务 6.89 万人，实现全覆盖。完成市级和 7 个行政区妇幼保健和计生技术服务机构和职能整合。加快推进市区两级急危重症孕产妇和新生儿救治中心、区级出生缺陷综合干预中心建设。深入开展妇幼健康优质服务示范工程、妇幼安康工程项目，“两癌”筛查、产后抑郁干预、儿童早期发展示范基地创建等工作扎实推进。2017 年全市全人口活产数为 239343 人，比上年增加 27417 人，增加 12.94%。全人口孕产妇死亡率为 6.27/10 万，比上年下降 30.1%；婴儿死亡率为 1.89‰，比上年下降 7.8%；5 岁以下儿童死亡率为 2.42‰，比上年下降 14.18%，继续保持在全国先进水平。

学科建设　2017 年，全系统共投入科研项目经费 1469.5 万元，立项资助 195 项。牵头承担国家科技重大专项 3 项、重点研发计划 1 项，承担重点研发计划子课题 3 项，国家自然课题 84 项。全系统获政府科学技术奖励 7 项，其中省科学技术奖励 2 项（三等奖 2 项），市科学技术奖 5 项（一等奖 2 项、二等奖 3 项）。2017 年共立项引进 100 个高层次医学团队；引进的团队于年内陆续到位开展工作。全市累计共有 171 个高层次医学团队，有专家 692 人，其中诺贝尔奖获得者 1 人，两院院士 39 人，国外院士 9 人，国家级领军人才 104 人，海外 A 类高层次人才 20 人。建成 6 家高校直属附属医院和 8 家名医诊疗中心。省级以上医学重点学科达到 80 个，全市有 20 个学科进入全国医院科技影响力评估同学科排名前 100 名，其中 9 个学科进入前 50 名。

福田区积极推动公立医院综合改革　区政府印发《福田区公立医院综合改革实施方案》，分级诊疗改革向纵深推进。通过改革，实施大学和医院联动、市属和区属联动、公办和民办联动的“三联”福田医疗卫生事业改革发展模式，促进卫生与健康服务模式从“以治病为中心”向“以健康为中心”转变，从“以医院为重点”向“以基层为重点”转变。组建“1+X”区域医联体，构建省、市、区无缝对接医疗体系，引导优秀医疗人才、优质医疗资源“双下沉”，支持基层医疗机构服务能力、服务效率“双提升”，为居民提供便捷、连续、优质的医疗健康服务。建立起基层首诊、双向转诊、急慢分治、上下联动的分级诊疗制度，做到人人有家庭医生、人人有健康顾问，实现福田区“小病不出社区、大病不出辖区”的目标。

南山区为社康中心配备中医师　到 2017 年末该区有 80 余家“医院主办、医院管理”的社区健康服务中心，均配备 50 种以上的中成药，71.3% 的社康中心配备 100 种以上的中药饮片，同时主办医院随时可以配送其他中成药和中药饮片种类。81.3% 的社康中心配备中医师，能够提供针灸、火罐、推拿、敷贴、艾灸等中医药适宜技术服务，部分社康中心配备自动牵引床、熏蒸床及煎药机等设备。2016 年开展体质辨识的 65 岁老年人达到 3.07 万人，管理率达到 44.7%，开展儿童中医调养的儿童数 4.22 万人，管理率达到 72.9%。

盐田区加强公共场所急救能力建设　2017 年，盐田区陆续在大梅沙海滨公园、区体育中心、区游泳馆、盐田高级中学等 8 处人流密集的旅游景区和公共场所配置了户外急救箱，每套户外急救箱配备自动体外除颤仪等 20 种急救相关设备和器械。同时发挥红十字会培训基地的作用，每年定期向辖区旅游景区工作人员、义工、中小学校教师和学生、社区居民等开展急救知识技能培训，使辖区居民都能掌握初级救护技术。充分发挥电视台、报刊、政府网站、宣传栏、微信公众号等传统媒体和新媒体的作用，加大对公共场所急救知识和技能的宣传力度，提高居民群众的急救意识和能力。

2017 年 6 月 7 日，广东省委常委、深圳市委书记王伟中带队赴市卫生计生委调研医疗卫生工作，并召开座谈会，听取市卫生计生委主任罗乐宣关于全市卫生与健康事业改革发展情况的汇报。

龙华区上线全国首个微信支付“新农合”系统
2017 年 2 月 23 日，国家卫生计生委异地就医结算中心与腾讯公司签署《城乡居民基本医疗保险（新农合）跨省就医联网结算报销合作框架协议》，利用腾讯公司在“互联网＋医疗”、移动支付等方面的资源及优势，大力推进全国“新农合”的跨省就医联网结算报销工作。龙华区人民医院和腾讯合作开发全国首个微信支付“新农合”业务系统。全国8个省的“新农合”患者可以在龙华区人民医院直接刷微信实时结算报销，享受同参合地一样便捷的新农合报销和结算服务。

大鹏新区对广西巴马实施精准扶贫　该区通过精准建档、建队、查体、指导和援助，有效实现卫生帮扶目标。实行“边查体边摸排，边入户边建档”的动态管理模式，建立完善贫困人口健康档案，精准掌握扶贫对象信息。组建一支包括内科、外科、妇产科、检验检测和公共卫生等相关专家和技术骨干组成的卫生专家团队，深入巴马全县开展贫困人口健康查体和集中诊治工作，精准改善当地群众就医条件。定期开展巡回医疗卫生服务活动，集中对当地贫困人口进行免费体检筛查，形成精准查体大数据信息库。同时通过远程会诊、远程诊断、远程病理、远程培训等模式，全面提升当地医疗机构诊疗水平。加快推进巴马县人民医院建设项目，全面改善当地群众就医环境。

人口和计划生育工作

全市计划生育工作概述　2017年，深圳市按照党中央、国务院和省委、省政府关于人口和计划生育的工作部署，一手抓贯彻实施全面两孩政策、改革完善计划生育服务管理，一手抓提高妇幼健康水平、完善家庭发展支持体系，全面两孩政策在全市平稳实施，人口均衡发展总体形势良好。福田区、罗湖区被国家卫生计生委首批授予2014—2016年全国计划生育优质服务先进单位。2017年全市部门预算安排计划生育事业费10.89亿元，按深圳市2016年底统计部门公布的常住人口1190.84万人计，财政人均计划生育事业费投入91元，人均水平高于国家和广东省的要求。市级妇幼保健、计划生育服务机构的人员、公用、业务经费以及基本建设、设备购置等费用全部纳入财政安排，免费孕前优生健康检查、出生缺陷干预、计划生育基本技术服务、计生奖励扶助和再生育关怀等项目经费全部足额保障落实。上级转移支付专项资金都及时拨付到位。

党政领导重视力度不断加强　深圳市委、市政府将计划生育工作纳入重点工作督查，全面落实计划生育目标管理责任制，严格考核并兑现奖惩。市政府召开常务会议研究审议、报市委主要负责同志审阅，出台《深圳市计划生育若干规定》，进一步完善符合深圳市情的计划生育长效管理工作机制。严格落实计划生育“一票否决”，全市在公职人员招考、资格审查、干部选拔、评先评优等方面，共对5761个单位、1959人次进行了计划生育情况审核。

综合治理工作　深圳市充分发挥人口和计划生育领导小组和计生兼职单位的作用，加强对计生工作重点难点问题的组织、领导和协调。完善政府与社会协同治理机制，充分调动工青妇和计生协会、人口基金会等群团组织和其他社会组织参与计划生育工作的积极性、主动性和创造性。卫生计生部门和教育、民政、人社、财政、住建、国土规划等部门加强对全面两孩政策实施对经济社会和资源环境的影响评估结果的应用，及时出台配套政策，调整相关专项规划，统筹做好医疗、教育、养老、住房、生育保险等公共服务资源的配置，加强信息互联共享，在积分入户、入学、生育保险、住房保障、子女收养等公共服务方面，按照职责把好计划生育政策关。

流动人口计生服务管理　2017年，深圳市着重提升流动人口计生服务管理能力。（1）开展流动人口动态监测调查。开展对36个街道、100个社区样本抽样编框，组织各区、街道、社区调查员调查问卷操作流程培训，完成国家流动人口动态监测调查任务。（2）开展流动人口计生优质服务集中专项活动。免费落实计划生育技术服务23.9万人次，免费计划生育基本技术服务落实率达100%；新建流动人口档案信息28.83万人，清理无效人口信息档案15.9万人；办理流动人口电子婚育证明1542人次、办理婚育证明8177人次；集中开展流动人口宣传场次1053场，参加人次19万人次；协助湖南省依法征收社会抚养费100万元。（3）扎实开展流动人口区域协作。召开区域协作座谈会26场，上门服务5020户，与服务对象见面2.15万人，登记完善全员人口信息2.6万多条。河源、惠州、揭阳、汕头均派出工作组来深圳集中开展服务管理活动。（4）举办流动人口健康教育活动。在全市各区接力开展“新市民健康城市行”活动。推进流动人口均等化服务，流动人口免费计划生育基本技术服务落实率达100%。（5）丰富流动人口均等化服务内容，提高服务可及性，免费实施“四术”1.4万例，免费查环查孕37.85万人次，免费发放避孕套1684.1万只，免费妇女病普查普治12.1万人次。

平稳落实全面两孩政策　2017年深圳市全面落实《广东省关于生育登记和再生育审批的暂行管理办法》，全面推广生育登记和再生育审批网上办理。广泛推行承诺制，规范计划生育证明办理工作，取消深圳市入户手续中计划生育前置审查要求。全市共完成各类生育登记13.87万人次、再生育审批2775人次，出具各类计生证明33.32万份。认真组织参加全国生育状况调查工作，强化出生人口监测，规范应用出生医学证明系统，2017年全市妇幼年度活产数为23.93万人，首次签发出生证共24.43万份，首次签发率为102.08%，当年出生当年首次签发数为21.97万份，当年出生出生证当年首次签发率为91.81%。加快新建、扩建市妇幼保健院和龙华、坪山妇幼保健院和各区属医院产科床位改扩建工作，以满足生育高峰期的来临以及全面二孩政策落地后儿童医疗服务需求急剧增长的需要。2017年底全市有助产机构82家，产科床位达4055张，比上年增加97张。

打击“两非”工作 2017年深圳市深入开展关爱女孩系列活动，完善计生女孩家庭利益导向政策，同等条件下优先安排和帮助计划生育女孩家庭落实各项社会福利、社会救助项目。实施“两非”违法行为举报奖励制度，坚持多部门联合集中开展专项打击行动与日常检查相结合，通过宣传引导、有奖举报、深挖线索、区域协作、积极办案等措施，保持“严打”高压态势，“两非”案件信息管理系统的录入、应答、结案率均达100%，采血送港违法鉴定胎儿性别专项整治工作机制进一步强化。全年共受理、查处涉“两非”案件1宗，协办12宗，截获非法携带血液样品出境11批次。

2017年2月28日，以“弘扬大医精诚 践行核心价值”为主题的广东省中医药典型人物先进事迹报告会在深圳市民中心礼堂举行。广东省卫生计生委党组成员、中医药局局长徐庆锋，深圳市副市长吴以环，深圳市委卫生工委书记、市卫生计生委党组书记、主任罗乐宣，深圳市文明办处长张玉领出席报告会，并会见报告团先模和宣讲队员。

出生缺陷三级预防综合防治工作 2017年深圳市共开展6个出生缺陷综合防控惠民项目，其中全市地中海贫血防控血常规初筛率达131.57%，共确诊地中海贫血基因携带者1284人，其中夫妻为同型地中海贫血基因携带者190对，均提供干预服务。推动免费孕前优生健康检查工程扩面提质，2017年免费孕前优生健康检查项目目标人群数86290人，全年共完成检查99787人，超额完成全年目标任务。扎实推进第2批县（区）级出生缺陷综合干预中心建设验收工作，福田区、罗湖区和南山区出生缺陷综合干预中心基本达到合格标准，已申报省级复核。

计划生育服务项目建设工作 深圳市在继续实施“六大帮扶”“六项制度”“苔花计划”的基础上，2017年新增法律援助服务、定期上门提供生活照料、为计生特殊家庭60岁以上老人购买家政援助服务等内容，统一慰问金标准（每人每年5000元），综合保险保费标准由每人每年300元提高到400元，保险年龄由原来最高75周岁扩大至不限年龄。成立深圳市计划生育特殊家庭心理援助指导中心，为计生特殊家庭成员进行心理干预服务，此做法在全国计生特殊家庭扶助关怀工作会议上作经验介绍。首家为计生特殊家庭提供医养服务的“幸福工程光明医养爱心基地”揭牌，为全市计生特殊家庭提供养老医养结合服务，确保符合条件的失独老人优先入住、住院费适当优惠。市民政局起草《深圳市公办养老机构入住评估轮候管理办法（试行）》，将计划生育特殊家庭中特别扶助老年人列入优先保障通道进行轮候。全市特殊家庭实现了建档率、联系人制度、家庭医生签约率“三个全覆盖”。市住建局修订《深圳市公共租赁住房轮候与配租办法》，明确对失独家庭按照其失独前的家庭在册轮候人数确定配租建筑面积，允许选房名单中计划生育特殊家庭等特殊群体的认租申请人优先选房。

计生家庭发展能力全面提升 （1）积极创建幸福家庭示范市。深圳是全国第2批创建幸福家庭示范市单位，成立由分管副市长任组长、各相关部门领导组成的创建幸福家庭活动领导小组，出台了《关于深入开展创建幸福家庭活动的通知》，将创建活动纳入市、区经济社会发展规划和改善民生的重要内容，开展丰富多彩的宣传、咨询和培训活动，围绕创建家庭文明、家庭文化、优生优育、科学育儿、青少年健康发展、养老照护、家庭保健教育、医养结合、计生家庭帮扶救助、出生人口性别比综合治理等内容，不断打造和创新深圳市家庭发展品牌项目，评选出深圳市家庭发展“十大品牌项目”。（2）完善计划生育利益导向政策。重新修订《深圳市独生子女父母计划生育奖励办法》，将已领取一次性奖励金和退休金加发5%奖励金的独生子女父母以及新迁入深户独生子女父母纳入每人每月160元的奖励金发放范围，完善了独生子女父母奖励政策，彻底解决历史遗留问题。全年共发放计划生育独生子女父母奖励金 24723.63 万元、计划生育特别扶助金 703.38 万元，落实率均达 100%。

计划生育数据及态势分析　2017 年，全面两孩政策平稳实施，人口均衡发展总体形势良好。年末全市计划生育服务管理常住人口为 1770.02 万人，与上年同比增加 162.84 万人。2017 年全市政策生育率为 97.31%，与上年同比提高 3.45 个百分点；出生率和自然增长率为 15.39‰和 14.88‰，同比分别上升 0.26 个、0.21 个千分点；政策外多孩率为 1.84%，同比上升 0.67 个百分点。

盐田区持续优化计生服务　该区积极贯彻落实全面两孩政策，改革完善计划生育服务管理，实现全区人口计生工作持续优化提升。（1）强化基础信息完整度。加强与公安、民政、教育等部门协作，准确掌握迁户、新生儿入户、婚姻登记、儿童入学等情况，推进生育登记、孕产期保健、住院分娩、儿童预防接种等信息互联互通共享，及时把握出生人口动态。（2）拓宽计生公共服务覆盖度。建立出生缺陷三级预防体系，为全区常住人口实行免费计划生育手术，免费婚前及孕前优生检查健康检，免费为育龄妇女提供普查普治，对新生儿常见疾病进行筛查一体化服务。（3）提升群众满意度。充分利用街道、社区工作站和社区生育文化中心的平台功能和辐射带动作用，联合医院和社康中心开展优生健康惠民工程百场宣讲；借助微博、微屏、微信公共平台等新媒体，宣传和报导辖区卫生计生工作的重点项目。（4）促进流动人口社区融合度。切实推动计生基层自治，实现流动人口计划生育工作管理与服务相融、措施与目标相接、服务与需求相通，推进外来流动人口平等共享社会公共服务，增强了流动人口的认同感和归属感，促进社区融合。

南山区“三早”筛查耳聋基因　该区积极开展新生儿耳聋基因筛查等民生实事项目。（1）早发现。在辖区内医院出生的新生儿均可享受免费的耳聋基因筛查。项目惠及 30836 位新生儿，共有 1323 位新生儿携带耳聋基因，携带率为 4.29%。（2）早预防。对耳聋基因携带者家长进行预警及耳聋防治知识的宣教。指导家长在日常生活中注意患儿的防护。针对药物性耳聋基因携带者，发放用药指导卡片。开设遗传咨询门诊，评估家族成员生育风险，指导优生优育，避免生育有耳聋风险的患儿。（3）早治疗。针对先天性重度耳聋患者，及时转诊到深圳市儿童医院，建议其采取人工移植耳蜗手术，或选配助听器进行康复训练。针对迟发性耳聋基因携带者，由专人跟踪随访，定期复查。及时采取干预和康复措施。

龙岗区多举措推动家庭发展　该区通过设置亲子互动游戏、开展生命之舞项目和举办健康素养竞赛等活动激发家庭活力。如平湖街道在凤凰山矿山公园举办“幸福家庭、美好平湖”宣传活动，吸引 220 个家庭参与；龙城街道举办“深圳情 · 家庭爱”趣味运动会展示家庭活力。开展“生命之舞——联心之旅”进校园活动，调动青少年参与公益项目的积极性。普及健康观念。南湾举办健康素养知识竞赛，以新版《健康 66 条——中国公民健康素养读本》为出题范围，强化健康理念。（曾华堂）

〔特约编辑：李　创〕

〔主　编：廖澍华〕

新疆生产建设兵团

卫　生　工　作

兵团卫生工作概述　2017 年，兵团卫生计生系统把政治建设作为首要任务，在全系统集中部署开展学习宣传贯彻落实党的十九大精神系列活动，深入学习贯彻党的十九大精神和习近平新时代中国特色社会主义思想，深刻学习领会以习近平为核心的党中央治疆方略和对兵团的定位要求。牢固树立“四个意识”，坚定“四个自信”，做到“四个服从”，严守政治纪律和政治规矩，深刻反思兵团卫生系统发生的严重违法违纪案件的惨痛教训，深挖问题根源，彻底消除朱东兵、吴宏造成的恶劣影响，重塑行业良好政治生态。坚定不移贯彻落实党中央决策部署和自治区党委、兵团党委工作要求，宣传总目标、践行总目标、服务总目标，实现敏感时间、敏感节点卫生计生系统“三不出”。

坚持深化改革，重点领域的改革取得成效。（1）深化医改密集发力，改革目标更加集中，措施更加精准，整体效果进一步显现，十三师公立医院改革得到国务院办公厅通报表扬。全面推行医疗保险总额控制，在师级医院推行临床路径管理。兵、师公立医院年门诊病人、出院病人次均医疗费用增幅均控制在 10% 以内。积极推进医疗联合体建设，兵团 8 家三级医院全部参与医疗联合体建设。推进一师医院与地方医院建立医联体和技术协作。积极推行药品采购“两票制”，在兵团所有公立医疗机构药品采购中实施“两票制”。推进团场综合改革任务落实，稳步开展团场公立医院由师市统一管理的改革。（2）坚持医疗惠民，职工群众获得更多健康实惠。完成年度全民免费健康体检工作，免费体检243.5万人。持续开展“五共同一促进”活动，推进兵团各级医院与地方医院结对共建和优势资源共享。全面启动家庭医生签约服务，居民签约126万人，重点人群签约58万人，居民签约率为46%。全面实施健康扶贫工程，开展农村贫困人口大病专项救治工作，集中救治罹患9种大病的特困人员和低保对象366人。扎实开展疾病应急救助工作，救助245人次，救助金额197万元。加强临床路径管理，完成3年改善医疗服务行动计划任务，就医秩序明显改善，诊疗水平进一步提高。

坚持预防为主，公共卫生服务能力大幅提升。（1）加强疫苗流通和预防接种管理，集中开展两轮脊髓灰质炎疫苗补充免疫活动，累计服苗21.3万人次。认真落实国家扩大免疫规划，以团场为单位儿童常规疫苗报告接种率在95%以上。加大传染病、地方病防治力度，防治保障体系和专业防控体系进一步完善。推进兵团慢病示范区建设，开展全民健康生活方式行动项目。继续开展精神疾病防治工作，八师石河子市开展精神卫生综合管理试点工作得到国家督导组高度评价。举办兵团首届卫生应急技能竞赛，指导各师（市）处置传染病预警疫情118起、突发公共卫生事件5起。爱国卫生运动持续深入开展，八师石河子市被命名为国家卫生城市，1团、7团被命名为国家级卫生城镇。（2）加强基本公共卫生服务，人均基本公共卫生服务经费补助标准提高至55元，服务内容不断丰富，全生命周期人群免费基本公共卫生服务链条初步形成。启动建设优质服务示范社区卫生服务中心活动，基层服务质量持续改善。开展健康素养促进行动，12家医疗机构开展健康促进医院试点，4个团场开展“健康促进团场”创建工作。加强孕产妇和3岁以下儿童“两系管理”，“两系管理”率分别提高至92.8%、93.46%。保持预防艾滋病、梅毒、乙肝母婴传播项目兵团全覆盖，免费为孕产妇及所生儿童提供干预服务。加强出生缺陷防治，免费开展兵团新生儿先天性甲状腺功能减低症、苯丙酮尿症和听力障碍筛查，“两病”筛查率为88.5%、听力障碍筛查率为73.6%，妇幼健康核心指标优于全国平均水平。（3）加强食品安全风险监测能力建设，新增食源性疾病哨点监测医院14家，完成1200批次的食品安全风险监测抽检任务，并及时将监测情况通报相关部门。加强事中事后监管，推行“双随机”监督抽检。加大卫生监督执法力度，加强医疗机构依法执业监督检查，共检查医疗机构1566家；组织开展消毒产品专项监督检查，抽查产品4323个，查出问题产品117个，对存在问题的单位责令限期整改，净化了市场环境。（4）利用5亿元中央专项资金，加强医疗卫生服务体系建设、公共卫生服务、基本药物补助和疾病应急救治等工作。实施兵团级继续医学教育项目114个，招收订单定向免费医学生50名。加大全员培训力度，全年共培训各类医务人员9万余人次。加快推进卫生计划生育信息化，建立基层卫生计生5800多个信息采集网点，建成兵团全员人口统筹管理信息系统和全员人口信息数据库，人口信息入库率、完整率均达到95%，实现兵团“卫生云”平台暨医疗卫生信息综合管理系统、国家健康信息平台和计划生育业务信息互联互通，在西北地区率先完成省级平台功能指标和数据的上传测试。

坚持标本兼治，计划生育工作得到加强和改进。调整完善生育政策，与自治区同步实行“城镇普遍二孩、农牧一线（农牧民）普遍三孩、各民族平等”的计划生育政策。深化计划生育服务管理改革，简化办事流程，全面取消一、二孩生育审批，生育家庭全部实现生育服务证网上预约办理，“一次登记、全程服务”成效凸显。加强人口发展战略研究，“促进兵团人口有效集聚的对策建议”获兵团级发展改革重点课题研究一等奖。实施更加积极的利益导向政策，全面落实兵团“十件实事”计划生育惠民项目，完成免费孕前优生健康检查1.1万对，生育二孩住院分娩补助0.62万例，婚育新风促进工程0.44万例，完成率均超过100%。深入开展幸福家庭创建活动，四师可克达拉市荣获全国幸福家庭创建活动示范市荣誉称号。加大计划生育伤残死亡家庭关怀关爱力度，建立一次性5000元扶助金制度和“一对一”“二对一”精准帮扶政策。推进流动人口卫生计生均等化服务，全面落实流动人口居住地生育服务制度，免费计划生育基本公共服务覆盖率达95%以上，完成2017年流动人口动态监测工作。认真贯彻落实兵团党委《关于加强和改进南疆师市计划生育工作的意见》，进一步加大对南疆师市支持力度，投入专项资金3642.7万元加强南疆师市计划生育工作。继续深化违法生育清理清查和专项治理，三师、十四师违法生育由峰值的45.17%和36.38%，下降到2017年的9.08%和2.87%，均为历史最低。会同公安、民政、发展改革等6部门加强出生人口信息管理，建立10个出生人口监测直报点，完善信息通报共享机制，加强人口基础信息的核实比对，出生人口入库合格率和生育登记入库合格率均达到95%以上。

坚持加强服务体系建设，医疗服务质量水平持续提升。（1）加强医院医疗质量管理，规范医疗服务行为，保障医疗安全。开展抗菌药物临床合理应用专项检查，控制抗菌药物不合理应用。加强血液安全管理，实现了核酸检测全覆盖，7 家血站完成兵团血液管理信息平台接入。组织开展等级医院评审、大型医院巡查、安全生产检查、住院医师规范化培训基地评估等工作，完善了兵师医院加强医疗制度管理，提升医疗质量和水平。新增 4 家医院按三级医院试运行。深入开展对口支援，16 所师级医院共选派 80 名高年资医师支援 35 所团场医院开展工作，提升团场医院服务能力。“组团式”援疆不断深化。“平安医院”创建稳步推进、医疗纠纷人民调解工作扎实开展，调解受理 341 起，调解成功率为 88.86%。（2）大力推进中医药事业持续健康发展。制订印发《兵团基层中医药服务能力提升工程“十三五”行动计划》，开展兵团医疗机构提供中医药服务能力情况调查，积极筹备成立兵团中医药学会。推进兵团基层中医药服务能力提升，培训基层中医药适宜技术推广员 305 人。召开了兵团基层中医药服务能力提升工程推进会和兵团中医药重大公共卫生项目考核现场会，推进中医适宜技术在基层广泛应用。

兵团卫生与健康大会　2017 年 4 月 27 日在乌鲁木齐召开，兵团政委孙金龙、司令员彭家瑞参加会议并讲话。孙金龙指出，要深入学习贯彻习近平总书记重要讲话精神，切实增强推进健康兵团建设的责任感、使命感、紧迫感；要把握新形势下做好卫生与健康工作的总体要求，扎实深入地推进健康兵团建设各项工作，为兵团全面建成小康社会、发挥稳定器大熔炉示范区作用打下更加坚实的健康基础。　（李龙勇）

“学转促”专项活动　2017 年兵团印发《关于在“学讲话、转作风、促落实”专项活动中强化监督执纪问责的通知》，以“学转促”专项活动为契机，进一步树立风清气正的政治生态。组织局、会机关和直属单位的 1260 余名干部职工参加“发挥兵团特殊作用大学习大讨论”知识闭卷考试，不断强化“大学习大讨论活动”的作用效果。

“正风肃纪、发声亮剑”活动　2017 年兵团把深刻反思卫生系统严重违纪违法案件当作一项重要政治任务，剖析问题根源，彻底消除恶劣影响。召开党组中心组会议，通报相关情况，统一干部思想，确保各项工作有序推进。6 月 29 日，召开兵直卫生系统“庆七一”、“学、转、促”、亮剑反腐、正风肃纪廉政教育大会，兵团党委常委、副司令员李萍出席大会并讲话，卫生局机关及直属单位领导分别“发声亮剑”和作出廉洁自律承诺。

党风廉政教育月　2017 年兵团扎实开展以“聚焦总目标、严明政治纪律、锻造优良作风”为主题的教育月活动。借助中心组学习、党日活动的机会，采取集体学习、座谈讨论、党课专题辅导等方式，组织党员干部特别是领导干部深入学习习近平总书记关于党风廉政建设重要讲话精神和相关党规党纪。组织局、会机关和直属单位党员干部参加“党章党规党纪知识答题活动”。教育引导干部牢固树立规矩意识、纪律意识。联合计生委、残联共同组织局会机关及直属单位党员领导干部 36 人前往“西山监狱”参观，组织局机关和兵团医院班子成员及设备、药品、基建等重点职能科室主任等 23 人旁听芳草湖垦区法院对兵团医院原常务副院长吴宏案的开庭审判过程，参加人员受到深刻的警示教育，进一步增强了党员领导干部廉洁自律意识。　（李　军）

“民族团结一家亲”活动　2017 年兵团卫生局制定“民族团结一家亲”活动工作要点和活动计划，明确每月的主题和活动内容。全年组织义诊 6 次，开展各类活动 66 次，参与群众 2285 人次；入户宣传 2142 人次，免费为各族职工群众体检 1872 人次，免费发放 2 万余元药品、牛奶 2000 箱、食品 100 箱、运动鞋 3000 双、捐赠衣物 3000 余件，帮助销售核桃 6396 公斤，惠及各族职工群众 1547 户次。

“访惠聚”工作　围绕兵团党委确定的“一个目标、三项任务、五件好事”扎实开展“访惠聚”工作，在摸清底数的情况下，与连队支部成立联合党支部，建立连队、警务室、工作队“三位一体”工作机制。加强重点管控，通过组织“感党恩、知政策”宣讲、普法宣讲、开展“五四”青年节联谊、周一升国旗、集中教育转化等多种形式的教育活动，扎实开展去极端化工作，连队职工遵纪守法、努力工作、维护民族团结，共建社会主义和谐社会氛围日渐浓厚。通过教育转化，连队“不放心”人员从 17 人降至 8 人，主动上交与宗教、管制物品等有关的物品 700 余件。加强基层党员队伍建设，发展预备党员 2 人、培养对象 2 人、入党积极分子 8 人、写入党申请书者 12 人。工作队充分发挥卫生行业优势，邀请医疗专家为职工义诊 3 次，利用 5 万元工作经费和 15 万元惠民经费修建授精站 2200 平方米羊圈和药浴池，开展羊群人工授精 5000 余只，药浴 1100 余只。推动萨福克羊的品种改良推广，连队萨福特杂交羊增至 825 只。为三连 60 户职工群众安装网络电视。加强基层阵地建设，协助一牧场修建 709 平方米连队文化活动中心。　（李龙勇）

浙江“组团式”援疆有效果　浙江省“组团式”援助兵团一师医院力度不断加强，建立临床技能培训、诊疗中心8个，传帮带工作室25个，导师带徒49人，业务授课400次，培训人员6955人次，推广新技术110项，申报科研课题32项，该院综合能力进一步得到提升，援助成效得到中组部、国家卫生计生委的高度评价。（张　欢）

公立医院综合改革　2017年，兵团制定印发《关于全面推开公立医院综合改革的通知》《关于全面推开兵师两级公立医院综合改革的实施方案》。全面取消公立医院药品加成，与自治区同步调整医疗服务价格。继续以兵师医院与团场合作开展医疗服务为突破口，深入推进团场医院综合改革，探索推进师团医疗卫生一体化管理。制定《关于控制兵团公立医院医疗费用不合理增长的实施意见》，明确公立医院医疗费用平均增长幅度控制在10%以下。6月召开兵团师级公立医院综合改革培训班。完成13个师师级公立医院综合改革2016年度效果考核评估，接受国家复核组对兵团和十三师复评工作，受到国家督导组的表扬。

进一步完善药品供应保障　2017年，兵团继续在基层医疗机构执行国家基本药物制度，实行零差率销售。继续依托自治区药品集中招标采购平台，使用其药品、高值医用耗材中标目录及价格，由各师与中标的配送企业采取竞争性谈判的方式签订供应合同。在各师全面开展公立医疗机构开展药品购销“两票制”管理。

医疗联合体建设　2017年，兵团制定下发《关于推进兵团医疗联合体建设和发展的实施意见》，积极推进医疗联合体建设，完善六师奇台医疗集团、六师医院医疗集团、十三师红星医疗集团等医疗联合体管理机制。截至9月30日，兵团8家三级医院全部参与医疗联合体建设。（李　鹏）

医疗惠民　2017年，兵团完成年度全民免费健康体检工作，免费体检243.5万人。持续开展“五共同一促进”活动，推进兵团各级医院与地方医院结对共建和优势资源共享。全面启动家庭医生签约服务，居民签约126万人，重点人群签约58万人，居民签约率为46%。全面实施健康扶贫工程，开展农村贫困人口大病专项救治工作，集中救治罹患9种大病的特困人员和低保对象366人。扎实开展疾病应急救助工作，救助245人次，救助金额197万元。（李龙勇）

改善医疗服务行动计划　2017年，兵团根据《兵团进一步改善医疗服务行动计划实施方案（2015—2017年）》，将“进一步改善医疗服务行动”与深化医药卫生体制改革等工作相结合。各医疗机构通过优化诊区设施布局，营造温馨就诊环境，推进预约诊疗服务，有效分流就诊患者等措施持续改进医疗质量。

农村贫困人口大病专项救治　2017年兵团卫生局、人口计生委、民政局、发展改革委（扶贫办）印发《关于印发兵团团场贫困人口大病专项救治工作的通知》，各师卫生局会同民政局对贫困人口中罹患9种大病的患者进行筛查，建立救治档案，确定救治定点医院，对366名团场特困人员和低保对象进行集中救治。

巡回医疗　积极争取国家巡回医疗队赴兵团开展巡回医疗，促成西安交大一附院医疗队在九师开展为期1个月的巡回医疗工作，8个相关专业的专家，在巡回医疗期间开展门诊26次、接诊患者700余人次、开展手术33台、业务查房50余次、开展新技术新项目20项、会诊670余例，开展全院带教授课8次，科室授课80余次，培训医务人员2100余人次，对周边团场开展义诊4次，院内开展义诊1次。

“服务百姓 健康行动”全国大型义诊活动周　2017年兵团以服务百姓健康为主题，178所医疗机构统一开展为期一周的大型义诊活动，2154名医生、护士、药师参加，义诊人数39926人次，参加大讲堂群众14776人次，发放宣传材料93308份，收住入院385人次，义诊手术119台次，减免患者费用229381元。

南疆区域医疗中心建设　根据《新疆生产建设兵团参与建设丝绸之路经济带的实施方案》《新疆生产建设兵团医疗卫生服务体系规划（2016—2020年）》，结合兵团卫生事业在南疆的形势和第一师医院发展现状，积极向兵团机构编制委员会办公室申请在第一师医院加挂“兵团南疆区域医疗中心”牌子，积极推进兵团医疗服务体系建设，不断提高区域医疗服务救治水平。

对墨玉县脱贫攻坚医疗帮扶　2017年按照《关于印发〈兵团支持墨玉县脱贫攻坚实施方案〉的通知》要求，制定《兵团支持墨玉县脱贫攻坚医疗帮扶实施方案》。根据该县人民医院需求，与该院签订为期1年的技术帮扶协议。制定帮扶实施方案，每年在兵团医院选派1名专家做领队，选派实力较强的三级医院3人组成专家团队，赴该县开展医疗帮扶工作。同时石河子大学医学院第一附属医院每年接收 20 名墨玉县及乡镇医技人员进修学习，每年在该县乡镇开展免费巡诊 3 ~ 4 次。　　（张　欢）

疾病预防控制体系建设　2017 年，兵团进一步加强疾病预防控制体系制度化、规范化、标准化建设，积极探索建立防治结合工作机制。为进一步推进防治结合，印发《兵团结核病防治“三位一体”实施方案》，从体制机制上破解防治难题。协助规划部门做好区域重点疾控机构、传染病医院、精神卫生防治机构建设。针对各级疾控中心监测职能，加强兵、师疾控中心实验室能力建设，重点强化法定报告传染病发现和鉴别能力。加大疾控、管理、医疗专业人才培养，提高管理和服务能力，全年举办培训班 18 期，培训专业技术人员 1800 余人次。

传染病防控　2017 年兵团法定报告传染病发病率为 298.47/10 万，较上年下降 11.4%，其中甲乙类传染病发病水平首次低于全国水平（兵团 226.93/10 万，全国 240.48/10 万）。开展传染病报告质量调查，对各级医疗机构传染病报告质量和管理现状进行调查评估，不断提高疾病信息报告、分析和传染病疫情信息网络直报工作的质量与管理水平。每季度召开电视电话会议，对兵团的疫情进行季度分析，对重点疾病疫情分析做出报告和评估，提出防控措施。主动向社会公开兵团法定传染病疫情通报和突发公共卫生事件风险评估报告，对重点传染病进行风险预警提示。及时有效处置七师人感染 H7N9 禽流感和六师 103 团畜间 H7N9 禽流感疫情。

免疫规划工作　2017 年兵团印发《关于进一步加强疫苗流通和预防接种管理工作的实施方案》《兵团第二类疫苗采购实施方案（暂行）》《兵团免疫规划综合考核评估方案（试行）》等文件，加强疫苗流通和预防接种管理，确保疫苗质量和接种安全。严格执行国家扩大免疫规划项目工作的各项要求，2017 年共采购一类苗 11 个种类 99.3 万剂次，常规免疫接种工作完成，以团场为单位常规疫苗接种率达 95%。

重大传染病防治　2017 年兵团加强艾滋病监测与检测工作，完成艾滋病病毒抗体检测 41.82 万人次。高危行为干预 11530 人次。积极推进新型结核病防治体系建设。构建疾控机构、综合医院、基层医疗机构责任共担的结核病防控体系，印发《兵团结核病防治“三位一体”服务体系实施方案》，在七师医院开展结核病分级诊疗试点工作。积极推进开展耐多药结核病防治工作，新建成耐药实验室 1 个。

地方病防治　2017 年兵团在 5 个师开展重点人群免费发放碘盐工作，发放碘盐 142.7 吨，覆盖人口达 40876 人。开展碘盐监测，兵团碘盐覆盖率、合格率、食用率均在 95% 以上。组织开展兵团氟、砷、碘盐和尿碘外质控考核，兵师团三级合格率达 100%。扎实做好包虫病、布病防控工作。指导 6 个包虫病国家级监测点和其他项目师完成患病率调查、犬感染率和病例监测调查，包虫病防治项目犬驱虫、病人治疗药品和布病检测试剂采购和定期发放，开展布病高危人群流行病学调查 9701 人，完成重点人群干预包采购和发放 6400 个。

慢性病管理　2017 年兵团开展“三减三健”全民健康生活方式行动，推进慢性病综合防控工作可持续发展。管理高血压患者累计 188562 人，规范管理率为 78.41%；管理的 2 型糖尿病患者累计 80955 人，规范管理率为 76.34%。开展学生常见病及健康危险因素监测试点和农村义务教育学生营养改善计划监测和食物与营养监测，监测 36 所学校 8903 名学生。完成 19 个团场 21 所学校 7700 名学生的营养改善计划营养监测工作。

爱国卫生工作　2017 年，兵团印发《兵团贯彻〈国务院关于进一步加强新时期爱国卫生工作的意见〉的实施意见》《兵团爱国卫生运动委员会工作规则和成员单位职责分工的通知》等文件，明确各委员部门的职责。在兵团所辖 178 个团镇建立起了城镇环卫保洁和生活垃圾收集转运处理体系，生活垃圾无害化处理率为 53%，兵团师污水集中处理率达 85% 以上，团镇污水集中处理率达 70%，累计减少生活污水直接排放 1.2 亿立方米。完成人居环境改善和环境综合整治的连队居住区共计 685 个，惠及 32.9 万人。不断巩固提升团场饮水安全，在 7 个师开展兵团农村饮水安全巩固提升工程建设，总投资 24812 万元。抓好卫生厕所建设，2016 年兵团卫生厕所普及率达 85.3%。积极开展兵团卫生团场创建工作。到 2017 年底，兵团共有国家级卫生城市 1 个，国家级卫生城镇 5 个，兵团级卫生团场 18 个，待审批命名的兵团级卫生团场 13 个。　　（殷泰平）

突发公共卫生事件处置　（1）抓好突发公共卫生事件监测预警和应急处置能力，督促指导各师处置、报告预警疫情和突发事件的处置，突发公共卫生事件的发生率显著降低。全年指导处置传染病预警疫情

118起、突发公共卫生事件相关信息5起，有效处置1起人感染H7N9疫情。（2）认真开展月度突发公共卫生事件风险评估。分析和评判兵团突发公共卫生事件风险，及时上报、发布兵团突发公共卫生事件风险评估报告，提示各地应关注的突发公共卫生事件风险，督促落实相关防控措施。（3）加大对师卫生应急队伍和基层医务人员的培训力度，重点对鼠疫、人感染高致病性禽流感和不明原因疾病的监测和应对能力知识培训，培训人员65人。在全兵团开展多种形式的突发公共卫生事件应急演练，开展卫生应急演练活动15次，提高各级各类医疗卫生专业人员应对突发公共卫生事件的理论知识水平和实战应急能力。（4）2017年，兵团卫生局与工会举办兵团首届卫生应急技能竞赛活动，通过竞赛活动，进一步提升卫生应急队伍的专业能力和专业水平，2人获兵团屯垦戍边奖章、2个单位获兵团屯垦戍边奖状。

国家紧急医学救援队建设　2017年，兵团开展国家卫生应急紧急医疗救援队伍建设工作，制定《石河子大学医学院第一附属医院国家紧急医学救援队伍建设方案》，完成国家紧急医学救援队伍物资储备库建设，制定队员标准和职责，组建约80人的紧急医学救援队伍。

完善预案体系建设　2017年，兵团印发《新疆生产建设兵团重污染天气卫生应急预案》，不断健全突发公共卫生事件应对处置程序、操作规范和技术方案，做到依法规范、科学有序、快速有效处置各类突发公共卫生事件。　（韦鹏军）

法律法规落实情况监督　2017年2月3日，兵团印发《传染病防治法》等法律法规落实情况监督检查工作方案，开展《传染病防治法》等法律法规落实情况监督检查，检查各级卫生机构1226家，其中医院209家，卫生院1个，门诊部（所）14个，妇幼保健院1个，独立设置的疾病预防控制中心99个，采供血机构7个，急救中心1个，社区服务中心32个，社区医疗服务站89个，卫生所、医务室763个。通过开展监督检查，研究存在的问题，提出改进工作建议，督促有关单位落实。

“双随机、一公开”监督抽检　2017年3月31日，根据国家卫生计生委下达的2017年卫生监督抽检工作任务，兵团卫生局制定印发2017年公共场所卫生、生活饮用水卫生、学校卫生、涉及饮用水卫生安全产品、餐饮具集中消毒服务单位卫生监督抽检工作方案。明确兵团各级卫生监督机构的监督抽检任务，并按照“双随机、一公开”原则，建立了检查对象名录库和执法人员名录库，并进行了二者的随机匹配。兵团各级卫生监督执法机构规范地开展了卫生监督抽检工作，及时向社会公开查处的违法行为及抽检结果，加强事中事后监管。

卫生监督执法专项稽查　2017年5月5日，《2017年兵团卫生监督执法专项稽查工作方案》印发，兵团各级卫生监督机构开展为期4个月的以查处无证行医责任落实情况和制、着装管理情况为重点的卫生监督执法专项稽查工作。稽查采取内部稽查、层级稽查和交叉抽查的方式进行，主要内容包括案件查处力度、工作措施、无证行医行政执法与刑事司法衔接机制的建立与落实、移送案件等情况；各监督执法机构服装规格、样式是否符合国家统一要求，是否定点制作；监督人员执行公务时，是否严格按照规定统一着装等。专项稽查从5月开始，8月结束。通过稽查进一步提高了卫生监督队伍执法水平。

食品安全工作　（1）“食品安全宣传周”活动。2017年6月29日—7月13日围绕“尚德守法 共治共享食品安全”主题，组织兵团卫生系统认真开展食品安全宣传周活动。此次宣传周活动，共派发宣传册、宣传单等材料6万余份，宣传袋等宣传用品8000余个，宣传海报、横幅、版面1000余幅，出动工作人员500余人次，接受群众咨询4万余人次。（2）建立食品安全风险监测工作会商机制。12月11日，兵团食品药品监督管理局、工信委、商务局、质监局、发改委等部门召开兵团联席会议，就2017年食品安全风险监测工作进行会商，交流食品安全风险监测工作情况，收集食品安全风险监测工作中存在的问题及建议。同时，通报2017年食品安全风险监测结果，评估食品安全有关风险信息，为相关部门及时采取相应的风险管控和监管措施提供科学依据。　（赵义林）

新生儿疾病筛查　2017年兵团组织兵、师、团三级医疗保健机构全面开展新生儿疾病筛查工作。投入190万元，对兵团新生儿进行免费筛查，甲状腺功能减低和苯丙酮尿症（简称“两病”）筛查率达89%；听力障碍筛查率达74%。

实施预防艾滋病、梅毒、乙肝母婴传播项目　2017年兵团各级医疗保健机构继续为孕产妇提供咨询、检测及随访等预防艾滋病、梅毒、乙肝母婴传播的综合干预服务。孕产妇艾滋病、梅毒、乙肝检测率均达 99% 以上。

出生缺陷预防宣传周活动　2017 年 9 月 12—18 日，组织开展 2017 年出生缺陷预防宣传周活动。活动期间，利用广播、电视进行宣传，悬挂主题横幅约 200 条，展板宣传 300 期，举办讲座 60 次，孕妇学校培训 600 余人，接受咨询 7200 余人，发放宣传资料 8 万余份等。

实施基本公共卫生服务项目　2017 年，兵团卫生局联合财务局组成考核组，对六师、八师 2016 年度项目进行现场考核。考核结果在全兵团通报，且考核结果与拨付 2017 年项目补助经费挂钩。启动项目管理信息系统，对项目实施情况实行季度监测。7 月，组织开展以“基本公共卫生我服务你健康”为主题的项目宣传月活动，扩大影响面。对四师、六师项目考核发现问题的整改落实情况进行了督查。

推进家庭医生签约服务　2017 年，兵团卫生局以基本医疗和基本公共卫生服务为切入点，鼓励各地探索实践“基础包 + 个性包”的模式，为居民提供家庭医生签约服务。截至年底，全兵团组建家庭医生团队 1465 个，常住居民签约 126 万人，重点人群签约 58.4 万人，完成当年度人群签约覆盖率目标。

继续实施全民健康体检工程　2017 年，兵团实行月报监测制度，及时通报工作进展情况。有重点地开展督导检查和质量控制，确保进度、质量同步走。8 月，组织 2 个督导组对六师、十一师、十二师、十四师进行督导检查。年度内共免费体检 243.5 万人，体检率达 95% 以上。

基层医疗卫生服务能力提升年活动　2017 年兵团围绕服务能力的薄弱环节，组织团场医院和社区卫生服务中心开展提升年活动。通过提升年活动，进一步推动了基层医疗卫生机构完善服务功能，提高服务能力，突出特色服务，保障医疗安全，提升了群众对基层医疗卫生机构的利用率和获得感，为建立分级诊疗制度进一步打好基础。

健康素养促进行动项目　2017 年兵团本级制作 2 部公益广告片，在兵师团三级当地媒体平台进行推广播放。开展健康巡讲活动，共组织健康巡讲 528 次，覆盖人群累计达 8.5 万人次。兵团医院、石河子大学医学院一附院和第六师医院等 3 家医疗机构开展戒烟门诊服务，6 月组织完成对这 3 家戒烟门诊工作的考核评估。健康促进团场和健康促进医院创建有序开展，9 月完成第 2 批全国健康促进县（区）试点单位八师 152 团和十三师火箭农场的评估工作。选取六师奇台农场和八师 144 团开展健康促进国家第 3 批团场试点工作。选取六师 5 家医院、八师 6 家医院和兵团医院共 12 家机构开展健康促进医院试点工作。11 月，完成对六师、四师健康促进医院试点工作情况的督导。围绕“世界卫生日”“世界无烟日”等主题日活动，大力开展健康宣传；开展“健康中国行——合理膳食”大型主题宣传教育活动，11 月 12—18 日在全兵团进行为期一周的接力式集中宣传，11 月 12 日在七师 123 团举行兵团站活动启动仪式，国家卫生计生委宣传司司长出席启动仪式。

社区卫生和连队卫生技术人员培训　2017 年兵团本级组织开展新生儿疾病筛查、出生缺陷防治、《出生医学证明》管理信息系统建设与应用、《国家基本公共卫生服务规范（第三版）》、健康素养促进行动项目、社区卫生专业技术人员岗位培训、团场医院暨社区卫生机构管理人员培训和连队卫生技术人员乡村医生执业证书核发等业务培训班 9 期，培训人员 600 余人次。
（刘　锋）

临床重点专科建设　2017 年兵团加强二级以上医院综合能力建设和学科建设，加强兵团区域内紧缺专业（儿科、急诊急救、重症、妇产、感染性疾病、老年病、康复医学）的临床专科建设，组织开展第 3 批临床重点专科评审，共评出 12 个专业科为第 3 批兵团临床重点专科。
（张　欢）

团场医院能力建设　2017 年兵团继续开展骨干医师培训工作，完成 140 名师、团两级医院骨干医师到对口支援兵团的 10 个省（市）所辖三级医疗机构的培训。完成 16 所师级医院支援 35 所团场医院，每所医院选派 5 名高年资医师向 35 所团场医院派驻 1 年的万名医师支援农村卫生工程工作，完成 30 名团场儿科医师转岗培训。
（李　鹏）

医疗质量管理体系建设　2017 年兵团进一步加强医疗质量管理与控制体系建设，提高诊疗水平，保障医疗质量和医疗安全，积极推进医疗质量控制中心建设，成立兵团糖尿病医疗质量控制中心、兵团口腔医疗质量控制中心。

等级医院评审　2017 年兵团根据《关于印发兵团医疗机构设置规划（2014—2020 年）的通知》《医院评

审暂行办法》，组织开展二级综合医院等级评（复）审工作，六师奇台医院、图木舒克市人民医院、奎屯中医院通过二级甲等医院评审；批准五师医院、九师医院、十师北屯医院、石河子绿洲医院按三级医院试运行。（张 欢）

加强合理用药合理诊疗 加强临床路径管理，实施单病种管理，推进合理诊疗，逐渐降低医疗机构药占比。开展2017年抗菌药物临床合理应用专项检查，并对石大一附院、兵团医院、六师医院进行现场督查和复核。加强合理用药。运用处方负面清单管理、处方点评等形式控制抗菌药物不合理应用。二、三级医院住院患者抗菌药物使用率不超过60%，抗菌药物使用强度控制在每百人天40DDDs以下，规范激素类药物、抗肿瘤药物、辅助用药临床应用。（李 鹏）

开展优质护理工作 2017年兵团加强护理内涵建设，二级以上医疗机构全部开展优质护理服务。依托兵团各专科护士培训基地加强专科护士培训，开展手术室、重症监护、消毒供应、血液透析、急诊等专科护士培训，培训专科护士120人次。不断加强临床护士队伍建设，各级医疗机构临床护理岗位护士占全院护士的比例达95%，普通病房实际床护比≥1∶0.4，兵团1所医院、2个病区、5名个人分别荣获优质护理服务医院、优质护理服务病房、表现突出个人荣誉称号；1人荣获全国十大杰出护理工作者，2人荣获全国优秀护理部主任奖。（张 欢）

中医药工作 （1）提升基层中医药服务能力。制定《兵团基层中医药服务能力提升工程“十三五”行动计划》。2017年4月，在奎屯中医院举办2期基层中医药适宜技术推广业务培训班，培训186人，2017年6月，在七师召开兵团基层中医药服务能力提升工程推进会和兵团中医药重大公共卫生项目考核现场会。（2）基层名老中医药专家传承工作室建设。印发《关于认真做好2016年全国基层名老中医药专家传承工作室建设项目的通知》，二师库尔勒医院和十三师红星医院按照《2016年全国基层名老中医药专家传承工作室建设项目实施方案》认真组织实施，确保3年建设周期内完成各项建设任务。（3）中医专家成为“全国名中医”。经过推荐，石河子大学医学院第一附属医院袁今奇、孙良佐两位教授荣获“全国名中医”荣誉称号。（4）举办中医药适宜技术基层推广与应用培训班。兵、师、团、连四级119名中医药技术人员参加培训。（孟长征）

卫生信息化建设 完善八师、六师、十三师等师市卫生信息系统，开展远程门诊、远程会诊和远程影像、检验、心电诊断。实现兵团“卫生云”平台暨医疗卫生信息综合管理系统与国家健康信息平台的互联互通，在西北地区率先完成省级平台功能指标和数据的上传测试。（郑 磊）

全科医生转岗培训 2017年兵团完成2016年招收的50名临床执业（助理）医师10个月临床培训和1个月的基层实践培训任务，学员顺利通过了实践技能考核。2017年选派30名具有执业医师（或助理执业医师）资格的团场卫生人员，开展为期1年的全科医生转岗培训，为基层提供适宜人才。

科研工作 2017年兵团利用本级经费，鼓励医务人员开展科研攻关，提升兵团卫生行业科研能力建设，兵团卫生科技项目评审、立项32项，下达资助资金103万元。（陆 晨）

全国卫生计生系统先进集体先进个人推荐 2017年兵团卫生局联合人力资源和社会保障局、人口计生委开展全国卫生计生系统先进集体和先进个人推荐工作，常洪波荣获“白求恩奖章”，刘春美、杜中华、张晓莺、聂信胜、高留喜获全国卫生计生系统先进工作者荣誉称号，50团医院、奎屯中医院、石河子疾控中心获全国卫生计生系统先进集体称号。（李龙勇）

一师医疗服务水平进一步提升 2017年兵团制定《一师阿拉尔市推进分级诊疗制度建设的实施方案》，进一步加强高血压、糖尿病等重点病种的分级诊疗试点工作。推进建立了基层首诊、双向转诊、急慢分治、上下联动的分级诊疗模式；通过“组团式”援建、远程医疗等方式，进一步促进优质医疗资源有效下沉，提升团场医院急救，常见病、多发病、慢性病诊治，产科、儿科、中医康复等医疗服务水平；推进家庭医生签约服务，扩大家庭医生签约服务覆盖率，实现重点人群签约服务覆盖率达到30%以上，到2017年底签约各类人群132156人，签约率达63%。（一师）

五师扎实开展对口援疆工作 该师开展百院结对帮扶工程，明确湖北省100余家医院分别对口援助博州、五师县级以上医院，形成“多对一”对口支援关系，通过选派援疆医生、组织专家指导、建立远程医疗系统等措施，为每家医院打造2～3个重点专科，提升医疗服务能力。根据博州、五师医疗卫生机构打造重点专科需要，全省每期选派100名医生实施定期援疆工作，重点开展专科医疗服务、学生带教、医学科研等，带动当地医院特色专科和学科建设。坚持集中学习培训和分散挂职锻炼相结合，分期分批为博州和五师免费培训100多名医院院长（包括卫生计生行政干部），提升卫生计生管理能力，助推医院管理水平上台阶；百名医生进修培养工程：围绕培养一支"带不走"的医疗队伍，接收博州和五师100多名专业技术人员到湖北免费进修培训，切实提高临床操作技能和理论水平。针对博州和五师医疗卫生机构专科建设的薄弱环节和短板，从湖北三甲医院中选派100名以上专家组成专家组或医疗队，根据需要不定期赴新疆开展专科建设指导、短期教学等活动，推动重点专科建设见成效，真正提升当地医疗服务水平。支持博州和五师医疗卫生系统信息化建设，重点为搭建远程医疗平台提供技术支撑，使博州和五师所辖市、县、乡级医疗卫生机构实现远程医疗平台内部联通，县级及以上医疗卫生机构与湖北医院联通，推进远程医疗常态化运行。在湖北境内安排100名专家，根据自身专业特长，"一对一"牵手一名博州和五师医生，通过电话、微信、QQ等联络方式，建立长期技术帮扶关系。　（五师）

十一师扎实开展基本公共卫生服务工作　2017年，师卫生局将基本公共卫生服务均等化作为惠及民生的重要工作来抓，出台《十一师基本公共卫生服务项目考核细则》《十一师基本公共卫生服务项目实施方案》《十一师基本公共卫生服务项目经费使用管理暂行办法》等一系列指导性文件，完善绩效考核指标体系及奖惩措施，为项目开展提供强有力的制度保证。2017年师市居民健康建档55336人，建档率为85%；儿童健康管理655人，儿童健康管理率为100%；孕产妇建档59人，孕产妇建档率为96.7%；老年人接受健康管理人数为6472人，老年人健康管理率为70.7%；高血压患者健康管理人数为3726人，高血压患者管理率为81.07%；糖尿病患者健康管理人数为1440人，糖尿病患者规范管理率为72.99%；规范管理严重精神障碍患者168人，严重精神障碍患者规范管理率为91.3%；中医药健康管理服务65岁及以上居民5256人，老年人中医药健康管理率为56.91%；登记传染病病例70例，传染病疫情报告率达100%。　（十一师）

人口和计划生育工作

兵团人口和计划生育工作概述　2017年，新疆生产建设兵团人口计生委认真贯彻党中央治疆方略和对兵团的定位要求，积极适应兵团深化改革要求，着力做好兵团向南发展和团场综合配套改革中的人口和计划生育工作，深入开展南疆人口发展研究，推动出台南疆师市计划生育工作意见，清理整治计划生育违法违规问题，精准实施"幸福工程"、奖励扶助等计划生育惠民项目，扎实推进信息化建设与服务管理工作一体化，持续深化计划生育服务管理改革和流动人口服务管理工作，继续开展"访惠聚"驻连（村）工作和民族团结"一家亲"活动，不断夯实基层基础，较好地完成了各项工作任务。

加强南疆人口发展研究　深入贯彻中发3号文件关于兵团向南发展要求，围绕南疆师市人口安全、人口集聚、人口与经济社会发展相关性分析等问题，开展兵团南疆人口发展问题研究，提出落实计划生育的政策、人口聚集的路径、阶段性目标和任务等政策措施建议，完成《促进兵团人口有效集聚对策建议》《兵团向南发展计划生育工作重点和具体举措》等重点课题研究任务。《促进兵团人口有效集聚对策研究》获兵团级课题研究一等奖。

出台南疆师市计划生育工作意见　在深入调研、充分论证、广泛征求各单位意见建议的基础上，2017年兵团出台《关于加强和改进南疆师市计划生育工作的意见》，对南疆师市计划生育工作长远发展提出具体目标任务和保障措施；召开以加强和改进南疆师市计划生育工作为主题的计划生育工作座谈会，进一步明确工作重点和推进路径。加大资金倾斜力度，2017年投入南疆4个师市计划生育事业费及专项资金3642.7万元，约占兵团计划生育事业经费的40%。加强南疆师市信息化建设，利用现代化手段提升人口管理和生育管理水平；在7个团场建立出生人口动态监测点。

清理清查违法生育　对2003年自治区《人口与计划生育条例》颁布以来的违法生育情况进行全面清理清查。坚持从严执纪、严肃问责追责，依法依规处理违反计划生育政策和纪律的人员、工作人员。进一步完善工作制度，加强监督检查，建立"违法生育专项报告制度"，坚持"超生处罚"与"孕前监控"并举，开展"单月访视、双月查孕、季度查环"，及早发现和解决问题，有效遏制违法生育问题。

幸福工程助力精准扶贫和兵地融合发展　贯彻落实兵团党委《关于深化对三师十四师团场结对帮扶工作的意见》《兵团党委、兵团贯彻落实〈中共中央、国务院关于打赢脱贫攻坚战的决定〉的意见》精神，利用幸福工程项目资金530万元，对十四师昆玉市一牧场等16个单位的贫困家庭实施精准帮扶。推动兵地融合发展，与三师、十四师人口计生委合作投入16万元，为和田市叶城县乌夏什镇村共建卫生计生服务室1个，为伊犁霍尔果市伊东嘎善锡乡柳树渠村建设兵地文化长廊1个。

落实兵团“十件实事”计划生育民生工程　2017年，兵团将实施免费孕前优生健康检查项目、生育二孩住院分娩补助项目、节育奖励、晚婚晚育奖励、生育间隔奖励政策纳入兵团惠民“十件实事”，完成免费“孕优”健康检查1.1万对，完成率为100%；二孩分娩补助项目完成6200例，完成率为105%；婚育新风促进工程完成4447例，完成率为278%，超额完成178%。

深化服务管理改革　全面取消一孩、二孩生育审批，实行生育登记制度；简化再生育办理，实行首接负责、一次性告知和限时办结制。充分利用信息化手段，全面实现生育服务证网上申报、受理和审批，变“人在路上跑”为“事在网上办”，做到便民利民。

推进信息化建设与服务管理工作一体化　2017年兵团人口计生委与兵团公安局等部门联合印发《关于加强出生人口信息管理的通知》，完善信息通报共享机制，加强人口基础信息的核实比对，出生人口入库合格率和生育登记入库合格率均达95%以上。进一步健全完善《兵团人口地理信息系统》《兵团生育服务证登记办理系统》《违法生育综合治理信息系统》《兵团人口宏观决策支持系统》等业务信息系统的项目规划和研发试点、培训推广工作。

落实计划生育各项奖励扶助政策　完成计划生育“少生快富”项目1586户、奖励扶助961人、特殊家庭扶助3046人的审核、申报及资金兑现工作。完成2148人区内高校加分、区外高中班、区内初中班加分申报工作。兑现兵团城镇下岗无业人员奖励金政策目标人群2269人。为2083户计划生育伤残死亡家庭建立档案及精准联系人制度，落实独生子女死亡家庭每人一次性5000元扶助金制度。争取中国计生协项目资金30万元，在6个师开展计划生育特殊家庭帮扶项目，利用幸福工程项目资金535万元，对170户贫困母亲进行精准帮扶、惠及639人。

深化流动人口服务管理　统筹推进流动人口基本公共服务均等化，实现流动人口生育服务证发放电子化和婚育证明办理电子化。完成11个师的50个团场、92个社区2000户家庭流动人口动态监测。

开展“民族团结一家亲”活动　按照自治区党委和兵团党委的决策部署，深入开展“民族团结一家亲”活动，完成两月一次结亲任务、机关干部下沉任务和“结亲周”活动，2017年组织全委人员赴十四师一牧场4连开展结对认亲见面活动和“结亲周”活动15批126人次，组织各类活动12场次，看望、慰问结亲户70余户次。参加兵直党工委开展的民族团结一家亲优秀案例评选获二等奖。兵团人口计生委被兵团表彰为“民族团结一家亲”活动先进单位，2名同志分别被自治区、兵团表彰为“民族团结一家亲”活动先进个人。

扎实开展“访惠聚”驻连工作　紧紧围绕新疆工作总目标，扎实开展“访惠聚”驻连工作。2人参加十四师“访惠聚”驻连工作；充分发挥委机关后盾作用，加大资金倾斜力度，分别给一牧场4连、7连下拨专项资金30万元和15万元，帮助连队职工群众多元增收、加强计划生育服务管理工作和改善职工群众的生活条件。积极协调师团民生项目，落实交通项目资金500万元，为4连修建牧道8公里，解决牧民60多年来的上山难问题；落实水利项目资金120万元，完成4连水网改造。人口计生委访惠聚驻4连工作队队长先后被一牧场、十四师、兵团三级表彰为先进工作队队长。

一师阿拉尔市全面落实奖励优惠政策　2017年，师市进一步加大“少生快富”工程落实力度，投入资金210万元落实长效节育措施。211户少数民族家庭主动申报“少生快富”工程，218户家庭申报兵团“长效节育”奖励。同时还为309名独生子女伤残家庭申报“特别扶助”资金116.75万元，为87名农民申报“家庭奖扶”资金8.35万元。完成城镇下岗、失业家庭一次性奖励金申报124人，获得奖励金28.4万元。完成兵团“十件实事”计划生育项目。

二师铁门关市打造计划生育特殊家庭扶助保障联动平台　师市人口计生委联合卫生局、民政局等8部委制定帮扶文件4个，落实政策措施23项，建立“1+3”志愿者服务联系人制度、“5+N”志愿帮扶制度和特殊家庭与联系人微信群或QQ群。与养老院签订计划生育特殊家庭养老照料协议；建立特殊家庭信息档案334份，开展定期上门探望、心理疏导、家政服务1008人次，家庭医生签约服务230人次，发放绿色就医卡 378 张，使用绿色就医卡就医 205 人次，优先为 5 户特殊家庭安排廉租房，为符合条件的 41 户计划生育特殊家庭办理低保救助，为特殊家庭免费健康体检 350 人次，慰问特殊家庭 994 人次，发放慰问金 4.75 万元。中秋节、“十一”期间为 10 户特殊困难家庭发放慰问金 2000 元。做实做好“幸福工程——救助贫困母亲”项目，为 37 团争取幸福工程项目款 200 万元，以“合作社＋农户”的形式救助 40 位贫困母亲。

三师图木舒克市深入开展计划生育依法治理专项行动　2017 年 4 月 15 日，师市召开清理整顿违法生育推进会议，在全师开展违法生育专项清理整顿活动。联合纪委、统战、公安、卫生等部门深入调查摸底，找准问题，提出措施。对违法生育等问题进行集中整治。坚持抓住关键，精准发力，严格执法，对违法生育家庭依法征收社会抚养费。

四师“五项工程”助力计划生育服务管理提质提速　（1）全面推进计划生育便民服务工程。优化办事程序，简化办证手续，取消两孩生育审批，实施全面两孩政策，实行生育登记制度，公开生育证登记办理流程和服务承诺。（2）全面推进优生促进工程。推行《兵团母子健康手册》，做好生育登记和信息衔接，开展孕前、孕期、育儿期三级缺陷预防，提升优生优育质量。2017 年开展孕前优生检查 980 对，免费发放叶酸 7000 盒。（3）全面推进计划生育宣传倡导工程。利用“5·29”协会活动日、“5·15”国际家庭日，“7·11”世界人口日以及计生宣传周等活动，广泛宣传全面两孩政策，巡回宣讲 13 场；开展“幸福进千家”讲座、“智慧母亲健康”“婚育新风进万家”“幸福家庭”评选、计划生育 38 年回顾图片展等系列活动 260 场。（4）全面推进家庭发展服务工程。一手抓汉族生育二孩，鼓励二孩生育住院分娩 434 人免费 39 万元；一手抓“少生快富”工程，落实“少生快富”217 户，完成率为 108%。为 301 名 45 岁以上计划生育特殊家庭发放扶助金 92.65 万元。春节、“三八”节慰问特殊家庭 207 户，发放慰问金 9.7 万元。开展“真情抚慰润心田”户外活动、心理健康服务培训班、“金秋之思”“真情关怀一家亲”等关爱特殊家庭活动。（5）全面推进人口信息化工程。出台《四师可克达拉市加强出生人口信息管理工作的实施办法》，完成 69 团、71 团等 6 个单位全国生育状况抽样调查抽样框。

六师五家渠市扎实推动全面两孩政策有序实施　强化宣传，与五家渠准噶尔时报社联合举办以“倡导婚育文明、构建和谐家庭”为主题的计划生育宣传栏目；与五家渠汇嘉时代广场、梅花集团、兰花基地等地联合开展全面两孩政策、生殖健康知识专题讲座。开展计生政策“进家庭、进学校、进社区”活动。及时清理更新了过时的计生宣传标语口号、宣传栏、广告牌，重新制作了一批符合新时代人口计生工作要求、艺术品味和观赏价值高的人口文化景观。配套政策，师市实施“优生促进工程”，对将要怀孕的夫妇进行免费的叶酸补充、开展免费孕前优生健康体检项目，实施生育二孩家庭分娩补助制度。制定《师市自然人口增加的实施方案》，通过制定相关的奖励政策，引导育龄群众按政策生育。加强人才培养。各级组织各类培训班 180 期，培训党员干部 5500 余人次。加强出生人口动态监测，将生育登记、人口出生、新生儿落户等基本公共服务实名登记实现全覆盖，年度出生人口信息上报误差率控制在 3% 以内。

七师深化计划生育服务制度改革　2017 年，该师在 10 个团场全面启动生育服务证制度改革工作，实行生育服务证登记制度和承诺制度，简化再生育证和独生子女父母光荣证办理程序并公开公示，方便职工众了解生育服务证改革、提交材料和办事流程。为减少职工群众“跑腿”和不必要费用，师人口计生委统一购置 12 台数字高拍仪发放给团场（社区），对前来办证群众的相关证件进行拍照，并发放政策“明白卡”、生育服务登记表、申请再生育审批承诺书、生育审批承诺书等，一次性向群众提供有关资料等服务。通过兵团地理信息库获取办证人员的基本信息，不再要求申请人提供相关证明材料，全年发证 1698 例，全部实现网上办理。

八师石河子市积极完善并落实全面两孩政策配套措施　（1）完善落实政策法规。贯彻新修订的《新疆维吾尔自治区人口与计划生育条例》《师市生育服务证制度管理办法》《师市人口和计划生育奖励优惠政策实施办法》，做好政策调整衔接工作。落实师市党委《关于实施全面两孩政策，改革完善计划生育服务管理的实施方案》，出台《八师石河子市促进人口发展鼓励群众按政策生育暂行办法》《八师石河子市生育技术服务项目补贴实施细则（试行）》《八师石河子市婴幼儿奶粉补贴实施方案（试行）》两个实施细则。（2）开展政策宣传教育。利用“行风热线”电视栏目，专门开设全面两孩政策及生育服务证制度改革的专题咨询节目 2 期，与群众面对面沟通交流，现场接听热线，宣传和解读相关政策。各单位通过广播、电视、微信平台、LED大屏、宣传橱窗、宣传展板等多种方式大力宣传全面两孩政策及师市出台的各项配套措施。10月，师市人口计生委通过培训和网络直播等方式，举办计生干部政策法规培训班2期，集中学习《条例》修订部分和生育政策内容，培训人员240多人。（3）全程服务优生优育。积极实施生育二孩住院分娩补助项目，对2017年生育二孩、符合条件的820户家庭给予补助，兑现690户55.65万元。加强对高龄准孕夫妇的评估指导及定期随访，对市区3家高龄孕产妇专家门诊的工作开展情况进行督导，落实高龄孕产妇就诊及评估指导并完成《高龄孕产妇专家门诊督导报告》，接待35岁以上高龄孕产妇8340人次，筛查出胎儿明显畸形高龄孕产妇11人。启动实施0～3岁婴幼儿早期教育免费体验。

九师加强生育服务证制度改革　该师贯彻“放管服”会议精神，落实《兵团改革生育服务证制度的实施意见》《九师关于进一步加强生育服务证制度改革的管理办法》，强举措、简流程、优服务，3月5日、5月16日、10月15日召开会议，以会代训强化学习生育服务证政策。实行一站式服务和承诺制度，优化提升行政服务效能，公开公布一孩、二孩生育登记制度，简化再生育办理流程。坚持以人为本、依法行政、便民维权、健全制度、优质服务，最大限度方便群众、服务群众，各团场、朝阳管委会均开设一站式服务窗口，建立一次办结工作制度，不设置办证前置条件。特别是建立了全程代理服务制度，对往返困难的流动人口和其他特殊困难人群，团场计生宣传员主动上门征询，帮助申请申办，免费送证上门，同时提供全面两孩政策的咨询、答疑，并接受群众投诉、意见建议等，切实做到办事态度最热情、办事程序最简便、办事方式最快捷、办事成本最低廉、办事成效最显著“五个最”。

十师北屯市强化优化协会组织　2017年，师市人口计生委按照“组织健全、设施完备、制度规范、活动经常、成效明显”要求，主动适应兵团深化改革、团场综合配套改革和连队“两委”选举要求，进一步规范、强化、优化协会组织，按照精简、高效、公益原则，改革组织机构，调整补充人员，健全活动制度，完善活动计划，规范活动方式，确保协会有组织、有机构、有办公场所、有办公经费、有工作人员，建设了一批优质“会员之家”。各级协会结合新疆、兵团维稳、扶贫等工作实际，紧紧围绕“婚育新风进万家”和“创建幸福家庭”等活动，坚持项目带动、品牌推进，积极开展“三结合”、“幸福工程”等惠民项目，让更多的计划生育贫困家庭从项目中脱贫致富。至2017年底，全师共建计划生育协会156个、工作人员164人、会员人数6447人，宣传阵地136个，会员之家132个，连级协会87个，合格率达100%，先进连级协会43个，先进率为49.42%，达到“五有标准”协会68个。运作幸福工程项目资金131万元，帮扶计划生育贫困家庭34户，惠及人口127人，脱贫率为98%。

十一师积极拓展海外计生工作　该师结合大量员工长年在海外、疆外施工实际，坚持“施工项目延伸到哪儿，人口计生工作就跟进到哪儿”，变被动等待服务为主动上门服务，积极拓展海外施工人员人口和计划生育工作服务活动，完善服务管理机制，拓展药具发放渠道，主动将海外施工人员纳入计划生育服务管理范围，积极探索免费药具发放服务途径，建立并通过北新国际海外部计生办对海外员工进行计划生育服务管理，及时将计划生育药具发放到各施工点。2017年，对施工地、施工人员免费发放率均在95%以上，同时还给海外施工员工发放了绿豆、白糖等生活物品。

十二师坚持和完善目标管理责任制　2017年，师党委坚持把人口计生工作特别是“一票否决”制度纳入团场争先进位指标体系，把计划生育利益导向机制纳入社会公共服务体系建设、纳入师党委为职工群众办的“10件实事”之中。年度人口和计划生育工作目标管理考核方案、表彰奖励通报均须经师行政常务会议专题研究审议通过，并由师办发文。对师人口和计划生育工作领导小组进行更名，调整组成人员，对2015—2016年度师人口和计划生育工作目标管理先进单位进行了表彰奖励。

十三师人口地理信息系统建成使用　2017年，在兵团人口计生委指导下，经过调试、培训、完善，该师人口地理信息系统建成并投入使用。完成信息收集、录入和审核工作，每人次信息包含基本信息、家庭信息、子女信息、已婚育龄妇女避孕信息、妊娠信息、节育手术信息等108条信息，全系统录入信息365.468万条信息，包含269个区域、10742栋建筑，57051间房屋，1869间商铺。截至2017年9月30日，全师总人口为10.05万人，人口地理信息系统入库9.14万人，信息入库率达90.89%，全师办证服务已全部完成社区、连队首接制电子化办证，工作效率和服务质量明显提高。

十四师大力开展违法生育专项治理　师市党委出台《第十四师昆玉市关于实施全面两孩政策改革完善计划生育服务管理的实施意见》，自2017年2月4日起，全面开展违法生育专项治理。专项治理工作分两阶段进行，第一阶段为2017年2—6月，重点在皮山农场开展；第二阶段为2017年7—11月，在皮山农场专项治理积累经验的基础上，向全师其他团场推进。同时还深入开展专项资金清查和“少生快富”工程项目户违约行为的清查治理，对2011年以来的专项资金和2006年开始以来申报的“少生快富”项目户开展了自查、督查和联合调查，并对违法领取的奖励金进行了追缴，对在生育审批中违规违纪干部进行了严肃处理。

（李龙勇　高新民）

〔特约编辑：李龙勇　张泽华〕

〔主　编：何　红　陈春燕〕

〔责任编辑：萧爱华〕

2017年9月1日，国务院医改办、国家卫生计生委在深圳召开全国医联体建设现场推进会，深入贯彻党中央、国务院的决策部署，进一步推动医联体建设工作。

2017年6月28日，国家卫生计生委妇幼司司长秦耕向河北省卫生计生委主任张绍廉交接“爱心传递 防治出生缺陷公益行”活动旗帜。

2017年8月8日，吉林省召开《“健康吉林2030”规划纲要》新闻发布会。

2017年1月12日，福建省卫生计生系统举办2017年首场“热血送暖 为生命接力”无偿献血活动。

2017年8月23日，河南省卫生计生委举行中国援埃塞俄比亚第20批医疗队、援厄立特里亚第11批医疗队欢送会。

国家卫生计生委副主任崔丽在湖南省调研医改工作，图为召开医改工作座谈会。

数据篇

卫生统计资料

医疗卫生机构数

年份	合计	医院	综合医院	中医医院	专科医院	基层医疗卫生机构	社区卫生服务中心（站）	乡镇卫生院	村卫生室	门诊部（所）	专业公共卫生机构数	疾病预防控制中心	专科疾病防治院（所/站）	妇幼保健院（所/站）	卫生监督所（中心）
1950	8915	2803	2692	4	85					3356		61	30	426	
1955	67725	3648	3351	67	188					51600		315	287	3944	
1960	261195	6020	5173	330	401			24849		213823		1866	683	4213	
1965	224266	5330	4747	131	339			36965		170430		2499	822	2910	
1970	149823	5964	5353	117	385			56568		79600		1714	607	1124	
1975	151733	7654	6817	160	543			54026		80739		2912	683	2128	
1980	180553	9902	7859	678	694			55413		102474		3105	1138	2745	
1985	978540	11955	9197	1485	938			47387	777674	126604		3410	1566	2996	
1986	999102	12442	9363	1646	1030			46967	795963	127575		3475	1635	3059	
1987	1012804	12962	9657	1790	1097			47177	807844	128459		3512	1697	3082	
1988	1012485	13544	9916	1932	1190			47529	806497	128422		3532	1727	3103	
1989	1027522	14090	10242	2046	1265			47523	820798	128112		3591	1747	3112	
1990	1012690	14377	10424	2115	1362			47749	803956	129332		3618	1781	3148	
1991	1003769	14628	10562	2195	1345			48140	794733	128665		3652	1818	3187	
1992	1001310	14889	10774	2269	1376			46117	796523	125873		3673	1845	3187	
1993	1000531	15436	11426	2298	1438			45024	806945	115161		3729	1872	3115	
1994	1005271	15595	11549	2336	1440			51929	813529	105984		3711	1905	3190	
1995	994409	15663	11586	2361	1445			51797	804352	104406		3729	1895	3179	
1996	1078131	15833	11696	2405	1473			51277	755565	237153		3737	1887	3172	
1997	1048657	15944	11771	2413	1488			50981	733624	229474		3747	1893	3180	
1998	1042885	16001	11779	2443	1495			50071	728788	229349		3746	1889	3191	
1999	1017673	16678	11868	2441	1533			49694	716677	226588		3763	1877	3180	
2000	1034229	16318	11872	2453	1543	1000169		49229	709458	240934	11386	3741	1839	3163	
2001	1029314	16197	11834	2478	1576	995670		48090	698966	248061	11471	3813	1783	3132	
2002	1005004	17844	12716	2492	2237	973098	8211	44992	698966	219907	10787	3580	1839	3067	571
2003	806243	17764	12599	2518	2271	774693	10101	44279	514920	204468	10792	3584	1749	3033	838
2004	849140	18393	12900	2611	2492	817018	14153	41626	551600	208794	10878	3588	1583	2998	1284
2005	882206	18703	12982	2620	2682	849488	17128	40907	583209	207457	11177	3585	1502	3021	1702
2006	918097	19246	13120	2665	3022	884818	22656	39975	609128	212243	11269	3548	1402	3003	2097
2007	912263	19852	13372	2720	3282	878686	27069	39876	613855	197083	11528	3585	1365	3051	2553
2008	891480	19712	13119	2688	3437	858015	24260	39080	613143	180752	11485	3534	1310	3011	2675
2009	916571	20291	13364	2728	3716	882153	27308	38475	632770	182448	11665	3536	1291	3020	2809
2010	936927	20918	13681	2778	3956	901709	32739	37836	648424	181781	11835	3513	1274	3025	2992
2011	954389	21979	14328	2831	4283	918003	32860	37295	662894	184287	11926	3484	1294	3036	3022
2012	950297	23170	15021	2889	4665	912620	33562	37097	653419	187932	12083	3490	1289	3044	3088
2013	974398	24709	15887	3015	5127	915368	33965	37015	648619	195176	31155	3516	1271	3144	2967
2014	981432	25860	16524	3115	5478	917335	34238	36902	645470	200130	35029	3490	1242	3098	2975
2015	983528	27587	17430	3267	6023	920770	34321	36817	640536	208572	31927	3478	1234	3078	2986
2016	983394	29140	18020	3462	6642	926518	34327	36795	638763	216187	24866	3481	1213	3063	2986
2017	986649	31056	18921	3695	7220	933024	34652	36551	632057	229221	19896	3456	1200	3077	2992

注：本栏目统计资料选自《中国卫生健康统计年鉴》2018 卷。①村卫生室数计入医疗卫生机构数中；② 2008 年社区卫生服务中心（站）减少的原因是江苏省约 5000 家农村社区卫生服务站划归村卫生室；③ 2002 年起，医疗卫生机构数不再包括高中等医学院校本部、药检机构、国境卫生检疫所和非卫生部门举办的计划生育指导站；④ 2013 年起，医疗卫生机构数包括原计生部门主管的计划生育技术服务机构；⑤ 1996 年以前门诊部（所）不包括私人诊所。

2017 年各地区医疗卫生机构数

地区	合计	医院							基层医疗卫生机构						
		小计	综合医院	中医医院	中西医结合医院	民族医院	专科医院	护理院	小计	社区卫生服务中心	社区卫生服务站	街道卫生院	乡镇卫生院	村卫生室	门诊部
总　计	**986649**	**31056**	**18921**	**3695**	**587**	**284**	**7220**	**349**	**933024**	**9147**	**25505**	**543**	**36551**	**632057**	**17649**
东　部	362675	12219	7104	1411	238	6	3167	293	342779	4354	15944	101	9319	213751	11804
中　部	311953	8819	5241	1182	167	15	2181	33	295937	2601	5126	349	11440	218199	3358
西　部	312021	10018	6576	1102	182	263	1872	23	294308	2192	4435	93	15792	200107	2487
北　京	9976	656	259	161	42	2	185	7	9090	327	1630			2696	1034
天　津	5539	426	284	51	3		88		4960	120	467	5	142	2541	585
河　北	80912	1846	1265	218	40		322	1	78207	287	987	8	1972	60225	421
山　西	42490	1388	684	213	26		464	1	40581	227	710	297	1308	28942	391
内蒙古	24218	775	422	113	12	77	145	6	22868	319	875		1313	13625	309
辽　宁	35767	1268	713	155	11	1	378	10	33540	397	841	19	1014	19519	621
吉　林	20828	654	360	87	9	3	192	3	19647	208	180	1	780	10108	566
黑龙江	20283	1089	724	152	10	5	196	2	18398	458	171	6	982	10842	723
上　海	5144	363	180	19	9		118	37	4574	308	701			1187	831
江　苏	32037	1727	1015	121	32		420	139	29118	558	2222	2	1057	15319	1481
浙　江	31979	1204	529	162	34		438	41	30189	471	5216	11	1150	11535	1605
安　徽	24491	1095	701	107	24		251	12	22635	398	1483	1	1367	15331	306
福　建	27217	606	360	80	10	1	153	2	26078	223	453		881	18608	779
江　西	37791	669	427	104	11		125	2	36311	180	393	8	1582	29734	238
山　东	79050	2451	1502	263	35	2	611	38	75106	532	1840	46	1612	53024	1240
河　南	71089	1632	1003	257	36		331	5	67307	446	945	7	2055	56462	223
湖　北	36357	979	569	118	23	3	261	5	34756	347	835	25	1137	24636	484
湖　南	58624	1313	773	144	28	4	361	3	56302	337	409	4	2229	42144	427
广　东	49874	1464	844	163	16		423	18	47071	1098	1445	10	1192	26459	3088
广　西	34008	589	350	95	17	5	120	2	32034	159	141		1264	20770	213
海　南	5180	208	153	18	6		31		4846	33	142		299	2638	119
重　庆	19682	749	459	92	32		161	5	18748	198	274	14	881	10991	319
四　川	80481	2219	1444	222	29	32	490	2	77487	417	523	10	4466	56216	410
贵　州	28034	1270	940	95	20	9	203	3	26378	202	499	50	1362	20543	158
云　南	24684	1252	838	136	29	5	244		22868	195	373	6	1355	13446	290
西　藏	6826	148	109		1	29	9		6533	9	3		678	5324	1
陕　西	35861	1150	766	157	13		210	4	33808	248	356	9	1549	24978	326
甘　肃	28857	526	307	91	16	15	97		26579	204	398	4	1374	17032	79
青　海	6375	212	122	13	4	35	37	1	5980	32	223		404	4518	34
宁　夏	4271	209	143	24	3	2	37		3966	20	146		220	2301	31
新　疆	18724	919	676	64	6	54	119		17059	189	624		926	10363	317

续表

诊所（医务室、护理站）	专业公共卫生机构									其他医疗卫生机构					
	小计	疾病预防控制中心	专科疾病防治院（所、站）	健康教育所（站）	妇幼保健院（所、站）	急救中心（站）	采供血机构	卫生监督所（中心）	计划生育技术服务机构	小计	疗养院	医学科研机构	医学在职培训机构	统计信息中心	其他
211572	**19896**	**3456**	**1200**	**165**	**3077**	**361**	**557**	**2992**	**8088**	**2673**	**161**	**183**	**366**	**80**	**1883**
87506	6304	1034	514	58	960	186	187	889	2476	1373	95	95	149	47	987
54864	6407	1077	505	31	979	102	164	951	2598	790	31	39	136	13	571
69202	7185	1345	181	76	1138	73	206	1152	3014	510	35	49	81	20	325
3403	110	28	25		20	12	4	18	3	120		28	8	9	75
1100	97	23	15	1	20	3	6	19	10	56	2	9	13	1	31
14307	801	189	11	2	192	8	19	178	202	58	4	2		1	51
8706	455	135	8	12	135	9	22	131	3	66	8	7	3	1	47
6427	508	119	51	22	113	8	18	116	61	67	4	4	4	2	53
11129	775	131	80	10	109	12	23	90	320	184	13	6	3	4	158
7804	404	67	54	3	70	6	20	40	144	123	9	3	4	1	106
5216	746	164	108		144	16	29	139	146	50	2	4	9	4	31
1547	112	19	20	1	20	11	8	17	16	95	4	9	9	4	69
8479	911	116	43	6	110	43	30	104	459	281	14	9	28	8	222
10201	394	100	16	1	88	51	22	100	16	192	14	7	37	6	128
3749	666	121	48	4	118	15	22	112	226	95	4	11	20	3	57
5134	470	96	26		88	7	9	85	159	63	8	7	20	1	27
4176	744	149	108	5	112	9	13	111	237	67	3	5	3		56
16812	1302	172	133	3	161	13	20	104	696	191	16	7	20	6	142
7169	1897	179	22	4	161	31	22	178	1300	253	3	6	79	1	164
7292	534	115	73	1	102	13	21	107	102	88		1	17	2	68
10752	961	147	84	2	137	3	15	133	440	48	2	2	1	1	42
13779	1215	135	130	31	128	23	42	150	576	124	17	11	11	7	78
9487	1353	117	34	1	104	4	29	110	954	32	5	13		3	11
1615	117	25	15	3	24	3	4	24	19	9	3				6
6071	152	41	15	3	42		11	39	1	33	6		6	4	17
15445	708	206	25	11	203	18	34	200	11	67		7	13	6	41
3564	356	100	10		98	5	30	95	18	30	2	2	8		18
7203	524	153	30	9	145	24	16	142	5	40	6	9	7	1	17
518	143	82			55		5	1		2	1		1		
6342	800	120	5	6	116	4	10	116	423	103	3	10	35	1	54
7488	1639	103	7	15	99	3	17	94	1301	113	4	3	7	2	97
769	179	56	1	4	50		9	55	4	4		1			3
1248	86	25		5	21	2	5	24	4	10	1			1	8
4640	737	223	3		92	5	22	160	232	9	3				6

2017 年各类医疗卫生机构数

机构分类	合计	按城乡分		按登记		
		城市	农村	公立		
					国有	集体
总　计	**986649**	**181983**	**804666**	**539489**	**131225**	**408264**
一、医院	31056	16574	14482	12297	11518	779
综合医院	18921	9102	9819	7827	7321	506
中医医院	3695	1790	1905	2303	2204	99
中西医结合医院	587	347	240	146	133	13
民族医院	284	48	236	226	222	4
专科医院	7220	5022	2198	1758	1608	150
口腔医院	689	535	154	164	140	24
眼科医院	641	451	190	51	42	9
耳鼻喉科医院	100	72	28	9	8	1
肿瘤医院	151	128	23	74	72	2
心血管病医院	91	62	29	17	15	2
胸科医院	21	18	3	14	14	
血液病医院	12	7	5	1	1	
妇产（科）医院	773	576	197	58	55	3
儿童医院	117	94	23	60	57	3
精神病医院	1170	565	605	678	631	47
传染病医院	168	147	21	164	164	
皮肤病医院	186	157	29	39	36	3
结核病医院	33	26	7	32	32	
麻风病医院	26	14	12	26	26	
职业病医院	19	17	2	17	17	
骨科医院	617	320	297	48	35	13
康复医院	552	378	174	152	129	23
整形外科医院	58	55	3	2	2	
美容医院	345	325	20			
其他专科医院	1451	1075	376	152	132	20
护理院	349	265	84	37	30	7
二、基层医疗卫生机构	933024	157220	775804	505247	98175	407072
社区卫生服务中心（站）	34652	25212	9440	25990	15574	10416
社区卫生服务中心	9147	6955	2192	8428	6474	1954
社区卫生服务站	25505	18257	7248	17562	9100	8462
卫生院	37094	134	36960	36910	27837	9073
街道卫生院	543	134	409	529	266	263
乡镇卫生院	36551		36551	36381	27571	8810
中心卫生院	10547		10547	10535	9126	1409
乡卫生院	26004		26004	25846	18445	7401
村卫生室	632057		632057	414602	38806	375796
门诊部	17649	14300	3349	2398	1560	838
综合门诊部	7270	5521	1749	1760	1123	637
中医门诊部	2015	1757	258	116	60	56
中西医结合门诊部	374	293	81	30	14	16
民族医门诊部	29	13	16	3	1	2
专科门诊部	7961	6716	1245	489	362	127
诊所、卫生所、医务室、护理站	211572	117574	93998	25347	14398	10949
诊所	179616	98917	80699	5057	1350	3707
卫生所、医务室	31867	18613	13254	20284	13046	7238
护理站	89	44	45	6	2	4

注：①城市包括直辖市区、地级市辖区；农村包括县和县级市、农村乡镇卫生院和村卫生室；②社会办包括企业、事业单位、社会团体和其他社会组织办的卫生机构。

续表 1

注册类型分			按主办单位分			
非公立	联营	私营	政府办	卫生健康部门	社会办	个人办
447160	**18058**	**373686**	**150441**	**143159**	**474892**	**361316**
18759	171	14095	9595	8560	7103	14358
11094	108	8469	5479	4694	4887	8555
1392	6	1076	2234	2211	304	1157
441	2	331	131	130	93	363
58	1	46	212	211	26	46
5462	52	3961	1522	1301	1669	4029
525	2	381	145	143	159	385
590	9	382	45	42	215	381
91	1	71	8	7	22	70
77	1	46	69	68	40	42
74		58	12	12	21	58
7		4	13	13	3	5
11		7	1	1	3	8
715	4	500	55	53	195	523
57	1	34	56	56	23	38
492	4	397	625	500	140	405
4	1	1	162	161	3	3
147		114	36	34	34	116
1		1	30	30	2	1
			26	25		
2			14	11	5	
569	5	450	33	32	119	465
400	8	270	89	35	207	256
56		34	1	1	18	39
345	1	219			128	217
1299	15	992	102	77	332	1017
312	2	212	17	13	124	208
427777	17882	359342	120444	116993	465831	346749
8662	77	7079	18014	16850	8667	7971
719	7	403	6400	6166	2296	451
7943	70	6676	11614	10684	6371	7520
184	7	156	36582	36365	345	167
14	7	6	499	493	36	8
170		150	36083	35872	309	159
12		9	10487	10429	48	12
158		141	25596	25443	261	147
217455	17416	166446	63598	63598	421413	147046
15251	31	12188	203	38	5090	12356
5510	22	4463	157	33	2616	4497
1899	1	1462	4		510	1501
344	2	292	1		69	304
26		25			4	25
7472	6	5946	41	5	1891	6029
186225	351	173473	2047	142	30316	179209
174559	241	165178	199	49	8790	170627
11583	110	8234	1848	93	21501	8518
83		61			25	64

续表 2

机构分类	合计	按城乡分		按登记		
		城市	农村	公立	国有	集体
三、专业公共卫生机构	19896	6782	13114	19633	19269	364
疾病预防控制中心	3456	1347	2109	3454	3436	18
省属	31	31		31	31	
地级市（地区）属	411	358	53	411	410	1
县级市（区）属	1220	851	369	1220	1217	3
县属	1553		1553	1553	1549	4
其他	241	107	134	239	229	10
专科疾病防治院（所、站）	1200	474	726	1158	1105	53
专科疾病防治院	193	114	79	181	172	9
传染病防治院	11	5	6	11	10	1
结核病防治院	17	12	5	17	17	
职业病防治院	41	38	3	37	36	1
其他	124	59	65	116	109	7
专科疾病防治所（站、中心）	1007	360	647	977	933	44
口腔病防治所（站、中心）	99	64	35	85	53	32
精神病防治所（站、中心）	28	8	20	27	22	5
皮肤病与性病防治所(中心)	222	57	165	219	215	4
结核病防治所（站、中心）	338	123	215	338	337	1
职业病防治所（站、中心）	36	28	8	30	30	
地方病防治所（站、中心）	30	8	22	30	30	
血吸虫病防治所(站、中心)	160	32	128	160	159	1
药物戒毒所（中心）	12	10	2	11	10	1
其他	82	30	52	77	77	
健康教育所（站、中心）	165	108	57	161	157	4
妇幼保健院（所、站）	3077	1160	1917	3064	3044	20
省属	25	25		25	25	
地级市（地区）属	377	341	36	377	376	1
县级市（区）属	1089	733	356	1089	1077	12
县属	1479		1479	1479	1473	6
其他	107	61	46	94	93	1
妇幼保健院	2057	715	1342	2047	2036	11
妇幼保健所	507	273	234	506	502	4
妇幼保健站	492	161	331	491	487	4
生殖保健中心	21	11	10	20	19	1
急救中心（站）	361	245	116	354	348	6
采供血机构	557	350	207	488	483	5
卫生监督所（中心）	2992	1152	1840	2989	2976	13
省属	31	31		31	31	
地级市（地区）属	395	346	49	395	394	1
县级市（区）属	1100	771	329	1097	1093	4
县属	1423		1423	1423	1416	7
其他	43	4	39	43	42	1
计划生育技术服务机构	8088	1946	6142	7965	7720	245
四、其他医疗卫生机构	2673	1407	1266	2312	2263	49
疗养院	161	113	48	144	135	9
卫生监督检验（监测）机构	13	5	8	11	11	
医学科学研究机构	183	164	19	183	182	1
医学在职培训机构	366	111	255	366	362	4
临床检验中心（所、站）	274	259	15	27	23	4
统计信息中心	80	72	8	79	79	
其他	1596	683	913	1502	1471	31

续表 3

注册类型分			按主办单位分			
非公立	联营	私营	政府办	卫生健康部门	社会办	个人办
263	4	51	18362	15843	1490	44
2			3360	3240	96	
			31	31		
			411	411		
			1220	1220		
			1553	1553		
2			145	25	96	
42		28	1088	1069	86	26
12		7	166	161	23	4
			11	11		
			17	17		
4			26	24	15	
8		7	112	109	8	4
30		21	922	908	63	22
14		10	75	75	11	13
1		1	23	21	5	
3		2	209	208	10	3
			327	327	11	
6		5	14	14	18	4
			30	30		
			159	157	1	
1			10	2	2	
5		3	75	74	5	2
4			151	146	14	
13	1	5	3006	2975	66	5
			25	25		
			377	377		
			1089	1089		
			1479	1479		
13	1	5	36	5	66	5
10	1	4	2018	2001	35	4
1			494	493	13	
1			476	470	16	
1		1	18	11	2	1
7		5	316	309	41	4
69	3	13	473	464	76	8
3			2992	2950		
			31	31		
			395	395		
3			1100	1100		
			1423	1423		
			43	1		
123			6976	4690	1111	1
361	1	198	2040	1763	468	165
17		6	78	37	75	8
2		2	9	8	2	2
			159	154	24	
			355	352	11	
247		150	11	10	144	119
1			71	69	9	
94	1	40	1357	1133	203	36

医院数（按登记注册类型 / 主办单位 / 管理类别 / 等级 / 机构类别分）

医院分类	2010	2013	2014	2015	2016	2017
总　计	**20918**	**24709**	**25860**	**27587**	**29140**	**31056**
按登记注册类型分						
公立医院	13850	13396	13314	13069	12708	12297
民营医院	7068	11313	12546	14518	16432	18759
按主办单位分						
政府办	9629	9673	9668	9651	9605	9595
社会办	5892	6193	6331	6570	6808	7103
个人办	5397	8843	9861	11366	12727	14358
按管理类别分						
非营利性	15822	17269	17705	18518	19065	19752
营利性	5096	7440	8155	9069	10075	11304
按医院等级分						
其中：三级医院	1284	1787	1954	2123	2232	2340
二级医院	6472	6709	6850	7494	7944	8422
一级医院	5271	6473	7009	8759	9282	10050
按机构类别分						
综合医院	13681	15887	16524	17430	18020	18921
中医医院	2778	3015	3115	3267	3462	3695
中西医结合医院	256	358	384	446	510	587
民族医院	198	217	233	253	266	284
专科医院	3956	5127	5478	6023	6642	7220
护理院	49	105	126	168	240	349

2017 年各地区公立医院数

地　区	医院合计	按医院级别分				按机构类别分						公立医院中：政府办医院
		三级医院	二级医院	一级医院	未定级	综合医院	中医医院	中西医结合医院	民族医院	专科医院	护理院	
总　计	**12297**	**2112**	**6004**	**2679**	**1501**	**7827**	**2303**	**146**	**226**	**1758**	**37**	**9595**
东　部	4706	997	2023	1127	558	2948	790	74	4	859	31	3551
中　部	3727	534	1937	859	397	2401	783	33	5	501	4	2854
西　部	3864	581	2044	693	546	2478	730	39	217	398	2	3190
北　京	222	81	63	77	1	128	34	15	1	42	2	142
天　津	148	42	48	57	1	84	21	1		42		98
河　北	724	62	393	216	53	483	147	10		84		529
山　西	579	53	276	117	133	376	123	4		76		369
内蒙古	348	62	205	60	21	190	50	2	67	38	1	282
辽　宁	500	121	209	122	48	306	68	5	1	120		381
吉　林	273	45	169	33	26	159	58	5	2	49		217
黑龙江	595	82	277	170	66	430	91	4	1	68	1	435
上　海	179	47	103	9	20	97	15	8		50	9	163
江　苏	474	138	167	116	52	257	75	12		120	10	370
浙　江	441	129	187	13	112	252	86	8		91	4	398
安　徽	360	56	202	74	28	221	80	3		55	1	300
福　建	263	60	145	51	7	148	66	4	1	44		232
江　西	351	55	185	46	65	223	87	6		35		265
山　东	869	148	343	248	130	587	130	5	1	142	4	557
河　南	707	77	358	260	12	473	145	5		84		556
湖　北	413	100	207	73	33	262	84	4	2	59	2	324
湖　南	449	66	263	86	34	257	115	2		75		388
广　东	745	154	333	156	102	487	133	5		118	2	631
广　西	330	68	195	29	38	181	85	11	4	48	1	311
海　南	141	15	32	62	32	119	15	1		6		50
重　庆	244	37	100	58	49	155	40	5		44		183
四　川	699	145	375	22	157	406	155	7	32	99		601
贵　州	274	44	156	47	27	177	58	5	2	32		227
云　南	425	60	239	48	78	284	103	2	3	33		356
西　藏	110	11	12	73	14	84			25	1		101
陕　西	498	53	274	118	53	348	108	3		39		299
甘　肃	295	34	168	19	74	187	75	3	11	19		234
青　海	108	18	74		16	62	13		27	6		105
宁　夏	68	13	49	5	1	44	18			6		64
新　疆	465	36	197	214	18	360	25	1	46	33		427

2017 年各地区民营医院数

地区	医院	按医院级别分				按机构类别分					
		三级医院	二级医院	一级医院	未定级	综合医院	中医医院	中西医结合医院	民族医院	专科医院	护理院
总　计	**18759**	**228**	**2418**	**7371**	**8742**	**11094**	**1392**	**441**	**58**	**5462**	**312**
东　部	7513	98	970	3344	3101	4156	621	164	2	2308	262
中　部	5092	82	670	1906	2434	2840	399	134	10	1680	29
西　部	6154	48	778	2121	3207	4098	372	143	46	1474	21
北　京	434	18	74	309	33	131	127	27	1	143	5
天　津	278		25	131	122	200	30	2		46	
河　北	1122	7	117	762	236	782	71	30		238	1
山　西	809	5	73	210	521	308	90	22		388	1
内蒙古	427	10	82	222	113	232	63	10	10	107	5
辽　宁	768	7	91	321	349	407	87	6		258	10
吉　林	381	1	50	65	265	201	29	4	1	143	3
黑龙江	494	13	62	136	283	294	61	6	4	128	1
上　海	184		2	3	179	83	4	1		68	28
江　苏	1253	16	192	593	452	758	46	20		300	129
浙　江	763	4	41	34	684	277	76	26		347	37
安　徽	735	12	144	353	226	480	27	21		196	11
福　建	343	10	50	246	37	212	14	6		109	2
江　西	318	11	43	73	191	204	17	5		90	2
山　东	1582	18	251	697	616	915	133	30	1	469	34
河　南	925	10	111	582	222	530	112	31		247	5
湖　北	566	23	104	188	251	307	34	19	1	202	3
湖　南	864	7	83	299	475	516	29	26	4	286	3
广　东	719	16	120	236	347	357	30	11		305	16
广　西	259	4	49	139	67	169	10	6	1	72	1
海　南	67	2	7	12	46	34	3	5		25	
重　庆	505	4	42	97	362	304	52	27		117	5
四　川	1520	7	208	322	983	1038	67	22		391	2
贵　州	996	6	127	519	344	763	37	15	7	171	3
云　南	827	9	101	203	514	554	33	27	2	211	
西　藏	38		1	11	26	25		1	4	8	
陕　西	652	4	73	191	384	418	49	10		171	4
甘　肃	231	2	16	28	185	120	16	13	4	78	
青　海	104		20	10	74	60		4	8	31	1
宁　夏	141		22	67	52	99	6	3	2	31	
新　疆	454	2	37	312	103	316	39	5	8	86	

2017年各地区医院等级情况

地区	合计	三级				二级				一级				未定级
			甲等	乙等	丙等		甲等	乙等	丙等		甲等	乙等	丙等	
总　计	**31056**	**2340**	**1360**	**445**	**27**	**8422**	**4310**	**1465**	**80**	**10050**	**2304**	**583**	**248**	**10244**
东　部	12219	1095	619	195	16	2993	1451	396	45	4471	941	208	171	3660
中　部	8819	616	399	63	10	2607	1325	552	24	2765	818	221	39	2831
西　部	10018	629	342	187	1	2822	1534	517	11	2814	545	154	38	3753
北　京	656	99	55	1	14	137	40	4	28	386	39	1	140	34
天　津	426	42	31	4		73	25	13	8	188	39	6	1	123
河　北	1846	69	45	1		510	312	49	3	978	168	30	6	289
山　西	1388	58	41	11		349	222	72	2	327	149	51	5	654
内蒙古	775	72	24	23	1	287	99	89	3	282	40	11	1	134
辽　宁	1268	128	64	19	2	300	161	47	1	443	92	18	7	397
吉　林	654	46	30	7	9	219	99	91	9	98	28	19	5	291
黑龙江	1089	95	69	12	1	339	151	136	3	306	143	27	4	349
上　海	363	47	32	5		105	59	24	1	12	7			199
江　苏	1727	154	68	51		359	121	50	3	709	253	118	12	505
浙　江	1204	133	71	61		228	124	89	1	47	7	3	2	796
安　徽	1095	68	43	8		346	144	46	1	427	85	44	1	254
福　建	606	70	34	12		195	89	56		297	17	3		44
江　西	669	66	47	6		228	168	30		119	23	7	1	256
山　东	2451	166	94	39		594	250	50		945	201	23		746
河　南	1632	87	53			469	202	66	4	842	212	34	8	234
湖　北	979	123	69	16		311	151	58	2	261	68	17	8	284
湖　南	1313	73	47	3		346	188	53	3	385	110	22	7	509
广　东	1464	170	115	2		453	244	12		392	94	4	1	449
广　西	589	72	45	7		244	146	13		168	27	3	3	105
海　南	208	17	10			39	26	2		74	24	2	2	78
重　庆	749	41	29			142	62	20		155	28	4		411
四　川	2219	152	68	80		583	289	182		344	132	53		1140
贵　州	1270	50	29	6		283	130	18	1	566	15	39	2	371
云　南	1252	69	42	13		340	209	32	2	251	15	11	25	592
西　藏	148	11	3	7		13	6	6		84	49	2	2	40
陕　西	1150	57	35	16		347	193	90	3	309	59	12		437
甘　肃	526	36	17	19		184	153	15		47	9	2		259
青　海	212	18	10	8		94	66	18	1	10	2	2		90
宁　夏	209	13	6	7		71	36	5		72	3		1	53
新　疆	919	38	34	1		234	145	29	1	526	166	15	4	121

基层医疗卫生机构数（按登记注册类型 / 主办单位 / 管理类别 / 机构类别分）

机构分类	2010	2013	2014	2015	2016	2017
总　计	**901709**	**915368**	**917335**	**920770**	**926518**	**933024**
按登记注册类型分						
公立	460927	487802	491885	495986	502619	505247
非公立	440782	427566	425450	424784	423899	427777
按主办单位分						
政府办	111290	117765	116948	117503	117421	120444
社会办	470858	476868	471722	472631	471008	465831
个人办	319561	320735	328665	330636	338089	346749
按管理类别分						
非营利性	675760	694827	695290	691375	691119	686104
营利性	225949	220541	222045	229395	235399	246920
按机构类别分						
社区卫生服务中心（站）	32739	33965	34238	34321	34327	34652
社区卫生服务中心	6903	8488	8669	8806	8918	9147
社区卫生服务站	25836	25477	25569	25515	25409	25505
卫生院	38765	37608	37497	37341	37241	37094
街道卫生院	929	593	595	524	446	543
乡镇卫生院	37836	37015	36902	36817	36795	36551
村卫生室	648424	648619	645470	640536	638763	632057
门诊部	8291	11126	12030	13282	14779	17649
诊所（医务室）	173434	184050	188100	195290	201408	211572

2017 年各地区按床位数分组的社区卫生服务中心（站）数

地区	社区卫生服务中心							社区卫生服务站			
	总计	无床	1－9 张	10－29 张	30－49 张	50－99 张	100 张及以上	总计	无床	1－9 张	10 张及以上
总 计	**9147**	**4116**	**497**	**1852**	**1159**	**1204**	**319**	**25505**	**23440**	**1496**	**569**
东 部	4354	2255	174	686	515	542	182	15944	15068	618	258
中 部	2601	915	152	676	369	405	84	5126	4494	479	153
西 部	2192	946	171	490	275	257	53	4435	3878	399	158
北 京	327	165	43	70	22	21	6	1630	1630		
天 津	120	55		18	10	35	2	467	463	1	3
河 北	287	59	30	104	56	34	4	987	603	242	142
山 西	227	108	15	62	27	14	1	710	596	90	24
内蒙古	319	140	36	81	26	33	3	875	871	1	3
辽 宁	397	232	9	69	34	40	13	841	841		
吉 林	208	106	14	43	17	26	2	180	128	43	9
黑龙江	458	219	48	87	52	48	4	171	114	25	32
上 海	308	109	2	17	44	82	54	701	701		
江 苏	558	143	5	111	136	116	47	2222	2167	54	1
浙 江	471	241	41	79	61	43	6	5216	5205	10	1
安 徽	398	144	29	120	50	40	15	1483	1483		
福 建	223	107	11	61	23	19	2	453	450	3	
江 西	180	62	17	58	23	18	2	393	263	117	13
山 东	532	225	12	99	73	88	35	1840	1447	287	106
河 南	446	153	9	115	74	81	14	945	839	86	20
湖 北	347	76	3	68	66	104	30	835	770	49	16
湖 南	337	47	17	123	60	74	16	409	301	69	39
广 东	1098	904	21	52	52	57	12	1445	1444	1	
广 西	159	102	7	21	14	13	2	141	136	5	
海 南	33	15		6	4	7	1	142	117	20	5
重 庆	198	63	2	25	34	52	22	274	270	3	1
四 川	417	143	26	109	68	61	10	523	441	45	37
贵 州	202	80	21	46	26	28	1	499	499		
云 南	195	76	15	37	28	33	6	373	293	54	26
西 藏	9		5	4				3	1	2	
陕 西	248	127	22	51	32	16		356	330	19	7
甘 肃	204	86	25	59	24	9	1	398	262	86	50
青 海	32	12	7	5	3	4	1	223	104	108	11
宁 夏	20	12	1	6	1			146	120	19	7
新 疆	189	105	4	46	19	8	7	624	551	57	16

村卫生室数

年份 地区	村卫生室(个)						行政村数 (个)	设卫生室的村数占行政村数 (%)
	合计	村办	乡卫生院设点	联合办	私人办	其他		
1990	803956	266137	29963	87149	381844	38863	743278	86.2
1995	804352	297462	36388	90681	354981	22876	740150	88.9
2000	709458	300864	47101	89828	255179	16486	734715	89.8
2005	583209	313633	32396	38561	180403	18216	629079	85.8
2010	648424	365153	49678	32650	177080	23863	594658	92.3
2013	648619	371579	59896	32690	158811	25643	589447	93.0
2014	645470	349428	59396	29180	160549	46917	585451	93.3
2015	640536	353196	60231	29208	153353	44548	580575	93.3
2016	638763	351016	60419	29336	152164	45828	559166	92.9
2017	632057	349025	63598	28687	147046	43701	554202	92.8
东　部	213751	114760	25269	8346	51748	13628	222271	82.1
中　部	218199	129154	13247	12299	47497	16002	172765	99.8
西　部	200107	105111	25082	8042	47801	14071	159166	100.0
北　京	2696	2413	6	3	260	14	3920	68.8
天　津	2541	854	727	118	269	573	3680	69.0
河　北	60225	28854	2208	1069	24542	3552	48671	100.0
山　西	28942	19755	1041	740	3608	3798	27881	100.0
内蒙古	13625	5260	2224	447	4760	934	11053	100.0
辽　宁	19519	8492	375	157	9848	647	11598	100.0
吉　林	10108	4004	1483	1188	2957	476	9327	100.0
黑龙江	10842	7246	1702	148	1218	528	8968	100.0
上　海	1187	891	183	31		82	1585	74.9
江　苏	15319	8253	3972	1867	26	1201	14462	100.0
浙　江	11535	7073	1331	154	1950	1027	27458	42.0
安　徽	15331	7167	2884	1892	900	2488	14482	100.0
福　建	18608	11587	651	235	4261	1874	14399	100.0
江　西	29734	13571	285	1617	12747	1514	17033	100.0
山　东	53024	26429	14127	4536	4428	3504	74167	71.5
河　南	56462	33688	848	2831	16168	2927	46198	100.0
湖　北	24636	15552	3519	2953	1810	802	24970	98.7
湖　南	42144	28171	1485	930	8089	3469	23906	100.0
广　东	26459	19139	1524	149	4973	674	19785	100.0
广　西	20770	13857	798	186	5240	689	14258	100.0
海　南	2638	775	165	27	1191	480	2546	100.0
重　庆	10991	6624	1265	353	1497	1252	8090	100.0
四　川	56216	27794	3541	2583	19077	3221	45683	100.0
贵　州	20543	9063	2247	547	6749	1937	13436	100.0
云　南	13446	10078	1363	624	434	947	11905	100.0
西　藏	5324	1748	2606	145		825	5259	100.0
陕　西	24978	19639	565	380	3806	588	18116	100.0
甘　肃	17032	6806	3764	752	4022	1688	16039	100.0
青　海	4518	1823	625	581	1041	448	4147	100.0
宁　夏	2301	707	411	213	641	329	2260	100.0
新　疆	10363	1712	5673	1231	534	1213	8920	100.0

注：行政村数即村民委员会数。

专业公共卫生机构数（按登记注册类型/主办单位/机构类别分）

机构分类	2010	2013	2014	2015	2016	2017
总　计	**11835**	**31155**	**35029**	**31927**	**24866**	**19896**
按登记注册类型分						
公立	11764	30824	34382	31582	24568	19633
非公立	71	331	401	345	298	263
按主办单位分						
政府办	11421	28269	31140	29019	22859	18362
社会办	396	2858	3617	2880	1969	1490
个人办	18	28	26	28	38	44
按机构类别分						
疾病预防控制中心	3513	3516	3490	3478	3481	3456
专科疾病防治院（所/站）	1274	1271	1242	1234	1213	1200
健康教育所（站）	139	169	172	166	163	165
妇幼保健院（所/站）	3025	3144	3098	3078	3063	3077
急救中心（站）	245	312	325	345	355	361
采供血机构	530	538	541	548	552	557
卫生监督所（中心）	2992	2967	2975	2986	2986	2992
计划生育技术服务机构	117	19238	23186	20092	13053	8088

注：2013年起增加原计生部门主管的计划生育技术服务机构。2017年，由于乡镇撤并、计生与妇保机构合并等原因，计划生育技术服务机构数减少较多。

2017 年各类医疗卫生机构人员数

机构分类	合计	卫生技术人员			
		小计	执业（助理）医师	执业医师	注册护士
总　计	**11748972**	**8988230**	**3390034**	**2828999**	**3804021**
一、医院	6976524	5784712	1932530	1800378	2822446
综合医院	4946984	4151918	1380075	1292461	2058673
中医医院	943444	796704	283978	262348	349572
中西医结合医院	118230	97994	35859	33465	45526
民族医院	33099	27054	10306	8779	9515
专科医院	912135	697460	219102	200571	351418
口腔医院	56436	44530	20581	18562	18289
眼科医院	59060	38061	11908	10794	18774
耳鼻喉科医院	7964	6072	2075	1846	2923
肿瘤医院	85890	70428	21684	21181	35909
心血管病医院	22500	18526	5784	5388	9659
胸科医院	11676	9869	2928	2839	5442
血液病医院	2603	1985	415	385	936
妇产（科）医院	106610	79611	25268	23307	41388
儿童医院	65171	55151	17015	16737	28254
精神病医院	166847	126617	33087	29713	71341
传染病医院	57943	46758	14231	13887	23847
皮肤病医院	10857	7984	2605	2379	3572
结核病医院	11081	8983	2581	2513	4792
麻风病医院	644	424	181	129	123
职业病医院	4101	2998	1004	967	1371
骨科医院	53060	41974	13784	11405	19528
康复医院	50636	38260	11015	9581	16514
整形外科医院	5344	3099	1005	921	1715
美容医院	26581	13402	4783	4155	6968
其他专科医院	107131	82728	27168	23882	40073
护理院	22632	13582	3210	2754	7742
二、基层医疗卫生机构	3826234	2505174	1213607	817657	769206
社区卫生服务中心（站）	554694	474010	198203	160634	175984
社区卫生服务中心	437400	370260	151310	122158	133664
社区卫生服务站	117294	103750	46893	38476	42320
卫生院	1374296	1163248	471242	274887	344454
街道卫生院	14024	11970	5193	3289	3502
乡镇卫生院	1360272	1151278	466049	271598	340952
中心卫生院	586799	500853	199802	124157	154492
乡卫生院	773473	650425	266247	147441	186460
村卫生室	1146944	178333	155075	49922	23258
门诊部	227965	185794	91512	80206	69134
综合门诊部	111940	93384	44404	40133	34325
中医门诊部	27845	21449	12415	11590	4490
中西医结合门诊部	4692	4104	2050	1872	1403
民族医门诊部	194	151	91	72	36
专科门诊部	83294	66706	32552	26539	28880
诊所、卫生所、医务室、护理站	522335	503789	297575	252008	156376
诊所	437701	422866	251418	214313	131571
卫生所、医务室	84099	80558	46098	37646	24524
护理站	535	365	59	49	281

注：①卫生人员数合计包括获得“卫生监督员”证书的公务员 1 万人，乡村医生和卫生员 968611 人；②本表村卫生室人员数不包括乡镇卫生院在村卫生室工作的人员数（这部分人员计入乡镇卫生院中）。

续表 1

药师（士）	技师（士）		其他		其他技术人员	管理人员	工勤技能人员
		检验师（士）		见习医师			
452968	**481077**	**325909**	**860130**	**210198**	**451480**	**509093**	**831558**
287837	310191	198871	431708	142144	283864	345536	562412
188987	222956	142917	301227	102366	185709	230661	378696
58577	42337	26510	62240	22642	38196	38977	69567
5744	4971	3254	5894	1834	5055	6344	8837
2374	1383	826	3476	1057	2175	1603	2267
31557	38114	25103	57269	13937	50854	66507	97314
754	1093	412	3813	975	2853	4012	5041
1704	1533	1093	4142	1023	5335	6606	9058
327	325	189	422	152	312	719	861
3066	4315	2151	5454	1112	4689	4992	5781
684	955	590	1444	248	963	1534	1477
427	623	382	449	88	617	634	556
85	261	248	288	34	216	267	135
3282	5277	3738	4396	1208	5428	8285	13286
2669	3349	2482	3864	1087	2919	3458	3643
5887	5117	3577	11185	3158	8490	10579	21161
2741	3430	2617	2509	640	3254	3703	4228
758	552	485	497	127	538	968	1367
436	683	488	491	188	538	668	892
40	38	35	42	5	38	73	109
147	233	188	243	51	306	333	464
2008	2637	1339	4017	1313	2298	3687	5101
1735	1773	1080	7223	780	3023	3969	5384
108	104	77	167	20	478	569	1198
500	551	410	600	181	3367	3223	6589
4199	5265	3521	6023	1547	5192	8228	10983
598	430	261	1602	308	1875	1444	5731
142482	99307	64813	280572	54671	97089	83004	172356
35787	22346	15938	41690	9345	23752	22749	34183
29973	20306	14355	35007	8335	19600	17359	30181
5814	2040	1583	6683	1010	4152	5390	4002
77553	65612	41241	204387	39578	63810	43895	103343
841	613	413	1821	269	619	527	908
76712	64999	40828	202566	39309	63191	43368	102435
33527	30111	18568	82921	18030	25019	17059	43868
43185	34888	22260	119645	21279	38172	26309	58567
9295	9024	6084	6829	1489	6627	12836	22708
5215	6368	4252	3072	456	2726	5404	10426
2561	727	574	1256	308	1029	1886	3481
298	238	153	115	23	87	204	297
12	7	5	5	2	8	18	17
1209	1684	1100	2381	700	2777	5324	8487
19847	2325	1550	27666	4259	2900	3524	12122
17610	1514	922	20753	3585	2237	2843	9755
2237	811	628	6888	670	642	659	2240
			25	4	21	22	127

续表 2

机构分类	合计	卫生技术人员			
		小计	执业（助理）医师	执业医师	注册护士
三、专业公共卫生机构	872208	661616	232113	200826	204048
疾病预防控制中心	190730	142114	70839	60700	14898
省属	11129	7801	4179	4084	162
地级市（地区）属	42654	32237	17335	16311	2231
县级市（区）属	60429	44982	22563	19330	5241
县属	69501	51795	24433	18981	6626
其他	7017	5299	2329	1994	638
专科疾病防治院（所、站）	48997	37319	15586	13157	11843
专科疾病防治院	19102	14554	5497	4923	5600
传染病防治院	1597	1190	369	347	592
结核病防治院	2295	1773	492	449	844
职业病防治院	6687	4990	1951	1886	1778
其他	8523	6601	2685	2241	2386
专科疾病防治所（站、中心）	29895	22765	10089	8234	6243
口腔病防治所（站、中心）	2385	1961	1097	938	512
精神病防治所（站、中心）	1138	900	302	211	436
皮肤病与性病防治所（中心）	6827	5138	2142	1830	1462
结核病防治所（站、中心）	8631	6435	2657	2197	1668
职业病防治所（站、中心）	1537	1196	589	559	249
地方病防治所（站、中心）	805	570	313	269	56
血吸虫病防治所（站、中心）	5136	3966	1849	1386	1079
药物戒毒所（中心）	307	141	63	47	44
其他	3129	2458	1077	797	737
健康教育所（站、中心）	2127	899	435	380	134
妇幼保健院（所、站）	426881	353168	127399	113259	155190
省属	22592	18817	5984	5973	9729
地级市（地区）属	123492	102932	34326	33206	49893
县级市（区）属	135558	111711	41344	37012	47953
县属	137662	113392	43526	35091	44627
其他	7577	6316	2219	1977	2988
妇幼保健院	386544	321218	111505	99643	146198
妇幼保健所	22452	17756	9169	8186	4734
妇幼保健站	17230	13661	6447	5191	4121
生殖保健中心	655	533	278	239	137
急救中心（站）	16514	8671	3712	3429	3478
采供血机构	35392	25715	3737	3231	12903
卫生监督所（中心）	83002	68236			
省属	2613	2157			
地级市（地区）属	16100	13203			
县级市（区）属	26305	20936			
县属	27587	21582			
其他	397	358			
计划生育技术服务机构	68565	25494	10405	6670	5602
四、其他医疗卫生机构	74006	36728	11784	10138	8321
疗养院	13873	8677	3018	2717	3882
卫生监督检验（监测）机构	394	225	34	25	8
医学科学研究机构	10230	5111	1731	1682	386
医学在职培训机构	11047	5169	1786	1423	1163
临床检验中心（所、站）	15522	7468	965	862	325
统计信息中心	1293	83	30	30	6
其他	21647	9995	4220	3399	2551

续表 3

药师(士)	技师(士)	检验师(士)	其他	见习医师	其他技术人员	管理人员	工勤技能人员
21221	65342	56511	138892	12948	56201	69106	85285
2734	27841	26056	25802	2507	14711	13938	19967
62	2263	2242	1135	57	1480	902	946
456	8307	8013	3908	666	3470	3318	3629
938	8081	7541	8159	754	4270	4624	6553
1211	8432	7554	11093	915	4761	4568	8377
67	758	706	1507	115	730	526	462
2633	3603	2817	3654	741	3572	3318	4788
946	1297	1053	1214	397	1556	1193	1799
67	81	71	81	18	105	40	262
119	193	149	125	58	117	215	190
270	540	446	451	162	707	484	506
490	483	387	557	159	627	454	841
1687	2306	1764	2440	344	2016	2125	2989
35	31	13	286	27	145	136	143
38	32	19	92	19	131	44	63
624	466	421	444	122	421	470	798
469	915	630	726	62	698	700	798
37	185	134	136	16	130	107	104
24	74	67	103	16	35	71	129
233	390	311	415	26	288	298	584
11	12	8	11	2	2	145	19
216	201	161	227	54	166	154	351
41	28	25	261	11	680	390	158
14508	25755	20059	30316	8554	20416	19657	33640
629	1461	1222	1014	442	941	920	1914
4108	7032	5879	7573	2471	6187	5901	8472
4728	8239	6388	9447	2722	6491	6418	10938
4816	8619	6254	11804	2854	6460	5992	11818
227	404	316	478	65	337	426	498
13297	22883	17797	27335	8112	17798	16730	30798
706	1792	1456	1355	250	1485	1599	1612
490	1034	771	1569	184	1093	1294	1182
15	46	35	57	8	40	34	48
122	79	64	1280	628	1292	1356	5195
257	6330	6296	2488	116	3072	2173	4432
			68236		2200	7230	5336
			2157		10	297	149
			13203		388	1649	860
			20936		794	2697	1878
			21582		1008	2552	2445
			358			35	4
926	1706	1194	6855	391	10258	21044	11769
1428	6237	5714	8958	435	14326	11447	11505
441	571	378	765	178	969	1595	2632
1	166	165	16		20	59	90
231	341	300	2422	40	3086	1296	737
345	229	152	1646	53	3015	1380	1483
5	4261	4223	1912	30	2457	1747	3850
8			39	2	781	376	53
397	669	496	2158	132	3998	4994	2660

卫生人员数

年份	卫生人员	卫生技术人员	执业（助理）医师		注册护士	药师（士）	检验师（士）	乡村医生和卫生员	其他技术人员	管理人员	工勤技能人员
				执业医师							
1950	611240	555040	380800	327400	37800	8080				21877	34323
1955	1052787	874063	500398	402409	107344	60974	15394			86465	92259
1960	1769205	1504894	596109	427498	170143	119293				132034	132277
1965	1872300	1531600	762804	510091	234546	117314			10996	168845	160899
1970	6571795	1453247	702304	446251	295147	…		4779280	10813	156862	171593
1975	7435212	2057068	877716	521617	379545	219904	77506	4841695	14122	251420	270907
1980	7355483	2798241	1153234	709473	465798	308438	114290	3820776	27834	310805	397827
1985	5606105	3410910	1413281	724238	636974	365145	145217	1293094	46052	358812	497237
1990	6137711	3897921	1763086	1302997	974541	405978	170371	1231510	85504	396694	526082
1991	6278458	3984974	1779545	1310933	1011943	409325	176832	1253324	91265	408819	540076
1992	6409307	4073986	1808194	1327875	1039674	413598	180754	1269061	99177	417670	549413
1993	6540522	4117067	1831665	1372471	1056096	413025	183657	1325106	113138	432903	552311
1994	6630710	4199217	1882180	1425375	1093544	417166	186415	1323701	116921	438084	552787
1995	6704395	4256923	1917772	1454926	1125661	418520	189488	1331017	120782	450013	545660
1996	6735097	4311845	1941235	1475232	1162609	424952	192873	1316095	125480	444571	537106
1997	6833962	4397805	1984867	1505342	1198228	428295	198016	1317786	133369	448047	536955
1998	6863315	4423721	1999521	1513975	1218836	423644	200846	1327633	145060	435507	531394
1999	6894985	4458669	2044672	1561584	1244844	418574	201272	1324937	150041	434997	526341
2000	6910383	4490803	2075843	1603266	1266838	414408	200900	1319357	157533	426789	515901
2001	6874527	4507700	2099658	1637337	1286938	404087	203378	1290595	157961	412757	505514
2002	6528674	4269779	1843995	1463573	1246545	357659	209144	1290595	179962	332628	455710
2003	6216971	4380878	1942364	1534046	1265959	357378	209616	867778	199331	318692	450292
2004	6332739	4485983	1999457	1582442	1308433	355451	211553	883075	209422	315595	438664
2005	6447246	4564050	2042135	1622684	1349589	349533	211495	916532	225697	312826	428141
2006	6681184	4728350	2099064	1678031	1426339	353565	218771	957459	235466	323705	436204
2007	6964389	4913186	2122925	1715460	1558822	325212	206487	931761	243460	356569	519413
2008	7251803	5174478	2201904	1791881	1678091	330525	212618	938313	255149	356854	527009
2009	7781448	5535124	2329206	1905436	1854818	341910	220695	1050991	275006	362665	557662
2010	8207502	5876158	2413259	1972840	2048071	353916	230572	1091863	290161	370548	578772
2011	8616040	6202858	2466094	2020154	2244020	363993	238874	1126443	305981	374885	605873
2012	9115705	6675549	2616064	2138836	2496599	377398	249255	1094419	319117	372997	653623
2013	9790483	7210578	2794754	2285794	2783121	395578	266607	1081063	359819	420971	718052
2014	10234213	7589790	2892518	2374917	3004144	409595	279277	1058182	379740	451250	755251
2015	10693881	8007537	3039135	2508408	3241469	423294	293680	1031525	399712	472620	782487
2016	11172945	8454403	3191005	2651398	3507166	439246	293680	1000324	426171	483198	808849
2017	11748972	8988230	3390034	2828999	3804021	452968	325909	968611	451480	509093	831558

注：①卫生人员和卫生技术人员包括获得“卫生监督员”证书的公务员1万人；②2013年以后卫生人员数包括卫生计生部门主管的计划生育技术服务机构人员数，2013年以前不包括原人口计生部门主管的计划生育技术服务机构人员数；③执业（助理）医师数包括村卫生室执业（助理）医师数；④1985年以前乡村医生和卫生员系赤脚医生数。

2017 年卫生人员数（按城乡 / 登记注册类型 / 主办单位分）

分　类	合计	卫生技术人员							乡村医生和卫生员	其他技术人员	管理人员	工勤技能人员
		小计	执业（助理）医师	执业医师	注册护士	药师（士）	技师（士）	其他				
总计	11748972	8988230	3390034	2828999	3804021	452968	481077	860130	968611	451480	509093	831558
按城乡分												
城市	5892116	4871918	1778114	1658920	2244366	238210	258520	352708		251234	311991	456973
农村	5846856	4106312	1611920	1170079	1559655	214758	222557	497422	968611	200246	197102	374585
按登记注册类型分												
公立	9184408	7123805	2595127	2179538	3043352	368582	400342	716402	674314	371435	379181	635673
国有	7880367	6518939	2283727	1999323	2872404	333766	375665	653377	67242	343797	358381	592008
集体	1304041	604866	311400	180215	170948	34816	24677	63025	607072	27638	20800	43665
非公立	2554564	1854425	794907	649461	760669	84386	80735	133728	294297	80045	129912	195885
其中：												
联营	54571	20634	10365	6239	7495	689	818	1267	30158	769	1235	1775
私营	1782592	1308870	591050	476971	514440	59485	52123	91772	216922	51422	81919	123459
按主办单位分												
政府办	7906208	6508120	2292126	1971706	2820977	342221	374904	677892	110932	350529	343710	592917
其中：												
卫生健康部门	7678221	6335322	2229305	1917434	2746343	333112	365740	660822	110932	337194	323336	571437
社会办	2044497	1122715	490091	364182	452094	49305	52829	78396	678576	48966	80203	114037
个人办	1788267	1347395	607817	493111	530950	61442	53344	93842	179103	51985	85180	124604

注：①卫生人员和卫生技术人员中包括公务员中卫生监督员 10000 名；②城市包括直辖市区和地级市辖区，农村包括县及县级市；③社会办包括企业、事业单位、社会团体和其他社会组织办的卫生机构。

各地区卫生人员数

地区	合计	卫生技术人员							乡村医生和卫生员	其他技术人员	管理人员	工勤技能人员
		小计	执业（助理）医师	执业医师	注册护士	药师（士）	技师（士）	其他				
2016	11172945	8454403	3191005	2651398	3507166	439246	453185	863801	1000324	426171	483198	808849
2017	11748972	8988230	3390034	2828999	3804021	452968	481077	860130	968611	451480	509093	831558
东部	5052211	3945466	1534231	1313232	1666956	210827	202736	330716	313487	211030	210201	372027
中部	3443254	2576192	998488	807058	1095126	124762	143623	214193	353457	134029	149106	230470
西部	3243507	2456572	857315	708709	1041939	117379	134718	305221	301667	106421	149786	229061
北京	315238	245984	94417	88934	103459	14082	12736	21290	3247	17438	20179	28390
天津	129554	100966	41127	38645	38205	6000	5424	10210	4973	5143	10046	8426
河北	590569	425229	191941	149885	158383	17542	21669	35694	79741	27302	21023	37274
山西	318990	233287	94281	81477	96849	10445	11849	19863	37935	12207	14041	21520
内蒙古	233062	180386	70301	60459	71866	10827	9561	17831	18128	9935	11071	13542
辽宁	380915	291191	115715	104323	127445	13806	15987	18238	23995	15356	20001	30372
吉林	224342	168031	70552	61810	67149	7899	8855	13576	16097	9069	14034	17111
黑龙江	300301	229403	88477	75558	90446	11431	12838	26211	21688	9993	17296	21921
上海	227750	186917	67907	64196	83939	10014	11262	13795	829	11458	13005	15541
江苏	692473	547676	217146	181276	236906	28839	27724	37061	30934	29496	29125	55242
浙江	555716	459661	178704	155076	187717	27885	23275	42080	7792	22208	19826	46229
安徽	407457	313478	120839	97680	138139	14460	18277	21763	40869	15095	15057	22958
福建	300571	231388	83966	73323	101209	14578	12306	19329	25256	11483	9030	23414
江西	317798	235741	83648	70083	104109	14549	15954	17481	43421	9181	9446	20009
山东	917894	688565	264570	227649	293647	34810	35479	60059	109657	41406	31978	46288
河南	827645	581004	220314	165802	241571	26792	34338	57989	109457	37508	36100	63576
湖北	510044	399685	147340	122070	184283	18663	20187	29212	39530	21339	20642	28848
湖南	536677	415563	173037	132578	172580	20523	21325	28098	44460	19637	22490	34527
广东	864114	707491	257974	212657	307664	40298	33580	67975	24051	26899	32155	73518
广西	404763	305279	101141	82249	131693	17405	16607	38433	34147	12818	16668	35851
海南	77417	60398	20764	17268	28382	2973	3294	4985	3012	2841	3833	7333
重庆	255854	191572	68549	55216	84853	8800	9362	20008	20076	9120	13303	21783
四川	709899	530306	194909	162709	228548	24945	26986	54918	64771	20123	32617	62082
贵州	301876	225914	75533	60382	97970	8762	13007	30642	35105	11465	15011	14381
云南	369151	283894	93925	77892	128513	10932	14930	35594	37308	14399	10818	22732
西藏	33413	16526	7603	5720	4460	783	892	2788	12685	1149	1197	1856
陕西	393846	310228	93209	78249	126983	15359	20236	54441	31853	3629	25218	22918
甘肃	199155	146880	56147	45395	58444	6485	7836	17968	21358	7983	11131	11803
青海	56098	41729	15508	13193	16475	2077	2424	5245	7121	2617	1634	2997
宁夏	62022	49715	18187	16208	21568	2976	2763	4221	3244	2167	2886	4010
新疆	224368	174143	62303	51037	70566	8028	10114	23132	15871	11016	8232	15106

2017 年各地区卫生人员数（城市）

地 区	合计	卫生技术人员							其他技术人员	管理人员	工勤技能人员
		小计	执业（助理）医师	执业医师	注册护士	药师（士）	技师（士）	其他			
总 计	**5892116**	**4871918**	**1778114**	**1658920**	**2244366**	**238210**	**258520**	**352708**	**251234**	**311991**	**456973**
东 部	3032611	2503604	936924	875381	1121431	130842	131104	183303	137157	150479	241371
中 部	1465759	1219185	438720	408898	586358	53730	65419	74958	64025	81076	101473
西 部	1393746	1149129	402470	374641	536577	53638	61997	94447	50052	80436	114129
北 京	311651	245644	94131	88779	103405	14082	12736	21290	17438	20179	28390
天 津	118649	95769	38270	36589	37082	5686	5185	9546	4933	9798	8149
河 北	235619	195626	79641	72886	86229	7741	10214	11801	13028	10396	16569
山 西	156002	129478	48744	45673	60817	5530	6546	7841	6653	8594	11277
内蒙古	110318	91790	33548	31535	41170	5260	4937	6875	4976	6579	6973
辽 宁	252618	208689	80216	76475	96956	9617	11572	10328	10546	13312	20071
吉 林	103063	83626	34869	32717	36084	3575	4752	4346	4519	6710	8208
黑龙江	164775	134544	49483	46394	60581	5976	7259	11245	6354	10730	13147
上 海	220976	181781	65325	62816	82252	9748	11012	13444	11293	12735	15167
江 苏	373334	306540	112683	106757	142974	15664	15997	19222	17214	19048	30532
浙 江	300342	247355	92708	86343	106730	14294	13403	20220	13041	12748	27198
安 徽	183649	155509	54746	50802	76878	6651	8721	8513	8002	9277	10861
福 建	147819	123398	45422	42772	56549	7233	6536	7658	6544	5689	12188
江 西	120175	101685	34173	32287	50030	5486	6426	5570	4517	5647	8326
山 东	416399	351685	133502	123765	161394	16754	17422	22613	21992	18664	24058
河 南	303231	250796	87412	80418	121267	10767	13027	18323	14603	16634	21198
湖 北	236380	197241	68527	64547	98928	8731	10282	10773	11417	11999	15723
湖 南	198484	166306	60766	56060	81773	7014	8406	8347	7960	11485	12733
广 东	614283	514021	183794	167829	231418	28465	25135	45209	19307	25702	55253
广 西	178634	147815	50422	47535	69509	7875	7734	12275	5993	8582	16244
海 南	40921	33096	11232	10370	16442	1558	1892	1972	1821	2208	3796
重 庆	153707	123687	42834	38126	58836	5735	6247	10035	6054	9324	14642
四 川	314813	256036	91307	86175	121866	11468	13214	18181	10196	17510	31071
贵 州	94515	79156	28205	26421	37769	3050	4255	5877	4252	5741	5366
云 南	115280	97498	34267	31802	47023	4071	5253	6884	5518	4783	7481
西 藏	11647	8860	4079	3431	2983	385	613	800	632	855	1300
陕 西	200728	167657	53471	48890	76553	7451	10141	20041	2093	15926	15052
甘 肃	87790	72637	26726	24958	33524	3096	4274	5017	4381	4975	5797
青 海	25865	21654	7368	6991	10239	1109	1138	1800	1521	932	1758
宁 夏	39498	33111	12020	11303	15411	1828	1791	2061	1407	2227	2753
新 疆	60951	49228	18223	17474	21694	2310	2400	4601	3029	3002	5692

注：城市包括直辖市区和地级市辖区。

2017 年各地区卫生人员数（农村）

地 区	合计	卫生技术人员							乡村医生和卫生员	其他技术人员	管理人员	工勤技能人员
		小计	执业（助理）医师	执业医师	注册护士	药师（士）	技师（士）	其他				
总 计	**5846856**	**4106312**	**1611920**	**1170079**	**1559655**	**214758**	**222557**	**497422**	**968611**	**200246**	**197102**	**374585**
东 部	2019600	1441862	597307	437851	545525	79985	71632	147413	313487	73873	59722	130656
中 部	1977495	1357007	559768	398160	508768	71032	78204	139235	353457	70004	68030	128997
西 部	1849761	1307443	454845	334068	505362	63741	72721	210774	301667	56369	69350	114932
北 京	3587	340	286	155	54				3247			
天 津	10905	5197	2857	2056	1123	314	239	664	4973	210	248	277
河 北	354950	229603	112300	76999	72154	9801	11455	23893	79741	14274	10627	20705
山 西	162988	103809	45537	35804	36032	4915	5303	12022	37935	5554	5447	10243
内蒙古	122744	88596	36753	28924	30696	5567	4624	10956	18128	4959	4492	6569
辽 宁	128297	82502	35499	27848	30489	4189	4415	7910	23995	4810	6689	10301
吉 林	121279	84405	35683	29093	31065	4324	4103	9230	16097	4550	7324	8903
黑龙江	135526	94859	38994	29164	29865	5455	5579	14966	21688	3639	6566	8774
上 海	6774	5136	2582	1380	1687	266	250	351	829	165	270	374
江 苏	319139	241136	104463	74519	93932	13175	11727	17839	30934	12282	10077	24710
浙 江	255374	212306	85996	68733	80987	13591	9872	21860	7792	9167	7078	19031
安 徽	223808	157969	66093	46878	61261	7809	9556	13250	40869	7093	5780	12097
福 建	152752	107990	38544	30551	44660	7345	5770	11671	25256	4939	3341	11226
江 西	197623	134056	49475	37796	54079	9063	9528	11911	43421	4664	3799	11683
山 东	501495	336880	131068	103884	132253	18056	18057	37446	109657	19414	13314	22230
河 南	524414	330208	132902	85384	120304	16025	21311	39666	109457	22905	19466	42378
湖 北	273664	202444	78813	57523	85355	9932	9905	18439	39530	9922	8643	13125
湖 南	338193	249257	112271	76518	90807	13509	12919	19751	44460	11677	11005	21794
广 东	249831	193470	74180	44828	76246	11833	8445	22766	24051	7592	6453	18265
广 西	226129	157464	50719	34714	62184	9530	8873	26158	34147	6825	8086	19607
海 南	36496	27302	9532	6898	11940	1415	1402	3013	3012	1020	1625	3537
重 庆	102147	67885	25715	17090	26017	3065	3115	9973	20076	3066	3979	7141
四 川	395086	274270	103602	76534	106682	13477	13772	36737	64771	9927	15107	31011
贵 州	207361	146758	47328	33961	60201	5712	8752	24765	35105	7213	9270	9015
云 南	253871	186396	59658	46090	81490	6861	9677	28710	37308	8881	6035	15251
西 藏	21766	7666	3524	2289	1477	398	279	1988	12685	517	342	556
陕 西	193118	142571	39738	29359	50430	7908	10095	34400	31853	1536	9292	7866
甘 肃	111365	74243	29421	20437	24920	3389	3562	12951	21358	3602	6156	6006
青 海	30233	20075	8140	6202	6236	968	1286	3445	7121	1096	702	1239
宁 夏	22524	16604	6167	4905	6157	1148	972	2160	3244	760	659	1257
新 疆	163417	124915	44080	33563	48872	5718	7714	18531	15871	7987	5230	9414

每千人口卫生技术人员数

年份	卫生技术人员			执业（助理）医师			其中：执业医师	注册护士		
	合计	城市	农村	合计	城市	农村		合计	城市	农村
1949	0.93	1.87	0.73	0.67	0.70	0.66	0.58	0.06	0.25	0.02
1955	1.42	3.49	1.01	0.81	1.24	0.74	0.70	0.14	0.64	0.04
1960	2.37	5.67	1.85	1.04	1.97	0.90	0.79	0.23	1.04	0.07
1965	2.11	5.37	1.46	1.05	2.22	0.82	0.70	0.32	1.45	0.10
1970	1.76	4.88	1.22	0.85	1.97	0.66	0.43	0.29	1.10	0.14
1975	2.24	6.92	1.41	0.95	2.66	0.65	0.57	0.41	1.74	0.18
1980	2.85	8.03	1.81	1.17	3.22	0.76	0.72	0.47	1.83	0.20
1985	3.28	7.92	2.09	1.36	3.35	0.85	0.70	0.61	1.85	0.30
1990	3.45	6.59	2.15	1.56	2.95	0.98	1.15	0.86	1.91	0.43
1995	3.59	5.36	2.32	1.62	2.39	1.07	1.23	0.95	1.59	0.49
1998	3.64	5.30	2.35	1.65	2.34	1.11	1.25	1.00	1.64	0.51
1999	3.64	5.24	2.38	1.67	2.33	1.14	1.27	1.02	1.64	0.52
2000	3.63	5.17	2.41	1.68	2.31	1.17	1.30	1.02	1.64	0.54
2001	3.62	5.15	2.38	1.69	2.32	1.17	1.32	1.03	1.65	0.54
2002	3.41	…	…	1.47	…	…	1.17	1.00	…	…
2003	3.48	4.88	2.26	1.54	2.13	1.04	1.22	1.00	1.59	0.50
2004	3.53	4.99	2.24	1.57	2.18	1.04	1.25	1.03	1.63	0.50
2005	3.50	5.82	2.69	1.56	2.46	1.26	1.24	1.03	2.10	0.65
2006	3.60	6.09	2.70	1.60	2.56	1.26	1.28	1.09	2.22	0.66
2007	3.72	6.44	2.69	1.61	2.61	1.23	1.30	1.18	2.42	0.70
2008	3.90	6.68	2.80	1.66	2.68	1.26	1.35	1.27	2.54	0.76
2009	4.15	7.15	2.94	1.75	2.83	1.31	1.43	1.39	2.82	0.81
2010	4.39	7.62	3.04	1.80	2.97	1.32	1.47	1.53	3.09	0.89
2011	4.58	7.90	3.19	1.82	3.00	1.33	1.49	1.66	3.29	0.98
2012	4.94	8.54	3.41	1.94	3.19	1.40	1.58	1.85	3.65	1.09
2013	5.27	9.18	3.64	2.04	3.39	1.48	1.67	2.04	4.00	1.22
2014	5.56	9.70	3.77	2.12	3.54	1.51	1.74	2.20	4.30	1.31
2015	5.84	10.21	3.90	2.22	3.72	1.55	1.84	2.37	4.58	1.39
2016	6.12	10.42	4.08	2.31	3.79	1.61	1.92	2.54	4.75	1.50
2017	6.47	10.87	4.28	2.44	3.97	1.68	2.04	2.74	5.01	1.62

注：① 2002 年以前，执业（助理）医师数系医生，执业医师数系医师，注册护士数系护师（士）；②城市包括直辖市区和地级市辖区，农村包括县及县级市；③分母系常住人口数。

各类别执业（助理）医师数

	合计		执业医师		执业助理医师	
	2016	2017	2016	2017	2016	2017
人数（万人）	**319.1**	**339.0**	**265.1**	**282.9**	**54.0**	**56.1**
临床类别	243.0	256.1	201.8	213.7	41.3	42.4
中医类别	48.2	52.7	40.9	44.9	7.2	7.8
口腔类别	16.7	18.8	13.6	15.2	3.1	3.7
公共卫生类别	11.2	11.4	8.9	9.1	2.3	2.2
构成 (%)	**100.0**	**100.0**	**100.0**	**100.0**	**100.0**	**100.0**
临床类别	76.2	75.6	76.1	75.6	76.5	75.5
中医类别	15.1	15.5	15.4	15.9	13.4	14.0
口腔类别	5.2	5.6	5.1	5.4	5.8	6.5
公共卫生类别	3.5	3.3	3.4	3.2	4.2	3.9

全科医生数

	合计			注册为全科医学专业的人数			取得全科医生培训合格证的人数		
	2015	2016	2017	2015	2016	2017	2015	2016	2017
总　计	**188649**	**209083**	**252717**	**68364**	**77631**	**96235**	**120285**	**131452**	**156482**
其中：医院	31382	34654	49400	8936	9517	11223	22446	25137	38177
社区卫生服务中心（站）	73288	78337	83933	33169	36513	41327	40119	41824	42606
乡镇卫生院	80975	92791	110900	25434	30718	41181	55541	62073	69719

注：全科医生数指注册为全科医学专业或取得全科医生培训合格证的执业（助理）医师数之和。

2017年各地区分类别执业（助理）医师和全科医生数

地 区	执业（助理）医师数					全科医生数			每万人口全科医生数
	合计	临床	中医	口腔	公共卫生	合计	注册为全科医学专业的人数	取得全科医生培训合格证书的人数	
总 计	**3390034**	**2561177**	**527037**	**188289**	**113531**	**252717**	**96235**	**156482**	**1.82**
东 部	1534231	1151490	226760	101833	54148	139473	58224	81249	2.42
中 部	998488	781715	140828	45431	30514	63269	22608	40661	1.46
西 部	857315	627972	159449	41025	28869	49975	15403	34572	1.33
北 京	94417	63736	18289	8787	3605	8591	4665	3926	3.96
天 津	41127	28720	8394	2819	1194	3749	1740	2009	2.41
河 北	191941	148893	29926	9627	3495	10017	2652	7365	1.33
山 西	94281	69483	15639	6122	3037	6372	1736	4636	1.72
内蒙古	70301	48265	14593	4219	3224	3986	1358	2628	1.58
辽 宁	115715	88468	14669	8502	4076	6273	2898	3375	1.44
吉 林	70552	52026	10320	5573	2633	5130	1616	3514	1.89
黑龙江	88477	68060	11311	6554	2552	4493	1415	3078	1.19
上 海	67907	51096	8038	5190	3583	8491	5759	2732	3.51
江 苏	217146	170399	26099	11431	9217	27578	12915	14663	3.43
浙 江	178704	132383	27189	13630	5502	30467	7310	23157	5.39
安 徽	120839	98789	13743	4291	4016	10430	4637	5793	1.67
福 建	83966	59998	14739	5976	3253	6897	2443	4454	1.76
江 西	83648	65876	12201	2648	2923	5268	1263	4005	1.14
山 东	264570	201226	37701	16844	8799	13565	4991	8574	1.36
河 南	220314	170564	35220	8670	5860	15567	6135	9432	1.63
湖 北	147340	118349	17848	6571	4572	8969	2926	6043	1.52
湖 南	173037	138568	24546	5002	4921	7040	2880	4160	1.03
广 东	257974	190086	39557	17811	10520	22712	12337	10375	2.03
广 西	101141	76562	15528	5429	3622	6275	1943	4332	1.28
海 南	20764	16485	2159	1216	904	1133	514	619	1.22
重 庆	68549	49190	14672	3092	1595	3866	1314	2552	1.26
四 川	194909	133343	49277	8171	4118	11343	2604	8739	1.37
贵 州	75533	59060	10777	2817	2879	5014	2104	2910	1.40
云 南	93925	72970	12325	4498	4132	5253	1432	3821	1.09
西 藏	7603	5104	1580	184	735	247	155	92	0.73
陕 西	93209	71827	14016	4984	2382	3578	843	2735	0.93
甘 肃	56147	38994	13149	2259	1745	3824	1140	2684	1.46
青 海	15508	11734	2754	524	496	1230	562	668	2.06
宁 夏	18187	13419	2496	1459	813	926	387	539	1.36
新 疆	62303	47504	8282	3389	3128	4433	1561	2872	1.81

基层医疗卫生机构人员数

机构分类	合计	卫生技术人员							乡村医生和卫生员	其他技术人员	管理人员	工勤技能人员
		小计	执业（助理）医师	执业医师	注册护士	药师（士）	技师（士）	其他				
2016	3682561	2354430	1145408	764867	695781	138060	92884	282297	1000324	86635	73476	167696
2017	3826234	2505174	1213607	817657	769206	142482	99307	280572	968611	97089	83004	172356
按城乡分												
城市	967303	853057	421899	363626	309632	49994	27172	44360		26005	32661	55580
农村	2858931	1652117	791708	454031	459574	92488	72135	236212	968611	71084	50343	116776
按登记注册类型分												
公立	2724886	1765329	790097	481407	528358	112447	87662	246765	674314	85268	62679	137296
非公立	1101348	739845	423510	336250	240848	30035	11645	33807	294297	11821	20325	35060
按主办单位分												
政府办	1856771	1479363	602948	379741	455052	103507	81791	236065	110932	80871	57200	128405
社会办	1096480	382278	241456	140499	105470	12973	8740	13639	678576	7260	10309	18057
个人办	872983	643533	369203	297417	208684	26002	8776	30868	179103	8958	15495	25894
按管理类别分												
非营利性	3108369	1913370	876104	535860	575149	118331	90996	252790	893395	89180	68777	143647
营利性	717865	591804	337503	281797	194057	24151	8311	27782	75216	7909	14227	28709

各地区基层医疗卫生机构人员数

地区	合计	卫生技术人员							乡村医生和卫生员	其他技术人员	管理人员	工勤技能人员
		小计	执业(助理)医师	执业医师	注册护士	药师(士)	技师(士)	其他				
2016	3682561	2354430	1145408	764867	695781	138060	92884	282297	1000324	86635	73476	167696
2017	3826234	2505174	1213607	817657	769206	142482	99307	280572	968611	97089	83004	172356
东部	1582060	1105828	552275	391454	345641	68782	41555	97575	313487	44207	36704	81834
中部	1157358	702065	358143	224644	206823	37043	30185	69871	353457	29528	23103	49205
西部	1086816	697281	303189	201559	216742	36657	27567	113126	301667	23354	23197	41317
北京	70799	54934	26984	23469	17788	4480	2279	3403	3247	3134	3766	5718
天津	31484	22104	11591	10033	6013	1707	1045	1748	4973	854	1628	1925
河北	209422	115591	72470	43458	23936	4557	3251	11377	79741	5235	2645	6210
山西	105947	59690	33331	24731	17248	2533	1528	5050	37935	2348	2085	3889
内蒙古	72145	48516	24735	18333	13489	4031	1493	4768	18128	1969	1378	2154
辽宁	100471	65386	33732	26954	21692	3051	2289	4622	23995	2386	3093	5611
吉林	70980	46757	23972	18593	13527	2332	1462	5464	16097	1965	2466	3695
黑龙江	81675	52182	25803	18052	13631	2826	2110	7812	21688	1809	2643	3353
上海	58336	48048	22514	19335	17703	3216	2083	2532	829	2349	2712	4398
江苏	232691	172205	87383	57612	55201	10544	7326	11751	30934	7495	6041	16016
浙江	166517	140303	71591	52655	39953	10340	4992	13427	7792	4862	3855	9705
安徽	135134	84726	43771	26439	25704	4256	4259	6736	40869	2574	2495	4470
福建	107651	71425	31565	23657	23464	6070	3015	7311	25256	2925	1758	6287
江西	115823	64711	29008	19046	20093	4903	4304	6403	43421	2020	1114	4557
山东	325310	193510	92292	67644	60917	11210	8253	20838	109657	8166	4887	9090
河南	287373	149624	76953	40236	40477	7198	7363	17633	109457	8319	5388	14585
湖北	177319	121909	56637	37435	44117	5878	4590	10687	39530	5613	3786	6481
湖南	183107	122466	68668	40112	32026	7117	4569	10086	44460	4880	3126	8175
广东	255458	204731	95217	61840	71700	12747	6450	18617	24051	5955	5534	15187
广西	148178	101343	39484	24094	32461	7191	4192	18015	34147	3631	1594	7463
海南	23921	17591	6936	4797	7274	860	572	1949	3012	846	785	1687
重庆	85055	56267	27051	17192	17262	2761	1881	7312	20076	2219	2231	4262
四川	250803	160805	76955	52077	48819	8231	5441	21359	64771	4832	6993	13402
贵州	106310	62194	24422	13937	19937	2469	3276	12090	35105	3057	3878	2076
云南	120070	74426	30183	20174	26788	1942	2782	12731	37308	3589	1314	3433
西藏	18231	4843	2426	1715	906	172	47	1292	12685	311	131	261
陕西	115564	76776	29224	20279	21521	4698	4508	16825	31853	402	3558	2975
甘肃	72823	47732	20287	13021	15203	2050	1485	8707	21358	922	738	2073
青海	18010	10000	4745	3591	2598	501	357	1799	7121	320	221	348
宁夏	14564	10473	4979	3850	3149	814	306	1225	3244	240	152	455
新疆	65063	43906	18698	13296	14609	1797	1799	7003	15871	1862	1009	2415

各地区社区卫生服务中心（站）人员数

地　区	合计	卫生技术人员							其他技术人员	管理人员	工勤技能人员
		小计	执业（助理）医师	执业医师	注册护士	药师（士）	技师（士）	其他			
2016	521974	446176	187699	151673	162132	34638	21074	40633	21569	21350	32879
2017	554694	474010	198203	160634	175984	35787	22346	41690	23752	22749	34183
东　部	315044	268893	115925	94452	93254	23246	12443	24025	14021	11515	20615
中　部	130906	111716	46635	37605	45057	6465	5407	8152	5711	6084	7395
西　部	108744	93401	35643	28577	37673	6076	4496	9513	4020	5150	6173
北　京	35174	29145	12792	10799	8890	3380	1410	2673	1939	1506	2584
天　津	9282	7759	3477	3146	2394	708	406	774	422	621	480
河　北	17487	14929	7358	5954	5472	750	652	697	834	849	875
山　西	12929	11134	4888	4166	4736	493	369	648	488	615	692
内蒙古	13430	11630	4898	4005	4548	826	457	901	686	526	588
辽　宁	18634	15508	6528	5745	6588	976	740	676	811	1165	1150
吉　林	9122	7335	3005	2520	2917	474	343	596	616	569	602
黑龙江	15240	12644	4719	3842	5040	828	714	1343	680	955	961
上　海	35577	29546	12310	10836	10970	2601	1490	2175	1812	1396	2823
江　苏	49270	41726	17822	14627	14266	3591	2113	3934	2337	1637	3570
浙　江	41419	36097	16044	12072	10294	3476	1737	4546	1899	1015	2408
安　徽	19610	17427	7563	5950	7066	870	820	1108	645	788	750
福　建	13649	11732	4839	4014	4180	1098	562	1053	635	405	877
江　西	8275	7279	2661	2308	3129	565	505	419	247	328	421
山　东	37406	32498	13325	10535	11488	2415	1492	3778	1926	1325	1657
河　南	23901	19979	8800	7095	7690	976	1070	1443	1147	1236	1539
湖　北	24445	20844	8323	6829	8919	1203	936	1463	1257	975	1369
湖　南	17384	15074	6676	4895	5560	1056	650	1132	631	618	1061
广　东	53696	46958	20386	15903	17276	4076	1743	3477	1311	1427	4000
广　西	8064	7122	2838	2387	2830	597	332	525	259	231	452
海　南	3450	2995	1044	821	1436	175	98	242	95	169	191
重　庆	11140	9311	3487	2457	3492	634	483	1215	375	604	850
四　川	22263	18692	7122	5815	7755	1400	896	1519	630	1160	1781
贵　州	10295	8705	3109	2286	3691	360	402	1143	526	660	404
云　南	8674	7522	2797	2196	3251	279	317	878	530	291	331
西　藏	294	222	131	80	51	11	22	7	15	1	56
陕　西	11650	10004	3442	2741	3692	695	678	1497	66	876	704
甘　肃	8238	7414	2927	2426	3270	371	266	580	250	255	319
青　海	2705	2372	893	749	905	216	107	251	135	80	118
宁　夏	2022	1857	610	489	822	162	56	207	51	38	76
新　疆	9969	8550	3389	2946	3366	525	480	790	497	428	494

乡村医生和卫生员数

年份	乡村医生和卫生员			平均每村乡村医生和卫生员	每千农村人口乡村医生和卫生员
	合计	乡村医生	卫生员		
1980	1463406	607879	2357370	2.10	1.79
1985	1293094	643022	650072	1.80	1.55
1990	1231510	776859	454651	1.64	1.38
1992	1269061	816557	452504	1.73	1.41
1993	1325106	910664	414442	1.81	1.47
1994	1323701	933386	390351	1.81	1.47
1995	1331017	955933	375084	1.81	1.48
1996	1316095	954630	361465	1.79	1.46
1997	1317786	972288	345498	1.80	1.45
1998	1327633	990217	337416	1.81	1.46
1999	1324937	1009665	315272	1.82	1.45
2000	1319357	1019845	299512	1.81	1.44
2001	1290595	1021542	269053	1.82	1.41
2003	867778	791956	75822	1.31	0.98
2004	883075	825672	57403	1.37	1.00
2005	916532	864168	52364	1.46	1.05
2006	957459	906320	51139	1.53	1.10
2007	931761	882218	49543	1.52	1.06
2008	938313	893535	44778	1.55	1.06
2009	1050991	995449	55542	1.75	1.19
2010	1091863	1031828	60035	1.68	1.14
2011	1126443	1060548	65895	1.91	1.20
2012	1094419	1022869	71550	1.86	1.14
2013	1081063	1004502	76561	1.83	1.12
2014	1058182	985692	72490	1.64	1.09
2015	1031525	962514	69011	1.78	1.07
2016	1000324	932936	67388	1.79	1.04
2017	968611	900995	67616	1.75	1.01

注：① 1985 年以前的乡村医生系赤脚医生；② 2010 年前系每千农业人口乡村医生和卫生员。

村卫生室人员数

按主办单位分	人员总数	执业（助理）医师	注册护士	乡村医生	卫生员
2010	1292410	173275	27272	1031828	60035
2011	1350222	193277	30502	1060548	65895
2012	1371592	232826	44347	1022869	71550
2013	1457276	291291	84922	1004502	76561
2014	1460389	304343	97864	985692	72490
2015	1447712	309923	106264	962514	69011
2016	1435766	319797	115645	932936	67388
2017	1454890	351723	134556	900995	67616
村办	669725	100087	14916	518003	36719
乡卫生院设点	418878	196648	111298	102472	8460
联合办	69469	10949	1731	52735	4054
私人办	216035	32211	4721	166802	12301
其他	80783	11828	1890	60983	6082

注：本表包括卫生院在村卫生室工作的执业（助理）医师和注册护士。

各地区村卫生室人员数

地　区	人员总数	执业（助理）医师	注册护士	乡村医生和卫生员			平均每村村卫生室人员	每千农村人口村卫生室人员数
				合计	乡村医生	卫生员		
2016	1435766	319797	115645	1000324	932936	67388	2.25	1.49
2017	1454890	351723	134556	968611	900995	67616	2.30	1.52
东　部	508915	143389	52039	313487	299415	14072	2.38	1.62
中　部	547558	139504	54597	353457	328713	24744	2.51	1.56
西　部	398417	68830	27920	301667	272867	28800	1.99	1.35
北　京	4746	1044	455	3247	3200	47	1.76	
天　津	7237	1685	579	4973	4774	199	2.85	10.75
河　北	122246	35788	6717	79741	75318	4423	2.03	2.12
山　西	52858	11003	3920	37935	35103	2832	1.83	2.09
内蒙古	29457	7867	3462	18128	16761	1367	2.16	1.70
辽　宁	34469	6916	3558	23995	23426	569	1.77	1.43
吉　林	23126	5148	1881	16097	15446	651	2.29	1.38
黑龙江	32552	8498	2366	21688	20704	984	3.00	1.44
上　海	5050	3596	625	829	594	235	4.25	7.55
江　苏	71370	30200	10236	30934	29431	1503	4.66	1.48
浙　江	27811	14381	5638	7792	7403	389	2.41	0.90
安　徽	68025	20015	7141	40869	38000	2869	4.44	1.37
福　建	36286	7793	3237	25256	24521	735	1.95	1.37
江　西	62749	13084	6244	43421	41781	1640	2.11	1.53
山　东	148527	25642	13228	109657	105022	4635	2.80	2.13
河　南	166249	40814	15978	109457	99315	10142	2.94	1.78
湖　北	66026	16954	9542	39530	37527	2003	2.68	1.57
湖　南	75973	23988	7525	44460	40837	3623	1.80	1.26
广　东	44417	14461	5905	24051	23417	634	1.68	0.90
广　西	40756	5526	1083	34147	31202	2945	1.96	1.01
海　南	6756	1883	1861	3012	2309	703	2.56	1.02
重　庆	29497	7061	2360	20076	19132	944	2.68	1.60
四　川	88227	19737	3719	64771	63161	1610	1.57	1.44
贵　州	37950	2185	660	35105	26731	8374	1.85	0.94
云　南	44290	4287	2695	37308	34778	2530	3.29	1.08
西　藏	13334	446	203	12685	9534	3151	2.50	5.28
陕　西	38994	5267	1874	31853	30221	1632	1.56	1.54
甘　肃	34505	7718	5429	21358	18028	3330	2.03	1.76
青　海	10152	2188	843	7121	6182	939	2.25	2.09
宁　夏	5386	1332	810	3244	2949	295	2.34	1.48
新　疆	25869	5216	4782	15871	14188	1683	2.50	1.33

注：本表包括乡镇卫生院在村卫生室工作的执业（助理）医师和注册护士。

各地区妇幼保健院（所、站）人员数

地　区	合计	卫生技术人员							其他技术人员	管理人员	工勤技能人员
		小计	执业（助理）医师	执业医师	注册护士	药师（士）	技师（士）	其他			
2016	388238	320748	116524	103360	138266	13468	23154	29336	18139	18290	31061
2017	426881	353168	127399	113259	155190	14508	25755	30316	20416	19657	33640
东　部	168854	139873	51150	46506	60700	6066	9878	12079	9366	6833	12782
中　部	131697	108625	40741	35417	48354	4197	8083	7250	6166	6701	10205
西　部	126330	104670	35508	31336	46136	4245	7794	10987	4884	6123	10653
北　京	6747	5610	2251	2208	2385	268	388	318	226	335	576
天　津	1464	1131	579	508	274	43	102	133	86	180	67
河　北	21758	17307	7716	6332	6304	656	1290	1341	1960	782	1709
山　西	9609	7362	3173	2753	2771	284	489	645	600	707	940
内蒙古	8432	6986	3106	2764	2651	307	513	409	404	503	539
辽　宁	4985	3843	2003	1816	1075	129	364	272	256	555	331
吉　林	6127	4648	2305	2071	1514	164	334	331	446	650	383
黑龙江	8366	6685	2817	2441	2441	267	530	630	300	716	665
上　海	3195	2707	1014	1003	1286	92	197	118	164	128	196
江　苏	14333	11571	4771	4518	4774	470	841	715	965	663	1134
浙　江	19546	16667	6218	5926	7165	770	1095	1419	968	464	1447
安　徽	9278	7753	3281	3000	3040	299	679	454	392	506	627
福　建	11290	9498	3478	3154	4115	450	860	595	496	380	916
江　西	16817	14390	4734	4367	6919	717	1257	763	591	514	1322
山　东	34762	29004	10022	9181	13176	1152	2002	2652	2300	1435	2023
河　南	32162	25728	8623	7046	12112	965	1863	2165	1561	1537	3336
湖　北	22864	19850	6734	5919	9907	683	1328	1198	1194	794	1026
湖　南	26474	22209	9074	7820	9650	818	1603	1064	1082	1277	1906
广　东	47418	39846	12287	11088	18833	1921	2570	4235	1677	1763	4132
广　西	27954	23082	6856	6296	11067	1071	1810	2278	1124	760	2988
海　南	3356	2689	811	772	1313	115	169	281	268	148	251
重　庆	8333	6586	2052	1896	3231	252	487	564	399	482	866
四　川	24678	20179	6586	6045	9453	832	1513	1795	913	1222	2364
贵　州	10917	9373	3517	3012	3943	308	673	932	424	644	476
云　南	14397	12066	4309	3635	5425	347	799	1186	757	460	1114
西　藏	514	445	188	122	131	20	36	70	6	25	38
陕　西	14905	12552	3467	2910	5044	599	998	2444	163	1142	1048
甘　肃	6871	5687	2325	2036	2414	168	304	476	171	358	655
青　海	1378	1100	474	405	339	49	92	146	112	80	86
宁　夏	3071	2511	975	892	989	125	194	228	156	198	206
新　疆	4880	4103	1653	1323	1449	167	375	459	255	249	273

各地区疾病预防控制中心人员数

地　区	合计	卫生技术人员							其他技术人员	管理人员	工勤技能人员
		小计	执业（助理）医师	执业医师	注册护士	药师（士）	技师（士）	其他			
2016	191627	142492	70734	60322	14488	2790	27346	27134	14741	13978	20416
2017	190730	142114	70839	60700	14898	2734	27841	25802	14711	13938	19967
东　部	66180	50089	26230	23431	3847	742	10443	8827	5802	4335	5954
中　部	60931	42750	20392	16736	5373	1039	8106	7840	5229	4863	8089
西　部	63619	49275	24217	20533	5678	953	9292	9135	3680	4740	5924
北　京	3717	3073	1333	1299	136	10	713	881	257	237	150
天　津	1819	1366	746	711	86	14	321	199	205	139	109
河　北	8291	5675	2521	1991	405	70	961	1718	873	538	1205
山　西	5002	3472	1798	1496	338	79	731	526	387	541	602
内蒙古	5613	4405	2397	2071	383	61	702	862	425	371	412
辽　宁	7344	5427	2845	2449	438	83	1175	886	440	873	604
吉　林	4753	3592	1814	1587	343	71	593	771	304	493	364
黑龙江	5902	4349	1887	1539	317	78	896	1171	578	515	460
上　海	3078	2316	1376	1320	45	3	630	262	406	151	205
江　苏	8160	6278	3862	3692	418	110	1260	628	806	441	635
浙　江	5653	4436	2530	2418	189	54	1201	462	535	284	398
安　徽	4851	3850	2007	1710	274	65	944	560	327	270	404
福　建	4535	3670	2068	1931	259	47	807	489	291	173	401
江　西	5159	4044	1868	1605	764	105	840	467	262	291	562
山　东	10827	8345	4028	3575	638	138	1345	2196	998	740	744
河　南	17007	9910	4460	3333	1322	243	1497	2388	1782	1609	3706
湖　北	8693	6786	3076	2626	1222	193	1300	995	812	459	636
湖　南	9564	6747	3482	2840	793	205	1305	962	777	685	1355
广　东	11165	8318	4333	3583	1035	194	1786	970	889	671	1287
广　西	7759	6003	2865	2508	907	196	1223	812	560	375	821
海　南	1591	1185	588	462	198	19	244	136	102	88	216
重　庆	2928	2048	1009	898	134	22	546	337	307	287	286
四　川	12697	9316	4173	3656	969	123	2111	1940	878	1045	1458
贵　州	5324	4368	2389	1980	421	81	777	700	191	493	272
云　南	8473	6964	3827	3230	753	84	1072	1228	478	326	705
西　藏	1257	1018	701	543	61	11	72	173	54	70	115
陕　西	6453	4937	1708	1363	681	167	821	1560	198	701	617
甘　肃	4619	3366	1661	1400	544	101	622	438	104	553	596
青　海	1522	1209	579	499	194	26	248	162	112	68	133
宁　夏	1102	911	524	502	75	13	218	81	62	48	81
新　疆	5872	4730	2384	1883	556	68	880	842	311	403	428

各地区卫生监督所（中心）人员数

地 区	合计	卫生技术人员			其他技术人员	管理人员	工勤技能人员
		小计	卫生监督员	其他			
2016	81522	68165	65025	3140	2056	6242	5059
2017	83002	68236	64992	3244	2200	7230	5336
东 部	25439	20468	19118	1350	877	2388	1706
中 部	27141	20915	19536	1379	1003	3008	2215
西 部	20422	16853	16338	515	320	1834	1415
北 京	1274	1195	1129	66	25	14	40
天 津	758	666	658	8	2	65	25
河 北	4464	3190	2724	466	247	468	559
山 西	4297	3479	3300	179	118	416	284
内蒙古	2678	2268	2147	121	65	273	72
辽 宁	2583	2107	1979	128	51	295	130
吉 林	1535	1188	1102	86	32	231	84
黑龙江	2740	2262	2144	118	91	294	93
上 海	1228	977	949	28	34	191	26
江 苏	3393	2979	2802	177	90	196	128
浙 江	2840	2484	2447	37	81	159	116
安 徽	2430	2043	1897	146	51	198	138
福 建	1726	1345	1201	144	62	172	147
江 西	2069	1544	1441	103	33	279	213
山 东	3265	2599	2429	170	116	358	192
河 南	7565	5075	4625	450	498	983	1009
湖 北	3025	2347	2147	200	112	350	216
湖 南	3480	2977	2880	97	68	257	178
广 东	3537	2652	2553	109	135	427	313
广 西	2203	1794	1699	95	117	169	123
海 南	371	264	247	17	34	43	30
重 庆	1075	1004	985	19	2	49	20
四 川	3015	2574	2496	78	40	162	239
贵 州	1794	1488	1462	26	6	159	141
云 南	1944	1555	1548	7	17	191	181
西 藏	28	21	21	0	1	4	2
陕 西	3064	2299	2234	65	32	415	318
甘 肃	1884	1556	1512	44	12	146	170
青 海	451	341	332	9	11	76	23
宁 夏	511	452	428	24	8	25	26
新 疆	1775	1501	1474	27	9	165	100

注：本表人员总计中包括 10000 名公务员中取得卫生监督员证书的人员。

2017年各类医疗卫生机构床位数

机构分类	合计	按城乡分		按登记注册		
		城市	农村	公立		
					国有	集体
总　计	**7940252**	**3944252**	**3996000**	**6405304**	**5967971**	**437333**
医院	6120484	3629564	2490920	4631146	4550426	80720
综合医院	4172353	2397735	1774618	3241783	3193153	48630
中医医院	818216	389333	428883	725568	713085	12483
中西医结合医院	99680	78368	21312	65009	63139	1870
民族医院	33460	9533	23927	30049	29905	144
专科医院	945576	712746	232830	562374	545774	16600
护理院	51199	41849	9350	6363	5370	993
基层医疗卫生机构	1528528	164893	1363635	1487774	1134476	353298
社区卫生服务中心（站）	218358	157571	60787	189374	130582	58792
社区卫生服务中心	198586	142760	55826	179639	125436	54203
社区卫生服务站	19772	14811	4961	9735	5146	4589
卫生院	1303695	3878	1299817	1296030	1002299	293731
街道卫生院	11619	3878	7741	11181	7034	4147
乡镇卫生院	1292076		1292076	1284849	995265	289584
门诊部	6308	3330	2978	2262	1489	773
护理站	167	114	53	108	106	2
专业公共卫生机构	262570	129724	132846	259174	256752	2422
专科疾病防治院（所、站）	40833	23647	17186	39413	37557	1856
专科疾病防治院	20790	15495	5295	20109	19228	881
专科疾病防治所（中心）	20043	8152	11891	19304	18329	975
妇幼保健院（所、站）	221136	105692	115444	219162	218598	564
其中：妇幼保健院	208598	103482	105116	206651	206155	496
妇幼保健所（站）	12296	2068	10228	12289	12241	48
急救中心（站）	601	385	216	599	597	2
其他医疗卫生机构	28670	20071	8599	27210	26317	893
疗养院	28670	20071	8599	27210	26317	893

注：①城市包括直辖市区和地级市辖区，农村包括县和县级市；②社会办包括企业、事业单位、社会团体和其他社会组织办的医疗卫生机构。

续表

类型分			按主办单位分				按管理类别分	
非公立			政府办		社会办	个人办	非营利	营利
	联营	私营		卫生健康部门				
1534948	**16189**	**998114**	**6002020**	**5809124**	**904874**	**1033358**	**7140391**	**799861**
1489338	15704	967410	4284633	4112530	835984	999867	5329381	791103
930570	10288	596064	2942469	2846230	614484	615400	3694710	477643
92648	345	58310	719957	714618	33115	65144	771025	47191
34671	203	23915	61520	61354	9982	28178	81029	18651
3411	20	2810	28289	28269	2614	2557	31007	2453
383202	4678	258106	529331	459889	155689	260556	713600	231976
44836	170	28205	3067	2170	20100	28032	38010	13189
40754	485	28869	1445721	1433781	51401	31406	1521785	6743
28984	225	18647	156855	152083	40738	20765	215281	3077
18947	200	10223	152677	148524	34225	11684	196862	1724
10037	25	8424	4178	3559	6513	9081	18419	1353
7665	220	6640	1288567	1281698	8341	6787	1303509	186
438	220	128	10902	10782	544	173	11589	30
7227		6512	1277665	1270916	7797	6614	1291920	156
4046	40	3523	299		2214	3795	2837	3471
59		59			108	59	158	9
3396		1545	253788	251224	7267	1515	261437	1133
1420		875	34825	33275	5833	175	40138	695
681		236	16982	16432	3692	116	20639	151
739		639	17843	16843	2141	59	19499	544
1974		670	218446	217440	1350	1340	220698	438
1947		650	206055	205221	1223	1320	208228	370
7			12199	12144	97		12248	48
2			517	509	84		601	
1460		290	17878	11589	10222	570	27788	882
1460		290	17878	11589	10222	570	27788	882

2017 年各地区医疗卫生机构床位数

地　区	合计	医　院						
		小计	综合医院	中医医院	中西医结合医院	民族医院	专科医院	护理院
总　计	**7940252**	**6120484**	**4172353**	**818216**	**99680**	**33460**	**945576**	**51199**
东　部	3101213	2495447	1656065	309797	50509	634	431813	46629
中　部	2520225	1879075	1304761	273273	20989	1473	275697	2882
西　部	2318814	1745962	1211527	235146	28182	31353	238066	1688
北　京	120645	113664	62884	14514	10052	180	25794	240
天　津	68409	60158	35292	8026	1270		15570	
河　北	395036	299523	220204	38809	7764		32694	52
山　西	197525	154184	104115	17329	2552		29998	190
内蒙古	150325	118697	76243	12776	1354	11883	16178	263
辽　宁	298609	252969	167606	27044	2395	300	54676	948
吉　林	153657	126595	86439	15035	2453	137	22271	260
黑龙江	241732	200838	141923	24881	1074	351	32440	169
上　海	134607	115916	65071	6007	4088		29005	11745
江　苏	469182	369784	227736	45572	6894		65351	24231
浙　江	313520	277076	172291	37186	7262		55130	5207
安　徽	305746	233219	164608	32263	2687		32323	1338
福　建	182375	139362	94521	18586	2796	60	23319	80
江　西	234047	160095	109527	28044	1404		21040	80
山　东	584812	441032	309632	60883	3826	94	64207	2390
河　南	558998	413827	298610	63144	2871		48896	306
湖　北	376185	270862	191559	39192	5449	859	33542	261
湖　南	452335	319455	207980	53385	2499	126	55187	278
广　东	492064	393449	276334	49349	3660		62370	1736
广　西	241140	161506	108376	24776	5260	540	22151	403
海　南	41954	32514	24494	3821	502		3697	
重　庆	206376	150545	98487	23162	3978		24519	399
四　川	563475	411911	272076	56721	8035	1372	73597	110
贵　州	232990	178296	128173	20988	2721	622	25562	230
云　南	274809	210840	154078	27792	1884	386	26700	
西　藏	16103	11749	9118		50	1866	715	
陕　西	241265	193150	141638	28974	1841		20508	189
甘　肃	146613	111206	77517	22700	1893	1090	8006	
青　海	38321	32028	22269	2445	184	3508	3528	94
宁　夏	39820	34822	27077	4759	220	40	2726	
新　疆	167577	131212	96475	10053	762	10046	13876	

续表

基层医疗卫生机构							专业公共卫生机构				其他医疗卫生机构
小计	社区卫生服务中心	社区卫生服务站	街道卫生院	乡镇卫生院	门诊部	护理站	小计	专科疾病防治院（所、站）	妇幼保健院（所、站）	急救中心（站）	
1528528	**198586**	**19772**	**11619**	**1292076**	**6308**	**167**	**262570**	**40833**	**221136**	**601**	**28670**
488697	93531	8021	3246	381408	2333	158	100309	17791	82161	357	16760
540565	62463	5992	5431	464660	2011	8	93488	19079	74334	75	7097
499266	42592	5759	2942	446008	1964	1	68773	3963	64641	169	4813
4410	4383				27		2571	554	2017		
7313	2945	216	110	4017	25		708	645	63		230
81551	6346	3578	138	70892	597		12947	290	12587	70	1015
38538	3079	1041	3172	31014	226	6	3833	160	3663	10	970
26763	4615	106		21807	235		4313	373	3940		552
37918	7044		261	30515	98		3572	2074	1378	120	4150
21725	3001	524	50	17945	205		3065	1037	2028		2272
32216	6882	855	101	23947	429	2	7728	3571	4151	6	950
16350	16350						1478	151	1327		863
89444	21107	229	35	67806	161	106	7357	1665	5687	5	2597
25775	7428	44	196	17917	190		9000	448	8485	67	1669
65020	7994		50	56758	218		6837	2781	4026	30	670
33457	3434	10		29940	73		7795	1749	6015	31	1761
59242	3275	1157	138	54432	240		12800	3115	9685		1910
116629	14798	3779	1755	95369	876	52	24091	3935	20092	64	3060
121016	11495	716	283	108084	438		23990	1572	22393	25	165
88850	14542	637	1487	72127	57		16473	2333	14136	4	
113958	12195	1062	150	100353	198		18762	4510	14252		160
68548	8727	1	751	58822	247		29281	6155	23126		786
65031	1911	18		63035	67		13816	477	13338	1	787
7302	969	164		6130	39		1509	125	1384		629
51039	8507	40	1146	41127	219		4087	467	3620		705
139395	10135	1447	357	127062	394		12169	319	11794	56	
46200	3469		977	41754			8300	665	7635		194
55566	4547	612	162	50003	242		7515	571	6894	50	888
3659	81	9		3569			655		655		40
38821	3100	214	265	35140	102		8526	916	7610		768
30213	2483	1768	35	25758	169		4626	50	4564	12	568
5789	584	619		4506	80		504	40	464		
3686	145	181		3354	6		1212		1212		100
33104	3015	745		28893	450	1	3050	85	2915	50	211

医疗卫生机构床位数（万张）

年份	合计	医院				基层医疗卫生机构			专业公共卫生机构			其他医疗卫生机构
			综合医院	中医医院	专科医院		社区卫生服务中心（站）	乡镇卫生院		妇幼保健院（所、站）	专科疾病防治院（所、站）	
1950	11.91	9.71	8.46	0.01	0.74					0.27		
1955	36.28	21.53	17.08	0.14	2.80					0.57		
1960	97.68	59.14	44.74	1.42	7.95			4.63		0.88	1.74	
1965	103.33	61.20	48.04	1.04	7.49			13.25		0.92		
1970	126.15	70.50	57.21	1.01	7.79			36.80		0.70		
1975	176.43	94.02	76.33	1.37	11.11			62.03		0.97	2.88	
1980	218.44	119.58	94.11	5.00	12.87			77.54		1.64	2.73	
1985	248.71	150.86	112.77	11.23	16.56			72.06		3.46	2.95	
1986	256.25	155.98	117.52	12.52	17.71			71.12		3.67	3.06	
1987	268.50	165.34	123.71	14.21	19.03			72.30		4.00	3.07	
1988	279.49	174.70	129.06	15.55	20.23			72.61		4.35	3.00	
1989	286.70	181.46	133.60	16.60	20.93			72.30		4.50	3.10	
1990	292.54	186.89	136.90	17.57	21.95			72.29		4.66	3.10	
1991	299.19	192.61	140.55	18.82	22.26			72.92		4.80	3.17	
1992	304.94	197.66	144.10	20.04	22.71			73.28		5.00	3.22	
1993	309.90	203.64	156.63	21.35	24.37			73.08		4.50	3.03	
1994	313.40	207.04	158.70	22.18	24.85			73.24		4.80	2.98	
1995	314.06	206.33	158.72	22.72	24.51			73.31		5.13	3.07	
1996	309.96	209.65	159.73	23.75	24.86			73.47		5.60	2.83	
1997	313.45	211.92	161.21	24.46	24.97			74.24		6.02	3.06	
1998	314.30	213.41	162.00	24.95	25.01			73.77		6.30	2.90	
1999	315.90	215.07	163.25	25.33	25.03			73.40		6.63	2.93	
2000	317.70	216.67	164.09	25.93	25.08	76.65		73.48	11.86	7.12	2.84	12.52
2001	320.12	215.56	150.50	24.60	25.65	77.14		74.00	12.02	7.40	2.70	15.40
2002	313.61	222.18	168.38	24.67	26.21	71.05	1.20	67.13	12.37	7.98	3.18	8.01
2003	316.40	226.95	171.34	26.02	26.72	71.05	1.21	67.27	12.61	8.09	3.38	5.79
2004	326.84	236.35	177.68	27.55	28.26	71.44	1.81	66.89	12.73	8.70	3.12	6.32
2005	336.75	244.50	183.47	28.77	29.21	72.58	2.50	67.82	13.58	9.41	3.34	6.09
2006	351.18	256.04	190.29	30.32	32.05	76.19	4.12	69.62	13.5	9.93	2.80	5.45
2007	370.11	267.51	197.16	32.16	34.37	85.03	7.66	74.72	13.29	10.62	2.59	4.28
2008	403.87	288.29	211.28	35.03	37.77	97.10	9.80	84.69	14.66	11.73	2.64	3.82
2009	441.66	312.08	227.11	38.56	41.67	109.98	13.13	93.34	15.3964	12.61	2.71	4.21
2010	478.68	338.74	244.95	42.42	45.95	119.22	16.88	99.43	16.45	13.44	2.93	4.26
2011	515.99	370.51	267.07	47.71	49.65	123.37	18.71	102.63	17.8132	14.59	3.14	4.29
2012	572.48	416.15	297.99	54.80	55.74	132.43	20.32	109.93	19.8198	16.16	3.57	4.08
2013	618.19	457.86	325.52	60.88	62.11	134.99	19.42	113.65	21.49	17.55	3.85	3.85
2014	660.12	496.12	349.99	66.50	68.58	138.12	19.59	116.72	22.30	18.48	3.76	3.58
2015	701.52	533.06	372.10	71.54	76.25	141.38	20.10	119.61	23.63	19.54	4.03	3.45
2016	741.05	568.89	392.79	76.18	84.46	144.19	20.27	122.39	24.72	20.65	4.00	3.24
2017	794.03	612.05	417.24	81.82	94.56	152.85	21.84	129.21	26.26	22.11	4.08	2.87

每千人口医疗卫生机构床位数

年份 地区	医疗卫生机构床位数（张）			每千人口医疗卫生机构床位数（张）			每千农村人口乡镇卫生院床位数（张）
	合计	城市	农村	合计	城市	农村	
2010	4786831	2302297	2484534	3.58	5.94	2.60	1.04
2012	5724775	2733403	2991372	4.24	6.88	3.11	1.14
2013	6181891	2948465	3233426	4.55	7.36	3.35	1.18
2014	6601214	3169880	3431334	4.85	7.84	3.54	1.20
2015	7015214	3418194	3597020	5.11	8.27	3.71	1.24
2016	7410453	3654956	3755497	5.37	8.41	3.91	1.27
2017	7940252	3922024	4018228	5.72	8.75	4.19	1.35
东　部	3101213	1832776	1268437	5.37	8.43	4.03	1.21
中　部	2520225	1123189	1397036	5.81	9.46	3.98	1.32
西　部	2318814	966059	1352755	6.15	8.63	4.60	1.52
北　京	120645	120645		5.56	8.66		
天　津	68409	64392	4017	4.39	6.39	5.97	5.97
河　北	395036	161031	234005	5.25	7.80	4.06	1.23
山　西	197525	95832	101693	5.34	9.64	4.02	1.23
内蒙古	150325	74434	75891	5.94	10.51	4.39	1.26
辽　宁	298609	201416	97193	6.83	11.12	4.02	1.26
吉　林	153657	80739	72918	5.66	8.03	4.36	1.07
黑龙江	241732	153179	88553	6.38	11.67	3.92	1.06
上　海	134607	131441	3166	5.57	9.46	4.74	
江　苏	469182	260684	208498	5.84	8.63	4.31	1.40
浙　江	313520	176299	137221	5.54	9.29	4.44	0.58
安　徽	305746	141520	164226	4.89	6.61	3.31	1.15
福　建	182375	85276	97099	4.66	6.98	3.67	1.13
江　西	234047	90446	143601	5.06	9.52	3.49	1.32
山　东	584812	271691	313121	5.84	8.57	4.50	1.37
河　南	558998	221395	337603	5.85	10.37	3.61	1.15
湖　北	376185	176818	199367	6.37	9.05	4.75	1.72
湖　南	452335	163260	289075	6.59	11.88	4.81	1.67
广　东	492064	338351	153713	4.41	7.48	3.10	1.19
广　西	241140	103218	137922	4.94	6.35	3.41	1.56
海　南	41954	21550	20404	4.53	8.89	3.07	0.92
重　庆	206376	120757	85619	6.71	7.69	4.65	2.24
四　川	563475	238257	325218	6.79	7.95	5.30	2.07
贵　州	232990	73177	159813	6.51	14.41	3.96	1.03
云　南	274809	76247	198562	5.72	11.42	4.85	1.22
西　藏	16103	7914	8189	4.78	8.91	3.24	1.41
陕　西	241265	126252	115013	6.29	8.71	4.55	1.39
甘　肃	146613	65046	81567	5.58	7.82	4.17	1.32
青　海	38321	17220	21101	6.41	17.53	4.35	0.93
宁　夏	39820	25397	14423	5.84	8.10	3.96	0.92
新　疆	167577	38140	129437	6.85	11.40	6.66	1.49

注：千人口床位数的合计项分母系常住人口数，分城乡分母系户籍人口数推算。

卫生总费用

年份	卫生总费用（亿元）				卫生总费用构成（%）			城乡卫生费用（亿元）		人均卫生费用（元）			卫生总费用占GDP%
	合计	政府卫生支出	社会卫生支出	个人卫生支出	政府卫生支出	社会卫生支出	个人卫生支出	城市	农村	合计	城市	农村	
1980	143.23	51.91	60.97	30.35	36.24	42.57	21.19			14.5			3.15
1985	279.00	107.65	91.96	79.39	38.58	32.96	28.46			26.4			3.09
1986	315.90	122.23	110.35	83.32	38.69	34.93	26.38			29.4			3.06
1987	379.58	127.28	137.25	115.05	33.53	36.16	30.31			34.7			3.14
1988	488.04	145.39	189.99	152.66	29.79	38.93	31.28			44.0			3.23
1989	615.50	167.83	237.84	209.83	27.27	38.64	34.09			54.6			3.60
1990	747.39	187.28	293.10	267.01	25.06	39.22	35.73	396.00	351.39	65.4	158.8	38.8	3.96
1991	893.49	204.05	354.41	335.03	22.84	39.67	37.50	482.60	410.89	77.1	187.6	45.1	4.06
1992	1096.86	228.61	431.55	436.70	20.84	39.34	39.81	597.30	499.56	93.6	222.0	54.7	4.03
1993	1377.78	272.06	524.75	580.97	19.75	38.09	42.17	760.30	617.48	116.3	268.6	67.6	3.86
1994	1761.24	342.28	644.91	774.05	19.43	36.62	43.95	991.50	769.74	146.9	332.6	86.3	3.62
1995	2155.13	387.34	767.81	999.98	17.97	35.63	46.40	1239.50	915.63	177.9	401.3	112.9	3.51
1996	2709.42	461.61	875.66	1372.15	17.04	32.32	50.64	1494.90	1214.52	221.4	467.4	150.7	3.77
1997	3196.71	523.56	984.06	1689.09	16.38	30.78	52.84	1771.40	1425.31	258.6	537.8	177.9	4.01
1998	3678.72	590.06	1071.03	2017.63	16.04	29.11	54.85	1906.92	1771.8	294.9	625.9	194.6	4.32
1999	4047.50	640.96	1145.99	2260.55	15.84	28.31	55.85	2193.12	1854.38	321.8	702.0	203.2	4.47
2000	4586.63	709.52	1171.94	2705.17	15.47	25.55	58.98	2624.24	1962.39	361.9	813.7	214.7	4.57
2001	5025.93	800.61	1211.43	3013.89	15.93	24.10	59.97	2792.95	2232.98	393.8	841.2	244.8	4.53
2002	5790.03	908.51	1539.38	3342.14	15.69	26.59	57.72	3448.24	2341.79	450.7	987.1	259.3	4.76
2003	6584.10	1116.94	1788.50	3678.66	16.96	27.16	55.87	4150.32	2433.78	509.5	1108.9	274.7	4.79
2004	7590.29	1293.58	2225.35	4071.35	17.04	29.32	53.64	4939.21	2651.08	583.9	1261.9	301.6	4.69
2005	8659.91	1552.53	2586.41	4520.98	17.93	29.87	52.21	6305.57	2354.34	662.3	1126.4	315.8	4.62
2006	9843.34	1778.86	3210.92	4853.56	18.07	32.62	49.31	7174.73	2668.61	748.8	1248.3	361.9	4.49
2007	11573.97	2581.58	3893.72	5098.66	22.31	33.64	44.05	8968.70	2605.27	876.0	1516.3	358.1	4.28
2008	14535.40	3593.94	5065.60	5875.86	24.73	34.85	40.42	11251.90	3283.50	1094.5	1861.8	455.2	4.55
2009	17541.92	4816.26	6154.49	6571.16	27.46	35.08	37.46	13535.61	4006.31	1314.3	2176.6	562.0	5.03
2010	19980.39	5732.49	7196.61	7051.29	28.69	36.02	35.29	15508.62	4471.77	1490.1	2315.5	666.3	4.84
2011	24345.91	7464.18	8416.45	8465.28	30.66	34.57	34.80	18571.87	5774.04	1807.0	2697.5	879.4	4.98
2012	28119.00	8431.98	10030.70	9656.32	29.99	35.67	34.34	21280.46	6838.54	2076.7	2999.3	1064.8	5.20
2013	31668.95	9545.81	11393.79	10729.34	30.10	36.00	33.90	23644.95	8024	2327.4	3234.1	1274.4	5.32
2014	35312.40	10579.23	13437.75	11295.41	29.96	38.05	31.99	26575.60	8736.80	2581.7	2581.7	3558.3	5.48
2015	40974.64	12475.28	16506.71	11992.65	30.45	40.29	29.27			2980.8			5.95
2016	46344.88	13910.31	19096.68	13337.90	30.01	41.21	28.78			3351.7			6.23
2017	52598.28	15205.87	22258.81	15133.60	28.91	42.32	28.77			3783.8			6.36

注：①本表系核算数，2017年为初步测算数；②按当年价格计算；③2001年起卫生总费用不含高等医学教育经费，2006年起包括城乡医疗救助经费。

2016年各地区卫生总费用

地区	卫生总费用（亿元）				卫生总费用构成(%)			卫生总费用占GDP%	人均卫生总费用（元）
	合计	政府卫生支出	社会卫生支出	个人卫生支出	政府卫生支出	社会卫生支出	个人卫生支出		
全 国	**46344.88**	**13910.31**	**19096.68**	**13337.90**	**30.01**	**41.21**	**28.78**	**6.23**	**3351.74**
北 京	2048.99	467.99	1247.23	333.76	22.84	60.87	16.29	7.98	9429.73
天 津	827.02	211.76	361.64	253.62	25.60	43.73	30.67	4.62	5294.21
河 北	2024.82	567.79	720.65	736.38	28.04	35.59	36.37	6.31	2710.58
山 西	975.76	309.73	363.03	303.00	31.74	37.20	31.05	7.48	2650.33
内 蒙	907.16	303.94	299.70	303.52	33.50	33.04	33.46	5.00	3599.67
辽 宁	1484.46	316.59	626.64	541.24	21.33	42.21	36.46	6.67	3390.89
吉 林	956.89	280.02	352.48	324.39	29.26	36.84	33.90	6.47	3501.19
黑龙江	1190.45	287.45	486.94	416.06	24.15	40.90	34.95	7.74	3133.43
上 海	1838.00	430.73	1061.73	345.53	23.43	57.77	18.80	6.52	7595.98
江 苏	3359.58	753.25	1754.96	851.37	22.42	52.24	25.34	4.34	4200.21
浙 江	2573.55	557.81	1295.37	720.36	21.67	50.33	27.99	5.45	4603.84
安 徽	1643.29	550.55	597.92	494.82	33.50	36.39	30.11	6.73	2652.17
福 建	1250.07	388.46	547.97	313.64	31.08	43.84	25.09	4.34	3226.83
江 西	1090.56	468.18	325.37	297.02	42.93	29.84	27.24	5.90	2374.79
山 东	3354.70	813.19	1536.92	1004.59	24.24	45.81	29.95	4.93	3372.70
河 南	2472.63	794.42	859.06	819.15	32.13	34.74	33.13	6.11	2594.03
湖 北	1924.72	611.23	669.42	644.07	31.76	34.78	33.46	5.89	3270.56
湖 南	1924.47	560.26	743.41	620.80	29.11	38.63	32.26	6.10	2820.97
广 东	4193.33	1158.66	2009.16	1025.50	27.63	47.91	24.46	5.19	3812.46
广 西	1237.09	475.69	437.50	323.90	38.45	35.37	26.18	6.75	2557.03
海 南	303.28	116.54	118.75	67.99	38.43	39.16	22.42	7.48	3306.78
重 庆	1064.57	339.75	411.82	312.99	31.91	38.68	29.40	6.00	3492.19
四 川	2675.77	784.42	1111.62	779.72	29.32	41.54	29.14	8.12	3238.64
贵 州	878.93	403.29	270.34	205.30	45.88	30.76	23.36	7.46	2472.37
云 南	1313.85	473.34	463.17	377.35	36.03	35.25	28.72	8.88	2754.12
西 藏	124.98	85.54	32.60	6.83	68.45	26.09	5.46	10.85	3780.94
陕 西	1348.15	391.70	527.58	428.87	29.05	39.13	31.81	6.95	3535.66
甘 肃	754.06	283.95	250.60	219.51	37.66	33.23	29.11	10.47	2889.18
青 海	239.75	111.83	61.95	65.98	46.64	25.84	27.52	9.32	4043.05
宁 夏	251.77	85.59	93.10	73.09	33.99	36.98	29.03	7.95	3730.50
新 疆	962.32	299.05	415.58	247.70	31.08	43.18	25.74	9.97	4012.89

城乡居民医疗保健支出

年份 地区	城镇居民			农村居民		
	人均年消费支出（元）	人均医疗保健支出（元）	医疗保健支出占消费性支出%	人均年消费支出（元）	人均医疗保健支出（元）	医疗保健支出占消费性支出%
2000	4998.0	318.1	6.4	1670.1	87.6	5.2
2005	7942.9	600.9	7.6	2555.4	168.1	6.6
2010	13471.5	871.8	6.5	4381.8	326.0	7.4
2011	15160.9	969.0	6.4	5221.1	436.8	8.4
2012	16674.3	1063.7	6.4	5908.0	513.8	8.7
2013	18487.5	1136.1	6.1	7485.1	668.2	8.9
2014	19968.1	1305.6	6.5	8382.6	753.9	9.0
2015	21392.4	1443.4	6.7	9222.6	846.0	9.2
2016	23078.9	1630.8	7.1	10129.8	929.2	9.2
2017	24445.0	1777.4	7.3	10954.5	1058.7	9.7
北　京	38255.5	2629.8	6.9	17329.0	1347.0	7.8
天　津	28344.6	2172.2	7.7	15912.1	1334.5	8.4
河　北	19105.9	1549.9	8.1	9798.3	928.2	9.5
山　西	16992.8	1651.6	9.7	8028.8	769.6	9.6
内蒙古	22744.5	1840.2	8.1	11462.6	1187.7	10.4
辽　宁	24995.9	2313.6	9.3	9953.1	1139.2	11.4
吉　林	19166.4	2059.2	10.7	9521.4	1230.5	12.9
黑龙江	18145.2	2007.5	11.1	9423.8	1269.9	13.5
上　海	39856.8	2839.9	7.1	17070.8	1707.1	10.0
江　苏	26432.9	1624.5	6.1	14428.2	1148.0	8.0
浙　江	30067.7	1691.9	5.6	17358.9	1173.2	6.8
安　徽	19606.2	1269.3	6.5	10287.3	931.9	9.1
福　建	25005.5	1178.5	4.7	12910.8	866.9	6.7
江　西	17695.6	887.4	5.0	9128.3	650.0	7.1
山　东	21495.3	1610.0	7.5	9518.9	1027.3	10.8
河　南	18087.8	1524.5	8.4	8586.6	797.8	9.3
湖　北	20040.0	1792.0	8.9	10938.3	1213.5	11.1
湖　南	21420.0	1362.6	6.4	10629.9	986.5	9.3
广　东	28613.3	1304.5	4.6	12414.8	803.9	6.5
广　西	17268.5	1065.9	6.2	8351.2	781.8	9.4
海　南	19015.5	1399.8	7.4	8921.2	593.0	6.6
重　庆	21030.9	1700.0	8.1	9954.4	852.3	8.6
四　川	20659.8	1423.4	6.9	10191.6	972.5	9.5
贵　州	19201.7	1050.1	5.5	7533.3	527.8	7.0
云　南	18622.4	1526.7	8.2	7330.5	620.1	8.5
西　藏	19440.5	585.3	3.0	6070.3	152.6	2.5
陕　西	19368.9	2016.7	10.4	8567.7	1044.1	12.2
甘　肃	19539.2	1583.4	8.1	7487.0	821.3	11.0
青　海	20853.2	1750.4	8.4	9222.2	1278.8	13.9
宁　夏	20364.2	1874.0	9.2	9138.4	1040.6	11.4
新　疆	21228.5	1934.8	9.1	8277.0	846.8	10.2

注：①本表按当年价格计数；②分地区系2016年数字。

医院门诊病人次均医药费用

	门诊病人次均医药费（元）			占门诊医药费 %	
		药费	检查费	药费	检查费
医院合计					
2010	166.8	85.6	30.0	51.3	18.0
2013	206.4	101.7	37.4	49.3	18.1
2014	220.0	106.3	40.3	48.3	18.3
2015	233.9	110.5	42.7	47.3	18.3
2016	245.5	111.7	45.2	45.5	18.4
2017	257.0	109.7	47.6	42.7	18.5
其中：公立医院					
2010	167.3	87.4	30.8	52.3	18.4
2013	207.9	104.4	38.7	50.2	18.6
2014	221.6	109.3	41.8	49.3	18.9
2015	235.2	113.7	44.3	48.4	18.8
2016	246.5	115.1	46.9	46.7	19.0
2017	257.1	113.1	49.6	44.0	19.3
内：三级医院					
2010	220.2	117.6	37.9	53.4	17.2
2013	256.7	132.1	45.2	51.5	17.6
2014	269.8	136.0	48.4	50.4	17.9
2015	283.7	139.8	51.1	49.3	18.0
2016	294.9	139.8	53.9	47.4	18.3
2017	306.1	135.7	57.0	44.3	18.6
二级医院					
2010	139.3	70.5	28.9	50.6	20.8
2013	166.2	79.6	35.2	47.9	21.2
2014	176.0	82.8	37.7	47.1	21.4
2015	184.1	85.0	39.2	46.2	21.3
2016	190.6	85.5	40.6	44.9	21.3
2017	197.1	84.3	42.1	42.8	21.4
一级医院					
2010	93.1	51.6	11.5	55.4	12.4
2013	119.8	64.2	15.6	53.6	13.1
2014	125.3	66.4	17.1	53.0	13.7
2015	132.9	70.6	17.6	53.1	13.3
2016	144.5	73.8	19.4	51.0	13.4
2017	150.1	76.2	19.9	50.8	13.3

注：本表按当年价格计算。

医院住院病人人均医药费用

	住院病人人均医药费（元）	药费	检查费	占住院医药费 % 药费	检查费
医院合计					
2010	6193.9	2670.2	441.6	43.1	7.1
2013	7442.3	2939.1	590.2	39.5	7.9
2014	7832.3	2998.5	640.6	38.3	8.2
2015	8268.1	3042.0	697.2	36.8	8.4
2016	8604.7	2977.5	740.7	34.6	8.6
2017	8890.7	2764.9	791.3	31.1	8.9
其中：公立医院					
2010	6415.9	2784.3	460.8	43.4	7.2
2013	7858.9	3116.3	629.8	39.7	8.0
2014	8290.5	3187.1	685.2	38.4	8.3
2015	8833.0	3259.6	753.4	36.9	8.5
2016	9229.7	3195.6	805.2	34.6	8.7
2017	9563.2	2955.6	864.3	30.9	9.0
内：三级医院					
2010	10442.4	4440.9	765.5	42.5	7.3
2013	11722.4	4578.3	952.1	39.1	8.1
2014	12100.2	4610.1	1007.0	38.1	8.3
2015	12599.3	4641.6	1078.1	36.8	8.6
2016	12847.8	4459.0	1121.8	34.7	8.7
2017	13086.7	4024.2	1181.4	30.8	9.0
二级医院					
2010	4338.6	1944.8	303.4	44.8	7.0
2013	4968.3	2028.4	389.0	40.8	7.8
2014	5114.6	2003.9	417.4	39.2	8.2
2015	5358.2	1981.2	456.2	37.0	8.5
2016	5569.9	1913.6	487.4	34.4	8.8
2017	5799.1	1812.3	528.2	31.3	9.1
一级医院					
2010	2844.3	1243.7	185.9	43.7	6.5
2013	3561.9	1471.2	277.7	41.3	7.8
2014	3737.1	1519.8	311.5	40.7	8.3
2015	3844.5	1525.3	304.4	39.7	7.9
2016	4312.2	1604.3	358.2	37.2	8.3
2017	4602.8	1542.6	388.3	33.5	8.4

注：本表按当年价格计算。

2017年各地区医疗卫生机构门诊服务情况

地区	诊疗人次数		观察室留观病例数	健康检查人数	急诊病死率(%)	观察室病死率(%)	居民平均就诊次数
		门急诊					
总计	**8183109952**	**7847825352**	**49446944**	**418557802**	**0.07**	**0.09**	**5.90**
东部	4180504471	4036157921	21369321	194569969	0.06	0.11	7.24
中部	2069170410	1952061951	13047564	112468638	0.09	0.06	4.77
西部	1933435071	1859605480	15030059	111519195	0.07	0.10	5.13
北京	224686566	222314213	2294349	8325740	0.09	0.14	10.35
天津	121446639	116471752	1291866	5495529	0.08	0.06	7.80
河北	432137899	398431308	1932510	15025775	0.15	0.11	5.75
山西	134853251	123779151	502099	8632339	0.14	0.13	3.64
内蒙古	104420544	97715743	456882	5174674	0.13	0.10	4.13
辽宁	200422682	186359879	2429312	9557901	0.13	0.09	4.59
吉林	108432944	96247427	520545	4568885	0.10	0.09	3.99
黑龙江	117906619	109712176	383611	6177885	0.40	0.36	3.11
上海	265794415	261528412	178351	9595973	0.11	2.52	10.99
江苏	584337028	567930380	1706770	30598116	0.04	0.04	7.28
浙江	595141249	582826297	1270262	27695986	0.03	0.16	10.52
安徽	280122280	266785981	1403872	15048604	0.07	0.01	4.48
福建	226356151	220034235	714004	10169337	0.03	0.03	5.79
江西	216051523	206410955	1418014	15009877	0.04	0.02	4.67
山东	644363178	614289085	4098479	31527706	0.16	0.10	6.44
河南	585201385	554803034	1599927	29901264	0.09	0.11	6.12
湖北	356018351	343189456	3349263	16853102	0.06	0.04	6.03
湖南	270584057	251133771	3870233	16276682	0.03	0.04	3.94
广东	836202228	816958304	5268727	44295993	0.03	0.05	7.49
广西	261030575	254254401	1517948	14049517	0.03	0.04	5.34
海南	49616436	49014056	184691	2281913	0.03	0.03	5.36
重庆	155527341	149868924	2256184	7900629	0.08	0.01	5.06
四川	485308922	465764780	2837994	30553445	0.07	0.04	5.85
贵州	152417881	146244558	1498695	8456120	0.05	0.22	4.26
云南	254639950	249178391	3490511	10052730	0.04	0.06	5.30
西藏	15995616	15001161	98207	1776055	0.05	0.05	4.75
陕西	191553873	186992245	232448	9963865	0.08	0.15	4.99
甘肃	134580051	125897675	1132569	7933051	0.11	0.53	5.12
青海	25454783	23385174	371039	1840368	0.18	0.01	4.26
宁夏	40085810	38677963	501631	1977217	0.13	0.02	5.88
新疆	112419725	106624465	635951	11841524	0.14	0.24	4.60

各类医院诊疗人次数（按登记注册类型 / 主办单位 / 管理类别 / 等级 / 机构类别分）

单位：万人次

医院分类	2010	2013	2014	2015	2016	2017
总　计	**203963.3**	**274177.7**	**297207.0**	**308364.1**	**326955.9**	**343892.1**
按登记注册类型分						
公立医院	187381.1	245510.6	264741.6	271243.6	284771.6	295201.5
民营医院	16582.2	28667.1	32465.4	37120.5	42184.3	48690.5
按主办单位分						
政府办	170421.9	227709.9	246725.5	253498.0	267516.9	279419.9
社会办	23613.1	28811.2	30462.3	32173.2	34027.1	35191.2
个人办	9928.3	17656.6	20019.1	22692.8	25411.9	29281.0
按管理类别分						
非营利性	194544.1	259373.4	280616.3	290055.6	305891.9	319046.8
营利性	9419.2	14804.3	16590.7	18308.5	21064.0	24845.3
按医院等级分						
三级医院	76046.3	123821.9	139804.4	149764.6	162784.8	172642.5
二级医院	93120.4	109169.1	114708.6	117233.1	121666.5	126785.1
一级医院	14573.6	17617.9	18478.1	20567.9	21790.9	22217.3
未定级医院	20223.0	23568.8	24215.8	20798.5	20713.7	22247.1
按机构类别分						
综合医院	151058.2	201576.5	218193.0	225675.2	238512.9	250228.7
中医医院	32770.2	43726.3	47164.2	48502.6	50774.5	52849.2
中西医结合医院	2702.6	4466.1	5101.3	5401.4	5927.3	6363.0
民族医院	553.8	760.1	792.6	966.8	968.7	1167.5
专科医院	16821.5	23575.5	25867.4	27702.5	30627.1	33114.0
护理院	57.1	73.3	88.6	115.4	145.5	169.7

2017年各地区医疗卫生机构住院服务情况

地　区	入院人数	出院人数	住院病人手术人次	病死率(%)	每床出院人数	每百门急诊入院人数	居民年住院率(%)
总　计	**244358844**	**243157099**	**55957052**	**0.4**	**30.7**	**4.5**	**17.6**
东　部	92831500	92483690	26476984	0.4	29.9	3.1	16.1
中　部	77661104	77221203	15012024	0.3	30.7	6.2	17.9
西　部	73866240	73452206	14468044	0.3	31.7	5.8	19.6
北　京	3286465	3284204	1345762	1.0	27.3	1.6	15.1
天　津	1581108	1580238	661599	0.7	23.1	1.6	10.2
河　北	11751913	11617777	2041741	0.3	29.4	5.7	15.6
山　西	4554699	4530018	1067280	0.2	23.0	5.5	12.3
内蒙古	3636085	3610137	706714	0.6	24.1	5.1	14.4
辽　宁	7351235	7297810	1484295	0.9	24.5	5.4	16.8
吉　林	3833420	3822805	756561	1.0	24.9	5.6	14.1
黑龙江	6047316	5990396	1185728	0.9	24.8	7.1	16.0
上　海	3912251	3909466	2113144	1.3	29.0	1.6	16.2
江　苏	14180402	14161725	3525281	0.2	30.3	3.2	17.7
浙　江	9492582	9463499	3326655	0.3	30.2	2.0	16.8
安　徽	9960909	9908800	1947780	0.3	32.4	5.5	15.9
福　建	5511106	5494190	1378188	0.1	30.1	3.5	14.1
江　西	8277642	8206115	1422285	0.2	35.1	7.5	17.9
山　东	18253466	18189206	4050952	0.4	31.1	5.2	18.2
河　南	17453061	17345749	3330212	0.2	31.0	5.3	18.3
湖　北	12798610	12768765	2943550	0.4	34.0	5.7	21.7
湖　南	14735447	14648555	2358628	0.1	32.4	9.0	21.5
广　东	16346246	16324104	6314144	0.5	33.2	2.7	14.6
广　西	9010272	8976010	1579281	0.4	37.2	5.2	18.4
海　南	1164726	1161471	235223	0.3	27.7	3.2	12.6
重　庆	6870595	6827346	1275340	0.4	33.1	6.8	22.3
四　川	18247387	18180300	3563619	0.4	32.3	5.8	22.0
贵　州	7327784	7272130	1428364	0.2	31.2	7.2	20.5
云　南	8922516	8861269	2116885	0.3	32.3	5.2	18.6
西　藏	332046	327368	56812	0.2	20.3	3.2	9.9
陕　西	7513709	7454384	1638808	0.3	30.9	6.2	19.6
甘　肃	4374563	4327332	654963	0.2	29.5	5.8	16.7
青　海	973430	975272	171412	0.3	25.5	5.6	16.3
宁　夏	1176304	1157289	248093	0.2	29.1	3.9	17.2
新　疆	5481549	5483369	1027753	0.3	32.8	6.3	22.4

各类医院入院人数（按登记注册类型 / 主办单位 / 管理类别 / 等级 / 机构类别分）

医院分类	2010	2013	2014	2015	2016	2017
总入院人数（万人）	**9523.8**	**14007.4**	**15375.1**	**16086.8**	**17527.7**	**18915.4**
按登记注册类型分						
公立医院	8724.2	12315.2	13414.8	13721.4	14750.5	15594.7
民营医院	799.5	1692.3	1960.3	2365.4	2777.2	3320.7
按主办单位分						
政府办	8065.1	11534.9	12586.5	12905.2	13937.8	14845.7
社会办	939.8	1309.8	1450.2	1595.5	1765.2	1913.5
个人办	518.9	1162.8	1338.4	1586.1	1824.7	2156.3
按管理类别分						
非营利性	9082.4	13095.6	14332.5	14894.9	16144.7	17237.1
营利性	441.4	911.8	1042.7	1192.0	1383.0	1678.3
按医院等级分						
三级医院	3096.8	5450.1	6291.0	6828.9	7686.2	8396.3
二级医院	5115.7	6620.9	7005.7	7121.2	7570.3	8005.8
一级医院	463.7	729.2	798.0	965.2	1039.3	1168.9
未评级医院	847.5	1207.2	1280.3	1171.7	1231.9	1344.5
按机构类别分						
综合医院	7505.5	10848.0	11844.1	12335.4	13402.3	14360.1
中医医院	1167.7	1826.7	2010.6	2101.8	2278.6	2492.9
中西医结合医院	91.3	155.6	177.9	203.3	229.0	261.3
民族医院	24.3	40.7	49.3	56.2	59.6	74.8
专科医院	732.8	1132.4	1286.8	1380.5	1545.6	1705.8
护理院	2.1	4.1	6.5	9.6	12.6	20.5

2017 年医疗卫生机构床位利用情况

机构分类	实际开放总床日数（日）	平均开放病床（张）	实际占用总床日数（日）	出院者占用总床日数（日）	病床周转次数	病床工作日（日）	病床使用率(%)	平均住院日
总　　计	**2744899692**	**7520273**	**2188151169**	**2100511531**	**32.3**	**291.0**	**79.7**	**8.6**
一、医院	2126064128	5824833	1806478998	1745577883	32.3	310.1	85.0	9.3
综合医院	1458630330	3996247	1254909260	1224942124	35.8	314.0	86.0	8.6
中医医院	286312239	784417	243397847	238241530	31.6	310.3	85.0	9.6
中西医结合医院	34039874	93260	27469987	26646455	27.9	294.6	80.7	10.3
民族医院	11304806	30972	7717344	7457438	24.0	249.2	68.3	10.0
专科医院	320234861	877356	261300820	239341353	19.3	297.8	81.6	14.2
口腔医院	3907428	10705	1291697	1203578	14.2	120.7	33.1	7.9
眼科医院	12937381	35445	7144905	6792652	49.3	201.6	55.2	3.9
耳鼻喉科医院	2183127	5981	1162248	1073957	31.7	194.3	53.2	5.7
肿瘤医院	27938317	76543	29195982	28563093	35.2	381.4	104.5	10.6
心血管病医院	5495007	15055	4351786	4255381	30.3	289.1	79.2	9.3
胸科医院	3439921	9424	3208764	3137602	27.2	340.5	93.3	12.3
血液病医院	554076	1518	484774	455892	24.8	319.4	87.5	12.1
妇产（科）医院	19741786	54087	11335287	10905429	35.4	209.6	57.4	5.7
儿童医院	14124841	38698	13538464	13409550	49.9	349.9	95.9	7.0
精神病医院	126061939	345375	118515000	102298434	5.8	343.2	94.0	51.5
传染病医院	19294845	52863	16771393	16511249	19.7	317.3	86.9	15.8
皮肤病医院	2593944	7107	1168361	1060250	13.9	164.4	45.0	10.8
结核病医院	4505499	12344	4235800	4165377	24.4	343.2	94.0	13.8
麻风病医院	522635	1432	100202	36397	0.6	70.0	19.2	40.0
职业病医院	1225268	3357	893633	881979	12.1	266.2	72.9	21.8
骨科医院	19132531	52418	13300462	12754612	23.3	253.7	69.5	10.5
康复医院	21677221	59390	14728516	12919203	12.4	248.0	67.9	17.6
整形外科医院	639872	1753	236510	222006	23.1	134.9	37.0	5.5
美容医院	1874227	5135	356292	337055	24.3	69.4	19.0	2.7
其他专科医院	32384996	88726	19280744	18357657	21.8	217.3	59.5	9.5
护理院	15542018	42581	11683740	8948983	4.7	274.4	75.2	44.7
二、基层医疗卫生机构	519033984	1422011	312921775	289298060	31.2	220.1	60.3	6.5
社区卫生服务中心（站）	69859797	191397	37971733	33395157	19.0	198.4	54.4	9.2
社区卫生服务中心	65276630	178840	35795184	32403920	19.1	200.2	54.8	9.5
社区卫生服务站	4583167	12557	2176549	991237	17.4	173.3	47.5	4.5
卫生院	449133600	1230503	274911339	255899834	33.0	223.4	61.2	6.3
街道卫生院	3995494	10947	2011342	1788015	23.7	183.7	50.3	6.9
乡镇卫生院	445138106	1219556	272899997	254111819	33.0	223.8	61.3	6.3
中心卫生院	197322608	540610	127503441	120204477	35.1	235.9	64.6	6.3
乡卫生院	247815498	678947	145396556	133907342	31.4	214.2	58.7	6.3
门诊部								
护理站	40587	111	38703	3069	1.0	348.1	95.4	28.7
三、专业公共卫生机构	90443702	247791	63740444	61709648	41.3	257.2	70.5	6.0
专科疾病防治院（所、站）	13638748	37366	9216720	8598638	12.6	246.7	67.6	18.3
妇幼保健院（所、站）	76804954	210425	54523724	53111010	46.4	259.1	71.0	5.4
内：妇幼保健院	72732306	199267	52974453	51696616	47.6	265.9	72.8	5.5
四、其他医疗卫生机构	9357878	25638	5009952	3925940	15.6	195.4	53.5	9.8
疗养院	9357878	25638	5009952	3925940	15.6	195.4	53.5	9.8
临床检验中心								

2017 年各地区医院床位利用情况

地区	病床工作日			病床使用率 (%)			平均住院日		
	合计	公立	民营	合计	公立	民营	合计	公立	民营
总　计	**310.1**	**333.3**	**231.3**	**85.0**	**91.3**	**63.4**	**9.3**	**9.4**	**8.7**
东　部	310.3	333.6	228.5	85.0	91.4	62.6	9.2	9.3	9.2
中　部	311.6	331.5	238.4	85.4	90.8	65.3	9.4	9.7	8.2
西　部	308.4	334.9	228.4	84.5	91.8	62.6	9.2	9.3	8.5
北　京	300.9	327.4	202.8	82.4	89.7	55.6	10.1	10.0	10.9
天　津	285.1	312.5	149.9	78.1	85.6	41.1	10.1	9.9	13.0
河　北	305.6	326.9	224.4	83.7	89.6	61.5	8.8	9.0	7.8
山　西	283.2	306.0	201.1	77.6	83.9	55.1	10.4	10.8	8.8
内蒙古	272.7	295.9	156.2	74.7	81.1	42.8	9.8	9.8	9.8
辽　宁	299.2	326.8	201.0	82.0	89.5	55.1	10.5	10.7	9.1
吉　林	283.2	303.5	201.2	77.6	83.2	55.1	9.4	9.8	7.4
黑龙江	288.1	304.2	226.2	78.9	83.4	62.0	10.5	10.4	10.6
上　海	348.3	363.0	274.6	95.4	99.4	75.2	10.1	9.5	21.5
江　苏	319.2	346.3	262.7	87.5	94.9	72.0	9.5	9.6	9.3
浙　江	326.2	351.0	247.9	89.4	96.2	67.9	9.8	9.3	13.0
安　徽	314.6	339.8	244.4	86.2	93.1	67.0	8.7	9.0	7.6
福　建	303.3	320.9	218.7	83.1	87.9	59.9	8.6	8.9	6.9
江　西	313.1	323.8	267.8	85.8	88.7	73.4	8.9	9.1	7.9
山　东	304.4	328.2	215.4	83.4	89.9	59.0	8.6	8.8	7.9
河　南	322.6	338.9	267.0	88.4	92.8	73.2	9.6	9.9	8.6
湖　北	338.4	359.0	231.7	92.7	98.4	63.5	9.5	9.7	8.0
湖　南	311.1	336.7	224.6	85.2	92.3	61.5	9.1	9.4	7.6
广　东	306.7	330.1	207.8	84.0	90.4	56.9	8.7	8.7	8.5
广　西	320.0	332.5	229.7	87.7	91.1	62.9	8.6	8.6	9.4
海　南	296.0	308.3	204.7	81.1	84.5	56.1	8.9	9.1	6.7
重　庆	307.1	337.9	240.4	84.1	92.6	65.9	9.3	9.9	7.9
四　川	333.4	367.7	258.4	91.3	100.8	70.8	10.5	10.7	9.8
贵　州	291.8	334.6	217.7	79.9	91.7	59.6	8.2	8.5	7.4
云　南	303.6	340.2	213.4	83.2	93.2	58.5	8.5	8.7	7.9
西　藏	263.1	278.2	212.1	72.1	76.2	58.1	8.7	9.9	5.5
陕　西	305.4	330.8	223.9	83.7	90.6	61.3	9.1	9.2	8.6
甘　肃	297.6	306.7	225.3	81.6	84.0	61.7	8.8	8.9	7.8
青　海	257.8	276.7	163.2	70.6	75.8	44.7	9.0	9.3	7.4
宁　夏	295.0	318.5	202.5	80.8	87.3	55.5	8.9	9.3	7.0
新　疆	310.3	329.7	188.9	85.0	90.3	51.8	8.5	8.6	7.1

基层医疗卫生机构医疗服务量

机构分类	诊疗人次数（万人次）				入院人数（万人）			
	2014	2015	2016	2017	2014	2015	2016	2017
总　计	**436394.9**	**434192.7**	**436663.3**	**442891.6**	**4094.2**	**4036.6**	**4164.8**	**4450.0**
按主办单位分								
政府办	173616.9	176140.4	179037.5	185182.3	3966.1	3910.7	4047.3	4321.7
非政府办	262777.9	258052.3	257625.8	257709.3	128.0	125.9	117.5	128.3
按机构类别分								
社区卫生服务中心	53618.8	55902.6	56327.0	60743.2	298.1	305.5	313.7	344.2
其中：政府办	44252.3	46441.8	46703.4	50205.8	237.0	242.0	251.5	274.0
社区卫生服务站	14912.0	14742.5	15561.9	15982.4	23.0	16.5	15.0	21.2
其中：政府办	3524.6	3265.9	3795.7	3689.7	4.5	4.1	4.0	6.4
街道卫生院	892.7	792.1	881.4	1222.8	19.5	17.8	19.2	26.1
乡镇卫生院	102865.9	105464.3	108233.0	111075.6	3732.6	3676.1	3799.9	4047.2
其中：政府办	102099.0	104610.6	107467.5	110164.0	3705.3	3647.0	3772.7	4015.9
村卫生室	198628.7	189406.9	185263.6	178932.5				
门诊部	8786.1	9394.2	10288.7	12044.7	20.8	20.4	16.7	11.4
诊所（医务室）	56690.8	58490.1	60107.6	62890.5	0.2	0.3	0.3	
构成（%）	100.0	100.0	100.0	100.0	100.0	100.0	100.0	100.0
按主办单位分								
政府办	39.8	40.6	41.0	41.8	96.9	96.9	97.2	97.1
非政府办	60.2	59.4	59.0	58.2	3.1	3.1	2.8	2.9
按机构类别分								
社区卫生服务中心	12.3	12.9	12.9	13.7	7.3	7.6	7.5	7.7
社区卫生服务站	3.4	3.4	3.6	3.6	0.6	0.4	0.4	0.5
街道卫生院	0.2	0.2	0.2	0.3	0.5	0.4	0.5	0.6
乡镇卫生院	23.6	24.3	24.8	25.1	91.2	91.1	91.2	90.9
村卫生室	45.5	43.6	42.4	40.4				
门诊部	2.0	2.2	2.4	2.7	0.5	0.5	0.4	0.3
诊所（医务室）	13.0	13.5	13.8	14.2				

社区卫生服务机构、床位、人员数

	2010	2013	2014	2015	2016	2017
机构数合计（个）	**32739**	**33965**	**34238**	**34321**	**34327**	**34652**
社区卫生服务中心	6903	8488	8669	8806	8918	9147
社区卫生服务站	25836	25477	25569	25515	25409	25505
按主办单位分						
政府办	18390	18638	18306	18246	18031	18014
非政府办	14349	15327	8835	16075	16296	16638
按床位分						
无床	25285	26628	26973	27357	27334	27556
1 ~ 9 张	3211	2438	2301	2053	2053	1993
10 ~ 49 张	3210	3656	3701	3573	3575	3538
50 ~ 99 张	797	973	998	1057	1086	1235
100 张及以上	236	270	265	281	279	330
床位数合计（张）	**168814**	**194241**	**195913**	**200979**	**202689**	**218358**
社区卫生服务中心	137628	167998	171754	178410	182191	198586
社区卫生服务站	31186	26243	24159	22569	20498	19772
人员数合计（人）	**389516**	**476073**	**488771**	**504817**	**521974**	**554694**
卫生技术人员	331322	406218	417503	431158	446176	474010
#执业（助理）医师	144225	173838	176998	181670	187699	198203
注册护士	106528	139104	145672	153393	162132	175984
其他技术人员	14879	18929	18963	20305	21569	23752
管理人员	18652	20020	20380	20790	21350	22749
工勤技能人员	24663	30906	31925	32564	32879	34183

2017 年社区卫生服务中心分科床位、门急诊人次、出院人数及构成

科室分类	床位		门急诊		出院	
	床位数（张）	构成（%）	人次数（万）	构成（%）	人数（万）	构成（%）
总　计	**198586**	**100.0**	**57767.0**	**100.0**	**341.3**	**100.0**
预防保健科	2159	1.1	3572.2	6.2	1.7	0.5
全科医疗科	63398	31.9	29580.4	51.2	90.0	26.4
内科	62065	31.3	8813.0	15.3	136.6	40.0
外科	19272	9.7	2001.4	3.5	34.1	10.0
儿科	5340	2.7	1578.8	2.7	11.0	3.2
妇产科	10632	5.4	1869.3	3.2	19.2	5.6
中医科	9293	4.7	5485.0	9.5	15.2	4.5
其他	26427	13.3	4866.9	8.4	33.5	9.8

各地区社区卫生服务中心（站）医疗服务情况

地　区	社区卫生服务中心						社区卫生服务站	
	诊疗人次	入院人数	病床使用率（%）	平均住院日（日）	医师日均担负诊疗人次	医师日均担负住院床日	诊疗人次	医师日均担负诊疗人次
2010	347404131	2180577	56.1	10.4	13.6	0.7	137111392	13.6
2013	507885866	2920630	57.0	9.8	15.7	0.7	149211933	14.3
2014	536187933	2980571	55.6	9.9	16.1	0.7	149119766	14.4
2015	559025520	3055499	54.7	9.8	16.3	0.7	147424820	14.1
2016	563270221	3137143	54.6	9.7	15.9	0.6	155618949	14.5
2017	607432288	3442497	54.8	9.5	16.2	0.7	159823646	14.1
东　部	471389997	1289895	55.5	12.2	20.1	0.5	89607208	17.1
中　部	71823396	1185966	52.6	8.2	8.9	0.9	39315321	11.9
西　部	64218895	966636	56.7	7.4	10.9	0.9	30901117	11.0
北　京	48074659	25479	31.9	17.8	16.7	0.1	6507155	20.3
天　津	18303141	13029	23.0	12.0	24.0	0.2	3686659	35.6
河　北	7073855	73580	45.2	7.5	8.5	0.6	9861599	10.0
山　西	3962520	42504	40.1	9.5	6.9	0.5	4278008	7.0
内蒙古	4457180	62779	45.8	9.2	6.4	0.7	3397416	7.1
辽　宁	11194008	85756	41.8	8.7	10.1	0.6	5733750	11.3
吉　林	4569095	23669	30.7	9.2	7.0	0.3	760861	9.9
黑龙江	6917162	85133	42.0	9.1	6.8	0.6	850558	5.9
上　海	86906251	73603	89.2	64.6	28.2	1.2		
江　苏	73342381	435244	56.1	8.9	19.8	0.7	14686502	20.9
浙　江	91925938	66782	43.2	14.6	24.7	0.2	4439589	22.7
安　徽	12756503	144230	46.6	7.5	12.7	0.8	11070930	13.1
福　建	15515108	55981	33.4	6.9	17.2	0.3	3775870	12.5
江　西	3661668	60536	49.7	6.8	9.5	0.9	3182211	12.7
山　东	20554272	280292	51.6	8.1	10.0	0.9	15779511	13.3
河　南	14104146	174055	49.5	9.6	9.5	0.9	9561800	14.8
湖　北	15759433	328445	59.7	8.4	9.8	1.2	7256995	17.3
湖　南	10092869	327394	65.8	7.5	7.5	1.3	2353958	7.6
广　东	97482915	158418	51.8	9.1	22.8	0.3	22943134	28.8
广　西	7835164	32978	45.8	7.5	14.2	0.3	1928468	12.6
海　南	1017469	21731	52.2	5.8	9.0	0.9	2193439	14.9
重　庆	6858256	285148	71.9	7.0	8.9	1.8	1210238	12.2
四　川	21667171	262607	64.9	8.0	15.3	1.1	4494066	13.2
贵　州	3242124	75165	44.1	5.2	8.0	0.8	3317342	9.7
云　南	4789546	96374	51.2	7.4	10.9	1.2	2676299	11.0
西　藏	79738		11.1		2.8		23985	6.0
陕　西	4965896	55706	42.4	7.9	8.9	0.6	2962865	11.7
甘　肃	3541763	38765	53.4	5.7	8.6	0.6	3465868	11.4
青　海	719717	9531	48.3	8.2	6.6	0.6	2170322	19.1
宁　夏	522998	1000	42.9	8.8	13.8	0.3	1865401	16.7
新　疆	5539342	46583	47.8	7.6	11.7	0.6	3388847	9.6

乡镇卫生院机构、床位、人员数

	2010	2013	2014	2015	2016	2017
机构数合计（个）	**37836**	**37015**	**36902**	**36817**	**36795**	**36551**
中心卫生院	10373	10538	10540	10579	10568	10547
乡镇卫生院	27463	26477	26362	26238	26227	26004
按主办单位分						
政府办	37217	36593	36445	36344	36348	36083
非政府办	619	422	457	473	447	468
按床位分						
无床	1482	1463	1427	1519	1592	1532
1 ~ 9 张	7075	5848	5515	5358	5240	5004
10 ~ 49 张	23701	22261	22162	21785	21453	20313
50 ~ 99 张	4637	5990	6214	6486	6780	7496
100 张及以上	941	1453	1584	1669	1730	2206
床位数合计（张）	**994329**	**1136492**	**1167245**	**1196122**	**1223891**	**1292076**
中心卫生院	421441	497944	511732	528268	539026	569665
乡镇卫生院	572888	638548	655513	667854	684865	722411
人员数合计（人）	**1151349**	**1233858**	**1247299**	**1277697**	**1320841**	**1360272**
卫生技术人员	973059	1043441	1053348	1078532	1115921	1151278
内：执业（助理）医师	422648	434025	432831	440889	454995	466049
注册护士	217693	270210	281864	298881	318609	340952
其他技术人员	53508	54401	55774	57654	60371	63191
管理人员	43983	41709	41677	42202	42553	43368
工勤技能人员	80799	94307	96500	99309	101996	102435

2017 年乡镇卫生院分科床位、门急诊人次、出院人数及构成

科室分类	床位		门急诊		出院	
	床位数（张）	构成 (%)	人次数（万）	构成 (%)	人数（万）	构成 (%)
总　计	**1292076**	**100.0**	**107428.7**	**100.0**	**4029.1**	**100.0**
预防保健科	7990	0.6	2518.5	2.3	11.2	0.3
全科医疗科	272666	21.1	25503.0	23.7	831.0	20.6
内科	475364	36.8	41863.6	39.0	1817.6	45.1
外科	194571	15.1	9750.8	9.1	501.6	12.5
儿科	95793	7.4	8212.6	7.6	310.5	7.7
妇产科	116116	9.0	6090.8	5.7	251.1	6.2
中医科	59571	4.6	6930.8	6.5	175.0	4.3
其他	70005	5.4	6558.5	6.1	131.0	3.3

乡镇卫生院医疗服务情况

年份	诊疗人次数（亿次）	入院人数（万人）	病床周转次数（次）	病床使用率（%）	平均住院日（日）
1985	11.00	1771	26.4	46.0	5.9
1986	11.18	1782	26.9	46.0	5.9
1987	11.30	1959	28.5	47.4	5.6
1988	11.36	2031	29.2	47.3	5.6
1989	10.60	1935	28.3	44.6	5.4
1990	10.65	1958	28.6	43.4	5.2
1991	10.82	2016	29.1	43.5	5.1
1992	10.34	1960	28.7	42.9	5.1
1993	8.98	1855	27.9	38.4	4.6
1994	9.73	1913	29.4	40.5	4.6
1995	9.38	1960	29.9	40.2	4.6
1996	9.44	1916	28.6	37.0	4.4
1997	9.16	1918	26.0	34.5	4.5
1998	8.74	1751	24.4	33.3	4.6
1999	8.38	1688	24.2	32.8	4.6
2000	8.24	1708	24.8	33.2	4.6
2001	8.24	1700	23.7	31.3	4.5
2002	7.10	1625	28.0	34.7	4.0
2003	6.91	1608	28.1	36.2	4.2
2004	6.81	1599	27.0	37.1	4.4
2005	6.79	1622	25.8	37.7	4.6
2006	7.01	1836	28.8	39.4	4.6
2007	7.59	2662	36.7	48.4	4.8
2008	8.27	3313	42.0	55.8	4.4
2009	8.77	3808	42.9	60.7	4.8
2010	8.74	3630	38.4	59.0	5.2
2011	8.66	3449	35.2	58.1	5.6
2012	9.68	3908	37.4	62.1	5.7
2013	10.07	3937	36.1	62.8	5.9
2014	10.29	3733	33.2	60.5	6.3
2015	10.55	3676	32.0	59.9	6.4
2016	10.82	3800	32.2	60.6	6.4
2017	11.10	4047	33.0	61.3	6.3
中心卫生院	4.70	1906	35.1	64.6	6.3
乡卫生院	6.40	2141	31.4	58.7	6.3

注：1993 年以前的诊疗人次及入院人数系推算数字。

中医类医疗机构诊疗人次

机构分类	2010	2013	2014	2015	2016	2017
中医类总诊疗量（万人次）	**61264.1**	**81409.4**	**87430.9**	**90912.4**	**96225.1**	**101885.4**
中医类医院	36026.5	48952.5	53058.1	54870.9	57670.4	60379.8
中医医院	32770.2	43726.3	47164.2	48502.6	50774.5	52849.2
中西医结合医院	2702.6	4466.1	5101.3	5401.4	5927.3	6363.0
民族医医院	553.8	760.1	792.6	966.8	968.7	1167.5
中医类门诊部	975.9	1433.6	1525.5	1761.9	1978.3	2322.6
中医门诊部	808.9	1221.6	1304.8	1567.4	1757.4	2063.9
中西医结合门诊部	164.6	207.9	218.5	192.1	217.9	253.0
民族医门诊部	2.4	4.1	2.2	2.4	3.0	5.7
中医类诊所	9178.3	11059.3	11342.0	11781.4	12517.9	13660.9
中医诊所	6796.1	8616.7	8870.1	9215.8	9886.0	10894.3
中西医结合诊所	2283.8	2341.5	2362.0	2446.7	2517.9	2644.4
民族医诊所	98.3	101.1	110.0	118.8	114.1	122.2
其他机构中医类临床科室	15083.4	19964.0	21505.3	22498.3	24058.5	25522.2
中医类诊疗量占总诊疗量 %	**14.7**	**15.4**	**15.6**	**15.7**	**15.8**	**15.9**

其他机构中医类临床科室诊疗人次

机构分类	2010	2013	2014	2015	2016	2017
门急诊量（万人次）	**15083.4**	**19574.1**	**21505.3**	**22498.3**	**24058.5**	**25522.2**
综合医院	8089.2	9429.7	10114.9	10069.2	10286.8	10273.2
专科医院	390.2	527.8	570.6	563.5	635.7	653.0
社区卫生服务中心（站）	2512.9	4503.5	5094.5	5571.7	6178.5	6611.4
乡镇卫生院	3419.5	4756.8	5195.4	5662.9	6148.5	6930.8
其他机构	671.6	472.6	534.0	631.1	809.0	1053.8
占同类机构诊疗量的 %						
综合医院	5.4	4.7	4.6	4.5	4.3	4.1
专科医院	2.3	2.2	2.2	2.0	2.1	2.0
社区卫生服务中心（站）	5.2	6.9	7.4	7.9	8.6	8.6
乡镇卫生院	3.9	4.7	5.1	5.4	5.7	6.2
其他机构	1.0	0.5	0.6	0.7	0.8	1.0

村卫生室中医诊疗人次

	2010	2013	2014	2015	2016	2017
中医诊疗量（万人次）	**50468.3**	**66848.1**	**66716.5**	**76569.4**	**74455.3**	**72059.2**
以中医为主	4550.2	5648.9	5648.5	6187.8	5919.9	5606.8
以中西医结合为主	45918.1	61199.1	61068.1	70381.6	68535.3	66452.5
中医占村卫生室诊疗量的 %	**30.5**	**33.2**	**33.6**	**40.4**	**40.2**	**40.3**

2017年各地区中医类医疗机构诊疗人次（万人次）

地　区	总计	中医类医院				中医类门诊部	中医类诊所	其他机构中医类临床科室
			中医医院	中西医结合医院	民族医医院			
总　计	**101885.4**	**60379.8**	**52849.2**	**6363.0**	**1167.5**	**2322.6**	**13660.9**	**25522.2**
东　部	55455.5	32483.6	28201.5	4231.5	50.6	1929.9	5559.5	15482.5
中　部	20176.7	13515.9	12552.3	937.6	26.1	168.3	2513.2	3979.2
西　部	26253.3	14380.2	12095.4	1193.9	1090.9	224.4	5588.1	6060.5
北　京	5779.5	3814.1	2949.2	853.4	11.5	141.0	110.5	1714.0
天　津	2267.4	1379.1	1275.3	103.7		114.6	31.9	741.8
河　北	3764.2	2249.0	1919.1	329.9		32.3	731.7	751.1
山　西	1580.4	810.0	754.5	55.5		14.4	377.4	378.6
内蒙古	1962.1	1090.3	525.0	20.1	545.2	11.9	472.2	387.7
辽　宁	1833.3	1134.7	1063.7	51.3	19.7	26.2	307.3	365.1
吉　林	1341.6	929.8	795.2	130.2	4.4	16.9	221.7	173.2
黑龙江	1486.8	1061.5	1032.2	24.8	4.4	24.0	159.2	242.1
上　海	4560.3	2363.8	1605.1	758.7		180.1	34.4	1982.0
江　苏	7343.1	5016.1	4428.0	588.1		130.7	383.9	1812.4
浙　江	9377.2	5468.0	4778.9	689.0		796.1	852.9	2260.4
安　徽	2433.0	1709.0	1608.5	100.5		30.3	231.8	461.8
福　建	3172.9	1823.9	1601.5	216.1	6.3	141.7	468.7	738.6
江　西	2034.4	1400.6	1306.8	93.8		22.0	289.1	322.6
山　东	5608.2	3254.5	3055.9	185.5	13.1	47.2	816.1	1490.5
河　南	5126.4	3496.0	3405.8	90.2		17.5	453.7	1159.2
湖　北	3457.6	2293.9	1890.6	387.1	16.1	35.4	350.0	778.4
湖　南	2716.5	1815.2	1758.6	55.4	1.2	7.7	430.3	463.3
广　东	11357.4	5701.7	5277.2	424.5		314.3	1769.1	3572.4
广　西	3056.5	1969.5	1695.5	246.5	27.5	21.3	466.8	598.8
海　南	391.8	278.9	247.7	31.3		5.7	53.0	54.2
重　庆	2499.6	1311.4	1211.5	99.9		22.0	647.7	518.5
四　川	7804.5	3581.8	3051.3	475.4	55.1	66.8	1977.6	2178.4
贵　州	1467.1	901.0	782.4	104.8	13.9	12.7	287.5	265.9
云　南	2743.4	1691.7	1611.9	65.0	14.9	48.9	427.0	575.7
西　藏	249.4	154.1	0.0	3.1	151.0		66.7	28.5
陕　西	2293.5	1360.6	1290.6	70.0		26.0	408.8	498.1
甘　肃	2073.2	1073.2	965.9	73.3	34.0	3.1	449.8	547.2
青　海	345.2	219.8	140.5	7.0	72.3	5.3	58.1	61.9
宁　夏	555.4	331.1	321.2	7.3	2.6	1.9	93.3	129.1
新　疆	1203.4	695.6	499.6	21.5	174.5	4.4	232.7	270.6

监测地区 5 岁以下儿童和孕产妇死亡率

年份	新生儿死亡率 (‰)			婴儿死亡率 (‰)			5 岁以下儿童死亡率 (‰)			孕产妇死亡率 (1/10 万)		
	合计	城市	农村	合计	城市	农村	合计	城市	农村	合计	城市	农村
2000	22.8	9.5	25.8	32.2	11.8	37.0	39.7	13.8	45.7	53.0	29.3	69.6
2001	21.4	10.6	23.9	30.0	13.6	33.8	35.9	16.3	40.4	50.2	33.1	61.9
2002	20.7	9.7	23.2	29.2	12.2	33.1	34.9	14.6	39.6	43.2	22.3	58.2
2003	18.0	8.9	20.1	25.5	11.3	28.7	29.9	14.8	33.4	51.3	27.6	65.4
2004	15.4	8.4	17.3	21.5	10.1	24.5	25.0	12.0	28.5	48.3	26.1	63.0
2005	13.2	7.5	14.7	19.0	9.1	21.6	22.5	10.7	25.7	47.7	25.0	53.8
2006	12.0	6.8	13.4	17.2	8.0	19.7	20.6	9.6	23.6	41.1	24.8	45.5
2007	10.7	5.5	12.8	15.3	7.7	18.6	18.1	9.0	21.8	36.6	25.2	41.3
2008	10.2	5.0	12.3	14.9	6.5	18.4	18.5	7.9	22.7	34.2	29.2	36.1
2009	9.0	4.5	10.8	13.8	6.2	17.0	17.2	7.6	21.1	31.9	26.6	34.0
2010	8.3	4.1	10.0	13.1	5.8	16.1	16.4	7.3	20.1	30.0	29.7	30.1
2011	7.8	4.0	9.4	12.1	5.8	14.7	15.6	7.1	19.1	26.1	25.2	26.5
2012	6.9	3.9	8.1	10.3	5.2	12.4	13.2	5.9	16.2	24.5	22.2	25.6
2013	6.3	3.7	7.3	9.5	5.2	11.3	12.0	6.0	14.5	23.2	22.4	23.6
2014	5.9	3.5	6.9	8.9	4.8	10.7	11.7	5.9	14.2	21.7	20.5	22.2
2015	5.4	3.3	6.4	8.1	4.7	9.6	10.7	5.8	12.9	20.1	19.8	20.2
2016	4.9	2.9	5.7	7.5	4.2	9.0	10.2	5.2	12.4	19.9	19.5	20.0
2017	4.5	2.6	5.3	6.8	4.1	7.9	9.1	4.8	10.9	19.6	16.6	21.1

监测地区孕产妇主要疾病死亡率及死因构成

	主要疾病死亡率（1/10 万）						占死亡总数（%）					
	产科出血	妊娠期高血压疾病	心脏病	羊水栓塞	产褥感染	肝病	产科出血	妊娠期高血压疾病	心脏病	羊水栓塞	产褥感染	肝病
合计												
2010	8.3	3.7	3.3	2.8	0.4	0.9	27.8	12.3	10.9	9.2	1.2	3.1
2012	6.6	2.0	2.7	3.2	0.4	0.8	27.0	8.0	10.9	12.9	1.4	3.2
2013	6.6	2.6	1.8	3.1	0.2	0.6	28.2	11.4	7.8	13.3	0.6	2.6
2014	5.7	2.0	2.5	3.2	0.2	1.0	26.3	9.1	11.4	14.9	1.1	4.6
2015	4.2	2.3	3.3	1.9	0.1	1.0	21.1	11.6	16.4	9.5	0.7	4.7
2016	4.7	1.6	2.0	2.2	0.2	0.7	23.5	7.8	10.2	10.9	1.0	3.8
2017	5.7	2.0	1.5	2.7	0.1	0.4	29.0	10.4	7.9	13.9	0.6	2.2
城市												
2010	8.0	1.9	2.8	2.5	0.3	0.9	27.1	6.3	9.4	8.3	1.0	3.1
2012	5.7	1.5	1.5	3.9	0.3	0.8	25.6	7.0	7.0	17.4	1.2	3.5
2013	5.6	2.1	2.1	2.7	0.0	0.9	25.0	9.2	9.2	11.8	0.0	3.9
2014	4.3	1.4	2.3	2.7	0.2	0.8	21.2	7.1	11.1	13.1	1.0	4.0
2015	3.5	0.9	5.2	0.7	0.2	0.7	17.9	4.8	26.2	3.6	1.2	3.6
2016	4.0	0.5	2.4	1.6	0.3	0.3	20.3	2.7	12.2	8.1	1.4	1.4
2017	5.1	1.1	1.3	2.1	0.2	0.0	30.7	6.8	8.0	12.5	1.1	0.0
农村												
2010	8.4	4.3	3.4	2.8	0.4	0.9	28.0	14.2	11.3	9.4	1.3	3.1
2012	7.0	2.1	3.1	2.9	0.4	0.8	27.5	8.4	12.2	11.5	1.5	3.1
2013	6.9	2.8	1.7	3.3	0.2	0.5	29.3	12.1	7.3	13.8	0.9	2.2
2014	6.3	2.2	2.6	3.4	0.3	1.1	28.3	10.0	11.6	15.5	1.2	4.8
2015	4.5	3.0	2.4	2.4	0.1	1.1	22.5	14.7	12.0	12.0	0.5	5.2
2016	4.9	1.9	1.9	2.4	0.2	0.9	24.7	9.6	9.6	11.9	0.9	4.6
2017	6.0	2.5	1.7	3.0	0.1	0.6	28.4	11.8	7.9	14.4	0.4	3.1

孕产妇保健情况

年份	活产数	建卡率 (%)	系统管理率 (%)	产前检查率 (%)	产后访视率 (%)"	住院分娩率 (%)		
						合计	市	县
1980	…	…	…	…	…	…	…	…
1985	…	…	…	…	…	43.7	73.6	36.4
1990	14517207	…	…	…	…	50.6	74.2	45.1
1991	15293237	…	…	…	…	50.6	72.8	45.5
1992	11746275	76.6	…	69.7	69.7	52.7	71.7	41.2
1993	10170690	75.7	…	72.2	71.0	56.5	68.3	51.0
1994	11044607	79.1	…	76.3	74.5	65.6	76.4	50.4
1995	11539613	81.4	…	78.7	78.8	58.0	70.7	50.2
1996	11412028	82.4	65.5	83.7	80.1	60.7	76.5	51.7
1997	11286021	84.5	68.3	85.9	82.3	61.7	76.4	53.0
1998	10961516	86.2	72.3	87.1	83.9	66.2	79.0	58.1
1999	10698467	87.9	75.4	89.3	85.9	70.0	83.3	61.5
2000	10987691	88.6	77.2	89.4	86.2	72.9	84.9	65.2
2001	10690630	89.4	78.6	90.3	87.2	76.0	87.0	69.0
2002	10591949	89.2	78.2	90.1	86.7	78.7	89.4	71.6
2003	10188005	87.6	75.5	88.9	85.4	79.4	89.9	72.6
2004	10892614	88.3	76.4	89.7	85.9	82.8	91.4	77.1
2005	11415809	88.5	76.7	89.8	86.0	85.9	93.2	81.0
2006	11770056	88.2	76.5	89.7	85.7	88.4	94.1	84.6
2007	12506498	89.3	77.3	90.9	86.7	91.7	95.8	88.8
2008	13307045	89.3	78.1	91.0	87.0	94.5	97.5	92.3
2009	13825431	90.9	80.9	92.2	88.7	96.3	98.5	94.7
2010	14218657	92.9	84.1	94.1	90.8	97.8	99.2	96.7
2011	14507141	93.8	85.2	93.7	91.0	98.7	99.6	98.1
2012	15442995	94.8	87.6	95.0	92.6	99.2	99.7	98.8
2013	15108153	95.7	89.5	95.6	93.5	99.5	99.9	99.2
2014	15178881	95.8	90.0	96.2	93.9	99.6	99.9	99.4
2015	14544524	96.4	91.5	96.5	94.5	99.7	99.9	99.5
2016	18466561	96.6	91.6	96.6	94.6	99.8	100.0	99.6
2017	17578815	96.6	89.6	96.5	94.0	99.9	100.0	99.8

注：2016−2017 年活产数均源自全国住院分娩月报，包括户籍和非户籍活产数；2015 年及以前年份活产数源自全国妇幼卫生年报，仅包括户籍活产数。

2017年各地区孕产妇保健情况

地　区	活产数	建卡率(%)	系统管理率(%)	产前检查率(%)	产后访视率(%)	住院分娩率(%)		
						合　计	市	县
总　计	**17578815**	**96.6**	**89.6**	**96.5**	**94.0**	**99.9**	**100.0**	**99.8**
北　京	242812	100.0	96.5	98.7	96.7	100.0	100.0	100.0
天　津	121771	99.5	96.2	99.1	97.5	100.0	100.0	100.0
河　北	961194	96.0	89.0	96.1	92.1	100.0	100.0	100.0
山　西	379105	96.3	85.9	95.6	91.9	100.0	100.0	99.9
内蒙古	211577	97.7	93.2	97.2	95.3	100.0	100.0	99.9
辽　宁	307602	98.7	92.4	98.0	95.5	100.0	100.0	100.0
吉　林	168275	98.6	89.3	97.4	95.7	100.0	100.0	100.0
黑龙江	177658	98.4	93.1	97.6	95.7	100.0	99.9	100.0
上　海	199072	100.0	96.2	98.3	98.0	100.0	100.0	–
江　苏	806974	99.7	99.9	99.9	100.0	100.0	100.0	100.0
浙　江	710836	99.8	96.4	98.8	98.1	100.0	100.0	100.0
安　徽	773521	92.8	84.6	92.1	90.0	100.0	100.0	100.0
福　建	615152	97.2	91.7	97.2	94.3	100.0	100.0	100.0
江　西	606831	96.6	91.0	96.3	95.3	100.0	100.0	100.0
山　东	1655895	95.4	92.1	94.9	93.3	100.0	100.0	100.0
河　南	1420062	91.0	84.9	93.4	89.9	100.0	100.0	100.0
湖　北	652625	97.9	92.1	96.9	94.7	100.0	100.0	100.0
湖　南	804752	97.7	93.8	97.2	95.9	99.9	99.9	100.0
广　东	1952085	97.0	92.0	97.5	95.2	100.0	100.0	99.9
广　西	819427	99.4	64.4	98.9	90.2	100.0	100.0	100.0
海　南	134657	96.6	87.2	96.4	89.7	99.9	99.9	99.9
重　庆	317689	97.8	90.9	97.4	92.9	99.7	100.0	99.3
四　川	863843	97.0	94.3	96.9	95.7	99.3	99.9	98.9
贵　州	617176	94.1	88.0	93.6	91.3	99.5	99.8	99.3
云　南	684617	99.1	87.1	98.5	97.2	99.7	99.9	99.7
西　藏	50000	84.2	59.7	89.5	83.4	92.5	99.7	91.2
陕　西	470979	97.9	94.3	97.7	96.4	100.0	100.0	100.0
甘　肃	357070	97.0	94.1	97.3	96.0	99.8	99.9	99.7
青　海	77215	94.4	91.6	95.8	94.8	97.6	97.7	97.5
宁　夏	104561	99.8	97.1	99.4	98.5	100.0	100.0	100.0
新　疆	313782	95.4	84.8	94.7	92.2	99.0	99.5	98.8

续表

孕产妇死亡率 (1/10 万)			孕产妇死因构成 (%)				
合 计	市	县	产科出血	妊娠高血压疾病	内 科合并症	羊水栓塞	其他
8.0	5.4	12.2	7.1	0.0	28.6	14.3	50.0
6.0	5.4	12.4	33.3	0.0	16.7	0.0	50.0
8.3	7.7	8.8	12.8	6.4	26.9	19.2	34.6
13.5	11.0	15.8	17.0	14.9	34.0	4.3	29.8
13.1	8.1	17.3	25.0	3.6	35.7	7.1	28.6
13.6	12.6	17.3	12.2	14.6	22.0	12.2	39.0
12.9	8.6	26.2	18.2	9.1	22.7	18.2	31.8
21.3	17.7	28.1	12.8	25.6	20.5	5.1	35.9
1.1	1.1	–	0.0	0.0	0.0	0.0	100.0
10.4	10.3	10.8	17.7	10.1	34.2	24.1	13.9
4.5	4.1	5.6	12.5	0.0	20.8	16.7	50.0
15.3	12.9	16.6	31.1	3.8	22.7	23.5	18.9
9.5	10.3	8.7	1.8	3.6	41.8	27.3	25.5
8.2	8.8	7.8	18.5	5.6	31.5	16.7	27.8
9.0	9.4	8.5	20.0	11.9	20.0	28.9	19.3
10.4	12.1	9.5	17.9	15.2	17.2	27.6	22.1
9.6	8.9	10.8	20.6	2.9	14.7	29.4	32.4
12.7	12.5	12.8	17.0	2.8	23.6	25.5	31.1
6.8	6.4	8.4	13.5	8.7	22.1	34.6	21.2
14.0	17.7	11.3	22.1	3.5	27.4	25.7	21.2
23.7	17.2	38.1	15.4	3.9	30.8	23.1	26.9
15.0	11.2	21.1	22.9	4.2	27.1	8.3	37.5
13.4	9.4	16.1	25.0	13.4	17.0	15.2	29.5
23.5	26.6	22.1	24.8	3.7	17.5	24.1	29.9
19.7	12.6	22.7	35.4	4.7	18.9	16.5	24.4
95.0	10.3	110.4	26.7	16.7	15.0	11.7	30.0
9.3	11.5	8.1	13.5	10.8	13.5	40.5	21.6
14.5	11.6	15.8	34.8	2.2	17.4	23.9	21.7
29.4	29.2	29.4	42.1	15.8	15.8	15.8	10.5
23.3	9.5	38.1	21.1	15.8	42.1	10.5	10.5
30.9	22.0	35.9	21.4	18.0	24.7	14.6	21.4

各地区已婚育龄妇女避孕率 (%)

地　区	2010	2013	2014	2015	2016	2017
总　计	**89.1**	**87.3**	**86.6**	**86.1**	**83.0**	**80.6**
北　京	84.6	79.0	78.3	76.6	73.0	64.3
天　津	90.7	91.3	90.5	90.2	88.0	87.9
河　北	90.8	90.9	90.8	90.8	89.5	88.6
山　西	90.1	92.8	91.2	91.0	88.4	85.0
内蒙古	91.5	90.1	89.8	90.0	90.0	88.9
辽　宁	88.2	87.1	86.0	85.0	79.4	79.7
吉　林	89.9	89.8	89.5	89.4	87.0	88.6
黑龙江	92.6	91.3	91.2	90.8	90.5	90.2
上　海	82.8	83.1	81.0	78.8	75.6	75.5
江　苏	90.0	88.2	88.4	88.5	87.3	86.6
浙　江	88.6	87.1	86.1	86.2	82.3	80.1
安　徽	90.4	88.6	89.7	90.1	89.2	89.5
福　建	81.6	81.4	80.3	79.3	77.8	73.7
江　西	93.9	90.4	82.2	83.6	83.9	83.4
山　东	89.6	88.7	84.9	81.7	83.7	64.0
河　南	89.6	89.8	89.8	89.7	83.3	87.5
湖　北	86.1	82.6	84.4	84.2	80.4	78.9
湖　南	92.2	88.4	89.8	89.7	85.6	84.6
广　东	89.9	80.4	81.4	81.5	81.9	78.2
广　西	87.1	87.1	86.8	86.5	85.0	78.7
海　南	79.2	80.8	80.7	81.3	81.5	85.9
重　庆	90.8	80.3	82.0	78.7	64.4	55.1
四　川	88.3	88.2	85.7	84.8	79.0	76.8
贵　州	88.2	89.0	89.1	88.7	85.4	83.4
云　南	86.2	86.4	86.0	86.8	78.2	79.8
西　藏	78.0	75.2			61.4	53.1
陕　西	91.3	91.3	91.1	91.2	77.9	88.5
甘　肃	87.9	88.3	82.3	81.2	67.6	74.3
青　海	84.9	86.3	87.7	88.1	87.1	85.7
宁　夏	90.5	91.7	92.3	93.0	92.4	92.0
新　疆	82.7	81.5	73.0	83.5	83.3	79.1

各地区生育保险情况

年份 地区	年末参加 生育保险人数 （万人）	享受待遇人数 （万人）	基金收支（亿元）		
			基金收入	基金支出	累计结存
2010	12335.9	210.7	159.6	109.9	261.4
2013	16392.0	522.0	368.4	282.8	514.7
2014	17038.7	613.4	446.1	368.1	592.7
2015	17771.0	641.9	501.7	411.5	684.4
2016	18451.0	913.7	521.9	530.6	675.9
2017	19300.0	1113.0	642.0	744.0	564.0
东　部	11590.5	624.2	365.5	370.2	389.8
中　部	3662.4	147.1	77.0	70.3	157.2
西　部	3198.1	142.5	79.4	90.0	129.0
北　京	981.0	51.9	56.7	52.7	36.8
天　津	285.0	28.1	9.1	11.4	17.7
河　北	710.3	33.8	12.8	14.2	22.0
山　西	458.5	8.9	7.6	5.6	21.6
内蒙古	305.3	8.5	8.4	5.4	17.1
辽　宁	790.1	31.7	20.3	20.0	14.6
吉　林	367.8	17.1	7.4	5.8	13.9
黑龙江	358.0	9.4	6.3	6.9	15.0
上　海	956.1	28.2	65.1	50.6	31.6
江　苏	1510.3	170.3	38.9	60.1	45.6
浙　江	1294.4	62.1	37.8	36.7	41.4
安　徽	517.6	21.8	12.0	12.9	14.0
福　建	625.8	20.9	13.1	15.4	23.1
江　西	258.9	7.8	4.7	4.4	10.5
山　东	1139.1	73.4	35.8	45.9	33.8
河　南	646.8	24.5	14.8	14.6	30.5
湖　北	511.9	30.2	11.6	10.6	24.8
湖　南	542.9	27.4	12.6	9.5	26.9
广　东	3161.9	117.8	73.3	60.8	117.8
广　西	319.6	13.0	8.6	8.1	18.0
海　南	136.5	6.0	2.6	2.4	5.4
重　庆	365.7	24.3	8.3	13.6	2.1
四　川	713.1	31.8	16.2	22.7	19.0
贵　州	286.3	10.8	5.5	4.9	9.1
云　南	295.9	16.2	8.6	12.3	9.3
西　藏	24.9	0.9	1.7	1.0	2.0
陕　西	283.4	9.1	4.4	4.6	15.0
甘　肃	162.7	6.8	4.0	3.6	8.7
青　海	49.7	3.7	1.6	2.0	4.0
宁　夏	76.5	4.4	2.4	2.8	2.4
新　疆	315.0	13.0	9.7	9.0	22.3

注：①本表数据来源于人力资源与社会保障部；②各地区系 2016 年数字。

2017 年甲乙类法定报告传染病发病数及死亡数排序

顺位	发　病		死　亡	
	疾病名称	发病人数	疾病名称	死亡人数
1	病毒性肝炎	1283523	艾滋病	15251
2	肺结核	835193	肺结核	2823
3	梅毒	475860	病毒性肝炎	573
4	淋病	138855	狂犬病	502
5	细菌性和阿米巴性痢疾	109368	人感染 H7N9 禽流感	259
6	猩红热	74369	流行性乙型脑炎	79
7	艾滋病	57194	流行性出血热	64
8	布鲁氏菌病	38554	梅毒	45
9	流行性出血热	11262	流行性脑脊髓膜炎	19
10	伤寒和副伤寒	10791	疟疾	6
11	百日咳	10390	麻疹	5
12	麻疹	5941	伤寒和副伤寒	3
13	登革热	5893	炭疽	3
14	疟疾	2697	新生儿破伤风	3
15	血吸虫病	1186	细菌性和阿米巴性痢疾	2
16	流行性乙型脑炎	1147	登革热	2
17	人感染 H7N9 禽流感	589	淋病	1
18	狂犬病	516	布鲁氏菌病	1
19	炭疽	318	鼠疫	1
20	钩端螺旋体病	201	猩红热	
21	流行性脑脊髓膜炎	118	血吸虫病	
22	新生儿破伤风	93	钩端螺旋体病	
23	霍乱	14	霍乱	
24	鼠疫	1	百日咳	
25	人感染高致病性禽流感		人感染高致病性禽流感	
26	传染性非典型肺炎		传染性非典型肺炎	
27	脊髓灰质炎		脊髓灰质炎	
28	白喉		白喉	

2017年甲乙类法定报告传染病发病率、死亡率排序

顺位	发病		死亡	
	疾病名称	发病率（1/10万）	疾病名称	死亡率（1/10万）
1	病毒性肝炎	93.02	艾滋病	1.11
2	肺结核	60.53	肺结核	0.20
3	梅毒	34.49	病毒性肝炎	0.04
4	淋病	10.06	狂犬病	0.04
5	细菌性和阿米巴性痢疾	7.93	人感染H7N9禽流感	0.02
6	猩红热	5.39	流行性乙型脑炎	0.01
7	艾滋病	4.15	流行性出血热	0.00
8	布鲁氏菌病	2.79	梅毒	0.00
9	流行性出血热	0.82	流行性脑脊髓膜炎	0.00
10	伤寒和副伤寒	0.78	疟疾	0.00
11	百日咳	0.75	麻疹	0.00
12	麻疹	0.43	新生儿破伤风	0.00
13	登革热	0.43	伤寒和副伤寒	0.00
14	疟疾	0.20	炭疽	0.00
15	血吸虫病	0.09	淋病	0.00
16	流行性乙型脑炎	0.08	细菌性和阿米巴性痢疾	0.00
17	人感染H7N9禽流感	0.04	布鲁氏菌病	0.00
18	狂犬病	0.04	登革热	0.00
19	炭疽	0.02	鼠疫	0.00
20	钩端螺旋体病	0.01	猩红热	
21	流行性脑脊髓膜炎	0.01	百日咳	
22	新生儿破伤风	0.01	血吸虫病	
23	霍乱	0.00	钩端螺旋体病	
24	鼠疫	0.00	霍乱	
25	传染性非典型肺炎		传染性非典型肺炎	
26	脊髓灰质炎		脊髓灰质炎	
27	人感染高致病性禽流感		人感染高致病性禽流感	
28	白喉		白喉	

注：新生儿破伤风发病率和死亡率单位为‰。

2017 年各地区甲乙类法定报告传染病发病率、死亡率

地　区	总计		鼠疫		霍乱		病毒性肝炎	
	发病率（1/10 万）	死亡率（1/10 万）	发病率（1/10 万）	死亡率（1/10 万）	发病率（1/10 万）	死亡率（1/10 万）	发病率（1/10 万）	死亡率（1/10 万）
总　计	**222.06**	**1.42**	**0.00**	**0.00**	**0.00**		**93.02**	**0.04**
北　京	139.61	0.76			0.02		15.01	0.48
天　津	141.42	0.25					19.89	0.01
河　北	174.07	0.31					92.65	0.02
山　西	236.73	0.47					138.03	0.02
内蒙古	267.35	0.33					118.19	0.09
辽　宁	205.22	0.67					75.50	0.03
吉　林	138.74	0.64					45.28	0.03
黑龙江	174.08	0.92					43.41	0.10
上　海	185.06	0.55					58.87	0.14
江　苏	111.54	0.46			0.00		25.89	0.00
浙　江	206.91	0.77			0.01		39.70	0.01
安　徽	223.71	0.72			0.00		102.66	0.01
福　建	255.13	0.51			0.00		121.28	0.01
江　西	232.42	1.08					101.75	0.04
山　东	144.89	0.31					71.11	0.03
河　南	192.41	1.47			0.00		93.73	0.04
湖　北	249.83	0.87					139.11	0.03
湖　南	252.23	1.72					114.01	0.03
广　东	346.71	0.98					176.96	0.05
广　西	265.12	6.16					129.10	0.07
海　南	382.28	0.88					204.37	0.02
重　庆	283.73	2.83					91.95	0.07
四　川	190.97	3.19			0.00		64.91	0.04
贵　州	261.21	2.91					76.23	0.03
云　南	195.04	5.10					55.71	0.03
西　藏	316.71	0.91					71.30	0.03
陕　西	193.11	0.66					69.32	0.04
甘　肃	194.29	0.67	0.00	0.00			75.82	0.01
青　海	452.07	0.71					225.73	0.02
宁　夏	220.68	0.61					56.59	
新　疆	589.41	4.27					226.33	0.01

续表 1

地 区	其 中									
	甲型肝炎		乙型肝炎		丙型肝炎		丁型肝炎		戊型肝炎	
	发病率(1/10 万)	死亡率(1/10 万)	发病率(1/10 万)	死亡率(1/10 万)	发病率(1/10 万)	死亡率(1/10 万)	发病率(1/10 万)	死亡率(1/10 万)	发病率(1/10 万)	死亡率(1/10 万)
总 计	**1.37**	**0.00**	**72.61**	**0.03**	**15.51**	**0.01**	**0.03**		**2.10**	**0.00**
北 京	0.80		8.74	0.38	3.88	0.08			1.47	0.01
天 津	0.48		13.75		5.02				0.60	0.01
河 北	0.55		77.91	0.01	12.55	0.00	0.03		1.03	
山 西	3.16		108.67	0.02	22.88	0.00	0.05		1.62	0.00
内蒙古	0.81		84.73	0.04	31.69	0.04	0.03		0.52	
辽 宁	2.98		45.66	0.02	20.79	0.00	0.02		3.51	0.01
吉 林	0.74		27.27	0.01	16.15	0.02			0.76	
黑龙江	0.60		28.48	0.07	12.33	0.02	0.03		0.80	0.00
上 海	1.15	0.00	44.27	0.11	9.62	0.02			3.55	0.01
江 苏	0.78		15.35	0.00	4.11		0.00		3.48	0.00
浙 江	0.97		27.60	0.01	5.42		0.03		3.76	
安 徽	0.74		83.01	0.01	12.18	0.00	0.04		2.62	0.00
福 建	1.44		106.60	0.01	6.52	0.00	0.06		1.87	0.00
江 西	0.68	0.00	92.38	0.03	5.77	0.00	0.04		1.47	
山 东	0.41		63.60	0.03	5.14	0.00	0.01		1.16	0.00
河 南	0.26		70.05	0.02	22.50	0.01	0.01		0.63	
湖 北	1.54		112.40	0.03	17.70	0.01	0.03		5.06	
湖 南	0.88		89.03	0.02	20.88	0.01	0.03		1.90	
广 东	1.44		149.66	0.04	21.75	0.01	0.05		2.75	0.00
广 西	1.48		101.74	0.06	19.74	0.01	0.04		3.04	0.00
海 南	1.01		162.10	0.02	33.20		0.11		5.14	
重 庆	2.74	0.01	69.76	0.05	15.13	0.01	0.04		3.11	0.00
四 川	2.43		47.79	0.03	12.38	0.01	0.02		1.46	
贵 州	0.74		57.66	0.02	15.39	0.01	0.04		1.90	
云 南	2.13		30.40	0.02	19.69	0.01	0.00		3.35	
西 藏	3.05		66.07	0.03	1.75				0.24	
陕 西	0.69		46.33	0.03	21.11	0.01	0.03		0.77	
甘 肃	2.59		42.31	0.01	29.71		0.03		0.52	
青 海	6.19		179.29		37.12	0.02	0.08		2.31	
宁 夏	2.43		41.71		11.90				0.19	
新 疆	8.75		170.14	0.00	44.77	0.00	0.03		1.13	

续表 2

地区	其中 未分型肝炎		痢疾		伤寒、副伤寒		艾滋病	
	发病率 (1/10 万)	死亡率 (1/10 万)	发病率 (1/10 万)	死亡率 (1/10 万)	发病率 (1/10 万)	死亡率 (1/10 万)	发病率 (1/10 万)	死亡率 (1/10 万)
总　计	**1.40**	**0.00**	**7.93**	**0.00**	**0.78**	**0.00**	**4.15**	**1.11**
北　京	0.12		37.83		0.10		3.43	0.13
天　津	0.04		53.66		0.13		1.80	0.17
河　北	0.57		10.60		0.39		1.01	0.19
山　西	1.64		7.83		0.99		1.73	0.26
内蒙古	0.42		4.62	0.00	0.18		1.23	0.14
辽　宁	2.54	0.00	9.03		0.33		2.51	0.28
吉　林	0.35		2.73		0.08		2.03	0.46
黑龙江	1.17		6.44		0.08		1.62	0.28
上　海	0.28		0.33		0.10		2.13	0.18
江　苏	2.17		3.37		0.19		1.65	0.25
浙　江	1.92		3.63		0.69		3.24	0.45
安　徽	4.07		10.27		0.49		1.85	0.43
福　建	4.79		0.96		1.84	0.00	2.50	0.35
江　西	1.42		7.27		0.50		3.12	0.81
山　东	0.80		3.87		0.07		0.85	0.11
河　南	0.27		11.73		0.19		3.14	1.27
湖　北	2.37		5.94	0.00	0.54		2.38	0.63
湖　南	1.29		3.75		1.55		4.42	1.36
广　东	1.30		1.94		1.51	0.00	3.92	0.78
广　西	3.06		4.73		2.30		12.63	5.26
海　南	2.81		2.22		0.50		1.84	0.58
重　庆	1.17		26.80		0.39		9.73	2.26
四　川	0.83		6.73		0.46	0.00	13.04	2.89
贵　州	0.51	0.00	4.33		1.54		8.57	2.45
云　南	0.14		6.52		4.80		11.89	4.83
西　藏	0.18		20.82		0.03		0.85	0.09
陕　西	0.40		11.36		0.11		2.33	0.39
甘　肃	0.66		18.64		0.15		1.84	0.31
青　海	0.74		13.05		0.20		3.29	0.51
宁　夏	0.36		14.36		0.37		1.50	0.33
新　疆	1.51		12.78		0.57		8.35	2.84

续表 3

地　区	淋病		梅毒		脊髓灰质炎		麻疹	
	发病率 (1/10 万)	死亡率 (1/10 万)	发病率 (1/10 万)	死亡率 (1/10 万)	发病率 (1/10 万)	死亡率 (1/10 万)	发病率 (1/10 万)	死亡率 (1/10 万)
总　计	**10.06**	**0.00**	**34.49**	**0.00**			**0.43**	**0.00**
北　京	7.85		23.90	0.01			0.29	
天　津	2.70		20.25				0.27	
河　北	2.14		13.47	0.00			0.38	
山　西	4.22		29.95	0.01			0.05	
内蒙古	9.35		41.85	0.01			0.27	
辽　宁	5.77		38.22	0.00			0.06	
吉　林	4.42		16.21				0.12	
黑龙江	3.63		24.07	0.00			0.22	
上　海	23.41		55.33	0.00			0.19	
江　苏	10.94		31.28				0.17	
浙　江	39.19		64.07	0.00			0.58	
安　徽	7.15		41.91	0.00			0.43	0.00
福　建	18.63	0.00	61.78	0.01			0.13	
江　西	10.08		35.21				0.10	
山　东	4.09		17.90				0.11	
河　南	3.59		15.96	0.00			0.33	
湖　北	6.47		23.32				0.30	
湖　南	6.07		40.27	0.00			0.58	
广　东	27.23		50.71	0.00			0.27	
广　西	12.55		12.90	0.00			0.11	
海　南	26.82		59.40				0.01	
重　庆	8.38		63.33	0.01			0.22	
四　川	4.17		33.09	0.01			1.37	0.00
贵　州	7.79		36.99	0.01			0.08	
云　南	11.37		35.28				0.69	
西　藏	2.54		39.46	0.03			22.93	0.03
陕　西	5.59		28.01	0.01			0.14	
甘　肃	3.74		22.51				0.68	
青　海	3.78		57.02				6.56	0.02
宁　夏	6.08		54.97				0.40	
新　疆	6.56		91.80	0.01			0.57	

续表 4

地 区	百日咳		白喉		流行性脑脊髓膜炎		猩红热	
	发病率(1/10 万)	死亡率(1/10 万)	发病率(1/10 万)	死亡率(1/10 万)	发病率(1/10 万)	死亡率(1/10 万)	发病率(1/10 万)	死亡率(1/10 万)
总 计	**0.75**				**0.01**	**0.00**	**5.39**	
北 京	0.53				0.01	0.00	16.77	
天 津	4.23				0.01		16.32	
河 北	0.90				0.01		6.17	
山 西	0.53				0.01	0.00	7.50	
内蒙古	0.07				0.01		12.77	
辽 宁	0.01				0.00	0.00	12.68	
吉 林	0.03						11.13	
黑龙江	0.09				0.01		7.63	
上 海	0.37				0.00		17.51	
江 苏	0.08				0.00	0.00	3.29	
浙 江	0.54				0.01	0.00	4.13	
安 徽	0.11						1.99	
福 建	0.04				0.00		3.19	
江 西	0.37						0.17	
山 东	3.75				0.00	0.00	8.19	
河 南	0.13				0.02	0.00	2.18	
湖 北	0.32				0.00		1.49	
湖 南	0.20				0.00		2.10	
广 东	1.01				0.01	0.00	5.99	
广 西	0.01				0.01		1.44	
海 南	0.01				0.01		0.22	
重 庆	3.42				0.01	0.00	1.82	
四 川	0.57				0.01	0.00	2.41	
贵 州	0.44				0.00	0.00	2.33	
云 南	0.08				0.01		4.01	
西 藏	0.03				0.03		2.81	
陕 西	1.84				0.01		7.42	
甘 肃	0.43						5.57	
青 海	0.12						6.56	
宁 夏	0.12						17.87	
新 疆	0.65				0.13	0.02	13.61	

续表 5

地　区	流行性出血热		狂犬病		钩端螺旋体病		布鲁氏菌病	
	发病率(1/10万)	死亡率(1/10万)	发病率(1/10万)	死亡率(1/10万)	发病率(1/10万)	死亡率(1/10万)	发病率(1/10万)	死亡率(1/10万)
总　计	**0.82**	**0.00**	**0.04**	**0.04**	**0.01**		**2.79**	**0.00**
北　京	0.03		0.01	0.01			0.70	
天　津	0.20		0.01	0.01			0.95	
河　北	0.60		0.01	0.01			3.61	
山　西	0.07	0.01	0.05	0.05			8.34	
内蒙古	0.37		0.01	0.00			29.15	
辽　宁	2.46	0.01					4.37	
吉　林	2.10	0.01					4.24	
黑龙江	2.95	0.01					11.14	
上　海	0.01		0.01	0.01			0.02	
江　苏	0.47	0.00	0.03	0.03	0.00		0.23	
浙　江	0.63	0.00	0.03	0.03	0.03		0.26	
安　徽	0.44	0.00	0.06	0.06	0.02		0.24	
福　建	1.00	0.00	0.01	0.01	0.10		0.24	
江　西	1.24	0.00	0.03	0.03	0.03		0.16	
山　东	1.26	0.01	0.02	0.02			3.11	
河　南	0.46	0.01	0.05	0.05			2.57	
湖　北	0.86	0.01	0.07	0.07	0.01		0.40	
湖　南	0.93	0.01	0.10	0.11	0.04		0.26	
广　东	0.40		0.02	0.02	0.03		0.35	
广　西	0.03		0.08	0.08	0.04		0.40	
海　南	0.03		0.05	0.05	0.01		0.32	
重　庆	0.02		0.08	0.07	0.00		0.14	
四　川	0.31	0.00	0.03	0.03	0.03		0.09	
贵　州	0.16		0.07	0.07	0.03		0.29	
云　南	0.48		0.07	0.07	0.01		0.46	
西　藏	0.03		0.03	0.03			0.54	
陕　西	5.41	0.04	0.04	0.04			1.92	
甘　肃	0.08		0.03	0.03			6.29	
青　海			0.02	0.02			0.40	0.02
宁　夏	0.03		0.01	0.01			25.13	
新　疆	0.01						25.33	

续表 6

地　区	炭疽		流行性乙型脑炎		肺结核		疟疾		登革热	
	发病率（1/10 万）	死亡率（1/10 万）	发病率（1/10 万）	死亡率（1/10 万）	发病率（1/10 万）	死亡率（1/10 万）	发病率（1/10 万）	死亡率（1/10 万）	发病率（1/10 万）	死亡率（1/10 万）
总　计	**0.02**	**0.00**	**0.08**	**0.01**	**60.53**	**0.20**	**0.19**	**0.00**	**0.43**	**0.00**
北　京			0.01	0.00	32.74	0.10	0.22		0.10	
天　津			0.01		20.91	0.05	0.04			
河　北	0.01		0.01		41.94	0.07	0.11	0.00	0.01	
山　西			0.14	0.02	37.22	0.10	0.05			
内蒙古	0.04				49.19	0.08	0.02		0.00	
辽　宁	0.04	0.00			54.08	0.34	0.12	0.00	0.01	
吉　林					50.30	0.14	0.07		0.00	
黑龙江	0.03				72.73	0.53	0.03		0.00	
上　海			0.01		26.55	0.21	0.14		0.05	
江　苏			0.01		33.52	0.12	0.30		0.04	
浙　江			0.02		47.54	0.23	0.32		2.20	
安　徽			0.03	0.00	55.78	0.16	0.16		0.03	
福　建			0.01		42.79	0.10	0.37		0.18	
江　西			0.02	0.00	72.02	0.16	0.08		0.04	
山　东			0.09	0.01	30.15	0.11	0.20		0.10	
河　南			0.05	0.00	58.03	0.09	0.19		0.02	
湖　北			0.02		68.33	0.11	0.16	0.00	0.02	
湖　南			0.05	0.00	76.07	0.19	0.14		0.04	
广　东			0.01	0.00	74.66	0.10	0.13	0.00	1.51	0.00
广　西			0.01		87.86	0.71	0.80	0.00	0.02	
海　南					86.30	0.23	0.10		0.04	
重　庆			0.09		77.15	0.40	0.10		0.05	
四　川	0.05		0.22	0.00	63.12	0.20	0.26		0.04	
贵　州	0.00		0.05		122.15	0.33	0.07		0.01	
云　南	0.01	0.00	0.17	0.00	57.53	0.16	0.49		5.40	
西　藏	0.42				154.77	0.69	0.03			
陕　西	0.01		0.40	0.01	59.00	0.13	0.16		0.02	
甘　肃	0.44		1.39	0.17	56.54	0.13	0.09	0.00	0.01	
青　海	1.15	0.02			134.20	0.12				
宁　夏	0.10		0.07		43.00	0.27	0.06		0.01	
新　疆	0.07		0.00		202.59	1.38	0.03		0.00	

续表 7

地　区	血吸虫		新生儿破伤风		人禽流感		人感染 H7N9 禽流感	
	发病率(1/10万)	死亡率(1/10万)	发病率(‰)	死亡率(‰)	发病率(1/10万)	死亡率(1/10万)	发病率(1/10万)	死亡率(1/10万)
总　计	**0.09**		**0.01**	**0.00**			**0.04**	**0.02**
北　京							0.06	0.03
天　津							0.02	0.01
河　北			0.00				0.05	0.02
山　西							0.01	
内蒙古							0.02	
辽　宁							0.01	0.01
吉　林							0.00	0.00
黑龙江								
上　海							0.01	0.00
江　苏	0.00		0.00				0.09	0.05
浙　江	0.01		0.01				0.09	0.05
安　徽	0.02		0.00				0.07	0.04
福　建			0.01				0.07	0.02
江　西	0.13		0.01				0.08	0.03
山　东			0.00				0.02	0.01
河　南			0.00				0.03	0.01
湖　北	0.05		0.00				0.05	0.02
湖　南	1.54						0.09	0.02
广　东			0.01				0.04	0.02
广　西	0.00		0.02	0.00			0.06	0.03
海　南	0.01							
重　庆			0.01				0.03	0.02
四　川	0.02		0.01				0.05	0.02
贵　州			0.01	0.00			0.05	0.02
云　南	0.01		0.02				0.01	
西　藏							0.09	
陕　西	0.00		0.00				0.01	0.01
甘　肃			0.01	0.00			0.02	0.00
青　海								
宁　夏			0.01					
新　疆			0.01				0.01	0.00

前十位恶性肿瘤死亡率（合计）

顺位	2004－2005		1990－1992		1973－1975	
	疾病名称	死亡率（1/10 万）	疾病名称	死亡率（1/10 万）	疾病名称	死亡率（1/10 万）
1	肺癌	30.83	胃癌	25.16	胃癌	19.54
2	肝癌	26.26	肝癌	20.37	食管癌	18.83
3	胃癌	24.71	肺癌	17.54	肝癌	12.54
4	食管癌	15.21	食管癌	17.38	肺癌	7.09
5	结直肠癌	7.25	结直肠癌	5.30	子宫颈癌	5.23
6	白血病	3.84	白血病	3.64	结直肠癌	4.60
7	脑瘤	3.13	子宫颈癌	1.89	白血病	2.72
8	女性乳腺癌	2.90	鼻咽癌	1.74	鼻咽癌	2.32
9	胰腺癌	2.62	女性乳腺癌	1.72	女性乳腺癌	1.65
10	骨癌	1.70				
	恶性肿瘤总计	134.80	恶性肿瘤总计	108.26	恶性肿瘤总计	83.65

资料来源：1973 ～ 1975、1990 ～ 1992、2004 ～ 2005 年中国恶性肿瘤死亡抽样回顾调查。

前十位恶性肿瘤死亡率（男）

顺位	2004－2005		1990－1992		1973－1975	
	疾病名称	死亡率（1/10 万）	疾病名称	死亡率（1/10 万）	疾病名称	死亡率（1/10 万）
1	肺癌	41.34	胃癌	32.84	胃癌	25.12
2	肝癌	37.54	肝癌	29.01	食管癌	23.34
3	胃癌	32.46	肺癌	24.03	肝癌	17.60
4	食管癌	20.65	食管癌	22.14	肺癌	9.28
5	结直肠癌	8.19	结直肠癌	5.76	结直肠癌	4.85
6	白血病	4.27	白血病	3.96	白血病	3.00
7	脑瘤	3.50	鼻咽癌	2.34	鼻咽癌	2.94
8	胰腺癌	2.94				
9	膀胱癌	2.13				
10	鼻咽癌	2.05				
	恶性肿瘤总计	169.19	恶性肿瘤总计	134.91	恶性肿瘤总计	96.31

前十位恶性肿瘤死亡率（女）

顺位	2004－2005		1990－1992		1973－1975	
	疾病名称	死亡率（1/10 万）	疾病名称	死亡率（1/10 万）	疾病名称	死亡率（1/10 万）
1	肺癌	19.84	胃癌	17.02	食管癌	14.11
2	胃癌	16.59	食管癌	12.34	胃癌	13.72
3	肝癌	14.44	肝癌	11.21	子宫颈癌	10.70
4	食管癌	9.51	肺癌	10.66	肝癌	7.26
5	结直肠癌	6.26	结直肠癌	4.82	肺癌	4.79
6	女性乳腺癌	5.90	子宫颈癌	3.89	结直肠癌	4.33
7	白血病	3.41	女性乳腺癌	3.53	女性乳腺癌	3.37
8	宫颈癌	2.86	白血病	3.30	白血病	2.42
9	脑瘤	2.74	鼻咽癌	1.10	鼻咽癌	1.67
10	子宫癌	2.71				
	恶性肿瘤总计	98.97	恶性肿瘤总计	80.04	恶性肿瘤总计	70.43

2017 年城市居民主要疾病死亡率及构成

疾病名称	合计			男			女		
	死亡率(1/10 万)	构成(%)	位次	死亡率(1/10 万)	构成(%)	位次	死亡率(1/10 万)	构成(%)	位次
传染病(含呼吸道结核)	6.16	1.00	10	8.71	1.24	8	3.54	0.67	10
寄生虫病	0.03	0.00	17	0.04	0.01	16	0.02	0.00	17
恶性肿瘤	160.72	26.11	1	201.53	28.76	1	118.68	22.48	2
血液、造血器官及免疫疾病	1.30	0.21	15	1.39	0.20	15	1.21	0.23	15
内分泌、营养和代谢疾病	20.52	3.33	6	19.61	2.80	6	21.46	4.07	6
精神障碍	2.71	0.44	11	2.60	0.37	11	2.83	0.54	12
神经系统疾病	7.84	1.27	8	8.00	1.14	9	7.67	1.45	8
心脏病	141.61	23.00	2	144.81	20.66	2	138.32	26.20	1
脑血管病	126.58	20.56	3	139.11	19.85	3	113.68	21.53	3
呼吸系统疾病	67.20	10.92	4	78.75	11.24	4	55.30	10.48	4
消化系统疾病	14.53	2.36	7	18.04	2.57	7	10.92	2.07	7
肌肉骨骼和结缔组织疾病	2.34	0.38	12	1.83	0.26	13	2.87	0.54	11
泌尿生殖系统疾病	6.72	1.09	9	7.70	1.10	10	5.70	1.08	9
妊娠、分娩产褥期并发症	0.08	0.01	16				0.16	0.03	16
围生期疾病	1.59	0.26	13	1.93	0.27	12	1.25	0.24	14
先天畸形、变形和染色体异常	1.45	0.24	14	1.54	0.22	14	1.36	0.26	13
损伤和中毒外部原因	36.34	5.90	5	46.51	6.64	5	25.87	4.90	5
诊断不明	2.16	0.35		2.88	0.41		1.41	0.27	
其他疾病	6.00	0.97		4.84	0.69		7.19	1.36	

2017 年农村居民主要疾病死亡率及死因构成

疾病名称	合计			男			女		
	死亡率 (1/10 万)	构成 (%)	位次	死亡率 (1/10 万)	构成 (%)	位次	死亡率 (1/10 万)	构成 (%)	位次
传染病（含呼吸道结核）	7.43	1.09	10	10.16	1.31	8	4.62	0.80	10
寄生虫病	0.08	0.01	17	0.10	0.01	16	0.05	0.01	17
恶性肿瘤	156.70	23.07	2	200.80	25.83	1	111.06	19.22	3
血液、造血器官及免疫疾病	1.21	0.18	15	1.29	0.17	15	1.13	0.20	15
内分泌营养和代谢疾病	16.34	2.40	6	14.50	1.87	7	18.24	3.16	6
精神障碍	2.78	0.41	11	2.74	0.35	11	2.82	0.49	11
神经系统疾病	7.57	1.12	8	7.60	0.98	10	7.55	1.31	8
心脏病	154.40	22.73	3	157.86	20.31	3	150.81	26.10	1
脑血管病	157.48	23.18	1	173.97	22.38	2	140.40	24.30	2
呼吸系统疾病	78.57	11.57	4	88.18	11.35	4	68.62	11.87	4
消化系统疾病	14.41	2.12	7	18.41	2.37	6	10.27	1.78	7
肌肉骨骼和结缔组织疾病	1.77	0.26	13	1.51	0.19	14	2.05	0.35	12
泌尿生殖系统疾病	7.56	1.11	9	8.93	1.15	9	6.14	1.06	9
妊娠分娩产褥期并发症	0.11	0.02	16				0.22	0.04	16
围生期疾病	1.88	0.28	12	2.30	0.30	12	1.44	0.25	13
先天畸形、变形和染色体异常	1.70	0.25	14	1.97	0.25	13	1.42	0.25	14
损伤和中毒外部原因	52.92	7.79	5	70.43	9.06	5	34.80	6.02	5
诊断不明	2.08	0.31		2.54	0.33		1.61	0.28	
其他疾病	6.04	0.89		4.96	0.64		7.15	1.24	

新型农村合作医疗情况

年　份	参加新农合人数（亿人）	参合率（%）	人均筹资（元）	当年基金支出（亿元）	补偿受益人次（亿人次）
2010	8.36	96.00	156.57	1187.84	10.87
2013	8.02	98.70	370.59	2909.20	19.42
2014	7.36	98.90	410.89	2890.40	16.52
2015	6.70	98.80	490.30	2933.41	16.53
2016	2.75	99.36	559.00	1363.64	6.57
2017	1.33	100.00	613.46	754.12	2.52

2017 年各地区新型农村合作医疗情况

地　区	参加新农合人数（万人）	人均筹资（元）	本年度筹资总额（亿元）	补偿受益人次（万人次）	基金使用率（%）
总　计	**13310**	**613**	**816.53**	**25248.23**	**92.36**
辽　宁	1795	626	112.36	3232.69	93.86
吉　林	1241	652	80.92	889.88	87.26
安　徽	4654	625	290.77	9470.19	89.96
贵　州	3068	562	172.34	6413.08	90.74
陕　西	2553	627	160.14	5242.39	99.95

注：部分省实行城乡统筹的居民基本医疗保险制度。

各地区城镇居民和职工基本医疗保险情况

年份 地区	合计	参保人数（万人）				城镇职工基本医保收支（亿元）		
		城镇居民基本医保	城镇职工基本医保	在岗职工	退休人员	基金收入	基金支出	累计结存
2010	43263	19528	23735	17791	5944	3955.4	3271.6	4741.2
2013	57073	29629	27443	20501	6942	7061.6	5829.9	8129.3
2014	59747	31451	28296	21041	7255	8037.9	6696.6	9449.8
2015	66582	37689	28893	21362	7531	9083.5	7531.5	10997.1
2016	74392	44860	29532	21720	7812	10273.7	8286.7	12971.7
2017	117681	87359	30323	22288	8034	…	…	…
东　部	43632	26223	17409	13380	4027	6355.4	5047.4	8250.0
中　部	14519	8012	6508	4411	2096	1847.5	1541.6	2203.8
西　部	16240	10625	5620	3929	1689	2070.9	1697.6	2517.9
北　京	1709	191	1518	1240	278	912.1	776.6	429.5
天　津	1067	531	536	340	195	263.5	225.8	149.3
河　北	6672	5698	974	668	306	351.6	272.4	512.7
山　西	1121	461	660	475	185	187.0	170.1	260.4
内蒙古	1020	531	489	343	146	179.9	148.0	201.2
辽　宁	2376	740	1636	1023	613	405.0	383.4	379.8
吉　林	1380	805	576	371	205	163.7	123.1	219.7
黑龙江	1600	720	880	526	354	258.2	237.7	294.8
上　海	1807	338	1469	992	477	849.7	554.0	1403.0
江　苏	3984	1493	2491	1849	641	868.0	733.9	1111.8
浙　江	4993	2975	2018	1634	383	755.0	565.3	1249.3
安　徽	1622	840	782	551	231	218.4	177.3	267.3
福　建	1298	506	792	642	150	258.8	206.6	464.1
江　西	1807	1215	592	389	203	149.2	120.4	184.0
山　东	9189	7229	1960	1494	466	658.5	569.1	671.4
河　南	2361	1133	1227	883	345	296.1	239.6	397.9
湖　北	1982	1021	961	661	301	299.1	259.6	262.2
湖　南	2646	1817	830	557	273	275.8	213.8	317.5
广　东	10150	6336	3814	3354	461	975.8	717.4	1801.3
广　西	1096	566	531	376	155	174.0	137.6	231.5
海　南	387	186	201	144	57	57.4	42.9	77.8
重　庆	3259	2655	605	425	180	222.0	203.1	206.3
四　川	5057	3616	1441	1001	439	493.1	386.6	689.8
贵　州	974	584	390	282	108	131.3	111.0	108.2
云　南	1164	685	479	335	145	204.3	167.6	240.9
西　藏	65	29	37	28	9	26.7	15.9	46.8
陕　西	1248	648	600	411	189	190.7	159.9	262.1
甘　肃	643	329	314	209	106	103.3	88.0	97.4
青　海	197	99	98	66	32	50.9	42.4	70.1
宁　夏	594	477	118	85	33	53.6	48.1	56.1
新　疆	923	406	518	370	148	241.1	189.4	307.5

注：①本表数据来源于人力资源与社会保障部；②各地区系 2016 年数字。

各地区民政部门医疗救助情况

年份 地区	资助参加 医疗保险 人次数	直接医疗 救助 人次数	资助参加 医疗保险支出 (万元)	直接医疗 救助支出 (万元)
2010	60766645	14793185	215670	1042328
2013	63588271	21263657	444488	1804597
2014	67237218	23953340	484468	2041295
2015	62130148	25158725	544835	2145715
2016	55604175	26961185	633541	2327458
2017	56210312	35170667	739969	2660890
东　部	11118220	16222475	232418	896634
中　部	18877873	8406153	253447	833041
西　部	26214219	10542039	254104	931215
北　京	15865	129921	1111	26218
天　津	246777	2013967	10966	27200
河　北	2281691	451138	43649	77629
山　西	1210042	248594	14980	59062
内蒙古	1659867	312112	17888	66780
辽　宁	1036190	990178	21758	52325
吉　林	798347	543267	16097	55407
黑龙江	2298428	607008	36112	100104
上　海	74738	296283	4683	40361
江　苏	1543258	4911247	34046	152169
浙　江	469699	3209236	18140	120726
安　徽	3906641	1940196	71897	141786
福　建	726954	1258589	13096	44176
江　西	1707036	2011794	15537	128182
山　东	1847770	1141783	29558	100753
河　南	3470837	717996	30121	91482
湖　北	2040048	1183705	35101	138677
湖　南	3446494	1153593	33601	118341
广　东	2647791	1684428	50033	232427
广　西	2475766	282881	27790	62200
海　南	227487	135705	5380	22650
重　庆	1736805	4744723	23408	116475
四　川	4258658	2085832	58278	187490
贵　州	2652689	523177	17155	78572
云　南	4282065	1073106	36520	86501
西　藏	68072	59614	783	24877
陕　西	777861	513121	15408	123792
甘　肃	5495764	271883	22696	67814
青　海	595686	171682	10533	29619
宁　夏	505456	119643	4022	21093
新　疆	1705530	384265	19625	66003

注：本表数据来源于民政部。

〔责任编辑：付丽萍〕

数据篇

人口统计资料

人口数及构成

单位：万人

年份	总人口(年末)	按性别分				按城乡分			
		男		女		城镇		乡村	
		人口数	比重(%)	人口数	比重(%)	人口数	比重(%)	人口数	比重(%)
1949	54167	28145	51.96	26022	48.04	5765	10.64	48402	89.36
1950	55196	28669	51.94	26527	48.06	6169	11.18	49027	88.82
1951	56300	29231	51.92	27069	48.08	6632	11.78	49668	88.22
1955	61465	31809	51.75	29656	48.25	8285	13.48	53180	86.52
1960	66207	34283	51.78	31924	48.22	13073	19.75	53134	80.25
1965	72538	37128	51.18	35410	48.82	13045	17.98	59493	82.02
1970	82992	42686	51.43	40306	48.57	14424	17.38	68568	82.62
1971	85229	43819	51.41	41410	48.59	14711	17.26	70518	82.74
1972	87177	44813	51.40	42364	48.60	14935	17.13	72242	82.87
1973	89211	45876	51.42	43335	48.58	15345	17.20	73866	82.80
1974	90859	46727	51.43	44132	48.57	15595	17.16	75264	82.84
1975	92420	47564	51.47	44856	48.53	16030	17.34	76390	82.66
1976	93717	48257	51.49	45460	48.51	16341	17.44	77376	82.56
1977	94974	48908	51.50	46066	48.50	16669	17.55	78305	82.45
1978	96259	49567	51.49	46692	48.51	17245	17.92	79014	82.08
1979	97542	50192	51.46	47350	48.54	18495	18.96	79047	81.04
1980	98705	50785	51.45	47920	48.55	19140	19.39	79565	80.61
1981	100072	51519	51.48	48553	48.52	20171	20.16	79901	79.84
1982	101654	52352	51.50	49302	48.50	21480	21.13	80174	78.87
1983	103008	53152	51.60	49856	48.40	22274	21.62	80734	78.38
1984	104357	53848	51.60	50509	48.40	24017	23.01	80340	76.99
1985	105851	54725	51.70	51126	48.30	25094	23.71	80757	76.29
1986	107507	55581	51.70	51926	48.30	26366	24.52	81141	75.48
1987	109300	56290	51.50	53010	48.50	27674	25.32	81626	74.68

续表

年份	总人口（年末）	按性别分				按城乡分			
		男		女		城镇		乡村	
		人口数	比重(%)	人口数	比重(%)	人口数	比重(%)	人口数	比重(%)
1988	111026	57201	51.52	53825	48.48	28661	25.81	82365	74.19
1989	112704	58099	51.55	54605	48.45	29540	26.21	83164	73.79
1990	114333	58904	51.52	55429	48.48	30195	26.41	84138	73.59
1991	115823	59466	51.34	56357	48.66	31203	26.94	84620	73.06
1992	117171	59811	51.05	57360	48.95	32175	27.46	84996	72.54
1993	118517	60472	51.02	58045	48.98	33173	27.99	85344	72.01
1994	119850	61246	51.10	58604	48.90	34169	28.51	85681	71.49
1995	121121	61808	51.03	59313	48.97	35174	29.04	85947	70.96
1996	122389	62200	50.82	60189	49.18	37304	30.48	85085	69.52
1997	123626	63131	51.07	60495	48.93	39449	31.91	84177	68.09
1998	124761	63940	51.25	60821	48.75	41608	33.35	83153	66.65
1999	125786	64692	51.43	61094	48.57	43748	34.78	82038	65.22
2000	126743	65437	51.63	61306	48.37	45906	36.22	80837	63.78
2001	127627	65672	51.46	61955	48.54	48064	37.66	79563	62.34
2002	128453	66115	51.47	62338	48.53	50212	39.09	78241	60.91
2003	129227	66556	51.50	62671	48.50	52376	40.53	76851	59.47
2004	129988	66976	51.52	63012	48.48	54283	41.76	75705	58.24
2005	130756	67375	51.53	63381	48.47	56212	42.99	74544	57.01
2006	131448	67728	51.52	63720	48.48	58288	44.34	73160	55.66
2007	132129	68048	51.50	64081	48.50	60633	45.89	71496	54.11
2008	132802	68357	51.47	64445	48.53	62403	46.99	70399	53.01
2009	133450	68647	51.44	64803	48.56	64512	48.34	68938	51.66
2010	134091	68748	51.27	65343	48.73	66978	49.95	67113	50.05
2011	134735	69068	51.26	65667	48.74	69079	51.27	65656	48.73
2012	135404	69395	51.25	66009	48.75	71182	52.57	64222	47.43
2013	136072	69728	51.24	66344	48.76	73111	53.73	62961	46.27
2014	136782	70079	51.23	66703	48.77	74916	54.77	61866	45.23
2015	137462	70414	51.22	67048	48.78	77116	56.10	60346	43.90
2016	138271	70815	51.21	67456	48.79	79298	57.35	58973	42.65
2017	139008	71137	51.17	67871	48.83	81347	58.52	57661	41.48

注：本栏目统计资料选自《中国统计年鉴》2018卷。①1981年及以前数据为户籍统计数；1982、1990、2000、2010年数据为当年人口普查数据推算数；其余年份数据为年度人口抽样调查推算数据（下相关表同）。②总人口和按性别分人口中包括现役军人，按城乡分人口中现役军人计入城镇人口。

人口出生率、死亡率和自然增长率

单位：‰

年 份	出生率	死亡率	自然增长率
1978	18.25	6.25	12.00
1980	18.21	6.34	11.87
1981	20.91	6.36	14.55
1982	22.28	6.60	15.68
1983	20.19	6.90	13.29
1984	19.90	6.82	13.08
1985	21.04	6.78	14.26
1986	22.43	6.86	15.57
1987	23.33	6.72	16.61
1988	22.37	6.64	15.73
1989	21.58	6.54	15.04
1990	21.06	6.67	14.39
1991	19.68	6.70	12.98
1992	18.24	6.64	11.60
1993	18.09	6.64	11.45
1994	17.70	6.49	11.21
1995	17.12	6.57	10.55
1996	16.98	6.56	10.42
1997	16.57	6.51	10.06
1998	15.64	6.50	9.14
1999	14.64	6.46	8.18
2000	14.03	6.45	7.58
2001	13.38	6.43	6.95
2002	12.86	6.41	6.45
2003	12.41	6.40	6.01
2004	12.29	6.42	5.87
2005	12.40	6.51	5.89
2006	12.09	6.81	5.28
2007	12.10	6.93	5.17
2008	12.14	7.06	5.08
2009	11.95	7.08	4.87
2010	11.90	7.11	4.79
2011	11.93	7.14	4.79
2012	12.10	7.15	4.95
2013	12.08	7.16	4.92
2014	12.37	7.16	5.21
2015	12.07	7.11	4.96
2016	12.95	7.09	5.86
2017	12.43	7.11	5.32

流动人口数

单位：亿人

年 份	人户分离人口	流动人口
2000	1.44	1.21
2005		1.47
2010	2.61	2.21
2011	2.71	2.30
2012	2.79	2.36
2013	2.89	2.45
2014	2.98	2.53
2015	2.94	2.47
2016	2.92	2.45
2017	2.91	2.44

注：2000 年、2010 年分别为当年人口普查时点数据，其余年份数据根据年度人口抽样调查推算。

平均预期寿命

单位：岁

年 份	合 计	男	女
1981	67.77	66.28	69.27
1990	68.55	66.84	70.47
1996	70.80		
2000	71.40	69.63	73.33
2005	72.95	70.83	75.25
2010	74.83	72.38	77.37
2015	76.34	73.64	79.43

人口年龄结构和抚养比

单位：万人

年 份	总人口（年末）	按年龄组分						总抚养比(%)	少儿抚养比(%)	老年抚养比(%)
		0–14 岁		15–64 岁		65 岁及以上				
		人口数	比重(%)	人口数	比重(%)	人口数	比重(%)			
1982	101654	34146	33.6	62517	61.5	4991	4.9	62.6	54.6	8.0
1987	109300	31347	28.7	71985	65.9	5968	5.4	51.8	43.5	8.3
1990	114333	31659	27.7	76306	66.7	6368	5.6	49.8	41.5	8.3
1991	115823	32095	27.7	76791	66.3	6938	6.0	50.8	41.8	9.0
1992	117171	32339	27.6	77614	66.2	7218	6.2	51.0	41.7	9.3
1993	118517	32177	27.2	79051	66.7	7289	6.2	49.9	40.7	9.2
1994	119850	32360	27.0	79868	66.6	7622	6.4	50.1	40.5	9.5
1995	121121	32218	26.6	81393	67.2	7510	6.2	48.8	39.6	9.2
1996	122389	32311	26.4	82245	67.2	7833	6.4	48.8	39.3	9.5
1997	123626	32093	26.0	83448	67.5	8085	6.5	48.1	38.5	9.7
1998	124761	32064	25.7	84338	67.6	8359	6.7	47.9	38.0	9.9
1999	125786	31950	25.4	85157	67.7	8679	6.9	47.7	37.5	10.2
2000	126743	29012	22.9	88910	70.1	8821	7.0	42.6	32.6	9.9
2001	127627	28716	22.5	89849	70.4	9062	7.1	42.0	32.0	10.1
2002	128453	28774	22.4	90302	70.3	9377	7.3	42.2	31.9	10.4
2003	129227	28559	22.1	90976	70.4	9692	7.5	42.0	31.4	10.7
2004	129988	27947	21.5	92184	70.9	9857	7.6	41.0	30.3	10.7
2005	130756	26504	20.3	94197	72.0	10055	7.7	38.8	28.1	10.7
2006	131448	25961	19.8	95068	72.3	10419	7.9	38.3	27.3	11.0
2007	132129	25660	19.4	95833	72.5	10636	8.1	37.9	26.8	11.1
2008	132802	25166	19.0	96680	72.7	10956	8.3	37.4	26.0	11.3
2009	133450	24659	18.5	97484	73.0	11307	8.5	36.9	25.3	11.6
2010	134091	22259	16.6	99938	74.5	11894	8.9	34.2	22.3	11.9
2011	134735	22164	16.5	100283	74.4	12288	9.1	34.4	22.1	12.3
2012	135404	22287	16.5	100403	74.1	12714	9.4	34.9	22.2	12.7
2013	136072	22329	16.4	100582	73.9	13161	9.7	35.3	22.2	13.1
2014	136782	22558	16.5	100469	73.4	13755	10.1	36.2	22.5	13.7
2015	137462	22715	16.5	100361	73.0	14386	10.5	37.0	22.6	14.3
2016	138271	23008	16.7	100260	72.5	15003	10.8	37.9	22.9	15.0
2017	139008	23348	16.8	99829	71.8	15831	11.4	39.2	23.4	15.9

分地区年末人口数

单位：万人

地　区	2006	2007	2008	2009	2010	2011	2012	2013	2014	2015	2016	2017
全　国	**131448**	**132129**	**132802**	**133450**	**134091**	**134735**	**135404**	**136072**	**136782**	**137462**	**138271**	**139008**
北　京	1601	1676	1771	1860	1962	2019	2069	2115	2152	2171	2173	2171
天　津	1075	1115	1176	1228	1299	1355	1413	1472	1517	1547	1562	1557
河　北	6898	6943	6989	7034	7194	7241	7288	7333	7384	7425	7470	7520
山　西	3375	3393	3411	3427	3574	3593	3611	3630	3648	3664	3682	3702
内蒙古	2415	2429	2444	2458	2472	2482	2490	2498	2505	2511	2520	2529
辽　宁	4271	4298	4315	4341	4375	4383	4389	4390	4391	4382	4378	4369
吉　林	2723	2730	2734	2740	2747	2749	2750	2751	2752	2753	2733	2717
黑龙江	3823	3824	3825	3826	3833	3834	3834	3835	3833	3812	3799	3789
上　海	1964	2064	2141	2210	2303	2347	2380	2415	2426	2415	2420	2418
江　苏	7656	7723	7762	7810	7869	7899	7920	7939	7960	7976	7999	8029
浙　江	5072	5155	5212	5276	5447	5463	5477	5498	5508	5539	5590	5657
安　徽	6110	6118	6135	6131	5957	5968	5988	6030	6083	6144	6196	6255
福　建	3585	3612	3639	3666	3693	3720	3748	3774	3806	3839	3874	3911
江　西	4339	4368	4400	4432	4462	4488	4504	4522	4542	4566	4592	4622
山　东	9309	9367	9417	9470	9588	9637	9685	9733	9789	9847	9947	10006
河　南	9392	9360	9429	9487	9405	9388	9406	9413	9436	9480	9532	9559
湖　北	5693	5699	5711	5720	5728	5758	5779	5799	5816	5852	5885	5902
湖　南	6342	6355	6380	6406	6570	6596	6639	6691	6737	6783	6822	6860
广　东	9442	9660	9893	10130	10441	10505	10594	10644	10724	10849	10999	11169
广　西	4719	4768	4816	4856	4610	4645	4682	4719	4754	4796	4838	4885
海　南	836	845	854	854	869	877	887	895	903	911	917	926
重　庆	2808	2816	2839	2859	2885	2919	2945	2970	2991	3017	3048	3075
四　川	8169	8127	8138	8185	8045	8050	8076	8107	8140	8204	8262	8302
贵　州	3690	3632	3596	3537	3479	3469	3484	3502	3508	3530	3555	3580
云　南	4483	4514	4543	4571	4602	4631	4659	4687	4714	4742	4771	4801
西　藏	285	289	292	296	300	303	308	312	318	324	331	337
陕　西	3699	3708	3718	3727	3735	3743	3753	3764	3775	3793	3813	3835
甘　肃	2547	2548	2551	2555	2560	2564	2578	2582	2591	2600	2610	2626
青　海	548	552	554	557	563	568	573	578	583	588	593	598
宁　夏	604	610	618	625	633	639	647	654	662	668	675	682
新　疆	2050	2095	2131	2159	2185	2209	2233	2264	2298	2360	2398	2445

注：2010年数据为当年人口普查数据推算数；其余年份数据为年度人口抽样调查推算数据。各地区数据为常住人口口径。

分地区年末城镇人口比重

单位：%

地　区	2009	2010	2011	2012	2013	2014	2015	2016	2017
全　国	**48.34**	**49.95**	**51.27**	**52.57**	**53.73**	**54.77**	**56.10**	**57.35**	**58.52**
北　京	85.00	85.96	86.20	86.20	86.30	86.35	86.50	86.50	86.50
天　津	78.01	79.55	80.50	81.55	82.01	82.27	82.64	82.93	82.93
河　北	43.74	44.50	45.60	46.80	48.12	49.33	51.33	53.32	55.01
山　西	45.99	48.05	49.68	51.26	52.56	53.79	55.03	56.21	57.34
内蒙古	53.40	55.50	56.62	57.74	58.71	59.51	60.30	61.19	62.02
辽　宁	60.35	62.10	64.05	65.65	66.45	67.05	67.35	67.37	67.49
吉　林	53.32	53.35	53.40	53.70	54.20	54.81	55.31	55.97	56.65
黑龙江	55.50	55.66	56.50	56.90	57.40	58.01	58.80	59.20	59.40
上　海	88.60	89.30	89.30	89.30	89.60	89.60	87.60	87.90	87.70
江　苏	55.60	60.58	61.90	63.00	64.11	65.21	66.52	67.72	68.76
浙　江	57.90	61.62	62.30	63.20	64.00	64.87	65.80	67.00	68.00
安　徽	42.10	43.01	44.80	46.50	47.86	49.15	50.50	51.99	53.49
福　建	55.10	57.10	58.10	59.60	60.77	61.80	62.60	63.60	64.80
江　西	43.18	44.06	45.70	47.51	48.87	50.22	51.62	53.10	54.60
山　东	48.32	49.70	50.95	52.43	53.75	55.01	57.01	59.02	60.58
河　南	37.70	38.50	40.57	42.43	43.80	45.20	46.85	48.50	50.16
湖　北	46.00	49.70	51.83	53.50	54.51	55.67	56.85	58.10	59.30
湖　南	43.20	43.30	45.10	46.65	47.96	49.28	50.89	52.75	54.62
广　东	63.40	66.18	66.50	67.40	67.76	68.00	68.71	69.20	69.85
广　西	39.20	40.00	41.80	43.53	44.81	46.01	47.06	48.08	49.21
海　南	49.13	49.80	50.50	51.60	52.74	53.76	55.12	56.78	58.04
重　庆	51.59	53.02	55.02	56.98	58.34	59.60	60.94	62.60	64.08
四　川	38.70	40.18	41.83	43.53	44.90	46.30	47.69	49.21	50.79
贵　州	29.89	33.81	34.96	36.41	37.83	40.01	42.01	44.15	46.02
云　南	34.00	34.70	36.80	39.31	40.48	41.73	43.33	45.03	46.69
西　藏	22.30	22.67	22.71	22.75	23.71	25.75	27.74	29.56	30.89
陕　西	43.50	45.76	47.30	50.02	51.31	52.57	53.92	55.34	56.79
甘　肃	34.89	36.12	37.15	38.75	40.13	41.68	43.19	44.69	46.39
青　海	41.90	44.72	46.22	47.44	48.51	49.78	50.30	51.63	53.07
宁　夏	46.10	47.90	49.82	50.67	52.01	53.61	55.23	56.29	57.98
新　疆	39.85	43.01	43.54	43.98	44.47	46.07	47.23	48.35	49.38

注：2010年数据为当年人口普查数据推算数；其余年份数据为年度人口抽样调查推算数据，部分省份2008–2009年数据根据2010年普查数据进行了修订。

分地区人口的城乡构成和出生率、死亡率、自然增长率（2017 年）

地区	总人口(年末)(万人)	城镇人口		乡村人口		出生率(‰)	死亡率(‰)	自然增长率(‰)
		人口数	比重(%)	人口数	比重(%)			
全国	**139008**	**81347**	**58.52**	**57661**	**41.48**	**12.43**	**7.11**	**5.32**
北京	2171	1878	86.50	293	13.50	9.06	5.30	3.76
天津	1557	1291	82.93	266	17.07	7.65	5.05	2.60
河北	7520	4136	55.01	3383	44.99	13.20	6.60	6.60
山西	3702	2123	57.34	1579	42.66	11.06	5.45	5.61
内蒙古	2529	1568	62.02	961	37.98	9.47	5.74	3.73
辽宁	4369	2949	67.49	1420	32.51	6.49	6.93	–0.44
吉林	2717	1539	56.65	1178	43.35	6.76	6.50	0.26
黑龙江	3789	2250	59.40	1538	40.60	6.22	6.63	–0.41
上海	2418	2121	87.70	297	12.30	8.10	5.30	2.80
江苏	8029	5521	68.76	2508	31.24	9.71	7.03	2.68
浙江	5657	3847	68.00	1810	32.00	11.92	5.56	6.36
安徽	6255	3346	53.49	2909	46.51	14.07	5.90	8.17
福建	3911	2534	64.80	1377	35.20	15.00	6.20	8.80
江西	4622	2524	54.60	2098	45.40	13.79	6.08	7.71
山东	10006	6062	60.58	3944	39.42	17.54	7.40	10.14
河南	9559	4795	50.16	4764	49.84	12.95	6.97	5.98
湖北	5902	3500	59.30	2402	40.70	12.60	7.01	5.59
湖南	6860	3747	54.62	3113	45.38	13.27	7.08	6.19
广东	11169	7802	69.85	3367	30.15	13.68	4.52	9.16
广西	4885	2404	49.21	2481	50.79	15.14	6.22	8.92
海南	926	537	58.04	389	41.96	14.73	6.01	8.72
重庆	3075	1971	64.08	1105	35.92	11.18	7.27	3.91
四川	8302	4217	50.79	4085	49.21	11.26	7.03	4.23
贵州	3580	1648	46.02	1932	53.98	13.98	6.88	7.10
云南	4801	2241	46.69	2559	53.31	13.53	6.68	6.85
西藏	337	104	30.89	233	69.11	16.00	4.95	11.05
陕西	3835	2178	56.79	1657	43.21	11.11	6.24	4.87
甘肃	2626	1218	46.39	1408	53.61	12.54	6.52	6.02
青海	598	317	53.07	281	46.93	14.42	6.17	8.25
宁夏	682	395	57.98	287	42.02	13.44	4.75	8.69
新疆	2445	1207	49.38	1238	50.62	15.88	4.48	11.40

注：①本表数据根据 2017 年全国人口变动情况抽样调查数据推算。全国总人口根据抽样误差和调查误差进行了修正，分地区人口未作修正。②全国总人口包括现役军人数，分地区数字中未包括。

按年龄和性别分人口数（2017 年）

年龄	人口数（人）			占总人口比重（%）			性别比（女 =100）
		男	女		男	女	
总计	**1145246**	**586072**	**559174**	**100.00**	**51.17**	**48.83**	**104.81**
0–4	68313	36468	31845	5.96	3.18	2.78	114.52
5–9	63314	34344	28969	5.53	3.00	2.53	118.55
10–14	60727	32929	27798	5.30	2.88	2.43	118.46
15–19	59251	32034	27217	5.17	2.80	2.38	117.70
20–24	73185	38496	34689	6.39	3.36	3.03	110.98
25–29	100701	51451	49251	8.79	4.49	4.30	104.47
30–34	88959	44709	44249	7.77	3.90	3.86	101.04
35–39	82553	41944	40609	7.21	3.66	3.55	103.29
40–44	87713	44730	42983	7.66	3.91	3.75	104.06
45–49	105476	53661	51815	9.21	4.69	4.52	103.56
50–54	96760	48982	47778	8.45	4.28	4.17	102.52
55–59	59823	30244	29579	5.22	2.64	2.58	102.25
60–64	68044	34027	34017	5.94	2.97	2.97	100.03
65–69	51552	25281	26271	4.50	2.21	2.29	96.23
70–74	32590	15790	16799	2.85	1.38	1.47	93.99
75–79	22553	10774	11779	1.97	0.94	1.03	91.46
80–84	14708	6660	8048	1.28	0.58	0.70	82.76
85–89	6606	2758	3849	0.58	0.24	0.34	71.66
90–94	1964	660	1304	0.17	0.06	0.11	50.61
95+	455	131	324	0.04	0.01	0.03	40.36

注：①本表是 2017 年全国人口变动情况抽样调查样本数据，抽样比为 0.824‰。②由于各地区数据采用加权汇总的方法，全国人口变动情况抽样调查样本数据合计与各分项或分组相加略有误差（以下表同）。

分地区人口年龄构成和抚养比（2017 年）

地　区	人口数（人）	0–14 岁	15–64 岁	65 岁及以上	总抚养比（%）	少年儿童抚养比	老年人口抚养比
全　国	**1145246**	**192353**	**822465**	**130428**	**39.25**	**23.39**	**15.86**
北　京	17801	1942	13633	2225	30.57	14.25	16.32
天　津	12778	1443	9893	1442	29.16	14.59	14.57
河　北	62086	11152	43608	7326	42.37	25.57	16.80
山　西	30550	4767	23037	2746	32.61	20.69	11.92
内蒙古	20849	2824	15765	2260	32.25	17.91	14.33
辽　宁	35969	3650	27257	5063	31.96	13.39	18.57
吉　林	22424	2790	16900	2735	32.69	16.51	16.18
黑龙江	31251	3108	24350	3793	28.34	12.76	15.58
上　海	19826	1972	15026	2827	31.94	13.12	18.82
江　苏	66100	8889	48002	9210	37.70	18.52	19.19
浙　江	46573	5669	35092	5812	32.72	16.15	16.56
安　徽	51658	9867	35079	6713	47.26	28.13	19.14
福　建	32221	5956	23196	3069	38.91	25.67	13.23
江　西	38163	8245	26196	3723	45.69	31.47	14.21
山　东	82502	14588	57242	10672	44.13	25.49	18.64
河　南	79005	16476	53962	8567	46.41	30.53	15.88
湖　北	48684	7701	35028	5955	38.99	21.99	17.00
湖　南	56647	10427	39325	6895	44.05	26.51	17.53
广　东	91922	15472	69329	7121	32.59	22.32	10.27
广　西	40385	8989	27461	3936	47.06	32.73	14.33
海　南	7640	1514	5500	626	38.90	27.52	11.38
重　庆	25337	4154	17566	3618	44.24	23.65	20.60
四　川	68609	10860	48192	9557	42.37	22.53	19.83
贵　州	29612	6305	20362	2946	45.43	30.97	14.47
云　南	39709	7518	28855	3336	37.62	26.06	11.56
西　藏	2797	671	1965	162	42.36	34.14	8.22
陕　西	31649	4948	23190	3512	36.48	21.34	15.14
甘　肃	21720	3811	15666	2243	38.65	24.33	14.32
青　海	4939	990	3559	390	38.76	27.80	10.96
宁　夏	5627	1034	4117	476	36.67	25.11	11.56
新　疆	20210	4624	14114	1472	43.19	32.76	10.43

注：本表是 2017 年全国人口变动情况抽样调查样本数据，抽样比为 0.824‰。

分地区户数、人口数、性别比和户规模（2017 年）

地　区	户数（户）	家庭户	集体户	人口数（人）	男	女	性别比（女 =100）
全　国	**375187**	**367273**	**7915**	**1145246**	**586072**	**559174**	**104.81**
北　京	6631	6151	480	17801	9017	8784	102.65
天　津	4479	4162	317	12778	6725	6053	111.10
河　北	19221	19092	129	62086	31523	30563	103.14
山　西	10210	10104	106	30550	15887	14664	108.34
内蒙古	7775	7644	131	20849	10465	10384	100.79
辽　宁	13483	13382	101	35969	17996	17973	100.12
吉　林	8444	8426	18	22424	11346	11078	102.42
黑龙江	11924	11872	52	31251	15919	15332	103.83
上　海	7906	7729	177	19826	10085	9740	103.54
江　苏	21275	20575	699	66100	33542	32558	103.02
浙　江	17686	17238	448	46573	24550	22023	111.48
安　徽	16213	16110	103	51658	26449	25209	104.92
福　建	10625	10142	482	32221	16435	15786	104.12
江　西	10689	10658	32	38163	19840	18323	108.28
山　东	29103	28862	241	82502	41595	40907	101.68
河　南	23590	23474	116	79005	40370	38635	104.49
湖　北	15946	15270	676	48684	25090	23594	106.34
湖　南	17346	17011	335	56647	28560	28087	101.68
广　东	30143	28166	1977	91922	48859	43063	113.46
广　西	11481	11399	82	40385	21080	19305	109.20
海　南	2138	2065	73	7640	4002	3638	110.02
重　庆	9099	9044	55	25337	12641	12696	99.57
四　川	23096	22756	340	68609	34633	33976	101.93
贵　州	8704	8630	75	29612	15323	14290	107.23
云　南	11090	10831	259	39709	20564	19145	107.41
西　藏	695	686	9	2797	1404	1393	100.85
陕　西	10090	9813	277	31649	15615	16034	97.38
甘　肃	6479	6449	30	21720	11035	10685	103.27
青　海	1471	1459	11	4939	2541	2399	105.93
宁　夏	1772	1731	41	5627	2769	2858	96.91
新　疆	6383	6339	43	20210	10211	9999	102.12

注：本表是 2017 年全国人口变动情况抽样调查样本数据，抽样比为 0.824‰。

续表

地　区	家庭户人口数（人）	男	女	集体户人口数（人）	男	女	平均家庭户规模（人/户）
全　国	**1114610**	**570037**	**544573**	**30636**	**16035**	**14600**	**3.03**
北　京	16134	8042	8092	1667	975	692	2.62
天　津	11423	5790	5632	1355	934	421	2.74
河　北	61239	31373	29867	847	150	697	3.21
山　西	29971	15415	14556	579	472	108	2.97
内蒙古	20430	10366	10064	419	100	319	2.67
辽　宁	35451	17906	17545	518	90	428	2.65
吉　林	22374	11317	11056	50	29	22	2.66
黑龙江	31020	15878	15142	232	42	190	2.61
上　海	19269	9718	9551	557	367	189	2.49
江　苏	63536	32217	31319	2564	1325	1239	3.09
浙　江	45157	23464	21693	1416	1086	330	2.62
安　徽	51204	26087	25118	454	363	91	3.18
福　建	30746	15617	15129	1475	819	656	3.03
江　西	37992	19740	18252	171	100	71	3.56
山　东	81408	41387	40021	1094	208	886	2.82
河　南	78444	40210	38234	561	160	401	3.34
湖　北	46089	23490	22599	2595	1600	994	3.02
湖　南	54555	27678	26878	2092	882	1209	3.21
广　东	85851	45187	40664	6071	3672	2398	3.05
广　西	39992	20866	19126	393	215	178	3.51
海　南	7398	3918	3480	242	84	158	3.58
重　庆	25142	12553	12589	196	89	107	2.78
四　川	67106	33777	33328	1504	856	648	2.95
贵　州	29372	15198	14175	240	125	115	3.40
云　南	38260	19661	18599	1449	902	547	3.53
西　藏	2735	1370	1365	62	34	28	3.98
陕　西	30310	15407	14903	1339	207	1132	3.09
甘　肃	21636	10991	10645	84	43	41	3.35
青　海	4908	2518	2390	31	22	9	3.36
宁　夏	5380	2754	2626	247	16	232	3.11
新　疆	20078	10143	9935	133	68	64	3.17

分地区分性别、户口登记状况的人口 (2017 年)

单位：人

地　区	人口数			住本乡、镇、街道，户口在本乡、镇、街道		
	合计	男	女	小计	男	女
全　国	**1145246**	**586072**	**559174**	**916678**	**469345**	**447334**
北　京	17801	9017	8784	8834	4489	4344
天　津	12778	6725	6053	8560	4368	4191
河　北	62086	31523	30563	55460	28511	26950
山　西	30550	15887	14664	24546	12696	11850
内蒙古	20849	10465	10384	14525	7411	7114
辽　宁	35969	17996	17973	29527	15016	14511
吉　林	22424	11346	11078	17485	8933	8551
黑龙江	31251	15919	15332	26338	13550	12788
上　海	19826	10085	9740	9116	4578	4538
江　苏	66100	33542	32558	51463	25862	25601
浙　江	46573	24550	22023	31407	15939	15467
安　徽	51658	26449	25209	44314	22720	21594
福　建	32221	16435	15786	21368	10800	10568
江　西	38163	19840	18323	35150	18315	16835
山　东	82502	41595	40907	69871	35516	34355
河　南	79005	40370	38635	72881	37375	35506
湖　北	48684	25090	23594	38247	19654	18593
湖　南	56647	28560	28087	48005	24543	23462
广　东	91922	48859	43063	58041	29985	28056
广　西	40385	21080	19305	35778	18768	17010
海　南	7640	4002	3638	5958	3202	2756
重　庆	25337	12641	12696	18779	9433	9346
四　川	68609	34633	33976	56698	28769	27929
贵　州	29612	15323	14290	25166	13126	12039
云　南	39709	20564	19145	35559	18342	17217
西　藏	2797	1404	1393	2694	1346	1349
陕　西	31649	15615	16034	26445	13437	13008
甘　肃	21720	11035	10685	19515	9963	9552
青　海	4939	2541	2399	4145	2130	2016
宁　夏	5627	2769	2858	4256	2170	2086
新　疆	20210	10211	9999	16548	8396	8152

注：本表是 2017 年全国人口变动情况抽样调查样本数据，抽样比为 0.824‰。

续表

单位：人

地　区	住本乡、镇、街道，户口在外乡、镇、街道，离开户口登记地半年以上			住本乡、镇、街道，户口待定			居住在港澳台或国外，户口在本乡、镇、街道		
	小 计	男	女	小 计	男	女	小 计	男	女
全　国	**219571**	**112117**	**107454**	**7217**	**3607**	**3610**	**1779**	**1003**	**776**
北　京	8795	4446	4349	51	27	24	122	55	67
天　津	4181	2342	1840	26	9	16	11	5	6
河　北	6275	2841	3434	330	159	171	21	12	9
山　西	5837	3104	2733	165	83	82	3	3	
内蒙古	6204	2997	3207	114	54	61	5	4	2
辽　宁	6184	2851	3334	82	39	43	176	90	86
吉　林	4747	2308	2440	56	26	30	136	79	57
黑龙江	4703	2262	2441	172	88	84	38	19	20
上　海	10465	5387	5078	76	39	37	168	81	87
江　苏	14090	7373	6717	376	190	186	172	117	55
浙　江	14741	8389	6352	245	129	116	180	92	88
安　徽	6796	3446	3350	525	269	256	23	14	9
福　建	10143	5235	4908	429	233	196	281	167	114
江　西	2776	1401	1375	230	121	109	7	3	4
山　东	12071	5790	6281	451	213	237	109	76	34
河　南	5705	2761	2944	372	195	177	47	39	9
湖　北	10052	5248	4804	355	170	185	30	18	12
湖　南	8323	3863	4460	295	141	154	25	14	11
广　东	32898	18386	14513	889	449	441	93	40	53
广　西	4164	2095	2069	430	208	222	14	9	4
海　南	1595	753	842	81	45	36	7	3	4
重　庆	6399	3126	3273	149	79	70	10	3	7
四　川	11576	5685	5891	296	156	140	40	23	16
贵　州	4159	2054	2105	280	137	143	8	5	3
云　南	3900	2111	1789	238	103	135	12	8	4
西　藏	73	40	33	29	19	11			
陕　西	5055	2099	2956	145	76	69	5	3	2
甘　肃	2070	1007	1063	123	58	65	12	7	5
青　海	761	397	364	30	12	18	3	2	1
宁　夏	1346	586	761	22	12	11	2	2	
新　疆	3487	1736	1751	156	69	88	19	11	8

分地区按性别和婚姻状况分的人口(2017年)

单位：人

地区	15岁及以上人口	男	女	未婚	男	女	有配偶	男	女
全国	**952893**	**482331**	**470561**	**177158**	**104688**	**72470**	**703884**	**352030**	**351854**
北京	15858	7998	7860	3599	1979	1620	11335	5746	5589
天津	11335	5970	5365	2563	1542	1020	8067	4177	3889
河北	50934	25489	25444	7519	4236	3284	39823	19883	19940
山西	25783	13368	12415	5315	3264	2051	18832	9495	9338
内蒙古	18025	9028	8997	2951	1601	1350	13865	7008	6857
辽宁	32320	16076	16244	5385	2945	2441	23868	11970	11898
吉林	19634	9859	9775	2665	1567	1097	15126	7596	7530
黑龙江	28144	14256	13888	4258	2476	1782	21168	10700	10469
上海	17854	9031	8823	3102	1767	1335	13523	6895	6629
江苏	57211	28766	28446	8558	4844	3714	44550	22535	22015
浙江	40904	21510	19394	6881	4487	2394	31248	16098	15150
安徽	41792	21005	20786	6826	4244	2582	31746	15609	16137
福建	26265	13205	13060	4594	2688	1906	19863	9960	9903
江西	29919	15160	14758	5633	3370	2264	22132	11025	11107
山东	67914	33725	34188	9779	5625	4154	53300	26425	26875
河南	62529	31292	31237	11841	6910	4931	46251	22698	23553
湖北	40983	20847	20136	8311	5196	3115	29421	14384	15037
湖南	46220	22980	23240	7996	4840	3156	34299	16787	17512
广东	76450	40422	36028	19202	11386	7816	53147	27802	25345
广西	31397	16222	15175	7284	4569	2715	21683	10839	10844
海南	6126	3170	2956	1621	961	660	4166	2099	2067
重庆	21184	10445	10739	3421	1990	1432	15718	7678	8040
四川	57749	28912	28837	10809	6514	4296	41562	20368	21194
贵州	23307	11905	11402	5254	3163	2091	16022	7961	8061
云南	32191	16570	15621	7500	4668	2832	22213	10983	11230
西藏	2126	1064	1062	592	317	275	1368	699	669
陕西	26701	13013	13688	5460	2777	2683	19163	9474	9689
甘肃	17909	8960	8949	3526	2099	1427	13021	6384	6637
青海	3950	2027	1922	802	484	318	2793	1421	1373
宁夏	4593	2218	2375	1037	481	556	3265	1638	1627
新疆	15586	7838	7748	2874	1697	1178	11347	5695	5652

注：本表是2017年全国人口变动情况抽样调查样本数据，抽样比为0.824‰。

续表

单位：人

地区	离婚			丧偶		
		男	女		男	女
全国	**19110**	**10667**	**8444**	**52740**	**14946**	**37793**
北京	323	128	194	602	145	456
天津	243	118	125	462	131	331
河北	810	517	293	2781	853	1928
山西	422	256	166	1214	354	860
内蒙古	355	198	158	854	222	632
辽宁	1180	614	566	1887	547	1340
吉林	729	386	343	1115	310	805
黑龙江	1147	641	506	1570	439	1131
上海	450	201	249	778	168	610
江苏	942	497	445	3161	889	2271
浙江	723	428	296	2052	497	1555
安徽	690	428	262	2529	723	1806
福建	436	234	202	1373	323	1049
江西	473	308	165	1680	458	1223
山东	818	483	335	4017	1192	2825
河南	885	540	345	3552	1145	2408
湖北	804	488	316	2447	779	1668
湖南	992	541	451	2934	812	2122
广东	1063	509	554	3038	726	2313
广西	486	282	204	1944	532	1412
海南	68	44	24	272	66	206
重庆	698	352	346	1347	426	921
四川	1505	874	631	3874	1157	2717
贵州	608	348	260	1422	433	990
云南	723	435	288	1755	484	1271
西藏	46	12	34	120	35	85
陕西	430	273	157	1648	489	1160
甘肃	264	156	108	1098	321	777
青海	131	66	65	223	56	167
宁夏	98	51	46	194	48	147
新疆	569	259	310	795	188	608

分地区按性别、受教育程度分的 6 岁及以上人口 (2017 年)

单位：人

地区	6 岁及以上人口			未上过学			小学		
	合计	男	女	小计	男	女	小计	男	女
全　国	**1063758**	**542541**	**521217**	**56152**	**16293**	**39859**	**268406**	**127614**	**140791**
北　京	16734	8450	8283	252	60	192	1520	676	843
天　津	12142	6396	5746	289	87	203	1614	759	855
河　北	57431	29039	28392	2380	735	1645	13450	6349	7101
山　西	28628	14881	13747	681	228	453	5221	2388	2833
内蒙古	19590	9842	9747	1091	354	737	4466	2091	2375
辽　宁	34534	17292	17242	723	244	480	6541	3061	3479
吉　林	21350	10783	10567	844	276	567	4731	2306	2425
黑龙江	30260	15390	14870	1010	373	636	6952	3288	3664
上　海	18860	9579	9281	497	125	373	2238	988	1251
江　苏	62123	31410	30713	3920	966	2954	13433	6118	7315
浙　江	43977	23165	20813	2632	706	1926	11975	5789	6186
安　徽	47418	24152	23265	3389	1003	2384	13465	6210	7254
福　建	29305	14829	14477	1771	391	1380	8309	3791	4519
江　西	35029	18080	16948	1637	473	1165	10917	5155	5762
山　东	76033	38200	37833	4778	1103	3675	18637	8713	9924
河　南	72645	36884	35761	3841	1142	2700	17886	8913	8974
湖　北	45344	23253	22091	2673	708	1965	11070	5220	5850
湖　南	52384	26302	26081	1897	609	1289	12956	6041	6914
广　东	84724	44978	39746	2723	750	1975	17773	8307	9466
广　西	36659	19062	17598	1558	524	1034	10502	4976	5526
海　南	7005	3653	3352	296	88	207	1402	658	743
重　庆	23701	11782	11919	853	245	607	7475	3538	3937
四　川	64419	32454	31965	4658	1301	3358	21122	10340	10782
贵　州	26997	13887	13110	2670	796	1875	9012	4496	4516
云　南	36543	18891	17652	3008	981	2027	13232	6566	6666
西　藏	2508	1253	1255	864	355	509	871	473	398
陕　西	29461	14479	14982	1794	563	1232	7119	3359	3760
甘　肃	20151	10181	9970	1913	566	1347	6216	3005	3211
青　海	4514	2320	2194	475	165	310	1772	868	903
宁　夏	5211	2544	2668	374	109	266	1343	642	700
新　疆	18080	9131	8949	658	269	388	5187	2529	2658

注：本表是 2017 年全国人口变动情况抽样调查样本数据，抽样比为 0.824‰。

续表 1

单位：人

地区	初中			普通高中			中职		
	小计	男	女	小计	男	女	小计	男	女
全　国	**404872**	**217886**	**186987**	**139416**	**78405**	**61011**	**47319**	**25668**	**21651**
北　京	3768	1992	1777	2130	1089	1042	1096	546	550
天　津	3949	2127	1822	1488	809	678	1299	749	550
河　北	25999	13716	12282	7739	4137	3601	2128	1184	943
山　西	12353	6491	5863	4814	2823	1991	1287	696	590
内蒙古	7038	3813	3225	2798	1394	1403	645	341	303
辽　宁	15209	7905	7304	4601	2311	2290	1472	755	717
吉　林	8754	4535	4220	3069	1615	1454	788	418	370
黑龙江	13455	7150	6305	3812	2024	1787	983	511	471
上　海	5674	2975	2699	2790	1498	1292	1241	664	577
江　苏	23092	12484	10608	7716	4469	3248	3223	1811	1411
浙　江	15863	8891	6972	4980	2931	2048	1676	995	682
安　徽	19196	10317	8878	5259	3110	2149	1595	972	623
福　建	10165	5757	4409	3118	1854	1264	1524	819	704
江　西	13316	7251	6065	5034	2948	2087	1170	605	564
山　东	29957	16007	13950	8270	4834	3436	4307	2384	1923
河　南	31332	16319	15013	11110	6251	4859	2185	1141	1044
湖　北	16182	8680	7503	5946	3461	2485	2126	1148	978
湖　南	19232	9723	9508	9702	5373	4328	2409	1168	1241
广　东	32421	18112	14309	14511	8504	6007	5404	3155	2249
广　西	16127	8915	7212	4034	2285	1749	1633	893	740
海　南	3140	1703	1437	858	518	340	392	211	181
重　庆	8111	4214	3897	3138	1676	1462	890	466	424
四　川	22131	11929	10202	7078	3953	3125	2543	1302	1241
贵　州	9478	5400	4078	2431	1404	1027	822	425	397
云　南	12311	7056	5255	3514	1982	1532	1368	687	680
西　藏	415	235	180	117	63	54	31	20	11
陕　西	11026	5938	5088	3952	2197	1756	1066	543	523
甘　肃	6066	3332	2733	2452	1393	1060	702	366	336
青　海	1248	729	520	365	202	164	128	69	59
宁　夏	1769	976	793	727	319	408	179	95	84
新　疆	6093	3213	2880	1864	979	884	1009	527	482

续表 2

单位：人

地　区	大学专科			大学本科			研究生		
	小计	男	女	小计	男	女	小计	男	女
全　国	**78559**	**40418**	**38141**	**62660**	**32805**	**29855**	**6374**	**3451**	**2923**
北　京	2324	1155	1169	3961	2008	1954	1682	925	757
天　津	1536	823	714	1800	955	845	167	88	79
河　北	3470	1850	1620	2130	1000	1130	136	66	70
山　西	2416	1304	1113	1629	844	785	227	107	120
内蒙古	1955	1018	937	1506	789	717	90	40	50
辽　宁	2904	1453	1451	2770	1410	1360	314	152	162
吉　林	1473	765	708	1574	814	760	117	55	62
黑龙江	2109	1122	987	1837	868	970	103	54	50
上　海	2430	1254	1176	3323	1703	1620	665	372	293
江　苏	6225	3042	3183	4152	2318	1833	362	202	160
浙　江	3322	1799	1523	3317	1941	1377	211	112	99
安　徽	2623	1422	1201	1768	1040	728	124	77	48
福　建	2088	1111	976	2156	1015	1142	174	92	83
江　西	1891	1034	857	1010	581	428	53	33	20
山　东	5833	2861	2972	3887	2074	1812	364	223	141
河　南	3972	1889	2084	2115	1130	985	203	100	103
湖　北	3291	1711	1580	3854	2209	1644	201	116	86
湖　南	3568	1870	1698	2423	1408	1015	197	110	87
广　东	6955	3592	3362	4659	2411	2248	278	148	130
广　西	1823	965	858	906	459	447	77	45	32
海　南	442	259	183	469	211	258	8	4	4
重　庆	1796	887	909	1311	686	625	128	69	59
四　川	4561	2392	2169	2182	1157	1025	143	81	63
贵　州	1319	688	631	1245	667	578	20	12	8
云　南	1708	891	816	1347	698	649	54	30	25
西　藏	119	64	55	88	40	48	3	3	
陕　西	2257	1074	1183	2128	744	1385	117	62	56
甘　肃	1471	795	676	1277	699	578	53	26	28
青　海	258	148	110	259	136	123	9	5	4
宁　夏	452	216	235	346	175	170	21	10	10
新　疆	1968	963	1005	1231	615	617	71	35	36

分地区按性别分的 15 岁及以上文盲人口 (2017 年)

地　区	15 岁及以上人口 (人)	男	女	文盲人口 (人)	男	女	文盲人口占15 岁及以上人口的比重 (%)	男	女
全　国	**952893**	**482331**	**470561**	**46221**	**11668**	**34554**	**4.85**	**2.42**	**7.34**
北　京	15858	7998	7860	195	41	153	1.23	0.52	1.95
天　津	11335	5970	5365	217	51	167	1.92	0.85	3.11
河　北	50934	25489	25444	1774	433	1341	3.48	1.70	5.27
山　西	25783	13368	12415	459	116	343	1.78	0.86	2.77
内蒙古	18025	9028	8997	869	254	614	4.82	2.82	6.83
辽　宁	32320	16076	16244	498	136	362	1.54	0.85	2.23
吉　林	19634	9859	9775	687	207	480	3.50	2.10	4.91
黑龙江	28144	14256	13888	814	275	538	2.89	1.93	3.88
上　海	17854	9031	8823	408	77	332	2.29	0.85	3.76
江　苏	57211	28766	28446	3405	727	2677	5.95	2.53	9.41
浙　江	40904	21510	19394	2208	557	1651	5.40	2.59	8.51
安　徽	41792	21005	20786	2843	782	2062	6.80	3.72	9.92
福　建	26265	13205	13060	1471	263	1208	5.60	1.99	9.25
江　西	29919	15160	14758	1304	306	998	4.36	2.02	6.76
山　东	67914	33725	34188	4119	809	3310	6.07	2.40	9.68
河　南	62529	31292	31237	3128	794	2334	5.00	2.54	7.47
湖　北	40983	20847	20136	2333	567	1767	5.69	2.72	8.77
湖　南	46220	22980	23240	1447	408	1038	3.13	1.78	4.47
广　东	76450	40422	36028	1919	375	1544	2.51	0.93	4.28
广　西	31397	16222	15175	1037	250	786	3.30	1.54	5.18
海　南	6126	3170	2956	259	68	191	4.23	2.14	6.47
重　庆	21184	10445	10739	639	155	484	3.02	1.48	4.51
四　川	57749	28912	28837	4071	1019	3052	7.05	3.52	10.58
贵　州	23307	11905	11402	2356	638	1718	10.11	5.36	15.07
云　南	32191	16570	15621	2702	820	1881	8.39	4.95	12.04
西　藏	2126	1064	1062	743	289	454	34.96	27.18	42.76
陕　西	26701	13013	13688	1468	416	1052	5.50	3.19	7.69
甘　肃	17909	8960	8949	1642	444	1198	9.17	4.96	13.38
青　海	3950	2027	1922	380	118	262	9.63	5.84	13.63
宁　夏	4593	2218	2375	330	88	242	7.19	3.98	10.18
新　疆	15586	7838	7748	497	182	315	3.19	2.32	4.06

注：①本表是 2017 年全国人口变动情况抽样调查样本数据，抽样比为 0.824‰。②本表“文盲人口”指 15 岁及 15 岁以上不识字及识字很少人口。

分地区按家庭户规模分的户数 (2017 年)

单位：户

地区	家庭户户数	一人户	二人户	三人户	四人户	五人户	六人户	七人户	八人户	九人户	十人及以上户
全国	**367273**	**57226**	**100061**	**90883**	**62853**	**32866**	**15854**	**4533**	**1688**	**678**	**629**
北京	6151	1352	1889	1682	620	423	131	35	13	3	3
天津	4162	591	1313	1375	550	230	82	12	6		2
河北	19092	2053	5389	4503	3790	1840	1104	295	64	24	28
山西	10104	1429	2731	2667	2132	769	305	49	14	6	2
内蒙古	7644	968	2682	2520	990	356	104	20	3	1	1
辽宁	13382	2034	4658	4354	1377	733	182	34	9	1	
吉林	8426	1253	3054	2544	902	469	162	32	9		
黑龙江	11872	1808	4408	3731	1059	613	184	44	15	5	4
上海	7729	1742	2578	2095	742	436	112	17	8	1	
江苏	20575	2799	5819	5257	3091	2379	911	211	66	20	22
浙江	17238	4024	5566	3789	2077	1154	490	97	29	8	5
安徽	16110	1970	4233	4049	3114	1581	812	219	82	31	18
福建	10142	1955	2615	2125	1686	913	586	160	49	25	27
江西	10658	1005	2270	2313	2501	1358	777	248	94	44	48
山东	28862	4142	9043	7792	5143	1693	888	119	24	12	7
河南	23474	2578	5572	5566	5146	2603	1388	430	124	43	23
湖北	15270	2362	4183	3897	2509	1440	617	156	58	28	20
湖南	17011	2272	4145	4260	3387	1704	839	245	92	34	32
广东	28166	7489	6142	4939	4202	2571	1510	596	375	164	179
广西	11399	1540	2288	2427	2473	1403	662	307	132	78	89
海南	2065	266	361	434	517	254	129	51	27	12	14
重庆	9044	1977	2470	2103	1386	712	278	80	27	6	7
四川	22756	4083	6221	5326	3779	2172	838	236	66	25	10
贵州	8630	1093	1811	1912	1925	1010	548	208	77	25	21
云南	10831	1111	2101	2468	2567	1418	809	236	71	28	22
西藏	686	100	105	136	123	79	58	33	22	14	17
陕西	9813	1342	2572	2572	1810	930	449	103	26	6	4
甘肃	6449	688	1539	1656	1223	696	438	132	52	18	6
青海	1459	204	296	334	311	160	103	33	11	4	3
宁夏	1731	190	469	474	339	150	73	23	10	2	1
新疆	6339	804	1539	1583	1380	617	285	74	33	10	14

注：本表是 2017 年全国人口变动情况抽样调查样本数据，抽样比为 0.824‰。

数据篇 计划生育统计资料

2017年统计年度分孩次出生政策符合率

地　区	政策符合率	一孩政策符合率	二孩政策符合率	多孩政策符合率
全　国	**95.80**	**98.09**	**99.48**	**46.16**
北　京	99.24	99.59	98.95	89.81
天　津	99.58	100.00	100.00	77.74
河　北	95.52	99.94	99.97	34.63
山　西	98.87	99.90	99.97	58.02
内蒙古	98.20	98.39	99.74	77.20
辽　宁	99.46	99.72	99.54	88.58
吉　林	98.95	100.00	99.99	64.88
黑龙江	99.68	100.00	100.00	77.17
上　海	99.46	99.51	99.62	90.45
江　苏	99.18	99.89	99.98	65.31
浙　江	98.55	99.62	99.48	57.41
安　徽	89.62	86.63	97.11	46.42
福　建	94.50	99.79	99.90	32.01
江　西	91.04	99.89	99.99	26.25
山　东	95.26	95.85	99.56	32.43
河　南	97.78	100.00	100.00	27.56
湖　北	97.91	99.80	99.73	61.27
湖　南	93.54	99.74	99.76	35.53
广　东	96.77	99.77	98.70	51.57
广　西	95.08	97.90	99.77	40.00
海　南	95.48	100.00	100.00	42.62
重　庆	97.54	100.00	100.00	61.93
四　川	98.06	99.87	99.43	54.13
贵　州	93.22	91.64	98.63	56.29
云　南	89.67	90.11	97.64	33.65
西　藏	100.00	100.00	100.00	100.00
陕　西	99.55	100.00	100.00	70.97
甘　肃	97.95	99.91	99.94	62.38
青　海	98.87	99.84	100.00	86.20
宁　夏	96.12	97.76	99.94	72.99
新　疆	98.31	99.76	99.62	92.33

注：本栏目统计资料来源：国家卫生计生委基层指导司。

2017年统计年度末采取各种避孕措施人数

单位：人

地　区	合　计	男性绝育	女性绝育	宫内节育器	皮下埋植	口服及注射避孕药	避孕套	外用药	其　他
全　国	**268173027**	**216053620**	**7183005**	**53858376**	**112729378**	**420499**	**1766654**	**38970295**	**316822**
北　京	2310017	1485699	231	6478	249869	859	19707	1199937	1513
天　津	1666201	1463809	1039	51925	601774	1287	15902	769917	4472
河　北	13775268	12206046	305254	2226248	8151313	10424	53295	1284264	3638
山　西	6465120	5498111	16346	1472928	3787572	2825	17035	174851	93
内蒙古	4508353	4006482	1928	431558	2652049	7087	20976	886464	397
辽　宁	7422017	5915677	240	104542	4708036	5081	80459	994979	12839
吉　林	4385654	3886322	386	111948	3200983	11931	6510	553253	1231
黑龙江	6854276	6185488	1010	355876	5008419	5581	78441	709980	4658
上　海	4147612	3132367	6656	84542	1280422	4263	81512	1603382	17655
江　苏	14387304	12464743	86022	951947	8148888	8473	95555	3103524	32703
浙　江	9161015	7336724	13461	1313560	3301398	6777	32486	2636385	9100
安　徽	13645753	12210376	126788	4231603	5590876	20796	101923	2110032	2123
福　建	7616743	5613874	261445	2221692	2218579	8065	11842	887449	959
江　西	9737580	8119294	7233	3554962	2734420	2224	19707	1770528	11290
山　东	23830766	15263522	848299	2477256	7972182	18292	4019	3938185	1421
河　南	21649356	18932726	2132830	7453163	8196439	50870	69539	987236	13956
湖　北	13957063	11017118	255458	3001772	5782250	39189	129194	1781090	2937
湖　南	13960692	11809674	110778	4320247	5269903	19885	11044	2001076	28829
广　东	22922154	17923778	1054658	6391571	4140329	6282	70011	6228949	15165
广　西	10947355	8618524	657271	2561774	4609878	682	83931	638693	55625
海　南	1525857	1309986	5363	476751	650726	254	1852	172620	1202
重　庆	4742243	2611392	118296	33730	1924765	4645	88327	427575	10592
四　川	11916583	9155852	279506	205120	6925440	61758	188874	1331414	8174
贵　州	6879566	5740717	607575	2911953	1853733	2838	7929	344359	1184
云　南	9307978	7427080	175765	1733083	4768380	23187	159293	522324	20549
西　藏	572757	304375	63	30644	74043	37391	77633	74632	8126
陕　西	7166083	6344017	98794	2324814	3200046	39349	110670	543990	17298
甘　肃	4965142	3690285	1298	1978295	1455656	7897	36286	204371	735
青　海	1199475	1027974	2148	334348	555838	5765	35836	76345	7239
宁　夏	1340427	1233001	169	321125	595010	1564	26890	276009	3874
新　疆	5206617	4118587	6695	182921	3120162	4978	29976	736482	17245

注：统计时点为2017年9月30日，下同。

2017年统计年度末采取各种避孕措施人数与上年同期比较

单位：人

地 区	合 计	男性绝育	女性绝育	宫内节育器	皮下埋植	口服及注射避孕药	避孕套	外用药	其 他
全 国	**−5182693**	**−456973**	**−3279740**	**−4591631**	**−98944**	**−4673**	**3218676**	**−23899**	**54491**
北 京	−47236	−19	−1362	−34197	−100	−2874	−9379	−70	765
天 津	−8571	−674	−9236	−57717	−61	−914	61881	339	−2189
河 北	−565421	−42955	−301228	−319578	−803	−5853	108063	−369	−2698
山 西	−304866	−2367	−144778	−188663	−490	−201	24309	8	7316
内蒙古	−90725	−405	−63630	−65387	−607	−3122	41464	−51	1013
辽 宁	−115372	−47	−20037	−115302	−1243	20925	−1129	317	1144
吉 林	−285333	−502	−56668	−97350	−69366	−9498	−50478	−759	−712
黑龙江	−120792	319	−45476	−109235	−10223	−1285	44541	−846	1413
上 海	−67901	−84	−2299	−32755	−93	−1290	−30224	−230	−926
江 苏	−505579	−15146	−113324	−437662	779	−2817	68650	−1775	−4284
浙 江	−411884	−3306	−206201	−352591	−1221	−6581	158532	−1331	815
安 徽	−193635	−26439	−398143	−371614	−2781	−1084	596338	524	9564
福 建	−352690	−23809	−175482	−242596	−725	−355	90023	39	215
江 西	−183037	−1757	−321296	−229056	−1945	−4366	373885	−384	1882
山 东	−354055	−108982	−315920	−775433	−3772	−553	849740	−212	1077
河 南	163437	154169	−172834	148072	−451	1226	32797	1315	−857
湖 北	−132958	−21010	−81151	−177884	2546	−2145	142570	−346	4462
湖 南	−445406	−29589	−312369	−235509	−1806	−1814	128903	−2010	8788
广 东	−799141	−122930	−482609	−471053	−539	−1888	279834	230	−186
广 西	−163188	−30039	−107017	−71207	−288	−5076	47994	−1732	4177
海 南	9856	−971	−34514	22056	−20	−179	23309	78	97
重 庆	−583552	−33165	−10224	−449533	−1049	−11145	−76074	−1382	−980
四 川	−343607	−69839	−31258	−325823	−3444	−4603	88618	355	2387
贵 州	−53995	−63314	−150560	29152	−563	1027	127356	65	2842
云 南	50674	−10975	−56341	−2024	4285	25664	81686	3717	4662
西 藏	−190154	11	−6777	2939	−9484	−16201	−141080	−18308	−1254
陕 西	742058	−1608	235482	366577	3051	28304	99734	4152	6366
甘 肃	123646	−1406	108019	39754	2308	3093	−28133	−336	347
青 海	4587	1461	−11600	870	7	−1828	11509	−2935	7103
宁 夏	8936	−27	−7344	−7485	−399	−178	24956	741	−1328
新 疆	33211	−1568	16437	−31397	−447	938	48481	−2703	3470

2017年统计年度末采取各种避孕措施分布

单位：%

地　区	男性绝育	女性绝育	宫内节育器	皮下埋植	口服及注射避孕药	避孕套	外用药	其　他
全　国	**3.32**	**24.93**	**52.18**	**0.19**	**0.82**	**18.04**	**0.15**	**0.37**
北　京	0.02	0.44	16.82	0.06	1.33	80.77	0.10	0.48
天　津	0.07	3.55	41.11	0.09	1.09	52.60	0.31	1.20
河　北	2.50	18.24	66.78	0.09	0.44	10.52	0.03	1.41
山　西	0.30	26.79	68.89	0.05	0.31	3.18	0.00	0.48
内蒙古	0.05	10.77	66.19	0.18	0.52	22.13	0.01	0.15
辽　宁	0.00	1.77	79.59	0.09	1.36	16.82	0.22	0.16
吉　林	0.01	2.88	82.37	0.31	0.17	14.24	0.03	0.00
黑龙江	0.02	5.75	80.97	0.09	1.27	11.48	0.08	0.35
上　海	0.21	2.70	40.88	0.14	2.60	51.19	0.56	1.72
江　苏	0.69	7.64	65.38	0.07	0.77	24.90	0.26	0.30
浙　江	0.18	17.90	45.00	0.09	0.44	35.93	0.12	0.32
安　徽	1.04	34.66	45.79	0.17	0.83	17.28	0.02	0.21
福　建	4.66	39.58	39.52	0.14	0.21	15.81	0.02	0.07
江　西	0.09	43.78	33.68	0.03	0.24	21.81	0.14	0.23
山　东	5.56	16.23	52.23	0.12	0.03	25.80	0.01	0.03
河　南	11.27	39.37	43.29	0.27	0.37	5.21	0.07	0.15
湖　北	2.32	27.25	52.48	0.36	1.17	16.17	0.03	0.23
湖　南	0.94	36.58	44.62	0.17	0.09	16.94	0.24	0.41
广　东	5.88	35.66	23.10	0.04	0.39	34.75	0.08	0.09
广　西	7.63	29.72	53.49	0.01	0.97	7.41	0.65	0.12
海　南	0.41	36.39	49.67	0.02	0.14	13.18	0.09	0.09
重　庆	4.53	1.29	73.71	0.18	3.38	16.37	0.41	0.13
四　川	3.05	2.24	75.64	0.67	2.06	14.54	0.09	1.70
贵　州	10.58	50.72	32.29	0.05	0.14	6.00	0.02	0.19
云　南	2.37	23.33	64.20	0.31	2.14	7.03	0.28	0.33
西　藏	0.02	10.07	24.33	12.28	25.51	24.52	2.67	0.61
陕　西	1.56	36.65	50.44	0.62	1.74	8.57	0.27	0.14
甘　肃	0.04	53.61	39.45	0.21	0.98	5.54	0.02	0.16
青　海	0.21	32.52	54.07	0.56	3.49	7.43	0.70	1.02
宁　夏	0.01	26.04	48.26	0.13	2.18	22.39	0.31	0.68
新　疆	0.16	4.44	75.76	0.12	0.73	17.88	0.42	0.49

2017 年统计年度末采取各种避孕措施分布与上年同期比较

单位：%

地　区	男性绝育	女性绝育	宫内节育器	皮下埋植	口服及注射避孕药	避孕套	外用药	其　他
全　国	**–0.13**	**–0.90**	**–0.85**	**–0.04**	**0.02**	**1.88**	**–0.01**	**0.03**
北　京	0.00	–0.08	–1.71	0.00	–0.15	1.88	0.00	0.06
天　津	–0.05	–0.61	–3.68	0.00	–0.06	4.51	0.02	–0.14
河　北	–0.23	–1.55	0.45	0.00	–0.03	1.31	0.00	0.04
山　西	–0.03	–1.09	0.37	–0.01	0.01	0.59	0.00	0.15
内蒙古	–0.01	–1.31	–0.13	–0.01	–0.06	1.50	0.00	0.03
辽　宁	0.00	–0.30	–0.39	–0.02	0.37	0.30	0.01	0.02
吉　林	–0.01	–1.16	3.30	–1.64	–0.22	–0.24	–0.02	–0.02
黑龙江	0.01	–0.61	–0.18	–0.16	0.00	0.93	–0.01	0.03
上　海	0.00	–0.01	–0.16	0.00	0.01	0.14	0.00	0.01
江　苏	–0.09	–0.58	–0.83	0.01	0.01	1.50	0.00	–0.02
浙　江	–0.03	–1.71	–2.16	–0.01	–0.06	3.96	–0.01	0.03
安　徽	–0.20	–2.67	–2.28	–0.02	0.00	5.08	0.00	0.08
福　建	–0.12	–0.60	–1.73	0.00	0.01	2.44	0.00	0.01
江　西	–0.02	–2.90	–2.02	–0.02	–0.05	4.98	0.00	0.03
山　东	–0.57	–1.65	–3.78	–0.02	0.00	6.03	0.00	0.01
河　南	0.72	–1.26	0.41	0.00	0.00	0.13	0.01	–0.01
湖　北	–0.16	–0.40	–0.97	0.03	–0.01	1.47	0.00	0.04
湖　南	–0.21	–1.22	–0.30	–0.01	–0.01	1.67	–0.01	0.09
广　东	–0.41	–1.06	–1.53	0.00	0.01	2.98	0.00	0.00
广　西	–0.20	–0.67	0.18	0.00	–0.04	0.68	–0.01	0.05
海　南	–0.08	–2.93	1.32	0.00	–0.01	1.69	0.01	0.01
重　庆	–0.21	–0.08	–0.61	0.00	0.27	0.61	0.03	–0.01
四　川	–0.62	–0.25	–0.69	–0.01	0.03	1.46	0.01	0.09
贵　州	–0.99	–2.13	0.80	–0.01	0.02	2.25	0.00	0.05
云　南	–0.17	–0.92	–0.47	0.06	0.33	1.06	0.05	0.06
西　藏	0.01	2.50	9.95	2.81	6.53	–19.10	–2.68	–0.02
陕　西	–0.23	–0.65	–0.14	–0.03	0.27	0.64	0.04	0.09
甘　肃	–0.04	1.17	–0.25	0.06	0.05	–0.98	–0.01	0.00
青　海	0.14	–1.28	–0.16	0.00	–0.19	1.09	–0.29	0.69
宁　夏	0.00	–0.79	–0.96	–0.03	–0.03	1.88	0.06	–0.11
新　疆	–0.04	0.37	–1.38	–0.01	0.02	1.04	–0.07	0.08

〔责任编辑：付丽萍〕

数据篇

相关统计资料

结婚登记服务

单位：件、人

地　区	登记结婚件数	登记结婚人数	按居住地分类		
			内地居民登记结婚件数	内地居民登记结婚人数	涉外及华侨、港澳台居民登记结婚件数
全　国	**10630951**	**21261902**	**10590427**	**21160279**	**40524**
中央级					
北　京	151454	302908	150538	301076	916
天　津	95068	190136	94780	189560	288
河　北	504865	1009730	503902	1007804	963
山　西	287723	575446	287566	575132	157
内蒙古	186958	373916	186766	364817	192
辽　宁	291851	583702	290507	581050	1344
吉　林	206260	412520	205498	410996	762
黑龙江	286732	573464	285454	570908	1278
上　海	108691	217382	107212	214424	1479
江　苏	675508	1351016	674096	1348192	1412
浙　江	344449	688898	341644	683188	2805
安　徽	673763	1347526	672438	1344876	1325
福　建	291447	582894	286595	573190	4852
江　西	289132	578264	287847	575694	1285
山　东	625812	1251624	624690	1249380	1122
河　南	869680	1739360	868860	1737720	820
湖　北	472102	944204	470885	935662	1217
湖　南	457746	915492	456340	912680	1406
广　东	758123	1516246	750392	1500502	7731
广　西	379421	758842	376613	753226	2808
海　南	75795	151590	75364	150728	431
重　庆	266004	532008	265356	530712	648
四　川	689530	1379060	688133	1376266	1397
贵　州	403564	807128	403137	806274	427
云　南	402757	805514	400102	800204	2655
西　藏	34064	68128	34053	64114	11
陕　西	300594	601188	300135	600270	459
甘　肃	197930	395860	197790	395580	140
青　海	59719	119438	59695	119390	24
宁　夏	60321	120642	60264	120528	57
新　疆	183888	367776	183775	366136	113

注：本栏目统计资料选自《中国民政统计年鉴》2018卷。

续表 1

单位：件、人

地　区	按居住地分类						
	内地居民	女性	香港居民	澳门居民	台湾居民	华侨	外国人
全　国	**38978**	**24064**	**5153**	**1116**	**6276**	**4197**	**25328**
中央级							
北　京	844	584	60	9	128	18	773
天　津	281	198	12	2	35	4	242
河　北	963	275	16	4	58	6	879
山　西	157	2285	7	2	20	7	126
内蒙古	191	91	4	2	26	7	154
辽　宁	1322	1004	26	8	146	64	1122
吉　林	751	511	16	10	104	25	618
黑龙江	1271	816	17	6	134	236	892
上　海	1347	961	97	7	264	26	1217
江　苏	1390	1020	53	14	362	28	977
浙　江	2066	1113	54	18	209	2104	1159
安　徽	1016	363	28	6	204	5	1391
福　建	4764	2717	1322	98	1254	565	1701
江　西	1285	545	57	13	165	21	1029
山　东	1111	612	20	7	145	24	937
河　南	820	475	49	21	245	13	492
湖　北	1215	853	86	31	339	21	742
湖　南	1403	940	104	47	455	19	784
广　东	7648	4619	2682	677	695	873	2887
广　西	2805	775	95	44	236	53	2383
海　南	431	305	142	9	150	14	116
重　庆	644	499	59	19	190	10	374
四　川	1390	973	81	28	348	29	918
贵　州	427	275	32	19	126	11	239
云　南	2651	768	11	4	75	7	2562
西　藏	10	1			2		10
陕　西	458	280	14	7	97	10	332
甘　肃	139	85	2	2	39	2	96
青　海	24	18	2		6		16
宁　夏	41	18	2	1	2		68
新　疆	113	85	3	1	17		92

续表 2

地　区	按婚姻状况分类			
	初婚人数	再婚人数		
			女性	恢复结婚件数
全　国	**17463256**	**3798646**	**2013529**	**522556**
中央级				
北　京	179316	123592	60241	19486
天　津	154015	36121	18013	17633
河　北	750461	259269	140296	2801
山　西	502961	72485	40046	8884
内蒙古	263163	110753	58647	17954
辽　宁	519388	64314	32338	26406
吉　林	364741	47779	23616	22078
黑龙江	481250	92214	46347	30015
上　海	138426	78956	39203	12761
江　苏	1062877	288139	150423	51719
浙　江	572689	116209	62373	24952
安　徽	1053286	294240	155420	42695
福　建	497319	85575	45349	1047
江　西	477341	100923	53833	14129
山　东	901747	349877	187279	13368
河　南	1633982	105378	52896	46143
湖　北	853124	91080	49262	12851
湖　南	698995	216497	119067	16874
广　东	1304060	212186	106202	35137
广　西	641591	117251	67694	8982
海　南	135729	15861	8537	1683
重　庆	353545	178463	94164	15996
四　川	1029904	349156	190165	31898
贵　州	772711	34417	17499	11749
云　南	642973	162541	88167	5807
西　藏	66768	1360	683	6
陕　西	482662	118526	66083	11432
甘　肃	383348	12512	6574	3655
青　海	102748	16690	9371	
宁　夏	99090	21552	11331	2486
新　疆	343046	24730	12410	11929

续表 3

单位：件、人

按年龄分类				
20－24 岁	25－29 岁	30－34 岁	35－39 岁	40 岁及以上
4865806	**7835246**	**2966751**	**1587227**	**4006872**
18885	113331	66428	40408	63856
26879	72415	38431	21337	31074
276241	389060	135569	70701	138159
145677	218085	61695	34516	115473
67996	146187	57487	31882	70364
86225	218393	102801	55934	120349
56639	137646	66681	39787	111767
75914	159554	83169	57984	196843
14097	77571	46111	26776	52827
267261	470953	142452	83871	386479
116084	279072	103962	50767	139013
363425	442666	129352	84281	327802
119308	250018	82262	35687	95619
163814	214237	71766	37388	91059
264458	540439	193926	88946	163855
438688	643563	207660	140485	308964
180069	375822	133006	61716	193591
192946	377152	145700	70439	129255
396826	638100	225529	98622	157169
187201	272021	144476	62804	92340
34405	51007	22675	12187	31316
142746	165472	71952	36075	115763
374478	439525	186144	102993	275920
221429	233057	109422	69823	173397
225463	243478	108054	65525	162994
24432	22415	11523	6260	3498
129165	277939	86865	33789	73430
112968	164081	48673	19005	51133
28889	38798	14975	10086	26690
33821	41800	13569	7962	23490
79377	121389	54436	29191	83383

离婚登记服务

地区	总计	民政部门办理离婚登记合计			
			内地居民登记离婚	涉及及华侨、港澳台居民登记离婚	
					外国人
全国	**4373824**	**3704498**	**3698191**	**6307**	**3046**
北京	80621	72964	72705	259	183
天津	58878	55839	55764	75	56
河北	232386	192338	192255	83	64
山西	82211	65091	65069	22	17
内蒙古	100926	82851	82825	26	23
辽宁	166817	144081	143853	228	163
吉林	133645	123221	123107	114	70
黑龙江	196930	175276	175076	200	116
上海	58800	50834	50405	429	282
江苏	287831	246241	245980	261	145
浙江	157725	132855	132547	308	122
安徽	242105	208236	208068	168	105
福建	105942	89801	88965	836	251
江西	110824	93936	93813	123	60
山东	272501	220424	220252	172	131
河南	316571	275708	275604	104	53
湖北	199274	175815	175635	180	77
湖南	207585	176589	176354	235	76
广东	220343	193846	192514	1332	408
广西	120029	99278	99103	175	89
海南	17817	15429	15338	91	13
重庆	150841	133667	133538	129	60
四川	311734	269312	269070	242	116
贵州	134455	104270	104195	75	29
云南	127121	101477	101216	261	237
西藏	4024	3297	3294	3	3
陕西	108776	85870	85787	83	52
甘肃	54137	36165	36148	17	12
青海	16418	11279	11272	7	4
宁夏	22179	16866	16824	42	5
新疆	74378	51642	51615	27	24

续表

单位：件、人

法院部门判决、调解离婚合计	离婚		收案	维持	
	判决离婚	调解离婚		判决不离	调解不离
669326	**207567**	**461759**	**1409563**	**328686**	**40585**
7657	2611	5046	17526	3461	122
3039	791	2248	12939	4341	1976
40048	12324	27724	89032	20877	1277
17120	5640	11480	36854	10688	546
18075	6589	11486	35334	3058	1413
22736	7163	15573	48388	9392	236
10424	3822	6602	22928	3977	38
21654	5812	15842	35842	3105	273
7966	2525	5441	16967	3830	287
41590	10589	31001	98045	25413	4681
24870	7193	17677	51603	12545	1178
33869	9182	24687	76251	20914	1633
16141	7271	8870	33791	9312	520
16888	6120	10768	38308	12213	632
52077	16652	35425	114869	32039	3406
40863	13934	26929	95448	27165	1312
23459	7183	16276	52601	15978	1279
30996	10544	20452	65755	19253	1467
26497	11534	14963	51876	13072	778
20751	7796	12955	39587	10270	1169
2388	1473	915	6401	1205	409
17174	6255	10919	33831	7714	604
42422	10697	31725	82463	19642	1901
30185	8025	22160	53851	7487	1459
25644	6980	18664	47442	6334	3170
727	60	667	968	36	111
22906	7247	15659	54036	11525	2522
17972	5433	12539	39215	8616	2394
5139	1137	4002	10420	1104	779
5313	1392	3921	12474	2429	612
22736	3593	19143	34518	1691	2401

孤儿和家庭收养

地区	孤儿数	有身份信息的孤儿	集中养育孤儿	社会散居孤儿	无身份信息的孤儿	收养登记合计	中国公民收养登记
全国	**409840**	**407905**	**84090**	**323815**	**1935**	**18820**	**16592**
中央级							
北京	2149	2149	1582	567		215	177
天津	815	815	538	277		44	22
河北	16744	16658	2036	14622	86	277	250
山西	12228	12209	3187	9022	19	229	95
内蒙古	4848	4828	1138	3690	20	246	178
辽宁	6830	6782	2989	3793	48	178	155
吉林	4963	4963	1566	3397		24	10
黑龙江	6725	6688	1243	5445	37	106	84
上海	1670	1670	1581	89		212	152
江苏	15301	15266	2989	12277	35	1637	1515
浙江	3851	3821	2009	1812	30	3174	3087
安徽	26855	26782	2763	24019	73	593	534
福建	4660	4636	1622	3014	24	613	554
江西	22688	22671	5427	17244	17	183	88
山东	16072	15923	2243	13680	149	1662	1537
河南	24488	24204	4667	19537	284	627	288
湖北	10464	10462	1961	8501	2	735	676
湖南	33993	33954	4286	29668	39	591	530
广东	29408	28955	7693	21262	453	1257	953
广西	20264	20090	1994	18096	174	2400	2290
海南	1355	1352	285	1067	3	107	102
重庆	4246	4238	1054	3184	8	258	236
四川	26631	26624	3680	22944	7	1027	983
贵州	17908	17904	2524	15380	4	216	157
云南	23685	23397	1590	21807	288	1492	1422
西藏	5537	5537	5214	323		30	30
陕西	9822	9730	2323	7407	92	367	248
甘肃	14879	14861	2197	12664	18	91	50
青海	13754	13754	1545	12209		45	36
宁夏	6270	6270	423	5847		25	6
新疆	20737	20712	9741	10971	25	159	147

续表

单位：人、件

香港居民	澳门居民	台湾居民	华　侨	外国人收养登记	协议解除收养关系登记	中国公民	残疾人	困难残疾人生活补贴人数	重度残疾人护理补贴人数
61	**3**	**24**	**15**	**2228**	**407**	**400**	**20729413**	**10192016**	**10537397**
				38	2	2	329115	131837	197278
				22	4	4	180169	60599	119570
				27	7	7	896469	386959	509510
				134	1	1	361918	353952	7966
				68			479001	233788	245213
1		3	1	23	25	25	674730	301700	373030
				14			608707	305121	303586
		3		22	6	6	1974723	1047654	927069
		1		60	4	4	263965	77335	186630
1				122	38	36	979599	590064	389535
		1	7	87	21	20	802252	390644	411608
1				59			1380107	709853	670254
2		5		59	3	3	644846	305628	339218
	1	2		95	28	28	785098	446587	338511
2		3	2	125	11	8	1205198	476697	728501
3			1	339	31	31	1383531	597588	785943
1		1		59	5	5	960816	395481	565335
2		1	2	61	31	31	1211075	534104	676971
32	1	3	1	304	17	17	1078712	405832	672880
4	1	1		110	8	7	614726	224127	390599
7				5	1	1	87771	24629	63142
3			1	22	33	33	439180	170093	269087
1				44	96	96	761055	549518	211537
				59	7	7	352617	95807	256810
1				70			754335	433929	320406
							37437	27827	9610
				119	8	8	721844	502127	219717
				41	1	1	221496	125209	96287
				9	2	2	162795	98546	64249
				19			196611	98912	97699
				12	17	17	179515	89869	89646

被收养的儿童情况

地　区	被收养人合计	女性	残疾儿童	社会福利机构扶养的儿童	被外国人收养
全　国	**18820**	12425	2154	9115	1988
中央级					
北　京	215	103	39	44	37
天　津	44	23	21	31	22
河　北	277	140	15	112	27
山　西	229	100	137	180	134
内蒙古	246	122	59	87	68
辽　宁	178	103	23	77	21
吉　林	24	8		24	14
黑龙江	106	57	20	24	
上　海	212	157	57	111	57
江　苏	1637	1132	177	809	122
浙　江	3174	2434	32	2180	87
安　徽	593	356	11	253	58
福　建	613	438	59	232	55
江　西	183	126	93	145	95
山　东	1662	994	138	498	124
河　南	627	286	349	460	330
湖　北	735	468	61	237	
湖　南	591	371	61	287	59
广　东	1257	891	288	842	303
广　西	2400	1855	115	1181	110
海　南	107	70	2	91	5
重　庆	258	167	25	91	22
四　川	1027	565	43	329	
贵　州	216	150	50	106	59
云　南	1492	924	73	408	
西　藏	30	2		6	
陕　西	367	204	134	161	119
甘　肃	91	44	41	62	41
青　海	45	23	9	8	
宁　夏	25	18	20	24	19
新　疆	159	94	2	15	

续表

单位：人

社会孤儿数	被外国人收养	近亲属抚养人数	被外国人收养	生父母有特殊困难无力抚养人数	被外国人收养	继子女收养	被外国人收养
4242	**159**	**1408**	**8**	**730**	**44**	**3325**	**29**
78		63	1	2		28	
2		10		1			
45		32		13		75	
2		11		19		17	
22		16		77		44	
50		35		2		14	2
4		39	2	8		31	20
56		11				34	3
259		147		21		401	
677		93		3		221	
169		51		19	1	101	
163		55	4	5		158	
20		12		3		3	
375		94		14		681	1
61	9	63		27		16	
179	58	115		60		144	1
79		80		31		114	2
192	1	94		18		111	
647		64		47		461	
11		1		3		1	
51		27		23		66	
188		109	1	197	43	204	
31		14		5		60	
757	70	75		71		181	
7		14		2		1	
57		26		39		84	
8		2		3		16	
15		19		3			
	9	1					
37	12	35		14		58	

〔责任编辑：付丽萍〕

人物篇 机构负责人

国家卫生和计划生育委员会

李　斌　主任、党组书记
王国强　副主任、党组成员
　　　　国家中医药管理局局长、党组书记
马晓伟　副主任、党组成员
王培安　副主任、党组成员
崔　丽　副主任、党组成员
王贺胜　副主任、党组成员
　　　　国务院医改办主任
曾益新　副主任、党组成员
马　奔　驻委纪检组组长、党组成员

国家卫生和计划生育委员会内设机构

办公厅

主　任　秦怀金
副主任　杜希学　谭相东　杨金瑞　李　想

人事司

司　长　南春梅
副司长　徐　缓　段　勇　周明坚

规划与信息司

司　长　于学军
副司长　齐贵新　刘文先

财务司

司　长　何锦国
副司长　刘　魁　樊挚敏　赵树理

法制司

司　长　赵　宁
副司长　陈宁姗　梁金霞

体制改革司（国务院深化医药卫生体制改革领导小组办公室）

司　长　梁万年
国家卫生计生监察专员　姚建红
副司长　朱洪彪　薛海宁　庄　宁

卫生应急办公室（突发公共卫生事件应急指挥中心）

主　任　许树强
国家卫生计生监察专员　张国新
副主任　王文杰　杨　峰

疾病预防控制局（全国爱国卫生运动委员会办公室）

局　长　毛群安
国家卫生计生监察专员　常继乐
副局长　贺青华　王　斌　雷正龙　张　勇
　　　　夏　刚

医政医管局

局　长　张宗久
副局长　郭燕红　焦雅辉　周长强

基层卫生司

司　长　李　滔
国家卫生计生监察专员　聂春雷
副司长　诸宏明　高光明

妇幼健康服务司

司　长　秦　耕
副司长　宋　莉　沈海屏

食品安全标准与监测评估司

司　长　刘金峰
副司长　张磊时　张志强

综合监督局

局　长　赵延配
副局长　段冬梅　何　翔

药物政策与基本药物制度司

司　长　于竞进
国家卫生计生监察专员　汪建荣
副司长　张　锋　王雪涛

计划生育基层指导司

司　长　杨文庄
副司长　周美林　魏云鹏

计划生育家庭发展司

司　长　王海东
副司长　莫丽霞　蔡　菲

流动人口计划生育服务管理司

司　长　王　谦
副司长　余　梅　胡强强

宣传司

副司长　宋树立（主持工作）　米　锋

注：本栏目信息截至 2017 年 12 月 31 日。

科技教育司

司 长 杨 青

国家卫生计生监察专员 刘登峰

副司长 吴沛新 陈昕煜

国际合作司（港澳台办公室）

司 长 张 扬

国家卫生计生监察专员 李明柱

副司长 何炤华 冯 勇 聂建刚

保健局

常务副局长 林嘉滨

国家卫生计生监察专员 吴 军

副局长 周宇辉

直属机关党委

常务副书记 杨建立

副书记、纪委书记 曾晟堂

离退休干部局

局 长、党委书记 吴 英

副局长 朱尧耿

国家卫生计生委直属联系单位

中国医学科学院、北京协和医学院

院校长 曹雪涛

党委书记、副院校长 李国勤

党委副书记、纪委书记 姚龙山

党委副书记 王云峰

副院校长 郑忠伟 张 勤 张抒扬 张 学

中国疾病预防控制中心

主 任 高 福

党委书记、副主任 李新华

副主任 刘剑君 梁晓峰 冯子健

党委副书记、纪委书记 王 健

卫生和计划生育监督中心

主 任 胡 光

党委书记 鹿文媛

副主任 霍小军 高小蔷 胡小濛

党委副书记、纪委书记 吴咏梅

药具管理中心

主 任、党委书记 张曰松

副主任 周 峰

副主任、纪委书记 王淑娟

机关服务局（中心）

局长（主任）、党委书记 吴士勇

副局长（副主任）徐善林 李 芸

纪委书记 张俊焕

国家食品安全风险评估中心

主 任、党委书记 卢 江

副主任、党委副书记 严卫星

副主任 李 宁

纪委书记 王竹天

北京医院

院 长 王建业

党委书记、副院长 汪 耀

副院长 奚 桓 许 锋 杜元太 孙 红 季福绥

党委副书记、纪委书记 李赵城

总会计师 王 洁

中国医学科学院北京协和医院

院 长 赵玉沛

党委书记、副院长 姜玉新

副院长 李冬晶 张抒扬 韩 丁 吴文铭 杨敦干

党委副书记、纪委书记 柴建军

总会计师 向炎珍

中日友好医院

院 长 王 辰

党委书记、副院长 周 军

副院长 姚树坤 高海鹏 彭明强 刘 鹏

党委副书记、纪委书记 丁晶宏

总会计师 董立友

科学技术研究所

所 长 马 旭

党委书记、副所长 郭震威

副所长、党委副书记 吕 凌

副所长 谷翊群 果吉尔锑

纪委书记 张 莹

中国健康教育中心

主任、党委书记 李长宁

副主任 宋 军 吴 敬

纪委书记 胡洪波

中国人口宣传教育中心

主任、党委书记 姚宏文

副主任 黄长群 石 琦

纪委书记 王 山

统计信息中心

主 任 张学高

副主任 胡建平 周恭伟

干部培训中心（党校）

主任（常务副校长） 王宇东

党委书记、副主任（副校长） 蔡建华

副主任（副校长） 唐剑安 李勇军

纪委书记 张 智

卫生发展研究中心
主任、党委书记　傅　卫
纪委书记　刘　昉
中国人口与发展研究中心
主　任　贺　丹
党委书记、副主任　沈丽文
总工程师　刘晓丽
副主任　刘鸿雁　张许颖
纪委书记　赵　虹
项目资金监管服务中心
主　任　张朝阳
副主任　张　本
医疗管理服务指导中心
主　任　孙　阳
副主任　高学成
国家医学考试中心
主　任　王县成
副主任　刘　蓉　何　惧
医院管理研究所
所　长　叶全富
副所长　张旭东
国际交流与合作中心
主任、党委书记　高卫中
副主任　邢高岩　王　健　胡美奇　侯晓梅
纪委书记　周　简
人才交流服务中心
副主任、党委副书记　张俊华（主持工作）
副主任　胡荣波　方建宁
纪委书记　徐　玲
能力建设和继续教育中心
主　任　杨爱平
副主任　宋　冰
医药卫生科技发展研究中心
主　任　李　青
副主任　代　涛　贺晓慧
国家心血管病中心
主　任　胡盛寿
党委书记、副主任　李惠君
副主任　顾东风　杨跃进　郑　哲
国家癌症中心
主　任　赫　捷
副主任　石远凯　付凤环　王绿化
人口文化发展中心
主　任　奉　雯
副主任　张建兵　崔艳丽
流动人口服务中心
主　任　肖子华
副主任　徐水源
南京人口国际培训中心
主　任　黄惠娟
中国计划生育协会
副会长（专职）　姚　瑛
秘书长　王景水
副秘书长、机关党委书记　范晓敏
机关党委副书记、纪委书记　李晓玉
中华医学会
副会长（专职）　刘雁飞
副会长、秘书长、党委副书记　饶克勤
党委书记　苏　志
纪委书记　顾法明
副秘书长　郭伟华
中华预防医学会
副会长（专职）、秘书长　杨维中
副秘书长　刘　霞
中国人口福利基金会
副秘书长　赵本志
中国人口文化促进会
副会长、秘书长　宋　燕
中国人口学会
秘书长　姜卫平
副秘书长　庄亚儿
健康报社
社长、党委书记　邓海华
总编辑　周　冰
副总编辑　闫丽新　杨秋兰
党委副书记、纪委书记　刘世东
副社长　肖景丹
中国人口报社
社长、党委书记　熊　煌
总编辑　林万枝
副社长、纪委书记　赵家平
副总编辑　田少军
人民卫生出版社有限公司
董事长、党委书记　郝　阳
总经理、党委副书记　王雪凝
总编辑　杜　贤
监事会主席、党委副书记、纪委书记　徐景兰
副总经理　孙　伟
副总编辑　杨　晋　朱双龙
中国人口出版社（有限责任公司）
社长（董事长）、党委书记、总经理　邱　立

副社长　姚宗桥
副总编辑　杨　钢
纪委书记　罗　锋

人生杂志社

副社长、副主编　樊艳华
副社长　颜泽玉　王东风

各省、自治区、直辖市卫生和计划生育委员会

北京市卫生和计划生育委员会

党委书记：方来英
常委副书记、主任：雷海潮
副主任：于鲁明　耿玉田　李彦梅　毛　羽
　　钟东波　高　坚　都英杰
驻委纪检组组长：李彦昌

天津市卫生和计划生育委员会

党委书记、主任：王建国
党委副书记、副主任：韩晓芬
副主任：申长虹　王栩冬　张铁军　张富霞
　　王　浩　杜洪印　雷　平
驻委纪检组组长：马连庆

河北省卫生和计划生育委员会

党组书记、主任：张绍廉
党组副书记、副主任：徐春芳　梁占凯　齐贵新
副主任：许彦增　尹爱东　江建明　段云波
驻委纪检组组长：郭亚敏

山西省卫生和计划生育委员会

党组书记：李凤岐　主任：卫小春
副主任：刘中雨　武　晋　冯立忠
纪检书记：郭晋刚

内蒙古自治区卫生和计划生育委员会

党组书记、主任：欧阳晓晖
副主任：尹赤林　王占国　张小勤　伏瑞峰
　　段　毅
驻委纪检组组长：张印权

辽宁省卫生和计划生育委员会

党组书记、主任：王大南
党组副书记、副主任：宋良伟
副主任：董德刚　陈金玉
驻委纪检组组长：郝　欣

吉林省卫生和计划生育委员会

主任、党组书记：张　义
副主任：邱德亮　秦海涛　张　力　刘中正
　　高占东　杨春光
驻委纪检组组长、监察专员：吴景森

黑龙江省卫生和计划生育委员会

党组书记、主任：魏新刚
副主任：邵玉滨　刘福生　张晓峰
驻委纪检组组长：李彦超

上海市卫生和计划生育委员会

党委书记、副主任：黄　红
党委副书记、主任：邬惊雷
党委副书记：郑　锦
副主任：韩慰军　衣承东　吴乾渝　吴　凡
　　赵丹丹　张怀琼　闻大翔
驻委纪检组组长：秦昕强

江苏省卫生和计划生育委员会

主任、党组书记：王咏红
副主任：黄祖瑚　何小鹏　陈亦江　徐东红
　　汪　华
驻委纪检组组长：周政兴

浙江省卫生和计划生育委员会

党组书记、主任：张　平
副主任：包保根　王国敬　马伟杭　姜建鸿
　　徐润龙
驻委纪检监察组长：杨援宁

安徽省卫生和计划生育委员会

党组书记、主任：于德志
副主任：杜昌智　李劲风　高　超　高俊文
　　董明培
驻委纪检组组长：张伯根

福建省卫生和计划生育委员会

党组书记、主任：朱淑芳
党组副书记、副主任：陈晓春
副主任：阮诗玮　王寿碧　陈　辉　陈　星
　　陈厚銮
驻委纪检组组长：陈兆文

江西省卫生和计划生育委员会

党组书记、主任：丁晓群

副主任：李晓琼　万筱明　程关华　曾传美
朱烈滨
驻委纪检组组长：罗聪明
监察专员：汤卫平

山东省卫生和计划生育委员会
党组书记、主任：袭　燕
副主任：仇冰玉　于富军　吴向东　左　毅
马立新
驻委纪检组组长：李鲁军

河南省卫生和计划生育委员会
主任：李广胜　党组书记：阚全程
副主任：周学山　谢李广　黄红霞　王良启
张重刚
驻委纪检组组长：李　刚

湖北省卫生和计划生育委员会
党组书记：张　晋　主任：杨云彦
副主任：朱惠民　姚　云　涂明珍　阮力艰
驻委纪检组组长：陈　锴

湖南省卫生和计划生育委员会
主任、党组书记：陈小春
党组副书记、副主任：黄惠勇
副主任：彭振国　易露茜　龙开超
驻委纪检组组长：盛立新
纪检员：于秋平

广东省卫生和计划生育委员会
主任、党组书记：段宇飞
党组副书记、副主任：黄　飞
副主任：刘冠贤　陈祝生　陈义平　徐庆锋
王　玲
驻委纪检组组长：陈钟鹏
纪检员：陈　建

广西壮族自治区卫生和计划生育委员会
主任、党组书记：李国坚
副主任：夏　宁　王　勇　梁　远　麦家志
文东旭
驻委纪检组组长：苏　力

海南省卫生和计划生育委员会
主任、党组书记：韩英伟
副主任：王　锋　吴　明　周国明　陈少仕
李治平
驻委纪检监察组长：庄　著

重庆市卫生和计划生育委员会
党委书记、主任：黄明会
党委专职副书记：夏　沛
副主任：方明金　王　卫　傅仲学　刘克佳
吴良和
驻委纪检组组长：刘文华

四川省卫生和计划生育委员会
党组书记、主任：沈　骥
副主任：罗良娟　宋世贵　徐　旭　来　健
驻委纪检组组长：张　峰

贵州省卫生和计划生育委员会
党组书记、主任：王　忠
副主任：朱征明　张光奇　杨　洪　龚仲明
吕劲松
驻委纪检组组长：耿立法

云南省卫生和计划生育委员会
主任：李玛琳
党组书记：王灿平
党组副书记、副主任：郑　进
副主任：李善荣　张宽寿　陆　林　许勇刚
驻委纪检组组长：寇静冬

西藏自治区卫生和计划生育委员会
党组书记、副主任：王亚蔺
党组副书记、主任：王云亭
党组副书记、常务副主任：王寿碧
副主任：胡学军　许培海　扎西顿珠
闫　冰　徐　华　黄　欣
驻委纪检组组长：王　强

陕西省卫生和计划生育委员会
党组书记：胡志强　主任：刘宝琴
副主任：吴相国　陈　昭　孙振霖　刘　岭
驻委纪检组组长：李宏杰

甘肃省卫生和计划生育委员会
主任：郭玉芬　党组书记：尚裕良
副主任：杨陇军　王晓明　蒋新贵　金中杰
驻委纪检组组长：丁红星

青海省卫生和计划生育委员会

党组书记、主任：王定邦

副主任：王晓勤 李晓东 王 虎 郭弘涛

驻委纪检组组长：刘 星

宁夏回族自治区卫生和计划生育委员会

党组书记：田丰年 主任：马秀珍

副主任：王生林 宋晨阳 孙建军 黄 涌 李 明 阮越盛 许尚锋

驻委纪检组组长：开永安

新疆维吾尔自治区卫生和计划生育委员会

党组书记、副主任：殷宇霖

党组副书记、主任：巴哈尔古丽·赛买提

党组副书记、副主任：彭 永

副主任：马合木提·吐尔逊 阿不都热依木·玉苏甫 伊尔扎提·扎达 马明辉 阿依夏木·玉努斯 周美林

驻委纪检组组长：付辉生

计划单列市、新疆生产建设兵团卫生和计划生育委员会（卫生局、人口计生委）

大连市卫生和计划生育委员会

主任、党委书记：刘金涛

党委副书记：马全英

副主任：黄 斌 郑 伟

纪委书记：王 晖

青岛市卫生和计划生育委员会

党委书记、主任：杨锡祥

党委副书记：孙敬友

副主任：张 华 杜维平 宣世英

驻委纪检组组长：张 艳

宁波市卫生和计划生育委员会

党委书记、主任：张南芬

副主任：郑 丰 李宝麟 陈月芳 应黎明 蒋志云 时孝喜 章国平

驻委纪检组组长：王荣水

厦门市卫生和计划生育委员会

党组书记、主任：姚冠华

副主任：孙 卫 陈文锋 洪丰颖 王挹青

驻委纪检组组长：马海陆

深圳市卫生和计划生育委员会

市委卫生工委书记，市卫生计生委主任、党组书记：罗乐宣

市委卫生工委专职副书记，市卫生计生委党组成员：廖澍华

副主任：孙美华 常巨平 刘 堃

市纪委派驻十二组组长、市委卫生纪工委书记：邓小敏

新疆生产建设兵团卫生局

副局长：何 红 李泰然

驻委纪检组组长：胡永芬

新疆生产建设兵团人口和计划生育委员会

副主任：陈春燕

〔责任编辑：彭 琰 萧爱华〕

附录篇

2017 年国家卫生计生委印发文件目录

文　号	文　件　名　称	发布日期
卫生计生委令第 12 号	国家卫生计生委关于修改《医疗机构管理条例实施细则》的决定及备案报告	2017 年 2 月 21 日
卫生计生委令第 13 号	医师执业注册管理办法及备案报告	2017 年 3 月 1 日
卫生计生委令第 14 号	《中医诊所备案管理暂行办法》及向国务院的备案报告	2017 年 9 月 22 日
卫生计生委令第 15 号	《中医医术确有专长人员医师资格考核注册管理暂行办法》及备案报告	2017 年 11 月 13 日
卫生计生委令第 16 号	《卫生计生系统内部审计工作规定》及备案报告	2017 年 11 月 20 日
卫生计生委令第 17 号	国家卫生计生委关于决定废止《母乳代用品销售管理办法》等部门规章的决定及备案报告	2017 年 12 月 14 日
卫生计生委令第 18 号	国家卫生计生委关于修改《新食品原料安全性审查管理办法》等 7 件部门规章的决定	2017 年 12 月 25 日
国卫医发〔2017〕1 号	关于调整国家卫生计生委医师资格考试委员会组成人员的通知	2017 年 1 月 10 日
国卫宣传发〔2017〕2 号	国家卫生计生委关于印发“十三五”全国健康促进与教育工作规划的通知	2017 年 1 月 10 日
国卫医发〔2017〕3 号	国家卫生计生委关于印发“十三五”国家医学中心及国家区域医疗中心设置规划的通知	2017 年 1 月 10 日
国卫监督发〔2017〕4 号	国家卫生计生委关于印发“十三五”全国卫生计生监督工作规划的通知	2017 年 1 月 23 日
国卫指导发〔2017〕5 号	国家卫生计生委关于印发“十三五”全国计划生育事业发展规划的通知	2017 年 2 月 3 日
国卫规划发〔2017〕6 号	国家卫生计生委关于印发“十三五”全国人口健康信息化发展规划的通知	2017 年 2 月 3 日
国卫医发〔2017〕7 号	国家卫生计生委关于印发安宁疗护中心基本标准和管理规范（试行）的通知	2017 年 2 月 3 日

文　号	文　件　名　称	发布日期
国卫科教发〔2017〕8 号	关于印发“十三五”全国卫生计生专业技术人员培训规划的通知	2017 年 2 月 6 日
国卫流管发〔2017〕9 号	国家卫生计生委关于印发“十三五”全国流动人口卫生计生服务管理规划的通知	2017 年 2 月 9 日
国卫应急发〔2017〕10 号	关于进一步加强活禽市场管控切实做好 H7N9 防控工作的通知	2017 年 2 月 20 日
国卫体改发〔2017〕11 号	国家卫生计生委关于开展委属委管医院综合绩效考核的通知	2017 年 3 月 6 日
国卫家庭发〔2017〕12 号	关于印发“十三五”健康老龄化规划的通知	2017 年 3 月 6 日
国卫基层发〔2017〕13 号	国家卫生计生委关于印发国家基本公共卫生服务规范（第三版）的通知	2017 年 3 月 10 日
国卫疾控发〔2017〕14 号	关于印发“十三五” 全国血吸虫病防治规划的通知	2017 年 3 月 13 日
国卫疾控发〔2017〕15 号	关于印发“十三五”全国地方病防治规划的通知	2017 年 3 月 13 日
国卫医发〔2017〕16 号	国家卫生计生委关于加强医疗美容主诊医师管理有关问题的通知	2017 年 3 月 17 日
国卫国际发〔2017〕17 号	国家卫生计生委关于印发因公出国（境）培训管理暂行办法的通知	2017 年 3 月 17 日
国卫办发〔2017〕18 号	国家卫生计生委关于印发“工作落实年”实施方案的通知	2017 年 3 月 24 日
国卫财务发〔2017〕19 号	关于印发健康扶贫工程“三个一批”行动计划的通知	2017 年 4 月 13 日
国卫基层发〔2017〕20 号	关于做好 2017 年新型农村合作医疗工作的通知	2017 年 4 月 14 日
国卫食品发〔2017〕21 号	国家卫生计生委关于修订新食品原料等行政审批事项相关规定的通知	2017 年 4 月 18 日
国卫体改发〔2017〕22 号	关于全面推开公立医院综合改革工作的通知	2017 年 4 月 20 日
国卫医发〔2017〕23 号	关于加快医疗机构、医师、护士电子化注册管理改革的指导意见	2017 年 4 月 24 日
国卫应急发〔2017〕24 号	关于开展全国卫生应急技能竞赛活动的通知	2017 年 4 月 25 日
国卫规划发〔2017〕25 号	国家卫生计生委关于印发“十三五”全民健康网络信息安全规划的通知	2017 年 5 月 8 日
国卫基层发〔2017〕26 号	关于新型农村合作医疗异地就医联网结报的补充通知	2017 年 5 月 9 日
国卫监督发〔2017〕27 号	国家卫生计生委关于修改《新消毒产品和新涉水产品卫生行政许可管理规定》等 5 件规范性文件部分条款的通知	2017 年 5 月 9 日
国卫办发〔2017〕28 号	国家卫生计生委关于印发“十三五”时期保密工作规划的通知	2017 年 5 月 12 日
国卫财务发〔2017〕29 号	国家卫生计生委关于做好卫生计生行业防范和处置非法集资工作的通知	2017 年 5 月 15 日
国卫规划发〔2017〕30 号	关于促进健康旅游发展的指导意见	2017 年 5 月 15 日
国卫财务发〔2017〕31 号	关于加快推进三级公立医院建立总会计师制度的意见	2017 年 5 月 24 日
国卫人发〔2017〕32 号	国家卫生计生委关于印发委业务主管社会组织管理办法（试行）的通知	2017 年 6 月 1 日
国卫人发〔2017〕33 号	国家卫生计生委关于北京协和医院加挂牌子的通知	2017 年 6 月 5 日
国卫人发〔2017〕34 号	国家卫生计生委关于中日友好医院加挂牌子的通知	2017 年 6 月 5 日
国卫人发〔2017〕35 号	国家卫生计生委关于中国医学科学院医学信息研究所加挂牌子的通知	2017 年 6 月 7 日

文　号	文　件　名　称	发布日期
国卫应急发〔2017〕36 号	国家卫生计生委关于印发突发事件卫生应急预案管理办法的通知	2017 年 6 月 8 日
国卫药政发〔2017〕37 号	关于改革完善短缺药品供应保障机制的实施意见	2017 年 6 月 27 日
国卫体改发〔2017〕38 号	关于做好国家卫生计生委和国家中医药局属管医院参加属地公立医院综合改革有关工作的通知	2017 年 7 月 3 日
国卫国际发〔2017〕39 号	国家卫生计生委关于印发中国全球卫生战略（2017–2030 年）的通知	2017 年 7 月 3 日
国卫宣传发〔2017〕40 号	国家卫生计生委关于开展向姚玉峰同志学习活动的决定	2017 年 7 月 11 日
国卫医发〔2017〕41 号	关于加快推进分级诊疗试点工作的通知	2017 年 7 月 17 日
国卫妇幼发〔2017〕42 号	国家卫生计生委关于加强母婴安全保障工作的通知	2017 年 7 月 21 日
国卫法制发〔2017〕43 号	国家卫生计生委关于深化“放管服”改革激发医疗领域投资活力的通知	2017 年 7 月 21 日
国卫应急发〔2017〕44 号	关于进一步加强活禽经营市场管理的通知	2017 年 8 月 17 日
国卫人发〔2017〕45 号	国家卫生计生委关于中国疾病预防控制中心寄生虫病预防控制所加挂牌子的通知	2017 年 8 月 17 日
国卫基层发〔2017〕46 号	关于做好 2017 年国家基本公共卫生服务项目工作的通知	2017 年 8 月 25 日
国卫基层发〔2017〕47 号	关于 2016 年度国家基本公共卫生服务项目考核情况的通报	2017 年 8 月 25 日
国卫人发〔2017〕48 号	关于进一步做好艰苦边远地区全科医生特设岗位计划实施工作的通知	2017 年 8 月 25 日
国卫医发〔2017〕49 号	关于印发医疗机构临床路径管理指导原则的通知	2017 年 9 月 1 日
国卫办发〔2017〕50 号	关于印发卫生计生行政许可档案管理规定（试行）的通知	2017 年 9 月 18 日
国卫医发〔2017〕51 号	国家卫生计生委关于印发康复医疗中心、护理中心基本标准和管理规范（试行）的通知	2017 年 10 月 30 日
国卫人发〔2017〕52 号	关于第八届国家卫生计生突出贡献中青年专家选拔结果的通知	2017 年 11 月 1 日
国卫疾控发〔2017〕53 号	关于印发中国病毒性肝炎防治规划（2017–2020 年）的通知	2017 年 11 月 3 日
国卫体改发〔2017〕54 号	关于印发分级诊疗试点工作考核评价实施方案的通知	2017 年 11 月 16 日
国卫医发〔2017〕55 号	关于印发《中医诊所基本标准》和《中医（综合）诊所基本标准》的通知	2017 年 12 月 1 日
国卫食品发〔2017〕56 号	关于印发 2018 年国家食品安全风险监测计划的通知	2017 年 12 月 13 日
国卫医发〔2017〕57 号	国家卫生计生委关于取消人体血液组织器官进出口审批有关工作的通知	2017 年 12 月 15 日
国卫监督发〔2017〕58 号	国家卫生计生委关于印发医疗卫生信用信息管理暂行办法的通知	2017 年 12 月 16 日
国卫应急发〔2017〕59 号	关于全国卫生应急技能竞赛获奖集体和个人的通报	2017 年 12 月 21 日
国卫疾控发〔2017〕60 号	关于印发疫苗储存和运输管理规范（2017 年版）的通知	2017 年 12 月 22 日
国卫财务发〔2017〕61 号	关于进一步做好预防性体检等三项工作的通知	2017 年 12 月 26 日

文　号	文　件　名　称	发布日期
国卫人发〔2017〕62 号	国家卫生计生委关于印发国家卫生计生委卫生和计划生育监督中心主要职责内设机构和人员编制规定的通知	2017 年 12 月 28 日
国卫人发〔2017〕63 号	国家卫生计生委关于印发国家卫生计生委药具管理中心主要职责内设机构和人员编制规定的通知	2017 年 12 月 28 日
国卫人发〔2017〕64 号	国家卫生计生委关于印发北京医院（含北京老年医学研究所、临床检验中心）主要职责内设机构和人员编制规定的通知	2017 年 12 月 28 日
国卫人发〔2017〕65 号	国家卫生计生委关于印发中日友好医院（中日友好临床医学研究所）主要职责内设机构和人员编制规定的通知	2017 年 12 月 28 日
国卫人发〔2017〕66 号	国家卫生计生委关于印发国家卫生计生委医疗管理服务指导中心主要职责内设机构和人员编制规定的通知	2017 年 12 月 28 日
国卫人发〔2017〕67 号	国家卫生计生委关于印发国家医学考试中心主要职责内设机构和人员编制规定的通知	2017 年 12 月 28 日
国卫人发〔2017〕68 号	国家卫生计生委关于印发国家卫生计生委医院管理研究所主要职责内设机构和人员编制规定的通知	2017 年 12 月 28 日
国卫人发〔2017〕69 号	国家卫生计生委关于印发国家卫生计生委国际交流与合作中心主要职责内设机构和人员编制规定的通知	2017 年 12 月 28 日
国卫人发〔2017〕70 号	国家卫生计生委关于印发国家卫生计生委能力建设和继续教育中心主要职责内设机构和人员编制规定的通知	2017 年 12 月 28 日
国卫人发〔2017〕71 号	国家卫生计生委关于印发国家卫生计生委南京人口国际培训中心主要职责内设机构和人员编制规定的通知	2017 年 12 月 28 日
国卫人发〔2017〕72 号	国家卫生计生委关于印发国家卫生计生委生殖健康家庭保健中心主要职责内设机构和人员编制规定的通知	2017 年 12 月 28 日
国卫医发〔2017〕73 号	关于印发进一步改善医疗服务行动计划（2018-2020 年）的通知	2017 年 12 月 29 日

〔责任编辑：付丽萍〕

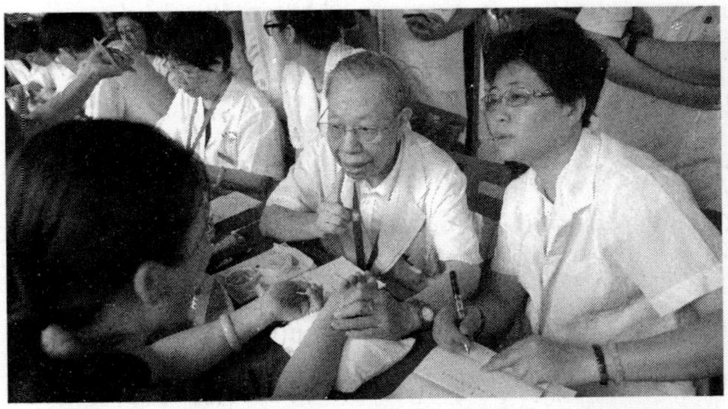

2017 年 9 月 3 日，“中医中药中国行——广东省中医药健康文化推进行动”启动仪式在广州英雄广场举行。第 2 届“国医大师”国维（右二）在活动上为群众义诊。

（广东省中医药局　提供）

2017 年 5 月 15 日，广东省政府党组成员陈云贤率省卫生计生委、广东省疾病预防控制中心负责人赴广州调研登革热防控和爱国卫生运动工作。

（广东省计划生育宣传教育中心　提供）

CHINA POPULATION AND FAMILY PLANNING YEARBOOK(Contents · 2018)

Overview

Chronicle of Events

Literature

Department Regulations

Speeches by NHFPC Leaders

Deepening Reform of Medical and Health System

Professional Work in Health and Family Planning

Integrated Coordination in Administration and Office Affairs

Cadres and Personnel Affairs

Development Planning and Information Statistics

Economic Management

Construction of Health and Family Planning Legal System

Health Emergency Work

Disease Prevention and Control

Medical Administration

Grassroots Health Work

Maternal and Child Health Service

Food Safety Standard and Monitoring and Evaluation

Integrated Supervision

Medicine Policy and Essential Medicine System

Guidance on Family Planning Work at Grassroots Level

Family Development

Health and Family Planning Service and Management for Migrant Population

Health and Family Planning Publicity

Science, Technology and Education

International Exchanges and Cooperation

Party Building and Construction of Spiritual Civilization

Service and Management for Retired Veteran Cadres

Traditional Chinese Medicine Undertaking

Affiliated Institutions

Army

Region

Data

Health Statistics

Population Statistics

Family Planning Statistics

Relative Statistics

Appendix

索　　引

说　明

本索引是供读者查找全书所载全部知识信息的内容分析索引。部类、栏目条目用黑体字表示，其他均用宋体字表示。全部标目按汉语拼音顺序排列，同音按声调排列，首字音、调均相同的按第二字排列，依此类推。以数字和字母开头的标目集中排在文字标目之后。

E

F

G

H

J

K

L

M

N

P

Q

R

S

T

W

X

Y

Z

（付丽萍 编制）

〔责任编辑：付丽萍〕

中国卫生和计划生育年鉴　2018

China Health and Family Planning Yearbook

主　　管　国家卫生健康委员会
主　　办　中国人口与发展研究中心
编　　辑　中国卫生和计划生育年鉴社
出　　版　中国卫生和计划生育年鉴社

地　　址　北京市海淀区大慧寺 12 号
邮　　编　100081
电　　话　010 - 62173529，62197796
传　　真　010 - 62191758
电子邮箱　wsjsnj@ nhc. gov. cn

印　　刷　人卫印务（北京）有限公司
开　　本　大 16 开　850 × 1186 毫米
印　　张　49. 25　总 788 页
字　　数　172 万字
彩色插页　24 页

发　　行　中国卫生和计划生育年鉴社
发行范围　国内外公开发行
定　　价　360 元

中国标准刊号：CN10—1293/Z
国际标准连续出版物号：ISSN2095—9761
广告经营许可证：京海工商广字第 0187 号

ISSN 2095-9761

9 772095 976140　12>